Hildebrandt
Marken und andere Kennzeichen
5. Auflage

Marken und andere Kennzeichen

Handbuch für die Praxis

5. Auflage

von

Prof. Dr. Ulrich Hildebrandt
Rechtsanwalt in Berlin und Honorarprofessor an der Heinrich-Heine-Universität Düsseldorf

Carl Heymanns Verlag 2019

Zitierweise: Hildebrandt, Marken und andere Kennzeichen, 5. Aufl., § 12 Rdn. 7

Bibliografische Information der Deutschen Nationalbibliothek

Die Deutsche Nationalbibliothek verzeichnet diese Publikation in der Deutschen Nationalbibliografie; detaillierte bibliografische Daten sind im Internet über http://dnb.d-nb.de abrufbar.

ISBN 978-3-452-29192-9

www.wolterskluwer.de

Alle Rechte vorbehalten
© 2019 Wolters Kluwer Deutschland GmbH, Luxemburger Str. 449, 50939 Köln

Das Werk ist urheberrechtlich geschützt. Die dadurch begründeten Rechte, insbesondere die der Übersetzung, des Nachdrucks, der Entnahme von Abbildungen, der Funksendung, der Wiedergabe auf fotomechanischem oder ähnlichem Wege und der Speicherung in Datenverarbeitungsanlagen, bleiben vorbehalten.

Verlag und Autor übernehmen keine Haftung für inhaltliche oder drucktechnische Fehler.

Umschlagkonzeption: Martina Busch, Grafikdesign, Homburg Kirrberg
Satz: mediaTEXT Jena GmbH, Jena
Druck und Weiterverarbeitung: Williams Lea & Tag GmbH, München

Gedruckt auf säurefreiem und alterungsbeständigem Papier.

Vorwort zur 5. Auflage

Bereits gut anderthalb Jahre nach Erscheinen der 4. Auflage macht der deutsche Gesetzgeber eine Neuauflage unumgänglich. Das europäische Markenrecht ist reformiert, das deutsche zieht nach.

Im Einzelnen brachte die Markenrechtsreform 2019 eine zuvor deutschsprachigen Raum unbekannte Gewährleistungsmarke, erweiterte Darstellungsmöglichkeiten im Register, Änderungen bei der Abfassung des Verzeichnisses der Waren und Dienstleistungen, eine bedeutende Änderung der markenrechtlichen Schrankenregelung sowie eine Verschärfung der Zugriffsmöglichkeiten im Rahmen der bloßen Durchfuhr gefälschter Ware. Neu im deutschen Markenrecht sind außerdem praktisch besonders bedeutsame Änderungen bei der Schutzfrist, bei der Benutzungsschonfrist sowie die im Jahr 2020 bevorstehende Einführung neuer amtlicher Löschungsverfahren. Das Kapitel zum deutschen Amtsverfahren wurde daher in wesentlichen Teilen neu geschrieben und insgesamt überarbeitet.

Berücksichtigt sind außerdem zahllose Gerichtsentscheidungen zum Markenrecht, die eine weitere Feinjustierung ermöglichen, sowie die zunehmende Veränderung der Markenpraxis – zum einen durch die zunehmende Zahl elektronischer Datenbanken und Suchmöglichkeiten im Internet, zum anderen durch weitergehende Harmonisierung insbesondere im Rahmen der Anmeldeverfahren und der Klassifizierung. Die Analyse der Entscheidungspraxis der Gerichte zeigt zudem, dass bei der Beurteilung von Zeichenkonflikten ganz andere Faktoren eine Rolle spielen könnten als die in den offiziellen Begründungen genannten Kriterien – insbesondere das Kriterium der Sympathie des Entscheidungsträgers mit der Angriffsmarke. Außerdem ändert sich ständig das Markenumfeld. Digitalisierung und Social Media schaffen neue Möglichkeiten der Markennutzung, aber auch der Manipulation der Verkehrskreise und der Entscheidungsträger. Das Kapitel zur Markenstrategie wurde daher um zahlreiche Einzelaspekte erweitert, die für den Anmelder von großer Bedeutung sind.

Wie die Vorauflagen will auch diese Auflage eine unschwer lesbare, gelegentlich auch unterhaltsame Gesamtdarstellung des Markenrechts bieten. Das Buch ist so konzipiert, dass grundsätzlich der Einstieg an jeder beliebigen Stelle möglich ist. Dabei werden die in der Praxis bedeutsamen Detailfragen beantwortet. Checklisten am Ende erleichtern dem Anfänger den Einstieg in die Praxis.

Die Rechtsprechung des EuGH übernimmt nach wie vor die tragende Rolle auch in der 5. Auflage des Werkes. Der Ansatz des Buches bleibt konsequent europafreundlich. Wir brauchen einen starken gemeinsamen Markt als friedensstiftende Grundlage. Nur eine friedliche Welt wird die globalen Herausforderungen meistern können, die Ressourcenverknappung und Klimawandel mit sich bringen. Das Markenrecht kann durch internationale Vernetzung einen Beitrag dazu leisten.

Die neue Rechtsprechung von EuGH, EuG und BGH – ungefähr 700 zusätzliche Entscheidungen – ist vollständig ausgewertet. Die Rechtsprechung der Oberlandesgerichte und des BPatG findet Erwähnung, soweit sie Streitfragen oder höchstrichterlich ungeklärte Fragen betrifft. Die Rechtsprechung konnte bis Mitte Februar 2019 berücksichtigt werden.

Vorwort zur 5. Auflage

Ich danke meinen vier Kindern Meta, Mila, Noel und Elise dafür, dass mir nie langweilig wird und der Text lebendig bleibt. Meiner Frau Tanja danke ich dafür, dass bei dem ganzen Kladderadatsch überhaupt genügend Zeit zum Schreiben bleibt.

Santanyi, Februar 2019 *Ulrich Hildebrandt*
u.hildebrandt@skwschwarz.de

Benutzungshinweise

1. Die Kapitel 33 bis 36 enthalten vier **Checklisten** zur Kennzeichenpraxis, zur Verwechslungsgefahr, zum Verfügungsverfahren und zur Grenzbeschlagnahme. Diese ermöglichen nicht nur die unmittelbare Lösung kennzeichenrechtlicher Fragestellungen, sondern können bei der Lektüre des Textes auch als Übersichten verwendet werden.

2. Grundsätzlich ist der Text so konzipiert, dass der **Einstieg** an jeder beliebigen Stelle möglich ist. Dem Anfänger empfiehlt sich jedoch die vorhergehende Lektüre des einführenden Kapitels 1. Dem anwaltlichen Praktiker sei vor allem Kapitel 32 ans Herz gelegt, das strategische Überlegungen zusammenfasst.

3. Die **Zitierweise** der Entscheidungen richtet sich beim EuGH und EuG nach dem Schema »Aktenzeichen, Entscheidungsdatum, Entscheidungsstichwort, Textziffer«. Mangels offizieller Entscheidungsstichworte wurden teilweise eigene Stichworte vergeben, um die Auffindbarkeit der Entscheidungen über das Entscheidungsregister zu erleichtern. Ältere Entscheidungen des BGH sind unter Hinweis auf die amtliche Sammlung oder auf Zeitschriften zitiert, neuere nach dem Schema »Aktenzeichen, Entscheidungsdatum, Entscheidungsstichwort, Textziffer«.

4. Die **Literaturhinweise** vor den einzelnen Kapiteln enthalten vor allem eine Auswahl jüngerer weiterführender Literatur, die zur Vertiefung dienen kann. Auf ältere Literatur wurde nur in wenigen Ausnahmefällen hingewiesen.

Inhaltsübersicht

Vorwort zur 5. Auflage	V
Benutzungshinweise	VII
Abkürzungen und Literatur	XXV
Internet-Links	XXXI

Erster Teil	**Grundlagen**	1
§ 1	Überblick über das Kennzeichenrecht	1

Zweiter Teil	**Marken**	27
Erstes Kapitel	**Erwerb und Erhalt des Markenschutzes**	27
§ 2	Markenfähigkeit und verschiedene Arten von Marken	27
§ 3	Inhaberschaft	38
§ 4	Absolute Eintragungshindernisse	41
§ 5	Verzeichnis der Waren und Dienstleistungen	203
§ 6	Markenschutz ohne Eintragung	212
§ 7	Priorität und Seniorität	217
§ 8	Benutzungszwang	223
§ 9	Schutzdauer und Verlängerung	272
Zweites Kapitel	**Reichweite des Markenschutzes**	277
§ 10	Grundlagen	277
§ 11	Identität von Marke und Produkt	313
§ 12	Verwechslungsgefahr	317
§ 13	Schutz der bekannten Marke	493
§ 14	Verjährung, Verwirkung, Koexistenz	518
§ 15	Beschränkung der Wirkungen der Marke	530
§ 16	Erschöpfung	544

Dritter Teil	**Geschäftliche Bezeichnungen**	573
Erstes Kapitel	**Unternehmenskennzeichen**	573
§ 17	Begründung und Untergang des Rechts am Unternehmenskennzeichen	573
§ 18	Reichweite des Schutzes	586
Zweites Kapitel	**Titel**	596
§ 19	Begründung und Untergang des Titelrechts	596
§ 20	Reichweite des Schutzes	603

Vierter Teil	**Namen, Domains, Geografische Herkunftsangaben**	611
§ 21	Namen	611
§ 22	Domains	619
§ 23	Geografische Herkunftsangaben	634

Fünfter Teil	**Kennzeichen im Rechtsverkehr**	647
§ 24	Marken im Rechtsverkehr	647

| § 25 | Geschäftliche Bezeichnungen im Rechtsverkehr | 663 |

Sechster Teil   Ergänzende außerkennzeichenrechtliche Ansprüche... 667
§ 26 Ergänzende wettbewerbsrechtliche Ansprüche und Ansprüche aus unerlaubter Handlung 667

Siebenter Teil   Rechtsfolgen der Verletzung und Überblick über die Verfahrensarten 683
§ 27 Rechtsfolgen der Kennzeichenverletzung 683
§ 28 Verfahren beim EUIPO 739
§ 29 Verfahren beim DPMA 795
§ 30 Verfahren der internationalen Registrierung bei der WIPO 815
§ 31 Gerichtliche Verfahren 818

Achter Teil   Kennzeichenpraxis 845
§ 32 Kennzeichenkonzeption, -strategie und -bewertung 845
§ 33 Checkliste Kennzeichenpraxis 856
§ 34 Checkliste Verwechslungsgefahr 861
§ 35 Checkliste Verfügungsverfahren 863
§ 36 Checkliste Grenzbeschlagnahme 865

Entscheidungsregister 869
Stichwortverzeichnis 963

Inhaltsverzeichnis

Vorwort zur 5. Auflage	V
Benutzungshinweise	VII
Abkürzungen und Literatur	XXV
Internet-Links	XXXI
Gerichte	XXXI
Entscheidungen	XXXI
Ämter	XXXI
Formulare	XXXI
Markenrecherche	XXXI
Vorschriften	XXXII

Erster Teil Grundlagen	1
§ 1 Überblick über das Kennzeichenrecht	1
I. Begriff des Kennzeichenrechts	1
II. Bedeutung von Kennzeichenrechten	1
III. Arten von Kennzeichen	4
1. Marken	4
a) Arten von Marken	5
b) Markenfähigkeit, absolute und relative Schutzhindernisse	6
c) Das Leben der Marke	7
2. Unternehmensbezeichnungen	8
3. Werktitel	9
4. Namensrechte	9
5. Geografische Herkunftsangaben	10
6. Sonstige Kennzeichen	10
IV. Prioritätsprinzip und Territorialitätsprinzip	11
V. Rechtsgrundlagen	12
1. Staatsverträge	12
2. Europarechtliche Vorschriften	14
3. Nationale Vorschriften	15
VI. Ämter und Gerichte	16
VII. Bedeutung des EuGH	16
VIII. Souveränität der Markensysteme und Rechtskraft	20
IX. Schrifttum und elektronische Hilfsmittel	23

Zweiter Teil Marken	27
Erstes Kapitel Erwerb und Erhalt des Markenschutzes	27
§ 2 Markenfähigkeit und verschiedene Arten von Marken	27
I. Begriff, Rechtsgrundlagen, Voraussetzungen und Markenformen	27
II. Zeichen	29
III. Klar und eindeutig bestimmbare Darstellbarkeit	30

	IV. Unterscheidungseignung	34
	V. Kollektivmarken, Gewährleistungs- und Garantiemarken	35
§ 3	Inhaberschaft	38
	I. Grundsätze	38
	II. Besonderheiten bei Unionsmarken und internationalen Registrierungen	39
	III. Kollektivmarken	39
§ 4	Absolute Eintragungshindernisse	41
	I. Überblick über die absoluten Eintragungshindernisse	42
	II. Abgrenzung zu relativen Eintragungshindernissen	44
	III. Gemeinsame Grundsätze absoluter Eintragungshindernisse	45
	1. Produktbezug des Markenrechts	45
	a) Grundsätze	45
	b) Selbständige Würdigung der Produkte im Verfahren	46
	c) Problematik pauschaler Oberbegriffe	49
	d) Keine Bedeutung salvatorischer Einschränkungsversuche pauschaler Begriffe	51
	2. Verkehrsverständnis im Markenrecht	52
	a) Grundsätze	52
	b) Geteiltes Verkehrsverständnis	64
	c) Europäischer Verbraucher und die Bedeutung von Entscheidungen der mitgliedstaatlichen Gerichte und des EUIPO	67
	3. Wahrnehmungsrichtungen des Verkehrs	68
	4. Gesamteindruck und Marke als solche als Ausgangspunkt der Würdigung	69
	5. Maßgeblicher Zeitpunkt der Prüfung	74
	6. Allgemeininteresse als Grundlage absoluter Eintragungshindernisse	77
	7. Prüfungsumfang und Prüfungsmaßstab im Eintragungsverfahren	78
	IV. Unterscheidungskraft, beschreibende Angaben, übliche Bezeichnung	80
	1. Merkmalsbeschreibende Angaben	82
	a) Gesetzliche Grundlagen und Allgemeininteresse	82
	b) Erforderlicher Grad der Abweichung vom Üblichen, insbesondere Abkürzungen	83
	c) Erfordernis einer gewissen Unmittelbarkeit der Beschreibung	86
	d) Mehrdeutige und unscharfe Zeichen	89
	e) Bedeutung künftiger Verwendungsmöglichkeiten	92
	f) Bedeutungslosigkeit der Verbraucherrelevanz des beschriebenen Merkmals	95
	g) Bedeutungslosigkeit von Synonymen und des Fehlens von Konkurrenten	95

h) Besonderheiten bei geografischen Angaben und sonstigen Angaben zu Produktions- oder Vertriebsstätte	96
i) (Keine) Besonderheiten bei dreidimensionalen Marken oder Bildmarken..................................	98
2. Übliche Bezeichnungen	99
a) Voraussetzungen des Eintragungshindernisses...........	99
b) Besonderheiten im Verfallsverfahren..................	101
3. Sonstiges Fehlen der Unterscheidungskraft................	102
a) Gesetzliche Grundlagen	102
b) Herkunftsfunktion	103
c) Allgemeininteresse	104
d) Verhältnis zur abstrakten Unterscheidungseignung im Rahmen der allgemeinen Markenfähigkeit..............	106
e) Keine Bedeutung der konkreten Benutzung der Marke und des Kennzeichenumfelds............................	106
f) Für die Unterscheidungskraft erforderlicher Grad der Abweichung vom Branchenüblichen...................	109
g) Mittelbare Differenzierung der einzelnen Kategorien von Marken aufgrund unterschiedlichen Verkehrsverständnisses	113
h) Wortmarken....................................	116
(1) Ansatz von EuGH und EuG	116
(2) Ansatz des BGH	117
(3) Vage und mehrdeutige Bezeichnungen	119
i) Slogans, Werbeschlagworte und andere Wortfolgen.......	121
(1) Vorgaben des EuGH	121
(2) Linie des EuG	123
(3) Linie des BGH..............................	125
j) Personennamen..................................	127
k) Bildmarken und Wort-/Bildmarken	127
l) Abstrakte Farbmarken	136
m) Formmarken....................................	138
(1) Ansatz von EuGH und EuG	138
(2) Ansatz des BGH	145
(3) Verpackungsformen	149
n) Positionsmarken.................................	151
o) Hörmarken.....................................	153
4. Erwerb von Unterscheidungskraft infolge Benutzung........	153
a) Grundsätze......................................	153
b) Feststellung erworbener Unterscheidungskraft im Verfahren	161
V. Form der Ware oder anderes charakteristisches Merkmal	167
1. Form oder anderes charakteristisches Merkmal durch Art der Ware bedingt..	169
2. Form oder anderes charakteristisches Merkmal technisch bedingt	172
3. Form oder anderes charakteristisches Merkmal wertverleihend	178
VI. Bösgläubige Markenanmeldung............................	179

1. Einsatz der Marke gegen inländische Benutzungshandlungen, insbesondere gegen Vorbenutzung durch einen Dritten 183
2. Einsatz der Marke zur Marktabschottung gegenüber dem Ausland. 188
3. Markenanmeldung zu Spekulationszwecken. 190
VII. Sonstige Eintragungshindernisse 192
  1. Täuschungseignung 193
  2. Öffentliche Ordnung... 194
  3. Verstoß gegen die guten Sitten............................... 195
  4. Hoheitszeichen und Ähnliches................................ 196
  5. Öffentliches Interesse 198
  6. Geografische Angaben... 199
  7. Traditionelle Lebensmittelbezeichnungen und Sortenschutzbezeichnungen 200
VIII. Telle-quelle-Schutz gemäß Art. 6^{quinquies} PVÜ. 200

§ 5 Verzeichnis der Waren und Dienstleistungen 203
I. Abfassung des Verzeichnisses.................................... 203
II. Auslegung des Verzeichnisses................................... 207
III. Nachträgliche Änderung des Verzeichnisses 210
IV. Teilung der Marke 211

§ 6 Markenschutz ohne Eintragung 212
I. Überblick.. 212
II. Markenschutz durch Verkehrsgeltung........................... 213
III. Markenschutz durch notorische Bekanntheit.................. 215

§ 7 Priorität und Seniorität 217
I. Priorität... 217
II. Seniorität 219

§ 8 Benutzungszwang 223
I. Grundsätze... 223
II. Art und Umfang der Benutzung................................. 224
  1. Grundsätze 224
  2. Einzelheiten zur Art der Benutzung. 227
  3. Einzelheiten zum Umfang der Benutzung 232
  4. Wechselbeziehung von Art, Umfang und Dauer der Benutzung 234
III. Ort der Benutzung.. 235
IV. Benutzung durch Dritte 238
V. Abweichungen von Marke und benutzter Form 239
  1. Grundlagen... 239
  2. Praxis des EuG 240
  3. Praxis des BGH. 247
VI. Benutzung nur für ein Produktsegment 253
VII. Berechtigter Grund für die Nichtbenutzung 257
VIII. Zeitraum der Benutzung und Benutzungsschonfrist 259
  1. Grundsätze der Benutzungsschonfrist 259

2. Berechnung der Frist in den einzelnen Verfahren	261
IX. Verfahrensrechtliches, Nachweis und Glaubhaftmachung	264

§ 9 Schutzdauer und Verlängerung ... 272
    I. Gemeinsame Grundsätze ... 272
    II. Schutzdauer und Verlängerung der Unionsmarke ... 272
    III. Schutzdauer und Verlängerung der deutschen Marke ... 273
    IV. Schutzdauer und Verlängerung der internationalen Registrierung ... 275

Zweites Kapitel   Reichweite des Markenschutzes ... 277
§ 10 Grundlagen ... 277
    I. Die drei Verletzungstatbestände ... 277
    II. Grundsatz der Bindung des Verletzungsrichters an die eingetragene Marke ... 278
    III. Vorbemerkung: Unterschiede zwischen Widerspruchs- und Verletzungsverfahren ... 280
    IV. Benutzungshandlungen ... 282
1. Grundsätze ... 282
2. Insbesondere: Wiederbefüllung gekennzeichneter Behältnisse ... 283
3. Insbesondere: Besitz von Ware zum Zwecke des Angebots ... 284
4. Insbesondere: Einfuhr, Ausfuhr und Durchfuhr ... 284
5. Sachverhalte mit Auslandsbezug ... 286
6. Erfordernis der Benutzung in der eigenen kommerziellen Kommunikation ... 287
    V. Geschäftlicher Verkehr ... 289
    VI. Keine Zustimmung ... 291
    VII. Funktionswidrigkeit der Benutzung ... 292
        1. Grundsätze ... 292
        2. Beeinträchtigung der Herkunftsfunktion ... 294
            a) Grundsätze ... 294
            b) Beschreibende Zeichen ... 296
            c) Bestellzeichen ... 298
            d) Herkunftsfunktion bei neuen Markenformen ... 299
            e) Gütezeichen und Testsiegel ... 302
            f) Benutzung als Unternehmenskennzeichen ... 302
            g) Benutzung als Werktitel ... 306
            h) Nutzung als Domain ... 306
            i) Metatags ... 306
            j) Adwords ... 307
            k) Treffer plattforminterner Suchmaschinen ... 309
            l) Koexistenz ... 310
            a) Werbefunktion ... 310
            b) Investitionsfunktion ... 311

§ 11 Identität von Marke und Produkt ... 313
    I. Zeichenidentität ... 313
    II. Produktidentität ... 315

§ 12 Verwechslungsgefahr ... 317
    I. Grundsätze ... 318

1. Tatbestandsvoraussetzungen 318
2. Unterfälle der Verwechslungsgefahr und Terminologie der Gerichte 324
3. Verkehrsverständnis in der Zeichenkollision. 328
II. Kennzeichnungskraft 334
   1. Grundsätze 334
   2. Maßgeblicher Zeitpunkt der Beurteilung 338
   3. Durchschnittliche Kennzeichnungskraft als Ausgangspunkt der Beurteilung 340
   4. Kennzeichnungskraft mindernde Umstände 341
   5. Kennzeichnungskraft erhöhende Umstände 345
III. Zeichenähnlichkeit 348
   1. Überblick 348
      a) Grundzüge 348
      b) Prüfungsreihenfolge und Systematisierung nach »Variation« und »Kombination« 349
   2. Wahrnehmungsrichtungen – insbesondere Fallgruppe »Variation« 351
      a) Überblick 351
      b) Klangliche Ähnlichkeit 352
        (1) Ausspracheregeln 352
        (2) Anlehnung an beschreibende Angaben 356
        (3) Position von Übereinstimmungen der Zeichen und die Bedeutung des Zeichenbeginns 356
        (4) Vokal- und Konsonantenähnlichkeiten 362
        (5) Betonung, Silbenzahl und -struktur. 364
      c) Bildliche Ähnlichkeit 366
        (1) Wortmarke gegen Wortmarke 367
        (2) Wort-/Bildmarke gegen Wortmarke 370
        (3) Wort-/Bildmarke gegen Wort-/Bildmarke 376
        (4) Bildmarken 383
        (5) Farbmarken 388
        (6) Formmarken 389
      d) Ähnlichkeit des Bedeutungsgehalts 390
      e) Gewichtung der einzelnen Wahrnehmungsrichtungen 395
      f) Wechselseitiges Neutralisieren von Ähnlichkeiten 397
   3. Gesamteindruck 403
      a) Grundsätze 403
      b) Herangehensweise von EuG und BGH 405
   4. Unterscheidungskräftige und dominierende Zeichenelemente .. 409
      a) Grundsätze 409
      b) Prüfungsreihenfolge 414
      c) Erster Schritt: Ermittlung der Eigenschaften von Zeichenelementen 415
        (1) Fantasiebezeichnung 416
        (2) Schutzunfähige, insbesondere beschreibende Bestandteile 418

			(3)	Bestandteile mit allgemeiner oder anpreisender Bedeutung und unauffällige Bestandteile............	421
			(4)	An schutzunfähige Zeichen angelehnte Bestandteile...	425
			(5)	Bildelemente................................	427
			(6)	Formmarken.................................	439
			(7)	Intensive Benutzung eines Zeichenelements........	442
		d)	Zweiter Schritt: Ermittlung des relativen Gewichts von Zeichenelementen	443
			(1)	Ausnahme: Prägung durch schutzunfähige oder schwache Bestandteile?.............................	444
			(2)	Bedeutung der Position des Zeichenelements.......	450
			(3)	Namen......................................	451
		e)	Spezialfall: Übernahme eines Teils der Bestandteile unter Hinzufügen neuer Bestandteile.....................	453
	5.	Selbständig kennzeichnende Stellung eines Elements			454
		a)	Selbständig kennzeichnende Stellung neben bekannter Marke oder Unternehmensbezeichnung...............		455
		b)	Selbständig kennzeichnende Stellung bei Zweitmarken		457
		c)	Übernahme von Stammbestandteilen von Zeichenserien ...		463
		d)	Übernahme von Unternehmenskennzeichen.............		467
		e)	Sonderfall: Selbständig kennzeichnender Bestandteil trotz schwacher Kennzeichnungskraft........................		468
		f)	Sonderfall: Selbständig kennzeichnender Bestandteil ist variiert...		468
		g)	Sonderfall: Umkehrung der Prioritätslage..............		469
IV.	Produktähnlichkeit..				471
	1.	Grundsätze...			471
	2.	Einzelfälle..			478
V.	Wechselbeziehung..				487

§ 13	Schutz der bekannten Marke.................................	493
I.	Begriff der »bekannten Marke«............................	495
II.	Zeichenähnlichkeit..	499
III.	Spezifische Schutzvoraussetzungen..........................	505
	1. Handeln ohne rechtfertigenden Grund in unlauterer Weise ...	507
	2. Beeinträchtigung der Unterscheidungskraft................	509
	3. Beeinträchtigung der Wertschätzung.....................	512
	4. Ausnutzung der Unterscheidungskraft oder der Wertschätzung	513

§ 14	Verjährung, Verwirkung, Koexistenz...........................	518
I.	Verjährung...	518
II.	Verwirkung und Duldung..................................	519
	1. Duldungstatbestand von MRR und UMV.................	519
	2. Weitergehender nationaler Verwirkungstatbestand..........	521
	3. Kritik des nationalen Sonderwegs........................	524
III.	Koexistenz...	525

§ 15	Beschränkung der Wirkungen der Marke.......................	530
I.	Überblick..	530

II. Gebrauch von Name und Anschrift ... 532
III. Merkmalsangaben ... 534
IV. Bestimmungsangaben ... 537
V. Anständige Gepflogenheiten in Gewerbe oder Handel ... 539

§ 16 Erschöpfung ... 544
    I. Begriff und Bedeutung ... 544
    II. Voraussetzungen der Erschöpfung (Abs. 1) ... 545
        1. Begriff des Inverkehrbringens ... 545
        2. Inverkehrbringen im EWR ... 547
        3. Ware des Rechtsinhabers oder einer wirtschaftlich verbundenen Person ... 548
        4. Zustimmung des Rechtsinhabers ... 548
        5. Beweislast ... 550
    III. Wirkung der Erschöpfung ... 551
    IV. Ausnahmen von der Erschöpfung (Abs. 2) ... 553
        1. Veränderung oder Verschlechterung des Originalzustands der Ware ... 553
        2. Vertriebsmodalitäten ... 555
        3. Entfernung der Marke ... 558
        4. Entfernung von Kontroll- oder Identifikationsnummern ... 558
        5. Umverpacken und Neuetikettierung ... 560
            a) Insbesondere: Künstliche Abschottung der Märkte und Erforderlichkeit des Umverpackens ... 562
            b) Insbesondere: Beeinträchtigung des Originalzustands der Ware und Qualität der Umverpackung ... 565
            c) Insbesondere: Unterrichtungs- und Lieferungspflicht ... 567
            d) Insbesondere: Angabe des Umverpackers ... 569
        6. Änderung der Kennzeichnung ... 570

Dritter Teil   Geschäftliche Bezeichnungen ... 573

Erstes Kapitel   Unternehmenskennzeichen ... 573
§ 17 Begründung und Untergang des Rechts am Unternehmenskennzeichen ... 573
    I. Überblick ... 573
    II. Rechtsbegründung ... 574
        1. Aufnahme der befugten Benutzung eines Unternehmenskennzeichens ... 575
        2. Namensmäßige Unterscheidungskraft ... 577
        3. Besondere Geschäftsbezeichnungen, insbesondere Etablissementbezeichnungen ... 579
        4. Verkehrsdurchsetzung ... 580
        5. Eigenständiger Schutz von Zeichenbestandteilen ... 580
    III. Räumlicher Schutzbereich ... 582
    IV. Untergang des Rechts ... 583

§ 18 Reichweite des Schutzes ... 586
    I. Überblick ... 586

II. Rechtsverletzende Benutzung im geschäftlichen Verkehr	586
III. Verwechslungsgefahr	587
1. Kennzeichnungskraft	588
2. Zeichenähnlichkeit	589
3. Branchenähnlichkeit	590
4. Verwechslungsgefahr im weiteren Sinne	592
IV. Erweiterter Schutz bekannter Unternehmenskennzeichen	593
V. Schranken	593

Zweites Kapitel Titel 596

§ 19 Begründung und Untergang des Titelrechts 596
    I. Überblick 596
    II. Rechtsbegründung 597
    III. Zeitrang des Titelrechts und seine Vorverlagerung durch Titelschutzanzeige 599
    IV. Inhaberschaft 601
    V. Untergang des Titelschutzes 602

§ 20 Reichweite des Schutzes 603
    I. Grundsätze 603
    II. Verwechslungsgefahr 604
        1. Kennzeichnungskraft 604
        2. Zeichenähnlichkeit 605
        3. Werknähe 607
        4. Titelrechtlicher Schutz gegen Marken und Unternehmenskennzeichen als Ausnahme 608
    III. Erweiterter Schutz bekannter Titel 610
    IV. Einreden, Einwendungen und Rechtsfolgen 610

Vierter Teil Namen, Domains, Geografische Herkunftsangaben 611

§ 21 Namen 611
    I. Überblick und Anwendungsbereich 611
    II. Rechtsbegründung, -einräumung, und -beendigung 613
    III. Reichweite des Schutzes 614
        1. Namensleugnung 614
        2. Namensanmaßung 615
        3. Namensgebrauch zu Werbezwecken 617

§ 22 Domains 619
    I. Überblick 619
    II. Ansprüche gegen Top-Level-Domains »,eu« 620
    III. Ansprüche gegen Top-Level-Domains »,de« 622
        1. Kennzeichenrechtliche Ansprüche 623
        2. Namensrechtliche Ansprüche 624
        3. Ausnahmekonstellationen beiderseitiger Berechtigung . . 627
            a) Regelfall: kein Anspruch bei beiderseitiger Berechtigung . . 628
            b) Ausnahmsweise: Pflicht zur Rücksichtnahme 629
            c) Ganz ausnahmsweise: Löschungsanspruch 630

    4. Ansprüche bei bloßer Registrierung..................... 631
    5. Angriffe auf E-Mail-Adressen 632
  IV. Ansprüche gegen andere Top-Level-Domains................. 632

§ 23 Geografische Herkunftsangaben.............................. 634
  I. Überblick... 634
  II. Schutz von Bezeichnungen für Agrarerzeugnisse und Lebensmittel nach der Verordnung (EU) 1151/2012 636
    1. Anwendungsbereich............................... 636
    2. Eintragungsverfahren............................. 637
    3. Schutzumfang 638
  III. Einfache geografische Herkunftsangaben..................... 642
  IV. Qualifizierte geografische Herkunftsangaben.................. 645
  V. Geografische Herkunftsangaben mit besonderem Ruf 646

Fünfter Teil Kennzeichen im Rechtsverkehr 647
§ 24 Marken im Rechtsverkehr 647
  I. Übertragung... 647
    1. Grundzüge 647
    2. Eintragung des Inhaberwechsels..................... 648
    3. Bedeutung der Eintragung des Inhaberwechsels im Register... 649
    4. Prozessführung 650
    5. Besonderheiten bei Verwertungsgesellschaften 650
    6. Besonderheiten bei der Übertragung von Namensmarken 651
  II. Lizenz.. 652
    1. Grundsätze 652
    2. Inhaltliche Beschränkungen der Lizenz 655
    3. Prozessführung 656
    4. Sukzessionsschutz 658
  III. Gestattung.. 659
  IV. Abgrenzungs- und Vorrechtsvereinbarung 660
  V. Zwangsvollstreckung und Insolvenz 661
  VI. Markenanmeldungen vor Eintragung und Benutzungsmarken 662

§ 25 Geschäftliche Bezeichnungen im Rechtsverkehr.................. 663
  I. Unternehmenskennzeichen............................... 663
    1. Übertragung 663
    2. Lizenz und Gestattung 664
  II. Titel... 665

Sechster Teil Ergänzende außerkennzeichenrechtliche Ansprüche.... 667
§ 26 Ergänzende wettbewerbsrechtliche Ansprüche und Ansprüche aus unerlaubter Handlung 667
  I. Wettbewerbsrechtlicher Schutz der bekannten Marke 670
  II. Gezielte Behinderung 671
  III. Ergänzender wettbewerbsrechtlicher Leistungsschutz 672
  IV. Irreführungsverbot.................................... 677

| V. Vergleichende Werbung | 679 |

Siebenter Teil Rechtsfolgen der Verletzung und Überblick über die Verfahrensarten 683

§ 27 Rechtsfolgen der Kennzeichenverletzung	683
I. Unterlassungsanspruch	685
1. Wiederholungsgefahr	687
2. Erstbegehungsgefahr	689
3. Antragsfassung	692
4. Haftung, insbesondere Haftung der Mittelsperson und sogenannte Störerhaftung	696
5. Pflicht zur Störungsbeseitigung und Rückrufanspruch als Teil des Unterlassungsanspruchs	703
II. Löschungsanspruch und Nichtkeitsanspruch	705
III. Anspruch auf Rücknahme einer Markenanmeldung	708
IV. Schadensersatzanspruch	708
1. Voraussetzungen	708
2. Dreifache Schadensberechnung	713
V. Bereicherungsanspruch	718
VI. Auskunftsanspruch	719
1. Auskunftsanspruch nach § 242 BGB zur Vorbereitung von Schadensersatzansprüchen	720
2. Auskunftsanspruch nach § 19 MarkenG über Herkunft und Vertriebsweg der Produkte	721
VII. Vorlage- und Besichtigungsanspruch	726
VIII. Vorlageanspruch zur Sicherung von Schadensersatzansprüchen	727
IX. Zurückbehaltungsanspruch an widerrechtlich gekennzeichneter Ware	728
X. Vernichtungs- und Rückrufanspruch	728
XI. Anspruch auf Urteilsveröffentlichung	730
XII. Übertragungsanspruch	731
XIII. Anspruch auf Hinweis in Nachschlagewerken	733
XIV. Strafrecht und Bußgeldvorschriften	733
XV. Grenzbeschlagnahme	734
1. Voraussetzungen und Unterschiede der europäischen und nationalen Regelungen	735
2. Antragsverfahren	736
3. Grenzbeschlagnahmeverfahren	737

§ 28 Verfahren beim EUIPO	739
I. Eintragungsverfahren Unionsmarke	741
II. Widerspruchsverfahren gegen Unionsmarke oder internationale Registrierung mit Schutz für die EU	743
1. Mögliche Widerspruchsgründe	744
a) Grundsätze	744
b) Widerspruch aus sonstigen Rechten gemäß Art. 8 IV UMV	745
c) Sprachenregelung	749

2. Zulässigkeit und Begründetheit	749
3. Verfahrensverlauf	753
III. Verfalls- und Nichtigkeitsverfahren Unionsmarke oder internationale Registrierung mit Schutz für die EU	757
IV. Teilungs- und Umwandlungsverfahren	760
V. Allgemeine Verfahrensgrundsätze	761
1. Fristenregelung, Wiedereinsetzung in den vorigen Stand und Weiterbehandlung	761
2. Widerruf	765
3. Begründungspflicht	766
4. Sonstige Grundsätze	768
5. Aussetzung und Unterbrechung des Verfahrens	771
VI. Rechtsmittel	772
1. Beschwerde	773
2. Klage zum EuG	779
3. Rechtsmittel zum EuGH	789
§ 29 Verfahren beim DPMA	795
I. Allgemeine Grundsätze	795
II. Eintragungsverfahren nationale Marke	797
III. Widerspruchsverfahren gegen nationale Marke oder internationale Registrierung mit Schutz für Deutschland	799
IV. Verzicht	802
V. Amtliche Verfalls- und Nichtigkeitsverfahren gegen nationale Marken oder internationale Registrierungen mit Schutz für Deutschland	802
1. Regelung bis zum 30.4.2020	802
2. Regelung ab dem 1.5.2020	803
VI. Rechtsmittel	806
1. Erinnerung	806
2. Beschwerde	807
3. Rechtsbeschwerde	808
§ 30 Verfahren der internationalen Registrierung bei der WIPO	815
I. Überblick	815
II. Internationale Registrierung und nachträgliche Schutzerstreckung	816
§ 31 Gerichtliche Verfahren	818
I. Vorprozessuale Strategie	819
II. Verfahren vor den ordentlichen Gerichten	823
1. Gerichtliche Zuständigkeit	823
2. Aussetzung des Verfahrens	828
3. Gegenstandswert und Kosten	829
4. Streitgegenstand	832
III. Andere Hauptsacheverfahren	836
IV. Einstweiliger Rechtsschutz	837

Achter Teil Kennzeichenpraxis...	845
§ 32 Kennzeichenkonzeption, -strategie und -bewertung..............	845
I. Kennzeichenkonzeption...	845
II. Recherche- und Überwachungsstrategien.....................	846
1. Recherche..	846
2. Überwachung...	847
III. Anmeldestrategie...	847
1. Wer meldet an?..	848
2. Wo und wie wird angemeldet?.................................	848
3. Welche Marke wird angemeldet?..............................	849
4. Für welche Produkte wird angemeldet?.....................	850
5. Ist es besser, ganz auf eine Anmeldung zu verzichten?.....	850
IV. Internationale Strategien...	851
V. Markenführung und Vermarktungsstrategien..................	852
VI. Kennzeichenbewertung...	854
§ 33 Checkliste Kennzeichenpraxis...	856
A. Recherche...	856
B. Markenanmeldung...	857
C. Markenverwaltung...	858
D. Angriff...	859
E. Verteidigung..	860
§ 34 Checkliste Verwechslungsgefahr..	861
A. Voraussetzungen Verwechslungsgefahr........................	861
B. Bestimmung Zeichenähnlichkeit.................................	861
§ 35 Checkliste Verfügungsverfahren...	863
A. Vorfeld des Verfügungsverfahrens...............................	863
B. Vorbereitung des Antrags durch den Antragsteller...........	863
C. Nach Erlass der Verfügung..	863
§ 36 Checkliste Grenzbeschlagnahme..	865
A. Die Grenzbeschlagnahme nach der Verordnung (EU) Nr. 608/2013	865
B. Die Grenzbeschlagnahme nach den §§ 146ff. MarkenG.........	866
Entscheidungsregister..	869
Stichwortverzeichnis...	963

Abkürzungen und Literatur

a. A.	anderer Ansicht
a. E.	am Ende
ABl.-EG	Amtsblatt der Europäischen Gemeinschaft
ABl.-HABM	Amtsblatt des Harmonisierungsamts für den Binnenmarkt
ABl.-EU	Amtsblatt der Europäischen Union
Abs.	Absatz
AEUV	Vertrag über die Arbeitsweise der Europäischen Union vom 26. Oktober 2012, ABl.-EG. 2012 C 326, S. 47
AG	Aktiengesellschaft
Ahrens, Hans-Jürgen	Der Wettbewerbsprozess, 8. Aufl. 2017
Amtl. Begr.	Amtliche Begründung
Art.	Artikel
Aufl.	Auflage
AusfO	Gemeinsamen Ausführungsordnung zum Madrider Abkommen über die internationale Registrierung von Marken und zum Protokoll zu diesem Abkommen
Az.	Aktenzeichen
BAG	Bundesarbeitsgericht
BFH	Bundesfinanzhof
BGB	Bürgerliches Gesetzbuch
BGBl.	Bundesgesetzblatt
BGH	Bundesgerichtshof
BGHZ	Entscheidungssammlung des Bundesgerichtshofs in Zivilsachen
BlPMZ	Blatt für Patent-, Muster- und Zeichenwesen
BPatG	Bundespatentgericht
BPatGE	Entscheidungssammlung des Bundespatentgerichts
BT-Drucks.	Bundestagsdrucksache
Buchst.	Buchstabe
Büscher, Wolfgang/ Dittmer, Stefan/ Schiwy, Peter	Gewerblicher Rechtsschutz – Urheberrecht – Medienrecht – Kommentar, 4. Aufl. 2019
BVerfG	Bundesverfassungsgericht
bzw.	beziehungsweise
CETA	Comprehensive Economic and Trade Agreement
CR	Computer und Recht (Zeitschrift)
CRi	Computer Law Review International (Zeitschrift)
DB	Der Betrieb
DENIC	Deutsches Network Information Center (zentrale Registrierungsstelle für Domains unterhalb der Top-Level-Domain.de)
Diss.	Dissertation
DPMA	Deutsches Patent- und Markenamt
DStR	Deutsches Steuerrecht (Zeitschrift)
DurchsetzungsRL	Richtlinie 2004/48/EG des Europäischen Parlaments und des Rates vom 29. April 2004 zur Durchsetzung der Rechte des geistigen Eigentums (ABl.-EG L 157/45)
DV	Delegierte Verordnung (EU) 2018/625 der Kommission vom 5. März 2018 zur Ergänzung der Verordnung (EU) 2017/1001 des Europäischen Parlaments und des Rates über die Unionsmarke und zur Aufhebung der Delegierten Verordnung (EU) 2017/1430

E. I. P. R.	European Intellectual Property Report (Zeitschrift)
ECTA	European Communities Trade Mark Association
e-filing	elektronische Anmeldung
eG	eingetragene Genossenschaft
EG	Vertrag zur Gründung der Europäischen Gemeinschaft
EGMR	Europäischer Gerichtshof für Menschenrechte
Eisenführ, Günther/ Schennen, Detlef	Unionsmarkenverordnung, 5. Aufl. 2017
EMRK	Europäische Menschenrechtskonvention
Entwurf modifiziertes Markenrechtsmodernisierungsgesetz	Unveröffentlichter Entwurf des Markenrechtsmodernisierungsgesetztes in aufgrund der Stellungnahmen der Verbände modifizierter Fassung
ErstrG	Erstreckungsgesetz
EU	Europäische Union
EuG	Gericht erster Instanz der Europäischen Union
EuGH	Gerichtshof der Europäischen Union (Europäischer Gerichtshof)
EuGVÜ	Übereinkommen von Brüssel über die gerichtliche Zuständigkeit und die Vollstreckung gerichtlicher Entscheidungen in Zivil- und Handelssachen von 1968; konsolidierte Fassung im ABl.-EG Nr. C 27 vom 26.1.1998, S. 1
EuGVVO	Verordnung Nr. 1215/2012 des Europäischen Parlaments und Rates vom 12.12.2012 (Amtsblatt L 351 vom 20.12.2012, S. 1)
EUIPO	European Union Intellectual Property Office (früher HABM)
EWiV	Europäische wirtschaftliche Interessenvereinigung
EWR	Europäischer Wirtschaftsraum
f.	folgende
ff.	folgende
Fezer, Karl-Heinz	Markenrecht, 4. Aufl. 2009
Fn.	Fußnote
FS	Festschrift
g. g. A.	geschützte geografische Angabe
g. U.	geschützte Ursprungsbezeichnung
GbR	Gesellschaft bürgerlichen Rechts
GG	Grundgesetz
ggf.	gegebenenfalls
GmbH	Gesellschaft mit beschränkter Haftung
GMDV	Verordnung (EG) Nr. 2868/95 der Kommission vom 13. Dezember 1995 zur Durchführung der Verordnung (EG) Nr. 40/94 des Rates über die Gemeinschaftsmarke
GMV	Verordnung (EG) Nr. 207 des Rates über die Gemeinschaftsmarke vom 26. Februar 2009 (ABl.-EG Nr. L 78 vom 24. März 2009, S. 1) (Gemeinschaftsmarkenverordnung)
GPSG	Gesetz über technische Arbeitsmittel und Verbraucherprodukte
GRUR	Gewerblicher Rechtsschutz und Urheberrecht
GRUR Int.	Gewerblicher Rechtsschutz und Urheberrecht, Internationaler Teil
GRUR-Prax	Gewerblicher Rechtsschutz und Urheberrecht, Praxis im Immaterialgüter- und Wettbewerbsrecht
GRUR-RR	Gewerblicher Rechtsschutz und Urheberrecht, Rechtsprechungs-Report
HABM	Harmonisierungsamt für den Binnenmarkt (Marken, Muster, Modelle) (heute EUIPO)
HGB	Handelsgesetzbuch

Hoffmann, Markus/ Kleespies, Mathias	Formular-Kommentar Markenrecht, 2. Aufl. 2011
Hrsg.	Herausgegeben
HWiG	Haustürwiderrufsgesetz
i. S.	im Sinne
i. V.	in Verbindung
i. V. m.	in Verbindung mit
Ingerl, Reinhard	Die Gemeinschaftsmarke, 1996
Ingerl, Reinhard/ Rohnke, Christian	Markengesetz – Kommentar, 3. Aufl. 2010
IPRB	IP-Rechts-Berater (Zeitschrift)
KG	Kammergericht/Kommanditgesellschaft
KGaA	Kommanditgesellschaft auf Aktien
KunstUrhG	Gesetz betreffend das Urheberrecht an Werken der bildenden Künste und der Photographie
LG	Landgericht
m. w. N.	mit weiteren Nachweisen
MarkenG	Markengesetz
MarkenR	Markenrecht (Zeitschrift)
MarkenVO	Markenverordnung
MD	Magazindienst, Entscheidungen zum Recht des unlauteren Wettbewerbs, Hrsg. vom Verband Sozialer Wettbewerb e. V.
Mio.	Million
Mitt.	Mitteilungen der Deutschen Patentanwälte
MMA	Madrider Abkommen über die internationale Registrierung von Marken
MMR	Multi Media und Recht (Zeitschrift)
MRR (2008)	Richtlinie 2008/95/EG des Europäischen Parlaments und des Rates zur Angleichung der Rechtsvorschriften der Mitgliedstaaten über die Marken (ABl.-EG Nr. L 299 vom 8. November 2008, S. 25) (Markenrechtsrichtlinie)
MRR	Richtlinie (EU) 2015/2436 des Europäischen Parlaments und des Rates zur Angleichung der Rechtsvorschriften der Mitgliedstaaten über die Marken (Neufassung) vom 16. Dezember 2015 (ABl.-EU Nr. L 336, 23.12.2015, S. 1)
NJOZ	Neue juristische Online-Zeitschrift
NJW	Neue Juristische Wochenschrift
Nordemann, Axel/ Nordemann, Jan Bernd/ Nordemann, Wilhelm	Wettbewerbsrecht – Markenrecht, 11. Aufl. 2012
Nr.	Nummer
ÖBl	Österreichische Blätter für gewerblichen Rechtsschutz und Urheberrecht
OGH	Österreichischer Oberster Gerichtshof
OHG	Offene Handelsgesellschaft
OLG	Oberlandesgericht
OlympiaschutzG	Olympiaschutzgesetz

PatKostG	Gesetz über die Kosten des Deutschen Patent- und Markenamts und des Bundespatentgerichts
PMMA	Protokoll zum Madrider Abkommen über die internationale Registrierung von Marken
PVÜ	Pariser Verbandsübereinkunft zum Schutz des gewerblichen Eigentums
Rdn.	Randnummer (interne Verweisung)
RGZ	Entscheidungssammlung des Reichsgerichts in Zivilsachen
Richtlinie über unlautere Geschäftspraktiken	Richtlinie 2005/29/EG des Europäischen Parlaments und des Rates vom 11. Mai 2005 über unlautere Geschäftspraktiken im binnenmarktinternen Geschäftsverkehr zwischen Unternehmen und Verbrauchern und zur Änderung der Richtlinie 84/450/EWG des Rates, der Richtlinien 97/7/EG, 98/27/EG und 2002/65/EG des Europäischen Parlaments und des Rates sowie der Verordnung (EG) Nr. 2006/2004 des Europäischen Parlaments und des Rates (ABl. EU L 149/22 v. 11.6.2005
RNotZ	Rheinische Notar-Zeitschrift
Rz.	Randziffer (externe Verweisung)
S.	Seite
SE	Societas Europaea (europäische Aktiengesellschaft)
Slg.	Sammlung
Ströbele, Paul/ Hacker, Franz/ Thiering, Frederik	Markengesetz, 12. Aufl. 2018
Teplitzky, Otto	Wettbewerbsrechtliche Ansprüche und Verfahren, 11. Aufl. 2016
TKG	Telekommunikationsgesetz
TLT	Trademark Law Treaty (Markenrechtsvertrag) vom 27.10.1994, ABl.-HABM 1998, 288
TMG	Telemediengesetz
TRIPS	Trade Related Aspects on Intellectual Property Rights (Übereinkommen über handelsbezogene Aspekte der Rechte des geistigen Eigentums) vom 15.4.1994
Tsoutsanis, Alexander	Het merkdepot te kwader trouw, Diss. Leiden, Kluwer Verlag 2005
Tz.	Textziffer (in Entscheidungen des BGH)
u.	und
u. U.	unter Umständen
UDRP	Uniform Domain Name Dispute Resolution Policy
UMDV	Durchführungsverordnung (EU) 2018/626 der Kommission vom 5. März 2018 mit Einzelheiten zur Umsetzung von Bestimmungen der Verordnung (EU) 2017/1001 des Europäischen Parlaments und des Rates über die Unionsmarke und zur Aufhebung der Durchführungsverordnung (EU) 2017/1431
UMV	Unionsmarkenverordnung – Verordnung (EU) 2017/1001 des Europäischen Parlaments und des Rates vom 14. Juni 2017 über die Unionsmarke (Abl.-EU L 154/1 v. 16.6.2017)
Unterabs.	Unterabsatz
UrhG	Urheberrechtsgesetz
UWG	Gesetz gegen den unlauteren Wettbewerb
v.	von/vom
vgl.	vergleiche

VO	Verordnung
WIPO	World Intellectual Property Organization
WRP	Wettbewerb in Recht und Praxis (Zeitschrift)
WTO	World Trade Organisation (Welthandelsorganisation)
WZG	Warenzeichengesetz
z. B.	zum Beispiel
ZGE	Zeitschrift für Geistiges Eigentum
ZIP	Zeitschrift für Wirtschaftsrecht
ZPO	Zivilprozessordnung
ZUM	Zeitschrift für Urheber-und Medienrecht

Internet-Links

Gerichte

EuGH:	http://curia.europa.eu
BGH:	http://www.bundesgerichtshof.de/
BPatG:	http://www.bpatg.de/

Entscheidungen

EuGH:	http://curia.europa.eu/juris/recherche.jsf?language=de
BGH:	http://juris.bundesgerichtshof.de/cgi-bin/rechtsprechung/list.py?Gericht=bgh&Art=en
BPatG:	http://juris.bundespatentgericht.de/cgi-bin/rechtsprechung/list.py?Gericht=bpatg&Art=en&Sort=12288&Datum=Aktuell
EUIPO:	https://euipo.europa.eu/eSearchCLW/
International:	http://www.wipo.int/enforcement/en/case_law.html

Ämter

EUIPO:	https://euipo.europa.eu/ohimportal/en/
DPMA:	http://www.dpma.de
WIPO:	http://www.wipo.int
Ausland:	http://www.wipo.int/directory/en/urls.jsp *sowie* http://www.wipo.int/madrid/memberprofiles/#/

Formulare

EUIPO:	https://euipo.europa.eu/ohimportal/de/other-filings?inheritRedirect=true
DPMA:	http://www.dpma.de/marke/formulare/index.html
WIPO:	http://www.wipo.int/madrid/en/forms/

Markenrecherche

TMview:	https://www.tmdn.org/tmview/welcome
Global Brand Database:	http://www.wipo.int/branddb/en/
Unionsmarken:	https://euipo.europa.eu/eSearch/
Deutschland:	http://register.dpma.de/DPMAregister/marke/Uebersicht
Internationale Registrierungen:	http://www.wipo.int/madrid/monitor/en/index.jsp
TrademarkNow:	https://www.trademarknow.com
Unternehmenskennzeichen	https://opencorporates.com
Australien:	http://pericles.ipaustralia.gov.au/atmoss/falcon.application_start

XXXI

Benelux:	https://register.boip.int/bmbonline/intro/show.do
Großbritannien:	http://www.ipo.gov.uk/types/tm/t-os/t-find.htm
Kanada:	http://strategis.ic.gc.ca/cipo/trademarks/search/tmSearch.do
USA:	http://tmsearch.uspto.gov/bin/gate.exe?f=tess&state=4804:avha14.1.1
System der internationalen Registrierung:	http://www.wipo.int/madrid/en
Domainrecht:	http://www.icann.org/udrp/udrp-policy-24oct99.htm *sowie* http://arbiter.wipo.int/domains
Domainabfrage:	http://www.denic.de/de/whois/index.jsp bzw. diverse »Whois«-Anbieter
Markenrechtliche Datenbank:	http://www.duesseldorfer-archiv.de/
Aktuelle Markeninformationen:	http://www.ipkat.com
Marken aus betriebswirtschaftlicher Sicht:	http://www.markenlexikon.com/markenliteratur.html

Vorschriften

EU-Recht:	https://euipo.europa.eu/ohimportal/de/eu-trade-mark-legal-texts
Deutsche Gesetzestexte:	http://www.gesetze-im-internet.de/index.html
Europa:	http://www.portal21.de
International:	http://www.wipo.int/clea/en
Nizzaer Klassifikation:	http://www.wipo.int/classifications/nice/en/index.html
Wiener Klassifikation:	http://www.wipo.int/classifications/vienna/en

Erster Teil Grundlagen

§ 1 Überblick über das Kennzeichenrecht

Schrifttum: *Kefferpütz*, Harmonisiertes Markenrecht? Unterschiedliche Ansätze und Ergebnisse der europäischen und der deutschen Gerichte, GRUR-Prax 2017, 519; *Starck*, Gemeinschaftsrechtliche Harmonisierung im Kennzeichenrecht – Wirkungen und Grenzen, FS »50 Jahre Bundespatentgericht«, 2011, 893

I. Begriff des Kennzeichenrechts

Als Kennzeichenrecht wird das Rechtsgebiet bezeichnet, das die im geschäftlichen Verkehr verwendeten Kennzeichen behandelt. Unter Kennzeichen sind hierbei insbesondere Marken, Unternehmensbezeichnungen und Werktitel zu verstehen. Darüber hinaus spielen im Kennzeichenrecht aber auch Namensrechte, insbesondere Namensrechte von Unternehmen, eine Rolle. Gemeinsam ist all diesen Rechten, dass sie ihrem Inhaber eine dem Sacheigentum vergleichbare Rechtsposition vermitteln, die es ermöglicht, Dritte unter bestimmten Voraussetzungen von der Verwendung des Kennzeichens auszuschließen. Eine Sonderrolle nehmen hierbei die geografischen Herkunftsbezeichnungen ein, die anders als die übrigen Kennzeichenrechte zwar keinem bestimmten Inhaber zugewiesen sind, aber gleichwohl nur dann verwendet werden dürfen, wenn hierbei bestimmte, mit der geografischen Herkunft verbundene Voraussetzungen beachtet werden. Domains schließlich sind, weil sie ihrem Inhaber kein dem Sacheigentum vergleichbares Recht vermitteln, keine Kennzeichenrechte. Da andere Kennzeichen jedoch durch Domains verletzt werden können, ist das Kennzeichenrecht auch im Domainbereich von wesentlicher Bedeutung.

Das Kennzeichenrecht ist Teilgebiet des gewerblichen Rechtsschutzes, zu dem vor allem auch das Patentrecht[1] sowie das Gebrauchsmuster- und Designrecht zählen. Als Synonym für den Begriff des Kennzeichenrechts wird teilweise auch der Begriff des Markenrechts verwendet, der jedoch begrifflich eigentlich nur ein Teilgebiet des Kennzeichenrechts, das der Marken, erfasst.

II. Bedeutung von Kennzeichenrechten

Kennzeichenrechte dienen als spezielle Eigentumsrechte[2] der Unterscheidung. Hierbei unterscheiden Marken ein Produkt von anderen Produkten. Unterneh-

---

[1] Vgl. www.youtube.com/watch?v=q8gwVvHiJcA.
[2] Kennzeichen sind Eigentum i. S. v. Art. 14 GG: BVerfGE 51, 193; 78, 58; sowie – nicht uneingeschränkt – i. S. v. Art. 17 II der Charta der Grundrechte der Europäischen Union (ABl. C 364, S. 1): EuG T-439/04 v. 3.5.2006 *EUROHYPO*, Tz. 21; auch EuGH C-275/06 v. 29.1.2008 *Promusicae*, Tz. 62; sowie i. S. v. Art. 1 des ersten Zusatzprotokolls zur EMRK: Europäischer Gerichtshof für Menschenrechte Große Kammer Beschwerde Nr. 73049/01 v. 11.1.2007 *Anheuser Busch Inc/Portugal*; BGH I ZR 239/14 v. 2.12.2015 *Eligard*, Tz. 31.

menskennzeichen unterscheiden Unternehmen, Werktitel Werke. Geografische Herkunftsbezeichnungen unterscheiden die geografische Herkunft eines Produkts von anderen Herkunftsregionen. Namen schließlich unterscheiden eine Person von anderen. Allerdings überschneiden sich diese Kennzeichenformen in der Praxis nicht selten. So wird etwa häufig ein und dasselbe Kennzeichen zum einen als Hinweis auf ein bestimmtes Produkt, zum anderen als Hinweis auf ein bestimmtes Unternehmen eingesetzt.

> So unterscheidet das Kennzeichen »Miele« zum einen als Marke die Miele-Waschmaschine von einer Privileg-Waschmaschine. Zum anderen bezeichnet »Miele« als Unternehmenskennzeichen aber auch ein ganz bestimmtes Unternehmen.

4 Diese allen Kennzeichen innewohnende Unterscheidungsfunktion hebt die Rechtsprechung immer wieder hervor. In zahlreichen Entscheidungen – hier am Beispiel der Marken – heißt es: »Die Hauptfunktion der Marke besteht darin, dem Verbraucher oder Endabnehmer die Ursprungsidentität der durch die Marke gekennzeichneten Ware oder Dienstleistung zu garantieren, indem sie es ihm ermöglicht, diese Ware oder Dienstleistung ohne Verwechslungsgefahr von Waren oder Dienstleistungen anderer Herkunft zu unterscheiden.«[3]

5 Augenscheinlich wäre ohne Kennzeichen das uns bekannte Geschäftsleben nicht aufrecht zu erhalten. Denn der Verkehr wird erst durch Kennzeichen in die Lage versetzt, Produkte zu unterscheiden und damit ein bestimmtes Unternehmen für die Qualität des gekennzeichneten Produkts verantwortlich zu machen.[4]

> So würde der Konsument einer bräunlichen Flüssigkeit in Normflaschen vor der Geschmacksprobe wohl kaum wissen, ob sie nach koffeinhaltiger Limonade schmeckt oder nach kaltem Kaffee. Ein solches Produkt könnte wohl kaum verkauft werden. Steht aber »Coca-Cola« auf speziell geformten Flaschen mit einem Inhalt von gleichbleibender Qualität, wird dem Verbraucher eine Auswahl aus verschiedenen bräunlichen Flüssigkeiten überhaupt erst ermöglicht.

6 Damit Kennzeichen diese Unterscheidung leisten können, gewährt der Gesetzgeber ihnen einen besonderen Schutz. Dieser Schutz beinhaltet zunächst, dass ein bestimmtes Unternehmen ein Kennzeichen für sich in einem ganz bestimmten Produktbereich im Sinne eines Ausschließlichkeitsrechts monopolisieren kann.

---

3 So schon EuGH 102/77 v. 23.5.1978 *Hoffmann-La Roche*, Tz. 7; C-10/89 v. 17.10.1990, HAG II, Tz. 14 und 13; aus jüngerer Zeit EuGH C-39/97 v. 29.9.1998 *Canon*, Tz. 28; EuGH C-299/99 v. 18.6.2002 *Philips/Remington*, Tz. 30; EuGH C-206/01 v. 12.11.2002 *Arsenal/Reed*, Tz. 48; EuGH C-228/03 v. 17.3.2005 *Gillette*, Tz. 26; EuGH C-120/04 v. 6.10.2005 *Medion*, Tz. 23; EuGH C-259/04 v. 30.3.2006 *Emanuel*, Tz. 44; EuGH C-236/08 bis 238/08 v. 23.3.2010 *Google France*, Tz. 82; EuGH C-48/09 P v. 14.9.2010 *Lego Juris*, Tz. 49; EuGH C-409/12 v. 6.3.2014 *Backaldrin*, Tz. 20; EuGH C-379/14 v. 16.7.2015 *TOP Logistics*, Tz. 47; EuGH C-30/15 P v. 10.11.2016 *Simba Toys*, Tz. 36; EuGH C-689/15 v. 8.6.2017 *W. F. Gözze Frottierweberei*, Tz. 41; EuGH C-291/16 v. 20.12.2017 *Schweppes*, Tz. 37; EuGH C-129/17 v. 25.7.2018 *Mitsubishi Shoji Kaisha*, Tz. 35; EFTA-Gerichtshof E-5/16 v. 8.4.2017 *Municipality of Oslo*, Tz. 67.
4 Vgl. etwa EuGH C-39/97 v. 29.9.1998 *Canon*, Tz. 28; EuGH C-299/99 v. 18.6.2002 *Philips/Remington*, Tz. 30; EuGH C-206/01 v. 12.11.2002 *Arsenal/Reed*, Tz. 48; EuGH C-228/03 v. 17.3.2005 *Gillette*, Tz. 26; EuGH C-37/03 P v. 15.9.2005 *BioID*, Tz. 27; EuGH C-120/04 v. 6.10.2005 *Medion*, Tz. 23; EuGH C-59/08 v. 23.4.2009 *Copad*, Tz. 22; EFTA-Gerichtshof E-5/16 v. 8.4.2017 *Municipality of Oslo*, Tz. 67.

So kann etwa der Inhaber der Marke Coca-Cola dagegen vorgehen, wenn diese von einem Dritten für alkoholfreie Getränke verwendet wird.⁵

Über diesen Identitätsschutz hinaus wird aber auch der Ähnlichkeitsbereich abgesichert – und zwar sowohl hinsichtlich ähnlicher Zeichen als auch hinsichtlich ähnlicher Produkte. Hierdurch soll der Gefahr entgegengewirkt werden, dass nah beieinanderliegende Kennzeichen oder Kennzeichen für ähnliche Produkte verwechselt werden könnten. Die Frage, wann im Einzelfall eine solche Verwechslungsgefahr vorliegt, ist in der Praxis häufig von zentraler Bedeutung und macht einen Großteil des Kennzeichenrechts aus.⁶ 7

> So kann der Inhaber der Marke Coca-Cola sicherlich noch dagegen vorgehen, wenn diese für alkoholhaltige Mixgetränke verwendet wird oder eine Marke »Koko-Cola« für Limonade. Hier liegt unproblematisch eine Produktähnlichkeit bzw. Zeichenähnlichkeit und damit eine Verwechslungsgefahr vor. Schwieriger wird es jedoch, wenn die Unterschiede größer werden, etwa bei einer Marke »Koko-Koko« oder bei einer Verwendung für eine Ernährungsberatung.

Neben dieser durch Identitätsschutz und Schutz vor Verwechslungsgefahr abgesicherten Unterscheidungsfunktion, die letztlich dazu dient, den Verkehr zu informieren, haben Kennzeichenrechte auch eine ganze Reihe erwünschter Nebenwirkungen. So ermöglichen Kennzeichen insbesondere ein gezieltes Marketing und den Einsatz von Werbung für ein ganz bestimmtes Produkt oder Unternehmen. Hierdurch kann ein Kennzeichen mit einem bestimmten Image aufgebaut und im Verkehr bekannt werden. Ein derart bekanntes oder berühmtes Kennzeichen aber ist neuen Gefahren ausgesetzt – etwa durch Trittbrettfahrer oder aber dadurch, dass es der Lächerlichkeit preisgegeben wird. Zum Schutz bekannter Marken greifen daher zusätzlich Sondertatbestände ein, die das Zeichen auch dann schützen, wenn die gekennzeichneten Produkte nicht mehr ähnlich sind. 8

> Wird daher etwa die Getränkemarke »Coca-Cola« von einem anderen Unternehmen für Bekleidungsstücke verwendet, so kann aufgrund der Bekanntheit der Marke Coca-Cola gleichwohl noch ein Abwehranspruch greifen, obwohl Getränke und Bekleidung sicherlich nicht ähnlich sind und daher keine Verwechslungsgefahr besteht.⁷

In jüngerer Zeit ist man dazu übergegangen, die Unterscheidungsfunktion von Kennzeichen auch in ganz anderer Weise zu nutzen. Indem nämlich Marken eine Unterscheidung verschiedener Produkte ermöglichen, wird eine der Grundvoraussetzungen wirtschaftlichen Wettbewerbs geschaffen.⁸ Wettbewerb aber ist ein zentrales Instrument des Zusammenwachsens der Europäischen Union, indem Produkte und Unternehmen aus verschiedenen Mitgliedstaaten in Konkurrenz zueinander gesetzt werden können. Das Kennzeichenrecht erfüllt damit in jüngerer Zeit zu einem gewissen Teil auch rechtspolitische Zielsetzungen. In der Praxis haben sich über lange Zeit die Rechtsansichten als besonders beständig erwiesen, die in größtmöglichem Umfang, aber zugleich in einer die nationalen Befindlichkeiten nicht zu stark berührenden Weise zu einer Harmonisierung Europas beitra- 9

---

5 Zum Identitätsschutz unten § 11 Rdn. 1 – 7.
6 Vgl. unten § 12 Rdn. 1 – 269.
7 Zur Bedeutung gesteigerter Kennzeichnungskraft unten § 12 Rdn. 33 – 60; zum Bekanntheitsschutz unten § 13 Rdn. 1 – 48.
8 Vgl. etwa EuGH C-291/16 v. 20.12.2017 *Schweppes*, Tz. 36, m. w. N.

gen konnten.⁹ Hält man sich dies vor Augen, sind sogar bescheidene Prognosen einer künftigen Entwicklung des Kennzeichenrechts möglich. Erst in jüngerer Zeit finden sich – womöglich vor dem Hintergrund einer Europaskepsis – wieder Entscheidungen, die auf eine Stärkung der nationalen Markensysteme hinauslaufen.

III. Arten von Kennzeichen

10 Im Folgenden werden kurz die einzelnen Arten von Kennzeichen mit ihren Wesensmerkmalen dargestellt. Die notwendigerweise getrennte Darstellung der verschiedenen Kennzeichen darf hierbei nicht zu dem Schluss verleiten, dass die verschiedenen Kennzeichen jeweils immer nur isoliert zu betrachten wären. Vielmehr kann der Inhaber eines Kennzeichenrechts, etwa einer Marke, auch durch ein Kennzeichen anderer Art in seinen Rechten beeinträchtigt sein. So kann aus einer Marke nicht nur gegen eine andere Marke, sondern grundsätzlich auch gegen Unternehmenskennzeichen, Werktitel oder Domains vorgegangen werden.[10] Entsprechend können aus Unternehmenskennzeichen Marken, Titel oder Domains angegriffen werden.[11] Etwas eingeschränkt ist demgegenüber der Schutzbereich eines Werktitels, aus dem im Wesentlichen nur gegen andere Titel, nicht aber auch gegen Marken oder Unternehmenskennzeichen vorgegangen werden kann.[12] Geografische Herkunftsbezeichnungen wiederum können im Grundsatz allen Kennzeichen anderer Art entgegenstehen.[13]

1. Marken

11 Durch eine Marke kann ein Unternehmen ein bestimmtes Zeichen, meist ein Wort oder ein Bild, für ganz bestimmte Waren und Dienstleistungen (Produkte)[14] für sich als Herkunftshinweis monopolisieren. Die Marke dient dann dazu, die Produkte dieses Unternehmens von denen anderer Unternehmen oder von anderen Produkten desselben Unternehmens zu unterscheiden. Normalerweise[15] entsteht hierbei der Markenschutz durch Anmeldung und Eintragung der Marke in ein Markenregister, das alle wesentlichen Daten und eine Wiedergabe der Marke enthält.[16]

---

9   Die nationalen Gerichte sind sogar verpflichtet, den mit einer Richtlinie verfolgten Zweck durch ihre Auslegung möglichst weitgehend zu erreichen: EuGH C-371/02 v. 29.4.2004 *Björnekulla Fruktindustrier*, Tz. 13; EuGH C-245/02 v. 16.11.2004 *Anheuser-Busch/Budějovický Budvar*, Tz. 56, m. w. N.
10 Vgl. ausführlich unten § 10 Rdn. 45 – 12 u. § 22 Rdn. 13 – 14.
11 Vgl. unten § 18 Rdn. 4.
12 Vgl. unten § 20 Rdn. 3.
13 Vgl. unten § 4 Rdn. 61 – 85 u. 216 u. § 23 Rdn. 1 – 36.
14 Dazu EuGH C-307/10 v. 19.6.2012 *Chartered Institute of Patent Attorneys*, Tz. 37.
15 Zum Erwerb von Markenrechten durch Benutzung § 6 Rdn. 1 – 11.
16 Der maßgebliche Stichtag für den Vergleich im Falle der Kollision mit anderen Rechten ist jedoch nicht erst der Tag der Registrierung, sondern schon der Anmeldetag.

So sieht der Eintrag bei der wohl ältesten deutschen Marke, einem für Porzellan-Produkte geschützten Bildzeichen der Staatlichen Porzellan-Manufaktur Meissen, folgendermaßen aus:
(111) Registernummer DD2075
(210) Aktenzeichen K255

(540) Wiedergabe der Marke
(550) Markenform Bildmarke (BM)
(220) Anmeldetag 20.05.1875
(151) Tag der Eintragung in das Register 23.01.1895
(450) Tag der Veröffentlichung der Eintragung 01.12.1956
(732) Inhaber Staatliche Porzellan-Manufaktur Meissen GmbH, Meißen, DE
(750) Zustellungsanschrift/-empfänger Staatliche Porzellan-Manufaktur Meissen GmbH, Talstr. 9, 01662 Meißen
(511) Leitklasse 17
(511) Weitere Klassen 05, 09, 11, 19, 21
(510) Waren-/Dienstleistungsverzeichnis Porzellan-Produkte aller Art.
(531) Wiener Bildklassifikation 23.01.01, 24.11.00
(156) Verlängerung mit Wirkung vom 13.06.2014

Die Marke verleiht ihrem Inhaber ein Ausschließlichkeitsrecht zur Abwehr von Zeichen Dritter. Demgegenüber ist mit der Registrierung kein automatisches Recht zur Benutzung des Zeichens verbunden; vielmehr können ältere Rechte Dritter auch einer registrierten Marke und ihrer Nutzung entgegenstehen.[17] Von zentraler Bedeutung ist bei allem, dass Markenrechte ausschließlich gegenüber einer Nutzung im geschäftlichen Verkehr geschützt sind; anders als im Urheberrecht bleibt daher der private Bereich von Zugriffen verschont. **12**

a) Arten von Marken

Markenschutz kann der Anmelder durch verschiedene, nebeneinander koexistierende[18] Markensysteme erlangen. **13**

Die größte praktische Bedeutung hat hierbei selbst für Deutschland inzwischen die Unionsmarke, die einheitlich Schutz[19] für das gesamte Gebiet der Europäischen Union[20] beansprucht. Neben diesem System der Unionsmarke existiert nach wie vor das nationale System von Marken – und damit auch die deutsche Marke, die vor allem für Unternehmen von Interesse ist, die ausschließlich in Deutschland tätig sind und auch keine künftige Ausweitung ihrer Tätigkeit über nationale Grenzen hinaus beabsichtigen. Im Zuge des Brexits werden Unionsmarken ihren Schutz im Vereinigten Königreich verlieren; voraussichtlich wird das britische Recht die **14**

---

17 EuGH C-561/11 v. 21.2.2013 *Fédération Cynologique Internationale*, Tz. 52.
18 EuGH C-190/10 v. 22.3.2012 *Génesis*, Tz. 30; EuGH C-149/11 v. 19.12.2012 *Leno Merken*, Tz. 26.
19 Zu den Folgen und Einschränkungen einheitlichen Schutz vgl. EuGH C-93/16 v. 20.7.2017 *Ornua Co-operative*, Tz. 26 ff.
20 Nicht den EWR: BGH I ZR 17/11 v. 18.1.2012 *Honda-Grauimport*, Tz. 28.

Zeichen aber für eine Übergangszeit wie nationale Marken schützen. (vgl. zum Brexit: www.gov.uk/government/publications/changes-to-trade-mark-law-if-the-uk-leaves-the-eu-without-a-deal/changes-to-trade-mark-law-in-the-event-of-no-deal-from-the-european-union)

15 Internationaler Markenschutz lässt sich über die Unionsmarke hinaus zum einen erreichen durch einzelne nationale ausländische Marken. Zum anderen existiert ein auf Staatsverträgen beruhendes System für die zentrale internationale Registrierung von Marken – das nach den zugrundeliegenden Staatsverträgen benannte Madrider System.[21] Hier kann in einem vereinfachten Verfahren durch ein einziges Registrierungsgesuch Markenschutz für eine Vielzahl von Ländern erreicht werden, soweit diese den Staatsverträgen beigetreten sind. Voraussetzung dieser internationalen Registrierung ist stets, dass bereits zuvor eine Unionsmarke oder nationale Marke (MMA) oder jedenfalls eine entsprechende Anmeldung (PMMA) existiert. Auf diese Basismarke (sog. Basiseintragung oder Basisgesuch) wird sodann die internationale Registrierung gestützt. Ähnliche, parallele Systeme von weit geringerer Bedeutung existieren in Afrika – nämlich die englischsprachige African Regional Intellectual Property Organization (ARIPO)[22] und die französischsprachige Organisation Africaine de la Propriété Intellectuelle (OAPI).[23]

16 Neben dieser Unterscheidung nach Anmeldesystem[24] und Schutzgebiet kann auch noch nach der Inhaberschaft[25] zwischen Individual-, Kollektiv- und Garantiemarke unterschieden werden. Anders als bei der üblichen (Individual-)Marke, die meist einem bestimmten Unternehmen gehört, ist bei der Kollektivmarke nicht ein einzelnes Unternehmen, sondern ein Verband Inhaber, dem verschiedene Unternehmen angehören. Diesen Mitgliedern des Verbands bleibt die Benutzung der Kollektivmarke unter bestimmten, im Einzelnen mit der Marke geregelten Voraussetzungen vorbehalten. Demgegenüber garantiert die Garantiemarke nicht die Herkunft eines Produkts aus einem ganz bestimmten Unternehmen, sondern – etwa als Gütesiegel – bestimmte Produkteigenschaften. Wie die Kollektivmarke kann auch die Garantiemarke regelmäßig von mehreren Unternehmen genutzt werden.

b) Markenfähigkeit, absolute und relative Schutzhindernisse

17 Da durch die Markeneintragung immer ein begrenztes Monopol an einem Zeichen für ein bestimmtes Unternehmen geschaffen wird, kann nicht jedes beliebige Zeichen als Marke eingetragen werden. Vielmehr sind das Interesse des Markenanmelders auf der einen Seite sowie verschiedene Interessen der Allgemeinheit und bestimmter Einzelpersonen auf der anderen Seite in Einklang zu bringen.

18 Den Interessen der Allgemeinheit wird zunächst dadurch Rechnung getragen, dass nicht jedes Zeichen eine Marke sein kann. Vielmehr muss das Zeichen

---

21 Madrider Markenabkommen und Protokoll zum Madrider Markenabkommen; umfangreiche Informationen zum System sowie zu den Mitgliedstaaten der Vertragswerke: www.wipo.int/madrid/en.
22 www.aripo.org.
23 www.oapi.int.
24 Zu den Anmeldeverfahren unten § 28 Rdn. 6 – 13 u. § 29 Rdn. 13 – 17 u. § 30 Rdn. 6 – 10.
25 Vgl. unten § 2 Rdn. 20.

bestimmte Voraussetzungen erfüllen, um überhaupt markenfähig[26] zu sein. Hierbei muss das Zeichen vor allem klar und eindeutig bestimmbar darstellbar[27] und in irgendeiner Weise zur Unterscheidung geeignet[28] sein.

> So ist derzeit ein Geruch etwa nicht hinreichend klar und eindeutig bestimmbar darstellbar und kann daher nicht Marke sein.

Den Interessen der Allgemeinheit tragen ferner die absoluten Eintragungshindernisse[29] Rechnung. So ist ein Zeichen insbesondere dann von der Eintragung ausgeschlossen, wenn es zur Beschreibung bestimmter Merkmale der durch sie gekennzeichneten Produkte dienen kann, weil andernfalls der Begriff für Konkurrenten gesperrt wäre und diese die Eigenschaften ihrer eigenen Produkte nur unter erschwerten Bedingungen beschreiben könnten. Ferner ist zu prüfen, ob eine Marke auch im Hinblick auf die konkret beanspruchten Produkte überhaupt über hinreichende Unterscheidungskraft verfügt, also dem Verkehr die Unterscheidung der bezeichneten Produkte ermöglichen kann. **19**

> So wird etwa der Verkehr die Form oder Farbe eines Produkts, etwa eine Normflasche oder die rote Farbe eines Bekleidungsstücks, normalerweise nicht als Unterscheidungszeichen auffassen. Der Form bzw. Farbe fehlt dann aber jegliche Unterscheidungskraft und sie ist nicht eintragungsfähig.

Während Markenfähigkeit und absolute Schutzhindernisse Allgemeininteressen absichern, dienen die relativen Eintragungshindernisse dem Schutz von Individualinteressen Dritter. Diese relativen Eintragungshindernisse[30] bewirken, dass die Inhaber von Rechten, die älter sind als die Markenanmeldung, der Anmeldung einer jüngeren Marke entgegentreten und deren Registrierung verhindern oder jedenfalls beseitigen können. **20**

> So kann der Inhaber einer älteren Marke gegen eine jüngere Markenanmeldung noch im Zuge des Eintragungsverfahrens Widerspruch gegen die Eintragung einlegen und wird etwa erfolgreich sein, wenn die jüngere Anmeldung Verwechslungsgefahr begründet. Er kann aber auch später in einem Nichtigkeitsverfahren der inzwischen rechtsbeständig eingetragenen jüngeren Marke entgegentreten und ihre Löschung verlangen.[31]

c) Das Leben der Marke

Das Leben einer Marke beginnt für gewöhnlich – oft nach vorgehender Recherche nach etwa entgegenstehenden älteren Rechten – mit ihrer Anmeldung. Hieran schließen sich das Eintragungsverfahren mit der Prüfung der Markenfähigkeit und absoluter Eintragungshindernisse sowie eventuell ein Widerspruchsverfahren mit der Prüfung relativer Eintragungshindernisse an. Ist die Marke erst einmal angemeldet oder gar eingetragen, so gilt der Grundsatz der Unveränderbarkeit der Marke (zur Unionsmarke Art. 54 I UMV). Insbesondere kann das Zeichen selbst aus Gründen des Verkehrsschutzes in aller Regel später nicht mehr verändert oder der Schutzbereich der Marke erweitert werden. Lediglich Name und Adresse des **21**

---

26 Zur Markenfähigkeit unten § 2 Rdn. 1 – 18.
27 Zur Darstellbarkeit unten § 2 Rdn. 7 – 16.
28 Zur Unterscheidungseignung unten § 2 Rdn. 17 – 18.
29 Hierzu unten § 4 Rdn. 1 – 240.
30 Vgl. unten § 4 Rdn. 7.
31 Zur Abgrenzung von Widerspruchs- und Nichtigkeitsverfahren unten § 10 Rdn. 6 – 8.

Anmelders, sprachliche Fehler, Schreibfehler oder offensichtliche Unrichtigkeiten können noch berichtigt werden, soweit durch eine solche Berichtigung der wesentliche Inhalt der Marke nicht berührt wird (Art. 49 II UMV; Art. 11 DV; § 45 I MarkenG). Eine weitere Ausnahme besteht unter bestimmten Voraussetzungen bei Unionsmarken, die den Namen oder die Adresse des Anmelders enthalten, wenn sich diese ändern (Art. 54 UMV; Art. 10 UMDV).[32]

> Soll daher etwa der Schutzbereich einer für Getränke registrierten Marke später auf weitere Produkte wie Bekleidungsstücke ausgedehnt werden, ist hierfür eine weitere, erneute Markenanmeldung erforderlich. Selbst eine Konkretisierung einer Marke ist unzulässig.[33] Gleiches gilt für eine Änderung der Markenform, etwa von einer abstrakten Farbmarke zu einer Bildmarke.[34]

22 Von diesem Grundsatz der Unveränderbarkeit der Marke besteht allerdings eine wichtige Ausnahme. Und zwar können auch später noch Einschränkungen bei den Produkten vorgenommen werden, für die die Marke Schutz beansprucht.[35]

> So kann etwa eine Marke, die anfangs allgemein für »Bekleidung« geschützt ist, auf »Herrensocken« eingeschränkt werden. Die entsprechend umgekehrte Erweiterung wäre hingegen nicht zulässig.

23 Eine gewisse Zeit nach ihrer Eintragung – in der Regel nach Ablauf der Benutzungsschonfrist von fünf Jahren – muss eine Marke von ihrem Inhaber selbst oder jedenfalls mit seiner Zustimmung benutzt werden. Wird nämlich die Marke nicht benutzt, kann sie von Dritten schon wegen dieser Nichtbenutzung angegriffen und damit für verfallen erklärt werden. Gleichzeitig können aus einer unbenutzten Marke nach Ablauf der Benutzungsschonfrist letztlich keine Ansprüche hergeleitet werden. Sie verliert damit im Ergebnis ihre Funktion als ausschließliches Schutzrecht.

> Selbst wenn daher etwa eine anfangs bekannte Marke wie »Aral« mehr als fünf Jahre nicht benutzt würde, so würde sie löschungsreif und damit mehr oder weniger wertlos.

24 Von der Benutzungsschonfrist zu unterscheiden ist die Schutzfrist. Eine Marke ist nämlich zunächst nur für einen Zeitraum von 10 Jahren geschützt.[36] Gegen Zahlung einer Gebühr kann der Markenschutz jedoch – auch wiederholt – für jeweils weitere 10 Jahre verlängert werden. Gegenüber anderen Immaterialgüterrechten wie Patenten, Mustern oder auch Urheberrechten genießen Marken damit den Vorteil, dass – zumindest theoretisch – Markenschutz für einen unbegrenzten Zeitraum möglich ist.[37]

2. Unternehmensbezeichnungen

25 Unternehmensbezeichnungen kennzeichnen ein bestimmtes Unternehmen oder ausnahmsweise einen abgrenzbaren Teil eines Unternehmens. Sie werden auch

---

32 Vgl. unten § 28 Rdn. 14.
33 BGH I ZB 86/05 v. 5.10.2006 *Farbmarke gelb/grün II*, Tz. 20 ff.
34 EuG T-655/13 v. 28.1.2015 *Enercon*, Tz. 16 f., bestätigt durch EuGH C-170/15 P v. 21.1.2016 *Enercon*, Tz. 19 ff.; auch EuGH C-433/17 P v. 25.10.2018 *Enercon*, Tz. 25.
35 Hierzu unten § 5 Rdn. 19.
36 Zu Schutzdauer und Verlängerung sowie zu den Besonderheiten bei internationalen Registrierungen unten § 9 Rdn. 1 – 22.
37 Vgl. EFTA-Gerichtshof E-5/16 v. 8.4.2017 *Municipality of Oslo*, Tz. 68.

Unternehmenskennzeichen, Handelsname oder – im Falle eines Unternehmensteils – Geschäftsabzeichen oder Etablissementbezeichnung genannt.[38] Zusammen mit Werktiteln werden Unternehmensbezeichnungen unter dem Oberbegriff »geschäftliche Bezeichnung« zusammengefasst.

Auch die Firma des HGB als der Name eines Unternehmens ist zwar letztlich eine Unternehmensbezeichnung. Anders als mit dem Kennzeichenrecht verfolgt das Firmenrecht des HGB jedoch viel stärker ordnungspolitische Ziele. Folglich spielen die firmenrechtlichen Vorschriften des HGB im Kennzeichenrecht praktisch keine Rolle. **26**

Rechte an Unternehmensbezeichnungen entstehen – anders als Markenrechte – zumeist durch schlichte Benutzungsaufnahme.[39] Auch bestehen sie ohne jeden formellen Akt fort, bis das Unternehmen seine Tätigkeit einstellt. Nur dann, wenn die Bezeichnung ausnahmsweise nicht hinreichend unterscheidungskräftig, insbesondere in der konkreten Branche des Unternehmens beschreibend ist, fordert die Rechtsprechung für das Entstehen des Schutzes einen gewissen Bekanntheitsgrad der Bezeichnung. In keinem Fall aber kommt es für die Entstehung des Schutzes auf eine Eintragung der Unternehmensbezeichnung in einem Register an. **27**

Als reine Benutzungsrechte sind Unternehmensbezeichnungen damit in der Praxis schwer recherchierbar und können für Konkurrenzunternehmen besonders gefährlich sein. Auf der anderen Seite können häufig gerade kleinere Unternehmen, die die Kosten einer Markenanmeldung scheuen, mit Hilfe ihrer Unternehmensbezeichnung ihre Rechte gegenüber der Konkurrenz wahren. **28**

3. Werktitel

Werktitel[40] unterscheiden Werke, etwa einen Film oder ein Buch, von anderen. Wie Unternehmenskennzeichen entstehen Werktitel ohne jeden formellen Akt durch Benutzungsaufnahme. Allerdings hat es sich eingebürgert, das Erscheinen von Werken durch eine Titelschutzanzeige anzukündigen. Erscheint dann innerhalb angemessener Zeit (in der Regel ein halbes bis ein Jahr) nach dieser Ankündigung das eigentliche Werk, so kann der Inhaber der durch die Benutzungsaufnahme erworbenen Titelrechte gegen Titel vorgehen, die in der Zwischenzeit von Dritten in Benutzung genommen wurden. **29**

4. Namensrechte

Namensrechte[41] können nicht nur von natürlichen Personen, sondern (etwa als Firma) auch von juristischen Personen sowie unter Umständen auch von staatlichen Institutionen erworben werden. Bedeutung entfalten Namensrechte im Kennzeichenrecht vor allem dann, wenn es um Konflikte außerhalb des geschäftlichen Verkehrs geht, wo andere Kennzeichen normalerweise keinen Schutz genießen. **30**

---

38 Vgl. unten § 17 Rdn. 14 – 16.
39 Vgl. unten § 17 Rdn. 4 – 19.
40 Hierzu unten § 19 Rdn. 1 – 17 u. § 20 Rdn. 1 – 23.
41 Hierzu unten § 21 Rdn. 1 – 20.

So haben Namensrechte gerade in jüngerer Zeit dann eine besondere Bedeutung erfahren, wenn gegen Domains vorgegangen wurde, die für eine private Internetseite und damit nicht im geschäftlichen Verkehr benutzt wurden, so dass andere Kennzeichenrechte nicht durchgriffen.

5. Geografische Herkunftsangaben

31 Geografische Herkunftsangaben dienen demgegenüber der Kennzeichnung der geografischen Herkunft eines Produkts und sollen unter Umständen auch bestimmte Wareneigenschaften garantieren.[42] Ähnlich wie bei Marken existieren dabei verschiedene Schutzsysteme parallel zueinander, die sich sowohl in ihren Voraussetzungen als auch in ihrem Schutzumfang stark unterscheiden.[43] So ist teilweise für den Schutz die Eintragung der Bezeichnung in ein Register erforderlich, während in anderen Fällen der Schutz ohne jeden formellen Akt entsteht.

6. Sonstige Kennzeichen

32 Neben den zuvor genannten Kennzeichen sind sonstige Zeichen von untergeordneter Bedeutung.

33 So handelt es sich etwa bei Domains letztlich gar nicht um Kennzeichen im engeren Sinne, durch die ein eigenes Recht begründet würde. Die Domain hat nämlich in erster Linie keine Unterscheidungsfunktion, sondern vielmehr wie eine Hausnummer eine Adressfunktion. Folglich kann aus einer Domain beispielsweise eine Marke nicht erfolgreich angegriffen werden. Auf der anderen Seite kann die Benutzung einer Bezeichnung in einer Domain durchaus zur Entstehung einer Unternehmensbezeichnung oder eines Werktitelrechts führen, wenn der Verkehr die Domain aufgrund ihrer konkreten Benutzung entsprechend auffasst. Die Bedeutung von Domains im Kennzeichenrecht beschränkt sich daher weitestgehend darauf, störende Domains mit Hilfe von Kennzeichenrechten beseitigen zu können.

34 Demgegenüber handelt es sich bei der Sortenbezeichnung[44] wieder um ein Unterscheidungszeichen für bestimmte geschützte Pflanzensorten. Unmittelbare Ansprüche gegen Dritte kann der Inhaber eines Sortenschutzrechts aus der Sortenbezeichnung nicht herleiten. Die Sortenbezeichnung ist daher – ähnlich der Firma des HGB – mehr Ordnungsinstrument als Immaterialgüterrecht.

35 Erst im Jahr 2004 wurden die Olympischen Ringe durch ein spezielles Gesetz (OlympiaschutzG)[45] unter Schutz gestellt. Die deutschen Gerichte hatten nämlich zuvor die Olympischen Ringe für nicht hinreichend unterscheidungskräftig gehalten und ihnen einen kennzeichenrechtlichen Schutz versagt. Um Deutschland als potentiellen Austragungsort der Olympischen Spiele zu qualifizieren, musste ein Sondergesetz geschaffen werden. Seitdem stellen die Olympischen Ringe ein Kenn-

---

42 EuGH C-96/09 P v. 29.3.2011 *Anheuser Busch*, Tz. 147.
43 Vgl. unten § 23 Rdn. 1 ff.
44 Art. 17, 18, 63 der Verordnung (EG) Nr. 2100/94 des Rates vom 27. Juli 1994 über den gemeinschaftlichen Sortenschutz, ABl.-EG 1994, L 227, S. 1 = GRUR Int. 1996, 918 = http://europa.eu.int/eur-lex/de/consleg/pdf/1994/de_1994R2100_do_001.pdf.
45 BlPMZ 2004, 324; zur Verfassungsmäßigkeit und zum Schutzbereich BGH I ZR 131/13 v. 15.5.2014 *Olympia-Rabatt*; zum Hintergrund auch BPatG 30 W (pat) 160/02 v. 9.8.2004.

zeichenrecht eigener Art dar. Mit der MRR, die das Recht eingetragener Marken abschließend regelt, ist das Sondergesetz nicht vereinbar, da die olympischen Zeichen als Produktkennzeichen und daher wie Marken verwendet werden und da auch keine sonstige Privilegierung[46] der Olympischen Verbände erkennbar ist.

> Zutreffend ist daher das Gesetz zumindest eng auszulegen. Wirbt daher im zeitlichen Zusammenhang mit olympischen Spielen ein Discounter mit fünf Grillpatties, die angeordnet sind wie die olympischen Ringe, so stellt dies keine Rechtsverletzung dar.[47] Vielmehr ist für eine Rechtsverletzung erforderlich, dass eine Werbung den Eindruck erweckt, dass der Werbende zu den offiziellen Sponsoren gehört.[48]

IV. Prioritätsprinzip und Territorialitätsprinzip

Dem gesamten Kennzeichenrecht liegen das Prioritätsprinzip und das Territorialitätsprinzip zugrunde.   36

Das Prioritätsprinzip bedeutet, dass ein älteres Kennzeichen sich stets gegen jüngere Kennzeichen durchsetzen kann, nicht aber umgekehrt ein jüngeres Kennzeichen gegen ältere.[49] Im Gegenteil: Einem Angreifer kann im Prozess ein prioritätsälteres eigenes Kennzeichenrecht entgegen gehalten werden.[50] Art. 9 I UMV stellt dies ausdrücklich dadurch klar, dass ein Anspruch »unbeschadet der von Markeninhabern vor dem Zeitpunkt der Anmeldung oder dem Prioritätstag der Unionsmarke erworbenen Rechte« besteht.[51] Kann der Angegriffene der Angriffsmarke also ein noch älteres Recht entgegenhalten, so fällt der Anspruch fort. Umgekehrt geht das nicht: Der Inhaber eines älteren Rechts kann einem Dritten sogar dann die Benutzung untersagen, wenn der Dritte selbst über ein jüngeres Markenrecht verfügt.[52] Dem Tag der Begründung des Rechts, der normalerweise die Priorität bestimmt, kommt daher eine zentrale Bedeutung zu. Bei der Marke ist dies normalerweise der Tag der Anmeldung.[53] Ausnahmsweise kann der Anmelder als Priorität allerdings einen bis zu sechs Monate zurückliegenden Zeitpunkt in Anspruch nehmen, etwa wenn er innerhalb der letzten sechs Monate eine identische Marke im Ausland angemeldet hatte.   37

> So kann beispielsweise derjenige, der am 4.3.2006 eine deutsche Marke angemeldet hat, deren Priorität noch sechs Monate später für eine Unionsmarkenanmeldung beanspruchen. Eine

---

46 Es handelt sich insbesondere nicht um zwischenstaatliche Organisationen im Sinne von Art. 6ter Buchst. b PVÜ.
47 OLG Stuttgart 2 U 109/17 v. 8.2.2018 *Grillpatties*.
48 OLG Frankfurt a.M. 6 U 122/17 v. 1.11.2018 *Olympia Special*.
49 Zur Priorität vgl. unten § 7 Rdn. 1 – 6; vgl. EuGH C-561/11 v. 21.2.2013 *Fédération Cynologique Internationale*, Tz. 39 f.; EuGH C-491/14 v. 10.3.2015 *Rosa dels Vents Assessoria*, Tz. 21; lehrreiches Beispiel zur Verkennung des Prioritätsprinzips BGH I ZR 38/05 v. 10.1.2008 *AKADEMIKS*, Tz. 37.
50 BGH I ZR 231/06 v. 14.5.2009 *airdsl*, Tz. 52; BGH I ZR 93/12 v. 27.3.2013 *Baumann I*, Tz. 25; BGH I ZR 241/14 v. 23.6.2016 *Baumann II*, Tz. 29, jeweils m. w. N.
51 BGH I ZR 110/16 v. 9.11.2017 *form-strip II*, Tz. 26 ff.
52 EuGH C-491/14 v. 10.3.2015 *Rosa dels Vents Assessoria*, Tz. 23 ff.
53 Vgl. EuGH C-190/10 v. 22.3.2012 *Génesis*, wobei Deutschland von der Möglichkeit, für nationale Marken andere Regelungen zu suchen, keinen Gebrauch gemacht hat.

Anmeldung am 3.9.2006 wird folglich so behandelt, als sei sie am 4.3.2006 eingereicht worden.

38 Das Territorialitätsprinzip als zweites zentrales Ordnungsprinzip des Kennzeichenrechts besagt, dass Kennzeichenrechte stets auf ein bestimmtes Territorium beschränkt sind.[54] So ist der Schutzbereich einer Unionsmarke auf die Europäische Union im Sinne des Art. 355 AEUV, der einer deutschen Marke auf Deutschland beschränkt. Bei ausländischen Verletzungshandlungen helfen die Marken – vorbehaltlich etwaiger Import- oder Exportkonstellationen – folglich nicht weiter. Weltweiter Markenschutz bedarf daher der Anmeldung einer Vielzahl von Einzelmarken.[55]

V. Rechtsgrundlagen

39 Dem Kennzeichenrecht liegt eine auf den ersten Blick verwirrende Vielzahl europäischer, nationaler und multinationaler Rechtsvorschriften zugrunde. Auf den zweiten Blick haben alle diese Rechtsvorschriften nur einen begrenzten Anwendungsbereich und sind daher letztlich doch überschaubar. Abgesehen von speziellen Sondergesetzen und speziellen Vorschriften zum Schutz geografischer Herkunftsbezeichnungen[56] handelt es sich dabei um die folgenden Regelungen.

1. Staatsverträge

40 Die weltweit größte Akzeptanz von allen kennzeichenrechtlichen Vorschriften hat das TRIPS-Abkommen,[57] ein Zusatzabkommen der WTO, gefunden.[58] Dort dienen die Art. 15 ff. mit zentralen materiellrechtlichen Vorschriften – etwa über die Eintragungsfähigkeit von Marken, die Reichweite ihres Schutzes, die Benutzungsschonfrist und die Verlängerung – einer gewissen Mindestvereinheitlichung des Kennzeichenrechts der WTO-Mitglieder. In den Art. 41 ff. TRIPS finden sich ferner zentrale Verfahrensregelungen über die Durchsetzung von Immaterialgüterrechten, die in Deutschland vor allem dazu geführt haben, die Möglichkeiten der Rechtsdurchsetzung im einstweiligen Rechtsschutz zu verbessern. Allerdings ist das TRIPS-Abkommen nicht zwingend – wohl aber freiwillig[59] – unmittelbar anwendbar,[60] sondern kann lediglich die Auslegung anderer Vorschriften beeinflussen.

---

54 Vgl. BGH I ZR 49/04 v. 28.6.2007 *Cambridge Institute*, Tz. 26.
55 Informationen zu nationalen Ämtern und Rechtsordnungen: www.wipo.int/madrid/memberprofiles/#.
56 Hierzu vgl. unten § 23 Rdn. 1 – 4.
57 Trade Related Aspects on Intellectual Property Rights (Übereinkommen über handelsbezogene Aspekte der Rechte des geistigen Eigentums) vom 15.4.1994.
58 Ausführlich zum TRIPS-Abkommen: *Schmidt-Pfitzner*, Das TRIPS-Übereinkommen und seine Auswirkungen auf den deutschen Markenschutz, 2005.
59 EuGH C-431/05 v. 11.9.2007 *Merck Genéricos – Produtos Farmacêuticos*.
60 EuGH C-238/06 P v. 25.10.2007 *Develey*, Tz. 39, m. w. N.; vgl. auch EuGH C-414/11 v. 18.7.2013 *Daiichi Sankyo*, Tz. 40 ff.

International von ähnlich großer Bedeutung wie das TRIPS-Abkommen ist die 41
Pariser Verbandsübereinkunft (PVÜ),[61] welche das Ziel der Gewährung gewisser
Mindeststandards verfolgt. Die Bedeutung der PVÜ wurde später dadurch aufgewertet, dass Art. 2 I TRIPS alle TRIPS-Mitglieder verpflichtet, die zentralen Vorschriften der PVÜ zu berücksichtigen. Auch die PVÜ genießt damit in ihren zentralen Vorschriften fast weltweite Geltung. In der Sache enthält die PVÜ vor allem Vorschriften über die Eintragungsfähigkeit von Marken in Gestalt bestimmter Eintragungshindernisse. Außerdem sieht die PVÜ einen Sonderschutz für besonders bekannte (»notorisch bekannte«) Marken vor,[62] einen Schutz des Handelsnamens[63] sowie ganz bestimmte, auf den internationalen Handelsverkehr zugeschnittene Ansprüche.[64] Wie das TRIPS-Abkommen ist jedoch auch die PVÜ nicht unmittelbar anwendbar,[65] sondern nur für die Auslegung anderer Vorschriften relevant.

Anders als TRIPS und PVÜ, die international der materiellrechtlichen Vereinheitlichung des Markenschutzes dienen, wurde durch das Madrider Markenabkommen (MMA) sowie durch das Protokoll[66] zum Madrider Markenabkommen (PMMA) das eigenständige System der internationalen Registrierung geschaffen. Ziel dieser Abkommen ist es, internationale Markenanmeldungen zu erleichtern. 42

Markenrechtsvertrag (Trademark Law Treaty – TLT) im Wesentlichen auf eine 43
Vereinheitlichung nationaler Formvorschriften. So werden etwa die Formerfordernisse einer Vertretervollmacht für Markenanmeldungen vereinheitlicht. Im internationalen Anmeldeverkehr schafft der Markenrechtsvertrag damit erhebliche Erleichterungen. In dieselbe Richtung zielt – weitergehend – der grundsätzlich am 16.3.2009, in Deutschland am 20.9.2013 in Kraft getretene »Singapore Treaty on the Law of Trademarks«.[67]

Bestimmte (teilweise verbindliche) Empfehlungslisten enthalten schließlich die 44
Nizzaer und die Wiener Klassifikation. Die Nizzaer Klassifikation mitsamt Nizzaer Klassifikationsabkommen[68] dient dazu, die denkbaren Waren und Dienstleistungen, die mit einer Markenanmeldung beansprucht werden können, in eine systematische Ordnung zu fassen. Hierfür stehen mittlerweile 45 sachlich geordnete Klassen zur Verfügung. Die praktische Relevanz dieser Klasseneinteilung liegt neben der Systematisierung auch darin, dass mit zunehmender Zahl der Klassen die Gebühren für die Markenanmeldung steigen.

So enthält die Warenklasse 25 etwa »Bekleidungsstücke, Schuhwaren, Kopfbedeckungen«, die Dienstleistungsklasse 43 »Verpflegung; Beherbergung von Gästen«.

---

61 Pariser Verbandsübereinkunft vom 20.3.1883 zum Schutz des gewerblichen Eigentums.
62 Vgl. unten § 6 Rdn. 9.
63 Vgl. unten § 17 Rdn. 1 – 3.
64 Zur Agentenmarke unten § 27 Rdn. 109.
65 EuGH C-238/06 P v. 25.10.2007 *Develey*, Tz. 40 ff.
66 Trotz des etwas irreführenden Begriffs »Protokoll« handelt es sich hierbei um ein eigenständiges Abkommen.
67 Einzelheiten unter www.wipo.int/treaties/en/ip/singapore.
68 BGBl. 1981 II S. 359.

45 Anders als die Nizzaer Klassifikation dient die Wiener Klassifikation[69] dazu, bestimmte Bildelemente der Wiedergabe von Marken in ein recherchierbares System zu bringen.

So existiert etwa ein Zahlencode (3) für Tierabbildungen oder ein anderer, speziellerer Zahlencode (3.3.1) für Pferdeabbildungen.

2. Europarechtliche Vorschriften

46 Zentrale Grundlage der europäischen Harmonisierung im Markenrecht ist die Markenrechtsrichtlinie (MRR).[70] Schon die Vorgängerrichtlinie aus dem Jahr 1988 gab den Mitgliedstaaten vergleichsweise präzise – überwiegend obligatorische – Vorgaben im Hinblick auf das materielle Markenrecht. Die Neufassung infolge der Markenrechtsreform 2015 harmonisiert nun auch in vielen Teilen die Verfahrensregelungen. Vereinheitlicht werden damit die Eintragungshindernisse,[71] der Schutzumfang von Marken,[72] die Lizenz,[73] die Verwirkung von Ansprüchen,[74] die Benutzungserfordernisse[75] sowie die zentralen Verfahrensvorschriften Mit der Richtlinie soll allgemein ein Gleichgewicht hergestellt werden zwischen dem Interesse des Inhabers einer Marke und dem Interesse der anderen Wirtschaftsteilnehmer an der Verfügbarkeit von Zeichen, die ihre Produkte bezeichnen können.[76]

47 Über die MRR hinaus wurde zum Jahr 1996 mit der Gemeinschaftsmarkenverordnung (GMV)[77], inzwischen Unionsmarkenverordnung (UMV),[78] das System der Unionsmarke geschaffen. Die UMV enthält nicht nur umfangreiche Verfahrensvorschriften, sondern auch materiellrechtliche Vorschriften mitsamt eigenständigen Anspruchsgrundlagen. Die materiellrechtlichen Vorschriften der UMV stehen mit der MRR in Einklang und werden von der Rechtsprechung gleich ausgelegt.

48 Zuletzt wurde das europäische Markenrecht im Jahr 2015 grundlegend reformiert. Während die neue UMV in allen wesentlichen Teilen bereits in Kraft ist, läuft

---

69 Englische Fassung abrufbar unter http://www.wipo.int/classifications/nivilo/vienna.htm.
70 Zunächst die Erste Richtlinie des Rates vom 21. Dezember 1988 zur Angleichung der Rechtsvorschriften der Mitgliedstaaten über die Marken (89/104/EWG); im Jahr 2008 inhaltsgleich abgelöst durch die Richtlinie 2008/95/EG des Europäischen Parlaments und des Rates vom 22. Oktober 2008 zur Angleichung der Rechtsvorschriften der Mitgliedstaaten über die Marken; im Jahr 2015 unter erheblicher Änderung abgelöst durch die Richtlinie (EU) 2015/2436 des Europäischen Parlaments und des Rates zur Angleichung der Rechtsvorschriften der Mitgliedstaaten über die Marken (Neufassung) vom 16. Dezember 2015 (ABl.-EU Nr. L 336, 23.12.2015, S. 1).
71 Vgl. unten § 4 Rdn. 1.
72 Vgl. unten § 10 Rdn. 1 – 5.
73 Vgl. unten § 24 Rdn. 17 – 37.
74 Vgl. unten § 14 Rdn. 7 – 20.
75 Vgl. unten § 8 Rdn. 1 – 97.
76 EuGH C-145/05 v. 27.4.2006 *Levi Strauss*, Tz. 29.
77 Zunächst die Verordnung (EG) Nr. 4094 des Rates über die Gemeinschaftsmarke vom 20. Dezember 1993 (ABl.-EG Nr. L 11 vom 14. Januar 1994, S. 1), im Jahr 2009 inhaltsgleich abgelöst durch die Verordnung (EG) Nr. 207 des Rates über die Gemeinschaftsmarke vom 26. Februar 2009 (ABl.-EG Nr. L 78 vom 24. März 2009, S. 1).
78 Verordnung (EU) 2017/1001 des Europäischen Parlaments und des Rates vom 14. Juni 2017 über die Unionsmarke (ABl.-EU Nr. L 154/1 vom 16.6.2017).

hinsichtlich des nationalen Rechts noch bis zum 15.1.2019 die Umsetzungsfrist der neuen MRR. Im Januar 2017 wurde bereits der Referentenentwurf eines Markenrechtsmodernisierungsgesetzes präsentiert.[79] Nach Stellungnahmen der Verbände wurde der Entwurf in zahlreichen Punkten abgeändert und inoffiziell der interessierten Öffentlichkeit zugänglich gemacht (Entwurf modifiziertes Markenrechtsmodernisierungsgesetz). Die Umsetzung durch den deutschen Gesetzgeber in der 2017 endenden Legislaturperiode scheiterte jedoch aufgrund Zeitmangels. Einiges spricht jedoch dafür, dass der letzte Entwurf in der kommenden Legislaturperiode unverändert wieder aufgegriffen wird. Auf die im letzten Entwurf angepeilten, teilweise weitreichenden Änderungen des Markenrechts wird daher im Folgenden jeweils in ihrem inhaltlichen Zusammenhang eingegangen. Sollte der Gesetzgeber bis zum Ablauf der Umsetzungsfrist das deutsche Recht nicht anpassen, so sind die derzeit geltenden Vorschriften richtlinienkonform auszulegen. Unter Umständen kann dann die Richtlinie sogar unmittelbar anwendbar sein.

Die formellen Vorschriften zum Unionsmarkensystem enthalten die Durchführungsverordnung zur Unionsmarkenverordnung (UMDV)[80] und die Delegierte Verordnung (DV),[81] die beide zum Zeitpunkt des Abschlusses dieses Manuskripts noch nicht offiziell im Amtsblatt veröffentlicht waren. Dabei enthält die UMDV – grob gesagt – Regeln für das Eintragungs- und Verlängerungsverfahren, die DV hingegen solche für das Widerspruchs-, Verfalls, Nichtigkeits- und Beschwerdeverfahren. Die Gebühren schließlich sind inzwischen in einem Anhang zur UMV geregelt; die frühere gesonderte Gebührenverordnung (GebührenVO)[82] ist abgelöst. 49

3. Nationale Vorschriften

Das nationale deutsche Kennzeichenrecht ist inzwischen[83] im Markengesetz (MarkenG) zusammengefasst. Hier finden sich nicht nur die nach den Vorgaben der MMR umgesetzten nationalen Vorschriften zu Marken sowie markenrechtliche Verfahrensvorschriften. Vielmehr regelt das MarkenG auch das nur mittelbar harmonisierte Recht der Unternehmenskennzeichen, der Werktitel und der geografischen Herkunftsangaben. 50

Ausführungsvorschriften formeller Art zum MarkenG enthält die Markenverordnung (MarkenVO), die in der Sache in etwa UMDV und DV bei der Unionsmarke entspricht. Vorschriften zu den Gebühren schließlich finden sich für Deutschland im Patentkostengesetz (PatKostG). 51

---

79 www.bmjv.de/SharedDocs/Gesetzgebungsverfahren/DE/MaMoG.html.
80 http://eur-lex.europa.eu/legal-content/DE/TXT/HTML/?uri=CELEX:32017R1431&from=EN.
81 http://eur-lex.europa.eu/legal-content/DE/TXT/HTML/?uri=CELEX:32017R1430&from=EN.
82 Verordnung (EG) Nr. 2869/95 der Kommission vom 13.12.1995 über die an das Harmonisierungsamt für den Binnenmarkt (Marken, Muster und Modelle) zu entrichtenden Gebühren.
83 Zur rechtshistorischen Entwicklung des Markenrechts: *Zapfe*, Die Ausgestaltung des Markenrechts in Deutschland seit 1874 unter besonderer Berücksichtigung des Markenbegriffs und der Markenkategorien, 2002.

VI. Ämter und Gerichte

52 Mit dem Kennzeichenrecht ist gleich eine ganze Reihe europäischer, nationaler und zwischenstaatlicher Ämter und Gerichte befasst. Insbesondere hat jedes Markensystem (Unionsmarke, nationale Marke, internationale Registrierung) ein eigenes System von Ämtern, gegen deren Entscheidungen teilweise gerichtliche Rechtsmittel zulässig sind. Hinzu kommt, dass eine Reihe von kennzeichenrechtlichen Ansprüchen, vor allem die in der Praxis besonders bedeutsamen Unterlassungsansprüche, nicht vor Ämtern, sondern nur vor den ordentlichen Gerichten geltend gemacht werden können.

53 Für die meisten Verfahren im Zusammenhang mit Anmeldung und Löschung von Unionsmarken ist das eigens hierfür eingerichtete European Intellectual Property Office (EUIPO) in Alicante/Spanien zuständig.[84] Gegen Entscheidungen des EUIPO kann Beschwerde eingereicht werden, die wiederum von separaten Beschwerdekammern beim EUIPO beschieden wird. Hiergegen können Rechtsmittel zum Gericht der Europäischen Union erster Instanz (EuG) sowie später zum Gerichtshof der Europäischen Union (EuGH) eingelegt werden.[85]

54 Anmeldeverfahren sowie eine Reihe von Verfalls- und Nichtigkeitsverfahren betreffend deutsche Marken bearbeitet das Deutsche Patent- und Markenamt (DPMA). Gegen dessen Entscheidungen ist unter Umständen die Erinnerung zum DPMA und später die Beschwerde zum Bundespatentgericht (BPatG), andernfalls sogleich Beschwerde zum BPatG möglich. Unter Umständen kann schließlich gegen Entscheidungen des BPatG eine Rechtsbeschwerde zum BGH zulässig sein.[86]

55 Den Antrag auf eine internationale Registrierung bearbeitet – neben den nationalen Ämtern – die WIPO/OMPI (World Intellectual Property Organisation = Organisation Mondiale de la Propriété Intellectuelle) in Genf/Schweiz. Ein eigenständiges Rechtsmittel gegen Entscheidungen der WIPO ist nicht vorgesehen, aber auch kaum erforderlich, da die meisten bedeutsamen Entscheidungen im Zuge einer internationalen Registrierung von nationalen Ämtern gefällt werden.

56 Das Klageverfahren vor den ordentlichen Gerichten[87] beginnt im Kennzeichenrecht stets in erster Instanz bei den Landgerichten. Gegen deren Entscheidungen ist Berufung zum Oberlandesgericht sowie unter Umständen Revision zum BGH möglich.

VII. Bedeutung des EuGH

57 Das materielle und prozessuale[88] Markenrecht wurde durch die MRR nahezu vollständig harmonisiert. Folglich kommt Entscheidungen des EuGH eine zentrale Bedeutung zu.[89]

---

[84] Zur Organisation des Amtes neben Art. 2, 142 ff. UMV auch Art. 27 ff. UMDV.
[85] Ausführlich zum Instanzenzug unten § 28 Rdn. 79–106.
[86] Ausführlich zum Instanzenzug unten § 29 Rdn. 47–60.
[87] Ausführlich unten § 31 Rdn. 1–63.
[88] Anders noch vor der MRR aus dem Jahr 2015 das Verfahrensrecht – vgl. EuGH C-246/05 v. 14.6.2007 *Häupl*, Tz. 26 ff.
[89] Zum Case-Law vgl. *Hildebrandt*, Harmonisiertes Markenrecht in Europa, 2. Aufl. 2008; *Hildebrandt*, Trade Mark Law in Europe, 3. Aufl. 2016.

Dabei muss ein nationales Gericht das innerstaatliche Recht so weit wie möglich in Übereinstimmung mit den Anforderungen des Unionsrechts auslegen. Ist eine solche konforme Anwendung nicht möglich, so ist das nationale Gericht verpflichtet, das Unionsrecht in vollem Umfang anzuwenden und die Rechte, die dieses dem Einzelnen einräumt, zu schützen, indem es notfalls jede Bestimmung nicht anwendet, deren Anwendung im konkreten Fall zu einem unionsrechtswidrigen Ergebnis führen würde.[90] **58**

Dabei durchbricht eine zwischenzeitlich ergangene Entscheidung des EuGH sogar die Bindungswirkung einer Entscheidung eines höheren Gerichts im Rechtsmittelzug.[91] Während hierbei gegen Entscheidungen des EUIPO im Zusammenhang mit Unionsmarken im Rahmen des Instanzenzugs ohnehin ein Rechtsmittel zum EuGH zulässig ist, basiert die Harmonisierung des Markenrechts im Übrigen auf der in Art. 267 AEUV[92] geregelten Vorlagepflicht der nationalen Gerichte. Nach dieser Vorschrift entscheidet der EuGH auf Vorlage nationaler Gerichte über die Auslegung von harmonisiertem Recht.[93] Dies aber ist nach der Rechtsprechung des EuGH nicht nur das gesamte durch die MRR harmonisierte materielle Markenrecht, sondern auch das durch TRIPS und PVÜ vorgegebene internationale Recht.[94] Folglich kann beispielsweise auch im Zusammenhang mit dem Recht der Unternehmenskennzeichen oder mit Verfahrensregelungen eine Auslegungskompetenz des EuGH gegeben sein. **59**

Jedes mitgliedstaatliche Gericht[95] – auch ein Instanzgericht,[96] nicht aber das EuG[97] – kann Auslegungsfragen zu harmonisiertem Recht, die sich in einem anhängigen Verfahren stellen, dem EuGH zur Vorabentscheidung vorlegen. Stellt sich eine derartige Frage in einem Verfahren bei einem Gericht, dessen Entscheidungen – wie die des BGH – selbst nicht mehr mit Rechtsmitteln des innerstaatlichen Rechts angefochten werden können, so ist dieses Gericht sogar zur Anrufung des Gerichtshofes verpflichtet. **60**

---

90 Etwa EuGH C-115/08 v. 27.10.2009 *Land Oberösterreich*, Tz. 138, m. w. N.
91 BGH I ZB 86/05 v. 5.10.2006 *Farbmarke gelb/grün II*, Tz. 11 f.
92 Zuvor Art. 234 EG.
93 Nicht selten formuliert der EuGH dabei die Frage um, wenn er eine andere Fragestellung für sachdienlich hält.
94 Vgl. EuGH C-245/02 v. 16.11.2004 *Anheuser-Busch/Budějovický Budvar*, Tz. 41; auch EuGH C-53/96 v. 16.6.1998 *Hermès International/FHT Marketing Choice BV*, Tz. 29; EuGH C-89/99 v. 13.9.2001 *Schieving-Nijstad/Robert Groeneveld*, Tz. 30; ungenau *Ullmann*, Die bösgläubige Markenanmeldung und die Marke des Agenten, GRUR 2009, 364, 368.
95 Gericht in diesem Sinne ist auch der Oberste Patent- und Markensenat in Österreich: EuGH C-246/05 v. 14.6.2007 *Häupl*, Tz. 21; Gericht ist nicht der tschechische Úřad průmyslového vlastnictví: EuGH C-49/13 v. 14.11.2013 *MF 7*, Tz. 25.
96 Zur Vorlagepflicht eines Instanzgerichts aufgrund einer Ermessensreduzierung auf Null vgl. die Schlussanträge des Generalanwalts *Ruiz Jarabo* im Verfahren C-206/04 P *Muelhens* vom 10.11.2005, Tz. 58; zur Vorlageberechtigung der »appointed person« im britischen Recht EuGH C-259/04 v. 30.3.2006 *Emanuel*, Tz. 18 ff.
97 EuG T-71/17 v. 26.6.2018 *France/FRANCE.com*, Tz. 19 ff.

61 Die Vorlagepflicht besteht für höchstinstanzliche Gerichte grundsätzlich immer dann, wenn die Auslegungsfrage entscheidungserheblich ist. Ausnahmen hiervon gelten nur unter bestimmten, engen Voraussetzungen und zwar dann,
- wenn die betreffende unionsrechtliche Bestimmung bereits Gegenstand einer Auslegung durch den Gerichtshof war,
- wenn bereits eine gesicherte Rechtsprechung des Gerichtshofs vorliegt, durch die die betreffende Rechtsfrage gelöst ist – und zwar selbst dann, wenn die strittigen Fragen nicht vollkommen identisch sind,
- wenn die richtige Anwendung des Unionsrechts derart offenkundig ist, dass für einen vernünftigen Zweifel keinerlei Raum besteht (acte claire doctrine); ob ein solcher Fall gegeben ist, ist unter Berücksichtigung der Eigenheiten des Unionsrechts, der besonderen Schwierigkeiten seiner Auslegung und der Gefahr voneinander abweichender Gerichtsentscheidungen innerhalb der Union zu beurteilen; das innerstaatliche Gericht darf allerdings nur dann von einer Vorlage absehen, wenn es überzeugt ist, dass auch für die Gerichte der übrigen Mitgliedstaaten und den Gerichtshof die gleiche Gewissheit bestünde.[98]

62 Für die nationalen höchstinstanzlichen Gerichte, insbesondere den BGH, bedeutet diese umfassende Vorlagepflicht eine starke Beschränkung der Entscheidungskompetenz. Die Gerichte tendieren wohl auch deswegen dahin, die Vorlagepflicht eher restriktiv zu handhaben.

So hat der BGH häufig ganz von einer Begründung der Nichtvorlage abgesehen oder vorgebracht, die »richtige« Auslegung begegne keinem vernünftigen Zweifel. Später dann hat der EuGH allerdings fast ebenso häufig die Rechtsfrage entgegengesetzt entschieden.[99]

---

98 EuGH 283/81 v. 6.10.1982 *CILFIT*, Tz. 11 ff.
99 Vgl. etwa zu den Verkehrskreisen bei verschreibungspflichtigen Arzneimitteln einerseits EuGH C-412/05 P v. 26.4.2007 *Alcon (II)*, Tz. 56 ff.; andererseits BGH GRUR 1997, 629, 632 *Sermion II*; BGH GRUR 1998, 815, 817 *Nitrangin*; BGH GRUR 1999, 587, 589 *Cefallone*, m. w. N.; BGH GRUR 2000, 603, 604 f. *Ketof/ETOP*; zur Farbkombinationsmarke einerseits EuGH C-49/02 v. 24.6.2004 *Heidelberger Bauchemie*, Tz. 33 f.; andererseits BGH GRUR 1999, 730, 731 *Farbmarke magenta/grau*; BGH GRUR 2002, 427 *Farbmarke gelb/grün*; zum Verhältnis der Eintragungshindernisse zueinander einerseits EuGH C-363/99 v. 12.2.2004 *Postkantoor*, Tz. 86; EuGH C-265/00 v. 12.2.2004 *Campina Melkunie*, Tz. 19; andererseits BGH GRUR 1993, 43 *Römigberg*; BGH GRUR 2004, 329, 331 *Käse in Blütenform I*; BGH GRUR 2004, 502, 504 f. *Gabelstapler II*; BGH GRUR 2004, 506, 507 *Stabtaschenlampen II*; zur Berücksichtigung des Allgemeininteresses an der Freihaltung im Rahmen der Prüfung der Unterscheidungskraft einerseits EuGH C-104/01 v. 6.5.2003 *Libertel*, Tz. 60 u. 71; EuGH C-456/01 P u. C-457/01 P v. 29.4.2004 *Dreidimensionale Tablettenform I*, Tz. 47; EuGH C-49/02 v. 24.6.2004 *Heidelberger Bauchemie*, Tz. 41; EuGH C-329/02 P v. 16.9.2004 *SAT.2*; EuGH C-37/03 P v. 15.9.2005 *BioID*, Tz. 60; andererseits BGH GRUR 2000, 231, 232 *FÜNFER*; BGH GRUR 2000, 722 *LOGO*; BGH GRUR 2001, 1154, 1155 *Farbmarke violettfarben*; BGH GRUR 2002, 64, 65 *INDIVIDUELLE*; zu mehrdeutigen Begriffen einerseits EuGH C-191/01 P v. 23.10.2003 *Doublemint*, Tz. 32 ff.; andererseits BGH GRUR 2001, 162, 163 *RATIONAL SOFTWARE CORPORATION*; zur Bedeutung unterscheidungskräftiger Nutzungsmöglichkeiten einerseits EuGH C-307/11 P v. 26.4.2012 *Deichmann*, Tz. 55; andererseits BGH GRUR 2001, 240, 242 *SWISS ARMY*; BGH I ZB 21/06 v. 24.4.2008 *Marlene-Dietrich-Bildnis I*; BGH I ZB 62/09 v. 31.3.2010 *Marlene-Dietrich-Bildnis II*, Tz. 19; BGH I ZB 115/08 v. 24.6.2010 *TOOOR!*; zu formbedingten Marken einerseits EuGH C-205/13 v. 18.9.2014 *Hauck/Stokke*, Tz. 21 ff.; andererseits BGH I ZB 22/04 v. 25.10.2007 *Milchschnitte*, Tz. 13 ff.; BGH I ZB 88/07 v. 9.7.2009 *ROCHER-Kugel*, Tz. 14 f.; zur Beweislast im Nichtigkeitsverfahren nach Verkehrsdurchsetzung einerseits

Gegen Entscheidungen, die in dieser Weise die Vorlagepflicht verkennen und damit **63** den Parteien den EuGH als gesetzlichen Richter entziehen, kann zwar theoretisch unter bestimmten Umständen mit der Verfassungsbeschwerde beim BVerfG vorgegangen werden; tatsächlich aber sind die Hürden des BVerfG hoch, so dass nur in Ausnahmefällen eine Verfassungsbeschwerde erfolgreich sein wird.[100] Einiges spricht aber dafür, dass die Verletzung der Vorlagepflicht auch als Verstoß gegen das Recht auf ein faires Verfahren nach Art. 6 EMRK gewertet und beim Europäischen Gerichtshof für Menschenrechte (EGMR) gerügt werden kann. Ein anderer Ansatz kann in geeigneten Fällen darin bestehen, gegen den nationalen Spruchkörper Amtshaftungsansprüche geltend zu machen; dies wird dadurch erleichtert, dass nach der Rechtsprechung des EuGH bei der Anwendung von europäischen Rechts-

---

EuGH C-217/13 v. 19.6.2014 *Oberbank*, Tz. 62 ff.; andererseits BGH I ZB 48/07 v. 23.10.2008 *POST II*, Tz. 31; BGH I ZB 88/07 v. 9.7.2009 *ROCHER-Kugel*, Tz. 48; BGH I ZB 65/12 v. 17.10.2013 *test*, Tz. 38; BGH I ZB 59/12 v. 6.11.2013 *Smartbook*; zur »markenmäßigen« Benutzung bei bekannten Marken einerseits EuGH C-48/05 v. 25.1.2007 *Adam Opel*, Tz. 37; EuGH C-487/07 v. 18.6.2009 *L'Oréal u. a.*, Tz. 58 f.; andererseits BGH GRUR 2005, 583 *Lila-Postkarte*; zum Angriff aus Marken gegen Unternehmenskennzeichen einerseits EuGH C-17/06 v. 11.9.2007 *Céline*, Tz. 21 ff.; andererseits BGH GRUR 2004, 512, 513 f. *Leysieffer*, m. w. N.; BGH GRUR 2005, 871, 872 *Seicom*; zum maßgeblichen Zeitpunkt bei der Beurteilung der Kennzeichnungskraft einerseits EuGH C-145/05 v. 27.4.2006 *Levi Strauss*, Tz. 13 ff.; andererseits BGHZ 156, 112, 125 *Kinder I*; BGH GRUR 2003, 1044, 1045 *Kelly*; zur Verwechslungsgefahr ohne Prägung durch einen Bestandteil einerseits EuGH C-120/04 v. 6.10.2005 *Medion*, Tz. 30 ff.; andererseits etwa BGH I ZB 40/03 v. 22.9.2005 *coccodrillo*, Tz. 19; zur Verwechslungsgefahr bei Markenfamilien einerseits EuGH C-234/06 P v. 13.9.2007 *Il Ponte Finanziaria*, Tz. 62 ff.; andererseits BGHZ 131, 122, 127 *Innovadiclophlont*, m. w. N.; BGH GRUR 1996, 267, 269 *AQUA*, m. w. N.; BGH GRUR 1996, 777, 778 *JOY*; BGH GRUR 1998, 927, 929 *COMPO-SANA*; BGH GRUR 2002, 542, 544 *BIG*; zur Produktähnlichkeit einerseits EuGH C-39/97 v. 29.9.1998 *Canon*, Tz. 23; andererseits BGHZ 138, 349, 351 *MAC Dog*; BGH GRUR 1995, 216 *Oxygenol II*; BGH GRUR 1997, 221 *Canon*; BGH GRUR 1998, 925 *Bisotherm-Stein*; BGH GRUR 1998, 932, 934 *MEISTERBRAND*; BGH GRUR 1999, 158 *GARIBALDI*; BGH GRUR 1999, 164 *JOHN LOBB*; BGH GRUR 1999, 245 *LIBERO*; zum Bekanntheitsschutz einerseits EuGH C-125/14 v. 3.9.2015 *Iron & Smith*, Tz. 34; andererseits BGH I ZR 214/11 v. 11.4.2013 *VOLKSWAGEN/Volks.Inspektion*, Tz. 67; zum Recht der Gleichnamigen einerseits EuGH C-245/02 v. 16.11.2004 *Anheuser-Busch*, Tz. 77 ff.; EuGH C-17/06 v. 11.9.2007 *Céline*, Tz. 30 ff.; andererseits BGH GRUR 2002, 706, 707 *vossius.de*; zur Erschöpfung bei Werbematerialien einerseits EuGH C-127/09 v. 3.6.2010 *Coty Prestige Lancaster Group*; andererseits BGH I ZR 63/04 v. 15.2.2007 *Parfümtester*; zu berechtigten Gründen der Nichtbenutzung einerseits EuGH C-246/05 v. 14.6.2007 *Häupl*, Tz. 53; andererseits BGH GRUR 1997, 747, 749 *Cirkulin*; zur rechtserhaltenden Benutzung in abgewandelter Form einerseits EuGH C-234/06 P v. 13.9.2007 *Il Ponte Finanziaria*, Tz. 86; andererseits BGH GRUR 1999, 54 f. *Holtkamp*; BGH GRUR 2000, 1040, 1041 *FRENORM/FRENON*; BGH GRUR 2002, 167, 168 *Bit/Bud*; zur Werbung für Produktnachahmungen einerseits EuGH C-487/07 v. 18.6.2009 *L'Oréal u. a.*, Tz. 75; andererseits BGH I ZR 169/04 v. 6.12.2007 *Imitationswerbung*; BGH I ZR 184/05 v. 6.12.2007 *Duftvergleich mit Markenparfüm*.

100 Vgl. BVerfG GRUR 2005, 52 *Unvollständige EuGH-Rechtsprechung*; erfolgreich aber BVerfG 2 BvR 221/11 v. 15.12.2016; vgl. auch BGH I ZB 53/08 v. 20.5.2009 *Schuhverzierung*, Tz. 27; BGH I ZB 107/08 v. 20.5.2009 *Vierlinden*, Tz. 11; I ZB 12/10 v. 28.10.2010, Tz. 9; I ZB 13/10 v. 28.10.2010, Tz. 8; I ZB 14/10 v. 28.10.2010, Tz. 8; I ZB 85/11 v. 6.2.2013 *Variable Bildmarke*, Tz. 17.

normen das Richterprivileg nicht gilt, der Richter (bzw. der Mitgliedstaat) also für jedes einfache Verschulden einschließlich einfacher Fahrlässigkeit haftet.[101]

VIII. Souveränität der Markensysteme und Rechtskraft

64 Die Markensysteme – die nationalen und das Unionsmarkensystem[102] – sind nach der Rechtsprechung des EuGH jeweils autonom mit eigenen, wenn auch häufig gleich auszulegenden Regeln. Zwar sind daher die Argumente eventueller Vorentscheidungen zu gleichen Rechtsfragen zu berücksichtigen.[103] Doch geht bei Verfahren bezüglich Unionsmarken von Eintragungen oder die Schutzfähigkeit bejahenden Gerichtsentscheidungen in Einzelstaaten der Union keine bindende Wirkung[104] oder auch nur Indizwirkung[105] aus. Vielmehr stellen diese lediglich einen Anhaltspunkt dar, der bei der Eintragung einer Unionsmarke Berücksichti-

---

101 EuGH C-173/03 v. 13.6.2006 *Traghetti del Mediterraneo*.
102 Dazu etwa EuGH C-141/13 P v. 17.7.2014 *Reber Holding*, Tz. 36, m. w. N.; EuGH C-190/15 P v. 19.11.2015 *Fetim*, Tz. 24; EuGH C-536/17 P v. 17.1.2018 *Josel*, Tz. 5 f.; EuGH C-656/17 P v. 31.5.2018 *Berliner Stadtwerke*, Tz. 3 f.; EuGH C-118/18 P v. 28.6.2018 *Hochmann Marketing*, Tz. 5 f. [im Rahmen des Benutzungsnachweises].
103 EuGH C-51/10 P v. 10.3.2011 *Agencja Wydawnicza Technopol/HABM*, Tz. 74; EuGH C-70/13 P v. 12.12.2013 *Getty Images*, Tz. 42; EuGH C-33/15 P v. 5.10.2015 *Cantina Broglie 1*, Tz. 49; EuGH C-34/15 P v. 5.10.2015 *Cantina Broglie 1*, Tz. 49; auch EuGH C-564/16 P v. 28.6.2018 *EUIPO/Puma*, Tz. 61; noch strenger EuGH C-32/17 P v. 6.6.2018 *Apcoa Parking Holdings*, Tz. 31 ff. u. 58 f.
104 EuGH C-190/15 P v. 19.11.2015 *Fetim*, Tz. 25; auch EuG T-501/13 v. 18.3.2016 *WINNETOU*, Tz. 35 ff.
105 Vgl. EuGH C-238/06 P v. 25.10.2007 *Develey*, Tz. 65 f.; EuG T-427/07 v. 19.3.2010 *Mirtillino/MIRTO*, Tz. 92 f.; zur Zeichenähnlichkeit aber EuG T-40/03 v. 13.7.2005 *MURÚA/Julián Murúa Entrena*, Tz. 70 ff.

gung finden kann, ohne entscheidend zu sein.[106] Dies gilt sogar für vorausgegangene Verletzungsverfahren bei identischen nationalen und Unionsmarken.[107] Erst recht gibt es keine Bindungswirkung, wenn keine einheitliche Eintragungspraxis in den Mitgliedstaaten besteht[108] oder wenn die Entscheidungen nicht auf harmonisiertem Recht beruhen.[109] Etwas anderes folgt auch nicht aus dem Grundsatz der Einheitlichkeit der Unionsmarke gemäß Art. 1 UMV.[110] Auch einer etwaigen früheren Entscheidungspraxis des EUIPO kommt keine Bedeutung zu. Denn nach der UMV zu treffende Entscheidungen über die Eintragung eines Zeichens als Unionsmarke sind keine Ermessensentscheidungen, sondern gebundene Entscheidun-

---

106 EuGH C-173/04 P v. 12.1.2006 *Deutsche SiSi-Werke*, Tz. 49; EuGH C-238/06 P v. 25.10.2007 *Develey*, Tz. 72; EuGH C-39/08 und C-43/08 v. 12.2.2009 *Bild digital*, Tz. 15; EuGH C-17/08 P v. 6.2.2009 *MPDV Mikrolab*, Tz. 41; EuGH C-208/08 P v. 16.7.2009 *American Clothing*, Tz. 58; EuGH C-448/09 P v. 30.6.2010 *Royal Appliance International/HABM*, Tz. 45 f.; EuGH C-307/11 P v. 26.4.2012 *Deichmann*, Tz. 57; EuGH C-354/12 P v. 11.4.2013 *Asa*, Tz. 43; EuGH C-410/12 P v. 16.10.2013 *medi*, Tz. 35; EuGH C-653/15 P v. 7.4.2016 *Bopp*, Tz. 5; EuGH C-32/17 P v. 6.6.2018 *Apcoa Parking Holdings*, Tz. 34; so schon u. a. EuG T-122/99 v. 16.2.2000 *Form einer Seife I*, Tz. 61; EuG T-345/99 v. 26.10.2000 *Trustedlink*, Tz. 41; auch EuG T-393/02 v. 24.11.2004 *Form einer weißen und transparenten Flasche*, Tz. 45 f., wo Eintragungen in 11 Mitgliedstaaten zugunsten des Anmelders berücksichtigt wurden; entsprechend auch zu kollisionsrechtlichen Entscheidungen EuG T-33/03 v. 9.3.2005 *SHARK/Hai*, Tz. 68; EuG T-312/03 v. 14.7.2005 *Selenium Spezial A-C-E/SELENIUM-ACE*, Tz. 46; EuG T-346/04 v. 24.11.2005 *Arthur/ARTHUR ET FELICIE*, Tz. 70; EuG T-29/04 v. 8.12.2005 *CRISTAL/CRISTAL CASTELLBLANCH*, Tz. 75, im Ergebnis bestätigt durch EuGH C-131/06 P v. 24.4.2007 *Castellblanch/HABM*; EuG T-202/03 v. 7.2.2006 *COMP USA*, Tz. 57 f., im Ergebnis bestätigt durch EuGH C-196/06 P v. 9.3.2007 *Alecansan/HABM*; EuG T-35/04 v. 15.3.2006 *FERRERO/FERRÓ*, Tz. 67; EuG T-439/04 v. 3.5.2006 *EUROHYPO*, Tz. 58; EuG T-97/05 v. 12.7.2006 *Sergio Rossi/MARCOROSSI*, Tz. 53; entsprechendes gilt für frühere Entscheidungen im selben Mitgliedstaat: EuGH C-39/08 und C-43/08 v. 12.2.2009 *Bild digital*, Tz. 16; zur Umsetzung der europäischen Rechtsprechung in Deutschland BGH I ZB 59/09 v. 17.8.2010 SUPERgirl, Tz. 10 ff.; I ZB 61/09 v. 17.8.2010, Tz. 10 ff.; eine Entscheidung einer nationalen Behörde ersetzt nicht die eigene Prüfung durch das Amt: EuG T-108/08 v. 15.7.2011 *GOOD LIFE/GOOD LIFE*, Tz. 24 f.
107 EuGH C-226/15 P v. 21.7.2016 *Apple and Pear Australia*, Tz. 48 ff.; EuGH C-32/17 P v. 6.6.2018 *Apcoa Parking Holdings*, Tz. 33; zuvor schon EuG T-378/13 v. 25.3.2015 *Apple and Pear Australia*, Tz. 67 ff.
108 So zuletzt EuG T-194/01 v. 5.3.2003 *Tablette für Wasch- oder Geschirrspülmaschinen XII*, Tz. 68.
109 EuG T-363/04 v. 12.9.2007 *Carbonell/La Española*, Tz. 41; entsprechend zu Entscheidungen von Behörden außerhalb der EU: EuG T-459/05 v. 8.11.2007 *manufacturing score card*, Tz. 29, bestätigt durch EuGH C-17/08 P v. 6.2.2009 *MPDV Mikrolab*, Tz. 41 ff.
110 EuGH C-32/17 P v. 6.6.2018 *Apcoa Parking Holdings*, Tz. 58 f.

gen.[111] Doch im Einzelfall kann auch eine Bindung an frühere Entscheidungen entstehen: Liegen etwa mehrere Entscheidungen des EUIPO zu ähnlichen Sachverhalten vor, so kann von diesen nicht ohne weiteres abgewichen werden; insbesondere kann der Akteninhalt dieser früheren Verfahren zu berücksichtigen sein.[112]

> Hat das Amt also eine bestimmte Wort-/Bildmarke eingetragen, so ist dies ohne Relevanz für eine spätere Anmeldung des Wortbestandteils dieser Marke als Wortmarke.[113] Und sogar wenn eine identische Marke bereits eingetragen ist, folgt hieraus kein Anspruch auf Eintragung einer weiteren.[114]

65 Der BGH misst in diesem Sinne einer ausländischen Eintragung in bestimmten Fällen allenfalls eine Indizwirkung zugunsten der Schutzfähigkeit der Marke zu. Voraussetzung ist hierbei, dass die Marke aus einem fremdsprachigen Wort[115] gebildet ist, das nicht als Fremdwort Eingang in die deutsche Sprache gefunden hat, und in dem Staat, aus dessen Sprachraum es stammt, eingetragen ist.[116] Eine solche Indizwirkung geht allerdings nicht von Anmeldungen aus, die im deutschsprachigen Ausland eingetragen sind.[117]

> Ist etwa das Wort »GENESCAN« für »Computersoftware zur DNS-Sequenzierung« im Vereinigten Königreich als Marke eingetragen, so kommt diesem Umstand Indizwirkung zugunsten der Schutzfähigkeit zu. Die Indizwirkung wäre nur dann beseitigt, wenn das Markenwort im Inland in einer von seiner englischen Bedeutung abweichenden Bedeutung verwendet wird.[118]

66 Umgekehrt will der BGH auch Entscheidungen des EUIPO zur Eintragungsfähigkeit von Marken lediglich eine Indizwirkung für das inländische Eintragungsver-

---

111 EuGH C-37/03 P v. 15.9.2005 *BioID*, Tz. 47; EuGH C-173/04 P v. 12.1.2006 *Deutsche SiSi-Werke*, Tz. 48; EuGH C-212/07 P v. 13.2.2008 *Indorata-Serviços e Gestão*, Tz. 43; EuGH C-243/07 P v. 15.2.2008 *Brinkmann*, Tz. 39; EuGH C-39/08 und C-43/08 v. 12.2.2009 *Bild digital*, Tz. 13; EuGH C-208/08 P v. 16.7.2009 *American Clothing*, Tz. 57; EuGH C-536/10 P v. 7.7.2011 *MPDV Mikrolab*, Tz. 45; EuGH C-410/12 P v. 16.10.2013 *medi*, Tz. 32; EuGH C-466/13 P v. 22.10.2014 *Repsol*, Tz. 89; EuGH C-400/14 P v. 16.7.2015 *Basic AG Lebensmittelhandel*, Tz. 52; EuGH C-488/16 P v. 6.9.2018 *Bundesverband Souvenir – Geschenke – Ehrenpreise*, Tz. 72; EuGH C-150/18 P v. 6.9.2018 *El Corte Inglés*, Tz. 6 f.; EuGH C-151/18 P v. 6.9.2018 *El Corte Inglés*, Tz. 6 f.; so bereits u. a. EuG T-106/00 v. 27.2.2002 *STREAMSERVE*, Tz. 66; zu kollisionsrechtlichen Entscheidungen EuGH C-412/05 P v. 26.4.2007 *Alcon (II)*, Tz. 65; EuGH C-354/11 P v. 22.3.2012 *Emram*, Tz. 92; EuGH C-480/15 P v. 14.4.2016 *KS Sports IPCo*, Tz. 36; so bereits u. a. EuG T-35/03 v. 12.10.2004 *HARPO Z/CARPO*, Tz. 26; a. A. Bundesverwaltungsgericht Schweiz B-6068/2014 v. 1.2.2016 *Goldbären*.
112 EuGH C-564/16 P v. 28.6.2018 *EUIPO/Puma*, Tz. 80 ff.; auch EuG T-372/17 v. 29.11.2018 *LV/LV POWER ENERGY DRINK*, Tz. 33 ff.
113 EuG T-345/99 v. 26.10.2000 *Trustedlink*, Tz. 40.
114 EuGH C-70/13 P v. 12.12.2013 *Getty Images*, Tz. 45.
115 Grundsätzlich keine Indizwirkung bei deutschsprachigen Zeichen BGH GRUR 2005, 578, 580 *Lokmaus*; bei Bildzeichen: BGH GRUR 1997, 527, 529 *Autofelge*.
116 BGH GRUR 1988, 379, 380 *RIGIDITE*; BGH GRUR 1993, 746 *Premiere*; BGH GRUR 1996, 771, 772 *THE HOME DEPOT*; BGH GRUR 1999, 1096, 1097 *ABSOLUT*; BGH GRUR 2001, 1046, 1047 *GENESCAN*; auch BGH GRUR 2001, 162, 164 *RATIONAL SOFTWARE CORPORATION*; zunehmend zurückhaltend: BGH I ZB 3/13 v. 19.2.2014 *HOT*, Tz. 30.
117 BGH I ZB 48/08 v. 4.12.2008 *Willkommen im Leben*, Tz. 18.
118 BGH GRUR 2001, 1046, 1047 *GENESCAN*.

fahren beimessen. Eine rechtliche Bindung, zu demselben Ergebnis zu gelangen wie das EUIPO, besteht nicht. Dies gilt erst recht, wenn es sich in den beiden Verfahren nicht um identische Marken handelt.[119] Anders wird man dies jedoch sehen müssen, wenn zu einer identischen Marke nicht nur eine Entscheidung des EUIPO, sondern eine solche des EuG oder EuGH vorliegt.[120] Hier ist zwar vordergründig davon auszugehen, dass die meisten Wertungen im Kennzeichenrecht mit der Beurteilung des Verkehrsverständnisses dem Tatrichter obliegen.[121] Doch fließen gerade bei der Beurteilung des Verkehrsverständnisses normative Wertungen und Tatsachenwürdigung ineinander. Nahezu jede Tatsachenfrage lässt sich in eine normative Frage umdeuten und umgekehrt. Um widersprüchliche Entscheidungen in der Union zu vermeiden, ist der nationale Richter daher gehalten, in jedem Einzelfall die normativen Grundlagen der Ermittlung des Verkehrsverständnisses herauszuarbeiten und die damit verbundenen Fragen gegebenenfalls dem EuGH vorzulegen.[122]

IX. Schrifttum und elektronische Hilfsmittel

Aus dem umfangreichen gedruckten und elektronischen Schrifttum zum Kennzeichenrecht haben einige Werke die größte Verbreitung gefunden: 67

In der kennzeichenrechtlichen Praxis haben sich vor allem drei Kommentarwerke zum MarkenG durchgesetzt. Der von zwei Anwälten verfasste *Ingerl/Rohnke*[123] wird vor allem dort genutzt, wo Verletzungsverfahren vor den ordentlichen Gerichten anstehen, und wurde vom BGH wohl am häufigsten zitiert; gegenüber der genialen ersten Auflage sind die Folgeauflagen allerdings blasser geworden. Demgegenüber spielt der überwiegend von Richtern am BPatG verfasste *Ströbele/Hacker/Thiering*[124] eine immer größere Rolle, vor allem in amtlichen und bundespatentgerichtlichen Verfahren. Bedeutung hat auch die Kommentierung *Büschers*, ehemaliger Vorsitzender Richter im I. (Marken-)Senat des BGH, im Sammelkommentar *Büscher/Dittmer/Schiwy*[125]; insbesondere der BGH zitiert regelmäßig diese Kommentierung. Der umfangreiche Kommentar von *Fezer*[126] enthält viele Antworten auf Detailfragen, wird jedoch nach wie vor als unübersichtlich und nicht ganz konsistent gerügt. 68

Eine vollständig überzeugende Kommentierung zur UMV fehlt bislang. Hier leisten der *Eisenführ/Schennen*[127] sowie die Kommentierung von *Bender* im Hei- 69

---

119 BGH I ZB 96/05 v. 27.4.2006 *FUSSBALL WM 2006*, Tz. 27; auch BGH I ZB 97/05 v. 27.4.2006, Tz. 27.
120 Vgl. auch EuGH 314/85 v. 22.10.1987 *Foto-Frost*, Tz. 14 ff.
121 So etwa BGH I ZR 49/05 v. 3.4.2008 *Schuhpark*, Tz. 28.
122 Vgl. aber BVerfG MarkenR 2009, 159 *Evian/Revian's*; BGH I ZB 107/08 v. 20.5.2009 *Vierlinden*, Tz. 17.
123 Markengesetz – Kommentar, 3. Aufl. 2010.
124 Markengesetz, 12. Aufl. 2018.
125 Gewerblicher Rechtsschutz – Urheberrecht – Medienrecht – Kommentar, 4. Aufl. 2019.
126 Markenrecht, 4. Aufl. 2009.
127 Unionsmarkenverordnung, 5. Aufl. 2017.

delberger Kommentar zum Markenrecht[128] ein Stück Pionierarbeit, bleiben jedoch bisweilen unklar. Der neue Beck'sche Online-Kommentar Markenrecht[129] ist diesen Werken in weiten Passagen überlegen, geht jedoch gerade bei materiellrechtlichen Fragen – etwa der Verwechslungsgefahr – zu wenig in die Tiefe. Einen Überblick über die internationale Registrierung bietet der von der WIPO herausgegebene Guide to the international registration of marks.[130]

70 Die wichtigsten Zeitschriften im Markenrecht sind die MarkenR, die GRUR sowie für den internationalen Bereich die GRUR-Int. Für den Praktiker, der sich über die Rechtsprechung auf dem Laufenden halten will, ist die GRUR-Prax ausgelegt. Schließlich lässt sich im Markenrecht ein seltsames Phänomen beobachten: Immer wieder berichten Kollegen, sie hätten im Eintragungsverfahren Marken durch Lektüre von *Asterix*-Heften und Anspielungen darauf durchsetzen können.

71 Entscheidungen des EuGH[131] und des BGH[132] (seit dem Jahr 2000) finden sich im Volltext im Internet. Die EuGH-Rechtsprechung habe ich außerdem in meinem Buch »Trade Mark Law in Europe« gesammelt und systematisiert.[133] Entscheidungen des EUIPO[134] und des BPatG lassen sich am schnellsten recherchieren über die Datenbank PAVIS-PROMA *Kliems/Knoll/Bender*, Markenentscheidungen BPatG, EUIPO, BGH und EuGH,[135] die über sehr praktische Abfragemöglichkeiten verfügt. Das internationale Markenrecht erfasst die Datenbank Darts-IP.[136] Urteilsanmerkungen zur europäischen Rechtsprechung werden auch beim EuGH katalogisiert.[137] Aufsätze sowie Entscheidungen der Instanzgerichte sind häufig auffindbar über die VAMP-Datenbank des Zentrums für Gewerblichen Rechtsschutz, Düsseldorf.[138] Über Neuigkeiten des Markenrechts informieren schnell und zuverlässig die Weblogs IPKat[139] und (konzentriert auf europäisches Markenrecht) Marques Class 46.[140] Eine ausgezeichnete Möglichkeit zum Auffinden von Entscheidungen bietet auch die Internetseite dejure.org.

72 Unionsmarken,[141] deutsche Marken[142] und internationale Registrierungen[143] sind im Internet kostenlos recherchierbar. Die vom EUIPO geführte Datenbank

---

128 Hrsg. v. *Ekey/Bender, Fuchs-Wissemann*, 3. Aufl. 2015.
129 *Kur/v. Bomhard/Albrecht*, Beck'sche Online-Kommentar Markenrecht; auch in Printversion erschienen: 2. Aufl. 2018.
130 www.wipo.int/madrid/en/guide; jüngste nichtamtliche deutsche Übersetzung: Leitfaden für die internationale Registrierung von Marken unter dem Madrider Abkommen und dem Madrider Protokoll, 4. Aufl. 2013.
131 Curia.europa.eu/juris/recherche.jsf?language=de.
132 www.bundesgerichtshof.de/entscheidungen/entscheidungen.php.
133 *Hildebrandt*, Trade Mark Law in Europe, 3. Aufl. 2016.
134 Im Internet unter euipo.europa.eu/eSearchCLW/.
135 Bestellbar unter www.pavis.de.
136 Bestellbar unter www.darts-ip.com.
137 Curia.europa.eu/jcms/jcms/Jo2_7083/de.
138 www.jura.uni-duesseldorf.de/VAMP/DB_Marken.
139 www.ipkat.com.
140 www.marques.org/class46.
141 Euipo.europa.eu/eSearch.
142 Publikationen.dpma.de/start.do sowie https://dpinfo.dpma.de.
143 www.wipo.int/madrid/monitor/en/index.jsp.

TMview[144] erfasst außerdem nicht nur Unionsmarken, sondern auch eine Vielzahl nationaler (auch außereuropäischer) Markensysteme und lässt in beschränktem Umfang auch Ähnlichkeitsabfragen zu. Mit anderer Suchmaske ist die ähnlich strukturierte Global Brand Database auch über die WIPO erreichbar.[145] Auch zahlreiche ausländische Markenämter bieten kostenlose Datenbankabfragen an.[146] Eine sehr anständige Markenrecherche innerhalb weniger Sekunden bietet inzwischen der KI-gestützte Datenbankanbieter TrademarkNow,[147] wo – allerdings gegenüber der Vollversion sehr begrenzt – auch kostenlos recherchiert werden kann. Links zu Entscheidungen zahlreicher ausländischer Gerichte[148] sowie Informationen zu nationalen Ämtern und Rechtsordnungen[149] bietet auch die WIPO. Unternehmenskennzeichen lassen sich über die Internetseite opencorporates.com finden.

---

144 www.tmdn.org/tmview/welcome.
145 www.wipo.int/branddb/en.
146 Vgl. die Liste auf www.wipo.int/directory/en/urls.jsp; ansonsten etwa Australien: pericles.ipaustralia.gov.au/atmoss/falcon.application_start; Benelux: register.bmb-bbm.org/SearchMaskMain.asp; Großbritannien: www.patent.gov.uk/tm/dbase/index.htm; Kanada: strategis.ic.gc.ca/cipo/trademarks/search/tmSearch.do; USA: www.uspto.gov; Internetadressen weiterer Ämter in MarkenR 2003, 170.
147 www.trademarknow.com.
148 www.wipo.int/enforcement/en/case_law.html.
149 www.wipo.int/madrid/memberprofiles/#.

Zweiter Teil Marken

Erstes Kapitel Erwerb und Erhalt des Markenschutzes

§ 2 Markenfähigkeit und verschiedene Arten von Marken

Schrifttum: *Bender*, Die grafische Darstellbarkeit von Marken, FS »50 Jahre Bundespatentgericht«, 2011, 495; *Dissmann/Somboonvong*, Die Unionsgewährleistungsmarke, GRUR 2016, 657; *Dröge*, Die Gewährleistungsmarke – Überlegungen und Vergleiche zur Auslegung der neuen Regelungen, MarkenR 2016, 549; *Grübler*, EU-Markenrechtsreform: Neue Regeln für Hör-, Bewegungs- und Multimediamarken, GRUR-Prax 2017, 417; *Künkel*, Effektiver Schutz der Prüfzeichen von Zertifizierungsunternehmen vor Missbrauch durch Dritte in Deutschland durch die Instrumentarien des Wettbewerbs- und Markenrechts, 2017; *Mirbt*, Die Umsetzung der Europäischen Markenrechtsrichtlinie (EU) 2015/2436 in das nationale Markenverfahren beim DPMA, GRUR Newsletter 2/2018, S. 2; *Pres*, Innovative Markenformen im deutschen Markengesetz, 2009; *Sekretaruk*, Farben als Marke, 2005; *Slopek/Leister*, Bio-Siegel & Co. – die markenrechtliche Einordnung von Gütezeichen, GRUR 2013, 356

I. Begriff, Rechtsgrundlagen, Voraussetzungen und Markenformen

Als Markenfähigkeit wird die grundsätzliche Eignung bezeichnet, eine (eingetragene) Marke darstellen zu können und zwar unabhängig von den Waren oder Dienstleistungen, für die der Schutz beantragt werden könnte.[1] Demgegenüber erfolgt die Prüfung, ob ein dergestalt grundsätzlich markenfähiges Zeichen für die konkret beanspruchten Produkte eingetragen werden kann, im Rahmen der Prüfung absoluter und relativer Schutzhindernisse.[2] Europäische[3] Rechtsgrundlagen zur Markenfähigkeit eingetragener Marken sind Art. 3 und 4 I Buchst. a MRR[4] sowie – gleich auszulegen[5] – Art. 4 UMV. Im Bestreben, die Regelungen für eingetragene und nicht eingetragene Marken[6] möglichst in gemeinsamen Vorschriften zusammenzufassen, ist der deutsche Gesetzgeber von der europäischen Systematik abgewichen und hat die Voraussetzungen der Markenfähigkeit auf zwei Vorschriften aufgeteilt (§ 3 I[7] und § 8 I MarkenG).[8]

1

---

1 Vgl. EuGH C-363/99 v. 12.2.2004 *Postkantoor*, Tz. 80.
2 Zu den absoluten Eintragungshindernissen § 4 Rdn. 1 – 240; zu den relativen Eintragungshindernissen § 10 Rdn. 6 – 8.
3 Vgl. Art. 15 I TRIPS; hierzu EuGH C-245/02 v. 16.11.2004 *Anheuser-Busch/Budějovický Budvar*, Tz. 68 f.
4 EuGH C-299/99 v. 18.6.2002 *Philips/Remington*, Tz. 37; EuGH C-321/03 v. 25.1.2007 *Dyson*, Tz. 25.
5 EuGH C-321/03 v. 12.10.2004 *Dyson Beschluss*, Tz. 14.
6 Zu Besonderheiten bei nicht eingetragenen Marken § 6 Rdn. 1 – 11.
7 Die für Formmarken geltende Regelung des § 3 II MarkenG dürfte in sachlicher Hinsicht weniger der Markenfähigkeit zuzuordnen sein, sondern den absoluten Schutzhindernissen – Art. 4 I Buchst. e MRR; die Zuordnung zu § 3 MarkenG soll die Anwendung der Regelung auf nicht eingetragene Marken sicherstellen.
8 Vgl. BGH I ZB 13/04 v. 17.11.2005, Tz. 16.

2 Die Markenfähigkeit eingetragener[9] Marken ist danach an drei Voraussetzungen geknüpft. Erstens muss es sich um ein Zeichen handeln. Zweitens muss sich dieses Zeichen klar und eindeutig bestimmbar darstellen lassen. Drittens muss dieses Zeichen geeignet sein, Waren oder Dienstleistungen eines Unternehmens von denjenigen anderer Unternehmen zu unterscheiden.[10]

3 Keine Voraussetzung für die Markenfähigkeit ist demgegenüber der Wille des Anmelders, die Marke zu benutzen. Die MRR kennt – anders als etwa das amerikanische Recht – ein Erfordernis des Benutzungswillens nicht, sondern sorgt durch Sanktionierung längerer Nichtbenutzung für eine Verringerung der Zahl eingetragener Marken.[11] Nicht unproblematisch geht der BGH trotz dieser Vorgaben davon aus, dass Benutzungswille eine allgemeine Schutzvoraussetzung für das Entstehen eines Markenrechts darstelle. Dies ergebe sich aus dem Wesen der Marke als Unterscheidungszeichen. Hierbei genüge allerdings ein genereller Wille, der auf eigene oder durch Dritte erfolgende Benutzung gerichtet ist und zudem widerlegbar vermutet wird.[12] Der BGH folgert aus dem Erfordernis eines Benutzungswillens zudem nicht, dass eine ohne Benutzungswillen angemeldete Marke nichtig sei; vielmehr könne die Marke allenfalls unter dem Gesichtspunkt der bösgläubigen bzw. sittenwidrigen Anmeldung angegriffen werden oder ein Angriff aus der Marke rechtsmissbräuchlich sein.[13]

4 Art. 3 MRR und Art. 4 UMV erwähnen als markenfähige Zeichen insbesondere Wörter einschließlich Personennamen,[14] Abbildungen, Buchstaben,[15] Zahlen und die Form oder Aufmachung einer Ware.[16] Das Wort »insbesondere« im Gesetzestext weist darauf hin, dass die Aufzählung nicht abschließend ist.[17] § 3 I MarkenG nennt entsprechend zusätzlich dreidimensionale Gestaltungen und Hörzeichen. Hierbei ist jedoch zu berücksichtigen, dass Art. 3 MRR die Voraussetzungen der Markenfähigkeit eingetragener Marken abschließend regelt,[18] so dass auch diese

---

9 Bei Benutzungsmarken verzichtet der deutsche Gesetzgeber mit § 3 I MarkenG auf die Darstellbarkeit: BGH I ZR 195/06 v. 19.2.2009 *UHU*; a. A. noch OLG Köln MarkenR 2007, 78 *Sekundenkleber*; die MRR regelt die Benutzungsmarke ausdrücklich nicht, so dass der nationale Gesetzgeber auch die Schutzvoraussetzungen ausgestalten kann.
10 EuGH C-104/01 v. 6.5.2003 *Libertel*, Tz. 23; EuGH C-49/02 v. 24.6.2004 *Heidelberger Bauchemie*, Tz. 22; auch EuGH C-53/01 bis C-55/01 v. 8.4.2003 *Linde*, Tz. 37; EuGH C-191/01 P v. 23.10.2003 *Doublemint*, Tz. 28; EuGH C-321/03 v. 25.1.2007 *Dyson*, Tz. 27 f.; EuGH C-420/13 v. 10.7.2014 *Netto Marken-Discount*, Tz. 31; EuGH C-421/13 v. 10.7.2014 *Apple*, Tz. 17.
11 Vgl. den 31. Erwägungsgrund der MRR.
12 BGH GRUR 2001, 242, 244 f. *Classe E*, m. w. N. auch zur Gegenansicht; wohl auch BGH I ZR 33/05 v. 13.9.2007 *THE HOME STORE*, Tz. 51.
13 Vgl. unten § 4 Rdn. 199–226.
14 Hierzu EuGH C-404/02 v. 16.9.2004 *Nichols*, Tz. 22; EuGH C-259/04 v. 30.3.2006 *Emanuel*, Tz. 43 u. 45.
15 Hierzu EuG T-117/03 bis T-119/03 und T-171/03 v. 6.10.2004 *NL*, Tz. 47.
16 Zu Kennfadenmarken als Variante der Formmarke BPatG 24 W (pat) 225/03 v. 21.9.2004.
17 EuGH C-273/00 v. 12.12.2002 *Sieckmann*, Tz. 44; EuGH C-283/01 v. 27.11.2003 *Shield Mark*, Tz. 35; EuGH C-321/03 v. 25.1.2007 *Dyson*, Tz. 32.
18 EuGH C-283/01 v. 27.11.2003 *Shield Mark*, Tz. 39; EuGH C-259/04 v. 30.3.2006 *Emanuel*, Tz. 43.

Zeichen nur dann markenfähig sind, wenn sie die drei genannten Voraussetzungen des Art. 3 MRR erfüllen.

In der Praxis haben Wortmarken[19] und – aus einer Kombination von Wort und Bild bestehend – Wort-/Bildmarken gefolgt von reinen Bildmarken die bei weitem größte Bedeutung. Daneben hat sich inzwischen eine geringere Zahl dreidimensionaler Marken etabliert, mit Hilfe derer Unternehmen nicht selten versuchen, unmittelbar für ihre Produktgestaltung Schutz zu erlangen (etwa die Form der Toblerone-Schokolade). Ferner existieren einige wenige Hörmarken (etwa der Jingle der Deutschen Telekom) und so genannte abstrakte Farbmarken (das Milka-Lila), mit denen Schutz beansprucht wird für eine Farbe oder Farbkombination unabhängig von einer konkreten Produktgestaltung. Sehr gering ist schließlich die Zahl der Positionsmarken,[20] bei denen ein bestimmtes Merkmal stets an einer bestimmten Position des Produkts angebracht ist (etwa der rote Streifen im Absatz der Lloyd-Schuhe oder Knopf und Fähnchen im Ohr der Steiff-Stofftiere). Praktisch bislang bedeutungslos und eher von akademischem Interesse sind die Markenformen der Geruchsmarke, Geschmacksmarke, Tastmarke[21] oder Bewegungsmarke[22].

II. Zeichen

Erste Voraussetzung der Markenfähigkeit ist, dass es sich bei der Markenanmeldung um ein Zeichen handelt. Es genügt die bloße Möglichkeit, in Bezug auf eine beliebige Ware oder Dienstleistung ein Zeichen sein zu können.

Wird etwa eine abstrakte Farbe zur Anmeldung gebracht, so kann zwar nicht generell davon ausgegangen werden, dass eine Farbe als solche ein Zeichen ist. Gewöhnlich ist eine Farbe eine bloße Eigenschaft von Gegenständen. Sie kann allerdings ein Zeichen sein. Dies hängt davon ab, in welchem Zusammenhang die Farbe verwendet wird. Jedenfalls grundsätzlich aber kann daher eine Farbe als solche in Bezug auf ein Produkt ein Zeichen sein.[23] Auch die Form einer Ware kann grundsätzlich ein Zeichen sein.[24] Kein Zeichen ist demgegenüber mangels Konkretisierung eine allgemeine und abstrakte Anmeldung für alle denkbaren Formen eines durchsichtigen Auffangbehälters eines Staubsaugers. Eine solche Anmeldung erschöpft sich in Wirklichkeit in einer bloßen Eigenschaft der betreffenden Ware.[25] Damit nicht vergleichbar ist – entgegen der Rechtsprechung des BGH[26] – der Fall eines variablen Zeichens, das mit exakter Beschreibung mehrere (stets violettfarbene) Zeichenvarianten

---

19 Auch Marken mit Zahlenbestandteilen werden Wortmarken genannt.
20 Zur Markenfähigkeit EuG T-547/08 v. 15.6.2010 *Orange Einfärbung des Zehenbereichs einer Socke*, Tz. 19.
21 Hierzu BGH I ZB 73/05 v. 5.10.2006 *Tastmarke*, Tz. 12; zur Unterscheidungskraft einer Tastmarke BPatG MarkenR 2007, 516 *Tastmarke*.
22 Dazu HABM BK R 443/10–2 v. 23.9.2010 *Rote Flüssigkeit, die sich in einer Reihe von Destillierkolben bewegt*.
23 EuGH C-104/01 v. 6.5.2003 *Libertel*, Tz. 27; EuGH C-49/02 v. 24.6.2004 *Heidelberger Bauchemie*, Tz. 23 f.; EuGH C-217/13 v. 19.6.2014 *Oberbank*, Tz. 36 f.
24 EuGH C-48/09 P v. 14.9.2010 *Lego Juris*, Tz. 39; EuGH C-30/15 P v. 10.11.2016 *Simba Toys*, Tz. 37.
25 EuGH C-321/03 v. 25.1.2007 *Dyson*, Tz. 35 ff.
26 BGH I ZB 85/11 v. 6.2.2013 *Variable Bildmarke*, Tz. 21.

erfasst, aber vom Verkehr gleichwohl auf einen unter Umständen herkunftshinweisenden Zeichenkern zurückgeführt werden kann; dies kann ein Zeichen sein; allenfalls fehlt die Unterscheidungskraft.

III. Klar und eindeutig bestimmbare Darstellbarkeit

7 Zweite Voraussetzung der Markenfähigkeit bei eingetragenen Marken[27] ist die klar und eindeutig bestimmbare Darstellbarkeit. Bis zur Markenrechtsreform 2015 forderte das Gesetz »grafische Darstellbarkeit«. Die Änderung soll neuen technischen Möglichkeiten Raum geben und auch andere Arten der Darstellung ermöglichen. Zugleich trägt die Änderung der Tatsache Rechnung, dass es letztlich weniger um Bestimmtheit als vielmehr um Bestimmbarkeit des Markenrechts geht.[28]

8 Problematisch ist, dass außerhalb der EU die meisten Markenämter noch das Kriterium der grafischen Darstellbarkeit kennen. Soll daher internationaler Markenschutz erwirkt werden, so sind nach wie vor Zeichen anzumelden, die eine grafische Darstellung ermöglichen. Insbesondere bei internationalen Registrierungen ist dies von Anfang an zu beachten.

9 Eine klar und eindeutig bestimmbare Darstellung im Sinne von Art. 3 MRR muss zwar nicht das Zeichen selbst abbilden;[29] sie muss es vielmehr ermöglichen, das Zeichen insbesondere mit Hilfe von Figuren, Linien oder Schriftzeichen sichtbar wiederzugeben. Zum Merkmal der »grafischen Darstellung« hatte der EuGH die Kriterien aufgestellt, dass diese klar, eindeutig, in sich abgeschlossen, leicht zugänglich, verständlich, dauerhaft und objektiv sein müsse (vgl. auch Art. 3 I UMDV, §§ 6 ff. MarkenVO).[30] Diese Kriterien werden weiter gelten, obwohl das Merkmal der grafischen Darstellbarkeit inzwischen aufgegeben wurde.

---

27 Für Benutzungsmarken gilt diese Voraussetzung eben gerade nicht: § 2 Rdn. 1 u. § 6 Rdn. 1 – 11.
28 Vgl. *Hildebrandt*, MarkenR 2002, 1, 3.
29 BGH I ZB 73/05 v. 5.10.2006 *Tastmarke*, Tz. 16.
30 EuGH C-273/00 v. 12.12.2002 *Sieckmann*, Tz. 55; EuGH C-104/01 v. 6.5.2003 *Libertel*, Tz. 28 f.; EuGH C-283/01 v. 27.11.2003 *Shield Mark*, Tz. 55; EuGH C-49/02 v. 24.6.2004 *Heidelberger Bauchemie*, Tz. 25 ff.; EuGH C-337/12 P v. 6.3.2014 *Pi-Design u. a.*, Tz. 57.

Beispielsweise ist die Abbildung eines Ladenlokals

eine klar und eindeutig bestimmbare Darstellung, ohne dass es weiterer Größen- oder Proportionsangaben bedürfte.³¹

Hierdurch wird zunächst die Marke selbst festgelegt³² und der genaue Gegenstand des Schutzes bestimmt. Allein aufgrund der Eintragung einer Marke sollen Behörden und Wirtschaftsteilnehmer deren genaue Ausgestaltung und damit das Risiko der Verletzung der Marke bestimmen können.³³

So kann ein Geruch beispielsweise weder durch eine chemische Formel noch durch eine Beschreibung in Worten, die Hinterlegung einer Probe des Geruchs oder die Kombination dieser Elemente klar und eindeutig bestimmbare dargestellt werden. In der Formel würden nur wenige den fraglichen Geruch wiedererkennen, sie ist nicht verständlich genug und gibt nicht den Geruch einer Substanz, sondern die Substanz selbst wieder, so dass es ihr auch an der nötigen Klarheit und Eindeutigkeit fehlt. Bei der Hinterlegung einer Geruchsprobe handelt es sich nicht um eine klar und eindeutig bestimmbare Darstellung und ihr fehlt die nötige Stabilität oder Dauerhaftigkeit. Genügen nun aber diese einzelnen Elemente nicht den Anforderungen an die klar und eindeutig bestimmbare Darstellung, so kann auch deren Kombination diese Erfordernisse, insbesondere die der Klarheit und Eindeutigkeit, nicht erfüllen.³⁴ Bei einem Hörzeichen fehlt jedenfalls einer allgemeinen Beschreibung – wie etwa »Klang eines brüllenden Löwen« – Eindeutigkeit und Klarheit. Entsprechendes gilt für eine lautmalerische Wiedergabe durch ein Wort wie »kikeriki«; insofern hilft aber ein Klangbeispiel als Datei weiter.³⁵ Schließlich kann eine Tastmarke nicht allein dadurch klar und eindeutig bestimmbare wiedergegeben werden, dass eine fotografische Abbildung einer Ware eingereicht wird.³⁶

Dabei verfährt die Rechtsprechung allerdings gelegentlich zu streng. Es geht nicht um Bestimmtheit, sondern um Bestimmbarkeit. Denn wirklich bestimmt ist kaum eine Marke. Auch eine Wortmarke bietet – gerade im internationalen Bereich – durch verschiedenste Aussprachemöglichkeiten kein exakt definiertes Zeichen, sondern nur einen bestimmbaren Schutzbereich. Es geht beim Kriterium der Bestimmbarkeit darum auch lediglich darum, den Kern des Schutzes erfassen zu können.

---

31 EuGH C-421/13 v. 10.7.2014 *Apple*, Tz. 18 u. 27; zu einer Tankstelle EuG T-339/15 u. T-434/15 v. 16.4.2018 *Polski Koncern Naftowy Orlen*.
32 Bei einer Diskrepanz von Anmeldung und Eintragung ist deswegen die eingetragene Gestaltung maßgeblich: BGH GRUR 2005, 1044 *Dentale Abformmasse*.
33 EuGH C-273/00 v. 12.12.2002 *Sieckmann*, Tz. 48 ff.; EuGH C-337/12 P v. 6.3.2014 *Pi-Design u. a.*, Tz. 57.
34 EuGH C-273/00 v. 12.12.2002 *Sieckmann*, Tz. 70 ff.
35 EuGH C-283/01 v. 27.11.2003 *Shield Mark*, Tz. 59 f.
36 BGH I ZB 73/05 v. 5.10.2006 *Tastmarke*, Tz. 18 ff.

Danach war die Formmarke

durchaus bestimmt genug. Auch bei dreidimensionalen Marken können die Gestaltungsmerkmale der Form mitunter schon aus einer einzigen Abbildung aus nur einer Perspektive erschlossen werden. Die insofern unpräzise Darstellung kann lediglich zu einer Einschränkung des Schutzbereichs führen.[37]

12 Darüber hinaus schließt die klar und eindeutig bestimmbare Darstellung jedes subjektive Element aus.[38]

So ist die Beschreibung eines Geruchs – etwa der »Duft einer Erdbeere« – vor allem nicht objektiv genug, weil die Geruchsvorstellung bei verschiedenen Personen unterschiedlich ausfallen kann. Eine solche Beschreibung genügt daher nicht den Anforderungen einer klar und eindeutig bestimmbaren Darstellung.[39]

13 Eine unmittelbare Verständlichkeit der klar und eindeutig bestimmbaren Darstellung ist nicht erforderlich, solange die Darstellung den zuständigen Stellen und Verkehrskreisen ermöglicht zu erkennen, für welches Zeichen die Eintragung als Marke beantragt wird.[40]

So ist beispielsweise eine musikalische Tonfolge klar und eindeutig bestimmbare darstellbar, indem ein in Takte gegliedertes Notensystem mit einem Notenschlüssel (G, F oder C), Noten- und Pausenzeichen, deren Form ihren relativen Wert angibt, und gegebenenfalls Vorzeichen, die alle zusammen die Höhe und die Dauer der Töne bestimmen, eingereicht wird. Diese Darstellung erfüllt die Voraussetzungen der Rechtsprechung.[41] Bei einem Sonagramm dürfte es hingegen an hinreichender Verständlichkeit fehlen;[42] diese kann jedoch kompensiert werden, wenn dem Sonagramm eine Audiodatei, insbesondere eine mp3-Datei beigefügt wird, die in das elektronische Register des EUIPO eingestellt werden kann.[43]

14 Zusätzlich zur klar und eindeutig bestimmbaren Darstellung kann der Anmeldung eine Beschreibung (Art. 3 III Buchst. d, e, f, h, IV UMDV; §§ 6b MarkenVO) beigefügt werden, um ein nicht genügend deutliches Zeichen zu erläutern. Eine Beschreibung ist jedoch nur soweit zu berücksichtigen, als sie mit der Wiedergabe des Zeichens nicht in Widerspruch steht.[44] Auch kann eine Beschreibung nur zusammen mit der Markenanmeldung eingereicht, aber nicht nachgereicht wer-

---

37 So gegen das BPatG auch BGH I ZR 56/11 v. 28.2.2013 *Schokoladenstäbchen II*, Tz. 21 ff.
38 EuGH C-273/00 v. 12.12.2002 *Sieckmann*, Tz. 54.
39 EuGH C-273/00 v. 12.12.2002 *Sieckmann*, Tz. 72; auch EuG T-305/04 v. 27.10.2005 *Duft einer reifen Erdbeere*, Tz. 31 ff.
40 EuGH C-283/01 v. 27.11.2003 *Shield Mark*, Tz. 63.
41 EuGH C-283/01 v. 27.11.2003 *Shield Mark*, Tz. 62; zusätzlich zu diesen vom EuGH aufgestellten Voraussetzungen wird wohl die Angabe von Instrumentierung und Tempo zu fordern sein; vgl. auch EuG T-408/15 v. 13.9.2016 *Klingelton*, Tz. 34 f.
42 A. A. HABM R 295/2005-4 v. 8.9.2005 *Arzneimittel Ihres Vertrauens: Hexal*; wie hier hingegen HABM R 708/2006-4 v. 27.9.2007 *Tarzanschrei*, Tz. 19 ff.
43 Vgl. die Eintragung zur Unionsmarke 5090055 (Tarzanschrei).
44 BGHZ 8, 202, 205; vgl. auch BGH I ZB 86/05 v. 5.10.2006 *Farbmarke gelb/grün II*, Tz. 24; BPatG 27 W (pat) 212/02 v. 21.9.2004; zur Bedeutung eines Disclaimers einer ausländischen Marke BGH I ZR 33/05 v. 13.9.2007 *THE HOME STORE*, Tz. 32.

III. Klar und eindeutig bestimmbare Darstellbarkeit

den.⁴⁵ Eine Beschreibung kann auch erforderlich sein um klarzustellen, um welchen Markentypen es sich bei der Anmeldung handelt. Das Amt ist an die Wahl des Anmelders gebunden.⁴⁶ Regelmäßig genügt ein Kreuz an der entsprechenden Stelle des Anmeldeformulars.

> Gibt jedoch der Anmelder etwa bei der Anmeldung eines Hörzeichens nicht an, dass es sich bei der angemeldeten Tonfolge um ein Hörzeichen handelt, können die für die Eintragung zuständige Stelle und die Verkehrskreise, insbesondere die Wirtschaftsteilnehmer, davon ausgehen, dass es sich um eine Wort- oder Bildmarke handelt, die der Darstellung im Antrag entspricht.⁴⁷

Bei abstrakten Farbmarken entspricht ein bloßes Farbmuster nicht den Anforderungen an die klar und eindeutig bestimmbare Darstellung einer Marke. Denn da es sich mit der Zeit, insbesondere aufgrund der Vergänglichkeit von Trägerstoffen wie Papier verändern kann, verfügt es nicht über die erforderliche Dauerhaftigkeit. Bei einem mit seiner sprachlichen Beschreibung verbundenen Farbmuster hängt insoweit die Frage, ob eine hinreichende Darstellung vorliegt, im Einzelfall davon ab, ob sämtliche Voraussetzungen der klar und eindeutig bestimmbaren Darstellung erfüllt sind. Demgegenüber ist die Bezeichnung einer Farbe nach einem international anerkannten Kennzeichnungscode für eine klar und eindeutig bestimmbare Darstellung ausreichend. Denn ein solcher Code ist hinreichend genau und dauerhaft.⁴⁸   **15**

> Wird etwa eine Farbmarke allein unter Hinterlegung eines Farbmusters angemeldet, so kann dieser Mangel gegebenenfalls zu einem späteren Zeitpunkt durch Hinzufügung der Bezeichnung der Farbe nach einem international anerkannten Kennzeichnungscode geheilt werden.⁴⁹ Da die Problematik des Farbmusters allein in der Möglichkeit seiner Veränderung liegt, dürfte auch nach dem Anmeldetag eine Heilung in Betracht kommen, solange sichergestellt ist, dass sich das Farbmuster noch nicht verändert hat.⁵⁰

Bei Marken, die aus einer Kombination mehrerer Farben bestehen, wird dem Erfordernis der klar und eindeutig bestimmbaren Darstellung nur dann genügt, wenn sie systematisch so angeordnet sind, dass die betreffenden Farben in vorher festgelegter und beständiger Weise verbunden sind. Die bloße form- und konturlose Zusammenstellung zweier oder mehrerer Farben oder die Nennung zweier oder   **16**

---

45 EuG T-270/06 v. 12.11.2008 *Roter Lego-Stein*, Tz. 73, im Ergebnis bestätigt durch EuGH C-48/09 P v. 14.9.2010 *Lego Juris*; zur Erfordernis der Beschreibung bei einer 3D-Marke EuG T-391/07 v. 16.9.2009 *Griff*, Tz. 20 ff.
46 EuG T-245/12 v. 12.11.2013 *Verschmelzende Grüntöne*, Tz. 33 ff., unzulässiges Rechtsmittel zurückgewiesen durch EuGH C-35/14 P v. 12.2.2015 *Enercon*.
47 EuGH C-283/01 v. 27.11.2003 *Shield Mark*, Tz. 58.
48 EuGH C-104/01 v. 6.5.2003 *Libertel*, Tz. 31 ff.; EuGH C-49/02 v. 24.6.2004 *Heidelberger Bauchemie*, Tz. 36; auch BGHZ 140, 193 *Farbmarke gelb/schwarz*; BGH I ZB 76/08 v. 19.11.2009 *Farbe gelb*, Tz. 10.
49 Vgl. EuGH C-104/01 v. 6.5.2003 *Libertel*, Tz. 38.
50 Mitt. Nr. 6/03 des Präsidenten des Amtes vom 10. November 2003, in ABl.-HABM 1/2004, 88; vgl. zu Farbkombinationsmarken aber BPatG GRUR 2005, 1053 *Farbmarkenkonkretisierung*.

mehrerer Farben »in jeglichen denkbaren Formen«, weist nicht die nach Art. 3 MRR erforderlichen Merkmale der Eindeutigkeit und Beständigkeit auf.[51]

> Das Kriterium der systematischen Darstellung ist aber jedenfalls erfüllt, wenn etwa begehrt wird, mehrere Farben im Verhältnis 1:1 in seitlicher Anordnung nebeneinander einzutragen, bei mehr als zwei Farben auch unter Angabe der Reihenfolge. Eine konkrete flächenhafte oder räumliche Begrenzung der Farben oder eine Benennung eines Verwendungszusammenhangs ist darüber hinaus nicht erforderlich.[52] Dagegen genügt die Angabe »Das Verhältnis der Farben beträgt ca. 50% zu 50%« jedenfalls dann nicht, wenn die Anordnung der Farben nicht erkennbar ist.[53]

IV. Unterscheidungseignung

17 Dritte Voraussetzung der Markenfähigkeit ist die Unterscheidungseignung des Zeichens. Hierunter versteht man die prinzipielle Eignung eines Zeichens, Produkte eines Unternehmens von denjenigen anderer Unternehmen zu unterscheiden. In dieser Hinsicht ist ausreichend, wenn nicht ausgeschlossen werden kann, dass es grundsätzlich Situationen gibt, in denen das Zeichen auf die Herkunft der Produkte eines Unternehmens hinweist.[54] Anders als bei der Prüfung der (konkreten) Unterscheidungskraft der Marke nach Art. 7 I Buchst. b UMV bzw. § 8 II Nr. 1 MarkenG[55] ist bei der Prüfung der Unterscheidungseignung im Rahmen der Markenfähigkeit nicht auf die konkret unter der Marke beanspruchten Produkte abzustellen.[56] Die Unterscheidungseignung wird daher auch als »abstrakte Unterscheidungskraft« bezeichnet.[57]

> Unterscheidungseignung kann dabei auch der Form einer Ware zukommen. Es gibt Situationen, in denen die Form der Ware auf die Herkunft der Waren oder der Dienstleistungen eines Unternehmens hinweisen kann. Art. 3 MRR unterscheidet nicht zwischen verschiedenen Kategorien von Marken. Die Form der Ware, für die das Zeichen eingetragen wurde, muss keine willkürliche Ergänzung wie z. B. eine Verzierung ohne funktionelle Bedeutung

---

51 EuGH C-49/02 v. 24.6.2004 *Heidelberger Bauchemie*, Tz. 33 f.; EuG T-293/10 v. 14.6.2012 *Sieben verschiedenfarbige Quadrate*, Tz. 62 ff.; BGH I ZB 86/05 v. 5.10.2006 *Farbmarke gelb/grün II*; zur Farbkombinationsmarke kraft Verkehrsgeltung BGH I ZR 195/06 v. 19.2.2009 *UHU*; zuvor bereits OLG Köln MarkenR 2007, 78 *Sekundenkleber*.
52 BGH I ZB 86/05 v. 5.10.2006 *Farbmarke gelb/grün II*, Tz. 13 u. 17 f.
53 EuG T-101/15 u. T-102/15 v. 30.11.2017 *Farbmarke Blau/Silber*, Tz. 57 ff., Rechtsmittel eingelegt (Az. beim EuGH C-124/18 P*Red Bull*).
54 EuGH C-104/01 v. 6.5.2003 *Libertel*, Tz. 41.
55 Hierzu § 4 Rdn. 95 – 149.
56 EuGH C-421/13 v. 10.7.2014 *Apple*, Tz. 21 f.
57 BGH GRUR 2001, 240, 241 *SWISS ARMY*.

aufweisen.⁵⁸ Entgegen der Rechtsprechung des BGH⁵⁹ gilt dies auch für den Prototyp eines Produkts – etwa eines Sportwagens; denn auch dem Prototyp kann für gänzlich andere Produkte selbstverständlich Unterscheidungseignung zukommen. Entsprechend kann auch einer Farbe⁶⁰ oder dem Bildnis einer Person⁶¹ Unterscheidungseignung zukommen.

Die jüngere höchstrichterliche Rechtsprechung hat eine abstrakte Unterscheidungseignung bislang in keinem einzigen Fall verneint. Vor allem Wortmarken werden in aller Regel zur Unterscheidung geeignet sein.⁶² Auch soweit bei Wörtern wie »Preis«, »super«, »prima«, »extra«,⁶³ »ultra« Ausnahmen diskutiert wurden, dürfte eine Unterscheidungseignung zu bejahen sein. Auch bei diesen Wörtern sind nämlich Situationen denkbar, in denen sie auf die Herkunft der Produkte eines Unternehmens hinweisen.⁶⁴ **18**

> So können auch Bezeichnungen, die wie die Bezeichnung »Swiss Army« auf Behörden oder staatliche Stellen hinweisen, zur Unterscheidung geeignet sein. Dem steht nicht entgegen, dass die Bezeichnung auf eine Behörde oder staatliche Stelle hinweist. Dem Verkehr ist bekannt, dass staatliche Stellen – auch solche der Hoheitsverwaltung – Waren vertreiben (z. B. Bücher, Software, Landkarten) oder Dienstleistungen für Dritte erbringen.⁶⁵

V. Kollektivmarken, Gewährleistungs- und Garantiemarken

»Normale« Individualmarken dienen dazu, die Waren oder Dienstleistungen eines Unternehmens von denjenigen anderer Unternehmen zu unterscheiden. Als Marke werden aber auch spezielle Typen von Kennzeichen bezeichnet: **19**

Die Kollektivmarke⁶⁶ soll die Produkte der Mitglieder eines Verbandes von denen anderer Unternehmen unterscheiden. Insoweit besteht kein grundsätzlicher Unterschied zu Individualmarken.⁶⁷ Die Unterscheidungsfunktion ist jedoch bei **20**

---

58 EuGH C-299/99 v. 18.6.2002 *Philips/Remington*, Tz. 48 ff.; vgl. auch EuGH C-456/01 P u. C-457/01 P v. 29.4.2004 *Dreidimensionale Tablettenform I*, Tz. 31; EuGH C-468/01 P bis C-472/01 P v. 29.4.2004 *Dreidimensionale Tablettenform II*, Tz. 29; EuGH C-473/01 P u. C-474/01 P v. 29.4.2004 *Dreidimensionale Tablettenform III*, Tz. 29; EuG T-36/01 v. 9.10.2002 *Glass Pattern I*, Tz. 19; BGH GRUR 2004, 502, 504 *Gabelstapler II*; BGH GRUR 2004, 506 *Stabtaschenlampen II*; BGH GRUR 2004, 507, 508 *Transformatorengehäuse*; BGH I ZB 37/04 v. 24.5.2007 *Fronthaube* Tz. 11; I ZB 36/04 v. 24.5.2007, Tz. 11; zu einem auf der Oberfläche der Ware angebrachten Muster EuGH C-445/02 P v. 28.6.2004 *Glaverbel*, Tz. 42; einschränkend aber Generalanwalt *Léger* in seinen Schlussanträgen vom 14.9.2006 in der Rechtssache C-321/03 *Dyson*, Tz. 66 ff.
59 BGH I ZB 33/04 v. 15.12.2005 *Porsche Boxter*, Tz. 12; BGH I ZB 37/04 v. 24.5.2007 *Fronthaube* Tz. 11; I ZB 36/04 v. 24.5.2007, Tz. 11.
60 EuGH C-104/01 v. 6.5.2003 *Libertel*, Tz. 40 f.; unklar EuGH C-49/02 v. 24.6.2004 *Heidelberger Bauchemie*, Tz. 39 f.
61 BGH I ZB 21/06 v. 24.4.2008 *Marlene-Dietrich-Bildnis I*, Tz. 10.
62 Vgl. EuGH C-363/99 v. 12.2.2004 *Postkantoor*, Tz. 81.
63 Vgl. dazu BGH I ZR 92/10 v. 7.7.2011, Tz. 7.
64 Vgl. auch BGH GRUR 1998, 465 *BONUS I*; BGH GRUR 2002, 816 *BONUS II*.
65 BGH GRUR 2001, 240, 241 *SWISS ARMY*.
66 Art. 29 ff. MRR sehen eine ausführliche und verbindliche Regelung der Kollektivmarke vor.
67 EuGH C-673/15 P bis C-676/15 P v. 20.9.2017 *The Tea Board*, Tz. 50 ff.; entsprechend zur Geltung der Eintragungshindernisse: EuGH C-629/17 v. 6.12.2018 *J. Portugal Ramos Vinhos*, Tz. 16.

Kollektivmarken nicht auf die Individualisierungs- und Herkunftsfunktion der mit ihr gekennzeichneten Waren oder Dienstleistungen aus einem einzelnen Unternehmen bezogen. Vielmehr geht es nach Art. 74 UMV, § 97 I MarkenG um die Individualisierung und Unterscheidung der Waren oder Dienstleistungen der Mitglieder des Inhabers der Kollektivmarke nach ihrer betrieblichen oder geographischen Herkunft, ihrer Art, ihrer Qualität oder ihren sonstigen Eigenschaften im Verhältnis zu den Waren oder Dienstleistungen anderer Unternehmen.[68] Wesensmerkmal der Kollektivmarke ist folglich, dass ihr Inhaber ein Verband ist, dem Mitglieder angehören, die sich zur Kennzeichnung ihrer Produkte der Kollektivmarke bedienen (Art. 74 ff. UMV bzw. §§ 97 ff. MarkenG). Die genauen Voraussetzungen, unter denen den Mitgliedern die Benutzung gestattet ist, sind hierbei in der Markensatzung geregelt (Art. 75 UMV; Art. 16 UMDV, bei internationalen Registrierungen Art. 76 DV bzw. § 102 MarkenG). Grundsätzlich gelten für Kollektivmarken dieselben Voraussetzungen wie für andere Marken.[69] Auch der Schutzumfang unterscheidet sich nicht grundsätzlich von anderen Marken.[70]

21 Eine wichtige Ausnahme betrifft jedoch das Eintragungshindernis geografischer Angaben. Diese können als Kollektivmarke ausnahmsweise eingetragen werden (Art. 29 III 1 MRR, Art. 74 II UMV bzw. § 99 MarkenG),[71] weswegen Kollektivmarken vor allem für regionale Verbände interessant sind.

> So hat sich etwa ein eingetragener Verein die Marke »Dresdner Christstollen« für Stollen eingetragen. Die Mitglieder des Vereins dürfen die Marke unter bestimmten Voraussetzungen nutzen. In der Satzung kann beispielsweise vorgesehen werden, dass alle gekennzeichneten Waren aus einem bestimmten Gebiet stammen müssen oder dass die Kollektivmarke die Warenaufmachung prägen muss und andere Kennzeichen zurücktreten.

22 Trotz dieser Möglichkeit, geografischen Angaben einen Schutz als Kollektivmarke zukommen zu lassen, dienen Kollektivmarken letztlich nicht der geografischen Unterscheidung.

> So kann aus der für Tee geschützten Kollektivmarke »Darjeeling« nicht gegen eine Marke »Darjeeling« für Bekleidung vorgegangen werden. Es fehlt an der Warenähnlichkeit. Selbst wenn der Verkehr glaubt, die gekennzeichneten Produkte hätten dieselbe Herkunft, so begründet dies keine Produktähnlichkeit.[72]

23 Außerdem kann der Inhaber der Kollektivmarke einen in der Marke enthaltenen geografischen Begriff nicht schrankenlos geltend machen. Vielmehr wird dem Allgemeininteresse redlich handelnder Mitbewerber über die Schrankenbestimmung des Art. 74 II 2 UMV Rechnung getragen.[73] Eine lautere Benutzung der geografischen Angabe bleibt daher möglich.

---

68 BGH I ZB 52/15 v. 21.7.2016 *Sparkassen-Rot*, Tz. 16.
69 Vgl. BGH I ZB 52/15 v. 21.7.2016 *Sparkassen-Rot*, Tz. 16; die Vorschriften über die Kollektivmarke sind aber nicht entsprechend auf Individualmarken anzuwenden: EuGH C-689/15 v. 8.6.2017 *W. F. Gözze Frottierweberei*, Tz. 58 ff.
70 EuGH C-673/15 P bis C-676/15 P v. 20.9.2017 *The Tea Board*, Tz. 46.
71 Vgl. EuGH C-108/97 und C-109/97 v. 4.5.1999 *Chiemsee*, Tz. 27; BGH GRUR 1996, 270 *MADEIRA*.
72 EuGH C-673/15 P bis C-676/15 P v. 20.9.2017 *The Tea Board*, Tz. 50 ff.
73 EuGH C-673/15 P bis C-676/15 P v. 20.9.2017 *The Tea Board*, Tz. 58 ff.

Die Markenrechtsreform 2015 hat zur Einführung einer Gewährleistungs- bzw. 24
Garantiemarke[74] geführt. Eine Gewährleistungsmarke ist gemäß Art. 83 UMV,
§ 106a MarkenG eine Marke, die bei der Anmeldung als solche bezeichnet wird
und geeignet ist, Produkte, für die der Inhaber der Marke das Material, die Art
und Weise der Herstellung der Waren oder der Erbringung der Dienstleistungen,
die Qualität, Genauigkeit oder andere Eigenschaften – mit Ausnahme der geografischen Herkunft – gewährleistet, von solchen zu unterscheiden, für die keine derartige Gewährleistung besteht. Die Gewährleistungsmarke kann also dazu genutzt
werden, die Merkmale eines Produktes zu garantieren und einem Dritten die Nutzung zu verbieten, dessen Produkte diese Merkmale nicht aufweisen. Die Gewährleistungsmarke hat vor allem im Zusammenhang der rechtserhaltenden Benutzung
Vorteile, wo auf eine herkunftshinweisende Benutzung verzichtet werden kann.[75]
Gemäß Art. 84 UMV; Art. 17 UMDV (bei internationalen Registrierungen Art. 76
DV) bzw. § 106d MarkenG ist der Gewährleistungsmarke eine Satzung beizufügen,
in der vor allem die zur Benutzung der Marke befugten Personen anzugeben sowie
die durch die Marke zu gewährleistenden Eigenschaften und die Art und Weise der
Prüfung und Überwachung. Die Satzung kann gemäß Art. 88 UMV, § 106 f MarkenG unter bestimmten Voraussetzungen geändert werden.

> Ein Beispiel für eine Gewährleistungsmarke wäre z. B. ein grafisch gestaltetes Biosiegel, das
> bestimmte Eigenschaften der gekennzeichneten Waren garantiert. Der Schutz erstreckt sich
> dabei auf die konkrete grafische Gestaltung, nicht aber auf den beschreibenden Wortbestandteil »Bio«.

Noch nicht geklärt ist, inwiefern die Gewährleistungsmarke als solche erkennbar 25
sein muss. Nach Art. 85 II UMV, § 106 e II MarkenG wird eine Gewährleistungsmarke dann zurückgewiesen, wenn die Gefahr besteht, dass das Publikum über den
Charakter oder die Bedeutung der Marke irregeführt wird, insbesondere wenn
diese Marke den Eindruck erwecken kann, als wäre sie etwas anderes als eine
Gewährleistungsmarke. Dem Eindruck kann gemäß Abs. 3 der Vorschriften durch
eine Änderung der Satzung entgegengewirkt werden. Dabei verfolgt das EUIPO
bislang eine strengere Linie als das DPMA, das verlangt, dass der Gewährleistungscharakter aus der Marke an sich erkennbar sein müsse.[76]

Ungeklärt ist ferner der Umfang der Neutralitätspflicht nach Art. 83 II UMV, 26
§ 106b I MarkenG. Danach darf der Inhaber der Gewährleistungsmarke keine
Tätigkeit ausüben, die die Lieferung von Waren oder Dienstleistungen umfasst, für
die eine Gewährleistung besteht. Das EUIPO ist insofern großzügig und lässt ein
Nebeneinander von Individualmarke und Gewährleistungsmarke unbeanstandet.
Wie das DPMA verfahren wird, bleibt abzuwarten. Unter Umständen wird der
Anmelder der Gewährleistungsmarke entsprechende Individualmarken löschen
müssen. Diese dürften infolge des in der Satzung verpflichten aufzunehmenden
Benutzungsverbots ohnehin verfallen.[77]

---

74 Dazu erschöpfend *Dröge*, MarkenR 2016, 549.
75 Vgl. EuGH C-689/15 v. 8.6.2017 *W. F. Gözze Frottierweberei*.
76 *Mirbt*, GRUR Newsletter 2/2018, S. 3.
77 Vgl. *Mirbt*, GRUR Newsletter 2/2018, S. 3.

§ 3 Inhaberschaft

Schrifttum: *Hildebrandt,* »Ballermann« und »Prinz«: Ist die Gesellschaft bürgerlichen Rechts markenregisterfähig?, DStR 2004, 1924; *Schmidt, Beate,* Rechtsfragen im Zusammenhang mit formellen Anforderungen an Markenanmeldungen, GRUR 2001, 653; *Schmidt, Karsten,* Die BGB-Außengesellschaft: rechts- und parteifähig, NJW 2001, 993; *Wertenbruch,* Die Markenrechtsfähigkeit der BGB-Gesellschaft, DB 2001, 419

I. Grundsätze

1 Inhaber einer eingetragenen Marke kann im Grundsatz derjenige sein, der nach nationalem Recht rechtsfähig ist. Nach Art. 5 UMV bzw. § 7 Nr. 1 und 2 MarkenG kommen als Inhaber eingetragener Marken zunächst natürliche[1] oder juristische Personen, einschließlich Körperschaften des öffentlichen Rechts, in Frage. Mehrere Inhaber einer Marke bilden eine Bruchteilsgemeinschaft,[2] wenn sie ihre Rechtsbeziehungen nicht abweichend geregelt haben; im Verfahren sind sie dann notwendige Streitgenossen.[3]

Inhaber einer Marke kann damit etwa die Europäische Aktiengesellschaft (SE), der rechtsfähige Verein,[4] die Stiftung, die AG, die GmbH, die KGaA und die eG sein.

2 Art. 3 UMV und § 7 Nr. 3 MarkenG stellen Gesellschaften und andere juristische Einheiten, die die Fähigkeit haben, im eigenen Namen Träger von Rechten und Pflichten jeder Art zu sein, Verträge zu schließen oder andere Rechtshandlungen vorzunehmen und vor Gericht zu stehen, juristischen Personen gleich.

Erfasst sind damit die EWiV, die OHG, die KG sowie Vorgesellschaften von Kapitalgesellschaften.[5] Parteifähig und damit erfasst ist ferner eine ausländische Gesellschaft,[6] die entsprechend ihrem Statut nach dem Recht des Gründungsstaates als rechtsfähige Gesellschaft ähnlich einer Gesellschaft mit beschränkter Haftung deutschen Rechts zu behandeln wäre und die ihren Verwaltungssitz nach Deutschland verlegt hat.[7]

3 Der Gesellschaft bürgerlichen Rechts[8] war die Fähigkeit, Inhaberin einer Marke zu sein, vom I. (Marken-)Senat des BGH zunächst abgesprochen worden.[9] Damit konnten die Gesellschafter lediglich gemeinschaftlich Markeninhaber sein. Diese

---

1 Ein Geschäftsbetrieb des Inhabers ist entgegen früheren Rechts (§ 1 I WZG) nicht Voraussetzung; Rückwirkung entfaltet die Neuregelung jedoch nicht – BGH GRUR 1994, 288, 289 *Malibu*; BGHZ 127, 262 *NEUTREX*; zur Rechtsnachfolge nach Tod des Anmelders vgl. EuG T-298/10 v. 8.3.2012 *BIODANZA/BIODANZA*, Tz. 39.
2 Zu Ansprüchen innerhalb der Bruchteilsgemeinschaft im Patentrecht BGH X ZR 163/12 v. 27.9.2016 *Beschichtungsverfahren*.
3 BGH I ZB 27/13 v. 13.3.2014 *VIVA FRISEURE/VIVA*.
4 Hierzu und zu Gewerkschaften BPatG GRUR 2005, 955, 956 *Courage*.
5 Hierzu BGHZ 80, 129, 132; 117, 323, 326.
6 Vgl. zu ausländischen Gesellschaften auch BGH GRUR 2005, 55 *GEDIOS Corporation*.
7 BGHZ 151, 204; BGH ZIP 2005, 805; BGH Urteil v. 19.9.2005 – II ZR 372/03; auch EuGH C-208/00 v. 5.11.2002 *Überseering BV/Nordic Construction Company Baumanagement GmbH (NCC)*.
8 Zur stillschweigenden Gründung einer schutzrechtshaltenden Gesellschaft bürgerlichen Rechts: BGH X ZB 11/14 v. 22.9.2015, Tz. 14 ff.
9 BGH GRUR 2000, 1028, 1029 *Ballermann*.

Rechtsprechung ist überholt, nachdem der II. (gesellschaftsrechtliche) Senat die Rechtsfähigkeit der (Außen-)Gesellschaft[10] bürgerlichen Rechts anerkannt hat.[11] EUIPO und BPatG[12] haben hierauf Marken eingetragen, die von Ge5sellschaften bürgerlichen Rechts angemeldet wurden. Bei einer deutschen Markenanmeldung sind hierbei im Hinblick auf Publizitäts- und Verkehrsschutzaspekte[13] auch der Name und die Anschrift mindestens eines vertretungsberechtigten Gesellschafters anzugeben (§ 5 I Nr. 2 S. 2 MarkenV).[14]

Ein für die Praxis bedeutsamer Vorzug der nach außen bestehenden Rechtssubjektivität der Gesellschaft bürgerlichen Rechts besteht darin, dass ein Wechsel im Mitgliederbestand keinen Einfluss auf den Fortbestand der mit der Gesellschaft bestehenden Rechtsverhältnisse hat.[15] Bei einem Wechsel im Mitgliederbestand bleibt die Gesellschaft daher registrierte Inhaberin der Marke, ohne dass es – wie nach der früheren Rechtsprechung – der Registeränderung bedürfte. Handlungsfähig ist die Gesellschaft durch ihre Vertreter.[16] 4

II. Besonderheiten bei Unionsmarken und internationalen Registrierungen

Früher galten für Unionsmarken – praktisch wenig bedeutsame – Einschränkungen, die an Staatsangehörigkeit, Wohnsitz und Niederlassung des Anmelders anknüpften. Mit Inkrafttreten der Verordnung Nr. 422/2004 des Rates[17] am 10.3.2004 wurden diese Einschränkungen beseitigt. Auch für Unionsmarken gelten damit die oben dargestellten Grundsätze. 5

Ein Gesuch auf internationale Registrierung einer Marke nach dem MMA bzw. PMMA kann jeder deutsche Staatsbürger einreichen sowie derjenige, der in der Bundesrepublik seinen Wohnsitz oder eine nicht nur zum Schein bestehende gewerbliche Niederlassung hat (Art. 1, 2 MMA, Art. 3 PVÜ; Art. 2 PMMA). 6

III. Kollektivmarken

In erster Linie bei der Inhaberschaft unterscheidet sich die Kollektivmarke von der vorstehend behandelten, gewöhnlichen Individualmarke. Inhaber einer Kollektivmarke muss ein rechtsfähiger privatrechtlicher oder öffentlich-rechtlicher Verband 7

---

10 Zur schwierigen Abgrenzung von Außen- und Innengesellschaft *Schmidt, Karsten*, NJW 2001, 993, 1001.
11 BGHZ 146, 341, 357; auch BVerfG NJW 2002, 3533.
12 BPatG GRUR 2004, 685 *LOTTO*; BPatG GRUR 2004, 1030 *Markenregisterfähigkeit einer GbR*.
13 Vgl. BGHZ 146, 341, 356 f.; auch *Ann*, Mitt. 2001, 181, 182; *Schmidt, Beate*, GRUR 2001, 653, 654; *Schmidt, Karsten*, NJW 2001, 993, 1002.
14 Neufassung: BGBl. I 2004, 3532.
15 BGHZ 146, 341, 345; zustimmend *Schmidt, Karsten*, NJW 2001, 993, 998; wohl auch *Wertenbruch*, DB 2001, 419, 422.
16 Vgl. BPatG MarkenR 2007, 524 *Pit Bull*.
17 Veröffentlicht im Amtsblatt der Europäischen Union L 70 vom 9.3.2004, S. 1 ff. = BlPMZ 2004, 185.

sein, wobei der (harmonisierte) Begriff des »Verbands« im Gesetz nicht definiert ist (Art. 74 I 2 UMV bzw. § 98 MarkenG). Sofern die Rechtsfähigkeit und eine mitgliedschaftliche Struktur mit gewissen Einflussmöglichkeiten der Mitglieder auf die Markensatzung gegeben sind, wird die Verbandseigenschaft jedoch zu bejahen sein.

> In der Praxis werden Kollektivmarken meist von rechtsfähigen Vereinen, aber auch von Genossenschaften oder Gesellschaften angemeldet. Ferner können auch Dachverbände und Spitzenverbände, deren Mitglieder selbst Verbände sind, Kollektivmarken anmelden.

§ 4 Absolute Eintragungshindernisse

Schrifttum: *Ackermann*, Fremdländische Bezeichnungen im Markenrecht und ihre Beurteilung im Jahre 1896 und im Jahre 2013, FS Bornkamm, 2014, 529; *Angelini*, The Community Trademark Geographical Dilemma, FS v. Mühlendahl, 2005, 303; *Ann/Maute*, Technologieschutz und Marken, FS Fezer, 2016, 185; *Bender*, Auf dem Weg zum neuen Markenrecht in Europa, MarkenR 2016, 65; *Bender*, Das europäische Markenrecht in bewegter See, MarkenR 2017, 1; *Bergmann*, Ein Jahrzehnt deutsche Rechtsprechung zum Markenrecht – Entwicklungen und Perspektiven, GRUR 2006, 793; *Berlit*, Der Schutz von Buchstabenmarken nach der Gemeinschaftsmarkenverordnung, MarkenR 2011, 295; *Bugdahl*, Über die Wahrnehmung von Marken – Einsichten nach Daniel Kahnemann, MarkenR 2013, 429; *Büscher*, Unionsrechtlich geschützte Ursprungsbezeichnungen und geographische Angaben im markenrechtlichen Eintragungs- und Löschungsverfahren nach der Gemeinschaftsmarkenverordnung und dem Markengesetz, FS »50 Jahre Bundespatentgericht«, 2011, 583; *Danziger/Levav/Avnaim-Pesso*, Extraneous factors in judicial decisions, pnas. Vol. 108 No. 17, 2011; *Dauskardt*, Die Verkehrsdurchsetzung im deutschen und europäischen Markenrecht, 2017; *Eichelberger*, Abzeichen, Embleme und Wappen von besonderem öffentlichen Interesse als absolutes Eintragungshindernis im Gemeinschaftsmarkenrecht, MarkenR 2014, 137; *Essig*, Die gattungsmäßige Verwendung von Marken, 2010; *Fabry*, Rotkäppchen und der böse Wolf – von wertvollen Besitzständen und bösgläubigen Markenanmeldern, GRUR 2010, 566; *Gamerith*, Zur Eintragungsfähigkeit dreidimensionaler Formmarken nach Art. 7 Abs. I lit e GMV, WRP 2009, 334; *Harte-Bavendamm*, Der wesentliche Wert der Form – Zum Ausschluss der Markenfähigkeit nach § 3 Abs. 2 Nr. 3 MarkenG, FS Fezer, 2016, 553; *Israiloff*, Zum nachträglichen Verlust der Markeneigenschaft, ÖBl 2008, 62; *Jaeschke*, Kein Markenschutz für den Legostein, MarkenR 2010, 167; *Jankowski*, Markenschutz für Kunstwerke, 2012; *Kaulmann*, Der Schutz des Werbeslogans vor Nachahmungen, 2006; *Keeling*, Clearer it could be! Some comments on recent European case law on slogans as distinctive trade marks, FS v. Mühlendahl, 2005, 217; *Kopacek/Kortge*, Aus der Rechtsprechung des BPatG im Jahre 2012, GRUR 2013, 336; *Krüger*, Zum Verbot der Eintragung sittenwidriger Marken (§ 8 Abs. 2 Nr. 5 MarkenG), FS Bornkamm, 2014, 599; *Kur*, What is »AS IS«? Das telle quelle-Prinzip nach »Havana Club«, FS v. Mühlendahl, 2005, 361; *Lerach*, »... die TOOOR macht weit« – Relevanz der Benutzungsmodalitäten für die Schutzfähigkeit sprachlicher Zeichen?, GRUR 2011, 872; *Martin/Ringelhann*, Das Eintragungshindernis der öffentlichen Ordnung und guten Sitten im Unionsmarkenrecht, MarkenR 2017, 445; *v. Mühlendahl*, »Sparkassen-Rot« vor dem EuGH – Rechtsfortbildung oder »Eigentor«?, GRUR 2013, 775; *Risthaus*, Erfahrungssätze im Kennzeichenrecht, 2. Aufl. 2007; *Sack*, Verstoß gegen die öffentliche Ordnung durch IR-Marken, in: FS »50 Jahre Bundespatentgericht«, 2011, S. 857; *Sambuc*, Markenrechtliche Unterscheidungskraft von und Freihaltebedürfnis an Produktgestaltungen, FS »50 Jahre Bundespatentgericht«, 2011, 721; *Schneider*, Erfahrungssätze zur Wahrnehmung unterschiedlicher Zeichenkategorien im europäischen Markenrecht, FS »50 Jahre Bundespatentgericht«, 2011, 883; *Schönherr/Grötschl*, Elfmeterschießen um die Markenrechte der Europameisterschaft, ÖBl 2007, 244; *Sekretaruk*, Farben als Marke, 2005; *Sosnitza*, Die Konterfeimarke zwischen Kennzeichen- und Persönlichkeitsschutz, FS Ullmann, 2006, 387; *Steinbeck*, Die Nummer 10 – bösgläubige Markenanmeldung als bewegliches System, FS »50 Jahre Bundespatentgericht«, 2011, 777; *Strack/Martin/Schwarz*, Priming and Communication: Social Determinants of Information Use in Judgements of Life Satisfaction, European Journal of Social Psychology 18 (1988), S. 429; *Ströbele*, Probleme bei der Eintragung dreidimensionaler Marken, FS v. Mühlendahl, 2005, 235; *Töbelmann*,: -) @ ME – Der Schutz von Emoticons als Marken, MarkenR 2015, 178; *Tsoutsanis*, Het merkdepot te kwader trouw [Die bösgläubige Markenanmeldung], Diss. Leiden, Kluwer Verlag 2005; *Ullmann*, Die bösgläubige Markenanmeldung und die Marke des Agenten – überschneidende Kreise, GRUR 2009, 364; *Ullmann*, Dreidimensionale Technik als Herkunftshinweis im Wettbewerb, FS Fezer, 2016, 195; *Visser*, Beslissen in IE-zaken, Nederlands Juristenblad 2008, 1918

I. Überblick über die absoluten Eintragungshindernisse

1 Die eingetragene Marke gewährt ihrem Inhaber für bestimmte Waren und Dienstleistungen ein ausschließliches Recht, das es ihm ermöglicht, das eingetragene Zeichen unbefristet als Marke zu monopolisieren.[1] Die Möglichkeit der Eintragung einer Marke muss daher Beschränkungen unterliegen, die gewissen öffentlichen Interessen der Allgemeinheit Rechnung tragen.[2] Gesetzliche Grundlage für diese als absolute Schutzhindernisse bezeichneten Beschränkungen bilden im Wesentlichen die Vorschriften der Art. 4 MRR, Art. 6^{quinquies} PVÜ, Art. 7 UMV bzw. § 8 MarkenG.[3] Die siebte Begründungserwägung der MRR führt hierzu aus, dass die Eintragungshindernisse in der Richtlinie erschöpfend aufgeführt sind,[4] wobei Art. 4 I MRR zwingende und Art. 4 III MRR fakultative Vorgaben enthält. Hierbei lassen sich zwei Zielrichtungen ausmachen: zum einen die Verhinderung der mit dem markenrechtlichen Ausschließlichkeitsrecht verbundenen Monopolisierung, zum anderen – in der Praxis von weit geringerer Bedeutung – die Verhinderung der Benutzung eines unerwünschten Zeichens im Vorfeld durch das Verbot seiner Registrierung.

2 Monopolisiert werden sollen also zunächst solche Zeichen nicht, die die Herkunftsfunktion als Hauptfunktion einer Marke nicht erfüllen können. Dies sind Marken, die keine Unterscheidungskraft haben,[5] die Merkmale der beanspruchten Produkte beschreiben können[6] oder die die Produkte selbst bezeichnen.[7]

> So ist beispielsweise die Registrierung von Marken »Diesel« oder »Auto« für die Warengruppe »Kraftfahrzeuge« oder »französisch« für »Weine« unzulässig, damit die Bezeichnungen weiterhin auch von anderen Marktteilnehmern benutzt werden können. Auch für die wirklichkeitsgetreue Abbildung einer Normflasche für die Warengruppe »Mineralwässer« wird sich kein Markenschutz erwerben lassen.

3 Ferner soll eine über das Markenrecht theoretisch mögliche zeitlich unbegrenzte Monopolisierung solcher gewerblichen Schutzrechte verhindert werden, die – wie Patente oder Designrechte[8] – lediglich für bestimmte Zeit gewährt werden, so dass insbesondere ästhetische oder technische Formgestaltungen vom Markenschutz

---

1 EuGH C-104/01 v. 6.5.2003 *Libertel*, Tz. 49; EuGH C-48/05 v. 25.1.2007 *Adam Opel*, Tz. 16; EuGH C-17/06 v. 11.9.2007 *Céline*, Tz. 14; EuGH C-129/17 v. 25.7.2018 *Mitsubishi Shoji Kaisha*, Tz. 33.
2 EuGH C-104/01 v. 6.5.2003 *Libertel*, Tz. 50.
3 Die Eintragungshindernisse in MRR und UMV sind gleich auszulegen: EuGH C-90/11 und C-91/11 v. 15.3.2012 *Strigl*, Tz. 19.
4 EuGH C-299/99 v. 18.6.2002 *Philips/Remington*, Tz. 74; EuGH C-363/99 v. 12.2.2004 *Postkantoor*, Tz. 78; EuGH C-421/04 v. 9.3.2006 *Matratzen Concord/Hukla-Germany*, Tz. 19; EuGH C-320/12 v. 27.6.2013 *Malaysia Dairy Industries*, Tz. 42.
5 Art. 4 I Buchst. b MRR; Art. 6^{quinquies} B Nr. 2 Hs. 1 PVÜ; Art. 7 I Buchst. b UMV; § 8 II Nr. 1 MarkenG; hierzu unten § 4 Rdn. 95 – 149.
6 Art. 4 I Buchst. c MRR; Art. 6^{quinquies} B Nr. 2 Hs. 2 PVÜ; Art. 7 I Buchst. c UMV; § 8 II Nr. 2 MarkenG; hierzu unten § 4 Rdn. 61 – 85.
7 Art. 4 I Buchst. d MRR; Art. 6^{quinquies} B Nr. 2 Hs. 3 PVÜ; Art. 7 I Buchst. d UMV; § 8 II Nr. 3 MarkenG; hierzu unten § 4 Rdn. 86 – 92.
8 Zu nichteingetragenen Designrechten BGH I ZR 126/06 v. 9.10.2008 *Gebäckpresse*.

ausgeschlossen sein können.⁹ Auch bei bestimmten geografischen Herkunftsangaben wird durch Eintragungshindernisse verhindert, dass diese als Marke monopolisiert werden können.¹⁰ Schließlich kann das durch die Registereintragung vermittelte Monopolrecht auch dann ungerechtfertigt sein, wenn der Antragsteller die Eintragung der Marke bösgläubig beantragt hat.¹¹

Weniger um den Schutz vor Monopolisierung als vielmehr um die Verhinderung einer unerwünschten Benutzung geht es demgegenüber bei denjenigen Zeichen, die gegen die öffentliche Ordnung verstoßen oder sittenwidrig sind.¹² Aus diesem Grund wird hier schon im Vorfeld die Registrierung verboten. Entsprechendes gilt für zur Täuschung geeignete Zeichen¹³ sowie solche Zeichen, die amtliche Hoheits-, Prüf- und Gewährzeichen, Abzeichen, Embleme oder Wappen enthalten, denen ein öffentliches Interesse zukommt.¹⁴ Schließlich sieht das MarkenG – ohne große praktische Bedeutung – generalklauselartig ein Verbot auch solcher Zeichen vor, deren Benutzung nach anderen Rechtsvorschriften als denen des Markenrechts untersagt werden kann.¹⁵

4

Nicht als Marke registrierbar soll damit etwa die Bezeichnung »Busengrapscher« für »alkoholische Getränke« sein, weil diese die Menschenwürde verletzt.¹⁶ Nicht schutzfähig ist ferner beispielsweise eine Marke mit der Abbildung der Bundesflagge.

Die einzelnen in Art. 4 MRR, Art. 7 UMV bzw. § 8 MarkenG genannten Eintragungshindernisse sind voneinander unabhängig und müssen daher getrennt geprüft werden.¹⁷ Ein Zeichen ist dabei bereits dann von der Eintragung als Marke ausgeschlossen, wenn nur eines der Schutzhindernisse vorliegt.¹⁸ Entsprechendes gilt im Nichtigkeitsverfahren.¹⁹

5

---

9 Art. 4 I Buchst. e MRR; Art. 7 I Buchst. e UMV; § 3 II MarkenG; hierzu unten § 4 Rdn. 175 – 197.
10 Art. 7 I Buchst. j und k UMV; hierzu unten § 4 Rdn. 80.
11 Art. 4 II MRR; Art. 59 I Buchst. b UMV; § 8 II Nr. 10, § 50 I Nr. 4 MarkenG; hierzu unten § 4 Rdn. 199 – 226.
12 Art. 6^{quinquies} B Nr. 3 PVÜ; Art. 4 I Buchst. f MRR; Art. 7 I Buchst. f UMV; § 8 II Nr. 5 MarkenG; hierzu unten § 4 Rdn. 228.
13 Art. 4 I Buchst. g MRR; Art. 7 I Buchst. g UMV; § 8 II Nr. 4 MarkenG; hierzu unten § 4 Rdn. 228.
14 Art. 6ter PVÜ; Art. 4 I Buchst. h, III Buchst. c MRR; Art. 7 I Buchst. h und i UMV; § 8 II Nr. 6, 7 und 8 MarkenG; hierzu unten § 4 Rdn. 232.
15 Art. 6^{quinquies} B Nr. 3 PVÜ; Art. 3 II Buchst. a UMV; § 8 II Nr. 9 MarkenG; hierzu unten § 4 Rdn. 233 – 234.
16 BGHZ 130, 5, 12 *Busengrapscher*.
17 EuGH C-53/01 bis C-55/01 v. 8.4.2003 *Linde*, Tz. 67; EuGH C-363/99 v. 12.2.2004 *Postkantoor*, Tz. 67; EuGH C-265/00 v. 12.2.2004 *Campina Melkunie*, Tz. 18; EuGH C-456/01 P u. C-457/01 P v. 29.4.2004 *Dreidimensionale Tablettenform I*, Tz. 45; EuGH C-329/02 P v. 16.9.2004 *SAT.2*, Tz. 25; EuGH C-64/02 P v. 21.10.2004 *DAS PRINZIP DER BEQUEMLICHKEIT*, Tz. 39; EuGH C-173/04 P v. 12.1.2006 *Deutsche SiSi-Werke*, Tz. 59; EuGH C-304/06 P v. 8.5.2008 *Eurohypo*, Tz. 54; vgl. auch BGH I ZB 96/05 v. 27.4.2006 *FUSSBALL WM 2006*, Tz. 17, m. w. N.; I ZB 97/05 v. 27.4.2006, Tz. 17.
18 EuGH C-104/00 P v. 19.9.2002 *Companyline*, Tz. 29; EuGH C-212/07 P v. 13.2.2008 *Indorata-Serviços e Gestão*, Tz. 27; EuGH C-582/11 P v. 10.7.2012 *Rügen Fisch*, Tz. 52; EuGH C-232/15 P v. 21.4.2016 *ultra air*, Tz. 57; EuGH C-37/17 P v. 31.5.2017 *Keil*, Tz. 4 f.; u. a. auch EuG T-163/98 v. 8.7.1999 *BABY-DRY*, Tz. 29; EuG T-79/00 v. 27.2.2002 *LITE*, Tz. 40.
19 EuGH C-232/15 P v. 21.4.2016 *ultra air*, Tz. 57-

So beschränkt sich etwa die Prüfung bei dreidimensionalen Marken nicht auf das im Kern auf Formmarken zugeschnittene Schutzhindernis des Art. 4 I Buchst. e MRR, Art. 7 I Buchst. e UMV bzw. § 3 II MarkenG.[20] Vielmehr sind sämtliche Schutzhindernisse zu prüfen. Greift eines davon ein, ist die Anmeldung zurückzuweisen.

6 Das Anmeldeverfahren bei beiden Ämtern ist strukturell besonders anfällig für Fehlentscheidungen. Während Zurückweisungen begründet werden müssen, bedarf die Eintragungsentscheidung keiner Begründung. Studien aus anderen rechtlichen Zusammenhängen legen nahe, dass nur ein hinreichend mit Blutzucker versorgter Entscheidungsträger noch gewillt ist, begründungspflichtige Entscheidungen zu fällen; genügt die Blutzuckerversorgung nicht mehr für eine Begründung, so wird er intuitiv die Entscheidung fällen, die keiner Begründung bedarf[21] – also die Marke eintragen.

> Für die Praxis bedeutet dies, dass zu viele schutzunfähige Marken eingetragen werden, ohne dass dies rechtlich geboten wäre. Als Anmelder lohnt es sich daher regelmäßig selbst im Falle einer oder mehrerer vorhergehender Zurückweisungen, eine Neuanmeldung desselben Zeichens zu versuchen.[22]

II. Abgrenzung zu relativen Eintragungshindernissen

7 Neben diesen auf öffentlichem Interesse beruhenden absoluten Schutzhindernissen können auch relative Schutzhindernisse der Eintragung einer Marke entgegenstehen. Hierbei handelt es sich um entgegenstehende Rechte einzelner Dritter, aufgrund derer die Benutzung der Marke verhindert werden könnte – etwa ältere Marken, Namen oder ähnliche Rechte. Die Zweckrichtung von absoluten und relativen Eintragungshindernissen unterscheidet sich also.[23] Gesetzliche Grundlage relativer Schutzhindernisse sind Art. 5 MRR, Art. 8 UMV und § 9 MarkenG. Anders als die absoluten Schutzhindernisse werden relative Schutzhindernisse im Eintragungsverfahren nicht von Amts wegen geprüft.[24] Vielmehr muss der Inhaber des verletzten Rechts aktiv seine Rechte in einem Widerspruchs- oder Nichtigkeitsverfahren geltend machen.[25] Eine ausführliche Darstellung der relativen Schutzhindernisse erfolgt daher im Rahmen der Behandlung des Schutzbereichs der einschlägigen Rechte.[26]

---

20 EuGH C-53/01 bis C-55/01 v. 8.4.2003 *Linde*, Tz. 68 u. 70; EuGH C-218/01 v. 12.2.2004 *Henkel*, Tz. 39.
21 Danziger/Levav/Avnaim-Pesso, pnas. Vol. 108 No. 17, 2011 (www.pnas.org/content/108/17/6889.full).
22 Zu den prozessualen Folgen im Falle wiederholter Zurückweisung vgl. Große Beschwerdekammer des EUIPO R 1649/2011-G v. 16.11.2015 *SHAPE OF A BOTTLE (3D)*.
23 EuGH C-20/14 v. 22.10.2015 *BGW Beratungs-Gesellschaft Wirtschaft*, Tz. 23 ff.
24 Eine Ausnahme bildet insofern hinsichtlich notorisch bekannter Marken § 37 IV MarkenG; eine Amtsprüfung findet teilweise noch im (auch europäischen) Ausland statt.
25 Zum Widerspruchsverfahren und Nichtigkeitsverfahren vor dem EUIPO § 28 Rdn. 16 – 42; zum Widerspruchsverfahren vor dem DPMA § 29 Rdn. 18 – 28; zum Verletzungsverfahren vor ordentlichen Gerichten § 31 Rdn. 15 – 27.
26 Zur Marke §§ 10–13; zur geschäftlichen Bezeichnung §§ 18 u. 20; zum Namen § 21 Rdn. 10 – 20.

III. Gemeinsame Grundsätze absoluter Eintragungshindernisse

Obwohl die unterschiedlichen Eintragungshindernisse voneinander unabhängig 8
sind, lassen sich gemeinsame Grundsätze ausmachen.

1. Produktbezug des Markenrechts

a) Grundsätze

Eintragungshindernisse sind stets in Bezug auf die Waren oder Dienstleistungen zu 9
beurteilen, für die die Marke angemeldet worden ist.[27] Liegt ein Grund für die
Zurückweisung einer Marke von der Eintragung nur für einen Teil dieser Produkte
vor, für die die Marke angemeldet ist, so wird sie nur für diese Produkte zurückgewiesen (Art. 7 MRR, Art 42 I UMV, § 37 V MarkenG).[28] Wird die Eintragung
einer Marke für verschiedene Produkte beantragt, so ist daher zu prüfen, ob die
Marke in Bezug auf jedes dieser Produkte unter kein Eintragungshindernis fällt.
Diese Prüfung kann bei den betreffenden Produkten zu unterschiedlichen Ergebnissen führen.[29]

> So ist etwa die Bezeichnung »Wasser« zwar eine Produktbezeichnung für die Ware »Mineralwässer«, nicht jedoch für »Bekleidung«. Für »Mineralwässer« wäre »Wasser« daher nicht als Marke eintragungsfähig, wohl aber für »Bekleidung«. Dass das Zeichen »Wasser« und damit eine andere Ware als »Bekleidung« bezeichnet, ist unschädlich. Der beschreibende Charakter einer Marke in Bezug auf bestimmte Produkte stellt kein Hindernis für die Eintragung dieser Marke für andere Produkte dar.[30] Auch »VOODOO« ist für »Bekleidung« nicht beschreibend.[31] Die Bezeichnung »grill meister« ist für Produkte ohne Unterscheidungskraft, die beim Grillen verwendet werden, nicht aber für »Bier«.[32] Auch die Zahl »1« ist für Zigaretten und Raucherartikel unterscheidungskräftig, insbesondere ist eine beschreibende Verwendung nicht ersichtlich.[33] Nicht unterscheidungskräftig ist die Zahl »1« demgegenüber für die Dienstleistungen eines Fernsehsenders, weil der Verkehr im Zusammenhang mit Fernsehprogrammen an einstellige Zahlen gewöhnt ist.[34]

---

27 Ständige Rechtsprechung, statt vieler: EuGH C-299/99 v. 18.6.2002 *Philips/Remington*, Tz. 59; EuGH C-218/01 v. 12.2.2004 *Henkel*, Tz. 31; EuGH C-363/99 v. 12.2.2004 *Postkantoor*, Tz. 71 u. 75; EuGH C-456/01 P u. C-457/01 P v. 29.4.2004 *Dreidimensionale Tablettenform I*, Tz. 35; EuGH C-64/02 P v. 21.10.2004 *DAS PRINZIP DER BEQUEMLICHKEIT*, Tz. 43; EuGH C-304/06 P v. 8.5.2008 *Eurohypo*, Tz. 67; EuGH C-398/08 P v. 21.1.2010 *Audi*, Tz. 34; EuGH C-307/10 v. 19.6.2012 *Chartered Institute of Patent Attorneys*, Tz. 43; EuGH C-217/13 v. 19.6.2014 *Oberbank*, Tz. 39; EuGH C-417/16 P v. 4.5.2017 *August Storck*, Tz. 32; EuGH C-139/16 v. 6.7.2017 *Moreno Marín*, Tz. 24; EuGH C-26/17 P v. 13.9.2018 *Birkenstock Sales*, Tz. 31; EFTA-Gerichtshof E-5/16 v. 8.4.2017 *Municipality of Oslo*, Tz. 76 u. 137; EuG T-359/99 v. 7.6.2001 *EuroHealth*, Tz. 23; EuG T-387/03 v. 19.1.2005 *BIO-KNOWLEDGE*, Tz. 48 ff.; BGH GRUR 2002, 261, 262 *AC*, m. w. N.
28 EuGH C-239/05 v. 15.2.2007 *BVBA*, Tz. 33.
29 EuGH C-363/99 v. 12.2.2004 *Postkantoor*, Tz. 73; EuGH C-239/05 v. 15.2.2007 *BVBA*, Tz. 32; auch Art. 7 MRR sowie das Vorabentscheidungsgesuch EuGH C-254/06 *Zürich Versicherungs-Gesellschaft*.
30 Vgl. EuGH C-363/99 v. 12.2.2004 *Postkantoor*, Tz. 75 ff.
31 EuG T-50/13 v. 18.11.2014 *VOODOO*, Tz. 33 u. 37.
32 BGH I ZB 11/13 v. 17.10.2013 *grill meister*, Tz. 20.
33 BGH GRUR 2002, 970, 972 *Zahl »1«*; entsprechend BGH Mitt. 2002, 423 *Zahl »6«*; ähnlich BGH GRUR 2000, 231, 232 *FÜNFER*.
34 BGH GRUR 2000, 608, 610 *ARD-1*.

b) Selbständige Würdigung der Produkte im Verfahren

10 Ist eine Marke für bestimmte Produkte eingetragen worden, so hat dies im Falle einer neuen Anmeldung für ähnliche Produkte keinen Einfluss auf die Prüfung. Vielmehr ist immer auf die im Eintragungsantrag konkret genannten Waren oder Dienstleistungen abzustellen.[35] Dies gilt unabhängig davon, ob auch ein auf eine Teileintragung gerichteter Hilfsantrag gestellt wurde.[36]

> Dass etwa eine Marke »CARCARD« für bestimmte EDV- und Telekommunikationsprodukte eingetragen ist, bedeutet nicht, dass die Marke auch für spezifische karten- oder fahrzeugbezogene Produkte schutzfähig wäre. Hier kann der Verkehr vielmehr in dem Zeichen wegen seiner Bedeutung (»Autokarte«) einen Bestimmungshinweis sehen.[37]

11 Die Schutzfähigkeit ist für jedes Produkt jeweils selbständig zu würdigen. Produkte, die anderen untergeordnet oder ihnen gegenüber akzessorisch wären und daher bei der Prüfung vernachlässigt werden könnten, gibt es nicht.[38] Lediglich wenn eine zurückweisende Begründung für eine ganze Produktgruppe gleichermaßen gilt,[39] kann das Amt für sämtliche Produkte der Gruppe eine einheitliche Begründung bemühen.[40] Dass sich Produkte in ein und derselben Klasse der Nizzaer Klassifikation finden, genügt jedenfalls nicht, um diese Produkte pauschal gemeinsam zu beurteilen.[41] Vielmehr müssen die Waren und Dienstleistungen einen so direkten und konkreten Zusammenhang untereinander aufweisen, dass sie eine hinreichend homogene Kategorie oder Gruppe von Waren oder Dienstleistungen bilden.[42] Dabei ist auf die konkreten Produkteigenschaften abzustellen.[43]

---

35 EuGH C-363/99 v. 12.2.2004 *Postkantoor*, Tz. 42 ff.; EuGH C-239/05 v. 15.2.2007 *BVBA*, Tz. 31; EuGH C-39/08 und C-43/08 v. 12.2.2009 *Bild digital*, Tz. 14; BGH I ZB 78/10 v. 22.6.2011 *Rheinpark-Center Neuss*, Tz. 19.

36 EuGH C-239/05 v. 15.2.2007 *BVBA*, Tz. 35.

37 Vgl. EuG T-356/00 v. 20.3.2002 *CARCARD*, Tz. 29–48; EuG T-358/00 v. 20.3.2002 *TRUCKCARD*, Tz. 30–49.

38 EuGH C-282/09 P v. 18.3.2010 *CFCMCEE*, Tz. 37; EuGH C-437/15 P v. 17.5.2017 *EUIPO/Deluxe Entertainment Services Group*, Tz. 29; EuG T-219/00 v. 27.2.2002 *ELLOS*, Tz. 41; EuG T-15/09 v. 9.3.2010 *EURO AUTOMATIC CASH*, Tz. 41 ff.; BGH I ZB 18/13 v. 10.7.2014 *Gute Laune Drops*, Tz. 13.

39 Aber auch nur dann: EuG T-686/13 v. 3.9.2014 *Unibail Management*, Tz. 22 ff.; EuG T-687/13 v. 3.9.2014 *Unibail Management*, Tz. 22 ff.

40 EuGH C-239/05 v. 15.2.2007 *BVBA*, Tz. 38; EuGH C-238/06 P v. 25.10.2007 *Develey*, Tz. 91; EuGH C-17/08 P v. 6.2.2009 *MPDV Mikrolab*, Tz. 34; EuGH C-494/08 P v. 9.12.2009 *Prana Haus*, Tz. 46; EuGH C-282/09 P v. 18.3.2010 *CFCMCEE*, Tz. 38; EuGH C-278/15 P v. 14.1.2016 *Royal County of Berkshire Polo Club*, Tz. 44; EuGH C-437/15 P v. 17.5.2017 *EUIPO/Deluxe Entertainment Services Group*, Tz. 30; EuG T-329/06 v. 21.5.2008 *E*, Tz. 35; EuG T-70/06 v. 9.7.2008 *Vorsprung durch Technik*, Tz. 32, insofern nicht tangiert durch EuGH C-398/08 P v. 21.1.2010 *Audi*, Tz. 34; EuG T-297/07 v. 15.10.2008 *Intelligent Voltage Guard*, Tz. 22; auch BGH I ZB 78/10 v. 22.6.2011 *Rheinpark-Center Neuss*, Tz. 19; BGH I ZB 11/13 v. 17.10.2013 *grill meister*.

41 EuGH C-597/12 P v. 17.10.2013 *Isdin*, Tz. 28.

42 EuGH C-597/12 P v. 17.10.2013 *Isdin*, Tz. 27; EuGH C-437/15 P v. 17.5.2017 *EUIPO/Deluxe Entertainment Services Group*, Tz. 31; EuG T-665/16 v. 8.3.2018 *€$*, Tz. 23 f. [vermeint für 80 verschiedene Begriffe aus drei Klassen].

43 EuGH C-437/15 P v. 17.5.2017 *EUIPO/Deluxe Entertainment Services Group*, Tz. 33.

So ist zwar die Bezeichnung »ELLOS« in Spanien für »Bekleidungsstücke« beschreibend, weil dort das Wort »ELLOS« als männliches Personalpronomen die Bestimmung dieser Waren für eine männliche Kundschaft bezeichnen kann. Hieraus folgt jedoch selbst dann, wenn die Bekleidungsstücke über den Versandhandel vertrieben werden, keine Schutzunfähigkeit für die Dienstleistung »Kundenservice im Bereich Versandhandel«, wo das Geschlecht der Kunden keine Rolle spielt.[44] Auch die Bezeichnung »Intelligent Voltage Guard« ist als »intelligenter Spannungsschutz« in gleicher Weise beschreibend für verschiedene elektrische oder elektronische Geräte zum Betreiben von Beleuchtungsgeräten oder für Geräte, die zum Betreiben solcher Geräte dienen.[45] »SURFCARD« ist zwar beschreibend für Produkte, bei denen das Surfen im Internet mittels einer Karte eine Rolle spielen kann, nicht aber für Datenträger oder Kreditkartendienstleistungen.[46] »EASYCOVER« beschreibt Baumaterialien und Bodenbeläge, nicht aber Denkmäler.[47] Die Abkürzung »IFS« (independent front suspension) beschreibt zwar in der Automobilindustrie einen Mechanismus, der eine voneinander unabhängige Verschiebung der Räder ermöglicht; dies führt jedoch nicht dazu, dass die Abkürzung auch für Lenkungen beschreibend wäre.[48] »ULTIMATE FIGHTING« mag zwar beschreibend sein für Produkte, die unmittelbar mit Kampfsportarten zusammenhängen, nicht jedoch für etwaige Merchandisingprodukte, die bei Kampfsportveranstaltungen verkauft werden können.[49] Weiter war die Wortfolge »REICH UND SCHOEN« beschreibend für Fernsehunterhaltung und -produktion, wo ein Bezug zum Inhalt der Sendungen bestehen konnte, nicht aber für die Hilfsdienstleistungen des Verleihs oder der Vermietung von Filmen.[50] Auch der für die Fußball-Europameisterschaft 2000 allgemein verwendeten Bezeichnung »EURO 2000« kann für Fußbälle jegliche Unterscheidungskraft fehlen; der Verkehr kann die auf Fußbällen verwendete Bezeichnung als Bestimmungsangabe im Sinne eines Spiel- oder Trainingsballs für das Sportereignis verstehen.[51] Eine Bezeichnung »Lokmaus« ist beschreibend für Produkte im Zusammenhang mit der Steuerung von Modelleisenbahnanlagen und anderem Spielzeug, nicht aber für die Dienstleistung »Erstellung von Software«.[52] Dem Bildnis einer dem Verkehr bekannten Person fehlt für solche Produkte jegliche Unterscheidungskraft, bei denen der Verkehr einen thematischen oder sonstigen sachlichen Bezug zu der abgebildeten Person herstellt,[53] einer Warenformmarke unter Umständen für die abgebildete Ware, nicht aber automatisch für andere Waren.[54] Die Marke »Neuschwanstein« ist für Produkte wie pharmazeutische Erzeugnisse, Telekommunikation oder Finanzwesen hinreichend unterscheidungskräftig, weil es hierfür nicht genügt, dass diese Produkte als Zusatzangebot im Umfeld touristischer Sehenswürdigkeiten erbracht werden können;[55] zu weit geht es aber, wenn das EuG[56] die Schutzfähigkeit

---

44 EuG T-219/00 v. 27.2.2002 *ELLOS*, Tz. 33 ff.
45 EuG T-297/07 v. 15.10.2008 *Intelligent Voltage Guard*, Tz. 22 f.
46 EuG T-325/07 v. 25.11.2008 *SURFCARD*, Tz. 53 ff.
47 EuG T-346/07 v. 13.11.2008 *EASYCOVER*, Tz. 50 ff.
48 EuG T-462/05 v. 10.12.2008 *IFS*, Tz. 36 ff.
49 EuG T-379/05 v. 2.4.2009 *ULTIMATE FIGHTING*, Tz. 23 ff.; EuG T-118/06 v. 2.4.2009 *ULTIMATE FIGHTING CHAMPIONSHIP*, Tz. 28 ff.
50 BGH GRUR 2001, 1042, 1043 *REICH UND SCHÖN*; ähnlich BGH GRUR 2001, 1043, 1045 f. *Gute Zeiten – Schlechte Zeiten*; vgl. aber auch BPatG 32 W (pat) v. 8.2.2006 *Der kleine Eisbär*.
51 BGH GRUR 2004, 775, 777 *EURO 2000*.
52 BGH GRUR 2005, 578, 579 ff. *Lokmaus*, wo – zweifelhaft – auch von einer Schutzfähigkeit für Geräte zur Erzeugung von Dampf ausgegangen wird.
53 BGH I ZB 21/06 v. 24.4.2008 *Marlene-Dietrich-Bildnis I*, im Einzelnen unten § 4 Rdn. 103 u. 131.
54 EuG T-387/06 bis T-390/06 v. 10.10.2008 *Palette*.
55 BGH I ZB 13/11 v. 8.3.2012 *Neuschwanstein*, Tz. 23 ff.
56 EuG T-167/15 v. 5.7.2016 *NEUSCHWANSTEIN*.

auch für typische Souvenirs bejahen will. Der Wortfolge »My World« schließlich fehlt die Unterscheidungskraft für eine Vielzahl von Waren der Klasse 16 (z. B. Druckereierzeugnisse, Zeitschriften, Bücher, Poster) und für eine Reihe von Dienstleistungen der Klasse 41 (etwa Veröffentlichung und Herausgabe von Druckereierzeugnissen, Dienstleistungen eines Ton- und Fernsehstudios, Produktion von Fernseh- und Rundfunksendungen), nicht jedoch für die Dienstleistung Werbung.[57] »test« ist für Produkttests schutzunfähig, nicht aber für Dienstleistungen der Information über Rechts- und Steuerfragen.[58]

12 Dabei können in Ausnahmefällen durchaus auch alle beanspruchten Produkte einheitlich geprüft werden, wenn alle dieselben Eigenschaften aufweisen, die zur Schutzunfähigkeit führen.

So liegt es etwa bei einer Marke »Deluxe«, die für eine Vielzahl unterschiedlicher Produkte beansprucht wird, die jedoch alle gleichermaßen Luxuscharakter aufweisen können.[59]

13 Gelegentlich zu weit gehen dürfte vor diesem Hintergrund eine Entscheidungspraxis, wonach die Schutzunfähigkeit einer Marke für bestimmte Produkte unter Umständen durchschlagen könne auf die Beurteilung anderer Produkte. Maßgeblich soll hierbei sein, ob die jeweiligen Produkte untrennbar verbunden sind. Unter Umständen soll sogar genügen, wenn – wegen der Komplexität der betroffenen Produkte – dem Amt eine Unterscheidung nicht möglich sei.[60]

Beschreibt etwa die Wortfolge »LOOKS LIKE GRASS. . . FEELS LIKE GRASS. . . PLAYS LIKE GRASS« die Eigenschaften von Kunstrasen und ist für Kunstrasen schutzunfähig, so schlägt dies durch auf Dienstleistungen des Verlegens von Kunstrasen. Der Zweck der Dienstleistungen kann nur im Verlegen der Waren bestehen, so dass eine untrennbare Verbindung zwischen Ware und hierauf bezogener Dienstleistung besteht.[61] Auch die Marke »HAIRTRANSFER« soll – weitgehend, aber noch zutreffend – nicht nur beschreibend sein für Produkte im Zusammenhang mit Haartransplantationen, sondern auch für Fortbildungsveranstaltungen als Hinweis auf deren Inhalt.[62] Die Marke »manufacturing score card« schließlich kann nicht nur eine Software bezeichnen, die als Zählkarte in Unternehmen dient, sondern ist zugleich auch ein beschreibender Hinweis auf das Ergebnis von Dienstleistungen einer Unternehmensberatung oder technischer Beratung.[63] Das aus den Begriffen »Patent« und »consult« (= beraten) zusammengesetzte »Patentconsult« schließlich ist nicht nur für die Dienstleistungen eines Patentanwalts beschreibend, sondern auch für Unternehmensberatung, Aus- und Weiterbildung sowie die Anfertigung von Übersetzungen, da sämtliche dieser Dienstleistungen einen engen Bezug zu patentrechtlicher Beratung aufweisen können.[64]

---

57 BGH I ZB 34/08 v. 22.1.2009 *My World*.
58 BGH I ZB 65/12 v. 17.10.2013 *test*.
59 EuGH C-437/15 P v. 17.5.2017 *EUIPO/Deluxe Entertainment Services Group*, Tz. 35 ff.
60 EuG T-183/03 v. 14.9.2004 *APPLIED MOLECULAR EVOLUTION*, Tz. 25; vgl. im Zusammenhang der Marktabgrenzung auch EuG T-12/04 v. 30.11.2005 *Almdudler*, Tz. 19 f.
61 EuG T-216/02 v. 31.3.2004 *LOOKS LIKE GRASS*, Tz. 33; auch EuG T-355/00 v. 20.3.2002 *TELE AID*, Tz. 33; EuG T-324/01 und T-110/02 v. 30.4.2003 *Form einer Zigarre und eines Goldbarrens*, Tz. 33 ff.; EuG T-311/02 v. 20.7.2004 *LIMO*, Tz. 39 ff.; EuG T-183/03 v. 14.9.2004 *APPLIED MOLECULAR EVOLUTION*, Tz. 25; EuG T-315/03 v. 8.6.2005 *Rockbass*, Tz. 67 ff., eingelegtes Rechtsmittel später zurückgenommen (EuGH C-301/05 P v. 11.10.2007 *Wilfer*).
62 EuG T-204/04 v. 15.2.2007 *HAIRTRANSFER*, Tz. 36.
63 EuG T-459/05 v. 8.11.2007 *manufacturing score card*, Tz. 25 f., im Ergebnis bestätigt durch EuGH C-17/08 P v. 6.2.2009 *MPDV Mikrolab*; ähnlich EuG T-181/07 v. 2.4.2008 *STEADYCONTROL*, Tz. 44 ff.
64 EuG T-335/07 v. 16.12.2008 *Patentconsult*, Tz. 21 ff., bestätigt durch EuGH C-80/09 P v. 5.2.2010 *Mergel u. a.*

»GIROPAY« beschreibt als Hinweis auf bargeldlosen Zahlungsverkehr nicht nur Dienstleistungen des Finanzwesens, sondern auch Datenverarbeitungsgeräte und -programme, da diese zur Abwicklung des Zahlungsverkehrs dienen können.[65] Die Abbildung eines üblichen Hefteinbands schließlich ist auch für Papierblätter schutzunfähig, weil ein enger Bezug zu gebundenen Heften besteht.[66] Demgegenüber ist – entgegen EuG[67] – die Form eines Gitarrenkopfes nicht ohne Unterscheidungskraft für Verstärker oder Boxen. Auch ist »DüsseldorfCongress« zwar beschreibend für Kongresse, nicht aber automatisch auch für EDV-Dienstleistungen.[68]

c) Problematik pauschaler Oberbegriffe

Problematisch wird die Schutzfähigkeit häufig dann, wenn pauschal für eine Gruppe von Produkten unter einem weiten Oberbegriff eine Eintragung begehrt wird.

> Wird etwa eine Bezeichnung »Gin« allgemein für den weiten Oberbegriff »alkoholische Getränke« angemeldet, so ist von ihrer Schutzunfähigkeit auszugehen, da alkoholischen Getränken auch Gin unterfällt. Wird die Anmeldung demgegenüber auf den engen Begriff »Weine« beschränkt, so kann das Zeichen unter Umständen schutzfähig sein. Das in Frankreich und Italien für Teakholz verwendete Wort »TEK« ist selbst für Regale beschreibend, die nicht aus Holz bestehen; denn andere Materialien können jedenfalls ein Imitat von Teakholz darstellen.[69]

Bei weiten Oberbegriffen differenziert die deutsche Rechtsprechung nach der Schutzrichtung des jeweiligen Schutzhindernisses. Eine Markenregistrierung für einen weiten Produktoberbegriff könnte nämlich Ausschließlichkeitsrechte auch für solche Produkte verleihen, hinsichtlich derer ein Schutzhindernis eingreift. Soll daher durch das Schutzhindernis eine Monopolisierung verhindert werden, so genügt für die Zurückweisung, wenn die Marke für einen Teil der Produkte nicht schutzfähig ist.[70] Dient das Schutzhindernis dagegen als Vorfeldtatbestand der Ver-

---

65 EuG T-399/06 v. 21.1.2009 *GIROPAY*, Tz. 36 ff.
66 BGH I ZB 68/09 v. 1.7.2010 *Hefteinband*, Tz. 13.
67 EuG T-458/08 v. 8.9.2010 *Gitarrenkopf*, Tz. 65 f., insoweit nicht berührt in EuGH C-546/10 P v. 13.9.2011 *Wilfer*.
68 BGH I ZB 29/13 v. 15.5.2014 *DüsseldorfCongress*, Tz. 23.
69 EuG T-458/05 v. 20.11.2007 *TEK*, Tz. 87 ff.
70 EuGH C-97/12 P v. 15.5.2014 *Louis Vuitton Malletier*, Tz. 94, m. w. N.; EuG T-359/99 v. 7.6.2001 *EuroHealth*, Tz. 33; EuG T-106/00 v. 27.2.2002 *STREAMSERVE*, Tz. 45 f.; EuG T-219/00 v. 27.2.2002 *ELLOS*, Tz. 36; EuG T-355/00 v. 20.3.2002 *TELE AID*, Tz. 34; EuG T-356/00 v. 20.3.2002 *CARCARD*, Tz. 33 u. 36; EuG T-358/00 v. 20.3.2002 *TRUCKCARD*, Tz. 34 u. 37; EuG T-173/01 v. 9.10.2002 *Orange*, Tz. 38; EuG T-91/01 v. 5.12.2002 *BioID*, Tz. 33; EuG T-222/02 v. 23.11.2003 *ROBOTUNITS*, Tz. 45; EuG T-348/02 v. 27.11.2003 *Quick*, Tz. 34; EuG T-16/02 v. 3.12.2003 *TDI I*, Tz. 35; EuG T-183/03 v. 14.9.2004 *APPLIED MOLECULAR EVOLUTION*, Tz. 25; EuG T-322/03 v. 16.3.2006 *WEISSE SEITEN*, Tz. 73 ff.; EuG T-461/04 v. 20.9.2007 *PURE DIGITAL*, Tz. 39 ff., im Ergebnis bestätigt durch EuGH C-542/07 P v. 11.6.2009 *Imagination Technologies*; EuG T-458/05 v. 20.11.2007 *TEK*, Tz. 94; EuG T-256/06 v. 5.11.2008 *HONEYCOMB*, Tz. 31 ff.; BGH GRUR 1997, 634, 635 *Turbo II*; BGH GRUR 2002, 261, 262 *AC*; BGH GRUR 2005, 578, 580 f. *Lokmaus*; BGH I ZB 96/05 v. 27.4.2006 *FUSSBALL WM 2006*, Tz. 36; I ZB 97/05 v. 27.4.2006, Tz. 36; I ZB 39/09 v. 10.6.2010 *Buchstabe T mit Strich*, Tz. 26; I ZB 13/11 v. 8.3.2012 *Neuschwanstein*, Tz. 17; möglicherweise einschränkend aber BGH I ZB 21/06 v. 24.4.2008 *Marlene-Dietrich-Bildnis I*, Tz. 22.

hinderung der Benutzung eines unerwünschten Zeichens, so besteht kein Grund zum Verbot des Zeichens, solange für einen Teil der Produkte unter dem beanspruchten Oberbegriff eine Benutzung zulässig wäre.[71] Da dann nämlich zulässige Benutzungsmöglichkeiten existieren, dürfte[72] ein Verbot des Zeichens entbehrlich sein.

> Eine Marke, die aus dem Wort »Hose« besteht, ist folglich zurückzuweisen, wenn Schutz für den Oberbegriff »Bekleidung« beansprucht wird, dem auch Hosen unterfallen. Dagegen ist eine an den als Ulkusmittel verwendeten Arzneimittelwirkstoff »Omeprazol« angelehnte Marke »OMEPRAZOK« jedenfalls dann schutzfähig, wenn allgemein Schutz für den Oberbegriff »Arzneimittel« beansprucht wird. Zwar mag das Zeichen im Zusammenhang mit anderen Arzneimitteln irreführend sein; es kann jedoch jedenfalls für Ulkusmittel und damit für bestimmte Arzneimittel ohne Irreführung verwendet werden.[73]

16 Fundamental unterscheidet sich die Rechtsprechungspraxis von BPatG und EuG darin, wie im Falle eines zu weiten Oberbegriffs im Verzeichnis der Waren und Dienstleistungen mit dem Anmelder zu kommunizieren ist. Das BPatG tritt hier – ohne entsprechende Verpflichtung[74] – im Rahmen einer mündlichen Verhandlung nicht selten in einen Dialog mit dem Anmelder und regt eine Einschränkung des Verzeichnisses[75] sogar gelegentlich an. Demgegenüber verfährt das EuG selbst mit Hilfsanträgen des Anmelders restriktiv und behandelt diese als unzulässigen Versuch, den Streitgegenstand zu ändern.[76] Soll daher ein Einschränkungsversuch vor dem EuG Erfolg haben, so ist die unbedingte Einschränkung gegenüber dem EUIPO vorzunehmen und dies dem EuG mitzuteilen;[77] während eines laufenden Widerspruchsverfahrens ist die Widerspruchsabteilung für die Einschränkung zuständig, im Beschwerdeverfahren die Beschwerdekammer;[78] unter Umständen kann auch eine Teilrücknahme der Klage diesen Zweck erfüllen;[79] dabei darf die Einschränkung auch keine Änderung, sondern nur eine Einschränkung des Streitgegenstands bewirken.[80]

---

71 EuG T-224/01 v. 9.4.2003 *TUFFTRIDE/NU-TRIDE*, Tz. 76; EuG T-140/02 v. 13.9.2005 *INTERTOPS*, Tz. 27 f.; BGH GRUR 2002, 540, 541 f. *OMEPRAZOK*; BGH GRUR 2005, 258, 260 *Roximycin*; BGH I ZB 5/08 v. 2.4.2009, Tz. 10.
72 Letztlich wird der EuGH die Frage entscheiden müssen.
73 BGH GRUR 2002, 540, 541 *OMEPRAZOK*; auch BGH GRUR 2005, 258, 260 *Roximycin.*; BGH I ZB 5/08 v. 2.4.2009, Tz. 10.
74 BGH I ZB 13/11 v. 8.3.2012 *Neuschwanstein*, Tz. 18.
75 »Hilfsweise« ist die Einschränkung nicht möglich: BGH I ZB 39/05 v. 13.12.2007 *idw Informationsdienst Wissenschaft*, Tz. 35; zur nachträglichen Änderung des Verzeichnisses außerdem unten § 5 Rdn. 19, m. w. N.
76 Etwa EuG T-358/04 v. 12.9.2007 *Form eines Mikrofonkorbs*, Tz. 36; EuG T-48/06 v. 10.9.2008 *ASTEX/astex TECHNOLOGY*, Tz. 19 ff.; EuG T-296/07 v. 21.1.2009 *PharmaCheck*, Tz. 8 ff.; EuG T-118/08 v. 15.6.2010 *TERRAEFFEKT matt & gloss*, Tz. 12 f.
77 Vgl. EuG T-366/05 v. 15.11.2006 *Anheuser Busch*, Tz. 17, 28 ff., 36 f.; auch EuG T-48/06 v. 10.9.2008 *ASTEX/astex TECHNOLOGY*, Tz. 19 ff.; aber auch EuG T-458/05 v. 20.11.2007 *TEK*, Tz. 24 f.
78 EuG T-473/15 v. 16.3.2017 *Capella*, Tz. 32 ff.
79 EuG T-304/06 v. 9.7.2008 *Mozart*, Tz. 26 f.
80 EuG T-458/05 v. 20.11.2007 *TEK*, Tz. 24 ff.; EuG T-325/04 v. 27.2.2008 *LINK/WORLDLINK*, Tz. 23 ff.; EuG T-304/06 v. 9.7.2008 *Mozart*, Tz. 29; EuG T-387/06 bis T-390/06 v. 10.10.2008 *Palette*, Tz. 24 ff.; EuG T-765/16 v. 25.1.2018 *EL TOFIO El sabor de CANARIAS*, Tz. 11 ff.; kritisch hierzu *Bender*, MarkenR 2008, 41, 52.

Wird daher etwa eine ursprünglich für »Finanzwesen und Geldgeschäfte« eingetragene Marke dadurch eingeschränkt, dass »Geldgeschäfte« vollständig aus dem Verzeichnis genommen und »Finanzwesen« durch den Zusatz »nämlich elektronische und papiergestützte Bankdienstleistungen, alle in Bezug auf Systeme mit verschiedenen Währungen, soweit in Klasse 36 enthalten« konkretisiert wird, so führt dies vor BPatG und EuG zu unterschiedlichen Ergebnissen: Das BPatG berücksichtigt ohne weiteres beide Änderungen. Demgegenüber stellt der konkretisierende Zusatz zum Begriff »Finanzwesen« für das EuG eine unzulässige Änderung des Streitgegenstands dar. Lediglich die Streichung des Begriffs »Geldgeschäfte« ist als Beschränkung des Streitgegenstands auch vor dem EuG zulässig.[81] Das Hinzufügen von konkretisierenden Zusätzen wird vom EuG aber dann zugelassen, wenn dadurch faktisch nur noch die Teilaufhebung der angefochtenen Entscheidung beantragt wird.[82]

d) Keine Bedeutung salvatorischer Einschränkungsversuche pauschaler Begriffe

Ein für bestimmte Produkte bestehendes Schutzhindernis kann nicht dadurch ausgeräumt werden, dass die Anmeldung auf solche Produkte beschränkt wird, die ein bestimmtes Merkmal nicht aufweisen.[83]   **17**

Soll etwa die Bezeichnung »weiß« für Bekleidung eingetragen werden, so kann diese die Farbe der Ware und damit ein Merkmal beschreiben. Der hieraus resultierenden Schutzunfähigkeit kann nicht dadurch begegnet werden, dass die Anmeldung auf »Bekleidungsstücke, die die Farbe Weiß nicht aufweisen«, beschränkt wird. Die Marke »electronica« ist auch dann beschreibend für eine Elektronikmesse, wenn der Schutz auf eine ganz bestimmte Messe in München beschränkt werden soll.[84]

Denn die Zulassung derartiger Einschränkungen würde zu Rechtsunsicherheit hinsichtlich des Umfangs des Markenschutzes führen. Dritte – vor allem Konkurrenten – wären im Allgemeinen nicht darüber informiert, dass sich bei bestimmten Produkten der durch die Marke verliehene Schutz nicht auf diejenigen Produkte erstreckt, die ein bestimmtes Merkmal aufweisen, und könnten so dazu veranlasst werden, bei der Beschreibung ihrer eigenen Produkte auf die Verwendung der Zeichen oder Angaben zu verzichten, aus denen die Marke besteht und die dieses Merkmal beschreiben.[85] Entsprechendes gilt für die Beschränkung auf bestimmte Vermarktungskonzepte.[86]   **18**

---

81 EuG T-325/04 v. 27.2.2008 *LINK/WORLDLINK*, Tz. 23 ff.; EuG T-304/06 v. 9.7.2008 *Mozart*, Tz. 26 ff.; auch EuG T-387/06 bis T-390/06 v. 10.10.2008 *Palette*, Tz. 24 ff.
82 EuG T-464/07 v. 17.6.2009 *PharmaResearch*, Tz. 8 ff.
83 EuGH C-363/99 v. 12.2.2004 *Postkantoor*, Tz. 117.
84 EuG T-32/00 v. 5.12.2000 *electronica*, Tz. 62 f.; beschreibend für Finanzdienstleistungen daher auch »MunichFinancialServices«: EuG T-316/03 v. 7.6.2005 *MunichFinancialServices*, Tz. 24 ff.
85 EuGH C-363/99 v. 12.2.2004 *Postkantoor*, Tz. 115.
86 Vgl. EuG T-355/00 v. 20.3.2002 *TELE AID*, Tz. 41 f.; EuG T-356/00 v. 20.3.2002 *CARCARD*, Tz. 45 f.; EuG T-358/00 v. 20.3.2002 *TRUCKCARD*, Tz. 46 f.; EuG T-323/00 v. 2.7.2002 *SAT.2*, Tz. 45; zu Bedeutungslosigkeit von Vertriebskonzepten in Kollisionsfällen EuG T-147/03 v. 12.1.2006 *Quantième/Quantum*, Tz. 104.

2. Verkehrsverständnis im Markenrecht

a) Grundsätze

19 Ob ein Zeichen als solches als Marke eintragungsfähig ist, ist von der Warte des maßgeblichen Publikums aus zu beurteilen.[87] In einem ersten Prüfungsschritt ist daher zunächst das maßgebliche Publikum zu bestimmen. Zum relevanten Publikum zählen dabei jedenfalls die Verkehrskreise, die das Produkt bestimmungsgemäß verwenden.[88] Darüber hinaus dürfte es auf sämtliche Abnehmer und Interessenten des Produkts ankommen.[89] Die praktisch wichtigste Differenzierung erfolgt hierbei danach, ob die unter der Marke beanspruchten Produkte lediglich für Fachkreise[90] oder (auch) für alle Verbraucher bestimmt sind.[91] Ein Fachpublikum wird nämlich den betreffenden Zeichen besonderes Interesse sowie besondere Aufmerksamkeit widmen und verfügt häufig über spezielle Kenntnisse.[92] Zumeist geht die Rechtsprechung davon aus, dass sowohl Fachkreise als auch der allgemeine Verkehr als Adressaten in Betracht kommen:

---

[87] Ständige Rechtsprechung, etwa: EuGH C-104/01 v. 6.5.2003 *Libertel*, Tz. 45; EuGH C-329/02 P v. 16.9.2004 *SAT.2*, Tz. 24; EuGH C-404/02 v. 16.9.2004 *Nichols*, Tz. 23; EuGH C-107/03 P v. 23.9.2004 *Form einer Seife*, Tz. 29; EuGH C-136/02 P v. 7.10.2004 *Mag Instrument*, Tz. 19; EuGH C-64/02 P v. 21.10.2004 *DAS PRINZIP DER BEQUEMLICHKEIT*, Tz. 43; EuGH C-353/03 v. 7.7.2005 *Nestlé*, Tz. 25; EuGH C-37/03 P v. 15.9.2005 *BioID*, Tz. 28 u. 48; EuGH C-173/04 P v. 12.1.2006 *Deutsche SiSi-Werke*, Tz. 25; EuGH C-24/05 P v. 22.6.2006 *Storck I*, Tz. 23; EuGH C-25/05 P v. 22.6.2006 *Storck II*, Tz. 25; EuGH C-144/06 P v. 4.10.2007 *Rot-weiße rechteckige Tablette mit einem blauen ovalen Kern*, Tz. 35; EuGH C-238/06 P v. 25.10.2007 *Develey*, Tz. 79; EuGH C-304/06 P v. 8.5.2008 *Eurohypo*, Tz. 67; EuGH C-494/08 P v. 9.12.2009 *Prana Haus*, Tz. 26; EuGH C-398/08 P v. 21.1.2010 *Audi*, Tz. 34; EuGH C-265/09 P v. 9.9.2010 *HABM/BORCO-Marken-Import*, Tz. 32; EuGH C-217/13 v. 19.6.2014 *Oberbank*, Tz. 39; EuGH C-417/16 P v. 4.5.2017 *August Storck*, Tz. 32; EuGH C-139/16 v. 6.7.2017 *Moreno Marín*, Tz. 24; EuGH C-26/17 P v. 13.9.2018 *Birkenstock Sales*, Tz. 31; EFTA-Gerichtshof E-5/16 v. 8.4.2017 *Municipality of Oslo*, Tz. 139; zu einer Ausnahme von diesem Grundsatz vgl. EuGH C-48/09 P v. 14.9.2010 *Lego Juris*, Tz. 75 f.; EuGH C-205/13 v. 18.9.2014 *Hauck/Stokke*, Tz. 33 f. sowie unten § 4 Rdn. 190.

[88] BGH I ZR 51/03 v. 16.3.2006 *Seifenspender*, Tz. 13; EuG T-430/07 v. 29.4.2009 *MONTEBELLO RHUM AGRICOLE/MONTEBELLO*, Tz. 20.

[89] BGH I ZB 53/05 v. 13.3.2008 *SPA II*, Tz. 18.

[90] Vgl. etwa EuG T-222/02 v. 23.11.2003 *ROBOTUNITS*, Tz. 36 f.; EuG T-311/02 v. 20.7.2004 *LIMO*, Tz. 28; auch BGH GRUR 2004, 240, 241 *MIDAS/medAS*.

[91] EuG T-67/08 v. 11.6.2009 *InvestHedge/HEDGE INVEST*, Tz. 33; zum maßgeblichen Publikum, wenn sich in einem Kollisionsfall die eine Marke mit weitem Oberbegriff auch an alle Verbraucher, die andere mit engem Oberbegriff dagegen nur an Fachleute richtet: EuG T-126/03 v. 14.7.2005 *ALADDIN/ALADIN*, Tz. 80 f.

[92] EuG T-224/01 v. 9.4.2003 *TUFFTRIDE/NU-TRIDE*, Tz. 52; EuG T-317/01 v. 30.6.2004 *EURODATA TV/M+M EUROdATA*, Tz. 52; EuG T-211/03 v. 20.4.2005 *NABER/Faber*, Tz. 24; in diesem Sinne wohl auch EuG T-147/03 v. 12.1.2006 *Quantième/Quantum*, Tz. 62.

III. 2. Verkehrsverständnis im Markenrecht

Zumindest auch an den allgemeinen Verbraucher richten sich etwa Toilettenmittel, Seifen,[93] Parfüm,[94] Kosmetikprodukte,[95] Zahnpasta,[96] Putzmittel,[97] Kfz-Zubehör,[98] handbetätigte Werkzeuge und Geräte,[99] Lautsprecher,[100] elektronische Geräte wie Computer,[101] Haushaltsgeräte sowie elektrische Reinigungsgeräte mit Dampfbetrieb und Hochdruckreiniger,[102]

---

[93] EuG T-156/01 v. 9.7.2003 *GIORGI/GIORGIO AIRE*, Tz. 65; EuG T-162/01 v. 9.7.2003 *GIORGI/GIORGIO BEVERLY HILLS*, Tz. 35; EuG T-93/06 v. 19.6.2008 *SPA/MINERAL SPA*, Tz. 28; EuG T-184/07 v. 26.11.2008 *ANEW ALTERNATIVE*, Tz. 23; vgl. auch BGH I ZR 51/03 v. 16.3.2006 *Seifenspender*, Tz. 13; EuG T-150/08 v. 11.11.2009 *Clina/CLINAIR*, Tz. 33, im Ergebnis bestätigt durch EuGH C-22/10 P v. 27.10.2010 *REWE Central*.

[94] EuG T-93/06 v. 19.6.2008 *SPA/MINERAL SPA*, Tz. 28; EuG T-184/07 v. 26.11.2008 *ANEW ALTERNATIVE*, Tz. 23; EuG T-104/08 v. 5.5.2009 *Zerstäuberform*, Tz. 22; EuG T-486/08 v. 9.12.2009 *SUPERSKIN*, Tz. 27; EuG T-162/08 v. 11.11.2009 *GREEN by missako/MI SA KO*, Tz. 27.

[95] EuG T-286/03 v. 13.4.2005 *WILKINSON SWORD XTREME III/RIGHT GUARD XTREME SPORT*, Tz. 20 f.; EuG T-418/03 v. 27.9.2007 *LABORATOIRE DE LA MER/LA MER*, Tz. 107; EuG T-93/06 v. 19.6.2008 *SPA/MINERAL SPA*, Tz. 28; EuG T-160/07 v. 8.7.2008 *COLOR EDITION*, Tz. 45, im Ergebnis bestätigt durch EuGH C-408/08 P v. 25.2.2010 *Lancôme*; EuG T-184/07 v. 26.11.2008 *ANEW ALTERNATIVE*, Tz. 23; EuG T-471/07 v. 15.9.2009 *TAME IT*, Tz. 20; EuG T-486/08 v. 9.12.2009 *SUPERSKIN*, Tz. 27.

[96] EuG T-136/07 v. 9.12.2008 *VISIBLE WHITE*, Tz. 35; EuG T-150/08 v. 11.11.2009 *Clina/CLINAIR*, Tz. 33, im Ergebnis bestätigt durch EuGH C-22/10 P v. 27.10.2010 *REWE Central*; EuG T-486/08 v. 9.12.2009 *SUPERSKIN*, Tz. 27.

[97] EuG T-342/05 v. 23.5.2007 *Dor/COR*, Tz. 35; EuG T-57/06 v. 7.11.2007 *TOFIX/Top iX*, Tz. 46 f.; EuG T-150/08 v. 11.11.2009 *Clina/CLINAIR*, Tz. 33, im Ergebnis bestätigt durch EuGH C-22/10 P v. 27.10.2010 *REWE Central*.

[98] EuG T-476/08 v. 15.12.2009 *BEST BUY*, Tz. 22, im Ergebnis bestätigt durch EuGH C-92/10 P v. 13.1.2011 *Media-Saturn-Holding*.

[99] EuG T-78/08 v. 11.6.2009 *Pinzette*, Tz. 25; EuG T-391/07 v. 16.9.2009 *Griff*, Tz. 50.

[100] EuG T-460/05 v. 10.10.2007 *Form eines Lautsprechers*, Tz. 29; EuG T-476/08 v. 15.12.2009 *BEST BUY*, Tz. 22, im Ergebnis bestätigt durch EuGH C-92/10 P v. 13.1.2011 *Media-Saturn-Holding*.

[101] EuG T-311/01 v. 22.10.2003 *ASTERIX/Starix*, Tz. 44; EuG T-352/02 v. 25.5.2005 *W WORK PRO/PC WORKS*, Tz. 25; EuG T-461/04 v. 20.9.2007 *PURE DIGITAL*, Tz. 23, im Ergebnis bestätigt durch EuGH C-542/07 P v. 11.6.2009 *Imagination Technologies*; EuG T-105/06 v. 17.10.2007 *WinDVD Creator*, Tz. 28 ff.; EuG T-459/05 v. 8.11.2007 *manufacturing score card*, Tz. 22, im Ergebnis bestätigt durch EuGH C-17/08 P v. 6.2.2009 *MPDV Mikrolab*; EuG T-38/04 v. 15.11.2007 *SUN/SUNPLUS*, Tz. 31 u. 33 [auch zu Computerbauelementen], im Ergebnis bestätigt durch EuGH C-21/08 P v. 26.3.2009 *Sunplus Technology*, Tz. 37; EuG T-242/07 v. 12.11.2008 *QWEB/Q2WEB*, Tz. 22; EuG T-414/07 v. 2.7.2009 *Hand, eine Karte haltend*, Tz. 33; EuG T-309/08 v. 21.1.2010 *G Stor/G-STAR und G-STAR RAW DENIM*, Tz. 25; grundsätzlich allgemeiner Verkehr, ausnahmsweise bei spezieller Software Fachkreise: EuG T-79/07 v. 26.6.2008 *POLAR/POLARIS*, Tz. 27 ff.; EuG T-328/05 v. 1.7.2008 *QUARTZ/QUARTZ*, Tz. 17 ff., im Ergebnis bestätigt durch EuGH C-416/08 P v. 10.7.2009 *Apple Computer*; Fachkreise (unzutreffend): EuG T-181/07 v. 2.4.2008 *STEADYCONTROL*, Tz. 40; auch Fachkreise: EuG T-205/06 v. 22.5.2008 *Presto/Presto! Bizcard Reader*, Tz. 35.

[102] EuG T-446/07 v. 15.9.2009 *Centrixx/sensixx*, Tz. 27 f., im Ergebnis bestätigt durch EuGH C-448/09 P v. 30.6.2010 *Royal Appliance International/HABM*.

Beleuchtung,[103] Unkraut- und Insektenvertilgungsmittel,[104] Brillen,[105] Edelmetalle,[106] Luxusuhren,[107] Musikinstrumente,[108] Papier und Schreibwaren,[109] Software,[110] Tonträger,[111] Druckschriften,[112] Möbel,[113] Glaswaren,[114] Lederwaren und Reisetaschen,[115] Handtücher,

---

103 EuG T-339/07 v. 28.10.2009 *Panorama*, Tz. 31 ff.
104 EuG T-169/04 v. 14.12.2005 *CARPO/CARPOVIRUSINE*, Tz. 45 ff.
105 EuG T-9/05 v. 15.1.2008 *Amply/AMPLITUDE*, Tz. 34; EuG T-309/08 v. 21.1.2010 *G Stor/G-STAR und G-STAR RAW DENIM*, Tz. 25.
106 EuG T-139/08 v. 29.9.2009 *Smiley-Halbmund*, Tz. 19 f.; EuG T-75/08 v. 30.9.2009 *! (Ausrufezeichen)*, Tz. 25 f.; EuG T-191/08 v. 30.9.2009 *! (Ausrufezeichen in einem Rechteck)*, Tz. 25 f.; EuG T-476/08 v. 15.12.2009 *BEST BUY*, Tz. 22, im Ergebnis bestätigt durch EuGH C-92/10 P v. 13.1.2011 *Media-Saturn-Holding*.
107 EuG T-152/07 v. 14.9.2009 *Geometrische Felder auf dem Zifferblatt einer Uhr*, Tz. 87.
108 EuG T-476/08 v. 15.12.2009 *BEST BUY*, Tz. 22, im Ergebnis bestätigt durch EuGH C-92/10 P v. 13.1.2011 *Media-Saturn-Holding*.
109 EuG T-476/08 v. 15.12.2009 *BEST BUY*, Tz. 22, im Ergebnis bestätigt durch EuGH C-92/10 P v. 13.1.2011 *Media-Saturn-Holding*; EuG T-80/07 v. 16.9.2009 *BUILT TO RESIST*, Tz. 24 ff.; EuG T-472/07 v. 3.2.2010 *ENERCON/TRANSFORMERS ENERGON*, Tz. 26, im Ergebnis bestätigt durch EuGH C-204/10 P v. 23.11.2010 *ENERCON*.
110 EuG T-158/06 v. 23.10.2008 *FLEX*, Tz. 45; bei Spielen Durchschnittsverbraucher: EuG T-290/07 v. 10.12.2008 *METRO/METRONIA*, Tz. 37.
111 EuG T-133/06 v. 23.10.2008 *PAST PERFECT*, Tz. 27.
112 EuG T-134/06 v. 13.12.2007 *LES PAGES JAUNES/PAGESJAUNES.COM*, Tz. 45 f; EuG T-425/07 und T-426/07 v. 19.11.2009 *100 und 300*, Tz. 24, im Ergebnis bestätigt durch EuGH C-56/10 P v. 22.6.2011 *Agencja Wydawnicza Technopol/HABM*; EuG T-298/06 v. 19.12.2009 *1000*, Tz. 24, im Ergebnis bestätigt durch EuGH C-51/10 P v. 10.3.2011 *Agencja Wydawnicza Technopol/HABM*; EuG T-64/07 bis T-66/07 v. 19.11.2009 *350, 250 und 150*, Tz. 25; EuG T-200/07 bis T-202/07 v. 19.11.2009 *222, 333 und 555*, Tz. 26.
113 EuG T-112/06 v. 16.1.2008 *IKEA/idea*, Tz. 34 ff; EuG T-339/07 v. 28.10.2009 *Panorama*, Tz. 31 ff.; EuG T-476/08 v. 15.12.2009 *BEST BUY*, Tz. 22, im Ergebnis bestätigt durch EuGH C-92/10 P v. 13.1.2011 *Media-Saturn-Holding*.
114 EuG T-857/16 v. 26.10.2017 *Weißbierglas*, Tz. 27.
115 EuG T-230/06 v. 15.10.2008 *PORT LOUIS*, Tz. 37; EuG T-304/07 v. 5.11.2008 *Stilisierter Bogen*, Tz. 30; EuG T-80/07 v. 16.9.2009 *BUILT TO RESIST*, Tz. 24 ff.; EuG T-139/08 v. 29.9.2009 *Smiley-Halbmund*, Tz. 19 f.; EuG T-472/07 v. 3.2.2010 *ENERCON/TRANSFORMERS ENERGON*, Tz. 26, im Ergebnis bestätigt durch EuGH C-204/10 P v. 23.11.2010 *ENERCON*.

Bettdecken und -wäsche,[116] Bekleidung,[117] Damenschuhe und Damentaschen,[118] Spiel-

---

[116] EuG T-246/06 v. 6.5.2008 *Revert/REVERIE*, Tz. 31; EuG T-230/06 v. 15.10.2008 *PORT LOUIS*, Tz. 37; EuG T-472/07 v. 3.2.2010 *ENERCON/TRANSFORMERS ENERGON*, Tz. 26, im Ergebnis bestätigt durch EuGH C-204/10 P v. 23.11.2010 *ENERCON*.

[117] EuG T-423/04 v. 5.10.2005 *BK RODS/BKR*, Tz. 54; EuG T-88/05 v. 8.2.2007 *MARS/NARS*, Tz. 53; EuG T-39/04 v. 14.2.2008 *D'ORSAY/O orsay*, Tz. 36 f.; EuG T-378/04 v. 14.2.2008 *D'ORSAY/Orsay*, Tz. 32 f.; EuG T-96/06 v. 10.9.2008 *EXE/exe*, Tz. 22; EuG T-116/06 v. 24.9.2008 *THE O STORE/O STORE*, Tz. 40; EuG T-179/07 v. 24.9.2008 *ANVIL/Aprile*, Tz. 55; EuG T-230/06 v. 15.10.2008 *PORT LOUIS*, Tz. 37; EuG T-547/08 v. 15.6.2010 *Orange Einfärbung des Zehenbereichs einer Socke*, Tz. 19, im Ergebnis bestätigt durch EuGH C-429/10 P v. 16.5.2011 *X Technology Swiss*; zu Kinderbekleidung EuG T-346/04 v. 24.11.2005 *Arthur/ARTHUR ET FELICIE*, Tz. 29; zu Sportbekleidung und Sportschuhen BGH I ZB 30/06 v. 15.1.2009 *STREETBALL*, Tz. 12; insoweit ferner EuGH C-320/07 P v. 12.3.2009 *Antartica*, Tz. 50; EuG T-80/07 v. 16.9.2009 *BUILT TO RESIST*, Tz. 24 ff.; EuG T-103/07 v. 23.9.2009 *TRACK & FIELD USA/TRACK & FIELD*, Tz. 33; EuG T-139/08 v. 29.9.2009 *Smiley-Halbmund*, Tz. 19 f.; EuG zu Unterwäsche T-273/08 v. 28.10.2009 *First-On-Skin/FIRST*, Tz. 25 f; EuG T-162/08 v. 11.11.2009 *GREEN by missako/MI SA KO*, Tz. 27; EuG T-309/08 v. 21.1.2010 *G Stor/G-STAR und G-STAR RAW DENIM*, Tz. 25; EuG T-472/07 v. 3.2.2010 *ENERCON/TRANSFORMERS ENERGON*, Tz. 26, im Ergebnis bestätigt durch EuGH C-204/10 P v. 23.11.2010 *ENERCON*.

[118] EuG T-169/03 v. 1.3.2005 *MISS ROSSI/SISSI ROSSI*, Tz. 49.

zeug,[119] Getränke,[120] Nahrungsergänzungsmittel und medizinische Produkte[121] und Nahrungsmittel[122] einschließlich Babykost,[123] Finanzdienstleistungen,[124] Versicherungsdienst-

119 EuG T-425/07 und T-426/07 v. 19.11.2009 *100 und 300*, Tz. 24, im Ergebnis bestätigt durch EuGH C-56/10 P v. 22.6.2011 *Agencja Wydawnicza Technopol/HABM*; EuG T-472/07 v. 3.2.2010 *ENERCON/TRANSFORMERS ENERGON*, Tz. 26, im Ergebnis bestätigt durch EuGH C-204/10 P v. 23.11.2010 *ENERCON*.
120 EuG T-99/01 v. 15.1.2003 *Mystery/Mixery*, Tz. 37 u. 41; EuG T-129/04 v. 15.3.2006 *Form einer Kunststoffflasche*, Tz. 46; EuG T-13/05 v. 25.10.2006 *RODA/ODA*, Tz. 46 [Wein]; EuG T-149/06 v. 20.11.2007 *CASTELLUCA/CASTELLANI*, Tz. 48 [Wein]; EuG T-28/06 v. 6.11.2007 *VOM URSPRUNG HER VOLLKOMMEN*, Tz. 22 [Bier]; EuG T-101/06 v. 14.11.2007 *RODA/Castell del Remei ODA*, Tz. 52; EuG T-111/06 v. 21.11.2007 *VITAFIT/VITAL & FIT*, Tz. 30; EuG T-332/04 v. 12.3.2008 *EL COTO/Coto D'Arcis*, Tz. 29; EuG T-175/06 v. 18.6.2008 *MEZZO/MEZZOPANE*, Tz. 21; EuG T-93/06 v. 19.6.2008 *SPA/MINERAL SPA*, Tz. 28; EuG T-161/07 v. 4.11.2008 *COYOTE UGLY/COYOTE UGLY*, Tz. 25 [auch zum Betrieb von Bars und Diskotheken]; EuG T-7/04 v. 12.11.2008 *LIMONCHELO/Limoncello II*, Tz. 32; EuG T-210/05 v. 12.11.2008 *LIMONCHELO/Limoncello di Capri*, Tz. 26; EuG T-285/06 v. 18.12.2008 *TORRES/TORRE DE FRÍAS*, Tz. 42 [Wein]; EuG T-286/06 v. 18.12.2008 *TORRES/TORRE DE GAZATE*, Tz. 42 [Wein]; EuG T-287/06 v. 18.12.2008 *TORRES/Torre Albéniz*, Tz. 45 [Wein]; EuG T-8/07 v. 18.12.2008 *TORRES 10/TG Torre Galatea*, Tz. 43 [Wein]; EuG T-16/07 v. 18.12.2008 *TORRES/TORRE DE BENÍTEZ*, Tz. 46 [Wein]; EuG T-23/07 v. 29.4.2009 *a*, Tz. 38 [alkoholische Getränke ausgenommen Biere, Weine, Schaumweine und weinhaltige Getränke], im Ergebnis bestätigt durch EuGH C-265/09 P v. 9.9.2010 *HABM/BORCO-Marken-Import*; EuG T-291/07 v. 23.9.2009 *ALFONSO/PRÍNCIPE DE ALFONCO*, Tz. 27 ff. [Weine und alkoholische Getränke mit Ausnahme von Bier]; EuG T-234/06 v. 19.11.2009 *CANNABIS*, Tz. 27, im Ergebnis bestätigt durch EuGH C-5/10 P v. 16.5.2011 *Giampietro Torresan* [Bier, Wein, Spirituosen, Likör, Sekt, Schaumwein, Champagner]; EuG T-472/07 v. 3.2.2010 *ENERCON/TRANSFORMERS ENERGON*, Tz. 26, im Ergebnis bestätigt durch EuGH C-204/10 P v. 23.11.2010 *ENERCON* [Bier, Mineral- und Tafelwasser, Frucht- und Gemüsesäfte].
121 EuG T-230/07 v. 8.7.2009 *ESTER-E/ESTEVE*, Tz. 35 [zu Nahrungsergänzungmitteln und Arzneimitteln]; EuG T-539/15 v. 28.9.2016 *LLR-G5*, Tz. 25 [Arzneimitteln]; auch Fachkreise: EuG T-240/08 v. 8.7.2009 *oli/OLAY*, Tz. 27 f.; EuG T-221/06 v. 16.9.2009 *Bebimil/BLEMIL*, Tz. 36 u. 41.
122 EuG T-110/01 v. 12.12.2002 *SAINT-HUBERT 41/HUBERT*, Tz. 40; EuG T-85/02 v. 4.11.2003 *EL CASTILLO/CASTILLO*, Tz. 31; EuG T-286/02 v. 25.11.2003 *MOU/KIAP MOU*, Tz. 28; EuG T-74/04 v. 22.2.2006 *QUICKY/QUICK*, Tz. 45, aus anderen Gründen aufgehoben durch EuGH C-193/06 P v. 20.9.2007 *Nestlé/HABM*; EuG T-35/04 v. 15.3.2006 *FERRERO/FERRÓ*, Tz. 42; EuG T-129/04 v. 15.3.2006 *Form einer Kunststoffflasche*, Tz. 46; EuG T-242/06 v. 13.12.2007 *El Charcutero/el charcutero artesano*, Tz. 38; EuG T-304/06 v. 9.7.2008 *Mozart*, Tz. 93; EuG T-147/06 v. 26.11.2008 *FRESHHH*, Tz. 16; EuG T-265/06 v. 12.2.2009 *PIAZZA/PIAZZA del SOLE*, Tz. 34; auch EuG T-341/06 v. 12.3.2008 *GARUM*, Tz. 36 f, wo jedoch auch auf Gastronomen abgestellt wird; EuG T-449/07 v. 5.5.2009 *Wurstform*, Tz. 25; EuG T-28/08 v. 8.7.2009 *Schokoriegel*, Tz. 30.
123 EuG T-150/08 v. 11.11.2009 *Clina/CLINAIR*, Tz. 33, im Ergebnis bestätigt durch EuGH C-22/10 P v. 27.10.2010 *REWE Central*.; auch Fachkreise: EuG T-240/08 v. 8.7.2009 *oli/OLAY*, Tz. 27 f.; EuG T-221/06 v. 16.9.2009 *Bebimil/BLEMIL*, Tz. 36 u. 41.
124 EuGH C-304/06 P v. 8.5.2008 *Eurohypo*, Tz. 68; zuvor bereits EuG T-439/04 v. 3.5.2006 *EUROHYPO*, Tz. 47 f.; EuG T-10/07 v. 17.9.2008 *FVD/FVB*, Tz. 36; EuG T-414/07 v. 2.7.2009 *Hand, eine Karte haltend*, Tz. 33.

leistungen,[125] dem Immobilienwesen,[126] Dienstleistungen der Telekommunikation,[127] Fahrzeugvermietung,[128] Transportwesen,[129] Reiseveranstaltung[130] oder der Verpflegung von Gästen[131], Erziehung, Ausbildung sowie sportliche und kulturelle Aktivitäten,[132] Veranstaltung von Seminaren,[133] Dienstleistungen einer Patentanwaltskanzlei[134] oder Dienste der Schönheits- und Gesundheitspflege[135]. An den allgemeinen Verbraucher und Fachkreise gleichermaßen richten sich Waren wie Farben,[136] Baumaterialien[137] und Steckverbinder und zugehörige Kunststoffisolierteile.[138] Ähnliches gilt für Beleuchtungsgeräte[139] oder Duschgarnituren.[140] Gewerbliche Verpackungsmaterialien – etwa ein Wurstdarm – richten sich zwar zunächst an Fachkreise, mittelbar jedoch auch an den allgemeinen Verkehr.[141] Ähnliches gilt für Fahrzeugsitze, die nicht nur von Fachleuten, sondern auch von fachlich unterstützten Amateuren verbaut werden.[142] Bei Lotteriespielen kommen mit Ausnahme der Verbraucher, die Glücksspiele kategorisch ablehnen, alle Verbraucher in Betracht.[143] Bei Dienstleistungen der Cineastik ist zu differenzieren.[144] Dienstleistungen der Arbeitsvermittlung werden sowohl von Unternehmen als auch vom arbeitssuchenden Verkehr in Anspruch genom-

---

125 EuG T-10/07 v. 17.9.2008 *FVD/FVB*, Tz. 36; EuG T-289/08 v. 11.2.2010 *Deutsche BKK*, Tz. 38.
126 EuG T-10/07 v. 17.9.2008 *FVD/FVB*, Tz. 36.
127 EuG T-311/01 v. 22.10.2003 *ASTERIX/Starix*, Tz. 44; sogar für Telekommunikationsdienstleistungen mittels unterseeischen Kabels EuG T-172/04 v. 27.9.2006 *EMERGEA/emergia*, Tz. 65 ff.; aber auch EuG T-390/03 v. 11.5.2005 *CM/capital markets CM*, Tz. 26; EuG T-414/07 v. 2.7.2009 *Hand, eine Karte haltend*, Tz. 33; EuG T-396/07 v. 23.9.2009 *UNIQUE*, Tz. 20; EuG T-399/08 v. 19.11.2009 *CLEARWIFI*, Tz. 26 ff.
128 EuG T-36/07 v. 25.6.2008 *CICAR/ZIPCAR*, Tz. 32 ff., im Ergebnis bestätigt durch EuGH C-394/08 P v. 3.6.2009 *Zipcar*.
129 EuG T-34/07 v. 21.1.2010 *DSBW/DSB*, Tz. 29, im Ergebnis bestätigt durch EuGH C-156/10 P v. 15.12.2010 *Goncharov*.
130 EuG T-36/07 v. 25.6.2008 *CICAR/ZIPCAR*, Tz. 32 ff., im Ergebnis bestätigt durch EuGH C-394/08 P v. 3.6.2009 *Zipcar*; EuG T-34/07 v. 21.1.2010 *DSBW/DSB*, Tz. 29, im Ergebnis bestätigt durch EuGH C-156/10 P v. 15.12.2010 *Goncharov*.
131 EuG T-35/04 v. 15.3.2006 *FERRERO/FERRÓ*, Tz. 42; EuG T-34/07 v. 21.1.2010 *DSBW/DSB*, Tz. 29, im Ergebnis bestätigt durch EuGH C-156/10 P v. 15.12.2010 *Goncharov*.
132 EuG T-473/08 v. 17.11.2009 *THINKING AHEAD*, Tz. 29; EuG T-34/07 v. 21.1.2010 *DSBW/DSB*, Tz. 29, im Ergebnis bestätigt durch EuGH C-156/10 P v. 15.12.2010 *Goncharov*; EuG T-289/08 v. 11.2.2010 *Deutsche BKK*, Tz. 38.
133 EuG T-34/07 v. 21.1.2010 *DSBW/DSB*, Tz. 29, im Ergebnis bestätigt durch EuGH C-156/10 P v. 15.12.2010 *Goncharov*.
134 EuG T-463/12 v. 6.11.2014 *MB&P/MB*, Tz. 66, im Ergebnis bestätigt durch EuGH C-17/15 P v. 26.10.2015 *Popp und Zech*.
135 EuG T-289/08 v. 11.2.2010 *Deutsche BKK*, Tz. 38.
136 EuG T-164/06 v. 12.9.2007 *BASICS*, Tz. 22; EuG T-224/07 v. 10.10.2008 *LIGHT & SPACE*, Tz. 23.
137 EuG T-146/08 v. 13.10.2009 *REDROCK/Rock*, Tz. 41.
138 EuG T-132/08 v. 11.6.2009 *MaxiBridge*, Tz. 32.
139 EuG T-297/07 v. 15.10.2008 *Intelligent Voltage Guard*, Tz. 30.
140 EuG T-307/07 v. 21.1.2009 *AIRSHOWER*, 24.
141 EuG T-324/01 und T-110/02 v. 30.4.2003 *Form einer Zigarre und eines Goldbarrens*, Tz. 31; EuG T-15/05 v. 31.5.2006 *Form einer Wurst*, Tz. 24 ff.
142 EuG T-363/06 v. 9.9.2008 *SEAT/MAGIC SEAT*, Tz. 21.
143 BGH I ZB 11/04 v. 19.1.2006 *LOTTO*, Tz. 22.
144 EuG T-359/02 v. 4.5.2005 *STAR TV*, Tz. 28 f.

men.[145] Bei verschreibungspflichtigen[146] Arzneimitteln schließlich divergiert die Rechtsprechung von EuGH und BGH im Detail. Der EuGH will selbst bei verschreibungspflichtigen Arzneimitteln neben Ärzten oder Apothekern auch den Endverbraucher berücksichtigen, weil auch dieser die Entscheidung der Arzneimittelwahl beeinflusse.[147] Da der Endverbraucher jedoch kaum einmal eine Vielzahl verwechselbarer Arzneimittel zu Hause haben oder auch sonst die Auswahl des Arzneimittel bestimmen wird, stellt der BGH – wohl zutreffender – entscheidend auf die Auffassung der verordnenden Ärzte und der Apotheker ab, die eigenverantwortlich die Auswahl des Arzneimittels mit der erforderlichen Sorgfalt treffen.[148] Des Weiteren sind auch die Kreise zu berücksichtigen, die mit dem Vertrieb der Arzneimittel befasst sind.[149] Chirurgische und medizinische Apparate und Instrumente schließlich können sich im Einzelfall sowohl an Fachkreise als auch an Endverbraucher richten.[150] Dienstleistungen einer Apotheke richten sich hingegen an den allgemeinen Verkehr.[151]

20 Nur wenige Produkte richten sich ausschließlich an Fachkreisen:

So sind Fachkreise beispielsweise angesprochen von Marken in den Bereichen Chemie,[152] Biologie,[153] bestimmter elektronische Geräte für den gewerblichen Gebrauch,[154] Fahrzeug-

---

145 EuG T-405/05 v. 15.10.2008 *MANPOWER*, Tz. 57, bestätigt durch EuGH C-553/08 P v. 2.12.2009 *Powerserv Personalservice*, Tz. 39 ff.
146 Ist das Warenverzeichnis nicht auf verschreibungspflichtige Arzneimittel beschränkt, so wird einheitlich auch auf den allgemeinen Verkehr abgestellt: EuG T-260/03 v. 14.5.2005 *CELLTECH*, Tz. 30; EuG T-202/04 v. 5.4.2006 *ECHINACIN/ECHINAID*, Tz. 23; EuG T-256/04 v. 13.2.2007 *RESPICORT/RESPICUR*, Tz. 44; BGH GRUR 1999, 735, 736 *MONOFLAM/POLYFLAM*; BGH GRUR 2002, 342, 344 *ASTRA/ESTRA-PUREN*; bei nicht verschreibungspflichtigen Mitteln ohne medizinische Indikation nur der allgemeine Verkehr: EuG T-484/08 v. 9.12.2009 *Kids Vits/VITS4KIDS*, Tz. 25 ff., im Ergebnis bestätigt durch EuGH C-84/10 P v. 22.10.2010 *Longevity Health Products*; bei Arzneimitteln, die gar nicht an Endverbraucher abgegeben werden, kommt es hingegen ausschließlich auf das Fachpublikum an: EuGH C-412/05 P v. 26.4.2007 *Alcon (II)*, Tz. 66, unter Hinweis auf EuGH C-192/03 P v. 5.10.2004 *BSS*.
147 EuGH C-412/05 P v. 26.4.2007 *Alcon (II)*, Tz. 52 ff.; auch EuG T-130/03 v. 22.9.2005 *TRIVASTAN/TRAVATAN*, Tz. 49; EuG T-154/03 v. 17.11.2005 *ARTEX/ALREX*, Tz. 45 f., Rechtsmittel zum EuGH (Az. C-95/06 P) zurückgenommen; EuG T-483/04 v. 17.10.2006 *CALSYN/GALZIN*, Tz. 66; EuG T-146/06 v. 13.2.2008 *URION/ATURION*, Tz. 22 ff.; EuG T-327/06 v. 18.2.2008 *Pneumo/PNEUMO UPDATE*, Tz. 31; EuG T-166/06 v. 29.9.2008 *POWDERMED*, Tz. 22; EuG T-95/07 v. 21.10.2008 *PREZAL/PRAZOL*, Tz. 27 ff.; EuG T-6/07 v. 19.11.2008 *TANNOLACT/Nanolat*, Tz. 39 ff.; EuG T-477/08 v. 4.3.2010 *AVANZALENE/AVANZ*, Tz. 22.
148 BGH GRUR 1997, 629, 632 *Sermion II*; BGH GRUR 1998, 815, 817 *Nitrangin*; BGH GRUR 1999, 587, 589 *Cefallone*, m. w. N.; BGH GRUR 2000, 603, 604 f. *Ketof/ETOP*; differenzierend in einem Erschöpfungsfall BGH I ZR 208/05 v. 5.6.2008 *KLACID PRO*, Tz. 26; vgl. später möglicherweise abweichend auch BGH I ZB 52/09 v. 1.6.2011 *Maalox/Melox-GRY*, Tz. 9.
149 BGH GRUR 1998, 815, 817 *Nitrangin*, m. w. N.
150 EuG T-353/04 v. 13.2.2007 *EURON/CURON*, Tz. 58 ff.; EuG T-425/03 v. 18.10.2007 *AMS/AMS Advanced Medical Services*, Tz. 50 f.; EuG T-302/06 v. 9.7.2008 *E*, Tz. 36 [auch zu Verbandsmaterial].
151 BGH I ZR 30/16 v. 2.3.2017 *Medicon-Apotheke/MediCo Apotheke*, Tz. 22.
152 EuG T-211/03 v. 20.4.2005 *NABER/Faber*, Tz. 23 f.; EuG T-389/03 v. 17.4.2008 *Pelikan*, Tz. 56 ff.; EuG T-58/07 v. 9.7.2008 *Substance for Success*, Tz. 23; EuG T-201/06 v. 10.9.2008 *Farbfilter*, Tz. 25 [zu Farbsieben und -filtern]; EuG T-315/06 v. 19.11.2008 *CROS/TAI CROS*, Tz. 24 ff; EuG T-113/09 v. 9.2.2010 *SupplementPack*, Tz. 31.
153 EuG T-113/09 v. 9.2.2010 *SupplementPack*, Tz. 31.
154 EuG T-296/07 v. 21.1.2009 *PharmaCheck*, Tz. 31.

lenkungen,¹⁵⁵ Windenergiegeneratoren,¹⁵⁶ Metallbearbeitung,¹⁵⁷ Verpackungs- und Isoliermaterial sowie Feuer- und Isolierplatten,¹⁵⁸ Marktforschung, Unternehmensberatung und Marketing,¹⁵⁹ technischer Beratung,¹⁶⁰ Dienstleistungen des Gütertransports,¹⁶¹ Aus- und Fortbildungsveranstaltungen für bestimmte Fachkreise¹⁶² oder wissenschaftlicher und industrieller Forschung.¹⁶³ Auch Produkte, die lediglich bei medizinischen Operationen verwendet werden, richten sich ausschließlich an Fachkreise.¹⁶⁴

Eine Besonderheit schließlich gilt bei Produkten, die sich an Kinder richten. Diese werden meistens von ihren Eltern oder anderen Erwachsenen gekauft, so dass auf diese abzustellen ist.¹⁶⁵ **21**

Von Bedeutung kann ferner sein, ob lediglich Endabnehmer oder auch Zwischenhändler zu den beteiligten Verkehrskreisen zählen. Mit Blick auf die Herkunftsfunktion der Marke¹⁶⁶ spielt hierbei im Allgemeinen die Wahrnehmung der Verbraucher oder Endabnehmer eine entscheidende Rolle. Je nach den Merkmalen des Marktes für die betreffende Ware sind jedoch auch der Einfluss der Zwischenhändler auf die Kaufentscheidungen und damit deren Wahrnehmung der Marke zu berücksichtigen.¹⁶⁷ **22**

Geht es um Produkte, die für alle Verbraucher bestimmt sind, so ist vom durchschnittlich informierten, durchschnittlich aufmerksamen und durchschnittlich ver- **23**

---

155 EuG T-462/05 v. 10.12.2008 *IFS*, Tz. 31.
156 EuG T-71/06 v. 15.11.2007 *Form der Gondelverkleidung eines Windenergiekonverters*, Tz. 25, im Ergebnis bestätigt durch EuGH C-20/08 P v. 9.12.2008 *Enercon*; EuG T-329/06 v. 21.5.2008 *E*, Tz. 25.
157 EuG T-224/01 v. 9.4.2003 *TUFFTRIDE/NU-TRIDE*, Tz. 37; auch EuG T-367/02 bis T-369/02 v. 12.1.2005 *SnTEM, SnPUR, SnMIX*, Tz. 20; EuG T-189/05 v. 14.2.2008 *GALVALLIA/GALVALLOY*, Tz. 51 ff.
158 EuG T-71/08 v. 8.7.2009 *PROSIMA PROSIMA COMERCIAL S. A./PROMINA*, Tz. 21 f.
159 EuG T-317/01 v. 30.6.2004 *EURODATA TV/M+M EUROdATA*, Tz. 51 ff. [mit Einschränkungen]; EuG T-459/05 v. 8.11.2007 *manufacturing score card*, Tz. 22 f., im Ergebnis bestätigt durch EuGH C-17/08 P v. 6.2.2009 *MPDV Mikrolab*;T-413/07 v. 11.2.2009 *Life Sciences Partners/LifeScience*, Tz. 29; a. A. zu Werbung [auch allgemeiner Verkehr]: EuG T-100/06 v. 26.11.2008 *ARTOZ/ATOZ*, Tz. 58, im Ergebnis bestätigt durch EuGH C-559/08 P v. 16.9.2010 *Rajani*.
160 EuG T-459/05 v. 8.11.2007 *manufacturing score card*, Tz. 22 f., im Ergebnis bestätigt durch EuGH C-17/08 P v. 6.2.2009 *MPDV Mikrolab*.
161 EuG T-482/08 v. 10.6.2010 *ATLAS TRANSPORT*, Tz. 33.
162 EuG T-113/09 v. 9.2.2010 *SupplementPack*, Tz. 31.
163 EuG T-336/03 v. 27.10.2005 *OBELIX/MOBILIX*, Tz. 57, im Ergebnis bestätigt durch EuGH C-16/06 P v. 18.12.2008 *René*, Tz. 62 ff.; EuG T-113/09 v. 9.2.2010 *SupplementPack*, Tz. 31.
164 EuG T-106/07 v. 10.9.2008 *DUOVISK/BioVisk*, Tz. 26, im Ergebnis bestätigt durch EuGH C-481/08 P v. 24.9.2009 *Alcon*; EuG T-325/06 v. 10.9.2008 *CAPIOX/CAPIO*, Tz. 75.
165 EuG T-88/06 v. 24.1.2008 *SAFETY 1ST*, Tz. 32, im Ergebnis bestätigt durch EuGH C-131/08 P v. 30.1.2009 *Dorel Juvenile*.
166 Hierzu § 1 Rdn. 3 – 9.
167 EuGH C-371/02 v. 29.4.2004 *Björnekulla Fruktindustrier*, Tz. 24 f.; zu den Besonderheiten beim Vertrieb von Verpackungsmaterialien auch EuG T-324/01 und T-110/02 v. 30.4.2003 *Form einer Zigarre und eines Goldbarrens*, Tz. 31; EuG T-31/03 v. 11.5.2005 *Sadia/GRUPO SADA*, Tz. 47; EuG T-15/05 v. 31.5.2006 *Form einer Wurst*, Tz. 24 ff.

ständigen Verbraucher als dem maßgeblichen Publikum auszugehen.[168] Auf den früher maßgeblichen »flüchtigen« Verbraucher kommt es danach nicht mehr an.[169]

> So ist etwa eine Kennzeichnung »6-Korn-Eier« nicht irreführend. Der informierte, aufmerksame und verständige Durchschnittsverbraucher nimmt nicht an, die Hühner würden nur 6-Korn-Fütterung erhalten und die verkauften Eier hätten besondere Qualitäten.[170]

24 Zu berücksichtigen ist, dass sich dem Durchschnittsverbraucher nur selten die Möglichkeit bietet, verschiedene Marken unmittelbar miteinander zu vergleichen, sondern dass er sich auf das unvollkommene Bild verlassen muss, das er von ihnen im Gedächtnis behalten hat.[171] Die Aufmerksamkeit des Verbrauchers kann hierbei je nach betreffender Warenart unterschiedlich sein.[172] Bestimmte Vertriebskonzepte – etwa der Verkauf zu besonders hohen Preisen – bleiben aber unberücksichtigt, weil diese Änderungen unterworfen sein können.[173] Vielmehr kommt es auf den Wortlaut des Verzeichnisses der Waren und Dienstleistungen[174] an.[175]

---

168 EuGH C-104/01 v. 6.5.2003 *Libertel*, Tz. 46; EuGH C-456/01 P u. C-457/01 P v. 29.4.2004 *Dreidimensionale Tablettenform I*, Tz. 35; EuGH C-468/01 P bis C-472/01 P v. 29.4.2004 *Dreidimensionale Tablettenform II*, Tz. 33; EuGH C-473/01 P u. C-474/01 P v. 29.4.2004 *Dreidimensionale Tablettenform III*, Tz. 33; EuGH C-329/02 P v. 16.9.2004 *SAT.2*, Tz. 24; EuGH C-107/03 P v. 23.9.2004 *Form einer Seife*, Tz. 30 u. 39; EuGH C-136/02 P v. 7.10.2004 *Mag Instrument*, Tz. 19; EuGH C-24/05 P v. 22.6.2006 *Storck I*, Tz. 23; EuGH C-25/05 P v. 22.6.2006 *Storck II*, Tz. 25; EuGH C-412/05 P v. 26.4.2007 *Alcon (II)*, Tz. 62; EuGH C-304/06 P v. 8.5.2008 *Eurohypo*, Tz. 68; auch EuG T-36/01 v. 9.10.2002 *Glass Pattern I*, Tz. 25; EuG T-160/02 bis T-162/02 v. 11.5.2005 *Naipes Heraclio Fournier*, Tz. 45, im Ergebnis bestätigt durch EuGH C-311/05 P v. 4.10.2007 *Naipes Heraclio Fournier/HABM*; EuG T-430/07 v. 29.4.2009 *MONTEBELLO RHUM AGRICOLE/MONTEBELLO*, Tz. 20.
169 BGH GRUR 1998, 942, 943 *ALKA-SELTZER*; BGH GRUR 2000, 506, 509 *ATTACHÉ/TISSERAND*.
170 EuGH C-210/96 v. 16.7.1998 *Gut Springenheide und Tusky*, Tz. 31 ff.; vgl. auch EuGH C-303/97 v. 28.1.1999 *Sektkellerei Kessler*, Tz. 36 u. 38; EuGH C-220/98 v. 13.1.2000 *Lifting-Creme*, Tz. 27; EuGH C-465/98 v. 4.4.2000 *Adolf Darbo AG*, Tz. 20 (»naturrein«).
171 EuGH C-342/97 v. 22.6.1999 *Lloyd Schuhfabrik Meyer*, Tz. 26; EuGH C-291/00 v. 20.3.2003 *LTJ Diffusion/Sadas Vertbaudet*, Tz. 52; EuGH C-104/01 v. 6.5.2003 *Libertel*, Tz. 64; EuGH C-107/03 P v. 23.9.2004 *Form einer Seife*, Tz. 44; auch BGH GRUR 2000, 506, 509 *ATTACHÉ/TISSERAND*; EuG T-104/01 v. 23.10.2002 *Miss Fifties/Fifties*, Tz. 28; EuG T-169/02 v. 15.2.2005 *Modelo/negra modelo*, Tz. 45.
172 EuGH C-342/97 v. 22.6.1999 *Lloyd Schuhfabrik Meyer*, Tz. 26; EuGH C-361/04 P v. 12.1.2006 *Picasso*, Tz. 38; vgl. etwa EuG T-185/02 v. 22.6.2004 *PICASSO/PICARO*, Tz. 59 f.; EuG T-117/02 v. 6.7.2004 *CHUFI/CHUFAFIT*, Tz. 42; BGHZ 139, 340, 345 *Lions*.
173 EuGH C-171/06 P v. 15.3.2007 *T. I. M. E. ART*, Tz. 59; EuGH C-480/15 P v. 14.4.2016 *KS Sports IPCo*, Tz. 57; EuG T-355/00 v. 20.3.2002 *TELE AID*, Tz. 42; EuG T-324/01 und T-110/02 v. 30.4.2003 *Form einer Zigarre und eines Goldbarrens*, Tz. 36; EuG T-13/05 v. 25.10.2006 *RODA/ODA*, Tz. 46; EuG T-460/05 v. 10.10.2007 *Form eines Lautsprechers*, Tz. 31; EuG T-328/05 v. 1.7.2008 *QUARTZ/QUARTZ*, Tz. 63 [zu Software für ein spezielles Betriebssystem], im Ergebnis bestätigt durch EuGH C-416/08 P v. 10.7.2009 *Apple Computer*; auch EuG T-101/06 v. 14.11.2007 *RODA/Castell del Remei ODA*, Tz. 52; ähnlich BGH I ZB 100/05 v. 28.9.2006 *COHIBA*, Tz. 24; BGH I ZB 24/05 v. 21.2.2008 *VISAGE*, Tz. 32.
174 Dazu unten § 5.
175 EuGH C-480/15 P v. 14.4.2016 *KS Sports IPCo*, Tz. 57.

So wird die Aufmerksamkeit des Publikums gegenüber Warenkennzeichnungen bei Bekleidungsstücken zwar je nach deren Art und Wert unterschiedlich sein, im Allgemeinen aber einen zumindest durchschnittlichen Grad erreichen.[176] Ähnliches gilt für Tonträger[177] sowie wegen des breiten Angebots für Kindernahrung.[178] Nicht mehr als durchschnittlich aufmerksam sind die Verbraucher auch bei elektrischen Haushalts- und Reinigungsgeräten[179] oder bei Dienstleistungen aus den Bereichen Reise, Transportwesen oder bei kulturellen und wissenschaftlichen Veranstaltungen.[180] Durchschnittlich aufmerksam ist der Verbraucher ebenso bezüglich Wasch- und Reinigungsmittel, bei Parfümerie und Lederwaren[181] sowie bei Schuhwaren.[182] Nur wenig aufmerksam ist der Verkehr hingegen bei Verbrauchsgütern wie Haushaltstüchern.[183] Bei Wein ist die Aufmerksamkeit durchschnittlich,[184] während hochprozentige alkoholische Getränke wie Rum eher erhöhte Aufmerksamkeit genießen.[185] Entsprechendes gilt bei Waren aus Edelmetallen, die in größeren Zeitabständen und aufgrund genauer Betrachtung erworben werden.[186] Höhere Aufmerksamkeit genießen auch Geräte wie Computer.[187] Bei Fahrzeugen ist aufgrund der Natur der Ware sowie insbesondere ihres Preises und ihres sehr technischen Charakters der Grad der Aufmerksamkeit der maßgeblichen Verkehrskreise beim Kauf besonders hoch.[188] Entsprechendes gilt beim Erwerb von Schmuck[189] oder Luxusuhren.[190] Ähnliches gilt auch bei eher hochpreisigen Gütern wie

---

176 BGHZ 139, 340, 345 *Lions*; ähnlich EuG T-129/01 v. 3.7.2003 *BUD/BUDMEN*, Tz. 41; EuG T-292/01 v. 14.10.2003 *PASH/BASS*, Tz. 43; EuG T-117/03 bis T-119/03 und T-171/03 v. 6.10.2004 *NL*, Tz. 25 u. 43; andererseits zu Socken [eher gering] EuG T-547/08 v. 15.6.2010 *Orange Einfärbung des Zehenbereichs einer Socke*, Tz. 19, im Ergebnis bestätigt durch EuGH C-429/10 P v. 16.5.2011 *X Technology Swiss*; auch EuG T-385/03 v. 7.7.2005 *MILES/Biker Miles*, Tz. 28 f; EuG T-307/08 v. 20.10.2009 *4 OUT Living/Living & Co*, Tz. 18 ff; EuG T-427/07 v. 19.3.2010 *Mirtillino/MIRTO*, Tz. 38 ff.
177 T-133/06 v. 23.10.2008 *PAST PERFECT*, Tz. 28.
178 EuG T-221/06 v. 16.9.2009 *Bebimil/BLEMIL*, Tz. 40.
179 EuG T-446/07 v. 15.9.2009 *Centrixx/sensixx*, Tz. 28 f., im Ergebnis bestätigt durch EuGH C-448/09 P v. 30.6.2010 *Royal Appliance International/HABM*.
180 EuG T-34/07 v. 21.1.2010 *DSBW/DSB*, Tz. 36, im Ergebnis bestätigt durch EuGH C-156/10 P v. 15.12.2010 *Goncharov*.
181 EuG T-427/07 v. 19.3.2010 *Mirtillino/MIRTO*, Tz. 38 ff.
182 EuG T-692/14 v. 25.2.2016 *Puma*, Tz. 25.
183 EuG T-283/04 v. 17.1.2007 *Reliefmotiv*, Tz. 41.
184 EuG T-421/10 v. 5.10.2011 *ROSALIA/ROSALIA DE CASTRO*, Tz. 27, im Ergebnis bestätigt durch EuGH C-649/11 P v. 3.10.2012 *Cooperativa Vitivinícola Arousana S.*
185 EuG T-430/07 v. 29.4.2009 *MONTEBELLO RHUM AGRICOLE/MONTEBELLO*, Tz. 35.
186 EuG T-75/08 v. 30.9.2009 *! (Ausrufezeichen)*, Tz. 25 f; EuG T-191/08 v. 30.9.2009 *! (Ausrufezeichen in einem Rechteck)*, Tz. 25 f.
187 EuG T-309/08 v. 21.1.2010 *G Stor/G-STAR und G-STAR RAW DENIM*, Tz. 25.
188 EuG T-185/02 v. 22.6.2004 *PICASSO/PICARO*, Tz. 59, bestätigt durch EuGH C-361/04 P v. 12.1.2006 *Picasso*, Tz. 20, 23 u. 39; EuG T-158/05 v. 16.5.2007 *TREK/ALLTREK*, Tz. 50 u. 82 [auch zu Fahrrädern]; EuG T-363/06 v. 9.9.2008 *SEAT/MAGIC SEAT*, Tz. 60 f. [zu Fahrzeugsitzen]; ähnlich (auch zu Ersatzteilen) EuG T-317/03 v. 26.1.2006 *DERBIVARIANT/DERBI*, Tz. 40.
189 EuG T-237/10 v. 14.12.2011 *Schließmechanismus*, Tz. 22, im Ergebnis bestätigt durch EuGH C-97/12 P v. 15.5.2014 *Louis Vuitton Malletier*.
190 EuG T-152/07 v. 14.9.2009 *Geometrische Felder auf dem Ziffernblatt einer Uhr*, Tz. 87.

Möbeln,[191] elektrischen Geräten,[192] hochwertigen Lautsprechern,[193] Musikinstrumenten[194] oder Maschinen für den landwirtschaftlichen Betrieb.[195] Sogar bei Baumaterialien hält das EuG – wohl etwas zu optimistisch – den Verkehr für besonders aufmerksam.[196] Auch beim Kauf von Arzneimitteln gegen schwere Erkrankungen ist der Verkehr normalerweise gut informiert und besonders aufmerksam.[197] Insbesondere bei verschreibungspflichtigen Medikamenten wendet das Publikum einen höheren Grad an Aufmerksamkeit auf.[198] Wegen der Auswirkungen auf Aussehen und Wohlbefinden wendet das EuG diese Grundsätze auch bei Nahrungsergänzungsmitteln und Mitteln zur Körper- und Schönheitspflege an.[199] Ähnliches soll weiter sogar bei Kontaktlinsen,[200] Brillen,[201] aber auch bei Schweißgeräten[202] gelten, weil diese Gesundheitsschäden zur Folge haben können. Von besonderer Aufmerksamkeit geht die Rechtsprechung schließlich im Immobilienwesen[203] und – soweit Fachkreise angesprochen sind – im Bereich der Werbung[204] aus. Gleiches wird wohl im Finanz- und Versicherungswesen[205] oder für patentrechtliche Beratung[206] gelten.

191 EuG T-112/06 v. 16.1.2008 *IKEA/idea*, Tz. 34 ff; EuG T-339/07 v. 28.10.2009 *Panorama*, Tz. 33.
192 EuG T-297/07 v. 15.10.2008 *Intelligent Voltage Guard*, Tz. 31; EuG T-212/07 v. 2.12.2008 *BECKER/Barbara Becker*, Tz. 26; zurückhaltend EuG T-357/07 v. 16.12.2008 *FOCUS MILENIUM/FOCUS Radio*, Tz. 28.
193 EuG T-460/05 v. 10.10.2007 *Form eines Lautsprechers*, Tz. 33 ff.; vorsichtiger allerdings EuG T-358/04 v. 12.9.2007 *Form eines Mikrofonkorbs*, Tz. 34 ff. u. 57.
194 EuG T-458/08 v. 8.9.2010 *Gitarrenkopf*, Tz. 49 ff., im Ergebnis bestätigt durch EuGH C-546/10 P v. 13.9.2011 *Wilfer*.
195 EuG T-137/08 v. 28.10.2009 *Grün, Gelb*, Tz. 43 f., Rechtsmittel zum EuGH C-553/09 P wurde aufgrund Vergleichs der Beteiligten zurückgenommen.
196 EuG T-346/07 v. 13.11.2008 *EASYCOVER*, Tz. 46; EuG T-146/08 v. 13.10.2009 *REDROCK/Rock*, Tz. 47.
197 EuG T-483/04 v. 17.10.2006 *CALSYN/GALZIN*, Tz. 79; EuG T-256/04 v. 13.2.2007 *RESPICORT/RESPICUR*, Tz. 46; EuG T-146/06 v. 13.2.2008 *URION/ATURION*, Tz. 27; EuG T-95/07 v. 21.10.2008 *PREZAL/PRAZOL*, Tz. 30.
198 EuG T-493/07, T-26/08 und T-27/08 v. 23.9.2009 *FAMOXIN/LANOXIN*, Tz. 58, im Ergebnis bestätigt durch EuGH C-461/09 P v. 9.7.2010 *The Welcome Foundation*, Tz. 19 ff.; EuG T-539/15 v. 28.9.2016 *LLR-G5*, Tz. 26.
199 EuG T-373/06 v. 8.9.2008 *EPIGRAN/Epican Forte*, Tz. 33; EuG T-374/06 v. 8.9.2008 *EPIGRAN/Epican*, Tz. 33, beide im Ergebnis bestätigt durch EuGH C-488/08 P und C-489/08 P v. 4.12.2009 *Rath*; EuG T-230/07 v. 8.7.2009 *ESTER-E/ESTEVE*, Tz. 36; EuG T-63/13 v. 7.11.2013 *AYUS/AYUR*, Tz. 19 ff., im Ergebnis bestätigt durch EuGH C-22/14 P v. 2.7.2014 *Three-N-Products*; vorsichtiger EuG T-539/15 v. 28.9.2016 *LLR-G5*, Tz. 26.
200 EuG T-330/06 v. 10.6.2008 *BLUE SOFT*, Tz. 42.
201 EuG T-309/08 v. 21.1.2010 *G Stor/G-STAR und G-STAR RAW DENIM*, Tz. 25.
202 EuG T-305/06 bis T-307/06 v. 15.10.2008 *FERROMAXX, INOMAXX und ALUMAXX/Ferromix, Inomix und Alumix*, Tz. 34, im Ergebnis bestätigt durch EuGH C-579/08 P v. 15.1.2010 *Messer Group*.
203 EuG T-441/05 v. 13.6.2007 *I*, Tz. 63 f.; EuG T-10/07 v. 17.9.2008 *FVD/FVB*, Tz. 35.
204 EuG T-100/06 v. 26.11.2008 *ARTOZ/ATOZ*, Tz. 58, im Ergebnis bestätigt durch EuGH C-559/08 P v. 16.9.2010 *Rajani*.
205 EuG T-390/03 v. 11.5.2005 *CM/capital markets CM*, Tz. 26; EuG T-10/07 v. 17.9.2008 *FVD/FVB*, Tz. 35; anders aber zu alltäglichen Finanzdienstleistungen EuG T-320/03 v. 15.9.2005 *LIVE RICHLY*, Tz. 71 ff.
206 EuG T-335/07 v. 16.12.2008 *Patentconsult*, Tz. 20, bestätigt durch EuGH C-80/09 P v. 5.2.2010 *Mergel u. a.*; EuG T-463/12 v. 6.11.2014 *MB&P/MB*, Tz. 66, im Ergebnis bestätigt durch EuGH C-17/15 P v. 26.10.2015 *Popp und Zech*.

Ob der Verkehr eine Marke als beschreibende Angabe oder Abkürzung erkennt, 25
ist anhand der Marke selbst zu beurteilen. Der Inhalt des Dienstleistungsverzeichnisses kann zur Ermittlung des Verkehrsverständnisses nicht herangezogen werden. Denn der Verkehr kennt das Warenverzeichnis nicht.[207]

> Die in viele Richtungen mehrdeutige Abkürzung »ECR« wird daher nicht schon dadurch beschreibend, dass der Begriff »Efficient Consumer Response« im Warenverzeichnis verwendet wird.[208]

Der Grad der Aufmerksamkeit im Speziellen[209] und die Wirkung einer Marke auf 26
den Verbraucher im Allgemeinen[210] können als Tatsachenfrage grundsätzlich nicht vom EuGH beurteilt werden, dessen Kompetenz auf Rechtsfragen beschränkt ist. Ob und inwieweit aber darüber hinaus der Durchschnittsverbraucher ein realer Verbraucher oder ein so genannter normativer – also ein zur rechtlichen Beurteilung erdachter fiktiver – Verbraucher ist, wurde und wird intensiv diskutiert.[211] Fest steht, dass zur Beurteilung ein Sachverständigengutachten nicht eingeholt oder eine Verbraucherbefragung in Auftrag gegeben werden muss, aber jedenfalls bei Vorliegen besonderer Umstände eingeholt werden kann.[212] Der BGH billigt zudem dem Tatrichter weite Kompetenzen bei der Feststellung der Verkehrsauffassung kraft eigener Sachkunde und Lebenserfahrung zu. Es gelten grundsätzlich keine unterschiedlichen Anforderungen einerseits für die Bejahung und andererseits für die Verneinung einer bestimmten Verkehrsauffassung.[213] In der Praxis bestimmt daher zumeist die Auffassung des Tatrichters die Verkehrsauffassung jedenfalls[214] dann, wenn nicht auf besonders geschulte Fachkreise abzustellen ist.[215] Aber selbst dann, wenn der Richter nicht zu den angesprochenen Verkehrskreisen gehört, kann er über das notwendige Erfahrungswissen für die Beurteilung verfügen.[216] Dabei ist die Art der Beweisführung in der Revisionsinstanz nur daraufhin zu überprüfen, ob der Tatrichter den Prozessstoff verfahrensfehlerfrei ausgeschöpft und seine Beurteilung der Verkehrsauffassung frei von Widersprüchen mit Denkgesetzen und

---

207 BGH I ZB 64/13 v. 22.5.2014 *ECR-Award*.
208 BGH I ZB 64/13 v. 22.5.2014 *ECR-Award*, Tz. 13 f.
209 EuGH C-456/01 P u. C-457/01 P v. 29.4.2004 *Dreidimensionale Tablettenform I*, Tz. 56; EuGH C-468/01 P bis C-472/01 P v. 29.4.2004 *Dreidimensionale Tablettenform II*, Tz. 53; EuGH C-473/01 P u. C-474/01 P v. 29.4.2004 *Dreidimensionale Tablettenform III*, Tz. 53.
210 EuGH C-37/03 P v. 15.9.2005 *BioID*, Tz. 42.
211 Etwa *Gloy*, FS-Erdmann, 811 ff.; *Ullmann*, GRUR 2003, 817, 818 f.
212 EuGH C-210/96 v. 16.7.1998 *Gut Springenheide und Tusky*, Tz. 31, 35 u. 37; zum Inhalt einer Befragung EuG T-147/03 v. 12.1.2006 *Quantième/Quantum*, Tz. 82.
213 BGH GRUR 2002, 550, 552 *Elternbriefe*, m. w. N. auch zur abweichenden früheren Rechtsprechung; auch BGH I ZR 110/03 v. 29.6.2006 *Ichthyol II*, Tz. 27; BGH I ZR 100/11 v. 27.3.2013 *AMARULA/Marulablu*, Tz. 47; BGH I ZR 15/14 v. 23.9.2015 *Amplidect/ampliteq*, Tz. 52.
214 Noch weiter BGHZ 156, 250 *Marktführerschaft*.
215 Vgl. auch BGH I ZR 82/08 v. 14.1.2010, Tz. 23, m. w. N.
216 BGHZ 156, 250, 254 *Marktführerschaft*; BGH I ZR 122/04 v. 29.3.2007 *Bundesdruckerei*, Tz. 36.

Erfahrungssätzen vorgenommen hat.[217] Entsprechendes gilt im Rechtsbeschwerdeverfahren vor dem BGH.[218]

27 In der Praxis wird der Entscheidungsträger – also der Beamte oder der letztinstanzliche Richter – regelmäßig sein eigenes Verkehrsverständnis als Grundlage der Beurteilung nehmen.[219] Weil sich aber der Durchschnittsentscheidungsträger für überdurchschnittlich informiert, aufmerksam und verständig hält, wird er gewisse Abzüge vornehmen.[220] Entscheidet ein Mann, während es um das Verkehrsverständnis von Frauen geht, so wird er meist Frauen in seinem Bekannten- und Verwandtenkreis befragen; eine Frau wird ggf. männlichen Rat einholen. Ist junges Publikum gefragt, kommen die Kinder ins Spiel. Lediglich bei Marken, die sich an Fachkreise wenden, versagt das Judiz des Entscheidungsträgers und seines Umfelds.

> Der pragmatische Ansatz, zu fragen, was der Entscheidungsträger selbst oder sein unmittelbares Umfeld von der Sache hält, wird häufig viel bessere Ergebnisse liefern als jeder dogmatische Ansatz. Kennt der Entscheidungsträger die Angriffsmarke, so hat man durchaus Chancen, die Bekanntheit der Marke nachzuweisen. Eine Marke, die der Richter hingegen nicht kennt (obwohl er ja schlauer ist als der Durchschnittsverbraucher), wird kaum jemals Bekanntheitsschutz genießen.

b) Geteiltes Verkehrsverständnis

28 Häufig ist die Verkehrsauffassung nicht einheitlich, sondern es existieren verschiedene Verbrauchergruppen mit unterschiedlichem Verständnis der Marke (so genannte geteilte Verkehrsauffassung).[221] Allerdings ist aus Rechtsgründen grundsätzlich von einer einheitlichen Verkehrsauffassung auszugehen. Eine andere Beurteilung ist nur ausnahmsweise dann gerechtfertigt, wenn verschiedene Verkehrskreise angesprochen sind, die sich – wie etwa der allgemeine Verkehr und Fachkreise oder unterschiedliche Sprachkreise – objektiv voneinander abgrenzen lassen.[222]

> Für eine Zurückweisung einer Marke kann es dabei aber schon genügen, wenn die Marke nur für relevante Teile des Verkehrs schutzunfähig ist. Es genügt daher beispielsweise für die Zurückweisung der für Schuhe angemeldeten Marke »Hallux« (= Kurzbezeichnung für eine krankhafte Schiefstellung der Großzehe), wenn jedenfalls die unter dieser Krankheit leidenden Personen die Bedeutung des Wortes erkennen.[223]

29 Eine geteilte Verkehrsauffassung liegt danach zunächst dann vor, wenn sich eine Marke sowohl an Fachkreise als auch an den allgemeinen Verkehr richtet.[224] Dabei werden Fachkreise häufig über Spezialkenntnisse verfügen. Allerdings ist noch

---

217 BGH I ZR 110/03 v. 29.6.2006 *Ichthyol II*, Tz. 27; BGH I ZR 123/05 v. 30.4.2008 *Rillenkoffer*, Tz. 34; BGH I ZR 101/15 v. 3.11.2016 *MICRO COTTON*, Tz. 48.
218 BGH I ZR 228/10 v. 13.6.2012 *Stadtwerke Braunschweig*, Tz. 19; BGH I ZB 65/13 v. 9.7.2015 *Nivea-Blau*, Tz. 21; BGH I ZB 43/15 v. 9.11.2016 *Stadtwerke Bremen*, Tz. 15.
219 Zu intuitiven Urteilen vgl. schon *Strack/Martin/Schwarz*, European Journal of Social Psychology 18 (1988), S. 429 (onlinelibrary.wiley.com/doi/10.1002/ejsp.2420180505/abstract).
220 *Visser*, S. 1923.
221 Vgl. BGH GRUR 2004, 947 *Gazoz*.
222 BGH I ZR 100/11 v. 27.3.2013 *AMARULA/Marulablu*.
223 EuG T-286/08 v. 16.12.2010 *Hallux*, Tz. 55 ff., im Ergebnis bestätigt durch EuGH C-87/11 P v. 21.3.2012 *Fidelio*.
224 Vgl. etwa BGH I ZB 52/09 v. 1.6.2011 *Maalox/Melox-GRY*, Tz. 9.

nicht abschließend geklärt, wann ein Spezialwissen kleiner Teile des angesprochenen Verkehrs zu berücksichtigen ist.

> Wird daher etwa die Bezeichnung »GARUM«, der Name eines altrömischen Gewürzes, für Nahrungsmittel angemeldet, so mögen einzelne spezialisierte Gastronomen die Bezeichnung kennen; dies führt wohl nicht zwingend dazu, dass eine Marke »GARUM«, die sich auch an den allgemeinen Verkehr richtet, schutzunfähig wäre.[225] Erkennt allerdings der überwiegende Teil der spezialisierten Fachkreise die für Gussformen beschreibende Bedeutung des Begriffs »PrimeCast« (= erstklassige Gussform), so ist die Marke selbst dann schutzunfähig, wenn kleineren Teilen des Verkehrs die Bedeutung verschlossen bleibt.[226]

Eine weitere Fallgruppe geteilter Verkehrsauffassung bilden fremdsprachige Markenwörter,[227] wenn nur Teile des Verkehrs Kenntnisse der fraglichen Fremdsprache aufweisen. Bei der Beurteilung der Sprachkenntnisse der Verbraucher in der EU können insbesondere repräsentative Studien wie der Eurobarometer herangezogen werden.[228] Hierbei sind jedoch Fremdsprachenkenntnisse des inländischen Verbrauchers – vor allem der englischen Sprache,[229] in geringerem Umfang auch der französischen,[230] spanischen[231], italienischen, russischen,[232] ja sogar der lateini- 30

---

225 EuG T-341/06 v. 12.3.2008 *GARUM*, Tz. 36 ff.
226 EuG T-373/07 v. 12.11.2008 *PrimeCast*, Tz. 29.
227 Hierzu BGH GRUR 2004, 947 *Gazoz*; BGH GRUR 2005, 60 *Gazoz* (Leitsatzberichtigung); auch *Kurtz*, BGH GRUR 2004, 32 ff.; zu den eingeschränkten Englischkenntnissen des spanischen Verbrauchers EuG T-6/01 v. 23.10.2002 *Matratzen/Matratzen Markt Concord*, Tz. 27; EuG T-36/07 v. 25.6.2008 *CICAR/ZIPCAR*, Tz. 45, im Ergebnis bestätigt durch EuGH C-394/08 P v. 3.6.2009 *Zipcar*; zu den Besonderheiten im Benelux-Gebiet vgl. auch EuGH C-108/05 v. 7.9.2006 *Bovemij Verzekeringen*.
228 EuG T-589/11 v. 20.11.2012 *PAGINE GIALLE*, Tz. 35 f.
229 Etwa BGH GRUR 1998, 394, 396 *Active Line*; BGH WRP 1998, 495, 496 *Today*; BGH GRUR 1999, 1089 *YES*; BGH I ZR 93/04 v. 19.7.2007 *Windsor Estate*, Tz. 48; EuG T-34/04 v. 22.6.2005 *POWER/Turkish Power*, Tz. 48; EuG T-435/07 v. 26.11.2008 *NEW LOOK*, Tz. 20 ff. [zu den skandinavischen Ländern, Finnland und den Niederlanden]; zu skandinavischen Endverbrauchern entsprechend EuG T-43/05 v. 30.11.2006 *BROTHERS/BROTHERS by CAMPER*, Tz. 55; skeptisch zu niederländischen und skandinavischen Verkehrskreisen demgegenüber EuG T-405/05 v. 15.10.2008 *MANPOWER*, Tz. 81 ff., im Ergebnis bestätigt durch EuGH C-553/08 P v. 2.12.2009 *Powerserv Personalservice*, Tz. 51 f.; sehr zurückhaltend zu spanischen Verbrauchern EuG T-333/04 und T-334/04 v. 14.4.2007 *DONUT/House of DONUTS*, Tz. 53; EuG T-363/06 v. 9.9.2008 *SEAT/MAGIC SEAT*, Tz. 37; EuG T-233/10 v. 25.5.2012 *JUMPMAN/JUMP*, Tz. 30 und 51 ff.; EuG T-210/14 v. 26.2.2016 *GUMMY/GUMMI Bear-Rings*, Tz. 52; insgesamt zurückhaltend beim Begriff »foam« EuG T-172/05 v. 10.10.2006 *NOMAFOAM/ARMAFOAM*, Tz. 57, im Ergebnis bestätigt durch EuGH C-514/06 P v. 18.9.2008 *Armacell Enterprise*; zur Präsenz des amerikanischen Englisch EuG T-323/05 v. 9.7.2008 *THE COFFEE STORE*, Tz. 40; zum Verständnis der jüngeren Generation: EuG T-307/08 v. 20.10.2009 *4 OUT Living/Living & Co*, Tz. 30 f.
230 Vgl. BGH GRUR 1999, 238, 240 *Tour de culture*; BGH I ZB 24/05 v. 21.2.2008 *VISAGE*, Tz. 17 f.
231 Vgl. BGH GRUR 1992, 514 *Olé*; zur Angabe der Rechtsform »S. L.« auch BGH GRUR 2004, 865, 867 *Mustang*.
232 Für die baltischen Staaten EuG T-432/16 v. 19.7.2017 *Bär (in kyrillischer Schrift)*. Tz. 23.

schen[233] Sprache – zu berücksichtigen. Außerdem reicht es schon aus, wenn der Verkehr imstande ist, die Bedeutung eines Wortes zu erkennen. Insbesondere verfügen Fachkreise verschiedener Branchen über Englischkenntnisse.[234] Aktiv präsente Kenntnis ist nicht erforderlich.[235] Dabei können auch Anklänge an deutschsprachige Wörter in einer Fremdsprache genügen, um ein Verständnis des inländischen Verkehrs bejahen zu können.[236] Ebenso genügt es, wenn der Begriff – wie in Spanien beispielsweise ein katalanisches Wort – nur in einem Teil eines oder mehrerer Mitgliedstaaten eine Bedeutung hat.[237] Eintragungshindernisse in Amtssprachen des betreffenden Territoriums sind ohnehin Ausschlussgründe.[238]

> So bedeutet die unter anderem für Wurstwaren angemeldete Bezeichnung »TAVUK-SADE-SALAM« auf Türkisch so viel wie »reine Hähnchen-Salami«. Das BPatG hat die Anmeldung mit der Begründung zurückgewiesen, dass zwar nur ein kleiner und nicht mehr relevanter Teil des inländischen Verkehrs die Bezeichnung in ihrem Bedeutungsgehalt versteht,[239] dass die Bezeichnung aber jedenfalls für die mit dem Außenhandel mit der Türkei befassten Personen beschreibend sei.[240] Da der EuGH auch gerade den Handel bei der Beurteilung der Eintragungsfähigkeit einer Marke mitberücksichtigt wissen will,[241] trifft diese Einschätzung zu, soweit mit den konkret beanspruchten Waren in relevantem Umfang Außenhandel betrieben wird.[242]

31 Der EuGH hatte noch keine Gelegenheit zur Stellungnahme, ob und unter welchen Voraussetzungen von einer geteilten Verkehrsauffassung auszugehen ist. Jedenfalls will der EuGH bei der Beurteilung des Verkehrsverständnisses unter bestimmten Umständen[243] auch Situationen außerhalb der eigentlichen Verkaufssituation berücksichtigt wissen.

---

233 So EuG T-118/08 v. 15.6.2010 *TERRAEFFEKT matt & gloss*, Tz. 36 ff.; zurückhaltend aber EuG T-322/05 v. 22.3.2007 *terra/Terranus*, Tz. 39, im Ergebnis bestätigt durch EuGH C-243/07 P v. 15.2.2008 *Brinkmann*; ablehnend für den spanischen Verbraucher EuG T-378/17 v. 7.12.2018 *CERVISIA AMBAR/CERVISIA*, Tz. 33;
234 Zu Geschäftsleuten: EuG T-288/03 v. 25.5.2005 *TELETECH INTERNATIONAL/TELETECH GLOBAL VENTURES*, Tz. 79; EuG T-194/03 v. 23.2.2006 *Bridge/Bainbridge*, Tz. 108 f., im Ergebnis bestätigt durch EuGH C-234/06 P v. 13.9.2007 *Il Ponte Finanziaria*; zum Finanzbereich: EuG T-405/07 u. T-406/07 v. 20.5.2009 *P@YWEB CARD und PAYWEB CARD*, Tz. 35, im Ergebnis bestätigt durch EuGH C-282/09 P v. 18.3.2010 *CFCMCEE*; zum Bereich der Medizin: EuG T-363/10 v. 15.11.2011 *RESTORE*, Tz. 29; der Orthopädie: EuG T-253/13 v. 12.11.2015 *IRAP*, Tz. 35.
235 EuGH C-421/04 v. 9.3.2006 *Matratzen Concord/Hukla-Germany*, Tz. 26 u. 32.
236 BGH I ZB 61/07 v. 3.4.2008 *SIERRA ANTIGUO*, Tz. 21.
237 EuG T-72/11 v. 13.9.2012 *ESPETEC*, Tz. 35 ff.
238 EuGH C-108/05 v. 7.9.2006 *Bovemij Verzekeringen*, Tz. 27 f.
239 Ähnlich in einem Kollisionsfall EuG T-286/02 v. 25.11.2003 *MOU/KIAP MOU*, Tz. 41.
240 BPatG 28W(pat)233/96 v. 9.7.1997; vgl. auch EuG T-405/07 u. T-406/07 v. 20.5.2009 *P@YWEB CARD und PAYWEB CARD*, Tz. 35, im Ergebnis bestätigt durch EuGH C-282/09 P v. 18.3.2010 *CFCMCEE*; vgl. jedoch BGH GRUR 2004, 947 *Gazoz*, wo die Schutzfähigkeit nicht problematisiert wird.
241 Vgl. oben § 4 Rdn. 22.
242 Ähnlich *Ströbele*, MarkenR 2006, 433, 434 f.
243 Einschränkend EuGH C-361/04 P v. 12.1.2006 *Picasso*, Tz. 44 ff.; auch EuGH C-24/05 P v. 22.6.2006 *Storck I*, Tz. 71 f.

Ein an einem Verkaufsstand angebrachter aufklärender Hinweis etwa kann seine aufklärende Wirkung verfehlen. Diejenigen Verbraucher nämlich, die der mit der Marke gekennzeichneten Ware begegnen, nachdem diese den Stand verlassen hat, nehmen den Hinweis nicht mehr wahr.[244]

c) *Europäischer Verbraucher und die Bedeutung von Entscheidungen der mitgliedstaatlichen Gerichte und des EUIPO*

Die Schutzfähigkeit einer Marke kann allein aufgrund des jeweiligen inländischen Verkehrsverständnisses beurteilt werden.[245] Ein fiktiver einheitlicher europäischer Verbraucher existiert (noch) nicht.[246] Es ist daher nicht nur möglich, dass einer Marke wegen sprachlicher, kultureller, sozialer und wirtschaftlicher Unterschiede in einem Mitgliedstaat die Unterscheidungskraft fehlt, in einem anderen aber nicht, sondern ebenso, dass eine Marke auf der Ebene der Union keine Unterscheidungskraft besitzt, wohl aber in einem Mitgliedstaat der Union.[247] Eine bedeutsame Einschränkung erfährt der Grundsatz der nationalen Prüfung bei fremdsprachigen Wortmarken jedoch dadurch, dass bereits eine Bedeutung des Worts berücksichtigt werden kann, die die beteiligten Verkehrskreise erkennen können. Darauf, ob der fremdsprachige Bedeutungsgehalt dem Verkehr präsent ist, kommt es nicht an.[248] Im Allgemeinen sind amtliche Ermittlungen, ob und in welchem Umfang identische oder ähnliche Marken in anderen Mitgliedstaaten der Europäischen Union eingetragen oder von der Eintragung ausgeschlossen worden sind, nicht erforderlich. Die Tatsache, dass eine identische Marke in einem Mitgliedstaat für identische Produkte eingetragen wurde, kann zwar von der zuständigen Behörde eines anderen Mitgliedstaats berücksichtigt werden, ist jedoch für ihre Entscheidung, die Anmeldung der Marke zur Eintragung zuzulassen oder zurückzuweisen, nicht

32

---

244 EuGH C-206/01 v. 12.11.2002 *Arsenal/Reed*, Tz. 57; auch EuGH C-245/02 v. 16.11.2004 *Anheuser-Busch/Budějovický Budvar*, Tz. 60.
245 EuGH C-421/04 v. 9.3.2006 *Matratzen Concord/Hukla-Germany*, Tz. 24; zur Unterscheidungskraft EuGH C-218/01 v. 12.2.2004 *Henkel*, Tz. 65; BGH I ZB 46/05 v. 3.4.2008 *Käse in Blütenform II*, Tz. 22; ähnlich auch EuGH C-445/02 P v. 28.6.2004 *Glaverbel*, Tz. 20; auch EuG T-6/01 v. 23.10.2002 *Matratzen/Matratzen Markt Concord*, Tz. 49 ff.; BGH GRUR 2000, 502, 503 *St. Pauli Girl*; ähnlich BVerfG GRUR 2005, 52 *Unvollständige EuGH-Rechtsprechung*; zu Rechtsverletzungen im Internet BGH I ZR 201/03 v. 21.9.2006 *solingen.info*, Tz. 20.
246 Dieses – leider bisher vom EuGH tolerierte – uneinheitliche Verkehrsverständnis wird sich als eines der zentralen Hindernisse der europäischen Harmonisierung erweisen; vgl. aber nun EuGH C-421/04 v. 9.3.2006 *Matratzen Concord/Hukla-Germany*, Tz. 26 u. 32.
247 EuGH C-238/06 P v. 25.10.2007 *Develey*, Tz. 58.
248 EuGH C-421/04 v. 9.3.2006 *Matratzen Concord/Hukla-Germany*, Tz. 26 u. 32; in diese Richtung möglicherweise auch EuG T-344/03 v. 5.4.2006 *ORO/SELEZIONE ORO Barilla*, Tz. 41, wo die Kenntnis der Bedeutung des Worts »ORO« auch außerhalb Italiens mehr oder weniger unterstellt wird, bestätigt durch EuGH C-245/06 P v. 9.3.2007 *Saiwa/HABM*, Tz. 51.

maßgebend.²⁴⁹ Ebenso wenig spielt es für die Eintragung als Marke eine Rolle, ob für die Bezeichnung bereits ein Schutz als Unternehmenskennzeichen besteht.²⁵⁰

33 Bei Unionsmarken gilt schließlich nach Art. 7 II UMV die Besonderheit, dass ein Zeichen bereits dann von der Eintragung ausgeschlossen ist, wenn Eintragungshindernisse nur in einem Teil der Union vorliegen, es etwa in der Sprache eines Mitgliedstaats beschreibend oder nicht unterscheidungskräftig ist. Dies gilt selbst dann, wenn es in einem anderen Mitgliedstaat eintragungsfähig wäre²⁵¹ oder wenn eine zuvor eingetragene Marke in Teilen der Union zur gebräuchlichen Bezeichnung verfällt und dadurch territorial begrenzt schutzunfähig wird.²⁵²

> Ist daher etwa die Bezeichnung »Wasser« im deutschen Sprachraum für »Mineralwässer« beschreibend, so ist eine Unionsmarkenanmeldung zurückzuweisen, ohne dass es darauf ankäme, dass Mineralwasser in anderen Mitgliedstaaten anders bezeichnet wird.

34 Allerdings können Umstände aus einem Teil der Union unter Umständen für die Beurteilung von Sachverhalten in anderen Teilen Union herangezogen werden. Die ist dann der Fall, wenn die Marktbedingungen und die soziokulturellen Umstände in den beiden Teilen der Union nicht deutlich voneinander abweichen.²⁵³

> Will daher etwa ein Gericht für die Beurteilung einer Verwechslungsgefahr in Spanien Aspekte berücksichtigen, die in Irland gegeben sind, müsste das Gericht sich zunächst vergewissern, dass es hinsichtlich der zu beobachtenden Marktbedingungen oder soziokulturellen Umstände keine deutliche Abweichung gibt. So können etwa gerade bei einem geografischen Begriff Unterschiede bestehen, wenn beispielsweise in einem Teil der Union eine besondere Nähe zur fraglichen Region empfunden wird.²⁵⁴

3. Wahrnehmungsrichtungen des Verkehrs

35 Marken können auf verschiedene Weise wahrgenommen werden. Üblicherweise unterscheidet die Rechtsprechung insofern die Wahrnehmung in bildlicher (visueller), klanglicher (akustischer) und begrifflicher Hinsicht,²⁵⁵ wenngleich bei untypischen Markenformen weitere Wahrnehmungsrichtungen durchaus denkbar sind – etwa bei Formmarken der Tastsinn.²⁵⁶ Die Marke muss in jeder dieser Wahrnehmungsrichtungen schutzfähig sein. Im Hinblick auf Wortmarken aus mehreren

---

249 So zur Unterscheidungskraft EuGH C-218/01 v. 12.2.2004 *Henkel*, Tz. 65; zur Nichtberücksichtigung außereuropäischer Eintragungsverfahren EuG T-315/03 v. 8.6.2005 *Rockbass*, Tz. 14 u. 35, eingelegtes Rechtsmittel später zurückgenommen (EuGH C-301/05 P v. 11.10.2007 *Wilfer*).
250 BGH I ZB 70/10 v. 17.8.2011 *Institut der Norddeutschen Wirtschaft e. V.*, Tz. 16 f.
251 EuGH C-383/99 P v. 20.9.2001 *Baby-dry*, Tz. 41; EuGH C-104/00 P v. 19.9.2002 *Companyline*, Tz. 40; EuGH C-25/05 P v. 22.6.2006 *Storck II*, Tz. 83 ff.; EuGH C-582/11 P v. 10.7.2012 *Rügen Fisch*, Tz. 52; EuGH C-84/17 P, C-85/17 P und C-95/17 P v. 25.7.2018 *Société des produits Nestlé*, Tz. 67; vgl. auch EuG T-163/98 v. 8.7.1999 *BABY-DRY*, Tz. 24; EuG T-19/99 v. 12.1.2000 *Companyline*, Tz. 28; EuG T-183/03 v. 14.9.2004 *APPLIED MOLECULAR EVOLUTION*, Tz. 17.
252 EuG T-718/16 v. 8.11.2018 *SPINNING*, Tz. 31 ff.
253 EuGH C-93/16 v. 20.7.2017 *Ornua Co-operative*.
254 EuGH C-93/16 v. 20.7.2017 *Ornua Co-operative*, Tz. 46.
255 Im Rahmen der Verwechslungsgefahr EuGH C-342/97 v. 22.6.1999 *Lloyd Schuhfabrik Meyer*, Tz. 27; BGHZ 139, 340 *Lions*.
256 Vgl. Schlussanträge des Generalanwalts *Jacobs* v. 10.7.2003 in der Rechtssache C-408/01 *Adidas/Fitnessworld*, Tz. 43.

Bestandteilen, die sowohl gehört als auch gelesen werden sollen, ist daher der EuGH davon ausgegangen, dass die Voraussetzungen an die Schutzfähigkeit sowohl in Bezug auf den akustischen als auch den visuellen Eindruck von der Marke erfüllt sein müssen.[257] Nichts anderes dürfte für Marken mit nur einem Bestandteil gelten.[258]

So ist eine für Schrauben angemeldete Marke »LOKTHREAD« als klanglich identische Wiedergabe der Wörter »lock« (= schließen) und »thread« (= Gewinde) schutzunfähig.[259] Soweit die Bezeichnung »bio generics« schutzunfähig ist, gilt dies auch für »BIOGENERIX«.[260] Ebenso dürfte aber auch eine Einwort-Marke »Wassa« für Mineralwässer schutzunfähig sein. In klanglicher Hinsicht ist »Wassa« identisch mit dem Begriff »Wasser« und bezeichnet damit die Ware.

4. Gesamteindruck und Marke als solche als Ausgangspunkt der Würdigung

Prüfungsgegenstand ist die angemeldete Marke als solche.[261] Der Durchschnittsverbraucher nimmt außerdem eine Marke normalerweise als Ganzes wahr und achtet nicht auf die verschiedenen Einzelheiten. Um zu beurteilen, ob eine Marke schutzfähig ist, ist daher auf den von ihr hervorgerufenen Gesamteindruck abzustellen.[262] Von der Prüfung bestimmter Bestandteile einer komplexen Marke kann nicht mit der Begründung abgesehen werden, dass ihr Gewicht im Verhältnis zu den übrigen Bestandteilen vernachlässigt werden könne.[263] Soweit aus Wörtern bestehende Marken in Frage stehen, muss die Schutzunfähigkeit nicht nur gesondert für jedes Wort, sondern auch für das durch die einzelnen Wörter gebildete Ganze festgestellt

36

---

257 EuGH C-363/99 v. 12.2.2004 *Postkantoor*, Tz. 99; EuGH C-265/00 v. 12.2.2004 *Campina Melkunie*, Tz. 40; EuG T-184/07 v. 26.11.2008 *ANEW ALTERNATIVE*, Tz. 24 ff.; EuG T-147/06 v. 26.11.2008 *FRESHHH*, Tz. 18 ff.; überholt damit die Entscheidung vom selben Tag BPatGE 48, 86 *FRISH*; vgl. aber auch BGH I ZR 162/05 v. 14.2.2008 *HEITEC*, Tz. 24, wo der Bezeichnung »HEITEC« trotz des Anklangs an »Hightech« durchschnittliche Kennzeichnungskraft zugebilligt wird.
258 Vgl. aber EuG T-286/03 v. 13.4.2005 *WILKINSON SWORD XTREME III/RIGHT GUARD XTREME SPORT*, Tz. 60 ff., wo ein nach diesen Maßstäben schutzunfähiger Bestandteil prägend sein soll.
259 EuG T-339/05 v. 12.6.2007 *LOKTHREAD*, Tz. 45 ff.
260 EuG T-48/07 v. 16.9.2008 *BIOGENERIX*, Tz. 31; vgl. auch EuG T-543/14 v. 26.2.2016 *HOT SOX*, Tz. 27.
261 Zur Nichtberücksichtigung des aus der Anmeldung nicht ersichtlichen farbigen Inhalts einer angemeldeten Flaschenform EuG T-12/04 v. 30.11.2005 *Almdudler*, Tz. 42 ff.
262 EuGH C-468/01 P bis C-472/01 P v. 29.4.2004 *Dreidimensionale Tablettenform II*, Tz. 44; EuGH C-473/01 P u. C-474/01 P v. 29.4.2004 *Dreidimensionale Tablettenform III*, Tz. 44; EuGH C-136/02 P v. 7.10.2004 *Mag Instrument*, Tz. 20; EuGH C-286/04 P v. 30.6.2005 *Eurocermex*, Tz. 22; EuGH C-144/06 P v. 4.10.2007 *Rot-weiße rechteckige Tablette mit einem blauen ovalen Kern*, Tz. 39; EuGH C-238/06 P v. 25.10.2007 *Develey*, Tz. 82; EuGH C-304/06 P v. 8.5.2008 *Eurohypo*, Tz. 41; EuGH C-445/13 P v. 7.5.2015 *Voss of Norway*, Tz. 105; EuGH C-520/17 P v. 30.11.2017 *X-cen-tek*, Tz. 6. f.; BGH I ZB 29/13 v. 15.5.2014 *DüsseldorfCongress*, Tz. 9, m. w. N.; BGH I ZB 64/13 v. 22.5.2014 *ECR-Award*, Tz. 10; im Rahmen der Zeichenkollision etwa: EuGH C-51/09 P v. 24.6.2010 *Barbara Becker*, Tz. 33.
263 EuG T-91/01 v. 5.12.2002 *BioID*, Tz. 36.

werden.²⁶⁴ Dass jeder einzelne Bestandteil für sich genommen nicht eintragungsfähig ist, schließt nicht aus, dass ihre Kombination eintragungsfähig sein kann.²⁶⁵

So können Wortbildungen wie »Baby-dry« auch im Zusammenhang mit Windeln nicht als in ihrer Gesamtheit beschreibend angesehen werden; da im Englischen das Nachstellen eines Adjektivs hinter ein Substantiv unüblich ist, sind solche Wortbildungen vielmehr Ergebnis einer lexikalischen Erfindung und können nicht von der Eintragung ausgeschlossen werden.²⁶⁶ Andererseits beschreibt die Wortzusammenstellung »New Born Baby« das Aussehen von mit der Marke bezeichneten Puppen und ist daher nicht schutzfähig.²⁶⁷ Auch »PURE DIGITAL« ist für digitale Produkte beschreibend.²⁶⁸ Auch dann, wenn ein bestimmter Begriff stets nur in Kombination mit einem anderen beschreibend verwendet wird – wie das Wort »Mozart« in »Mozartkugel« – kann der Verkehr dem isolierten Bestandteil unter Umständen schon eine Beschreibung entnehmen; »Mozart« ist daher für Konditorwaren im Sinne eines Hinweises auf eine bestimmte Rezeptur beschreibend.²⁶⁹ Von Bedeutung kann auch eine besondere Farbgebung eines Zeichens sein.²⁷⁰ Bei einem Zeichen wie »T-« schließlich darf nicht allein auf den Buchstaben »T« abgestellt werden, sondern es muss das Gesamtzeichen einschließlich des Bindestrichs untersucht werden.²⁷¹

37 Allerdings kann²⁷² die zuständige Behörde zunächst die einzelnen Gestaltungselemente der Marke nacheinander prüfen und erst danach den Gesamteindruck ermitteln. Es kann sich nämlich als zweckmäßig erweisen, wenn sie bei der Gesamtbeur-

---

264 EuGH C-383/99 P v. 20.9.2001 *Baby-dry*, Tz. 40; EuGH C-363/99 v. 12.2.2004 *Postkantoor*, Tz. 96; EuGH C-265/00 v. 12.2.2004 *Campina Melkunie*, Tz. 37; EuGH C-329/02 P v. 16.9.2004 *SAT.2*, Tz. 28; EuGH C-273/05 P v. 19.4.2007 *HABM/Celltech*, Tz. 76; EuGH C-304/06 P v. 8.5.2008 *Eurohypo*, Tz. 41; EuGH C-17/08 P v. 6.2.2009 *MPDV Mikrolab*, Tz. 38; EuGH C-92/10 P v. 13.1.2011 *Media-Saturn-Holding*, Tz. 36; EuGH C-70/13 P v. 12.12.2013 *Getty Images*, Tz. 24; EuGH C-622/13 P v. 30.4.2015 *Castel Frères*, Tz. 70; auch EuG T-34/00 v. 27.2.2002 *EUROCOOL*, Tz. 43; BGH I ZB 39/09 v. 10.6.2010 *Buchstabe T mit Strich*, Tz. 10.
265 EuGH C-304/06 P v. 8.5.2008 *Eurohypo*, Tz. 41; EuGH C-622/13 P v. 30.4.2015 *Castel Frères*, Tz. 70; EuGH C-445/13 P v. 7.5.2015 *Voss of Norway*, Tz. 124; BGH I ZB 43/15 v. 9.11.2016 *Stadtwerke Bremen*, Tz. 32; zu dem umgekehrten Fall, dass erst die Kombination das Zeichen schutzunfähig macht: EuG T-256/06 v. 5.11.2008 *HONEYCOMB*, Tz. 37.
266 EuGH C-383/99 P v. 20.9.2001 *Baby-dry*, Tz. 44; vlg. auch EuG T-344/07 v. 10.2.2010 *Homezone*, Tz. 28 ff.
267 So zu Recht die Schlussanträge des Generalanwalts *Jacobs* v. 19.2.2004 in der Sache EuGH C-498/01 P *New Born Baby*, die zur Rücknahme der Markenanmeldung führten; anders noch EuG T-140/00 v. 3.10.2001 *New Born Baby*, Tz. 24 ff.
268 EuG T-461/04 v. 20.9.2007 *PURE DIGITAL*, Tz. 27 ff. u. 55 ff., im Ergebnis bestätigt durch EuGH C-542/07 P v. 11.6.2009 *Imagination Technologies*.
269 EuG T-304/06 v. 9.7.2008 *Mozart*, Tz. 94 ff.
270 EuG T-656/17 v. 7.2.2017 *Compal FRUTA essencial/Dr. Jacob's essentials*, Tz. 34 f.
271 BGH I ZB 39/09 v. 10.6.2010 *Buchstabe T mit Strich*, Tz. 11 ff.
272 Es kann jedoch auch sogleich auf den Gesamteindruck abgestellt werden: EuGH C-273/05 P v. 19.4.2007 *HABM/Celltech*, Tz. 80.

teilung jeden einzelnen Bestandteil der Marke untersucht.²⁷³ Ist eine Marke aus schutzunfähigen Bestandteilen zusammengesetzt, so stellt dies hierbei zwar ein Indiz, nicht aber eine Vermutung,²⁷⁴ für die Schutzunfähigkeit des Gesamtzeichens dar.

So kann die bloße Aneinanderreihung merkmalsbeschreibender Adjektive – wie etwa bei der Bezeichnung »BIOMILD« für Lebensmittel – ohne Vornahme einer ungewöhnlichen Änderung, insbesondere syntaktischer oder semantischer Art, nur zu einer ihrerseits als solche beschreibenden Marke führen.²⁷⁵ Ebenso sind »Giroform« für Papier- und Schreibwaren als Hinweis auf Formulare im Giroverkehr²⁷⁶ sowie »Eurohypo« für Finanzdienstleistungen²⁷⁷ beschreibend. Gleiches gilt schließlich bei der Marke »STREAMSERVE«²⁷⁸ für Produkte des EDV-Bereichs, bei »HAIRTRANSFER«²⁷⁹ für Produkte im Zusammenhang mit Haartransplantationen, bei »BLUE SOFT«²⁸⁰ für Kontaktlinsen, bei »Universaltelefonbuch« und »Universalkommunikationsverzeichnis«²⁸¹ für Datenträger und Druckereierzeugnisse, bei »GOLF USA«²⁸² für Sportartikel und darauf bezogene Dienstleistungen sowie bei dem Begriff »adegaborba« der aus dem portugiesischen Wort »adega« als Bezeichnung einer Produktions- und Lagerstätte für Wein und aus der geografischen Angabe »Borba« zusammengesetzt ist.²⁸³

Dabei kann es umgekehrt vorkommen, dass zwar ein Zeichenbestandteil für sich genommen schutzfähig wäre, dass er aber durch die Kombination mit einem weiteren Bestandteil schutzunfähig wird. **38**

---

273 EuGH C-468/01 P bis C-472/01 P v. 29.4.2004 *Dreidimensionale Tablettenform II*, Tz. 45; EuGH C-473/01 P u. C-474/01 P v. 29.4.2004 *Dreidimensionale Tablettenform III*, Tz. 45; EuGH C-329/02 P v. 16.9.2004 *SAT.2*, Tz. 28; EuGH C-286/04 P v. 30.6.2005 *Eurocermex*, Tz. 23; EuGH C-37/03 P v. 15.9.2005 *BioID*, Tz. 29 u. 31; EuGH C-144/06 P v. 4.10.2007 *Rot-weiße rechteckige Tablette mit einem blauen ovalen Kern*, Tz. 39; EuGH C-238/06 P v. 25.10.2007 *Develey*, Tz. 82; EuGH C-90/11 und C-91/11 v. 15.3.2012 *Strigl*, Tz. 23; EuGH C-445/13 P v. 7.5.2015 *Voss of Norway*, Tz. 106; EuG T-79/01 u. T-86/01 v. 20.11.2002 *Kit Pro u. Kit Super Pro*, Tz. 22.

274 EuGH C-329/02 P v. 16.9.2004 *SAT.2*, Tz. 28 ff.; EuGH C-286/04 P v. 30.6.2005 *Eurocermex*, Tz. 26; EuGH C-37/03 P v. 15.9.2005 *BioID*, Tz. 29; auch EuGH C-273/05 P v. 19.4.2007 *HABM/Celltech*, Tz. 79.

275 EuGH C-363/99 v. 12.2.2004 *Postkantoor*, Tz. 98; EuGH C-265/00 v. 12.2.2004 *Campina Melkunie*, Tz. 39; EuGH C-273/05 P v. 19.4.2007 *HABM/Celltech*, Tz. 77; vgl. auch EuG T-323/00 v. 2.7.2002 *SAT.2*, Tz. 49 (aufgehoben durch EuGH C-329/02 P v. 16.9.2004 *SAT.2*); EuG T-79/01 u. T-86/01 v. 20.11.2002 *Kit Pro u. Kit Super Pro*, Tz. 29; EuG T-91/01 v. 5.12.2002 *BioID*, Tz. 42.

276 EuG T-331/99 v. 31.1.2001 *Giroform*, Tz. 24 f., unter Hinweis auf EuG T-163/98 v. 8.7.1999 *BABY-DRY*, Tz. 27; EuG T-19/99 v. 12.1.2000 *Companyline*, Tz. 26.

277 EuGH C-304/06 P v. 8.5.2008 *Eurohypo*, Tz. 42 ff.

278 EuG T-106/00 v. 27.2.2002 *STREAMSERVE*, Tz. 44 u. 49, im Ergebnis bestätigt durch EuGH C-150/02 P v. 5.2.2004 *Streamserve*, Tz. 31.

279 EuG T-204/04 v. 15.2.2007 *HAIRTRANSFER*, Tz. 31 ff.

280 EuG T-330/06 v. 10.6.2008 *BLUE SOFT*, Tz. 45 ff.

281 EuG T-357/99 und T-358/99 v. 14.6.2001 *UNIVERSALTELEFONBUCH/UNIVERSALKOMMUNIKATIONSVERZEICHNIS*, Tz. 33, im Ergebnis bestätigt durch EuGH C-326/01 P v. 5.2.2004 *Universaltelefonbuch/Universalkommunikationsverzeichnis*, Tz. 30.

282 EuG T-230/05 v. 6.3.2007 *GOLF USA*, Tz. 36 ff.

283 EuGH C-629/17 v. 6.12.2018 *J. Portugal Ramos Vinhos*, Tz. 22 ff.

So liegt der Fall etwa bei der Kombination an sich schutzfähiger Abkürzungen in Kombination mit der ausgeschriebenen Langform der Abkürzung. Zeichen wie »Multi Markets Fund MMF« oder »NAI – Der Natur-Aktien-Index« im Finanzbereich sind daher schutzunfähig.[284]

39 Schutzfähig ist ein aus mehreren schutzunfähigen Bestandteilen zusammengesetztes Zeichen erst dann, wenn ein merklicher Unterschied zwischen dem Wort und der bloßen Summe seiner Bestandteile besteht. Dies ist zum einen dann der Fall, wenn das Wort aufgrund der Ungewöhnlichkeit der Kombination in Bezug auf die genannten Produkte einen Eindruck erweckt, der hinreichend weit von dem abweicht, der bei bloßer Zusammenfügung der den einzelnen Bestandteilen entnehmbaren Angaben entsteht, und der somit über die Summe dieser Bestandteile hinausgeht. Zum anderen besteht ein hinreichender merklicher Unterschied der Wortkombination, wenn das Wort in den allgemeinen Sprachgebrauch eingegangen ist und dort eine ihm eigene Bedeutung erlangt hat, so dass es nunmehr gegenüber seinen Bestandteilen autonom ist; hierbei ist noch zu prüfen, ob das Wort, das eine eigene Bedeutung erlangt hat, nicht selbst beschreibend im Sinne der genannten Bestimmung ist.[285]

> So konnte das EuG zu Recht davon ausgehen, dass dem Zeichen »Companyline« für Dienstleistungen des Versicherungs- und Finanzwesens jegliche Unterscheidungskraft fehlte. Eine Verbindung der beiden in englischsprachigen Ländern üblichen Begriffe »company« und »line« ohne jede grafische oder inhaltliche Änderung weist keinerlei zusätzliches Merkmal auf, welches das Zeichen in seiner Gesamtheit geeignet erscheinen ließe, die Dienstleistungen des Anmelders von denen anderer Unternehmen zu unterscheiden.[286] Schutzunfähig war ferner »ALLSAFE« für verschiedene Produkte mit sicherheitsrelevantem Bezug.[287] Auch dass die Wortkombination »Rheinpark-Center Neuss« lexikalisch nicht nachweisbar ist, steht der Schutzunfähigkeit für diverse Dienstleistungen nicht entgegen.[288] Nicht unterscheidungskräftig war ferner das Zeichen »Sudoku Samurai Bingo«, das sich aus den Namen zweier Spielarten zusammensetzte.[289] Andererseits war »SAT.2« für satellitenbezogene Dienstleistungen hinreichend unterscheidungskräftig, weil Marken, die aus einem Wort- und einem Zahlenbestandteil zusammengesetzt sind, im fraglichen Dienstleistungsbereich üblich sind

---

284 EuGH C-90/11 und C-91/11 v. 15.3.2012 *Strigl*, Tz. 25 ff.; dazu auch EuGH C-20/14 v. 22.10.2015 *BGW Beratungs-Gesellschaft Wirtschaft*, Tz. 29 ff.
285 EuGH C-363/99 v. 12.2.2004 *Postkantoor*, Tz. 99 u. 104; EuGH C-265/00 v. 12.2.2004 *Campina Melkunie*, Tz. 43; vgl. auch EuGH C-273/05 P v. 19.4.2007 *HABM/Celltech*, Tz. 78 f.; EuGH C-304/06 P v. 8.5.2008 *Eurohypo*, Tz. 61; EuGH C-408/08 P v. 25.2.2010 *Lancôme*, Tz. 62; EuGH C-622/13 P v. 30.4.2015 *Castel Frères*, Tz. 71; EuG T-323/00 v. 2.7.2002 *SAT.2*, Tz. 49 (aufgehoben durch EuGH C-329/02 P v. 16.9.2004 *SAT.2*); EuG T-79/01 u. T-86/01 v. 20.11.2002 *Kit Pro u. Kit Super Pro*, Tz. 22; EuG T-91/01 v. 5.12.2002 *BioID*, Tz. 27; EuG T-122/01 v. 3.7.2003 *Best Buy*, Tz. 27.
286 EuGH C-104/00 P v. 19.9.2002 *Companyline*, Tz. 21 u. 23; vgl. auch EuG T-439/04 v. 3.5.2006 *EUROHYPO*, Tz. 54 f., bestätigt durch EuGH C-304/06 P v. 8.5.2008 *Eurohypo*; EuG T-160/07 v. 8.7.2008 *COLOR EDITION*, Tz. 47 ff., bestätigt durch EuGH C-408/08 P v. 25.2.2010 *Lancôme*; EuGH C-295/15 P v. 22.6.2016 *Matratzen Concord*, Tz. 40 ff.
287 EuG T-343/07 v. 25.3.2009 *ALLSAFE*, Tz. 19 ff.
288 BGH I ZB 78/10 v. 22.6.2011 *Rheinpark-Center Neuss*, Tz. 12; auch BGH I ZB 83/10 v. 22.6.2011, Tz. 12.
289 EuG T-564/08 v. 4.3.2010 *SUDOKU SAMURAI BINGO*, Tz. 25 ff.

und der Verkehr daher an solch schwache Unterscheidungszeichen gewöhnt ist.[290] Auch die Buchstabenkombination »AC« ist nicht beschreibend für Vitaminpräparate. Dass die einzelnen Buchstaben »A« und »C« für sich allein Vitamine bezeichnen, führt nicht zur Schutzunfähigkeit der Buchstabenkombination.[291] Beim Zeichen »I. T.@MANPOWER« schließlich liegt durch das Zeichen »@« eher ein Verständnis nahe, dass IT-Dienstleistungen bezeichnet würden, die von einem Unternehmen Manpower erbracht würden; für Dienstleistungen einer Arbeitsvermittlung ist die Marke daher gerade nicht beschreibend.[292]

Gerade in der deutschen Sprache ist es in der Werbe- und Marketingbranche aber üblich, Leerzeichen, bestimmte Artikel, Fürwörter, Bindewörter oder Präpositionen zwischen Begriffen auszulassen. **40**

Zwischen den beschreibenden Wörter »Berlin« und »Gas« und ihrer Kombination zu »berlinGas« besteht daher kein merklicher Unterschied zwischen dem zusammengesetzten Wort und der bloßen Summe seiner Bestandteile.[293]

Der BGH leitet daraus, dass vom Gesamteindruck eines Zeichens auszugehen ist, ab, dass das Zeichen keiner näheren analysierenden Betrachtungsweise unterzogen werden darf.[294] **41**

> So wollte der BGH sogar – zu weitgehend – etwa der Tatsache, dass die beiden Bestandteile »PRO« und »TECH« der Marke »PROTECH« im Zusammenhang mit Tennisschlägern je für sich einen beschreibenden Inhalt haben, nämlich einerseits »PRO« die Bedeutung von »für« hat sowie auch geläufige Abkürzung von »professionell/Profi« ist und andererseits »TECH« für »Technik/Technologie« steht, keine maßgebliche Bedeutung beimessen. Vielmehr sei auf die Marke als Ganzes abzustellen. Schutzhindernisse seien daher zu verneinen.[295]

---

290 EuGH C-329/02 P v. 16.9.2004 *SAT.2*, Tz. 30 ff., gegen EuG T-323/00 v. 2.7.2002 *SAT.2*; vgl. aber zur Bedeutungslosigkeit von Punkten innerhalb eines Zeichens Gemeinsame Mitteilung zur Gemeinsamen Praxis zur Unterscheidungskraft – Wort-/Bildmarken mit beschreibenden/nicht unterscheidungskräftigen Wörtern v. 2.10.2015 (https://www.tmdn.org/network/documents/10181/f939b785-df77–4b67-ba43–623aa0e81ffb); EuG T-163/16 v. 18.5.2017 *secret.service.*, Tz. 58 ff.

291 BGH GRUR 2002, 261, 262 *AC*; vgl. auch EuG T-312/03 v. 14.7.2005 *Selenium Spezial A-C-E/SELENIUM-ACE*, Tz. 36; zu Buchstabenkombinationen ferner EuG T-117/03 bis T-119/03 und T-171/03 v. 6.10.2004 *NL*, Tz. 48.

292 EuG T-248/05 v. 24.9.2008 *I. T.@MANPOWER*, Tz. 50 ff., bestätigt durch EuGH C-520/08 P v. 24.9.2009 *HUP Uslugi Polska*.

293 EuG T-402/16 v. 20.9.2017 *berlinGas*, bestätigt durch EuGH C-656/17 P v. 31.5.2018 *Berliner Stadtwerke*, Tz. 5 f.

294 BGH GRUR 1995, 269, 270 *U-KEY*; BGH GRUR 1995, 408, 409 *PROTECH*; BGH GRUR 1999, 1089, 1091 *YES*; BGH GRUR 1999, 1093, 1094 *FOR YOU*; BGH GRUR 2000, 231 *FÜNFER*; BGH GRUR 2000, 323, 324 *Partner with the Best*; BGH GRUR 2000, 502, 503 *St. Pauli Girl*; BGH GRUR 2001, 162, 163 *RATIONAL SOFTWARE CORPORATION*; BGH GRUR 2001, 416, 417 *OMEGA*; BGH GRUR 2001, 418, 419 f. *Montre*; BGH GRUR 2002, 261, 262 *AC*; BGH GRUR 2002, 816, 817 *BONUS II*; BGH GRUR 2002, 884, 885 *B-2 alloy*; BGH I ZB 56/09 v. 21.12.2011 *Link economy*, Tz. 12; BGH I ZB 64/13 v. 22.5.2014 *ECR-Award*, Tz. 9; BGH I ZB 39/15 v. 31.5.2016 *OUI*, Tz. 18; BGH I ZB 97/16 v. 5.10.2017 *Pippi-Langstrumpf-Marke*, Tz. 15; BGH I ZB 25/17 v. 13.9.2018 *Pippi Langstrumpf*, Tz. 14.

295 BGH GRUR 1995, 408, 409 *PROTECH*; vgl. aber EuG T-178/03 und T-179/03 v. 8.9.2005 *DigiFilm/DigiFilmMaker*, Tz. 30 ff.; EuG T-405/04 v. 23.10.2007 *Caipi*, Tz. 33 ff.; EuG T-166/06 v. 29.9.2008 *POWDERMED*, Tz. 24 ff.

42 Dass die Marke als solche der Prüfung zugrunde zu legen ist, bedeutet auf der anderen Seite auch, dass dieser keine Bestandteile hinzugedacht werden dürfen.[296]

> Dass etwa die Bezeichnung »Baby-dry« die Merkmale von Windeln in der Wortverbindung »to keep a baby dry« beschreibt,[297] führt nicht zur Schutzunfähigkeit des als solches zu betrachtenden Zeichens »Baby-dry«.[298] Die Bezeichnung »à la Carte« ist für Bücher und Zeitschriften schutzfähig, weil zur Beschreibung von Merkmalen stets weitere sinntragende Wörter erforderlich wären.[299] Andererseits kann bei der Prüfung der technischen Funktionalität einer Formmarke auch auf Elemente abgestellt werden, die zwar in der Marke selbst nicht wiedergegeben sind, die aber mit Elementen der Marke ineinandergreifen.[300] Das französische »OUI« mag für sich schutzfähig sein, obwohl es in Kombination mit anderen Bestandteilen – beispielsweise »Ich sage OIU« – allein werbemäßig verstanden wird.[301]

43 Insgesamt liegt die Beurteilung des Gesamteindrucks im Wesentlichen auf tatrichterlichem Gebiet.[302]

5. Maßgeblicher Zeitpunkt der Prüfung

44 Das Verkehrsverständnis kann sich im Laufe der Zeit ändern.

> So war etwa im Jahr 1980 die Bezeichnung »Internet« weitgehend unbekannt und wäre deshalb möglicherweise auch im Telekommunikations- und EDV-Bereich noch schutzfähig gewesen. Ebenso war im Jahr 2002 der Begriff »Smartbook« noch unbekannt und damit eintragungsfähig,[303] im Jahr 2009 nicht mehr.[304]

45 Bei der Unionsmarke ist – auch im auf Löschung gerichteten Nichtigkeitsverfahren[305] nach Art. 59 UMV oder in der Widerklage nach Art. 128 UMV[306] – der Tag

---

[296] Vgl. EuGH C-383/99 P v. 20.9.2001 *Baby-dry*, Tz. 43 ff.; EuG T-270/06 v. 12.11.2008 *Roter Lego-Stein*, Tz. 73 ff., im Ergebnis bestätigt durch EuGH C-48/09 P v. 14.9.2010 *Lego Juris*; BGH GRUR 1997, 627, 628 *à la Carte*; BGH GRUR 2002, 64, 65 *INDIVIDUELLE*.
[297] So noch EuG T-163/98 v. 8.7.1999 *BABY-DRY*, Tz. 25.
[298] EuGH C-383/99 P v. 20.9.2001 *Baby-dry*, Tz. 43 ff.
[299] BGH GRUR 1997, 627, 628 *à la Carte*.
[300] EuG T-270/06 v. 12.11.2008 *Roter Lego-Stein*, Tz. 75, im Ergebnis bestätigt durch EuGH C-48/09 P v. 14.9.2010 *Lego Juris*.
[301] BGH I ZB 39/15 v. 31.5.2016 *OUI*, Tz. 22 ff.
[302] BGH I ZR 161/13 v. 5.3.2015 *IPS/ISP*, Tz. 27; BGH I ZB 16/14 v. 9.7.2015 *BSA/DSA DEUTSCHE SPORTAKADEMIE*, Tz. 13; I ZB 105/16 v. 18.10.2017 *Quadratische Tafelschokoladenverpackung*, Tz. 48; I ZB 106/16 v. 18.10.2017, Tz. 48.
[303] BGH I ZB 57/12 v. 6.11.2013, Tz. 15 ff.; I ZB 59/12 v. 6.11.2013 *Smartbook*, Tz. 19 ff.
[304] EuG T-123/12 v. 11.12.2013 *SMARTBOOK*.
[305] Vgl. unten § 28 Rdn. 42.
[306] BGH I ZR 101/15 v. 3.11.2016 *MICRO COTTON*, Tz. 47; zum Verhältnis von Verletzungsklage und Widerklage auch das Verfahren EuGH C-425/16 v. 16.10.2017 *Hansruedi Raimund*.

der Anmeldung der angegriffenen Marke maßgeblich.[307] Gleiches gilt grundsätzlich zwar auch dann, wenn die Marke aufgrund des Erwerbs von Unterscheidungskraft infolge Benutzung[308] eingetragen werden soll.[309] Im Falle des Erwerbs von Unterscheidungskraft infolge Benutzung kann jedoch im Nichtigkeitsverfahren auch eine Benutzung nach dem Tag der Eintragung berücksichtigt werden, so dass es genügt, wenn die Marke zum Zeitpunkt der Stellung des Nichtigkeitsantrags Unterscheidungskraft erworben hat.[310] Entsprechendes dürfte – Gerichtsentscheidungen hierzu liegen noch nicht vor – auch für den Verfall einer Marke nach Art. 58 UMV gelten, wo bereits der Wortlaut auf einen Zeitpunkt nach Anmeldung der Marke abstellt.[311] In jedem Fall können aber auch Umstände nach dem maßgeblichen Zeitpunkt berücksichtigt werden, die Rückschlüsse auf die Sachlage zum Stichtag zulassen.[312]

Zu weit geht es aber, aus einer im Jahr 2010 durchgeführten Verkehrsbefragung zur Bedeutung des Begriffs »Smartbook« Rückschlüsse auf das Jahr 2002 zu ziehen, wenn damals der

---

307 EuGH C-192/03 P v. 5.10.2004 *BSS*, Tz. 40; EuGH C-542/07 P v. 11.6.2009 *Imagination Technologies*, Tz. 42 ff. [für den Erwerb von Unterscheidungskraft infolge Benutzung]; EuGH C-78/09 P v. 24.9.2009 *Compagnie des bateaux muches*, Tz. 18; noch offen gelassen in EuGH C-456/01 P u. C-457/01 P v. 29.4.2004 *Dreidimensionale Tablettenform I*, Tz. 63 f.; EuGH C-468/01 P bis C-472/01 P v. 29.4.2004 *Dreidimensionale Tablettenform II*, Tz. 59 f.; EuGH C-473/01 P u. C-474/01 P v. 29.4.2004 *Dreidimensionale Tablettenform III*, Tz. 59 f.; vom »Tag der Eintragung« spricht in anderem Zusammenhang EuGH C-104/01 v. 6.5.2003 *Libertel*, Tz. 58; EuGH C-332/09 P v. 23.4.2010 *HABM/Frosch Touristik*, Tz. 49 ff.; EuGH C-337/12 P v. 6.3.2014 *Pi-Design u. a.*, Tz. 59; EuGH C-326/18 P v. 4.10.2018 *Safe Skies*, Tz. 5 f.; vgl. auch EuGH C-363/99 v. 12.2.2004 *Postkantoor*, Tz. 36; EuG T-128/01 v. 6.3.2003 *Kühlergrill*, Tz. 41; EuG T-189/07 v. 3.6.2009 *FLUGBÖRSE*, Tz. 18 u. 26 [auch nach Wiedereröffnung gemäß Art. 40 I GVM], im Ergebnis bestätigt durch EuGH C-332/09 P v. 23.4.2010 *HABM/Frosch Touristik*; differenzierend *v. Mühlendahl*, FS Pagenberg, 2006, 159 ff.
308 Hierzu unten § 4 Rdn. 153 – 172.
309 EuGH C-326/18 P v. 4.10.2018 *Safe Skies*, Tz. 5 f.; EuG T-247/01 v. 12.12.2002 *ECOPY*, Tz. 36 ff.; EuG T-16/02 v. 3.12.2003 *TDI I*, Tz. 54; EuG T-399/02 v. 29.4.2004 *Flasche mit Limettenscheibe*, Tz. 45; EuG T-262/04 v. 15.12.2005 *BIC-Feuerzeug I*, Tz. 66; EuG T-263/04 v. 15.12.2005 *BIC-Feuerzeug II*, Tz. 66; EuG T-164/06 v. 12.9.2007 *BASICS*, Tz. 48; EuG T-461/04 v. 20.9.2007 *PURE DIGITAL*, Tz. 76 ff., im Ergebnis bestätigt durch EuGH C-542/07 P v. 11.6.2009 *Imagination Technologies*; EuG T-71/06 v. 15.11.2007 *Form der Gondelverkleidung eines Windenergiekonverters*, Tz. 43, im Ergebnis bestätigt durch EuGH C-20/08 P v. 9.12.2008 *Enercon*; EuG T-289/08 v. 11.2.2010 *Deutsche BKK*, Tz. 64; diesbezüglich vgl. auch EuG T-237/01 v. 5.3.2003 *BSS*, Tz. 47 u. 53.
310 EuG T-405/05 v. 15.10.2008 *MANPOWER*, Tz. 126 f. u. 146, unter Hinweis auf die Missverständlichkeit der deutschen Sprachfassung des Art. 59 II UMV, im Ergebnis bestätigt durch EuGH C-553/08 P v. 2.12.2009 *Powerserv Personalservice*.
311 Vgl. hierzu *Israiloff*, ÖBl 2008, 62.
312 EuGH C-192/03 P v. 5.10.2004 *BSS*, Tz. 41, unter Hinweis auf EuGH C-259/02 v. 27.1.2004 *La Mer*, Tz. 31; außerdem EuGH C-332/09 P v. 23.4.2010 *HABM/Frosch Touristik*, Tz. 41 ff.; EuGH C-337/12 P v. 6.3.2014 *Pi-Design u. a.*, Tz. 60; EuGH C-326/18 P v. 4.10.2018 *Safe Skies*, Tz. 5 f.; EuG T-405/05 v. 15.10.2008 *MANPOWER*, Tz. 146, unberührt von EuGH C-553/08 P v. 2.12.2009 *Powerserv Personalservice*; EuG T-189/07 v. 3.6.2009 *FLUGBÖRSE*, Tz. 19.

Begriff noch gar nicht verwendet worden war.[313] Auch ein einziger Nachweis im Internet für eine Abkürzung aus der Zeit vier Jahre nach Anmeldung der Marke genügt nicht.[314]

46 Entgegen früherer Rechtsprechung des BGH[315] kommt es auch bei der deutschen Marke inzwischen auf die Schutzfähigkeit der Marke am Tag der Anmeldung an.[316] Dies gilt auch für das Nichtigkeitsverfahren, wo die Marke zudem im Zeitpunkt der Entscheidung löschungsreif sein muss.[317] In Zweifelsfällen darf eine Löschung der Marke nicht erfolgen.[318] Da sich das Verkehrsverständnis im Laufe der Zeit ändern kann, spielen insbesondere auch Voreintragungen für den Anmelder keine Rolle.[319] Wird aber die Marke – etwa infolge umfangreicher Benutzung aufgrund einer Änderung des Verkehrsverständnisses – erst nach Anmeldung im Laufe des Eintragungsverfahrens schutzfähig, so wird sie zwar eingetragen. Allerdings gilt dann als Prioritätstag nicht der Tag der Anmeldung, sondern der Tag, an dem das Zeichen schutzfähig wurde.[320]

> Wird etwa eine Marke am 13.6.2002 angemeldet, aber erst am 1.3.2004 schutzfähig und dauert das Anmeldeverfahren über diesen Zeitpunkt hinaus an, so lässt das EuG die Marke nicht eintragen; eine Prioritätsverschiebung kennt die UMV nicht. Demgegenüber würde der BGH die Marke mit einer Priorität vom 1.3.2004 zur Eintragung zulassen.

47 Eine Besonderheit gilt jedoch beim Eintragungshindernis der beschreibenden Angabe, da dort auch solche Zeichen nicht eintragungsfähig sind, deren beschreibende Verwendung in Zukunft vernünftigerweise zu erwarten ist. Dies eröffnet der Rechtsprechung weitreichende Möglichkeiten rückwirkend festzustellen, dass

---

313 BGH I ZB 59/12 v. 6.11.2013 *Smartbook*, Tz. 26; vgl. auch BGH I ZB 61/13 v. 23.10.2014 *Langenscheidt-Gelb*; zur Beweisführung für vergangene Sachverhalte auch EuG T-137/08 v. 28.10.2009 *Grün, Gelb*, Tz. 76 f, Rechtsmittel zum EuGH C-553/09 P aufgrund Vergleichs der Beteiligten zurückgenommen.
314 EuG T-207/17 v. 24.4.2018 *hp*, Tz. 31; EuG T-208/17 v. 24.4.2018 *HP*, Tz. 31.
315 Schutzfähigkeit sowohl bei Anmeldung als auch bei Eintragung: BGH I ZB 30/06 v. 15.1.2009 *STREETBALL*, Tz. 14.
316 BGH I ZB 71/12 v. 18.4.2013 *Aus Akten werden Fakten*; I ZB 72/12 v. 18.4.2013; I ZB 59/12 v. 6.11.2013 *Smartbook*, Tz. 10; BGH I ZB 18/13 v. 10.7.2014 *Gute Laune Drops*, Tz. 10; BGH I ZB 52/15 v. 21.7.2016 *Sparkassen-Rot*, Tz. 22.
317 BGH I ZB 71/12 v. 18.4.2013 *Aus Akten werden Fakten*; I ZB 72/12 v. 18.4.2013; I ZB 65/12 v. 17.10.2013 *test*, Tz. 22; BGH I ZB 52/15 v. 21.7.2016 *Sparkassen-Rot*, Tz. 22; BGH I ZB 39/16 v. 6.4.2017 *Schokoladenstäbchen III*, Tz. 13; BGH I ZB 97/16 v. 5.10.2017 *Pippi-Langstrumpf-Marke*, Tz. 9; BGH I ZB 105/16 v. 18.10.2017 *Quadratische Tafelschokoladenverpackung*, Tz. 30; I ZB 106/16 v. 18.10.2017, Tz. 30; I ZB 3/17 v. 18.10.2017 *Traubenzuckertäfelchen*, Tz. 7; I ZB 4/17 v. 18.10.2017, Tz. 7; I ZB 25/17 v. 13.9.2018 *Pippi Langstrumpf*, Tz. 11.
318 BGH I ZB 59/12 v. 6.11.2013 *Smartbook*.
319 BGH I ZB 30/06 v. 15.1.2009 *STREETBALL*, Tz. 14; auch BGH I ZB 70/10 v. 17.8.2011 *Institut der Norddeutschen Wirtschaft e. V.*, Tz. 18; BGH I ZB 68/17 v. 9.5.2018 *Standbeutel*, Tz. 22.
320 So nun § 37 II MarkenG ausdrücklich zu den Schutzhindernissen des § 8 II Nr. 1, 2 und 3 MarkenG; zur Beschwer im Rechtsmittelverfahren BGH I ZB 34/04 v. 15.12.2005 *Porsche 911*, Tz. 7 ff.; zum WZG BGH GRUR 1993, 744, 745 *MICRO CHANNEL*; zu Besonderheiten im Nichtigkeitsverfahren BGHZ 42, 151 *Rippenstreckmetall II*; BGHZ 156, 112, 118 ff. *Kinder I*; zur Prioritätsverschiebung nach § 156 III MarkenG vgl. BGH GRUR 2000, 892 *MTS*; dazu auch EuGH C-217/13 v. 19.6.2014 *Oberbank*, Tz. 50 ff., wo allerdings – wohl irrig – davon ausgegangen wird, Art. 4 V MRR sei nicht umgesetzt worden.

bereits zum Zeitpunkt der Eintragung eine beschreibende Verwendung zu erwarten war.

> Selbst wenn daher etwa eine Wellness-Anwendungen beschreibende Bedeutung der Bezeichnung »SPA« im Jahr 2003 noch nicht bekannt war, so kann eine im Jahr 2000 eingetragene Marke »SPA« mit der Begründung gelöscht werden, dass damals eine beschreibende Verwendung des Begriffs bereits zu erwarten war.[321] Ist aber eine spätere[322] beschreibende Verwendung vom Anmelder selbst initiiert, so können hieraus keine Rückschlüsse gezogen werden.[323]

Eine weitere Besonderheit gilt schließlich beim Eintragungshindernis der bösgläubigen Markenanmeldung. Da es bei diesem Eintragungshindernis gerade um eine Bewertung der Motivation des Anmelders zum Zeitpunkt der Anmeldung ankommt, ist allein auf diesen Zeitpunkt abzustellen.[324] Dabei können unter Umständen jedoch Rückschlüsse aus dem Verhalten des Anmelders im Zeitraum nach der Anmeldung gezogen werden. 48

6. Allgemeininteresse als Grundlage absoluter Eintragungshindernisse

Die verschiedenen Eintragungshindernisse sind im Lichte des Allgemeininteresses auszulegen, das ihnen jeweils zugrunde liegt.[325] Dieses bei der Prüfung der einzelnen Eintragungshindernisse zu berücksichtigende Allgemeininteresse kann oder muss sogar in je nach Eintragungshindernis unterschiedlichen Erwägungen zum Ausdruck kommen.[326] Welches Allgemeininteresse hiervon jeweils betroffen ist, variiert mit Überschneidungen von Schutzhindernis zu Schutzhindernis.[327] Ein von 49

---

321 BGH I ZB 53/05 v. 13.3.2008 *SPA II*, Tz. 26; vgl. aber auch EuG T-109/07 v. 25.3.2009 *SPA/SPA THERAPY*, Tz. 24 ff. [normale Kennzeichnungskraft im Kosmetikbereich].
322 Anders im Falle früherer Verwendung: EuG T-278/09 v. 15.11.2012 *GG*, Tz. 55.
323 BGH I ZB 59/12 v. 6.11.2013 *Smartbook*, Tz. 32.
324 BGH I ZB 96/05 v. 27.4.2006 *FUSSBALL WM 2006*, Tz. 42; I ZB 97/05 v. 27.4.2006, Tz. 42.
325 EuGH C-299/99 v. 18.6.2002 *Philips/Remington*, Tz. 77; EuGH C-53/01 bis C-55/01 v. 8.4.2003 *Linde*, Tz. 71; EuGH C-104/01 v. 6.5.2003 *Libertel*, Tz. 51; EuGH C-363/99 v. 12.2.2004 *Postkantoor*, Tz. 68 u. 94; EuGH C-265/00 v. 12.2.2004 *Campina Melkunie*, Tz. 34; EuGH C-456/01 P u. C-457/01 P v. 29.4.2004 *Dreidimensionale Tablettenform I*, Tz. 45; EuGH C-49/02 v. 24.6.2004 *Heidelberger Bauchemie*, Tz. 41; EuGH C-329/02 P v. 16.9.2004 *SAT.2*, Tz. 25; EuGH C-37/03 P v. 15.9.2005 *BioID*, Tz. 59; EuGH C-173/04 P v. 12.1.2006 *Deutsche SiSi-Werke*, Tz. 59; EuGH C-273/05 P v. 19.4.2007 *HABM/Celltech*, Tz. 74; EuGH C-304/06 P v. 8.5.2008 *Eurohypo*, Tz. 55; EuGH C-48/09 P v. 14.9.2010 *Lego Juris*, Tz. 43; EuGH C-90/11 und C-91/11 v. 15.3.2012 *Strigl*, Tz. 22; EuGH C-337/12 P v. 6.3.2014 *Pi-Design u. a.*, Tz. 44; EuGH C-205/13 v. 18.9.2014 *Hauck/Stokke*, Tz. 17; EuGH C-215/14 v. 6.9.2015 *Société des Produits Nestlé*, Tz. 43; EuGH C-30/15 P v. 10.11.2016 *Simba Toys*, Tz. 38; EFTA-Gerichtshof E-5/16 v. 8.4.2017 *Municipality of Oslo*, Tz. 45.
326 EuGH C-456/01 P u. C-457/01 P v. 29.4.2004 *Dreidimensionale Tablettenform I*, Tz. 46; EuGH C-329/02 P v. 16.9.2004 *SAT.2*, Tz. 25; EuGH C-37/03 P v. 15.9.2005 *BioID*, Tz. 59; EuGH C-173/04 P v. 12.1.2006 *Deutsche SiSi-Werke*, Tz. 59; EuGH C-304/06 P v. 8.5.2008 *Eurohypo*, Tz. 55; EuGH C-90/11 und C-91/11 v. 15.3.2012 *Strigl*, Tz. 22.
327 Vgl. EuGH C-363/99 v. 12.2.2004 *Postkantoor*, Tz. 68; auch EuGH C-20/14 v. 22.10.2015 *BGW Beratungs-Gesellschaft Wirtschaft*, Tz. 25; BGH I ZB 59/12 v. 6.11.2013 *Smartbook*, Tz. 17.

Schutzhindernis zu Schutzhindernis unterschiedlich strenger Prüfungsmaßstab besteht hingegen nicht.[328]

Beispielsweise dient das Verbot beschreibender Angaben im Wesentlichen dem Schutz der Mitbewerber, die bei der Benutzung solcher Angaben frei bleiben sollen.[329] Auch das Verbot üblicher Bezeichnungen dient einem solchen Freihaltebedürfnis.[330] Demgegenüber soll das Verbot der Eintragung von Staatsflaggen verhindern, dass öffentliche Hoheitszeichen für geschäftliche Zwecke ausgenutzt werden.[331]

7. Prüfungsumfang und Prüfungsmaßstab im Eintragungsverfahren

50 Die für die Eintragung von Marken zuständige Behörde oder das mit einer Klage gegen eine Entscheidung über einen Antrag auf Eintragung einer Marke befasste Gericht muss neben der Marke in der hinterlegten Form alle relevanten Tatsachen und Umstände berücksichtigen.[332]

Dies gilt etwa auch für Ergebnisse einer vom Antragsteller vorgelegten Studie, die z. B. belegen soll, dass der Marke nicht die Unterscheidungskraft fehlt oder dass sie nicht irreführend ist.

51 Nach der zwölften Begründungserwägung der MRR (2008) soll diese nämlich im Sinne der PVÜ ausgelegt werden; für die aktuelle MRR als kontinuierliche Fortschreibung des Rechts wird nichts anderes gelten. Nach Art. 6^{quinquies} Buchstabe C I PVÜ sind jedoch bei der Würdigung der Schutzfähigkeit einer Marke alle Tatumstände zu berücksichtigen, insbesondere die Dauer des Gebrauchs der Marke.[333]

So ist etwa bei der Prüfung der Unterscheidungskraft einer Marke zu berücksichtigen, ob und in welchem Umfang der Anmelder die Marke bereits benutzt und der Verkehr sich dadurch daran gewöhnt hat, durch das Zeichen Produkte eines Unternehmens von denen eines anderen Unternehmens zu unterscheiden.[334] Dies gilt jedenfalls dann, wenn sich der Anmelder bei der Anmeldung auf infolge Benutzung erworbene Unterscheidungskraft beruft.

---

328 BGH I ZB 58/12 v. 6.11.2013, Tz. 17; I ZB 59/12 v. 6.11.2013 *Smartbook*, Tz. 17.
329 EuGH C-104/01 v. 6.5.2003 *Libertel*, Tz. 52; EuGH C-191/01 P v. 23.10.2003 *Doublemint*, Tz. 31; EuGH C-363/99 v. 12.2.2004 *Postkantoor*, Tz. 54 u. 95; EuGH C-265/00 v. 12.2.2004 *Campina Melkunie*, Tz. 35, jeweils unter Hinweis auf EuGH C-108/97 und C-109/97 v. 4.5.1999 *Chiemsee*, Tz. 25; EuGH C-53/01 bis C-55/01 v. 8.4.2003 *Linde*, Tz. 73; EuGH C-139/16 v. 6.7.2017 *Moreno Marín*, Tz. 23; EuGH C-488/16 P v. 6.9.2018 *Bundesverband Souvenir – Geschenke – Ehrenpreise*, Tz. 36; auch EuGH C-218/01 v. 12.2.2004 *Henkel*, Tz. 41.
330 EuGH C-102/07 v. 10.4.2008 *adidas und adidas Benelux*, Tz. 23.
331 *Ströbele/HackerThiering-Ströbele*, § 8 Rz. 848.
332 EuGH C-363/99 v. 12.2.2004 *Postkantoor*, Tz. 36; EuGH C-239/05 v. 15.2.2007 *BVBA*, Tz. 58.
333 EuGH C-363/99 v. 12.2.2004 *Postkantoor*, Tz. 29 ff.; auch EuGH C-49/02 v. 24.6.2004 *Heidelberger Bauchemie*, Tz. 41.
334 Vgl. EuGH C-108/97 und C-109/97 v. 4.5.1999 *Chiemsee*, Tz. 44 ff.; EuGH C-299/99 v. 18.6.2002 *Philips/Remington*, Tz. 59 f.; EuGH C-104/01 v. 6.5.2003 *Libertel*, Tz. 67; dadurch überholt etwa EuG T-87/00 v. 5.4.2001 *EASYBANK*, Tz. 40; EuG T-335/99 v. 19.9.2001 *Tablette für Wasch- oder Geschirrspülmaschinen I*, Tz. 44; EuG T-88/00 v. 7.2.2002 *Form von Taschenlampen*, Tz. 34.

52 In der Praxis werden – vor allem in den amtlichen Verfahren – Internetrecherchen immer bedeutsamer.³³⁵ Aber auch Nachweise in Wörterbüchern können dem Anmelder entgegengehalten werden.³³⁶ Der Anmelder kann insbesondere durch die Vorlage von Studien, etwa Verkehrsbefragungen, Nachweisen umfangreicher Benutzung der angemeldeten Marke oder Sprachgutachten, Einfluss auf das Prüfungsverfahren nehmen. Gerade wenn sich die Marke an Fachkreise richtet, können Fachlexika von Bedeutung sein.³³⁷ Auch die Einholung eines Sachverständigengutachtens ist nicht ausgeschlossen.³³⁸ Schließlich können sogar Beweismittel aus Quellen außerhalb des maßgeblichen Territoriums Anhaltspunkte für das Verkehrsverständnis im maßgeblichen Territorium liefern.³³⁹

> Dabei muss das Amt die relevanten Tatsachen beweisen. Die Bezugnahme auf Quellen wie Wikipedia, deren Inhalt jederzeit geändert werden kann, ist problematisch.³⁴⁰ Soll etwa eine Marke »CELLTECH« mit der Begründung zurückgewiesen werden, der Begriff sei beschreibend, so ist der entsprechende Bedeutungsgehalt des Begriffs nachzuweisen – etwa durch eine Bezugnahme auf die Fachliteratur.³⁴¹ Will das Amt Marken wie »Limbic® Map« zurückweisen, so muss es nachweisen, dass es Karten des limbischen Systems gibt oder derartige Karten jedenfalls vernünftigerweise zu erwarten sind.³⁴² Die Bezugnahme auf nur eine einzige Fundstelle im Internet genügt nicht.³⁴³ Ebenso genügt es nicht, wenn zum Nachweis der Bedeutung einer fremdsprachigen Bezeichnung keine Originalnachweise jener Sprache, sondern nur Wörterbucheinträge zitiert werden.³⁴⁴

53 Besondere Probleme werfen Eintragungshindernisse bei international gebräuchlichen Sprachen auf, vor allem im Englischen. Insofern können außereuropäische Nachweise berücksichtigt werden, wenn es um bestimmte linguistische Phänomene geht. Vorsicht bei der Berücksichtigung außereuropäischer Nachweise ist jedoch geboten, wenn konkrete Marktgepflogenheiten bewiesen werden sollen.³⁴⁵

---

335 Vgl. EuG T-146/02 bis T-153/02 v. 28.1.2004 *Standbeutel*, Tz. 40 f.; EuG T-216/02 v. 31.3.2004 *LOOKS LIKE GRASS*, Tz. 40 f.; EuG T-311/02 v. 20.7.2004 *LIMO*, Tz. 36; EuG T-315/03 v. 8.6.2005 *Rockbass*, Tz. 17; EuG T-178/03 und T-179/03 v. 8.9.2005 *DigiFilm/DigiFilmMaker*, Tz. 35; HABM GRUR 2004, 159 *Cloppenburg*; BGH GRUR 2003, 1050 *Cityservice*; zurückhaltend zu Internetrecherchen, wenn nur wenige Belege gefunden werden BGH GRUR 2001, 1046, 1047 *GENESCAN*.
336 EuG T-405/05 v. 15.10.2008 *MANPOWER*, Tz. 75 ff., im Ergebnis bestätigt durch EuGH C-553/08 P v. 2.12.2009 *Powerserv Personalservice*; EuG T-158/06 v. 23.10.2008 *FLEX*, Tz. 43 ff.; zum Duden-Onlinewörterbuch EuG T-766/14 v. 23.11.2015 *FoodSafe*, Tz. 29 ff., im Ergebnis bestätigt durch EuGH C-63/16 P v. 24.5.2016 *Actega Terra*; zu Nachweisen aus kostenpflichtigen Medien EuG T-363/10 v. 15.11.2011 *RESTORE*, Tz. 63 ff., im Ergebnis bestätigt durch EuGH C-21/12 v. 17.1.2013 *Abbott Laboratories*.
337 EuG T-311/02 v. 20.7.2004 *LIMO*, Tz. 35.
338 BGH I ZB 13/04 v. 17.11.2005, Tz. 22.
339 EuGH C-192/03 P v. 5.10.2004 *BSS*, Tz. 42.
340 EuG T-344/07 v. 10.2.2010 *Homezone*, Tz. 46; EuG T-778/14 v. 3.3.2016 *COYOTE UGY/COYOTE UGLY*, Tz. 37.
341 EuGH C-273/05 P v. 19.4.2007 *HABM/Celltech*, Tz. 43.
342 EuG T-513/15 v. 16.2.2017 *Limbic® Map*, Tz. 38 ff.; EuG T-516/15 v. 16.2.2017 *Limbic® Types*, Tz. 38 ff.; EuG T-517/15 v. 16.2.2017 *Limbic® Sales*, Tz. 38 ff.
343 Vgl. EuG T-765/16 v. 25.1.2018 *EL TOFIO El sabor de CANARIAS*, Tz. 45.
344 EuG T-188/17 v. 4.5.2018 *Coil Liner*, Tz. 26 ff.
345 EuGH C-369/10 P v. 14.3.2011 *Ravensburger*, Tz. 71.

54 Art. 4 MRR gebietet nach der Rechtsprechung des EuGH eine eingehende und umfassende Prüfung der Schutzhindernisse. Die Vorschrift steht der Praxis einer für die Eintragung von Marken zuständigen Behörde entgegen, die darin besteht, nur die Eintragung »offensichtlich unzulässiger« Marken abzulehnen.[346] Die Prüfung der insbesondere in Art. 4 MRR aufgeführten Eintragungshindernisse, die bei Stellung des Eintragungsantrags vorgenommen wird, muss eingehend und umfassend sein, um zu verhindern, dass Marken zu Unrecht eingetragen werden.[347] Umgekehrt dürften nicht bestimmte Kategorien von Marken pauschal und ohne konkrete Prüfung zurückgewiesen werden.[348] Dabei bewirkt der Grundsatz der eingehenden und umfassenden Prüfung nicht automatisch, dass eine besondere strenge sachliche Prüfung stattfinden müsse; das Erfordernis besagt vielmehr nur, dass alle Gesichtspunkte umfassend zu würdigen sind und nicht nur eine summarische Prüfung erfolgen darf.[349] Bloße Vermutungen genügen nicht.[350]

55 Richtlinienwidrig[351] dürfte vor diesem Hintergrund allerdings § 37 III MarkenG sein. Diese Vorschrift beschränkt im Eintragungsverfahren die Zurückweisung täuschender Marken im Sinne des Art. 4 I Buchst. g MRR auf Zeichen, bei denen die Eignung zur Täuschung ersichtlich ist. Die Vorschrift dürfte deswegen richtlinienkonform dahingehend auszulegen sein, dass die Beschränkung auf ersichtliche Täuschungseignung die Behörde nicht von der vom EuGH geforderten eingehenden und umfassenden Prüfung befreit.

IV. Unterscheidungskraft, beschreibende Angaben, übliche Bezeichnung

56 Die praktisch bei weitem bedeutendsten Schutzhindernisse sind die der fehlenden Unterscheidungskraft, der beschreibenden Angaben und des allgemeinen Sprachgebrauchs nach Art. 4 I Buchst. b, c und d MRR, Art. 6^{quinquies} B Nr. 2 PVÜ, Art. 7 I Buchst. b, c und d UMV bzw. § 8 II Nr. 1 bis 3 MarkenG. Die Dogmatik dieser Schutzhindernisse wurde durch die Entscheidungspraxis des EuGH neu geordnet.

57 Die deutsche Rechtsprechung und Rechtslehre haben diese Änderungen allerdings nur teilweise nachvollzogen. Hier ist nach wie vor zumeist von einem »Freihaltebedürfnis« (§ 8 II Nr. 2 MarkenG) und von »Freizeichen« (§ 8 II Nr. 3 Mar-

---

346 EuGH C-363/99 v. 12.2.2004 *Postkantoor*, Tz. 122 ff.; auch EuGH C-39/08 und C-43/08 v. 12.2.2009 *Bild digital*, Tz. 14.
347 EuGH C-363/99 v. 12.2.2004 *Postkantoor*, Tz. 123; EuGH C-64/02 P v. 21.10.2004 *DAS PRINZIP DER BEQUEMLICHKEIT*, Tz. 45; EuGH C-239/05 v. 15.2.2007 *BVBA*, Tz. 30; EuGH C-265/09 P v. 9.9.2010 *HABM/BORCO-Marken-Import*, Tz. 45; EuGH C-437/15 P v. 17.5.2017 *EUIPO/Deluxe Entertainment Services Group*, Tz. 27.
348 EuGH C-265/09 P v. 9.9.2010 *HABM/BORCO-Marken-Import*, Tz. 46 f. u. 58 ff.
349 BGH I ZB 34/08 v. 22.1.2009 *My World*, Tz. 11; BGH I ZB 88/07 v. 9.7.2009 *ROCHER-Kugel*, Tz. 23; BGH I ZB 32/09 v. 14.1.2010 *hey!*, Tz. 10.
350 EuG T-23/07 v. 29.4.2009 *a*, Tz. 54, im Ergebnis bestätigt durch EuGH C-265/09 P v. 9.9.2010 *HABM/BORCO-Marken-Import*.
351 Anders ist wohl die beschränkte Prüfung bösgläubiger Anmeldungen zu beurteilen, da hier nur die Kann-Bestimmung des Art. 4 II MRR eingreift.

IV. Unterscheidungskraft, beschreibende Angaben, übliche Bezeichnung

kenG) die Rede.³⁵² Den Begriff des »Freihaltebedürfnisses« – oder treffender des »Allgemeininteresses an der Freihaltung« – will der EuGH jedoch nicht nur auf § 8 II Nr. 2 MarkenG bezogen wissen, sondern auf verschiedene Eintragungshindernisse.³⁵³ Diese ungenau gewordenen Begriffe müssen daher in ihrem traditionellen deutschen Verständnis zusammen mit der zugrunde liegenden überholten Dogmatik aufgegeben werden.³⁵⁴

Nach der Rechtsprechung des EuGH sind die betreffenden Schutzhindernisse **58** voneinander unabhängig und müssen daher getrennt geprüft werden.³⁵⁵ Andererseits überschneiden sich ihre jeweiligen Anwendungsbereiche. Insbesondere fehlt einer Wortmarke, die Merkmale von Produkten beschreibt, aus diesem Grund zwangsläufig auch die Unterscheidungskraft.³⁵⁶ Entsprechendes gilt für das Schutzhindernis üblicher Bezeichnungen.³⁵⁷ Einer Marke kann zudem die Unterscheidungskraft aus anderen Gründen als ihrem etwaigen beschreibenden Charakter³⁵⁸

---

352 Vgl. nur *Ullmann*, GRUR 2005, 89, 91; dagegen *Hildebrandt*, Newsletter CIP 2005/1; zwischen Beharrlichkeit und Ignoranz BGH I ZB 33/04 v. 15.12.2005 *Porsche Boxter*, Tz. 15 ff.; BGH I ZB 37/04 v. 24.5.2007 *Fronthaube* Tz. 28; I ZB 36/04 v. 24.5.2007, Tz. 28; I ZB 66/06 v. 24.5.2007 *Rado-Uhr III*, Tz. 12; BGH I ZB 46/05 v. 3.4.2008 *Käse in Blütenform II*, Tz. 16.
353 EuGH C-102/07 v. 10.4.2008 *adidas und adidas Benelux*, Tz. 23.
354 Vgl. EuGH C-108/97 und C-109/97 v. 4.5.1999 *Chiemsee*, Tz. 35.
355 EuGH C-53/01 bis C-55/01 v. 8.4.2003 *Linde*, Tz. 67; EuGH C-363/99 v. 12.2.2004 *Postkantoor*, Tz. 67; EuGH C-265/00 v. 12.2.2004 *Campina Melkunie*, Tz. 18; EuGH C-456/01 P u. C-457/01 P v. 29.4.2004 *Dreidimensionale Tablettenform I*, Tz. 45; EuGH C-329/02 P v. 16.9.2004 *SAT.2*, Tz. 25; EuGH C-64/02 P v. 21.10.2004 *DAS PRINZIP DER BEQUEMLICHKEIT*, Tz. 39; EuGH C-37/03 P v. 15.9.2005 *BioID*, Tz. 59; EuGH C-173/04 P v. 12.1.2006 *Deutsche SiSi-Werke*, Tz. 59; EuGH C-304/06 P v. 8.5.2008 *Eurohypo*, Tz. 54; EuGH C-90/11 und C-91/11 v. 15.3.2012 *Strigl*, Tz. 20.
356 EuGH C-363/99 v. 12.2.2004 *Postkantoor*, Tz. 86; EuGH C-265/00 v. 12.2.2004 *Campina Melkunie*, Tz. 19; EuGH C-90/11 und C-91/11 v. 15.3.2012 *Strigl*, Tz. 21; EuGH C-307/11 P v. 26.4.2012 *Deichmann*, Tz. 46 f.; EuGH C-37/17 P v. 31.5.2017 *Keil*, Tz. 4 f.; auch EuG T-289/02 v. 8.7.2004 *TELEPHARMACY SOLUTIONS*, Tz. 24; EuG T-160/02 bis T-162/02 v. 11.5.2005 *Naipes Heraclio Fournier*, Tz. 59, im Ergebnis bestätigt durch EuGH C-311/05 P v. 4.10.2007 *Naipes Heraclio Fournier/HABM*; EuG T-439/04 v. 3.5.2006 *EUROHYPO*, Tz. 42 ff., im Ergebnis bestätigt EuGH C-304/06 P v. 8.5.2008 *Eurohypo*; nichts Anderes dürfte für potentiell beschreibende Zeichen gelten; EuG T-373/07 v. 12.11.2008 *PrimeCast*, Tz. 46; überholt damit etwa BGH GRUR 1993, 43 *Römigberg*; BGH GRUR 2004, 329, 331 *Käse in Blütenform I*; BGH GRUR 2004, 502, 504 f. *Gabelstapler II*; BGH GRUR 2004, 506, 507 *Stabtaschenlampen II*.
357 EuGH C-192/03 P v. 5.10.2004 *BSS*, Tz. 29; EuGH C-64/02 P v. 21.10.2004 *DAS PRINZIP DER BEQUEMLICHKEIT*, Tz. 38, jeweils unter Hinweis auf EuGH C-517/99 v. 4.10.2001 *Bravo*, Tz. 37; EFTA-Gerichtshof E-5/16 v. 8.4.2017 *Municipality of Oslo*, Tz. 77 u. 136.
358 EuGH C-363/99 v. 12.2.2004 *Postkantoor*, Tz. 70 u. 86; EuGH C-307/11 P v. 26.4.2012 *Deichmann*, Tz. 46; EFTA-Gerichtshof E-5/16 v. 8.4.2017 *Municipality of Oslo*, Tz. 138; so auch EuG T-323/00 v. 2.7.2002 *SAT.2*, Tz. 40; EuG T-360/00 v. 9.10.2002 *UltraPlus*, Tz. 30; anders noch EuG T-345/99 v. 26.10.2000 *Trustedlink*, Tz. 30 f.; EuG T-359/99 v. 7.6.2001 *EuroHealth*, Tz. 48; EuG T-34/00 v. 27.2.2002 *EUROCOOL*, Tz. 25; EuG T-79/00 v. 27.2.2002 *LITE*, Tz. 18; zutreffend demgegenüber im Hinblick auf das Verhältnis der Schutzhindernisse »Unterscheidungskraft« und »Form der Ware« EuG T-122/99 v. 16.2.2000 *Form einer Seife I*, Tz. 43 u. 45.

oder ihrer Üblichkeit als Bezeichnung[359] fehlen. Die Eintragungshindernisse der beschreibenden Angabe und üblichen Bezeichnung erfassen also spezielle Fälle fehlender Unterscheidungskraft, ohne im Anwendungsbereich über das Schutzhindernis fehlender Unterscheidungskraft hinauszugehen. Gemeinsam ist den drei Schutzhindernissen zudem insbesondere, dass sie keine Anwendung finden, wenn die Marke infolge ihrer Benutzung Unterscheidungskraft erlangt hat (Art. 4 IV MRR, Art. 7 III UMV bzw. § 8 III MarkenG).

59 Andererseits will der EuGH diesen Grundsatz der Spezialität der Eintragungshindernisse beschreibender Angaben und üblicher Bezeichnungen nicht überbewertet wissen. Der Grundsatz der getrennten Prüfung der Eintragungshindernisse verbietet nämlich eine abgekürzte Prüfung dergestalt, dass etwa ein Fehlen der Unterscheidungskraft aus einem beschreibenden Charakter der Marke hergeleitet werden kann. Vielmehr sind jeweils die für das betreffende Eintragungshindernis maßgeblichen Kriterien gesondert zu prüfen.

> So ist beispielsweise bei der Prüfung des Fehlens der Unterscheidungskraft vornehmlich darauf abzustellen, ob das Zeichen seiner Herkunftsfunktion als Hinweis auf Produkte aus einem ganz bestimmten Unternehmen nachkommen kann. Ob das Zeichen beschreibend ist, ist hierbei nicht der maßgebliche Prüfungsmaßstab.[360]

60 Als lex specialis sind die Schutzhindernisse der beschreibenden Angaben (Art. 4 I Buchst. c MRR, Art. 7 I Buchst. c UMV bzw. § 8 II Nr. 2 MarkenG) und der üblichen Bezeichnungen (Art. 4 I Buchst. d MRR, Art. 7 I Buchst. d UMV bzw. § 8 II Nr. 3 MarkenG) zweckmäßigerweise vor dem Schutzhindernis des Fehlens der Unterscheidungskraft aus sonstigen Gründen (Art. 4 I Buchst. b MRR, Art. 7 I Buchst. b UMV bzw. § 8 II Nr. 1 MarkenG) zu prüfen.[361]

1. Merkmalsbeschreibende Angaben

a) Gesetzliche Grundlagen und Allgemeininteresse

61 Mit dem Verbot beschreibender Angaben nach Art. 4 I Buchst. c MRR, Art. 7 I Buchst. c UMV bzw. § 8 II Nr. 2 MarkenG werden Zeichen oder Angaben, die im Verkehr zur Bezeichnung der Merkmale der beanspruchten Produkte dienen können, ihrem Wesen nach als ungeeignet angesehen, die Herkunftsfunktion der Marke zu erfüllen.[362] Das Schutzhindernis verfolgt das im Allgemeininteresse liegende Ziel, dass Zeichen oder Angaben, die die Waren- oder Dienstleistungsgruppen beschreiben, für die die Eintragung beantragt wird, von allen frei verwendet werden können. Denn solche beschreibenden Angaben sollen nicht monopolisiert werden

---

359 EuGH C-64/02 P v. 21.10.2004 *DAS PRINZIP DER BEQUEMLICHKEIT*, Tz. 40.
360 Vgl. EuGH C-304/06 P v. 8.5.2008 *Eurohypo*, Tz. 54 ff.; in dieselbe Richtung auch BGH I ZB 46/05 v. 3.4.2008 *Käse in Blütenform II*, Tz. 20.
361 Anders meist noch die Rechtsprechungspraxis; vgl. aber etwa EuG T-183/03 v. 14.9.2004 *APPLIED MOLECULAR EVOLUTION*, Tz. 12.
362 EuGH C-383/99 P v. 20.9.2001 *Baby-dry*, Tz. 37; EuGH C-191/01 P v. 23.10.2003 *Doublemint*, Tz. 30; EuGH C-326/01 P v. 5.2.2004 *Universaltelefonbuch/Universalkommunikationsverzeichnis*, Tz. 26; EuGH C-150/02 P v. 5.2.2004 *Streamserve*, Tz. 24; EuG T-163/98 v. 8.7.1999 *BABY-DRY*, Tz. 23; EuG T-193/99 v. 31.1.2001 *DOUBLEMINT*, Tz. 20; EuG T-331/99 v. 31.1.2001 *Giroform*, Tz. 21; EuG T-87/00 v. 5.4.2001 *EASYBANK*, Tz. 23; EuG T-359/99 v. 7.6.2001 *EuroHealth*, Tz. 22.

und der Verkehr rechnet hier auch nicht mit einer Monopolisierung und damit nicht mit einem Herkunftshinweis. Die Bestimmung erlaubt es daher vorbehaltlich eines Erwerbs von Unterscheidungskraft durch Benutzung[363] nicht, das solche Zeichen oder Angaben durch ihre Eintragung als Marke einem einzigen Unternehmen vorbehalten werden.[364] Beispielhaft und nicht abschließend[365] nennt das Schutzhindernis hierbei als potentiell beschreibende Merkmale der Produkte die Art, die Beschaffenheit, die Menge, die Bestimmung, den Wert, die geografische Herkunft, die Zeit der Herstellung der Waren oder der Erbringung der Dienstleistungen.

So darf beispielsweise die frühere offizielle Berufsbezeichnung »Baumeister« nicht dadurch monopolisiert werden, dass ein Unternehmen die Marke »BAUMEISTER-HAUS« für Fertighäuser eintragen lässt. Andernfalls würden Personen, die heute noch die Berufsbezeichnung tragen dürfen, hieran durch die Marke gehindert.[366] Auch wenn sich beispielsweise die Bezeichnung »trocken« für »Weine« als Marke monopolisieren ließe, so könnten Dritte trockene Weine nicht mehr beschreiben. Dies will das Schutzhindernis merkmalsbeschreibender Angaben von vornherein verhindern. Dass nämlich unter bestimmten Umständen eine beschreibende Benutzung durch die Schrankenbestimmungen[367] freigestellt ist, ist zum Schutz der Mitbewerber nicht ausreichend und daher nicht ausschlaggebend.[368]

b) Erforderlicher Grad der Abweichung vom Üblichen, insbesondere Abkürzungen

In der Praxis versuchen Unternehmen häufig, das Schutzhindernis der merkmalsbeschreibenden Angabe zu umgehen, indem sie für ihre Marke zwar keine direkt merkmalsbeschreibende Angabe verwenden, sich jedoch an eine solche anlehnen. Hierbei genügt jede erkennbare Abweichung in der Formulierung einer angemeldeten Wortverbindung von der Ausdrucksweise, die im üblichen Sprachgebrauch der betroffenen Verkehrskreise für die Bezeichnung der wesentlichen Produktmerk- 62

---

363 Hierzu unten § 4 Rdn. 153 – 172.
364 EuGH C-108/97 und C-109/97 v. 4.5.1999 *Chiemsee*, Tz. 25; EuGH C-53/01 bis C-55/01 v. 8.4.2003 *Linde*, Tz. 73 u. 77; EuGH C-104/01 v. 6.5.2003 *Libertel*, Tz. 52; EuGH C-191/01 P v. 23.10.2003 *Doublemint*, Tz. 31; EuGH C-326/01 P v. 5.2.2004 *Universaltelefonbuch/Universalkommunikationsverzeichnis*, Tz. 27 u. 32; EuGH C-150/02 P v. 5.2.2004 *Streamserve*, Tz. 25; EuGH C-363/99 v. 12.2.2004 *Postkantoor*, Tz. 54 f. u. 95; EuGH C-265/00 v. 12.2.2004 *Campina Melkunie*, Tz. 35 f.; EuGH C-273/05 P v. 19.4.2007 *HABM/Celltech*, Tz. 75; EuGH C-90/11 und C-91/11 v. 15.3.2012 *Strigl*, Tz. 31; EuGH C-139/16 v. 6.7.2017 *Moreno Marín*, Tz. 23; auch EuGH C-218/01 v. 12.2.2004 *Henkel*, Tz. 41; EuGH C-369/10 P v. 14.3.2011 *Ravensburger*, Tz. 52; EuGH C-673/15 P bis C-676/15 P v. 20.9.2017 *The Tea Board*, Tz. 59; EuGH C-488/16 P v. 6.9.2018 *Bundesverband Souvenir – Geschenke – Ehrenpreise*, Tz. 36; EuGH C-629/17 v. 6.12.2018 *J. Portugal Ramos Vinhos*, Tz. 16; dies gilt auch für die Kombination beschreibender Begriffe, da von diesen schon ein Abschreckungseffekt ausgeht: EuG T-230/05 v. 6.3.2007 *GOLF USA*, Tz. 32 f.
365 EuGH C-126/13 P v. 10.7.2014 *BSH Bosch und Siemens Hausgeräte*, Tz. 20, m. w. N.; EuGH C-629/17 v. 6.12.2018 *J. Portugal Ramos Vinhos*, Tz. 18.
366 BGH GRUR 2001, 732, 733 f. *BAUMEISTER-HAUS*.
367 Vgl. hierzu unten § 15 Rdn. 1 – 32.
368 EuGH C-108/97 und C-109/97 v. 4.5.1999 *Chiemsee*, Tz. 28; EuGH C-404/02 v. 16.9.2004 *Nichols*, Tz. 32 f.; EuG T-359/99 v. 7.6.2001 *EuroHealth*, Tz. 28; EuG T-295/01 v. 15.10.2003 *OLDENBURGER*, Tz. 55–57; vgl. auch BGH GRUR 2000, 882, 883 *Bücher für eine bessere Welt*.

male verwendet wird, um einer Wortverbindung die für ihre Eintragung als Marke erforderliche Unterscheidungskraft zu verleihen.[369]

> Schon Wortbildungen wie »Baby-dry« können beispielsweise nicht als in ihrer Gesamtheit beschreibend angesehen werden; sie sind vielmehr Ergebnis einer lexikalischen Erfindung, die der so gebildeten Marke die Erfüllung einer Unterscheidungsfunktion ermöglicht, und können nicht als merkmalsbeschreibend von der Eintragung ausgeschlossen werden.[370] Die Nachstellung eines Adjektivs hinter ein Substantiv ist im Englischen unüblich.[371] Ebenso ist »PAST PERFECT« für Tonträger nicht beschreibend und kann nicht pauschal als Hinweis auf Musik der Vergangenheit verstanden werden.[372] Auch die Abweichung der Marke »Roximycin« vom Fachbegriff »Roxithromycin« bemerkt der Verkehr.[373] Nicht erkennbar ist demgegenüber die Abweichung des angemeldeten Zeichens »Lichtenstein« von der korrekten Schreibweise des Fürstentums Liechtenstein; der Verkehr übersieht die Abweichung vielfach.[374] Auch wollte das EuG das Weglassen eines Buchstaben »c« in »Magicrown« nicht genügen lassen, weil dies übersehen werden könne.[375] Gleiches gilt bei der Voranstellung des Zeichens »>« im Zeichen »>packaging« bei Verpackungsmaterialien und Dienstleistungen aus dem Bereich Verpackungs- und Logistikindustrie.[376] Ob ein Zeichen als Unternehmenskennzeichen schutzfähig wäre, spielt für die Beurteilung der Unterscheidungskraft als Marke keine Rolle.[377]

63 Anmelder versuchen oft, einerseits einen gewissen Abstand von üblichen beschreibenden Formulierungen zu erlangen, andererseits aber beschreibende Anklänge des Kennzeichens zu bewahren. Häufig werden hierbei Abkürzungen beschreibender Begriffe eingesetzt. Aus dem Bereich der Beschreibung führt dies jedoch nur selten heraus.[378] Andererseits gilt kein linguistischer Erfahrungssatz, dass Abkürzungen stets automatisch vom Verkehr ergänzt würden und daher schutzunfähig wären.[379]

> So ist etwa die Bezeichnung »LIMO« für verschiedene Waren im Zusammenhang mit Lasern schon dann nicht schutzfähig, wenn die Abkürzung »LIMOS« von den angesprochenen Fachkreisen im Sinne »Laser Intensity Modulation Systems« verstanden wird und daher ein

---

369 EuGH C-383/99 P v. 20.9.2001 *Baby-dry*, Tz. 40; anders noch EuG T-360/99 v. 26.10.2000 *Investorword*, Tz. 23.
370 EuGH C-383/99 P v. 20.9.2001 *Baby-dry*, Tz. 44; problematisch vor diesem Hintergrund EuG T-79/01 u. T-86/01 v. 20.11.2002 *Kit Pro u. Kit Super Pro*, Tz. 23 ff.
371 Problematisch und wohl auf den Instanzenzug und die dadurch beschränkte Prüfungskompetenz zurückzuführen ist es hierbei, wenn der EuGH im Zusammenhang der Unionsmarke nur auf den englischsprachigen Verbraucher abstellt und nicht berücksichtigt, dass die sprachliche Nuance vielen nur lückenhaft mit der englischen Sprache vertrauten Verbrauchern entgehen wird. Pädagogische Ambitionen, Verbrauchern in anderen Ländern den richtigen Gebrauch der englischen Sprache beibringen zu wollen, wird man dem EuGH schwerlich unterstellen können; vgl. etwa auch EuG T-320/03 v. 15.9.2005 *LIVE RICHLY*, Tz. 76.
372 EuG T-133/06 v. 23.10.2008 *PAST PERFECT*, Tz. 31 ff.
373 BGH GRUR 2005, 258, 260 *Roximycin*.
374 BGH GRUR 2003, 882, 883 *Lichtenstein*.
375 EuG T-218/16 v. 16.5.2017 *Magicrown*, Tz. 21 f.
376 EuG T-64/09 v. 8.9.2010 *packaging*, Tz. 40 ff.
377 BGH I ZB 29/13 v. 15.5.2014 *DüsseldorfCongress*, Tz. 18.
378 Etwa EuG T-439/04 v. 3.5.2006 *EUROHYPO*, Tz. 51 ff., bestätigt durch EuGH C-304/06 P v. 8.5.2008 *Eurohypo*; vgl. aber die zu weitgehende Entscheidung BGH GRUR 1995, 408 *PROTECH*.
379 BGH I ZB 72/11 v. 22.11.2012 *Kaleido*, Tz. 22.

Verständnis von »LIMO« im Sinne von »Laser Intensity Modulation« möglich ist.[380] »ROI ANALYSER« bedeutet »Return on Investment Analyser«.[381] Das Wortzeichen »ROBOTUNITS« ist für Maschinen und Maschinenbauteile im Sinne von »Robotereinheit« oder »Roboterteil« beschreibend.[382] Das Element »i« in dem Zeichen »ilink« wird als Hinweis auf die Informations- und Kommunikationstechnologien und insbesondere auf das Internet verstanden,[383] kann aber – etwa im Zeichen »iGrill« für Grillzubehör – auch allgemein für »intelligent« stehen.[384] »TDI« ist für Kraftfahrzeuge als Abkürzung für »Turbo Diesel Injection« oder »Turbo Direct Injection« beschreibend.[385] »BKK« ist als Abkürzung von »Betriebskrankenkasse« beschreibend in Bezug auf Versicherungsdienstleistungen.[386] »CINE ACTION« und »CINE COMEDY« sind beschreibend im Filmbereich,[387] »WinDVD Creator« im EDV-Bereich,[388] »POWDERMED« für Arzneimittel,[389] »medi« allgemein Produkte mit Medizinbezug,[390] »BioMonitor« für Herzschrittmacher und Geräte, die der Kontrolle und Überwachung von Körperfunktionen dienen.[391] »EuroHealth«[392] bzw. »EUROHYPO«[393] können zur Bezeichnung von Dienstleistungen einer Krankenversicherung bzw. von Finanzdienstleistungen dienen, die europaweit angeboten werden. »TELE AID« ist zwar im Sinne von »Hilfe aus der Ferne« beschreibend für Auto-Notrufsysteme, Pannenhilfe und ähnliche Produkte, nicht jedoch für Geräte zur Übermittlung von Sprachen und Daten, Datenverarbeitungsgeräte, Navigationsgeräte oder den Betrieb eines Kommunikationsnet-

---

380 EuG T-311/02 v. 20.7.2004 *LIMO*, Tz. 44.
381 EuG T-233/08 v. 10.9.2010 *ROI ANALYZER*, bestätigt von EuGH C-536/10 P v. 7.7.2011 *MPDV Mikrolab*.
382 EuG T-222/02 v. 23.11.2003 *ROBOTUNITS*, Tz. 39–54; ähnlich zu Werkzeugklemmen EuG T-61/03 v. 27.5.2004 *QUICK GRIP*, Tz. 29 ff.; zu einem Computersystem zum Fernabsatz von Medikamenten EuG T-289/02 v. 8.7.2004 *TELEPHARMACY SOLUTIONS*, Tz. 46 ff.; zu Zinnlegierungen unter Verwendung der Abkürzungen »Sn« (Zinn), »TEM« (temper), »PUR« und »MIX« EuG T-367/02 bis T-369/02 v. 12.1.2005 *SnTEM, SnPUR, SnMIX*, Tz. 22 ff.; im Musikbereich EuG T-315/03 v. 8.6.2005 *Rockbass*, Tz. 59 ff., eingelegtes Rechtsmittel später zurückgenommen (EuGH C-301/05 P v. 11.10.2007 *Wilfer*); zur Schutzunfähigkeit von »PAPERLAB« für »Datenverarbeitungsgeräte und Messinstrumente zur Kontrolle und Prüfung von Papier« EuG T-19/04 v. 22.6.2005 *PAPERLAB*, Tz. 23 ff.
383 EuG T-161/09 v. 16.12.2010 *ilink*, Tz. 30; entsprechend EuG T-225/14 v. 3.9.2015 *IDIRECT24*, Tz. 54 u. 59.
384 EuG T-35/17 v. 31.1.2018 *iGrill*, Tz. 22.
385 EuG T-16/02 v. 3.12.2003 *TDI I*, Tz. 30 ff., Rechtsmittel (Az. beim EuGH C-82/04 P) nach Rücknahme der Anmeldung erledigt; EuG T-318/09 v. 6.7.2011 *TDI*, Rechtsmittel (Az. beim EuGH C-467/11 P) ebenfalls nach Rücknahme der Anmeldung erledigt; EuG T-174/07 v. 28.1.2009 *TDI II*, Tz. 32 ff., auch zu ergänzenden Produkten wie Motoröl; zum beschreibenden Charakter von »Turbo« auch EuG T-210/17 v. 22.2.2018 *ZITRO TURBO 2/TRIPLE TURBO*, Tz. 32 ff.
386 EuG T-289/08 v. 11.2.2010 *Deutsche BKK*, Tz. 41.
387 EuG T-135/99 v. 31.1.2001 *CINE ACTION*, Tz. 27 ff.; EuG T-136/99 v. 31.1.2001 *CINE COMEDY*, Tz. 27 ff.
388 EuG T-105/06 v. 17.10.2007 *WinDVD Creator*, Tz. 35 ff.
389 EuG T-166/06 v. 29.9.2008 *POWDERMED*, Tz. 24 ff.
390 EuG T-470/09 v. 12.7.2012 *medi*, im Ergebnis bestätigt durch EuGH C-410/12 P v. 16.10.2013 *medi*.
391 EuG T-257/08 v. 9.7.2009 *BioMonitor*, Tz. 24 ff.
392 EuG T-359/99 v. 7.6.2001 *EuroHealth*, Tz. 26 u. 36 ff.
393 EuG T-439/04 v. 3.5.2006 *EUROHYPO*, Tz. 51 ff., bestätigt durch EuGH C-304/06 P v. 8.5.2008 *Eurohypo*.

zes.³⁹⁴ »PharmaResearch« wird als Abkürzung für »pharmaceutical research« verstanden.³⁹⁵ Demgegenüber ist »Kaleido« keine übliche oder auch nur naheliegende Abkürzung für »Kaleidoskop«, daher schutzfähig für Spielwaren.³⁹⁶

c) Erfordernis einer gewissen Unmittelbarkeit der Beschreibung

64 Unter die Bestimmung fallen nur solche Zeichen und Angaben, die im normalen Sprachgebrauch nach dem Verständnis des Verbrauchers die angemeldeten Waren oder Dienstleistungen entweder unmittelbar oder durch den Hinweis auf eines ihrer wesentlichen Merkmale bezeichnen können.³⁹⁷ Erfasst sind nur Zeichen, die dazu dienen, eine leicht von den beteiligten Verkehrskreisen zu erkennende Produkteigenschaft zu bezeichnen.³⁹⁸

65 Nicht schon jeder noch so entfernte Anklang an Produkteigenschaften ist eine schutzunfähige Merkmalsbeschreibung. Unter die Vorschrift fallen vielmehr nur solche Zeichen und Angaben, die im normalen Sprachgebrauch nach dem Verständnis des Verbrauchers die angemeldeten Waren oder Dienstleistungen entweder unmittelbar oder durch Hinweis auf eines ihrer wesentlichen Merkmale beschreiben können. Umgekehrt genügt es für die Zurückweisung, dass die betroffenen Verkehrskreise sofort und ohne weiteres Nachdenken³⁹⁹ einen konkreten und direkten Bezug zwischen dem fraglichen Zeichen und den von den Anmeldungen erfassten Waren und Dienstleistungen herstellen können.⁴⁰⁰ Das Hervorrufen von Assoziationen oder Vermutungen genügt nicht.⁴⁰¹ So gehen BGH⁴⁰² und EuG⁴⁰³ nur dann von einer Schutzunfähigkeit aus, wenn die Beschreibung hinreichend unmittelbar ist.

---

394 EuG T-355/00 v. 20.3.2002 *TELE AID*, Tz. 30–45.
395 EuG T-464/07 v. 17.6.2009 *PharmaResearch*, Tz. 32 ff.
396 BGH I ZB 72/11 v. 22.11.2012 *Kaleido*.
397 EuGH C-383/99 P v. 20.9.2001 *Baby-dry*, Tz. 39; EuGH C-629/17 v. 6.12.2018 *J. Portugal Ramos Vinhos*, Tz. 17.
398 EuGH C-126/13 P v. 10.7.2014 *BSH Bosch und Siemens Hausgeräte*, Tz. 21; EuGH C-629/17 v. 6.12.2018 *J. Portugal Ramos Vinhos*, Tz. 19.
399 EFTA-Gerichtshof E-5/16 v. 8.4.2017 *Municipality of Oslo*, Tz. 124; zu einem Gegenbeispiel beim Eintragungshindernis fehlender Unterscheidungskraft BGH I ZB 56/09 v. 21.12.2011 *Link economy*, Tz. 12 ff.
400 EuGH C-494/08 P v. 9.12.2009 *Prana Haus*, Tz. 28 f.; EuGH C-369/10 P v. 14.3.2011 *Ravensburger*, Tz. 53; EuGH C-306/11 P v. 28.6.2012 *XXXLutz Marken*, Tz. 77.
401 EuGH C-306/11 P v. 28.6.2012 *XXXLutz Marken*, Tz. 79, m. w. N.; vgl. auch BGH I ZR 101/15 v. 3.11.2016 *MICRO COTTON*, Tz. 49 f.
402 Zur Rechtsprechung des EuG T-302/03 v. 10.10.2006 *map&guide*, Tz. 50; bestätigt durch EuGH C-512/06 P v. 26.10.2007 *PTV Planung Transport Verkehr*, Tz. 31 ff.; aber auch EuG T-183/03 v. 14.9.2004 *APPLIED MOLECULAR EVOLUTION*, Tz. 20 (beschreibend für Dienstleistungen im Bereich der Molekulartechnik); viel zu weit gehend EuG T-173/03 v. 30.11.2004 *NURSERYROOM*, Tz. 21 ff. (angeblich beschreibend im Zusammenhang mit Windelhosen, Babyschuhen, Babybekleidung und -wäsche sowie Plüschtieren, Büchern, Papier- und Schreibwaren, Karten, Tellern, Tassen, Hüten, Schuhen und Mobiles.
403 Etwa EuG T-513/15 v. 16.2.2017 *Limbic® Map*, Tz. 22; EuG T-516/15 v. 16.2.2017 *Limbic® Types*, Tz. 22; EuG T-517/15 v. 16.2.2017 *Limbic® Sales*, Tz. 22, jeweils m. w. N.

So hielt der BGH etwa den Begriff »BONUS« für chemische und veterinärmedizinische Erzeugnisse,[404] die Aufforderung »Change« im Zusammenhang mit Zigaretten und Zigarettenpapier,[405] den Begriff »PREMIERE« für Dienstleistungen eines Fernsehsenders,[406] »HOUSE OF BLUES« für Tonträger[407] sowie »FOR YOU« und ›Test it‹ für Raucherartikel[408] nicht für unmittelbar beschreibend. Das EuG hielt – unzutreffend – »BIODERMA« nicht für unmittelbar beschreibend im Zusammenhang mit »Substanzen zur Verwendung in der Medizin«.[409] Zutreffend war »Tafel« für caritative Dienstleistungen im Zusammenhang mit Gütern des täglichen Bedarfs nicht im Sinne von Tisch,[410] wohl aber inzwischen im Sinne einer Speisung von Bedürftigen[411] beschreibend. Der erforderliche Grad an Unmittelbarkeit war demgegenüber gegeben bei der Wortfolge »Bücher für eine bessere Welt«, die die durch sie gekennzeichneten Bücher oder Broschüren unmittelbar sachlich als Druckwerke beschreibt, die der Schaffung einer besseren Welt dienen sollen.[412] Auch »Winnetou« war – zu weitgehend[413] – angeblich beschreibend für Druckereierzeugnisse, Filmproduktion sowie die Herausgabe von Büchern und Zeitschriften. Der Name »Winnetou« hätte sich nämlich aufgrund der Bekanntheit der Romanfigur von *Karl May* zum Synonym für einen rechtschaffenen Indianerhäuptling entwickelt und ist geeignet als Sachhinweis auf den Inhalt oder Gegenstand der fraglichen Produkte dienen zu können, die sich mit dieser Romanfigur befassten.[414] Das EuG hat im Falle der auf ein Kommunikationsverzeichnis hinweisenden Bezeichnung »WEISSE SEITEN« zu Recht einen beschreibenden Charakter auch für die Dienstleistungen eines Verlages oder eines Redakteurs bejaht.[415] Auch »map&guide« für Computersoftware und verwandte Dienstleistungen war als konkreter Hinweis auf den Gegenstand der Software beschreibend.[416] »BASICS« war ein beschreibender Hinweis darauf, dass es sich bei den damit gekennzeichneten Farben um grundlegende und elementare Materialien handele.[417] Im Zusammenhang mit Haushaltsgeräten wies »ecoDoor« auf ökologisch günstige Eigenschaften der Gerätetüren hin.[418] Die Bezeichnung »MANPOWER« weist bei denjenigen Verkehrskreisen, die die englische Bedeutung des Wortes im Sinne »menschlicher Arbeitskraft« kennen, einen hinreichend unmittelbaren Bezug zu Dienstleistungen einer Arbeitsvermittlung auf.[419] »VISIBLE WHITE« ist als Hinweis auf das Ergebnis sichtbar weißer Zähne beschreibend für Zahnpasta.[420] »MEMORY« ist beschreibend für

---

404 BGH GRUR 1998, 465, 467 *BONUS I.*
405 BGH GRUR 1998, 813, 814 *Change.*
406 BGH GRUR 1999, 728, 729 *PREMIERE II.*
407 BGH GRUR 1999, 988, 989 *HOUSE OF BLUES;* vgl. aber EuG T-226/07 v. 17.9.2008 *PRANAHAUS,* Tz. 32, bestätigt durch EuGH C-494/08 P v. 9.12.2009 *Prana Haus.*
408 BGH GRUR 1999, 1093; 1095 *FOR YOU;* BGH GRUR 2001, 735, 737 *Test it.*
409 EuG T-427/11 v. 21.2.2013 *BIODERMA,* Tz. 63.
410 EuG T-710/13 v. 18.9.2015 *Tafel,* Tz. 31 ff.
411 EuG T-326/16 v. 8.6.2017 *Tafel,* Tz. 23 ff.
412 BGH GRUR 2000, 882, 883 *Bücher für eine bessere Welt.*
413 Vgl. BGH I ZB 25/17 v. 13.9.2018 *Pippi Langstrumpf,* Tz. 34 ff.
414 BGH GRUR 2003, 342, 343 *Winnetou;* a. A. wohl EuG T-501/13 v. 18.3.2016 *WINNETOU,* Tz. 35 ff.; vgl. aber auch BPatG 32 W (pat) v. 8.2.2006 *Der kleine Eisbär;* BPatG MarkenR 2008, 183 *Percy Stuart.*
415 EuG T-322/03 v. 16.3.2006 *WEISSE SEITEN,* Tz. 96 ff.
416 EuG T-302/03 v. 10.10.2006 *map&guide,* Tz. 32 ff.; im Ergebnis bestätigt durch EuGH C-512/06 P v. 26.10.2007 *PTV Planung Transport Verkehr.*
417 EuG T-164/06 v. 12.9.2007 *BASICS,* Tz. 23 ff.
418 EuG T- 625/11 v. 15.1.2013 *ecoDoor,* Tz. 21 ff., bestätigt durch EuGH C-126/13 P v. 10.7.2014 *BSH Bosch und Siemens Hausgeräte.*
419 EuG T-405/05 v. 15.10.2008 *MANPOWER,* Tz. 52 ff., bestätigt durch EuGH C-553/08 P v. 2.12.2009 *Powerserv Personalservice.*
420 EuG T-136/07 v. 9.12.2008 *VISIBLE WHITE,* Tz. 39 ff.

Spiele, bei denen es um ein gutes Erinnerungsvermögen gehen kann,[421] »REVOLUTION« für revolutionäre Finanzdienstleistungen.[422] Dagegen ist das Zeichen »SUPERSKIN« nicht beschreibend für Produkte wie Parfüm, Zahnpasta und kosmetische Produkte für Haar und Nägel, denn es besteht keine direkte Beziehung zur Haut; beschreibend ist es aber für Watte, hautnährende Lebensmittel sowie für Hautpflegemittel.[423] »Blumenbutler« ist für einen Blumenlieferdienst als ungewöhnliche Kombination der Wörter »Blumen« und »Butler« nicht beschreibend.[424] Schließlich war mangels unmittelbarer Beziehung zwischen dem Zeichen und der geschützten Dienstleistungen auch der Begriff »College« für »Transport- und Reisedienstleistungen« sowie für die »Verpflegung von Gästen« eintragungsfähig.[425] Auch »AMPHIBIAN« war nicht beschreibend für Uhren, weil der Hinweis auf Wasserdichtigkeit einen weiteren Gedankenschritt erforderte.[426] Viel zu weitgehend hielt das EuG aber auch die Marke »AROMA« in einem Nichtigkeitsverfahren für schutzfähig, weil ein Aroma im Wesentlichen Ergebnis der Zubereitungsart, nicht aber der verwendeten Geräte sei.[427] Umgekehrt hat das EuG zu Unrecht der Marke »MULTI FRUITS« die Schutzfähigkeit für Spiele und Spielautomaten abgesprochen, weil »fruit machine« ein Synonym für diese Waren sei;[428] tatsächlich dürfte schon das Weglassen des Wortes »machine« aus dem Bereich der Beschreibung führen.

66 Nicht hinreichend unmittelbar beschreiben häufig Kurzzeichen wie Zahlen oder Einzelbuchstaben. Hier kommt es auf den Einzelfall an, ob das Kurzzeichen in Alleinstellung und ohne erklärende Zusätze zur Beschreibung geeignet ist. Eine pauschale Zurückweisung mit der Begründung, der Verkehr erkenne in dem Zeichen lediglich eine Typenbezeichnung oder eine Ausstattungsvariante, ist nicht zulässig.[429]

So ist die Zahl »1« für Zigaretten und Raucherartikel nicht beschreibend. Hier kommt die Zahl »1« als Mengenangabe nicht in Betracht, weil der Verkehr in der Regel ein Stück oder eine Packung der gewünschten Ware erwerben will und er deshalb auf die Zahl »1« nicht angewiesen ist.[430] Auch das italienische Zahlwort »quattro« ist für Personenkraftwagen und bestimmte konstruktionsgebundene Teile solcher Wagen nicht beschreibend, weil sie für sich genommen – ohne konkretisierende Zusätze – nicht geeignet ist, irgendein Merkmal der in Rede stehenden konkreten Waren zu bezeichnen.[431] Dagegen seien die Zahlen »100« und »300« beschreibend für Druckerzeugnisse und Spiele wie Puzzle, denn der Verbraucher würde sie als Hinweis auf die Seitenzahl oder die Einzelteilzahl verstehen.[432] Für Farbspritz-

---

421 EuG T-108/09 v. 19.5.2010 *MEMORY*, Tz. 31 ff., bestätigt durch EuGH C-369/10 P v. 14.3.2011 *Ravensburger*.
422 EuG T-654/14 v. 2.6.2016 *REVOLUTION*, Tz. 24 ff.
423 EuG T-486/08 v. 9.12.2009 *SUPERSKIN*, Tz. 39 ff.
424 BGH I ZR 53/12 v. 27.6.2013 *Fleurop*, Tz. 27.
425 EuG T-165/11 v. 12.6.2012 *COLLEGE*, Tz. 26 ff.
426 EuG T-215/16 v. 4.4.2017 *AMPHIBIAN*, Tz. 42 ff.
427 EuG T-749/14 v. 12.5.2016 *AROMA*, Tz. 37 ff., im Ergebnis bestätigt durch EuGH C-389/16 P v. 15.11.2016 *BSH Hausgeräte*.
428 EuG T-355/16 v. 17.5.2017 *MULTI FRUITS*, Tz. 36.
429 EuG T-302/06 v. 9.7.2008 *E*, Tz. 40 ff.
430 BGH GRUR 2002, 970, 972 *Zahl »1«*; entsprechend BGH Mitt. 2002, 423 *Zahl »6«*.
431 BGH GRUR 1997, 366 *quattro II*.
432 EuG T-425/07 und T-426/07 v. 19.11.2009 *100 und 300*, Tz. 25, im Ergebnis bestätigt durch EuGH C-56/10 P v. 22.6.2011 *Agencja Wydawnicza Technopol/HABM*; vgl. dazu auch EuG T-298/06 v. 19.12.2009 *1000*, Tz. 26 ff., im Ergebnis bestätigt durch EuGH C-51/10 P v. 10.3.2011 *Agencja Wydawnicza Technopol/HABM*; EuG T-64/07 bis T-66/07 v. 19.11.2009 *350, 250 und 150*, Tz. 27 ff.; EuG T-200/07 bis T-202/07 v. 19.11.2009 *222, 333 und 555*, Tz. 28 ff.

pistolen war »4600« beschreibend, weil es eine Druckangabe sein konnte.⁴³³ Entsprechendes gilt für den Buchstaben »Z« im Zusammenhang mit Tabakerzeugnissen und Raucherartikeln.⁴³⁴ Auch bei dem für Immobiliendienstleistungen grafisch gestalteten Buchstaben

I

schließlich kann nicht von vornherein von einem beschreibenden Charakter ausgegangen werden; vielmehr sind Unterscheidungskraft und beschreibender Charakter im Einzelnen zu prüfen.⁴³⁵ Entsprechendes gilt für das griechische »α«.⁴³⁶ Ebenso wenig sind automatisch Kurzzeichen aus zwei Buchstaben beschreibend, weil sie häufig in einer Branche verwendet würden.⁴³⁷ Beschreibend ist hingegen für Windenergieanlagen der Buchstabe »E«, da dieser in verschiedenen Abkürzungen – wie »E-Werk« – als Kürzel für »Energie« verwendet wird;⁴³⁸ auch für »elektrisch« kann der Buchstabe »e« stehen;⁴³⁹ so wurde »E-Ship« in Bezug auf Waren und Dienstleitungen aus dem Bereich des Schiffbaus und des Transports von Personen und Gütern abgelehnt.⁴⁴⁰ Auch das anstelle des Buchstabens »a« häufig gebrauchte Symbol »@« verleiht einem Zeichen normalerweise keine Unterscheidungskraft, sondern ist zusätzlicher Hinweis auf Tätigkeit im Internet.⁴⁴¹ Entsprechendes gilt für das Hashtagzeichen »#«.⁴⁴²

d) Mehrdeutige und unscharfe Zeichen

Auch ein mehrdeutiges oder unscharfes Zeichen kann von der Eintragung ausgeschlossen werden, wenn es zumindest in einer seiner möglichen Bedeutungen ein Merkmal der in Frage stehenden Produkte bezeichnet. Aus dem Wortlaut der einschlägigen Bestimmungen folgt nämlich ein Schutzhindernis bereits dann, wenn das Zeichen zum Zwecke der Beschreibung von Merkmalen verwendet werden »kann«.⁴⁴³ Kein Kriterium ist daher, ob das Zeichen für die von ihm erfassten Produkte oder deren Merkmale ausschließlich beschreibend ist oder ob seine

67

---

433 EuG T-214/16 v. 14.7.2017 *4600*, Tz. 35 ff.; auch EuG T-299/17 v. 29.5.2018 *1000*, Tz. 41 ff.
434 BGH GRUR 2003, 343, 344 *Buchstabe »Z«*; vgl. auch BPatG GRUR 2003, 345 *Buchstabe »K«*.
435 EuG T-441/05 v. 13.6.2007 *I*, Tz. 49 ff., insbesondere Tz. 58.
436 EuG T-23/07 v. 29.4.2009 *a*, Tz. 43 ff., im Ergebnis bestätigt durch EuGH C-265/09 P v. 9.9.2010 *HABM/BORCO-Marken-Import*; auch EuGH C-84/16 P v. 26.7.2017 *Continental Reifen Deutschland*, Rn 73.
437 EuG T-207/17 v. 24.4.2018 *hp*, Tz. 29 f.; EuG T-208/17 v. 24.4.2018 *HP*, Tz. 29 f.
438 EuG T-329/06 v. 21.5.2008 *E*, Tz. 25 ff.; zum Buchstaben »E« auch EuG T-302/06 v. 9.7.2008 *E*, Tz. 40 ff.
439 EuG T-426/17 v. 28.5.2018 *EFUSE*, Tz. 25.
440 EuG T-81/08 v. 29.4.2009 *E-Ship*, Tz. 34.
441 EuG T-405/07 u. T-406/07 v. 20.5.2009 *P@YWEB CARD und PAYWEB CARD*, Tz. 39 ff., im Ergebnis bestätigt durch EuGH C-282/09 P v. 18.3.2010 *CFCMCEE*; auch BPatG 29 W (pat) 62/13 v. 2.12.2015 @ (für eine Vielzahl von Produkten).
442 Vgl. BGH I ZB 61/17 v. 21.6.2018 *#darferdas?*.
443 EuGH C-191/01 P v. 23.10.2003 *Doublemint*, Tz. 32; EuGH C-212/07 P v. 13.2.2008 *Indorata-Serviços e Gestão*, Tz. 35; EuG T-106/00 v. 27.2.2002 *STREAMSERVE*, Tz. 42; EuG T-355/00 v. 20.3.2002 *TELE AID*, Tz. 30; EuG T-356/00 v. 20.3.2002 *CARCARD*, Tz. 30; EuG T-358/00 v. 20.3.2002 *TRUCKCARD*, Tz. 31; EuG T-222/02 v. 23.11.2003 *ROBOTUNITS*, Tz. 41; EuG T-158/06 v. 23.10.2008 *FLEX*, Tz. 48 f.; EuG T-132/08 v. 11.6.2009 *MaxiBridge*, Tz. 42 f.; BGH I ZB 53/05 v. 13.3.2008 *SPA II*, Tz. 15, m. w. N.

Bedeutung über den ausschließlich beschreibenden Charakter hinausgeht.[444] Vielmehr ist zu prüfen, ob die streitige Wortverbindung geeignet ist, von anderen Wirtschaftsteilnehmern zur Bezeichnung eines Merkmals ihrer Produkte verwendet zu werden.[445]

> Nicht bestätigt hat der EuGH[446] daher etwa die Doublemint-Entscheidung des EuG, das die Bezeichnung DOUBLEMINT für nicht beschreibend für Kaugummi hielt, weil der Begriff zwei verschiedene Bedeutungen habe und vom Verkehr zum einen in dem Sinne gedeutet werden könne, dass Produkte mit zwei verschiedenen Sorten Minze, zum anderen in dem Sinne, dass Produkte mit der doppelten Menge Minze bezeichnet sind.[447] Auch der Begriff »SPA« weist verschiedene Bedeutungen auf; da »SPA« auch bestimmte Wellness- und Gesundheitsdienstleistungen beschreibt, ist das Wort wegen des unmittelbaren Bezugs zu den Waren »Parfümerien, Mittel zur Körper- und Schönheitspflege« für diese Waren nicht eintragungsfähig.[448] »PrimeCast« ist für Gussformen in der Bedeutung »erstklassige Gussform« auch dann beschreibend, wenn der Begriff im Bereich des Films auf eine »erstklassige Besetzung« hindeuten kann.[449] Auch dem Begriff »LOTTO« nimmt seine Mehrdeutigkeit – einmal als allgemeiner Hinweis auf irgendein Glücksspiel, einmal auf das bestimmte Glücksspiel 6 aus 49 – nicht seinen beschreibenden Charakter.[450] Die Angabe »POST« ist für die Dienstleistungen der Beförderung und Zustellung von Gütern, Briefen und Paketen beschreibend.[451] »FUSSBALL WM 2006«[452] und »WM 2006«[453] schließlich bezeichnen nicht nur eine bestimmte Dienstleistung der FIFA, sondern auch ein Großereignis. Die Bezeichnungen sind daher für Produkte, die im Zusammenhang mit einem solchen Großereignis stehen können, beschreibend und nicht eintragungsfähig.[454] Ebenso hilft es der Anmeldung »DüsseldorfCongress« nicht, dass sie sowohl einen Kongress als auch Kongressdienstleister in Düsseldorf beschreibt.[455] Eintragungsfähig war dagegen das Zeichen »16PF« im Bereich der Verhaltensforschung und des Persönlichkeitstests; dass die Marke für »16 Personalfaktoren« stehen kann, ist nicht ohne weiteres erkennbar.[456]

68 Die Tatsache, dass auch ein mehrdeutiges Zeichen beschreibend sein kann, führt bei geografischen Bezeichnungen dazu, dass eine Einmaligkeit des Ortsnamens nicht Voraussetzung für das Eingreifen des Schutzhindernisses ist. Auch der Umstand, dass der Ortsname zudem als Eigenname feststellbar ist, beseitigt den beschreibenden Charakter nicht.

---

444 EuGH C-191/01 P v. 23.10.2003 *Doublemint*, Tz. 33 f.; anders noch EuG T-193/99 v. 31.1.2001 *DOUBLEMINT*, Tz. 20; EuG T-87/00 v. 5.4.2001 *EASYBANK*, Tz. 23; EuG T-359/99 v. 7.6.2001 *EuroHealth*, Tz. 22.
445 EuGH C-191/01 P v. 23.10.2003 *Doublemint*.
446 EuGH C-191/01 P v. 23.10.2003 *Doublemint*, Tz. 35; auch EuGH C-363/99 v. 12.2.2004 *Postkantoor*, Tz. 97.
447 EuG T-193/99 v. 31.1.2001 *DOUBLEMINT*, Tz. 24 ff.
448 BGH I ZB 53/05 v. 13.3.2008 *SPA II*, Tz. 15 ff.
449 EuG T-373/07 v. 12.11.2008 *PrimeCast*, Tz. 35 u. 38.
450 BGH I ZB 11/04 v. 19.1.2006 *LOTTO*, Tz. 14 f.; zur Schutzfähigkeit für andere Produkte BGH I ZR 167/05 v. 10.4.2008 *LOTTOCARD*, Tz. 26.
451 BGH I ZB 48/07 v. 23.10.2008 *POST II*; BGH I ZR 78/06 v. 2.4.2009 *OSTSEE-POST*, Tz. 22 ff.; I ZR 79/06 v. 2.4.2009, Tz. 26 ff.; vgl. auch EuG T-13/15 v. 27.6.2017 *POST/PostModern*, Tz. 72 ff.
452 BGH I ZB 96/05 v. 27.4.2006 *FUSSBALL WM 2006*.
453 BGH I ZB 97/05 v. 27.4.2006.
454 Vgl. zur Bezeichnung »EM 2008« auch *Schönherr/Grötschl*, ÖBl 2007, 244.
455 BGH I ZB 29/13 v. 15.5.2014 *DüsseldorfCongress*, Tz. 15.
456 EuG T-507/08 v. 7.6.2011 *16PF*, Tz. 31 ff.

IV. 1. Merkmalsbeschreibende Angaben

Obwohl etwa der Ortsname »Lichtenstein« in Deutschland mehrfach existiert und zugleich als Nachname vorkommt, kann dieser als geografische Angabe dienen und schutzunfähig sein.[457]

In verschiedenen Entscheidungen haben hingegen EuG[458] und BGH[459] einen merkmalsbeschreibenden Charakter der angemeldeten Zeichen mit der Begründung verneint, dass die Zeichen verschiedene Bedeutungen aufwiesen und unscharf seien. Das EuG hat dies zuletzt dahin konkretisiert, dass das Zeichen einen hinreichend direkten und konkreten Zusammenhang mit den fraglichen Produkten aufweisen müsse, der es den betroffenen Verkehrskreisen ermögliche, sofort und ohne weiteres Nachdenken eine Beschreibung der fraglichen Art von Produkten oder eines ihrer Merkmale wahrzunehmen.[460] Ob diese Rechtsprechung im Einzelfall immer zutreffend war, erscheint zweifelhaft. Vielmehr dürfte ein merkmalsbeschreibender Charakter erst dann fehlen, wenn die Bedeutung eines Zeichens derart unscharf ist, dass seine Verwendung zur Beschreibung von Merkmalen vernünftigerweise nicht zu erwarten ist.

69

So ist etwa bei dem Zeichen »THE HOME DEPOT« nicht zu erwarten, dass der deutsche Verkehr die Wortkombination jemals als Beschreibung für ein Depot von Haushaltsartikeln verwenden würde.[461] Nicht ausgeschlossen erscheint demgegenüber eine beschreibende Verwendung etwa bei der Wortfolge »RATIONAL SOFTWARE CORPORATION« für EDV-Produkte. Die Mehrdeutigkeit des Begriffs »RATIONAL« dürfte nicht zur Schutzfähigkeit führen.[462] Beschreibend war auch das Zeichen »CLEARWIFI« für die Bereitstellung von drahtlosen Internetdienstleistungen.[463] Ähnliches gilt für eine Marke »CELLTECH« für medizinische Produkte, wo das EuG einen hinreichend unmittelbaren Zusammenhang und damit das Schutzhindernis – wohl zu weitgehend – verneint hat.[464] Schutzfähig war auch das englische Wort »SCOPE« im Bereich des Finanzwesens.[465] Auch die verschiedenen Bedeutungen von »URLAUB DIREKT« im Touristikbereich ändern nichts daran, dass die Bezeichnung in nicht unüblicher schlagwortartiger Begriffsbildung besagt, dass die angesprochenen Verkehrskreise die angebotene Reiseleistung unmittelbar buchen oder beziehen können. Die verschiedenen Bedeutungsinhalte beziehen sich lediglich auf die verschiedenen Möglichkeiten, wie die derart bezeichnete Dienstleistung erbracht werden kann (unmittelbarer Erhalt eines kompletten Urlaubspakets, Buchungsmöglichkeit an Ort und Stelle ohne Vermittlungstätigkeit, sofortige Buchungsmöglichkeit, Möglichkeit zum sofortigen Urlaubsan-

---

457 BGH GRUR 2003, 882, 883 *Lichtenstein*.
458 EuG T-87/00 v. 5.4.2001 *EASYBANK*, Tz. 27–32; einschränkend hierzu EuG T-387/03 v. 19.1.2005 *BIOKNOWLEDGE*, Tz. 26.
459 BGH GRUR 2001, 162, 163 *RATIONAL SOFTWARE CORPORATION*; BGH GRUR 2002, 64, 65 *INDIVIDUELLE*; vgl. andererseits noch BGH GRUR 1996, 770 *mega*; vgl. andererseits nun auch die enge Formulierung in BGH I ZB 53/05 v. 13.3.2008 *SPA II*, Tz. 15.
460 EuG T-334/03 v. 12.1.2005 *EUROPREMIUM*, Tz. 25, Rechtsmittel durch das HABM eingelegt (Az. des EuGH C-121/05 P), aber nach Rücknahme der Markenanmeldung zurückgenommen.
461 BGH I ZR 33/05 v. 13.9.2007 *THE HOME STORE*, Tz. 31, unter Hinweis auf BGH GRUR 1996, 771, 772 *THE HOME DEPOT*.
462 Anders noch BGH GRUR 2001, 162, 163 *RATIONAL SOFTWARE CORPORATION*.
463 EuG T-399/08 v. 19.11.2009 *CLEARWIFI*, Tz. 30 ff.
464 EuG T-260/03 v. 14.5.2005 *CELLTECH*, Tz. 36 ff., unter verfahrensrechtlicher Begründung bestätigt durch EuGH C-273/05 P v. 19.4.2007 *HABM/Celltech*.
465 EuG T-90/15 v. 16.3.2016 *SCOPE*, Tz. 31 ff.

tritt), ohne den beschreibenden Charakter aufzuheben.[466] Auch der Slogan »VOM URSPRUNG HER VOLLKOMMEN« für Biere war beschreibend, indem er auf die Reinheit der Ursprungsprodukte der Biere hinwies.[467] Schließlich ist auch der Ausruf »hey!« nicht derart unscharf, dass er deswegen vom Verkehr als Herkunftshinweis wahrgenommen würde.[468]

70 Nach – soweit jedoch wohl zutreffender – Rechtsprechung des EuG[469] soll indes dann noch keine merkmalsbeschreibende Bezeichnung[470] vorliegen, wenn lediglich pauschal die hohe Güte der Produkte mittelbar und abstrakt angepriesen wird, ohne jedoch den Verbraucher unmittelbar und sofort über eine bestimmte Eigenschaft oder ein bestimmtes Merkmal zu unterrichten. Eine solche Marke fällt in den Bereich der Erzeugung von Assoziationen und nicht in den einer Bezeichnung im Sinne des Schutzhindernisses.

> Hiervon ausgehend war das Wort »UltraPlus« nicht unmittelbar beschreibend für die Ware »feuerfestes Geschirr«. Die Aneinanderreihung der beiden auf eine Steigerung hindeutenden Worte »ultra« und »plus« bezeichnete als solche keine Eigenschaft oder kein Merkmal der fraglichen Gebrauchsgegenstände.[471] Auch »FUN« war im Zusammenhang mit Landfahrzeugen nicht merkmalsbeschreibend; dass man mit Fahrzeugen Spaß haben kann, bedeutet nicht ohne weiteres, dass der Verkehr im Begriff »FUN« einen Hinweis auf irgendwelche Fahrzeugeigenschaften erkennen würde.[472] Entsprechendes soll – wohl unzutreffend – für eine Marke »EUROPREMIUM« im Transportbereich gelten.[473] Zu weit gehen dürfte es aber wenn das EuG[474] die Bezeichnung »VITALITE«, eine mögliche Großschreibweise des französischen Worts »vitalité« (Vitalität, Lebenskraft), nur für solche Waren für beschreibend hielt, die medizinischen, Ernährungs- oder spezifischen Diätzwecken dienen; dagegen sollte »VITALITE« nicht als Bestimmungsangabe von Babykost und Mineralwässern dienen oder über deren Merkmale informieren; hier bezeichne das Zeichen keine Produktmerkmale, sondern spiele nur darauf an.

e) *Bedeutung künftiger Verwendungsmöglichkeiten*

71 Auch Zeichen, die zur Beschreibung von Merkmalen nur dienen »können«, müssen – so schon der Wortlaut der Vorschrift – freigehalten werden.[475] Es genügt

---

466 BGH GRUR 2004, 778, 779 *URLAUB DIREKT*; vgl. aber auch BGH GRUR 2005, 873, 874 *Star Entertainment*.
467 EuG T-28/06 v. 6.11.2007 *VOM URSPRUNG HER VOLLKOMMEN*, Tz. 28 ff.
468 BGH I ZB 32/09 v. 14.1.2010 *hey!*, Tz. 14.
469 EuG T-360/00 v. 9.10.2002 *UltraPlus*, Tz. 23–29; EuG T-334/03 v. 12.1.2005 *EUROPREMIUM*, Tz. 26–46, durch das HABM Rechtsmittel eingelegt (Az. des EuGH C-121/05 P), aber nach Rücknahme der Markenanmeldung zurückgenommen.
470 Unter Umständen fehlt dann jedoch jegliche Unterscheidungskraft, vgl. unten § 4 Rdn. 95 – 149.
471 EuG T-360/00 v. 9.10.2002 *UltraPlus*, Tz. 23 ff.; zu »ultra« auch EuG T-377/13 v. 9.3.2015 *ultra.air ultrafilter*, im Ergebnis bestätigt durch EuGH C-232/15 P v. 21.4.2016 *ultra air*; demgegenüber verleiht das Wort »Plus« einer Marke »Kompressor Plus« für Staubsauger keine Unterscheidungskraft: EuG T-497/09 v. 16.12.2010 *KOMPRESSOR PLUS*, Tz. 14 ff., bestätigt durch EuGH C-88/11 P v. 10.11.2011 *LG Electronics*.
472 EuG T-67/07 v. 2.12.2008 *FUN*, Tz. 33 ff.
473 EuG T-334/03 v. 12.1.2005 *EUROPREMIUM*, Tz. 26 ff., durch das HABM Rechtsmittel eingelegt (Az. des EuGH C-121/05 P), aber nach Rücknahme der Markenanmeldung zurückgenommen.
474 EuG T-24/00 v. 31.1.2001 *VITALITE*, Tz. 21 ff.; nun aber zutreffend EuG T-294/06 v. 17.4.2008 *VITALITY*, EuG mit Abgrenzung zur Entscheidung *VITALITE* in Tz. 31 ff.
475 Zur geografischen Angabe EuGH C-108/97 und C-109/97 v. 4.5.1999 *Chiemsee*, Tz. 30.

nämlich für eine Zurückweisung der Markenanmeldung bereits, wenn das Zeichen in den Augen der beteiligten Verkehrskreise nicht schon gegenwärtig eine Beschreibung der Merkmale der betreffenden Waren oder Dienstleistungen darstellt, sondern dies erst vernünftigerweise für die Zukunft zu erwarten ist.[476] Dabei ist auch nicht erforderlich, dass das Zeichen üblich ist oder werden könnte.[477]

> Die Zeichen »Universaltelefonbuch« und »Universalkommunikationsverzeichnis« etwa werden zwar gegenwärtig nicht verwendet, stehen aber im Deutschen den Begriffen »universales Telefonbuch« bzw. »universales Kommunikationsverzeichnis« gleich. Sie können daher die Art von Datenträgern und Druckereierzeugnissen sowie die Bestimmung der Dienstleistungen eines Verlages oder eines Redakteurs bezeichnen.[478] Auch die Bezeichnung »THE COFFEE STORE« kann jedenfalls potentiell für Kaffee, Tee oder die Dienstleistungen eines Cafés verwendet werden; hieran ändert auch der vorangestellte Artikel »THE« nichts.[479] »STREETBALL« ist selbst dann (potentiell) beschreibend für Bekleidung, wenn noch keine spezielle Sportbekleidung für die Sportart Streetball existiert; denn erfahrungsgemäß zieht fast jede Sportart ihren eigenen Bekleidungsstil nach sich.[480] »AIRSHOWER« schließlich kann schon heute für Duschsysteme beschreibend sein, wenn bestimmte Forschungsergebnisse und die technische Entwicklung solche Duschsysteme erwarten lassen, bei denen dem Wasser Luft beigemischt wird.[481]

Konkretisiert hat der EuGH die Bedeutung künftiger Verwendungsmöglichkeiten im Zusammenhang mit geografischen Angaben. Hier kommt es zwar nicht darauf an, ob die Bezeichnung einen Ort bezeichnet, der für die betroffene Warengruppe bereits berühmt ist und daher von den beteiligten Verkehrskreisen mit dieser Warengruppe in Verbindung gebracht wird. Wohl aber ist von Belang, inwieweit die Bezeichnung sowie die Eigenschaften des bezeichneten Ortes mehr oder weniger gut bekannt sind.[482] **72**

> Hierbei divergiert allerdings die Rechtsprechung von EuG und BPatG: So soll – sehr weitgehend – die Stadt »Cloppenburg« nach einer Entscheidung des EuG nicht hinreichend bekannt sein, um als geografische Angabe im Zusammenhang mit Dienstleistungen des Ein-

---

476 EuGH C-108/97 und C-109/97 v. 4.5.1999 *Chiemsee*, Tz. 31 u. 37; EuGH C-363/99 v. 12.2.2004 *Postkantoor*, Tz. 56; EuGH C-51/10 P v. 10.3.2011 *Agencja Wydawnicza Technopol/HABM*, Tz. 38; EuGH C-126/13 P v. 10.7.2014 *BSH Bosch und Siemens Hausgeräte*, Tz. 22; EuGH C-139/16 v. 6.7.2017 *Moreno Marín*, Tz. 16; EuGH C-488/16 P v. 6.9.2018 *Bundesverband Souvenir – Geschenke – Ehrenpreise*, Tz. 38; EuGH C-629/17 v. 6.12.2018 *J. Portugal Ramos Vinhos*, Tz. 20; auch EuGH C-326/01 P v. 5.2.2004 *Universaltelefonbuch/Universalkommunikationsverzeichnis*, Tz. 31; lehrreich auch BGH GRUR 2002, 884, 885 *B-2 alloy*; mit etwas anderer Formulierung in der Sache gleich auch BGH I ZB 53/05 v. 13.3.2008 *SPA II*, Tz. 12.
477 EuGH C-494/08 P v. 9.12.2009 *Prana Haus*, Tz. 56; vgl. auch BGH I ZB 62/09 v. 31.3.2010 *Marlene-Dietrich-Bildnis II*, Tz. 18.
478 EuGH C-326/01 P v. 5.2.2004 *Universaltelefonbuch/Universalkommunikationsverzeichnis*, Tz. 30.
479 EuG T-323/05 v. 9.7.2008 *THE COFFEE STORE*, Tz. 42 ff.
480 BGH I ZB 30/06 v. 15.1.2009 *STREETBALL*, Tz. 12 f.
481 EuG T-307/07 v. 21.1.2009 *AIRSHOWER*, 27 ff.
482 EuGH C-108/97 und C-109/97 v. 4.5.1999 *Chiemsee*, Tz. 29 ff.; EuGH C-488/16 P v. 6.9.2018 *Bundesverband Souvenir – Geschenke – Ehrenpreise*, Tz. 39; vgl. auch BGH GRUR 2003, 882, 883 *Lichtenstein*; EuG T-499/04 v. 17.10.2006 *STENINGE KERAMIK/STENINGE SLOTT*, Tz. 49 ff.

zelhandels dienen zu können.⁴⁸³ Ähnliches soll für »PORT LOUIS« auf Mauritius gelten, die selbst den Angehörigen der ehemaligen Kolonialmächte Frankreich und Spanien nicht hinreichend bekannt sein soll, um beschreibend mit Lederwaren, Bett- und Tischdecken oder Bekleidung in Verbindung gebracht zu werden.⁴⁸⁴ Sogar das Zeichen »MADRIDEXPORTA«, das als Hinweis auf die Förderung des Exports Madrider Unternehmen verstanden werden konnte, war – zu liberal – nicht beschreibend für den Verkauf von Publikationen oder das Anbieten von Dienstleistungen aus dem Bereich des Finanz- und Transportwesens sowie der Werbung.⁴⁸⁵ »Monaco« war demgegenüber beschreibend für Druckereierzeugnisse, Unterhaltung und Reisedienstleistungen und kann folglich auch für den monegassischen Staat nicht eingetragen werden.⁴⁸⁶ Auch hielt das BPatG die Marke »PORTLAND« für Lebensmittel nicht für eintragungsfähig.⁴⁸⁷

73 Nicht einschlägig ist die Vorschrift auch, wenn die Bezeichnung den beteiligten Verkehrskreisen überhaupt nicht oder zumindest nicht als Bezeichnung eines geografischen Ortes bekannt ist oder wenn wegen der Eigenschaften des bezeichneten Ortes (z. B. eines Berges oder eines Sees) wenig wahrscheinlich ist, dass die beteiligten Verkehrskreise annehmen könnten, dass die betreffende Warengruppe von diesem Ort stammt. Die Angabe der geografischen Herkunft der Ware im Sinne der Vorschrift ist zwar üblicherweise die Angabe des Ortes, wo die Ware hergestellt worden ist oder hergestellt werden könnte; es kann aber nicht ausgeschlossen werden, dass die Verbindung zwischen der Warengruppe und dem geografischen Ort auf anderen Anknüpfungspunkten beruht, etwa dem Umstand, dass die Ware an dem betreffenden geografischen Ort entworfen worden ist.

Wird etwa – wie im Fall der Bezeichnung »Chiemsee« – ein See benannt, so kann dieser Name von den beteiligten Verkehrskreisen dahin verstanden werden, dass er die Ufer des Sees oder dessen Umgebung einschließt. Nimmt der Verkehr an, dass die bezeichnete Ware in der Chiemseeregion entworfen wird, kann die Bezeichnung schutzunfähig sein.⁴⁸⁸ Auch »SUEDTIROL« ist als geografische Angabe schutzunfähig.⁴⁸⁹ Demgegenüber war »ALASKA« für Mineralwasser und Fruchtgetränke schutzfähig, weil die maßgebenden Verkehrskreise das weit entfernte Alaska nicht mit den Getränken in Verbindung bringen würden.⁴⁹⁰ Auch »Schloss Neuschwanstein« ist schutzunfähig, weil Schloss und Umgebung nicht für die Herstellung von Waren bekannt sind und weil aus der Tatsache, dass dort Waren verkauft werden, keine Beschreibung von Warenmerkmalen folgt.⁴⁹¹

---

483 EuG T-379/03 v. 25.10.2005 *Cloppenburg*, Tz. 38 ff.; vgl. aber andererseits EuG T-295/01 v. 15.10.2003 *OLDENBURGER*, Tz. 36 ff.; BPatG GRUR 2000, 1050 *Cloppenburg*.
484 EuG T-230/06 v. 15.10.2008 *PORT LOUIS*, Tz. 40 ff.; entsprechend zu »PORT CHARLOTTE« EuG T-659/14 v. 18.11.2015 *Instituto dos Vinhos do Douro e do Porto*, Tz. 106 f., mit Rechtsmittel angegriffen (Az. beim EuGH C-56/16 P *EUIPO/Instituto Dos Vinhos Do Douro E Do Porto*).
485 EuG T-180/07 v. 16.9.2009 *MADRIDEXPORTA*, Tz. 31 f.
486 EuG T-197/13 v. 15.1.2015 *MONACO*, Tz. 52 ff.
487 BPatG 32 W (pat) 193/04 v. 12.10.2005 *PORTLAND*.
488 EuGH C-108/97 und C-109/97 v. 4.5.1999 *Chiemsee*, Tz. 29 ff.; vgl. auch EuGH C-488/16 P v. 6.9.2018 *Bundesverband Souvenir – Geschenke – Ehrenpreise*, Tz. 48; BGH GRUR 2003, 882, 883 *Lichtenstein*; BGH I ZB 107/08 v. 20.5.2009 *Vierlinden*, Tz. 14 f.
489 Große Beschwerdekammer des EUIPO R 574/2013-G v. 10.10.2014 *SUEDTIROL*.
490 EuG T-225/08 v. 8.7.2009 *ALASKA*, Tz. 27 ff.; EuG T-226/08 v. 8.7.2009 *Alaska*, Tz. 26 ff.
491 EuGH C-488/16 P v. 6.9.2018 *Bundesverband Souvenir – Geschenke – Ehrenpreise*, Tz. 40 ff.

Künftige Verwendungsmöglichkeiten können auch dann relevant werden, wenn die 74
fraglichen Produkte ein bestimmtes Merkmal, das die Marke beschreibt, derzeit –
etwa aus technischen Gründen – noch gar nicht aufweisen können. Hier will es das
EuG genügen lassen, dass der Verkehr glauben könnte, dass eine Merkmalsbeschreibung vorliegt. Denn schon dann wirkt das Zeichen nicht als Herkunftshinweis.

So war etwa eine Marke »BIOGENERIX« für bestimmte chemische[492] und pharmazeutische Erzeugnisse beschreibend, obwohl die Möglichkeit der Herstellung biologischer Generika wissenschaftlich streitig ist. Es komme nämlich auf das Verständnis der angesprochenen Verkehrskreise an, die von der wissenschaftlichen Diskussion überwiegend keine Kenntnis hätten.[493]

f) Bedeutungslosigkeit der Verbraucherrelevanz des beschriebenen Merkmals

Keine Rolle spielt es, ob die Produktmerkmale, die beschrieben werden, wirtschaft- 75
lich wesentlich oder nebensächlich sind. Denn der Wortlaut des Schutzhindernisses
unterscheidet nicht danach, welche Merkmale die Zeichen oder Angaben, aus denen
die Marke besteht, bezeichnen. Angesichts des der Bestimmung zugrunde liegenden
Allgemeininteresses muss jedoch jedes Unternehmen solche Zeichen oder Angaben
frei nutzen können, um ein beliebiges Merkmal seiner eigenen Waren unabhängig
von dessen wirtschaftlicher Bedeutung zu beschreiben.[494]

So mag die Farbe eines Staubsaugers bei der Kaufentscheidung nur eine untergeordnete Bedeutung haben. Gleichwohl wäre etwa eine Wortmarke »gelb« für Staubsauger nicht schutzfähig. Auch kann es für die Beurteilung einer geografischen Angabe wie »Cloppenburg« keinen Unterschied machen, ob ein geografischer Bezug im Zusammenhang mit den unter der Anmeldung beanspruchten »Dienstleistungen des Einzelhandels« für den Verkehr relevant ist oder nicht. Etwas anderes würde erst dann gelten, wenn in der geografischen Angabe überhaupt keine Merkmalsbeschreibung mehr zu sehen wäre.[495]

g) Bedeutungslosigkeit von Synonymen und des Fehlens von Konkurrenten

Keine Rolle bei der Prüfung des Schutzhindernisses der beschreibenden Angabe 76
spielt ferner, ob es Synonyme des Markenworts gibt, mit denen dieselben Merkmale der fraglichen Produkte bezeichnet werden können. Dies gilt selbst dann,
wenn es gebräuchlichere Zeichen oder Angaben zur Bezeichnung dieser Merkmale
gibt.[496] Denn das Schutzhindernis setzt zwar voraus, dass die Marke »ausschließlich« aus merkmalsbeschreibenden Zeichen oder Angaben besteht, doch verlangt

---

492 Nicht aber solcher Erzeugnisse, die mit der Herstellung und dem Vertrieb nichts zu tun haben.
493 EuG T-48/07 v. 16.9.2008 *BIOGENERIX*, Tz. 22 u. 26 ff.
494 EuGH C-363/99 v. 12.2.2004 *Postkantoor*, Tz. 102 u. 104; möglicherweise unzutreffend daher EuG T-379/03 v. 25.10.2005 *Cloppenburg*, Tz. 38 ff.
495 A. A.: EuG T-379/03 v. 25.10.2005 *Cloppenburg*, Tz. 38 ff.
496 EuGH C-363/99 v. 12.2.2004 *Postkantoor*, Tz. 61; EuGH C-265/00 v. 12.2.2004 *Campina Melkunie*, Tz. 42; auch EuG T-106/00 v. 27.2.2002 *STREAMSERVE*, Tz. 27 u. 39; EuG T-355/00 v. 20.3.2002 *TELE AID*, Tz. 27; EuG T-356/00 v. 20.3.2002 *CARCARD*, Tz. 27; EuG T-405/05 v. 15.10.2008 *MANPOWER*, Tz. 61 f. u. 64, im Ergebnis bestätigt durch EuGH C-553/08 P v. 2.12.2009 *Powerserv Personalservice*; BGH GRUR 1970, 416, 418 *Turpo*; BGH I ZB 53/05 v. 13.3.2008 *SPA II*, Tz. 22.

es nicht, dass diese Zeichen oder Angaben die ausschließliche Bezeichnungsweise der fraglichen Merkmale sind.[497]

> Für Produkte des EDV-Bereichs etwa ist das aus einem Basisverb (serve) und einem Substantiv (stream) gebildete Wort »STREAMSERVE« beschreibend. Das Wort bezieht sich auf eine Technik für die Übertragung digitaler Daten von einem Server, durch die diese in gleichmäßigem und ununterbrochenem Fluss verarbeitet werden können. Dass Wettbewerber die Möglichkeit hätten, zahlreiche andere zusammengesetzte Zeichen zu verwenden, die das Wort »stream« oder das Wort »serve« enthielten, spielt keine Rolle.[498] Auch die Tatsache, dass im Englischen für »Schweinefleisch« der Begriff »pork« existiert, macht den Begriff »EUROPIG« für Fleisch- und Wurstwaren nicht eintragungsfähig.[499]

77 Bedeutungslos ist schließlich die Zahl der Konkurrenten, die ein Interesse an der Benutzung der Zeichen oder Angaben haben könnten, aus denen die Marke besteht.[500] Selbst wenn aktuell noch kein Mitbewerber existiert, besteht dennoch ein Interesse der Allgemeinheit daran, beschreibende Begriffe in Zukunft ohne Verletzung fremder Monopolrechte verwenden zu können.[501]

> So ist etwa der Begriff »Lotto« für Produkte im Zusammenhang mit Lotteriespielen selbst dann beschreibend, wenn für die fraglichen Produkte in Deutschland faktisch noch ein staatliches Monopol besteht.[502]

78 Anders kann der Fall jedoch liegen, wenn lediglich öffentlich-rechtliche Rechtsträger die Marke führen könnten. Denn dann droht auch in Zukunft keine unzulässige Monopolisierung.

> So ist Bezeichnung »Stadtwerke Bremen« keine freihaltungsbedürftige Angabe. Ihr Aussagegehalt erschöpft sich nicht in der Beschreibung von Grundversorgungsleistungen im Einzugsbereich der Stadt Bremen, sondern bezeichnet Versorgungsleistungen eines kommunalen Unternehmens, das zumindest mehrheitlich von der Stadt Bremen betrieben wird.[503]

h) Besonderheiten bei geografischen Angaben und sonstigen Angaben zu Produktions- oder Vertriebsstätte

79 Bei Marken, die als geografische Angabe dienen können, besteht die Besonderheit, dass diese als Kollektivmarke eingetragen werden können (Art. 29 III MRR, Art. 74 II UMV bzw. § 99 MarkenG).[504]

---

497 EuGH C-265/00 v. 12.2.2004 *Campina Melkunie*, Tz. 42.
498 EuG T-106/00 v. 27.2.2002 *STREAMSERVE*, Tz. 27, 39, 42–44 u. 49, im Ergebnis bestätigt durch EuGH C-150/02 P v. 5.2.2004 *Streamserve*, Tz. 31.
499 EuG T-207/06 v. 14.6.2007 *EUROPIG*, Tz. 33 ff.
500 EuGH C-363/99 v. 12.2.2004 *Postkantoor*, Tz. 61; EuGH C-51/10 P v. 10.3.2011 *Agencja Wydawnicza Technopol/HABM*, Tz. 39; auch BGH I ZB 70/10 v. 17.8.2011 *Institut der Norddeutschen Wirtschaft e. V.*, Tz. 17.
501 BGH I ZB 43/15 v. 9.11.2016 *Stadtwerke Bremen*, Tz. 42; noch offen gelassen von BGH I ZB 14/05 v. 3.11.2005 *Casino Bremen*, Tz. 7; BGH I ZB 53/05 v. 13.3.2008 *SPA II*, Tz. 24; zum WZG aber BGH GRUR 1993, 43 *Römigberg*; anders zur bösgläubigen Anmeldung außerdem EuG T-167/15 v. 5.7.2016 *NEUSCHWANSTEIN*, Tz. 58.
502 Vgl. BGH I ZB 11/04 v. 19.1.2006 *LOTTO*, Tz. 13.
503 BGH I ZB 43/15 v. 9.11.2016 *Stadtwerke Bremen*.
504 Vgl. EuGH C-108/97 und C-109/97 v. 4.5.1999 *Chiemsee*, Tz. 27; BGH GRUR 1996, 270 *MADEIRA*.

Allerdings versteht der Verkehr die Bezeichnung »Original Eau de Cologne« nicht als geografische Angabe, sondern als Produktbezeichnung, so dass dem Zeichen Unterscheidungskraft fehlt.[505] Ähnlich ist es bei der Angabe »la Milla de Oro«, die im Spanischen auf Produkte besonderer Qualität von verschiedenen Orten hinweist und ohne konkretisierende Angabe keinen bestimmten Ort bezeichnen kann.[506]

Ein spezielles Schutzhindernis für geografische Angaben im Zusammenhang mit Weinen und Spirituosen enthält außerdem Art. 7 I Buchst. j UMV.[507] Danach sind Marken von der Eintragung ausgeschlossen, die eine Weine oder Spirituosen kennzeichnende geografische Angabe enthalten oder aus ihr bestehen, wenn die Marke für Weine oder Spirituosen anderen Ursprungs angemeldet wird. Durch eine entsprechende Beschränkung des Warenverzeichnisses[508] dürfte diesem Schutzhindernis zu begegnen sein. Ein weiteres spezielles Schutzhindernis im Zusammenhang mit Ursprungsbezeichnungen oder geografischen Angaben nach der Verordnung (EU) 1151/2012 über Qualitätsregelungen für Agrarerzeugnisse und Lebensmittel[509] enthält Art. 7 I Buchst. k UMV, wo letztlich solche Marken verboten werden, die wegen dieser Verordnung ohnehin nicht benutzt werden dürften.[510] Wegen der unmittelbaren Geltung der Verordnung schlägt dieses Eintragungshindernis auch auf das nationale Markenrecht durch und gilt damit in Deutschland und Österreich. 80

Ähnliche Fragestellungen wie geografische Angaben werfen andere Hinweise auf Produktions- oder Verkaufsstätten auf. Bei Dienstleistungsmarken wird man hier eher einen beschreibenden Gehalt bejahen können, weil der Ort der Erbringung bei einer Dienstleistung meist von größerer Bedeutung ist als bei einer Ware, die ja ohnehin von einem Ort zum anderen verbracht werden kann. Die Rechtsprechung ist allerdings uneinheitlich. 81

So hielt der BGH die Bezeichnung »HOUSE OF BLUES« für Tonträger nicht für beschreibend.[511] Demgegenüber bejahte das EuG den beschreibenden Gehalt der Anmeldung »PRANAHAUS« für verschiedene Waren wie Tonträger und Druckereierzeugnisse und für Einzelhandelsdienstleistungen mit Blick auf die dem speziell angesprochenen Verkehr bekannte Bedeutung des indischen Wortes »Prana« i. S. v. »Leben, Lebensenergie«;[512] zutreffender wäre es wohl gewesen, für Einzelhandelsdienstleistungen eine Beschreibung zu bejahen, nicht hingegen für Tonträger und Druckereierzeugnisse. Jedenfalls ändert es nichts an der Schutzunfähigkeit einer Marke, wenn diese zugleich Bestandteil einer Firma ist.[513]

---

505 EuG T-556/13 v. 25.11.2014 *Original Eau de Cologne*, Tz. 20 ff., im Ergebnis bestätigt durch EuGH C-29/15 P v. 3.12.2015 *Verband der Kölnisch-Wasser Hersteller*.
506 EuGH C-139/16 v. 6.7.2017 *Moreno Marín*, Tz. 17 ff.
507 Eingefügt durch VO EG Nr. 3288/94 vom 22.12.1994.
508 Zum Verzeichnis der Waren und Dienstleistungen unten § 5 Rdn. 1 – 19.
509 Früher Verordnung (EG) Nr. 510/2006 zum Schutz von geografischen Angaben und Ursprungsbezeichnungen; zum Ganzen unten § 23 Rdn. 5 – 18.
510 Eingefügt durch VO EG Nr. 422/2004 vom 19.2.2004 (ABl.-EG L 70/1 v. 9.3.2004); die Regelung ist TRIPS-konform: Ziff. 7.658 f. und 7.661 des Panel-Report vom 15.3.2005, WT/DS174/R, teilweise abgedruckt in GRUR Int. 2006, 930.
511 BGH GRUR 1999, 988, 989 *HOUSE OF BLUES*.
512 EuG T-226/07 v. 17.9.2008 *PRANAHAUS*, Tz. 31 ff., bestätigt durch EuGH C-494/08 P v. 9.12.2009 *Prana Haus*.
513 EuGH C-629/17 v. 6.12.2018 *J. Portugal Ramos Vinhos*, Tz. 27.

i) (Keine) Besonderheiten bei dreidimensionalen Marken oder Bildmarken

82 Auch bei einer dreidimensionalen Marke, die aus der Form der Ware besteht, ist wie bei jeder anderen Markenform zu prüfen, ob sie die Kriterien des Schutzhindernisses erfüllt.[514] Entsprechendes gilt für Bildmarken.[515]

83 Insbesondere jedoch bei dreidimensionalen Marken, die aus der Verpackung von Waren bestehen, kann die Verpackung der Ware zur Bezeichnung der Merkmale der verpackten Ware dienen.[516]

> So weist die Bocksbeutel-Flasche – mit Einschränkungen[517] – auf die geografische Herkunft von Weinen aus Franken hin. Für die Ware »Wein« wäre diese Verpackungsform merkmalsbeschreibend. Die Wiedergabe von typischen Motiven von Spielkarten ist als Marke für die Ware »Spielkarten« beschreibend.[518]

84 Der BGH will darüber hinaus – wenig überzeugend – dem Eintragungshindernis auch bei Warenform- und Verpackungsmarken einen viel größeren Anwendungsbereich beimessen. Das Gericht geht dabei nach wie vor von dem überholten Begriff des Freihaltebedürfnisses und davon aus, dass die Warenformmarke geeignet sei, die Form der Ware selbst zu beschreiben.

> So soll etwa die Gestaltung

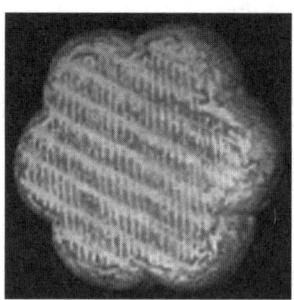

> eines Käse in Blütenform deswegen beschreibend sein, weil die konkrete Form des Käses beschrieben werde.[519]

85 Diese Auslegung ist nicht nur im Hinblick auf den Wortlaut der maßgeblichen Vorschriften wenig überzeugend: Eine Abbildung beschreibt nicht die Ware, sondern bildet sie ab. Schlimmer aber wiegt, dass mit der Begründung des BGH jede

---

514 EuGH C-53/01 bis C-55/01 v. 8.4.2003 *Linde*, Tz. 75 f.; EuGH C-218/01 v. 12.2.2004 *Henkel*, Tz. 43; zu weitgehend noch BGH GRUR 2004, 329, 331 *Käse in Blütenform I*; BGH GRUR 2004, 502, 504 f. *Gabelstapler II*; BGH GRUR 2004, 506, 507 *Stabtaschenlampen II*; auch BGH I ZB 33/04 v. 15.12.2005 *Porsche Boxter*, Tz. 20 f.
515 Vgl. EuGH C-629/17 v. 6.12.2018 *J. Portugal Ramos Vinhos*, Tz. 16.
516 EuGH C-218/01 v. 12.2.2004 *Henkel*, Tz. 42–44.
517 Vgl. EuGH 16/83 v. 13.03.1984 *Bocksbeutel*.
518 EuG T-160/02 bis T-162/02 v. 11.5.2005 *Naipes Heraclio Fournier*, Tz. 46 ff., im Ergebnis bestätigt durch EuGH C-311/05 P v. 4.10.2007 *Naipes Heraclio Fournier/HABM*.
519 BGH I ZB 46/05 v. 3.4.2008 *Käse in Blütenform II*, Tz. 16; auch BGH I ZB 2/06 v. 3.4.2008; I ZB 3/06 v. 3.4.2008; I ZB 4/06 v. 3.4.2008; entsprechend schon BGH I ZB 66/06 v. 24.5.2007 *Rado-Uhr III*; vgl. hierzu aber auch BGH I ZR 18/05 v. 25.10.2007 *TUC-Salzcracker*, Tz. 25; BGH I ZB 88/07 v. 9.7.2009 *ROCHER-Kugel*, Tz. 29 f.

beliebige Warenformmarke von vornherein eine beschreibende Marke ist. Denn stets wird die Form der Ware »beschrieben«. Dass aber das Eintragungshindernis der beschreibenden Angabe zu einem generellen Eintragungsverbot für Warenformmarken mutiert, ist ersichtlich nicht Wille des Gesetzgebers und des EuGH, der bei Formmarken gerade keine anderen Maßstäbe anwenden will als bei anderen Marken.[520] Es bleibt zu hoffen, dass der BGH seine Rechtsprechung aufgibt und Warenformmarken künftig strenger am Eintragungshindernis fehlender Unterscheidungskraft[521] misst.

2. Übliche Bezeichnungen

a) Voraussetzungen des Eintragungshindernisses

Von deutlich geringerer Bedeutung als das Schutzhindernis der merkmalsbeschreibenden Angaben ist für die Praxis das Schutzhindernis der üblichen Bezeichnungen nach Art. 4 I Buchst. d MRR, Art. 7 I Buchst. d UMV bzw. § 8 II Nr. 3 MarkenG. Dieses Schutzhindernis gab anfangs Anlass für Auslegungsdiskrepanzen, die auch heute nicht ganz überwunden scheinen. Ausgangspunkt dieses Meinungsstreits war ein unterschiedlicher Wortlaut des Art. 4 I Buchst. d MRR einerseits und (der deutschen Fassung) des Art. 7 I Buchst. d UMV sowie des § 8 II Nr. 3 MarkenG andererseits. Und zwar schließt die MRR Marken aus, »die ausschließlich aus Zeichen oder Angaben bestehen, die im allgemeinen Sprachgebrauch oder in den redlichen und ständigen Verkehrsgepflogenheiten üblich sind«. UMV und MarkenG konkretisieren dies zusätzlich dadurch, dass nur Zeichen oder Angaben »zur Bezeichnung der Ware oder Dienstleistung« erfasst sind.

86

Der EuGH hat mit seiner Bravo-Entscheidung den Streit zugunsten der sprachlichen Fassung von UMV und MarkenG entschieden: Das Schutzhindernis ist so auszulegen, dass es der Eintragung einer Marke nur dann entgegensteht, wenn die Zeichen oder Angaben, aus denen diese Marke ausschließlich besteht, im allgemeinen Sprachgebrauch oder in den redlichen und ständigen Verkehrsgepflogenheiten zur Bezeichnung der Waren oder Dienstleistungen, für die diese Marke angemeldet wurde, üblich geworden sind. Ob bestimmte Zeichen oder Angaben eine solche Unterscheidungskraft besitzen, kann nicht abstrakt ohne Berücksichtigung der

87

---

520 Vgl. zur fehlenden Unterscheidungskraft EuGH C-299/99 v. 18.6.2002 *Philips/Remington*, Tz. 48; EuGH C-53/01 bis C-55/01 v. 8.4.2003 *Linde*, Tz. 42 u. 49; EuGH C-456/01 P u. C-457/01 P v. 29.4.2004 *Dreidimensionale Tablettenform I*, Tz. 38; EuGH C-468/01 P bis C-472/01 P v. 29.4.2004 *Dreidimensionale Tablettenform II*, Tz. 36; EuGH C-473/01 P u. C-474/01 P v. 29.4.2004 *Dreidimensionale Tablettenform III*, Tz. 36; EuGH C-136/02 P v. 7.10.2004 *Mag Instrument*, Tz. 30; EuGH C-173/04 P v. 12.1.2006 *Deutsche SiSi-Werke*, Tz. 27; EuGH C-24/05 P v. 22.6.2006 *Storck I*, Tz. 24; EuGH C-25/05 P v. 22.6.2006 *Storck II*, Tz. 26; EuGH C-144/06 P v. 4.10.2007 *Rot-weiße rechteckige Tablette mit einem blauen ovalen Kern*, Tz. 36; EuGH C-238/06 P v. 25.10.2007 *Develey*, Tz. 80.
521 Hierzu unten § 4 Rdn. 140.

§ 4 Absolute Eintragungshindernisse

Waren oder Dienstleistungen, die sie unterscheiden sollen, beurteilt werden.[522] Ob die Bezeichnung schon immer üblich war oder – wie der Wortlaut von UMV und MarkenG nahe legt – üblich »geworden« ist, spielt keine Rolle. Denn andernfalls würde das der Vorschrift zugrunde liegende Allgemeininteresse nicht gewahrt, eine Monopolisierung von Produktbezeichnungen zu verhindern. Ebenso spielt es keine Rolle, ob es Alternativbezeichnungen zur Benennung gibt.[523]

> So bezeichnet »Super« im Zusammenhang mit »Kraftstoffen« die Ware selbst, nicht dagegen im Zusammenhang mit anderen Produkten. Im Kraftstoffbereich greift das Schutzhindernis der üblichen Bezeichnungen ein, nicht jedoch in anderen Produktbereichen. »PAST PERFECT« ist nicht übliche Bezeichnung für Tonträger.[524] Auch eine dreidimensionale Bärenform für Knabberartikel ist nicht zur Bezeichnung der fraglichen Waren üblich.[525] Dagegen ist die ursprünglich als Marke eingeführte Bezeichnung »Walkman« jedenfalls in Österreich zur üblichen Produktbezeichnung geworden.[526] Entsprechendes gilt für die Bezeichnung »WEISSE SEITEN« für »Magnetaufzeichnungsträger und bespielte Speichermedien für Datenverarbeitungsanlagen und -geräte, insbesondere Bänder, Platten, CD-ROMs« und »Druckereierzeugnisse, Branchenverzeichnisse, Nachschlagwerke«, wo »weiße Seiten« schlicht ein Telefonverzeichnis benennt.[527] Auch die Bezeichnung »BSS« ist im Zusammenhang mit Augenheilmitteln, wo »BSS« übliche Abkürzung für eine ausgeglichene Salzlösung (Balanced Salt Solution) geworden ist, schutzunfähig.[528]

88 Richtet sich die Marke an Fachleute, können auch kleinste Abweichungen von der üblichen Bezeichnung zur Schutzfähigkeit führen.

> Obwohl also etwa der Begriff »Omeprazol« einen bestimmten Arzneimittelwirkstoff bezeichnet, ist die Marke »Omeprazok« für Arzneimittel schutzfähig. Fachleute bemerken die Abwandlung der ihnen bekannten Bezeichnung.[529]

89 Weiter genügt es bei zusammengesetzten Marken nicht, dass die Einzelbestandteile übliche Produktbezeichnungen geworden sind. Vielmehr ist auch insoweit auf das Zeichen als Ganzes abzustellen.

> Selbst wenn daher etwa – was schon unzutreffend ist – bei der Marke »I. T.@MANPOWER« die Einzelbestandteile »I. T.«, »@« und »MANPOWER« im Bereich der Arbeitsvermittlung

---

522 EuGH C-517/99 v. 4.10.2001 *Bravo*, Tz. 26 ff., insbesondere Tz. 31; so schon BGH GRUR 1998, 412, 413 *Analgin*; BGH GRUR 1998, 465, 467 f. *BONUS I*; BGH GRUR 1999, 988, 990 *HOUSE OF BLUES*; BGH GRUR 1999, 1096, 1097 *ABSOLUT*; BGH GRUR 1999, 1089, 1090 f. *YES*; BGH GRUR 1999, 1093, 1095 *FOR YOU*; BGH GRUR 2000, 323, 324 f. *Partner with the Best*; BGH GRUR 2000, 720, 723 *Unter Uns*; auch die Begründung zum Regierungsentwurf BT-Drucks. 12/6581, S. 70 = BlPMZ 1994, Sonderheft S. 64; nun auch EuG T-248/05 v. 24.9.2008 *I. T.@MANPOWER*, Tz. 57, bestätigt durch EuGH C-520/08 P v. 24.9.2009 *HUP Uslugi Polska*.
523 EuGH C-409/12 v. 6.3.2014 *Backaldrin*, Tz. 40.
524 EuG T-133/06 v. 23.10.2008 *PAST PERFECT*, Tz. 51 ff.
525 BGH GRUR 2003, 519, 521 *Knabberbärchen*.
526 OGH WRP 2002, 841, 842 f. *SONY WALKMAN I*.
527 EuG T-322/03 v. 16.3.2006 *WEISSE SEITEN*, Tz. 49 ff.
528 EuG T-237/01 v. 5.3.2003 *BSS*, Tz. 43 ff.; bestätigt durch EuGH C-192/03 P v. 5.10.2004 *BSS*, Tz. 28.
529 BGH GRUR 2002, 540, 541 *OMEPRAZOK*; vgl. zur identischen Anmeldung eines Wirkstoffs hingegen EuG T-190/09 v. 9.3.2011 *5 HTP*, Tz. 37 ff., bestätigt durch EuGH C-222/11 P v. 1.12.2011 *Longevity Health Products*.

übliche Produktbezeichnungen sein sollten, so wäre gleichwohl das Gesamtzeichen nicht schon deswegen als übliche Bezeichnung schutzunfähig.[530]

Für Verwirrung beim Schutzhindernis der üblichen Bezeichnung haben vereinzelt Passagen der Entscheidungsbegründung des EuGH in der Bravo-Entscheidung gesorgt: Der Gerichtshof führte aus, dass die Geltung der Vorschrift – um dem Schutzhindernis praktische Wirksamkeit zu verleihen – nicht auf Marken zu beschränken sei, die die Eigenschaften oder Merkmale der gekennzeichneten Produkte beschreiben.[531] Teile der Literatur[532] wollen hieraus folgern, dass auch allgemeine Werbeschlagworte unter das Schutzhindernis fielen, die weniger eine spezielle Beschreibung beinhalten, als vielmehr in erster Linie verkehrsübliche Hinweise allgemeiner Art vermitteln. **90**

> Nach dieser Auffassung wären etwa Ausdrücke wie »Billigpreise«, »Rabatt«, »Selbstbedienung« im Zusammenhang mit Produkten des täglichen Massenkonsums schutzunfähig. Denn hier sind die Ausdrücke verkehrsüblich.

Dies vermag jedoch nicht zu überzeugen.[533] Vielmehr fordert der EuGH, dass das fragliche Zeichen zur Bezeichnung der Produkte üblich ist.[534] Eine irgendwie anders geartete übliche Verwendung im Zusammenhang mit den fraglichen Produkten genügt gerade nicht. Der EuGH will mit seiner missverstandenen Formulierung lediglich klarstellen, dass es für die Zurückweisung der Anmeldung ausreicht, wenn die fragliche Bezeichnung die Produkte selbst bezeichnet; es ist nicht erforderlich, dass darüber hinaus zugleich auch Eigenschaften oder Merkmale der Produkte beschrieben werden. **91**

> Die Bezeichnung »Auto« bezeichnet im Zusammenhang mit Kraftfahrzeugen lediglich das Produkt selbst, die Bezeichnung »Diesel« darüber hinaus zugleich auch Eigenschaften des Produktes – nämlich den Typ des benötigten Kraftstoffes und die Bauart des Motors. Für das Schutzhindernis der üblichen Bezeichnungen ist dies ohne Belang. In beiden Fällen greift das Schutzhindernis ein.

Ohne Bedeutung ist daher schließlich, ob das Zeichen als Werbeschlagwort, Qualitätshinweis oder Aufforderung zum Kauf der Produkte verwendet wird.[535] **92**

> So begründet etwa die generelle Eignung der Bezeichnung »Unter Uns« zur Werbung kein Eintragungsverbot nach dem Schutzhindernis der üblichen Bezeichnung.[536]

b) Besonderheiten im Verfallsverfahren

Das Schutzhindernis der üblichen Bezeichnung spielt nicht nur im Eintragungsverfahren eine Rolle, sondern kann auch nachträglich in einem besonderen Verfallsver- **93**

---

530 EuG T-248/05 v. 24.9.2008 *I. T.@MANPOWER*, Tz. 58, bestätigt durch EuGH C-520/08 P v. 24.9.2009 *HUP Uslugi Polska*.
531 EuGH C-517/99 v. 4.10.2001 *Bravo*, Tz. 36 u. 41; ähnlich missverständlich EuGH C-64/02 P v. 21.10.2004 *DAS PRINZIP DER BEQUEMLICHKEIT*, Tz. 38.
532 Ströbele/Hacker/Thiering-Ströbele, § 8 Rz. 565; vgl. auch BPatGE 46, 151 *BRAVO II*.
533 Demgegenüber kommt ein Fehlen der Unterscheidungskraft aus sonstigen Gründen in Betracht.
534 EuGH C-517/99 v. 4.10.2001 *Bravo*, Tz. 31 u. 40.
535 EuGH C-517/99 v. 4.10.2001 *Bravo*, Tz. 39 f.; EuGH C-64/02 P v. 21.10.2004 *DAS PRINZIP DER BEQUEMLICHKEIT*, Tz. 41.
536 BGH GRUR 2000, 720 *Unter Uns*.

fahren geltend gemacht werden. Denn dass eine Marke erst nach Eintragung zur üblichen Bezeichnung mutiert, kommt als Folge nachlässiger Markenführung immer wieder vor. Eine solche Marke kann ihre Hauptfunktion, die Herkunftsfunktion, nicht mehr erfüllen.[537] Der Gesetzgeber gibt daher in diesen Fällen dem Allgemeininteresse an der freien Benutzbarkeit der Bezeichnung den Vorrang vor den Interessen des Markeninhabers, stellt nicht allein auf die Schutzfähigkeit zum Zeitpunkt der Eintragung ab, sondern lässt die nachträgliche Löschung zu.

> So wird es beispielsweise möglich, dass ein Wort wie »Heroin« – ursprünglich Arzneimittelmarke, später Gattungsbezeichnung – gelöscht werden kann.

94 Gemäß Art. 58 I Buchst. b UMV, § 49 II Nr. 2 MarkenG wird daher eine Marke auf Antrag wegen Verfalls gelöscht, wenn die Marke infolge des Verhaltens oder der Untätigkeit ihres Inhabers im geschäftlichen Verkehr zur gebräuchlichen Bezeichnung einer Ware oder einer Dienstleistung, für die sie eingetragen ist, geworden ist. Das Verfallsverfahren weist gegenüber Nichtigkeitsverfahren wegen absoluter Eintragungshindernisse Besonderheiten auf. Insbesondere kommt der Gesetzgeber den Interessen des Markeninhabers insofern entgegen, als die Entwicklung zur üblichen Bezeichnung auf dem Verhalten oder der Untätigkeit des Markeninhabers beruhen muss. Diese Untätigkeit umfasst alle Unterlassungen, mit denen der Inhaber einer Marke keine genügende Wachsamkeit im Hinblick auf die Bewahrung der Unterscheidungskraft seiner Marke an den Tag legt.[538] Nicht zur Last fallen dem Markeninhaber hingegen Verwendungen, gegen die er sich gewehrt hat.[539]

> Diese »Untätigkeit« kann etwa darin bestehen, dass es der Inhaber einer Marke unterlässt, rechtzeitig Dritten die Benutzung eines verwechslungsfähigen Zeichens verbieten zu lassen, bevor die Marke verwässert wird.[540] Außerdem ist die Voraussetzung erfüllt, wenn ein Markeninhaber bei seinen Zwischenhändlern nicht darauf drängt, dass diese die Abnehmer darauf hinweisen, dass es sich bei dem fraglichen Begriff um eine Marke handelt und der Verkehr die Marke daher als Gattungsbezeichnung verwendet.[541]

3. Sonstiges Fehlen der Unterscheidungskraft

a) Gesetzliche Grundlagen

95 Gesetzliche Grundlage für das Eintragungshindernis fehlender Unterscheidungskraft bilden Art. 6^{quinquies} B Nr. 2 PVÜ, Art. 4 I Buchst. b MRR, Art. 7 I Buchst. b UMV bzw. § 8 II Nr. 1 MarkenG. Diese weisen allerdings einen unterschiedlichen Wortlaut auf. Während in MRR und UMV von Marken die Rede ist, die »keine Unterscheidungskraft haben«, orientiert sich das MarkenG an der Formulierung der PVÜ und spricht von Marken, denen »jegliche Unterscheidungskraft fehlt«. Der abweichende Text kann jedoch keine abweichende rechtliche Beurteilung

---

537 EuGH C-409/12 v. 6.3.2014 *Backaldrin*, Tz. 22, m. w. N.
538 EuGH C-409/12 v. 6.3.2014 *Backaldrin*, Tz. 32 ff.
539 EuGH C-145/05 v. 27.4.2006 *Levi Strauss*, Tz. 25 u. 34; EuGH C-409/12 v. 6.3.2014 *Backaldrin*, Tz. 32 ff.; BGH I ZR 101/15 v. 3.11.2016 *MICRO COTTON*, Tz. 37.
540 EuGH C-145/05 v. 27.4.2006 *Levi Strauss*, Tz. 34.
541 EuGH C-409/12 v. 6.3.2014 *Backaldrin*, Tz. 34 f.

rechtfertigen.⁵⁴² Nach der zwölften Begründungserwägung der MRR soll diese nämlich im Sinne der PVÜ ausgelegt werden, was ebenso auch für den am Wortlaut der MRR orientierten Text der UMV gilt. Ohnehin gehen in der Praxis EuG und BGH übereinstimmend davon aus, dass ein Mindestmaß an Unterscheidungskraft genügt, um das Eintragungshindernis entfallen zu lassen.⁵⁴³

b) Herkunftsfunktion

Mit Blick auf die Hauptfunktion der Marke⁵⁴⁴ bedeutet hierbei Unterscheidungskraft, dass die Marke geeignet ist, das Produkt, für das die Eintragung beantragt wird, als von einem bestimmten Unternehmen stammend zu kennzeichnen und dieses Produkt somit von denjenigen anderer Unternehmen zu unterscheiden.⁵⁴⁵ Die Prüfung der Unterscheidungskraft verlangt daher die Prognose, ob es ausgeschlossen erscheint, dass das fragliche Zeichen geeignet ist, in den Augen der angesprochenen Verkehrskreise die betreffenden Waren oder Dienstleistungen von denen anderer Herkunft zu unterscheiden, wenn diese Verkehrskreise ihre Entscheidung im Geschäftsleben zu treffen haben.⁵⁴⁶ Dabei ist es nicht notwendig und

96

---

542 Etwa BGH GRUR 1995, 410 *TURBO I*; BGH GRUR 1996, 771, 772 *THE HOME DEPOT*; vgl. auch *Starck*, WRP 1996, 269, 270.

543 Etwa EuG T-128/01 v. 6.3.2003 *Kühlergrill*, Tz. 33, unter Hinweis auf EuG T-34/00 v. 27.2.2002 *EUROCOOL*, Tz. 39; auch EuG T-320/03 v. 15.9.2005 *LIVE RICHLY*, Tz. 68; EuG T-123/04 v. 27.9.2005 *CARGO PARTNER*, Tz. 45; BGH GRUR 1999, 1093, 1094 *FOR YOU*; BGH GRUR 2000, 502, 503 *St. Pauli Girl*; BGH GRUR 2000, 722, 723 *LOGO*; BGH GRUR 2001, 56, 57 *Likörflasche*; BGH GRUR 2001, 1150 *LOOK*; BGH I ZB 37/04 v. 24.5.2007 *Fronthaube* Tz. 23; I ZB 36/04 v. 24.5.2007, Tz. 23; I ZB 34/08 v. 22.1.2009 *My World*, Tz. 10; BGH I ZB 62/09 v. 31.3.2010 *Marlene-Dietrich-Bildnis II*, Tz. 13; auch Begründung zum Regierungsentwurf, BT-Dr. 12/6581, S. 70 = BlPMZ 1994, Sonderheft, S. 64.

544 Vgl. § 1 Rdn. 3 – 9.

545 Ständige Rechtsprechung, u. a.: EuGH C-53/01 bis C-55/01 v. 8.4.2003 *Linde*, Tz. 40; EuGH C-104/01 v. 6.5.2003 *Libertel*, Tz. 62; EuGH C-218/01 v. 12.2.2004 *Henkel*, Tz. 48; EuGH C-136/02 P v. 7.10.2004 *Mag Instrument*, Tz. 29 u. 46; EuGH C-64/02 P v. 21.10.2004 *DAS PRINZIP DER BEQUEMLICHKEIT*, Tz. 33 u. 42; EuGH C-353/03 v. 7.7.2005 *Nestlé*, Tz. 22; EuGH C-173/04 P v. 12.1.2006 *Deutsche SiSi-Werke*, Tz. 45; EuGH C-144/06 P v. 4.10.2007 *Rot-weiße rechteckige Tablette mit einem blauen ovalen Kern*, Tz. 34; EuGH C-238/06 P v. 25.10.2007 *Develey*, Tz. 79; EuGH C-304/06 P v. 8.5.2008 *Eurohypo*, Tz. 62 u. 66; EuGH C-398/08 P v. 21.1.2010 *Audi*, Tz. 33; EuGH C-265/09 P v. 9.9.2010 *HABM/BORCO-Marken-Import*, Tz. 31; EuGH C-307/11 P v. 26.4.2012 *Deichmann*, Tz. 49; EuGH C-553/11 v. 25.10.2012 *Rintisch*, Tz. 19; EuGH C-12/12 v. 18.4.2013 *Colloseum Holding*, Tz. 26; EuGH C-252/12 v. 18.7.2013 *Specsavers*, Tz. 22; EuGH C-217/13 v. 19.6.2014 *Oberbank*, Tz. 38; EuGH C-445/13 P v. 7.5.2015 *Voss of Norway*, Tz. 88; EuGH C-139/16 v. 6.7.2017 *Moreno Marín*, Tz. 27; EuGH C-26/17 P v. 13.9.2018 *Birkenstock Sales*, Tz. 31; EuG T-91/99 v. 30.3.2000 *OPTIONS*, Tz. 24; BGH I ZB 96/05 v. 27.4.2006 *FUSSBALL WM 2006*, Tz. 22.

546 Etwa EuG T-87/00 v. 5.4.2001 *EASYBANK*, Tz. 40; EuG T-335/99 v. 19.9.2001 *Tablette für Wasch- oder Geschirrspülmaschinen I*, Tz. 44; EuG T-88/00 v. 7.2.2002 *Form von Taschenlampen*, Tz. 34; EuG T-398/04 v. 17.1.2006 *Rot-weiße rechteckige Tablette mit einem blauen ovalen Kern*, Tz. 24, bestätigt durch EuGH C-144/06 P v. 4.10.2007 *Rot-weiße rechteckige Tablette mit einem blauen ovalen Kern*; auch BGH I ZB 53/05 v. 13.3.2008 *SPA II*, Tz. 26; BGH I ZB 62/09 v. 31.3.2010 *Marlene-Dietrich-Bildnis II*.

oft wohl auch nicht ohne weiteres möglich, dass die Marke genaue Angaben über die Identität des Herstellers der Ware oder des Erbringers der Dienstleistungen vermittelt. Es genügt vielmehr, dass sie den angesprochenen Verkehrskreisen eine Unterscheidung der mit ihr bezeichneten Produkte von den Produkten anderer betrieblicher Herkunft ermöglicht und den Schluss zulässt, dass alle mit ihr bezeichneten Waren oder Dienstleistungen unter der Kontrolle des Inhabers dieser Marke hergestellt, vertrieben oder geliefert bzw. erbracht worden sind, der für ihre Qualität verantwortlich gemacht werden kann.[547]

> So lässt etwa die Bezeichnung »Persil« jedenfalls ohne Einsichtnahme in das Markenregister oder besondere Kenntnisse nicht erkennen, wer die damit bezeichneten Waschmittel hergestellt hat. Das Zeichen ermöglicht dem Verbraucher aber grundsätzlich die Unterscheidung der gekennzeichneten Waschmittel von denjenigen anderer Hersteller und verfügt damit über die erforderliche Unterscheidungskraft.[548]

c) *Allgemeininteresse*

97 Auch bei der Beurteilung der Unterscheidungskraft eines bestimmten Zeichens als Marke ist das dem Eintragungshindernis zugrundeliegende Allgemeininteresse zu berücksichtigen. Dieses besteht darin, dass die Verfügbarkeit des Zeichens für die anderen Wirtschaftsteilnehmer, die vergleichbare Produkte anbieten, nicht ungerechtfertigt beschränkt wird.[549] Es besteht nämlich kein Interesse daran, einer Marke Schutz zu gewähren, die nicht die Ursprungsidentität der gekennzeichneten Produkte garantieren kann.[550] Herkunftsfunktion und Allgemeininteresse gehen damit also ineinander über.[551] Im Hinblick auf die Wahrung dieses Allgemeininteresses ist zusammen mit den anderen Umständen des Einzelfalls bei der Beurteilung der Unterscheidungskraft der Umstand von Bedeutung, ob die Eintragung des Zeichens für eine Vielzahl von Produkten oder aber für ein spezifisches Produkt oder eine spezifische Gruppe von Produkten beantragt wird.[552] Für ein spezifisches Pro-

---

547 Etwa EuG T-335/99 v. 19.9.2001 *Tablette für Wasch- oder Geschirrspülmaschinen I*, Tz. 43; EuG T-173/01 v. 9.10.2002 *Orange*, Tz. 44; EuG T-194/01 v. 5.3.2003 *Tablette für Wasch- oder Geschirrspülmaschinen XII*, Tz. 43.
548 Vgl. EuGH C-383/99 P v. 20.9.2001 *Baby-dry*, Tz. 44.
549 EuGH C-104/01 v. 6.5.2003 *Libertel*, Tz. 60 u. 71; EuGH C-49/02 v. 24.6.2004 *Heidelberger Bauchemie*, Tz. 41, beide zur Farbmarke; EuGH C-456/01 P u. C-457/01 P v. 29.4.2004 *Dreidimensionale Tablettenform I*, Tz. 47; EuGH C-329/02 P v. 16.9.2004 *SAT.2*, Tz. 26; EuGH C-37/03 P v. 15.9.2005 *BioID*, Tz. 60; EuGH C-173/04 P v. 12.1.2006 *Deutsche SiSi-Werke*, Tz. 62; EuGH C-20/14 v. 22.10.2015 *BGW Beratungs-Gesellschaft Wirtschaft*, Tz. 24; überholt insoweit BGH GRUR 2000, 231, 232 *FÜNFER*; BGH GRUR 2000, 722 *LOGO*; BGH GRUR 2001, 1154, 1155 *Farbmarke violettfarben*; BGH GRUR 2002, 64, 65 *INDIVIDUELLE*; grenzwertig BGH I ZB 96/05 v. 27.4.2006 *FUSSBALL WM 2006*, Tz. 17; I ZB 97/05 v. 27.4.2006, Tz. 17.
550 EuGH C-456/01 P u. C-457/01 P v. 29.4.2004 *Dreidimensionale Tablettenform I*, Tz. 48; EuGH C-37/03 P v. 15.9.2005 *BioID*, Tz. 60; EuGH C-173/04 P v. 12.1.2006 *Deutsche SiSi-Werke*, Tz. 60; EuGH C-90/11 und C-91/11 v. 15.3.2012 *Strigl*, Tz. 30.
551 EuGH C-329/02 P v. 16.9.2004 *SAT.2*, Tz. 27; EuGH C-37/03 P v. 15.9.2005 *BioID*, Tz. 60; EuGH C-173/04 P v. 12.1.2006 *Deutsche SiSi-Werke*, Tz. 61; EuGH C-512/06 P v. 26.10.2007 *PTV Planung Transport Verkehr*, Tz. 24; EuGH C-304/06 P v. 8.5.2008 *Eurohypo*, Tz. 56.
552 EuGH C-104/01 v. 6.5.2003 *Libertel*, Tz. 60 u. 71, zur Farbmarke.

dukt wird nämlich die Eintragung einer hinsichtlich der Unterscheidungskraft problematischen Marke eher zu erlangen sein als für eine große Bandbreite von Produkten oder für Produkte unter einem weiten Oberbegriff.

> So ist etwa der abstrakte Farbton Orange als solcher ohne räumliche Begrenzung unterscheidungskräftig, soweit es um Beratungsdienstleistungen auf dem Gebiet des Pflanzenbaus geht; er ist dagegen nicht unterscheidungskräftig, soweit er land-, garten- und forstwirtschaftliche Waren betrifft. Die Verwendung von Farben einschließlich des Orangetons ist für land-, garten- und forstwirtschaftliche Waren nicht selten. Deshalb werden die maßgeblichen Verkehrskreise die angemeldete Farbe eher als ein bloßes Gestaltungsmerkmal der fraglichen Waren auffassen. Dagegen haftet den Beratungsdienstleistungen eine Farbe weder selbst an, noch verleiht sie ihnen einen substanziellen Wert. Der Verkehr kann hier die Verwendung einer Farbe als bloßes Dekorationselement von ihrer Verwendung als Hinweis auf die betriebliche Herkunft der Dienstleistung unterscheiden.[553] Auch bei Kunstwerken, deren urheberrechtlicher Schutz abgelaufen ist, spricht einiges dafür, diese im Allgemeininteresse nicht als Produktkennzeichen monopolisieren zu lassen und den markenrechtlichen Schutz zu versagen.[554]

Etwas unglücklich[555] formuliert der EuGH in diesem Zusammenhang, dass auch die Zahl der Produkte bedeutsam sei, für die die Eintragung der Marke beantragt werde. Denn je größer die Zahl der Produkte sei, umso eher könne das durch die Marke gewährte Ausschließlichkeitsrecht sich als übertrieben erweisen und dadurch der Aufrechterhaltung eines unverfälschten Wettbewerbssystems sowie dem Allgemeininteresse zuwiderlaufen, dass die Verfügbarkeit bestimmter Zeichen für die anderen Wirtschaftsteilnehmer, die vergleichbare Produkte anbieten, nicht ungerechtfertigt beschränkt werde. Darüber hinaus sei es auch für die wirtschaftliche Entwicklung und die unternehmerische Initiative nicht förderlich, wenn bereits etablierte Wirtschaftsteilnehmer alle tatsächlich verfügbaren Zeichen – etwa die verfügbaren Farben – zum Nachteil neuer Wirtschaftsteilnehmer für sich eintragen lassen könnten.[556] **98**

Man wird diese Formulierung kaum dahin verstehen können, dass tatsächlich die Zahl der Produkte ausschlaggebend ist. Entscheidend wird vielmehr Art und Beschaffenheit der einzelnen Produkte sein, für die die Eintragung der Marke beantragt wird. Denn die Zahl der Produkte könnte schon durch Einreichung mehrerer Parallelanmeldungen oder den späteren Ankauf weiterer Markenrechte manipuliert werden, ohne dass das Schutzbedürfnis anderer Wirtschaftsteilnehmer in diesem Fall geringer wäre. **99**

> So wird die Anmeldung des abstrakten Farbtons Orange nicht schon deswegen zurückgewiesen werden können, weil für eine größere Zahl von Produkten Schutz beansprucht wurde. Vielmehr wird die Schutzfähigkeit für jedes dieser Produkte jeweils im Einzelnen zu prüfen und die Anmeldung gegebenenfalls teilweise zurückzuweisen sein.

---

553 EuG T-173/01 v. 9.10.2002 *Orange*, Tz. 33 ff.; Teilzurückweisung bestätigt durch EuGH C-447/02 P v. 21.10.2004 *Farbe Orange*, Tz. 80 ff.
554 EFTA-Gerichtshof E-5/16 v. 8.4.2017 *Municipality of Oslo*, Tz. 70.
555 Kritisch auch *Ullmann*, GRUR 2005, 89, 91.
556 EuGH C-104/01 v. 6.5.2003 *Libertel*, Tz. 54 u. 56, zur Farbmarke.

d) Verhältnis zur abstrakten Unterscheidungseignung im Rahmen der allgemeinen Markenfähigkeit

100 Im Rahmen der Prüfung der Unterscheidungskraft ist bedeutungslos, ob ein Zeichen allgemein markenfähig[557] im Sinne von Art. 3 MRR, Art. 4 UMV bzw. §§ 3 I, 8 I MarkenG ist. Aus der allgemeinen Markenfähigkeit folgt nämlich nicht, dass dieses Zeichen auch im Hinblick auf ganz bestimmte Produkte notwendig (konkrete) Unterscheidungskraft im Sinne von Art. 4 I Buchst. b MRR, Art. 7 I Buchst. b UMV bzw. § 8 II Nr. 1 MarkenG hat.[558] Die Prüfung der (abstrakten) Unterscheidungseignung im Rahmen der Markenfähigkeit unterliegt nämlich – sofern man der wenig hilfreichen Unterscheidung abstrakter und konkreter Unterscheidungskraft überhaupt noch Beachtung schenken will[559] – anderen Kriterien als die der konkreten.

> So ist etwa der abstrakte Farbton Orange zwar markenfähig und damit abstrakt unterscheidungskräftig. Dies führt aber nicht automatisch dazu, dass dieser auch über konkrete Unterscheidungskraft hinsichtlich der Produkte verfügt, für die Schutz beantragt wird.[560]

e) Keine Bedeutung der konkreten Benutzung der Marke und des Kennzeichenumfelds

101 Bei der Prüfung der Unterscheidungskraft sind sowohl die gewöhnliche Benutzung[561] der Marke in den betroffenen Bereichen als Herkunftshinweis als auch die Wahrnehmung des maßgeblichen Publikums[562] zu berücksichtigen.[563] Andererseits sollen nach der Rechtsprechung des EuGH etwaige Beweismittel nicht nur belegen müssen, dass sich die Verbraucher an die Marke im Wege ihrer Benutzung gewöhnt habe, sondern vielmehr, dass die Marke es ihnen sofort ermöglichte, die damit versehenen Produkte von denen konkurrierender Unternehmen unterscheiden zu können.[564]

102 Allerdings kann aus dem Nachweis einer auf den Anmelder zurückzuführenden Benutzung der angemeldeten Marke für eine fehlende Unterscheidungskraft regelmäßig nichts hergeleitet werden.[565] Dies soll nach einer Entscheidung des EuG sogar für eine Benutzung als gebräuchliches und anpreisendes Zeichen ohne Bezug

---

557 Zur Markenfähigkeit vgl. § 2 Rdn. 1 – 18.
558 EuGH C-456/01 P u. C-457/01 P v. 29.4.2004 *Dreidimensionale Tablettenform I*, Tz. 32; EuGH C-468/01 P bis C-472/01 P v. 29.4.2004 *Dreidimensionale Tablettenform II*, Tz. 30; EuGH C-473/01 P u. C-474/01 P v. 29.4.2004 *Dreidimensionale Tablettenform III*, Tz. 30; EuGH C-265/09 P v. 9.9.2010 *HABM/BORCO-Marken-Import*, Tz. 29.
559 Vgl. – unklar – EuGH C-49/02 v. 24.6.2004 *Heidelberger Bauchemie*, Tz. 39 f.
560 Vgl. zu den Einzelheiten das Beispiel oben § 4 Rdn. 97.
561 Vgl. umgekehrt zur gewöhnlichen Verwendung als Beschreibung EuGH C-37/03 P v. 15.9.2005 *BioID*, Tz. 61 f.
562 Vgl. oben § 4 Rdn. 19 – 33.
563 EuGH C-104/01 v. 6.5.2003 *Libertel*, Tz. 62.
564 EuGH C-136/02 P v. 7.10.2004 *Mag Instrument*, Tz. 50; Art. 6^{quinquies} C I PVÜ, wonach bei der Prüfung »insbesondere die Dauer des Gebrauchs der Marke« zu berücksichtigen ist, dürfte dem nicht entgegenstehen.
565 EuG T-360/00 v. 9.10.2002 *UltraPlus*, Tz. 49 f.; auch BGH GRUR 2001, 1046, 1047 *GENESCAN*.

zur gewerblichen Herkunft gelten.⁵⁶⁶ Letzteres erscheint allerdings zweifelhaft.⁵⁶⁷ Zwar wird eine Benutzung durch den Anmelder selbst den Verkehr zunächst nicht davon abhalten, das Zeichen dem Anmelder zuzuordnen. Andererseits kann aber auch eine – beispielsweise beschreibende – Benutzung durch den Anmelder die Sprachgewohnheiten dahin prägen, dass das Zeichen seine Herkunftsfunktion einbüßt.

> So dürfte die Bezeichnung »TDI« für Kraftfahrzeuge ursprünglich keine Bedeutung gehabt haben und unterscheidungskräftig gewesen sein. Unterlegt aber der Anmelder mit großem Werbeaufwand das zunächst unterscheidungskräftige Zeichen mit einem bestimmten beschreibenden Wortsinn, etwa im Sinne von »Turbo Diesel Injection«, so kann das Zeichen seine Unterscheidungskraft verlieren.⁵⁶⁸

Fehl geht allerdings der BGH, wenn er unter Berücksichtigung des Kennzeichnungsumfelds sogar solchen Marken die konkrete Unterscheidungskraft nicht absprechen will, die der Verkehr isoliert nicht als Hinweis auf die Herkunft verstehen würde, sobald aber aus dem Umfeld der Markenbenutzung klar wird, dass es sich bei der Kennzeichnung um eine Marke handelt.⁵⁶⁹ Der BGH geht dabei sogar so weit, dass es lediglich allgemein auf die Kennzeichnungsgewohnheiten der jeweiligen Branche ankomme, ohne dass der angemeldeten Marke ähnliche Zeichen auch tatsächlich so benutzt würden.⁵⁷⁰ Insbesondere bedürfe es auch keiner Beschränkung der Marke darauf, dass der Schutz nur für die Anbringung des Zeichens an einer bestimmten Stelle begehrt wird (sogenannte Positionsmarke).⁵⁷¹ Erst wenn der Verkehr dem Markenwort wegen seiner Nähe zu den beanspruchten Waren unabhängig von der Präsentation – also beispielsweise auch auf Etiketten – keine Unterscheidungseignung beimesse, sei es schutzunfähig.⁵⁷² **103**

> So soll der Bezeichnung »SWISS ARMY« nicht jede Unterscheidungseignung für die Waren »modische Armbanduhren Schweizer Ursprungs« fehlen. Nach der Lebenserfahrung gebe es naheliegende Möglichkeiten, die Wortfolge bei Armbanduhren so zur Kennzeichnung zu verwenden, dass sie vom Verkehr ohne weiteres als Marke verstanden werde. Dies gelte insbesondere dann, wenn die Wortfolge auf dem Ziffernblatt an eine Stelle gesetzt werde, auf der bei Uhren üblicherweise eine Marke zu finden sei.⁵⁷³ Ebenso soll etwa die fotografische Abbildung von Marlene Dietrich auch für Waren wie Bekleidung, Münzen oder Waren aus Papier eintragungsfähig sein, obwohl insoweit eine Benutzung als Fanartikel, auf Gedenkmünzen, Postern oder Sammelbildern in Betracht kommt, wo das Abbild vom Verkehr nicht als Herkunftshinweis verstanden wird.⁵⁷⁴ Dies gelte sogar, wenn z. B. eine Benutzung foto-

---

566 EuG T-360/00 v. 9.10.2002 *UltraPlus*, Tz. 49 f. u. 52.
567 Offen gelassen hat die Frage BPatG GRUR 2002, 693, 698 *BerlinCard*.
568 Vgl. EuG T-16/02 v. 3.12.2003 *TDI I*, Tz. 37; EuG T-174/07 v. 28.1.2009 *TDI II*, Tz. 34 ff.
569 Vgl. BGH GRUR 2001, 240, 242 *SWISS ARMY*; BGH I ZB 21/06 v. 24.4.2008 *Marlene-Dietrich-Bildnis I*, Tz. 22; BGH I ZB 115/08 v. 24.6.2010 *TOOOR!*, Tz. 28; BGH I ZB 61/17 v. 21.6.2018 *#darferdas?* Tz. 21.
570 BGH I ZB 62/09 v. 31.3.2010 *Marlene-Dietrich-Bildnis II*, Tz. 18 ff.; BGH I ZB 61/17 v. 21.6.2018 *#darferdas?* Tz. 18; zurückhaltender BGH I ZB 29/13 v. 15.5.2014 *Düsseldorf-Congress*, Tz. 19, aber auch Tz. 21.
571 BGH I ZB 62/09 v. 31.3.2010 *Marlene-Dietrich-Bildnis II*; BGH I ZB 61/17 v. 21.6.2018 *#darferdas?* Tz. 18.
572 BGH I ZB 13/11 v. 8.3.2012 *Neuschwanstein*, Tz. 20; BGH I ZB 61/17 v. 21.6.2018 *#darferdas?* Tz. 18.
573 BGH GRUR 2001, 240, 242 *SWISS ARMY*.
574 BGH I ZB 21/06 v. 24.4.2008 *Marlene-Dietrich-Bildnis I*, Tz. 22.

grafischer Abbildungen Prominenter auf Einnähetiketten von Bekleidungsstücken in der Bekleidungsbranche tatsächlich gar nicht nachweisbar sind.[575] Überzeugen dürfte dies allerdings schon deswegen nicht, weil beispielsweise bei einer für »modische Armbanduhren Schweizer Ursprungs« geschützten Marke neben der Benutzung auf dem Zifferblatt einer Uhr andere Benutzungsmöglichkeiten in Frage kommen, etwa in Katalogen. Wird der Marke Schutz gewährt, so kann Dritten auch die Benutzung in Katalogen untersagt werden. Die Verfügbarkeit des Zeichens für andere Wirtschaftsteilnehmer, die Produkte der von der Anmeldung erfassten Art anbieten, wird ungerechtfertigt beschränkt. Ebenso wenig überzeugt es bei der Abbildung von Marlene Dietrich, Mitbewerber, die das Abbild auf Gedenkmünzen, Postern oder Sammelbildern benutzen wollen, auf die Schranken des Markenrechts[576] zu verweisen. Dagegen dürfte die Verwendungsmöglichkeit des Marlene-Dietrich-Bildnisses auf Bekleidungsstücken der Marke für diese Waren nicht zwingend die Unterscheidungskraft nehmen; der Verkehr ist insoweit an Lizenzverbindungen und eine zugleich dekorative Benutzung gewöhnt.[577]

104 Diese Rechtsprechung des BGH steht zudem mit der neueren Entscheidungspraxis des EuGH nicht in Einklang und ist überholt. Nach der Rechtsprechung des EuGH nämlich hat das mit der Anmeldung befasste Amt bei der Prüfung der Unterscheidungskraft nicht sämtliche denkbaren Verwendungsweisen zu untersuchen, sondern kann auf die wahrscheinlichste Verwendung abstellen.[578]
Wird die Marke

für Schuhe angemeldet, so kommt es nicht darauf an, dass das Zeichen auf Etiketten oder in Katalogen so benutzt werden könnte, dass es als Herkunftshinweis taugt. Denn naheliegend ist eine Verwendung als Dekorationselement auf Schuhen.[579]

105 Um den Konflikt aufzulösen, hat der BGH dem EuGH[580] jüngst die zugrundeliegende Frage zur Vorabentscheidung vorgelegt: Hat ein Zeichen Unterscheidungskraft, wenn es praktisch bedeutsame und naheliegende Möglichkeiten gibt, es für die beanspruchten Produkte als Herkunftshinweis zu verwenden, auch wenn es sich dabei nicht um die wahrscheinlichste Form der Verwendung des Zeichens handelt?

Gegenstand der Entscheidung war die Markenanmeldung »#darferdas?« für Bekleidungsstücke. Die wahrscheinlichste Verwendungsweise der Marke dürfte nämlich ein großer Aufdruck auf der Vorderseite des Bekleidungsstückes sein, der dekorativ verstanden würde.

---

575 BGH I ZB 62/09 v. 31.3.2010 *Marlene-Dietrich-Bildnis II*, Tz. 19; vgl. auch BGH I ZB 115/08 v. 24.6.2010 *TOOOR!*, Tz. 30; BGH I ZB 61/17 v. 21.6.2018 *#darferdas?* Tz. 18.
576 Hierzu unten § 15.
577 Vgl. nur EuGH C-206/01 v. 12.11.2002 *Arsenal/Reed*.
578 EuGH C-307/11 P v. 26.4.2012 *Deichmann*, Tz. 55 u. 57, unter ausdrücklicher Abwendung von der deutschen Rechtspraxis; zurückhaltend dagegen EuGH C-26/17 P v. 13.9.2018 *Birkenstock Sales*, Tz. 42.
579 EuG T-202/09 v. 13.4.2011 *Umsäumter Winkel*, Tz. 29 ff., bestätigt durch EuGH C-307/11 P v. 26.4.2012 *Deichmann*, Tz. 45 ff.
580 Az. beim EuGH C-541/18 *AS*.

Demgegenüber wäre eine – eher unwahrscheinliche – Verwendung im Einnähetikett nicht beschreibend.⁵⁸¹

f) Für die Unterscheidungskraft erforderlicher Grad der Abweichung vom Branchenüblichen

Nicht ganz eindeutig scheint auf den ersten Blick die Linie der Rechtsprechung zum erforderlichen Grad der Abweichung der begehrten Marke von der Norm oder vom Branchenüblichen, um einer Marke die nötige Unterscheidungskraft zu verleihen: Der EuGH hatte zunächst – im Zusammenhang mit der Prüfung merkmalsbeschreibender Angaben in einem Wortzeichen – ausgeführt, dass jede erkennbare Abweichung in der Formulierung einer angemeldeten Wortverbindung von der Ausdrucksweise, die im üblichen Sprachgebrauch der betroffenen Verkehrskreise für die Bezeichnung der wesentlichen Produktmerkmale verwendet werde, geeignet sei, einer Wortverbindung die für ihre Eintragung als Marke erforderliche Unterscheidungskraft zu verleihen.⁵⁸² Später dann – im Zusammenhang mit der Prüfung dreidimensionaler Marken – entschied der EuGH, dass ein bloßes Abweichen von der Norm oder der Branchenüblichkeit nicht ausreichend sei, um das Eintragungshindernis fehlender Unterscheidungskraft entfallen zu lassen. Erst eine Marke, die von der Norm oder der Branchenüblichkeit erheblich abweiche und deshalb ihre wesentliche Herkunftsfunktion erfülle, sei nicht ohne Unterscheidungskraft.⁵⁸³

106

Bei einer Formmarke wie der Flaschenform

genügt es daher nicht festzustellen, Flaschen würden üblicherweise mit Etikett verkauft, so dass die Mattierung der Flaschenoberfläche nicht als Marke funktionieren könne.⁵⁸⁴

---

581 BGH I ZB 61/17 v. 21.6.2018 *#darferdas?*, Tz. 16 ff.
582 EuGH C-383/99 P v. 20.9.2001 *Baby-dry*, Tz. 40; anders noch EuG T-360/99 v. 26.10.2000 *Investorword*, Tz. 23.
583 EuGH C-218/01 v. 12.2.2004 *Henkel*, Tz. 49; EuGH C-456/01 P u. C-457/01 P v. 29.4.2004 *Dreidimensionale Tablettenform I*, Tz. 39; EuGH C-468/01 P bis C-472/01 P v. 29.4.2004 *Dreidimensionale Tablettenform II*, Tz. 37; EuGH C-473/01 P u. C-474/01 P v. 29.4.2004 *Dreidimensionale Tablettenform III*, Tz. 37; EuGH C-144/06 P v. 4.10.2007 *Rot-weiße rechteckige Tablette mit einem blauen ovalen Kern*, Tz. 37; EuGH C-546/10 P v. 13.9.2011 *Wilfer*, Tz. 54; EuGH C-445/13 P v. 7.5.2015 *Voss of Norway*, Tz. 81; EFTA-Gerichtshof E-5/16 v. 8.4.2017 *Municipality of Oslo*, Tz. 135.
584 EuGH C-345/10 P v. 20.10.2011 *Freixenet*, Tz. 50 f.

107 Der BGH ignoriert bislang die Formel des EuGH weitgehend und beharrt auf seine alte Rechtsprechung. Danach ist ein großzügiger Maßstab anzulegen, so dass jede auch noch so geringe Unterscheidungskraft genügt, um das Schutzhindernis zu überwinden.[585] Der BGH[586] sieht zu Unrecht keine Diskrepanz zur Vorgehensweise des EuGH. Dieser Ansatz des BGH findet allerdings tatsächlich keinen Halt in der Rechtsprechung des EuGH, wird auch vom BPatG nicht konsequent befolgt und sollte daher als überholt gelten.

108 Den unterschiedlichen Formulierungen – erhebliche Abweichung vom Branchenüblichen bzw. jede erkennbare Abweichung – des EuGH kommt nur eine geringe Bedeutung in der Sache zu. Bei Wortzeichen achtet der Verkehr – anders als etwa bei Formmarken – regelmäßig auf Details und registriert Abweichungen vom üblichen Sprachgebrauch. Hier stellt daher jede erkennbare Abweichung zumeist gleichzeitig eine erhebliche Abweichung dar.[587]

> So wird der minimale Unterschied der Wörter »Hund« und »Hand« sofort registriert. Auch erkennt der Verkehr den Unterschied der Wirkstoffbezeichnung »Omeprazol« zur Marke »OMEPRAZOK«, soweit ihm die Wirkstoffbezeichnung überhaupt bekannt ist. Der Unterschied ist damit erheblich und verleiht dem Zeichen hinreichende Unterscheidungskraft.[588] Die Marke »Neuschwanstein« wird der Verkehr jedenfalls bei Waren, die als Souvenirs verkauft werden können, nur als Bezeichnung der Sehenswürdigkeit und nicht als Unterscheidungszeichen wahrnehmen.[589] Dagegen wird der Verkehr einer üblichen Kombination üblicher geometrischer Formen und Farben auf den grün/weiß bzw. rot/weiß gehaltenen Waschmitteltabletten

---

585 Ständige Rechtsprechung, etwa: BGH I ZB 13/11 v. 8.3.2012 *Neuschwanstein*, Tz. 9; BGH I ZB 22/11 v. 4.4.2012 *Starsat*, Tz. 7; BGH I ZB 72/11 v. 22.11.2012 *Kaleido*, Tz. 11; BGH I ZB 65/12 v. 17.10.2013 *test*, Tz. 10; BGH I ZB 59/12 v. 6.11.2013 *Smartbook*, Tz. 12; BGH I ZB 3/13 v. 19.2.2014 *HOT*, Tz. 10; BGH I ZB 29/13 v. 15.5.2014 *DüsseldorfCongress*, Tz. 8; BGH I ZB 64/13 v. 22.5.2014 *ECR-Award*, Tz. 8; BGH I ZB 39/15 v. 31.5.2016 *OUI*, Tz. 9; BGH I ZB 52/15 v. 21.7.2016 *Sparkassen-Rot*, Tz. 13; BGH I ZB 43/15 v. 9.11.2016 *Stadtwerke Bremen*, Tz. 29, jeweils m. w. N.; BGH I ZB 39/16 v. 6.4.2017 *Schokoladenstäbchen III*, Tz. 17; BGH I ZB 97/16 v. 5.10.2017 *Pippi-Langstrumpf-Marke*, Tz. 11; BGH I ZB 25/17 v. 13.9.2018 *Pippi Langstrumpf*, Tz. 13.
586 BGH I ZB 39/16 v. 6.4.2017 *Schokoladenstäbchen III*, Tz. 17.
587 So nun ausdrücklich EuGH C-622/13 P v. 30.4.2015 *Castel Frères*, Tz. 67; in diesem Sinne schon EuGH C-144/06 P v. 4.10.2007 *Rot-weiße rechteckige Tablette mit einem blauen ovalen Kern*, Tz. 37; EuGH C-238/06 P v. 25.10.2007 *Develey*, Tz. 81 (»Unter solchen Umständen...«).
588 BGH GRUR 2002, 540, 541 *OMEPRAZOK*; auch BGH GRUR 2005, 258, 259 *Roximycin*.
589 BGH I ZB 13/11 v. 8.3.2012 *Neuschwanstein*, Tz. 13 ff.

kaum eine herkunftshinweisende Bedeutung beimessen. Dies würde vielmehr erhebliche Abweichungen von der Branchenüblichkeit erfordern.[590] Diese sollen – zu weitgehend – sogar den Tabletten

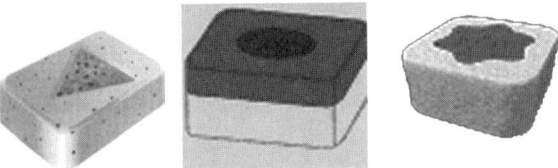

fehlen, die – originell und wohl keineswegs branchenüblich – rechteckige und dreieckige, ovale bzw. Blütenformen kombinieren.[591] Auch bei der Flaschenform

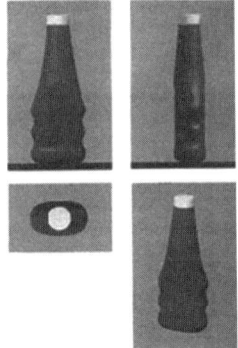

liegt in der Gestaltung der seitlichen Mulden zwar eine Abweichung vom Branchenüblichen; die Abweichung ist jedoch nicht erheblich.[592] Gleiches gilt für die Verpackung

---

[590] Vgl. EuGH C-218/01 v. 12.2.2004 *Henkel*, Tz. 49; EuGH C-456/01 P u. C-457/01 P v. 29.4.2004 *Dreidimensionale Tablettenform I*, Tz. 39; EuGH C-468/01 P bis C-472/01 P v. 29.4.2004 *Dreidimensionale Tablettenform II*, Tz. 37; EuGH C-473/01 P u. C-474/01 P v. 29.4.2004 *Dreidimensionale Tablettenform III*, Tz. 37; EuGH C-144/06 P v. 4.10.2007 *Rot-weiße rechteckige Tablette mit einem blauen ovalen Kern*, Tz. 37.

[591] EuG T-129/00 v. 19.9.2001 *Tablette für Wasch- oder Geschirrspülmaschinen XI*, Tz. 68, leider in den wesentlichen Erwägungen bestätigt durch EuGH C-473/01 P u. C-474/01 P v. 29.4.2004 *Dreidimensionale Tablettenform III*; EuG T-398/04 v. 4.8.2004 *Rot-weiße rechteckige Tablette mit einem blauen ovalen Kern*, bestätigt durch EuGH C-144/06 P v. 4.10.2007 *Rot-weiße rechteckige Tablette mit einem blauen ovalen Kern*; EuG T-241/05, T-262/05 bis T-264/05, T-346/05, T-347/05, T-29/06 bis T-31/06 v. 23.5.2007 *Quadratische weiße Tabletten mit farbigem Blütenmuster*, Tz. 66 ff.; zu unterscheidungskräftigen Waschmittelkapseln aber auch BPatG 26 W (pat) 2/01 v. 23.6.2004.

[592] EuGH C-238/06 P v. 25.10.2007 *Develey*, Tz. 88 ff.

§ 4 Absolute Eintragungshindernisse

für Zigaretten, zumal auf dem Markt eine gewisse Variationsbreite an Packungsformen existiert.[593] Für erheblich hielt das EuG dagegen die Abweichungen vom Branchenüblichen bei der Flaschenform

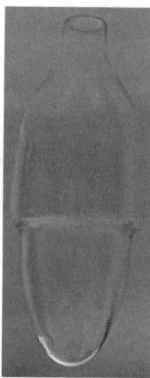

mit abgerundeter Unterseite und Wulst in der Flaschenmitte[594] – zweifelhaft, weil die Merkmale für eine Flasche, die nicht steht, sondern in einer Halterung hängt, typisch sind.

109 Aus dem Erfordernis eines gewissen Abstands vom Branchenüblichen lässt sich demgegenüber nicht herleiten, dass ein Zeichen ein bestimmtes Niveau der sprachlichen oder künstlerischen Kreativität oder Einbildungskraft des Markeninhabers zeigen müsse.[595] Weiter ergibt sich fehlende Unterscheidungskraft nicht schon

---

593 EuG T-140/06 v. 12.9.2007 *Form einer Zigarettenschachtel*, Tz. 21 ff. u. 50 ff., bestätigt durch EuGH C-497/07 P v. 27.6.2008 *Philip Morris Products*.
594 EuG T-313/17 v. 3.10.2018 *Wajos*.
595 EuGH C-329/02 P v. 16.9.2004 *SAT.2*, Tz. 41; EuGH C-265/09 P v. 9.9.2010 *HABM/BORCO-Marken-Import*, Tz. 38; EuGH C-51/10 P v. 10.3.2011 *Agencja Wydawnicza Technopol/HABM*, Tz. 31; ähnlich zuvor EuG T-138/00 v. 11.12.2001 *DAS PRINZIP DER BEQUEMLICHKEIT*, Tz. 45.

daraus, dass es einem Zeichen an Fantasieüberschuss mangelt,[596] es weder ungewöhnlich noch auffallend[597] oder weder eigentümlich noch originell ist.[598] Auch dass das Zeichen im geschäftlichen Verkehr gewöhnlich für die Präsentation der betreffenden Produkte verwendet werden könnte, ist kein Kriterium bei der Prüfung der Unterscheidungskraft.[599] Eine Marke entsteht nämlich nicht notwendig aus einer Kreation und beruht nicht auf einem Element von Originalität oder Vorstellungsvermögen, sondern auf ihrer Eignung, die fraglichen Produkte auf dem Markt von gleichartigen Produkten der Mitbewerber zu unterscheiden.[600] Darüber hinaus finden sich auch im Gesetzestext selbst keine derartigen Originalitätsanforderungen.[601]

> Dass etwa der Slogan »Das Prinzip der Bequemlichkeit« keinen Phantasieüberschuss aufweist, führt daher nicht automatisch dazu, dass der Slogan für Möbel ohne Unterscheidungskraft wäre.[602]

g) Mittelbare Differenzierung der einzelnen Kategorien von Marken aufgrund unterschiedlichen Verkehrsverständnisses

Das Gesetz unterscheidet bei der Beurteilung der Unterscheidungskraft nicht zwischen verschiedenen Kategorien von Marken.[603] Die Kriterien für die Beurteilung 110

---

596 EuG T-135/99 v. 31.1.2001 *CINE ACTION*, Tz. 31; EuG T-136/99 v. 31.1.2001 *CINE COMEDY*, Tz. 31; EuG T-87/00 v. 5.4.2001 *EASYBANK*, Tz. 39; EuG T-140/00 v. 3.10.2001 *New Born Baby*, Tz. 41; EuG T-138/00 v. 11.12.2001 *DAS PRINZIP DER BEQUEMLICHKEIT*, Tz. 44; EuG T-34/00 v. 27.2.2002 *EUROCOOL*, Tz. 45; EuG T-79/00 v. 27.2.2002 *LITE*, Tz. 30; EuG T-360/00 v. 9.10.2002 *UltraPlus*, Tz. 45; EuG T-242/02 v. 13.7.2005 *TOP*, Tz. 91; EuG T-320/03 v. 15.9.2005 *LIVE RICHLY*, Tz. 91; EuG T-123/04 v. 27.9.2005 *CARGO PARTNER*, Tz. 46; EuG T-695/14 v. 3.12.2015 *Omega International*, Tz. 32 ff.; BGH GRUR 2000, 321, 322 *Radio von hier*; BGH GRUR 2000, 323 f. *Partner with the Best*; BGH GRUR 2002, 1070, 1071 *Bar jeder Vernunft*.
597 EuG T-87/00 v. 5.4.2001 *EASYBANK*, Tz. 39; EuG T-360/00 v. 9.10.2002 *UltraPlus*, Tz. 45; EuG T-123/04 v. 27.9.2005 *CARGO PARTNER*, Tz. 46.
598 EuG T-242/02 v. 13.7.2005 *TOP*, Tz. 91; EuG T-15/05 v. 31.5.2006 *Form einer Wurst*, Tz. 38; BGH GRUR 2000, 722, 723 *LOGO*; BGH GRUR 2001, 56, 57 f. *Likörflasche*; BGH GRUR 2001, 239, 240 *Zahnpastastrang*; BGH GRUR 2001, 334, 336 f. *Gabelstapler I*; Erdmann GRUR 2001, 609, 612; schädlich ist Originalität natürlich auch nicht EuG T-460/05 v. 10.10.2007 *Form eines Lautsprechers*, Tz. 43.
599 EuGH C-329/02 P v. 16.9.2004 *SAT.2*, Tz. 36; EuGH C-173/04 P v. 12.1.2006 *Deutsche SiSi-Werke*, Tz. 63; auch EuGH C-37/03 P v. 15.9.2005 *BioID*, Tz. 61 f.
600 EuG T-34/00 v. 27.2.2002 *EUROCOOL*, Tz. 45; EuG T-79/00 v. 27.2.2002 *LITE*, Tz. 30; EuG T-320/03 v. 15.9.2005 *LIVE RICHLY*, Tz. 91; andererseits hilft eine fantasievolle Gestaltung natürlich, den hinreichenden Abstand vom Branchenüblichen zu erlangen: vgl. EuG T-133/06 v. 23.10.2008 *PAST PERFECT*, Tz. 44 ff.
601 EuG T-87/00 v. 5.4.2001 *EASYBANK*, Tz. 40.
602 EuG T-138/00 v. 11.12.2001 *DAS PRINZIP DER BEQUEMLICHKEIT*, Tz. 44; im Ergebnis ebenso EuGH C-64/02 P v. 21.10.2004 *DAS PRINZIP DER BEQUEMLICHKEIT*.
603 EuGH C-53/01 bis C-55/01 v. 8.4.2003 *Linde*, Tz. 42; EuGH C-445/02 P v. 28.6.2004 *Glaverbel*, Tz. 21; EuGH C-404/02 v. 16.9.2004 *Nichols*, Tz. 24; EuGH C-107/03 P v. 23.9.2004 *Form einer Seife*, Tz. 48; EuGH C-447/02 P v. 21.10.2004 *Farbe Orange*, Tz. 78; EFTA-Gerichtshof E-5/16 v. 8.4.2017 *Municipality of Oslo*, Tz. 125; EuG T-36/01 v. 9.10.2002 *Glass Pattern I*, Tz. 23.

der Unterscheidungskraft von Slogans und Werbeschlagwörtern,[604] von Marken, die aus einem Personennamen bestehen,[605] von Bild- oder Wort-/Bildmarken,[606] von warenabbildenden Bildmarken,[607] von abstrakten Farbmarken,[608] von dreidimensionalen, aus der Form der Waren bestehenden Marken[609] oder von Hörmarken[610] unterscheiden sich daher nicht von denjenigen, die auf andere Kategorien von Marken Anwendung finden, sind insbesondere nicht strenger. Auch dass ein Zeichen – etwa als Form der Ware – gleichzeitig mehrere Funktionen erfüllt, ist für seine Unterscheidungskraft grundsätzlich unerheblich.[611] Die Unterscheidungskraft einer Marke, gleich zu welcher Kategorie sie gehört, muss vielmehr Gegenstand einer konkreten Beurteilung sein.[612]

> So dürfen etwa bei Marken, die aus einem Personennamen bestehen, keine strengeren allgemeinen Beurteilungskriterien angewandt werden. Eine schematische Prüfung, ob eine bestimmte Zahl von Personen mit dem gleichen Namen existiert oder ob Konkurrenzunternehmen denselben Namen führen, ist daher nicht ausreichend. Auch aus der Tatsache, dass die konkrete Beurteilung der Unterscheidungskraft bestimmter Marken gegebenenfalls größere Schwierigkeiten bereitet, folgt nicht, dass diese Marken a priori keine Unterscheidungs-

---

604 EuGH C-64/02 P v. 21.10.2004 *DAS PRINZIP DER BEQUEMLICHKEIT*, Tz. 34 u. 36; EuGH C-398/08 P v. 21.1.2010 *Audi*, Tz. 36; EuGH C-311/11 P v. 12.7.2012 *Smart Technologies*, Tz. 25; auch EuG T-138/00 v. 11.12.2001 *DAS PRINZIP DER BEQUEMLICHKEIT*, Tz. 44; BGH GRUR 2000, 321, 322 *Radio von hier*; BGH GRUR 2001, 1150 *LOOK*; BGH I ZB 18/13 v. 10.7.2014 *Gute Laune Drops*, Tz. 14.
605 EuGH C-404/02 v. 16.9.2004 *Nichols*, Tz. 25; EuG T-40/03 v. 13.7.2005 *MURÚA/Julián Murúa Entrena*, Tz. 49.
606 EuG T-91/01 v. 5.12.2002 *BioID*, Tz. 27.
607 EuGH C-144/06 P v. 4.10.2007 *Rot-weiße rechteckige Tablette mit einem blauen ovalen Kern*, Tz. 38; EuG T-128/01 v. 6.3.2003 *Kühlergrill*, Tz. 38.
608 BGH GRUR 2001, 1154, 1155 *Farbmarke violettfarben*; BGH GRUR 2002, 427, 429 *Farbmarke gelb/grün*; BGH I ZB 61/13 v. 23.10.2014 *Langenscheidt-Gelb*, Tz. 10; BGH I ZB 65/13 v. 9.7.2015 *Nivea-Blau*, Tz. 11; BGH I ZB 52/15 v. 21.7.2016 *Sparkassen-Rot*, Tz. 14.
609 EuGH C-299/99 v. 18.6.2002 *Philips/Remington*, Tz. 48; EuGH C-53/01 bis C-55/01 v. 8.4.2003 *Linde*, Tz. 42 u. 49; EuGH C-456/01 P u. C-457/01 P v. 29.4.2004 *Dreidimensionale Tablettenform I*, Tz. 38; EuGH C-468/01 P bis C-472/01 P v. 29.4.2004 *Dreidimensionale Tablettenform II*, Tz. 36; EuGH C-473/01 P u. C-474/01 P v. 29.4.2004 *Dreidimensionale Tablettenform III*, Tz. 36; EuGH C-136/02 P v. 7.10.2004 *Mag Instrument*, Tz. 30; EuGH C-173/04 P v. 12.1.2006 *Deutsche SiSi-Werke*, Tz. 27; EuGH C-24/05 P v. 22.6.2006 *Storck I*, Tz. 24; EuGH C-25/05 P v. 22.6.2006 *Storck II*, Tz. 26; EuGH C-144/06 P v. 4.10.2007 *Rot-weiße rechteckige Tablette mit einem blauen ovalen Kern*, Tz. 36; EuGH C-238/06 P v. 25.10.2007 *Develey*, Tz. 80; EuGH C-20/08 P v. 9.12.2008 *Enercon*, Tz. 49; EuGH C-345/10 P v. 20.10.2011 *Freixenet*, Tz. 45; EuGH C-96/11 P v. 6.9.2012 *August Storck*, Tz. 33; EuGH C-97/12 P v. 15.5.2014 *Louis Vuitton Malletier*, Tz. 51; EuGH C-445/13 P v. 7.5.2015 *Voss of Norway*, Tz. 90; EuGH C-417/16 P v. 4.5.2017 *August Storck*, Tz. 33; EuGH C-26/17 P v. 13.9.2018 *Birkenstock Sales*, Tz. 32; so schon u. a. EuG T-335/99 v. 19.9.2001 *Tablette für Wasch- oder Geschirrspülmaschinen I*, Tz. 45; BGH GRUR 2001, 334, 335 *Gabelstapler I*; BGH GRUR 2001, 56, 57 f. *Likörflasche*; BGH I ZB 39/16 v. 6.4.2017 *Schokoladenstäbchen III*, Tz. 18; vgl. auch EFTA-Gerichtshof E-5/16 v. 8.4.2017 *Municipality of Oslo*, Tz. 126.
610 EuG T-408/15 v. 13.9.2016 *Klingelton*, Tz. 41.
611 EuG T-128/01 v. 6.3.2003 *Kühlergrill*, Tz. 43, unter Hinweis auf EuG T-36/01 v. 9.10.2002 *Glass Pattern I*, Tz. 24; vgl. auch EuGH C-107/03 P v. 23.9.2004 *Form einer Seife*, Tz. 53.
612 EuGH C-404/02 v. 16.9.2004 *Nichols*, Tz. 27.

kraft hätten oder diese nur infolge ihrer Benutzung[613] erwerben könnten. Die Eintragung einer Marke, die aus einem Nachnamen besteht, kann insbesondere nicht verweigert werden, um zu verhindern, dass dem ersten Antragsteller ein Vorteil verschafft wird.[614] Etwas anderes kann jedoch unter Umständen bei bekannten Namen gelten, wenn diese bei ganz bestimmten Produkten als (zum Beispiel inhaltsbeschreibender) Hinweis dienen können – wie etwa »Ringelnatz« bei Büchern als Hinweis auf den Schriftsteller.[615]

Andererseits werden bestimmte Kategorien von Zeichen vom Publikum nicht notwendig in der gleichen Weise wahrgenommen wie eine Wort- oder Bildmarke, die das Publikum gewohnheitsmäßig unmittelbar als Zeichen auffasst, das auf eine bestimmte Herkunft der Ware hinweist. Die Verbraucher sind es nämlich normalerweise nicht gewöhnt, etwa aus der Farbe von Waren oder ihrer Verpackung ohne grafische oder Wortelemente auf die Herkunft der Waren zu schließen, da eine Farbe als solche nach den derzeitigen Gepflogenheiten des Handels grundsätzlich nicht als Mittel der Identifizierung verwendet wird. Denn eine Farbe als solche besitzt gewöhnlich nicht die Eigenschaft, die Waren eines bestimmten Unternehmens von anderen zu unterscheiden.[616] Entsprechendes gilt auch für Marken, die aus Einzelbuchstaben[617] oder einem Personennamen[618] bestehen, für die Form der Waren oder ihrer Verpackung[619] sowie für ein Zeichen, das aus einem auf der Oberfläche einer Ware angebrachten Muster besteht,[620] für Hörmarken[621] und

111

---

613 Zum Erwerb von Unterscheidungskraft infolge Benutzung unten § 4 Rdn. 153–172.
614 EuGH C-404/02 v. 16.9.2004 *Nichols*, Tz. 26 ff.
615 BPatG MarkenR 2008, 26 *Ringelnatz*; auch BPatG MarkenR 2008, 33 *Leonardo Da Vinci*; BPatG MarkenR 2008, 119 *Karl May*; abgrenzend für Versandkataloge BPatG MarkenR 2008, 32 *Mirabeau*.
616 EuGH C-104/01 v. 6.5.2003 *Libertel*, Tz. 65; EuGH C-107/03 P v. 23.9.2004 *Form einer Seife*, Tz. 49 f.; EuGH C-447/02 P v. 21.10.2004 *Farbe Orange*, Tz. 78; BGH I ZB 61/13 v. 23.10.2014 *Langenscheidt-Gelb*, Tz. 10; ähnlich schon EuG T-316/00 v. 25.9.2002 *Grün und Grau*, Tz. 27; EuG T-173/01 v. 9.10.2002 *Orange*, Tz. 29.
617 EuGH C-265/09 P v. 9.9.2010 *HABM/BORCO-Marken-Import*, Tz. 33 ff.
618 EuGH C-404/02 v. 16.9.2004 *Nichols*, Tz. 28.
619 EuGH C-53/01 bis C-55/01 v. 8.4.2003 *Linde*, Tz. 48; EuGH C-218/01 v. 12.2.2004 *Henkel*, Tz. 52, unter Hinweis auf EuGH C-104/01 v. 6.5.2003 *Libertel*, Tz. 65; auch EuGH C-456/01 P u. C-457/01 P v. 29.4.2004 *Dreidimensionale Tablettenform I*, Tz. 38; EuGH C-468/01 P bis C-472/01 P v. 29.4.2004 *Dreidimensionale Tablettenform II*, Tz. 36; EuGH C-473/01 P u. C-474/01 P v. 29.4.2004 *Dreidimensionale Tablettenform III*, Tz. 36; EuGH C-107/03 P v. 23.9.2004 *Form einer Seife*, Tz. 49 f.; EuGH C-136/02 P v. 7.10.2004 *Mag Instrument*, Tz. 30; EuGH C-173/04 P v. 12.1.2006 *Deutsche SiSi-Werke*, Tz. 28; EuGH C-24/05 P v. 22.6.2006 *Storck I*, Tz. 25; EuGH C-25/05 P v. 22.6.2006 *Storck II*, Tz. 27; EuGH C-497/07 P v. 27.6.2008 *Philip Morris Products*, Tz. 25; EuGH C-96/11 P v. 6.9.2012 *August Storck*, Tz. 34; EuGH C-97/12 P v. 15.5.2014 *Louis Vuitton Malletier*, Tz. 51; EuGH C-445/13 P v. 7.5.2015 *Voss of Norway*, Tz. 90; EuGH C-26/17 P v. 13.9.2018 *Birkenstock Sales*, Tz. 32; BGH I ZB 39/16 v. 6.4.2017 *Schokoladenstäbchen III*, Tz. 18.
620 EuGH C-445/02 P v. 28.6.2004 *Glaverbel*, Tz. 22 f.; EuG T-36/01 v. 9.10.2002 *Glass Pattern I*, Tz. 23.
621 EuG T-408/15 v. 13.9.2016 *Klingelton*, Tz. 41 f.

unter Umständen für Werbeslogans.⁶²² Im Folgenden sollen deswegen die einzelnen Kategorien von Marken gesondert behandelt werden.

h) Wortmarken

(1) Ansatz von EuGH und EuG

112 EuGH und EuG haben bislang eine allgemeine Definition fehlender Unterscheidungskraft im Zusammenhang mit Wortmarken vermieden und stattdessen auf Herkunftsfunktion und Allgemeininteresse zurückgegriffen. Die Beurteilung wich insofern bei Wortmarken im Ergebnis nicht von der Beurteilung des Schutzhindernisses der merkmalsbeschreibenden Angabe ab. Letztlich läuft daher in der Praxis bei Wortmarken das Schutzhindernis fehlender Unterscheidungskraft in gewisser Weise leer.⁶²³

> So fehlte dem Zeichen »Companyline« für das Versicherungs- und Finanzwesen jegliche Unterscheidungskraft, da es ausschließlich aus den beiden in englischsprachigen Ländern üblichen Begriffen »Company« und »line« besteht. Der Begriff »Company« deutet hierbei darauf hin, dass die gekennzeichneten Produkte für Unternehmen bestimmt sind. Das Wort »line« kann eine Produktsparte oder -gruppe bezeichnen.⁶²⁴ Im Finanzwesen fehlte auch der Marke »EUROHYPO« jegliche Unterscheidungskraft. Die maßgeblichen Verkehrskreise verstehen das Zeichen als Bezugnahme auf Hypothekendarlehen, die in der Währung der Europäischen Wirtschafts- und Währungsunion gezahlt werden. Ferner ermöglicht kein Zusatzelement die Annahme, dass die Kombination aus den gängigen und üblichen Bestandteilen »EURO« und »HYPO« ungewöhnlich wäre oder eine eigene Bedeutung erlangt hätte, um die Finanzdienstleistungen eines Unternehmens von denen anderer Unternehmen unterscheiden zu können. Die maßgeblichen Verkehrskreise nehmen die Bezeichnung deshalb nicht als Hinweis auf die Herkunft dieser Dienstleistungen wahr, sondern als Information über die Art der mit ihr gekennzeichneten Dienstleistungen.⁶²⁵ Nicht unterscheidungskräftig waren auch die Zeichen »P@YWEB CARD« und »PAYWEB CARD« für verschiedene Waren und Dienstleistungen der Bereiche Elektronik, Immobilien- und Finanzwesen sowie Telekommunikation⁶²⁶ sowie die Marke »DIAMOND CARD« für Versicherungs- und Finanzdienstleistungen.⁶²⁷ Weiter war auch das Zeichen »Trustedlink« als Hinweis auf eine Verbindung, der man vertrauen kann, im Bereich elektronischen Handels nicht unterscheidungskräftig.⁶²⁸ »Investorword« hatte für Waren des Finanzbereichs⁶²⁹ und »ROMANTIK« für Reise- und Hoteldienstleistungen⁶³⁰ keine Unterscheidungskraft. Gleiches galt für »Digi-

---

622 EuGH C-64/02 P v. 21.10.2004 *DAS PRINZIP DER BEQUEMLICHKEIT*, Tz. 35; EuGH C-398/08 P v. 21.1.2010 *Audi*, Tz. 37 f.; EuGH C-311/11 P v. 12.7.2012 *Smart Technologies*, Tz. 26.
623 Etwas anderes gilt für Slogans und Werbeschlagwörter – hierzu unten § 4 Rdn. 120 – 125; zur Problematik vgl. auch EuG T-260/03 v. 14.5.2005 *CELLTECH*, Tz. 27.
624 EuGH C-104/00 P v. 19.9.2002 *Companyline*, Tz. 21; EuG T-19/99 v. 12.1.2000 *Companyline*, Tz. 25.
625 EuGH C-304/06 P v. 8.5.2008 *Eurohypo*, Tz. 69 f.; zum Begriff »EURO« auch EuG T-207/06 v. 14.6.2007 *EUROPIG*, Tz. 33 ff.
626 EuG T-405/07 u. T-406/07 v. 20.5.2009 *P@YWEB CARD und PAYWEB CARD*, bestätigt durch EuGH C-282/09 P v. 18.3.2010 *CFCMCEE*.
627 EuG T-91/18 v. 18.1.2019 *DIAMOND CARD*, Tz. 30 ff.
628 EuG T-345/99 v. 26.10.2000 *Trustedlink*, Tz. 34 ff.; vgl. aber EuG T-325/04 v. 27.2.2008 *LINK/WORLDLINK*, Tz. 67 ff.
629 EuG T-360/99 v. 26.10.2000 *Investorword*, Tz. 22 ff.
630 EuG T-213/17 v. 25.4.2018 *ROMANTIK*, bestätigt durch EuGH C-411/18 P v. 3.10.2018 Romantik Hotels & Restaurants.

Film« sowie »DigiFilmMaker« im Filmbereich[631] sowie für eine Bezeichnung »TWIST & POUR« (= drehen & ausgießen) für einen Farbbehälter, der einen drehbaren Deckel haben konnte.[632] Jegliche Unterscheidungskraft fehlte außerdem einer Marke »PharmaCheck« für elektronische Geräte, die zur Überprüfung von Arzneimitteln verwendet werden konnten.[633] Unterscheidungskräftig war demgegenüber die Marke »SAT.2« für satellitenbezogene Dienstleistungen. Zwar mag der Bestandteil »SAT« die gebräuchliche Abkürzung für Satellit darstellen, und die Ziffer »2« ebenso wie der Zeichenbestandteil ».« im geschäftlichen Verkehr gewöhnlich verwendet werden. Doch zeigt der im Telekommunikationssektor häufige Gebrauch von Marken, die aus einem Wort- und einem Zahlenbestandteil zusammengesetzt sind, dass derartigen Kombinationen nicht grundsätzlich Unterscheidungskraft abgesprochen werden kann.[634] Unterscheidungskräftig waren ferner die Marken »EUROCOOL« im Transportbereich,[635] »TELE AID« im Zusammenhang mit Daten- und Sprachfernübertragung sowie für Navigationsgeräte[636] sowie »I. T.@MANPOWER« für Dienstleistungen einer Arbeitsvermittlung.[637]

(2) Ansatz des BGH

In ähnlicher Weise läuft auch in der Rechtsprechung des BGH das Schutzhindernis der fehlenden Unterscheidungskraft bei Wortmarken in gewisser Weise leer. Hierbei arbeitet der BGH in ständiger Rechtsprechung[638] mit einer bestimmten, auf Wortmarken zugeschnittenen[639] Formel. Die Formel erfasst zwei Fallgruppen. Mit der ersten Fallgruppe ist die Unterscheidungskraft zu bejahen, wenn einer Marke kein für die fraglichen Produkte im Vordergrund stehender beschreibender Begriffsgehalt zugeordnet werden kann. Diese erste Fallgruppe der Formel erfasst somit im Wesentlichen das Schutzhindernis merkmalsbeschreibender Angaben.[640] Allerdings sollen – wenig überzeugend – künftige Verwendungsmöglichkeiten

113

---

631 EuG T-178/03 und T-179/03 v. 8.9.2005 *DigiFilm/DigiFilmMaker*, Tz. 30 ff.
632 EuG T-190/05 v. 12.6.2007 *TWIST & POUR*, Tz. 49 ff.
633 EuG T-296/07 v. 21.1.2009 *PharmaCheck*, Tz. 35 ff.
634 EuGH C-329/02 P v. 16.9.2004 *SAT.2*, Tz. 30 ff., gegen EuG T-323/00 v. 2.7.2002 *SAT.2*; vgl. aber zur Bedeutungslosigkeit von Punkten EuG T-163/16 v. 18.5.2017 *secret.service.*, Tz. 58 ff.
635 EuG T-34/00 v. 27.2.2002 *EUROCOOL*, Tz. 48 ff.
636 EuG T-355/00 v. 20.3.2002 *TELE AID*, Tz. 55 u. 38.
637 EuG T-248/05 v. 24.9.2008 *I. T.@MANPOWER*, Tz. 41 ff., bestätigt durch EuGH C-520/08 P v. 24.9.2009 *HUP Uslugi Polska*.
638 Etwa BGH GRUR 1999, 1089, 1091 *YES*; BGH GRUR 2000, 231, 232 *FÜNFER*; BGH GRUR 2001, 162, 163 *RATIONAL SOFTWARE CORPORATION*; BGH GRUR 2002, 64, 65 *INDIVIDUELLE*; BGH GRUR 2002, 816, 817 *BONUS II*; BGH GRUR 2003, 1050, 1051 *Cityservice*; vgl. auch BGH GRUR 2005, 417, 418 f. *BerlinCard*; BGH I ZB 96/05 v. 27.4.2006 *FUSSBALL WM 2006*, Tz. 19; I ZB 97/05 v. 27.4.2006, Tz. 19; I ZB 24/05 v. 21.2.2008 *VISAGE*, Tz. 16; BGH I ZR 6/05 v. 20.9.2007 *Kinder II*, Tz. 25; BGH I ZR 94/04 v. 20.9.2007 *Kinderzeit*, Tz. 31; BGH I ZB 30/06 v. 15.1.2009 *STREETBALL*, Tz. 9; BGH I ZB 34/08 v. 22.1.2009 *My World*, Tz. 27; BGH I ZB 56/09 v. 21.12.2011 *Link economy*, Tz. 11; BGH I ZB 22/11 v. 4.4.2012 *Starsat*, Tz. 9; BGH I ZB 3/13 v. 19.2.2014 *HOT*, Tz. 14; BGH I ZB 18/13 v. 10.7.2014 *Gute Laune Drops*, Tz. 21; BGH I ZB 39/15 v. 31.5.2016 *OUI*, Tz. 12.
639 Vgl. aber auch BGH GRUR 2000, 502, 503 *St. Pauli Girl*.
640 Vgl. hierzu oben § 4 Rdn. 61 – 85.

gerade nicht berücksichtigt werden.⁶⁴¹ Über diese erste Fallgruppe hinausgehend⁶⁴² erfasst die zweite Fallgruppe solche Begriffe der deutschen oder einer bekannten Fremdsprache,⁶⁴³ die vom Verkehr – etwa auch wegen einer entsprechenden Verwendung in der Werbung – stets nur als solche und nicht als Unterscheidungsmittel verstanden werden. Die zweite Fallgruppe betrifft damit im Wesentlichen bestimmte Slogans, Werbeschlagworte und andere Wortfolgen.⁶⁴⁴

114   Auch wenn der BGH also künftige Verwendungsmöglichkeiten gerade nicht berücksichtigen will, so steht gleichwohl dem Fehlen jeglicher Unterscheidungskraft nicht der Umstand entgegen, dass ein Begriff – bei zusammengesetzten Begriffen zusammen oder getrennt geschrieben – nicht in Wörterbüchern aufgeführt ist.⁶⁴⁵

> Obwohl sich beispielsweise der Begriff »marktfrisch« lexikalisch nicht nachweisen lässt, fehlt ihm für Lebensmittel die Unterscheidungskraft. Der Verkehr wird den Begriff im Sinne von »frisch vom Markt« als Sachhinweis, nicht aber als Herkunftshinweis verstehen.⁶⁴⁶ Entsprechendes gilt für »anti KALK« im Zusammenhang mit Entkalkungsmitteln.⁶⁴⁷

115   Zwischenzeitlich wollte der BGH überdies einen ziemlich abgefahrenen – durch die Rechtsprechung des EuGH überholten – Ansatz verfolgen: Wenn in einem Produktbereich Produktbezeichnungen weitgehend beschreibender Natur sind, registriere der Verkehr im Allgemeinen auch den in einer nur geringen Abweichung von der beschreibenden Angabe liegenden Herkunftshinweis besonders deutlich.

> Für einen Telefontarif weist beispielsweise die Bezeichnung »City Plus« wegen der Nähe zu »City-Tarif Plus« – einem Tarif, der eine Mehrleistung im Ortsbereich verspricht – stark beschreibende Anklänge auf. Allerdings sind die Bezeichnungen der Telefontarife weitgehend beschreibender Natur, weil sie eine Orientierung im »Tarifdschungel« ermöglichen sollen. Bei einer derartigen Übung wollte der BGH davon ausgehen, dass der Verkehr die geringe Abweichung registriere, so dass dem Zeichen nicht jegliche Unterscheidungskraft fehle.⁶⁴⁸ Tatsächlich aber ist »City Plus« für einen Telefontarif schlichtweg glatt beschreibend und damit schutzunfähig.

---

641 Problematisch vor diesem Hintergrund etwa BGH GRUR 2002, 884, 885 *B-2 alloy*, wo auf künftige Verwendungsmöglichkeiten keine Rücksicht genommen wird.
642 BPatG GRUR 2004, 333 *ZEIG DER WELT DEIN SCHÖNSTES LÄCHELN* – hält die Formulierung für weitgehend tautologisch.
643 So auch BGH I ZB 24/05 v. 21.2.2008 *VISAGE*, Tz. 16; BGH I ZB 61/17 v. 21.6.2018 *#darferdas?* Tz. 8.
644 Hierzu unten § 4 Rdn. 120–125.
645 So auch EuG T-405/04 v. 23.10.2007 *Caipi*, Tz. 42; zur merkmalsbeschreibenden Angabe auch EuG T-226/07 v. 17.9.2008 *PRANAHAUS*, Tz. 37, bestätigt durch EuGH C-494/08 P v. 9.12.2009 *Prana Haus*; EuG T-399/06 v. 21.1.2009 *GIROPAY*, Tz. 41; EuG T-296/07 v. 21.1.2009 *PharmaCheck*, Tz. 42.
646 BGH GRUR 2001, 1151, 1152 *marktfrisch*; auch EuG T-19/99 v. 12.1.2000 *Companyline*, Tz. 25; EuG T-345/99 v. 26.10.2000 *Trustedlink*, Tz. 37; EuG T-360/99 v. 26.10.2000 *Investorword*, Tz. 23; EuG T-315/03 v. 8.6.2005 *Rockbass*, Tz. 58; EuG T-178/03 und T-179/03 v. 8.9.2005 *DigiFilm/DigiFilmMaker*, Tz. 36; EuG T-339/05 v. 12.6.2007 *LOKTHREAD*, Tz. 49 f.; BGH GRUR 2001, 1153 *anti KALK*; BGH GRUR 2002, 809, 811 *FRÜHSTÜCKS-DRINK I*.
647 BGH GRUR 2001, 1153 *anti KALK*.
648 BGH GRUR 2003, 880, 881 *City Plus*; vgl. andererseits aber BGH GRUR 2003, 1050 f. *Cityservice*; BGH I ZR 92/10 v. 7.7.2011, Tz. 7, zum Bestandteil »plus«.

IV. 3. Sonstiges Fehlen der Unterscheidungskraft

In der jüngeren Praxis finden sich überdies häufig Zeichen, die an Internetadressen **116** angelehnt sind. Hier ist die Kombination eines beschreibenden Begriffs mit einer Top-Level-Domain (etwa ».eu« oder ».de«) regelmäßig insgesamt ohne jegliche Unterscheidungskraft. Denn auch die Top-Level-Domain enthält lediglich eine – meist regionale – Sachangabe.

So fehlt etwa dem Zeichen »http://www.cyberlaw.de« für Wirtschafts-, Steuer- und Rechtsberatungsdienstleistungen jegliche Unterscheidungskraft. Die Einbettung des im Sinne von »Recht des Internets« beschreibenden Wortes »Cyberlaw« in die Gestalt einer typischen Domain macht aus dem Zeichen keinen Herkunftshinweis.[649] Auch »suchen.de« ist für Verkaufsautomaten, Büroartikel und Geschäftsführung ohne Unterscheidungskraft.[650] »PHOTOS.COM« fehlt die Unterscheidungskraft für fotobezogene Produkte wie Software, Datenträger oder Druckereierzeugnisse.[651] Selbst die Marke »RadioCom« war für rundfunkbezogene Produkte trotz des fehlenden Punktes vor dem Element »Com« wegen der Großschreibung des Buchstaben »C« insgesamt nicht eintragungsfähig.[652]

(3) Vage und mehrdeutige Bezeichnungen

Während eine Mehrdeutigkeit einem Zeichen normalerweise nicht hinreichende **117** Unterscheidungskraft verleiht, kann dies bei gänzlich vagen Zeichen anders sein. Ganz eindeutig ist die Rechtslage aber gerade in diesem Bereich nicht. Nach einer Entscheidung des EuG soll jedenfalls die nicht durch genaue Angaben untermauerte Behauptung, ein Zeichen sei ungenau und schwammig, nicht für die Feststellung von Unterscheidungskraft genügen.[653] Demgegenüber will der BGH aus einer gewissen Mehrdeutigkeit und Interpretationsbedürftigkeit eines Zeichens auf hinreichende Unterscheidungskraft schließen.[654] Dabei reicht es aber nicht aus, wenn lediglich verschiedene beschreibende Deutungsmöglichkeiten existieren.[655]

Da der EuGH jedoch bei der Prüfung sowohl der Unterscheidungskraft als auch **118** merkmalsbeschreibender Angaben das Allgemeininteresse berücksichtigen will, die Verfügbarkeit des Zeichens für andere Wirtschaftsteilnehmer nicht ungerechtfertigt zu beschränken,[656] wird die Beurteilung bei beiden Schutzhindernissen kaum unterschiedlich ausfallen können. Steht aber der Eintragung einer merkmalsbeschreibenden Angabe bereits entgegen, dass sie in einer ihrer möglichen Bedeutungen beschreibend ist, so wird eine Mehrdeutigkeit allein regelmäßig auch keine

---

649 BPatG BlPMZ 2000, 294, 295 f. *http://www.cyberlaw.de*; auch BGH GRUR 2004, 790, 792 *Gegenabmahnung*; BGH GRUR 2005, 262, 263 *soco.de*; BPatG GRUR 2004, 336 *beauty24.de*.
650 EuG T-117/06 v. 12.12.2007 *suchen.de*, Tz. 27 ff.; vgl. auch EuG T-134/06 v. 13.12.2007 *LES PAGES JAUNES/PAGESJAUNES.COM*, Tz. 56.
651 EuG T-338/11 v. 21.11.2012 *PHOTOS.COM*, Tz. 20 ff., im Ergebnis bestätigt durch EuGH C-70/13 P v. 12.12.2013 *Getty Images*; auch EuG T-134/15 v. 28.6.2016 *SOCIAL.COM*.
652 EuG T-254/06 v. 22.5.2008 *RadioCom*, Tz. 40 ff.
653 EuG T-122/01 v. 3.7.2003 *Best Buy*, Tz. 31.
654 BGH GRUR 2000, 323, 324 *Partner with the Best*; BGH GRUR 2000, 720, 721 f. *Unter Uns*; BGH GRUR 2000, 722, 723 *LOGO*; BGH GRUR 2001, 162, 163 *RATIONAL SOFTWARE CORPORATION*; BGH GRUR 2002, 1070, 1071 *Bar jeder Vernunft*.
655 BGH I ZB 64/13 v. 22.5.2014 *ECR-Award*, Tz. 11.
656 EuGH C-104/01 v. 6.5.2003 *Libertel*, Tz. 60 u. 71, zur Farbmarke; EuGH C-456/01 P u. C-457/01 P v. 29.4.2004 *Dreidimensionale Tablettenform I*, Tz. 47.

hinreichende Unterscheidungskraft bewirken.[657] Anderes kann erst dann gelten, wenn der Verkehr aufgrund der Unschärfe des Begriffs im Hinblick auf die konkreten Produkte nicht mehr annimmt, der Begriff werde in einer seiner denkbaren Bedeutungen eingesetzt. Erst dann nämlich wird der Verkehr in dem Begriff einen Herkunftshinweis vermuten.[658]

> So ist zum Beispiel die Bezeichnung »GOLF USA« für Bekleidung nicht hinreichend unbestimmt, um vom Verkehr nicht doch in erster Linie als Kombination einer geografischen Angabe mit einer Funktionsbestimmung der Ware aufgefasst zu werden.[659] Auch wenn etwa ein Begriff wie die Bezeichnung »LOGO« im Werbealltag blickfangmäßig als allgemeine Anpreisung und vorrangig zur Erregung von Aufmerksamkeit dient, so besteht für Mitbewerber, die das Zeichen als Blickfang – demnach in der Aufmachung ähnlich wie eine Marke – benutzen wollen, die Gefahr, unerwartet angegriffen zu werden. Da der Verkehr zudem keinen Herkunftshinweis vermutet, wird – entgegen der Ansicht des BGH[660] – die begriffliche Unschärfe der Bezeichnung keine Unterscheidungskraft verleihen können. Ebenso kann auch die Wortfolge »RATIONAL SOFTWARE CORPORATION« beschreibend für EDV-Produkte verwendet werden. Die Mehrdeutigkeit des Begriffs »RATIONAL« dürfte daher – wiederum entgegen der Ansicht des BGH[661] – nicht zur Schutzfähigkeit führen. Auch »HOT« ist für Reinigungsmittel, Körperpflegemittel, Nahrungsergänzungsmittel, Druckereierzeugnisse und Bekleidung nicht unterscheidungskräftig, weil es mehrere Bedeutungen (hier neben »heiß« auch »scharf, scharf gewürzt und pikant« in Bezug auf Geschmack und im übertragenen Sinn auch »sexy, angesagt, großartig«) aufweist.[662] Schutzunfähig war auch »DeutschlandCard« in Bezug auf verschiedene EDV-bezogene Waren, weil der Verkehr jedenfalls einen Bezug zu einem elektronischen System von Landkarten vermuten könne.[663] Die Grenze zur Schutzfähigkeit dürfte demgegenüber überschritten sein bei einer Wortmarke »INDIVIDUELLE« für Waren der Körper- und Schönheitspflege, Juwelierwaren und Bekleidungsstücke, wo eine im Vordergrund stehende Sachaussage nicht feststellbar ist.[664] Auch »Starsat« für Fernseher und Zubehör war schutzfähig, weil es vom Verkehr nicht unbedingt im Sinne von »bester Satellit« aufgefasst werden musste, sondern auch die darüber hinausweisende und durchaus kreative Bedeutung »Sternensatellit« haben kann.[665] Eintragungsfähig war schließlich das Zeichen »Deutscher Ring Sachversicherungs-AG«, weil die Doppelung von »Ring« und »AG«, die beide auf einen Zusammenschluss hinweisen, ungewöhnlich sei.[666]

119 Darüber hinaus soll[667] nach Auffassung des BGH einer Bezeichnung, die das Produkt selbst nicht unmittelbar betrifft, die Unterscheidungskraft nur fehlen, wenn

---

657 BGH I ZB 52/08 v. 22.1.2009 *DeutschlandCard*, Tz. 15; BGH I ZB 18/13 v. 10.7.2014 *Gute Laune Drops*, Tz. 25; in diese Richtung auch EuG T-216/02 v. 31.3.2004 *LOOKS LIKE GRASS*, Tz. 33; EuG T-281/02 v. 30.6.2004 *MEHR FÜR IHR GELD*, Tz. 33.
658 Zurückhaltend aber BGH I ZB 52/08 v. 22.1.2009 *DeutschlandCard*, Tz. 15.
659 EuG T-230/05 v. 6.3.2007 *GOLF USA*, Tz. 49 ff.
660 BGH GRUR 2000, 722, 723 *LOGO*.
661 BGH GRUR 2001, 162, 163 *RATIONAL SOFTWARE CORPORATION*.
662 BGH I ZB 3/13 v. 19.2.2014 *HOT*; etwas enger, die Werbeüblichkeit des Wortes vernachlässigend EuG T-611/13 v. 15.7.2015 *HOT*; EuG T-326/14 v. 19.4.2016 *Joker/HOT JOKER*, Tz. 68 ff., im Ergebnis bestätigt durch EuGH C-342/16 P v. 6.12.2016 *Novomatic*; ähnlich großzügiger zu Socken EuG T-543/14 v. 26.2.2016 *HOT SOX*, Tz. 43 ff.
663 BGH I ZB 52/08 v. 22.1.2009 *DeutschlandCard*, Tz. 18.
664 BGH GRUR 2002, 64, 65 *INDIVIDUELLE*.
665 BGH I ZB 22/11 v. 4.4.2012 *Starsat*, Tz. 10 ff.
666 EuG T-209/10 v. 5.7.2012 *Deutscher Ring Sachversicherungs-AG*, Tz. 23 f.
667 Tatsächlich wird man das im Einzelfall gegen eine Monopolisierung sprechende Allgemeininteresse stärker berücksichtigen müssen.

die Bezeichnung einen so engen beschreibenden Bezug zu den einzelnen angemeldeten Produkten aufweist, dass der Verkehr ohne weiteres und ohne Unklarheiten den beschreibenden Begriffsinhalt als solchen erfasst und deshalb in der Bezeichnung kein Unterscheidungsmittel für die Herkunft der angemeldeten Produkte sieht.[668] Auch Angaben, die sich auf Umstände beziehen, die die Produkte selbst nicht unmittelbar betreffen, fehlt die Unterscheidungskraft, wenn durch die Angabe ein enger beschreibender Bezug zu den angemeldeten Produkten hergestellt wird und deshalb die Annahme gerechtfertigt ist, dass der Verkehr den beschreibenden Begriffsinhalt als solchen ohne Weiteres und ohne Unklarheiten erfasst und in der Bezeichnung nicht ein Unterscheidungsmittel für die Herkunft der angemeldeten Produkte sieht.[669]

So kann etwa bezüglich einer Bezeichnung »BerlinCard« die fehlende Unterscheidungskraft nicht allein mit der Feststellung begründet werden, der Verkehr verstehe die Bezeichnung »BerlinCard« im Zusammenhang mit unterschiedlichsten Produkten als Hinweis darauf, dass diese im Rahmen eines Kartensystems erhältlich seien oder in Anspruch genommen werden könnten. Vielmehr soll die Schutzfähigkeit im Einzelnen zu prüfen sein.[670] Demgegenüber kann bei sehr bekannten beschreibenden Angaben wie »Fussball WM 2006« ein hinreichend unmittelbarer Bezug eher hervorgerufen werden, so dass einer solchen Angabe regelmäßig die Unterscheidungskraft für alle Arten von Waren und Dienstleistungen fehlen wird.[671] Bei einer weniger eindeutigen Bezeichnung wie »WM 2006« bedarf es wiederum einer differenzierten Prüfung des Einzelfalls.[672]

i) Slogans, Werbeschlagworte und andere Wortfolgen

(1) Vorgaben des EuGH

Die Eintragung einer Marke, die aus Zeichen oder Angaben besteht, die sonst als Werbeslogans, Qualitätshinweise oder Aufforderungen zum Kauf der gekennzeichneten Produkte verwendet werden, ist nicht schon wegen einer solchen Verwendung ausgeschlossen.[673] Gerade bei Slogans, Werbeschlagworten und anderen Wortfolgen ist hierbei allerdings nicht auszuschließen, dass sie von den maßgebli-

120

---

668 BGH I ZB 52/08 v. 22.1.2009 *DeutschlandCard*, Tz. 10, m. w. N.; BGH I ZB 18/13 v. 10.7.2014 *Gute Laune Drops*, Tz. 16; BGH I ZB 97/16 v. 5.10.2017 *Pippi-Langstrumpf-Marke*, Tz. 15; BGH I ZB 25/17 v. 13.9.2018 *Pippi Langstrumpf*, Tz. 14; BGH I ZB 61/17 v. 21.6.2018 *#darferdas?* Tz. 8.
669 BGH I ZB 29/13 v. 15.5.2014 *DüsseldorfCongress*, Tz. 12; BGH I ZB 61/17 v. 21.6.2018 *#darferdas?* Tz. 8.
670 BGH GRUR 2005, 417 *BerlinCard*; vgl. auch BGH I ZB 96/05 v. 27.4.2006 *FUSSBALL WM 2006*, Tz. 28; I ZB 97/05 v. 27.4.2006, Tz. 28; vgl. aber auch BGH I ZB 52/08 v. 22.1.2009 *DeutschlandCard*, Tz. 13 ff.
671 BGH I ZB 96/05 v. 27.4.2006 *FUSSBALL WM 2006*, Tz. 28 f. u. 46.
672 BGH I ZB 97/05 v. 27.4.2006, Tz. 46 ff.
673 EuGH C-64/02 P v. 21.10.2004 *DAS PRINZIP DER BEQUEMLICHKEIT*, Tz. 41, unter Hinweis auf EuGH C-517/99 v. 4.10.2001 *Bravo*, Tz. 40; EuGH C-311/11 P v. 12.7.2012 *Smart Technologies*, Tz. 25; EuGH C-139/16 v. 6.7.2017 *Moreno Marín*, Tz. 28; auch EuG T-130/01 v. 5.12.2002 *REAL PEOPLE, REAL SOLUTIONS*, Tz. 19; EuG T-122/01 v. 3.7.2003 *Best Buy*, Tz. 21; EuG T-216/02 v. 31.3.2004 *LOOKS LIKE GRASS*, Tz. 25; EuG T-281/02 v. 30.6.2004 *MEHR FÜR IHR GELD*, Tz. 25; EuG T-320/03 v. 15.9.2005 *LIVE RICHLY*, Tz. 66; BGH GRUR 2000, 720, 721 *Unter Uns*; BGH GRUR 2001, 1043, 1044 f. *Gute Zeiten – Schlechte Zeiten*; BGH GRUR 2002, 1070, 1071 *Bar jeder Vernunft*.

chen Verkehrskreisen in anderer Weise wahrgenommen werden als andere Marken und es daher schwieriger sein kann, ihre Unterscheidungskraft nachzuweisen. Dies kann insbesondere dann der Fall sein, wenn bei der Beurteilung der Unterscheidungskraft der betreffenden Marke festgestellt wird, dass sie eine Werbefunktion ausübt, die z. B. darin besteht, die Qualität der betreffenden Ware zu preisen, und diese Funktion im Vergleich zu ihrer Herkunftsfunktion, nicht offensichtlich von untergeordneter Bedeutung ist. Denn in einem solchen Fall kann dem Umstand Rechnung zu tragen sein, dass Verbraucher aus solchen Slogans gewöhnlich nicht auf die Herkunft der Waren schließen.[674] Grundsätzlich enthalten alle Marken, die aus Zeichen oder Angaben bestehen, die sonst als Werbeslogans, Qualitätshinweise oder Aufforderungen zum Kauf der mit diesen Marken bezeichneten Waren oder Dienstleistungen verwendet werden, naturgemäß in mehr oder weniger großem Umfang eine Sachaussage.[675] Dabei ist die Feststellung fehlender Unterscheidungskraft nicht vom Nachweis abhängig, dass die betreffende Wortzusammenstellung bei Angaben im geschäftlichen Verkehr, insbesondere in der Werbung, gemeinhin verwendet wird.[676]

> Nicht eintragungsfähig war auch der Begriff »SAFETY 1ST« für verschiedene Produkte für Kinder, die wie Autositze oder Hochsitze einen sicherheitsrelevanten Bezug haben konnten.[677]

121 Allerdings reicht insbesondere die Tatsache allein, dass eine Marke von den angesprochenen Verkehrskreisen als Werbeslogan wahrgenommen wird und dass andere Unternehmen sie sich im Hinblick auf ihren lobenden Charakter zu Eigen machen könnten, nicht aus, um den Schluss zu ziehen, dass dieser Marke die Unterscheidungskraft fehle.[678] Der anpreisende Sinn einer Wortmarke schließt es nämlich nicht aus, dass sie geeignet ist, gegenüber den Verbrauchern die Herkunft der bezeichneten Produkte zu gewährleisten. Eine solche Marke kann daher von den angesprochenen Verkehrskreisen gleichzeitig als Werbeslogan und als Hinweis auf die betriebliche Herkunft der fraglichen Produkte wahrgenommen werden. Daraus ergibt sich, dass, sofern diese Verkehrskreise die Marke als Herkunftshinweis wahrnehmen, es für ihre Unterscheidungskraft unerheblich ist, dass sie gleichzeitig oder sogar in erster Linie als Werbeslogan aufgefasst wird.[679] Dabei kann auch bei einem Werbeslogan für die Annahme des erforderlichen Minimums an Unterscheidungskraft nicht verlangt werden, dass der Werbeslogan phantasievoll sei und ein begriffliches Spannungsfeld aufweise, das einen Überraschungs- und damit Merkef-

---

[674] EuGH C-64/02 P v. 21.10.2004 *DAS PRINZIP DER BEQUEMLICHKEIT*, Tz. 34 f.; EuGH C-398/08 P v. 21.1.2010 *Audi*, Tz. 37 f.; EuGH C-311/11 P v. 12.7.2012 *Smart Technologies*, Tz. 26.
[675] EuGH C-398/08 P v. 21.1.2010 *Audi*, Tz. 56.
[676] EuGH C-64/02 P v. 21.10.2004 *DAS PRINZIP DER BEQUEMLICHKEIT*, Tz. 46; EuGH C-37/03 P v. 15.9.2005 *BioID*, Tz. 41.
[677] EuG T-88/06 v. 24.1.2008 *SAFETY 1ST*, Tz. 34 ff., bestätigt durch EuGH C-131/08 P v. 30.1.2009 *Dorel Juvenile*.
[678] EuGH C-398/08 P v. 21.1.2010 *Audi*, Tz. 44; EuGH C-311/11 P v. 12.7.2012 *Smart Technologies*, Tz. 29; EuGH C-139/16 v. 6.7.2017 *Moreno Marín*, Tz. 29.
[679] EuGH C-398/08 P v. 21.1.2010 *Audi*, Tz. 45; EuGH C-92/10 P v. 13.1.2011 *Media-Saturn-Holding*, Tz. 52; EuGH C-311/11 P v. 12.7.2012 *Smart Technologies*, Tz. 30; EuGH C-139/16 v. 6.7.2017 *Moreno Marín*, Tz. 29.

fekt zur Folge habe.⁶⁸⁰ Andererseits sind Faktoren, dass eine Marke z. B. mehrere Bedeutungen haben, ein Wortspiel darstellen oder als phantasievoll, überraschend und unerwartet und damit merkfähig aufgefasst werden könne, durchaus Kriterien, die auf eine hinreichende Unterscheidungskraft eines Zeichens hindeuten.⁶⁸¹ Gleiches gilt, wenn die Marke nicht nur in einer gewöhnlichen Werbemitteilung besteht, sondern eine gewisse Originalität oder Prägnanz aufweist, ein Mindestmaß an Interpretationsaufwand erfordert oder bei den angesprochenen Verkehrskreisen einen Denkprozess auslöst.⁶⁸² Ebenso ist es zu berücksichtigen, wenn es sich um einen berühmten Slogan handelt, der seit vielen Jahren verwendet wird, so dass sich die angesprochenen Verkehrskreise u. U. daran gewöhnt haben, diesen Slogan mit den von einem bestimmten Unternehmen vertriebenen Produkten zu verbinden, es diesem Publikum auch erleichtert, die betriebliche Herkunft der bezeichneten Waren oder Dienstleistungen zu erkennen.⁶⁸³

> Hiervon ausgehend lässt sich etwa eine fehlende Unterscheidungskraft des Slogans »Vorsprung durch Technik« nicht allein damit begründen, dass der Slogan vom Verkehr in erster Linie als Werbebotschaft aufgefasst werde. Vielmehr ist die Unterscheidungskraft des Slogans im Einzelnen zu untersuchen.⁶⁸⁴

(2) Linie des EuG

Durch die Entscheidung des EuGH⁶⁸⁵ zum Slogan »Vorsprung durch Technik« ist die frühere Rechtsprechung des EuG überholt. Danach nämlich konnte das Fehlen der Unterscheidungskraft bereits festgestellt werden, wenn der semantische Gehalt des Zeichens den Verbraucher auf ein Merkmal eines Produkts hinweist, das deren Verkehrswert betrifft und eine Werbebotschaft enthält, die von den maßgebenden Verkehrskreisen in erster Linie als eine solche und nicht als Hinweis auf die betriebliche Herkunft des Produkts wahrgenommen werden wird.⁶⁸⁶ Trotz der Liberalisierung ist freilich nicht jeder Slogan und jedes Werbeschlagwort automatisch schutzfähig.

122

> So hat das EuG den Slogan »INNOVATION FOR THE REAL WORLD« trotz der Liberalisierung des EuGH noch zurückgewiesen.⁶⁸⁷ Auch Zeichen »LIVE RICHLY«⁶⁸⁸ bzw.

---

680 EuGH C-64/02 P v. 21.10.2004 *DAS PRINZIP DER BEQUEMLICHKEIT*, Tz. 31 f.; EuGH C-398/08 P v. 21.1.2010 *Audi*, Tz. 39; EuGH C-311/11 P v. 12.7.2012 *Smart Technologies*, Tz. 28.
681 EuGH C-398/08 P v. 21.1.2010 *Audi*, Tz. 47.
682 EuGH C-398/08 P v. 21.1.2010 *Audi*, Tz. 57; EuGH C-636/15 P v. 11.5.2016 *August Storck*, Tz. 21.
683 EuGH C-398/08 P v. 21.1.2010 *Audi*, Tz. 59.
684 EuGH C-398/08 P v. 21.1.2010 *Audi*, Tz. 40 ff.
685 EuGH C-398/08 P v. 21.1.2010 *Audi*.
686 EuG T-122/01 v. 3.7.2003 *Best Buy*, Tz. 30; EuG T-216/02 v. 31.3.2004 *LOOKS LIKE GRASS*, Tz. 25; EuG T-281/02 v. 30.6.2004 *MEHR FÜR IHR GELD*, Tz. 25 u. 31; ähnlich EuG T-320/03 v. 15.9.2005 *LIVE RICHLY*, Tz. 66; EuG T-58/07 v. 9.7.2008 *Substance for Success*, Tz. 22.
687 EuG T-515/11 v. 6.6.2013 *INNOVATION FOR THE REAL WORLD*, Tz. 30 ff., im Ergebnis bestätigt durch EuGH C-448/13 P v. 12.6.2014 *Delphi Technologies*.
688 EuG T-320/03 v. 15.9.2005 *LIVE RICHLY*, Tz. 77.

»bestpartner«[689] im Finanzsektor oder »DREAM IT, DO IT!«[690] für soziale und verwandte Dienstleistungen sind ohne Unterscheidungskraft. Auch »top« vermittle dem Verbraucher im Nahrungsmittelbereich zwar keine Vorstellung von der Art der mit dem Zeichen gekennzeichneten Produkte, wird jedoch als allgemeine Anpreisung und gerade nicht als Unterscheidungszeichen angesehen.[691] Eine beschreibende Beschaffenheitsangabe stellte auch der auf die Widerstandsfähigkeit der Produkte anspielende Slogan »BUILT TO RESIST« für Bekleidung, Lederwaren und Büroartikel dar.[692] Entsprechendes galt für die Slogans »Delivering the essentials of life«,[693] »A NEW ALTERNATIVE«[694], »WIR MACHEN DAS BESONDERE EINFACH«[695], »BE HAPPY«[696], »Du bist, was du erlebst.«,[697] »upgrade your personality«,[698] »keep it easy«,[699] »Beste Mama«,[700] oder »Juwel«[701] für diverse Produkte. Das Wort »UNIQUE« in seinem Bedeutungsgehalt als »exklusiv, bestens, exzellent« hatte ausschließlich Werbecharakter.[702] Die Wortfolge »LOOKS LIKE GRASS... FEELS LIKE GRASS... PLAYS LIKE GRASS« konnte im Zusammenhang mit Kunstrasen die Aussage »Sieht aus wie Gras... Fühlt sich an wie Gras... Ist für das Spiel ebenso geeignet wie Gras« vermitteln und mitteilen, dass die Waren ähnliche Eigenschaften wie natürliche Rasenflächen bieten; das Zeichen wirke daher als Werbeslogan.[703] Auch der Slogan »MEHR FÜR IHR GELD« wecke beim Verbraucher die Vorstellung, dass er »mehr für sein Geld« bekomme, wenn er die mit dieser Marke bezeichneten Produkte – Waren des täglichen Gebrauchs – kaufe; die Wortfolge werde daher als Werbeslogan und nicht als Marke wahrgenommen.[704] »Gehen wie auf Wolken« war für orthopädische Waren,[705] »Ganz schön ausgeschlafen« für den Handel mit Matratzen und Betten[706] ohne Unterscheidungskraft. Ebenso wird ein Ausrufezeichen als bloße Anpreisung oder als Blickfang wahrgenommen[707] oder die Zahl »2«

---

689 EuG T-270/02 v. 8.7.2004 *bestpartner*, Tz. 21 ff.; vgl. zum Transportbereich auch EuG T-123/04 v. 27.9.2005 *CARGO PARTNER*, Tz. 51 ff.
690 EuG T-186/07 v. 2.7.2008 *DREAM IT, DO IT!*, Tz. 27 ff.
691 EuG T-242/02 v. 13.7.2005 *TOP*, Tz. 95; erst recht »LITE« EuG T-79/00 v. 27.2.2002 *LITE*, Tz. 33 ff.
692 EuG T-80/07 v. 16.9.2009 *BUILT TO RESIST*, Tz. 27 ff.
693 EuG T-128/07 v. 12.3.2008 *Delivering the essentials of life*, Tz. 25 ff.
694 EuG T-184/07 v. 26.11.2008 *ANEW ALTERNATIVE*, Tz. 26.
695 EuG T-523/09 v. 13.4.2011 *WIR MACHEN DAS BESONDERE EINFACH*, bestätigt durch EuGH C-311/11 P v. 12.7.2012 *Smart Technologies*.
696 EuG T-707/13 und T-709/13 v. 30.4.2015 *BE HAPPY*, Tz. 33 f., im Ergebnis bestätigt durch EuGH C-346/15 P v. 25.2.2016 *Steinbeck*.
697 EuG T-301/15 v. 31.5.2016 *Du bist, was du erlebst.*, Tz. 26 ff.
698 EuG T-102/18 v. 13.12.2018 *upgrade your personality*, Tz. 28 ff.
699 EuG T-308/15 v. 20.7.2016 *keep it easy*, Tz. 19 ff.
700 EuG T-422/16 v. 15.9.2017 *Beste Mama*, Tz. 30 ff.
701 EuG T-31/16 v. 28.11.2017 *Juwel*, Tz. 41 ff.
702 EuG T-396/07 v. 23.9.2009 *UNIQUE*, Tz. 21 f.
703 EuG T-216/02 v. 31.3.2004 *LOOKS LIKE GRASS*, Tz. 30 ff., unter Abgrenzung von EuG T-138/00 v. 11.12.2001 *DAS PRINZIP DER BEQUEMLICHKEIT*, Tz. 46; in diese Richtung auch EuGH C-64/02 P v. 21.10.2004 *DAS PRINZIP DER BEQUEMLICHKEIT*, Tz. 37 ff.; auch EuG T-281/02 v. 30.6.2004 *MEHR FÜR IHR GELD*, Tz. 33.
704 EuG T-281/02 v. 30.6.2004 *MEHR FÜR IHR GELD*, Tz. 30 ff.; auch EuG T-58/07 v. 9.7.2008 *Substance for Success*, Tz. 24 ff.; EuG T-422/15 und T-423/15 v. 25.5.2016 *THE DINING EXPERIENCE*, bestätigt durch EuGH C-450/16 P v. 25.11.2016 *U-R LAB*.
705 EuG T-620/15 v. 17.10.2016 *Gehen wie auf Wolken*, Tz 25 ff.
706 EuG T-225/16 v. 28.11.2016 *Ganz schön ausgeschlafen*, Tz. 25 ff.
707 EuG T-75/08 v. 30.9.2009 *! (Ausrufezeichen)*, Tz. 27 ff.; EuG T-191/08 v. 30.9.2009 *! (Ausrufezeichen in einem Rechteck)*, Tz. 27 ff.

im Zeichen »2good« englisch ausgesprochen und als »too« verstanden.[708] »Mark1« ist im Zusammenhang mit E-Zigaretten,[709] »NETGURU« für netzwerkbezogene Produkte[710] lediglich werblich anpreisend. Andererseits hielt das EuG in einer frühen Entscheidung die Wortkombination »UltraPlus« für Ofengeschirr unter Hinweis auf die sprachliche Unüblichkeit der Bezeichnung – aber letztlich wohl zu weitgehend – noch für unterscheidungskräftig.[711] Auch die Zurückweisung der Marke »FUN« für Landfahrzeuge hat das EuG aufgehoben, weil der mit dem Zeichen vermittelte Bedeutungsgehalt nicht hinreichend konkret war.[712] Schutzfähig war auch der Slogan »WET DUST CAN'T FLY«, da es »wet dust« – also nassen Staub – eigentlich gar nicht gebe.[713]

(3) Linie des BGH

Gegenüber dieser Rechtsprechung des EuG fährt der BGH einen anmelderfreundlicheren Kurs, der wohl eher der neuen Linie des EuGH zum Slogan »Vorsprung durch Technik« entspricht. Danach sollen Slogans, Werbeschlagworte und andere Wortfolgen nicht erst dann über hinreichende Unterscheidungskraft verfügen, wenn sie in erster Linie als Herkunftshinweis aufgefasst werden. Vielmehr soll es genügen, wenn die fragliche Bezeichnung nicht ausschließlich produktbeschreibenden Inhalt hat, sondern darüber hinaus auch als Herkunftshinweis verstanden wird.[714] Die Anforderungen an die Eigenart im Rahmen der Bewertung der Unterscheidungskraft von Werbeschlagwörtern und Wortfolgen dürfen danach nicht überspannt werden. Auch einer für sich genommen eher einfachen Aussage könne nicht von vornherein die Eignung zur Produktidentifikation abgesprochen werden.[715]

123

Hiervon ausgehend verfügten »Today« und »BONUS« für Waren des täglichen Bedarfs[716] sowie »YES«, »FOR YOU« und »LOOK« für Tabakerzeugnisse[717] über hinreichende Unterscheidungskraft. Demgegenüber hielt der BGH das Wort »Premiere« für ein so gebräuchliches Wort der Alltagssprache, dass dem Zeichen deshalb die Unterscheidungskraft für Dienstleistungen eines Fernsehsenders fehlte.[718] Auch »Turbo« war aufgrund seines allgemein anpreisenden Charakters sogar für Herbizide, Fungizide, Pestizide und Mittel zur Vertilgung von schädlichen Tieren nicht unterscheidungskräftig.[719] Das Zeichen »TOOOR!«

---

708 EuG T-366/14 v. 25.9.2015 *2good*, Tz. 25 ff., im Ergebnis bestätigt durch EuGH C-636/15 P v. 11.5.2016 *August Storck*; ähnlich EuG T-129/15 v. 28.9.2016 *WAVE 2 PAY*, Tz. 25 ff.
709 EuG T-32/15 v. 12.5.2016 *Mark1*, Tz. 41 f.; EuG T-844/14 v. 12.5.2016 *Mark1*, Tz. 36 ff.
710 EuG T-54/16 v. 17.1.2017 *NETGURU*, Tz. 57 ff.
711 EuG T-360/00 v. 9.10.2002 *UltraPlus*, Tz. 47 ff.; vgl. aber auch BGH I ZR 92/10 v. 7.7.2011, Tz. 7, zum Bestandteil »plus«.
712 EuG T-67/07 v. 2.12.2008 *FUN*, Tz. 54.
713 EuG T-133/13 v. 22.1.2015 *WET DUST CAN'T FLY*, Tz. 48 ff.
714 Vgl. BGH GRUR 1999, 1089, 1091 *YES*; BGH GRUR 1999, 1093, 1094 *FOR YOU*; BGH GRUR 2000, 321, 322 *Radio von hier*; BGH I ZB 39/15 v. 31.5.2016 *OUI*, Tz. 12 u. 23.
715 BGH GRUR 1999, 1089, 1091 *YES*; BGH GRUR 2001, 735, 736 *Test it*; BGH GRUR 2001, 1043, 1044 f. *Gute Zeiten – Schlechte Zeiten*; BGH GRUR 2002, 1070, 1071 *Bar jeder Vernunft*.
716 BGH WRP 1998, 495 *Today*; BGH GRUR 2002, 816, 817 *BONUS II*; entsprechend zu merkmalsbeschreibenden Angaben EuG T-348/02 v. 27.11.2003 *Quick*, Tz. 31.
717 BGH GRUR 1999, 1089, 1091 *YES*; BGH GRUR 1999, 1093, 1095 *FOR YOU*; BGH GRUR 2001, 1150, 1151 *LOOK*.
718 BGH GRUR 1999, 728, 729 *PREMIERE II*.
719 BGH GRUR 1995, 410, 411 *TURBO I*.

hielt der BGH jedenfalls für Produkte, die einen unmittelbaren Bezug zu Spiel und Sport aufweisen, für nicht unterscheidungskräftig, verwies die Angelegenheit jedoch im Hinblick auf Markenschutz im Bekleidungsbereich zur weiteren Sachaufklärung zurück.[720] Nicht unterscheidungskräftig war hingegen die Grußformel »hey!« für Waren wie Ton-, Bild- und Datenträger, Druckereierzeugnisse, Bekleidung oder Spiele sowie hierauf bezogene Dienstleistungen.[721]

124 Speziell im Fall von Slogans sieht der BGH – ähnlich wie nun der EuGH[722] – als Indizien für die Unterscheidungskraft die Kürze einer Wortfolge, ihre gewisse Originalität und Prägnanz sowie Mehrdeutigkeit und daher Interpretationsbedürftigkeit an.[723] Längere Wortfolgen entbehren hingegen regelmäßig jeglicher Unterscheidungskraft.[724]

So verfügten die Slogans »Radio von hier, Radio wie wir« und »Partner with the Best« für Dienstleistungen eines Rundfunksenders bzw. für elektrische Geräte aufgrund ihrer Mehrdeutigkeit über hinreichende Unterscheidungskraft.[725] Die Wortfolge »Unter Uns« wurde aufgrund ihrer Kürze und Prägnanz eingetragen.[726] Bei »Link economy« ließ sich der beschreibende Gehalt erst in mehreren Schritten feststellen, weswegen die Marke schutzfähig sei.[727] Demgegenüber hielt der BGH die Wortfolge »Bücher für eine bessere Welt« nicht für schutzfähig, weil die Wortfolge gekennzeichnete Druckwerke dahingehend beschreibe, dass die Druckwerke der Schaffung einer besseren Welt dienen sollten.[728] Entsprechendes galt für die für Druckereierzeugnisse und Verlagsdienstleistungen angemeldete Marke »Deutschlands schönste Seiten«.[729] Bei einer Vielzahl[730] von Slogans schließlich hat der BGH nach den betroffenen Waren differenziert: So hielt der BGH die Bezeichnung »Test it« für unterscheidungskräftig im Hinblick auf Raucherartikel und Streichhölzer, nicht dagegen für Tabakwaren; bei Tabakwaren nämliche fordere die Wortfolge zum Testkauf auf. Bei Raucherartikeln und Streichhölzern sei dagegen ein Testkauf nicht üblich.[731] Auch die Wortfolge »LOCAL PRESENCE, GLOBAL POWER« sollte hinreichende Unterscheidungskraft haben für Papier- und Schreibwaren; Sachhinweis und nicht unterscheidungskräftig war die Wortfolge hingegen für Dienstleistungen des Transport- und Touristikbereichs, wo »lokale Präsenz und globale Kraft« von Bedeutung seien.[732] Zu lang war schlicht und einfach die Wortfolge:

»Die Vision: EINZIGARTIGES ENGAGEMENT IN TRÜFFELPRALINEN

---

720 BGH I ZB 115/08 v. 24.6.2010 *TOOOR!*.
721 BGH I ZB 31/09 v. 14.1.2010; I ZB 32/09 v. 14.1.2010 *hey!*, Tz. 12 ff.
722 EuGH C-398/08 P v. 21.1.2010 *Audi*, Tz. 47.
723 BGH GRUR 2000, 321, 322 *Radio von hier*; BGH GRUR 2000, 323, 324 *Partner with the Best*; *GRUR 2000, 720, 721 Unter Uns*; BGH I ZB 34/08 v. 22.1.2009 *My World*, Tz. 12; BGH I ZB 56/09 v. 21.12.2011 *Link economy*, Tz. 11; BGH I ZB 68/11 v. 13.9.2012 *Deutschlands schönste Seiten*, Tz. 9; BGH I ZB 59/12 v. 6.11.2013 *Smartbook*, Tz. 14.
724 BGH I ZB 34/08 v. 22.1.2009 *My World*, Tz. 12; BGH I ZB 35/09 v. 1.7.2010 *Die Vision*; BGH I ZB 68/11 v. 13.9.2012 *Deutschlands schönste Seiten*, Tz. 9.
725 BGH GRUR 2000, 321, 322 *Radio von hier*; BGH GRUR 2000, 323, 324 *Partner with the Best*; vgl. aber EuG T-281/02 v. 30.6.2004 *MEHR FÜR IHR GELD*, Tz. 35.
726 BGH GRUR 2000, 720, 721 *Unter Uns*.
727 BGH I ZB 56/09 v. 21.12.2011 *Link economy*, Tz. 12 ff.
728 BGH GRUR 2000, 882, 883 *Bücher für eine bessere Welt*; ähnlich auch BGH I ZB 48/08 v. 4.12.2008 *Willkommen im Leben*.
729 BGH I ZB 68/11 v. 13.9.2012 *Deutschlands schönste Seiten*, Tz. 12 ff.
730 Vgl. auch BGH GRUR 2001, 1042, 1043 *REICH UND SCHÖN*; BGH GRUR 2001, 1043, 1045 f. *Gute Zeiten – Schlechte Zeiten*; BGH GRUR 2002, 1070, 1071 f. *Bar jeder Vernunft*.
731 BGH GRUR 2001, 735, 736 *Test it*.
732 BGH GRUR 2001, 1047, 1048 *LOCAL PRESENCE, GLOBAL POWER*.

Der Sinn: Jeder weiß WAS wann zu tun ist und was NICHT zu tun ist

Der Nutzen: Alle tun das RICHTIGE zur richtigen Zeit«.[733]

Weist ein Slogan einen unterscheidungskräftigen Bestandteil auf, wird dies im Regelfall dazu führen, dass auch der Wortfolge in ihrer Gesamtheit die Unterscheidungskraft nicht fehlt.[734] 125

Ein Slogan wie »Nichts ist unmöglich – Toyota« Ist daher schon wegen des unterscheidungskräftigen Wortes »Toyota« schutzfähig.

j) Personennamen

Personennamen sind wegen ihrer Eignung, den Namensträger individuell zu bezeichnen und damit von anderen Personen zu unterscheiden, ein klassisches Kennzeichnungsmittel.[735] Ob ein Personenname eine auf die Herkunft von Waren oder Dienstleistungen hinweisende Funktion hat, ist allerdings nach den für sämtliche Marken geltenden Grundsätzen zu beurteilen.[736] Versteht der Verkehr eine Personenbezeichnung lediglich als eine Waren oder Dienstleistungen beschreibende Sachangabe, so fehlt es an der für die Unterscheidungskraft erforderlichen Funktion, die Ursprungsidentität der gekennzeichneten Waren oder Dienstleistungen zu gewährleisten.[737] 126

Keine beschreibende Sachangabe[738] ist aber ein Name wie »Pippi Langstrumpf«. Die Romanfigur Pippi Langstrumpf weist keine derart klar konturierten Inhalt auf, dass sie als Eigenschaftsangabe für Waren wie Datenträger, Druckereierzeugnisse, Spielwaren oder Dienstleistungen der Ausbildung[739] oder Beherbergung[740] verstanden würde.

k) Bildmarken und Wort-/Bildmarken

Zur Schutzfähigkeit von Bildmarken und Wort-/Bildmarken existiert nicht nur eine umfangreiche Entscheidungspraxis, sondern auch Konvergenzprogramm 3[741], ein Projekt des Europäischen Netzwerks für Marken und Geschmacksmuster, einer Verbindung der verschiedenen europäischen Ämter. Dessen Gemeinsame Mittei- 127

---

733 BGH I ZB 35/09 v. 1.7.2010 *Die Vision*.
734 BGH I ZB 59/12 v. 6.11.2013 *Smartbook*, Tz. 14; BGH I ZB 18/13 v. 10.7.2014 *Gute Laune Drops*, Tz. 14.
735 BGH I ZB 97/16 v. 5.10.2017 *Pippi-Langstrumpf-Marke*, Tz. 12; BGH I ZB 25/17 v. 13.9.2018 *Pippi Langstrumpf*, Tz. 15, unter Hinweis auf BGH I ZR 134/05 v. 30.1.2008 *Hansen-Bau*, Tz. 13.
736 BGH I ZB 97/16 v. 5.10.2017 *Pippi-Langstrumpf-Marke*, Tz. 12; BGH I ZB 25/17 v. 13.9.2018 *Pippi Langstrumpf*, Tz. 15, unter Hinweis auf EuGH C-404/02 v. 16.9.2004 *Nichols*, Tz. 25 ff.
737 BGH I ZB 97/16 v. 5.10.2017 *Pippi-Langstrumpf-Marke*, Tz. 12; BGH I ZB 25/17 v. 13.9.2018 *Pippi Langstrumpf*, Tz. 15.
738 Vgl. anders noch BGH GRUR 2003, 342, 343 *Winnetou*.
739 BGH I ZB 25/17 v. 13.9.2018 *Pippi Langstrumpf*, Tz. 17 ff.
740 BGH I ZB 97/16 v. 5.10.2017 *Pippi-Langstrumpf-Marke*, Tz. 16 ff.
741 www.tmdn.org/network/absolute-grounds.

lung[742] geht dabei unter Präsentation zahlreicher Beispiele von folgenden Grundsätzen aus:
- Wortelemente in einer gängigen oder Standardschriftart, einem Schriftzug oder einer handschriftlichen Schriftart mit oder ohne Schrifteffekte wie »fett« oder »kursiv« sind nicht eintragungsfähig.
- Das bloße »Hinzufügen« einer einzigen Farbe zu einem beschreibenden bzw. nicht unterscheidungskräftigen Wortelement, sei es zu den Buchstaben selbst oder als Hintergrund, ist nicht ausreichend, um einer Marke Unterscheidungskraft zu verleihen.
- Im Allgemeinen verleiht das Hinzufügen von Satzzeichen oder anderen üblicherweise im geschäftlichen Verkehr verwendeten Symbolen einem aus beschreibenden bzw. nicht unterscheidungskräftigen Elementen bestehenden Zeichen keine Unterscheidungskraft.
- Im Allgemeinen reicht die Tatsache, dass die Wortelemente senkrecht, auf dem Kopf stehend oder in einer oder mehreren Zeilen angeordnet sind, nicht aus, um dem Zeichen den Mindestgrad an Unterscheidungskraft zu verleihen, der für die Eintragung notwendig ist. Die Art und Weise, in der Wortelemente angeordnet sind, kann einem Zeichen jedoch Unterscheidungskraft verleihen, wenn die Anordnung dergestalt ist, dass der durchschnittliche Verbraucher seine Aufmerksamkeit eher darauf richtet, als unmittelbar die beschreibende Aussage zu erfassen.
- Wenn beschreibende oder nicht unterscheidungskräftige Wortelemente mit einfachen geometrischen Formen wie Punkten, Linien, Liniensegmenten, Kreisen, Dreiecken, Quadraten, Rechtecken, Parallelogrammen, Fünfecken, Sechsecken, Trapezen oder Ellipsen kombiniert werden, werden diese grundsätzlich nicht akzeptiert, insbesondere wenn die vorstehend genannten Formen als Rahmen oder Umrandung verwendet werden. Andererseits können geometrische Formen einem Zeichen Unterscheidungskraft verleihen, wenn ihre Präsentation, Gestaltung oder Kombination mit anderen Elementen zu einem Gesamteindruck führen, der hinreichend unterscheidungskräftig ist.
- Im Allgemeinen ist eine Marke eintragungsfähig, wenn ein Bildelement, das selbst unterscheidungskräftig ist, einem beschreibenden bzw. nicht unterscheidungskräftigen Wortelement hinzugefügt wird, sofern das Bildelement aufgrund seiner Größe und Position klar im Zeichen erkennbar ist.
- Ein Bildelement ist als beschreibend bzw. nicht unterscheidungskräftig anzusehen, wenn es sich entweder um eine naturgetreue Abbildung der Waren und Dienstleistungen handelt oder es aus einer symbolischen bzw. stilisierten Darstellung der Waren und Dienstleistungen besteht, die nicht wesentlich von der gebräuchlichen Darstellung der betreffenden Waren und Dienstleistungen abweicht.
- Ein Bildelement, das die Waren und Dienstleistungen nicht darstellt, aber eine direkte Verbindung zu deren charakteristischen Merkmalen hat, verleiht dem Zeichen keine Unterscheidungskraft, sofern es nicht hinreichend stilisiert ist.

---

742 Gemeinsame Mitteilung zur Gemeinsamen Praxis zur Unterscheidungskraft – Wort-/Bildmarken mit beschreibenden/nicht unterscheidungskräftigen Wörtern v. 2.10.2015 (https://www.tmdn.org/network/documents/10181/f939b785-df77-4b67-ba43-623aa0e81ffb).

Es ist davon auszugehen, dass sich die europäischen Ämter weitgehend an diese Richtlinien halten werden. Eine rechtlich verpflichtende Bindung besteht allerdings nicht.

Auch bei Bildmarken[743] ist also letztlich darauf abzustellen, ob die Marke geeignet ist, die Produkte, für die die Eintragung beantragt wird, als von einem bestimmten Unternehmen stammend zu kennzeichnen und diese Produkte somit von denjenigen anderer Unternehmen zu unterscheiden.[744] Ist der Wortbestandteil einer Wort-Bild-Marke nicht unterscheidungskräftig, so kann dem Zeichen in seiner Gesamtheit Unterscheidungskraft zugesprochen werden, wenn die graphischen Elemente ihrerseits charakteristische Merkmale aufweisen, in denen der Verkehr einen Herkunftshinweis sieht.[745] Dabei sind allerdings einfachste geometrische Formen oder sonstige einfache grafische Gestaltungselemente, die – wie dem Verkehr aus Erfahrung bekannt ist – in der Werbung, aber auch auf Warenverpackungen oder sogar Geschäftsbriefen üblicherweise in bloß ornamentaler, schmückender Form verwendet werden, nicht geeignet, die Produkte ihrer Herkunft nach zu individualisieren.[746]

128

So würde etwa der Verbraucher das Pentagon-Zeichen

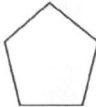

auf einer Weinflasche nicht als Herkunftshinweis auffassen, sondern lediglich als Verzierung mittels einer geometrischen Grundform.[747] Entsprechendes gilt für das in grün gehaltene Zeichen

---

743 In der Wiener Klassifikation sind Bildelementen bestimmte Zahlencodes zugeordnet, um beispielsweise Recherchen zu vereinfachen: www.wipo.int/classifications/nivilo/vienna.htm.
744 Vgl. EuGH C-53/01 bis C-55/01 v. 8.4.2003 *Linde*, Tz. 40, unter Hinweis auf EuGH C-299/99 v. 18.6.2002 *Philips/Remington*, Tz. 35; auch EuGH C-104/01 v. 6.5.2003 *Libertel*, Tz. 62; EuGH C-218/01 v. 12.2.2004 *Henkel*, Tz. 48; EuGH C-456/01 P u. C-457/01 P v. 29.4.2004 *Dreidimensionale Tablettenform I*, Tz. 34; EuGH C-468/01 P bis C-472/01 P v. 29.4.2004 *Dreidimensionale Tablettenform II*, Tz. 32; EuGH C-473/01 P u. C-474/01 P v. 29.4.2004 *Dreidimensionale Tablettenform III*, Tz. 32.
745 BGH I ZB 56/14 v. 14.1.2016 *BioGourmet*, Tz. 31, m. w. N.
746 BGH GRUR 2000, 502, 503 *St. Pauli Girl*; BGH GRUR 2001, 56, 57 *Likörflasche*; BGH GRUR 2001, 334, 336 *Gabelstapler I*; BGH GRUR 2001, 413, 415 *SWATCH*; BGH GRUR 2001, 734, 735 *Jeanshosentasche*; BGH GRUR 2001, 1153 *anti KALK*; BGH GRUR 2004, 594, 597 *Ferrari-Pferd*; BGH I ZB 24/05 v. 21.2.2008 *VISAGE*, Tz. 20; BGH I ZB 56/14 v. 14.1.2016 *BioGourmet*, Tz. 31; entsprechend auch EuG T-304/05 v. 12.9.2007 *Darstellung eines Pentagons*, Tz. 22 ff.
747 EuG T-304/05 v. 12.9.2007 *Darstellung eines Pentagons*, Tz. 31 ff., Rechtsmittel eingelegt, aber erledigt EuGH C-508/07 P v. 8.10.2008 *Cain Cellars*.

eines Achtecks,[748] ein Dreieck,[749]

das Zeichen

wegen seiner ornamentalen Wirkung,[750] die Kombination

der Grundformen Kreis und Rechteck,[751] die unauffälligen Linien,[752]

das Zeichen

eines »Smiley-Halbmundes«[753] oder ein Symbol

in Gestalt eines Herzes.[754] Ein regelmäßiges Punktemuster

---

748 EuG T-209/14 v. 25.9.2015 *Bopp*, Tz. 53 ff., im Ergebnis bestätigt durch EuGH C-653/15 P v. 7.4.2016 *Bopp*.
749 EuG T-470/16 v. 28.6.2017 *X-cen-tek*, Tz. 12 ff., bestätigt durch EuGH C-520/17 P v. 30.11.2017 *X-cen-tek*.
750 EuG T-615/14 v. 10.12.2015 *Fútbol Club Barcelona*, Tz. 33 ff.
751 EuG T-695/14 v. 3.12.2015 *Omega International*, Tz. 59.
752 EuG T-291/16 v. 5.4.2017 *Anta (China)*, Tz. 31 ff.
753 EuG T-139/08 v. 29.9.2009 *Smiley-Halbmund*, Tz. 31 ff.
754 EuG T-123/18 v. 14.2.2019 *Bayer Intellectual Property*, Tz. 21 ff.

IV. 3. Sonstiges Fehlen der Unterscheidungskraft

kann Oberfläche, Verpackung oder Hintergrund sein und wird daher unabhängig von seiner Farbe nicht als Kennzeichen wahrgenommen.[755] Gleiches gilt für eine Oberflächenstruktur

für verschiedene Waren, die – wie Schuhe oder Bekleidung – eine konturierte Oberfläche aufweisen.[756] Keine Unterscheidungskraft weist auch das für Textilwaren angemeldete Karomuster[757]

oder das von Louis Vuitton in Braunfarben benutzte Karomuster[758]

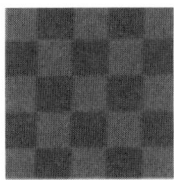

---

755 EuG T-77/14 v. 10.9.2015 *EE*, Tz. 31 ff.; EuG T-94/14 v. 10.9.2015 *EE*, Tz. 31 ff.; EuG T-143/14 v. 10.9.2015 *EE*, Tz. 31 ff.; EuG T-144/14 v. 10.9.2015 *EE*, Tz. 31 ff.
756 EuG T-579/14 v. 9.11.2016 *Birkenstock Sales*, Tz. 27 ff., bestätigt durch EuGH C-26/17 P v. 13.9.2018 *Birkenstock Sales*, anders bei künstlichen Gliedmaßen, Augen, Zähnen, chirurgischem Nahtmaterial; Häuten und Fellen.
757 EuG T-231/11 v. 19.9.2012 *Karomuster in schwarz, dunkelgrau, hellgrau und dunkelrot*, Tz. 32 ff.; zu drei parallelen farbigen Streifen vgl. auch EuG T-612/15 v. 20.7.2017 *Drei vertikale Streifen*, Tz. 34 ff.
758 EuG T-359/12 v. 21.4.2015 *Louis Vuitton Malletier*.

auf, die nicht vom üblichen Erscheinungsbild abweichen. Entsprechendes gilt für das Spielbrett des bekannten Spiels »Mensch ärgere dich nicht«.⁷⁵⁹ Schutzfähig war hingegen das Zeichen

mittels seiner Anlehnung an den Buchstaben »C« und die Form eines Halbmondes.⁷⁶⁰

129 Auch einer Wort-/Bildmarke mit schutzunfähigen Wortbestandteilen⁷⁶¹ kann dabei als Gesamtheit Unterscheidungskraft zukommen, wenn die grafischen Elemente ihrerseits charakteristische Merkmale aufweisen, in denen der Verkehr einen Herkunftshinweis sieht.⁷⁶² Gerade bei glatt beschreibenden Angaben bedarf es aber nach der Rechtsprechung hierfür eines auffallenden Hervortretens der grafischen Elemente.⁷⁶³

So konnten bei den Marken

die schlichten Bildelemente (auch die blaue Hintergrundfarbe beim VISAGE-Zeichen) die Schutzunfähigkeit der Wortbestandteile nicht kompensieren.⁷⁶⁴ Ebenso wenig genügt es,

---

759 EuG T-492/13 v. 3.3.2015 *Schmidt Spiele*, Tz. 37 ff.
760 EuG T-678/15 und T-679/15 v. 15.12.2016 *Novartis*, Tz. 36 ff.
761 BGH I ZB 30/06 v. 15.1.2009 *STREETBALL*, Tz. 9 wendet insoweit die oben § 4 Rdn. 113 angesprochene Formel auch auf Wortelemente an.
762 BGH I ZB 24/05 v. 21.2.2008 *VISAGE*, Tz. 20.
763 BGH GRUR 2001, 1153, 1153 f. *anti KALK*; vgl. auch BGH GRUR 1998, 394, 396 *Motorrad Active Line*; BGH I ZB 94/06 v. 2.4.2009 *Kinder III*, Tz. 16 f.; ähnlich EuG T-32/00 v. 5.12.2000 *electronica*, Tz. 31; EuG T-464/07 v. 17.6.2009 *PharmaResearch*, Tz. 41.
764 EuG T-122/01 v. 3.7.2003 *Best Buy*, Tz. 28; EuG T-476/08 v. 15.12.2009 *BEST BUY*, Tz. 24 ff., im Ergebnis bestätigt durch EuGH C-92/10 P v. 13.1.2011 *Media-Saturn-Holding*; EuG T-318/15 v. 14.1.2016 *TRIPLE BONUS*, Tz. 31 ff.; BGH GRUR 2001, 1153, 1153 f. *anti KALK*; BGH I ZB 24/05 v. 21.2.2008 *VISAGE*, Tz. 21; BGH I ZB 32/09 v. 14.1.2010 *hey!*, Tz. 17; BGH I ZB 11/13 v. 17.10.2013 *grill meister*, Tz. 18; BGH I ZB 65/12 v. 17.10.2013 *test*, Tz. 19; BGH I ZB 18/13 v. 10.7.2014 *Gute Laune Drops*, Tz. 32 ff.; BGH I ZB 29/13 v. 15.5.2014 *DüsseldorfCongress*, Tz. 20; ferner BGH I ZB 3/13 v. 19.2.2014 *HOT*, Tz. 32; Große Beschwerdekammer des EUIPO R 1801/2017-G v. 9.11.2018 *easyBank*.

wenn einem ansonsten schutzunfähigen Zeichen das Symbol »®« hinzugefügt wird.⁷⁶⁵ Auch die Gestaltung der Marke

kinder

in den Farben Schwarz und Rot verleiht dieser noch nicht hinreichende Unterscheidungskraft.⁷⁶⁶ Auch das blau/Grün gestaltete Logo

war nicht schutzfähig.⁷⁶⁷ Demgegenüber kann etwa das sich aufbäumende Pferd der Automarke Ferrari nicht mehr als einfachste geometrische Form oder übliche grafische Gestaltung aufgefasst werden.⁷⁶⁸

Eine Prüfung darauf, ob sich der Verkehr an eine Marke in ihren Einzelheiten der bildlichen Ausgestaltung mehr oder weniger leicht erinnern kann, findet auch bei Marken mit Bildelementen nicht statt⁷⁶⁹

Eine aus fernöstlichen Schriftzeichen bestehende Marke

聖寶麗女孩

ist daher unabhängig von ihrer Einprägsamkeit schutzfähig.⁷⁷⁰ Nicht schutzfähig ist aber ein QR-Code.⁷⁷¹

Die Unterscheidungskraft kann einer Bildmarke ferner auch dann fehlen, wenn das Bild auf die Art oder die Verwendungsweise des Produkts hinweist.

---

765 EuG T-91/01 v. 5.12.2002 *BioID*, Tz. 40; EuG T-122/01 v. 3.7.2003 *Best Buy*, Tz. 34.
766 BGH I ZB 94/06 v. 2.4.2009 *Kinder III*, Tz. 16 f., dort aber auch zum Erwerb von Unterscheidungskraft infolge Benutzung.
767 EuG T-268/15 v. 8.11.2016 *PARKWAY*, Tz. 29 ff., bestätigt durch EuGH C-32/17 P v. 6.6.2018 *Apcoa Parking Holdings*, Tz. 40 f.; ähnlich im Rahmen des Eintragungshindernisses beschreibender Angaben EuG T-832/17 v. 10.1.2019 *Achtung!*, Tz. 44 ff.
768 BGH GRUR 2004, 594, 597 *Ferrari-Pferd*.
769 Vgl. aber EuG T-400/07 v. 12.11.2008 *Kombination von 24 Farbkästchen*, Tz. 47.
770 BGH GRUR 2000, 502, 503 *St. Pauli Girl*.
771 BPatG 28 W (pat) 535/13 v. 14.10.2015 *QR-Code*; BPatG 30 W (pat) 518/15 v. 20.10.2015 *QR-Code*.

So fehlt für Hundefutter der Marke

jegliche Unterscheidungskraft, weil Tierabbildungen im Tierfutterbereich als Sortenangabe verstanden werden.[772] Für Produkte im Zusammenhang mit Bodybuilding ist die Marke

nicht unterscheidungskräftig.[773] Die Bildelemente der Marke

weisen für elektrische Geräte keine Unterscheidungskraft auf.[774] Als reiner Gebrauchshinweis und nicht als Hinweis auf die betriebliche Herkunft wirkt auch das Zeichen

für Finanz- und Telekommunikationsdienstleistungen.[775] Entsprechendes gilt auch für eine fotografische Abbildung eines Bürogebäudes, das als Angabe des Ortes aufgefasst werden kann, an dem die Dienstleistungen erbracht werden.[776] Dem Bildnis einer dem Verkehr bekannten Person schließlich fehlt für solche Produkte jegliche Unterscheidungskraft, bei denen der Verkehr einen thematischen oder sonstigen sachlichen Bezug zu der abgebildeten Person herstellt und es deshalb als (bloß) beschreibenden Hinweis auf diese und nicht als

---

772 BGH GRUR 2004, 331, 332 *Westie-Kopf*; vgl. auch EuG T-385/08 v. 8.7.2010 *Hundebild*; EuG T-717/16 v. 26.9.2017 *Pferdekopfsilhouette*.
773 EuG T-335/15 v. 29.9.2016 *Universal Protein Supplements*, Tz. 35 ff.
774 EuG T-297/07 v. 15.10.2008 *Intelligent Voltage Guard*, Tz. 37.
775 EuG T-414/07 v. 2.7.2009 *Hand, eine Karte haltend*, Tz. 37.
776 BGH GRUR 2005, 257, 258 *Bürogebäude*.

IV. 3. Sonstiges Fehlen der Unterscheidungskraft

Hinweis auf die Herkunft der betreffenden Produkte aus einem bestimmten Unternehmen versteht. Das Bildnis von Marlene Dietrich war folglich zwar für Waren wie Bekleidung sowie – zu weitgehend – Geld oder Papier eintragungsfähig, nicht jedoch für Produkte wie Computerprogramme, Druckereierzeugnisse, Bücher oder Unterhaltungsdienstleistungen.[777]

Ebenso wie bei Werbeslogans[778] kann dabei auch bei einem Bildzeichen, das sonst als Werbemittel verwendet wird, ohne für die betreffenden Produkte beschreibend zu sein, nicht schon wegen einer solchen Verwendung die Eintragung als Marke versagt werden. **132**

So kann etwa der fotografischen Abbildung eines Prominenten wie Marlene Dietrich

nicht automatisch der Schutz verweigert werden, weil derartige Abbildungen sonst zu Werbezwecken verwendet würden.[779]

Enthält eine Bildmarke darüber hinaus nicht nur einen Hinweis auf Eigenschaften der gekennzeichneten Produkte, sondern bildet die Ware selbst ab, so ergeben sich wiederum Besonderheiten. Derartige Bildmarken behandelt die Rechtsprechung im Wesentlichen wie Formmarken, die aus der Form der Ware bestehen.[780] Auf die hierzu dargestellten[781] Grundsätze kann insoweit verwiesen werden. **133**

So war das Bildzeichen

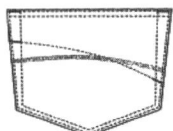

nicht eintragungsfähig, weil es lediglich als Dekoration wirkte.[782]

---

777 BGH I ZB 21/06 v. 24.4.2008 *Marlene-Dietrich-Bildnis I*; auch BGH I ZB 62/09 v. 31.3.2010 *Marlene-Dietrich-Bildnis II*.
778 Hierzu oben § 4 Rdn. 120.
779 BGH I ZB 62/09 v. 31.3.2010 *Marlene-Dietrich-Bildnis II*, Tz. 15 f.
780 EuGH C-25/05 P v. 22.6.2006 *Storck II*, Tz. 29; Gegenstand der zu Formmarken maßgeblichen Leitentscheidung EuGH C-299/99 v. 18.6.2002 *Philips/Remington* – war eine Bildmarke; zurückhaltend aber EuG C-24/05 P v. 22.6.2006 *Storck I*, Tz. 60; nun auch BGH I ZB 13/04 v. 17.11.2005, Tz. 11.
781 § 4 Rdn. 140 – 149.
782 EuG T-282/07 v. 28.4.2009 *Gesäßtasche links*, Tz. 22; EuG T-283/07 v. 28.4.2009 *Gesäßtasche rechts*, Tz. 22.

134 Bei kombinierten Wort-/Bildmarken kann eine bildliche Gestaltung einem an sich nicht unterscheidungskräftigen Wortzeichen insgesamt die erforderliche Unterscheidungskraft verleihen. Voraussetzung hierfür ist, dass ein merklicher Unterschied zwischen dem schutzunfähigen Wort und der Summe seiner begrifflichen und bildlichen Bestandteile besteht.[783]

Obwohl etwa die Zahl »1« für die Dienstleistungen eines Fernsehsenders ohne Unterscheidungskraft ist, kann die bekannte, konkret vom Fernsehsender ARD verwendete Zahl »1« Schutz aufgrund ihrer spezifischen grafischen Gestaltung erlangen.[784] Das für diverse Waren angemeldete Zeichen

NEW MAN

ist aufgrund seiner originellen Gestaltung, die eine Drehung um 180 ermöglicht, schutzfähig.[785] Demgegenüber stellt die Aneinanderreihung von zwei Wörtern ohne Zwischenraum wie in der Anmeldung »PharmaResearch« kein schöpferisches Element dar, weil der Großbuchstabe des zweiten Wortes dieses ohne weiteres erkennbar macht.[786]

135 Möglich ist aber auch der umgekehrte Fall, dass nämlich ein an sich schutzfähiges Wortzeichen durch seine grafische Gestaltung die Schutzfähigkeit verliert.

So hat die Marke

BioID

als Abkürzung des Begriffs »biometrische Identifikation« in Bezug auf Waren und Dienstleistungen des EDV- und Telekommunikationsbereich im Zusammenhang mit der Kontrolle von Zugangsberechtigungen und der Identifikation von Lebewesen keine Unterscheidungskraft. Die (gängigen) Bildelemente verleihen dem Zeichen nicht nur keine Unterscheidungskraft, sondern bewirken gerade, dass die Wort-/Bildmarke vom Verkehr in die Bestandteile »Bio« und »ID« zergliedert wird. Während eine Wortmarke »Bioid« schutzfähig sein mag, ist die Wort-/Bildmarke insoweit schutzunfähig.[787]

l) Abstrakte Farbmarken

136 Die Unterscheidungskraft abstrakter Farbmarken beurteilt der EuGH vergleichsweise streng. Ein Zeichen, das aus einer Farbe als solcher besteht, wird vom maßgeblichen Publikum nicht notwendig in der gleichen Weise wahrgenommen wie eine Wort- oder Bildmarke, die aus einem Zeichen besteht, das unabhängig vom Erscheinungsbild der gekennzeichneten Ware ist. Die Verbraucher sind es nämlich nicht gewöhnt, aus der Farbe von Waren oder ihrer Verpackung ohne grafische

---

783 Vgl. EuGH C-363/99 v. 12.2.2004 *Postkantoor*, Tz. 99 u. 104; EuGH C-265/00 v. 12.2.2004 *Campina Melkunie*, Tz. 43; vgl. auch EuG T-19/99 v. 12.1.2000 *Companyline*, Tz. 25; EuG T-345/99 v. 26.10.2000 *Trustedlink*, Tz. 37; EuG T-105/06 v. 17.10.2007 *WinDVD Creator*, Tz. 48.
784 BGH GRUR 2000, 608, 610 *ARD-1*.
785 BGH GRUR 1991, 136, 137 *NEW MAN*.
786 EuG T-464/07 v. 17.6.2009 *PharmaResearch*, Tz. 42.
787 EuGH C-37/03 P v. 15.9.2005 *BioID*, Tz. 69 ff.; EuG T-91/01 v. 5.12.2002 *BioID*, Tz. 26–44 sowie insbesondere Tz. 48; zur Silbe »Bio« auch EuG T-387/03 v. 19.1.2005 *BIO-KNOWLEDGE*, Tz. 29 ff.

oder Wortelemente auf die Herkunft der Waren zu schließen, da eine Farbe als solche nach den derzeitigen Gepflogenheiten des Handels grundsätzlich nicht als Mittel der Identifizierung verwendet wird. Von Bedeutung ist ferner auch, dass sich dem angesprochenen Verkehr nur selten die Gelegenheit zum unmittelbaren Vergleich von Produkten mit unterschiedlichen Farbtönen bietet und daher geringe Abstufungen von Farbtönen vom Verkehr kaum wahrgenommen werden. Folglich dürften geringe Farbabstufungen vom Schutzbereich einer Farbmarke als erfasst anzusehen sein,[788] so dass die Zahl der tatsächlich als potenzielle Marken verfügbaren unterschiedlichen Farben wesentlich geringer als ihre theoretisch verfügbare Anzahl ist. Diese geringe Zahl hat zur Folge, dass mit wenigen Eintragungen von Farben als Marken für bestimmte Produkte der gesamte Bestand an verfügbaren Farben erschöpft wäre. Ein derart weites Monopol wäre mit dem System eines unverfälschten Wettbewerbs jedoch nicht vereinbar, zumal einem einzelnen Wirtschaftsteilnehmer damit anderenfalls ein unzulässiger Wettbewerbsvorteil verschafft würde.

Diesem Allgemeininteresse an der Verhinderung einer Monopolisierung ist bei der Prüfung der Unterscheidungskraft Rechnung zu tragen. Dass einer Farbe als solcher unabhängig von ihrer Benutzung Unterscheidungskraft zukommt, ist vor diesem Hintergrund nur unter außergewöhnlichen Umständen vorstellbar, wenn etwa[789] die Zahl der Produkte, für die die Marke angemeldet wird, sehr beschränkt und der maßgebliche Markt sehr spezifisch sind.[790] **137**

> Einen solchen spezifischen Markt hat der BGH etwa im Fall der Farbe Gelb für betriebswirtschaftliche und organisatorische Beratungsdienstleistungen im Energiebereich; finanzielle Beratungsdienstleistungen im Energiebereich; technische und ökologische Beratungsdienstleistungen im Energiebereich für möglich gehalten, nicht aber z. B. bei Telekommunikationsdienstleistungen.[791]

In jedem Fall sind konkrete tatsächliche Feststellungen zur Übung und zum Verständnis des jeweiligen Publikums erforderlich.[792] Besteht das angemeldete Zeichen aus einer Zusammenstellung mehrerer Farben, ist außerdem zu prüfen, ob das durch ihre Zusammenstellung gebildete Ganze Unterscheidungskraft hat.[793] **138**

---

788 Vgl. unten § 12 Rdn. 120.
789 Es handelt sich hierbei nur um eines von verschiedenen Beurteilungskriterien: BGH I ZB 76/08 v. 19.11.2009 *Farbe gelb*.
790 EuGH C-104/01 v. 6.5.2003 *Libertel*, Tz. 47 ff.; auch EuGH C-49/02 v. 24.6.2004 *Heidelberger Bauchemie*, Tz. 41; EuGH C-447/02 P v. 21.10.2004 *Farbe Orange*, Tz. 78 f.; EuGH C-170/15 P v. 21.1.2016 *Enercon*, Tz. 31; BGH I ZB 76/08 v. 19.11.2009 *Farbe gelb*; BGH I ZB 61/13 v. 23.10.2014 *Langenscheidt-Gelb*, Tz. 11; BGH I ZB 65/13 v. 9.7.2015 *Nivea-Blau*, Tz. 12; BGH I ZB 52/15 v. 21.7.2016 *Sparkassen-Rot*, Tz. 15; zur beschränkten Zahl verfügbarer Farben auch EuG T-173/01 v. 9.10.2002 *Orange*, Tz. 45; BGHZ 156, 126, 135 *Farbmarkenverletzung I*.
791 BGH I ZB 76/08 v. 19.11.2009 *Farbe gelb*, Tz. 9 ff.
792 BGH GRUR 1999, 730 *Farbmarke magenta/grau*; BGH GRUR 2001, 1154, 1155 *Farbmarke violettfarben*; auch EuG T-316/00 v. 25.9.2002 *Grün und Grau*, Tz. 29; EuG T-173/01 v. 9.10.2002 *Orange*, Tz. 31.
793 EuG T-316/00 v. 25.9.2002 *Grün und Grau*, Tz. 31.

So besitzt die Zusammenstellung der Farben Grün und Grau[794] bzw. Orange und Grau[795] für Gartengeräte sowie Gelb und Grau für Schläuche[796] – so das EuG – keine Unterscheidungskraft. Die Farben oder ähnliche Farbtöne werden für Gartenartikel nämlich üblicherweise in Farbkombinationen verwendet. Über keine Unterscheidungskraft verfügt auch eine zufällig wirkende Anordnung von 24 unterschiedlichen Farbkästchen, die eher einen dekorativen Eindruck erweckt.[797] Bei einer Farbmarke »violettfarben« für Katzenfutter kam es hingegen auf die konkreten Bezeichnungsgewohnheiten im Bereich Katzenfutter an.[798] Die Farbe Lila war jedenfalls für Asthmamittel und Inhalatoren nicht unterscheidungskräftig.[799] Für Waren im Bereich regenerativer Energien waren verschiedene kombinierte Grüntöne ohne jede Unterscheidungskraft.[800] Für Prozessorengehäuse hingegen fehlte der Farbmarke »grün« nicht jegliche Unterscheidungskraft, weil Prozessorengehäuse regelmäßig schwarz oder grau, aber nicht in dekorativer Art farbig gestaltet sind.[801]

139 Lediglich ausnahmsweise werden sich abstrakte Farbmarken leichter für Dienstleistungen als für Waren eintragen lassen, weil Dienstleistungen von Hause aus keine bestimmte Farbe anhaftet.[802] Grundsätzlich aber gelten bei Dienstleistungen keine anderen Kriterien als bei Waren.[803] Allerdings unterscheiden sich die Möglichkeiten zur Benutzung von Waren- und Dienstleistungsmarken, weil eine Benutzung in Form einer körperlichen Verbindung zwischen Zeichen und Produkt bei Dienstleistungsmarken nicht in Betracht kommt.[804]

m) Formmarken

(1) Ansatz von EuGH und EuG

140 Auch bei einer aus der Form einer Ware bestehenden Marke kann es in der Praxis schwieriger sein, die Unterscheidungskraft nachzuweisen als die einer Wort- oder Bildmarke. Der Verbraucher schließt nämlich aus der Form der Waren oder ihrer Verpackung, wenn grafische oder Wortelemente fehlen, gewöhnlich nicht auf die

---

794 EuG T-316/00 v. 25.9.2002 *Grün und Grau*, Tz. 32 ff.
795 EuG T-234/01 v. 9.7.2003 *Orange und Grau*, Tz. 32 ff.
796 EuG T-595/17 v. 27.9.2018 *Gelb und Grau*, Tz. 32 ff.
797 EuG T-400/07 v. 12.11.2008 *Kombination von 24 Farbkästchen*, Tz. 41 ff.
798 BGH GRUR 2001, 1154, 1155 f. *Farbmarke violettfarben*.
799 BPatG 27 W (pat) 529/16 v. 2.8.2016.
800 EuG T-36/16 v. 3.5.2017 *Enercon*, Tz. 45 ff., bestätigt durch EuGH C-433/17 P v. 25.10.2018 *Enercon*.
801 BGH GRUR 2002, 538, 540 *grün eingefärbtes Prozessorengehäuse*.
802 Vgl. EuG T-173/01 v. 9.10.2002 *Orange*, mit Beispiel oben in § 4 Rdn. 97.
803 EuGH C-45/11 P v. 7.12.2011 *Deutsche Bahn*, Tz. 43; BGH I ZB 29/13 v. 15.5.2014 *DüsseldorfCongress*, Tz. 10; BGH I ZB 52/15 v. 21.7.2016 *Sparkassen-Rot*, Tz. 15 u. 25.
804 BGH I ZB 29/13 v. 15.5.2014 *DüsseldorfCongress*, Tz. 10.

Herkunft dieser Waren.[805] Auch droht gerade bei Formmarken eine Monopolisierung von Produktgestaltungen. Im Rahmen der Prüfung der Unterscheidungskraft ist daher der Gefahr Rechnung zu tragen, dass im Wege des Markenrechts einem Wirtschaftsteilnehmer ausschließliche Rechte eingeräumt würden, die den Wettbewerb auf dem betreffenden Produktmarkt beeinträchtigen könnten.[806] Je mehr sich die angemeldete Form der Form annähert, in der die betreffende Ware am wahrscheinlichsten in Erscheinung tritt, umso eher ist zu erwarten, dass dieser Form die konkrete Unterscheidungskraft fehlt. Nur eine Marke, die erheblich – nicht jedoch unbedingt wesentlich[807] – von der Norm oder der Branchenüblichkeit abweicht und deshalb ihre wesentliche herkunftshinweisende Funktion erfüllt, besitzt auch Unterscheidungskraft.[808] Dabei ist – wie stets – vom Gesamteindruck auszugehen.[809] Hierbei ist bei der Beurteilung der Branchenüblichkeit nicht unbedingt von einem engen Branchenbegriff auszugehen, da die Wahrnehmung des Verbrauchers auch durch die Übung verwandter Branchen beeinflusst sein kann.

So muss die Prüfung etwa bei Verpackungen von Säften nicht auf andere Saftverpackungen beschränkt bleiben, sondern kann die gesamte Getränkebranche einbeziehen.[810]

---

805 EuGH C-53/01 bis C-55/01 v. 8.4.2003 *Linde*, Tz. 48; EuGH C-456/01 P u. C-457/01 P v. 29.4.2004 *Dreidimensionale Tablettenform I*, Tz. 38; EuGH C-468/01 P bis C-472/01 P v. 29.4.2004 *Dreidimensionale Tablettenform II*, Tz. 36; EuGH C-473/01 P u. C-474/01 P v. 29.4.2004 *Dreidimensionale Tablettenform III*, Tz. 36; EuGH C-136/02 P v. 7.10.2004 *Mag Instrument*, Tz. 30 u. 83; EuGH C-173/04 P v. 12.1.2006 *Deutsche SiSi-Werke*, Tz. 28; EuGH C-24/05 P v. 22.6.2006 *Storck I*, Tz. 25; EuGH C-25/05 P v. 22.6.2006 *Storck II*, Tz. 27; EuGH C-144/06 P v. 4.10.2007 *Rot-weiße rechteckige Tablette mit einem blauen ovalen Kern*, Tz. 36; EuGH C-238/06 P v. 25.10.2007 *Develey*, Tz. 80; EuGH C-497/07 P v. 27.6.2008 *Philip Morris Products*, Tz. 25; EuGH C-20/08 P v. 9.12.2008 *Enercon*, Tz. 49; EuGH C-546/10 P v. 13.9.2011 *Wilfer*, Tz. 53; EuGH C-345/10 P v. 20.10.2011 *Freixenet*, Tz. 46; EuGH C-96/11 P v. 6.9.2012 *August Storck*, Tz. 35; EuGH C-97/12 P v. 15.5.2014 *Louis Vuitton Malletier*, Tz. 51; EuGH C-521/13 P v. 11.9.2014 *Think Schuhwerk*, Tz. 48; EuGH C-417/16 P v. 4.5.2017 *August Storck*, Tz. 34; EuGH C-26/17 P v. 13.9.2018 *Birkenstock Sales*, Tz. 32; für Kunstwerke BGHZ 5, 1, 5 ff. *Hummelfiguren*.
806 EuG T-194/01 v. 5.3.2003 *Tablette für Wasch- oder Geschirrspülmaschinen XII*, Tz. 66; zurückhaltend EuGH C-25/05 P v. 22.6.2006 *Storck II*, Tz. 36.
807 EuGH C-24/05 P v. 22.6.2006 *Storck I*, Tz. 28; EuGH C-25/05 P v. 22.6.2006 *Storck II*, Tz. 31.
808 EuGH C-456/01 P u. C-457/01 P v. 29.4.2004 *Dreidimensionale Tablettenform I*, Tz. 39; EuGH C-468/01 P bis C-472/01 P v. 29.4.2004 *Dreidimensionale Tablettenform II*, Tz. 37; EuGH C-473/01 P u. C-474/01 P v. 29.4.2004 *Dreidimensionale Tablettenform III*, Tz. 37; EuGH C-136/02 P v. 7.10.2004 *Mag Instrument*, Tz. 31.; EuGH C-173/04 P v. 12.1.2006 *Deutsche SiSi-Werke*, Tz. 31; EuGH C-24/05 P v. 22.6.2006 *Storck I*, Tz. 26; EuGH C-25/05 P v. 22.6.2006 *Storck II*, Tz. 28; EuGH C-144/06 P v. 4.10.2007 *Rot-weiße rechteckige Tablette mit einem blauen ovalen Kern*, Tz. 37; EuGH C-238/06 P v. 25.10.2007 *Develey*, Tz. 81; EuGH C-345/10 P v. 20.10.2011 *Freixenet*, Tz. 47; EuGH C-97/12 P v. 15.5.2014 *Louis Vuitton Malletier*, Tz. 52; EuGH C-521/13 P v. 11.9.2014 *Think Schuhwerk*, Tz. 49; EuGH C-445/13 P v. 7.5.2015 *Voss of Norway*, Tz. 91; EuGH C-417/16 P v. 4.5.2017 *August Storck*, Tz. 35; EuGH C-26/17 P v. 13.9.2018 *Birkenstock Sales*, Tz. 33; vgl. auch oben § 4 Rdn. 106 – 109.
809 BGH I ZB 39/16 v. 6.4.2017 *Schokoladenstäbchen III*.
810 EuGH C-173/04 P v. 12.1.2006 *Deutsche SiSi-Werke*, Tz. 32 ff.

141 Auch der Umstand, dass die Form eine Variante der üblichen Formen der Warengattung ist oder ein Qualitätsdesign aufweist, reicht hierbei nicht aus.[811] Auch die Tatsache, dass Produktimitate im Markt aufgetaucht sind, belegt nicht die Unterscheidungskraft.[812] Diesem strengen Maßstab folgend haben EuG und EuGH die Unterscheidungskraft fast immer[813] verneint.

Folglich waren etwa die für Taschenlampen,[814] Seife,[815] Musikinstrumente,[816] Zuckerwaren,[817] Darm für die Wurstherstellung,[818] Würste[819] Papierrollen und Wischlappen für Haushaltszwecke,[820] Mikrofone,[821] Windenergiegeneratoren,[822] handbetätigte Geräte,[823] Transportpaletten,[824] Handtaschen,[825] Hefebrote,[826] Sonnenschutzdächer,[827] Uhren,[828] Transportbehälter,[829] Zahnbürsten,[830] Gläser[831] bzw. Massagebälle[832] angemeldeten Marken

---

811 EuGH C-136/02 P v. 7.10.2004 *Mag Instrument*, Tz. 32 u. 68; EuGH C-445/13 P v. 7.5.2015 *Voss of Norway*, Tz. 92; EuG T-71/06 v. 15.11.2007 *Form der Gondelverkleidung eines Windenergiekonverters*, Tz. 29, im Ergebnis bestätigt durch EuGH C-20/08 P v. 9.12.2008 *Enercon*; vgl. aber auch EuG T-148/08 v. 12.5.2010 *Schreibinstrument-Design*, Tz. 121.

812 EuG T-351/07 v. 17.12.2008 *Sonnenschutzdach*, Tz. 35.

813 Vgl. auch EuG T-36/01 v. 9.10.2002 *Glass Pattern I*, Tz. 26 ff., bestätigt durch EuGH C-445/02 P v. 28.6.2004 *Glaverbel*; EuG T-324/01 und T-110/02 v. 30.4.2003 *Form einer Zigarre und eines Goldbarrens*; EuG T-146/02 bis T-153/02 v. 28.1.2004 *Standbeutel* [dazu auch BGH I ZB 68/17 v. 9.5.2018 *Standbeutel*; BGH I ZR 156/16 v. 1.10.2018 *Sun Blast Organic*], bestätigt durch EuGH C-173/04 P v. 12.1.2006 *Deutsche SiSi-Werke*; EuG T-360/03 v. 23.11.2004 *Form einer Käseschachtel*; EuG T-262/04 v. 15.12.2005 *BIC-Feuerzeug I*; EuG T-263/04 v. 15.12.2005 *BIC-Feuerzeug II*; EuG T-127/06 v. 5.12.2007 *Sägeblatt in blauer Farbe*, Tz. 24 ff.; kritisch zu letzterer *Bender*, MarkenR 2008, 41, 46.

814 EuG T-88/00 v. 7.2.2002 *Form von Taschenlampen*, Tz. 37 ff., zugleich zu drei weiteren ähnlichen Taschenlampenformen; bestätigt von EuGH C-136/02 P v. 7.10.2004 *Mag Instrument*.

815 EuG T-63/01 v. 12.12.2002 *Form einer Seife II*, Tz. 43 ff.; bestätigt von EuGH C-107/03 P v. 23.9.2004 *Form einer Seife*.

816 EuG T-458/08 v. 8.9.2010 *Gitarrenkopf*, Tz. 53 ff., im Ergebnis bestätigt durch EuGH C-546/10 P v. 13.9.2011 *Wilfer*.

817 EuG T-396/02 v. 10.11.2004 *Form eines Bonbons*, bestätigt durch EuGH C-24/05 P v. 22.6.2006 *Storck I*; EuG T-402/02 v. 10.11.2004 *Bonbonverpackung (Wicklerform)*, bestätigt durch EuGH C-25/05 P v. 22.6.2006 *Storck II*.

818 EuG T-15/05 v. 31.5.2006 *Form einer Wurst*, Tz. 39 ff.

819 EuG T-449/07 v. 5.5.2009 *Wurstform*, Tz. 26 ff.

820 EuG T-283/04 v. 17.1.2007 *Reliefmotiv*, Tz. 45 ff.

821 EuG T-358/04 v. 12.9.2007 *Form eines Mikrofonkorbs*, Tz. 46 u. 56 ff.

822 EuG T-71/06 v. 15.11.2007 *Form der Gondelverkleidung eines Windenergiekonverters*, Tz. 26 ff., im Ergebnis bestätigt durch EuGH C-20/08 P v. 9.12.2008 *Enercon*

823 EuG T-391/07 v. 16.9.2009 *Griff*, Tz. 54 f.

824 EuG T-387/06 bis T-390/06 v. 10.10.2008 *Palette*, Tz. 31 ff.

825 EuG T-73/06 v. 21.10.2008 *Form einer Handtasche*, Tz. 27 ff.

826 EuG T-8/08 v. 10.3.2008 *Form einer Muschel*, Tz. 23 ff.

827 EuG T-351/07 v. 17.12.2008 *Sonnenschutzdach*, Tz. 27 ff.

828 EuG T-235/10 v. 6.7.2011 *Uhr mit gezahntem Rand*, Tz. 27 ff., bestätigt durch EuGH C-453/11 P v. 14.5.2012 *Timehouse*.

829 EuG T-383/15 v. 20.4.2016 *Dima*.

830 EuG T-385/15 v. 14.6.2016 *Zahnbürste*.

831 EuG T-857/16 v. 26.10.2017 *Weißbierglas*, Tz. 30 ff.

832 EuG T-387/17 v. 16.5.2018 *Triggerball*, Tz. 29 ff.

IV. 3. Sonstiges Fehlen der Unterscheidungskraft

ohne jegliche Unterscheidungskraft. Der für Farbsiebe und -filter angemeldeten Marke

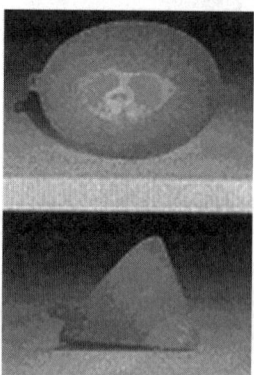

verlieh auch die gelbe Spitze des Filters keine Unterscheidungskraft, da sie eher als dekoratives Element aufgefasst würde.[833] Nicht unterscheidungskräftig war auch die für Süßwaren bzw. Chips angemeldeten Marke

---

833 EuG T-201/06 v. 10.9.2008 *Farbfilter*, Tz. 23 ff.

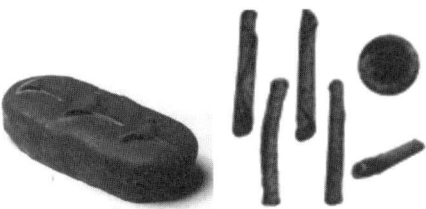

bei der auch die unregelmäßigen Elemente lediglich dekorativ wirkten,[834] die Form einer Pinzette,

mit ausschließlich dekorativ wirkenden Elementen[835], der Marke

für Uhrenziffernblätter[836] bzw. – trotz der als Kennzeichen bekannten Drei-Streifen-Marke von Adidas – der Marke

für Schuhe.[837] Demgegenüber wurde bei der für Fahrzeuge angemeldeten Marke

die Unterscheidungskraft bejaht und hierbei vor allem berücksichtigt, dass solche Kühlergrills seit langem keine rein technische Funktion mehr haben.[838] Das Zeichen

---

834 EuG T-28/08 v. 8.7.2009 *Schokoriegel*, Tz. 32 ff.; EuG T-618/14 v. 29.6.2015 *Grupo Bimbo*, Tz. 36 ff., bestätigt durch EuGH C-476/15 P v. 15.3.2016 *Grupo Bimbo*; auch EuG T-240/15 v. 1.6.2016 *Grupo Bimbo*, Tz 34 ff.
835 EuG T-78/08 v. 11.6.2009 *Pinzette*, Tz. 26 ff.
836 EuG T-152/07 v. 14.9.2009 *Geometrische Felder auf dem Ziffernblatt einer Uhr*, Tz. 76 f. und 88 ff.
837 EuG T-3/15 v. 4.12.2015 *K-Swiss*, Tz. 18 ff.
838 EuG T-128/01 v. 6.3.2003 *Kühlergrill*, Tz. 40 ff.; zu dieser Entscheidung auch EuG T-127/06 v. 5.12.2007 *Sägeblatt in blauer Farbe*, Tz. 42 ff.; vgl. ferner BGH I ZB 33/04 v. 15.12.2005 *Porsche Boxter*, Tz. 15 ff.

hat zwar für Fahrzeuge zur Beförderung in der Luft oder auf dem Wasser hinreichende Unterscheidungskraft, nicht hingegen für Landfahrzeuge.[839] Die für Lautsprecher angemeldete Marke

verfügte demgegenüber – angeblich – über hinreichende Unterscheidungskraft, weil die an eine Orgelpfeife erinnernde Form hinreichend vom Branchenüblichen abwich und sich die hochwertigen Produkte an besonders aufmerksame Verbraucher richteten.[840] Wohl zu weitgehend und nicht recht nachvollziehbar hielt das EuG auch die Form des Rubik's Cube

für die Ware Puzzles für schutzfähig, obwohl eine Puzzleform existiert, die der Marke entspricht.[841]

---

839 EuG T-629/14 v. 25.11.2015 *Jaguar Land Rover*, Tz. 23 ff.
840 EuG T-460/05 v. 10.10.2007 *Form eines Lautsprechers*, Tz. 40 ff.; kritisch dazu *Bender*, MarkenR 2008, 41, 50; ferner die erneute Zurückweisung als Form der Ware durch EuG T-508/08 v. 6.10.2011 *Form eines Lautsprechers II*, Tz. 40.
841 EuG T-450/09 v. 25.11.2014 *Simba Toys*, Tz. 106 ff.; skeptisch zur Schutzfähigkeit (Eintragungshindernis der technischen Bedingtheit) auch EuGH C-30/15 P v. 10.11.2016 *Simba Toys*.

IV. 3. Sonstiges Fehlen der Unterscheidungskraft

Dabei ist auch das Vorhandensein eines Bildelements allein für den Nachweis der **142** Unterscheidungskraft nicht ausreichend. Vielmehr ist immer zu prüfen, ob eine solche Marke als Unterscheidungszeichen geeignet ist.[842]

Die Schokoladenmaus

war daher mit Blick auf die Branchenüblichkeit von Tierformen trotz ihrer dekorativen Gestaltung schutzunfähig.[843]

Die für Formmarken geltenden Kriterien sind auch anzuwenden bei Bildmarken, **143** die die Ware selbst abbilden. Auch hier ist die naturgetreue bildliche Wiedergabe der im Warenverzeichnis genannten Ware regelmäßig nicht geeignet, die Ware ihrer Herkunft nach zu individualisieren.[844] Ferner gelten die Kriterien auch für Marken, wo die Form im Wesentlichen durch ihre Oberflächenstruktur bestimmt wird.[845] Schließlich gilt die Rechtsprechung auch dann, wenn die Marke lediglich einen Teil der Ware darstellt.[846]

(2) Ansatz des BGH

Der BGH ist lange Zeit der strengen Rechtsprechung des EuGH noch nicht ganz **144** gefolgt – auch wenn es in jüngeren Entscheidungen zutreffend heißt, dass Marken, die aus der Form der Ware bestehen, im Allgemeinen die Unterscheidungskraft fehle.[847] Wohl immer noch schlägt der BGH eine Differenzierung nach der Art der

---

842 EuGH C-96/11 P v. 6.9.2012 *August Storck*, Tz. 39; EuGH C-417/16 P v. 4.5.2017 *August Storck*, Tz. 40.
843 EuG T-13/09 v. 17.12.2010 *Schokoladenmausform*, Tz. 29 ff., bestätigt durch EuGH C-96/11 P v. 6.9.2012 *August Storck*.
844 EuGH C-144/06 P v. 4.10.2007 *Rot-weiße rechteckige Tablette mit einem blauen ovalen Kern*, Tz. 38; EuGH C-546/10 P v. 13.9.2011 *Wilfer*, Tz. 58; EuGH C-97/12 P v. 15.5.2014 *Louis Vuitton Malletier*, Tz. 53; EuGH C-521/13 P v. 11.9.2014 *Think Schuhwerk*. Tz. 49; EuGH C-417/16 P v. 4.5.2017 *August Storck*, Tz. 36 u. 40; EuGH C-26/17 P v. 13.9.2018 *Birkenstock Sales*, Tz. 34; auch EuGH C-299/99 v. 18.6.2002 *Philips/Remington*, der eine Bildmarke zugrunde lag; EuG T-30/00 v. 19.9.2001 *Tablette für Wasch- oder Geschirrspülmaschinen IV*, Tz. 49; EuG T-128/01 v. 6.3.2003 *Kühlergrill*, Tz. 38 f.; BGH GRUR 1997, 527, 528 *Autofelge*; BGH GRUR 1999, 495, 496 *Etiketten*; BGH GRUR 2000, 502, 503 *St. Pauli Girl*; BGH GRUR 2001, 239 f. *Zahnpastastrang*; BGH GRUR 2004, 502, 504 *Gabelstapler II*; BGH I ZB 68/09 v. 1.7.2010 *Hefteinband*, Tz. 8; zu einem auf der Oberfläche der Ware angebrachten Muster EuG T-36/01 v. 9.10.2002 *Glass Pattern I*, Tz. 24.
845 EuGH C-345/10 P v. 20.10.2011 *Freixenet*, Tz. 48, m. w. N.; EuGH C-26/17 P v. 13.9.2018 *Birkenstock Sales*, Tz. 34.
846 EuGH C-546/10 P v. 13.9.2011 *Wilfer*, Tz. 59; EuGH C-97/12 P v. 15.5.2014 *Louis Vuitton Malletier*, Tz. 54; EuGH C-26/17 P v. 13.9.2018 *Birkenstock Sales*, Tz. 35.
847 BGH I ZB 37/04 v. 24.5.2007 *Fronthaube* Tz. 24; I ZB 36/04 v. 24.5.2007, Tz. 24; I ZB 88/07 v. 9.7.2009 *ROCHER-Kugel*, Tz. 25; *Bergmann*, GRUR 2006, 793, 794 sieht keine Divergenz.

Ware vor. Auch hier wird also ein unterschiedliches Verkehrsverständnis berücksichtigt: Bei vielen Waren hat der Verkehr häufig keine Veranlassung, in einer bestimmten Formgebung etwas anderes als eine allein funktionell oder ästhetisch bedingte Gestaltung zu sehen. So wird der Verkehr bei technischen Geräten ein konkretes Gestaltungsmerkmal – selbst wenn es in Wirklichkeit nicht technisch bedingt ist – eher für funktionsbedingt halten und ihm keinen Herkunftshinweis entnehmen, weil er zunächst davon ausgeht, dass sich die Form bei solchen Waren in erster Linie an der technischen Funktion orientiert. Obwohl der BGH damit bei diesen Waren letztlich den strengen Kriterien des EuGH folgt, wurde gerade in jüngerer Vergangenheit häufig unzutreffend die Unterscheidungskraft bejaht.

So hat der BGH noch zutreffend entschieden, dass die für Füllkörper,[848] Leichtmetallfelgen,[849] den Gehäuseträger einer Uhr,[850] für diverse Elektrogeräte[851] bzw. für Arzneimittel[852] angemeldeten Warenformen

nicht unterscheidungskräftig sind. Unzutreffend wurde demgegenüber die Unterscheidungskraft aufgrund vermeintlich außergewöhnlicher Gestaltungselemente bejaht bei den für Gabelstapler,[853] Uhrengehäuse[854] bzw. Kraftfahrzeuge[855] angemeldeten Marken

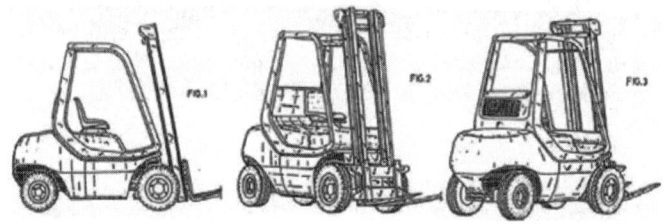

---

848 BGHZ 130, 187, 188 u. 195 *Füllkörper*.
849 BGH GRUR 1997, 527, 529 *Autofelge*.
850 BGH GRUR 2001, 413, 414 *SWATCH*, in der Veröffentlichung in GRUR mit der falschen Abbildung der Marke aus der vorstehenden Entscheidung »OMEGA«.
851 BGH GRUR 2004, 507, 509 *Transformatorengehäuse*.
852 BGHZ 159, 57, 62 ff. *Farbige Arzneimittelkapsel*; vgl. auch EuG T-201/06 v. 10.9.2008 *Farbfilter*, Tz. 23 ff.
853 BGH GRUR 2004, 502, 504 *Gabelstapler II*.
854 BGH GRUR 2004, 505 f. *Rado-Uhr II*; BGH I ZB 66/06 v. 24.5.2007 *Rado-Uhr III*, Tz. 12 ff.; zu Uhrengehäusen vgl. auch BGH GRUR 2001, 416 *OMEGA*, in der Veröffentlichung in GRUR mit der falschen Abbildung der Marke aus der dort nachstehenden Entscheidung »SWATCH«; auch BGH GRUR 2001, 418 *Montre*.
855 BGH I ZB 33/04 v. 15.12.2005 *Porsche Boxter*, Tz. 15 ff.; zutreffend Unterscheidungskraft verneinend hingegen EuG T-629/14 v. 25.11.2015 *Jaguar Land Rover*, Tz. 27 ff.

IV. 3. Sonstiges Fehlen der Unterscheidungskraft

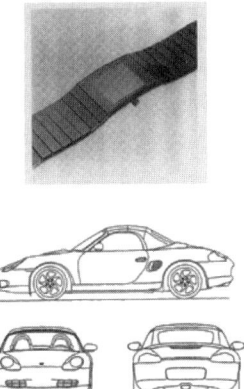

sowie für Taschenlampen, die den oben[856] abgebildeten ähnlich waren.[857] Obwohl auch im Bereich ästhetischer Gestaltung der Verkehr eher nicht auf gestalterische Einzelheiten achten wird, hat der BGH schließlich unzutreffend die Unterscheidungskraft der Marke

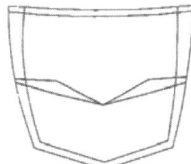

für Bekleidungsstücke, Schuhwaren und Kopfbedeckungen bejaht.[858] Zutreffend verneint wurde die Unterscheidungskraft hingegen bei den nachstehenden beiden Kraftfahrzeugteilen

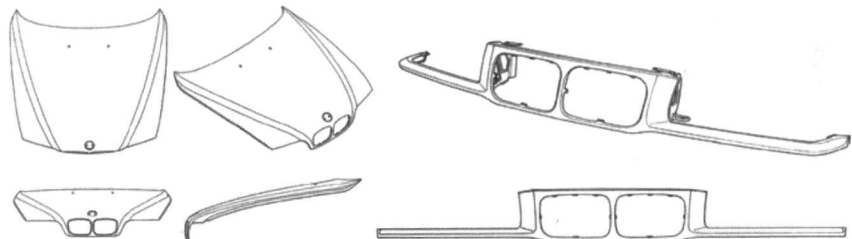

Fronthaube links bzw. Frontverkleidung rechts.[859]

---

856 Vgl. § 4 Rdn. 141.
857 BGH GRUR 2004, 506, 507 *Stabtaschenlampen II*; dagegen nun zutreffend BPatG 32 W (pat) 91/97 v. 24.5.2006 *Taschenlampen II*; allein aus den erkennbaren Schriftzügen auf den Lampen leiten BGH GRUR 2005, 158 *MAGLITE*; BGH I ZB 35/00; I ZB 20/01 die Unterscheidungskraft her.
858 BGH GRUR 2001, 734, 735 *Jeanshosentasche*; zutreffend demgegenüber HABM GRUR Int. 2000, 365, 366 *TASCHE*; HABM GRUR-RR 2001, 184 *Steppnaht*.
859 BGH I ZB 37/04 v. 24.5.2007 *Fronthaube* Tz. 24 ff.; I ZB 36/04 v. 24.5.2007, Tz. 24 ff.

145 Von diesen eher technisch oder ästhetisch orientierten Warenformen unterscheidet der BGH bestimmte andere Waren, zu denen etwa Lebensmittel[860] zählen. Hier liegt für den Verkehr, dem die Ware in einer bestimmten Form begegnet, ein Herkunftshinweis nach der Lebenserfahrung eher nahe, auch wenn eine entsprechende Gewöhnung nicht festgestellt werden kann.

So soll der Verbraucher – zu weitgehend[861] – beispielsweise bei Käse eher dazu neigen, die jeweilige Gestaltung mit einer bestimmten betrieblichen Herkunft zu verbinden, wenn es sich erkennbar um eine willkürliche Formgebung handelt, die sich von anderen Gestaltungen durch wiederkehrende charakteristische, also identitätsstiftende Merkmale unterscheidet. Die Blütenform

verfüge daher für Käse über hinreichende Unterscheidungskraft.[862] Auch der Zahnpastastrang

weise für Zahnpasta jedenfalls in seiner ganz konkreten, eher nicht naturgetreuen Gestaltung hinreichende Unterscheidungskraft auf.[863] Demgegenüber fehle der Pralinenform

von Hause aus jegliche Unterscheidungskraft, weil vergleichbare Oberflächenformen aus benachbarten Warengebieten allgemein bekannt seien.[864]

146 Besonderheiten gelten bei Warenformmarken schließlich dann, wenn die Ware selbst nicht durch gewöhnliche Marken, insbesondere Wortmarken, gekennzeichnet werden kann, weil der Verkehr das blanke Produkt erwartet. Hier wird der Verkehr eher geneigt sein, auf Besonderheiten der Form zu achten und diesen eine Unterscheidungsfunktion beizumessen.

---

860 Vgl. auch BGH I ZR 18/05 v. 25.10.2007 *TUC-Salzcracker*, Tz. 25; BGH I ZB 88/07 v. 9.7.2009 *ROCHER-Kugel*, Tz. 26 f.
861 Vgl. zutreffend EuG T-8/08 v. 10.3.2008 *Form einer Muschel*.
862 BGH GRUR 2004, 329, 330 f. *Käse in Blütenform I*.
863 BGH GRUR 2001, 239, 240 *Zahnpastastrang*.
864 BGH I ZB 88/07 v. 9.7.2009 *ROCHER-Kugel*, Tz. 26 ff.; auch BGH I ZB 39/16 v. 6.4.2017 *Schokoladenstäbchen III*, Tz. 24.

So bestätigte der BGH etwa bei dem u. a. für Etiketten angemeldeten Zeichen

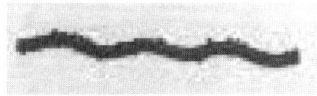

nicht das Fehlen der Unterscheidungskraft. Entscheidend war hierbei auch, dass auf dem Warengebiet ein gewisser Kennzeichnungsnotstand bestand, da der Markt lediglich unbedruckte Etiketten nachfragte.[865]

Insbesondere hat der BGH die Nachweisanforderungen für DPMA und BPatG unverhältnismäßig hochgeschraubt. Die Frage, ob der Vertrieb einer Ware Auswirkungen darauf hat, ob und in welcher Weise der Verkehr eine Warenform als branchenüblich ansieht, sei nach den gesamten Gegebenheiten des betroffenen Marktsegments – etwa den dort bestehenden Marktanteilen, den erzielten Umsätzen, der räumlichen und zeitlichen Ausdehnung des Vertriebs und sonstigen Vertriebsumständen – zu beantworten.[866] Es wären Marktanteile, Umsätze und Vertriebsmodalitäten zu ermitteln – Umstände also, die meist nicht allgemein bekannt oder zugänglich sind und deren Ermittlung aufwändig ist. Mit der Praxis von EUIPO und EuGH, wo meist einfach die Branchenüblichkeit behauptet und die Marke zurückgewiesen wird, hat das nichts zu tun.

So hatte das BPatG die Form des Schokoladenstäbchens

beanstandet, weil sowohl die Stäbchenform als auch die Korkenzieherform im Markt nachweisbar seien. Der BGH hob diese Entscheidung auf und machte mit seinen Nachweisanforderungen eine weitere Zurückweisung faktisch unmöglich.[867]

147

(3) Verpackungsformen

Nicht anders als Warenformmarken sind solche Marken zu behandeln, die aus der Verpackung von Waren bestehen, die keine ihnen innewohnende Form besitzen und deren Vermarktung eine Verpackung verlangt. Diese Verpackungen müssen es – sollen sie schutzfähig sein – dem normal informierten und angemessen aufmerksamen und verständigen Durchschnittsverbraucher der betreffenden Waren ermöglichen, diese auch ohne analysierende und vergleichende Betrachtungsweise sowie ohne besondere Aufmerksamkeit von den Waren anderer Unternehmen zu unterscheiden.[868]

148

So verhält es sich beispielsweise bei Waren, die in körniger, pudriger oder flüssiger Konsistenz hergestellt werden und bereits ihrer Art nach keine eigene Form besitzen. Hier verleiht

---

865 BGH GRUR 1999, 495, 496 *Etiketten*.
866 BGH I ZB 39/16 v. 6.4.2017 *Schokoladenstäbchen III*; vgl. auch BGH I ZB 105/16 v. 18.10.2017 *Quadratische Tafelschokoladenverpackung*, Tz. 53; I ZB 106/16 v. 18.10.2017, Tz. 53.
867 Vgl. BGH I ZB 39/16 v. 6.4.2017 *Schokoladenstäbchen III*.
868 EuGH C-173/04 P v. 12.1.2006 *Deutsche SiSi-Werke*, Tz. 29, unter Hinweis auf EuGH C-218/01 v. 12.2.2004 *Henkel*, Tz. 53.

die Verpackung dem Produkt seine Form. So kommt es etwa bei Flaschenformen auf den Einzelfall an. Bei den für Getränke bzw. Waschmittel angemeldeten Marken

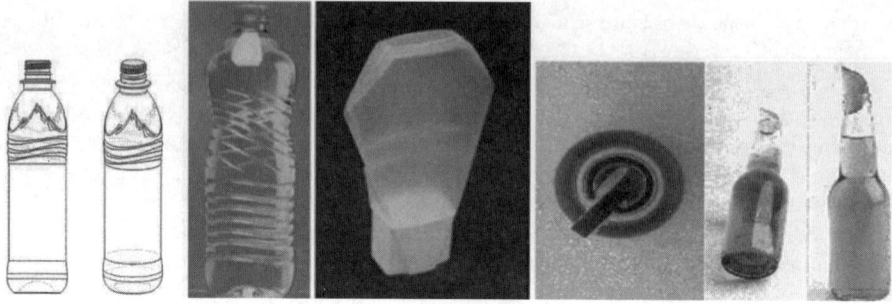

verfügten beispielsweise die drei Gestaltungen links aufgrund der zahlreichen Gestaltungsdetails über hinreichende Unterscheidungskraft.[869] Auch der Coca-Cola-Flaschenform

fehlte jegliche Unterscheidungskraft.[870] Demgegenüber konnte der Gestaltung rechts auch die Limettenscheibe im Flaschenhals nicht zur Eintragung verhelfen.[871] Für Speiseeis[872] war die Gestaltung

---

869 EuG T-347/10 v. 19.4.2013 *Adelholzener Flasche mit Relief*, Tz. 33; EuG T-305/02 v. 3.12.2003 *Form einer Flasche*, Tz. 34 ff.; EuG T-393/02 v. 24.11.2004 *Form einer weißen und transparenten Flasche*, Tz. 29 ff.; EuG T-129/04 v. 15.3.2006 *Form einer Kunststoffflasche*, Tz. 45 ff.
870 EuG T-411/14 v. 24.2.2016 *Coca-Cola-Flasche*, Tz. 45 ff.
871 EuG T-399/02 v. 29.4.2004 *Flasche mit Limettenscheibe*, Tz. 25 ff.; im Ergebnis bestätigt durch EuGH C-286/04 P v. 30.6.2005 *Eurocermex*; zu Flaschenformen auch EuG T-12/04 v. 30.11.2005 *Almdudler*, Tz. 24 ff.; BGH GRUR 2001, 56 *Likörflasche*.
872 EuG T-474/12 v. 25.9.2014 *Giorgis*, Tz. 29 f., im Ergebnis bestätigt durch EuGH C-531/14 P v. 2.9.2015 *Giorgis*.

IV. 3. Sonstiges Fehlen der Unterscheidungskraft

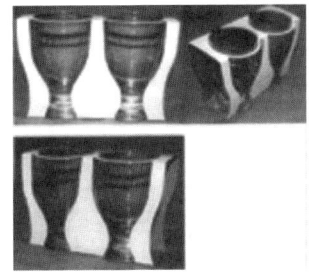

und für Süßwaren⁸⁷³ die blauweiße Gestaltung

ohne Unterscheidungskraft.

Hiervon zu unterscheiden sind demgegenüber Verpackungen von Waren, die eine 149
ihnen innewohnende Form besitzen und deren Vermarktung möglich ist, ohne dass
der Verpackung eine besondere Form gegeben zu werden braucht. In diesen Fällen
besteht grundsätzlich kein hinreichend enger Zusammenhang zwischen der Verpackung und der Ware, so dass für die Prüfung einer Markenanmeldung die Verpackung der Form der Ware nicht gleichgestellt werden kann.

> So verhält es sich beispielsweise bei Nägeln, die zwar regelmäßig verpackt Gegenstand des
> Wirtschaftsverkehrs sind, die aber grundsätzlich auch unverpackt vertrieben werden
> können.⁸⁷⁴

n) Positionsmarken

Positionsmarken sind Marken, bei denen der Herkunftshinweis gerade darin liegt, 150
dass ein Element an einer bestimmten Stelle der Ware Verwendung findet. Im
Wesentlichen dürften die für Formmarken geltenden Kriterien auch Positionsmarken gerecht werden.⁸⁷⁵ Auch bei Positionsmarken kann es daher schwieriger sein,
ihre Unterscheidungskraft zu begründen.⁸⁷⁶ Den entscheidenden Gesichtspunkt für
die Beurteilung sieht das EuG dabei in der Frage, ob das Positionselement als Her-

---

873 EuG T-806/14 v. 10.5.2016 *August Storck*, Tz. 42 ff., im Ergebnis bestätigt durch EuGH
C-417/16 P v. 4.5.2017 *August Storck*.
874 EuGH C-218/01 v. 12.2.2004 *Henkel*, Tz. 32 f. u. 52 f.
875 EuG T-547/08 v. 15.6.2010 *Orange Einfärbung des Zehenbereichs einer Socke*, Tz. 20, im
Ergebnis bestätigt durch EuGH C-429/10 P v. 16.5.2011 *X Technology Swiss*; BPatG
GRUR 1998, 390 *Roter Streifen im Schuhabsatz*.
876 EuG T-547/08 v. 15.6.2010 *Orange Einfärbung des Zehenbereichs einer Socke*, Tz. 25, im
Ergebnis bestätigt durch EuGH C-429/10 P v. 16.5.2011 *X Technology Swiss*.

kunftshinweis hervortritt oder mit dem Erscheinungsbild der gekennzeichneten Ware selbst verschmilzt.[877]

Demgegenüber sind im Bekleidungsbereich Dekorationen aller Art üblich, so dass die orange Einfärbung des Zehenbereichs einer Socke

nicht als Positionsmarke schutzfähig ist.[878] Gleiches gilt für zwei einfache, gebogene Streifen auf einem Reifen[879] oder für einen Flaschenverschluss mit Faden.[880] Auch vier gründe Quadrate auf der Unterseite einer Waage

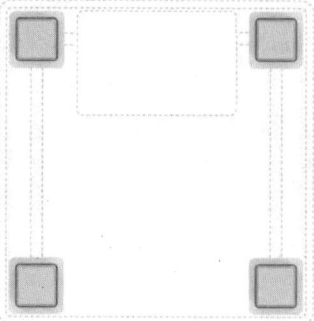

waren nicht schutzfähig.[881]

---

877 EuG T-547/08 v. 15.6.2010 *Orange Einfärbung des Zehenbereichs einer Socke*, Tz. 26, bestätigt durch EuGH C-429/10 P v. 16.5.2011 *X Technology Swiss*, Tz. 37 ff.; EuG T-208/12 v. 11.7.2013 *Rote Schnürsenkelenden*, Tz. 34, Rechtsmittel zurückgewiesen durch EuGH C-521/13 P v. 11.9.2014 *Think Schuhwerk*; EuG T-331/12 v. 26.2.2014 *Gelber Bogen am unteren Anzeigeeinheitrand*, Tz. 21; T-489/17 v. 16.1.2019 Windspiel Manufaktur, Tz. 16; auch EuG T-433/12 v. 16.1.2014 *Knopf im Ohr*, Tz. 25 [nicht rechtskräftig geworden]; EuG T-434/12 v. 16.1.2014 *Fähnchen im Knopf im Ohr*, Tz. 25 [nicht rechtskräftig geworden].
878 EuG T-547/08 v. 15.6.2010 *Orange Einfärbung des Zehenbereichs einer Socke*, Tz. 28, im Ergebnis bestätigt durch EuGH C-429/10 P v. 16.5.2011 *X Technology Swiss*.
879 EuG T-81/16 v. 4.7.2017 *Gebogene Streifen auf Seitenwand eines Reifens*.
880 EuG T-489/17 v. 16.1.2019 *Windspiel Manufaktur*, Tz. 14 ff.
881 EuG T-184/17 v. 13.9.2018 *Leifheit*.

o) Hörmarken

Hörmarken nimmt das Publikum nicht zwangsläufig als Marke wahr. Bei bestimmten Waren oder Dienstleistungen sind Hörmarken allerdings nicht ungewöhnlich, so dass der Verbraucher sie hier anhand eines Klangelements erkennt. **151**

> Üblich sind Hörmarken etwa im Bereich der Fernsehübertragung, der Fernsprechtechnik oder bei Medien wie Datenträgern oder Software.[882]

Selbst in diesen Branchen ist allerdings ein Mindestmaß an Unterscheidungskraft erforderlich, damit ein Zeichen als Marke wahrgenommen wird. Einem Hörzeichen, das nicht mehr ist als die einfache, alltägliche Zusammensetzung von Noten, aus denen es gebildet, fehlt diese Unterscheidungskraft.[883] **152**

> Nicht schutzfähig ist daher etwa die bloße Wiedergabe eines Klingeltons, der nur aus zwei gleichen Tönen besteht.[884]

4. Erwerb von Unterscheidungskraft infolge Benutzung

a) Grundsätze

Abgeschwächt werden die Schutzhindernisse der fehlenden Unterscheidungskraft, der beschreibenden Angaben und des allgemeinen Sprachgebrauchs[885] durch die Regelung der Art. 4 IV MRR, Art. 7 III UMV bzw. § 8 III MarkenG. Dort ist vorgesehen, dass ein Zeichen infolge seiner Benutzung eine Unterscheidungskraft, die es ursprünglich nicht hatte, erwerben und daher als Marke eingetragen werden kann.[886] Das deutsche Recht (§ 8 III MarkenG) nennt dies – ohne Unterschiede in der Sache – Verkehrsdurchsetzung. Das Zeichen erwirbt also durch seine Benutzung die Unterscheidungskraft, die es nicht sofort[887] hatte und die Voraussetzung für seine Eintragung ist.[888] Der Erwerb von Unterscheidungskraft infolge Benutzung schafft keinen autonomen Anspruch auf Eintragung einer Marke.[889] Er enthält vielmehr eine Ausnahme von bestimmten Eintragungshindernissen, muss daher in Abhängigkeit von diesen Eintragungshindernissen interpretiert werden.[890] Entscheidend ist daher auch hier die tatrichterliche[891] Beurteilung, ob die Marke aus **153**

---

882 EuG T-408/15 v. 13.9.2016 *Klingelton*, Tz. 42 ff.
883 EuG T-408/15 v. 13.9.2016 *Klingelton*, Tz. 46.
884 EuG T-408/15 v. 13.9.2016 *Klingelton*, Tz. 48 ff.
885 Art. 4 I Buchst. b, c und d MRR, Art. 6^{quinquies} B Nr. 2 PVÜ, Art. 7 I Buchst. b, c und d UMV, § 8 II Nr. 1 bis 3 MarkenG.
886 Hinsichtlich des maßgeblichen Zeitpunkts gelten die Ausführungen oben § 4 Rdn. 44 – 46.
887 EuGH C-136/02 P v. 7.10.2004 *Mag Instrument*, Tz. 49 f.
888 EuGH C-108/97 und C-109/97 v. 4.5.1999 *Chiemsee*, Tz. 44 f.; EuGH C-517/99 v. 4.10.2001 *Bravo*, Tz. 30; EuGH C-299/99 v. 18.6.2002 *Philips/Remington*, Tz. 34 u. 58; EuGH C-104/01 v. 6.5.2003 *Libertel*, Tz. 67.
889 Ebenso wenig kann eine Entscheidung angefochten werden, die der Marke zwar fehlende Unterscheidungskraft von Hause aus bescheinigt, diese jedoch infolge des Erwerbs von Unterscheidungskraft zur Eintragung zulässt: BGH I ZB 32/04 v. 15.12.2005, Tz. 7 ff.
890 EuGH C-108/05 v. 7.9.2006 *Bovemij Verzekeringen*, Tz. 21.
891 BGH I ZB 65/13 v. 9.7.2015 *Nivea-Blau*, Tz. 25; BGH I ZB 52/15 v. 21.7.2016 *Sparkassen-Rot*, Tz. 19; BGH I ZB 39/16 v. 6.4.2017 *Schokoladenstäbchen III*, Tz. 20; BGH I ZB 97/16 v. 5.10.2017 *Pippi-Langstrumpf-Marke*, Tz. 13; BGH I ZB 25/17 v. 13.9.2018 *Pippi Langstrumpf*, Tz. 16.

Sicht der beteiligten Verkehrskreise[892] geeignet ist, das beanspruchte Produkt als von einem bestimmten Unternehmen stammend zu kennzeichnen und dieses Produkt somit von denjenigen anderer Unternehmen zu unterscheiden.[893] Eine solche Unterscheidungskraft kann insbesondere nach einem normalen Prozess der Gewöhnung der beteiligten Verkehrskreise entstehen.[894]

> So kann beispielsweise eine geografische Bezeichnung als Marke eingetragen werden, wenn sie infolge ihrer Benutzung die Eignung als Herkunftshinweis erlangt hat. In einem solchen Fall hat die geografische Bezeichnung eine neue Bedeutung erlangt, die nicht mehr nur beschreibend ist, was ihre Eintragung als Marke rechtfertigt.[895]

154 Keine Rolle bei der Prüfung des Erwerbs von Unterscheidungskraft infolge Benutzung spielt es, inwieweit ein Interesse daran besteht, die fragliche Bezeichnung für die Benutzung durch andere Unternehmen freizuhalten. Allerdings ist der spezifische Charakter der Bezeichnung zu berücksichtigen.

> So kann beispielsweise eine sehr bekannte geografische Bezeichnung nur dann Unterscheidungskraft durch Benutzung erlangen, wenn eine lange und intensive Benutzung der Marke durch das Unternehmen vorliegt, das die Eintragung beantragt. Handelt es sich um eine Bezeichnung, die bereits als geografische Herkunftsangabe für eine bestimmte Warengruppe bekannt ist, so muss von einem Unternehmen, das ihre Eintragung für eine Ware derselben Gruppe beantragt, erst recht eine offenkundig besonders langfristige und intensive Benutzung der Marke nachgewiesen werden.[896] Sind aber in einer Branche – etwa im Bereich der Mineralwässer oder Biere – geografische Angaben als Herkunftshinweis üblich, so können die Anforderungen geringer sein.[897] Auch bei der für Süßwaren die Abnehmerkreise glatt beschreibenden Bezeichnung »Kinder« ist von der Notwendigkeit einer nahezu einhelligen Verkehrsbekanntheit auszugehen.[898] Demgegenüber erwerben die Formen neuer Kraftfahrzeugmodelle regelmäßig bereits kurz nach ihrer Markteinführung Unterscheidungskraft, da der interessierte Verkehr die ungewohnte Form eines neuen Modells registriert.[899]

155 Ob eine aus der Benutzung eines Zeichens folgende Unterscheidungskraft gegeben ist, kann nur in Bezug auf die damit gekennzeichneten Produkte festgestellt wer-

---

892 Hierzu oben § 4 Rdn. 19 – 33.
893 EuGH C-108/97 und C-109/97 v. 4.5.1999 *Chiemsee*, Tz. 46 u. 54; EuGH C-299/99 v. 18.6.2002 *Philips/Remington*, Tz. 35; auch EuGH C-108/05 v. 7.9.2006 *Bovemij Verzekeringen*, Tz. 27; EuG T-262/04 v. 15.12.2005 *BIC-Feuerzeug I*, Tz. 61; EuG T-263/04 v. 15.12.2005 *BIC-Feuerzeug II*, Tz. 61; BGH I ZB 65/13 v. 9.7.2015 *Nivea-Blau*, Tz. 23.
894 EuGH C-108/97 und C-109/97 v. 4.5.1999 *Chiemsee*, Tz. 49 u. 54; EuGH C-104/01 v. 6.5.2003 *Libertel*, Tz. 67; EuGH C-136/02 P v. 7.10.2004 *Mag Instrument*, Tz. 47; EuGH C-24/05 P v. 22.6.2006 *Storck I*, Tz. 70.
895 EuGH C-108/97 und C-109/97 v. 4.5.1999 *Chiemsee*, Tz. 47.
896 EuGH C-108/97 und C-109/97 v. 4.5.1999 *Chiemsee*, Tz. 48, 50 u. 54.; problematisch BGH GRUR 2000, 608, 610 *ARD-1*.
897 Vgl. EuG T-122/17 v. 25.10.2018 *DEVIN*.
898 BGHZ 156, 112, 125 *Kinder I*; auch BGH I ZB 11/04 v. 19.1.2006 *LOTTO*, Tz. 20; vorsichtiger BGH I ZR 6/05 v. 20.9.2007 *Kinder II*, Tz. 28; BGH I ZR 94/04 v. 20.9.2007 *Kinderzeit*, Tz. 34; nun BGH I ZB 94/06 v. 2.4.2009 *Kinder III* [keine Löschung der Wort-/Bildmarke »kinder«].
899 BGH I ZB 33/04 v. 15.12.2005 *Porsche Boxter*, Tz. 22 ff.

den.[900] Kennt der Verkehr eine bestimmte Bezeichnung als Marke für bestimmte Produkte, so wird er unter Umständen auch bei anderen, womöglich verwandten, Produkten dahin tendieren, in der Bezeichnung eine Marke zu sehen.[901] Hierbei ist insbesondere eine wirtschaftliche Betrachtungsweise unter Berücksichtigung der berechtigten Interessen des Markeninhabers anzustellen.[902] Bei einem weiten Oberbegriff, der eine Vielzahl nach Anwendungszweck und Zielgruppe verschiedenartiger Produktbereiche umfasst, ist erforderlich, dass sich ein hinreichender Durchsetzungsgrad für die einzelnen Produktuntergruppen ergibt, die der Oberbegriff umfasst.[903] Ein Einzelnachweis ist auch dann nicht erforderlich, wenn feststeht, dass mehrere Dienstleistungen unterschiedlicher Art typischerweise von einem Unternehmen erbracht werden und der angesprochene Verkehr, wenn er die wichtigste dieser Dienstleistungen in Anspruch nimmt, auch die Erbringung dieser anderen Dienstleistungen erwartet.[904]

> Die intensive Benutzung einer Bekleidungsmarke bewirkt aber beispielsweise nicht automatisch, dass diese Marke nunmehr auch für Getränke Unterscheidungskraft erworben hätte und eingetragen werden kann.[905] Andererseits ist der im Verzeichnis der Waren und Dienstleistungen verwendete Begriff »Fertigkuchen« bereits derart eng, dass ein Erwerb von Unterscheidungskraft allein für »Cremeschnitten« ausreichen würde, um eine Eintragung für den Begriff »Fertigkuchen« zu rechtfertigen.[906]

Der Erwerb von Unterscheidungskraft durch Benutzung muss auf der Benutzung der Marke als Marke beruhen,[907] also auf ihrer Benutzung als Zeichen zur Unterscheidung von Produkten. Der Verkauf eines immer gleich gestalteten Produkts für sich allein genügt nicht.[908] Insbesondere bildet nicht jede Benutzung der Marke, und erst recht nicht jede Benutzung einer zweidimensionalen Darstellung einer dreidimensionalen Marke, notwendig eine Benutzung als Marke.[909]

156

---

900 EuGH C-517/99 v. 4.10.2001 *Bravo*, Tz. 30; EuGH C-299/99 v. 18.6.2002 *Philips/Remington*, Tz. 59; vgl. aber großzügig EuGH C-553/08 P v. 2.12.2009 *Powerserv Personalservice*, Tz. 77 ff.; EuG T-237/01 v. 5.3.2003 *BSS*, Tz. 51; EuG T-174/07 v. 28.1.2009 *TDI II*, Tz. 71 ff.; BGH GRUR 2001, 1042 *REICH UND SCHÖN*; BGH I ZB 52/15 v. 21.7.2016 *Sparkassen-Rot*, Tz. 63.
901 BGH GRUR 1999, 728, 729 *PREMIERE II*.
902 BGH I ZB 22/04 v. 25.10.2007 *Milchschnitte*, Tz. 26.
903 BGH I ZB 65/13 v. 9.7.2015 *Nivea-Blau*; BGH I ZB 52/15 v. 21.7.2016 *Sparkassen-Rot*, Tz. 63.
904 BGH I ZB 52/15 v. 21.7.2016 *Sparkassen-Rot*, Tz. 63.
905 Vgl. BGH GRUR 1990, 37 *Quelle*.
906 BGH I ZB 22/04 v. 25.10.2007 *Milchschnitte*, Tz. 26; dazu auch BGH I ZB 65/13 v. 9.7.2015 *Nivea-Blau*, Tz. 44.
907 Zur Abweichung von benutzter und angemeldeter Form EuG T-461/04 v. 20.9.2007 *PURE DIGITAL*, Tz. 76, im Ergebnis bestätigt durch EuGH C-542/07 P v. 11.6.2009 *Imagination Technologies*.
908 EuGH C-299/99 v. 18.6.2002 *Philips/Remington*, Tz. 64 f.; auch EuGH C-353/03 v. 7.7.2005 *Nestlé*, Tz. 26; EuGH C-24/05 P v. 22.6.2006 *Storck I*, Tz. 61; EuGH C-217/13 v. 19.6.2014 *Oberbank*, Tz. 40; EuGH C-215/14 v. 6.9.2015 *Société des Produits Nestlé*, Tz. 63; BGHZ 159, 57, 65 f. *Farbige Arzneimittelkapsel*; vgl. auch BGH I ZB 33/04 v. 15.12.2005 *Porsche Boxter*, Tz. 26; BGH I ZB 24/05 v. 21.2.2008 *VISAGE*, Tz. 23; BGH I ZB 61/13 v. 23.10.2014 *Langenscheidt-Gelb*, Tz. 14.
909 EuGH C-24/05 P v. 22.6.2006 *Storck I*, Tz. 62.

War etwa ein Marktteilnehmer einziger Anbieter bestimmter Waren auf dem Markt, so kann die ausgedehnte Benutzung eines Zeichens, das aus der Form dieser Waren besteht, ausreichen, wenn infolge dieser Benutzung ein wesentlicher Teil der betroffenen Verkehrskreise der Form einen Herkunftshinweis entnimmt.[910] Gerade in derartigen Fällen einer Monopolstellung ist jedoch sorgfältig zu prüfen, ob der Verkehr die betreffende Angabe mit dem Anbieter in Verbindung bringt, ohne darin zugleich einen Herkunftshinweis zu sehen.[911] Ist aber z. B. eine ganz bestimmte – unverpackte – Pralinenform dem Verkehr bekannt, so liegt eine Benutzung als Marke selbst dann nahe, wenn das Produkt normalerweise verpackt verkauft wird.[912]

157 Bei der Verwendung einer Farbe in der Werbung oder auf der Ware oder deren Verpackung kann von einer Verwendung als Marke nur ausnahmsweise ausgegangen werden. Die angesprochenen Verkehrskreise sind es in vielen Produktbereichen und Dienstleistungssektoren nicht gewohnt, der Verwendung einer Farbe in der Werbung oder auf einer Warenverpackung ohne Hinzutreten von grafischen Elementen oder Wortelementen einen Herkunftshinweis zu entnehmen, weil eine Farbe als solche in der Regel nicht zur Kennzeichnung der Herkunft aus einem bestimmten Unternehmen, sondern nur als Gestaltungsmittel verwendet wird. Eine Ausnahme von diesem Grundsatz kommt aber in Betracht, wenn der Verkehr auf Grund von Kennzeichnungsgewohnheiten auf dem in Rede stehenden Warengebiet oder Dienstleistungssektor an die Verwendung von Farben als Kennzeichnungsmittel gewöhnt ist.[913]

> So spricht etwa für eine markenmäßige Verwendung der Farbe Gelb durch Langenscheidt deren langjährige und durchgängige Verwendung durch den Marktführer im gesamten Produktsegment der Wörterbücher in Printform. Dabei steht der Annahme einer markenmäßigen Verwendung auch der Umstand nicht entgegen, dass die Farbe zusammen mit weiteren Kennzeichen verwendet wird.[914] Dagegen können die Gesamtumsätze von Coca-Cola-Produkten nicht die Benutzung einer bestimmten Coca-Cola-Flaschenform nachweisen, wenn unklar bleibt, in welcher Aufmachung die Produkte vertrieben wurden.[915]

158 Der Ausdruck »Benutzung der Marke als Marke« ist dabei so zu verstehen, dass er sich nur auf eine Benutzung der Marke bezieht, die der Identifizierung der Ware oder Dienstleistung als von einem bestimmten Unternehmen stammend durch die angesprochenen Verkehrskreise dient.[916] Auch eine titelmäßige[917] Benutzung

---

910 EuGH C-299/99 v. 18.6.2002 *Philips/Remington*, Tz. 64 f.; entsprechend BGH I ZB 11/04 v. 19.1.2006 *LOTTO*, Tz. 18.
911 BGH I ZB 96/05 v. 27.4.2006 *FUSSBALL WM 2006*, Tz. 26; I ZB 97/05 v. 27.4.2006, Tz. 26; I ZB 48/07 v. 23.10.2008 *POST II*, Tz. 21, jeweils unter Hinweis auf BGHZ 30, 357, 365 *Nährbier*.
912 BGH I ZB 88/07 v. 9.7.2009 *ROCHER-Kugel*, Tz. 33 ff.; zu Farbkombinationsmarken EuG T-137/08 v. 28.10.2009 *Grün, Gelb*, Tz. 36 f, Rechtsmittel zum EuGH C-553/09 P wurde aufgrund des Vergleichs der Beteiligten zurückgenommen.
913 BGH I ZB 61/13 v. 23.10.2014 *Langenscheidt-Gelb*, Tz. 15, m. w. N.; BGH I ZB 65/13 v. 9.7.2015 *Nivea-Blau*, Tz. 24; BGH I ZB 52/15 v. 21.7.2016 *Sparkassen-Rot*, Tz. 25.
914 BGH I ZB 61/13 v. 23.10.2014 *Langenscheidt-Gelb*; auch BGH I ZB 65/13 v. 9.7.2015 *Nivea-Blau*, Tz. 24.
915 EuG T-411/14 v. 24.2.2016 *Coca-Cola-Flasche*, Tz. 82 ff.
916 EuGH C-353/03 v. 7.7.2005 *Nestlé*, Tz. 29; EuGH C-24/05 P v. 22.6.2006 *Storck I*, Tz. 61; EuGH C-217/13 v. 19.6.2014 *Oberbank*, Tz. 40; EuGH C-215/14 v. 6.9.2015 *Société des Produits Nestlé*, Tz. 63 u. 65; vgl. auch BGH I ZB 61/13 v. 23.10.2014 *Langenscheidt-Gelb*, Tz. 14.
917 Zum Begriff unten § 20 Rdn. 3.

genügt nicht.⁹¹⁸ Dagegen kann die Benutzung als Teil einer Internetadresse zugleich auf die dort angebotenen Produkte hinweisen und damit eine Benutzung als Marke darstellen.⁹¹⁹ Auch die Benutzung eines Unternehmensnamens kann zugleich eine »Benutzung als Marke« sein, wenn das Unternehmen lediglich ein Kennzeichen verwendet, was demzufolge stets auch auf die angebotenen Produkte hinweist.⁹²⁰

Wird daher etwa die Bezeichnung »BATEAUX MOUCHES« (= Touristenboot) in Werbeprospekten beschreibend benutzt, so kann auch eine noch so intensive Benutzung keine Verkehrsdurchsetzung begründen.⁹²¹ Dagegen kann ist Benutzung einer Internetseite »bet365.com« als maßgeblichen Vermarktungskanal der in Rede stehenden Produkte eine Benutzung als Marke.⁹²²

Eine solche Identifizierung und damit der Erwerb der Unterscheidungskraft können sich hierbei sowohl aus der Benutzung eines Teilbestandteils einer eingetragenen Marke als auch aus der Benutzung einer anderen Marke in Verbindung mit einer eingetragenen Marke ergeben.⁹²³ Dabei muss der Anmelder nachweisen, dass die beteiligten Verkehrskreise die allein mit dieser Marke – und nicht die mit anderen etwa vorhandenen Marken – gekennzeichnete Ware oder Dienstleistung als von einem bestimmten Unternehmen stammend wahrnehmen.⁹²⁴ Der BGH will daher insoweit einen besonderen Nachweis – vorzugsweise durch Verkehrsbefragung – fordern, dass gerade auch der fragliche Teil Unterscheidungskraft erworben hat.⁹²⁵ Zumindest ist festzustellen, dass beide Zeichenbestandteile vom Verkehr als selbständige Kennzeichen wahrgenommen werden.⁹²⁶ Diese Grundsätze gelten auch für den Stammbestandteil einer Zeichenserie.⁹²⁷

159

---

918 BGH I ZB 65/12 v. 17.10.2013 *test*, Tz. 29.
919 EuG T-304/16 v. 14.12.2017 *bet365*, Tz. 42, im Ergebnis bestätigt durch EuGH C-136/18 P v. 6.9.2018 *Hansen*.
920 EuG T-304/16 v. 14.12.2017 *bet365*, Tz. 49 ff., im Ergebnis bestätigt durch EuGH C-136/18 P v. 6.9.2018 *Hansen*.
921 Vgl. EuG T-365/06 v. 10.12.2008 *BATEAUX MOUCHES*, Tz. 40 ff., im Ergebnis bestätigt durch EuGH C-78/09 P v. 24.9.2009 *Compagnie des bateaux muches*.
922 EuG T-304/16 v. 14.12.2017 *bet365*, Tz. 41 ff., im Ergebnis bestätigt durch EuGH C-136/18 P v. 6.9.2018 *Hansen*.
923 EuGH C-353/03 v. 7.7.2005 *Nestlé*, Tz. 27 ff.; EuGH C-24/05 P v. 22.6.2006 *Storck I*, Tz. 57; EuGH C-245/06 P v. 9.3.2007 *Saiwa/HABM*, Tz. 43; EuGH C-488/06 P v. 17.7.2008 *L & D*, Tz. 49; EuGH C-12/12 v. 18.4.2013 *Colloseum Holding*, Tz. 27; EuGH C-252/12 v. 18.7.2013 *Specsavers*, Tz. 23; EuGH C-215/14 v. 6.9.2015 *Société des Produits Nestlé*, Tz. 64; auch BGH I ZB 61/13 v. 23.10.2014 *Langenscheidt-Gelb*, Tz. 24; vgl. aber zur Tatsachenfeststellung in einem Kollisionsfall EuG T-344/03 v. 5.4.2006 *ORO/SELEZIONE ORO Barilla*, Tz. 37, bestätigt durch EuGH C-245/06 P v. 9.3.2007 *Saiwa/HABM*, Tz. 43.
924 EuGH C-215/14 v. 6.9.2015 *Société des Produits Nestlé*, Tz. 66 f.
925 BGH I ZB 24/05 v. 21.2.2008 *VISAGE*, Tz. 37 ff.; BGH I ZB 39/09 v. 10.6.2010 *Buchstabe T mit Strich*, Tz. 23 ff.; vgl. auch BGH I ZB 70/07 v. 21.2.2008 *Melissengeist*, Tz. 17; zum Verhältnis von Wortzeichen und grafischer Ausgestaltung dieses Zeichens auch BGH I ZR 6/05 v. 20.9.2007 *Kinder II*, Tz. 29.
926 BGH I ZB 65/12 v. 17.10.2013 *test*, Tz. 43.
927 BGH I ZB 39/09 v. 10.6.2010 *Buchstabe T mit Strich*, Tz. 23 ff.

So kann beispielsweise die Benutzung des Slogans »HAVE A BREAK... HAVE A KIT KAT« eine Unterscheidungskraft des isolierten Bestandteils »HAVE A BREAK« bewirken.[928] Auch kann die Marke »bet365« Unterscheidungskraft erwerben, wenn sie bisweilen in Kombination mit den Wortelementen »bingo« oder ».com« benutzt ist.[929] Wird aber der im Sinne von »ausgeglichene Salzlösung« (Balanced Salt Solution) beschreibende Ausdruck »BSS« in Prospekten für die Produkte »ALCON BSS« und »BSS PLUS« benutzt, so ist dies eher ein Indiz dafür, dass der Bezeichnung »BSS« in Alleinstellung ohne irgendein anderes zusätzliches Identifikationselement keine hinreichende Unterscheidungskraft zukommt.[930] Auch wenn das Zeichen »INFOSECURITY« in der Werbung stets mit einem Zusatz »EUROPE« verwendet wird, bewirkt dies wegen des veränderten Bedeutungsgehalts keinen Erwerb von Unterscheidungskraft.[931] Demgegenüber kann gegebenenfalls auch eine dreidimensionale Marke Unterscheidungskraft durch Benutzung erwerben, wenn sie in Verbindung mit einer Wortmarke oder einer Bildmarke benutzt wird.[932] Insbesondere können auch Ausschmückungen einer Bildmarke für den Gesamteindruck der Marke in einer Weise zurücktreten, dass der kennzeichnende Charakter nicht beeinflusst wird.[933] Gerade aber bei einem als Dachmarke für verschiedene Produkte benutzten Zeichenstammbestandteil – wie z. B. beim Zeichen »kinder« von Ferrero – kann dieser Bestandteil eine gewisse Selbständigkeit aufweisen und hierdurch für sich Unterscheidungskraft erworben haben.[934] Dagegen hat der BGH das Zeichen »T-« der Deutschen Telekom nicht ohne Verkehrsbefragung zur Eintragung zugelassen.[935] Auch für das Ausrufezeichen in der Marke »JOOP!« konnte gerade aufgrund der Bekanntheit der Hauptmarke die Unterscheidungskraft nicht festgestellt werden.[936]

160 Bei einer nationalen Marke kommt es für den Erwerb von Unterscheidungskraft allein auf die Lage in dem Teil des Hoheitsgebiets des betreffenden Mitgliedstaats an, in dem die Eintragungshindernisse festgestellt worden sind.[937] Entsprechend setzt Art. 7 III UMV bei der Unionsmarke voraus, dass die Marke infolge ihrer

---

928 EuGH C-353/03 v. 7.7.2005 *Nestlé*, Tz. 27 ff.
929 EuG T-304/16 v. 14.12.2017 *bet365*, Tz. 38 ff., im Ergebnis bestätigt durch EuGH C-136/18 P v. 6.9.2018 *Hansen*.
930 EuG T-237/01 v. 5.3.2003 *BSS*, Tz. 58 f.; zu Warenformmarken auch EuG T-399/02 v. 29.4.2004 *Flasche mit Limettenscheibe*, Tz. 51; BGHZ 159, 57 *Farbige Arzneimittelkapsel*; auch BGHZ 52, 273 *Streifenmuster*; ähnlich zur Verbindung einer Wortmarke mit einer Warenformmarke, deren Unterscheidungskraft nachgewiesen werden soll: EuG T-262/04 v. 15.12.2005 *BIC-Feuerzeug I*, Tz. 84 ff.; EuG T-263/04 v. 15.12.2005 *BIC-Feuerzeug II*, Tz. 84 ff.
931 EuG T-633/13 v. 23.9.2015 *INFOSECURITY*, Tz. 81 ff.
932 EuGH C-24/05 P v. 22.6.2006 *Storck I*, Tz. 59; vgl. auch BGH I ZB 22/04 v. 25.10.2007 *Milchschnitte*, Tz. 25.
933 BGH GRUR 2004, 331, 332 *Westie-Kopf*.
934 BGH I ZB 94/06 v. 2.4.2009 *Kinder III*.
935 BGH I ZB 39/09 v. 10.6.2010 *Buchstabe T mit Strich*, Tz. 23 ff.
936 EuG T-75/08 v. 30.9.2009 *! (Ausrufezeichen)*, Tz. 43; EuG T-191/08 v. 30.9.2009 *! (Ausrufezeichen in einem Rechteck)*, Tz. 44.
937 EuGH C-108/05 v. 7.9.2006 *Bovemij Verzekeringen*, Tz. 22; EuGH C-553/08 P v. 2.12.2009 *Powerserv Personalservice*, Tz. 60.

IV. 4. Erwerb von Unterscheidungskraft infolge Benutzung

Benutzung Unterscheidungskraft in all den – wesentlichen⁹³⁸ – Teilen der Union erlangt hat, in denen ein Schutzhindernis einschlägig wäre. Grundsätzlich ist also Unterscheidungskraft in der gesamten Union zu fordern.⁹³⁹ Dabei kommt es nur auf die Staaten an, die zum Anmeldezeitpunkt Mitglieder der Union waren.⁹⁴⁰ Abs. 3 ist insoweit nämlich im Lichte des Prinzips der Einheitlichkeit der Unionsmarke auszulegen, das seinen Niederschlag in der Präambel und in Art. 7 II, 1 II UMV gefunden hat.⁹⁴¹ Andernfalls käme man auch zu dem paradoxen Ergebnis, dass ein Anmelder die Verkehrsdurchsetzung für eine nationale Marke im betroffenen Territorium nachweisen müsste, eine Unionsmarke hingegen eingetragen würde.⁹⁴² Selbst wenn die qualitativen Anforderungen an die Art der Benutzung denjenigen bei der rechtserhaltenden Benutzung⁹⁴³ entsprechen, so besteht also im Hinblick auf das relevante Territorium ein Unterschied zwischen rechtserhaltender Benutzung und dem Nachweis erworbener Unterscheidungskraft.⁹⁴⁴

Bei Wortmarken kommt es auf die Gebiete der Union an, in denen ein großer **161** Teil der Verbraucher die Sprache spricht, in der das Eintragungshindernis vorliegt. Darüber hinaus sind hingegen diejenigen Gebiete, in denen die maßgeblichen Verkehrskreise zumindest über passive Kenntnisse der fraglichen Sprache verfügen, nicht zu berücksichtigen.⁹⁴⁵

So kommt es nach der Rechtsprechung des EuG bei Eintragungshindernissen in englischer Sprache auf die Verkehrskreise in Dänemark, Irland, Malte, den Niederlande, Finnland, Schweden, dem Vereinigte Königreich und Zypern an.⁹⁴⁶

---

938 Ein Mitgliedstaat ist dabei »wesentlich«: EuGH C-25/05 P v. 22.6.2006 *Storck II*, Tz. 83 ff.; EuGH C-84/17 P, C-85/17 P und C-95/17 P v. 25.7.2018 *Société des produits Nestlé*, Tz. 75; EuGH C-547/17 P v. 6.9.2018 *Basic Net*, Tz. 24; BGH I ZB 45/16 v. 9.11.2017 OXFORD/Oxford Club, Tz. 23; vgl. auch EuG T-399/02 v. 29.4.2004 *Flasche mit Limettenscheibe*, Tz. 43; EuG T-262/04 v. 15.12.2005 *BIC-Feuerzeug I*, Tz. 62; EuG T-263/04 v. 15.12.2005 *BIC-Feuerzeug II*, Tz. 62; EuG T-388/04 v. 5.4.2006 *Triangel*, Tz. 43; EuG T-152/07 v. 14.9.2009 *Geometrische Felder auf dem Ziffernblatt einer Uhr*, Tz. 133; EuG T-359/12 v. 21.4.2015 *Louis Vuitton Malletier*, Tz. 91; entsprechend zur bekannten Marke auch EuGH C-375/97 v. 14.9.1999 *Chevy*, Tz. 28.
939 EuGH C-84/17 P, C-85/17 P und C-95/17 P v. 25.7.2018 *Société des produits Nestlé*, Tz. 76; EuGH C-547/17 P v. 6.9.2018 *Basic Net*, Tz. 25.
940 EuG T-7/09 v. 21.4.2010 *Spannfutterteil mit drei Rillen*, Tz. 46; EuG T-761/14 v. 23.2.2016 *MANGO*, Tz. 20.
941 EuG T-91/99 v. 30.3.2000 *OPTIONS*, Tz. 23–27; EuG T-237/01 v. 5.3.2003 *BSS*, Tz. 52; EuG T-16/02 v. 3.12.2003 *TDI I*, Tz. 52; auch EuG T-435/07 v. 26.11.2008 *NEW LOOK*, Tz. 20 ff.
942 EuG T-237/10 v. 14.12.2011 *Schließmechanismus*, Tz. 90 ff., im Ergebnis bestätigt durch EuGH C-97/12 P v. 15.5.2014 *Louis Vuitton Malletier*.
943 Vgl. u. § 8.
944 EuGH C-84/17 P, C-85/17 P und C-95/17 P v. 25.7.2018 *Société des produits Nestlé*, Tz. 69 ff.
945 EuG T-304/16 v. 14.12.2017 *bet365*, Tz. 32 f., im Ergebnis bestätigt durch EuGH C-136/18 P v. 6.9.2018 *Hansen*.
946 EuG T-304/16 v. 14.12.2017 *bet365*, Tz. 32 ff., im Ergebnis bestätigt durch EuGH C-136/18 P v. 6.9.2018 *Hansen*.

162 Bei Marken, die keine Wortmarken sind, ist hingegen zu vermuten, dass die Beurteilung ihrer Unterscheidungskraft in der gesamten Union gleich ausfällt, es sei denn, es lägen konkrete gegenteilige Anhaltspunkte vor.[947]

Dabei geht es zwar zu weit, den Nachweis für jeden einzelnen Mitgliedstaat zu verlangen,[948] wenn die vorgelegten Nachweise in einer Gesamtschau den Schluss erlauben, dass in der Union Unterscheidungskraft erworben wurde.[949] Jedenfalls reicht der Beweis der Benutzung in nur einem Mitgliedstaat[950] oder in einem bedeutenden Teil der Union[951] nicht aus. Dabei können jedoch Beweismittel auch für den Nachweis erworbener Unterscheidungskraft in mehreren Mitgliedstaaten gleichzeitig oder sogar die gesamte Union geeignet sein.[952] Dies gilt etwa dann, wenn aufgrund der geografischen, kulturellen oder sprachlichen Nähe zweier Mitgliedstaaten die maßgeblichen Verkehrskreise des einen Mitgliedstaats über ausreichende Kenntnisse der Waren oder Dienstleistungen verfügen, die es auf dem nationalen Markt des anderen Mitgliedstaats gibt.[953] Auch ist Verkehrsdurchsetzung nicht nachgewiesen, wenn keine Daten für ein Territorium bestehend aus Irland, Dänemark und den Niederlanden vorliegen.[954] Selbst wenn Verkehrsdurchsetzung für eine Fläche nachgewiesen wurde, in der 90 % der Unionsbevölkerung lebt, soll dies – zu streng – nicht genügen, solange Nachweislücken in den Staaten Belgien, Irland, Griechenland und Portugal bleiben.[955] Ebenso wenig lassen sich Daten von zehn Mitgliedstaaten auf weitere 17 Staaten hochrechnen.[956] Nachweise, die nicht aus dem Schutzgebiet stammen, sondern z. B. aus den USA sind normalerweise wertlos.[957]

---

947 EuG T-399/02 v. 29.4.2004 *Flasche mit Limettenscheibe*, Tz. 47; EuG T-141/06 v. 12.9.2007 *Glass Pattern II*, Tz. 34 ff., im Ergebnis bestätigt durch EuGH C-513/07 P v. 17.10.2008 *AGC Flat Glass Europe*; EuG T-71/06 v. 15.11.2007 *Form der Gondelverkleidung eines Windenergiekonverters*, Tz. 44, im Ergebnis bestätigt durch EuGH C-20/08 P v. 9.12.2008 *Enercon*; EuG T-8/08 v. 10.3.2008 *Form einer Muschel*, Tz. 37; EuG T-237/10 v. 14.12.2011 *Schließmechanismus*, Tz. 90 ff., im Ergebnis bestätigt durch EuGH C-97/12 P v. 15.5.2014 *Louis Vuitton Malletier*; vgl. auch EuG T-207/06 v. 14.6.2007 *EUROPIG*, Tz. 58 f; EuG T-28/08 v. 8.7.2009 *Schokoriegel*, Tz. 46 f.
948 EuGH C-98/11 P v. 24.5.2012 *Chocoladefabriken Lindt & Sprüngli*, Tz. 62; EuGH C-84/17 P, C-85/17 P und C-95/17 P v. 25.7.2018 *Société des produits Nestlé*, Tz. 77; zurückhaltend EuGH C-547/17 P v. 6.9.2018 *Basic Net*, Tz. 26 ff.; auch EuG T-137/08 v. 28.10.2009 *Grün, Gelb*, Tz. 36 ff., Rechtsmittel zum EuGH C-553/09 P wurde aufgrund des Vergleichs der Beteiligten zurückgenommen; EuG T-359/12 v. 21.4.2015 *Louis Vuitton Malletier*, Tz. 92 f.; EuG T-801/17 v. 14.12.2018 *ORIGINAL excellent dermatest 3-star-guarantee*, Tz. 75 f.; BGH I ZB 45/16 v. 9.11.2017 *OXFORD/Oxford Club*, Tz. 23.
949 EuGH C-547/17 P v. 6.9.2018 *Basic Net*, Tz. 28.
950 EuG T-75/08 v. 30.9.2009 *! (Ausrufezeichen)*, Tz. 41; EuG T-191/08 v. 30.9.2009 *! (Ausrufezeichen in einem Rechteck)*, Tz. 42.
951 EuGH C-84/17 P, C-85/17 P und C-95/17 P v. 25.7.2018 *Société des produits Nestlé*, Tz. 78.
952 EuGH C-84/17 P, C-85/17 P und C-95/17 P v. 25.7.2018 *Société des produits Nestlé*, Tz. 80.
953 EuGH C-84/17 P, C-85/17 P und C-95/17 P v. 25.7.2018 *Société des produits Nestlé*, Tz. 82.
954 EuG T-318/09 v. 6.7.2011 *TDI*, Tz. 64 ff., Rechtsmittel (Az. beim EuGH C-467/11 P) nach Rücknahme der Anmeldung erledigt.
955 EuG T-112/13 v. 15.12.2016 *Mondelez UK Holding*, Tz. 173 ff., mit Rechtsmittel angegriffen (Az. beim EuGH C-84/17 P *Société des produits Nestlé*, EuGH C-85/17 P *Mondelez UK Holding* und EuGH C-95/17 P *EUIPO/Mondelez UK Holding*).
956 EuG T-411/14 v. 24.2.2016 *Coca-Cola-Flasche*, Tz. 79 ff.
957 EuG T-338/11 v. 21.11.2012 *PHOTOS.COM*, Tz. 56 ff., im Ergebnis bestätigt durch EuGH C-70/13 P v. 12.12.2013 *Getty Images*.

Ist eine Marke zwar am Anmeldetag ohne Unterscheidungskraft, erlangt diese aber 163
zu einem späteren Zeitpunkt, so kann die Marke mit Zustimmung des Anmelders
mit der Priorität dieses späteren Zeitpunkts eingetragen werden Der deutsche
Gesetzgeber hat von der Option des Art. 4 V MRR durch § 37 II MarkenG
Gebrauch gemacht. Zu den Gründen für einen Fortfall eines Schutzhindernisses
nach § 8 II Nrn. 1, 2 oder 3 MarkenG zählt eine nach dem Anmeldetag erlangte
Verkehrsdurchsetzung der Marke.[958]

> Liegt dabei zwischen Anmeldetag und Zeitpunkt der Fertigung eines demoskopischen Gutachtens ein großer Zeitraum – etwa 13 Jahre –, schließt dies grundsätzlich die Annahme aus, dass das Ergebnis des Gutachtens auf den Anmeldetag bezogen werden kann. Etwas Anderes kann nur in besonderen, an strenge Voraussetzungen geknüpften Fallgestaltungen gelten. Von einem solchen Ausnahmefall ist auszugehen, wenn in speziellen Warenbereichen die in Frage stehenden Produkte sich nicht rasch ändern, die Marktentwicklung über lange Zeiträume zuverlässig beurteilt werden kann und die für die Verkehrsdurchsetzung sprechenden Umstände eindeutig sind.[959] Ähnliches gilt, wenn die Verkehrsbefragung durch eine spätere Befragung mit ähnlichen Ergebnissen bestätigt wird.[960]

b) Feststellung erworbener Unterscheidungskraft im Verfahren

Der Erwerb von Unterscheidungskraft infolge Benutzung ist nur zu prüfen, wenn 164
sich der Anmelder hierauf rechtzeitig beruft.[961] Der Antrag auf Feststellung erworbener Unterscheidungskraft kann bei der Unionsmarke auch hilfsweise (Art. 2 II
UMDV) und bei der deutschen Marke auch nachträglich gestellt werden. Wird
eine Unionsmarke infolge erworbener Unterscheidungskraft eingetragen, so hat der
Anmelder keinen prozessualen Anspruch auf Feststellung, dass auch originäre
Unterscheidungskraft besteht.[962]

Bei der Feststellung, ob eine Marke infolge ihrer Benutzung Unterscheidungs- 165
kraft erlangt hat, kommt es auf sämtliche Gesichtspunkte an, die zeigen können,
dass die Marke die Eignung als Herkunftshinweis erlangt hat.[963] Berücksichtigt

---

958 BGH I ZB 61/13 v. 23.10.2014 *Langenscheidt-Gelb*, Tz. 56.
959 BGH I ZB 61/13 v. 23.10.2014 *Langenscheidt-Gelb*; BGH I ZB 52/15 v. 21.7.2016 *Sparkassen-Rot*, Tz. 50 u. 100.
960 BGH I ZB 52/15 v. 21.7.2016 *Sparkassen-Rot*, Tz. 50.
961 EuGH C-136/02 P v. 7.10.2004 *Mag Instrument*, Tz. 53; EuGH C-144/06 P v. 4.10.2007 *Rot-weiße rechteckige Tablette mit einem blauen ovalen Kern*, Tz. 54; EuG T-163/98 v. 8.7.1999 *BABY-DRY*, Tz. 51; EuG T-335/99 v. 19.9.2001 *Tablette für Wasch- oder Geschirrspülmaschinen I*, Tz. 62; EuG T-337/99 v. 19.9.2001 *Tablette für Wasch- oder Geschirrspülmaschinen III*, Tz. 62; EuG T-30/00 v. 19.9.2001 *Tablette für Wasch- oder Geschirrspülmaschinen IV*, Tz. 66; EuG T-31/09 v. 10.3.2010 *LE GOMMAGES DES FACADES*, Tz. 40 f.
962 EuGH C-84/17 P, C-85/17 P und C-95/17 P v. 25.7.2018 *Société des produits Nestlé*, Tz. 39 ff.
963 EuGH C-108/97 und C-109/97 v. 4.5.1999 *Chiemsee*, Tz. 49 u. 54; EuGH C-104/01 v. 6.5.2003 *Libertel*, Tz. 67; EuGH C-136/02 P v. 7.10.2004 *Mag Instrument*, Tz. 48; EuGH C-353/03 v. 7.7.2005 *Nestlé*, Tz. 31; EuGH C-24/05 P v. 22.6.2006 *Storck I*, Tz. 71; EuGH C-217/13 v. 19.6.2014 *Oberbank*, Tz. 40; auch BGH GRUR 2004, 331, 332 *Westie-Kopf*; BGH I ZB 61/13 v. 23.10.2014 *Langenscheidt-Gelb*, Tz. 29; BGH I ZB 52/15 v. 21.7.2016 *Sparkassen-Rot*, Tz. 93.

werden können⁹⁶⁴ der von der Marke gehaltene Marktanteil, die Intensität, die geografische Verbreitung und die Dauer der Benutzung dieser Marke, der Werbeaufwand des Unternehmens für die Marke, der Teil der beteiligten Verkehrskreise, der die Ware aufgrund der Marke als von einem bestimmten Unternehmen stammend erkennt, sowie Erklärungen von Industrie- und Handelskammern oder von anderen Berufsverbänden. In dem Fall, dass die beteiligten Verkehrskreise oder zumindest ein erheblicher Teil dieser Kreise die Ware aufgrund der Marke als von einem bestimmten Unternehmen stammend erkennen, ist die Voraussetzung der Vorschrift zwingend erfüllt.⁹⁶⁵ Von Bedeutung ist hierbei, dass der Verkehr nicht nur im Zeitpunkt der Kaufentscheidung mit der Marke konfrontiert wird, sondern auch vorher, etwa in der Werbung, und zu dem Zeitpunkt des Verbrauchs der Ware. Da zum Zeitpunkt der Vorbereitung der Kaufentscheidung die Aufmerksamkeit des Verkehrs am höchsten ist, kommt diesem Zeitpunkt jedoch die größte Bedeutung zu.⁹⁶⁶

> Bei der anzustellenden Gesamtschau kann es insbesondere von Bedeutung sein, wenn ein Unternehmen international tätig ist und dabei umfangreich wirbt; in einem solchen Fall hat das EuG einen Marktanteil von 9 % unter der fraglichen Marke für den Nachweis erworbener Unterscheidungskraft für hinreichend gehalten.⁹⁶⁷ Anderes gilt aber, wenn die Marktanteile in verschiedenen Mitgliedstaaten stark voneinander abweichen.⁹⁶⁸ Ein Jahresumsatz von mehreren Milliarden Euro in einzelnen Staaten und jährliche Werbeausgaben in zweistelliger Millionenhöhe sind ein Zeichen für eine besonders intensive Benutzung.⁹⁶⁹ Die Beweiskraft von Erklärungen von Interessenverbänden wird nicht dadurch in Frage gestellt, dass ihr Inhalt eventuell vom Markeninhaber koordiniert wurde.⁹⁷⁰

166 Die Bemühungen des Anmelders werden allerdings nur insoweit berücksichtigt, als sie sich in der Wahrnehmung des fraglichen Ausdrucks durch die maßgeblichen Verkehrskreise objektiv niederschlagen.

> Weder die Überwachung der Benutzung der fraglichen Bezeichnung im Markt noch Vereinbarungen mit Dritten, diese Bezeichnung nicht beschreibend zu benutzen, gewährleisten hierbei, dass der Verkehr die Bezeichnung tatsächlich als Herkunftshinweis auffasst. Zum Nachweis erworbener Unterscheidungskraft sind die Maßnahmen daher nicht geeignet.⁹⁷¹ Gleiches gilt für allgemeine Verkaufszahlen des Anmelders, sofern diese keine Angabe zu dem auf die konkrete Anmeldemarke entfallenden Marktanteil enthalten, für die Angabe von

---

964 Selbstverständlich müssen nicht in jedem Fall alle Kriterien Berücksichtigung finden: EuG T-405/05 v. 15.10.2008 *MANPOWER*, Tz. 139, im Ergebnis bestätigt durch EuGH C-553/08 P v. 2.12.2009 *Powerserv Personalservice*.
965 EuGH C-108/97 und C-109/97 v. 4.5.1999 *Chiemsee*, Tz. 51 ff.; EuGH C-299/99 v. 18.6.2002 *Philips/Remington*, Tz. 60 ff.; EuGH C-353/03 v. 7.7.2005 *Nestlé*, Tz. 31; EuGH C-25/05 P v. 22.6.2006 *Storck II*, Tz. 75; EuGH C-217/13 v. 19.6.2014 *Oberbank*, Tz. 41 f.; auch BGH GRUR 2004, 331, 332 *Westie-Kopf*.
966 EuGH C-24/05 P v. 22.6.2006 *Storck I*, Tz. 71 f.
967 EuG T-405/05 v. 15.10.2008 *MANPOWER*, Tz. 134 ff., im Ergebnis bestätigt durch EuGH C-553/08 P v. 2.12.2009 *Powerserv Personalservice*.
968 EuG T-28/08 v. 8.7.2009 *Schokoriegel*, Tz. 57.
969 EuG T-304/16 v. 14.12.2017 *bet365*, Tz. 70 ff., im Ergebnis bestätigt durch EuGH C-136/18 P v. 6.9.2018 *Hansen*.
970 EuG T-137/08 v. 28.10.2009 *Grün, Gelb*, Tz. 45 ff., Rechtsmittel zum EuGH C-553/09 P aufgrund Vergleichs der Beteiligten zurückgenommen.
971 EuG T-237/01 v. 5.3.2003 *BSS*, Tz. 55 ff.; ähnlich BGH I ZB 11/04 v. 19.1.2006 *LOTTO*, Tz. 16.

Marktanteilen innerhalb der gesamten Union ohne Aufschlüsselung nach einzelnen Mitgliedstaaten sowie für Verkaufskataloge und Presseartikel.[972] Aufrufzahlen einer Internetseite oder Downloadzahlen einer App für Mobiltelefone von über einer Millionen Downloads reichen nicht zum Nachweis aus.[973] Weiter kann der Nachweis nicht mittels undatierter Materialien ohne Ortsangabe geführt werden.[974] Auch Kataloge können nur den Vertrieb, nicht aber dessen Umfang oder die Art der Wahrnehmung der Marke durch den Verkehr belegen.[975] Selbst Veranstaltungen mit mehreren Tausend Besuchern belegen keine Bekanntheit beim allgemeinen Publikum, wenn die Veranstaltungen nur von einem speziellen Publikum besucht wurden; die Marke kann daher nur für Produkte eingetragen werden, die sich ausschließlich an dieses spezielle Publikum richten.[976] Erst recht genügt für den Nachweis erworbener Unterscheidungskraft nicht der bloße Hinweis, der Anmelder sei Inhaber sämtlicher Internetadressen im Umfeld der angemeldeten Marke,[977] oder der bloße Umstand, dass die Marke von einem bestimmten Kunden genutzt wird.[978]

167 Der von der Marke gehaltene Marktanteil kann insbesondere dann für den Nachweis relevant sein, wenn eine Marke, die aus dem Erscheinungsbild der in der Anmeldung beanspruchten Ware besteht, deshalb keine Unterscheidungskraft hat, weil sie nicht erheblich von der Norm oder der Branchenüblichkeit abweicht. Es erscheint nämlich wahrscheinlich, dass die Marke in einem solchen Fall Unterscheidungskraft nur erwerben kann, wenn infolge ihrer Benutzung die mit ihr gekennzeichneten Waren einen nicht zu vernachlässigenden Anteil am fraglichen Produktmarkt erreichen.[979] Entsprechendes gilt für den Werbeaufwand.[980]

168 Das Unionsrecht verbietet nicht, die Frage eines Erwerbs von Unterscheidungskraft infolge Benutzung nach Maßgabe ihres nationalen Rechts durch eine Verbraucherbefragung[981] zu klären. Eine Feststellung nur aufgrund von generellen und abstrakten Angaben, wie z. B. bestimmten Prozentsätzen, ist jedoch unzulässig.[982] Die deutsche Rechtsprechung tendiert gleichwohl traditionell zur Prüfung anhand von Prozentsätzen. Nach der Rechtsprechung des BGH kann das DPMA vom

---

972 EuG T-16/02 v. 3.12.2003 *TDI I*, Tz. 60 f. u. 66; auch EuG T-399/02 v. 29.4.2004 *Flasche mit Limettenscheibe*, Tz. 50; EuG T-262/04 v. 15.12.2005 *BIC-Feuerzeug I*, Tz. 73 ff.; EuG T-263/04 v. 15.12.2005 *BIC-Feuerzeug II*, Tz. 73 ff.; EuG T-230/05 v. 6.3.2007 *GOLF USA*, Tz. 69 ff.; EuG T-207/06 v. 14.6.2007 *EUROPIG*, Tz. 58 f.
973 EuG T-395/16 v. 20.7.2017 *Windfinder*.
974 EuG T-164/06 v. 12.9.2007 *BASICS*, Tz. 49 f.; EuG T-171/13 v. 2.2.2016 *MOTOBI B PESARO*, Tz. 82; ähnlich EuG T-351/07 v. 17.12.2008 *Sonnenschutzdach*, Tz. 47 ff.
975 EuG T-363/15 v. 16.3.2016 *Työhönvalmennus Valma*, Tz. 46.
976 EuG T-590/14 v. 12.5.2016 *ULTIMATE FIGHTING CHAMPIONSHIP*, Tz. 86 ff.
977 BGH I ZB 72/07 v. 24.4.2008 *Weisse Flotte*, Tz. 11; auch EuG T-363/15 v. 16.3.2016 *Työhönvalmennus Valma*, Tz. 47.
978 EuG T-414/07 v. 2.7.2009 *Hand, eine Karte haltend*, Tz. 49.
979 EuGH C-25/05 P v. 22.6.2006 *Storck II*, Tz. 76.
980 EuGH C-25/05 P v. 22.6.2006 *Storck II*, Tz. 77.
981 Hierzu *Niedermann*, GRUR 2006, 367; *Pflüger*, GRUR 2006, 818; zur speziellen Problematik bei Werktiteln *Berlit*, GRUR 2006, 542; ferner *Ströbele*, GRUR 2008, 569.
982 EuGH C-108/97 und C-109/97 v. 4.5.1999 *Chiemsee*, Tz. 52 ff.; EuGH C-299/99 v. 18.6.2002 *Philips/Remington*, Tz. 62; EuGH C-217/13 v. 19.6.2014 *Oberbank*, Tz. 43 f. u. 48; vgl. auch BGH GRUR 2004, 331, 332 *Westie-Kopf*; BGH I ZB 61/13 v. 23.10.2014 *Langenscheidt-Gelb*, Tz. 30; BGH I ZB 52/15 v. 21.7.2016 *Sparkassen-Rot*, Tz. 92.

Anmelder sogar die Beibringung einer demoskopischen Befragung⁹⁸³ verlangen, wenn die Ermittlung der Daten auf besondere Schwierigkeiten stößt.⁹⁸⁴

Besondere Schwierigkeiten werfe die Ermittlung insbesondere dann auf, wenn der Markenschutz für ein Zeichen beansprucht wird, das nicht isoliert, sondern nur in Kombination mit anderen Gestaltungsmerkmalen benutzt worden ist; in einem solchen Fall muss Gegenstand der Befragung ein Muster der Farbe und nicht die konkrete Form der Verwendung zusammen mit weiteren Zeichen sein.⁹⁸⁵ Selbst die Umrandung einer Farbkarte in anderer Farbe könne beeinflussen und damit schädlich sein.⁹⁸⁶ Unterhalb eines Durchsetzungsgrads von 50 % will der BGH generell den Erwerb von Unterscheidungskraft nur bei besonderen Umständen bejahen.⁹⁸⁷ Die Anforderungen seien umso höher, je weniger sich das Zeichen nach seinem spezifischen Charakter als Herkunftshinweis eignet.⁹⁸⁸ Bei einer glatt beschreibenden Angabe wie »Lotto« genüge ein Durchsetzungsgrad von 58 % jedenfalls nicht.⁹⁸⁹ Soweit der BGH⁹⁹⁰ dabei aber eine »nahezu einhellige Verkehrsauffassung« forderte, ist dies missverständlich und wohl zu streng, da entsprechende, an Wahlergebnisse der DDR erinnernde Umfragewerte in der Praxis wohl nur durch Manipulation zu erzielen sind; der BGH hat daher inzwischen korrigierend eingegriffen und klargestellt, dass auch die Voraussetzungen für eine Verkehrsdurchsetzung eines glatt beschreibenden Begriffs nicht so hoch angesiedelt werden dürfen, dass eine Verkehrsdurchsetzung in der Praxis ausgeschlossen ist.⁹⁹¹ Insbesondere kann für die Verkehrsdurchsetzung eines graphisch und farblich gestalteten Wort-/Bildzeichens wie bei der rot/schwarz gestalteten Marke

kinder

ein gegenüber dem reinen Wortzeichen geringerer Durchsetzungsgrund ausreichen.⁹⁹² Ganz allgemein kann ein solch höherer Prozentsatz als 50 % allerdings bei einer verkehrsdurchge-

---

983 Zur Technik der Befragung BGH I ZB 52/15 v. 21.7.2016 *Sparkassen-Rot*, mit nachfolgender, nicht angenommener Verfassungsbeschwerde BVerfG 1 BvR 2160/16 v. 6.12.2017 *Sparkassen-Rot*.
984 BGH I ZB 24/05 v. 21.2.2008 *VISAGE*, Tz. 27 ff.; auch BGH I ZB 88/07 v. 9.7.2009 *ROCHER-Kugel*, Tz. 38; BGH I ZB 65/12 v. 17.10.2013 *test*, Tz. 32.
985 BGH I ZB 61/13 v. 23.10.2014 *Langenscheidt-Gelb*, Tz. 31; auch BGH I ZR 228/12 v. 18.9.2014 *Gelbe Wörterbücher*, Tz. 47; BGH I ZB 52/15 v. 21.7.2016 *Sparkassen-Rot*, Tz. 32.
986 BGH I ZB 65/13 v. 9.7.2015 *Nivea-Blau*; vgl. auch BGH I ZB 52/15 v. 21.7.2016 *Sparkassen-Rot*, Tz. 38.
987 BGH GRUR 1997, 754, 755 *grau/magenta*; BGH GRUR 2001, 1042, 1043 *REICH UND SCHÖN*; BGH I ZB 11/04 v. 19.1.2006 *LOTTO*, Tz. 20; BGH I ZR 94/04 v. 20.9.2007 *Kinderzeit*, Tz. 38; BGH I ZB 22/04 v. 25.10.2007 *Milchschnitte*, Tz. 23; BGH I ZB 24/05 v. 21.2.2008 *VISAGE*, Tz. 25 f.; BGH I ZR 78/06 v. 2.4.2009 *OSTSEE-POST*, Tz. 31; I ZR 79/06 v. 2.4.2009, Tz. 35; I ZB 88/07 v. 9.7.2009 *ROCHER-Kugel*, Tz. 41; nachdrücklich auch BGH I ZB 65/12 v. 17.10.2013 *test*, Tz. 34.
988 BGH I ZB 65/12 v. 17.10.2013 *test*, Tz. 32, m. w. N.
989 BGH I ZB 11/04 v. 19.1.2006 *LOTTO*, Tz. 24; auch BGH I ZR 94/04 v. 20.9.2007 *Kinderzeit*, Tz. 38; BGH I ZB 65/12 v. 17.10.2013 *test*, Tz. 32.
990 BGH I ZB 11/04 v. 19.1.2006 *LOTTO*, Tz. 24; auch BGH I ZR 94/04 v. 20.9.2007 *Kinderzeit*, Tz. 38.
991 BGH I ZB 48/07 v. 23.10.2008 *POST II*; auch BGH I ZR 78/06 v. 2.4.2009 *OSTSEE-POST*, Tz. 31; I ZR 79/06 v. 2.4.2009, Tz. 34.
992 BGH I ZB 94/06 v. 2.4.2009 *Kinder III*.

setzten Warenform⁹⁹³ oder einer abstrakten Farbmarke⁹⁹⁴ nicht unbedingt verlangt werden. Jedoch kann ein höherer Prozentsatz auch geeignet sein, Ungenauigkeiten bei der Auswahl der befragten Verbraucherkreise auszugleichen.⁹⁹⁵ Insbesondere sind dabei ausdrückliche Fehlzurechnungen zu anderen Unternehmen in Abzug zu bringen⁹⁹⁶, nicht jedoch Befragte, die lediglich kein bestimmtes Unternehmen benennen können.⁹⁹⁷ In der Praxis wird es sich gleichwohl empfehlen, nicht nur die Verkehrsbefragung vorzulegen,⁹⁹⁸ sondern umfassend zu den nach der Rechtsprechung des EuGH maßgeblichen Kriterien vorzutragen. Von besonderer Bedeutung ist dabei das Abstellen auf die tatsächlich einschlägigen Verkehrskreise, so dass etwa im Bereich kosmetischer Pflegeprodukte, die grundsätzlich von beiden Geschlechtern gekauft werden, eine Befragung, die sich ausschließlich an Frauen gerichtet hat, wenig hilfreich ist.⁹⁹⁹

Das EuG steht Verkehrsbefragungen eher skeptisch gegenüber und stellt eine Gesamtbetrachtung an. **169**

Jedenfalls können Umfragewerte von unter 50 % einen Erwerb von Unterscheidungskraft infolge Benutzung nicht ohne weiteres belegen.¹⁰⁰⁰

Dabei ist – wie bei der Frage der Schutzfähigkeit einer Marke von Hause aus – die Wahrnehmung der beteiligten Verkehrskreise nicht notwendigerweise für alle Kategorien von Marken die gleiche. Bei Marken bestimmter Kategorien kann daher die Feststellung der Unterscheidungskraft, einschließlich der infolge Benutzung erworbenen, schwieriger sein als bei Marken anderer Kategorien. Die Vorschriften unterscheiden indes nicht zwischen verschiedenen Markenkategorien, so dass die Voraussetzungen grundsätzlich gleich sind. **170**

Die Kriterien für die Beurteilung des Erwerbs von Unterscheidungskraft bei konturlosen Farbmarken infolge ihrer Benutzung sind also die gleichen wie die für andere Kategorien von Marken geltenden. Bei Farbmarken grundsätzlich auf einen Durchsetzungsgrad von z. B. 70 % abzustellen, ist daher unzulässig.¹⁰⁰¹ Der BGH geht davon aus, dass bei einer abstrakten Farbmarke kein deutlich über 50 % liegender Durchsetzungsgrad erforderlich ist.¹⁰⁰²

Im Anmeldeverfahren einer Unionsmarke muss trotz des dort grundsätzlich herrschenden Amtsermittlungsgrundsatzes der Anmelder selbst vor dem EUIPO¹⁰⁰³ die Beweismittel vorlegen, mit denen eine durch Benutzung erlangte Unterscheidungskraft belegt werden soll. Dem Amt ist nämlich die Prüfung einer durch **171**

---

993 BGH I ZB 88/07 v. 9.7.2009 *ROCHER-Kugel*, Tz. 36 ff.
994 BGH I ZB 65/13 v. 9.7.2015 *Nivea-Blau*; vgl. auch BGH I ZB 52/15 v. 21.7.2016 *Sparkassen-Rot*.
995 BGH GRUR 2004, 331, 332 *Westie-Kopf*; aber auch BGH I ZB 11/04 v. 19.1.2006 *LOTTO*, Tz. 23 f.
996 BGH I ZR 6/05 v. 20.9.2007 *Kinder II*, Tz. 30; BGH I ZR 94/04 v. 20.9.2007 *Kinderzeit*, Tz. 36; BGH I ZR 18/05 v. 25.10.2007 *TUC-Salzcracker*, Tz. 29; BGH I ZB 65/12 v. 17.10.2013 *test*, Tz. 36, jeweils m. w. N.; auch BGH I ZB 22/04 v. 25.10.2007 *Milchschnitte*, Tz. 24.
997 BGH I ZB 94/06 v. 2.4.2009 *Kinder III*, Tz. 27, m. w. N.
998 Vgl. zu Verkehrsbefragungen in der Zeichenkollision aber auch EuG T-164/03 v. 21.4.2005 *bebe/monBeBé*, Tz. 76 ff.
999 BGH I ZB 24/05 v. 21.2.2008 *VISAGE*, Tz. 31 ff.
1000 EuG T-289/08 v. 11.2.2010 *Deutsche BKK*, Tz. 79 ff.
1001 EuGH C-217/13 v. 19.6.2014 *Oberbank*, Tz. 45 ff.
1002 BGH I ZB 61/13 v. 23.10.2014 *Langenscheidt-Gelb*.
1003 Die Vorlage vor dem EuG ist verspätet; vgl. unten § 28 Rdn. 96.

Benutzung erlangten Unterscheidungskraft der angemeldeten Marke faktisch unmöglich, wenn deren Anmelder diese nicht geltend macht.[1004]

172 Im deutschen Anmeldeverfahren muss sich der Anmelder auf die Verkehrsdurchsetzung berufen und deren Voraussetzungen glaubhaft machen. Dies ist auch noch im Beschwerdeverfahren, nicht dagegen erst im Rechtsbeschwerdeverfahren, möglich. Sind die Voraussetzungen eines Erwerbs von Unterscheidungskraft infolge Benutzung erst einmal glaubhaft gemacht, so kann das DPMA weitere amtliche Ermittlungen anstellen; grundsätzlich trifft aber den Anmelder die Darlegungslast.[1005]

173 Im Nichtigkeitsverfahren kommt eine Löschung der Marke nicht in Betracht, wenn die fehlende Unterscheidungskraft im Zeitpunkt der Entscheidung über den Nichtigkeitsantrag überwunden worden ist.[1006] Dabei trägt nach jüngster Rechtsprechung des EuGH[1007] ebenfalls der Markeninhaber die Beweislast. Davon war zuvor bereits das EuG ausgegangen.[1008] In Deutschland hingegen forderte der BGH Modifikationen aufgrund des Amtsermittlungsgrundsatzes.[1009] In Zweifelsfällen durfte eine Löschung der Marke nicht erfolgen.[1010] Diese Praxis des BGH ist obsolet.

174 Entfällt im Nachhinein der Umstand, der für Unterscheidungskraft der Marke sorgte, verringert sich insbesondere aufgrund unzureichender Benutzung nach Eintragung ihre Bekanntheit, so soll nach Auffassung des BGH ein nachträgliches Entfallen des Erwerbs von Unterscheidungskraft nach Eintragung einer Marke gemäß § 8 III MarkenG keine Löschungsreife der Marke wegen Verfalls begründen.[1011] Dies ist systematisch und mit Blick auf die berührten Allgemeininteressen nicht haltbar und unvereinbar mit der MRR. Eine Marke, die ihre Verkehrsdurchsetzung verloren hat, ist nach der Systematik des EuGH ohne Unterscheidungskraft. Art. 4 I MRR ordnet insoweit an, dass Zeichen oder Marken, bei denen ein absolutes Schutzhindernis eingreift, im Falle der Eintragung der Ungültigerklärung unterliegen.

1004 EuGH C-97/12 P v. 15.5.2014 *Louis Vuitton Malletier*, Tz. 72; EuG T-247/01 v. 12.12.2002 *ECOPY*, Tz. 47 f.; vgl. auch EuGH C-238/06 P v. 25.10.2007 *Develey*, Tz. 50; EuG T-388/04 v. 5.4.2006 *Triangel*, Tz. 42; EuG T-127/06 v. 5.12.2007 *Sägeblatt in blauer Farbe*, Tz. 34 f; EuG T-289/08 v. 11.2.2010 *Deutsche BKK*, Tz. 25 f.
1005 Ausführlicher *Ströbele/Hacker/Thiering-Ströbele*, § 8 Rz. 709 ff., m. w. N.
1006 BGH I ZB 61/13 v. 23.10.2014 *Langenscheidt-Gelb*, Tz. 57.
1007 EuGH C-217/13 v. 19.6.2014 *Oberbank*, Tz. 62 ff.; vgl. auch EuG T-474/12 v. 25.9.2014 *Giorgis*, Tz. 56, im Ergebnis bestätigt durch EuGH C-531/14 P v. 2.9.2015 *Giorgis*.
1008 Vgl. EuG T-365/06 v. 10.12.2008 *BATEAUX MOUCHES*, Tz. 40 ff., im Ergebnis bestätigt durch EuGH C-78/09 P v. 24.9.2009 *Compagnie des bateaux muches*
1009 BGH I ZB 48/07 v. 23.10.2008 *POST II*, Tz. 31; BGH I ZB 88/07 v. 9.7.2009 *ROCHER-Kugel*, Tz. 48; BGH I ZB 65/12 v. 17.10.2013 *test*, Tz. 38; nunmehr offengelassen von BGH I ZB 52/15 v. 21.7.2016 *Sparkassen-Rot*, Tz. 55.
1010 BGH I ZB 59/12 v. 6.11.2013 *Smartbook*.
1011 BGHZ 156, 112 f. u. 120 *Kinder I*; BGH I ZB 34/04 v. 15.12.2005 *Porsche 911*, Tz. 9; im Ergebnis ebenso BGH I ZB 61/13 v. 23.10.2014 *Langenscheidt-Gelb*, Tz. 62.

V. Form der Ware oder anderes charakteristisches Merkmal

Bestimmte Eintragungshindernisse für Zeichen, die aus der Form einer Ware oder einem anderen charakteristischen Merkmal bestehen, sind in Art. 4 I Buchst. e MRR, Art. 7 I Buchst. e UMV bzw. § 3 II MarkenG[1012] ausdrücklich genannt. Nach diesen Vorschriften sind Zeichen von der Eintragung ausgeschlossen, die ausschließlich bestehen
- aus der Form oder einem anderen charakteristischen Merkmal, die bzw. das durch die Art der Ware selbst bedingt ist, oder
- aus der Form der Ware oder einem anderen charakteristischen Merkmal, die bzw. das zur Herstellung einer technischen Wirkung erforderlich ist, oder
- aus der Form oder einem anderen charakteristischen Merkmal, die bzw. das der Ware einen wesentlichen Wert verleiht.

Früher war der Wortlaut des Eintragungshindernisses auf Formmarken beschränkt. Unter »Form« soll dabei allgemein die Gesamtheit der Linien oder Konturen zu verstehen sein, die die betreffende Ware räumlich begrenzen.[1013] Das zusätzliche Kriterium »oder einem anderen charakteristischen Merkmal« ist erst im Zuge der Markenrechtsreform 2015/2019 hinzugekommen. Ob das Kriterium der Vorschrift einen zusätzlichen Anwendungsbereich eröffnet oder eher klarstellende Bedeutung entfaltet, bleibt abzuwarten. Denn ohnehin war nie ganz klar, ob und inwieweit der Anwendungsbereich der Vorschrift auf Formmarken beschränkt ist.[1014] Jedenfalls ist schon lange anerkannt, dass das Eintragungshindernis unter bestimmten Voraussetzungen auch auf Verpackungsformen[1015] sowie auf zweidimensionale Bildmarken anwendbar ist, die die Ware selbst abbilden.[1016] Dagegen fällt es beispielsweise nicht unter den Begriff der Form der Ware dar, wenn eine bestimmte Farbe an einer bestimmten Stelle eines Produkts, etwa auf den Sohlen eines Schuhes, angebracht wird.[1017]

Die Ratio der Eintragungshindernisse[1018] besteht darin, zu verhindern, dass der Schutz des Markenrechts seinem Inhaber ein Monopol für technische Lösungen

---

1012 Der deutsche Gesetzgeber hat die Vorschrift der Markenfähigkeit zugeordnet, um auch nicht eingetragene Marken zu erfassen – vgl. BGH I ZB 13/04 v. 17.11.2005, Tz. 16; ein entsprechendes Eintragungshindernis bestand bereits früher in § 1 WZG: BGH I ZB 9/04 v. 17.11.2005 *Scherkopf*.
1013 EuGH C-163/16 v. 12.6.2018 *Louboutin*, Tz. 21.
1014 Zur Frage, ob der Begriff Form auch andere Eigenschaften wie die Farbe erfasst vgl. das Vorlageverfahren EuGH C-163/16 *Louboutin*.
1015 Hierzu und zu den Voraussetzungen oben § 4 Rdn. 148 – 149 sowie EuGH C-218/01 v. 12.2.2004 *Henkel*, Tz. 31–37; skeptisch und einschränkend BGH I ZB 105/16 v. 18.10.2017 Quadratische Tafelschokoladenverpackung, Tz. 36 ff.; I ZB 106/16 v. 18.10.2017, Tz. 36 ff.
1016 Gegenstand der zu Formmarken maßgeblichen Leitentscheidung EuGH C-299/99 v. 18.6.2002 *Philips/Remington* – war eine Bildmarke; nun auch BGH I ZB 13/04 v. 17.11.2005, Tz. 11; EFTA-Gerichtshof E-5/16 v. 8.4.2017 *Municipality of Oslo*, Tz. 112.
1017 EuGH C-163/16 v. 12.6.2018 *Louboutin*, Tz. 19 ff.
1018 Zum Verhältnis zum Eintragungshindernis fehlender Unterscheidungskraft EuG T-270/06 v. 12.11.2008 *Roter Lego-Stein*, Tz. 46, im Ergebnis bestätigt durch EuGH C-48/09 P v. 14.9.2010 *Lego Juris*; zur Notwendigkeit einer gleichen Auslegung aller Eintragungshindernisse der Vorschrift EuGH C-205/13 v. 18.9.2014 *Hauck/Stokke*, Tz. 20.

oder Gebrauchseigenschaften einer Ware einräumt, die der Benutzer auch bei den Waren der Mitbewerber suchen kann. Im Allgemeininteresse soll vermieden werden, dass der durch das Markenrecht gewährte Schutz über den Schutz der Zeichen hinausgeht, anhand derer sich ein Produkt von den von Mitbewerbern angebotenen Produkten unterscheiden lässt, und zu einem Hindernis für die Mitbewerber wird, Waren mit diesen technischen Lösungen oder diesen Gebrauchseigenschaften im Wettbewerb mit dem Markeninhaber frei anzubieten.[1019] Letztlich dient das Eintragungshindernis damit der – wenn auch nicht trennscharfen – Abgrenzung von zeitlich unbefristeten Markenrechten einerseits und befristeten Patent-, Muster- und Urheberrechten andererseits.[1020]

178 Die Vorschriften können ein vorgreifliches Hindernis für die Eintragung eines Zeichens sein. Ein betroffenes Zeichen kann demnach, wenn auch nur eines der in dieser Bestimmung genannten Kriterien erfüllt ist, nicht als Marke eingetragen werden. Dabei kann es nie durch seine Benutzung Unterscheidungskraft erlangen.[1021] Dies gilt selbst dann, wenn durch Werbekampagnen der Kennzeichnungswert der Formgestaltung in den Vordergrund getreten ist.[1022] Auch ein Telle-quelle-Schutz nach Art. 6^{quinquies} B PVÜ ist nicht zu gewähren.[1023]

Selbst wenn daher etwa der Verkehr infolge intensivster Benutzung der links abgebildeten Form[1024]

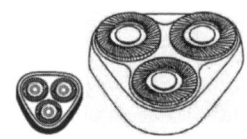

1019 EuGH C-299/99 v. 18.6.2002 *Philips/Remington*, Tz. 78 u. 80; EuGH C-104/01 v. 6.5.2003 *Libertel*, Tz. 53; EuGH C-48/09 P v. 14.9.2010 *Lego Juris*, Tz. 43; EuGH C-337/12 P v. 6.3.2014 *Pi-Design u. a.*, Tz. 45; EuGH C-205/13 v. 18.9.2014 *Hauck/Stokke*, Tz. 18; EuGH C-215/14 v. 6.9.2015 *Société des Produits Nestlé*, Tz. 44; EuGH C-30/15 P v. 10.11.2016 *Simba Toys*, Tz. 39; EFTA-Gerichtshof E-5/16 v. 8.4.2017 *Municipality of Oslo*, Tz. 80; BGH I ZB 37/04 v. 24.5.2007 *Fronthaube* Tz. 13; I ZB 36/04 v. 24.5.2007, Tz. 13; I ZB 3/17 v. 18.10.2017 *Traubenzuckertäfelchen*, Tz. 11; I ZB 4/17 v. 18.10.2017, Tz. 11.
1020 So nun auch EuGH C-48/09 P v. 14.9.2010 *Lego Juris*, Tz. 45 f.; EuGH C-205/13 v. 18.9.2014 *Hauck/Stokke*, Tz. 19; EuGH C-215/14 v. 6.9.2015 *Société des Produits Nestlé*, Tz. 45; EFTA-Gerichtshof E-5/16 v. 8.4.2017 *Municipality of Oslo*, Tz. 79; vgl. auch EuGH C-421/15 P v. 11.5.2017 *Yoshida Metal Industry*, Tz. 33; BGH I ZB 37/04 v. 24.5.2007 *Fronthaube* Tz. 20; I ZB 36/04 v. 24.5.2007, Tz. 20; EuG T-73/06 v. 21.10.2008 *Form einer Handtasche*, Tz. 30 ff.
1021 EuGH C-299/99 v. 18.6.2002 *Philips/Remington*, Tz. 57, 74 ff.; EuGH C-53/01 bis C-55/01 v. 8.4.2003 *Linde*, Tz. 44 u. 65; EuGH C-218/01 v. 12.2.2004 *Henkel*, Tz. 36; EuGH C-371/06 v. 20.9.2007 *Benetton Group*, Tz. 24 ff.; EuGH C-48/09 P v. 14.9.2010 *Lego Juris*, Tz. 47; EuGH C-215/14 v. 6.9.2015 *Société des Produits Nestlé*, Tz. 38 f.; EuGH C-421/15 P v. 11.5.2017 *Yoshida Metal Industry*, Tz. 34; EFTA-Gerichtshof E-5/16 v. 8.4.2017 *Municipality of Oslo*, Tz. 111.
1022 EuGH C-371/06 v. 20.9.2007 *Benetton Group*, Tz. 27 f.
1023 BGH I ZB 12/04 v. 17.11.2005 *Rasierer mit drei Scherköpfen*, Tz. 11 ff.; I ZB 13/04 v. 17.11.2005, Tz. 12 ff.; ausführlicher unten § 4 Rdn. 237 – 240.
1024 Gelöschte britische Marke 1254208.

für Rasierapparate hierin einen Herkunftshinweis erblickt, ist die Form nicht schutzfähig.[1025] Die Merkmale der Abbildung sind nur der technischen Wirkung zuzuschreiben. Dass die Außenkante der Form über eine Hervorhebung verfügt, steht dem nicht entgegen, da bei der Prüfung der Eintragungshindernisse auf den Gesamteindruck eines Zeichens abzustellen ist. Nichts anderes gilt entgegen der zu vorsichtigen Rechtsprechung des BGH[1026] auch für die rechts abgebildete Form. Dort kann auch die Gestaltung der abgerundeten dreieckigen Trägerplatte sowie der an ein dreiblättriges Kleeblatt erinnernden abgehobenen Umrandung der drei Scherköpfe den Gesamteindruck der Marke nicht ändern.

Eine korrekte Anwendung der Vorschrift setzt voraus, dass die wesentlichen Merkmale des betreffenden Zeichens ordnungsgemäß ermittelt werden.[1027] Das Eintragungshindernis greift nämlich nicht schon dann ein, wenn einzelne Elemente der Marke unterschiedlichen Spiegelstrichen der Vorschrift unterfallen.[1028] Bei der Ermittlung der wesentlichen Merkmale will der BGH das Verständnis des Durchschnittsverbrauchers berücksichtigen;[1029] dies ist nicht unproblematisch, weil der Durchschnittsverbraucher gerade bei technisch bedingten Gestaltungen häufig gar nicht die Struktur des Produkts erfassen wird. 179

Bei dem oben[1030] abgebildeten Lautsprecher ist es daher problematisch, wenn manche Elemente der Form ihren wesentlichen Wert verleihen, andere hingegen technisch bedingt sind.[1031] Erst wenn auch die technisch bedingten Elemente wertverleihend im Sinne des dritten Unterfalls der Vorschrift sind, ist die Form schutzunfähig.

Der BGH sieht – zu eng – in den drei Tatbestände der Vorschrift jeweils unterschiedliche Streitgegenstände.[1032] In der Praxis sollte daher vorsorglich ein Löschungsantrag immer ausdrücklich[1033] auf alle drei Tatbestände gestützt werden, um zu vermeiden, dass nur zu einem der Tatbestände eine Entscheidung ergeht. 180

1. Form oder anderes charakteristisches Merkmal durch Art der Ware bedingt

Nach dem ersten Unterfall von Art. 4 I Buchst. e MRR, Art. 7 I Buchst. e UMV bzw. § 3 II MarkenG kommt es darauf an, ob die Form der Ware oder anderes 181

1025 EuGH C-299/99 v. 18.6.2002 *Philips/Remington*; vgl. aber BGH I ZB 9/04 v. 17.11.2005 *Scherkopf*.
1026 BGH I ZB 12/04 v. 17.11.2005 *Rasierer mit drei Scherköpfen*, Tz. 17 ff.; I ZB 13/04 v. 17.11.2005, Tz. 18 ff.
1027 EuGH C-30/15 P v. 10.11.2016 *Simba Toys*, Tz. 40; BGH I ZB 105/16 v. 18.10.2017 *Quadratische Tafelschokoladenverpackung*, Tz. 45; BGH I ZB 106/16 v. 18.10.2017, Tz. 45; BGH I ZB 3/17 v. 18.10.2017 *Traubenzuckertäfelchen*, Tz. 17; I ZB 4/17 v. 18.10.2017, Tz. 17.
1028 EuGH C-205/13 v. 18.9.2014 *Hauck/Stokke*, Tz. 43; EuGH C-215/14 v. 6.9.2015 *Société des Produits Nestlé*, Tz. 46 ff.; anders die Vorauflage sowie EuG T-508/08 v. 6.10.2011 *Form eines Lautsprechers II*, Tz. 77.
1029 BGH I ZB 105/16 v. 18.10.2017 *Quadratische Tafelschokoladenverpackung*, Tz. 45; I ZB 106/16 v. 18.10.2017, Tz. 45; BGH I ZB 3/17 v. 18.10.2017 *Traubenzuckertäfelchen*, Tz. 17; I ZB 4/17 v. 18.10.2017, Tz. 17.
1030 § 4 Rdn. 141.
1031 A. A. EuG T-508/08 v. 6.10.2011 *Form eines Lautsprechers II*, Tz. 77.
1032 BGH I ZB 105/16 v. 18.10.2017 *Quadratische Tafelschokoladenverpackung*, Tz. 11; I ZB 106/16 v. 18.10.2017, Tz. 11; BGH I ZB 3/17 v. 18.10.2017 *Traubenzuckertäfelchen*, Tz. 56 ff.; I ZB 4/17 v. 18.10.2017, Tz. 50 ff.
1033 Zur Unzulänglichkeit eines pauschalen Hinweises BGH I ZB 105/16 v. 18.10.2017 Quadratische Tafelschokoladenverpackung, Tz. 13; I ZB 106/16 v. 18.10.2017, Tz. 13.

charakteristisches Merkmal durch die Art der Ware selbst bedingt ist. Der EuGH ist dabei vergleichsweise streng: Das Eintragungshindernis ist auf ein Zeichen anwendbar, das ausschließlich aus der Form einer Ware besteht, die eine oder mehrere wesentliche Gebrauchseigenschaften aufweist, die einer oder mehreren gattungstypischen Funktionen dieser Ware innewohnen, nach denen der Verbraucher möglicherweise auch bei den Waren der Mitbewerber sucht. Das Eintragungshindernis findet erst dann keine Anwendung, wenn die Anmeldung ein weiteres wesentliches Element aufweist, wie etwa ein dekoratives oder phantasievolles Element, das der gattungstypischen Funktion dieser Ware nicht innewohnt. Dabei ist das Eintragungshindernis nicht auf solche Zeichen begrenzt, bei denen es sich um Waren handelt, die quasi »natürliche« Waren sind, für die es also keinen Ersatz gibt, oder sogenannte »reglementierte« Waren, deren Gestalt durch Normen vorgeschrieben ist. Konkurrenten würden andernfalls zu sehr in der Kreation gebrauchstauglicher Waren behindert.[1034]

Vor diesen Hintergrund hat das BPatG – grenzwertig weit – der quadratischen Verpackungsform

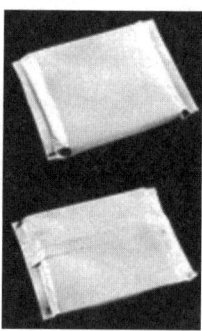

der Ritter-Sport-Schokolade den Schutz versagt.[1035]

182 Demgegenüber hatte der BGH – nun überholt – die Anwendung der Vorschrift zunächst praktisch auf Prototypen einer Ware begrenzt: Die Form müsse ausschließlich aus Merkmalen bestehen, die für diese Warenart wesensnotwendig sind, um ihren Zweck zu erfüllen. Dies soll lediglich dann gegeben sein, wenn es sich um die Grundform der Ware handele, für die Schutz beansprucht werde.

1034 EuGH C-205/13 v. 18.9.2014 *Hauck/Stokke*, Tz. 27 u. 21 ff., unter Hinweis auf EuGH C-48/09 P v. 14.9.2010 *Lego Juris*, Tz. 52 u. 68 ff.; BGH I ZB 105/16 v. 18.10.2017 Quadratische Tafelschokoladenverpackung, Tz. 45 u. 56; I ZB 106/16 v. 18.10.2017, Tz. 45 u. 56.
1035 BPatG 25 W (pat) 78/14 v. 4.11.2016.

V. 1. Form oder anderes charakteristisches Merkmal durch Art der Ware bedingt

Fälschlich stellt der BGH daher bei der für Fertigkuchen angemeldeten Marke

darauf auf, dass ein solcher Prototyp nicht gegeben sei. Fertigkuchen würden nämlich in einer Vielzahl von Formen angeboten. Diese variierten nach den Proportionen, den Oberflächenformen (Quadrat, Rechteck, Ellipse, Hyperbel, Dreieck oder Raute), der Anzahl und Anordnung der Schichten und der Farbgebung.[1036] Auch die für Pralinen eingetragene Marke

unterfalle nicht dem Eintragungshindernis.[1037] Erst recht greife das Eintragungshindernis nicht ein bei einer Marke, die eine reale Person abbildet, da hier schon gar nicht die fragliche Ware selbst wiedergegeben ist.[1038]

Inzwischen hat sich der BGH zwar von dieser strengen Linie distanziert, bleibt **183** aber immer noch hinter dem eintragungskritischen Kurs des EuGH zurück. Anerkannt ist etwa, dass es sich bei der fraglichen Form nicht um die einzige Form handeln muss, in der die gattungstypischen Funktionen der Ware ihren Ausdruck finden können.[1039] Herstellungsmodalitäten will der BGH – möglicherweise zurecht – aber nach wie vor nicht unter das Eintragungshindernis zählen; denn der EuGH stelle bei der Bestimmung des Eintragungshindernisses gerade auf das Nachfrageverhalten des Verbrauchers und die Funktionsweise der Ware ab, was mit der Herstellung regelmäßig nichts zu tun habe.[1040] Aber auch andere Eigenschaften, die für den Verbraucher zwar nützlich, aber nicht unmittelbar mit dem bestimmungsgemäßen Einsatz der Ware zu tun hätten, stünden – zu weitgehend – der Eintragung nicht entgegen.[1041]

1036 BGH I ZB 22/04 v. 25.10.2007 *Milchschnitte*, Tz. 13 ff., m. w. N.
1037 BGH I ZB 88/07 v. 9.7.2009 *ROCHER-Kugel*, Tz. 14 f.
1038 BGH I ZB 21/06 v. 24.4.2008 *Marlene-Dietrich-Bildnis I*, Tz. 11.
1039 BGH I ZB 105/16 v. 18.10.2017 *Quadratische Tafelschokoladenverpackung*, Tz. 56; I ZB 106/16 v. 18.10.2017, Tz. 56.
1040 BGH I ZB 105/16 v. 18.10.2017 *Quadratische Tafelschokoladenverpackung*, Tz. 58; I ZB 106/16 v. 18.10.2017, Tz. 58.
1041 BGH I ZB 105/16 v. 18.10.2017 *Quadratische Tafelschokoladenverpackung*, Tz. 64 ff.; I ZB 106/16 v. 18.10.2017, Tz. 64 ff.

So sei die bessere Transportierbarkeit einer quadratischen Schokoladenpackung kein wesentlicher Gebrauchsvorteil.[1042] Schokolade solle sofort gegessen werden und nicht in der Jackentasche herumgetragen.[1043] Dem Ziel, dass auch die Mitbewerber optimierte Formen nutzen können, wird damit nicht hinreichend Rechnung getragen.

2. Form oder anderes charakteristisches Merkmal technisch bedingt

184 Die meisten konkreten Entscheidungen des EuGH betrafen bislang den zweiten Unterfall der Vorschrift. Dieser Fall erfasst der Zeichen, die ausschließlich aus der Form der Ware oder einem anderen charakteristischen Merkmal bestehen, die bzw. das zur Herstellung einer technischen Wirkung erforderlich ist. Dabei nehmen die Begriffe »ausschließlich« und »erforderlich« Rücksicht darauf, dass jede Form und jedes andere charakteristische Merkmal einer Ware in gewissem Maße funktionell ist und es daher unangemessen wäre, ein Zeichen nur deshalb von der Eintragung als Marke auszuschließen, weil es Gebrauchseigenschaften zeigt. Mit den Wörtern »ausschließlich« und »erforderlich« stellt die Bestimmung sicher, dass allein diejenigen Gestaltungen von der Eintragung ausgeschlossen sind, durch die nur eine technische Lösung verkörpert wird und deren Eintragung als Marke deshalb die Verwendung dieser technischen Lösung durch andere Unternehmen tatsächlich behindern würde.[1044] Vor dem Hintergrund des Allgemeininteresses, das dem Eintragungshindernis zugrunde liegt, hat der EuGH allerdings den Anwendungsbereich dieser Vorschrift weit gefasst:

185 Zum einen genügt es bereits für die Anwendung, wenn die wesentlichen funktionellen Merkmale einer Gestaltung der technischen Wirkung zuzuschreiben sind. Nicht erforderlich ist dagegen, dass sämtliche Merkmale auf der technischen Wirkung beruhen. Die Vorschrift soll nämlich verhindern, dass Gestaltungen, deren wesentliche Merkmale einer technischen Funktion entsprechen, eingetragen werden mit der Folge, dass das dem Markenrecht innewohnende Ausschließlichkeit die Mitbewerber daran hindern würde, eine Ware mit einer solchen Funktion anzubieten oder zumindest die technische Lösung frei zu wählen, um Ware mit einer solchen Funktion auszustatten.[1045] Erst dann, wenn in der Gestaltung der betreffenden Ware ein wichtiges nichtfunktionales Element, wie ein dekoratives oder phantasievolles Element, verkörpert wird, das für diese Gestaltung von Bedeutung ist, wird die Hürde der Schutzfähigkeit genommen.[1046]

186 Zum anderen ist unbeachtlich, ob es andere Gestaltungen gibt, mit denen sich die gleiche technische Wirkung erzielen lässt. Der Wortlaut der Vorschriften lässt

---

1042 BGH I ZB 105/16 v. 18.10.2017 *Quadratische Tafelschokoladenverpackung*, Tz. 69; I ZB 106/16 v. 18.10.2017, Tz. 69.
1043 Offenbar ähnelt das Konsumverhalten der BGH-Richter bei Schokolade demjenigen des Verfassers.
1044 EuGH C-48/09 P v. 14.9.2010 *Lego Juris*, Tz. 48; EuGH C-421/15 P v. 11.5.2017 *Yoshida Metal Industry*, Tz. 26.
1045 EuGH C-299/99 v. 18.6.2002 *Philips/Remington*, Tz. 79 u. 84; EuGH C-48/09 P v. 14.9.2010 *Lego Juris*, Tz. 52; EuGH C-421/15 P v. 11.5.2017 *Yoshida Metal Industry*, Tz. 27; vgl. auch Generalanwalt *Léger* in seinen Schlussanträgen vom 14.9.2006 in der Rechtssache C-321/03 *Dyson*, Tz. 75 ff.
1046 EuGH C-48/09 P v. 14.9.2010 *Lego Juris*, Tz. 52; EuGH C-421/15 P v. 11.5.2017 *Yoshida Metal Industry*, Tz. 27.

die gegenteilige Schlussfolgerung nicht zu.¹⁰⁴⁷ Auch könnten andernfalls durch eine Kumulierung von Eintragungen verschiedenartiger, ausschließlich funktionaler Gestaltungen einer Ware andere Unternehmen gänzlich daran gehindert werden, bestimmte Waren mit einer bestimmten technischen Funktion herzustellen und zu vertreiben.¹⁰⁴⁸

Unzutreffend ist daher, wenn das EuG die oben¹⁰⁴⁹ abgebildete knochenartige Seifenform für schutzfähig gehalten hat, weil auch andere Gestaltungsmöglichkeiten für Seifen bestehen.¹⁰⁵⁰ Vielmehr wäre ausschließlich zu prüfen gewesen, ob die wesentlichen funktionellen Merkmale der Form nur der technischen Wirkung zuzuschreiben sind.

Die Prüfung des Eintragungshindernisses vollzieht sich in zwei Schritten: Zunächst sind die wesentlichen Merkmale des Zeichens zu ermitteln, sodann ist zu prüfen, ob alle diese Merkmale der technischen Funktion der fraglichen Ware entsprechen.¹⁰⁵¹ Dabei ist die Ermittlung dieser wesentlichen Merkmale im Wege einer Einzelfallbeurteilung vorzunehmen, wobei es keine systematische Rangfolge der verschiedenen Arten möglicher Bestandteile eines Zeichens gibt. Die zuständige Behörde kann sich bei ihrer Ermittlung der wesentlichen Merkmale eines Zeichens entweder unmittelbar auf den von dem Zeichen hervorgerufenen Gesamteindruck stützen oder zunächst die Bestandteile des Zeichens nacheinander einzeln prüfen.¹⁰⁵²

187

Je nach Fallgestaltung, insbesondere je nach Schwierigkeitsgrad des Falls, kann die Prüfung anhand einer bloßen visuellen Prüfung dieses Zeichens oder aber auf der Grundlage einer eingehenden – etwa unter Einholung von Meinungsumfragen und Gutachten oder Angaben zu Rechten des geistigen Eigentums – Untersuchung erfolgen, in deren Rahmen für die Beurteilung nützliche Elemente, wie, die im Zusammenhang mit der betreffenden Ware früher verliehen wurden, berücksichtigt werden können.¹⁰⁵³

Nicht anzuwenden ist die Vorschrift auf technische Aspekte der Herstellung. Nicht nur der Wortlaut erfasst die Herstellung nicht; sondern es besteht auch kein Bedürfnis für ein Eintragungshindernis, wenn die Produktfunktionalität durch andere Herstellungsmethoden gewährleistet werden kann.¹⁰⁵⁴

188

Bei der nachfolgenden Prüfung, ob alle diese Merkmale der technischen Funktion der fraglichen Ware entsprechen, kommt es tatsächlich auf einen Vergleich mit der Ware selbst an; es genügt nicht für die Eintragung, wenn die Wiedergabe der

189

1047 EuGH C-299/99 v. 18.6.2002 *Philips/Remington*, Tz. 81 ff.; EuGH C-48/09 P v. 14.9.2010 *Lego Juris*, Tz. 53 ff.; EuGH C-421/15 P v. 11.5.2017 *Yoshida Metal Industry*, Tz. 28; BGH I ZB 3/17 v. 18.10.2017 *Traubenzuckertäfelchen*, Tz. 16; I ZB 4/17 v. 18.10.2017, Tz. 16.
1048 EuGH C-48/09 P v. 14.9.2010 *Lego Juris*, Tz. 57.
1049 § 4 Rdn. 141.
1050 EuG T-122/99 v. 16.2.2000 *Form einer Seife I*, Tz. 55.
1051 EuGH C-48/09 P v. 14.9.2010 *Lego Juris*, Tz. 70 ff.; EuGH C-337/12 P v. 6.3.2014 *Pi-Design u. a.*, Tz. 47 f.; EuGH C-421/15 P v. 11.5.2017 *Yoshida Metal Industry*, Tz. 29; BGH I ZB 3/17 v. 18.10.2017 *Traubenzuckertäfelchen*, Tz. 17 f.; I ZB 4/17 v. 18.10.2017, Tz. 17 f.
1052 EuGH C-48/09 P v. 14.9.2010 *Lego Juris*, Tz. 70; problematisch vor diesem Hintergrund BGH I ZB 53/07 und 55/07 v. 16.7.2009 *Legostein*, Tz. 28, wonach die »Grundform der Warengattung« nicht zu berücksichtigen sei.
1053 EuGH C-48/09 P v. 14.9.2010 *Lego Juris*, Tz. 71.
1054 EuGH C-215/14 v. 6.9.2015 *Société des Produits Nestlé*, Tz. 53 ff.; BGH I ZB 3/17 v. 18.10.2017 *Traubenzuckertäfelchen*, Tz. 30; I ZB 4/17 v. 18.10.2017, Tz. 30.

§ 4 Absolute Eintragungshindernisse

Marke auch andere Gestaltungen zulassen würde, die nicht technisch bedingt sind.[1055] Denn bei der Prüfung sind die grafische Darstellung, ggf. die mit der Anmeldung eingereichte Beschreibung und die weiteren Elemente zu berücksichtigen, die der angemessenen Bestimmung der wesentlichen Merkmale des betreffenden Zeichens dienen können.[1056] Daher darf die Prüfung der betreffenden Gestaltung erfolgen, ohne auf zusätzliche Informationen über die tatsächliche Ware zurückzugreifen.[1057]

So lässt zwar die bloße Würfelform mit Gitternetz des Rubik's Cube

keinerlei dahinterstehende technische Wirkung erkennen;[1058] da aber auch die konkrete Verwendungsform als dreidimensionales Puzzle zu berücksichtigen ist, greift das Eintragungshindernis ein.[1059]

190 Bei der Feststellung der technischen Funktionalität besteht eine Ausnahme von dem Grundsatz,[1060] dass das Eingreifen von Eintragungshindernissen aufgrund des Verständnisses der beteiligten Verkehrskreise zu untersuchen ist. Um die Funktionalität der wesentlichen Merkmale einer Form zu untersuchen, ist nämlich die Wahrnehmung des angesprochenen Verbrauchers nicht erheblich. Denn der angesprochene Verbraucher verfügt möglicherweise nicht über die technischen Kenntnisse, die für die Beurteilung der wesentlichen Merkmale einer Gestaltung erforderlich sind. Aus Sicht der Verbraucher können nämlich bestimmte Merkmale wesentlich sein, obgleich sie es im Kontext einer Untersuchung der Funktionalität nicht sind, und umgekehrt.[1061] Dabei liegt die Beurteilung der Funktionalität der einzelnen Merkmale im Wesentlichen auf tatrichterlichem Gebiet.[1062]

1055 EuGH C-30/15 P v. 10.11.2016 *Simba Toys*, Tz. 46 ff.
1056 EuGH C-30/15 P v. 10.11.2016 *Simba Toys*, Tz. 49.
1057 EuGH C-30/15 P v. 10.11.2016 *Simba Toys*, Tz. 50.
1058 So noch EuG T-450/09 v. 25.11.2014 *Simba Toys*, Tz. 58 ff.
1059 Vgl. EuGH C-30/15 P v. 10.11.2016 *Simba Toys*, Tz. 51 f.
1060 Vgl. dazu oben § 4 Rdn. 19.
1061 EuG T-270/06 v. 12.11.2008 *Roter Lego-Stein*, Tz. 70, bestätigt durch EuGH C-48/09 P v. 14.9.2010 *Lego Juris*, Tz. 75 f.; BGH I ZB 3/17 v. 18.10.2017 *Traubenzuckertäfelchen*, Tz. 18; I ZB 4/17 v. 18.10.2017, Tz. 18.
1062 BGH I ZB 3/17 v. 18.10.2017 *Traubenzuckertäfelchen*, Tz. 27; I ZB 4/17 v. 18.10.2017, Tz. 27.

So können bei der Prüfung insbesondere auch Patente eine Rolle spielen, von **191** denen der Verkehr meist gar keine Kenntnis hat.[1063] Das Vorliegen eines Patents beweist, dass das im Patent beschriebene Merkmal technisch bedingt ist.[1064]
Der ursprünglich patentrechtlich geschützte Lego-Stein

kann daher nach Ablauf des Patentschutzes nicht über das Markenrecht monopolisiert werden.[1065] Nicht technisch bedingt ist hingegen die Figur

zum Legostein.[1066]

Dabei muss sich das Amt im Rahmen der Prüfung nicht sklavisch auf die grafische **192** Wiedergabe beschränken, sondern kann auch Marktgegebenheiten berücksichtigen, insbesondere die Nutzung der Marke durch ihren Inhaber.[1067]
Bei einer für Messer angemeldeten Formmarke

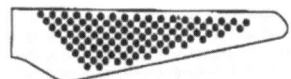

muss das Amt daher nicht zugunsten des Anmelders davon ausgehen, dass die schwarzen Flecken ein Designelement sein könnten; vielmehr kann berücksichtigt werden, dass der Markeninhaber entsprechend geformte Messergriffe mit Noppen zwecks Antirutschfunktion vertreibt.[1068] Dies verkennt das EuG wenn es bei der für Reifen angemeldeten Marke

---

1063 EuG T-270/06 v. 12.11.2008 *Roter Lego-Stein*, Tz. 78 ff., bestätigt durch EuGH C-48/09 P v. 14.9.2010 *Lego Juris*, Tz. 85.
1064 EuG T-656/14 v. 28.6.2016 *Schalungsschloss*, Tz. 23.
1065 EuGH C-48/09 P v. 14.9.2010 *Lego Juris*; auch BGH I ZB 53/07 und 55/07 v. 16.7.2009 *Legostein*.
1066 EuG T-395/14 v. 16.6.2015 *Best-Lock (Europe)*, Tz. 21 ff., im Ergebnis bestätigt durch EuGH C-451/15 P v. 14.4.2016 *Best-Lock (Europe)*; EuG T-396/14 v. 16.6.2015 *Best-Lock (Europe)*, Tz. 30 ff., im Ergebnis bestätigt durch EuGH C-452/15 P v. 14.4.2016 *Best-Lock (Europe)*.
1067 EuGH C-337/12 P v. 6.3.2014 *Pi-Design u. a.*, Tz. 61.
1068 EuGH C-337/12 P v. 6.3.2014 *Pi-Design u. a.*, Tz. 52 ff., gegen EuG T-331/10 v. 8.5.2012 *Oberfläche mit schwarzen Punkten I*, Tz. 29 ff.; EuG T-416/10 v. 8.5.2012 *Oberfläche mit schwarzen Punkten II*, Tz. 29 ff.; zum Verfahrensfortgang auch EuG T-331/10 RENV und T-416/10 RENV v. 21.5.2015 *Yoshida Metal Industry*; EuGH C-421/15 P v. 11.5.2017 *Yoshida Metal Industry*.

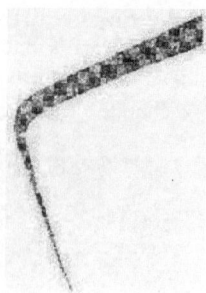

die typische, technisch bedingte Nutzungsart als Reifenprofil nicht berücksichtigen will und dadurch den grundsätzlich gefährlicheren, abstrakten Marken eher Schutz gewährt als konkretisierten Zeichen mit engerem Schutzbereich.[1069]

193 Der BGH hat die Rechtsprechung des EuGH zwar im Grundsatz nachvollzogen, dem Eintragungshindernis gleichwohl lange Jahre nur einen engen Anwendungsbereich zuerkannt.[1070] Immerhin hat der BGH das Eintragungshindernis nicht auf technische Geräte begrenzt, weil allgemein die Monopolisierung technischer Lösungen verhindert werden solle.[1071] Auch kommt es nicht darauf an, ob die technische Lösung der Ware grundsätzlich patentierbar wäre.[1072]

Die Erreichung einer nicht-technischen, lediglich geschmacklichen Wirkung hat der BGH allerdings zu Unrecht bei der Pralinenform der Rocher-Kugel nicht genügen lassen.[1073]

194 Allerdings genügte es dem BGH, wenn eine Gestaltung geringfügige Elemente aufweist, die nicht der technischen Wirkung zuzuschreiben sind, oder wenn technisch bedingte Elemente auf verschiedene Weise angeordnet oder kombiniert werden können.

Hiervon ausgehend war das Eintragungshindernis weder bei dem oben abgebildeten[1074] Gabelstapler, noch bei den oben abgebildeten[1075] Taschenlampen, noch beim oben abgebildeten[1076] Transformatorengehäuse, noch bei der oben abgebildeten[1077] Sportwagenform einschlägig. Beim Gabelstapler dienten die ein abgerundetes Fünfeck darstellende Fahrerkabinenrahmen, die durchweg abgerundeten Kantenlinien und das rundlich ausgeprägte Heck weder der Ermöglichung einer technischen Wirkung noch der Erzielung bestimmter Eigenschaften.[1078] Die Taschenlampenform wies einen zylinderförmigen Schaft, den zylinderförmig gegenüber dem Schaft vergrößerten Kopf, den konischen Übergang zwischen Schaft und Taschenlampenkopf, die Dreiteilung des Taschenlampenkopfes durch zwei umlaufende Einkerbungen, zwei umlaufende Riffelungen im mittleren Kopfteil der Taschenlampe sowie

---

1069 EuG T-447/16 v. 24.10.2018 *Pirelli Tyre*, Tz. 49 ff.
1070 Vgl. etwa BGH I ZB 9/04 v. 17.11.2005 *Scherkopf*; BGH I ZB 37/04 v. 24.5.2007 *Fronthaube* Tz. 12 ff.; I ZB 36/04 v. 24.5.2007, Tz. 12 ff.
1071 BGH I ZB 22/04 v. 25.10.2007 *Milchschnitte*, Tz. 20.
1072 BGH I ZB 3/17 v. 18.10.2017 *Traubenzuckertäfelchen*, Tz. 13 f.; I ZB 4/17 v. 18.10.2017, Tz. 13 f.
1073 BGH I ZB 88/07 v. 9.7.2009 *ROCHER-Kugel*, Tz. 17 f.
1074 § 4 Rdn. 144.
1075 § 4 Rdn. 141.
1076 § 4 Rdn. 144.
1077 Vgl. § 4 Rdn. 144.
1078 BGH GRUR 2004, 502, 504 *Gabelstapler II*.

eine gegenüber dem Schaft verkleinerte zylindrische Verschlusskappe auf; diese Merkmale dienten weder der Ermöglichung einer technischen Wirkung noch der Erzielung bestimmter Eigenschaften.[1079] Sogar das Transformatorengehäuse verfüge über eine Reihe von Gestaltungsmerkmalen, die in ihrer konkreten Formgebung zur Erzielung einer technischen Wirkung nicht erforderlich, sondern frei variierbar seien. Diese bestünden in der konkreten Anordnung und Ausgestaltung der Lüftungsschlitze in den Gehäuseseiten, den Einkerbungen der Seitenwände und der besonderen Form der Oberseite des Gehäuses.[1080] Auch bei der Sportwagenform sowie bei Kraftfahrzeugteilen hat der BGH trotz gewisser technischer Vorgaben vielfältige Gestaltungsmöglichkeiten gesehen.[1081] Bei der oben abgebildeten[1082] Form einer Cremeschnitte schließlich sah der BGH neben dem dreischichtigen Aufbau der Warenform weitere – Schutz verleihende – Merkmale.[1083]

Davon ist der BGH inzwischen nur teilweise abgerückt. So hat der BGH zwar 195 inzwischen nachvollzogen, dass es nur auf die wesentlichen Merkmale der Ware ankommt. Allerdings versteht der BGH den Begriff der technischen Bedingtheit eng. Vermittelt ein Merkmal der Form allein geschmackliche, optische oder haptische Sinneseindrücke, so lägen darin Wirkungen auf nichttechnischem Gebiet.[1084]

So sei etwa Form der Traubenzuckertäfelchen Dextro Engergy

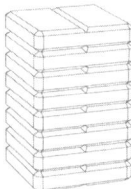

bzw.

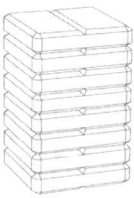

nicht allein technisch bedingt, weil die Abschrägung von Kanten und Einkerbung der Form auch eine ästhetische Wirkung verleihe.[1085]

1079 BGH GRUR 2004, 506, 507 *Stabtaschenlampen II*.
1080 BGH GRUR 2004, 507, 509 *Transformatorengehäuse*; vgl. aber anders EuG T-621/15 v. 5.4.2017 *Motorbetriebene Seilwinde*, Tz. 26.
1081 BGH I ZB 33/04 v. 15.12.2005 *Porsche Boxter*, Tz. 14; BGH I ZB 37/04 v. 24.5.2007 *Fronthaube* Tz. 12 ff.; I ZB 36/04 v. 24.5.2007, Tz. 12 ff.
1082 § 4 Rdn. 181.
1083 BGH I ZB 22/04 v. 25.10.2007 *Milchschnitte*, Tz. 21.
1084 BGH I ZB 3/17 v. 18.10.2017 *Traubenzuckertäfelchen*; I ZB 4/17 v. 18.10.2017, Tz. 36.
1085 BGH I ZB 3/17 v. 18.10.2017 *Traubenzuckertäfelchen*, Tz. 25 ff.; I ZB 4/17 v. 18.10.2017, Tz. 25 ff.

196 Im Ergebnis lief die überholte Rechtsprechung des BGH darauf hinaus, dass das Eintragungshindernis des § 3 II MarkenG zumeist abgelehnt wurde und eine der fraglichen Form eventuell fehlende Unterscheidungskraft durch ihre intensive Benutzung kompensiert werden konnte. Diese intensive Benutzung wird nämlich gerade dann möglich sein, wenn in der Anfangsphase auf dem Produkt ein Patent oder Muster lag, das seinem Inhaber die Alleinvermarktung garantierte. Dann aber konnte über den Markenschutz quasi eine Verlängerung des Patent- oder Musterschutzes erreicht werden, etwa wenn sich der Verkehr an eine bestimmte Produktgestaltung gewöhnt hat oder mit dieser besondere Qualitätsvorstellungen verbindet. Gegen die Zielsetzung des EuGH wurde der Markteintritt von Wettbewerbern erschwert. Es ist zu hoffen, dass der BGH nun seinen liberalen Ansatz nach zahlreichen gegenläufigen Entscheidungen von EuGH und EuG nicht weiterverfolgen wird.

3. Form oder anderes charakteristisches Merkmal wertverleihend

197 Anders als beim zweiten Unterfall von Art. 4 I Buchst. e MRR, Art. 7 I Buchst. e UMV bzw. § 3 II MarkenG (Form technisch bedingt) ist die Rechtsprechung des EuGH zum dritten Unterfall (Form verleiht der Ware wesentlichen Wert) noch jung und rudimentär. Das Eintragungshindernis ist anwendbar, wenn das Zeichen ausschließlich aus der Form einer Ware oder einem anderen charakteristischen Merkmal besteht, die bzw. das ihr einen wesentlichen Wert verleiht. Dies kann auch der Fall sein, wenn kumulativ mehrere Eigenschaften vorliegen, die der Ware in unterschiedlicher Weise jeweils einen wesentlichen Wert verleihen können.[1086] Bei der Feststellung, ob das fragliche Eintragungshindernis anwendbar ist, stellt die Wahrnehmung der Gestaltung der Ware durch die angesprochenen Verkehrskreise nur eines der Beurteilungskriterien dar.[1087] Denn der Begriff »Form oder anderes charakteristisches Merkmal, die bzw. das der Ware einen wesentlichen Wert verleiht«, kann nicht nur auf die Form von Waren, die einen rein künstlerischen[1088] oder dekorativen Wert haben, beschränkt sein. Denn andernfalls bestünde die Gefahr, dass Waren nicht erfasst würden, die außer einem bedeutenden ästhetischen Element auch wesentliche wertverleihende funktionelle Eigenschaften haben. Es können andere Beurteilungskriterien berücksichtigt werden, wie die Art der in Rede stehenden Warenkategorie, der künstlerische Wert der fraglichen Form, ihre Andersartigkeit im Vergleich zu anderen auf dem jeweiligen Markt allgemein genutzten Formen, ein bedeutender Preisunterschied gegenüber ähnlichen Produkten oder die Ausarbeitung einer Vermarktungsstrategie, die hauptsächlich die ästhetischen Eigenschaften der jeweiligen Ware herausstreicht.[1089]

1086 EuGH C-205/13 v. 18.9.2014 *Hauck/Stokke*, Tz. 36 u. 30 ff.
1087 EuGH C-205/13 v. 18.9.2014 *Hauck/Stokke*, Tz. 33 f. u. 36.
1088 Zum ästhetischen Wert schon BGH I ZB 37/04 v. 24.5.2007 *Fronthaube* Tz. 18; I ZB 36/04 v. 24.5.2007, Tz. 18; EuG T-508/08 v. 6.10.2011 *Form eines Lautsprechers II*, Tz. 72 ff.; zu Kunstwerken EFTA-Gerichtshof E-5/16 v. 8.4.2017 *Municipality of Oslo*, Tz. 113; vgl. auch die Schlussanträge des Generalanwalts *Ruiz Jarabo* v. 6.11.2003 in der Rechtssache C-456/01 P und C-457/01 P *Henkel*, Tz. 78; offen gelassen in EuGH C-371/06 v. 20.9.2007 *Benetton Group*.
1089 EuGH C-205/13 v. 18.9.2014 *Hauck/Stokke*, Tz. 32 u. 35.

Schutzfähig ist daher beispielsweise nicht die Form des Lindt-Goldhasen. Denn diese verleiht der Schokolade ihren wesentlichen Wert.[1090]

Demgegenüber war der BGH auch bei der Anwendung dieses Eintragungshindernisses zurückhaltender[1091] und verlangte, dass der Verkehr allein in dem ästhetischen Gehalt der Gestaltung den wesentlichen Wert der Ware sieht und es deshalb von vornherein als ausgeschlossen angesehen werden kann, dass der Form neben ihrer ästhetischen Wirkung zumindest auch die Funktion eines Herkunftshinweises zukommen kann.[1092]

198

So war aber jedenfalls bei Kunstwerken, die der Verkehr ausschließlich nach ihrem ästhetischen Gehalt wertet, die eigentümliche Formgebung nicht schutzfähig, wenn nach der Verkehrsauffassung das Kunstwerk erst durch diese Formgebung entsteht und die handelbare Ware selbst darstellt.[1093] Andererseits soll – unzutreffend – das Schutzhindernis nicht schon deswegen eingreifen, weil – wie etwa bei einer bestimmten Pralinenform – durch die angegriffene Form ein bestimmtes Geschmackserlebnis erzeugt wird.[1094]

VI. Bösgläubige Markenanmeldung

Der Fall, dass eine Marke bösgläubig angemeldet wurde, ist in Art. 4 II MRR sowie § 8 II Nr. 10 MarkenG[1095] als Eintragungshindernis, in Art. 59 I Buchst. b UMV lediglich als Nichtigkeitsgrund ausgestaltet.[1096] Dies hat die Konsequenz, dass das DPMA – nicht aber das EUIPO – die Bösgläubigkeit der Anmeldung im Eintragungsverfahren jedenfalls in »ersichtlich bösgläubigen« Fällen von Amts wegen prüft und die Anmeldung nach § 37 III MarkenG zurückweist, wenn die Bösgläubigkeit ersichtlich[1097] ist. Daneben können bösgläubig angemeldete deutsche Marken nach § 50 I MarkenG im Nichtigkeitsverfahren vor dem DPMA, Unionsmarken vor dem EUIPO oder im Rahmen einer anlässlich eines Verletzungsverfahrens erhobenen Widerklage angegriffen werden.[1098] Im Übrigen ist der Begriff der Bösgläubigkeit im Rahmen der MRR und der UMV gleich auszulegen.[1099] Der Begriff

199

1090 Große Beschwerdekammer des EUIPO R 2450/2011-G v. 7.7.2017 *GOLDHASE (LINDT) (3D MARKE)*.
1091 Geradezu absurd weit und gegen die Praxis des EUIPO dagegen KG 5 U 98/15 v. 11.10.2017 *Eis am Stiel*.
1092 BGH I ZB 37/04 v. 24.5.2007 *Fronthaube* Tz. 18; I ZB 36/04 v. 24.5.2007, Tz. 18; I ZB 88/07 v. 9.7.2009 *ROCHER-Kugel*, Tz. 19; kritisch schon *Sambuc*, GRUR 2009, 333, 336.
1093 BGHZ 5, 1, 5 ff. *Hummelfiguren*; BGH I ZB 37/04 v. 24.5.2007 *Fronthaube* Tz. 18; I ZB 36/04 v. 24.5.2007, Tz. 18; zum Thema ausführlich *Jankowski*, Markenschutz für Kunstwerke, 2012.
1094 BGH I ZB 88/07 v. 9.7.2009 *ROCHER-Kugel*, Tz. 21.
1095 Eingefügt mit Wirkung vom 1.6.2004 durch Art. 2 IX des Geschmacksmusterreformgesetzes vom 12.3.2004 (BGBl. I 390).
1096 Art. 5 IV Buchst. c MRR sieht – ohne zusätzlichen Regelungsbereich im deutschen Recht – außerdem einen Widerspruchsgrund vor, wenn Markenschutz eines Dritten im Ausland besteht und bösgläubig angemeldet wird.
1097 Dazu BGH I ZB 40/09 v. 24.6.2010 *LIMES LOGISTIK*, Tz. 13.
1098 Zur Unionsmarke: EuGH C-529/07 v. 11.6.2009 *Chocoladefabriken Lindt & Sprüngli*, Tz. 34.
1099 EuGH C-320/12 v. 27.6.2013 *Malaysia Dairy Industries*, Tz. 33 ff.

ist umfassend harmonisiert;[1100] ein Gestaltungsspielraum des nationalen Gesetzgebers besteht nur hinsichtlich der Frage, ob das Eintragungshindernis der Bösgläubigkeit in nationales Recht umgesetzt wird, nicht aber hinsichtlich des »Wie« der Umsetzung.[1101]

> So kann der nationale Gesetzgeber beispielsweise nicht einen grundsätzlichen Schutz ausländischer Marken dahingehend vorsehen, dass schon die Kenntnis eines Anmelders von einer ausländischen Marke automatisch zur Bösgläubigkeit führt. Vielmehr kommt es auf sämtliche Umstände des Einzelfalls an.[1102]

200 Die Rechtsprechung von EuGH und EuG zum Begriff der bösgläubigen Markenanmeldung steckt noch in den Anfängen. Der EuGH konnte allerdings inzwischen klarstellen, dass der maßgebliche Zeitpunkt für die Beurteilung der Frage, ob der Anmelder bösgläubig war, der Zeitpunkt der Anmeldung durch den Betreffenden ist.[1103] Dabei sind alle erheblichen Faktoren des jeweiligen Einzelfalls zu berücksichtigen,[1104] also auch Umstände vor oder nach der Anmeldung der Marke.[1105] Auch konnte der EuGH einzelne Faktoren als insofern erheblich herausstellen, hat es aber vermieden, insofern einen abschließenden Katalog formulieren zu wollen.[1106] Die Beurteilung der subjektiven Einstellung des Anmelders im Sinne einer unredlichen Absicht oder eines sonstigen unlauteren Motivs kann dabei aufgrund objektiver Umstände erfolgen.[1107] Da jedoch letztlich der Begriff in den einzelnen Mitgliedstaaten der Union eine durchaus unterschiedliche Auslegung erfahren

---

1100 EuGH C-320/12 v. 27.6.2013 *Malaysia Dairy Industries*, Tz. 23 ff.; obwohl Art. 4 II MRR lediglich eine Kann-Bestimmung darstellt, ist die Vorschrift – wird sie einmal umgesetzt – und ihre Auslegung bindend und abschließend; vgl. zu Art. 5 II MRR (2008) EuGH C-408/01 v. 23.10.2003 *Adidas/Fitnessworld*, Tz. 22.
1101 EuGH C-320/12 v. 27.6.2013 *Malaysia Dairy Industries*, Tz. 40 f.
1102 EuGH C-320/12 v. 27.6.2013 *Malaysia Dairy Industries*, Tz. 43.
1103 EuGH C-529/07 v. 11.6.2009 *Chocoladefabriken Lindt & Sprüngli*, Tz. 35 u. 41; EuGH C-569/08 v. 3.6.2010 *Internetportal und Marketing*, Tz. 45; EuGH C-320/12 v. 27.6.2013 *Malaysia Dairy Industries*, Tz. 36; BGH I ZB 44/14 v. 15.10.2015 *LIQUIDROM*, Tz. 13 f.; BGH I ZB 69/14 v. 15.10.2015 *GLÜCKSPILZ*, Tz. 12 f., in Abgrenzung von BGH I ZB 8/06 v. 2.4.2009 *Ivadal*, Tz. 11; I ZB 5/08 v. 2.4.2009, Tz. 14; nun auch BGH I ZR 105/14 v. 23.9.2015 *Goldbären*, Tz. 58.
1104 EuGH C-529/07 v. 11.6.2009 *Chocoladefabriken Lindt & Sprüngli*, Tz. 37; EuGH C-320/12 v. 27.6.2013 *Malaysia Dairy Industries*, Tz. 36; BGH I ZB 8/06 v. 2.4.2009 *Ivadal*, Tz. 18; BGH I ZR 105/14 v. 23.9.2015 *Goldbären*, Tz. 58.
1105 BGH I ZB 69/14 v. 15.10.2015 *GLÜCKSPILZ*, Tz. 14; entsprechend schon BGH I ZB 8/06 v. 2.4.2009 *Ivadal*, Tz. 11; I ZB 5/08 v. 2.4.2009, Tz. 14, wonach aber (nicht ganz abwegig, vgl. EuGH C-192/03 P v. 5.10.2004 *BSS*, Tz. 41, unter Hinweis auf EuGH C-259/02 v. 27.1.2004 *La Mer*, Tz. 31) bei § 8 II Nr. 10 MarkenG auch Umstände bis zur Eintragung der Marke – und unter Einschränkungen auch danach – zu berücksichtigen seien.
1106 EuGH C-529/07 v. 11.6.2009 *Chocoladefabriken Lindt & Sprüngli*, Tz. 38 ff.
1107 EuGH C-529/07 v. 11.6.2009 *Chocoladefabriken Lindt & Sprüngli*, Tz. 42; EuGH C-320/12 v. 27.6.2013 *Malaysia Dairy Industries*, Tz. 36; so schon BGH I ZB 8/06 v. 2.4.2009 *Ivadal*, Tz. 18; BGH I ZR 105/14 v. 23.9.2015 *Goldbären*, Tz. 58.

hat,[1108] muss noch mit erheblichen Korrekturen der deutschen Rechtsprechung gerechnet werden.[1109]

Der BGH hat seine Rechtsprechung zur bösgläubigen Anmeldung überwiegend **201** im Rahmen der wettbewerbsrechtlichen Generalklausel entwickelt. Der BGH knüpft dabei an die Rechtsprechung zum außerkennzeichenrechtlichen Löschungsanspruch aus § 1 UWG a. F. (heute § 3) oder § 826 BGB unter Geltung des Warenzeichengesetzes an und zieht diese Grundsätze nun – bis heute konsequent gegen die Vorlagepflicht verstoßend[1110] – zur Beurteilung der Bösgläubigkeit des Anmelders nach §§ 8 II Nr. 10, 50 I Nr. 4 MarkenG weiter heran.[1111] Eine wirkliche Harmonisierung versucht der BGH noch nicht einmal.[1112] Nach der Rechtsprechung des BGH ist daher von einer Bösgläubigkeit des Anmelders[1113] dann auszugehen, wenn die Anmeldung rechtsmissbräuchlich[1114] oder sittenwidrig erfolgt ist. Daneben lässt der BGH – unter konsequentem Verstoß gegen die MRR[1115] – in diesem Rahmen auch weiterhin wettbewerbsrechtliche Löschungsansprüche gegen Marken zu[1116]; dies hat die – durchaus wünschenswerte – Konsequenz, dass gegen bösgläubig angemeldete deutsche Marken nicht nur im Verfahren vor dem DPMA, sondern auch vor den ordentlichen Gerichten vorgegangen werden kann. In der Rechtsprechung des BGH lassen sich dabei im Wesentlichen drei – noch stark wettbewerbsrechtlich orientierte – Fallgruppen ausmachen,
– die sittenwidrige Behinderung, insbesondere einer Vorbenutzung des Zeichens durch einen Dritten,
– der Einsatz der markenrechtlichen Sperrwirkung als zweckfremdes Mittel des Wettbewerbskampfes und
– die Markenanmeldung zu Spekulationszwecken.

Die praktisch größte Bedeutung haben unter der Geltung des Warenzeichengesetzes **202** die Fälle der sittenwidrigen Behinderung erlangt. Der Anmelder eines Kennzeichens handele dabei nach der Rechtsprechung des BGH nicht schon deshalb unlauter, weil er weiß, dass ein anderer dasselbe Kennzeichen im Inland für gleiche Waren benutzt, ohne hierfür einen formalen Kennzeichenschutz erworben zu

---

1108 Vgl. die ausgezeichnete Übersicht von *Tsoutsanis*, Het merkdepot te kwader trouw.
1109 Zu selbstbewusst BGH GRUR 2000, 1032, 1033 *EQUI 2000*; BGH GRUR 2001, 242, 244 *Classe E*, unter Hinweis auf die Begründung zum Regierungsentwurf, BT-Drucks. 12/6581, 79, 95 = BlPMZ 1994, Sonderheft, 73, 89.
1110 Zur Kritik ausführlicher auch unten § 26 Rdn. 10 – 12.
1111 BGH GRUR 2000, 1032, 1033 f. *EQUI 2000*, unter Hinweis auf die Begründung zum Regierungsentwurf, BT-Drucks. 12/6581, 79, 95 = BlPMZ 1994, Sonderheft, 73, 89; auch BGH GRUR 2005, 581, 582 *The Colour of Elégance*; BGH I ZR 38/05 v. 10.1.2008 *AKADEMIKS*, Tz. 21; BGH I ZB 8/06 v. 2.4.2009 *Ivadal*, Tz. 10; BGH I ZB 44/14 v. 15.10.2015 *LIQUIDROM*, Tz. 16; BGH I ZB 69/14 v. 15.10.2015 *GLÜCKSPILZ*, Tz. 16.
1112 Vgl. nur BGH I ZB 44/14 v. 15.10.2015 *LIQUIDROM*, Tz. 13 ff.
1113 Über den Wortlaut hinaus genügt auch eine Bösgläubigkeit des Auftraggebers oder Hintermanns: HABM R-582/2003–4 v. 13.12.2004 *EAST SIDE MARIO'S*.
1114 Hierzu auch BGH I ZR 63/06 v. 18.12.2008 *Motorradreiniger*, Tz. 26.
1115 Die Eintragungshindernisse sind abschließend: EuGH C-320/12 v. 27.6.2013 *Malaysia Dairy Industries*, Tz. 42.
1116 Vgl. BGH I ZR 38/05 v. 10.1.2008 *AKADEMIKS*, Tz. 21, m. w. N.; auch unten § 26 Rdn. 10 – 12.

haben.[1117] Auch die Kenntnis einer Benutzung im Ausland durch einen Dritten genüge nach der Rechtsprechung des BGH wegen des markenrechtlichen Territorialitätsprinzips[1118] normalerweise nicht.[1119] Erst recht reiche es nicht aus, dass eine Marke lediglich als Vorbild für die Wahl einer Firmenbezeichnung diente. Vielmehr kann hiergegen nur nach § 14 II Nr. 2 oder 3 MarkenG vorgegangen werden.[1120] Etwas anderes könne jedoch dann gelten, wenn auf Seiten des Zeicheninhabers besondere Umstände vorliegen, die die Erwirkung der Zeicheneintragung als sittenwidrig erscheinen lassen. Die Ausnutzung einer formalen Rechtsstellung ist hier insbesondere dann als missbräuchlich angesehen worden, wenn sie ohne sachlich gerechtfertigten Grund zur Erreichung einer dem Kennzeichenrecht fremden und regelmäßig zu missbilligenden Zielsetzung erfolgte, die auf eine unlautere Behinderung eines Zeichenbenutzers und auf eine Übernahme oder jedenfalls eine Störung seines Besitzstands hinauslief.[1121]

203 Im Rahmen der zweiten Fallgruppe, des wettbewerbswidrigen Ausnutzens der Sperrwirkung der Marke, hat der BGH ein wettbewerbsrechtlich verwerfliches Verhalten darin gesehen, dass ein Anmelder die mit der Eintragung einer Marke entstehende und wettbewerbsrechtlich an sich unbedenkliche Sperrwirkung zweckfremd als Mittel des Wettbewerbskampfes einsetzt.[1122] Der wesentliche Unterschied zur Fallgruppe der sittenwidrigen Behinderung bestehe dabei darin, dass

---

1117 BGH GRUR 1998, 412, 414 *Analgin*; BGH GRUR 1998, 1034, 1036 f. *Makalu*; BGH GRUR 2000, 1032, 1034 *EQUI 2000*, m. w. N.; BGH GRUR 2004, 510, 511 *S 100*; BGH GRUR 2004, 790, 793 *Gegenabmahnung*; BGH GRUR 2005, 581, 582 *The Colour of Elégance*; BGH I ZR 190/05 v. 26.6.2008 *EROS*, Tz. 20; BGH I ZB 8/06 v. 2.4.2009 *Ivadal*, Tz. 13; BGH I ZR 105/14 v. 23.9.2015 *Goldbären*, Tz. 58.
1118 Hierzu oben § 1 Rdn. 38.
1119 BGH I ZR 148/04 v. 12.7.2007 *CORDARONE*, Tz. 19; BGH I ZR 38/05 v. 10.1.2008 *AKADEMIKS*, Tz. 21, m. w. N.
1120 BGH GRUR 2003, 428, 431 *BIG BERTHA*.
1121 BGHZ 46, 130, 132 f. *MODESS*; BGH GRUR 1980, 110, 112 *TORCH*; BGH GRUR 1984, 210, 211 *AROSTAR*; BGH GRUR 1998, 412, 414 *Analgin*; BGH GRUR 1998, 1034, 1036 f. *Makalu*; BGH GRUR 2000, 1032, 1034 *EQUI 2000*; BGH GRUR 2001, 242, 244 *Classe E*; BGH GRUR 2003, 428, 431 *BIG BERTHA*; BGH GRUR 2004, 510, 511 *S 100*; BGH GRUR 2004, 790, 793 *Gegenabmahnung*; BGH GRUR 2005, 581, 582 *The Colour of Elégance*; BGH I ZR 148/04 v. 12.7.2007 *CORDARONE*, Tz. 18; BGH I ZR 38/05 v. 10.1.2008 *AKADEMIKS*, Tz. 21; BGH I ZR 190/05 v. 26.6.2008 *EROS*, Tz. 20; BGH I ZB 8/06 v. 2.4.2009 *Ivadal*, Tz. 13; BGH I ZB 40/09 v. 24.6.2010 *LIMES LOGISTIK*, Tz. 13; BGH I ZB 44/14 v. 15.10.2015 *LIQUIDROM*, Tz. 17; BGH I ZB 69/14 v. 15.10.2015 *GLÜCKSPILZ*, Tz. 17.
1122 BGHZ 150, 82, 93 *Hotel Adlon*; BGH GRUR 1998, 412, 414 *Analgin*; BGH GRUR 1998, 1034, 1037 *Makalu*; BGH GRUR 2000, 1032, 1034 *EQUI 2000*; BGH GRUR 2001, 242, 244 *Classe E*; BGH GRUR 2003, 428, 431 *BIG BERTHA*; BGH GRUR 2004, 510, 511 *S 100*; BGH GRUR 2005, 414, 417 *Russisches Schaumgebäck*; BGH GRUR 2005, 581 *The Colour of Elégance*; BGH I ZR 148/04 v. 12.7.2007 *CORDARONE*, Tz. 18; BGH I ZR 38/05 v. 10.1.2008 *AKADEMIKS*, Tz. 21; BGH I ZR 190/05 v. 26.6.2008 *EROS*, Tz. 20; BGH I ZB 23/11 v. 27.10.2011 *Simca*, Tz. 10; BGH I ZB 44/14 v. 15.10.2015 *LIQUIDROM*, Tz. 17; BGH I ZB 69/14 v. 15.10.2015 *GLÜCKSPILZ*, Tz. 17.

hier ein Eingriff in einen schutzwürdigen Besitzstand eines Dritten in diesem Fall nicht erforderlich sei.[1123]

Insbesondere die ersten beiden Fallgruppen erweisen sich dabei als recht abstrakt und lassen sich nur schwer voneinander abgrenzen. Auch gibt es keine Anhaltspunkte dafür, dass der EuGH die Fallgruppensystematik des BGH übernehmen würde. Um die in der Praxis auftretenden Bösgläubigkeitsfälle zu erfassen, erscheint eine etwas andere Einteilung des Fallmaterials praktikabler, bei der zudem der Gedanke des europäischen Binnenmarktes stärkere Berücksichtigung finden kann. Hierbei lassen sich die folgenden Fallgruppen unterscheiden: 204
- der Einsatz der Marke gegen inländische Benutzungshandlungen, insbesondere gegen Vorbenutzung durch einen Dritten,
- der Einsatz der Marke zur Marktabschottung gegenüber dem Ausland und
- der Einsatz der Marke zu Spekulationszwecken.

1. Einsatz der Marke gegen inländische Benutzungshandlungen, insbesondere gegen Vorbenutzung durch einen Dritten

In der Praxis kommt es nicht selten vor, dass ein Dritter ein Zeichen bereits seit längerem nutzt, dann aber wegen dieser Zeichennutzung aus einer erst später angemeldeten Marke angegriffen wird. Nach der Rechtsprechung des EuGH aber ist – ähnlich wie in der Rechtsprechung des BGH[1124] – nicht automatisch jeder Versuch, eine Marke gegen solche Benutzungshandlungen eines Dritten einzusetzen, bösgläubig.[1125] Denn unter Umständen ist die Markenanmeldung dadurch gerechtfertigt, dass sich der Anmelder gegen Imitatoren seines Produktes zur Wehr setzen will.[1126] Daher sind auch hier bei der Prüfung der Bösgläubigkeit alle erheblichen Faktoren zu berücksichtigen, die dem von ihm zu entscheidenden Fall eigen sind und zum Zeitpunkt der Einreichung der Anmeldung einer Marke vorliegen, insbesondere 205
- die Tatsache, dass der Anmelder weiß oder wissen muss, dass ein Dritter in mindestens einem Mitgliedstaat ein gleiches oder ähnliches Zeichen[1127] für eine gleiche oder mit dem angemeldeten Zeichen verwechselbar ähnliche Ware verwendet,[1128]

1123 BGH GRUR 1998, 412, 414 *Analgin*, unter Hinweis auf BGHZ 46, 130, 133 *MODESS*; BGH GRUR 1967, 304, 306 *Siroset*; BGH GRUR 1980, 110, 111 *TORCH*.
1124 BGH GRUR 1998, 412, 414 *Analgin*; BGH GRUR 1998, 1034, 1036 f. *Makalu*; BGH GRUR 2000, 1032, 1034 *EQUI 2000*, m. w. N.; BGH GRUR 2004, 510, 511 *S 100*; BGH GRUR 2004, 790, 793 *Gegenabmahnung*; BGH GRUR 2005, 581, 582 *The Colour of Elégance*; BGH I ZR 190/05 v. 26.6.2008 *EROS*, Tz. 20; BGH I ZR 105/14 v. 23.9.2015 *Goldbären*, Tz. 58.
1125 EuGH C-529/07 v. 11.6.2009 *Chocoladefabriken Lindt & Sprüngli*, Tz. 40.
1126 EuGH C-529/07 v. 11.6.2009 *Chocoladefabriken Lindt & Sprüngli*, Tz. 48 f.; EuGH C-488/16 P v. 6.9.2018 *Bundesverband Souvenir – Geschenke – Ehrenpreise*, Tz. 83.
1127 Ist das Zeichen nicht ähnlich, so liegt – selbst wenn der Anmelder die Rechtslage anders beurteilt und abgemahnt hat – keine bösgläubige Anmeldung vor: BGH I ZB 53/08 v. 20.5.2009 *Schuhverzierung*, Tz. 17 ff.
1128 Dieses Kriterium allein genügt nicht für eine Bösgläubigkeit: EuG T-132/16 v. 5.5.2017 *PayPal*, Tz. 37 ff. u. 68.

- die Absicht des Anmelders, diesen Dritten an der weiteren Verwendung eines solchen Zeichens zu hindern, sowie
- den Grad des rechtlichen Schutzes, den das Zeichen des Dritten und das angemeldete Zeichen genießen.[1129]

206 Im Hinblick auf den Begriff des »Wissenmüssens« kann sich dabei eine Vermutung dahin, dass der Anmelder von der Verwendung eines gleichen oder ähnlichen Zeichens für eine gleiche oder mit dem angemeldeten Zeichen verwechselbar ähnliche Ware Kenntnis hatte, u. a. schon aus einer allgemeinen Kenntnis davon ergeben, dass allgemein das identische oder ein ähnliches Zeichen im betreffenden Wirtschaftssektor Verwendung findet. Weil es dabei umso wahrscheinlicher ist, dass der Anmelder bei umso längerwährender Verwendung davon Kenntnis hatte, lässt sich die Kenntnis des Anmelders u. a. aus der Dauer einer derartigen Verwendung herleiten.

Vertreibt daher etwa ein Unternehmen bereits langjährig zu Ostern die nachstehend abgebildeten Schokoladenhasen

und wird dann von einem Konkurrenten aus einer erst später angemeldeten Marke

angegriffen, so kommt es nicht darauf an, ob der Markeninhaber tatsächlich Kenntnis vom Vertrieb der Schokoladenhasen hatte. Vielmehr kann eine Kenntnis schon aufgrund der langjährigen Nutzung unterstellt werden.[1130] Jedenfalls kann das Amt die Bösgläubigkeit nicht

---

[1129] EuGH C-529/07 v. 11.6.2009 *Chocoladefabriken Lindt & Sprüngli*, Tz. 50; EuGH C-266/12 v. 7.2.2013 *Majtczak*, Tz. 38; auch EuGH C-320/12 v. 27.6.2013 *Malaysia Dairy Industries*, Tz. 36.

[1130] Vgl. EuGH C-529/07 v. 11.6.2009 *Chocoladefabriken Lindt & Sprüngli*, Tz. 39.

einfach unter Hinweis auf eine fehlende Identität verneinen, ohne die Ähnlichkeit der Zeichen zu prüfen.[1131]

Weiter kann unter bestimmten Umständen die Absicht des Markenanmelders, einen Dritten an der Vermarktung einer Ware zu hindern, für die Bösgläubigkeit des Anmelders kennzeichnend sein. Dies ist u. a. dann der Fall, wenn sich später herausstellt, dass der Anmelder ein Zeichen als Marke hat eintragen lassen, ohne dessen Benutzung zu beabsichtigen, allein um den Marktzutritt eines Dritten zu verhindern.[1132] Ein Indiz für die Bösgläubigkeit kann hierbei sein, wenn das betreffende Zeichen in der Gesamtform und -aufmachung einer Ware besteht und zugleich die Wahlfreiheit der Mitbewerber hinsichtlich Form und Aufmachung einer Ware aufgrund technischer oder kommerzieller Erwägungen so beschränkt ist, dass der Markeninhaber seine Mitbewerber nicht nur daran hindern kann, ein gleiches oder ähnliches Zeichen zu verwenden, sondern auch daran, vergleichbare Waren zu vermarkten.[1133] 207

> Existieren daher für eine wirtschaftlich sinnvolle Vermarktung von Schokoladenhasen lediglich zwei mögliche Grundformen, so deutet die Monopolisierung einer dieser Grundformen durch eine Markenanmeldung auf die Bösgläubigkeit des Anmelders hin.

Ein weiterer Umstand bei der Prüfung der Bösgläubigkeit ist dabei der Umstand, inwieweit einer der Beteiligten bereits seit längerem das Zeichen für eine gleiche oder mit der angemeldeten Marke verwechselbar ähnliche Ware verwendet und dadurch für dieses Zeichen in einem gewissen Grad rechtlichen Schutz genießt. In dem Fall nämlich, dass der Dritte bereits einen gewissen Schutz genießt, könnte nämlich der Anmelder in den Genuss der von der Marke verliehenen Rechte gelangen, nur um gegenüber einem Mitbewerber, der ein Zeichen verwendet, das bereits aus eigener Kraft einen gewissen Grad rechtlichen Schutzes erlangt hat, unlauteren Wettbewerb zu betreiben.[1134] Umgekehrt kann unter Umständen ein gewisser Bekanntheitsgrad des vom Anmelder verwendeten Zeichens sein Interesse an der Anmeldung und Monopolisierung des Zeichens rechtfertigen.[1135] 208

Ähnlich wie der EuGH – aber insgesamt wohl etwas zurückhaltender – ist der BGH von einer Bösgläubigkeit ausgegangen, wenn auf Seiten des Zeicheninhabers besondere Umstände vorliegen, die die Erwirkung der Zeicheneintragung als sittenwidrig erscheinen lassen. Insbesondere ist ein Missbrauch dann angenommen worden, wenn der Angriff aus einer Marke mit einer dem Kennzeichenrecht fremden und regelmäßig zu missbilligenden Zielsetzung erfolgte, die auf eine unlautere Behinderung eines Zeichenbenutzers und auf eine Übernahme oder jedenfalls eine 209

1131 EuG T-227/09 v. 21.3.2012 *FS*, Tz. 40, im Ergebnis bestätigt durch EuGH C-266/12 v. 7.2.2013 *Majtczak*.
1132 EuGH C-529/07 v. 11.6.2009 *Chocoladefabriken Lindt & Sprüngli*, Tz. 41 ff.
1133 EuGH C-529/07 v. 11.6.2009 *Chocoladefabriken Lindt & Sprüngli*, Tz. 50.
1134 EuGH C-529/07 v. 11.6.2009 *Chocoladefabriken Lindt & Sprüngli*, Tz. 46 f.
1135 EuGH C-529/07 v. 11.6.2009 *Chocoladefabriken Lindt & Sprüngli*, Tz. 51 f.

Störung seines Besitzstands hinauslief.[1136] Die Annahme eines schutzwürdigen Besitzstandes setzt dabei voraus, dass das Zeichen des durch die bösgläubige Anmeldung Verletzten im Inland zum Prioritätszeitpunkt der bösgläubig angemeldeten Marke entweder aufgrund einer im Inland erfolgten Nutzung eine gewisse Bekanntheit erreicht hat.[1137] Letztlich läuft die Rechtsprechung des BGH daher im Wesentlichen auf einen Besitzstandsschutz hinaus.

> Wann ein wertvoller Besitzstand in Frage kommt, ist nicht im Einzelnen geklärt. Jedenfalls aber bei Jahresumsätzen von um die 500.000,–€ unter dem Zeichen kommt ein Besitzstandsschutz in Frage.[1138] Demgegenüber genießt ein unter Verstoß gegen Urheberrechte an einem Logo erlangter Besitzstand keinen Schutz.[1139] Auch wenn nur ein lokaler Besitzstand – etwa durch ein Unternehmenskennzeichenrecht in einer Stadt – erworben wurde, scheidet Besitzstandsschutz nach dem Rechtsgedanken des § 12 MarkenG aus.[1140]

210 Geht es hierbei um ein Zeichen, dessen Eintragung erst aufgrund einer Gesetzesänderung, etwa nach Abschaffung eines Eintragungshindernisses, möglich geworden ist, kann der schutzwürdige Besitzstand auch zu einer Zeit erarbeitet worden sein, zu der der Eintragung des Zeichens noch das Eintragungshindernis entgegenstand.

> Obwohl daher etwa die Bezeichnung »S 100« als »unaussprechbare« Buchstaben-/Zahlenkombination unter Geltung des WZG nicht schutzfähig war, konnte ein schutzwürdiger Besitzstand bereits vor Inkrafttreten des MarkenG erworben werden.[1141]

211 Insgesamt kommt es hierbei nicht darauf an, ob auch eine kennzeichenmäßige Benutzung[1142] oder lediglich eine nicht kennzeichenmäßige – etwa beschreibende – Benutzung gesperrt werden soll. Im Einzelfall nämlich kann die Abgrenzung schwierig sein und bereits deswegen eine Sperrwirkung auslösen.

> Wird daher etwa eine Marke »The Colour of Elégance« angemeldet, so kann auch derjenige dagegen vorgehen, der sich wettbewerbswidrig in einer beschreibenden Benutzung der Bezeichnung gehindert sieht.[1143]

212 Ferner muss nach der Rechtsprechung des BGH bei der Beantwortung der Frage, ob für die Anmeldung des von einem Dritten benutzten Zeichens ein hinreichender sachlicher Grund bestand, ein berechtigtes Interesse des Anmelders an einer bestimmten Markennutzung außer Betracht bleiben, wenn zu erwarten ist, dass die Eintragung der Marke nicht nur diesem Interesse dienen soll.

1136 BGHZ 46, 130, 132 f. *MODESS*; BGH GRUR 1980, 110, 112 *TORCH*; BGH GRUR 1984, 210, 211 *AROSTAR*; BGH GRUR 1998, 412, 414 *Analgin*; BGH GRUR 1998, 1034, 1036 f. *Makalu*; BGH GRUR 2000, 1032, 1034 *EQUI 2000*; BGH GRUR 2001, 242, 244 *Classe E*; BGH GRUR 2003, 428, 431 *BIG BERTHA*; BGH GRUR 2004, 510, 511 *S 100*; BGH GRUR 2004, 790, 793 *Gegenabmahnung*; BGH GRUR 2005, 581, 582 *The Colour of Elégance*; BGH I ZR 148/04 v. 12.7.2007 *CORDARONE*, Tz. 18; BGH I ZR 38/05 v. 10.1.2008 *AKADEMIKS*, Tz. 21; BGH I ZR 190/05 v. 26.6.2008 *EROS*, Tz. 20; I ZB 5/08 v. 2.4.2009, Tz. 16; I ZR 183/07 v. 12.11.2009 *WM-Marken*, Tz. 51.
1137 BGH I ZR 38/05 v. 10.1.2008 *AKADEMIKS*, Tz. 22, m. w. N.
1138 BGH I ZB 40/09 v. 24.6.2010 *LIMES LOGISTIK*, Tz. 18.
1139 BGH I ZB 75/10 v. 17.8.2011, Tz. 15.
1140 BGH I ZB 44/14 v. 15.10.2015 *LIQUIDROM*, Tz. 18 ff.
1141 BGH GRUR 2004, 510, 511 *S 100*.
1142 Vgl. hierzu unten § 10 Rdn. 30 – 12.
1143 BGH GRUR 2005, 581, 582 *The Colour of Elégance*.

So kann beispielsweise ein hinreichender sachlicher Grund für die Anmeldung einer deutschen Marke grundsätzlich darin gesehen werden, den Export von mit der Marke bezeichneten Produkten abzusichern. Hat jedoch ein Dritter die Bezeichnung in Deutschland bereits intensiv benutzt und verwendet der Anmelder die Marke auch für den inländischen Vertrieb, so fehlt insgesamt ein berechtigtes Interesse.[1144] Auch ist normalerweise von einer wettbewerbswidrigen Behinderungsabsicht dann nicht auszugehen, wenn mit einer Markenanmeldung eine »Markenfamilie« des Anmelders fortgeschrieben wird.[1145] Anders liegt es jedoch, wenn der Anmelder nur den Schutzbereich seiner Marke erweitern will, indem er ähnliche Marken anmeldet.[1146]

Abgesehen von diesen Fällen eines Besitzstandsschutzes hat die Rechtsprechung 213 auch in solchen Fällen eine bösgläubige Anmeldung bejaht, wenn die Parteien zuvor zusammengearbeitet hatten und aufgrund der Zusammenarbeit in einem besonderen Treueverhältnis zueinander standen. Hierfür genügen gescheiterte Vertragsverhandlungen, in denen gegenüber dem bösgläubigen Markenanmelder schon die Marke erwähnt wurde.[1147]

Bösgläubigkeit lag daher auch nahe, wenn nach jahrelanger Zusammenarbeit der Parteien unter einer gemeinsamen Marke wenige Monate vor Kündigung der Zusammenarbeit von einer Partei diese Marke angemeldet wird.[1148] Dies gilt selbst dann, wenn keine identische, sondern eine nur ähnliche Marke angemeldet wird, um einen Lizenzvertrag zu umgehen und gleichwohl von der Marke des anderen zu profitieren.[1149] Auch wenn der Anmelder früher in der Geschäftsführung des Unternehmens tätig war, was die Marke bereits seit langem nutzt, spricht dies für Bösgläubigkeit.[1150]

Noch nicht abschließend geklärt ist, ob auch das Wiederbeleben einer ehemals 214 berühmten Marke bösgläubig sein kann, deren Nutzung zwischenzeitlich vom Inhaber aufgegeben wurde. Das EuG[1151] will insofern eine Bösgläubigkeit bejahen, das BPatG[1152] verneinen. Die besseren Argumente dürften gegen die Bösgläubigkeit sprechen: Dem Inhaber einer berühmten Marke steht es frei, diese weiter zu verlängern und (ggf. durch neue Produkte) rechtserhaltend zu benutzen. Gibt er die Marke auf und stellt die Benutzung ein, so können Dritte in die Lücke treten. Wenn dabei ein guter Ruf der bekannten Marke ausgenutzt wird, ist dies hinzunehmen, solange der Verkehr dabei nicht über die tatsächlichen Marktverhältnisse irregeführt wird.

Wird daher die Oldtimermarke »Simca« vom Hersteller nicht mehr genutzt und verlängert, so können sich Dritte der Marke bedienen. Dies gilt umso mehr, wenn die Marke durch den neuen Inhaber nicht für Autos benutzt wird, sondern nur für ähnliche Waren wie Elektrofahrräder.[1153]

1144 BGH GRUR 2004, 510, 511 f. *S 100*.
1145 BGH GRUR 2005, 581, 582 *The Colour of Elégance*.
1146 Vgl. BGH I ZR 105/14 v. 23.9.2015 *Goldbären*, Tz. 59.
1147 EuG T-340/16 v. 31.5.2018 *Outsource 2 India*, Tz. 42 ff.
1148 BGH I ZR 190/05 v. 26.6.2008 *EROS*, Tz. 24 ff.
1149 EuG T-456/15 v. 5.10.2016 *Dariusz Tiger Michalczewski/T. G. R. ENERGY DRINK*, Tz. 30 ff., im Ergebnis bestätigt durch EuGH C-639/16 P v. 11.5.2017 *Foodcare*.
1150 EuG T-321/10 v. 10.7.2013 *GRUPPO SALINI*, Tz. 25 ff.
1151 EuG T-327/12 v. 8.5.2014 *Simca*.
1152 BPatG 28 W (pat)13/10 v. 12.4.2012 *Simca*, im Ergebnis bestätigt durch BGH I ZB 23/11 v. 27.10.2011 *Simca*.
1153 A. A.: EuG T-327/12 v. 8.5.2014 *Simca*.

215 Zweckfremdes Mittel des Wettbewerbskampfes und damit bösgläubig kann auch die Anmeldung einer sogenannten Wiederholungsmarke sein. Dies ist jedenfalls dann der Fall, wenn die Markenanmeldung allein dazu dient, den Benutzungszwang zu unterlaufen und die Löschung einer infolge Nichtbenutzung verfallenen Marke zu verhindern.[1154]

216 Grundsätzlich kein zweckfremdes Mittel des Wettbewerbskampfes und regelmäßig nicht bösgläubig ist dagegen der Erwerb eines gegenüber dem Klagezeichen älteren Markenrechts während des laufenden Rechtsstreits, um Ansprüche des Gegners nur abzuwehren.[1155] Die Beurteilung von Angriff und Abwehr kann hier im Hinblick auf eine etwaige Bösgläubigkeit folglich unterschiedlich ausfallen. Für denjenigen, dessen Anmeldung unter Umständen als bösgläubig zu qualifizieren ist, gilt es daher gründlich zu prüfen, ob er seine Marke nur zu Abwehrzwecken oder zugleich auch zu Zwecken des Angriffs einsetzt.

2. Einsatz der Marke zur Marktabschottung gegenüber dem Ausland

217 Gänzlich andere Erwägungen als die des Besitzstandsschutzes oder von Treuepflichten nach einer Zusammenarbeit kommen hingegen zumeist in den Fällen zum Tragen, in denen die Marke zur Marktabschottung gegenüber dem Ausland eingesetzt wird. Hier gilt es insbesondere, das Interesse an einer Stärkung des europäischen Binnenmarktes zu berücksichtigen. Andererseits ist es an sich grundsätzlich rechtlich unbedenklich, wenn im Inland ein Zeichen als Marke in Kenntnis des Umstands angemeldet wird, dass ein anderer dasselbe Zeichen im benachbarten Ausland als Marke für gleiche oder sogar identische Waren benutzt.[1156]

218 Auch insofern kann allerdings der Umstand eine Rolle spielen, dass ein Dritter durch eine überragende Verkehrsgeltung im Ausland bereits im Inland einen gewissen Besitzstand begründet hat.[1157]

> So kann beispielsweise die Sperrung einer außerhalb Deutschlands nahezu weltweit für Damenbinden verwendeten Marke »MODESS« gegen eine künftige Benutzung im deutschen Markt durch eine Markenanmeldung »MODIS« selbst dann bösgläubig sein, wenn der Anmelder bereits seit mehreren Jahren eine ältere Marke »MODIS« für Schulterpolster benutzt.[1158]

219 Andererseits ist ein Eingriff in einen schutzwürdigen Besitzstand eines Dritten bei Auslandssachverhalten nicht zwingend erforderlich.[1159] Entscheidend ist vielmehr regelmäßig der Gesichtspunkt einer im Inland unerwünschten Marktabschottung. Allerdings kommen auch hierbei wegen des markenrechtlichen Territorialitäts-

---

1154 Zu den Einzelheiten der Wiederholungsmarke s. u. beim Benutzungszwang § 8 Rdn. 72.
1155 BGHZ 150, 82, 83 *Hotel Adlon*.
1156 EuG T-227/09 v. 21.3.2012 *FS*, Tz. 31, im Ergebnis bestätigt durch EuGH C-266/12 v. 7.2.2013 *Majtczak*; EuG T-33/11 v. 14.2.2012 *BIGAB*, Tz. 27 f.; BGH I ZR 148/04 v. 12.7.2007 *CORDARONE*, Tz. 19, m. w. N.; BGH I ZB 8/06 v. 2.4.2009 *Ivadal*, Tz. 14; I ZB 5/08 v. 2.4.2009, Tz. 17.
1157 BGH I ZR 38/05 v. 10.1.2008 *AKADEMIKS*, Tz. 22, m. w. N.; in die gleiche Richtung EuG T-33/11 v. 14.2.2012 *BIGAB*, Tz. 30 f.
1158 Vgl. BGHZ 46, 130 *MODESS*.
1159 BGH GRUR 1998, 412, 414 *Analgin*, unter Hinweis auf BGHZ 46, 130, 133 *MODESS*; BGH GRUR 1967, 304, 306 *Siroset*; BGH GRUR 1980, 110, 111 *TORCH*.

grundsatzes nur solche Sachverhalte in Betracht, die einen hinreichenden Inlandsbezug haben.[1160]

Lässt daher etwa ein Importeur japanischer Feuerzeuge eine Vielzahl von Marken japanischer Feuerzeughersteller als eigene deutsche Marken eintragen und versucht er unter Berufung auf diese Zeichen, andere Importeure von der Benutzung dieser Zeichen für japanische Feuerzeuge auszuschließen, so handelt er bösgläubig.[1161] Entsprechendes gilt, wenn eine Formmarke, die eine in Russland bekannte Süßwarenspezialität wiedergibt, zu dem Zweck angemeldet wird, Konkurrenten vom Vertrieb der Süßwaren in Deutschland auszusperren.[1162] Anders ist dagegen der Fall zu beurteilen, dass der Anmelder tatsächlich aus seinen Markenrechten gar nicht gegen Dritte vorgeht.[1163] Auch die Absicherung des Vertriebs parallelimportierter Originalprodukte durch eine Marke ist zulässig, wenn der Hersteller der Originalprodukte eine Mehrmarkenpolitik fährt und im jeweiligen Land nicht über eine entsprechende Marke verfügt.[1164]

Die Anmeldung einer Marke kann dabei insbesondere als bösgläubig zu beurteilen **220** sein, wenn der Anmelder weiß, dass ein identisches oder verwechslungsfähig ähnliches Zeichen im Ausland bereits für zumindest gleichartige Waren benutzt wird, das ausländische Unternehmen die Absicht hat, das Zeichen in absehbarer Zeit auch im Inland zu benutzen, und sich dem Anmelder diese Absicht zumindest aufdrängen musste.[1165]

Bösgläubig ist daher etwa eine Markenanmeldung in Deutschland, wenn unter der angemeldeten Marke in den USA bereits mit einigem Erfolg modische Bekleidungsstücke vertrieben werden. Es entspricht der Lebenserfahrung, dass im Modebereich Produkte, die in den USA erfolgreich etabliert wurden, später auch in Deutschland vertrieben werden.[1166] Ob bei Dienstleistungen der Verpflegung von Gästen etwas Anderes gilt, ist ungeklärt;[1167] tatsächlich wird entscheidend sein, ob mit einer Geschäftsausdehnung nach Europa gerechnet werden musste. Erst recht liegt keine Bösgläubigkeit vor, wenn ein Arzneimittelhersteller ein und dasselbe Produkt in verschiedenen europäischen Ländern mit unterschiedlichen Marken vertreibt und ein Dritter eine der ausländischen Marken im Inland anmeldet; hier liegt es nämlich eher fern, dass der Hersteller seine Markenpolitik vereinheitlichen und die fragliche Marke auch im Inland verwenden wird.[1168]

Die Absicht, die Marke zweckfremd zur Marktabschottung einzusetzen, braucht **221** auch hier nicht der einzige Beweggrund zu sein; vielmehr reicht es aus, wenn diese

---

1160 BGH I ZB 8/06 v. 2.4.2009 *Ivadal*, Tz. 15; I ZB 5/08 v. 2.4.2009, Tz. 18.
1161 BGH GRUR 1980, 110 *TORCH*.
1162 BGH GRUR 2005, 414 *Russisches Schaumgebäck*.
1163 BGH I ZR 148/04 v. 12.7.2007 *CORDARONE*, Tz. 26.
1164 BGH I ZR 148/04 v. 12.7.2007 *CORDARONE*, Tz. 22.
1165 BGH I ZR 38/05 v. 10.1.2008 *AKADEMIKS*, Tz. 26, m. w. N.; BGH I ZB 8/06 v. 2.4.2009 *Ivadal*, Tz. 15; auch BGH I ZR 148/04 v. 12.7.2007 *CORDARONE*, Tz. 21; I ZB 5/08 v. 2.4.2009, Tz. 18; ähnlich im Mobilfunkbereich im Hinblick auf eine neue Lizenz BPatG 29 W (pat) 341/00 v. 15.2.2006 *E 2*.
1166 BGH I ZR 38/05 v. 10.1.2008 *AKADEMIKS*, Tz. 27 ff.; hierzu Steinberg/Jaeckel, MarkenR 2008, 296 ff. u. 365 ff.; zurückhaltender EuG T-132/16 v. 5.5.2017 *PayPal*, Tz. 47 f.; EuG T-343/14 v. 29.6.2017 *CIPRIANI*, Tz. 67 f.
1167 Bösgläubigkeit verneinend: EuG T-291/09 v. 1.2.2012 *Pollo Tropical CHICKEN ON THE GRILL*, Tz. 63 ff., im Ergebnis bestätigt durch EuGH C-171/12 P v. 28.2.2013 *Carrols*; Bösgläubigkeit bejahend: EuG T-335/14 v. 28.1.2016 *DoggiS/DoggiS*, Tz. 72 ff.
1168 BGH I ZR 148/04 v. 12.7.2007 *CORDARONE*, Tz. 21; BGH I ZB 8/06 v. 2.4.2009 *Ivadal*, Tz. 15 u. 24.

Absicht das wesentliche Motiv war.[1169] Die Schwelle der als bloße Folge des Wettbewerbs hinzunehmenden Behinderung ist überschritten, wenn das betreffende Verhalten bei objektiver Würdigung der Umstände in erster Linie auf die Beeinträchtigung der wettbewerblichen Entfaltung des Mitbewerbers und nicht auf die Förderung des eigenen Wettbewerbs gerichtet ist.[1170] Folgt die Anmeldung dagegen einer nachvollziehbaren Geschäftslogik so liegt regelmäßig keine Bösgläubigkeit vor.[1171]

> Dass daher etwa ein Importeur unter Umständen auch daran interessiert war, seinen eigenen Vertrieb abzusichern und behindernden Markenanmeldungen Dritter zuvorzukommen, ist zwar ein Gesichtspunkt, der gegen die Bösgläubigkeit spricht,[1172] nimmt seinem Handeln aber nicht zwingend das Unlautere.[1173] Auch der Vertrieb von Produkten, die den unter derselben Marke im Ausland vertriebenen Produkten des Verletzten täuschend ähneln, indiziert die Bösgläubigkeit.[1174] Dagegen genügt es nicht für eine Unlauterkeit, wenn der Markeninhaber erfolglos versucht hat, aus der Marke gegen eine rein dekorative Verwendung vorzugehen.[1175]

3. Markenanmeldung zu Spekulationszwecken

222   Die letzte der drei Fallgruppen erfasst Marken, die zu Spekulationszwecken angemeldet worden sind. Damit soll – so der deutsche Gesetzgeber[1176] – den Fällen begegnet werden, in denen Privat- oder Geschäftsleute bestimmte Bezeichnungen als »Hinterhaltsmarken« schützen lassen, um ihre formelle Rechtsposition zur Geltendmachung ungerechtfertigter Lizenz- oder Abmahnkostenerstattungsansprüche auszunutzen.[1177] In diese Gruppe fallen auch Markenanmeldungen, die den alleinigen Zweck verfolgen, bei der Vergabe von neuen Domains aufgrund bestehender Markenrechte privilegiert zu werden.[1178] Die Anmeldung einer Marke soll dabei regelmäßig bösgläubig sein, wenn sie in der Absicht vorgenommen wird, die Marke nicht selbst zu benutzen, sondern (nur) andere an ihrer Benutzung zu hindern.[1179] Hier ist nach der Rechtsprechung des BGH[1180] unter drei Voraussetzungen von

---

1169 BGH GRUR 1998, 412, 414 *Analgin*; BGH GRUR 2000, 1032, 1034 *EQUI 2000*, m. w. N.; BGH I ZR 190/05 v. 26.6.2008 *EROS*, Tz. 23; I ZB 1/11 v. 9.2.2012, Tz. 13.
1170 BGH I ZR 38/05 v. 10.1.2008 *AKADEMIKS*, Tz. 32; BGH I ZR 190/05 v. 26.6.2008 *EROS*, Tz. 23; BGH I ZB 69/14 v. 15.10.2015 *GLÜCKSPILZ*, Tz. 28.
1171 Vgl. EuG T-374/17 v. 10.10.2018 *CUERVO Y SOBRINO/Cuervo y Sobrinos LA HABANA 1882*, Tz. 68 f.
1172 EuG T-33/11 v. 14.2.2012 *BIGAB*, Tz. 23.
1173 Vgl. BGH GRUR 2005, 414 *Russisches Schaumgebäck*.
1174 BGH I ZR 38/05 v. 10.1.2008 *AKADEMIKS*, Tz. 34.
1175 BGH I ZB 69/14 v. 15.10.2015 *GLÜCKSPILZ*, Tz. 29.
1176 BT-Drucks. 15/1075, S. 67, unter Hinweis auf BGH GRUR 2001, 242, 244 *Classe E*; vgl. auch BGH I ZB 5/08 v. 2.4.2009, Tz. 13.
1177 BGH I ZB 8/06 v. 2.4.2009 *Ivadal*, Tz. 10.
1178 Vgl. EuGH C-569/08 v. 3.6.2010 *Internetportal und Marketing*, Tz. 46 ff.; hierzu unten § 22 Rdn. 8.
1179 BGH I ZB 8/06 v. 2.4.2009 *Ivadal*, Tz. 19; I ZB 5/08 v. 2.4.2009, Tz. 22; I ZB 44/14 v. 15.10.2015 *LIQUIDROM*, Tz. 17; BGH I ZB 69/14 v. 15.10.2015 *GLÜCKSPILZ*, Tz. 17.
1180 BGH GRUR 2001, 242, 244 ff. *Classe E*, unter Hinweis auf *Kiethe/Groeschke*, WRP 1997, 269, 273; auch BGH I ZB 8/06 v. 2.4.2009 *Ivadal*, Tz. 16.

einer missbräuchlichen Ausnutzung einer formalen Rechtsstellung auszugehen. Voraussetzung ist, dass ein Markeninhaber
- eine Vielzahl von Marken für unterschiedliche Produkte anmeldet,[1181]
- hinsichtlich der in Rede stehenden Marken keinen ernsthaften Benutzungswillen hat – vor allem zur Benutzung in einem eigenen Geschäftsbetrieb oder für dritte Unternehmen aufgrund eines bestehenden oder potentiellen konkreten Beratungskonzepts – und
- die Marken im Wesentlichen zu dem Zweck gehortet werden, Dritte, die identische oder ähnliche Bezeichnungen verwenden, mit Unterlassungs- und Schadensersatzansprüchen zu überziehen.

Hierbei wird ein Benutzungswille – widerlegbar – vermutet.[1182] Ein solcher genereller Benutzungswille kann auch bei Markenagenturen gegeben sein, die im Hinblick auf eine bestehende oder potentielle Geschäftsbeziehung zu ihren Kunden Marken anmelden, um sie diesen für deren spezielle Vermarktungsbedürfnisse zur Verfügung zu stellen.[1183] **223**

Es ist daher auch bei einer Markenagentur grundsätzlich von der Vermutung auszugehen, dass sie die Marke jedenfalls der Benutzung durch einen Dritten zuführen will.[1184] Untypisch und damit ein Indiz für die Bösgläubigkeit ist es jedoch, wenn eine Vielzahl von Marken angemeldet wird, ohne die Anmeldegebühr zu zahlen, und dadurch nur einzelne Marken zur Eintragung gelangen.[1185] Auch wenn ein Geschäftsbetrieb fehlt und Anhaltspunkte für eine Tätigkeit als Markendesigner mit Ausnahme einzelner Angebote von Marken an einzelne Unternehmen nicht ersichtlich sind, so kann fehlender Benutzungswille angenommen werden. Entsprechendes gilt, wenn der Markeninhaber über eine geschäftlich nicht wirklich aktive, sogenannte »dormant company« nach englischem Recht, agiert.[1186]

Kommt hierbei aber – wie insbesondere bei Markenagenturen – wegen des Unternehmensgegenstands des Anmelders nur eine Benutzung der Marke durch Lizenzierung oder Veräußerung an Dritte in Betracht, kann bereits die Anmeldung als bösgläubig zu beurteilen sein, wenn nach den tatsächlichen Umständen des Falles der Schluss gerechtfertigt ist, der Anmelder werde in rechtsmissbräuchlicher Weise versuchen, Dritte zum Erwerb der Markenrechte zu veranlassen. Dies kann insbesondere dann der Fall sein, wenn Marken nicht im Hinblick auf eine Vielzahl in Betracht kommender, im Einzelnen noch unbestimmter und allenfalls nach abstrakten Merkmalen umschriebener potentieller Interessenten auf Vorrat angemeldet werden, sondern im Zeitpunkt der Anmeldung die Veräußerung an einzelne, bereits bestimmte Dritte naheliegt, deren Interesse an einem Erwerb der Markenrechte jedoch im Wesentlichen nur durch den Umstand begründet wird, dass sie infolge **224**

1181 Ohne zusätzliche Unlauterkeitsmomente genügt die Anmeldung einer Vielzahl von Marken nicht für den Bösgläubigkeitsvorwurf: BGH I ZB 69/14 v. 15.10.2015 *GLÜCKSPILZ*, Tz. 30.
1182 Vgl. auch EuG T-132/16 v. 5.5.2017 *PayPal*, Tz. 69 ff.
1183 BGH GRUR 2001, 242, 244 *Classe E*; BGH I ZB 8/06 v. 2.4.2009 *Ivadal*, Tz. 19; I ZB 5/08 v. 2.4.2009, Tz. 22.
1184 BGH I ZB 8/06 v. 2.4.2009 *Ivadal*, Tz. 19; I ZB 5/08 v. 2.4.2009, Tz. 22.
1185 EuG T-82/14 v. 7.7.2016 *LUCEO*, Tz. 45 f., bestätigt durch EuGH C-101/17 P v. 14.12.2017 Verus.
1186 OLG Hamburg 3 U 223/16 v. 22.6.2017 *ATHLET*.

der Eintragung der Marke auf den Anmelder an der Verwendung der bislang ungeschützten Kennzeichnung gehindert werden können.[1187]

So besteht bei einem normalen Lizenzmodell Benutzungsabsicht.[1188] Problematisch wird es aber in dem Fall, dass der Hersteller eines Arzneimittels eine Mehrmarkenpolitik fährt und im Inland nicht über eine entsprechende Marke verfügt. Unter diesen Umständen kommen als potentielle Lizenznehmer oder Erwerber dieser Marken nur der Hersteller des betreffenden Arzneimittels oder die Parallelimporteure in Betracht, die es im Inland vertreiben. Wer hier – ohne selbst Parallelimporte durchführen zu wollen – systematisch entsprechende Marken anmeldet, schafft das Potential, Hersteller oder Parallelimporteure sperren zu können, und handelt daher bösgläubig.[1189]

225 Ein Indiz für die Rechtsmissbräuchlichkeit kann in diesem Zusammenhang sein, wenn der Inhaber des formalen Markenrechts in massiver Form vorgeht und seine Forderungen aus einer Marke mit nur geringer Unterscheidungskraft und entsprechend geringem Wert in einer Größenordnung geltend macht, die keine Entsprechung in der Besonderheit einer schöpferischen Markenfindung gehabt hat.

Lässt etwa ein Anmelder ohne eigenen Geschäftsbetrieb eine Vielzahl von Marken – darunter die wenig später von DaimlerChrysler für die Benennung der E-Klasse benötigte Marke »Classe E« – für unterschiedliche Warenklassen schützen, um systematisch Gewerbetreibende als Geldquelle auszubeuten, so können die Anmeldungen unlauter sein. Allein die Forderung von 5 Millionen US$ für den Verkauf der Marke begründet trotz der Höhe des Betrags noch keine Bösgläubigkeit.[1190]

226 Diese Rechtsprechung des BGH zu Spekulationsmarken ist bedenklich. Es bleibt daher abzuwarten, ob der EuGH die eingeschlagene Linie bestätigt. Die MRR kennt ein Erfordernis des Benutzungswillens nicht, sondern sanktioniert lediglich längere Nichtbenutzung einer Marke.[1191] Die nach früherem deutschem Warenzeichenrecht gegebene Bindung der Marke an den Geschäftsbetrieb hat der Gesetzgeber bewusst beseitigt[1192] und damit den Weg dafür frei gemacht, die Marke als handelbares Wirtschaftsgut anzusehen, mit dem unter Ausnutzung der markenrechtlichen Ausschließlichkeitsrechte grundsätzlich auch spekuliert werden kann.[1193] Extremen Fallgestaltungen wird man besser mit den Instrumenten des Wucherverbots oder – allerdings im Wege zweifelhafter Rechtsfortbildung – eines Eingriffs in Rechte im Zusammenhang mit der Konzeption einer Markenserie begegnen können als mit einem allgemeinen Verbot von Spekulationsmarken.

VII. Sonstige Eintragungshindernisse

227 Neben den vorstehend behandelten Eintragungshindernissen der merkmalsbeschreibenden Angaben, der üblichen Bezeichnungen, der fehlenden Unterschei-

---

1187 BGH I ZB 8/06 v. 2.4.2009 *Ivadal*; I ZB 5/08 v. 2.4.2009, Tz. 23.
1188 EuG T-291/09 v. 1.2.2012 *Pollo Tropical CHICKEN ON THE GRILL*, Tz. 66 f., im Ergebnis bestätigt durch EuGH C-171/12 P v. 28.2.2013 *Carrols*.
1189 Ausführlich BGH I ZB 8/06 v. 2.4.2009 *Ivadal*, Tz. 20 ff.; I ZB 5/08 v. 2.4.2009, Tz. 24 ff.
1190 EuG T-291/09 v. 1.2.2012 *Pollo Tropical CHICKEN ON THE GRILL*, Tz. 88, im Ergebnis bestätigt durch EuGH C-171/12 P v. 28.2.2013 *Carrols*.
1191 Vgl. den 31. Erwägungsgrund der MRR.
1192 Soweit auch BGH GRUR 2001, 242, 244 *Classe E*.
1193 Sogar der Handel und das Spekulieren mit lebenden Tieren ist nach geltendem Recht zulässig.

dungskraft, den auf Formmarken bezogenen Eintragungshindernissen sowie dem Eintragungshindernis der bösgläubigen Anmeldung haben sonstige Eintragungshindernisse in der Praxis kaum Bedeutung erlangt.

Zu nennen sind hier zunächst die Eintragungshindernisse hinsichtlich solcher Zeichen, die gemäß Art. 6^{quinquies} B Nr. 3 PVÜ, Art. 4 I Buchst. f MRR, Art. 7 I Buchst. f UMV bzw. § 8 II Nr. 5 MarkenG gegen die öffentliche Ordnung verstoßen, sittenwidrig oder die gemäß Art. 4 I Buchst. g MRR, Art. 7 I Buchst. g UMV bzw. § 8 II Nr. 4 MarkenG gegen Verbraucherschutzinteressen[1194] zur Täuschung geeignet sind.

1. Täuschungseignung

Dabei setzt eine Ablehnung der Eintragung wegen Täuschungseignung aber voraus, dass sich eine tatsächliche Irreführung des Verbrauchers oder eine hinreichend schwerwiegende Gefahr einer solchen feststellen lässt.[1195] Dies ist bei Zeichen, die in ihrer Bedeutung unscharf sind, regelmäßig nicht der Fall.[1196] Andererseits sind die in der Vorschrift genannten zur Täuschung genannten Umstände nicht abschließend.[1197] Auch ist jeweils nicht auf eine potentiell rechtsverletzende, mögliche Zeichenverwendung, sondern auf den Zeicheninhalt selbst abzustellen.[1198] Wenn hierbei aber nur für einen Teil der beanspruchten Produkte eine Benutzung zulässig ist, ist das Schutzhindernis nicht einschlägig.[1199] Auch sind irreführende Angaben, die nicht aus dem Inhalt oder der Aussage der Marke selbst folgen, sondern sich erst in Verbindung mit der Person oder dem Unternehmen des Markenanmelders ergeben, grundsätzlich nicht zur Täuschung geeignet.[1200]

So ist bedeutungslos, wenn die Marke für Dienstleistungen eines Wettbüros eingetragen ist, der Markeninhaber jedoch nicht über eine Zulassung zum Angebot dieser Leistungen verfügt.[1201] Auch kann beispielsweise die Eintragung einer Marke, die aus dem Namen des Designers und ersten Herstellers der mit dieser Marke versehenen Waren besteht, nicht schon deswegen aufgrund einer Täuschungseignung abgelehnt werden.[1202] Unerheblich ist weiter, ob der Markeninhaber seine Lizenznehmer hinreichend kontrolliert und es dadurch zu einer

---

1194 EuGH C-259/04 v. 30.3.2006 *Emanuel*, Tz. 46.
1195 EuGH C-259/04 v. 30.3.2006 *Emanuel*, Tz. 47; EuGH C-689/15 v. 8.6.2017 *W. F. Gözze Frottierweberei*, Tz. 54; hierzu *Brömmelmeyer*, WRP 2006, 1275.
1196 Vgl. EuG T-248/05 v. 24.9.2008 *I. T.@MANPOWER*, Tz. 65 ff., im Ergebnis bestätigt durch EuGH C-520/08 P v. 24.9.2009 *HUP Uslugi Polska*.
1197 BGH I ZB 43/15 v. 9.11.2016 *Stadtwerke Bremen*, Tz. 12.
1198 EuGH C-259/04 v. 30.3.2006 *Emanuel*, Tz. 50; EuGH C-689/15 v. 8.6.2017 *W. F. Gözze Frottierweberei*, Tz. 55; BGH I ZB 11/13 v. 17.10.2013 *grill meister*, Tz. 23.
1199 EuG T-224/01 v. 9.4.2003 *TUFFTRIDE/NU-TRIDE*, Tz. 76; EuG T-140/02 v. 13.9.2005 *INTERTOPS*, Tz. 27 f.; BGH GRUR 2002, 540, 541 f. *OMEPRAZOK*; BGH GRUR 2005, 258, 260 *Roximycin*; BGH I ZB 78/10 v. 22.6.2011 *Rheinpark-Center Neuss*, Tz. 26; BGH I ZB 43/15 v. 9.11.2016 *Stadtwerke Bremen*.
1200 EuG T-140/02 v. 13.9.2005 *INTERTOPS*, Tz. 27 ff.; BGH I ZB 43/15 v. 9.11.2016 *Stadtwerke Bremen*, Tz. 22.
1201 EuG T-140/02 v. 13.9.2005 *INTERTOPS*, Tz. 25 ff.
1202 EuGH C-259/04 v. 30.3.2006 *Emanuel*, Tz. 51; zum Verfall einer solchen Marke vgl. EuG T-165/06 v. 14.5.2009 *ELIO FIORUCCI*, Tz. 30 ff., im Ergebnis bestätigt durch EuGH C-263/09 P v. 5.7.2011 *Edwin Co.*

Täuschung kommen kann.¹²⁰³ Die Marke »Stadtwerke Bremen« ist auch dann nicht irreführend, wenn die Stadt Bremen lediglich eine mittelbare Minderheitsbeteiligung innehat, sofern möglich erscheint, dass sie zukünftig einen bestimmenden Einfluss auf die Geschäftstätigkeit gewinnt oder der Markeninhaber die Marke an einen von der Stadt Bremen geführten oder beherrschten Versorgungsbetrieb lizenziert oder überträgt.¹²⁰⁴ Die Marke »Rheinpark-Center Neuss« ist für Thermalbäder nicht zwingend irreführend, obwohl sich in der Stadt Neuss kein Thermalbad findet; denn »Neuss« kann ebenso ein Phantasiebegriff oder Eigenname sein.¹²⁰⁵ Bei der Marke

ist das Symbol ® dem Wortbestandteil »grill meister« derart eng zugeordnet, dass darüber getäuscht wird, gerade dieser Bestandteil sei geschützt.¹²⁰⁶ Die für alkoholische Getränke beantragte Anmeldung »CANNABIS« ist zur Irreführung geeignet, wenn die beanspruchten Waren keinen Hanf enthalten.¹²⁰⁷ Sogar die Marke »Klosterstoff« für nichtalkoholische Getränke sei irreführend, weil der Verkehr unter dem Begriff »Stoff« Alkoholika erwarte.¹²⁰⁸

2. Öffentliche Ordnung

230 Das Eintragungshindernis der öffentlichen Ordnung¹²⁰⁹ hat bislang wenig Bedeutung gewonnen. »Öffentliche Ordnung« bedeutet nach der Rechtsprechung des BVerfG¹²¹⁰ die Gesamtheit der ungeschriebenen Regeln, deren Befolgung nach den jeweils herrschenden sozialen und ethischen Anschauungen als unerlässliche Voraussetzung eines geordneten menschlichen Zusammenlebens innerhalb eines bestimmten Gebiets angesehen wird. Allerdings sollen nach der Rechtsprechung die grafische bzw. klar und eindeutig bestimmbare Darstellbarkeit¹²¹¹ und insbesondere die für die Markenfähigkeit erforderliche Bestimmtheit zu den wesentlichen Grundlagen des Markenrechts gehören und damit der öffentlichen Ordnung unterfallen.¹²¹² Dies ist ein kaum überzeugender Kunstgriff, um trotz Art. 5 I MMA bei internationalen Registrierungen auch diesen Eintragungshindernissen

---

1203 EuGH C-689/15 v. 8.6.2017 *W. F. Gözze Frottierweberei*, Tz. 52 ff., wo auch eine entsprechende Anwendung der Vorschriften über die Kollektivmarke abgelehnt wird.
1204 BGH I ZB 43/15 v. 9.11.2016 *Stadtwerke Bremen*.
1205 BGH I ZB 78/10 v. 22.6.2011 *Rheinpark-Center Neuss*, Tz. 28.
1206 BGH I ZB 11/13 v. 17.10.2013 *grill meister*, Tz. 21 ff.
1207 EuG T-234/06 v. 19.11.2009 *CANNABIS*, Tz. 43, im Ergebnis bestätigt durch EuGH C-5/10 P v. 16.5.2011 *Giampietro Torresan*.
1208 EuG T-844/16 v. 26.10.2017 *Klosterstoff*, Tz. 43 ff.
1209 Zur Abgrenzung von den »guten Sitten« EFTA-Gerichtshof E-5/16 v. 8.4.2017 *Municipality of Oslo*, Tz. 86.
1210 BVerfGE 69, 315, 352; vgl. auch EFTA-Gerichtshof E-5/16 v. 8.4.2017 *Municipality of Oslo*, Tz. 94.
1211 Dazu oben § 2 Rdn. 7 ff.
1212 BGH I ZR 56/11 v. 28.2.2013 *Schokoladenstäbchen II*, Tz. 13.

Wirkung zu verleihen. In Wirklichkeit zeigt schon die Tatsache, dass der europäische Gesetzgeber das Eintragungshindernis der grafischen Darstellbarkeit durch das Kriterium der klar und eindeutig bestimmbaren Darstellbarkeit ersetzt hat,[1213] dass »öffentliche Ordnung« insofern etwas hoch gegriffen ist.[1214] Nur fundamentale Eingriffe in die öffentliche Ordnung können das Eintragungshindernis rechtfertigen.[1215]

> Keinen Verstoß gegen die öffentliche Ordnung bedeutet es daher, wenn ehemals urheberrechtlich geschützte Werke nach Ablauf der Schutzfrist nun als Marke monopolisiert werden.[1216] Eine Marke mit dem zentralen Bestandteil »La Mafia« verstößt dagegen gegen die öffentliche Ordnung, weil eine kriminelle Organisation in positivem Licht dargestellt wird.[1217]

3. Verstoß gegen die guten Sitten

Auch das Eintragungshindernis des Verstoßes gegen die guten Sitten stellt Ämter und Gerichte wegen seiner Unschärfe vor erhebliche Auslegungsschwierigkeiten. Häufig sind gerade solche Zeichen von dem Eintragungshindernis betroffen, die auf der anderen Seite auch die Grundrechte[1218] der Kunstfreiheit oder Meinungsfreiheit für sich in Anspruch nehmen können. Hier gilt es im Einzelfall abzuwägen, ob Grundrechte anderer Personen durch die später drohende Benutzung der Marke in stärkerer Weise beeinträchtigt werden. In Betracht kommen dabei für das EUIPO Zeichen, die in hohem Maße beleidigend oder anstößig sind oder die das religiöse Empfinden eines erheblichen Teils der Bevölkerung verletzen.[1219] Der BGH will das Schutzhindernis bejahen, wenn das angemeldete Zeichen geeignet ist, das Empfinden der angesprochenen Verkehrskreise erheblich zu verletzen, indem es etwa in sittlicher, politischer oder religiöser Hinsicht anstößig oder herabwürdigend wirkt oder eine grobe Geschmacksverletzung darstellt. Dabei sind nicht nur die Verkehrskreise zu berücksichtigen, an die sich die mit der angemeldeten Marke beanspruchten Waren oder Dienstleistungen unmittelbar richten, sondern auch die Teile des Publikums, die dem Zeichen im Alltag zufällig begegnen. Maßgeblich ist weder eine übertrieben nachlässige noch eine besonders feinfühlige und empfindsame, sondern eine normal tolerante und durchschnittlich sensible Sichtweise. Auch darf die Prüfung des Schutzversagungsgrunds nicht in einer Geschmackszensur bestehen. Soweit eine Liberalisierung der Anschauungen des angesprochenen Verkehrs im Hinblick auf die Verwendung vulgärer, obszöner oder beleidigender Worte stattgefunden hat, muss dem Rechnung getragen werden. Andererseits ist eine noch nicht eingetretene, sondern sich nur in Ansätzen abzeichnende Liberalisierung oder Banalisierung in der Sichtweise grob anstößiger Aus-

---

1213 Art. 3 Buchst. b MRR.
1214 Zur Problematik auch *Sack*, FS »50 Jahre Bundespatentgericht«, 2011, S. 857.
1215 EFTA-Gerichtshof E-5/16 v. 8.4.2017 *Municipality of Oslo*, Tz. 95.
1216 Vgl. EFTA-Gerichtshof E-5/16 v. 8.4.2017 *Municipality of Oslo*, Tz. 87 ff.
1217 EuG T-1/17 v. 15.3.2018 *La Mafia*, Tz. 32 ff.
1218 Grundrechtsschutz gilt unabhängig von Art. 19 III GG wegen des Grundsatzes der Inländerbehandlung gemäß Art. 1 II, 2 I PVÜ auch für Ausländer: BGH I ZR 183/07 v. 12.11.2009 *WM-Marken*.
1219 Vgl. Große Beschwerdekammer des EUIPO R 495/2005-G v. 6.7.2006 *Screw You*, Tz. 18 ff.

drücke in der Eintragungspraxis nicht vorwegzunehmen.[1220] Bei allem bleibt zu prüfen, ob und inwieweit dem Anmelder zulässige Benutzungsmöglichkeiten bleiben.[1221]

> Zu restriktiv ist daher die Entscheidung der Großen Beschwerdekammer des EUIPO,[1222] die eine Marke »Screw You« (im Englischen ungefähr: »fick dich«) nur für Waren zur Eintragung zulässt, die stets einen sexuellen Bezug aufweisen, da deren Verbraucher keinen Anstoß an der Bezeichnung nehmen würden. Vielmehr wäre die Zulassung jedenfalls auch für solche Produkte geboten gewesen, die unter bestimmten Vertriebsbedingungen einen sexuellen Bezug aufweisen können. Auch hätte der BGH[1223] nach seinen eigenen Maßstäben die Marke »READY TO FUCK« nicht zurückweisen dürfen, weil für die Produkte Druckereierzeugnisse, Bekleidung und Unterhaltung durchaus Benutzungsmöglichkeiten bestehen, wo das Markenwort sozial adäquat und absolut zutreffend wäre. Auch ist wohl »Ficken« entgegen der Rechtsprechung des EuG[1224] nicht sittenwidrig; Ficken ist zwar vulgär, aber wohl nicht negativ besetzt und überdies unverzichtbarer Bestandteil der Weltliteratur.[1225] Ähnliches gilt für »Curve«, was in der rumänischen Sprache ein vulgärer Ausdruck für »Huren« ist.[1226] Viel zu weit geht es auch, die Marke »Fack Ju Göhte«, immerhin ein erfolgreicher Filmtitel, nicht zur Eintragung zuzulassen.[1227] Dagegen ist eine Marke wie »Massaker« tatsächlich sittenwidrig, weil menschenverachtend Grausamkeiten verharmlost und kommerzialisiert werden.[1228] Auch rassistisch beleidigende Begriffe – wie das in Großbritannien für Pakistani beleidigend verwendete Paki – sind unabhängig vom Produktbezug nicht schutzfähig.[1229] Nicht eintragungsfähig war schließlich auch das ehemalige sowjetische Staatswappen, denn die Abbildung von Hammer und Sichel wird in Ungarn als das Zeichen der früheren Besatzungsmacht strafrechtlich verfolgt.[1230] Auch eine Marke mit dem zentralen Bestandteil »La Mafia« ist sittenwidrig, weil sie zumindest bei Opfern der Mafia Anstoß erregt.[1231] Demgegenüber wurde die Eintragung der Marke »OSHO«, der spirituelle Begründer der Bhagwan-Bewegung, nicht gelöscht, da die Nutzung des Namens nicht anstößig sei.[1232]

4. Hoheitszeichen und Ähnliches

232 Weiter bestehen mit Art. 6ter PVÜ; Art. 4 I Buchst. h, III Buchst. c MRR; Art. 7 I Buchst. h und i UMV; § 8 II Nr. 6, 7 und 8 MarkenG Eintragungshindernisse bezüglich solcher Zeichen, die amtliche Hoheitszeichen, Prüf- und Gewährzeichen,

---

1220 BGH I ZB 89/11 v. 2.10.2012 *READY TO FUCK*, Tz. 9.
1221 Vgl. oben § 4 Rdn. 15; EFTA-Gerichtshof E-5/16 v. 8.4.2017 *Municipality of Oslo*, Tz. 82 proklamiert noch weitergehend, dass gar kein Produktbezug bestehe.
1222 Große Beschwerdekammer des EUIPO R 495/2005-G v. 6.7.2006 *Screw You*.
1223 Anders aber BGH I ZB 89/11 v. 2.10.2012 *READY TO FUCK*; liberaler auch BPatG 26 W (pat) 116/10 v. 3.8.2011 *Ficken*; demgegenüber BPatG 26 W (pat) 31/10 v. 3.8.2011 *Arschlecken 24*, worauf sich die These stützen lässt, dass es vornerum zulässig ist, hintenrum nicht.
1224 EuG T-52/13 v. 14.11.2013 *FICKEN*, Tz. 13 ff.
1225 Walter *Moers*, Kleines Arschloch, 1990; wie hier, mit anderer Begründung BPatG 26 W (pat) 116/10 v. 3.8.2011 *Ficken*.
1226 Zurückweisend aber EuG T-266/13 v. 26.9.2014 *Curve*, Tz. 16.
1227 So aber EuG T-69/17 v. 24.1.2018 *Fack Ju Göhte*, Tz. 16 ff.
1228 BPatG 27 W (pat) 511/12 v. 31.7.2012 *Massaker*.
1229 EuG T-526/09 v. 5.10.2011 *PAKI*, Tz. 15.
1230 EuG T-232/10 v. 20.9.2011 *Sowjetisches Staatswappen*, Tz. 51 ff.
1231 EuG T-1/17 v. 15.3.2018 *La Mafia*, Tz. 40 f.
1232 EuG T-670/15 v. 11.10.2017 *OSHO*, Tz. 96 ff.

Abzeichen, Embleme oder Wappen[1233] enthalten, denen ein öffentliches Interesse zukommt. Dabei gelten die Vorschriften der UMV über den Wortlaut der PVÜ hinaus nicht nur für Waren-, sondern auch für Dienstleistungsmarken.[1234] Listen relevanter Zeichen, denen ein öffentliches Interesse zukommt, veröffentlicht regelmäßig das DPMA.[1235] Unter staatlichen Hoheitszeichen sind staatliche Symbole zu verstehen, die der Darstellung der Souveränität eines Staates dienen und derer sich der Staat zur Ausübung seiner Hoheitsgewalt bedient.[1236] Die Vorschrift bezweckt den Ausschluss der Eintragung und Benutzung staatlicher Hoheitszeichen, weil ihre Registrierung oder Benutzung als Marke die Rechte eines Staates auf Kontrolle seiner Souveränitätssymbole verletzen und die Öffentlichkeit über die Herkunft der mit solchen Marken gekennzeichneten Waren täuschen kann.[1237] Der Schutz von staatlichen Hoheitszeichen setzt nicht voraus, dass für das Publikum eine Verbindung zwischen der angemeldeten Marke und dem Hoheitszeichen besteht.[1238] Auch muss das Hoheitszeichen nicht exakt wiedergegeben werden.[1239] Weiter genügt es bei einer aus mehreren Elementen zusammengesetzten Marke, wenn ein einziger Bestandteil der angemeldeten Marke ein solches Hoheitszeichen oder eine Nachahmung desselben darstellt.[1240] Das Verbot der Nachahmung eines konkreten Hoheitszeichens betrifft jedoch nur Nachahmungen desselben im heraldischen Sinn, d. h. Nachahmungen, bei denen die heraldischen Konnotationen vorliegen, die das Hoheitszeichen von anderen Zeichen unterscheiden. Somit bezieht sich der Schutz gegen jede Nachahmung im heraldischen Sinn nicht auf das Bild als solches, sondern auf seinen heraldischen Ausdruck. Um zu bestimmen, ob die Marke eine Nachahmung im heraldischen Sinn enthält, ist auch die heraldische Beschreibung des in Rede stehenden Hoheitszeichens zu berücksichtigen.[1241] Allerdings wird nicht jeder von einem Fachmann der heraldischen Kunst festgestellte Unterschied zwischen der angemeldeten Marke und dem staatlichen Hoheitszeichen notwendigerweise vom Durchschnittsverbraucher wahrgenommen.[1242] Dabei kann das Eintragungshindernis selbst dann eingreifen, wenn sich Zeichen und Hoheitszeichen parallel entwickelt haben oder sich das Hoheitszeichen gar von dem Zeichen herleitet.[1243]

1233 Zur Unterscheidungskraft von Wappen untergegangener Staaten BPatG GRUR-RR 2009, 19 *Ehemaliges DDR-Staatswappen*.
1234 EuGH C-208/08 P v. 16.7.2009 *American Clothing*, Tz. 71 ff., gegen EuG T-215/06 v. 28.2.2008 *Ahornblatt*, Tz. 22 ff.
1235 Zusammenschau im vom DPMA herausgegebenen Taschenbuch des gewerblichen Rechtsschutzes (Loseblattsammlung) unter Nr. 218, 219, 223.
1236 EuGH C-208/08 P v. 16.7.2009 *American Clothing*, Tz. 40; BGH I ZB 43/15 v. 9.11.2016 *Stadtwerke Bremen*, Tz. 24.
1237 BGH I ZB 43/15 v. 9.11.2016 *Stadtwerke Bremen*, Tz. 24, m. w. N.
1238 EuGH C-208/08 P v. 16.7.2009 *American Clothing*, Tz. 45.
1239 EuGH C-208/08 P v. 16.7.2009 *American Clothing*, Tz. 50.
1240 EuGH C-208/08 P v. 16.7.2009 *American Clothing*, Tz. 59; EuG T-3/12 v. 10.7.2013 *MEMBER OF €e euro experts*, Tz. 53 ff.
1241 EuGH C-208/08 P v. 16.7.2009 *American Clothing*, Tz. 48; EuG T-3/12 v. 10.7.2013 *MEMBER OF €e euro experts*, Tz. 53 ff.; EuG T-430/12 v. 13.3.2014 *Heinrich*, Tz. 36.
1242 EuGH C-208/08 P v. 16.7.2009 *American Clothing*, Tz. 51.
1243 EuG T-397/09 v. 25.5.2011 *Wappen (Ernst August Prinz von Hannover)*, Tz. 21.

Die Marken mit den Wortbestandteilen »Eurokurier«,[1244] »European Network«,[1245] »EDS«[1246] und »ECA«[1247] beispielsweise waren als Nachahmung des rechts abgebildeten Europa-Emblems[1248]

anzusehen und daher zurückzuweisen. Eine Identität der Zeichen war hierfür nicht erforderlich. Auch die schwarz-weiß angemeldete Marke

konnte trotz der hinzugefügten Buchstaben »RW« als Nachahmung der kanadischen Flagge gedeutet werden, da die schwarz-weiße – damit quasi farblose – Wiedergabe auch in roter Farbe abgebildet werden könnte.[1249] Dagegen stellte die blau-rot-weiße Marke

aufgrund der kreisrunden Form und der unterschiedlichen Anordnung, Größe und Form der Farbstreifen keine Verwendung der französischen Fahne im heraldischen Sinn dar.[1250] Auch Verkehrszeichen wie das Ampelmännchen sind keine Hoheits- oder Prüfzeichen.[1251] Dagegen ist die Wiedergabe oder Nachahmung von Geldzeichen wie dem Euro-Zeichen »€« nicht gestattet.[1252]

5. Öffentliches Interesse

233 Außerdem sehen Art. 6^{quinquies} B Nr. 3 PVÜ; Art. 3 III Buchst. a MRR bzw. § 8 II Nr. 9 MarkenG generalklauselartig ein Verbot von Zeichen vor, deren Benutzung

---

1244 BPatG 26 W (pat) 73/10 v. 28.7.2016 *Eurokurier*.
1245 EuG T-430/12 v. 13.3.2014 *Heinrich*, Tz. 36 ff.
1246 EuG T-413/11 v. 15.1.2013 *EUROPEAN DRIVESHAFT SERVICES*, Tz. 42 ff.
1247 EuG T-127/02 v. 21.4.2004 *ECA*, Tz. 39 ff.
1248 Vgl. ferner die – großzügige – Verwaltungsvereinbarung mit dem Europarat über die Verwendung des europäischen Emblems durch Dritte v. 8.9.2012, ABl.-EG 2012, C 271, S. 5.
1249 EuG T-215/06 v. 28.2.2008 *Ahornblatt*, Tz. 63 ff., bestätigt durch EuGH C-208/08 P v. 16.7.2009 *American Clothing*.
1250 EuG T-41/10 v. 5.5.2011 *esf école du ski français*, Tz. 26 ff.
1251 BPatG 27 W (pat) 31/11 v. 27.9.2012 *Ampelmännchen*.
1252 EuG T-3/12 v. 10.7.2013 *MEMBER OF €e euro experts*, Tz. 53 ff.

nach anderen Rechtsvorschriften als des Markenrechts im öffentlichen Interesse[1253] untersagt werden kann. Auch dieses Schutzhindernis steht der Eintragung nur entgegen, wenn die Benutzung des Zeichens in jedem Fall untersagt werden kann.[1254] Die UMV kennt eine solche Vorschrift nicht.

6. Geografische Angaben

Art. 4 I Buchst. i MRR, Art. 7 I Buchst. j und k UMV sowie § 8 Nr. 9 bis 12 MarkenG schließen außerdem[1255] mit bestimmte geografische Herkunftsangaben von der Eintragung aus. Betroffen sind Angaben im Zusammenhang mit Weinen und Spirituosen[1256] bzw. im Zusammenhang mit Ursprungsbezeichnungen oder geografischen Angaben nach der Verordnung (EU) 1151/2012[1257] über Qualitätsregelungen für Agrarerzeugnisse und Lebensmittel. **234**

> Stellt der Name der Gemeinde »el Palomar« eine geografische Herkunftsangabe für Weine dar, so ist die Marke »CUVÉE PALOMAR« für Weine, die aus einer anderen Region stammen, ausgeschlossen.[1258] Gleiches gilt für eine Weinmarke »TEMPOS VEGA SICILIA«[1259] oder eine Marke »TRES TOROS 3«,[1260] wenn »Toro« eine für Weine geschützte geografische Angabe ist. Auch die Variante »Lembergerland« der geschützten Herkunftsbezeichnung »Lemberg« ist geschützt.[1261] Das Eintragungshindernis besteht überdies auch dann, wenn der unter die kontrollierte Ursprungsbezeichnung fallende Name den angesprochenen Verkehrskreisen unbekannt oder mehrdeutig wäre.[1262] Auch geringfügige Abweichungen wie »Castell« gegenüber »Castel« führen nicht aus dem Eintragungshindernis.[1263]

Wird ein Eintragungshindernis auf die Verletzung einer geografischen Herkunftsangabe gestützt, so obliegt dem jeweiligen Amt nicht nur die Feststellung der Verletzung der Bezeichnung – etwa wegen einer Anspielung an die Herkunftsbezeichnung im Sinne von Art. 13 I Buchst. b der Verordnung (EU) 1151/2012[1264] über Qualitätsregelungen für Agrarerzeugnisse und Lebensmittel. Vielmehr ist das Amt auch berechtigt zu überprüfen, ob es sich bei der Bezeichnung um eine Gattungsbezeichnung[1265] im Sinne des Art. 3 Nr. 6 Verordnung (EU) 1151/2012 handelt; hier- **235**

1253 BGH GRUR 2005, 258, 260 *Roximycin*.
1254 BGH GRUR 2005, 258, 260 *Roximycin*; zur Verordnung (EG) Nr. 1924/2006 des Europäischen Parlaments und des Rates vom 20. Dezember 2006 über nährwert- und gesundheitsbezogene Angaben über Lebensmittel (ABl. 2006, L 404, S. 9, berichtigt im ABl. 2007, L 12, S. 3) vgl. EuGH C-177/15 v. 23.11.2016 *Nelsons*.
1255 Die Vorschriften sind nicht abschließend: EuG T-659/14 v. 18.11.2015 *Instituto dos Vinhos do Douro e do Porto*, Tz. 44 f.
1256 Vgl. Art. 23 II TRIPS.
1257 Früher Verordnung EWG Nr. 510/2006, wo Art. 14 das Zusammenspiel regelte: EuG T-387/13 v. 18.9.2015 *Federación Nacional de Cafeteros de Colombia*, Tz. 52; EuG T-359/14 v. 18.9.2015 *Federación Nacional de Cafeteros de Colombia*, Tz. 47;
1258 EuG T-237/08 v. 11.5.2010 *CUVÉE PALOMAR*, Tz. 89 ff.
1259 EuG T-696/15 v. 9.2.2017 *TEMPOS VEGA SICILIA*, Tz. 20 ff.
1260 EuG T-206/16 v. 28.9.2017 *TRES TOROS 3*, Tz. 26 ff.
1261 EuG T-55/14 v. 14.7.2015 *Lembergerland*.
1262 EuG T-237/08 v. 11.5.2010 *CUVÉE PALOMAR*, Tz. 130 ff.
1263 EuG T-320/10 v. 13.9.2013 *CASTEL*, Tz. 70 ff., im Ergebnis bestätigt durch EuGH C-622/13 P v. 30.4.2015 *Castel Frères*.
1264 Früher Verordnung EWG Nr. 510/2006.
1265 Hierzu unten § 23 Rdn. 7.

bei geht es nämlich nicht um die Nichtigerklärung der Bezeichnung, sondern allein darum, ob die Marke trotz Art. 13 I 2. Unterabs. der Verordnung (EU) 1151/2012 vom Schutzumfang erfasst ist.[1266] Hierbei ist entsprechend der Voraussetzungen des Art. 3 Verordnung (EU) 1151/2012 eine aufwändige und umfassende Prüfung vorzunehmen.

> So genügt etwa der Hinweis, dass sich die Bezeichnung »Grana« in Wörterbüchern oder im Internet findet, nicht zum Nachweis, dass es sich bei »Grana Padano« um eine Gattungsbezeichnung handele. Entsprechend kann allein hierauf die Argumentation, die Bezeichnung »GRANA BIRAGHI« verletze nicht die eingetragene geografische Herkunftsbezeichnung »Grana Padano«, nicht gestützt werden.[1267]

7. Traditionelle Lebensmittelbezeichnungen und Sortenschutzbezeichnungen

236 Schließlich finden sich in Art. 4 I Buchst. j, k und l MRR sowie in Art. 7 I Buchst. k, l und m UMV bestimmte neue Eintragungshindernisse, die auf traditionelle Bezeichnungen von Weinen bzw. Spezialitäten sowie auf Sortenschutzbezeichnungen zugeschnitten sind. Rechtsprechung hierzu existiert noch nicht. Auch hat das MarkenG diese Vorschriften noch nicht umgesetzt.

VIII. Telle-quelle-Schutz gemäß Art. 6^{quinquies} PVÜ

237 Begegnet die Eintragung eines Zeichens Problemen, so kann unter bestimmen Umständen der so genannte Telle-quelle-Schutz gemäß Art. 6^{quinquies} PVÜ weiterhelfen. Diese Vorschrift eröffnet nämlich unter bestimmten Voraussetzungen die Möglichkeit, sich auf eine ausländische Voreintragung in einem Mitgliedstaat der PVÜ zu berufen mit der Folge, dass gegen die Anmeldung nur noch bestimmte, in der PVÜ ausdrücklich genannte Eintragungshindernisse geltend gemacht werden können.[1268] Eine Auslegung von MRR/MarkenG[1269] und UMV[1270] gegen die PVÜ kommt nicht in Betracht. Die wirksame Inanspruchnahme des Telle-quelle-Schutzes setzt weder voraus, dass die Priorität der Ursprungsmarke in Anspruch genommen worden ist, noch, dass die Marke des Ursprungslandes bei Anmeldung der inländischen Marke bereits eingetragen ist.[1271] Telle-quelle-Marken bleiben jedoch nach Art. 6^{quinquies} D PVÜ dauernd abhängig von der zugrunde liegenden Voreintragung. Telle-quelle-Schutz sollte daher nicht unnötig in Anspruch genommen werden, zumal jedenfalls im deutschen Eintragungsverfahren die Berufung darauf

---

1266 EuG T-291/03 v. 12.9.2007 *GRANA BIRAGHI*, Tz. 59 f.
1267 EuG T-291/03 v. 12.9.2007 *GRANA BIRAGHI*, Tz. 65 ff.
1268 Es handelt sich aber nicht um eine Beweislastregel: EuG T-129/04 v. 15.3.2006 *Form einer Kunststoffflasche*, Tz. 14.
1269 Zwölfte Begründungserwägung der Richtlinie; EuGH C-40/01 v. 11.3.2003 *Ansul/Ajax*, Tz. 32; EuGH C-363/99 v. 12.2.2004 *Postkantoor*, Tz. 29 f.; BGHZ 124, 289 *RIGIDITE II*; BGHZ 130, 187, 191 *Füllkörper*; BGH GRUR 1999, 728 *PREMIERE II*.
1270 Vgl. Art. 7 I Buchst. h, 8 II Buchst. c, 34 UMV; EuG T-146/00 v. 20.6.2001 *DAKOTA*, Tz. 36 f.; EuG T-127/02 v. 21.4.2004 *ECA*.
1271 BGHZ 130, 187, 191 *Füllkörper*.

auch später im Laufe des Eintragungsverfahrens, insbesondere auch noch im Beschwerdeverfahren, möglich ist.[1272]

Konsequenzen hat die Inanspruchnahme eines Telle-quelle-Schutzes nur in wenigen Fällen.[1273] Die praktisch bedeutendsten Schutzhindernisse der fehlenden Unterscheidungskraft, der beschreibenden Angaben und des allgemeinen Sprachgebrauchs sind nämlich deckungsgleich mit Art. 6^{quinquies} B Nr. 2 PVÜ;[1274] die bei Telle-quelle-Marken vom BGH[1275] geforderte Berücksichtigung der Dauer der Zeicheneintragung und ihrer Benutzung im Ausland, ist daher im Rahmen der erforderlichen Gesamtschau aller Umstände[1276] bei jeder – auch rein nationalen – Markenanmeldung geboten. Die Zurückweisung von Marken, die gegen die guten Sitten oder die öffentliche Ordnung verstoßen, ermöglicht Art. 6^{quinquies} B Nr. 3 PVÜ. Auch ein Verbot bösgläubiger Anmeldungen dürfte nach Art. 6^{quinquies} B Nr. 3 sowie letzter Satz, 10bis PVÜ zulässig sein.

Schließlich steht Art. 6^{quinquies} PVÜ auch einer Anwendung der speziellen Eintragungshindernisse für Warenformmarken bzw. Marken mit anderen charakteristischen Merkmalen im Sinne von Art. 4 I Buchst. e MRR, Art. 7 I Buchst. e UMV bzw. § 3 II MarkenG nicht entgegen. Der BGH will das Eintragungshindernis Art. 6^{quinquies} B S. 1 Nr. 1 bis 3 PVÜ zuordnen.[1277] Darüber hinaus bezweckt das Eintragungshindernis in der Sache eine Abgrenzung zu anderen Schutzrechten (insbesondere zu Patenten, Gebrauchsmustern und Designs[1278]). In der Sache bewegen sich damit die betroffenen Warenformgestaltungen gerade außerhalb des Anwendungsbereichs des Markenrechts. Da aber Art. 6^{quinquies} PVÜ nach der Systematik der PVÜ von vornherein überhaupt nur auf Marken Anwendung findet, kann das Schutzhindernis auf Warenformgestaltungen, die gerade nicht dem Markenschutz unterfallen, sondern eher anderen Schutzrechten zuzuordnen sind, angewendet werden.[1279]

> Ist daher eine Warenformmarke – etwa die oben abgebildete[1280] Taschenlampenform – im Ausland eingetragen, wird Telle-quelle-Schutz in Anspruch genommen und hat die Marke im Inland durch Benutzung Unterscheidungskraft erworben, so kann die Eintragung gleichwohl an Art. 4 I Buchst. e MRR, Art. 7 I Buchst. e UMV, § 3 II MarkenG scheitern.

Demgegenüber kann ein Telle-quelle-Schutz durchaus weiterhelfen, wenn es darum geht, im Rahmen der Markenfähigkeit das Kriterium der klar und eindeutig bestimmbaren Darstellbarkeit[1281] zu überwinden. Nachdem sich nämlich das Kriterium der klar und eindeutig bestimmbaren Darstellbarkeit nicht unter den in der

---

1272 § 24 I MarkenV; BGHZ 130, 187, 191 *Füllkörper*.
1273 Vgl. BGH GRUR 2004, 329 *Käse in Blütenform I*; BGH GRUR 2005, 578, 579 *Lokmaus*; BGH I ZB 66/06 v. 24.5.2007 *Rado-Uhr III*, Tz. 10; BGH I ZB 46/05 v. 3.4.2008 *Käse in Blütenform II*, Tz. 14; BGH I ZB 39/16 v. 6.4.2017 *Schokoladenstäbchen III*, Tz. 10.
1274 Vgl. BGH I ZB 39/16 v. 6.4.2017 *Schokoladenstäbchen III*, Tz. 11, m. w. N.
1275 BGHZ 124, 289 *RIGIDITE II*.
1276 EuGH C-363/99 v. 12.2.2004 *Postkantoor*, Tz. 30.
1277 BGH I ZB 12/04 v. 17.11.2005 *Rasierer mit drei Scherköpfen*, Tz. 11 ff.; BGH I ZB 13/04 v. 17.11.2005, Tz. 12 ff.
1278 Zum nichteingetragenen Designrechten BGH I ZR 126/06 v. 9.10.2008 *Gebäckpresse*.
1279 Im Ergebnis ebenso BPatG BlPMZ 2004, 474 *Scherkopf*.
1280 Vgl. § 4 Rdn. 141.
1281 Vgl. hierzu oben § 2 Rdn. 7 – 16.

PVÜ gelisteten Vorbehalten findet, dürften als Telle-quelle-Marken auch solche Marken markenfähig und einzutragen sein, die nicht klar und eindeutig bestimmbar darstellbar sind, die aber bereits in einem anderen Staat der PVÜ bereits eingetragen wurden.[1282] Entgegen der Rechtsprechung des BGH[1283] findet auch das Eintragungshindernis der öffentlichen Ordnung[1284] keine Anwendung.

1282 A. A. BPatG BlPMZ 2004, 474 *Scherkopf*; vgl. auch *Hildebrandt*, MarkenR 2002, 1, 3; siehe auch den 41. Erwägungsgrund der MRR.
1283 BGH I ZR 56/11 v. 28.2.2013 *Schokoladenstäbchen II*, Tz. 13.
1284 Vgl. oben § 4 Rdn. 230.

§ 5 Verzeichnis der Waren und Dienstleistungen

Schrifttum: *Grabrucker/Schmidt-Kessen*, Neues zur Einzelhandelsdienstleistungsmarke: Schutz für Handel mit Dienstleistungen und für das Ladengeschäft?, GRUR 2013, 865; *Schulz*, Subsumtion und Integration – Das Schicksal des Warenverzeichnisses einer Marke im Laufe der Zeit, MarkenR 2016, 190; *Ströbele*, Markenschutz für Einzelhandelsdienstleistungen – Chancen und Gefahren, GRUR Int. 2008, 719

I. Abfassung des Verzeichnisses

Markenschutz besteht jeweils nur für ganz bestimmte Produkte. Jeder Anmeldung 1
ist daher das so genannte Verzeichnis der Waren und Dienstleistungen (ungenau, aber kurz auch »Warenverzeichnis«) beizufügen (Art. 31 I Buchst. c, 33 UMV; § 32 II Nr. 3 MarkenG).[1] Dieses Verzeichnis bestimmt den Umfang des Schutzes.[2] Grundlage für die Ordnung des Verzeichnisses ist das Abkommen von Nizza über die internationale Klassifikation von Waren und Dienstleistungen, die sogenannte Nizzaer Klassifikation (Art. 39 I MRR; Art. 33 I UMV).[3] Die Nizzaer Klassifikation wird regelmäßig – in jüngster Zeit jährlich zum Jahreswechsel – angepasst, um den sich ändernden Marktgepflogenheiten gerecht zu werden. Die Klassifikation existiert inzwischen in elfter Auflage, ordnet Waren und Dienstleistungen in 45 Klassen[4] und wird von der WIPO verwaltet, wo sie auch erhältlich ist.[5]

Die 45 Klassen der Nizzaer Klassifikation ordnen die verschiedenen denkbaren 2
Waren und Dienstleistungen nach Sachnähe. Dabei werden zwei konkurrierende, teil widersprüchliche Kriterien verfolgt, nämlich zum einen die Sortierung nach Funktion der Ware bzw. Dienstleistungen, zum anderen die Sortierung nach Beschaffenheit und Art der Ware und Dienstleistungen. Es existiert einerseits eine mehrere hundert Seiten starke Gesamtliste sämtlicher Waren und Dienstleistungen. Andererseits haben die einzelnen Klassen jeweils sogenannte Klassenüberschriften erhalten, die versuchen, die in der Klasse enthaltenen Produkte möglichst knapp zusammenzufassen.

> So findet sich in Klasse 25 etwa die Überschrift »Bekleidung, Kopfbedeckungen, Schuhwaren«, in Klasse 34 »Tabak; Raucherartikel; Streichhölzer«.[6]

Die WIPO bietet außerdem eine kontinuierlich wachsende Datenbank[7] zur Über- 3
setzung von Begriffen des Verzeichnisses der Waren und Dienstleistungen und zur Überprüfung, welche Begriffe von welchen nationalen Ämtern zugelassen werden. Die europäischen Ämter betreiben eine europäische Variante der Klassifikation:

---

1 Art. 39 MRR sieht harmonisierte Grundregeln vor.
2 EuGH C-307/10 v. 19.6.2012 *Chartered Institute of Patent Attorneys*, Tz. 37.
3 Dazu EuGH C-307/10 v. 19.6.2012 *Chartered Institute of Patent Attorneys*, Tz. 50 ff.
4 Bis 31.12.2001 nur 42.
5 Vgl. www.wipo.int/classifications/nice/en/index.html.
6 Zur Auslegung der Klassenüberschriften und welche Waren und Dienstleistungen von ihnen erfasst werden vgl. EuG T-221/12 v. 23.1.2014 *SUN FRESH/SUNNY FRESH*, Tz. 30 ff. und 36 ff., im Ergebnis bestätigt durch EuGH C-142/14 P v. 3.6.2015 *Sunrider*.
7 Vgl. www.wipo.int/mgs.

TMclass.[8] Allerdings ist letztlich auch in der EU das TMclass-System rechtlich nicht bindend, sondern allein die Nizzaer Klassifikation (Art. 39 I MRR; Art. 33 I UMV).[9]

4   Die Fassung des Verzeichnisses der Waren und Dienstleistungen obliegt dem Anmelder selbst; die Ämter unterstützen ihn hierbei jedoch. Das Markenamt weist eine Anmeldung bei unklaren oder nicht eindeutigen Begriffen zurück, sofern der Anmelder nicht innerhalb einer vom Markenamt zu diesem Zweck gesetzten Frist eine geeignete Formulierung vorschlägt (Art. 39 IV MRR; Art. 33 IV UMV). Beantragt der Anmelder eine Eintragung für mehr als eine Klasse, so fasst der Anmelder die Waren und Dienstleistungen gemäß den Klassen der Nizzaer Klassifikation zusammen, wobei er jeder Gruppe die Nummer der Klasse, der diese Gruppe von Waren oder Dienstleistungen angehört, in der Reihenfolge dieser Klassifikation voranstellt (Art. 39 VI MRR; Art. 33 VI UMV).

5   Die Waren oder Dienstleistungen, für die Markenschutz beantragt wird, müssen vom Anmelder so klar und eindeutig angegeben werden, dass die zuständigen Behörden und die Wirtschaftsteilnehmer allein auf dieser Grundlage den beantragten Schutzumfang bestimmen können (Art. 39 II MRR; Art. 33 II UMV).[10] Es ist Sache der zuständigen Behörden, im Einzelfall nach Maßgabe der beantragten Waren oder Dienstleistungen zu beurteilen, ob diese Angaben den Erfordernissen der Klarheit und der Eindeutigkeit genügen.[11]

6   Dabei kann der Anmelder die in den Klassenüberschriften der Nizzaer Klassifikation enthaltenen Oberbegriffe oder andere allgemeine Begriffe verwenden, sofern sie den Anforderungen in Bezug auf Klarheit und Eindeutigkeit entsprechen (Art. 39 III MRR; Art. 33 III UMV). Einige der Oberbegriffe in den Klassenüberschriften der Nizzaer Klassifikation sind dabei für sich gesehen klar und eindeutig genug, während andere diesem Erfordernis nicht genügen.[12] Inzwischen konnten sich die europäischen Ämter im Rahmen des und Konvergenzprogramms 1[13], eines Projekts des Europäischen Netzwerks für Marken und Geschmacksmuster, auf eine gemeinsame Praxis verständigen. Nicht hinreichend klar und eindeutig sind dabei die folgenden – folglich unzulässigen – Begriffe aus den Klassenüberschriften der Nizzaer Klassifikation:
– Klasse 7 – Maschinen;
– Klasse 37 – Reparaturwesen; Installationsarbeiten;

---

8 Vgl. tmclass.tmdn.org/ec2; vgl. ferner www.dpma.de/marke/klassifikation/index.html; das frühere europäische System Euroace ist inzwischen bedeutungslos.
9 EuG T-690/14 v. 10.12.2015 *Sony Computer Entertainment Europe*, Tz. 63 ff.; dazu auch EuG T-879/16 v. 8.2.2018 *Vieta*, Tz. 30 ff.
10 EuGH C-307/10 v. 19.6.2012 *Chartered Institute of Patent Attorneys*, Tz. 49; EuGH C-420/13 v. 10.7.2014 *Netto Marken-Discount*, Tz. 44.
11 EuGH C-307/10 v. 19.6.2012 *Chartered Institute of Patent Attorneys*, Tz. 54 ff.; auch EuGH C-420/13 v. 10.7.2014 *Netto Marken-Discount*, Tz. 50.
12 Vgl. die Übersicht dazu: www.dpma.de/docs/marke/de_commoncommunication.pdf.
13 https://www.tmdn.org/network/harmonisation-trade-marks; dort insbesondere die Gemeinsame Mitteilung zur gemeinsamen Praxis bei den in den Klassenüberschriften der Nizzaer Klassifikation enthaltenen Oberbegriffen v1.2 v. 28.10.2015 (https://www.tmdn.org/network/documents/10181/7b3be893-4929-4baa-81fd-e36ce83a0b61).

- Klasse 40 – Materialbearbeitung;
- Klasse 45 – von Dritten erbrachte persönliche und soziale Dienstleistungen betreffend individuelle Bedürfnisse.

Diese Begriffe sind zu konkretisieren.[14]

Inzwischen haben sich die europäischen Ämter – wiederum im Rahmen von Konvergenzprogramm 1[15] – weitgehend auf einen einheitlichen Standard bei der Fassung des Verzeichnisses geeinigt: Taxonomy und Class Scopes. Dabei wurde das frühere Prinzip der Nizzaer Klassifikation aufgegeben, eine möglichst große Zahl von Begriffen halbwegs ungeordnet zu sammeln. Vielmehr wurden die Begriffe hierarchisch geordnet. Oben in der Hierarchie stehen weite Oberbegriffe, die nach unten hin immer weiter verfeinert werden. Anders als die Klassenüberschriften der Nizzaer Klassifikation sind dabei schon die Oberbegriffe der ersten Ebene – die sogenannten Class Scopes[16] – so konzipiert, dass sie einerseits ein möglichst umfassendes Produktspektrum erfassen, andererseits aber von den europäischen Ämtern akzeptiert werden können. **7**

> So lautet die Klassenüberschrift der Klasse 25 nach der Nizzaer Klassifikation beispielsweise: »Bekleidung; Schuhwaren; Kopfbedeckungen«. Zubehör zu diesen Waren ist davon beispielsweise nicht erfasst, weswegen der Class Scope der Klasse 25 umfassender lautet: »Kopfbedeckungen; Bekleidungsstücke; Schuhwaren; Teile und Zubehör für alle vorgenannten Waren, soweit in dieser Klasse enthalten«. In weiteren Hierarchieebenen finden sich dann einzelne Waren wie zum Beispiel »Hosen«. Diese lassen sich immer weiter präzisieren, etwa in »Damenhosen« und »Herrenhosen«. Letztlich kann so die gesamte alphabetische Liste der Nizzaer Klassifikation erfasst werden. Das DPMA hält eine deutsche Fassung der Class Scopes bereit.[17]

Im Übrigen gehen EUIPO und DPMA davon aus, dass sich alle denkbaren Produkte einer der Klassen zuordnen lassen, dass die Klassifikation – nicht aber unbedingt die Class Scopes – also theoretisch vollständig ist.[18] **8**

> So war beispielsweise »Computersoftware« zwar in der Klasse 9 nicht ausdrücklich erwähnt, ist der Klasse jedoch zuzuordnen. Ein Anmelder musste daher ausdrücklich in Klasse 9 Schutz für Software beanspruchen und konnte sich nicht darauf beschränken die Klassenüberschrift der Klasse 9 vollständig zu listen, ohne »Software« ausdrücklich zu nennen.

Der Anmelder kann sich bei der Klassifizierung bestimmter Begriffe wie »insbesondere«, »nämlich« oder »ausgenommen« bedienen, um Oberbegriffe der Klassenüberschriften einzuschränken bzw. zu konkretisieren.[19] **9**

> Im vorhergehenden Beispiel könnte der Anmelder dem Konkretisierungserfordernis des DPMA also dadurch genügen, dass er in seinem Warenverzeichnis formuliert: »Maschinen,

---

14 Vgl. www.dpma.de/marke/anmeldung/erforderlicheangaben/waren-unddienstleistungen/aenderungderklassifikationspraxis/begriffederklassenueberschriften/index.html.
15 https://www.tmdn.org/network/harmonisation-trade-marks.
16 Übersicht unter www.dpma.de/docs/marke/class_scopes.pdf.
17 https://www.dpma.de/marke/markenschutz/klassifikation/einheitlicheklassifikationsdatenbank/nutzungsanleitungfuerklassifikationsdatenbank/classscopes/index.html.
18 Vgl. auch BPatGE 28, 125, 129 f. *LORIDAN*; BPatGE 44, 260, 263 *AUFTAKT*.
19 Zur rechtlichen Bedeutungslosigkeit von sogenannten Import- oder Exportvermerken vgl. BGH GRUR 1975, 258 *Importvermerk*.

nämlich Baumaschinen«. Geschützt ist die Marke dann nur für »Baumaschinen«.[20] Demgegenüber würde die Formulierung »Maschinen, insbesondere Baumaschinen« nichts daran ändern, dass Schutz für sämtliche Arten von Maschinen beansprucht wird;[21] auch diese Formulierung wäre daher unbestimmt.

10 Dabei ist nach der Rechtsprechung des BGH eine Beschränkung des Abnehmerkreises der Marke nicht ohne weiteres möglich. Eine solche Beschränkung ist nur von Bedeutung, wenn dadurch auch die Art der Ware in der Weise betroffen ist, dass andere als die bezeichneten Abnehmer nach den Eigenschaften und der Zweckbestimmung der Ware ernstlich nicht in Betracht kommen können. Die Beschränkung des Abnehmerkreises muss also auf objektiven Merkmalen der beanspruchten Waren beruhen und darf nicht nur von der subjektiven, jederzeit abänderbaren Entschließung desjenigen abhängen, der über die fraglichen Waren verfügungsberechtigt ist.

> Denkbar ist dies etwa bei Kosmetika, wenn diese seit Jahren nach Geschlechtern getrennt sortimentiert und gekauft werden.[22]

11 Möglich ist demgegenüber die Beschränkung der Waren und Dienstleistungen ihrem Inhalt nach.

> Daher können etwa die Produkte »Bild- und Tonträger, Druckereierzeugnisse, Anbieten und Mitteilen von auf einer Datenbank gespeicherten Informationen« auf bestimmte Themengebiete beschränkt werden.[23]

12 Bei der Fassung des Verzeichnisses ist ferner zu berücksichtigen, dass für bestimmte Produkte teilweise in Zweifel gezogen wird, dass hierfür überhaupt Markenschutz möglich sei.[24] So werden »Immobilien« teilweise nicht als Waren angesehen und lediglich Schutzalternativen über »Dienstleistungen im Bereich des Immobilien- und Bauwesens« für möglich gehalten.[25] Demgegenüber ist für »Dienstleistungen des Einzelhandels« inzwischen geklärt, dass diese eingetragen werden können, wenn sie sich allgemein auf bestimmte Waren oder die Arten von Waren beziehen.[26] Der Einzelhandel umfasst dabei außer dem Verkauf selbst auch andere Tätigkeiten des Einzelhändlers wie beispielsweise die Auswahl eines Sortiments von Waren, die zum Verkauf angeboten werden, und verschiedene Dienstleistungen, die einen Verbraucher dazu veranlassen sollen, den Kaufvertrag mit

---

20 Vgl. zur Auslegung des Begriffs »nämlich« EuG T-222/16 v. 27.2.2018 *MAGELLAN*, Tz. 30.
21 Vgl. EuG T-87/07 v. 12.11.2008 *AFFILIN/affilene*, Tz. 37 ff. [zur Formulierung »in particular«]; EuG T-504/09 v. 14.12.2011 *VÖLKL/VÖLKL*, Tz. 119 [zur Formulierung »insbesondere«].
22 BGH I ZB 24/05 v. 21.2.2008 *VISAGE*, Tz. 33.
23 BGH I ZB 48/08 v. 4.12.2008 *Willkommen im Leben*, unter Hinweis auf EuGH C-363/99 v. 12.2.2004 *Postkantoor*, Tz. 114 f.
24 In jedem Fall darf eine Zurückweisung nicht insgesamt, sondern nur für die von einer Beanstandung betroffenen Produkte erfolgen: BPatG MarkenR 2007, 356 *Teilzurückweisung*.
25 Offen gelassen von BGH GRUR 2001, 732, 733 *BAUMEISTER-HAUS*.
26 EuG T-247/10 v. 6.10.2011 *medi.eu/deutschemedi.de*, Tz. 34 ff. deutet an, dass diese Grundsätze auch für die weiten Oberbegriffe »Vertragsvermittlung«, »Werbung« oder »Geschäftsführung« gelten könnte.

diesem Händler statt mit einem seiner Wettbewerber abzuschließen.[27] Auch für den Handel mit Dienstleistungen ist Markenschutz möglich[28]

So ist etwa die Eintragung einer Marke möglich für den »Einzelhandel mit Bau-, Heimwerker- und Gartenartikeln und anderen Verbrauchsgütern für den Do-it-yourself-Bereich«.[29] Wenn insofern zur Konkretisierung wiederum Oberbegriffe – z. B. der Klassenüberschriften – verwendet werden, so müssen diese hinreichend bestimmt sein.[30] Für zu unbestimmt hielt das EuG aber zum Beispiel die Formulierung »Einzelhandel in Bezug auf Haushaltswaren und Elektronikwaren«.[31] Ebenso kann eine Marke für den Flagship-Store eines Herstellers eingetragen werden.[32]

Prioritätswahrend kann bei einer Anmeldung zunächst Schutz für eine oder mehrere Warenklasse beansprucht werden, indem etwa lediglich Schutz für »alle Waren in Klasse 9« beantragt wird, ohne die Produkte schon zu konkretisieren.[33] Die Ämter beanstanden dann die Marke und geben dem Anmelder Gelegenheit zur prioritätswahrenden Konkretisierung. **13**

So kann ein Anmelder seine Marke zwar prioritätswahrend für »alle Waren und Dienstleistungen der Klassen 1 bis 42« anmelden. Er muss jedoch mit einer Beanstandung rechnen.

II. Auslegung des Verzeichnisses

Bei der Auslegung des Verzeichnisses ist grundsätzlich auf den Wortlaut der dort verwendeten Begriffe abzustellen, ohne dass systematische Erwägungen eine Rolle spielen würden.[34] Was vom Wortlaut nicht erfasst ist, gilt als nicht beansprucht (Art. 39 V MRR; Art. 33 V UMV). Dies bedeutet jedoch nicht, dass der Wortlaut stets besonders eng zu verstehen wäre. **14**

So erfasst der Begriff »Erziehung« der Dienstleistungsklasse 41 beispielsweise nicht nur die erzieherische Tätigkeit, sondern auch die Vermittlung erzieherischen Wissens durch Beratung und Information über Erziehung.[35] »Extrudierte und pelletierte oder anderweitig hergestellte

---

27 EuGH C-420/13 v. 10.7.2014 *Netto Marken-Discount*, Tz. 33, auf Vorlage von BPatG, Beschl. v. 8.5.2013 – 29 W (pat) 573/12 *Netto Marken-Discount*; zum Begriff auch EuG T-186/17 v. 3.10.2018 *wala w/wallapop*, Tz. 36 ff.; zur Abgrenzung zu Dienstleistungen der »Vermittlung und des Abschlusses von Handelsgeschäften« EuG T-104/12 v. 16.5.2013 *VORTEX/VORTEX*, Tz. 41 ff.
28 EuGH C-420/13 v. 10.7.2014 *Netto Marken-Discount*, Tz. 40.
29 EuGH C-418/02 v. 7.7.2005 *Praktiker Bau- und Heimwerkermärkte*, Tz. 26 ff.; EuGH C-307/10 v. 19.6.2012 *Chartered Institute of Patent Attorneys*, Tz. 45; nun auch BPatG 24 W (pat) 214/01 v. 15.10.2002 *Einzelhandelsdienstleistungen II*; zuvor liberaler HABM ABl.-HABM 2000, 730 *GIACOMELLI-SPORT*; Mitteilung Nr. 3/01 des Präsidenten des Amtes vom 12.3.2001, ABl.-HABM 2001, 1222; Mitteilung Nr. 34/05 des Präsidenten des DPMA (BlPMZ 2005, 405); gegen die Bezugnahme auf entsprechende Warenklassen BPatG 33 W (pat) 331/01 v. 13.2.2007 *Dienstleistungsverzeichnis für Einzelhandelsdienstleistungen*; vgl. auch *Grabrucker*, GRUR Int. 2002, 989.
30 EuGH C-420/13 v. 10.7.2014 *Netto Marken-Discount*, Tz. 48 ff.
31 EuG T-775/15 v. 1.12.2016 *FERLI*, Tz. 35 ff.
32 EuGH C-421/13 v. 10.7.2014 *Apple*, Tz. 25 f.
33 Für die deutsche Marke BPatG 33 W (pat) 94/02 v. 8.7.2003, wiedergegeben bei *Grabrucker*, GRUR 2004, 273, 283.
34 EuGH C-307/10 v. 19.6.2012 *Chartered Institute of Patent Attorneys*, Tz. 58 ff.
35 BGH I ZR 254/14 v. 28.4.2016 *Kinderstube*.

oder verarbeitete Gemüse- und Kartoffelerzeugnisse für Snacks« unterfallen dem Oberbegriff »konserviertes, getrocknetes und gekochtes Obst und Gemüse«, weil erstere aus letzteren hergestellt werden.[36]

15 Die Auslegungshoheit dafür, wie das Verzeichnis zu verstehen ist, liegt beim EuGH.[37] Für die Auslegung des Verzeichnisses ist dabei stets die Fassung der Nizzaer Klassifikation maßgeblich, die bei Eintragung der Marke gültig war.[38] Maßgeblich bei Unionsmarken ist die Sprache der Anmeldung, so dass sich Übersetzungsfehler weder zu Lasten noch zu Gunsten des Inhabers auswirken können.[39] Ansonsten verbleibende Unklarheiten im Verzeichnis gehen zu Lasten des Markeninhabers.[40]

> Findet sich etwa im Warenverzeichnis der allgemeine Begriff »Zubehör«, ohne dass klar ist, worauf er sich bezieht, so kann eine Entscheidung gar nicht ergehen, bis der Markenanmelder das Verzeichnis durch Beschränkung präzisiert hat.[41]

16 Bei der Auslegung des Verzeichnisses der Waren und Dienstleistungen kann insbesondere die Interpunktion Bedeutung erlangen. Grundsätzlich trennt ein Komma verschiedene Begriffe innerhalb einer ähnlichen Kategorie oder eines Oberbegriffs; dagegen dient ein Semikolon dazu, verschiedene Begriffe nebeneinander zu stellen.[42]

> Wird im Warenverzeichnis etwa Schutz für »chemische, geodätische, nautische, Wäge- und Kontroll-Apparate, -Instrumente und -Geräte« beansprucht, so beziehen sich die Wörter »chemische, geodätische, nautische« nicht auf »Wäge- und Kontroll-Apparate«, sondern wegen des vom Warenverzeichnis vor »Wäge- und Kontroll-Apparate« gesetzten Kommas, auf »Apparate, Instrumente und Geräte«.[43] Anders wäre ein Semikolon zu beurteilen.

17 Nach der Praxis des DPMA seit dem 1.1.2011[44] kann die Wahl einer bestimmten Klasse zu einer inhaltlichen Beschränkung des Verzeichnisses führen. Denn kann ein Begriff, der zur Anmeldung gebracht ist, mehreren Klassen unterfallen, so weist das DPMA nunmehr den Anmelder nicht mehr darauf hin und bittet um Konkretisierung. Vielmehr geht das Amt davon aus, dass nur diejenigen Produkte vom Verzeichnis erfasst sind, die der vom Anmelder gewählten Klasse unterfallen. Dem scheint der BGH bislang – möglicherweise aber irrtümlich und unbewusst – nicht zu folgen. Danach werde vielmehr der Schutzbereich einer Marke nicht durch die

---

36 EuG T-82/17 v. 21.11.2018 *Exxtra Deep*, Tz. 54 ff.
37 EuGH C-307/10 v. 19.6.2012 *Chartered Institute of Patent Attorneys*, Tz. 39 ff.
38 BGH I ZR 38/13 v. 8.1.2014 *Probiotik*, Tz. 36.
39 EuG T-353/11 v. 21.3.2013 *Event/eventer EVENT MANAGEMENT SYSTEMS*, Tz. 16 ff.
40 Vgl. EuG T-571/11 v. 20.3.2013 *CLUB DEL GOURMET*, Tz. 24 ff., im Ergebnis bestätigt durch EuGH C-301/13 P v. 6.2.2014 *El Corte Inglés*.
41 EuG T-229/12 v. 27.2.2014 *VOGUE/VOGUE*, Tz 39f u. 54 f.
42 EuGH C-97/12 P v. 15.5.2014 *Louis Vuitton Malletier*, Tz. 97; EuG T-82/17 v. 21.11.2018 *Exxtra Deep*, Tz. 48.
43 BGH GRUR 2002, 59, 62 *ISCO*; vgl. auch BGH GRUR 2004, 241, 243 *GeDIOS*.
44 Dazu Mitteilung Nr. 12/10 der Präsidentin des Deutschen Patent- und Markenamts über eine geänderte Praxis ab 1. Januar 2011 hinsichtlich der Berücksichtigung der Klassenziffer bei der Auslegung der eingereichten Waren-/Dienstleistungsverzeichnisse durch die Markenabteilungen vom 20. Oktober 2010.

Klassifikation bestimmt.⁴⁵ Für die Beratungspraxis ist die unklare Rechtslage misslich; insbesondere bei der Anmeldung ist auf sorgfältige Klassifizierung zu achten.

> Wer daher etwa »Gürtel« in Klasse 10 anmeldet, muss damit leben, dass er vom DPMA nur Schutz für Gürtel für medizinische oder orthopädische Zwecke bekommt. Ob der BGH dem folgen wird, dürfte auch von der internationalen Entwicklung der Klassifikation abhängen.

Besonderheiten gelten schließlich bei bestimmten Altmarken. Diese Besonderheiten **18** beruhen darauf, dass das EUIPO in früherer Praxis⁴⁶ bereits durch die Auflistung sämtlicher Klassenüberschriften automatisch Schutz für alle denkbaren Produkte gewährte. Dabei konnte die Eintragung einer Marke für alle von einer Klasse der Nizzaer Klassifikation umfassten Waren oder Dienstleistungen. Diese Praxis ist durch die Rechtsprechung des EuGH⁴⁷ für Neuanmeldungen⁴⁸ inzwischen unzulässig geworden.⁴⁹ Heute muss der Verwender einer Klassenüberschrift bei der Anmeldung vielmehr klarstellen, ob er Schutz für sämtliche Produkte der Klasse erlangen will, die in der alphabetischen Liste der Nizzaer Klassifikation gelistet sind, oder nur für einzelne.⁵⁰ Art. 33 VIII UMV stellte eine Übergangslösung bereit.⁵¹ Altmarken werden hingegen noch nach alten Regeln weiterbehandelt; die Mitteilung Nr. 2/12 des Präsidenten des EUIPO konnte dies nicht infrage stellen.⁵²

> So war die sachnahen Begriffe »Datenverarbeitungsgeräte und Computer« beim EUIPO automatisch auch »Software« geschützt. Inzwischen gilt hier wie dort die wörtliche Auslegung, so dass »Software« ausdrücklich zu nennen ist. Lediglich bei Altmarken, die vor dem 19.6.2012 angemeldet wurden, waren in der Zwischenzeit noch Besonderheiten zu beachten. Inzwischen sind auch die Verzeichnisse derartiger Altmarken wörtlich auszulegen (Art. 33 VIII letzter Unterabs. UMV).

---

45 BGH I ZR 38/13 v. 8.1.2014 *Probiotik*, Tz. 14.
46 Mitteilung Nr. 4/03 des Präsidenten des Amtes vom 16.6.2003, ABl.-HABM 2003, 1646; in diesem Sinne auch EuG T-186/02 v. 30.6.2004 *DIESELIT*, Tz. 42; für Altmarken EuG T-66/11 v. 31.1.2013 *BABIDU/babilu*, Tz. 44 ff.; zur gleichen Praxis in Italien EuG T-454/16 v. 22.9.2017 *ARRIGONI/Arrigoni Valtaleggio*, Tz. 45 ff.
47 EuGH C-307/10 v. 19.6.2012 *Chartered Institute of Patent Attorneys*, Tz. 57 ff.
48 Die Rechtsprechung gilt nur für Anmeldungen, nicht für eingetragene Marken: EuGH C-577/14 P v. 16.2.2017 *Brandconcern*, Tz. 29; EuGH C-501/15 P v. 11.10.2017 *EUIPO/Cactus*, Tz. 38.
49 Vgl. auch Konvergenzprogramm 2 (www.tmdn.org/network/convergence-of-class-heading), insbesondere die Common Communication on the Implementation of ›IP Translator‹ v1.2 v. 20.2.2014 (euipo.europa.eu/tunnel-web/secure/webdav/guest/document_library/contentPdfs/about_ohim/who_we_are/common_communication/common_communication1_en.pdf)
50 EuGH C-307/10 v. 19.6.2012 *Chartered Institute of Patent Attorneys*, Tz. 61; EuGH C-420/13 v. 10.7.2014 *Netto Marken-Discount*, Tz. 51; EuGH C-141/13 P v. 17.7.2014 *Reber Holding*, Tz. 40; EuGH C-577/14 P v. 16.2.2017 *Brandconcern*, Tz. 28.
51 Hierzu https://euipo.europa.eu/ohimportal/de/news/-/action/view/3061397.
52 EuGH C-577/14 P v. 16.2.2017 *Brandconcern*, Tz. 29 ff.; EuGH C-501/15 P v. 11.10.2017 *EUIPO/Cactus*, Tz. 38 ff.; EuG T-51/12 v. 30.9.2014 *Scooters India*, Tz. 14 ff., bestätigt durch EuGH C-577/14 P v. 16.2.2017 *Brandconcern*; EuG T-24/13 v. 15.7.2015 *Cactus*, Tz. 31 ff.; EuG T-457/15 v. 15.6.2017 *Fakro*, Tz. 20 ff.; a. A. aber in anderem Zusammenhang EuG T-126/15 v. 24.5.2016 *El Corte Inglés*, Tz. 29 ff.

III. Nachträgliche Änderung des Verzeichnisses

19 Eine nachträgliche Erweiterung des Waren- und Dienstleistungsverzeichnisses ist mit der notwendigen Bestimmtheit der Anmeldung und mit deren Wirkung für die Laufzeit des Zeichenschutzes und mit dem Prioritätsgrundsatz unvereinbar und daher unzulässig.[53] Möglich ist jedoch die nachträgliche Einschränkung des Verzeichnisses durch ausdrückliche[54] und unbedingte[55], insbesondere nicht nur hilfsweise[56] Erklärung (Art. 49 I UMV, § 39 I MarkenG).[57] Während bei der deutschen Marke eine Änderung des Verzeichnisses als Änderung der Verfahrensgrundlage in jeder Lage[58] des Eintragungsverfahrens, auch noch in Rechtsmittelverfahren, als unmittelbar wirksam zu beachten ist,[59] ist bei der Unionsmarke die Einschränkung nur gegenüber dem EUIPO und daher nicht mittels mündlichen Antrags vor dem EuG möglich.[60] Während eines laufenden Widerspruchsverfahrens ist die Widerspruchsabteilung für die Einschränkung zuständig, im Beschwerdeverfahren die Beschwerdekammer.[61] Lediglich im Einzelfall kann ein solcher Antrag als teilweise Klagerücknahme auszulegen sein.[62]

> Will der Anmelder dabei etwa sein Verzeichnis noch im Verfahren vor dem EuG dadurch konkretisieren, dass er allen Waren den Zusatz »nicht aus Holzimitat« hinzufügt, so ändert er hierdurch den Streitgegenstand vor dem Gericht. Das EuG lässt diese Änderung daher nicht zu.[63]

---

53 BGHZ 102, 88 *Apropos Film*; vgl. auch EuG T-104/12 v. 16.5.2013 *VORTEX/VORTEX*, Tz. 30 ff.
54 EuG T-171/06 v. 17.3.2009 *Laytoncrest*, Tz. 42 ff.
55 EuG T-171/06 v. 17.3.2009 *Laytoncrest*, Tz. 42; BGH I ZB 26/05 v. 13.12.2007 *idw*, Tz. 35; BGH I ZB 39/05 v. 13.12.2007 *idw Informationsdienst Wissenschaft*, Tz. 32; BGH I ZB 81/09 v. 9.9.2010 *Yoghurt-Gums*, Tz. 14.
56 BGH I ZB 39/05 v. 13.12.2007 *idw Informationsdienst Wissenschaft*, Tz. 35.
57 EuGH C-412/05 P v. 26.4.2007 *Alcon (II)*, Tz. 107 ff.; zuvor bereits EuG T-219/00 v. 27.2.2002 *ELLOS*, Tz. 60 f.
58 Skeptisch zur Beschränkung nach Schluss der mündlichen Verhandlung: BGH I ZB 81/09 v. 9.9.2010 *Yoghurt-Gums*, Tz. 15.
59 BGH GRUR 2002, 884 *B-2 alloy*, m. w. N.; BGH I ZB 81/09 v. 9.9.2010 *Yoghurt-Gums*, Tz. 14.
60 EuGH C-447/02 P v. 21.10.2004 *Farbe Orange*, Tz. 58; auch EuGH C-412/05 P v. 26.4.2007 *Alcon (II)*, Tz. 104 ff.; EuG T-173/01 v. 9.10.2002 *Orange*, Tz. 12; EuG T-194/01 v. 5.3.2003 *Tablette für Wasch- oder Geschirrspülmaschinen XII*, Tz. 13; EuG T-122/01 v. 3.7.2003 *Best Buy*, Tz. 24; EuG T-289/02 v. 8.7.2004 *TELEPHARMACY SOLUTIONS*, Tz. 13; EuG T-358/04 v. 12.9.2007 *Form eines Mikrofonkorbs*, Tz. 36; vgl. zum Verspätungsgedanken auch EuG T-164/03 v. 21.4.2005 *bebe/monBeBé*, Tz. 16 ff.; zu einer wirksamen Beschränkung EuG T-366/05 v. 15.11.2006 *Anheuser Busch*, Tz. 17, 28 ff., 36f; EuG T-130/09 v. 24.3.2010 *eliza/ELISE*, Tz. 16 ff.
61 EuG T-473/15 v. 16.3.2017 *Capella*, Tz. 32 ff.
62 EuG T-194/01 v. 5.3.2003 *Tablette für Wasch- oder Geschirrspülmaschinen XII*, Tz. 14; EuG T-289/02 v. 8.7.2004 *TELEPHARMACY SOLUTIONS*, Tz. 14; restriktiv EuG T-458/05 v. 20.11.2007 *TEK*, Tz. 24 ff.; auch EuG T-173/01 v. 9.10.2002 *Orange*, Tz. 13.
63 EuG T-458/05 v. 20.11.2007 *TEK*, Tz. 24 f.

IV. Teilung der Marke

Gemäß Art. 50, 56 UMV, §§ 40, 46 MarkenG ist außerdem die Teilung einer 20
Anmeldung oder Eintragung möglich. Die unter der ursprünglichen Marke
geschützten Produkte werden dabei auf zwei Marken aufgeteilt, ohne dass es Überlappungen geben darf. Unter bestimmten, in Art. 50 II UMV ausdrücklich geregelten Voraussetzungen ist die Teilung einer Unionsmarke ausgeschlossen. Das deutsche Recht, das nunmehr durch Art. 41 MRR harmonisiert wurde, kennt diese Einschränkungen nicht.

§ 6 Markenschutz ohne Eintragung

Schrifttum: *von Bomhard/Geier*, Nicht eingetragene Marken als relative Eintragungshindernisse, MarkenR 2016, 497; *Kur*, Die WIPO-Vorschläge zum Schutz notorisch bekannter und berühmter Marken, GRUR 1999, 866; *Munz*, Die Zuordnung einer Marke durch Verkehrsgeltung des Zeichens im Verhältnis zwischen Hersteller und Händler nach Beendigung des Vertragsverhältnisses (§ 4 Nr. 2 MarkenG), GRUR 1995, 474

I. Überblick

1 Ohne Eintragung entsteht Markenschutz an einer deutschen Marke entweder durch die Benutzung eines Zeichens im geschäftlichen Verkehr, soweit das Zeichen innerhalb beteiligter Verkehrskreise als Marke Verkehrsgeltung erworben hat (§ 4 Nr. 2 MarkenG), oder durch die im Sinne des Art. 6bis PVÜ notorische Bekanntheit der Marke (§ 4 Nr. 3 MarkenG). Durch bloße Inbenutzungnahme entstehen keine Markenrechte – unter Umständen aber Rechte an einer geschäftlichen Bezeichnung.[1] Durch die MRR wurde entsprechend dem elften Erwägungsgrund ausdrücklich keine Harmonisierung der Benutzungsmarke herbeigeführt. Auch eine Benutzungsunionsmarke existiert nicht. Entscheidend sind folglich die nationalen Vorschriften.

2 In Deutschland setzt der Erwerb von Markenrechten ohne Eintragung voraus, dass das Zeichen einen gewissen Bekanntheitsgrad erwirbt. Dies wiederum erfordert umfangreiche Investitionen. Unternehmen, die derartige Investitionen tätigen können, werden es in der Praxis aber nur selten versäumen, entsprechende Marken zur Anmeldung zu bringen. Markenschutz ohne Eintragung spielt daher in der Praxis eine immer geringere Rolle. Während dieser früher eine gewisse Bedeutung bei solchen Kennzeichnungsformen hatte, die – wie die Form der Ware – nicht eintragungsfähig waren (so genannte Ausstattungsrechte), hat in der Zwischenzeit die Beseitigung einschlägiger Schutzhindernisse dazu geführt, dass entsprechende Marken eingetragen wurden. Lediglich bei den neuen Markenformen sind Unternehmen aufgrund schleppender Eintragungsverfahren gelegentlich noch gezwungen, aus Benutzungsmarken vorzugehen.[2] Auch soweit nur für Teilgebiete der Bundesrepublik Markenschutz geltend gemacht wird, können Benutzungsmarken relevant werden.[3]

3 Für die Bestimmung des Schutzgegenstands der Benutzungsmarke ist von der konkreten Gestaltung auszugehen, in der das Zeichen dem Publikum entgegentritt. Soweit unterschiedliche Aufmachungen gewisse gemeinsame Merkmale aufweisen, kann ihnen Zeichenschutz zukommen, wenn sie auf eine gemeinsame Herkunft der Produkte hinweisen. Die übereinstimmenden Merkmale, für die Zeichenschutz beansprucht wird, sind jedoch eindeutig zu bestimmen.[4] Hierbei gilt das Gebot der

---

1 Hierzu § 17 Rdn. 1 – 28 u. § 19 Rdn. 1 – 17.
2 Vgl. etwa BGHZ 156, 126 *Farbmarkenverletzung I*; auch BGH GRUR 2004, 514, 516 *Telekom*.
3 Vgl. BGHZ 16, 82, 91 *Örtlich begrenzte Verkehrsgeltung*; zu eng OLG Köln MarkenR 2007, 269 *4DSL*.
4 BGH I ZR 195/06 v. 19.2.2009 *UHU*, Tz. 23, m. w. N.

Bestimmtheit. Derjenige, der Rechte aus einer Benutzungsmarke geltend macht, muss – ebenso wie der Anmelder einer Registermarke – die beanspruchte Marke eindeutig bestimmen. Die Verkehrsgeltung muss sich deshalb auf ein konkretes Zeichen und nicht auf abstrakte Einzelmerkmale beziehen.[5]

So ist es zwar nicht ausgeschlossen, dass eine einzelne Farbe ohne räumliche Begrenzung die Voraussetzungen der Benutzungsmarke nach § 4 Nr. 2 MarkenG erfüllen kann. Davon kann aber nicht in gleicher Weise ausgegangen werden, wenn Schutz für Farbkombinationen in beliebiger Variation beansprucht wird, selbst wenn eine der Farben als Grundfarbe überwiegt – wie bei den bekannten UHU-Klebern das Gelb in Kombination mit Schwarz.[6]

II. Markenschutz durch Verkehrsgeltung

Bislang wichtigste Fallgruppe des Erwerbs einer Benutzungsmarke ist der Erwerb durch Verkehrsgeltung.[7] Voraussetzung hierfür ist zunächst, dass die allgemeinen Kriterien der Markenfähigkeit im Sinne des § 3 MarkenG gegeben sind.[8] Hierbei ist von Bedeutung, dass das deutsche MarkenG das europäische Konzept der Markenfähigkeit insoweit modifiziert, als zwar nicht das Kriterium der klar und eindeutig bestimmbaren Darstellbarkeit,[9] wohl aber die besonderen Schutzvoraussetzungen bei Formmarken[10] dem § 3 MarkenG zugeordnet sind. Dies hat zur Folge, dass auch nicht klar und eindeutig bestimmbar darstellbare Zeichen durch Benutzung Markenschutz erlangen können.[11]

4

> Selbst wenn daher etwa ein Geruch derzeit nicht klar und eindeutig bestimmbar darstellbar ist, so kann doch Markenschutz an einem bestimmten Geruch durch Verkehrsgeltung erlangt werden.

Weiter muss für das Zeichen durch Benutzung Verkehrsgeltung erlangt worden sein, worunter ein gewisser Grad von Bekanntheit bei den angesprochenen Verkehrskreisen zu verstehen ist. Dies setzt voraus, dass ein jedenfalls nicht unerheblicher Teil der angesprochenen Verkehrskreise in dem Zeichen einen Hinweis auf die Herkunft der damit gekennzeichneten Waren oder Dienstleistungen aus einem bestimmten – wenn auch namentlich nicht bekannten – Unternehmen sieht.[12] Das für den Erwerb einer Benutzungsmarke im Sinne des § 4 Nr. 2 MarkenG notwendige Maß an Verkehrsgeltung eines Zeichens kann allerdings nicht in der Weise festgelegt werden, dass einem prozentmäßig bestimmten Anteil der angesprochenen Verkehrskreise bekannt sein müsse, dass das Zeichen für bestimmte Waren oder

5

---

5 BGH I ZR 195/06 v. 19.2.2009 *UHU*, Tz. 31, m. w. N.
6 BGH I ZR 195/06 v. 19.2.2009 *UHU*, Tz. 31, in Abgrenzung zu BGHZ 156, 126, 135 *Farbmarkenverletzung I*.
7 Zum verwandten Begriff der notorischen Bekanntheit vgl. auch EuGH C-328/06 v. 22.11.2007 *Nuño*.
8 BGHZ 156, 126, 134 *Farbmarkenverletzung I*.
9 Hierzu oben § 2 Rdn. 7 – 16.
10 Hierzu oben § 4 Rdn. 175 – 197.
11 BGH I ZR 195/06 v. 19.2.2009 *UHU*.
12 BGH I ZR 190/05 v. 26.6.2008 *EROS*, Tz. 38 u. 40.

Dienstleistungen auf die Herkunft aus einem bestimmten Unternehmen hinweist. Zu berücksichtigen sind vielmehr sämtliche Umstände des Einzelfalls.[13] Trotz fehlender Harmonisierung wird man auch insoweit auf die im Zusammenhang mit der Frage eines Erwerbs von Unterscheidungskraft durch Benutzung vom EuGH vorgegebenen Kriterien[14] zurückgreifen können.

6   Bei Zeichen, die nur geringe Unterscheidungskraft im Sinne des § 8 II Nr. 1 bis 3 MarkenG[15] aufweisen, ist grundsätzlich ein höherer Grad an Verkehrsgeltung zu fordern als bei normal kennzeichnungskräftigen Zeichen. Fehlt dem Zeichen sogar jegliche Unterscheidungskraft, ist über Verkehrsgeltung hinaus Verkehrsdurchsetzung im Sinne des § 8 III MarkenG zu fordern.[16]

> Will etwa die Deutsche Telekom Markenschutz für die Farbe Magenta im Telekommunikationsbereich durchsetzen, so ist insbesondere zu berücksichtigen, dass die Allgemeinheit angesichts der geringen Zahl der tatsächlich verfügbaren Farben[17] ein Interesse daran hat, dass der Bestand an verfügbaren Farben nicht mit wenigen Markenrechten erschöpft wird. Da andererseits die Farbe Magenta auf dem Gebiet der Telekommunikation ungewöhnlich ist, kann ein Grad der Verkehrsgeltung in der Bevölkerung von 58 % für die Entstehung einer Benutzungsmarke ausreichen, wenn im Wesentlichen nur die Deutsche Telekom die Farbe benutzt.[18] Nicht genügend ist demgegenüber ein Grad von 33,5 %.[19]

7   Benutzungsmarken für mehrere Geschäftsbetriebe innerhalb des gleichen Wirtschaftsgebietes entstehen nur ausnahmsweise, etwa wenn neben einer umfassenden Verkehrsgeltung eine örtlich begrenzte entsteht.[20] Im Verhältnis zwischen Hersteller und Vertrieb wird normalerweise der Hersteller Inhaber der Benutzungsmarke.[21] Für das Verhältnis zwischen Lizenznehmer und Lizenzgeber gilt, dass die Marke auch dann dem Lizenzgeber zusteht, wenn der Verkehr irrtümlich annimmt, die Produkte stammten aus dem Betrieb des Lizenznehmers.[22] Im Falle gemeinschaftlichen Gebrauchs einer Kennzeichnung durch juristisch selbständige Schwesterfirmen wird nur dann jedes der beiden Unternehmen Inhaberin einer Benutzungsmarke, wenn die Unternehmen dem Publikum nicht nach Art echter Wettbewerber, sondern als wirtschaftliche Einheit gegenübertreten.[23] Schließt sich eine Gruppe von Unternehmen zu einem rechtsfähigen Verband zusammen, dessen Zweck insbesondere auch darin besteht, den Absatz von Produkten unter einem

---

13 BGHZ 156, 126, 134 f. *Farbmarkenverletzung I.*
14 Hierzu oben § 4 Rdn. 153 – 172.
15 Hierzu oben § 4 Rdn. 56 – 172.
16 BGH GRUR 2004, 514, 516 *Telekom.*
17 Vgl. oben § 4 Rdn. 136.
18 BGHZ 156, 126, 135 *Farbmarkenverletzung I*, m. w. N.; zur Bedeutung einer Benutzung des Zeichens durch Konkurrenten auch BGHZ 16, 296, 299.
19 BGH GRUR 1997, 754, 755 *grau/magenta*; auch BGH GRUR 1968, 371, 375 *Maggi*; BGH GRUR 1992, 48, 50 *frei öl.*
20 BGHZ 16, 82, 91 *Örtlich begrenzte Verkehrsgeltung*; BGHZ 34, 299, 307 *Almglocke/Almquell.*
21 BGH I ZR 190/05 v. 26.6.2008 *EROS*, Tz. 40 f.
22 BGH GRUR 1963, 485, 488 *Micky-Maus-Orangen.*
23 BGHZ 34, 299, 307 *Almglocke/Almquell*; BGH GRUR 2002, 616, 617 f. *Verbandsausstattungsrecht*; auch *Munz*, GRUR 1995, 474; auch Art. 5 C III PVÜ.

gemeinsamen Zeichen zu fördern, kann das Markenrecht dem Verband als solchem zuwachsen.²⁴

Für das Erlöschen einer Benutzungsmarke kommt es nicht darauf an, ob ihre Benutzung eingestellt wurde.²⁵ Vielmehr ist darauf abzustellen, ob nach Auffassung des Verkehrs eine bestimmte Bezeichnung noch immer auf Produkte eines bestimmten Betriebs hindeutet.²⁶ 8

> Benutzt die Deutsche Telekom etwa die Farbe Magenta weniger intensiv oder reduziert den Werbeaufwand mit der Kennzeichnung und fasst der Verkehr diese daher womöglich nicht mehr als Marke auf, so droht ihr der Verlust der Marke.²⁷

III. Markenschutz durch notorische Bekanntheit

Eine notorische Bekanntheit verlangt nach traditioneller deutscher Lesart einen Bekanntheitsgrad, der sowohl über die Verkehrsgeltung als auch über die bloße Bekanntheit im Rahmen des Verletzungsverfahrens²⁸ hinausgehe. Eine Benutzung im Inland sei demgegenüber nicht erforderlich. Die selbstständige Bedeutung des Schutzes notorisch bekannter Marken beschränkte sich daher bislang auf ausländische Marken, die im Inland nicht benutzt werden.²⁹ Auch behandelt § 10 MarkenG – nicht aber die UMV³⁰ – die kollisionsbegründende notorisch bekannte Marke als Eintragungshindernis, das von Amts wegen zu berücksichtigen ist. 9

Diese strengen Anforderungen sind durch eine Entscheidung des EuGH ins Wanken geraten.³¹ Danach genügt es für eine notorische Bekanntheit bereits, wenn die fragliche Marke im gesamten Hoheitsgebiet des Eintragungsmitgliedstaats oder in einem wesentlichen Teil dieses Staates notorisch bekannt ist. Dagegen könne nicht verlangt werden, dass sich die notorische Bekanntheit auf das »gesamte« Hoheitsgebiet des Mitgliedstaats erstreckt; lediglich das Gebiet einer Stadt und deren Umland würden nicht genügen.³² 10

Dieser Ansatz des EuGH widerspricht dem traditionellen Verständnis der notorisch bekannten Marke als besonders berühmter Marke. Denn eine Marke, die lediglich regional in einem wesentlichen Teil eines Mitgliedstaates bekannt ist, wird 11

---

24 BGH GRUR 2002, 616, 617 f. *Verbandsausstattungsrecht*, m. w. N.
25 Zu dem Sonderfall des Einstellens der Benutzung zum Zwecke der Streitvermeidung im Laufe eines Rechtsstreits BGH GRUR 1998, 1034, 1036 *Makalu*.
26 Vgl. *Ingerl/Rohnke*, § 4 Rz. 26.
27 Vgl. BGHZ 21, 66, 76 *Hausbücherei*.
28 So auch EuG T-420/03 v. 17.6.2008 *BOOMERANG/BoomerangTV*, Tz. 110; zur Bekanntheit unten § 13 Rdn. 6 – 11.
29 Vgl. BGH GRUR Int. 1969, 257 *Recrin*; EuG T-435/05 v. 30.6.2009 *Dr. No/Dr. No*, Tz. 31.
30 Vgl. EuG T-288/03 v. 25.5.2005 *TELETECH INTERNATIONAL/TELETECH GLOBAL VENTURES*, Tz. 43; zum nicht vorgesehenen Bekanntheitsschutz einer nicht eingetragenen notorisch bekannten Marke EuG T-263/03 v. 11.7.2007 *TOSCA/TOSKA*, Tz. 50 ff.; EuG T-28/04 v. 11.7.2007 *TOSCA/TOSKA LEATHER*, Tz. 54 ff.; EuG T-150/04 v. 11.7.2007 *TOSCA/TOSCA BLU*, Tz. 52 ff., wo der Anspruch jeweils auf Art. 8 IV UMV hätte gestützt werden sollen.
31 EuGH C-328/06 v. 22.11.2007 *Nuño*.
32 EuGH C-328/06 v. 22.11.2007 *Nuño*, Tz. 17 f.

den von der deutschen Rechtsprechung bisher geforderten Berühmtheitsgrad kaum erreichen können. Vielmehr dürften die Anforderungen des EuGH in den Grundzügen den deutschen Anforderungen an Marken mit Verkehrsgeltung entsprechen oder sogar darunter liegen. Es erscheint daher sinnvoll, die Anforderungen vollständig anzugleichen, aber für notorische Bekanntheit nicht unbedingt eine Benutzung im Inland zu fordern.

12 In diesem Sinne liefert Art. 2 der Gemeinsamen Empfehlung betreffend Bestimmungen zum Schutz notorisch bekannter Marken, die in der 34. Sitzungsperiode der Versammlungen der Mitgliedstaaten der Weltorganisation für geistiges Eigentum (WIPO) (vom 20. bis 29. September 1999) von der Versammlung des Pariser Verbandes und der Generalversammlung der WIPO angenommen wurde, großzügige Auslegungskriterien, die denjenigen bei der Feststellung der (einfachen) Bekanntheit einer Marke ähneln.[33] Danach kann die zuständige Behörde für die Feststellung, ob eine Marke im Sinne der Pariser Verbandsübereinkunft notorisch bekannt ist, jeden Umstand berücksichtigen, aus dem sich die notorische Bekanntheit der Marke ableiten lässt, darunter den Grad der Bekanntheit oder Anerkanntheit der Marke in den maßgeblichen Verkehrskreisen, die Dauer, das Ausmaß und den geografischen Umfang der Benutzung der Marke, die Dauer, das Ausmaß und den geografischen Umfang der Förderung der Marke einschließlich der Werbung für die mit ihr gekennzeichneten Waren oder Dienstleistungen und deren Präsentation auf Messen und Ausstellungen, die Dauer und den geografischen Geltungsbereich aller Eintragungen oder Anmeldungen der Marke, soweit sich darin die Benutzung oder Anerkanntheit der Marke widerspiegeln, die erfolgreiche Geltendmachung der Rechte an der Marke, insbesondere das Ausmaß, in dem die zuständigen Behörden die Marke als notorisch bekannt anerkannt haben, und den Wert, der mit der Marke verbunden ist.[34] Auch weitere Faktoren – etwa der Ruf der Marke – können eine Rolle spielen.[35]

> Dabei genügt es jedoch für den Nachweis notorischer Bekanntheit sicherlich nicht, lediglich Berichte über Sponsoring unter der Marke und Kataloge vorzulegen, in denen sich die Marke findet. Derartige Unterlagen belegen weder den Umfang der Benutzung noch der Bekanntheit.[36] Entsprechendes gilt bei einer Restaurantmarke, wenn lediglich die Existenz von mehreren Lokalen in Amerika nachgewiesen wird und Speisekarten, Fotos der Restaurants, Internetnachweise und Werbeunterlagen vorgelegt werden.[37]

---

33 So nun ausdrücklich auch EuG T-169/13 v. 2.2.2016 *MOTOBI/MOTO B*, Tz. 58; EuG T-2/17 v. 3.5.2018 *MASI/MASSI*, Tz. 50.
34 So auch EuG T-169/13 v. 2.2.2016 *MOTOBI/MOTO B*, Tz. 56 ff.; EuG T-2/17 v. 3.5.2018 *MASI/MASSI*, Tz. 50; Schweizerisches Bundesgericht 4C.229/2003 v. 20.1.2004 *Tripp Trapp*; offen gelassen von BPatG 24 W (pat) 112/01 v. 18.3.2003 *DORAL GOLF RESORT & SPA*.
35 EuG T-2/17 v. 3.5.2018 *MASI/MASSI*, Tz. 51 f.
36 EuG T-420/03 v. 17.6.2008 *BOOMERANG/BoomerangTV*, Tz. 80 ff.
37 EuG T-291/09 v. 1.2.2012 *Pollo Tropical CHICKEN ON THE GRILL*, Tz. 70 ff., im Ergebnis bestätigt durch EuGH C-171/12 P v. 28.2.2013 *Carrols*.

§ 7 Priorität und Seniorität

Schrifttum: *Hildebrandt*, Welche Marken muss ich anmelden, um einen Prozess zu gewinnen? – Markenanmeldestrategie aus prozesstaktischer Sicht, VPP-Rundbrief 2017, 4; *v. Mühlendahl*, Seniority, ECTA Special Newsletter No 30, Deurne/Antwerpen 1996; *Reinartz*, Die Seniorität im Gemeinschaftsmarkenrecht, ihre Folgen und ihre Entwicklung, GRUR Int. 2012, 493

I. Priorität

Das gesamte Kennzeichenrecht ist beherrscht von dem Grundsatz, dass nur derjenige, der sein Kennzeichenrecht früher erworben hat, also Inhaber eines älteren Rechts ist, seine Ansprüche gegen jüngere Kennzeichen durchsetzen kann.[1] Der Priorität eines Zeichens – auch Zeitrang genannt – kommt daher ausschlaggebende Bedeutung zu. 1

Eine Priorität von eingetragenen Marken wird grundsätzlich dadurch begründet, dass eine Anmeldung, die den wesentlichen Anforderungen (Art. 31, 32 UMV; Art. 4 UMDV; § 32 MarkenG) genügt, beim zuständigen Amt eingeht.[2] Der Tag der Eintragung ist insoweit bedeutungslos. Bei Benutzungsmarken ist der Zeitpunkt des Erwerbs von Verkehrsgeltung bzw. notorischer Bekanntheit maßgeblich. 2

Das MarkenG – nicht aber die UMV[3] – lässt ferner in § 37 II mit Einverständnis des Anmelders eine Zeitrangverschiebung zu, wenn im Laufe des Anmeldeverfahrens Schutzhindernisse entfallen. Praktische Bedeutung hat dies insbesondere in Fällen des Erwerbs von Unterscheidungskraft durch Benutzung sowie beim Wegfall von Schutzhindernissen durch Gesetzesänderung, insbesondere durch Inkrafttreten des MarkenG.[4] Hintergrund der Vorschrift ist Art. 4 V MRR, der den Mitgliedstaaten die Option gibt, eine nach Anmeldung der Marke erworbene Unterscheidungskraft genügen zu lassen. Unklar ist dabei allerdings, ob Art. 4 V MRR wie das deutsche Recht von einer Prioritätsverschiebung ausgeht[5] oder ob es auch bei nachträglichem Erwerb von Unterscheidungskraft beim ursprünglichen Anmeldetag bleibt[6]. 3

Gemäß Art. 34, 35, 36 UMV; Art. 5 UMDV bzw. § 34 MarkenG i. V. m. Art. 4 PVÜ, Art. 2 I TRIPS, kann der Anmelder einer Marke die Priorität einer älteren 4

---

1 Zur Feststellung im Verfahren vgl. BGH GRUR 1998, 1034, 1036 *Makalu*.
2 Besonderheiten können sich bei infolge der deutschen Wiedervereinigung erstreckten Marken aus § 30 I Erstreckungsgesetz ergeben; vgl. BGH GRUR 2003, 1047, 1048 *Kellogg's/Kelly's*.
3 Vgl. EuGH C-542/07 P v. 11.6.2009 *Imagination Technologies*, Tz. 42 ff.
4 Vgl. BGH GRUR 2002, 1077 *BWC*; BGH I ZB 65/12 v. 17.10.2013 *test*, Tz. 22.
5 So offenbar BGH I ZB 65/12 v. 17.10.2013 *test*, Tz. 22; BGH I ZB 61/13 v. 23.10.2014 *Langenscheidt-Gelb*, Tz. 19.
6 So BPatG 33 W (pat) 103/09 v. 8.3.2013; dem vertrauend – aber ohne eigene Prüfung und damit wohl ohne Bindungswirkung – nun auch EuGH C-217/13 v. 19.6.2014 *Oberbank*, Tz. 50 ff.

Anmeldung⁷ in Anspruch nehmen. Dies setzt vor allem voraus, dass die ältere Anmeldung identisch ist oder im Hinblick auf die geschützten Produkte die jüngere Anmeldung jedenfalls umfasst und dass seit der älteren Anmeldung nicht mehr als 6 Monate verstrichen sind (Art. 4 PVÜ). Als ältere Anmeldung kommt jede ausländische Anmeldung aus einem Mitgliedstaat der PVÜ oder des TRIPS⁸ in Betracht, wobei nationale Marken und Unionsmarken wechselseitig wie ausländische Marken behandelt werden. Art. 39 V UMV konkretisiert außerdem, dass als die erste Anmeldung, von deren Einreichung an die Prioritätsfrist läuft, auch eine jüngere Anmeldung angesehen wird, die dieselbe Marke und dieselben Waren oder Dienstleistungen betrifft wie eine erste ältere im selben Staat eingereichte Anmeldung, sofern diese ältere Anmeldung bis zur Einreichung der jüngeren Anmeldung zurückgenommen, fallen gelassen oder zurückgewiesen worden ist, und zwar bevor sie öffentlich ausgelegt worden ist und ohne dass Rechte bestehen geblieben sind; ebenso wenig darf diese ältere Anmeldung schon Grundlage für die Inanspruchnahme des Prioritätsrechts gewesen sein. Die ältere Anmeldung kann in diesem Fall nicht mehr als Grundlage für die Inanspruchnahme des Prioritätsrechts dienen. Ob eine Priorität wirksam in Anspruch genommen wurde, kann später im Widerspruchsverfahren überprüft werden.⁹ Die Formerfordernisse der Inanspruchnahme ergeben sich bei Unionsmarken aus Art. 4 UMDV, bei deutschen Marken aus § 34 MarkenG. Für den Nachweis der älteren Anmeldung – eine Kopie der Anmeldung genügt¹⁰, soweit sich z. B. durch einen Eingangsstempel der Anmeldetag daraus ergibt¹¹ – besteht bei der Unionsmarke eine Frist von drei, bei der deutschen Marke von zwei Monaten.

> Hat etwa ein Anmelder am 3.4.2006 eine deutsche Marke angemeldet und will er am 4.10.2006 eine Unionsmarke anmelden, so kann er an eine Inanspruchnahme der Priorität der deutschen Anmeldung vom 3.4.2006 denken. Nachdem jedoch die 6-Monats-Frist am 4.10.2006 bereits abgelaufen ist, kommt es darauf an, ob der Anmelder geltend machen kann, dass der – fristwahrende – 3.10.2006 in Deutschland ein Feiertag ist. Da das EUIPO am 3.10.2006 geöffnet ist, nützt Art. 69 I DV dem Anmelder nicht. Die früher bestehende Möglichkeit, die Anmeldung in so einem Fall nicht unmittelbar beim EUIPO, sondern über das DPMA einzureichen, ist inzwischen entfallen.

5 Gemäß Art. 43 UMV bzw. § 35 MarkenG kann auch eine so genannte Ausstellungspriorität beansprucht werden. Innerhalb einer Frist von wiederum sechs Monaten kann sich der Anmelder hier darauf berufen, auf einer amtlich oder amtlich anerkannten internationalen Ausstellung unter der angemeldeten Marke zur

---

7 Die aus dem Wortlaut der einschlägigen Bestimmungen folgende Regelung, dass es sich bei der älteren Marke um die erste Marke dieser Art handeln muss, macht bei Markenrechten wenig Sinn, weil insoweit kein Neuheitszwang besteht; hier sollten Gerichte großzügig eingreifen.
8 Wegen Art. 2 I TRIPS.
9 EuG T-186/12 v. 25.6.2015 *Copernicus-Trademarks*, Tz. 46 ff., Rechtsmittel durch EuGH C-43/16 P v. 14.6.2016 *Copernicus-Trademarks* wegen Fristversäumung zurückgewiesen.
10 Für die Unionsmarke Beschluss NR. EX-96-3 des Präsidenten des Amtes vom 5.3.1996, ABl.-HABM 1996, 394; auch Mitteilung Nr. 3/96 des Präsidenten des Amtes vom 22.3.1996, ABl.-HABM 1996, 594; für die deutsche Marke BPatGE 21, 169, 172.
11 EuG T-186/12 v. 25.6.2015 *Copernicus-Trademarks*, Tz. 61 ff., Rechtsmittel durch EuGH C-43/16 P v. 14.6.2016 *Copernicus-Trademarks* wegen Fristversäumung zurückgewiesen.

Schau gestellt zu haben.¹² Bei Anmeldungen deutscher Marken kommen daneben auch bestimmte, bekannt gemachte inländische oder ausländische Ausstellungen in Betracht.

Besonderheiten ergeben sich aus Art. 4 II MMA bzw. Art. 4 II PMMA, wenn **6** bei einer internationalen Registrierung¹³ die Priorität einer älteren Anmeldung in Anspruch genommen werden soll. Handelt es sich bei der älteren Anmeldung zugleich um das Basisgesuch, auf das die internationale Registrierung gestützt werden soll, so ergibt sich die Inanspruchnahme automatisch, ohne dass die Förmlichkeiten des Art. 4 D PVÜ gewahrt sind. Andererseits kann sich im Einzelfall das Anmeldeverfahren der Basisregistrierung über sechs Monate hinaus hinziehen. In diesem Fall ist – trotz der in § 38 MarkenG vorgesehenen, gebührenpflichtigen Möglichkeit einer beschleunigten Prüfung – die Eintragung der nationalen Marke, die nach dem MMA erforderlich ist, unter Umständen nicht rechtzeitig verfügbar. Dieses Problem stellt sich unter Geltung des PMMA nicht, da dort eine bloße Markenanmeldung als Basis der internationalen Registrierung genügt.

> Will etwa ein Anmelder zunächst eine deutsche Marke und eine Unionsmarke anmelden und innerhalb der kommenden sechs Monate die Priorität der Anmeldung bei einer viele Staaten erfassenden internationalen Registrierung in Anspruch nehmen, so muss er etwaige Probleme in den Anmeldeverfahren einkalkulieren, die dazu führen können, dass die Marken nicht innerhalb von 6 Monaten eingetragen werden. Hier kann zweierlei empfohlen werden: Entweder wird zeitgleich mit der deutschen Basismarke in einem Mitgliedstaat der PVÜ ohne amtliches Prüfungsverfahren eine Marke angemeldet, und deren Priorität in Anspruch genommen;¹⁴ oder der Anmelder stützt seine internationale Registrierung auf seine Unionsmarkenanmeldung und beschränkt die Registrierung auf Mitgliedstaaten des PMMA. Da nämlich die Gemeinschaft nur dem PMMA, nicht jedoch wie Deutschland auch dem MMA beigetreten ist und daher Art. 10 PMMA keine Anwendung findet, genügt in diesem Fall als Basis der internationalen Registrierung die Unionsmarkenanmeldung. Der Anmelder muss nicht die vorherige Registrierung abwarten.

II. Seniorität

Von der Inanspruchnahme der Priorität zu unterscheiden ist die in Art. 39, 40 **7** UMV; Art. 6 UMDV vorgesehene Inanspruchnahme der Seniorität der Marke eines Mitgliedstaates der Union, in der UMV – verwirrend – auch Inanspruchnahme des Zeitrangs genannt. Die Inanspruchnahme der Seniorität führt nicht zu einer Verschiebung der Priorität der Unionsmarke, sondern entfaltet ihre Wirkung erst dann, wenn der Inhaber auf die in Anspruch genommene nationale Marke verzichtet oder sie erlöschen lässt.¹⁵ Dann nämlich stehen dem Inhaber der Unionsmarke weiter

---

12 Da solche Ausstellungen kaum existieren, ist die Ausstellungspriorität bei der Unionsmarke praktisch kaum relevant – Mitteilung des Präsidenten Nr. 1/03 v. 27.1.2003, ABl.-HABM 2003, 880.
13 Zur internationalen Registrierung ausführlich unten § 30 Rdn. 1 – 10.
14 Ähnlich, aber ungenau *Ingerl/Rohnke*, § 34 Rz. 8.
15 Zur Möglichkeit der Verfahrensfortführung BPatG 27 W (pat) 106/04 v. 20.9.2005 *Seniorität*; außerdem die Nachweise bei BGH I ZR 15/14 v. 23.9.2015 *Amplidect/ampliteq*, Tz. 25 ff.

dieselben Rechte zu, die er hätte, wenn die ältere nationale Marke weiterbestehen würde. Die ältere nationale Marke lebt dann gleichsam in der Unionsmarke fort.

Wurde etwa bei einer Unionsmarkenanmeldung vom 1.6.2004 die Seniorität einer deutschen Marke vom 1.6.2003 in Anspruch genommen, so nützt dies nur begrenzt, wenn gegen eine zwischenzeitlich – etwa am 1.7.2003 – von einem Dritten eingereichte Markenanmeldung Widerspruch eingelegt wird. Die Seniorität hilft nämlich nicht, sofern der Widerspruch ausschließlich auf die Unionsmarke gestützt wird. Solange der Widerspruch nicht auch auf die deutsche Marke gestützt wird, ist ihr Inhaber mit seiner Unionsmarke gegenüber dem Dritten Inhaber des (verhältnismäßig) jüngeren Rechts. Erst wenn die deutsche Marke fallen gelassen und der Widerspruch ausdrücklich mit der Seniorität begründet wird, handelt es sich um ein älteres Recht.[16]

8 Wie bei der Priorität ist die Inanspruchnahme der Seniorität möglich, wenn drei Voraussetzungen kumulativ vorliegen: Die ältere nationale Marke und die Unionsmarke sind identisch; die unter der Unionsmarke geschützten Produkte sind identisch mit denen, die von der älteren nationalen Marke erfasst sind, oder in diesen enthalten; und der Inhaber beider Marken ist derselbe.[17] Bei der Beurteilung der Identität gelten strenge Voraussetzungen, wobei auf die Kriterien bei der Beurteilung des Schutzbereichs der Marke[18] zurückgegriffen werden kann.[19]

Bei den Marken

fehlte es beispielsweise an Identität, da nicht allein auf die Wortelemente abgestellt werden konnte.[20] Auch sind eine farbige und eine schwarz-weiße Darstellung der Marke regelmäßig nicht identisch, so dass die Seniorität nicht in Anspruch genommen werden kann.[21]

9 Die Rechtsnatur der Seniorität ist noch gänzlich ungeklärt.[22] Die europarechtliche Grundlage ist nicht nur offen, sondern sogar widersprüchlich: Auf der einen Seite steht Art 39 III UMV, wonach die Seniorität die alleinige Wirkung hat, dass dem Inhaber der Unionsmarke, falls er auf die ältere Marke verzichtet oder sie erlöschen lässt, weiter dieselben Rechte zugestanden werden, die er gehabt hätte, wenn die ältere Marke weiterhin eingetragen gewesen wäre. Dies deutet darauf hin, dass das mittels Seniorität beanspruchte Recht letztlich nichts anderes ist als zuvor die nationale Marke, die jedoch aus registertechnischen Gründen mit der Unionsmarke

---

16 Vgl. etwa Richtlinien des EUIO für das Widerspruchsverfahren Teil C Abschnitt 1, 2.4.1.2; EUIPO R 5/1997-1 v. 15.5.1998 *Viceroy*; EUIPO R 1219/2000-3 v. 17.10.2001 *MANEX*.
17 EuG T-103/11 v. 19.1.2012 *justing*, Tz. 14; EuG T-378/11 v. 20.2.2013 *MEDINET*, Tz. 26, m. w. N., im Ergebnis bestätigt durch EuGH C-412/13 P v. 10.4.2014 *Franz Wilhelm Langguth Erben*.
18 Dazu unten § 11 Rdn. 2 ff.
19 Vgl. EuG T-378/11 v. 20.2.2013 *MEDINET*, Tz. 27 ff., im Ergebnis bestätigt durch EuGH C-412/13 P v. 10.4.2014 *Franz Wilhelm Langguth Erben*.
20 EuG T-103/11 v. 19.1.2012 *justing*, Tz. 24.
21 EuG T-378/11 v. 20.2.2013 *MEDINET*, Tz. 48 ff., im Ergebnis bestätigt durch EuGH C-412/13 P v. 10.4.2014 *Franz Wilhelm Langguth Erben*.
22 EuGH C-148/17 v. 19.4.2018 *Peek & Cloppenburg* hat insofern keine Klarheit gebracht, sondern letztlich wohl nur den Einzelfall entschieden.

gebündelt wird. Auf der anderen Seite fehlen in UMV und MRR jegliche Vorschriften zum weiteren Schicksal der Seniorität nach deren Wirksamwerden. Unklar ist zunächst, wie die beanspruchte Marke benutzt werden muss. Weiter fehlen Vorschriften zur Löschung wegen Verfalls oder wegen absoluter oder relativer Eintragungshindernisse. Dies könnte ein Indiz dafür sein, dass der Gesetzgeber von einer derart engen Verschmelzung mit der Unionsmarke ausgegangen ist, dass er das Schicksal der mittels Seniorität beanspruchten nationalen Marke nicht mehr eigens regeln zu müssen meinte. Folglich könnte die Beanspruchung der Seniorität aus Gründen nach Wirksamwerden der Seniorität nicht mehr isoliert angegriffen werden. Wer die Seniorität angreifen will, müsste erfolgreich die Unionsmarke angreifen.

Vorzugswürdig dürfte die Bündellösung und nicht die Verschmelzungslösung sein. Derjenige, der die Seniorität einer nationalen Marke in Anspruch nimmt, wird ohnehin privilegiert durch die Einsparung von Verlängerungsgebühren und Verwaltungsaufwand. Es erscheint wenig sinnvoll, ihn durch unionsrechtliche Benutzungsvorgaben und möglicherweise neu laufende Benutzungsschonfristen weiter zu privilegieren. Andererseits würde die Verschmelzungslösung dazu führen, dass die mittels Seniorität beanspruchte Marke in verschiedener Hinsicht schlechter gestellt würde, was der Intention des Rechtsinstituts widerspricht: Zunächst einmal stellt die Unionsmarke ein neues Recht dar, das bei laufenden Prozessen eventuell mangels Kontinuität einen neuen Prozess erfordern könnte. Außerdem würde die Prozessführung unionsrechtlichen und nicht nationalen Regeln folgen, so dass die Nachteile des Unionsprozessrechts relevant werden.[23] Ferner müsste die Benutzung nicht nur national, sondern unionsweit erfolgen. Überdies müsste sich der Inhaber sämtliche national begründeten Eintragungshindernisse zurechnen lassen, die seiner nationalen Marke erst einmal nicht entgegenstehen würden. Schließlich spricht aber vor allem die größere Klarheit für die Bündellösung und gegen die Verschmelzungslösung: Für die Seniorität würden – wie es Art 39 III UMV nahelegt –, von Anfang bis Ende dieselben Regelungen gelten wie für die nationale Marke. Komplizierte Transformationsprozesse von nationalem und Unionsrecht, wie sie die Verschmelzungslösung erfordert, sind obsolet. 10

Problematisch war, welche Anforderungen an die rückstandslose Beseitigung einer unbenutzten deutschen Marke zu stellen ist, deren Seniorität in Anspruch genommen wurde. Bei der nationalen Marke ist grundsätzlich die Benutzung in den fünf Jahren vor Antragstellung nachzuweisen; zugunsten des Antragstellers kann auch eine Nichtbenutzung bis zum Schluss der mündlichen Verhandlung in der letzten Tatsacheninstanz berücksichtigt werden. Dies gilt gemäß § 125c II 1 MarkenG auch für die Feststellung der Ungültigkeit der Seniorität. Zusätzlich ordnet § 125c II 2 MarkenG jedoch an, dass die Nichtigkeitsvoraussetzungen auch schon zu dem Zeitpunkt vorliegen müssten, an dem infolge Nichtverlängerung der Schutzdauer oder infolge Verzichts die Seniorität praktisch wirksam wurde. Diese 11

---

23 Dazu *Hildebrandt*, VPP-Rundbrief 2017, 4.

deutsche Vorschrift ist nicht richtlinienkonform. Nach der Löschung der Unionsmarke ist eine Nichtbenutzung daher nicht mehr heilbar.[24]

12 In der Praxis ist anzuraten, die Seniorität nationaler Marken zwar zu beanspruchen. Nicht empfehlenswert ist es hingegen, die beanspruchten nationalen Marken tatsächlich aufzugeben. Denn letztlich ist die Ausgestaltung der aus der Seniorität folgenden Rechte und Pflichten noch nicht hinreichend geklärt.

---

24 EuGH C-148/17 v. 19.4.2018 *Peek & Cloppenburg*.

§ 8 Benutzungszwang

Schrifttum: *Ashmead*, Scope of Registrations and Applications: A European Debate, INTA Bulletin 2008, No 22, S. 6; *Bergmann*, Rechtserhaltende Benutzung von Marken, MarkenR 2009, 1; *Berlit*, Rechtserhaltene Benutzung von Marken bei Zugaben, GRUR 2009, 810; *Bott*, Hat, wer sich bewegt, verloren? Rechtserhaltende Benutzung einer Marke in abgewandelter Form drei Jahre nach dem Bainbridge-Urteil des EuGH, IPRB 2010, 236; *Dietrich*, Zum Benutzungszwang im Gemeinschaftsmarkenrecht, MarkenR 2013, 249; *Durán*, Geographical scope of the use requirement for Community Trade Marks, FS v. Mühlendahl, 2005, 333; *Emanuel*, Die territorialen Anforderungen und die Rolle der Markenfunktionen für die rechtserhaltende Benutzung der Gemeinschaftsmarke, FS Bornkamm, 2014, 561; *Engels*, Gedanken zum BGH-Urteil »Ichthyol II« – Neubewertung der »Integrationsfrage« im markenrechtlichen Kollisionsverfahren?, GRUR 2007, 363; *Frommeyer*, Rechtserhaltende Benutzung bei abweichender Markenform, 2002; *Gaden*, Europäische Wiederholungsmarken – Die Pelikan-Entscheidung des EuG vom 13.12.2012, Rs. T-136/11, MarkenR 2013, 140; *Grabrucker/Blanke-Roeser*, Zur territorialen Reichweite der Benutzung einer Unionsmarke, MarkenR 2016, 333; *Hackbarth*, Grundfragen des Benutzungszwangs im Gemeinschaftsmarkenrecht, 1993; *Knitter*, Das Stofffähnchen im Winde – Aktuelle Rechtsprechung zur Frage der Benutzung einer Marke in abweichender Form, MarkenR 2013, 257; *Kochendörfer*, Beweisanforderungen für die rechtserhaltende Benutzung, WRP 2007, 258; *v. Mühlendahl*, Die Heilung einer wegen mangelnder Benutzung löschungsreif gewordener Markeneintragung im europäischen und deutschen Markenrecht, FS Vieregge 1995, 641; *v. Mühlendahl*, Eintragung und Benutzung von Defensivmarken, Serienmarken und Abwandlungen, WRP 2009, 1; *v. Mühlendahl*, Benutzung und Benutzungszwang – Berechnung der Schonfristen im europäischen und deutschen Markenrecht, GRUR 2019, 25; *Nägele/Apel*, Zur rechtserhaltenden Benutzung einer Marke für Open Source Software, WRP 2017, 775; *Obex/Ruess*, Rechtserhaltende Benutzung einer Gemeinschaftsmarke nach der Entscheidung ONEL./.OMEL – von rechtlichen und wirtschaftlichen Realitäten, MarkenR 2013, 101; *Schulz*, Die nicht benutzte Marke, MarkenR 2016, 507; *Slopek*, Wiederholungsmarken im Gemeinschaftsmarkensystem, GRUR Int. 2012, 101; *Sosnitza*, »Plain Packaging« und Markenrecht, MarkenR 2011, 485; *Wagner*, Die Dualität der Markensysteme und das geforderte territoriale Ausmaß der Benutzung, WRP 2017, 145; *Weidlich-Flatten*, Trendwende? – Auswirkungen der jüngsten EuGH-Rechtsprechung auf die rechtserhaltende Benutzung von Marken, GRUR Int. 2012, 414

I. Grundsätze

Markenrechtliche Ansprüche können grundsätzlich nur dann geltend gemacht werden, wenn die Angriffsmarke innerhalb der letzten fünf Jahre vor der Geltendmachung des Anspruchs benutzt[1] wurde (Art. 5 C PVÜ; Art. 19 TRIPS; Art. 17, 46 MRR; Art. 18,[2] 47 II UMV; §§ 25, 26, 43 MarkenG). Auch kann eine Marke, die für längere Zeit als fünf Jahre nicht benutzt wurde, in der Regel auf Antrag für verfallen erklärt werden (Art. 45 MRR; Art. 58 UMV; § 49 I, III MarkenG). Der Begriff der ernsthaften Benutzung ist harmonisiert und daher einheitlich vom

1

---

1 Die rechtserhaltende Benutzung ist nicht zu verwechseln mit der rechtsverletzenden Benutzung: BGH GRUR 2000, 1038, 1039 *Kornkammer*; hierzu unten § 10 Rdn. 30 – 12.
2 Art. 18 UMV gilt nur für die Unionsmarke, nicht auch für eine nationale Widerspruchsmarke EuG T-183/02 und T-184/02 v. 17.3.2004 *MUNDICOLOR/MUNDICOR*, Tz. 35.

EuGH auszulegen.³ Den Grund für den Benutzungszwang sieht die achte Begründungserwägung der MRR in Folgendem: »Um die Gesamtzahl der in der Union eingetragenen und geschützten Marken und damit die Anzahl der zwischen ihnen möglichen Konflikte zu verringern, muss verlangt werden, dass eingetragene Marken tatsächlich benutzt werden, um nicht zu verfallen.«⁴

2   Eine Marke, die nach Ablauf der Benutzungsschonfrist nicht benutzt wird, kann infolge Verfalls gelöscht werden und ist im Konfliktfall nicht mehr durchsetzbar. Unbenutzte oder auch nur teilweise unbenutzte Marken können daher ihren Inhaber erheblich schwächen und potentielle Gegner zu Gegenangriffen verleiten. Eine regelmäßige Überprüfung der Benutzungserfordernisse des eigenen Markenportfolios ist daher unumgänglich.

II. Art und Umfang der Benutzung

1. Grundsätze

3   Für eine rechtserhaltende Benutzung genügt nicht jede Benutzung der Marke. Vielmehr verlangen Art. 16, 19 MRR, Art. 18 UMV, § 26 MarkenG, dass die Marke ernsthaft benutzt wird. Dies ist dann der Fall, wenn die Marke entsprechend ihrer Hauptfunktion⁵ – die Ursprungsidentität der Produkte, für die sie eingetragen wurde, zu garantieren – benutzt wird, um für diese Produkte einen Absatzmarkt zu erschließen oder zu sichern. Bloße symbolische Verwendungen, die allein der Wahrung der durch die Marke verliehenen Rechte dienen sollen, bleiben unberücksichtigt.⁶

---

3 EuGH C-40/01 v. 11.3.2003 *Ansul/Ajax*, Tz. 31; auch Art. 47 II UMV ist autonom auszulegen, so dass etwa italienischen Defensivmarken keine privilegierte Behandlung zukommt: EuGH C-234/06 P v. 13.9.2007 *Il Ponte Finanziaria*, Tz. 101; aber auch EuGH C-553/11 v. 25.10.2012 *Rintisch*, Tz. 32 f.
4 In diesem Sinne auch EuGH C-610/11 P v. 26.9.2013 *Centrotherm Systemtechnik*, Tz. 54.
5 EuGH C-689/15 v. 8.6.2017 *W. F. Gözze Frottierweberei*, Tz. 42.
6 EuGH C-40/01 v. 11.3.2003 *Ansul/Ajax*, Tz. 43; EuGH C-259/02 v. 27.1.2004 *La Mer*, Tz. 26 f.; EuGH C-416/04 P v. 11.5.2006 *The Sunrider*, Tz. 70; EuGH C-234/06 P v. 13.9.2007 *Il Ponte Finanziaria*, Tz. 72; EuGH C-442/07 v. 9.12.2008 *Verein Radetzky-Orden*, Tz. 13; EuGH C-495/07 v. 15.1.2009 *Silberquelle*, Tz. 17; EuGH C-149/11 v. 19.12.2012 *Leno Merken*, Tz. 29; EuGH C-609/11 P v. 26.9.2013 *Centrotherm*, Tz. 71; EuGH C-141/13 P v. 17.7.2014 *Reber Holding*, Tz. 29; EuGH C-252/15 P v. 17.3.2016 *Naazneen Investments*, Tz. 56; EuG T-334/01 v. 8.7.2004 *HIPOVITON*, Tz. 33; EuG T-194/03 v. 23.2.2006 *Bridge/Bainbridge*, Tz. 32; EuG T-427/09 v. 15.9.2011 *CENTROTHERM*, Tz. 25 f.; EuGH C-689/15 v. 8.6.2017 *W. F. Gözze Frottierweberei*, Tz. 37; ähnlich auch EuGH C-654/15 v. 21.12.2016 *Länsförsäkringar*, Tz. 25; EuGH C-194/17 P v. 31.1.2019 *Pandalis*, Tz. 83; BGH GRUR 1999, 995 *HONKA*; BGH GRUR 2000, 510, 511 *Contura*; BGH GRUR 2002, 1072, 1073 *SYLT-Kuh*; BGH GRUR 2003, 428, 430 *BIG BERTHA*; BGH GRUR 2003, 1047, 1048 *Kellogg's/Kelly's*.

Demnach setzt eine ernsthafte Benutzung der Marke voraus, dass diese auf dem 4
Markt der durch sie geschützten Waren oder Dienstleistungen benutzt wird und
nicht nur innerhalb des betreffenden Unternehmens.[7]

> Nicht jede Benutzung im geschäftlichen Verkehr ist eine ernsthafte Benutzung.[8] Die Verwendung der Marke durch einen ideellen Verein bei der Ankündigung oder Bewerbung rein privater Veranstaltungen stellt dabei etwa eine lediglich interne Verwendung der Marke und keine »ernsthafte Benutzung« dar.[9]

Der Schutz der Marke und die Wirkungen, die aufgrund ihrer Eintragung Dritten 5
entgegengehalten werden können, können nicht fortdauern, wenn die Marke ihren
geschäftlichen Sinn und Zweck verliert, der darin besteht, dass für die gekennzeichneten Produkte gegenüber Produkten anderer Unternehmen ein Absatzmarkt
erschlossen oder gesichert wird. Die Benutzung der Marke muss sich daher auf
Produkte beziehen, die bereits vertrieben werden oder deren Vertrieb von dem
Unternehmen zur Gewinnung von Kunden[10] insbesondere im Rahmen von Werbekampagnen vorbereitet wird und unmittelbar bevorsteht.[11]

Die Frage, ob die Benutzung der Marke ernsthaft ist, ist von Gerichten[12] und 6
Ämtern anhand sämtlicher Umstände zu prüfen, die belegen können, dass die
Marke tatsächlich geschäftlich verwertet wird; dazu gehören insbesondere
- Verwendungen, die im betreffenden Wirtschaftszweig als gerechtfertigt angesehen werden, um Marktanteile für die durch die Marke geschützten Waren oder Dienstleistungen zu behalten oder zu gewinnen,
- die Art dieser Waren oder Dienstleistungen,
- die Merkmale des Marktes,
- der Umfang und die Häufigkeit der Benutzung der Marke,

---

7 EuGH C-442/07 v. 9.12.2008 *Verein Radetzky-Orden*, Tz. 14; EuG T-303/03 v. 7.6.2005 *Lidl*, Tz. 36; auch nach BGH GRUR 2000, 890 *IMMUNINE/IMUKIN* – soll in Abgrenzung zur früheren Rechtsprechung die Verwendung einer Marke in einem arzneimittelrechtlichen Zulassungsverfahren nicht ausreichen.
8 EuGH C-141/13 P v. 17.7.2014 *Reber Holding*, Tz. 32.
9 EuGH C-442/07 v. 9.12.2008 *Verein Radetzky-Orden*, Tz. 22.
10 Nicht unbedingt Endverbraucher: EuG T-524/12 v. 21.11.2013 *RECARO*, Tz. 25 ff., Rechtsmittel im Ergebnis zurückgewiesen durch EuGH C-57/14 P v. 14.1.2015 *Recaro*.
11 EuGH C-40/01 v. 11.3.2003 *Ansul/Ajax*, Tz. 37; EuGH C-259/02 v. 27.1.2004 *La Mer*, Tz. 19; auch EuGH C-442/07 v. 9.12.2008 *Verein Radetzky-Orden*, Tz. 14; EuGH C-495/07 v. 15.1.2009 *Silberquelle*, Tz. 18.
12 »Tatrichterliche Beurteilung«: BGH I ZR 167/05 v. 10.4.2008 *LOTTOCARD*, Tz. 25.

- die Frage, ob die Marke benutzt wird, alle identischen Produkte des Inhabers zu bezeichnen oder nur einen Teil von ihnen, und
- die Nachweismöglichkeiten sowie die Produktions- und Vertriebskapazitäten[13] des Inhabers.[14]

7 Hierbei kann von einer gewissen Wechselbeziehung zwischen den zu berücksichtigenden Faktoren ausgegangen werden. So kann ein geringes Volumen von unter der Marke vertriebenen Waren durch eine große Häufigkeit oder zeitliche Konstanz der Benutzungshandlungen dieser Marke ausgeglichen werden und umgekehrt.[15] Ebenso ist die Größe des Gebietes, wo die Marke benutzt wird, nur einer von vielen Faktoren.[16]

8 Wie wenig streng der EuGH mit den Anforderungen an eine rechtserhaltende Benutzung umgeht, zeigen die auf den Einzelfall bezogenen Passagen seiner Ansul/Ajax-Entscheidung. Danach kann unter bestimmten Bedingungen eine ernsthafte Benutzung der Marke sogar dann vorliegen, wenn mit der Marke gekennzeichnete Ware gar nicht mehr verkauft wird. Rechtserhaltend kann dann etwa noch sein, wenn der Markeninhaber unter der Marke noch Einzelteile verkauft, die zur Zusammensetzung oder Struktur der früher vertriebenen Waren gehören und für die er dieselbe Marke tatsächlich benutzt. Aber darüber hinaus kann sogar eine Benutzung der Marke für Produkte genügen, die zwar nicht zur Zusammensetzung oder Struktur bereits vertriebener Waren gehören, die aber in unmittelbarem Zusammenhang mit diesen Waren stehen und die Bedürfnisse der Abnehmer der Waren befriedigen sollen. Das kann beim Kundendienst, z. B. beim Verkauf von Zubehör oder verwandten Erzeugnissen oder bei Wartungs- oder Reparaturleistungen, der Fall sein.[17]

> Hat etwa ein Markeninhaber die für Feuerlöscher eingetragene Marke »Minimax« früher für Feuerlöscher benutzt und wartet er heute diese Feuerlöscher unter der Marke, so kann dies

---

13 Auch die Produktions- und Vertriebskapazitäten des Inhabers: EuG T-334/01 v. 8.7.2004 *HIPOVITON*, Tz. 36; EuG T-203/02 v. 8.7.2004 *VITAFRUIT*, Tz. 42, bestätigt durch EuGH C-416/04 P v. 11.5.2006 *The Sunrider*.

14 EuGH C-40/01 v. 11.3.2003 *Ansul/Ajax*, Tz. 38 f. u. 43; EuGH C-259/02 v. 27.1.2004 *La Mer*, Tz. 19 u. 22 f. u. 27; EuGH C-416/04 P v. 11.5.2006 *The Sunrider*, Tz. 70 f.; EuGH C-149/11 v. 19.12.2012 *Leno Merken*, Tz. 29; EuGH C-141/13 P v. 17.7.2014 *Reber Holding*, Tz. 29; EuGH C-252/15 P v. 17.3.2016 *Naazneen Investments*, Tz. 56; EuG T-334/01 v. 8.7.2004 *HIPOVITON*, Tz. 34 ff.; auch EuGH C-234/06 P v. 13.9.2007 *Il Ponte Finanziaria*, Tz. 72 f.; EuGH C-529/17 P v. 22.2.2018 *Martín Osete*, Tz. 6 f.; EuGH C-194/17 P v. 31.1.2019 *Pandalis*, Tz. 83; überholt dagegen EuG T-156/01 v. 9.7.2003 *GIORGI/GIORGIO AIRE*, Tz. 40; vgl. auch BGH I ZR 135/11 v. 5.12.2012 *Duff Beer*, Tz. 38 [»insbesondere Umfang und Häufigkeit der Benutzung«]; BGH I ZR 91/13 v. 27.11.2014 *STAYER*, Tz. 13.

15 EuG T-334/01 v. 8.7.2004 *HIPOVITON*, Tz. 36; EuG T-203/02 v. 8.7.2004 *VITAFRUIT*, Tz. 42, bestätigt durch EuGH C-416/04 P v. 11.5.2006 *The Sunrider*; BGH I ZR 162/04 v. 18.10.2007 *AKZENTA*, Tz. 23; ähnlich zur Wechselbeziehung von Umfang und Dauer der Benutzung BGH GRUR 1999, 995, 996 *HONKA*.

16 EuGH C-149/11 v. 19.12.2012 *Leno Merken*, Tz. 20.

17 Dies wird infrage gestellt durch den Vorlagebeschluss OLG Düsseldorf 20 U 131/17 v. 8.11.2018 (Az. beim EuGH C-720/18 und C-721/18 *Ferrari*).

eine rechtserhaltende Benutzung darstellen.[18] Demgegenüber genügt es nicht, wenn ein Produkt – wie »Teflon« – auf anderen Produkten verwendet wird, um auch eine Benutzung für diese Produkte – etwa Töpfe oder Pfannen – nachzuweisen.[19]

2. Einzelheiten zur Art der Benutzung

Rechtserhaltend wirkt nur eine Benutzung in einer Form, die der Verkehr aufgrund der ihm objektiv entgegentretenden Umstände – zumindest auch[20] – als einen zeichenmäßigen Hinweis auf die Herkunft der Produkte ansieht.[21] 9

> Wird daher etwa die Bezeichnung »Piccolo« auf einer Sektflasche nur zur Bezeichnung der Flaschengröße verwendet, so ist dies keine rechtserhaltende Benutzung einer Marke »Piccolo«.[22] Dabei kommt es aber auf die konkrete Benutzung im Einzelfall an, so dass eine rechtserhaltende Benutzung nicht mit der Begründung verneint werden kann, eine Marke sei generell schutzunfähig.[23] Dagegen kann auf einer Weinflasche grundsätzlich auch eine Benutzung einer Marke genügen, wenn diese nur klein und auf der Flaschenrückseite verwendet wird.[24]

Hierbei kann eine titelmäßige Verwendung genügen.[25] Im Falle der Benutzung eines Zeichens als Unternehmensbezeichnung kommt es darauf an, ob der Verkehr in dem Zeichen nicht zumindest auch einen Hinweis auf die von ihm vertriebenen Produkte sieht.[26] Das EuG übernimmt dabei die Maßstäbe des EuGH zur rechtsverletzenden[27] Benutzung: Ein Unternehmenskennzeichen wird markenmäßig benutzt, wenn das Zeichen auf den Waren angebracht wird, die unter ihm vertrieben werden. Ohne Anbringung auf Waren kann eine Benutzung »für Waren oder Dienstleistungen« dann vorliegen, wenn das Zeichen in der Weise benutzt wird, dass eine Verbindung zwischen dem Zeichen und den Waren oder Dienstleistungen 10

---

18 EuGH C-40/01 v. 11.3.2003 *Ansul/Ajax*, Tz. 40 ff.; problematisch dagegen BGH GRUR 1995, 583 *MONTANA*, wonach eine für Käse eingetragenen Marke durch ihre Verwendung für ein Spaghetti-Komplettgericht nicht rechtserhaltend benutzt sein soll.
19 EuG T-660/11 v. 16.6.2015 *Polytetra*, Tz. 30 ff. u. 71 ff.
20 BGH I ZR 167/05 v. 10.4.2008 *LOTTOCARD*, Tz. 22, m. w. N.
21 BGH GRUR 1995, 583 *MONTANA*; BGH GRUR 2000, 890 *IMMUNINE/IMUKIN*; BGH GRUR 2002, 1072, 1073 *SYLT-Kuh*; BGH I ZR 167/05 v. 10.4.2008 *LOTTOCARD*, Tz. 22; auch BT-Drucks. 12/6581, 83 = BlPMZ 1994, Sonderheft, 77.
22 EuG T-20/15 v. 14.4.2016 *PICCOLO/PICCOLOMINI*, Tz. 43 ff.
23 BGH I ZR 167/05 v. 10.4.2008 *LOTTOCARD*, Tz. 23 f.
24 EuG T-391/15 v. 15.12.2016 *ALDI/ALDIANO*, Tz. 29 ff.
25 BGH GRUR 2003, 440, 441 *Winnetous Rückkehr*; BGH I ZB 20/03 v. 6.10.2005 *GALLUP*, Tz. 23; EuG T-435/05 v. 30.6.2009 *Dr. No/Dr. No*, Tz. 24.
26 EuG T-39/01 v. 12.12.2002 *HIWATT*, Tz. 44 f.; BGH GRUR 2005, 1047, 1049 *OTTO*; BGH I ZB 10/03 v. 15.9.2005 *NORMA*; BGH I ZR 162/04 v. 18.10.2007 *AKZENTA*, Tz. 11; BGH I ZB 26/05 v. 13.12.2007 *idw*, Tz. 28; BGH I ZB 39/05 v. 13.12.2007 *idw Informationsdienst Wissenschaft*, Tz. 25; BGH I ZR 41/08 v. 14.4.2011 *Peek & Cloppenburg II*, Tz. 23; BGH I ZR 135/10 v. 31.5.2012 *ZAPPA*, Tz. 36; BGH I ZR 106/11 v. 6.2.2013 *VOODOO*, Tz. 47 [rein firmenmäßig trotz Symbol ®].
27 Vgl. dazu unten § 10 Rdn. 45 ff.

hergestellt wird.²⁸ Auch bei einer Domain kommt es darauf an, ob diese zugleich als Produkthinweis verstanden wird oder lediglich als Adresse oder beschreibend.²⁹

> Wird dabei etwa ein Unternehmenskennzeichen auf sämtlichen Produkten des Markeninhabers mit dem Zusatz ® und weiteren Produktkennzeichen verwendet, so sieht der Verkehr hierin gleichwohl nicht ausschließlich ein Unternehmenskennzeichen, sondern eine so genannte Hausmarke. Die Marke kann daher in einem solchen Fall durchaus rechtserhaltend benutzt sein.³⁰ Auch die Marke »epco SISTEMAS« wurde trotz des Hinzufügens der Gesellschaftsform »SL« bzw. »sociedad limitada« rechtserhaltend benutzt.³¹ Anders sieht es aus, wenn die Marke durch den Zusatz »Group« ausschließlich unternehmensbezogen verwendet wurde.³² Eine Domain www.zappa.com versteht der Verkehr jedenfalls dann lediglich beschreibend, wenn auf der Internetseite nur Informationen über den berühmten Musiker Frank Zappa angeboten werden.³³

11 Problematisch ist die rechtserhaltende Benutzung bei Gütezeichen, die von mehreren Unternehmen verwendet werden, um eine bestimmte Produktqualität zu garantieren. Dass nämlich eine Marke benutzt wird, um einen Absatzmarkt zu erschließen oder zu sichern, genügt nicht, um eine »ernsthafte Benutzung« zu bejahen.³⁴ Denn die Marke muss entsprechend ihrer Hauptfunktion, die Herkunft der Produkte zu garantieren, benutzt werden.³⁵

> Wird daher ein etwa ein Biosiegel dafür verwendet, bestimmte Produkteigenschaften zu kommunizieren, so stellt dies keine rechtserhaltende Benutzung einer Individualmarke für die Produkte dar, auf denen die Marke angebracht ist. Unter Umständen liegt dagegen eine rechtserhaltende Benutzung für die Dienstleistungen der Information und Kontrolle vor, die der Verband erbringt, der das Siegel vergibt. Auch die Marke
>
>
>
> war für die damit gekennzeichneten Waren nicht rechtserhaltend benutzt.³⁶

12 Zu weit geht es daher etwa, wenn der BGH eine Verwendung einer Marke auf Preisetiketten, Einkaufstüten und Regalbeschriftungen nicht genügen lässt, weil der Verkehr die Marke hier nicht mit der gekennzeichneten Ware, sondern mit dem

---

28 EuG T-183/08 v. 13.5.2009 jello SCHUHPARK/Schuhpark, Tz. 22; vgl. auch EuG T-204/14 v. 7.9.2016 *victoria/VICTOR*, Tz. 62 ff.; ähnlich EuGH C-340/17 P v. 29.11.2018 *Alcohol Countermeasure Systems (International)*, Tz. 102; BGH I ZR 41/08 v. 14.4.2011 *Peek & Cloppenburg II*, Tz. 23; ausdrücklich offen gelassen von BGH I ZR 91/13 v. 27.11.2014 *STAYER*, Tz. 22.
29 BGH I ZR 135/10 v. 31.5.2012 *ZAPPA*, Tz. 19.
30 EuG T-418/03 v. 27.9.2007 *LABORATOIRE DE LA MER/LA MER*, Tz. 66 ff.; vgl. aber auch BGH I ZR 106/11 v. 6.2.2013 *VOODOO*, Tz. 47.
31 EuG T-132/09 v. 15.12.2010 *EPCOS/epco SISTEMAS*, Tz. 36 ff.
32 EuG T-239/15 v. 23.3.2017 *Cryo-Save*, Tz. 40.
33 BGH I ZR 135/10 v. 31.5.2012 *ZAPPA*, Tz. 19 ff.
34 EuGH C-689/15 v. 8.6.2017 *W. F. Gözze Frottierweberei*, Tz. 39.
35 EuGH C-689/15 v. 8.6.2017 *W. F. Gözze Frottierweberei*, Tz. 42.
36 EuG T-253/17 v. 12.12.2018 *Der Grüne Punkt – Duales System Deutschland*.

etikettierenden Handelsunternehmen verbinde.³⁷ Wenn mit dem EuGH³⁸ sogar Reparatur- und Wartungsdienstleistungen für die rechtserhaltende Benutzung einer Warenmarke genügen, so ist es zu formal, aufgrund einer Differenzierung zwischen angeblich markenmäßiger und firmenmäßiger Benutzung trotz konkreten Zusammenhangs von Marke und Produkt eine rechtserhaltende Benutzung scheitern zu lassen.

Auf der sicheren Seite sind Handelsunternehmen daher nur, wenn sie auch die Verpackung ihrer Waren markieren.³⁹

Bei einer Dienstleistungsmarke geht der BGH demgegenüber davon aus, dass firmenmäßige und markenmäßige Benutzung häufiger ineinander übergehen können als bei Warenmarken.⁴⁰ Die rechtserhaltende Benutzung setzt dort lediglich voraus, dass der Verkehr aus der Benutzung des Zeichens erkennen kann, dass mit der Verwendung der Bezeichnung nicht nur der Geschäftsbetrieb benannt, sondern auch eine konkrete Dienstleistung bezeichnet wird, die aus ihm stammt. Dabei ist zu berücksichtigen, dass der Verkehr bei Dienstleistungen daran gewöhnt ist, dass diese häufiger als Waren mit dem Unternehmensnamen gekennzeichnet werden.⁴¹ 13

Rechtserhaltend kann daher bei einer Dienstleistungsmarke selbst eine Benutzung sein, die ausschließlich in Verbindung der Marke mit einem GmbH-Zusatz erfolgt ist.⁴²

Früher forderte der BGH bei Warenmarken für eine rechtserhaltende Benutzung im Regelfall⁴³ das Versehen der Ware selbst, ihrer Verpackung oder Umhüllung mit dem Zeichen.⁴⁴ In ähnlicher Weise hat das EuG die Benutzung einer Marke auf einer Messe nicht genügen lassen.⁴⁵ Nachdem allerdings dem EuGH genügt, wenn sich die Benutzung der Marke auf Waren und Dienstleistungen bezieht, die bereits vertrieben werden oder deren Vertrieb von dem Unternehmen zur Gewinnung von Kunden insbesondere im Rahmen von Werbekampagnen vorbereitet wird und unmittelbar bevorsteht,⁴⁶ lässt sich diese Forderung nach einer körperlichen Verbindung von Ware und Marke nicht aufrechterhalten. Der BGH hat das Erfordernis daher inzwischen ausdrücklich aufgegeben.⁴⁷ 14

---

37 BGH I ZB 10/03 v. 15.9.2005 *NORMA*, Tz. 9, 12 f. u. 17; vertretbar demgegenüber eventuell noch BGH GRUR 2005, 1047 *OTTO*.
38 EuGH C-40/01 v. 11.3.2003 *Ansul/Ajax*, Tz. 40 ff.
39 Vgl. EuG T-287/15 v. 28.6.2017 *real,-*, Tz. 41 ff.
40 BGH I ZB 52/15 v. 21.7.2016 *Sparkassen-Rot*, Tz. 44.
41 BGH I ZR 162/04 v. 18.10.2007 *AKZENTA*, Tz. 13 u. 16; BGH I ZB 52/15 v. 21.7.2016 *Sparkassen-Rot*, Tz. 44, m. w. N.; auch BGH I ZR 167/06 v. 5.2.2009 *METROBUS*, Tz. 29.
42 BGH I ZR 162/04 v. 18.10.2007 *AKZENTA*, Tz. 13 u. 16; auch BGH I ZR 167/06 v. 5.2.2009 *METROBUS*, Tz. 29.
43 Zu den Ausnahmen BGH GRUR 1996, 267, 268 *AQUA*; BGH GRUR 1995, 347, 348 *TETRASIL*; BGH GRUR 1999, 995 *HONKA*; zum Benutzungszwang bei Pflicht zu plain packaging: Sosnitza, MarkenR 2011, 485.
44 BGH GRUR 1996, 267, 268 *AQUA*; BGH GRUR 1995, 347, 348 *TETRASIL*.
45 EuG T-39/01 v. 12.12.2002 *HIWATT*, Tz. 44 f.
46 EuGH C-40/01 v. 11.3.2003 *Ansul/Ajax*, Tz. 37; EuGH C-259/02 v. 27.1.2004 *La Mer*, Tz. 19.
47 BGH GRUR 2005, 1047 *OTTO*; BGH I ZB 10/03 v. 15.9.2005 *NORMA*, Tz. 9.

Problematisch ist es aber immer noch, wenn der BGH eine Benutzung auf Umverpackungen,[48] in Katalogen, Warenbegleitpapieren, Rechnungen, im Bestellverkehr mit den Kunden oder eine nur mündliche Werbekampagne[49] nicht genügen lässt. Dagegen hat das EuG für den Nachweis der Benutzung einer Marke die Vorlage von Rechnungen, unmarkierten Artikeln und Werbematerialien, die eine Verbindung zwischen Marke und dem Warenverkauf darstellen, genügen lassen.[50] Da der BGH seine Praxis offenbar nicht dem EuGH zur Vorabentscheidung vorlegen will,[51] bleibt auf eine instanzgerichtliche Vorlage zu hoffen.

15   Jedenfalls bei Dienstleistungsmarken verlangt auch der BGH für die rechtserhaltende Benutzung keine unmittelbare Verbindung von Marke und Produkt. Allerdings sollen auch bei Dienstleistungsmarken für die Benutzung grundsätzlich nur die Anbringung der Marke am Geschäftslokal sowie eine Benutzung auf Gegenständen in Betracht kommen, die bei der Erbringung der Dienstleistung zum Einsatz gelangen, wie insbesondere auf der Berufskleidung, auf Geschäftsbriefen und -papieren, Prospekten, Preislisten, Rechnungen, Ankündigungen und Werbedrucksachen.[52]

16   Letztlich überzeugt die Differenzierung der vom BGH gestellten Anforderungen an die rechtserhaltende Benutzung bei Waren- bzw. Dienstleistungsmarken nicht, wenngleich die liberalere Linie bei Dienstleistungsmarken in die richtige Richtung weist. Der Benutzungszwang dient nämlich nicht dazu, formelle Anforderungen an den Markeninhaber zu postulieren, sondern soll lediglich einer Verstopfung des Markenregisters entgegenwirken. Hierfür sind die strengen Anforderungen des BGH nicht erforderlich.

17   Bei der Benutzung kommt es nicht darauf an, ob Produkte mit oder ohne Gewinnerzielungsabsicht angeboten werden.[53]

So mag zwar die New Yorker Börse Nasdaq in Europa ihre Produkte zur Information über den Finanzmarkt kostenlos anbieten; dies bedeutet jedoch nicht, dass die Nasdaq keinen Absatzmarkt gegenüber anderen Unternehmen erschließen und sichern will.[54] Auch dass etwa ein karitativer Verein keine Gewinnerzielungsabsicht verfolgt, schließt nicht aus, dass er bestrebt sein kann, für seine Produkte einen Absatzmarkt zu erschließen und anschließend zu sichern. Außerdem existieren diverse Arten ideeller Hilfsvereine, die ihre Leistungen vordergründig kostenlos erbringen, in Wahrheit aber durch Subventionen finanziert werden oder Entgelte unterschiedlicher Formen erhalten.[55] Auch stellt die Ausgabe von gekennzeichneten Zahlungskarten selbst dann eine rechtserhaltende Benutzung für diese Waren dar, wenn hierdurch eigentlich nur ein Zahlungsverkehr in Bezug auf andere Produkte vereinfacht werden soll.[56] Weiter soll nach der Rechtsprechung des BGH sogar eine Sponsorentätigkeit

---

48   BGH GRUR 2005, 1047 *OTTO*; so nun zu Tragetaschen auch EuG T-183/08 v. 13.5.2009 *jello SCHUHPARK/Schuhpark*, Tz. 31.
49   BGH GRUR 1995, 347 *TETRASIL*.
50   EuG T-71/13 v. 6.3.2014 *ANNAPURNA*, Tz. 58 ff.
51   Vgl. nur die Nichtvorlage in den Entscheidungen BGH GRUR 2005, 1047 *OTTO*; BGH I ZB 10/03 v. 15.9.2005 *NORMA*.
52   BGH I ZR 162/04 v. 18.10.2007 *AKZENTA*, Tz. 13.
53   EuGH C-442/07 v. 9.12.2008 *Verein Radetzky-Orden*, Tz. 16 ff.; BGH I ZR 167/05 v. 10.4.2008 *LOTTOCARD*, Tz. 38; auch EuGH C-320/07 P v. 12.3.2009 *Antartica*, Tz. 28 ff.
54   EuGH C-320/07 P v. 12.3.2009 *Antartica*, Tz. 28 ff.
55   EuGH C-442/07 v. 9.12.2008 *Verein Radetzky-Orden*, Tz. 16 ff.
56   BGH I ZR 167/05 v. 10.4.2008 *LOTTOCARD*, Tz. 38.

zu einer rechtserhaltenden Benutzung einer für die gesponserten Produkte geschützten Marke führen.[57]

Allerdings soll nach der Rechtsprechung des EuGH eine kostenlose Verteilung **18** von Werbegeschenken keine rechtserhaltende Benutzung für die Warengruppen darstellen, denen die Geschenke angehören; hier fehle es nämlich an der Absicht, einen Absatzmarkt für diese Produkte zu erschließen.[58] Dieser Ansatz ist allerdings nicht unproblematisch. Jeder Dritte kann nämlich nach Löschung der Marke und Registrierung einer entsprechenden eigenen Marke die Verteilung der gekennzeichneten Werbegeschenke stoppen. Die markenrechtlichen Schranken[59] werden zugunsten desjenigen, der Werbegeschenke verteilen will, nicht in jedem Fall helfen können. Ein Gleichlauf von rechtserhaltender und rechtsverletzender Benutzung aber könnte dieses Problem vermeiden, zumal – schon wegen der damit verbundenen Kosten – kaum zu befürchten ist, dass Werbegeschenke umfangreich zur Erhaltung von Markenrechten genutzt würden und hierdurch der Markt für Wettbewerber blockiert würde. Vorerst gilt es daher, den Begriff des »Werbegeschenks« eng auszulegen.

> So sind etwa Kundenmagazine, die zur Information über den eigentlichen Tätigkeitsschwerpunkt eines Unternehmens abgegeben werden keine »Werbegeschenke«, sondern dienen durchaus dazu, den Markt für solche Magazine zu besetzen.[60]

Ferner muss die Marke nach außen benutzt werden; eine betriebsintern Nutzung **19** genügt nicht.[61]

> Eine ernsthafte Benutzung der Marke liegt aber schon dann vor, wenn die Markenware von einer Herstellungsgesellschaft produziert und von einer Vertriebsgesellschaft, die mit ihr wirtschaftlich verbunden ist, vertrieben wird.[62] Demgegenüber soll eine Benutzung ausschließlich gegenüber einem Franchisenehmer nicht genügen.[63]

Derzeit noch nicht geklärt ist, ob ein Vertrieb von Gebrauchtwaren der Marke für **20** eine rechtserhaltende Benutzung ausreicht oder ob hierfür ein Vertrieb von Neuware erforderlich ist. Die Frage stellt sich insbesondere bei langlebigen Gütern wie Kraftfahrzeugen, wo Modelle einer Marke noch lange gehandelt werden, obwohl ihre Produktion längst eingestellt wurde.[64] Zutreffend dürfte es in diesen Fällen sein, jedenfalls einen nennenswerten Gebrauchtwarenhandel genügen zu lassen.

---

57 BGH I ZR 167/05 v. 10.4.2008 *LOTTOCARD*, Tz. 46.
58 EuGH C-495/07 v. 15.1.2009 *Silberquelle*, Tz. 19 ff.; BGH I ZR 41/10 v. 9.6.2011 *Werbegeschenke*, Tz. 42, wo allerdings anerkannt wird, dass ausnahmsweise auch durch Werbegeschenke ein Absatzmarkt erschlossen werden kann.
59 Vgl. unten § 15.
60 Vgl. BGH I ZB 20/03 v. 6.10.2005 *GALLUP*.
61 EuG T-495/12 v. 5.6.2014 *Dracula Bite/Dracula*, Tz. 37; EuG T-345/13 v. 4.7.2014 *CPI COPISA INDUSTRIAL/Cpi Construcción promociones e*, Tz. 31 f.; EuG T-143/16 v. 4.10.2017 *INTESA*, Tz. 29 ff.; Bundesverwaltungsgericht Schweiz B-6986/2014 v. 2.6.2016 *SOFAR SWISS*.
62 EuG T-324/09 v. 17.2.2013 *Friboi/FRIBO*, Tz. 32.
63 EuG T-584/14 v. 9.9.2015 *Industria de Diseño Textil*, Tz. 27 ff., im Ergebnis bestätigt durch EuGH C-575/15 P v. 26.10.2016 *Industria de Diseño Textil*.
64 Vgl. den Vorlagebeschluss OLG Düsseldorf 20 U 131/17 v. 8.11.2018 (Az. beim EuGH C-720/18 und C-721/18 *Ferrari*).

Denn aus den maßgeblichen Vorschriften ergibt sich keine Beschränkung auf Neuware.

21 Besonderheiten gelten schließlich dann, wenn – etwa bei Warenformmarken – Marke und Ware identisch sind. Hier setzt die rechtserhaltende Benutzung der Marke voraus, dass die maßgeblichen Verkehrskreise in der Abbildung nicht nur die Ware selbst sehen, sondern die Abbildung auch als Hinweis auf die Herkunft der Waren aus einem bestimmten Unternehmen auffassen.

So soll – zu weitgehend – die für »Aufkleber aus Papier und Kunststofffolie, Anhänger aus Metall oder Kunststoff« registrierte, links abgebildete Marke durch die beiden rechts abgebildeten Gestaltungen

eines Aufklebers bzw. Schlüsselanhängers rechtserhaltend benutzt werden. In einem solchen Fall wird der Verkehr in der naturgetreuen Wiedergabe der Bildmarke einen zeichenmäßigen Unternehmenshinweis erblicken. Dem stehe auch nicht entgegen, dass bei einer Anerkennung der Verwendung der Abbildung der schwarz-bunten Kuh mit dem Schriftzug »SYLT« für Aufkleber und Schlüsselanhänger als rechtserhaltende Markenbenutzung ein zeitlich unbegrenzter Schutz für die Waren selbst geschaffen wird.[65]

3. Einzelheiten zum Umfang der Benutzung

22 Die Benutzung der Marke braucht nicht immer umfangreich zu sein, um als ernsthaft eingestuft zu werden, da eine solche Einstufung von den Merkmalen der betreffenden Produkte auf dem entsprechenden Markt abhängt. Sogar eine minimale Benutzung kann für eine ernsthafte Benutzung genügen, wenn sie auf dem relevanten Markt dazu dient, für diese Produkte einen Absatzmarkt zu erschließen oder zu sichern. Ein abstrakter, vorherbestimmter Grenzwert kann ebenso wenig wie eine Minimalschwelle angegeben werden. Sogar eine minimale Benutzung durch einen einzigen Kunden, der die Produkte importiert, für die die Marke registriert ist, kann ausreichen, die Ernsthaftigkeit der Benutzung zu belegen, wenn das Importgeschäft für den Inhaber der Marke einen ernsthaften wirtschaftlichen Zweck erfüllt.[66]

---

[65] BGH GRUR 2002, 1072, 1073 *SYLT-Kuh* – problematisch auch mit Blick auf § 3 II Nr. 3 MarkenG; zur Benutzung einer Marke für Andenken oder Fanartikel auch EuGH C-495/07 v. 15.1.2009 *Silberquelle*, Tz. 13.

[66] EuGH C-40/01 v. 11.3.2003 *Ansul/Ajax*, Tz. 39; EuGH C-259/02 v. 27.1.2004 *La Mer*, Tz. 21 ff.; EuGH C-416/04 P v. 11.5.2006 *The Sunrider*, Tz. 72 ff.; EuGH C-340/17 P v. 29.11.2018 *Alcohol Countermeasure Systems (International)*, Tz. 90; auch EuG T-303/03 v. 7.6.2005 *Lidl*, Tz. 35; EuG T-126/03 v. 14.7.2005 *ALADDIN/ALADIN*, Tz. 42; EuG T-169/06 v. 8.11.2007 *Charlott*, Tz. 31 ff.; überholt EuG T-39/01 v. 12.12.2002 *HIWATT*, Tz. 36; EuG T-156/01 v. 9.7.2003 *GIORGI/GIORGIO AIRE*, Tz. 35; seltsam BGH GRUR 2003, 1047, 1048 *Kellogg's/Kelly's*, wo nicht auf die Rechtsprechung des EuGH eingegangen wird.

Nachdem das EuG in frühen Entscheidungen[67] zunächst von einem vergleichs- **23** weise strengen Maßstab bei der Beurteilung der rechtserhaltenden Benutzung ausging, hat das Gericht seine Praxis nach ersten Entscheidungen des EuGH zum Benutzungszwang gelockert. Nun ist anerkannt, dass der Benutzungszwang weder auf eine Bewertung des kommerziellen Erfolges noch auf eine Überprüfung der Geschäftsstrategie eines Unternehmens oder darauf abzielt, den Markenschutz nur umfangreichen Verwertungen von Marken vorzubehalten.[68]

So genügte dem EuG ein Verkauf von ungefähr 300 Einheiten mit je zwölf Stück konzentrierter Säfte verschiedener Früchte an nur einen Kunden mit einem Umsatz von annähernd 4.800,- Euro in einem Zeitraum nur etwa einem Jahr.[69] Ein Umsatz von 800,- Euro sollte hingegen nicht genügen.[70] Ebenso genügte die Vorlage von zehn, allerdings nachweislich nur exemplarischen Rechnungen über den Verkauf kosmetischer Produkte mit einem Volumen von jeweils gut 200,- Euro.[71] Weiter genügten Umsätze bei 4 verkauften Geräten in 1998, 105 in 1999 und 12 in 2001 zum Gesamtpreis von 19.901,76 Euro in einem schmalen Markt medizinisch-technischer Spezialgeräte, die bei offenen Herzoperationen eingesetzt werden.[72] Ähnliches gilt für hochpreisige Sportwagen, die nur auf Bestellung produziert werden[73] oder allgemein im Markt für Prestigeprodukte.[74] Im EDV-Bereich genügten Umsätze von ungefähr 30.000,- Euro über einen Zeitraum von zwei Jahren.[75] Keine rechtserhaltende Benutzung hat das EuG hingegen beim Verkauf von nur 54 Damenslips und 31 Petticoats innerhalb von 13 Monaten für insgesamt 432,- Euro gesehen, zumal es sich nicht um Luxusgüter, sondern um Produkte im Durchschnittspreisniveau handelte und keine unterstützenden Dokumente oder erklärenden Erläuterungen eingereicht worden waren.[76] Auch neun Mahnschreiben, die sich auf Übersetzungsdienste im Wert von nur gut 300,- EUR beziehen, können die Benutzung der Marke nicht nachweisen.[77] Bei einem Schnellrestaurant reichte sogar ein über den gesamten Benutzungszeitraum verteilter Umsatz von gut 14.000,- Euro nicht aus.[78]

---

67 EuG T-39/01 v. 12.12.2002 *HIWATT*; EuG T-174/01 v. 12.3.2003 *Silk Cocoon/COCOON*; EuG T-156/01 v. 9.7.2003 *GIORGI/GIORGIO AIRE*.
68 EuG T-334/01 v. 8.7.2004 *HIPOVITON*, Tz. 32; EuG T-203/02 v. 8.7.2004 *VITAFRUIT*, Tz. 38, bestätigt durch EuGH C-416/04 P v. 11.5.2006 *The Sunrider*; EuG T-418/03 v. 27.9.2007 *LABORATOIRE DE LA MER/LA MER*, Tz. 53 u. 86 ff.
69 EuG T-203/02 v. 8.7.2004 *VITAFRUIT*, Tz. 48 ff., bestätigt durch EuGH C-416/04 P v. 11.5.2006 *The Sunrider*; vgl. demgegenüber die wohl überholte Bewertung in EuG T-156/01 v. 9.7.2003 *GIORGI/GIORGIO AIRE*, Tz. 45 ff.; erst recht genügen 7.000,- bis 28.000,- Euro über mehrere Jahre mit Süßwaren und Gebäck: EuG T-549/14 v. 4.10.2016 *Castello*, Tz. 51 ff.
70 EuG T-250/13 v. 18.3.2015 *Naazneen Investments*, Tz. 47 ff., bestätigt durch EuGH C-252/15 P v. 17.3.2016 *Naazneen Investments*.
71 EuG T-418/03 v. 27.9.2007 *LABORATOIRE DE LA MER/LA MER*, Tz. 86 ff.; vgl. aber auch EuG T-300/12 v. 8.10.2014 *Lidl Stiftung & Co.*, Tz. 52 ff.
72 EuG T-325/06 v. 10.9.2008 *CAPIOX/CAPIO*, Tz. 46 ff.
73 EuG T-398/13 v. 15.7.2015 *TVR Automotive*, Tz. 54 ff., Rechtsmittel durch EuGH C-500/15 P v. 14.1.2016 *TVR Italia* wegen fehlender Übersetzung als unzulässig zurückgewiesen.
74 Vgl. EuG T-680/15 v. 8.5.2017 *L'ECLAIREUR*, Tz. 47 ff.
75 EuG T-101/07 v. 10.12.2008 *DADA/DADA*, Tz. 33 ff.; bzgl. eines jährlichen Umsatzes von 200.000 DM über vier Jahre: EuG T-534/08 v. 30.9.2010 *GRANUflex/GRANUFLEX*, Tz. 14 ff.
76 EuG T-131/06 v. 30.4.2008 *SONIA/SONIA SONIA RYKIEL*, Tz. 54 ff.
77 EuG T-538/12 v. 16.1.2014 *ALPHATRAD*, Tz. 39 ff.
78 EuG T-624/14 v. 17.12.2015 *Bice International*, Tz. 69 ff.

24 Demgegenüber hatte der BGH hinsichtlich des Umfangs der Benutzung zunächst selbst nach der Lockerung der Anforderungen durch den EuGH – ohne Auseinandersetzung mit dessen Rechtsprechung – zu hohe Anforderungen gestellt.

> So soll etwa die Belieferung allein des Münchner Olympiastadions mit Knabberartikeln bei wöchentlichen Umsätzen von rund 1.100,- Euro den Anforderungen jedenfalls dann nicht genügen, wenn es sich beim Markeninhaber um ein im Ausland bekanntes Unternehmen, also ein Unternehmen mit gewissen wirtschaftlichen Kapazitäten, handelt.[79] Aber selbst bei einem großen Unternehmen mit einem Jahresumsatz von einer Milliarde Euro genügt jedenfalls ein Umsatz von einer Million Euro mit der Marke gekennzeichneter Ware.[80]

25 In seinen jüngeren Entscheidungen wechselt der BGH nun zur liberalen Linie des EuGH.

> So soll nun der Umstand allein, dass die Marke lediglich auf einer ganz geringen Anzahl von Waren – es handelte sich im Streitfall um zehn jährlich bzw. monatlich erscheinende Druckschriften – angebracht wird, dann nicht auf eine Scheinbenutzung schließen lassen, wenn es für die Waren nur einen sehr speziellen Abnehmerkreis gibt. Ebenso wenig steht der Umstand, dass die mit der Marke gekennzeichnete Ware unentgeltlich abgegeben wird, der Annahme einer rechtlich relevanten Benutzung der Marke entgegen, solange die Abgabe überhaupt einen Bezug zu einer geschäftlichen Tätigkeit aufweist.[81] Der Verkauf von 13.500 bis 15.000 Flaschen Bier jährlich genügt.[82] Auch die jährliche Nutzung einer Marke auf 300 bis 420 Exemplaren einer mit einem Stückpreis von 1.100,- € eher hochpreisigen Küchenmaschine ist rechtserhaltend.[83] Sogar die Lieferung von 2.316 Fernsehgeräten im Rahmen eines einzigen Auftrags an einen einzigen Kunden genügte.[84]

4. Wechselbeziehung von Art, Umfang und Dauer der Benutzung

26 Zwischen den unterschiedlichen zu berücksichtigenden Faktoren – insbesondere Art, Umfang und Dauer der Benutzung – besteht eine Wechselbeziehung.[85] Diese kann in verschiedenen Erwägungen zum Ausdruck kommen. Je begrenzter etwa das Handelsvolumen der Markenverwertung ist, desto größer ist die Notwendigkeit, dass der Markeninhaber ergänzende Angaben liefert, die etwaige Zweifel an der Ernsthaftigkeit der Benutzung der betreffenden Marke ausräumen können.

> So kann ein durch den Verkauf von rund 450 Packungen erzielter Umsatz von 12.500 DM – ungefähr 0,75 % des gesamten Jahresumsatzes des Markeninhabers – für ein Produkt mittlerer Preislage in einem Zeitraum von nur wenigen Monaten nicht ohne weiteres als nicht rechtserhaltend eingestuft werden. In einem solchen Fall können beispielsweise Informationen zu den Gegebenheiten auf dem relevanten Markt eine entscheidende Rolle spielen.[86]

---

79 BGH GRUR 2003, 1047, 1048 *Kellogg's/Kelly's*.
80 BGH I ZR 41/08 v. 14.4.2011 *Peek & Cloppenburg II*, Tz. 33.
81 BGH I ZB 20/03 v. 6.10.2005 *GALLUP*, Tz. 24 f.
82 BGH I ZR 135/11 v. 5.12.2012 *Duff Beer*, Tz. 39.
83 BGH I ZR 142/07 v. 19.11.2009 *MIXI*, Tz. 15.
84 BGH I ZR 156/10 v. 25.4.2012 *Orion*, Tz. 16 ff.
85 EuG T-334/01 v. 8.7.2004 *HIPOVITON*, Tz. 36; EuG T-203/02 v. 8.7.2004 *VITAFRUIT*, Tz. 42, bestätigt durch EuGH C-416/04 P v. 11.5.2006 *The Sunrider*; EuG T-355/09 v. 17.1.2013 *Walzertraum/Walzer Traum*, Tz. 32 ff., bestätigt durch EuGH C-141/13 P v. 17.7.2014 *Reber Holding*, Tz. 33 f.; BGH I ZR 162/04 v. 18.10.2007 *AKZENTA*, Tz. 23.
86 EuG T-334/01 v. 8.7.2004 *HIPOVITON*, Tz. 37 u. 45 ff.

Auch der Verkauf von nur 40 bis 60 kg Schokolade unter der Marke jährlich in einem einzigen Verkaufslokal genügt nicht den Anforderungen.[87]

Hierbei können die Umsätze insbesondere dann geringer ausfallen, wenn die Vermarktung der betreffenden Produkte erst wieder aufgenommen wird und das Handelsvolumen mit diesen Produkten deshalb gering ist. Hierbei ist unbeachtlich, wenn der Umsatz nicht kontinuierlich über mehrere Monate steigt. Es ist nämlich denkbar, dass die Anfangsphase der Vermarktung einer Ware länger dauert als einige Monate.[88] Anhaltspunkte für ein Fehlen ernsthafter Benutzung können jedoch in einem geringen Umsatz, einem kurzen Verkaufszeitraum, in Sonderrabatten oder im Fehlen von Werbemaßnahmen gesehen werden. 27

Grenzwertig ist etwa der Vertrieb von 207 Polohemden zu einem Preis von 6.210,- DM bei einem eingeräumten Rabatt von 50 % gegenüber dem üblicherweise gewährten Nachlass von 3 % kurz vor Ablauf der fünfjährigen Benutzungsschonfrist in einem Zeitraum von nur drei Tagen an nur sieben Kunden ohne flankierende Werbemaßnahmen. Der BGH hat hier die rechtserhaltende Benutzung verneint.[89]

III. Ort der Benutzung

Eine Marke muss grundsätzlich dort benutzt werden, wo sie geschützt ist. Dabei genügt ein Anbringen der Marke auf Waren für die Ausfuhr aus dem relevanten Gebiet (Art. 18 I 2 lit. b UMV, § 26 IV MarkenG), nicht aber bloßer Transit.[90] 28

Bei der Unionsmarke verlangt Art. 18 I UMV eine »Benutzung in der Union«. Was damit gemeint ist, ist trotz erster Entscheidungen[91] des EuGH nach wie vor unklar. Früher ging man überwiegend davon aus, dass bereits die Benutzung in einem einzigen Land der Union oder in einem entsprechend großen supranationalen Territorium eine ernsthafte Benutzung der Unionsmarke dar.[92] Die Anforderungen entsprachen also denen bei einer nationalen Marke, wobei jedoch auch supranationale Nutzungshandlungen einbezogen werden konnten. Ob die Benutzungsanforderungen bei der Unionsmarke derart gering sind, scheint nicht mehr sicher. Denn nach der Rechtsprechung des EuGH sei die Erwartung berechtigt, dass eine Unionsmarke, da sie einen umfassenderen Gebietsschutz als eine nationale Marke genießt, in einem größeren Gebiet als dem eines einzigen Mitgliedstaats benutzt wird. Auf der anderen Seite stellt der EuGH klar, dass es nicht zwingend erforderlich sei, ein Mindestnutzungsgebiet oder auch nur ein größeres 29

---

87 EuG T-355/09 v. 17.1.2013 *Walzertraum/Walzer Traum*, Tz. 37 ff., im Ergebnis bestätigt durch EuGH C-141/13 P v. 17.7.2014 *Reber Holding*; ähnlich EuG T-624/14 v. 17.12.2015 *Bice International*, Tz. 76 ff.
88 EuG T-334/01 v. 8.7.2004 *HIPOVITON*, Tz. 53.
89 BGH GRUR 2003, 428, 430 *BIG BERTHA*; dazu auch BGH I ZR 156/10 v. 25.4.2012 *Orion*, Tz. 17.
90 EuGH C-71/16 P v. 4.5.2017 *Comercializadora Eloro*, Tz. 34 ff.
91 Vor allem EuGH C-149/11 v. 19.12.2012 *Leno Merken*.
92 Gemeinsame Protokollerklärung von Rat und Kommission (ABl.-HABM 5/96, 607); unhaltbar ist demgegenüber die Auffassung von *Durán*, FS v. Mühlendahl, 333 ff., der eine Benutzung in jedem Staat der Union fordert und dabei übersieht, dass es gerade gilt, die Attraktivität der Unionsmarke gegenüber nationalen Marken zu stärken.

Nutzungsgebiet als bei der nationalen Marke zu fordern; das Nutzungsgebiet könne unter bestimmten Umständen faktisch auf das Hoheitsgebiet eines einzigen Mitgliedstaats begrenzt sein. Letztlich komme es auf Staatsgrenzen gar nicht an.[93]

Eine Benutzung in einem Land wie Großbritannien ist daher – vorbehaltlich des Brexits – ausreichend.[94]

30 Dass sich der EuGH offenbar (noch) nicht festlegen will, sorgt in der Beratungspraxis für erhebliche Probleme. Derzeit weiß schlicht und einfach niemand, wie und wo eine Unionsmarke zu benutzen ist und ob daher neben der Unionsmarke eine nationale Marke anzuraten ist. Wer jedoch den gemeinsamen Markt ernst nimmt, für den sind nationale Marken Handelshemmnisse par excellence, die es abzuschaffen gilt. Das aber wird nur funktionieren, wenn an die Benutzung einer Unionsmarke keine strengeren Anforderungen gestellt werden als an die Benutzung nationaler Marken. Mit Blick auf die Rolle des EuGH als Motor des gemeinsamen Marktes ist zu erwarten, dass in Einzelfallentscheidungen mittelfristig dieser Weg eingeschlagen wird.

31 Besondere Probleme im Hinblick auf die rechtserhaltende Benutzung wird voraussichtlich der Brexit aufwerfen (vgl. zum Brexit: www.gov.uk/government/publications/changes-to-trade-mark-law-if-the-uk-leaves-the-eu-without-a-deal/changes-to-trade-mark-law-in-the-event-of-no-deal-from-the-european-union). Am wahrscheinlichsten ist derzeit eine Lösung, wonach Unionsmarken am Tage nach dem Brexit automatisch – und ohne dass es einer Registrierung bedürfte – im Vereinigten Königreich als nationale Marken weitergelten, während sich der räumliche Schutzbereich nur noch auf die Union ohne das Vereinigte Königreich erstreckt. Wurde eine solche Unionsmarke vor dem Brexit nur im Vereinigten Königreich benutzt, so kann dies voraussichtlich auch weiterhin als eine Benutzung der Unionsmarke gelten; erst nach dem Brexit stellt eine Benutzung im Vereinigten Königreich keine Benutzung in der Union mehr da. Problematisch ist aber der umgekehrte Fall, wenn eine Unionsmarke lediglich außerhalb des Vereinigten Königreichs genutzt worden war und nach dem Brexit automatisch als nationale Marke weitergilt. Hier hängt die Bewertung vom Ergebnis der Brexit-Verhandlungen und vom Willen des britischen Gesetzgebers ab. Schlimmstenfalls wäre eine solche Marke schon am ersten Tag nach dem Brexit im Vereinigten Königreich nicht mehr rechtserhaltend benutzt.

> Wer daher auf sein britisches Markenrecht angewiesen ist, sollte nun schon für eine Benutzung im Vereinigten Königreich sorgen. Nur so kann sichergestellt werden, dass nach dem Brexit kein Verfall der Markenrechte droht.

32 Eine nationale Marke ist grundsätzlich im Inland zu benutzen; die Benutzung muss also erfolgen, um im Inland Marktanteile für die durch die Marke geschützten

---

93 EuGH C-149/11 v. 19.12.2012 *Leno Merken*, Tz. 40 ff.; auch EuGH C-125/14 v. 3.9.2015 *Iron & Smith*, Tz. 22; EuGH C-84/17 P, C-85/17 P und C-95/17 P v. 25.7.2018 *Société des produits Nestlé*, Tz. 74; EuG T-367/14 v. 18.10.2016 *Fruitfuls*, Tz. 45; BGH I ZR 106/11 v. 6.2.2013 *VOODOO*, Tz. 38.
94 EuG T-411/15 v. 4.10.2017 *GAP/GAPPOL*, Tz. 173; vgl. zum Brexit: www.gov.uk/government/publications/changes-to-trade-mark-law-if-the-uk-leaves-the-eu-without-a-deal/changes-to-trade-mark-law-in-the-event-of-no-deal-from-the-european-union.

Produkte zu behalten oder zu gewinnen.[95] Wird aus einer nationalen Marke gegen eine Unionsmarke Widerspruch eingelegt, so ist zu prüfen, ob die nationale Marke in dem betreffenden Mitgliedstaat benutzt wurde.[96] Als relevante Benutzungshandlung wird hierbei ausdrücklich das Anbringen der Marke für den Export qualifiziert (Art. 16 V Buchst. b MRR, Art. 18 I Unterabs. 2 Buchst. b UMV bzw. § 26 IV MarkenG). Dabei muss es sich bei dem im Ausland ansässigen Abnehmer nicht zwingend um ein vom Markeninhaber unabhängiges Unternehmen handeln.[97] Keine Benutzungshandlung ist demgegenüber die Durchfuhr;[98] daran werden auch die schärferen Regelungen zur Rechtsverletzung durch Durchfuhr in Art. 10 IV MRR, Art. 10 IV UMV im Zuge der Markenrechtsreform 2015 nichts ändern; denn deren Zweck ist allein die Bekämpfung von Fälschungen.

> Selbst wenn also etwa der Markeninhaber mit der Marke gekennzeichnete Waren nicht im Inland vertreibt, sondern lediglich exportiert, kann dies eine rechtserhaltende Benutzung darstellen.[99] Auch wenn im Ausland produzierte Ware an einen Zwischenhändler in Deutschland geliefert wird, der sie wiederum ins Ausland exportiert, kann dies rechtserhaltend sein.[100]

Darüber hinaus soll nach der Rechtsprechung des BGH[101] eine deutsche Marke 33 oder eine in Deutschland Schutz beanspruchende internationale Registrierung – nicht aber eine Unionsmarke[102] – durch Angehörige von Mitgliedstaaten der PVÜ auch durch Benutzungshandlungen, die in der Schweiz stattgefunden haben, rechtserhaltend benutzt werden – Art. 5 des Übereinkommens zwischen dem Deutschen Reich und der Schweiz, betreffend den gegenseitigen Patent-, Muster- und Markenschutz vom 13.4.1892. Für die Frage, welche Voraussetzungen für eine rechtserhaltende Benutzung erfüllt sein müssen, soll auch in einem solchen Fall die Vorschrift des § 26 I MarkenG, nicht schweizerisches Recht, gelten.

> Ist etwa eine internationale Registrierung sowohl für Deutschland als auch die Schweiz eingetragen und wird diese zwar nicht in Deutschland, wohl aber in der Schweiz benutzt, so soll dies für eine rechtserhaltende Benutzung im Verhältnis dieser beiden Staaten ausnahmsweise genügen.

Dieser Ansatz des BGH ist mit Blick auf die Harmonisierung des Benutzungs- 34 zwangs durch Art. 16 MRR und die Harmonisierungspflicht des Art. 351 AEUV[103] abzulehnen, zumal durchaus vertretbar gewesen wäre, das Abkommen zwischen

---

95 BGH I ZR 156/10 v. 25.4.2012 *Orion*, Tz. 12.
96 EuGH C-445/12 P v. 12.12.2013 *Rivella International*, Tz. 39; EuG T-39/01 v. 12.12.2002 *HIWATT*, Tz. 39; EuG T-418/03 v. 27.9.2007 *LABORATOIRE DE LA MER/LA MER*, Tz. 51.
97 BGH I ZR 91/13 v. 27.11.2014 *STAYER*.
98 BGH I ZR 156/10 v. 25.4.2012 *Orion*, Tz. 13; BGH I ZR 91/13 v. 27.11.2014 *STAYER* [für die internationale Registrierung].
99 Ähnlich schon BGHZ 112, 316 *Silenta*.
100 BGH I ZR 156/10 v. 25.4.2012 *Orion*, Tz. 19 ff.
101 BGHZ 143, 290 *PLAYBOY*; BGH I ZR 93/09 v. 17.3.2011 *KD*, Tz. 33.
102 EuGH C-149/11 v. 19.12.2012 *Leno Merken*, Tz. 36.
103 Früher Art. 307 EG.

Deutschland und der Schweiz nicht zugunsten von Benutzungshandlungen in der Schweiz anzuwenden.[104] Der Gesetzgeber ist nun aufgefordert einzuschreiten.[105]

35 Jedenfalls auf die Auslegung der UMV kann das Abkommen zwischen Deutschland und der Schweiz keinen Einfluss haben, da die UMV nicht einseitig von Deutschland modifiziert werden kann.[106]

> Im vorhergehenden Beispiel muss der Inhaber daher seine Marke auch in Deutschland benutzen, wenn er aus ihr Widerspruch gegen eine Unionsmarke einlegen will. Auch eine rechtserhaltende Benutzung einer Unionsmarke in der Schweiz kommt nicht in Betracht.

IV. Benutzung durch Dritte

36 Die rechtserhaltende Benutzung muss nicht unbedingt durch den Inhaber der Marke selbst, sondern kann auch durch einen zur Benutzung der Marke befugten[107] Dritten erfolgen (Art. 19 II TRIPS; 16 VI MRR; Art. 18 II UMV; § 26 II MarkenG).[108] Voraussetzung ist dann, dass der Zustimmende tatsächlich materiell berechtigt ist.[109] Die (stillschweigende) Zustimmung des Markeninhabers ist von diesem[110] nachzuweisen.[111] Sie kann sich allerdings auch aus einer erst später schriftlich fixierten Vereinbarung ergeben.[112]

> Allerdings behauptet der Markeninhaber jedenfalls seine Zustimmung, wenn er sich auf die Benutzung durch einen Dritten beruft.[113] Bei einem wirtschaftlich eng verbundenen Unternehmen kann die Zustimmung vermutet werden.[114] Nicht nachgewiesen ist demgegenüber die rechtserhaltende Benutzung etwa bei Vorlage von Verkaufsrechnungen, die keinen Aufschluss über die Beziehung zwischen den beteiligten Unternehmen geben.[115]

37 Nach der Rechtsprechung des BGH soll – ohne dass diese Auffassung eine Stütze im Gesetz finden würde – ferner zu fordern sein, dass der Dritte sich bewusst ist, eine fremde Marke zu benutzen. Glücklicherweise wird diese – überflüssige – Anforderung sogleich dadurch entschärft, dass von einem solchen Fremdbenut-

---

104 Vgl. auch EuGH C-216/01 v. 18.11.2003 *Budějovický Budvar*, Tz. 143 ff.
105 Möglicherweise wird die Rechtsfrage geklärt werden durch den Vorlagebeschluss OLG Düsseldorf 20 U 131/17 v. 8.10.2018 *Testarossa*(Az. beim EuGH C-720/18 und C-721/18 *Ferrari*).
106 EuGH C-445/12 P v. 12.12.2013 *Rivella International*, Tz. 48 ff.; vgl. zuvor bereits EuGH C-234/06 P v. 13.9.2007 *Il Ponte Finanziaria*, Tz. 101; EuG T-170/11 v. 12.7.2012 *Passaia/BASKAYA*, Tz. 22 ff.
107 Die Zustimmung kann auch konkludent erteilt und im Rechtsstreit behauptet werden: EuG T-203/02 v. 8.7.2004 *VITAFRUIT*, Tz. 24 f., bestätigt durch EuGH C-416/04 P v. 11.5.2006 *The Sunrider*.
108 EuGH C-40/01 v. 11.3.2003 *Ansul/Ajax*, Tz. 37; EuGH C-259/02 v. 27.1.2004 *La Mer*, Tz. 19; speziell zur Kollektivmarke Art. 78 UMV; § 100 II MarkenG.
109 BGH GRUR 1998, 699, 701 *SAM*; in diese Richtung auch EuGH C-325/17 P v. 26.6.2018 *Windrush Aka*, Tz. 44 ff.
110 EuGH C-416/04 P v. 11.5.2006 *The Sunrider*, Tz. 44.
111 EuG T-495/12 v. 5.6.2014 *Dracula Bite/Dracula*, Tz. 37.
112 EuG T-312/16 v. 25.4.2018 *CHATKA/CHATKA*, Tz. 58 ff.
113 EuG T-278/13 v. 30.1.2015 *Now Wireless*, Tz. 36.
114 EuG T-278/13 v. 30.1.2015 *Now Wireless*, Tz. 38.
115 EuG T-495/12 v. 5.6.2014 *Dracula Bite/Dracula*, Tz. 36.

zungsbewusstsein bei einem wirksamen Lizenzvertrag regelmäßig ausgegangen werden könne. Dagegen sei es unerheblich, ob der Verkehr die Benutzungshandlungen dem Markeninhaber oder dem Zustimmungsempfänger i. S. des § 26 II MarkenG zutreffend zuordnen kann.[116] Ein erst nachträglich abgeschlossener, rückwirkender Lizenzvertrag soll allerdings nicht genügen.[117]

Keine rechtserhaltende Benutzung soll nach der Rechtsprechung des EuG ferner dann vorliegen, wenn eine Marke durch eine unbestimmte Zahl Dritter benutzt wird, deren Kontrolle durch den Markeninhaber zwar möglich ist, die aber neben der fraglichen Marke auch eigene Kennzeichen verwenden, die den Verkehr auf die betriebliche Herkunft hinweisen.[118]

38

> Gehört etwa eine Marke »Steirisches Kürbiskernöl« einem Verband, der seinen Mitgliedern die Nutzung erlaubt, so liegt darin keine rechtserhaltende Benutzung als Herkunftshinweis. Vielmehr versteht der Verkehr das Zeichen als Hinweis auf bestimmte Produkteigenschaften.[119]

V. Abweichungen von Marke und benutzter Form

1. Grundlagen

In der Praxis werden Marken häufig in einer Form eingesetzt, die mit der im Register eingetragenen Wiedergabe nicht identisch ist. Diesem Bedürfnis der Praxis wird dadurch Rechnung getragen, dass auch die Benutzung einer Marke in einer Form rechtserhaltend sein kann, die von der Eintragung nur in Bestandteilen abweicht. Voraussetzung dabei ist jedoch, dass dadurch nicht die Unterscheidungskraft der Marke beeinflusst wird (Art. 5 C II PVÜ; Art. 16 V Buchst. a MRR; Art. 18 I Unterabs. 2 Buchst. a UMV; § 26 III MarkenG). Die Regelung soll es dem Markeninhaber erlauben, im Rahmen seines Geschäftsbetriebs Veränderungen an dem Zeichen vorzunehmen, die es ermöglichen, die Marke, ohne ihre Unterscheidungskraft zu beeinflussen, den Anforderungen der Vermarktung und der Förderung des Absatzes der betreffenden Waren oder Dienstleistungen besser anzupassen.[120] Die Feststellung einer Beeinflussung der Unterscheidungskraft der eingetragenen Marke erfordert eine Prüfung der Unterscheidungskraft und der Dominanz der hinzugefügten Bestandteile, bei der auf die Eigenschaften jedes einzelnen dieser Bestandteile in der Gesamtgestaltung der Marke abzustellen ist.[121] Insbesondere ist der hohe oder weniger hohe Grad an Unterscheidungskraft der Marke zu berücksichtigen.[122]

39

---

116 BGH I ZR 162/04 v. 18.10.2007 *AKZENTA*, Tz. 21.
117 BGH I ZR 106/11 v. 6.2.2013 *VOODOO*, Tz. 53 f.
118 EuG T-72/17 v. 7.6.2018 *Steirisches Kürbiskernöl*, Tz. 54 ff.
119 EuG T-72/17 v. 7.6.2018 *Steirisches Kürbiskernöl*, Tz. 58.
120 EuGH C-501/15 P v. 11.10.2017 *EUIPO/Cactus*, Tz. 66.
121 EuG T-146/15 v. 13.9.2016 *hyphen*, Tz. 28, m. w. N., im Ergebnis bestätigt durch EuGH C-587/16 P v. 28.2.2017 *Skylotec*, Tz. 4 f.
122 EuGH C-642/15 P v. 1.12.2016 *Klement*, Tz. 29, unter Hinweis auf EuGH C-586/15 P v. 7.9.2016 *Lotte*, Tz. 30.

40 Dabei bestimmt – europarechtskonform[123] – § 26 III 2 MarkenG, dass eine Marke selbst dann in abgewandelter Form rechtserhaltend benutzt werden kann, wenn die Marke in der Form, in der sie benutzt worden ist, ebenfalls eingetragen ist.[124] Entsprechendes gilt – ohne ausdrückliche gesetzliche Vorgabe – auch bei der Unionsmarke.[125] Denn es soll einem Markeninhaber möglich sein, Veränderungen an seiner Marke vorzunehmen, um die Produktvermarktung zu optimieren.[126]

41 Dabei kann eine rechtserhaltende Benutzung auch dann vorliegen, wenn eine eingetragene Marke immer nur mit anderen Elementen zusammen benutzt wird oder wenn sie gar ausschließlich in Verbindung mit einer anderen Marke benutzt wird und beide Marken zusammen zusätzlich als Marke eingetragen sind. Die Rechtslage gleicht insofern derjenigen beim Erwerb von Unterscheidungskraft infolge Benutzung.[127] Entsprechendes gilt auch, wenn ein Bildzeichen immer nur in Verbindung mit einem Wortzeichen benutzt wird, welches das Bildzeichen teilweise überlagert.[128]

Wird daher etwa das Stofffähnchen der Levi's Jeanstasche links oben in der Marke

stets nur mit dem Schriftzug Levi's benutzt, so steht dies weder der rechtserhaltenden Nutzung der abgebildeten Marke noch der Benutzung der Wortmarke Levi's entgegen.[129]

2. Praxis des EuG

42 Die Entscheidungspraxis des EuG zur Beeinflussung der Unterscheidungskraft ist insgesamt recht großzügig.

---

123 EuGH C-553/11 v. 25.10.2012 *Rintisch*, Tz. 30 (auf Vorlageentscheidung BGH I ZR 84/09 v. 17.8.2011 *PROTI*) EuGH C-252/12 v. 18.7.2013 *Specsavers*, Tz. 27; BGH I ZR 84/09 v. 10.1.2013 *PROTI II*, Tz. 29; missverständlich noch EuGH C-234/06 P v. 13.9.2007 *Il Ponte Finanziaria*, Tz. 86; zur Übergangssituation *Bott*, IPRB 2010, 236; unzutreffend *Lange*, WRP 2008, 693.

124 Ebenso BGH GRUR 1999, 54 f. *Holtkamp*; BGH GRUR 2000, 1040, 1041 *FRENORM/FRENON*; BGH GRUR 2002, 167, 168 *Bit/Bud*, in Abgrenzung zur früheren Rechtsprechung.

125 EuGH C-252/12 v. 18.7.2013 *Specsavers*, Tz. 28; EuGH C-340/17 P v. 29.11.2018 *Alcohol Countermeasure Systems (International)*, Tz. 57.

126 EuGH C-252/12 v. 18.7.2013 *Specsavers*, Tz. 29.

127 EuGH C-12/12 v. 18.4.2013 *Colloseum Holding*, Tz. 32 ff.; EuG T-463/12 v. 6.11.2014 *MB&P/MB*, Tz. 43, im Ergebnis bestätigt durch EuGH C-17/15 P v. 26.10.2015 *Popp und Zech*.; BGH I ZR 142/07 v. 19.11.2009 *MIXI*, Tz. 17; zum Erwerb von Unterscheidungskraft infolge Benutzung oben § 4 Rdn. 153 – 173.

128 EuGH C-252/12 v. 18.7.2013 *Specsavers*, Tz. 19 ff.

129 EuGH C-12/12 v. 18.4.2013 *Colloseum Holding*, Tz. 32 ff., auf die Vorlageentscheidung BGH I ZR 206/10 v. 24.11.2011 *Stofffähnchen II*.

Frühere Entscheidungen waren allerdings vereinzelt noch strenger; so sollte eine Marke »J GIORGI« durch die Benutzung der Zeichen »GIORGI«, »MISS GIORGI« und »GIORGI LINE« nicht rechtserhaltend benutzt sein, da die Unterscheidungskraft der Marke »J GIORGI« beeinflusst werde.[130] Andererseits soll nach einer – allerdings im Zusammenhang der Unveränderbarkeit der Marke – ergangenen Entscheidung der Unterschied von »TELEYE« einerseits und »TELEEYE« andererseits den wesentlichen Inhalt der Marke i. S. v. Art. 49 UMV nicht berühren.[131] Auch die jeweils links abgebildete Marke

hielt das EuG durch die jeweils weiter rechts abgebildete Benutzungsform für rechtserhaltend benutzt, hat Bildelementen also tendenziell geringere Unterscheidungskraft beigemessen.[132] Dies gilt auch, wenn dem vergleichsweise einfachen Zeichen

eine kreisrunde Umrandung hinzugefügt oder es in blauer Farbe benutzt wird.[133] Die Marke

kann in verschiedenen Farben, und zwar auch in einer Gestaltung heller Streifen auf dunklem Grund, benutzt werden.[134] Auch die Benutzung des Zeichens

mit den Wortbestandteilen »global coloring concept«, »gcc« und »colorants & technologies« ändert nichts an seiner Unterscheidungskraft, wenn diese beschreibenden Elemente unter dem Begriff »COLORIS« in kleinerem Format eingefügt sind.[135] Unschädlich ist auch das

---

130 EuG T-156/01 v. 9.7.2003 *GIORGI/GIORGIO AIRE*, Tz. 45.
131 EuG T-128/99 v. 15.11.2001 *TELEYE*.
132 EuG T-135/04 v. 24.11.2005 *BUS/Online Bus*, Tz. 33 ff.; EuG T-147/03 v. 12.1.2006 *Quantième/Quantum*, Tz. 25 ff., wobei insbesondere berücksichtigt wurde, dass das in der Benutzungsform grafisch angedeutete Uhrenzifferblatt im einschlägigen Uhrenbereich nicht besonders unterscheidungskräftig war.
133 EuG T-146/15 v. 13.9.2016 *hyphen*, Tz. 42 ff., im Ergebnis bestätigt durch EuGH C-587/16 P v. 28.2.2017 *Skylotec*, Tz. 4 f.
134 EuG T-68/16 v. 17.1.2018 *Kreuz auf der Seite von Sportschuhen*, Tz. 64 ff.
135 EuG T-353/07 v. 30.11.2009 *COLORIS/COLORIS*, Tz. 28 ff.

Weglassen eines Akzents auf dem Wort »castelló«.[136] Die Unterscheidungskraft der Wortmarke »ATLAS TRANSPORT« bleibt auch im Falle ihrer Kombination mit anderen Elementen wie

unverändert, weil diese aufgrund unterschiedlicher Farbe, Größe und Schrifttyp als lose Gruppierung unabhängiger Elemente wahrgenommen werden.[137] Das Hinzufügen der beschreibenden Elemente »ron« und »de Cuba« sowie einer Frauenbüste, die nicht besonders originell ist,

konnten nichts an der Unterscheidungskraft der Marke »PALMA MULATA« ändern.[138] Gleiches gilt beim Hinzufügen eines Wortbestandteils zur Marke

in den Benutzungsformen

mit dem geografischen Hinweis »bg«.[139] Auch die abgewandelte Verwendung der Marke

auf Etiketten oder Verpackungen

---

136 EuG T-549/14 v. 4.10.2016 *Castello*, Tz. 49 f.
137 EuG T-482/08 v. 10.6.2010 *ATLAS TRANSPORT*, Tz. 34 f.
138 EuG T-381/12 v. 12.3.2014 *PALMA MULATA*, Tz. 37 ff.
139 EuG T-322/14 und T-325/14 v. 12.5.2016 *mobile/mobile.de*, Tz. 55 ff., bestätigt durch EuGH C-418/16 P v. 28.2.2018 *mobile.de*; strenger EuG T-386/16 v. 6.10.2017 *PORTE & PORTE*, Tz. 43 ff.

beeinflusst die Unterscheidungskraft nicht.[140] Die Gestaltungen

galten als rechtserhaltende Benutzung der Marken

mit dem unterscheidungskräftigen Bestandteil »BUGUI«.[141] Erst recht konnte die Marke »BAG PAX« unter Weglassen des Leerzeichens durch »BAGPAX« benutzt werden.[142] Sogar durch die Gestaltungen

wurde die Marke

---

140 EuG T-152/11 v. 24.5.2012 *MAD*, Tz. 56 f.
141 EuG T-543/12 v. 24.10.2014 *Grau Ferrer*, Tz. 81 ff., im Ergebnis bestätigt durch EuGH C-597/14 P v. 21.7.2016 *EUIPO/Ferrer*.
142 EuG T-324/15 v. 10.5.2016 *BAG PAX*, Tz. 15 ff.

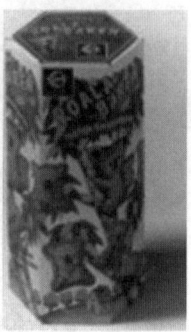

rechtserhaltend benutzt, weil sich die drei zentralen Elemente – sechseckige Form, Wort »Koala«, Koalaabbildung – wiederholten.[143] Dagegen wurde die Marke

in den rechts abgebildeten Varianten wegen ihres eher unterscheidungsschwachen Wortbestandteils nicht rechtserhaltend benutzt.[144] Ebenso wenig wird die Marke

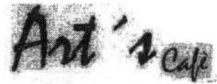

durch die Gestaltungen

---

143 EuG T-483/12 v. 15.9.2015 *Nestlé Unternehmungen Deutschland*, Tz. 78 ff., im Ergebnis bestätigt durch EuGH C-586/15 P v. 7.9.2016 *Lotte*, nachfolgend EuG T-41/17 v. 12.7.2018 *Lotte*, mit Rechtsmittel angegriffen (Az. beim EuGH C-580/18 P *Nestlé Unternehmungen Deutschland*); vgl. auch EuG T-404/16 v. 23.10.2017 *Galletas Gullón*, Tz. 29 ff.; EuG T-418/16 v. 23.10.2017 *Galletas Gullón*, Tz. 29 ff.
144 EuG T-204/12 v. 14.7.2014 *VIAVITA/VILA VITA*, Tz. 35 ff.

rechtserhaltend benutzt, weil die bildliche Ausgestaltung der Marke gerade nicht trivial, sondern fantasievoll ist.[145] Umgekehrt können zu einem Zeichen schutzunfähige Wortelemente hinzugefügt werden, ohne dass die Unterscheidungskraft geändert wird.[146]

Inzwischen hat das EuG sogar den Grundsatz aufgestellt, dass Bildelemente eine aus Wort- und Bildelementen kombinierte Marke nicht prägen.[147]

Hiervon ausgehend war die Marke

durch die Verwendung des Zeichens

rechtserhaltend benutzt.[148] Entsprechendes galt bei dem Markenpaar

---

145 EuG T-309/16 v. 20.7.2017 Art's Café, Tz. 18 ff.
146 EuG T-397/15 v. 14.12.2016 *PAL*, Tz. 37.
147 EuG T-225/12 v. 27.2.2014 *LÍDL MUSIC/LIDL express*, Tz. 51; EuG T-226/12 v. 27.2.2014 *LÍDL MUSIC/LIDL*, Tz. 51; EuG T-397/15 v. 14.12.2016 *PAL*, Tz. 33.
148 EuG T-225/12 v. 27.2.2014 *LÍDL MUSIC/LIDL express*, Tz. 47 ff., im Ergebnis bestätigt durch EuGH C-237/14 P v. 6.9.2016 *Lidl Stiftung*, Tz. 29 ff.; EuG T-226/12 v. 27.2.2014 *LÍDL MUSIC/LIDL*, Tz. 47 ff., im Ergebnis bestätigt durch EuGH C-224/14 P v. 6.9.2016 *Lidl Stiftung*, Tz. 29 ff.

für deren Bildelemente.¹⁴⁹

44 Allerdings soll es umgekehrt auch möglich sein, eine aus Bild- und Wortelementen zusammengesetzte Marke rechtserhaltend zu benutzen und dabei das Wortelement ganz wegzulassen. Dies sei jedenfalls denkbar, wenn Bild und Wort denselben Begriffsinhalt wiedergeben.¹⁵⁰

> So soll es möglich sein, die Marke
>
> ⋫ *Cactus*
>
> allein durch eine Benutzung des Bildelements rechtserhaltend zu benutzen.¹⁵¹ Dies dürfte tatsächlich zu weit gehen, weil das isolierte Bildelement nicht zwingend als Kaktus erkannt werden muss. Vielmehr erscheint es denkbar, dass die Luxemburger Richter durch die starke Präsenz der Supermarktkette Cactus in Luxemburg beeinflusst worden sein könnten.

45 Außerdem muss das Hinzufügen weiterer Kennzeichen zur streitgegenständlichen Marke zumindest dann nicht die Unterscheidungskraft der Marke ändern, wenn lediglich eine Unternehmensbezeichnung oder eine mehr oder weniger beschreibende Angabe¹⁵² hinzugefügt wird und wenn die Marke mit dem Symbol »®« gekennzeichnet ist.¹⁵³ Etwas anderes gilt aber auch insofern wieder, wenn die Marke selbst beschreibend ist und dies für den Verkehr durch die Verpackungsgestaltung auch erkennbar wird.¹⁵⁴

> So kann auf einer Weinflasche die Marke »CRISTAL« rechtserhaltend zusammen mit der Herstellerbezeichnung »Louis Roederer« sowie der Herkunftsangabe »Champagne« benutzt werden.¹⁵⁵ Die letztlich beschreibende Abkürzung »ATC« für »Atlas Transport Company« beeinflusst nicht die Unterscheidungskraft der Marke »ATLAS TRANSPORT«.¹⁵⁶ Eine Warenformmarke wird auch dann rechtserhaltend benutzt, wenn auf ihr eine weitere unterscheidungskräftige Marke aufgebracht wird.¹⁵⁷ Auch wenn schließlich eine Hausmarke – selbst in grafisch untergeordneter Gestaltung – mit weiteren Produktkennzeichen verbunden

---

149 EuG T-397/15 v. 14.12.2016 *PAL*, Tz. 26 ff.
150 EuGH C-501/15 P v. 11.10.2017 *EUIPO/Cactus*, Tz. 67 ff.
151 EuGH C-501/15 P v. 11.10.2017 *EUIPO/Cactus*, Tz. 67 ff.
152 So weit auch EuG T-353/07 v. 30.11.2009 *COLORIS/COLORIS*, Tz. 34.
153 EuG T-29/04 v. 8.12.2005 *CRISTAL/CRISTAL CASTELLBLANCH*, Tz. 33 ff., im Ergebnis bestätigt durch EuGH C-131/06 P v. 24.4.2007 *Castellblanch/HABM*, Tz. 21; EuG T-418/03 v. 27.9.2007 *LABORATOIRE DE LA MER/LA MER*, Tz. 66.
154 EuG T-15/16 v. 14.2.2017 *Cystus*, Tz. 44, bestätigt durch EuGH C-194/17 P v. 31.1.2019 *Pandalis*.
155 EuG T-29/04 v. 8.12.2005 *CRISTAL/CRISTAL CASTELLBLANCH*, Tz. 33 ff., im Ergebnis bestätigt durch EuGH C-131/06 P v. 24.4.2007 *Castellblanch/HABM*, Tz. 21.
156 EuG T-482/08 v. 10.6.2010 *ATLAS TRANSPORT*, Tz. 40.
157 EuG T-211/14 v. 24.9.2015 *Klement*, Tz. 25 ff., aufgehoben infolge Begründungsmangels durch EuGH C-642/15 P v. 1.12.2016 *Klement*, dann EuG T-211/14 RENV v. 10.10.2017 *Klement*, letztlich bestätigt durch EuGH C-698/17 P v. 23.1.2019 *Klement*; EuG T-317/14 v. 24.9.2015 *Klement*, Tz. 25 ff.

wird, kann dies eine rechtserhaltende Benutzung der Hausmarke darstellen.¹⁵⁸ Sogar eine Benutzung des Symbols

als Teil anderer Marken wie

ist möglich.¹⁵⁹ Dagegen hat das EuG in der Benutzungsform

keine rechtserhaltende Benutzung der Marke »TACK« gesehen, weil die Bestandteile »TACK« und »ceys« eine Einheit bilden würden;¹⁶⁰ tatsächlich dürfte der Verkehr in beiden Zeichenbestandteilen aufgrund der unterschiedlichen schriftbildlichen Gestaltung aber wohl eher selbständige Kennzeichen sehen.

3. Praxis des BGH

Nach der Rechtsprechung des BGH ist die Beurteilung, ob eine Änderung der Marke nicht ihre Unterscheidungskraft beeinflusst (im MarkenG ohne sachlichen Unterschied¹⁶¹ »Veränderung des kennzeichnenden Charakters« genannt), grundsätzlich dem Tatrichter vorbehalten und in der Rechtsbeschwerdeinstanz nur eingeschränkt überprüfbar.¹⁶² Die Unterscheidungskraft ist hierbei dann nicht beeinflusst, wenn der Verkehr das abweichend benutzte Zeichen gerade bei Wahrnehmung der Unterschiede dem Gesamteindruck nach noch mit der eingetra- 46

---

158 EuG T-418/03 v. 27.9.2007 *LABORATOIRE DE LA MER/LA MER*, Tz. 66.
159 EuG T-215/13 v. 15.7.2015 *Deutsche Rockwool Mineralwoll*, Tz. 36 ff.
160 EuG T-24/17 v. 10.10.2018 *TACKceys/D-TACK*, Tz. 52 ff.
161 BT-Drucks. 12/6581, 83 = BlPMZ 1994, Sonderheft, 77; BGH GRUR 1997, 744, 746 *ECCO I*; BGH GRUR 1999, 54, 55 *Holtkamp*; BGH GRUR 1999, 167 f. *Karolus-Magnus*; BGH GRUR 2000, 1040, 1041 *FRENORM/FRENON*; BGH GRUR 2002, 1077 *BWC*.
162 BGH GRUR 2000, 1038, 1039 *Kornkammer*; BGH GRUR 2002, 167, 168 *Bit/Bud*; BGH GRUR 2005, 515 *FERROSIL*; BGH I ZR 135/11 v. 5.12.2012 *Duff Beer*, Tz. 16; BGH I ZR 84/09 v. 10.1.2013 *PROTI II*, Tz. 20; BGH I ZR 38/13 v. 8.1.2014 *Probiotik*, Tz. 17; BGH I ZB 6/16 v. 11.5.2017 *Dorzo*, Tz. 23.

genen Marke gleichsetzt, d. h. in der benutzten Form noch dieselbe Marke sieht.[163] Die Frage der Beeinflussung der Unterscheidungskraft darf dabei nicht mit Überlegungen zur Frage der Prägung des Gesamteindrucks der benutzten Marke[164] verbunden werden. Diese haben allein bei der Prüfung der Verwechslungsgefahr ihren Platz.[165] Sogar Elemente ohne Unterscheidungskraft können daher den kennzeichnenden Charakter ändern.[166]

47 Zur rechtserhaltenden Benutzung einer Marke kann auch deren Verwendung als Zweitmarke ausreichen, insbesondere wenn der Verkehr im relevanten Marktsegment an Zweitmarken gewöhnt ist und diese daher als solche ansieht.[167] Ohne weiteres wird dabei die Verwendung einer Zweitmarke dann deutlich, wenn es sich bei einem der beiden Zeichen um den dem Verkehr bekannten Namen des Unternehmens handelt. Die Verwendung einer Zweitmarke liegt aber auch bei Serienzeichen nahe, bei denen das eine Zeichen die Produktfamilie, das andere das konkrete Produkt benennt.[168]

> Wird etwa im Bereich der Haushaltsgeräte der Hauptmarke »Constructa« die Marke »contura« hinzugefügt, so erkennt der Verkehr den Zusatz aufgrund verbreiteter Übung anderer Hersteller als eigene selbständige Zweitmarke.[169] Ein Zeichen »EDUARD DRESSLER designed for Peek & Cloppenburg« zerlegt der Verkehr gedanklich in die beiden Marken »EDUARD DRESSLER« und »Peek & Cloppenburg«.[170] Auch bei Duftwässern entspricht eine solche Kennzeichnungspraxis durchaus dem Üblichen.[171] Dagegen war es wohl eher der beschränkten revisionsrechtlichen Prüfung geschuldet, wenn der BGH[172] die instanzgerichtliche Wertung bestätigte, die Marke »PROTI« sei durch die Benutzungsform

---

163 BGH GRUR 2001, 54, 56 *SUBWAY/Subwear*; BGH GRUR 2003, 1047, 1048 *Kellogg's/Kelly's*; BGH GRUR 2005, 515 *FERROSIL*; BGH I ZR 312/02 v. 21.7.2005 *BOSS-Club*, Tz. 23; BGH I ZR 71/04 v. 8.2.2007 *bodo Blue Night*, Tz. 12; BGH I ZR 162/04 v. 18.10.2007 *AKZENTA*, Tz. 12; BGH I ZB 26/05 v. 13.12.2007 *idw*, Tz. 27; BGH I ZB 39/05 v. 13.12.2007 *idw Informationsdienst Wissenschaft*, Tz. 24; BGH I ZR 200/06 v. 18.12.2008 *Augsburger Puppenkiste*, Tz. 39; BGH I ZR 142/07 v. 19.11.2009 *MIXI*, Tz. 17; BGH I ZR 41/08 v. 14.4.2011 *Peek & Cloppenburg II*, Tz. 55; BGH I ZR 112/10 v. 31.5.2012 *Castell/VIN CASTEL*, Tz. 14; BGH I ZR 135/11 v. 5.12.2012 *Duff Beer*, Tz. 13 u. 31 ff [auch zur umgekehrten Produktplatzierung (product placement)]; BGH I ZR 84/09 v. 10.1.2013 *PROTI II*, Tz. 20; BGH I ZR 38/13 v. 8.1.2014 *Probiotik*, Tz. 18.; BGH I ZR 114/13 v. 17.11.2014 *PINAR*, Tz. 12; BGH I ZB 6/16 v. 11.5.2017 *Dorzo*, Tz. 23.
164 Hierzu unten § 12 Rdn. 144 – 215.
165 BGH GRUR 1999, 995, 996 f. *HONKA*; BGH GRUR 2000, 1038, 1039 *Kornkammer*; BGH GRUR 2005, 515 f. *FERROSIL*; BGH I ZR 41/08 v. 14.4.2011 *Peek & Cloppenburg II*, Tz. 55; BGH I ZR 135/11 v. 5.12.2012 *Duff Beer*, Tz. 19 u. 26, auch zur Neutralisierung von Ähnlichkeiten verschiedener Wahrnehmungsrichtungen.
166 BGH I ZR 41/08 v. 14.4.2011 *Peek & Cloppenburg II*, Tz. 55.
167 BGH GRUR 2000, 510 f. *Contura*; BGH I ZR 71/04 v. 8.2.2007 *bodo Blue Night*, Tz. 13; BGH I ZR 41/08 v. 14.4.2011 *Peek & Cloppenburg II*, Tz. 20; BGH I ZR 84/09 v. 10.1.2013 *PROTI II*, Tz. 20; BGH I ZR 114/13 v. 17.11.2014 *PINAR*, Tz. 15.
168 BGH I ZR 71/04 v. 8.2.2007 *bodo Blue Night*, Tz. 14; BGH I ZR 41/08 v. 14.4.2011 *Peek & Cloppenburg II*, Tz. 20; BGH I ZR 84/09 v. 10.1.2013 *PROTI II*, Tz. 23.
169 BGH GRUR 2000, 510 f. *Contura*; auch BGH I ZR 142/07 v. 19.11.2009 *MIXI*, Tz. 18.
170 BGH I ZR 41/08 v. 14.4.2011 *Peek & Cloppenburg II*, Tz. 21.
171 BGH I ZR 71/04 v. 8.2.2007 *bodo Blue Night*, Tz. 14.
172 BGH I ZR 84/09 v. 10.1.2013 *PROTI II*, Tz. 21 ff., auch zu weiteren (rechtserhaltenden) Nutzungsweisen.

nicht rechtserhaltend benutzt – und zwar trotz des (zugegeben unglücklich platzierten) Symbols ® unter dem Buchstaben »I« und trotz der Kennzeichnungsgewohnheiten mit Erst- und Zweitmarke im fraglichen Markt der Nahrungsergänzungsmittel.

Auch wenn der Stamm einer Zeichenserie beim Verkehr wie ein Unternehmenskennzeichen etabliert ist, liegt ein Verständnis von Stamm und hinzugefügtem Bestandteil als Erst- und Zweitmarke nahe. **48**

> Versteht etwa der Verkehr in der Marke »P3-FERROSIL« den bekannten Serienstamm »P3« nach Art eines Unternehmenskennzeichens, so wird er in »FERROSIL« eine eigene Zweitmarke erblicken.[173]

Erkennt der Verkehr das mit Zusätzen verwendete Markenwort nicht mehr als eigenständiges Produktkennzeichen, so ist der kennzeichnende Charakter verändert.[174] Dabei komme es nach der Rechtsprechung des BGH auf das Kriterium der selbständig kennzeichnenden Stellung nicht an; dieses spiele nur eine Rolle bei der Prüfung der Verwechslungsgefahr.[175] Tatsächlich aber verkennt der BGH bei diesem begrifflich überdifferenzierten Ansatz den zugrundeliegenden Grundgedanken, dass der Verkehr mehrteilige Zeichen entweder als Einheit oder als gesonderte Kennzeichen wahrnimmt. Ob man insofern von selbständig kennzeichnender Stellung, von Zweitmarke oder von selbständig verwendetem Zweitkennzeichen spricht, dürfte keine Rolle spielen. **49**

Ferner kann die Kennzeichnung mit dem Symbol ® für den Verkehr deutlich machen, dass zwei selbständige Zeichen gleichzeitig benutzt werden. **50**

> Wird etwa die Kombination »PRAEBIOTIK® + PROBIOTIK®« jeweils mit dem Symbol ® benutzt, so bestehen Anhaltspunkte für die Annahme, dass der Verkehr in der benutzten Form zwei voneinander zu unterscheidende Zeichen sieht.[176]

Eine Wortmarke kann insbesondere auch durch die Benutzung eines Wort-/Bildzeichens mit dem Wortbestandteil rechtserhaltend benutzt werden, wenn der kennzeichnende Charakter der Wortmarke auch in dieser Benutzungsform enthalten ist.[177] Der kennzeichnende Charakter ist jedenfalls nicht verändert, wenn die fraglichen Bildelemente nur Verzierung darstellen oder der Verkehr ihnen aus anderen Gründen keine Bedeutung zumisst.[178] Dies ist der Fall bei grafischen Elementen, die lediglich allgemeine Sachangaben oder werbliche Hervorhebungsmittel sind. **51**

---

173 BGH GRUR 2005, 515, 516 *FERROSIL*.
174 BGH I ZB 6/16 v. 11.5.2017 *Dorzo*.
175 BGH I ZB 6/16 v. 11.5.2017 *Dorzo*.
176 BGH I ZR 38/13 v. 8.1.2014 *Probiotik*.
177 BGH GRUR 1999, 995, 996 *HONKA*.
178 BGH I ZR 142/07 v. 19.11.2009 *MIXI*, Tz. 20; BGH I ZR 114/13 v. 17.11.2014 *PINAR*, Tz. 12.

Dabei ist zu berücksichtigen, dass Marken auf der Produktverpackung in der Praxis regelmäßig nicht isoliert verwendet werden, sondern dem Verkehr häufig verbunden mit weiteren Angaben, Zeichen, Aufmachungen und Farben entgegentreten.[179]

> Werden etwa bei der Benutzung der Wortmarke »John Lobb« die jeweiligen Anfangsbuchstaben »J« und »L« grafisch hervorgehoben, so ist dies ohne Relevanz.[180]

52 Ist umgekehrt in einer Wort-/Bildmarke der Wortbestandteil vorherrschend, so kann dies bedeuten, dass die Unterscheidungskraft auch bei der bloßen Benutzung des Wortbestandteils der Wort-/Bildmarke unbeeinflusst ist.[181]

53 Das Hinzufügen eines Wortbestandteils muss dann die Unterscheidungskraft nicht beeinflussen, wenn der neue Wortbestandteil nicht besonders kennzeichnungskräftig ist.[182] Anders sieht es aber aus, wenn der Zusatz mit dem Zeichen erkennbar verbunden ist.[183] Dabei kann die Verbindung zwischen der Marke und dem Zusatz insbesondere durch die räumliche Nähe oder die Einbindung in ein Logo hergestellt werden.[184]

> So kann eine Marke »GALLUP« beispielsweise durch die Bezeichnung »THE GALLUP REVIEW« rechtserhaltend benutzt werden.[185] »Duff Beer« kann mit dem Zusatz »the legendary« benutzt werden.[186] Andererseits ist eine Marke »Puppenkiste« durch Verwendung der Bezeichnung »Augsburger Puppenkiste« nicht rechtserhaltend benutzt.[187] Verändert wird die Unterscheidungskraft der Marke allerdings, wenn sich die Kennzeichnungsrichtung ändert, z. B. aus dem als Marke registrierten namensmäßigen Zeichen »ZAPPA« das als Unternehmenskennzeichen wirkende benutzte Zeichen »ZAPPA Records« wird.[188] Bei den Benutzungsformen

---

179 BGH I ZR 38/13 v. 8.1.2014 *Probiotik*; BGH I ZR 114/13 v. 17.11.2014 *PINAR*, Tz. 12; BGH I ZB 6/16 v. 11.5.2017 *Dorzo*, Tz. 19.
180 BGH GRUR 1999, 164, 165 *JOHN LOBB*; auch BGH GRUR 2000, 1038, 1039 *Kornkammer*; BGH I ZR 112/10 v. 31.5.2012 *Castell/VIN CASTEL*, Tz. 21.
181 BGH GRUR 1999, 995, 996 *HONKA*; tendenziell auch BGH I ZR 112/10 v. 31.5.2012 *Castell/VIN CASTEL*, Tz. 16; vgl. aber BGH I ZR 312/02 v. 21.7.2005 *BOSS-Club*, Tz. 24.
182 Vgl. BGH I ZR 114/13 v. 17.11.2014 *PINAR*, Tz. 19, m. w. N.
183 BGH I ZB 6/16 v. 11.5.2017 *Dorzo*.
184 BGH I ZR 114/13 v. 17.11.2014 *PINAR*, Tz. 13 u. 16 f.; BGH I ZB 6/16 v. 11.5.2017 *Dorzo*, Tz. 19.
185 BGH I ZB 20/03 v. 6.10.2005 *GALLUP*, Tz. 25.
186 BGH I ZR 135/11 v. 5.12.2012 *Duff Beer*, Tz. 27.
187 BGH I ZR 200/06 v. 18.12.2008 *Augsburger Puppenkiste*, Tz. 39 ff.
188 BGH I ZR 135/10 v. 31.5.2012 *ZAPPA*, Tz. 34 ff.

ist die Marke »Dorzo« wegen der Verbindung mit den jeweiligen Zusätzen nicht rechtserhaltend benutzt; dabei spielte insbesondere eine Rolle, dass das Symbol ® nicht hinter der Marke »Dorzo« angebracht war.¹⁸⁹

Bei der Beurteilung der Unterscheidungskraft hinzugefügter Bestandteile kann ausnahmsweise auch die Verkehrsauffassung nur eines Teils des Verkehrs maßgeblich sein. Denn ausnahmsweise können bei der Prüfung der rechtserhaltenden Benutzung die für die Beurteilung einer Verwechslungsgefahr entwickelten Grundsätze zu einer gespaltenen Verkehrsauffassung herangezogen werden. Dies ist gerechtfertigt, wenn feststellbar ist, dass der Gebrauch des Kennzeichens gegenüber einem objektiv abgrenzbaren Verkehrskreis erfolgt, wie dies bei einem bestimmten Sprachkreis der Fall ist.¹⁹⁰ 54

Wird zum Beispiel eine eingetragene Marke »Pinar« mit dem Zusatz »Sosis« verbunden, der in der türkischen Sprache das vertriebene Produkt beschreibt, ist von einer rechtserhaltenden Nutzung durch das zusammengesetzte Kennzeichen »Pinar Sosis« auszugehen, wenn die Produkte in Deutschland weit überwiegend in türkischen Lebensmittelgeschäften an der türkischen Sprache mächtige Kunden vertrieben werden.¹⁹¹

Das Weglassen eines Wortbestandteils wird hingegen regelmäßig eine erhebliche Markenabwandlung darstellen.¹⁹² 55

Beispielsweise soll eine Marke »Kelly's« – so sehr weitgehend der BGH – durch Benutzung der Bezeichnung »Kelly« nicht rechtserhaltend benutzt sein.¹⁹³ Auch ist der kennzeichnende Charakter der eher als Slogan wahrgenommenen Marke »Man kauft gut bei Peek & Cloppenburg« in Falle der isolierten Benutzung von »Peek & Cloppenburg« verändert.¹⁹⁴ Nicht rechtserhaltend benutzt wird die auch Weinmarke

---

189 BGH I ZB 6/16 v. 11.5.2017 *Dorzo*, Tz. 15 ff.
190 BGH I ZR 114/13 v. 17.11.2014 *PINAR*.
191 BGH I ZR 114/13 v. 17.11.2014 *PINAR*.
192 BGH GRUR 1997, 744, 746 *ECCO I*; BGH GRUR 1999, 54 *Holtkamp*; BGH GRUR 2000, 1040, 1041 *FRENORM/FRENON*.
193 BGH GRUR 2003, 1047, 1048 *Kellogg's/Kelly's*.
194 BGH I ZR 41/08 v. 14.4.2011 *Peek & Cloppenburg II*, Tz. 56.

durch Benutzung des Wortes »CASTEL«, weil erst Zeichenbestandteil »CASTEL FRERES NEGOCIANTS A BORDEAUX (GIRONDE)« deutlich macht, aus welchem konkreten Weingut die Ware stammt.[195]

56 Allerdings verändert das Weglassen eines Wortbestandteils die Identität und den Inhalt, also die Unterscheidungskraft einer Marke dann nicht, wenn ihm eine kennzeichnende Funktion überhaupt nicht zukommt – etwa bei hinzugefügten Qualitätsangaben oder Hinweisen auf die Bestimmung der Ware.[196] Ganz frei von Widersprüchen ist die Rechtsprechung des BGH hierbei jedoch nicht.

So soll der kennzeichnende Charakter der Bekleidungsmarke

durch das Weglassen des Wortes »Milano« nicht beeinflusst werden. »Milano« tritt grafisch deutlich zurück und ist außerdem eine ohne weiteres verständliche, auf die Stadt Mailand hinweisende geografische Angabe.[197] Demgegenüber soll etwa bei einer für Uhren geschützten Marke »BWC SWISS« das Weglassen des Bestandteils »SWISS« den kennzeichnenden Charakter beeinflussen können, weil dem Hinweis auf die Schweiz als Herkunftsland wegen der mit den Uhren häufig verbundenen Qualitätserwartung des Verkehrs besondere Bedeutung beizumessen ist.[198]

57 Insgesamt verfolgt der BGH in jüngerer Zeit eine vergleichsweise großzügige Linie. Die Grenze markieren zwei aus der umfangreichen Rechtsprechung[199] herausgegriffene Beispielfälle.

---

195 BGH I ZR 112/10 v. 31.5.2012 *Castell/VIN CASTEL*, Tz. 17.
196 BGH GRUR 1997, 744, 746 *ECCO I*; BGH GRUR 1999, 54 *Holtkamp*; BGH GRUR 2000, 1040, 1041 *FRENORM/FRENON*; in diesem Sinne auch EuG T-135/04 v. 24.11.2005 *BUS/Online Bus*, Tz. 36 f.; vgl. andererseits BGH GRUR 2004, 598, 599 *Kleiner Feigling*.
197 BGH GRUR 1997, 744, 746, 747 *ECCO I*.
198 BGH GRUR 2002, 1077, 1078 f. *BWC*, mit nicht ganz überzeugender Abgrenzung zu BGH GRUR 1997, 744 *ECCO I*.
199 Aus jüngerer Zeit außerdem BGH GRUR 2000, 1038, 1039 f. *Kornkammer*; BGH GRUR 2002, 167, 168 *Bit/Bud*; zum Ganzen ausführlich *Frommeyer*, Rechtserhaltende Benutzung bei abweichender Markenform, 2002.

So wurde etwa die Marke

durch Verwendung des Etiketts

rechtserhaltend benutzt. Der in den Worten »Karolus-Magnus« verkörperte Gesamtbegriff bleibt auch in der geänderten Schreibweise ohne weiteres erkennbar. Auch die rein beschreibende Wortfolge »der rheinische Riesling-Sekt« konnte auf die ebenfalls beschreibende Angabe »Riesling« verkürzt werden. Die hinzugefügte bildliche Darstellung wird der Verkehr nicht notwendig als Markenbestandteil ansehen.[200] Demgegenüber hat der BGH eine rechtserhaltende Benutzung der Marke

bei folgenden Verwendungsformen abgelehnt:

Hier wurde die Unterscheidungskraft der Marke maßgeblich bestimmt durch die Schreibweise des – für beachtliche Teile des Verkehrs beschreibenden – Wortes »Achterdiek« in der Form eines Deichkörpers mit anbrandenden Wellen und darüberstehender Sonne. Gerade diese Bildelemente finden sich jedoch nicht in den benutzten Formen.[201]

VI. Benutzung nur für ein Produktsegment

Wird die Marke nicht für alle eingetragenen Produkte benutzt, sondern nur für einen Teil der Produkte, so verfolgen das EUIPO einerseits und die deutschen

---

200 BGH GRUR 1999, 167, 168 *Karolus-Magnus*; dazu auch BGH I ZR 112/10 v. 31.5.2012 *Castell/VIN CASTEL*, Tz. 17; vgl. ferner BGH I ZR 135/11 v. 5.12.2012 *Duff Beer*.
201 BGH GRUR 1999, 498, 499 f. *Achterdiek*.

Ämter und Gerichte eine – einen Vorlagebeschluss zum EuGH fordernde – unterschiedliche Praxis:

59 EUIPO und EuG[202] differenzieren danach, ob aus der Marke angegriffen wird, oder ob ein Verfallsangriff gegen die Marke gerichtet ist. Im Falle eines Angriffs aus der Marke können bei der Betrachtung der Produktähnlichkeit in der Regel nur die Produkte zugrunde gelegt werden, für die die Marke tatsächlich benutzt wurde (Art. 47 II 3 UMV).[203] Wenn hierbei aber die Marke bereits für einen relativ engen Oberbegriff eingetragen und nur für ganz spezielle Produkte unter diesem Obergriff benutzt worden ist, kann es ausnahmsweise geboten sein, der Kollisionsprüfung den Oberbegriff zugrunde zu legen.[204] Ein weiter Oberbegriff im Verzeichnis der Waren und Dienstleistungen kann[205] und muss[206] außerdem auf eine Untergruppe von Produkten reduziert werden.[207] Dabei ist das Kriterium des Zwecks oder der Bestimmung des Produkts ein maßgebliches Kriterium für die Definition einer Untergruppe; denn dieses Kriterium ist auch für den Verkehr bei seiner Kaufentscheidung maßgeblich.[208]

> Ist eine Marke etwa ausschließlich für »mit einem Poliermittel imprägnierte Baumwolle« benutzt worden, jedoch insgesamt für den Oberbegriff »Poliermittel für Metalle« eingetragen, so wird der Kollisionsprüfung dieser Oberbegriff zugrunde gelegt. Eine Produktähnlichkeit wird sich dann in der Kollisionsprüfung eher ergeben.[209] Auch bei einer Marke, die zwar allgemein für »pharmazeutische Erzeugnisse« eingetragen ist, aber ausschließlich für »rezeptpflichtige Corticoide enthaltende Dosieraerosole« benutzt wurde, können bei der Kollisionsprüfung weder allgemein »pharmazeutische Erzeugnisse«, noch allein die speziellen Arzneimittel zugrunde gelegt werden. Darreichungsform und Wirkstoff sind für den Verkehr nämlich letztlich irrelevant. Vielmehr ist die Marke als für »Atemwegstherapeutika« eingetragen anzusehen.[210] Jedenfalls auf die Darreichungsform – z. B. als Tablette oder als Zäpfchen – kommt es bei Arzneimitteln nicht an.[211] Ist demgegenüber eine Marke für »Bekleidung, Kopfbedeckung und Schuhwaren« eingetragen, aber tatsächlich nur für Damenstrumpfhosen benutzt, so werden der Kollisionsprüfung auch nur Damenstrumpfhosen zugrunde gelegt, da der Begriff »Bekleidung« zu inhomogen ist.[212] Entsprechendes gilt

---

202 Hierzu auch *Beyerlein*, WRP 2008, 306.
203 Auch EuGH C-642/17 P v. 22.3.2018 *Arrigoni*, Tz. 4 f.; EuG T-388/00 v. 23.10.2002 *ILS/ELS*, Tz. 50; EuG T-278/04 v. 16.11.2006 *YUPI/YUKI*, Tz. 53.
204 EuG T-126/03 v. 14.7.2005 *ALADDIN/ALADIN*, Tz. 45 ff.; vgl. auch BGH I ZR 167/05 v. 10.4.2008 *LOTTOCARD*, Tz. 52.
205 Dies wird infrage gestellt durch den Vorlagebeschluss OLG Düsseldorf 20 U 131/17 v. 8.11.2018 *Testarossa* (Az. beim EuGH C-720/18 und C-721/18 *Ferrari*).
206 EuG T-802/16 v. 17.11.2017 *FEMIBION*, Tz. 22, bestätigt durch EuGH C-62/18 P v. 31.5.2018 *Merck*.
207 EuG T-256/04 v. 13.2.2007 *RESPICORT/RESPICUR*, Tz. 22 ff.; EuG T-487/08 v. 16.6.2010 *KREMEZIN/KRENOSIN*, Tz. 58 ff.
208 EuG T-256/04 v. 13.2.2007 *RESPICORT/RESPICUR*, Tz. 29; EuG T-353/12 v. 16.5.2013 *ALARIS*, Tz. 16 ff.
209 EuG T-126/03 v. 14.7.2005 *ALADDIN/ALADIN*, Tz. 45 ff.; hierzu auch BGH I ZR 167/05 v. 10.4.2008 *LOTTOCARD*, Tz. 52.
210 EuG T-256/04 v. 13.2.2007 *RESPICORT/RESPICUR*, Tz. 30 ff.; noch weniger klar zu Arzneimitteln auch EuG T-483/04 v. 17.10.2006 *CALSYN/GALZIN*, Tz. 25 ff.
211 EuG T-536/10 v. 8.11.2013 *Pramino/Premeno*, Tz. 27, Rechtsmittel anhängig unter EuGH C-31/14 P *HABM/Kessel*.
212 EuG T-392/04 v. 14.12.2006 *MANOU/MANU MANU MANU*, Tz. 90 ff.

für den weiten Oberbegriff »Geräte zur Wiedergabe von Ton und Bild«.[213] Eine für »alkoholische Getränke« registrierte, nur für »Rum« benutzte Marke, wirkt wie eine für »Rum« eingetragene Marke.[214] Ebenso können Waren, die zwar komplementär sind, aber unterschiedliche Verwendungszwecke haben, nicht in eine Unterkategorie eingeordnet werden.[215]

Demgegenüber hatte das EUIPO im Zusammenhang mit nach Art. 58 I Buchst. a, II UMV gegen eine benutzungspflichtige Marke gerichteten Löschungsangriffen zunächst eine großzügigere Linie verfolgt. Nach einer – wohl auch von politischen Überlegungen geprägten – Mitteilung des Präsidenten des EUIPO[216] aus dem Jahr 2003 sollte nämlich eine Marke bereits dann als für eine komplette Warenklasse benutzt sein, wenn die Eintragung alle Angaben der Klassenüberschrift der Nizzaer Klassifikation[217] abdeckt und die Marke für ein beliebiges Produkt derselben Klasse benutzt wird. Wurde die Marke demgegenüber nur für einige der Angaben in der Klassenüberschrift eingetragen, wird die Benutzung der Marke für eingetragene Waren festgestellt, wenn die Ware von den aufgeführten allgemeinen Angaben umfasst wird.[218] 60

> Wird danach etwa eine in Klasse 25 für »Bekleidung, Schuhwaren, Kopfbedeckungen« eingetragene Unionsmarke lediglich für Damenschuhe benutzt, so müsste beim EUIPO nach der erwähnten Mitteilung des Präsidenten des EUIPO selbst ein Teillöschungsangriff gegen die Marke erfolglos verlaufen. Greift ihr Inhaber jedoch eine fremde Bekleidungsmarke selbst an, so ist nicht von Warenidentität auszugehen, sondern auf den Ähnlichkeitsgrad zwischen Damenschuhen – eventuell auch Schuhen im Allgemeinen – und Bekleidung abzustellen.

Tatsächlich aber folgten weder das Amt selbst und erst recht nicht seine Beschwerdekammern in diesem Umfang der Vorgabe der Mitteilung des Präsidenten.[219] Durch den Bedeutungsverlust, den die Klassenüberschriften der Nizzaer Klassifikation in den vergangenen Jahren erlitten haben,[220] ist die Praxis ohnehin obsolet. Es bleibt bei den zuvor dargestellten Regeln von EuGH und EuG. 61

> Ist daher etwa eine Marke in Klasse 25 für »Bekleidung, Schuhwaren, Kopfbedeckungen« eingetragene Unionsmarke lediglich für Damenschuhe benutzt, so verfällt sie für sämtliche Waren mit Ausnahme von Damenschuhen.[221]

Auch der BGH will keine einheitlichen Grundsätze bei der Beurteilung der rechtserhaltenden Benutzung im Falle eines Angriffs aus der Marke und im Falle eines 62

---

213 EuG T-690/14 v. 10.12.2015 *Sony Computer Entertainment Europe*, Tz. 64 ff.
214 Große Beschwerdekammer des EUIPO R 233/2012-G v. 18.7.2013 *PAPAGAYO ORGANIC*, Tz. 38 ff.
215 EuG T-353/12 v. 16.5.2013 *ALARIS*, Tz. 23 f.
216 Mitteilung Nr. 4/03 des Präsidenten des Amtes vom 16.6.2003, ABl.-HABM 2003, 1646; hierzu auch *Ashmead*, INTA Bulletin 2008, No 22, S. 6 ff.
217 Zum Verzeichnis der Waren und Dienstleistungen vgl. oben § 5 Rdn. 1 – 19.
218 Dies dürfte wohl im Sinne der gedanklichen Lückenlosigkeit der Klassifikation sogar bei einer Änderung der Nizzaer Klassifikation gelten.
219 Vgl. etwa Entscheidung der Nichtigkeitsabteilung Az. 1596 C v. 12.04.2007, wo allerdings in der angegriffenen Marke nicht ausdrücklich die Klassenüberschriften, aber eine sehr nahe Formulierung, verwendet wurde; ähnlich EUIPO R-378/2006 – 2 vom 19.06.2007, Tz. 25.
220 Vgl. oben § 5 Rdn. 1 – 19.
221 Große Beschwerdekammer des EUIPO R 2595/2015-G v. 15.6.2018 *PELLICO (fig.)*.

Löschungsangriffs gegen die Marke anwenden.[222] In beiden Fallgruppen stellt der BGH jedoch strengere Anforderungen als EUIPO und EuG und misst insbesondere den Klassenüberschriften der Nizzaer Klassifikation keine Bedeutung bei.

63 Konkret berücksichtigt der BGH in Kollisionsfällen[223] grundsätzlich nur die Produkte, für die die Marke benutzt wurde (Art. 44 II MRR; §§ 43 I 3, 49 III MarkenG).[224] Die Marke wird also nach Ablauf der Schonfrist so behandelt, als sei sie nur für die konkret benutzten Waren eingetragen. Die gegenteilige Auffassung würde nach Auffassung des BGH zu einer nicht zu rechtfertigenden Bevorzugung des Inhabers einer Marke mit einem weit gefassten Produktoberbegriff gegenüber demjenigen führen, der die Eintragung von Anfang an auf die sodann benutzte Ware beschränkt hat. Auch drohe eine nicht hinnehmbare Beeinträchtigung der Rechtssicherheit bei der Prüfung, ob eine Kollisionslage vorliegt. Unerheblich ist, in welchem Umfang die Nichtbenutzung zu einer Löschung führen müsste.

> Wird daher etwa eine für Arzneimittel registrierte Marke nur für Arzneimittel mit ganz bestimmten Indikationen benutzt, so werden vom BGH nur diese der Produktähnlichkeitsprüfung zugrunde gelegt.[225]

64 Auch in Verfallsverfahren kann eine Einschränkung eines im Verzeichnis eingetragenen Oberbegriffs vorzunehmen sein, wenn die Marke nur für einen Teil der Produkte benutzt wird, die unter den weiten Oberbegriff fallen. Hierbei ist unter Berücksichtigung aller Umstände des Einzelfalls eine wirtschaftliche Betrachtungsweise anzustellen und das berechtigte Interesse des Zeicheninhabers zu berücksichtigen, in seiner geschäftlichen Bewegungsfreiheit nicht ungebührlich eingeengt zu werden. Im Verzeichnis der Waren und Dienstleistungen können dabei die Produkte belassen werden, die nach Auffassung des Verkehrs gemeinhin als zum gleichen Produktbereich gehörend angesehen werden.[226] Zum gleichen Warenbereich in diesem Sinne gehören gemeinhin Waren, die in ihren Eigenschaften und ihrer Zweckbestimmung weitgehend übereinstimmen.[227] Insofern trifft sich der BGH jüngst wieder mit dem vorstehend dargestellten Ansatz des EuG.

> Wird etwa in einem deutschen Verfahren eine für »Bekleidung, Schuhwaren, Kopfbedeckungen« eingetragene deutsche Marke lediglich für Damenschuhe benutzt, so kann ein Teillöschungsangriff jedenfalls hinsichtlich der Waren »Bekleidung, Kopfbedeckungen« erfolgreich verlaufen. Ob darüber hinaus auch die Einschränkung des Begriffs »Schuhwaren« auf »Damenschuhe« verlangt werden kann, hängt von allen Umständen des Einzelfalls ab, insbesondere von den berechtigten Interessen des Markeninhabers und der Verkehrsauffassung.

---

222 BGH I ZR 110/03 v. 29.6.2006 *Ichthyol II*, Tz. 21 f.; BGH I ZB 52/09 v. 1.6.2011 *Maalox/Melox-GRY*, Tz. 10; vgl. aber noch BGH GRUR 2002, 59, 63 *ISCO*; BGH GRUR 2000, 603, 604 *Ketof/ETOP*; BGH GRUR 2002, 65, 67 *Ichthyol I*.
223 Dazu auch *Engels*, GRUR 2007, 363.
224 Etwa BGH I ZR 110/03 v. 29.6.2006 *Ichthyol II*, Tz. 22; BGH I ZR 106/11 v. 6.2.2013 *VOODOO*, Tz. 34.
225 BGH I ZR 110/03 v. 29.6.2006 *Ichthyol II*, Tz. 20 f.; BGH I ZB 52/09 v. 1.6.2011 *Maalox/Melox-GRY*, Tz. 10; vgl. auch EuG T-256/04 v. 13.2.2007 *RESPICORT/RESPICUR*, Tz. 22 ff.
226 BGH GRUR 2002, 59, 62 *ISCO*, m. w. N.; BGH I ZR 167/05 v. 10.4.2008 *LOTTOCARD*, Tz. 32 u. 52; BGH I ZR 85/11 v. 5.12.2012 *Culinaria/Villa Culinaria*, Tz. 61; BGH I ZR 38/13 v. 8.1.2014 *Probiotik*, Tz. 12; noch offen gelassen von BGH GRUR 1999, 164, 165 f. *JOHN LOBB*; auch BGH GRUR 2002, 65, 67 *Ichthyol I*.
227 BGH I ZR 38/13 v. 8.1.2014 *Probiotik*, Tz. 12.

Vom Fall einer rechtserhaltenden Benutzung für ein einzelnes Produktsegment ist 65
der Fall abzugrenzen, dass die Marke für ganz andere als die registrierten Produkte
benutzt wird. In diesem Fall verfällt die Marke.

> Ist etwa eine Marke für pharmazeutische Präparate eingetragen, wird aber für Nahrungsergänzungsmittel und diätische Präparate benutzt, so liegt keine rechtserhaltende Benutzung vor.[228] Nicht ganz so eindeutig ist aber der Fall, dass eine für »Datenträger mit Programmen, Computersoftware« geschützte Marke durch die Benutzung für Spielekonsolen, Speicherkarten und Videospiele benutzt werden soll; insofern dürfte eine Benutzung gerade noch zu bejahen sein.[229]

Eine Besonderheit ergibt sich schließlich dann, wenn ein und dasselbe Produkt 66
verschiedene Funktionen aufweist. Obwohl EuG und BGH diese Fälle rechtlich
diametral entgegengesetzt bewerten, hielt der BGH – ohne Auseinandersetzung mit
der europäischen Rechtsprechung und unter Entzug des gesetzlichen Richters –
eine Vorlage zum EuGH wiederholt nicht für erforderlich. Nach der zutreffenden
Rechtsprechung des EuG kann durch die Benutzung einer Marke für dieses Produkt der Markenschutz für verschiedene Kategorien im Verzeichnis der Waren
und Dienstleistungen aufrechterhalten werden, weil das Produkt beiden Kategorien
unterfällt.[230] Demgegenüber hält der BGH die Löschung eines Begriffs im Warenverzeichnis für geboten, wenn das benutzte Produkt auch einem anderen Begriff
unterfällt.[231] Werde eine Marke rechtserhaltend für Waren benutzt, die unter zwei
Oberbegriffe des Warenverzeichnisses fallen, sei der umfassendere Oberbegriff zu
löschen.[232]

> So können beim EuG etwa bestimmte Badezusätze gleichzeitig den Oberbegriffen »Seife« und »Kosmetika« zugeordnet werden. Im Einzelfall können diese Produkte darüber hinaus auch medizinischen Zwecken dienen.[233] Demgegenüber wird nach BGH durch die Benutzung einer Marke für »tiefgekühlte Pizza« zwar der Begriff »Pizza« im Warenverzeichnis benutzt, nicht jedoch zugleich »tiefgekühlte Snacks«.[234]

VII. Berechtigter Grund für die Nichtbenutzung

Die Sanktionen der Nichtbenutzung einer Marke treffen ihren Inhaber ausnahms- 67
weise dann nicht, wenn er berechtigte Gründe für die Nichtbenutzung vorzuweisen
hat (Art. 5 C I PVÜ; Art. 16 I, 17, 44 I, 46 I, II MRR; Art. 43 II, 58 I Buchst. a
UMV bzw. § 26 I MarkenG). Dabei ist der Begriff der »berechtigten Gründe«
einheitlich vom EuGH auszulegen.[235] Die Beurteilung des Sachverhalts im konkre-

---

228 EuG T-802/16 v. 17.11.2017 *FEMIBION*, Tz. 23 ff., bestätigt durch EuGH C-62/18 P v. 31.5.2018 *Merck*.
229 Vgl. EuG T-35/16 v. 12.12.2017 *VITA*, Tz. 43 ff.
230 EuG T-418/03 v. 27.9.2007 *LABORATOIRE DE LA MER/LA MER*, Tz. 77 ff.; a. A. wohl EUIPO R 247/2016-4 v. 8.11.2016 *Proticurd/Protiplus*, Tz. 27.
231 BGH I ZR 85/11 v. 5.12.2012 *Culinaria/Villa Culinaria*, Tz. 62 ff.; BGH I ZR 91/13 v. 27.11.2014 *STAYER*; unklar, aber wohl zutreffender BGH I ZR 38/13 v. 8.1.2014 *Probiotik*, Tz. 14.
232 BGH I ZR 91/13 v. 27.11.2014 *STAYER*.
233 EuG T-418/03 v. 27.9.2007 *LABORATOIRE DE LA MER/LA MER*, Tz. 77 ff.
234 BGH I ZR 85/11 v. 5.12.2012 *Culinaria/Villa Culinaria*, Tz. 66.
235 EuGH C-246/05 v. 14.6.2007 *Häupl*, Tz. 45.

ten Fall ist jedoch Sache des nationalen Gerichts.[236] Lagen nur vorübergehend berechtigte Gründe für die Nichtbenutzung vor, führt dies nicht zu einer Hemmung des Laufs der Benutzungsschonfrist. Vielmehr ist unter Berücksichtigung der Umstände des Einzelfalls zu prüfen, ob die Nichtbenutzung gerechtfertigt ist.[237]

68 Berechtigte Gründe sind hierbei solche Hindernisse, die einen unmittelbaren Zusammenhang mit der Marke aufweisen, ihre Benutzung unmöglich oder unzumutbar machen und vom Willen des Markeninhabers unabhängig sind. Vom Zeicheninhaber selbst zu beeinflussende Umstände sind hingegen normalerweise nicht als ein Grund anzusehen, der die Benutzung einer Marke als unzumutbar erscheinen lässt.[238]

> Keinen berechtigten Grund stellen daher etwa ein Verfallsverfahren gegen die Marke,[239] wirtschaftliche Schwierigkeiten des Markeninhabers,[240] schwebende Lizenzverhandlungen oder eine Vereinbarung mit einem Dritten dar, die dem Inhaber verbietet, seine Marke für die eingetragenen Waren zu benutzen.[241] Als berechtigte Gründe in Betracht kommen demgegenüber Tatbestände höherer Gewalt, etwa Naturkatastrophen, Krieg oder Kriegsfolgen,[242] ein staatliches Einfuhrverbot,[243] die Unmöglichkeit, mit der Marke gekennzeichneten Waren vor Abschluss eines vorgeschriebenen behördlichen Zulassungsverfahrens in den Verkehr zu bringen,[244] ein Verfügungsverbot im Rahmen eines Insolvenzverfahrens[245] oder ein vorübergehendes staatliches Werbeverbot.[246] Ein behördliches Zulassungsverfahren ist aber dann wiederum kein berechtigter Grund, wenn der Markeninhaber das Verfahren spät und zögerlich betreibt.[247]

69 Besonders problematisch sind die Fälle, in denen äußere Hindernisse die ursprünglichen Vorstellungen des Markeninhabers vom Markenauftritt vereiteln und eine Inbenutzungnahme der Marke nur durch eine Änderung der Unternehmensstrategie möglich würde. In derartigen Fällen mutet die Rechtsprechung dem Markenin-

---

236 EuGH C-246/05 v. 14.6.2007 *Häupl*, Tz. 54 f.
237 BGH I ZB 100/05 v. 28.9.2006 *COHIBA*, Tz. 36.
238 EuGH C-246/05 v. 14.6.2007 *Häupl*, Tz. 55; EuGH C-234/06 P v. 13.9.2007 *Il Ponte Finanziaria*, Tz. 102; EuGH C-252/15 P v. 17.3.2016 *Naazneen Investments*, Tz. 96; EuGH C-529/17 P v. 22.2.2018 *Martín Osete*, Tz. 6 f.; EuG T-156/01 v. 9.7.2003 *GIORGI/GIORGIO AIRE*, Tz. 41; BGH GRUR 1997, 747, 749 *Cirkulin*; auch Art. 19 I 2 TRIPS;
239 EuGH C-252/15 P v. 17.3.2016 *Naazneen Investments*, Tz. 98.
240 EuG T-156/01 v. 9.7.2003 *GIORGI/GIORGIO AIRE*, Tz. 41; ähnlich EuGH C-529/17 P v. 22.2.2018 *Martín Osete*, Tz. 6 f.
241 BGH GRUR 1997, 747, 749 *Cirkulin*.
242 BGH GRUR 1997, 747, 749 *Cirkulin*, unter Hinweis auf die Amtl. Begr. BT-Drucks. V/714 S. 45, 46 = BlPMZ 1967, 234; auch BGH GRUR 2000, 890, 891 *IMMUNINE/IMUKIN*; BGH I ZB 100/05 v. 28.9.2006 *COHIBA*, Tz. 30.
243 Art. 19 I 2 TRIPS; BGH GRUR 1994, 512 *Simmenthal*; BGH I ZB 100/05 v. 28.9.2006 *COHIBA*, Tz. 30; zur Restitution eines enteigneten Unternehmens nach dem Vermögensgesetz vgl. aber BGHZ 136, 11 *L*.
244 BGH GRUR 2000, 890, 891 *IMMUNINE/IMUKIN*; BGH I ZB 100/05 v. 28.9.2006 *COHIBA*, Tz. 30.
245 EUIPO R 77/2006 – 1 v. 11.12.2007.
246 BGH I ZB 100/05 v. 28.9.2006 *COHIBA*, Tz. 32.
247 EuG T-276/16 v. 15.9.2017 *Boswelan*, Tz. 54 ff., Schlussanträge des Generalanwalts *Szpunar* EuGH C-668/17 P v. 9.1.2019 *Viridis Pharmaceutical*.

haber die Benutzung der Marke nicht zwingend zu, sondern lässt es genügen, wenn äußere Hindernisse eine sachgerechte Benutzung der Marke ernsthaft gefährden.

So wäre es etwa dem Inhaber einer Marke nicht zuzumuten, seine Waren in den Geschäften seiner Konkurrenten zu vertreiben. In solchen Fällen erscheint es für den Markeninhaber nicht zumutbar, seine Unternehmensstrategie zu ändern, um die Benutzung der Marke dennoch zu ermöglichen.[248]

VIII. Zeitraum der Benutzung und Benutzungsschonfrist

1. Grundsätze der Benutzungsschonfrist

Tatbestände, die an die rechtserhaltende Benutzung anknüpfen, stellen jeweils auf einen Zeitraum von fünf Jahren ab. Der Gesetzgeber gesteht hierbei dem Markeninhaber zunächst jeweils eine anfängliche Schonfrist zu. Innerhalb der ersten fünf Jahre nach dem Tag des Abschlusses des Eintragungsverfahrens muss die Marke daher grundsätzlich nicht benutzt werden (Art. 16, 17, 19, 44, 46 MRR,[249] Art. 15 I, 47 II 1 UMV bzw. §§ 25 I, 49 I 1 MarkenG). Ein Benutzungsnachweis ist für diesen Zeitraum nicht zu erbringen.[250]

70

Praktisch bedeutsame Einschränkungen erfährt diese Schonfrist jedoch dadurch, dass bereits am Tag nach Ablauf der Fünf-Jahres-Frist der volle Nachweis einer ernsthaften Benutzung verlangt werden kann. Dieser aber wird normalerweise nur gelingen, wenn die Benutzung jedenfalls bereits gegen Ende der Benutzungsschonfrist aufgenommen wurde. Hierbei muss im jeweils relevanten Fünfjahreszeitraum eine ernsthafte Benutzung der Marke zwar nicht lückenlos nachgewiesen werden. Vielmehr kann auch eine kurzfristige Benutzung genügen.[251] Eine Benutzungsaufnahme kurz vor Ablauf der Benutzungsschonfrist ist jedoch nicht unproblematisch; der weitere Verlauf der Markennutzung ist zu berücksichtigen.[252] Umstände nach Ablauf des Fünfjahreszeitraums sind dabei zwar grundsätzlich nicht relevant, können aber berücksichtigt werden um festzustellen, ob die vorhergehende Benutzung ernsthaft war.[253] Gerade Umstände aus der Zeit nach dem Löschungsangriff können es nämlich ermöglichen, den Umfang der Benutzung im relevanten Zeitraum sowie die Intentionen des Markeninhabers zu bestätigen oder besser einzuschätzen.[254]

71

---

248 EuGH C-246/05 v. 14.6.2007 *Häupl*, Tz. 53.
249 Vgl. zu dieser Vorschrift EuGH C-246/05 v. 14.6.2007 *Häupl*.
250 EuGH C-654/15 v. 21.12.2016 *Länsförsäkringar*, Tz. 29.
251 EuG T-334/01 v. 8.7.2004 *HIPOVITON*, Tz. 40; EuG T-203/02 v. 8.7.2004 *VITAFRUIT*, Tz. 45, bestätigt durch EuGH C-416/04 P v. 11.5.2006 *The Sunrider*; auch EuG T-96/05 v. 4.10.2006 *VALLE DE LA LUNA*, Tz. 26 ff., wonach auch eine spätere Änderung der Benutzungsform der ernsthaften Benutzung nicht entgegensteht; EuG T-169/06 v. 8.11.2007 *Charlott*, Tz. 41; EuG T-191/07 v. 25.3.2009 *Anheuser-Busch*, Tz. 108, im Ergebnis bestätigt durch EuGH C-214/09 P v. 29.7.2010 *Anheuser-Busch*; BGH GRUR 2000, 1038, 1039 *Kornkammer*; BGH I ZR 162/04 v. 18.10.2007 *AKZENTA*, Tz. 23.
252 BGH I ZR 106/11 v. 6.2.2013 *VOODOO*, Tz. 40.
253 EuG T-353/07 v. 30.11.2009 *COLORIS/COLORIS*, Tz. 40 ff.; EuG T-831/17 v. 15.11.2018 *Flexagil*, Tz. 45 ff.
254 EuGH C-259/02 v. 27.1.2004 *La Mer*, Tz. 29 ff.; zurückhaltend EuG T-323/03 v. 10.6.2006 *La Baronia de Turis*, Tz. 45; auch EuG T-325/06 v. 10.9.2008 *CAPIOX/CAPIO*, Tz. 38.

Es kann daher nicht wirklich überzeugen, wenn das EuG[255] nicht berücksichtigen will, dass ein Markeninhaber Vorbereitungshandlungen nach Ablauf des relevanten Zeitraums stoppte. Selbst bei größeren Investitionen kann eine spätere Benutzungsaufgabe ein Indiz dafür sein, dass zu keiner Zeit eine ernsthafte Benutzung vorlag.

72 In der Praxis versuchen Anmelder häufig, das Benutzungserfordernis dadurch zu umgehen, dass kurz vor Ablauf der Benutzungsschonfrist eine neue oder ähnliche Marke angemeldet wird. Im Interesse des im neunten Erwägungsgrund der MRR abgesteckten Zieles, die Gesamtzahl der in der Union eingetragenen und geschützten Marken und damit die Anzahl der zwischen ihnen möglichen Konflikte zu verringern, können solche Wiederholungsanmeldungen unter Umständen als bösgläubig[256] eingestuft und Dritten den Einwand des Rechtsmissbrauchs[257] – vor dem EUIPO aber nicht im Widerspruchsverfahren, sondern im Nichtigkeitsverfahren[258] – zugebilligt werden. Keine derartige Wiederholungsmarke ist allerdings die Anmeldung einer Unionsmarke, wenn bereits eine identische nationale Marke geschützt ist.[259] Im Übrigen kann die Anmeldung einer identischen[260] Marke durchaus ein Gesichtspunkt zur Begründung bösgläubigen Verhaltens sein.[261]

Besteht etwa für die Marke

Pelikan 🦢

schon Markenschutz, so kann die Anmeldung der nur geringfügig geänderten, im Rechtssinne noch identischen Marke

Pelikan 🦢

bösgläubig sein. Zusätzliche Umstände können allerdings die Bösgläubigkeit ausräumen, etwa wenn der Anmelder darlegen kann im Zuge eines Firmenjubiläums seine Marke überarbeitet zu haben.[262]

73 Maßgeblich für den Beginn der Frist ist bei der Unionsmarke der Tag der Eintragung. Bei der deutschen Marke kommt es auf den Tag des Ablaufs der Widerspruchsfrist an, sofern kein Widerspruch gegen die Anmeldung eingelegt wurde;

---

255 EuG T-431/15 v. 7.7.2016 *Fruit of the Loom*, Tz. 58 ff.; ebenso EuG T-424/17 v. 22.11.2018 *Fruit of the Loom*, Tz. 121 ff.
256 Zur bösgläubigen Markenanmeldung oben § 4 Rdn. 199–226.
257 Zum Einwand des Rechtsmissbrauchs oben § 4 Rdn. 201.
258 EuG T-736/15 v. 19.10.2017 *SKY/skylite*, Tz. 26.
259 Jedenfalls eine Unionsmarkenanmeldung ist nach einer nationalen Marke nicht rechtsmissbräuchlich: EuG T-453/15 v. 15.9.2016 *Trinity Haircare*, Tz. 44; BGH I ZR 28/05 v. 24.11.2005; einen Sonderfall betrifft BGHZ 127, 262 *NEUTREX*.
260 Zur Zeichenidentität unten § 11 Rdn. 4.
261 EuG T-136/11 v. 13.12.2012 *Pelikan*, Tz. 23 ff.; EuG T-736/15 v. 19.10.2017 *SKY/skylite*, Tz. 20 ff.; Tribunal de Grande Instance de Paris 11/12457 v. 30.11.2012 *Moulin Rouge*, S. 12.
262 EuG T-136/11 v. 13.12.2012 *Pelikan*, Tz. 32 ff.

im Falle eines Widerspruchs beginnt die Frist dagegen erst mit dem Abschluss des Widerspruchsverfahrens, also mit Rechtskraft der Widerspruchsentscheidung (§ 26 V MarkenG).²⁶³ Im Falle einer für die Union Schutz beanspruchenden internationalen Registrierung beginnt die Frist mit der Veröffentlichung der Tatsache, dass keine Schutzverweigerung mitgeteilt oder eine solche Verweigerung widerrufen wurde (Art. 203, 190 II UMV). Bei der für Deutschland Schutz beanspruchenden internationalen Registrierung liegt der Fristbeginn frühestens an dem Tag, an dem das Schutzerstreckungsverfahren abgeschlossen ist,²⁶⁴ spätestens an dem Tag, an dem die Frist des Art. 5 II MMA abgelaufen ist, sofern bis zu diesem Zeitpunkt der WIPO weder eine Mitteilung über die Schutzbewilligung noch eine Mitteilung über die vorläufige Schutzverweigerung zugegangen ist (§§ 115 II, 117 MarkenG, Art. 5 II MMA).²⁶⁵

Ebenso gelten die Ausnahmetatbestände der §§ 26 V, 117 MarkenG, die den Fristbeginn nach hinten verschieben, auch dann, wenn aus der deutschen Marke oder internationalen Registrierung gegen eine Unionsmarkenanmeldung Widerspruch eingelegt wird. Die Regelung der UMV ist insoweit mit Blick auf das nationale Recht ergänzend auszulegen.²⁶⁶ Außerdem sind die Regelungen selbst dann für die Marke insgesamt anzuwenden, wenn nur gegen einen Teil der unter ihr geschützten Produkte Widerspruch eingelegt worden war.²⁶⁷ 74

> Wird etwa aus einer deutschen Marke, die zwar am 31.12.1998 eingetragen wurde, aber ihrerseits noch bis zum 31.12.2003 mit Widerspruch eines Dritten angegriffen wurde, am 31.12.2004 Widerspruch gegen eine jüngere Marke eingelegt, so kann sich der Inhaber der Widerspruchsmarke im deutschen Widerspruchsverfahren auf § 26 V MarkenG berufen und muss keine Benutzung nachweisen. Im Widerspruchsverfahren gegen eine Unionsmarke würden auf den ersten Blick zwar ausschließlich Art. 47 II, III UMV Anwendung finden. Doch können diese Vorschriften mit Blick auf das nationale deutsche Recht ausgelegt oder jedenfalls das in Deutschland gegen die Widerspruchsmarke anhängig gewesene Widerspruchsverfahren als berechtigter Grund der Nichtbenutzung gewertet werden.

2. Berechnung der Frist in den einzelnen Verfahren

Ist die anfängliche Benutzungsschonfrist erst einmal abgelaufen oder läuft sie im Laufe des Verfahrens ab, so unterscheiden sich die einzelnen Verfahrensarten wie folgt: 75

Im Widerspruchsverfahren gegen eine Unionsmarke oder eine für die Union Schutz beanspruchende internationale Registrierung stellt Art. 47 II UMV lediglich 76

---

263 Diese Regelung ist richtlinienkonform – vgl. EuGH C-246/05 v. 14.6.2007 *Häupl*, Tz. 31; ebenso schon BPatG MarkenR 2007, 174 *Focus Home Collection/FOCUS*.
264 Vgl. Regel 18 I lit. A Nr. iii der Gemeinsamen Ausführungsordnung zum MMA/PMMA; BPatG GRUR 2006, 868 *go seven*; EuG T-100/06 v. 26.11.2008 *ARTOZ/ATOZ*, Tz. 4 f., bestätigt durch EuGH C-559/08 P v. 16.9.2010 *Rajani*, Tz. 52 f.
265 Vgl. auch BGH GRUR 2003, 428, 430 *BIG BERTHA*; zu den Besonderheiten bei einer mit Wirkung für die Deutsche Demokratische Republik international registrierten Marke siehe Anlage I Kap. III Sachgebiet E Abschn. II Nr. 1 § 10 Satz 1 Einigungsvertrag; BGHZ 139, 147 *DRIBECKLIGHT*; BGH GRUR 2003, 1047, 1048 *Kellogg's/Kelly's*.
266 EuGH C-559/08 P v. 16.9.2010 *Rajani*, Tz. 43 f. u. 52 ff.; EuGH C-344/11 P v. 29.3.2012 *Lancôme parfums et beauté*, Tz. 47 ff.; EuG T-100/06 v. 26.11.2008 *ARTOZ/ATOZ*, Tz. 35 ff.
267 EuGH C-344/11 P v. 29.3.2012 *Lancôme parfums et beauté*, Tz. 52 ff.

auf den Zeitpunkt der der Anmeldung bzw. ggf. einer in Anspruch genommenen Priorität der angegriffenen Unionsmarke ab. War die Widerspruchsmarke zu diesem Zeitpunkt noch nicht fünf Jahre eingetragen, ist eine Benutzung nicht nachzuweisen.[268]

> Wurde etwa eine ältere Unionsmarke am 27.4.1999 eingetragen, während die Anmeldung des angegriffenen Zeichens als Unionsmarke am 12.7.1999 veröffentlicht wurde, so war die Fünfjahresfrist zu diesem Zeitpunkt noch nicht verstrichen. Auch wenn das Verfahren daher über den 26.4.2004 hin andauert, kann ein Benutzungsnachweis nicht verlangt werden.[269] Um sich zu verteidigen, muss der Anmelder einen Verfallsantrag einreichen.[270]

77 War die ältere Marke hingegen zum Zeitpunkt der Anmeldung bzw. ggf. der Priorität der jüngeren Unionsmarkenanmeldung bereits mehr fünf Jahre eingetragen, so ist eine Benutzung im Zeitraum von fünf Jahren vor diesem Zeitpunkt relevant.

> Wurde etwa die jüngere Unionsmarke am 25.5.2019 angemeldet und hat eine Priorität vom 25.3.2019 beansprucht, so müssen die Benutzungsnachweise aus dem Zeitraum vom 25.3.2014 bis zum 24.3.2019 stammen.[271]

78 Seit der Markenrechtsreform 2015/2019 gilt im deutschen Widerspruchsverfahren eine entsprechende Regelung wie vor dem EUIPO – § 43 I MarkenG.

79 Demgegenüber können im Verletzungsverfahren vor den deutschen Gerichten zwei unterschiedliche Zeiträume relevant werden. Grundsätzlich ist für den Beginn der Benutzungsschonfrist dabei der Tag maßgeblich, an dem kein Widerspruch mehr gegen die Angriffsmarke möglich war. Wurde gegen die Angriffsmarke Widerspruch erhoben, so tritt an die Stelle des Ablaufs der Widerspruchsfrist der Zeitpunkt, ab dem die das Widerspruchsverfahren beendende Entscheidung Rechtskraft erlangt hat oder der Widerspruch zurückgenommen wurde (§ 26 V MarkenG). Ist im Verletzungsverfahren zum Zeitpunkt der Erhebung der Klage die Frist von fünf Jahren seit diesem Zeitpunkt bereits abgelaufen, so muss der Inhaber eine Benutzung in den fünf Jahren vor Klageerhebung vorweisen können (§§ 25 II 1 MarkenG). Zusätzlich[272] wird in diesem Fall ein zweiter Zeitraum relevant, der ferner dann von Bedeutung ist, wenn von vornherein die Frist erst im Laufe des Verfahrens, also vor der letzten mündlichen Verhandlung[273] oder im schriftlichen Verfahren vor der Entscheidung der Tatsacheninstanz[274] endet. Hierbei kommt es darauf an, dass die Marke im Zeitraum von fünf Jahren vor der

---

268 EuGH C-357/12 P v. 30.5.2013 *Wohlfahrt*, Tz. 31; EuG T-327/06 v. 18.2.2008 *Pneumo/ PNEUMO UPDATE*, Tz. 45; EuG T-580/10 v. 16.5.2012 *Kinder/Kindertraum*.
269 EuG T-186/02 v. 30.6.2004 *DIESELIT*, Tz. 67 f.; auch EuG T-356/02 v. 6.10.2004 *VITAKRAFT*, Tz. 44.
270 EuGH C-357/12 P v. 30.5.2013 *Wohlfahrt*, Tz. 32.
271 EuG T-169/06 v. 8.11.2007 *Charlott*, Tz. 42.
272 Vgl. BGH GRUR 1998, 938, 939 f. *DRAGON*; BGH GRUR 1999, 54, 55 f. *Holtkamp*; BGH I ZB 10/03 v. 15.9.2005 *NORMA*, Tz. 8; auch BGH GRUR 2000, 510 *Contura*; BGH GRUR 2002, 59, 61 *ISCO*; BGH GRUR 2003, 428, 430 *BIG BERTHA*; BGH I ZB 26/05 v. 13.12.2007 *idw*, Tz. 23; BGH I ZB 39/05 v. 13.12.2007 *idw Informationsdienst Wissenschaft*, Tz. 20; BGH I ZR 167/05 v. 10.4.2008 *LOTTOCARD*, Tz. 18; BGH I ZB 63/12 v. 6.11.2013 *DESPERADOS/DESPERADO*, Tz. 10.
273 Aber nicht mehr in der Revisionsinstanz: BGH I ZR 33/05 v. 13.9.2007 *THE HOME STORE*, Tz. 51.
274 BGH GRUR 2000, 510 *Contura*.

letzten mündlichen Verhandlung bzw. im schriftlichen Verfahren vor der Entscheidung benutzt wurde (§§ 25 II 2, 43 I 2 MarkenG).

> Wurde etwa ein Widerspruchsverfahren gegen die Angriffsmarke am 31.12.2000 abgeschlossen, wird am 31.12.2015 Klage erhoben und findet die letzte mündliche Verhandlung am 21.12.2021 statt, so ist die Benutzung sowohl im Zeitraum vom 31.12.2010 bis zum 30.12.2015 als auch im Zeitraum vom 21.12.2016 bis zum 20.12.2021 glaubhaft zu machen. Je nach Fallgestaltung können sich hierbei die beiden Zeiträume unter Umständen überlappen.

Im Verletzungsverfahren kann sich darüber hinaus eine weitere Besonderheit aus § 22 I Nr. 2 MarkenG ergeben: Hat der vermeintliche Verletzer durch die Anmeldung einer eigenen Marke ein Zwischenrecht begründet, so können beim Benutzungsnachweis nur die Nachweise aus dem Zeitraum vor Anmeldung der jüngeren Marke berücksichtigt werden.[275] 80

Die Einrede der Nichtbenutzung muss dabei nicht erneut erhoben werden, um den zweiten Zeitraum zum Laufen zu bringen.[276] Wurde mangels Ablaufs der Benutzungsschonfrist die Einrede noch nicht erhoben, so empfiehlt sich in laufenden Verfahren für beide Seiten das vorsorgliche Notieren einer entsprechenden Frist. 81

Wieder andere Grundsätze gelten für einen Angriff gegen eine möglicherweise nichtbenutzte Marke im Verfallsverfahren. Hier ist grundsätzlich die Benutzung in den fünf Jahren vor Antragstellung nachzuweisen (Art. 19 MRR, Art. 58 I Buchst. a Hs. 1 UMV bzw. § 49 I 1 MarkenG). Doch ist auch hier zusätzlich eine Nichtbenutzung bis zum Schluss der mündlichen Verhandlung in der letzten Tatsacheninstanz zugunsten des Antragstellers zu berücksichtigen.[277] Andererseits aber kann – solange kein Angriff eingeleitet ist – eine einmal entstandene Löschungsreife wegen Nichtbenutzung später auch wieder entfallen und die Marke erneut Schutz erlangen, wenn sie (wieder) benutzt wird (Art. 19 II MRR; Art. 58 I Buchst. a Hs. 2 UMV bzw. § 49 I 2 MarkenG).[278] Wird diese Benutzung jedoch innerhalb eines nicht vor Ablauf des ununterbrochenen Zeitraums von fünf Jahren der Nichtbenutzung beginnenden Zeitraums von drei Monaten vor Stellung des Antrags auf Verfallserklärung begonnen oder wieder aufgenommen, so bleibt sie unberücksichtigt, sofern die Vorbereitungen für die erstmalige oder die erneute Benutzung erst stattgefunden haben, nachdem der Inhaber Kenntnis davon erhalten hat, dass der Antrag auf Verfallserklärung gestellt werden könnte (Art. 19 III MRR; Art. 58 I Buchst. a Hs. 3 UMV bzw. § 49 I 3 MarkenG). Besonderheiten gelten im deutschen Recht darüber hinaus auch dann, wenn dem gerichtlichen Nichtigkeitsverfahren ein amtliches vorgeschaltet war (§ 49 I 4, 53 I MarkenG). 82

> Droht etwa der Angreifer dem Inhaber einer seit Jahrzehnten unbenutzten Marke deren Löschung an und nimmt der Inhaber diese daraufhin am 1.4.2005 in Benutzung, so hat die Benutzungsaufnahme keine heilende Wirkung, wenn vor dem 1.7.2005 ein Angriff eingeleitet wird.

---

275 BGH I ZR 50/11 v. 2.2.2012 *Bogner B/Barbie B*, Tz. 74.
276 BGH GRUR 1999, 54, 55 *Holtkamp*.
277 BGH I ZR 167/05 v. 10.4.2008 *LOTTOCARD*, Tz. 18.
278 Vgl. auch BGH GRUR 2003, 1047, 1048 *Kellogg's/Kelly's*.

IX. Verfahrensrechtliches, Nachweis und Glaubhaftmachung

83 Die Benutzung ist im Widerspruchsverfahren und Verfallsverfahren[279] vor dem EUIPO, im Verletzungsverfahren und im deutschen Widerspruchsverfahren vom Markeninhaber nachzuweisen (Art. 47 II, III UMV,[280] Art. 10 UMDV; §§ 25 II, 43 I 1 MarkenG). Dabei kann – ähnlich der Rechtslage vor der Markenrechtsreform 2019 – der Nachweis im deutschen Widerspruchsverfahren auch durch eidesstattliche Verpflichtung erbracht werden (§ 43 I 2 MarkenG); diese Regelung ist richtlinienkonform, zumal auch die UMV grundsätzlich die eidesstattliche Versicherung als Beweismittel zulässt. Insofern gilt der Beibringungsgrundsatz.[281] Wahrscheinlichkeitsannahmen oder Vermutungen genügen für den Nachweis nicht;[282] die früher für die Glaubhaftmachung im deutschen Widerspruchsverfahren genügende überwiegende Wahrscheinlichkeit[283] dürfte nicht mehr ausreichen, nachdem nun auch § 43 I den Nachweis fordert. In dem als Popularklage[284] ausgestalteten Nichtigkeitsverfahren gegen eine deutsche Marke oder im Falle der Widerklage auf Nichtigkeit einer Unionsmarke schließlich muss die Nichtbenutzung zwar im Grundsatz nicht der Markeninhaber, sondern der Dritte beweisen; diesem werden jedoch Beweiserleichterungen zugebilligt.[285] Wird eine Unionsmarke aus einer nationalen Marke angegriffen, so können nationale Besonderheiten, die eine rechtserhaltende Benutzung der Angriffsmarke rechtfertigen könnten, im Verfahren nicht berücksichtigt werden.[286]

Existieren etwa in Italien – richtlinienwidrig – so genannte Defensivmarken, die überhaupt nicht benutzt werden müssen, so kann sich der Angreifer jedenfalls vor dem EUIPO hierauf

---

279 Ausführlich EuGH C-610/11 P v. 26.9.2013 *Centrotherm Systemtechnik*, Tz. 52 ff.; anders noch EuG T-173/01 v. 9.10.2002 *Orange*, Tz. 60 [Amtsermittlungsgrundsatz]; auch im Verfallsverfahren genügt es nicht, überhaupt Benutzung nachzuweisen, wenn diese nicht ernsthaft ist: EuGH C-252/15 P v. 17.3.2016 *Naazneen Investments*, Tz. 78.
280 Die Vorschrift – und nicht nationales Recht – ist auch anwendbar, wenn der Widerspruch auf eine nationale Marke gestützt wird EuG T-135/04 v. 24.11.2005 *BUS/Online Bus*, Tz. 31 f.
281 Art. 95 UMV; EuG T-303/03 v. 7.6.2005 *Lidl*, Tz. 77; BGH GRUR 1998, 938, 939 *DRAGON*; BGH I ZB 20/03 v. 6.10.2005 *GALLUP*, Tz. 19.
282 EuG T-39/01 v. 12.12.2002 *HIWATT*, Tz. 47; EuG T-356/02 v. 6.10.2004 *VITAKRAFT*, Tz. 28; EuG T-303/03 v. 7.6.2005 *Lidl*, Tz. 38; EuG T-418/03 v. 27.9.2007 *LABORATOIRE DE LA MER/LA MER*, Tz. 59; EuG T-191/07 v. 25.3.2009 *Anheuser-Busch*, Tz. 105, im Ergebnis bestätigt durch EuGH C-214/09 P v. 29.7.2010 *Anheuser-Busch*.
283 BGH I ZB 20/03 v. 6.10.2005 *GALLUP*, Tz. 20.
284 Vgl. dazu und zum Einwand des Rechtsmissbrauchs BGH GRUR 2005, 1047, 1048 f. *OTTO*.
285 BGH I ZR 178/16 v. 18.5.2017 *Glückskäse*, Tz. 6 [auch zu Hinweispflichten des Gerichts]; noch weitergehend der Vorlagebeschluss OLG Düsseldorf 20 U 131/17 v. 8.11.2018 *Testarossa* (Az. beim EuGH C-720/18 und C-721/18 *Ferrari*); vgl. Ingerl/Rohnke, § 55 Rz. 12, m. w. N.; *Kochendörfer*, WRP 2007, 258.
286 EuGH C-445/12 P v. 12.12.2013 *Rivella International*, Tz. 48 ff.; entsprechendes gilt für höhere Benutzungsanforderungen im nationalen Recht: EuG T-278/13 v. 30.1.2015 *Now Wireless*, Tz. 29.

nicht berufen.²⁸⁷ Auch ein gegenüber dem spanischen Amt turnusmäßig erbrachter Benutzungsnachweis kann den Nachweis vor dem EUIPO nicht ersetzen.²⁸⁸

Der Benutzungsnachweis ist im Kollisionsverfahren nur auf ausdrückliches Verlangen des Anmelders zu erbringen.²⁸⁹ Legt allerdings der Widersprechende freiwillig Benutzungsunterlagen vor und rügt der Anmelder innerhalb der für die Benutzungseinrede geltenden Frist deren Stichhaltigkeit, so ist dies als Einrede zu verstehen.²⁹⁰ **84**

Der Benutzungsnachweis hat sich auf Ort, Zeit, Umfang und Art der Benutzung zu beziehen (so für die Unionsmarke ausdrücklich Art. 10 III UMDV²⁹¹). Der Markeninhaber selbst kann die Mittel wählen, mit denen er diese Angaben präsentiert. Nicht verlangt wird daher etwa eine schriftliche Erklärung zum Gesamtumsatz unter der Marke.²⁹² Überhaupt dürfen Beweismittel nicht alleine deswegen zurückgewiesen werden, weil keine Umsatzzahlen präsentiert werden.²⁹³ Die eingereichten Unterlagen sind nicht jeweils isoliert für sich, sondern in der Zusammenschau zu prüfen.²⁹⁴ In der Zusammenschau können also insbesondere auch Beweismittel berücksichtigt werden, denen je für sich Angaben zu Ort, Zeit, Umfang oder Art der Benutzung fehlen.²⁹⁵ Entscheidend ist aber, dass sich aus den vorgelegten Dokumenten erschließt, für welche Produktarten die Marke benutzt wurde.²⁹⁶ **85**

Kataloge, Zeitungsanzeigen, Verpackungen oder undatierte Etiketten können in der Regel weder Ort noch Zeitpunkt einer Benutzung belegen und daher nur als unterstützender Nach-

---

287 EuGH C-234/06 P v. 13.9.2007 *Il Ponte Finanziaria*, Tz. 101; EuGH C-445/12 P v. 12.12.2013 *Rivella International*, Tz. 49; dazu auch EuGH C-553/11 v. 25.10.2012 *Rintisch*, Tz. 32 f., wonach Defensivmarken ebenso zu behandeln sind wie andere Marken.
288 EuG T-323/03 v. 10.6.2006 *La Baronia de Turis*, Tz. 47 ff.
289 Zum Widerspruchsverfahren gegen eine Unionsmarkenanmeldung EuG T-183/02 und T-184/02 v. 17.3.2004 *MUNDICOLOR/MUNDICOR*, Tz. 37 ff.; EuG T-327/06 v. 18.2.2008 *Pneumo/PNEUMO UPDATE*, Tz. 42; EuG T-305/07 und T-306/07 v. 16.9.2009 *OFFSHORE LEGENDS/OFFSHORE 1*, Tz. 32 ff.; EuG T-138/09 v. 9.6.2010 *RIOJA/RIOJAVINA*, Tz. 23 ff., im Ergebnis bestätigt durch EuGH C-388/10 P v. 24.3.2011 *Muñoz Arraiza*; EuG T-398/13 v. 15.7.2015 *TVR Automotive*, Tz. 32 ff., Rechtsmittel durch EuGH C-500/15 P v. 14.1.2016 *TVR Italia* wegen fehlender Übersetzung als unzulässig zurückgewiesen.
290 EuG T-450/07 v. 12.6.2009 *Pickwick COLOUR GROUP/PICK OUIC*, Tz. 26; a. A.: EuG T-305/07 und T-306/07 v. 16.9.2009 *OFFSHORE LEGENDS/OFFSHORE 1*, Tz. 32 ff.
291 Auch EuG T-418/03 v. 27.9.2007 *LABORATOIRE DE LA MER/LA MER*, Tz. 52, m. w. N.
292 EuG T-203/02 v. 8.7.2004 *VITAFRUIT*, Tz. 37, bestätigt durch EuGH C-416/04 P v. 11.5.2006 *The Sunrider*; EuG T-169/06 v. 8.11.2007 *Charlott*, Tz. 49 ff.; vgl. aber BGH GRUR 2003, 1047, 1048 *Kellogg's/Kelly's*.
293 Vgl. EuG T-638/14 v. 8.4.2016 *Frinsa/FRISA*, Tz. 51 ff.
294 EuG T-308/06 v. 16.11.2011 *BÚFALO/BUFFALO MILKE*, Tz. 54 ff.; problematisch daher die Würdigung in EuG T-214/08 v. 28.3.2012 *OUTBURST/OUTBURST*, Tz. 32 ff.
295 EuG T-152/11 v. 24.5.2012 *MAD*, Tz. 32 ff.
296 EuG T-237/11 v. 15.1.2013 *BELLRAM/RAM*, Tz. 70.

weis im Zusammenhang mit weiteren Beweismitteln dienen.[297] Allenfalls dann, wenn sämtliche Büros des Markeninhabers in Deutschland gelegen sind und in deutscher Sprache mit deutscher Internetadresse kommuniziert wird, kann dies eine Benutzung in Deutschland belegen.[298] Bei Zeitungsanzeigen ist jedenfalls der Name der Zeitung und ihre Verbreitung und die Häufigkeit des Erscheinens anzugeben.[299] Etiketten als solche können außerdem nicht beweisen, dass sie auf den Waren tatsächlich angebracht worden sind.[300] Entsprechendes gilt für Abbildungen der Produktverpackung[301] sowie für Blankoformulare oder Broschüren.[302] Bei dreidimensionalen Marken kann auch die Abbildung der Produktrückseite die Benutzung belegen.[303] Die bloße Vorlage von Werbeanzeigen in Zeitschriften kann die Benutzung der Marke dann nicht nachweisen, wenn es sich um Spezialzeitschriften und nicht um allgemein bekannte Zeitungen und Magazine handelt; erforderlich sind in solchen Fällen vielmehr Angaben über Auflagenhöhe und Reichweite der Publikationen.[304] Wissenschaftliche Veröffentlichungen und Zeitungsartikel belegen außerdem nur die Existenz des Produkts, nicht aber den Umfang der Benutzung.[305] Zeitungsartikel, die die Benutzung der Marke außerhalb der EU belegen, können eine Benutzung in der Union nicht nachweisen.[306] Entsprechendes gilt für einen Lizenzvertrag.[307] Einen gewissen Beweiswert haben hingegen unabhängige Testberichte innerhalb der Union.[308] Gleiches gilt für Rechnungen über den Einkauf von Etiketten.[309] Ein Trainings- oder Präsentationsdokument eines leitenden Angestellten des Markeninhabers dient nur innerbetrieblichen Zwecken und kann daher nicht beweisen, dass das Produkt auf den Markt gebracht worden ist.[310] Kataloge reichen ausnahmsweise aus, wenn sie den Benutzungszeitraum im Wesentlichen abdecken und genaue Angaben zu den angebotenen Waren, ihren Preisen und zur Vertriebsweise enthalten sowie die Geschäfte benennen, in denen die Waren erhältlich sind.[311] Ebenso wenig schadet es, wenn die vorgelegten Dokumente überwiegend nicht datiert sind, sofern sich jedenfalls aus einer Gesamtschau ergibt, dass die Marke kontinuierlich genutzt wurde.[312] Soll die Benut-

---

297 EuG T-39/01 v. 12.12.2002 *HIWATT*, Tz. 42 f.; EuG T-203/02 v. 8.7.2004 *VITAFRUIT*, Tz. 52 f.; EuG T-356/02 v. 6.10.2004 *VITAKRAFT*, Tz. 34 f.; EuG T-194/03 v. 23.2.2006 *Bridge/Bainbridge*, Tz. 34 ff., bestätigt durch EuGH C-234/06 P v. 13.9.2007 *Il Ponte Finanziaria*, Tz. 75; EuG T-323/03 v. 10.6.2006 *La Baronia de Turis*, Tz. 45 f.; EuG T-131/06 v. 30.4.2008 *SONIA/SONIA SONIA RYKIEL*, Tz. 51; EuG T-409/07 v. 23.9.2009 *acopat/COPAT*, Tz. 61 ff.; EuG T-355/15 v. 30.9.2016 *Alpex Pharma*, Tz. 38; auch EuGH C-57/14 P v. 14.1.2015 *Recaro*, Tz. 23 ff.
298 EuG T-541/15 v. 20.6.2017 *NSU/NSU*, Tz. 48.
299 EuG T-391/15 v. 15.12.2016 *ALDI/ALDIANO*, Tz. 43.
300 EuG T-183/08 v. 13.5.2009 *jello SCHUHPARK/Schuhpark*, Tz. 34;
301 EuG T-312/11 v. 13.6.2012 *CERATIX/CERATOFIX*, Tz. 43; EuG T-391/15 v. 15.12.2016 *ALDI/ALDIANO*, Tz. 44.
302 EuG T-143/16 v. 4.10.2017 *INTESA*, Tz. 38 ff.
303 EuG T-235/12 v. 11.12.2014 *CEDC International*, Tz. 64 ff.
304 EuG T-298/10 v. 8.3.2012 *BIODANZA/BIODANZA*, Tz. 68 ff.; zu Anzeigen auch EuG T-638/14 v. 8.4.2016 *Frinsa/FRISA*, Tz. 51 ff.
305 EuG T-416/11 v. 25.10.2013 *CARDIO MANAGER/CardioMessenger*, Tz. 39; zu Buchpublikationen auch EuG T-638/14 v. 8.4.2016 *Frinsa/FRISA*, Tz. 51 ff.
306 EuG T-348/12 v. 12.3.2014 *SPORT TV INTERNACIONAL/SPORTV*, Tz. 31.
307 EuG T-287/13 v. 13.2.2015 *Husky CZ*, Tz. 48.
308 EuG T-278/12 v. 9.12.2014 *Inter-Union Technohandel*, Tz. 75 f.
309 EuG T-258/13 v. 16.4.2015 *ARKTIS*, Tz. 16, im Ergebnis bestätigt durch EuGH C-295/15 P v. 22.6.2016 *Matratzen Concord*.
310 EuG T-416/11 v. 25.10.2013 *CARDIO MANAGER/CardioMessenger*, Tz. 38.
311 EuG T-30/09 v. 8.7.2010 *peerstorm/PETER STORM*, Tz. 42 f; zur Anbringung der Marke auf Zeitschriften vgl. auch: EuG T-92/09 v. 5.10.2010 *STRATEGI/Stratégies*, Tz. 32 ff.
312 EuG T-169/06 v. 8.11.2007 *Charlott*, Tz. 43 ff.

zung von Dienstleistungen eines Patentanwalts nachgewiesen werden, so ist unschädlich, wenn die Rechnungen auch die Namen nichtspezialisierter Rechtsanwälte aufweisen.[313] Beweismittel müssen nicht – wie in manchen europäischen Ländern üblich – von einem Notar als echt beurkundet werden.[314]

Während die Vorlage einer eidesstattlichen Versicherung im deutschen Widerspruchsverfahren das zentrale Mittel der Glaubhaftmachung – und nun voraussichtlich auch des Nachweises – ist, steht das EuG eidesstattlichen Versicherungen äußerst skeptisch gegenüber.[315] Diese sollen durch entsprechende Nachweise unterstützt werden, die es dem Amt erlauben, die Glaubhaftigkeit der in der Erklärung gemachten Angaben zu überprüfen.[316] Andererseits dürfen die zur Stützung einer eidesstattlichen Versicherung eingereichten Dokumente nicht je für sich isoliert geprüft werden, sondern müssen in der Zusammenschau gesehen werden.[317] Rechtserhaltend ist die Benutzung jedoch nur dann, wenn zumindest die Kombination der beigebrachten Beweismittel Ort, Zeit, Art und Umfang der Benutzung erkennen lässt.[318] 86

> So genügt selbst die Behauptung von jährlichen Werbeausgaben von 1 bis 1,5 Mio. Euro und Umsätzen im zweistelligen Millionenbereich nicht, solange diese Angaben nicht durch andere Unterlagen (z. B. Kataloge, Zeitungsartikel, Broschüren, Liste der Geschäfte, in denen die Waren vertrieben werden) gestützt werden.[319] Eine eidesstattliche Versicherung genügt in Kombination mit Produktabbildungen dann nicht, wenn die genannten Umsätze nicht datiert sind und die Produktabbildungen durch den Gebrauch von Fremdsprachen eher keine Nutzung im Inland nahelegen.[320] Bei der Beurteilung des Beweiswerts eines Dokuments ist hierbei zunächst die Wahrscheinlichkeit der darin enthaltenen Information zu prüfen; insbesondere sind also zu berücksichtigen die Herkunft des Dokuments, die Umstände seiner Ausarbeitung, sein Adressat und die Frage, ob es seinem Inhalt nach vernünftig und glaubhaft erscheint.[321] Auf Prüfungsmaßstäbe nach innerstaatlichem Recht kommt es dabei nicht an.[322] Insbesondere Erklärungen von leitenden Mitarbeitern haben nach EuG nur dann Beweiswert, wenn sie durch weitere Nachweise bestätigt werden,[323] wogegen Erklärungen von Kunden

---

313 EuG T-463/12 v. 6.11.2014 *MB&P/MB*, Tz. 40, im Ergebnis bestätigt durch EuGH C-17/15 P v. 26.10.2015 *Popp und Zech*.
314 EuG T-541/15 v. 20.6.2017 *NSU/NSU*, Tz. 30 f.
315 Noch offen gelassen von EuG T-334/01 v. 8.7.2004 *HIPOVITON*, Tz. 43; trotz der fehlenden Strafandrohung ist die eidesstattliche Versicherung aber probates Beweismittel: EuG T-463/12 v. 6.11.2014 *MB&P/MB*, Tz. 56 ff., im Ergebnis bestätigt durch EuGH C-17/15 P v. 26.10.2015 *Popp und Zech*; zur Nichtüberprüfbarkeit durch den EuGH vgl. EuGH C-252/15 P v. 17.3.2016 *Naazneen Investments*, Tz. 60, m. w. N.
316 EuG T-409/07 v. 23.9.2009 *acopat/COPAT*, Tz. 57 ff.; T-530/10 v. 16.5.2013, Tz. 36, bestätigt durch EuGH C-414/13 P v. 20.5.2014 *Reber Holding*; EuG T-348/12 v. 12.3.2014 *SPORT TV INTERNACIONAL/SPORTV*, Tz. 32 ff.; EuG T-278/12 v. 9.12.2014 *Inter-Union Technohandel*, Tz. 52; zur Beurteilung des Beweiswerts eines Dokuments auch EuG T-374/08 v. 12.7.2011 *TOP CRAFT/Krafft*, Tz. 29 ff.
317 EuG T-278/12 v. 9.12.2014 *Inter-Union Technohandel*, Tz. 63.
318 EuG T-424/17 v. 22.11.2018 *Fruit of the Loom*, Tz. 42 ff.
319 EuG T-38/13 v. 8.5.2014 *PEDRO/Pedro del Hierro*, Tz. 42 ff.
320 EuG T-498/13 v. 11.12.2014 *Nanu-Nana Joachim Hoepp*, Tz. 39 ff.; vgl. aber großzügiger EuG T-287/15 v. 28.6.2017 *real,-*, Tz. 58.
321 EuG T-312/11 v. 13.6.2012 *CERATIX/CERATOFIX*, Tz. 29.
322 EuG T-303/03 v. 7.6.2005 *Lidl*, Tz. 42, m. w. N.
323 EuG T-183/08 v. 13.5.2009 *jello SCHUHPARK/Schuhpark*, Tz. 39.

durchaus Beweiswert zukommt.[324] Nur ausnahmsweise, insbesondere wenn aufgrund der Eigenarten des konkreten Vertriebssystems keine Rechnungen vorgelegt werden können, die die Marke zeigen, kann der Benutzungsnachweis durch eine detaillierte eidesstattliche Versicherung in Verbindung mit weiteren datierten Beweismitteln – wie datierten Katalogen – erbracht werden.[325] Jedenfalls eine unpräzise eidesstattliche Versicherung hat aber praktisch kaum Beweiswert.[326]

87 Zum Benutzungsnachweis einer Unionsmarke kommen daher vor allem datierte und mit Ortsangabe versehene Rechnungen – auch Einkaufsrechnungen[327] – als das sicherste Beweismittel in Betracht.[328] Dabei kann es im Einzelfall aber auch genügen, wenn die fragliche Marke auf den Rechnungen nicht ausdrücklich erscheint, aber aus den Umständen klar wird, dass die Marke für die gesamten in Rechnung gestellten Produkte einer Serie benutzt wurde.[329] Allerdings muss die Rechnung die Marke zeigen[330] oder diese jedenfalls zuordnen lassen. Es genügt nicht, wenn die Marke auf der Rechnung allein den Geschäftsbetrieb und nicht das Produkt kennzeichnet.[331] Der bloße Hinweis auf die Existenz einer Firma ohne Angaben über Ort, Zeit, Umfang und Art der Benutzung des Zeichens reicht erst recht nicht aus.[332] Exemplarische Rechnungen in Kombination mit Umsatzlisten können genügen;[333] allerdings müssen Rechnungen mit insgesamt niedrigen Umsätzen repräsentativ und exemplarisch sein, um eine ernsthafte Benutzung belegen zu können.[334]

---

324 EuG T-353/07 v. 30.11.2009 *COLORIS/COLORIS*, Tz. 45; EuG T-214/08 v. 28.3.2012 *OUTBURST/OUTBURST*, Tz. 38; vgl. auch EuG T-382/08 v. 18.1.2011 *VOGUE/VOGUE Portugal*, Tz. 41 ff.
325 EuG T-86/07 v. 16.12.2008 *Heinrich Deichmann-Schuhe*, Tz. 44 ff.
326 EuG T-624/14 v. 17.12.2015 *Bice International*, Tz. 56 ff.; EuG T-824/14 v. 18.10.2016 *EDGE/POWER EDGE*, Tz. 27 ff.
327 EuG T-642/13 v. 15.10.2015 *she/cushe*, Tz. 34 f.
328 Vgl. EuG T-203/02 v. 8.7.2004 *VITAFRUIT*, Tz. 48 ff., bestätigt durch EuGH C-416/04 P v. 11.5.2006 *The Sunrider*; EuG T-303/03 v. 7.6.2005 *Lidl*, Tz. 45; EuG T-392/04 v. 14.12.2006 *MANOU/MANU MANU MANU*, Tz. 83 ff.; EuG T-353/07 v. 30.11.2009 *COLORIS/COLORIS*, Tz. 38 ff; EuG T-28/09 v. 13.1.2011 *PINE TREE*, Tz. 90 f.; EuG T-258/13 v. 16.4.2015 *ARKTIS*, Tz. 16, im Ergebnis bestätigt durch EuGH C-295/15 P v. 22.6.2016 *Matratzen Concord*; EuG T-483/12 v. 15.9.2015 *Nestlé Unternehmungen Deutschland*, Tz. 105 ff., im Ergebnis bestätigt durch EuGH C-586/15 P v. 7.9.2016 *Lotte*; vgl. demgegenüber die wohl überholte Bewertung in EuG T-156/01 v. 9.7.2003 *GIORGI/GIORGIO AIRE*, Tz. 45 ff; zu Rechnungen an Empfänger außerhalb der EU: EuG T-34/12 v. 28.11.2013 *HERBA SHINE/Herbacin*, Tz. 54 ff; EuG T-71/13 v. 6.3.2014 *ANNAPURNA*, Tz. 34 ff.
329 EuG T-418/03 v. 27.9.2007 *LABORATOIRE DE LA MER/LA MER*, Tz. 86 ff.; ähnlich EuG T-191/07 v. 25.3.2009 *Anheuser-Busch*, Tz. 97 ff., im Ergebnis bestätigt durch EuGH C-214/09 P v. 29.7.2010 *Anheuser-Busch*.
330 EuG T-345/15 v. 14.7.2016 *MODAS CHRISTAL/KRISTAL*, Tz. 30 ff.; EuG T-686/15 v. 2.2.2017 *café crem/Cremcaffé by Julius Meinl*, Tz. 44 ff.; EuG T-687/15 v. 2.2.2017 *café crem/Cremcaffé by Julius Meinl*, Tz. 44 ff.; EuG T-689/15 v. 2.2.2017 *café crem/Cremcaffé by Julius Meinl*, Tz. 44 ff.; EuG T-690/15 v. 2.2.2017 *café crem/Cremcaffé by Julius Meinl*, Tz. 44 ff.; EuG T-691/15 v. 2.2.2017 *café crem/Cremcaffé by Julius Meinl*, Tz. 44 ff.
331 EuG T-382/08 v. 18.1.2011 *VOGUE/VOGUE Portugal*, Tz. 47 f.
332 EuG T-113/12 v. 21.1.2014 *PROBIAL/Bial*, Tz. 36 f.
333 EuG T-325/06 v. 10.9.2008 *CAPIOX/CAPIO*, Tz. 45 f.
334 EuG T-504/09 v. 14.12.2011 *VÖLKL/VÖLKL*, Tz. 95 ff.

Die Vorlage von lediglich sechs Rechnungen genügt dabei selbst dann, wenn die Produkte einen sehr weiten Bereich erfassen, dieser aber durch die Rechnungen abgedeckt wird.[335] Finden sich in den Rechnungen auch Produkte, die unter anderen Marken verkauft wurden, so kann nicht die Gesamtsumme der Rechnungen zugrunde gelegt werden.[336] Dagegen genügt es, wenn sich die Marke nicht in den Rechnungen findet, aber durch Codes und Preislisten zugeordnet werden kann.[337]

Eine Übersetzung der Benutzungsunterlagen in die Verfahrenssprache muss zunächst auch bei der Unionsmarke nicht vorgelegt werden. Vielmehr ist dies gemäß Art. 10 VI DV erst nach Aufforderung des EUIPO innerhalb einer vom Amt festgesetzten Frist erforderlich. **88**

Ein in einem früheren Verfahren erbrachter Benutzungsnachweis befreit nicht von einem erneuten Nachweis in einem neuen Verfahren. Denn auch beim Benutzungsnachweis können frühere Entscheidungen zwar bei der Entscheidungsfindung berücksichtigt werden, sind jedoch keinesfalls bindend.[338] **89**

Im Widerspruchsverfahren gegen die Anmeldung einer Unionsmarke kann der Widersprechende aber auf Unterlagen Bezug nehmen, die in einem früheren Verfahren beim EUIPO eingereicht wurden.[339] Verspätet ist es aber, wenn erst vor der Beschwerdekammer auf ein früheres Verfahren hingewiesen wird, weil erstinstanzlich keine Prüfungspflicht besteht.[340] Eine Bezugnahme auf Unterlagen oder Erkenntnisse aus einem nationalen Amts- oder Gerichtsverfahren will das EuG jedenfalls nicht zulassen.[341] Es kommt daher auch nicht darauf an, ob die Beweismittel in der innerstaatlichen Praxis für den Nachweis der Benutzung ausreichend sind.[342] Außerdem können Bekanntheitsnachweise zugleich auch als Benutzungsnachweise gewertet werden.[343] Im deutschen Widerspruchsverfahren soll dies eine Bezugnahme auf andere Verfahren nur ausnahmsweise möglich sein, wenn das andere Verfahren zwischen denselben Beteiligten anhängig ist und einen weitgehend gleichen Benutzungszeitraum betrifft.[344] **90**

Ebenso wenig ist vor dem EUIPO eine Bezugnahme auf Schriftstücke möglich, die der Gegner vorgelegt hat, der die Benutzung bestreitet. Denn der Benutzungsnachweis obliegt dem Markeninhaber.[345] **91**

Beim Widerspruchsverfahren vor dem EUIPO ist die Nichtbenutzungseinrede innerhalb der ersten vom Amt gesetzten Frist bedingungslos in einem gesonderten **92**

---

335 EuG T-387/10 v. 2.2.2012 *ARANTAX/ANTAX*, Tz. 31 ff.
336 EuG T-300/12 v. 8.10.2014 *Lidl Stiftung & Co.*, Tz. 44.
337 EuG T-426/13 v. 23.9.2015 *L'Oréal*, Tz. 47 ff., im Ergebnis bestätigt durch EuGH C-611/15 P v. 16.6.2016 *L'Oréal*; EuG T-204/14 v. 7.9.2016 *victoria/VICTOR*, Tz. 67 ff.
338 EuGH C-141/13 P v. 17.7.2014 *Reber Holding*, Tz. 46.
339 EuG T-388/00 v. 23.10.2002 *ILS/ELS*, Tz. 31.
340 EuG T-771/15 v. 12.12.2017 *bittorrent*, Tz. 57, bestätigt durch EuGH C-118/18 P v. 28.6.2018 *Hochmann Marketing*.
341 EuG T-183/08 v. 13.5.2009 *jello SCHUHPARK/Schuhpark*, Tz. 40; EuG T-409/07 v. 23.9.2009 *acopat/COPAT*, Tz. 71; vgl. aber großzügiger beim Bekanntheitsnachweis: EuG T-159/15 v. 9.9.2016 *Puma*, Tz. 30 ff.
342 EuG T-270/10 v. 3.5.2012 *KARRA/KARA*, Tz. 60 ff.
343 EuGH C-85/16 P und C-86/16 P v. 13.5.2018 *Kenzo Tsujimoto*, Tz. 47.
344 Ströbele/Hacker/Thiering-Ströbele, § 43 Rz. 74, m. w. N.
345 EuG T-771/15 v. 12.12.2017 *bittorrent*, Tz. 55, bestätigt durch EuGH C-118/18 P v. 28.6.2018 *Hochmann Marketing*.

Schriftstück zu erheben (Art. 10 I UMDV).³⁴⁶ Der Widersprechende hat sodann die angeforderten Beweismittel innerhalb einer von der Widerspruchsabteilung festgesetzten Frist – meist zwei Monate – vorzulegen. Bei dieser Frist handelt es sich um eine Ausschlussfrist; werden innerhalb der Frist gar keine Beweismittel vorgelegt, so ist der Widerspruch gemäß Art. 10 II 2 UMDV schon deswegen zurückzuweisen.³⁴⁷ Legt der Widersprechende hingegen Beweismittel vor und sind diese nicht völlig irrelevant für den Benutzungsnachweis, so ist das Verfahren durchzuführen; das EUIPO hat dann die Beteiligten so oft wie erforderlich³⁴⁸ aufzufordern, ihre Stellungnahmen einzureichen; der Widerspruch kann in diesem Fall nicht mehr in Anwendung von Art. 10 II 2 UMDV, sondern nur noch aus materiell-rechtlichen Gründen gemäß Art. 47 II UMV zurückgewiesen werden.³⁴⁹ Überlegt das EUIPO, verspäteten ergänzenden³⁵⁰ Vortrag zu berücksichtigen, sind bei der Ausübung des Ermessens vor allem zwei Gesichtspunkte ausschlaggebend: Sind die verspätet vorgelegten Unterlagen wirklich relevant? Und steht das aktuelle Verfahrensstadium einer Berücksichtigung entgegen?³⁵¹

> Bestreitet daher etwa der Anmelder der angegriffenen Unionsmarke die unter der Widerspruchsmarke getätigten Umsätze und die Tatsache, dass sich die Marke noch in der Einführungsphase befand, so ist dem Widersprechenden Gelegenheit zur ergänzenden Stellungnahme zu geben.³⁵²

93 Entsprechendes gilt im Verfallsverfahren.³⁵³ Werden innerhalb der ersten vom EUIPO gesetzten Frist keine Benutzungsnachweise vorgelegt, verfällt die Marke. Andernfalls ist das Verfahren durchzuführen, wobei unter Umständen auch verspätet vorgelegte Nachweise zu berücksichtigen sind.³⁵⁴

---

346 So zum alten Recht schon EuG T-112/03 v. 16.3.2005 *FLEX/FLEXI AIR*, Tz. 28 u. 36 f.; EuG T-303/03 v. 7.6.2005 *Lidl*, Tz. 77; EuG T-425/03 v. 18.10.2007 *AMS/AMS Advanced Medical Services*, Tz. 103 ff.; auch EuG T-169/02 v. 15.2.2005 *Modelo/negra modelo*, Tz. 24; EuG T-133/05 v. 7.9.2006 *PAM-PAM/PAM-PIM'S BABY-PROP*, Tz. 33; EuG T-364/05 v. 22.3.2007 *PAM/PAM PLUVIAL*, Tz. 32 ff.
347 EuGH C-621/11 P v. 18.7.2013 *New Yorker SHK Jeans*, Tz. 27 f.; EuGH C-597/14 P v. 21.7.2016 *EUIPO/Ferrer*, Tz. 26; außerdem EuG T-86/05 v. 12.12.2007 *K & L Ruppert*, Tz. 48 ff., bestätigt durch EuGH C-90/08 P v. 5.3.2009 *K & L Ruppert*.
348 Im Falle der Rüge der Beweismittel durch den Anmelder kommt es darauf an, ob neue Gesichtspunkte aufgeworfen werden: EuG T-388/00 v. 23.10.2002 *ILS/ELS*, Tz. 28 f.; EuG T-334/01 v. 8.7.2004 *HIPOVITON*, Tz. 56 f.
349 EuGH C-621/11 P v. 18.7.2013 *New Yorker SHK Jeans*, Tz. 29; EuGH C-597/14 P v. 21.7.2016 *EUIPO/Ferrer*, Tz. 26; EuGH C-478/16 P v. 19.4.2018 *EUIPO/Group*, Tz. 37; EuGH C-564/16 P v. 28.6.2018 *EUIPO/Puma*, Tz. 91; entsprechend zuvor EuG T-415/09 v. 29.9.2011 *FISHBONE BEACHWEAR/FISHBONE*, Tz. 31 ff.
350 EuGH C-597/14 P v. 21.7.2016 *EUIPO/Ferrer*, Tz. 26 ff.
351 EuGH C-621/11 P v. 18.7.2013 *New Yorker SHK Jeans*, Tz. 33, unter Hinweis auf EuGH C-29/05 P v. 13.7.2007 *Kaul*, Tz. 44; auch EuG T-214/08 v. 28.3.2012 *OUTBURST/OUTBURST*, Tz. 53 ff.
352 EuG T-334/01 v. 8.7.2004 *HIPOVITON*, Tz. 54 ff.
353 Zum Erfordernis eines hinsichtlich der Waren und Dienstleistungen bestimmten Antrags EuG T-307/13 v. 9.12.2014 *Capella*, Tz. 31 ff.
354 EuGH C-610/11 P v. 26.9.2013 *Centrotherm Systemtechnik*, Tz. 76 ff., gegen EuG T-434/09 v. 15.9.2011 *CENTROTHERM*, Tz. 62; EuGH C-611/15 P v. 16.6.2016 *L'Oréal*, Tz. 24; EuGH C-71/16 P v. 4.5.2017 *Comercializadora Eloro*, Tz. 55 ff.; EuGH C-418/16 P v. 28.2.2018 *mobile.de*, Tz. 48 ff.

Auch in deutschen Verletzungsverfahren kann die Einrede der mangelnden 94
Benutzung der Angriffsmarke in entsprechender Anwendung der Vorschriften der
Zivilprozessordnung als verspätet zurückgewiesen werden. Wird hier die Einrede
der mangelnden Benutzung – grundsätzlich zulässig[355] – erstmals im Beschwerdeverfahren erhoben, sind allenfalls die für die Zulassung neuer Angriffs- und Verteidigungsmittel im erstinstanzlichen Verfahren (nicht des Berufungsverfahrens) geltenden Vorschriften entsprechend heranzuziehen.[356] Jedenfalls ist dem
Markeninhaber durch ausdrückliche Anfrage Gelegenheit zur Stellungnahme zu
geben.[357] Der Ablauf der Benutzungsschonfrist im Revisionsverfahren ist
unschädlich.[358]

Eine gefährliche Fehlerquelle besteht weiter darin, dass die deutsche Rechtspre- 95
chung die rechtserhaltende Benutzung einer Marke nach § 26 MarkenG als Rechtsfrage einstuft, die einem Geständnis im Sinne des § 288 ZPO nicht zugänglich ist.
Die Erklärung, die Nichtbenutzungseinrede nicht aufrechtzuerhalten, ist daher
grundsätzlich nicht als konkludenter Verzicht auf die Einrede aufzufassen.[359]

> Erklärt der Anmelder – etwa, weil er intensive Benutzungsnachweise mit entsprechend weitem Schutzumfang der Widerspruchsmarke fürchtet – im Laufe des Widerspruchsverfahrens,
> dass er die Einrede der Nichtbenutzung nicht aufrechterhält, so bleibt der Widersprechende
> gleichwohl verpflichtet, Belege für die Benutzung vorzulegen.

Ähnliches gilt im Verfahren vor dem EUIPO: Erklärt der Anmelder, er habe zu den 96
vorgelegten Benutzungsnachweisen nichts anzumerken, so will er lediglich nicht
Stellung nehmen. Seine Erklärung wird also nicht als Rücknahme der Nichtbenutzungseinrede ausgelegt. Das Amt bleibt verpflichtet, die Frage der ernsthaften
Benutzung zu prüfen.[360]

Im deutschen Verfallsverfahren trägt die Darlegungs- und Beweislast für die Vor- 97
aussetzungen der Löschung nicht der Markeninhaber, sondern der Kläger. Den
Beklagten einer Löschungsklage kann aber nach dem auch im Prozessrecht geltenden Grundsatz von Treu und Glauben nach § 242 BGB eine prozessuale Erklärungspflicht[361] treffen. Diese setzt voraus, dass der Löschungskläger keine genaue
Kenntnis von den Umständen der Benutzung der Marke hat und auch nicht über
die Möglichkeit verfügt, den Sachverhalt von sich aus aufzuklären.[362]

---

355 Vgl. BGH GRUR 2004, 868, 869 *Dorf MÜNSTERLAND II*.
356 BGH I ZB 18/08 v. 15.2.2010 *Malteserkreuz III*, Tz. 15, in Abgrenzung zur früheren Rechtsprechung.
357 BGH GRUR 2003, 903 *Katzenstreu*.
358 BGH I ZR 41/08 v. 14.4.2011 *Peek & Cloppenburg II*, Tz. 14, m. w. N.; BGH I ZR 50/11 v. 2.2.2012 *Bogner B/Barbie B*, Tz. 20.
359 BGH GRUR 2000, 886 *Bayer/BeiChem*, m. w. N auf S. 887.
360 EuG T-34/12 v. 28.11.2013 *HERBA SHINE/Herbacin*, Tz. 25 f.
361 Hiermit verbunden ist keine volle Beweislastumkehr, vgl. BGH I ZR 139/07 v. 22.1.2009 *pcb*, Tz. 17.
362 BGH I ZR 167/05 v. 10.4.2008 *LOTTOCARD*, Tz. 19; BGH I ZR 156/10 v. 25.4.2012 *Orion*, Tz. 11.

§ 9 Schutzdauer und Verlängerung

Schrifttum: *Grabrucker*, Aus der Rechtsprechung des Bundespatentgerichts im Jahre 2003, GRUR 2004, 273

I. Gemeinsame Grundsätze

1   Eingetragene Marken müssen nach Ablauf einer bestimmten Zeit, ihrer Schutzfrist, verlängert werden, um nicht zu verfallen.[1] Grundsätzlich unterrichten die Ämter über den nahenden – bzw. das DPMA über den erfolgten – Ablauf der Schutzfrist. Die Unterrichtung erfolgt jedoch nicht lückenlos und ist unverbindlich.[2]

2   Für die Verlängerung der Schutzfrist ist die Zahlung einer bestimmten Gebühr erforderlich. Es existieren jeweils Formblätter, die im Internet erhältlich sind und deren Benutzung zu empfehlen ist. Auch die aktuellen Gebühren sind im Internet ersichtlich, die WIPO stellt darüber hinaus einen so genannten »fee calculator« bereit.

II. Schutzdauer und Verlängerung der Unionsmarke

3   Die Dauer der Eintragung einer Unionsmarke beträgt zehn Jahre ab dem Anmeldetag (Art. 52 UMV). Die Eintragung kann beliebig oft für weitere Zeiträume von zehn Jahren verlängert werden.

4   Der Verlängerungsantrag ist schriftlich beim Amt einzureichen. Die bloße Zahlung der Verlängerungsgebühr ohne Einreichung eines schriftlichen Antrags ist nicht ausreichend. Der Verlängerungsantrag kann von dem eingetragenen Inhaber der Unionsmarke, von einer ausdrücklich ermächtigten Person oder von einem bevollmächtigten Vertreter gestellt werden (Art. 53 I UMV).[3]

5   Gemäß Art. 53 II 1 UMV unterrichtet das Amt den Inhaber über die anstehende Verlängerung, haftet aber nicht für eine unterbliebene Unterrichtung. Gemäß Art. 53 II 2 UMV läuft außerdem die Schutzfrist auch ohne Unterrichtung ab. Die genannten Vorschriften verleihen dem Markeninhaber oder anderen Personen keine besonderen Rechte.[4]

6   Der Verlängerungsantrag ist in den sechs Monaten vor Ablauf der Schutzdauer einzureichen. Die frühere Regelung, wonach sich die Frist zum letzten Tag des Monats erstreckte, in dem die Schutzdauer endet, wurde im Zuge der Markenrechtsreform 2015 abgelöst, wodurch die Schutzdauer im Ergebnis verkürzt wurde. Die Verlängerungsgebühr in Höhe von derzeit[5] 1.000,– € (e-filing: 850,–) zuzüglich

---

1   Zur erfolglosen Wiedereinsetzung in die Frist EuG T-410/07 R v. 18.2.2008 *Hermanos*, Tz. 11 ff.
2   Vgl. EuG T-410/07 R v. 18.2.2008 *Hermanos*, Tz. 11 f.
3   Nur diese Personen sind Beteiligte des Verlängerungsverfahrens: EuG T-410/07 v. 12.5.2009 *JURADO*, Tz. 16.
4   EuG T-410/07 v. 12.5.2009 *JURADO*, Tz. 17.
5   Vgl. den Anhang zur UMV.

gegebenenfalls weiterer 50,- € für die zweite und 150,- € für jede weitere Klasse ab der dritten ist innerhalb der Frist zu zahlen (Art. 53 III 1 UMV).

Ist etwa der Anmeldetag der Unionsmarke der 1.4.2007, so ist die Verlängerung bis zum 1.4.2017 zu beantragen – nicht mehr wie nach früherem Recht bis zum 30.4.2017. Somit ist der Verlängerungsantrag einzureichen und die Gebühr zu zahlen zwischen dem 1.10.2016 und dem 1.4.2017; fällt der 1.4.2017 auf einen Samstag, Sonntag oder sonstigen Tag, an dem das Amt geschlossen ist oder keine gewöhnliche Post im Sinne der Art. 69 I DV zugestellt erhält, so läuft die Frist an dem ersten auf den 1.4.2017 folgenden Werktag ab, an dem das Amt geöffnet ist und gewöhnliche Post zugestellt erhält.

Wird die oben genannte Frist nicht eingehalten, so kann der Antrag gegen Zahlung einer Zuschlagsgebühr noch innerhalb einer weiteren Frist von sechs Monaten Ende der Schutzdauer gezahlt werden (Art. 53 III 3 UMV). Auch insofern ist die Rechtslage durch die Markenrechtsreform 2015 geändert worden. 7

Ist der Anmeldetag der Unionsmarke der 1.4.2007, so endet die Schutzdauer am 1.4.2017. Die Nachfrist zur Stellung des Verlängerungsantrags und zur zuschlagpflichtigen Zahlung der Verlängerungsgebühr beginnt somit am 2.4.2017, und endet am 1.10.2017. Die Regel, dass gegenüber dem Amt einzuhaltende Fristen sich auf den nächstfolgenden Werktag verlängern können, gilt in diesem Fall nur einmal, nämlich für das Ende der Nachfrist.

Beziehen sich der Antrag auf Verlängerung oder die Entrichtung der Gebühren nur auf einen Teil der Produkte, für die die Marke eingetragen ist, so wird die Eintragung nur für diese Produkte verlängert (Art. 53 IV UMV). Gleichwohl kann innerhalb der Nachfrist des Art. 53 III 2 UMV gegen entsprechende Gebühr die Marke auch für weitere Produkte verlängert werden.[6] 8

Die Verlängerung wird am Tage nach dem Ablauf der Eintragung wirksam (Art. 53 V UMV). 9

Ist der Anmeldetag der Eintragung der 1.4.2007, so läuft die Eintragung am 1.4.2017 ab. Die Verlängerung wird an dem Tag wirksam, der auf den 1.4.2017 folgt, nämlich am 2.4.2017. Die neue Schutzdauer beträgt 10 Jahre ab diesem Tag und endet am 1.4.2027. Es ist hierbei unerheblich, ob einer dieser Tage ein Samstag, Sonntag oder Feiertag ist.

Ist die Marke abgelaufen und im Register gelöscht, so wird die Löschung an dem Tage wirksam, der auf dem Tag folgt, an dem die Eintragung abgelaufen ist. 10

Ist Anmeldetag der Eintragung der 1.4.2007, so läuft die Eintragung am 1.4.2017 ab. Die Löschung im Register wird an dem Tag wirksam, der auf den 1.4.2017 folgt, nämlich am 2.4.2017. Dies gilt rückwirkend auch dann, wenn die Marke tatsächlich erst später gelöscht wird.

III. Schutzdauer und Verlängerung der deutschen Marke

Die Schutzdauer einer eingetragenen deutschen Marke beginnt mit dem Anmeldetag (§ 33 I MarkenG) und endet zehn Jahre danach (§ 47 I MarkenG). Unerheblich ist, ob es sich um einen Sonnabend, Sonntag oder gesetzlichen Feiertag handelt.[7] Die Regelung entspricht damit derjenigen bei Unionsmarken. 11

---

6 EuGH C-207/15 P v. 22.6.2016 *Nissan Jidosha*, Tz. 58, gegen EuG T-572/12 v. 4.3.2015 *Nissan Jidosha*.
7 Vgl. *Ströbele/Hacker/Thiering-Miosga*, § 47 Rz. 3.

> Wurde eine Marke am 13.6.2019 angemeldet, so endet ihre Schutzdauer am 13.6.2029 um 24 Uhr.

12 Allerdings ging das DPMA zunächst davon aus, dass die Schutzfrist tatsächlich einen Tag kürzer sei und stützte sich dabei vorrangig auf § 187 II BGB. Denn es werde für den Fristbeginn auf den Anmeldetag und damit auf den Tagesbeginn abgestellt.

> Danach würde also die Schutzdauer einer am 13.6.2019 angemeldeten Marke am 12.6.2029 um 24 Uhr.

13 Dieser Ansatz des DPMA war falsch und wurde glücklicherweise schnell aufgegeben. Die Schutzdauer wurde durch die MRR 2015 vollständig harmonisiert. Es sollte gerade eine Angleichung zwischen den Mitgliedstaaten erreicht werden. Es ist daher weder die Formulierung im MarkenG durch den deutschen Gesetzgeber maßgeblich noch andere deutsche Vorschriften zur Fristberechnung. Der Wortlaut des Art. 48 MRR deutet außerdem in den meisten Sprachfassungen darauf hin, dass es für den Fristbeginn nicht auf einen Tag ankommt, sondern mit der Formulierung »Tag der Anmeldung« lediglich das Datum der Anmeldung gemeint ist.[8] Es steht – selbst nach deutschen Rechtsverständnis im Sinne von § 187 I BGB – das Ereignis der Anmeldung im Vordergrund, wobei der Gesetzgeber offenbar eine Anmeldung meint, die die Erfordernisse für die Vergabe eines Anmeldetages erfüllt. Schließlich ist von Bedeutung, dass § 187 I BGB quasi allgemeiner Rechtsgedanke in der Europäischen Union ist, und zwar auch dann, wenn allgemein auf ein Datum abgestellt wird. Dieses Datum wird nicht mitgerechnet. Der Grundsatz findet sich beispielsweise in Art. 101 I UMV, gilt aber auch bei der Fristberechnung beim EuGH; was jetzt etwa in Art. 49 lit. a Verfahrensordnung EuGH ausdrücklich geregelt ist, galt auch schon vor dieser Regelung.

14 Vor der Markenrechtsreform 2019 galt der Grundsatz, dass die Schutzdauer erst am letzten Tag des Monats endete, der durch seine Benennung dem Monat entspricht, in den der Anmeldetag fällt (§ 47 I MarkenG a.F.). Die Schutzdauer war also faktisch immer bis zum Monatsende ausgedehnt. Diese Regelung ist – fehlerträchtig – entfallen. Nur für Marken, die vor dem 14.1.2019 eingetragen wurden, gilt gemäß § 159 I MarkenG immer noch diese Schutzdauer.

15 Die Schutzdauer kann um jeweils zehn Jahre verlängert werden (§ 47 II MarkenG). Die Verlängerung der Schutzdauer wird durch die Zahlung der Verlängerungsgebühr in Höhe von derzeit € 750,- zuzüglich je € 260,- ab der vierten Klasse bewirkt. Ein Antrag ist nicht erforderlich. Die Gebühren sind sechs Monate vor Ablauf der Schutzdauer fällig (§ 3 III PatKostG), dürfen aber schon sechs Monate vor Fälligkeit (§ 5 III PatKostG) und müssen spätestens sechs Monate nach Fälligkeit gezahlt werden (§ 7 III 1 MarkenG). Auch insofern gilt für Marken, deren Schutzdauer vor dem 31.1.2020 endet, gemäß § 159 II MarkenG eine Übergangsregelung, wonach die Verlängerungsgebühren noch bis zum Ablauf des zweiten Monats nach Fälligkeit gezahlt werden könne. Wird die Gebühr nicht innerhalb dieser Frist gezahlt, so kann die Gebühr mit einem Verspätungszuschlag noch bis zum Ablauf einer Frist von sechs Monaten nach Ablauf der Schutzdauer gezahlt werden (§ 7 III 2 PatKostG). Werden hierbei die Gebühren und ggf. der Verspä-

---

8 Vgl. etwa die englische, französische, spanische, italienische und polnische Fassung.

tungszuschlag nicht innerhalb der Frist eingezahlt, wird die Marke gelöscht (§ 47 VIII MarkenG). Verzichtet umgekehrt der Markeninhaber nach Zahlung der Verlängerungsgebühr, aber noch vor der mit Ablauf der Schutzdauer eintretenden Fälligkeit auf das Schutzrecht, so ist die Gebühr zurückzuerstatten.[9] Beziehen sich die Gebühren nur auf einen Teil der Waren oder Dienstleistungen, für die die Marke eingetragen ist, so wird die Schutzdauer nur für diese Waren oder Dienstleistungen verlängert (§ 47 IV MarkenG). Die Verlängerung der Schutzdauer wird – unabhängig vom Zahlungszeitpunkt – am Tag nach dem Ablauf der Schutzdauer wirksam. Sie wird in das Register eingetragen und veröffentlicht (§ 47 VII MarkenG).

Problematisch ist die Berechnung der Schutzdauer häufig bei sehr alten Marken, da die Schutzdauer für die vor 1995 eingetragenen Warenzeichen in § 9 WZG anders geregelt war. Danach berechnete sich die Fristverlängerung vom Tag der Einzahlung der – möglicherweise zu früh bezahlten – Verlängerungsgebühr an. Die Schutzdauer konnte sich somit bei mehrmaliger Verlängerung deutlich verringern. Das DPMA versucht, diesen Konflikt zwischen Maßgeblichkeit des Anmeldetags (§ 47 I MarkenG) und 10-jährigem Verlängerungszeitraum (§ 47 II MarkenG) dahingehend zu lösen, dass bei Altmarken für die Berechnung der zehn Jahre auf den Ablauf des Monats abgestellt wird, der durch seine Benennung dem Monat entspricht, in den der Ablauf der letzten Verlängerung gefallen ist. 16

Wurde etwa eine Marke am 1.3.1984 angemeldet und wurden die Verlängerungsgebühren am 15.12.1993 gezahlt, so endete die Schutzdauer am 31.12.2003.[10]

IV. Schutzdauer und Verlängerung der internationalen Registrierung

Die Schutzfrist einer internationalen Registrierung[11] schließlich beginnt mit der Registrierung und beträgt – kaum noch praktisch relevant – unter dem MMA 20 Jahre, unter dem PMMA 10 Jahre (Art. 6, 7 MMA; Art. 6, 7 PMMA). Einen wirklichen Unterschied bedeutet dies jedoch nicht, da auch unter dem MMA die Gebühren jeweils für 10 Jahre zu zahlen sind.[12] Lediglich bei älteren Registrierungen kann bereits die gesamte Gebühr bezahlt worden sein. Für die Praxis kann daher von einer 10-jährigen Schutzfrist ausgegangen werden. 17

Die Schutzfrist einer internationalen Registrierung kann auch dann verlängert werden, wenn die Registrierung (auch teilweise) zurückgewiesen wurde. Von Bedeutung ist dies dann, wenn Rechtsmittel gegen die Zurückweisung eingelegt wurde. Erst wenn die Registrierung endgültig gelöscht wurde, kommt auch eine Verlängerung nicht mehr in Betracht. 18

Werden bei einer internationalen Registrierung nachträglich weitere Länder benannt, so setzt dies nicht etwa eine neue Schutzfrist in Lauf. Vielmehr endet die 19

---

9 BGH GRUR 2000, 328, 329 f. *Verlängerungsgebühr II*.
10 Vgl. BPatGE 47, 88 *ROK*; hierzu *Grabrucker*, GRUR 2004, 273, 283.
11 Zu Schutzfrist und Verlängerung der internationalen Registrierung auch Guide to the international registration of marks (deutsche Ausgabe: Leitfaden für die internationale Registrierung von Marken unter dem Madrider Abkommen und dem Madrider Protokoll) B.II.70, Renewal of international registration.
12 Art. 30 IV Common regulations under the Madrid Agreement and Protocol.

Schutzfrist einheitlich für alle Länder mit Ablauf der Schutzfrist der ursprünglichen internationalen Registrierung.

So läuft bei einer internationalen Registrierung unter dem PMMA vom 10.1.2007, die am 5.1.2017 auf weitere Länder erstreckt wird, die Schutzfrist einheitlich am 10.1.2017 ab. Bereits an diesem Tag ist für alle Länder die Verlängerungsgebühr zu zahlen.

20 Werden unter dem MMA Altmarken, bei denen die Gebühr bereits für 20 Jahre gezahlt wurde, in weitere Länder erstreckt, so ist lediglich der Differenzbetrag für die hinzugetretenen Länder zu zahlen.

Hat daher etwa der Inhaber im vorhergehenden Beispiel unter dem MMA die Gebühren seiner internationalen Registrierung vom 10.1.1996 bereits für 20 Jahre entrichtet und erstreckt er diese am 5.1.2006, so muss er am 10.1.2006 lediglich noch den Differenzbetrag für die Verlängerung der Schutzfrist der Länder der Schutzerstreckung zahlen.

21 Wie bei der deutschen Marke genügt für die Verlängerung der internationalen Registrierung die Zahlung der entsprechenden Gebühren. Einer besonderen Erklärung bedarf es nicht. Dann aber, wenn die Verlängerung nur für einen Teil der Länder der internationalen Registrierung erfolgen soll, ist parallel zur Zahlung anzugeben für welche Länder keine Verlängerung erfolgen soll. Auch eine elektronische Verlängerung internationaler Registrierungen ist inzwischen möglich.

22 Die Gebühren sind spätestens am letzten Tag der Schutzdauer zu zahlen. Danach kann innerhalb einer Nachfrist von sechs Monaten (Regel 30 III AusfO) die Verlängerung nur noch gegen Zahlung einer zusätzlichen Gebühr erfolgen. Eine erfolgte Verlängerung wird im Register eingetragen und veröffentlicht. Unabhängig vom tatsächlichen Zahlungszeitpunkt ist wie bei der deutschen Marke auch hier der Tag für den Beginn des nächstfolgenden Zehn-Jahres-Abschnitts maßgeblich, an dem die Gebühr fällig war. Wird die Gebühr nicht oder nicht vollständig gezahlt, erlischt die Registrierung.[13]

---

13 Zu einer Ausnahme Art. 30 III Buchst. c Common regulations under the Madrid Agreement and Protocol.

Zweites Kapitel Reichweite des Markenschutzes

§ 10 Grundlagen

Schrifttum: *Ekey*, Der markenrechtliche Gebrauch im Spannungsfeld der Rechtsprechung des EuGH nach L'Oréal, MarkenR 2009, 475; *Hackbarth*, Auf dem Weg zur ewigen Sternstunde, FS Fezer, 2016, S. 525; *Hacker*, Durchbruch bei der Durchfuhr, MarkenR 2017, 93; *Henning-Bodewig*, Nicht markenmäßiger Gebrauch und Art. 5 Abs. 5 Markenrichtlinie, GRUR Int. 2008, 301; *Ingerl*, Rechtsverletzende und rechtserhaltende Benutzung im Markenrecht, WRP 2002, 861; *Koppensteiner*, Vergleichende Werbung und Funktionsschutz der Marke, MarkenR 2016, 121; *Ohly*, Die markenrechtliche Haftung des Suchmaschinenbetreibers für Trefferlisten, WRP 2018, 131; *Sack*, Vom Erfordernis der markenmäßigen Benutzung zu den Markenfunktionen bei der Haftung für Markenverletzungen, WRP 2009, 198; *Sack*, Kritische Anmerkungen zur Regelung der Markenverletzungen in den Kommissionsvorschlägen für eine Reform des europäischen Markenrechts, GRUR 2013, 657; *Sosnitza*, Der Grundsatz der Bindung des Verletzungsgerichts an die Eintragung der Marke, in: FS »50 Jahre Bundespatentgericht«, 2011, S. 765; *Völker/Elskamp*, Die neuen Markenfunktionen des EuGH, WRP 2009, 64; *Weiler*, AdWords, Markenfunktionen und der Schutz bekannter Marken, MarkenR 2011, 495

I. Die drei Verletzungstatbestände

Wohl weltweit haben sich drei Tatbestände einer Markenverletzung herauskristallisiert, wobei wegen des Prioritätsgrundsatzes[1] selbstverständlich immer nur eine Verletzung einer älteren Marke[2] durch ein jüngeres Zeichen möglich ist: 1
– Eine Marke kann durch die Benutzung eines identischen Zeichens für identische Produkte verletzt werden (Art. 16 I 2 TRIPS; Art. 5 I Buchst. a, 10 II Buchst. a MRR; Art. 8 I Buchst. a, 9 I Buchst. a UMV; §§ 9 I Nr. 1, 14 II Nr. 1 MarkenG);[3]
– eine Marke wird verletzt, wenn ein Zeichen eine Verwechslungsgefahr hervorruft (Art. 6bis I PVÜ; Art. 16 I 1 TRIPS; Art. 5 I Buchst. b, 10 II Buchst. b MRR; Art. 8 I Buchst. b, 9 I Buchst. b UMV; §§ 9 I Nr. 2, 14 II Nr. 2 MarkenG);[4]
– eine Marke wird verletzt, wenn sie bekannt ist und ein Zeichen in unlauterer Weise ihre Unterscheidungskraft oder Wertschätzung ausnutzt oder beeinträchtigt (Art. 16 III TRIPS; Art. 4 III Buchst. a, 10 II Buchst. c MRR; Art. 8 V, 9 I Buchst. c UMV; §§ 9 I Nr. 3, 14 II Nr. 3 MarkenG).[5]

Die erste Fallgruppe (Identität) betrifft vor allem Fälle klassischer Markenpiraterie, in denen nicht nur die Marke, sondern meist auch das Produkt selbst möglichst detailgenau kopiert wird. In der zweiten Fallgruppe (Verwechslungsgefahr) spielt

---

1 Vgl. oben § 1 Rdn. 37.
2 Beim Angriff gegen eine Unionsmarke genügt als ältere Marke grundsätzlich auch eine nationale Marke in einem der Mitgliedstaaten.
3 Hierzu § 11.
4 Hierzu § 12.
5 Hierzu § 13.

die eigentliche kennzeichenrechtliche Musik;[6] hier wird entschieden, mit welcher Reichweite aus einer Marke gegen ähnliche Zeichen oder ähnliche Produkte vorgegangen werden kann.[7] Die dritte Fallgruppe (bekannte Marke) schließlich sichert bekannte Marken im Wesentlichen gegen »Trittbrettfahrer« ab, die sich die Bekanntheit der Marke zu Nutze machen wollen.[8]

2 Die drei Verletzungstatbestände sind in Art. 5, 10 MRR abschließend[9] harmonisiert[10] und entsprechen inhaltlich den Vorschriften der UMV.[11] Ihre Auslegung hat sich außerdem an Art. 16 TRIPS zu orientieren.[12]

II. Grundsatz der Bindung des Verletzungsrichters an die eingetragene Marke

3 Die über eine Kennzeichenkollision entscheidende Instanz (sowohl das Verletzungsgericht als auch das EUIPO oder das DPMA im Widerspruchsverfahren) ist im Verfahren an eine einmal erfolgte Eintragung der Angriffsmarke grundsätzlich gebunden, selbst wenn diese tatsächlich nicht eintragungsfähig sein sollte (Grundsatz der Bindung des Verletzungsrichters an die Eintragung).[13] Für Unionsmarken-

---

6 Vgl. etwa die zehnte Begründungserwägung zur MMR: »der spezifische Schutz«; auch EuGH C-120/04 v. 6.10.2005 *Medion*, Tz. 24; EuGH C-533/06 v. 12.6.2008 *O 2 Holdings*, Tz. 47.
7 Die Fallgruppe ist auch einschlägig, wenn nicht feststeht, ob Identität oder Ähnlichkeit vorliegt: EuG T-483/08 v. 16.12.2009 *GIORDANO/GIORDANO*, Tz. 40 ff.
8 Vgl. auch EuGH C-252/07 v. 27.11.2008 *Intel*, Tz. 26.
9 EuGH C-355/96 v. 16.7.1998 *Silhouette*, Tz. 16.
10 EuGH C-23/01 v. 21.11.2002 *Robelco/Robeco*, Tz. 27; EuGH C-661/11 v. 19.9.2013 *Martin Y Paz Diffusion*, Tz. 54; EuGH C-46/10 v. 14.7.2011 *Viking Gas*, Tz. 25; BGH I ZR 241/14 v. 23.6.2016 *Baumann II*, Tz. 34.
11 Vgl. EuG T-112/03 v. 16.3.2005 *FLEX/FLEXI AIR*, Tz. 91 f.
12 EuGH C-245/02 v. 16.11.2004 *Anheuser-Busch/Budějovický Budvar*, Tz. 70 ff.
13 EuGH C-196/11 P v. 24.5.2012 *Formula One Licensing*, Tz. 39 ff., gegen EuG T-10/09 v. 17.2.2011 *F 1 Formula 1/F1-LIVE* sowie folgend EuG T-10/09 v. 11.12.2014 *F 1 Formula 1/F1-LIVE*, Tz. 33; EuGH C-410/12 P v. 16.10.2013 *medi*, Tz. 34; EuGH C-445/12 P v. 12.12.2013 *Rivella International*, Tz. 46; EuGH C-33/15 P v. 5.10.2015 *Cantina Broglie 1*, Tz. 50; EuGH C-34/15 P v. 5.10.2015 *Cantina Broglie 1*, Tz. 50; ausführlich auch BGHZ 156, 112, 116 ff. *Kinder I*, m. w. N.; auch BGHZ 8, 202; 19, 367, 370; BGH GRUR 1998, 412, 413 *Analgin*; BGH GRUR 2000, 888, 889 *MAG-LITE*; BGH GRUR 2001, 1158, 1160 *Dorf MÜNSTERLAND I*; BGH GRUR 2002, 626, 628 *IMS*; BGH GRUR 2002, 814, 815 *Festspielhaus I*; BGH GRUR 2003, 436, 438 f. *Feldenkrais*; BGH GRUR 2005, 427, 428 *Lila-Schokolade*; BGH I ZR 22/04 v. 25.1.2007 *Pralinenform I*, Tz. 19; BGH I ZB 54/05 v. 29.5.2008 *Pantohexal*, Tz. 20 f.; BGH I ZB 55/05 v. 29.5.2008 *Pantogast*, Tz. 21 f.; BGH I ZR 169/05 v. 5.6.2008 *POST*, Tz. 14; I ZR 108/05 v. 5.6.2008, Tz. 16 [beide auch zu parallelen Nichtigkeitsverfahren]; I ZR 78/06 v. 2.4.2009 *OSTSEE-POST*, Tz. 17; I ZR 79/06 v. 2.4.2009, Tz. 21; I ZR 110/06 v. 2.4.2009, Tz. 11; I ZR 111/06 v. 2.4.2009, Tz. 12; I ZR 209/06 v. 2.4.2009 *POST/RegioPost*, Tz. 15; BGH I ZR 183/07 v. 12.11.2009 *WM-Marken*, Tz. 28; BGH I ZR 17/05 v. 22.4.2010 *Pralinenform II*, Tz. 19; BGH I ZR 228/12 v. 18.9.2014 *Gelbe Wörterbücher*, Tz. 20; BGH I ZB 56/14 v. 14.1.2016 *BioGourmet*, Tz. 38; BGH I ZR 254/14 v. 28.4.2016 *Kinderstube*, Tz. 50; I ZB 45/16 v. 9.11.2017 *OXFORD/Oxford Club*, Tz. 19; zum Ganzen *Sosnitza*, FS »50 Jahre Bundespatentgericht«, 2011, S. 765.

streitigkeiten ist der Grundsatz ausdrücklich geregelt in Art. 127, 135 UMV;[14] eine Verteidigung gegen eine löschungsreife Marke ist dabei – anders als im deutschen Recht – nicht nur mittels Löschungsantrag beim Amt möglich, sondern auch per Widerklage gemäß Art. 128 UMV. Durch diesen Grundsatz werden eine doppelte Inanspruchnahme der Ämter einerseits und der ordentlichen Gerichte andererseits sowie die Aufstellung unterschiedlicher Beurteilungsmaßstäbe bei der Beurteilung der Eintragungshindernisse vermieden.

Wird also etwa aus einer für Süßwaren geschützten Marke »Kinder« geklagt, die als Umschreibung der Produktzielgruppe nicht eintragungsfähig ist, so ist das Verletzungsgericht gleichwohl an die Eintragung gebunden. Allerdings steht es dem Gericht frei, eine geringe Kennzeichnungskraft[15] und damit einen engen Schutzbereich der Marke anzunehmen oder bei einer Wort-/Bildmarke »Kinder« davon auszugehen, dass diese durch die Bildbestandteile dominiert[16] ist.[17] In einem solchen Fall begründet die kennzeichnungsschwache Marke »SOUTH AFRICA 2010« sogar mit einer Marke »Südafrika 2010« keine Verwechslungsgefahr.[18] Entsprechendes gilt für einen Angriff aus der schwachen Marke »POST« gegen ein Zeichen wie »BEPOST«[19] oder »InPost«.[20] Andererseits darf im Falle eines Angriffs aus einer im Zusammenhang mit Dienstleistungen der Formel 1 geschützten Marke »F1« dem Bestandteil »F1« auch in der angegriffenen Marke »F1-LIVE« nicht jegliche Unterscheidungskraft abgesprochen werden, weil andernfalls der Schutzbereich der Marke praktisch auf null reduziert würde.[21] Entsprechendes gilt sogar für eine Marke »Kompressor« für Geräte, die einen Kompressor enthalten können,[22] oder für das Wort »KEBAP« im Zusammenhang mit Verpflegungsdienstleistungen.[23]

Von diesem Bindungsgrundsatz macht die Rechtsprechung mehrere Ausnahmen: 4 Zunächst einmal gilt der Grundsatz nicht im Falle des Verfalls einer Marke; Entwicklungen nach dem Eintragungsverfahren, etwa ein durch die Untätigkeit des Markeninhabers bedingter Verlust der Unterscheidungskraft der Marke, können daher gleichwohl berücksichtigt werden.[24] Eingeschränkt ist der Grundsatz außerdem im Rahmen der Prüfung der rechtsverletzenden Benutzung[25]; obwohl das Gericht also an die Eintragung gebunden ist, kann es im Einzelfall annehmen, der

---

14 Ebenso EuG T-7/04 v. 12.11.2008 *LIMONCHELO/Limoncello II*, Tz. 26; BGH I ZR 175/09 v. 24.11.2011 *Medusa*, Tz. 15; hierzu auch *Seichter*, MarkenR 2007, 405.
15 Vgl. hierzu unten § 12 Rdn. 33 – 60.
16 Vgl. hierzu unten § 12 Rdn. 155 – 215.
17 BGH I ZR 6/05 v. 20.9.2007 *Kinder II*, Tz. 24; BGH I ZR 94/04 v. 20.9.2007 *Kinderzeit*, Tz. 30; BGH I ZB 54/05 v. 29.5.2008 *Pantohexal*, Tz. 20; BGH I ZB 55/05 v. 29.5.2008 *Pantogast*, Tz. 21; vgl. auch EuG T-10/03 v. 18.2.2004 *FLEX/CONFORFLEX*, Tz. 55; BGHZ 21, 182, 186; ähnlich auch EuG T-499/04 v. 17.10.2006 *STENINGE KERAMIK/STENINGE SLOTT*, Tz. 49.
18 BGH I ZR 183/07 v. 12.11.2009 *WM-Marken*, Tz. 28.
19 EuG T-118/16 v. 20.2.2018 *POST/BEPOST*, Tz. 53 ff.
20 EuG T-537/15 v. 26.6.2018 *POST/InPost*, Tz. 44 ff.
21 EuGH C-196/11 P v. 24.5.2012 *Formula One Licensing*, Tz. 49 ff., gegen EuG T-10/09 v. 17.2.2011 *F 1 Formula 1/F1-LIVE*.
22 EuG T 595/13 v. 4.12.2014 *BSH Bosch und Siemens Hausgeräte*, Tz. 26.
23 EuG T-448/16 v. 29.6.2017 *MISTER KEBAP/Mr. KEBAP*, Tz. 34 ff.
24 EuGH C-145/05 v. 27.4.2006 *Levi Strauss*, Tz. 32 ff.; so nun auch BGH I ZR 108/09 v. 17.8.2011 *TÜV II*, Tz. 50 über die Anwendung des § 49 II Nr. 1 MarkenG als Einrede.
25 Hierzu unten § 10 Rdn. 30 ff.

Verletzer benutze es, ohne die Funktionen der Marke zu beeinträchtigen.[26] Ferner gelten Einschränkungen, sobald eine (auch nicht rechtskräftige) Löschung der Angriffsmarke durch das BPatG erfolgt ist.[27] Schließlich ist der Grundsatz im einstweiligen Rechtsschutz eingeschränkt; dort hat das Gericht nach jüngerer Rechtsprechung des EuGH vielmehr eine Prognoseentscheidung zu fällen, ob die Marke Bestand haben wird; wenn das Gericht der Auffassung ist, dass eine vernünftige und nicht zu vernachlässigende Möglichkeit besteht, dass das geltend gemachte Recht für nichtig erklärt wird, so ist keine einstweilige Maßnahme anzuordnen.[28]

> Trotz des Bindungsgrundsatzes kann folglich in einem Verletzungsverfahren berücksichtigt werden, wenn die Marke erst infolge der Untätigkeit des Markeninhabers zur üblichen Bezeichnung geworden ist; der Beklagte muss zu seiner Verteidigung insofern keinen gesonderten Löschungsantrag stellen.[29]

5 Genügt die Eintragung einer Marke nicht den Anforderungen an die klar und eindeutig bestimmbare Darstellung,[30] so ist der Verletzungsrichter gleichwohl an die Eintragung gebunden, wenn die Marke jedenfalls bestimmbar ist.

> Wird etwa aus einer Farbmarke geklagt, bei der lediglich ein Farbmuster, nicht aber ein eindeutiger Farbcode eingetragen ist, so ist der Verletzungsrichter an die Eintragung gebunden, wenn er den geschützten Farbton für die Beurteilung der Verwechslungsgefahr hinreichend bestimmen kann.[31]

III. Vorbemerkung: Unterschiede zwischen Widerspruchs- und Verletzungsverfahren

6 Wird eine jüngere Marke angemeldet, die potentiell Rechte eines Dritten verletzt, so kann dieser Dritte noch im Eintragungsverfahren Widerspruch gegen die Eintragung der Marke erheben. Über diesen Widerspruch wird beim EUIPO[32] bzw. DPMA[33] in einem speziellen, vereinfachten und kostengünstigen Verfahren entschieden. Die Verletzungstatbestände wirken hier als so genannte relative Eintragungshindernisse im Eintragungsverfahren. Wird ein Widerspruch bewusst oder versehentlich versäumt, so kann auch später noch – wenn auch unter erheblich höheren Kosten – eine Nichtigkeitsklage erhoben bzw. ein Nichtigkeitsantrag eingereicht werden.

> Fühlt sich also etwa der Inhaber der Marke »Zozo van Barkhussen« durch die Eintragung einer jüngeren Marke »von Barkhusen« in seinen Rechten verletzt, so wird er im Regelfall der Eintragung widersprechen, um eine schnelle Lösung herbeizuführen. Verläuft der Widerspruch erfolgreich, so wird die jüngere Marke gelöscht bzw. gar nicht erst eingetragen.

---

26 BGH GRUR 2005, 414 *Russisches Schaumgebäck*; BGH I ZR 22/04 v. 25.1.2007 *Pralinenform I*, Tz. 24; BGH I ZR 17/05 v. 22.4.2010 *Pralinenform II*, Tz. 28; BGH I ZR 23/14 v. 21.10.2015 *Bounty*, Tz. 31.
27 OLG Köln MarkenR 2008, 61 *Drei-Scherkopf-Rasierer*.
28 EuGH C-616/10 v. 12.7.2012 *Solvay*, Tz. 49 [zum Patentrecht]; vgl. auch OLG Frankfurt am Main 6 U 96/15 v. 29.10.2015.
29 EuGH C-145/05 v. 27.4.2006 *Levi Strauss*, Tz. 32 ff.
30 Vgl. § 2 Rdn. 7 – 16.
31 BGH GRUR 2005, 427 *Lila-Schokolade*.
32 Zum Widerspruchsverfahren vor dem EUIPO § 28 Rdn. 16 – 41.
33 Zum Widerspruchsverfahren vor dem DPMA § 29 Rdn. 18 – 28.

III. Vorbemerkung: Unterschiede zwischen Widerspruchs- und Verletzungsverfahren

Von dieser Situation im Anmelde- bzw. Widerspruchsverfahren zu unterscheiden 7
ist die Situation, dass ein Dritter eine Marke dadurch verletzt, dass er das Zeichen
schlicht und einfach benutzt, ohne selbst eine Marke anzumelden. Mangels jüngerer
Marke ist dem Markeninhaber hier mit Löschungsansprüchen nicht gedient. Er
muss sich vielmehr im Verletzungsverfahren vor den ordentlichen Gerichten[34]
gegen die Benutzung der Marke zur Wehr setzen und insbesondere Unterlassung
verlangen.

> Benutzt also etwa ein Dritter die Bezeichnung »von Barkhusen«, ohne selbst eine Marke
> anzumelden, so muss der Inhaber der Marke »Zozo van Barkhussen« im Wege der Verletzungsklage seine Ansprüche auf Unterlassung sowie gegebenenfalls insbesondere Auskunft,
> Schadensersatz und Vernichtung geltend machen.

Die Unterschiede von Widerspruchsverfahren und Verletzungsverfahren schlagen 8
sich in unterschiedlichen gesetzlichen Regelungen der Anspruchsgrundlagen nieder. Im Widerspruchsverfahren (wie überhaupt bei Nichtigkeitsansprüchen) existiert immer eine jüngere Marke. Greift diese jüngere Marke in den Schutzbereich
der älteren Marke ein, so impliziert dies automatisch, dass die jüngere Marke im
geschäftlichen Verkehr rechtsverletzend benutzt werden könnte. Im Widerspruchsverfahren und bei Nichtigkeitsansprüchen im Allgemeinen kann daher auf die Tatbestandmerkmale der »rechtsverletzenden Benutzung« »im geschäftlichen Verkehr« verzichtet werden (Art. 5 MRR; Art. 8 UMV; § 9 MarkenG). Wenn nämlich
eine Marke einmal eingetragen ist, ist der Inhaber dieser Marke berechtigt, sie nach
seinem Belieben zu benutzen, so dass bei der Beurteilung der Frage der rechtsverletzenden Benutzung im geschäftlichen Verkehr im Hinblick auf alle Umstände,
unter denen die Marke benutzt werden könnte, zu prüfen ist, ob eine Verwechslungsgefahr mit der älteren Marke des Widersprechenden besteht.[35] Demgegenüber
fordern die Unterlassungsansprüche[36] ausdrücklich eine »rechtsverletzende Benutzung«[37] »im geschäftlichen Verkehr«[38] (Art. 10 MRR; Art. 9 UMV; § 14 MarkenG). Denn hier nutzt der potentielle Verletzer das Zeichen nur punktuell. In
einer solchen Fallgestaltung ist die Beurteilung der Frage, ob der Inhaber der eingetragenen Marke berechtigt ist, dieser speziellen Benutzung zu widersprechen, auf
die Umstände zu beschränken, die diese Benutzung kennzeichnen, ohne dass zu
prüfen wäre, ob eine andere Benutzung desselben Zeichens, die unter anderen
Umständen stattfände, ebenfalls geeignet wäre, eine Verwechslungsgefahr zu erzeugen.[39] Auch werden im Widerspruchsverfahren ausschließlich die streitgegenständlichen Marken verglichen, ohne dass es darauf ankäme, wie die Zeichen benutzt
werden.[40] Die Prüfung, ob eine konkret benutzte Form eine Rechtsverletzung dar-

---

34 Vgl. zum Verletzungsverfahren unten § 31 Rdn. 15 – 27.
35 EuGH C-533/06 v. 12.6.2008 *O 2 Holdings*, Tz. 66.
36 Ebenso die Annexansprüche Schadensersatz, Auskunft, Vernichtung etc.
37 Hierzu § 10 Rdn. 30 – 12.
38 Hierzu § 10 Rdn. 24 – 27.
39 EuGH C-533/06 v. 12.6.2008 *O 2 Holdings*, Tz. 67.
40 EuG T-147/03 v. 12.1.2006 *Quantième/Quantum*, Tz. 66 f.; entsprechend EuG T-183/02
und T-184/02 v. 17.3.2004 *MUNDICOLOR/MUNDICOR*, Tz. 103 ff.; BGH GRUR 2000,
233, 235 *RAUSCH/ELFI RAUCH*; BGH GRUR 2000, 895, 896 *EWING*; BGH GRUR
2001, 164, 166 *Wintergarten*; BGH GRUR 2002, 342, 343 *ASTRA/ESTRA-PUREN*; BGH
GRUR 2002, 1067, 1069 *DKV/OKV*.

stellt, bleibt dem Verletzungsverfahren überlassen.[41] Abgesehen von diesen Unterschieden entsprechen sich die Tatbestände und ihre Rechtsanwendung.[42]

> Erhebt etwa der Inhaber der Marke »Zozo van Barkhussen« Widerspruch gegen die jüngere Markenanmeldung »von Barkhusen«, so ist deren rechtsverletzende Benutzung im geschäftlichen Verkehr impliziert. Demgegenüber muss er diese bei der Geltendmachung von Unterlassungsansprüchen im Verletzungsverfahren nachweisen.

IV. Benutzungshandlungen

1. Grundsätze

9   Die markenrechtlichen Verletzungstatbestände der Art. 10 II MRR, Art. 9 II UMV, § 14 II MarkenG setzen jeweils eine »Benutzung« voraus. Eine Benutzung im Sinne der Vorschriften liegt vor, wenn die folgenden vier Voraussetzungen erfüllt sind:
– Die Benutzung muss ohne Zustimmung des Markeninhabers erfolgen;
– sie muss im geschäftlichen Verkehr vorgenommen werden;
– sie muss für Waren oder Dienstleistungen vorgenommen werden und
– der Dritte muss das Zeichen wie eine Marke benutzen, d. h. die Benutzung des Zeichens durch den Dritten muss die Funktionen der Marke und insbesondere ihre wesentliche Funktion, den Verbrauchern die Herkunft der Waren oder Dienstleistungen zu garantieren, beeinträchtigen oder sie zu beeinträchtigen geeignet sein.[43]

> Dagegen ist eine unmittelbare Benutzung gegenüber Verbrauchern nicht Voraussetzung, so dass zum Beispiel Einfuhrhandlungen ohne direkten Verbraucherbezug eine Benutzung der Marke sein können.[44]

10 Art. 10 III MRR, Art. 9 III UMV, § 14 III MarkenG enthalten einen nicht abschließenden[45] Beispielkatalog für typische Benutzungshandlungen als Marke. Die Markenrechtsreform bringt außerdem geringfügige Änderungen des Beispielkatalogs mit sich. Danach kann insbesondere verboten werden,
– das Zeichen auf Waren oder deren Verpackung anzubringen;

---

41 BGH GRUR 2002, 1067, 1069 *DKV/OKV*.
42 EuGH C-291/00 v. 20.3.2003 *LTJ Diffusion/Sadas Vertbaudet*, Tz. 41; EuGH C-252/07 v. 27.11.2008 *Intel*, Tz. 24 f.; BGH GRUR 2001, 164, 166 *Wintergarten*, unter Hinweis auf EuGH C-39/97 v. 29.9.1998 *Canon*, Tz. 21; EuGH C-425/98 v. 22.6.2000 *Marca/Adidas*, Tz. 25 ff.
43 EuGH C-62/08 v. 19.2.2009 *UDV North America*, Tz. 42.
44 EuGH C-379/14 v. 16.7.2015 *TOP Logistics*, Tz. 40 ff.; EuGH C-129/17 v. 25.7.2018 *Mitsubishi Shoji Kaisha*, Tz. 39.
45 EuGH C-355/96 v. 16.7.1998 *Silhouette*, Tz. 17; EuGH C-236/08 bis 238/08 v. 23.3.2010 *Google France*, Tz. 65; EuGH C-129/17 v. 25.7.2018 *Mitsubishi Shoji Kaisha*, Tz. 38; auch EuGH C-228/03 v. 17.3.2005 *Gillette*, Tz. 28.

- unter dem Zeichen Waren anzubieten, in den Verkehr zu bringen[46] oder zu den genannten Zwecken zu besitzen oder unter dem Zeichen Dienstleistungen anzubieten[47] oder zu erbringen;[48]
- Waren unter dem Zeichen einzuführen oder auszuführen;[49]
- das Zeichen als Handelsnamen oder Unternehmensbezeichnung oder als Teil eines Handelsnamens oder einer Unternehmensbezeichnung zu benutzen;
- das Zeichen in den Geschäftspapieren und in der Werbung[50] zu benutzen;
- das Zeichen in rechtswidriger vergleichender Werbung[51] zu benutzen.

Der Beispielkatalog ist weit zu verstehen, nicht abschließend und insbesondere an neue technische Gegebenheiten anzupassen.[52]   **11**

Praktische Relevanz hat dies etwa bei Anzeigen von Internetsuchmaschinen. Oft nämlich beinhaltet die Anzeige die fragliche Marke gar nicht unmittelbar. Eine Verbindung wird nur dadurch hergestellt, dass der Nutzer der Suchmaschine die Marke eingibt und hierauf die Anzeige erscheint, weil der Werbende die Marke zuvor als Suchwort ausgewählt hat. Auch in diesem Fall nutzt der Werbende die Marke in der Werbung.[53]

§ 14 IV MarkenG bewertet insbesondere ausdrücklich schon bestimmte Vorbereitungshandlung einer Kennzeichenverletzung als rechtswidrig. Hierdurch soll gewährleistet werden, dass Markeninhaber typischen Verletzungshandlungen insbesondere im Pirateriebereich bereits im Vorfeld effektiv begegnen können.   **12**

So ist es nach der Vorschrift etwa bereits verboten, rechtsverletzende Kennzeichen auf Verpackungen anzubringen oder entsprechend gekennzeichnete Verpackungen zu vertreiben oder nach Deutschland einzuführen, wenn die Gefahr besteht, dass die Verpackungen später zur rechtsverletzenden Kennzeichnung von Waren benutzt werden. Ob später tatsächlich einmal eine solche Benutzung stattfindet, ist für die Anwendung des § 14 IV MarkenG ohne Belang.

2. Insbesondere: Wiederbefüllung gekennzeichneter Behältnisse

Wenn ein mit der Marke des Originalherstellers gekennzeichnetes wiederbefüllbares Behältnis mit Waren eines anderen Herstellers nachgefüllt wird und der Verkehr die Marke auf dem Behältnis als Hinweis nicht nur auf die betriebliche Herkunft des Behältnisses, sondern auch auf die betriebliche Herkunft des Inhalts versteht, liegt grundsätzlich eine Markenverletzung vor. Ob der Verkehr eine solche Verbindung im Einzelfall tatsächlich herstellt, hängt davon ab, ob die Nachfüllware selbst   **13**

---

46 Der Verkauf durch einen Kommisionär ist eine rechtsverletzende Benutzung: EuGH C-62/08 v. 19.2.2009 *UDV North America*; kein neues Inverkehrbringen hingegen ist die Rückgabe an den Lieferanten: BGH I ZR 20/06 v. 13.6.2006.
47 Das »Anbieten« erfordert weder einen Geschäftsabschluss noch die Herstellung eines tatsächlichen Kundenkontakts: BGH I ZR 134/16 v. 9.11.2017 *Resistograph*, Tz. 57.
48 Keine Benutzung ist die (bloße) Beseitigung einer Marke BGH GRUR 2004, 1039, 1041 *SB-Beschriftung*, m. w. N.
49 Zur Einfuhr EuGH C-9/93 v. 22.6.1994 *Ideal Standard II*, Tz. 23.
50 Auch in der vergleichenden Werbung: EuGH C-533/06 v. 12.6.2008 *O 2 Holdings*, Tz. 33 ff.; auch in Anzeigen im Internet: EuGH C-236/08 bis 238/08 v. 23.3.2010 *Google France*, Tz. 62.
51 Dazu vgl. unten § 15 Rdn. 4.
52 BGH I ZR 164/16 v. 9.11.2017 *Parfummarken*, Tz. 25.
53 EuGH C-236/08 bis 238/08 v. 23.3.2010 *Google France*, Tz. 65 ff.; EuGH C-558/08 v. 8.7.2010 *Portakabin*, Tz. 28.

ein für den Verkehr bei der Benutzung der Ware erkennbares Kennzeichen trägt, Verbraucher den Vorgang der Befüllung selbst vornehmen und der Verkehr es gewohnt ist, dass das Behältnis mit Ware anderer Hersteller bestückt wird. Auch die Relevanz von Marken im streitgegenständlichen Produktbereich kann sich auf die Verkehrsauffassung auswirken.[54]

> Wurde das Nachfüllen der Ware durch ein zweites Kennzeichen auf der Ware oder am Behälter kenntlich gemacht, so hat der BGH stets eine Markenverletzung verneint.[55] Ist keine neue Marke angebracht, so kommt es darauf an, ob der Verkehr im konkreten Fall überhaupt Bedeutung beimisst.[56]

3. Insbesondere: Besitz von Ware zum Zwecke des Angebots

14   Im Rahmen des Beispielkatalogs ist schon der Besitz von Ware zum Zwecke ihres Anbietens eine Markenverletzung. In arbeitsteiligen Vertriebsvorgängen kann dies Probleme aufwerfen, wenn etwa der Kaufvertrag nicht mit dem Unternehmen zustande kommt, das die Ware lagert und ausliefert, sondern mit einem anderen Unternehmen.[57] Auch in einem solchen Fall dürfte allerdings eine Markenverletzung vorliegen, da andernfalls durch arbeitsteilige Aufteilung von Vertriebsaktivitäten Verletzungstatbestände umgangen werden könnten und dadurch der Verletzer schwerer greifbar wird.[58]

> Praktischer Anwendungsfall ist der Auftritt von Händlern auf der Verkaufsplattform Amazon unter Nutzung des Services »Versand durch Amazon«. Dabei wird der gesamte Verkaufsvorgang durch Amazon abgewickelt. Lediglich das wirtschaftliche Risiko ist von Amazon auf den Händler abgewälzt.

4. Insbesondere: Einfuhr, Ausfuhr und Durchfuhr

15   Auch ein Einschmuggeln, bei dem die Marke abgeklebt ist, stellt eine Einfuhr dar.[59] Eine Einfuhr liegt außerdem auch bei einem Verkauf aus dem Ausland an eine Privatperson vor, die ihrerseits nicht im geschäftlichen Verkehr handelt; dabei ist es nicht zusätzlich erforderlich, dass die Ware vor dem Verkauf Gegenstand einer an die Verbraucher im Einfuhrstaat gerichteten Verkaufsofferte oder Werbung war.[60] Sind für Waren Einfuhrzölle entrichtet und sind sie in den zollrechtlich freien Verkehr gebracht, so gelten sie als eingeführt; dies gilt selbst dann, wenn die fällige Verbrauchssteuer noch nicht entrichtet wurde.[61] Demgegenüber liegt noch keine Einfuhr im Sinne des Beispielkatalogs vor, wenn die Waren im Rahmen eines Zollverfahrens des externen Versand- oder des Zolllagerverfahrens bleiben. Dies

---

54 BGH I ZR 136/17 v. 17.10.2018 *Tork*.
55 Zur Kennzeichnung bei Seifenspendern: BGH I ZR 51/03 v. 16.3.2006 *Seifenspender*, Tz. 14 ff.; bei Gaszylindern: BGH GRUR 2005, 162 *SodaStream*.
56 BGH I ZR 136/17 v. 17.10.2018 *Tork*, Tz. 37; anders – generelles Verbot – noch BGHZ 100, 51 *Handtuchspender*.
57 Vgl. dazu die Vorlageentscheidung BGH I ZR 20/17 v. 26.7.2018 *Davidoff Hot Water III*, Tz. 17 ff. (Az. beim EuGH C-567/18 *Coty Germany*).
58 A.A. BGH I ZR 20/17 v. 26.7.2018 *Davidoff Hot Water III*, Tz. 22, m. w. N.
59 BGH 5 StR 554/17 v. 23.1.2018 *Einschmuggeln von Ware*, Tz. 16 ff.
60 EuGH C-98/13 v. 6.2.2014 *Blomqvist*, Tz. 35.
61 EuGH C-379/14 v. 16.7.2015 *TOP Logistics*, Tz. 35 ff.

gilt unabhängig vom endgültigen Bestimmungsort der Waren.[62] Ein Anbieten derartiger Waren ist nur dann unzulässig, wenn dies das Inverkehrbringen der Waren in der Union notwendig impliziert.[63] Demgegenüber ist ein Angebot außerhalb eines Zollverfahrens aus dem Ausland bereits dann unzulässig, wenn sich das Angebot auch an den inländischen Verkehr richtet.[64]

> So kann ein Angebot auf einer Internetverkaufsplattform auch dann unzulässig sein, wenn die Ware aus dem Ausland angeboten wird. Gleiches gilt, wenn der Server, der das Angebot enthält, im Ausland steht. Bei der Prüfung, ob sich das Angebot auch an den inländischen Verkehr richtet, kommt insbesondere den eigenen Angaben des Verkäufers zum Liefergebiet Bedeutung zu.[65]

Die Durchfuhr von Waren an sich stellte bis zur Markenrechtsreform 2015 keine Markenverletzung dar. Erst wenn ein Inverkehrbringen der Waren im Durchfuhrstaat aufgrund besonderer Umstände notwendig impliziert ist, lag eine Rechtsverletzung vor.[66] Dabei kam es weder auf den Ursprung der Ware, noch auf die Rechtmäßigkeit ihrer Herstellung im Ursprungsland an.[67] **16**

> Wurde etwa Ware in Polen unrechtmäßig hergestellt und dann durch Deutschland befördert, um die Ware dann in Irland rechtmäßig zu verkaufen, so konnte aus deutschen Markenrechten mangels Rechtsverletzung nicht mit Erfolg gegen die Durchfuhr geklagt werden.[68] Vielmehr musste effektives Vorgehen in Polen ansetzen, wo die Ware unrechtmäßig hergestellt wurde.

Die weitgehende Zulässigkeit der Durchfuhr passte nie wirklich zu den Möglichkeiten, Ware im Rahmen der Vorschriften zur Grenzbeschlagnahme[69] anzuhalten. Der Gesetzgeber verfolgt daher nun in Art. 10 IV MRR, Art. 10 IV UMV, § 14a MarkenG eine schärfere Regelung.[70] **17**

Nach der neuen Regelung erstreckt sich der Unterlassungsanspruch auf den Fall, dass Dritte ohne Überführung in den zollrechtlich freien Verkehr Waren in die Union bzw. in einen Mitgliedstaat verbringen, wenn die Waren (einschließlich ihrer Verpackung) aus Drittstaaten stammen und ohne Zustimmung eine identische oder in ihren wesentlichen Aspekten nicht von der älteren Marke zu unterscheidende Marke aufweisen. Dieser Anspruch des Markeninhabers erlischt, wenn der zoll- **18**

---

62 EuGH C-405/03 v. 18.10.2005 *Class International*, Tz. 33 ff.; EuGH C-449/09 v. 28.10.2010 *Canon Kabushiki Kaisha*, Tz. 18.
63 EuGH C-405/03 v. 18.10.2005 *Class International*, Tz. 55 ff.; EuGH C-449/09 v. 28.10.2010 *Canon Kabushiki Kaisha*, Tz. 19; vgl. aber EuGH C-62/08 v. 19.2.2009 *UDV North America*, Tz. 33 f.
64 EuGH C-324/09 v. 12.7.2011 *L'Oréal/eBay*, Tz. 58 ff.
65 EuGH C-324/09 v. 12.7.2011 *L'Oréal/eBay*, Tz. 65.
66 EuGH C-281/05 v. 9.11.2006 *Montex*, Tz. 23; BGH I ZR 246/02 v. 21.3.2007 *DIESEL II*; BGH I ZR 66/04 v. 21.3.2007 *Durchfuhr von Originalware*.
67 EuGH C-281/05 v. 9.11.2006 *Montex*, Tz. 41; zur Bedeutungslosigkeit des Ziellandes: außerdem BGH I ZR 246/02 v. 21.3.2007 *DIESEL II*, Tz. 18; BGH I ZR 235/10 v. 25.4.2012 *Clinique happy*; zur Ablehnung eines Teilakts einer das ausländische Schutzrecht beeinträchtigenden unerlaubten Handlung im Sinne des § 823 I und II BGB: BGH I ZR 235/10 v. 25.4.2012 *Clinique happy*, Tz. 12 ff., unter Aufgabe von BGH GRUR 1957, 352, 353 *Taeschner/Pertussin II*; BGH GRUR 1958, 189, 197 *Zeiß*.
68 Vgl. BGH I ZR 246/02 v. 21.3.2007 *DIESEL II*.
69 Dazu unten § 27 Rdn. 117–132.
70 Dazu *Hacker*, MarkenR 2017, 93.

rechtliche Anmelder oder Besitzer der Ware während eines Grenzbeschlagnahmeverfahrens nachweist, dass der Markeninhaber nicht berechtigt ist, das Inverkehrbringen der Waren im endgültigen Bestimmungsland zu untersagen.

> Wurde wie im Beispiel zuvor also Ware in Polen unrechtmäßig hergestellt und dann durch Deutschland befördert, um die Ware dann in Irland rechtmäßig zu verkaufen, so kann der Markeninhaber dies in Deutschland zunächst stoppen. Der Besitzer der Ware kann dann aber die Zulässigkeit des Vertriebs in Irland nachweisen und damit den Unterlassungsanspruch aushebeln. Nur wenn auch der Vertrieb in Irland unzulässig wäre, so hätte der Unterlassungsanspruch Bestand.

19 Abgesehen von Einfuhr, Ausfuhr und Durchfuhr können Markenrechte wegen des dem Kennzeichenrecht zugrundeliegenden Territorialitätsprinzips nur durch Benutzungshandlungen verletzt werden, die dort stattfinden, wo Markenschutz besteht. Dabei kann insbesondere bei Werbung im Internet der Werbende das Verbreitungsgebiet der Werbung durch einen so genannten Disclaimer einschränken, in dem er ankündigt, Adressaten in einem bestimmten Land nicht zu beliefern. Um wirksam zu sein, muss ein Disclaimer eindeutig gestaltet und aufgrund seiner Aufmachung als ernst gemeint aufzufassen sein und vom Werbenden auch tatsächlich beachtet werden.[71] Grundsätzlich ist aber auch ein inländisches Angebot von Produkten allein für den Export schon eine Verletzungshandlung.[72]

5. Sachverhalte mit Auslandsbezug

20 Allerdings ist der Schutzbereich einer deutschen Marke auf Benutzungshandlungen in Deutschland beschränkt.[73] Nicht jede Nutzungshandlung im Inland ist dem inländischen Markenrecht unterworfen.[74] Erforderlich ist vielmehr, dass das Angebot einen hinreichenden wirtschaftlich relevanten Inlandsbezug (»commercial effect«) aufweist. Dabei ist eine Gesamtabwägung vorzunehmen, bei der auf der einen Seite zu berücksichtigen ist, wie groß die Auswirkungen der Kennzeichenbenutzung auf die inländischen wirtschaftlichen Interessen des Zeicheninhabers sind. Auf der anderen Seite ist maßgebend, ob und inwieweit die Rechtsverletzung sich als unvermeidbare Begleiterscheinung technischer oder organisatorischer Sachverhalte darstellt, auf die der Inanspruchgenommene keinen Einfluss hat oder ob dieser etwa – zum Beispiel durch die Schaffung von Bestellmöglichkeiten aus dem Inland oder die Lieferung auch ins Inland – zielgerichtet von der inländischen Erreichbarkeit profitiert.[75]

> Das Angebot von Dienstleistungen eines dänischen Hotels auf einer dänischen Internetseite soll daher selbst dann keine Rechtsverletzung darstellen können, wenn die Internetseite in deutscher Sprache gehalten ist; auch eine vereinzelte Versendung von Hotelprospekten nach

---

71 BGH I ZR 24/03 v. 30.3.2006 *Arzneimittelwerbung im Internet* (zum Wettbewerbsrecht).
72 BGH I ZR 169/07 v. 29.7.2009 *BTK*, Tz. 44.
73 BGH GRUR 2005, 431, 433 *HOTEL MARITIME*; BGH I ZR 49/04 v. 28.6.2007 *Cambridge Institute*, Tz. 26; BGH I ZR 75/10 v. 8.3.2012 *OSCAR*, Tz. 34; BGH I ZR 134/16 v. 9.11.2017 *Resistograph*, Tz. 37.
74 BGH I ZR 75/10 v. 8.3.2012 *OSCAR*, Tz. 35; BGH I ZR 134/16 v. 9.11.2017 *Resistograph*, Tz. 37.
75 BGH GRUR 2005, 431, 432 f. *HOTEL MARITIME*; BGH I ZR 75/10 v. 8.3.2012 *OSCAR*, Tz. 36; BGH I ZR 134/16 v. 9.11.2017 *Resistograph*, Tz. 37.

Deutschland auf Anfrage begründet keinen hinreichenden Inlandsbezug.[76] Auch ein Auftritt auf einer inländischen Messe begründet keine markenrechtlich relevante Benutzung, wenn keine Anhaltspunkte dafür vorliegen, dass die dort gezeigte markenverletzende Ware im Inland verkauft werden soll.[77]

Für das Internet hat der BGH inzwischen einige Regeln aufstellen können. Grundsätzlich unterscheidet sich die Sachlage nicht von der Welt außerhalb des Internets. Regelmäßig ist eine Gesamtabwägung anzustellen und zu beurteilen, ob das Angebot auch an Kunden in Deutschland gerichtet ist.[78] 21

So genügt es für einen Inlandsbezug nicht, dass grundsätzlich die Möglichkeit besteht, dass sich inländische Verkehrskreise auf einer in englischer Sprache gehaltenen Internetseite informieren.[79] Etwas anderes gilt nur, wenn gezielt englischsprachige Kreise in Deutschland adressiert werden.[80] Ein Umstand, der für einen Inlandsbezug sprechen kann, ist hingegen ein Metatag,[81] der eine bessere Erreichbarkeit dieser Internetseite auch im Inland begründet; dies gilt aber nur, wenn es sich dabei um einen vom Betreiber der Internetseite in zumutbarer Weise beeinflussbaren Umstand handelt.[82] Relevant sind Metatags dann, wenn der Betreiber den Suchvorgang gerade in Deutschland beeinflusst oder zumutbare Möglichkeiten nicht nutzt, Suchergebnisse aufgrund des Metatags für Deutschland auszuschließen oder zu beschränken.[83] Dafür kommt es insbesondere darauf an, ob mit zumutbarem Aufwand die Nutzung eines Metatags beschränkt auf die Suchmaschine Google.de und andere speziell auf Deutschland ausgerichtete Suchmaschinen ausgeschlossen werden kann.[84] Unabhängig von Metatags liegt ein hinreichender Inlandsbezug vor, wenn auf der Internetseite kumulativ auf ein deutsches Tochterunternehmen hingewiesen wird, wenn auch eine deutsche Kontaktadresse angegeben wird und wenn der Internetauftritt unter der auch in Deutschland gebräuchlichen Top-Level-Domain. com erfolgt und nicht unter einer Länderadresse.[85] Außerdem kann die Werbung für ein im Ausland agierendes Unternehmen auf einer deutschen Internetseite markenrechtlich relevant sein, weil dadurch in Deutschland Kunden für das Auslandsgeschäft akquiriert werden sollen.[86] Dies gilt erst recht, wenn die Abrufbarkeit durch deutsche Marktteilnehmer technisch weitgehend verhindert werden kann.[87]

6. Erfordernis der Benutzung in der eigenen kommerziellen Kommunikation

Eine markenrechtlich relevante Benutzung setzt ferner voraus, dass der Verwender das Zeichen aktiv[88] im Rahmen seiner eigenen kommerziellen Kommunikation 22

---

76 BGH GRUR 2005, 431, 432 f. *HOTEL MARITIME*; vgl. auch BGH I ZR 229/03 v. 5.10.2006 *Pietra di Soln*, Tz. 15; BGH I ZR 169/07 v. 29.7.2009 *BTK*, Tz. 44.
77 BGH I ZR 17/05 v. 22.4.2010 *Pralinenform II*, Tz. 22 ff.; entsprechend zum Urheberrecht BGH I ZR 92/16 v. 23.2.2017 *Mart-Stam-Stuhl*.
78 BGH I ZR 134/16 v. 9.11.2017 *Resistograph*, Tz. 49 u. 51.
79 BGH I ZR 134/16 v. 9.11.2017 *Resistograph*, Tz. 40 f.
80 BGH I ZR 131/12 v. 12.12.2013 *englischsprachige Pressemitteilung*; vgl. auch BGH I ZR 134/16 v. 9.11.2017 *Resistograph*, Tz. 41.
81 Dazu auch unten § 10 Rdn. 54.
82 BGH I ZR 134/16 v. 9.11.2017 *Resistograph*.
83 BGH I ZR 134/16 v. 9.11.2017 *Resistograph*, Tz. 45.
84 BGH I ZR 134/16 v. 9.11.2017 *Resistograph*, Tz. 47.
85 BGH I ZR 134/16 v. 9.11.2017 *Resistograph*, Tz. 50 f.
86 BGH I ZR 122/04 v. 29.3.2007 *Bundesdruckerei*, Tz. 19.
87 LG Hamburg 327 O 258/13 v. 1.12.2016 *Peek & Cloppenburg Österreich*.
88 EuGH C-129/17 v. 25.7.2018 *Mitsubishi Shoji Kaisha*, Tz. 38.

benutzt.[89] Hiervon abzugrenzen ist der Fall, dass der Verwender lediglich die technischen Voraussetzungen der Nutzung durch Dritte schafft.[90]

> Wer eine Anzeige mit der Marke aufgibt, benutzt die Marke selbst;[91] dagegen wird eine Anzeigenwerbung dann nicht zugerechnet, wenn der laut Anzeige Werbende diese in Wirklichkeit nicht selbst aufgegeben oder sich sogar gegen die Nutzung gewendet hat.[92] An einer eigenen kommerziellen Kommunikation fehlt es auch dann, wenn Nutzer einer Internetsuchmaschine nach bestimmten Marken suchen und die Suchmaschine daraufhin Treffer generiert. Nicht die Suchmaschine benutzt hierbei das Zeichen in eigener Kommunikation, sondern allein ihr Kunde.[93] Anders liegt der Fall natürlich, wenn der Suchmaschinenbetreiber seinen Kunden aktiv Marken Dritter als Suchwort vorschlägt. Auch wenn sich z. B. eine Internetplattform einer Suchmaschine bedient, um die Angebote der Plattformkunden zu bewerben, so stellt dies zugleich auch eine Werbung der Internetplattform und damit eine Benutzung dar.[94] Dagegen benutzt ein Verpackungsbetrieb, der lediglich Getränke in – rechtsverletzend gekennzeichnete – Dosen abfüllt, ohne ein Interesse an der Gestaltung der Dosen zu haben, die Marke nicht in seiner eigenen kommerziellen Kommunikation.[95] Entsprechendes gilt für ein Unternehmen, dass markenverletzende Ware nur lagert.[96]

23 Auch eine Benutzung für Produkte eines Dritten ist nicht immer rechtsverletzend, kann es aber sein. So genügt insbesondere ein lediglich mittelbarer Herkunftshinweis regelmäßig nicht. Normalerweise liegt daher nur dann eine rechtsverletzende Benutzung vor, wenn die Benutzung der Marke Produkte des potentiellen Verletzers betrifft.[97] Rechtsverletzend ist eine Benutzung für Produkte eines Dritten jedoch zum Beispiel, wenn der Werbende für seine eigenen Kunden Werbung betreibt.[98] Ebenso liegt der Fall, wenn ein ausdrücklicher Bezug hergestellt wird. Bejaht hat der EuGH dies, wenn – wie bei vergleichender Werbung – das gekennzeichnete Produkt als Alternative zum Markenprodukt angeboten wird.[99] Aber auch dann, wenn die Benutzung eine anderweitige Verbindung des Zeichens und der vertriebenen Waren oder erbrachten Dienstleistungen herstellt, liegt unter Umständen eine rechtsverletzende Benutzung vor.[100]

---

89 EuGH C-236/08 bis 238/08 v. 23.3.2010 *Google France*, Tz. 57; EuGH C-119/10 v. 15.12.2011 *Frisdranken Industrie Winters*, Tz. 29; EuGH C-379/14 v. 16.7.2015 *TOP Logistics*, Tz. 41.
90 EuGH C-236/08 bis 238/08 v. 23.3.2010 *Google France*, Tz. 57; EuGH C-119/10 v. 15.12.2011 *Frisdranken Industrie Winters*, Tz. 29.
91 EuGH C-179/15 v. 3.3.2016 *Daimler*, Tz. 30.
92 EuGH C-179/15 v. 3.3.2016 *Daimler*, Tz. 34 ff.
93 EuGH C-236/08 bis 238/08 v. 23.3.2010 *Google France*, Tz. 56; vlg. auch EuGH C-558/08 v. 8.7.2010 *Portakabin*, Tz. 28; EuGH C-324/09 v. 12.7.2011 *L'Oréal/eBay*, Tz. 102.
94 EuGH C-324/09 v. 12.7.2011 *L'Oréal/eBay*, Tz. 85.
95 EuGH C-119/10 v. 15.12.2011 *Frisdranken Industrie Winters*, Tz. 30 ff.
96 EuGH C-379/14 v. 16.7.2015 *TOP Logistics*, Tz. 45.
97 EuGH C-533/06 v. 12.6.2008 *O 2 Holdings*, Tz. 34; EuGH C-236/08 bis 238/08 v. 23.3.2010 *Google France*, Tz. 60.
98 EuGH C-324/09 v. 12.7.2011 *L'Oréal/eBay*, Tz. 91 f.
99 EuGH C-533/06 v. 12.6.2008 *O 2 Holdings*, Tz. 35 ff.; EuGH C-558/08 v. 8.7.2010 *Portakabin*, Tz. 28.
100 EuGH C-62/08 v. 19.2.2009 *UDV North America*, Tz. 47; EuGH C-236/08 bis 238/08 v. 23.3.2010 *Google France*, Tz. 72; EuGH C-119/10 v. 15.12.2011 *Frisdranken Industrie Winters*, Tz. 32.

So wird etwa eine für Kraftfahrzeuge eingetragene Marke nicht schon dadurch rechtsverletzend benutzt, wenn sie auf einem Spielzeugmodellauto angebracht wird.[101] Andererseits handelt es sich um eine Benutzung als Marke, wenn die Öffentlichkeit durch die Verwendung der Marke »BMW« von einer Werkstatt darauf hingewiesen wird, dass dort Fahrzeuge der Marke »BMW« instand gesetzt und gewartet werden. Dies gilt auch dann, wenn die Marke »BMW« lediglich für Fahrzeuge und nicht für Wartungsleistungen eingetragen ist und daher nur als mittelbarer Herkunftshinweis verwendet wird.[102] Gleiches gilt, wenn der Verletzer die Marke für Produkte eines Dritten nutzt und dabei für dessen Rechnung handelt[103] oder wenn die fremde Marke in ein eigenes Kennzeichen aufgenommen wird.[104]

V. Geschäftlicher Verkehr

Marken sichern die Produktvermarktung im geschäftlichen Verkehr ab. Sie genießen daher grundsätzlich[105] nur Schutz gegen eine Benutzung durch Dritte im geschäftlichen Verkehr (Art. 16 TRIPS; Art. 5 I, II; Art. 9 I 2 UMV; § 14 II MarkenG).[106] Den harmonisierten Begriff des geschäftlichen Verkehrs hat der EuGH bislang zwar nicht explizit definiert, wohl aber die Benutzung »im geschäftlichen Verkehr« als eine auf einen wirtschaftlichen Vorteil gerichtete kommerzielle Tätigkeit von der Benutzung im privaten Bereich abgegrenzt.[107]

24

So stellt nach einer Entscheidung des EuGH die Benutzung der Marke »Arsenal« auf Schals, die als Fanartikel an einem Verkaufsstand verkauft werden, eine Benutzung »im geschäftlichen Verkehr« dar.[108] Auch die Benutzung einer Marke in Anzeigen ist eine Benutzung »im geschäftlichen Verkehr«.[109] Gleiches gilt nach der Rechtsprechung des BGH für das Anbieten einer markenverletzenden Ware, selbst wenn die Markenverletzung aufgrund der Verpa-

---

101 EuGH C-48/05 v. 25.1.2007 *Adam Opel*, Tz. 26 ff.; BGH I ZR 88/08 v. 14.1.2010 *Opel-Blitz II*; auch EuGH C-533/06 v. 12.6.2008 *O 2 Holdings*, Tz. 34.
102 EuGH C-63/97 v. 23.2.1999 *BMW*, Tz. 39 u. 42; EuGH C-179/15 v. 3.3.2016 *Daimler*, Tz. 22; problematisch daher BGH GRUR 2005, 162, 163 *SodaStream*, wo eine mittelbare Benutzung als Marke nicht thematisiert wird.
103 EuGH C-236/08 bis 238/08 v. 23.3.2010 *Google France*, Tz. 60.
104 BGH I ZR 253/14 v. 12.1.2017 *World of Warcraft II*, Tz. 94.
105 Vgl. Art. 10 VI MRR, der in Deutschland womöglich über §§ 823, 826 BGB Geltung erlangen kann.
106 BGH I ZR 82/14 v. 28.4.2016 *profitbricks.es*, Tz. 20; vgl. auch BGH GRUR 1998, 696 *Rolex-Uhr mit Diamanten*, m. w. N.
107 EuGH C-206/01 v. 12.11.2002 *Arsenal/Reed*, Tz. 39 f.; EuGH C-48/05 v. 25.1.2007 *Adam Opel*, Tz. 18; EuGH C-325/06 P v. 20.3.2007 *Galileo International Technology u. a./Kommission*, Tz. 32; EuGH C-17/06 v. 11.9.2007 *Céline*, Tz. 17; EuGH C-533/06 v. 12.6.2008 *O 2 Holdings*, Tz. 60; EuGH C-62/08 v. 19.2.2009 *UDV North America*, Tz. 44; EuGH C-236/08 bis 238/08 v. 23.3.2010 *Google France*, Tz. 50; EuGH C-379/14 v. 16.7.2015 *TOP Logistics*, Tz. 43; EuGH C-129/17 v. 25.7.2018 *Mitsubishi Shoji Kaisha*, Tz. 39; auch BGH I ZR 22/04 v. 25.1.2007 *Pralinenform I*, Tz. 20; BGH I ZR 35/04 v. 19.4.2007 *Internet-Versteigerung II*, Tz. 23; BGH I ZR 159/05 v. 24.4.2008 *afilias.de*, Tz. 12; BGH I ZR 82/14 v. 28.4.2016 *profitbricks.es*, Tz. 20; BGH I ZR 164/16 v. 9.11.2017 *Parfummarken*, Tz. 25; BGH I ZR 201/16 v. 15.2.2018 *goFit*, Tz. 39; BGH I ZR 136/17 v. 17.10.2018 *Tork*, Tz. 19.
108 EuGH C-206/01 v. 12.11.2002 *Arsenal/Reed*, Tz. 39 f.; vgl. auch EuG T-195/00 v. 10.4.2003 *Offizielles Euro-Symbol*, Tz. 93.
109 EuGH C-63/97 v. 23.2.1999 *BMW*, Tz. 41, unter Hinweis auf Art. 10 III MRR.

ckung für den Verbraucher nicht beim Kauf sichtbar ist.[110] Auch ein Zeigen markenverletzender Ware auf einer Messe findet im geschäftlichen Verkehr statt – und zwar unabhängig davon, ob die Ware im Inland verkauft werden soll.[111] Der BGH hat andererseits Veränderungen einer Markenware, die der Abnehmer der Ware für den Eigenbedarf vornimmt oder vornehmen lässt, ebenso als markenrechtlich irrelevant eingestuft wie das Tragen einer mit fremder Marke versehenen Uhr.[112] Auch gilt bei Domainnamen keine Vermutung für eine Verwendung im geschäftlichen Verkehr.[113] Eine unternehmensinterne Verwendung kann im geschäftlichen Verkehr erfolgen, wenn eine unbestimmte Vielzahl von Personen Kenntnis von der Verwendung erlangt.[114]

25 Besonders problematisch ist dabei die in der Praxis häufig anzutreffende Problematik von Gelegenheitsverkäufen im Internet. Ein Verkauf durch eine natürliche Person begründet dabei nach der Rechtsprechung des EuGH ohne weiteres kein Handeln im geschäftlichen Verkehr. Weisen hingegen die auf einem solchen Internet-Marktplatz getätigten Verkäufe aufgrund ihres Umfangs, ihrer Häufigkeit oder anderer Merkmale über die Sphäre einer privaten Tätigkeit hinaus, bewegt sich der Verkäufer im Rahmen des »geschäftlichen Verkehrs« im Sinne dieser Artikel.[115] Im Interesse des Markenschutzes will auch der BGH keine hohen Anforderungen stellen.[116] Allerdings ist von einem Handeln im geschäftlichen Verkehr nicht schon dann auszugehen, wenn eine Ware einer Vielzahl von Personen zum Kauf angeboten wird, mag dies auch mit dem Ziel geschehen, einen möglichst hohen Verkaufspreis zu erzielen; denn auch im privaten Bereich soll regelmäßig ein möglichst hoher Verkaufspreis erzielt werden.[117] Letztlich bleibt die Abgrenzung jedoch eine Frage des Einzelfalls.[118] Dabei trifft den Markeninhaber zwar grundsätzlich die Darlegungs- und Beweislast; bei hinreichendem Vortrag ist der Verletzer jedoch mit einer sekundären Darlegungslast belastet.[119]

> So wird auf der anderen Seite der private Bereich nicht schon immer dann verlassen, wenn eine Ware einer Vielzahl von Personen zum Kauf angeboten wird. So handelt etwa derjenige, der anlässlich eines Umzugs in eine kleinere Wohnung eine Vielzahl verschiedener Gegenstände über die Plattform der Beklagten zum Verkauf anbietet, nicht bereits deshalb im geschäftlichen Verkehr, weil jedermann auf sein Angebot zugreifen kann. Ein Handeln im geschäftlichen Verkehr liegt dagegen jedenfalls bei solchen Fallgestaltungen nahe, bei denen ein Anbieter wiederholt mit gleichartigen, insbesondere auch neuen Gegenständen handelt.

---

110 BGH I ZR 22/04 v. 25.1.2007 *Pralinenform I*, Tz. 20.
111 BGH I ZR 17/05 v. 22.4.2010 *Pralinenform II*, Tz. 20.
112 BGH GRUR 1998, 696 *Rolex-Uhr mit Diamanten*, m. w. N.; vgl. aber auch BGH I ZR 58/04 v. 13.10.2004.
113 BGH I ZR 159/05 v. 24.4.2008 *afilias.de*, Tz. 12; BGH I ZR 82/14 v. 28.4.2016 *profitbricks.es*, Tz. 21.
114 BGH I ZR 51/03 v. 16.3.2006 *Seifenspender*, Tz. 10; BGH I ZR 136/17 v. 17.10.2018 *Tork*, Tz. 23.
115 EuGH C-324/09 v. 12.7.2011 *L'Oréal/eBay*, Tz. 55.
116 BGH I ZR 35/04 v. 19.4.2007 *Internet-Versteigerung II*, Tz. 23; BGH I ZR 73/05 v. 30.4.2008 *Internet-Versteigerung III*, Tz. 43; BGH I ZR 82/14 v. 28.4.2016 *profitbricks.es*, Tz. 20.
117 BGH I ZR 73/05 v. 30.4.2008 *Internet-Versteigerung III*, Tz. 41.
118 So im Ergebnis auch OLG Frankfurt GRUR-RR 2005, 317; GRUR-RR 2006, 48; a. A. noch OLG Köln GRUR-RR 2006, 50, aufgehoben durch BGH I ZR 73/05 v. 30.4.2008 *Internet-Versteigerung III*; unklar noch BGHZ 158, 236, 249 *Internet-Versteigerung I*.
119 BGH I ZR 73/05 v. 30.4.2008 *Internet-Versteigerung III*, Tz. 47.

Auch wenn ein Anbieter von ihm zum Kauf angebotene Gegenstände erst kurz zuvor erworben hat, spricht dies für eine entsprechende Gewinnerzielungsabsicht und damit für ein Handeln im geschäftlichen Verkehr. Weiter deutet auch die Tatsache, dass der Anbieter ansonsten gewerblich tätig ist, auf eine geschäftliche Tätigkeit hin.[120] Auch eine größere Zahl von »Feedbacks«, also Käuferreaktionen nach früheren Auktionen dieses Anbieters – etwa 26 oder gar 75 »Feedbacks« – spricht für sich schon für eine geschäftliche Tätigkeit.[121]

Nicht dem geschäftlichen Verkehr sollen nach Auffassung des BGH wissenschaftliche, politische oder amtliche Handlungen zuzurechnen sein.[122] Auch das EuG will mit dem Kriterium der kommerziellen Tätigkeit eine geschäftliche von einer staatlichen Tätigkeit abgrenzen. **26**

So soll die Verwendung des offiziellen Euro-Symbols zur Bezeichnung der gemeinsamen Währung keine Benutzung einer dem Euro-Symbol ähnlichen Marke im geschäftlichen Verkehr sein.[123] Gleiches soll für die Kennzeichnung des Satelliten-Systems Galileo[124] oder Zeichennutzung im Rahmen universitärer Forschung gelten.[125]

Tatsächlich ist hier die Abgrenzung schwieriger. Es kann nicht Sache der Mitgliedstaaten sein, bestimmte Tätigkeiten als politisch, amtlich oder staatlich einzustufen und damit die Übernahme solcher Zeichen Dritter durch den Staat dem markenrechtlichen Anwendungsbereich zu entziehen. Ähnlich wie im Kartellrecht muss es für die Annahme eines Handelns im geschäftlichen Verkehr vielmehr genügen, wenn die Tätigkeit, um die es geht, nicht immer von öffentlichen Einrichtungen betrieben worden ist oder sie auch nicht notwendig von solchen Einrichtungen betrieben werden muss.[126] **27**

Die Ausgabe der Euro-Noten etwa findet daher nicht im geschäftlichen Verkehr statt, wohl aber die Tätigkeit einer städtischen Friedhofsverwaltung.

Die Beweislast für ein Handeln im geschäftlichen Verkehr trägt grundsätzlich der Verletzte. Kann sich der Verletzte jedoch lediglich auf begrenzte ihm zugängliche Tatsachen stützen und ergeben sich daraus objektive Merkmale, die für ein Handeln im geschäftlichen Verkehr sprechen, so ist es Sache der Verletzers, substantiiert darzulegen, dass dennoch kein Handeln im geschäftlichen Verkehr vorliegt.[127] **28**

VI. Keine Zustimmung

Eine Markenverletzung liegt nur vor, wenn die Benutzung ohne Zustimmung des Rechtsinhabers erfolgt. Die Darlegungs- und Beweislast für die Zustimmung trägt **29**

---

120 BGH I ZR 35/04 v. 19.4.2007 *Internet-Versteigerung II*, Tz. 23, m. w. N.; BGH I ZR 73/05 v. 30.4.2008 *Internet-Versteigerung III*, Tz. 43.
121 BGH I ZR 73/05 v. 30.4.2008 *Internet-Versteigerung III*, Tz. 46.
122 BGH GRUR 2004, 241, 242 *GeDIOS*.
123 EuG T-195/00 v. 10.4.2003 *Offizielles Euro-Symbol*, Tz. 96 ff.
124 EuG T-279/03 v. 10.5.2006 *Galileo*, Tz. 103 ff., bestätigt durch EuGH C-325/06 P v. 20.3.2007 *Galileo International Technology u. a./Kommission*.
125 BGH GRUR 1991, 607 *Visper*.
126 Vgl. zu Zollspediteuren EuGH C 35/96 v. 18.6.1998, Tz. 36 f.; zu Arbeitsvermittlern EuGH C-55/96 v. 11.12.1997, Tz. 21 f.; zu Zusatzrentenfonds EuGH C-67/96, C-115/97 bis C-117/97, C-219/97 v. 21.9.1999, Tz. 88 ff.
127 BGH I ZR 35/04 v. 19.4.2007 *Internet-Versteigerung II*, Tz. 46, m. w. N.

dabei der Verletzer.[128] Behauptet der Markeninhaber im Prozess, der Dritte habe Produktfälschungen vertrieben, kann den Markeninhaber eine sekundäre Darlegungslast dazu treffen, anhand welcher Anhaltspunkte oder Umstände vom Vorliegen von Produktfälschungen auszugehen ist. Da die sekundäre Darlegungslast nur im Rahmen des Zumutbaren besteht, braucht der Markeninhaber in diesem Zusammenhang grundsätzlich keine Betriebsgeheimnisse zu offenbaren.[129]

VII. Funktionswidrigkeit der Benutzung

1. Grundsätze

30 Der markenrechtliche Schutz setzt voraus, dass die Benutzung des Zeichens durch einen Dritten die Funktionen der Marke und insbesondere ihre Hauptfunktion, d. h. die Gewährleistung der Herkunft der Ware gegenüber den Verbrauchern, beeinträchtigt, ausnutzt, beeinträchtigen oder ausnutzen könnte.[130] Ob dies der Fall ist, hat das nationale Gericht eigenständig zu prüfen.[131] Dabei schützen allerdings die drei markenrechtlichen Eingriffstatbestände – der Identitätsschutz, der Schutz vor Verwechslungsgefahr und der Bekanntheitsschutz – nicht sämtliche Markenfunktionen in gleicher Weise. Die strengsten Voraussetzungen hat der Verwechslungsschutz, weniger strenge der Identitätsschutz, die großzügigsten der Bekanntheitsschutz. Dabei greift der Schutz vor Verwechslungsfahr grundsätzlich[132] nur ein, wenn die Marke durch die Benutzung in ihrer Herkunftsfunktion berührt werden kann, wenn also die Benutzung in einem Zusammenhang mit der Unterscheidung von Produkten eines Unternehmens von denen anderer Unternehmen steht.[133] Der Identitätsschutz greift weiter[134] und erfasst auch die Beeinträchtigung oder Gefahr der Beeinträchtigung anderer Funktionen wie u. a. die Gewähr-

---

128 BGH I ZR 52/10 v. 15.3.2012 *CONVERSE I*; I ZR 107/15 v. 14.1.2016, Tz. 9.
129 BGH I ZR 52/10 v. 15.3.2012 *CONVERSE I*, Tz. 27 ff.; I ZR 107/15 v. 14.1.2016, Tz. 9.
130 EuGH C-206/01 v. 12.11.2002 *Arsenal/Reed*, Tz. 51; EuGH C-245/02 v. 16.11.2004 *Anheuser-Busch/Budějovický Budvar*, Tz. 59; EuGH C-48/05 v. 25.1.2007 *Adam Opel*, Tz. 21; EuGH C-487/07 v. 18.6.2009 *L'Oréal u. a.*, Tz. 58 ff.; EuGH C-236/08 bis 238/08 v. 23.3.2010 *Google France*, Tz. 75; EuGH C-379/14 v. 16.7.2015 *TOP Logistics*, Tz. 46; EuGH C-179/15 v. 3.3.2016 *Daimler*, Tz. 26.
131 EuGH C-323/09 v. 22.9.2011 *Interflora*, Tz. 41.
132 Vgl. Art. 10 VI MRR, der in Deutschland womöglich bei der Verletzung von Marken durch Unternehmenskennzeichen einschlägig sein könnte.
133 EuGH C-179/15 v. 3.3.2016 *Daimler*, Tz. 27; EuGH C-93/16 v. 20.7.2017 *Ornua Co-operative*, Tz. 29; BGH I ZR 101/15 v. 3.11.2016 *MICRO COTTON*, Tz. 26; BGH I ZR 191/15 v. 10.11.2016 *Sierpinski-Dreieck*, Tz. 21; BGH I ZR 253/14 v. 12.1.2017 *World of Warcraft II*, Tz. 92; das Kriterium ist zu unterscheiden vom unlauteren Ausnutzen oder Beeinträchtigen der Unterscheidungskraft oder Wertschätzung im Rahmen des erweiterten Schutzes bekannter Marken: EuGH C-63/97 v. 23.2.1999 *BMW*, Tz. 40; EuGH C-48/05 v. 25.1.2007 *Adam Opel*, Tz. 31 ff.
134 Die zwischenzeitlich in Vorschlägen zur Änderung von MRR und UMV vorgesehene Beschränkung auf eine Beeinträchtigung der Herkunftsfunktion wurde glücklicherweise wieder fallen gelassen.

leistung der Qualität dieser Ware oder Dienstleistung[135] oder die Kommunikations-, Investitions- oder Werbefunktionen.[136] Beim Bekanntheitsschutz genügt darüber hinaus sogar ein bloßes Ausnutzen[137] einer Markenfunktion, ohne dass eine Beeinträchtigung vorliegen müsste.[138] Hintergrund der Differenzierung ist, dass Marken zwar stets ihre herkunftshinweisende Funktion erfüllen sollen, andere Funktionen hingegen nur, soweit sie vom Markeninhaber dazu verwendet werden – insbesondere zu Zwecken der Werbung oder Investition.[139]

> Folglich sind bestimmte Arten der Benutzung, z. B. eine Benutzung zu rein beschreibenden Zwecken vom Markenschutz ausgeschlossen. Dies gilt etwa, wenn im Rahmen eines Verkaufsgesprächs zwischen Fachleuten auf die Marke Bezug genommen wird, um über die Merkmale der angebotenen Ware zu kommunizieren und die Bezugnahme nicht als Hinweis auf die Herkunft der Ware verstanden werden kann. So liegt der Fall, wenn sich zwei Juweliere darüber austauschen, ob Juwelen eines bestimmten – und unter einer bestimmten Marke bekannten – Schliffs hergestellt werden könnten.[140]

Im Gegensatz zu dieser differenzierten Rechtsprechung ging die frühere deutsche **31** Rechtsprechung davon aus, dass sämtliche Verletzungstatbestände in gleicher Weise eine »markenmäßige Benutzung« voraussetzen, also eine Benutzung, die geeignet ist, die Herkunftsfunktion der Marke zu beeinträchtigen.[141] Nachdem sich hinsichtlich des Bekanntheitsschutzes schon frühzeitig andeutete, dass der EuGH dieser Linie nicht folgen würde,[142] ist durch die *L'Oréal*-Entscheidung[143] nunmehr

---

135 Erforderlich ist eine Beeinträchtigung gerade hinsichtlich der identischen Waren, wogegen eine Beeinträchtigung der Markenfunktionen hinsichtlich anderer Waren nicht genügt: BGH I ZR 88/08 v. 14.1.2010 *Opel-Blitz II*.
136 EuGH C-487/07 v. 18.6.2009 *L'Oréal u. a.*, Tz. 58 f.; EuGH C-236/08 bis 238/08 v. 23.3.2010 *Google France*, Tz. 49 u. 76 f., m. w. N.; EuGH C-278/08 v. 25.3.2010 *Berg-Spechte*, Tz. 22 u. 29 ff.; EuGH C-558/08 v. 8.7.2010 *Portakabin*, Tz. 26 u. 30; EuGH C-323/09 v. 22.9.2011 *Interflora*, Tz. 33 ff.; EuGH C-482/09 v. 22.9.2011 *Budějovický Budvar*, Tz. 71; EuGH C-65/12 v. 6.2.2014 *Leidseplein Beheer*, Tz. 30; EuGH C-179/15 v. 3.3.2016 *Daimler*, Tz. 26; EuGH C-689/15 v. 8.6.2017 *W. F. Gözze Frottierweberei*, Tz. 42; BGH I ZR 88/08 v. 14.1.2010 *Opel-Blitz II*, Tz. 16; BGH I ZR 78/14 v. 23.9.2015 *Sparkassen-Rot/Santander-Rot*, Tz. 80; vgl. auch EFTA-Gerichtshof E-5/16 v. 8.4.2017 *Municipality of Oslo*, Tz. 71.
137 Hierzu insbesondere unten § 13 Rdn. 42 ff.
138 EuGH C-48/05 v. 25.1.2007 *Adam Opel*, Tz. 37; EuGH C-487/07 v. 18.6.2009 *L'Oréal u. a.*, Tz. 58 f.; EuGH C-323/09 v. 22.9.2011 *Interflora*, Tz. 71; EuGH C-65/12 v. 6.2.2014 *Leidseplein Beheer*, Tz. 40; auch EuGH C-661/11 v. 19.9.2013 *Martin Y Paz Diffusion*, Tz. 58; überholt BGH GRUR 2005, 583 *Lila-Postkarte*; richtig nun BGH I ZR 78/14 v. 23.9.2015 *Sparkassen-Rot/Santander-Rot*, Leitsatz u. Tz. 76 u. 80; BGH I ZR 236/16 v. 28.6.2018 *keine-vorwerk-vertretung*, Tz. 18.
139 EuGH C-323/09 v. 22.9.2011 *Interflora*, Tz. 40.
140 EuGH C-2/00 v. 14.5.2002 *Michael Hölterhoff/Ulrich Freiesleben*, Tz. 16 f.; EuGH C-487/07 v. 18.6.2009 *L'Oréal u. a.*, Tz. 61; auch EuGH C-206/01 v. 12.11.2002 *Arsenal/Reed*, Tz. 54; ferner BGH GRUR 2004, 775, 778 *EURO 2000*; BGH GRUR 2004, 949, 950 *Regiopost/Regional Post*.
141 BGH I ZR 151/05 v. 13.3.2008 *Metrosex*, Tz. 33; BGH I ZR 214/11 v. 11.4.2013 *VOLKSWAGEN/Volks.Inspektion*, Tz. 20; anders noch zur Rechtslage vor Inkrafttreten des MarkenG BGH WRP 1996, 710 *Uhren-Applikation*.
142 Vgl. EuGH C-48/05 v. 25.1.2007 *Adam Opel*, Tz. 31 ff.
143 EuGH C-487/07 v. 18.6.2009 *L'Oréal u. a.*

geklärt, dass die frühere deutsche Linie beim Identitätsschutz und beim Bekanntheitsschutz überholt ist.[144]

32   Die Funktionenlehre des EuGH erscheint auf den ersten Blick dogmatisch bis ins Letzte ausgefeilt. Der Sache nach geht es aber wohl um etwas anderes: Eigentlich korrigiert der EuGH nämlich über die Funktionenlehre im Einzelfall unbillig erscheinende Ergebnisse. Wo der Markenschutz zu eng ist, lässt die Funktionenlehre eine Erweiterung zu, während zu weiter Schutz begrenzt werden kann. Markenschutz ist nicht »bedingungslos«, sondern setzt eine Interessenabwägung voraus.[145] Der Sache nach handelt es sich daher bei der Funktionenlehre wohl mehr oder weniger um den deutschen Juristen bekannten Grundsatz von Treu und Glauben, dem der EuGH ein neues Gewand verpasst hat.

So dürfte der EuGH im etwas künstlich generierten und wohl provozierten Hölterhoff-Fall[146] eine Begrenzung des Markenschutzes gesucht haben, während er in der L'Oreal-Entscheidung offenbar eine Notwendigkeit der Ausweitung des Schutzes unternehmerischer Investitionen durch Markenschutz sah.[147]

2. Beeinträchtigung der Herkunftsfunktion

a) Grundsätze

33   Voraussetzung einer Rechtsverletzung unter dem Gesichtspunkt der Verwechslungsgefahr ist damit, dass die Benutzung des Zeichens durch einen Dritten die Funktionen der Marke und insbesondere ihre Hauptfunktion, d. h. die Gewährleistung der Herkunft der Ware gegenüber den Verbrauchern, beeinträchtigt oder beeinträchtigen könnte.[148] Es kommt also darauf an, ob das jüngere Zeichen als Marke – oder synonym[149] »markenmäßig« – benutzt wird oder ob eine Benutzung zu anderen Zwecken erfolgt.[150] Eine Benutzung, die tatsächlich eine Verwechslungsgefahr im Hinblick auf die Herkunft der Produkte, eine Geschäftsverbindung oder jedenfalls eine Organisationskontrolle begründet, ist zugleich rechtsverletzend.[151] Die rechtliche Beurteilung, unter welchen Voraussetzungen von einer sol-

---

144 So zum Bekanntheitsschutz nun auch BGH I ZR 59/13 v. 2.4.2015 *Springender Pudel*, Tz. 36.
145 EuGH C-65/12 v. 6.2.2014 *Leidseplein Beheer*, Tz. 41 f.
146 EuGH C-2/00 v. 14.5.2002 *Michael Hölterhoff/Ulrich Freiesleben*.
147 EuGH C-487/07 v. 18.6.2009 *L'Oréal u. a.*
148 EuGH C-206/01 v. 12.11.2002 *Arsenal/Reed*, Tz. 51 ff.; EuGH C-245/02 v. 16.11.2004 *Anheuser-Busch/Budějovický Budvar*, Tz. 59 u. 71; EuGH C-48/05 v. 25.1.2007 *Adam Opel*, Tz. 21; EuGH C-17/06 v. 11.9.2007 *Céline*, Tz. 16; EuGH C-533/06 v. 12.6.2008 *O 2 Holdings*, Tz. 57; EuGH C-62/08 v. 19.2.2009 *UDV North America*, Tz. 42; EuGH C-236/08 bis 238/08 v. 23.3.2010 *Google France*, Tz. 82; EuGH C-179/15 v. 3.3.2016 *Daimler*, Tz. 27; u. a. auch BGH GRUR 2002, 814 *Festspielhaus I*; BGH GRUR 2002, 809, 811 *FRÜHSTÜCKS-DRINK I*; BGH GRUR 2002, 812, 813 *FRÜHSTÜCKS-DRINK II*; BGH GRUR 2003, 963, 964 *AntiVir/AntiVirus*; BGH GRUR 2004, 775, 777 *EURO 2000*; BGH GRUR 2005, 162 *SodaStream*; BGH I ZR 22/04 v. 25.1.2007 *Pralinenform I*, Tz. 22.
149 BGH I ZB 69/14 v. 15.10.2015 *GLÜCKSPILZ*, Tz. 23; BGH I ZR 101/15 v. 3.11.2016 *MICRO COTTON*, Tz. 26.
150 EuGH C-63/97 v. 23.2.1999 *BMW*, Tz. 38.
151 EuGH C-533/06 v. 12.6.2008 *O 2 Holdings*, Tz. 59.

chen potentiellen Beeinträchtigung der Herkunftsfunktion auszugehen ist, ist Sache des EuGH.[152] Die Beweislast für die rechtsverletzende Benutzung trägt der Markeninhaber.[153]

Beeinträchtigt sind die Markenfunktionen etwa, wenn markenverletzende Ware in das Gebiet eingeführt wird, wo Markenschutz besteht. Dabei kommt es nicht darauf an, ob ein unmittelbarer Verbraucherbezug besteht.[154]

In Konkretisierung dieser Grundsätze setzt der BGH[155] für eine rechtsverletzende **34** Markenbenutzung im Rahmen der Verwechslungsgefahr voraus, dass sie im Rahmen des Produkt- oder Leistungsabsatzes jedenfalls auch der Unterscheidung der Waren oder Dienstleistungen eines Unternehmens von denen anderer Unternehmen dient.[156] Es müssen dabei nicht zwingend eigene Produkte beworben werden.[157] Die Abgrenzung ist im Wesentlichen Aufgabe des Tatrichters.[158] Ob eine Benutzung als Marke vorliegt, ist hierbei unter Zugrundelegung eines durchschnittlich informierten, aufmerksamen und verständigen Durchschnittsverbrauchers[159] von der Warte der beteiligten[160] Verkehrskreise aus zu beurteilen.[161] Ist daher etwa

---

152 EuGH C-206/01 v. 12.11.2002 *Arsenal/Reed*, Tz. 43 ff.; EuGH C-228/03 v. 17.3.2005 *Gillette*, Tz. 25; EuGH C-533/06 v. 12.6.2008 *O 2 Holdings*, Tz. 56, teilweise unter Hinweis auf EuGH C-414/99 bis C-416/99 v. 20.11.2001 *Zino Davidoff/A & G Imports u. a.*; auch EuGH C-405/03 v. 18.10.2005 *Class International*, Tz. 73; EuGH C-48/05 v. 25.1.2007 *Adam Opel*, Tz. 17; EuGH C-17/06 v. 11.9.2007 *Céline*, Tz. 15.
153 EuGH C-405/03 v. 18.10.2005 *Class International*, Tz. 73 ff.
154 EuGH C-379/14 v. 16.7.2015 *TOP Logistics*, Tz. 48 ff.
155 Zur Entwicklung der Rechtsprechung vgl. BGH GRUR 2002, 814 *Festspielhaus I*; BGH GRUR 2002, 809, 810 *FRÜHSTÜCKS-DRINK I*; BGH GRUR 2002, 812, 813 *FRÜHSTÜCKS-DRINK II*, unter Hinweis auf BGH, GRUR 1998, 697, 698 *VENUS MULTI*; BGHZ 138, 143, 157 f. *Les-Paul-Gitarren*.
156 BGHZ 153, 131, 138 *Abschlussstück*; BGH GRUR 2002, 814, 815 *Festspielhaus I*; BGH GRUR 2002, 809, 811 *FRÜHSTÜCKS-DRINK I*; BGH GRUR 2002, 812, 813 *FRÜHSTÜCKS-DRINK II*; BGH GRUR 2003, 963, 964 *AntiVir/AntiVirus*; BGH I ZR 167/06 v. 5.2.2009 *METROBUS*, Tz. 60; I ZR 174/06 v. 5.2.2009, Tz. 59; I ZR 254/14 v. 28.4.2016 *Kinderstube*, Tz. 34.
157 BGH I ZR 78/14 v. 23.9.2015 *Sparkassen-Rot/Santander-Rot*, Tz. 72, m. w. N.
158 BGHZ 153, 131, 139 *Abschlussstück*; BGHZ 156, 126, 137 *Farbmarkenverletzung I*; BGH GRUR 2005, 414, 415 *Russisches Schaumgebäck*; BGH GRUR 2005, 419, 421 *Räucherkate*; BGH I ZR 22/04 v. 25.1.2007 *Pralinenform I*, Tz. 23; BGH I ZR 123/05 v. 30.4.2008 *Rillenkoffer*, Tz. 16; BGH I ZR 214/11 v. 11.4.2013 *VOLKSWAGEN/Volks.Inspektion*, Tz. 21; BGH I ZR 228/12 v. 18.9.2014 *Gelbe Wörterbücher*, Tz. 26; BGH I ZR 104/14 v. 30.7.2015 *Posterlounge*, Tz. 21; BGH I ZB 69/14 v. 15.10.2015 *GLÜCKSPILZ*, Tz. 22; BGH I ZR 23/14 v. 21.10.2015 *Bounty*, Tz. 28; BGH I ZR 254/14 v. 28.4.2016 *Kinderstube*, Tz. 36; BGH I ZR 101/15 v. 3.11.2016 *MICRO COTTON*, Tz. 27; BGH I ZR 191/15 v. 10.11.2016 *Sierpinski-Dreieck*, Tz. 23.
159 Zu den maßgeblichen Verkehrskreisen vgl. unten § 12 Rdn. 23 – 32.
160 Zum unterschiedlichen Verständnis inländischer und ausländischer Verkehrskreise: BGH I ZR 75/10 v. 8.3.2012 *OSCAR*, Tz. 40.
161 EuGH C-48/05 v. 25.1.2007 *Adam Opel*, Tz. 23 ff.; BGHZ 153, 131, 139 *Abschlussstück*; BGHZ 156, 126, 136 *Farbmarkenverletzung I*; BGH GRUR 2002, 814, 815 *Festspielhaus I*; BGH GRUR 2002, 812, 813 *FRÜHSTÜCKS-DRINK II*; BGH GRUR 2003, 963, 964 *AntiVir/AntiVirus*; BGH GRUR 2004, 154, 155 *Farbmarkenverletzung II*; BGH GRUR 2004, 947, 948 *Gazoz*; BGH GRUR 2005, 419, 421 *Räucherkate*; BGH I ZR 22/04 v. 25.1.2007 *Pralinenform I*, Tz. 26; BGH I ZR 78/14 v. 23.9.2015 *Sparkassen-Rot/Santander-Rot*, Tz. 68; BGH I ZR 136/17 v. 17.10.2018 *Tork*, Tz. 21.

eine bestimmte Werbemaßnahme angegriffen, so sind die von der entsprechenden Werbung angesprochenen Personen als die beteiligten Verkehrskreise zu berücksichtigen.¹⁶²

> Bei der Verwendung einer Marke auf Spielzeugmodellen ist also zum Beispiel auf der Grundlage des nationalen Verkehrsverständnisses¹⁶³ zu prüfen, ob der Verkehr in der Marke lediglich eine originalgetreue Abbildung oder aber einen Hinweis auf Lizenzverbindungen sieht.¹⁶⁴ Der deutsche Verkehr wird normalerweise keinen solchen Hinweis sehen.¹⁶⁵ Ähnliches wird bei Internetsachverhalten à la second life gelten.

35 Die Funktion der Marke, die Herkunft der Waren aus einem Unternehmen zu gewährleisten, wird schließlich auch dann beeinträchtigt, wenn die Marke zur Bezeichnung gefälschter Produkte verwendet wird. Dabei macht es keinen Unterschied, ob die Produktfälschung offen ausgewiesen oder verschleiert wird.

> Um eine rechtsverletzende Benutzung handelt es sich daher etwa auch dann, wenn eine Uhr als »seltenes Rolex-Imitat« angeboten wird.¹⁶⁶ Dies gilt unabhängig davon, ob Ware verkauft oder eingekauft wird.¹⁶⁷

b) Beschreibende Zeichen

36 Der BGH hat insbesondere dann häufig eine Gefährdung der Herkunftsfunktion verneint, wenn die angegriffenen Zeichen oder ihre Wortbestandteile für die maßgeblichen Verkehrskreise¹⁶⁸ beschreibend waren. An einer kennzeichenmäßigen Verwendung der angegriffenen Bezeichnung kann es nämlich fehlen, wenn sie vom Verkehr als beschreibende Angabe und nicht als Hinweis auf ein Unternehmen oder auf eine bestimmte betriebliche Herkunft der im Zusammenhang mit der Bezeichnung angebotenen Produkte verstanden wird.¹⁶⁹ Bestimmt wird die Verkehrsauffassung jedoch auch durch die konkrete Aufmachung, in der die angegriffene Bezeichnung dem Publikum begegnet.¹⁷⁰ Es ist auf den maßgeblichen Warensektor abzustellen.¹⁷¹ Eine blickfangmäßige Aufmachung spricht eher für eine Verwendung als Marke.¹⁷²

---

162 BGH GRUR 2002, 814, 815 *Festspielhaus I*.
163 Dies führt bedauerlicherweise zu einer nicht gewünschten Zementierung des nationalen Verkehrsverständnisses, so dass damit zu rechnen ist, dass der EuGH seine Rechtsprechung revidieren wird.
164 EuGH C-48/05 v. 25.1.2007 *Adam Opel*, Tz. 23 ff.; auch BGH I ZR 88/08 v. 14.1.2010 *Opel-Blitz II*, Tz. 24; I ZR 67/12 v. 6.2.2013, Tz. 13.
165 BGH I ZR 88/08 v. 14.1.2010 *Opel-Blitz II*; vgl. auch OLG Nürnberg WRP 2008, 1257 *Bildmarke auf Modellauto*.
166 BGH I ZR 73/05 v. 30.4.2008 *Internet-Versteigerung III*, Tz. 60.
167 BGH I ZR 188/13 v. 12.3.2015 *Uhrenankauf im Internet*, Tz. 25.
168 Zu geteilten Verkehrskreisen vgl. BGH GRUR 2004, 947, 948 *Gazoz*.
169 BGH I ZR 151/05 v. 13.3.2008 *Metrosex*, Tz. 19; BGH I ZR 100/10 v. 9.2.2012 *pjur/pure*, Tz. 19; auch BGH I ZR 139/07 v. 22.1.2009 *pcb*, Tz. 29; BGH I ZR 101/15 v. 3.11.2016 *MICRO COTTON*, Tz. 26.
170 BGH I ZR 100/10 v. 9.2.2012 *pjur/pure*, Tz. 19; BGH I ZR 101/15 v. 3.11.2016 *MICRO COTTON*, Tz. 26.
171 BGH I ZR 191/15 v. 10.11.2016 *Sierpinski-Dreieck*, Tz. 22.
172 BGH I ZR 101/15 v. 3.11.2016 *MICRO COTTON*, Tz. 26 u. 30.

So war die Verwendung der Angabe »Festspielhaus D-Straße 33« oder »Schwabinger Festspielhaus« angesichts des begrifflichen Inhalts der Bezeichnung »Festspielhaus« als eine Angabe über eine Örtlichkeit zu verstehen.[173] Auch »FRÜHSTÜCKS-TRUNK« in Alleinstellung auf Fruchtsaftgetränken – wohl aber eine Etikettenaufmachung mit diesem Bestandteil[174] – wird nicht als Marke aufgefasst.[175] Andererseits soll der Verkehr in der Bezeichnung »AntiVirus« innerhalb der Aufmachung

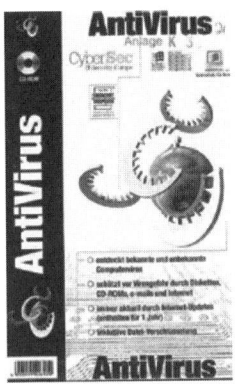

wegen der konkreten Art der Verwendung der Bezeichnung, die die Annahme eines Produktnamens nahe lege, einen Herkunftshinweis sehen.[176] Auch liegt eine Funktionsbeeinträchtigung vor, wenn die Marke »DAX« durch einen Dritten als Bestandteil des Produktkennzeichens »Unlimited DivDAX® Indexzertifikat« Verwendung findet.[177] Wird schließlich in einem Werbetext einmal das Kombinationszeichen »KOBIL Smart Key« kennzeichenmäßig, ein andermal »Smart Key« im Fließtext beschreibend verwendet, so kann die Benutzung von »Smart Key« auch in einer Gesamtschau des Textes nicht als kennzeichenmäßig eingestuft werden.[178] »Metrosex« stellt für Teile des Verkehrs eine Wortschöpfung zur Bezeichnung eines neuen Männertyps – heterosexuell veranlagt, modisch gekleidet, in Düfte gehüllt und vornehmlich in Metropolen lebend – dar.[179]

Schwierig einzustufen sind dabei Begriffe mit lediglich beschreibendem Anklang. **37** Eine beschreibende Benutzung setzt nach der Rechtsprechung des BGH nicht voraus, dass die Bezeichnung feste begriffliche Konturen erlangt und sich eine einhellige Auffassung zum Sinngehalt herausgebildet hat. Andererseits darf der Transfer des beschreibenden Inhalts auch nicht mehrere Schritte erfordern. Insbesondere kann einem in der maßgeblichen Sprache nicht vorhandenen Fantasie- und Kunstwort mit eigenschöpferischem Gehalt auch bei bestehendem beschreibenden Anklang grundsätzlich nicht jegliche Unterscheidungskraft versagt werden.[180]

---

173 BGH GRUR 2002, 814, 815 *Festspielhaus I*.
174 BGH GRUR 2002, 809, 811 *FRÜHSTÜCKS-DRINK I*.
175 BGH GRUR 2002, 812, 813 *FRÜHSTÜCKS-DRINK II*.
176 BGH GRUR 2003, 963, 964 *AntiVir/AntiVirus*, unter Hinweis auf BGH GRUR 1955, 484 *Luxor-Luxus*; ähnlich BGH I ZR 100/10 v. 9.2.2012 *pjur/pure*, Tz. 19 f.; zur Angabe »Euro 2000« auf Fußbällen vgl. BGH GRUR 2004, 775, 778 *EURO 2000*.
177 BGH I ZR 42/07 v. 30.4.2009 *DAX*, Tz. 55 ff.
178 BGH I ZR 109/03 v. 27.4.2006 *SmartKey*, Tz. 18 (zum Werktitelschutz).
179 BGH I ZR 151/05 v. 13.3.2008 *Metrosex*, Tz. 20.
180 BGH I ZR 101/15 v. 3.11.2016 *MICRO COTTON*, Tz. 32.

So ist etwa der Begriff »Micro Cotton« nicht allein deswegen beschreibend, weil der Verkehr den Begriff »Mikrofaser« kennt und auf einen besonders weichen, feinen Stoff schließt. Diese Ableitung erfordert zu viele gedankliche Schritte.[181]

38 Eine rechtsverletzende Benutzung als Marke kann auch dann vorliegen, wenn die Marke (auch) benutzt wird, um eine inhaltliche Aussage zu treffen oder eine Verbundenheit mit dem Markeninhaber zu dokumentieren.

So stellt die Benutzung der Marke eines Fußballvereins ohne dessen Zustimmung auf von einem Dritten angebotenen Fanartikeln eine rechtsverletzende Benutzung dar.[182]

39 Außer Betracht bleiben müssen bei der Prüfung einer beschreibenden Benutzung jegliche Benutzungshandlungen, gegen die sich der Markeninhaber zur Wehr gesetzt hat.[183] Denn dem Markeninhaber darf nicht zur Last fallen, wenn Konkurrenten versuchen, seine Marke durch beschreibende Benutzung zu okkupieren.

c) Bestellzeichen

40 Gelegentlich findet sich noch der Ansatz, dass es an einer rechtsverletzenden Benutzung dann fehle, wenn das Zeichen als eine Art Bestellzeichen verschiedene Produkte ein und desselben Unternehmens voneinander unterscheidet, nicht aber die Produkte eines Unternehmens von denen anderer. Der BGH hat allerdings die Annahme eines solchen Bestellzeichens zu Recht an strenge Voraussetzungen geknüpft. In der Tat nämlich dienen Marken – gerade auch in Konzernverbünden oder Handelsketten – zur Unterscheidung der Produkte ein und desselben Unternehmens; dem Verkehr ist dabei häufig die Herkunft von einem ganz bestimmten Unternehmen gleichgültig; er sucht vielmehr ein ganz bestimmtes Produkt und verlässt sich dabei auf die Marke. Dabei hat der BGH schon immer vergleichsweise strenge Anforderungen an die Verneinung rechtsverletzender Benutzung unter dem Gesichtspunkt des Bestellzeichens geknüpft: So muss unzweideutig festzustellen sein, dass der Verkehr das Zeichen nicht als Herkunftshinweis auffasst.[184] Insbesondere genügt es für eine rechtsverletzende Benutzung, dass Teile der angesprochenen Verkehrskreise neben einem Bestellzeichen in dem Zeichen auch einen Herkunftshinweis sehen; nur wenn sich zweifelsfrei feststellen lässt, dass das Zeichen ausschließlich als Sortimentszeichen aufgefasst wird, kann eine rechtsverletzende Benutzung verneint werden.[185] Weiter hat der BGH in diesem Zusammenhang eine allgemeine Regel aufgestellt, wonach im Zweifel von einer zeichenmäßigen Verwendung auszugehen ist.[186] Außerdem spricht es gegen eine Sortenbezeichnung oder ein Bestellzeichen, wenn deren Verwender unterschiedliche Produkte derselben Warengattung nicht nach einem einheitlichen Prinzip kennzeichnet, sondern Bestellzeichen aus unterschiedlichen Gebieten verwendet.[187]

---

181 BGH I ZR 101/15 v. 3.11.2016 *MICRO COTTON*, Tz. 32 ff.
182 EuGH C-206/01 v. 12.11.2002 *Arsenal/Reed*, Tz. 39, 41 u. 55 ff.
183 BGH I ZR 101/15 v. 3.11.2016 *MICRO COTTON*, Tz. 37.
184 BGH GRUR 1961, 280, 281 *Tosca*.
185 BGH GRUR 1970, 552, 553 *Felina-Britta*.
186 BGH GRUR 1988, 307, 308 *Gaby*.
187 BGH GRUR 1995, 156, 157 *Garant-Möbel*.

So spricht etwa bei der Bezeichnung »Metrobus« schon die Tatsache einer Wortneuschöpfung dagegen, dass der Verkehr in der Bezeichnung lediglich ein Bestellzeichen sieht; vielmehr kennzeichnet »Metrobus« aus Sicht des Verkehrs ein Produkt hinsichtlich der Herkunft von einem ganz bestimmten Unternehmen.[188]

d) Herkunftsfunktion bei neuen Markenformen

Gerade bei anderen Markentypen als Wortmarken ist der Verkehr häufig nicht daran gewöhnt, dass es sich bei dem Zeichen um eine Marke handelt.[189] Auch bei diesen Marken – etwa dreidimensionalen Marken – richtet sich der Schutz des Markenrechts aber vor allem gegen die Beeinträchtigung der Herkunftsfunktion der Marke, nicht gegen die Übernahme technischer Lösungen, von Gebrauchseigenschaften oder ästhetischer Gestaltungsgedanken.[190] Einen Herkunftshinweis wird der Verkehr in solchen Fällen normalerweise aber allenfalls dann erblicken, wenn die konkrete Gestaltung der Marke erheblich vom Branchenüblichen abweicht.[191]

41

Daneben kann hier aber auch der Kennzeichnungspraxis des Markeninhabers oder der Branchenübung und der hierdurch bewirkten Gewöhnung des Verkehrs an ein Zeichen oder ein Zeichenelement besondere Bedeutung zukommen.[192] Der Grad der Kennzeichnungskraft einer Formmarke hat z. B. Auswirkungen darauf, ob der Verkehr dieser Form einen Herkunftshinweis entnimmt, wenn er ihr als Form einer Ware begegnet.[193] Denn insbesondere je bekannter eine Marke ist, desto größer ist nämlich die Zahl der Wettbewerber, die ähnliche Zeichen benutzen möchten. Das Vorhandensein einer großen Menge von mit ähnlichen Zeichen versehenen Waren auf dem Markt könnte aber die Marke dadurch schädigen, dass es ihre Unterscheidungskraft zu vermindern droht und ihre Hauptfunktion gefährdet, die darin besteht, gegenüber den Verbrauchern die Herkunft der Waren zu gewährleisten.[194]

42

Ist etwa der Verkehr durch die Kennzeichnungspraxis eines Inhabers eines überragend bekannten Zeichens daran gewöhnt, in den streitgegenständlichen Zeichen einen Herkunftshinweis zu sehen, so liegt eine markenmäßige Benutzung aus Sicht des Verkehrs auch bei Nachahmungen vor. Bedeutung hatte dies etwa bei Zwei- bzw. Drei-Streifen-Kennzeichnungen auf Bekleidung.[195] Dabei kommt es darauf an, ob der Durchschnittsverbraucher, wenn er Bekleidung mit Streifenmotiven wahrnimmt, die an denselben Stellen angebracht sind und

---

188 BGH I ZR 167/06 v. 5.2.2009 *METROBUS*, Tz. 61.
189 BGHZ 153, 131, 140 *Abschlussstück*; BGH GRUR 2005, 414, 416 *Russisches Schaumgebäck*; BGH I ZR 22/04 v. 25.1.2007 *Pralinenform I*, Tz. 24 u. 26; vgl. zu denselben Erwägungen im Rahmen der Prüfung der Unterscheidungskraft oben § 4 Rdn. 111.
190 BGH I ZR 22/04 v. 25.1.2007 *Pralinenform I*, Tz. 22; BGH I ZR 123/05 v. 30.4.2008 *Rillenkoffer*, Tz. 15.
191 BGH I ZR 22/04 v. 25.1.2007 *Pralinenform I*, Tz. 28.
192 Vgl. etwa BGH I ZR 37/04 v. 26.10.2006 *Goldhase I*, Tz. 28, m. w. N.; BGH I ZR 57/08 v. 15.7.2010 *Goldhase II*, Tz. 32; BGH I ZR 228/12 v. 18.9.2014 *Gelbe Wörterbücher*, Tz. 23 u. 29.
193 BGH I ZR 22/04 v. 25.1.2007 *Pralinenform I*, Tz. 30; BGH I ZR 123/05 v. 30.4.2008 *Rillenkoffer*, Tz. 18; BGH I ZR 17/05 v. 22.4.2010 *Pralinenform II*, Tz. 33.
194 EuGH C-102/07 v. 10.4.2008 *adidas und adidas Benelux*, Tz. 36.
195 BGH GRUR 2001, 158, 160 *Drei-Streifen-Kennzeichnung*; vgl. auch BGH I ZR 39/06 v. 5.11.2008 *Stofffähnchen*.

dieselben Merkmale aufweisen wie das für adidas eingetragene Motiv, sich hinsichtlich der Herkunft der Waren täuschen kann und glauben wird, dass diese Waren von adidas oder einem wirtschaftlich mit ihnen verbundenen Unternehmen vermarktet werden.[196] Demgegenüber wird auf Bekleidungsstücken eine geometrische Grundform,

die sich gleichmäßig über den gesamten Stoff erstreckt,

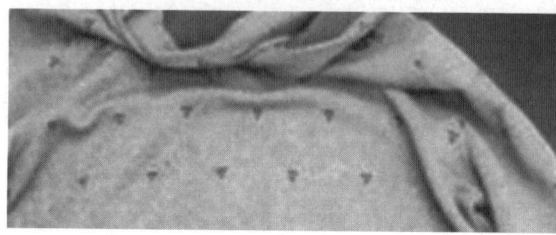

nur als dekoratives Element und nicht als Produktkennzeichen wahrgenommen.[197] Ganz allgemein gilt im Regelfall, dass der Verkehr die angegriffene Gestaltung als herkunftshinweisend wahrnimmt, wenn zwischen einer verkehrsdurchgesetzten dreidimensionalen Klagemarke und der beanstandeten, für identische Waren verwendeten Form eine hochgradige Zeichenähnlichkeit besteht.[198] Jenseits bekannter Marken wird eine Verwendung von Bildzeichen auf der Vorderseite (anders auf Etiketten[199]) häufig nur dekorativ und nicht als Kennzeichen verstanden werden, so dass etwa die Nutzung des markenrechtlich geschützten DDR-[200] oder CCCP-Logos[201]

nicht rechtsverletzend ist. Ähnliches galt ausnahmsweise bei einer auffälligen Verwendung von Farbe,[202] nämlich beispielsweise wenn die Farbe für ein bestimmtes Unternehmen – nicht

---

196 EuGH C-102/07 v. 10.4.2008 *adidas und adidas Benelux*, Tz. 35.
197 BGH I ZR 191/15 v. 10.11.2016 *Sierpinski-Dreieck*.
198 BGH I ZR 23/14 v. 21.10.2015 *Bounty*.
199 BGH I ZR 49/12 v. 31.10.2013 *OTTO CAP*, Tz. 20.
200 BGH I ZR 92/08 v. 14.1.2010 *DDR-Logo*, Tz. 20.
201 BGH I ZR 82/08 v. 14.1.2010, Tz. 20.
202 Vgl. BGH GRUR 2005, 1044, 1046 f. *Dentale Abformmasse*.

unbedingt das des Klägers²⁰³ – durchgesetzt ist,²⁰⁴ oder bei bestimmten Formelementen.²⁰⁵ Demgegenüber wird der Verkehr eine bestimmte Gebäudegestaltung einer Verkaufsstätte²⁰⁶ oder die Form eines Spritzgebäcks,²⁰⁷ eines Schokoladenhasen,²⁰⁸ einer Praline²⁰⁹ bzw. eines Kekses²¹⁰ nicht ohne weiteres als Herkunftshinweis auffassen. Auch gemeinfreie urheberrechtliche Werke wie das markenrechtlich geschützte Medusenmotiv

werden meist nur dekorativ wahrgenommen werden – so hier bei Verwendung auf Fliesen.²¹¹ Selbst wenn dabei die Klagemarke über erhöhte Kennzeichnungskraft verfügt, so kann hieraus nicht automatisch geschlossen werden, dass der Verkehr auch in einer im Detail abweichenden angegriffenen Gestaltung einen Herkunftshinweis sieht.²¹² Erst wenn es sich bei der vertriebenen Ware wie beim BMW-Emblem

um die Marke selbst handelt, für die es übliche Stellen der Verwendung auf Originalprodukten gibt, so erkennt der Verkehr auch in der Ware eine Marke.²¹³

---

203 So wohl BGH I ZR 78/14 v. 23.9.2015 *Sparkassen-Rot/Santander-Rot*, Tz. 93.
204 BGHZ 156, 126, 137 f. *Farbmarkenverletzung I*; BGH GRUR 2004, 154, 156 *Farbmarkenverletzung II*; BGH GRUR 2005, 427, 428 f. *Lila-Schokolade*; BGH GRUR 2005, 583 *Lila-Postkarte*; auch BGH I ZR 228/12 v. 18.9.2014 *Gelbe Wörterbücher*, Tz. 23 ff.; BGH I ZR 78/14 v. 23.9.2015 *Sparkassen-Rot/Santander-Rot*, Tz. 68 ff. u. 88 ff.
205 BGHZ 153, 131, 140 *Abschlussstück*; BGH GRUR 2002, 171, 173 *Marlboro-Dach*.
206 BGH GRUR 2005, 419 *Räucherkate*.
207 BGH GRUR 2005, 414, 416 *Russisches Schaumgebäck*.
208 BGH I ZR 57/08 v. 15.7.2010 *Goldhase II*, Tz. 32 f., wo insbesondere eine Funktionsbeeinträchtigung angezweifelt wird, wenn Konkurrenten ähnliche Gestaltungen verwenden; zur Schutzfähigkeit der Hasenform später auch EuG T-336/08 v. 17.12.2010 *Schokoladenhase mit rotem Band*, Tz. 29 ff., bestätigt durch EuGH C-98/11 P v. 24.5.2012 *Chocoladefabriken Lindt & Sprüngli*.
209 BGH I ZR 22/04 v. 25.1.2007 *Pralinenform I*, Tz. 26 ff.; BGH I ZR 17/05 v. 22.4.2010 *Pralinenform II*, Tz. 29 ff.
210 Vgl. BGH I ZR 18/05 v. 25.10.2007 *TUC-Salzcracker*, Tz. 16.
211 BGH I ZR 175/09 v. 24.11.2011 *Medusa*, Tz. 16 ff.
212 BGH I ZR 22/04 v. 25.1.2007 *Pralinenform I*, Tz. 31, insbesondere auch zu den Anforderungen an eine Verkehrsbefragung; BGH I ZR 123/05 v. 30.4.2008 *Rillenkoffer*, Tz. 19.
213 BGH I ZR 153/14 v. 12.3.2015 *BMW-Emblem*, Tz. 28 f.

43 Es ist hierbei nicht ausgeschlossen, dass der Verkehr auch ein solches dem Produkt anhaftendes Merkmal als ein zur Bezeichnung der Herkunft des Produkts eingesetztes Zeichen versteht, das erst nach Abschluss des eigentlichen Erwerbsvorgangs bei zweckentsprechender Verwendung durch den Erwerber in Erscheinung tritt.[214]

So kann etwa auch eine erst nach dem Kauf erstmals in Erscheinung tretende, dem Produkt anhaftende Melodie die Hörmarke eines Dritten verletzen. Die Verletzung einer Warenformmarke ist, wenn die Ware üblicherweise verpackt verkauft wird und deswegen die (in unverpackter Gestalt eingetragene) Marke dem Verkehr erst nach dem Kauf gegenüber tritt, zwar unwahrscheinlich, aber nicht ausgeschlossen.[215] Demgegenüber liegt bei einer Abformmasse, die aus zwei verschiedenfarbigen Komponenten gemischt wird und dabei eine neue Farbe entwickelt, um das Fortschreiten des Mischvorgangs kontrollieren zu können, wegen der technischen Bedeutung der Farbgebung ein herkunftshinweisendes Verständnis der Farbe fern.[216]

e) Gütezeichen und Testsiegel

44 Derzeit muss der EuGH klären, ob die Benutzung eines Gütezeichens bzw. Testsiegels durch Dritte rechtsverletzend ist, wenn eine entsprechende Marke für Dienstleistungen der Prüfung und Kontrolle eingetragen ist.[217] Die Frage stellt sich, weil der Verkehr das Zeichen nicht als Hinweis auf die Herkunft der Ware versteht, auf der es angebracht ist, sondern als Gewährleistung einer bestimmten Qualität.[218] Gleichwohl ist eine rechtsverletzende Benutzung zu bejahen. Denn es geht nicht um die Herkunft der Ware, sondern um die Herkunft der Dienstleistung der Prüfung und Kontrolle, die der getäuschte Verkehr in Fällen unberechtigter Nutzung unzutreffend dem Markeninhaber zurechnet.[219]

f) Benutzung als Unternehmenskennzeichen

45 Im Falle der Benutzung eines Zeichens als Unternehmensbezeichnung differenziert der EuGH in seiner Céline-Entscheidung. Die Unternehmensbezeichnung hat nämlich für sich genommen nicht den Zweck, Waren oder Dienstleistungen zu unterscheiden.[220] Eine Gesellschaftsbezeichnung etwa soll vielmehr eine Gesellschaft näher bestimmen, während ein Handelsname oder ein Firmenzeichen dazu dient, ein Geschäft zu bezeichnen. Wird eine Gesellschaftsbezeichnung, ein Handelsname oder ein Firmenzeichen nur für die nähere Bestimmung einer Gesellschaft

---

214 BGH GRUR 2005, 1044 *Dentale Abformmasse*; BGH I ZR 22/04 v. 25.1.2007 *Pralinenform I*, Tz. 25; BGH I ZR 123/05 v. 30.4.2008 *Rillenkoffer*, Tz. 21.
215 BGH I ZR 22/04 v. 25.1.2007 *Pralinenform I*, Tz. 25 u. 29; BGH I ZR 17/05 v. 22.4.2010 *Pralinenform II*, Tz. 29.
216 BGH GRUR 2005, 1044, 1046 f. *Dentale Abformmasse*.
217 Vgl. die Schlussanträge des Generalanwalts *Campos Sanchez-Bordona* im Verfahren EuGH C-690/17 v. 17.1.2019 *ÖKO-Test Verlag*, auf Vorlage von OLG Düsseldorf I 20 U 152/16 v. 30.11.2017 *ÖKO-Test Label*.
218 Zur rechtserhaltenden Benutzung einer Warenmarke in diesem Zusammenhang vgl. oben § 8 Rdn. 11.
219 So auch die Schlussanträge des Generalanwalts *Campos Sanchez-Bordona* im Verfahren EuGH C-690/17 v. 17.1.2019 *ÖKO-Test Verlag*.
220 EuGH C-23/01 v. 21.11.2002 *Robelco/Robeco*, Tz. 34; EuGH C-245/02 v. 16.11.2004 *Anheuser-Busch/Budějovický Budvar*, Tz. 64; EuGH C-17/06 v. 11.9.2007 *Céline*, Tz. 21; auch EuG T-39/01 v. 12.12.2002 *HIWATT*, Tz. 44.

oder die Bezeichnung eines Geschäfts benutzt, kann diese Benutzung daher nicht als Benutzung »für Waren oder Dienstleistungen« angesehen werden.[221] Der neue Art. 10 Abs. 3 Buchst. d MRR ändert hieran nichts.[222] Die Vorschrift regelt nur die Rechtsfolgen einer Verletzung, modifiziert aber nicht den Tatbestand. Dies zeigt die Formulierung »Sind die Voraussetzungen des Absatzes 2 erfüllt, so [.. .]« im Eingangssatz des Art. 10 Abs. 3 MRR.

So stellt die bloße Eintragung einer Firma im Handelsregister noch keine rechtsverletzende Benutzung einer Marke dar.[223] Gegen eine solche Registrierung kann daher unter normalen Umständen nicht aus Markenrechten[224] vorgegangen werden, solange keine Erstbegehungsgefahr gegeben ist.[225]

Hingegen liegt eine Benutzung »für Waren« vor, wenn ein Dritter das Zeichen, das seine Gesellschaftsbezeichnung, seinen Handelsnamen oder sein Firmenzeichen bildet, auf den Waren anbringt, die er vertreibt.[226] Zudem liegt auch ohne Anbringung eine Benutzung »für Waren oder Dienstleistungen« vor, wenn der Dritte das Zeichen in der Weise benutzt, dass eine Verbindung zwischen dem Zeichen, das die Gesellschaftsbezeichnung, den Handelsnamen oder das Firmenzeichen des Dritten bildet, und den vom Dritten vertriebenen Waren oder den von ihm erbrachten Dienstleistungen hergestellt wird.[227] Voraussetzung ist dabei weiter jedoch immer, dass die konkrete Benutzung die Funktionen der Marke und insbesondere ihre Hauptfunktion, d. h. die Gewährleistung der Herkunft der Waren oder Dienstleistungen gegenüber den Verbrauchern, beeinträchtigt oder beeinträchtigen kann. Das ist der Fall, wenn das Zeichen in der Weise benutzt wird, dass die Verbraucher es als Bezeichnung des Ursprungs der betroffenen Waren oder Dienstleistungen auffassen, so dass es latent zu Verwechslungen kommen kann.[228] Dabei obliegt dem nationalen Gericht die Beurteilung im Einzelfall.[229]

46

So kann etwa eine solche Verbindung zu einzelnen angebotenen Waren oder Dienstleistungen auch in einem Katalog eines Baumarktes oder im Rahmen eines Internetauftritts geschaffen werden. Dabei ist es eine Frage des Einzelfalls, ob der Verkehr die Verwendung des Zeichens nur als Kennzeichnung des Geschäftsbetriebs der Märkte oder des von vielen ver-

---

221 EuGH C-17/06 v. 11.9.2007 *Céline*, Tz. 21; auch BGH I ZR 33/05 v. 13.9.2007 *THE HOME STORE*, Tz. 22; BGH I ZR 49/05 v. 3.4.2008 *Schuhpark*, Tz. 22.
222 A.A. OLG Frankfurt a.M. 6 U 17/17 v. 1.6.2017 *Cassellapark*.
223 Dabei liegt allerdings schon ein Gebrauch der Firma vor, der allerdings noch nicht die weiteren Voraussetzungen rechtsverletzender Benutzung erfüllt: BGH I ZR 151/05 v. 13.3.2008 *Metrosex*, Tz. 28.
224 Zum Vorgehen aufgrund geschäftlicher Bezeichnung vgl. BGH I ZR 10/09 v. 20.1.2011 *BCC*, Tz. 35.
225 Gleiches gilt im Übrigen für die bloße Anmeldung und Registrierung einer Marke: BGH I ZR 151/05 v. 13.3.2008 *Metrosex*, Tz. 27.
226 Hierzu besteht bei Verbraucherprodukten schon eine Verpflichtung nach § 5 I 1 Buchst. b GPSG.
227 EuGH C-17/06 v. 11.9.2007 *Céline*, Tz. 22 f.; auch BGH I ZR 33/05 v. 13.9.2007 *THE HOME STORE*, Tz. 28; BGH I ZR 161/13 v. 5.3.2015 *IPS/ISP*, Tz. 53; BGH I ZR 78/14 v. 23.9.2015 *Sparkassen-Rot/Santander-Rot*, Tz. 71; BGH I ZR 30/16 v. 2.3.2017 *Medicon-Apotheke/MediCo Apotheke*, Tz. 45.
228 EuGH C-17/06 v. 11.9.2007 *Céline*, Tz. 25 ff. u. 36.
229 EuGH C-17/06 v. 11.9.2007 *Céline*, Tz. 24 u. 28; auch BGH I ZR 78/14 v. 23.9.2015 *Sparkassen-Rot/Santander-Rot*, Tz. 71.

schiedenen Herstellern stammenden Gesamtsortiments dieser Märkte auffasst oder ob der Verkehr das Zeichen – etwa in Abgrenzung zu Markenartikeln – konkret auf bestimmte der in dem Katalog angebotenen Produkte bezieht.[230] Daneben wird in einem derartigen Fall regelmäßig eine Verwendung des Zeichens für die Dienstleistungen des Einzelhandels[231] vorliegen.

47 Infolge dieser Rechtsprechung des EuGH verneint der BGH inzwischen[232] auf Verwechslungsgefahr gestützte[233] Ansprüche gegen einen rein firmenmäßigen Gebrauch.[234] Ist dem Klagevorbringen jedoch zu entnehmen, dass der Kläger das auf ein Markenrecht gestützte Klagebegehren entgegen der Fassung des Klageantrags nicht auf einen rein firmenmäßigen Gebrauch des angegriffenen Zeichens beschränken, sondern sich (auch) gegen eine Verwendung des angegriffenen Zeichens für Waren oder Dienstleistungen wenden will, muss das Gericht nach § 139 I 2 ZPO auf einen sachdienlichen Antrag hinwirken.[235]

> Dies kann etwa der Fall sein, wenn sich der Antrag gegen eine reine Imagewerbung eines Unternehmens richtet. Denn in diesem Fall fehlt es unter Umständen an einer Zeichennutzung für Waren oder Dienstleistungen.[236]

48 Bei Dienstleistungen sind Besonderheiten zu beachten. Denn anders als bei Waren ist bei Dienstleistungen eine körperliche Verbindung zwischen dem Zeichen und dem Produkt nicht möglich. Als markenmäßige Benutzungshandlungen kommen bei Dienstleistungen daher grundsätzlich nur die Anbringung des Zeichens am Geschäftslokal sowie eine Benutzung auf Gegenständen in Betracht, die bei der Erbringung der Dienstleistung zum Einsatz gelangen, wie insbesondere auf der Berufskleidung, auf Geschäftsbriefen und -papieren, Prospekten, Preislisten, Rechnungen, Ankündigungen und Werbedrucksachen. Voraussetzung ist dabei, dass der Verkehr die Benutzung auf eine konkrete Dienstleistung beziehen kann. Da bei Dienstleistungsmarken die Marke in vielen Fällen mit der Firma übereinstimmt, wird hier firmenmäßige Benutzung und markenmäßige Benutzung häufiger ineinander übergehen als bei Warenmarken.[237]

---

230 BGH I ZR 33/05 v. 13.9.2007 *THE HOME STORE*, Tz. 23 u. 29; auch BGH I ZR 30/16 v. 2.3.2017 *Medicon-Apotheke/MediCo Apotheke*, Tz. 45.
231 Vgl. dazu im Verzeichnis der Waren und Dienstleistungen oben § 5 Rdn. 8.
232 Demgegenüber war der BGH in seiner früheren Rechtsprechung stets davon ausgegangen, dass firmen- und markenmäßige Benutzung infolge der allen Kennzeichenrechten gemeinsamen Herkunftsfunktion ineinander übergehen: BGH GRUR 2004, 512, 513 f. *Leysieffer*, m. w. N.; BGH GRUR 2005, 871, 872 *Seicom*; zur Berechtigung des Markeninhabers zu firmenmäßiger Benutzung BGHZ 150, 82, 93 *Hotel Adlon*, unter Hinweis auf BGHZ 19, 23, 29 *Magirus*.
233 Anders ist die Sachlage bei der bekannten Marke, wo nicht nur die Herkunftsfunktion geschützt ist: BGH I ZR 78/14 v. 23.9.2015 *Sparkassen-Rot/Santander-Rot*, Leitsatz u. Tz. 76; vgl. auch oben § 10 Rdn. 30.
234 BGH I ZR 33/05 v. 13.9.2007 *THE HOME STORE*, Tz. 22; BGH I ZR 20/10 v. 12.5.2011 *Schaumstoff Lübke*, Tz. 18; BGH I ZR 86/10 v. 19.4.2012 *Pelikan*, Tz. 29; BGH I ZR 161/13 v. 5.3.2015 *IPS/ISP*, Tz. 54; BGH I ZR 78/14 v. 23.9.2015 *Sparkassen-Rot/Santander-Rot*; vgl. auch BGH I ZR 200/06 v. 18.12.2008 *Augsburger Puppenkiste*, Tz. 48.
235 BGH I ZR 20/10 v. 12.5.2011 *Schaumstoff Lübke*.
236 BGH I ZR 78/14 v. 23.9.2015 *Sparkassen-Rot/Santander-Rot*, Leitsatz u. Tz. 70 ff.
237 BGH I ZR 30/16 v. 2.3.2017 *Medicon-Apotheke/MediCo Apotheke*, Tz. 46, unter Hinweis auf BGH I ZR 162/04 v. 18.10.2007 *AKZENTA*, Tz. 13 [zur rechtserhaltenden Benutzung].

Eher kein Warenbezug dürfte dabei jedoch bei einer Apotheke vorliegen, die in einem medizinischen Gesundheitszentrum MediCo gelegen und danach benannt ist. Der Verkehr wird den Namen vermutlich ausschließlich als Ortsangabe verstehen.[238]

Dabei weicht die jüngere Rechtsprechung des EuGH gar nicht so weit von der alten, großzügigen Rechtsprechung des BGH ab. Für den Ansatz, dass markenmäßige und firmenmäßige Benutzung ineinander übergehen, bleibt auch nach der Rechtsprechung des EuGH Raum. Lediglich in Fällen, in denen tatsächlich noch gar keine Benutzung stattgefunden hat, oder bei Angriffen gegen Handlungen ohne Außenwirkung war die Rechtsprechung des BGH zu korrigieren. 49

So liegt beispielsweise eine Verwendung einer Marke »Jello Schuhpark« für »Schuhwaren« vor, wenn die Marke im Zusammenhang mit einem Schuhgeschäft verwendet wird.[239]

Klargestellt hat der BGH außerdem inzwischen, dass die Anmeldung einer Firma zum Handelsregister bereits als Gebrauch der Firma angesehen werden kann. Denn aus der Anmeldung zum Handelsregister ergebe sich nicht nur der Wille des Handelnden, die Bezeichnung in Zukunft als Unternehmenskennzeichen zu benutzen; der Anmelder tue bereits damit kund, dass sein Unternehmen diese Bezeichnung führe. Anmeldung und Eintragung im Handelsregister seien deshalb bereits als Gebrauch der Firma anzusehen, wenn der Rechtsträger des Unternehmens im Zeitpunkt der Anmeldung oder Eintragung besteht.[240] Andererseits wird man nach der Céline-Entscheidung des EuGH diese Benutzung daher nicht automatisch als eine solche »für Waren oder Dienstleistungen« im Sinne von Art. 10 II MRR ansehen können, wenn eine Gesellschaftsbezeichnung, ein Handelsname oder ein Firmenzeichen nur für die nähere Bestimmung einer Gesellschaft oder die Bezeichnung eines Geschäfts benutzt wird. Und selbst wenn eine Firma unzulässig benutzt wurde, so bleiben wohl doch immer zulässige Benutzungsmöglichkeiten – etwa im Produktunähnlichkeitsbereich. Ob man dann den Firmeninhaber schützen will, von solchen Benutzungsmöglichkeiten Gebrauch machen zu können,[241] oder den Markeninhaber – ggf. mit dem Instrumentarium der Erstbegehungsgefahr[242] – in Nachwirkung der erfolgten Markenverletzung privilegieren will, ist im wesentlichen Wertungsfrage. Als vermittelnde Lösung könnte es sich anbieten, die Zustimmung zur Löschung der für eine konkrete Branche eingetragenen Firma zu beantragen. 50

Etwas anderes gilt, wenn es sich bei der verletzten Marke um eine bekannte Marke handelt. Aus einer bekannten Marke kann auch ein Unternehmenskennzeichen untersagt werden. Denn der Bekanntheitsschutz geht über die Herkunftsfunktion hinaus.[243] 51

---

238 BGH I ZR 30/16 v. 2.3.2017 *Medicon-Apotheke/MediCo Apotheke*, Tz. 48.
239 BGH I ZR 49/05 v. 3.4.2008 *Schuhpark*, Tz. 22.
240 BGH I ZR 151/05 v. 13.3.2008 *Metrosex*, Tz. 28, m. w. N.; vgl. auch BGH I ZR 49/05 v. 3.4.2008 *Schuhpark*, Tz. 42; zur bisherigen Praxis BGH GRUR 2002, 898, 900 *defacto*; zum Angriff aus einem Unternehmenskennzeichen gegen eine Firma BGH I ZR 162/05 v. 14.2.2008 *HEITEC*, Tz. 31; BGH I ZR 10/09 v. 20.1.2011 *BCC*, Tz. 35.
241 In diesem Sinne BGH GRUR 2000, 605, 607 *comtes/ComTel*.
242 Hierzu unten § 27 Rdn. 15.
243 BGH I ZR 78/14 v. 23.9.2015 *Sparkassen-Rot/Santander-Rot*, Leitsatz u. Tz. 76; BGH I ZR 30/16 v. 2.3.2017 *Medicon-Apotheke/MediCo Apotheke*, Tz. 55.

g) Benutzung als Werktitel

52 Keine Besonderheiten ergeben sich, wenn aus einer Marke gegen einen Werktitel vorgegangen werden soll. Dies ist ohne weiteres möglich. Der Werktitel dient normalerweise (zumindest auch) der Unterscheidung eines Produkts von Produkten anderer Unternehmen. Dass in Deutschland ein spezieller Werktitelschutz besteht, kann ohnehin keinen Einfluss haben auf die Frage, unter welchen Voraussetzungen die Funktionen einer Marke berührt sind.

h) Nutzung als Domain

53 Die Nutzung einer Marke in einer Domain stellt in der Regel eine funktionswidrige Nutzung dar. Der Verkehr sieht darin einen betrieblichen Herkunftshinweis. Etwas anderes gilt nur dann, wenn dem Domainnamen ausnahmsweise eine reine Adressfunktion zukommt oder wenn er vom Verkehr nur als beschreibende Angabe verstanden wird.[244] Dabei kommt es nicht darauf an, ob die Domain eine reine Weiterleitung auf eine andere Internetseite darstellt.[245] Denn oft ist gerade bei weitergeleiteten Domains der verwendete Domainname als Lockmittel besonders kennzeichnungskräftig.

> Es ist daher mit Blick auf die für Schreibgeräte geschützte Marke »Staedtler« beispielsweise unzulässig, auf einer Internetseite www.staedtler.eu für Schreibgeräte der Konkurrenz zu werben.[246] Einer kennzeichenmäßigen Nutzung steht es auch nicht entgegen, wenn auf der Internetseite überwiegend nichtgeschäftliche Angebote platziert sind.[247]

i) Metatags

54 Weiter stellt die Benutzung von Zeichen als Metatag – also als Inhalt einer Internetseite, der zwar nicht für den Nutzer sichtbar angezeigt, wohl aber von Suchmaschinen berücksichtigt wird – eine rechtsverletzende Benutzung dar. Hierbei ist entscheidend, dass das Suchwort gerade dazu dient, auf das werbende Unternehmen und seine Produkte hinzuweisen. Keine Rolle spielt hingegen, dass der Nutzer erwartet, dass sich nicht alle Treffer auf das gesuchte Ziel beziehen.[248] Gleiches gilt für die Verwendung so genannter Weiß-auf-Weiß-Schrift in einer Internetseite[249] oder im Falle der Verwendung als Bestandteil der Internetadresse selbst.[250]

---

244 BGH I ZR 231/06 v. 14.5.2009 *airdsl*, Tz. 49, m. w. N.; BGH I ZR 155/09 v. 18.11.2010 *Sedo*, Tz. 19; BGH I ZR 100/10 v. 9.2.2012 *pjur/pure*, Tz. 22; BGH I ZR 135/10 v. 31.5.2012 *ZAPPA*, Tz. 19; BGH I ZR 82/11 v. 2.10.2012 *Völkl*, Tz. 27; BGH I ZR 254/14 v. 28.4.2016 *Kinderstube*, Tz. 35.
245 BGH I ZR 231/06 v. 14.5.2009 *airdsl*; BGH I ZR 155/09 v. 18.11.2010 *Sedo*, Tz. 19; BGH I ZR 254/14 v. 28.4.2016 *Kinderstube*, Tz. 35.
246 BGH I ZR 155/09 v. 18.11.2010 *Sedo*, Tz. 18 ff.
247 BGH I ZR 82/11 v. 2.10.2012 *Völkl*, Tz. 29 f.
248 BGH I ZR 183/03 v. 18.5.2006 *Impuls*, Tz. 16 ff., m. w. N. zum damaligen Streitstand; auch BGH I ZR 30/07 v. 22.1.2009 *Beta Layout*, Tz. 15.; BGH I ZR 109/06 v. 7.10.2009 *Partnerprogramm*, Tz. 14; BGH I ZR 104/14 v. 30.7.2015 *Posterlounge*, Tz. 23; BGH I ZR 253/14 v. 12.1.2017 *World of Warcraft II*, Tz. 94; BGH I ZR 134/16 v. 9.11.2017 *Resistograph*, Tz. 35; vgl. auch BGH I ZR 51/08 v. 4.2.2010 *POWER BALL*, Tz. 22 ff.; noch offen gelassen von OGH 4 Ob 308/00y v. 19.12.2000 *Numtec-Interstahl*.
249 BGH I ZR 77/04 v. 8.2.2007 *AIDOL*, Tz. 18.
250 BGH I ZR 104/14 v. 30.7.2015 *Posterlounge*, Tz. 24 ff.

j) Adwords

Viel Wirbel herrschte um die Frage der Zulässigkeit so genannter Keywords oder 55
Adwords. Hierbei geht es um eine Verwendung einer fremden Marke eines Werbenden gegenüber einem Suchmaschinenbetreiber, damit dieser bei Aufruf der Marke in einem räumlich getrennten Werbeblock[251] eine Werbung einschließlich eines Links zum Werbenden schalten kann. Fest stehen dürfte insoweit, dass jedenfalls dann eine rechtsverletzende Benutzung vorliegt, wenn auch im Anzeigentext die Marke benutzt wird und hierfür kein rechtfertigender Grund vorliegt, insbesondere die Markenrechte nicht erschöpft[252] sind.[253] Aber auch, wenn die Marke selbst im Text nicht erscheint, kann eine Markenverletzung vorliegen.[254] Hiermit hat sich der EuGH in einer ganzen Reihe von Vorabentscheidungsverfahren befasst. Gleichwohl divergiert die nationale Rechtsprechung der einzelnen Mitgliedstaaten noch erheblich.

Der EuGH hat die Frage der Zulässigkeit von Adwords im Rahmen seiner Funk- 56
tionenlehre angesiedelt. Weil der Identitätsschutz, die Verwechslungsgefahr und der Schutz bekannter Marken jeweils an unterschiedliche Voraussetzungen geknüpft sind,[255] variiert der Schutz eines Markeninhabers auch danach, ob nur, Verwechslungsgefahr, darüber hinaus Identität oder sogar eine bekannte Marke vorliegt.

Die in Fällen der Verwechslungsgefahr allein maßgebliche Herkunftsfunktion 57
der Marke ist beeinträchtigt, wenn aus der Anzeige für einen normal informierten und angemessen aufmerksamen Internetnutzer nicht oder nur schwer zu erkennen ist, ob die in der Anzeige beworbenen Waren oder Dienstleistungen von dem Inhaber der Marke oder einem mit ihm wirtschaftlich verbundenen Unternehmen oder vielmehr von einem Dritten stammen.[256] Dies scheidet von vornherein aus, wenn dem durchschnittlichen Internetnutzer aufgrund der allgemein bekannten Marktmerkmale das Wissen zu unterstellen ist, dass der Werbende und der Markeninhaber nicht miteinander wirtschaftlich verbunden sind, sondern miteinander im Wettbewerb stehen.[257] Im Übrigen kommt es auf die Gestaltung der konkreten Anzeige

---

251 Zur Unzulässigkeit von Markennutzungen in den sogenannten »natürlichen Suchergebnissen«, die erst durch Algorithmen einer Suchmaschine generiert werden vgl. BGH I ZR 51/08 v. 4.2.2010 *POWER BALL*, Tz. 22 ff.
252 Zum Erschöpfungsgrundsatz vgl. unten § 16.
253 Vgl. auch BGH I ZR 217/10 v. 13.12.2012 *MOST-Pralinen*.
254 EuGH C-236/08 bis 238/08 v. 23.3.2010 *Google France*, Tz. 65 ff.; EuGH C-91/09 v. 26.3.2010 *Eis.de*, Tz. 18; BGH I ZR 201/16 v. 15.2.2018 *goFit*, Tz. 50.
255 Hierzu oben § 10 Rdn. 30.
256 EuGH C-236/08 bis 238/08 v. 23.3.2010 *Google France*, Tz. 84; EuGH C-278/08 v. 25.3.2010 *BergSpechte*, Tz. 35; EuGH C-91/09 v. 26.3.2010 *Eis.de*, Tz. 24; EuGH C-558/08 v. 8.7.2010 *Portakabin*, Tz. 34; EuGH C-324/09 v. 12.7.2011 *L'Oréal/eBay*, Tz. 94; EuGH C-323/09 v. 22.9.2011 *Interflora*, Tz. 45; BGH I ZR 172/11 v. 20.2.2013 *Beate Uhse*, Tz. 13; BGH I ZR 53/12 v. 27.6.2013 *Fleurop*, Tz. 17; BGH I ZR 236/16 v. 28.6.2018 *keinevorwerk-vertretung*, Tz. 63; BGH I ZR 136/17 v. 17.10.2018 *Tork*, Tz. 20.
257 EuGH C-323/09 v. 22.9.2011 *Interflora*, Tz. 51; BGH I ZR 53/12 v. 27.6.2013 *Fleurop*, Tz. 16.

an.²⁵⁸ Nicht entscheidend ist hingegen, ob bereits in der Anzeige selbst oder erst auf einer verlinkten Internetseite konkrete Produkte angeboten werden.²⁵⁹ Wird dabei in der Anzeige des Dritten suggeriert, dass zwischen ihm und dem Markeninhaber eine wirtschaftliche Verbindung – etwa eine Zugehörigkeit zum Vertriebsnetz²⁶⁰ – besteht, so wird auf eine Beeinträchtigung der herkunftshinweisenden Funktion zu schließen sein. Dies gilt sogar dann, wenn in der Anzeige das Bestehen einer wirtschaftlichen Verbindung zwar nicht suggeriert, sie aber so vage gehalten ist, dass ein Internetnutzer auf der Grundlage der geschalteten Anzeige nicht erkennen kann, ob der Werbende mit dem Markeninhaber wirtschaftlich verbunden ist.²⁶¹ Das Risiko trägt mithin der Werbende.

> Zu Recht hat der österreichische OGH daher eine Anzeige beanstandet, bei der der Text »Äthiopien mit dem Bike – Traumreise durch den Norden mit viel Kultur, 16 Tage ab 20. 10.« erschien, wenn der Nutzer das von einem Konkurrenten markenrechtlich geschützte Wort »Bergspechte« eingab.²⁶² Dagegen genügt es unverständlicherweise dem BGH für die Zulässigkeit der Werbung bereits, wenn ein Link wie Eis.de in der Anzeige angeblich auf ein anderes Unternehmen hinweist.²⁶³

58 Allerdings schadet es nicht, wenn nur für einige Internetnutzer schwer erkennbar ist, dass keine wirtschaftliche Verbindung besteht; es genügt vielmehr schon, wenn dies für die angesprochenen Verkehrskreise insgesamt überhaupt erkennbar ist.²⁶⁴

> Wirbt daher etwa ein Blumenlieferdienst mit der Marke eines konkurrierenden, bekannten Filialnetzes, so ist zweistufig zu prüfen: Zunächst kommt es auf das allgemeine Wissen des Verkehrs an, ob der konkrete Blumenlieferdienst nicht zum Filialnetz gehört, sondern Wettbewerber ist. Falls ein solches Wissen fehlt, ist sodann zu prüfen, ob sich die Nichtzugehörigkeit aus der konkreten Werbeanzeige ergibt. Dabei genügt es nicht automatisch, dass die Werbeanzeige den eigenen Namen des werbenden Konkurrenten beinhaltet; vielmehr kommt es auf die Umstände des konkreten Falles an.²⁶⁵

59 Der BGH hat diese Vorgaben des EuGH noch nicht vollständig umgesetzt. Insgesamt geht der BGH mit Adwords erheblich freundlicher um als der EuGH. So kann die Verwendung beschreibender Keywords insbesondere durch die markenrechtlichen Schrankenbestimmungen gerechtfertigt sein.²⁶⁶ Keine Einschränkungen gelten allerdings in Fällen, in denen nicht der Werbende selbst die Marke als Keyword gewählt hat, sondern die Marke erst vom Suchenden eingegeben wird und aufgrund einer Verknüpfungsleistung des Suchmaschinenbetreibers mit dem Key-

---

258 EuGH C-91/09 v. 26.3.2010 *Eis.de*, Tz. 24; EuGH C-323/09 v. 22.9.2011 *Interflora*, Tz. 44.
259 EuGH C-558/08 v. 8.7.2010 *Portakabin*, Tz. 40 ff.
260 EuGH C-323/09 v. 22.9.2011 *Interflora*, Tz. 49.
261 EuGH C-236/08 bis 238/08 v. 23.3.2010 *Google France*, Tz. 89 f.; EuGH C-278/08 v. 25.3.2010 *BergSpechte*, Tz. 36; EuGH C-91/09 v. 26.3.2010 *Eis.de*, Tz. 26 f.; EuGH C-558/08 v. 8.7.2010 *Portakabin*, Tz. 35; EuGH C-323/09 v. 22.9.2011 *Interflora*, Tz. 45; BGH I ZR 172/11 v. 20.2.2013 *Beate Uhse*, Tz. 13; BGH I ZR 53/12 v. 27.6.2013 *Fleurop*, Tz. 18; BGH I ZR 236/16 v. 28.6.2018 *keine-vorwerk-vertretung*, Tz. 63.
262 OGH 17 Ob 3/10f v. 21.6.2010 *Bergspechte III*.
263 BGH I ZR 125/07 v. 13.1.2011 *Bananabay II*, Tz. 27; vgl. auch BGH I ZR 125/07 v. 22.1.2009 *Bananabay I*, mit Vorlageverfahren EuGH C-91/09 v. 26.3.2010 *Eis.de*.
264 EuGH C-323/09 v. 22.9.2011 *Interflora*, Tz. 50.
265 EuGH C-323/09 v. 22.9.2011 *Interflora*, Tz. 51 ff.
266 BGH I ZR 139/07 v. 22.1.2009 *pcb*, Tz. 25.

word verknüpft ist (Suche über »weitgehend passende Keywords«); auch in diesen Fällen wird das fragliche Keyword vom Werbenden mitgebucht.[267] Vor allem aber verneint der BGH schon dann den Eindruck wirtschaftlicher Zusammenhänge der Parteien, wenn in dem in der Anzeige angegebenen Link auf ein bestimmtes Unternehmen hingewiesen wird.[268] Dass der Verkehr auch in diesem Fall einer Fehlvorstellung über wirtschaftliche Zusammenhänge unterliegen kann, berücksichtigt der BGH nicht.[269] Etwas anderes soll erst dann gelten, wenn der Markeninhaber im Rahmen seines Vertriebssystems mit Drittunternehmen zusammenarbeitet und dies dem Verkehr bekannt ist.[270]

> Erscheint daher etwa bei der Suche nach der Marke »Bananabay« eine Anzeige, die mit dem Link »www.eis.de/erotikshop« verknüpft ist, so kann – entgegen BGH[271] – der Nutzer immer noch davon ausgehen, dass der Vertrieb der Bananabay-Produkte über den Shop eis.de läuft. Hierdurch wird die Herkunftsfunktion der Marke »Bananabay« beeinträchtigt. Erst recht irrt[272] der BGH, wenn er allein aus der Tatsache, dass die Keywordwerbung mit »Anzeige« überschrieben ist, herleiten will, dass der Verkehr ohne ausdrückliche Nennung der Marke nicht von wirtschaftlichen Beziehungen ausgehe.[273] Der EuGH hat ausdrücklich nur diesen Fall entschieden – und zwar entgegengesetzt zum BGH.[274]

k) Treffer plattforminterner Suchmaschinen

Die durch ein Computerprogramm erfolgende Auswertung des Nutzerverhaltens und Erstellung von auf dieser Auswertung beruhenden Suchwortvorschlägen werden letztlich von dem Betreiber der Suchmaschine vorgenommen.[275] Dabei funktioniert eine allgemeine Internet-Suchmaschine grundsätzlich in der gleichen Weise wie die Suchmaschine auf einer Verkaufsplattform.[276]

60

> Dabei will der BGH keine Rechtsverletzung sehen, wenn bei Amazon eine bestimmte Marke gesucht wird und dann Alternativprodukte anderer Marken angezeigt werden.[277] Dies dürfte nicht nur wegen des eigenen kommerziellen Interesses auf Seiten von Amazon problematisch sein, sondern auch tatsächlich Irrtümer über wirtschaftliche Zusammenhänge der Marken provozieren.

---

267 BGH I ZR 217/10 v. 13.12.2012 *MOST-Pralinen*, Tz. 17; a. A. wohl noch: BGH I ZR 139/07 v. 22.1.2009 *pcb*, Tz. 19 ff.
268 BGH I ZR 125/07 v. 13.1.2011 *Bananabay II*, Tz. 27; BGH I ZR 172/11 v. 20.2.2013 *Beate Uhse*, Tz. 14.
269 Zutreffend anders dagegen: KG 5 W 226/13 v. 15.10.2013 (noch unveröffentlicht).
270 BGH I ZR 53/12 v. 27.6.2013 *Fleurop*.
271 BGH I ZR 125/07 v. 13.1.2011 *Bananabay II*, Tz. 27; vgl. auch BGH I ZR 172/11 v. 20.2.2013 *Beate Uhse*, Tz. 19.
272 Oder beugt er schon Recht?
273 BGH I ZR 217/10 v. 13.12.2012 *MOST-Pralinen*, Tz. 27; BGH I ZR 53/12 v. 27.6.2013 *Fleurop*, Tz. 20; BGH I ZR 236/16 v. 28.6.2018 *keine-vorwerk-vertretung*, Tz. 63.
274 EuGH C-278/08 v. 25.3.2010 *BergSpechte*, Tz. 43.
275 BGHZ 197, 213 *Autocomplete-Funktion*, Tz. 17; BGH I ZR 201/16 v. 15.2.2018 *goFit*, Tz. 42.
276 BGH I ZR 201/16 v. 15.2.2018 *goFit*, Tz. 44.
277 BGH I ZR 201/16 v. 15.2.2018 *goFit*, Tz. 50 ff.

l) Koexistenz

61 Eine Funktionsbeeinträchtigung hat der EuGH schließlich auch für bestimmte Fälle langjähriger Koexistenz[278] (auch »honest concurrent use« genannt) verneint. Denn die Herkunftsfunktion ist nicht beeinträchtigt, wenn der Verkehr die sich gegenüberstehenden Produkte aufgrund jahrelanger Kenntnis trotz ähnlicher oder gar identischer Marken ohne weiteres unterscheiden kann. Voraussetzung ist dabei, dass die bereits koexistierenden Marken tatsächlich identisch mit der nunmehr angegriffenen Marke sind.[279]

> So kennt der britische Verbraucher etwa das Nebeneinander des tschechischen und amerikanischen Budweiser-Biers; die Marken beider Unternehmen existieren seit fast dreißig Jahren gutgläubig und gerichtlich gebilligt nebeneinander; die Produkte unterscheiden sich seit jeher in Geschmack, Aufmachung und Preis. Eine Beeinträchtigung der Herkunftsfunktion ist daher trotz Zeichenidentität ausgeschlossen.[280]

62 Entsprechendes gilt, wenn zum Zeitpunkt der Anmeldung die beiden Parteien des Kennzeichenkonflikts zusammengearbeitet haben. Denn dann unterliegen die Verkehrskreise im Zeitpunkt der Markenanmeldung keinem Irrtum über die Herkunft der Produkte, weil die Herkunft letztlich dieselbe ist. Auf eine etwaige Kenntnis des Verkehrs von der bestehenden wirtschaftlichen Verbindung kommt es dabei nicht an.[281] 3. Beeinträchtigung anderer Markenfunktionen

63 Es ist anerkannt, dass neben der Herkunftsfunktion auch andere Markenfunktionen rechtlich geschützt sind. Der EuGH nennt insofern die Funktion der Gewährleistung der Qualität dieser Ware oder Dienstleistung, die Kommunikations-, Investitions- und Werbefunktion.[282] Es ist auch insofern Sache des nationalen Gerichts zu beurteilen, ob die konkret beanstandete Nutzung eine der Funktionen der Marke beeinträchtigen kann.[283]

> Genießt beispielsweise eine Marke Wertschätzung, so kann ihre Verwendung in Listen, mit denen auf die Gleichartigkeit eines Alternativprodukts hingewiesen werden soll, auch im Rahmen des Bekanntheitsschutzes verboten sein; die Anwendbarkeit des Bekanntheitsschutzes hängt eben gerade nicht notwendigerweise davon ab, dass die Gefahr einer Beeinträchtigung der Marke oder ihres Inhabers besteht, vorausgesetzt, der Dritte nutzt die Wertschätzung der Marke in unlauterer Weise aus.[284]

a) Werbefunktion

64 Insbesondere zur Werbefunktion hat sich die Rechtsprechung schon äußern können. Vor dem Hintergrund der im geschäftlichen Verkehr angebotenen Vielfalt an Waren und Dienstleistungen kann eine Marke auch eingesetzt werden, den Ver-

---

278 Zur Koexistenz auch EuGH C-93/16 v. 20.07.2017 *The Irish Dairy Board*.
279 EuGH C-412/16 P und C-413/16 P v. 1.3.2018 *Ice Mountain Ibiza*, Tz. 103, m. w. N.
280 EuGH C-482/09 v. 22.9.2011 *Budějovický Budvar*, Tz. 75 ff.
281 EuG T-238/17 v. 25.9.2018 *Gugler France/GUGLER*, Tz. 42 ff.
282 EuGH C-487/07 v. 18.6.2009 *L'Oréal u. a.*, Tz. 58 f.; EuGH C-236/08 bis 238/08 v. 23.3.2010 *Google France*, Tz. 77; EuGH C-673/15 P bis C-676/15 P v. 20.9.2017 *The Tea Board*, Tz. 53; EuGH C-129/17 v. 25.7.2018 *Mitsubishi Shoji Kaisha*, Tz. 34; vgl. auch *Hackbarth*, S. 525 ff.
283 EuGH C-487/07 v. 18.6.2009 *L'Oréal u. a.*, Tz. 63.
284 EuGH C-487/07 v. 18.6.2009 *L'Oréal u. a.*, Tz. 64.

braucher zu informieren und zu überzeugen. Eine Beeinträchtigung der Werbefunktion liege daher vor, wenn durch die Benutzung einer identischen Marke die Möglichkeit des Markeninhabers beeinträchtigt wird, die Marke als Element der Verkaufsförderung oder Instrument der Handelsstrategie einzusetzen.[285]

Dabei lässt die Rechtsprechung allerdings nicht jede Beeinträchtigung der eigenen Werbung genügen, sondern verlangt eine qualifizierte Beeinträchtigung. Eine solche qualifizierte Beeinträchtigung liegt vermutlich erst dann vor, wenn die eigene Werbung nicht nur erschwert, sondern vereitelt wird. 65

> Beispielsweise liege bei einer Werbung mit fremden Marken als Adwords einer Suchmaschine im Internet eine solche Beeinträchtigung zwar auf der Hand. Weil jedoch der Markeninhaber auch immer an vorderster Stelle der sogenannten natürlichen Suchergebnisse aufscheine, handele es sich noch nicht um eine markenrechtlich relevante Beeinträchtigung der Werbefunktion.[286] Etwas anderes gelte erst, wenn in unlauterer Weise in die Werbefunktion eingegriffen werde.[287] Unberücksichtigt lässt der EuGH dabei, dass auch die sogenannten natürlichen Suchergebnisse keineswegs natürlich generiert werden und dass es oft erhebliche Anstrengungen kostet, sich dort in den ersten Treffern zu platzieren. Andererseits wird die Werbefunktion berührt, wenn eine KFZ-Reparaturwerkstatt nicht nur mit der Wortmarke eines Fahrzeugherstellers wirbt, sondern auch mit dessen Wort-/Bildmarke.[288] Großzügiger scheint – im Zusammenhang mit Farbmarken – zu Recht der BGH zu sein: Die Werbe- und Kommunikationsfunktion einer Marke kann danach nicht nur im Rahmen des Produkt- oder Dienstleistungsabsatzes, sondern auch bei der Gefährdung ihrer generellen Positionierung auf dem Markt im Sinne eines einheitlichen, in sich geschlossenen Marktauftritts des Markeninhabers – auch im Zuge allgemeiner werblicher Maßnahmen wie des Sponsorings von Sportveranstaltungen – beeinträchtigt werden.[289]

b) Investitionsfunktion

Die Investitionsfunkton erklärt der EuGH dahingehend, dass eine Marke von ihrem Inhaber auch dazu eingesetzt werden könne, einen Ruf zu erwerben oder zu wahren, der geeignet ist, Verbraucher anzuziehen und zu binden. Beeinträchtigt ist die Investitionsfunktion, wenn ein Dritter eine fremde Marke dergestalt benutzt, dass es dem Markeninhaber wesentlich erschwert wird, seine Marke zum Erwerb oder zur Wahrung eines entsprechenden Rufs einzusetzen. Insbesondere im Falle einer Rufbeeinträchtigung greift die Investitionsfunktion also ein.[290] 66

Dagegen rechtfertigt die Investitionsfunktion keine Einschränkung eines fairen Wettbewerbs. Auch wenn der Markeninhaber seine Anstrengungen zum Erwerb oder zur Wahrung eines entsprechenden Rufs im Rahmen fairen Wettbewerbs 67

---

285 EuGH C-236/08 bis 238/08 v. 23.3.2010 *Google France*, Tz. 91 f.; EuGH C-129/17 v. 25.7.2018 *Mitsubishi Shoji Kaisha*, Tz. 37; BGH I ZR 125/07 v. 13.1.2011 *Bananabay II*, Tz. 30.
286 EuGH C-236/08 bis 238/08 v. 23.3.2010 *Google France*, Tz. 93 ff.; EuGH C-278/08 v. 25.3.2010 *BergSpechte*, Tz. 33; EuGH C-558/08 v. 8.7.2010 *Portakabin*, Tz. 32 f.; EuGH C-323/09 v. 22.9.2011 *Interflora*, Tz. 54 ff.; BGH I ZR 125/07 v. 13.1.2011 *Bananabay II*, Tz. 30; BGH I ZR 172/11 v. 20.2.2013 *Beate Uhse*, Tz. 11.
287 EuGH C-323/09 v. 22.9.2011 *Interflora*, Tz. 84 ff.; BGH I ZR 172/11 v. 20.2.2013 *Beate Uhse*, Tz. 23.
288 BGH I ZR 33/10 v. 14.4.2011 *GROSSE INSPEKTION FÜR ALLE*, Tz. 11 ff.
289 BGH I ZR 78/14 v. 23.9.2015 *Sparkassen-Rot/Santander-Rot*, Tz. 81.
290 EuGH C-323/09 v. 22.9.2011 *Interflora*, Tz. 60 ff.; EuGH C-129/17 v. 25.7.2018 *Mitsubishi Shoji Kaisha*, Tz. 36; BGH I ZR 172/11 v. 20.2.2013 *Beate Uhse*, Tz. 11.

anpassen muss, ist die Investitionsfunktion nicht beeinträchtigt. Ebenso wenig liegt eine Beeinträchtigung vor, wenn einige Verbraucher auf Konkurrenzprodukte ausweichen. Ob noch ein in diesem Sinne fairer Wettbewerb vorliegt oder ob doch schon die Möglichkeiten des Markeninhabers zu Erwerb und Wahrung eines entsprechenden Rufs wesentlich beeinträchtigt werden, muss das nationale Gericht im Einzelfall prüfen.[291]

---

[291] EuGH C-323/09 v. 22.9.2011 *Interflora*, Tz. 64 f.

§ 11 Identität von Marke und Produkt

Schrifttum: *Sack*, »Doppelidentität« und »gedankliches Inverbindungbringen« im neuen deutschen und europäischen Markenrecht, GRUR 1996, 663

Der erste markenrechtliche Eingriffstatbestand setzt eine Identität der sich jeweils gegenüberstehenden Zeichen und Produkte voraus – auch »doppelte Identität«[1] genannt. Der Schutz ist »absolut«,[2] ein Nachweis einer Verwechslungsgefahr ist hierbei nicht erforderlich.[3] Auch muss – entgegen früherer Rechtsprechung – nicht zwingend die Möglichkeit einer Beeinträchtigung der Herkunftsfunktion im Sinne einer »markenmäßigen Benutzung« vorliegen;[4] vielmehr erfasst der Identitätsschutz auch andere Funktionen wie u. a. die Gewährleistung der Qualität dieser Ware oder Dienstleistung oder die Kommunikations-, Investitions- oder Werbefunktionen.[5] Regelungsgrundlage sind Art. 16 I TRIPS, Art. 5 I Buchst. a, 10 II Buchst. a MRR, Art. 8 I Buchst. a, 9 I Buchst. a UMV, §§ 9 I Nr. 1, 14 II Nr. 1 MarkenG. Anwendbar ist der Eingriffstatbestand vor allem in den klassischen »Pirateriefällen«, die gerade darauf abzielen, eine identische Marke für Produktimitationen zu verwenden.

I. Zeichenidentität

Der Begriff der Zeichenidentität ist zwar eng auszulegen. Gleichwohl verlangt der Begriff nicht, dass die sich gegenüberstehenden Zeichen in sämtlichen Punkten übereinstimmen. Vielmehr liegt eine Zeichenidentität schon dann vor, wenn ein Zeichen ohne Änderung oder Hinzufügung alle Elemente wiedergibt, die die ältere Marke bilden, oder wenn es als Ganzes betrachtet Unterschiede gegenüber der Marke aufweist, die so geringfügig sind, dass sie einem Durchschnittsverbraucher entgehen können. Maßgeblich kommt es also auf die Wahrnehmung des Durchschnittsverbrauchers[6] der betreffenden Produkte an, dem unbedeutende Unter-

---

1 So nun auch EuGH C-323/09 v. 22.9.2011 *Interflora*, Tz. 33.
2 EuGH C-482/09 v. 22.9.2011 *Budějovický Budvar*, Tz. 68; EuGH C-323/09 v. 22.9.2011 *Interflora*, Tz. 36 f.
3 EuGH C-291/00 v. 20.3.2003 *LTJ Diffusion/Sadas Vertbaudet*, Tz. 49; EuGH C-245/02 v. 16.11.2004 *Anheuser-Busch/Budějovický Budvar*, Tz. 60 u. 63; EuGH C-482/09 v. 22.9.2011 *Budějovický Budvar*, Tz. 72; zu einem die Verwechslungsgefahr ausschließenden Hinweis vgl. aber Art. 16 I 2 TRIPS; andererseits auch EuGH C-206/01 v. 12.11.2002 *Arsenal/Reed*, Tz. 57; BGHZ 158, 236, 249 *Internet-Versteigerung I*; ferner *Albert*, GRUR Int. 1997, 449 u. 464.
4 Vgl. zur funktionswidrigen Benutzung oben § 10 Rdn. 30 ff.
5 EuGH C-487/07 v. 18.6.2009 *L'Oréal u. a.*, Tz. 58 f.; EuGH C-236/08 bis 238/08 v. 23.3.2010 *Google France*, Tz. 49 u. 76 f., m. w. N.; EuGH C-278/08 v. 25.3.2010 *BergSpechte*, Tz. 22 u. 29 ff.; EuGH C-558/08 v. 8.7.2010 *Portakabin*, Tz. 26 u. 30; EuGH C-323/09 v. 22.9.2011 *Interflora*, Tz. 33 ff.
6 Vgl. zu den maßgeblichen Verkehrskreisen unten § 12 Rdn. 23 – 32.

schiede zwischen den Zeichen entgehen können.⁷ Die Beurteilung liegt im Wesentlichen auf tatrichterlichem Gebiet.⁸

3   Hiervon ausgehend gelangen EuGH und EuG im Ergebnis zu einem für deutsche Verhältnisse relativ weiten Identitätsbegriff.

> So stellt nach der Rechtsprechung des EuGH die Benutzung des Wortes »Arsenal« in großen Buchstaben wohl auch dann eine Benutzung eines mit einer Wortmarke »Arsenal« identischen Zeichens dar, wenn das Wort mit anderen, deutlich weniger auffallenden Angaben wie insbesondere »The Gunners« verbunden ist, die sich alle auf den Markeninhaber, den Klub Arsenal FC, beziehen.⁹ Das EuG will eine Identität zwischen den Zeichen »kraft« einerseits und »Krafft« andererseits ausschließen.¹⁰ Weiter wurden »ARTOZ« und »ATOZ« in klanglicher Hinsicht als praktisch identisch eingestuft.¹¹ Auch bewusste geringfügige Abweichungen, wie sie sich gerne in sogenannten Vertipperdomains finden, müssen nicht zwangsläufig aus der Ähnlichkeit führen.¹² Schließlich kann eine Wort-/Bildmarke grundsätzlich einer reinen Wortmarke ähnlich sein.¹³

4   Demgegenüber war der BGH in früheren Entscheidungen zunächst noch zurückhaltend und verlangte eine hundertprozentige Übereinstimmung der Zeichen. Inzwischen lässt aber auch der BGH bestimmte Abweichungen zu.

> So sollten ursprünglich die Zeichen »defacto« einerseits und »Defacto« andererseits nicht identisch sein, weil sich die gegenüberstehenden Zeichen durch die unterschiedliche Groß- und Kleinschreibung im Schriftbild unterscheiden.¹⁴ Demgegenüber zutreffend hat der BGH später die Bezeichnungen »pc69« und »PC 69« für identisch gehalten¹⁵ und meint nun allgemein, dass Zeichen trotz unterschiedlicher Groß- und Kleinschreibung identisch sein könnten.¹⁶ Zu streng wurde allerdings wieder die Identität von »Voelkl« und »voelkl.com« verneint.¹⁷ Auch sollen – zu streng – im Allgemeinen unterschiedliche Zusammen- bzw. Getrenntschreibung,¹⁸ beim Zeichenpaar »MICRO COTTON« und »Microcotton«, also etwa bereits die Unterschiede im Schriftbild,¹⁹ die Identität ausschließen. Gerade im Internetbereich dürfte der Nutzer nicht auf Unterschiede in Groß- oder Kleinschreibung achten, weil Kleinschreibung oft funktional bedingt ist.²⁰ Die Zeichen »HEITEC« und »HAITEC«

---

7   EuGH C-291/00 v. 20.3.2003 *LTJ Diffusion/Sadas Vertbaudet*, Tz. 44 ff.; EuGH C-278/08 v. 25.3.2010 *BergSpechte*, Tz. 25; EuGH C-558/08 v. 8.7.2010 *Portakabin*, Tz. 47; vgl. aber auch EuGH C-533/06 v. 12.6.2008 *O 2 Holdings*, Tz. 52 f.
8   BGH I ZR 23/14 v. 21.10.2015 *Bounty*, Tz. 23.
9   EuGH C-206/01 v. 12.11.2002 *Arsenal/Reed*, Tz. 39 f.
10 EuG T-356/02 v. 6.10.2004 *VITAKRAFT*, Tz. 55; vgl. auch EuG T-128/99 v. 15.11.2001 *TELEYE*; EuG T-129/01 v. 3.7.2003 *BUD/BUDMEN*, Tz. 55.
11 EuG T-100/06 v. 26.11.2008 *ARTOZ/ATOZ*, Tz. 64, im Ergebnis bestätigt durch EuGH C-559/08 P v. 16.9.2010 *Rajani*.
12 EuGH C-558/08 v. 8.7.2010 *Portakabin*, Tz. 48; vgl. auch BGH I ZR 164/12 v. 22.1.2014 *wetteronline.de*; ferner unten § 26 Rdn. 13.
13 EuGH C-278/08 v. 25.3.2010 *BergSpechte*, Tz. 27; EuGH C-179/15 v. 3.3.2016 *Daimler*, Tz. 20 f.
14 BGH GRUR 2002, 898, 899 *defacto*; vgl. auch EuGH C-558/08 v. 8.7.2010 *Portakabin*, Tz. 24 f.
15 BGH GRUR 2004, 790, 792 *Gegenabmahnung*.
16 BGH I ZR 188/13 v. 12.3.2015 *Uhrenankauf im Internet*; BGH I ZR 50/14 v. 5.11.2015 *ConText*, Tz. 30; BGH I ZR 236/16 v. 28.6.2018 *keine-vorwerk-vertretung*, Tz. 48.
17 BGH I ZR 82/11 v. 2.10.2012 *Völkl*, Tz. 34.
18 BGH I ZR 254/14 v. 28.4.2016 *Kinderstube*.
19 BGH I ZR 101/15 v. 3.11.2016 *MICRO COTTON*, Tz. 56.
20 Entsprechend BGH I ZR 53/12 v. 27.6.2013 *Fleurop*, Tz. 12.

hielt der BGH zu Recht für klanglich identisch.[21] Bei Farbmarken wiederum soll – mit Blick auf das nur schwach ausgeprägte Erinnerungsvermögen bei Farben zu streng[22] – eine Markenidentität nur bei völliger Farbidentität angenommen werden können.[23] Zutreffend dürfte es hingegen sein, wenn der BGH zwischen einer schwarz-weiß registrierten Marke und einer farbigen Benutzungsform die Identität verneint.[24] Auch wird eine Wort-/Bildmarke nicht durch die Nutzung des darin enthaltenen Wortes identisch benutzt.[25]

II. Produktidentität

Der Begriff der Produktidentität bereitet in der Praxis kaum Probleme. Von Bedeutung ist, dass Produktidentität bereits dann besteht, wenn die ältere Marke für Produkte unter einem Oberbegriff Schutz beansprucht und das jüngere Zeichen nur einen Teil der unter den Oberbegriff fallenden Produkte betrifft.[26] 5

So besteht Identität zwischen unter der älteren Marke geschützten »Spirituosen« einerseits und »Apfel-Kräuter-Likör« andererseits,[27] sowie zwischen »Bällen« einerseits und »Fußbällen« andererseits.[28] Der Begriff »Transportwesen« umfasst auch die »Personenbeförderung«.[29]

Darüber hinaus ist von Produktidentität sogar dann auszugehen, wenn eine jüngere Markenanmeldung für einen weiten Oberbegriff Schutz beanspruchen will, dem die unter der älteren Marke geschützten Waren unterfallen.[30] 6

---

21 BGH I ZR 162/05 v. 14.2.2008 *HEITEC*, Tz. 24.
22 Vgl. nur den Kleiderfarbenstreit: Welche Farben hat dieses Kleid?, FAZ v. 12.7.2017.
23 BGHZ 156, 126, 135 *Farbmarkenverletzung I*; BGH GRUR 2004, 154, 156 *Farbmarkenverletzung II*; BGH I ZR 78/14 v. 23.9.2015 *Sparkassen-Rot/Santander-Rot*, Tz. 62 ff.
24 BGH I ZR 153/14 v. 12.3.2015 *BMW-Emblem*, Tz. 13 ff., unter Hinweis auf das Konvergenzprogramm 4 (https://www.tmdn.org/network/scope-and-protection); vgl. auch EuG T-378/11 v. 20.2.2013 *MEDINET*, Tz. 48 ff., im Ergebnis bestätigt durch EuGH C-412/13 P v. 10.4.2014 *Franz Wilhelm Langguth Erben*.
25 BGH I ZR 236/16 v. 28.6.2018 *keine-vorwerk-vertretung*, Tz. 61.
26 EuG T-385/03 v. 7.7.2005 *MILES/Biker Miles*, Tz. 32; EuG T-346/04 v. 24.11.2005 *Arthur/ARTHUR ET FELICIE*, Tz. 34; EuG T-29/04 v. 8.12.2005 *CRISTAL/CRISTAL CASTELLBLANCH*, Tz. 51, im Ergebnis bestätigt durch EuGH C-131/06 P v. 24.4.2007 *Castellblanch/HABM*; EuG T-205/06 v. 22.5.2008 *Presto/Presto! Bizcard Reader*, Tz. 42; EuG T-79/07 v. 26.6.2008 *POLAR/POLARIS*, Tz. 26; EuG T-363/06 v. 9.9.2008 *SEAT/MAGIC SEAT*, Tz. 22; EuG T-106/07 v. 10.9.2008 *DUOVISK/BioVisk*, Tz. 31 f., im Ergebnis bestätigt durch EuGH C-481/08 P v. 24.9.2009 *Alcon*.
27 BGH GRUR 2004, 598 *Kleiner Feigling*.
28 BGH GRUR 2004, 775, 776 *EURO 2000*.
29 BGH I ZR 167/06 v. 5.2.2009 *METROBUS*, Tz. 45; I ZR 174/06 v. 5.2.2009, Tz. 45; I ZR 186/06 v. 5.2.2009, Tz. 38.
30 EuG T-388/00 v. 23.10.2002 *ILS/ELS*, Tz. 53; EuG T-104/01 v. 23.10.2002 *Miss Fifties/Fifties*, Tz. 32 f.; EuG T-110/01 v. 12.12.2002 *SAINT-HUBERT 41/HUBERT*, Tz. 43 f.; EuG T-32/03 v. 8.3.2005 *Schuhpark/JELLO SCHUHPARK*, Tz. 49; EuG T-133/05 v. 7.9.2006 *PAM-PAM/PAM-PIM'S BABY-PROP*, Tz. 29; EuG T-363/04 v. 12.9.2007 *Carbonell/La Española*, Tz. 71; EuG T-205/06 v. 22.5.2008 *Presto/Presto! Bizcard Reader*, Tz. 42; BGH GRUR 1998, 924, 925 *salvent/Salventerol*; BGH GRUR 2005, 326 *il Padrone/Il Portone*; BGH I ZB 61/07 v. 3.4.2008 *SIERRA ANTIGUO*, Tz. 11; BGH I ZB 54/05 v. 29.5.2008 *Pantohexal*, Tz. 13; BGH I ZB 55/05 v. 29.5.2008 *Pantogast*, Tz. 14; vgl. auch EuG T-10/03 v. 18.2.2004 *FLEX/CONFORFLEX*, Tz. 41 f.

So sind die speziellen, unter der älteren Marke geschützten Dienstleistungen »Entwicklung und Durchführung von Korrespondenzkursen« einerseits und »Erziehung und Unterricht, nämlich englischer Sprachunterricht« andererseits identisch.[31] Gleiches gilt bei unter der älteren Marke geschützten »Milchprodukten« und den Produkten »Milch und andere Milchprodukte«, auf die die jüngere Marke abzielt,[32] oder bei unter der älteren Marke geschützten »Babywindeln« und »Windelhosen« im Allgemeinen unter der jüngeren Marke.[33]

7   Auch wenn unter der älteren Marke unter Aufführung einer Klassenüberschrift der Nizzaer Klassifikation[34] für sämtliche Produkte einer Klasse Schutz beansprucht wird, und die jüngere Marke für einen Teil der Produkte dieser Klasse Schutz sucht, ist von Identität auszugehen.[35]

---

31 EuG T-388/00 v. 23.10.2002 *ILS/ELS*, Tz. 53.
32 EuG T-110/01 v. 12.12.2002 *SAINT-HUBERT 41/HUBERT*, Tz. 43 f.
33 EuG T-133/05 v. 7.9.2006 *PAM-PAM/PAM-PIM'S BABY-PROP*, Tz. 34 ff.
34 Zur Fassung des Verzeichnisses der Waren und Dienstleistungen vgl. oben § 5 Rdn. 1 – 19.
35 EuG T-186/02 v. 30.6.2004 *DIESELIT*, Tz. 42.

§ 12 Verwechslungsgefahr

Schrifttum: *Ackermann*, Neurobiologische und andere Hypothesen zum Markenrecht, MarkenR 2017, 195 u. 248; *Becker*, »THOMSON LIFE« reverse?, GRUR 2011, 971; *Bender*, Auf dem Weg zum neuen Markenrecht in Europa, MarkenR 2016, 126; *Bender*, Das europäische Markenrecht in bewegter See – Teil 3, MarkenR 2017, 98; *Berlit*, Schutz und Schutzumfang von Warenformmarken am Beispiel des Schokoladen-Osterhasen, GRUR 2011, 369; *Berlit*, Ist der LINDT-TEDDY ein GOLDBÄR? – Zur Frage der Verwechslungsgefahr zwischen einer Wortmarke und einer dreidimensionalen Marke, MarkenR 2013, 169; *Bogatz/Albrecht*, Einzelhandelsdienstleistungen – Teil 2: Dienstleistungsähnlichkeit und Verwechslungsgefahr, GRUR-Prax 2018, 142; *Bölling*, Die Rechtsprechung des EuG zur Zeichenähnlichkeit bei Aufnahme einer Marke in ein Kombinationszeichen, MarkenR 2012, 93; *Eichelberger*, BAINBRIDGE – Das Ende der noch unbekannten Markenfamilie im Gemeinschaftsmarkenrecht?, MarkenR 2008, 7; *Erdmann*, Verwechslungsschutz für Einzelbuchstabenmarken, FS Fezer, 2016, 601; *Fink*, Der begriffliche Zeichenvergleich im Gemeinschaftsmarkenrecht aus deutscher Perspektive, FS »50 Jahre Bundespatentgericht«, 2011, 791; *Gielen*, The relevance of »Association« for Trade Mark Conflicts, FS v. Mühlendahl, 2005, 207; *Goldmann*, Die mittelbare Verwechslungsgefahr unter dem Gesichtspunkt des Serienzeichens, GRUR 2012, 234; *Hacker*; Methodenlehre und Gewerblicher Rechtsschutz – dargestellt am Beispiel der markenrechtlichen Verwechslungsgefahr, GRUR 2004, 537; *Hacker*, Die schwache Marke in der Kollision, FS Bornkamm, 2014, 575; *Hacker*, Der Einfluss von Begleitumständen auf die Beurteilung der markenrechtlichen Verwechslungsgefahr, FS Fezer, 2016, 587; *Hansen*, Der Staatsanwalt, Dein Freund und Helfer: Durchsetzung von Schadensersatzansprüchen wegen Marken- und Produktpiraterie, GRUR-Prax 2014, 295; *Hye-Knudsen/Schafft*, Territorial unterschiedliche Verwechslungsgefahr bei der Verletzung von Gemeinschaftsmarken, MarkenR 2004, 209; *Karaaslan*, Verwechslungsschutz von Serienmarken nach dem deutschen Markengesetz, 2016; *Keller*, Zeichenbestandteile im Fokus von Rechtsverletzung und Rechtserhalt – Von »THOMSON LIFE« bis »Colloseum«, FS Köhler, 2014, 339; *Kochendörfer*, Der Neutralisierungsgedanke bei der Beurteilung der Zeichenähnlichkeit, GRUR 2012, 765; *Kochendörfer*, Die Handelsmarke im Verletzungsverfahren, GRUR 2014, 35; *Lerach*, »Nichts ist gelber als Gelb selber« – Zur Reichweite des Schutzes konturloser Farbmarken, MarkenR 2015, 82; *Lubberger*, Die Verwechslungsgefahr – Rechtsbegriff oder Tatfrage? Und wenn ja – was dann?, FS »50 Jahre Bundespatentgericht«, 2011, 687; *Nordemann-Schiffel*, Zum Schutzumfang abstrakter Farbmarken, FS Fezer, 2016, 481; *Ohly*, Post-sale confusion?, FS Fezer, 2016, 615; *Onken*, Was prägt Barbara Becker oder kommt es darauf gar nicht an?, MarkenR 2011, 141; *Richter/Stoppel*, Die Ähnlichkeit von Waren und Dienstleistungen, 14. Aufl. 2008; *Rohnke*, Gemeinschaftsmarken oder nationale Marken? – Strategische Überlegungen zur Rechtsdurchsetzung, GRUR Int. 2002, 979; *Sack*, Die abstrakte Verwechslungsgefahr im Markenrecht, GRUR 2013, 4; *Sack*, Die Verwechslungsgefahr im Marken- und Wettbewerbsrecht – einheitliche Auslegung?, WRP 2013, 8; *Scheier/Lubberger*, Vom Angriff der Tatsachen auf die Erfahrungssätze, MarkenR 2014, 453; *Sosnitza*, Die markenformübergreifende Ähnlichkeit, MarkenR 2016, 1; *Sosnitza*, Der unionsmarkenrechtliche Einheitlichkeitsgrundsatz und die Verwechslungsgefahr bei gespaltener Verkehrsauffassung. Zugleich Anmerkung zu EuGH »combit/Commit«, GRUR 2016, 1240; *Sosnitza*, Gedankliches Inverbindungbringen, Markenfunktionen und verwechslungsgefahrrelevante Faktoren im Markenrecht, FS Fezer, 2016, 569; *Stone*, EC: Trade Marks – ECJ overrules German Pragetheorie; E. I. P. R. 2006, 28(1), N4; *Tenkhoff*, Anything but ordinary: Where insights from behavioural economics meet the »average consumer« in EU trade mark law, MarkenR 2018, 281; *Visser*, Beslissen in IE-zaken, Nederlands Juristenblad 2008, 1918; *Weberndörfer*, »Post-sale« Confusion and the Parameters of Opposition Decisions, FS v. Mühlendahl, 2005, 255

I. Grundsätze

1. Tatbestandsvoraussetzungen

1 Der Tatbestand der Verwechslungsgefahr ist der zentrale markenrechtliche Verletzungstatbestand. Regelungsgrundlage sind die Art. 6bis I PVÜ; Art. 16 I 1 TRIPS; Art. 5 I Buchst. b, 10 II Buchst. b MRR; Art. 8 I Buchst. b, 9 I Buchst. b UMV bzw. §§ 9 I Nr. 2, 14 II Nr. 2 MarkenG. Der Tatbestand ist umfassend harmonisiert.[1] Bei der Frage der Verwechslungsgefahr handelt es sich um eine Rechtsfrage, die auf Grundlage eines feststehenden Sachverhalts[2] zu beantworten ist.[3] Zu den Grundfragen hat sich der EuGH bereits verhältnismäßig früh äußern können, im Detail ist jedoch noch einiges offen und es bestehen immer noch Unterschiede der Rechtsprechung des EuG zu der des BGH.

2 Ob Verwechslungsgefahr besteht, bestimmt sich danach, ob sich das Publikum[4] in Bezug auf die Herkunft der betreffenden, gekennzeichneten Produkte täuschen kann.[5] Unter Herkunft ist hierbei nicht die räumliche Herkunft, sondern vielmehr ausschließlich die betriebliche Herkunft im Sinne der hinter der Marke stehenden Organisationseinheit zu verstehen.

> So steht einer Verwechslungsgefahr nicht entgegen, wenn das Publikum meint, die betreffenden Waren oder Dienstleistungen würden an unterschiedlichen Orten hergestellt oder erbracht. Vielmehr genügt es, wenn der Verkehr fälschlicherweise glauben könnte, dass die betreffenden Produkte aus demselben Unternehmen oder gegebenenfalls aus wirtschaftlich miteinander verbundenen Unternehmen stammen.[6]

---

1 Etwa EuGH C-59/08 v. 23.4.2009 *Copad*, Tz. 40; EuGH C-661/11 v. 19.9.2013 *Martin Y Paz Diffusion*, Tz. 54.
2 Die Bestimmung der maßgeblichen Verkehrskreise und die Feststellung der Identität oder einer Ähnlichkeit der von den Unionsmarken und dem in Rede stehenden Zeichen erfassten Waren oder Dienstleistungen ergeben sich aus der Tatsachenwürdigung, die das nationale Gericht vorzunehmen hat: EuGH C-147/14 v. 25.6.2015 *Loutfi Management Propriété intellectuelle*, Tz. 22.
3 BGHZ 113, 115, 124 *SL*; BGHZ 138, 143, 156 *Les-Paul-Gitarren*; BGH GRUR 2000, 506, 509 *ATTACHÉ/TISSERAND*; zur geschäftlichen Bezeichnung auch BGH GRUR 2005, 61, 62 *CompuNet/ComNet II*.
4 Zu den maßgeblichen Verkehrskreisen § 12 Rdn. 23 – 32.
5 EuGH C-39/97 v. 29.9.1998 *Canon*, Tz. 26 ff.; EuGH C-3/03 P v. 28.4.2004 *Matratzen Concord*, Tz. 27; EuGH C-361/04 P v. 12.1.2006 *Picasso*, Tz. 36; EuGH C-334/05 P v. 12.6.2007 *HABM/Shaker*, Tz. 33; EuGH C-234/06 P v. 13.9.2007 *Il Ponte Finanziaria*, Tz. 63; EuGH C-193/06 P v. 20.9.2007 *Nestlé/HABM*, Tz. 32; EuGH C-102/07 v. 10.4.2008 *adidas und adidas Benelux*, Tz. 28; EuGH C-51/09 P v. 24.6.2010 *Barbara Becker*, Tz. 31; EuGH C-558/08 v. 8.7.2010 *Portakabin*, Tz. 51.
6 EuGH C-39/97 v. 29.9.1998 *Canon*, Tz. 29 f., unter Hinweis auf EuGH C-251/95 v. 11.11.1997 *Springende Raubkatze*, Tz. 16 bis 18; auch EuGH C-342/97 v. 22.6.1999 *Lloyd Schuhfabrik Meyer*, Tz. 16 bis 18; EuGH C-120/04 v. 6.10.2005 *Medion*, Tz. 26; EuGH C-412/05 P v. 26.4.2007 *Alcon (II)*, Tz. 55; EuGH C-334/05 P v. 12.6.2007 *HABM/Shaker*, Tz. 33; EuGH C-193/06 P v. 20.9.2007 *Nestlé/HABM*, Tz. 32; EuGH C-51/09 P v. 24.6.2010 *Barbara Becker*, Tz. 31; EuGH C-278/08 v. 25.3.2010 *BergSpechte*, Tz. 38; EuGH C-558/08 v. 8.7.2010 *Portakabin*, Tz. 51; EuGH C-559/08 P v. 16.9.2010 *Rajani*, Tz. 74; EuGH C-343/14 P v. 7.5.2015 *Adler Modemärkte*, Tz. 31; EuGH C-142/14 P v. 3.6.2015 *Sunrider*, Tz. 102; EuGH C-190/15 P v. 19.11.2015 *Fetim*, Tz. 38; EuG T-104/01 v. 23.10.2002 *Miss Fifties/Fifties*, Tz. 25; vgl. demgegenüber noch BGH GRUR 1995, 216, 217 f. *Oxygenol II*.

Die Verwechslungsgefahr muss tatsächlich festgestellt und darf nicht schon auf- 3
grund bestimmter Indizien vermutet werden.[7] Da es sich hierbei letztlich um einen
reinen Gefährdungstatbestand handelt, ist es insoweit ausreichend, dass allein die
Gefahr der Verwechslung besteht, ohne dass eine konkrete Verwechslung wirklich
nachgewiesen werden müsste.[8]

> So sind etwa aufgetretene Verwechslungen wie fehlgeleitete Nachfragen oder Postirrläufer
> lediglich Indizien einer Verwechslungsgefahr, nicht aber Voraussetzung.[9] Auch können
> Umfrageergebnisse zur markenrechtlichen Verwechslungsgefahr allenfalls Indizien liefern.[10]
> Verwechslungsgefahr hängt nicht von bestimmten Prozentsätzen ab.[11]

Das Vorliegen einer Verwechslungsgefahr ist unter Berücksichtigung aller 4
Umstände des Einzelfalls umfassend zu beurteilen.[12] Zwingende kumulative Vor-

---

[7] EuGH C-425/98 v. 22.6.2000 *Marca/Adidas*, Tz. 34; BGH GRUR 2002, 544, 547 *BANK 24*.
[8] EuG T-99/01 v. 15.1.2003 *Mystery/Mixery*, Tz. 48; EuG T-117/03 bis T-119/03 und T-171/03 v. 6.10.2004 *NL*, Tz. 52.
[9] Vgl. auch zurückhaltend zu tatsächlichen Verwechslungen EuG T-247/03 v. 11.7.2006 *TORRES/Torre Muga*, Tz. 74 ff., im Ergebnis bestätigt durch EuGH C-405/06 P v. 24.9.2007 *Miguel Torres*.
[10] OLG Hamburg MarkenR 2008, 209 *Anastacia-A*.
[11] EuGH C-579/08 P v. 15.1.2010 *Messer Group*, Tz. 49; EuGH C-354/11 P v. 22.3.2012 *Emram*, Tz. 84.
[12] Ständige Rechtsprechung, statt vieler: EuGH C-251/95 v. 11.11.1997 *Springende Raubkatze*, Tz. 22; EuGH C-39/97 v. 29.9.1998 *Canon*, Tz. 15 u. 16 u. 24; EuGH C-342/97 v. 22.6.1999 *Lloyd Schuhfabrik Meyer*, Tz. 18; EuGH C-425/98 v. 22.6.2000 *Marca/Adidas*, Tz. 40; EuGH C-3/03 P v. 28.4.2004 *Matratzen Concord*, Tz. 28; EuGH C-120/04 v. 6.10.2005 *Medion*, Tz. 27; EuGH C-361/04 P v. 12.1.2006 *Picasso*, Tz. 18; EuGH C-206/04 P v. 23.3.2006 *Muelhens*, Tz. 18; EuGH C-235/05 P v. 27.4.2006 *L'Oréal*, Tz. 34; EuGH C-334/05 P v. 12.6.2007 *HABM/Shaker*, Tz. 34; EuGH C-51/09 P v. 24.6.2010 *Barbara Becker*, Tz. 32; EuGH C-254/09 P v. 2.9.2010 *Calvin Klein*, Tz. 44; EuGH C-252/12 v. 18.7.2013 *Specsavers*, Tz. 34; EuGH C-414/14 v. 26.2.2015 *Fundação Calouste Gulbenkian*, Tz. 49; EuGH C-147/14 v. 25.6.2015 *Loutfi Management Propriété intellectuelle*, Tz. 23; EuGH C-270/14 P v. 15.10.2015 *Debonair Trading Internacional*, Tz. 33; EuGH C-93/16 v. 20.7.2017 *Ornua Co-operative*, Tz. 40; auch BGH GRUR 2000, 506, 508 *ATTACHÉ/TISSERAND*; EuG T-104/01 v. 23.10.2002 *Miss Fifties/Fifties*, Tz. 26; ferner EuGH C-533/06 v. 12.6.2008 *O 2 Holdings*, Tz. 66 f. sowie oben § 10 Rdn. 8.

aussetzungen sind hierbei die Identität oder Ähnlichkeit der Zeichen und die Identität oder Ähnlichkeit der Produkte.[13]

> Sind insoweit schon die in Rede stehenden Zeichen nicht ähnlich – etwa »Persil« und »Der weiße Riese« – so scheidet eine Verwechslungsgefahr von vornherein aus, ohne dass die Produktidentität noch zu erörtern wäre.[14] Entsprechendes gilt, wenn zwar die Zeichen ähnlich sind, nicht aber die gekennzeichneten Produkte – wie etwa Schrauben und Hühnereier.[15]

5 Neben Zeichen- und Produktähnlichkeit bildet die Kennzeichnungskraft[16] der älteren Marke, also ihre Unterscheidungskraft[17] von Hause aus sowie ihre etwaige durch Benutzung erworbene Bekanntheit,[18] den zentralen dritten Faktor bei der Beurteilung der Verwechslungsgefahr.[19] Eine hohe Kennzeichnungskraft erweitert daher den Schutzbereich einer Marke.[20]

> Der Einbeziehung der Kennzeichnungskraft in die Beurteilung der Verwechslungsgefahr liegt dabei unter anderem die Überlegung zugrunde, dass der Verkehr ihm bekannte Kennzeichnungen eher in einer anderen Kennzeichnung wiederzuerkennen glauben wird als weni-

---

13 EuGH C-106/03 P v. 12.10.2004 *SAINT-HUBERT 41/HUBERT*, Tz. 51; EuGH C-120/04 v. 6.10.2005 *Medion*, Tz. 25; EuGH C-234/06 P v. 13.9.2007 *Il Ponte Finanziaria*, Tz. 48; EuGH C-57/08 P v. 11.12.2008 *Gateway*, Tz. 45; EuGH C-16/06 P v. 18.12.2008 *René*, Tz. 44; EuGH C-398/07 P v. 7.5.2009 *Waterford Wedgwood*, Tz. 34; EuGH C-193/09 P v. 4.3.2010 *Kaul*, Tz. 43; EuGH C-216/10 P v. 25.11.2010 *Lufthansa AirPlus Servicekarten*, Tz. 26; EuGH C-558/12 P v. 23.1.2014 *HABM/riha WeserGold Getränke*, Tz. 41; EuGH C-509/13 P v. 4.9.2014 *Metropolis Inmobiliaris y Restauraciones*, Tz. 42; EuGH C-414/14 v. 26.2.2015 *Fundação Calouste Gulbenkian*, Tz. 48; EuGH C-142/14 P v. 3.6.2015 *Sunrider*, Tz. 108; zur Produktähnlichkeit auch EuGH C-196/06 P v. 9.3.2007 *Alecansan/HABM*, Tz. 24, 37 u. 44; EuGH C-548/14 P v. 17.9.2015 *Arnoldo Mondadori Editore*, Tz. 46; EuGH C-673/15 P bis C-676/15 P v. 20.9.2017 *The Tea Board*, Tz. 47; zuvor bereits EuG T-110/01 v. 12.12.2002 *SAINT-HUBERT 41/HUBERT*, Tz. 65; EuG T-292/01 v. 14.10.2003 *PASH/BASS*, Tz. 56; EuG T-311/01 v. 22.10.2003 *ASTERIX/Starix*, Tz. 59 ff.; BGH GRUR 1999, 245 *LIBERO*; BGH GRUR 2002, 340 *Fabergé*; BGH GRUR 2003, 428, 431 *BIG BERTHA*.
14 Vgl. EuGH C-193/09 P v. 4.3.2010 *Kaul*, Tz. 44; EuGH C-254/09 P v. 2.9.2010 *Calvin Klein*, Tz. 53; EuGH C-342/09 P v. 27.10.2010 *Victor Guedes*, Tz. 25; EuGH C-370/10 P v. 14.3.2011 *Ravensburger*, Tz. 51; EuGH C-552/09 P v. 24.3.2011 *FERRERO*, Tz. 65 f.; EuGH C-558/12 P v. 23.1.2014 *HABM/riha WeserGold Getränke*, Tz. 42.
15 Vgl. EuGH C-398/07 P v. 7.5.2009 *Waterford Wedgwood*, Tz. 35.
16 Zur Kennzeichnungskraft vgl. unten § 12 Rdn. 33 – 60.
17 Zum Begriff der Unterscheidungskraft vgl. oben § 4 Rdn. 56 – 172.
18 Zum Erwerb von Unterscheidungskraft infolge Benutzung § 4 Rdn. 153 – 172.
19 So schon der 16. Erwägungsgrund der MRR; auch EuGH C-39/97 v. 29.9.1998 *Canon*, Tz. 19; EuGH C-342/97 v. 22.6.1999 *Lloyd Schuhfabrik Meyer*, Tz. 21; EuGH C-425/98 v. 22.6.2000 *Marca/Adidas*, Tz. 40 f.; EuGH C-361/04 P v. 12.1.2006 *Picasso*, Tz. 18; EuGH C-171/06 P v. 15.3.2007 *T. I. M. E. ART*, Tz. 31; EuGH C-225/06 P v. 11.9.2007 *AVEE*, Tz. 16; EuGH C-108/07 P v. 17.4.2008 *Ferrero*, Tz. 32 f.; EuGH C-16/06 P v. 18.12.2008 *René*, Tz. 64; EuGH C-252/12 v. 18.7.2013 *Specsavers*, Tz. 36; EuGH C-396/15 P v. 17.2.2016 *Shoe Branding Europe*, Tz. 74; vgl. auch BGH GRUR 1996, 774, 775 *falkerun/Le Run*; zwingende Voraussetzung ist eine bestimmte Kennzeichnungskraft bzw. Bekanntheit nicht: EuG T-185/03 v. 1.3.2005 *ANTONIO FUSCO/ENZO FUSCO*, Tz. 60; EuG T-35/04 v. 15.3.2006 *FERRERO/FERRÓ*, Tz. 70, bestätigt durch EuGH C-225/06 P v. 11.9.2007 *AVEE*.
20 EuGH C-108/07 P v. 17.4.2008 *Ferrero*, Tz. 32, m. w. N.; EuGH C-252/12 v. 18.7.2013 *Specsavers*, Tz. 36; EuGH C-396/15 P v. 17.2.2016 *Shoe Branding Europe*, Tz. 74.

ger bekannte Kennzeichen. Dies gilt unabhängig davon, dass die Gefahr tatsächlicher Verwechslungen mit zunehmendem Bekanntheitsgrad des Zeichens womöglich sogar sinken mag.[21] Auch droht bekannteren Marken eher eine Nachahmung durch Wettbewerber. Eine Vielzahl von Zeichen Dritter im Ähnlichkeitsbereich kann jedoch die Unterscheidungskraft der Marke und damit ihre Unterscheidungsfunktion gefährden.[22]

Nicht zu den relevanten Umständen gehört hingegen der Umstand, dass bei den Wettbewerbern ein Bedürfnis nach freier Verfügbarkeit des Zeichens besteht. Auch solche Zeichen nämlich, die grundsätzlich für alle Wirtschaftsteilnehmer verfügbar bleiben müssen, können in missbräuchlicher Weise mit dem Ziel benutzt werden, beim Verbraucher Verwechslungen hervorzurufen. Der Tatbestand der Verwechslungsgefahr würde zu sehr ausgehöhlt, wenn sich der Dritte in einem solchen Zusammenhang auf das Freihaltebedürfnis berufen könnte. 6

> Diese Erwägung gilt beispielsweise für Streifenmotive wie die von adidas. Obwohl Streifenmotive als solche für Wettbewerber grundsätzlich frei verfügbar sind, darf es den Wettbewerbern nicht erlaubt sein, das für adidas eingetragene Drei-Streifen-Motiv zu verletzen, indem sie auf der von ihnen vermarkteten Sport- und Freizeitbekleidung Streifenmotive anbringen, die dem für adidas registrierten Motiv derart ähnlich sind, dass für das Publikum Verwechslungsgefahr besteht.[23]

Ebenso wenig will der BGH einer Gefährdung des guten Rufs der von der Markeninhaberin vertriebenen Produkte für die bei der Beurteilung der Verwechslungsgefahr gemäß § 14 II Nr. 2 MarkenG vorzunehmende Abwägung eine Bedeutung zumessen. 7

> So soll es etwa keine Rolle spielen, dass das unter dem jüngeren Zeichen vermarktete Produkt ein extrem schlechtes Image aufweist, das sich auf das Produkt des Markeninhabers übertragen könnte.[24] Hier dürfte es indes – unter Berücksichtigung aller Umstände des Einzelfalls geboten sein, weniger kategorisch vorzugehen und einen negativen Imagetransfer jedenfalls als Indiz für eine – latente und intuitive – Verwechslungsgefahr zu berücksichtigen.

Zu den Umständen des Einzelfalls kann demgegenüber die konkrete Art der Benutzung des Angriffszeichens gehören.[25] 8

> Wurde daher beispielsweise die schwarz/weiß eingetragene Marke

> stets nur in einer bestimmten Farbe benutzt, so liegt eher eine Verwechslungsgefahr vor, wenn ein Dritter ein ähnliches Zeichen in genau dieser Farbe benutzt.[26] Etwas Anderes kann

---

21 BGH GRUR 2002, 171, 175 *Marlboro-Dach*; auch BGH GRUR 2001, 158, 160 *Drei-Streifen-Kennzeichnung*, m. w. N.; BGH GRUR 2004, 594, 597 *Ferrari-Pferd*; BGH GRUR 2004, 779, 781 *Zwilling/Zweibrüder*; BGH I ZR 75/10 v. 8.3.2012 *OSCAR*, Tz. 42.
22 EuGH C-102/07 v. 10.4.2008 *adidas und adidas Benelux*, Tz. 36; BGH I ZR 75/10 v. 8.3.2012 *OSCAR*, Tz. 42.
23 EuGH C-102/07 v. 10.4.2008 *adidas und adidas Benelux*, Tz. 30 ff.
24 BGH I ZR 110/03 v. 29.6.2006 *Ichthyol II*, Tz. 30 f.
25 Begründungslos, geradezu skurril a. A. BGH I ZR 153/14 v. 12.3.2015 *BMW-Emblem*, Tz. 14; a. A. zur bekannten Marke erneut BGH I ZR 59/13 v. 2.4.2015 *Springender Pudel*, Tz. 20.
26 EuGH C-252/12 v. 18.7.2013 *Specsavers*, Tz. 37 f.; abweichend noch BGH I ZR 50/11 v. 2.2.2012 *Bogner B/Barbie B*, Tz. 44.

wiederum gelten, wenn die benutzte Farbe zugleich die stets verwendete Hausfarbe des Dritten darstellt.[27] Zu eng ist es daher, wenn der BGH beim Angriff aus der Marke Goldbären gegen die dreiminensionale Gestaltung von in Goldfolie eingewickelte Schokoladenbären nicht die vom Angreifer konkret mit der Wortmarke genutzte Produktform in die Prüfung einzubeziehen wollte;[28] denn es kommt keineswegs nur auf Umstände an, die mit der Angriffsmarke in Verbindung stehen.

9   Dies gilt entgegen gängiger deutscher Praxis auch im Widerspruchsverfahren. Denn auch im Widerspruchsverfahren ist das Verkehrsverständnis zu berücksichtigen.[29]

Wird daher vom Anmelder der Marke

der Schriftzug für ein Colagetränk mit rot-weißer Aufmachung verwendet, so verstärkt dies die Zeichenähnlichkeit und führt neben einer Rufausbeutung auch zu Verwechslungsgefahr. Zu weit dürfte es allerdings gehen, sogar eine Benutzung außerhalb des Schutzgebiets der Marke zu berücksichtigen. Zwar ist nicht ausgeschlossen, dass die konkrete Art der Benutzung künftig auch innerhalb des relevanten Territoriums erfolgen wird. Sie prägt derzeit allerdings noch nicht das Verkehrsverständnis.[30]

10 Auch kann nach der Rechtsprechung des BGH die Gefahr einer Nachwirkung eines vorangegangenen, aber beendeten Verstoßes in besonders gelagerten Fällen zu berücksichtigen sein.[31] Die Marke verfügt hier also faktisch über einen weiteren Schutzbereich, weil dem Verkehr aufgrund der vorangegangenen Rechtsverletzung die Unterscheidung erschwert wurde. Die Annahme einer solchen Fortwirkung bedarf jedoch einer tragfähigen tatsächlichen Grundlage. Die Fortwirkung darf nicht bloß unterstellt werden. Vielmehr kommt es darauf an, ob die frühere Angabe in einem solchen Umfang und in einer solchen Intensität verwendet worden ist, dass sie sich einem rechtserheblichen Teil der angesprochenen Verkehrskreise genügend eingeprägt hat, um fortwirken zu können.[32]

Wurde daher etwa eine Verwechslungsgefahr begründende Bezeichnung in geringem Umfang ausschließlich im Internet benutzt, ohne dass nachgewiesen wäre, dass die Internetseite tatsächlich vom Verkehr wahrgenommen worden wäre, so kann hieraus noch keine Nachwirkung des Verstoßes abgeleitet werden.[33]

---

27 EuGH C-252/12 v. 18.7.2013 *Specsavers*, Tz. 47 f.
28 BGH I ZR 105/14 v. 23.9.2015 *Goldbären*, insbesondere Tz. 44.
29 Vgl. EuG T-61/16 v. 7.12.2017 *Coca-Cola/Master*, Tz. 80 ff.
30 A.A. EuG T-61/16 v. 7.12.2017 *Coca-Cola/Master*, Tz. 80 ff.
31 Zum Wettbewerbsrecht: BGH GRUR 1982, 685, 686 *Ungarische Salami II*, m. w. N.; zu geografischen Herkunftsangaben: BGH I ZR 229/03 v. 5.10.2006 *Pietra di Soln*, Tz. 21.
32 BGH I ZR 229/03 v. 5.10.2006 *Pietra di Soln*, Tz. 21, m. w. N.
33 Vgl. BGH I ZR 229/03 v. 5.10.2006 *Pietra di Soln*, Tz. 21, m. w. N.

Da die Verwechslungsgefahr umfassend zu beurteilen ist, stehen die drei zentralen 11
Faktoren der Kennzeichnungskraft, der Zeichenähnlichkeit und der Produktähnlichkeit untereinander in einer gewissen Wechselbeziehung.
> So kann ein geringer Grad der Produktähnlichkeit durch einen höheren Grad der Zeichenähnlichkeit ausgeglichen werden und umgekehrt.[34] Die Eintragung einer Marke kann also auch trotz eines eher geringen Grades der Produktähnlichkeit ausgeschlossen sein, wenn die Zeichenähnlichkeit groß und die Kennzeichnungskraft der älteren Marke, insbesondere ihr Bekanntheitsgrad, hoch ist.[35]

Um bei der Prüfung dieser Wechselwirkung die passenden Gewichte in die Waag- 12
schale werfen zu können, möchte der BGH differenzieren: Das Ergebnis der Prüfung der Ähnlichkeit einander gegenüberstehender Zeichen könne von Zeichenunähnlichkeit über Zeichenähnlichkeit bis zu Zeichenidentität reichen; liege Zeichenähnlichkeit vor, sei deren Grad genauer zu bestimmen. Dabei könne zwischen sehr hoher (weit überdurchschnittlicher), hoher (überdurchschnittlicher), normaler (durchschnittlicher), geringer (unterdurchschnittlicher) und sehr geringer (weit unterdurchschnittlicher) Zeichenähnlichkeit unterschieden werden. Entsprechendes gelte für die Prüfung der Ähnlichkeit einander gegenüberstehender Waren und Dienstleistungen. Ferner werde auch beim Grad der Kennzeichnungskraft zwischen sehr hoher (weit überdurchschnittlicher), hoher (überdurchschnittlicher), normaler (durchschnittlicher), geringer (unterdurchschnittlicher) und sehr geringer (weit unterdurchschnittlicher) Kennzeichnungskraft differenziert.[36] Beim EuGH findet sich ein derart kategorisierendes System nicht. Vielmehr sind die Übergänge fließend.

Entscheidungen zur Verwechslungsgefahr sind derart komplex, dass sie sich 13
kaum trennscharf fällen oder vorhersagen lassen. Die Spruchpraxis lässt erhebliche Abweichungen erkennen. Dabei legen Erkenntnisse aus der psychologischen Entscheidungstheorie und aus der jüngeren Hirnforschung nahe, dass ganz andere Gesichtspunkte eine Rolle spielen könnten als die vom EuGH aufgestellten Tatbestandsmerkmale. Diskutiert werden insofern folgende Punkte:
– Kennt der Entscheider die Angriffsmarke? Dann wird der Entscheider ihr eher Bekanntheit oder jedenfalls einen großen Schutzbereich zubilligen wollen.
– Findet der Entscheider die Angriffsmarke sympathisch? Dann wird er eher geneigt sein, Drittzeichen aus dem Umfeld zu verbannen.

---

34 EuGH C-39/97 v. 29.9.1998 *Canon*, Tz. 17; EuGH C-225/06 P v. 11.9.2007 *AVEE*, Tz. 19; EuGH C-234/06 P v. 13.9.2007 *Il Ponte Finanziaria*, Tz. 48; EuGH C-108/07 P v. 17.4.2008 *Ferrero*, Tz. 45; EuGH C-57/08 P v. 11.12.2008 *Gateway*, Tz. 47; EuGH C-16/06 P v. 18.12.2008 *René*, Tz. 46; EuGH C-398/07 P v. 7.5.2009 *Waterford Wedgwood*, Tz. 31; EuGH C-509/13 P v. 4.9.2014 *Metropolis Inmobiliaris y Restauraciones*, Tz. 37; EuGH C-669/13 P v. 21.10.2014 *Mundipharma*, Tz. 45; auch BGH GRUR 2000, 506, 508 *ATTACHÉ/TISSERAND*.
35 EuGH C-39/97 v. 29.9.1998 *Canon*, Tz. 19; EuGH C-342/97 v. 22.6.1999 *Lloyd Schuhfabrik Meyer*, Tz. 21; EuGH C-425/98 v. 22.6.2000 *Marca/Adidas*, Tz. 40; EuGH C-171/06 P v. 15.3.2007 *T. I. M. E. ART*, Tz. 35; vgl. schon BGH GRUR 1996, 774, 775 *falke-run/Le Run*; zur Wechselbeziehung der einzelnen Faktoren zueinander noch ausführlich unten § 12 Rdn. 265 – 269.
36 BGH I ZR 85/11 v. 5.12.2012 *Culinaria/Villa Culinaria*, Tz. 55, wonach nicht weiter zu differenzieren ist; entsprechend nun auch zur Gewichtung der Zeichenähnlichkeit: BGH I ZR 161/13 v. 5.3.2015 *IPS/ISP*, Tz. 49.

- Findet er den Angreifer sympathisch? Dann wird er eher die Schutzbedürftigkeit des Angreifers bejahen können.
- Ist der Verletzer sympathisch? In diesem Fall muss eher der Verletzer davor geschützt werden, mit zu umfangreichen Ansprüchen überzogen zu werden.
- Bestand Gutgläubigkeit des Verletzers bei Benutzungsaufnahme?[37] Wenn der Verletzer das Gegenzeichen nicht kannte oder sogar nicht kennen konnte, so ist er unverschuldet in die Mühlen der Justiz geraten und milde zu behandeln.
- Wer ist Entscheider? Wenn der Entscheider zu den angesprochenen Verkehrskreisen gehört, wird er umso eher sein eigenes Verständnis des Sachverhalts zugrunde legen.
- Hat der Entscheider Expertise? Erfahrene Entscheider haben regelmäßig mehr Mut für extreme Entscheidungen.
- Wie hoch ist die Entscheidungsdichte, also wie viele Entscheidungen fällt der Entscheider jährlich ungefähr? Wer viele Fälle entscheidet, urteilt regelmäßig mit größerer Konsistenz.
- Ist echter Schaden entstanden? Echter Schaden muss – anders als fiktiver Schaden – unbedingt ersetzt werden.
- Wer verliert mehr? Jedes gute Urteil versucht, den gesamtgesellschaftlichen Schaden so gering wie möglich zu halten.
- Ist das betroffene Produkt sympathisch? Sympathische Produkte werden den Entscheidungsträger eher zu Rettungsversuchen animieren.
- Ist der Verletzer auf das Kennzeichen angewiesen oder ist es nur nice to have? Wenn der Verletzer unschwer auf das Kennzeichen verzichten kann, dann ist der Unterlassungsanspruch weniger folgenschwer und fällt daher leichter.
- Besteht Sympathie mit den Schriftsätzen? Sympathische, gut zu lesende, möglichst kurze Schriftsätze verleiten dazu, den Ausführungen inhaltlich zu folgen.

All diese Faktoren dürften – mal mehr, mal weniger – neben die normativen Tatbestandsmerkmale der Verwechslungsgefahr treten. Letztlich dürften wir es daher mit einem »subjektiven Begriff der Verwechslungsgefahr« zu tun haben. Zur Bestimmung des Schutzbereichs einer Marke eignen sie sich in der Praxis häufig eher als die »offiziellen« Tatbestandsmerkmale.

2. Unterfälle der Verwechslungsgefahr und Terminologie der Gerichte

14 Der klassische Fall der Verwechslungsgefahr ist der Fall, dass der Verkehr die beiden Marken tatsächlich verwechselt, sie also für gleich hält:[38]

---

37 Vgl. die bei zahlreichen Interviews von Richtern gewonnenen Ergebnisse bei *Visser*, Beslissen in IE-zaken, Nederlands Juristenblad 2008, 1924 f.
38 Ich danke Maximilian Ernicke für die grafische Visualisierung der Arten der Verwechslungsgefahr.

I. 2. Unterfälle der Verwechslungsgefahr und Terminologie der Gerichte

Eine derartige Verwechslungsgefahr setzt normalerweise voraus, dass die Marken sehr ähnlich sind oder so schwer merkbar, dass dem Verkehr die Unterschiede entgehen.

So wird der Verbraucher die Zeichen »BIG« und »Bick« zumindest in klanglicher Hinsicht unmittelbar verwechseln, wenn über damit gekennzeichnete Produkte gesprochen wird.

Letztlich kein besonderer Fall der Verwechslungsgefahr ist jedoch das im Wortlaut 15 der Verletzungstatbestände ausdrücklich genannte gedankliche Verbinden zweier Marken. Diese rein assoziative gedankliche Verbindung, die der Verkehr über die Übereinstimmung des Sinngehalts zweier Marken zwischen diesen herstellen könnte, begründet für sich genommen keine »Gefahr von Verwechslungen [...], die die Gefahr einschließt, dass die Marke mit der älteren Marke gedanklich in Verbindung gebracht wird«. Der Begriff der Gefahr der gedanklichen Verbindung stellt nämlich keine Alternative zum Begriff der Verwechslungsgefahr dar, sondern soll dessen Umfang genauer bestimmen. Bereits nach ihrem Wortlaut ist diese Bestimmung daher nicht anwendbar, wenn für das Publikum keine Verwechslungsgefahr besteht.[39]

Davon zu unterscheiden ist Gefahr einer gedanklichen Verbindung im Sinne 16 eines bloßen Wachrufens der Erinnerung an die ältere Marke:

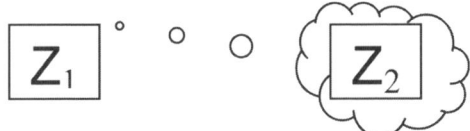

Diese Art des gedanklichen Verbindens im Sinne bloßer Assoziation ist unter dem Gesichtspunkt der Verwechslungsgefahr nicht eigenständig geschützt, wohl aber im Rahmen des Schutzes bekannter Marken.[40]

Die Gefahr einer gedanklichen Verbindung im Rahmen der Verwechslungsgefahr 17 ist nach der Rechtsprechung des EuG vielmehr dadurch gekennzeichnet, dass die fraglichen Marken zwar nicht so beschaffen sind, dass die maßgeblichen Verkehrskreise sie unmittelbar miteinander verwechseln, dass sie aber doch als zwei Marken desselben Inhabers wahrgenommen werden könnten. Dies kann insbesondere dann der Fall sein, wenn die beiden Marken als Teil einer Markenserie erscheinen, die

---

39 EuGH C-251/95 v. 11.11.1997 *Springende Raubkatze*, Tz. 18 ff. u. 26; EuGH C-342/97 v. 22.6.1999 *Lloyd Schuhfabrik Meyer*, Tz. 17; EuGH C-425/98 v. 22.6.2000 *Marca/Adidas*, Tz. 34; EuGH C-354/11 P v. 22.3.2012 *Emram*, Tz. 79; EuGH C-548/14 P v. 17.9.2015 *Arnoldo Mondadori Editore*, Tz. 44; auch EuG T-158/05 v. 16.5.2007 *TREK/ALLTREK*, Tz. 84; BGHZ 131, 122, 128 f. *Innovadiclophlont*, m. w. N.; BGH GRUR 1996, 406, 407 *JUWEL*; BGH GRUR 1996, 777, 778 *JOY*; BGH GRUR 1998, 1014, 1015 *ECCO II*; BGH GRUR 1999, 52, 54 *EKKO BLEIFREI*; BGH GRUR 1999, 240, 241 *STEPHANSKRONE I*; BGH GRUR 2000, 875, 877 *Davidoff*; BGH GRUR 2002, 542, 543 *BIG*; BGH I ZB 40/03 v. 22.9.2005 *coccodrillo*, Tz. 26; BGH I ZR 214/11 v. 11.4.2013 *VOLKSWAGEN/ Volks.Inspektion*, Tz. 45.
40 Dazu unten § 13 Rdn. 1 ff.; vgl. auch BGH I ZR 78/14 v. 23.9.2015 *Sparkassen-Rot/Santander-Rot*, Tz. 102; I ZB 45/16 v. 9.11.2017 *OXFORD/Oxford Club*, Tz. 43.

aus einem gemeinsamen Stammbestandteil gebildet wurde,[41] oder wenn die ältere Marke zugleich der Name des Unternehmens ist, dem die Marke gehört.[42] Denn schon die fälschliche Annahme wirtschaftlicher Beziehungen der Markeninhaber genügt für eine Verwechslungsgefahr.[43]

> Kennt das maßgebliche Fachpublikum etwa eine Reihe von Serienzeichen wie »P3-drano« oder »P3-ferrosil« mit dem Stammbestandteil »P3« als Hinweis auf ein bestimmtes Unternehmen, so wird es auch weitere mit diesem Bestandteil gebildeten Zeichen wie »P3-agraton« diesem Unternehmen zuordnen. Demgegenüber sind geschäftliche Beziehungen, die es in der Vergangenheit im Ausland zwischen den Parteien gab, in der Regel nicht ausreichend, um die Gefahr einer gedanklichen Verbindung zu begründen.[44]

18 Der BGH unterscheidet heute[45] zwischen der unmittelbaren Verwechslungsgefahr im engeren Sinne, der Verwechslungsgefahr unter dem Gesichtspunkt des gedanklichen Inverbindungbringens und der Verwechslungsgefahr im weiteren Sinne.

19 Bei der ersten Kategorie des BGH, der sogenannten unmittelbaren Verwechslungsgefahr im engeren Sinne, handelt es sich um die eingangs erwähnte klassische Verwechslung, bei der der Verkehr die Marken tatsächlich für gleich hält.

20 Auch bei der zweiten Kategorie, der Verwechslungsgefahr unter dem Gesichtspunkt des gedanklichen Inverbindungbringens,[46] meint das Publikum, dass die gekennzeichneten Produkte vom selben Unternehmen stammen; diesmal ist jedoch nicht eine Ähnlichkeit der Zeichen ursächlich, sondern die Tatsache, dass beide Zeichen demselben Unternehmen zugerechnet werden.[47]

---

41 EuG T-224/01 v. 9.4.2003 *TUFFTRIDE/NU-TRIDE*, Tz. 60 f.; EuG T-117/02 v. 6.7.2004 *CHUFI/CHUFAFIT*, Tz. 59; EuG T-194/03 v. 23.2.2006 *Bridge/Bainbridge*, Tz. 124, im Ergebnis bestätigt durch EuGH C-234/06 P v. 13.9.2007 *Il Ponte Finanziaria*; BGH GRUR 2002, 542, 544 *BIG*; BGH GRUR 2002, 544, 547 *BANK 24*, jeweils unter Hinweis auf EuGH C-251/95 v. 11.11.1997 *Springende Raubkatze*; ausführlich hierzu unten § 12 Rdn. 234 – 239.
42 EuG T-224/01 v. 9.4.2003 *TUFFTRIDE/NU-TRIDE*, Tz. 62, unter Hinweis auf EuGH C-317/91 v. 30.11.1993 *Deutsche Renault*, Tz. 36 ff.; ausführlich hierzu unten § 12 Rdn. 241 – 242.
43 EuGH C-334/05 P v. 12.6.2007 *HABM/Shaker*, Tz. 33; EuGH C-193/06 P v. 20.9.2007 *Nestlé/HABM*, Tz. 32; EuGH C-317/10 P v. 16.6.2011 *Union Investment Privatfonds*, Tz. 53; EuGH C-597/12 P v. 17.10.2013 *Isdin*, Tz. 17; EuGH C-480/15 P v. 14.4.2016 *KS Sports IPCo*, Tz. 62.
44 EuG T-224/01 v. 9.4.2003 *TUFFTRIDE/NU-TRIDE*, Tz. 63 f.
45 Zur Entwicklung der Terminologie vgl. *Ingerl/Rohnke*, § 14 Rz. 391; vgl. auch BGH I ZB 40/03 v. 22.9.2005 *coccodrillo*, Tz. 25.
46 Früher vom BGH unmittelbare Verwechslungsgefahr im weiteren Sinne genannt.
47 Vgl. BGH I ZB 54/05 v. 29.5.2008 *Pantohexal*, Tz. 33; BGH I ZB 55/05 v. 29.5.2008 *Pantogast*, Tz. 34; BGH I ZR 78/06 v. 2.4.2009 *OSTSEE-POST*, Tz. 39; I ZR 79/06 v. 2.4.2009, Tz. 43.

I. 2. Unterfälle der Verwechslungsgefahr und Terminologie der Gerichte

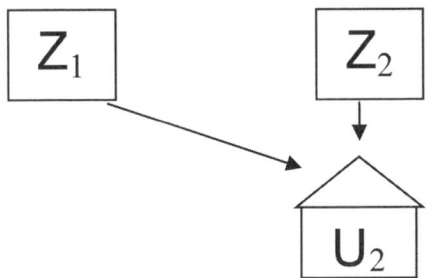

Kennt der Verkehr etwa einen Zeichenbestandteil wie das »T« der Deutschen Telekom (etwa »T-Com«, »T-ISDN«) als Hinweis auf ein bestimmtes Unternehmen, so wird er im Produktähnlichkeitsbereich normalerweise davon ausgehen, dass andere nach demselben Muster gebildete Zeichen (etwa »T-Plus«) mitsamt den gekennzeichneten Produkten auch von der Deutschen Telekom stammen.

Nach der Rechtsprechung des BGH liegt schließlich eine Verwechslungsgefahr im weiteren Sinne[48] als dritte Kategorie vor, wenn der Verkehr zwar die Unterschiede zwischen den Zeichen erkennt, wegen ihrer teilweisen Übereinstimmung aber von wirtschaftlichen oder organisatorischen Zusammenhängen zwischen den Markeninhabern ausgeht:[49]

21

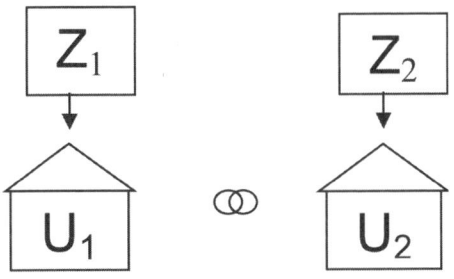

---

48 Früher auch mittelbare Verwechslungsgefahr genannt.
49 BGH GRUR 2004, 598, 599 *Kleiner Feigling*; BGH GRUR 2004, 779, 783 *Zwilling/Zweibrüder*, jeweils m. w. N.; BGH GRUR 2004, 865, 867 *Mustang*; BGH I ZB 40/03 v. 22.9.2005 *coccodrillo*, Tz. 25; BGH I ZB 61/07 v. 3.4.2008 *SIERRA ANTIGUO*, Tz. 31; BGH I ZB 45/16 v. 9.11.2017 *OXFORD/Oxford Club*, Tz. 43; BGH I ZR 21/06 v. 31.7.2008 *Haus & Grund III*, Tz. 35; BGH I ZR 200/06 v. 18.12.2008 *Augsburger Puppenkiste*, Tz. 69; BGH I ZR 231/06 v. 14.5.2009 *airdsl*, Tz. 37; BGH I ZR 142/07 v. 19.11.2009 *MIXI*, Tz. 43; BGH I ZR 44/07 v. 2.12.2009 *OFFROAD*, Tz. 15; BGH I ZB 19/08 v. 25.2.2010 *Malteserkreuz II*, Tz. 20; BGH I ZB 52/09 v. 1.6.2011 *Maalox/Melox-GRY*, Tz. 26, letztere unter irreführendem Hinweis auf Rechtsprechung des EuGH, der die Terminologie nicht verwendet; zum Unternehmenskennzeichen BGH I ZR 171/05 v. 31.7.2008 *Haus & Grund II*, Tz. 20; ferner BGH I ZR 214/11 v. 11.4.2013 *VOLKSWAGEN/Volks.Inspektion*, Tz. 45; BGH I ZR 59/13 v. 2.4.2015 *Springender Pudel*, Tz. 31; BGH I ZR 78/14 v. 23.9.2015 *Sparkassen-Rot/Santander-Rot*, Tz. 102.

Es handelt sich um eine Ausnahmekonstellation.⁵⁰ Sie wird besonders bei bekannten oder berühmten Marken vorliegen, wo der Verkehr eher wirtschaftliche oder organisatorische Verbindungen vermuten wird.⁵¹ Als besonderen Fall nennt der BGH dabei jüngst die Konstellation, dass ein Zeichen neben einem Unternehmenskennzeichen oder einem Serienzeichen eine selbständig kennzeichnende Stellung behält.⁵² Entsprechendes soll bei Ähnlichkeiten mit einer bekannten Marke gelten.⁵³

> Thyssen Krupp versteht der Verkehr sofort als Kooperation oder Zusammenschluss. Auch wenn etwa aus Marken »Mustang« des gleichnamigen bekannten Unternehmens gegen ein für ähnliche Waren verwendetes Zeichen vorgegangen wird, das neben den optisch hervorgehobenen Bestandteilen »Sixty Seven« und »67« in kleiner Schrift den Bestandteil »by Mustang Inter SI Spain« aufweist, so wird der Verkehr dieses Zeichen zwar nicht mit den Mustang-Marken verwechseln. Der Verkehr wird jedoch von wirtschaftlichen Zusammenhängen zwischen den beiden Markeninhabern ausgehen, was für eine Verwechslungsgefahr ausreichend ist.⁵⁴

22 Vorstehende vom BGH praktizierte Unterscheidung ist letztlich wenig hilfreich.⁵⁵ Vielmehr lassen sich einschlägige Fallgestaltungen schon mit den unten⁵⁶ dargestellten, üblichen Kriterien des EuGH lösen, ohne dass es terminologischer Differenzierung verschiedener Kategorien der Verwechslungsgefahr bedürfte.

3. Verkehrsverständnis in der Zeichenkollision

23 Für die umfassende Beurteilung der Verwechslungsgefahr kommt es immer wieder darauf an, wie die Marke vom Durchschnittsverbraucher dieser Waren oder Dienstleistungen⁵⁷ wahrgenommen wird.⁵⁸ Abzustellen ist mithin auf die konkrete Vertriebssituation und damit auf die konkret sich gegenüberstehenden Produktgrup-

---

50 BGH I ZR 59/13 v. 2.4.2015 *Springender Pudel*, Tz. 31; I ZB 45/16 v. 9.11.2017 OXFORD/Oxford Club, Tz. 43 [erst recht bei unterdurchschnittlicher Kennzeichnungskraft].
51 BGH I ZR 214/11 v. 11.4.2013 *VOLKSWAGEN/Volks.Inspektion*, Tz. 47.
52 BGH I ZR 44/07 v. 2.12.2009 *OFFROAD*, Tz. 15; BGH I ZR 78/14 v. 23.9.2015 *Sparkassen-Rot/Santander-Rot*, Tz. 102; zur selbständig kennzeichnenden Stellung unten § 12 Rdn. 216 ff.
53 BGH I ZR 78/14 v. 23.9.2015 *Sparkassen-Rot/Santander-Rot*, Tz. 102.
54 BGH GRUR 2004, 865, 867 *Mustang*.
55 Ein unglückliches Beispiel zur Terminologie des BGH ist BGH I ZR 132/04 v. 28.6.2007 *INTERCONNECT/T-InterConnect*, Tz. 30 u. 32 ff.
56 Vgl. § 12 Rdn. 217–247.
57 Dies ist im Hinblick auf sämtliche streitgegenständlichen Produkte zu prüfen: EuGH C-412/05 P v. 26.4.2007 *Alcon (II)*, Tz. 106.
58 EuGH C-251/95 v. 11.11.1997 *Springende Raubkatze*, Tz. 23; EuGH C-342/97 v. 22.6.1999 *Lloyd Schuhfabrik Meyer*, Tz. 25 f.; EuGH C-3/03 P v. 28.4.2004 *Matratzen Concord*, Tz. 29, unter Hinweis auf C-210/96 v. 16.7.1998 *Gut Springenheide und Tusky*, Tz. 31; auch EuGH C-120/04 v. 6.10.2005 *Medion*, Tz. 28; EuGH C-412/05 P v. 26.4.2007 *Alcon (II)*, Tz. 59; EuGH C-334/05 P v. 12.6.2007 *HABM/Shaker*, Tz. 35; EuGH C-193/06 P v. 20.9.2007 *Nestlé/HABM*, Tz. 34; EuGH C-252/07 v. 27.11.2008 *Intel*, Tz. 34 [zur bekannten Marke]; EuGH C-147/14 v. 25.6.2015 *Loutfi Management Propriété intellectuelle*, Tz. 21; EuGH C-93/16 v. 20.7.2017 *Ornua Co-operative*, Tz. 41; EuG T-104/01 v. 23.10.2002 *Miss Fifties/Fifties*, Tz. 28; EuGH C-51/09 P v. 24.6.2010 *Barbara Becker*, Tz. 33; BGH GRUR 2000, 506, 508 *ATTACHÉ/TISSERAND*, m. w. N.; BGH GRUR 2002, 342, 343 *ASTRA/ESTRA-PUREN*.

pen und die jeweils angesprochenen Verkehrskreise. Im Grundsatz bestehen dabei keine Unterschiede zur Ermittlung des Verkehrsverständnisses im Rahmen der Prüfung der Eintragungsfähigkeit einer Marke.[59] Im Einzelfall kann sich die Wahrnehmung der beteiligten Verkehrskreise allerdings unterscheiden je nachdem, ob es um den beschreibenden Charakter des Zeichens oder um Verwechslungsgefahr geht. Denn die Aufmerksamkeit im Rahmen der Beurteilung des beschreibenden Charakters eines Zeichens richtet sich auf die mentalen Abläufe, die dazu führen können, dass Beziehungen zwischen dem Zeichen oder seinen verschiedenen Bestandteilen und den Produkten hergestellt werden; demgegenüber bezieht sich die Prüfung im Rahmen der Beurteilung der Verwechslungsgefahr auf den Prozess, durch den das Zeichen im Gedächtnis[60] behalten, wiedererkannt und in Erinnerung gerufen wird, sowie auf die Mechanismen einer gedanklichen Verbindung.[61]

> So ist etwa auch bei der Beurteilung der Verwechslungsgefahr zu berücksichtigen, dass sich dem Durchschnittsverbraucher nur selten die Möglichkeit bietet, verschiedene Marken unmittelbar miteinander zu vergleichen, sondern er sich vielmehr auf das unvollkommene Bild verlassen muss, das er von ihnen im Gedächtnis behalten hat.[62]

Der Grundsatz, dass auf die konkret sich gegenüberstehenden Produkte abzustellen ist, ist unproblematisch, solange beide Marken dieselben Verkehrskreise ansprechen. Werden dagegen unterschiedliche Verkehrskreise angesprochen, kann schon dies ein Indiz gegen die Verwechslungsgefahr sein.[63] Bei teilweisen Übereinstimmungen schließlich kommt es nur auf die übereinstimmenden Teile des Verkehrs an. **24**

> Spricht eine Marke beispielsweise sowohl Fachkreise als auch den allgemeinen Verkehr an, die andere Marke nur Fachkreise, so kommt es ausschließlich auf das Verständnis der Fachkreise als übereinstimmender Verkehrsgruppe an.[64] Beansprucht also etwa in einem Kollisionsfall eine der Marken allgemein Schutz für Software, die andere Marke hingegen nur für spezielle Software, die sich nur an bestimmte Fachkreise richtet, so kommt es bei der Beurteilung nur auf diese Fachkreise an.[65]

Im Ausnahmefall eines geteilten Verkehrsverständnisses[66] genügt es für die Feststellung einer Verwechslungsgefahr, wenn jedenfalls für einen Teil des relevanten Publikums eine Verwechslungsgefahr festgestellt wird.[67] Der Nachweis, dass es sich **25**

---

59 Zur Bestimmung der relevanten Verkehrskreise vgl. oben § 4 Rdn. 19 – 33.
60 So auch EuGH C-420/14 P v. 5.2.2015 *Jyoti Ceramic Industries PVT*, Tz. 27.
61 EuGH C-20/14 v. 22.10.2015 *BGW Beratungs-Gesellschaft Wirtschaft*, Tz. 27 f.
62 EuGH C-342/97 v. 22.6.1999 *Lloyd Schuhfabrik Meyer*, Tz. 26; EuGH C-291/00 v. 20.3.2003 *LTJ Diffusion/Sadas Vertbaudet*, Tz. 52; EuGH C-104/01 v. 6.5.2003 *Libertel*, Tz. 64; EuGH C-107/03 P v. 23.9.2004 *Form einer Seife*, Tz. 44; EuGH C-412/05 P v. 26.4.2007 *Alcon (II)*, Tz. 60; auch BGH GRUR 2000, 506, 509 *ATTACHÉ/TISSERAND*; EuG T-104/01 v. 23.10.2002 *Miss Fifties/Fifties*, Tz. 28.
63 Entsprechend zur bekannten Marke EuGH C-252/07 v. 27.11.2008 *Intel*, Tz. 44 ff.
64 EuG T-79/07 v. 26.6.2008 *POLAR/POLARIS*, Tz. 31 ff.; so im Ergebnis auch EuG T-363/06 v. 9.9.2008 *SEAT/MAGIC SEAT*, Tz. 21; offen gelassen von EuG T-373/06 v. 8.9.2008 *EPIGRAN/Epican Forte*, Tz. 32; ebenso EuG T-374/06 v. 8.9.2008 *EPIGRAN/Epican*, Tz. 32.
65 EuG T-79/07 v. 26.6.2008 *POLAR/POLARIS*, Tz. 31 ff.
66 Vgl. hierzu oben § 4 Rdn. 19 – 33.
67 EuGH C-662/16 P v. 20.6.2017 *Laboratoire de la mer*, Tz. 6 f.; BGH I ZB 52/09 v. 1.6.2011 *Maalox/Melox-GRY*, Tz. 9; BGH I ZR 100/11 v. 27.3.2013 *AMARULA/Marulablu*.

um einen relevanten Teil handelt, kann sogar entfallen, wenn beide Verkehrsteile die Zeichen zwar unterschiedlich verstehen, aber dennoch jeweils auf ihre Art verwechseln.[68]

> Richtet sich daher ein Produkt gleichermaßen an Endverbraucher wie an Fachkreise, so genügt es festzustellen, dass für die Endverbraucher eine Verwechslungsgefahr besteht. Ob auch im Hinblick auf die Fachkreise eine Verwechslungsgefahr festzustellen wäre, muss nicht gesondert geprüft werden.[69] Häufig wenden nämlich die Fachkreise eine größere Aufmerksamkeit bei der Erfassung der Zeichen auf und behalten kleinere Unterschiede zwischen den kollidierenden Zeichen besser in Erinnerung als die Endverbraucher.[70] Enthalten die Zeichen arabische Schriftzeichen und verstehen relevante Teile des Verkehrs deren Bedeutung, so sind auch diese Verkehrskreise zu berücksichtigen.[71]

26 Besonderheiten zur Ermittlung des Verkehrsverständnisses im Rahmen der Prüfung der Eintragungsfähigkeit ergeben sich aber dadurch, dass die Aufmerksamkeit des Publikums je nach Art der Produkte unterschiedlich sein kann. Erwirbt der Durchschnittsverbraucher ein bestimmtes Produkt wegen seiner objektiven Merkmale erst nach einer besonders aufmerksamen Prüfung, so kann hierdurch eine Verwechslungsgefahr zwischen Marken gerade in dem entscheidenden[72] Zeitpunkt des Kaufs, in dem also die Wahl zwischen den Produkten und damit auch den Marken getroffen wird, geringer sein.

> Ist etwa der Verbraucher beim Kauf eines Kraftfahrzeugs aufmerksamer, so verringert dies die Gefahr, dass verschiedene Fahrzeugmarken verwechselt werden. Darauf, dass die Kraftfahrzeuge nach dem entscheidenden Kaufzeitpunkt auch flüchtigen Verbrauchern begegnen können, kommt es nicht an.[73] Eine vor dem Kauf erfolgende Verwechslung, die den Verbraucher zumindest in die Nähe des Erzeugnisses führt, soll letztlich nicht für eine Verwechslungsgefahr genügen.[74] Auch die Marken

---

68 EuG T-769/15 v. 24.11.2016 *DOLOPUR/Dolokorn*, Tz. 19 f.
69 EuGH C-412/05 P v. 26.4.2007 *Alcon (II)*, Tz. 99; anschaulich auch EuG T-256/04 v. 13.2.2007 *RESPICORT/RESPICUR*, Tz. 70 ff.; BGH I ZB 52/09 v. 1.6.2011 *Maalox/Melox-GRY*, Tz. 9.
70 BGH I ZR 161/13 v. 5.3.2015 *IPS/ISP*, Tz. 29 u. 31, wonach allerdings bei der klanglichen Ähnlichkeit auch Fachkreise zur Verwechslung neigen.
71 EuGH C-147/14 v. 25.6.2015 *Loutfi Management Propriété intellectuelle*, Tz. 24 ff.
72 Entsprechend auch EuGH C-24/05 P v. 22.6.2006 *Storck I*, Tz. 71 f.; ferner EuGH C-579/08 P v. 15.1.2010 *Messer Group*, Tz. 51; BGH I ZR 105/14 v. 23.9.2015 *Goldbären*, Tz. 43; allerdings kann ausnahmsweise auch eine erst nach dem Kauf eintretende Verwechslungsgefahr genügen: BGH I ZR 51/03 v. 16.3.2006 *Seifenspender*, Tz. 13, unter Hinweis auf EuGH C-206/01 v. 12.11.2002 *Arsenal/Reed*.
73 EuGH C-361/04 P v. 12.1.2006 *Picasso*, Tz. 40 ff.
74 BGH I ZR 105/14 v. 23.9.2015 *Goldbären*, Tz. 43.

wurden daher – zu eng – nicht für ähnlich gehalten, obwohl sie sich auf Autoreifen finden, wo sie – um 180° gedreht – fast identisch sein können.[75] Bei Arzneimitteln wird ein womöglich erhöhtes Gefahrenpotential im Falle von Verwechslungen durch eine erhöhte Aufmerksamkeit des Verbrauchers ausgeglichen.[76]

Wenn die Produkte unter einem der Begriffe im Verzeichnis der Waren und Dienstleistungen derart unterschiedlich sein können, dass die Aufmerksamkeit der maßgeblichen Verkehrskreise unterschiedlich ist, so ist der Teil zu berücksichtigen, der die geringste Aufmerksamkeit erregt. Das Gleiche gilt, wenn die Aufmerksamkeit bei den von den sich gegenüberstehenden Marken erfassten Produkten unterschiedlich hoch ist.[77] Denn andernfalls könnte es bei den Produkten, wo geringere Aufmerksamkeit herrscht, zu Verwechslungen kommen. 27

> Ist also etwa eine der Marken für Freizeitkleidung geschützt, bei deren Kauf der Verkehr nur geringe Aufmerksamkeit aufbringt, die andere Marke hingegen für hochspezialisierte Motorradkleidung, bei deren Kauf der Verkehr besonders aufmerksam ist, so ist letztlich von geringer Aufmerksamkeit auszugehen.[78]

Auch Vertriebsgewohnheiten der jeweiligen Branche – nicht aber des Einzelfalls[79] – können sich unter Umständen auf den Schutzumfang einer Marke auswirken. 28

> So meint das EuG, die angesprochenen Verkehrskreise würden durch ungenaue Erinnerung an die Gestaltung der Marken eher in die Irre geführt, wenn die unter den Marken geschützten Produkte nicht auf täglicher oder wöchentlicher Basis erworben würden.[80] Dies überzeugt allerdings nicht, da der Verbraucher gerade bei solchen Produkten, die keine Waren des täglichen Bedarfs darstellen, der Kennzeichnung höhere Aufmerksamkeit schenken dürfte.[81]

Andererseits soll nach der Rechtsprechung des BGH bei der Prüfung der Verwechslungsgefahr von den sich gegenüberstehenden Zeichen als solchen[82] auszugehen sein. Auf außerhalb der Kennzeichnung liegende Begleitumstände könne es daher bei der Prüfung der Verwechslungsgefahr grundsätzlich nicht ankommen. 29

---

75 EuG T-623/16 v. 19.9.2018 *VW/MAIN AUTO WHEELS*, Tz. 43 ff.
76 EuG T-202/04 v. 5.4.2006 *ECHINACIN/ECHINAID*, Tz. 33; vgl. auch EuGH C-412/05 P v. 26.4.2007 *Alcon (II)*, Tz. 61.
77 EuG T-113/16 v. 30.1.2018 *Panther*, Tz. 25 f., m. w. N.
78 Vgl. EuG T-113/16 v. 30.1.2018 *Panther*.
79 EuG T-202/16 v. 24.10.2017 *coffee in/coffee inn*, Tz. 145, m. w. N.; BGH I ZB 27/13 v. 13.3.2014 *VIVA FRISEURE/VIVA*, Tz. 16, unter Hinweis auf EuGH C-533/06 v. 12.6.2008 *O 2 Holdings*, Tz. 66.
80 EuG T-388/00 v. 23.10.2002 *ILS/ELS*, Tz. 76.
81 Vgl. auch EuGH C-361/04 P v. 12.1.2006 *Picasso*, Tz. 40; EuG T-391/06 v. 23.9.2009 *S-HE/SHE*, Tz. 29 ff.
82 Zur Nichtberücksichtigung einer Farbgebung vgl. auch EuG T-656/17 v. 7.2.2017 *Compal FRUTA essencial/Dr. Jacob's essentials*, Tz. 34 f.

Dieser Ansatz des BGH überzeugt in dieser Allgemeinheit jedoch nicht. Auch Umstände in der Zeichenumgebung prägen das Verkehrsverständnis und gehören zu »allen Umständen des« Einzelfalls, die bei der Prüfung der Verwechslungsgefahr zu berücksichtigen sind.[83]

> So soll es – zu Unrecht – etwa im Falle der Verletzung einer Warenformmarke ohne Belang sein, ob eine Verwechslungsgefahr durch die Verpackung und deren Kennzeichnung ausgeschlossen werden kann. Auch soll es nach der Rechtsprechung des BGH – zu weitgehend – nur auf die konkret angegriffenen Produkte ankommen und nicht darauf, welche Produkte der potentielle Verletzer außerdem noch vertreibt.[84] Zu Recht will es das EuG hingegen nicht berücksichtigen, wenn in einer Branche – etwa bei Weinen – Produkte üblicherweise mit zusätzlichen Herkunftsbezeichnungen vertrieben werden; denn es ist jedenfalls nicht ausgeschlossen, dass ein Hersteller Produkte unterschiedlicher Herkunft vertreibt.[85]

30 Im Einzelfall kann sich außerdem das angesprochene Publikum im Laufe eines Kennzeichenkonflikts ändern. So ist denkbar, dass über eine Internetseite anfangs auch deutschsprachige Verkehrskreise angesprochen werden, später dagegen nur noch englischsprachige. An einer erst einmal im Hinblick auf deutschsprachige Verkehrskreise entstandenen Wiederholungsgefahr ändert die Einschränkung nichts.

> So würden etwa englischsprachige Kreise die Marken »combit« und »Commit« nicht verwechseln, weil sie die Bedeutung des englischen Wortes »to commit« sofort erkennen. Der deutschsprachige Verkehr würde die Bedeutung dagegen nicht sofort erkennen. Wurde das Zeichen daher zunächst auf einer deutschsprachigen Internetseite genutzt, so ist hierdurch eine Wiederholungsgefahr entstanden, die auch bestehen bleibt, wenn die Seite auf Englisch umgestellt wird.[86]

31 Bei Unionsmarkenkonflikten muss die Kollision nicht in der gesamten Union vorliegen; vielmehr ist auf den jeweiligen Verbraucher des Mitgliedsstaates abzustellen, in dem die potentielle Zeichenkollision besteht.[87]

> Wird die Unionsmarke etwa aus einer älteren polnischen Marke angegriffen, so ist das Verständnis des polnischen Verbrauchers maßgeblich. Kennt dieser das Wort »Glas« nicht, so kann eine Marke »Autoglass« mit einer jüngeren Unionsmarkenanmeldung »United Autoglas« Verwechslungsgefahr begründen.[88]

---

83 Vgl. auch EuGH C-533/06 v. 12.6.2008 *O 2 Holdings*, Tz. 67.
84 BGH I ZR 22/04 v. 25.1.2007 *Pralinenform I*, Tz. 38; auch BGH I ZR 34/07 v. 10.6.2009, Tz. 37.
85 EuG T-13/05 v. 25.10.2006 *RODA/ODA*, Tz. 65.
86 BGH I ZR 74/17 v. 12.7.2018 *combit/Commit*.
87 EuGH C-171/06 P v. 15.3.2007 *T. I. M. E. ART*, Tz. 32; EuGH C-412/05 P v. 26.4.2007 *Alcon (II)*, Tz. 51; EuGH C-234/06 P v. 13.9.2007 *Il Ponte Finanziaria*, Tz. 59; EuGH C-394/08 P v. 3.6.2009 *Zipcar*, Tz. 49; EuGH C-223/15 v. 22.9.2016 *combit Software*, Tz. 26; ebenso zuvor etwa bereits EuG T-388/00 v. 23.10.2002 *ILS/ELS*, Tz. 48; EuG T-6/01 v. 23.10.2002 *Matratzen/Matratzen Markt Concord*, Tz. 27; zu Besonderheiten bei Altmarken in Mitgliedstaaten, die erst später der EU beigetreten sind EuG T-215/12 v. 2.10.2014 *MPM-Quality*, Tz 30 ff.
88 EuG T-297/13 v. 16.10.2014 *AUTOGLASS/United Autoglas*, Tz. 35, im Ergebnis bestätigt durch EuGH C-579/14 P v. 4.6.2015 *Junited Autoglas Deutschland*.

Ist die ältere Marke auch eine Unionsmarke, so kann die Prüfung der Verwechs- **32** lungsgefahr auf das gesamte Gebiet der Europäischen Union bezogen werden.[89] Doch auch wenn sich zwei Unionsmarken gegenüber stehen, ist die Eintragung wegen des Grundsatzes der Einheitlichkeit der Unionsmarke bereits dann ausgeschlossen, wenn das relative Eintragungshindernis nur in einem – wohl wesentlichen[90] – Teil der Union vorliegt.[91] Es muss nicht in allen Mitgliedstaaten oder Sprachregionen eine Verwechslungsgefahr vorliegen.[92] Kann bereits in einem Teil der Union eine Verwechslungsgefahr bejaht werden, so sind EUIPO und Gerichte auch nicht gezwungen, Verkehrsverständnis und Verwechslungsgefahr in weiteren Teilen der Union zu prüfen.[93] Andererseits zwingt ein nationales Verbot, ein der jüngeren Unionsmarkenanmeldung ähnliches Zeichen zu benutzen, nicht dazu, auch die Benutzung der Unionsmarkenanmeldung zu verbieten; der Grundsatz der Einheitlichkeit der Unionsmarke gilt nämlich nicht uneingeschränkt, sondern lässt Ausnahmen zu, wie diejenigen, die in Art. 137 UMV für die Untersagung der Benutzung von Unionsmarken und Art. 138 UMV in Bezug auf ältere Rechte von örtlicher Bedeutung vorgesehen sind.[94]

---

89 EuG T-311/01 v. 22.10.2003 *ASTERIX/Starix*, Tz. 44; EuG T-185/02 v. 22.6.2004 *PICASSO/PICARO*, Tz. 51; EuG T-115/02 v. 13.7.2004 *a/a*, Tz. 18; EuG T-117/03 bis T-119/03 und T-171/03 v. 6.10.2004 *NL*, Tz. 25; EuG T-185/03 v. 1.3.2005 *ANTONIO FUSCO/ENZO FUSCO*, Tz. 33; EuG T-385/03 v. 7.7.2005 *MILES/Biker Miles*, Tz. 26; EuG T-3/04 v. 24.11.2005 *KINNIE/KINJI by SPA*, Tz. 34; EuG T-501/04 v. 15.2.2007 *ROYAL FEITORIA/ROYAL*, Tz. 34; EuG T-291/07 v. 23.9.2009 *ALFONSO/PRÍNCIPE DE ALFONCO*, Tz. 64 ff.; vgl. aber zum Dispositionsgrundsatz EuG T-185/03 v. 1.3.2005 *ANTONIO FUSCO/ENZO FUSCO*, Tz. 34 ff. und unten § 28 Rdn. 101.
90 Vgl. zu diesem Kriterium bei der bekannten Marke: EuGH C-375/97 v. 14.9.1999 *Chevy*, Tz. 28; hierzu und zum Begriff des »wesentlichen Teils« unten § 13 Rdn. 8 – 9.
91 EuGH C-514/06 P v. 18.9.2008 *Armacell Enterprise*, Tz. 55 ff.; EuGH C-662/16 P v. 20.6.2017 *Laboratoire de la mer*, Tz. 6 f.; EuG T-355/02 v. 3.3.2004 *sir/ZIRH*, Tz. 36, im Ergebnis bestätigt durch EuGH C-206/04 P v. 23.3.2006 *Muelhens*; EuG T-117/03 bis T-119/03 und T-171/03 v. 6.10.2004 *NL*, Tz. 34; EuG T-185/03 v. 1.3.2005 *ANTONIO FUSCO/ENZO FUSCO*, Tz. 33; auch EuG T-33/03 v. 9.3.2005 *SHARK/Hai*, Tz. 39; EuG T-353/02 v. 13.4.2005 *INTESA/INTEA*, Tz. 29; EuG T-40/03 v. 13.7.2005 *MURÚA/Julián Murúa Entrena*, Tz. 85; EuG T-312/03 v. 14.7.2005 *Selenium Spezial A-C-E/SELENIUM-ACE*, Tz. 29; auch EuG T-29/04 v. 8.12.2005 *CRISTAL/CRISTAL CASTELLBLANCH*, Tz. 45, im Ergebnis bestätigt durch EuGH C-131/06 P v. 24.4.2007 *Castellblanch/HABM*; EuG T-168/04 v. 7.9.2006 *Tannenbaum*, Tz. 68; EuG T-322/05 v. 22.3.2007 *terra/Terranus*, Tz. 29 f., im Ergebnis bestätigt durch EuGH C-243/07 P v. 15.2.2008 *Brinkmann*; zum Erfordernis der Zurückverweisung, wenn der Widerspruch auf mehrere Marken gestützt war, das EUIPO nur eine geprüft hat und insofern aufgehoben wurde: EuG T-423/04 v. 5.10.2005 *BK RODS/BKR*, Tz. 79.
92 EuGH C-514/06 P v. 18.9.2008 *Armacell Enterprise*, Tz. 56.
93 EuGH C-514/06 P v. 18.9.2008 *Armacell Enterprise*, Tz. 59 ff.; EuG T-194/05 v. 11.5.2006 *TeleTech*, Tz. 24 ff., beide gegen das Argument der Umwandlungsmöglichkeit nach Art. 139 UMV; EuG T-176/13 v. 9.12.2014 *DTL Corporación*, Tz. 96, im Ergebnis bestätigt durch EuGH C-62/15 P v. 8.9.2015 *DTL Corporación*.
94 EuG T-318/06 bis T-321/06 v. 24.3.2009 *GENERAL OPTICA*, Tz. 22.

II. Kennzeichnungskraft

1. Grundsätze

33 Bei der Beurteilung der Verwechslungsgefahr ist die Kennzeichnungskraft anders als die Zeichen- und Produktähnlichkeit zwar keine zwingende Voraussetzung. Doch kann sich eine hohe oder geringe Kennzeichnungskraft im Rahmen der Wechselwirkung[95] der maßgeblichen Faktoren auf den Schutzbereich der älteren Marke auswirken. Befasst sich daher das Amt oder Gericht gar nicht mit der Behauptung einer erhöhten Kennzeichnungskraft, so kann dies die Aufhebung der Entscheidung wegen mangelhafter Beweiswürdigung zur Folge haben.[96] Es bietet sich daher an, die Kennzeichnungskraft im Rahmen der Verwechslungsgefahr zuerst zu prüfen. Selbstverständlich ist an dieser Stelle nur die Kennzeichnungskraft der Marke, aus der angegriffen wird, nicht aber die Kennzeichnungskraft des angegriffenen Zeichens zu bestimmen.

34 Bei der Bestimmung der Kennzeichnungskraft einer Marke und der Beurteilung, ob sie eine erhöhte Kennzeichnungskraft besitzt, kommt es nach der Rechtsprechung des EuGH darauf an, ob die Marke geeignet ist, die Produkte, für die sie eingetragen worden ist, als von einem bestimmten Unternehmen stammend zu kennzeichnen und damit diese Produkte von denen anderer Unternehmen zu unterscheiden.[97] Dabei kommt es – wie immer – auf die Marke als Ganzes an.[98] Kennzeichnungskraft ist damit in der Sache nichts anderes als Unterscheidungskraft,[99] umfasst jedoch insbesondere auch jede durch Benutzung erworbene Bekanntheit.[100] Während der Begriff der Unterscheidungskraft im Eintragungsverfahren verwendet wird, hat der Begriff der Kennzeichnungskraft seinen Platz im Bereich der Kollisionen. Konsequenterweise sind bei der Beurteilung ähnliche Faktoren zu berücksichtigen wie bei der Frage, ob eine Marke infolge Benutzung Unterscheidungskraft erworben hat,[101] nämlich:
– die Eigenschaften, die die Marke von Haus aus besitzt, einschließlich des Umstands, ob sie beschreibende Elemente in Bezug auf die Waren oder Dienstleistungen, für die sie eingetragen worden ist, aufweist,
– der von der Marke gehaltene Marktanteil,
– die Intensität, die geografische Verbreitung und die Dauer der Benutzung dieser Marke,
– der Werbeaufwand des Unternehmens für die Marke,

---

95 Vgl. hierzu unten § 12 Rdn. 265 – 269.
96 EuGH C-108/07 P v. 17.4.2008 *Ferrero*, Tz. 37 ff.
97 EuGH C-342/97 v. 22.6.1999 *Lloyd Schuhfabrik Meyer*, Tz. 22 u. 28, unter Hinweis auf EuGH C-108/97 und C-109/97 v. 4.5.1999 *Chiemsee* Tz. 49.
98 BGH I ZR 254/14 v. 28.4.2016 *Kinderstube*, Tz. 50, m. w. N.
99 So unterscheidet die englische Terminologie der MRR die Begriffe gar nicht.
100 So ausdrücklich EuGH C-488/06 P v. 17.7.2008 *L & D*, Tz. 65; EuGH C-396/15 P v. 17.2.2016 *Shoe Branding Europe*, Tz. 75.
101 Vgl. hierzu § 4 Rdn. 153 – 172.

- der Teil der beteiligten Verkehrskreise, der die Waren oder Dienstleistungen aufgrund der Marke als von einem bestimmten Unternehmen stammend erkennt, sowie
- Erklärungen von Industrie- und Handelskammern oder von anderen Berufsverbänden zu vorstehenden Faktoren.[102]

Die Bestimmung der Kennzeichnungskraft ist Aufgabe des Tatrichters.[103] Ob eine Marke daher etwa eine hohe Kennzeichnungskraft besitzt, kann nicht allgemein, beispielsweise durch Rückgriff auf bestimmte Prozentsätze in Bezug auf den Bekanntheitsgrad der Marke bei den beteiligten Verkehrskreisen, angegeben werden.[104] Entscheidend sind vielmehr stets sämtliche Umstände des Einzelfalls unter Berücksichtigung der beteiligten Verkehrskreise. Hierbei ist ebenso wie bei der Prüfung der Eintragungsfähigkeit eines Zeichens auf die maßgeblichen inländischen[105] Verkehrskreise[106] und auf den Gesamteindruck[107] abzustellen. Dabei kann bei geteilten Verkehrskreisen – insbesondere bei Fachleuten einerseits und Endverbrauchern andererseits – eine unterschiedliche Beurteilung geboten sein.[108] Von wesentlicher Bedeutung ist dabei, die Kennzeichnungskraft – insbesondere die Bekanntheit – des Zeichens für die konkreten kollisionsbegründenden Produkte zu ermitteln.[109]

35

---

102 EuGH C-342/97 v. 22.6.1999 *Lloyd Schuhfabrik Meyer*, Tz. 23 u. 28, unter Hinweis auf EuGH C-108/97 und C-109/97 v. 4.5.1999 *Chiemsee* Tz. 51; auch EuG T-99/01 v. 15.1.2003 *Mystery/Mixery*, Tz. 34; EuG T-186/02 v. 30.6.2004 *DIESELIT*, Tz. 53; EuG T-185/03 v. 1.3.2005 *ANTONIO FUSCO/ENZO FUSCO*, Tz. 60; EuG T-277/04 v. 12.7.2006 *VITAKRAFT/VITACOAT*, Tz. 35; BGHZ 156, 112, 125 *Kinder I*; BGH I ZR 22/04 v. 25.1.2007 *Pralinenform I*, Tz. 36; BGH I ZR 75/15 v. 2.6.2016 *Wunderbaum II*, Tz. 29.
103 BGH I ZR 23/14 v. 21.10.2015 *Bounty*, Tz. 29; BGH I ZB 56/14 v. 14.1.2016 *BioGourmet*, Tz. 34; BGH I ZR 75/15 v. 2.6.2016 *Wunderbaum II*, Tz. 20; BGH I ZR 30/16 v. 2.3.2017 *Medicon-Apotheke/MediCo Apotheke*, Tz. 17.
104 EuGH C-342/97 v. 22.6.1999 *Lloyd Schuhfabrik Meyer*, Tz. 24 u. 28, unter Hinweis auf EuGH C-108/97 und C-109/97 v. 4.5.1999 *Chiemsee* Tz. 52; BGHZ 156, 112, 125 *Kinder I*; BGH GRUR 2002, 1067, 1069 *DKV/OKV*; vgl. auch EuG T-164/03 v. 21.4.2005 *bebe/monBeBé*, Tz. 76 ff.; EuG T-168/04 v. 7.9.2006 *Tannenbaum*, Tz. 85; zu den Anforderungen an eine Meinungsumfrage EuG T-277/04 v. 12.7.2006 *VITAKRAFT/VITACOAT*, Tz. 38 ff.
105 BGH GRUR 1999, 995, 997 *HONKA*, m. w. N.; bei Unionsmarkenkonflikten dürfte auf das jeweilige Kollisionsgebiet abzustellen sein – vgl. zur parallelen Problematik bei der bekannten Marke unten § 13 Rdn. 9.
106 Zu den maßgeblichen Verkehrskreisen oben § 12 Rdn. 23 – 32.
107 BGH I ZR 30/16 v. 2.3.2017 *Medicon-Apotheke/MediCo Apotheke*, Tz. 19.
108 EuG T-256/04 v. 13.2.2007 *RESPICORT/RESPICUR*, Tz. 71.
109 So implizit EuGH C-361/04 P v. 12.1.2006 *Picasso*, Tz. 32; ausdrücklich EuG T-186/02 v. 30.6.2004 *DIESELIT*, Tz. 54 f.; EuG T-8/03 v. 13.12.2004 *EMIDIO TUCCI/EMILIO PUCCI*, Tz. 68; BGH GRUR 1992, 130, 131 *Bally/BALL*; BGH GRUR 2004, 235, 237 *Davidoff II*; BGH GRUR 2004, 239 f. *DONLINE*; BGH GRUR 2004, 779, 781 *Zwilling/Zweibrüder*; BGH I ZR 167/06 v. 5.2.2009 *METROBUS*, Tz. 83; BGH I ZR 71/12 v. 22.1.2014 *REAL-Chips*, Tz. 22; überraschend großzügiger ohne Auseinandersetzung mit der abweichenden Rechtsprechung: BGH I ZR 50/11 v. 2.2.2012 *Bogner B/Barbie B*, Tz. 71.

So ist die allgemeine Bekanntheit des Malers Picasso beispielsweise nicht geeignet, die Gefahr einer Verwechslung von Marken »PICASSO« im Fahrzeugbereich zu vergrößern, solange »PICASSO« nicht speziell im Fahrzeugbereich bekannt ist.[110] Umgekehrt spielt auch keine Rolle, wenn ein Zeichen für andere Produkte derselben Warenklasse möglicherweise beschreibend ist.[111] So ist der Ausdruck »Diesel«, der Kraftstoff oder einen Motortyp bezeichnet, für »Bügeleisen«, »Dampfkessel zum Bügeln« und »Bügelbretter« in keiner Weise beschreibend.[112] Ist eine Bezeichnung nur in einer bestimmten Region bekannt und daher beschreibend, so kann gleichwohl eine durchschnittliche Kennzeichnungskraft außerhalb dieser Region vorliegen.[113] Demgegenüber kann der Ausdruck »flex« für Bettmöbel als Andeutung eines Merkmals der betreffenden Waren, nämlich ihrer Flexibilität, aufgefasst werden, so dass entsprechende Marken keine große Kennzeichnungskraft haben.[114] Zu weit geht es aber, wenn der BGH aus einer für Bekleidung begründeten Bekanntheit auch für Schuhe eine erhöhte Kennzeichnungskraft annehmen will.[115]

36 Stimmt die Marke mit einem Unternehmenskennzeichen überein und wurde jedenfalls das Unternehmenskennzeichen umfangreich benutzt, so wirkt sich eine hiermit verbundene Erhöhung der Kennzeichnungskraft auch auf die Marke aus. Der Verkehr differenziert nämlich nicht nach den verschiedenen rechtlichen Kategorien von Kennzeichen.

Ist daher etwa der Metro-Konzern unter dem Zeichen »Metro« bekannt, so wird auch von einer erhöhten Kennzeichnungskraft einer Marke »Metro« auszugehen sein.[116]

37 Setzt sich ein Zeichen aus mehreren Bestandteilen zusammen, so ist die Kennzeichnungskraft grundsätzlich einheitlich für das Gesamtzeichen zu beurteilen. Ob sich daher etwa eine Erhöhung des Bekanntheitsgrads des zusammengesetzten Zeichens, auch auf dessen einzelne Bestandteile auswirkt, ist eine Frage des Einzelfalls. Von einer automatischen Erhöhung der Kennzeichnungskraft der Bestandteile kann jedenfalls nicht ausgegangen werden.[117] Die einzelnen Bestandteile verfügen daher nicht automatisch über einen größeren Schutzbereich. Andererseits kann – wie beim Erwerb von Unterscheidungskraft infolge Benutzung[118] – durchaus auch eine

---

110 EuG T-185/02 v. 22.6.2004 *PICASSO/PICARO*, Tz. 61, bestätigt durch EuGH C-361/04 P v. 12.1.2006 *Picasso*, Tz. 32; auch von einer Schwächung der Kennzeichnungskraft ist in einem solchen Fall indes nicht auszugehen: EuG T-129/01 v. 3.7.2003 *BUD/BUDMEN*, Tz. 56.
111 EuG T-186/02 v. 30.6.2004 *DIESELIT*, Tz. 54 f.
112 EuG T-186/02 v. 30.6.2004 *DIESELIT*, Tz. 56.
113 EuG T-153/11 v. 27.11.2014 *Cantina Broglie 1*, Tz. 28 ff., im Ergebnis bestätigt durch EuGH C-33/15 P v. 5.10.2015 *Cantina Broglie 1*; EuG T-154/11 v. 27.11.2014 *Cantina Broglie 1*, Tz. 28 ff., im Ergebnis bestätigt durch EuGH C-34/15 P v. 5.10.2015 *Cantina Broglie 1*.
114 EuG T-10/03 v. 18.2.2004 *FLEX/CONFORFLEX*, Tz. 56.
115 So aber BGH I ZR 50/11 v. 2.2.2012 *Bogner B/Barbie B*, Tz. 71.
116 BGH I ZR 167/06 v. 5.2.2009 *METROBUS*, Tz. 29.
117 Vgl. BGHZ 153, 131, 142 f. *Abschlussstück*; BGH GRUR 1998, 932, 933 f. *MEISTERBRAND*; BGH GRUR 1998, 934, 937 *Wunderbaum I*; BGH GRUR 2000, 886 *Bayer/BeiChem*; BGH I ZR 18/05 v. 25.10.2007 *TUC-Salzcracker*, Tz. 23; abweichend letztlich auch nicht EuGH C-353/03 v. 7.7.2005 *Nestlé*, Tz. 30 ff.
118 EuGH C-488/06 P v. 17.7.2008 *L & D*, Tz. 51; vgl. oben § 4 Rdn. 158.

Benutzung eines zusammengesetzten Zeichens die Kennzeichnungskraft der Einzelelemente stärken.[119]

Eine umfangreiche Benutzung eines Etiketts mit den Begriffen »Scharlachberg« und »Meisterbrand« für Weinbrand führt beispielsweise nicht dazu, dass den isolierten Bestandteilen »MEISTERBRAND« oder gar »MEISTER« Kennzeichnungskraft zuwächst, sondern lediglich dazu, dass das tatsächlich verwendete Gesamtzeichen mit den Wortbestandteilen »Scharlachberg« und »MEISTERBRAND« erhöhte Kennzeichnungskraft erlangt.[120] Bei einer Warenformmarke, die lediglich einen Teil der Warenform – etwa ein Abschlussstück eines Stiftes – abbildet, führt eine Bekanntheit der Ware selbst – also der Stifte – nicht automatisch dazu, dass damit in gleicher Weise die Bekanntheit des als Marke geschützten Teils – des Abschlussstücks – gesteigert worden ist.[121] Besteht andererseits das Gesamtzeichen aber aus einer kennzeichnungskräftigen Warenform und einem auf der Ware angebrachten Wortzeichen, so besteht regelmäßig kein Grund zu der Annahme, die Kennzeichnungskraft des so zusammengesetzten Gesamtzeichens sei niedriger als diejenige seiner einzelnen Bestandteile; denn der Verkehr ist, wenn er eine Warenform als Herkunftshinweis versteht, daran gewöhnt, dass die betreffende Ware neben der Form zusätzlich mit anderen Kennzeichen, insbesondere mit Wortkennzeichen, versehen ist.[122] Auch ist das EuG im Falle einer umfangreichen Benutzung der Marke

davon ausgegangen, dass trotz des Wortbestandteils »ARBRE MAGIQUE« auch die abstrakte Baumform erhöhte Kennzeichnungskraft erworben hat.[123]

Bei einem schwarz-weiß eingetragenen Bildzeichen kann auch dann eine kraft Benutzung erworbene gesteigerte Kennzeichnungskraft vorliegen, wenn die Nutzung überwiegend in einer anderen Farbe erfolgt ist. Voraussetzung dabei ist, dass sich durch die Wiedergabe in der anderen Farbgestaltung die Charakteristik der Marke nicht ändert. Dabei ist zu berücksichtigen, dass farbige Zeichen auch schwarz-weiß genutzt werden, da beispielsweise auf Kopien, E-Mail-Ausdrucken oder Telefaxen regelmäßig keine Farben wiedergegeben werden. **38**

Wurde daher etwa die unten abgebildete[124] schwarz-weiße Kreuzdarstellung lediglich als weißes Kreuz auf rotem Grund benutzt, so steht dies einer Erhöhung der Kennzeichnungskraft nicht entgegen.[125]

---

119 EuGH C-488/06 P v. 17.7.2008 *L & D*, Tz. 49 ff.; EuG T-168/04 v. 7.9.2006 *Tannenbaum*, Tz. 73; vgl. auch EuG T-137/05 v. 16.5.2007 *la PERLA/NIMEI LA PERLA MODERN CLASSIC*, Tz. 31 ff.
120 BGH GRUR 1998, 932, 933 *MEISTERBRAND*.
121 BGHZ 153, 131, 142 f. *Abschlussstück*.
122 BGH I ZR 18/05 v. 25.10.2007 *TUC-Salzcracker*, Tz. 23.
123 EuG T-168/04 v. 7.9.2006 *Tannenbaum*, Tz. 72 ff., bestätigt durch EuGH C-488/06 P v. 17.7.2008 *L & D*; ähnlich BGH I ZR 75/15 v. 2.6.2016 *Wunderbaum II*.
124 § 12 Rdn. 193.
125 BGH I ZB 28/04 v. 11.5.2006 *Malteserkreuz I*, Tz. 34, m. w. N.; vgl. auch BGH I ZB 19/08 v. 25.2.2010 *Malteserkreuz II*, Tz. 16 f.

39 Bei der Unionsmarke kann die Beurteilung der Kennzeichnungskraft für einzelne wesentliche Gebiete der Union unterschiedlich ausfallen.[126] Dem liegt der Gedanke zugrunde, dass die Unionsmarke – und damit das Unionsmarkensystem insgesamt – mindestens über die Attraktivität einer nationalen Marke verfügen muss. Würde man demgegenüber mit Rücksicht auf den Grundsatz der Einheitlichkeit der Unionsmarke etwa eine regional beschränkte Erhöhung der Kennzeichnungskraft verneinen,[127] so könnte sich eine nationale Marke als stärker erweisen.

> Verfügt daher etwa eine als Unionsmarke eingetragene Farbmarke »lila« in Deutschland über einen hohen Bekanntheitsgrad, so können die Gerichte in einem deutschen Verletzungsverfahren von einer Erhöhung der Kennzeichnungskraft ausgehen, ohne Ermittlungen zur Bekanntheit in anderen Staaten der Europäischen Union anstellen zu müssen.[128] Wird umgekehrt eine Marke nur in einem Teil der Union als beschreibende Angabe verstanden, so nimmt ihr das in den übrigen Gebieten nicht die Kennzeichnungskraft.[129] Bei einer originär schutzunfähigen, aufgrund von Verkehrsdurchsetzung eingetragenen Unionsmarke kommt es drauf an: Wenn im Eintragungsverfahren der Nachweis geführt worden ist, dass das Schutzhindernis im Inland überwunden worden ist, verfügt die Marke im Inland grundsätzlich über durchschnittliche Kennzeichnungskraft. Ist ein solcher Nachweis im Eintragungsverfahren nicht erfolgt, so muss der Marke, auch wenn sie originär schutzunfähig ist, im Inland Schutz zwar zugebilligt werden. Macht aber der Inhaber geltend, die Marke verfüge mindestens über durchschnittliche Kennzeichnungskraft, muss er Umstände vortragen, die eine entsprechende Annahme rechtfertigen.[130]

2. Maßgeblicher Zeitpunkt der Beurteilung

40 Für die Beurteilung der Kennzeichnungskraft, insbesondere der Bekanntheit, der älteren Marke kommt es auf den Zeitpunkt an, in dem das rechtsverletzende Zeichen erstmals benutzt wurde. Gerade eine rechtsverletzende Zwischenbenutzung durch Dritte kann nämlich eine Schwächung der Kennzeichnungskraft herbeigeführt haben.[131] Eine Erhöhung der Kennzeichnungskraft kann darüber hinaus auch noch bis zu einem späteren Zeitpunkt berücksichtigt werden.

> Wird eine Marke etwa dadurch geschwächt, dass ein Konkurrent ein ähnliches Zeichen mit großem Aufwand benutzt, so darf sich dies nicht zu Lasten des Markeninhabers auswirken.[132] Etwas anderes könnte nur dann gelten, wenn der Markeninhaber zu lange mit seinem Angriff gegen das Zeichen zuwartet.

41 Wird durch die angegriffene Benutzungshandlung ein Gegenrecht begründet, so kommt es für eine Erhöhung der Kennzeichnungskraft auf den Zeitpunkt an, an

---

126 Vgl. nur EuG T-412/06 v. 10.12.2008 *VITRAL/Vitro I*, Tz. 24 f.; EuG T-295/07 v. 10.12.2008 *VITRAL/Vitro I*, Tz. 25 f.
127 So aber unzutreffend *Knaak*, MarkenR 2007, 2, 4, m. w. N.; *Rohnke*, GRUR Int. 2002, 979, 985.
128 Vgl. in diesem Sinne BGH GRUR 2005, 427 *Lila-Schokolade*.
129 EuG T-331/08 v. 27.1.2010 *Solfrutta/FRURISOL*, Tz. 25 f.
130 BGH I ZB 45/16 v. 9.11.2017 OXFORD/Oxford Club.
131 EuGH C-145/05 v. 27.4.2006 *Levi Strauss*, Tz. 13 ff.; anders noch BGHZ 156, 112, 125 *Kinder I*; BGH GRUR 2003, 1044, 1045 *Kelly*; wie hier BGH I ZR 18/05 v. 25.10.2007 *TUC-Salzcracker*, Tz. 27, m. w. N.; auch BGH I ZB 61/07 v. 3.4.2008 *SIERRA ANTIGUO*, Tz. 14.
132 BGH I ZR 101/15 v. 3.11.2016 *MICRO COTTON*, Tz. 37, m. w. N.

dem sich die in Rede stehenden Kennzeichnungen[133] erstmals gegenüberstanden.[134] Dieser Zeitpunkt ist je nach Art des betroffenen jüngeren Zeichens unterschiedlich zu bestimmen. Bei einer Marke als potentielles Gegenrecht ist – mangels Vorbenutzungsrechts[135] – maßgeblicher Kollisionszeitpunkt der Anmeldetag der angegriffenen Marke.[136] Bezüglich der Verwendung eines Unternehmenskennzeichens ist zu prüfen, ob in der konkreten Verwendung der Bezeichnung eine rechtsbegründende Benutzung i. S. von § 5 II MarkenG gelegen hat.[137] Nur wenn dies festzustellen ist, ist der Zeitpunkt der Benutzungsaufnahme als der maßgebliche Kollisionszeitpunkt zu Grunde zu legen. Entsprechendes gilt für Werktitel[138] i. S. von § 5 III MarkenG.[139] Soll jede Verwendungsweise verboten werden, nämlich nicht nur die Verwendung als Marke, sondern auch die Verwendung als geschäftliche Bezeichnung (sei es als Unternehmenskennzeichen, sei es als Werktitel) so ist, um die Kennzeichnungskraft der Angriffsmarke für den maßgeblichen Kollisionszeitpunkt zutreffend bestimmen zu können, dieser Zeitpunkt für jede dieser Verwendungsweisen gesondert zu bestimmen.[140]

> Wird etwa aus einer Marke sowohl eine zum 1.7.2005 angemeldete jüngere Marke als auch eine durch Benutzungsaufnahme am 1.10.2005 entstandene geschäftliche Bezeichnung angegriffen, so kommt es hinsichtlich des Angriffs auf die jüngere Marke auf die Kennzeichnungskraft der älteren Marke am 1.7.2005 an, hinsichtlich des Angriffs auf die geschäftliche Bezeichnung hingegen auf den 1.10.2005.

Wenn durch die angegriffene Benutzung eines Zeichens überhaupt kein Gegenrecht – etwa in Gestalt einer geschäftlichen Bezeichnung – begründet wird, so kann im Hinblick auf eine Erhöhung der Kennzeichnungskraft sogar noch auf den Zeitpunkt der letzten mündlichen Verhandlung in der Tatsacheninstanz abgestellt werden.[141]

Da eine (rückwirkende) Bestimmung der Kennzeichnungskraft naturgemäß schwierig ist, kennt die Rechtsprechung gewisse Beweiserleichterungen. So können

42

43

---

133 In identischer Form oder in einer Weise, die den kennzeichnenden Charakter des Zeichens nicht verändert hat – vgl. BGH I ZR 312/02 v. 21.7.2005 *BOSS-Club*, Tz. 22.
134 BGHZ 34, 299, 303 *Almglocke/Almquell*; BGH GRUR 1998, 934, 937 *Wunderbaum I*; BGH GRUR 2002, 1067, 1069 *DKV/OKV*; zum maßgeblichen Zeitpunkt beim Vorgehen aus dem Stammbestandteil einer Zeichenserie BGH GRUR 2002, 544, 547 *BANK 24*; vgl. zum maßgeblichen Zeitpunkt auch die Schlussanträge des Generalanwalts Ruiz Jarabo v. 17.1.2006 in der Rechtssache C-145/05 *Levi Strauss*, Tz. 20 ff.
135 Vgl. EuGH C-65/12 v. 6.2.2014 *Leidseplein Beheer*, Tz. 46, wonach aber im Einzelfall ein Interessenausgleich geboten sein kann; BGH GRUR 1998, 412 *Analgin*; BGH GRUR 2002, 544, 546 *BANK 24*.
136 EuG T-344/03 v. 5.4.2006 *ORO/SELEZIONE ORO Barilla*, Tz. 34 f.; BGH GRUR 2001, 164, 165 f. *Wintergarten*; BGH GRUR 2002, 544, 546 f. *BANK 24*; BGH I ZB 28/04 v. 11.5.2006 *Malteserkreuz I*, Tz. 14; BGH I ZB 61/07 v. 3.4.2008 *SIERRA ANTIGUO*, Tz. 14; BGH I ZR 75/15 v. 2.6.2016 *Wunderbaum II*, Tz. 31; EuGH C-145/05 v. 27.4.2006, *Levi Strauss*, Tz. 17 ff. widerspricht dem nicht.
137 Zur Begründung des Rechts an einem Unternehmenskennzeichen unten § 17 Rdn. 1 – 28.
138 Zu Werktiteln unten § 19 Rdn. 1 – 17.
139 BGH GRUR 2002, 544, 547 *BANK 24*.
140 BGH GRUR 2002, 544, 546 *BANK 24*.
141 BGH I ZR 18/05 v. 25.10.2007 *TUC-Salzcracker*, Tz. 27; entsprechend auch BGHZ 156, 112, 125 *Kinder I*; BGH GRUR 2003, 1044, 1045 *Kelly*.

unter Umständen insbesondere aus Informationen nach dem eigentlich maßgeblichen Kollisionszeitpunkt gewisse Rückschlüsse auf die Kennzeichnungskraft zum Kollisionszeitpunkt gezogen werden.[142]

Weist etwa die Angriffsmarke in den Jahren unmittelbar nach dem maßgeblichen Kollisionszeitpunkt konstant einen Marktanteil von fast 50 % auf, so rechtfertigt dies die Annahme einer durch Benutzung und erhebliche Bekanntheit gesteigerten Kennzeichnungskraft auch schon zum Kollisionszeitpunkt.[143] Etwas anderes gilt, wenn intensive Werbemaßnahmen erst nach dem Kollisionszeitpunkt eingesetzt haben.[144]

3. Durchschnittliche Kennzeichnungskraft als Ausgangspunkt der Beurteilung

44 Sind keine besonderen Umstände ersichtlich, so geht die Rechtsprechung von einer durchschnittlichen Kennzeichnungskraft aus.[145]

Nachdem nicht als Wort aussprechbare Buchstabenfolgen wie »DKV« unter dem MarkenG – anders als früher mangels Unterscheidungskraft unter dem WZG – eintragungsfähig sind, ist nun auch bei solchen Zeichen von durchschnittlicher Kennzeichnungskraft auszugehen.[146] Gleiches gilt für Einzelbuchstaben, wenn diese wie nachfolgend

über nicht zu vernachlässigende grafische Gestaltungen verfügen und auch im Übrigen kein Anhalt für eine vom Normalfall abweichende Beurteilung besteht.[147] Auch bei Namensmarken wird selbst dann von durchschnittlicher Kennzeichnungskraft auszugehen sein, wenn der Name häufig ist.[148]

45 Auch bei Marken, die zwar von Hause aus keine Unterscheidungskraft aufweisen, aber diese infolge von Benutzung erworben haben (Verkehrsdurchsetzung)[149] und

---

142 EuGH C-488/06 P v. 17.7.2008 *L & D*, Tz. 71.
143 EuGH C-488/06 P v. 17.7.2008 *L & D*, Tz. 71 ff.; BGH GRUR 2003, 1044, 1045 *Kelly*; auch BGH GRUR 2003, 880, 881 *City Plus*; vgl. aber auch EuG T-344/03 v. 5.4.2006 *ORO/SELEZIONE ORO Barilla*, Tz. 35, bestätigt durch EuGH C-245/06 P v. 9.3.2007 *Saiwa/HABM*; EuG T-277/04 v. 12.7.2006 *VITAKRAFT/VITACOAT*, Tz. 42.
144 BGH GRUR 2003, 880, 881 *City Plus*.
145 BGHZ 139, 59, 67 *Flämiger*; BGHZ 153, 131, 142 *Abschlussstück*; BGH GRUR 2000, 1031, 1032 *Carl Link*; BGH GRUR 2002, 626, 628 *IMS*; BGH GRUR 2002, 1067, 1068 f. *DKV/OKV*; BGH GRUR 2004, 598 *Kleiner Feigling*; BGH GRUR 2004, 600, 601 *d-c-fix/CD-FIX*; BGH GRUR 2005, 326, 327 *il Padrone/Il Portone*; BGH I ZR 93/04 v. 19.7.2007 *Windsor Estate*, Tz. 44; BGH I ZR 50/11 v. 2.2.2012 *Bogner B/Barbie B*, Tz. 27; BGH I ZB 2/14 v. 2.4.2015 *ISET/ISETsolar*, Tz. 10; BGH I ZB 16/14 v. 9.7.2015 *BSA/DSA DEUTSCHE SPORTAKADEMIE*, Tz. 10; BGH I ZR 75/15 v. 2.6.2016 *Wunderbaum II*, Tz. 19; vgl. auch EuG T-88/05 v. 8.2.2007 *MARS/NARS*, Tz. 76.
146 BGH GRUR 2002, 1067, 1068 f. *DKV/OKV*; BGH I ZR 10/09 v. 20.1.2011 *BCC*, Tz. 18; BGH I ZB 16/14 v. 9.7.2015 *BSA/DSA DEUTSCHE SPORTAKADEMIE*, Tz. 10; auch EuG T-463/12 v. 6.11.2014 *MB&P/MB*, Tz. 90, im Ergebnis bestätigt durch EuGH C-17/15 P v. 26.10.2015 *Popp und Zech*.
147 BGH I ZR 50/11 v. 2.2.2012 *Bogner B/Barbie B*, Tz. 27 ff.; vgl. aber EuG T-174/10 v. 26.10.2011 *A/A mit 2 Hörnern*, Tz. 37 f., im Ergebnis bestätigt durch EuGH C-611/11 P v. 10.10.2012 *ara*.
148 EuG T-259/06 v. 16.12.2008 *VELASCO/MANSO DE VELASCO*, Tz. 44 ff.
149 Vgl. zum Erwerb von Unterscheidungskraft infolge Benutzung oben § 4 Rdn. 153 – 172.

deswegen eingetragen wurden, will der BGH zunächst von durchschnittlicher Kennzeichnungskraft auszugehen.[150] Wie bei anderen Marken können auch hier besondere Umstände die Kennzeichnungskraft stärken[151] oder schwächen.[152] Die Kennzeichnungskraft ist daher auch in Fällen einer Verkehrsdurchsetzung eigens zu bestimmen.[153]

> Dabei reicht es etwa für die Annahme einer gesteigerten Kennzeichnungskraft bei einer verkehrsdurchgesetzten Marke nicht aus, wenn etwa 63,6 % aller Befragten und 71,6 % aller potentiellen Käufer der streitgegenständlichen Produkte die Marke zwar einem bestimmten Hersteller zuordnen, aber nur 48,5 % die Marke ihrem tatsächlichen Inhaber.[154] Sogar ein Durchsetzungsgrad von über 80 % will der BGH nicht genügen lassen,[155] wohl aber das EuG beim Akronym einer Eisenbahngesellschaft mit 80 % Marktanteil.[156] Bei einem ehemaligen staatlichen Monopolunternehmen kann die Kennzeichnungskraft schwächen, wenn der Verkehr das verkehrsdurchgesetzte Zeichen zwar dem Unternehmen zuordnet, darin aber keinen Herkunftshinweis erblickt.[157]

4. Kennzeichnungskraft mindernde Umstände

Von geringerer Kennzeichnungskraft ist insbesondere in zwei Fallgruppen auszugehen, zum einen bei einer Anlehnung der Marke an beschreibende Begriffe, zum anderen im Falle einer Schwächung durch Drittkennzeichen.

46

---

150 BGHZ 113, 115 *SL*; BGHZ 156, 112, 122 *Kinder I*; BGH GRUR 2002, 171, 174 *Marlboro-Dach*, m. w. N.; BGH GRUR 2004, 514, 516 *Telekom*; BGH I ZR 22/04 v. 25.1.2007 *Pralinenform I*, Tz. 35; BGH I ZR 6/05 v. 20.9.2007 *Kinder II*, Tz. 28; BGH I ZR 94/04 v. 20.9.2007 *Kinderzeit*, Tz. 34; BGH I ZB 26/05 v. 13.12.2007 *idw*, Tz. 36; BGH I ZB 39/05 v. 13.12.2007 *idw Informationsdienst Wissenschaft*, Tz. 33; BGH I ZR 78/06 v. 2.4.2009 *OSTSEE-POST*, Tz. 24; I ZR 79/06 v. 2.4.2009, Tz. 30; I ZR 17/05 v. 22.4.2010 *Pralinenform II*, Tz. 40; BGH I ZR 50/11 v. 2.2.2012 *Bogner B/Barbie B*, Tz. 42 [zu einem Fall, wo der Zeitpunkt der Verkehrsdurchsetzung bereits lange zurücklag]; BGH I ZR 228/12 v. 18.9.2014 *Gelbe Wörterbücher*, Tz. 44; BGH I ZR 23/14 v. 21.10.2015 *Bounty*, Tz. 29; I ZB 45/16 v. 9.11.2017 *OXFORD/Oxford Club*, Tz. 20; in diese Richtung auch EuGH C-396/15 P v. 17.2.2016 *Shoe Branding Europe*, Tz. 75; EuG T-423/12 v. 5.5.2015 *SKY/SKYPE*, Tz. 60 ff., Rechtsmittel durch EuGH C-383/15 P v. 20.1.2016 *SKYPE* mittels Vergleichs erledigt; EuG T-183/13 v. 5.5.2015 *SKY/SKYPE*, Tz. 54 ff., Rechtsmittel durch EuGH C-382/15 P v. 20.1.2016 *SKYPE* mittels Vergleichs erledigt; EuG T-184/13 v. 5.5.2015 *SKY/SKYPE*, Tz. 54 ff., Rechtsmittel durch EuGH C-384/15 P v. 20.1.2016 *SKYPE* mittels Vergleichs erledigt.
151 BGH GRUR 2003, 519, 521 *Knabberbärchen*.
152 BGHZ 156, 112, 122 *Kinder I*; BGH I ZR 22/04 v. 25.1.2007 *Pralinenform I*, Tz. 35; BGH I ZR 6/05 v. 20.9.2007 *Kinder II*, Tz. 24; BGH I ZR 94/04 v. 20.9.2007 *Kinderzeit*, Tz. 30.
153 BGH I ZR 22/04 v. 25.1.2007 *Pralinenform I*, Tz. 35; BGH I ZR 6/05 v. 20.9.2007 *Kinder II*, Tz. 24; BGH I ZR 94/04 v. 20.9.2007 *Kinderzeit*, Tz. 30; möglicherweise großzügiger EuGH C-396/15 P v. 17.2.2016 *Shoe Branding Europe*, Tz. 75.
154 BGHZ 156, 112, 121 f. *Kinder I*; auch BGH I ZR 6/05 v. 20.9.2007 *Kinder II*, Tz. 33; BGH I ZR 94/04 v. 20.9.2007 *Kinderzeit*, Tz. 36.
155 BGH I ZR 78/06 v. 2.4.2009 *OSTSEE-POST*, Tz. 30 f.; I ZR 79/06 v. 2.4.2009, Tz. 34 f.
156 EuG T-34/07 v. 21.1.2010 *DSBW/DSB*, Tz. 51 f., im Ergebnis bestätigt durch EuGH C-156/10 P v. 15.12.2010 *Goncharov*.
157 BGH I ZR 78/06 v. 2.4.2009 *OSTSEE-POST*, Tz. 27; I ZR 79/06 v. 2.4.2009, Tz. 31.

47 In der Rechtsprechung und Literatur ist insoweit anerkannt, dass die Anlehnung des Zeichens an beschreibende Angaben die Kennzeichnungskraft schwächt.[158]

> Dient etwa der Verwechslungsgefahr begründende Bestandteil als schlagwortartige Abkürzung für eine bestimmte Technologie und ist dies für die maßgeblichen Verkehrskreise leicht erkennbar, so kommt ihm keine normale, sondern nur eine geringe Kennzeichnungskraft zu.[159] Auch das Zeichen »TREK« verfügt als Anspielung auf den Begriff »Trekking« für Fahrräder nur über geringe Kennzeichnungskraft.[160] Auch die Marke »SHE« war als Anspielung an ein weibliches Publikum zu verstehen.[161] »Enzymax« enthält den Anklang an ein Maximum an Enzymen.[162] Beschreibende Anklänge weisen auch »Haus & Grund« im Immobilienbereich,[163] »Mixi« für Küchengeräte[164], »culinaria« für Lebensmittel[165] oder »Kinderstube« für Erziehungsdienstleistungen[166] auf. Andererseits ist die Formgestaltung eines Tannenbaums für Duftstoffe nicht ohne weiteres beschreibend.[167]

48 Dabei kann von einer verminderten Kennzeichnungskraft nicht nur dann ausgegangen werden, wenn die Marke tatsächlich eigentlich schutzunfähig wäre. Vielmehr kann bereits eine Anlehnung an ein schutzunfähiges Zeichen genügen.[168] Bedarf es einiger Überlegung, um den beschreibenden Gehalt des Zeichens zu erkennen, scheidet allerdings im Regelfall eine Reduzierung der Kennzeichnungskraft wegen einer Anlehnung an einen beschreibenden Begriff aus.[169]

> So mag die von der Arzneimittelwirkstoffbezeichnung »Pantoprazol« abgewandelte Marke »PANTO« zwar noch eintragungsfähig sein. Die angesprochenen Fachkreise sehen jedoch die beschreibenden Anklänge, die Verbraucher vermuten jedenfalls solche Anklänge. Dies genügt für die Annahme verminderter Kennzeichnungskraft.[170] Weil die Buchstaben »B« und »C« im Zusammenhang mit Business und Computer häufig beschreibend verwendet werden, ist ein Kennzeichen »BCC« kennzeichnungsschwach.[171] Andererseits führt allein die Nennung einer Abkürzung in einem Nachschlagewerk nicht zu einer Kennzeichnungsschwäche, wenn sich die Zeichen auch an den allgemeinen Verkehr richten, der den Eintrag

---

158 BGHZ 156, 112, 122 *Kinder I*; BGH I ZR 49/05 v. 3.4.2008 *Schuhpark*, Tz. 26, m. w. N.; BGH I ZR 154/09 v. 24.2.2011 *Enzymax/Enzymix*, Tz. 16; BGH I ZR 85/11 v. 5.12.2012 *Culinaria/Villa Culinaria*, Tz. 34; BGH I ZR 71/12 v. 22.1.2014 *REAL-Chips*, Tz. 18; BGH I ZB 2/14 v. 2.4.2015 *ISET/ISETsolar*, Tz. 10; BGH I ZR 75/15 v. 2.6.2016 *Wunderbaum II*, Tz. 22; BGH I ZR 30/16 v. 2.3.2017 *Medicon-Apotheke/MediCo Apotheke*, Tz. 19.
159 BGH GRUR 2002, 626, 628 f. *IMS*.
160 EuG T-158/05 v. 16.5.2007 *TREK/ALLTREK*, Tz. 77.
161 EuG T-391/06 v. 23.9.2009 *S-HE/SHE*, Tz. 57.
162 BGH I ZR 154/09 v. 24.2.2011 *Enzymax/Enzymix*, Tz. 16.
163 BGH I ZR 34/07 v. 10.6.2009, Tz. 45.
164 BGH I ZR 142/07 v. 19.11.2009 *MIXI*, Tz. 26 ff.
165 BGH I ZR 85/11 v. 5.12.2012 *Culinaria/Villa Culinaria*, Tz. 31 ff.
166 BGH I ZR 254/14 v. 28.4.2016 *Kinderstube*.
167 EuG T-168/04 v. 7.9.2006 *Tannenbaum*, Tz. 104.
168 BGH I ZR 142/07 v. 19.11.2009 *MIXI*, Tz. 27; BGH I ZR 85/11 v. 5.12.2012 *Culinaria/Villa Culinaria*, Tz. 34; BGH I ZR 75/15 v. 2.6.2016 *Wunderbaum II*, Tz. 22; BGH I ZR 30/16 v. 2.3.2017 *Medicon-Apotheke/MediCo Apotheke*, Tz. 19.
169 BGH I ZR 231/06 v. 14.5.2009 *airdsl*, Tz. 65; BGH I ZR 75/15 v. 2.6.2016 *Wunderbaum II*, Tz. 22.
170 BGH I ZB 54/05 v. 29.5.2008 *Pantohexal*, Tz. 15 ff.; BGH I ZB 55/05 v. 29.5.2008 *Pantogast*, Tz. 16 ff.; auch BGH I ZR 49/05 v. 3.4.2008 *Schuhpark*, Tz. 29.
171 BGH I ZR 10/09 v. 20.1.2011 *BCC*, Tz. 18.

und seine Bedeutung nicht kennt.¹⁷² Auch war beim Wort »Medicon« nicht ohne weiteres erkennbar, dass es auf »Medizin« und »Consulting« hinweisen konnte, so dass hierdurch keine verminderte Kennzeichnungskraft begründet wurde.¹⁷³

Dabei ist es für die Annahme verminderter Kennzeichnungskraft nicht erforderlich, dass ein an eine beschreibende Bezeichnung angelehntes Zeichen im Verkehr tatsächlich üblich ist. Umgekehrt führt ein gewisses Freihaltebedürfnis nicht zu verminderter Kennzeichnungskraft, sondern ist allein im Rahmen der markenrechtlichen Schrankenbestimmungen zu berücksichtigen.¹⁷⁴ 49

> Selbst wenn daher etwa die Bezeichnung »Schuhpark« in Deutschland nicht zur Bezeichnung größerer Schuhgeschäfte verwendet wird, ist ein Gericht nicht gehindert, von einer verminderten Kennzeichnungskraft auszugehen.¹⁷⁵ Andererseits genügt es zum Nachweis verminderter Kennzeichnungskraft nicht, lediglich Trefferlisten von Internetsuchmaschinen vorzulegen, da hierdurch allein ein bestimmtes Verkehrsverständnis nicht ohne weiteres belegt werden kann.¹⁷⁶

Sind allerdings in einem Produktbereich Produktbezeichnungen weitgehend beschreibender Natur, weil sie nicht nur einen Hinweis auf den Anbieter enthalten, sondern auch eine sachliche Orientierung ermöglichen sollen, so registriert der Verkehr im Allgemeinen den in der Abweichung von der beschreibenden Angabe liegenden Herkunftshinweis besonders deutlich. Von einer nur geringen Kennzeichnungskraft kann in einem solchen Fall nicht ohne weiteres ausgegangen werden. 50

> So ist »City Plus« für einen Telefontarif von normaler Kennzeichnungskraft, weil die meisten Telefontarife mehr oder weniger beschreibend sind.¹⁷⁷

Auch Bildzeichen verfügen nicht unbedingt über verminderte Kennzeichnungskraft. Dies ist – wenn das Bildelement nicht beschreibend ist – vielmehr nur dann der Fall, wenn es sich bei den Bildelementen um schlichte geometrische Gestaltungen handelt. 51

> So ging etwa das EuG bei der für Lederwaren geschützten Marke

> noch von durchschnittlicher Kennzeichnungskraft aus, da besondere Anhaltspunkte für eine verminderte Kennzeichnungskraft fehlten.¹⁷⁸

Bei der zweiten Fallgruppe der Schwächung der Kennzeichnungskraft, der Schwächung durch Drittkennzeichen, handelt es sich um einen Ausnahmetatbestand, der in der Praxis kaum zur Anwendung gelangt. Dabei setzt eine Schwächung der Kennzeichnungskraft nach der Rechtsprechung voraus, dass die Drittkennzeichen im Bereich der gleichen oder eng benachbarter Branchen bzw. Produkte und in 52

---

172 BGH I ZB 2/14 v. 2.4.2015 *ISET/ISETsolar*, Tz. 13.
173 BGH I ZR 30/16 v. 2.3.2017 *Medicon-Apotheke/MediCo Apotheke*, Tz. 18 ff.
174 BGH I ZR 50/11 v. 2.2.2012 *Bogner B/Barbie B*, Tz. 37, m. w. N.
175 BGH I ZR 49/05 v. 3.4.2008 *Schuhpark*, Tz. 30.
176 EuG T-378/04 v. 14.2.2008 *D'ORSAY/Orsay*, Tz. 42.
177 BGH GRUR 2003, 880, 881 *City Plus*.
178 EuG T-304/07 v. 5.11.2008 *Stilisierter Bogen*, Tz. 45 ff.

einem Umfang in Erscheinung treten, bei dem sich der Verkehr an die Existenz weiterer Kennzeichen im Ähnlichkeitsbereich auch tatsächlich gewöhnen könnte.[179]

> Allerdings schwächt beispielsweise ein einziges ähnliches Drittzeichen, das bei gemeinsamem Ursprung beider Unternehmen aus historischen Gründen geduldet wird, die Kennzeichnungskraft der Angriffsmarke nicht maßgeblich.[180] Auch die bloße Existenz von vierzehn weiteren Markeneintragungen, die das geschützte Zeichen enthalten und für unbestimmte Waren oder Dienstleistungen angemeldet sind, beeinträchtigt nicht die Kennzeichnungskraft.[181] Selbst wenn ein Begriff häufig im Internet im Zusammenhang mit den fraglichen Produkten benutzt wird, so kann hieraus nicht ohne weiteres geschlossen werden, dass der Begriff nur verminderte Kennzeichnungskraft aufweist.[182]

53 Weiter soll dabei nach der Rechtsprechung des BGH[183] sogar eine größere Zahl unbenutzter Drittzeichen, die nur im Markenregister eingetragen sind eine Rolle spielen können. Dabei sollen neben prioritätsälteren eingetragenen Drittzeichen sogar auch prioritätsjüngere Eintragungen Bedeutung erlangen können.[184] Allerdings überzeugt diese Rechtsprechung nicht.[185] Die Kennzeichnungskraft ist auf der Grundlage des Verkehrsverständnisses zu ermitteln. Der Verkehr nimmt aber Zeichen, die nur eingetragen, aber nicht benutzt sind, gar nicht wahr. Das EuG verlangt folgerichtig für eine Schwächung der Kennzeichnungskraft den Nachweis der Benutzung von Drittzeichen.[186]

> So hat der BGH bislang mit Recht jedenfalls im Ergebnis eine Schwächung durch unbenutzte Drittzeichen abgelehnt. Entsprechend genügten etwa vier eingetragene, aber nicht benutzte Drittzeichen im Ähnlichkeitsbereich nicht, um von einer Schwächung der durchschnittlichen

---

179 BGHZ 45, 131, 140 *Shortening*; BGH GRUR 2002, 626, 628 *IMS*; vgl. auch BGH I ZR 288/02 v. 23.6.2005 *hufeland.de*, Tz. 21; BGH I ZR 171/05 v. 31.7.2008 *Haus & Grund II*, Tz. 25; BGH I ZR 50/11 v. 2.2.2012 *Bogner B/Barbie B*, Tz. 40; I ZB 45/16 v. 9.11.2017 *OXFORD/Oxford Club*, Tz. 30; ähnlich restriktiv auch EuG T-85/02 v. 4.11.2003 *EL CASTILLO/CASTILLO*, Tz. 45 u. 47; EuG T-8/03 v. 13.12.2004 *EMIDIO TUCCI/ EMILIO PUCCI*, Tz. 68; EuG T-185/03 v. 1.3.2005 *ANTONIO FUSCO/ENZO FUSCO*, Tz. 64; EuG T-31/03 v. 11.5.2005 *Sadia/GRUPO SADA*, Tz. 81 ff.; EuG T-135/ 04 v. 24.11.2005 *BUS/Online Bus*, Tz. 68; EuG T-29/04 v. 8.12.2005 *CRISTAL/CRISTAL CASTELLBLANCH*, Tz. 71 ff., im Ergebnis bestätigt durch EuGH C-131/06 P v. 24.4.2007 *Castellblanch/HABM*; EuG T-259/06 v. 16.12.2008 *VELASCO/MANSO DE VELASCO*, Tz. 48.
180 BGH I ZB 28/04 v. 11.5.2006 *Malteserkreuz I*, Tz. 24.
181 EuG T-418/07 v. 18.6.2009 *LiBRO/LIBERO*, Tz. 74.
182 EuG C-412/16 P und C-413/16 P v. 1.3.2018 *Ice Mountain Ibiza*, Tz. 50.
183 BGHZ 139, 340 *Lions*; BGH GRUR 1999, 586, 587 *White Lion*.
184 BGHZ 139, 340, 346 *Lions*.
185 Zurückhaltend auch EuG T-8/03 v. 13.12.2004 *EMIDIO TUCCI/EMILIO PUCCI*, Tz. 68; EuG T-13/05 v. 25.10.2006 *RODA/ODA*, Tz. 72; EuG T-38/04 v. 15.11.2007 *SUN/ SUNPLUS*, Tz. 47; EuG T-259/06 v. 16.12.2008 *VELASCO/MANSO DE VELASCO*, Tz. 48; EuG T-458/07 v. 16.9.2009 *DOMINIO DE LA VEGA/PALACIO DE LA VEGA*, Tz. 52, im Ergebnis bestätigt durch EuGH C-459/09 P v. 16.9.2010 *Dominio de la Vega*.
186 EuG T-103/16 v. 14.9.2017 *ALPEN/Alpenschmaus*, Tz. 56 f. [zu 270 Drittzeichen].

Kennzeichnungskraft ausgehen zu können.[187] Auch trifft den Angegriffenen die Darlegungslast für eine Benutzung der Drittzeichen.[188]

Dabei lässt sich die Argumentation mit Drittzeichen zu einem gewissen Maße sogar 54 in ihr Gegenteil verkehren: Findet sich im Kennzeichnungsumfeld eine Vielzahl strukturell ähnlicher Marken, so beweist dies keine Kennzeichnungsschwäche sondern im Gegenteil, dass derartige Marken von den beteiligten Verkehrskreisen eher für kennzeichnungskräftig gehalten werden.

Bei der Marke

konnte folglich – zu weitgehend – von durchschnittlicher Kennzeichnungskraft ausgegangen werden, obwohl im einschlägigen Bekleidungsbereich über 150 weitere Eintragungen mit dem Buchstaben »B« existierten.[189]

5. Kennzeichnungskraft erhöhende Umstände

Von größerer praktischer Bedeutung als die Umstände, die die Kennzeichnungskraft mindern, sind diejenigen Fallgruppen, in denen die Rechtsprechung von einer Erhöhung der Kennzeichnungskraft ausgeht. 55

So kann eine besonders einprägsame Markenkonzeption einem Zeichen von 56 Hause aus erhöhte Kennzeichnungskraft verleihen.

So verfügt wegen der besonderen bildlichen Darstellung, deren Buchstaben so stilisiert sind, dass das Zeichen insgesamt als Form eines Haifisches erscheint, die Marke

von Hause aus eher über erhöhte Kennzeichnungskraft.[190] Ähnliches soll für das Wort »Aladdin« im Zusammenhang mit »Poliermitteln für Metalle« gelten, das durch den Hinweis auf den Helden Aladin aus einer der Geschichten aus 1001 Nacht eine vermeintlich wundersame Wirkung impliziere.[191] Hingegen wies die Marke

---

187 BGHZ 139, 340, 346 f. *Lions*; BGH GRUR 1999, 586, 587 *White Lion*; auch genügt es nicht, wenn der für die Annahme einer Verwechslungsgefahr relevante Bestandteil in den Drittkennzeichen nicht in Alleinstellung verwendet wird: BGH GRUR 1999, 586, 587 *White Lion*; auch BGH GRUR 1998, 815, 817 *Nitrangin*.
188 BGH I ZR 171/05 v. 31.7.2008 *Haus & Grund II*, Tz. 25.
189 BGH I ZR 50/11 v. 2.2.2012 *Bogner B/Barbie B*, Tz. 35 u. 38 ff.
190 EuG T-33/03 v. 9.3.2005 *SHARK/Hai*, Tz. 60 f.
191 EuG T-126/03 v. 14.7.2005 *ALADDIN/ALADIN*, Tz. 92; vgl. auch EuG T-194/03 v. 23.2.2006 *Bridge/Bainbridge*, Tz. 88, im Ergebnis bestätigt durch EuGH C-234/06 P v. 13.9.2007 *Il Ponte Finanziaria*.

von Hause aus keine erhöhte Kennzeichnungskraft auf.[192]

57 Erhöhte Kennzeichnungskraft besteht ferner auch in solchen Fallgestaltungen, in denen die Marke über besondere Bekanntheit verfügt. Nach der Rechtsprechung des EuG ist hierfür erforderlich, dass die Marke zumindest einem erheblichen Teil der maßgeblichen Verkehrskreise bekannt ist.[193] Eine Bekanntheit bei Fachkreisen genügt daher jedenfalls dann nicht, wenn sich das gekennzeichnete Produkt und damit die Marke auch an das allgemeine Publikum richten.[194] Im Einzelfall kann[195] eine erhöhte Kennzeichnungskraft einer Marke auch durch die Benutzung des Zeichens in Kombination mit anderen Elementen erworben werden.[196]

> Erhöhte Kennzeichnungskraft wurde insoweit bei einem durch Verkehrsbefragung ermittelten Bekanntheitsgrad von 64 % angenommen.[197] Der EuGH hat erhöhte Kennzeichnungskraft im Fall von »Ferrero« angenommen, wo bei Jahresumsätzen in Höhe von 60 Mio. bis 75 Mio. DM neben einem Bekanntheitsgrad von über 80 % in Deutschland nachgewiesen wurde, dass sich eine ganze Reihe von Produkten unter den 100 meistverkauften Produkten der Branche findet und jeweils über einen hohen Bekanntheitsgrad verfügt.[198] Weiter konnte der Bekanntheitsnachweis durch Vorlage einer Erklärung eines Fachverbands in Verbindung mit nationalen Urteilen und dem Hinweis auf steigende, beachtliche Absatzzahlen geführt werden.[199] Demgegenüber genügt ein weltweiter Jahresumsatz in Höhe von 6 Mio. Euro nicht.[200] Auch haben Presseberichte über Milliardenumsätze und Marktstellung nur dann hinreichenden Beweiswert, wenn sie hinreichende Rückschlüsse auf den relevanten Zeitpunkt zulassen.[201] Erst recht nicht genügen bloße Behauptungen einer etwa bestehenden Bekanntheit, beispielsweise dass die mit der Marke gekennzeichneten Produkte Kultstatus in der Jugendszene genießen, nicht.[202] Ebenso wenig kann eine Internetseite[203] oder eine Preisliste[204] die Bekanntheit der Marke der gelisteten Produkte belegen.

---

192 EuG T-342/05 v. 23.5.2007 *Dor/COR*, Tz. 59.
193 EuG T-8/03 v. 13.12.2004 *EMIDIO TUCCI/EMILIO PUCCI*, Tz. 68; EuG T-277/04 v. 12.7.2006 *VITAKRAFT/VITACOAT*, Tz. 34; vgl. auch EuG T-346/04 v. 24.11.2005 *Arthur/ARTHUR ET FELICIE*, Tz. 60.
194 EuG T-29/04 v. 8.12.2005 *CRISTAL/CRISTAL CASTELLBLANCH*, Tz. 67 f., im Ergebnis bestätigt durch EuGH C-131/06 P v. 24.4.2007 *Castellblanch/HABM*.
195 Entsprechend dem Erwerb von Unterscheidungskraft infolge Benutzung, § 4 Rdn. 153 – 173.
196 EuGH C-488/06 P v. 17.7.2008 *L & D*, Tz. 50 ff.; EuGH C-12/12 v. 18.4.2013 *Colloseum Holding*, Tz. 29.
197 EuG T-164/03 v. 21.4.2005 *bebe/monBeBé*, Tz. 76 ff.; ähnlich BGH I ZR 37/04 v. 26.10.2006 *Goldhase I*, Tz. 24.
198 EuGH C-108/07 P v. 17.4.2008 *Ferrero*, Tz. 53 ff.
199 EuG T-332/04 v. 12.3.2008 *EL COTO/Coto D'Arcis*, Tz. 50, im Ergebnis bestätigt durch EuGH C-210/08 P v. 20.1.2009 *Sebirán*.
200 EuG T-640/13 v. 28.1.2016 *STOCRETE/CRETEO*, Tz. 99.
201 EuG T-229/14 v. 16.6.2015 *NORMA/Yorma Eberl*, Tz. 50 ff.
202 EuG T-99/01 v. 15.1.2003 *Mystery/Mixery*, Tz. 34, unter Hinweis auf EuGH C-342/97 v. 22.6.1999 *Lloyd Schuhfabrik Meyer*, Tz. 22 f.; auch EuG T-186/02 v. 30.6.2004 *DIESELIT*, Tz. 53.
203 BGH I ZB 92/08 v. 16.7.2009, Tz. 7 ff.
204 EuG T-277/04 v. 12.7.2006 *VITAKRAFT/VITACOAT*, Tz. 37.

Auch der BGH verlangt für eine gesteigerte Kennzeichnungskraft eine umfängliche 58
Benutzung des Zeichens, die zu großer Verkehrsbekanntheit führen kann.[205] Dabei
kommt es in erster Linie darauf an, welcher Anteil der befragten Personen das
Zeichen einem bestimmten Unternehmen zuordnet. Dagegen ist es nicht erforderlich, dass das Unternehmen von ihnen auch richtig benannt wird.[206] Regelmäßig
ist eine originäre Kennzeichnungskraft zwar bei den Verkehrskreisen im Schutzgebiet der Marke festzustellen.[207] Doch kann die Kennzeichnungskraft bei inländischen Verkehrskreisen auch dadurch gesteigert werden, dass die Marke nicht nur
im Inland, sondern in zahlreichen weiteren Ländern präsent ist und inländische
Verkehrskreise der Marke bei Reisen ins Ausland begegnen.[208]

> So kann etwa die Feststellung allein, dass ein Zeichen bereits seit Jahren benutzt wird, dessen
> Qualifizierung als kennzeichnungskräftiges Zeichen nicht rechtfertigen, wenn es an zahlenmäßig konkretisierten Feststellungen über eine intensive Benutzung im relevanten Zeitraum
> fehlt.[209] In gewissem Maße sind jedoch Schätzungen eines Mindestumsatzes möglich.[210]
> Auch ein eher geringer Jahresumsatz von 500.000,- Euro mit Schokolade, die eine Ware des
> täglichen Gebrauchs darstellt, führt noch nicht zu gesteigerter Kennzeichnungskraft.[211] Von
> einer die Kennzeichnungskraft erhöhenden Bekanntheit einer Dienstleistungsmarke ist demgegenüber auszugehen, wenn die Bezeichnung einen Bekanntheitsgrad von insgesamt 49 %
> erreicht. Eine indizielle Bedeutung kann auch der Tatsache zukommen, dass die Bezeichnung
> umfangreich beworben[212] wurde – etwa allein in einem Quartal im Umfang von 15,63 Mio.
> DM für TV-Werbung und 6,2 Mio. DM für Anzeigenwerbung.[213] Auch ein Bekanntheitsgrad von 90 % in den angesprochenen Verkehrskreisen führt zur Annahme einer besonders
> hohen Kennzeichnungskraft.[214] Besonders hohe Kennzeichnungskraft weist schließlich auch
> ein überragend bekanntes Zeichen wie »Volkswagen« auf.[215]

Bei Warenformmarken ist dabei allerdings zu berücksichtigen, dass die Bekanntheit 59
eines Produkts in der Form der Marke nicht notwendig auch bedeutet, dass die
Form in gleichem Umfang als Herkunftshinweis aufgefasst wird. Wird mit einer
Ware, deren Form von Haus aus nicht unterscheidungskräftig ist, ein erheblicher
Umsatz erzielt, besagt das zunächst nur etwas über die weite Verbreitung der Ware
auf dem Markt. Eine Steigerung der Kennzeichnungskraft kann in einem solchen
Fall durch Umsatzerfolge nur erreicht werden, wenn die durch eine Marke

---

205 BGHZ 153, 131, 142 *Abschlussstück*; BGH GRUR 2001, 158, 160 *Drei-Streifen-Kennzeichnung*; BGH GRUR 2002, 626, 629 *IMS*; BGH GRUR 2003, 1044, 1045 *Kelly*; BGH GRUR 2003, 1047, 1049 *Kellogg's/Kelly's*; BGH GRUR 2004, 239 *DONLINE*.
206 BGH I ZR 37/04 v. 26.10.2006 *Goldhase I*, Tz. 25, unter Hinweis auf BGH I ZR 151/02 v. 15.9.2005 *Jeans*; BGH I ZR 17/05 v. 22.4.2010 *Pralinenform II*, Tz. 34.
207 BGH I ZR 75/15 v. 2.6.2016 *Wunderbaum II*, Tz. 42, unter Hinweis auf BGH I ZR 214/11 v. 11.4.2013 *VOLKSWAGEN/Volks.Inspektion*, Tz. 67.
208 BGH I ZR 75/15 v. 2.6.2016 *Wunderbaum II*.
209 BGH GRUR 1998, 934, 937 *Wunderbaum I*.
210 BGH I ZR 85/11 v. 5.12.2012 *Culinaria/Villa Culinaria*, Tz. 39.
211 BGH GRUR 2003, 712, 713 *Goldbarren*, wonach dies selbst bei spezifischen Vertriebsmethoden gilt; ähnlich BGH I ZB 61/07 v. 3.4.2008 *SIERRA ANTIGUO*, Tz. 15; BGH I ZR 10/09 v. 20.1.2011 *BCC*, Tz. 19.
212 In die gleiche Richtung BGH I ZR 85/11 v. 5.12.2012 *Culinaria/Villa Culinaria*, Tz. 41.
213 BGH GRUR 2002, 544, 547 *BANK 24*.
214 BGH GRUR 2004, 594, 597 f. *Ferrari-Pferd*, unter Hinweis auf EuGH C-251/95 v. 11.11.1997 *Springende Raubkatze*, Tz. 24.
215 BGH I ZR 214/11 v. 11.4.2013 *VOLKSWAGEN/Volks.Inspektion*, Tz. 29.

geschützte Warengestaltung auch »als Marke« benutzt worden ist, d. h. in einer Art und Weise, die dazu dient, dass die angesprochenen Verkehrskreise die Ware als von einem bestimmten Unternehmen stammend identifizieren. Die Fragestellung einer demoskopischen Umfrage, durch die ermittelt werden soll, inwieweit eine Warenform herkunftshinweisend ist, hat dementsprechend zu berücksichtigen, dass zwischen der Bekanntheit des Produkts als solchem und der Herkunftshinweisfunktion seiner Form zu unterscheiden ist. Die Fragestellung darf daher insbesondere nicht von vornherein davon ausgehen, dass eine Gestaltung herkunftshinweisend ist.[216]

60 Will der Angreifer eine erhöhte Kennzeichnungskraft geltend machen, so muss er hierzu im Regelfall selbst – möglichst umfangreich – vortragen. Von einer erhöhten Kennzeichnungskraft kann ein Amt oder Gericht nur ausgehen, wenn dafür tatsächliche Umstände vorgetragen oder ausnahmsweise gerichtsbekannt sind.[217]

III. Zeichenähnlichkeit

1. Überblick

a) Grundzüge

61 Während die Kennzeichnungskraft im Rahmen der Prüfung der Verwechslungsgefahr lediglich den Schutzbereich der Marke beeinflussen kann, ist die Zeichenähnlichkeit neben der Produktähnlichkeit eine der unverzichtbaren Grundvoraussetzungen einer Verwechslungsgefahr. Die Frage, in welchen Einzelfällen eine Zeichenähnlichkeit zu bejahen bzw. zu verneinen ist, dürfte die schwierigste Frage des Kennzeichenrechts überhaupt sein.

62 Nicht zuletzt aus diesem Grunde können die für eine kennzeichenrechtliche Strategie[218] erforderlichen Prognoseentscheidungen nur mit größter Vorsicht gefällt werden.

> So ging etwa die deutsche Praxis lange Zeit davon aus, dass bei zusammengesetzten Zeichen in der Regel jeweils auf das Gesamtzeichen abzustellen sei. Demgegenüber tendiert die europäische Praxis dahin, eine Zeichenähnlichkeit bei einer Übereinstimmung einzelner Zeichenbestandteile zu bejahen, so dass etwa die Zeichen »West« und »Westlife« ähnlich sein sollen.[219] Nach der Medion-Entscheidung[220] kommt es nun in derartigen Fällen (auch) darauf an, ob der übernommene Bestandteil eine selbständig kennzeichnende Stellung behält.

63 Nach der Rechtsprechung des EuGH ist bei der umfassenden Beurteilung hinsichtlich der Ähnlichkeit der betreffenden Marken in Bild, Klang oder in der Bedeutung auf den Gesamteindruck abzustellen, den die Marken hervorrufen, wobei insbeson-

---

216 BGH I ZR 22/04 v. 25.1.2007 *Pralinenform I*, Tz. 36 f., unter Hinweis auf EuGH C-299/99 v. 18.6.2002 *Philips/Remington*, Tz. 51, 57 ff. u. 64.
217 Für das Widerspruchsverfahren BGH I ZB 46/06 v. 15.2.2007 Tz. 11, m. w. N.
218 Insbesondere die Auswahl neuer Marken und die Einschätzung der Erfolgsaussichten eines Angriffs aus älteren Zeichen.
219 Vgl. EuG T-22/04 v. 4.5.2005 *West/Westlife*.
220 EuGH C-120/04 v. 6.10.2005 *Medion*.

dere die unterscheidungskräftigen[221] und dominierenden Elemente zu berücksichtigen sind.[222] Darüber hinaus kommt bei aus mehreren Bestandteilen zusammengesetzten Zeichen eine Zeichenähnlichkeit in Betracht, wenn ein den Zeichen gemeinsamer Bestandteil jeweils eine selbständig kennzeichnende Stellung aufweist.[223] Bei der Prüfung der Zeichenähnlichkeit ist mithin wieder eine umfassende Beurteilung erforderlich. Hierbei spielen vor allem die im Folgenden ausführlich erörterten Faktoren eine besondere Rolle, nämlich
- die verschiedenen Wahrnehmungsrichtungen der bildlichen, klanglichen und begrifflichen Ähnlichkeit,
- der Gesamteindruck der Zeichen,
- die unterscheidungskräftigen und dominierenden Elemente der Zeichen,
- die unter Umständen bestehende selbständig kennzeichnende Stellung eines Elements.

b) Prüfungsreihenfolge und Systematisierung nach »Variation« und »Kombination«

Eine besondere Prüfungsreihenfolge oder Gewichtung der vorstehend genannten Prüfungspunkte, die im Einzelfall jeweils zu unterschiedlichen Bewertungen führen können, gibt der EuGH bislang nicht vor. Für EuG und die nationalen Gerichte besteht daher (noch) ein erheblicher Spielraum. Die dogmatische Erfassung (und das Erlernen) des Problemkreises »Zeichenähnlichkeit« werden hierdurch nicht gerade erleichtert.

64

So prüft etwa das EuG häufig nacheinander, ob eine bildliche, klangliche oder begriffliche Ähnlichkeit besteht und bestimmt in jeder einzelnen dieser Wahrnehmungsrichtungen den

---

221 Von der Verwendung des Begriffs »unterscheidenden« in früheren Entscheidungen, die schon früher durch andere Sprachfassungen – etwa die englische oder französische – nicht getragen wurde, ist der EuGH mit der Picasso-Entscheidung endlich abgerückt.
222 Ständige Rechtsprechung, statt vieler: EuGH C-251/95 v. 11.11.1997 *Springende Raubkatze*, Tz. 23; EuGH C-342/97 v. 22.6.1999 *Lloyd Schuhfabrik Meyer*, Tz. 25; EuGH C-3/03 P v. 28.4.2004 *Matratzen Concord*, Tz. 29; EuGH C-120/04 v. 6.10.2005 *Medion*, Tz. 28; EuGH C-361/04 P v. 12.1.2006 *Picasso*, Tz. 19 u. 37; EuGH C-206/04 P v. 23.3.2006 *Muelhens*, Tz. 19 u. 34; EuGH C-235/05 P v. 27.4.2006 *L'Oréal*, Tz. 40 f., wo sogar von »determine the importance to be attached to those different elements« die Rede ist; EuGH C-334/05 P v. 12.6.2007 *HABM/Shaker*, Tz. 35; EuGH C-234/06 P v. 13.9.2007 *Il Ponte Finanziaria*, Tz. 33; EuGH C-51/09 P v. 24.6.2010 *Barbara Becker*, Tz. 33; EuGH C-254/09 P v. 2.9.2010 *Calvin Klein*, Tz. 45; EuGH C-252/12 v. 18.7.2013 *Specsavers*, Tz. 35; EuGH C-182/14 P v. 19.3.2015 *MEGA Brands International*, Tz. 31; EuGH C-147/14 v. 25.6.2015 *Loutfi Management Propriété intellectuelle*, Tz. 23; EuGH C-20/14 v. 22.10.2015 *BGW Beratungs-Gesellschaft Wirtschaft*, Tz. 35; EuGH C-223/15 v. 22.9.2016 *combit Software*, Tz. 33; auch EuGH C-93/16 v. 20.7.2017 *Ornua Co-operative*, Tz. 36; EuG T-104/01 v. 23.10.2002 *Miss Fifties/Fifties*, Tz. 34; BGH GRUR 2000, 506, 509 *ATTACHÉ/TISSERAND*.
223 EuGH C-120/04 v. 6.10.2005 *Medion*, Tz. 33; EuGH C-23/09 P v. 22.1.2010 *ecoblue*, Tz. 45.

Gesamteindruck und die unterscheidungskräftigen und dominierenden Elemente.[224] Demgegenüber bestimmt der BGH zunächst einheitlich den Gesamteindruck des Zeichens und kommt dann ggf. explizit auf bestimmte Besonderheiten einzelner Wahrnehmungsrichtungen zu sprechen.[225] Da letztlich sowohl beim EuG als auch beim BGH die gefundenen Ergebnisse wieder in eine Gesamtabwägung[226] einfließen, werden die Entscheidungsergebnisse durch diese unterschiedliche Herangehensweise allerdings kaum beeinflusst.

65 Bei all diesen dogmatischen Unwägbarkeiten lassen sich bei der Prüfung der Zeichenähnlichkeit zwei große Fallgruppen ausmachen, die sich allerdings in Ausnahmefällen auch überschneiden können. Die erste Gruppe betrifft dabei solche Konstellationen, in denen ein Zeichen abgewandelt wird (Variation), während sich in der zweiten Fallgruppe die Kollisionsfälle finden, in denen eines der Zeichen oder einer seiner Bestandteile vom anderen Zeichen übernommen wird (Kombination).

> Zur ersten Fallgruppe, der Variation, gehört etwa die Kollision der Zeichen »ILS« und »ELS« bzw. »Evian« und »Revian«. In die zweite Fallgruppe, die Kombination, fällt etwa das oben angeführte Aufeinandertreffen von »city plus« und »D2 best city plus« oder eine Kollision der Zeichen »MOU« und »KIAP MOU«.

66 Während früher die beiden Fallgruppen der Variation und Kombination gleichberechtigt nebeneinander zu stehen schienen, geht der EuGH in seiner jüngeren Rechtsprechung davon aus, dass die Variation der Normalfall, die Kombination eine besondere Konstellation sei, die nur Ausnahmefälle betreffe.[227] Als grundsätzliche Änderung der Dogmatik der Zeichenähnlichkeit wird man diesen Satz allerdings wohl nicht verstehen können. Vielmehr dürfte dem Ansatz die Warnung zugrundliegen, den Schutzbereich von Marken in Kombinationsfällen mit Augenmaß zu behandeln, um die Zahl der Zeichenkollisionen nicht ausufern zu lassen.

67 Von den oben genannten Kriterien zur Bestimmung der Zeichenähnlichkeit eignet sich das Untersuchen des Prüfungspunktes der »Wahrnehmungsrichtungen« besonders zur Beurteilung von Kollisionen der ersten Fallgruppe (Variation).

> So wird man bei der Kollision der Zeichen »ILS« und »ELS« bzw. »Evian« und »Revian« untersuchen müssen, ob und inwieweit sich diese in klanglicher, bildlicher und begrifflicher Hinsicht ähneln.

68 Demgegenüber spielen die Kriterien des »Gesamteindrucks«, der »unterscheidungskräftigen und dominierenden Elemente« sowie der »selbständig kennzeichnenden Stellung« vor allem eine Rolle bei der Lösung von Kollisionen der zweiten Fallgruppe (Kombination).

> So sind beim Aufeinandertreffen von »city plus« und »D2 best city plus« oder »MOU« und »KIAP MOU« die Faktoren »Gesamteindruck«, »unterscheidungskräftige und dominierende Elemente« sowie »selbständig kennzeichnende Stellung« zu untersuchen.

---

224 Vgl. etwa EuG T-104/01 v. 23.10.2002 *Miss Fifties/Fifties*, Tz. 35 ff.; anders aber etwa EuG T-224/01 v. 9.4.2003 *TUFFTRIDE/NU-TRIDE*, Tz. 49 ff.; EuG T-135/04 v. 24.11.2005 *BUS/Online Bus*, Tz. 58 ff.; völlig anders im Ansatz wiederum EuG T-7/04 v. 15.6.2005 *LIMONCHELO/Limoncello I*, Tz. 54 ff.
225 Vgl. etwa BGHZ 139, 340 *Lions*.
226 Vgl. zum Neutralisieren von Ähnlichkeiten einer Wahrnehmungsrichtung durch Unterschiede in einer anderen Wahrnehmungsrichtung unten § 12 Rdn. 137–143.
227 EuGH C-579/08 P v. 15.1.2010 *Messer Group*, Tz. 72; EuGH C-466/13 P v. 22.10.2014 *Repsol YPF*, Tz. 83; EuGH C-182/14 P v. 19.3.2015 *MEGA Brands International*, Tz. 38.

In der Praxis bieten hierbei die Faktoren »Gesamteindruck«, »unterscheidungskräf- **69**
tige und dominierende Elemente« und »selbständig kennzeichnende Stellung« häufig der einen oder anderen Seite Argumentationsmöglichkeiten für oder gegen eine Zeichenähnlichkeit. Letztlich bleibt die Entscheidung über die Zeichenähnlichkeit damit meist Wertungsfrage.

So wird sich bei einer Kollision der Zeichen »city plus« und »D2 best city plus« die eine Seite darauf berufen, dass sich die Zeichen im Gesamteindruck unterscheiden, die andere Seite wird behaupten, die Elemente »city« und »plus« seien unterscheidungskräftig und dominierend. Bei einer Kollision der Zeichen »Bally« und »Ball« wird eine Seite behaupten, die Zeichen seien klanglich und schriftbildlich ähnlich, die andere Seite wird hervorheben, dass der Verkehr die Zeichen aufgrund des Sinngehalts des Wortes »Ball« begrifflich auseinanderhalten kann.

Die beiden Fallgruppen lassen sich nicht immer trennscharf unterscheiden, sondern **70**
liefern nur erste Anhaltspunkte. Auch lassen sich die einzelnen Beurteilungskriterien nicht immer den beiden Fallgruppen exakt zuordnen, so dass durchaus auch Fallgestaltungen denkbar sind, bei denen – obwohl es sich um Fälle der Variation handelt – die unterscheidungskräftigen und dominierenden Zeichenelemente eines Zeichens zu untersuchen sind. Umgekehrt können auch in Kombinationsfällen die unterschiedlichen Wahrnehmungsrichtungen durchaus eine Rolle spielen.

Ein Grenzfall, der sich beiden Fallgruppen zuordnen lässt, ist etwa eine Kollision der Zeichen »Diesel« und »DIESELIT«.[228] Hier sind für die Beurteilung der Zeichenähnlichkeit sämtliche Faktoren zu berücksichtigen und letztlich in eine wertende Gesamtbetrachtung einzustellen.

Hinsichtlich der Vorgehensweise bei der Beurteilung der Zeichenähnlichkeit emp- **71**
fiehlt es sich gerade für den Anfänger, mit der Checkliste zur Verwechslungsgefahr im Anhang 2 zunächst eine Grobeinteilung in die Fallgruppen »Variation« bzw. »Kombination« vorzunehmen und sodann die jeweiligen Prüfungspunkte nacheinander abzuarbeiten. Dieser Einteilung folgt – soweit möglich – auch die nachstehende Darstellung.

2. Wahrnehmungsrichtungen – insbesondere Fallgruppe »Variation«

a) Überblick

Während die Fallgruppe der Variation im früheren deutschen Warenzeichenrecht **72**
größte Bedeutung hatte und häufig Ähnlichkeiten angenommen wurden, wird der Anwendungsbereich der Fallgruppe nun – insbesondere unter europäischem Einfluss – geringer. Immer noch lässt sich aber insgesamt beobachten, dass der BGH eher geneigt sein wird, eine Zeichenähnlichkeit trotz Zeichenabwandlung anzunehmen, als das EuG.

So hatte das BPatG in einer berühmt gewordenen Entscheidung[229] aus dem Jahr 1973 die Marken »LUCKY WHIP« und »Schöller-Nucki« für leicht verwechselbar gehalten, was nicht nur komplexe Überlegungen hinsichtlich der »Übernahme« des Bestandteils »LUCKY/Nucki« voraussetzte, sondern auch eine Ähnlichkeit dieser Bestandteile. Nicht zuletzt, weil Generalanwalt *Jacobs*[230] später die Entscheidung mit den Worten kommentierte, sie setze

---

228 EuG T-186/02 v. 30.6.2004 *DIESELIT*, Tz. 47.
229 BPatG GRUR 1975, 74.
230 Schlussanträge des Generalanwalts vom 13.3.1990 im Verfahren EuGH C-10/89 *HAG II*, GRUR Int. 1990, 968.

»wohl einen Verbraucherstamm voraus [...], der unter einer akuten Form von Legasthenie leidet«, wurde die deutsche Rechtsprechung zunehmend zurückhaltender. So waren etwa die Marken »Ketof« und »ETOP« im Jahr 1999 nicht mehr ähnlich.[231]

73 Bei der Beurteilung, wie weit die Ähnlichkeit zwischen variierten Marken geht, kommt es darauf an, den Grad ihrer Ähnlichkeit in Klang, Bild und in der Bedeutung zu bestimmen. Die Beurteilung kann hierbei für die einzelnen Wahrnehmungsrichtungen unterschiedlich ausfallen, so dass zwei Zeichen etwa in klanglicher Hinsicht hochgradig ähnlich, in bildlicher Hinsicht nur geringfügig ähnlich und in begrifflicher Hinsicht schließlich völlig unähnlich sein können. In diesem Fall ist unter Berücksichtigung der Art der betreffenden Produkte und der Bedingungen, unter denen sie vertrieben werden,[232] zu bewerten, welche Bedeutung den einzelnen Wahrnehmungsrichtungen beizumessen ist.[233] Auch können in diesem Fall Unterschiede in einer Wahrnehmungsrichtung Ähnlichkeiten in einer anderen neutralisieren. Im Folgenden werden zunächst die einzelnen Wahrnehmungsrichtungen ausführlich erörtert. Sodann wird auf die Fallkonstellationen eingegangen, in denen die Beurteilung nicht für alle Wahrnehmungsrichtungen gleich ausfällt.

b) Klangliche Ähnlichkeit

74 Der Prüfung der klanglichen Ähnlichkeit geht die Untersuchung voran, wie der Verkehr die Zeichen aussprechen wird. Sodann sind für die Beurteilung häufig bestimmte Faktoren ausschlaggebend, nämlich die Position von Ähnlichkeiten in den Zeichen und die Bedeutung des Zeichenbeginns, die Ähnlichkeit bestimmter Vokale und Konsonanten, die Zeichenbetonung sowie die Silbenzahl und -struktur. Selbst wenn Bildelemente benannt werden könnten, lehnt der BGH eine Prüfung der klanglichen Ähnlichkeit von Bildelementen im Grundsatz ab.[234]

> Besteht daher in der betreffenden Branche keine Gewohnheit, einen grafisch gestalteten Einzelbuchstaben zu benennen, so scheidet eine klangliche Ähnlichkeit von vornherein aus.[235]

(1) Ausspracheregeln

75 Häufig ist bei der Beurteilung der klanglichen Ähnlichkeit entscheidend, wie der Verkehr ein Zeichen aussprechen wird. Unter Umständen sind Wörterbücher zu Rate zu ziehen[236] oder es ist eine Verkehrsbefragung zu den Sprechgewohnheiten

---

231 BGH GRUR 2000, 603, 605 *Ketof/ETOP*.
232 Vgl. etwa hierzu im Uhrenbereich EuG T-147/03 v. 12.1.2006 *Quantième/Quantum*, Tz. 89 f. u. 103 ff.
233 EuGH C-342/97 v. 22.6.1999 *Lloyd Schuhfabrik Meyer*, Tz. 27; EuGH C-361/04 P v. 12.1.2006 *Picasso*, Tz. 37; EuGH C-334/05 P v. 12.6.2007 *HABM/Shaker*, Tz. 36; EuGH C-374/15 P v. 28.1.2016 *Harper Hygienics*, Tz. 52; EuGH C-474/15 P v. 7.4.2016 *Harper Hygienics*, Tz. 52; EuGH C-475/15 P v. 7.4.2016 *Harper Hygienics*, Tz. 53; auch EuG T-388/00 v. 23.10.2002 *ILS/ELS*, Tz. 62; EuG T-104/01 v. 23.10.2002 *Miss Fifties/Fifties*, Tz. 34; BGHZ 139, 340 *Lions*.
234 BGH I ZR 31/09 v. 20.1.2011 *Kappa*, Tz. 27, m. w. N.; BGH I ZR 50/11 v. 2.2.2012 *Bogner B/Barbie B*, Tz. 47.
235 BGH I ZR 50/11 v. 2.2.2012 *Bogner B/Barbie B*, Tz. 47.
236 EuG T-57/03 v. 1.2.2005 *OLLY GAN/HOOLIGAN*, Tz. 59.

durchzuführen.²³⁷ Bei Unionsmarken wird es häufig vorkommen, dass die Zeichen in verschiedenen Mitgliedstaaten unterschiedlich ausgesprochen werden. Hier sind die in den einschlägigen Verkehrskreisen jeweils anzutreffenden Ausspracheregeln zugrunde zu legen.²³⁸

> So wird etwa der Buchstabe »e« in der Marke »LIBERO« von den englischen Verbrauchern nicht deutlich ausgesprochen, so dass eine klangliche Ähnlichkeit, möglicherweise sogar Identität mit dem Zeichen »LIBRO« besteht.²³⁹ In Frankreich ist die Aussprache der Buchstabenfolge »nrj« und des Wortes »energy« sehr ähnlich.²⁴⁰ Da in Spanien »ll« ähnlich unserem »j« klingt, sind dort »LLAMA« und »YAMAS« ähnlich.²⁴¹

Unterschiedlich sind insbesondere die Aussprachegewohnheiten bei der Aufeinanderfolge von zwei Vokalen. Werden die Vokale getrennt ausgesprochen, sind sie meist als zwei Silben deutlich zu hören; werden sie hingegen ineinander verschliffen, klingen sie wie nur eine Silbe. **76**

> Im Fall der Kollision der Marken »INTESA« und »intea« etwa sprachen die italienischen, griechischen, finnischen und schwedischen Verkehrskreise das Zeichen »intea« dreisilbig »in-te-a« aus. Demgegenüber reduzierte der irische und britische Verkehr das Zeichen auf zwei Silben »in-ti«. In Italien, Griechenland, Finnland und Schweden waren die Zeichen daher ähnlich, in Irland und Großbritannien demgegenüber nicht.²⁴² Auch die Marken »Sada« und »Sadia« waren – hier für den spanischen Verbraucher – ähnlich, weil der Verkehr den Buchstaben »i« in »Sadia« mit dem folgenden »a« verschleift und nicht betont.²⁴³

Häufig werden auch bestimmte Buchstaben, gerade am Ende eines Wortes, in vielen Sprachen der Union gar nicht ausgesprochen. **77**

> So ist der Buchstabe »r« am Ende des Wortes »CLINAIR« vielerorts nur als Verlängerung des davor stehenden Vokals hörbar.²⁴⁴

Bei fremdsprachigen Wörtern, die nicht zum Grundwortschatz der jeweils angesprochenen Verkehrskreise gehören, ist davon auszugehen, dass diese nach den Regeln der Heimatsprache ausgesprochen werden. **78**

> So wird der deutschsprachige Verkehr die ihm größtenteils unbekannten Wörter »DRAGON« und »RACOON« nach deutschen Sprachregeln aussprechen.²⁴⁵ Auch wird der deutsche Durchschnittsverbraucher bei der Aussprache des Wortes »FERRÓ« die Betonung auf die erste und nicht die letzte Silbe legen, weil die deutsche Rechtschreibung Akzentzeichen nicht kennt.²⁴⁶ »Aprile« wird der deutsche Verkehr in drei Silben aussprechen.²⁴⁷ Der spanische Verbraucher wird das Wort »zip« in der Marke »ZIPCAR« nicht kennen und das Wort

---

237 BGH GRUR 2004, 239 *DONLINE*, unter Hinweis auf BGH GRUR 2003, 880, 882 *City Plus*; vgl. zum Ganzen auch EuG T-353/02 v. 13.4.2005 *INTESA/INTEA*, Tz. 28 f.
238 Zu unterschiedlichen Betonungen EuG T-35/07 v. 23.4.2008 *CELTA/Celia*, Tz. 42 f., im Ergebnis bestätigt durch EuGH C-300/08 P v. 11.6.2009 *Leche Celta*.
239 EuG T-418/07 v. 18.6.2009 *LiBRO/LIBERO*, Tz. 66.
240 EuG T-184/16 v. 6.10.2017 *NRJ/SKY ENERGY*, Tz. 55.
241 EuG T-15/17 v. 20.4.2018 *LLAMA/YAMAS*, Tz. 44 ff.
242 EuG T-353/02 v. 13.4.2005 *INTESA/INTEA*, Tz. 28 f.
243 EuG T-31/03 v. 11.5.2005 *Sadia/GRUPO SADA*, Tz. 62.
244 EuG T-150/08 v. 11.11.2009 *Clina/CLINAIR*, Tz. 39, im Ergebnis bestätigt durch EuGH C-22/10 P v. 27.10.2010 *REWE Central*.
245 BGH GRUR 1998, 938, 939 *DRAGON*.
246 EuG T-35/04 v. 15.3.2006 *FERRERO/FERRÓ*, Tz. 61, im Ergebnis bestätigt durch EuGH C-225/06 P v. 11.9.2007 *AVEE*.
247 EuG T-179/07 v. 24.9.2008 *ANVIL/Aprile*, Tz. 58.

daher nach spanischen Regeln aussprechen.²⁴⁸ Demgegenüber kennt der Verkehr das englische Wort »sir« und wird es nach Regeln des Englischen aussprechen.²⁴⁹ Auch hat das EuG bei dem Zeichen »D'ORSAY« eine unauffällige, in dem Buchstaben »O« aufgehende Aussprache des Anfangsbuchstabens »D« zugrunde gelegt, so dass hochgradige Ähnlichkeit mit der Marke »Orsay« bestand.²⁵⁰

79 In Ausnahmefällen kann hierbei jedoch auch zu berücksichtigen sein, dass die maßgeblichen Verkehrskreise meinen, dass es sich bei einem oder beiden sich gegenüberstehenden Zeichen um ein Fremdwort handelt. Der Verkehr wird dann unter Umständen versuchen, die Zeichen nach für solche Fremdwörter geltenden Regeln auszusprechen – mitunter auch fehlerhaft.²⁵¹

So hing bei der Kollision der Zeichen »CALYPSO« und »CALPICO« der Grad der Zeichenähnlichkeit davon ab, wie deutsche Verbraucher das Zeichen »CALPICO«, insbesondere dessen letzte Silbe »CO«, ausspricht. Nach deutschen Regeln war »CALPICO« wie »KALPIKO« auszusprechen. Meinte der Verkehr indes, dass »CALPICO« ein italienisches oder spanisches Fremdwort sei, und versuchte sich an entsprechenden Aussprachregeln, so wäre an sich auch ein »KALPIKO« die Folge. Lediglich dann aber – und sogar dies stellte das EuG in Rechnung –, wenn der Verkehr von fehlerhaften italienischen oder spanischen Aussprachregeln ausging, konnte dies zu einer Aussprache wie »KALPIZO« führen.²⁵² Ähnlich verhielt es sich beim Zeichen »Centrixx«, das dem Deutschen wegen des ungewöhnlichen Anfangsbuchstaben »c« als Fremdwort erscheint und deswegen mit scharfem Anfangs-S ausgesprochen wird.²⁵³

80 Häufig legt eine bestimmte Schreibweise der Markenworte eine bestimmte Aussprache nahe. Hier aber ist zumindest der BGH²⁵⁴ zurückhaltend. Dem ist im Grundsatz zuzustimmen, weil dem Verkehr die Schreibweise nicht immer vor Augen steht.

So führt eine innerhalb eines Wortes einsetzende Großschreibung nicht zwangsläufig dazu, dass der Verkehr das Zeichen getrennt ausspricht. Anhaltspunkte dafür, dass der Verkehr das Zeichen »medAS« abgehackt und zergliedert in »med« und »AS« aussprechen wird, fehlen daher solange kein Bezug der gekennzeichneten Produkte zum medizinischen Bereich besteht.²⁵⁵

81 Eine Besonderheit besteht weiter dann, wenn ein Zeichen Sonderzeichen, Zahlen oder bildlich gestaltete Buchstaben aufweist. Bei Zahlen oder den besonders häufig anzutreffenden Zeichen »&«, »@« und »+« ist die Beurteilung eine Frage des Einzelfalls.

---

248 EuG T-36/07 v. 25.6.2008 *CICAR/ZIPCAR*, Tz. 42, im Ergebnis bestätigt durch EuGH C-394/08 P v. 3.6.2009 *Zipcar*.
249 EuG T-355/02 v. 3.3.2004 *sir/ZIRH*, Tz. 45, bestätigt durch EuGH C-206/04 P v. 23.3.2006 *Muelhens*.
250 EuG T-39/04 v. 14.2.2008 *D'ORSAY/O orsay*, Tz. 50; EuG T-378/04 v. 14.2.2008 *D'ORSAY/Orsay*, Tz. 41.
251 Vgl. etwa EuG T-57/03 v. 1.2.2005 *OLLY GAN/HOOLIGAN*, Tz. 58; EuG T-423/04 v. 5.10.2005 *BK RODS/BKR*, Tz. 70; auch BGH GRUR 2001, 507, 508 *EVIAN/REVIAN*.
252 EuG T-273/02 v. 20.4.2005 *CALYPSO/CALPICO*, Tz. 40 f.
253 EuG T-446/07 v. 15.9.2009 *Centrixx/sensixx*, Tz. 43 ff., im Ergebnis bestätigt durch EuGH C-448/09 P v. 30.6.2010 *Royal Appliance International/HABM*.
254 Vgl. aber zur Eintragungsfähigkeit EuGH C-37/03 P v. 15.9.2005 *BioID*.
255 BGH GRUR 2004, 240 f. *MIDAS/medAS*.

So hielt das EuG die Marken »QWEB« und »Q2WEB« für ähnlich, obwohl der Bestandteil »WEB« im EDV- bzw. Telekommunikationsbereich wohl schutzunfähig ist.²⁵⁶ Ähnlich waren auch die Zeichen »ZERO« und »zerorh+«, denn der Bestandteil »rh+« besaß angeblich als Kombination von Buchstaben und einem mathematischen Symbol keine Kennzeichnungskraft.²⁵⁷ Auch beim Markenpaar »VITAFIT« und »VITA+VERDE« sei das Symbol »+« zwar nicht zu vernachlässigen, führe aber jedenfalls nicht dazu, dass das Zeichen »VITA+VERDE« in zwei Teile zergliedert werde.²⁵⁸ Weiter meinte das EuG – durchaus nicht unproblematisch –, dass der Verkehr das Zeichen »&« in der Marke

nicht ausspreche, da dem Verkehr das Zeichen nicht bekannt genug sei, um in der konkreten unscheinbaren grafischen Gestaltung genügend ins Gewicht zu fallen.²⁵⁹ Zutreffen dürfte wiederum, dass der Verkehr den elliptisch gestalteten Buchstaben »O« in der Marke

nicht mit ausspricht, so dass dieser zu vernachlässigen ist.²⁶⁰ Umgekehrt stellte die Einfügung eines Bindestrichs in ein kurzes Zeichen wie »S-HE« ein erhebliches Merkmal dar, wodurch sich dieses von der Marke »SHE« unterscheiden ließ.²⁶¹

Auch ein Erfahrungssatz, der Verkehr werde zusammengeschriebene Wörter in der Regel auch zusammenhängend aussprechen, kann in dieser Allgemeinheit keine Gültigkeit beanspruchen. Vielmehr kommt es auf den Einzelfall an, in dem insbesondere das Kennzeichnungsumfeld eine Rolle spielen kann.²⁶² **82**

So kann für den Verkehr Anlass bestehen, eine Bezeichnung »DONLINE« im Telekommunikationsbereich mehr oder weniger deutlich getrennt auszusprechen, wenn der Verkehr das Wort »online« kennt und durch die bekannte Marke »T-Online« an die getrennte Aussprache gewöhnt ist.²⁶³

Schließlich ist auch zu berücksichtigen, dass Marken unter Umständen undeutlich ausgesprochen werden könnten. **83**

---

256 EuG T-242/07 v. 12.11.2008 *QWEB/Q2WEB*, Tz. 33 ff.
257 EuG T-400/06 v. 16.9.2009 *zerorh+/ZERO*, Tz. 49.
258 EuG T-535/14 v. 14.1.2016 *VITAFIT/VITA+VERDE*, Tz. 43.
259 EuG T-111/06 v. 21.11.2007 *VITAFIT/VITAL & FIT*, Tz. 41; vgl. auch EuG T-552/10 v. 25.10.2012 *VITAFIT/VITAL & FIT*; in dieselbe Richtung EuGH C-17/15 P v. 26.10.2015 *Popp und Zech*, Tz. 33 ff.
260 EuG T-39/04 v. 14.2.2008 *D'ORSAY/O orsay*, Tz. 48 f.
261 EuG T-391/06 v. 23.9.2009 *S-HE/SHE*, Tz. 41; abweichend: BGH I ZB 39/09 v. 10.6.2010 *Buchstabe T mit Strich*, Tz. 16.
262 BGH GRUR 2004, 239 *DONLINE*, unter Hinweis auf BGH GRUR 2003, 880, 882 *City Plus*.
263 BGH GRUR 2004, 239 *DONLINE*, unter Hinweis auf BGH GRUR 2003, 880, 882 *City Plus*.

So konnte bei der Marke »Combit« der Übergang vom »m« zum »b« undeutlich ausgesprochen werden, so dass sie wie »Commit« klinge.²⁶⁴

(2) Anlehnung an beschreibende Angaben

84 Im Fall von Marken oder Markenbestandteilen, die an einen die Waren oder Dienstleistungen beschreibenden Begriff angelehnt sind und nur dadurch Unterscheidungskraft erlangen und als Marke eingetragen werden konnten, weil sie von diesem Begriff (geringfügig) abweichen, ist der Schutzumfang der eingetragenen Marke eng zu bemessen. Entscheidend sind dabei, die Eigenprägung und die Unterscheidungskraft, die dem Zeichen die Eintragungsfähigkeit verleihen. Ein darüberhinausgehender Schutz kann nicht beansprucht werden, weil er dem markenrechtlichen Schutz der beschreibenden Angabe gleichkäme.²⁶⁵

> Ist der Bestandteil »Marula« beschreibend für eine bestimmte Frucht, so muss er bei der Prüfung der Verwechslungsgefahr der Zeichen »AMARULA« und »Marulablu« grundsätzlich außer Betracht bleiben.²⁶⁶

85 Eine weitere Besonderheit gilt, wenn das Angriffszeichen nicht nur an eine beschreibende Angabe angelehnt ist, sondern in einer Wahrnehmungsrichtung – meist klanglich – tatsächlich beschreibend. Abgesehen davon, dass das Angriffszeichen gar nicht hätte eingetragen werden dürfen,²⁶⁷ kann der beschreibende Klang jedenfalls keine Kollision begründen, wenn eine solche Marke gegen ein weitgehend ähnliches Zeichen eingesetzt wird.

> Aus einer für Massageöle geschützten Marke »pjur« kann folglich nicht gegen eine Marke »pure« vorgegangen werden.²⁶⁸ Dagegen liegt das EuG falsch, wenn es im Finanzbereich eine Ähnlichkeit der Marken »FERCREDIT« und »f@ir Credit« bejaht.²⁶⁹ Wiederum ähnlich sind allerdings »HEITEC« und »HAITEC«, weil beide Zeichen gerade darin übereinstimmen, das beschreibende »High Tech« in abweichender Schreibweise zu imitieren.²⁷⁰

(3) Position von Übereinstimmungen der Zeichen und die Bedeutung des Zeichenbeginns

86 Bei der Beurteilung der klanglichen Ähnlichkeit zweier Zeichen gehen EuG und BGH übereinstimmend davon aus, dass sich die Aufmerksamkeit des Verbrauchers

---

264 BGH I ZR 74/17 v. 12.7.2018 *combit/Commit*, Tz. 21.
265 BGH I ZR 100/11 v. 27.3.2013 *AMARULA/Marulablu*, Tz. 59.
266 BGH I ZR 100/11 v. 27.3.2013 *AMARULA/Marulablu*, Tz. 59 ff.
267 Vgl. oben § 4 Rdn. 35.
268 BGH I ZR 100/10 v. 9.2.2012 *pjur/pure*.
269 EuG T-220/11 v. 19.9.2012 *FERCREDIT/f@ir Credit*, Tz. 31 ff., im Ergebnis bestätigt durch EuGH C-524/12 P v. 14.11.2013 *TeamBank*.
270 BGH I ZR 162/05 v. 14.2.2008 *HEITEC*, Tz. 23 f.

üblicherweise[271] auf den Anfang des Wortes richtet.[272] Insbesondere bei relativ langen Zeichen wird der Anfang mit erhöhter Aufmerksamkeit wahrgenommen.[273] Aber auch bei Kurzzeichen kann der Anfangsbuchstabe von besonderer Bedeutung sein.[274] Dies gilt unabhängig davon, ob die Betonung auf dem Anfang[275] liegt oder nicht.[276]

So hielt das EuG wegen des übereinstimmenden Beginns beispielsweise die Zeichen »MUNDICOR« und »MUNDICOLOR«,[277] »terra« und »Terranus«,[278] »METRO« und »METRONIA«,[279] »VITRAL« und »Vitro«,[280] »SKY« und »SKYPE«[281] sowie »SO...?« und »So'BIO etic«[282] für ähnlich. Auch »FLEX« und »FLEXI AIR«,[283] »EPIGRAN« und »Epican« bzw. »Epican Forte«[284] im Kosmetikbereich, »CRISTAL« und »CRISTAL CASTELLBLANCH« für

---

271 Etwas anderes mag bei beschreibendem oder sehr geläufigem Zeichenbeginn gelten: BGH GRUR 2000, 605, 606 *comtes/ComTel*; BGH GRUR 2004, 783, 785 *NEURO-VIBOLEX/ NEURO-FIBRAFLEX*; vgl. auch EuG T-317/03 v. 26.1.2006 *DERBIVARIANT/DERBI*, Tz. 50.
272 EuG T-183/02 und T-184/02 v. 17.3.2004 *MUNDICOLOR/MUNDICOR*, Tz. 83; EuG T-288/03 v. 25.5.2005 *TELETECH INTERNATIONAL/TELETECH GLOBAL VENTURES*, Tz. 84; EuG T-169/04 v. 14.12.2005 *CARPO/CARPOVIRUSINE*, Tz. 67; EuG T-35/04 v. 15.3.2006 *FERRERO/FERRÓ*, Tz. 54, im Ergebnis bestätigt durch EuGH C-225/06 P v. 11.9.2007 *AVEE*; EuG T-133/05 v. 7.9.2006 *PAM-PAM/PAM-PIM'S BABY-PROP*, Tz. 51 f.; EuG T-88/05 v. 8.2.2007 *MARS/NARS*, Tz. 63; BGHZ 131, 122, 125 *Innovadiclophlont*; BGH GRUR 1996, 267, 269 f. *AQUA*; BGH GRUR 1998, 927, 929 *COMPO-SANA*; BGH GRUR 1998, 942, 943 *ALKA-SELTZER*; BGH GRUR 1999, 735, 736 *MONOFLAM/POLYFLAM*; BGH GRUR 2001, 507, 508 *EVIAN/REVIAN*; BGH GRUR 2002, 1067, 1070 *DKV/OKV*; BGH GRUR 2003, 1044, 1046 *Kelly*; BGH GRUR 2003, 1047, 1049 *Kellogg's/Kelly's*; BGH I ZR 161/13 v. 5.3.2015 *IPS/ISP*, Tz. 36; auch EuGH C-16/06 P v. 18.12.2008 *René*, Tz. 92.
273 EuG T-288/03 v. 25.5.2005 *TELETECH INTERNATIONAL/TELETECH GLOBAL VENTURES*, Tz. 84.
274 EuG T-35/03 v. 12.10.2004 *HARPO Z/CARPO*, Tz. 96 ff.; EuG T-463/12 v. 6.11.2014 *MB&P/MB*, Tz. 22 f., im Ergebnis bestätigt durch EuGH C-17/15 P v. 26.10.2015 *Popp und Zech*; aber auch EuG T-13/05 v. 25.10.2006 *RODA/ODA*, Tz. 46.
275 BGH GRUR 1999, 735, 736 *MONOFLAM/POLYFLAM*.
276 BGH GRUR 1998, 942, 943 *ALKA-SELTZER*; a. A. nun BGH I ZR 161/13 v. 5.3.2015 *IPS/ISP*, Tz. 39.
277 EuG T-183/02 und T-184/02 v. 17.3.2004 *MUNDICOLOR/MUNDICOR*, Tz. 82 f.
278 EuG T-322/05 v. 22.3.2007 *terra/Terranus*, Tz. 38, im Ergebnis bestätigt durch EuGH C-243/07 P v. 15.2.2008 *Brinkmann*.
279 EuG T-290/07 v. 10.12.2008 *METRO/METRONIA*, Tz. 48 ff.
280 EuG T-412/06 v. 10.12.2008 *VITRAL/Vitro I*, Tz. 28; EuG T-295/07 v. 10.12.2008 *VITRAL/Vitro II*, Tz. 29.
281 EuG T-423/12 v. 5.5.2015 *SKY/SKYPE*, Tz. 29 ff.; EuG T-183/13 v. 5.5.2015 *SKY/SKYPE*, Tz. 29 ff.; EuG T-184/13 v. 5.5.2015 *SKY/SKYPE*, Tz. 29 ff., Rechtsmittel unter Az. C-382/15 P bis C-382/15 P eingelegt, aber durch Vergleich erledigt.
282 EuG T-341/13 RENV v. 8.6.2017 *SO...?/SO'BIO etic*, Tz. 43 ff.
283 EuG T-112/03 v. 16.3.2005 *FLEX/FLEXI AIR*, Tz. 72 ff., bestätigt durch EuGH C-235/05 P v. 27.4.2006 *L'Oréal*.
284 EuG T-373/06 v. 8.9.2008 *EPIGRAN/Epican Forte*, Tz. 47 ff.; EuG T-374/06 v. 8.9.2008 *EPIGRAN/Epican*, Tz. 47 ff., beide im Ergebnis bestätigt durch EuGH C-488/08 P und C-489/08 P v. 4.12.2009 *Rath*.

Schaumweine[285] sowie »DSBW« und »DSB« im Bereich des Transportwesens und der Organisation von Veranstaltungen[286] und sogar »CB« und »CCB« im Finanzwesen[287] waren ähnlich. Aufgrund identischer Vokalfolge wohl gerade noch ähnlich sind »COSIFLOR« und »COSIMO«.[288] Zu weitgehend hielt das EuG dagegen aufgrund des gleichen Wortanfangs auch die Zeichen »AVANZALENE« und »AVANZ«,[289] »ARTITUDE« und »ARTI«[290] sowie »BULL« und »BULLDOG«[291] für ähnlich. Nicht ähnlich waren für das EuG demgegenüber – teilweise auch bei einem Fachpublikum – aufgrund des unterschiedlichen Zeichenbeginns die Zeichen »naber« und »faber«,[292] »ASTERIX« und »STARIX«,[293] »EURON« und »CURON«,[294] »Alba Moda« und »l'Altra Moda«,[295] »DUOVISK« und »BioVisk«,[296] »CAPOL« und »ARCOL«,[297] »S-HE« und »SHE«,[298] »PITU« und »LITU«,[299] »MAICO« und »Eico«[300] sowie »Kelly's« und »welly«.[301] Der BGH hielt in klanglicher Hinsicht die Zeichen »DKV« und »OKV«[302] sowie die Marken »MONOFLAM« und »POLYFLAM« nicht für ähnlich.[303] Ähnlich – wenn auch entfernt – waren dagegen die Zeichen »Volkswagen« einerseits und »Volks.Inspektion«, »Volks-Reifen« und »Volks-Werkstatt« andererseits.[304]

87 Allerdings kann die Bedeutung des Zeichenbeginns dann gemindert sein, wenn der Beginn nur wenig unterscheidungskräftig, insbesondere beschreibend, ist. Denn dem Verkehr werden die unterscheidungskräftigen Bestandteile normalerweise stärker im Gedächtnis bleiben.

---

285 EuG T-29/04 v. 8.12.2005 *CRISTAL/CRISTAL CASTELLBLANCH*, Tz. 60, im Ergebnis bestätigt durch EuGH C-131/06 P v. 24.4.2007 *Castellblanch/HABM*.
286 EuG T-34/07 v. 21.1.2010 *DSBW/DSB*, Tz. 43, im Ergebnis bestätigt durch EuGH C-156/10 P v. 15.12.2010 *Goncharov*.
287 EuG T-665/17 v. 6.12.2018 *CB/CCB*, Tz. 61 ff.
288 EuG T-739/16 v. 27.6.2018 *COSIFLOR/COSIMO*, Tz. 54 f.
289 EuG T-477/08 v. 4.3.2010 *AVANZALENE/AVANZ*, Tz. 34.
290 EuG T-12/13 v. 11.12.2014 *ARTITUDE/ARTI*, Tz. 59 ff.
291 EuG T-78/13 v. 5.2.2015 *BULL/BULLDOG*, Tz. 31 ff., im Ergebnis bestätigt durch EuGH C-206/15 P v. 24.11.2015 *Sun Mark*.
292 EuG T-211/03 v. 20.4.2005 *NABER/Faber*, Tz. 46 ff.
293 EuG T-311/01 v. 22.10.2003 *ASTERIX/Starix*, Tz. 53.
294 EuG T-353/04 v. 13.2.2007 *EURON/CURON*, Tz. 81 ff.
295 EuG T-224/06 v. 25.6.2008 *Alba Moda/l'Altra Moda*, Tz. 37 ff.
296 EuG T-106/07 v. 10.9.2008 *DUOVISK/BioVisk*, Tz. 34 ff., im Ergebnis bestätigt durch EuGH C-481/08 P v. 24.9.2009 *Alcon*.
297 EuG T-402/07 v. 25.3.2009 *CAPOL/ARCOL*, Tz. 83 ff., im Ergebnis bestätigt durch EuGH C-193/09 P v. 4.3.2010 *Kaul*.
298 EuG T-391/06 v. 23.9.2009 *S-HE/SHE*, Tz. 41.
299 EuG T-187/16 v. 25.1.2017 *PITU/LITU*, Tz. 25 ff., bestätigt durch EuGH C-158/17 P v. 20.9.2017 *Anton Riemerschmid Weinbrennerei und Likörfabrik*.
300 EuG T-668/17 v. 20.9.2018 *MAICO/Eico*, Tz. 36 ff.
301 EuG T-763/17 v. 29.11.2018 *Kelly's/welly*, Tz. 66 ff.
302 BGH GRUR 2002, 1067, 1070 *DKV/OKV*.
303 BGH GRUR 1999, 735, 736 *MONOFLAM/POLYFLAM*.
304 BGH I ZR 214/11 v. 11.4.2013 *VOLKSWAGEN/Volks.Inspektion*, Tz. 30 ff. [unter dem Gesichtspunkt wirtschaftlicher Zusammenhänge].

Ist etwa das Wort »Chufa« für den spanischen Verbraucher als Bezeichnung einer Erdmandel (»chufa«) beschreibend, so sind die Zeichen »CHUFI« und »CHUFAFIT« trotz ihrer Übereinstimmung im Zeichenbeginn nicht ähnlich.[305] Auch wenn ein Zeichen erkennbar Abkürzung ist und der Anfangsbuchstabe ein beschreibendes Wort abkürzt,[306] kann die Bedeutung des Zeichenbeginns gemindert sein.[307] Auch der Zeichenbeginn »Castell« (= Schloss) im Zusammenhang mit Weinen ist kennzeichnungsschwach, so dass die Zeichen »CASTELLUCA« und »CASTELLANI« trotz Übereinstimmung im Zeichenbeginn klanglich nicht ähnlich sind.[308] Im Ergebnis belanglos war jedoch bei der Kollision der Marken »RESPICORT« und »RESPICUR« der beschreibende Anklang des Zeichenbeginns »RESPI« als Hinweis auf das Wort »respiratorisch«.[309] Trotz des identischen Zeichenbeginns waren die Zeichen »RNActive« und »RNAiFect« aufgrund der Unterschiede im zweiten Teil nicht ähnlich.[310] Dagegen waren die Zeichen »OCTASA« und »PENTASA« trotz unterschiedlichen, auf griechische Zahlen bezugnehmenden, daher kennzeichnungsschwachen Zeichenbeginns aufgrund des übereinstimmenden Elements »TASA« ähnlich.[311]

Darüber hinaus ist ein ähnlicher Zeichenbeginn in der Regel auch dann unbeachtlich, wenn die übrigen Zeichenunterschiede überwiegen oder sich – umgekehrt – die Zeichen bei starken Übereinstimmungen insgesamt nur geringfügig im Beginn unterscheiden. **88**

So konnte bei den Marken »OBELIX« und »MOBILIX« der unterscheidende Anfangsbuchstabe »M« infolge seiner Klangschwäche leicht überhört werden.[312] Ähnlich waren trotz unterschiedlichen Zeichenbeginns weiter »NOMAFOAM« und »ARMAFOAM«,[313] »SOLVO« und »VOLVO«[314] sowie »LESTEROL« und »RESVEROL«.[315] Ebenso waren die Zeichen »Bisotherm« und »ISOTHERM« ähnlich, weil sie sich nur in einem von acht bzw. neun Lauten, nämlich in dem klangschwachen Laut »B« am rasch verklingenden Wortanfang des Wortes »Bisotherm« unterschieden.[316] Auch die Marken »EVIAN« und »REVIAN« hielt – sehr weitgehend – der BGH,[317] das EuG die Marken »Eurodont« und »Curodont«[318] sowie – insbesondere bei englischer – Aussprache die Marken »RODA« und

---

305 EuG T-117/02 v. 6.7.2004 *CHUFI/CHUFAFIT*, Tz. 47 ff.; auch EuG T-202/04 v. 5.4.2006 *ECHINACIN/ECHINAID*, Tz. 44 f.; BGH GRUR 2004, 783, 785 *NEURO-VIBOLEX/ NEURO-FIBRAFLEX*.
306 Vgl. zu dieser Konstellation auch unten § 12 Rdn. 172.
307 BGH I ZR 161/13 v. 5.3.2015 *IPS/ISP*, Tz. 37.
308 EuG T-149/06 v. 20.11.2007 *CASTELLUCA/CASTELLANI*, Tz. 56.
309 EuG T-256/04 v. 13.2.2007 *RESPICORT/RESPICUR*, Tz. 60 ff., wo auf im Einzelfall besonders informierte Verkehrskreise abgestellt wurde.
310 EuG T-80/08 v. 28.10.2009 *RNAiFect/RNActive*, Tz. 42.
311 EuG T-502/12 v. 9.4.2014 *OCTASA/PENTASA*, Tz. 59 ff.
312 EuG T-336/03 v. 27.10.2005 *OBELIX/MOBILIX*, Tz. 77 f., im Ergebnis bestätigt durch EuGH C-16/06 P v. 18.12.2008 *René*; auch EuG T-88/05 v. 8.2.2007 *MARS/NARS*, Tz. 63.
313 EuG T-172/05 v. 10.10.2006 *NOMAFOAM/ARMAFOAM*, Tz. 61 ff., im Ergebnis bestätigt durch EuGH C-514/06 P v. 18.9.2008 *Armacell Enterprise*.
314 EuG T-434/07 v. 2.12.2009 *SOLVO/VOLVO*, Tz. 39 f.
315 EuG T-363/09 v. 16.12.2010 *LESTEROL/RESVEROL*, im Ergebnis bestätigt durch EuGH C-81/11 P v. 8.3.2012 *Longevity Health Products*.
316 BGH GRUR 1998, 925, 927 *Bisotherm-Stein*; vgl. auch EuG T-388/00 v. 23.10.2002 *ILS/ ELS*, Tz. 70 ff.
317 BGH GRUR 2001, 507, 508 *EVIAN/REVIAN*.
318 EuG T-53/15 v. 10.3.2016 *Eurodont/Curodont*, Tz. 35 ff.

»ODA«[319] noch für ähnlich. Mittlere Ähnlichkeit wurde auch zwischen den Zeichen »dialdi« und »ALDI« festgestellt.[320] Umgekehrt war zwischen den Zeichen »Kellogg's« und »Kelly« trotz gleichen Zeichenbeginns nur eine geringfügige, zwischen »Kellogg's« und »Kelly's« demgegenüber eine größere Ähnlichkeit anzunehmen.[321] Auch »Amply« und »AMPLITUDE« waren insgesamt klanglich nicht mehr ähnlich.[322] Demgegenüber hielt das EuG – zu weitgehend, weil der Verkehr bei Zahlen auf Unterschiede zu achten gewöhnt ist – die Zeichen »501« und »101« für ähnlich.[323] Zu weit ging es auch, eine Ähnlichkeit von »DiBa« und »WIDIBA«[324] oder »BORBET« und »ARBET«[325] anzunehmen.

89 Nach der Rechtsprechung des BGH gilt darüber hinaus für relativ lange Bezeichnungen der Erfahrungssatz, dass der Verkehr dazu neige, solche Bezeichnungen in einer die Merkbarkeit und Aussprechbarkeit erleichternden Weise zu verkürzen.[326]

So ging der BGH etwa davon aus, dass der Verkehr in klanglicher – nicht aber in bildlicher – Hinsicht die Marke »OKV-Ostdeutsche Kommunalversicherung a. G.« auf den Bestandteil »OKV« verkürzen wird.[327] Bei der Bezeichnung »idw Informationsdienst Wissenschaft« hatte der BGH allerdings Bedenken, eine Verkürzung auf »idw« anzunehmen, weil der Bedeutungsgehalt des Elements »Informationsdienst Wissenschaft« die Abkürzung »idw« konkretisierte, so dass die Elemente hierdurch möglicherweise verknüpft würden.[328]

90 Doch ist dieser Erfahrungssatz im Zusammenhang mit (eingetragenen) Marken[329] mit Vorsicht zu genießen. Insbesondere im Bereich von Arzneimittelmarken, wo der Verkehr aufgrund der Bedeutung der richtigen Medikamentenwahl für Leib und Leben besonders auf Zeichendetails achtet, ist nicht von einer Zeichenverkürzung auszugehen.[330] Auch bei Namensmarken hat der BGH die Bedeutung der Verkürzungsneigung zurückgedrängt.[331]

91 Viel stärker als beim Zeichenbeginn ist bei Silben in der Wortmitte der Einfluss auf den klanglichen Gesamteindruck eine Frage des Einzelfalls.[332] Hier sind Betonung sowie Silbenzahl und -struktur[333] meist von größerer Bedeutung.

---

319 EuG T-13/05 v. 25.10.2006 *RODA/ODA*, Tz. 53 ff.; EuG T-101/06 v. 14.11.2007 *RODA/Castell del Remei ODA*, Tz. 63 ff.
320 EuG T-505/11 v. 25.6.2013 *dialdi/ALDI*, Tz. 69 f.
321 BGH GRUR 2003, 1044, 1046 *Kelly*; BGH GRUR 2003, 1047, 1049 *Kellogg's/Kelly's*.
322 EuG T-9/05 v. 15.1.2008 *Amply/AMPLITUDE*, Tz. 43 ff.
323 EuG T-604/13 v. 3.6.2015 *501/101*, Tz. 38 ff.
324 Vgl. EuG T-83/16 v. 26.9.2017 *DiBa/WIDIBA*, Tz. 72 ff.
325 Vgl. EuG T-79/18 v. 30.1.2019 *BORBET/ARBET*, Tz. 30 ff.
326 BGHZ 139, 340, 351 *Lions*, m. w. N.; BGH GRUR 1999, 583, 585 *LORA DI RECOARO*; BGH GRUR 2000, 233, 234 *RAUSCH/ELFI RAUCH*; BGH GRUR 2000, 1031, 1032 *Carl Link*; BGH I ZB 39/05 v. 13.12.2007 *idw Informationsdienst Wissenschaft*, Tz. 37.
327 BGH GRUR 2002, 1067, 1069 *DKV/OKV*.
328 BGH I ZB 39/05 v. 13.12.2007 *idw Informationsdienst Wissenschaft*, Tz. 37.
329 Im Bereich ohnehin durch Benutzung erworbener geschäftlicher Bezeichnungen mag der Erfahrungssatz eine gewisse Berechtigung haben.
330 BGH GRUR 2002, 342, 344 *ASTRA/ESTRA-PUREN*; BGH I ZB 54/05 v. 29.5.2008 *Pantohexal*, Tz. 28; BGH I ZB 55/05 v. 29.5.2008 *Pantogast*, Tz. 29.
331 Vgl. etwa BGH GRUR 2000, 233, 234 f. *RAUSCH/ELFI RAUCH*, unter Auseinandersetzung mit BGH GRUR 1961, 628, 630 *Umberto Rosso*; auch BGH GRUR 1998, 932, 933 *MEISTERBRAND*.
332 BGH GRUR 2001, 1161, 1163 *CompuNet/ComNet I*; BGH GRUR 2004, 783, 785 *NEURO-VIBOLEX/NEURO-FIBRAFLEX*; vgl. auch EuG T-292/01 v. 14.10.2003 *PASH/BASS*, Tz. 49.
333 Hierzu unten § 12 Rdn. 98.

So soll – wohl zu weitgehend – den Abweichungen in der Zeichenmitte bei der Kollision der Zeichen »NEURO-VIBOLEX« und »NEURO-FIBRAFLEX« angesichts gleicher Silbenzahl und -struktur sowie gleicher Betonung keine maßgebliche Bedeutung zukommen und eine Zeichenähnlichkeit zu bejahen sein.[334] Zutreffend ist hingegen eine Ähnlichkeit der Marken »LINDERHOF« und »LINDENHOF«,[335] »Bebimil« und »BLEMIL«,[336] »ZIMBUS« und »ZYDUS«[337] sowie »CREMESSO« und »CReMESPRESSO«[338] angenommen worden. Unähnlich waren hingegen die Zeichen »A+« und »AirPlus International«.[339]

Auch die Bedeutung des Zeichenendes richtet sich nach den Umständen des Einzelfalls. Während bei bestimmten Zeichen das Ende besonders auffällig oder einprägsam ist, wird bei anderen Zeichen das Zeichenende bisweilen sogar fast vollständig verschluckt.

92

So ermöglicht die geringfügige Abweichung in nur einem Vokal am Zeichenende bei den Marken »Quantième« (Kantjem) und »Quantum« (Kantoum) keine hinreichende Unterscheidung.[340] Auch fällt bei den Zeichen »BAUHAUS« und »BAU HOW« die klangliche Abweichung im letzten Buchstaben kaum auf, so dass die Zeichen hochgradig ähnlich sind.[341] Ähnliches gilt für die Zeichenpaare »GALVALLIA« und »GALVALLOY«,[342] »Revert« und »REVERIE«,[343] »PROMA« und »PROMAT«[344] sowie »CAPIOX« und »CAPIO«.[345] Die Silbe »mil« war bei den kürzeren Wortzeichen wie »Bebimil« und »BLEMIL« Hauptgrund für die Ähnlichkeit.[346] Sehr weitgehend hat das EuG auch bei den Zeichen »PENTASA« und »OCTASA« eine Ähnlichkeit bejaht.[347] Demgegenüber waren die Zeichen »Milko ΔΕΛΤΑ« und »Milka« ähnlich, weil – sehr weitgehend – das Wortelement »ΔΕΛΤΑ« von Verbrauchern, die das griechische Alphabet nicht kennen, als zweitrangig angesehen würde.[348] Unähnlich – wohl zu streng – seien hingegen die Zeichen »GALLO« und »gallecs«.[349] Demgegenüber bestand wegen der Gebräuchlichkeit des gemeinsamen Elements »OXIN« auf dem Medikamentenmarkt eine nur schwache Zeichenähnlichkeit zwischen den Marken »FAMOXIN« und »LANOXIN«.[350]

---

334 BGH GRUR 2004, 783, 785 *NEURO-VIBOLEX/NEURO-FIBRAFLEX*.
335 EuG T-296/02 v. 15.2.2005 *LINDERHOF/LINDENHOF*, Tz. 64.
336 EuG T-221/06 v. 16.9.2009 *Bebimil/BLEMIL*, Tz. 46.
337 EuG T-288/08 v. 15.3.2012 *ZIMBUS/ZYDUS*, Tz. 53 ff., im Ergebnis bestätigt durch EuGH C-268/12 P v. 8.5.2013 *Cadila Healthcare*.
338 EuG T-189/16 v. 13.7.2017 *CREMESSO/CReMESPRESSO*.
339 EuG T-321/07 v. 3.3.2010 *A+/AirPlus International*, Tz. 36 ff., im Ergebnis bestätigt durch EuGH C-216/10 P v. 25.11.2010 *Lufthansa AirPlus Servicekarten*.
340 EuG T-147/03 v. 12.1.2006 *Quantième/Quantum*, Tz. 83 ff., bestätigt durch EuGH C-171/06 P v. 15.3.2007 *T. I. M. E. ART*.
341 EuG T-106/06 v. 23.1.2008 *BAUHAUS/BAU HOW*, Tz. 40.
342 EuG T-189/05 v. 14.2.2008 *GALVALLIA/GALVALLOY*, Tz. 58 ff.
343 EuG T-246/06 v. 6.5.2008 *Revert/REVERIE*, Tz. 43 f., zur bildlichen Ähnlichkeit.
344 EuG T-243/06 v. 10.9.2008 *PROMA/PROMAT*, Tz. 49 ff.; EuG T-300/06 v. 10.9.2008 *PROMA/Promat*, Tz. 47 ff.
345 EuG T-325/06 v. 10.9.2008 *CAPIOX/CAPIO*, Tz. 92 ff.
346 EuG T-221/06 v. 16.9.2009 *Bebimil/BLEMIL*, Tz. 60 f.
347 EuG T-632/15 v. 21.6.2017 *PENTASA/OCTASA*, Tz. 46 ff.
348 EuG T-204/06 v. 10.6.2009 *milko ΔΕΛΤΑ/Milka*, Tz. 40.
349 EuG T-151/08 v. 11.6.2009 *GELLECS/GALLO*, Tz. 52 f., im Ergebnis bestätigt durch EuGH C-342/09 P v. 27.10.2010 *Victor Guedes*.
350 EuG T-493/07, T-26/08 und T-27/08 v. 23.9.2009 *FAMOXIN/LANOXIN*, Tz. 70, im Ergebnis bestätigt durch EuGH C-461/09 P v. 9.7.2010 *The Welcome Foundation*.

(4) Vokal- und Konsonantenähnlichkeiten

93 Bei der Beurteilung der klanglichen Zeichenähnlichkeit kann ferner von Bedeutung sein, dass bestimmte Vokale und Konsonanten einander in klanglicher Hinsicht stärker ähneln als andere.

94 So liegen etwa die Vokale »o« und »u« sowie »e« und »i« klanglich vergleichsweise dicht beieinander – letztere insbesondere, wenn auch eine Aussprache nach englischen Regeln in Betracht kommt.[351]

> Ähnlich waren daher etwa die Marken »ILS« und »ELS«, und zwar unabhängig davon ob sie als Abkürzung oder in einem Wort ausgesprochen werden.[352] Klanglich ähnlich waren für den französischen und portugiesischen Verbraucher auch die Zeichen »OLLY GAN« und »HOOLIGAN«,[353] »RESPICORT« und »RESPICUR«[354] sowie für den französischen Verkehr die Zeichen »CALSYN« und »GALZIN«.[355]

95 Andere Vokale – etwa »i« und »u« – klingen demgegenüber deutlich unterschiedlich. Ähnliches hat das EuG für das Paar »a« und »e« angenommen. Auch hier ist jedoch nicht automatisch die Ähnlichkeit abzulehnen.

> So hielt das EuG die Marken »FENJAL« und »FENNEL« nicht für klanglich ähnlich.[356] Einen Grenzfall stellt die Kollision der Marken »Bit« und »Bud« dar; hier wollte der BGH zwar eine Ähnlichkeit der Vokale »i« und »u« verneinen, die klangliche Ähnlichkeit insgesamt jedoch wegen der ähnlichen Zeichenstruktur und der Kürze der jeweiligen Vokale bejahen;[357] das EuG dagegen hielt die Marken nicht für ähnlich genug, um eine Verwechslungsgefahr zu bejahen.[358] In ähnlicher Weise waren »NICKY« und »NOKY« klanglich ähnlich, weil der im entschiedenen Fall maßgebliche französische Verbraucher seine Aufmerksamkeit auf die für ihn ungewöhnliche Endung »KY« lenke.[359] Ähnliches galt für die Kollision »Quantième« (Kantjem) und »Quantum« (Kantoum), wo die geringfügige Abweichung in nur einem Vokal keine hinreichende Unterscheidung ermöglichte.[360] Sogar im Falle einer Kollision der älteren Marken »FERROMAXX«, »INOMAXX« und »ALUMAXX« mit den Anmeldungen »Ferromix«, »Inomix« und »Alumix« hat das EuG – obwohl die Vokale »a« und »i« doch schon deutlichere Unterschiede aufweisen – eine Ähnlichkeit bejaht.[361]

---

351 Vgl. EuG T-388/00 v. 23.10.2002 *ILS/ELS*, Tz. 72; EuG T-172/04 v. 27.9.2006 *EMERGEA/emergia*, Tz. 75; BGH I ZB 56/06 v. 19.7.2007, Tz. 14.
352 EuG T-388/00 v. 23.10.2002 *ILS/ELS*, Tz. 70 ff.
353 EuG T-57/03 v. 1.2.2005 *OLLY GAN/HOOLIGAN*, Tz. 60 ff.
354 EuG T-256/04 v. 13.2.2007 *RESPICORT/RESPICUR*, Tz. 56.
355 EuG T-483/04 v. 17.10.2006 *CALSYN/GALZIN*, Tz. 75.
356 EuG T-167/05 v. 13.6.2007 *FENJAL/FENNEL*, Tz. 69 f.
357 BGH GRUR 2002, 167, 171 *Bit/Bud*.
358 EuG T-350/04 bis T-352/04 v. 19.10.2006 *Bit/BUD*, Tz. 91 ff.
359 EuG T-396/04 v. 23.11.2005 *NOKY/NICKY*, Tz. 35, im Ergebnis bestätigt durch EuGH C-92/06 P v. 13.7.2006 *Soffass*.
360 EuG T-147/03 v. 12.1.2006 *Quantième/Quantum*, Tz. 83 ff., bestätigt durch EuGH C-171/06 P v. 15.3.2007 *T. I. M. E. ART*.
361 EuG T-305/06 bis T-307/06 v. 15.10.2008 *FERROMAXX, INOMAXX und ALUMAXX/Ferromix, Inomix und Alumix*, Tz. 48 ff., im Ergebnis bestätigt durch EuGH C-579/08 P v. 15.1.2010 *Messer Group*; vgl. auch OLG Stuttgart GRUR-RR 2008, 425 *EnzyMax/Enzymix*, bestätigt durch BGH I ZR 154/09 v. 24.2.2011 *Enzymax/Enzymix*.

Entsprechende Grundsätze gelten auch für bestimmte Konsonanten, wo insbeson- **96**
dere die Paare »b« und »p«, »b« und »d«,³⁶² »k« und »g«³⁶³ bzw. »c«³⁶⁴ oder »m«
und »n«³⁶⁵ sowie erst recht »t« und »d«³⁶⁶ in klanglicher Hinsicht ähnlich sind.

> Folglich waren die Marken »PASH« und »BASS« in klanglicher Hinsicht jedenfalls entfernt ähnlich.³⁶⁷ Eine gewisse Ähnlichkeit war auch bei den Zeichen »Mars« und »Nars« zu bejahen.³⁶⁸ Ähnlich waren auch »FVD« und »FVB«,³⁶⁹ und erst recht »OPDREX« und »OPTREX«.³⁷⁰

Rufen Konsonanten demgegenüber deutliche Klangunterschiede hervor, so spricht **97**
dies eher gegen eine klangliche Zeichenähnlichkeit.

> So führte der deutlich unterschiedliche Klang der Konsonanten »s« und »r« im Fall der Kollision der Zeichen »PICASSO« und »PICARO« dazu, dass das EuG lediglich eine geringe klangliche Ähnlichkeit annahm.³⁷¹ »Faber« und »naber« wurden aufgrund der Unterschiede des einerseits stimmlosen »f« und des anderseits stimmhaften »n« für unähnlich gehalten.³⁷² Entsprechendes galt beim Zeichenpaar »TANNOLACT« und »Nanolat« für die Anfangsbuchstaben »T« bzw. »N«³⁷³, bei den Zeichen »FAMOXIN« und »LANOXIN« hinsichtlich der Konsonanten »F« und »L«³⁷⁴ sowie bei den Zeichen »CALIDA« und »dadida« wegen der Unterschiede von »C« bzw. »L« und »D«.³⁷⁵ In ähnlicher Weise wollte das EuG bei dem Zeichen »COR« und »Dor« nur eine geringe Ähnlichkeit bejahen.³⁷⁶ Erst recht unterschied sich der Klang der Anfangskonsonanten »h« und »c« in den Marken »HARPO Z« und »CARPO« für den spanischen Verbraucher. Anders als der Konsonant »c« ist Buchstabe »h« dort nämlich stumm.³⁷⁷ Nur geringfügig ähnlich sollen – sehr weitgehend – in klanglicher Hinsicht »IKEA« und »idea« gewesen sein.³⁷⁸ Andererseits waren »cerfix« und »PERFIX«,³⁷⁹ »TOFIX« und »Top iX«³⁸⁰ sowie »YUPI« und »YUKI«³⁸¹ wiederum klanglich ähnlich.

---

362 EuG T-10/07 v. 17.9.2008 *FVD/FVB*, Tz. 48.
363 Vgl. EuG T-373/06 v. 8.9.2008 *EPIGRAN/Epican Forte*, Tz. 51; EuG T-374/06 v. 8.9.2008 *EPIGRAN/Epican*, Tz. 51, beide im Ergebnis bestätigt durch EuGH C-488/08 P und C-489/08 P v. 4.12.2009 *Rath*.
364 EuG T-720/13 v. 30.9.2015 *CARYX/KARIS*, Tz. 99, im Ergebnis bestätigt durch EuGH C-639/15 P v. 26.5.2016 *Gat Microencapsulation*.
365 EuG T-599/11 v. 21.5.2014 *ENI/EMI*.
366 Vgl. EuG T-350/04 bis T-352/04 v. 19.10.2006 *Bit/BUD*, Tz. 93.
367 EuG T-292/01 v. 14.10.2003 *PASH/BASS*, Tz. 49 ff.
368 EuG T-88/05 v. 8.2.2007 *MARS/NARS*, Tz. 63.
369 EuG T-10/07 v. 17.9.2008 *FVD/FVB*, Tz. 48.
370 EuG T-33/08 v. 11.6.2009 *OPDREX/OPTREX*, Tz. 32.
371 EuG T-185/02 v. 22.6.2004 *PICASSO/PICARO*, Tz. 54, im Ergebnis bestätigt durch EuGH C-361/04 P v. 12.1.2006 *Picasso*.
372 EuG T-211/03 v. 20.4.2005 *NABER/Faber*, Tz. 46 ff.
373 EuG T-6/07 v. 19.11.2008 *TANNOLACT/Nanolat*, Tz. 45 ff.
374 EuG T-493/07, T-26/08 und T-27/08 v. 23.9.2009 *FAMOXIN/LANOXIN*, Tz. 69, im Ergebnis bestätigt durch EuGH C-461/09 P v. 9.7.2010 *The Welcome Foundation*.
375 EuG T-597/13 v. 23.10.2015 *CALIDA/dadida*, Tz. 26.
376 EuG T-342/05 v. 23.5.2007 *Dor/COR*, Tz. 47.
377 EuG T-35/03 v. 12.10.2004 *HARPO Z/CARPO*, Tz. 24.
378 EuG T-112/06 v. 16.1.2008 *IKEA/idea*, Tz. 63 ff.
379 EuG T-206/04 v. 1.2.2006 *cerfix/PERFIX*.
380 EuG T-57/06 v. 7.11.2007 *TOFIX/Top iX*, Tz. 85 ff.
381 EuG T-278/04 v. 16.11.2006 *YUPI/YUKI*, Tz. 63.

(5) Betonung, Silbenzahl und -struktur

98 Gerade bei kleineren Abweichungen – vor allem in der Zeichenmitte der sich gegenüberstehenden Zeichen – hängt die Frage ihrer Ähnlichkeit häufig von ihrer Betonung, Silbenzahl[382] und -struktur ab.

So waren die Zeichen »The Bridge« und »Bainbridge« infolge ihrer einheitlichen Betonung auf dem Wort »bridge« in klanglicher Hinsicht jedenfalls noch entfernt ähnlich.[383] Die Zeichen »Enzymax« und »Enzymix« waren beide dadurch charakterisiert, dass der Buchstabe »m« sowohl den vorderen Zeichenteil abschließt als auch die Bestandteile »max« bzw. »mix« einleitet; infolge der Übereinstimmung in diesem charakteristischen Zeichenaufbau waren die Zeichen ähnlich.[384]

99 Zunächst kommt hierbei insbesondere der Vokalfolge der Kollisionszeichen eine besondere Bedeutung zu.[385]

So waren in Entscheidungen des EuG die Zeichen »PICASSO« und »PICARO« aufgrund gleicher Silbenzahl und Vokalfolge jedenfalls geringfügig ähnlich.[386] Ähnlich waren auch die Marken »Mystery« und »Mixery«,[387] »TRIVASTAN« und »TRAVATAN«,[388] »ARTEX« und »ALREX«,[389] »FERRERO« und »FERRÓ«[390], »PAM-PAM« und »PAM-PIM'S«,[391] »Centrixx« und »sensixx«,[392] sowie »CULTRA« und »SCULPTRA«.[393] Nur geringfügig ähnlich waren »VITAKRAFT« und »VITACOAT«.[394] Der BGH hielt – wohl zu weitgehend – die Bezeichnungen »Makalu« und »Manaslu« aufgrund ihres identischen Beginns und Schlusses, der gleichen Silben- und Lautzahl und der identischen Vokalfolge für ähnlich.[395] Auch die Zeichen »Fläminger« und »Fälinger« sind als ähnlich eingestuft worden, weil die Umstellung des Konsonanten »l« in der ersten Silbe leicht zu überhören sei.[396] Die Wertung geringfügiger Ähnlichkeit der Zeichen »Ichthyol« und »Ethyol« hat der BGH unbeanstandet gelassen.[397] Schließlich waren auch die Marken »FRENORM« und »FRENON«[398] sowie

---

382 Bedeutungslos ist hingegen die Zahl der Buchstaben im Zeichen: EuG T-402/07 v. 25.3.2009 *CAPOL/ARCOL*, Tz. 80 ff., im Ergebnis bestätigt durch EuGH C-193/09 P v. 4.3.2010 *Kaul*.
383 EuG T-194/03 v. 23.2.2006 *Bridge/Bainbridge*, Tz. 105 f., bestätigt durch EuGH C-234/06 P v. 13.9.2007 *Il Ponte Finanziaria*, Tz. 30 ff.
384 BGH I ZR 154/09 v. 24.2.2011 *Enzymax/Enzymix*.
385 BGH GRUR 2001, 1161, 1163 *CompuNet/ComNet I*, m. w. N.; auch BGH GRUR 2004, 783, 785 *NEURO-VIBOLEX/NEURO-FIBRAFLEX*.
386 EuG T-185/02 v. 22.6.2004 *PICASSO/PICARO*, Tz. 54, im Ergebnis bestätigt durch EuGH C-361/04 P v. 12.1.2006 *Picasso*.
387 EuG T-99/01 v. 15.1.2003 *Mystery/Mixery*, Tz. 46.
388 EuG T-130/03 v. 22.9.2005 *TRIVASTAN/TRAVATAN*, Tz. 63 ff., im Ergebnis bestätigt durch EuGH C-412/05 P v. 26.4.2007 *Alcon (II)*.
389 EuG T-154/03 v. 17.11.2005 *ARTEX/ALREX*, Tz. 55.
390 EuGH C-108/07 P v. 17.4.2008 *Ferrero*, Tz. 47 f.; EuG T-35/04 v. 15.3.2006 *FERRERO/FERRÓ*, Tz. 60, im Ergebnis bestätigt durch EuGH C-225/06 P v. 11.9.2007 *AVEE*.
391 EuG T-133/05 v. 7.9.2006 *PAM-PAM/PAM-PIM'S BABY-PROP*, Tz. 61 ff.
392 EuG T-446/07 v. 15.9.2009 *Centrixx/sensixx*, Tz. 42, im Ergebnis bestätigt durch EuGH C-448/09 P v. 30.6.2010 *Royal Appliance International/HABM*.
393 EuG T-142/12 v. 11.7.2013 *CULTRA/SCULPTRA*, Tz. 33 ff.
394 EuG T-277/04 v. 12.7.2006 *VITAKRAFT/VITACOAT*, Tz. 57.
395 BGH GRUR 1998, 1034, 1036 *Makalu*.
396 BGHZ 139, 59, 67 *Fläminger*.
397 BGH I ZR 110/03 v. 29.6.2006 *Ichthyol II*, Tz. 18.
398 BGH GRUR 2000, 1040, 1042 *FRENORM/FRENON*.

»il Padrone« und »Il Portone«[399] ähnlich. Schlicht unzutreffend ist es dagegen, wenn das EuG die Zeichen »ALDI« und »Alifoods« trotz des glatt beschreibenden Wortes »foods« nicht für klanglich ähnlich hält.[400]

Dabei kann insbesondere eine so genannte Klangrotation, bei der die klanglichen Bestandteile eines Zeichens lediglich miteinander vertauscht werden, meist nicht aus dem Ähnlichkeitsbereich herausführen.[401]   100

So waren etwa die Marken »PREZAL« und »PRAZOL« ähnlich; die in den Zeichen enthaltenen Konsonanten stimmten überein; die Vokale »e« und »o« ähnelten sich klanglich, so dass insgesamt kein hinreichender Abstand bestand.[402] Auch »InvestHedge« und »HEDGE INVEST«,[403] »Kids Vits« und »VITS4KIDS«,[404] »CLEAN CAT« und »cat & clean«[405] sowie »CITROCAL« und »CICATRAL« waren ähnlich.[406] Für ähnlich hielt das EuG – wegen der großen Zeichendichte im Bereich der Kurzzeichen viel zu weitgehend – auch die Zeichen »RT« und »RTH«[407] oder »MB&P« und »MB«.[408] Ähnlich waren ferner »BTS« und »TBS«.[409] Erst recht sind Abkürzungen ähnlich, bei denen – wie bei »IPS« und »ISP« – die mitgesprochenen Vokale trotz des Konsonantentauschs eine gleiche Abfolge – hier »i-e-e« – aufweisen.[410] Zu Recht wurde dagegen eine Ähnlichkeit von »WE« und »EW« verneint.[411] Andererseits hat das EuG – wohl zu Unrecht – eine Ähnlichkeit der Abkürzungen »PTR« und »RPT« in den Marken

abgelehnt, nicht zuletzt, weil die Abkürzungen in den nachfolgenden Wortbestandteilen aufgelöst würden;[412] tatsächlich nämlich dürften die Abkürzungen genügend Potential bieten, vom Verkehr durcheinander gebracht zu werden.[413] Unähnlich waren auch die Zeichen »Solfrutta« und »FRUTISOL«[414] bzw. »VOLVO« und »LOVOL«,[415] wo der Silbentausch zu deutlichen Unterschieden führte.

---

399 BGH GRUR 2005, 326, 327 *il Padrone/Il Portone*.
400 Vgl. EuG T-240/13 v. 26.11.2014 *ALDI/Alifoods*, Tz. 66.
401 Vgl. auch BPatG MarkenR 2008, 277 *QUELLGOLD/Goldquell*.
402 EuG T-95/07 v. 21.10.2008 *PREZAL/PRAZOL*, Tz. 47 ff.
403 EuG T-67/08 v. 11.6.2009 *InvestHedge/HEDGE INVEST*, Tz. 37 ff.
404 EuG T-484/08 v. 9.12.2009 *Kids Vits/VITS4KIDS*, Tz. 32 ff., im Ergebnis bestätigt durch EuGH C-84/10 P v. 22.10.2010 *Longevity Health Products*.
405 EuG T-587/13 v. 21.1.2015 *CLEAN CAT/cat & clean*, Tz. 29 f.
406 EuG T-277/08 v. 11.11.2009 *CITRACAL/CICATRAL*, Tz. 51 f.
407 EuG T-371/09 v. 22.5.2012 *RT/RTH*, Tz. 37 ff.
408 EuG T-463/12 v. 6.11.2014 *MB&P/MB*, Tz. 110 f., im Ergebnis bestätigt durch EuGH C-17/15 P v. 26.10.2015 *Popp und Zech*, insbesondere Tz. 35.
409 EuG T-592/10 v. 12.3.2014 *BTS/TBS*, Tz. 44 ff.
410 BGH I ZR 161/13 v. 5.3.2015 *IPS/ISP*.
411 EuG T-241/16 v. 4.5.2018 *WE/EW*, Tz. 33 ff.
412 Vgl. zu diesem Fall auch unten § 12 Rdn. 172.
413 EuG T-168/07 v. 4.3.2009 *PTR/RPT*, Tz. 36 ff.
414 EuG T-331/08 v. 27.1.2010 *Solfrutta/FRURISOL*, Tz. 17 f.
415 EuG T-524/11 v. 12.11.2014 *VOLVO/LOVOL*, Tz. 31 ff.

101 Ebenso wie eine gleiche Zeichenstruktur die Ähnlichkeit begründen oder verstärken kann, können Unterschiede in der Struktur aber auch zur Unähnlichkeit führen.

So unterscheiden sich die Marken »HARPO Z« und »CARPO« für den spanischen Verbraucher nicht nur durch den unterschiedlichen Zeichenbeginn; vielmehr ist auch das Element »Z« in einem bedeutenden Maß unterscheidender Bestandteil, u. a. weil es – »ZETA« ausgesprochen – der Marke »HARPO Z« vier Silben gegenüber der zweisilbigen Marke »CARPO« verleiht.[416] Entsprechendes galt bei einer Marke »clean x«, die der spanische Verbraucher als »clean e-kiss« in drei Silben ausspricht.[417] Weiter waren für den deutschen Verbraucher die Marken »ANVIL« und »Aprile« nicht ähnlich, zumal »Aprile« in drei Silben ausgesprochen würde.[418] Auch bei den Marken »URION« und »ATURION« überwogen infolge verschiedener Silbenzahl und verschiedenen Zeichenbeginns die Unterschiede.[419] Aufgrund unterschiedlicher Zahl der Silben und Buchstaben waren auch die Zeichen »Mirtollino« und »MIRTO« unähnlich.[420] Nicht hinreichend ähnlich waren weiter – auch wegen der Kürze der Zeichen und der für den englischen Verkehr unterschiedlichen Betonung – die Marken »POLAR« und »POLARIS«.[421] Auch »brillante« und »BRILLO'S« schließlich waren unähnlich.[422] Ähnlichkeit wurde andererseits aber trotz der zusätzlichen Silbe zwischen den Zeichen »Bebimil« und »BLEMIL« noch angenommen.[423]

102 Ausnahmsweise können trotz Unterschieden in der Zeichenstruktur und Silbenzahl die Gemeinsamkeiten zweier Zeichen letztlich auch überwiegen.

So waren im Verhältnis der Marken »MUNDICOR« und »MUNDICOLOR« zwar Silbenzahl und Betonung unterschiedlich; gleichwohl bestand eine klangliche Zeichenähnlichkeit, weil die zusätzliche Silbe kaum auffällt und weil sämtliche Buchstaben von »MUNDICOR« in »MUNDICOLOR« enthalten sind.[424] Auch bei »METRO« und »METRONIA« wurde eine klangliche Ähnlichkeit trotz unterschiedlicher Betonung und Silbenzahl noch bejaht.[425] Ähnlich waren auch »TPRESSO« und »tèespresso«.[426] Klanglich nicht mehr ähnlich waren jedoch die Zeichen »Amply« und »AMLITUDE«.[427]

c) Bildliche Ähnlichkeit

103 Während sich bei der Prüfung der klanglichen Zeichenähnlichkeit durchaus griffige Kriterien ausmachen lassen, wirkt die Behandlung der bildlichen Zeichenvariation durch die Rechtsprechung nicht selten zufällig. Fest steht jedenfalls, dass die bildliche Ähnlichkeit nicht nur dann geprüft werden kann, wenn sich zwei Wort-/Bildmarken oder Bild- oder Farbmarken gegenüberstehen, sondern auch dann, wenn

---

416 EuG T-35/03 v. 12.10.2004 *HARPO Z/CARPO*, Tz. 22 u. 24.
417 EuG T-384/04 v. 15.12.2005 *CLEN/clean x*, Tz. 40; vgl. auch EuG T-423/04 v. 5.10.2005 *BK RODS/BKR*, Tz. 70 ff.
418 EuG T-179/07 v. 24.9.2008 *ANVIL/Aprile*, Tz. 58.
419 EuG T-146/06 v. 13.2.2008 *URION/ATURION*, Tz. 53 ff.
420 EuG T-427/07 v. 19.3.2010 *Mirtillino/MIRTO*, Tz. 70 ff.
421 EuG T-79/07 v. 26.6.2008 *POLAR/POLARIS*, Tz. 38 f. u. 41.
422 EuG T-275/07 v. 2.12.2008 *brillante/BRILLO'S*, Tz. 26.
423 EuG T-221/06 v. 16.9.2009 *Bebimil/BLEMIL*, Tz. 51 und 62 f.
424 EuG T-183/02 und T-184/02 v. 17.3.2004 *MUNDICOLOR/MUNDICOR*, Tz. 82 ff.; zur Zeichenähnlichkeit trotz unterschiedlicher Betonung auch: BGH GRUR 1996, 777, 778 *JOY*.
425 EuG T-290/07 v. 10.12.2008 *METRO/METRONIA*, Tz. 48 ff.
426 EuG T-67/17 v. 18.5.2018 *TPRESSO/tèespresso*, Tz. 30 ff.
427 EuG T-9/05 v. 15.1.2008 *Amply/AMPLITUDE*, Tz. 43 ff.

es sich um einen Konflikt einer Wortmarke gegen eine andere Wortmarke oder gegen eine (Wort-)Bildmarke handelt.

Es wäre zu wünschen, dass die Rechtsprechung nach und nach »härtere« Kriterien entwickelt, um gerade bei Wortmarken die bildliche Variation handhabbar zu machen. Acuh wnen es die büherrmt goderwene Stidue der Cmabridge Uinversitaet nie gab,[428] wnaoch es für die Lsekerbait eagl ist, in wlehcer Reiehnfogle die Bchustebaen in Wöretrn vokrmomen, wnen nur der ertse und lettze Bchusatbe an der richtgien Stlele snid, so können sich doch gerade für Wortmarken auch Ansätze aus der Linguistik anbieten.

(1) Wortmarke gegen Wortmarke

Häufig sind Wortmarken, die einander klanglich ähneln, auch schriftbildlich ähnlich.

So führt auch in schriftbildlicher Hinsicht bei der Kollision der Zeichen »MUNDICOLOR« und »MUNDICOR« die zusätzliche Silbe »LO« nicht dazu, dass die Zeichen nicht mehr ähnlich wären.[429] Das gleiche gilt für die Zeichen »Centrixx« und »sensixx«, obwohl das erstere mit einem Großbuchstaben beginnt.[430] Schriftbildlich ähnlich sind auch die Marken »LINDERHOF« und »LINDENHOF«,[431] »INTESA« und »INTEA«,[432] »ARTEX« und »ALREX«,[433] »FERRÓ« und »FERRERO«,[434] »PAM-PAM« und »PAM-PIM'S«,[435] »RODA« und »ODA«[436] und – vor allem aufgrund der Übereinstimmungen im Zeichenbeginn – die Zeichen »Quantième« und »Quantum«,[437] »terra« und »Terranus«,[438] »RESPICORT« und »RESPICUR«,[439] »GALVALLIA« und »GALVALLOY«,[440] »Revert« und »REVERIE«,[441] »EPIGRAN« und »Epican« bzw. »Epican Forte«[442] sowie »PREZAL« und »PRAZOL«.[443] Bei den Zeichen »CASTELLUCA« und »CASTELLANI« hingegen konnte der übereinstimmende Zeichenbeginn wegen des im Zusammenhang mit Weinen beschreibenden Anklangs »Castell« (= Schloss) auch keine bildliche Ähnlichkeit begründen.[444] Ent-

---

428 In Wirklichkeit war diese fiktive Studie erfunden und im Internet gestreut worden, um die Verbreitungsgeschwindigkeit im Internet zu testen.
429 EuG T-183/02 und T-184/02 v. 17.3.2004 *MUNDICOLOR/MUNDICOR*, Tz. 81.
430 EuG T-446/07 v. 15.9.2009 *Centrixx/sensixx*, Tz. 41, im Ergebnis bestätigt durch EuGH C-448/09 P v. 30.6.2010 *Royal Appliance International/HABM*.
431 EuG T-296/02 v. 15.2.2005 *LINDERHOF/LINDENHOF*, Tz. 64.
432 EuG T-353/02 v. 13.4.2005 *INTESA/INTEA*, Tz. 27.
433 EuG T-154/03 v. 17.11.2005 *ARTEX/ALREX*, Tz. 54.
434 EuGH C-108/07 P v. 17.4.2008 *Ferrero*, Tz. 47 f.; EuG T-35/04 v. 15.3.2006 *FERRERO/FERRÓ*, Tz. 50 ff., im Ergebnis bestätigt durch EuGH C-225/06 P v. 11.9.2007 *AVEE*.
435 EuG T-133/05 v. 7.9.2006 *PAM-PAM/PAM-PIM'S BABY-PROP*, Tz. 56 ff.
436 EuG T-13/05 v. 25.10.2006 *RODA/ODA*, Tz. 52; EuG T-101/06 v. 14.11.2007 *RODA/Castell del Remei ODA*, Tz. 60 f.
437 EuG T-147/03 v. 12.1.2006 *Quantième/Quantum*, Tz. 72, bestätigt durch EuGH C-171/06 P v. 15.3.2007 *T. I. M. E. ART*.
438 EuG T-322/05 v. 22.3.2007 *terra/Terranus*, Tz. 37, im Ergebnis bestätigt durch EuGH C-243/07 P v. 15.2.2008 *Brinkmann*.
439 EuG T-256/04 v. 13.2.2007 *RESPICORT/RESPICUR*, Tz. 55.
440 EuG T-189/05 v. 14.2.2008 *GALVALLIA/GALVALLOY*, Tz. 57.
441 EuG T-246/06 v. 6.5.2008 *Revert/REVERIE*, Tz. 43 f.
442 EuG T-373/06 v. 8.9.2008 *EPIGRAN/Epican Forte*, Tz. 45 ff.; EuG T-374/06 v. 8.9.2008 *EPIGRAN/Epican*, Tz. 45 ff., beide im Ergebnis bestätigt durch EuGH C-488/08 P und C-489/08 P v. 4.12.2009 *Rath*.
443 EuG T-95/07 v. 21.10.2008 *PREZAL/PRAZOL*, Tz. 40 f.
444 EuG T-149/06 v. 20.11.2007 *CASTELLUCA/CASTELLANI*, Tz. 54 f.

sprechendes galt für das Zeichenpaar »ANVIL« und »Aprile«.[445] Bei »TANNOLACT« und »Nanolat«[446] sowie »CAPOL« und »ARCOL«[447] sprach vor allem der unterschiedliche Zeichenbeginn gegen eine Ähnlichkeit.

105 Andererseits können deutliche grafische Unterschiede einzelner Buchstaben oder Buchstabengruppen die bildliche Ähnlichkeit beseitigen. Hierbei sind aber auch jeweils die Besonderheiten einzelner Zeichenbestandteile für den jeweils maßgeblichen Verbraucher zu berücksichtigen.
So unterscheiden sich in bildlicher Hinsicht die Marken »CALYPSO« und »CALPICO« hinreichend durch die Buchstabenfolge »pic« bzw. »yps«.[448] Bildlich unähnlich sind auch die Zeichen »CICAR« und »ZIPCAR«.[449] Bei den Marken »OBELIX« und »MOBILIX« bewirkt unter anderem der unterschiedliche Zeichenbeginn in bildlicher Hinsicht, dass eine womöglich bestehende Ähnlichkeit allenfalls schwach ist.[450] Ähnliches galt im Verhältnis der Zeichen »EURON« und »CURON«, wo dazu kam, dass der Zeichenbeginn »Euro« an die entsprechende Währung erinnert.[451] Auch die Marken »VITAKRAFT« und »VITA-COAT«[452] sowie »Bit« und »BUD«[453] sind wegen der Unterschiede im Zeichenende nur geringfügig ähnlich. Bei dem Markenpaar »NICKY« und »NOKY« ist das EuG demgegenüber von einer gewissen bildlichen Ähnlichkeit ausgegangen, weil die für den maßgeblichen französischen Verbraucher ungewöhnliche Endung »KY« die Aufmerksamkeit auf sich ziehe.[454] Auch bei dem Markenpaar »CALSYN« und »GALZIN« bejahte das EuG die Ähnlichkeit; dabei spielte vor allem eine Rolle, dass die an sich besonders bedeutsamen abweichenden Anfangsbuchstaben »G« und »C« der Zeichen grafisch ähnlich sind.[455] Entsprechend hat das EuG wegen der bildlichen Nähe der Buchstaben »B« und »D« das Zeichenpaar »FVD« und »FVB« behandelt.[456] Ähnlich waren auch »YUPI« und »YUKI«[457] sowie »HEITEC« und »HAITEC«.[458] Bei einem Markenpaar »BiO« schließlich ist die Mischung aus Groß- und Kleinschreibung besonders auffällig und bewirkt selbst bei im Übrigen unterschiedlicher grafischer Gestaltung die Ähnlichkeit der Marken.[459]

106 Auch die Tatsache, dass eines der Zeichen getrennt, das andere zusammengeschrieben wird, kann einer bildlichen Ähnlichkeit entgegenstehen.

---

445 EuG T-179/07 v. 24.9.2008 *ANVIL/Aprile*, Tz. 57.
446 EuG T-6/07 v. 19.11.2008 *TANNOLACT/Nanolat*, Tz. 43 f.
447 EuG T-402/07 v. 25.3.2009 *CAPOL/ARCOL*, Tz. 83 ff., im Ergebnis bestätigt durch EuGH C-193/09 P v. 4.3.2010 *Kaul*.
448 EuG T-273/02 v. 20.4.2005 *CALYPSO/CALPICO*, Tz. 38 f.; vgl. aber auch EuG T-483/04 v. 17.10.2006 *CALSYN/GALZIN*, Tz. 74.
449 EuG T-36/07 v. 25.6.2008 *CICAR/ZIPCAR*, Tz. 40, im Ergebnis bestätigt durch EuGH C-394/08 P v. 3.6.2009 *Zipcar*.
450 EuG T-336/03 v. 27.10.2005 *OBELIX/MOBILIX*, Tz. 75 f., im Ergebnis bestätigt durch EuGH C-16/06 P v. 18.12.2008 *René*.
451 EuG T-353/04 v. 13.2.2007 *EURON/CURON*, Tz. 63 ff.
452 EuG T-277/04 v. 12.7.2006 *VITAKRAFT/VITACOAT*, Tz. 56.
453 EuG T-350/04 bis T-352/04 v. 19.10.2006 *Bit/BUD*, Tz. 76 ff.
454 EuG T-396/04 v. 23.11.2005 *NOKY/NICKY*, Tz. 34, im Ergebnis bestätigt durch EuGH C-92/06 P v. 13.7.2006 *Soffass*.
455 EuG T-483/04 v. 17.10.2006 *CALSYN/GALZIN*, Tz. 74.
456 EuG T-10/07 v. 17.9.2008 *FVD/FVB*, Tz. 47.
457 EuG T-278/04 v. 16.11.2006 *YUPI/YUKI*, Tz. 62.
458 BGH I ZR 162/05 v. 14.2.2008 *HEITEC*, Tz. 23 f.
459 BGH I ZR 230/11 v. 13.9.2012 *Biomineralwasser*, Tz. 64, zu § 1 II Nr. 2 ÖkoKennzG.

So spricht bei den Zeichen »OLLY GAN« und »HOOLIGAN« die unterschiedliche Schreibweise in einem bzw. zwei Wörtern gegen eine schriftbildliche Ähnlichkeit.[460] Ähnliches gilt für das Zeichenpaar »BK RODS« bzw. »B. K. R.«[461] und »BAUHAUS« bzw. »BAU HOW«.[462]

Weiter können auch deutliche Unterschiede der Zeichenlänge eine schriftbildliche Ähnlichkeit ausschließen. Das EuG will hierbei zwar auch in bildlicher Hinsicht den Zeichenbeginn stärker berücksichtigen.[463] Eine Neigung zur Verkürzung der Zeichen durch den Verkehr besteht in bildlicher Hinsicht im Gegensatz zur klanglichen Wahrnehmung grundsätzlich nicht. **107**

So war bei der Kollision der Wortelemente »Dor« und »COR« der unterschiedliche Anfangsbuchstabe der Kurzzeichen ein wichtiges Argument gegen die bildliche Zeichenähnlichkeit.[464] Ähnliches galt bei dem Zeichenpaar »URION« und »ATURION«.[465] Andererseits sind die Marken »OKV-Ostdeutsche Kommunalversicherung a. G.« und »DKV« schon aufgrund ihrer unterschiedlichen Länge in schriftbildlicher Hinsicht nicht ähnlich. Eine Verkürzung des längeren Zeichens ist im Zusammenhang mit der schriftbildlichen Erscheinung der angegriffenen Marke nicht zu erwarten, weil der Verkehr bei der visuellen Wahrnehmung auch die erläuternden weiteren Bestandteile inhaltlich erfassen und in Erinnerung behalten wird.[466]

Einen Sonderfall schließlich stellt die Verdoppelung eines Markenwortes dar. Solange hierbei kein neuer Bedeutungsgehalt entsteht, wird der Verkehr der Verdoppelung keine kennzeichnende Bedeutung beimessen. Folglich besteht zwischen dem einfachen und dem verdoppelten Markenwort Ähnlichkeit. Dies gilt auch bei sehr ähnlichen Markenbestandteilen.[467] **108**

Einer älteren Marke »MANOU« war daher etwa die Anmeldung

ähnlich. Selbst die zweifache Wiederholung des Wortes »MANU« reicht nicht aus, um hinreichende Unterschiede zu schaffen.[468] Auch war »STAROPILSEN; STAROPLZEN« der älteren Marke »STAROPRAMEN« ähnlich.[469]

---

460 EuG T-57/03 v. 1.2.2005 *OLLY GAN/HOOLIGAN*, Tz. 55 f.; vgl. aber auch EuG T-111/06 v. 21.11.2007 *VITAFIT/VITAL & FIT*, Tz. 35, wo jedoch gerade die Schreibweise in zwei Zeilen die Zeichenbestandteile verbinden konnte.
461 EuG T-423/04 v. 5.10.2005 *BK RODS/BKR*, Tz. 62 ff.
462 EuG T-106/06 v. 23.1.2008 *BAUHAUS/BAU HOW*, Tz. 37.
463 EuG T-35/04 v. 15.3.2006 *FERRERO/FERRÓ*, Tz. 54, im Ergebnis bestätigt durch EuGH C-225/06 P v. 11.9.2007 *AVEE*; EuG T-342/05 v. 23.5.2007 *Dor/COR*, Tz. 42.
464 EuG T-342/05 v. 23.5.2007 *Dor/COR*, Tz. 42.
465 EuG T-146/06 v. 13.2.2008 *URION/ATURION*, Tz. 47 ff.
466 BGH GRUR 2002, 1067, 1069 *DKV/OKV*; aber EuG T-35/04 v. 15.3.2006 *FERRERO/FERRÓ*, Tz. 54, im Ergebnis bestätigt durch EuGH C-225/06 P v. 11.9.2007 *AVEE*.
467 Vgl. EuG T-556/17 v. 26.6.2018 *STAROPRAMEN/STAROPILSEN; STAROPLZEN*, Tz. 37 ff.
468 EuG T-392/04 v. 14.12.2006 *MANOU/MANU MANU MANU*, Tz. 121 ff.; entsprechend EuG T-228/09 v. 13.4.2011 *POLO-POLO/U. S. POLO ASSN.*, Tz. 40 f., im Ergebnis bestätigt durch EuGH C-327/11 P v. 6.9.2012 *United States Polo*.
469 EuG T-556/17 v. 26.6.2018 *STAROPRAMEN/STAROPILSEN; STAROPLZEN*, Tz. 37 ff.

(2) Wort-/Bildmarke gegen Wortmarke

109 Der Annahme einer Zeichenähnlichkeit steht nicht entgegen, wenn es sich bei den einander gegenüberstehenden Zeichen um verschiedene Markenformen handelt. So können Wortmarken einerseits und (Wort-)Bildmarken andererseits durchaus in bildlicher Hinsicht einander ähnlich sein.[470] Häufig bewegen sich derartige Fallgestaltungen – etwa wenn einem Wortzeichen lediglich bestimmte Verzierungen hinzugefügt werden – im Grenzbereich zwischen den Fallgruppen Variation und Kombination.[471]

110 Da Wortmarken allerdings jedenfalls im Grundsatz in jeder denkbaren Gestaltung benutzt werden können, ist von Bedeutung, welche Gestaltung der Wortmarke der Prüfung der bildlichen Ähnlichkeit zugrunde gelegt werden soll. So könnte theoretisch die grafische Gestaltung einer Wortmarke der kollidierenden Wort-/Bildmarke extrem angenähert werden. Fast immer wohl ließe sich hierdurch eine bildliche Ähnlichkeit erreichen.

> So sind sich etwa die Wortzeichen »Code Civil« und »Coca Cola« schriftbildlich unter normalen Umständen sicherlich nicht ähnlich. Gleichwohl lassen sich die Zeichen fiktiv wie folgt
>
> *Coca-Cola Code Civil*
>
> so weit annähern, dass theoretisch womöglich eine bildliche Zeichenähnlichkeit bejaht werden könnte.[472]

111 Eine solche (fiktive) Annäherung der Wortmarke an die Gestaltung der Wort-/Bildmarke lehnen EuG[473] und BGH[474] jedoch zutreffend ab. Hierdurch werden nämlich Bildelemente der Prüfung zugrunde gelegt, die nicht unter den Schutz der Eintragung fallen. Vielmehr prüft das Gericht in einem ersten Schritt, ob sich unabhängig von ihrer grafischen Gestaltung die Wortbestandteile der Zeichen ähneln; bejahendenfalls wird in einem zweiten Schritt untersucht, ob zusätzliche Schrift- oder Bildbestandteile das Zeichen aus dem Ähnlichkeitsbereich hinausfüh-

---

470 EuG T-110/01 v. 12.12.2002 *SAINT-HUBERT 41/HUBERT*, Tz. 50 f.; EuG T-359/02 v. 4.5.2005 *STAR TV*, Tz. 43; EuG T-35/04 v. 15.3.2006 *FERRERO/FERRÓ*, Tz. 47; EuG T-322/05 v. 22.3.2007 *terra/Terranus*, Tz. 34, im Ergebnis bestätigt durch EuGH C-243/07 P v. 15.2.2008 *Brinkmann*; EuG T-38/04 v. 15.11.2007 *SUN/SUNPLUS*, Tz. 36, im Ergebnis bestätigt durch EuGH C-21/08 P v. 26.3.2009 *Sunplus Technology*; entsprechend im Verhältnis von Wort-/Bildmarken und dreidimensionalen Gestaltungen BGH GRUR 2000, 506, 508 *ATTACHÉ/TISSERAND*; auch BGHZ 41, 187, 190 *Palmolive*.
471 Vgl. daher auch unten § 12 Rdn. 144 – 247.
472 Vgl. dazu die Fallgestaltung EuG T-61/16 v. 7.12.2017 *Coca-Cola/Master*.
473 EuG T-278/10 v. 21.9.2012 *WeserGold/WESTERN GOLD*, Tz. 44 ff., insoweit unberührt durch EuGH C-558/12 P v. 23.1.2014 *HABM/riha WeserGold Getränke*; vgl. auch EuG T-353/04 v. 13.2.2007 *EURON/CURON*, Tz. 74; EuG T-167/05 v. 13.6.2007 *FENJAL/FENNEL*, Tz. 62 ff.; EuG T-283/11 v. 29.1.2013 *fon/nfon*, Tz. 46, im Ergebnis bestätigt durch EuGH C-193/13 P v. 16.1.2014 *nfon*; zum Eintragungsverfahren auch EuG T-254/06 v. 22.5.2008 *RadioCom*, Tz. 43; abweichend aber EuG T-386/07 v. 29.10.2009 *Agile/Aygillús*, Tz. 27.
474 Vgl. BGH I ZR 6/05 v. 20.9.2007 *Kinder II*, Tz. 42 f.; BGH I ZR 94/04 v. 20.9.2007 *Kinderzeit*, Tz. 47 f.

ren.⁴⁷⁵ Insbesondere spezielle und originell gestaltete Bildbestandteile können hierbei einer Ähnlichkeit entgegenwirken.⁴⁷⁶

Allerdings genügen angeblich – im Telekommunikationsbereich unzutreffend – bei der Wortmarke »nfon« und der Wort-/Bildmarke

die Unterschiede noch nicht, um die Zeichen aus der Ähnlichkeit zu führen.⁴⁷⁷ Auch sind bei der Kollision der Marken »NABER« und

die Wortbestandteile zwar gerade noch ähnlich. Durch die besondere grafische Gestaltung wird diese geringe Ähnlichkeit jedoch hinreichend ausgeräumt.⁴⁷⁸ Ähnliches gilt nach einer Entscheidung des EuG⁴⁷⁹ bei einer Kollision der Wortmarke »FENJAL« mit der Wort-/Bildmarke

sowie im Verhältnis der Marken

und »Asterix«, wo die Ellipse und die Kursivschrift des Wortbestandteils die vorhandenen Unterschiede vertiefen.⁴⁸⁰ Auch bei der Marke

---

475 EuG T-211/03 v. 20.4.2005 *NABER/Faber*, Tz. 37 ff.; EuG T-67/08 v. 11.6.2009 *InvestHedge/HEDGE INVEST*, Tz. 35 f.; EuG T-74/04 v. 22.2.2006 *QUICKY/QUICK*, Tz. 48 f., die zwar durch EuGH C-193/06 P v. 20.9.2007 *Nestlé/HABM* aufgehoben wurde, jedoch wohl eher als Kombinationsfall einzustufen ist, vgl. § 12 Rdn. 157; ähnlich EuG T-355/02 v. 3.3.2004 *sir/ZIRH*, Tz. 44, bestätigt durch EuGH C-206/04 P v. 23.3.2006 *Muelhens*; in der Sache entsprechend EuG T-3/04 v. 24.11.2005 *KINNIE/KINJI by SPA*, Tz. 45; vgl. andererseits – unzutreffend – EuG T-346/04 v. 24.11.2005 *Arthur/ARTHUR ET FELICIE*, Tz. 47.
476 EuG T-3/04 v. 24.11.2005 *KINNIE/KINJI by SPA*, Tz. 48, unter Hinweis auf EuG T-156/01 v. 9.7.2003 *GIORGI/GIORGIO AIRE*, Tz. 74.
477 EuG T-283/11 v. 29.1.2013 *fon/nfon*, Tz. 46 ff., im Ergebnis bestätigt durch EuGH C-193/13 P v. 16.1.2014 *nfon*; entsprechend sogar EuG T-777/14 v. 28.4.2016 *FON/Neofon*.
478 EuG T-211/03 v. 20.4.2005 *NABER/Faber*, Tz. 40 ff.; EuG T-230/07 v. 8.7.2009 *ESTERE/ESTEVE*, Tz. 43 ff.
479 EuG T-167/05 v. 13.6.2007 *FENJAL/FENNEL*, Tz. 66 ff.
480 EuG T-311/01 v. 22.10.2003 *ASTERIX/Starix*, Tz. 53 ff.

B!O

waren die grafischen Elemente mitsamt des Zeichens »!« bedeutungslos, so dass sie wie »BO« gelesen würde.[481] Gegenteiliges galt im Verhältnis der Marken

cushe

obwohl die Kurvenlinie in der jüngeren Marke auch als »cu« gelesen werden konnte; denn das Wort »cushe« hätte im Deutschen keine Bedeutung.[482] Auch bei der Marke

führte die spezifische Schreibweise in den Farben Rot (»for«) und Schwarz (»tune«) nicht dazu, dass die Marke im Sinne von »for tune« ausgesprochen würde.[483] Dagegen führten in der Marke

vor allem ihre Bildelemente aus dem Bereich der Ähnlichkeit mit einer Wortmarke »KIN-NIE«.[484] Bei der Marke

verstärkten die Bildelemente die Ähnlichkeit mit einer Wortmarke »ZOOSPORT«.[485] Auch ließ sich die Marke

Mystery

durch ihre grafische Gestaltung leicht von dem Zeichen »MIXERY« unterscheiden.[486] Ähnliches galt wiederum bei der Kollision der Anmeldung

---

481 EuG T-364/14 v. 18.2.2016 *bo/B!O*, Tz. 22 ff.
482 EuG T-642/13 v. 15.10.2015 *she/cushe*, Tz. 55 ff.
483 EuG T-579/15 v. 8.11.2016 *For Tune*, Tz. 52 ff., im Ergebnis bestätigt durch EuGH C-23/17 P v. 15.6.2017 *For Tune*.
484 EuG T-3/04 v. 24.11.2005 *KINNIE/KINJI by SPA*, Tz. 40 ff.; vgl. hierzu auch EuGH C-193/06 P v. 20.9.2007 *Nestlé/HABM*.
485 EuG T-453/12 v. 16.10.2013 *SPORTS ZOOT SPORTS/ZOOSPORT*, Tz. 57 ff., Rechtsmittel anhängig unter EuGH C-676/13 P *Zoo Sport*.
486 EuG T-99/01 v. 15.1.2003 *Mystery/Mixery*, Tz. 44.

III. 2. Wahrnehmungsrichtungen – insbesondere Fallgruppe »Variation«

mit der Wortmarke »COR«.⁴⁸⁷ Nicht zu vernachlässigen waren ferner die Bildelemente der Marke

im Fall einer Kollision mit verschiedenen älteren Marken »The Bridge«,⁴⁸⁸ bei der Marke

im Fall einer Kollision mit der Marke »TOFIX«,⁴⁸⁹ bei der Marke

im Fall einer Kollision mit der älteren Marke »IKEA«,⁴⁹⁰ bei der Marke

bei Kollision mit einer Marke »CELTA«⁴⁹¹, bei dem Zeichen

im Falle einer Kollision mit dem Marke »OLAY«⁴⁹² sowie die sternartige Gestaltung des Buchstaben »A« bei der Marke

POLARIS

---

487 EuG T-342/05 v. 23.5.2007 *Dor/COR*, Tz. 41 ff.; kritisch hierzu, weil die »Dor«-Schrifttype zum Zeitpunkt der Eintragung übliche Schrift war *Jäcker*, MarkenR 2008, 472.
488 EuG T-194/03 v. 23.2.2006 *Bridge/Bainbridge*, Tz. 96, im Ergebnis bestätigt durch EuGH C-234/06 P v. 13.9.2007 *Il Ponte Finanziaria*.
489 EuG T-57/06 v. 7.11.2007 *TOFIX/Top iX*, Tz. 83.
490 EuG T-112/06 v. 16.1.2008 *IKEA/idea*, Tz. 49 ff.
491 EuG T-35/07 v. 23.4.2008 *CELTA/Celia*, Tz. 37 ff., im Ergebnis bestätigt durch EuGH C-300/08 P v. 11.6.2009 *Leche Celta*.
492 EuG T-240/08 v. 8.7.2009 *oli/OLAY*, Tz. 32 ff.

bei Kollision mit einer Marke »POLARIS«.[493] Erst recht war die bildliche Gestaltung bei der Marke

von Bedeutung.[494] Demgegenüber waren in verschiedenen Fällen die eher gewöhnlichen grafischen Gestaltungsmittel der Zeichen

---

493 EuG T-79/07 v. 26.6.2008 *POLAR/POLARIS*, Tz. 40.
494 EuG T-179/07 v. 24.9.2008 *ANVIL/Aprile*, Tz. 61 ff.

letztlich bedeutungslos.⁴⁹⁵

Darüber hinaus misst der BGH – mit abweichendem dogmatischen Ansatz – den bildlichen Gestaltungselementen eines Wort-/Bildzeichens eine gewisse besondere Bedeutung bei. Zwar hat der BGH den Erfahrungssatz geprägt, dass der Verkehr sich bei Wort-/Bildmarken eher an ihrem Wortbestandteil als auch an dem Bildbestandteil orientiere.⁴⁹⁶ Bei der Prüfung der schriftbildlichen Ähnlichkeit soll dieser Erfahrungssatz jedoch gerade nicht zum Tragen kommen, da der Verkehr hier auch die Bildbestandteile in sein Erinnerungsbild aufnehme.⁴⁹⁷

112

So war die Wort-/Bildmarke

nicht zuletzt wegen ihrer Bildelemente einer Wortmarke »Lions« nicht ähnlich.⁴⁹⁸

---

495   EuG T-388/00 v. 23.10.2002 *ILS/ELS*, Tz. 67 f.; EuG T-186/02 v. 30.6.2004 *DIESELIT*, Tz. 47; EuG T-117/02 v. 6.7.2004 *CHUFI/CHUFAFIT*, Tz. 45; T-356/02 v. 6.10.2004 VITAKRAFT, Tz. 50, bestätigt durch EuGH C-512/04 P v. 1.12.2005 *Vitakraft Werke*; EuG T-172/04 v. 27.9.2006 *EMERGEA/emergia*, Tz. 73 ff.; EuG T-322/05 v. 22.3.2007 *terra/Terranus*, Tz. 36, im Ergebnis bestätigt durch EuGH C-243/07 P v. 15.2.2008 *Brinkmann*; EuG T-43/05 v. 30.11.2006 *BROTHERS/BROTHERS by CAMPER*, Tz. 71 ff., wobei der Bildbestandteil auch beschreibende Anklänge hatte; EuG T-333/04 und T-334/04 v. 14.4.2007 *DONUT/House of DONUTS*, Tz. 55, auch zu den arabischen Schriftzeichen; EuG T-137/05 v. 16.5.2007 *la PERLA/NIMEI LA PERLA MODERN CLASSIC*, Tz. 41; EuG T-111/06 v. 21.11.2007 *VITAFIT/VITAL & FIT*, Tz. 34; EuG T-134/06 v. 13.12.2007 *LES PAGES JAUNES/PAGESJAUNES.COM*, Tz. 53 ff.; auch EuG T-10/03 v. 18.2.2004 *FLEX/CONFORFLEX*, Tz. 46; EuG T-9/05 v. 15.1.2008 *Amply/AMPLITUDE*, Tz. 38 f.; EuG T-328/05 v. 1.7.2008 *QUARTZ/QUARTZ*, Tz. 29 ff., im Ergebnis bestätigt durch EuGH C-416/08 P v. 10.7.2009 *Apple Computer*; EuG T-96/06 v. 10.9.2008 *EXE/exe*, Tz. 35 ff.; EuG T-67/08 v. 11.6.2009 *InvestHedge/HEDGE INVEST*, Tz. 36; EuG T-130/08 v. 16.9.2009 *VENATTO MARBLE STONE/VENETO CERÁMICAS*, Tz. 32 f.
496   BGHZ 139, 59, 64 *Fläminger*; BGHZ 139, 340, 348 *Lions*; BGHZ 156, 112, 123 *Kinder I*; BGH GRUR 1996, 198, 199 *Springende Raubkatze*; BGH GRUR 1996, 267, 269 *AQUA*; BGH GRUR 1998, 1014, 1015 *ECCO II*; BGH GRUR 1998, 934, 936 *Wunderbaum I*; BGH GRUR 1999, 52, 53 *EKKO BLEIFREI*; BGH GRUR 2000, 506, 509 *ATTACHÉ/TISSERAND*; BGH GRUR 2000, 883, 885 *PAPPAGALLO*; BGH GRUR 2002, 167, 169 *Bit/Bud*; BGH GRUR 2002, 809, 811 *FRÜHSTÜCKS-DRINK I*; BGH GRUR 2003, 712, 714 *Goldbarren*; BGH GRUR 2004, 775, 776 *EURO 2000*; BGH GRUR 2004, 778, 779 *URLAUB DIREKT*; BGH I ZB 40/03 v. 22.9.2005 *coccodrillo*, Tz. 20; BGH I ZR 132/04 v. 28.6.2007 *INTERCONNECT/T-InterConnect*, Tz. 23; BGH I ZB 61/07 v. 3.4.2008 *SIERRA ANTIGUO*, Tz. 25; ebenso nun EuG T-312/03 v. 14.7.2005 *Selenium Spezial A-C-E/SELENIUM-ACE*, Tz. 37; ähnlich EuG T-172/04 v. 27.9.2006 *EMERGEA/emergia*, Tz. 74.
497   BGHZ 139, 340, 348 *Lions*; BGH GRUR 1999, 733, 735 *LION DRIVER*; BGH GRUR 2000, 506, 509 *ATTACHÉ/TISSERAND*; auch BGH GRUR 2002, 167, 169 *Bit/Bud*; BGH GRUR 2005, 419, 423 *Räucherkate*.
498   BGHZ 139, 340, 350 *Lions*.

§ 12 Verwechslungsgefahr

(3) Wort-/Bildmarke gegen Wort-/Bildmarke

113 Beim bildlichen Vergleich zweier Wort-/Bildmarken scheinen derzeit noch die größten Unsicherheiten zu herrschen. Die Wortbestandteile der Zeichen spielen meist, aber nicht immer die ausschlaggebende Rolle.

So soll bei den Zeichenpaaren

sowie

und wegen der Übereinstimmung im schildförmigen Element auch beim Zeichenpaar

eine Ähnlichkeit zu bejahen sein,[499] während andererseits die Zeichenpaare

---

[499] EuG T-117/03 bis T-119/03 und T-171/03 v. 6.10.2004 *NL*, Tz. 28 ff.; EuG T-31/03 v. 11.5.2005 *Sadia/GRUPO SADA*, Tz. 50 f.; EuG T-115/02 v. 13.7.2004 *a/a*, Tz. 20 ff.; EuG T-531/12 v. 7.10.2014 *T/T*, Tz. 61 ff.; EuG T-824/16 v. 13.3.2018 *K/K*, Tz. 56 ff.; EuG T-645/13 v. 15.3.2016 *E/E*, Tz. 99 ff.; EuG T-193/12 v. 22.1.2015 *H/H*, Tz. 29 ff.; auch EuG T-39/04 v. 14.2.2008 *D'ORSAY/O orsay*, Tz. 44; EuG T-378/04 v. 14.2.2008 *D'ORSAY/Orsay*, Tz. 40; vgl. auch EuG T-22/10 v. 10.11.2011 *Buchstabe e auf einer Hosentasche/Buchstabe e*.

§ 12 Verwechslungsgefahr

in bildlicher Hinsicht nicht ähnlich sein sollen.[500] Für grenzwertig hielt das EuG das Zeichenpaar

und hat nur eine geringe Ähnlichkeit bejaht.[501] Auch das Markenpaar

war noch ähnlich.[502] Ähnlich waren die Zeichen

---

500 EuG T-390/03 v. 11.5.2005 *CM/capital markets CM*, Tz. 34 ff.; EuG T-88/05 v. 8.2.2007 *MARS/NARS*, Tz. 60 ff.; EuG T-106/06 v. 23.1.2008 *BAUHAUS/BAU HOW*, Tz. 37 f.; EuG T-168/07 v. 4.3.2009 *PTR/RPT*, Tz. 30 ff.; EuG T-290/07 v. 10.12.2008 *METRO/METRONIA*, Tz. 44 ff.; EuG T-781/14 v. 28.1.2016 *TVR/TVR ENGINEERING*, Tz. 25 ff.; EuG T-276/15 v. 14.3.2017 *e/e*, Tz. 24 ff.; vgl. auch EuG T-195/00 v. 10.4.2003 *Offizielles Euro-Symbol*, Tz. 113.
501 EuG T-599/13 v. 7.5.2015 *Cosmowell*, Tz. 46 ff.
502 EuG T-548/17 v. 16.10.2018 *kipling/ANOKHI*, Tz. 44 ff.

III. 2. Wahrnehmungsrichtungen – insbesondere Fallgruppe »Variation«

mit der ähnlich strukturierten Wiedergabe von Krebsen,[503] nicht hingegen die Marken

mit abweichender Struktur.[504] Mittlere Ähnlichkeit bestand hingegen zwischen den Marken

---

503 EuG T-775/16 v. 7.2.2018 *Dochirnie pidpryiemstvo Kondyterska korporatsiia ›Roshen‹*, Tz. 30 ff., bestätigt durch EuGH C-246/18 P v. 6.9.2018 *Dochirnie pidpryiemstvo Kondyterska korporatsiia ›Roshen‹*.
504 EuG T-795/16 v. 7.2.2018 *Moscow Confectionery Factory ›Krasnyiy oktyabr‹*, Tz. 30 ff., bestätigt durch EuGH C-248/18 P v. 11.9.2018 *Moscow Confectionery Factory ›Krasnyiy oktyabr‹*.

wegen der großen Ähnlichkeit der Dinosaurierfiguren[505] bzw. des Wolfskopfes[506]

und auch zwischen den Marken

wegen des übereinstimmenden Flaggenmotivs.[507] Diese unterschiedlichen Ergebnisse lassen sich wohl kaum mit Hilfe einer bloßen Gewichtung der Bedeutung der Wortbestandteile begründen. Besonders dann, wenn wie bei dem Zeichenpaar

die bildliche Gestaltung die Lesbarkeit der Zeichen beeinträchtigt und dadurch zusätzlich für Zeichenabstand sorgt, kann eine Ähnlichkeit trotz an sich sehr ähnlicher Wortelemente – hier »Stradivarius« bzw. »Stradivari 1715« – zu verneinen sein.[508] Zu weit dürfte es schließlich auch gehen, eine Ähnlichkeit der Marken

---

505   EuG T-21/15 v. 26.4.2016 *Dino*, Tz 65 ff., im Ergebnis bestätigt durch EuGH C-361/16 P v. 8.11.2016 *Franmax*.
506   EuG T-681/15 v. 3.5.2017 *Environmental Manufacturing*, Tz. 44 ff.
507   EuG T-504/15 v. 8.3.2017 *Rafhaelo Gutti*, Tz. 42 ff.
508   EuG T-340/06 v. 2.7.2008 *Stradivarius/Stradivari 1715*, Tz. 34 ff.

III. 2. Wahrnehmungsrichtungen – insbesondere Fallgruppe »Variation«

zu verneinen, nur weil in einer der beiden Marken der kennzeichnungskräftige Wortbestandteil kleiner geschrieben ist.[509]

Gerade beim bildlichen Vergleich zweier Zeichen wird sich häufig ergeben, dass die Zeichen – wie die oben abgebildeten – sowohl übereinstimmende als auch unterscheidende Elemente aufweisen, die durchaus geeignet sind, von den Verkehrskreisen wahrgenommen zu werden. Die Lösung solcher Fälle wird man daher weniger darin suchen müssen, diese Elemente aufzulisten, als vielmehr zu fragen, ob sich die Zeichen (noch) als typische Variationen ein und derselben Marke darstellen.[510] Nur dann nämlich, wenn der Verbraucher erwartet, dass die Zeichen Variationen ein und derselben Marke sind, ist die Herkunftsfunktion der Marke gefährdet. Da sich die Verkehrserwartungen aber von Branche zu Branche unterscheiden können, dürften auch hier die Bezeichnungsgewohnheiten der spezifischen Branche von besonderer Bedeutung sein. 114

Zu berücksichtigen bleibt aber auch bei Wort-/Bildmarken, dass die bildliche Gestaltung nicht dazu führen darf, dass eigentlich schutzunfähigen Bestandteilen quasi »durch die Hintertür« Schutz gewährt wird. Vielmehr ist auch hier zu berücksichtigen, dass die beteiligten Verkehrskreise schutzunfähigen Elementen – zumindest von Rechts wegen – keine Bedeutung als Herkunftszeichen beimessen dürfen.[511] 115

So war beim Vergleich der für Fernsehsender verwendeten Marken

zu berücksichtigen, dass die Zahl »1« für ein Fernsehprogramm nicht schutzfähig ist; folglich war nicht auf die übereinstimmende Verwendung der Zahl »1«, sondern vielmehr nur auf die konkrete grafische Gestaltung der Zahl und die sich hieraus ergebenden Unterschiede der Zeichen abzustellen.[512] Bei den Marken

---

509 So aber EuG T-112/17 v. 12.9.2018 *Pelikan/NEW ORLEANS PELICANS*, Tz. 38 ff.
510 Ähnlich EuGH C-235/05 P v. 27.4.2006 *L'Oréal*, Tz. 45.
511 Vgl. etwa BGH GRUR 2004, 775, 777 *EURO 2000*.
512 BGH GRUR 2000, 608, 610 *ARD-1*.

im Bekleidungsbereich bejahte der BGH immerhin noch eine geringe,[513] das EuG bei den Marken

eine durchschnittliche Zeichenähnlichkeit.[514] Für ähnlich hielt das EuG auch die Marken

im Bekleidungsbereich[515] sowie die Marken

im Bereich des Finanzwesens.[516] Demgegenüber verneinte das EuG bei geringer Kennzeichnungskraft eine Ähnlichkeit der Wort-/Bildmarke

mit einer Wortmarke »A«.[517] Beim Zeichenpaar

---

513 BGH I ZR 50/11 v. 2.2.2012 *Bogner B/Barbie B*, Tz. 51 ff.; ähnlich EuG T-187/10 v. 10.5.2011 *G/G*, Tz. 57 ff., im Ergebnis bestätigt durch EuGH C-354/11 P v. 22.3.2012 *Emram*.
514 EuG T-350/15 v. 11.10.2016 *P/P*, Tz. 43 ff.; anders, wenn der zweiten Marke der Bestandteil »PRO PLAYER« hinzugefügt wird: EuG T-349/15 v. 24.11.2016 *P/P PRO PLAYER*, Tz. 55 ff.
515 EuG T-101/11 v. 8.5.2012 *G+/G*, Tz. 44 ff., im Ergebnis bestätigt durch EuGH C-341/12 P v. 21.3.2013 *Mizuno*; EuG T-89/12 v. 27.6.2013 *R/R*, im Ergebnis bestätigt durch EuGH C-466/13 P v. 22.10.2014 *Repsol*.
516 EuG T-399/15 v. 19.1.2017 *Morgan & Morgan*, Tz. 47 ff.
517 EuG T-174/10 v. 26.10.2011 *A/A mit 2 Hörnern*, Tz. 27 ff., im Ergebnis bestätigt durch EuGH C-611/11 P v. 10.10.2012 *ara*.

III. 2. Wahrnehmungsrichtungen – insbesondere Fallgruppe »Variation«

kam es darauf an, in welchem Umfang die verwendete Schrift auf eine übliche Schrifttype zurückgriff.[518]

Ferner kann ein schwacher Wortbestandteil durch besonders hervorgehobene Schreibweise zum kollisionsbegründenden Element einer Wort-/Bildmarke werden.

So ist bei dem Markenpaar

der Bestandteil »Optima« derart hervorgehoben, dass das EuG eine Zeichenähnlichkeit bejaht hat.[519] Dies dürfte indes zu weit gehen, weil der »Optima« nicht nur kennzeichnungsschwach, sondern sogar schutzunfähig ist.

(4) Bildmarken

Bei reinen Bildzeichen schließlich ist in erster Linie zu prüfen, was die Bildzeichen in ihrem Gesamteindruck[520] jeweils charakterisiert. Jedenfalls erfasst der Verwechslungsschutz einer schwarz-weißen Marke regelmäßig auch farbige Verwendungen.[521] Der BGH hat außerdem in der Vergangenheit besonderen Wert auf die

---

518 BGH GRUR 2004, 235, 237 f. *Davidoff II*.
519 EuG T-465/16 v. 20.11.2017 *visán Optima/cotecnica OPTIMA*, Tz. 32 ff., bestätigt durch EuGH C-73/18 P v. 7.6.2018 *Cotécnica*.
520 Zum Gesamteindruck vgl. unten § 12 Rdn. 144 – 154.
521 BGH I ZR 153/14 v. 12.3.2015 *BMW-Emblem*, Tz. 25.

§ 12 Verwechslungsgefahr

Berücksichtigung sämtlicher Einzelelemente gelegt.[522] Ob hierbei in erster Linie dem Gesamtmotiv oder aber nur dessen Einzelelementen Schutz zukommt, hängt vor allem vom Grad der Verbreitung des Motivs ab.[523]

So war in der für die Waren »Automobile und deren Ersatzteile« Schutz beanspruchenden Marke

die Abbildung des sich aufbäumenden Pferdes als solche nicht ohne jegliche Unterscheidungskraft, der Schutz der Marke daher nicht auf bestimmte Detailmerkmale der Marke – die feingliedrige Darstellung der flatternden Mähne, den aufgestellten Schweif und den proportional zu lang erscheinenden Hals – begrenzt.[524] Auch bei den Zeichen

kam es weniger auf die Details an, so dass eine Ähnlichkeit zu bejahen war, zumal das Wortelement »Pelikan« nur das Bildelement betonte.[525] Auch die Zeichen

waren ähnlich, weil die Unterschiede in Neigung und Farbgebung der Bögen nicht zu ihrer Unterscheidung genügten.[526] Ähnlich waren auch die Marken

im Bekleidungsbereich, deren Proportionen ähnlich waren.[527] Differenzierend war die von der Firma Adidas verwendete Drei-Streifen-Kennzeichnung auf Bekleidungsstücken nicht allein durch die Zahl der Streifen geprägt, sondern auch dadurch, dass farblich kontrastierende, an den Seitennähten der Bekleidungsstücke parallel verlaufende Streifen eingesetzt

---

522 Vgl. auch BGH I ZR 39/06 v. 5.11.2008 *Stofffähnchen*.
523 Vgl. EuG T-363/04 v. 12.9.2007 *Carbonell/La Española*, Tz. 77 ff., im Ergebnis bestätigt durch EuGH C-498/07 P v. 3.9.2009 *Aceites del Sur-Coosur*.
524 BGH GRUR 2004, 594, 597 *Ferrari-Pferd*.
525 EuG T-389/03 v. 17.4.2008 *Pelikan*, Tz. 76 ff.
526 EuG T-304/07 v. 5.11.2008 *Stilisierter Bogen*, Tz. 33 ff.
527 EuG T-342/12 v. 8.10.2014 *Fuchs*, Tz. 37.

werden. Die Kennzeichnung war daher einer vergleichbaren Zwei-Streifen-Kennzeichnung ähnlich.⁵²⁸ Die Zeichen

wiederum führten die zahlreichen unterschiedlichen Einzelelemente aus dem Ähnlichkeitsbereich.⁵²⁹ Auch die Zeichen

unterschieden sich – trotz der gemeinsamen Elemente – visuell erheblich voneinander und waren somit nur geringfügig ähnlich.⁵³⁰ Zu streng hat das EuG die Ähnlichkeit zwischen den Marken

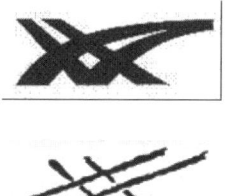

sogar gänzlich verneint.⁵³¹ Demgegenüber zu Recht hielt das Gericht Äpfel und Birnen

---

528 BGH GRUR 2001, 158, 160 *Drei-Streifen-Kennzeichnung*; ebenso für Schuhe EuG T-145/14 v. 21.5.2015 *adidas*, Tz. 32 ff., im Ergebnis bestätigt durch EuGH C-396/15 P v. 17.2.2016 *Shoe Branding Europe*; EuG T-85/16 v. 1.3.2018 *Shoe Branding Europe*, Tz. 93 ff. [zur Ähnlichkeit beim Bekanntheitsschutz]; EuG T-629/16 v. 1.3.2018 *Shoe Branding Europe*, Tz. 159 ff.; auch BGH I ZR 110/16 v. 9.11.2017 *form-strip II*, Tz. 20 ff.; vgl. aber auch EuGH C-408/01 v. 23.10.2003 *Adidas/Fitnessworld*.
529 BGH GRUR 2005, 419, 423 *Räucherkate*.
530 EuG T-502/11 v. 17.5.2013 *Zwei ineinander geflochtene Sicheln/Zwei ineinander verflochtene Bänder*, Tz. 46 ff.
531 EuG T-581/17 v. 16.10.2018 *Vier gekreuzte Linien*, Tz. 44ff.

für unähnlich.⁵³² Das Zeichenpaar

beurteilte das BPatG entsprechend skeptisch und sah keine hinreichende Ähnlichkeit.⁵³³ Das EuG schließlich hielt bei beschreibenden Wortelementen die für Fleisch- und Wurstwaren geschützten Marken

für unähnlich, weil nicht nur farblich, sondern auch in der Motivauswahl die Zeichenunterschiede deutlich zutage traten.⁵³⁴

118 Ob dabei das EuG insgesamt einen ähnlich strengen Maßstab beim Vergleich zweier Bildmarken gelten lassen will wie der BGH, ist derzeit noch nicht sicher. Tendenziell scheint das EuG eher als der BGH einen Motivschutz gewähren zu wollen.

---

532 EuG T-215/17 v. 31.1.2019 *Pear/Apple*, Tz. 30 ff.
533 BPatG 24 W (pat) 540/12 v. 11.8.2015.
534 EuG T-242/06 v. 13.12.2007 *El Charcutero/el charcutero artesano*, Tz. 60 ff., bestätigt durch EuGH C-81/08 P v. 13.11.2008 *Miguel Cabrera Sánchez*, Tz. 23 ff.

So waren etwa die Marken

ähnlich, wobei für das EuG von Bedeutung war, dass im konkreten Fall auch die Gestaltung der konkreten Hirschmotive in gewissem Maße übereinstimmte und dass das Wort »VENADO« (= Hirsch) für die maßgeblichen spanischen Verkehrskreise zugleich eine Beschreibung des Bildelements darstellte.[535] Auch ein Greif und ein geflügelter Stier

waren als imaginäre Kreaturen noch ähnlich.[536] Wegen einer Alleinstellung auf dem spanischen Markt des für Olivenöl verwendeten Motivs der im Olivenhain sitzenden Frau bejahte das EuG sogar – wohl zu weitgehend – eine Ähnlichkeit der Zeichen

wegen dieser Motivübereinstimmung und der ähnlichen Farbgebung.[537]

---

535 EuG T-81/03, T-82/03 und T-103/03 v. 14.12.2006 *Mast-Jägermeister*, Tz. 92 u. 100.
536 EuG T-151/17 v. 15.3.2018 *Greif/Geflügelter Stier*, Tz. 36 ff.
537 EuG T-363/04 v. 12.9.2007 *Carbonell/La Española*, Tz. 77 ff., im Ergebnis bestätigt durch EuGH C-498/07 P v. 3.9.2009 *Aceites del Sur-Coosur*; dazu auch unten § 12 Rdn. 179.

§ 12 Verwechslungsgefahr

119 In geeigneten Fällen kann eine Bildmarke auch eine Verwechslungsgefahr mit einer Formmarke begründen. Die Eintragung in einer bestimmten Kategorie von Marken bestimmt zwar den Gesamteindruck der Marke maßgeblich, beschränkt jedoch nicht grundsätzlich ihren Schutzbereich.[538]

(5) Farbmarken

120 Bei abstrakten Farbmarken kann eine Zeichenähnlichkeit dann vorliegen, wenn ein kennzeichenmäßig verwendeter Farbton in einer Anzeige oder auf einer Verpackung dem Farbton der Angriffsmarke jedenfalls sehr ähnlich ist.[539] Die Verwechslungsgefahr wird nämlich dadurch erhöht, dass die angesprochenen Verbraucher, wenn sie auf ihr Erinnerungsvermögen angewiesen sind, geringe Unterschiede in den Farbtönen kaum feststellen können.[540]

So kann in den Darstellungen

der nahezu magentafarbene Schriftzug der Anzeige (links) mit einer Benutzungsmarke Magenta der Deutschen Telekom AG bzw. der lila changierende Hintergrund der Verpackung (rechts) mit dem Milka-Lila Verwechslungsgefahr begründen.[541] Demgegenüber konnte aus der links blau, rechts rot gehaltenen Marke

---

538 BGH I ZR 18/05 v. 25.10.2007 *TUC-Salzcracker*, Tz. 19.
539 BGHZ 156, 126, 139 *Farbmarkenverletzung I*; BGH GRUR 2004, 154, 156 *Farbmarkenverletzung II*.
540 BGHZ 156, 126, 139 *Farbmarkenverletzung I*; BGH GRUR 2004, 154, 156 *Farbmarkenverletzung II*; BGH GRUR 2005, 427, 429 *Lila-Schokolade*; BGH I ZR 228/12 v. 18.9.2014 *Gelbe Wörterbücher*, Tz. 56.
541 BGHZ 156, 126, 139 *Farbmarkenverletzung I*; BGH GRUR 2005, 427, 429 *Lila-Schokolade*.

III. 2. Wahrnehmungsrichtungen – insbesondere Fallgruppe »Variation«

kein Schutz gegen die Gestaltung einer roten Schuhsohle

hergeleitet werden – schon weil das Rot die Angriffsmarke nicht dominierte.⁵⁴²

(6) Formmarken

Konflikte zwischen Formmarken sind rar, weil meistens schon die Eintragung misslingt. Wegen des begrenzten Formenschatzes dürfte Warenformmarken regelmäßig nur ein enger Schutzbereich zuzubilligen sein. 121
Bei der Kollision der Flaschenformen

genügen daher die Unterschiede im Volumen der Flaschenhälse, die unterschiedlichen Spiralen und der rudimentär erkennbare Schriftzug »snipp« der rechten Gestaltung, um eine Ähnlichkeit zu verneinen.⁵⁴³

Eine bildliche Ähnlichkeit zwischen Formmarken und Wortmarken will der BGH stets verneinen.⁵⁴⁴ Tatsächlich sind aber Fälle denkbar, in denen eine Form einem Wort bildlich ähnlich ist. Beim Vergleich einer Formmarke und einer Bildmarke kommt eine Markenrechtsverletzung in Betracht, wenn das Bildzeichen, aus dem ein markenrechtlicher Schutz hergeleitet wird, einen dem Betrachter bekannten körperlichen Gegenstand wiedergibt und bei diesem unmittelbar in Erinnerung ruft.⁵⁴⁵ 122

---

542 EuG T-631/14 v. 16.7.2015 *Roland*, Tz. 43 ff., bestätigt durch EuGH C-515/15 P v. 14.4.2016 *Roland*, Tz. 26 ff.
543 EuG T-24/08 v. 4.3.2010 *Flaschenform/Flaschenform*.
544 BGH I ZR 105/14 v. 23.9.2015 *Goldbären*.
545 BGH GRUR 1969, 601, 603 *Candahar*; BGH I ZR 105/14 v. 23.9.2015 *Goldbären*, Tz. 52.

d) Ähnlichkeit des Bedeutungsgehalts

123 Neben der klanglichen und bildlichen Wahrnehmungsrichtung ist die etwaige Ähnlichkeit im Bedeutungsgehalt zweier Zeichen die dritte Ebene, auf der Zeichenähnlichkeit bestehen kann.

124 Eine Prüfung dieser begrifflichen Ähnlichkeit wird jedoch dann in der Regel von vornherein nicht sachdienlich sein, wenn die Zeichen in der Sprache der angesprochenen Verkehrskreise keine Bedeutung haben.[546] Dabei kommt es zunächst auf den Bedeutungsgehalt des Gesamtzeichens an; allerdings wird der Verkehr zudem ein Wortzeichen in die Wortbestandteile zerlegen, die ihm eine konkrete Bedeutung vermitteln oder die ihm bekannten Wörtern ähnlich sind.[547] Unter Umständen kann es darüber hinaus genügen, wenn ein Zeichen anders geschrieben, jedoch ebenso ausgesprochen wird wie ein bestimmtes Wort mit Bedeutung.[548] Die klangliche und begriffliche Prüfung greifen insoweit ineinander.

125 Problematisch ist es dabei, wenn der EuGH auch bei einer Übereinstimmung kennzeichnungsschwacher oder gar schutzunfähiger Elemente eine Ähnlichkeit im Bedeutungsgehalt bejahen will.[549] Denn hierdurch wird mittelbar schutzunfähigen Elementen unter Umständen ein Schutz zuteil, den sie nach aus Gründen des Allgemeininteresses[550] gerade nicht genießen sollen. Richtigerweise wird daher regelmäßig bei Übereinstimmung kennzeichnungsschwacher Elemente schon eine Zeichenähnlichkeit und nicht erst die Verwechslungsgefahr zu verneinen sein.[551]

126 Das EuG lässt es für eine Ähnlichkeit im Bedeutungsgehalt regelmäßig[552] genügen, wenn die sich gegenüberstehenden Zeichen übereinstimmende semantische Anklänge aufweisen.

> So waren die Begriffe »LINDERHOF« und »LINDENHOF« begrifflich ähnlich, zumal nicht zu erwarten war, dass der Durchschnittsverbraucher in Deutschland das Schloss »Linderhof« kennen und daher eher an einen »Hof« oder ein »Landgut« denken wird.[553] Für Brillen waren wegen ihrer gemeinsamen semantischen Wurzeln und der Anspielung an den Bedeutungsgehalt der ähnlichen spanischen Wörter für »vergrößern« bzw. »geräumig« die Zeichen »Amply« und »AMPLITUDE« ähnlich.[554] Im Zusammenhang mit Haarpflegemit-

---

[546] EuGH C-108/07 P v. 17.4.2008 *Ferrero*, Tz. 47; auch schon EuG T-388/00 v. 23.10.2002 *ILS/ELS*, Tz. 74; EuG T-224/01 v. 9.4.2003 *TUFFTRIDE/NU-TRIDE*, Tz. 48; EuG T-31/03 v. 11.5.2005 *Sadia/GRUPO SADA*, Tz. 63; EuG T-423/04 v. 5.10.2005 *BK RODS/BKR*, Tz. 75; EuG T-35/04 v. 15.3.2006 *FERRERO/FERRÓ*, Tz. 63, im Ergebnis bestätigt durch EuGH C-225/06 P v. 11.9.2007 *AVEE*; auch EuG T-106/06 v. 23.1.2008 *BAUHAUS/BAU HOW*, Tz. 41.
[547] EuG T-256/04 v. 13.2.2007 *RESPICORT/RESPICUR*, Tz. 57; Zur Bedeutung von Einzelelementen auch: EuG T-31/03 v. 11.5.2005 *Sadia/GRUPO SADA*, Tz. 63 ff.
[548] In diesem Sinne wohl EuG T-224/01 v. 9.4.2003 *TUFFTRIDE/NU-TRIDE*, Tz. 48.
[549] EuGH C-343/14 P v. 7.5.2015 *Adler Modemärkte*, Tz. 39.
[550] Vgl. oben § 4 Rdn. 49.
[551] Ausführlicher unten § 12 Rdn. 197 ff.
[552] Erheblich zurückhaltender aber EuG T-3/04 v. 24.11.2005 *KINNIE/KINJI by SPA*, Tz. 53.
[553] EuG T-296/02 v. 15.2.2005 *LINDERHOF/LINDENHOF*, Tz. 65 ff.; ähnlich EuG T-29/04 v. 8.12.2005 *CRISTAL/CRISTAL CASTELLBLANCH*, Tz. 61, im Ergebnis bestätigt durch EuGH C-131/06 P v. 24.4.2007 *Castellblanch/HABM*; ähnlich EuG T-189/05 v. 14.2.2008 *GALVALLIA/GALVALLOY*, Tz. 62 ff.
[554] EuG T-9/05 v. 15.1.2008 *Amply/AMPLITUDE*, Tz. 49 ff.

teln spielten die Marken »FLEX« und »FLEXI« beide auf die Flexibilität der Haare an und waren daher im Bedeutungsgehalt ähnlich.[555] Auch »VITAFIT« und »VITAL & FIT« waren ähnlich.[556] In der Marke »Coto D'Arcis« konkretisierte das Element »D'Arcis« lediglich den übereinstimmenden Bestandteil »Coto«, so dass die Marken begrifflich ähnlich waren.[557] Bei der Kollision der Marken »MUNDICOLOR« und »MUNDICOR« erinnerte der Bestandteil »MUNDI« den spanischen Verbraucher an den Begriff Welt (= mundo); allerdings schlossen die Zusätze »COR« bzw. »COLOR« die begriffliche Ähnlichkeit aus.[558] Entsprechendes galt für die Endsilben der Marken »VITAKRAFT« und »VITACOAT«.[559] Auch die Marken »RESPICORT« und »RESPICUR«, die von Fachkreisen im Sinne von »Atemwegscorticoid« einerseits bzw. »Atemwegskur« anderseits verstanden werden konnten, waren insoweit begrifflich nicht ähnlich; etwas anderes galt jedoch für Endverbraucher, die nur den übereinstimmenden Zeichenbestandteil »RESPI« verstehen.[560] Die Marken »Power« und »Turkish Power« waren ähnlich, weil beide den Gedanken an Stärke hervorrufen konnten und »Turkish« als Hinweis auf die Herkunft der Ware verstanden werden konnte.[561] Auch »MICRO FOCUS« und »FOCUS« begründeten eine Ähnlichkeit, weil das Adjektiv »micro« das Substantiv »Focus« lediglich konkretisierte.[562] »CLAN MACGREGOR« und »CLAN« waren begrifflich ähnlich, weil beide mit dem Wort »Clan« auf eine in familiärer Verbundenheit verbundene Gruppe hinwiesen.[563] Demgegenüber waren die Marken »TORRES« und »Torres Muga« für den spanischen, italienischen und portugiesischen Verbraucher, der die Bedeutung des Wortes »Torres« im Sinne von »Türme« kennt, zwar nicht völlig unähnlich, jedoch für den Verkehr unterscheidbar, weil »Torres Muga« wie der Name eines ganz bestimmten Turmes wirke.[564] Auch das als italienischer Name erkennbare »CASTELLANI« ließ sich von dem ein Schloss in der italienischen Stadt »Luca« bezeichnenden Begriff »CASTELLUCA« unterscheiden.[565] Unähnlich waren mit entsprechender Begründung auch die Marken »PIAZZA« bzw. »PIAZZA D'ORO« (= Goldplatz) einerseits und »PIAZZA del SOLE« (= Sonnenplatz) anderseits.[566] Unähnlich waren auch die Marken »Bebimil« und »BLEMIL«, obwohl die letzte Silbe »mil« an das englische Wort »milk« und das deutsche Wort »Milch« erinnerte.[567] Für unterschiedlich hielt das EuG schließlich auch die Marken »POLAR« und »POLARIS«, weil »POLARIS« im Gegensatz zu »POLAR« als Fantasieelement wirke.[568]

---

555 EuG T-112/03 v. 16.3.2005 *FLEX/FLEXI AIR*, Tz. 72 ff., bestätigt durch EuGH C-235/05 P v. 27.4.2006 *L'Oréal*.
556 EuG T-111/06 v. 21.11.2007 *VITAFIT/VITAL & FIT*, Tz. 45.
557 EuG T-332/04 v. 12.3.2008 *EL COTO/Coto D'Arcis*, Tz. 44, im Ergebnis bestätigt durch EuGH C-210/08 P v. 20.1.2009 *Sebirán*.
558 EuG T-183/02 und T-184/02 v. 17.3.2004 *MUNDICOLOR/MUNDICOR*, Tz. 90 f.
559 EuG T-277/04 v. 12.7.2006 *VITAKRAFT/VITACOAT*, Tz. 58.
560 EuG T-256/04 v. 13.2.2007 *RESPICORT/RESPICUR*, Tz. 58 f.
561 EuG T-34/04 v. 22.6.2005 *POWER/Turkish Power*, Tz. 61, bestätigt durch EuGH C-324/05 P v. 1.6.2006 *Plus Warenhandelsgesellschaft*.
562 EuG T-491/04 v. 16.5.2007 *MICRO FOCUS/FOCUS*, Tz. 56 f., im Ergebnis bestätigt durch EuGH C-344/07 P v. 11.4.2008 *Focus Magazin Verlag*; ähnlich EuG T-325/04 v. 27.2.2008 *LINK/WORLDLINK*, Tz. 81 ff.; EuG T-90/06 v. 11.12.2008 *FOCUS/Tomorrow Focus*, Tz. 28 ff.; EuG T-357/07 v. 16.12.2008 *FOCUS MILENIUM/FOCUS Radio*, Tz. 33 ff.
563 EuG T-250/15 v. 24.11.2016 *CLAN MACGREGOR/CLAN*, Tz. 34 ff.
564 EuG T-247/03 v. 11.7.2006 *TORRES/Torre Muga*, Tz. 67, bestätigt durch EuGH C-405/06 P v. 24.9.2007 *Miguel Torres*.
565 EuG T-149/06 v. 20.11.2007 *CASTELLUCA/CASTELLANI*, Tz. 57 ff.
566 EuG T-265/06 v. 12.2.2009 *PIAZZA/PIAZZA del SOLE*, Tz. 39 ff.
567 EuG T-221/06 v. 16.9.2009 *Bebimil/BLEMIL*, Tz. 56.
568 EuG T-79/07 v. 26.6.2008 *POLAR/POLARIS*, Tz. 43 ff.

127 Demgegenüber hat der BGH eine begriffliche Ähnlichkeit im Falle bloßer Assoziationen zumeist abgelehnt. Die menschliche Fähigkeit, gedankliche Assoziationen herzustellen, sei so unbegrenzt und unerschöpflich, dass anderenfalls ein sachlich nicht gerechtfertigter Schutz aus dem Markenrecht gewährt würde.[569]

> Im Bedeutungsgehalt nicht ähnlich waren daher etwa die Marken »König Stephan« und »STEPHANSKRONE«,[570] »Kinder« und »Kinderkram«,[571] »Zwilling« und »Zweibrüder«[572] sowie erst recht die Begriffe »Aire Alpino« (also »Alpenluft«) und »Wunderbaum«.[573]

128 Wann begriffliche Assoziationen eine begriffliche Ähnlichkeit hervorrufen können, wird angesichts der unterschiedlichen Entscheidungspraxis von EuG und BGH der EuGH klären müssen.

129 Wird ein Zeichen, das eine Bedeutung aufweist, in eine andere Sprache übersetzt, so kann die Übersetzung begrifflich ähnlich sein. Für die Marktteilnehmer im europäischen Binnenmarkt kann es nämlich durchaus wirtschaftlich sinnvoll sein, bedeutungstragende Marken in die verschiedenen Sprachen der Union zu übersetzen, damit das dortige Publikum die Marke unter ihrer Bedeutung identifizieren kann – etwa »Gelbe Seiten« und »Yellow Pages«. Erwartet aber das Publikum solche Übersetzungen als Variation ein und derselben Marke, so muss hier jedenfalls im Grundsatz auch ein Ähnlichkeitsschutz bestehen können.

> So sind die Zeichen »Hai« und »shark« als englische Übersetzung noch begrifflich ähnlich. Dass »Hai« auch eine Verballhornung des englischen Wortes »high« darstellen kann, ist demgegenüber nicht ausschlaggebend.[574] Gleiches galt für das Paar »waterPerfect« und »AquaPerfect«, da das lateinische Wort »Aqua« weithin bekannt sei und »water« zum Grundwortschatz gehöre.[575] Auch die sich gegenüberstehenden Unionsmarken »BALLON D'OR« und »GOLDEN BALLS« sind jedenfalls noch geringfügig ähnlich.[576] Bei der Marke »RED RIDING HOOD« als das EuG hingegen – wohl zu streng – nicht davon ausgegangen, dass der deutsche Verkehr weiß, dass es sich um die englische Übersetzung von »Rotkäppchen« handelt.[577] Andererseits ist »St. Stephan's Crown« nicht die exakte Übersetzung von »STEPHANSKRONE«, so dass hier keine begriffliche Ähnlichkeit vorliegt.[578] Auch sind »El Corte Inglés« und »The English Cut« für den spanischen Verbraucher nicht ähnlich; denn der spanische Verkehr wird die Bedeutung des englischen Wortes »Cut« nicht erkennen.[579]

---

569 BGH GRUR 1999, 240, 241 *STEPHANSKRONE I*; vgl. auch BGH I ZB 40/03 v. 22.9.2005 *coccodrillo*, Tz. 26; BGH I ZB 61/07 v. 3.4.2008 *SIERRA ANTIGUO*, Tz. 31.
570 BGH GRUR 1999, 240, 241 *STEPHANSKRONE I*.
571 BGHZ 156, 112, 123 *Kinder I*.; auch BGH I ZR 6/05 v. 20.9.2007 *Kinder II*, Tz. 38.
572 BGH GRUR 2004, 779, 782 *Zwilling/Zweibrüder*.
573 BGH GRUR 1998, 934, 937 *Wunderbaum I*.
574 EuG T-33/03 v. 9.3.2005 *SHARK/Hai*, Tz. 51 f.
575 EuG T-123/14 v. 28.1.2015 *waterPerfect/AquaPerfect*, Tz. 34 ff.
576 EuG T-8/17 v. 17.10.2018 *BALLON D'OR/GOLDEN BALLS*, Tz. 87 ff.; vgl. auch EuGH C-581/13 P und C-582/13 P v. 20.11.2014 *Intra-Presse*.
577 EuG T-128/15 v. 16.12.2015 *Rotkäppchen/RED RIDING HOOD*, Tz. 36 ff.
578 Vgl. BGH GRUR 1999, 240, 241 *STEPHANSKRONE I*; BGH GRUR 1999, 241 *STEPHANSKRONE II*.
579 EuG T-515/12 v. 15.10.2014 *El Corte Inglés/The English Cut*, Tz. 26 ff., wegen Widersprüchlichkeit allerdings aufgehoben durch EuGH C-603/14 P v. 10.12.2015 *El Corte Inglés*, dann Widerspruch erneut zurückgewiesen durch EuG T-515/12 RENV v. 27.10.2016 *El Corte Inglés/The English Cut*.

III. 2. Wahrnehmungsrichtungen – insbesondere Fallgruppe »Variation«

Demgegenüber wird der Verkehr bei Gegensatzpaaren in aller Regel nicht erwarten, dass es sich um die Variation ein und desselben Zeichens handelt. Hier besteht daher keine Ähnlichkeit im Bedeutungsgehalt. **130**

Die Marken »MONOFLAM« und »POLYFLAM« sind folglich begrifflich nicht ähnlich.[580]

Auch bei Namensmarken, bei denen die eine Marke aus einem Nachnamen, die andere Marke aus diesem Nachnamen und einem hinzugefügten Vornamen besteht, besteht nicht unbedingt eine begriffliche Ähnlichkeit. Denn andernfalls könnte jeder Nachname, der eine ältere Marke bildet, erfolgreich der Eintragung einer aus einem Vornamen und diesem Nachnamen gebildeten Marke entgegengehalten werden, selbst wenn beispielsweise dieser Nachname gängig wäre oder die Hinzufügung des Vornamens von Einfluss auf die Wahrnehmung der auf diese Weise zusammengesetzten Marke durch die maßgeblichen Verkehrskreise in begrifflicher Hinsicht wäre. **131**

Folglich ist eine begriffliche Ähnlichkeit der Marken »Becker« und »Barbara Becker« zu verneinen.[581]

In Ausnahmefällen können Wortmarken auch mit Bildmarken eine begriffliche Ähnlichkeit begründen. Der BGH verlangt hierfür kumulativ[582], dass die Wortmarke die nahe liegende, ungezwungene und erschöpfende Benennung des Bildes darstellt.[583] Die bloße Möglichkeit der Benennung soll dabei nicht genügen.[584] **132**

So hat der BGH – wohl zu weitgehend – in der Marke

eine unmittelbare Darstellung des Worts »Schlüssel« gesehen und eine begriffliche Ähnlichkeit mit einem Wortzeichen »Schlüssel« bejaht, obwohl die Bildmarke wohl ebenso gut als »Schlüssel im Wappen« verstanden werden könnte.[585] In ähnlicher Weise begründeten die Marken

---

580 BGH GRUR 1999, 735, 736 f. *MONOFLAM/POLYFLAM*.
581 EuGH C-51/09 P v. 24.6.2010 *Barbara Becker*, Tz. 39.
582 BGH I ZR 105/14 v. 23.9.2015 *Goldbären*, Tz. 35.
583 BGH GRUR 1999, 990, 992 *Schlüssel*, m. w. N.; BGH GRUR 2004, 779, 783 *Zwilling/Zweibrüder*; BGH I ZB 40/03 v. 22.9.2005 *coccodrillo*, Tz. 22; BGH I ZB 28/04 v. 11.5.2006 *Malteserkreuz I*, Tz. 35; BGH I ZR 105/14 v. 23.9.2015 *Goldbären*, Tz. 35; zur Kollision einer Wortmarke mit einer (abstrakten) Farbe: BGHZ 75, 7 *Lila*; zur begrifflichen Ähnlichkeit bei zwei Bildmarken: BGH GRUR 2004, 594, 597 f. *Ferrari-Pferd*.
584 BGH I ZR 105/14 v. 23.9.2015 *Goldbären*, Tz. 41.
585 BGH GRUR 1999, 990, 992 *Schlüssel*, m. w. N.; in diesem Sinne auch EuG T-81/03, T-82/03 und T-103/03 v. 14.12.2006 *Mast-Jägermeister*, Tz. 94; ferner BGH GRUR 2004, 779, 783 *Zwilling/Zweibrüder*.

eine begriffliche Ähnlichkeit.[586] Noch viel weitergehender sollte sogar die Marke

dem Wort »Apple« ähnlich sein.[587] Demgegenüber war das Bildzeichen

keine Umsetzung des Begriffs »zwei Brüder«.[588] Auch wird der deutsche Verkehr die Abbildung eines Krokodils nicht mit dem italienischen Wort »coccodrillo« benennen.[589]

133 Auch zwischen einer Wortmarke und einer dreidimensionalen Gestaltung kann eine begriffliche Zeichenähnlichkeit bestehen. Gerade bei der Beurteilung der Frage der Zeichenähnlichkeit zwischen einer Wortmarke und einer dreidimensionalen Gestaltung darf jedoch nicht über die Ähnlichkeit im Sinngehalt ein Motivschutz begründet werden oder eine uferlose Ausweitung des Schutzbereichs der Wortmarke mit der Folge einer umfassenden Monopolisierung von Warengestaltungen vorgenommen werden. Wie bei der Ähnlichkeit von Wort und Bild ist eine begriffliche Ähnlichkeit zwischen einer Wortmarke und einer dreidimensionalen Gestaltung anzunehmen, wenn die Wortmarke aus Sicht der angesprochenen Verkehrskreise die naheliegende, ungezwungene und erschöpfende Bezeichnung der dreidimensionalen Gestaltung ist. Hierzu ist jedoch erforderlich, dass sich die Benennung der beanstandeten Gestaltung mit dem Markenwort für den Verkehr aufdrängt, ohne dass hierfür mehrere gedankliche Zwischenschritte notwendig sind und ohne dass es andere Bezeichnungen für die dreidimensionale Gestaltung gibt, die gleich naheliegend sind.[590]

Eine begriffliche Zeichenähnlichkeit hat der BGH nach diesen Kriterien zwischen der Wortmarke »Goldbären« und der dreidimensionalen Gestaltung

---

586 EuG T-389/03 v. 17.4.2008 *Pelikan*, Tz. 90 ff.
587 EuG T-104/17 v. 13.9.2018 *apple/apo*, Tz. 46 ff.
588 BGH GRUR 2004, 779, 783 *Zwilling/Zweibrüder*.
589 BGH I ZB 40/03 v. 22.9.2005 *coccodrillo*, Tz. 22 f.
590 BGH I ZR 105/14 v. 23.9.2015 *Goldbären*.

verneint.⁵⁹¹ Tatsächlich aber erscheint eine Benennung der Gestaltung als »Goldbären« naheliegend – gerade weil Lindt seinen ähnlich gestalteten »Goldhasen« mit großem Aufwand entsprechend bewirbt und der Verkehr daher an diese Benennung gewöhnt ist. Dass Lindt erst im Laufe des Verfahrens dazu übergegangen ist, die Gestaltung mit »Teddy« zu bezeichnen, kann die bereits zuvor entstandene Verwechslungsgefahr nicht mehr ausräumen.

e) *Gewichtung der einzelnen Wahrnehmungsrichtungen*

Im Grundsatz kann allein die Ähnlichkeit in einer der drei Wahrnehmungsrichtungen (klanglich, bildlich, begrifflich) eine Verwechslungsgefahr hervorrufen.⁵⁹² **134**

So kann etwa allein die klangliche Ähnlichkeit der Zeichen »Lloyd« und »Loint« unter Umständen eine Verwechslungsgefahr begründen. Für die Praxis lässt sich jedoch feststellen, dass Fälle, in denen eine Verwechslungsgefahr allein aufgrund begrifflicher Ähnlichkeit bejaht wurde, kaum anzutreffen sind.⁵⁹³

Andererseits ist das Bestehen von Verwechslungsgefahr im Rahmen einer umfassenden Beurteilung hinsichtlich der Ähnlichkeit der Zeichen in Bedeutung, Bild und Klang zu ermitteln.⁵⁹⁴ Aus einer Ähnlichkeit in einer Wahrnehmungsrichtung folgt daher nicht automatisch eine die Verwechslungsgefahr begründende Ähnlichkeit.⁵⁹⁵ **135**

Auch kommt den bildlichen, klanglichen oder begrifflichen Aspekten der einander gegenüberstehenden Zeichen nicht immer gleiches Gewicht zu. Insbesondere gibt es keinen allgemeinen Erfahrungssatz, dass einer der Wahrnehmungsrichtungen stets besonderes Gewicht zukomme.⁵⁹⁶ Welches Gewicht dabei den einzelnen Wahrnehmungsrichtungen beizumessen ist, hängt unter anderem von den Eigenschaften des Zeichens oder von den objektiven Umständen beim Erwerb der mit der Marke gekennzeichneten Produkte ab.⁵⁹⁷ Auf ein gegenwärtiges Vermarktungskonzept wie z. B. Selektivvertrieb kommt es hingegen nicht an, da dies jederzeit **136**

---

591 BGH I ZR 105/14 v. 23.9.2015 *Goldbären*.
592 EuGH C-342/97 v. 22.6.1999 *Lloyd Schuhfabrik Meyer*, Tz. 28; EuGH C-206/04 P v. 23.3.2006 *Muelhens*, Tz. 21; EuGH C-234/06 P v. 13.9.2007 *Il Ponte Finanziaria*, Tz. 32; EuG T-104/01 v. 23.10.2002 *Miss Fifties/Fifties*, Tz. 34; BGHZ 139, 340 *Lions*; BGH I ZB 26/05 v. 13.12.2007 *idw*, Tz. 37; BGH I ZB 39/05 v. 13.12.2007 *idw Informationsdienst Wissenschaft*, Tz. 35; BGH I ZR 162/05 v. 14.2.2008 *HEITEC*, Tz. 21; BGH I ZR 31/09 v. 20.1.2011 *Kappa*, Tz. 26; BGH I ZR 154/09 v. 24.2.2011 *Enzymax/Enzymix*, Tz. 21; BGH I ZR 71/12 v. 22.1.2014 *REAL-Chips*, Tz. 25; BGH I ZR 161/13 v. 5.3.2015 *IPS/ISP*, Tz. 22; BGH I ZR 153/14 v. 12.3.2015 *BMW-Emblem*, Tz. 24; BGH I ZR 59/13 v. 2.4.2015 *Springender Pudel*, Tz. 23; BGH I ZB 16/14 v. 9.7.2015 *BSA/DSA DEUTSCHE SPORTAKADEMIE*, Tz. 13.
593 Vgl. nur EuG T-33/03 v. 9.3.2005 *SHARK/Hai*; anders wohl nur der Exot BGH GRUR 1999, 990 *Schlüssel*.
594 EuGH C-234/06 P v. 13.9.2007 *Il Ponte Finanziaria*, Tz. 32.
595 EuGH C-206/04 P v. 23.3.2006 *Muelhens*, Tz. 21 f.; EuGH C-234/06 P v. 13.9.2007 *Il Ponte Finanziaria*, Tz. 35.
596 EuGH C-374/15 P v. 28.1.2016 *Harper Hygienics*, Tz. 69; EuGH C-474/15 P v. 7.4.2016 *Harper Hygienics*, Tz. 69; EuGH C-475/15 P v. 7.4.2016 *Harper Hygienics*, Tz. 71.
597 EuGH C-394/08 P v. 3.6.2009 *Zipcar*, Tz. 59; EuGH C-579/08 P v. 15.1.2010 *Messer Group*, Tz. 48; EuGH C-552/09 P v. 24.3.2011 *FERRERO*, Tz. 85 f.; EuGH C-374/15 P v. 28.1.2016 *Harper Hygienics*, Tz. 70; EuGH C-474/15 P v. 7.4.2016 *Harper Hygienics*, Tz. 70; EuGH C-475/15 P v. 7.4.2016 *Harper Hygienics*, Tz. 72; EuGH C-437/16 P v. 5.10.2017 *Wolf Oil*, Tz. 56.

geändert werden kann.[598] Werden etwa die mit den Marken gekennzeichneten Waren üblicherweise in Selbstbedienungsgeschäften verkauft, wo der Verbraucher die Ware selbst auswählt und sich daher hauptsächlich auf das Bild der auf dieser Ware angebrachten Marke verlassen muss, ist eine bildliche Ähnlichkeit der Zeichen in der Regel von größerer Bedeutung. Wird die betreffende Ware hingegen hauptsächlich über Verkaufsgespräche verkauft, ist der klanglichen Ähnlichkeit üblicherweise mehr Gewicht beizumessen.[599] Die Rechtsprechung zu einzelnen Branchen ist allerdings noch etwas uneinheitlich.

So ist etwa beim Kauf von Bekleidungsstücken im Einzelhandel der bildliche Aspekt von größerer Bedeutung. In den Bekleidungsgeschäften können die Kunden die Kleidung, die sie kaufen möchten, im Allgemeinen entweder selbst auswählen oder sich von einem Verkäufer helfen lassen. Ein Gespräch über die Ware und die Marke ist zwar nicht ausgeschlossen, die Auswahl des Bekleidungsstücks erfolgt jedoch im Allgemeinen nach seinen äußeren Merkmalen.[600] Ähnliches gilt bei Waren der Körper- und Schönheitspflege, die beim Kauf in der Regel vom Verbraucher in Augenschein genommen werden können.[601] Auch Massenartikel wie Putzmittel[602] oder Lebensmittel[603] werden überwiegend in Selbstbedienungsgeschäften auf Sicht gekauft. Ähnliches soll für Möbel,[604] für das Sortiment eines Baumarktes[605] oder aber auch für Datenverarbeitungsgeräte und Computer[606] sowie optische Linsen[607] gelten. Andererseits hat das EuG bei Pflegemitteln für Möbel, Böden bzw. Kraftfahrzeuge auch mündlichen Empfehlungen und der Rundfunkwerbung eine hervorgehobene Bedeutung bei-

---

598 EuG T-99/06 v. 23.9.2009 *FILDOR/PHILDAR*, Tz. 68 f.
599 EuG T-117/03 bis T-119/03 und T-171/03 v. 6.10.2004 *NL*, Tz. 49; EuG T-88/05 v. 8.2.2007 *MARS/NARS*, Tz. 68; auch EuG T-99/01 v. 15.1.2003 *Mystery/Mixery*, Tz. 48; EuG T-292/01 v. 14.10.2003 *PASH/BASS*, Tz. 55; EuG T-355/02 v. 3.3.2004 *sir/ZIRH*, Tz. 51; EuG T-396/04 v. 23.11.2005 *NOKY/NICKY*, Tz. 36, im Ergebnis bestätigt durch EuGH C-92/06 P v. 13.7.2006 *Soffass*; EuG T-3/04 v. 24.11.2005 *KINNIE/KINJI by SPA*, Tz. 56; EuG T-147/03 v. 12.1.2006 *Quantième/Quantum*, Tz. 105, im Ergebnis bestätigt durch EuGH C-171/06 P v. 15.3.2007 *T. I. M. E. ART*; EuG T-194/03 v. 23.2.2006 *Bridge/Bainbridge*, Tz. 116, im Ergebnis bestätigt durch EuGH C-234/06 P v. 13.9.2007 *Il Ponte Finanziaria*; EuG T-342/05 v. 23.5.2007 *Dor/COR*, Tz. 52 f.; auch EuGH C-524/12 P v. 14.11.2013 *TeamBank*, Tz. 60 f.
600 EuG T-292/01 v. 14.10.2003 *PASH/BASS*, Tz. 55; auch EuGH C-524/12 P v. 14.11.2013 *TeamBank*, Tz. 60 f.; EuG T-117/03 bis T-119/03 und T-171/03 v. 6.10.2004 *NL*, Tz. 49 ff.; EuG T-57/03 v. 1.2.2005 *OLLY GAN/HOOLIGAN*, Tz. 66; EuG T-194/03 v. 23.2.2006 *Bridge/Bainbridge*, Tz. 116, bestätigt durch EuGH C-234/06 P v. 13.9.2007 *Il Ponte Finanziaria*; EuG T-97/05 v. 12.7.2006 *Sergio Rossi/MARCOROSSI*, Tz. 45, auch zu Accessoires; EuG T-88/05 v. 8.2.2007 *MARS/NARS*, Tz. 69, auch zu Schuhen; auch BGHZ 139, 340 *Lions*; EuG T-103/07 v. 23.9.2009 *TRACK & FIELD USA/TRACK & FIELD*, Tz. 62 ff; EuG T-309/08 v. 21.1.2010 *G Stor/G-STAR und G-STAR RAW DENIM*, Tz. 35.
601 EuG T-355/02 v. 3.3.2004 *sir/ZIRH*, Tz. 52 ff., bestätigt durch EuGH C-206/04 P v. 23.3.2006 *Muelhens*; zu Papierwaren auch EuG T-396/04 v. 23.11.2005 *NOKY/NICKY*, Tz. 36, im Ergebnis bestätigt durch EuGH C-92/06 P v. 13.7.2006 *Soffass*; EuG T-596/13 v. 26.3.2015 *Mc Neal/Nael*, Tz. 51 ff., im Ergebnis bestätigt durch EuGH C-251/15 P v. 4.2.2016 *Emsibeth*.
602 EuG T-342/05 v. 23.5.2007 *Dor/COR*, Tz. 53.
603 EuG T-363/04 v. 12.9.2007 *Carbonell/La Española*, Tz. 109 [zu Olivenöl]; EuG T-275/07 v. 2.12.2008 *brillante/BRILLO'S*, Tz. 24.
604 EuG T-112/06 v. 16.1.2008 *IKEA/idea*, Tz. 79.
605 EuG T-106/06 v. 23.1.2008 *BAUHAUS/BAU HOW*, Tz. 46.
606 EuG T-309/08 v. 21.1.2010 *G Stor/G-STAR und G-STAR RAW DENIM*, Tz. 35.
607 EuG T-339/17 v. 21.11.2018 *7seven/SEVENOAK*, Tz. 92 ff.

gemessen.⁶⁰⁸ Auch bei Getränken ist die Bedeutung mündlicher Bestellungen in Restaurants, Cafés und Bars nicht ganz zu vernachlässigen.⁶⁰⁹ Ähnliches wird wohl in Apotheken gelten.⁶¹⁰ Entsprechend ist selbst dann, wenn in einer bestimmten Branche – wie im Bereich wissenschaftlicher Ausbildung – überwiegend schriftlich kommuniziert wird, eine klangliche Ähnlichkeit nicht völlig zu vernachlässigen.⁶¹¹ Werden dagegen – wie etwa im Bereich der Fahrzeugvermietung – Geschäfte überwiegend mündlich abgeschlossen, so kann der klanglichen Ähnlichkeit sogar eine entscheidende Rolle zukommen.⁶¹² Auch bei Finanzdienstleistungen steht die bildliche Ähnlichkeit nicht im Vordergrund.⁶¹³

f) Wechselseitiges Neutralisieren von Ähnlichkeiten

Besteht die Ähnlichkeit nur in einer oder in zwei Wahrnehmungsrichtungen, so können die Unterschiede zwischen den Zeichen in einer anderen Richtung grundsätzlich geeignet sein, eine Verwechslungsgefahr auszuräumen.⁶¹⁴ Die vorhandene Zeichenähnlichkeit wird quasi neutralisiert (Neutralisierungstheorie⁶¹⁵). Von praktischer Bedeutung ist dies insbesondere in Fällen, in denen eine klangliche und schriftbildliche Ähnlichkeit besteht, die aber durch Unterschiede im Bedeutungsgehalt zurückgedrängt wird. Für eine solche Neutralisierung ist erforderlich, dass zumindest⁶¹⁶ eines der Zeichen in der Wahrnehmung der maßgebenden Verkehrskreise eine eindeutige und bestimmte Bedeutung hat, so dass die Verkehrskreise sie ohne weiteres erfassen können.⁶¹⁷ Außerdem muss selbstverständlich festgestellt

137

---

608 EuG T-57/06 v. 7.11.2007 *TOFIX/Top iX*, Tz. 94 ff.
609 EuG T-99/01 v. 15.1.2003 *Mystery/Mixery*, Tz. 48; EuG T-33/03 v. 9.3.2005 *SHARK/Hai*, Tz. 63; BGH GRUR 2002, 167, 169 *Bit/Bud*; BGH GRUR 2005, 326, 327 *il Padrone/Il Portone*; zu zurückhaltend EuG T-3/04 v. 24.11.2005 *KINNIE/KINJI by SPA*, Tz. 57 ff.; EuG T-350/04 bis T-352/04 v. 19.10.2006 *Bit/BUD*, Tz. 111 ff.; EuG T-458/07 v. 16.9.2009 *DOMINIO DE LA VEGA/PALACIO DE LA VEGA*, Tz. 48, im Ergebnis bestätigt durch EuGH C-459/09 P v. 16.9.2010 *Dominio de la Vega*.
610 Vgl. dazu EuGH C-374/15 P v. 28.1.2016 *Harper Hygienics*, Tz. 68 ff.; EuGH C-474/15 P v. 7.4.2016 *Harper Hygienics*, Tz. 68 ff.; EuGH C-475/15 P v. 7.4.2016 *Harper Hygienics*, Tz. 70 ff.
611 BGH I ZB 26/05 v. 13.12.2007 *idw*, Tz. 38; BGH I ZB 39/05 v. 13.12.2007 *idw Informationsdienst Wissenschaft*, Tz. 36.
612 EuG T-36/07 v. 25.6.2008 *CICAR/ZIPCAR*, Tz. 49, im Ergebnis bestätigt durch EuGH C-394/08 P v. 3.6.2009 *Zipcar*.
613 EuGH C-524/12 P v. 14.11.2013 *TeamBank*, Tz. 61.
614 EuGH C-361/04 P v. 12.1.2006 *Picasso*, Tz. 20; EuGH C-206/04 P v. 23.3.2006 *Muelhens*, Tz. 35; EuGH C-234/06 P v. 13.9.2007 *Il Ponte Finanziaria*, Tz. 34; EuGH C-16/06 P v. 18.12.2008 *René*, Tz. 98; EuGH C-249/14 P v. 9.7.2015 *Pêra-Grave*, Tz. 39; auch EuG T-257/14 v. 6.3.2015 *BLACK TRACK/BLACK JACK TM*, Tz. 45.
615 Der EuGH spricht inzwischen selbst von einer »Neutralisierungstheorie«: EuGH C-16/06 P v. 18.12.2008 *René*, Tz. 97, 99.
616 Ausdrücklich BGH I ZR 102/07 v. 29.7.2009 *AIDA/AIDU*, Tz. 21.
617 EuGH C-234/06 P v. 13.9.2007 *Il Ponte Finanziaria*, Tz. 34; EuGH C-16/06 P v. 18.12.2008 *René*, Tz. 98; EuGH C-579/08 P v. 15.1.2010 *Messer Group*, Tz. 57; EuGH C-459/09 P v. 16.9.2010 *Dominio de la Vega*, Tz. 56; EuGH C-249/14 P v. 9.7.2015 *Pêra-Grave*, Tz. 39; EuGH C-437/16 P v. 5.10.2017 *Wolf Oil*, Tz. 43; BGH I ZR 31/09 v. 20.1.2011 *Kappa*, Tz. 32; BGH I ZR 30/16 v. 2.3.2017 *Medicon-Apotheke/MediCo Apotheke*, Tz. 27; BGH I ZR 74/17 v. 12.7.2018 *combit/Commit*, Tz. 23; zuvor bereits etwa EuG T-292/01 v. 14.10.2003 *PASH/BASS*, Tz. 54; EuG T-336/03 v. 27.10.2005 *OBELIX/MOBILIX*, Tz. 80; EuG T-147/03 v. 12.1.2006 *Quantième/Quantum*, Tz. 98, bestätigt durch EuGH C-171/06 P v. 15.3.2007 *T. I. M. E. ART*, Tz. 49.

werden, dass die Zeichen überhaupt Bedeutungsunterschiede aufweisen.[618] Darauf, ob diese Bedeutung in irgendeinem Zusammenhang mit den einschlägigen Waren steht, kommt es nicht an.[619] Handelt es sich um fremdsprachige Begriffe, so ist Voraussetzung, dass die angesprochenen Verkehrskreise die Fremdsprache hinreichend beherrschen.[620]

> So sollte nach einer Entscheidung des EuG bei der Kollision der Marken »PASH« und »BASS« das Wort »BASS« eine für den deutschen Verbraucher erkennbare Bedeutung aufweisen, die die Unterscheidung der Zeichen ermöglichte.[621] Im Fall der Kollision der Marken »SIR« und »ZIRH« kennt der Verkehr das Wort »SIR«,[622] bei »VITAKRAFT« und »VITACOAT« das Wort »VITA«.[623] Auch die Bedeutungsunterschiede zwischen den Zeichen »PICASSO« – bekannt als Name des berühmten Malers – und »PICARO« waren so beschaffen, dass sie die geringen optischen und klanglichen Ähnlichkeiten neutralisierten.[624] Ähnliches galt beim Markenpaar »OBELIX« und »MOBILIX« wegen der Bekanntheit der Comicfigur Obelix.[625] Auch die klangliche Ähnlichkeit zwischen den Zeichen »OLLY GAN«, das wie ein Name wirkt, und »HOOLIGAN« wird durch die Bedeutungsunterschiede neutralisiert, eine Verwechslungsgefahr ausgeschlossen.[626] Entsprechendes galt bei der Kollision der Zeichen »CELTA« und »Celia«, wo »CELTA« für den spanischen Verkehr als Hinweis auf die Kelten, »Celia« hingegen als Vorname zu verstehen war,[627] oder bei den Zeichen »ESTEVE« und »ESTER-E«, wo »ester« als chemischer Begriff und Mädchenname erkennbar blieb.[628] Eine Neutralisierung wurde weiter angenommen bei den Zeichen »STENINGE KERAMIK« (Keramik aus Steninge) und »STENINGE SLOTT« (Schloss Steninge)[629] sowie bei »MARS« und »NARS«.[630] Sogar die Ähnlichkeit der Zeichen »IKEA« und »idea« wurde durch den Bedeutungsgehalt des englischen Wortes »idea« ausgeschlossen.[631] Andererseits sind die Bedeutungen des Zeichens »CARPO«, das für den maßgeblichen spanischsprachigen Verbraucher so viel wie »Karpfen« oder »Handgelenk« bedeutet, zwar geeignet, eine Ähnlichkeit und damit eine Verwechslungsgefahr mit der Marke »HARPO Z« zu reduzieren, jedoch nicht vollständig zu beseitigen.[632] Auch der Anklang an das Wort »top« in der Marke »Top iX« erleichterte zwar die Unterscheidung von einer Marke »TOFIX«, ohne jedoch die

---

618 EuGH C-437/16 P v. 5.10.2017 *Wolf Oil*, Tz. 44, m. w. N.
619 EuG T-292/01 v. 14.10.2003 *PASH/BASS*, Tz. 54.
620 Vgl. EuG T-288/16 v. 26.4.2018 *MR.COOK/M'Cooky*, Tz. 35 ff.
621 EuG T-292/01 v. 14.10.2003 *PASH/BASS*, Tz. 54.
622 EuG T-355/02 v. 3.3.2004 *sir/ZIRH*, Tz. 50 f., bestätigt durch EuGH C-206/04 P v. 23.3.2006 *Muelhens*; entsprechend hat der BGH (I ZR 211/06 v. 10.1.2008) in dem parallelen deutschen Verletzungsverfahren die Nichtzulassungsbeschwerde gegen das abweisende Urteil des OLG Hamburg zurückgewiesen.
623 EuG T-277/04 v. 12.7.2006 *VITAKRAFT/VITACOAT*, Tz. 61 f.
624 EuG T-185/02 v. 22.6.2004 *PICASSO/PICARO*, Tz. 57 f., bestätigt durch EuGH C-361/04 P v. 12.1.2006 *Picasso*, Tz. 20; entsprechend bei umgekehrter Prioritätslage zum bekannten Fußballer Messi EuG T-554/14 v. 26.4.2018 *MASSI/MESSI*, Tz. 58 ff.
625 EuG T-336/03 v. 27.10.2005 *OBELIX/MOBILIX*, Tz. 80 f., im Ergebnis bestätigt durch EuGH C-16/06 P v. 18.12.2008 *René*, Tz. 91 ff.
626 EuG T-57/03 v. 1.2.2005 *OLLY GAN/HOOLIGAN*, Tz. 65 f., wegen der für den französischen Verkehr wohl fast bestehenden klanglichen Identität fraglich.
627 EuG T-35/07 v. 23.4.2008 *CELTA/Celia*, Tz. 46 ff., im Ergebnis bestätigt durch EuGH C-300/08 P v. 11.6.2009 *Leche Celta*.
628 EuG T-230/07 v. 8.7.2009 *ESTER-E/ESTEVE*, Tz. 51 ff.
629 EuG T-499/04 v. 17.10.2006 *STENINGE KERAMIK/STENINGE SLOTT*, Tz. 55 f.
630 EuG T-88/05 v. 8.2.2007 *MARS/NARS*, Tz. 70.
631 EuG T-112/06 v. 16.1.2008 *IKEA/idea*, Tz. 77 f.
632 EuG T-35/03 v. 12.10.2004 *HARPO Z/CARPO*, Tz. 27 f.

III. 2. Wahrnehmungsrichtungen – insbesondere Fallgruppe »Variation«

Verwechslungsgefahr auszuschließen.[633] Ebenso hat der EuGH[634] die Tatsachenwürdigung des EuG[635] bestätigt, dass beim Zeichenpaar »QUANTUM« und »Quantième« ein Neutralisieren nicht in Frage komme, weil der Verkehr die Bedeutung der Markenwörter nicht ohne weiteres erfasse. Gleichfalls nicht geeignet für ein Neutralisieren bestehender Ähnlichkeiten in der Kollision der Zeichen »INTESA« und »INTEA« war wegen des hohen Ähnlichkeitsgrads auch die Tatsache, dass »intesa« im Italienischen »Vertrag« bedeutet.[636] Auch der Begriff »YUPI« konnte zwar für den maßgeblichen spanischen Verbraucher eine Bedeutung aufweisen; doch war dieser Bedeutungsgehalt auch in Spanien nicht besonders bekannt und konnte daher die Ähnlichkeit zum Zeichen »YUKI« nicht neutralisieren.[637] Auch bei den Wörtern »QUICK« und »QUICKY« hat das EuG nicht angenommen, dass begriffliche Unterschiede die Ähnlichkeit der Zeichen kompensieren würden, zumal dem im Streitfall maßgeblichen französischen Verbraucher die Bedeutungen der Wörter nicht mit Sicherheit geläufig seien.[638] Der BGH hat ein Zurückdrängen von Zeichenähnlichkeiten bei der Kollision der Marken »FLORA«, als weiblicher Vorname und Bezeichnung für die Pflanzenwelt, und »LORA DI RECOARO« bejaht.[639] Ähnliches wurde im Hinblick auf den Vornamen »Aida« und die Fantasiebezeichnung »Aidu« angenommen.[640] Nicht ohne weiteres erkennbar war dagegen die Bedeutung der Zeichen »Enzymax« und »Enzymix«[641] sowie »Medicon« und »MediCo«.[642] Im Übrigen lassen sich aus der Rechtsprechung des BGH für ein Zurückdrängen der Ähnlichkeiten auch ältere Entscheidungen finden – so etwa bei der Kollision der Zeichen »Quick« und »Glück«[643] bzw. »Ball« und »Bally«.[644] Im Verhältnis der Bezeichnungen »Makalu« und »Manaslu«, die jeweils Namen von Achttausendern im Himalaja sind, ist der BGH nicht von einem Zurückdrängen von Ähnlichkeiten ausgegangen, weil dem allgemeinen Verkehr dieser Bedeutungsgehalt nicht erkennbar sei.[645] Auch im Verhältnis der Bezeichnungen »MIDAS« und »medAS« wurde die klangliche Ähnlichkeit und damit die Verwechslungsgefahr nicht zurückgedrängt, weil der Verkehr in der Marke »MIDAS« nicht den Namen des minoischen Königs Midas erkennen werde.[646]

138 Lediglich beschreibende Anklänge, eine Verwendung von Begriffen des Grundwortschatzes in zusammengesetzten Zeichen oder in ihrer Bedeutung eher unbekannte Wörter hat die Rechtsprechung für ein Zurückdrängen von Ähnlichkeiten allerdings nicht genügen lassen.

So war im vom EuG entschiedenen Fall der Kollision der Marken »Mystery« und »Mixery« der Sinngehalt nicht hinreichend direkt und genau, um vom Verbraucher sofort erfasst wer-

---

633 EuG T-57/06 v. 7.11.2007 *TOFIX/Top iX*, Tz. 84.
634 EuGH C-171/06 P v. 15.3.2007 *T. I. M. E. ART*, Tz. 50.
635 EuG T-147/03 v. 12.1.2006 *Quantième/Quantum*, Tz. 99; ähnlich für den spanischen Verkehr EuG T-261/03 v. 10.12.2004 *GLOBE/GLOVE*.
636 EuG T-353/02 v. 13.4.2005 *INTESA/INTEA*, Tz. 34.
637 EuG T-278/04 v. 16.11.2006 *YUPI/YUKI*, Tz. 64 ff.; ähnlich EuG T-633/15 v. 15.9.2016 *PUNCH/PUSH*, Tz. 39 ff.
638 EuG T-74/04 v. 22.2.2006 *QUICKY/QUICK*, Tz. 55, aus anderen Gründen aufgehoben durch EuGH C-193/06 P v. 20.9.2007 *Nestlé/HABM*; vgl. auch EuG T-261/03 v. 10.12.2004 *GLOBE/GLOVE*, Tz. 22 ff.
639 BGH GRUR 1999, 583, 586 *LORA DI RECOARO*.
640 BGH I ZR 102/07 v. 29.7.2009 *AIDA/AIDU*, Tz. 19 f.
641 BGH I ZR 154/09 v. 24.2.2011 *Enzymax/Enzymix*, Tz. 30.
642 BGH I ZR 30/16 v. 2.3.2017 *Medicon-Apotheke/MediCo Apotheke*, Tz. 32.
643 BGHZ 28, 320 *Quick/Glück*.
644 BGH GRUR 1992, 130 *Bally/BALL*.
645 BGH GRUR 1998, 1034, 1036 *Makalu*.
646 BGH GRUR 2004, 240, 241 *MIDAS/medAS*.

den zu können und damit eine sichere Unterscheidung zu ermöglichen.⁶⁴⁷ Auch im Verhältnis der Marken »MUNDICOLOR« und »MUNDICOR« waren die Voraussetzungen nicht gegeben, da »MUNDICOLOR« keine klare und bestimmte Bedeutung aufwies.⁶⁴⁸ Der beschreibende Anklang der Bestandteile »MAXX« im Sinne von »maximal« und »mix« im Sinne von »mixen« konnte die klangliche und bildliche Ähnlichkeit der Marken »FERROMAXX« und »Ferromix« nicht hinreichend neutralisieren.⁶⁴⁹ Weiter war die (wissenschaftliche) Bedeutung des Worts »Quantum« dem französischen Verbraucher nicht hinreichend bekannt, um eine klangliche und bildliche Ähnlichkeit neutralisieren zu können.⁶⁵⁰ Der BGH hat im Verhältnis der Zeichen »Kellogg« und »Kelly« bzw. »Kelly« nicht genügen lassen, dass der Verkehr im Zeichen »Kelly« eventuell einen irischen Familiennamen sehen würde, da selbst dies das Auseinanderhalten der Zeichen nicht erleichtern würde.⁶⁵¹ Schließlich wiesen weder »d-c-fix« noch »CD-FIX« als Gesamtzeichen einen Sinngehalt auf, der vom Verkehr ohne weiteres erfasst wird; selbst wenn der Zusatz »fix/FIX« in beiden Zeichen übereinstimmend als Hinweis auf Schnelligkeit und auf Festigkeit verstanden werden sollte, führte dies wegen des insoweit übereinstimmenden Sinngehalts nicht aus dem Ähnlichkeitsbereich der Zeichen heraus.⁶⁵²

139 Während die Frage der Neutralisierung klanglicher Ähnlichkeit durch begriffliche Unterschiede weitgehend geklärt ist, sind andere Konstellationen noch Neuland. Der BGH hatte etwa zu entscheiden, ob eine klangliche Ähnlichkeit auch durch bildliche Unterschiede neutralisiert werden kann. Dies hielt der BGH nur für möglich, wenn die fraglichen Waren ausschließlich auf Sicht gekauft würden.

Danach konnten die Marken

durchaus ähnlich sein, da die unter den Marken geschützten Lederwaren, Taschen und Koffer auch auf Nachfrage gekauft würden.⁶⁵³ Mit einem anderen Ansatz ließ das EuG den Wortbestandteil »KAJMAN« im Zeichen

---

647 EuG T-99/01 v. 15.1.2003 *Mystery/Mixery*, Tz. 47.
648 EuG T-183/02 und T-184/02 v. 17.3.2004 *MUNDICOLOR/MUNDICOR*, Tz. 94 ff.
649 EuG T-305/06 bis T-307/06 v. 15.10.2008 *FERROMAXX, INOMAXX und ALUMAXX/ Ferromix, Inomix und Alumix*, Tz. 55, im Ergebnis bestätigt durch EuGH C-579/08 P v. 15.1.2010 *Messer Group*; entsprechend EuG T-150/08 v. 11.11.2009 *Clina/CLINAIR*, Tz. 49 ff., im Ergebnis bestätigt durch EuGH C-22/10 P v. 27.10.2010 *REWE Central*.
650 EuG T-147/03 v. 12.1.2006 *Quantième/Quantum*, Tz. 88 u. 98 ff., im Ergebnis bestätigt durch EuGH C-171/06 P v. 15.3.2007 *T. I. M. E. ART*.
651 BGH GRUR 2003, 1044, 1046 *Kelly*; BGH GRUR 2003, 1047, 1049 *Kellogg's/Kelly's*, unter Hinweis auf BGH GRUR 1966, 493, 494 *Lili*.
652 BGH GRUR 2004, 600, 601 *d-c-fix/CD-FIX*.
653 BGH I ZR 31/09 v. 20.1.2011 *Kappa*, Tz. 33.

III. 2. Wahrnehmungsrichtungen – insbesondere Fallgruppe »Variation«

nicht für eine Neutralisierung genügen, weil es in das Bildzeichen integriert war.⁶⁵⁴

Weiter sind auch Konstellationen vorstellbar, in denen eine begriffliche Ähnlichkeit durch klangliche oder bildliche Unterschiede zurückgedrängt wird.⁶⁵⁵ Dies gilt insbesondere, wenn sich die Bedeutung der Zeichen nur einem kleinen Teil des Verkehrs erschließt und das Zeichen für diese Kreise außerdem beschreibend ist.⁶⁵⁶ 140

> So hat das EuG bei der Kollision der begrifflich ähnlichen Marken »Shark« und »Hai« insgesamt eine hinreichende Ähnlichkeit abgelehnt, da die Wörter »Shark« und »Hai« deutliche Klangunterschiede aufweisen und sich im konkreten Fall zudem in der grafischen Aufmachung unterschieden.⁶⁵⁷

Uneinheitlich behandelt die Rechtsprechung des EuG in diesem Zusammenhang die Frage, wie die klangliche und begriffliche Ähnlichkeit bei Marken mit Bildbestandteilen zu beurteilen ist. So hat das Gericht in einer frühen Entscheidung zunächst den Grundsatz aufgestellt, dass bei der Beurteilung der klanglichen Ähnlichkeit Bildelemente außer Betracht bleiben müssten.⁶⁵⁸ 141

> Entsprechend war eine Wort-/Bildmarke »Star TV« trotz ihrer Bildbestandteile in klanglicher Hinsicht mit einer reinen Wortmarke identisch.⁶⁵⁹

Fast diametral entgegengesetzt äußert sich eine andere Entscheidung⁶⁶⁰ des Gerichts: Danach müssten bei einer zusammengesetzten Marke mit Bildcharakter die Beurteilung des Gesamteindrucks dieser Marke und die Bestimmung eines eventuell dominierenden Bestandteils auf der Grundlage einer bildlichen Prüfung geschehen. Nur dann, wenn ein so ermittelter dominierender Bildbestandteil neben seiner grafischen Gestaltung auch einen unmittelbaren Bedeutungsgehalt⁶⁶¹ aufweise, sei dieser zu berücksichtigen. 142

---

654 EuG T-364/13 v. 30.9.2015 *KAJMAN*, Tz. 37 ff., im Ergebnis bestätigt durch EuGH C-619/15 P v. 21.6.2016 *Eugenia Mocek, Jadwiga Wenta, KAJMAN*.
655 Vgl. EuG T-491/04 v. 16.5.2007 *MICRO FOCUS/FOCUS*, Tz. 59, wo eine Neutralisierung letztlich jedoch verneint wird.
656 Vgl. EuG T-534/10 v. 13.6.2012 *HALLOUMI/HELLIM*, Tz. 53 ff., im Ergebnis bestätigt durch EuGH C-393/12 P v. 21.3.2013 *Foundation for the Protection of the Traditional Cheese of Cyprus named Halloumi*.
657 EuG T-33/03 v. 9.3.2005 *SHARK/Hai*, Tz. 64 f., Abbildung der Marke »Shark« oben § 12 Rdn. 56.
658 EuG T-104/01 v. 23.10.2002 *Miss Fifties/Fifties*, Tz. 40; kritisch zu derartigen Ansätzen auch EuG T-40/03 v. 13.7.2005 *MURÚA/Julián Murúa Entrena*, Tz. 51.
659 EuG T-359/02 v. 4.5.2005 *STAR TV*, Tz. 48 f., Abbildung der Marke unten § 12 Rdn. 181; in diese Richtung auch EuG T-211/03 v. 20.4.2005 *NABER/Faber*, Tz. 37 ff.
660 EuG T-7/04 v. 15.6.2005 *LIMONCHELO/Limoncello I*, Tz. 54 ff., aufgehoben durch EuGH C-334/05 P v. 12.6.2007 *HABM/Shaker*.
661 Oder mittelbar einen Klang.

Hiervon ausgehend hat das Gericht den dominierenden Bestandteil der Marke

ausschließlich auf Grundlage des optischen Erscheinungsbilds ermittelt und kam zu dem Ergebnis, dass der mit Zitronen geschmückte Teller, nicht aber der Schriftzug »Limoncello« die Marke dominiere. Die Abbildung des mit Zitronen geschmückten Tellers wies gerade keinen unmittelbaren Bedeutungsgehalt auf. Eine klangliche und begriffliche Ähnlichkeit mit der Kollisionsmarke waren folglich gar nicht mehr zu prüfen.[662]

143 Beide Ansätze des EuG gehen in ihrer postulierten Allgemeingültigkeit zu weit.[663] Vielmehr wird man auch bei Marken mit Bildbestandteilen Ähnlichkeiten in jeder der Wahrnehmungsrichtungen ermitteln können. In einem zweiten Schritt muss dann aber unter Umständen korrigierend geprüft werden, ob bildliche Unterschiede gegebenenfalls eine klangliche Ähnlichkeit zurückdrängen können.[664]

So wird eine Zeichenähnlichkeit etwa dann abzulehnen sein, wenn eine Wort-/Bildmarke mit einem nicht unterscheidungskräftigen Wortbestandteil mit einem aus eben diesem Bestandteil bestehenden Zeichen kollidiert. Dies ist etwa der Fall, wenn die Marke

mit dem Wortzeichen »URLAUB DIREKT« kollidiert.[665] Auch im Verhältnis der Marken

sind die bildlichen und begrifflichen Unterschiede geeignet, für ein überdurchschnittlich aufmerksames Publikum die bestehende klangliche Ähnlichkeit zurückzudrängen.[666] Die begriffliche Ähnlichkeit der Wortmarke »Power« und der Wort-/Bildmarke

---

662 EuG T-7/04 v. 15.6.2005 *LIMONCHELO/Limoncello I*, Tz. 54 ff., aufgehoben durch EuGH C-334/05 P v. 12.6.2007 *HABM/Shaker*.
663 Vgl. nur EuGH C-251/95 v. 11.11.1997 *Springende Raubkatze*.
664 So im Ansatz auch EuG T-169/02 v. 15.2.2005 *Modelo/negra modelo*, Tz. 39.
665 BGH GRUR 2004, 778, 779 *URLAUB DIREKT* (die Abbildung der Marke in GRUR ist fehlerhaft).
666 EuG T-390/03 v. 11.5.2005 *CM/capital markets CM*, Tz. 66 f.

schließlich wird durch die bildlichen und klanglichen Unterschiede (insbesondere den aggressiven Löwenkopf)⁶⁶⁷ jedenfalls bei den im konkreten Fall maßgeblichen aufmerksamen Verbrauchern zurückgedrängt.⁶⁶⁸ Demgegenüber sind die bildlichen Unterschiede zwischen den Zeichen

nicht geeignet, die klangliche Ähnlichkeit zurückzudrängen.⁶⁶⁹

3. Gesamteindruck

a) Grundsätze

Nach der Rechtsprechung des EuGH ist bei der Beurteilung der Zeichenähnlichkeit auf den Gesamteindruck abzustellen, den die Marken hervorrufen.⁶⁷⁰ Der Begriff des Gesamteindrucks im Rahmen der Prüfung der Verwechslungsgefahr unterscheidet sich dabei kaum vom Gesamteindruck im Rahmen der Schutzfähigkeit einer Marke.⁶⁷¹ Die Beurteilung der Ähnlichkeit zweier Marken erschöpft sich deshalb normalerweise nicht darin, nur einen Bestandteil einer zusammengesetzten Marke zu berücksichtigen und mit einer anderen Marke zu vergleichen; vielmehr sind die fraglichen Marken jeweils als Ganzes miteinander zu vergleichen.⁶⁷² Denn der Durchschnittsverbraucher nimmt eine Marke normalerweise als Ganzes wahr

144

---

667 Vgl. EuG T-317/03 v. 26.1.2006 *DERBIVARIANT/DERBI*, Tz. 55.
668 EuG T-34/04 v. 22.6.2005 *POWER/Turkish Power*, Tz. 66 ff., bestätigt durch EuGH C-324/05 P v. 1.6.2006 *Plus Warenhandelsgesellschaft*.
669 EuG T-206/04 v. 1.2.2006 *cerfix/PERFIX*, Tz. 33.
670 Etwa EuGH C-251/95 v. 11.11.1997 *Springende Raubkatze*, Tz. 23; EuGH C-342/97 v. 22.6.1999 *Lloyd Schuhfabrik Meyer*, Tz. 25; EuGH C-3/03 P v. 28.4.2004 *Matratzen Concord*, Tz. 29; EuGH C-196/06 P v. 9.3.2007 *Alecansan/HABM*, Tz. 23; EuGH C-21/08 P v. 26.3.2009 *Sunplus Technology*, Tz. 27; EuGH C-252/12 v. 18.7.2013 *Specsavers*, Tz. 35; EuGH C-466/13 P v. 22.10.2014 *Repsol*, Tz. 82; auch EuG T-104/01 v. 23.10.2002 *Miss Fifties/Fifties*, Tz. 34; BGH GRUR 2000, 506, 509 *ATTACHÉ/TISSERAND*.
671 Vgl. hierzu oben § 4 Rdn. 36 – 42.
672 EuGH C-3/03 P v. 28.4.2004 *Matratzen Concord*, Tz. 32; EuGH C-120/04 v. 6.10.2005 *Medion*, Tz. 29; EuGH C-235/05 P v. 27.4.2006 *L'Oréal*, Tz. 46; EuGH C-334/05 P v. 12.6.2007 *HABM/Shaker*, Tz. 41; EuGH C-193/06 P v. 20.9.2007 *Nestlé/HABM*, Tz. 35; EuGH C-459/09 P v. 16.9.2010 *Dominio de la Vega*, Tz. 60; EuGH C-20/14 v. 22.10.2015 *BGW Beratungs-Gesellschaft Wirtschaft*, Tz. 36; EuGH C-162/17 P v. 16.1.2019 *Republik Polen*, Tz. 42; auch EuG T-6/01 v. 23.10.2002 *Matratzen/Matratzen Markt Concord*, Tz. 31 f.; EuG T-656/17 v. 7.2.2017 *Compal FRUTA essencial/Dr. Jacob's essentials*, Tz. 34 f.[zur Nichtberücksichtigung der Farbgebung einer Marke].

und achtet nicht auf die verschiedenen Einzelheiten.[673] Das Markenrecht gewährt dem Markeninhaber kein Monopol für sämtliche Kombinationen seiner Marke mit anderen Elementen.[674]

145 Ist aber auf den Gesamteindruck einer aus mehreren Bestandteilen bestehenden Kennzeichnung abzustellen, so wird dies – so zutreffend der BGH – in vielen Fällen dazu führen, dass der Ähnlichkeitsgrad geringer zu bemessen sein wird als in einer Situation, in der sich lediglich die übereinstimmenden bzw. ähnlichen Einzelbestandteile gegenüberstehen.[675]

> Stellt man etwa bei der Kollision der Marken »Matratzen Markt Concord« und »Matratzen« auf den Gesamteindruck ab, so wird man schon aufgrund der unterschiedlichen Zeichenlänge kaum noch eine Ähnlichkeit feststellen können. Stellt man demgegenüber nur auf den Zeichenbestandteil »Matratzen« ab, ergibt sich unweigerlich eine Zeichenähnlichkeit.

146 Andererseits schließt die Beurteilung nach dem Gesamteindruck nicht aus, dass unter Umständen ein oder mehrere Bestandteile einer zusammengesetzten Marke für den durch die Marke im Gedächtnis der angesprochenen Verkehrskreise hervorgerufenen Gesamteindruck prägend sein können[676] oder dass ein Bestandteil eine selbständig kennzeichnende Stellung im Zeichen behält.[677] Letztlich läuft dies dann doch auf eine Zergliederung des Zeichens und die Möglichkeit eines Elementeschutzes hinaus.

> So konnte in einem Wort-/Bildzeichen »Matratzen Markt Concord« für den spanischen Verbraucher durchaus das Wort »Matratzen« den Gesamteindruck bestimmen, weil die maßgeblichen Verkehrskreise die Bedeutung des Wortes nicht kennen und seinen in klanglicher Hinsicht ungewöhnlich harten Charakter bemerken werden.[678]

---

673 EuGH C-251/95 v. 11.11.1997 *Springende Raubkatze*, Tz. 23; EuGH C-342/97 v. 22.6.1999 *Lloyd Schuhfabrik Meyer*, Tz. 25; EuGH C-3/03 P v. 28.4.2004 *Matratzen Concord*, Tz. 29; EuGH C-120/04 v. 6.10.2005 *Medion*, Tz. 28; EuGH C-334/05 P v. 12.6.2007 *HABM/Shaker*, Tz. 35; EuGH C-193/06 P v. 20.9.2007 *Nestlé/HABM*, Tz. 34; EuGH C-498/07 P v. 3.9.2009 *Aceites del Sur-Coosur*, Tz. 61; EuGH C-51/09 P v. 24.6.2010 *Barbara Becker*, Tz. 33; EuGH C-252/12 v. 18.7.2013 *Specsavers*, Tz. 35; EuGH C-420/14 P v. 5.2.2015 *Jyoti Ceramic Industries PVT*, Tz. 26; EuGH C-20/14 v. 22.10.2015 *BGW Beratungs-Gesellschaft Wirtschaft*, Tz. 35; auch BGH GRUR 2000, 506, 509 *ATTACHÉ/TISSERAND*; BGH I ZR 18/05 v. 25.10.2007 *TUC-Salzcracker*, Tz. 18; ähnlich BGH GRUR 1998, 927, 929 *COMPO-SANA* [keine analysierende, möglichen Bestandteilen und/oder deren Begriffsbedeutung nachgehende Betrachtungsweise].
674 EuGH C-324/05 P v. 1.6.2006 *Plus Warenhandelsgesellschaft*, Tz. 35.
675 BGH GRUR 2002, 171, 174 *Marlboro-Dach*.
676 EuGH C-3/03 P v. 28.4.2004 *Matratzen Concord*, Tz. 32; EuGH C-120/04 v. 6.10.2005 *Medion*, Tz. 29; EuGH C-334/05 P v. 12.6.2007 *HABM/Shaker*, Tz. 41; EuGH C-193/06 P v. 20.9.2007 *Nestlé/HABM*, Tz. 42; EuGH C-182/14 P v. 19.3.2015 *MEGA Brands International*, Tz. 32; auch EuG T-6/01 v. 23.10.2002 *Matratzen/Matratzen Markt Concord*, Tz. 31 f.; EuG T-31/03 v. 11.5.2005 *Sadia/GRUPO SADA*, Tz. 49; BGH I ZR 6/05 v. 20.9.2007 *Kinder II*, Tz. 35; BGH I ZR 94/04 v. 20.9.2007 *Kinderzeit*, Tz. 40.
677 Vgl. EuGH C-120/04 v. 6.10.2005 *Medion*.
678 Vgl. EuGH C-3/03 P v. 28.4.2004 *Matratzen Concord*; auch wieder EuG T-526/14 v. 19.11.2015 *MATRATZEN/Matratzen Concord*, Tz. 41 ff.; ähnlich EuG T-333/04 und T-334/04 v. 14.4.2007 *DONUT/House of DONUTS*; EuG T-584/17 v. 12.9.2018 *PRIMA/PRIMART Marek Lukasiewicz* [zum Wort »prima« in Spanien].

Dabei liegt die Beurteilung des Gesamteindrucks auf tatrichterlichem Gebiet und 147
kann im Rechtsbeschwerdeverfahren nur eingeschränkt überprüft werden.⁶⁷⁹

b) Herangehensweise von EuG und BGH

Insbesondere bei mehrteiligen Zeichen kommt insoweit der grundsätzlich tatrich- 148
terlichen⁶⁸⁰ (Vor-)Frage, ob das Zeichen als Ganzes der Kollisionsprüfung
zugrunde zu legen oder ob es zu zergliedern ist, maßgebliche Bedeutung zu. Die
anfangs unterschiedliche Herangehensweise von EuG und BGH hat sich inzwischen weitgehend angeglichen.

Das EuG entscheidet sich letztlich meist für eine zergliedernde Prüfung der Kol- 149
lisionszeichen. So werden jedenfalls bei Marken, die aus mehreren Wörtern bestehen, stets die einzelnen Wörter getrennt untersucht; doch selbst bei Marken aus
nur einem Wort erfolgt dann eine Zergliederung in mehrere Bestandteile, wenn
Wortbestandteile eine konkrete Bedeutung vermitteln oder bekannten Wörtern
ähnlich sind.⁶⁸¹

So hat das EuG die im Bekleidungsbereich geschützte Marke »BUDMEN« in die Bestandteile »BUD« und »MEN« zergliedert und dabei auf den beschreibenden Charakter des Bestandteils »MEN« abgestellt.⁶⁸² Auch bei »Vitakraft« konnte eine Zergliederung in den an Wörter wie »Vitalität« oder »vital« anspielenden Bestandteil »Vita« und den Bestandteil »kraft« erfolgen – dies, obwohl »kraft« für den im Kollisionsfall maßgeblichen spanischen Verbraucher keine Bedeutung hat.⁶⁸³ »ALLTREK« konnte zergliedert werden, weil »ALL« im Deutschen eine gängige Vorsilbe ist.⁶⁸⁴ Zergliedern ließ sich auch »SUNPLUS« in die beiden Wörter »SUN« und »PLUS«.⁶⁸⁵ Aber auch »Biker Miles« kann in seine Bestandteile zergliedert werden, weil der Begriff »Biker« den Begriff »Miles« lediglich konkretisiert, ohne ihm eine neue Bedeutung zu geben.⁶⁸⁶ Ferner wurde »monBeBé« in die Bestandteile »mon« und »BeBé«,⁶⁸⁷ »CARPOVIRUSINE« in »CARPO« und den an Virus anklingenden Begriff »VIRUSINE«⁶⁸⁸ sowie »DERBIVARIANT« in die Bestandteile »DERBI« und »VARI-

---

679 BGH I ZB 61/07 v. 3.4.2008 *SIERRA ANTIGUO*, Tz. 21; BGH I ZR 171/05 v. 31.7.2008 *Haus & Grund II*, Tz. 28; BGH I ZR 167/06 v. 5.2.2009 *METROBUS*, Tz. 32; I ZR 174/06 v. 5.2.2009, Tz. 29; I ZR 186/06 v. 5.2.2009, Tz. 26; I ZB 52/09 v. 1.6.2011 *Maalox/Melox-GRY*, Tz. 16; BGH I ZR 50/11 v. 2.2.2012 *Bogner B/Barbie B*, Tz. 45; BGH I ZR 214/11 v. 11.4.2013 *VOLKSWAGEN/Volks.Inspektion*, Tz. 32; BGH I ZR 161/13 v. 5.3.2015 *IPS/ISP*, Tz. 58; BGH I ZR 105/14 v. 23.9.2015 *Goldbären*, Tz. 34; BGH I ZR 74/17 v. 12.7.2018 *combit/Commit*, Tz. 17.
680 BGH GRUR 2002, 167, 169 *Bit/Bud*; BGH GRUR 2002, 342, 343 *ASTRA/ESTRAPUREN*; BGH I ZB 40/03 v. 22.9.2005 *coccodrillo*, Tz. 17; BGH I ZR 93/04 v. 19.7.2007 *Windsor Estate*, Tz. 46; BGH I ZB 16/14 v. 9.7.2015 *BSA/DSA DEUTSCHE SPORTAKADEMIE*, Tz. 13; I ZB 45/16 v. 9.11.2017 *OXFORD/Oxford Club*, Tz. 38.
681 EuG T-356/02 v. 6.10.2004 *VITAKRAFT*, Tz. 51, bestätigt durch EuGH C-512/04 P v. 1.12.2005 *Vitakraft Werke*, Tz. 25.
682 EuG T-129/01 v. 3.7.2003 *BUD/BUDMEN*, Tz. 46 ff.
683 EuG T-356/02 v. 6.10.2004 *VITAKRAFT*, Tz. 51 ff., bestätigt durch EuGH C-512/04 P v. 1.12.2005 *Vitakraft Werke*, Tz. 25; erst recht der deutsche Verbraucher EuG T-277/04 v. 12.7.2006 *VITAKRAFT/VITACOAT*, Tz. 54.
684 EuG T-158/05 v. 16.5.2007 *TREK/ALLTREK*, Tz. 71 u. 73.
685 EuG T-38/04 v. 15.11.2007 *SUN/SUNPLUS*, Tz. 39 ff., im Ergebnis bestätigt durch EuGH C-21/08 P v. 26.3.2009 *Sunplus Technology*.
686 EuG T-385/03 v. 7.7.2005 *MILES/Biker Miles*, Tz. 48.
687 EuG T-164/03 v. 21.4.2005 *bebe/monBeBé*, Tz. 58.
688 EuG T-169/04 v. 14.12.2005 *CARPO/CARPOVIRUSINE*, Tz. 52 ff.

ANT«[689] aufgespalten. Schließlich hat das EuG – zu weitgehend – sogar eine Marke »DIESELIT« in die Bestandteile »DIESEL« und »IT« zerlegt, wobei das Gericht für möglich hielt, dass »IT« vom maßgeblichen italienischen Verbraucher als Kürzel für Italien aufgefasst würde.[690] Ähnlich absurd wurde »DriCloud« in »Dr.« und »iCloud« aufgespalten und dann eine Ähnlichkeit mit »ICLOUD« bejaht.[691] Bei der Marke »PAM-PIM'S BABY-PROP« genügte dem EuG das dem spanischen Verbraucher bekannte Wort »Baby« sowie die Schreibweise in mehreren Wörtern, um eine Zergliederung des Zeichens vorzunehmen.[692] Der grafisch gestaltete Anfangsbestandteil in dem Zeichen

⊙ZENSATI⊙NS

wird von dem Verkehr nicht als »O« aufgefasst, dieses daher nicht als »ozensations« gelesen, so dass sich das Zeichen in »ZEN« und »SATIONS« zergliedern lässt.[693] In der Marke »AD-1841-TY« erkennt der Verkehr die Jahreszahl »1841« und gliedert daher diesen Bestandteil aus.[694]

150 Etwas anderes gilt aber dann, wenn das Zeichen ausnahmsweise in seiner Gesamtheit eine Bedeutung entfaltet.[695]

Demgegenüber sah das Gericht bei der Marke »Galáxia« keinen Anlass zur Zergliederung in »Gala« und »xia«, weil »Galáxia« eher an den Gesamtbegriff »Galaxie« erinnere.[696] Auch »SAINT-HUBERT« bildete durch die Assoziation an den heiligen Hubert einen Gesamtbegriff.[697] Ähnliches gilt beim Begriff »PostModern«, der nicht als Hinweis auf eine »moderne Post« verstanden wird.[698] Auch die Wortbestandteile »Kinder« und »Joghurt« im Zeichen »TiMi KINDERJOGHURT« bildeten eine Einheit.[699] Eine Zergliederung in die Bestandteile »Bain« und »bridge« kam auch bei der Bezeichnung »Bainbridge« nicht in Betracht, da diese wie etwa auch »Cambridge« für den Verkehr eher als Phantasiezeichen, Name oder geografische Angabe wirkte.[700] Bei »SpagO« sprachen die Kürze des Zeichens und die Schreibweise in Klein- und Großbuchstaben gegen eine Zergliederung in die Bestandteile »Spa« und »go«.[701] Zu Unrecht zergliedert hat das EuG hingegen die Marke »TestBild« die durchaus

---

689 EuG T-317/03 v. 26.1.2006 *DERBIVARIANT/DERBI*, Tz. 47 ff.
690 EuG T-186/02 v. 30.6.2004 *DIESELIT*, Tz. 57.
691 EuG T-223/16 v. 14.7.2017 *ICLOUD/DriCloud*, Tz. 65.
692 EuG T-133/05 v. 7.9.2006 *PAM-PAM/PAM-PIM'S BABY-PROP*, Tz. 52.
693 EuG T-416/12 v. 5.3.2014 *ZENSATIONS/ZEN*, Tz. 51 ff.
694 EuG T-233/15 v. 10.10.2017 *AD-1841-TY/1841*, Tz. 91.
695 EuG T-385/03 v. 7.7.2005 *MILES/Biker Miles*, Tz. 47, unter Hinweis auf EuG T-110/01 v. 12.12.2002 *SAINT-HUBERT 41/HUBERT*, Tz. 57 ff.; EuG T-156/01 v. 9.7.2003 *GIORGI/GIORGIO AIRE*, Tz. 80; EuG T-162/01 v. 9.7.2003 *GIORGI/GIORGIO BEVERLY HILLS*, Tz. 49; so nun der Sache nach auch BGH I ZR 231/06 v. 14.5.2009 *airdsl*, Tz. 30.
696 EuG T-66/03 v. 22.6.2004 *GALA/Galáxia*, Tz. 24 ff.
697 EuG T-110/01 v. 12.12.2002 *SAINT-HUBERT 41/HUBERT*, Tz. 52 ff.; im Ergebnis bestätigt durch EuGH C-106/03 P v. 12.10.2004 *SAINT-HUBERT 41/HUBERT*; ähnlich EuG T-291/07 v. 23.9.2009 *ALFONSO/PRÍNCIPE DE ALFONCO*, Tz. 35 ff.
698 EuG T-13/15 v. 27.6.2017 *POST/PostModern*, Tz. 40.
699 EuG T-140/08 v. 14.10.2009 *TiMi KINDERJOGHURT/KINDER*, Tz. 56, im Ergebnis bestätigt durch EuGH C-552/09 P v. 24.3.2011 *FERRERO*.
700 EuG T-194/03 v. 23.2.2006 *Bridge/Bainbridge*, Tz. 110 ff., im Ergebnis bestätigt durch EuGH C-234/06 P v. 13.9.2007 *Il Ponte Finanziaria*.
701 EuG T-438/07 v. 12.11.2009 *SpagO/SPA*, Tz. 24; ähnlich EuG T-566/10 v. 12.9.2012 *ercat/CAT*, Tz. 33 f.

in ihrer Gesamtheit eine Bedeutung entfaltete.⁷⁰² Bei der Namensmarke »MARCOROSSI« schließlich führt gerade die Zusammenschreibung dazu, dass der Verkehr das Zeichen jedenfalls in schriftbildlicher Hinsicht nicht in Vor- und Nachnamen zerlegt.⁷⁰³ Bei der Marke »BADTORO« genügte dem EuG schon die Zusammenschreibung der Wörter »BAD« und »TORO« (= spanisch: Stier), um ein Ausgliedern des Wortes »TORO« durch den spanischen Verkehr abzulehnen.⁷⁰⁴

Auf der anderen Seite folgt aus der Zergliederung der Zeichen nicht automatisch, dass jeder der einzelnen Bestandteile stets eine Zeichenähnlichkeit begründen könnte. Dies ermittelt das EuG vielmehr erst in einem zweiten Schritt bei der Untersuchung nach prägenden Bestandteilen.⁷⁰⁵   151

So konnten die Marken »EURODATA TV« und »M+M EUROdATA« zwar in ihre jeweiligen Bestandteile zergliedert werden, waren jedoch aufgrund ihrer unterschiedlichen Bestandteile »M+M« und »TV« letztlich nicht ähnlich.⁷⁰⁶

Im Gegensatz zu dieser Rechtsprechung des EuG ging der BGH lange im Grundsatz vom Gesamtzeichen in seiner eingetragenen Form⁷⁰⁷ aus und hielt jede zergliedernde Betrachtungsweise für unzulässig.⁷⁰⁸ Dabei sei ohne Bedeutung, wie die Marke konkret benutzt werde.⁷⁰⁹ Inzwischen zergliedert aber auch der BGH wieder leichtfüßiger.⁷¹⁰ Erst wenn das Zeichen in seiner Gesamtheit einen eigenständigen Bedeutungsgehalt hat, schließt der BGH – wie das EuG – eine Zergliederung aus.⁷¹¹   152

Die Marke »Kleiner Feigling« sei daher nicht etwa deswegen durch den Bestandteil »Feigling« geprägt, weil das Produkt in kleinen Flaschen vertrieben werde und dem Bestandteil »Kleiner« daher womöglich ein beschreibender Charakter zukomme.⁷¹² Sogar die Marke »PAPPAGALLO« werde selbst von den Marktteilnehmern, die die Zeichenbedeutung »Papagei« nicht kennen, als einheitlicher Begriff aufgefasst und nicht in »PAPPA« und »GALLO« zergliedert.⁷¹³ Weiter sah der BGH auch beim Zeichen »tresana« keinen Anlass

---

702 Vgl. EuG T-359/16 v. 7.7.2017 *test/TestBild*, Tz. 69 ff.
703 EuG T-97/05 v. 12.7.2006 *Sergio Rossi/MARCOROSSI*, Tz. 45.
704 EuG T-350/13 v. 20.9.2017 *TORO/BADTORO*, Tz. 36 ff.
705 Vgl. hierzu unten § 12 Rdn. 155 – 215.
706 EuG T-317/01 v. 30.6.2004 *EURODATA TV/M+M EUROdATA*, Tz. 71 ff.
707 So auch EuG T-29/04 v. 8.12.2005 *CRISTAL/CRISTAL CASTELLBLANCH*, Tz. 57, im Ergebnis bestätigt durch EuGH C-131/06 P v. 24.4.2007 *Castellblanch/HABM*; vgl. auch BGH I ZR 153/14 v. 12.3.2015 *BMW-Emblem*, Tz. 14.
708 BGHZ 153, 131, 142 *Abschlussstück*; BGH GRUR 1996, 198, 199 *Springende Raubkatze*; BGH GRUR 1998, 942, 943 *ALKA-SELTZER*; BGH GRUR 1999, 583, 584 *LORA DI RECOARO*; BGH GRUR 2000, 506, 508 *ATTACHÉ/TISSERAND*; BGH GRUR 2000, 895, 896 *EWING*; BGH GRUR 2004, 598, 599 *Kleiner Feigling*; BGH GRUR 2005, 326, 327 *il Padrone/Il Portone*; BGH I ZR 28/04 v. 11.5.2006 *Malteserkreuz I*, Tz. 17; BGH I ZR 37/04 v. 26.10.2006 *Goldhase I*, Tz. 21; entsprechend EuG T-183/02 und T-184/02 v. 17.3.2004 *MUNDICOLOR/MUNDICOR*, Tz. 103 ff.
709 BGHZ 153, 131, 142 *Abschlussstück*; BGH GRUR 1998, 1034, 1036 *Makalu*; entsprechend EuG T-183/02 und T-184/02 v. 17.3.2004 *MUNDICOLOR/MUNDICOR*, Tz. 103 ff.
710 Etwa – wenn auch ohne Auswirkungen auf das Entscheidungsergebnis – BGH I ZB 54/05 v. 29.5.2008 *Pantohexal*; BGH I ZB 55/05 v. 29.5.2008 *Pantogast*.
711 BGH I ZR 231/06 v. 14.5.2009 *airdsl*, Tz. 30.
712 BGH GRUR 2004, 598, 599 *Kleiner Feigling*.
713 BGH GRUR 2000, 883, 885 *PAPPAGALLO*.

für eine Zergliederung, obwohl der Bestandteil »tre« ein italienisches Zahlwort darstellt.⁷¹⁴ »Metrobus« wird im öffentlichen Nahverkehr – nicht aber unbedingt im Zusammenhang mit anderen Produkten – als Gesamtzeichen im Sinne von »Stadtbus« verstanden, so dass eine Verwechslungsgefahr mit einer Marke »Metro« von vornherein ausscheidet.⁷¹⁵ Ähnliches gilt für »airdsl«, was in der Gesamtheit auf einen kabellosen DSL-Anschluss »durch die Luft« hinweise.⁷¹⁶

153 Bei der Beurteilung des Gesamteindrucks und der Frage, ob ein Zeichen zu zergliedern oder aber in seiner Gesamtheit zu betrachten ist, kommt es nach der Rechtsprechung des BGH normalerweise auch nicht darauf an, welches der beiden Vergleichszeichen prioritätsälter ist.⁷¹⁷

> Eine Kollision einer älteren Marke »Life« mit einer jüngeren Marke »Thomson-Life« darf danach nicht anders beurteilt werden als die entsprechende Kollision mit umgekehrter Prioritätslage, also einer älteren Marke »Thomson-Life« und einer jüngeren Marke »Life«. Für die Überlegung, dass im ersten Fall der identischen Übernahme der Marke »Life« und des damit verbundenen »Raubs« der markenrechtlichen Ausschließlichkeitsrechte viel eher ein Unrechtselement anhaften wird, ist nach der Rechtsprechung des BGH kein Raum. Gleiches gilt für die Überlegung, dass der Inhaber der Kombinationsmarke »Thomson-Life« im zweiten Fall schon im Vorfeld die einzelnen Elemente hätte als Marke anmelden können und insoweit weniger schutzwürdig erscheint.

154 Hiervon weicht der BGH in Ausnahmefällen allerdings dann ab, wenn das Verkehrsverständnis durch intensive Benutzung der älteren Marke beeinflusst worden ist. Dies ist beispielsweise der Fall, wenn eine von Hause aus nur wenig unterscheidungskräftige Bezeichnung durch ihre Verwendung im Geschäftsverkehr zunehmend eine herkunftshinweisende Funktion erhalten hat. Denn dann wirkt sich dieser Wandel nicht nur auf die Kennzeichnungskraft des Zeichens selbst aus, sondern bewirkt gleichzeitig, dass der Verkehr dem Zeichen auch dann einen stärkeren Herkunftshinweis entnimmt, wenn es ihm nicht isoliert, sondern als Bestandteil eines anderen Zeichens begegnet.⁷¹⁸ Dies soll – zweifelhaft – selbst dann gelten, wenn das ältere Zeichen überhaupt erst durch Verkehrsgeltung Schutz erlangt hat.⁷¹⁹

> Kennt der Verkehr also etwa den Tarif »CityPlus« aus umfangreicher Werbung, so wird er gleichwohl ein mit »CityPlus« bezeichnetes Produkt nicht notwendig fest mit dem Zeicheninhaber verbinden. Trifft der Verkehr daher später auf den Tarif »D2-BestCityPlus«, wird er den »CityPlus«-Tarif, mit dem er aufgrund der Werbung möglicherweise positive Assozia-

---

714 BGH GRUR 1998, 927, 929 *COMPO-SANA*; vgl. aber auch BGH GRUR 2000, 608, 610 *ARD-1*.
715 BGH I ZR 167/06 v. 5.2.2009 *METROBUS*, Tz. 34 ff. u. 78 ff.; I ZR 174/06 v. 5.2.2009, Tz. 31 ff. u. 63 ff.; I ZR 186/06 v. 5.2.2009, Tz. 28 ff. u. 52 ff.; anders EuG T-284/11 v. 25.4.2013 *METRO/METROINVEST*, Tz. 41 ff., im Ergebnis bestätigt durch EuGH C-374/13 P v. 10.4.2014 *Metropolis Inmobiliarias y Restauraciones*.
716 BGH I ZR 231/06 v. 14.5.2009 *airdsl*, Tz. 30.
717 BGH GRUR 1996, 198, 199 *Springende Raubkatze*; BGH GRUR 1996, 404, 405 *Blendax Pep*; auch BGH GRUR 1997, 897, 898 *IONOFIL*; BGH GRUR 1998, 815, 816 *Nitrangin*; BGH GRUR 1998, 942 *ALKA-SELTZER*; BGH GRUR 1999, 583, 584 *LORA DI RECOARO*; BGH GRUR 2000, 233, 235 *RAUSCH/ELFI RAUCH*; BGH GRUR 2003, 880, 881 *City Plus*.
718 BGH GRUR 2003, 880, 881 f. *City Plus*.
719 BGH I ZR 137/04 v. 19.7.2007 *Euro Telekom*, Tz. 25.

tionen verbindet, nunmehr dem Inhaber der jüngeren Kennzeichnung zuordnen.[720] Entsprechendes soll – wohl zu weitgehend – bei einer Kollision des intensiv benutzten Unternehmenskennzeichens »Telekom« mit einem jüngeren Zeichen »Euro-Telekom« gelten.[721]

4. Unterscheidungskräftige und dominierende Zeichenelemente

a) Grundsätze

Nach der Rechtsprechung des EuGH sind bei der umfassenden Beurteilung hinsichtlich der Zeichenähnlichkeit insbesondere die unterscheidungskräftigen und dominierenden Elemente zu berücksichtigen.[722] Die Beurteilung nach dem Gesamteindruck schließt demnach nicht aus, dass unter Umständen ein oder mehrere Bestandteile einer zusammengesetzten Marke für den durch die Marke im Gedächtnis der angesprochenen Verkehrskreise hervorgerufenen Gesamteindruck prägend sein können.[723] Dies gilt sogar für Bestandteile eines einheitlichen Begriffs.[724] Vor allem dieser Bestandteil ist dann der Kollisionsprüfung zugrunde zu legen und ist mit dem kollidierenden Zeichen zu vergleichen. 155

So ist etwa im Falle einer Kollision der Marken »GRUPO SADA« und »Sadia« in der Marke »GRUPO SADA« der Bestandteil »GRUPO« für den spanischen Verbraucher als Bezeichnung für eine Unternehmensgruppe beschreibend, die Marke daher durch »SADA« geprägt und der Bestandteil »GRUPO« als Hinweis auf eine etwaige Unternehmenszugehörigkeit eher noch geeignet, eine Verwechslungsgefahr der beiden Zeichen zu vergrößern.[725] In einer für Finanzdienstleistungen geschützten Marke »capital markets CM« spielt der Bestandteil »capital markets« auf die unter der Marke geschützten Finanzdienstleistungen an, so dass der dominierende Bestandteil dieser Marke das Element »CM« ist.[726]

---

720 BGH GRUR 2003, 880, 881 f. *City Plus*; ähnlich BGH I ZB 40/03 v. 22.9.2005 *coccodrillo*, Tz. 19; vgl. aber auch EuGH C-235/05 P v. 27.4.2006 *L'Oréal*, Tz. 43.
721 BGH I ZR 137/04 v. 19.7.2007 *Euro Telekom*, Tz. 24.
722 Etwa EuGH C-251/95 v. 11.11.1997 *Springende Raubkatze*, Tz. 23; EuGH C-342/97 v. 22.6.1999 *Lloyd Schuhfabrik Meyer*, Tz. 25; EuGH C-3/03 P v. 28.4.2004 *Matratzen Concord*, Tz. 29; EuGH C-361/04 P v. 12.1.2006 *Picasso*, Tz. 19 u. 37; EuGH C-196/06 P v. 9.3.2007 *Alecansan/HABM*, Tz. 23; EuGH C-131/06 v. 24.4.2007 *Castellblanch/HABM*, Tz. 55; EuGH C-21/08 P v. 26.3.2009 *Sunplus Technology*, Tz. 27; EuGH C-51/09 P v. 24.6.2010 *Barbara Becker*, Tz. 33; EuGH C-252/12 v. 18.7.2013 *Specsavers*, Tz. 35; EuGH C-669/13 P v. 21.10.2014 *Mundipharma*, Tz. 44; auch EuG T-104/01 v. 23.10.2002 *Miss Fifties/Fifties*, Tz. 34; BGH GRUR 2000, 506, 509 *ATTACHÉ/TISSERAND*.
723 EuGH C-3/03 P v. 28.4.2004 *Matratzen Concord*, Tz. 32; EuGH C-120/04 v. 6.10.2005 *Medion*, Tz. 29; EuGH C-334/05 P v. 12.6.2007 *HABM/Shaker*, Tz. 41; EuGH C-193/06 P v. 20.9.2007 *Nestlé/HABM*, Tz. 42; EuGH C-669/13 P v. 21.10.2014 *Mundipharma*, Tz. 51; EuGH C-466/13 P v. 22.10.2014 *Repsol*, Tz. 83; EuGH C-182/14 P v. 19.3.2015 *MEGA Brands International*, Tz. 32; auch EuG T-6/01 v. 23.10.2002 *Matratzen/Matratzen Markt Concord*, Tz. 31 ff.; EuG T-104/01 v. 23.10.2002 *Miss Fifties/Fifties*, Tz. 34; EuG T-31/03 v. 11.5.2005 *Sadia/GRUPO SADA*, Tz. 49 u. 67; BGHZ 131, 122, 125 *Innovadiclophlont*; BGH GRUR 2004, 865, 866 *Mustang*; BGH I ZR 132/04 v. 28.6.2007 *INTERCONNECT/T-InterConnect*, Tz. 26; I ZB 45/16 v. 9.11.2017 *OXFORD/Oxford Club*, Tz. 37.
724 EuGH C-669/13 P v. 21.10.2014 *Mundipharma*, Tz. 51, m. w. N.
725 EuG T-31/03 v. 11.5.2005 *Sadia/GRUPO SADA*, Tz. 52 ff. u. 69.
726 EuG T-390/03 v. 11.5.2005 *CM/capital markets CM*, Tz. 49.

156 Nach der Rechtsprechung des EuGH handelt es sich allerdings bei dem Fall, dass ein Element allein die Marke prägt, um einen Ausnahmefall.[727] Bei Beurteilung der unterscheidungskräftigen und dominierenden Elemente kommt es nämlich nur dann allein auf den dominierenden Bestandteil an, wenn alle anderen Markenbestandteile zu vernachlässigen sind.[728] Umstritten ist dabei vor allem, ob und inwieweit ein schutzunfähiges Element eine Marke prägen oder jedenfalls mitprägen kann.[729]

Folglich durfte das EuG[730] bei der Marke

---

727 EuGH C-579/08 P v. 15.1.2010 *Messer Group*, Tz. 72; EuGH C-466/13 P v. 22.10.2014 *Repsol YPF*, Tz. 83; EuGH C-182/14 P v. 19.3.2015 *MEGA Brands International*, Tz. 38.
728 EuGH C-334/05 P v. 12.6.2007 *HABM/Shaker*, Tz. 42; EuGH C-193/06 P v. 20.9.2007 *Nestlé/HABM*, Tz. 43; EuGH C-405/06 P v. 24.9.2007 *Miguel Torres*, Tz. 32; EuGH C-498/07 P v. 3.9.2009 *Aceites del Sur-Coosur*, Tz. 62; EuGH C-579/08 P v. 15.1.2010 *Messer Group*, Tz. 72; EuGH C-254/09 P v. 2.9.2010 *Calvin Klein*, Tz. 56; EuGH C-459/09 P v. 16.9.2010 *Dominio de la Vega*, Tz. 61; EuGH C-532/10 P v. 29.6.2011 *adp Gauselmann*, Tz. 25; EuGH C-306/11 P v. 28.6.2012 *XXXLutz Marken*, Tz. 40; EuGH C-655/11 P v. 21.2.2013 *Seven for all mankind*, Tz. 72; EuGH C-591/12 P v. 8.5.2014 *Bimbo*, Tz. 23; EuGH C-420/14 P v. 5.2.2015 *Jyoti Ceramic Industries PVT*, Tz. 27; EuGH C-182/14 P v. 19.3.2015 *MEGA Brands International*, Tz. 38; EuGH C-33/15 P v. 5.10.2015 *Cantina Broglie 1*, Tz. 58; EuGH C-34/15 P v. 5.10.2015 *Cantina Broglie 1*, Tz. 58; EuGH C-20/14 v. 22.10.2015 *BGW Beratungs-Gesellschaft Wirtschaft*, Tz. 37; EuGH C-374/15 P v. 28.1.2016 *Harper Hygienics*, Tz. 41; EuGH C-474/15 P v. 7.4.2016 *Harper Hygienics*, Tz. 41; EuGH C-475/15 P v. 7.4.2016 *Harper Hygienics*, Tz. 43; so bereits BGH GRUR 2002, 167, 169 *Bit/Bud*; BGH GRUR 2004, 778, 779 *URLAUB DIREKT*; BGH GRUR 2004, 865, 866 *Mustang*; BGH I ZB 16/14 v. 9.7.2015 *BSA/DSA DEUTSCHE SPORT-AKADEMIE*, Tz. 13; EuG T-38/04 v. 15.11.2007 *SUN/SUNPLUS*, Tz. 37, im Ergebnis bestätigt durch EuGH C-21/08 P v. 26.3.2009 *Sunplus Technology*; EuG T-7/04 v. 12.11.2008 *LIMONCHELO/Limoncello II*, Tz. 40; vgl. auch die nicht ganz stringente Rspr. des EuG: EuG T-6/01 v. 23.10.2002 *Matratzen/Matratzen Markt Concord*, Tz. 33; EuG T-32/03 v. 8.3.2005 *Schuhpark/JELLO SCHUHPARK*, Tz. 39; EuG T-385/03 v. 7.7.2005 *MILES/Biker Miles*, Tz. 39; EuG T-214/04 v. 21.2.2006 *POLO/ROYAL COUNTY OF BERKSHIRE POLO CLUB*, Tz. 39; EuG T-35/04 v. 15.3.2006 *FERRERO/FERRÓ*, Tz. 48; EuG T-153/03 v. 13.6.2006 *Schwarz-weiße Kuhhaut*, Tz. 27; EuG T-172/04 v. 27.9.2006 *EMERGEA/emergia*, Tz. 71; problematisch EuG T-327/06 v. 18.2.2008 *Pneumo/PNEUMO UPDATE*, Tz. 33 f.; EuG T-246/06 v. 6.5.2008 *Revert/REVERIE*, Tz. 37 ff.; unscharf auch wieder BGH I ZR 49/05 v. 3.4.2008 *Schuhpark*, Tz. 35.
729 Vgl. ausführlich unten § 12 Rdn. 191 ff.
730 EuG T-7/04 v. 15.6.2005 *LIMONCHELO/Limoncello I*, Tz. 55 ff.; nun aber EuG T-7/04 v. 12.11.2008 *LIMONCHELO/Limoncello II*; EuG T-210/05 v. 12.11.2008 *LIMONCHELO/Limoncello di Capri*; falsch wieder EuG T-263/13 v. 1.10.2014 *Michel/Holzmichel*, Tz. 41.

III. 4. Unterscheidungskräftige und dominierende Zeichenelemente

nicht ohne Prüfung der Kennzeichnungskraft der Wortelemente behaupten, eine Dominanz der Bildelemente der Marke schließe jede Gefahr einer Verwechslung aufgrund von Ähnlichkeiten der in den streitigen Marken enthaltenen Begriffe »limonchelo« und »limoncello« in Bezug auf Bild, Klang oder Bedeutung aus.[731] In der Marke »Pantohexal« war der Bestandteil »hexal« nicht zu vernachlässigen, obwohl »Hexal« zugleich erkennbares Unternehmenskennzeichen ist; »Panto« prägte die Marke daher nicht.[732]

Dabei bedeutet die Tatsache, dass ein Element nicht zu vernachlässigen ist, nicht, dass es dominierend ist. Ebenso bedeutet umgekehrt die Tatsache, dass ein Element nicht dominierend ist, keineswegs, dass es zu vernachlässigen ist.[733]

157

Daher durfte das EuG[734] im Falle der Marke

QUICKY

aus einer fehlenden Dominanz des eventuell branchenüblichen Bildelements nicht automatisch schließen, dass das Wortelement das Zeichen präge. Die gegenläufige Einschätzung des EuG liefe auf eine Vermutung hinaus, der zufolge bei einer komplexen Marke, die aus einem Wort- und einem Bildelement zusammengesetzt ist und bei der das Bildelement gleich stark oder schwächer ist als das Wortelement, die Beurteilung der visuellen Ähnlichkeit der Zeichen allein aufgrund der Ähnlichkeit der Wortelemente erfolgen könne. Im Falle gleich starker Elemente würden somit nur die Wortelemente über die Frage der visuellen Ähnlichkeit der Zeichen entscheiden.[735]

Wird dabei der prägende Charakter des übereinstimmenden Elements abgelehnt, so folgt daraus allerdings noch nicht zwingend die Unähnlichkeit der Zeichen. Es bedarf nur weiterer Gründe.

---

731 EuGH C-334/05 P v. 12.6.2007 *HABM/Shaker*, Tz. 39 f.; nun EuG T-7/04 v. 12.11.2008 *LIMONCHELO/Limoncello II*; EuG T-210/05 v. 12.11.2008 *LIMONCHELO/Limoncello di Capri*.
732 BGH I ZB 54/05 v. 29.5.2008 *Pantohexal*, Tz. 27 ff.; entsprechend BGH I ZB 55/05 v. 29.5.2008 *Pantogast*, Tz. 28 ff., wo der Bestandteil »gast« kennzeichnungsschwach war.
733 EuGH C-193/06 P v. 20.9.2007 *Nestlé/HABM*, Tz. 44.
734 So aber EuG T-74/04 v. 22.2.2006 *QUICKY/QUICK*, Tz. 50 f.
735 EuGH C-193/06 P v. 20.9.2007 *Nestlé/HABM*, Tz. 45 f.

§ 12 Verwechslungsgefahr

So konnte das Gericht bei dem Markenpaar

beim bildlichen Zeichenvergleich die Bildelemente schon aufgrund ihrer Größe nicht ohne weiteres unberücksichtigt lassen. Ähnlich waren die Zeichen gleichwohl.[736]

158 Insbesondere, wenn eine Marke über mehrere gleich starke Bestandteile verfügt, so prägt keiner von diesen die Marke.[737] Auch die Tatsache, dass ein Bestandteil die angegriffene Marke wesentlich mitbestimmt, reicht für eine Prägung nicht aus.[738] Eine Zeichenähnlichkeit kann in einem solchen Fall allenfalls unter dem Gesichtspunkt der Zeichenvariation[739] oder der selbständig kennzeichnenden Stellung eines Elements[740] bejaht werden.

Hiervon ausgehend sind entgegen älterer Rechtsprechung des EuG die Zeichen »MOU« und »KIAP MOU« nicht ähnlich. Gleiches gilt für »West« und »Westlife« oder »DERBIVARIANT« und »DERBI«.[741] Zutreffend hat das EuG inzwischen auch entschieden, dass die Marken »MEZZO« bzw. »MEZZOMIX« einerseits und »MEZZOPANE« andererseits allenfalls entfernt ähnlich sind.[742] Ebenso war die Marke »Torre Galatea« nicht allein durch »Torre«,[743] eine Marke »Tomorrow Focus« nicht durch »Focus«[744] geprägt. »CROS« konnte sich nicht gegen »TAI CROS« durchsetzen.[745] Auch eine aus zwei gleichermaßen kennzeichnungsschwachen Elementen gebildete Marke »1800 ANTIGUO« begründet keine Ähnlich-

---

736 EuG T-188/10 v. 15.12.2010 *SOLARTIA/Solaria*, Tz. 38 ff., bestätigt durch EuGH C-67/11 P v. 20.10.2011 *DTL Corporación*, Tz. 40 ff.
737 Diese Frage war lange umstritten, vgl. die Vorauflage § 12 Rz. 148 ff.
738 BGH GRUR 1998, 942, 943 *ALKA-SELTZER*, m. w. N.; BGH GRUR 1999, 995, 997 *HONKA*, m. w. N.; BGH GRUR 2000, 233, 234 *RAUSCH/ELFI RAUCH*; BGH GRUR 2000, 883, 885 *PAPPAGALLO*; BGH GRUR 2002, 542, 543 *BIG*; BGH GRUR 2003, 880, 881 *City Plus*; BGH GRUR 2004, 594, 597 *Ferrari-Pferd*; BGH GRUR 2004, 598, 599 *Kleiner Feigling*; BGH GRUR 2004, 865, 866 *Mustang*; verfehlt BGH I ZR 18/05 v. 25.10.2007 *TUC-Salzcracker*, Tz. 28.
739 Vgl. oben § 12 Rdn. 72 – 143.
740 Vgl. unten § 12 Rdn. 217 – 247.
741 A. A. und überholt EuG T-286/02 v. 25.11.2003 *MOU/KIAP MOU*, Tz. 40 ff.; EuG T-22/04 v. 4.5.2005 *West/Westlife*, Tz. 37 ff.; EuG T-317/03 v. 26.1.2006 *DERBIVARIANT/DERBI*, Tz. 47 ff.; ebenso überholt EuG T-491/04 v. 16.5.2007 *MICRO FOCUS/FOCUS*, Tz. 45; EuG T-434/05 v. 27.11.2007 *GATEWAY/ACTIVY Media Gateway*, Tz. 35, wo sogar von »settled case law« die Rede ist; EuG T-28/05 v. 18.10.2007 *PULEVA-OMEGA 3/OMEGA 3*, Tz. 48 ff. u. 58.
742 EuG T-175/06 v. 18.6.2008 *MEZZO/MEZZOPANE*, Tz. 44 ff.
743 EuG T-8/07 v. 18.12.2008 *TORRES 10/TG Torre Galatea*, Tz. 53 ff.; ähnlich EuG T-285/06 v. 18.12.2008 *TORRES/TORRE DE FRÍAS*, Tz. 52 ff.; EuG T-286/06 v. 18.12.2008 *TORRES/TORRE DE GAZATE*, Tz. 52 ff.; EuG T-287/06 v. 18.12.2008 *TORRES/Torre Albéniz*, Tz. 55 ff.; EuG T-16/07 v. 18.12.2008 *TORRES/TORRE DE BENÍTEZ*, Tz. 56 ff.
744 EuG T-90/06 v. 11.12.2008 *FOCUS/Tomorrow Focus*, Tz. 28 f., wobei sich unter dem Gesichtspunkt der Variation gleichwohl noch eine Ähnlichkeit ergab und der Begriff »Tomorrow« den Begriff »Focus« lediglich konkretisierte.
745 EuG T-315/06 v. 19.11.2008 *CROS/TAI CROS*, Tz. 33 ff.

III. 4. Unterscheidungskräftige und dominierende Zeichenelemente

keit mit einem Zeichen »ANTIGUO«.[746] Dagegen ist in »Curry King« das Wort »King« immer noch stärker als das glatt beschreibende »Curry«, so dass Ähnlichkeit mit »TOFU-KING« bestand.[747] Entsprechendes soll – sehr weitgehend – auch für den Bestandteil »natura« beim Markenpaar »natura selection« und »Linea Natura Natur hat immer Stil« im Zusammenhang mit Waren gelten, die keinen unmittelbaren Naturbezug aufweisen.[748] Rechtsfehlerhaft schließlich hat das EuG bei den Zeichen »LIFE BLOG« und »TRANS-FORMERS ENERGON« eine Prägung durch die Bestandteile »LIFE« bzw. »ENERCON« bejaht, obwohl beide Zeichen jeweils aus zwei gleichermaßen schwachen Elementen bestehen.[749]

159 Leider bejaht das EuG in derartigen Fällen immer wieder – aber nicht konsequent[750] – gleichwohl eine Ähnlichkeit. Dabei stellt das Gericht gar nicht erst darauf ab, dass einer der beiden Bestandteile die Marke präge. Vielmehr wird die Ähnlichkeit einfach damit begründet, dass eine der Marken vollständig in der anderen Marke enthalten sei. Dies dürfte jedoch verkennen, dass ein hinzugefügter Bestandteil dem Verkehr in den meisten Fällen eine Unterscheidung ermöglichen wird. Auch wird der markenrechtliche Schutzbereich hierdurch überdehnt, was mit Blick auf die Vielzahl der in der EU registrierten Marken zu einer Überfüllung des Registers führt.

Ähnlich waren hiervon ausgehend für den bulgarischen Verkehr etwa die Marken »MAXX« und »NaraMaxx« – obwohl »Maxx« tendenziell beschreibend sein dürfte und »Nara« ein in Bulgarien geläufiger Vorname ist.[751] Mit ähnlicher Begründung wurden »BERGHAUS« und »BERG OUTDOOR«,[752] »AD-1841-TY« und »1841«,[753] »WINGS« und »ASNA WINGS«,[754] »Bianca« und »BIANCALUNA«[755] oder »PINK LADY« und »WILD PINK«[756] – viel zu weitgehend – für ähnlich gehalten.

160 Abweichend von diesen Grundsätzen des EuGH wollte der BGH früher die Frage der Markenähnlichkeit nicht unter Herausstellung der unterscheidungskräftigen und dominierenden Elemente der einander gegenüberstehenden Zeichen feststellen,

---

746 BGH I ZB 61/07 v. 3.4.2008 *SIERRA ANTIGUO*, Tz. 26.
747 EuG T-99/10 v. 20.9.2011 *Curry King/TOFUKING*, Tz. 24 ff., im Ergebnis bestätigt durch EuGH C-599/11 P v. 28.6.2012 *TofuTown.com*.
748 EuG T-54/09 v. 24.3.2011 *natura selection/Linea Natura*, bestätigt durch EuGH C-306/11 P v. 28.6.2012 *XXXLutz Marken*; dazu auch BGH I ZR 85/11 v. 5.12.2012 *Culinaria/Villa Culinaria*, Tz. 35.
749 EuG T-460/07 v. 20.1.2010 *LIFE BLOG/LIFE*, Tz. 63, das Rechtsmittel zum EuGH C-154/10 wurde zurückgenommen; entsprechend zum Bestandteil »coins« EuG T-444/17 v. 15.10.2018 *LIFE/life coins*, Tz. 44 ff.; EuG T-472/07 v. 3.2.2010 *ENERCON/TRANS-FORMERS ENERGON*, Tz. 32 ff., im Ergebnis bestätigt durch EuGH C-204/10 P v. 23.11.2010 *ENERCON*.
750 Vgl. etwa EuG T-210/17 v. 22.2.2018 *ZITRO TURBO 2/TRIPLE TURBO*, Tz. 32 ff.
751 Vgl. EuG T-586/15 v. 22.9.2017 *MAXX/NaraMaxx*.
752 EuG T-139/16 v. 6.10.2017 *BERGHAUS/BERG OUTDOOR*.
753 EuG T-233/15 v. 10.10.2017 *AD-1841-TY/1841*, Tz. 87 ff.
754 EuG T-382/16 v. 10.10.2017 *WINGS/ASNA WINGS*.
755 EuG T-627/15 v. 7.11.2017 *bianca/BIANCALUNA*, Tz. 50 ff.; EuG T-628/15 v. 7.11.2017 *bianca/BiancalunA*, Tz. 48 ff.;
756 EuG T-164/17 v. 15.10.2018 *PINK LADY/WILD PINK*, Tz. 73 ff.

sondern unter Heranziehung ihrer Übereinstimmungen und des gegebenenfalls bestehenden Grads ihrer Ähnlichkeit.[757]

> Bei der Kollision der Zeichen »D2 Best City Plus« und »City Plus« würde eine Heranziehung der Übereinstimmungen bedeuten, dass dem übereinstimmenden Bestandteil »City Plus« automatisch größeres Gewicht zuwächst als den unterscheidenden Elementen »D2 Best«, ohne dass es eine Rolle spielen würde, welcher der Bestandteile unterscheidungskräftig und dominierend ist.

161 Dieser Ansatz, die Übereinstimmungen hervorzuheben, wurde vom BGH erfreulicherweise aufgegeben.[758] Denn für die Beurteilung des Ähnlichkeitsgrades ist es ohne Bedeutung, ob ein Element übereinstimmt oder sich unterscheidet. Beide Arten von Elementen können vielmehr gleichermaßen bedeutsam sein.[759]

> So wird bei der Kollision von zwei Bekleidungsmarken »Boss – Baumwolle« und »Adidas – Baumwolle« der beschreibende Bestandteil »Baumwolle« nicht deswegen bedeutsamer, weil er in beiden Zeichen vorkommt.

162 Schließlich widerspricht dieser Ansatz des BGH dem von ihm selbst aufgestellten Grundsatz, wonach eine zergliedernde, analysierende und möglichen Bestandteilen oder deren Begriffsbedeutung nachgehende Betrachtungsweise unzulässig ist.[760] Es bleibt daher bei dem Grundsatz des EuGH, dass insbesondere die unterscheidungskräftigen und dominierenden Elemente zu berücksichtigen sind.

b) Prüfungsreihenfolge

163 Die – tatrichterliche[761] – Ermittlung der unterscheidungskräftigen und dominierenden Zeichenelemente vollzieht sich grundsätzlich in zwei Schritten:[762] Zunächst sind die Eigenschaften und das Gewicht jedes einzelnen dieser Bestandteile zu

---

757 BGH GRUR 2003, 519, 521 *Knabberbärchen*; BGH GRUR 2003, 1044, 1046 *Kelly*; BGH GRUR 2003, 1047, 1049 *Kellogg's/Kelly's*; BGH GRUR 2004, 235, 237 *Davidoff II*; BGH GRUR 2004, 783, 785 *NEURO-VIBOLEX/NEURO-FIBRAFLEX*; so früher bereits BGHZ 138, 143, 157 f. *Les-Paul-Gitarren*; BGH GRUR 1998, 924, 925 *salvent/Salventerol*; BGH GRUR 1999, 587, 589 *Cefallone*.

758 Interessanterweise hatte der BGH den Grundsatz zwischen 1999 und 2003 offenbar selbst aufgegeben.

759 So auch EuG T-211/03 v. 20.4.2005 *NABER/Faber*, Tz. 40.

760 BGHZ 131, 122, 125 *Innovadiclophont*; BGH GRUR 1998, 927, 929 *COMPO-SANA*; BGH GRUR 1999, 735, 736 *MONOFLAM/POLYFLAM*; BGH GRUR 2000, 608, 610 *ARD-1*; BGH GRUR 2003, 1047, 1049 *Kellogg's/Kelly's*; BGH GRUR 2004, 240, 241 *MIDAS/medAS*; BGH GRUR 2004, 779, 782 *Zwilling/Zweibrüder*; BGH GRUR 2004, 783, 784 f. *NEURO-VIBOLEX/NEURO-FIBRAFLEX*.

761 EuGH C-3/03 P v. 28.4.2004 *Matratzen Concord*, Tz. 34; BGHZ 139, 59, 64 *Fläminger*; BGHZ 153, 131, 144 *Abschlussstück*; BGH GRUR 1996, 267, 269 *AQUA*; BGH GRUR 1996, 775, 776 *Sali Toft*; BGH GRUR 1996, 777, 778 *JOY*; BGH GRUR 1996, 977 *DRANO/P3-drano*; BGH GRUR 1997, 897, 898 *IONOFIL*; BGH GRUR 1998, 815, 816 *Nitrangin*; BGH GRUR 1998, 925, 927 *Bisotherm-Stein*; BGH GRUR 1998, 1014 f. *ECCO II*; BGH GRUR 1999, 52, 53 *EKKO BLEIFREI*; BGH GRUR 1999, 583, 584 f. *LORA DI RECOARO*; BGH GRUR 1999, 586, 587 *White Lion*; BGH GRUR 1999, 995, 997 *HONKA*; BGH GRUR 2000, 506, 508 *ATTACHÉ/TISSERAND*; BGH GRUR 2000, 883, 885 *PAPPAGALLO*; BGH GRUR 2000, 886, 888 *Bayer/BeiChem*.

762 Diese schrittweise Prüfung bestätigt BGH I ZR 18/05 v. 25.10.2007 *TUC-Salzcracker*, Tz. 21.

beurteilen. In einem zweiten Schritt ist auf die jeweilige Rolle der einzelnen Bestandteile bei der Gesamtgestaltung der komplexen Marke abzustellen;[763] die Ähnlichkeit zweier Marken kann nämlich davon abhängen, welches relative Gewicht den jeweiligen Elementen zukommt.[764]

> So wird bei einem für einen Mobilfunktarif verwendeten Zeichen »D2 Best City Plus« festzustellen sein, dass der erste Bestandteil »D2« zugleich eine Bezeichnung eines Mobilfunknetzes ist; die Bestandteile »Best« und »City« dürften glatt beschreibend sein und »Plus« allenfalls über geringe Kennzeichnungskraft verfügen, so dass auf den ersten Blick keiner der Bestandteile das Zeichen dominiert. In einem zweiten Schritt ist dann zu berücksichtigen, an welcher Position im Zeichen sich die einzelnen Bestandteile befinden und ob der Verkehr diese ggf. zu kleineren Gruppen zusammenfasst oder an bestimmte Elemente als Kennzeichen gewöhnt ist.[765] Auch gegenüber einem schwachen Element wie »clara« kann ein noch schwächeres Element wie »net« (im Telekommunikationsbereich) zurücktreten.[766]

c) Erster Schritt: Ermittlung der Eigenschaften von Zeichenelementen

Ob ein einzelner Bestandteil eines Zeichens unterscheidungskräftig und dominierend – also prägend – sein kann, beurteilt sich letztlich nach denselben Maßstäben wie sie auch bei der Beurteilung der Kennzeichnungskraft einer Marke im Rahmen der Verwechslungsgefahr angelegt werden.[767] Während jedoch bei der Prüfung der Kennzeichnungskraft im Hinblick auf das Gesamtzeichen untersucht wird, welche Eigenschaften das Zeichen als Ganzes von Hause aus aufweist und welchen Bekanntheitsgrad es durch Benutzung erworben hat, werden im Rahmen der Prüfung der Zeichenähnlichkeit dieselben Grundsätze auf die Einzelelemente eines Zeichens angewandt.[768] Es kann daher zunächst einmal auf die oben vorgestellten Grundsätze zur Beurteilung der Kennzeichnungskraft einer Marke[769] ergänzend verwiesen werden.

164

Letztlich wird damit auch bei der Ermittlung der unterscheidungskräftigen und dominierenden Elemente in erster Linie darauf abgestellt, ob ein Zeichenelement eine herkunftshinweisende Bedeutung aufweist.[770] Trotz der Bindung des Verlet-

165

---

763 EuGH C-591/12 P v. 8.5.2014 *Bimbo*, Tz. 34; EuGH C-182/16 P v. 26.7.2017 *Meica Ammerländische Fleischwarenfabrik Fritz Meinen*, Tz. 58; EuG T-6/01 v. 23.10.2002 *Matratzen/Matratzen Markt Concord*, Tz. 35; EuG T-286/03 v. 13.4.2005 *WILKINSON SWORD XTREME III/RIGHT GUARD XTREME SPORT*, Tz. 54; EuG T-7/04 v. 15.6.2005 *LIMONCHELO/Limoncello I*, Tz. 52; auch EuG T-169/02 v. 15.2.2005 *Modelo/negra modelo*, Tz. 32 f.; EuG T-32/03 v. 8.3.2005 *Schuhpark/JELLO SCHUHPARK*, Tz. 40; EuG T-31/03 v. 11.5.2005 *Sadia/GRUPO SADA*, Tz. 49; EuG T-385/03 v. 7.7.2005 *MILES/Biker Miles*, Tz. 40; EuG T-40/03 v. 13.7.2005 *MURÚA/Julián Murúa Entrena*, Tz. 54.
764 EuG T-32/03 v. 8.3.2005 *Schuhpark/JELLO SCHUHPARK*, Tz. 40; BGH I ZR 57/08 v. 15.7.2010 *Goldhase II*, Tz. 22.
765 Vgl. BGH GRUR 2003, 880, 881 f. *City Plus*.
766 EuG T-129/16 v. 14.11.2017 *CLARO/claranet*, Tz. 45 ff.
767 Zu unterscheiden ist die Frage jedoch davon, ob ein Zeichen überhaupt über hinreichende Unterscheidungskraft verfügt: EuG T-277/04 v. 12.7.2006 *VITAKRAFT/VITACOAT*, Tz. 55.
768 Vgl. auch EuGH C-235/05 P v. 27.4.2006 *L'Oréal*, Tz. 43; EuGH C-343/14 P v. 7.5.2015 *Adler Modemärkte*, Tz. 39.
769 Zur Kennzeichnungskraft vgl. oben § 12 Rdn. 33 – 60.
770 BGHZ 153, 131, 143 *Abschlussstück*.

zungsrichters an die erfolgte Eintragung[771] ist es ihm bei der Beurteilung der Rechtsverletzung nämlich nicht versagt, einzelnen Bestandteilen einer Marke auch im Gesamtzeichen keinen (eigenständigen) Schutz zuzubilligen.[772] Denn andernfalls würde mittelbar das den Eintragungshindernissen jeweils zugrunde liegende, dem Markenschutz entgegenstehende Allgemeininteresse[773] beeinträchtigt.

166 Hieraus folgt gleichzeitig, dass von Hause aus (unterscheidungskräftige) Fantasiezeichen am ehesten ein Zeichen dominieren können, nicht aber schutzunfähige, insbesondere beschreibende Elemente. Den schutzunfähigen Bestandteilen werden Bestandteile mit allgemeiner oder anpreisender Bedeutung sowie unauffällige Bestandteile meist gleichgestellt. Demgegenüber erfordert die Beurteilung von Bestandteilen, die an schutzunfähige Zeichen angelehnt sind, sowie von Bildelementen meistens eine Einzelfallabwägung. Formelemente schließlich wurden meist als schwach eingestuft. Schließlich kann es sich neben diesen Faktoren, die ein Zeichen von Hause aus bestimmen, auf die Beurteilung der Prägung eines Kombinationszeichens auch auswirken, wenn dem Verkehr – etwa durch intensive Werbung – einer der Zeichenbestandteile besonders bekannt ist.

(1) Fantasiebezeichnung

167 Eine Fantasiebezeichnung wird im Allgemeinen die Aufmerksamkeit des Verbrauchers besonders stark auf sich ziehen.[774] Wie fast immer im Kennzeichenrecht kommt es bei der Frage, ob eine Fantasiebezeichnung vorliegt, auf die Sichtweise der maßgeblichen Verkehrskreise[775] an.

> So kann der Bestandteil »MATRATZEN« selbst bei einer für Matratzen geschützten Marke »MATRATZEN markt CONCORD« einem spanischen Verbraucher als Fantasiebestandteil erscheinen, weil das Wort »Matratzen« im Spanischen keine Bedeutung aufweist.[776] Das Wort »Presto« ist zwar für den italienischen Verkehr beschreibend, nicht aber für den spanischen.[777] Auch wird der allgemeine deutsche Verkehr – anders als möglicherweise Fachleute – im Zeichenbestandteil »CARPO« nicht das griechische Wort »karpo« (= Frucht) erkennen und folglich von einem Fantasiebestandteil ausgehen.[778] Das Zeichen »HEDGE INVEST«

---

771 Vgl. zu diesem Grundsatz oben § 10 Rdn. 3.
772 BGH GRUR 2001, 1158, 1160 *Dorf MÜNSTERLAND I*; BGH GRUR 2002, 814, 815 *Festspielhaus I*, unter Hinweis auf BGH GRUR 2000, 608, 610 *ARD-1*; BGH GRUR 2000, 888, 889 *MAG-LITE*.
773 Vgl. zu diesem Allgemeininteresse oben § 4 Rdn. 49.
774 EuG T-356/02 v. 6.10.2004 *VITAKRAFT*, Tz. 52, bestätigt durch EuGH C-512/04 P v. 1.12.2005 *Vitakraft Werke*; auch EuG T-133/05 v. 7.9.2006 *PAM-PAM/PAM-PIM'S BABY-PROP*, Tz. 51 f.; EuG T-501/04 v. 15.2.2007 *ROYAL FEITORIA/ROYAL*, Tz. 50; unzutreffend a. A. EuG T-137/05 v. 16.5.2007 *la PERLA/NIMEI LA PERLA MODERN CLASSIC*, Tz. 43.
775 Hierzu oben § 12 Rdn. 23 – 32.
776 EuG T-6/01 v. 23.10.2002 *Matratzen/Matratzen Markt Concord*, Tz. 38; entsprechend zum englischen Wort »flats«: EuG T-713/13 v. 26.2.2015 *50flats/9flats.com*, Tz. 49; zum Wort »Gummi«: EuG T-210/14 v. 26.2.2016 *GUMMY/GUMMI Bear-Rings*, Tz. 51 ff.; zu mundartlichen Begriffen BGH GRUR 1996, 775, 777 *Sali Toft*, unter Hinweis auf BGH GRUR 1995, 410, 411 *TURBO I*.
777 EuG T-205/06 v. 22.5.2008 *Presto/Presto! Bizcard Reader*, Tz. 59.
778 EuG T-169/04 v. 14.12.2005 *CARPO/CARPOVIRUSINE*, Tz. 54 ff.

schließlich hat für das nicht englischsprachige spanische Publikum keine Bedeutung und ist daher stark.[779]

Ob ein Fantasiebestandteil vorliegt, ist ferner stets im Hinblick auf die konkreten Produkte[780] zu beantworten.[781] **168**

So wird im Bekleidungsbereich »BLEIFREI«[782] ebenso wenig wie »GAS« oder »GAS STATION«[783] beschreibend verstanden, und auch »NL«[784] hat hier keine konkrete Bedeutung, so dass von einer Fantasiebezeichnung auszugehen ist. »SUN« wirkt im Zusammenhang mit Computern als Fantasiezeichen.[785] Entsprechendes gilt für das Zeichen »BROTHERS« im Zusammenhang mit Schuhen.[786] Ebenso hat die Bezeichnung »Dorf Münsterland« für eine Hotel- und Freizeitanlage und die dort erbrachten Dienstleistungen keinen beschreibenden Inhalt, schon weil der Gebrauch des Wortes Dorf in diesem Zusammenhang unüblich ist.[787] Auch der italienische Artikel »il« ist für den deutschen Verbraucher – aber nicht für den italienischen[788] – nicht beschreibend.[789]

Eine besondere Konstellation liegt schließlich dann vor, wenn eine an sich unbekannte und damit schutzfähige Abkürzung durch zusätzliche Wortelemente aufgelöst wird. Bei rein dogmatischer Betrachtungsweise wird die Abkürzung dadurch schutzunfähig.[790] Auf die Konstellation wird daher sogleich näher eingegangen.[791] **169**

---

779 EuG T-67/08 v. 11.6.2009 *InvestHedge/HEDGE INVEST*, Tz. 33.
780 Zum Produktbezug im Rahmen der Eintragung vgl. oben § 4 Rdn. 9 – 18.
781 BGH GRUR 1999, 52, 53 *EKKO BLEIFREI*; auch EuG T-117/03 bis T-119/03 und T-171/03 v. 6.10.2004 *NL*, Tz. 32; EuG T-332/04 v. 12.3.2008 *EL COTO/Coto D'Arcis*, Tz. 50 ff., im Ergebnis bestätigt durch EuGH C-210/08 P v. 20.1.2009 *Sebirán*; BGH GRUR 2001, 1158, 1160 *Dorf MÜNSTERLAND I*; BGH GRUR 2004, 868, 869 *Dorf MÜNSTERLAND II*.
782 BGH GRUR 1999, 52, 53 *EKKO BLEIFREI*.
783 EuG T-115/03 v. 13.7.2004 *BLUE JEANS GAS/GAS STATION*, Tz. 34 ff.
784 EuG T-117/03 bis T-119/03 und T-171/03 v. 6.10.2004 *NL*, Tz. 32 ff.
785 EuG T-38/04 v. 15.11.2007 *SUN/SUNPLUS*, Tz. 42, im Ergebnis bestätigt durch EuGH C-21/08 P v. 26.3.2009 *Sunplus Technology*.
786 EuG T-43/05 v. 30.11.2006 *BROTHERS/BROTHERS by CAMPER*, Tz. 69 f.
787 BGH GRUR 2001, 1158, 1160 *Dorf MÜNSTERLAND I*; BGH GRUR 2004, 868, 869 *Dorf MÜNSTERLAND II*.
788 Vgl. EuG T-332/04 v. 12.3.2008 *EL COTO/Coto D'Arcis*, Tz. 39, im Ergebnis bestätigt durch EuGH C-210/08 P v. 20.1.2009 *Sebirán*; EuG T-233/06 v. 22.4.2008 *TELETIEMPO/EL TIEMPO*, Tz. 40 f.
789 BGH GRUR 2005, 326, 327 *il Padrone/Il Portone*.
790 Vgl. oben § 4 Rdn. 38.
791 Unten § 12 Rdn. 172.

(2) Schutzunfähige, insbesondere beschreibende Bestandteile

170 Nicht als unterscheidungskräftig und dominierend wird das Publikum im Allgemeinen[792] einen beschreibenden Bestandteil einer komplexen Marke ansehen.[793] Hierfür spricht letztlich auch das eine Monopolisierung schutzunfähiger Bezeichnungen verbietende Allgemeininteresse; denn auch wenn schutzunfähige Elemente als Markenbestandteile in ein Kombinationszeichen aufgenommen werden, darf diesen keine kollisionsbegründende Bedeutung zukommen.[794] Hinsichtlich der Beurteilung der Schutzunfähigkeit ist hierbei an die oben[795] im Rahmen der Eintragungshindernisse dargestellten Grundsätze zu erinnern.[796]

> Schutzunfähig und schwach sind damit etwa die Elemente »negra« als ein dem spanischen Verbraucher bekannter Hinweis auf dunkles Bier,[797] »mix« bei Getränken,[798] der Begriff »man« als auch in Spanien bekannter Hinweis auf Herrenbekleidung,[799] die Vorsilbe »Echina-« als Hinweis auf einen aus der Pflanze »Echinacea« gewonnenen Wirkstoff,[800] die Vorsilbe »Eco-« als Hinweis auf Ökonomie,[801] »capital markets« im Finanzbereich,[802] »Ges. für Datenkommunikation mbH« als Hinweis auf eine Gesellschaft und ihren Zweck,[803] »Shop«,[804] »Kinder« als Hinweis auf die Zielgruppe bei Schokolade[805] oder »New York«,[806]

---

792 Vgl. aber BGHZ 139, 59, 65 *Fläminger*, m. w. N.; BGH GRUR 2002, 167, 170 *Bit/Bud*; viel zu weitgehend EuG T-28/05 v. 18.10.2007 *PULEVA-OMEGA 3/OMEGA 3*, Tz. 48 ff.; BGH I ZR 18/05 v. 25.10.2007 *TUC-Salzcracker*, Tz. 28; sowie unten § 12 Rdn. 197 – 205.

793 EuG T-6/01 v. 23.10.2002 *Matratzen/Matratzen Markt Concord*, Tz. 41; EuG T-129/01 v. 3.7.2003 *BUD/BUDMEN*, Tz. 53; EuG T-117/02 v. 6.7.2004 *CHUFI/CHUFAFIT*, Tz. 51; EuG T-356/02 v. 6.10.2004 *VITAKRAFT*, Tz. 52; EuG T-117/03 bis T-119/03 und T-171/03 v. 6.10.2004 *NL*, Tz. 34; EuG T-169/02 v. 15.2.2005 *Modelo/negra modelo*, Tz. 34; EuG T-385/03 v. 7.7.2005 *MILES/Biker Miles*, Tz. 44; EuG T-202/04 v. 5.4.2006 *ECHINACIN/ECHINAID*, Tz. 54; EuG T-153/03 v. 13.6.2006 *Schwarz-weiße Kuhhaut*, Tz. 32; EuG T-491/04 v. 16.5.2007 *MICRO FOCUS/FOCUS*, Tz. 49; EuG T-425/03 v. 18.10.2007 *AMS/AMS Advanced Medical Services*, Tz. 82; BGH GRUR 1999, 995, 997 *HONKA*, m. w. N.; BGH GRUR 1996, 775, 777 *Sali Toft*; BGH GRUR 2000, 1031, 1032 *Carl Link*; BGH GRUR 2004, 775, 776 *EURO 2000*; BGH GRUR 2004, 778, 779 *URLAUB DIREKT*; BGH I ZR 137/04 v. 19.7.2007 *Euro Telekom*, Tz. 27; auch EuG T-296/02 v. 15.2.2005 *LINDERHOF/LINDENHOF*, Tz. 63.

794 BGH GRUR 2000, 1031, 1032 *Carl Link*; BGH GRUR 2004, 775, 776 *EURO 2000*.

795 Vgl. § 4 Rdn. 1 – 240.

796 Vgl. in diesem Sinne EuG T-153/03 v. 13.6.2006 *Schwarz-weiße Kuhhaut*, Tz. 35.

797 EuG T-169/02 v. 15.2.2005 *Modelo/negra modelo*, Tz. 36.

798 EuG T-557/14 v. 1.3.2016 *SPEZI/SPEEZOOMIX*, Tz. 34.

799 EuG T-233/10 v. 25.5.2012 *JUMPMAN/JUMP*, Tz. 53.

800 EuG T-202/04 v. 5.4.2006 *ECHINACIN/ECHINAID*, Tz. 44.

801 EuG T-281/07 v. 12.11.2008 *BLUE/Ecoblue*, Tz. 31 f., im Ergebnis bestätigt durch EuGH C-23/09 P v. 22.1.2010 *ecoblue*.

802 EuG T-390/03 v. 11.5.2005 *CM/capital markets CM*, Tz. 52.

803 BGH I ZR 132/04 v. 28.6.2007 *INTERCONNECT/T-InterConnect*, Tz. 23.

804 EuG T-735/15 v. 6.12.2016 *art/SHOP ART*, Tz. 48.

805 BGH I ZR 6/05 v. 20.9.2007 *Kinder II*, Tz. 36; BGH I ZR 94/04 v. 20.9.2007 *Kinderzeit*, Tz. 41; BGH I ZB 94/06 v. 2.4.2009 *Kinder III*, Tz. 39.

806 EuG T-301/03 v. 28.6.2005 *CANALI/CANAL JEAN CO. NEW YORK*, Tz. 48 ff.; vgl. auch EuG T-84/14 u. T-97/14 v. 18.2.2016 *PUB CASINO Harrys RESTAURANG/HARRY'S NEW YORK BAR*, Tz. 80, wonach »NEW YORK« beschreibend für einen bestimmten Restaurantstil sei.

»African«,807 »made in Spain«,808 »Milano«,809 »Vienna«,810 der Straßenname »alla Scrofa Roma«,811 »American«,812 »Deutschland«813 oder einfach »estate«814 als geografische Angabe.815 »Radio« ist nicht nur im Bereich der Radiosendungen tendenziell beschreibend, sondern darüber hinaus auch für Produkte, die damit in Zusammenhang stehen können wie Waren der EDV oder Unterhaltungsdienstleistungen.816 Auch »Frühstücks-Trunk« soll für ein Vitamingetränk beschreibend sein, nicht aber – wegen der englischsprachigen Anspielung auf »Drink« als üblicherweise alkoholisches Getränk – das Zeichen »FRÜHSTÜCKS-DRINK«.817 »Conference« kann im Zusammenhang mit Telekommunikationsdienstleistungen lediglich einen beschreibenden Hinweis auf Konferenzschaltungen darstellen.818 Der Begriff »blog« ist Hinweis auf ein Online-Journal.819 Ferner können Bildelemente wie das Ziffernblatt auf der für Uhren geschützten Marke

beschreibend sein.820 Unzutreffend und gegen die Wertung des Gesetzes ist es dagegen, wenn der BGH im Einzelfall geografischen Angaben – wie Augsburg in der Marke »Augsburger Puppenkiste« – möglicherweise sogar prägende Kennzeichnungskraft beimessen will.821 Auch kann dem Begriff »Land« in »Land Rover« auch seine begriffliche Unschärfe entgegen der Auffassung des EuG nicht genügend Unterscheidungskraft verleihen.822 Unterscheidungskraft besitzt aber ein Begriff wie »véneto« für den spanischen Verbraucher, der den Bezug zu Venetien nicht ohne weiteres erkennt.823 Sogar »outdoor« soll – zu weitgehend –

---

807 EuG T-687/14 v. 28.1.2016 *Simba/African Simba*, Tz. 109.
808 EuG T-423/04 v. 5.10.2005 *BK RODS/BKR*, Tz. 60.
809 BGH GRUR 1998, 1014, 1015 *ECCO II*; BGH GRUR 1999, 52, 53 *EKKO BLEIFREI*; vgl. auch die Ausführungen in BGH GRUR 2002, 1077, 1078 f. *BWC*; zu einem polnischen Ortsnamen EuG T-159/11 v. 4.2.2013 *MAR-KO/WALICHNOWY MARKO*, Tz. 43 f., im Ergebnis bestätigt durch EuGH C-177/13 P v. 13.2.2014 *Marszałkowski*; auch EuG T-803/14 v. 28.4.2016 *BLU DE SAN MIGUEL/B'lue*, Tz. 55 ff.
810 BGH GRUR 2000, 233, 235 *RAUSCH/ELFI RAUCH*.
811 EuG T-97/15 v. 6.7.2016 *L'ORIGINALE ALFREDO/ALFREDO'S GALLERY alla Scrofa Roma*, Tz. 40 f.
812 BGH GRUR 2002, 167, 170 *Bit/Bud*, m. w. N.
813 BGH I ZR 137/04 v. 19.7.2007 *Euro Telekom*, Tz. 28.
814 EuGH C-85/16 P und C-86/16 P v. 13.5.2018 *Kenzo Tsujimoto*, Tz. 58 f.
815 Zur Möglichkeit, dass im Einzelfall eine geografische Angabe eine etwaige Verwechslungsgefahr sogar erhöhen kann BGH I ZR 171/05 v. 31.7.2008 *Haus & Grund II*; BGH I ZR 21/06 v. 31.7.2008 *Haus & Grund III*, Tz. 39.
816 EuG T-357/07 v. 16.12.2008 *FOCUS MILENIUM/FOCUS Radio*, Tz. 37 f.
817 BGH GRUR 2002, 809, 811 f. *FRÜHSTÜCKS-DRINK I*.
818 Vgl. BGH I ZR 137/04 v. 19.7.2007 *Euro Telekom*, Tz. 33.
819 EuG T-460/07 v. 20.1.2010 *LIFE BLOG/LIFE*, Tz. 62, Rechtsmittel zum EuGH C-154/10 wurde zurückgenommen.
820 EuG T-147/03 v. 12.1.2006 *Quantième/Quantum*, Tz. 75, im Ergebnis bestätigt durch EuGH C-171/06 P v. 15.3.2007 *T. I. M. E. ART*; ähnlich EuG T-205/06 v. 22.5.2008 *Presto/Presto! Bizcard Reader*, Tz. 54.
821 BGH I ZR 200/06 v. 18.12.2008 *Augsburger Puppenkiste*, Tz. 59.
822 Vgl. EuG T-71/15 v. 16.2.2017 *LAND ROVER/Land Glider*, Tz. 42.
823 EuG T-130/08 v. 16.9.2009 *VENATTO MARBLE STONE/VENETO CERÁMICAS*, Tz. 23 ff.

§ 12 Verwechslungsgefahr

für die angeblich gar kein Englisch sprechenden Teile der Bevölkerung der EU hinreichend unterscheidungskräftig sein.[824]

171 Beschreibend kann ein Zeichenbestandteil auch durch seine Kombination mit weiteren Elementen wirken, wenn diese Kombination in ihrer Gesamtheit eine Bedeutung entfaltet.

So ist der Bestandteil »Memory« in einer Marke »EDUCA Memory game« durch die Kombination mit dem Wort »game« ohne weiteres als Hinweis auf ein Gedächtnisspiel zu erkennen und prägt daher nicht.[825]

172 An sich würde dieser Grundsatz dazu führen, dass immer dann, wenn sich zwei Abkürzungen gegenüberstehen, vom Inhaber der jüngeren Marke die Kollision durch Hinzufügen einer beschreibenden Auflösung vermieden werden könnte. Ein solcher Automatismus würde aber den Umständen des Einzelfalls nicht gerecht, sodass Prägung und möglicherweise selbständig kennzeichnende Stellung im Einzelnen zu prüfen sind.[826] Insbesondere kann auch die Bedeutung eines Zeichenbeginns gemindert sein, wenn ein Zeichen erkennbar Abkürzung ist und der Anfangsbuchstabe ein nachfolgendes beschreibendes Wort abkürzt.[827]

So ist beispielsweise ein Angriff aus der Wortmarke BSA gegen die Wort-/Bildmarke

erfolgreich, zumal die Buchstaben »DSA« als prägend angesehen wird, weil er grafisch hervorgehoben ist und weil weitere schutzfähige Bestandteile in der zusammengesetzten Marke fehlen.[828] Zu Unrecht hat daher das EuG[829] eine Ähnlichkeit der ohne weiteres verwechselbaren Abkürzungen »PTR« und »RPT« in den Marken

abgelehnt, weil die Abkürzungen in den nachfolgenden Wortbestandteilen aufgelöst würden. Wiederum zutreffend ist das EuG hingegen bei der Kollision der Marke »AMS« mit dem jüngeren Zeichen »AMS Advanced Medical Services« von einer Prägung durch die Abkürzung »AMS« ausgegangen und hat eine Verwechslungsgefahr bejaht; dass der zusätzliche

---

824 EuG T-224/16 v. 5.5.2017 *OUTDOOR PRO/Out Door*, Tz. 45 ff.
825 EuG T-243/08 v. 19.5.2010 *MEMORY/EDUCA Momory game*, Tz. 28 ff., im Ergebnis bestätigt durch EuGH C-370/10 P v. 14.3.2011 *Ravensburger*.
826 EuGH C-20/14 v. 22.10.2015 *BGW Beratungs-Gesellschaft Wirtschaft*, Tz. 36 ff.
827 BGH I ZR 161/13 v. 5.3.2015 *IPS/ISP*, Tz. 37.
828 BGH I ZB 16/14 v. 9.7.2015 *BSA/DSA DEUTSCHE SPORTAKADEMIE*.
829 EuG T-168/07 v. 4.3.2009 *PTR/RPT*, Tz. 36 ff.

Bestandteil »Advanced Medical Services« der Abkürzung mittelbar eine beschreibende Bedeutung verlieh, war ohne Belang.[830]

Bei nicht unterscheidungskräftigen Bestandteilen gilt allerdings wie auch bei der Frage der Schutzfähigkeit,[831] dass diese dann maßgebende Bedeutung für die Prüfung der Verwechslungsgefahr erlangen können, wenn der Verkehr in dem Bestandteil einen Hinweis auf ein bestimmtes Unternehmen erblickt.[832] Insbesondere ist dabei auf die konkret beanspruchten Produkte abzustellen.[833] 173

So kann etwa aufgrund seiner hohen Bekanntheit im Bekleidungsbereich die geografische Angabe »Chiemsee« ein aus Wort- und Bildelementen zusammengesetztes Zeichen trotz seiner von Hause aus bestehenden Schwäche prägen. Allerdings ist die Kennzeichnungskraft eines einzelnen Bestandteils meist nicht in diesem Sinne gestärkt, wenn er niemals in Alleinstellung, sondern stets nur in Kombination mit bestimmten weiteren Bestandteilen benutzt wurde.[834] Ähnliches gilt für das Wort »STENINGE«, das der schwedische Verbraucher als Hinweis auf ein bestimmtes Schloss versteht, aber nicht unbedingt mit Keramik in Verbindung bringt.[835] Auch »BEVERLY HILLS« in einer Marke »GIORGIO BEVERLY HILLS« soll -recht weitgehend – nach einer Entscheidung des EuG zunächst einmal lediglich ein Hinweis auf einen bestimmten geografischen Ort und nicht zwingend beschreibend sein.[836]

(3) Bestandteile mit allgemeiner oder anpreisender Bedeutung und unauffällige Bestandteile

Ähnliche Wertungen wie für schutzunfähige Bestandteile gelten auch für Bestandteile mit allgemeiner oder anpreisender Bedeutung. Dies gilt selbst dann, wenn sie schutzfähig sein sollten. Denn der Verkehr fasst derartige Bestandteile in einem Kombinationszeichen normalerweise nicht als Herkunftshinweis auf.[837] 174

Typische werbemäßige Anpreisungen in diesem Sinne sind etwa die Zeichenbestandteile »ECCELLENTE NELLA TRADIZIONE« (für den spanischen Verbraucher),[838] »Spe-

---

830 EuG T-425/03 v. 18.10.2007 *AMS/AMS Advanced Medical Services*, Tz. 81.
831 Vgl. dort § 4 Rdn. 1 – 240.
832 BGHZ 34, 299, 305 *Almglocke/Almquell*; BGH GRUR 1996, 267, 269 *AQUA*; in diese Richtung lässt sich womöglich auch die abenteuerlich begründete Entscheidung EuG T-137/05 v. 16.5.2007 *la PERLA/NIMEI LA PERLA MODERN CLASSIC* verstehen.
833 Vgl. EuG T-325/04 v. 27.2.2008 *LINK/WORLDLINK*, Tz. 67 ff.
834 BGH GRUR 1998, 927, 928 f. *COMPO-SANA*; vgl. aber auch EuGH C-353/03 v. 7.7.2005 *Nestlé*, Tz. 27 ff.
835 EuG T-499/04 v. 17.10.2006 *STENINGE KERAMIK/STENINGE SLOTT*, Tz. 55.
836 EuG T-228/06 v. 10.12.2008 *GIORGIO/GIORGIO BEVERLY HILLS*, Tz. 25.
837 Vgl. EuG T-104/01 v. 23.10.2002 *Miss Fifties/Fifties*, Tz. 44; EuG T-356/02 v. 6.10.2004 *VITAKRAFT*, Tz. 52, bestätigt durch EuGH C-512/04 P v. 1.12.2005 *Vitakraft Werke*; EuG T-364/05 v. 22.3.2007 *PAM/PAM PLUVIAL*, Tz. 97 ff.; auch BGH I ZR 93/04 v. 19.7.2007 *Windsor Estate*, Tz. 48 f.
838 EuG T-104/01 v. 23.10.2002 *Miss Fifties/Fifties*, Tz. 44.

zial«,[839] »PLUS«,[840] »ROYAL«,[841] »forte«,[842] »MODERN CLASSIC«,[843] »MILENIUM«,[844] »Advanced Medical Services«,[845] »PRESTIGE BEAUTE«,[846] »The professional's choice«,[847] »Management by«,[848] »100 %«,[849] eine Jahreszahl wie »1952«[850], eine Zahl wie »1000«[851] oder (sogar außerhalb Italiens) »ORO«.[852] Das Element »online«[853] weist lediglich allgemein darauf hin, dass die fraglichen Produkte im Internet erhältlich sind. Ähnliches soll für die Vorsilbe »Tele-« gelten, die als Hinweis auf Telekommunikation sehr häufig verwendet werde.[854] Auch »technology« werde häufig verwendet und sei daher zu vernachlässigen.[855] »Verlag« prägt bei einem Informationsdienstleister nicht mit.[856] »Website« deutet nur auf einen Internetauftritt hin,[857] »update« – auch außerhalb des Softwarebereichs – auf eine aktualisierte oder verbesserte Version.[858] Ferner geben die Kürzel »Euro«[859] oder »INTER«[860] dem Verkehr lediglich einen allgemeinen Hinweis auf eine europaweite oder internationale Verbreitung bzw. Tätigkeit. Geringe Kennzeichnungskraft besitzen auch Begriffe, die wie Nachnamen wirken, etwa »de la vega«, das in Bezug auf Weine den Eindruck erweckt, die Produkte stammen von einem Palast oder einem Weingut der Familie »de la Vega«.[861] Allgemein gebräuchlich und damit kennzeichnungsschwach sind ferner typische

---

839 EuG T-312/03 v. 14.7.2005 *Selenium Spezial A-C-E/SELENIUM-ACE*, Tz. 35; vgl. auch EuG T-356/02 v. 6.10.2004 *VITAKRAFT*, Tz. 52, bestätigt durch EuGH C-512/04 P v. 1.12.2005 *Vitakraft Werke*.
840 EuG T-38/04 v. 15.11.2007 *SUN/SUNPLUS*, Tz. 39 ff., im Ergebnis bestätigt durch EuGH C-21/08 P v. 26.3.2009 *Sunplus Technology*.
841 EuG T-501/04 v. 15.2.2007 *ROYAL FEITORIA/ROYAL*, Tz. 47 f.; ähnlich zu »King« EuG T-99/10 v. 20.9.2011 *Curry King/TOFUKING*, Tz. 39, im Ergebnis bestätigt durch EuGH C-599/11 P v. 28.6.2012 *TofuTown.com*.
842 EuG T-373/06 v. 8.9.2008 *EPIGRAN/Epican Forte*, Tz. 56 ff., im Ergebnis bestätigt durch EuGH C-488/08 P und C-489/08 P v. 4.12.2009 *Rath*.
843 EuG T-137/05 v. 16.5.2007 *la PERLA/NIMEI LA PERLA MODERN CLASSIC*, Tz. 42.
844 EuG T-357/07 v. 16.12.2008 *FOCUS MILENIUM/FOCUS Radio*, Tz. 34 ff.
845 EuG T-425/03 v. 18.10.2007 *AMS/AMS Advanced Medical Services*, Tz. 86.
846 EuG T-366/07 v. 13.9.2010 *P&G PRESTIGE BEAUTE/Prestige*, Tz. 62 ff.
847 EuG T-395/12 v. 11.2.2015 *SOLID floor/Solidfloor The professional's choice*, Tz. 34, im Ergebnis bestätigt durch EuGH C-190/15 P v. 19.11.2015 *Fetim*.
848 EuG T-181/14 v. 26.11.2015 *Management by Nordschleife/Nordschleife*, Tz. 35 f.
849 EuG T-198/14 v. 19.4.2016 *CAPRI/100 % Capri*, Tz. 92, im Ergebnis bestätigt durch EuGH C-351/16 P v. 10.11.2016 *100 % Capri Italia*.
850 EuG T-133/09 v. 28.6.2012 *BASILE/B. Antonio Basile 1952*, Tz. 58, im Ergebnis bestätigt durch EuGH C-381/12 P v. 6.6.2013 *I Marchi Italiani*.
851 EuG T-546/10 v. 22.5.2012 *RAM/MILRAM*, Tz. 42 u. 78 [zur spanischen »1000« = »mil«], im Ergebnis bestätigt durch EuGH C-346/12 P v. 13.6.2013 *DMK Deutsches Milchkontor*.
852 EuG T-344/03 v. 5.4.2006 *ORO/SELEZIONE ORO Barilla*, Tz. 31 ff., bestätigt durch EuGH C-245/06 P v. 9.3.2007 *Saiwa/HABM*, Tz. 51.
853 EuG T-135/04 v. 24.11.2005 *BUS/Online Bus*, Tz. 70.
854 EuG T-233/06 v. 22.4.2008 *TELETIEMPO/EL TIEMPO*, Tz. 40 ff.
855 EuG T-48/06 v. 10.9.2008 *ASTEX/astex TECHNOLOGY*, Tz. 57 ff.
856 BGH I ZB 26/05 v. 13.12.2007 *idw*, Tz. 58.
857 Vgl. BGH I ZR 137/04 v. 19.7.2007 *Euro Telekom*, Tz. 33.
858 EuG T-327/06 v. 18.2.2008 *Pneumo/PNEUMO UPDATE*, Tz. 34.
859 BGH I ZR 137/04 v. 19.7.2007 *Euro Telekom*, Tz. 28; Feststellung des BPatG außerdem nicht beanstandet von BGH GRUR 1999, 995, 997 f. *HONKA*.
860 BGH GRUR 2004, 865, 867 *Mustang*.
861 EuG T-458/07 v. 16.9.2009 *DOMINIO DE LA VEGA/PALACIO DE LA VEGA*, Tz. 41 ff., im Ergebnis bestätigt durch EuGH C-459/09 P v. 16.9.2010 *Dominio de la Vega*.

III. 4. Unterscheidungskräftige und dominierende Zeichenelemente

Vor- oder Endsilben wie »All-« für Fahrzeuge,[862] »-tride«[863] im Chemiebereich, »soft« für »Software«[864] oder »-erol«[865] im Arzneimittelbereich. Auch Einzelbuchstaben können – ohne dass dies eine allgemeine Regel wäre[866] – als Abkürzung kennzeichnungsschwach sein, insbesondere die Anfangsbuchstaben der betreffenden Branche wie etwa »F« im Finanzwesen.[867] Entsprechendes gilt auch für typische Firmenbestandteile wie »GmbH«,[868] »S. L.« als Angabe der Rechtsform (Sociedad Limitada)[869] oder »co.«,[870] für typische Unternehmenshinweise wie im Kosmetikbereich »Laboratorium«[871] sowie für Top-Level-Domains wie ».de« oder ».com« im Rahmen einer Internetadresse.[872] Auch dem Zusatz »LAND« hat das EuG zwar eine gewisse Unterscheidungskraft zugemessen, ihn letztlich jedoch zurücktreten lassen.[873] Schließlich sind auch Artikel wie »THE«[874] oder – für den spanischen Verkehr – »El« in der Marke »El Coto«[875] schwach. Entgegen der Ansicht des EuG ist für Unterhaltungsdienstleistungen auch das Wort »ocean« als Hinweis auf Unterhaltung am Meer schwach.[876] Nicht schwach ist hingegen ein Begriff wie »Liberte« im Tabakbereich,[877] obwohl gerade dort ein beliebtes Werbesujet im Spiel mit »Freiheit« besteht.

Ebenso wie diesen Bestandteilen mit allgemeiner oder anpreisender Bedeutung schenkt der Verkehr unauffälligen Zusätzen in einem Zeichen – meist schon aus optischen Gründen – wenig Beachtung.[878] Allerdings erscheint die Rechtsprechung hierzu nicht immer ganz konsequent. **175**

---

862 EuG T-158/05 v. 16.5.2007 *TREK/ALLTREK*, Tz. 71 ff.
863 EuG T-224/01 v. 9.4.2003 *TUFFTRIDE/NU-TRIDE*, Tz. 49 f.; zur Schwäche der Silbe »-tude« für den spanischen Verkehr EuG T-9/05 v. 15.1.2008 *Amply/AMPLITUDE*, Tz. 40.
864 EuG T-262/13 v. 15.10.2014 *SKY/SKYSOFT*, Tz. 29 f.
865 BGH GRUR 1998, 924, 925 *salvent/Salventerol*.
866 EuGH C-84/16 P v. 26.7.2017 *Continental Reifen Deutschland*, Rn 72.
867 EuG T-10/07 v. 17.9.2008 *FVD/FVB*, Tz. 53.
868 BGH GRUR 2002, 626, 628 *IMS*; BGH I ZR 137/04 v. 19.7.2007 *Euro Telekom*, Tz. 28; BGH I ZB 26/05 v. 13.12.2007 *idw*, Tz. 58; BGH I ZR 171/05 v. 31.7.2008 *Haus & Grund II*, Tz. 28.
869 BGH GRUR 2004, 865, 867 *Mustang*.
870 EuG T-301/03 v. 28.6.2005 *CANALI/CANAL JEAN CO. NEW YORK*, Tz. 59.
871 EuG T-418/03 v. 27.9.2007 *LABORATOIRE DE LA MER/LA MER*, Tz. 124.
872 BGH GRUR 2004, 790, 792 *Gegenabmahnung*; EuG T-134/06 v. 13.12.2007 *LES PAGES JAUNES/PAGESJAUNES.COM*, Tz. 56; EuG T-713/13 v. 26.2.2015 *50flats/9flats.com*, Tz. 49; anderes gilt, wenn das Kürzel nicht als Domainendung wahrgenommen wird: BGH I ZR 231/06 v. 14.5.2009 *airdsl*, Tz. 28.
873 EuG T-479/15 v. 14.9.2016 *KOALA/KOALA LAND*, Tz. 47.
874 EuG T-116/06 v. 24.9.2008 *THE O STORE/O STORE*, Tz. 68.
875 EuG T-332/04 v. 12.3.2008 *EL COTO/Coto D'Arcis*, Tz. 39, im Ergebnis bestätigt durch EuGH C-210/08 P v. 20.1.2009 *Sebirán*; entsprechend EuG T-233/06 v. 22.4.2008 *TELE-TIEMPO/EL TIEMPO*, Tz. 40 f.
876 EuG T-5/15 v. 25.5.2016 *OC ocean club Ibiza/ocean ibiza*, Tz. 32 f.; EuG T-6/15 v. 25.5.2016 *OC ocean club Ibiza/ocean ibiza*, Tz. 32 f.
877 EuG T-78/12 v. 3.7.2013 *La LIBERTAD/LIBERTE brunes*, Tz. 31, Rechtsmittel zurückgewiesen durch EuGH C-496/13 P v. 22.1.2015 *GRE*; EuG T-205/12 v. 3.7.2013 *La LIBERTAD/LIBERTE american blend*, Tz. 37, Rechtsmittel zurückgewiesen durch EuGH C-494/13 P v. 22.1.2015 *GRE*; EuG T-206/12 v. 3.7.2013 *La LIBERTAD/LIBERTE american blend*, Tz. 37, Rechtsmittel zurückgewiesen durch EuGH C-495/13 P v. 22.1.2015 *GRE*.
878 Vgl. EuG T-104/01 v. 23.10.2002 *Miss Fifties/Fifties*, Tz. 44; EuG T-423/04 v. 5.10.2005 *BK RODS/BKR*, Tz. 59; auch EuG T-286/03 v. 13.4.2005 *WILKINSON SWORD XTREME III/RIGHT GUARD XTREME SPORT*, Tz. 55 ff.

So war etwa in der Marke

das Wort »Markt« im Verhältnis zu den Wörtern »Matratzen« und »Concord« marginal, wenn nicht sogar völlig zu vernachlässigen.[879] Auch im Zeichen

wird das Element »adorably« allein werblich anpreisend verstanden.[880] In ähnlicher Weise sollte – zu weitgehend – die Marke

durch den Bestandteil »BROTHERS« geprägt sein.[881] In der Marke

war der Wortbestandteil »Calvin Klein« wegen der erheblich kleineren Schrift unauffällig gegenüber dem Bestandteil »CK«.[882] Entsprechendes galt bei den Marken

die folglich durchschnittlich ähnlich waren.[883] Demgegenüber hatte der Bestandteil »Timi« in dem Zeichen

---

879 EuG T-6/01 v. 23.10.2002 *Matratzen/Matratzen Markt Concord*, Tz. 40.
880 EuG T-308/08 v. 15.9.2009 *MANGO adorably/ADORIABLE und J'ADORE*, Tz. 34 ff.
881 EuG T-43/05 v. 30.11.2006 *BROTHERS/BROTHERS by CAMPER*, Tz. 61 ff.
882 EuG T-185/07 v. 7.5.2009 *CK CREACIONES KENNYA/CK Calvin Klein*, Tz. 41, im Ergebnis bestätigt durch EuGH C-254/09 P v. 2.9.2010 *Calvin Klein*; vgl. erst recht zu einer winzigen Schrift EuG T-162/08 v. 11.11.2009 *GREEN by missako/MI SA KO*, Tz. 36 ff.
883 EuG T-420/10 v. 27.3.2012 *AJ ARMANI JEANS/AJ AMICI JUNIOR*, Tz. 28 ff., bestätigt durch EuGH C-261/12 v. 17.1.2013 *Annunziata del Prete*.

III. 4. Unterscheidungskräftige und dominierende Zeichenelemente

aufgrund seiner zentralen Platzierung am Zeichenbeginn eine dominierende Stellung.[884] Dagegen irrte das EuG, wenn es auch beim Zeichen

eine Prägung durch den Bestandteil »Living« annahm, obwohl der Begriff bei den betroffenen Waren – Bekleidung und Lederwaren – keine hohe Kennzeichnungskraft besaß.[885] In der Marke »PAM-PIM'S BABY-PROP« hat das EuG den Bestandteil »BABY-PROP« im Zusammenhang mit Windeln schon wegen des beschreibenden Gehalts des Worts »Baby« und wegen seiner Stellung am Zeichenende für schwach gehalten.[886] Andererseits ergab sich bei den Marken

aufgrund der optisch hervorgehobenen Schreibweise der Wörter »LORA« bzw. »Feigling« keine Prägung durch diese.[887] Auch in der Marke »T-InterConnect« trat der Buchstabe »T« als Serienzeichen der Deutsche Telekom nicht derart in den Hintergrund, dass das Zeichen nur durch »InterConnect« geprägt wäre.[888]

(4) An schutzunfähige Zeichen angelehnte Bestandteile

Auch Bestandteile, die an schutzunfähige Zeichen angelehnt sind, ohne selbst unbedingt schutzunfähig zu sein, werden meist nicht die unterscheidungskräftigen und dominierenden Elemente darstellen.[889] Allerdings bleibt die Beurteilung letztlich dem Einzelfall überlassen, wobei die Beschaffenheit der übrigen Zeichenelemente

---

884 EuG T-140/08 v. 14.10.2009 *TiMi KINDERJOGHURT/KINDER*, Tz. 57, im Ergebnis bestätigt durch EuGH C-552/09 P v. 24.3.2011 *FERRERO*.
885 EuG T-307/08 v. 20.10.2009 *4 OUT Living/Living & Co*, Tz. 26 ff.
886 EuG T-133/05 v. 7.9.2006 *PAM-PAM/PAM-PIM'S BABY-PROP*, Tz. 51 ff.
887 BGH GRUR 1999, 583, 585 *LORA DI RECOARO*; BGH GRUR 2004, 598, 599 *Kleiner Feigling*; auch BGH GRUR 1998, 1014, 1015 *ECCO II*.
888 BGH I ZR 132/04 v. 28.6.2007 *INTERCONNECT/T-InterConnect*, Tz. 27; vgl. aber zur selbständig kennzeichnenden Stellung des Elements u. § 12 Rdn. 243.
889 BGH GRUR 1999, 995, 997 *HONKA*, m. w. N.; BGH GRUR 1996, 775, 777 *Sali Toft*; BGH GRUR 2000, 1031, 1032 *Carl Link*; BGH GRUR 2004, 775, 776 *EURO 2000*; BGH GRUR 2004, 778, 779 *URLAUB DIREKT*; BGH I ZR 93/04 v. 19.7.2007 *Windsor Estate*, Tz. 48 f.; auch EuG T-317/03 v. 26.1.2006 *DERBIVARIANT/DERBI*, Tz. 57 f.

und die Position im Zeichen eine besondere Rolle spielen können.[890] Im Einzelfall kann auch ein solches Element mit geringer Kennzeichnungskraft das Gesamtzeichen dominieren.[891]

> So hielt das EuG – wohl unzutreffend[892] – den Bestandteil »XTREME« trotz der klanglichen Identität mit dem englischen Wort »extreme« in einer Marke »RIGHT GUARD XTREME SPORT« für dominierend, wobei der Bestandteil »RIGHT GUARD« grafisch klein gehalten wie ein Zusatz wirkte.[893] Ähnliches galt im Hinblick auf das Element »ACTIVY« in der Marke »ACTIVY Media Gateway«.[894] Auch »Teletech« dominierte die Marken »TELETECH INTERNATIONAL« und »TELETECH GLOBAL VENTURES« trotz der Anspielung an eine Ferntechnologie (tele = fern; tech = Technologie).[895] Das Zeichen »@« kann in einer Marke wie »ip_law@mbp.« Herkunftshinweis sein.[896] Demgegenüber eignete sich bei einer für Düngemittel geschützten Marke »COMPO-SANA« der Bestandteil »SANA« weniger zur Prägung, weil mit dem Wort auf die den Düngemitteln innewohnende Bestimmung der Aufzucht gesunder Pflanzen hingewiesen wird.[897] Auch konnte der Bestandteil »EZ« in der Marke »EZMIX« als Hinweis auf das englische Wort »easy« verstanden werden und damit beschreibend sein.[898] Ähnlich entschied das EuG im Hinblick auf den an »Virus« anklingenden Bestandteil »VIRUSINE« im Bereich der Unkraut- und Insektenvertilgungsmittel.[899] Auch konnte sich im Reinigungsmittelbereich eine an das Wort »clean« angelehnte Marke »CLEN« nicht gegen eine Marke »clean x« durchsetzen.[900] Zutreffend wurde dem Bestandteil »THERAPY« im Kosmetikbereich nur geringe Kennzeichnungskraft zugebilligt.[901] Wohl wieder zu weitgehend allerdings berücksichtige das EuG in einer Bekleidungsmarke »CANAL JEAN CO. NEW YORK« das Wort »JEAN« schon deswegen nicht, weil es als Anspielung auf Jeans verstanden werden könne.[902] In der für Milchprodukte geschützten Marke

---

890 Hierzu unten § 12 Rdn. 197 – 205.
891 EuG T-491/04 v. 16.5.2007 *MICRO FOCUS/FOCUS*, Tz. 49, im Ergebnis bestätigt durch EuGH C-344/07 P v. 11.4.2008 *Focus Magazin Verlag*.
892 Vgl. EuGH C-363/99 v. 12.2.2004 *Postkantoor*, Tz. 99; EuGH C-265/00 v. 12.2.2004 *Campina Melkunie*, Tz. 40, sowie oben § 4 Rdn. 35.
893 EuG T-286/03 v. 13.4.2005 *WILKINSON SWORD XTREME III/RIGHT GUARD XTREME SPORT*, Tz. 60 ff.
894 EuG T-434/05 v. 27.11.2007 *GATEWAY/ACTIVY Media Gateway*, Tz. 48, bestätigt durch EuGH C-57/08 P v. 11.12.2008 *Gateway*, Tz. 55.
895 EuG T-288/03 v. 25.5.2005 *TELETECH INTERNATIONAL/TELETECH GLOBAL VENTURES*, Tz. 84 ff., im Ergebnis bestätigt durch EuGH C-312/05 P v. 27.3.2007 *TeleTech*.
896 EuG T-338/09 v. 16.9.2013 *MBP/ip_law@mbp.*, Tz. 52.
897 BGH GRUR 1998, 927, 928 *COMPO-SANA*, m. w. N.
898 EuG T-771/16 v. 22.11.2017 *EZMIX*, Tz. 35 f., im Ergebnis bestätigt durch EuGH C-48/18 P v. 13.11.2018 *Toontrack Music*, Tz. 36 f.
899 EuG T-169/04 v. 14.12.2005 *CARPO/CARPOVIRUSINE*, Tz. 59 ff.
900 EuG T-384/04 v. 15.12.2005 *CLEN/clean x*, Tz. 34 ff.
901 EuG T-109/07 v. 25.3.2009 *SPA/SPA THERAPY*, Tz. 31.
902 EuG T-301/03 v. 28.6.2005 *CANALI/CANAL JEAN CO. NEW YORK*, Tz. 59.

III. 4. Unterscheidungskräftige und dominierende Zeichenelemente

war das Kuhhautmotiv zwar nicht ohne jede Unterscheidungskraft, jedoch im Vergleich zu den anderen Bild- und Wortelementen nicht stark genug, um die Marke zu prägen.[903] Der BGH hielt die Zeichen »Windsor Estate« und »Windsor Garden« im Bereich der Rankhilfen für Pflanzen für ähnlich, weil »Estate« und »Garden« an beschreibende Angaben angelehnt seien oder vom Verkehr jedenfalls nur als schmückendes Beiwerk verstanden würden.[904] »SIERRA ANTIGUO« wurde nicht durch den an das deutsche Wort »antik« angelehnten Bestandteil »ANTIGUO« geprägt, obwohl in der einschlägigen Branche alkoholischer Getränke zahlreiche Marken mit dem Bestandteil »SIERRA« existierten.[905] Die Bezeichnung »INTERCONNECT« hingegen sei schließlich – wohl zu weitgehend – nicht schutzunfähig, sondern verfüge jedenfalls über geringe Kennzeichnungskraft, weil die Bezeichnung nur einen beschreibenden Anklang vermittle und dem Verkehr keine klare, umfassende und erschöpfende Zuordnung zu konkreten Dienstleistungen möglich sei.[906]

(5) Bildelemente

Auch die Bedeutung von Bildelementen in Wort-/Bildmarken ist eine Frage des Einzelfalls. Hierbei ist in den meisten Fällen das Bildelement unbeachtlich. Ausnahmsweise prägt das Bildelement den Gesamteindruck mit oder – ausnahmsweise[907] – sogar alleine. Schließlich kann das Bildelement auch beeinflussen, welcher der übrigen Bestandteile prägt. **177**

Unbeachtlich sind Bildelemente zunächst immer dann, wenn der Verkehr darin lediglich eine werbeübliche grafische Ausgestaltung einer Wortmarke erblickt. Dies ist zunächst bei Zeichen der Fall, die wie übliche Etiketten wirken. **178**

---

903 EuG T-153/03 v. 13.6.2006 *Schwarz-weiße Kuhhaut*, Tz. 34 ff.
904 BGH I ZR 93/04 v. 19.7.2007 *Windsor Estate*, Tz. 48 f.
905 BGH I ZB 61/07 v. 3.4.2008 *SIERRA ANTIGUO*, Tz. 19 ff.
906 BGH I ZR 132/04 v. 28.6.2007 *INTERCONNECT/T-InterConnect*, Tz. 24.
907 Fälle aus der höchstrichterlichen Praxis fehlen weitgehend, sind aber denkbar etwa bei extrem klein oder undeutlich gehaltenen Wortbestandteilen; aber beispielsweise EuGH C-488/06 P v. 17.7.2008 *L & D*, Tz. 55; vgl. auch BGH GRUR 1998, 934, 936 f. *Wunderbaum I*, der aber unter dem Gesichtspunkt der Zweitmarke oder des Serienzeichens ebenso gut anders hätte entschieden werden können.

§ 12 Verwechslungsgefahr

So vermutet der Verkehr insbesondere bei Etiketten – insbesondere von Getränkeflaschen – eine bloße grafische Ausgestaltung.[908]

---

[908] BGH GRUR 2002, 167, 169 *Bit/Bud*; BGH GRUR 2002, 809, 811 *FRÜHSTÜCKS-DRINK I*; BGH GRUR 2000, 506, 509 *ATTACHÉ/TISSERAND*; EuG T-104/01 v. 23.10.2002 *Miss Fifties/Fifties*, Tz. 36 ff.; EuG T-40/03 v. 13.7.2005 *MURÚA/Julián Murúa Entrena*, Tz. 55 ff.; EuG T-101/06 v. 14.11.2007 *RODA/Castell del Remei ODA*, Tz. 58 f.; EuG T-149/06 v. 20.11.2007 *CASTELLUCA/CASTELLANI*, Tz. 53; EuG T-332/04 v. 12.3.2008 *EL COTO/Coto D'Arcis*, Tz. 38, im Ergebnis bestätigt durch EuGH C-210/08 P v. 20.1.2009 *Sebirán*; EuG T-458/07 v. 16.9.2009 *DOMINIO DE LA VEGA/ PALACIO DE LA VEGA*, Tz. 38; vgl. auch EuGH C-334/05 P v. 12.6.2007 *Shaker*; vgl. zum Fläminger-Etikett auch unten § 12 Rdn. 197.

III. 4. Unterscheidungskräftige und dominierende Zeichenelemente

Das EuG[909] lag daher falsch, wenn es die Marke »Limoncello« unten rechts als wesentlich durch Bildelemente mitbestimmt ansah und eine Verwechslungsgefahr mit einer Marke »LIMONCHELO« verneinte, ohne dies mit einer eventuellen Kennzeichnungsschwäche der Wortbestandteile zu begründen.

Ausnahmsweise können jedoch selbstverständlich auch Gestaltungen von Etiketten oder gar Verpackungsformen ein Zeichen (mit-)prägen. Dies wird regelmäßig der Fall sein, wenn die Wortelemente schwach, die Bildelemente hingegen auffällig sind.

179

---

909 EuG T-7/04 v. 15.6.2005 *LIMONCHELO/Limoncello I*, aufgehoben durch EuGH C-334/05 P v. 12.6.2007 *Shaker*; nun EuG T-7/04 v. 12.11.2008 *LIMONCHELO/Limoncello II*.

§ 12 Verwechslungsgefahr

So hat der BGH zu Recht bei der Wort-/Bildmarke

eine Mitprägung durch die eher auffälligen grafischen Gestaltungselemente bejaht. Die Marke war daher nicht allein durch den kennzeichnungsschwachen Wortbestandteil »ANTIGUO« geprägt.[910] Noch weiter ist das EuG bei dem Zeichenpaar

gegangen, wobei zu berücksichtigen war, dass auf dem maßgeblichen spanischen Markt das Bildmotiv einer im Olivenhain sitzenden Frau auf Olivenölflaschen Alleinstellung besaß. Überdies wird Olivenöl überwiegend auf Sicht gekauft, so dass das Bildelement besondere Bedeutung aufweist. Da außerdem der Bestandteil »La Española« in Spanien häufig anzutreffen war (und der Bestandteil »Carbonell« zugleich ein Unternehmenskennzeichen darstellte), bejahte das EuG sogar eine Zeichenähnlichkeit.[911] Dies aber dürfte mit Blick darauf, dass die Wortbestandteile der Zeichen – jedenfalls das Element »Carbonell« – nicht im Sinne der

---

910 BGH I ZB 61/07 v. 3.4.2008 *SIERRA ANTIGUO*, Tz. 24.
911 EuG T-363/04 v. 12.9.2007 *Carbonell/La Española*, Tz. 78 ff., bestätigt durch EuGH C-498/07 P v. 3.9.2009 *Aceites del Sur-Coosur*.

Rechtsprechung des EuGH⁹¹² zu vernachlässigen sind, zu weit gehen. Der Fall dürfte daher zutreffender unter dem Gesichtspunkt der selbständig kennzeichnenden Stellung⁹¹³ der Bildelemente zu lösen sein.⁹¹⁴ Auch ein auffälliger Bildbestandteil kann aber letztlich unbeachtlich sein, wenn er, wie in der Marke

den Wortbestandteil nur unterstreicht.⁹¹⁵

Auch bei anderen Zeichen als Etiketten prägt ein Bildbestandteil aus wenig aussagekräftigen geometrischen Grundformen, die vom Verkehr allenfalls als schmückendes Beiwerk, nicht aber als den kennzeichnenden Charakter mitbestimmender Bestandteil verstanden werden, ein Zeichen nicht mit.⁹¹⁶ Dem Bildbestandteil eine (mit-)prägende Bedeutung zuzubilligen, setzt nämlich voraus, dass dieser neben dem Wortbestandteil eine eigenständige herkunftshinweisende Bedeutung für den Verkehr entfaltet.⁹¹⁷ Einige Beispiele derartiger Verzierungen finden sich oben.⁹¹⁸ 180

Auch über die vorstehenden Etiketten- und Verzierungsfälle hinaus besteht bei den Gerichten eine Tendenz, eine Mitprägung durch Bildbestandteile abzulehnen. Während der EuGH eine systematische Grundregel ausdrücklich ablehnt⁹¹⁹ und das EuG entsprechend mehr oder weniger von Fall zu Fall entscheidet,⁹²⁰ arbeitet der BGH mit einem Erfahrungssatz: Danach gilt bei kombinierten Wort-/Bildzeichen jedenfalls bei normaler Kennzeichnungskraft des Wortbestandteils der Grundsatz, dass der Verkehr sich eher an dem Wortbestandteil als (auch) an dem 181

---

912 Vgl. oben § 12 Rdn. 156.
913 Vgl. unten § 12 Rdn. 224 ff.
914 In diesem Sinne wohl auch EuG T-363/04 v. 12.9.2007 *Carbonell/La Española*, Tz. 111, im Ergebnis bestätigt durch EuGH C-498/07 P v. 3.9.2009 *Aceites del Sur-Coosur*.
915 EuG T-457/16 v. 1.2.2018 *le coq/Le Coq de France*, Tz. 70 f.
916 EuG T-31/03 v. 11.5.2005 *Sadia/GRUPO SADA*, Tz. 56f u. 60 f.; BGH GRUR 1998, 1014, 1015 *ECCO II*; BGH GRUR 1999, 52, 53 *EKKO BLEIFREI*; BGH GRUR 2004, 778, 779 *URLAUB DIREKT*; zur Mitprägung durch die Grundfarbe eines Zeichens aber BGH GRUR 2004, 594, 597 *Ferrari-Pferd*.
917 BGH GRUR 1996, 267, 269 *AQUA*; BGH GRUR 2004, 775, 776 *EURO 2000*.
918 Vgl. § 12 Rdn. 111 – 113.
919 EuGH C-488/06 P v. 17.7.2008 *L & D*, Tz. 55; anders aber noch EuG T-205/06 v. 22.5.2008 *Presto/Presto! Bizcard Reader*, Tz. 54; EuG T-363/06 v. 9.9.2008 *SEAT/MAGIC SEAT*, Tz. 30; im Zusammenhang der rechtserhaltenden Benutzung auch EuG T-225/12 v. 27.2.2014 *LIDL MUSIC/LIDL express*, Tz. 51, im Ergebnis bestätigt durch EuGH C-237/14 P v. 6.9.2016 *Lidl Stiftung*, Tz. 47 ff.; EuG T-226/12 v. 27.2.2014 *LIDL MUSIC/LIDL*, Tz. 51, im Ergebnis bestätigt durch EuGH C-224/14 P v. 6.9.2016 *Lidl Stiftung*, Tz. 47 ff.
920 Ausdrücklich einen allgemeinen Grundsatz ablehnend EuG T-63/17 v. 24.10.2018 *vive bingo/BINGO VIVA! Slots*, Tz. 43.

Bildbestandteil orientiert, weil das Kennwort in der Regel die einfachste Form ist, um die Ware zu benennen.[921]

So hat das EuG bei der Marke

wegen der geringen Größe der Wortelemente und der untergeordneten Bedeutung der Stilisierung als Comicfigur sogar eine Prägung durch die Tannenbaumelemente angenommen.[922] Noch weitergehend hielt das EuG die Marke

für ähnlich mit dem Wort »Apple« und dem bekannten Apple-Logo.[923] Nicht unbeachtlich sei – zu weitgehend – auch das Bildelement in der Marke

---

921 BGHZ 139, 59, 64 *Fläminger*; BGHZ 139, 340, 348 *Lions*; BGHZ 156, 112, 123 *Kinder I*; BGH GRUR 1996, 198, 199 *Springende Raubkatze*; BGH GRUR 1996, 267, 269 *AQUA*; BGH GRUR 1998, 1014, 1015 *ECCO II*; BGH GRUR 1998, 934, 936 *Wunderbaum I*; BGH GRUR 1999, 52, 53 *EKKO BLEIFREI*; BGH GRUR 2000, 506, 509 *ATTACHÉ/TISSERAND*; BGH GRUR 2000, 883, 885 *PAPPAGALLO*; BGH GRUR 2002, 167, 169 *Bit/Bud*; BGH GRUR 2002, 809, 811 *FRÜHSTÜCKS-DRINK I*; BGH GRUR 2003, 712, 714 *Goldbarren*; BGH GRUR 2004, 775, 776 *EURO 2000*; BGH GRUR 2004, 778, 779 *URLAUB DIREKT*; BGH I ZB 40/03 v. 22.9.2005 *coccodrillo*, Tz. 20; BGH I ZB 28/04 v. 11.5.2006 *Malteserkreuz I*, Tz. 29; BGH I ZR 132/04 v. 28.6.2007 *INTERCONNECT/T-InterConnect*, Tz. 23; BGH I ZB 61/07 v. 3.4.2008 *SIERRA ANTIGUO*, Tz. 25; BGH I ZR 167/06 v. 5.2.2009 *METROBUS*, Tz. 33; I ZR 174/06 v. 5.2.2009, Tz. 30; I ZR 186/06 v. 5.2.2009, Tz. 27; I ZR 231/06 v. 14.5.2009 *airdsl*, Tz. 28; BGH I ZR 206/07 v. 21.1.2010 *DiSC*, Tz. 46; BGH I ZR 49/12 v. 31.10.2013 *OTTO CAP*, Tz. 30, wobei der Grundsatz in jüngeren Entscheidungen allerdings nur bei der Prüfung der klanglichen Ähnlichkeit angewandt wird; EuG T-312/03 v. 14.7.2005 *Selenium Spezial A-C-E/SELENIUM-ACE*, Tz. 37; EuG T-205/06 v. 22.5.2008 *Presto/Presto! Bizcard Reader*, Tz. 54.
922 EuG T-168/04 v. 7.9.2006 *Tannenbaum*, Tz. 92 ff., bestätigt durch EuGH C-488/06 P v. 17.7.2008 *L & D*, Tz. 55.
923 EuG T-104/17 v. 13.9.2018 *apple/apo*, Tz. 46 ff.

III. 4. Unterscheidungskräftige und dominierende Zeichenelemente

das genauso kennzeichnungsstark sei wie der Wortbestandteil.[924] Andererseits waren bei den Wort-/Bildmarken

die Bildbestandteile stets unbeachtlich.[925] Diese Wertung mag zwar im Rahmen der Ermittlung der unterscheidungskräftigen und dominierenden Elemente zutreffend sein; jedoch bleibt – insbesondere bei Fallgestaltungen wie dem EWING-Fall – stets zu bedenken, dass Wort- und Bildelemente vom Verkehr unter Umständen als Erst- und Zweitmarke aufgefasst werden und damit ihre selbständig kennzeichnende Stellung behalten.[926] Bei dem Zeichenpaar

---

924 EuG T-99/06 v. 23.9.2009 *FILDOR/PHILDAR*, Tz. 41.
925 EuG T-20/02 v. 31.3.2004 *HAPPIDOG/HAPPY DOG*, Tz. 42 ff.; EuG T-164/03 v. 21.4.2005 *bebe/monBeBé*, Tz. 59; EuG T-359/02 v. 4.5.2005 *STAR TV*, Tz. 44 ff.; EuG T-423/04 v. 5.10.2005 *BK RODS/BKR*, Tz. 61; EuG T-29/04 v. 8.12.2005 *CRISTAL/ CRISTAL CASTELLBLANCH*, Tz. 59, im Ergebnis bestätigt durch EuGH C-131/06 P v. 24.4.2007 *Castellblanch/HABM*; EuG T-35/04 v. 15.3.2006 *FERRERO/FERRÓ*, Tz. 50 ff., im Ergebnis bestätigt durch EuGH C-225/06 P v. 11.9.2007 *AVEE*; EuG T-425/03 v. 18.10.2007 *AMS/AMS Advanced Medical Services*, Tz. 79; EuG T-28/05 v. 18.10.2007 *PULEVA-OMEGA 3/OMEGA 3*, Tz. 49; EuG T-325/04 v. 27.2.2008 *LINK/ WORLDLINK*, Tz. 79; EuG T-48/06 v. 10.9.2008 *ASTEX/astex TECHNOLOGY*, Tz. 58; BGH GRUR 2000, 895, 896 *EWING*; BGH I ZR 167/06 v. 5.2.2009 *METROBUS*, Tz. 33.
926 Zur selbständig kennzeichnenden Stellung unten § 12 Rdn. 217 – 247.

schließlich hat das EuG eine Verwechslungsgefahr wegen der teilweisen Übereinstimmungen von Wort- und auch Bildelementen bejaht; dabei war zu berücksichtigen, dass die Wortbestandteile im einschlägigen Bereich der Werbung, Geschäftsführung sowie des Finanz- und Immobilienwesens gerade nicht glatt beschreibend waren.[927]

182 Ein weiterer Sonderfall besteht dann, wenn ein Zeichen auch noch fremde – etwa fernöstliche, hebräische oder arabische – Schriftzeichen aufweist, deren Bedeutung die angesprochenen Verkehrskreise nicht kennen und die daher wie Bildelemente wirken. Hier wird der Verkehr in der Regel annehmen, dass diese Schriftzeichen den – verständlichen – Wortbestandteil der Marke aufgreifen und übersetzen. Dann aber treten die fremden Schriftzeichen in den Hintergrund.

Entsprechend hat etwa das EuG bei der Marke

eine Mitprägung durch die arabischen Schriftzeichen verneint.[928]

183 Von seinem Erfahrungssatz der Prägung durch Wortbestandteile macht der BGH allerdings verschiedene Ausnahmen: So soll der Grundsatz seine Wirkung im Regelfall lediglich bei der Prüfung der klanglichen Verwechslungsgefahr entfalten, weil eine bildliche Gestaltung nicht die akustische, sondern allein die visuelle Wahrnehmung anspricht.[929] Gerade wenn Produkte überwiegend auf Sicht gekauft werden, erlangen daher die Bildelemente größere Bedeutung.[930] Etwas anderes gilt jedoch auch hier wiederum dann, wenn es sich bei den Bildbestandteilen nur um

---

[927] EuG T-413/07 v. 11.2.2009 *Life Sciences Partners/LifeScience*, Tz. 38 ff., inbesondere Tz. 54.
[928] EuG T-333/04 und T-334/04 v. 14.4.2007 *DONUT/House of DONUTS*, Tz. 55.
[929] BGHZ 139, 340, 348 *Lions*; BGH GRUR 1999, 733, 735 *LION DRIVER*; BGH GRUR 2000, 506, 509 *ATTACHÉ/TISSERAND*; BGH GRUR 2005, 419, 423 *Räucherkate*; BGH I ZB 28/04 v. 11.5.2006 *Malteserkreuz I*, Tz. 30; BGH I ZR 231/06 v. 14.5.2009 *airdsl*, Tz. 28; auch BGH GRUR 2002, 167, 169 *Bit/Bud*.
[930] Vgl. EuGH C-498/07 P v. 3.9.2009 *Aceites del Sur-Coosur*, Tz. 76.

eine Verzierung handelt.⁹³¹ In Grenzfällen wird auch hier maßgeblich sein, ob der Verkehr trotz der Bildbestandteile ein Zeichen noch als Variation⁹³² des anderen auffasst.

So nimmt der Verkehr im Hinblick auf die bildliche Ähnlichkeit bei einer Marke

durchaus auch den Bildbestandteil »Löwenkopf« ins Gedächtnis auf, der die Unterschiede zu einer Marke »Lions« noch vertieft.⁹³³ Auch bei der Marke⁹³⁴

prägt infolge der Kennzeichnungsschwäche des Wortbestandteils die (mit dem Wellenelement rechts nicht ganz fantasielose) bildliche Gestaltung mit.⁹³⁵ Ähnlich entschied der BGH im Hinblick auf die Marke

AIR ☺ DE

wo wegen der zentralen Position, verstärkt durch die auffällig rot gefärbte Zunge eine Mitprägung durch den Bildbestandteil bejaht wurde.⁹³⁶ Ähnliches galt beim Vergleich der Zeichen

wo die grafische Gestaltung trotz der Üblichkeit der verwendeten Schrifttype nicht bloße Verzierung war und wo auch die andere Füllfarbe der Quader (rot statt schwarz) dem Betrachter kein anderes Bild des Kennzeichens vermittelte.⁹³⁷ Schließlich konnte bei der Marke

---

931 BGH GRUR 2000, 506, 509 *ATTACHÉ/TISSERAND*; BGH GRUR 2004, 778, 779 *URLAUB DIREKT*; BGH I ZB 28/04 v. 11.5.2006 *Malteserkreuz I*, Tz. 30.
932 Zu weiteren Variationsfällen oben § 12 Rdn. 72 – 143.
933 BGHZ 139, 340, 350 *Lions*.
934 Im Markenregister zeigt die in der Entscheidung genannte Marke Nr. 398 37300 eine andere Wiedergabe; die Abbildung in der GRUR ist erst recht falsch.
935 BGH GRUR 2004, 778, 779 *URLAUB DIREKT*.
936 BGH I ZR 231/06 v. 14.5.2009 *airdsl*, Tz. 27.
937 BGH I ZR 33/05 v. 13.9.2007 *THE HOME STORE*, Tz. 36 f.

nicht angenommen werden, der Bildbestandteil könne das Zeichen unter keinen Umständen prägen.[938] Andererseits wurde in dem Zeichen

der Wortbestandteil als prägend und das Sternsymbol als kennzeichnungsschwach angesehen.[939]

184 Mitunter misst die Rechtsprechung einem Bildelement aber auch aufgrund seiner bloßen Größe Bedeutung bei.

So war bei den Marken

das Bildelement in beiden Zeichen größer als das Wortelement, prägte schon dadurch mit und sorgte für bildliche Unähnlichkeit.[940] Auch bei der Marke

CHIARA FERRAGNI

war das Bildelement zu berücksichtigen.[941]

---

938 BGH I ZB 28/04 v. 11.5.2006 *Malteserkreuz I*, Tz. 30; vgl. auch Große Beschwerdekammer des EUIPO R 863/2011-G v. 9.7.2015 *Malteserkreuz*.
939 EuG T-311/08 v. 2.7.2009 *IBIZA REPUBLIC*, Tz. 40 ff.
940 EuG T-151/08 v. 11.6.2009 *GELLECS/GALLO*, Tz. 41 ff., im Ergebnis bestätigt durch EuGH C-342/09 P v. 27.10.2010 *Victor Guedes*.
941 EuG T-647/17 v. 8.2.2019 *Chiara/CHIARA FERRAGNI*, Tz. 39 ff.

III. 4. Unterscheidungskräftige und dominierende Zeichenelemente

Eine weitere Ausnahme vom Erfahrungssatz der Prägung von Wort-/Bildmarken 185
durch ihre Wortbestandteile besteht nach der Rechtsprechung dann, wenn die
Wortbestandteile selbst schutzunfähig sind oder jedenfalls nur eine äußerst schwache Kennzeichnungskraft aufweisen.⁹⁴²

So ist eine Wortmarke »Kinder« für die Süßwaren schutzunfähig. Der Wortbestandteil »Kinder« der geläufigen kombinierten Wort-/Bildmarke kann daher ohne Verkehrsdurchsetzung aus Rechtsgründen keine Prägung des Gesamteindrucks bewirken.⁹⁴³ Der Schutzbereich der Marke erfasst daher ohne Verkehrsdurchsetzung des reinen Wortbestandteils »Kinder« regelmäßig keine Drittmarken, die neben weiteren kennzeichnungskräftigen Elementen den nicht unterscheidungskräftigen Wortbestandteil »Kinder« auf dem in Rede stehenden Warengebiet enthalten.⁹⁴⁴ Auch die Marke

wird im Zusammenhang mit kulturellen Veranstaltungen aus Rechtsgründen trotz der kargen Bildelemente nicht von dem Wortbestandteil »Festspielhaus« in ihrem Gesamteindruck geprägt.⁹⁴⁵ In den Marken

war der Bestandteil »El Charcutero« für den maßgeblichen spanischen Verbraucher beschreibend, so dass die Zeichen durch ihre Bildelemente geprägt waren.⁹⁴⁶ Entsprechendes galt beim Zeichenpaar

---

942 BGHZ 156, 112, 123 *Kinder I*, m. w. N.; BGH GRUR 2002, 814, 815 *Festspielhaus I*; BGH GRUR 2003, 792, 793 *Festspielhaus II*; BGH GRUR 2004, 775, 776 *EURO 2000*; BGH GRUR 2004, 778, 779 *URLAUB DIREKT*; auch BGH GRUR 2002, 171, 174 *Marlboro-Dach*.
943 BGHZ 156, 112, 123 *Kinder I*, m. w. N.; BGH I ZB 94/06 v. 2.4.2009 *Kinder III*, Tz. 39; nun hingegen unzutreffend BGH I ZR 18/05 v. 25.10.2007 *TUC-Salzcracker*, Tz. 26 ff.
944 BGH I ZB 94/06 v. 2.4.2009 *Kinder III*, Tz. 39.
945 BGH GRUR 2002, 814, 815 *Festspielhaus I*; BGH GRUR 2003, 792, 793 *Festspielhaus II*.
946 EuG T-242/06 v. 13.12.2007 *El Charcutero/el charcutero artesano*, Tz. 52 f., bestätigt durch EuGH C-81/08 P v. 13.11.2008 *Miguel Cabrera Sánchez*, Tz. 23 ff.

§ 12 Verwechslungsgefahr

im Lebensmittelbereich.⁹⁴⁷

186 Es finden sich also durchaus auch in der Rechtsprechung des EuG Fallgestaltungen, in denen eine Prägung von Wort-/Bildmarken durch ihre Bildbestandteile angenommen wurde.

So war etwa das links abgebildete Zeichen

durch seinen Bildbestandteil geprägt, der durch die ihn kreisförmig umrandende, schwer lesbare Schrift eher noch verstärkt wurde. Eine Ähnlichkeit mit den rechts abgebildeten älteren Marken war folglich zu bejahen.⁹⁴⁸ Unzutreffend wurde aber die Ähnlichkeit zwischen den Zeichen

bejaht; denn auch die Bildmotive sind lediglich beschreibend.⁹⁴⁹

187 Schließlich können Bildelemente – ohne selbst mitzuprägen – Einfluss darauf haben, welche anderen Bestandteile ein Zeichen prägen.⁹⁵⁰

So verstärken bei den oben⁹⁵¹ abgebildeten Etiketten die auf den Bestandteil »Bud« gerichteten Pfeile die Wirkung dieses Bestandteils.⁹⁵² In ähnlicher Weise verstärkte in der Marke

---

947 EuG T-485/14 v. 2.2.2016 *Bon Apeti/Bon Appétit!*, Tz. 55.
948 EuG T-214/04 v. 21.2.2006 *POLO/ROYAL COUNTY OF BERKSHIRE POLO CLUB*, Tz. 41 ff.; vgl. auch EuG T-67/15 v. 10.11.2016 *Polo Club*, im Ergebnis bestätigt durch EuGH C-10/17 P v. 1.6.2017 *Polo Club*.
949 EuG T-5/08 bis T-7/08 v. 25.3.2010 *Golden Eagle Deluxe/Kaffeebecher*, Tz. 58 ff.
950 BGH GRUR 2002, 167, 170 *Bit/Bud*.
951 § 12 Rdn. 178.
952 BGH GRUR 2002, 167, 170 *Bit/Bud*.

»Presto! BizCard Reader« das Ausrufungszeichen hinter dem Wort »Presto« dessen Bedeutung.⁹⁵³ Bei der ebenfalls oben⁹⁵⁴ abgebildeten Marke »PATRIC LION« verstärkt die Darstellung des Löwenkopfes durch seine inhaltliche Bedeutung den Bestandteil »LION«.⁹⁵⁵ Andererseits führt in der Marke

eine rote Signalfarbe des Bestandteils »GALLO« nicht zur Prägung durch diesen Bestandteil, zumal die Abbildung des Papageis den Gesamtbegriff »PAPPAGALLO« unterstreicht.⁹⁵⁶

(6) Formmarken

Weil die Rechtsprechung fast immer eine Prägung von Formmarken durch ihre reinen Formelemente abgelehnt hat, konnten sich Formmarken in bisherigen Entscheidungen eigentlich nie gegen jüngere Gestaltungen durchsetzen. Verschiedene Grundsätze bewirken eine Einschränkung ihres Schutzbereichs. **188**

Ebenso wie bei Wort-, Wort-/Bild- oder Bildzeichen nicht schutzfähige Bestandteile am Markenschutz nicht teilhaben und deshalb für sich eine Verwechslungsgefahr nicht zu begründen vermögen, können bei dreidimensionalen Marken Merkmale, die vom Gesetz für nicht schutzfähig erklärt sind, grundsätzlich am Markenschutz nicht teilhaben und für sich eine Verwechslungsgefahr nicht begründen. Bei Formmarken ist daher zu prüfen, welche der Merkmale der Angriffsmarke nach der Auffassung des angesprochenen Verkehrs an der herkunftskennzeichnenden Wirkung der Marke teilhaben und welche Merkmale für die Bestimmung der Schutzwirkung unbeachtet bleiben müssen, weil sie schutzunfähig sind. **189**

> So bleiben bei Formmarken etwa Merkmale außer Betracht, die durch die Art der Waren selbst bedingt sind, die zur Erreichung einer technischen Wirkung erforderlich sind oder die der Ware einen wesentlichen Wert verleihen.⁹⁵⁷

Der Schutz des Markenrechts richtet sich auch bei einer dreidimensionalen Marke gegen die Beeinträchtigung der Herkunftsfunktion der Marke, nicht gegen die Übernahme ästhetischer Gestaltungsgedanken durch Mitbewerber für deren Waren.⁹⁵⁸ Auch ob an einer der Formen Designschutz⁹⁵⁹ besteht, ist ohne Belang.⁹⁶⁰ **190**

---

953 EuG T-205/06 v. 22.5.2008 *Presto/Presto! Bizcard Reader*, Tz. 55.
954 § 12 Rdn. 112.
955 BGHZ 139, 340, 350 *Lions*.
956 BGH GRUR 2000, 883, 885 f. *PAPPAGALLO*.
957 BGH GRUR 2000, 888, 889 *MAG-LITE*; BGH I ZR 22/04 v. 25.1.2007 *Pralinenform I*, Tz. 40.
958 BGHZ 153, 131 *Abschlussstück*; BGH I ZR 22/04 v. 25.1.2007 *Pralinenform I*, Tz. 22; BGH I ZR 57/08 v. 15.7.2010 *Goldhase II*, Tz. 25.
959 Zum nichteingetragenen Designrecht BGH I ZR 126/06 v. 9.10.2008 *Gebäckpresse*.
960 BGH GRUR 2003, 519 *Knabberbärchen*.

So war die Ähnlichkeit im Rechtssinn zwischen der Angriffsmarke

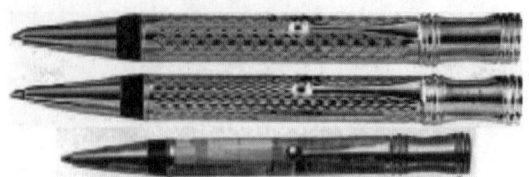

und den angegriffenen Benutzungsformen

nur gering. Insbesondere war zu berücksichtigen, dass sich der Schutz des Markenrechts auch bei einer dreidimensionalen Marke nicht gegen die Übernahme ästhetischer Gestaltungsgedanken durch Mitbewerber für deren Waren richtet.[961]

191 Den Schutzbereich von Formmarken hatte der BGH zudem zunächst durch die Anwendung des Erfahrungssatzes, wonach sich der Verkehr bei gemischten Zeichen eher am Wortbestandteil orientiere, extrem beschränkt. Denn da eine Verpackungsform ohne (nach dieser Rechtsprechung des BGH prägende) Beschriftung praktisch nie in den Handel gelangt, war hierdurch Formmarken praktisch jeder Schutz entzogen.[962]

Hiervon ausgehend sollten die Formen

nicht ähnlich sein. Weil die rechts abgebildete angegriffene Benutzungsform den Aufdruck »Feodora« trägt, gelte dies selbst im Verhältnis dieser (rechts abgebildeten) Benutzungsform und einer Marke ohne den Wortbestandteil »Goldkenn«.[963]

192 Diese bereits in der Vorauflage kritisierte[964] Rechtsprechung hat der BGH inzwischen weitgehend aufgegeben. Der problematische Erfahrungssatz entfalte seine Wirkung im Regelfall lediglich bei der Prüfung der klanglichen Verwechslungsgefahr, sofern es sich bei dem Bildbestandteil nicht lediglich um eine nichtssagende oder geläufige und nicht ins Gewicht fallende grafische Gestaltung (Verzierung) handelt. Es sei kein Erfahrungssatz ersichtlich, nach dem der Verkehr (auch) bei

---

961 BGHZ 153, 131, 143 f. *Abschlussstück*, unter Hinweis auf EuGH C-299/99 v. 18.6.2002 *Philips/Remington*.
962 BGH GRUR 2003, 712, 714 *Goldbarren*; noch offen gelassen von BGH GRUR 2000, 888 *MAG-LITE*.
963 BGH GRUR 2003, 712, 714 *Goldbarren*.
964 Vorauflage § 12 Tz. 141; zur Frage der selbständig kennzeichnenden Stellung der Form außerdem unten § 12 Rdn. 217 – 247.

III. 4. Unterscheidungskräftige und dominierende Zeichenelemente

der rein visuellen Wahrnehmung einer Wort-/Bildmarke in erster Linie die Wörter (gegebenenfalls in ihrer inhaltlichen Bedeutung), nicht jedoch den Bildbestandteil in sein Erinnerungsbild aufnimmt. Für eine dreidimensionale Marke, die neben der Form aus einer bestimmten Farbe und weiteren Ausstattungsmerkmalen besteht, gelte nichts anderes.⁹⁶⁵

So kann beim Vergleich der Ausstattungen

nicht lediglich darauf abgestellt werden, dass die Zeichen durch den Schriftzug geprägt würden. Vielmehr ist die Kennzeichnungskraft der einzelnen Elemente (Form, Farbe, Gestaltungen wie Halsband und Glöckchen, Schriftzug) zu bewerten und auf dieser Grundlage die Zeichenähnlichkeit zu beurteilen.⁹⁶⁶ Zu weit geht es dagegen schon, wenn der BGH in der Marke

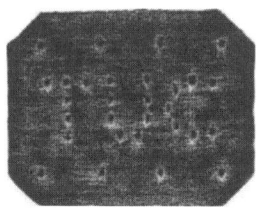

der an sich schutzunfähigen Gestaltung der Warenform selbst bei einer Verkehrsbekanntheit von unter 50 % selbständigen Schutz beimessen will;⁹⁶⁷ auf diesem Wege könnten nämlich –

---

965 BGH I ZR 37/04 v. 26.10.2006 *Goldhase I*, Tz. 22; auch BGH I ZR 18/05 v. 25.10.2007 *TUC-Salzcracker*, Tz. 23 u. 32; BGH I ZR 105/14 v. 23.9.2015 *Goldbären*, Tz. 37.
966 BGH I ZR 37/04 v. 26.10.2006 *Goldhase I*, Tz. 26; BGH I ZR 57/08 v. 15.7.2010 *Goldhase II*, Tz. 22 ff.; zur Schutzunfähigkeit der Hasenform später auch EuG T-336/08 v. 17.12.2010 *Schokoladenhase mit rotem Band*, Tz. 29 ff., bestätigt durch EuGH C-98/11 P v. 24.5.2012 *Chocoladefabriken Lindt & Sprüngli*; vgl. auch BPatG MarkenR 2007, 132 *UHU-stic*.
967 BGH I ZR 18/05 v. 25.10.2007 *TUC-Salzcracker*, Tz. 26 ff.

gegen die Intention der Eintragungshindernisse – letztlich doch schutzunfähige Elemente einer Marke Schutz erlangen.⁹⁶⁸

(7) Intensive Benutzung eines Zeichenelements

193 Bei der Ermittlung der unterscheidungskräftigen Elemente kann es sich ferner auswirken, wenn eines der Elemente dem Verkehr durch intensive Benutzung bekannt ist. Denn dann sieht der Verkehr auch dann in diesem Bestandteil tendenziell einen stärkeren Herkunftshinweis, wenn er ihm nicht isoliert, sondern als Bestandteil eines anderen Zeichens begegnet.⁹⁶⁹

Kennt der Verkehr also den Tarif »CityPlus« aus umfangreicher Werbung, so wird er in einem Tarif »D2-BestCityPlus« dem Bestandteil »CityPlus« den stärkeren Bestandteil sehen.⁹⁷⁰ Entsprechendes gilt bei einer Kollision des intensiv benutzten Unternehmenskennzeichens »Telekom« mit einem jüngeren Zeichen »Euro-Telekom«.⁹⁷¹ Auch bei den Marken

konnte es eine Rolle spielen, wenn die links abgebildete Bildmarke infolge intensiver Benutzung über gesteigerte Kennzeichnungskraft verfügte.⁹⁷² Auch die Kollision der Automarke »SEAT« gegen die Anmeldung »MAGIC SEAT« löste sich zutreffend unter Hinweis auf die intensive Benutzung der Marke »SEAT« und die mäßigen Englischkenntnisse des spanischen Verkehrs.⁹⁷³ Dagegen ist die aufgrund von – im Verfahren allerdings nur beiläufig geltend gemachter – Bekanntheit erhöhte Kennzeichnungskraft des Bestandteils »CK« und damit die Ähnlichkeit zu dem Zeichen »CK CREATIONES KENNYA« unzutreffend verneint

---

968 Vgl. hierzu auch unten § 12 Rdn. 197.
969 BGH GRUR 2003, 880, 881 f. *City Plus*; BGH I ZB 28/04 v. 11.5.2006 *Malteserkreuz I*, Tz. 31, m. w. N.; BGH I ZR 37/04 v. 26.10.2006 *Goldhase I*, Tz. 24; BGH I ZR 167/06 v. 5.2.2009 *METROBUS*, Tz. 34; I ZR 174/06 v. 5.2.2009, Tz. 32; I ZR 186/06 v. 5.2.2009, Tz. 28; für verkehrsdurchgesetzte Zeichen entsprechend BGH I ZR 137/04 v. 19.7.2007 *Euro Telekom*, Tz. 25; zurückhaltend EuG T-285/06 v. 18.12.2008 *TORRES/TORRE DE FRÍAS*, Tz. 52; EuG T-286/06 v. 18.12.2008 *TORRES/TORRE DE GAZATE*, Tz. 52; EuG T-287/06 v. 18.12.2008 *TORRES/Torre Albéniz*, Tz. 55; EuG T-8/07 v. 18.12.2008 *TORRES 10/TG Torre Galatea*, Tz. 53; EuG T-16/07 v. 18.12.2008 *TORRES/TORRE DE BENÍTEZ*, Tz. 56; EuGH C-42/12 P v. 29.11.2012 *Hrbek*, Tz. 57 übersieht erkennbar den Aspekt.
970 BGH GRUR 2003, 880, 881 f. *City Plus*; ähnlich BGH I ZB 40/03 v. 22.9.2005 *coccodrillo*, Tz. 19; vgl. aber auch EuGH C-235/05 P v. 27.4.2006 *L'Oréal*, Tz. 43.
971 BGH I ZR 137/04 v. 19.7.2007 *Euro Telekom*, Tz. 24.
972 BGH I ZB 28/04 v. 11.5.2006 *Malteserkreuz I*, Tz. 31, vgl. auch Große Beschwerdekammer des EUIPO R 863/2011-G v. 9.7.2015 *Malteserkreuz*; aber auch EuG T-311/08 v. 2.7.2009 *IBIZA REPUBLIC*, Tz. 41 f.
973 EuG T-363/06 v. 9.9.2008 *SEAT/MAGIC SEAT*, Tz. 34 ff.

worden;⁹⁷⁴ dabei war allerdings wohl ausschlaggebend, dass die sich gegenüberstehenden Zeichen auch Bildelemente aufwiesen.⁹⁷⁵

d) Zweiter Schritt: Ermittlung des relativen Gewichts von Zeichenelementen

Ist erst einmal festgestellt, dass ein Zeichen in seine Bestandteile zergliedert werden kann,⁹⁷⁶ und ist festgestellt, welches Gewicht die einzelnen Bestandteile haben,⁹⁷⁷ so begegnet die Feststellung der prägenden Bestandteile in vielen Fällen keinen Schwierigkeiten mehr. Hat sich nämlich bei der Prüfung herausgestellt, dass eines der Elemente stärker ist als andere Elemente, so wird das schwächere Element häufig zu vernachlässigen sein und das stärkere Element das Zeichen prägen. Im Regelfall sind kennzeichnungsschwächere Merkmale neben kennzeichnungsstärkeren Bestandteilen für den Gesamteindruck eines Zeichens nicht von maßgeblicher Bedeutung.⁹⁷⁸ 194

So ist in der Marke »VITAKRAFT« – nimmt man überhaupt eine Zergliederung vor – infolge des beschreibenden Anklangs »VITA« zu vernachlässigen und der für den spanischen Verbraucher unterscheidungskräftige Bestandteil »KRAFT« prägend.⁹⁷⁹ Bei »BIKER MILES« ist in Bezug auf Waren für Motorradfahrer der Bestandteil »BIKER« beschreibend und daher zu vernachlässigen, »MILES« damit prägend.⁹⁸⁰

Im Einzelfall kann dabei ausnahmsweise selbst ein Zeichenbestandteil mit normaler Kennzeichnungskraft im Gesamtzeichen zu vernachlässigen sein und das Zeichen deswegen nicht mitprägen, wenn der verbleibende Bestandteil ursprünglich der einprägsamere und aussagekräftigere Bestandteil ist. 195

So meinte der BGH, dass das Zeichen »P3-Drano« durch den Bestandteil »drano« geprägt sei.⁹⁸¹ Tatsächlich wird in solchen Fällen aber häufig der selbständig kennzeichnende Charakter beider Elemente erhalten bleiben.

Probleme bei der Ermittlung des prägenden Bestandteils treten immer dann auf, wenn sämtliche Bestandteile je für sich schutzunfähig oder jedenfalls verhältnismäßig schwach sind. Ferner kann in Grenzfällen die Position der einzelnen Bestandteile im Zeichen eine Rolle spielen. Sonderregeln gelten ferner für Namensmarken. 196

---

974 EuG T-185/07 v. 7.5.2009 *CK CREACIONES KENNYA/CK Calvin Klein*, Tz. 42 ff., im Ergebnis bestätigt durch EuGH C-254/09 P v. 2.9.2010 *Calvin Klein*; in dieselbe Richtung EuG T-60/13 v. 23.9.2015 *AC ANN CHRISTINE/AC*, Tz. 37 ff. [zur Verwechslungsgefahr]; im Ergebnis zutreffend hingegen EuG T-420/10 v. 27.3.2012 *AJ ARMANI JEANS/ AJ AMICI JUNIOR*, Tz. 28 ff., bestätigt durch EuGH C-261/12 v. 17.1.2013 *Annunziata del Prete*; EuG T-372/17 v. 29.11.2018 *LV/LV POWER ENERGY DRINK*; richtig außerdem Audiencia Provincial de Alicante 441/09 v. 29.11.2009 *CK*.
975 EuGH C-85/16 P und C-86/16 P v. 13.5.2018 *Kenzo Tsujimoto*, Tz. 62 f.
976 Hierzu oben § 12 Rdn. 144 – 154.
977 Hierzu oben § 12 Rdn. 155 – 192.
978 BGH I ZR 57/08 v. 15.7.2010 *Goldhase II*, Tz. 22.
979 EuG T-356/02 v. 6.10.2004 *VITAKRAFT*, Tz. 53 f., bestätigt durch EuGH C-512/04 P v. 1.12.2005 *Vitakraft Werke*; zum beschreibenden Charakter von »VITA« auch EuG T-277/04 v. 12.7.2006 *VITAKRAFT/VITACOAT*, Tz. 54.
980 EuG T-385/03 v. 7.7.2005 *MILES/Biker Miles*, Tz. 41 ff.; entsprechend EuG T-735/15 v. 6.12.2016 *art/SHOP ART*, Tz. 45 ff.
981 BGH GRUR 1996, 977 *DRANO/P3-drano*, für den Bestandteil »P3« unter Hinweis auf BGH GRUR 1995, 808, 810 *P3-plastoclin*.

(1) Ausnahme: Prägung durch schutzunfähige oder schwache Bestandteile?

197 Würde eine Zeichenprägung durch schutzunfähige Zeichenbestandteile anerkannt, so würde diesen – quasi durch die Hintertür – markenrechtlicher Schutz zuteil.[982] Gleichwohl hat der EuGH inzwischen ausdrücklich entschieden, dass auch schutzunfähige Elemente ein Zeichen prägen können.[983]

> Selbst wenn daher in den Marken »MAGNET 4« und »MAGNEXT« das Wort »Magnet« im Zusammenhang mit Magnetspielen beschreibend sei, könne dieser angeblich trotzdem prägen.[984]

198 Zuvor war dies nur vereinzelt und in speziellen Fallkonstellationen von der Rechtsprechung angenommen worden.[985]

> Gegenstand einer einschlägigen Entscheidung des BGH war etwa das Etikett

> wo sowohl »Zahna« (Ort) als auch »Fläminger« (Höhenzug Fläming) letztlich geografische Angaben darstellten. Da aber der Fläming einem großen Teil der deutschen Verkehrskreise nicht bekannt war und der Bestandteil »Fläminger« auch optisch hervortrat, hat der BGH –

---

[982] Klar in diesem Sinne BGH I ZR 112/10 v. 31.5.2012 *Castell/VIN CASTEL*, Tz. 43; BGH I ZB 16/14 v. 9.7.2015 *BSA/DSA DEUTSCHE SPORTAKADEMIE*, Tz. 18.

[983] Zuerst EuGH C-182/14 P v. 19.3.2015 *MEGA Brands International*, Tz. 34, unter Hinweis auf EuGH C-388/10 P v. 24.3.2011 *Muñoz Arraiza*, Tz. 65; in diese Richtung auch EuGH C-343/14 P v. 7.5.2015 *Adler Modemärkte*, Tz. 36–39; ähnlich zuvor schon EuG T-7/04 v. 12.11.2008 *LIMONCHELO/Limoncello II*, Tz. 44, m. w. N.; EuG T-210/05 v. 12.11.2008 *LIMONCHELO/Limoncello di Capri*, Tz. 39; auch EuG T-777/14 v. 28.4.2016 *FON/Neofon*, Tz. 57 ff.; zurückhaltend jetzt aber EuGH C-519/17 P und C-522/17 P bis C-525/17 P v. 30.5.2018 *L'Oréal*, Tz. 67 ff., wo allerdings nur ein Begründungsmangel festgestellt wird.

[984] EuGH C-182/14 P v. 19.3.2015 *MEGA Brands International*; die Ähnlichkeit nun zutreffend verneinend EuG T-292/12 RENV v. 1.6.2016 *MAGNET 4/MAGNEXT*, Tz. 30 ff.

[985] Hart an der Grenze navigieren allerdings EuG T-28/05 v. 18.10.2007 *PULEVA-OMEGA 3/OMEGA 3*, Tz. 48 ff.; EuG T-332/04 v. 12.3.2008 *EL COTO/Coto D'Arcis*, Tz. 50 ff., im Ergebnis bestätigt durch EuGH C-210/08 P v. 20.1.2009 *Sebirán*; BGH I ZR 18/05 v. 25.10.2007 *TUC-Salzcracker*, Tz. 35, die durch EuGH C-193/06 P v. 20.9.2007 *Nestlé/HABM*, Tz. 44 glücklicherweise schon überholt sind; vgl. auch oben § 12 Rdn. 157; sehr viel vorsichtiger EuG T-499/04 v. 17.10.2006 *STENINGE KERAMIK/STENINGE SLOTT*, Tz. 49 ff.

III. 4. Unterscheidungskräftige und dominierende Zeichenelemente

zu weit reichend – eine Prägung durch diesen Bestandteil bejaht.⁹⁸⁶ Tatsächlich hätte sich der Fall wohl besser lösen lassen, wenn der geografischen Angabe ein gewisser Schutz zugebilligt worden wäre.⁹⁸⁷

Dabei ist die Fallgestaltung mit einer Prioritätslage, bei der das jüngere Zeichen durch schutzunfähige Bestandteile geprägt wird, etwas weniger brisant.⁹⁸⁸ Denn in dieser Fallkonstellation ist die Schutzfähigkeit der Angriffsmarke ja bereits von der Eintragungsbehörde bejaht worden. Es wird zumindest schutzunfähigen Elementen kein Schutz zugebilligt, sondern lediglich einer ohnehin schwachen Marke der Schutz entzogen. Andererseits erscheint es aus grundsätzlichen Erwägungen problematisch, die Frage der Prägung durch schutzunfähige Elemente in Abhängigkeit von der Prioritätslage zu beantworten. Ein Argument mag aber stets sein, dass jedenfalls die Verkehrskreise, die die ältere Marke kennen, in den schutzunfähigen Bestandteilen der jüngeren Marke die ältere Marke wiederzuerkennen glauben und hierdurch diesen Elementen stärkere Beachtung schenken.⁹⁸⁹ 199

So hat das EuG einem Angriff aus einer noch schutzfähigen Marke »VITAFIT« gegen das Zeichen

stattgegeben, obwohl der Wortbestandteil »VITAL & FIT« glatt beschreibend war und dem Zeichen daher nur aufgrund seiner Bildelemente Schutz gewährt werden sollte.⁹⁹⁰ Jedenfalls im Ergebnis erscheint dies wohl richtig. Könnte sich in derartigen Konstellationen der Inhaber einer älteren Marke nicht gegen beschreibende Annäherungen durchsetzen, würde seine Marke zunehmend durch Drittzeichen geschwächt. Außerdem erfahren Wettbewerber, die tatsächlich eine Beschreibung verwenden wollen, wohl hinreichenden Schutz durch die markenrechtlichen Schrankenbestimmungen.⁹⁹¹ Zu weit geht es aber, die letztlich völlig unterschiedlich geprägten Marken

---

986 BGHZ 139, 59, 65 f. *Fläminger*, m. w. N.; dazu vorsichtig distanzierend BGH I ZB 16/14 v. 9.7.2015 *BSA/DSA DEUTSCHE SPORTAKADEMIE*, Tz. 19; auch BGH GRUR 2002, 167, 170 *Bit/Bud*; richtig hingegen BGH I ZR 112/10 v. 31.5.2012 *Castell/VIN CASTEL*, Tz. 43; BPatG 28 W (pat) 63/13 v. 21.10.2015 *fläminger GENUSSLAND/Fälinger*.
987 So EuG T-228/06 v. 10.12.2008 *GIORGIO/GIORGIO BEVERLY HILLS*, Tz. 25; vgl. auch EuG T-379/03 v. 25.10.2005 *Cloppenburg*; vgl. auch BGH I ZR 93/04 v. 19.7.2007 *Windsor Estate*, Tz. 49.
988 Auch BGHZ 139, 59 *Fläminger* wies diese Prioritätslage auf, ohne dass dies für den BGH eine Rolle spielte.
989 Vgl. zu dieser Konstellation oben § 12 Rdn. 154.
990 EuG T-111/06 v. 21.11.2007 *VITAFIT/VITAL & FIT*; Tz. 36.
991 Dazu unten § 15; ferner BGH GRUR 2003, 963, 965 *AntiVir/AntiVirus*.

aufgrund des übereinstimmenden, glatt beschreibenden Bestandteils »France« für ähnlich zu halten.[992]

200 Der Ansatz des EuGH ist abzulehnen und wird sich hoffentlich erledigen. So ist in der Rechtsprechung des BGH inzwischen anerkannt, dass schutzunfähige Bestandteile ein Zeichen nicht prägen können.[993] Beim EUIPO besteht seit einer Entscheidung der Großen Beschwerdekammer ebenfalls Einigkeit, dass schutzunfähige Bestandteile zwar vielleicht eine Ähnlichkeit, jedenfalls aber keine Verwechslungsgefahr begründen können.[994] Auch Konvergenzprogramm 5[995], ein Projekt des Europäischen Netzwerks für Marken und Geschmacksmuster, eine Verbindung der verschiedenen europäischen Ämter ist zu dem Schluss gekommen, dass eine Übereinstimmung allein in einem nicht kennzeichnungskräftigen Bestandteil nicht zu einer Verwechslungsgefahr führt.

So hielt auch das EuG den Bestandteil »Halloumi« in den Marken »Pallas Halloumi«,[996] »COWBOYS HALLOUMI«[997] und »Pap Papouis Halloumi«[998] bzw. »grid« im Markenpaar »nationalgrid« und »NorthSeaGrid«[999] nicht für prägend und kollisionsbegründend. Eine Prägung durch schutzunfähige Elemente wird kaum noch angenommen.[1000] Andererseits gibt es immer noch viele Entscheidungen des EuG, die im Rahmen der Fallgruppe »Variation« eine Ähnlichkeit mit schutzunfähigen oder schwachen Bestandteilen begründen.[1001]

201 Etwas anders gelagert ist die Problematik bei Unionsmarkenkonflikten sein, bei denen einzelne Zeichenbestandteile in einem Teil der Union schutzfähig, in anderen Teilen hingegen schutzunfähig sind. Hier konnte die Eintragungsfähigkeit der Marke wegen Art. 7 II UMV normalerweise nur aufgrund solcher Bestandteile der Marke bejaht werden, die in allen Mitgliedstaaten schutzfähig sind; diese Bestandteile »prägen« folglich die Entscheidung im Eintragungsverfahren. Im nachfolgenden Kollisionsverfahren stellt sich dann die Frage, ob die Wertung der Eintragungsentscheidung übernommen werden soll.

---

992 So aber EuG T-71/17 v. 26.6.2018 *France/FRANCE.com*, Tz. 48 ff.
993 BGH I ZB 56/14 v. 14.1.2016 *BioGourmet*, Tz. 37; BGH I ZR 254/14 v. 28.4.2016 *Kinderstube*, Tz. 59, jeweils m. w. N., aber seltsamerweise ohne Auseinandersetzung mit der an gleicher Stelle zitierten Rechtsprechung des EuGH.
994 Große Beschwerdekammer des EUIPO R 1462/2012-G v. 18.9.2013 *ULTIMATE NUTRITION/ULTIMATE GREENS*.
995 Gemeinsame Mitteilung zur gemeinsamen Praxis zu relativen Eintragungshindernissen – Verwechslungsgefahr (Auswirkungen nicht kennzeichnungskräftiger/schwacher Bestandteile) v. 2.10.2014 (www.tmdn.org/network/documents/10181/ef739ebb-50e6–4a36-b519–28b631b1326f).
996 EuG T-825/16 v. 13.7.2018 *HALLOUMI/Pallas Halloumi*, Tz. 38 ff.
997 EuG T-847/16 v. 13.7.2018 *HALLOUMI/COWBOYS HALLOUMI*, Tz. 36 ff.
998 EuG T-703/17 v. 23.11.2018 *HALLOUMI/Pap Papouis Halloumi*, Tz. 48 ff.
999 EuG T-70/17 v. 27.9.2018 *nationalgrid/NorthSeaGrid*, Tz. 76 ff.
1000 Vgl. aber den Ausreißer EuG T-71/17 v. 26.6.2018 *France/FRANCE.com*, Tz. 48 ff.
1001 Vgl. oben § 12 Rdn. 159.

III. 4. Unterscheidungskräftige und dominierende Zeichenelemente

Ein anschauliches Beispiel liefert insoweit der Shaker-Fall mit der Kollision der Unionsmarkenanmeldung

mit einer in Spanien eingetragenen älteren Marke »limonchelo«. »Limoncello« ist jedenfalls in Italien als Bezeichnung eines Getränkes schutzunfähig. Eingetragen wurde die Unionsmarke daher nicht wegen dieses – schutzunfähigen – Elements, sondern wegen der hinzugefügten Elemente. Hier stellt sich die Frage, ob die Wertung des Eintragungsverfahrens – die Schutzunfähigkeit von »limoncello« – automatisch auch im nachfolgenden Kollisionsverfahren gelten soll mit der Folge, dass dann der Wortbestandteil »limoncello« wohl kaum das Gesamtzeichen prägen könnte, oder ob allein auf den spanischen Verbraucher abzustellen ist, der die Wertungen des Eintragungsverfahrens selbstverständlich nicht kennt.[1002] Hier überzeugt es wenig, wenn das EuG nun einen Grundsatz aufstellt, dass Marken auch durch schutzunfähige Elemente geprägt sein könnten, um die Problematik des Falles zu umgehen.[1003]

Der Fall liegt ähnlich wie derjenige der nur regional bekannten Unionsmarke. Dort besteht nach der Rechtsprechung des EuGH bereits dann ein Anspruch, wenn die ältere Unionsmarke einem wirtschaftlich nicht unerheblichen Teil der Verkehrskreise in einer Region bekannt ist.[1004] Letztlich geht der EuGH also weniger vom Grundsatz der Einheitlichkeit der Unionsmarke aus, sondern davon, dass eine Unionsmarke nie schwächer sein darf als eine korrespondierende nationale Marke. Dabei wird sich eine Vielzahl der Fälle bereits im Zuge der Feststellung des Verkehrsverständnisses lösen lassen, indem dem Verkehr weitreichende Fremdsprachenkenntnisse bescheinigt werden oder indem davon ausgegangen wird, dass der Verkehr die Bedeutung der fraglichen Begriffe erkennen kann.[1005]

So will etwa das EuG bei einer Kollision der Marken »ORO« und »SELEZIONE ORO Barilla« von einer weiträumigen Kenntnis des italienischen Wortes »ORO« [= Gold] auch außerhalb Italiens ausgehen und folglich eine Kollision der Marken verneinen.[1006] Ebenso mag im Shaker-Fall der Begriff »Limoncello« in Spanien gar nicht so unbekannt sein wie angenommen[1007] und folglich am Rande der Schutzfähigkeit eine nur geringe Kennzeich-

202

1002 Vgl. EuGH C-334/05 P v. 12.6.2007 *HABM/Shaker*, mit der Vorinstanz EuG T-7/04 v. 15.6.2005 *LIMONCHELO/Limoncello I*.
1003 EuG T-7/04 v. 12.11.2008 *LIMONCHELO/Limoncello II*, Tz. 44 ff.; ähnlich falsch EuG T-210/05 v. 12.11.2008 *LIMONCHELO/Limoncello di Capri*, Tz. 39 f.
1004 EuGH C-125/14 v. 3.9.2015 *Iron & Smith*, Tz. 30.
1005 Vgl. oben § 4 Rdn. 26; außerdem EuGH C-421/04 v. 9.3.2006 *Matratzen Concord/Hukla-Germany*, Tz. 26 u. 32.
1006 EuG T-344/03 v. 5.4.2006 *ORO/SELEZIONE ORO Barilla*, Tz. 41, wo die Kenntnis der Bedeutung des Worts »ORO« auch außerhalb Italiens mehr oder weniger unterstellt wird, bestätigt durch EuGH C-245/06 P v. 9.3.2007 *Saiwa/HABM*, Tz. 51.
1007 Dies könnten die Richter nach einem Mallorcaurlaub ggf. sogar als gerichtsbekannt zugrunde legen.

nungskraft aufweisen, die nicht genügt, um die Wort-/Bildmarke zu prägen. »Übersetzt« man den Fall ins Deutsche,[1008] so wird schnell klar, durch welche Elemente das Zeichen geprägt sein kann:

203 In den verbleibenden Fällen ist es vorzugswürdig, die Unionsmarke nicht anders zu behandeln als ein Bündel nationaler Marken und gegebenenfalls ein territorial beschränktes Vorgehen aus der Unionsmarke zuzulassen.[1009] Denn nur diese Lösung garantiert, dass die Unionsmarke kein schwächeres Schutzinstrument ist als eine entsprechende nationale Marke, und kann damit das Unionsmarkensystem fördern. Außerdem ist nur diese Lösung mit den Instrumenten der Umwandlung der Unionsmarke in nationale Marken sowie der Seniorität in systematischer Hinsicht in Einklang zu bringen.

So kann etwa zwischen den Unionsmarken »combit« und »commit« für den deutschsprachigen Verkehr eine Verwechslungsgefahr bejaht werden, während der englischsprachige Verbraucher die Zeichenunterschiede wegen der erkennbar abweichenden Bedeutung sofort erkennt.[1010] Würde sich andererseits im Shaker-Fall etwa herausstellen, dass der Durchschnittsspanier nicht imstande ist, die Bedeutung des Wortes »limoncello« zu erkennen, so sollte das Wort als Fantasiebegriff behandelt werden. Die Wort-/Bildmarke würde so behandelt, als wäre sie keine Unionsmarke, sondern eine nationale spanische Markenanmeldung. Die Wertung des EUIPO als Eintragungsbehörde könnte folglich nicht in den Kollisionsstreit übernommen werden.

204 Von der Frage der alleinigen Prägung durch schutzunfähige Bestandteile zu unterscheiden ist die Frage der Mitprägung – oder besser Beeinflussung – hierdurch. Insoweit ist anerkannt, dass auch rein beschreibende Bestandteile den Gesamteindruck einer Marke beeinflussen und bei der Zeichenähnlichkeit eine

---

1008 Ich danke VRiBPatG a. D. *Achim Bender* für die Überlassung der Idee, der Zeichnung und der Nutzungsrechte.
1009 Vgl. EuGH C-223/15 v. 22.9.2016 *combit Software*, Tz. 18 ff.
1010 Vgl. EuGH C-223/15 v. 22.9.2016 *combit Software*, Tz. 18 ff.

Rolle spielen können.[1011] Ein schutzunfähiger Bestandteil ist folglich nicht automatisch immer gänzlich zu vernachlässigen. Häufig wird sich durch die Mitprägung das Zeichen jedoch in seiner Gesamtheit individualisieren, so dass kein Elementeschutz in Betracht kommt.[1012]

So wies in der Marke »BANK 24« der Bestandteil »24« zwar auf eine Verfügbarkeit der Dienstleistungen während 24 Stunden hin, prägte das Zeichen aber gleichwohl mit.[1013] Ähnliches galt für den Bestandteil »PHARMA« beim Markenpaar »MUNDIPHARMA« und »MULTIPHARMA«.[1014] In der Marke »Kinderschokolade« tritt der Bestandteil »schokolade« infolge der Schwäche des Bestandteils »Kinder« nicht so weit zurück, dass das Zeichen durch »Kinder« geprägt würde und einer Marke »Kinder Kram« ähnlich wäre.[1015] Eine geografische Herkunftsangabe schließlich kann ein Zeichen dann mitprägen, wenn der betroffene Verkehr – wie bei Mineralwässern, wo viele Produkte wie z. B. »Überkinger«, »Fachinger«, »Gerolsteiner« allein durch die geografische Herkunft bezeichnet werden – besonders auf die Ursprungsangabe achtet.[1016]

Erst recht können Bestandteile ein Zeichen mitprägen, die lediglich an eine schutzunfähige Bezeichnung angelehnt sind.[1017] Hier kommt, wenn die Marke im Übrigen aus noch schwächeren Elementen besteht, auch eine Prägung durch den fraglichen Bestandteil in Betracht.

205

So prägt der an den Begriff »Innovation« angelehnte Bestandteil »Innova« die Arzneimittelmarke »Innovadiclophlont« mit. Es bestehen berechtigte Interessen der Wirtschaft, die Marke aus Begriffselementen zu bilden, welche zugleich einen beschreibenden Hinweis auf die so bezeichnete Ware geben. Würden diese Elemente nicht mitprägen, würden Zeichen schlicht zu lang, weil andere Elemente für die Unterscheidung sorgen müssten[1018] So ist die Marke »MICRO FOCUS« infolge der Schwäche des Elements »MICRO« durch das

---

1011 EuGH C-579/08 P v. 15.1.2010 *Messer Group*, Tz. 72; EuG T-194/09 v. 8.2.2011 *LAN/LINEAS AEREAS DEL MEDITERRANEO LAM*, Tz. 31, im Ergebnis bestätigt durch EuGH C-198/11 P v. 11.5.2012; BGH GRUR 1998, 932, 933 *MEISTERBRAND*; BGH GRUR 2004, 783 *NEURO-VIBOLEX/NEURO-FIBRAFLEX*; BGH I ZB 39/05 v. 13.12.2007 *idw Informationsdienst Wissenschaft*, Tz. 37; BGH I ZR 200/06 v. 18.12.2008 *Augsburger Puppenkiste*, Tz. 32; BGH I ZB 56/14 v. 14.1.2016 *BioGourmet*, Tz. 37; BGH I ZR 254/14 v. 28.4.2016 *Kinderstube*, Tz. 59; auch BGH I ZB 61/07 v. 3.4.2008 *SIERRA ANTIGUO*, Tz. 26.
1012 Vgl. etwa EuG T-312/03 v. 14.7.2005 *Selenium Spezial A-C-E/SELENIUM-ACE*, Tz. 35 ff.
1013 BGH GRUR 2002, 544, 546 f. *BANK 24*.
1014 EuG T-144/16 v. 7.11.2017 *MUNDIPHARMA/MULTIPHARMA*, Tz. 49.
1015 BGHZ 156, 112, 126 *Kinder I*; noch weitergehend BGH I ZR 18/05 v. 25.10.2007 *TUC-Salzcracker*, Tz. 26 ff.
1016 BGH GRUR 1999, 583, 585 *LORA DI RECOARO*.
1017 EuG T-29/04 v. 8.12.2005 *CRISTAL/CRISTAL CASTELLBLANCH*, Tz. 61, im Ergebnis bestätigt durch EuGH C-131/06 P v. 24.4.2007 *Castellblanch/HABM*; EuG T-491/04 v. 16.5.2007 *MICRO FOCUS/FOCUS*, Tz. 49, im Ergebnis bestätigt durch EuGH C-344/07 P v. 11.4.2008 *Focus Magazin Verlag*; BGHZ 131, 122, 125 *Innovadiclophlont*; BGH GRUR 1995, 808 *P3-plastoclin*; BGH GRUR 1998, 925, 927 *Bisotherm-Stein*; BGH GRUR 1999, 735, 736 *MONOFLAM/POLYFLAM*; in diesem Sinne wohl auch EuG T-390/03 v. 11.5.2005 *CM/capital markets CM*, Tz. 58 ff.
1018 Vgl. BGHZ 131, 122, 125 f. *Innovadiclophlont*, m. w. N.

verbleibende Element »FOCUS« geprägt und kann folglich eine Ähnlichkeit mit einer jüngeren Marke »FOCUS« begründen.[1019]

(2) Bedeutung der Position des Zeichenelements

206 In grenzwertigen Fällen kann es für die Zeichenprägung auch eine Rolle spielen, an welcher Position des Gesamtzeichens sich der fragliche Zeichenbestandteil findet. Vor allem das EuG[1020] hat sich dabei gelegentlich[1021] des Arguments bedient, dass der Verkehr den Zeichenbeginn stärker beachte und dass dieser folglich das Zeichen präge. Die hiermit erzielten Ergebnisse können allerdings nicht immer überzeugen. Während der Grundsatz der stärkeren Berücksichtigung des Zeichenbeginns bei Variationsfällen[1022] eine gewisse Bedeutung aufzuweisen scheint, reicht in Kombinationsfällen die Tatsache, dass ein Element am Beginn des Zeichens steht, meist nicht für die Annahme aus, dass die übrigen Zeichenelemente zu vernachlässigen seien.

So soll – zu weitgehend – die Marke »ARTHUR ET FELICIE« durch den Bestandteil »ARTHUR« geprägt sein, weil dieses den Zeichenbeginn darstellt.[1023] In den Marken »FLEXI AIR«,[1024] »Westlife«,[1025] »BROTHERS by CAMPER«,[1026] »SUNPLUS«,[1027] »FOCUS MILENIUM« und »FOCUS Radio«[1028] prägte nicht zuletzt deswegen der jeweils erste Bestandteil das Zeichen, weil er am Anfang stand. Bei der Kollision der Marken »POWER« und »Turkish Power« war die Tatsache, dass »Turkish« am Zeichenbeginn stand, ein Faktor gegen eine Verwechslungsgefahr.[1029] Andererseits konnte der Bestandteil »Torre« trotz der Position am Zeichenbeginn die Marke »Torre Muga« im Bereich alkoholischer Getränke nicht prägen, weil gerade in dieser Branche der Verkehr an mehrteilige Marken gewöhnt sei.[1030]

1019 EuG T-491/04 v. 16.5.2007 *MICRO FOCUS/FOCUS*, Tz. 50 ff., im Ergebnis bestätigt durch EuGH C-344/07 P v. 11.4.2008 *Focus Magazin Verlag*; entsprechend EuG T-434/10 v. 15.11.2011 *alpine/ALPINE PRO SPORTSWEAR & EQUIPMENT*, Tz. 53 ff., im Ergebnis bestätigt durch EuGH C-42/12 P v. 29.11.2012 *Hrbek*.
1020 Vgl. aber auch etwa BGH GRUR 2004, 783, 785 *NEURO-VIBOLEX/NEURO-FIBRA-FLEX*.
1021 Zu einer Ausnahme etwa EuG T-158/05 v. 16.5.2007 *TREK/ALLTREK*, Tz. 70; EuG T-285/06 v. 18.12.2008 *TORRES/TORRE DE FRÍAS*, Tz. 52; EuG T-286/06 v. 18.12.2008 *TORRES/TORRE DE GAZATE*, Tz. 52; EuG T-287/06 v. 18.12.2008 *TORRES/Torre Albéniz*, Tz. 55; EuG T-8/07 v. 18.12.2008 *TORRES 10/TG Torre Galatea*, Tz. 53; EuG T-16/07 v. 18.12.2008 *TORRES/TORRE DE BENÍTEZ*, Tz. 56.
1022 Vgl. § 12 Rdn. 72 – 143.
1023 EuG T-346/04 v. 24.11.2005 *Arthur/ARTHUR ET FELICIE*, Tz. 46 f.
1024 EuG T-112/03 v. 16.3.2005 *FLEX/FLEXI AIR*, Tz. 66, bestätigt durch EuGH C-235/05 P v. 27.4.2006 *L'Oréal*.
1025 EuG T-22/04 v. 4.5.2005 *West/Westlife*, Tz. 34.
1026 EuG T-43/05 v. 30.11.2006 *BROTHERS/BROTHERS by CAMPER*, Tz. 74 ff.
1027 EuG T-38/04 v. 15.11.2007 *SUN/SUNPLUS*, Tz. 40, im Ergebnis bestätigt durch EuGH C-21/08 P v. 26.3.2009 *Sunplus Technology*.
1028 EuG T-357/07 v. 16.12.2008 *FOCUS MILENIUM/FOCUS Radio*, Tz. 38.
1029 EuG T-34/04 v. 22.6.2005 *POWER/Turkish Power*, Tz. 58, bestätigt durch EuGH C-324/05 P v. 1.6.2006 *Plus Warenhandelsgesellschaft*.
1030 EuG T-247/03 v. 11.7.2006 *TORRES/Torre Muga*, Tz. 50 ff., bestätigt durch EuGH C-405/06 P v. 24.9.2007 *Miguel Torres*.

(3) Namen

Bei Namensmarken[1031] gelten zwar bei der Beurteilung der Verwechslungsgefahr grundsätzlich keine anderen Kriterien als bei anderen Marken.[1032] Die Beurteilung der Kollision von Namensmarken ist jedoch stärker eine Frage der Sprachgewohnheiten und kann im Einzelfall zu unterschiedlichen Ergebnissen führen.[1033] 207

> So sind neben Fällen, in denen ein Zeichen ausschließlich durch den Nachnamen oder in seiner Gesamtheit geprägt wird, Fälle denkbar, in denen der Vorname prägt. So wurde der Tennisspieler »Boris Becker« zu Zeiten seiner Aktivität in der Presse meist einfach »Boris« genannt, so dass eine Marke »Boris Becker« durch den Vornamen geprägt sein konnte.[1034] Bei der Marke »ROSALIA DE CASTRO« wirkte der Bestandteil »DE CASTRO« eher wie eine konkretisierende Angabe, so dass Ähnlichkeit mit einer Marke »ROSALIA« bestand.[1035]

Zu beachten ist dabei ferner, dass die Bedeutung von Vornamen und Nachnamen unter Umständen in den Mitgliedstaaten variieren kann. Die Prüfung der Zeichenprägung kann daher in den verschiedenen Staaten der Europäischen Union zu unterschiedlichen Ergebnissen führen.[1036] 208

> So ist für den spanischen Verbraucher meist der erste von mehreren Familiennamen von besonderer Bedeutung und damit am ehesten geeignet, ein Zeichen zu prägen.[1037]

Auch wenn dabei möglicherweise in einem Teil der Union der Nachname im Allgemeinen eine größere Unterscheidungskraft besitzt als der Vorname, sind dennoch stets die Gegebenheiten des Einzelfalls und insbesondere der Umstand zu berücksichtigen, dass der fragliche Nachname etwa wenig gängig oder, im Gegenteil, sehr verbreitet ist, was Auswirkungen auf die Unterscheidungskraft haben kann. Auch die Bekanntheit des Namensträgers kann Auswirkungen auf die Wahrnehmung des Verkehrs haben.[1038] Schließlich verfügt ein Nachname auch nicht automatisch über eine selbständig kennzeichnende Stellung im Sinne der Medion-Entscheidung.[1039] 209

1031 Zu Monogrammen BGH GRUR 1998, 932, 934 *MEISTERBRAND*.
1032 Vgl. EuGH C-51/09 P v. 24.6.2010 *Barbara Becker*, Tz. 30 ff.; EuG T-40/03 v. 13.7.2005 *MURÚA/Julián Murúa Entrena*, Tz. 49.
1033 EuG T-40/03 v. 13.7.2005 *MURÚA/Julián Murúa Entrena*, Tz. 56; BGH GRUR 2000, 233, 235 *RAUSCH/ELFI RAUCH*, unter Auseinandersetzung mit BGH GRUR 1961, 628, 630 *Umberto Rosso*; auch EuG T-212/07 v. 2.12.2008 *BECKER/Barbara Becker*, Tz. 35, aufgehoben durch EuGH C-51/09 P v. 24.6.2010 *Barbara Becker*.
1034 BPatG GRUR 1998, 1027 *Boris*.
1035 EuG T-421/10 v. 5.10.2011 *ROSALIA/ROSALIA DE CASTRO*, Tz. 37 ff., im Ergebnis bestätigt durch EuGH C-649/11 P v. 3.10.2012 *Cooperativa Vitivinícola Arousana S*; ähnlich EuG T-86/16 v. 18.9.2017 *ANNA/ANA DE ALTUN*.
1036 EuG T-185/03 v. 1.3.2005 *ANTONIO FUSCO/ENZO FUSCO*, Tz. 52; EuG T-40/03 v. 13.7.2005 *MURÚA/Julián Murúa Entrena*, Tz. 67; EuG T-97/05 v. 12.7.2006 *Sergio Rossi/MARCOROSSI*, Tz. 44; zur Entwicklung in Deutschland: BGH KZR 71/08 v. 7.12.2010 *Jette Joop*, Tz. 24 ff.
1037 EuG T-40/03 v. 13.7.2005 *MURÚA/Julián Murúa Entrena*, Tz. 64 ff.
1038 EuGH C-51/09 P v. 24.6.2010 *Barbara Becker*, Tz. 36 f.; EuGH C-379/12 P v. 16.5.2013 *Arav Holding*, Tz. 44.
1039 EuGH C-51/09 P v. 24.6.2010 *Barbara Becker*, Tz. 38; vgl. EuGH C-120/04 v. 6.10.2005 *Medion*.

So ist beispielsweise der Name »Becker« ein besonders häufiger Nachname und prägt ein Zeichen daher nicht ohne weiteres. Die Zeichen »BECKER« und »Barbara Becker« waren daher nicht ähnlich.[1040] Demgegenüber will das EuG eine Ähnlichkeit der Namen »Smith« und »Anna Smith« im Bekleidungsbereich aufgrund der dortigen Kennzeichnungsgewohnheiten bejahen, überspannt damit jedoch wohl den markenrechtlichen Schutzbereich.[1041] Gleiches galt für Marken mit den hervorgehobenen Bestandteilen »MARSHALL« und »THOMAS MARSHALL«.[1042]

210 Abgesehen von vorstehenden Grundprinzipien unterscheidet sich die Herangehensweise von BGH und EuG: So geht das EuG tendenziell eher davon aus, dass aus Vor- und Nachnamen gebildete Namensmarken verkürzt werden, lässt jedoch Ausnahmen zu.[1043]

So waren die Zeichen »ENZO FUSCO« und »ANTONIO FUSCO« ähnlich und begründeten Verwechslungsgefahr.[1044] Ähnlich waren auch »VELASCO« und »MANSO DE VELASCO«[1045] sowie – sehr weitgehend – »JACK & JONES« und »James Jones«.[1046] Etwas anderes sollte ausnahmsweise zwischen den Marken »*Sergio Rossi*« *und* »*MARCOROSSI*« wegen der unüblichen Zusammenschreibung von »MARCOROSSI« gelten.[1047] Auch zwischen den Zeichen »MISS ROSSI« und »SISSI ROSSI« bzw. »MARCOROSSI« bestand jedenfalls noch eine geringe Ähnlichkeit, obwohl letztlich der Bestandteil »MISS« und seine Bedeutung die Verwechslungsgefahr zurückdrängte.[1048] Ähnlich waren schließlich »Mc Neal« und »Nael«.[1049]

211 Auch geht das EuG davon aus, dass Vornamen regelmäßig wenig unterscheidungskräftig sind.

So wurde – unzutreffend – die Kennzeichnungskraft der italienischen Namen »GIORGI« bzw. »Giorgio« im Parfümbereich verneint, weil der Verkehr an den Gebrauch von Vornamen in dieser Branche gewöhnt sei.[1050] Ebenfalls unzutreffend wurde die stärkere Kennzeich-

---

1040 EuGH C-51/09 P v. 24.6.2010 *Barbara Becker*, insbesondere Tz. 36; ähnlich EuG T-557/10 v. 19.6.2012 *H SILVIAN HEACH/H.EICH*, Tz. 33 ff., bestätigt durch EuGH C-379/12 P v. 16.5.2013 *Arav Holding*; EuG T-535/08 v. 27.9.2012 *TUZZI/Emidio Tucci*, Tz. 61 ff.; EuG T-336/11 v. 9.4.2013 *ZANOTTI/GIUSEPPE ZANOTTI DESIGN*, Tz. 32 ff., Rechtsmittel anhängig unter EuGH C-308/13 P *Italiana Calzature*; anders aber wieder EuG T-133/09 v. 28.6.2012 *BASILE/B. Antonio Basile 1952*, Tz. 47 ff., im Ergebnis bestätigt durch EuGH C-381/12 P v. 6.6.2013 *I Marchi Italiani*.
1041 EuG T-295/15 v. 18.4.2016 *Smith/Anna Smith*, Tz. 27.
1042 EuG T-271/16 v. 8.11.2017 *MARSHALL/THOMAS MARSHALL GARMENTS OF LEGENDS*, Tz. 42 ff.
1043 EuG T-40/03 v. 13.7.2005 *MURÚA/Julián Murúa Entrena*, Tz. 74.
1044 EuG T-185/03 v. 1.3.2005 *ANTONIO FUSCO/ENZO FUSCO*, Tz. 67.
1045 EuG T-259/06 v. 16.12.2008 *VELASCO/MANSO DE VELASCO*, Tz. 54 ff., wobei allerdings in Tz. 51 ff. »VELASCO« ausdrücklich nicht als allein prägend angesehen wird.
1046 EuG T-11/09 v. 23.2.2010 *James Jones/JACK & JONES*, Tz. 30 ff.
1047 EuG T-97/05 v. 12.7.2006 *Sergio Rossi/MARCOROSSI*, Tz. 41 ff.
1048 EuG T-169/03 v. 1.3.2005 *MISS ROSSI/SISSI ROSSI*, Tz. 70 ff.; EuG T-97/05 v. 12.7.2006 *Sergio Rossi/MARCOROSSI*, Tz. 49 ff.
1049 EuG T-596/13 v. 26.3.2015 *Mc Neal/Nael*, Tz. 45 ff.
1050 EuG T-156/01 v. 9.7.2003 *GIORGI/GIORGIO AIRE*, Tz. 80 f.; EuG T-162/01 v. 9.7.2003 *GIORGI/GIORGIO BEVERLY HILLS*, Tz. 49 f.; ähnlich EuG T-110/01 v. 12.12.2002 *SAINT-HUBERT 41/HUBERT*, Tz. 52 ff.; im Ergebnis bestätigt durch EuGH C-106/03 P v. 12.10.2004 *SAINT-HUBERT 41/HUBERT*; EuG T-228/06 v. 10.12.2008 *GIORGIO/GIORGIO BEVERLY HILLS*, Tz. 31.

nungskraft des Namens »del Hierro« im Zeichen »Pedro del Hierro« verneint.[1051] Zutreffend hingegen war »ELISE« unterscheidungskräftig für Software und EDV-Dienste.[1052] Auch stand die Kennzeichnungskraft des Namens »KNUD« in Bezug auf »Tonträger, optische Datenträger, Druckerzeugnisse und Spielzeug« der Eintragung von »KNUT – DER EIS-BÄR« für »Papiererzeugnisse, Bekleidung und Schuhwaren« entgegen.[1053]

Demgegenüber tritt der BGH einer Verkürzung[1054] von Namensmarken auf den Nachnamen entgegen. Es bestehe kein Erfahrungssatz dahin, dass sich der Verkehr bei Marken, die aus Vor- und Familiennamen bestehen, regelmäßig an dem Familiennamen als prägendem Bestandteil orientiert.[1055] Vielmehr sei auf den betreffenden Warensektor und mit dem dortigen Verkehrsverständnis darauf abzustellen, ob eine Verkürzung tatsächlich üblich sei.[1056] Hiervon ausgehend hat der BGH in jüngeren Entscheidungen allerdings zumeist eine Prägung durch das Gesamtzeichen angenommen. 212

So individualisierten sich die Marken »ELFI RAUCH« bzw. »Carl Link« im Kosmetik- bzw. im EDV-Bereich in ihrer Gesamtheit und erhielten ihre eigentliche Individualisierungsfunktion nicht zuletzt durch den Vornamen.[1057]

Etwas anderes gilt jedoch dann, wenn kraft Benutzung die Kennzeichnungskraft einer nur aus dem Nachnamen gebildeten älteren Marke gesteigert wurde. Hier wird der Verkehr sein Augenmerk auch in einer jüngeren aus Vor- und Nachnamen gebildeten Marke auf den Nachnamen richten. 213

Ist etwa die Namensmarke »MEY« bekannt, so kann diese eine Verwechslungsgefahr mit einer jüngeren Marke »Ella May« begründen.[1058]

e) Spezialfall: Übernahme eines Teils der Bestandteile unter Hinzufügen neuer Bestandteile

Normalerweise sind zwei Zeichen dann ähnlich, wenn sie in ihren jeweils prägenden Bestandteilen übereinstimmen. 214

Stehen sich im Bekleidungsbereich die Marke »Diesel« und die Bezeichnung »Diesel Jeans« gegenüber, so ist »Diesel Jeans« durch »Diesel« geprägt und folglich der Marke »Diesel« ähnlich.[1059]

Etwas anderes kann ausnahmsweise[1060] dann gelten, wenn beide Zeichen neben dem prägenden Bestandteil über zusätzliche Bestandteile verfügen. Hier geht nicht einfach eine der Marken unter Hinzufügung weiterer Bestandteile in der anderen 215

1051 EuG T-38/13 v. 8.5.2014 *PEDRO/Pedro del Hierro*, Tz. 70 ff.
1052 EuG T-130/09 v. 24.3.2010 *eliza/ELISE*, Tz. 31 ff.
1053 EuG T-250/10 v. 16.9.2013 *KNUT – DER EISBÄR/KNUD*, Tz. 88 ff.
1054 Zur Verkürzungsneigung im Allgemeinen vgl. oben § 12 Rdn. 89 – 90.
1055 BGH GRUR 2000, 1031, 1032 *Carl Link*; BGH GRUR 2005, 513 *MEY/Ella May*.
1056 BGH GRUR 2000, 233, 234 *RAUSCH/ELFI RAUCH*.
1057 BGH GRUR 2000, 233, 234 f. *RAUSCH/ELFI RAUCH*; BGH GRUR 2000, 1031, 1032 *Carl Link*; aber früher BGH GRUR 1961, 628, 630 *Umberto Rosso*.
1058 BGH GRUR 2005, 513 *MEY/Ella May*.
1059 Entsprechend zum Begriff »Motor« in den Bereichen Büroartikel und Bekleidung: EuG T-785/14 v. 18.3.2016 *M MOTOR/MOTORTOWN*, Tz. 56 ff.
1060 Eine solche Ausnahme hätte sich angeboten in der Entscheidung EuG T-135/04 v. 24.11.2005 *BUS/Online Bus*, Tz. 72 ff.

vollständig auf. Vielmehr können die jeweils zum prägenden Element hinzugefügten Bestandteile eine Unterscheidung erleichtern. Dies kann insbesondere dann der Fall sein, wenn auch der prägende Zeichenbestandteil relativ kennzeichnungsschwach ist.

> So waren die Marken »EURODATA TV« und »M+M EUROdATA« nicht ähnlich, weil die hinzugefügten Bestandteile »TV« bzw. »M+M« eine Unterscheidung ermöglichten.[1061] Andererseits genügt es bei den Zeichen »W WORK PRO« und »PC WORKS« nicht für die Unterscheidung, dass der Bestandteil »W« als Verzierung aufgefasst werden konnte und der Bestandteil »PRO« schriftbildlich klein gehalten war.[1062] Auch beim Markenpaar »SeparSolidaria« und »MicroSepar« bestand Ähnlichkeit, weil das Element »Separ« deutlich kennzeichnungskräftiger war als die hinzugefügten Elemente.[1063]

5. Selbständig kennzeichnende Stellung eines Elements

216 Gelangt man zu dem Ergebnis, dass der übereinstimmende Zeichenbestandteil das Zeichen nicht prägt, so wird sich im Normalfall eine Zeichenähnlichkeit allenfalls noch unter dem Gesichtspunkt der Zeichenvariation[1064] begründen lassen. Jenseits dieses Normalfalls existiert jedoch eine weitere Fallgruppe der Kollision von Kombinationszeichen, in der eine Zeichenähnlichkeit besteht. Hier ist Voraussetzung, dass der übereinstimmende Bestandteil im Kombinationszeichen seine selbständig kennzeichnende Stellung behält.[1065]

> Der EuGH hat diese Ausnahmefallgruppe erst vergleichsweise spät in seiner Medion-Entscheidung entwickelt. Dort hatte die Firma Thomson eine ältere Marke »Life« der Firma Medion mit ihrer Unternehmensbezeichnung zu »Thomson Life« kombiniert. Der EuGH entschied, dass in einer solchen Konstellation der Bestandteil »Life« seine selbständig kennzeichnende Stellung behalten und eine Zeichenähnlichkeit bejaht werden könne.[1066]

217 Auch dann, wenn in einer zusammengesetzten Marke ein Zeichenbestandteil den Gesamteindruck nicht prägt, kann also dieser Bestandteil gleichwohl eine selbständig kennzeichnende Stellung behalten. In einem solchen Fall kann nämlich das Publikum glauben, dass die gekennzeichneten Produkte zumindest aus wirtschaftlich miteinander verbundenen Unternehmen stammen. Folglich kann auch die Übereinstimmung in einem solchen, das Zeichen nicht dominierenden Bestandteil eine Verwechslungsgefahr begründen. Deshalb genügt für die Feststellung einer Zeichenähnlichkeit, dass das Publikum aufgrund der von der älteren Marke behal-

---

1061 EuG T-317/01 v. 30.6.2004 *EURODATA TV/M+M EUROdATA*, Tz. 71 ff.
1062 EuG T-352/02 v. 25.5.2005 *W WORK PRO/PC WORKS*, Tz. 32 ff.; bestätigt durch EuGH C-314/05 P v. 29.6.2006 *Creative Technology*.
1063 EuG T-788/17 v. 17.10.2018 *SeparSolidaria/MicroSepar*, Tz. 28 ff.
1064 Vgl. oben § 12 Rdn. 72 – 143.
1065 EuGH C-120/04 v. 6.10.2005 *Medion*; EuGH C-51/09 P v. 24.6.2010 *Barbara Becker*, Tz. 34; der BGH behandelt diese Fallgruppe als Unterfall der Verwechslungsgefahr im weiteren Sinne: BGH I ZR 167/06 v. 5.2.2009 *METROBUS*, Tz. 79; I ZR 174/06 v. 5.2.2009, Tz. 52; I ZR 186/06 v. 5.2.2009, Tz. 45; I ZR 228/12 v. 18.9.2014 *Gelbe Wörterbücher*, Tz. 54; I ZB 45/16 v. 9.11.2017 OXFORD/Oxford Club, Tz. 37; kritisch zur Terminologie oben § 12 Rdn. 14 – 22.
1066 EuGH C-120/04 v. 6.10.2005 *Medion*.

tenen selbständig kennzeichnenden Stellung¹⁰⁶⁷ auch den Inhaber dieser Marke mit der Herkunft der Produkte in Verbindung bringt, die von dem zusammengesetzten Zeichen erfasst werden.¹⁰⁶⁸

Vom EuGH für ein Behalten der selbständig kennzeichnenden Stellung ausdrücklich genannt wurden die Fallgruppen der Kombination mit einer bekannten Marke oder einem Unternehmenskennzeichen.¹⁰⁶⁹ Weitere Fallgruppen dürften bei Zweitmarken sowie bei der Übernahme des Stammbestandteils einer Zeichenserie oder der Übernahme von Unternehmenskennzeichen auszumachen sein. Ein Bestandteil eines zusammengesetzten Zeichens nimmt dagegen keine solche selbständig kennzeichnende Stellung ein, wenn dieser Bestandteil mit dem oder den anderen Bestandteilen des Zeichens in der Gesamtbetrachtung eine Einheit bildet, die einen anderen Sinn als diese Bestandteile einzeln betrachtet hat.¹⁰⁷⁰ 218

Die Problematik, ob ein Zeichenbestandteil selbständig kennzeichnende Stellung aufweist, stellt sich in erster Linie im Registerverfahren. Geht es hingegen um Unterlassungsansprüche, so kann der Kläger seinen Anspruch schon gezielt gegen den fraglichen Zeichenbestandteil richten und den Streitgegenstand damit entsprechend definieren. Denn weist ein Zeichenbestandteil selbständig kennzeichnende Stellung auf, so wird er vom Verkehr als eigenständiges Kennzeichen wahrgenommen, gegen das ein Unterlassungsantrag gerichtet sein kann. Der materiellrechtliche Prüfungsmaßstab ist in beiden Fällen der gleiche. 219

Würde die Firma Thomson also eine Marke »Thomson Life« benutzen, so könnte der Markeninhaber seinen Unterlassungsantrag gezielt gegen »Life« richten. Dies wäre dann der Streitgegenstand. Der Antrag gegen den isolierten Bestandteil »Life« wäre dann zulässig, wenn der Verkehr in »Life« ein selbständiges Kennzeichen sieht.

a) Selbständig kennzeichnende Stellung neben bekannter Marke oder Unternehmensbezeichnung

Als typische Beispielsfälle dafür, dass ein Zeichenbestandteil das Zeichen zwar nicht dominiert, aber gleichwohl eine Verwechslungsgefahr begründen kann, nennt der 220

1067 Diese ist nicht zu verwechseln mit der weiter zu fassenden »eigenständigen Kennzeichnungsfähigkeit« der früheren BGH-Rechtsprechung (etwa BGH GRUR 1954, 123, 125 *NSU-Fox/Auto-Fox*; BGH GRUR 1989, 425, 427 *Herzsymbol*).
1068 EuGH C-120/04 v. 6.10.2005 *Medion*, Tz. 30 ff.; EuGH C-51/09 P v. 24.6.2010 *Barbara Becker*, Tz. 34; EuGH C-23/09 P v. 22.1.2010 *ecoblue*, Tz. 45; EuGH C-20/14 v. 22.10.2015 *BGW Beratungs-Gesellschaft Wirtschaft*, Tz. 38; auch EuGH C-57/08 P v. 11.12.2008 *Gateway*, Tz. 53; EuGH C-327/11 P v. 6.9.2012 *United States Polo*, Tz. 46; EuGH C-515/15 P v. 14.4.2016 *Roland*, Tz. 33; BGH I ZB 28/04 v. 11.5.2006 *Malteserkreuz I*, Tz. 21; BGH I ZR 6/05 v. 20.9.2007 *Kinder II*, Tz. 35; BGH I ZR 94/04 v. 20.9.2007 *Kinderzeit*, Tz. 40; BGH I ZR 228/12 v. 18.9.2014 *Gelbe Wörterbücher*, Tz. 54; überholt damit EuG T-6/01 v. 23.10.2002 *Matratzen/Matratzen Markt Concord*, Tz. 33; EuG T-32/03 v. 8.3.2005 *Schuhpark/JELLO SCHUHPARK*, Tz. 39; EuG T-7/04 v. 15.6.2005 *LIMONCHELO/Limoncello I*, Tz. 50; EuG T-385/03 v. 7.7.2005 *MILES/Biker Miles*, Tz. 39; EuG T-40/03 v. 13.7.2005 *MURÚA/Julián Murúa Entrena*, Tz. 52; EuG T-3/04 v. 24.11.2005 *KINNIE/KINJI by SPA*, Tz. 46; EuG T-135/04 v. 24.11.2005 *BUS/Online Bus*, Tz. 59; BGH I ZB 40/03 v. 22.9.2005 *coccodrillo*, Tz. 19.
1069 EuGH C-120/04 v. 6.10.2005 *Medion*, Tz. 37; EuGH C-532/10 P v. 29.6.2011 *adp Gauselmann*, Tz. 42; EuGH C-591/12 P v. 8.5.2014 *Bimbo*, Tz. 24.
1070 EuGH C-591/12 P v. 8.5.2014 *Bimbo*, Tz. 25, m. w. N.; EuGH C-20/14 v. 22.10.2015 *BGW Beratungs-Gesellschaft Wirtschaft*, Tz. 39.

EuGH die Kombination einer älteren Marke eines Dritten mit einer bekannten Marke oder mit einem Unternehmenskennzeichen.[1071] Der Gesamteindruck würde hier zwar meistens von der bekannten Marke oder der Unternehmensbezeichnung als Bestandteil des zusammengesetzten Zeichens dominiert. Gleichwohl kann Verwechslungsgefahr bestehen.[1072]

> So liegt es etwa, wenn die Deutsche Telekom durch die Kombination mit ihrem bekannten Zeichenbeginn »T-« eine ältere Marke »Flexitel« in der Form »T-Flexitel« okkupieren will.[1073] Auch wenn die Firma Thomson eine ältere Marke »Life« mit ihrer Unternehmensbezeichnung zu »Thomson Life« kombiniert, kann der Bestandteil »Life« seine selbständig kennzeichnende Stellung behalten.[1074] Entsprechendes gilt für die Marke »BLU DE SAN MIGUEL«, soweit der Verkehr »SAN MIGUEL« für ein Unternehmenskennzeichen hält.[1075] Auch wenn in der Marke »Pantohexal« der Bestandteil »Panto« mit dem erkennbaren Unternehmenskennzeichen »Hexal« zu einem einzigen Wort verbunden wird, so behält »Panto« gleichwohl seine selbständig kennzeichnende Stellung.[1076] Entsprechendes gilt schließlich für den spanischen Verkehr, der das dort markenrechtliche geschützte Wort »Doghnuts« nicht kennt, wenn der Begriff mit einem Unternehmenskennzeichen »BIMBO« zu »BIMBO DONUGHTS« kombiniert wird.[1077]

221 Dagegen will der BGH[1078] im Falle der Kombination eines Bestandteils mit einem Unternehmenskennzeichen nur dann von selbständig kennzeichnender Stellung ausgehen, wenn der Verkehr das Unternehmenskennzeichen kennt. Denn andernfalls bestehe keine Veranlassung zur Zergliederung des Gesamtzeichens in Unternehmenskennzeichen und zusätzlichen Bestandteil.

> So ist etwa das in der Marke »KOHLERMIXI« mit der älteren Marke »MIXI« kombinierte Unternehmenskennzeichen »KOHLER« nicht bekannt. »MIXI« weise daher keine selbständig kennzeichnende Stellung auf.

1071 Zur Entscheidungspraxis des BGH vor der Leitentscheidung des EuGH: BGH GRUR 1996, 404, 405 *Blendax Pep*; BGH GRUR 1996, 406, 407 *JUWEL*; BGH GRUR 1996, 775, 777 *Sali Toft*; BGH GRUR 1997, 897, 898 *IONOFIL*; BGH GRUR 1998, 925, 927 *Bisotherm-Stein*; BGH GRUR 1998, 927, 929 *COMPO-SANA*; BGH GRUR 1998, 942 *ALKA-SELTZER*; BGH GRUR 1998, 1014, 1015 *ECCO II*; BGH GRUR 1999, 583, 585 *LORA DI RECOARO*; BGH GRUR 1999, 995, 997 *HONKA*; BGH GRUR 2001, 164, 166 *Wintergarten*; BGH GRUR 2002, 167, 169 *Bit/Bud*; BGH GRUR 2002, 342, 344 *ASTRA/ESTRA-PUREN*; BGH GRUR 2003, 880, 882 *City Plus*; BGH GRUR 2004, 865, 866 *Mustang*; nun aber wieder BGH I ZB 52/09 v. 1.6.2011 *Maalox/Melox-GRY*, Tz. 17; I ZR 92/10 v. 7.7.2011, Tz. 7; vgl. auch EuG T-43/05 v. 30.11.2006 *BROTHERS/ BROTHERS by CAMPER*, Tz. 81 ff.; EuG T-106/09 v. 9.9.2010 *Merker/Archer Maclean's Mercury*, Tz. 27 ff., bestätigt durch EuGH C-532/10 P v. 29.6.2011 *adp Gauselmann*.
1072 EuGH C-120/04 v. 6.10.2005 *Medion*, Tz. 34.
1073 Vgl. BPatG GRUR 2003, 64 *T-Flexitel/Flexitel*; in diesem Sinne auch BGH GRUR 2005, 515 *FERROSIL*.
1074 EuGH C-120/04 v. 6.10.2005 *Medion*.
1075 EuG T-803/14 v. 28.4.2016 *BLU DE SAN MIGUEL/B'lue*, Tz. 55 ff.
1076 BGH I ZB 54/05 v. 29.5.2008 *Pantohexal*, Tz. 38.
1077 EuG T-569/10 v. 10.10.2012 *DOGHNUTS/BIMBO DOGHNUTS*, Tz. 59 ff., im Ergebnis bestätigt durch EuGH C-591/12 P v. 8.5.2014 *Bimbo*; auch EuG T-367/12 v. 27.6.2013 *BLUE/MOL Blue Card*, Tz. 56 ff., im Ergebnis bestätigt durch EuGH C-468/13 P v. 17.7.2014 *MOL*.
1078 BGH I ZR 142/07 v. 19.11.2009 *MIXI*, Tz. 33 ff.; vgl. auch BGH I ZB 52/09 v. 1.6.2011 *Maalox/Melox-GRY*, Tz. 18 ff.

Diesem Ansatz des BGH mag grundsätzlich zuzustimmen sein, aber mit einer **222** praktisch bedeutsamen Korrektur: Denn es muss schon genügen, wenn das Unternehmenskennzeichen zwar nicht bekannt ist, wenn für den Verkehr aber erkennbar ist, dass es sich um ein Unternehmenskennzeichen handelt. Denn schon in diesem Fall wird der Verkehr nicht von einem Gesamtzeichen ausgehen, sondern das Unternehmenskennzeichen als isoliertes Zeichen betrachten.

> Ist also beispielsweise auf der Verpackung eines Produkts der Hersteller genannt und wird hierdurch das Unternehmenskennzeichen erkennbar, so begründet es auch in einem Kombinationszeichen selbstständig kennzeichnende Stellung. Bestimmte Schlüsselworte wie »by« oder »von« legen dabei ein Verständnis als Unternehmens- oder jedenfalls Herstellerkennzeichen nahe; zwischen »wax« und »wax by Yuli's« besteht daher beispielsweise eine Zeichenähnlichkeit.[1079]

Zu weit dürfte es umgekehrt gehen, wenn der BGH[1080] auch schon bei einem **223** Zeichenbestandteil, der sich an ein erkennbares Unternehmenskennzeichen nur anlehnt, eine selbständig kennzeichnende Stellung bejahen will. Ein solcher Bestandteil kann im Einzelfall als Zweitmarke wirken oder auch wie der Stammbestandteil einer Zeichenserie und daher selbständig kennzeichnen. Aus der Anlehnung an ein Unternehmenskennzeichen folgt dies jedoch nicht automatisch.

> Es überzeugt daher nicht, wenn der BGH[1081] bei einer Marke »bitolon livetex plus« eine selbständig kennzeichnende Stellung des Bestandteils »livetex« mit der Begründung annehmen will, »bitolon« lehne sich an das Unternehmenskennzeichen »bito AG« an.

b) Selbständig kennzeichnende Stellung bei Zweitmarken

Neben den beiden zuvor skizzierten vom EuGH genannten Anwendungsfällen **224** (Übernahme mittels bekannter Marke oder Unternehmenskennzeichens), in denen ein Zeichenbestandteil eine selbständige kennzeichnende Stellung behält, lässt sich ein weiterer klarer Fall ausmachen: Geht der Verkehr bei einer aus zwei Bestandteilen zusammengesetzten Marke davon aus, dass es sich gar nicht um eine einzige, sondern um zwei Marken handelt (Zweitmarke), so wird er in der Regel beiden Kennzeichenbestandteilen eine selbständig kennzeichnende Funktion beimessen; andernfalls nämlich wäre die Zweitmarke überflüssig. Wird daher eine Marke in eine Kombinationsmarke aufgenommen, die auf den Verkehr wirkt wie mehrere selbständige Marken, wie ein Kennzeichenverbund, so droht eine Verwechslungsgefahr.[1082]

> So hätte eine Behandlung von Zeichenbestandteilen als Erst- und Zweitmarke in verschiedenen Entscheidungen des EuG nahe gelegen, die unter dem Gesichtspunkt der Prägung mehr oder weniger falsch entschieden wurden. So kann die Kollision von »Power« und »Turkish

---

1079 Vgl. EuG T-19/15 v. 1.2.2017 *wax/wax by Yuli's*, Tz. 69 ff., wo der Fall allerdings über die Prägung gelöst wird.
1080 BGH I ZR 92/10 v. 7.7.2011, Tz. 7.
1081 BGH I ZR 92/10 v. 7.7.2011, Tz. 7.
1082 Wie hier nun ausdrücklich BGH I ZR 228/12 v. 18.9.2014 *Gelbe Wörterbücher*; ob Entsprechendes auch für den umgekehrten Fall der Übernahme eines Bestandteils aus einer Kombinationsmarke gilt, ist eine Frage des Einzelfalls; hier wird nämlich der Verkehr in der Kombinationsmarke normalerweise ohnehin nicht Erst- und Zweitmarke sehen.

Power« unschwer als Zweitmarkenkonstellation begriffen werden.[1083] Gleiches gilt für die Zeichenpaare »Schuhpark« und »Jello Schuhpark«, wo verschiedene Produktlinien angesprochen sein können,[1084] sowie »DERBIVARIANT« und »DERBI«.[1085] Beim Zeichenpaar »CENTER« und »CENTER SHOCK« hat das EuG hingegen – zu weitgehend – eine selbständig kennzeichnende Stellung von »CENTER« bejaht.[1086] Bei der Kollision der beiden Werktitel »Smart Key« und »KOBIL Smart Key« ist der BGH dagegen zu Recht davon ausgegangen, dass der Bestandteil »Smart Key« im Softwarebereich auch in dem Kombinationszeichen »KOBIL Smart Key« beschreibend bleibt und daher keine selbständig kennzeichnende Stellung behält.[1087] Auch in der Marke »Pantogast« wirken die Elemente »Panto« und »gast« nicht wie Erst- und Zweitmarke.[1088] Gleiches gilt für »Villa Culinaria«.[1089]

225 Eine derartige Behandlung der Zweitmarke ist schon früh in verschiedenen Entscheidungen vor allem[1090] des BGH angeklungen,[1091] wurde jedoch erst nach der Medion-Entscheidung stringent weiterverfolgt.[1092] Danach kann der Verkehr bei einer angegriffenen Gestaltung unter Umständen einzelnen Elementen eine eigenständige, von der Kennzeichnungsfunktion anderer Bestandteile unabhängige Kennzeichnungsfunktion zuerkennen. In entsprechender Weise könne der Verkehr in besonders gelagerten Fällen bei einem zusammengesetzten Zeichen einen Zeichenbestandteil auch im Sinne eines sonst selbständig verwendeten Zweitkennzeichens auffassen.[1093]

1083 EuG T-34/04 v. 22.6.2005 *POWER/Turkish Power*, Tz. 49 ff., bestätigt durch EuGH C-324/05 P v. 1.6.2006 *Plus Warenhandelsgesellschaft*.
1084 EuG T-32/03 v. 8.3.2005 *Schuhpark/JELLO SCHUHPARK*, Tz. 41 ff.; so jetzt auch BGH I ZR 49/05 v. 3.4.2008 *Schuhpark*, Tz. 36.
1085 EuG T-317/03 v. 26.1.2006 *DERBIVARIANT/DERBI*, Tz. 47 ff.
1086 EuG T-16/08 v. 1.7.2009 *CENTER SHOCK/CENTER*, Tz. 40, nur im Ergebnis bestätigt durch EuGH C-353/09 P v. 11.2.2011 *Perfetti Van Melle*; ebenso unzutreffend EuG T-202/14 v. 26.1.2016 *NOVA/LR nova pure*, Tz. 59.
1087 BGH I ZR 109/03 v. 27.4.2006 *SmartKey*, Tz. 23.
1088 BGH I ZB 55/05 v. 29.5.2008 *Pantogast*, Tz. 39.
1089 BGH I ZR 85/11 v. 5.12.2012 *Culinaria/Villa Culinaria*, Tz. 44 u. 50; vgl. auch BGH I ZB 45/16 v. 9.11.2017 *OXFORD/Oxford Club*, Tz. 37.
1090 Vgl. aber auch die Entscheidungen EuG T-104/01 v. 23.10.2002 *Miss Fifties/Fifties*, Tz. 49; EuG T-129/01 v. 3.7.2003 *BUD/BUDMEN*, Tz. 57; EuG T-117/03 bis T-119/03 und T-171/03 v. 6.10.2004 *NL*, Tz. 51; EuG T-32/03 v. 8.3.2005 *Schuhpark/JELLO SCHUHPARK*, Tz. 51, denen letztlich dieselben Überlegungen zugrunde liegen.
1091 In BGH GRUR 2004, 865 *Mustang* – auffälligerweise mit großer Ausführlichkeit obiter dictum.
1092 Vgl. etwa BGH GRUR 2003, 712, 714 *Goldbarren*, wo sich der Ansatz der Zweitmarke geradezu aufgedrängt hätte.
1093 BGH GRUR 2002, 171, 174 *Marlboro-Dach*; BGH GRUR 2004, 865, 866 *Mustang*.

So war vom Tatrichter zu prüfen, ob der Verkehr in der Gestaltung der Zigarettenschachtel

trotz des überlagernden Schriftzugs »CABINET« das bekannte rote Marlboro-Dach als Zweitmarke wiedererkennt.[1094] Bei einer Wort-/Bildmarke »Sixty Seven by Mustang Inter Sl Spain« konnte der Verkehr vor allem wegen der Verwendung des Worts »by« die Bezeichnung »Mustang« als selbständig kennzeichnende Zweitmarke auffassen.[1095] Bei dem Wort-/ Bildzeichen

wirkt der Bestandteil »THE HOME STORE« neben dem bekannten Unternehmenskennzeichen wie eine Zweitkennzeichnung.[1096]

Auch hat der BGH bereits verschiedene Faktoren herausgearbeitet, die für ein Verständnis als Zweitmarke sprechen: So kann der Verkehr aufgrund bestimmter Werbemaßnahmen oder bestimmter Kennzeichnungsgewohnheiten, z. B. der häufigen Verwendung von Zweitmarken allgemein oder insbesondere auf dem in Frage stehenden Warengebiet daran gewöhnt sein, einzelnen Elementen eine eigenständige Kennzeichnungsfunktion zuzuerkennen.[1097]

226

So verwenden Hersteller in der Bekleidungsbranche häufig Untermarken zur Kennzeichnung ihrer verschiedenen Produktserien (für Damen, Herren oder Kinder und Jugendliche). Es ist deshalb denkbar, dass die angesprochenen Verkehrskreise entsprechend gekennzeichnete Bekleidungsstücke zwar zwei verschiedenen Produktserien, aber demselben Bekleidungshersteller zuordnen.[1098] Auch im Kosmetikbereich sind Zweitmarken für verschiedene Produktlinien üblich.[1099] Ähnliches gilt für die Chemiebranche.[1100] Entsprechend schließlich war es

---

1094 BGH GRUR 2002, 171, 175 *Marlboro-Dach*.
1095 BGH GRUR 2004, 865, 866 *Mustang*.
1096 BGH I ZR 33/05 v. 13.9.2007 *THE HOME STORE*, Tz. 33.
1097 BGH GRUR 2002, 171, 175 *Marlboro-Dach*; BGH I ZR 78/14 v. 23.9.2015 *Sparkassen-Rot/Santander-Rot*, Tz. 97; auch BGH GRUR 2004, 865, 866 *Mustang*; BGH GRUR 2005, 515, 516 *FERROSIL*.
1098 EuG T-104/01 v. 23.10.2002 *Miss Fifties/Fifties*, Tz. 49; EuG T-129/01 v. 3.7.2003 *BUD/BUDMEN*, Tz. 57; EuG T-117/03 bis T-119/03 und T-171/03 v. 6.10.2004 *NL*, Tz. 51; EuG T-32/03 v. 8.3.2005 *Schuhpark/JELLO SCHUHPARK*, Tz. 51; EuG T-346/04 v. 24.11.2005 *Arthur/ARTHUR ET FELICIE*, Tz. 68; EuG T-133/05 v. 7.9.2006 *PAM-PAM/PAM-PIM'S BABY-PROP*, Tz. 76; vgl. aber auch EuG T-301/03 v. 28.6.2005 *CANALI/CANAL JEAN CO. NEW YORK*, Tz. 61.
1099 EuG T-109/07 v. 25.3.2009 *SPA/SPA THERAPY*, Tz. 32.
1100 EuG T-169/04 v. 14.12.2005 *CARPO/CARPOVIRUSINE*, Tz. 72; vgl. auch EuG T-384/04 v. 15.12.2005 *CLEN/clean x*, Tz. 46.

bei der Kollision der oben abgebildeten[1101] Kreuzdarstellungen mitentscheidend, dass der Verkehr im karitativen Bereich daran gewöhnt ist, dass Dienstleistungsanbieter ihre Bildzeichen regelmäßig mit Wortbestandteilen kombinieren, so dass der Verkehr an das Nebeneinander zweier Zeichen gewöhnt ist.[1102]

227 Auch wenn die Zeichenbestandteile räumlich voneinander abgesetzt sind, spricht dies dafür, dass der Verkehr die Elemente als isolierte Zeichen wahrnimmt.

> Bei einem Kombinationszeichen wie »Haus & Grund Immobilien VDM, H. Roosmann« etwa liegt nahe, dass der Verkehr die durch Komma getrennten Bestandteile jeweils als einzelne Zeichen wahrnimmt.[1103]

228 Ein weiterer klassischer Fall des Verständnisses mehrteiliger Marken als Erst- und Zweitkennzeichen sind Marken, die mit Stammbestandteilen bekannter Zeichenserien[1104] eines Unternehmens gebildet werden. Der Verkehr ist nämlich daran gewöhnt, dass in Serienzeichen das dem Stammbestandteil hinzugefügte Element regelmäßig die eigentliche Produktkennzeichnung ist.[1105] Ob dabei der Serienbestandteil durch gewisse verbindende Elemente wie einen Bindestrich oder grafische Gestaltung mit dem hinzugefügten Element verknüpft ist, spielt – entgegen der Rechtsprechung des BGH[1106] – keine Rolle. Denn der Verkehr nimmt trotz derartiger verbindender Elemente die Einzelbestandteile als jeweils selbständige Kennzeichnung wahr: Der Stammbestanteil kennzeichnet die Produktfamilie oder den Hersteller,[1107] das zusätzliche Element kennzeichnet das konkrete Produkt.[1108] Gerade der Inhaber einer Zeichenserie muss daher vorsichtig sein, wenn er neue Zeichen in seine Serie aufnehmen will; das dem Stammbestandteil hinzugefügte Element wird eine selbständig kennzeichnende Stellung behalten und kann daher selbständig Kollisionen begründen.[1109]

> So nimmt der Verkehr etwa in einem Zeichen »T-InterConnect« den Buchstaben »T« als Hinweis auf die Deutsche Telekom, das Element »InterConnect« als eigentliche Produktkennzeichnung wahr. Da das Element »InterConnect« folglich seine selbständig kennzeichnende Stellung behält, kann es eine Kollision mit einer älteren Marke »INTERCONNECT« begründen.[1110] Ist »UNI« Stammbestandteil einer Zeichenserie, so begründen die Anmeldun-

---

1101 § 12 Rdn. 193.
1102 BGH I ZB 28/04 v. 11.5.2006 *Malteserkreuz I*, Tz. 22; vgl. auch Große Beschwerdekammer des EUIPO R 863/2011-G v. 9.7.2015 *Malteserkreuz*.
1103 BGH I ZR 34/07 v. 10.6.2009, Tz. 39 ff.
1104 Zu den Voraussetzungen einer Zeichenserie unten § 12 Rdn. 234.
1105 In diesem Sinne BGH I ZR 132/04 v. 28.6.2007 *INTERCONNECT/T-InterConnect*, Tz. 29, m. w. N.
1106 BGH I ZR 132/04 v. 28.6.2007 *INTERCONNECT/T-InterConnect*, Tz. 30, unter Hinweis auf BGH GRUR 2002, 342, 344 *ASTRA/ESTRA-PUREN*; ferner BGH I ZB 39/09 v. 10.6.2010 *Buchstabe T mit Strich*, Tz. 16; sogar bei Zusammenschreibung wie hier nun aber BGH I ZR 167/06 v. 5.2.2009 *METROBUS*, Tz. 80.
1107 So auch BGH I ZR 214/11 v. 11.4.2013 *VOLKSWAGEN/Volks.Inspektion*, Tz. 40.
1108 Vgl. auch BGH I ZB 55/05 v. 29.5.2008 *Pantogast*, Tz. 39, wo allerdings die Fallkonstellation umgekehrt gelagert war und es außerdem schon am Nachweis einer Zeichenserie fehlte.
1109 Hiervon zu unterscheiden ist der Fall, dass ein Dritter in die Zeichenserie eindringt; vgl. unten § 12 Rdn. 234 bis 240.
1110 So im Ergebnis auch BGH I ZR 132/04 v. 28.6.2007 *INTERCONNECT/T-InterConnect*, Tz. 33 ff.

gen »UNIWEB« und »UniCredit Wealth Management« Verwechslungsgefahr.[1111] Demgegenüber liegt bei einer Autozeitschrift eine selbständig kennzeichnende Stellung beim Nebeneinander der Begriffe »automobil« und »offroad« fern, weil jedenfalls dem Begriff »automobil« jegliche Unterscheidungskraft und damit ohne Verkehrsdurchsetzung die Eignung als Stammbestandteil fehlt.[1112]

Ferner liegt ein Verständnis als Erst- und Zweitmarke nahe, wenn das übernommene Kennzeichnungselement in Alleinstellung eine bekannte Marke darstellt, oder allgemein wenn zwei oder mehr starke Bestandteile kombiniert werden.[1113] Auch eine spezifische räumliche Anordnung der Zeichenelemente kann für den Verkehr ein Verständnis als Zweitmarke nahelegen. 229

So liegt eine selbständige Kennzeichnungsfunktion bei einem von mehreren Zeichenbestandteilen dann näher, wenn die Bestandteile nicht ineinander verwoben oder eng miteinander verbunden, sondern deutlich voneinander abgesetzt sind.[1114] Dies ist bei der Marke

etwa der Fall im Hinblick auf das rot hervorgehobene Element »zero«.[1115] Demgegenüber spricht bei dem Markenpaar

nicht nur die unterschiedliche Gestaltung des Krokodils gegen den Zweitmarkengedanken, sondern auch die Tatsache, dass bei der Abbildung rechts Schriftzug »coccodrillo« und Bildbestandteil ineinander verwoben sind.[1116] Auch wenn eine abstrakte Farbmarke mit anderen Gestaltungsmitteln eng verwoben ist, liegt möglicherweise keine selbständig kennzeichnende Stellung vor.[1117]

Kein Fall der selbständig kennzeichnenden Stellung sind normalerweise Namensmarken.[1118] Entgegenstehende abweichende Rechtsprechung des EuG ist überholt. 230

1111 EuG T-303/06 v. 25.11.2014 *UniCredito Italiano*, Tz. 63 ff.; EuG T-303/06 v. 25.11.2014 *UniCredito Italiano*, Tz. 63 ff.
1112 BGH I ZR 44/07 v. 2.12.2009 *OFFROAD*, Tz. 17 f.
1113 So lassen sich u. U. Fälle nach Art von EuG T-286/02 v. 25.11.2003 *MOU/KIAP MOU* eleganter lösen; vgl. auch die Nachweise in BGH I ZB 55/05 v. 29.5.2008 *Pantogast*, Tz. 39.
1114 BGH GRUR 2002, 171, 175 *Marlboro-Dach*; BGH I ZB 40/03 v. 22.9.2005 *coccodrillo*, Tz. 20; auch BGH GRUR 2004, 865, 866 *Mustang*; überholt etwa BGH GRUR 1996, 775, 776 f. *Sali Toft*; BGH GRUR 2002, 542, 543 *BIG*.
1115 EuG T-400/06 v. 16.9.2009 *zerorh+/ZERO*, Tz. 51.
1116 BGH I ZB 40/03 v. 22.9.2005 *coccodrillo*, Tz. 20; in diese Richtung allgemein auch BGH I ZR 78/14 v. 23.9.2015 *Sparkassen-Rot/Santander-Rot*, Tz. 98; vgl. andererseits aber EuG T-364/13 v. 30.9.2015 *KAJMAN*, Tz. 37 ff., im Ergebnis bestätigt durch EuGH C-619/15 P v. 21.6.2016 *Eugenia Mocek, Jadwiga Wenta, KAJMAN*.
1117 BGH I ZR 78/14 v. 23.9.2015 *Sparkassen-Rot/Santander-Rot*, Tz. 98 ff.
1118 EuGH C-51/09 P v. 24.6.2010 *Barbara Becker*, Tz. 38.

So behält in einer Marke »Barbara Becker« der Nachname »Becker« nicht automatisch eine selbständig kennzeichnende Stellung und begründet daher keine Kollision mit einer Marke »BECKER«.[1119]

231 Allerdings mag in Ausnahmefällen anderes gelten und ein Nachname eine selbständig kennzeichnende Stellung aufweisen. Ist es etwa in einer konkreten Branche üblich, verschiedene Produktfamilien mit einem Nachnamen und dem Zusatz von Vornamen zu kennzeichnen, so ist der Verkehr an diese Art der Kennzeichnung gewöhnt und wird den Nachnamen als Hinweis auf die Produktfamilie, den Vornamen demgegenüber als Hinweis auf ein konkretes Produkt verstehen und daher von zwei separaten Marken ausgehen.[1120]

232 Allgemein kann für ein Zeichenverständnis im Sinne einer Zweitmarke sprechen, wenn zwei verschiedene Markenformen nebeneinander vorliegen.[1121] Dies beruht darauf, dass verschiedene Markenformen vom Verkehr häufig zu unterschiedlichen Zeitpunkten des Vertriebsvorgangs wahrgenommen werden und je für sich eine Verwechslungsgefahr begründen können.

> Es gehört etwa zum allgemeinen Erfahrungswissen, dass Farben, wie z. B. jedem Autofahrer aufgrund der bekannten Hausfarben der Mineralölgesellschaften bekannt ist, jedenfalls in bestimmten Fällen deutlich schneller wahrgenommen werden als Text und Bild, sich dabei auch nicht als minder einprägsam erweisen als letztere und vor allem in besonderer Weise geeignet sind, die Aufmerksamkeit des Verbrauchers zu erregen.[1122] Zu dem Zeitpunkt, in dem der Verkehr den Schriftzug wahrnimmt, kann er bereits einer Verwechslung erlegen sein.[1123] Auch in der vom BGH falsch entschiedenen Goldbarren-Entscheidung[1124] hätte daher ein Verständnis von Schokoladen-Goldbarren als Erstmarke und Schriftzug als Zweitmarke nahe gelegen.[1125] Demgegenüber verschmelzen bei vielen Logos Wort- und Bildbestandteile; so wird bei dem Logo

das Textelement schon aufgrund der mittigen Integration ins Logo nicht isoliert wahrgenommen.[1126] Selbständig kennzeichnende Stellung nimmt allerdings das Motiv der Figur mit Poloschläger in der Marke

---

1119 Anders noch EuG T-212/07 v. 2.12.2008 *BECKER/Barbara Becker*, Tz. 37.
1120 Ähnlich auch EuGH C-51/09 P v. 24.6.2010 *Barbara Becker*, Tz. 38, wo auf den Einzelfall abgestellt wird.
1121 Vgl. aber auch BGH I ZR 39/06 v. 5.11.2008 *Stofffähnchen*.
1122 BGH GRUR 2002, 171, 175 *Marlboro-Dach*.
1123 Lateinwütige Juristen mögen hier von einer »Verwechslungsgefahr in contrahendo« sprechen.
1124 Vgl. oben § 12 Rdn. 191.
1125 In diesem Sinne auch *Stone*, E. I. P. R. 2006, 28(1), N4, N5; *Bergmann*, GRUR 2006, 793, 799; vgl. auch BGH I ZR 18/05 v. 25.10.2007 *TUC-Salzcracker*, Tz. 23.
1126 BGH I ZR 34/07 v. 10.6.2009, Tz. 15.

III. 5. Selbständig kennzeichnende Stellung eines Elements

ein und begründet daher mit der Marke

Verwechslungsgefahr.[1127]

Zusammenfassend ist zur Zweitmarkenproblematik Folgendes festzuhalten: Da es **233** nach der Medion-Entscheidung des EuGH nunmehr genügt, wenn bei mehrteiligen Zeichen der kollidierende Bestandteil eine selbständig kennzeichnende Stellung behalten hat, wird künftig stets zu prüfen sein, ob ein Verkehrsverständnis als Zweitmarke nahe liegt. Ob einem Bestandteil eine solche selbständige kennzeichnende Funktion zukommt, ist eine Tatfrage.[1128]

c) Übernahme von Stammbestandteilen von Zeichenserien

Eine selbständig kennzeichnende Stellung behalten normalerweise auch solche Elemente, die dem Verkehr als Stammbestandteil einer Zeichenserie bekannt sind. **234** Markenschutz kann zwar an sich nur immer für eine einzelne Marke beansprucht werden.[1129] Der Ansatz der Zeichenserie beruht auf der dem Verkehr bekannten Übung mancher Unternehmen, sich eines Stammzeichens für eine Vielzahl ihrer Produkte zu bedienen und dieses – dabei als solches erkennbar bleibende – Stammzeichen für einzelne Warenarten zu deren Kennzeichnung abzuwandeln.

> Kennt der Verkehr etwa den Zeichenbestandteil »T-« als Stammbestandteil einer Vielzahl von Marken der Deutschen Telekom, so wird er vermuten, dass auch andere ihrer Struktur nach wesensgleiche[1130] mit dem Zeichenbestandteil »T-« gebildete Zeichen der Deutschen Telekom zuzuordnen sind.[1131] Demgegenüber wird der Verkehr beim Zeichenpaar »OBELIX« und »MOBILIX« die Endung »IX« nicht ohne weiteres als Stammbestandteil einer Serie auffassen, weil diese zur sehr im Gesamtzeichen aufgeht.[1132] Gleiches gilt in einer Marke

---

1127 EuG T-90/13 v. 18.9.2014 *Herdade de S. Tiago II*, Tz. 32; vgl. auch EuG T-581/13 v. 26.3.2015 *Royal County of Berkshire Polo Club*, im Ergebnis bestätigt durch EuGH C-278/15 P v. 14.1.2016 *Royal County of Berkshire Polo Club*.
1128 BGH GRUR 2004, 865, 866 *Mustang*.
1129 EuGH C-234/06 P v. 13.9.2007 *Il Ponte Finanziaria*, Tz. 61.
1130 Zu diesem Kriterium BGHZ 131, 122, 127 *Innovadiclophlont*, m. w. N.; BGH I ZR 6/05 v. 20.9.2007 *Kinder II*, Tz. 41; BGH I ZR 94/04 v. 20.9.2007 *Kinderzeit*, Tz. 46; BGH I ZR 167/06 v. 5.2.2009 *METROBUS*, Tz. 38; BGH I ZR 142/07 v. 19.11.2009 *MIXI*, Tz. 40 f.
1131 Vgl. BGH I ZR 132/04 v. 28.6.2007 *INTERCONNECT/T-InterConnect*, Tz. 31.
1132 EuG T-336/03 v. 27.10.2005 *OBELIX/MOBILIX*, Tz. 85, im Ergebnis bestätigt durch EuGH C-16/06 P v. 18.12.2008 *René*, Tz. 100 f.

»MEISTERBRAND« für den Bestandteil »MEISTER«[1133] oder für das eher beschreibende »Post«, das in zahlreichen Marken der Deutschen Post AG vorkommt.[1134] Auch im Arzneimittelbereich, wo der Verkehr daran gewöhnt ist, eine große Zahl übereinstimmender Zeichenbestandteile anzutreffen, sind höhere Anforderungen an einen Stammbestandteil zu stellen.[1135]

235 Charakteristisch bei der Übernahme von Stammbestandteilen ist, dass die maßgeblichen Verkehrskreise die Marken meist nicht unmittelbar miteinander verwechseln werden, dass sie aber doch als zwei Marken derselben Markenfamilie oder als Serienmarken, und damit als Marken desselben Inhabers wahrgenommen werden könnten.[1136] Im Fall einer »Markenfamilie« oder von »Serienmarken« ergibt sich die Verwechslungsgefahr daher daraus, dass der Verkehr sich hinsichtlich der Herkunft oder des Ursprungs der von der jüngeren Marke erfassten Produkte irren kann und zu Unrecht annimmt, dass die jüngere Marke zu der Familie oder Serie von Marken gehört.[1137] Voraussetzung für die Eignung eines Markenbestandteils als Stammbestandteil ist es daher nach der Rechtsprechung des EuGH, dass die dieser »Familie« oder »Serie« angehörenden älteren Marken infolge Benutzung auf dem Markt präsent sind.[1138] Bereits dieser Bestandteil muss vom Verkehr als Hinweis auf die betriebliche Herkunft und deshalb als Stamm einer Zeichenserie verstanden werden.[1139]

1133 BGH GRUR 1998, 932, 934 *MEISTERBRAND*.
1134 Vgl. EuG T-13/15 v. 27.6.2017 *POST/PostModern*, Tz. 72 ff.; BGH I ZR 78/06 v. 2.4.2009 *OSTSEE-POST*, Tz. 40; auch BGH I ZR 79/06 v. 2.4.2009, Tz. 43.
1135 BGH I ZR 110/03 v. 29.6.2006 *Ichthyol II*, Tz. 35.
1136 EuGH C-234/06 P v. 13.9.2007 *Il Ponte Finanziaria*, Tz. 62; EuGH C-270/14 P v. 15.10.2015 *Debonair Trading Internacional*, Tz. 32; EuG T-224/01 v. 9.4.2003 *TUFFTRIDE/NU-TRIDE*, Tz. 60; EuG T-117/02 v. 6.7.2004 *CHUFI/CHUFAFIT*, Tz. 59; BGHZ 131, 122, 127 *Innovadiclophlont*, m. w. N.; BGHZ 156, 112, 124 *Kinder I*, m. w. N.; BGH GRUR 1999, 240, 241 *STEPHANSKRONE I*; BGH GRUR 1999, 587, 589 *Cefallone*; BGH GRUR 2000, 608 *ARD-1*; BGH GRUR 2000, 886, 887 *Bayer/BeiChem*; BGH GRUR 2000, 1032, 1033 *EQUI 2000*; BGH GRUR 2002, 542, 544 *BIG*; BGH GRUR 2002, 544, 547 *BANK 24*; BGH GRUR 2004, 779, 782 *Zwilling/Zweibrüder*; vgl. auch EuG T-104/01 v. 23.10.2002 *Miss Fifties/Fifties*, Tz. 51; BGH I ZB 39/05 v. 13.12.2007 *idw Informationsdienst Wissenschaft*, Tz. 47; BGH I ZB 54/05 v. 29.5.2008 *Pantohexal*, Tz. 33; BGH I ZB 55/05 v. 29.5.2008 *Pantogast*, Tz. 34; zur Möglichkeit der Geltendmachung im deutschen Widerspruchsverfahren BGH GRUR 2002, 542, 544 *BIG*.
1137 EuGH C-234/06 P v. 13.9.2007 *Il Ponte Finanziaria*, Tz. 63; EuGH C-16/06 P v. 18.12.2008 *René*, Tz. 101; EuGH C-552/09 P v. 24.3.2011 *FERRERO*, Tz. 97.
1138 EuGH C-234/06 P v. 13.9.2007 *Il Ponte Finanziaria*, Tz. 64; erläuternd EuGH C-553/11 v. 25.10.2012 *Rintisch*, Tz. 29; EuG T-287/06 v. 18.12.2008 *TORRES/Torre Albéniz*, Tz. 81; EuG T-8/07 v. 18.12.2008 *TORRES 10/TG Torre Galatea*, Tz. 78; EuG T-16/07 v. 18.12.2008 *TORRES/TORRE DE BENÍTEZ*, Tz. 81; EuG T-315/06 v. 19.11.2008 *CROS/TAI CROS*, Tz. 45; in diese Richtung auch BGH I ZB 54/05 v. 29.5.2008 *Pantohexal*, Tz. 34 f.; BGH I ZB 55/05 v. 29.5.2008 *Pantogast*, Tz. 35 f., wo die Frage jedoch jeweils noch offen gelassen wird; nun auch BGH I ZR 167/06 v. 5.2.2009 *METROBUS*, Tz. 39 f.; BGH I ZR 84/09 v. 10.1.2013 *PROTI II*, Tz. 23; BGH I ZR 214/11 v. 11.4.2013 *VOLKSWAGEN/Volks.Inspektion*, Tz. 40.
1139 BGHZ 131, 122, 126 *Innovadiclophlont*; BGH GRUR 1996, 267, 269 *AQUA*; BGH GRUR 1998, 927 *COMPO-SANA*; BGH GRUR 1999, 240, 241 *STEPHANSKRONE I*; vgl. auch BGH GRUR 2002, 544, 546 *BANK 24*.

Insbesondere dann, wenn beispielsweise nicht hinreichend viele Marken benutzt werden, um eine Familie oder Serie bilden zu können, kann daher vom Verkehr nicht erwartet werden, dass er in dieser Markenfamilie oder -serie ein gemeinsames Element entdeckt oder diese mit einer anderen Marke mit dem gleichen gemeinsamen Element in Verbindung bringt.[1140] So genügt es etwa für die Annahme einer Zeichenserie mit dem Stammbestandteil »METRO« nicht, wenn 25 Marken mit diesem Element eingetragen sind; vielmehr müssten diese gegenüber dem relevanten Publikum benutzt worden sein.[1141] Demgegenüber hat das EuG dem Serienbestandteil »Mc« von McDonald's trotz eher schwacher Benutzungsnachweise der verschiedenen Serienzeichen Schutz zugebilligt und die Marke »MACCOFFEE« löschen lassen.[1142]

Gegenüber dieser vergleichsweise strengen Rechtsprechung des EuGH hat der BGH früher unter geringeren Voraussetzungen einen Schutz als Zeichenserie gewährt, dies jedoch inzwischen ausdrücklich aufgegeben.[1143] Es genügt also für eine Zeichenserie entgegen früherer Rechtsprechung[1144] nicht mehr, dass lediglich konkreter Anhaltspunkte bestehen, dass sich dieses Zeichen als Stammzeichen entwickelt. 236

Jedenfalls muss sich nach übereinstimmender Rechtsprechung die jüngere Marke ihrer Struktur nach in die Zeichenserie einfügen. 237

So kann die Kollision der Zeichen »NLSPORT«, »NLJEANS«, »NLACTIVE« und »NLCollection« einerseits und »NL« andererseits unschwer als Übernahme eines Serienbestandteils verstanden werden.[1145] Bei den Marken »Unifonds«, »Unirak« und »Unizins« einerseits sowie »Uniweb« und »UniCredit Wealth Management« fehlt es nicht schon allein deswegen an struktureller Ähnlichkeit, weil die Begriffe »Fonds«, »Rak« und »Zins« deutsch, »Web« und »Credit Wealth Management« demgegenüber englisch seien.[1146] An struktureller Ähnlichkeit fehlt es jedoch, wenn ein den älteren Serienmarken gemeinsamer Bestandteil in der jüngeren Marke an einer anderen Stelle als an derjenigen, an der er sich gewöhnlich bei den zu der Serie gehörenden Marken befindet, oder mit einem anderen semantischen Inhalt verwendet wird.[1147] So wird der Verkehr etwa bei den Marken »TORRES« und »Torre Albéniz« oder auch bei »TORRES 10« und »TG Torre Galatea« keine gedankliche Verbin-

---

1140 EuGH C-234/06 P v. 13.9.2007 *Il Ponte Finanziaria*, Tz. 64.
1141 BGH I ZR 167/06 v. 5.2.2009 *METROBUS*, Tz. 39 f.; I ZR 174/06 v. 5.2.2009, Tz. 40 f.; I ZR 186/06 v. 5.2.2009, Tz. 34 f.
1142 EuG T-518/13 v. 5.7.2016 *McDONALD'S/MACCOFFEE*, Tz. 57 ff.
1143 BGH I ZR 84/09 v. 10.1.2013 *PROTI II*, Tz. 23; BGH I ZR 214/11 v. 11.4.2013 *VOLKSWAGEN/Volks.Inspektion*, Tz. 40.
1144 BGHZ 131, 122, 127 *Innovadiclophlont*, m. w. N.; BGH GRUR 1996, 267, 269 *AQUA*, m. w. N.; BGH GRUR 1996, 777, 778 *JOY*; BGH GRUR 1998, 927, 929 *COMPOSANA*; auch BGH GRUR 2002, 542, 544 *BIG*; zuletzt BGH I ZR 6/05 v. 20.9.2007 *Kinder II*, Tz. 40; BGH I ZR 94/04 v. 20.9.2007 *Kinderzeit*, Tz. 45.
1145 EuG T-117/03 bis T-119/03 und T-171/03 v. 6.10.2004 *NL*, Tz. 51.
1146 EuGH C-317/10 P v. 16.6.2011 *Union Investment Privatfonds*, Tz. 59 ff., gegen die Vorinstanz.
1147 EuG T-194/03 v. 23.2.2006 *Bridge/Bainbridge*, Tz. 127, im Ergebnis bestätigt durch EuGH C-234/06 P v. 13.9.2007 *Il Ponte Finanziaria*; EuG T-287/06 v. 18.12.2008 *TORRES/Torre Albéniz*, Tz. 81; EuG T-8/07 v. 18.12.2008 *TORRES 10/TG Torre Galatea*, Tz. 78; EuG T-16/07 v. 18.12.2008 *TORRES/TORRE DE BENÍTEZ*, Tz. 81; auch BGHZ 131, 122, 127 *Innovadiclophlont*, m. w. N.

dung herstellen.¹¹⁴⁸ Auch die Marke »Timi Kinderjoghurt« verbindet der Verkehr nicht mit der »Kinder«-Zeichenserie von Ferrero, weil »Kinderjoghurt« eine neue beschreibende Bedeutung entfaltet.¹¹⁴⁹ Auch bestehen etwa beim Zeichenpaar »STEPHANSKRONE« und »St. Stephan's Crown« für eine Zeichenserie keine Anhaltspunkte, wenn neben der Angriffsmarke nur eine weitere Marke des Angreifers existiert, bei der es sich im Wesentlichen um eine Übersetzung der Marke in die englische Sprache handelt. Der Verkehr kann einem solchen Markenpaar nicht entnehmen, dass einer der Bestandteile – hier »Stephan« – als Stamm einer Zeichenserie verwendet wird.¹¹⁵⁰

238 Als Zeichenstamm sind schutzunfähige, insbesondere beschreibende, Bestandteile normalerweise nicht geeignet;¹¹⁵¹ die Schutzunfähigkeit ist dabei eigens festzustellen und zu untermauern.¹¹⁵² Eine Ausnahme hiervon besteht wiederum dann, wenn der beschreibende Stammbestandteil durch seine Benutzung Unterscheidungskraft erlangt hat. Hier nimmt der Verkehr den Stammbestandteil unabhängig von seiner Schutzfähigkeit als Unterscheidungsmerkmal auf.¹¹⁵³

> Ist etwa »TRIDE« beschreibend, so kann das Element normalerweise nicht als gemeinsamer Stammbestandteil der Marken »TUFFTRIDE« und »NU-TRIDE« herhalten. Etwas anderes würde nur dann gelten, wenn »TRIDE« als Kennzeichen eines bestimmten Unternehmens durchgesetzt wäre.¹¹⁵⁴ Dagegen verneinte das EuG – schwer nachvollziehbar – die Unterscheidungskraft des Elements »CK« in der Marke »Calvin Klein« und damit die Eignung als Zeichenstamm.¹¹⁵⁵

239 Für die Tauglichkeit eines Stammbestandteils zur Begründung einer Zeichenähnlichkeit ist auf den Zeitpunkt¹¹⁵⁶ abzustellen, zu dem etwaige Gegenrechte begründet wurden, demgemäß bei der Marke insbesondere nicht auf den Zeitpunkt der Aufnahme der Benutzung der angegriffenen Kennzeichnung, sondern auf den Zeitpunkt der Anmeldung der Marke.¹¹⁵⁷

1148 EuG T-287/06 v. 18.12.2008 *TORRES/Torre Albéniz*, Tz. 82 f.; EuG T-8/07 v. 18.12.2008 *TORRES 10/TG Torre Galatea*, Tz. 79 f.; auch EuG T-16/07 v. 18.12.2008 *TORRES/ TORRE DE BENÍTEZ*, Tz. 82 f.
1149 EuG T-140/08 v. 14.10.2009 *TiMi KINDERJOGHURT/KINDER*, Tz. 64 f., im Ergebnis bestätigt durch EuGH C-552/09 P v. 24.3.2011 *FERRERO*.
1150 BGH GRUR 1999, 240, 241 *STEPHANSKRONE I*; BGH GRUR 1999, 241 *STEPHANSKRONE II*; gegen Verwechslungsgefahr im Falle der Übersetzung auch EuG T-437/11 v. 16.9.2013 *BALLON D'OR/GOLDEN BALLS*, Tz. 41 ff.; Verwechslungsgefahr bejahend EuG T-330/12 v. 24.6.2014 *LA HUTTE/THE HUT*, Tz. 43 ff.
1151 EuG T-224/01 v. 9.4.2003 *TUFFTRIDE/NU-TRIDE*, Tz. 61; EuG T-117/02 v. 6.7.2004 *CHUFI/CHUFAFIT*, Tz. 59; EuG T-548/12 v. 8.7.2015 *Deutsche Rockwool Mineralwoll*, Tz. 92; BGHZ 156, 112, 124 *Kinder I*, unter Hinweis auf BGH GRUR 2002, 542, 544 *BIG*; zur Anlehnung an eine beschreibende Angabe BGH GRUR 1999, 587, 589 *Cefallone*.
1152 EuGH C-317/10 P v. 16.6.2011 *Union Investment Privatfonds*, Tz. 58, gegen die Vorinstanz.
1153 BGHZ 156, 112, 124 *Kinder I*; BGH GRUR 2002, 542, 544 *BIG*, in Abgrenzung zu BGH GRUR 1999, 240, 241 *STEPHANSKRONE I*.
1154 Vgl. unten § 12 Rdn. 241 – 242.
1155 EuG T-185/07 v. 7.5.2009 *CK CREACIONES KENNYA/CK Calvin Klein*, Tz. 56, im Ergebnis bestätigt durch EuGH C-254/09 P v. 2.9.2010 *Calvin Klein*.
1156 Zur entsprechenden Problematik bei der Ermittlung der Kennzeichnungskraft vgl. oben § 12 Rdn. 40 – 43.
1157 BGH GRUR 2002, 544, 547 *BANK 24*.

Wurde also die im Januar 2006 angegriffene Marke bereits im Januar 2002 angemeldet und existierte zu diesem Zeitpunkt noch keine Zeichenserie des Angreifers, so wird eine Zeichenähnlichkeit unter dem Gesichtspunkt der Übernahme des Stammbestandteils einer Zeichenserie nicht vorliegen.

Soll ein Angriff auf eine Zeichenserie gestützt werden, so ist bei einem Widerspruch gegen eine Unionsmarke[1158] der Widerspruch ausdrücklich auf sämtliche Marken zu stützen.[1159] Demgegenüber lässt der BGH die bloße Erwähnung der Markenserie genügen.[1160] 240

d) Übernahme von Unternehmenskennzeichen

Eine selbständig kennzeichnende Stellung werden normalerweise auch bekannte oder erkennbare Unternehmenskennzeichen behalten. Da nämlich Unternehmenskennzeichen dazu dienen, ein Unternehmen von einem anderen Unternehmen zu unterscheiden, kann der Verkehr regelmäßig mittelbar über das Unternehmen auch auf die unternehmerische Herkunft gekennzeichneter Produkte schließen. 241

In diesem Sinne haben EuG und BGH im Fall einer Übernahme von Unternehmenskennzeichen eine Verwechslungsgefahr im weiteren Sinne[1161] angenommen. Hierbei genügt es, wenn der Verkehr zwar erkennt, dass die Zeichen zu zwei verschiedenen Unternehmen gehören, aber wirtschaftliche oder organisatorische Verbindungen zwischen den Zeicheninhabern vermutet.[1162] 242

Steht daher etwa verschiedenen Marken »Mustang« ein Kennzeichen »Sixty Seven 67 by Mustang Inter SI Spain« entgegen, so wird der Verkehr dieses Zeichen zwar nicht mit den Mustang-Marken verwechseln. Weil der Verkehr jedoch wirtschaftliche Zusammenhänge vermutet, besteht gleichwohl Verwechslungsgefahr.[1163] Entsprechend hat das EuG eine Anmeldung »Romeo has a Gun by Romano Ricci« beurteilt, wo »Romeo Ricci« eine selbständig kennzeichnende Stellung innehatte.[1164] Sogar in einer Marke »METROBUS« erkennt der Verkehr das bekannte Unternehmenskennzeichen »Metro« als selbständiges Kennzeichen wieder, solange das Zeichen nicht für Nahverkehrsbusse verwendet wird und solange daher kein Verständnis als einheitlicher Begriff nahe liegt.[1165] Dagegen liegen wirtschaftliche Beziehungen eher fern, wenn einem Zeichen ein Familienname hinzugefügt wird; denn dies ist bei Unterorganisationen unüblich.[1166]

1158 Hierzu unten § 28 Rdn. 16.
1159 EuGH C-16/06 P v. 18.12.2008 *René*, Tz. 100.
1160 BGH GRUR 2002, 542, 544 *BIG*.
1161 Zur Terminologie vgl. oben § 12 Rdn. 14 – 22.
1162 EuG T-224/01 v. 9.4.2003 *TUFFTRIDE/NU-TRIDE*, Tz. 62, unter Hinweis auf EuGH C-317/91 v. 30.11.1993 *Deutsche Renault*, Tz. 36 ff.; BGH GRUR 2004, 598, 599 *Kleiner Feigling*; BGH GRUR 2004, 779, 783 *Zwilling/Zweibrüder*, jeweils m. w. N.; BGH GRUR 2004, 865, 867 *Mustang*.
1163 BGH GRUR 2004, 865, 867 *Mustang*; unzutreffend hingegen EuG T-162/08 v. 11.11.2009 *GREEN by missako/MI SA KO*, Tz. 36 ff.
1164 EuG T-358/15 v. 15.9.2016 *RICCI/Romeo has a Gun by Romano Ricci*, Tz. 45; EuG T-359/15 v. 15.9.2016 *RICCI/Romeo has a Gun by Romano Ricci*, Tz. 48.
1165 BGH I ZR 167/06 v. 5.2.2009 *METROBUS*, Tz. 80; auch BGH I ZR 174/06 v. 5.2.2009, Tz. 56 f. [auch zu »metro card«, »MetroTram«, »Metro-Netz« und »MetroLinien«]; I ZR 186/06 v. 5.2.2009, Tz. 47 ff.
1166 BGH I ZR 34/07 v. 10.6.2009, Tz. 46.

e) *Sonderfall: Selbständig kennzeichnender Bestandteil trotz schwacher Kennzeichnungskraft*

243 Eine Verwechslungsgefahr unter dem Gesichtspunkt der Übernahme eines Elements mit selbständig kennzeichnender Stellung ist auch dann möglich, wenn dieses Element kennzeichnungsschwach ist.[1167] Die einschränkende Formulierung des EuGH in der Medion-Entscheidung[1168] ist der Formulierung Vorlagefrage geschuldet, die ausdrücklich auf eine normal kennzeichnungskräftige Marke abgestellt hatte.

> So begründete nach der Rechtsprechung des BGH trotz schwacher Kennzeichnungskraft der Bestandteil »InterConnect« im Gesamtzeichen »T-InterConnect« eine Verwechslungsgefahr mit einer älteren Marke »INTERCONNECT«.[1169] Andererseits war in der Bezeichnung »Kinder Kram« oder »Kinderzeit« das Wort »Kinder« derart kennzeichnungsschwach, dass es über keine selbständig kennzeichnende Stellung mehr verfügen konnte.[1170] Das EuG hingegen stellte – zu zurückhaltend – bei einer Kollision der Marke »ORO«, also dem italienischen Wort für »Gold« mit einer mit dem Unternehmenskennzeichen »Barilla« gebildeten Marke »SELEZIONE ORO Barilla« gar nicht erst auf eine eventuell selbständig kennzeichnende Stellung des Wortes »ORO« ab, weil es dieses für kennzeichnungsschwach hielt.[1171]

244 Klargestellt hat der EuGH andererseits, dass nicht jede Übernahme eines Elements in selbständig kennzeichnender Stellung automatisch eine Verwechslungsgefahr begründet. Vielmehr ist stets – übergeordnet und unter Berücksichtigung der Kennzeichnungskraft – zu prüfen, ob die Zeichen tatsächlich eine Verwechslungsgefahr begründen.[1172]

> Selbst wenn man daher etwa bei der Marke »ACTIVY Media Gateway« unterstellen würde, dass der Bestandteil »Gateway« eine selbständig kennzeichnende Stellung behalten würde, so würde dieser gleichwohl nicht automatisch Verwechslungsgefahr mit der Marke »GATEWAY« begründen können. Vielmehr ist die Verwechslungsgefahr gesondert zu prüfen.[1173]

f) *Sonderfall: Selbständig kennzeichnender Bestandteil ist variiert*

245 Eine Zeichenähnlichkeit aufgrund der Übernahme eines Bestandteils mit selbständig kennzeichnender Stellung setzt nicht voraus, dass der fragliche Bestandteil iden-

---

1167 EuGH C-20/14 v. 22.10.2015 *BGW Beratungs-Gesellschaft Wirtschaft*, Tz. 40; so schon BGH I ZR 132/04 v. 28.6.2007 *INTERCONNECT/T-InterConnect*, Tz. 35; BGH I ZB 54/05 v. 29.5.2008 *Pantohexal*, Tz. 38; BGH I ZR 85/11 v. 5.12.2012 *Culinaria/Villa Culinaria*, Tz. 50; I ZB 45/16 v. 9.11.2017 *OXFORD/Oxford Club*, Tz. 37; skeptisch noch EuG T-102/14 v. 13.5.2015 *Deutsche Post*, Tz. 49 f.
1168 EuGH C-120/04 v. 6.10.2005 *Medion*.
1169 BGH I ZR 132/04 v. 28.6.2007 *INTERCONNECT/T-InterConnect*, Tz. 35.
1170 BGH I ZR 6/05 v. 20.9.2007 *Kinder II*, Tz. 37; BGH I ZR 94/04 v. 20.9.2007 *Kinderzeit*, Tz. 42.
1171 Vgl. EuG T-344/03 v. 5.4.2006 *ORO/SELEZIONE ORO Barilla*, Tz. 43 ff., im Ergebnis bestätigt durch EuGH C-245/06 P v. 9.3.2007 *Saiwa/HABM*.
1172 EuGH C-57/08 P v. 11.12.2008 *Gateway*, Tz. 51 ff.
1173 EuG T-434/05 v. 27.11.2007 *GATEWAY/ACTIVY Media Gateway*, Tz. 49, bestätigt durch EuGH C-57/08 P v. 11.12.2008 *Gateway*, Tz. 51 ff.

tisch übernommen wird. Vielmehr kann sich eine Verwechslungsgefahr schon aus der Ähnlichkeit dieses Bestandteils mit der Angriffsmarke ergeben.[1174]
So ist bei dem Zeichenpaar

der charakteristische Eindruck der Wappengestaltung nicht verändert und kann daher eine selbständig kennzeichnende Stellung beibehalten. Der Bildbestandteil der Kombinationsmarke entspricht der Bildmarke mit Ausnahme der Farbgebung, des Kontrastes und einer nicht ins Gewicht fallenden Abweichung der Umrahmung im unteren Bereich. Das Charakteristische der Gestaltung des übernommenen Bestandteils besteht in der achtspitzigen Form des Kreuzes. Diese Gestaltung nimmt die angegriffene Marke der Form nach identisch auf. Ohne entscheidende Bedeutung ist dabei die Farbe des Kreuzes und ob es dunkel auf hellem Hintergrund oder hell auf dunklem Hintergrund dargestellt wird.[1175] Dagegen begründete die Anmeldung

keine Verwechslungsgefahr mit der Marke »Merkur«, weil das Wort »Mercury« in der Anmeldung aufgrund der grafischen Gestaltung eher an »Quecksilber« als an »Merkur« erinnerte.[1176]

g) Sonderfall: Umkehrung der Prioritätslage

Noch nicht ganz geklärt ist, ob eine Zeichenähnlichkeit unter dem Gesichtspunkt selbständig kennzeichnender Stellung auch bei Umkehrung der Prioritätslage in Betracht kommt, also dann, wenn es sich nicht bei der jüngeren, sondern bei der älteren Marke um ein zusammengesetztes Zeichen handelt. Gegen die Bejahung einer Zeichenähnlichkeit unter dem Gesichtspunkt selbständig kennzeichnender Stellung in diesen Fällen wurde vorgebracht, dass der EuGH mit der Medion-

246

1174 BGH I ZB 28/04 v. 11.5.2006 *Malteserkreuz I*, Tz. 23; BGH I ZR 6/05 v. 20.9.2007 *Kinder II*, Tz. 35; BGH I ZR 94/04 v. 20.9.2007 *Kinderzeit*, Tz. 40; BGH I ZB 61/07 v. 3.4.2008 *SIERRA ANTIGUO*, Tz. 33.
1175 BGH I ZB 28/04 v. 11.5.2006 *Malteserkreuz I*, Tz. 23; ähnlich, mit anderer Begründung auch EuG T-81/03, T-82/03 und T-103/03 v. 14.12.2006 *Mast-Jägermeister*, Tz. 92 ff.
1176 EuG T-106/09 v. 9.9.2010 *Merker/Archer Maclean's Mercury*, Tz. 27 ff., bestätigt durch EuGH C-532/10 P v. 29.6.2011 *adp Gauselmann*.

Entscheidung gerade darauf habe abstellen wollen, dass der Prioritätsjüngere durch die Kombination einer älteren Marke mit einem zusätzlichen Bestandteil die ältere Marke quasi usurpieren könne, wenn der Inhaber der älteren Marke nicht gegen die Kombinationsmarke vorgehen könne. Von einer derartigen Usurpation könne aber nicht die Rede sein, wenn die ältere Marke das Kombinationszeichen darstellt, ja wenn also der Inhaber der älteren Marke jederzeit die einzelnen Zeichenbestandteile selbst hätte als Marke anmelden können. Vielmehr komme es auf den Gesamteindruck der älteren Marke an.[1177] Hinzu kommt, dass der vom EuGH in seiner Medion-Entscheidung verwendete Wortlaut, wonach das gemeinsame Zeichenelement »übernommen« werden muss und dabei seine selbständig kennzeichnende Stellung »behält« nicht recht auf Konstellationen mit umgekehrter Prioritätslage passt. Der BGH will hiervon ausgehend eine selbständig kennzeichnende Stellung einzelner Elemente der prioritätsälteren Marke nicht anerkennen.[1178]

247 Andererseits unterscheidet sich die Zeichenähnlichkeit unter dem Gesichtspunkt selbständig kennzeichnender Stellung eines Elements nicht grundsätzlich von anderen Fällen der Zeichenähnlichkeit. Dort aber erscheint es vorzugswürdig, die Zeichenähnlichkeit im Normalfall unabhängig von der Prioritätslage zu prüfen.[1179] Dem – der Vorlagefrage geschuldeten – Wortlaut der Medion-Entscheidung sollte demgegenüber nicht zu viel Bedeutung geschenkt werden. Auch hat der EuGH den von der Literatur hervorgehobenen Usurpationsgedanken in seiner Entscheidung letztlich jedenfalls nicht ausdrücklich zur Begründung herangezogen. Bei der Beurteilung der Verwechslungsgefahr kommt es außerdem auf das Verkehrsverständnis an; der Verkehr aber kennt die Prioritätslage normalerweise gar nicht. Auf die Prioritätslage kommt es folglich auch bei der Beurteilung der Zeichenähnlichkeit unter dem Gesichtspunkt selbständig kennzeichnender Stellung eines Elements nicht an.[1180] Allerdings ist die Tatsache, dass der Inhaber der älteren Marke nur ein Kombinationszeichen angemeldet hat, jedenfalls ein Indiz dafür, dass er den Elementen dieser Kombinationsmarke selbst keine selbständig kennzeichnende Stellung beimisst; von dieser Einschätzung des Markenanmelders wird das Verkehrsverständnis nur selten abweichen.

> So kann sich unter dem Gesichtspunkt selbständig kennzeichnender Stellung ausnahmsweise etwa eine ältere Marke »Monkey Puzzle« in der Bierbranche gegen eine jüngere Marke »Puzzle« durchsetzen.[1181] Auch hat das EuG eine Verwechslungsgefahr der prioritätsälteren Marke »BLU DE SAN MIGUEL« mit der Anmeldung »B'lue« bejaht, weil »DE SAN MIGUEL« wie ein Hinweis auf ein Unternehmen wirken könne, ohne dabei allerdings ausdrücklich auf eine selbständig kennzeichnende Stellung abzustellen.[1182] Andererseits war eine Zeichenähnlichkeit der älteren Marke »SIERRA ANTIGUO« mit der jüngeren Marke »1800 ANTIGUO« schon deswegen zu verneinen, weil der Bestandteil »ANTIGUO« in der älteren Marke nicht über eine selbständig kennzeichnende Stellung verfügte.[1183]

1177 In einem Sonderfall skeptisch auch BGH I ZB 61/07 v. 3.4.2008 *SIERRA ANTIGUO*, Tz. 34; ebenso *Bergmann*, GRUR 2006, 793, 798 f.; *v. Mühlendahl*, FS Ullmann, 2006, 311, 321.
1178 BGH I ZR 231/06 v. 14.5.2009 *airdsl*, Tz. 31.
1179 Hierzu oben § 12 Rdn. 153.
1180 So auch *Becker*, GRUR 2011, 971.
1181 HABM R 911/2006–2 v 5.6.2007 *Monkey Puzzle/Puzzle*.
1182 EuG T-803/14 v. 28.4.2016 *BLU DE SAN MIGUEL/B'lue*, Tz. 55 ff.
1183 BGH I ZB 61/07 v. 3.4.2008 *SIERRA ANTIGUO*, Tz. 33 f.

IV. Produktähnlichkeit

1. Grundsätze

Neben der Zeichenidentität oder -ähnlichkeit zweite unverzichtbare[1184] Voraussetzung der Verwechslungsgefahr ist die Identität[1185] oder Ähnlichkeit der Waren und Dienstleistungen (Produktähnlichkeit).[1186] Der Begriff der Produktähnlichkeit hat durch die Harmonisierung und die Rechtsprechung des EuGH erhebliche Änderungen gegenüber dem Begriff der Warengleichartigkeit unter dem WZG erfahren.[1187]

248

Seit der Canon-Entscheidung des EuGH sind bei der Beurteilung der Ähnlichkeit der betroffenen Produkte alle erheblichen Faktoren zu berücksichtigen, die das Verhältnis zwischen den Produkten kennzeichnen. Zu diesen Faktoren gehören insbesondere

249

– deren Art,
– Verwendungszweck und
– Nutzung sowie
– ihre Eigenart als miteinander konkurrierende oder einander ergänzende Waren oder Dienstleistungen.[1188]

So ergänzen sich »Zigaretten« und »Raucherartikel« wechselseitig; zwischen ihnen besteht – wenn auch nur geringe – Warenähnlichkeit.[1189] Gleiches galt zwischen »Kaffee« einerseits und »Kaffeemaschinen« sowie »Kaffeeservice« einerseits.[1190] Ähnlichkeit bestand angesichts der ähnlichen Materialbeschaffenheit und Herstellungsweise auch zwischen Baumaterialien für den gewerblichen und häuslichen Gebrauch.[1191] Umgekehrt schließen Materialunter-

---

1184 EuGH C-39/97 v. 29.9.1998 *Canon*, Tz. 22; EuGH C-196/06 P v. 9.3.2007 *Alecansan/HABM*, Tz. 24, 37 u. 44.
1185 Hierzu oben § 11 Rdn. 5 – 7.
1186 Ungenau EuGH C-533/06 v. 12.6.2008 *O 2 Holdings*, Tz. 57.
1187 Vgl. *Steinbeck*, GRUR 2005, 108; zur überholten Rechtsauffassung, dass die Kennzeichnungskraft des Angriffszeichens ein Faktor bei der Bestimmung der Produktähnlichkeit sei auch: BGH I ZR 10/09 v. 20.1.2011 *BCC*, Tz. 22 ff.
1188 EuGH C-39/97 v. 29.9.1998 *Canon*, Tz. 23; EuGH C-416/04 P v. 11.5.2006 *The Sunrider*, Tz. 85; EuGH C-196/06 P v. 9.3.2007 *Alecansan/HABM*, Tz. 28; EuGH C-412/05 P v. 26.4.2007 *Alcon (II)*, Tz. 72; EuGH C-16/06 P v. 18.12.2008 *René*, Tz. 65; EuGH C-394/08 P v. 3.6.2009 *Zipcar*, Tz. 60; EuGH C-142/14 P v. 3.6.2015 *Sunrider*, Tz. 118; EuGH C-50/15 P v. 21.1.2016 *Hesse*, Tz. 21; EuGH C-480/15 P v. 14.4.2016 *KS Sports IPCo*, Tz. 69; EuGH C-673/15 P bis C-676/15 P v. 20.9.2017 *The Tea Board*, Tz. 48; auch EuG T-104/01 v. 23.10.2002 *Miss Fifties/Fifties*, Tz. 31; BGH GRUR 1999, 496 *TIFFANY*; vgl. demgegenüber noch BGHZ 138, 349, 351 *MAC Dog*; BGH GRUR 1995, 216 *Oxygenol II*; BGH GRUR 1997, 221 *Canon*; BGH GRUR 1998, 925 *Bisotherm-Stein*; BGH GRUR 1998, 932, 934 *MEISTERBRAND*; BGH GRUR 1999, 158 *GARIBALDI*; BGH GRUR 1999, 164 *JOHN LOBB*; BGH GRUR 1999, 245 *LIBERO*; zur Abgrenzung auch BGH GRUR 2002, 544, 546 *BANK 24*.
1189 BGH GRUR 1999, 496 *TIFFANY*; zurückhaltend zu sich ergänzenden Produkten EuG T-263/03 v. 11.7.2007 *TOSCA/TOSKA*, Tz. 31 f.; EuG T-28/04 v. 11.7.2007 *TOSCA/TOSKA LEATHER*, Tz. 36 f.; EuG T-150/04 v. 11.7.2007 *TOSCA/TOSCA BLU*, Tz. 36 f.
1190 EuG T-545/15 v. 29.11.2016 *PRESSO/PRESSO*, Tz. 30.
1191 EuG T-130/08 v. 16.9.2009 *VENATTO MARBLE STONE/VENETO CERÁMICAS*, Tz. 40 ff.

schiede bei ähnlichem Bestimmungszweck die Produktähnlichkeit nicht aus.[1192] Ebenso ergänzen sich, auch wegen ihres übereinstimmenden Verwendungszwecks, Mittel zur Abtötung von Staubmilben und Arzneimittel, da beide zur Bekämpfung von Allergien verwendet werden können.[1193] Gleiches gilt im Hinblick auf pharmazeutische Erzeugnisse für medizinische Zwecke und diätische Erzeugnisse, die im Verlauf einer medizinischen Behandlung verschrieben werden können.[1194] Ob demgegenüber zwischen verschiedenen Arzneimitteln, die sich weder einander ergänzen noch als Produkte miteinander konkurrieren, gleichwohl eine Ähnlichkeit besteht,[1195] ist nicht zuletzt mit Blick auf den engen Arzneimittelmarkt zweifelhaft. Auch verschiedene Baumaschinen und -werkzeuge müssen nicht ähnlich sein.[1196] Keine Ähnlichkeit unter dem Gesichtspunkt der wechselseitigen Ergänzung schließlich besteht zwischen dem Verkauf von Waren über das Internet einerseits und Transportdienstleistungen andererseits; der Transport der Waren ist hier nämlich ausschließlich Teil des Verkaufsvorgangs.[1197]

250 Dabei ist das Kriterium der funktionellen Ergänzung zwar eine eigenständige Fallgruppe, auf die die Ähnlichkeit gestützt werden kann.[1198] Es sollte gleichwohl nicht überbewertet werden.[1199] Auch reicht etwa die bloße Tatsache, dass ein Produkt als Einzelteil, Zubehör oder Komponente einer anderen Ware verwendet werden kann, noch nicht als Beweis dafür aus, dass die solche Komponenten enthaltenden Endprodukte ähnlich sind. Art, Verwendungszwecke und Abnehmerkreise der Produkte können nämlich ohne weiteres verschieden sein.[1200]

> Bier und Nüsse werden zwar regelmäßig zusammen konsumiert; dies führt aber nicht zur Ähnlichkeit der Waren.[1201] Auch zwischen Wein einerseits und Weingläsern andererseits hat das EuG eine Ähnlichkeit sogar vor dem Hintergrund abgelehnt, dass gelegentlich in Geschenkpackungen Wein und Gläser zusammen verkauft würden; denn der Verkehr gehe gleichwohl nicht davon aus, dass beide Waren vom selben Hersteller stammten.[1202] »Kopierpapier« und »Druckereierzeugnisse« sind nicht ähnlich, obwohl Papier zwingend für Dru-

---

1192 EuG T-722/16 v. 16.11.2017 *ZERO/zerø*, Tz. 24 ff.
1193 EuG T-48/06 v. 10.9.2008 *ASTEX/astex TECHNOLOGY*, Tz. 40 ff.
1194 EuG T-412/08 v. 15.12.2009 *TRUBION/TriBion Harmonis*, Tz. 20 f.
1195 So EuG T-154/03 v. 17.11.2005 *ARTEX/ALREX*, Tz. 48 f., mit inzwischen zurückgenommenem Rechtsmittel angegriffen (Az. beim EuGH C-95/06 P); EuG T-483/04 v. 17.10.2006 *CALSYN/GALZIN*, Tz. 70 f.; EuG T-327/06 v. 18.2.2008 *Pneumo/ PNEUMO UPDATE*, Tz. 32; EuG T-493/07, T-26/08 und T-27/08 v. 23.9.2009 *FAMOXIN/LANOXIN*, Tz. 65, im Ergebnis bestätigt durch EuGH C-461/09 P v. 9.7.2010 *The Welcome Foundation*; vgl. auch EuGH C-412/05 P v. 26.4.2007 *Alcon (II)*, Tz. 70 ff., wo jedoch Übereinstimmungen im Verwendungszweck bestanden; bei verschiedenen Apparaten für chirurgische Eingriffe die Ähnlichkeit bejahend EuG T-325/06 v. 10.9.2008 *CAPIOX/CAPIO*, Tz. 78 ff.
1196 EuG T-254/13 v. 4.6.2015 *STAYER/STAYER*, Tz. 88 ff.
1197 EuG T-202/03 v. 7.2.2006 *COMP USA*, Tz. 46 ff., bestätigt durch EuGH C-196/06 P v. 9.3.2007 *Alecansan/HABM*.
1198 EuGH C-50/15 P v. 21.1.2016 *Hesse*, Tz. 23.
1199 BGH I ZB 63/12 v. 6.11.2013 *DESPERADOS/DESPERADO*, Tz. 16; auch EuGH C-398/07 P v. 7.5.2009 *Waterford Wedgwood*, Tz. 45.
1200 EuG T-336/03 v. 27.10.2005 *OBELIX/MOBILIX*, Tz. 61, im Ergebnis bestätigt durch EuGH C-16/06 P v. 18.12.2008 *René*; anders zu Computerelementen aber EuG T-38/04 v. 15.11.2007 *SUN/SUNPLUS*, Tz. 32, im Ergebnis bestätigt durch EuGH C-21/08 P v. 26.3.2009 *Sunplus Technology*.
1201 BGH I ZB 63/12 v. 6.11.2013 *DESPERADOS/DESPERADO*, Tz. 11 ff.
1202 EuG T-105/05 v. 12.6.2007 *Assembled Investments*, Tz. 31 ff., im Ergebnis bestätigt durch EuGH C-398/07 P v. 7.5.2009 *Waterford Wedgwood*.

ckereierzeugnisse benötigt wird.[1203] Andererseits wird zwischen Halbfertigprodukten und den Endprodukten regelmäßig eine Ähnlichkeit zu bejahen sein.[1204] Ähnlich sind etwa Kraftfahrzeuge einerseits und Sportwagen in Bausatzform andererseits.[1205] Die regelmäßig von unterschiedlichen Unternehmen erbrachten Dienstleistungen »Transport und Lagerung für den Bausektor« und »Baudienstleistungen« waren allerdings nicht ähnlich.[1206]

In die Beurteilung einzubeziehen ist nach der Rechtsprechung des BGH auch, ob die Produkte regelmäßig von denselben Unternehmen oder unter ihrer Kontrolle hergestellt werden oder ob sie beim Vertrieb[1207] Berührungspunkte aufweisen, etwa weil sie in denselben Verkaufsstätten angeboten werden.[1208] Insbesondere bei der Beurteilung der Ähnlichkeit von Dienstleistungen ist hierbei weniger auf die Verkehrsvorstellung über die betriebliche Herkunft der Dienstleistungen abzustellen, sondern in erster Linie auf die Vorstellung des Verkehrs über Art und Zweck der Dienstleistung, d. h. den Nutzen für den Empfänger der Dienstleistung.[1209] Maßgeblich ist allenfalls noch die Vorstellung des Verkehrs, dass die Dienstleistungen unter der gleichen Verantwortung erbracht werden.[1210] Gerade bei weiten Oberbegriffen im Verzeichnis der Waren und Dienstleistungen[1211] will das EuG jedoch entfernte Berührungspunkte zwischen den jeweiligen Produkten nicht genügen lassen. 251

Die »Organisation von sportlichen Wettkämpfen« ist daher verschiedenen auf Kraftfahrzeuge bezogenen Waren und Dienstleistungen trotz der Tatsache nicht ähnlich, dass es sich bei den sportlichen Wettkämpfen um Autorennen handeln kann.[1212] Auch genügt die Tatsache, dass Hersteller von Fahrzeugen gelegentlich auch Kinderwagen herstellen mögen, nicht zur Begründung einer Ähnlichkeit der Produkte.[1213] Schließlich ist die Werbung für ein Produkt nicht diesem Produkt selbst ähnlich.[1214]

Besonderheiten können bei Fachkreisen gelten. Denn Fachkreise können auch verwandte Produkte auseinanderhalten, solange diese regelmäßig von unterschiedlichen Unternehmen hergestellt werden. 252

1203 BGH I ZB 77/13 v. 3.7.2014 *ZOOM/ZOOM*.
1204 Vgl. EuG T-389/03 v. 17.4.2008 *Pelikan*, Tz. 64 ff.; EuG T-243/06 v. 10.9.2008 *PROMA/PROMAT*, Tz. 35 [zu Möbeln und Möbeltüren].
1205 EuG T-109/17 v. 18.10.2018 *VIPER/VIPER*.
1206 EuG T-144/12 v. 9.4.2014 *COMSA/Comsa S. A.*, Tz. 41 ff. und 51 ff.
1207 Gleiche Verkaufsstellen sind aber nicht überzubewerten: BGH I ZB 63/12 v. 6.11.2013 *DESPERADOS/DESPERADO*, Tz. 15; auch BGH I ZB 77/13 v. 3.7.2014 *ZOOM/ZOOM*, Tz. 27.
1208 BGH GRUR 1999, 496, 497 f. *TIFFANY*; BGH GRUR 2000, 886, 887 *Bayer/BeiChem*; BGH GRUR 2001, 507, 508 *EVIAN/REVIAN*; BGH GRUR 2003, 428, 432 *BIG BERTHA*; BGH I ZB 100/05 v. 28.9.2006 *COHIBA*, Tz. 20; BGH I ZR 96/03 v. 30.3.2006 *TOSCA BLUE*, Tz. 13; entsprechend zu Dienstleistungen BGH I ZB 56/14 v. 14.1.2016 *BioGourmet*.
1209 BGH GRUR 2001, 164 *Wintergarten*.
1210 BGH GRUR 2001, 164, 165 *Wintergarten*.
1211 Zur Weite des Begriffs »Wesen«, etwa in »Immobilienwesen«: EuG T-10/07 v. 17.9.2008 *FVD/FVB*, Tz. 41.
1212 EuG T-31/04 v. 15.3.2006 *EUROMASTER*, Tz. 33 ff.
1213 EuG T-576/13 v. 28.10.2015 *Verus*, Tz. 43.
1214 EuG T-536/14 v. 2.6.2016 *ST. REGIS/PARK REGIS*, Tz. 53 ff., im Ergebnis bestätigt durch EuGH C-440/16 P v. 12.1.2017 *Staywell Hospitality Group*.

Stehen sich etwa »Marmor in Form von Körnchen oder Pulver« einerseits und »rohe Naturharze« andererseits gegenüber, so weiß der informierte Fachverkehr um die verschiedenen Herstellungsarten und geht nicht davon aus, dass ein gleich markiertes Produkt vom selben Unternehmen stammt.[1215]

253 Besonderheiten ergeben sich dabei in den Bereichen Software und Internet, auf die heute praktisch jedes Unternehmen angewiesen ist. So genügt zur Begründung einer Ähnlichkeit vor allem nicht, dass die sich gegenüberstehenden Produkte jeweils auf Informationstechnologie oder Software angewiesen sind.[1216] In der heutigen hochtechnisierten Gesellschaft gibt es nahezu keine elektronischen oder digitalen Anlagen oder Geräte, die ohne Computer verschiedener Art funktionieren, so dass der Verkehr hieraus noch nicht auf eine Ähnlichkeit schließt.[1217] Die bloße Tatsache der Verwendung einer Software oder des Internets kann daher eine Ähnlichkeit nicht begründen. Kann daher eine Dienstleistung, die ansonsten keinen Bezug zu Software oder Internet aufweist, mittels einer Software-App oder über eine Internetseite abgerufen werden, so stellt dies keine Verletzung von Marken dar, die für Software bzw. Internetdienstleistungen registriert sind.[1218]

> So sollen etwa Softwaresysteme, die eine Reservierung von Unterkünften ermöglichen, einerseits und die eigentliche Dienstleistung der Reservierung nicht mehr ähnlich sein, zumal sich die Software an Fachkreise, die Reservierungsdienstleistung hingegen an den Endverbraucher richten.[1219] Ebenso wenig ähnelt die Entwicklung von Computerhardware und -software der Bereitstellung einer Datenbank zur Recherche nach Marken, Designs und diesbezüglichen Rechtsvorschriften.[1220] Auch Datenbanken mit unterschiedlichen Verwendungszwecken – Automobilbranche einerseits, Kraftwerke andererseits – sind nicht ähnlich.[1221] Andererseits sind zwei verschiedene Softwareprodukte ähnlich, wenn eines der beiden bei der Erstellung des anderen verwendet werden kann.[1222]

254 Einen weiteren Sonderfall bilden hierbei die Dienstleistungen des Einzelhandels.[1223] Jedenfalls dann, wenn in einer bestimmten Branche Markenhersteller zumindest teilweise auch über eigene Geschäfte vertreiben oder umgekehrt Handelsunternehmen die fraglichen Produkte üblicherweise auch unter Eigenmarken anbieten, liegt dabei eine Produktähnlichkeit nahe. Der Verkehr wird dann nämlich

---

1215 EuG T-742/14 v. 19.7.2016 *Calcilit/CALCILITE*, Tz. 65 ff.
1216 Entsprechend zur Branchennähe bei Unternehmenskennzeichen BGH I ZR 82/14 v. 28.4.2016 *profitbricks.es*, Tz. 67.
1217 EuG T-336/03 v. 27.10.2005 *OBELIX/MOBILIX*, Tz. 69, im Ergebnis bestätigt durch EuGH C-16/06 P v. 18.12.2008 *René*; aber auch EuG T-205/06 v. 22.5.2008 *Presto/Presto! Bizcard Reader*, Tz. 39 ff.
1218 Vgl. BGH GRUR 2004, 241 *GeDIOS*; zu weitgehend daher EuG T-453/13 v. 12.2.2015 *Horst Klaes*, Tz. 31 ff.
1219 EuG T-316/07 v. 22.1.2009 *EASYHOTEL/easyHotel*, Tz. 51 ff.
1220 EuG T-683/13 v. 2.2.2016 *EURIMARK/EUROMARKER*, Tz. 40 f.
1221 EuG T-789/17 v. 7.2.2019 *TECDOC/TecDocPower*, Tz. 43 ff.
1222 EuG T-328/05 v. 1.7.2008 *QUARTZ/QUARTZ*, Tz. 39 ff., im Ergebnis bestätigt durch EuGH C-416/08 P v. 10.7.2009 *Apple Computer*; ähnlich EuG T-90/06 v. 11.12.2008 *FOCUS/Tomorrow Focus*, Tz. 24 ff.
1223 Zum Begriff auch EuG T-186/17 v. 3.10.2018 *wala w/wallapop*, Tz. 36 ff.; zum verwandten Problem des Verhältnisses von Ware und Transport dieser Ware auch EuG T-249/11 v. 14.5.2013 *Huhn/Huhn*, Tz. 45, im Ergebnis bestätigt durch EuGH C-411/13 P v. 8.5.2014 *HABM/Sanco*; auch EuG T-372/11 v. 26.6.2014 *basic/BASIC*, Tz. 57, im Ergebnis bestätigt durch EuGH C-400/14 P v. 16.7.2015 *Basic AG Lebensmittelhandel*.

annehmen, dass es sich bei dem Einzelhandelsgeschäft um ein vom Inhaber der Warenmarke kontrolliertes Geschäft handelt.

Da also etwa im Bekleidungsbereich zahlreiche Hersteller ihre Ware über eigene Geschäfte vertreiben, wird der Verkehr davon ausgehen, dass ein und dasselbe Unternehmen die Kontrolle über ein Bekleidungsgeschäft und unter ähnlicher Marke vertriebener Bekleidung ausübt; zwischen dem »Einzelhandel mit Bekleidung« einerseits und »Bekleidung« andererseits besteht daher Produktähnlichkeit.[1224] Auch zwischen »Lebensmitteln« und dem »Handel mit Lebensmitteln«[1225] sowie »Parfum« und »Handel mit Parfum«[1226] soll Ähnlichkeit bestehen. Ferner sind die Dienstleistungen eines Großhandelsmarktes den Produkten ähnlich, die – wie etwa Gepäckträger, Zeitschriften, Schilder oder Transportdienstleistungen – üblicherweise dort gehandelt werden; etwas anderes gilt jedoch für Produkte, die – wie etwa Omnibusse, Fahrscheine oder Eintrittskarten – nicht zum Sortiment eines solchen Marktes gehören.[1227] Nicht ähnlich sind auch Dienstleistungen der Vermittlung bei der Kfz-Veräußerung einerseits und die Herstellung von Kraftfahrzeugen andererseits.[1228]

Auch zwischen Einzelhandelsdienstleistungen, die auf verschiedene, nicht in Konkurrenz stehende, Produkte gerichtet sind, kann Ähnlichkeit bestehen. Dies ist dann der Fall, wenn der Verkehr wegen Gemeinsamkeiten im Vertriebsweg, etwa Überschneidungen in den jeweiligen Einzelhandelssortimenten, davon ausgeht, dass die jeweiligen Einzelhandelsdienstleistungen unter gleicher unternehmerischer Verantwortung erbracht werden.[1229] **255**

Allgemein eignet sich als Kontrollüberlegung bei der Prüfung der Produktähnlichkeit folgender »Test« des BGH: Danach kann von einem Fehlen jeglicher Produktähnlichkeit nur ausgegangen werden, wenn angesichts des Abstandes der Produkte voneinander trotz Identität oder großer Ähnlichkeit der Marken und trotz besonders hoher Kennzeichnungskraft der älteren Marke die Annahme einer Verwechslungsgefahr von vornherein ausgeschlossen ist.[1230] **256**

1224 EuG T-116/06 v. 24.9.2008 *THE O STORE/O STORE*, Tz. 45 ff.; BGH I ZR 49/12 v. 31.10.2013 *OTTO CAP*, Tz. 39.
1225 EuG T-213/09 v. 15.2.2011 *NORMA/YORMA'S*, Tz. 34 ff., im Ergebnis bestätigt durch EuGH C-191/11 P v. 8.2.2012 *Yorma's*; EuG T-249/11 v. 14.5.2013 *Huhn/Huhn*, Tz. 40, im Ergebnis bestätigt durch EuGH C-411/13 P v. 8.5.2014 *HABM/Sanco*.
1226 EuG T-89/11 v. 9.7.2015 *Nanu-Nana Joachim Hoepp*, Tz. 40 ff., im Ergebnis bestätigt durch EuGH C-479/15 P v. 14.4.2016 *Nanu-Nana Joachim Hoepp*, Tz. 33.
1227 BGH I ZR 167/06 v. 5.2.2009 *METROBUS*, Tz. 74 [zur Branchennähe in § 15 MarkenG]; auch I ZR 174/06 v. 5.2.2009, Tz. 63 ff.; I ZR 186/06 v. 5.2.2009, Tz. 54 ff.; I ZR 71/12 v. 22.1.2014 *REAL-Chips*, Tz. 22.
1228 EuG T-104/12 v. 16.5.2013 *VORTEX/VORTEX*, Tz. 56.
1229 BGH I ZB 56/14 v. 14.1.2016 *BioGourmet*.
1230 BGH GRUR 2001, 507 *EVIAN/REVIAN*; BGH GRUR 2004, 594, 596 *Ferrari-Pferd*; BGH GRUR 2004, 600, 601 *d-c-fix/CD-FIX*; BGH I ZB 100/05 v. 28.9.2006 *COHIBA*, Tz. 20; BGH I ZR 96/03 v. 30.3.2006 *TOSCA BLUE*, Tz. 13; BGH I ZB 26/05 v. 13.12.2007 *idw*, Tz. 32; BGH I ZB 39/05 v. 13.12.2007 *idw Informationsdienst Wissenschaft*, Tz. 29; BGH I ZR 167/06 v. 5.2.2009 *METROBUS*, Tz. 25; I ZR 174/06 v. 5.2.2009, Tz. 23; I ZR 186/06 v. 5.2.2009, Tz. 20; I ZR 86/10 v. 19.4.2012 *Pelikan*, Tz. 34; BGH I ZR 49/12 v. 31.10.2013 *OTTO CAP*, Tz. 38; BGH I ZB 63/12 v. 6.11.2013 *DESPERADOS/DESPERADO*, Tz. 12; BGH I ZB 77/13 v. 3.7.2014 *ZOOM/ZOOM*, Tz. 17; BGH I ZB 56/14 v. 14.1.2016 *BioGourmet*, Tz. 21; I ZB 45/16 v. 9.11.2017 *OXFORD/Oxford Club*, Tz. 11.

Ist etwa nicht ausgeschlossen, dass der Verkehr wegen der ähnlichen stofflichen Beschaffenheit bei (unterstellter) einheitlicher Bezeichnung annimmt, die Waren stammten aus demselben Unternehmen, ist auch von Warenähnlichkeit auszugehen.[1231]

257 Auch Waren einerseits und Dienstleistungen andererseits – so EuG und BGH – können einander grundsätzlich ähnlich sein.[1232]

So besteht zwischen der Ware »Software« und der Dienstleistung »Erstellung von Software« ein hoher Grad an Ähnlichkeit. Für den Abnehmer spielt es meist keine Rolle, ob er eine Software fertig erwirbt oder diese für ihn erstmalig erstellt wird.[1233] Eine gewisse Ähnlichkeit wurde auch zwischen »Baumaterialien« und »Dienstleistungen der Materialbehandlung« bejaht.[1234] Unähnlich waren aber »Textilwaren« und die »Verarbeitung von Textilien«.[1235]

258 Demgegenüber spielt die im Nizzaer Abkommen festgelegte Klassifikation der Waren und Dienstleistungen für die Frage der Produktähnlichkeit keine Rolle, sondern dient ausschließlich Verwaltungszwecken. Produkte können folglich nicht bloß aufgrund ihrer Klasse als ähnlich oder unähnlich angesehen werden (Art. 9 II TLT; Art. 39 VII MRR; Art. 33 VII UMV).[1236]

So dürften »Brillen« und »Schallplatten« – beide Klasse 9 – nicht ähnlich sein, wohl aber Brillen und Schmuckwaren (Klasse 14), da Zierbrillen auch eine schmückende Funktion haben.[1237]

259 Bei Kollisionen zweier Marken ist bei der Prüfung der Produktähnlichkeit – vorbehaltlich partieller Nichtbenutzung[1238] – immer auf das eingetragene[1239] Verzeichnis abzustellen.[1240] Auf bestimmte Vermarktungskonzepte oder Vertriebsbeschränkungen der konkreten Markeninhaber, die im Verzeichnis keinen Ausdruck finden,

---

1231 BGH GRUR 2004, 600, 601 *d-c-fix/CD-FIX*.
1232 EuG T-388/00 v. 23.10.2002 *ILS/ELS*, Tz. 54 ff.; EuG T-224/01 v. 9.4.2003 *TUFF-TRIDE/NU-TRIDE*, Tz. 40; EuG T-336/03 v. 27.10.2005 *OBELIX/MOBILIX*, Tz. 66, im Ergebnis bestätigt durch EuGH C-16/06 P v. 18.12.2008 *René*; BGH GRUR 1999, 731, 733 *Canon II*; BGH GRUR 1999, 586, 587 f. *White Lion*; BGH GRUR 2000, 883 f. *PAPPAGALLO*; BGH GRUR 2004, 241, 243 *GeDIOS*; wohl auch BGH GRUR 2002, 544, 548 *BANK 24*.
1233 Vgl. auch EuG T-242/07 v. 12.11.2008 *QWEB/Q2WEB*, Tz. 24 ff.
1234 EuG T-130/08 v. 16.9.2009 *VENATTO MARBLE STONE/VENETO CERÁMICAS*, Tz. 46 ff.
1235 EuG T-80/11 v. 16.5.2013 *RIDGE WOOD/River Woods North-Eastern Suppliers*, Tz. 65.
1236 EuG T-317/01 v. 30.6.2004 *EURODATA TV/M+M EUROdATA*, Tz. 64; EuG T-8/03 v. 13.12.2004 *EMIDIO TUCCI/EMILIO PUCCI*, Tz. 40; EuG T-158/05 v. 16.5.2007 *TREK/ALLTREK*, Tz. 61; EuG T-161/12 v. 4.6.2014 *FreeLounge/free LA LIBERTÉ N' A PAS DER PRIX*, Tz. 35.
1237 Vgl. BGH GRUR 2002, 1079, 1081 *TIFFANY II* (zum Begriff der Warengleichartigkeit unter dem WZG); anders nun EuG T-505/12 v. 12.2.2015 *Compagnie des montres Longines*, Tz. 49 ff.
1238 Vgl. hierzu oben § 8 Rdn. 58 – 62.
1239 Wurde das Verzeichnis jüngst geändert und ist die Änderung noch nicht eingetragen, so gilt die noch nicht eingetragene Fassung: BGH I ZB 26/05 v. 13.12.2007 *idw*, Tz. 35; BGH I ZB 19/08 v. 25.2.2010 *Malteserkreuz II*, Tz. 12.
1240 Etwa EuG T-133/05 v. 7.9.2006 *PAM-PAM/PAM-PIM'S BABY-PROP*, Tz. 30 f.; auch EuG T-373/06 v. 8.9.2008 *EPIGRAN/Epican Forte*, Tz. 36; EuG T-374/06 v. 8.9.2008 *EPIGRAN/Epican*, Tz. 36, beide im Ergebnis bestätigt durch EuGH C-488/08 P und C-489/08 P v. 4.12.2009 *Rath*.

kommt es nicht an.¹²⁴¹ Ebenso wenig wird die Ähnlichkeit dadurch beeinflusst, dass der Inhaber der jüngeren Kennzeichnung typische Ausstattungsmerkmale der Verpackungen des Markeninhabers übernommen hat.¹²⁴²

> Findet sich etwa im Verzeichnis der Waren und Dienstleistungen allgemein der Begriff »Bekleidungsstücke«, so kann sich der Markeninhaber nicht darauf berufen, dass er nur hochpreisige Pelzmäntel für ein ganz bestimmtes Publikum vertreibe.

Keine Relevanz hat weiter die potentielle Erteilung von Lizenzen für andere als diejenigen Produkte, für die der Markenschutz gilt. Insoweit muss kann sich der Markeninhaber nicht auf einen weiten Begriff der Produktähnlichkeit berufen, sondern muss sich auf den erweiterten Schutz bekannter Marken¹²⁴³ verweisen lassen.¹²⁴⁴ **260**

> Dass der Markeninhaber etwa für gänzlich andere als die eingetragenen Produkte Merchandising-Verträge mit Dritten abgeschlossen hat, ist für die Frage der Produktähnlichkeit und damit den Schutzbereich seiner Marke ohne Belang.¹²⁴⁵ Lediglich bei funktionsverwandten Produkten, bei denen im Falle einer Lizenzierung der Verkehr nicht nur von einem Imagetransfer, sondern auch von einem Know-how-Transfer ausgeht, kann die Lizenzierungspraxis einen Faktor darstellen, der im Grenzbereich für die Warenähnlichkeit sprechen kann.¹²⁴⁶

Die Beurteilung, ob Produkte einander ähnlich sind, liegt im Wesentlichen auf tatrichterlichem Gebiet.¹²⁴⁷ Im Rechtsbeschwerdeverfahren ist daher nur zu überprü- **261**

1241 EuG T-286/02 v. 25.11.2003 *MOU/KIAP MOU*, Tz. 29 ff.; EuG T-317/01 v. 30.6.2004 *EURODATA TV/M+M EUROdATA*, Tz. 58; EuG T-286/03 v. 13.4.2005 *WILKINSON SWORD XTREME III/RIGHT GUARD XTREME SPORT*, Tz. 33; EuG T-346/04 v. 24.11.2005 *Arthur/ARTHUR ET FELICIE*, Tz. 35; auch EuG T-373/06 v. 8.9.2008 *EPIGRAN/Epican Forte*, Tz. 34 ff.; EuG T-374/06 v. 8.9.2008 *EPIGRAN/Epican*, Tz. 34 ff. die beiden letzteren im Ergebnis bestätigt durch EuGH C-488/08 P und C-489/08 P v. 4.12.2009 *Rath*; EuG T-99/06 v. 23.9.2009 *FILDOR/PHILDAR*, Tz. 95; EuG T-458/07 v. 16.9.2009 *DOMINIO DE LA VEGA/PALACIO DE LA VEGA*, Tz. 32 ff., im Ergebnis bestätigt durch EuGH C-459/09 P v. 16.9.2010 *Dominio de la Vega*; BGH GRUR 2002, 65, 67 *Ichthyol I*; BGH GRUR 2003, 428, 432 *BIG BERTHA*; BGH GRUR 2004, 594, 596 *Ferrari-Pferd*; BGH GRUR 2004, 779, 782 *Zwilling/Zweibrüder*; BGH I ZR 50/11 v. 2.2.2012 *Bogner B/Barbie B*, Tz. 24; BGH I ZR 114/13 v. 17.11.2014 *PINAR*, Tz. 21; zum Hinweis »nur für den Export bestimmt« im Warenverzeichnis: BGHZ 34, 1 *Chérie*.
1242 BGH I ZR 94/04 v. 20.9.2007 *Kinderzeit*, Tz. 26.
1243 Hierzu unten § 13.
1244 Vgl. BGH I ZR 96/03 v. 30.3.2006 *TOSCA BLUE*, Tz. 14 f.; ähnlich EuG T-263/03 v. 11.7.2007 *TOSCA/TOSKA*, Tz. 34; EuG T-28/04 v. 11.7.2007 *TOSCA/TOSKA LEATHER*, Tz. 38; EuG T-150/04 v. 11.7.2007 *TOSCA/TOSCA BLU*, Tz. 38.
1245 BGH GRUR 2004, 594, 596 *Ferrari-Pferd*; BGH I ZB 100/05 v. 28.9.2006 *COHIBA*, Tz. 27; BGH I ZR 96/03 v. 30.3.2006 *TOSCA BLUE*, Tz. 14; BGH I ZR 88/08 v. 14.1.2010 *Opel-Blitz II*, Tz. 26.
1246 BGH I ZR 96/03 v. 30.3.2006 *TOSCA BLUE*, Tz. 14.
1247 BGH GRUR 1999, 496, 497 *TIFFANY*; BGH GRUR 2000, 886, 887 *Bayer/BeiChem*; BGH GRUR 2001, 507, 508 *EVIAN/REVIAN*; BGH GRUR 2002, 626, 627 *IMS*; BGH GRUR 2004, 600, 601 *d-c-fix/CD-FIX*; BGH I ZR 94/04 v. 20.9.2007 *Kinderzeit*, Tz. 23; BGH I ZB 26/05 v. 13.12.2007 *idw*, Tz. 42; BGH I ZB 39/05 v. 13.12.2007 *idw Informationsdienst Wissenschaft*, Tz. 51; BGH I ZB 63/12 v. 6.11.2013 *DESPERADOS/DESPERADO*, Tz. 12; BGH I ZR 105/14 v. 23.9.2015 *Goldbären*, Tz. 26; BGH I ZR 254/14 v. 28.4.2016 *Kinderstube*, Tz. 46.

fen, ob der Tatrichter den Rechtsbegriff zutreffend erfasst und entsprechend den Denkgesetzen und der allgemeinen Lebenserfahrung geurteilt hat und ob das gewonnene Ergebnis von den getroffenen Feststellungen getragen wird.[1248] Allerdings ist es nach der Rechtsprechung des BGH bereits rechtsfehlerhaft, wenn den Ausführungen der angegriffenen Entscheidung nicht mit ausreichender Sicherheit zu entnehmen ist, von welchem Ähnlichkeitsgrad das Gericht ausgegangen ist.[1249]

262 In kritischen Fällen kann im Verfahren umfangreich[1250] zur Produktähnlichkeit vorzutragen sein. Helfen können Marktstudien zu den Vertriebswegen sowie Belege, dass für die einschlägigen Produkte dieselben Marken verwendet werden. Ferner kann von Bedeutung sein nachzuweisen, dass sich die Produkte wechselseitig Konkurrenz machen oder für ihre Funktion wechselseitig benötigt werden.

> Soll etwa eine Ähnlichkeit von »Bekleidung« und »Spielwaren« nachgewiesen werden, so ist hierfür der detaillierte Vortrag geeignet, dass eine Vielzahl von Spielwarenherstellern unter denselben Marken auch Kinderbekleidung vertreibt wie umgekehrt Bekleidungshersteller Spielwaren anbieten. Außerdem ergänzen sich teilweise etwa Puppenkleider und Kinderbekleidung im Design. Ob dies insgesamt für eine Ähnlichkeit genügt, dürfte indes eher zu bezweifeln sein.

2. Einzelfälle

263 Die Rechtsprechung zur Produktähnlichkeit ist im Einzelnen unübersichtlich und nicht immer einheitlich.[1251] Einen Überblick verschafft das Nachschlagewerk von *Richter/Stoppel*,[1252] wobei jedoch hinsichtlich älterer (vor der Canon-Entscheidung des EuGH ergangener) Entscheidungen größte Zurückhaltung geboten ist. In der Tendenz haben die Gerichte in jüngerer Zeit eine Ähnlichkeit meist bejaht. Überdies pflegt das EUIPO eine ausgezeichnete Datenbank zur Ähnlichkeit von Waren und Dienstleistungen.[1253] Für das EUIPO ist die Datenbank grundsätzlich bindend, für andere Ämter und Gerichte nur Informationsquelle.

> So waren in der Rechtsprechung des EuG[1254] »nicht-medizinische Präparate zur Verwendung beim Baden oder Duschen; Antitranspirantien; Deodorants« und »Rasierkosmetik«[1255] sowie

---

1248 BGH GRUR 2000, 886, 887 *Bayer/BeiChem*; BGH GRUR 2002, 626, 627 *IMS*; BGH I ZR 94/04 v. 20.9.2007 *Kinderzeit*, Tz. 23; BGH I ZB 26/05 v. 13.12.2007 *idw*, Tz. 42; BGH I ZB 39/05 v. 13.12.2007 *idw Informationsdienst Wissenschaft*, Tz. 51; BGH I ZB 63/12 v. 6.11.2013 *DESPERADOS/DESPERADO*, Tz. 12; BGH I ZR 105/14 v. 23.9.2015 *Goldbären*, Tz. 26.
1249 BGH GRUR 2002, 626, 628 *IMS*.
1250 Vgl. nur EuG T-296/02 v. 15.2.2005 *LINDERHOF/LINDENHOF*, Tz. 50 ff.; EuG T-169/03 v. 1.3.2005 *MISS ROSSI/SISSI ROSSI*, Tz. 54 ff., bestätigt durch EuGH C-214/05 P v. 18.7.2006 *Sergio Rossi*; auch EuGH C-104/05 v. 28.9.2006 *El Corte Inglés* Tz. 50.
1251 Vgl. nur EuG T-292/01 v. 14.10.2003 *PASH/BASS*, Tz. 44 einerseits und EuG T-8/03 v. 13.12.2004 *EMIDIO TUCCI/EMILIO PUCCI*, Tz. 42 ff. anderseits; BGH GRUR 1999, 164 *JOHN LOBB* einerseits und BGH I ZB 40/03 v. 22.9.2005 *coccodrillo*, Tz. 13 andererseits.
1252 *Richter/Stoppel*, Die Ähnlichkeit von Waren und Dienstleistungen, 16. Aufl. 2014.
1253 http://euipo.europa.eu/sim.
1254 Vgl. ferner zum Chemiebereich EuG T-224/01 v. 9.4.2003 *TUFFTRIDE/NU-TRIDE*, Tz. 41.
1255 EuG T-286/03 v. 13.4.2005 *WILKINSON SWORD XTREME III/RIGHT GUARD XTREME SPORT*, Tz. 31 f.

»biologische Präparate für die Laboranalytik und Diagnostik« und »Extrakte von Heilpflanzen für den Einsatz in der Kosmetik- und Lebensmittelindustrie«[1256] ähnlich. Ähnlich waren auch »Parfümeriewaren« und »Seifen; ätherische Öle, Mittel zur Körper- und Schönheitspflege, Haarwässer; Zahnputzmittel. Präparate für die Gesundheitspflege«[1257] und sogar Wellnessdienstleistungen;[1258] ferner ähnlich sind »Zahnputzmittel« einerseits und »Zahnbürsten« andererseits[1259] sowie »Mittel zur Körper- und Schönheitspflege, auch für Babys und Kinder« einerseits und »Babykost, Pflaster, Zahnfüllmittel und Mittel zur Vertilgung von schädlichen Tieren« andererseits.[1260] Entsprechendes galt für »Seifen« einerseits und »Bleich- und Waschmittel sowie Polier-, Fettentfernungs- und Schleifmittel« andererseits, da Seifen nicht ausschließlich kosmetische Funktionen haben.[1261] Für ähnlich hielt das EuG wegen gemeinsamer Zweckbestimmung, häufig gemeinsamer Fertigung und parallelen Vertriebswegen »Mittel zur Körper- und Schönheitspflege« einerseits und »Nahrungsergänzungsmittel«,[1262] aber auch »pharmazeutischen Produkten«[1263] andererseits sowie »Vitamine und mineralische Ergänzungsstoffe« einerseits und »diätetische Erzeugnisse« andererseits.[1264] Pharmazeutische Produkte sind diesbezüglichen Forschungsdienstleistungen und Dienstleistungen im Gesundheitswesen sowie veterinärmedizinischen Dienstleistungen ähnlich.[1265] Auch »kosmetische Pflegemittel« und »Windeln« sind wegen gemeinsamer Verkaufsstellen und wechselseitiger Ergänzung als ähnlich eingestuft worden.[1266] Weiter sind »Reinigungsmittel für Böden und Möbel« und »Putz-, Polier- und Schleifmitteln für Kraftfahrzeuge« ähnlich.[1267] Ähnlich sind ferner »Baumaterialien« und »Metallrohre«, da sich die Waren gegenseitig ergänzen.[1268] Miteinander konkurrieren Baumaterialien aus Metall und solche aus Glas.[1269] Auch »Rahmen aus Metall für Bauten« und »Baugerüste« waren ähnlich.[1270] Sehr weitgehend hat das EuG eine Ähnlichkeit von »Computern und Datenverarbeitungsprogrammen« und »Druckereierzeugnissen« angenommen, weil Computer und Software häufig mit Bedienungsanleitungen oder ähnlichen Druckereierzeugnissen zusammen verkauft würden.[1271] Jedenfalls sind »Fotografien« und »Drucksachen« ähnlich.[1272] Ähnlich sollen weiter auch »Computer« und »Video- und Audiokassetten, Schallplatten, CDs, CD-ROMs«

1256 EuG T-87/07 v. 12.11.2008 *AFFILIN/affilene*, Tz. 34 ff.
1257 EuG T-278/04 v. 16.11.2006 *YUPI/YUKI*, Tz. 69 f., mit Abgrenzung unähnlicher Waren.
1258 EuG T-388/13 v. 26.2.2015 *SAMSARA/SAMSARA*, Tz. 28 ff.
1259 EuG T-89/11 v. 9.7.2015 *Nanu-Nana Joachim Hoepp*, Tz. 37 ff., im Ergebnis bestätigt durch EuGH C-479/15 P v. 14.4.2016 *Nanu-Nana Joachim Hoepp*.
1260 EuG T-150/08 v. 11.11.2009 *Clina/CLINAIR*, Tz. 32, im Ergebnis bestätigt durch EuGH C-22/10 P v. 27.10.2010 *REWE Central*.
1261 EuG T-214/04 v. 21.2.2006 *POLO/ROYAL COUNTY OF BERKSHIRE POLO CLUB*, Tz. 52.
1262 EuG T-373/06 v. 8.9.2008 *EPIGRAN/Epican Forte*, Tz. 38 ff.; EuG T-374/06 v. 8.9.2008 *EPIGRAN/Epican*, Tz. 38 ff., beide im Ergebnis bestätigt durch EuGH C-488/08 P und C-489/08 P v. 4.12.2009 *Rath*.
1263 EuG T-539/15 v. 28.9.2016 *LLR-G5*, Tz. 37.
1264 EuG T-230/07 v. 8.7.2009 *ESTER-E/ESTEVE*, Tz. 41.
1265 EuG T-165/17 v. 14.6.2018 *EMCUR/EMCURE*, Tz. 47 ff.
1266 EuG T-164/03 v. 21.4.2005 *bebe/monBeBé*, Tz. 53.
1267 EuG T-57/06 v. 7.11.2007 *TOFIX/Top iX*, Tz. 64 ff.
1268 EuG T-364/05 v. 22.3.2007 *PAM/PAM PLUVIAL*, Tz. 92 ff.
1269 EuG T-300/06 v. 10.9.2008 *PROMA/Promat*, Tz. 38.
1270 EuG T-243/06 v. 10.9.2008 *PROMA/PROMAT*, Tz. 36; auch EuG T-300/06 v. 10.9.2008 *PROMA/Promat*, Tz. 35 ff.
1271 EuG T-205/06 v. 22.5.2008 *Presto/Presto! Bizcard Reader*, Tz. 43.
1272 EuG T-58/16 v. 13.12.2016 *APAX/APAX*, Tz. 39 f.

sein,[1273] sowie »tragbare Aufnahmegeräte« und »Kabel, Kabelclips, Tragebehältnisse für elektronische Geräte, Ständer für elektronische Geräte«,[1274] weil diese sich gegenseitig ergänzten und bedingten. Ferner seien die »Lieferung von Energie« oder auch »Tankstellen« ähnlich zu »Geräten zum Leiten oder Regeln von Elektrizität«.[1275] Recht großzügig hat das EuG auch bei verschiedenen Produkten aus dem medizinischen Umfeld – wie etwa zwischen pharmazeutischen und diätischen Erzeugnissen[1276], Kosmetika[1277] und Nahrungsergänzungsmitteln[1278] – eine Ähnlichkeit bejaht. Weiter ähnlich sind »Fahrzeuge; Apparate zur Beförderung auf dem Lande, in der Luft oder auf dem Wasser sowie deren Teile« einerseits und »Motoren sowie deren Teile« sowie – weil häufig Fahrzeughersteller auch Reparaturdienstleistungen erbringen – Reparatur, Wartung und Pflege von Fahrzeugen, einschließlich Pannenhilfe.[1279] »Heizungsanlagen« sind auch »Steuergeräten für Heizungsanlagen« und diesbezüglichen Installations- und Reparaturdiensten ähnlich.[1280] Ähnlichkeit – allerdings wegen des doch recht unterschiedlichen Verwendungszwecks nur geringfügige – besteht auch zwischen »Fahrrädern« und »Fahrradträgern für Kraftfahrzeuge« einerseits und »Kraftfahrzeugen und ihren Teilen« andererseits.[1281] Geringfügige Ähnlichkeit ist weiter angenommen worden bei »Abfluss-Reinigungsmitteln für die Metall verarbeitende Industrie« und »Poliermitteln für Metalle«,[1282] bei »keramischen Blumentöpfen« und »Designprodukten aus Glas und Kristall für den dekorativen Haushaltsgebrauch«,[1283] bei »Bekleidungsstücken« einerseits und »Schuhwaren, Schuhen und Stiefeln«[1284] bzw. »Sportbekleidung«[1285] andererseits. Gleiches kann bei gebotener Zurückhaltung unter Umständen[1286] für »Bekleidungsstücke« oder »Schuhwaren«[1287] einerseits und bestimmte »Lederwaren und -imitationen, insbesondere

---

1273 EuG T-205/06 v. 22.5.2008 *Presto/Presto! Bizcard Reader*, Tz. 42; EuG T-418/07 v. 18.6.2009 *LiBRO/LIBERO*, Tz. 55.
1274 EuG T-831/16 v. 24.4.2018 *ZOOM/ZOOM*, Tz. 77 ff.; vgl. aber zu Werkzeug und Büroartikeln einerseits und Tragebehältnissen für Computer andererseits EuG T-89/17 v. 19.6.2018 *NOVUS/NOVUS*, Tz. 46 ff.
1275 EuG T-308/13 v. 18.11.2014 *Repsol*, Tz. 49 ff.
1276 EuG T-425/03 v. 18.10.2007 *AMS/AMS Advanced Medical Services*, Tz. 57 ff.; vorsichtiger EuG T-146/06 v. 13.2.2008 *URION/ATURION*, Tz. 31 ff.
1277 EuG T-539/15 v. 28.9.2016 *LLR-G5*, Tz. 32, 35 ff.
1278 EuG T-539/15 v. 28.9.2016 *LLR-G5*, Tz. 33.
1279 EuG T-317/03 v. 26.1.2006 *DERBIVARIANT/DERBI*, Tz. 43 f.
1280 EuG T-264/17 v. 6.6.2018 *AsyMatrix/SMATRIX*, Tz. 24 ff.
1281 EuG T-158/05 v. 16.5.2007 *TREK/ALLTREK*, Tz. 54 ff.
1282 EuG T-126/03 v. 14.7.2005 *ALADDIN/ALADIN*, Tz. 83 ff.
1283 EuG T-499/04 v. 17.10.2006 *STENINGE KERAMIK/STENINGE SLOTT*, Tz. 35 ff.
1284 EuG T-115/02 v. 13.7.2004 *a/a*, Tz. 26; EuG T-32/03 v. 8.3.2005 *Schuhpark/JELLO SCHUHPARK*, Tz. 50; EuG T-483/08 v. 16.12.2009 *GIORDANO/GIORDANO*, Tz. 20 f; anders noch BGH GRUR 1999, 164 *JOHN LOBB*.
1285 EuG T-434/10 v. 15.11.2011 *alpine/ALPINE PRO SPORTSWEAR & EQUIPMENT*, Tz. 40 ff., im Ergebnis bestätigt durch EuGH C-42/12 P v. 29.11.2012 *Hrbek*.
1286 EuG T-8/03 v. 13.12.2004 *EMIDIO TUCCI/EMILIO PUCCI*, Tz. 42 ff., im Ergebnis bestätigt durch EuGH C-104/05 v. 28.9.2006 *El Corte Inglés* Tz. 42.
1287 EuG T-483/08 v. 16.12.2009 *GIORDANO/GIORDANO*, Tz. 22 ff.

Taschen und Accessoires«[1288] und sogar »Juwelierwaren und Uhren«[1289] andererseits gelten. Ähnlich sind sich auch verschiedene Arten von Bekleidungsstücken, etwa Damenstrumpfhosen und Slips.[1290] Hohe Ähnlichkeit bestand ferner zwischen »technologisch entwickelter Sportbekleidung« und »Oberbekleidung«[1291] sowie »Matratzen« einerseits und »Kissen, Decken, Kissen- und Matratzenbezügen« andererseits[1292]. Ähnlich waren »Sport- und Schutzbrillen« und »Snowboards und Zubehör dafür«[1293] Auch »Kondensmilch« und »Käse« sind ähnlich, weil Ausgangsstoff beider Waren Milch ist.[1294] »Speisefette« und »Essig, Soßen« sind ähnlich, da die Fette normalerweise für die Herstellung von Soßen verwendet werden und da sowohl Öl als auch Essig zum Würzen verwendet wird.[1295] »Konzentrierte Fruchtsäfte« und »Kräuter- und Vitamingetränke« sind aufgrund desselben Verwendungszwecks ähnlich.[1296] Jedenfalls entfernt ähnlich waren »Salzbiskuits« und »Süßwaren«,[1297] »Zuckerwaren« und »Schokoladenprodukte« überdurchschnittlich ähnlich.[1298] Ähnlich waren auch »alkoholfreie Getränke« einerseits und »Präparate zur Getränkezubereitung wie Sirup«,[1299] und »Vitaminpräparate, Mineralpräparate, Tonika«[1300] andererseits sowie »Kaffee, Tee, Kakaogetränke« einerseits und »kohlensäurehaltige Getränke, Sirupe, Fruchtsäfte«[1301] andererseits. »Alkoholfreie Getränke« einerseits und »Bier« andererseits wurden vom EuG zunächst[1302] für ähnlich gehalten, später jedoch ohne Abgrenzung für unähnlich[1303] und schließlich – da es alkoholfreies Bier gibt – sogar für identisch.[1304] »Bier« einerseits und

---

1288 EuG T-292/01 v. 14.10.2003 *PASH/BASS*, Tz. 44; EuG T-169/03 v. 1.3.2005 *MISS ROSSI/SISSI ROSSI*, Tz. 55 ff.; EuG T-443/05 v. 11.7.2007 *PIRANHA/PiraÑAM diseño original Juan Bolaños*, Tz. 42 ff.; EuG T-96/06 v. 10.9.2008 *EXE/exe*, Tz. 26 ff.; im Ergebnis wohl nicht abweichend, aber erheblich zurückhaltender EuG T-8/03 v. 13.12.2004 *EMIDIO TUCCI/EMILIO PUCCI*, Tz. 42 ff., im Ergebnis bestätigt durch EuGH C-104/05 v. 28.9.2006 *El Corte Inglés* Tz. 42 ff.; verneinend für eher funktionelle Taschen aber EuG T-647/11 v. 29.4.2014 *ASOS/ASSOS*, Tz. 46 ff., im Ergebnis bestätigt durch EuGH C-320/14 P v. 13.1.2015 *Asos*.
1289 EuG T-137/05 v. 16.5.2007 *la PERLA/NIMEI LA PERLA MODERN CLASSIC*, Tz. 51; a. A. nun aber EuG T-645/13 v. 15.3.2016 *E/E*, Tz. 91.
1290 EuG T-392/04 v. 14.12.2006 *MANOU/MANU MANU MANU*, Tz. 116 ff.
1291 EuG T-400/06 v. 16.9.2009 *zerorh+/ZERO*, Tz. 30.
1292 EuG T-382/12 v. 19.6.2014 *Nobel/NOBEL*, Tz. 41 ff und 51 ff.
1293 EuG T-380/12 v. 13.2.2014 *DEMON/DEMON*, Tz. 67, im Ergebnis bestätigt durch EugH C-170/14 v. 6.11.2014 *Big Line Sas di Graziani Lorenzo*.
1294 EuG T-85/02 v. 4.11.2003 *EL CASTILLO/CASTILLO*, Tz. 33 ff.; EuG T-237/11 v. 15.1.2013 *BELLRAM/RAM*, Tz. 87; vgl. aber EuG T-140/08 v. 14.10.2009 *TiMi KINDERJOGHURT/KINDER*, Tz. 62, im Ergebnis bestätigt durch EuGH C-552/09 P v. 24.3.2011 *FERRERO*.
1295 EuG T-110/01 v. 12.12.2002 *SAINT-HUBERT 41/HUBERT*, Tz. 45 f., unter Hinweis auf EuGH C-39/97 v. 29.9.1998 *Canon*, Tz. 28.
1296 EuG T-203/02 v. 8.7.2004 *VITAFRUIT*, Tz. 66 f., bestätigt durch EuGH C-416/04 P v. 11.5.2006 *The Sunrider*, Tz. 85 ff.
1297 EuG T-400/04 v. 15.12.2006 *FERRERO/FERRO*, Tz. 46 ff., bestätigt durch EuGH C-108/07 P v. 17.4.2008 *Ferrero*, Tz. 51 u. 58.
1298 BGH I ZR 105/14 v. 23.9.2015 *Goldbären*, Tz. 30.
1299 EuG T-81/03, T-82/03 und T-103/03 v. 14.12.2006 *Mast-Jägermeister*, Tz. 85 f.
1300 EuG T-33/03 v. 9.3.2005 *SHARK/Hai*, Tz. 42 ff.
1301 EuG T-331/08 v. 27.1.2010 *Solfrutta/FRURISOL*, Tz. 15.
1302 EuG T-99/01 v. 15.1.2003 *Mystery/Mixery*, Tz. 40 u. 48 [auch zu bierhaltigen Mischgetränken]; auch EuG T-33/03 v. 9.3.2005 *SHARK/Hai*, Tz. 42 ff.
1303 EuG T-175/06 v. 18.6.2008 *MEZZO/MEZZOPANE*, Tz. 71 ff.; vgl. zu Mosten nun aber wieder EuG T-259/06 v. 16.12.2008 *VELASCO/MANSO DE VELASCO*, Tz. 29 ff.
1304 EuG T-410/12 v. 28.11.2013 *vitaminaqua/GLACEAU vitamin water*, Tz. 30.

»Weine und Spirituosen« andererseits wurden zunächst als sehr ähnlich,[1305] später beim österreichischen Verbraucher nur als geringfügig,[1306] schließlich als nicht ähnlich eingestuft.[1307] »Sekt« einerseits und »Alkoholfreie Getränke« andererseits[1308] sowie »Rioja Wein« einerseits und »Portwein«[1309], »Rum«[1310] oder sogar »Essig«[1311] andererseits sind indes nur entfernt, »spanischer Sekt« und »Champagner« demgegenüber hochgradig[1312] ähnlich. Ähnlich waren ferner die Dienstleistung »Betrieb von Bars und Diskotheken« und die Ware »Bier«,[1313] darüber hinaus auch Restaurant- und Hoteldienstleistungen und Getränke im Allgemeinen.[1314] Im Dienstleistungsbereich wurde außerdem eine Ähnlichkeit von »Werbung« einerseits und »Büroarbeiten« sowie »Unternehmensverwaltung« andererseits bejaht.[1315] Ähnlich waren auch Telekommunikationsdienstleistungen einerseits und Dienstleistungen, aber auch Waren des EDV-Bereichs andererseits.[1316] Ähnlich waren ferner »Telekommunikation«[1317] oder gar »Dienstleistungen eines Fanclubs, nämlich Übermittlung von Mitgliederdaten«[1318] einerseits und »Onlinedienste« andererseits. Ähnlich sind auch das »Finanzwesen« einerseits und »Informationen in Bezug auf das Finanzwesen«[1319] sowie das »Versicherungswesen«[1320] andererseits. Weiterhin ähnlich sind die Dienstleistungen »Fahrzeugvermietung« einerseits und »Veranstaltung von Reisen und Transportwesen; Reservierung von Beförderungen; gemeinsame Nutzung von Kraftfahrzeugen« andererseits.[1321] Ähnlichkeit besteht weiter zwischen der »Veranstaltung und Vermittlung von Reisen« einerseits und der »Verpflegung und Beherbergung von Gästen« andererseits.[1322] »Fernsehprogramme der Sparte Cineastik« und die »Ausstrahlung interaktiver elektronischer Fernsehprogramme« sind teils identisch, teils ähnlich. Gleiches gilt im Verhältnis von »Produktion von Fernsehprogrammen« und »Produktion, Vertrieb, Aufzeichnung und Entwicklung von Fernsehprogrammen, Videos, Bändern, CDs, CD-ROMs und Computerplatten«, die jedenfalls komplementär oder alternativ einsetzbar sind.[1323] Ähnlich sind auch das »Leasing von Computern

---

1305 EuG T-366/05 v. 15.11.2006 *Anheuser-Busch*, Tz. 39 ff.
1306 EuG T-175/06 v. 18.6.2008 *MEZZO/MEZZOPANE*, Tz. 63 ff.
1307 EuG T-584/10 v. 3.10.2012 *TEQUILA MATADOR HECHO EN MEXICO/MATADOR*, Tz. 49.
1308 EuG T-296/02 v. 15.2.2005 *LINDERHOF/LINDENHOF*, Tz. 49 ff.; auch EuG T-33/03 v. 9.3.2005 *SHARK/Hai*, Tz. 42 ff.; vgl. aber EuG T-150/17 v. 4.10.2018 *VERLEIHT FLÜGEL/FLÜGEL*, Tz. 80 ff.; BGH I ZR 47/06 v. 19.7.2007.
1309 EuG T-501/04 v. 15.2.2007 *ROYAL FEITORIA/ROYAL*, Tz. 43.
1310 Große Beschwerdekammer des EUIPO R 233/2012-G v. 18.7.2013 *PAPAGAYO ORGANIC*, Tz. 71.
1311 EuG T-138/09 v. 9.6.2010 *RIOJA/RIOJAVINA*, Tz. 34 ff., im Ergebnis bestätigt durch EuGH C-388/10 P v. 24.3.2011 *Muñoz Arraiza*.
1312 EuG T-29/04 v. 8.12.2005 *CRISTAL/CRISTAL CASTELLBLANCH*, Tz. 52 ff., im Ergebnis bestätigt durch EuGH C-131/06 P v. 24.4.2007 *Castellblanch/HABM*.
1313 EuG T-161/07 v. 4.11.2008 *COYOTE UGLY/COYOTE UGLY*, Tz. 28 ff., allerdings keine hinreichende Ähnlichkeit von »Bier« und »kulturellen Aktivitäten«, Tz. 41 ff.
1314 EuG T-438/16 v. 1.3.2018 *HOTEL CIPRIANI/CIRPIANI*, Tz. 50 ff.
1315 EuG T-58/16 v. 13.12.2016 *APAX/APAX*, Tz. 45 ff.
1316 EuG T-242/07 v. 12.11.2008 *QWEB/Q2WEB*, Tz. 24 ff.
1317 EuG T-418/07 v. 18.6.2009 *LiBRO/LIBERO*, Tz. 57.
1318 EuG T-418/07 v. 18.6.2009 *LiBRO/LIBERO*, Tz. 57.
1319 EuG T-67/08 v. 11.6.2009 *InvestHedge/HEDGE INVEST*, Tz. 46 ff.
1320 EuG T-209/16 v. 30.3.2017 *APAX/APAX PARTNERS*, Tz. 32 ff.
1321 EuG T-36/07 v. 25.6.2008 *CICAR/ZIPCAR*, Tz. 35 ff., im Ergebnis bestätigt durch EuGH C-394/08 P v. 3.6.2009 *Zipcar*.
1322 EuG T-277/11 v. 13.6.2012 *iHotel/i-hotel*, Tz. 42 ff. und 58 ff.
1323 EuG T-359/02 v. 4.5.2005 *STAR TV*, Tz. 34 ff.

und Computerprogrammen«[1324] oder die »Software-Erstellung«[1325] einerseits und die Waren »Computer und Computerprogramme« andererseits. Wiederum aufgrund ähnlichen Verwendungszwecks sind die die Waren »Lehrbücher und Druckereierzeugnisse« und die Dienstleistungen »Entwicklung und Durchführung von Korrespondenzkursen«[1326] bzw. »Erziehung« im Allgemeinen[1327] ähnlich. Wegen des gemeinsamen Bezugs auf Marketing sind schließlich »Seminare und andere Fortbildungsveranstaltungen betreffend Marketing und Vertrieb« einerseits und »Zusammenstellung und Bereitstellen von Geschäftsinformationen« andererseits ähnlich.[1328]

In der (jüngeren) Rechtsprechung des BGH wurde eine Warenähnlichkeit »Fertighäusern« und »Baumaterialien« bejaht, da sich die Waren wechselseitig ergänzen.[1329] Zwischen »auf Videobandkassetten aufgezeichneten Filmen (Videofilmkassetten)« und »Kameras« andererseits bestand wegen der technischen Bezogenheit aufeinander eine geringe Warenähnlichkeit.[1330] Zwischen »Schmuck« und »Brillengestellen« besteht eine Ähnlichkeit, weil auch Brillen Schmuckcharakter haben können.[1331] Bei »Brillen« und »Vergrößerungsgläsern« bewirkt die teilweise Austauschbarkeit die Warenähnlichkeit.[1332] »Lehrmittel« und »Musikunterricht« sind ähnlich,[1333] ebenso »zweisprachige Wörterbücher« und »Sprachlernsoftware«.[1334] Zwischen »Bekleidung« und »Schuhwaren« kann rechtsfehlerfrei Warenähnlichkeit angenommen werden.[1335] »Cornflakes-Produkte und Müsli-Riegel« einerseits und diverse Snacks wie Kartoffelchips, Nüsse, Kuchen, Schokolade und Pralinen weisen eine gewisse Ähnlichkeit auf, weil sie insbesondere in Tankstellen und Bahnhofskiosken im selben Verkaufsregal angeboten werden.[1336] »Schokolade« einerseits und eine »teilweise mit Schokolade überzogene Gebäckmischung«[1337] sowie »Zuckerwaren, Back- und Konditorwaren, nicht-medizinische Kaugummis«[1338] und »Milchdesserts«[1339] andererseits sind ähnlich. Auch die Waren »Wein, Schaumwein« einerseits und »Kräuterliköre« andererseits sind nicht (absolut) unähnlich.[1340] Sogar »Wein« und »Mineralwasser« sollen ähnliche Waren sein, auch wenn sie im Allgemeinen aus verschiedenen Betrieben – Weinbau- und Mineralbrunnenbetrieben – stammen.[1341] »Zigaretten« und »Raucherartikel« ergänzen sich und sind ähnlich.[1342] Die Dienstleistung »Beherbergung und Verpflegung von Gästen« und die Waren »Cocktails

---

[1324] EuG T-336/03 v. 27.10.2005 *OBELIX/MOBILIX*, Tz. 70, im Ergebnis bestätigt durch EuGH C-16/06 P v. 18.12.2008 *René*.
[1325] EuG T-418/07 v. 18.6.2009 *LiBRO/LIBERO*, Tz. 58.
[1326] EuG T-388/00 v. 23.10.2002 *ILS/ELS*, Tz. 54 ff.
[1327] EuG T-233/06 v. 22.4.2008 *TELETIEMPO/EL TIEMPO*, Tz. 32 ff.
[1328] EuG T-317/01 v. 30.6.2004 *EURODATA TV/M+M EUROdATA*, Tz. 61 ff.
[1329] BGH GRUR 1999, 995, 997 *HONKA*.
[1330] BGH GRUR 1999, 731, 733 *Canon II*.
[1331] BGH GRUR 2002, 1079, 1081 *TIFFANY II* (zum Begriff der Warengleichartigkeit).
[1332] BGH GRUR 2002, 1079, 1081 f. *TIFFANY II*.
[1333] BGH I ZR 86/10 v. 19.4.2012 *Pelikan*, Tz. 33 ff.
[1334] BGH I ZR 228/12 v. 18.9.2014 *Gelbe Wörterbücher*.
[1335] BGH I ZB 40/03 v. 22.9.2005 *coccodrillo*, Tz. 13; vgl. demgegenüber noch BGH GRUR 1999, 164 *JOHN LOBB*; auch LG Düsseldorf Mitt. 2001, 456.
[1336] BGH GRUR 2003, 1044, 1045 *Kelly*; BGH GRUR 2003, 1047, 1049 *Kellogg's/Kelly's*; auch BGHZ 156, 112, 121 *Kinder I*.
[1337] BGH GRUR 2005, 427, 429 *Lila-Schokolade*.
[1338] BGH I ZR 6/05 v. 20.9.2007 *Kinder II*, Tz. 21.
[1339] BGH I ZR 94/04 v. 20.9.2007 *Kinderzeit*, Tz. 22 ff.
[1340] BGH GRUR 1999, 245 *LIBERO*.
[1341] BGH GRUR 2001, 507 *EVIAN/REVIAN*; skeptisch, aber letztlich die Entscheidung nicht aufhebend BVerfG GRUR 2005, 52 *Unvollständige EuGH-Rechtsprechung*; erneut BGH I ZR 47/06 v. 19.7.2007.
[1342] BGH GRUR 1999, 496 *TIFFANY*.

und Mischgetränke aus Spirituosen, Likören, Wein oder Perlwein und alkoholfreien Getränken« sind angesichts gewisser Überschneidungen im Vertrieb der Waren und bei der Erbringung der Dienstleistungen ähnlich.[1343] »Dienstleistungen auf dem Gebiet des Finanzwesens« und »solche auf dem Gebiet des Immobilienwesens« sind – jedenfalls geringfügig – ähnlich, weil Banken üblicherweise Immobiliengeschäfte nicht nur finanzieren, sondern sich auch sonst im Immobilienbereich geschäftlich betätigen.[1344] Sogar zwischen Dienstleistungen des Immobilienwesens und dem Transportwesen will der BGH eine Ähnlichkeit nicht ausschließen.[1345] Ferner besteht Ähnlichkeit auch zwischen den Dienstleistungen »Fachliche Beratung von Wirtschaftsprüfern; Durchführung von Ausbildungsmaßnahmen; Veröffentlichung von Verlautbarungen, Unterhaltung von Präsenzbibliotheken« einerseits und den Waren und Dienstleistungen »Geräten zur Aufzeichnung, Übertragung und Wiedergabe von Ton und Bild, Ton- und Bildträgern; Computern; Software; Papier, Pappe; Druckereierzeugnissen; Lehr- und Unterrichtsmitteln; Telekommunikation; Sammeln und Liefern von Nachrichten; Herausgabe und Veröffentlichung von Texten; Erstellen von Programmen für die Datenverarbeitung; Bereitstellung von Recherchemöglichkeiten und Übermittlung von Informationen über Wissenschaft und Technologie per Internet« andererseits.[1346] Ähnlich sind schließlich wegen des gemeinsamen Bezugs zur Personenbeförderung die Veranstaltung und Vermittlung von Reisen sowie der Vermittlung von Verkehrsleistungen einerseits und die Linienbusbeförderung von Personen mit Autobussen sowie Fahrplaninformationen andererseits.[1347]

264 Demgegenüber gingen die Gerichte in deutlich weniger Fällen von einer absoluten Produktunähnlichkeit aus.

Für absolut unähnlich hielt das EuG etwa »Kosmetika« einerseits sowie »Lederwaren«[1348] und »Papierwaren«[1349] andererseits. Unähnlich waren auch »Parfümeriewaren« einerseits und »Wasch- und Bleichmittel; pharmazeutische Erzeugnisse; diätetische Erzeugnisse für medizinische Zwecke; Desinfektionsmittel« andererseits.[1350] Auch waren pharmazeutische Erzeugnisse diesbezüglichen Messe- und Seminarveranstaltungen nicht ähnlich.[1351] Weiter waren die elektronischen Geräte der Klasse 9 aus den Bereichen Fotografie, Kino, Optikwaren, Unterricht und Videospiele Telekommunikationsdienstleistungen nicht ohne weiteres ähnlich.[1352] Keine Ähnlichkeit besteht natürlich zwischen »Schreibmaschinen« und »metallverstärktem Karton«.[1353] Mangels Ergänzungsverhältnis bestand Unähnlichkeit auch zwischen »Geräten zur Aufzeichnung, Übertragung und Wiedergabe von Ton und Bild« einerseits und »Datenverarbeitungsprogrammen« sowie »Software- Erstellung« andererseits.[1354]

1343   BGH GRUR 1999, 586, 587 *White Lion*; auch BGH GRUR 2000, 883, 884 *PAPPAGALLO*; anders EuG T-33/03 v. 9.3.2005 *SHARK/Hai*, Tz. 42 ff.
1344   BGH GRUR 2002, 544, 546 *BANK 24*.
1345   BGH I ZR 167/06 v. 5.2.2009 *METROBUS*, Tz. 86.
1346   BGH I ZB 26/05 v. 13.12.2007 *idw*, Tz. 33 f.; BGH I ZB 39/05 v. 13.12.2007 *idw Informationsdienst Wissenschaft*, Tz. 30 f.
1347   BGH I ZR 167/06 v. 5.2.2009 *METROBUS*, Tz. 26 f.; I ZR 174/06 v. 5.2.2009, Tz. 24 f.; I ZR 186/06 v. 5.2.2009, Tz. 21 f.
1348   EuG T-8/03 v. 13.12.2004 *EMIDIO TUCCI/EMILIO PUCCI*, Tz. 43; ausführlich EuG T-263/03 v. 11.7.2007 *TOSCA/TOSKA*, Tz. 28 ff.; EuG T-28/04 v. 11.7.2007 *TOSCA/TOSKA LEATHER*, Tz. 31 ff.; EuG T-150/04 v. 11.7.2007 *TOSCA/TOSCA BLU*, Tz. 31 ff.; EuG T-162/08 v. 11.11.2009 *GREEN by missako/MI SA KO*, Tz. 30.
1349   EuG T-28/04 v. 11.7.2007 *TOSCA/TOSKA LEATHER*, Tz. 31 ff.
1350   EuG T-278/04 v. 16.11.2006 *YUPI/YUKI*, Tz. 69 f.
1351   EuG T-165/17 v. 14.6.2018 *EMCUR/EMCURE*, Tz. 40 ff.
1352   EuG T-336/03 v. 27.10.2005 *OBELIX/MOBILIX*, Tz. 61 ff., im Ergebnis bestätigt durch EuGH C-16/06 P v. 18.12.2008 *René*.
1353   EuG T-219/11 v. 18.6.2013 *AGIPA/AGIPA*, Tz. 30.
1354   EuG T-418/07 v. 18.6.2009 *LiBRO/LIBERO*, Tz. 84 ff.

Auch verschiedene Waren und Dienstleistungen aus dem EDV und die Entwicklung von Satellitennavigationssystemen sind nicht ähnlich.[1355] Entsprechend wurde die Ähnlichkeit zwischen Dienstleistungen für die »Installation und Reparatur von leuchtenden Schildern« und Waren wie »Beleuchtungsgeräten und Lampen« verneint.[1356] Auch waren »Telekommunikationssysteme und -installationen« »Strichcode- und Bildscannern« nicht ähnlich.[1357] Verschieden waren »Verpackungsmaterial aus Gummi oder Kunststoff, Packungs- und Isoliermaterial« und »Feuerschutz- und Isolierplatten auf mineralischer Basis«.[1358] Unähnlich sind – so der EuGH – auch »Kraftfahrzeuge« und »Modellfahrzeuge«.[1359] Ferner unähnlich sind »Kraftfahrzeuge« einerseits und »Brennstoffe« oder »Öle« andererseits.[1360] Auch »Tankkarten« und »Brennstoffe« sind unähnlich.[1361] Unähnlichkeit besteht ferner zwischen »Baumaschinen und Baumaterialien für den Straßenbau« und »Rohren für Bauzwecke, transportablen Bauten« sowie »Baudienstleistungen«.[1362] Unähnlich sind weiter »Druckereierzeugnisse« einerseits und »Beratungs- und Informationsdienstleistungen« andererseits.[1363] In der Regel unähnlich sind auch »Bekleidungsstücke und Schuhwaren« und »Häute und Felle, Schirme und Spazierstöcke; Peitschen, Pferdegeschirr und Sattlerwaren« sowie »Webstoffe, Textilwaren, Bett- und Tischdecken« in Warenklasse 24.[1364] Auch eine Ähnlichkeit von »Bekleidung« und »Brillen, Schmuck und Juwelierwaren«[1365] sowie »Uhren« und »Schmuck« einerseits und »Sonnenbrillen« und »Bekleidung« andererseits[1366] hat das EuG ebenso verneint wie eine Ähnlichkeit von »Schmuck« und »Edelmetallen«.[1367] Erst recht waren »Bekleidung, einschließlich Sportbekleidung; Sportartikel« und »Fernsehproduktion; Betrieb von Kinos und Aufnahmestudios, Videoverleih« unähnlich.[1368] Wegen der unterschiedlichen Zweckrichtung sind »Gymnastik- und Trainingsgeräte«[1369], aber auch »Kinderwagen«[1370] einerseits und »Spiele und Spielzeug« andererseits unähnlich. Gleiches gilt für »Spielwaren«[1371] bzw. »Geldspielautomaten«[1372] einerseits und »Sportartikel« andererseits. »Joghurt und auf Joghurt basierende Speisen und Getränke« sind unähnlich zu »Kakao- und Schokoladenprodukten, Kuchen sowie Back- und Konfiseriewaren«.[1373] Unähnlich seien sogar »verpacktes

---

1355 EuG T-450/11 v. 11.9.2014 *Galileo International Technology*, Tz. 53 ff.
1356 EuG T-499/08 v. 18.10.2011 *LINE/Line*, Tz. 36 ff.
1357 EuG T-361/11 v. 12.7.2012 *DOLPHIN/DOLPHIN*, Tz. 49 ff.
1358 EuG T-71/08 v. 8.7.2009 *PROSIMA PROSIMA COMERCIAL S. A./PROMINA*, Tz. 27 ff.
1359 EuGH C-48/05 v. 25.1.2007 *Adam Opel*, Tz. 34; BGH I ZR 88/08 v. 14.1.2010 *Opel-Blitz II*, Tz. 26.
1360 EuG T-308/13 v. 18.11.2014 *Repsol*, Tz. 34 ff.
1361 EuG T-60/14 v. 17.6.2015 *B. M. V. Mineralöl Versorgungsgesellschaft*, Tz. 31 ff.
1362 EuG T-426/09 v. 26.10.2011 *BAM/BAM*, Tz. 47 ff.
1363 EuG T-359/16 v. 7.7.2017 *test/TestBild*, Tz. 32 ff.
1364 EuG T-8/03 v. 13.12.2004 *EMIDIO TUCCI/EMILIO PUCCI*, Tz. 42 ff.; zur nur ausnahmsweise möglichen Ähnlichkeit von Rohstoffen und Halbfabrikaten einerseits und Fertigfabrikaten andererseits auch BGH GRUR 2000, 886 *Bayer/BeiChem*.
1365 EuG T-116/06 v. 24.9.2008 *THE O STORE/O STORE*, Tz. 85 ff.; vgl. auch EuG T-170/12 v. 30.4.2014 *BEYOND VINTAGE/BEYOND RETRO*, Tz. 31 ff.
1366 EuG T-505/12 v. 12.2.2015 *Compagnie des montres Longines*, Tz. 49 ff.
1367 EuG T-106/16 v. 9.2.2017 *zero*, Tz. 23.
1368 EuG T-420/03 v. 17.6.2008 *BOOMERANG/BoomerangTV*, Tz. 95 ff.
1369 EuG T-514/11 v. 4.6.2013 *BETWIN/b'twin*, Tz. 36.
1370 EuG T-195/12 v. 23.9.2014 *Nuna International*, Tz. 51 ff.
1371 EuG T-657/13 v. 2.7.2015 *BH Stores*, Tz. 55 ff., im Ergebnis bestätigt durch EuGH C-480/15 P v. 14.4.2016 *KS Sports IPCo*.
1372 EuG T-315/16 v. 19.9.2017 *Butterfly/Butterfly*, Tz. 29 ff.
1373 EuG T-140/08 v. 14.10.2009 *TiMi KINDERJOGHURT/KINDER*, Tz. 62, im Ergebnis bestätigt durch EuGH C-552/09 P v. 24.3.2011 *FERRERO*.

aufgeschnittenes Brot« einerseits und »Mehle, Konditorwaren, Speiseeis, Hefe, Backpulver« andererseits.[1374] Keine Ähnlichkeit wurde ferner zwischen »Waffeln« und »Konfitüren, Dips, Snacks und Getränken« angenommen.[1375] Gegen ältere Rechtsprechung[1376] hat das EuG die Ähnlichkeit eines Energy-Drinks mit alkoholischen Getränken verneint.[1377] Absolut unähnlich sollen ferner »alkoholfreie Getränke« einerseits und die Dienstleistungen der »Veranstaltung von Messen und Ausstellungen«, »Werbung« und – sehr fraglich[1378] – »Verpflegung von Gästen« andererseits sein.[1379] Unähnlich waren – wiederum recht weitgehend – auch »Wein« und »Weingläser«[1380] sowie »Bier« und »Nahrungsmittel«.[1381] Aufgrund der unterschiedlichen Zusammensetzung, Herstellungsverfahren und Herkunft hielt das EuG – sehr fraglich – auch »Rum« und »Wein« für offensichtlich unähnlich.[1382] Unähnlich sind auch »Tequila und alkoholische Cocktails mit Tequila« einerseits und »Bier und alkoholfreie Getränke« andererseits.[1383] Keine Ähnlichkeit besteht ferner wegen unterschiedlicher Zweckbestimmung zwischen »Nahrungsergänzungsmittel auf der Basis eines Kräuterkonzentrats« und »Getränken wie Bier, Mineralwasser und Fruchtsäften«.[1384] Verneint wurde die Ähnlichkeit wegen des unterschiedlichen Verwendungszwecks auch zwischen »Gartenkräutern für Ernährungszwecke« und »Rosen«.[1385] Unähnlich sind weiter »Baudienstleistungen« einerseits und die »Analyse von Baustoffen« oder die »Installation von Abfallverwertungsanlagen« andererseits[1386] sowie »Abrissarbeiten« einerseits und »Energieerzeugung mittels Recyclinganlagen« andererseits.[1387] Gleiches gilt für »industrielle Analysedienstleistungen« und »Recycling«.[1388] Verneint hat das EuG ferner – zu eng – die Ähnlichkeit zwischen »Dienstleistungen von Rundfunk- und Fernsehanstalten sowie Presseagenturen« und »Onlinediensten«[1389] sowie zwischen »Finanzdienstleistungen« und »Immobiliendienstleistungen«.[1390] Nicht ähnlich sind wiederum »wissenschaftliche Dienstleistungen und industrielle For-

1374 EuG T-277/12 v. 20.3.2013 *BIMBO/Caffé KIMBO*, Tz. 52 ff., im Ergebnis bestätigt durch EuGH C-285/13 v. 12.6.2014 *Bimbo*.
1375 EuG T-72/10 v. 26.10.2011 *NATY'S/Naty*, Tz. 36 ff.
1376 Vgl. oben § 12 Rdn. 263.
1377 EuG T-150/17 v. 4.10.2018 *VERLEIHT FLÜGEL/FLÜGEL*, Tz. 80 ff.
1378 Vgl. nur BGH GRUR 1999, 586, 587 *White Lion*; auch BGH GRUR 2000, 883, 884 *PAPPAGALLO*.
1379 EuG T-33/03 v. 9.3.2005 *SHARK/Hai*, Tz. 42 ff.
1380 EuG T-105/05 v. 12.6.2007 *Assembled Investments*, Tz. 31 ff., im Ergebnis bestätigt durch EuGH C-398/07 P v. 7.5.2009 *Waterford Wedgwood*.
1381 EuG T-333/11 v. 10.10.2012 *STAR SNACKS/star foods*, Tz. 35, im Ergebnis bestätigt durch EuGH C-608/12 P v. 8.5.2014 *Greinwald*.
1382 EuG T 430/07 v. 29.4.2009 MONTEBELLO RHUM AGRICOLE/MONTEBELLO, Tz. 36 f.
1383 EuG T-584/10 v. 3.10.2012 *TEQUILA MATADOR HECHO EN MEXICO/MATADOR*, Tz. 49 ff.
1384 EuG T-221/12 v. 23.1.2014 *SUN FRESH/SUNNY FRESH*, Tz. 70 ff., im Ergebnis bestätigt durch EuGH C-142/14 P v. 3.6.2015 *Sunrider*.
1385 EuG T-369/15 v. 17.2.2017 *Hernández Zamora*, Tz. 25 ff., bestätigt durch EuGH C-224/17 P v. 19.10.2017 *Hernández Zamora*.
1386 EuG T-60/09 v. 7.7.2010 *Herhof*, Tz. 28 ff., im Ergebnis bestätigt durch EuGH C-418/10 P v. 28.3.2011 *Herhof*.
1387 EuG T-60/09 v. 7.7.2010 *Herhof*, Tz. 45 ff., im Ergebnis bestätigt durch EuGH C-418/10 P v. 28.3.2011 *Herhof*.
1388 EuG T-685/15 v. 24.11.2017 *SULAYR/Sulayr GLOBAL SERVICE*, Tz. 30 ff.
1389 EuG T-418/07 v. 18.6.2009 *LiBRO/LIBERO*, Tz. 89 f.
1390 EuG T-514/13 v. 10.6.2015 *AgriCapital*, Tz. 38 ff., im Ergebnis bestätigt durch EuGH C-440/15 P v. 3.3.2016 *AgriCapital*; EuG T-323/14 v. 17.9.2015 *Bankia*, Tz. 35 ff.

schungsarbeiten« und »Software-Erstellung und -design«.[1391] Unähnlich sind auch »Computerprogrammierung« und »Forschung auf dem Gebiet der Technik, Entwurf und Entwicklung von Kraftfahrzeugen«.[1392] Sogar »Forschung und Entwicklung von Beleuchtungs- und Heizungsgeräten« und ebendiese »Beleuchtungs- und Heizungsgeräte« sind unähnlich.[1393] Schließlich sollen »Beherbergung und Verpflegung von Gästen; Fotografieren; Übersetzungen; Verwaltung und Verwertung von Urheberrechten; Verwertung gewerblicher Schutzrechte« in keinem Zusammenhang mit den Dienstleistungen »wissenschaftliche und industrielle Forschung, Konstruktion von Anlagen, Softwareentwicklung« in Klasse 42 und »Bau, Reparatur, Installation« in Klasse 37 stehen.[1394] Gleiches gilt für »Telekommunikation« und »Unterhaltung sowie Filmproduktion und -vorführung«.[1395]

In der Rechtsprechung des BGH waren absolut unähnlich »Parfums« und »Lederwaren«.[1396] Gleiches galt für »Computersoftware« einerseits und »Finanzdienstleistungen« anderseits, weil der Verkehr trotz der Tatsache, dass auch Software für Finanzdienstleistungen existiert, angesichts der Fülle verschiedener Softwareanwendungen nicht meinen wird, die jeweiligen Unternehmen seien miteinander verbunden.[1397] Weiter war eine Warenähnlichkeit zwischen »Kraftfahrzeugen und deren Ersatzteilen« sowie »Lenkrädern und Pedalen zur Steuerung von Computerspielen« trotz eventueller Merchandising-Möglichkeiten zu verneinen.[1398] Unähnlich waren schließlich auch »Zigarren« einerseits und »Biere, Fruchtgetränke und -säfte« sowie »Verpflegung, Geschäftsführung, Büroarbeiten« andererseits.[1399]

V. Wechselbeziehung

Letzte Stufe bei der Beurteilung der Verwechslungsgefahr nach der Prüfung der Kennzeichnungskraft, der Zeichenähnlichkeit und der Produktähnlichkeit ist die Wechselbeziehung dieser Faktoren.[1400]

265

Die umfassende Beurteilung der Verwechslungsgefahr impliziert nach der Rechtsprechung des EuGH eine Wechselbeziehung zwischen den in Betracht kommenden Faktoren, insbesondere der Ähnlichkeit der Marken und der Ähnlichkeit der

266

1391 EuG T-418/07 v. 18.6.2009 *LiBRO/LIBERO*, Tz. 91.
1392 EuG T-417/09 v. 29.3.2012 *MERCATOR STUDIOS/Mercator*, Tz. 21 ff.
1393 EuG T-195/14 v. 24.9.2015 *Compagnie des gaz de pétrole Primagaz*, Tz. 35 f.
1394 EuG T-336/03 v. 27.10.2005 *OBELIX/MOBILIX*, Tz. 67, im Ergebnis bestätigt durch EuGH C-16/06 P v. 18.12.2008 *René*.
1395 EuG T-336/03 v. 27.10.2005 *OBELIX/MOBILIX*, Tz. 68, im Ergebnis bestätigt durch EuGH C-16/06 P v. 18.12.2008 *René*.
1396 BGH I ZR 96/03 v. 30.3.2006 *TOSCA BLUE*, Tz. 14.
1397 BGH GRUR 2004, 241 u. 243 *GeDIOS*; ähnlich EuG T-336/03 v. 27.10.2005 *OBELIX/MOBILIX*, Tz. 69, im Ergebnis bestätigt durch EuGH C-16/06 P v. 18.12.2008 *René*.
1398 BGH GRUR 2004, 594, 596 *Ferrari-Pferd*; auch BGH I ZR 88/08 v. 14.1.2010 *Opel-Blitz II*, Tz. 26.
1399 BGH I ZB 100/05 v. 28.9.2006 *COHIBA*, Tz. 21 ff.
1400 Zum Versuch, das Ergebnis zu systematisieren *Schwarz*, MarkenR 2008, 237.

von ihnen erfassten Produkte.[1401] So kann etwa ein geringer Grad der Ähnlichkeit der gekennzeichneten Produkte durch einen höheren Grad der Ähnlichkeit der Marken ausgeglichen werden und umgekehrt.[1402] Geringe Kennzeichnungskraft kann bei Produktidentität und hoher Zeichenähnlichkeit kompensiert sein.[1403] Aus einer geringen Kennzeichnungskraft kann daher nicht automatisch gegen eine Verwechslungsgefahr geschlossen werden.[1404] Auch kann die Eintragung einer Marke trotz eines eher geringen Grades der Produktähnlichkeit ausgeschlossen sein, wenn die Ähnlichkeit zwischen den Marken groß und die Kennzeichnungskraft der älteren Marke, insbesondere ihr Bekanntheitsgrad, hoch ist.[1405] Marken mit hoher

---

1401 EuGH C-39/97 v. 29.9.1998 *Canon*, Tz. 17; EuGH C-342/97 v. 22.6.1999 *Lloyd Schuhfabrik Meyer*, Tz. 19; EuGH C-425/98 v. 22.6.2000 *Marca/Adidas*, Tz. 40; EuGH C-235/05 P v. 27.4.2006 *L'Oréal*, Tz. 35; EuGH C-171/06 P v. 15.3.2007 *T. I. M. E. ART*, Tz. 35; EuGH C-225/06 P v. 11.9.2007 *AVEE*, Tz. 19; EuGH C-234/06 P v. 13.9.2007 *Il Ponte Finanziaria*, Tz. 48; EuGH C-108/07 P v. 17.4.2008 *Ferrero*, Tz. 45; EuGH C-57/08 P v. 11.12.2008 *Gateway*, Tz. 47; EuGH C-16/06 P v. 18.12.2008 *René*, Tz. 46; EuGH C-398/07 P v. 7.5.2009 *Waterford Wedgwood*, Tz. 31; EuGH C-552/09 P v. 24.3.2011 *FERRERO*, Tz. 65 EuGH C-509/13 P v. 4.9.2014 *Metropolis Inmobiliaris y Restauraciones*, Tz. 37; EuGH C-669/13 P v. 21.10.2014 *Mundipharma*, Tz. 45; EuGH C-414/14 v. 26.2.2015 *Fundação Calouste Gulbenkian*, Tz. 49; EuGH C-343/14 P v. 7.5.2015 *Adler Modemärkte*, Tz. 59; EuGH C-548/14 P v. 17.9.2015 *Arnoldo Mondadori Editore*, Tz. 45; auch EuGH C-21/08 P v. 26.3.2009 *Sunplus Technology*, Tz. 37; BGH GRUR 2000, 506, 508 *ATTACHÉ/TISSERAND*; EuG T-104/01 v. 23.10.2002 *Miss Fifties/Fifties*, Tz. 27; zur dreidimensionalen Marke: BGH GRUR 2003, 519, 521 *Knabberbärchen*; BGH GRUR 2003, 712, 713 *Goldbarren*.
1402 EuGH C-39/97 v. 29.9.1998 *Canon*, Tz. 17; EuGH C-235/05 P v. 27.4.2006 *L'Oréal*, Tz. 36; EuGH C-171/06 P v. 15.3.2007 *T. I. M. E. ART*, Tz. 35; EuGH C-225/06 P v. 11.9.2007 *AVEE*, Tz. 19; EuGH C-234/06 P v. 13.9.2007 *Il Ponte Finanziaria*, Tz. 48; EuGH C-108/07 P v. 17.4.2008 *Ferrero*, Tz. 45; EuGH C-57/08 P v. 11.12.2008 *Gateway*, Tz. 47; EuGH C-16/06 P v. 18.12.2008 *René*, Tz. 46; EuGH C-398/07 P v. 7.5.2009 *Waterford Wedgwood*, Tz. 31; EuGH C-193/13 P v. 16.1.2014 *nfon*, Tz. 37; EuGH C-509/13 P v. 4.9.2014 *Metropolis Inmobiliaris y Restauraciones*, Tz. 37; EuGH C-669/13 P v. 21.10.2014 *Mundipharma*, Tz. 45; EuGH C-651/17 P v. 12.4.2018 *Grupo Osborne*, Tz. 6 f.; auch EuG T-90/06 v. 11.12.2008 *FOCUS/Tomorrow Focus*, Tz. 37; BGH GRUR 2000, 506, 508 *ATTACHÉ/TISSERAND*.
1403 EuGH C-343/14 P v. 7.5.2015 *Adler Modemärkte*, Tz. 59; BGH I ZR 154/09 v. 24.2.2011 *Enzymax/Enzymix*, Tz. 31.
1404 EuGH C-43/15 P v. 8.11.2016 *BSH*, Tz. 62 f.; EuGH C-84/16 P v. 26.7.2017 *Continental Reifen Deutschland*, Rn 99 f.
1405 EuGH C-39/97 v. 29.9.1998 *Canon*, Tz. 19; EuGH C-342/97 v. 22.6.1999 *Lloyd Schuhfabrik Meyer*, Tz. 21; EuGH C-425/98 v. 22.6.2000 *Marca/Adidas*, Tz. 40; EuGH C-235/05 P v. 27.4.2006 *L'Oréal*, Tz. 37; EuGH C-398/07 P v. 7.5.2009 *Waterford Wedgwood*, Tz. 32; EuGH C-14/12 P v. 30.5.2013 *Shah*, Tz. 39; vgl. schon BGH GRUR 1996, 774, 775 *falke-run/Le Run*; auch BGH I ZB 40/03 v. 22.9.2005 *coccodrillo*, Tz. 12; zurückhaltend EuG T-112/06 v. 16.1.2008 *IKEA/idea*, Tz. 84.

Kennzeichnungskraft verfügen daher über einen größeren Schutzbereich als Marken mit geringer Kennzeichnungskraft.[1406]

Wenn etwa im Kollisionsfall der Marken

die ältere Marke (links) keine besondere Verkehrsgeltung hat und aus einem Bild besteht, das wenig verfremdende Phantasie aufweist, so reicht die bloße Ähnlichkeit in der Bedeutung nicht aus, um eine Verwechslungsgefahr zu begründen. Bei einer Ähnlichkeit in der Bedeutung, die sich daraus ergibt, dass bei zwei Marken Bilder benutzt werden, die in ihrem Sinngehalt übereinstimmen, kann eine Verwechslungsgefahr aber dann bestehen, wenn der älteren Marke entweder von Hause aus oder kraft Verkehrsgeltung eine besondere Kennzeichnungskraft zukommt.[1407]

[1406] EuGH C-398/07 P v. 7.5.2009 *Waterford Wedgwood*, Tz. 32; EuGH C-579/08 P v. 15.1.2010 *Messer Group*, Tz. 70; EuGH C-354/11 P v. 22.3.2012 *Emram*, Tz. 44; EuGH C-42/12 P v. 29.11.2012 *Hrbek*, Tz. 60; EuGH C-466/13 P v. 22.10.2014 *Repsol*, Tz. 66; EuGH C-190/15 P v. 19.11.2015 *Fetim*, Tz. 40; EuGH C-396/15 P v. 17.2.2016 *Shoe Branding Europe*, Tz. 74; BGH I ZR 50/11 v. 2.2.2012 *Bogner B/Barbie B*, Tz. 70; BGH I ZR 214/11 v. 11.4.2013 *VOLKSWAGEN/Volks.Inspektion*, Tz. 47.

[1407] EuGH C-251/95 v. 11.11.1997 *Springende Raubkatze*, Tz. 24 f.; abgrenzend davon EuG T-389/03 v. 17.4.2008 *Pelikan*, Tz. 105; EuGH C-558/12 P v. 23.1.2014 *HABM/riha WeserGold Getränke*, Tz. 48; auch EuGH C-39/97 v. 29.9.1998 *Canon*, Tz. 18; EuGH C-425/98 v. 22.6.2000 *Marca/Adidas*, Tz. 38; EuGH C-150/14 P v. 4.9.2014 *Goldsteig Käsereien Bayerwald*, Tz. 33; ferner EuG T-33/03 v. 9.3.2005 *SHARK/Hai*, Tz. 55; auch Vorlagebeschluss BGH GRUR 1996, 198 *Springende Raubkatze*.

267 Dabei wollen EuGH[1408] und EuG[1409] die Bedeutung der Kennzeichnungskraft der älteren Marke nicht überbewertet wissen. Die Feststellung der Ähnlichkeit der Marken darf nämlich nicht zugunsten der Feststellung der Kennzeichnungskraft der älteren Marke aufgegeben werden. Eine geringe Kennzeichnungskraft schließt nicht unbedingt die Verwechslungsgefahr aus.[1410] Andernfalls könnte nämlich bei einer älteren Marke mit schwacher Kennzeichnungskraft – unabhängig vom Grad der Ähnlichkeit der fraglichen Marken – nur dann eine Verwechslungsgefahr bestehen, wenn die angemeldete Marke eine vollständige Wiedergabe der älteren Marke darstellen würde. Dann aber wäre es möglich, eine zusammengesetzte Marke zu registrieren, obwohl eines der Elemente der Marke identisch oder ähnlich mit demjenigen einer älteren Marke mit schwacher Kennzeichnungskraft ist und obwohl andere Elemente der zusammengesetzten Marke sogar noch weniger kennzeichnungskräftig sind als das übereinstimmende Element. Der naheliegenden Möglichkeit, dass Verbraucher glauben würden, dass der geringe Unterschied der Zeichen lediglich eine Variante der Art der Waren widerspiegelt oder auf Marketingüberlegungen beruht, würde nicht hinreichend Rechnung getragen.[1411]

1408 EuGH C-235/05 P v. 27.4.2006 *L'Oréal*, Tz. 39 ff.; EuGH C-171/06 P v. 15.3.2007 *T. I. M. E. ART*, Tz. 39 ff.; auch EuGH C-344/07 P v. 11.4.2008 *Focus Magazin Verlag*, Tz. 54 f.; EuGH C-398/07 P v. 7.5.2009 *Waterford Wedgwood*, Tz. 34; EuGH C-150/14 P v. 4.9.2014 *Goldsteig Käsereien Bayerwald*, Tz. 33 ff.; in ähnliche Richtung auch BGH I ZR 179/06 v. 3.5.2007.

1409 Etwa EuG T-99/01 v. 15.1.2003 *Mystery/Mixery*, Tz. 36; ähnlich EuG T-85/02 v. 4.11.2003 *EL CASTILLO/CASTILLO*, Tz. 41 u. 44; in diese Richtung auch EuG T-10/03 v. 18.2.2004 *FLEX/CONFORFLEX*, Tz. 58 ff.; EuG T-115/02 v. 13.7.2004 *a/a*, Tz. 27; EuG T-22/04 v. 4.5.2005 *West/Westlife*, Tz. 43; EuG T-40/03 v. 13.7.2005 *MURÚA/Julián Murúa Entrena*, Tz. 78; EuG T-130/03 v. 22.9.2005 *TRIVASTAN/TRAVATAN*, Tz. 78, im Ergebnis bestätigt durch EuGH C-412/05 P v. 26.4.2007 *Alcon (II)*, Tz. 62; EuG T-29/04 v. 8.12.2005 *CRISTAL/CRISTAL CASTELLBLANCH*, Tz. 69, im Ergebnis bestätigt durch EuGH C-131/06 P v. 24.4.2007 *Castellblanch/HABM*; EuG T-147/03 v. 12.1.2006 *Quantième/Quantum*, Tz. 110, bestätigt durch EuGH C-171/06 P v. 15.3.2007 *T. I. M. E. ART*; EuG T-35/04 v. 15.3.2006 *FERRERO/FERRÓ*, Tz. 69 f., bestätigt durch EuGH C-225/06 P v. 11.9.2007 *AVEE*; EuG T-202/04 v. 5.4.2006 *ECHINACIN/ECHINAID*, Tz. 65; EuG T-175/06 v. 18.6.2008 *MEZZO/MEZZOPANE*, Tz. 102 ff.; EuG T-402/07 v. 25.3.2009 *CAPOL/ARCOL*, Tz. 44, im Ergebnis bestätigt durch EuGH C-193/09 P v. 4.3.2010 *Kaul*; EuG T-240/08 v. 8.7.2009 *oli/OLAY*, Tz. 51 ff.; EuG T-446/07 v. 15.9.2009 *Centrixx/sensixx*, Tz. 62, im Ergebnis bestätigt durch EuGH C-448/09 P v. 30.6.2010 *Royal Appliance International/HABM*.; EuG T-150/08 v. 11.11.2009 *Clina/CLINAIR*, Tz. 67 ff., im Ergebnis bestätigt durch EuGH C-22/10 P v. 27.10.2010 *REWE Central*; EuG T-110/11 v. 22.5.2012 *Feminatal/FEMIFERAL*, Tz. 48 ff., im Ergebnis bestätigt durch EuGH C-354/12 P v. 11.4.2013 *Asa*.

1410 EuGH C-466/13 P v. 22.10.2014 *Repsol*, Tz. 66; EuGH C-343/14 P v. 7.5.2015 *Adler Modemärkte*, Tz. 61; EuGH C-190/15 P v. 19.11.2015 *Fetim*, Tz. 46.

1411 EuGH C-235/05 P v. 27.4.2006 *L'Oréal*, Tz. 45; EuGH C-171/06 P v. 15.3.2007 *T. I. M. E. ART*, Tz. 41; EuGH C-42/12 P v. 29.11.2012 *Hrbek*, Tz. 62; EuGH C-14/12 P v. 30.5.2013 *Shah*, Tz. 41; EuGH C-343/14 P v. 7.5.2015 *Adler Modemärkte*, Tz. 61; auch EuG T-491/04 v. 16.5.2007 *MICRO FOCUS/FOCUS*, Tz. 64; EuG T-111/06 v. 21.11.2007 *VITAFIT/VITAL & FIT*, Tz. 37; EuG T-7/04 v. 12.11.2008 *LIMONCHELO/Limoncello II*, Tz. 57; EuG T-210/05 v. 12.11.2008 *LIMONCHELO/Limoncello di Capri*, Tz. 52.

So war die Unähnlichkeit zwischen den Zeichen »Kinder« und »Timi Kinderjoghurt« so eindeutig, dass trotz Bekanntheit der Marke »Kinder« keine Verwechslungsgefahr bestand.[1412] Die Marken Goldsteig und Goldstück waren derart unähnlich, dass die Kennzeichnungskraft der älteren Marke gar nicht geprüft werden musste.[1413] Zu weit dürfte es dabei aber gehen, mit dem EuG eine Verwechslungsgefahr der ausschließlich aus für die beanspruchten Schweißgeräte mehr oder weniger glatt beschreibenden Elementen bestehenden Marken »FERROMAXX«, »INOMAXX« und »ALUMAXX« mit den jüngeren Anmeldungen »Ferromix«, »Inomix« und »Alumix« zu bejahen. Bei derart kennzeichnungsschwachen Marken dürfte sich vielmehr der Schutzbereich nahezu auf den Identitätsbereich beschränken.[1414]

Andererseits finden sich durchaus auch Entscheidungen des EuG, in denen die Wechselwirkung ausschlaggebend war.[1415] **268**

So soll bei der Kollision der Marken »LINDERHOF« und »LINDENHOF« trotz großer klanglicher Ähnlichkeit unter Berücksichtigung normaler Kennzeichnungskraft der älteren Marke und des deutlichen Abstands der einander gegenüberstehenden Waren – Sekt und alkoholfreie Getränke – keine relevante Verwechslungsgefahr bestehen.[1416] Im Fall der Zeichenkollision »MISS ROSSI« und »SISSI ROSSI« für Damenschuhe bzw. -taschen genügten dem EuG zur Verneinung der Verwechslungsgefahr bei normaler Kennzeichnungskraft der älteren Marke die Unterschiede der Zeichen und gekennzeichneten Waren, zumal »Rossi« in Frankreich und Italien ein häufiger Name ist.[1417] Bei nur geringer Produktähnlichkeit und hoher Kennzeichnungskraft der älteren Marke war demgegenüber eine Verwechslungsgefahr der Marken »ALADDIN« und »ALADIN« zu bejahen.[1418]

Demgegenüber misst der BGH der Prüfung der Wechselwirkung kontinuierlich etwas größere Bedeutung bei.[1419] So lässt das Gericht etwa bei geringer Markenähnlichkeit und durchschnittlicher Kennzeichnungskraft eine Verwechslungsgefahr auch bei Produktidentität ausscheiden.[1420] Letztlich nimmt der BGH eine Abwägung vor. **269**

1412 EuG T-140/08 v. 14.10.2009 *TiMi KINDERJOGHURT/KINDER*, Tz. 62, im Ergebnis bestätigt durch EuGH C-552/09 P v. 24.3.2011 *FERRERO*.
1413 EuGH C-150/14 P v. 4.9.2014 *Goldsteig Käsereien Bayerwald*, Tz. 33 ff.
1414 EuG T-305/06 bis T-307/06 v. 15.10.2008 *FERROMAXX, INOMAXX und ALUMAXX/Ferromix, Inomix und Alumix*, Tz. 59 ff., im Ergebnis bestätigt durch EuGH C-579/08 P v. 15.1.2010 *Messer Group*; problematisch aber auch EuGH C-343/14 P v. 7.5.2015 *Adler Modemärkte*, Tz. 61.
1415 Anschaulich auch EuG T-256/04 v. 13.2.2007 *RESPICORT/RESPICUR*, Tz. 68 ff.; EuG T-652/17 v. 19.9.2018 *TEDDY/Eddy's Snackcompany*.
1416 EuG T-296/02 v. 15.2.2005 *LINDERHOF/LINDENHOF*, Tz. 69 ff.; auch EuG T-493/07, T-26/08 und T-27/08 v. 23.9.2009 *FAMOXIN/LANOXIN*, Tz. 73 f., im Ergebnis bestätigt durch EuGH C-461/09 P v. 9.7.2010 *The Welcome Foundation*.
1417 EuG T-169/03 v. 1.3.2005 *MISS ROSSI/SISSI ROSSI*, Tz. 79 ff., bestätigt durch EuGH C-214/05 P v. 18.7.2006 *Sergio Rossi*; vgl. auch EuG T-97/05 v. 12.7.2006 *Sergio Rossi/MARCOROSSI*, Tz. 47.
1418 EuG T-126/03 v. 14.7.2005 *ALADDIN/ALADIN*, Tz. 96 ff.
1419 Vgl. etwa BGH GRUR 2002, 65, 67 *Ichthyol I*; BGH GRUR 2003, 792, 793 *Festspielhaus II*; BGH GRUR 2003, 1044, 1046 *Kelly*; BGH I ZR 110/03 v. 29.6.2006 *Ichthyol II*, Tz. 32 ff.; BGH I ZR 154/09 v. 24.2.2011 *Enzymax/Enzymix*, Tz. 31; ausdrücklich BGH I ZB 40/03 v. 22.9.2005 *coccodrillo*, Tz. 14; aber auch BGH I ZR 179/06 v. 3.5.2007.
1420 BGH GRUR 2003, 792, 793 *Festspielhaus II*.

Danach ist etwa die Ähnlichkeit der Wort-/Bildmarken »Telekom Deutsche Bundespost«, »Telekom mit digits«, der Wortmarke »Deutsche Telekom« und einer Benutzungsmarke »Telekom« einerseits mit dem Zeichen der »01051 Telecom« andererseits auch bei Dienstleistungsidentität und – unterstellter – überdurchschnittlicher Kennzeichnungskraft der älteren Marken zu gering, um eine Verwechslungsgefahr zu begründen.[1421] Auch die Zeichenähnlichkeit zwischen »Kleiner Feigling« und »Frechling« ist selbst bei einer hohen Verkehrsbekanntheit sowie unter Berücksichtigung der Warenidentität zu gering für eine Verwechslungsgefahr.[1422]

[1421] BGH GRUR 2004, 514, 516 *Telekom*.
[1422] BGH GRUR 2004, 598, 599 *Kleiner Feigling*.

§ 13 Schutz der bekannten Marke

Schrifttum: *Jänich*, Bekanntheitsschutz für im Verkehr durchgesetzte Marken – materielles Recht und Prozessrecht, WRP 2018, 261; *Knaak*, Schranken der Einheitlichkeit im Gemeinschaftsmarkenrecht nach »Chronopost« und »Pago«, FS Bornkamm, 2014, 587; *Sack*, Die unlautere Ausnutzung des Rufs von Marken im Marken- und Wettbewerbsrecht, WRP 2011, 155; *Schechter*, The rational basis of trademark protection, Harvard Law Review 1927, 813; *Sosnitza*, Der Rote Bulle als Paukenschlag – Der EuGH schafft ein markenrechtliches Vorbenutzungsrecht, MarkenR 2014, 133; *Szalai*, Markenverunglimpfungen, Markenparodien und das Anspielen auf bekannte Marken beim BGH, MarkenR 2015, 533

Der erweiterte Schutz bekannter Marken ist in Art. 16 III TRIPS, Art. 5 III, 10 II 1 Buchst. c MRR, Art. 8 V,[1] 9 I Buchst. c UMV, §§ 9 I Nr. 3, 14 II Nr. 3 MarkenG[2] geregelt. Der erweiterte Bekanntheitsschutz ist bei Unionsmarken zwingend, bei nationalen Marken optional ausgestaltet, wobei sämtliche Mitgliedstaaten von der Option Gebrauch gemacht haben.[3] Geschützt sind bekannte Marken nach dem Gesetzeswortlaut dagegen, dass ein mit der Marke identisches Zeichen oder ein ähnliches Zeichen für Produkte benutzt wird, die nicht denen ähnlich sind, für die die Marke Schutz genießt, wenn die Benutzung des Zeichens die Unterscheidungskraft oder die Wertschätzung der bekannten Marke ohne rechtfertigenden Grund in unlauterer Weise ausnutzt oder beeinträchtigt. Hierbei hat das noch im deutschen MarkenG zu findende Tatbestandsmerkmal, dass keine Produktähnlichkeit bestehen dürfe, nach der Rechtsprechung des EuGH[4] keine Bedeutung;[5] der erweiterte Schutz – einmal vorgesehen – greift zwingend[6] auch im Produktähnlichkeitsbereich. Es handelt sich somit in der Sache letztlich um einen besonderen Schutz

---

1 Die Vorschrift gewährt nur eingetragenen bekannten Marken Schutz EuG T-263/03 v. 11.7.2007 *TOSCA/TOSKA*, Tz. 50 ff.; EuG T-28/04 v. 11.7.2007 *TOSCA/TOSKA LEATHER*, Tz. 54 ff.; EuG T-150/04 v. 11.7.2007 *TOSCA/TOSCA BLU*, Tz. 52 ff., wo der Anspruch jeweils auf Art. 8 IV UMV i. V. m. § 14 II Nr. 3 MarkenG hätte gestützt werden können.
2 Zur einheitlichen Auslegung dieser Vorschriften EuGH C-292/00 v. 9.1.2003 *Davidoff/Gofkid*, Tz. 17; EuGH C-85/16 P und C-86/16 P v. 13.5.2018 *Kenzo Tsujimoto*, Tz. 87.
3 Schlussanträge von Generalanwalt *Jacobs* im Verfahren C-408/01 v. 10.7.2003 *Adidas/Fitnessworld*, Tz. 5.
4 EuGH C-292/00 v. 9.1.2003 *Davidoff/Gofkid*; EuGH C-102/07 v. 10.4.2008 *adidas und adidas Benelux*, Tz. 37; EuGH C-487/07 v. 18.6.2009 *L'Oréal u. a.*, Tz. 35; EuGH C-301/07 v. 6.10.2009 *Pago*, Tz. 18; EuGH C-236/08 bis 238/08 v. 23.3.2010 *Google France*, Tz. 48; EuGH C-323/09 v. 22.9.2011 *Interflora*, Tz. 68; EuGH C-65/12 v. 6.2.2014 *Leidseplein Beheer*, Tz. 21; EuGH C-93/16 v. 20.7.2017 *Ornua Co-operative*, Tz. 50; BGH GRUR 2004, 235, 238 *Davidoff II*; BGH GRUR 2004, 598, 599 *Kleiner Feigling*; BGH I ZR 59/13 v. 2.4.2015 *Springender Pudel*, Tz. 14; BGH I ZR 75/15 v. 2.6.2016 *Wunderbaum II*, Tz. 37; vgl. auch Vorlagebeschluss BGH GRUR 2000, 875, 878 f. *Davidoff*, m. w. N.; hierzu lehrreich *v. Mühlendahl*, FS-Erdmann, 425.
5 Auch Art. 5 III (a), 10 II (c) MRR stellen dies klar.
6 EuGH C-408/01 v. 23.10.2003 *Adidas/Fitnessworld*, Tz. 22; EuGH C-65/12 v. 6.2.2014 *Leidseplein Beheer*, Tz. 34; BGH I ZR 236/16 v. 28.6.2018 *keine-vorwerk-vertretung*, Tz. 15.

gegen Beeinträchtigungen oder das Ausnutzen der Unterscheidungskraft oder der Wertschätzung der betroffenen Marken.[7]

2 Der Bekanntheitsschutz dient – anders als der Schutz vor Verwechslungsgefahr – nicht in erster Linie der Absicherung der Herkunftsfunktion der Marke, sondern der Sicherung anderer Funktionen. Eine Marke – insbesondere eine bekannte Marke – fungiert nämlich auch als Träger anderer Mitteilungen, etwa über die speziellen Eigenschaften oder Merkmale der mit ihr gekennzeichneten Waren oder Dienstleistungen oder der mit ihr vermittelten Bilder und Empfindungen wie etwa Luxus, Lebensstil, Exklusivität, Abenteuer oder Jugendlichkeit. Unter diesem Aspekt hat die Marke einen ihr eigenen, autonomen wirtschaftlichen Wert, der von dem der Produkte, für die sie eingetragen ist, zu unterscheiden ist. Solche Botschaften, die insbesondere durch eine bekannte Marke vermittelt oder mit ihr verbunden werden, verleihen ihr einen erheblichen und schutzwürdigen Wert, zumal die Bekanntheit einer Marke in den meisten Fällen das Ergebnis beträchtlicher Anstrengungen und Investitionen ihres Inhabers ist.[8]

3 Voraussetzung für das Eingreifen des erweiterten Schutzes der bekannten Marke ist folglich, dass die Angriffsmarke bekannt ist, dass Angriffsmarke und angegriffenes Zeichen ähnlich sind und dass die weiteren Schutzvoraussetzungen erfüllt sind, dass also die Benutzung des Zeichens die Unterscheidungskraft oder die Wertschätzung der bekannten Marke ohne rechtfertigenden Grund in unlauterer Weise ausnutzt oder beeinträchtigt.[9] Diese drei Voraussetzungen müssen kumulativ vorliegen.[10]

4 Eine darüberhinausgehende rechtsverletzende Benutzung im Sinne einer Beeinträchtigung der Herkunftsfunktion[11] ist demgegenüber – anders als beim Schutz vor Verwechslungsgefahr – keine Voraussetzung für den erweiterten Schutz bekannter Marken.[12]

5 Überholt ist es hingegen, wenn der BGH[13] von einem identischen Benutzungsbegriff ausgeht und meint, es gelte für das Erfordernis des markenmäßigen Gebrauchs des Kollisionszeichens beim Verletzungstatbestand des §§ 9 I Nr. 3, 14 II Nr. 3 MarkenG insoweit nichts anderes als bei § 14 II Nr. 1 und 2 MarkenG.

---

7 EuGH C-292/00 v. 9.1.2003 *Davidoff/Gofkid*, Tz. 21; EuGH C-252/07 v. 27.11.2008 *Intel*, Tz. 26; EuGH C-487/07 v.18.6.2009 *L'Oréal u. a.*, Tz. 34; auch EuGH C-408/01 v. 23.10.2003 *Adidas/Fitnessworld*, Tz. 27.
8 EuG T-215/03 v. 22.3.2007 *VIPS/VIPS*, Tz. 35.
9 EuGH C-548/14 P v. 17.9.2015 *Arnoldo Mondadori Editore*, Tz. 54; EuGH C-603/14 P v. 10.12.2015 *El Corte Inglés*, Tz. 38; EuGH C-564/16 P v. 28.6.2018 *EUIPO/Puma*, Tz. 54.
10 EuGH C-603/14 P v. 10.12.2015 *El Corte Inglés*, Tz. 38; EuGH C-564/16 P v. 28.6.2018 *EUIPO/Puma*, Tz. 54.
11 Hierzu oben § 10 Rdn. 30 ff.
12 EuGH C-48/05 v. 25.1.2007 *Adam Opel*, Tz. 37; EuGH C-487/07 v. 18.6.2009 *L'Oréal u. a.*, Tz. 58 f.; EuGH C-323/09 v. 22.9.2011 *Interflora*, Tz. 71; EuGH C-65/12 v. 6.2.2014 *Leidseplein Beheer*, Tz. 40; BGH I ZR 236/16 v. 28.6.2018 *keine-vorwerk-vertretung*, Tz. 18; überholt BGH GRUR 2005, 583 *Lila-Postkarte*.
13 BGH I ZR 151/05 v. 13.3.2008 *Metrosex*, Tz. 33; anders noch zur Rechtslage vor Inkrafttreten des MarkenG BGH WRP 1996, 710 *Uhren-Applikation*.

Folglich kann dem BGH[14] zwar noch soweit gefolgt werden, dass die Anmeldung und Eintragung einer Marke noch keine Benutzung i. S. von § 14 II Nr. 3, § 15 III MarkenG darstellt. Dies folgt jedoch nicht daraus, dass die Benutzungsbegriffe bei der Verwechslungsgefahr und der bekannten Marken identisch sind, sondern daraus, dass die bloße Anmeldung und Eintragung einer Marke allein wohl nie geeignet ist, die Unterscheidungskraft oder die Wertschätzung der bekannten Marke ohne rechtfertigenden Grund in unlauterer Weise auszunutzen oder zu beeinträchtigen. Allerdings können – von Ausnahmefällen abgesehen – gegen den BGH die Anmeldung und Eintragung einer Marke unter dem Gesichtspunkt der Erstbegehungsgefahr regelmäßig durchaus hinreichende Anhaltspunkte liefern, um sämtliche Tatbestandsmerkmale des Bekanntheitsschutzes bejahen zu können. Denn die Anmeldung einer Marke indiziert deren spätere Benutzung für die beanspruchten Produkte als Marke im geschäftlichen Verkehr.

I. Begriff der »bekannten Marke«

Bekannt ist eine Marke dann, wenn sie eine bestimmte Bekanntheitsschwelle überwunden hat, wobei nicht zu verlangen ist, dass die Marke einem bestimmten Prozentsatz[15] des (inländischen[16]) Publikums bekannt ist. Der erforderliche Bekanntheitsgrad ist als erreicht anzusehen, wenn die ältere Marke einem bedeutenden Teil des Publikums[17] bekannt ist, das von den durch diese Marke erfassten Waren oder Dienstleistungen betroffen ist.[18] Erforderlich ist eine Bekanntheit als Marke, also als Kennzeichnungsmittel für Waren oder Dienstleistungen; eine Bekanntheit als Gattungsbezeichnung genügt nicht.[19] Wird allerdings neben der Marke vom Markeninhaber auch ein entsprechendes Unternehmenskennzeichen verwendet, kommt der Marke regelmäßig auch die Bekanntheit des Unternehmenskennzeichens zugute und umgekehrt, weil das Publikum in der Erinnerung nicht nach der Art der Kennzeichen differenziert.[20]

6

---

14 BGH I ZR 151/05 v. 13.3.2008 *Metrosex*, Tz. 33 ff., m. w. N. auch zur früheren Rechtslage.
15 BGH GRUR 2002, 340, 341 *Fabergé*; auch EuGH C-301/07 v. 6.10.2009 *Pago*, Tz. 23; allerdings ist es nicht rechtsfehlerhaft, die Bekanntheit mit Hilfe eines Meinungsforschungsgutachtens zu begründen: BGH GRUR 2002, 167, 169 *Bit/Bud*; vgl. auch BGHZ 114, 106 *Avon*.
16 BGH I ZR 148/04 v. 12.7.2007 *CORDARONE*, Tz. 25.
17 Vgl. zu den relevanten Verkehrskreisen oben § 12 Rdn. 23 – 32; auch BGH GRUR 2002, 340, 341 f. *Fabergé*; BGH GRUR 2003, 428, 432 *BIG BERTHA*.
18 EuGH C-375/97 v. 14.9.1999 *Chevy*, Tz. 22 ff.; EuGH C-252/07 v. 27.11.2008 *Intel*, Tz. 47; EuGH C-301/07 v. 6.10.2009 *Pago*, Tz. 21 ff.; EuGH C-564/16 P v. 28.6.2018 *EUIPO/Puma*, Tz. 55; auch EuG T-67/04 v. 25.5.2005 *SPA/SPA-FINDERS*, Tz. 34; EuG T-477/04 v. 6.2.2007 *TDK*, Tz. 48, im Ergebnis bestätigt durch EuGH C-197/07 P v. 12.12.2008 *Aktieselskabet af 21. november 2001*; BGH GRUR 2002, 340, 341 *Fabergé*.
19 BGH I ZR 108/09 v. 17.8.2011 *TÜV II*, Tz. 42; BGH I ZR 49/12 v. 31.10.2013 *OTTO CAP*, Tz. 22; BGH I ZR 59/13 v. 2.4.2015 *Springender Pudel*, Tz. 10; BGH I ZR 75/15 v. 2.6.2016 *Wunderbaum II*, Tz. 37.
20 BGH I ZR 49/12 v. 31.10.2013 *OTTO CAP*, Tz. 22; a. A. ohne Begründung zur Unionsmarke noch BGH I ZR 172/11 v. 20.2.2013 *Beate Uhse*, Tz. 25.

So kann je nach der vermarkteten Ware oder Dienstleistung auf die breite Öffentlichkeit oder ein spezielleres Publikum, z. B. ein bestimmtes berufliches Milieu, abzustellen sein.[21] Demgegenüber kann nicht auf Verbraucher mit höherem Bildungsstand und überdurchschnittlichem Einkommen abgestellt werden, weil die betreffende Marke auf Käufer von Luxusgütern zielt. Die Produkte sind nämlich nach dauerhaften charakteristischen Kriterien zu beurteilen, nicht nach Werbekonzeptionen, die jederzeit geändert werden können.[22]

7 Bei der Prüfung kommt es auf alle relevanten Umstände des Falles an, also insbesondere
 – den Marktanteil der Marke,
 – die Intensität, die geografische Ausdehnung und die Dauer ihrer Benutzung sowie
 – den Umfang der Investitionen, die das Unternehmen zu ihrer Förderung getätigt hat.[23]

Der BGH fordert hiervon ausgehend bei der Klagemarke einen Bekanntheitsgrad dergestalt, dass die mit der angegriffenen Bezeichnung konfrontierten Verkehrskreise auch bei nicht ähnlichen Produkten eine Verbindung zwischen den Kollisionszeichen herstellen und hierdurch die ältere Marke beeinträchtigt werden kann.[24] Bestimmte Prozentsätze sind nicht zu fordern.[25] Ein Bekanntheitsgrad von 81,9 % bei einem Werbeaufwand zwischen 2,7 Mio. DM und 7,6 Mio. DM soll jedenfalls genügen.[26] Im Einzelfall können die Tatsachen, die die Bekanntheit begründen, auch gemäß § 291 ZPO als offenkundig unterstellt werden.[27] So genügt es bei der Marke »Volkswagen« festzustellen, dass diese vom größten deutschen Automobilhersteller langjährig intensiv als Marke und Unternehmenskennzeichen benutzt wurde.[28] Auch hat das EuG ohne unmittelbare Gewinnerzielungsabsicht[29] sowie ohne den Nachweis prozentualer Bekanntheit und ohne die Mitteilung von Marktanteilen den Bekanntheitsnachweis für die Marke »NASDAQ« wegen der großen Medienpräsenz und dem hohen Werbeaufkommen einen Bekanntheitsschutz angenommen.[30] Im Fall der Marke »SPA« hat das EuG für die Benelux-Staaten eine Bekanntheit für Mineralwasser bei einem

---

21 EuGH C-375/97 v. 14.9.1999 *Chevy*, Tz. 22 ff.; auch EuG T-47/06 v. 10.5.2007 *NASDAQ/nasdaq*, Tz. 47, bestätigt durch EuGH C-320/07 P v. 12.3.2009 *Antartica*; BGH GRUR 2002, 340, 341 *Fabergé*.
22 BGH GRUR 2002, 340, 341 *Fabergé*.
23 EuGH C-375/97 v. 14.9.1999 *Chevy*, Tz. 27; EuGH C-301/07 v. 6.10.2009 *Pago*, Tz. 25; EuGH C-125/14 v. 3.9.2015 *Iron & Smith*, Tz. 18; EuGH C-564/16 P v. 28.6.2018 *EUIPO/Puma*, Tz. 56; EuG T-477/04 v. 6.2.2007 *TDK*, Tz. 49, im Ergebnis bestätigt durch EuGH C-197/07 P v. 12.12.2008 *Aktieselskabet af 21. november 2001*; BGH I ZR 49/12 v. 31.10.2013 *OTTO CAP*, Tz. 22, m. w. N.
24 BGH GRUR 2003, 428, 432 *BIG BERTHA*.
25 BGH I ZR 105/14 v. 23.9.2015 *Goldbären*, Tz. 20.
26 BGH I ZR 312/02 v. 21.7.2005 *BOSS-Club*, Tz. 29.
27 BGH I ZR 108/09 v. 17.8.2011 *TÜV II*, Tz. 49; BGH I ZR 49/12 v. 31.10.2013 *OTTO CAP*, Tz. 27; BGH I ZR 59/13 v. 2.4.2015 *Springender Pudel*, Tz. 10.
28 BGH I ZR 214/11 v. 11.4.2013 *VOLKSWAGEN/Volks.Inspektion*, Tz. 51.
29 Vgl. hierzu EuGH C-320/07 P v. 12.3.2009 *Antartica*, Tz. 28 ff.
30 EuG T-47/06 v. 10.5.2007 *NASDAQ/nasdaq*, Tz. 48 ff., bestätigt durch EuGH C-320/07 P v. 12.3.2009 *Antartica*; ähnlich zu Botox: EuG T-345/08 v. 16.12.2010 *BOTOX/BOTOLIST*, Tz. 48 ff.; EuG T-357/08 v. 16.12.2010 *BOTOX/BOTOCYL*, Tz. 48 ff., beide bestätigt durch EuGH C-100/11 P v. 10.5.2012 *Helena Rubinstein u.a.*, Tz. 64 ff.; zu Carrera EuG T-173/11 v. 27.11.2014 *CARRERA/Carrera*, Tz. 58 ff., im Ergebnis bestätigt durch EuGH C-50/15 P v. 21.1.2016 *Hesse*.

I. Begriff der »bekannten Marke«

Marktanteil von 23,6 % und hohen Werbeaufwendungen bejaht.³¹ Erst recht liegt eine hohe Bekanntheit vor, wenn die Marke von über 90 % der Befragten wiedererkannt wird.³² Demgegenüber genügt nach einer zutreffenden Entscheidung des EuG zum Bekanntheitsnachweis nicht der Umstand, dass eine Marke in mehreren Ländern als nationale Marke eingetragen ist.³³ Ebenso wenig genügt beim EUIPO allein der Nachweis mittels eidesstattlicher Versicherung, solange diese nicht durch objektive Beweismittel untermauert wird.³⁴ Auch allein durch Hinweise auf Internettreffer und durch wenige Rechnungen kann die Bekanntheit nicht belegt werden.³⁵ Ebenso wenig genügt selbstverständlich allein der Nachweis, dass die Marke überhaupt benutzt wurde.³⁶ Allerdings können Nachweise der ernsthaften Benutzung zugleich auch als Bekanntheitsnachweise dienen.³⁷ Ebenso kann auf Parallelverfahren zwischen den Parteien Bezug genommen werden.³⁸ Auch auf Entscheidungen in anderen Verfahren kann Bezug genommen werden; im Zweifel sind die dort vorgelegten Nachweise anzufordern.³⁹

In territorialer Hinsicht ist für den Bekanntheitsnachweis nicht erforderlich, dass sich die Bekanntheit auf das »gesamte« Gebiet eines Mitgliedstaats erstreckt. Es genügt vielmehr, dass sie in einem wesentlichen Teil davon – bei Benelux-Marken einem wesentlichen Teil des Benelux-Gebiets – vorliegt.⁴⁰   **8**

> Eine Marke, die nur in den neuen Bundesländern bekannt ist, kann danach durchaus Bekanntheitsschutz für die gesamte Bundesrepublik Deutschland genießen.

Bei der Unionsmarke ist die Voraussetzung der Bekanntheit in territorialer Hinsicht als erfüllt anzusehen, wenn die Unionsmarke in einem wesentlichen Teil des Unionsgebiets bekannt ist.⁴¹ Dabei genügt es jedenfalls, wenn die Marke im gesamten Gebiet eines Mitgliedstaats der Größe Österreichs bekannt ist.⁴² Die bei der Beurteilung der rechtserhaltenden Benutzung maßgeblichen Kriterien⁴³ finden keine Anwendung.⁴⁴   **9**

---

31 EuG T-93/06 v. 19.6.2008 *SPA/MINERAL SPA*, Tz. 34 ff.
32 EuG T-357/11 v. 14.12.2012 *GRUPO BIMBO/BIMBO*, Tz. 45 ff.
33 EuG T-224/01 v. 9.4.2003 *TUFFTRIDE/NU-TRIDE*, Tz. 57 f.
34 EuG T-548/17 v. 16.10.2018 *kipling/ANOKHI*, Tz. 100.
35 EuG T-315/16 v. 19.9.2017 *Butterfly/Butterfly*, Tz. 54 ff.
36 EuG T-67/04 v. 25.5.2005 *SPA/SPA-FINDERS*, Tz. 37.
37 EuG T-393/12 v. 22.1.2015 *KENZO/KENZO*, Tz. 34, bestätigt durch EuGH C-85/16 P und C-86/16 P v. 13.5.2018 *Kenzo Tsujimoto*, Tz. 47.
38 EuG T-322/13 v. 22.1.2015 *KENZO/KENZO*, Tz. 18; EuG T-159/15 v. 9.9.2016 *Puma*, Tz. 30 ff.; zurückhaltend EuG T-105/16 v. 1.2.2018 *Marlboro*, Tz. 53 ff, wonach die Beweiswürdigung in einem späteren Verfahren anders ausfallen kann.
39 EuG T-159/15 v. 9.9.2016 *Puma*, Tz. 30 ff.
40 EuGH C-375/97 v. 14.9.1999 *Chevy*, Tz. 28 ff.; Tschechien ist relevant: EuG T-123/15 v. 28.10.2016 *UNICORN/UNICORN*, Tz. 40; EuG T-124/15 v. 28.10.2016 *UNICORN/UNICORN*, Tz. 40; EuG T-125/15 v. 28.10.2016 *UNICORN/UNICORN*, Tz. 40; EuG T-201/15 v. 28.10.2016 *UNICORN/UNICORN*, Tz. 40.
41 EuGH C-301/07 v. 6.10.2009 *Pago*, Tz. 27; EuGH C-125/14 v. 3.9.2015 *Iron & Smith*, Tz. 25; EuGH C-93/16 v. 20.7.2017 *Ornua Co-operative*, Tz. 51; in diesem Sinne schon EuG T-477/04 v. 6.2.2007 *TDK*, Tz. 50 ff., im Ergebnis bestätigt durch EuGH C-197/07 P v. 12.12.2008 *Aktieselskabet af 21. november 2001*; ferner OGH GRUR Int. 2007, 82 *Red Bull/Red Dragon*.
42 EuGH C-301/07 v. 6.10.2009 *Pago*, Tz. 28 f.; auch EuGH C-93/16 v. 20.7.2017 *Ornua Co-operative*, Tz. 51.
43 Dazu oben § 8 Rdn. 26 f.
44 EuGH C-125/14 v. 3.9.2015 *Iron & Smith*, Tz. 25.

Ist beispielsweise eine Unionsmarke in Großbritannien bekannt, so gilt sie als bekannte Marke. Der Bekanntheitsschutz kann in diesem Fall in einem anderen Land – etwa Ungarn – auch dann geltend gemacht werden, wenn dort die Bekanntheitsschwelle nicht erreicht würde.[45]

10 Auf der anderen Seite folgt daraus, dass eine Unionsmarke bekannt ist, nicht automatisch, dass der Schutz auch immer unionsweit durchgesetzt werden könnte. Vielmehr müssen auch die weiteren Schutzvoraussetzungen – unlauteres Ausnutzen oder Beeinträchtigen der Unterscheidungskraft oder Wertschätzung ohne rechtfertigenden Grund – in den Gebieten vorliegen, auf die sich der Anspruch bezieht. Dies ist nach der Rechtsprechung des EuGH nur dort der Fall sein, wo die Marke wirtschaftlich nicht unerheblichen Teilen des Verkehrs tatsächlich bekannt ist.[46] Denn selbst wenn die ältere Unionsmarke einem erheblichen Teil der maßgeblichen Verkehrskreise im Mitgliedstaat der Zeichenkollision unbekannt ist, so mag sie gleichwohl ein wirtschaftlich nicht unerheblicher Teil dieser Verkehrskreise kennen.[47] Mit der Formulierung »nicht unerheblich« ist die Schwelle also etwas niedriger als die Schwelle für den Bekanntheitsschutz (»erheblich«); die strengere Rechtsprechung des BGH[48] ist überholt.

Ist also etwa eine Unionsmarke (nur) in einem wesentlichen Teil Polens bekannt, so muss ihrem Inhaber für Polen Bekanntheitsschutz zukommen. Andererseits würde zu stark in die Markengestaltungsmöglichkeiten Dritter eingegriffen, wenn die Marke automatisch auch für den Rest der EU Bekanntheitsschutz genießen würde, zumal dort die weiteren Voraussetzungen des Bekanntheitsschutzes[49] kaum einmal vorliegen dürften. Erst wenn es dort bei nicht unerheblichen Teilen des Verkehrs zum Ausnutzen oder Beeinträchtigen von Unterscheidungskraft oder Wertschätzung der Marke kommt, kann sich der Markeninhaber durchsetzen.[50]

11 Bekanntheitsnachweise müssen grundsätzlich aus der Zeit vor der ersten Zeichenkollision stammen.[51] Stehen ältere Gegenrechte im Raum, so differenziert der BGH: Wird aus einer bekannten Marke gegen eine seit längerem benutzte Kennzeichnung vorgegangen, so kommt es für die Ermittlung der Bekanntheit grundsätzlich auf den Zeitpunkt der Benutzungsaufnahme der angegriffenen Bezeichnung an, nicht dagegen auf den – späteren – Zeitpunkt des Erwerbs eines formellen Gegenrechts.[52] Bei Gegenrechten aus Unternehmenskennzeichen ist dagegen maßgeblich, ob im Inland kennzeichenrechtlicher Schutz an einem Unternehmenskennzeichen erlangt wurde. Ist dies der Fall, so ist der Zeitpunkt der Erlangung eines Kennzeichenschutzes maßgeblich.[53]

---

45 EuGH C-125/14 v. 3.9.2015 *Iron & Smith*, Tz. 20; auch EuGH C-93/16 v. 20.7.2017 *Ornua Co-operative*, Tz. 51.
46 EuGH C-125/14 v. 3.9.2015 *Iron & Smith*, Tz. 34.
47 EuGH C-125/14 v. 3.9.2015 *Iron & Smith*, Tz. 30.
48 BGH I ZR 214/11 v. 11.4.2013 *VOLKSWAGEN/Volks.Inspektion*, Tz. 67.
49 Hierzu unten § 13 Rdn. 22 – 42.
50 EuGH C-125/14 v. 3.9.2015 *Iron & Smith*, Tz. 34.
51 EuG T-8/03 v. 13.12.2004 *EMIDIO TUCCI/EMILIO PUCCI*, Tz. 70 ff.
52 BGHZ 138, 349, 354 ff. *MAC Dog*; BGH GRUR 2003, 428, 432 *BIG BERTHA*.
53 BGH GRUR 2003, 428, 432 *BIG BERTHA*, unter Hinweis auf BGHZ 19, 23, 28 ff. *Magirus*; BGH GRUR 1970, 27, 29 *Ein-Tannen-Zeichen*.

Geht etwa ein Markeninhaber aus seiner 2001 bekannt gewordenen Marke gegen eine im Jahr 2000 gegründete Firma vor, so kommt es darauf an, ob die Firma bereits im Jahr 2000 oder erst nach 2001 Schutz erlangt[54] hat.

Die Beurteilung der Bekanntheit einer Marke obliegt im Wesentlichen dem Tatrichter. In der Revisionsinstanz ist nur zu prüfen, ob der Tatrichter einen zutreffenden Rechtsbegriff zugrunde gelegt, nicht gegen Erfahrungssätze oder Denkgesetze verstoßen oder wesentliche Umstände unberücksichtigt gelassen hat.[55] Die Bekanntheit der Marke kann zwar nicht offenkundig im Sinne des § 291 ZPO sein, wohl aber die Tatsachen, die bei der Prüfung der relevanten Umstände des Streitfalls heranzuziehen sind, insbesondere dass die Marke während eines längeren Zeitraums in weitem Umfang auf dem Markt erscheint und jedermann gegenübertritt.[56] **12**

Wie sich der Bekanntheitsschutz und der Schutz notorisch bekannter Marken[57] zueinander verhalten, ist noch nicht abschließend geklärt. Die deutsche Tradition geht dabei von erheblich höheren Anforderungen an die notorische Bekanntheit aus.[58] Auch das EuG meint, dass für notorisch bekannte Marken ein höherer Bekanntheitsgrad nachzuweisen ist als für bekannte Marken.[59] Mit Blick aber auf die eher geringen Anforderungen, die der EuGH bislang an die notorische Bekanntheit gestellt hat, ist diese Annahme zweifelhaft. Im Interesse einer möglichst weitgehenden Harmonisierung und um die nicht-harmonisierte Benutzungsmarke zurückzudrängen, mag es durchaus sinnvoll sein, die Anforderungen an die notorische Bekanntheit abzusenken. **13**

II. Zeichenähnlichkeit

Der Begriff der Zeichenähnlichkeit beim erweiterten Schutz der bekannten Marke entspricht nach der Rechtsprechung des EuGH nicht dem Begriff der Zeichenähnlichkeit bei der Verwechslungsgefahr.[60] Der Grad der erforderlichen Ähnlichkeit ist unterschiedlich.[61] Bei der bekannten Marke setzt der Schutz namentlich nicht voraus, dass zwischen der bekannten Marke und dem Zeichen ein solcher Grad der Ähnlichkeit festgestellt wird, dass für die beteiligten Verkehrskreise eine Verwechslungsgefahr zwischen beiden besteht. Es genügt vielmehr, dass der Grad der Ähnlichkeit zwischen der bekannten Marke und dem Zeichen bewirkt, dass die beteiligten Verkehrskreise das Zeichen und die Marke gedanklich miteinander **14**

---

54 Zum Entstehen von Rechten an Unternehmenskennzeichen vgl. § 17 Rdn. 1 – 28.
55 BGH I ZR 49/12 v. 31.10.2013 *OTTO CAP*, Tz. 25, m. w. N.; BGH I ZR 59/13 v. 2.4.2015 *Springender Pudel*, Tz. 10.
56 BGH I ZR 105/14 v. 23.9.2015 *Goldbären*, Tz. 22, m. w. N.
57 Dazu oben § 6 Rdn. 9.
58 Vgl. *Ströbele/Hacker/Thiering-Hacker*, § 4 Tz. 80.
59 EuG T-420/03 v. 17.6.2008 *BOOMERANG/BoomerangTV*, Tz. 110.
60 Irreführend die Formulierung in EuGH C-603/14 P v. 10.12.2015 *El Corte Inglés*, Tz. 39.
61 EuGH C-552/09 P v. 24.3.2011 *FERRERO*, Tz. 53; EuGH C-581/13 P und C-582/13 P v. 20.11.2014 *Intra-Presse*, Tz. 72; EuGH C-603/14 P v. 10.12.2015 *El Corte Inglés*, Tz. 40 f.

verknüpfen.⁶² Mit anderen Worten genügt es, dass die jüngere Marke die bekannte Marke bei den beteiligten Verkehrskreisen in Erinnerung ruft.⁶³ Der Bekanntheitsschutz kommt also auch bei geringerer Ähnlichkeit in Betracht als der Schutz vor Verwechslungsgefahr.⁶⁴ Denn wenn die dem Bekanntheitsschutz zugrunde liegenden Beeinträchtigungen der Marke auftreten, so ist dies die Folge eines bestimmten Grades der Ähnlichkeit zwischen der Marke und dem Zeichen, aufgrund dessen die beteiligten Verkehrskreise einen Zusammenhang zwischen dem Zeichen und der Marke sehen, d. h. die beiden gedanklich miteinander verknüpfen, ohne sie jedoch zu verwechseln.⁶⁵

15 Die Gefahr einer Verwechslungsgefahr oder Herkunftstäuschung ist also beim Schutz der bekannten Marke keine Voraussetzung.⁶⁶ Liegt andererseits sogar eine Verwechslungsgefahr vor, so bedeutet dies zwingend, dass der Verkehr die Marken gedanklich miteinander verknüpft.⁶⁷

> So steht etwa der Umstand, dass ein Zeichen wie die drei Adidas-Streifen von den beteiligten Verkehrskreisen (auch) als Verzierung aufgefasst wird, für sich genommen dem Schutz der bekannten Marke nicht entgegen, wenn der Grad der Ähnlichkeit doch so hoch ist, dass die beteiligten Verkehrskreise das Zeichen und die Marke gedanklich miteinander verknüpfen. Wird das Zeichen hingegen nur noch als Verzierung aufgefasst, so erfolgt gerade keine gedankliche Verknüpfung mit der Marke, so dass damit eine der Voraussetzungen für den Schutz nicht gegeben ist.⁶⁸ Solange sich ein Zeichen nicht zur Gattungsbezeichnung entwickelt hat, steht es einer gedanklichen Verknüpfung auch nicht entgegen, wenn ein Zeichen bisweilen gattungsmäßig verwendet wird.⁶⁹

16 Auch wenn es im Rahmen des Schutzes der bekannten Marke im Kern um die gedankliche Verknüpfung geht, so kann doch nicht auf jedwede Ähnlichkeit der Zeichen verzichtet werden. Zeichen, die absolut unähnlich sind, können daher kei-

---

62 EuGH C-408/01 v. 23.10.2003 *Adidas/Fitnessworld*, Tz. 31; EuGH C-102/07 v. 10.4.2008 *adidas und adidas Benelux*, Tz. 40 f.; EuGH C-487/07 v. 18.6.2009 *L'Oréal u. a.*, Tz. 36; EuGH C-252/07 v. 27.11.2008 *Intel*, Tz. 58; EuGH C-136/08 P v. 30.4.2009 *Japan Tobacco*, Tz. 25; EuGH C-552/09 P v. 24.3.2011 *FERRERO*, Tz. 53; EuGH C-581/13 P und C-582/13 P v. 20.11.2014 *Intra-Presse*, Tz. 72; EuGH C-548/14 P v. 17.9.2015 *Arnoldo Mondadori Editore*, Tz. 62; EuGH C-603/14 P v. 10.12.2015 *El Corte Inglés*, Tz. 41 f.; EuGH C-471/16 P v. 26.7.2017 *Staatliche Porzellan-Manufaktur Meissen*, Tz. 50; auch EuG T-434/05 v. 27.11.2007 *GATEWAY/ACTIVY Media Gateway*, Tz. 58; EuG T-181/05 v. 16.4.2008 *CITIBANK/CITI*, Tz. 64; EuG T-21/07 v. 25.3.2009 *SPA/SPALINE*, Tz. 17; BGH I ZR 59/13 v. 2.4.2015 *Springender Pudel*, Tz. 29; BGH I ZR 236/16 v. 28.6.2018 *keine-vorwerk-vertretung*, Tz. 18.
63 EuGH C-252/07 v. 27.11.2008 *Intel*, Tz. 60 u. 63.
64 EuGH C-603/14 P v. 10.12.2015 *El Corte Inglés*, Tz. 42.
65 EuGH C-102/07 v. 10.4.2008 *adidas und adidas Benelux*, Tz. 41; EuGH C-252/07 v. 27.11.2008 *Intel*, Tz. 30 f. u. 66; EuGH C-320/07 P v. 12.3.2009 *Antartica*, Tz. 43 f.; EuGH C-548/14 P v. 17.9.2015 *Arnoldo Mondadori Editore*, Tz. 64 u. 75; EuG T-215/03 v. 22.3.2007 *VIPS/VIPS*, Tz. 41.
66 EuGH C-552/09 P v. 24.3.2011 *FERRERO*, Tz. 53; auch EuGH C-603/14 P v. 10.12.2015 *El Corte Inglés*, Tz. 40; EuG T-215/03 v. 22.3.2007 *VIPS/VIPS*, Tz. 42.
67 EuGH C-252/07 v. 27.11.2008 *Intel*, Tz. 57.
68 EuGH C-408/01 v. 23.10.2003 *Adidas/Fitnessworld*, Tz. 41; in diesem Sinne auch schon BGH GRUR 1953, 40 *Gold-Zack*.
69 BGH I ZR 108/09 v. 17.8.2011 *TÜV II*, Tz. 57 ff.

nen Bekanntheitsschutz genießen.⁷⁰ Wenn jegliche Zeichenähnlichkeit im Rahmen der Prüfung der Verwechslungsgefahr verneint wurde, so gilt dies auch für die Ähnlichkeit im Bekanntheitsschutz.⁷¹ Solange noch ein geringer Grad an Ähnlichkeit bejaht wird, so muss geprüft werden, ob die Ähnlichkeit für einen Bekanntheitsschutz genügt.⁷²

Die Zeichenähnlichkeit in Gestalt der gedanklichen Verknüpfung ist unter Berücksichtigung aller relevanten Umstände des konkreten Falles vom Tatrichter⁷³ umfassend zu beurteilen.⁷⁴ Als derartige Umstände hebt der EuGH hervor: **17**
– den Grad der Ähnlichkeit der einander gegenüberstehenden Marken;⁷⁵
– die Art der Waren und Dienstleistungen, für die die einander gegenüberstehenden Marken jeweils eingetragen sind, einschließlich des Grades der Nähe oder der Unähnlichkeit dieser Waren und Dienstleistungen sowie die betreffenden Verkehrskreise;⁷⁶
– das Ausmaß der Bekanntheit der älteren Marke;
– den Grad der der älteren Marke innewohnenden oder von ihr durch Benutzung erworbenen Unterscheidungskraft;
– das Bestehen einer Verwechslungsgefahr für das Publikum;⁷⁷
– eine etwaige Alleinstellung des Inhabers mit der Marke.⁷⁸

---

70 EuGH C-254/09 P v. 2.9.2010 *Calvin Klein*, Tz. 68; EuGH C-216/10 P v. 25.11.2010 *Lufthansa AirPlus Servicekarten*, Tz. 36; EuGH C-370/10 P v. 14.3.2011 *Ravensburger*, Tz. 63; EuGH C-603/14 P v. 10.12.2015 *El Corte Inglés*, Tz. 39; EuG T-140/08 v. 14.10.2009 *TiMi KINDERJOGHURT/KINDER*, Tz. 67, im Ergebnis bestätigt durch EuGH C-552/09 P v. 24.3.2011 *FERRERO*; BGH I ZR 59/13 v. 2.4.2015 *Springender Pudel*, Tz. 16; BGH I ZR 105/14 v. 23.9.2015 *Goldbären*, Tz. 32.
71 EuGH C-370/10 P v. 14.3.2011 *Ravensburger*, Tz. 63; EuGH C-581/13 P und C-582/13 P v. 20.11.2014 *Intra-Presse*, Tz. 73; EuGH C-603/14 P v. 10.12.2015 *El Corte Inglés*, Tz. 39.
72 EuGH C-581/13 P und C-582/13 P v. 20.11.2014 *Intra-Presse*, Tz. 73; EuGH C-603/14 P v. 10.12.2015 *El Corte Inglés*, Tz. 39 u. 43.
73 BGH I ZR 105/14 v. 23.9.2015 *Goldbären*, Tz. 32, m. w. N.
74 EuGH C-408/01 v. 23.10.2003 *Adidas/Fitnessworld*, Tz. 30, m. w. N.; EuGH C-102/07 v. 10.4.2008 *adidas und adidas Benelux*, Tz. 42; EuGH C-252/07 v. 27.11.2008 *Intel*, Tz. 41 u. 62; EuGH C-320/07 P v. 12.3.2009 *Antartica*, Tz. 45; EuGH C-136/08 P v. 30.4.2009 *Japan Tobacco*, Tz. 26; EuGH C-552/09 P v. 24.3.2011 *FERRERO*, Tz. 56; EuGH C-125/14 v. 3.9.2015 *Iron & Smith*, Tz. 31; EuGH C-548/14 P v. 17.9.2015 *Arnoldo Mondadori Editore*, Tz. 63; EuGH C-471/16 P v. 26.7.2017 *Staatliche Porzellan-Manufaktur Meissen*, Tz. 52; EuGH C-499/17 P v. 14.12.2017 *Miguel Torres*, Tz. 7 f.; EuGH C-85/16 P und C-86/16 P v. 13.5.2018 *Kenzo Tsujimoto*, Tz. 56; auch EuG T-67/04 v. 25.5.2005 *SPA/SPA-FINDERS*, Tz. 41; EuG T-21/07 v. 25.3.2009 *SPA/SPALINE*, Tz. 18.
75 EuGH C-85/16 P und C-86/16 P v. 13.5.2018 *Kenzo Tsujimoto*, Tz. 56.
76 So auch EuG T-438/07 v. 12.11.2009 *SpagO/SPA*, Tz. 29 ff.
77 EuGH C-252/07 v. 27.11.2008 *Intel*, Tz. 42; EuGH C-320/07 P v. 12.3.2009 *Antartica*, Tz. 45; EuGH C-548/14 P v. 17.9.2015 *Arnoldo Mondadori Editore*, Tz. 63; EuGH C-471/16 P v. 26.7.2017 *Staatliche Porzellan-Manufaktur Meissen*, Tz. 52; BGH I ZR 59/13 v. 2.4.2015 *Springender Pudel*, Tz. 33; BGH I ZR 78/14 v. 23.9.2015 *Sparkassen-Rot/Santander-Rot*, Tz. 108; BGH I ZR 105/14 v. 23.9.2015 *Goldbären*, Tz. 32; BGH I ZR 236/16 v. 28.6.2018 *keine-vorwerk-vertretung*, Tz. 18.
78 EuGH C-252/07 v. 27.11.2008 *Intel*, Tz. 56; selektiv [Unterscheidungskraft und Bekanntheit] hingegen EuGH C-552/09 P v. 24.3.2011 *FERRERO*, Tz. 56.

Andererseits impliziert etwa die Tatsache, dass die ältere Marke für verschiedene Produkte sehr bekannt ist, diese Produkte den Produkten, für die die jüngere Marke eingetragen ist, unähnlich oder in hohem Maße unähnlich sind und die ältere Marke in Bezug auf Produkte gleich welcher Art einmalig ist, nicht zwangsläufig das Bestehen einer gedanklichen Verknüpfung.[79] Vielmehr ist die Ähnlichkeit im Einzelnen zu untersuchen. Bei mehr oder weniger identischen Waren kann sogar eine Ähnlichkeit der berühmten Marke

mit dem Zeichen

zu bejahen sein, zumal der lange Schweif des Anfangsbuchstabens besonders charakteristisch ist.[80] Im Rahmen des Bekanntheitsschutzes kann auch noch eine Ähnlichkeit der beiden Marken

angenommen werden, wo jeweils eine den Poloschläger schwingende Person im Vordergrund steht.[81] Dies gilt auch für das Motiv

mit der Figur des Polospielers, die eine selbstständig kennzeichnende Stellung einnimmt.[82] Schließlich waren, obwohl dem Markenrecht allgemeiner Motivschutz fremd ist, auch die Marken

---

79 EuGH C-252/07 v. 27.11.2008 *Intel*, Tz. 64.
80 EuG T-480/12 v. 11.12.2014 *Coca-Cola/Master*, Tz. 58 ff.
81 EuG T-265/13 v. 18.9.2014 *The Polo/Lauren Company*, Tz. 24 ff.
82 EuG T-90/13 v. 18.9.2014 *Herdade de S. Tiago II*, Tz. 34.

II. Zeichenähnlichkeit

bildlich ähnlich.[83] Ein abgrenzender Hinweis – »keine-vorwerk-vertretung« – verhindert nicht das gedankliche Inverbindungbringen.[84]

Wie bei der Prüfung der Zeichenähnlichkeit im Rahmen der Verwechslungsgefahr können bestehende Ähnlichkeiten durch Unterschiede wieder neutralisiert werden. **18**

So sollten – sehr streng – die Marken

aufgrund der kopfähnlichen Gestaltung am Anfang des links abgebildeten Zeichens und aufgrund der klaren Bedeutung des Wortes »Star« nicht mehr ähnlich sein;[85] tatsächlich dürften die Ähnlichkeiten überwiegen.

Dabei weist der EuGH darauf hin, dass die Wahrscheinlichkeit, dass die jüngere Marke den maßgeblichen Verkehrskreisen die ältere bekannte Marke in Erinnerung ruft, umso größer ist, je ähnlicher diese Marken einander sind. Dies gilt erst recht, wenn die Marken identisch sind. Allerdings reicht allein die Identität der einander gegenüberstehenden Marken und erst recht ihre bloße Ähnlichkeit nicht aus, um auf eine gedankliche Verknüpfung zwischen diesen Marken zu schließen. Es ist nämlich durchaus möglich, dass die fraglichen Marken für Produkte eingetragen sind, bei denen sich die jeweils betroffenen Verkehrskreise nicht überschneiden. Selbst wenn ferner die Verkehrskreise, die von den Produkten angesprochen werden, für die die fraglichen Marken jeweils eingetragen sind, dieselben sind oder sich in bestimmtem Umfang überschneiden, können diese Produkte so unähnlich sein, dass die jüngere Marke den maßgeblichen Verkehrskreisen die ältere Marke nicht in Erinnerung zu rufen vermag. Andererseits können bestimmte Marken eine solche Bekanntheit erworben haben, dass sie über die Verkehrskreise hinausgeht, die von den Produkten angesprochen werden, für die diese Marken eingetragen sind.[86] **19**

So erscheint es durchaus möglich, dass eine Marke, die für juristische Fachliteratur bekannt ist, bei einer Verwendung auf Öltankern von den dort maßgeblichen Verkehrskreisen nicht mit der bekannten Marke assoziiert wird.

Ganz zutreffend ist es also nicht, wenn der BGH einheitliche Grundsätze bei der Beurteilung der Zeichenähnlichkeit im Rahmen der Verwechslungsgefahr und im **20**

---

83 BGH I ZR 59/13 v. 2.4.2015 *Springender Pudel*, Tz. 24 ff.; vgl. auch EuG T-692/14 v. 25.2.2016 *Puma*, Tz. 33 ff.; BPatG 27 W (pat) 92/14 v. 3.6.2016.
84 BGH I ZR 236/16 v. 28.6.2018 *keine-vorwerk-vertretung*, Tz. 20.
85 EuG T-309/08 v. 21.1.2010 *G Stor/G-STAR und G-STAR RAW DENIM*, Tz. 28 ff.
86 EuGH C-252/07 v. 27.11.2008 *Intel*, Tz. 44 ff.; auch EuGH C-552/09 P v. 24.3.2011 *FERRERO*, Tz. 57; EuGH C-471/16 P v. 26.7.2017 *Staatliche Porzellan-Manufaktur Meissen*, Tz. 51 u. 53.

Rahmen des Sonderschutzes bekannter Marken anwenden will.[87] Beim Bekanntheitsschutz ist der erforderliche Ähnlichkeitsgrad geringer als bei der Verwechslungsgefahr.[88] Zuzustimmen ist dem BGH[89] andererseits insoweit, als die Prüfung im Wesentlichen anhand einheitlicher Grundsätze erfolgen kann. Sowohl bei der Verwechslungsgefahr als auch bei der bekannten Marke ist die gedankliche Verknüpfung bzw. die Verwechslungsgefahr unter Berücksichtigung aller relevanten Umstände des konkreten Falles umfassend zu beurteilen.[90] Auch können sicherlich aus der Prüfung der Zeichenähnlichkeit im Rahmen der Verwechslungsgefahr gewisse Schlüsse auf die Ähnlichkeit im Rahmen des Schutzes bekannter Marken gezogen werden.[91] Die Ähnlichkeit zwischen der Marke und dem Zeichen erfordert hier wie dort insbesondere Gemeinsamkeiten im Optischen, im Klang oder in der Bedeutung.[92] Weiter kommt es in beiden Fällen auf den jeweiligen Gesamteindruck der einander gegenüberstehenden Zeichen an. Dabei liegt hier wie dort die Beurteilung des Gesamteindrucks im Wesentlichen auf tatsächlichem Gebiet und kann im Revisionsverfahren nur eingeschränkt u. a. darauf überprüft werden, ob das Berufungsgericht den zutreffenden Rechtsbegriff zugrunde gelegt und bestehende Erfahrungssätze angewandt hat.[93]

Im Rahmen des Bekanntheitsschutzes ist daher etwa die Anmeldung »CITI« der älteren Marke »CITIBANK« trotz der eher geringen Kennzeichnungskraft des übereinstimmenden Elements »CITI« ähnlich.[94] Auch die Zeichen »SPA« und »MINERAL SPA« sind ähnlich;[95] dabei kommt es nicht darauf an, ob eine Ähnlichkeit auch im Rahmen der Prüfung der Verwechslungsgefahr zu bejahen wäre. Wird hingegen die Bezeichnung »Metrobus« von den Verkehrskreisen im öffentlichen Nahverkehr als Gesamtzeichen im Sinne von »Stadtbus«

---

87 BGH GRUR 2004, 594, 596 *Ferrari-Pferd*, mit zahlreichen Nachweisen zum Meinungsstand; BGH GRUR 2004, 598, 599 *Kleiner Feigling*; BGH GRUR 2004, 779, 783 *Zwilling/ Zweibrüder*, m. w. N.; BGH I ZR 6/05 v. 20.9.2007 *Kinder II*, Tz. 45; BGH I ZR 94/04 v. 20.9.2007 *Kinderzeit*, Tz. 50; BGH I ZR 78/06 v. 2.4.2009 *OSTSEE-POST*, Tz. 49; I ZR 79/06 v. 2.4.2009, Tz. 53; vorsichtiger nun BGH I ZR 59/13 v. 2.4.2015 *Springender Pudel*, Tz. 16; BGH I ZR 105/14 v. 23.9.2015 *Goldbären*, Tz. 34 [»im Grundsatz«]; unzutreffend auch *Büscher/Dittmer/Schiwy*, Gewerblicher Rechtsschutz – Urheberrecht – Medienrecht – Kommentar, 3. Aufl. 2015, § 14 MarkenG Tz. 535 ff.
88 EuGH C-552/09 P v. 24.3.2011 *FERRERO*, Tz. 53; EuGH C-581/13 P und C-582/13 P v. 20.11.2014 *Intra-Presse*, Tz. 72.
89 BGH GRUR 2004, 594, 597 *Ferrari-Pferd*.
90 EuGH C-552/09 P v. 24.3.2011 *FERRERO*, Tz. 54; EuGH C-370/10 P v. 14.3.2011 *Ravensburger*, Tz. 63; vgl. auch § 13 Rdn. 17.
91 Vgl. EuGH C-57/08 P v. 11.12.2008 *Gateway*, Tz. 63 f.; zuvor bereits EuG T-350/04 bis T-352/04 v. 19.10.2006 *Bit/BUD*, Tz. 136; EuG T-434/05 v. 27.11.2007 *GATEWAY/ACTIVY Media Gateway*, Tz. 60; zu weitgehend EuG T-151/08 v. 11.6.2009 *GELLECS/GALLO*, Tz. 72 ff., im Ergebnis bestätigt durch EuGH C-342/09 P v. 27.10.2010 *Victor Guedes*.
92 EuGH C-408/01 v. 23.10.2003 *Adidas/Fitnessworld*, Tz. 28, unter Hinweis auf Art. 10 II Buchst. b MRR und EuGH C-251/95 v. 11.11.1997 *Springende Raubkatze*, Tz. 23 a. E.; EuGH C-342/97 v. 22.6.1999 *Lloyd Schuhfabrik Meyer*, Tz. 25 u. 27 a. E.; auch BGH GRUR 2004, 594, 596 f. *Ferrari-Pferd*.
93 BGH GRUR 2004, 594, 597 *Ferrari-Pferd*, unter Hinweis auf Entscheidungen zur Verwechslungsgefahr; BGH I ZR 59/13 v. 2.4.2015 *Springender Pudel*, Tz. 33.
94 EuG T-181/05 v. 16.4.2008 *CITIBANK/CITI*, Tz. 66 ff.
95 EuG T-93/06 v. 19.6.2008 *SPA/MINERAL SPA*, Tz. 30 f.; ähnlich EuG T-21/07 v. 25.3.2009 *SPA/SPALINE*, Tz. 23 ff.

verstanden, so liegt es eher fern, dass der Verkehr das Zeichen mit einer Marke »Metro« assoziiert.[96]

Dem BGH[97] kann allerdings nicht mehr gefolgt werden, wenn er in jüngeren Entscheidungen zwar zum Schein an die Rechtsprechung des EuGH anknüpft, diese dann aber zur Unkenntlichkeit verzerrt. So soll der Bekanntheitsschutz voraussetzen, dass das angegriffene Zeichen vom Verkehr »in relevantem Umfang« mit der bekannten Marke in Verbindung gebracht wird; demgegenüber kennt die EuGH-Rechtsprechung nicht das zusätzliche Kriterium »in relevantem Umfang«. Darüber hinaus genüge es nach der Rechtsprechung des BGH nicht, dass ein Zeichen geeignet ist, durch »bloße Assoziation« an ein fremdes Kennzeichen Aufmerksamkeit zu erwecken; das »gedankliche Verknüpfen« als zentrales Kriterium des Bekanntheitsschutzes beim EuGH ist jedoch nichts anderes als »bloße Assoziation«. Genau genommen handelt es sich beim Begriff »Assoziation« um die lateinische Übersetzung des Begriffs »gedankliches Verknüpfen«. Die Trickserein des BGH mittels fremdsprachlicher Spielereien können nicht überzeugen. 21

III. Spezifische Schutzvoraussetzungen

Unzulässig ist die Benutzung eines der bekannten Marke ähnlichen Zeichens nur, wenn die Benutzung des Zeichens die Unterscheidungskraft oder die Wertschätzung der bekannten Marke ohne rechtfertigenden Grund in unlauterer Weise ausnutzt oder beeinträchtigt. Es lassen sich also insgesamt drei Fallgruppen des erweiterten Schutzes ausmachen: die Beeinträchtigung der Unterscheidungskraft der bekannten Marke, die Beeinträchtigung ihrer Wertschätzung sowie – in einer Fallgruppe – das Ausnutzen der Unterscheidungskraft der bekannten Marke oder ihrer Wertschätzung.[98] All diese drei Fallgruppen setzen zudem voraus, dass der Eingriff ohne rechtfertigenden Grund in unlauterer Weise geschieht. Es genügt dabei für den Bekanntheitsschutz, dass die Voraussetzungen einer der drei Fallgruppen erfüllt sind.[99] Es sind alle Umstände des Einzelfalls zu prüfen.[100] Dabei stellt die Prüfung, ob die Voraussetzungen erfüllt sind, im Wesentlichen eine Tatsachenwürdigung dar und obliegt dem nationalen Gericht.[101] 22

Zwar genügt alleine die Tatsache, dass die bekannte Marke von dem jüngeren Zeichen in Erinnerung gerufen wird, nicht, um ein Ausnutzen oder Beeinträchtigen 23

---

96 Vgl. BGH I ZR 167/06 v. 5.2.2009 *METROBUS*, Tz. 53; I ZR 174/06 v. 5.2.2009, Tz. 53; I ZR 186/06 v. 5.2.2009, Tz. 46.
97 BGH I ZR 200/06 v. 18.12.2008 *Augsburger Puppenkiste*, Tz. 71; auch wieder BGH I ZR 131/13 v. 15.5.2014 *Olympia-Rabatt*, Tz. 43; wohl vorsichtiger BGH I ZR 59/13 v. 2.4.2015 *Springender Pudel*, Tz. 33.
98 Vgl. auch EuGH C-252/07 v. 27.11.2008 *Intel*, Tz. 27; EuGH C-487/07 v. 18.6.2009 *L'Oréal u. a.*, Tz. 38; EuGH C-323/09 v. 22.9.2011 *Interflora*, Tz. 72; zuvor ähnlich bereits EuG T-215/03 v. 22.3.2007 *VIPS/VIPS*, Tz. 36.
99 EuGH C-487/07 v. 18.6.2009 *L'Oréal u. a.*, Tz. 42; EuGH C-323/09 v. 22.9.2011 *Interflora*, Tz. 72; zuvor bereits EuG T-181/05 v. 16.4.2008 *CITIBANK/CITI*, Tz. 76.
100 EuGH C-252/07 v. 27.11.2008 *Intel*, Tz. 68; EuGH C-125/14 v. 3.9.2015 *Iron & Smith*, Tz. 32.
101 EuGH C-48/05 v. 25.1.2007 *Adam Opel*, Tz. 36.

der Unterscheidungskraft oder Wertschätzung zu bejahen.[102] Je unmittelbarer und stärker aber die ältere Marke von der jüngeren Marke in Erinnerung gerufen wird, desto größer ist die Gefahr, dass die gegenwärtige oder künftige Benutzung der jüngeren Marke die Unterscheidungskraft oder die Wertschätzung der älteren Marke in unlauterer Weise ausnutzt oder beeinträchtigt.[103] Bevor die Voraussetzungen geprüft werden können, ist regelmäßig der Bekanntheitsgrad der Marke zu beurteilen.[104]

24   Auf welche Verkehrskreise bei der Prüfung der Beeinträchtigung abzustellen ist, hängt von der einschlägigen Fallgruppe ab: In den Fällen der Beeinträchtigung der Unterscheidungskraft oder Wertschätzung ist dabei auf die Verkehrskreise abzustellen, die von den unter der älteren, also der bekannten Marke geschützten Produkten angesprochen werden. Geht es hingegen um das Ausnutzen der Unterscheidungskraft oder Wertschätzung der älteren Marke, so kommt es auf das Verständnis der Verkehrskreise an, für die die jüngere Marke Schutz beansprucht.[105]

25   Dabei setzt etwa der Nachweis, dass die Benutzung der jüngeren Marke die Unterscheidungskraft der älteren Marke beeinträchtigt oder beeinträchtigen würde, voraus, dass sich das wirtschaftliche Verhalten des Durchschnittsverbrauchers der Produkte, für die die ältere Marke eingetragen ist, infolge der Benutzung der jüngeren Marke geändert hat oder dass die ernsthafte Gefahr einer künftigen Änderung dieses Verhaltens besteht. Dagegen ist für die Beurteilung, ob die Benutzung der jüngeren Marke die Unterscheidungskraft der älteren Marke beeinträchtigt oder beeinträchtigen würde, unerheblich, ob der Inhaber der jüngeren Marke aus der Unterscheidungskraft der älteren Marke einen tatsächlichen wirtschaftlichen Vorteil zieht.[106] Der Begriff der »Änderung des wirtschaftlichen Verhaltens des Durchschnittsverbrauchers« stellt eine objektive Voraussetzung auf. Sie kann nicht nur aus subjektiven Gesichtspunkten wie allein der Wahrnehmung der Verbraucher abgeleitet werden. Der bloße Umstand, dass die Verbraucher feststellen, dass es ein neues Zeichen gibt, das einem älteren Zeichen ähnlich ist, reicht allein nicht aus.[107] Andererseits ist nicht zwingend der Nachweis einer aktuellen Beeinträchtigung erforderlich.[108] Bei der Feststellung einer drohenden Gefahr kann dabei auch mit-

---

102 EuGH C-487/07 v. 18.6.2009 *L'Oréal u. a.*, Tz. 37.
103 EuGH C-252/07 v. 27.11.2008 *Intel*, Tz. 67; EuGH C-125/14 v. 3.9.2015 *Iron & Smith*, Tz. 33.
104 EuG T-900/16 v. 1.6.2018 *DAYADAY/Dayaday*, Tz. 36 f.
105 EuGH C-252/07 v. 27.11.2008 *Intel*, Tz. 35 f.; EuGH C-320/07 P v. 12.3.2009 *Antartica*, Tz. 46 ff.; vgl. auch EuGH C-125/14 v. 3.9.2015 *Iron & Smith*, Tz. 28.
106 EuGH C-252/07 v. 27.11.2008 *Intel*, Tz. 77 f.; EuGH C-383/12 P v. 14.11.2013 *Environmental Factoring*, Tz. 34 f.; auch EuGH C-100/11 P v. 10.5.2012 *Helena Rubinstein u.a.*, Tz. 93; BGH I ZR 78/14 v. 23.9.2015 *Sparkassen-Rot/Santander-Rot*, Tz. 111.
107 EuGH C-383/12 P v. 14.11.2013 *Environmental Factoring*, Tz. 37, gegen EuG T-570/10 v. 22.5.2012 *Outils WOLF/Wolfskopf*, nun EuG T-570/10 RENV v. 5.2.2015 *Environmental Manufacturing*.
108 EuGH C-100/11 P v. 10.5.2012 *Helena Rubinstein u.a.*, Tz. 93; EuG T-181/05 v. 16.4.2008 *CITIBANK/CITI*, Tz. 77; vgl. auch EuGH C-197/07 P v. 12.12.2008 *Aktieselskabet af 21. november 2001*, Tz. 22.

tels logischer Ableitungen gearbeitet werden.¹⁰⁹ Entsprechendes gilt für das Ausnutzen der Unterscheidungskraft oder Wertschätzung,¹¹⁰ wo allerdings die Voraussetzungen eher subjektiver Natur sind und den Charakter einer Prognoseentscheidung haben. Dabei kann aber die Bekanntheit einer Marke über die von ihr angesprochenen Verkehrskreise hinausgehen.¹¹¹

Für die Schutzvoraussetzungen der bekannten Marke ist deren Inhaber grundsätzlich beweispflichtig. Allerdings ist der Inhaber nicht verpflichtet, das Vorliegen einer tatsächlichen und gegenwärtigen Beeinträchtigung seiner Marke nachzuweisen. Vielmehr genügt die Darlegung von Gesichtspunkten, aus denen auf die ernsthafte Gefahr einer künftigen Beeinträchtigung geschlossen werden kann. Ist es dem Inhaber der älteren Marke gelungen, entweder das Vorliegen einer tatsächlichen und gegenwärtigen Beeinträchtigung seiner Marke oder das Vorliegen einer ernsthaften Gefahr einer künftigen Beeinträchtigung nachzuweisen, obliegt es dem Inhaber der jüngeren Marke nachzuweisen, dass es für die Benutzung dieser Marke einen rechtfertigenden Grund gibt.¹¹² 26

So genügt das bloße Bestehen einer gedanklichen Verbindung etwa noch nicht als Nachweis für ein Ausnutzen oder Beeinträchtigen der Unterscheidungskraft.¹¹³ Andererseits kann bereits die erste Inbenutzungnahme der jüngeren Marke zu einer Beeinträchtigung der bekannten Marke oder jedenfalls der Gefahr der Beeinträchtigung führen.¹¹⁴ Gerade bei einer Marke mit außergewöhnlich hoher Wertschätzung kann – ohne dass dies stets zwingend ist – die Wahrscheinlichkeit einer nicht nur hypothetischen Gefahr der künftigen Beeinträchtigung oder unlauteren Ausnutzung der Widerspruchsmarke durch die Anmeldung sogar so offensichtlich sein, dass der Widersprechende insoweit keinen weiteren tatsächlichen Umstand geltend machen und beweisen muss.¹¹⁵

1. Handeln ohne rechtfertigenden Grund in unlauterer Weise

Durch das im Tatbestand aller drei Fallgruppen erwähnte Unlauterkeitsmerkmal ist der erweiterte Schutz der bekannten Marke letztlich Lauterkeitsschutz.¹¹⁶ Es ist folglich eine umfassende Unlauterkeitsprüfung vorzunehmen.¹¹⁷ Die Wertungsmaßstäbe entsprechen dabei denen im (harmonisierten) Wettbewerbsrecht und decken sich mit den Wertungen der Schrankenregelungen in Art. 14 I MRR, Art. 14 UMV, § 23 MarkenG.¹¹⁸ 27

---

109 EuGH C-383/12 P v. 14.11.2013 *Environmental Factoring*, Tz. 42.
110 EuGH C-197/07 P v. 12.12.2008 *Aktieselskabet af 21. november 2001*, Tz. 22.
111 EuG T-62/16 v. 26.9.2018 *PUMA/PUMA*, Tz. 69 f.
112 EuGH C-252/07 v. 27.11.2008 *Intel*, Tz. 37 ff.; von einem Prima-facie-Nachweis spricht EuGH C-197/07 P v. 12.12.2008 *Aktieselskabet af 21. november 2001*, Tz. 22.
113 EuG T-67/04 v. 25.5.2005 *SPA/SPA-FINDERS*, Tz. 40, 44 u. 52 f.; auch EuG T-477/04 v. 6.2.2007 *TDK*, Tz. 64, bestätigt durch EuGH C-197/07 P v. 12.12.2008 *Aktieselskabet af 21. november 2001*; EuG T-215/03 v. 22.3.2007 *VIPS/VIPS*, Tz. 48.
114 EuGH C-252/07 v. 27.11.2008 *Intel*, Tz. 75.
115 EuG T-215/03 v. 22.3.2007 *VIPS/VIPS*, Tz. 48.
116 Wettbewerbsrechtlicher Schutz: BGH GRUR 2004, 239, 240 *DONLINE*.
117 BGH GRUR 1999, 992, 994 *BIG PACK*; BGH I ZR 108/09 v. 17.8.2011 *TÜV II*, Tz. 65; vgl. auch BGH GRUR 2002, 613 *GERRI/KERRY Spring*.
118 BGH I ZR 110/06 v. 2.4.2009, Tz. 30; I ZR 209/06 v. 2.4.2009 *POST/RegioPost*, Tz. 34; BGH I ZR 42/07 v. 30.4.2009 *DAX*, Tz. 37; BGH I ZR 236/16 v. 28.6.2018 *keine-vorwerk-vertretung*, Tz. 22; vgl. auch unten § 15 Rdn. 25.

Eine wettbewerbsrechtlich unzulässige vergleichende Werbung, die die Wertschätzung oder Unterscheidungskraft einer bekannten Marke ausnutzt, stellt daher zugleich auch ein Handeln ohne rechtfertigenden Grund in unlauterer Weise dar.[119] Umgekehrt kann etwa die Nutzung einer der Marke eines Wettbewerbers ähnlichen Farbe dann gerechtfertigt sein, wenn es sich zugleich um die eigene Hausfarbe handelt.[120]

28 Hierbei ist zwar ein etwaiges Freihaltebedürfnis grundsätzlich kein relevantes Beurteilungskriterium.[121] Doch wird man einen beschreibenden Charakter der bekannten Marke als Gesichtspunkt gegen die Unlauterkeit berücksichtigen können, weil der Markeninhaber insoweit durch die Wahl einer beschreibenden Marke das Gefährdungspotential für diese Marke selbst verursacht hat.[122]

So wird etwa bei einer beschreibenden Marke wie »Big Pack« der Bekanntheitsschutz kaum eingreifen.[123] Auch wenn ein Zeichen »CD-FIX« sinntragend für Produkte zum Fixieren von CDs, nämlich die CD-Haltepunkte, verwendet wird, kommt ein Bekanntheitsschutz bei einer Bekanntheit der Angriffsmarke »d-c-fix« von nur 47 % bei allen Verkehrskreisen nicht in Betracht; es fehlt hier an einer Verwendung der Bezeichnung ohne rechtfertigenden Grund in unlauterer Weise.[124] Wird schließlich auf einem Modellfahrzeug das Logo des Originalfahrzeugs angebracht und ist dies der möglichst wirklichkeitsnahen Nachbildung geschuldet, so ist dies nicht unlauter.[125]

29 Auch kann eine künstlerische Verwendung einer bekannten Marke durch die Kunstfreiheit nach Art. 11 der Charta der Grundrechte der Europäischen Union und Art 10 EMRK gedeckt sein. Hierbei sind nicht unbedingt hohe Anforderungen an den Kunstbegriff zu stellen.

Werden etwa die bekannten Milka-Marken auf einer lila Postkarte mit dem Text »Über allen Wipfeln ist Ruh«, irgendwo blökt eine Kuh, Muh! – Rainer Maria Milka« eingesetzt, so ist dies durch die Kunstfreiheit gerechtfertigt.[126] Dagegen muss es der durch die Eigentumsgarantie geschützte Inhaber einer bekannten Marke nicht dulden, dass für ein sein Markenrecht verletzendes Zeichen Registerschutz für identische oder ähnliche Waren begründet wird, auch wenn das Zeichen in humorvoller Weise auf die bekannte Marke anspielt und als Markenparodie in den Schutzbereich der Kunstfreiheit fällt.[127]

30 Weil der Bekanntheitsschutz ohnehin Unlauterkeit voraussetzt, stellt das Merkmal des Fehlens eines rechtfertigen Grundes regelmäßig im Wesentlichen ein klarstel-

---

119 EuGH C-487/07 v. 18.6.2009 *L'Oréal u. a.*, Tz. 79.
120 EuGH C-252/12 v. 18.7.2013 *Specsavers*, Tz. 49.
121 EuGH C-102/07 v. 10.4.2008 *adidas und adidas Benelux*, Tz. 43.
122 So im Ergebnis auch BGH GRUR 1999, 992, 994 *BIG PACK*; vgl. auch BGH GRUR 2002, 613 *GERRI/KERRY Spring*; BGH I ZR 169/05 v. 5.6.2008 *POST*, Tz. 26; I ZR 108/05 v. 5.6.2008, Tz. 28.
123 BGH GRUR 1999, 992, 994 *BIG PACK*; ähnlich BGH I ZR 169/05 v. 5.6.2008 *POST*, Tz. 26; I ZR 108/05 v. 5.6.2008, Tz. 28.
124 BGH GRUR 2004, 600, 602 *d-c-fix/CD-FIX*, mit abweichender Beurteilung im Rahmen des § 23 MarkenG.
125 BGH I ZR 88/08 v. 14.1.2010 *Opel-Blitz II*, Tz. 29 f.
126 BGH GRUR 2005, 583, 584 f. *Lila-Postkarte*, wo mit Blick auf den Stand der Harmonisierung im Markenrecht anstelle deutscher Grundrechte zutreffender auf europäische Grundrechte hätte zurückgegriffen werden sollen; zutreffend nun BGH I ZR 59/13 v. 2.4.2015 *Springender Pudel*, Tz. 41 ff.
127 BGH I ZR 59/13 v. 2.4.2015 *Springender Pudel*; auch Circle of European Trademakr Judges (http://cet-j.org/?page_id=30).

lendes Merkmal des Bekanntheitsschutzes dar.[128] Allerdings sieht der EuGH in dem Merkmal auch eine Art Beweislastumkehr dahingehend, dass der Inhaber des jüngeren Zeichens ausnahmsweise geltend machen kann, warum sein Handeln gerechtfertigt ist.[129]

> So ist aber etwa ein Ausnutzen der Unterscheidungskraft einer Marke durch Anmeldung einer Unionsmarke nicht schon dadurch gerechtfertigt, dass der Anmelder in einem Teilmarkt der EU über eine entsprechende nationale Marke verfügt.[130]

Allerdings umfasst das Merkmal nicht nur objektiv zwingende Gründe, sondern kann sich auch auf die subjektiven Interessen eines Dritten beziehen, der ein mit der bekannten Marke identisches oder ihr ähnliches Zeichen benutzt. Der EuGH will das Merkmal für einen zusätzlichen Interessenausgleich fruchtbar machen.[131] Ein rechtfertigender Grund kann zum Beispiel darin liegen, dass das angegriffene Zeichen gutgläubig schon vor der Registrierung der bekannten Marke genutzt wurde, dass also in gewisser Weise ein Vorbenutzungsrecht[132] begründet wurde. Um zu beurteilen, ob ein rechtfertigender Grund vorliegt, hat das nationale Gericht insbesondere folgende Gesichtspunkte zu berücksichtigen: 31

– die Verkehrsdurchsetzung und den Ruf des Zeichens bei den betroffenen Verkehrskreisen,
– den Grad der Nähe zwischen den Waren und Dienstleistungen, für die das Zeichen ursprünglich benutzt wurde, und der Ware, für die die bekannte Marke eingetragen ist, und
– die wirtschaftliche und handelsmäßige Erheblichkeit der Benutzung des der Marke ähnlichen Zeichens für die fragliche Ware.[133]

> Zur Rechtfertigung nicht genügen soll dabei allerdings die Tatsache, dass es sich bei der jüngeren Marke zugleich um den Vornamen des Anmelders handelt. Denn es gebe kein Recht, seinen Namen auch als Marke zu registrieren.[134]

2. Beeinträchtigung der Unterscheidungskraft

Die Beeinträchtigung der Unterscheidungskraft einer Marke wird mitunter auch als Verwässerung oder Schwächung (Dilution) bezeichnet.[135] Eine solche Verwässerung oder Schwächung liegt vor, wenn die Eignung dieser Marke, die Produkte, für die sie eingetragen ist und benutzt wird, als vom Inhaber dieser Marke stammend zu identifizieren, geschwächt wird, weil die Benutzung der jüngeren Marke 32

---

128 Ähnlich Schlussanträge von Generalanwalt *Mengozzi* v. 10.2.2009 in der Rechtssache C-487/07 *L'Oréal*, Tz. 106; ähnlich auch BGH I ZR 49/12 v. 31.10.2013 *OTTO CAP*, Tz. 42.
129 EuGH C-125/14 v. 3.9.2015 *Iron & Smith*, Tz. 31, m. w. N.
130 EuG T-181/05 v. 16.4.2008 *CITIBANK/CITI*, Tz. 85.
131 EuGH C-65/12 v. 6.2.2014 *Leidseplein Beheer*, Tz. 45 f.; EuGH C-85/16 P und C-86/16 P v. 13.5.2018 *Kenzo Tsujimoto*, Tz. 86 u. 90.
132 Kein Vorbenutzungsrecht bei der Verwechslungsgefahr: BGH I ZR 166/15 v. 18.10.2016, Tz. 6 f.
133 EuGH C-65/12 v. 6.2.2014 *Leidseplein Beheer*, Tz. 53 ff.
134 EuG T-393/12 v. 22.1.2015 *KENZO/KENZO*, Tz. 21; bestätigt durch EuGH C-85/16 P und C-86/16 P v. 13.5.2018 *Kenzo Tsujimoto*, Tz. 91 ff.
135 EuGH C-487/07 v. 18.6.2009 *L'Oréal u. a.*, Tz. 39.

zur Auflösung der Identität der älteren Marke und ihrer Bekanntheit beim Publikum führt. Dies ist insbesondere der Fall, wenn die ältere Marke, die eine unmittelbare gedankliche Verbindung mit den von ihr erfassten Produkten hervorrief, dies nicht mehr zu bewirken vermag.[136] Am Ende eines Verwässerungsprozesses ist die Marke nicht mehr in der Lage, bei den Verbrauchern eine unmittelbare gedankliche Verbindung mit einer bestimmten gewerblichen Herkunft hervorzurufen.[137]

> Lässt man beispielsweise Rolls Royce Restaurants und Rolls Royce Cafés, Rolls Royce Hosen und Rolls Royce Bonbons zu, dann wird es in 10 Jahren die Marke Rolls Royce nicht mehr geben.[138]

33 Um die Verwässerung verhindern zu können, darf der Inhaber einer bekannten Marke jede – auch eine einmalige[139] – Zeichennutzung verbieten, durch die ihre Kennzeichnungskraft verringert wird, ohne das Ende des Verwässerungsprozesses abwarten zu müssen. Eine solche Abschwächung der Kennzeichnungskraft liegt insbesondere vor, wenn eine bekannte Marke als Gattungsbegriff verwendet wird.[140]

> Nutzt daher etwa der Konkurrent eines bekannten Blumenlieferdienstes die Marke, so kommt es darauf an, ob das Zeichen lediglich als beschreibende Gattungsbezeichnung eingesetzt wird oder ob es als Marke des Mitbewerbers präsentiert wird, um eine Alternative aufzuzeigen.[141]

34 Je größer hierbei insbesondere die Unterscheidungskraft (bzw. entsprechend auch die Wertschätzung) der Marke sind, desto eher wird eine Beeinträchtigung vorliegen.[142] Insbesondere bei der identischen oder ähnlichen Benutzung einer bekannten Marke zu dem Zweck, die mit ihrer Verwendung verbundene Aufmerksamkeit auszubeuten, ist regelmäßig von einem die Unlauterkeit begründenden Verhalten auszugehen.[143] Auch wenn die bekannte Marke mehr oder weniger über Alleinstellung verfügt, ist eine Verwässerung wahrscheinlicher.[144]

---

136 EuGH C-252/07 v. 27.11.2008 *Intel*, Tz. 29; EuGH C-487/07 v. 18.6.2009 *L'Oréal u. a.*, Tz. 39; EuGH C-323/09 v. 22.9.2011 *Interflora*, Tz. 73; BGH I ZR 214/11 v. 11.4.2013 *VOLKSWAGEN/Volks.Inspektion*, Tz. 60; BGH I ZR 78/14 v. 23.9.2015 *Sparkassen-Rot/Santander-Rot*, Tz. 111.
137 EuGH C-323/09 v. 22.9.2011 *Interflora*, Tz. 76; auch schon EuG T-67/04 v. 25.5.2005 *SPA/SPA-FINDERS*, Tz. 43, unter Hinweis auf die Schlussanträge von Generalanwalt *Jacobs* im Verfahren C-408/01 v. 10.7.2003 *Adidas/Fitnessworld*, Tz. 37; Schlussanträge von Generalanwalt *Jacobs* T-215/03 v. 22.3.2007 *VIPS/VIPS*, Tz. 37.
138 Schlussanträge von Generalanwalt *Jacobs* im Verfahren C-408/01 v. 10.7.2003 *Adidas/Fitnessworld*, Tz. 37, unter Hinweis auf Frank I. *Schechter*, The rational basis of trademark protection, Harvard Law Review 1927, S. 813.
139 So ausdrücklich BGH I ZR 214/11 v. 11.4.2013 *VOLKSWAGEN/Volks.Inspektion*, Tz. 61.
140 EuGH C-323/09 v. 22.9.2011 *Interflora*, Tz. 77.
141 EuGH C-323/09 v. 22.9.2011 *Interflora*, Tz. 78 ff.
142 EuGH C-375/97 v. 14.9.1999 *Chevy*, Tz. 30; EuGH C-252/07 v. 27.11.2008 *Intel*, Tz. 69; EuG T-477/04 v. 6.2.2007 *TDK*, Tz. 65, im Ergebnis bestätigt durch EuGH C-197/07 P v. 12.12.2008 *Aktieselskabet af 21. november 2001*; wohl auch BGH I ZR 78/14 v. 23.9.2015 *Sparkassen-Rot/Santander-Rot*, Tz. 111.
143 BGH GRUR 2005, 583, 584 *Lila-Postkarte*.
144 EuGH C-252/07 v. 27.11.2008 *Intel*, Tz. 74.

So kann etwa eine Beeinträchtigung der Unterscheidungskraft der älteren Marke allein deswegen vorliegen, wenn die Eignung dieser Marke, die unter ihr geschützten Produkte als vom Inhaber dieser Marke stammend zu identifizieren, deshalb geschwächt worden ist, weil die Benutzung der jüngeren Marke zur Auflösung der – einzigartigen – Identität der älteren Marke und ihrer Bekanntheit beim Publikum führt.¹⁴⁵ Im umgekehrten Fall hingegen, dass die ältere Marke ohnehin aus einem gebräuchlichen Begriff – wie etwa »VIPS« – besteht, der häufig verwendet wird, ist eine Verwässerung durch die Anmeldung einer jüngeren Marke wenig wahrscheinlich.¹⁴⁶

Auch liegt eine Verwässerung der Marke insbesondere dann vor, wenn die Zeichennutzung dem Verkehr wirtschaftliche oder organisatorische Verbindungen zwischen Markeninhaber und Nutzer suggeriert. 35

Dies ist mit Blick auf die berühmte Marke »Volkswagen« etwa der Fall, wenn ein Dritter im Zusammenhang automobilbezogener Produkte Zeichen wie »Volks.Inspektion«, »Volks-Werkstatt« oder »Volks-Reifen« nutzt.¹⁴⁷

Eine Verwässerung der Marke ist die Folge eines bestimmten Grades¹⁴⁸ der Ähnlichkeit zwischen der älteren und der jüngeren Marke, weshalb die beteiligten Verkehrskreise einen Zusammenhang zwischen diesen Marken sehen. Nehmen die Verkehrskreise eine solche Verknüpfung nicht vor, kann die Benutzung der jüngeren Marke die Unterscheidungskraft oder die Wertschätzung der älteren Marke nicht in unlauterer Weise ausnutzen oder beeinträchtigen. Andererseits jedoch kann das Vorliegen einer solchen Verknüpfung als solches allein nicht für die Feststellung einer Verwässerung genügen. Die Verwässerung ist vielmehr gesondert festzustellen.¹⁴⁹ 36

Insbesondere genügt es etwa nicht für den Nachweis einer Verwässerung, wenn die ältere Marke für verschiedene bestimmte Produkte sehr bekannt ist, diese Produkte den Produkten, für die die jüngere Marke bestimmt ist, unähnlich oder in hohem Maße unähnlich sind, die ältere Marke in Bezug auf alle Produkte einmalig ist und dem Durchschnittsverbraucher die ältere Marke in Erinnerung gerufen wird, wenn er der jüngeren Marke begegnet.¹⁵⁰ Bestehen zwischen den Zeichen deutliche Unterschiede, so spricht dies gegen eine Verwässerung; zu weit dürfte es aber gehen, wenn das EuG¹⁵¹ wegen der Schwäche des Kamelmotivs bei dem Zeichenpaar

---

145 EuGH C-252/07 v. 27.11.2008 *Intel*, Tz. 76.
146 EuG T-215/03 v. 22.3.2007 *VIPS/VIPS*, Tz. 38 u. 62.
147 BGH I ZR 214/11 v. 11.4.2013 *VOLKSWAGEN/Volks.Inspektion*, Tz. 61, m. w. N.
148 So auch BGH I ZR 78/14 v. 23.9.2015 *Sparkassen-Rot/Santander-Rot*, Tz. 111.
149 EuGH C-252/07 v. 27.11.2008 *Intel*, Tz. 30 ff. u. 71.
150 EuGH C-252/07 v. 27.11.2008 *Intel*, Tz. 70.
151 EuG T-128/06 v. 30.1.2008 *CAMEL/CAMELO*, Tz. 56 ff., im Ergebnis bestätigt durch EuGH C-136/08 P v. 30.4.2009 *Japan Tobacco*.

eine hinreichende Ähnlichkeit verneinen will, zumal das Gericht die traditionelle Warennähe im Verhältnis der betroffenen Waren Kaffee einerseits und Tabakwaren andererseits verkennt.

37 Hierbei kann insbesondere auch eine Rolle spielen, wie eng die sich gegenüberstehenden Produkte beieinander liegen.[152] Auch wenn die Verkehrskreise, an die sich die jüngere Marke richtet, eng zu fassen sind, ist eine Beeinträchtigung der Unterscheidungskraft weniger wahrscheinlich.

> Es ist daher unwahrscheinlich, dass die Unterscheidungskraft einer für Schnellrestaurants bekannten Marke durch eine für bestimmte EDV-Dienstleistungen angemeldeten jüngeren Marke geschwächt wird; die EDV-Dienstleistungen wenden sich nur an ein begrenztes Publikum.[153]

3. Beeinträchtigung der Wertschätzung

38 Die Beeinträchtigung der Wertschätzung der Marke wird auch als »Verunglimpfung« oder »Herabsetzung« bezeichnet.[154] Im Gegensatz zur Beeinträchtigung der Unterscheidungskraft beschreibt der Begriff der Beeinträchtigung der Wertschätzung einer Marke den Fall, dass die Waren, für die das kollidierende Zeichen verwendet wird, auf die Öffentlichkeit in einer solchen Weise wirken, dass die Anziehungskraft der Marke geschmälert wird.[155] Die Gefahr einer Beeinträchtigung kann insbesondere dann bestehen, wenn die mit dem jüngeren Zeichen gekennzeichneten Produkte Merkmale oder Eigenschaften aufweisen, die sich negativ auf das Bild einer bekannten älteren Marke auswirken können.[156]

---

152 BGH I ZR 78/14 v. 23.9.2015 *Sparkassen-Rot/Santander-Rot*, Tz. 111.
153 EuG T-215/03 v. 22.3.2007 *VIPS/VIPS*, Tz. 62 ff.
154 EuGH C-487/07 v. 18.6.2009 *L'Oréal u. a.*, Tz. 40.
155 EuGH C-487/07 v. 18.6.2009 *L'Oréal u. a.*, Tz. 40; EuGH C-323/09 v. 22.9.2011 *Interflora*, Tz. 73; zuvor bereits die Schlussanträge von Generalanwalt *Jacobs* im Verfahren C-408/01 v. 10.7.2003 *Adidas/Fitnessworld*, Tz. 38.
156 EuGH C-487/07 v. 18.6.2009 *L'Oréal u. a.*, Tz. 40; EuG T-215/03 v. 22.3.2007 *VIPS/VIPS*, Tz. 39.

III. 4. Ausnutzung der Unterscheidungskraft oder der Wertschätzung

Wird etwa die Zahl »4711« markenmäßig als Telefonnummer von einer Gülletransportfirma verwendet, so wird die Wertschätzung der berühmten Kosmetikmarke beeinträchtigt, weil der Verkehr künftig bei »4711« an Gülle denkt.[157] Wird dagegen eine Zigarettenmarke für Kaffee verwendet, so liegt eine Beeinträchtigung der Wertschätzung ohne besondere Anhaltspunkte eher fern.[158] Entsprechendes gelte trotz des schlechten Rufes von Tabakerzeugnissen bei Verwendung einer Bekleidungsmarke für Zigaretten.[159]

Für eine Beeinträchtigung der Wertschätzung der bekannten Marke genügt dabei nicht allein die abstrakte Gefahr einer Schwächung der Klagemarke aufgrund der Verwendung der angegriffenen Kennzeichnung; vielmehr bedarf es unter Heranziehung der konkreten tatsächlichen Umstände des Streitfalls der Auseinandersetzung mit dem Maß der Markenähnlichkeit und deren Beziehung zum Grad der Unlauterkeit.[160] 39

Vor allem kommt eine Beeinträchtigung der Wertschätzung nur dann in Betracht, wenn diese über Wertschätzung verfügt. Hier bestehen durchaus Unterschiede zwischen verschiedenen Branchen. 40

So wollte etwa das EuG im Bereich der Schnellgaststätten selbst bei einer vergleichsweise bekannten Marke nicht von einer besonderen Wertschätzung ausgehen. Die Branche vermittle nicht das Bild eines besonderen Ansehens oder einer gehobenen Qualität, da der Sektor der Schnellgastronomie eher mit anderen Eigenschaften assoziiert wird, etwa Schnelligkeit, Verfügbarkeit und, in gewissem Maße, Jugendlichkeit.[161]

Je geringer hierbei der Branchenabstand zwischen den erfassten Waren oder Leistungen ist, desto eher ist eine Beeinträchtigung zu erwarten.[162] Umgekehrt ist es umso weniger wahrscheinlich, dass die Benutzung die Wertschätzung der bekannten Marke beeinträchtigt, je weiter entfernt die unter den Zeichen jeweils vertriebenen Waren oder erbrachten Dienstleistungen voneinander sind. 41

So ist eine Beeinträchtigung der in Belgien für Mineralwässer bekannten Marke »SPA« durch eine Marke »SPA-FINDERS« für Reisebürodienstleistungen unwahrscheinlich.[163]

4. Ausnutzung der Unterscheidungskraft oder der Wertschätzung

Das »unlautere Ausnutzen der Unterscheidungskraft oder der Wertschätzung der Marke« schließlich wird auch als »parasitäres Verhalten« und »Trittbrettfahren« bezeichnet.[164] Die Begriffe der unlauteren Ausnutzung der Unterscheidungskraft oder der Wertschätzung der Marke (free-riding) liegen dabei eng beieinander. Sie erfassen Fälle, bei denen es nicht um eine Beeinträchtigung der Marke geht, sondern um den Vorteil, den der Dritte aus der Benutzung des identischen oder ähnlichen Zeichens zieht. Umfasst sind insbesondere die Fälle, in denen aufgrund der Übertragung des Images der Marke oder der durch sie vermittelten Merkmale auf die mit 42

---

157 Vgl. BGH GRUR 1990, 711 *Telefonnummer 4711*.
158 EuG T-128/06 v. 30.1.2008 *CAMEL/CAMELO*, Tz. 62 f., im Ergebnis bestätigt durch EuGH C-136/08 P v. 30.4.2009 *Japan Tobacco*.
159 EuG T-606/13 v. 18.11.2015 *Mustang – Bekleidungswerke*, Tz. 62 ff.
160 BGH GRUR 2000, 608, 611 *ARD-1*.
161 EuG T-215/03 v. 22.3.2007 *VIPS/VIPS*, Tz. 57 f. u. 67 f.
162 BGH GRUR 2001, 507, 509 *EVIAN/REVIAN*.
163 EuG T-67/04 v. 25.5.2005 *SPA/SPA-FINDERS*, Tz. 48 f.
164 EuGH C-487/07 v. 18.6.2009 *L'Oréal u. a.*, Tz. 41.

dem identischen oder ähnlichen Zeichen gekennzeichneten Waren eine eindeutige Ausnutzung der Sogwirkung der bekannten Marke gegeben ist.[165] Eine Verletzung der bekannten Marke kann daher auch in Fällen vorliegen, in denen die Benutzung des identischen oder ähnlichen Zeichens weder die Unterscheidungskraft noch die Wertschätzung der Marke oder – allgemeiner – den Inhaber der Marke beeinträchtigt.[166] Ebenso wenig ist eine Verwechslungsgefahr erforderlich.[167]

> Ein typischer Fall der Ausnutzung der Unterscheidungskraft oder der Wertschätzung liegt dabei zum Beispiel vor, wenn der Verkehr die mit dem jüngeren Zeichen gekennzeichneten Produkte den Sponsoringaktivitäten des Inhabers der bekannten Marke zurechnet.[168] So wäre beispielsweise Rolls Royce berechtigt, einen Whiskyhersteller daran zu hindern, die Wertschätzung der Marke Rolls Royce auszunutzen, um für seine Marke zu werben.[169] Auch wer die weithin bekannte Marke »Mars« eines Süßwarenherstellers auf von ihm vertriebenen Scherzpäckchen mit einem Kondom als Inhalt und dem Werbespruch »Mars macht mobil bei Sex-Sport und Spiel« anbringt, nutzt Ruf und Ansehen der verwendeten Marken aus und handelt wettbewerbswidrig, wenn im Verkehr der Eindruck entstehen kann, es handele sich um eine geschmacklose, jedenfalls aber unpassende Werbung des Süßwarenherstellers für seine Erzeugnisse.[170]

43 Zur Feststellung, ob die Benutzung eines Zeichens die Unterscheidungskraft oder die Wertschätzung der Marke in unlauterer Weise ausnutzt, ist eine umfassende Beurteilung aller relevanten Umstände des konkreten Falls vorzunehmen, insbesondere des Ausmaßes der Bekanntheit und des Grades der Unterscheidungskraft der Marke, des Grades der Ähnlichkeit der einander gegenüberstehenden Marken sowie der Art der betroffenen Waren und Dienstleistungen und des Grades ihrer Nähe.[171]

44 Eine unlautere Ausnutzung der Unterscheidungskraft oder der Wertschätzung der Marke ist dabei insbesondere zu bejahen, wenn ein Dritter versucht, sich durch die Verwendung eines Zeichens, das einer bekannten Marke ähnlich ist, in den Bereich der Sogwirkung dieser Marke zu begeben, um von ihrer Anziehungskraft, ihrem Ruf und ihrem Ansehen zu profitieren, und hierbei ohne jede finanzielle Gegenleistung und ohne dafür eigene Anstrengungen machen zu müssen, die wirtschaftlichen Anstrengungen des Markeninhabers zur Schaffung und Aufrechterhal-

---

165 EuGH C-487/07 v. 18.6.2009 *L'Oréal u. a.*, Tz. 41; EuGH C-323/09 v. 22.9.2011 *Interflora*, Tz. 74; EuGH C-65/12 v. 6.2.2014 *Leidseplein Beheer*, Tz. 52; EuG T-67/04 v. 25.5.2005 *SPA/SPA-FINDERS*, Tz. 51, unter Hinweis auf die Schlussanträge von Generalanwalt *Jacobs* im Verfahren C-408/01 v. 10.7.2003 *Adidas/Fitnessworld*; Schlussanträge von Generalanwalt *Jacobs* T-215/03 v. 22.3.2007 *VIPS/VIPS*, Tz. 40.
166 EuGH C-487/07 v. 18.6.2009 *L'Oréal u. a.*, Tz. 43 u. 50.
167 EuGH C-487/07 v. 18.6.2009 *L'Oréal u. a.*, Tz. 50.
168 EuG T-477/04 v. 6.2.2007 *TDK*, Tz. 62 ff., bestätigt durch EuGH C-197/07 P v. 12.12.2008 *Aktieselskabet af 21. november 2001*, Tz. 21.
169 Schlussanträge von Generalanwalt *Jacobs* im Verfahren C-408/01 v. 10.7.2003 *Adidas/Fitnessworld*, m. w. N.
170 BGHZ 125, 91, 92 *Markenverunglimpfung*.
171 EuGH C-487/07 v. 18.6.2009 *L'Oréal u. a.*, Tz. 44; EuGH C-252/12 v. 18.7.2013 *Specsavers*, Tz. 39; EuGH C-100/11 P v. 10.5.2012 *Helena Rubinstein u.a.*, Tz. 94; EuGH C-93/16 v. 20.7.2017 *Ornua Co-operative*, Tz. 58; BGH I ZR 49/12 v. 31.10.2013 *OTTO CAP*, Tz. 33; BGH I ZR 59/13 v. 2.4.2015 *Springender Pudel*, Tz. 38; BGH I ZR 236/16 v. 28.6.2018 *keine-vorwerk-vertretung*, Tz. 2.

III. 4. Ausnutzung der Unterscheidungskraft oder der Wertschätzung

tung des Images dieser Marke auszunutzen.¹⁷² Dabei soll nach der Rechtsprechung des BGH allerdings kein zusätzliches subjektives Tatbestandsmerkmal zu fordern sein; es genügt, wenn die Benutzung faktisch die Unterscheidungskraft oder Wertschätzung der Marke ausnutzt, ohne dass dies beabsichtigt sein müsste.¹⁷³

> Ausgenutzt wird die Unterscheidungskraft und Wertschätzung zum Beispiel dann, wenn im Internet Produktnachahmungen unter Nutzung einer fremden Marke als Suchwort angeboten werden.¹⁷⁴ Gleiches gilt, wenn das Imitat eines Luxusparfums absichtlich in Schachteln und Flakons verpackt wird, das dem Original ähnlich ist, um eine gedankliche Verbindung zwischen Original und Imitat herzustellen, und wenn hierdurch ein wirtschaftlicher Vorteil verschafft werden soll.¹⁷⁵ Auch ist von Bedeutung, wenn ein Dritter durch eine bestimmte Farbgebung versucht, sich bewusst an eine bekannte Marke anzulehnen.¹⁷⁶ Bei den Anmeldungen »BOTOLIST« und »BOTOCYL« wurde ein Ausnutzen der Unterscheidungskraft der bekannten Marke »Botox« bejaht, weil sich die Marken in ihrem vierten Buchstaben »O« gerade nicht an den Arzneimittelwirkstoff Botulinumtoxin anlehnen, sondern an die bekannte Marke.¹⁷⁷

Anders liegt der Fall jedoch nach der Rechtsprechung des EuGH, wenn eine **45** bekannte Marke nur dafür ausgenutzt wird, eine Alternative zu den Waren oder Dienstleistungen des Inhabers der bekannten Marke vorzuschlagen. Liegen in diesem Fall keine besonderen Unlauterkeitsfaktoren vor, fällt die Benutzung grundsätzlich unter einen gesunden und lauteren Wettbewerb und ist gerechtfertigt.¹⁷⁸

> Folglich kann auch die Benutzung einer bekannten Marke als Adword einer Internet-Suchmaschine gerechtfertigt sein. Es kommt im Einzelfall darauf an, welche Produkte unter Nutzung der Marke angeboten werden und wie dies geschieht.¹⁷⁹

Auch bei der Ausnutzung der Unterscheidungskraft oder Wertschätzung gilt, dass **46** der Tatbestand umso eher vorliegen wird, je unterscheidungskräftiger die Marke oder je größer ihre Wertschätzung ist.¹⁸⁰ Je unmittelbarer und stärker die Marke von dem Zeichen in Erinnerung gerufen wird, desto größer ist die Gefahr, dass die gegenwärtige oder künftige Benutzung des Zeichens die Unterscheidungskraft oder die Wertschätzung der älteren Marke in unlauterer Weise ausnutzt oder beeinträchtigt.¹⁸¹

---

172 EuGH C-487/07 v. 18.6.2009 *L'Oréal u. a.*, Tz. 49 f.; EuGH C-236/08 bis 238/08 v. 23.3.2010 *Google France*, Tz. 102; EuGH C-323/09 v. 22.9.2011 *Interflora*, Tz. 89; BGH I ZR 49/12 v. 31.10.2013 *OTTO CAP*, Tz. 33; BGH I ZR 59/13 v. 2.4.2015 *Springender Pudel*, Tz. 38.
173 BGH I ZR 49/12 v. 31.10.2013 *OTTO CAP*, Tz. 43.
174 EuGH C-236/08 bis 238/08 v. 23.3.2010 *Google France*, Tz. 103; EuGH C-323/09 v. 22.9.2011 *Interflora*, Tz. 90; BGH I ZR 172/11 v. 20.2.2013 *Beate Uhse*, Tz. 23.
175 EuGH C-487/07 v. 18.6.2009 *L'Oréal u. a.*, Tz. 46 f.
176 EuGH C-252/12 v. 18.7.2013 *Specsavers*, Tz. 40, aber auch Tz. 48 f.
177 EuG T-345/08 v. 16.12.2010 *BOTOX/BOTOLIST*, Tz. 86 ff.; EuG T-357/08 v. 16.12.2010 *BOTOX/BOTOCYL*, Tz. 86 ff., beide bestätigt durch EuGH C-100/11 P v. 10.5.2012 *Helena Rubinstein u.a.*
178 EuGH C-323/09 v. 22.9.2011 *Interflora*, Tz. 91.
179 EuGH C-323/09 v. 22.9.2011 *Interflora*, Tz. 84 ff.; BGH I ZR 172/11 v. 20.2.2013 *Beate Uhse*, Tz. 23.
180 EuGH C-487/07 v. 18.6.2009 *L'Oréal u. a.*, Tz. 44; EuGH C-252/12 v. 18.7.2013 *Specsavers*, Tz. 39; EuG T-47/06 v. 10.5.2007 *NASDAQ/nasdaq*, Tz. 57, im Ergebnis bestätigt durch EuGH C-320/07 P v. 12.3.2009 *Antartica*.
181 EuGH C-487/07 v. 18.6.2009 *L'Oréal u. a.*, Tz. 44.

So liegt etwa bei einer Marke, die wie die Marke »NASDAQ« von Hause aus über hohe Unterscheidungskraft verfügt, ein Ausnutzen der Unterscheidungskraft näher als bei einer fast beschreibenden Marke wie »VIPS«.[182] Die Marke »Beatles« ist für Tonträger derart berühmt, dass ihre Unterscheidungskraft auch durch eine Nutzung für die gänzlich andere Ware »Rollstühle« ausgenutzt werden kann.[183] Dagegen soll – überraschend – der Bekanntheitsgrad der Marke »PRADA« für Taschen und Bekleidung nicht genügen, um gegen eine Marke »THE RICH PRADA« für Lebensmittel und verschiedene Dienstleistungen vorzugehen.[184] Stets muss jedenfalls das Ausnutzen der Unterscheidungskraft festgestellt konkret werden; es genügt nicht, lediglich auf den hohen Bekanntheitsgrad zu verweisen.[185]

47 Obwohl eine Schädigung des Markeninhabers keine Voraussetzung der Fallgruppe der unlauteren Ausnutzung ist, kann bei der Beurteilung gegebenenfalls durchaus auch berücksichtigt werden, ob eine Gefahr der Verwässerung oder der Verunglimpfung der Marke besteht.[186]

48 Allerdings reicht allein ein Zusammenhang der sich gegenüberstehenden Produkte für sich genommen nicht aus, um ein Ausnutzen der Unterscheidungskraft oder Wertschätzung bejahen zu können. Vielmehr ist ausdrücklicher Vortrag dazu erforderlich, wie die Bekanntheit der älteren Marke die Vermarktung der unter der jüngeren Marke geschützten Produkte erleichtern kann.[187] Andererseits bewirkt eine gewisse Nähe der Produkte, dass es eher zu einer Ausnutzung der Unterscheidungskraft oder Wertschätzung kommen wird.

Soll etwa eine Marke »CITI« für die Dienstleistung »Zollabfertigung« verwendet werden, so liegt eine Ausnutzung der Unterscheidungskraft und Wertschätzung der für Bankdienstleistungen europaweit bekannten Marke »CITIBANK« nahe.[188] Ähnliches gilt für das Verhältnis von »Mineralwasser« und »Kosmetika«, da Mineralwasser mitsamt den enthaltenen Salzen auch zur Herstellung von Kosmetika verwendet wird und beide Produktkategorien mit einem auf Schönheit und Gesundheit bezogenen Image arbeiten.[189] Erst recht kann ein guter Ruf bei Mineralwässern durch Verpflegungsdienstleistungen ausgenutzt werden.[190] Bei Schmuck einerseits und Bekleidung andererseits vermutet der Verkehr jedenfalls unternehmerische Beziehungen.[191] Insbesondere bei Marken des Luxussegments ist eine Rufausbeutung auf andere hochwertige Waren wahrscheinlich.[192] Die Marke »Carrera« für Geräte der

---

182 Vgl. EuG T-47/06 v. 10.5.2007 *NASDAQ/nasdaq*, Tz. 58, im Ergebnis bestätigt durch EuGH C-320/07 P v. 12.3.2009 *Antartica*; EuG T-215/03 v. 22.3.2007 *VIPS/VIPS*, Tz. 72 ff.
183 EuG T-369/10 v. 29.3.2012 *BEATLES/BEATLE*, Tz. 68 ff., im Ergebnis bestätigt durch EuGH C-294/12 P v. 14.5.2013 *You-Q*.
184 EuG T-111/16 v. 6.5.2018 *PRADA/THE RICH PRADA*, Tz. 46 ff.
185 EuG T-570/10 RENV v. 5.2.2015 *Environmental Manufacturing*, Tz. 54 ff.
186 EuGH C-487/07 v. 18.6.2009 *L'Oréal u. a.*, Tz. 45.
187 Zu den Nachweispflichten auch EuG T-128/06 v. 30.1.2008 *CAMEL/CAMELO*, Tz. 65 ff., im Ergebnis bestätigt durch EuGH C-136/08 P v. 30.4.2009 *Japan Tobacco*.
188 EuG T-181/05 v. 16.4.2008 *CITIBANK/CITI*, Tz. 81 ff.
189 EuG T-93/06 v. 19.6.2008 *SPA/MINERAL SPA*, Tz. 40 ff.; EuG T-21/07 v. 25.3.2009 *SPA/SPALINE*, Tz. 37 ff.; EuG T-201/14 v. 16.3.2016 *SPA/SPA WISDOM*, Tz. 45 ff.
190 EuG T-625/15 v. 27.10.2016 *SPA/SPA VILLAGE*, Tz. 50 ff.
191 EuG T-59/08 v. 7.12.2010 *NIMEI LA PERLA MODERN CLASSIC/la PERLA*, Tz. 50 ff.
192 EuG T-393/12 v. 22.1.2015 *KENZO/KENZO*, Tz. 57 f.; EuG T-322/13 v. 22.1.2015 *KENZO/KENZO*, Tz. 42 f.; EuG T-414/13 v. 2.12.2015 *KENZO/KENZO ESTATE*, Tz. 50 ff., mit Rechtsmittel angegriffen (Az. beim EuGH C-85/16 P *KENZO*); EuG T-522/13 v. 2.12.2015 *KENZO/KENZO ESTATE*, Tz. 50 ff., mit Rechtsmittel angegriffen (Az. beim EuGH C-86/16 P *KENZO*); EuG T-528/13 v. 2.12.2015 *KENZO/KENZO ESTATE*, Tz. 33 ff., im Ergebnis bestätigt durch EuGH C-87/16 P v. 21.7.2016 *Kenzo Tsujimoto*.

Unterhaltungselektronik nutzt die bekannte Kraftfahrzeugmarke schon deswegen aus, weil die Waren sich gegenseitig ergänzen.[193] Unterhaltungsdienstleistungen und Getränke ergänzen sich gegenseitig, so dass das Zeichen »Royal Shakespeare« die Unterscheidungskraft der Marke »RSC-Royal Shakespeare Company« ausnutzt.[194] Ist dagegen eine ältere Marke für Schnellrestaurants bekannt, so kann ohne weiteres nicht angenommen werden, durch die Übernahme einer identischen Marke für EDV-Dienstleistungen werde deren Vertrieb erleichtert. Dies soll – wohl zu weitgehend – selbst dann gelten, wenn sich die EDV-Dienstleistungen speziell an Gastronomiebetriebe richten, weil die Marke gerade bei EDV-Dienstleistungen wenig Einfluss auf die Kaufentscheidung habe, sondern andere Faktoren wie Preis und Leistungsumfang wichtiger seien.[195] Auch eine Uhren- und Schmuckmarke wird durch Nutzung für Dienstleistungen der Beleuchtungstechnik nicht ausgenutzt.[196] Eine Bekleidungsmarke wird durch Nutzung für Kosmetika und zugehörige Dienstleistungen ausgenutzt[197] wie umgekehrt eine Kosmetikmarke durch Nutzung für Bekleidung.[198] Die bekannte Teemarke »Darjeeling« wird zwar bei der Benutzung für »Bekleidung« ausgenutzt, nicht aber bei der Benutzung für entferntere Dienstleistungen im Bereich der Werbung oder EDV.[199] Auch wird die bekannte Bekleidungsmarke »Mustang« wegen des erheblichen Warenabstands nicht durch eine entsprechende Zigarettenmarke ausgenutzt.[200] Entsprechendes gilt bei einer für »Zeitplaner« bekannten Marke im Hinblick auf einer Verwendung für alkoholische Getränke.[201] Ebenso wird die für ein Modemagazin bekannte Marke »GRAZIA« nicht durch eine Verwendung für Unternehmensberatung und Finanzdienstleistungen ausgenutzt.[202] Kann der Inhaber der bekannten Marke hingegen Nachweise vorlegen, dass sich der Inhaber der jüngeren Marke bei der Zeichenauswahl gerade in Kenntnis der bekannten Marke hat leiten lassen, so ist dies ein Indiz für das Ausnutzen der Unterscheidungskraft und Wertschätzung.[203]

---

193 EuG T-173/11 v. 27.11.2014 *CARRERA/Carrera*, Tz. 68 ff., im Ergebnis bestätigt durch EuGH C-50/15 P v. 21.1.2016 *Hesse*.
194 EuG T-60/10 v. 6.7.2012 *ROYAL SHAKESPEARE/RSC-ROYAL SHAKESPEARE COMPANY*, Tz. 57 ff.
195 EuG T-215/03 v. 22.3.2007 *VIPS/VIPS*, Tz. 72 ff.
196 EuG T-71/14 v. 19.5.2015 *SWATCH/SWATCHBALL*, Tz. 32 ff.
197 EuG T-359/15 v. 15.9.2016 *RICCI/Romeo has a Gun by Romano Ricci*, Tz. 74 ff.
198 EuG T-358/15 v. 15.9.2016 *RICCI/Romeo has a Gun by Romano Ricci*, Tz. 71 ff.
199 EuG T-624/13 v. 2.10.2015 *DARJEELING/Darjeeling*, Tz. 133 ff.; EuG T-625/13 v. 2.10.2015 *DARJEELING/Darjeeling collection de lingerie*, Tz. 133 ff.; EuG T-626/13 v. 2.10.2015 *DARJEELING/Darjeeling collection de lingerie*, Tz. 133 ff.; EuG T-627/13 v. 2.10.2015 *DARJEELING/Darjeeling*, Tz. 133 ff., alle bestätigt durch EuGH C-673/15 P bis C-676/15 P v. 20.9.2017 *The Tea Board*.
200 EuG T-606/13 v. 18.11.2015 *Mustang – Bekleidungswerke*, Tz. 54 f.
201 EuG T-517/13 v. 29.10.2015 *QUO VADIS/QUO VADIS*, Tz. 37 ff.
202 EuG T-490/12 v. 26.9.2014 *GRAZIA/GRAZIA*, Tz. 73 ff., im Ergebnis bestätigt durch EuGH C-548/14 P v. 17.9.2015 *Arnoldo Mondadori Editore*.
203 EuG T-47/06 v. 10.5.2007 *NASDAQ/nasdaq*, Tz. 60 f., im Ergebnis bestätigt durch EuGH C-320/07 P v. 12.3.2009 *Antartica*.

§ 14 Verjährung, Verwirkung, Koexistenz

Schrifttum: *Fernández-Nóvoa*, Die Verwirkung und Duldung im System der Gemeinschaftsmarke, FS für Beier, GRUR Int. 1996, 442; *Gamerith*, Die Verwirkung im Urheberrecht, WRP 2004, 75; *Grüger*, Zwischenrechte als Einrede in Verletzungsverfahren vor Unionsmarkengerichten, Art. 16 UMV, GRUR-Prax 2017, 455; *Hacker*, Verwirkung und Doppelidentität im Markenrecht, WRP 2012, 266; *Koch*, Muss der EuGH wegen § 21 IV MarkenG angerufen werden?, GRUR 2012, 1092; *Kochendörfer*, Die Rechtsprechung zur Verwirkung nach § 21 MarkenG, WRP 2005, 157; *Krüger*, Zur markenrechtlichen Verwirkung, MarkenR 2016, 353; *Müller*, Die Verwirkung im Kennzeichenrecht nach der EuGH-Entscheidung »Budweiser«, WRP 2013, 1301; *Schabenberger*, Zur Hemmung nach § 204 Abs. 1 Nr. 9 BGB in wettbewerbsrechtlichen Auseinandersetzungen, WRP 2002, 293; *Teplitzky*, Wettbewerbsrechtliche Ansprüche und Verfahren, 11. Aufl. 2016

1 Markenrechtlichen Ansprüchen können verschiedene Einwände entgegengehalten werden. Das Gesetz regelt dabei zunächst die Fälle der Verjährung, Verwirkung und Koexistenz. Weiter spielt insbesondere die Einrede eine Rolle, dass die Geltendmachung der Ansprüche im Einzelfall sittenwidrig oder unlauter sei, wobei die Voraussetzungen hierbei im Einzelnen den Tatbestandsvoraussetzungen der bösgläubigen Markenanmeldung[1] entsprechen.[2]

I. Verjährung

2 Das – wohl[3] – nicht harmonisierte Recht der Verjährung regelt § 20 MarkenG mittels einer Verweisung auf die allgemeinen Verjährungsvorschriften der §§ 194ff., 852 BGB. Auch für Ansprüche aus Unionsmarken sind diese Vorschriften anwendbar (Art. 17 UMV). Bei der Anwendung sind aus europarechtlichen Erwägungen der Äquivalenzgrundsatz und der Effektivitätsgrundsatz zu berücksichtigen, was im deutschen Verjährungsrecht gewährleistet sein dürfte.[4]

3 Bei den in der Praxis bedeutsamsten Unterlassungs- und Nichtigkeitsansprüchen spielt Verjährung regelmäßig keine Rolle. Unterlassungsansprüche können so lange nicht verjähren, wie der Störungszustand andauert (§ 199 V BGB).[5] Praktische Bedeutung entfalten die §§ 194ff., 852 BGB daher vor allem bei Auskunfts- und Schadensersatzansprüchen.

4 Die regelmäßige Verjährungsfrist beträgt drei Jahre (§ 195 BGB). Die Verjährungsfrist beginnt mit dem Schluss des Jahres, in dem der Anspruch entstanden ist und in dem der Gläubiger von den anspruchsbegründenden Umständen und der Person des Schuldners Kenntnis erlangt hat oder ohne grobe Fahrlässigkeit hätte

---

1 Hierzu § 4 Rdn. 199 ff.
2 Vgl. BGH I ZR 148/04 v. 12.7.2007 *CORDARONE*, Tz. 18; BGH I ZR 190/05 v. 26.6.2008 *EROS*, Tz. 19.
3 Vermutlich ist die Nicht-Regelung der Verjährung in der MRR abschließend; vgl. aber zum Designrecht EuGH C-479/12 v. 13.2.2014 *H. Gautzsch Großhandel*, Tz. 49; BGH I ZR 74/10 v. 16.8.2012 *Gartenpavillon*.
4 EuGH C-479/12 v. 13.2.2014 *H. Gautzsch Großhandel*, Tz. 49.
5 BGHZ 71, 86, 94 *Fahrradgepäckträger II*; BGH GRUR 1974, 99, 100 *Brünova*; BGH GRUR 2003, 448, 450 *Gemeinnützige Wohnungsgesellschaft*; zur Berühmung BAG MMR 2005, 173.

erlangen müssen (§ 199 I BGB). Fehlt es an Kenntnis oder – im Kennzeichenrecht eher selten – grob fahrlässiger Unkenntnis, so können die zehn- bzw. dreißigjährigen Fristen des § 199 II Nr. 1 bzw. 2 BGB eingreifen.

> Erlangt etwa ein Markeninhaber am 16.12.2005 von einer Verletzungshandlung Kenntnis, so verjähren diesbezügliche Schadensersatzansprüche somit spätestens mit Ablauf des 31.12.2008.

Selbst wenn Schadensersatzansprüche verjährt sind, können Bereicherungsansprüche[6] gemäß § 852 BGB innerhalb einer Frist von zehn bzw. dreißig Jahren nach Entstehung des Schadens geltend gemacht werden. Da § 852 BGB Rechtsfolgenverweisung ist, kommt es dabei auf die Voraussetzungen der § 812ff. BGB nicht an.[7]

> Auch wenn daher etwa ein Verletzter bei Kenntniserlangung am 16.12.2005 Schadensersatzansprüche nach dem 31.12.2008 nicht mehr geltend machen kann, so sind die korrespondierenden Bereicherungsansprüche noch nicht verjährt. Diesbezüglich kommt es darauf an, wann ein Schaden entstanden ist – in Fällen der Lizenzanalogie regelmäßig der Zeitpunkt der Verletzungshandlung.

Aufgrund ganz bestimmter Umstände kann die Verjährung ausnahmsweise gehemmt sein. Hierbei wird der Zeitraum, während dessen die Verjährung gehemmt ist, in die Verjährungsfrist nicht eingerechnet (§ 209 BGB). Wichtigste Tatbestände sind diesbezüglich die Hemmung bei Verhandlungen (§ 203 BGB) und die Hemmung[8] durch Rechtsverfolgung (§ 204 BGB).

II. Verwirkung und Duldung

Wegen der geringen Bedeutung der Verjährung im Kennzeichenrecht kommt dem Einwand der Verwirkung eine umso größere Bedeutung zu. Hierbei sehen Art. 9 I MRR bzw. Art. 54 I UMV einen Duldungstatbestand vor, der an vergleichsweise strenge Voraussetzungen gebunden ist. Mit § 21 IV MarkenG geht das nationale Recht über diesen engen, harmonisierten Tatbestand hinaus und eröffnet in einer Vielzahl weiterer Fälle den Verwirkungseinwand.

1. Duldungstatbestand von MRR und UMV

Nach den engen, in Art. 9 I MRR; Art. 61 I UMV; §§ 21 I, 51 II MarkenG umfassend harmonisierten[9] Duldungsvorschriften, in der MRR (2008) noch »Verwirkung« überschrieben, tritt ein Verlust von Ansprüchen unter vier Voraussetzungen ein:
– Erstens setzt der Duldungstatbestand voraus, dass der Verletzer selbst Inhaber einer eingetragenen[10] Marke im betreffenden Mitgliedstaat ist; wenn er erst im

---

6 Und wohl korrespondierende Auskunftsansprüche.
7 Vgl. BGH I ZR 132/04 v. 28.6.2007 *INTERCONNECT/T-InterConnect*, Tz. 39.
8 Vgl. hierzu BGH GRUR 2002, 709, 712 *Entfernung der Herstellungsnummer III*.
9 EuGH C-482/09 v. 22.9.2011 *Budějovický Budvar*, Tz. 33.
10 Die Anmeldung alleine genügt nicht für den Verwirkungsbeginn: EuG T-134/09 v. 28.6.2012 *BASILE/B. Antonio Basile 1952*, Tz. 31; OGH 17 Ob 14/09 v. 22.9.2009 *Burberry-Check-Karos* lässt demgegenüber eine Benutzungsmarke genügen; jedenfalls muss der Verletzte nicht zwingend Inhaber einer eingetragenen Marke sein, so dass z. B. auch eine notorisch bekannte Marke genügt: EuGH C-482/09 v. 22.9.2011 *Budějovický Budvar*, Tz. 60 f.

Laufe der Zeit eine eigene Marke erwirbt, beginnt die Verwirkung frühestens zu diesem Zeitpunkt;[11]
- zweitens muss die Anmeldung vom Inhaber der jüngeren Marke gutgläubig[12] vorgenommen worden sein;
- drittens muss der Inhaber die Marke in dem Mitgliedstaat benutzen, in dem sie eingetragen ist;
- viertens muss der Inhaber der älteren Marke Kenntnis von der Eintragung der jüngeren Marke und von der Benutzung dieser Marke nach ihrer Eintragung haben.[13]

Die Vorschrift dient damit dem Interessenausgleich zwischen Markeninhaber und anderen Wirtschaftsteilnehmern.[14] Folge der Verwirkung ist, dass der Angreifer für die Produkte, für die die jüngere Marke benutzt worden ist, weder die Nichtigerklärung der jüngeren Marke verlangen noch sich ihrer Benutzung widersetzen kann.

9   Rechtsprechung des EuGH zum Duldungstatbestand existiert bislang nur punktuell, nämlich zum Fristbeginn[15] und zum in MRR und UMV gleichermaßen verwendeten Begriff der »Duldung«. Danach setzt eine »Duldung« voraus, dass der Duldende gegenüber einem Zustand untätig bleibt, dem er sich widersetzen könnte. Dabei bewirkt jeder gerichtliche oder außergerichtliche Rechtsbehelf eine Unterbrechung der Verwirkung.[16] Keine Duldung liegt demgegenüber vor, wenn der Markeninhaber von einer Verletzungshandlung zwar seit langem Kenntnis hatte, aber keine Möglichkeit, sich ihr zu widersetzen.[17]

10 Der Wortlaut der einschlägigen Vorschriften ist im Übrigen insbesondere dadurch vergleichsweise streng, dass eine fünfjährige Duldung in Kenntnis des Verletzten verlangt wird. BGH und EuG tendieren derzeit in diese strenge Richtung. Sollte sich auch der EuGH bei der Auslegung der Vorschrift nah am Wortlaut orientieren und tatsächlich positive Kenntnis verlangen,[18] so führt dies zu einer sehr starren Regelung. Der Verwirkungstatbestand wird nur selten eingreifen.

> So würde selbst bei jahrzehntelanger Koexistenz der Verwirkungstatbestand nicht eingreifen, solange der Inhaber der älteren Marke keine Kenntnis von der Benutzung der jüngeren Marke hat. Ein »Kennenmüssen« würde dann gerade nicht genügen.[19] Der Inhaber der jüngeren Marke wird aber eine positive Kenntnis kaum einmal nachweisen können. Ein Nachweis der Benutzung durch den Prioritätsjüngeren indiziert eben gerade noch keine Kenntnis der Benutzung beim Prioritätsälteren.[20] Ebenso wenig bedeutet eine Kenntnis einer Markenan-

---

11 EuGH C-482/09 v. 22.9.2011 *Budějovický Budvar*, Tz. 44 ff.; EuGH C-381/12 P v. 6.6.2013 *I Marchi Italiani*, Tz. 54 f.
12 Zur bösgläubigen Anmeldung vgl. oben § 4 Rdn. 199–226.
13 EuGH C-482/09 v. 22.9.2011 *Budějovický Budvar*, Tz. 53 ff.; EuGH C-381/12 P v. 6.6.2013 *I Marchi Italiani*, Tz. 53; EuG T-77/15 v. 20.4.2016 *SKY/SkyTec*, Tz. 31 ff.; EuG T-785/17 v. 24.1.2019 *SAM/BIG SAM SPORTSWEAR COMPANY*, Tz. 20.
14 EuGH C-482/09 v. 22.9.2011 *Budějovický Budvar*, Tz. 34.
15 Vgl. EuG T-785/17 v. 24.1.2019 *SAM/BIG SAM SPORTSWEAR COMPANY*, Tz. 33.
16 EuGH C-482/09 v. 22.9.2011 *Budějovický Budvar*, Tz. 49.
17 EuGH C-482/09 v. 22.9.2011 *Budějovický Budvar*, Tz. 44 f.
18 So schon EuG T-77/15 v. 20.4.2016 *SKY/SkyTec*, Tz. 31 ff.
19 So zu § 21 II MarkenG wohl auch BGH I ZR 171/05 v. 31.7.2008 *Haus & Grund II*, Tz. 33.
20 EuG T-77/15 v. 20.4.2016 *SKY/SkyTec*, Tz. 44 ff.

meldung zugleich die Kenntnis der Benutzung der Marke.[21] Im Rahmen der entsprechenden nationalen, für Unternehmenskennzeichen geltenden Vorschrift des § 21 II MarkenG hat der BGH grob fahrlässige Unkenntnis nicht genügen lassen, wohl aber die Fallgestaltung, dass sich der Rechtsinhaber bewusst der Kenntnisnahme verschließt.[22] Außerdem kommt eine Wissenszurechnung von Mitarbeitern gemäß § 166 I BGB analog in Betracht.[23]

Die traditionellen Verwirkungsregeln in den einzelnen Mitgliedstaaten weisen große Unterschiede auf,[24] wobei das Rechtsinstitut der Verwirkung häufig eher eine Nähe zur Verjährung zeigt. Wie eine harmonisierte Auslegung daher aussehen wird, lässt sich kaum vorhersagen. Letztlich aber wird jedenfalls einer Auslegung der Vorzug zu geben sein, die der im Wortlaut vorausgesetzten positiven Kenntnis ein Kennenmüssen zumindest unter bestimmten Umständen gleichstellt. 11

2. Weitergehender nationaler Verwirkungstatbestand

Der deutsche Gesetzgeber hat die harmonisierte Verwirkungsregelung zweckmäßigerweise auch auf Angriffe aus geschäftlichen Bezeichnungen (§ 21 I, II MarkenG) sowie gegen Benutzungsmarken und geschäftliche Bezeichnungen (§ 21 II MarkenG) ausgedehnt. 12

In einem zu gewagten Schritt[25] ordnet § 21 IV MarkenG darüber hinaus an, dass die harmonisierten Vorschriften die Anwendung allgemeiner Grundsätze über die Verwirkung von Ansprüchen unberührt lassen. Dies soll sogar im harmonisierten Bereich eingetragener Marken[26] gelten. Entsprechend hat die deutsche Rechtsprechung – unhaltbar nach der Rechtsprechung des EuGH[27] – Art. 9 MRR bislang keine Begrenzungswirkung zuerkannt und hergebrachte, am Grundsatz von Treu und Glauben nach § 242 BGB orientierte, Verwirkungsregeln weiter angewandt.[28] 13

Allerdings greift auch danach der Verwirkungstatbestand nur ausnahmsweise und in engen Grenzen ein. Auch erfasst die Verwirkung nur die konkrete Verletzungsform mit geringfügigen Änderungen, sofern diese dem verletzten Kennzeichen nicht näher kommen. 14

---

21 EuG T-785/17 v. 24.1.2019 *SAM/BIG SAM SPORTSWEAR COMPANY*, Tz. 35.
22 BGH I ZR 50/14 v. 5.11.2015 *ConText*, Tz. 36.
23 BGH I ZR 50/14 v. 5.11.2015 *ConText*, Tz. 44.
24 Vgl. etwa zum österreichischen Recht *Gamerith*, WRP 2004, 75, 91 ff.
25 Vor dem Hintergrund der Gemeinsamen Erklärung des Rates und der Kommission der Europäischen Gemeinschaften im Protokoll des Rates anlässlich der Annahme der (ersten) MRR (ABl.-EG 1995 Nr. L 303/4 vom 15.12.1995; ABl.-HABM 1996, 606, 608), die allerdings nicht bindend ist – vgl. EuGH C-245/02 v. 16.11.2004 *Anheuser-Busch/Budějovický Budvar*, Tz. 80, m. w. N.
26 Erst recht bei Angriffen aus Unternehmenskennzeichen: BGH I ZR 50/14 v. 5.11.2015 *ConText*.
27 EuGH C-482/09 v. 22.9.2011 *Budějovický Budvar*, Tz. 33.
28 Im Bereich eingetragener Marken stellen BGH GRUR 2004, 783, 785 *NEURO-VIBOLEX/NEURO-FIBRAFLEX*; BGH I ZR 188/11 v. 15.8.2013 *Hard Rock Cafe*, Tz. 21 ff. die Anwendbarkeit der allgemeinen Verwirkungsregelungen nicht in Frage; für den Bereich der – nicht harmonisierten – geschäftlichen Bezeichnung bestätigt BGH I ZR 183/02 v. 19.12.2002 die Verneinung eines abschließenden Charakters; auch BAG MMR 2005, 173, 175.

Wurde etwa ursprünglich eine Firma »HAITEC Gesellschaft für Entwicklung und Vertrieb EDV-gestützter Lösungen mbH« benutzt, später aber in »HAITEC GmbH« umfirmiert, so kann die ursprüngliche Firmierung einem Angriff aus einem Unternehmenskennzeichen »HEITEC GmbH« im Rahmen des Verwirkungseinwands nicht entgegengehalten werden.[29] Gleiches gilt hinsichtlich eines Angriffs gegen Internetwerbung eines Prioritätsjüngeren, wenn dem Verletzten zwar die Existenz des Unternehmens bekannt ist, aber nicht die Internetwerbung selbst.[30]

15 In langjähriger Rechtsprechung[31] soll dieser Verwirkungseinwand gemäß § 21 IV MarkenG, § 242 BGB[32] hinsichtlich des Unterlassungsanspruchs voraussetzen, dass beim Verletzten infolge eines länger dauernden ungestörten Gebrauchs der angegriffenen Bezeichnung ein schutzwürdiger Besitzstand entstanden ist, der ihm nach Treu und Glauben erhalten bleiben soll, weil er aufgrund des Verhaltens des Rechtsinhabers darauf vertrauen konnte, dass dieser die Verwendung des Zeichens dulde. Maßgeblich sind danach also sowohl Zeitmoment als auch Umstandsmoment, die in einer gewissen Wechselwirkung stehen.[33] Den Zeicheninhaber trifft eine Marktbeobachtungspflicht.[34]

Eine feste zeitliche Grenze kennt diese Rechtsprechung des BGH nicht.[35] Auch danach sind etwa Ansprüche des Verletzten bei Unkenntnis der Verletzungshandlung über einen Zeitraum von vier Jahren zwischen der Benutzungsaufnahme und der Geltendmachung von Unterlassungsansprüchen unter normalen Umständen nicht verwirkt.[36] Dagegen liegt in Anbetracht einer langjährigen ungestörten Benutzung ein gewisser Besitzstand schon nach der allgemeinen Lebenserfahrung nahe.[37] Bei einem bewusst rechtswidrig begründeten Besitzstand erfordert die Begründung eines schutzwürdigen Besitzstands allerdings eine längere Zeitdauer als dies bei einem von Anfang an gutgläubigen Besitzstand der Fall wäre.[38] Auch wenn zwischen den Parteien Verhandlungen andauern, ist der hierbei verstrichene Zeitraum für eine Verwirkung ohne Bedeutung.[39] Allgemein können sich Kenntnis oder fahrlässige Unkenntnis des Kennzeicheninhabers von der Verletzung bei der Bestimmung

---

29 BGH I ZR 162/05 v. 14.2.2008 *HEITEC*, Tz. 29.
30 BGH I ZR 188/11 v. 15.8.2013 *Hard Rock Cafe*, Tz. 23.
31 BGH GRUR 1998, 1034, 1037 *Makalu*; BGH GRUR 2001, 323, 325 *Temperaturwächter*; BGH GRUR 2001, 1161, 1163 *CompuNet/ComNet I*, m. w. N.; BGH GRUR 2004, 783, 785 *NEURO-VIBOLEX/NEURO-FIBRAFLEX*; BGH I ZR 312/02 v. 21.7.2005 *BOSS-Club*, Tz. 45; auch RGZ 171, 159; BGHZ 21, 66, 80 *Hausbücherei*; BGH GRUR 1981, 60, 61 *Sitex*; BGH GRUR 1985, 72, 73 *Consilia*; BGH GRUR 1989, 449, 452 *Maritim*; BGH GRUR 1993, 913, 914 *KOWOG*.
32 Zusammenfassend auch *Teplitzky*, 17. Kapitel.
33 Vgl. BGH GRUR 1993, 913, 915 *KOWOG*, m. w. N.; auch BGH I ZR 122/04 v. 29.3.2007 *Bundesdruckerei*, Tz. 33; BGH I ZR 162/05 v. 14.2.2008 *HEITEC*, Tz. 29; BGH I ZR 171/05 v. 31.7.2008 *Haus & Grund II*, Tz. 33; BGH I ZR 21/06 v. 31.7.2008 *Haus & Grund III*, Tz. 58; BGH I ZR 188/09 v. 28.9.2011 *Landgut Borsig*, Tz. 50; BGH I ZR 50/14 v. 5.11.2015 *ConText*, Tz. 50; BGH I ZR 236/16 v. 28.6.2018 *keine-vorwerk-vertretung*, Tz. 37.
34 BGH I ZR 50/14 v. 5.11.2015 *ConText*, Tz. 50, m. w. N.; BGH I ZR 236/16 v. 28.6.2018 *keine-vorwerk-vertretung*, Tz. 37.
35 Vgl. BGH I ZR 188/09 v. 28.9.2011 *Landgut Borsig*, Tz. 50; BGH I ZR 236/16 v. 28.6.2018 *keine-vorwerk-vertretung*, Tz. 37.
36 BGH GRUR 2001, 1161, 1163 *CompuNet/ComNet I*.
37 BGH GRUR 1993, 913, 915 *KOWOG*, m. w. N.
38 BGHZ 21, 66, 83 *Hausbücherei*; BGHZ 138, 349, 358 f. *MAC Dog*; BGH I ZR 188/11 v. 15.8.2013 *Hard Rock Cafe*, Tz. 27.
39 BGH I ZR 21/06 v. 31.7.2008 *Haus & Grund III*, Tz. 58.

der für eine Verwirkung angemessenen Zeitdauer der Benutzung zugunsten des Verletzers auswirken.[40] Für die Frage, wann die für das Zeitmoment maßgebliche Frist zu laufen beginnt, ist bei Dauerhandlungen wie der streitgegenständlichen Nutzung eines Domainnamens auf den Beginn der erstmaligen Nutzung abzustellen.[41] Handelt es sich bei der Verletzung nicht um einen Dauerverstoß, sondern um wiederholte einzelne Verletzungshandlungen, so ist der Zeitraum für jede einzelne Verletzungshandlung gesondert zu bestimmen.[42]

Im Verletzungsprozess ist es nicht ungefährlich, sich auf den Verwirkungstatbestand zu berufen, da hierfür ausführlich vorgetragen werden muss, in welchem Umfang die (rechtsverletzende) Kennzeichnung benutzt wurde.[43] Hierdurch erhält der Verletzte unter Umständen Informationen, die er auch durch Auskunftsansprüche nicht hätte erlangen können. So können zum Nachweis des schutzwürdigen Besitzstandes Angaben zum Grad der Bekanntheit, zum Umsatz, der unter Verwendung der Kennzeichnung erzielt worden ist, und zum Werbeaufwand gemacht werden. Ein Besitzstand, der erst nach dem Einschreiten des Berechtigten gegen die angegriffene Kennzeichnung entstanden ist, hat jedoch grundsätzlich außer Betracht zu bleiben. 16

> Ist etwa gegen die Eintragung einer Marke Widerspruch eingelegt, kann deren Inhaber nicht schutzwürdig darauf vertrauen, der Widersprechende werde keine Schadensersatzansprüche geltend machen.[44]

Die Annahme eines schutzwürdigen Besitzstandes setzt substantiierte Darlegungen zum Grad der Bekanntheit, zu dem unter Verwendung des beanstandeten Zeichens erzielten Umsatz sowie gegebenenfalls zu entsprechendem Werbeaufwand voraus.[45] Nach der Rechtsprechung des BGH soll ein Besitzstand dann schutzwürdig sein, wenn er einen beachtlichen Wert für den Verletzer hat, wobei dieser Wert nicht nach seiner absoluten Größe, sondern nach seiner objektiven Bedeutung für den Verletzer zu bestimmen ist. Auch die durch die rechtsverletzende Benutzung gewonnene Bekanntheit eines Zeichens kann einen Besitzstand von beachtlichem Wert darstellen.[46] Umsatzzahlen sind, soweit sie zur Besitzstandsbeurteilung herangezogen werden, in Relation zur Betriebsgröße zu bewerten. 17

> So ist für einen mittelständischen Betrieb ein Jahresumsatz von 2,5 Mio. € nicht unbeträchtlich und nicht von vornherein ungeeignet, einen beachtlichen Wert der Bezeichnung, unter der er erzielt worden ist, zu indizieren.[47] Ein von einem Rechtsvorgänger erarbeiteter, übernommener Besitzstand ist in die Wertung mit einzubeziehen.[48]

Beim Umstandsmoment will die Rechtsprechung zwischen dem Unterlassungsanspruch und Ersatzansprüchen, insbesondere Schadensersatzansprüchen, unterschei- 18

---

40 BGH I ZR 50/14 v. 5.11.2015 *ConText*, Tz. 50, m. w. N.
41 BGH I ZR 236/16 v. 28.6.2018 *keine-vorwerk-vertretung*, Tz. 40.
42 BGH I ZR 17/11 v. 18.1.2012 *Honda-Grauimport*, Tz. 20 ff.; BGH I ZR 188/11 v. 15.8.2013 *Hard Rock Cafe*, Tz. 21; BGH I ZR 50/14 v. 5.11.2015 *ConText*, Tz. 50.
43 Vgl. etwa BGH I ZR 171/05 v. 31.7.2008 *Haus & Grund II*, Tz. 33, m. w. N.
44 BGH GRUR 2004, 783, 785 *NEURO-VIBOLEX/NEURO-FIBRAFLEX*, m. w. N.
45 BGH I ZR 236/16 v. 28.6.2018 *keine-vorwerk-vertretung*, Tz. 43, m. w. N.
46 BGH I ZR 236/16 v. 28.6.2018 *keine-vorwerk-vertretung*, Tz. 41, m. w. N.
47 BGH GRUR 1993, 913, 915 *KOWOG*, m. w. N.
48 BGH I ZR 162/05 v. 14.2.2008 *HEITEC*, Tz. 27.

den.[49] Im Gegensatz zu der Verwirkung eines Unterlassungsanspruchs setze die Verwirkung des Schadensersatzanspruchs keinen schutzwürdigen Besitzstand voraus. Hier sei vielmehr erforderlich, dass der Schuldner aufgrund eines hinreichend lange dauernden Duldungsverhaltens des Rechtsinhabers darauf vertrauen durfte, dieser werde nicht mehr mit Schadensersatzansprüchen wegen solcher Handlungen an den Schuldner herantreten, die er aufgrund des geweckten Duldungsanscheins vorgenommen hat. Je nach den Umständen könne danach ein Schadensersatzanspruch mal früher, mal später als der Unterlassungsanspruch verwirken.

3. Kritik des nationalen Sonderwegs

19 Entgegen dieser tradierten Rechtsprechung wird man Art. 9 I, II MRR mit dem EuGH[50] eine Begrenzungswirkung zumessen müssen. Die einheitliche Anwendung des Unionsrechts und der Gleichheitsgrundsatz verlangen, dass die Begriffe einer Vorschrift des Unionsrechts, die für die Ermittlung ihres Sinnes und ihrer Bedeutung nicht ausdrücklich auf das Recht der Mitgliedstaaten verweist, in der Regel in der gesamten Union autonom und einheitlich auszulegen sind, wobei diese Auslegung unter Berücksichtigung des Regelungszusammenhangs und des mit der Regelung verfolgten Zweckes zu ermitteln ist.[51] Für eine Begrenzung spricht weiter der zwölfte Erwägungsgrund der MRR (2008), wonach die einheitliche Verwirkungsregelung unter anderem Rechtssicherheit erreichen will. Eine Änderung durch die aktuelle MRR war jedenfalls ausdrücklich nicht gewollt. Die einschlägigen Fälle, in denen wertvolle Besitzstände torpediert werden, lassen sich auch ohne den nationalen Verwirkungstatbestand lösen – und zwar über das Instrument der fehlenden Beeinträchtigung der Markenfunktionen.[52] Schließlich steht die in anderen Mitgliedstaaten anzutreffende Nähe der Verwirkungsregelung zu – regelmäßig starren – Verjährungsregelungen[53] sowie die gebotene Gleichbehandlung von deutschen und Unionsmarken einer Aufweichung der Grundsätze des Art. 9 MRR entgegen.

20 Art. 9 I, II MRR regeln somit in ihrem Anwendungsbereich[54] die Verwirkung von Unterlassungs- und Nichtigkeitsansprüchen gegen eingetragene Marken abschließend und verbindlich. Bei Unterlassungs- und Nichtigkeitsansprüchen

---

49 BGH GRUR 2001, 323, 325 *Temperaturwächter*, m. w. N.; BGH GRUR 2004, 783, 785 *NEURO-VIBOLEX/NEURO-FIBRAFLEX*; BGH I ZR 171/05 v. 31.7.2008 *Haus & Grund II*, Tz. 36.
50 EuGH C-482/09 v. 22.9.2011 *Budějovický Budvar*, Tz. 33; offen gelassen von BGH I ZR 50/14 v. 5.11.2015 *ConText*, Tz. 48 f., m. w. N.
51 So zu Art. 10 MRR (2008) EuGH C-40/01 v. 11.3.2003 *Ansul/Ajax*, Tz. 26; auch EuGH C-190/10 v. 22.3.2012 *Génesis*, Tz. 36.
52 Vgl. dazu oben § 10 Rdn. 61.
53 Mit den Begriffen »Limitation« bzw. »Prescripción« verwenden die englische bzw. spanische Fassung der Überschrift des Art. 9 MRR (2008) eine Begrifflichkeit, die dem deutschen Verjährungsbegriff nahestehen dürfte. Die französische und italienische Fassung verwenden demgegenüber die Begriffe »Forclusion« bzw. »Preclusione«, die eher in Richtung einer Präklusion deuten.
54 Es mag Extremfälle geben, in denen ein Anspruch zwar aus Gründen von Treu und Glauben ausgeschlossen ist, die jedoch nicht der europäischen Verwirkungsregelung unterfallen; ähnliches wird bei vertraglichen oder vertragsähnlichen Verhältnissen der Parteien gelten.

gegen sonstige Rechte und erst Recht bei Unterlassungsansprüchen im Falle einer Benutzung ohne Rechtserwerb erscheint aus grundsätzlichen Erwägungen eine Gleichbehandlung und damit die Anwendung der Grundsätze des Art. 9 I MRR geboten.[55] Raum für die Anwendung der allgemeinen Verwirkungsgrundsätze nach § 21 IV MarkenG bleibt daher nur bei Ansprüchen auf Schadensersatz, Bereicherungsausgleich, Vernichtung und Auskunft. Auch bei Angriffen aus Unternehmenskennzeichen will der BGH[56] § 21 IV MarkenG anwenden, obwohl einer Gleichbehandlung von Marken und Unternehmenskennzeichen sicherlich der Vorzug gebührt hätte.

III. Koexistenz

Unter bestimmten Umständen kann sich ein prioritätsälteres Recht nicht gegen jüngere Rechte durchsetzen. Es kommt zu einer Koexistenz kollidierender Rechte. Eine Weiterbenutzung der kollidierenden Kennzeichen bleibt zulässig,[57] eine Ausdehnung hingegen regelmäßig nicht, wobei unter Umständen jedoch Beschränkungen der Wirkung der Marke[58] zu einer Zulässigkeit der Benutzung führen können. 21

> Bestehen etwa eine ältere geschäftliche Bezeichnung und eine jüngere Marke nebeneinander, ohne dass aus der geschäftlichen Bezeichnung noch gegen die Marke vorgegangen werden könnte, so ist die Anmeldung einer dem Produktspektrum der geschäftlichen Bezeichnung entsprechenden Marke gleichwohl unzulässig.[59] Auch wenn eine Koexistenz nur in einem Land der EU besteht, gibt dies kein Recht zur Anmeldung einer Unionsmarke, wenn der andere in anderen Ländern über Rechte verfügt.[60]

Koexistenz kann zunächst die Folge einer Verwirkung von Ansprüchen des Inhabers älterer Rechte sein (Art. 9 III MRR; Art. 61 III UMV; § 21 III MarkenG). Ferner kann Koexistenz dadurch entstehen, dass aus Rechten von lediglich örtlicher Bedeutung nicht gegen eine jüngere Markenanmeldung vorgegangen werden konnte, wobei umgekehrt aus der jüngeren Marke keine Verbotsansprüche gegen das ältere Recht von örtlicher Bedeutung hergeleitet werden können (Art. 14 III MRR; Art. 8 IV, 138 UMV; §§ 12, 51 II, MarkenG).[61] Weitere Beispiele für eine Koexistenz sind Rechte, die zeitgleich begründet wurden,[62] sowie unter Umständen – etwa infolge der deutschen Wiedervereinigung – erstreckte Rechte.[63] 22

---

55 Vgl. BGH GRUR 1999, 992, 994 f. *BIG PACK*.
56 BGH I ZR 50/14 v. 5.11.2015 *ConText*.
57 Vgl. zur fehlenden Funktionsbeeinträchtigung in solchen Fällen oben § 10 Rdn. 61.
58 Hierzu unten § 15 Rdn. 1 – 32.
59 BGH GRUR 2002, 59, 64 *ISCO*; vgl. auch BGH GRUR 2004, 512, 514 *Leysieffer*; BGH I ZR 49/04 v. 28.6.2007 *Cambridge Institute*, Tz. 46.
60 EuG T-363/12 v. 13.5.2015 *CLINIQUE/CLEANIC natural beauty*, Tz. 94 ff., im Ergebnis bestätigt durch EuGH C-374/15 P v. 28.1.2016 *Harper Hygienics*; EuG T-364/12 v. 13.5.2015 *CLINIQUE/CLEANIC Kindii*, Tz. 70 ff., im Ergebnis bestätigt durch EuGH C-475/15 P v. 7.4.2016 *Harper Hygienics*.
61 Vgl. auch Art. 16 I 1, 3 TRIPS sowie EuGH C-245/02 v. 16.11.2004 *Anheuser-Busch/Budějovický Budvar*, Tz. 88; BGH I ZR 49/04 v. 28.6.2007 *Cambridge Institute*, Tz. 46.
62 Vgl. BGH GRUR 2000, 888, 889 *MAG-LITE*, wonach die bloße Anmeldung noch keine Koexistenz bewirkt, solange die Marke nicht eingetragen ist.
63 Vgl. § 30 ErstrG; BGHZ 130, 276 *Torres*; BGH GRUR 2003, 1047, 1048 f. *Kellogg's/Kelly's*.

Allein die Tatsache, dass der Inhaber der älteren Marke vertragliche Verbindungen mit dem Inhaber der jüngeren Marke pflegte, z. B. Werbeanzeigen für ihn schaltete, reicht für eine Koexistenz nicht aus.[64]

23 Vergleichsweise streng behandelt das EuG[65] Fälle einer Koexistenz, wenn in Widerspruchsverfahren gegen Unionsmarken auf eine in einem oder mehreren Mitgliedstaaten bestehende Koexistenzlage hingewiesen wird. Beruft sich zum Beispiel der Anmelder der jüngeren Marke darauf, dass die angemeldete Marke auf einem nationalen Markt mit der – meist nationalen Unionsmarke – bereits seit Jahren koexistiere und ihm daher die Unionsmarke nicht versagt werden dürfe, so verweist das Gericht den Anmelder gleichwohl auf die rechtsverbindliche Existenz der Widerspruchsmarke. Die Widerspruchsmarke aber könne nicht vom EuG, sondern nur von den nationalen Instanzen in Frage gestellt werden.

> Wird daher etwa die Anmeldung einer Unionsmarke »Omega« aufgrund einer französischen Marke »Omega« angegriffen, so kann sich der Anmelder der Unionsmarke nicht darauf berufen, dass er die Marke »Omega« sowieso europaweit benutzt und daher in Frankreich seit längerem mit dem Widersprechenden koexistiert.[66]

24 Dieser strenge Ansatz des EuG überzeugt zwar in dem Normalfall, dass die Widerspruchsmarke vor den nationalen Instanzen noch angegriffen werden kann. Koexistieren die Zeichen jedoch bereits seit Jahren, so dürften wechselseitige nationale Rechte bereits verwirkt sein. Da in einem solchen Fall die Unionsmarke das Gleichgewicht auf dem nationalen Markt nicht verändern würde,[67] erscheint es vorzugswürdig, hier entgegen der Rechtsprechung des EuG dem Anmelder den Einwand der Koexistenz zuzubilligen.

25 Hiervon zu unterscheiden ist der Fall, dass Marken in bestimmten Märkten koexistieren und die jüngere Marke dann in einen Markt expandiert, wo für die andere Marke bereits Markenschutz besteht. Daraus, dass etwa in einem Teil der Europäischen Union eine Unionsmarke und eine nationale Marke friedlich nebeneinander existieren, folgt nicht, dass in einem anderen Teil der Union, in dem die Unionsmarke und das als nationale Marke eingetragene Zeichen noch nicht nebeneinander bestehen, zwischen der Unionsmarke und diesem Zeichen keine Verwechslungsgefahr besteht. Entsprechendes gilt für den Schutz bekannter Marken, wo aus der Koexistenz in Teilen der Union nicht folgt, dass die Benutzung in anderen Teilen gerechtfertigt wäre.

---

64 EuG T-423/12 v. 5.5.2015 *SKY/SKYPE*, Tz. 67 ff.; EuG T-183/13 v. 5.5.2015 *SKY/SKYPE*, Tz. 61 ff.; EuG T-184/13 v. 5.5.2015 *SKY/SKYPE*, Tz. 61 ff., Rechtsmittel unter Az. C-382/15 P bis C-382/15 P eingelegt, aber durch Vergleich erledigt.
65 Etwa EuG T-346/04 v. 24.11.2005 *Arthur/ARTHUR ET FELICIE*, Tz. 63 f.; EuG T-29/04 v. 8.12.2005 *CRISTAL/CRISTAL CASTELLBLANCH*, Tz. 71 ff., im Ergebnis bestätigt durch EuGH C-131/06 P v. 24.4.2007 *Castellblanch/HABM*; EuG T-13/05 v. 25.10.2006 *RODA/ODA*, Tz. 66 ff.; EuG T-278/04 v. 16.11.2006 *YUPI/YUKI*, Tz. 44 f.; EuG T-101/06 v. 14.11.2007 *RODA/Castell del Remei ODA*, Tz. 75 ff.; EuG T-10/06 v. 11.12.2007 *Portela & Companhia*, Tz. 76 ff.; EuG T-134/06 v. 13.12.2007 *LES PAGES JAUNES/PAGESJAUNES.COM*, Tz. 33 ff.; EuG T-259/06 v. 16.12.2008 *VELASCO/MANSO DE VELASCO*, Tz. 74 ff.
66 EuG T-90/05 v. 6.11.2007 *OMEGA/Ω OMEGA*, Tz. 42 ff.
67 Dazu aber EuG T-10/06 v. 11.12.2007 *Portela & Companhia*, Tz. 78.

Existieren also beispielsweise die Marke »KERRYGOLD« und »KERRYMAID« in Irland und Großbritannien konfliktfrei nebeneinander, so bedeutet dies nicht, dass »KERRYMAID« auch in Spanien tätig sein dürfte, wenn dort schon zuvor Schutz für »KERRYGOLD« besteht.[68]

Art. 8 MRR (bzw. für das Verletzungsverfahren 18 MRR) regelt drei weitere Fälle einer Koexistenz infolge von Bestandskraft einer jüngeren Marke. Art. 16 UMV enthält eine entsprechende Regelung für das Verletzungsverfahren auf Grundlage einer Unionsmarke. Stets geht es darum, dass am zum Zeitpunkt der Anmeldung oder am Prioritätstag der jüngeren Marke noch kein Löschungsanspruch des Inhabers der älteren Marke bestand, weil diese noch nicht so intensiv benutzt worden war wie später. Art. 8 Buchst. a MRR erfasst dabei den Fall, dass mangels intensiver Benutzung noch keine Verkehrsdurchsetzung vorlag, die infolge der Kennzeichnungsschwäche der älteren Marke für den Schutz aber Voraussetzung wäre; im Fall des Art. 8 Buchst. b MRR fehlte der älteren Marke die Kennzeichnungskraft, um Verwechslungsgefahr zu begründen; und Art. 8 Buchst. c MRR erfasst den Fall, dass die Angriffsmarke erst im Nachhinein bekannt geworden ist. Derjenige, der sich auf ein Zwischenrecht beruft, muss dessen Bestand nachweisen.[69] 26

Die Regelungen sind überwiegend bereits Bestandteil des deutschen Rechts. So deckt § 22 I Nr. 1 MarkenG die Vorgabe des Art. 8 Buchst. c MRR ab und erfasst den Fall, dass eine Marke erst im Nachhinein eine Bekanntheit erlangt, die es theoretisch ermöglichen würde, gegen jüngere Rechte Dritter vorzugehen. Dem Inhaber einer solchen Marke wird gegenüber jüngeren Zwischenrechten das Berufen auf die Bekanntheit abgeschnitten. 27

> War also etwa die Marke »Mc Donalds« Anfang der 80er Jahre noch nicht besonders bekannt, so kann ihr Inhaber auch dann nicht gegen damals begründete Zwischenrechte an einer Marke »Mc Dog« vorgehen, wenn die Marke »Mc Donalds« später bekannt wird.[70]

§ 22 I Nr. 2 MarkenG betrifft den Fall des Art. 8 Buchst. a MRR und regelt, dass die Eintragung der Angriffsmarke am Tag der Veröffentlichung der Eintragung der jüngeren Marke wegen Verfalls oder wegen absoluter Schutzhindernisse hätte gelöscht werden können. 28

> Ist daher beispielsweise eine ältere Marke am Tag der Veröffentlichung der Eintragung einer jüngeren Marke bereits seit mehr als fünf Jahren grundlos unbenutzt, so kann der Inhaber der älteren Marke selbst bei einer späteren Aufnahme der Benutzung die jüngere Marke nicht mehr erfolgreich angreifen. Beim Benutzungsnachweis können nur Nachweise berücksichtigt werden, die vor dem Anmeldetag der jüngeren Marke liegen.[71]

Die Vorschrift eröffnet nach der Rechtsprechung des BGH allerdings nicht den Einwand erst später weggefallener Verkehrsdurchsetzung. Dies deckt sich mit dem Regelungsgehalt des Art. 8 Buchst. a MRR. 29

---

68 EuGH C-93/16 v. 20.7.2017 *Ornua Co-operative*.
69 EuGH C-75/17 P v. 19.4.2018 *Fiesta Hotels & Resorts*, Tz. 66.
70 Vgl. BGHZ 138, 349 *MAC Dog*.
71 BGH I ZR 50/11 v. 2.2.2012 *Bogner B/Barbie B*, Tz. 74.

Hat also eine Marke infolge ihrer Benutzung Unterscheidungskraft erworben, später jedoch wieder verloren, so soll ein Dritter einem Angriff aus dieser – letztlich nicht schutzfähigen – Marke[72] nicht den Einwand aus § 22 MarkenG entgegenhalten können.[73]

30 Die Vorschrift soll ferner aufgrund teleologischer Reduktion dann nicht anwendbar sein, wenn der Einwand der Löschungsreife noch in einem Nichtigkeitsverfahren nach §§ 50, 54 MarkenG erfolgen könnte. Auch dies dürfte im Hinblick auf Art. 8 Buchst. a MRR unproblematisch sein.

Ist daher etwa die Zehnjahresfrist des § 50 II 2 MarkenG[74] noch nicht abgelaufen und das Angriffszeichen nach wie vor schutzunfähig, so wird der Angegriffene zur Abwehr des Angriffs einen eigenen Löschungsangriff starten müssen. Erst nach Ablauf der Zehnjahresfrist oder dann, wenn das absolute Schutzhindernis nachträglich entfallen ist, wäre ein Löschungsangriff erfolglos, so dass sich der Angegriffene auf § 22 MarkenG berufen kann.[75]

31 Den Fall ursprünglich fehlender Verwechslungsgefahr infolge schwächerer Kennzeichnungskraft der älteren Marke nach Art. 8 Buchst. c MRR regelt nun § 22 II Nr. 3 MarkenG.

32 Während die Regelung der Zwischenrechte also nur besonders gelagerte Fälle betrifft, könnte sich die Vorschrift des Art. 16 UMV als Katastrophe für die Unionsmarke an sich erweisen. Denn die Entscheidung über die Nichtigerklärung obliegt gemäß Art. 24 Nr. 4 EuGVVO den Gerichten des Eintragungsstaates. Es wäre ein erheblicher Eingriff in deren Kompetenz, wenn das Unionsmarkengericht eines anderen Mitgliedstaates im Rahmen eines Verletzungsverfahrens über die Löschungsreife als Vorfrage entscheiden könnte.[76] Dabei gilt die ausschließliche Zuständigkeitsregelung des Art. 24 Nr. 4 EuGVVO auch für den Fall, dass das ältere Recht lediglich einredeweise geltend gemacht wird.[77] Ein Unionsmarkeninhaber muss daher zunächst nationale Marken vor den dort zuständigen Ämtern und Gerichten beseitigen, bevor er seinen Unterlassungsanspruch geltend machen kann.[78] Etwas anderes gilt im einstweiligen Rechtsschutz, wo Art. 24 Nr. 4 EuGVVO von Art. 131 verdrängt wird.[79]

---

72 Zur Kritik vgl. § 27 Rdn. 45.
73 BGHZ 156, 112, 120 *Kinder I*, m. w. N.; BGH I ZR 249/02 v. 1.3.2007, Tz. 17.
74 Zur richtlinienkonformen Auslegung der Fristenregelung unten § 27 Rdn. 45.
75 BGHZ 156, 112, 118 ff. *Kinder I*, m. w. N.; BGH I ZR 151/02 v. 15.2.2007, Tz. 18; I ZR 249/02 v. 1.3.2007, Tz. 17.
76 So aber wohl Rechtbank s'Gravenhage 3788291 HA ZA 10–3824 v. 9.3.2011 *YELLOW PAGES*, Ziff. 4.
77 So schon EuGH C-4/03 v. 13.7.2006 *GAT*, Tz. 31 [zum Patentrecht]; vgl. auch BeckOK UMV/*Müller*, UMV Art. 122 Rn. 6.
78 Entsprechend zum nationalen Markenrecht Supreme Court of Judicature [2003] EWCA Civ 327 v. 12.03.2003 *The Prudential Assurance Company Limited vs. The Prudential Insurance Company of America*, Supreme Court Ziff. 21; Hof van Beroep te Brussel 2003/5846 v. 01.10.2003 *Vittel/Vitelle*, S. 12 f.
79 Vgl. EuGH C-616/10 v. 12.7.2012 *Solvay*, Rn. 50 [zum Patentrecht]; entsprechend zum nationalen Markenrecht Gerechtshof s'Gravenhage 200.062.687/01 v. 12.7.2011 *YELLOW PAGES*, Ziff. 4.9.

Wird daher jemand aus einer Unionsmarke angegriffen, so kann er einfach eine Reihe von nationalen Marken anmelden, die dem Verletzungszeichen entsprechen. Werden diese Marken zügig eingetragen, so muss der Unionsmarkeninhaber zunächst eine Reihe nationaler Löschungsverfahren durchführen, bevor er aus der Unionsmarke vorgehen kann. Dieses Spiel ließe sich beliebig oft wiederholen, wodurch eine Hauptsacheklage aus der Unionsmarke ausgebremst würde.

§ 15 Beschränkung der Wirkungen der Marke

Schrifttum: *Gietzelt/Grabrucker*, Die Markenparodie – Im Spannungsverhältnis zwischen Grundgesetz und europäischer Grundrechtecharta, MarkenR 2015, 333; *v. Linstow*, Unterschiedliche Benutzungszwecke – markenmäßige Benutzung und § 23 Nr. 2 MarkenG, GRUR 2009, 111

I. Überblick

1 Art. 17 TRIPS,[1] Art. 14 MRR, Art. 14 UMV, § 23 MarkenG regeln – umfassend harmonisiert[2] – die Beschränkungen der Wirkungen der Marke, die dem Recht des Markeninhabers im Geschäftsleben gezogen sind. Die Vorschriften tragen widerstreitenden Interessen an einer freien Verwendung von Marken und dem freien Waren- und Dienstleistungsverkehr Rechnung.[3] Im Gegensatz zu den absoluten Eintragungshindernissen betreffen die Beschränkungen der Wirkungen der Marke jeweils nur den Einzelfall, ohne die Schutzfähigkeit einer Marke grundsätzlich in Frage zu ziehen.[4] Folglich kann sich der Anmelder einer Marke, die Verwechslungsgefahr begründet, nicht auf diese Regelungen berufen.[5] Auch im Nichtigkeitsverfahren ist die Vorschrift nicht anwendbar.[6]

2 Im Einzelnen eingeschränkt ist das Recht, einem Dritten zu verbieten,
– seinen Namen oder seine Anschrift,
– Angaben über die Art, die Beschaffenheit, die Menge, die Bestimmung, den Wert, die geografische Herkunft oder die Zeit der Herstellung der Ware oder der Erbringung der Dienstleistung oder über andere Merkmale der Ware oder Dienstleistung,
– die Marke, falls dies notwendig ist, als Hinweis auf die Bestimmung einer Ware, insbesondere als Zubehör oder Ersatzteil, oder einer Dienstleistung
im geschäftlichen Verkehr zu benutzen.

---

1 Vgl. EuGH C-245/02 v. 16.11.2004 *Anheuser-Busch/Budějovický Budvar*, Tz. 82.
2 Etwa EuGH C-59/08 v. 23.4.2009 *Copad*, Tz. 40; EuGH C-46/10 v. 14.7.2011 *Viking Gas*, Tz. 25.
3 Vgl. Art. 17 TRIPS; EuGH C-63/97 v. 23.2.1999 *BMW*, Tz. 62; EuGH C-100/02 v. 7.1.2004 *Gerolsteiner Brunnen*, Tz. 16; EuGH C-228/03 v. 17.3.2005 *Gillette*, Tz. 29; EuGH C-102/07 v. 10.4.2008 *adidas und adidas Benelux*, Tz. 45; EuGH C-558/08 v. 8.7.2010 *Portakabin*, Tz. 57.
4 Vgl. EuGH C-108/97 und C-109/97 v. 4.5.1999 *Chiemsee*, Tz. 28; EuGH C-3/03 P v. 28.4.2004 *Matratzen Concord*, Tz. 35; EuGH C-404/02 v. 16.9.2004 *Nichols*, Tz. 32 f.; auch EuGH C-245/02 v. 16.11.2004 *Anheuser-Busch/Budějovický Budvar*, Tz. 77; EuG T-359/99 v. 7.6.2001 *EuroHealth*, Tz. 28; EuG T-40/03 v. 13.7.2005 *MURÚA/Julián Murúa Entrena*, Tz. 46.
5 Vgl. hierzu EuGH C-3/03 P v. 28.4.2004 *Matratzen Concord*, Tz. 35; EuG T-6/01 v. 23.10.2002 *Matratzen/Matratzen Markt Concord*, Tz. 49; BGH I ZR 100/11 v. 27.3.2013 *AMARULA/Marulablu*, Tz. 41.
6 BGH I ZR 100/11 v. 27.3.2013 *AMARULA/Marulablu*, in Abgrenzung zu früherer Rechtsprechung.

I. Überblick

Bei allen drei Tatbeständen[7] greift die Beschränkung nur ein, sofern die Benutzung im Einzelfall den anständigen Gepflogenheiten in Gewerbe oder Handel entspricht.[8]

Ob die Benutzung markenmäßig erfolgt oder nicht, spielt demgegenüber seit der **3** Gerolsteiner-Entscheidung des EuGH[9] keine Rolle. Das Markenrecht kann daher auch im Falle einer markenmäßigen Benutzung beschränkt sein.

So kann auch die Benutzung einer mit einer älteren Marke kollidierenden geografischen Angabe nach Art einer Marke an hervorgehobener Stelle eines Flaschenetiketts unter Umständen nach Art. 14 Buchst. b UMV, § 23 Nr. 2 MarkenG zulässig sein.

Noch nicht abschließend geklärt ist, ob Eingriffe in den Schutzbereich einer Marke **4** über die ausdrücklichen Regelungen hinaus auch aufgrund anderer Vorschriften oder Überlegungen gerechtfertigt werden können. So hat der EuGH eine wörtliche Auslegung der Richtlinie über irreführende und vergleichende Werbung[10] abgelehnt, da andernfalls ein Widerspruch zur MRR drohe.[11] Umgekehrt ist eine zulässige vergleichende Werbung auch unter Verwendung einer Marke gerechtfertigt, da andernfalls kein Raum für bestimmte Fallgruppen der Richtlinie bliebe.[12] Da allerdings hierbei keine Verwechslungsgefahr begründet werden darf, wird die Frage allenfalls im Rahmen des Identitätsschutzes relevant.[13]

Zulässig können daher insbesondere auch bestimmte Verwendungen einer Marke im Internet – auch als Metatag – sein, wenn die Nutzung im Rahmen einer zulässigen vergleichenden Werbung erfolgt.[14]

Zu berücksichtigen sind jedenfalls unionsrechtliche Grundrechte.[15] Denn die **5** Gerichte der Mitgliedstaaten müssen nach der Rechtsprechung des EuGH ein ange-

---

7 Das Merkmal der »anständigen Gepflogenheiten« bezieht sich nicht nur auf Bestimmungsangaben – EuGH C-108/97 und C-109/97 v. 4.5.1999 *Chiemsee*, Tz. 28.
8 Da im Rahmen des erweiterten Schutzes bekannter Kennzeichen im Falle lauteren Handelns bereits kein tatbestandsmäßiges Handeln vorliegt, kommt den Schutzbeschränkungen gegenüber dem erweiterten Schutz bekannter Kennzeichen grundsätzlich keine eigenständige Bedeutung zu: BGHZ 149, 191, 203 *shell.de*; BGH GRUR 1999, 992 *BIG PACK*; auch BGH GRUR 2005, 163, 165 *Aluminiumräder*.
9 EuGH C-100/02 v. 7.1.2004 *Gerolsteiner Brunnen*, Tz. 14 f.; auch BGH GRUR 2004, 600, 602 *d-c-fix/CD-FIX*; BGH GRUR 2004, 712 *PEE-WEE*; BGH GRUR 2004, 947, 948 *Gazoz*; BGH GRUR 2004, 949, 950 *Regiopost/Regional Post*; BGH GRUR 2005, 423, 425 *Staubsaugerfiltertüten*; BGH I ZR 169/05 v. 5.6.2008 *POST*, Tz. 17; I ZR 108/05 v. 5.6.2008, Tz. 19; I ZR 104/14 v. 30.7.2015 *Posterlounge*, Tz. 31; missverständlich noch EuGH C-108/97 und C-109/97 v. 4.5.1999 *Chiemsee*, Tz. 28; undeutlich EuGH C-3/03 P v. 28.4.2004 *Matratzen Concord*, Tz. 35.
10 Richtlinie 2006/114/EG des Europäischen Parlaments und des Rates vom 12. Dezember 2006 über irreführende und vergleichende Werbung, ABl.-EG L 376/21 v. 27.12.2006; vgl. zur Vorgängerregelung EuGH C-356/04 v. 19.9.2006 *Lidl Belgium*.
11 EuGH C-112/99 v. 25.10.2001 *Toshiba/Katun*, Tz. 35.
12 In diesem Sinne EuGH C-381/05 v. 19.4.2007 *De Landtsheer Emmanuel*, Tz. 64 ff.; EuGH C-487/07 v. 18.6.2009 *L'Oréal u. a.*, Tz. 72; BGH I ZR 51/08 v. 4.2.2010 *POWER BALL*, Tz. 41.
13 EuGH C-533/06 v. 12.6.2008 *O 2 Holdings*, Tz. 69.
14 BGH I ZR 183/03 v. 18.5.2006 *Impuls*, Tz. 21.
15 Insbesondere die Charta der Grundrechte der Europäischen Union; Grundrechtsschutz gilt unabhängig von Art. 19 III GG wegen des Grundsatzes der Inländerbehandlung gemäß Art. 1 II, 2 I PVÜ auch für Ausländer: BGH I ZR 183/07 v. 12.11.2009 *WM-Marken*.

messenes Verhältnis von Richtlinienbestimmungen und verschiedenen durch die Unionsrechtsordnung geschützten Grundrechten sicherstellen.[16] Dies kann zu einer Einschränkung von Markenrechten führen.[17]

> Ob aber konkret etwa eine im geschäftlichen Verkehr stattfindende künstlerische Verfremdung fremder Marken im Rahmen einer Markenparodie aufgrund der von Art. II-73 des – noch nicht in Kraft getretenen – Vertrags über eine Verfassung für Europa gewährten Kunstfreiheit gerechtfertigt ist, wird im Zweifel der EuGH entscheiden müssen.[18]

6 Soweit schließlich § 23 auch Beschränkungen von Ansprüchen aus Unternehmenskennzeichen regelt, beruht die Vorschrift zwar nicht auf einer europäischen Rechtsgrundlage. Der BGH will insoweit die Vorschrift jedoch zu Recht gleich auslegen, so dass letztlich von einer mittelbaren Harmonisierung auszugehen ist.[19]

II. Gebrauch von Name und Anschrift

7 Art. 14 I Buchst. a MRR, Art. 14 Buchst. a UMV bzw. § 23 Nr. 1 MarkenG stellen den lauteren[20] Gebrauch des eigenen Namens und der eigenen Anschrift frei.

8 Von praktischer Relevanz ist insbesondere der Namensgebrauch. Ein Dritter kann sich grundsätzlich auf die Ausnahmevorschrift berufen, um ein mit einer Marke identisches oder ihr ähnliches Zeichen zur Angabe seines Namens zu benutzen, auch wenn es sich um eine Benutzung handelt, die der Markeninhaber aufgrund seiner ausschließlichen Rechte grundsätzlich verbieten könnte. Sehr weitgehend erfasst die Vorschrift hierbei nicht nur Namen natürlicher Personen, sondern auch Namen juristischer Personen und damit Handelsnamen bzw. Unternehmenskennzeichen.[21]

> Auf die Beschränkung des Markenrechts dürfte sich daher trotz existierender Waschmittelmarke »Persil« nicht nur ein Kaufmann mit dem bürgerlichen Namen »Persil« berufen, sondern grundsätzlich auch eine juristische Person unter entsprechender Phantasiefirma. Insbesondere bei Neugründungen wird die Benutzungsaufnahme indes nur selten den anständigen Gepflogenheiten in Gewerbe oder Handel[22] entsprechen.[23] Daher dürfte die Vorschrift letztlich im Wesentlichen doch Fälle des Gebrauchs des bürgerlichen Namens sowie Fälle einer Koexistenz[24] erfassen – etwa infolge von Verwirkung,[25] bei lokal beschränkten Rechten oder

---

16 EuGH C-275/06 v. 29.1.2008 *Promusicae*, Tz. 68; EuGH C-557/07 v. 19.2.2009 *LSG-Gesellschaft*, Tz. 29; EuGH C-461/10 v. 19.4.2012 *Bonnier Audio*, Tz. 56; BGH I ZR 59/13 v. 2.4.2015 *Springender Pudel*, Tz. 41.
17 Insbesondere auch ohne Inkrafttreten der Charta der Grundrechte der Europäischen Union – Art. IV-447 des Vertrags über eine Verfassung für Europa.
18 Beim Sonderschutz der bekannten Marke kann das Problem noch im Rahmen der Lauterkeitsprüfung gelöst werden: BGH GRUR 2005, 583, 584 f. *Lila-Postkarte*; BGH I ZR 59/13 v. 2.4.2015 *Springender Pudel*, Tz. 41 ff.
19 BGH I ZR 169/05 v. 5.6.2008 *POST*, Tz. 30; I ZR 108/05 v. 5.6.2008, Tz. 32.
20 Hierzu unten § 15 Rdn. 25 – 32.
21 EuGH C-245/02 v. 16.11.2004 *Anheuser-Busch/Budějovický Budvar*, Tz. 78 ff.; EuGH C-17/06 v. 11.9.2007 *Céline*, Tz. 31.
22 Hierzu unten § 15 Rdn. 25 – 32.
23 Ähnlich *Büscher*, MarkenR 2007, 453, 456.
24 Zur Koexistenz vgl. § 14 Rdn. 21 – 30.
25 Zur Verwirkung vgl. § 14 Rdn. 7 – 20.

im Interesse des Gemeinsamen Marktes unter Umständen[26] bei gleichnamigen ausländischen Firmen.

Aufgrund des weiten Anwendungsbereichs der (harmonisierten) Vorschrift ging der BGH davon aus, dass für das von der deutschen Rechtsprechung entwickelte Recht der Gleichnamigen kein Raum bleibe. Vielmehr sei Art. 14 I Buchst. a MRR bzw. § 23 Nr. 1 MarkenG an die Stelle dieser früheren Rechtsprechung getreten.[27] Soweit der BGH ausführte, dass Recht der Gleichnamigen im Rahmen des § 23 Nr. 1 MarkenG unverändert anwendbar geblieben,[28] war dies kaum weiterführend; jedenfalls für Ansprüche des Prioritätsjüngeren gegen den Prioritätsälteren, die die Rechtsprechung im Recht der Gleichnamigen ausnahmsweise gewährte, ist nach der Schrankenregelung des Art. 14 I Buchst. a MRR bzw. § 23 Nr. 1 MarkenG kein Raum mehr. Erst recht überzeugte es nicht, wenn der BGH[29] beim Prioritätsjüngeren den Erwerb eines eigenen Kennzeichenrechts voraussetzte, da der Wortlaut der Vorschrift dies nicht trug. 9

Die im Zuge der Markenrechtsreform 2015 geänderte Neufassung der Vorschriften beschränkt nun allerdings ohnehin den Anwendungsbereich der Vorschrift auf Namen natürlicher Personen. Hiermit soll letztlich die Rechtsprechung des EuGH ausgehebelt werden, auch Unternehmenskennzeichen zu erfassen. 10

Leider löst diese Änderung keine Probleme, sondern wirft zusätzliche Probleme auf. Gerade die in einem gemeinsamen Markt fragwürdigen nationalen Markenrechte werden durch die Initiative gestärkt, weil sie sich künftig auch gegen eine lautere Nutzung von Unternehmenskennzeichen durchsetzen können. In einem durch eine Vielzahl nationaler Kennzeichenrechte geprägten gemeinsamen Markt muss es aber Unternehmen möglich sein, ihren Namen in lauterer Weise auch in anderen Mitgliedstaaten zu benutzen. Andernfalls drohen Konflikte mit Vorschriften, die zur Kennzeichnung von Produkten mit Unternehmenskennzeichen zwingen. Der innergemeinschaftliche Handel wird ohne Grund beeinträchtigt. 11

Abhilfe gegen den Missgriff des Gesetzgebers kann auf verschiedene Art und Weise möglich sein: Zunächst einmal ist es denkbar, die geschaffenen Probleme über die Funktionenlehre[30] zu lösen und wieder in größerem Umfang als bisher davon auszugehen, dass Marken durch die Benutzung von Unternehmenskennzeichen nicht verletzt werden; dieser Lösungsansatz hat allerdings den Nachteil, dass die Funktionenlehre nur grobe Einschränkungen zulässt und keine differenzierte Interessenabwägung. Ein weiterer Ansatz kann darin liegen, in der Benutzung des eigenen Unternehmenskennzeichens zugleich auch eine Benutzung einer beschreibenden Angabe i. S. v. Art. 14 I Buchst. b MRR, Art. 14 Buchst. b UMV bzw. § 23 Nr. 2 MarkenG zu sehen; denn das Unternehmenskennzeichen beschreibt, welches Unternehmen die Kontrolle für die vertriebenen Produkte übernimmt; eine umfassende Interessenabwägung im Rahmen des Lauterkeitsmerkmals bleibt dann ebenso möglich wie ein europäisches Recht der Gleichnamigen. Schließlich besteht auch 12

---

26 Vgl. aber BGHZ 130, 276, 280 *Torres* (fraglich).
27 Vgl. unten § 18 Rdn. 20 – 23.
28 BGH I ZR 134/05 v. 30.1.2008 *Hansen-Bau*, Tz. 24 f.; BGH I ZR 41/08 v. 14.4.2011 *Peek & Cloppenburg II*, Tz. 35.
29 BGH I ZR 78/14 v. 23.9.2015 *Sparkassen-Rot/Santander-Rot*, Tz. 86.
30 Dazu oben § 10 Rdn. 30 ff.

die naheliegende Möglichkeit, dass die Neureglung insgesamt eine unverhältnismäßige Beschränkung des freien Warenverkehrs darstellt und daher mit dem höherrangigen Art. 34 AEUV unvereinbar ist; es bliebe dann insgesamt bei der ausgewogenen Lösung vor der Markenrechtsreform 2015.[31]

III. Merkmalsangaben

13 Art. 14 I Buchst. b MRR, Art. 14 Buchst. b UMV bzw. § 23 Nr. 2 MarkenG stellen die lautere Benutzung von Merkmalsangaben frei. Die Vorschriften zielen dabei speziell darauf ab, allen Wirtschaftsteilnehmern die Möglichkeit zu erhalten, beschreibende Angaben zu benutzen. Diese Vorschriften sind also eine Ausprägung des Freihaltebedürfnisses. Andererseits kann das Freihaltebedürfnis jedoch in keinem Fall eine selbständige Beschränkung der Wirkungen der Marke sein, die in erweiternder Auslegung zu den ausdrücklich vorgesehenen Beschränkungen hinzutritt. Vielmehr sind die Vorschriften ausschließlich auf Merkmalsangaben anzuwenden.

> So können etwa die Vorschriften gegenüber den Drei-Streifen-Marken von adidas eine Benutzung von Streifen-Motiven nicht als rein dekorative Benutzung rechtfertigen. Denn das Anbringen von Streifenmotiven auf Bekleidung durch Dritte dient nicht dazu, eine Angabe über ein Merkmal dieser Waren zu machen.[32]

14 Die Vorschriften unterscheiden nicht nach den verschiedenen möglichen Verwendungen der dort beispielhaft genannten Merkmalsangaben. Um in den Anwendungsbereich der Vorschriften zu fallen, genügt es, wenn eine Angabe sich auf eines der Merkmale wie die geografische Herkunft bezieht.[33] Entscheidend ist lediglich, ob das angegriffene Zeichen als Angabe über Merkmale oder Eigenschaften der Produkte verwendet wird.[34] Anders als bei Bestimmungsangaben in Art. 14 Buchst. c UMV bzw. § 23 Nr. 3 MarkenG kommt es ferner nicht darauf an, ob die Nutzung notwendig ist.[35]

> So kann etwa der als Marke geschützte Begriff »Post« von Dritten auch in deren Marken oder Unternehmenskennzeichen wie beispielsweise »Neue Post« verwendet werden. Der Begriff »POST« bezeichnet in der deutschen Sprache einerseits die Einrichtung, die Briefe, Pakete, Päckchen und andere Waren befördert und zustellt, und andererseits die beförderten und zugestellten Güter selbst, z. B. Briefe, Karten, Pakete und Päckchen. In einer Bezeichnung

---

31 Eine entsprechende Vorlage an den EuGH wurde im britischen Verfahren High Court of Justice Chancery Division *Sky v SkyKick* [2017] EWHC 1769 zunächst abgelehnt, weil es im Verfahren je nach Beweislage u. U. nicht auf die Frage ankomme.
32 EuGH C-102/07 v. 10.4.2008 *adidas und adidas Benelux*, Tz. 46 ff.
33 EuGH C-100/02 v. 7.1.2004 *Gerolsteiner Brunnen*, Tz. 19; BGH I ZR 42/07 v. 30.4.2009 *DAX*, Tz. 27.
34 BGH I ZR 169/05 v. 5.6.2008 *POST*, Tz. 17; I ZR 108/05 v. 5.6.2008, Tz. 19.
35 BGH I ZR 42/07 v. 30.4.2009 *DAX*, Tz. 27; BGH I ZR 44/07 v. 2.12.2009 *OFFROAD*, Tz. 25; BGH I ZR 12/08 v. 1.12.2010 *Perlentaucher*, Tz. 59; BGH I ZR 100/11 v. 27.3.2013 *AMARULA/Marulablu*, Tz. 26.

wie »Neue Post« wird der Begriff im letzteren Sinne beschreibend verwendet.[36] »Offroad« darf trotz einer Wort-/Bildmarke mit dem Wortbestandteil »Offroad« als Titel einer Zeitschrift verwendet werden, die sich mit Geländewagen befasst.[37] Ja sogar die Nutzung eines Romantitels soll zulässig sein, um die Verfilmung des Romans zu bezeichnen.[38] Aber solange eine Marke hingegen nicht Gattungsbezeichnung ist, wird ihre vorrangig werbliche Verwendung durch Dritte regelmäßig selbst dann nicht unter die Vorschrift fallen, wenn ein inhaltlicher Bezug zu den Markenprodukten hergestellt wird.[39]

Solange vor der Gerolsteiner-Entscheidung des EuGH ungeklärt war, ob auch eine markenmäßige Benutzung der Regelung unterfallen kann, ist die Rechtsprechung nur zurückhaltend von einer Beschränkung des Markenrechts ausgegangen. Meist blieb der Anwendungsbereich der Vorschriften auf Fälle beschränkt, in denen aus einer Marke vorgegangen wurde, die einer rein beschreibenden Angabe sehr nahekam.[40] 15

Teilweise hat der BGH – ohne Rückgriff auf § 23 MarkenG – auch kurzerhand den Schutzbereich von § 14 MarkenG unmittelbar eingeschränkt. So konnte etwa aus einer Marke »AntiVir« gegen das beschreibende »Antivirus« aus Rechtsgründen nicht vorgegangen werden.[41] Ähnliches galt bei der hervorgehobenen Verwendung des Zeichens »XVIII+« auf Pornofilmen.[42] Derlei Kunstgriffe sind infolge der weiten Auslegung der Schrankenbestimmungen nun überflüssig. Jedenfalls aber unterliegt der Schutzumfang eines solchen Zeichens keiner besonderen Beschränkung, wenn es um das Verhältnis zu anderen Bezeichnungen geht, die sich in gleicher oder ähnlicher Weise an den beschreibenden oder freizuhaltenden Begriff anlehnen und ihn verfremden. Aus »HEITEC« konnte daher durchaus gegen das klanglich identische »HAITEC« vorgegangen werden.[43]

Nachdem nun geklärt ist, dass eine – zumindest auch[44] – markenmäßige Benutzung[45] und sogar eine beschreibende Benutzung kennzeichnungskräftiger Zeichen[46] gerechtfertigt sein kann, besteht Raum für eine großzügige Anwendung der 16

---

36 BGH I ZR 169/05 v. 5.6.2008 *POST*, Tz. 18 ff.; auch BGH I ZR 78/06 v. 2.4.2009 *OSTSEE-POST*, Tz. 41 ff.; I ZR 79/06 v. 2.4.2009, Tz. 45 ff.; I ZR 110/06 v. 2.4.2009, Tz. 12 ff.; I ZR 111/06 v. 2.4.2009, Tz. 13 ff.; I ZR 209/06 v. 2.4.2009 *POST/RegioPost*, Tz. 16 ff.; abgrenzend BGH I ZR 108/09 v. 17.8.2011 *TÜV II*, Tz. 69.
37 BGH I ZR 44/07 v. 2.12.2009 *OFFROAD*, Tz. 22.
38 BGH I ZR 49/13 v. 26.2.2014 *Tarzan*, Tz. 65 ff.
39 EuGH C-558/08 v. 8.7.2010 *Portakabin*, Tz. 60 f.
40 Etwa BGH GRUR 1999, 238, 239 f. *Tour de culture*; BGH GRUR 1999, 992, 994 *BIG PACK*; BGH GRUR 2002, 814, 815 *Festspielhaus I*; BGH GRUR 2003, 436, 439 *Feldenkrais*; BGH GRUR 2003, 880, 882 *City Plus*.
41 BGH GRUR 2003, 963, 965 *AntiVir/AntiVirus*; vorsichtiger nun auch BGH I ZR 162/05 v. 14.2.2008 *HEITEC*, Tz. 22; vgl. ferner BGH I ZR 139/07 v. 22.1.2009 *pcb*, Tz. 27; zu ähnlichen Beschränkungen im Zusammenhang der Produktähnlichkeit BGH GRUR 2004, 949, 950 *Regiopost/Regional Post*.
42 BGH I ZR 37/10 v. 2.10.2012, Tz. 24.
43 BGH I ZR 162/05 v. 14.2.2008 *HEITEC*, Tz. 22.
44 Voraussetzung bleibt dabei stets, dass zumindest auch eine Beschreibung vorliegt: BGH I ZR 162/05 v. 14.2.2008 *HEITEC*, Tz. 25.
45 EuGH C-100/02 v. 7.1.2004 *Gerolsteiner Brunnen*, Tz. 14 f.; auch BGH GRUR 2004, 600, 602 *d-c-fix/CD-FIX*; BGH GRUR 2004, 712 *PEE-WEE*; BGH GRUR 2004, 947, 948 *Gazoz*; BGH GRUR 2004, 949, 950 *Regiopost/Regional Post*; BGH I ZR 162/05 v. 14.2.2008 *HEITEC*, Tz. 25; missverständlich noch EuGH C-108/97 und C-109/97 v. 4.5.1999 *Chiemsee*, Tz. 28; undeutlich EuGH C-3/03 P v. 28.4.2004 *Matratzen Concord*, Tz. 35.
46 EuGH C-48/05 v. 25.1.2007 *Adam Opel*, Tz. 42 f.

Regelung. So kann die Regelung in Fällen einer geteilten Verkehrsauffassung helfen, in denen ein Teil des Verkehrs ein bestimmtes Zeichen als Herkunftshinweis versteht, während ein anderer Teil darin eine beschreibende Angabe sieht.

> So ist die Benutzung der Marke »Gazoz«, des türkischen Wortes für Limonade, an hervorgehobener Stelle auf Limonadenflaschen zulässig, wenn der Verkauf in Geschäften erfolgt, die auf das türkische Publikum zugeschnitten sind und in denen tatsächlich überwiegend – jedoch nicht ausschließlich – die türkischsprachige Bevölkerung einkauft.[47] Ebenso wenig kann ein Markeninhaber eine beschreibende Verwendung der Marke in einem in fremder Sprache verfassten Katalog verbieten.[48]

17 Dabei muss das beschreibende Zeichen nicht zwingend isoliert benutzt worden sein. Vielmehr kann die Schranke auch eingreifen, wenn es als Teil eines Gesamtzeichens benutzt wird.

> Wird daher in der Gesamtbezeichnung »Amarulablu« der Bestandteil »Amarula« vom Verkehr als beschreibend für eine bestimmte Frucht erkannt, so greift hinsichtlich dieses Bestandteils die Schutzschranke ein.[49]

18 Die Schrankenbestimmungen greifen nicht ein, wenn es um die Kennzeichnung von Originalware im Rahmen des Weitervertriebs geht. Vielmehr verdrängen die Vorschriften zur Erschöpfung[50] in diesem Bereich die Schrankenbestimmungen.[51]

19 Weiterer Anwendungsfall der Schrankenregelung ist nach der Rechtsprechung des BGH der Umbau bzw. die Wiederaufarbeitung gebrauchter Produkte unter Hinweis auf den Hersteller der Originalware durch Nennung seiner Marke. Voraussetzung soll hierbei lediglich sein, dass auch auf den Umbau und die Person hingewiesen wird, die den Umbau durchgeführt hat.[52] Ein ausdrücklicher Vermerk »wiederaufgearbeitet durch...« sei dabei jedoch nicht erforderlich.[53]

> So dürfe derjenige, der einen nicht mehr als Geldspielgerät zugelassenen Spielautomaten zu einem Punktespielgerät unter Beibehaltung des Spiel- und Gewinnplans umbaut, unter Nennung der Marke und des Namens des Vertreibers der Originalware auf sich und die neue Bezeichnung des Geräts hinweisen.[54] Entsprechendes gelte für denjenigen, der gebrauchte Fahrzeugkomponenten aufarbeitet, wobei noch nicht einmal eine Abweichung von Sicherheitsnormen schädlich sein soll.[55] Demgegenüber dient aber jedenfalls die Anbringung eines mit einer für Kraftfahrzeuge eingetragenen Marke identischen Zeichens auf originalgetreu verkleinerten Modellen von Fahrzeugen dieser Marke nicht dazu, eine Angabe über ein Merkmal der genannten Modelle zu machen, sondern ist nur ein Teil der originalgetreuen Nachbildung der Originalfahrzeuge.[56] Der BGH[57] will außerdem sogar getunte, und damit

---

47 BGH GRUR 2004, 947 *Gazoz*.
48 EuGH C-421/04 v. 9.3.2006 *Matratzen Concord/Hukla-Germany*, Tz. 31, unter Hinweis auf die Schlussanträge von Generalanwalt *Jacobs* vom 24.11.2005, dort insbesondere Tz. 64.
49 BGH I ZR 100/11 v. 27.3.2013 *AMARULA/Marulablu*, Tz. 28 ff.
50 Dazu unten § 16 Rdn. 1 ff.
51 BGH I ZR 129/08 v. 17.7.2013 *UsedSoft II*, Tz. 52.
52 BGH GRUR 1998, 697, 699 *VENUS MULTI*; vgl. auch BGH GRUR 2005, 162 *Soda-Stream*, wo die Problematik als Frage der markenmäßigen Benutzung behandelt wird.
53 BGH I ZR 11/04 v. 14.12.2006 *Aufarbeitung von Fahrzeugkomponenten*, Tz. 27.
54 BGH GRUR 1998, 697, 699 *VENUS MULTI*; vgl. auch BGH GRUR 2005, 162 *Soda-Stream*, wo die Problematik als Frage der markenmäßigen Benutzung behandelt wird.
55 BGH I ZR 11/04 v. 14.12.2006 *Aufarbeitung von Fahrzeugkomponenten*, Tz. 21 ff.
56 EuGH C-48/05 v. 25.1.2007 *Adam Opel*, Tz. 44.
57 BGH I ZR 147/13 v. 12.3.2015 *Tuning*, Tz. 19 ff.

veränderte, Fahrzeuge mit der Originalmarke verkaufen lassen, wenn nur in der Verkaufsanzeige auf den Umbau hingewiesen wird; dies geht zu weit, weil das Fahrzeug auch Dritten begegnen wird, denen der Umbau unbekannt ist.[58]

Diese Rechtsprechung des BGH überzeugt letztlich vom gesamten Ansatz her nicht. Der Umbau gebrauchter Produkte greift tendenziell stärker in die Herkunftsfunktion der Marke ein als ein bloßer Verkauf von umverpackten Produkten. Die Anforderungen an den Weiterverkauf umgebauter Produkte können deswegen jedenfalls nicht hinter den Anforderungen zurückstehen, die die Rechtsprechung an den Weiterverkauf umverpackter Produkte im Rahmen des Erschöpfungsgrundsatzes[59] stellt. Dann aber muss derjenige, der umgebaute Produkte vertreiben will, die Voraussetzungen einhalten, an die auch der Parallelimporteur gebunden ist.[60] Zusätzlich zu den Anforderungen des BGH muss daher beim Umbau gebrauchter Produkte sichergestellt sein, dass die Aufmachung des Erzeugnisses dem guten Ruf der Marke und ihres Inhabers nicht schaden kann; ebenso muss der Umbauende den Markeninhaber vorab vom Verkauf der umgebauten Erzeugnisse unterrichten.[61] In sicherheitsrelevanten Bereichen wird der Umbauende zudem klarstellen müssen, wer den Umbau vorgenommen hat, und dem Markeninhaber auf Anforderung eine Probe des umgebauten Erzeugnisses zukommen lassen müssen. 20

IV. Bestimmungsangaben

Art. 14 I Buchst. c MRR, Art. 14 Buchst. c UMV bzw. § 23 Nr. 3 MarkenG schließlich privilegieren die lautere und notwendige Benutzung einer Marke als Hinweis auf die Bestimmung eines Produkts, insbesondere als Zubehör oder Ersatzteil. Nicht zulässig ist dagegen die Anbringung einer Marke auf einem Ersatzteil eines komplexen Erzeugnisses, um diesem wieder das ursprüngliche Erscheinungsbild zu verleihen,[62] oder gar der Vertrieb allein der Kennzeichnung zur Anbringung an einem komplexen Erzeugnis.[63] 21

Aufgrund der Vorschrift ist es allerdings unter Umständen etwa möglich, beim Vertrieb von Ersatzrasierklingen bzw. Staubsaugerbeuteln darauf hinzuweisen, dass diese mit Gillette-Rasierern bzw. Vorwerk-Staubsaugern kompatibel sind.[64]

Der im Wortlaut der Vorschriften enthaltene Hinweis auf Waren als Zubehör oder Einzelteil ist nur beispielhaft und nicht abschließend. Auch unterscheidet die Regelung bei der Beurteilung der Zulässigkeit der Benutzung einer Marke nicht zwi- 22

---

58 Entsprechend EuGH C-206/01 v. 12.11.2002 *Arsenal/Reed*, Tz. 57.
59 Vgl. hierzu unten § 16.
60 Vgl. hierzu unten § 16 Rdn. 40.
61 EuGH C-349/95 v. 11.11.1997 *Loendersloot/Ballantine*, Tz. 29 u. 50; EuGH C-348/04 v. 26.4.2007 *Boehringer Ingelheim u. a. (II)*, Tz. 21.
62 EuGH C-500/14 v. 6.10.2015 *Ford Motor Company*; zur designrechtlichen Fragestellung der Vorlagebeschluss BGH I ZR 226/14 v. 2.6.2016 *Kraftfahrzeugfelgen* (Verfahren beim EuGH C-435/16 *Acacia*); sowie das Parallelverfahren auf Vorlage des Corte d'appello di Milano (Verfahren beim EuGH C-397/16 *Acacia*).
63 BGH I ZR 153/14 v. 12.3.2015 *BMW-Emblem*, Tz. 30 ff., wo auch auf kartellrechtlich bedingte Belieferungspflichten des Originalherstellers hingewiesen wird.
64 Vgl. EuGH C-228/03 v. 17.3.2005 *Gillette*; BGH GRUR 2005, 423 *Staubsaugerfiltertüten*.

schen den möglichen Bestimmungen der Produkte.⁶⁵ Begrenzt wird der Anwendungsbereich der Vorschrift jedoch durch den Normzweck, darüber informieren zu können, dass und wie die angebotenen Produkte die Markenprodukte ergänzen.⁶⁶

> So kann die Regelung etwa die Benutzung einer Marke zu dem Zweck erfassen, darauf hinzuweisen, dass der Werbende Fahrzeuge der Marke BMW instand setzt und wartet.⁶⁷ Andererseits stellt das Anbringen einer Fahrzeugmarke auf Modellfahrzeugen keinen Bestimmungshinweis im Sinne der Vorschrift dar.⁶⁸

23 Die Regelung legt keine Kriterien fest, nach denen ermittelt werden soll, ob eine Bestimmung in den Anwendungsbereich dieser Vorschrift fällt, sondern verlangt lediglich, dass die Benutzung der Marke notwendig ist, um auf eine solche Bestimmung hinzuweisen. Der EuGH hält eine solche Benutzung für notwendig, wenn sie praktisch das einzige Mittel dafür darstellt, der Öffentlichkeit eine verständliche und vollständige Information über diese Bestimmung zu liefern.⁶⁹

> Gibt es etwa technische Standards oder Normen, die für die betreffende Warenart allgemein verwendet werden, dem angesprochenen Publikum bekannt und geeignet sind, eine verständliche und vollständige Information über die Bestimmung der vertriebenen Ware zu liefern, so ist die Verwendung einer Marke nicht notwendig.⁷⁰

24 Die Prüfung der Notwendigkeit ist Sache des nationalen Gerichts, wobei insbesondere die Art des von den gekennzeichneten Produkten angesprochenen Publikums zu berücksichtigen ist.⁷¹

> Notwendig ist etwa die Benutzung der Marke BMW, um auf eine Spezialisierung auf die Instandsetzung und Wartung von BMW-Fahrzeugen hinzuweisen.⁷² Dagegen hält der BGH die Verwendung auch der Wort-/Bildmarke des Fahrzeugherstellers nicht für notwendig.⁷³ Notwendig ist auch die Nennung der Marke Gillette, um der Öffentlichkeit eine verständliche und vollständige Information über die Bestimmung von Ersatzgriffen oder Ersatzklingen für Gillette-Rasierer zu geben.⁷⁴ Notwendig kann schließlich die vollständige Abbildung eines Porsche-Fahrzeugs mitsamt Marke sein, wenn auf den Fahrzeugtyp abgestimmte Aluminiumräder eines Dritten vertrieben werden, die ihre – für die Kaufentscheidung maßgebliche – volle ästhetische Wirkung erst in der Gesamtbetrachtung mit dem Fahrzeug entfalten.⁷⁵

---

65 EuGH C-228/03 v. 17.3.2005 *Gillette*, Tz. 32 u. 38 f.; auch EuGH C-558/08 v. 8.7.2010 *Portakabin*, Tz. 63.
66 EuGH C-558/08 v. 8.7.2010 *Portakabin*, Tz. 64.
67 EuGH C-63/97 v. 23.2.1999 *BMW*, Tz. 59; EuGH C-228/03 v. 17.3.2005 *Gillette*, Tz. 33; EuGH C-179/15 v. 3.3.2016 *Daimler*, Tz. 28.
68 EuGH C-48/05 v. 25.1.2007 *Adam Opel*, Tz. 39.
69 EuGH C-228/03 v. 17.3.2005 *Gillette*, Tz. 31 u. 35 u. 39 u. 51; BGH I ZR 33/10 v. 14.4.2011 *GROSSE INSPEKTION FÜR ALLE*, Tz. 20; BGH I ZR 236/16 v. 28.6.2018 *keine-vorwerk-vertretung*, Tz. 25.
70 EuGH C-228/03 v. 17.3.2005 *Gillette*, Tz. 36; BGH I ZR 236/16 v. 28.6.2018 *keine-vorwerk-vertretung*, Tz. 25.
71 EuGH C-228/03 v. 17.3.2005 *Gillette*, Tz. 37 u. 39 u. 52.
72 EuGH C-63/97 v. 23.2.1999 *BMW*, Tz. 60; EuGH C-228/03 v. 17.3.2005 *Gillette*, Tz. 33.
73 BGH I ZR 33/10 v. 14.4.2011 *GROSSE INSPEKTION FÜR ALLE*, Tz. 16 ff., in Abgrenzung von den Wertungsmaßstäben im Rahmen des Erschöpfungsgrundsatzes.
74 EuGH C-228/03 v. 17.3.2005 *Gillette*, Tz. 34.
75 BGH GRUR 2005, 163, 164 *Aluminiumräder*.

V. Anständige Gepflogenheiten in Gewerbe oder Handel

Mit Blick auf die Weite der drei Tatbestände in Art. 14 MRR, Art. 14 UMV bzw. 25
§ 23 MarkenG wird über die Zulässigkeit der Benutzung in der Regel danach zu
entscheiden sein, ob die Benutzung den anständigen Gepflogenheiten in Gewerbe
oder Handel entspricht.[76] Die in diesem Zusammenhang verwendeten unterschiedlichen Formulierungen »anständig«, »anerkannt«,[77] »lauter« oder »nicht gegen die
guten Sitten verstößt« bedeuten keinen sachlichen Unterschied. Das Tatbestandsmerkmal normiert vielmehr der Sache nach die Loyalitätspflicht[78], den berechtigten
Interessen des Markeninhabers nicht in unlauterer Weise zuwiderzuhandeln und
einen Ausgleich mit Interessen Dritter zu finden.[79] Diese Pflicht findet eine sachliche Entsprechung im Rahmen des Erschöpfungsgrundsatzes,[80] wenn dort berechtigte Gründe des Markeninhabers einer Erschöpfung der Markenrechte entgegenstehen können, so dass ergänzend auf die dortigen Grundsätze zurückgegriffen
werden kann.[81] Auch dem Tatbestandsmerkmal »ohne rechtfertigenden Grund in
unlauterer Weise« im Zusammenhang des Schutzes der bekannten Marke[82] soll der
Begriff entsprechen.[83]

> So ist die Benutzung der Marke eines anderen mit dem Ziel, die Öffentlichkeit auf die
> Instandsetzung und Wartung von Waren dieser Marke hinzuweisen, unter denselben Bedingungen zulässig wie die Benutzung der Marke mit dem Ziel, die Öffentlichkeit auf den
> Wiederverkauf von Waren dieser Marke hinzuweisen.[84]

---

76 Vgl. EuGH C-100/02 v. 7.1.2004 *Gerolsteiner Brunnen*, Tz. 23 f. u. 27; EuGH C-245/02 v. 16.11.2004 *Anheuser-Busch/Budějovický Budvar*, Tz. 84.
77 EuGH C-108/97 und C-109/97 v. 4.5.1999 *Chiemsee*, Tz. 28.
78 EuGH C-558/08 v. 8.7.2010 *Portakabin*, Tz. 67.
79 Vgl. BGH I ZR 253/14 v. 12.1.2017 *World of Warcraft II*, Tz. 99, m. w. N.; BGH I ZR 236/16 v. 28.6.2018 *keine-vorwerk-vertretung*, Tz. 26 u. 50; sowie Art. 20.15 CETA.
80 Vgl. hierzu unten § 16 Rdn. 24 – 65.
81 EuGH C-63/97 v. 23.2.1999 *BMW*, Tz. 61 u. 63; EuGH C-100/02 v. 7.1.2004 *Gerolsteiner Brunnen*, Tz. 24; EuGH C-245/02 v. 16.11.2004 *Anheuser-Busch/Budějovický Budvar*, Tz. 82; EuGH C-228/03 v. 17.3.2005 *Gillette*, Tz. 41 u. 49; EuGH C-17/06 v. 11.9.2007 *Céline*, Tz. 33; auch BGH GRUR 2005, 423, 425 *Staubsaugerfiltertüten*; unverständlich der fehlende Gleichlauf in BGH I ZR 236/16 v. 28.6.2018 *keine-vorwerk-vertretung*, Tz. 34.
82 Vgl. § 13 Rdn. 27.
83 BGH I ZR 169/05 v. 5.6.2008 *POST*, Tz. 26; I ZR 108/05 v. 5.6.2008, Tz. 28; I ZR 110/06 v. 2.4.2009, Tz. 30; I ZR 209/06 v. 2.4.2009 *POST/RegioPost*, Tz. 34; BGH I ZR 42/07 v. 30.4.2009 *DAX*, Tz. 37; BGH I ZR 236/16 v. 28.6.2018 *keine-vorwerk-vertretung*, Tz. 22, jeweils m. w. N.
84 EuGH C-63/97 v. 23.2.1999 *BMW*, Tz. 63; a. A. BGH I ZR 33/10 v. 14.4.2011 *GROSSE INSPEKTION FÜR ALLE*, Tz. 28.

26 Auch die Prüfung, ob lauteres Handeln vorliegt, ist Sache des nationalen Gerichts, das eine globale Beurteilung aller Umstände des Einzelfalls vorzunehmen hat.[85] Einige Umstände verdienen hierbei nach der Rechtsprechung besondere Beachtung:
27 Die Benutzung der Marke entspricht den anständigen Gepflogenheiten in Gewerbe oder Handel dann nicht, wenn sie in einer Weise erfolgt, die den Eindruck erwecken kann, dass eine Verbindung zwischen Markeninhaber und Drittem besteht, insbesondere eine Handelsbeziehung oder eine Zugehörigkeit zu einem Vertriebsnetz.[86] Hierbei ist auch zu berücksichtigen, inwieweit der Dritte sich dessen hätte bewusst sein müssen.[87] Eine schlichte Verwechslungsgefahr genügt jedoch nicht, um die Unlauterkeit zu begründen, weil die Vorschrift sonst leer liefe.[88]

> Erweckt etwa eine Werkstatt, die auf die Instandsetzung und Wartung von Fahrzeugen der Marke BMW spezialisiert ist, im Zuge der Nennung der BMW-Marken den Eindruck, Vertragswerkstatt zu sein, ist dies unlauter.[89] In ähnlicher Weise erweckt die Werbeaussage »Heute, so wie in der Vergangenheit, führen wir mit großem Engagement und Verpflichtung die Philosophie der Firmengründer von PEE-WEE-Maschinen- und Apparatebau fort.« beim Durchschnittsleser den unzutreffenden Eindruck, der Werbende führe die Produktion von PEE-WEE-Maschinen fort. Auch dies ist unlauter.[90] Andererseits sind bei der Beurteilung eingefahrene Verbrauchergewohnheiten, die auf mangelndem Wettbewerb in einem bestimmten Bereich beruhen, zu berücksichtigen und zu kompensieren, um künftigen Wettbewerb zu ermöglichen.[91] Die Verwendung der Bezeichnungen »Die neue Post« oder »City Post« verstößt daher und mit Blick auf die Beseitigung des Postmonopols nicht gegen die anständigen Gepflogenheiten.[92] Die Nutzung des Begriffs »Post« ist zwar grundsätzlich lauter;[93] anderes gilt aber, wenn ein Wettbewerber weitere Kennzeichen der Deutschen Post AG – etwa das Posthorn oder die Farbe Gelb – verwendet.[94] Die Marke »DAX« darf benutzt

---

85 EuGH C-100/02 v. 7.1.2004 *Gerolsteiner Brunnen*, Tz. 26 f.; EuGH C-245/02 v. 16.11.2004 *Anheuser-Busch/Budějovický Budvar*, Tz. 84; EuGH C-228/03 v. 17.3.2005 *Gillette*, Tz. 46; EuGH C-17/06 v. 11.9.2007 *Céline*, Tz. 35; EuGH C-93/16 v. 20.7.2017 *Ornua Co-operative*, Tz. 44; auch Begründung zum Regierungsentwurf, BT-Drucks. 12/6581, 80 = BlPMZ 1994, Sonderheft, 74; BGH GRUR 1999, 992, 995 *BIG PACK*; BGH GRUR 2004, 947, 948 *Gazoz*; BGH I ZR 100/11 v. 27.3.2013 *AMARULA/Marulablu*, Tz. 37; BGH I ZR 147/13 v. 12.3.2015 *Tuning*, Tz. 48; BGH I ZR 253/14 v. 12.1.2017 *World of Warcraft II*, Tz. 99; BGH I ZR 236/16 v. 28.6.2018 *keine-vorwerk-vertretung*, Tz. 26.
86 EuGH C-63/97 v. 23.2.1999 *BMW*, Tz. 64; EuGH C-245/02 v. 16.11.2004 *Anheuser-Busch/Budějovický Budvar*, Tz. 83; EuGH C-228/03 v. 17.3.2005 *Gillette*, Tz. 42 u. 49; EuGH C-17/06 v. 11.9.2007 *Céline*, Tz. 34; EuGH C-558/08 v. 8.7.2010 *Portakabin*, Tz. 67; zur Richtlinie über vergleichende Werbung auch EuGH C-59/05 v. 23.2.2006 *Siemens*, Tz. 16; zu wettbewerbsrechtlichen Ansprüchen bei der Irreführung über geschäftliche Verhältnisse BGH I ZR 122/04 v. 29.3.2007 *Bundesdruckerei*, Tz. 24 ff.
87 EuGH C-245/02 v. 16.11.2004 *Anheuser-Busch/Budějovický Budvar*, Tz. 83; EuGH C-17/06 v. 11.9.2007 *Céline*, Tz. 34; EuGH C-558/08 v. 8.7.2010 *Portakabin*, Tz. 67.
88 EuGH C-100/02 v. 7.1.2004 *Gerolsteiner Brunnen*, Tz. 25; BGH I ZR 169/05 v. 5.6.2008 *POST*, Tz. 22; I ZR 108/05 v. 5.6.2008, Tz. 24; I ZR 44/07 v. 2.12.2009 *OFFROAD*, Tz. 23.
89 EuGH C-63/97 v. 23.2.1999 *BMW*, Tz. 64.
90 BGH GRUR 2004, 712 *PEE-WEE*.
91 BGH GRUR 2005, 423 *Staubsaugerfiltertüten*; BGH I ZR 169/05 v. 5.6.2008 *POST*, Tz. 23; I ZR 108/05 v. 5.6.2008, Tz. 25.
92 BGH I ZR 169/05 v. 5.6.2008 *POST*, Tz. 23 f.; I ZR 108/05 v. 5.6.2008, Tz. 25 f.
93 BGH I ZR 169/05 v. 5.6.2008 *POST*, Tz. 18 ff.; auch BGH I ZR 78/06 v. 2.4.2009 *OSTSEE-POST*, Tz. 41 ff.; I ZR 79/06 v. 2.4.2009, Tz. 45 ff.; I ZR 110/06 v. 2.4.2009, Tz. 12 ff.; I ZR 111/06 v. 2.4.2009, Tz. 13 ff.; I ZR 209/06 v. 2.4.2009 *POST/RegioPost*, Tz. 16 ff.
94 BGH I ZR 209/06 v. 2.4.2009 *POST/RegioPost*, Tz. 25 ff.

werden, um nach Art eines statistischen Werts auf den Aktienindex hinzuweisen – und zwar auch unter Verwendung des Zeichens »®«.[95] Bei Adwords gelten ähnliche Erwägungen wie bei der Frage der funktionswidrigen Benutzung,[96] so dass eine potentiell herkunftstäuschende Benutzung grundsätzlich auch unlauter ist.[97] Entsprechendes gilt auch, wenn eine eigene Suchmaschine auf der Internetseite des Verletzers Internetadressen generiert, die eine fremde Marke als Herkunftshinweis nutzen.[98]

Sodann darf die Benutzung den Wert der Marke nicht dadurch beeinträchtigen, dass sie deren Unterscheidungskraft oder Wertschätzung in unlauterer Weise[99] ausnutzt.[100] Von einem solchen Ausnutzen ist auszugehen, wenn ein Dritter durch Verwendung eines Zeichens, das einer bekannten Marke ähnlich ist, versucht, sich in den Bereich der Sogwirkung der bekannten Marke zu begeben, um von ihrer Anziehungskraft, ihrem Ruf und ihrem Ansehen und ohne jede finanzielle Gegenleistung und ohne eigene Anstrengungen zu profitieren oder auf andere Weise an der Aufmerksamkeit teilzuhaben, die mit der Verwendung eines der bekannten Marke ähnlichen Zeichens verbunden ist.[101] Die fremde Marke darf nicht für Werbezwecke eingesetzt werden, die über die mit der notwendigen Leistungsbestimmung einhergehende Werbewirkung hinausgehen. Hält sich die Benutzung dagegen in den Grenzen der notwendigen Leistungsbestimmung, muss der Markeninhaber die Möglichkeit hinnehmen, dass der Dritte vom Prestige der bekannten Marke profitiert.[102]   28

> Zu weit geht es etwa regelmäßig, wenn eine bekannte Marke in eine Domain aufgenommen wird. Dies gilt selbst dann, wenn die Domain – wie etwa »keine-vorwerk-vertretung« – zugleich eine Abgrenzung enthält.[103]

Ferner ist die Benutzung einer Marke unlauter, wenn die Marke durch die Benutzung herabgesetzt oder schlechtgemacht wird.[104] Auch ist zu berücksichtigen, ob   29

---

95 BGH I ZR 42/07 v. 30.4.2009 *DAX*, Tz. 30 ff.
96 Zu Adwords bzw. Keywords ausführlicher oben § 10 Rdn. 55.
97 EuGH C-558/08 v. 8.7.2010 *Portakabin*, Tz. 69 ff.; anders noch BGH I ZR 139/07 v. 22.1.2009 *pcb*, Tz. 25; vgl. auch BGH I ZR 109/06 v. 7.10.2009 *Partnerprogramm*, Tz. 31.
98 BGH I ZR 104/14 v. 30.7.2015 *Posterlounge*, Tz. 32 ff.
99 Die Ausnutzung des guten Rufs als solche – auch eine offene Bezugnahme auf die Marke – ist kein die Unlauterkeit begründender Umstand – BGH GRUR 1998, 697, 699 *VENUS MULTI*.
100 BGH I ZR 236/16 v. 28.6.2018 *keine-vorwerk-vertretung*, Tz. 27, m. w. N.; das Merkmal findet sich auch in Art. 4 Buchst. f Richtlinie 2006/114/EG des Europäischen Parlaments und des Rates vom 12. Dezember 2006 über irreführende und vergleichende Werbung, ABl.-EG L 376/21 v. 27.12.2006.
101 BGH I ZR 236/16 v. 28.6.2018 *keine-vorwerk-vertretung*, Tz. 27, unter Hinweis auf EuGH C-487/07 v. 18.6.2009 *L'Oréal u. a.*, Tz. 49 [zum Bekanntheitsschutz].
102 BGH I ZR 236/16 v. 28.6.2018 *keine-vorwerk-vertretung*, Tz. 27.
103 BGH I ZR 236/16 v. 28.6.2018 *keine-vorwerk-vertretung*, Tz. 30.
104 EuGH C-228/03 v. 17.3.2005 *Gillette*, Tz. 43 f. u. 49; auch EuGH C-245/02 v. 16.11.2004 *Anheuser-Busch/Budějovický Budvar*, Tz. 83; das Merkmal findet sich auch in Art. 4 Buchst. d Richtlinie 2006/114/EG des Europäischen Parlaments und des Rates vom 12. Dezember 2006 über irreführende und vergleichende Werbung, ABl.-EG L 376/21 v. 27.12.2006.

es sich gegebenenfalls um eine Marke handelt, die von einer gewissen Bekanntheit ist, die der Dritte beim Vertrieb seiner Erzeugnisse ausnutzen könnte.[105]

> So wird bei einer unbekannten Marke eine unlautere Beeinträchtigung des Wertes kaum möglich sein. Auch ein unterschiedliches Image der sich gegenüberstehenden Produkte wird nicht ohne weiteres zu einer Unlauterkeit führen.[106] Demgegenüber geht vor dem Hintergrund einer bekannten Marke »Meißen« der zur Bezeichnung eines bestimmten Musters verwendete Hinweis auf ein »original Meißner Dekor« weit über das Notwendige hinaus.[107]

30 Weiter entspricht die Benutzung dann nicht den anständigen Gepflogenheiten, wenn der Dritte seine Ware als eine Imitation oder Nachahmung der Ware darstellt, die mit der Marke versehen ist, deren Inhaber er nicht ist.[108] Dabei kommt es auf die Gesamtdarbietung der Ware an.[109] Der Begriff der Nachahmung ist dabei weit zu verstehen und erfasst nicht nur gefälschte Waren, sondern alle Imitationen und Nachahmungen.[110]

> So lässt sich ein Hinweis, dass eine Ware eine perfekte Imitation des Produkts einer bestimmten Marke darstellt, nicht nach Art. 14 II MRR, Art. 14 II UMV, § 23 MarkenG rechtfertigen.

31 Zu berücksichtigen sind weiter die Umstände, unter denen zwischen der potentiell verletzten Marke und dem Zeichen des Dritten unterschieden wird. Hierbei spielen auch die Anstrengungen eine Rolle, die der Dritte unternimmt um sicherzustellen, dass die Verbraucher seine Waren von denjenigen des Markeninhabers unterscheiden können.[111]

> So begründet der bloße Umstand einer klanglichen Verwechslungsgefahr zwischen einer Marke und einer geografischen Herkunftsangabe auf dem Etikett einer Getränkeflasche schon mit Blick auf die sprachliche Vielfalt in der Union keine Unlauterkeit. Zu berücksichtigen sind vielmehr die Form und die Etikettierung der Flasche, um beurteilen zu können, ob gegenüber dem Markeninhaber unlauterer Wettbewerb betrieben wird.[112] Auch klarstellende Hinweise können der Unlauterkeit entgegenstehen.[113] Fehlt aber etwa der Hinweis, dass die beworbenen Ersatzteile keine Originalersatzteile sind (etwa durch den Hinweis »passend für«) so ist die Nutzung unzulässig.[114] Auch wenn eine verwendete Bezeichnung – hier »CD-FIX« – nur Anklänge an eine beschreibende Benutzung aufweist und Alternativbezeichnun-

---

105 EuGH C-245/02 v. 16.11.2004 *Anheuser-Busch/Budějovický Budvar*, Tz. 83; EuGH C-17/06 v. 11.9.2007 *Céline*, Tz. 34.
106 Vgl. einerseits BGH GRUR 1999, 992, 995 *BIG PACK*; andererseits BGHZ 138, 349, 358 *MAC Dog*.
107 BGH GRUR 2002, 618, 619 *Meißner Dekor I*.
108 EuGH C-228/03 v. 17.3.2005 *Gillette*, Tz. 45 u. 49; vgl. auch BGHZ 158, 236 *Internet-Versteigerung I*; BGH I ZR 147/13 v. 12.3.2015 *Tuning*, Tz. 39; das Merkmal findet sich auch in Art. 4 Buchst. g Richtlinie 2006/114/EG des Europäischen Parlaments und des Rates vom 12. Dezember 2006 über irreführende und vergleichende Werbung, ABl.-EG L 376/21 v. 27.12.2006.
109 EuGH C-93/16 v. 20.7.2017 *Ornua Co-operative*, Tz. 45.
110 Vgl. EuGH C-487/07 v. 18.6.2009 *L'Oréal u. a.*, Tz. 73 (zur Richtlinie 84/450).
111 EuGH C-228/03 v. 17.3.2005 *Gillette*, Tz. 46; EuGH C-93/16 v. 20.7.2017 *Ornua Co-operative*, Tz. 45; auch BGH GRUR 2005, 423, 425 *Staubsaugerfiltertüten*.
112 EuGH C-100/02 v. 7.1.2004 *Gerolsteiner Brunnen*, Tz. 25 f.
113 BGH GRUR 2005, 423, 425 *Staubsaugerfiltertüten*.
114 BGH I ZR 236/16 v. 28.6.2018 *keine-vorwerk-vertretung*, Tz. 51.

gen zur Verfügung stehen, so ist die markenmäßige Verwendung eines solchen Zeichens im Verwechslungsbereich regelmäßig unlauter.¹¹⁵

Ferner bedeutet die Verwendung eines Bestimmungshinweises nicht notwendiger- **32** weise, dass das vertriebene Produkt gleiche Qualität oder Eigenschaften aufweist und mit dem Originalprodukt gleichwertig ist. Wird ein Produkt indes als gleichwertig dargestellt, so ist dies als ein die Unlauterkeit möglicherweise begründender Umstand zu berücksichtigen.¹¹⁶

> Wird in der Werbeanzeige in einer Fachzeitschrift ein Porsche-Fahrzeug mitsamt Marke vollständig abgebildet, um für den Vertrieb von auf den Fahrzeugtyp abgestimmten Aluminiumrädern eines Dritten zu werben, so vermutet der Verkehr weder, dass die Räder von Porsche geprüft wurden, noch dass sie gleichwertig mit Originalrädern von Porsche sind. Eine solche Anzeige ist daher nicht unlauter.¹¹⁷

Auf eine beschreibende Benutzung kann sich derjenige nicht berufen, der durch **33** die konkrete Beschreibung den Verkehr irreführen würde.¹¹⁸ Demgegenüber spielt es keine Rolle, ob die Nutzung im Zusammenhang mit einer Urheberrechtsverletzung erfolgt.¹¹⁹ Anders kann es sich nur verhalten, wenn sich die Urheberrechtsverletzung auf die berechtigten Interessen des Kennzeicheninhabers auswirken kann.¹²⁰

> So kann sich der Hersteller eines Getränkes der Marke »Amarula« nicht darauf berufen, »Marula« sei als Name einer Frucht beschreibend, wenn sein Getränk diese Frucht gar nicht enthält.¹²¹ Andererseits darf etwa der markenrechtliche geschützte Titel einer Zeitung für eine Quellenangabe selbst dann benutzt werden, wenn die Wiedergabe der Quelle nicht vom urheberrechtlichen Zitatrecht gedeckt war.¹²²

---

115 BGH GRUR 2004, 600, 602 *d-c-fix/CD-FIX*, mit abweichender Beurteilung im Rahmen des Anspruchs nach § 14 II Nr. 3 MarkenG.
116 EuGH C-228/03 v. 17.3.2005 *Gillette*, Tz. 47 ff.
117 BGH GRUR 2005, 163, 164 f. *Aluminiumräder*.
118 BGH I ZR 100/11 v. 27.3.2013 *AMARULA/Marulablu*; noch allgemeiner BGH I ZR 147/13 v. 12.3.2015 *Tuning*, Tz. 39.
119 BGH I ZR 12/08 v. 1.12.2010 *Perlentaucher*; BGH I ZR 49/13 v. 26.2.2014 *Tarzan*, Tz. 69; BGH I ZR 147/13 v. 12.3.2015 *Tuning*, Tz. 39.
120 BGH I ZR 49/13 v. 26.2.2014 *Tarzan*, Tz. 69.
121 BGH I ZR 100/11 v. 27.3.2013 *AMARULA/Marulablu*.
122 BGH I ZR 12/08 v. 1.12.2010 *Perlentaucher*, Tz. 59 ff.

§ 16 Erschöpfung

Schrifttum: *Douglas,* Die markenrechtliche Erschöpfung beim Parallelimport von Arzneimitteln, 2005; *Joller,* Zur territorialen Reichweite des Erschöpfungsgrundsatzes im Markenrecht, GRUR Int. 1998, 751; *Koch,* Markenrechtliche Erschöpfung durch die EU-Osterweiterung?, WRP 2004, 1334; *Kohler,* Handbuch des Deutschen Patentrechts in rechtsvergleichender Darstellung, 1900, S. 452 ff.; *Lubberger,* »Zustimmungslage«, Beweislast und Abschottungsvermutung im System der Erschöpfungslehre, FS Bornkamm, 2014, 615; *Reinhard,* Die Berufung auf erloschene ältere Marken Dritter, MarkenR 2015, 342

I. Begriff und Bedeutung

1   Mit den kennzeichenrechtlichen Verboten (Art. 9 UMV, §§ 14, 15 MarkenG) könnte grundsätzlich jeder Vertrieb von gekennzeichneten Waren verhindert werden. Auch nachdem die Waren vom Zeicheninhaber in Umlauf gesetzt wurden, wäre deren Weitervertrieb betroffen. Wer gekennzeichnete Waren vertreibt, dürfte dies nur aufgrund einer ihm erteilten Lizenz. Der Weitervertrieb von Waren und damit insgesamt die Warenverkehrsfreiheit würden durch eine so verstandene Ausschließlichkeit der Markenrechte beeinträchtigt.

2   Aus diesem Grunde greift hier der so genannte Erschöpfungsgrundsatz ein und schränkt die Rechte der Zeicheninhaber ein. Nach dem Erschöpfungsgrundsatz hat der Zeicheninhaber nicht das Recht, einem Dritten zu untersagen, das Zeichen für Waren zu benutzen, die unter seinem Zeichen von ihm oder mit seiner Zustimmung in einem Vertragsstaat des Abkommens über den Europäischen Wirtschaftsraum[1] in den Verkehr gebracht worden sind (Art. 15 I UMV; § 24 I MarkenG). Einer zu weitgehenden Beeinträchtigung seiner Rechte kann der Zeicheninhaber entgegentreten, wenn hierfür berechtigte Gründe sprechen, insbesondere wenn der Zustand der Waren nach ihrem Inverkehrbringen verändert oder verschlechtert wurde (Art. 15 II UMV; § 24 II MarkenG).

> Erwirbt etwa ein Händler in München gebrauchte Kraftfahrzeuge der Marke BMW und verkauft diese dort zu einem höheren Preis an Dritte, so ist dies zulässig, wenn die Fahrzeuge bereits zuvor vom Markeninhaber oder mit seiner Zustimmung in Verkehr gebracht wurden. Dies wird bei Gebrauchtfahrzeugen unter normalen Umständen der Fall sein. BMW kann daher einem Weiterverkauf nicht entgegentreten.

3   Der Erschöpfungsgrundsatz hat in der Europäischen Union über Art. 15 MRR eine einheitliche Regelung gefunden.[2] Ähnliche Ergebnisse hatte der EuGH über den in Art. 34 und 36 AEUV[3] angelegten Grundsatz des freien Warenverkehrs bereits zuvor erzielt.[4] Art. 15 MRR ersetzt Art. 36 AEUV[5] und verfolgt wie dieser den

---

1   Vgl. unten § 16 Rdn. 9.
2   EuGH C-414/99 bis C-416/99 v. 20.11.2001 *Zino Davidoff/A & G Imports u. a.*, Tz. 37 u. 43; EuGH C-16/03 v. 30.11.2004 *Peak Holding*, Tz. 32; EuGH C-59/08 v. 23.4.2009 *Copad*, Tz. 40.
3   Früher Art. 28 und 30 EG.
4   EuGH C-427/93, C-429/93 u. C-436/93 v. 11.7.1996 *Bristol-Myers Squibb*, Tz. 31; auch EuGH C-352/95 v. 20.3.1997 *Phytheron/Bourdon*, Tz. 20; EuGH C-244/00 v. 8.4.2003 *L – Van Doren + Q.*, Tz. 25.
5   EuGH C-291/16 v. 20.12.2017 *Schweppes*, Tz. 30.

Zweck, die grundlegenden Belange des Markenschutzes mit denen des freien Warenverkehrs im Gemeinsamen Markt in Einklang zu bringen. Das Markenrecht soll nicht dazu missbraucht werden können, den Markeninhabern die Möglichkeit zu eröffnen, die nationalen Märkte abzuschotten und dadurch die Beibehaltung von Preisunterschieden zwischen den Mitgliedstaaten zu begünstigen.[6] Da Art. 15 MRR und Art. 36 AEUV denselben Zweck verfolgen, sind sie gleich auszulegen.[7] Der BGH wendet die Grundsätze zur Erschöpfung auch auf Marken kraft Verkehrsgeltung (Benutzungsmarken nach § 4 Nr. 2 MarkenG) an.[8]

II. Voraussetzungen der Erschöpfung (Abs. 1)

Die Erschöpfung setzt zunächst ein Inverkehrbringen der Ware des Rechtsinhabers 4 oder einer wirtschaftlich verbundenen Person im EWR mit seiner Zustimmung voraus (Abs. 1).

1. Begriff des Inverkehrbringens

Der Begriff des Inverkehrbringens ist unter Berücksichtigung des Aufbaus und der 5 Ziele der Richtlinie auszulegen. Auf der einen Seite soll das ausschließliche Recht des Inhabers sichergestellt werden, die Marke für das erstmalige Inverkehrbringen der mit ihr versehenen Waren zu benutzen. Auf der anderen Seite soll der Erschöpfungsgrundsatz den Wiederverkauf eines Exemplars einer mit einer Marke versehenen Ware ermöglichen, ohne dass der Markeninhaber dem widersprechen kann.[9] In der Regel wird daher das Inverkehrbringen einen Eigentumswechsel voraussetzen.[10]

---

6 EuGH C-71 bis 73/94 v. 11.7.1996 *Eurim Pharm*, Tz. 33; EuGH C-427/93, C-429/93 u. C-436/93 v. 11.7.1996 *Bristol-Myers Squibb*, Tz. 46; EuGH C-232/94 v. 11.7.1996 *MPA Pharma*, Tz. 19; EuGH C-349/95 v. 11.11.1997 *Loendersloot/Ballantine*, Tz. 23; EuGH C-291/16 v. 20.12.2017 *Schweppes*, Tz. 35.
7 EuGH C-71 bis 73/94 v. 11.7.1996 *Eurim Pharm*, Tz. 27; EuGH C-427/93, C-429/93 u. C-436/93 v. 11.7.1996 *Bristol-Myers Squibb*, Tz. 40; EuGH C-232/94 v. 11.7.1996 *MPA Pharma*, Tz. 13; EuGH C-337/95 v. 4.11.1997 *Parfums Christian Dior*, Tz. 53; EuGH C-143/00 v. 23.4.2002 *Boehringer Ingelheim u. a. (I)*, Tz. 18; EuGH C-291/16 v. 20.12.2017 *Schweppes*, Tz. 34; auch EuGH C-63/97 v. 23.2.1999 *BMW*, Tz. 57; EuGH C-642/16 v. 17.5.2018 *Junek Europ-Vertrieb*, Tz. 25.
8 BGH GRUR 2002, 1063, 1065 f. *Aspirin I*.
9 EuGH C-16/03 v. 30.11.2004 *Peak Holding*, Tz. 33 ff.; EuGH C-324/09 v. 12.7.2011 *L'Oréal/eBay*, Tz. 60; auch EuGH C-71 bis 73/94 v. 11.7.1996 *Eurim Pharm*, Tz. 31; EuGH C-427/93, C-429/93 u. C-436/93 v. 11.7.1996 *Bristol-Myers Squibb*, Tz. 44; EuGH C-232/94 v. 11.7.1996 *MPA Pharma*, Tz. 17; EuGH C-349/95 v. 11.11.1997 *Loendersloot/Ballantine*, Tz. 22; EuGH C-379/97 v. 12.10.1999 *Pharmacia/Paranova*, Tz. 15, unter Hinweis auf EuGH 102/77 v. 23.5.1978 *Hoffmann-La Roche*, Tz. 7; EuGH C-10/89 v. 17.10.1990 *HAG II*, Tz. 14; ferner EuGH C-129/17 v. 25.7.2018 *Mitsubishi Shoji Kaisha*, Tz. 31 f.
10 Vgl. entsprechend zum Verbreitungsbegriff im Urheberrecht: EuGH C-456/06 v. 17.4.2008 *Peek & Cloppenburg*, Tz. 36; unscharf BGH I ZR 26/10 v. 3.2.2011 *Kuchenbesteck-Set*, Tz. 14, m. w. N., wo auf den Wechsel der Verfügungsgewalt abgestellt wird.

Sind Waren, ohne dass es zum Verkauf kam, vom Markeninhaber lediglich in den EWR eingeführt worden oder wurden Waren in eigenen Geschäften oder in Geschäften verbundener Unternehmen Verbrauchern zum Verkauf angeboten, so konnte der Markeninhaber den wirtschaftlichen Wert seiner Marke noch nicht realisieren. Es fehlt am Inverkehrbringen.[11] Dagegen betrifft eine in einem Kaufvertrag enthaltene Bestimmung über räumliche Beschränkungen des Rechts zum Wiederverkauf der Waren allein das Verhältnis zwischen den Parteien dieses Vertrages. Sie steht einer Erschöpfung der Markenrechte nicht entgegen.[12]

6 Umstritten sind vor allem Fälle, in denen lediglich eine Durchfuhr durch den Europäischen Wirtschaftsraum erfolgt, in denen die Ware innerhalb eines Konzernverbunds verbleibt, in denen die Ware lediglich einem Transportunternehmen übergeben wird oder in denen die Ware unter Eigentumsvorbehalt veräußert wird. Auch in diesen Fällen wird man auf den Zweck des Markenschutzes abstellen müssen. Wird Ware lediglich durch den EWR durchgeführt oder ist sichergestellt, dass Ware im Konzernverbund bleibt, hat sie der Markeninhaber gerade noch nicht zum Vertrieb im EWR freigegeben.[13] Dürfte hier die Ware im EWR frei vertrieben werden, müsste der Markeninhaber einen Eingriff in seine Dispositionsfreiheit hinsichtlich der Marke fürchten. Ist die Ware einem Transportunternehmen übergeben, so ist es eine Frage des Einzelfalls, ob hierin bereits ein Inverkehrbringen liegt.

Übergibt etwa der Markeninhaber die Ware im Europäischen Wirtschaftsraum im Rahmen eines »ab Werk-Verkaufs« an einen Frachtführer, ist die Ware in den Verkehr gebracht und Erschöpfung des Rechts an der Marke eingetreten, auch wenn der Käufer seinen Sitz außerhalb des Europäischen Wirtschaftsraums hat und die Ware dort vertrieben werden soll.[14] Wird Ware hingegen lediglich von der Produktionsstätte in ein Außenlager des Markeninhabers transportiert, liegt kein Inverkehrbringen vor.[15] Gleiches dürfte gelten, wenn der Markeninhaber während des Transports der Ware die unmittelbare Verfügungsgewalt über die Ware behält oder jedenfalls mittels Frachtvertrags den Frachtführer kontrollieren kann.[16]

7 Überlässt der Markeninhaber gekennzeichnete Ware einem Dritten im Europäischen Wirtschaftsraum zum Verbrauch zu Werbezwecken durch Dritte, so liegt kein Inverkehrbringen vor.[17] Denn der Markeninhaber kann hier den Wert der Marke gerade noch nicht realisieren; vielmehr sind nicht nur seine Werbeaufwendungen frustriert, sondern darüber hinaus machen die Produkte zumeist den regulären Produkten des Herstellers im Vertrieb noch Konkurrenz.

So ist daher etwa bei Parfümtestern, also von Duftwässern, die zu Testzwecken vom allgemeinen Publikum in den Ladenlokalen der Abnehmer des Markeninhabers verbraucht werden sollen, entgegen der Rechtsprechung des BGH nicht von einem Inverkehrbringen auszugehen.[18] Gleiches gilt für kostenlos abgegebene Proben.[19]

---

11 EuGH C-16/03 v. 30.11.2004 *Peak Holding*, Tz. 40 u. 44.
12 EuGH C-16/03 v. 30.11.2004 *Peak Holding*, Tz. 54 f.
13 BGH I ZR 26/10 v. 3.2.2011 *Kuchenbesteck-Set*, Tz. 17; vgl. auch BGHZ 23, 100.
14 BGH I ZR 162/03 v. 27.4.2006 *ex works*; OLG Hamburg GRUR-RR 2002, 96 *Paco Rabanne*; OLG München MarkenR 2003, 309 *Übergabe an Spediteur*.
15 OLG Köln GRUR 1999, 346, 347 *Davidoff Cool Water*.
16 Vgl. BGH I ZR 162/03 v. 27.4.2006 *ex works*, Tz. 18 f.
17 EuGH C-127/09 v. 3.6.2010 *Coty Prestige Lancaster Group*.
18 EuGH C-127/09 v. 3.6.2010 *Coty Prestige Lancaster Group*; EuGH C-324/09 v. 12.7.2011 *L'Oréal/eBay*, Tz. 72; anders noch BGH I ZR 63/04 v. 15.2.2007 *Parfümtester*.
19 EuGH C-324/09 v. 12.7.2011 *L'Oréal/eBay*, Tz. 71.

Beim Verkauf unter Eigentumsvorbehalt schließlich soll dem Käufer gerade der 8
Weitervertrieb der Ware ermöglicht werden; die Ware ist hier in Verkehr gebracht.

2. Inverkehrbringen im EWR

Nach dem Wortlaut der Erschöpfungsvorschriften kann eine Erschöpfung nur ein- 9
treten, wenn die Waren in einem Vertragsstaat des Abkommens über den Europäischen Wirtschaftsraum (EWR) in den Verkehr gebracht wurden.[20] Wo die Ware hergestellt wurde, ist hingegen ohne Bedeutung. Zum EWR gehören neben den Staaten der Europäischen Union die drei weiteren EWR-Staaten Liechtenstein, Norwegen und Island. Abweichende nationale Rechtsvorschriften, die die Erschöpfung des Rechts aus einer Marke für Waren vorsehen, die vom Markeninhaber oder mit dessen Zustimmung außerhalb des EWR unter dieser Marke in den Verkehr gebracht worden sind, hält die Rechtsprechung für unvereinbar mit Art. 15 I MRR.[21] In der Befürchtung, dass außerhalb des EWR preiswerter vertriebenen Markenprodukten der Weg in den EWR versperrt bleiben wird, haben Literaturstimmen dieses Ergebnis als »Urteil gegen die europäischen Konsumenten« bezeichnet.[22] Für die Rechtsprechung spricht dabei zwar, dass sich unvermeidlich Behinderungen des freien Waren- und Dienstleistungsverkehrs innerhalb des EWR ergeben würden, wenn einige Mitgliedstaaten eine internationale Erschöpfung vorsehen, andere hingegen nur eine unionsweite Erschöpfung.[23] Andererseits dürfte einem weltweit freien Markt unter rechtspolitischen Erwägungen inzwischen der Vorzug zu geben sein gegenüber einem freien europäischen Binnenmarkt; wie gerade das Beispiel Europas zeigt, ist ein gemeinsamer Markt ein wesentlicher Baustein für ein friedliches Miteinander der Völkergemeinschaft. Hinzu kommt, dass außereuropäische Staaten kartellrechtlich gegen Exportverbote vorgehen könnten.[24]

> Nach der Rechtsprechung allerdings bleibt es beim Grundsatz europaweiter Erschöpfung: Erwirbt daher etwa ein Händler Fahrzeuge, die vom Hersteller nach Liechtenstein vertrieben wurden, und verkauft sie in München, so ist eine Erschöpfung der Rechte an den BMW-Marken eingetreten. Der Weitervertrieb ist zulässig. Anders würde es sich bei Fahrzeugen verhalten, die in der Ukraine in Verkehr gebracht wurden. In diesem Fall fehlt es an einem Inverkehrbringen im EWR. Selbst wenn eine nationale Vorschrift in diesem Fall den Vertrieb erlauben würde, könnte der Markeninhaber wegen des höherrangigen Art. 15 MRR dagegen vorgehen.

---

20 EuGH C-355/96 v. 16.7.1998 *Silhouette*, Tz. 18; EFTA-Gerichtshof E-9/07 u. E-10/07 v. 8.7.2008 *L'Oréal*.
21 EuGH C-355/96 v. 16.7.1998 *Silhouette*, Tz. 31; EuGH C-173/98 v. 1.7.1999 *Sebago und Maison Dubois*, Tz. 13 u. 17 u. 22; EuGH C-414/99 bis C-416/99 v. 20.11.2001 *Zino Davidoff/A & G Imports u. a.*, Tz. 32; EuGH C-449/09 v. 28.10.2010 *Canon Kabushiki Kaisha*, Tz. 22; vgl. auch BGHZ 131, 308 *Gefärbte Jeans*.
22 Nachweise bei *Joller*, 751; vgl. auch *Rinnert*, Mitt. 2001, 403, in die gleiche Richtung nun auch wieder ein Vorlageverfahren des griechischen Monomeles Protodikeio Athinon unter EuGH C-535/13 v. 17.7.2014 *Honda Giken Kogyo Kabushiki Kaisha* (ablehnend entschieden).
23 EuGH C-355/96 v. 16.7.1998 *Silhouette*, Tz. 27.
24 Vgl. Schweizerische Eidgenossenschaft Wettbewerbskommission WEKO 22-0349 v. 30.11.2009 *Gaba*.

3. Ware des Rechtsinhabers oder einer wirtschaftlich verbundenen Person

10 Kennzeichenrechte sind durch den Territorialitätsgrundsatz grundsätzlich auf ein bestimmtes Gebiet beschränkt. Erschöpfung tritt daher – ohne dass Art. 15 MRR dies ausdrücklich erwähnt – bei internationalen Sachverhalten nur dann ein, wenn im In- und Ausland Kennzeichen desselben[25] Inhabers betroffen sind.[26] Darüber hinaus können Rechte erschöpfen, wenn die Zeichen zwar verschiedenen, aber wirtschaftlich miteinander verbundenen Personen gehören.

> Hier sind mehrere Fallgestaltungen denkbar: Die Erzeugnisse werden von ein und demselben Unternehmen, von einem Lizenznehmer[27], von einer Muttergesellschaft, von einer Tochtergesellschaft desselben Konzerns oder aber von einem Alleinvertriebshändler in den Verkehr gebracht.[28] Dies gilt im Fall der Übertragung eines Teils der nationalen Marken immer dann, wenn zwischen dem Inhaber und dem Dritten in dem Sinne wirtschaftliche Beziehungen bestehen, dass sie ihre Geschäftspolitiken koordinieren oder sich absprechen, um die Nutzung der Marke gemeinsam zu kontrollieren, so dass sie unmittelbar oder mittelbar bestimmen können, auf welchen Waren die Marke angebracht wird, und ihre Qualität kontrollieren können.[29]

11 Aber auch ohne wirtschaftliche Beziehungen von Unternehmen, die in verschiedenen Ländern dieselbe Marke halten, kann Erschöpfung eintreten.

> Dies ist dann der Fall, wenn die Marke ursprünglich demselben Inhaber gehörte und in einem Teil der Länder übertragen wurde und wenn der Inhaber – allein oder durch Koordinierung seiner Markenstrategie mit dem Dritten – weiterhin aktiv und bewusst einen einheitlichen Gesamtauftritt oder ein einheitliches Gesamterscheinungsbild der Marke gefördert und damit bei den maßgeblichen Verkehrskreisen Verwirrung über die betriebliche Herkunft der mit dieser Marke versehenen Waren geschaffen oder sie verstärkt hat.[30] Demgegenüber kann sich ein unabhängiger Dritter, der keine Möglichkeit der Kontrolle der Ware hat, gegen den Vertrieb von Ware wehren, die im Ausland unter der gleichen Marke eines anderen Inhabers in den Verkehr gebracht wurde. Seine Rechte sind nicht erschöpft.[31]

4. Zustimmung des Rechtsinhabers

12 Nach Art. 15 I MRR tritt die Erschöpfung durch ein Inverkehrbringen im EWR entweder durch den Markeninhaber selbst oder durch einen Dritten, jedoch mit Zustimmung des Markeninhabers, ein.[32] Der in Art. 15 I MRR verwendete Begriff der Zustimmung ist im Interesse eines einheitlichen Schutzes europaweit einheitlich

---

25 Zur Erschöpfung bei Ware von Inhabern zwischenzeitlich untergegangener Marken *Reinhard*, MarkenR 2015, 342.
26 So im Grundsatz EuGH C-291/16 v. 20.12.2017 *Schweppes*, Tz. 39.
27 Hierzu auch unten § 16 Rdn. 14.
28 EuGH C-9/93 v. 22.6.1994 *Ideal Standard II*, Tz. 34; EuGH C-352/95 v. 20.3.1997 *Phytheron/Bourdon*, Tz. 21; EuGH C-291/16 v. 20.12.2017 *Schweppes*, Tz. 44 ff.; auch EuGH C-59/08 v. 23.4.2009 *Copad*, Tz. 43; BGH I ZR 147/04 v. 12.7.2007 *Aspirin II*, Tz. 15; BGH I ZR 26/10 v. 3.2.2011 *Kuchenbesteck-Set*, Tz. 17.
29 EuGH C-291/16 v. 20.12.2017 *Schweppes*, Tz. 55.
30 EuGH C-291/16 v. 20.12.2017 *Schweppes*, Tz. 55.
31 Vgl. EuGH C-9/93 v. 22.6.1994 *Ideal Standard II*, Tz. 37 f.; EuGH C-291/16 v. 20.12.2017 *Schweppes*, Tz. 50.
32 EuGH C-16/03 v. 30.11.2004 *Peak Holding*, Tz. 50.

auszulegen.³³ Die Zustimmung hat die Wirkung, das ausschließliche Recht des Markeninhabers und damit das Recht zur Kontrolle zum Erlöschen zu bringen. Angesichts dieser weitreichenden Bedeutung muss die Zustimmung auf eine Weise geäußert werden, die einen Willen zum Verzicht auf dieses Recht mit Bestimmtheit erkennen lässt. Ein solcher Wille ergibt sich in der Regel aus einer ausdrücklichen Erteilung der Zustimmung. Es ist jedoch nicht ausgeschlossen, dass er sich in bestimmten Fällen konkludent aus Anhaltspunkten und Umständen vor, bei oder nach dem Inverkehrbringen ergeben kann, die ebenfalls mit Bestimmtheit einen Verzicht des Inhabers auf sein Recht erkennen lassen.³⁴ Eine konkludente Zustimmung zu einem Vertrieb ergibt sich jedoch nicht aus dem bloßen Schweigen des Markeninhabers oder daraus, dass er nicht ausdrücklich einem Inverkehrbringen im EWR widersprochen hat.³⁵ Dabei kommt es nicht darauf an, ob die Ware erstmals im EWR oder außerhalb in Verkehr gebracht wurde.³⁶

> Vertreibt beispielsweise ein europäischer Hersteller seine Jeans in die USA, so stimmt er damit nicht automatisch einem Reimport nach Europa zu. Seine Zustimmung ergibt sich auch nicht daraus, dass auf den Jeans kein Vermerk angebracht ist, dass diese lediglich für den Vertrieb in den USA bestimmt sind. Auch kommt es nicht darauf an, ob er in Europa den Vertrieb über ein geschlossenes Händlernetz besorgt oder ob der Reimporteur Kenntnis hiervon hat.

Problematisch ist, ob die Zustimmung inhaltlich beschränkt erteilt werden kann. In der Regel wird einem Versuch der Umgehung des Erschöpfungsgrundsatzes durch inhaltliche Beschränkungen der Rechtseinräumung entgegenzutreten sein. Im Einzelfall können aber inhaltliche Beschränkungen durch berechtigte Gründe des Markeninhabers nach Abs. 2 gerechtfertigt sein. 13

> Bestimmt der Markeninhaber etwa vertraglich, dass seine mit der Marke versehene Software nur zusammen mit neuer Hardware verkauft werden darf (so genannte OEM-Software), so tritt gleichwohl Erschöpfung ein. Der Softwarehersteller kann sein Interesse daran, dass eine zu einem günstigen Preis angebotene Programmversion nur zusammen mit einem neuen PC veräußert wird, nicht durch ein auf diesen Vertriebsweg beschränktes Nutzungsrecht durchsetzen. Ist die Programmversion durch den Hersteller oder mit seiner Zustimmung in Verkehr gebracht worden, ist die Weiterverbreitung aufgrund der eingetretenen Erschöpfung des Verbreitungsrechts ungeachtet einer inhaltlichen Beschränkung des eingeräumten Nutzungsrechts frei.³⁷

Auch wird man einem Markeninhaber zusätzlich diejenigen Beschränkungsmöglichkeiten zubilligen müssen, die er gegenüber einem Lizenznehmer hat; andernfalls 14

---

33 EuGH C-414/99 bis C-416/99 v. 20.11.2001 *Zino Davidoff/A & G Imports u. a.*, Tz. 37 u. 43; EuGH C-16/03 v. 30.11.2004 *Peak Holding*, Tz. 32.
34 EuGH C-414/99 bis C-416/99 v. 20.11.2001 *Zino Davidoff/A & G Imports u. a.*, Tz. 45 f.; EuGH C-324/08 v. 15.10.2009 *Makro Zelfbedieningsgroothandel*, Tz. 35; auch EuGH C-59/08 v. 23.4.2009 *Copad*, Tz. 42; BGH I ZR 17/11 v. 18.1.2012 *Honda-Grauimport*, Tz. 15.
35 EuGH C-414/99 bis C-416/99 v. 20.11.2001 *Zino Davidoff/A & G Imports u. a.*, Tz. 55 ff.; EuGH C-324/08 v. 15.10.2009 *Makro Zelfbedieningsgroothandel*, Tz. 19; BGH I ZR 17/11 v. 18.1.2012 *Honda-Grauimport*, Tz. 19; zu weitgehend Chancery Division, England and Wales *Honda Motor Co Ltd and another v Neesam and others* [2008] EWHC 338 (Ch).
36 EuGH C-324/08 v. 15.10.2009 *Makro Zelfbedieningsgroothandel*, Tz. 27 ff.
37 BGH GRUR 2001, 153, 155 *OEM-Version*; vgl. auch BGH I ZR 129/08 v. 17.7.2013 *UsedSoft II*.

nämlich würde ohne Grund der seine Produkte selbst vertreibende Markeninhaber gegenüber demjenigen privilegiert, der seine Produkte über Lizenznehmer verteilt. Denn nach der Rechtsprechung des EuGH kommt ein Lizenzvertrag keiner absoluten und unbedingten Zustimmung des Markeninhabers zum Inverkehrbringen von mit dieser Marke versehenen Waren durch den Lizenznehmer gleich. Vielmehr können im Lizenzvertrag rechtlich zulässige Beschränkungen des Lizenznehmers vereinbart werden.[38] Bringt ein Lizenznehmer dann Waren in Verkehr und verstößt dabei gegen solche zulässigen Bestimmungen des Lizenzvertrags, so ist die Ware nicht mit Zustimmung des Markeninhabers in Verkehr gebracht. In anderen Fällen ist ein Inverkehrbringen durch den Lizenznehmer allerdings zu bejahen. In Verkehr gebracht ist die Ware daher insbesondere, wenn die im Lizenzvertrag auferlegte Beschränkung unzulässig ist.[39]

> Findet sich etwa die Marke nur auf der Verpackung und legt der Markeninhaber seinem Händler die Verpflichtung auf, eine mangelbehaftete Ware nur ohne Verpackung zu vertreiben, so hat der Markeninhaber der Sache nach und berechtigt gerade keine mit der Marke gekennzeichneten Produkte in Verkehr gebracht, so dass keine Zustimmung vorliegt.[40]

15 Eine Zustimmung im Sinne von Art. 15 I MRR liegt nur dann vor, wenn sie sich auf jedes Exemplar der Ware erstreckt, für das die Erschöpfung geltend gemacht wird. In Bezug auf diejenigen Exemplare, die in diesem Gebiet nicht mit Zustimmung des Inhabers in den Verkehr gebracht worden sind, kann der Inhaber nach wie vor kraft des ihm durch die Richtlinie verliehenen Rechts die Nutzung der Marke untersagen.[41] Ebenso kann er sein Verbotsrecht ausüben, wenn z. B. nach Kündigung eines Lizenzvertrags von seinem ehemaligen Lizenznehmer weiterhin neue Exemplare der Ware in Verkehr gebracht werden.[42]

5. Beweislast

16 Die Erschöpfung stellt eine Einwendung dar, deren Voraussetzungen grundsätzlich von demjenigen zu beweisen sind, der sich hierauf beruft.[43] Dies ist insoweit problematisch, als ein Händler zwar im Allgemeinen ohne weiteres wird darlegen können, von wem er die Ware erworben hat. Er hat aber keine Handhabe, seinen Lieferanten dazu zu bewegen, ihm den Vorlieferanten zu nennen bzw. weitere Glieder in der Absatzkette zu ermitteln. Auch kann er ein Interesse daran haben, seine Quelle nicht zu offenbaren, damit der Hersteller diesen Vertriebsweg nicht verschließen kann.[44]

17 Der EuGH hat vor diesem Hintergrund die Beweislastverteilung des deutschen Rechts zwar im Grundsatz gebilligt. Der Schutz des freien Warenverkehrs kann jedoch eine Modifizierung dieser Beweisregel gebieten. Der volle Beweis der Vor-

---

38 Vgl. dazu unten § 24 Rdn. 26 ff.
39 EuGH C-59/08 v. 23.4.2009 *Copad*, Tz. 46 ff.; entsprechend BGH I ZR 26/10 v. 3.2.2011 *Kuchenbesteck-Set*, Tz. 23.
40 BGH I ZR 26/10 v. 3.2.2011 *Kuchenbesteck-Set*.
41 EuGH C-173/98 v. 1.7.1999 *Sebago und Maison Dubois*, Tz. 19 u. 22.
42 Vgl. EuGH C-661/11 v. 19.9.2013 *Martin Y Paz Diffusion*, Tz. 57.
43 BGH GRUR 2000, 879, 880 *stüssy I*; BGH GRUR 2004, 156, 157 f. *stüssy II*; BGH I ZR 272/02 v. 23.2.2006 *Markenparfümverkäufe*, Tz. 37.
44 BGH GRUR 2000, 879, 881 *stüssy I*; BGH I ZB 74/14 v. 5.3.2015 *Tonerkartuschen*, Tz. 27.

aussetzungen der Erschöpfung kann hierbei durch eine Beweisführung ersetzt werden, die sich in drei Schritten vollzieht: Im ersten Schritt muss derjenige, der sich auf Erschöpfung beruft, nachweisen, dass eine tatsächliche Gefahr der Abschottung der nationalen Märkte besteht, falls er die Voraussetzungen der Erschöpfung nachweisen müsste. Eine solche Gefahr besteht etwa in Fällen, in denen der Markeninhaber seine Waren im EWR über ein ausschließliches oder selektives[45] Vertriebssystem[46] in den Verkehr bringt. Im zweiten Schritt obliegt dem Markeninhaber der Nachweis, dass die Waren ursprünglich von ihm selbst oder mit seiner Zustimmung außerhalb des EWR in den Verkehr gebracht wurden.[47] Gelingt dem Markeninhaber dieser Nachweis, obliegt es im dritten Schritt wiederum dem Dritten, nachzuweisen, dass der Markeninhaber dem weiteren Vertrieb der Waren im Europäischen Wirtschaftsraum zugestimmt hat.[48] Eine entsprechende Beweislastverteilung gilt, wenn derjenige, der sich im Falle unterschiedlicher Markeninhaber in verschiedenen Mitgliedstaaten auf Erschöpfung beruft, indem er wirtschaftliche Beziehungen dieser Markeninhaber behauptet.[49] Legt der potentielle Verletzer in einem solchen Fall ein Bündel von Indizien vor, die wirtschaftliche Beziehungen nahelegen, so muss der Markeninhaber nachweisen, dass keine wirtschaftlichen Beziehungen bestehen.[50]

Der Nachweis der tatsächlichen Gefahr der Abschottung der nationalen Märkte   18
ist voll zu erbringen. Es genügt nicht, dass der wegen des Vertriebs von Originalmarkenware aus einer Marke Inanspruchgenommene lediglich im Sinne eines Anfangsbeweises die hinreichende Wahrscheinlichkeit einer solchen Gefahr darlegt und nachweist. Eine solche Reduzierung des Beweismaßes gilt allenfalls im Zusammenhang mit dem Umpacken von Originalware[51] im Hinblick auf die Frage einer etwaigen Rufschädigung durch die Art und Weise des Umpackens.[52]

III. Wirkung der Erschöpfung

Art. 15 MRR gewährt nicht nur das Recht, mit einer Marke versehene Waren weiterzuverkaufen, sondern auch das Recht, die Marke zu benutzen, um der Öffentlichkeit den weiteren Vertrieb dieser Waren anzukündigen. Wäre das Recht, die   19

---

45 BGH I ZR 52/10 v. 15.3.2012 *CONVERSE I*, Tz. 31; vgl. auch BGH I ZR 99/11 v. 7.8.2012; I ZB 74/14 v. 5.3.2015 *Tonerkartuschen*, Tz. 27.
46 Gehören die im Streitfall eingeschalteten Händler dem Vertriebssystem nicht mehr an, droht keine künstliche Abschottung der Märkte: BGH I ZR 137/10 v. 15.3.2012 *CONVERSE II*, Tz. 34.
47 Hier könnten sich Identifikationsnummern oder eine spezielle Kennzeichnung erstmals außerhalb des EWR in Verkehr gebrachter Waren anbieten.
48 EuGH C-244/00 v. 8.4.2003 *L – Van Doren + Q.*, Tz. 39 u. 42; EuGH C-291/16 v. 20.12.2017 *Schweppes*, Tz. 52; auch BGH GRUR 2004, 156, 158 *stüssy II*; BGH I ZR 52/10 v. 15.3.2012 *CONVERSE I*, Tz. 30; BGH I ZR 137/10 v. 15.3.2012 *CONVERSE II*, Tz. 29.
49 Hierzu oben § 16 Rdn. 10 f.
50 EuGH C-291/16 v. 20.12.2017 *Schweppes*, Tz. 53.
51 Dazu unten § 16 Rdn. 40 ff.
52 BGH I ZR 247/14 v. 4.5.2016, Tz. 8.

Benutzung einer Marke zur Ankündigung des weiteren Vertriebs zu verbieten, nicht ebenso erschöpft wie das Recht, den Wiederverkauf zu verbieten, so würde dieser Wiederverkauf erheblich erschwert und der mit dem Grundsatz der Erschöpfung verfolgte Zweck verfehlt.[53]

> So kann der Inhaber von BMW-Marken einem Gebrauchtwagenhändler die Benutzung der Marken nicht verbieten, wenn dieser die Öffentlichkeit darauf hinweist, dass er Fachmann für den Verkauf von BMW-Gebrauchtfahrzeugen oder darauf spezialisiert sei. Die Werbung muss hierbei Fahrzeuge betreffen, die unter der Marke BMW von deren Inhaber oder mit dessen Zustimmung im EWR in den Verkehr gebracht wurden.[54] Nach der Rechtsprechung des BGH soll es jedoch nicht erforderlich sein, dass der Werbende die Waren im Zeitpunkt der Werbung bereits vorrätig hat oder – zweifelhaft – dass die Waren schon zu diesem Zeitpunkt vom Markeninhaber oder mit seiner Zustimmung im EWR in den Verkehr gebracht worden sind, sofern zu einem späteren Zeitpunkt damit zu rechnen ist.[55]

20 Erforderlich ist stets eine konkrete Bezugnahme auf Originalprodukte,[56] nach der Rechtsprechung des BGH aber – zu weitgehend – nicht auf konkrete Warenstücke.[57] Daran fehlt es, wenn die Werbung entweder nicht produktbezogen, sondern unternehmensbezogen erfolgt oder sich auf andere Produkte als Originalprodukte bezieht. Maßgeblich ist insoweit, wie der Verkehr die Benutzung des fremden Kennzeichens wahrnimmt. Unternehmensbezogen ist eine Werbung jedenfalls, wenn sie aus Sicht der angesprochenen Verkehrskreise das Unternehmen von anderen Unternehmen abgrenzt oder sich ausschließlich auf dessen Leistungsvermögen bezieht. Dagegen weist das Kennzeichen einen Warenbezug auf, wenn der angesprochene Verkehr die Benutzung des Kennzeichens zumindest auch als Unterscheidungszeichen für Waren ansieht. Das ist dann der Fall, wenn das Zeichen als Herkunftshinweis für ein beworbenes Produkt verstanden wird.[58] Der Erschöpfung steht nicht entgegen, wenn neben der erschöpften Ware auch Ware anderer Hersteller verkauft wird.[59]

21 Nicht nur der Verkäufer darf dabei die Marke für den Vertrieb erschöpfter Originalware verwenden, sondern auch derjenige, der solche Ware einkaufen will.

> So darf etwa ein Händler gebrauchter Uhren gezielt damit werben, dass er Uhren bestimmter Marken ankaufen will, solange keine Anhaltspunkte dafür bestehen, dass auch Uhren erworben würden, deren Weitervertrieb unzulässig ist.[60]

---

53 EuGH C-337/95 v. 4.11.1997 *Parfums Christian Dior*, Tz. 37 f.; EuGH C-558/08 v. 8.7.2010 *Portakabin*, Tz. 77; BGH I ZR 77/04 v. 8.2.2007 *AIDOL*, Tz. 20; BGH I ZR 221/16 v. 28.6.2018 *beauty for less*, Tz. 13; BGH I ZR 236/16 v. 28.6.2018 *keine-vorwerk-vertretung*, Tz. 33.
54 EuGH C-63/97 v. 23.2.1999 *BMW*, Tz. 50, unter Hinweis auf EuGH C-337/95 v. 4.11.1997 *Parfums Christian Dior*, Tz. 36 u. 43.
55 BGH GRUR 2003, 340, 342 *Mitsubishi*; BGH GRUR 2003, 878, 879 f. *Vier Ringe über Audi*, wo eine Vorlagepflicht bedenklich verneint wird; ebenso BGH I ZR 77/04 v. 8.2.2007 *AIDOL*, Tz. 21; BGH I ZR 221/16 v. 28.6.2018 *beauty for less*, Tz. 22.
56 BGH I ZR 77/04 v. 8.2.2007 *AIDOL*, Tz. 21; BGH I ZR 221/16 v. 28.6.2018 *beauty for less*, Tz. 14; BGH I ZR 236/16 v. 28.6.2018 *keine-vorwerk-vertretung*, Tz. 53.
57 BGH I ZR 221/16 v. 28.6.2018 *beauty for less*, Tz. 21.
58 BGH I ZR 221/16 v. 28.6.2018 *beauty for less*, Tz. 14; auch BGH I ZR 236/16 v. 28.6.2018 *keine-vorwerk-vertretung*, Tz. 33.
59 BGH I ZR 236/16 v. 28.6.2018 *keine-vorwerk-vertretung*, Tz. 53 ff.
60 BGH I ZR 188/13 v. 12.3.2015 *Uhrenankauf im Internet*, Tz. 27 ff.

Die konkrete Art und Weise, in der die Marke in der Werbung benutzt wird, darf 22
berechtigten Interessen des Markeninhabers nicht widersprechen.[61] Der Erschöpfungsgrundsatz rechtfertigt lediglich die Verwendung einer identischen Marke,
nicht dagegen eine Verwendung dieser Marke in abgewandelter Form.[62] Die Benutzung einer unveränderten Bildmarke ist jedoch zulässig.[63]

Hat der Wiederverkäufer einen zusätzlichen Artikel, der nicht vom Markeninhaber stammt, in die Verpackung eingelegt, so kommt ihm die Erschöpfung nur 23
zugute, wenn er die Herkunft dieses Artikels in einer Weise angibt, die den Eindruck ausschließt, dass der Markeninhaber dafür verantwortlich ist.[64]

IV. Ausnahmen von der Erschöpfung (Abs. 2)

Art. 15 II UMV, § 24 II MarkenG sehen vor, dass sich der Markeninhaber dem 24
weiteren Vertrieb der Waren widersetzen kann, wenn ein berechtigter Grund vorliegt, insbesondere wenn der Zustand der Waren nach ihrem Inverkehrbringen verändert oder verschlechtert wurde. Die Bestimmung verfolgt den Zweck, die grundlegenden Belange des Markenschutzes mit denen des freien Warenverkehrs im Gemeinsamen Markt in Einklang zu bringen. Die Verwendung des Begriffes »insbesondere« zeigt, dass der genannte Fall nur beispielhaften Charakter hat.[65] Keine Veränderung der Ware im Sinne der Vorschrift stellt jedoch beispielsweise deren bloßer Verkauf dar, wenn der Markeninhaber die Ware als unverkäuflich bezeichnet hat.[66]

1. Veränderung oder Verschlechterung des Originalzustands der Ware

Dabei bezieht sich der Begriff der Beeinträchtigung des Originalzustands der Ware 25
normalerweise auf den Zustand der Ware, die in der Verpackung enthalten ist.[67]
Ausnahmsweise kann aber sogar schon das Entfernen einer Umverpackung eine
unzulässige Veränderung der Ware darstellen; dies ist dann der Fall, wenn die Verpackung der Ware ein besonderes Image verleiht oder wenn sich (nur) auf der

---

61 EuGH C-63/97 v. 23.2.1999 *BMW*, Tz. 50, unter Hinweis auf EuGH C-337/95 v. 4.11.1997 *Parfums Christian Dior*, Tz. 36 u. 43.
62 BGH GRUR 2002, 1063, 1066 f. *Aspirin I*.
63 BGH GRUR 2003, 340, 342 *Mitsubishi*; BGH GRUR 2003, 878, 880 *Vier Ringe über Audi*; vgl. auch die zweifelhafte Abgrenzung zur Wertung innerhalb der markenrechtlichen Schrankenregelung in BGH I ZR 33/10 v. 14.4.2011 *GROSSE INSPEKTION FÜR ALLE*, Tz. 28.
64 EuGH C-427/93, C-429/93 u. C-436/93 v. 11.7.1996 *Bristol-Myers Squibb*, Tz. 73.
65 EuGH C-427/93, C-429/93 u. C-436/93 v. 11.7.1996 *Bristol-Myers Squibb*, Tz. 26 u. 39 f.; EuGH C-337/95 v. 4.11.1997 *Parfums Christian Dior*, Tz. 42; EuGH C-59/08 v. 23.4.2009 *Copad*, Tz. 19 u. 54.
66 BGH I ZR 63/04 v. 15.2.2007 *Parfümtester*; bei bestimmten Waren – insbesondere Luxusgütern – fasst der Verkehr außerdem Ware und Verpackung als Einheit auf, vgl. OLG Hamburg MarkenR 2007, 41; ferner BGH GRUR 1992, 406 *Beschädigte Verpackung*.
67 EuGH C-71 bis 73/94 v. 11.7.1996 *Eurim Pharm*, Tz. 48; EuGH C-427/93, C-429/93 u. C-436/93 v. 11.7.1996 *Bristol-Myers Squibb*, Tz. 58; EuGH C-232/94 v. 11.7.1996 *MPA Pharma*, Tz. 30.

Verpackung bestimmte Angaben finden, die für den Vertrieb der Ware erforderlich sind.[68] Eine Beeinträchtigung des Zeichenrechts ist nach der Rechtsprechung des BGH dann anzunehmen, wenn durch die Veränderung die Eigenart der Ware berührt wird. Der Begriff der Eigenart der Ware bezieht sich dabei auf ihre charakteristischen Sacheigenschaften.[69]

> So darf ein Händler gebrauchter Bekleidungsstücke diese vor dem Verkauf dann nicht verändern, etwa die Jeans umfärben, wenn hierdurch die Eigenart der Ware berührt wird. Dies wäre etwa dann der Fall, wenn der Markeninhaber für die Jeans qualitativ hochwertige Farbstoffe verwendet, so genannte reaktive Farben, deren Moleküle beim Färbevorgang eine unmittelbare Verbindung mit den Molekülen des Stoffes eingehen und dadurch eine hohe Farbfestigkeit bewirken, und wenn diese nach einem Bleichen und Umfärben durch Dritte nicht mehr gewährleistet ist. Weiter kann es unzulässig sein, wenn das Umfärben den (modischen) Charakter der Ware verändert.[70] Ebenso dürfen Parfums nicht ohne Umverpackung vertrieben werden, wenn sich nur auf der Umverpackung bestimmte gesetzlich erforderliche Angaben finden – etwa die Liste der Inhaltsbestandteile oder das Mindesthaltbarkeitsdatum.[71] Schließlich ist auch ein Software-Echtheitszertifikat mitbestimmend für das Image der Ware, so dass Entfernen und Neuanbringen in die Garantiefunktion der Marke eingreifen.[72] Ebenso kann der Markeninhaber sich dem Vertrieb eines Computerprogramms widersetzen, wenn die ernstliche Gefahr besteht, dass der Erwerber der Kopie das Urheberrecht am Computerprogramm verletzt.[73]

26 Eine Verschlechterung der gekennzeichneten Ware ist nicht erforderlich. Auch auf die Sichtbarkeit der Veränderung kommt es nicht an.

> So stellt es auch eine Verschlechterung der Ware dar, wenn Software-Echtheitszertifikate von einem Warenexemplar auf ein anderes übertragen werden; denn das Echtheitszertifikat soll gerade die Echtheit des konkreten Exemplars bestätigen.[74] Auch soll das Entsperren von Mobiltelefonen, die aufgrund der Sperre zuvor nur in einem bestimmten Mobilfunknetz betrieben werden konnten, eine die Erschöpfung ausschließende Veränderung darstellen.[75] Ob dies mit Blick auf die durch die Sperre verhinderte innereuropäische Verkehrsfähigkeit Art. 34, 36 AEUV[76] hinreichend Rechnung trägt, ist fraglich und durch den EuGH zu klären.

27 Eine Beeinträchtigung der Beschaffenheit der Markenware verliert nicht deshalb an Gewicht, weil lediglich gebrauchte Waren verändert werden. Vielmehr wirkt die Hinweisfunktion der Marke für Waren im gebrauchten Zustand und deren Beschaffenheit fort.[77]

---

68 EuGH C-324/09 v. 12.7.2011 *L'Oréal/eBay*, Tz. 74 ff.
69 BGHZ 131, 308, 316 *Gefärbte Jeans*, m. w. N.; BGH I ZR 29/03 v. 3.11.2005 *Gewinnfahrzeug mit Fremdemblem*, Tz. 28; demgegenüber zu weitgehend im Zusammenhang des Verkaufs von Unfallwagen: BGHZ 111, 182 *Herstellerkennzeichen auf Unfallwagen*; einschränkend OLG Köln MarkenR 2008, 65 *Getunter Bentley*; auch BGH GRUR 2005, 160, 161 *SIM-Lock I*.
70 Vgl. BGHZ 131, 308, 316 *Gefärbte Jeans*.
71 EuGH C-324/09 v. 12.7.2011 *L'Oréal/eBay*, Tz. 76 u. 81.
72 BGH I ZR 6/10 v. 6.10.2011 *Echtheitszertifikat*.
73 BGH I ZR 4/14 v. 19.3.2015 *Green-IT*.
74 LG Frankfurt [Strafkammer] 5/12 KLs 5/16 v. 12.12.2016.
75 BGH GRUR 2005, 160, 161 *SIM-Lock I*; BGH GRUR 2005, 448 *SIM-Lock II*.
76 Früher Art. 28, 30 EG.
77 BGHZ 131, 308, 316 *Gefärbte Jeans*, m. w. N.

So käme es beim Verkauf von umgefärbten Jeans nicht darauf an, ob diese als gebraucht oder als neu verkauft werden.

Ein an den Verkaufsständen angebrachter Hinweis, dass die Waren nicht vom Markeninhaber verändert wurden, beseitigt nicht die Unzulässigkeit einer Veränderung. Der Hinweis ist nicht geeignet, die Zuordnungs- und Garantiefunktion der Marke zu beseitigen. Gelangt eine veränderte Markenware zum Verkauf, bedarf es eindeutiger, auf der Ware selbst angebrachter Hinweise über deren Veränderung durch Dritte, um die Vorstellung des Verkehrs zu beseitigen, die Ware sei (auch) in ihrer derzeitigen Beschaffenheit dem Markenberechtigten zuzurechnen. Solche Hinweise müssen so gestaltet sein, dass der Verkehr mit der auf der Ware angebrachten Marke nicht mehr die Herkunftsvorstellung verbindet, insbesondere auch nicht von einer Handelsbeziehung von Wiederverkäufer und Markeninhaber ausgeht.[78] 28

So hilft im Fall des Verkaufs von umgefärbten Jeans ein mündlicher Hinweis auf das Umfärben gegenüber einem einzelnen Käufer nicht. Bereits beim nächsten Wiederverkauf könnten nämlich Dritte annehmen, dass die Jeans vom Markeninhaber selbst umgefärbt wurden. Demgegenüber liegt zum Beispiel im Wiederbefüllen eines Gasbehälters keine Veränderung der Ware, da es zum bestimmungsgemäßen Gebrauch gehört, dass der Behälter nach Verbrauch des Inhalts mit Gas nachgefüllt wird. Soweit mittels eines Etiketts auf das Wiederbefüllen hingewiesen wird, greift beim Vertrieb der Erschöpfungsgrundsatz ein.[79] Hierbei greift zugunsten der Erschöpfung auch die Tatsache ein, dass ein wiederbefüllter Behälter einen eigenständigen Marktwert haben kann, den der Kunde durch Wiederbefüllen realisieren kann.[80]

2. Vertriebsmodalitäten

Die Schädigung des Rufes der Marke kann für einen Markeninhaber grundsätzlich ein berechtigter Grund sein, sich dem weiteren Vertrieb der Waren zu widersetzen, die von ihm oder mit seiner Zustimmung in der Union in den Verkehr gebracht worden sind. Wenn ein Wiederverkäufer eine Marke in potentiell rufschädigender Weise benutzt, um den weiteren Vertrieb der mit der Marke versehenen Waren anzukündigen, so nimmt der EuGH eine Interessenabwägung vor. Hierbei ist das berechtigte Interesse des Markeninhabers daran, gegen Wiederverkäufer geschützt zu sein, die seine Marke zu Werbezwecken in einer Weise benutzen, die den Ruf der Marke schädigen könnte, gegen das Interesse des Wiederverkäufers abzuwägen, die betreffenden Waren unter Verwendung der für seine Branche üblichen Werbeformen weiterverkaufen zu können. Bei Waren mit Luxus- und Prestigecharakter darf der Wiederverkäufer nicht in unlauterer Weise dem berechtigten Interesse des Markeninhabers zuwiderhandeln. Er muss also darauf bedacht sein, mit seiner Werbung die Wertschätzung der Marke nicht dadurch zu beeinträchtigen, dass er den Luxus- und Prestigecharakter der betreffenden Waren sowie die von ihnen ausgehende luxuriöse Ausstrahlung beeinträchtigt.[81] Hierbei ist insbesondere zu prüfen, 29

---

78 EuGH C-46/10 v. 14.7.2011 *Viking Gas*, Tz. 37 ff.; BGHZ 131, 308, 317 *Gefärbte Jeans*, m. w. N.; vgl. auch EuGH C-206/01 v. 12.11.2002 *Arsenal/Reed*, Tz. 57.
79 EuGH C-46/10 v. 14.7.2011 *Viking Gas*, Tz. 40 f.; BGH GRUR 2005, 162, 163 *SodaStream*.
80 EuGH C-46/10 v. 14.7.2011 *Viking Gas*, Tz. 30 ff.
81 EuGH C-337/95 v. 4.11.1997 *Parfums Christian Dior*, Tz. 43 ff.; auch EuGH C-558/08 v. 8.7.2010 *Portakabin*, Tz. 79.

ob der Adressatenkreis der Ware und die konkreten Vertriebsmodalitäten dem Charakter der Ware gerecht werden.[82]

30 Allerdings stellt allein der Umstand, dass ein Wiederverkäufer, der gewöhnlich Artikel gleicher Art, aber nicht unbedingt gleicher Qualität vertreibt, für die mit der Marke versehenen Waren in seiner Branche übliche Werbeformen benutzt, keinen der Erschöpfung entgegenstehenden berechtigten Grund dar. Dies gilt selbst dann, wenn die Werbeformen nicht denen entsprechen, die der Markeninhaber selbst oder die von ihm ausgewählten Wiederverkäufer verwenden, sofern die Werbung dem Ansehen der Marke im konkreten Fall nicht schadet.[83]

> Eine solche Schädigung kann aber etwa dann vorliegen, wenn der Wiederverkäufer die Marke in seinem Werbeprospekt in einer das Markenimage erheblich beeinträchtigenden Umgebung erscheinen lässt.[84] Die ist etwa der Fall, wenn Parfum in einem Werbeflyer direkt neben Fleisch- und Wurstwaren beworben wird.[85] Auch kann in einem selektiven Vertriebssystem von Luxusprodukten unter bestimmten Voraussetzungen der Internetvertrieb eingedämmt werden.[86] Andererseits sollen – zu weitgehend – nach der Rechtsprechung des BGH berechtigte Interessen des Markeninhabers noch nicht dadurch verletzt sein, dass ein unter seiner Marke von ihm in den Verkehr gebrachter Luxussportwagen später als Hauptpreis eines Preisausschreibens ausgesetzt wird, das ein Hersteller alkoholischer Getränke veranstalten lässt. Dies soll selbst dann gelten, wenn auf dem ausgelobten Automobil neben der Originalmarke auch die Marke des Spirituosenherstellers angebracht ist und wenn deutliche Hinweise im Preisausschreiben Fehlvorstellungen des Verkehrs vermeiden, dass auch der Automobilhersteller selbst das Preisausschreiben gesponsert habe.[87] Auch Versandverpackungen, die – einfach gestaltet und mit Rechtschreibfehlern behaftet – verschiedene bekannte Luxusmarken zeigen, die vom Händler gelegentlich vertrieben werden,

---

[82] EuGH C-59/08 v. 23.4.2009 *Copad*, Tz. 58.
[83] EuGH C-337/95 v. 4.11.1997 *Parfums Christian Dior*, Tz. 46, wo noch von »erheblicher Schädigung des Rufes« die Rede ist; nun aber EuGH C-59/08 v. 23.4.2009 *Copad*, Tz. 57; BGH I ZR 221/16 v. 28.6.2018 *beauty for less*, Tz. 31.
[84] EuGH C-337/95 v. 4.11.1997 *Parfums Christian Dior*, Tz. 47; auch EuGH C-59/08 v. 23.4.2009 *Copad*, Tz. 55 ff.
[85] LG Mannheim 22 O 15/09 v. 6.11.2009.
[86] EuGH C-230/16 v. 6.12.2017 *Coty Germany*.
[87] BGH I ZR 29/03 v. 3.11.2005 *Gewinnfahrzeug mit Fremdemblem*, Tz. 32 ff.; vgl. aber auch BGHZ 86, 90, 95 *Rolls-Royce*.

sollen zulässig sein.⁸⁸

Ein berechtigter Grund des Markeninhabers liegt außerdem dann vor, wenn die 31
Unterscheidungskraft oder die Wertschätzung der Marke in unlauterer Weise ausgenutzt werden.⁸⁹

> Wird etwa eine bekannte Marke im Rahmen einer Domain verwendet, so dürfte darin ein Ausnutzen der Marke in unlauterer Weise zu sehen sein.⁹⁰ Auch wenn Kunden unter Nutzung einer Marke irreführend auf Drittprodukte gelenkt werden, wird die Unterscheidungskraft der Marke ausgenutzt.⁹¹

Ein berechtigter Grund des Markeninhabers kann ferner darin zu sehen sein, wenn 32
die Marke in der Werbung des Wiederverkäufers in einer Weise benutzt wird, die den Eindruck erwecken kann, dass eine Handelsbeziehung zwischen dem Wiederverkäufer und dem Markeninhaber besteht. Dies gilt insbesondere, wenn der Eindruck entsteht, dass das Unternehmen des Wiederverkäufers dem Vertriebsnetz des Markeninhabers angehört oder dass zwischen den beiden Unternehmen eine besondere Beziehung besteht.⁹²

> Dass etwa eine Werbemaßnahme dem Wiederverkäufer dadurch Vorteile bringt, dass seiner eigenen Tätigkeit der Anschein hoher Qualität verliehen wird, genügt nicht für ein Verbot, so lange nicht der Eindruck entsteht, es bestehe eine Handelsbeziehung zwischen dem Wiederverkäufer und dem Markeninhaber.⁹³ Auch ist es unschädlich, wenn der Wiederverkäufer neben der mit der Marke versehenen Ware auch Konkurrenzprodukte vertreibt.⁹⁴

Ob eine Werbung den Eindruck erwecken kann, dass eine Handelsbeziehung zwischen dem Wiederverkäufer und dem Markeninhaber besteht, ist eine Sachfrage, 33
über die das jeweilige nationale Gericht entscheiden kann.

> So kann ein auf BMW spezialisierter Gebrauchtwagenhändler seine Kunden auf seinen Vertrieb und seine Spezialisierung ohne Benutzung der BMW-Marken praktisch nicht hinweisen. Eine solche informative Benutzung der BMW-Marken ist daher erforderlich, um die Möglichkeit des Wiederverkaufs zu sichern, und nutzt die Unterscheidungskraft oder die Wertschätzung der Marke nicht in unlauterer Weise aus.⁹⁵ Gerade im Internet kennt der Verkehr den Handel mit Gebrauchtwaren. Er wird daher normalerweise nicht von einer Handelsbeziehung ausgehen, wenn Wörter wie »gebraucht« oder »aus zweiter Hand« verwendet werden.⁹⁶

Allein weil Ware außerhalb eines geschlossenen Vertriebssystems angeboten wird, 34
ist die Erschöpfung des Markenrechts nicht ausgeschlossen.⁹⁷

---

88 BGH I ZR 221/16 v. 28.6.2018 *beauty for less*, Tz. 30 ff.
89 BGH I ZR 236/16 v. 28.6.2018 *keine-vorwerk-vertretung*, Tz. 76.
90 BGH I ZR 236/16 v. 28.6.2018 *keine-vorwerk-vertretung*, Tz. 77.
91 BGH I ZR 236/16 v. 28.6.2018 *keine-vorwerk-vertretung*, Tz. 78.
92 EuGH C-63/97 v. 23.2.1999 *BMW*, Tz. 51 ff.; EuGH C-558/08 v. 8.7.2010 *Portakabin*, Tz. 80 f.; BGH I ZR 236/16 v. 28.6.2018 *keine-vorwerk-vertretung*, Tz. 76.
93 EuGH C-63/97 v. 23.2.1999 *BMW*, Tz. 53; EuGH C-558/08 v. 8.7.2010 *Portakabin*, Tz. 89.
94 EuGH C-558/08 v. 8.7.2010 *Portakabin*, Tz. 87.
95 EuGH C-63/97 v. 23.2.1999 *BMW*, Tz. 51 ff.
96 EuGH C-558/08 v. 8.7.2010 *Portakabin*, Tz. 84.
97 BGH GRUR 2002, 709, 711 *Entfernung der Herstellungsnummer III*; a. A. *Sack*, WRP 1999, 467, 472 f.

3. Entfernung der Marke

35 Ein berechtigter Grund des Markeninhabers liegt außerdem jedenfalls dann vor, wenn ein Wiederverkäufer die ursprüngliche Marke gänzlich von der Ware entfernt, durch eine eigene Marke ersetzt, aber trotzdem mit der ursprünglichen Marke wirbt. Denn in diesem Fall wird die Herkunftsfunktion dadurch beeinträchtigt, dass dem Markeninhaber der Hinweis auf die Ursprungsidentität der Ware verwehrt wird.[98] Aber selbst dann, wenn eine Marke entfernt wird und nicht mit der ursprünglichen Marke geworben wird, so liegt nach der Rechtsprechung des EuGH eine Markenverletzung vor.[99] Denn in einem solchen Fall können jenseits der Herkunftsfunktion weitere Markenfunktionen[100] beruht sein, insbesondere die Qualitätsfunktion, die Investitionsfunktion und die Werbefunktion.[101] Dabei wird man aber – ohne dass der EuGH dies erwähnen würde – fordern müssen, dass entweder die ursprünglich markierten Produkte auch nach Entfernung der Marke identifizierbar sind oder dass es sich um eine bekannte Marke handelt. Denn nur die bekannte Marke genießt einen umfassenden Schutz der Markenfunktionen jenseits der Herkunftsfunktion.[102]

4. Entfernung von Kontroll- oder Identifikationsnummern

36 Kontroll- oder Identifikationsnummern werden von Herstellern häufig eingesetzt, um die Absatzwege ihrer Produkte verfolgen zu können. Mit ihrer Hilfe können auch kartellrechtswidrige Vertriebssysteme durchgesetzt werden, indem die Belieferung lästiger Händler eingestellt und so die undichte Stelle des Vertriebssystems geschlossen wird. Um dies zu verhindern, geht die Rechtsprechung davon aus, dass einer Entfernung der Nummern berechtigte Interessen des Markeninhabers dann nicht entgegenstehen, wenn die entfernten Nummern der Durchsetzung eines wettbewerbs- und kartellrechtlich nicht geschützten Vertriebsbindungssystems dienen.[103]

37 Eine Ausnahme gilt jedoch dann, wenn die Nummern angebracht werden, um einer gesetzlichen Verpflichtung nachzukommen oder um andere wichtige, unionsrechtlich legitime Ziele zu erreichen, etwa den Rückruf schadhafter Erzeugnisse oder die Bekämpfung von Nachahmungen. Die Entfernung von Identifikationsnummern ist in einem solchen Fall unzulässig. Darüber hinaus kann die Entfernung der Identifikationsnummern aber auch erforderlich sein, um eine künstliche Abschottung der Märkte zwischen Mitgliedstaaten zu verhindern. Vertriebshändler, die Teilnehmer am Parallelhandel beliefert haben, könnten nämlich sonst vom Markeninhaber durch die Identifikationsnummern ausfindig gemacht und vom Vertriebsnetz ausgeschlossen werden.[104] Werden in einem solchen Fall die Identi-

---

98 EuGH C-558/08 v. 8.7.2010 *Portakabin*, Tz. 86.
99 EuGH C-129/17 v. 25.7.2018 *Mitsubishi Shoji Kaisha*, Tz. 52.
100 Vgl. oben § 10 Rdn. 63 ff.
101 EuGH C-129/17 v. 25.7.2018 *Mitsubishi Shoji Kaisha*, Tz. 45 ff.
102 Vgl. oben § 10 Rdn. 30.
103 BGH GRUR 2001, 448, 450 *Kontrollnummernbeseitigung II*.
104 Zur kartellrechtlichen Beurteilung des Aussperrens von Parallelimporteuren: EuGH C-468/06 bis C-478/06 v. 16.9.2008 *Sot. Lelos kai Sia u. a.*

fikationsnummern einerseits zu gemeinschaftlich legitimen Zwecken angebracht, andererseits aber auch, um undichte Stellen in einem Vertriebsnetz zu ermitteln und damit den Parallelhandel mit seinen Erzeugnissen zu bekämpfen, so greift der Erschöpfungsgrundsatz nicht zugunsten des Importeurs ein. Vielmehr kommen hier ausschließlich die kartellrechtlichen Vorschriften der Art. 101, 102 AEUV[105] zur Anwendung.[106]

> Entfernt ein Importeur die nach der Kosmetikverordnung vorgeschriebenen Herstellungsnummern, so liegt darin ein die Garantiefunktion der Marke berührender Eingriff in die Substanz der Ware. Eine Erschöpfung ist nach Abs. 2 ausgeschlossen. Auf eine sichtbare Beschädigung der Ware oder Verpackung kommt es in diesem Fall nicht an.[107]

Werden Kontrollnummern eingesetzt, um ein rechtlich zulässiges Vertriebssystem zu überwachen, so soll gleichwohl nach der Rechtsprechung des BGH nicht jede Entfernung der Nummern einer Erschöpfung der Markenrechte entgegenstehen. Gegen den Weitervertrieb der veränderten Ware kann sich der Hersteller auch in diesem Fall nur dann wenden, wenn mit der Entfernung der Kontrollnummern ein sichtbarer, die Garantiefunktion der Marke berührender Eingriff in die Substanz der Ware, des Behältnisses oder der Verpackung verbunden ist. 38

> Wird bei der Entfernung der Kontrollnummer die Cellophanumhüllung einer Parfümpackung genadelt oder ein Strichcode aus der Verpackung herausgeschnitten, so liegt ein sichtbarer, die Garantiefunktion berührender Eingriff in die Substanz der Ware vor. Erschöpfung tritt nicht ein.[108]

Ein Kontrollnummernsystem, mit dessen Hilfe ein Hersteller im Rahmen eines selektiven Vertriebssystems die Vertragstreue seiner Händler überwacht, genießt nur dann rechtlichen Schutz, wenn der Hersteller seine Abnehmer einheitlich bindet. Der Hersteller, der nur einen Teil des Marktes über ein selektives Vertriebssystem, andere Teile aber unbeschränkt versorgt, kann daher eine Beseitigung der Kontrollnummern nicht mit Hilfe des Wettbewerbs- oder Markenrechts unterbinden.[109] In Abgrenzung zur früheren Rechtsprechung ist dem Erfordernis der praktischen Lückenlosigkeit des Vertriebsbindungssystems demgegenüber keine entscheidende Bedeutung beizumessen.[110] 39

---

105 Früher Art. 81, 82 EG.
106 EuGH C-349/95 v. 11.11.1997 *Loendersloot/Ballantine*, Tz. 40 ff.; auch *Lubberger*, WRP 2000, 139, 140.
107 BGH GRUR 2002, 709 *Entfernung der Herstellungsnummer III*; hierzu auch *Laas*, GRUR Int. 2002, 829, 833 f.
108 BGH GRUR 2001, 448 *Kontrollnummernbeseitigung II*; BGH GRUR 2002, 709, 711 *Entfernung der Herstellungsnummer III*.
109 BGH GRUR 2001, 448 *Kontrollnummernbeseitigung II*.
110 BGH GRUR 2000, 724, 725 *Außenseiteranspruch II*.

5. Umverpacken und Neuetikettierung

40 Normalerweise beeinträchtigt ein Umverpacken oder eine Neuetikettierung[111] die Interessen des Markeninhabers, so dass im Regelfall keine Erschöpfung eintritt.[112] Allerdings kann ausnahmsweise auch bei Ware, die umverpackt oder mit neuen Etiketten versehen wird, der Erschöpfungsgrundsatz eingreifen. Dies hat vor allem Bedeutung, wenn unterschiedliche Verpackungs- oder Etikettierungsvorschriften in den Mitgliedstaaten einen Weitervertrieb in der Originalverpackung unmöglich machen würden.[113]

> So liegt der Fall, wenn ein Händler in Irland Spirituosen der Marke »Ballantine« erwirbt. Um diese in Deutschland vertreiben zu können und die hier geltenden Kennzeichnungspflichten zu erfüllen, muss er die Originaletiketten entfernen und durch neue Etiketten mit der Marke »Ballantine« ersetzen. Trotz der Umetikettierung kann sich der Händler gleichwohl unter Umständen auf Erschöpfung der Markenrechte berufen. Der im Lichte der Art. 34, 36 AEUV[114] ausgelegte Art. 15 MRR – und auch Art. 15 UMV, § 24 MarkenG – erfasst auch das Wiederanbringen der Marke.[115]

41 Etwas anderes gilt aber dann, wenn auf einer auf dem Originalprodukt unbedruckten Fläche lediglich ein Aufkleber mit zusätzlichen Informationen angebracht wird, der die Marke nicht verdeckt und den Parallelimporteur unter Angabe seiner Kontaktdaten, eines Strichcodes und einer Pharmazentralnummer als Verantwortlichen für das Inverkehrbringen ausweist. Stellt ein solcher Aufkleber aufgrund seines Inhalts, seiner Funktion, seiner Größe, seiner Aufmachung und seiner Platzierung keine Gefahr für die Herkunftsgarantie des mit der Marke versehenen Produkts dar, so tritt Erschöpfung ein.[116]

42 In anderen Fällen des Umverpackens und der Neuetikettierung müssen bestimmte Voraussetzungen erfüllt sein, damit die Interessen des Markeninhabers nicht zu weitgehend beeinträchtigt werden:
- Es ist nachgewiesen, dass es zur künstlichen Abschottung der Märkte zwischen den Mitgliedstaaten beitrüge, wenn der Inhaber der Marke sein Markenrecht verwendete, um den Weitervertrieb seiner Erzeugnisse zu verhindern.
- Es ist dargetan, dass die Neuetikettierung bzw. das Umverpacken den Originalzustand des Erzeugnisses nicht berührt.
- Es ist dargetan, dass die Aufmachung des Erzeugnisses dem guten Ruf der Marke und ihres Inhabers nicht schaden kann.

---

111 Die Neuetikettierung sieht EuGH C-348/04 v. 26.4.2007 *Boehringer Ingelheim u. a. (II)*, Tz. 28 als Unterfall des Umverpackens; vgl. auch EuGH C-642/16 v. 17.5.2018 *Junek Europ-Vertrieb*, Tz. 30; BGH I ZR 147/04 v. 12.7.2007 *Aspirin II*, Tz. 15; BGH I ZR 239/14 v. 2.12.2015 *Eligard*, Tz. 23.
112 EuGH C-143/00 v. 23.4.2002 *Boehringer Ingelheim u. a. (I)*, Tz. 30; EuGH C-348/04 v. 26.4.2007 *Boehringer Ingelheim u. a. (II)*, Tz. 15 u. 29; vgl. auch EuGH C-642/16 v. 17.5.2018 *Junek Europ-Vertrieb*, Tz. 23 ff.
113 Vgl. EuGH C-348/04 v. 26.4.2007 *Boehringer Ingelheim u. a. (II)*, Tz. 36, m. w. N.; BGH I ZR 239/14 v. 2.12.2015 *Eligard*, Tz. 20.
114 Früher Art. 28, 30 EG.
115 Vgl. BGH GRUR 1997, 629, 632 *Sermion II*; BGH I ZR 89/05 v. 13.12.2007 *Micardis*, Tz. 13, m. w. N.
116 EuGH C-642/16 v. 17.5.2018 *Junek Europ-Vertrieb*, Tz. 34 ff.

- Derjenige, der die Neuetikettierung bzw. das Umverpacken vornimmt, unterrichtet den Markeninhaber vorab vom Verkauf der neu etikettierten Erzeugnisse.[117]
- Zusätzlich wird zu fordern sein, dass auf der äußeren Verpackung klar angegeben wird, von wem die Ware hergestellt worden ist, weil der Hersteller ein Interesse daran haben kann, dass der Verbraucher oder Endabnehmer nicht zu der Annahme veranlasst wird, der Importeur sei Inhaber der Marke und die Ware sei unter seiner Kontrolle hergestellt worden.[118]

Geht es um den Vertrieb von Arzneimitteln und wohl auch Medizinprodukten,[119] so sind weitere Voraussetzungen zu beachten. Hier ist zusätzlich erforderlich, 43

- dass der Umverpacker dem Markeninhaber auf Anforderung eine Probe des umverpackten Erzeugnisses zukommen lässt und
- dass er auf dem umverpackten Erzeugnis angibt, wer das Umverpacken vorgenommen hat.[120] Dabei ist nicht der Name des tatsächlichen Umverpackers, sondern des für das Umverpacken Verantwortlichen zu nennen.[121]

Dagegen ist nicht erforderlich, dass auf der Verpackung außerdem ausdrücklich 44 angegeben wird, dass das Umverpacken der Ware ohne Zustimmung des Markeninhabers erfolgt ist. Eine solche Angabe könnte nämlich dahin aufgefasst werden, dass die umverpackte Ware nicht völlig ordnungsgemäß ist.[122]

---

117 EuGH C-349/95 v. 11.11.1997 *Loendersloot/Ballantine*, Tz. 29 u. 50; EuGH C-348/04 v. 26.4.2007 *Boehringer Ingelheim u. a. (II)*, Tz. 21 u. 32; BGH I ZR 72/11 v. 22.11.2012 *Barilla*, Tz. 41.
118 Im Ergebnis: BGH I ZR 72/11 v. 22.11.2012 *Barilla*, Tz. 41; so für den Arzneimittelbereich EuGH C-71 bis 73/94 v. 11.7.1996 *Eurim Pharm*, Tz. 64; EuGH C-427/93, C-429/93 u. C-436/93 v. 11.7.1996 *Bristol-Myers Squibb*, Tz. 74; EuGH C-232/94 v. 11.7.1996 *MPA Pharma*, Tz. 45, unter Hinweis auf EuGH 1/81 v. 3.12.1981 *Pfizer*, Tz. 11; EuGH C-348/04 v. 26.4.2007 *Boehringer Ingelheim u. a. (II)*, Tz. 21 u. 32; EuGH C-276/05 v. 22.12.2008 *The Wellcome Foundation*, Tz. 23; EuGH C-400/09 und C-207/10 v. 28.7.2011 *Orifarm*, Tz. 22 ff.; insofern undeutlich EuGH C-349/95 v. 11.11.1997 *Loendersloot/Ballantine*.
119 Vgl. OLG Düsseldorf I-20 U 48/15 v. 12.4.2016, Tz. 26 ff. sowie den Vorlagebeschluss des BGH I ZR 165/15 v. 6.10.2016 *Debrisoft*; EuGH C-642/16 v. 17.5.2018 *Junek Europ-Vertrieb* brachte insofern keine Klärung.
120 EuGH C-427/93, C-429/93 u. C-436/93 v. 11.7.1996 *Bristol-Myers Squibb*, Tz. 49 u. 79; EuGH C-71 bis 73/94 v. 11.7.1996 *Eurim Pharm*, Tz. 36 u. 70; EuGH C-232/94 v. 11.7.1996 *MPA Pharma*, Tz. 22 u. 50; EuGH C-349/95 v. 11.11.1997 *Loendersloot/Ballantine*, Tz. 47 u. 49; EuGH C-143/00 v. 23.4.2002 *Boehringer Ingelheim u. a. (I)*, Tz. 14 u. 32; EuGH C-348/04 v. 26.4.2007 *Boehringer Ingelheim u. a. (II)*, Tz. 21 u. 32; EuGH C-276/05 v. 22.12.2008 *The Wellcome Foundation*, Tz. 23; EuGH C-642/16 v. 17.5.2018 *Junek Europ-Vertrieb*, Tz. 28; auch EuGH C-379/97 v. 12.10.1999 *Pharmacia/Paranova*, Tz. 17; EuGH C-443/99 v. 23.4.2002 *Merck/Paranova Pharmazeutika*, Tz. 23; auch BGH GRUR 1997, 629, 633 *Sermion II*; BGH GRUR 2001, 422, 423 *ZOCOR*; BGH GRUR 2002, 57, 58 *Adalat*; BGH GRUR 2003, 336, 337 f. *Beloc*; BGH I ZR 263/15 v. 30.3.2017 *BretarisGenuair*, Tz. 32; beim Parallelimport für den reinen Eigenverbrauch dürfte diese Kennzeichnungspflicht entfallen: EuGH C-260/06 und C-261/06 v. 8.11.2007 *Escalier*, Tz. 44 ff.
121 EuGH C-400/09 und C-207/10 v. 28.7.2011 *Orifarm*, Tz. 28 ff.
122 EuGH C-71 bis 73/94 v. 11.7.1996 *Eurim Pharm*, Tz. 63; EuGH C-427/93, C-429/93 u. C-436/93 v. 11.7.1996 *Bristol-Myers Squibb*, Tz. 72; EuGH C-232/94 v. 11.7.1996 *MPA Pharma*, Tz. 44.

Würden im vorherigen Fall statt Spirituosen Arzneimittel vertrieben, so müsste zusätzlich angegeben werden, wer das Umverpacken vorgenommen hat. Auf Verlangen des Markeninhabers müsste diesem eine Warenprobe zugesandt werden. Dieser kann dann nachprüfen, ob das Umverpacken nicht in einer Weise vorgenommen wurde, die den Originalzustand der Ware beeinträchtigt, und ob deren Aufmachung nach dem Umverpacken nicht den Ruf der Marke schädigt. Zudem wird der Markeninhaber in die Lage versetzt, sich vor den Aktivitäten von Fälschern zu schützen, die gerade im Arzneimittelbereich schwere Schäden verursachen könnten.[123]

45 Diese zum Umverpacken von Arzneimitteln entwickelten Grundsätze sind auch dann anzuwenden, wenn lediglich ein Beipackzettel in deutscher Sprache eingefügt oder die Beschriftung der Originalverpackungen verändert wird.[124] Die Grundsätze sind überdies unabhängig davon anwendbar, ob die Marke nach dem Umverpacken der Ware wieder angebracht wird oder ob die bereits vom Hersteller angebrachte Marke dadurch verwendet wird, dass sie durch eine neue äußere Verpackung hindurch sichtbar bleibt oder dass die äußere Originalverpackung als solche beibehalten wird.[125]

46 Die Beweislast für sämtliche Zulässigkeitsvoraussetzungen des Umverpackens trägt der Parallelimporteur. Dabei genügt es hinsichtlich des Nachweises der Nichtbeeinträchtigung des Originalzustands der Ware, wenn der Importeur Beweise erbringt, die vernünftigerweise vermuten lassen, dass diese Voraussetzung erfüllt ist. Dies gilt erst recht für die Voraussetzung, dass die Aufmachung der Ware nicht so sein darf, dass sie den Ruf der Marke und ihres Inhabers schädigen kann. Sofern der Importeur einen solchen Anfangsbeweis dafür erbringt, dass diese Voraussetzung erfüllt ist, ist es gegebenenfalls Sache des Markeninhabers, das Gegenteil nachzuweisen. Denn der Markeninhaber selbst kann am besten beurteilen, ob das Umpacken seinen Ruf und den der Marke schädigen kann.[126]

a) Insbesondere: Künstliche Abschottung der Märkte und Erforderlichkeit des Umverpackens

47 Die Verwendung des Begriffes »künstliche Abschottung der Märkte« seitens des EuGH bedeutet nicht, dass der Importeur nachweisen muss, dass der Markeninhaber durch das Inverkehrbringen einer identischen Ware in verschiedenen Packungen bewusst versucht hat, die Märkte zwischen Mitgliedstaaten abzuschotten. Das nationale Gericht hat vielmehr zu prüfen, ob auf dem Markt seines Staates Bedin-

---

123 Vgl. EuGH C-427/93, C-429/93 u. C-436/93 v. 11.7.1996 *Bristol-Myers Squibb*, Tz. 78; EuGH C-348/04 v. 26.4.2007 *Boehringer Ingelheim u. a. (II)*, Tz. 20.
124 BGH GRUR 2001, 422, 423 *ZOCOR*; BGH GRUR 2003, 336, 338 *Beloc*; vgl. auch EuGH C-352/95 v. 20.3.1997 *Phytheron/Bourdon*, Tz. 23.
125 EuGH C-71 bis 73/94 v. 11.7.1996 *Eurim Pharm*, Tz. 38.
126 EuGH C-348/04 v. 26.4.2007 *Boehringer Ingelheim u. a. (II)*, Tz. 51 ff.; EuGH C-297/15 v. 10.11.2016 *Ferring Lægemidler*, Tz. 23.

gungen herrschten, die objektiv ein Umverpacken oder Umetikettieren erforderlich machten.¹²⁷ Auch die Abschottung eines Teilmarktes kann dabei genügen.¹²⁸

Ein Umverpacken ist z. B. dann erforderlich, wenn der Inhaber das gleiche Arzneimittel in verschiedenen Mitgliedstaaten in jeweils unterschiedlichen Packungen in den Verkehr gebracht hat. Das Arzneimittel könnte andernfalls von einem Parallelimporteur kaum in einen anderen Mitgliedstaat eingeführt und dort in den Verkehr gebracht werden.¹²⁹ Auch wenn ein identisches Arzneimittel unter verschiedenen Marken lediglich mit unterschiedlichen Dosierungshinweisen in verschiedenen Mitgliedstaaten vertrieben wird, ist ein Umverpacken erforderlich.¹³⁰ Das Umverpacken ist überdies erforderlich, wenn es nationale Vorschriften¹³¹ oder Praktiken in Bezug auf die Verpackung gibt, etwa weil Krankenversicherungsvorschriften die Erstattung der Krankheitskosten von einer bestimmten Verpackung abhängig machen oder weil feste ärztliche Verschreibungsgewohnheiten bestehen. Die vom Parallelimporteur erworbenen Arzneimittel könnten ohne Umverpacken im Einfuhrmitgliedstaat nicht vertrieben werden.¹³² Nicht erforderlich ist das Umverpacken aber beispielsweise, wenn sich der Parallelimporteur durch eine werbewirksamere und absatzfördernde Gestaltung der Verpackung lediglich rein wirtschaftliche Vorteile verspricht.¹³³

Der Importeur muss den Eingriff in die Rechte des Markeninhabers so gering wie **48** möglich halten. Gegenüber dem Umverpacken der Ware in eine neue äußere Verpackung stellt das Anbringen neuer Etiketten auf der äußeren oder inneren Originalverpackung oder das Beilegen neuer Beipack- oder Informationszettel grundsätz-

---

127 EuGH C-427/93, C-429/93 u. C-436/93 v. 11.7.1996 *Bristol-Myers Squibb*, Tz. 56 ff.; EuGH C-349/95 v. 11.11.1997 *Loendersloot/Ballantine*, Tz. 36 ff.; EuGH C-379/97 v. 12.10.1999 *Pharmacia/Paranova*, Tz. 18 f.; EuGH C-143/00 v. 23.4.2002 *Boehringer Ingelheim u. a. (I)*, Tz. 15 u. 33 f. u. 46; EuGH C-443/99 v. 23.4.2002 *Merck/Paranova Pharmazeutika*, Tz. 25; EuGH C-433/00 v. 19.9.2002 *Aventis Pharma/Kohlpharma u. a.*, Tz. 26; EuGH C-348/04 v. 26.4.2007 *Boehringer Ingelheim u. a. (II)*, Tz. 18; EuGH C-297/15 v. 10.11.2016 *Ferring Lægemidler*, Tz. 17 f. u. 29; auch BGH GRUR 2005, 52, 53 *Topinasal*; BGH I ZR 208/05 v. 5.6.2008 *KLACID PRO*, Tz. 30; vgl. auch das Vorabentscheidungsgesuch EuGH C-276/05 *The Wellcome Foundation*.
128 BGH I ZR 208/05 v. 5.6.2008 *KLACID PRO*, Tz. 34.
129 EuGH C-71 bis 73/94 v. 11.7.1996 *Eurim Pharm*, Tz. 42; EuGH C-427/93, C-429/93 u. C-436/93 v. 11.7.1996 *Bristol-Myers Squibb*, Tz. 52; EuGH C-232/94 v. 11.7.1996 *MPA Pharma*, Tz. 24; EuGH C-349/95 v. 11.11.1997 *Loendersloot/Ballantine*, Tz. 35; EuGH C-379/97 v. 12.10.1999 *Pharmacia/Paranova*, Tz. 19; EuGH C-276/05 v. 22.12.2008 *The Wellcome Foundation*, Tz. 33.
130 BGH I ZR 208/05 v. 5.6.2008 *KLACID PRO*, Tz. 31 ff., auch zu arzneimittelrechtlichen Erfordernissen.
131 Zu arzneimittelrechtlichen Hindernissen und zur Importquote des § 129 SGB V vgl. BGH GRUR 2005, 52, 54 *Topinasal*.
132 EuGH C-379/97 v. 12.10.1999 *Upjohn*, Tz. 37 ff.; EuGH C-143/00 v. 23.4.2002 *Boehringer Ingelheim u. a. (I)*, Tz. 47; EuGH C-443/99 v. 23.4.2002 *Merck/Paranova Pharmazeutika*, Tz. 26; EuGH C-348/04 v. 26.4.2007 *Boehringer Ingelheim u. a. (II)*, Tz. 36.
133 EuGH C-379/97 v. 12.10.1999 *Upjohn*, Tz. 44; EuGH C-348/04 v. 26.4.2007 *Boehringer Ingelheim u. a. (II)*, Tz. 37; BGH GRUR 2002, 1059, 1062 *Zantac/Zantic*; BGH GRUR 2002, 1063, 1066 *Aspirin I*; BGH I ZR 208/05 v. 5.6.2008 *KLACID PRO*, Tz. 30.

lich das mildere Mittel dar.¹³⁴ Das Anbringen eines Zusatzetiketts ist gegenüber der Entfernung und Ersetzung des Originaletiketts das mildere Mittel,¹³⁵ ebenso die Bündelung von Verpackungen gegenüber dem Umverpacken.¹³⁶ Wird ein Erzeugnis in verschiedenen Gestaltungen in einem Mitgliedstaat in Verkehr gebracht, so liegt eine Beschränkung des Handels zwischen den Mitgliedstaaten auch dann vor, wenn das Erzeugnis in anderen Mitgliedstaaten nur in einigen dieser Gestaltungen vertrieben werden kann, andere Gestaltungen dagegen ausgeschlossen sind.¹³⁷ Entscheidend ist hier jeweils, ob auch der mildere Eingriff einen Marktzugang ermöglicht.

> Dabei stellt etwa eine Abneigung gegen mit Etiketten überklebte Arzneimittelpackungen nicht stets ein Hindernis für den tatsächlichen Zugang zum Markt dar. Auf einem Markt oder einem beträchtlichen Teil dieses Marktes kann aber ein so starker Widerstand eines nicht unerheblichen Teils der Verbraucher gegen mit Etiketten überklebte Arzneimittelpackungen bestehen, dass von einem Hindernis für den tatsächlichen Zugang zum Markt auszugehen ist.¹³⁸

49 Die Prüfung der Erforderlichkeit geht jedoch nicht soweit, dass auch die konkrete Art und Weise, in der das Umpacken durchgeführt wird, auf ihre Erforderlichkeit hin überprüft werden müsste.¹³⁹ Folglich betrifft diese Voraussetzung der Erforderlichkeit nur das Umpacken der Ware insbesondere durch deren Neuverpackung und nicht die Art der Gestaltung dieser neuen Verpackung. Da die Art der Gestaltung der neuen Verpackung der Ware nicht an der Voraussetzung der Erforderlichkeit für den weiteren Vertrieb der Ware gemessen wird, ist sie auch nicht an dem Kriterium des geringstmöglichen Eingriffs in das Markenrecht zu messen.¹⁴⁰

> Ist etwa grundsätzlich ein Umverpacken erforderlich, so betrifft die Frage, ob für den Vertrieb der Ware nach Möglichkeit die Originalverpackung wieder zu verwenden ist, die Art und Weise des Umverpackens, so dass insoweit dem Parallelimporteur ein Spielraum bleibt.¹⁴¹ Auch darf der Parallelimporteur, wenn er für den Vertrieb des importierten Arzneimittels zulässigerweise eine neue Verpackung herstellt, sowohl die im Ausfuhrmitgliedstaat benutzte Originalbezeichnung des Arzneimittels wieder anbringen als auch die Ausstattung

---

134 EuGH C-71 bis 73/94 v. 11.7.1996 *Eurim Pharm*, Tz. 45; EuGH C-427/93, C-429/93 u. C-436/93 v. 11.7.1996 *Bristol-Myers Squibb*, Tz. 55; EuGH C-232/94 v. 11.7.1996 *MPA Pharma*, Tz. 27; EuGH C-143/00 v. 23.4.2002 *Boehringer Ingelheim u. a. (I)*, Tz. 49; EuGH C-443/99 v. 23.4.2002 *Merck/Paranova Pharmazeutika*, Tz. 28; BGH I ZR 198/05 v. 1.6.2006; auch wenn Blisterstreifen umgepackt werden müssen: BGH I ZR 172/09 v. 10.2.2011 *RENNIE*.
135 EuGH C-349/95 v. 11.11.1997 *Loendersloot/Ballantine*, Tz. 46.
136 BGH GRUR 2002, 1059, 1062 *Zantac/Zantic*; BGH GRUR 2002, 1063, 1066 *Aspirin I*; BGH GRUR 2003, 434, 435 *Pulmicort*; BGH I ZR 147/04 v. 12.7.2007 *Aspirin II*, Tz. 21 f.
137 BGH I ZR 148/04 v. 12.7.2007 *CORDARONE*, Tz. 33.
138 BGH GRUR 2003, 338, 339 *Bricanyl I*; auch BGH I ZR 198/05 v. 1.6.2006; I ZR 147/04 v. 12.7.2007 *Aspirin II*, Tz. 22.
139 EuGH C-348/04 v. 26.4.2007 *Boehringer Ingelheim u. a. (II)*, Tz. 38 f., unter Hinweis auf das Urteil des EFTA-Gerichtshofs EuGH C-3/02 v. 8.7.2003 *Paranova/Merck*; EuGH C-276/05 v. 22.12.2008 *The Wellcome Foundation*, Tz. 25; nun auch BGH I ZR 173/04 v. 14.6.2007 *STILNOX*; BGH I ZR 148/04 v. 12.7.2007 *CORDARONE*, Tz. 32; BGH I ZR 89/05 v. 13.12.2007 *Micardis*, Tz. 17; BGH I ZR 30/05 v. 24.4.2008 *Lefax/Lefaxin*, Tz. 17.
140 EuGH C-276/05 v. 22.12.2008 *The Wellcome Foundation*, Tz. 26 f.
141 BGH I ZR 173/04 v. 14.6.2007 *STILNOX*.

verwenden, mit der das Arzneimittel im Ausland in den Verkehr gebracht worden ist. Dabei kommt es nicht darauf an, ob die Wiederanbringung der geschützten Kennzeichen erforderlich ist, um die Verkehrsfähigkeit des importierten Arzneimittels im Inland herzustellen.[142]

Ob das gewählte Mittel erforderlich ist, um den Marktzugang zu ermöglichen, hat das nationale Gericht zu beurteilen.[143] 50

So ist in Deutschland ein Umverpacken von Arzneimitteln nicht erforderlich, wenn eine Bündelung möglich ist.[144] Weiter kommt es bei der Frage, ob Arzneimittel umverpackt werden dürfen, um den in Deutschland geltenden Kennzeichnungspflichten nachzukommen, oder ob lediglich neue Etiketten anzubringen sind, auf den Einzelfall an. Ein Umverpacken ist zulässig, wenn auf dem deutschen Markt ein so starker Widerstand gegen überklebte Arzneimittel besteht, dass der Marktzugang behindert würde. Nach der Rechtsprechung des BGH erkennt der durchschnittliche Verbraucher bei Arzneimittelpackungen die Veränderung der Originalpackung auf den ersten Blick; aus der Sicht nicht unbeachtlicher Teile der Patienten ist die Gewähr unversehrter Ware nicht mehr gegeben.[145] Der Importeur ist daher darauf angewiesen, die Arzneimittel umzupacken und muss sich nicht auf das Überkleben mit Etiketten verweisen lassen. Etwas anderes kann allerdings dann gelten, wenn andere Parallelimporteure mit dem unveränderten Produkt bereits erhebliche Marktanteile erzielen und es daher nahe liegt, dass kein erheblicher Widerstand der Verbraucher besteht.[146]

b) Insbesondere: Beeinträchtigung des Originalzustands der Ware und Qualität der Umverpackung

Der Originalzustand der in der Verpackung enthaltenen Ware kann beim Umverpacken oder Umetikettieren nicht nur unmittelbar, sondern auch mittelbar beeinträchtigt werden. 51

Dies ist etwa dann der Fall, wenn die äußere oder innere Verpackung der umverpackten Ware oder ein neuer Beipack- oder Informationszettel bestimmte wichtige Angaben nicht enthält oder aber unzutreffende Angaben über die Art der Ware, ihre Zusammensetzung, ihre Wirkung, ihren Gebrauch oder ihre Aufbewahrung enthält oder wenn die Verpackung der umverpackten Ware so gestaltet ist, dass diese nicht ausreichend geschützt wird.[147] Auch wenn durch das Öffnen einer Verpackung zwecks Umetikettierung die Haltbarkeit des Produkts verringert wird, muss dies vom Markeninhaber nicht hingenommen werden.[148]

Ein Umverpacken ist unzulässig, wenn es das Risiko mit sich bringt, dass die in der Verpackung enthaltene Ware Manipulationen oder Einflüssen ausgesetzt wird, die ihren Originalzustand beeinträchtigen. Ein bloß hypothetisches Risiko eines 52

---

142 BGH I ZR 89/05 v. 13.12.2007 *Micardis*.
143 EuGH C-143/00 v. 23.4.2002 *Boehringer Ingelheim u. a. (I)*, Tz. 51 ff.; EuGH C-443/99 v. 23.4.2002 *Merck/Paranova Pharmazeutika*, Tz. 30 ff.; BGH I ZR 30/05 v. 24.4.2008 *Lefax/Lefaxin*, Tz. 20.
144 BGH I ZR 147/04 v. 12.7.2007 *Aspirin II*, Tz. 22 f.
145 BGH GRUR 1997, 629, 633 *Sermion II*; ähnlich zum Aufstocken von Verpackungen mit weiteren Blisterstreifen BGH GRUR 2003, 338, 339 f. *Bricanyl I*; vgl. aber BGH GRUR 2002, 1059, 1062 *Zantac/Zantic*, wo offenbar entsprechender Vortrag fehlte.
146 BGH GRUR 2005, 52, 54 *Topinasal*.
147 EuGH C-71 bis 73/94 v. 11.7.1996 *Eurim Pharm*, Tz. 56; EuGH C-427/93, C-429/93 u. C-436/93 v. 11.7.1996 *Bristol-Myers Squibb*, Tz. 65; BGH I ZR 263/15 v. 30.3.2017 *BretarisGenuair*, Tz. 32.
148 BGH I ZR 263/15 v. 30.3.2017 *BretarisGenuair*, Tz. 50.

einzelnen Fehlers macht das Umverpacken allerdings nicht unzulässig.[149] Eine Beeinträchtigung liegt daher nicht vor, wenn der Markeninhaber die Ware in einer doppelten Verpackung in den Verkehr gebracht hat und sich das Umverpacken nur auf die äußere Verpackung bezieht, während die innere Verpackung unberührt bleibt.

So stellt es noch keine Beeinträchtigung dar, wenn Blisterstreifen (Verpackungsstreifen mit Tabletten), Flaschen, Ampullen oder Inhalatoren aus ihrer äußeren Originalverpackung herausgenommen und in eine neue äußere Verpackung umverpackt werden.[150] Ist jedes konkrete Risiko einer Beeinträchtigung des Originalzustands der darin befindlichen Tabletten ausgeschlossen, so darf der Importeur die Blisterstreifen auch zerschneiden und neue Chargennummern aufstempeln. Dies ist insbesondere dann der Fall, wenn diese Handlungen von einer Behörde genehmigt und daraufhin überwacht werden, dass die einwandfreie Beschaffenheit der Ware gewährleistet ist.[151]

53 Nach der Verordnung Nr. 2309/93[152] können bestimmte Verpackungsgrößen zentral genehmigt werden. Hier bezieht sich jede erteilte Genehmigung auf die betreffende spezifische Aufmachung, also die im Genehmigungsantrag für das Medikament vorgesehene Packungsgröße und -form. Die spezifischen und detaillierten Vorschriften, die für die Verpackung von derartigen, durch eine zentrale Genehmigung für das Inverkehrbringen zugelassenen Arzneimitteln gelten und mit denen einer Irreführung des Verbrauchers vorgebeugt und so die öffentliche Gesundheit geschützt werden soll, stehen einer Bündelung der Verpackungen dieser Arzneimittel entgegen.[153]

So darf ein Importeur nicht zwei 5er-Packungen zu einer 10er-Packung bündeln. Die zentralen Genehmigungen wurden nur für eine Packung mit fünf Einheiten und für eine Packung mit zehn Einheiten erteilt, nicht dagegen für eine Bündelpackung.

54 Auch eine unzureichende Aufmachung der umverpackten Ware kann den Ruf der Marke und damit ihres Inhabers schädigen.

Dies gilt beispielsweise für eine Verpackung, die schadhaft, von schlechter Qualität oder unordentlich ist.[154] Eine Rufschädigung kann darüber hinaus aber etwa auch davon ausgehen, dass die Verpackung oder der Aufkleber so beschaffen sind, dass sie den Wert der Marke

---

149 EuGH C-71 bis 73/94 v. 11.7.1996 *Eurim Pharm*, Tz. 49 ff.; EuGH C-427/93, C-429/93 u. C-436/93 v. 11.7.1996 *Bristol-Myers Squibb*, Tz. 59 ff.; EuGH C-232/94 v. 11.7.1996 *MPA Pharma*, Tz. 31 ff.
150 EuGH C-71 bis 73/94 v. 11.7.1996 *Eurim Pharm*, Tz. 50; EuGH C-427/93, C-429/93 u. C-436/93 v. 11.7.1996 *Bristol-Myers Squibb*, Tz. 60 f.; EuGH C-232/94 v. 11.7.1996 *MPA Pharma*, Tz. 32 f.
151 EuGH C-71 bis 73/94 v. 11.7.1996 *Eurim Pharm*, Tz. 54.
152 Verordnung des Rates Nr. 2309/93 vom 22. Juli 1993 zur Festlegung von Gemeinschaftsverfahren für die Genehmigung und Überwachung von Human- und Tierarzneimitteln und zur Schaffung einer Europäischen Agentur für die Beurteilung von Arzneimitteln (ABl.-EG L 214, S. 1).
153 EuGH C-433/00 v. 19.9.2002 *Aventis Pharma/Kohlpharma u. a.*, Tz. 22.
154 EuGH C-71 bis 73/94 v. 11.7.1996 *Eurim Pharm*, Tz. 66; EuGH C-427/93, C-429/93 u. C-436/93 v. 11.7.1996 *Bristol-Myers Squibb*, Tz. 75; EuGH C-232/94 v. 11.7.1996 *MPA Pharma*, Tz. 47; EuGH C-348/04 v. 26.4.2007 *Boehringer Ingelheim u. a. (II)*, Tz. 40; die Rufschädigung ablehnend in einem Einzelfall: BGH I ZR 173/04 v. 14.6.2007 *STILNOX*, Tz. 29 ff.; bejahend: BGH I ZR 72/11 v. 22.11.2012 *Barilla*, Tz. 48 ff.

beeinträchtigen, indem sie das mit einer solchen Ware verbundene Image der Zuverlässigkeit und Qualität sowie das Vertrauen des Verkehrs in die Marke schädigen.[155]

Grundsätzlich können dabei verschiedenste Gestaltungen den Ruf der Marke schädigen. Ob im Einzelfall eine Rufschädigung zu bejahen ist, ist eine Sachfrage, über die das nationale Gericht zu entscheiden hat. 55

Als denkbare Beispiele für eine Rufschädigung nennt der EuGH hierbei die Fälle, dass der Parallelimporteur die Marke nicht auf dem neuen äußeren Karton anbringt (»de-branding«) oder entweder sein eigenes Logo oder Firmenmarkenzeichen, eine Firmenaufmachung oder eine für eine Reihe verschiedener Waren verwendete Aufmachung für den neuen äußeren Karton verwendet (»co-branding«); dies gelte ebenso, wenn er entweder einen zusätzlichen Aufkleber so anbringt, dass die Marke des Inhabers ganz oder teilweise überklebt wird oder auf dem zusätzlichen Aufkleber nicht den Inhaber der Marke angibt oder den Namen des Parallelimporteurs in Großbuchstaben schreibt. Stets bleibt hier jedoch die Beurteilung dem Einzelfall überlassen.[156]

Bei der Beurteilung der Aufmachung sind die Art der Ware und der Markt, für den sie bestimmt ist, zu berücksichtigen. Bei Arzneimitteln handelt es sich um einen sensiblen Bereich, in dem die Öffentlichkeit besonderen Wert auf die Qualität und die einwandfreie Beschaffenheit der Ware legt. Die Anforderungen an ein umverpacktes Arzneimittel hängen aber auch davon ab, ob es sich um eine Ware handelt, die über Apotheken an die Verbraucher oder aber an Krankenhäuser verkauft wird. Für den Verbraucher ist die Aufmachung der Ware von größerer Bedeutung, auch wenn bei verschreibungspflichtigen Arzneimitteln schon die Tatsache der Verschreibungspflichtigkeit ein gewisses Vertrauen erweckt. Beim Vertrieb an Krankenhäuser werden die Arzneimittel dagegen den Patienten von Fachkräften verabreicht. Der EuGH hält hier die Aufmachung der Ware daher für weniger bedeutsam. 56

So ist der Vertrieb eines Arzneimittels mit einer unordentlichen Aufmachung der Verpackung jedenfalls dann unzulässig, wenn das Arzneimittel über Apotheken unmittelbar an Verbraucher vertrieben wird. Beim Vertrieb an Krankenhäuser ist demgegenüber ein großzügigerer Maßstab anzulegen.[157]

Die Verwendung von unterschiedlichen Bezeichnungen auf der inneren und der äußeren Verpackung ist nicht stets unzulässig; Unsicherheiten und eine Verwirrung der Verbraucher sowie die damit möglicherweise verbundene rufschädigende Wirkung können je nach Fallgestaltung durch aufklärende Zusätze beseitigt werden.[158] 57

c) Insbesondere: Unterrichtungs- und Lieferungspflicht

Ein Umverpacker von Arzneimitteln muss den Markeninhaber vom Umverpacken unterrichten und ihm auf Verlangen eine Probe des umverpackten Erzeugnisses zukommen lassen. Es genügt nicht, dass der Markeninhaber von anderer Seite, z. 58

---

155 EuGH C-348/04 v. 26.4.2007 *Boehringer Ingelheim u. a. (II)*, Tz. 44.
156 EuGH C-348/04 v. 26.4.2007 *Boehringer Ingelheim u. a. (II)*, Tz. 45 ff.
157 EuGH C-71 bis 73/94 v. 11.7.1996 *Eurim Pharm*, Tz. 65 ff.; EuGH C-427/93, C-429/93 u. C-436/93 v. 11.7.1996 *Bristol-Myers Squibb*, Tz. 75; EuGH C-232/94 v. 11.7.1996 *MPA Pharma*, Tz. 46 ff.
158 BGH GRUR 2002, 1059, 1063 *Zantac/Zantic*.

B. von der Behörde, die den Parallelimport genehmigt, unterrichtet wird.[159] Da das System der Unterrichtung nur dann angemessen funktionieren kann, wenn alle Beteiligten sich in redlicher Weise bemühen, die berechtigten Interessen des anderen zu achten, ist es Sache des Parallelimporteurs, dem Markeninhaber die Angaben zu übermitteln, die dafür notwendig und ausreichend sind, dass dieser überprüfen kann, ob die Umverpackung der durch die Marke geschützten Ware für deren Vertrieb im Einfuhrmitgliedstaat erforderlich ist. Die Art der zu übermittelnden Angaben hängt im Übrigen von den Umständen des Einzelfalls ab. Es kann nicht von vornherein ausgeschlossen werden, dass hierzu in Ausnahmefällen die Angabe des Ausfuhrmitgliedstaats gehört, wenn der Markeninhaber ohne eine solche Angabe daran gehindert wäre, die Erforderlichkeit des Umpackens zu beurteilen. Verwendet der Markeninhaber die übermittelten Angaben, um undichte Stellen in seiner Verkaufsorganisation zu ermitteln und damit den Parallelhandel mit seinen Erzeugnissen zu bekämpfen, müssen sich Teilnehmer am Parallelhandel im Rahmen der Wettbewerbsregeln des AEUV gegen dieses Vorgehen schützen.[160]

59 Dem Markeninhaber ist eine angemessene Frist zur Reaktion auf das Umverpackvorhaben einzuräumen, bei deren Bemessung auch dem Interesse des Parallelimporteurs an einer möglichst schnellen Vermarktung des Arzneimittels Rechnung zu tragen ist. Die Angemessenheit der Frist hat das nationale Gericht unter Berücksichtigung aller relevanten Umstände zu prüfen.

> So erscheint eine Frist von 15 Arbeitstagen angemessen, wenn der Parallelimporteur dem Markeninhaber zusammen mit der Unterrichtung ein Muster des umverpackten Arzneimittels übersandt hat. Da diese Frist Hinweischarakter hat, steht es – vorbehaltlich späterer gerichtlicher Überprüfung – dem Parallelimporteur frei, eine kürzere Frist zu gewähren, und dem Markeninhaber, eine längere als die vom Parallelimporteur eingeräumte Frist für die Reaktion in Anspruch zu nehmen.[161]

60 Solange ein Parallelimporteur, der die vorherige Unterrichtung des Markeninhabers bezüglich eines umgepackten Arzneimittels unterlassen hat, ihn nicht unterrichtet, verletzt er die Rechte dieses Inhabers bei jeder späteren Einfuhr des Arzneimittels. Dabei unterscheidet sich das Verbotsrecht des Markeninhabers gegenüber einem Parallelimporteur von Arzneimitteln, die zwar nicht gefälscht, aber unter Verstoß gegen die Unterrichtungspflicht auf den Markt gebracht worden sind, nicht von dem Verbotsrecht, das der Inhaber gegenüber gefälschten Waren hat. In beiden Fällen hätten die Waren auf dem betroffenen Markt nicht vertrieben dürfen. Im Hinblick auf den Schadensersatzanspruch ist es dabei Sache des nationalen Gerichts, im Einzelfall insbesondere unter Berücksichtigung des Umfangs des dem Markeninhaber durch den Verstoß des Parallelimporteurs entstandenen Schadens und unter Berücksichtigung des Verhältnismäßigkeitsgrundsatzes die Höhe der finanziellen Entschädigung zu bestimmen.[162]

61 Unterrichtet der Parallelimporteur den Markeninhaber vorab vom Feilhalten des umgepackten Arzneimittels, so wird dadurch ein gesetzliches Schuldverhältnis

---

159 EuGH C-143/00 v. 23.4.2002 *Boehringer Ingelheim u. a. (I)*, Tz. 64 u. 68; EuGH C-348/04 v. 26.4.2007 *Boehringer Ingelheim u. a. (II)*, Tz. 55.
160 EuGH C-276/05 v. 22.12.2008 *The Wellcome Foundation*, Tz. 34 ff.
161 EuGH C-143/00 v. 23.4.2002 *Boehringer Ingelheim u. a. (I)*, Tz. 66 ff.
162 EuGH C-348/04 v. 26.4.2007 *Boehringer Ingelheim u. a. (II)*, Tz. 56 ff.

begründet, das den Grundsätzen von Treu und Glauben unterliegt. Beanstandet der Markeninhaber das beabsichtigte Umverpacken in der angezeigten Form in einem angemessenen Zeitraum nach der Vorabunterrichtung nicht oder nur unter einem bestimmten Gesichtspunkt, kann er treuwidrig handeln (§ 242 BGB), wenn er später Ansprüche aus seiner Marke gegen den Parallelimporteur auf einen bislang nicht gerügten tatsächlichen oder rechtlichen Aspekt stützt.[163] Dabei kann ein Schadensersatzanspruch des Markeninhabers nach § 14 VI MarkenG, der auf einen bislang nicht geltend gemachten Aspekt gestützt wird, für den jeweiligen Zeitraum, für den das angegriffene Verhalten zunächst unbeanstandet geblieben ist, ausgeschlossen sein, ohne dass es darauf ankommt, ob auch der Unterlassungsanspruch verwirkt ist.[164]

> Wendet sich daher etwa der Markeninhaber zunächst gegen den Vertrieb von Parallelimporten in Bündelpackungen, weil diese unordentlich seien, stellt der Parallelimporteur sodann unter Unterrichtung des Markeninhabers auf umgepackte Ware um und duldet der Markeninhaber dies über mehrere Jahre, so kann der Markeninhaber letztlich selbst dann nicht mehr den Vertrieb der umverpackten Ware beanstanden, wenn Markenrechte eigentlich nicht erschöpft wären.[165]

d) Insbesondere: Angabe des Umverpackers

Der Parallelimporteur muss auf dem umverpackten Erzeugnis angeben, wer das Umverpacken vorgenommen hat.[166] Diese Angabe muss auf der äußeren Verpackung der umverpackten Ware so deutlich angebracht sein, dass ein (normalsichtiger) Verbraucher sie bei Anwendung eines normalen Maßes an Aufmerksamkeit verstehen kann.[167] Selbst wenn der Parallelimporteur dabei auf der Verpackung sein Unternehmenslogo in der Weise anbringt, dass es in einem unmittelbaren räumlichen Zusammenhang mit dem gebotenen Hinweis auf das die Umverpackung vornehmende Unternehmen steht und vom Verkehr als Bestandteil dieses Hinweises angesehen wird, schädigt er damit weder den Ruf der Marke des Arzneimittelherstellers noch beeinträchtigt er deren Herkunftsfunktion.

62

---

163 BGH I ZR 147/04 v. 12.7.2007 *Aspirin II*, Tz. 24 ff.; auch BGH I ZR 24/05 v. 18.10.2007 *ACERBON*, Tz. 23 ff.
164 BGH I ZR 24/05 v. 18.10.2007 *ACERBON*, Tz. 24.
165 BGH I ZR 147/04 v. 12.7.2007 *Aspirin II*, Tz. 24 ff.
166 EuGH C-427/93, C-429/93 u. C-436/93 v. 11.7.1996 *Bristol-Myers Squibb*, Tz. 49 u. 79; EuGH C-71 bis 73/94 v. 11.7.1996 *Eurim Pharm*, Tz. 36 u. 70; EuGH C-232/94 v. 11.7.1996 *MPA Pharma*, Tz. 22 u. 50; EuGH C-349/95 v. 11.11.1997 *Loendersloot/Ballantine*, Tz. 47 u. 49; EuGH C-143/00 v. 23.4.2002 *Boehringer Ingelheim u. a. (I)*, Tz. 14 u. 32; EuGH C-348/04 v. 26.4.2007 *Boehringer Ingelheim u. a. (II)*, Tz. 21 u. 32; EuGH C-276/05 v. 22.12.2008 *The Wellcome Foundation*, Tz. 23; auch EuGH C-379/97 v. 12.10.1999 *Pharmacia/Paranova*, Tz. 17; EuGH C-443/99 v. 23.4.2002 *Merck/Paranova Pharmazeutika*, Tz. 23; auch BGH GRUR 1997, 629, 633 *Sermion II*; BGH GRUR 2001, 422, 423 *ZOCOR*; BGH GRUR 2002, 57, 58 *Adalat*; BGH GRUR 2003, 336, 337 f. *Beloc*; BGH NJW 2003, 2989 *Bricanyl II*; beim Parallelimport für den reinen Eigenverbrauch dürfte diese Kennzeichnungspflicht entfallen: EuGH C-260/06 und C-261/06 v. 8.11.2007 *Escalier*, Tz. 44 ff.
167 EuGH C-71 bis 73/94 v. 11.7.1996 *Eurim Pharm*, Tz. 62; EuGH C-427/93, C-429/93 u. C-436/93 v. 11.7.1996 *Bristol-Myers Squibb*, Tz. 71; EuGH C-232/94 v. 11.7.1996 *MPA Pharma*, Tz. 43; BGH I ZR 173/04 v. 14.6.2007 *STILNOX*, Tz. 31.

Die Art und Weise der Angabe des Unternehmenskennzeichens »Eurim-Pharm Arzneimittel GmbH« auf der Verpackung

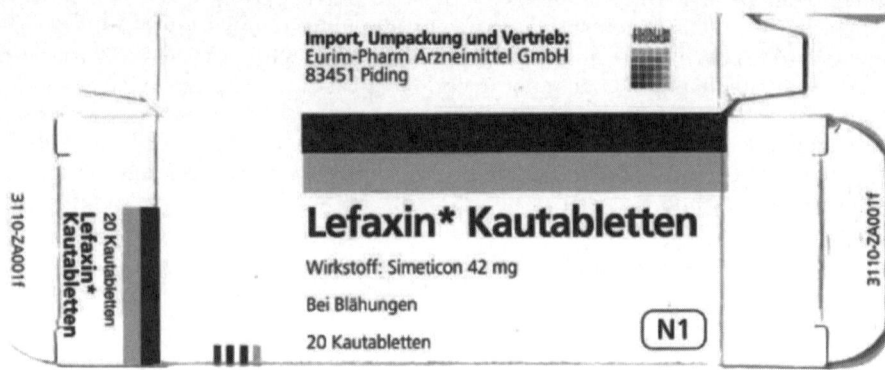

hat der BGH daher nicht beanstandet.[168]

63 Gestattet ein Verwaltungsakt dem Parallelimporteur eine bestimmte Kennzeichnung des parallel zu importierenden Arzneimittels, kann der Markeninhaber nach der Rechtsprechung des BGH vor den Zivilgerichten grundsätzlich nicht geltend machen, diese Kennzeichnung verstoße gegen die Vorschriften des Arzneimittelgesetzes und sei deshalb rechtswidrig. Ist der erlassene Zulassungsbescheid nicht nichtig, ist er auch der Prüfung zugrunde zu legen, ob der Markeninhaber sich aus berechtigten Gründen im Sinne von § 24 II MarkenG dem Vertrieb der parallelimportierten Arzneimittel widersetzen kann.[169] Etwas anderes gilt aber für eine Bestätigung der Europäischen Arzneimittel-Agentur, die kein Verwaltungsakt ist.[170]

6. Änderung der Kennzeichnung

64 Ein Wiederverkäufer kann gezwungen sein, die Originalmarke der Ware durch eine andere Marke des Herstellers zu ersetzen, um Zutritt zum Markt zu erhalten. Dies kann etwa dann der Fall sein, wenn der Hersteller selbst sein Produkt in verschiedenen Staaten unter unterschiedlichen Marken vertreibt oder wenn nationale Vorschriften unterschiedliche Kennzeichen erzwingen. Ersetzt aber ein Wiederverkäufer die Originalmarke der Ware, so ist Art. 15 MRR (auch Art. 15 UMV; § 24 MarkenG) seinem Wortlaut nach nicht einschlägig. Danach nämlich tritt die Erschöpfung des Rechts aus der Marke nur für solche Waren ein, die vom Markeninhaber oder mit seiner Zustimmung »unter dieser Marke« in der Union in den Verkehr gebracht worden sind.[171]

---

168 BGH I ZR 30/05 v. 24.4.2008 *Lefax/Lefaxin*, Tz. 22.
169 BGH I ZR 239/14 v. 2.12.2015 *Eligard*; BGH I ZR 263/15 v. 30.3.2017 *BretarisGenuair*, Tz. 27.
170 BGH I ZR 263/15 v. 30.3.2017 *BretarisGenuair*.
171 EuGH C-379/97 v. 12.10.1999 *Pharmacia/Paranova*, Tz. 27 f.; BGH GRUR 2002, 1059, 1060 *Zantac/Zantic*; BGH GRUR 2005, 52, 53 *Topinasal*; BGH I ZR 148/04 v. 12.7.2007 *CORDARONE*, Tz. 26; BGH I ZR 30/05 v. 24.4.2008 *Lefax/Lefaxin*, Tz. 13.

Zwischen der Wiederanbringung einer Marke im Zuge eines Umverpackens und **65**
der Ersetzung der ursprünglichen Marke durch eine andere besteht aber kein sachlicher Unterschied, der es rechtfertigen würde, unterschiedliche Kriterien anzuwenden. Der EuGH stellt daher in Fällen der Markenersetzung unmittelbar auf Art. 34, 36 AEUV[172] ab. Der Wiederverkäufer muss auch hier die Voraussetzungen erfüllen, die für denjenigen gelten, der Ware umverpackt oder neu etikettiert. Die Prüfung, ob die Ersetzung der ursprünglichen Marke objektiv erforderlich war, um eine künstliche Abschottung der Märkte zu verhindern, ist Sache der nationalen Gerichte. Die Ersetzung ist etwa dann erforderlich, wenn Regelungen oder Praktiken im Einfuhrmitgliedstaat den Vertrieb der betreffenden Ware auf dem Markt dieses Staates unter der Originalmarke verhindern, beispielsweise eine Verbraucherschutzvorschrift die Benutzung der im Ausfuhrmitgliedstaat angebrachten Marke im Einfuhrmitgliedstaat verbietet, weil sie zur Irreführung der Verbraucher geeignet ist.[173] Der tatsächliche Zugang des Parallelimporteurs zu den Märkten des Einfuhrmitgliedstaats kann objektiv auch durch eine ältere inländische Drittmarke behindert sein. Darauf, welche Tatsachen zum Nebeneinander der verschiedenen Marken in den unterschiedlichen Mitgliedstaaten geführt haben, kommt es nicht an.[174]

> Hierher gehört der Fall, dass ein Hersteller ein Arzneimittel in Irland unter der Bezeichnung »Sermion«, in Deutschland unter »Sermion Forte« vertreibt. Hier ist der Importeur nicht nur berechtigt, die Originalmarke »Sermion« der aus Irland importierten Ware für den Vertrieb in Deutschland durch die Marke »Sermion Forte« zu ersetzen, sondern sogar hierzu verpflichtet. Nur die Markenersetzung kann eine Verwirrung der Abnehmer vermeiden, denen anderenfalls auf dem inländischen Markt unter verschiedenen Bezeichnungen »Sermion Forte« und »Sermion« identische Arzneimittel entgegentreten würden.[175]

Entsprechend zu beurteilen ist der Fall, dass ein Markeninhaber in verschiedenen **66**
europäischen Staaten unterschiedliche, aber ähnliche Marken verwendet und nun aus seiner inländischen Marke den Parallelimport von mit den ausländischen Marken gekennzeichneten Originalprodukten wegen Verwechslungsgefahr verhindern will. In diesem Fall sind zwar die inländischen Markenrechte nicht erschöpft, weil die fraglichen Produkte nicht vom Markeninhaber unter dieser Marke in den Verkehr gebracht wurden. Gleichwohl greift der Grundsatz der Warenverkehrsfreiheit mit den Art. 34, 36 AEUV[176] zugunsten des Parallelimporteurs ein.

---

172 Früher Art. 28, 30 EG.
173 EuGH C-379/97 v. 12.10.1999 *Pharmacia/Paranova*, Tz. 28 ff.; auch EuGH 3/78 v. 10.10.1978 *Cetrafarm/American Home Products*, Tz. 19 ff.; BGH GRUR 2002, 1059, 1061 *Zantac/Zantic*; BGH GRUR 2005, 52, 53 *Topinasal*; BGH I ZR 24/05 v. 18.10.2007 *ACERBON*, Tz. 21; BGH I ZR 208/05 v. 5.6.2008 *KLACID PRO*, Tz. 24.
174 BGH GRUR 2002, 1059, 1061 *Zantac/Zantic*; BGH I ZR 30/05 v. 24.4.2008 *Lefax/Lefaxin*, Tz. 14.
175 BGH GRUR 1997, 629, 633 *Sermion II*.
176 Früher Art. 28, 30 EG.

Vertreibt daher etwa ein Arzneimittelhersteller sein Produkt in Deutschland unter der Marke »CORDAREX«, in Belgien aber unter »CORDARONE«, so kann er sich gegen den – im Übrigen zulässigen – Import belgischer Produkte nicht mit dem Argument wehren, dass die Bezeichnung »CORDARONE« eine Verwechslungsgefahr mit der deutschen Marke »CORDAREX« begründen würde.[177]

---

[177] BGH I ZR 148/04 v. 12.7.2007 *CORDARONE*, Tz. 29 f.; auch BGH I ZR 30/05 v. 24.4.2008 *Lefax/Lefaxin*, Tz. 14; zu einem Löschungsantrag gegen eine Marke »Cordarone« eines Dritten auch BPatG 25 W (pat) 225/03 v. 17.1.2006 *Cordarone*.

Dritter Teil Geschäftliche Bezeichnungen

Erstes Kapitel Unternehmenskennzeichen

§ 17 Begründung und Untergang des Rechts am Unternehmenskennzeichen

Schrifttum: *Bokelmann*, Das Recht der Firmen und Geschäftsbezeichnungen, 1997; *Büscher*, Das Firmenschlagwort. Vom prägenden Bestandteil bis zum selbständigen Kennzeichenrecht, FS Bornkamm, 2014, 543; *Büscher*, Der Schutz von Unternehmenskennzeichen bei Unternehmensverbindungen – Entstehung, Priorität und Erlöschen der Unternehmenskennzeichen, FS Fezer, 2016, 701; *Goldmann*, Der Schutz des Unternehmenskennzeichens, 4. Aufl. 2019; *Heim*, Der Schutz von Handelsnamen unter dem TRIPS-Übereinkommen, GRUR Int. 2005, 545; *Kochendörfer*, Originäre Unterscheidungskraft von Unternehmenskennzeichen, WRP 2009, 239; *Schricker*, Zum Schutz bildlicher Unternehmenskennzeichen, GRUR 1998, 310; *Starck*, Zur Vereinheitlichung des Rechts der Kennzeichen im geschäftlichen Verkehr durch das neue Markengesetz, FS 100 Jahre Marken-Amt, 1994, 291

I. Überblick

Art. 8 PVÜ[1] gebietet den Schutz des Handelsnamens, ohne dass der Schutz von einer Verpflichtung zur Eintragung abhängig gemacht werden kann. Das nationale Recht kann hierbei allerdings den Schutz des Handelsnamens von einer Mindestbenutzung oder einem Mindestbekanntheitsgrad abhängig machen.[2] Der Begriff des Handelsnamens im Sinne der Regelung beschränkt sich nicht auf den Schutz der vollen Firmenbezeichnung, sondern umfasst auch Firmenschlagworte, -bestandteile und -abkürzungen.[3]   1

In Deutschland setzen die §§ 5 I, II, 15 MarkenG den Schutz des Handelsnamens um, verwenden hierbei aber den Begriff des Unternehmenskennzeichens als Unterfall der geschäftlichen Bezeichnung.[4] Neben kennzeichenrechtlichem Schutz gemäß §§ 5 I, II, 15 MarkenG kann bei Unternehmenskennzeichen ausnahmsweise namensrechtlicher Schutz[5] in Betracht kommen. Demgegenüber haben die firmenrechtlichen Vorschriften des HGB, insbesondere § 37 II HGB, in der kennzeichenrechtlichen Praxis lediglich untergeordnete Bedeutung.   2

---

1 Dessen Einhaltung auch das TRIPS-Übereinkommen vorschreibt.
2 EuGH C-245/02 v. 16.11.2004 *Anheuser-Busch/Budějovický Budvar*, Tz. 85 u. 96 f.; entsprechend EuG T-279/03 v. 10.5.2006 *Galileo*, Tz. 54 ff., im Ergebnis bestätigt durch EuGH C-325/06 P v. 20.3.2007 *Galileo International Technology u. a./Kommission*.
3 BGHZ 130, 276, 280 *Torres*; BGH GRUR 1973, 661, 662 *Metrix*.
4 Neben Unternehmenskennzeichen werden als geschäftliche Bezeichnung auch Werktitel geschützt; zum Werktitelschutz vgl. unten § 19 Rdn. 1 – 17.
5 Vgl. hierzu unten § 21 Rdn. 1 – 20.

3 Eine umfassende Harmonisierung des Rechts der Unternehmenskennzeichen ist bislang nicht erfolgt.[6] Die Vorstellung des Gesetzgebers[7] des MarkenG aber, § 5 MarkenG sei ohne sachliche Änderung an die Stelle der Vorgängervorschrift des § 16 I UWG a. F. in der Ausprägung getreten, die die Vorschrift in der Rechtsprechung erfahren hat, dürfte allerdings stark überzogen sein. Zum einen geben Art. 8 PVÜ und Art. 16 I TRIPS einen einheitlichen Rahmen für die Ausgestaltung des Schutzes vor.[8] Zum anderen bezieht sich eine Reihe kennzeichenrechtlicher Vorschriften des MarkenG unterschiedslos auf alle Kennzeichenarten, also auf Marken und Unternehmenskennzeichen. Solche Vorschriften aber können für Marken und Unternehmenskennzeichen sinnvoll meist nur einheitlich ausgelegt werden. Sind diese Vorschriften in Umsetzung der Markenrechtsrichtlinie geschaffen worden, ist eine richtlinienkonforme Auslegung geboten.[9]

Stellt sich daher etwa in einem Rechtsstreit um Unternehmenskennzeichen die Frage, ob eine Schrankenbestimmung[10] des § 23 MarkenG eingreift, so ist bei der Auslegung mittelbar auch die zu Art. 14 MRR ergangene Rechtsprechung des EuGH zu berücksichtigen.[11]

II. Rechtsbegründung

4 Im Regelfall entsteht das Recht an einer geschäftlichen Bezeichnung durch jede befugte Ingebrauchnahme eines Unternehmenskennzeichens, das namensmäßige Unterscheidungskraft aufweist.[12] Rechtsinhaber wird normalerweise die Person des Trägers der Bezeichnung;[13] bei Unternehmensgruppen oder Vereinsverbünden kann, wenn der Verkehr das Kennzeichen der Gruppe zuordnet, das Recht auch bei der Konzernmutter oder dem Dachverband liegen.[14] Ausnahmsweise genießen daneben auch Bezeichnungen Schutz, die nicht das Unternehmen selbst als Rechts-

---

6 BGHZ 130, 276, 284 f. *Torres*; BGH GRUR 1999, 992, 994 f. *BIG PACK*, jeweils m. w. N.; BGH I ZR 241/14 v. 23.6.2016 *Baumann II*, Tz. 35; BGH I ZR 201/16 v. 15.2.2018 *goFit*, Tz. 63.
7 BT-Drucks. 12/6581, S. 67; teilweise auch zu Titelrechten BGHZ 130, 276, 280 *Torres*; BGHZ 135, 278, 280 *PowerPoint*; BGH GRUR 1995, 507, 508 *City-Hotel*; BGH GRUR 1997, 468, 469 *NetCom I*; BGH GRUR 1997, 903, 905 *GARONOR*; BGH GRUR 1998, 391, 392 *Dr. St. . . . Nachf.*; BGH GRUR 1999, 235, 237 *Wheels Magazine*; BGH GRUR 1999, 492, 493 *Altberliner*; BGH GRUR 1999, 581, 582 *Max*; BGH GRUR 2000, 70, 72 *SZENE*.
8 Vgl. aber EuG T-279/03 v. 10.5.2006 *Galileo*, Tz. 54 ff., im Ergebnis bestätigt durch EuGH C-325/06 P v. 20.3.2007 *Galileo International Technology u. a./Kommission*.
9 Zu diesem Kohärenzgebot *Mankowski*, in: Handbuch des Rechtsschutzes in der EU, 2. Aufl. 2003, § 37 Rz. 95, m. w. N.; zum Nichtbestehen einer entsprechenden europarechtlichen Verpflichtung EuGH C-264/96 v. 16.7.1998 *Imperial Chemical Industries/Colmer*.
10 Hierzu oben § 15 Rdn. 1 – 32.
11 BGH GRUR 1999, 992, 994 f. *BIG PACK*, m. w. N.; zur parallelen Behandlung von Marke und Unternehmenskennzeichen auch BGH GRUR 2004, 779, 783 *Zwilling/Zweibrüder*; entsprechend zum HWiG: BGH NJW 2002, 1881, 1884.
12 BGH I ZR 50/14 v. 5.11.2015 *ConText*, Tz. 19, m. w. N.
13 BGHZ 10, 196, 204; zur Inhaberschaft bei einer GmbH & Co. KG: BGH GRUR 2004, 790, 791 f. *Gegenabmahnung*.
14 BGH I ZR 21/06 v. 31.7.2008 *Haus & Grund III*, Tz. 46; BGH I ZR 34/07 v. 10.6.2009, Tz. 29; I ZR 36/08 v. 31.3.2010 *Verbraucherzentrale*, Tz. 21.

subjekt kennzeichnen, sondern lediglich eine bestimmte Einrichtung eines Unternehmens als Rechtsobjekt, etwa eine Hotelfiliale. Ferner können – ähnlich wie bei Marken – auch solche Bezeichnungen Schutz beanspruchen, die zwar keine namensmäßige Unterscheidungskraft besitzen, die sich aber im Verkehr durchgesetzt haben. Schließlich kann neben der Gesamtbezeichnung ausnahmsweise auch Zeichenbestandteilen ein eigenständiger Schutz zukommen.

1. Aufnahme der befugten Benutzung eines Unternehmenskennzeichens

Der Zeitpunkt der Benutzungsaufnahme in der spezifischen Branche[15] bestimmt – soweit die weiteren Schutzvoraussetzungen vorliegen – bei Unternehmenskennzeichen den Zeitrang des Rechts.[16] Eine Ingebrauchnahme, wie sie für den Erwerb eines Unternehmenskennzeichens Bedingung ist, setzt Benutzungshandlungen im Inland voraus, die auf den Beginn einer dauerhaften wirtschaftlichen Betätigung schließen lassen. Hierbei kommt es nicht darauf an, ob die Kennzeichnung bereits im Verkehr eine gewisse Anerkennung gefunden hat.[17] Erforderlich ist jedoch eine nach außen gerichtete Tätigkeit; durch bloße Vorbereitungsmaßnahmen oder Kundgaben im Unternehmensverbund entsteht kein Kennzeichenrecht.[18] Allerdings setzt die Entstehung des Unternehmenskennzeichenrechts umgekehrt nicht voraus, dass das Unternehmen bereits gegenüber allen Marktbeteiligten oder auch nur seinen künftigen Kundenkreisen in Erscheinung getreten ist.[19]

5

Dabei liegt vor allem in der Eintragung im Handels- oder Vereinsregister schon eine Benutzungsaufnahme.[20] Allerdings kann etwa aufgrund eines einmaligen Auftritts mit einem Ausstellungsstand nicht auf eine dauerhafte wirtschaftliche Betätigung geschlossen werden. Durch den Auftritt entsteht folglich kein Recht an einer geschäftlichen Bezeichnung.[21] Demgegenüber lassen Aktivitäten wie die Teilnahme an Besprechungen zur Planung konkreter Dienstleistungen, hierauf bezogener Schriftverkehr und die Durchführung von Informationsveranstaltungen eine hinreichende Ernsthaftigkeit erkennen.[22] Auch wenn das Unternehmen allein durch eine bestimmte Internetdomain agiert, kann schon in dem verwendeten Domainnamen ein Unternehmenskennzeichen zu sehen sein.[23] Im Falle einer Domain, die der Verkehr rein beschreibend versteht, entsteht jedoch kein Recht an einem Unternehmenskennzeichen.[24]

---

15 BGH GRUR 2005, 871, 873 *Seicom*; zu den Anforderungen an den prozessualen Sachvortrag: BGH I ZR 130/05 v. 19.1.2006.
16 BGH GRUR 2005, 871, 872 *Seicom*; BGH I ZR 93/12 v. 27.3.2013 *Baumann I*, Tz. 34.
17 BGH GRUR 1997, 903, 905 *GARONOR*; BGH I ZR 159/05 v. 24.4.2008 *afilias.de*, Tz. 16 u. 36; BGH I ZR 237/14 v. 7.4.2016 *mt-perfect*, Tz. 23; auch BGHZ 130, 276, 280 *Torres*; BGHZ 150, 82, 89 *Hotel Adlon*; BGH GRUR 2003, 428, 431 *BIG BERTHA*; BGH GRUR 2005, 419, 422 *Räucherkate*; BGH I ZR 21/06 v. 31.7.2008 *Haus & Grund III*, Tz. 42; I ZR 34/07 v. 10.6.2009, Tz. 27.
18 BGH I ZR 159/05 v. 24.4.2008 *afilias.de*, Tz. 37; zu einem Verein BGH I ZR 21/06 v. 31.7.2008 *Haus & Grund III*, Tz. 42.
19 BGH I ZR 159/05 v. 24.4.2008 *afilias.de*, Tz. 36; BGH I ZR 237/14 v. 7.4.2016 *mt-perfect*, Tz. 23.
20 BGH I ZR 171/05 v. 31.7.2008 *Haus & Grund II*, Tz. 31.
21 BGH GRUR 2003, 428, 431 *BIG BERTHA*.
22 BGH GRUR 1997, 903, 905 *GARONOR*.
23 BGH GRUR 2005, 871, 873 *Seicom*, unter Hinweis auf OLG München CR 1999, 778 *tnet.de*, Revision nicht angenommen: *BGH* I ZR 269/99 v. 25.5.2000.
24 BGH I ZR 135/10 v. 31.5.2012 *ZAPPA*, Tz. 45.

6 Der Rechtserwerb ist unabhängig von der Rechtsform, in der der Träger der Bezeichnung betrieben wird; insbesondere kann auch der Name, unter dem eine Gesellschaft bürgerlichen Rechts oder sogar ein gemeinnütziger Verein[25] im Geschäftsverkehr auftritt,[26] nach § 5 MarkenG geschützt sein.[27] Auch ist die Eintragung des Unternehmens in das Handelsregister nicht Voraussetzung für den kennzeichnungsrechtlichen Schutz eines Handelsunternehmens.[28] Grundsätzlich ist lassen das Fehlen einer für den Geschäftsbetrieb erforderlichen behördlichen Erlaubnis oder mangelndes Bemühen um ihre Erlangung für sich genommen nicht den Schluss zu, es liege keine dauerhafte wirtschaftliche Betätigung vor, die zur Entstehung oder Aufrechterhaltung eines Unternehmenskennzeichenrechts führt.[29]

> So kann – Benutzung im geschäftlichen Verkehr vorausgesetzt – bereits durch eine Vorgesellschaft zugunsten des nachfolgenden Unternehmensträgers kennzeichenrechtlicher Schutz begründet werden.[30]

7 Sofern eine entsprechende Benutzung im Inland vorliegt, kommt es ferner nicht darauf an, ob es sich um eine inländische oder eine ausländische Kennzeichnung handelt.[31] Der über Art. 8 PVÜ gewährte Inlandsschutz ist hierbei außerdem nicht zusätzlich von einem Schutz im Heimatstaat abhängig.[32]

8 Als ungeschriebenes Tatbestandsmerkmal setzt der Schutz aus § 5 MarkenG schließlich einen befugten Gebrauch voraus.[33] Hierbei kann insbesondere die Benutzung einer irreführenden Firma unbefugt sein.[34] Die Befugnis des Bezeichnungsträgers braucht allerdings nur gegenüber dem Verletzer zu bestehen. Einwendungen aus Rechten eines Dritten können in der Regel vom Verletzer nicht geltend gemacht werden.

> Enthält etwa eine Unternehmenskennzeichnung den Personennamen des ursprünglichen Inhabers, so liegt in der Fortführung der Kennzeichnung durch einen Dritten jedenfalls dann kein unbefugter Gebrauch, wenn der ursprüngliche Inhaber als Namensträger zustimmt.[35]

---

25 BGH GRUR 2005, 517 *Literaturhaus*; BGH I ZR 158/05 v. 31.7.2008 *Haus & Grund I*, Tz. 12; BGH I ZR 171/05 v. 31.7.2008 *Haus & Grund II*, Tz. 14; BGH I ZR 21/06 v. 31.7.2008 *Haus & Grund III*, Tz. 29; BGH I ZR 36/08 v. 31.3.2010 *Verbraucherzentrale*, Tz. 13.
26 Dies ist bei einem Verein bereits dann zu bejahen, wenn er gegenüber seinen Mitgliedern durch den Mitgliedsbeitrag entgoltene Leistungen erbringt, die auch auf dem Markt gegen Entgelt angeboten werden: BGH I ZR 158/05 v. 31.7.2008 *Haus & Grund I*, Tz. 12; BGH I ZR 171/05 v. 31.7.2008 *Haus & Grund II*, Tz. 14; BGH I ZR 21/06 v. 31.7.2008 *Haus & Grund III*, Tz. 29.
27 BGH GRUR 2002, 706, 707 *vossius.de*.
28 BGHZ 136, 11, 18 *L*.
29 BGH I ZR 237/14 v. 7.4.2016 *mt-perfect*.
30 BGHZ 136, 11, 18 *L*.
31 BGHZ 75, 172, 176 *Concordia*; BGHZ 130, 276, 280 *Torres*; BGH GRUR 1997, 903, 905 *GARONOR*; BGH GRUR 2003, 428, 431 *BIG BERTHA*; BGH I ZR 201/16 v. 15.2.2018 *goFit*, Tz. 26; auch BGH I ZR 159/05 v. 24.4.2008 *afilias.de*, Tz. 17.
32 BGHZ 130, 276, 281 ff. *Torres*, m. w. N.; BGH I ZR 201/16 v. 15.2.2018 *goFit*, Tz. 26.
33 BGHZ 10, 196, 204; BGH GRUR 1998, 391, 393 *Dr. St.. . . Nachf.*; BGH GRUR 2002, 706, 707 *vossius.de*, m. w. N.; BGH GRUR 2004, 512, 513 *Leysieffer*.
34 BGH GRUR 1998, 391, 393 *Dr. St.. . . Nachf.*.
35 BGH GRUR 2004, 512, 513 *Leysieffer*; auch BGHZ 10, 196, 204.

2. Namensmäßige Unterscheidungskraft

Voraussetzung für den Schutz einer Unternehmenskennzeichnung durch Benutzungsaufnahme ist ferner, dass die Bezeichnung namensmäßige Unterscheidungskraft aufweist.[36] Die Rechtsprechung greift bei der Prüfung dieser namensmäßigen Unterscheidungskraft im Wesentlichen auf dieselben Kriterien zurück, die bei der Prüfung der absoluten Eintragungshindernisse von Marken eine Rolle spielen.[37]

9

> So hatte die Rechtsprechung zum WZG die namensmäßige Unterscheidungskraft von nicht als Wort aussprechbaren Buchstabenfolgen – wie »RBB«[38] – verneint, weil auch entsprechenden Warenzeichen ein ausdrückliches Schutzhindernis entgegenstand. Mit dem Wegfall des speziellen markenrechtlichen Eintragungshindernisses im MarkenG gebot nun der Grundsatz der Einheitlichkeit der Kennzeichenrechte eine Gleichbehandlung von Marke und geschäftlicher Bezeichnung. Die Bezeichnung »DB« verfügt daher über namensmäßige Unterscheidungskraft.[39] Lediglich bei Bildzeichen hat der BGH auch nach Inkrafttreten des MarkenG eine namensmäßige Unterscheidungskraft verneint und insoweit auch den Grundsatz der Einheitlichkeit der Kennzeichenrechte.[40]

Ob eine namensmäßige Unterscheidungskraft vorliegt, ist immer in Bezug auf die konkrete Branche zu prüfen. Insbesondere darf ein Zeichen nicht beschreibend für die Geschäftstätigkeit des Unternehmens sein. Allerdings ist für den Schutz wie bei der Marke eine besondere Originalität, etwa durch eigenartige Wortbildung oder eine sonstige Heraushebung aus der Umgangssprache, nicht Voraussetzung.[41] Die Anforderungen an die Unterscheidungskraft dürfen dabei nicht überspannt werden. Weniger streng als bei der Marke reicht es dabei aus, dass eine rein beschreibende Verwendung nicht festzustellen ist.[42] Nicht schutzfähig ist in erster Linie die gattungsmäßige Bezeichnung eines Geschäftsbetriebs.[43]

10

> So fehlt dem Begriff »Festspielhaus« für den Betrieb eines Veranstaltungsortes und -raumes mit dem Ziel, kulturelle Dienstleistungen zu planen, zu organisieren und durchzuführen an der erforderlichen Unterscheidungskraft. Die Bezeichnung beschreibt vielmehr nur die Örtlichkeit der Erbringung der Dienstleistungen.[44] Entsprechendes gilt für »Literaturhaus« für einen Verein zur Förderung von Literatur und Buchwesen.[45] Auch die Bezeichnung »Telekom« ist eine geläufige Abkürzung des Begriffs »Telekommunikation« und deshalb im Telekommunikationsbereich als Unternehmenskennzeichen von Hause aus nicht unterscheidungskräftig.[46] »Star Entertainment« ist als Bezeichnung für ein Unternehmen, das als Gegenstand die Produktion, Durchführung, Vermittlung und Vermarktung von Veranstal-

---

36 BGH GRUR 2005, 419, 422 *Räucherkate*; instruktiv zum Ganzen *Kochendörfer*, WRP 2009, 239.
37 Vgl. hierzu oben § 4.
38 BGH GRUR 1998, 165 *RBB*.
39 BGHZ 145, 279, 280 ff. *DB Immobilienfonds*; vgl. hierzu auch BGH BlPMZ 2001, 210 *WINDSURFING CHIEMSEE*; BGH GRUR 2005, 419, 422 *Räucherkate*; zum Registerrecht auch BGH II ZB 46/07 v. 8.12.2008 *HM & A*.
40 BGH GRUR 2005, 419, 422 *Räucherkate*.
41 BGH GRUR 1999, 492 *Altberliner*.
42 BGH I ZR 201/16 v. 15.2.2018 *goFit*, Tz. 28, m. w. N.
43 BGH I ZR 201/16 v. 15.2.2018 *goFit*, Tz. 28.
44 BGH GRUR 2002, 814, 816 *Festspielhaus I*; BGH GRUR 2003, 792, 793 *Festspielhaus II*.
45 BGH GRUR 2005, 517 *Literaturhaus*.
46 BGH GRUR 2004, 514, 515 *Telekom*; BGH I ZR 137/04 v. 19.7.2007 *Euro Telekom*, Tz. 18.

tungen der Unterhaltungsbranche hat, nicht unterscheidungskräftig.[47] »Castell« schließlich ist als Name eines Weinbauortes nicht schutzfähig für ein Weingut.[48]

11 In jüngerer Zeit bejaht der BGH aber zumeist eine hinreichende namensmäßige Unterscheidungskraft.

So weist der Zeichenbestandteil »defacto« mangels beschreibender Angaben im Marketingbereich namensmäßige Unterscheidungskraft auf; die Bezeichnung »defacto« ist ein Fremdwort, dessen beschreibende Bedeutung der Verkehr entweder nicht erkennt oder, wenn er es im Sinne von »tatsächlich« oder »wahr« versteht, nicht als beschreibenden Hinweis auf den Unternehmensgegenstand im Bereich des Marketing auffasst.[49] Auch die Bezeichnung »Mustang« im Bekleidungsbereich,[50] die Bezeichnungen »NetCom«[51] sowie »CompuNet«[52] im EDV-Bereich, »Immo-Data« im Immobilienwesen,[53] »Altberliner« im Verlagswesen,[54] »Frühstücks-Drink GmbH« für Fruchtsaftgetränke[55] sowie »goFit« für Matten zur Fußreflexzonenmassage[56] sind hinreichend unterscheidungskräftig. Auch eine nach einem bekannten Arzt »Hufeland« benannte »Hufelandklinik« verfügt über hinreichende Unterscheidungskraft, solange der Verkehr mit »Hufeland« nicht – beschreibend – etwa eine bestimmte Behandlungsmethode verbindet.[57]

12 Geringere Anforderungen als bei der Prüfung der Schutzfähigkeit von Marken können insbesondere dann gestellt werden, wenn der Verkehr in der betreffenden Branche aufgrund allgemeiner Übung an schwach unterscheidungskräftige Bezeichnungen gewöhnt ist. Einem gewissen Freihalteinteresse der Allgemeinheit und der Mitbewerber kann dadurch Rechnung getragen werden, dass der Schutzbereich durch strenge Anforderungen an die Verwechslungsgefahr auf das erforderliche Maß eingeschränkt wird.[58] Dabei kann insbesondere eine Wortverbindung von für sich genommen beschreibenden Wörtern zu einem einheitlichen Begriff unterscheidungskräftig sein, wenn sich gerade aus der Zusammensetzung eine Kennzeichnung von individueller Eigenart ergibt. Dies ist dann der Fall, wenn ein einprägsamer Gesamtbegriff entsteht, der das Tätigkeitsgebiet des Unternehmens nur schlagwortartig umreißt, ohne es konkret zu beschreiben.[59]

So stand der Annahme hinreichender Unterscheidungskraft bei dem Hotelnamen »CityHotel« nicht entgegen, dass der Hotelname sich aus gängigen Begriffen der Umgangssprache zusammensetzt. Der Verkehr ist bei Hotels daran gewöhnt, dass mehr oder weniger deutlich beschreibende Bezeichnungen, die insbesondere der Lage des Hotels entnommen sein können, als Geschäftsbezeichnung für das Hotel verwendet werden. Dem Verkehr ist hier zudem

---

47 BGH GRUR 2005, 873 *Star Entertainment*.
48 BGH I ZR 112/10 v. 31.5.2012 *Castell/VIN CASTEL*, Tz. 34 f.
49 BGH GRUR 2002, 898 *defacto*.
50 BGH GRUR 2004, 865, 867 *Mustang*.
51 BGH GRUR 1997, 468, 469 *NetCom I*.
52 BGH GRUR 2001, 1161 *CompuNet/ComNet I*; BGH GRUR 2005, 61 *CompuNet/ComNet II*.
53 BGH GRUR 1997, 845 *Immo-Data*.
54 BGH GRUR 1999, 492, 493 f. *Altberliner*.
55 BGH GRUR 2002, 809, 812 *FRÜHSTÜCKS-DRINK I*.
56 BGH I ZR 201/16 v. 15.2.2018 *goFit*, Tz. 29 ff.
57 BGH I ZR 288/02 v. 23.6.2005 *hufeland.de*, Tz. 12.
58 BGH GRUR 2001, 1161 *CompuNet/ComNet I*; BGH I ZR 171/05 v. 31.7.2008 *Haus & Grund II*, Tz. 18 u. 23; BGH I ZB 29/13 v. 15.5.2014 *DüsseldorfCongress*, Tz. 18.
59 BGH I ZR 171/05 v. 31.7.2008 *Haus & Grund II*, Tz. 19; BGH I ZR 21/06 v. 31.7.2008 *Haus & Grund III*, Tz. 34.

aufgrund allgemeiner Übung bekannt, dass es innerhalb eines umgrenzten örtlichen Bereichs regelmäßig nur ein Unternehmen mit einer bestimmten Bezeichnung gibt.[60] Auch bei Verbandsnamen soll der Verkehr an schwach unterscheidungskräftige Zeichen gewöhnt sein. Trotz beschreibender Anklänge gewährte der BGH daher dem Zeichen »Haus & Grund« für einen Verband der Wohnungswirtschaft Schutz.[61]

Aus Familiennamen gebildete geschäftliche Bezeichnungen sind unabhängig von der Häufigkeit des Namens durch § 5 MarkenG geschützt. Die Häufigkeit des Familiennamens beeinflusst nur die Kennzeichnungskraft und damit den Schutzumfang der Bezeichnung. **13**

So kann etwa selbst Namen wie dem häufig anzutreffenden Familiennamen »Hansen« jedenfalls eine geringe namensmäßige Unterscheidungskraft nicht abgesprochen werden.[62]

3. Besondere Geschäftsbezeichnungen, insbesondere Etablissementbezeichnungen

Der Schutz als Unternehmenskennzeichen kommt nicht nur der »offiziellen« Firma des Unternehmens zu, sondern unter Umständen auch anderen Zeichen, unter denen das Unternehmen tatsächlich im Verkehr auftritt. Juristischen Personen ist es nämlich unbenommen, im Geschäftsverkehr unter einer von der offiziellen Firma abweichenden Kurzbezeichnung aufzutreten. Eine besondere Geschäftsbezeichnung dient – ebenso wie der Name oder die Firma – dazu, das Unternehmen zu benennen. Der Bezeichnung muss mithin eine Namensfunktion beigemessen werden können.[63] **14**

Eine besonders häufig anzutreffende besondere Geschäftsbezeichnung ist die Etablissementbezeichnung. Bei einer Etablissementbezeichnung handelt es sich um eine besondere Geschäftsbezeichnung – etwa für ein Geschäftslokal, eine Hotelfiliale oder ähnliche Objekte – mit begrenztem örtlichen Schutzbereich.[64] Die Etablissementbezeichnung ist hierbei nicht der Name, also die Bezeichnung eines Unternehmens selbst, sondern regelmäßig nur die Bezeichnung einer bestimmten Niederlassung. Eine Etablissementbezeichnung kann folglich zwar Schutz gemäß §§ 5 I, II, 15 MarkenG, nicht jedoch parallel namensrechtlichen Schutz beanspruchen. Inhaber der Bezeichnung ist häufig ein größeres Unternehmen, das mehrere Filialen mit unterschiedlichen Bezeichnungen unterhält. **15**

Auch bei der Etablissementbezeichnung muss es sich – sofern keine Verkehrsdurchsetzung erlangt ist[65] – um eine Bezeichnung handeln, die nach Art eines **16**

---

60 BGH GRUR 1995, 507, 508 *City-Hotel*, m. w. N.
61 BGH I ZR 171/05 v. 31.7.2008 *Haus & Grund II*, Tz. 16 ff.; BGH I ZR 21/06 v. 31.7.2008 *Haus & Grund III*, Tz. 31 ff.; entsprechend BGH I ZR 36/08 v. 31.3.2010 *Verbraucherzentrale*, Tz. 17; BGH I ZB 70/10 v. 17.8.2011 *Institut der Norddeutschen Wirtschaft e. V.*, Tz. 14 f.; BGH I ZB 29/13 v. 15.5.2014 *DüsseldorfCongress*, Tz. 18.
62 BGH I ZR 134/05 v. 30.1.2008 *Hansen-Bau*, in Abgrenzung zu BGH GRUR 1979, 642, 643 *Billich*; BGH GRUR 1991, 472, 473 *Germania*; BGHZ 130, 276, 278 *Torres*; auch BGH I ZR 158/05 v. 31.7.2008 *Haus & Grund I*, Tz. 19.
63 BGH I ZR 21/06 v. 31.7.2008 *Haus & Grund III*, Tz. 35.
64 BGH GRUR 2003, 792, 793 *Festspielhaus II*.
65 BGH GRUR 2003, 792, 793 *Festspielhaus II*; zur Verkehrsdurchsetzung unten § 17 Rdn. 17.

Namens Unterscheidungskraft aufweist.⁶⁶ Es gelten dieselben Maßstäbe wie bei Kennzeichen von Unternehmen.

> So kommt dem Begriff »Festspielhaus« auch als Etablissementbezeichnung nicht die notwendige Unterscheidungskraft zu. »Festspielhaus« ist vielmehr ein landläufiger Begriff, der dem Verkehr als Ort der Darbietung künstlerischer Leistungen geläufig ist.⁶⁷

4. Verkehrsdurchsetzung

17 Für die nach § 5 I, II MarkenG geschützten Kennzeichen gilt, dass eine fehlende namensmäßige Unterscheidungskraft mit Hilfe einer Durchsetzung des Kennzeichens innerhalb der angesprochenen Verkehrskreise – unter Umständen räumlich begrenzt – überwunden werden kann.⁶⁸ Diese Verkehrsdurchsetzung ist auf der Grundlage konkreter Tatsachen festzustellen. Auf die Grundsätze beim Erwerb von Benutzungsmarken⁶⁹ kann zurückgegriffen werden. Erforderlich ist hierbei stets ein konkreter Vortag zur Bekanntheit und zu den maßgeblichen Verkehrskreisen.

> So lassen sich etwa aus einer ganz allgemein behaupteten Bekanntheit einer Bezeichnung die Voraussetzungen der Verkehrsgeltung selbst dann nicht entnehmen, wenn diese Behauptungen unbestritten bleiben.⁷⁰ Ein Bekanntheitsgrad in Höhe von 60 % soll indes sogar bei glatt beschreibenden Angaben ausreichen⁷¹ – mit Blick auf die strengere Rechtsprechung bei Marken⁷² nicht unproblematisch. Ob die Bekanntheit von Regionalverbänden einem Dachverband zugerechnet werden kann, hängt davon ab, ob auch der Verkehr dem Dachverband die Tätigkeit zurechnet.⁷³

5. Eigenständiger Schutz von Zeichenbestandteilen

18 Zwar nimmt der Verkehr im Grundsatz ein Kennzeichen im Allgemeinen – und damit auch ein Unternehmenskennzeichen – in seiner Gesamtheit mit allen seinen Bestandteilen wahr, wie es ihm bei der konkreten Verwendung entgegentritt, ohne es einer analysierenden Betrachtungsweise zu unterziehen.⁷⁴ Doch kann unter Umständen auch für einen Teil einer Unternehmensbezeichnung der vom Schutz der vollständigen Bezeichnung abgeleitete Schutz als Unternehmenskennzeichen im Sinne des § 5 II MarkenG beansprucht werden.⁷⁵ Dies ist dann der Fall, wenn es sich bei dem Zeichenteil um einen unterscheidungskräftigen Firmenbestandteil handelt, der seiner Art nach im Vergleich zu den übrigen Firmenbestandteilen

---

66 BGHZ 11, 214, 216 *KfA*; BGHZ 21, 85, 89 *Der Spiegel*; BGH GRUR 1977, 165, 166 *Parkhotel*; BGH GRUR 2003, 792, 793 *Festspielhaus II*.
67 BGH GRUR 2003, 792, 793 *Festspielhaus II*, unter Hinweis auf BGH GRUR 1977, 165, 166 *Parkhotel*.
68 BGHZ 147, 56, 62 *Tagesschau*; BGH GRUR 2001, 1054, 1056 *Tagesreport*, m. w. N.
69 Hierzu oben § 6.
70 BGH GRUR 2003, 792, 793 *Festspielhaus II*; BGH GRUR 2005, 517, 518 *Literaturhaus*.
71 BGH I ZR 137/04 v. 19.7.2007 *Euro Telekom*, Tz. 19.
72 Vgl. oben § 4 Rdn. 168.
73 BGH I ZR 36/08 v. 31.3.2010 *Verbraucherzentrale*, Tz. 21 f.
74 BGH GRUR 2001, 1161, 1163 *CompuNet/ComNet I*, m. w. N.
75 Dies gilt auch bei Vereinsnamen BGH I ZR 158/05 v. 31.7.2008 *Haus & Grund I*, Tz. 12; BGH I ZR 171/05 v. 31.7.2008 *Haus & Grund II*, Tz. 14; BGH I ZR 21/06 v. 31.7.2008 *Haus & Grund III*, Tz. 28; BGH I ZR 34/07 v. 10.6.2009, Tz. 22.

geeignet erscheint, sich im Verkehr als schlagwortartiger Hinweis auf das Unternehmen durchzusetzen. Ist dies zu bejahen, kommt es – insbesondere auch im Hinblick auf den Prioritätszeitpunkt[76] – nicht mehr darauf an, ob die fragliche Kurzbezeichnung tatsächlich als Firmenschlagwort in Alleinstellung verwendet worden ist und ob sie sich im Verkehr durchgesetzt hat.[77] Dabei kann auch ein kennzeichnungsschwacher Bestandteil Firmenschlagwort sein, wenn er dazu im Vergleich zu den übrigen Bestandteilen geeignet ist.[78] Diese Rechtsprechung beruht auf der Annahme, dass der Verkehr dazu neigt, längere Bezeichnungen in einer die Merkbarkeit und Aussprechbarkeit erleichternden Weise zu verkürzen. Die Kurzbezeichnung genießt gesonderten kennzeichenrechtlichen Schutz.[79] Genießt ein Teil einer geschäftlichen Bezeichnung gesonderten kennzeichenrechtlichen Schutz als Firmenschlagwort, ist dieser gesondert geschützte Teil maßgeblich.[80]

So ist bei einer Firma »CC CompuNet AG & Co. oHG« der Prüfung der Zeichenähnlichkeit nicht nur die volle Firma, sondern parallel dazu auch das Schlagwort »CompuNet« zugrunde zu legen.[81] Auch ist neben der vollen Firma »defacto marketing GmbH« zusätzlich der Zeichenbestandteil »defacto« geschützt,[82] bei einer Firma »ConText Communication« der unterscheidungskräftigere Bestandteil »ConText«.[83] Die Deutsche Telekom AG kann eigenständigen Schutz am Zeichen »Telekom« beanspruchen.[84] »Impuls Medienmarketing GmbH« reduziert sich auf »Impuls«.[85] »IMS Image Management Solutions GmbH« kann auf den Bestandteil »IMS« verkürzt werden.[86] Schließlich lässt sich »Haus & Grund Deutsch-

---

76 BGH I ZR 171/05 v. 31.7.2008 *Haus & Grund II*, Tz. 30; BGH I ZR 21/06 v. 31.7.2008 *Haus & Grund III*, Tz. 43; I ZR 34/07 v. 10.6.2009, Tz. 26; BGH I ZR 82/11 v. 2.10.2012 *Völkl*, Tz. 24.
77 BGH GRUR 1997, 468, 469 *NetCom I*; BGH GRUR 1997, 845 *Immo-Data*; BGH GRUR 1999, 492, 493 *Altberliner*, m. w. N.; BGH GRUR 2001, 1161 *CompuNet/ComNet I*; BGH GRUR 2002, 898, 899 *defacto*; BGH GRUR 2004, 514, 515 *Telekom*; BGH GRUR 2004, 779, 783 *Zwilling/Zweibrüder*; BGH GRUR 2004, 865, 867 *Mustang*; BGH GRUR 2005, 262, 263 *soco.de*; BGH GRUR 2005, 871, 872 *Seicom*; BGH GRUR 2005, 873, 874 *Star Entertainment*; BGH I ZR 183/03 v. 18.5.2006 *Impuls*, Tz. 13; BGH I ZR 171/05 v. 31.7.2008 *Haus & Grund II*, Tz. 30; BGH I ZR 200/06 v. 18.12.2008 *Augsburger Puppenkiste*, Tz. 75; BGH I ZR 10/09 v. 20.1.2011 *BCC*, Tz. 16; BGH I ZR 112/10 v. 31.5.2012 *Castell/VIN CASTEL*, Tz. 29; BGH I ZR 50/14 v. 5.11.2015 *ConText*, Tz. 19; BGH I ZR 201/16 v. 15.2.2018 *goFit*, Tz. 28; BAG MMR 2005, 173, 174; vgl. aber auch BGH I ZR 231/01 v. 9.6.2005 *segnitz.de*, Tz. 17.
78 BGH I ZR 201/16 v. 15.2.2018 *goFit*.
79 BGH GRUR 2002, 898, 899 *defacto*, m. w. N.; auch BGH GRUR 1995, 507, 508 *City-Hotel*; BGH GRUR 2005, 61, 62 *CompuNet/ComNet II*; BGH GRUR 2005, 262, 263 *soco.de*; BGH I ZR 137/04 v. 19.7.2007 *Euro Telekom*, Tz. 27; BGH I ZR 162/05 v. 14.2.2008 *HEITEC*, Tz. 19; BGH I ZR 50/14 v. 5.11.2015 *ConText*, Tz. 28.
80 BGH I ZR 158/05 v. 31.7.2008 *Haus & Grund I*, Tz. 18; BGH I ZR 171/05 v. 31.7.2008 *Haus & Grund II*, Tz. 27.
81 BGH GRUR 2005, 61, 62 *CompuNet/ComNet II*.
82 BGH GRUR 2002, 898 *defacto*.
83 BGH I ZR 50/14 v. 5.11.2015 *ConText*, Tz. 21.
84 BGH GRUR 2004, 514, 515 *Telekom*; BGH I ZR 137/04 v. 19.7.2007 *Euro Telekom*, Tz. 17.
85 BGH I ZR 183/03 v. 18.5.2006 *Impuls*, Tz. 13.
86 BGH GRUR 2002, 626, 628 *IMS*.

land – Zentralverband der Deutschen Haus-, Wohnungs- und Grundeigentümer e. V.« auf das Zeichen »Haus & Grund« reduzieren.[87]

19 Allerdings kann nicht generell davon ausgegangen werden, dass der Verkehr Firmen oder Firmenbestandteile soweit abkürzt, dass nur noch ein Begriff verbleibt – womöglich ein Wort der Umgangssprache. Es bedarf vielmehr einer auf den Einzelfall bezogenen Differenzierung. Von einem auf eine Verkürzung gerichteten Erfahrungssatz kann hierbei dann nicht mehr ausgegangen werden, wenn das Firmenschlagwort oder die besondere Geschäftsbezeichnung als solche bereits kurz und prägnant ist und deshalb für den Verkehr keine Veranlassung besteht, weitere Verkürzungen vorzunehmen.[88]

> Die Bezeichnung »City-Hotel« etwa wird der Verkehr daher nicht auf das Wort »City« verkürzen. »City« genießt keinen eigenständigen Schutz.[89] Auch hielt der BGH den Begriff »Puppenkiste« im Gesamtzeichen »Augsburger Puppenkiste« für derart kennzeichnungsschwach, dass eine Verkürzung auf den Begriff abgelehnt wurde.[90] Bei einer Firma »Fürstlich Castell'sches Domänenamt Albrecht Fürst zu Castell-Castell« ist das – letztlich zudem schutzunfähige – Schlagwort »Castell« auch dann nicht geschützt, wenn die Firma regelmäßig abgekürzt »Fürstlich Castell'sches Domänenamt« verwendet wird.[91]

III. Räumlicher Schutzbereich

20 Unternehmenskennzeichen sind – so immer noch der BGH – in der Regel im gesamten Geltungsbereich des MarkenG geschützt.[92] Allerdings sollte diese Formulierung nicht darüber hinwegtäuschen, dass in der Praxis inzwischen ein nur regionaler Schutz den Löwenanteil der Fälle ausmachen dürfte. Ausnahmen gelten nämlich bei Unternehmen von nur örtlicher Bedeutung – insbesondere auch bei regionalen Händlern und Dienstleistern –, bei Etablissementbezeichnungen und bei Kennzeichen, die kraft lokaler Verkehrsdurchsetzung erworben wurden. Erstreckt sich hierbei der Schutz etwa lediglich auf das Gebiet einer Stadt und allenfalls noch auf deren Umland, nicht aber auf das gesamte Gebiet der Bundesrepublik Deutschland, so steht dem Zeicheninhaber ein kennzeichenrechtlicher Löschungsanspruch nach Art. 8 IV, 60 UMV, §§ 12, 51 II, MarkenG nicht zu.[93]

21 Einen territorial beschränkten Schutzbereich genießen namentlich Bezeichnungen von solchen Unternehmen, die nach Zweck und Zuschnitt nur lokal oder regio-

---

87 BGH I ZR 171/05 v. 31.7.2008 *Haus & Grund II*, Tz. 17; BGH I ZR 34/07 v. 10.6.2009, Tz. 23.
88 BGH GRUR 1995, 507, 508 *City-Hotel*, m. w. N.
89 BGH GRUR 1995, 507 *City-Hotel*.
90 BGH I ZR 200/06 v. 18.12.2008 *Augsburger Puppenkiste*, Tz. 75; dazu auch BGH I ZR 201/16 v. 15.2.2018 *goFit*, Tz. 35.
91 BGH I ZR 112/10 v. 31.5.2012 *Castell/VIN CASTEL*, Tz. 27 ff.
92 BGH GRUR 2005, 262, 263 *soco.de*; zu den Folgen der Herstellung der deutschen Einheit BGHZ 130, 134 *Altenburger Spielkartenfabrik*; BGH I ZR 288/02 v. 23.6.2005 *hufeland.de*; BGH I ZR 49/04 v. 28.6.2007 *Cambridge Institute*, Tz. 29; BGH I ZR 153/12 v. 6.11.2013 *sr.de*, Tz. 23; vgl. auch BGH GRUR 2003, 1047, 1048 *Kellogg's/Kelly's*.
93 BGH GRUR 2004, 790, 792 f. *Gegenabmahnung*.

nal tätig und auch nicht sichtbar[94] auf Expansion ausgelegt sind.[95] Für einen territorial beschränkten Schutzbereich kann hierbei insbesondere der Umstand sprechen, dass es in Deutschland eine Reihe weiterer Unternehmen der einschlägigen Branche gibt, die dasselbe Kennzeichen verwenden.[96]

> Ein territorial beschränktes Recht erwerben regelmäßig etwa Restaurants,[97] Hotels[98] oder regional tätige Händler[99] oder Dienstleister.[100] Ein Sender hingegen, der wie der Saarländische Rundfunk auch bundesweit ausgestrahlte Sendungen produziert, genießt bundesweiten Schutz.[101]

Auch die Etablissementbezeichnung zeichnet sich gerade dadurch aus, dass sie lediglich ein bestimmtes Geschäftslokal kennzeichnet. Bereits vom Ansatz her verfügt die Etablissementbezeichnung daher über einen begrenzten örtlichen Schutzbereich.[102] **22**

> Gehört also etwa das »Hotel zur Krone« in Berlin einer größeren, anders firmierenden Hotelkette, so genießt die Bezeichnung »Hotel zur Krone« lediglich Schutz in Berlin, unter Umständen sogar nur in einem Bezirk.[103]

Auch bei einem Rechtserwerb kraft Verkehrsdurchsetzung können unter Umständen lokal begrenzte Rechte entstehen. Hierbei setzt jeder Rechtserwerb voraus, dass eine Durchsetzung in einem einheitlichen Wirtschaftsraum vorliegt.[104] Dabei kann jedoch schon dann von einem bundesweiten Schutz auszugehen sein, wenn zwar in einzelnen Regionen ein geringerer Durchsetzungsgrad besteht, wenn aber insgesamt im Bundesgebiet ein ausreichend hoher Bekanntheitsgrad nachweisbar ist.[105] **23**

> Ist dagegen etwa eine nicht unterscheidungskräftige Bezeichnung nur in Bremen sowie im Bremer Umland bekannt, im übrigen Bundesgebiet dagegen so gut wie unbekannt, genießt das Zeichen lediglich im Bremer Raum Schutz.[106]

IV. Untergang des Rechts

Das Recht an einer Unternehmenskennzeichnung kann auf verschiedene Weise erlöschen. Beispiele sind der Wegfall des Rechtsträgers, wobei ein postmortaler **24**

---

94 BGH GRUR 1993, 923 *Pic Nic*, m. w. N.
95 BGH GRUR 2005, 262, 263 *soco.de*; BGH I ZR 49/04 v. 28.6.2007 *Cambridge Institute*, Tz. 29; BGH I ZR 153/12 v. 6.11.2013 *sr.de*, Tz. 23.
96 BGH GRUR 2005, 262, 263 *soco.de*.
97 BGH GRUR 1957, 550, 552 *Tabu II*; BGH GRUR 1970, 479, 480 *Treppchen*; BGH GRUR 1991, 155, 156 *Rialto*; BGH GRUR 1993, 923, 924 *Pic Nic*.
98 BGH GRUR 1977, 165, 166 *Parkhotel*; BGH GRUR 1984, 378, 379 *Hotel Krone*; BGH GRUR 1995, 507, 508 *City-Hotel*.
99 BGH GRUR 2005, 262, 263 *soco.de*.
100 BGH GRUR 1986, 475 *Wach- und Schließ*; BGH GRUR 2005, 262, 263 *soco.de*; BGH I ZR 288/02 v. 23.6.2005 *hufeland.de*, Tz. 15.
101 BGH I ZR 153/12 v. 6.11.2013 *sr.de*, Tz. 23.
102 BGH GRUR 2003, 792, 793 *Festspielhaus II*.
103 Vgl. KG GRUR 2000, 454 *Herzapotheke*.
104 BGHZ 11, 214, 217 f. *KfA*; BGHZ 74, 1, 8 *RBB*; BGH GRUR 1992, 865 *Volksbank*.
105 BGHZ 21, 182, 194 *Funkberater*.
106 Vgl. BGHZ 74, 1, 5 ff. *RBB*.

Persönlichkeitsschutz¹⁰⁷ in Betracht zu ziehen sein kann, der Wegfall der Unterscheidungskraft oder der Verkehrsdurchsetzung oder die Trennung des Kennzeichens von dem zugrundeliegenden Unternehmen, die zum Erlöschen der ursprünglichen Priorität führt.¹⁰⁸ Der in der Praxis häufigste Fall des Rechtsuntergangs ist die Einstellung der geschäftlichen Tätigkeit.

25 Der Schutz des Unternehmenskennzeichens entfällt regelmäßig mit Aufgabe des hierdurch bezeichneten Betriebs. Einer Betriebsaufgabe steht eine wesentliche Änderung des Betriebs gleich, die dazu führt, dass der Verkehr den neuen Betrieb nicht mehr als Fortsetzung des alten ansieht.¹⁰⁹ Stellt das Unternehmen seine geschäftliche Tätigkeit ein, für die es die Unternehmensbezeichnung verwendet, führt dies zum Erlöschen der Kennzeichnung, wenn es sich dabei nicht lediglich um eine vorübergehende Unterbrechung des Geschäftsbetriebs handelt. Für die Frage, ob noch eine solche vorübergehende Unterbrechung vorliegt, kommt es – außer auf die Dauer der Unterbrechung – wesentlich darauf an, ob neben dem Willen des Geschäftsinhabers, den Betrieb fortzusetzen, die tatsächliche Möglichkeit besteht, die Fortsetzungsabsicht so rechtzeitig zu verwirklichen, dass in der Sicht des Verkehrs die Betriebs- oder Benutzungsunterbrechung noch als vorübergehend angesehen werden kann.¹¹⁰ Hierfür sind der Zeitraum, der Umfang und die Umstände der vorherigen Verwendung der Kennzeichnung sowie die Dauer und der Grund der Unterbrechung von Bedeutung sowie der Umstand, ob sich der Fortsetzungswille in entsprechenden Handlungen manifestiert hat oder aufgrund besonderer Umstände für den Verkehr nahelag.¹¹¹ Kommt es hierbei tatsächlich zu einer Wiederaufnahme der geschäftlichen Tätigkeit, ist die Verkehrsauffassung zu dem Zeitpunkt maßgeblich, zu dem das Unternehmen wieder am geschäftlichen Verkehr teilnimmt.¹¹²

> So können bei einer nach außen kommunizierten Umfirmierung bereits zwei Jahre für den Verlust der Zeichenrechte genügen. Selbst wenn hierbei die alte Firma in einer Domain als Adressbezeichnung fortbesteht, wird der Verkehr hierin keinen namensmäßigen Hinweis auf das Unternehmen sehen.¹¹³

26 Dabei sind an die für die Aufrechterhaltung eines Unternehmenskennzeichenrechts erforderliche Zeichenbenutzung sind keine höheren Anforderungen zu stellen als an die für seine anfängliche Entstehung erforderlichen Benutzungshandlungen.¹¹⁴

> Für die Aufrechterhaltung genügt es daher beispielsweise, wenn ein Unternehmen sich um neue Geschäftsräume, Software und Internetversorgung bemüht, alte Forderungen einzutreiben versucht, mit der Bank und dem Finanzamt korrespondiert.¹¹⁵

---

107 Vgl. BGHZ 143, 214 *Marlene Dietrich*.
108 Vgl. *Ingerl/Rohnke*, § 5 Rz. 72; zu Kennzeichen im Rechtsverkehr auch unten § 25 Rdn. 1 – 9.
109 BGH I ZR 237/14 v. 7.4.2016 *mt-perfect*, Tz. 22, m. w. N.
110 BGHZ 136, 11, 21 *L*; BGHZ 150, 82, 89 *Hotel Adlon*; BGH GRUR 2002, 972, 974 *FROMMIA*; BGH GRUR 2005, 871, 872 *Seicom*; BGH I ZR 93/12 v. 27.3.2013 *Baumann I*, Tz. 29; BGH I ZR 237/14 v. 7.4.2016 *mt-perfect*, Tz. 22.
111 BGH I ZR 237/14 v. 7.4.2016 *mt-perfect*, Tz. 22, m. w. N.
112 BGHZ 150, 82, 89 *Hotel Adlon*, m. w. N.
113 BGH GRUR 2005, 871, 873 *Seicom*.
114 BGH I ZR 237/14 v. 7.4.2016 *mt-perfect*.
115 BGH I ZR 237/14 v. 7.4.2016 *mt-perfect*, Tz. 27 f.

Besondere Maßstäbe hat der BGH angelegt, wo der Verlust der Priorität eines 27
Unternehmenskennzeichens wegen der langfristigen Einstellung des Betriebs nicht
auf einer selbstbestimmten unternehmerischen Entscheidung beruhte, sondern auf
der durch die Teilung Deutschlands eingetretenen Unmöglichkeit, den Betrieb fortzuführen. In einem solchen Fall kann trotz eines zwischenzeitlichen Erlöschens der
Kennzeichnung die ursprüngliche Priorität wiederaufleben, sofern der Name des
Unternehmens aufgrund seiner Geltung oder Berühmtheit dem Verkehr in Erinnerung geblieben ist und dem neu eröffneten Unternehmen wieder zugeordnet wird.
Lediglich gegenüber Zwischenrechten, die während der Löschungsreife entstanden
sind, ist der Schutz eingeschränkt mit der Rechtsfolge einer Koexistenz der Kollisionszeichen.

> Nachdem etwa das Hotel Adlon am historischen Standort jahrzehntelang nicht betrieben werden konnte, war der Schutz des Kennzeichens »Adlon« zwar erloschen. Die Wiederaufnahme der Geschäftstätigkeit führte jedoch zum Aufleben der ursprünglichen Priorität.[116]

Eine Umfirmierung muss nicht zwangsläufig zum Verlust einer Kennzeichnung 28
führen. Vielmehr bleibt der Schutz eines langjährig benutzten Firmenschlagworts
mit seiner bisherigen Priorität auch im Fall einer wesentlichen Veränderung der
zugrundeliegenden Gesamtkennzeichnung bestehen, wenn das Firmenschlagwort
auch in der neuen Gesamtkennzeichnung unverändert enthalten ist und weiterhin
als solches benutzt wird.[117] Ein Verlust der Priorität kann erst angenommen werden, wenn durch die Änderungen die Unterscheidungskraft und die Identität der
Gesamtbezeichnung berührt wird.[118]

> So bleibt etwa im Falle der Änderung der ursprünglichen Firma »Vereinigte Altenburger und Stralsunder Spielkarten-Fabriken« in die Firma »Altenburger und Stralsunder Spielkarten-Fabriken ASS« der kennzeichnende Bestandteil »Altenburger und Stralsunder Spielkarten-Fabriken« erhalten. Folglich blieb die Priorität gewahrt.[119] Auch eine Umfirmierung einer »CompuNet Computer Vertriebs-GmbH« in »CompuNet Computer AG & Co. oHG« sowie später in »GE CompuNet Computer AG & Co. oHG« bzw. »CC CompuNet AG & Co. oHG« bewirken keinen Untergang des Rechts und damit der ursprünglichen Priorität am Schlagwort »CompuNet«.[120] Entsprechendes gilt, wenn im Rahmen der Übertragung eines Handelsgeschäfts jedenfalls das Firmenschlagwort weitergeführt wird.[121]

---

116 BGHZ 150, 82, 83, 90 f. *Hotel Adlon*, mwN.; vgl. aber zur Restitution eines enteigneten Unternehmens nach dem Vermögensgesetz BGHZ 136, 11 *L*.
117 BGH GRUR 1995, 505 *APISERUM*; vgl. auch BGH I ZR 162/05 v. 14.2.2008 *HEITEC*, Tz. 19.
118 BGHZ 130, 134, 138 *Altenburger Spielkartenfabrik*, m. w. N.
119 BGHZ 130, 134, 138 *Altenburger Spielkartenfabrik*, m. w. N.
120 BGH GRUR 2005, 61 *CompuNet/ComNet II*.
121 BGH I ZR 40/06 v. 21.9.2006.

§ 18 Reichweite des Schutzes

Schrifttum: *Bokelmann,* Das Recht der Firmen und Geschäftsbezeichnungen, 1997; *Falk,* Zur Eigenständigkeit des Begriffs der Branchennähe, GRUR 2012, 348; *Goldmann,* Der Schutz des Unternehmenskennzeichens, 4. Aufl. 2019; *Knaak,* Das Recht der Gleichnamigen, 1979; *Schmidt-Hern/Endell,* Unternehmenskennzeichen als »Supermarke« für den Handel?, GRUR-Prax 2013, 75; *Schmitt-Gaedke/Gernot/Arz,* Export des Gleichnamigenrechts in die Gemeinschaftsrechtsprechung?, MarkenR 2013, 265; *Schmitt-Gaedke/Arz,* Das Recht der Gleichnamigen und seine Grenzen, GRUR 2012, 565

I. Überblick

1   Eine europäische Harmonisierung des Kollisionsrechts der Unternehmenskennzeichen ist bislang nicht erfolgt.[1] Art. 5, 10 MRR sowie Art. 8, 60 UMV verweisen vielmehr ausdrücklich auf das nationale Recht der Mitgliedstaaten. Lediglich mittelbar wird dabei die vom Gesetzgeber eingesetzte identische Verwendung von Begriffen im Bereich des Rechts der Marken einerseits und Unternehmenskennzeichen andererseits (etwa der Begriff der Verwechslungsgefahr) sowie eine Regelung in denselben Vorschriften (etwa §§ 20 ff. MarkenG) zu einer Harmonisierung führen.

2   Anspruchsgrundlage für Ansprüche aus geschäftlichen Bezeichnungen ist § 15 MarkenG. §§ 15 II und III MarkenG setzen dabei übereinstimmend eine Benutzung des jüngeren Zeichens im geschäftlichen Verkehr voraus. § 15 II MarkenG schützt zunächst Unternehmenskennzeichen gegen Verwechslungsgefahr. § 15 III MarkenG gewährt demgegenüber der bekannten Unternehmenskennzeichnung einen besonderen Schutz. Auch der Schutz der Unternehmenskennzeichen unterliegt hierbei den Schranken der §§ 20 ff. MarkenG. In besonders gelagerten Fällen schließlich kann ergänzend namensrechtlicher Schutz in Betracht kommen.[2]

II. Rechtsverletzende Benutzung im geschäftlichen Verkehr

3   Der Begriff des geschäftlichen Verkehrs dürfte – trotz Nichtharmonisierung – weitgehend gleich auszulegen sein wie derselbe Begriff im Bereich der Markenkollision.[3] Auch beim Begriff der (rechtsverletzenden) Benutzung[4] werden hier wie dort ähnliche Probleme aufgeworfen. Wie bei der Markenkollision ist auch für die Verletzung geschäftlicher Bezeichnungen Voraussetzung, dass ein Zeichen rechts-

---

1   Vgl. EuGH C-255/97 v. 11.5.1999 *Plus,* Tz. 29, unter Hinweis auf EuGH C-317/91 v. 30.11.1993 *Quattro/Quadra,* Tz. 37; auch BGHZ 130, 276, 285 ff. *Torres.*
2   Vgl. hierzu unten § 21 Rdn. 1 – 20.
3   So nun offenbar auch BGH I ZR 201/16 v. 15.2.2018 *goFit,* Tz. 39; vgl. zum geschäftlichen Verkehr oben § 10 Rdn. 24 – 27.
4   Vgl. zur rechtsverletzenden Benutzung oben § 10 Rdn. 30 – 12.

verletzend, insbesondere kennzeichenmäßig benutzt wird.⁵ Dabei kann auch auf die Beispielkataloge des § 14 III und IV MarkenG⁶ zurückgegriffen werden.⁷

Fasst der Verkehr etwa eine bestimmte Gebäudegestaltung einer Verkaufsstätte nicht als Herkunftshinweis auf, so ist eine Verletzung etwaiger Unternehmenskennzeichen in Form der Gebäudegestaltung ausgeschlossen.⁸

Allerdings ist es nach der Rechtsprechung des BGH ohne weiteres möglich, ein **4** älteres Unternehmenskennzeichen auch einem jüngeren Markenrecht entgegenzuhalten. Firmen- und markenmäßige Benutzung gehen nämlich infolge der allen Kennzeichenrechten gemeinsamen Herkunftsfunktion ineinander über.⁹ Dieser Rechtsprechung steht auch nicht entgegen, dass die umgekehrte Anspruchskonstellation eines Angriffs aus einer Marke gegen ein Unternehmenskennzeichen an bestimmte Voraussetzungen geknüpft ist.¹⁰ Denn zum einen unterscheidet auch der EuGH nicht strikt zwischen Marke und Unternehmenskennzeichen.¹¹ Zum anderen ist das Recht der geschäftlichen Bezeichnung nicht harmonisiert, so dass die Vorgaben des EuGH nicht gelten.¹²

Nach der Rechtsprechung kann folglich aus einem Unternehmenskennzeichen »Leysieffer« unter Umständen gegen eine Marke »Leysieffer« vorgegangen werden. Auch darf der Inhaber einer Marke »Leysieffer« nicht ohne weiteres dazu übergehen, die Marke auch als Unternehmenskennzeichen zu benutzen, wenn er damit in den Schutzbereich eines koexistierenden Unternehmenskennzeichens eindringt.¹³

III. Verwechslungsgefahr

Wie bei Marken¹⁴ ist auch bei Unternehmensbezeichnungen die Verwechslungsge- **5** fahr unter Berücksichtigung aller maßgeblichen Umstände, insbesondere anhand der drei Faktoren der Kennzeichnungskraft der Klagekennzeichnung, des Ähnlichkeitsgrads der einander gegenüberstehenden Bezeichnungen und des wirtschaftlichen Abstands der Tätigkeitsgebiete der Parteien zu beurteilen. Zwischen diesen Faktoren besteht eine Wechselwirkung, die außerdem eine Berücksichtigung aller

---

5 BGH I ZR 183/03 v. 18.5.2006 *Impuls*, Tz. 15, m. w. N.; BGH I ZR 30/07 v. 22.1.2009 *Beta Layout*, Tz. 13; BGH I ZR 201/16 v. 15.2.2018 *goFit*, Tz. 47.
6 Vgl. dazu oben § 10 Rdn. 10.
7 BGH I ZR 201/16 v. 15.2.2018 *goFit*, Tz. 50.
8 BGH GRUR 2005, 419, 422 *Räucherkate*.
9 BGHZ 34, 91, 92; BGH GRUR 2004, 512, 513 f. *Leysieffer*, m. w. N.; BGH GRUR 2005, 871, 872 *Seicom*; BGH I ZR 41/08 v. 14.4.2011 *Peek & Cloppenburg II*, Tz. 44; BGH I ZR 93/12 v. 27.3.2013 *Baumann I*, Tz. 40; BGH I ZR 241/14 v. 23.6.2016 *Baumann II*, Tz. 32; BGH I ZR 201/16 v. 15.2.2018 *goFit*, Tz. 47; auch BGH GRUR 2005, 1047, 1049 *OTTO*; BGH I ZR 78/14 v. 23.9.2015 *Sparkassen-Rot/Santander-Rot*, Tz. 82.
10 Vgl. oben § 10 Rdn. 45 – 50.
11 EuGH C-17/06 v. 11.9.2007 *Céline*, Tz. 21 ff., in Klarstellung von EuGH C-23/01 v. 21.11.2002 *Robelco/Robeco*, Tz. 34; EuGH C-245/02 v. 16.11.2004 *Anheuser-Busch/Budějovický Budvar*, Tz. 64.
12 Vgl. BGH I ZR 93/12 v. 27.3.2013 *Baumann I*, Tz. 41.
13 Vgl. BGHZ 19, 23, 28 *Münsterzeichen*; zur Kollision von Unternehmenskennzeichen und Marke auch BGHZ 130, 276, 288 *Torres*.
14 Vgl. oben § 12.

insoweit maßgebenden weiteren Umstände erfordert.[15] Gerade in Ausnahmefällen nämlich können die besonderen Umstände des Einzelfalls zu einer Verneinung der Verwechslungsgefahr führen.

So kommt eine Untersagung der Benutzung einer Kennzeichnung als geschäftliche Bezeichnung aufgrund eigener geschäftlicher Bezeichnung dann nicht in Betracht, wenn die Berührungspunkte zwischen den beiden Unternehmen gering sind und das prioritätsältere Unternehmen fast vollständig regional begrenzt tätig ist. Dies gilt selbst dann, wenn wie im Falle von Confiserie einerseits und bundesweitem Weinhandel andererseits eine geringe Branchennähe anzunehmen wäre.[16] Auch wenn ein mit einem fremden Unternehmenskennzeichen übereinstimmender Begriff bei einer Internetsuchmaschine als so genanntes Schlüsselwort (Keyword oder Adword[17]) angemeldet wird, so kann eine Verwechslungsgefahr zwischen dem Schlüsselwort und dem geschützten Kennzeichen zu verneinen sein, wenn bei Eingabe des Begriffs durch einen Internetnutzer auf der dann erscheinenden Internetseite rechts neben der Trefferliste unter einer Rubrik mit der Überschrift »Anzeigen« eine Werbeanzeige des Anmelders des Schlüsselworts eingeblendet wird, in der das geschützte Zeichen selbst nicht verwendet wird.[18]

6 Die Beurteilung der Verwechslungsgefahr i. S. v. § 15 II MarkenG und ihrer Faktoren ist eine Rechtsfrage. Allerdings setzt die Prüfung – wie die Beurteilung der Verwechslungsgefahr zweier Marken[19] – tatsächliche Feststellungen voraus.[20]

1. Kennzeichnungskraft

7 Die Kennzeichnungskraft einer Unternehmensbezeichnung wird – wie bei der Marke[21] – durch den Grad der Eignung des Zeichens bestimmt, sich aufgrund seiner Eigenart und seines durch Benutzung erlangten Bekanntheitsgrades dem Verkehr als Bezeichnung des Unternehmensträgers einzuprägen.[22] Anders als bei der Marke muss der Verkehr das Zeichen allerdings zutreffend dem richtigen Unternehmen zuordnen; allgemeine Kenntnis des Zeichens genügt nicht.[23] Den einzelnen Mitgliedsunternehmen einer Unternehmensgruppe kommt hierbei die Verkehrsbekanntheit eines einheitlich benutzten Unternehmenskennzeichens zugute, wenn der

---

15 BGH GRUR 1997, 468, 470 *NetCom I*; BGH GRUR 1999, 492, 494 *Altberliner*; BGH GRUR 2001, 1161, 1162 *CompuNet/ComNet I*; BGH GRUR 2002, 542, 543 *BIG*; BGH GRUR 2002, 898 f. *defacto*; BGH GRUR 2004, 514, 515 *Telekom*; BGH GRUR 2004, 865, 867 *Mustang*; BGH GRUR 2005, 61 *CompuNet/ComNet II*; BGH I ZR 137/04 v. 19.7.2007 *Euro Telekom*, Tz. 15; BGH I ZR 134/05 v. 30.1.2008 *Hansen-Bau*, Tz. 20; BGH I ZR 162/05 v. 14.2.2008 *HEITEC*, Tz. 17; BGH I ZR 158/05 v. 31.7.2008 *Haus & Grund I*, Tz. 15; BGH I ZR 171/05 v. 31.7.2008 *Haus & Grund II*, Tz. 21; BGH I ZR 21/06 v. 31.7.2008 *Haus & Grund III*, Tz. 36; BGH I ZR 55/10 v. 22.3.2012 *METRO/ROLLER's Metro*, Tz. 12; BGH I ZR 50/14 v. 5.11.2015 *ConText*, Tz. 23.
16 BGH GRUR 2004, 512, 514 *Leysieffer*.
17 Hierzu auch oben § 10 Rdn. 55.
18 BGH I ZR 30/07 v. 22.1.2009 *Beta Layout*.
19 Vgl. zur markenrechtlichen Verwechslungsgefahr oben § 12.
20 BGH GRUR 2005, 61, 62 *CompuNet/ComNet II*, m. w. N.; auch BGH GRUR 2004, 514, 516 *Telekom*.
21 Vgl. zur Kennzeichnungskraft in der Markenkollision oben § 12 Rdn. 33 – 60.
22 BGH GRUR 2002, 898, 899 *defacto*, m. w. N.
23 BGH I ZR 55/10 v. 22.3.2012 *METRO/ROLLER's Metro*, Tz. 18.

Verkehr das Kennzeichen auch dem einzelnen Unternehmen zuordnet.[24] Im Übrigen wendet die Rechtsprechung dieselben Kriterien[25] an wie bei Marken.

So ist bei der Bestimmung der Kennzeichnungskraft des Angriffszeichens auf **8** den Zeitpunkt der »Begründung eines Rechts« an der angegriffenen Kennzichnung abzustellen.

> Beispielsweise ist beim Konflikt zweier Unternehmenskennzeichen in Regel der Zeitpunkt der Benutzungsaufnahme der angegriffenen Bezeichnung maßgeblich.[26]

Zunächst ermittelt die Rechtsprechung die Kennzeichnungskraft von Hause aus. **9**

> Die Firmenbezeichnung »CompuNet« weist von Hause aus nur geringe Kennzeichnungskraft auf.[27] Gleiches gilt für das Firmenschlagwort »SoCo«. Es handelt sich um aussprechbare Abkürzungen, wie sie für geschäftliche Bezeichnungen typisch sind. Da Unternehmen der EDV-Branche die Begriffe »Software« und »Computer« oder »Communication« häufig als beschreibende Firmenbestandteile verwenden, liegt es nahe, daraus eine Abkürzung wie »SoCo« zu bilden.[28]

Fehlt einem Unternehmenskennzeichen von Hause aus die Unterscheidungskraft **10** und erlangt es erst durch intensiven Gebrauch Verkehrsgeltung und damit Unterscheidungskraft, so ist in der Regel von durchschnittlicher Kennzeichnungskraft auszugehen. Die Annahme gesteigerter Kennzeichnungskraft wäre demgegenüber nur bei originärer Unterscheidungskraft des Klagezeichens gerechtfertigt.

> Kennen beispielsweise zwar 75 % der Bevölkerung die Bezeichnung »Telekom«, ordnen aber nur 60 % diese korrekt zu, so ist von durchschnittlicher Kennzeichnungskraft auszugehen.[29]

Eine Schwächung der Kennzeichnung durch Drittzeichen schließlich stellt – wie **11** bei Marken[30] – einen Ausnahmetatbestand dar. Sie setzt voraus, dass die Drittkennzeichen im Bereich der gleichen oder eng benachbarten Branchen oder Waren und in einem Umfang in Erscheinung treten, der geeignet erscheint, die erforderliche Gewöhnung des Verkehrs an die Existenz weiterer Kennzeichnungen im Ähnlichkeitsbereich zu bewirken.[31]

> So bewirkt die Existenz von zwölf weiteren Firmen, die das Zeichen in ähnlicher oder identischer Form führen und nur teilweise in ähnlichen Branchen tätig sind, keine Schwächung der Kennzeichnungskraft.[32]

2. Zeichenähnlichkeit

Abgesehen davon, dass bei Unternehmenskennzeichen regelmäßig eine Verkürzung **12** auf ein unterscheidungskräftiges Schlagwort in Betracht zu ziehen ist,[33] geht die

---

24 BGH GRUR 2005, 61, 62 *CompuNet/ComNet II*, m. w. N.
25 Vgl. hierzu § 12 Rdn. 33 – 60.
26 BGH GRUR 2001, 1161, 1162 *CompuNet/ComNet I*, m. w. N.
27 BGH GRUR 2001, 1161, 1162 *CompuNet/ComNet I*; BGH GRUR 2005, 61, 62 *CompuNet/ComNet II*.
28 BGH GRUR 2005, 262, 263 *soco.de*.
29 BGH GRUR 2004, 514, 515 f. *Telekom*; BGH I ZR 137/04 v. 19.7.2007 *Euro Telekom*, Tz. 19.
30 Vgl. oben § 12 Rdn. 52 – 53.
31 BGH GRUR 2001, 1161, 1162 *CompuNet/ComNet I*, m. w. N.; BGH GRUR 2002, 898, 899 *defacto*; BGH I ZR 171/05 v. 31.7.2008 *Haus & Grund II*, Tz. 25.
32 BGH GRUR 2002, 898, 899 *defacto*.
33 Vgl. hierzu oben § 17 Rdn. 18 – 19.

Rechtsprechung bei der Prüfung der Ähnlichkeit wie bei Marken[34] vom Gesamteindruck aus.[35] Andererseits schließt die Maßgeblichkeit des Gesamteindrucks es nicht aus, einem einzelnen Zeichenbestandteil unter bestimmten Voraussetzungen eine besondere, das gesamte Zeichen prägende Kennzeichnungskraft beizumessen und die Gefahr einer Verwechslung der beiden Gesamtbezeichnungen daher im Falle der Übereinstimmung der Zeichen in ihren sie jeweils prägenden Bestandteilen zu bejahen.[36] Auch eine selbständig kennzeichnende Stellung eines Zeichenbestandteils kann im Einzelfall zu bejahen sein.[37]

>Quasi identisch waren die Zeichen »Hansen-Bau« und »Hansen Bau«.[38] Ähnlich waren außerdem etwa die Bezeichnungen »TORRES« und »TORRES de QUART«,[39] die jeweils durch den Eigennamen Vossius geprägten Bezeichnungen »Vossius & Partner« und »vossius.de« bzw. »vossius.com«[40] sowie die Bezeichnung »SoCo« und – da der Verkehr dem Zusatz ».de« in Verbindung mit einem unterscheidungskräftigen Zeichen allein eine funktionale Bedeutung beimisst – die Domain »soco.de«.[41] Zwischen den Bezeichnungen »CompuNet« und »ComNet« bestand hingegen nur eine geringe Ähnlichkeit, da auch die mittlere Silbe »pu« der Bezeichnung »CompuNet« deren Gesamteindruck mitprägt.[42] Ähnliches gilt im Verhältnis der Zeichen »Telekom« und »01051 Telecom«, da hier der Bestandteil »01051« – obwohl Netzkennzahl – mitprägt.[43] Keine Ähnlichkeit bestand schließlich zwischen dem – tendenziell beschreibenden – Zeichen »Haus und Grund« und einer Kennzeichnung, bei der dem Element »Haus und Grund« ein Familienname vorangestellt war.[44] Der Bestandteil »Metro« schließlich verfügt im Gesamtzeichen »ROLLER's Metro« über selbständig kennzeichnende Stellung.[45]

3. Branchenähnlichkeit

13 Der Begriff der Branchennähe ähnelt dem Begriff der Produktähnlichkeit, weist jedoch zugleich bedeutende Unterschiede auf.[46] Für die Beurteilung der Branchennähe schließlich kommt es in erster Linie auf die Produktbereiche und Arbeitsgebiete an, die nach der Verkehrsauffassung typisch für die Parteien sind. Anhaltspunkte für eine Branchennähe können Berührungspunkte der Waren oder Dienstleistungen der Unternehmen auf den Märkten sowie Gemeinsamkeiten der Vertriebswege und der Verwendbarkeit der Produkte sein. In die Tätigkeitsbereiche

---

34 Hierzu § 12 Rdn. 61 – 247.
35 Vgl. etwa BGH I ZR 137/04 v. 19.7.2007 *Euro Telekom*, Tz. 22, m. w. N.; BGH I ZR 171/05 v. 31.7.2008 *Haus & Grund II*, Tz. 27; BGH I ZR 55/10 v. 22.3.2012 *METRO/ROLLER's Metro*, Tz. 22.
36 BGH I ZR 158/05 v. 31.7.2008 *Haus & Grund I*, Tz. 18; BGH I ZR 171/05 v. 31.7.2008 *Haus & Grund II*, Tz. 27, m. w. N.
37 BGH I ZR 55/10 v. 22.3.2012 *METRO/ROLLER's Metro*, Tz. 22.
38 BGH I ZR 134/05 v. 30.1.2008 *Hansen-Bau*, Tz. 21.
39 BGHZ 130, 276, 280 *Torres*.
40 BGH GRUR 2002, 706, 707 *vossius.de*.
41 BGH GRUR 2005, 262, 263 *soco.de*.
42 BGH GRUR 2001, 1161, 1163 *CompuNet/ComNet I*; BGH GRUR 2005, 61, 62 *CompuNet/ComNet II*.
43 BGH GRUR 2004, 514, 516 *Telekom*.
44 BGH I ZR 158/05 v. 31.7.2008 *Haus & Grund I*, Tz. 19, sowie zum Aspekt des Serienzeichens Tz. 20.
45 BGH I ZR 55/10 v. 22.3.2012 *METRO/ROLLER's Metro*, Tz. 27 ff.
46 Vgl. BGH I ZR 82/14 v. 28.4.2016 *profitbricks.es*, Tz. 65, m. w. N.

der Parteien einzubeziehen sind hierbei aber auch naheliegende und nicht nur theoretische Ausweitungen der Tätigkeitsbereiche.[47] Zu berücksichtigen sein kann auch, ob sich die Unternehmen mit ihren Produkten auf dem Markt tatsächlich begegnen, mithin jedenfalls eine Überschneidung der Kreise der Adressaten der jeweiligen Leistungen gegeben ist.[48] Im Einzelfall können auch Überschneidungen in Randbereichen der Unternehmenstätigkeiten zu berücksichtigen sein.[49] Von einer Unähnlichkeit der Branchen der Parteien kann nur ausgegangen werden, wenn trotz (unterstellter) Identität der Kennzeichen die Annahme einer Verwechslungsfahr wegen des Abstands der Tätigkeitsfelder von vornherein ausgeschlossen ist. Dabei gibt es eine (absolute) Branchenunähnlichkeit, die auch bei Identität der Zeichen nicht durch eine erhöhte Kennzeichnungskraft des prioritätsälteren Unternehmenskennzeichens ausgeglichen werden kann.[50]

In der Regel vertritt der BGH hierbei in jüngerer Zeit einen insgesamt relativ weiten Begriff der Branchenähnlichkeit. **14**

> So ist etwa zwischen den Dienstleistungen »Marketing« und »Inkasso« eine über eine nur entfernte Branchennähe hinausgehende Branchennähe anzunehmen. Der Einsatz eines Call-Centers ist für beide Tätigkeiten prägend und erweist sich danach nicht als Nutzung eines bloßen technischen Hilfsmittels.[51] Im Falle eines Großhandelsmarktes erstrecke sich die Branchennähe über den Handel hinaus auf sämtlichen Waren und Dienstleistungen, die in Großhandelsmärkten üblicherweise angeboten werden.[52] Bei IT-Firmen steht einer Branchennähe nicht entgegen, wenn beide mit unterschiedlicher Software arbeiten.[53] Eine Branchennähe liegt weiter zwischen zwei Bauunternehmen vor, von denen eines schlüsselfertige Massivhäuser, das andere Fertighäuser errichtet.[54] Ähnlich ist schließlich die Tätigkeit eines Verbands, der die Interessen von Haus- und Grundeigentümern wahrnimmt mit der Tätigkeit eines Immobilienmaklers, da der Bezugspunkt beider Tätigkeiten Immobilien sind.[55] Dabei kommt bei Verbänden eine Branchennähe nicht schon dadurch zustande, dass diese sich in gleicher Weise um ihre Mitgliederinteressen kümmern; vielmehr kann aus Sicht des Verkehrs erst dann eine Verwechslungsgefahr bestehen, wenn die Tätigkeitsbereiche der Verbände verwandt sind.[56]

Andererseits kann eine Branchennähe nicht bereits deswegen bejaht werden, weil **15** sich beide Parteien mit denselben Arbeitsmitteln – etwa mit elektronischer Datenverarbeitung – befassen. Denn im Hinblick auf die Vielfalt und Differenziertheit

---

47 BGH GRUR 2002, 898, 899 f. *defacto*, m. w. N.; BGH I ZR 110/03 v. 29.6.2006 *Ichthyol II*, Tz. 36; BGH I ZR 167/06 v. 5.2.2009 *METROBUS*, Tz. 73; BGH I ZR 10/09 v. 20.1.2011 *BCC*, Tz. 23; BGH I ZR 55/10 v. 22.3.2012 *METRO/ROLLER's Metro*, Tz. 14; BGH I ZR 82/14 v. 28.4.2016 *profitbricks.es*, Tz. 65.
48 BGH GRUR 1990, 1042, 1045 *Datacolor*; BGH GRUR 1997, 468, 470 *NetCom I*; BGH I ZR 110/03 v. 29.6.2006 *Ichthyol II*, Tz. 36; BGH I ZR 82/14 v. 28.4.2016 *profitbricks.es*, Tz. 65.
49 BGH GRUR 2002, 898, 899 f. *defacto*, m. w. N.; BGH I ZR 10/09 v. 20.1.2011 *BCC*, Tz. 23.
50 BGH I ZR 10/09 v. 20.1.2011 *BCC*, Tz. 23.
51 BGH GRUR 2002, 898, 900 *defacto*.
52 BGH I ZR 55/10 v. 22.3.2012 *METRO/ROLLER's Metro*, Tz. 15.
53 BGH I ZR 10/09 v. 20.1.2011 *BCC*, Tz. 25 ff.
54 BGH I ZR 134/05 v. 30.1.2008 *Hansen-Bau*, Tz. 21.
55 BGH I ZR 158/05 v. 31.7.2008 *Haus & Grund I*, Tz. 16; BGH I ZR 171/05 v. 31.7.2008 *Haus & Grund II*, Tz. 22.
56 OLG Köln MarkenR 2008, 59 *Bezeichnungskürzel eines Bundesverbandes*.

des Angebots in diesem Bereich kann nicht ohne weiteres angenommen werden, dass sich zwei Unternehmen allein wegen des Bezugs zur Datenverarbeitung am Markt begegnen. Vielmehr ist festzustellen, welche Waren oder Dienstleistungen die Parteien im Einzelnen[57] anbieten und ob sich zwischen den Tätigkeitsbereichen Berührungspunkte ergeben können.[58]

> So besteht etwa zwischen der Beschaffung, Installation und Wartung von PC-Netzwerken einerseits und dem Vertrieb von PC-Hard- und Software andererseits nicht nur Branchennähe, sondern sogar Branchenidentität.[59] Jedoch kann zwischen den Branchen zweier Unternehmen, die beide unterschiedliche Dienstleistungen im EDV-Bereich erbringen, durchaus auch die Branchennähe fehlen.[60] Erst recht gilt dies für Unternehmen, die Arzneimittel mit gänzlich unterschiedlichen Indikationen herstellen.[61]

4. Verwechslungsgefahr im weiteren Sinne

16 Eine Verwechslungsgefahr im weiteren Sinne liegt nach der Rechtsprechung des BGH[62] vor, wenn der Verkehr zwar die Bezeichnungen selbst und die durch sie gekennzeichneten Unternehmen auseinanderhalten kann, zugleich jedoch aus den sich gegenüberstehenden Zeichen auf organisatorische oder wirtschaftliche Zusammenhänge folgert.[63]

17 Die Annahme einer solchen Verwechslungsgefahr im weiteren Sinne liegt bei Unternehmenskennzeichen insbesondere dann nahe, wenn von einer Bekanntheit des angreifenden Kennzeichens auszugehen ist.[64] Ähnliches gilt, wenn früher tatsächlich einmal wirtschaftliche oder organisatorische Verbindungen der Parteien bestanden haben.

> So ist etwa jedenfalls dann eine Verwechslungsgefahr zwischen »Altberliner Verlag GmbH« und »Altberliner Bücherstube Verlagsbuchhandlung Oliver Seifert, Berlin« anzunehmen, wenn zuvor einmal geschäftliche Verbindungen zwischen den Parteien bestanden haben.[65] Andererseits wird der Verkehr bei der Verwendung der Bezeichnung »Metrobus« durch ein Unternehmen des öffentlichen Nahverkehrs nicht an den Metro-Konzern erinnert, so dass eine Verwechslungsgefahr im weiteren Sinne hier ausscheidet.[66]

---

57 Bei einer Vielzahl von Tätigkeiten ist die Ähnlichkeit im Hinblick auf jede einzelne zu prüfen: BGH I ZR 10/09 v. 20.1.2011 *BCC*, Tz. 34.
58 BGH GRUR 1997, 468, 470 *NetCom I*; BGH GRUR 2005, 262, 263 *soco.de*; BGH I ZR 110/03 v. 29.6.2006 *Ichthyol II*, Tz. 38.
59 BGH GRUR 2001, 1161, 1162 *CompuNet/ComNet I*; BGH GRUR 2005, 61 *CompuNet/ComNet II*.
60 BGH Mitt. 2003, 71, 72 f. *NetCom II*; BGH I ZR 82/14 v. 28.4.2016 *profitbricks.es*, Tz. 67, m. w. N.
61 BGH I ZR 110/03 v. 29.6.2006 *Ichthyol II*, Tz. 38.
62 Zur Terminologie und ihrer Kritik im Bereich der Markenkollisionen vgl. oben § 12 Rdn. 14 – 22.
63 BGHZ 21, 66, 78; BGH GRUR 2000, 608, 610 *ARD-1*; BGH GRUR 2002, 59, 64 *ISCO*; BGH GRUR 2002, 898, 900 *defacto*, m. w. N.; BGH I ZR 167/06 v. 5.2.2009 *METROBUS*, Tz. 52; I ZR 174/06 v. 5.2.2009, Tz. 52; I ZR 186/06 v. 5.2.2009, Tz. 46.
64 BGH GRUR 2002, 544, 547 f. *BANK 24*; BGH I ZR 171/05 v. 31.7.2008 *Haus & Grund II*, Tz. 20; BGH I ZR 21/06 v. 31.7.2008 *Haus & Grund III*, Tz. 35.
65 BGH GRUR 1999, 492, 493 f. *Altberliner*.
66 BGH I ZR 167/06 v. 5.2.2009 *METROBUS*, Tz. 52; I ZR 174/06 v. 5.2.2009, Tz. 52; I ZR 186/06 v. 5.2.2009, Tz. 46.

Andererseits ist der Verkehr bei Unternehmenskennzeichen an die Verwendung 18
von Personennamen gewöhnt, ohne dass immer ein konkreter Bezug des Namens
zu einem bestimmten Geschäftsbereich gegeben ist. Allein die Tatsache, dass zwei
sich gegenüberstehende Kennzeichen wie Personennamen wirken, wird daher noch
weniger als bei Marken zu einer Verwechslungsgefahr im weiteren Sinne führen.

Die Unternehmensbezeichnung »Kellogg« und das Zeichen »Kelly« sind daher nicht in einer
Verwechslungsgefahr begründenden Weise ähnlich.[67]

IV. Erweiterter Schutz bekannter Unternehmenskennzeichen

Der erweiterte Schutz der bekannten Unternehmenskennzeichen in § 15 III Mar- 19
kenG ist nahezu wortgetreu dem erweiterten Schutz bekannter Marken nachgebildet, auf dessen Darstellung verwiesen werden kann.[68] Danach ist es Dritten untersagt, die bekannte geschäftliche Bezeichnung oder ein ähnliches Zeichen im
geschäftlichen Verkehr zu benutzen, wenn keine Gefahr von Verwechslungen
besteht, soweit die Benutzung des Zeichens die Unterscheidungskraft oder die
Wertschätzung der geschäftlichen Bezeichnung ohne rechtfertigenden Grund in
unlauterer Weise ausnutzt oder beeinträchtigt. Hierbei dürfte der Passus »wenn
keine Gefahr von Verwechslungen besteht« wegen der erhöhten Schutzbedürftigkeit bekannter Zeichen[69] nicht als eigenständiges Tatbestandsmerkmal zu verstehen
sein. Vielmehr soll die die Vorschrift lediglich zusätzlich dann eingreifen, wenn
keine Verwechslungsgefahr besteht, ohne dass jedoch eine Verwechslungsgefahr
den erweiterten Schutz ausschließen würde. § 15 III MarkenG kann daher auch
dann eingreifen, wenn im Verfahren überhaupt keine Feststellungen zur Verwechslungsgefahr getroffen wurden.

V. Schranken

Die Schranken des Rechts aus der Unternehmenskennzeichnung sind in denselben 20
Vorschriften geregelt wie die markenrechtlichen Schrankenbestimmungen.[70] Sie
sind daher wie diese auszulegen.[71]

Dies gilt entgegen bislang ständiger Rechtsprechung insbesondere auch im 21
Bereich des so genannten Rechts der Gleichnamigen. Nach den Grundsätzen dieses
Gleichnamigenrechts sollte dem älteren Namensträger die Duldung der Inbenut-
zungnahme eines jüngeren Namens im Geschäftsverkehr trotz Verwechslungsge-

---

67 BGH GRUR 2003, 1044, 1046 f. *Kelly*.
68 Vgl. § 13 Rdn. 1 – 48; vgl. auch BGH I ZR 169/05 v. 5.6.2008 *POST*, Tz. 31; I ZR 108/05 v. 5.6.2008, Tz. 33.
69 Vgl. entsprechend zur bekannten Marke EuGH C-292/00 v. 9.1.2003 *Davidoff*, Tz. 26; EuGH C-408/01 v. 23.10.2003 *Adidas/Fitnessworld*, Tz. 19.
70 Zur Verjährung oben § 14 Rdn. 2 – 6; zur Verwirkung oben § 14 Rdn. 7 – 8; zur Koexistenz oben § 14 Rdn. 21 – 30; zur Beschränkung der Wirkungen der Marke oben § 15 Rdn. 1 – 32; zur Erschöpfung oben § 16 Rdn. 1 – 65.
71 BGH GRUR 1999, 992, 994 f. *BIG PACK*, m. w. N.; zur parallelen Behandlung von Marke und Unternehmenskennzeichen auch BGH GRUR 2004, 779, 783 *Zwilling/Zweibrüder*.

fahr zuzumuten sein, wenn der jüngere Namensträger[72] ein schutzwürdiges Interesse hat, redlich handelt und im Rahmen des Zumutbaren das Geeignete und Erforderliche tut, um Verwechslungen nach Möglichkeit zu begegnen.[73] Den Älteren konnte darüber hinaus sogar eine Pflicht zur Rücksichtnahme gegenüber dem Jüngeren treffen mit der Folge, dass er etwa verpflichtet war, seinen Namen mit unterscheidungskräftigen Zusätzen zu versehen.[74] Der Jüngere seinerseits war nach dem Recht der Gleichnamigen verpflichtet, in seinem Auftreten einen hinreichenden Abstand zur Bezeichnung des Prioritätsälteren zu halten. Zwar konnte hierbei dem Jüngeren nicht verwehrt werden, sich im geschäftlichen Verkehr unter seinem bürgerlichen Namen zu betätigen. Ihn traf aber eine Pflicht zur Rücksichtnahme.[75]

So sollte etwa die Namensführung unter Umständen nur bei Verwendung unterscheidender Zusätze zulässig sein.[76] Auch spätere Änderungen der Kennzeichnung[77], eine Ausdehnung des räumlichen[78] oder sachlichen[79] Tätigkeitsbereichs oder eine zu einem Unternehmenskennzeichen hinzutretende Markenanmeldung[80] bzw. markenmäßige Nutzung[81] sollten in der Regel unzulässig sein.

22 Dieses Recht der Gleichnamigen wurde zunächst durch die europäische Harmonisierung obsolet.[82] Art. 14 I Buchst. a MRR und damit auch § 23 Nr. 1 MarkenG legitimierten nämlich trotz markenrechtlicher Kollisionslage nicht nur die lautere Benutzung von Namen natürlicher, sondern auch von Namen juristischer Perso-

---

72 Gegenüber Dritten schränkt das Recht der Gleichnamigen den Schutzbereich der Marke nicht ein: BGH I ZB 19/08 v. 25.2.2010 *Malteserkreuz II*, Tz. 17.
73 RGZ 170, 265, 270 *Hänsel*; BGH GRUR 1951, 410, 412 *Luppy*; BGH GRUR 1952, 511, 512 *Urköl*; BGH GRUR 1957, 342, 346 *Underberg*; BGH GRUR 1960, 33, 35 *Zamek I*; BGH GRUR 1966, 499, 501 *Merck*; BGH GRUR 1966, 623, 625 *Kupferberg*; BGH GRUR 1968, 212, 213 f. *Hellige*; BGH GRUR 1985, 389, 390 *Familienname*; BGH GRUR 1987, 182, 183 *Stoll*; BGH GRUR 1990, 364, 366 *Baelz*; BGH GRUR 1993, 579, 580 *Römer GmbH*; BGH I ZR 174/07 v. 31.3.2010 *Peek & Cloppenburg I*, Tz. 18 f.; BGH I ZR 82/11 v. 2.10.2012 *Völkl*, Tz. 39; auch BGHZ 130, 134 *Altenburger Spielkartenfabrik*; BGHZ 130, 276, 281 f. *Torres*; BGH I ZR 78/14 v. 23.9.2015 *Sparkassen-Rot/Santander-Rot*, Tz. 85; zum Ganzen auch *Ingerl/Rohnke*, § 23 Rz. 26 ff.
74 BGH GRUR 1957, 342, 346 *Underberg*; BGH GRUR 1990, 364, 366 *Baelz*; auch BGH I ZR 174/07 v. 31.3.2010 *Peek & Cloppenburg I*, Tz. 20 f.; I ZR 58/11 v. 24.1.2013, Tz. 19 ff.; I ZR 59/11 v. 24.1.2013, Tz. 20 ff.; I ZR 60/11 v. 24.1.2013 *Peek & Cloppenburg III*, Tz. 20 ff.; I ZR 61/11 v. 24.1.2013, Tz. 20 ff.; I ZR 65/11 v. 24.1.2013, Tz. 19 ff.; I ZR 64/11 v. 24.9.2013, Tz. 18 ff.
75 BGH GRUR 2002, 706, 707 *vossius.de*.
76 Vgl. BGHZ 14, 155, 159 *Farina Rote Marke*; BGH GRUR 1987, 182, 182 *Stoll*; BGH GRUR 1998, 391, 393 f. *Dr. St.. . . Nachf.*.
77 BGHZ 130, 134 *Altenburger Spielkartenfabrik*; BGH GRUR 1958, 90, 92 f. *Hähnel*; BGH GRUR 1987, 182, 183 *Stoll*; BGH GRUR 1997, 661, 663 *B. Z./Berliner Zeitung* (zum Werktitelrecht).
78 BGH GRUR 1958, 90, 92 f. *Hähnel*.
79 BGH GRUR 1960, 33, 36 *Zamek I*; ausführlich BGH I ZR 82/11 v. 2.10.2012 *Völkl*, Tz. 39 ff.
80 BGH I ZR 207/08 v. 7.7.2011 *Gartencenter Pötschke*; BGH I ZR 41/08 v. 14.4.2011 *Peek & Cloppenburg II*.
81 BGH I ZR 93/12 v. 27.3.2013 *Baumann I*, Tz. 47, m. w. N.
82 Vgl. nur EuGH C-17/06 v. 11.9.2007 *Céline*; auch *Rohnke*, FS Ullmann, 2006, 362 f.

nen.⁸³ Die Markenrechtsreform 2015/2019 hat insofern neue Probleme geschaffen.⁸⁴ Für ein Recht der Gleichnamigen neben § 23 Nr. 1 MarkenG bleibt aber wohl auch im Bereich der Unternehmenskennzeichen kein Raum. Soweit der BGH meint, dass Recht der Gleichnamigen im Rahmen des § 23 Nr. 1 MarkenG unverändert anwendbar bleibe,⁸⁵ verkennt dies in gewisser Weise den Wechsel der neuen dogmatischen Verankerung.

Soweit es bei der Anwendung bleibt, wird nach dem Maßstab des § 23 Nr. 1 MarkenG eine Benutzung unter Umständen häufiger als rechtmäßig zu beurteilen sein als nach den früheren Maßstäben des Gleichnamigenrechts. Namentlich weicht das am Grundsatz von Treu und Glauben i. S. von § 242 BGB und an Rücksichtnahmepflichten orientierte Gleichnamigenrecht dem Verbot eines Handelns gegen anerkannte Gepflogenheiten in Gewerbe und Handel i. S. von § 23 MarkenG. Mit der Rechtsprechung des EuGH zu Art. 6 MRR (2008),⁸⁶ der § 23 MarkenG zugrunde liegt, eröffnet dies Spielraum für eine großzügigere Betrachtung, die den Erwartungen des Verkehrs und den Erfordernissen des gemeinsamen Marktes verstärkt Rechnung tragen kann. **23**

> So besteht etwa nach § 23 Nr. 1 MarkenG in der Regel kein Anspruch auf unterscheidende Zusätze, solange nicht der Eindruck erweckt wird, dass eine Handelsbeziehung zwischen den Gleichnamigen besteht.⁸⁷ Andererseits können die Anstrengungen, die der jüngere Namensinhaber zum Zwecke der Unterscheidung unternimmt, durchaus eine Rolle bei der Beurteilung spielen, ob ein Verstoß gegen anerkannte Gepflogenheiten in Gewerbe und Handel vorliegt.⁸⁸

Vor allem wird sich die deutsche Rechtsprechung⁸⁹ kaum fortsetzen lassen, wonach unter Umständen auch den Prioritätsälteren Pflichten zur Rücksichtnahme treffen können.⁹⁰ Dieser Ansatz war im Rahmen des § 242 BGB noch vertretbar. Mit der Verlagerung der Gleichnamigenproblematik in § 23 MarkenG sind Ansprüche des Prioritätsjüngeren gegen den Älteren jedoch systemfremd geworden. **24**

---

83 Hierzu ausführlicher oben § 15 Rdn. 7 – 9.
84 Vgl. hierzu oben § 15 Rdn. 10 ff.
85 BGH I ZR 134/05 v. 30.1.2008 *Hansen-Bau*, Tz. 24 f.; BGH I ZR 174/07 v. 31.3.2010 *Peek & Cloppenburg I*, Tz. 18; BGH I ZR 41/08 v. 14.4.2011 *Peek & Cloppenburg II*, Tz. 35; zum Konflikt auch EuG T-506/11 v. 18.4.2013 *Peek & Cloppenburg/Peek & Cloppenburg*; T-507/11 v. 18.4.2013 *Peek & Cloppenburg/Peek & Cloppenburg*, beide im Ergebnis bestätigt durch EuGH C-325/13 P u. C-326/13 P v. 10.7.2014 *Peek & Cloppenburg*.
86 Hierzu oben § 15 Rdn. 25 – 32.
87 Vgl. EuGH C-63/97 v. 23.2.1999 *BMW*, Tz. 64; EuGH C-245/02 v. 16.11.2004 *Anheuser-Busch/Budějovický Budvar*, Tz. 83; EuGH C-228/03 v. 17.4.2005 *Gillette*, Tz. 49; EuGH C-17/06 v. 11.9.2007 *Céline*, Tz. 34.
88 EuGH C-228/03 v. 17.3.2005 *Gillette*, Tz. 46.
89 BGH GRUR 1957, 342, 346 *Underberg*; BGH GRUR 1990, 364, 366 *Baelz*.
90 Unklar BGH I ZR 134/05 v. 30.1.2008 *Hansen-Bau*, Tz. 25.

Zweites Kapitel Titel

§ 19 Begründung und Untergang des Titelrechts

Schrifttum: *Baronikians*, Der Schutz des Werktitels, 2008; *Deutsch*, Titelschutz bei gemeinfrei gewordenen Werken, WRP 2000, 1375; *Deutsch/Ellerbrock*, Titelschutz, 2. Aufl. 2004; *Deutsch*, Neues zum Titelschutz, GRUR 2013, 113; *v. Gierke*, Entstehung des Titelschutzes durch Benutzungsaufnahme, FS Ullmann, 2006, 207; *Groh*, Evolution im Werktitelrecht?, WRP 2012, 143; *v. Linstow*, Die rechtsverletzende Titelschutzanzeige – ein vierstöckiger Hausbesitzer?, FS für Erdmann, 2002, 375; *Wirth*, Die Titelschutzanzeige und ihre Rechtswirkung, AfP 2002, 303

I. Überblick

1 Neben Unternehmenskennzeichen werden auch Werktitel als geschäftliche Bezeichnungen geschützt (§ 5 I MarkenG). Wie auch bei Unternehmenskennzeichen ist gegenüber der Vorstellung der amtlichen Begründung zum MarkenG und ersten Entscheidungen zum Titelrecht Vorsicht geboten, soweit diese davon ausgingen, § 5 MarkenG sei ohne sachliche Änderung an die Stelle von § 16 I UWG a. F. in der Ausprägung getreten, die die Vorschrift in der Rechtsprechung erfahren hat.[1] Auch das Werktitelrecht ist zwar nicht unmittelbar europäisch harmonisiert; durch Parallelen zum Markenrecht sowie durch die gemeinsame Regelung in Vorschriften, die wie vor allem die §§ 21ff. MarkenG auch harmonisiertes Markenrecht betreffen, schlägt auch im Titelrecht zunehmend die Rechtsprechung des EuGH durch.[2]

2 Dabei bestehen durchaus Zweifel, ob der spezifisch deutsche Werktitelschutz überhaupt mit der europäischen Harmonisierung vereinbar ist. Denn letztlich sind Werktitel wohl wie Marken Produktkennzeichen. Insofern greift eigentlich die Harmonisierung des Markenrechts ein. Jedenfalls als – nicht harmonisierte – Benutzungsmarke eigener Art wird sich der Werktitelschutz aber retten lassen.

3 Werktitel sind die Namen oder besonderen Bezeichnungen von Druckschriften, Filmwerken, Tonwerken, Bühnenwerken oder sonstigen vergleichbaren Werken (§ 5 III MarkenG).[3] Die gesetzlichen Vorgaben zum Werktitelschutz entsprechen im Wesentlichen den Vorschriften zu Unternehmenskennzeichen. In der Praxis gibt es jedoch bedeutende Unterschiede:
– Der Titel bezeichnet kein Unternehmen, sondern ein Werk, und damit ähnlich wie eine Marke ein Produkt;[4]

---

[1] Vgl. BT-Drucks. 12/6581, S. 67; teilweise auch zu Unternehmenskennzeichen BGHZ 130, 276, 280 *Torres*; BGHZ 135, 278, 280 *PowerPoint*; BGH GRUR 1995, 507, 508 *City-Hotel*; BGH GRUR 1997, 468, 469 *NetCom I*; BGH GRUR 1997, 903, 905 *GARONOR*; BGH GRUR 1999, 235, 237 *Wheels Magazine*; BGH GRUR 1999, 492, 493 *Altberliner*; BGH GRUR 1999, 581, 582 *Max*; BGH GRUR 2000, 70, 72 *SZENE*.
[2] Zustimmend *Baronikians*, Rz. 1.
[3] Nur in Ausnahmefällen wird auch an urheberrechtlichen Schutz zu denken sein; vgl. *Ingerl/Rohnke*, § 5 Rz. 112.
[4] Vgl. aber BGH GRUR 2000, 504, 505 *FACTS I*.

- an den Grad der zum Rechtserwerb erforderlichen Unterscheidungskraft werden in der Regel nur extrem geringe Anforderungen gestellt mit der Folge, dass diese nur wenig unterscheidungskräftigen Titel nur über einen entsprechend kleinen Schutzbereich verfügen; und
- durch die Ankündigung eines geplanten Titels vor Erscheinen des Werks (Titelschutzanzeige) versucht die Praxis, den Zeitrang des Titelschutzes vorzuverlagern.

II. Rechtsbegründung

§ 5 III MarkenG erwähnt als Schutzobjekte des Titelschutzes ausdrücklich Druckschriften,[5] Filmwerke,[6] Tonwerke und Bühnenwerke.[7] Diese Aufzählung ist nicht abschließend, wie der Hinweis auf den Schutz von »sonstigen vergleichbaren Werken« zeigt. Werke im kennzeichenrechtlichen Sinne sind alle immateriellen Arbeitsergebnisse, die als Gegenstand des Rechts- und Geschäftsverkehrs nach der Verkehrsanschauung bezeichnungsfähig sind.[8] Geschützt werden daher etwa auch Titel von Rundfunksendungen,[9] Spielen,[10] Computerprogrammen[11], Apps für Mobilgeräte,[12] Warenkatalogen,[13] einer Internetzeitschrift unter einer bestimmten Domain[14], Informationsangebote im Internet[15] oder einer Veranstaltung[16]. Auch der Titel einer Rubrik oder ein Untertitel kann schutzfähig sein.[17] 4

> Schutzfähig ist daher etwa auch der Titel der Kolumne, die zu einem bestimmten Themengebiet in einer Zeitung oder Zeitschrift erscheint.[18]

Der Werkbegriff in § 5 III MarkenG entspricht nicht dem urheberrechtlichen Werkbegriff des § 2 UrhG.[19] Ausnahmsweise kann daher auch ein Werk titelschutzfähig sein, das die Anforderungen an die urheberrechtliche Werkhöhe nicht erfüllt. Allerdings ist Voraussetzung, dass das betitelte Werk einen umsetzungsfähi- 5

---

5 Vgl. etwa BGH GRUR 1991, 153 *Pizza & Pasta*; BGH GRUR 2002, 1083 *1, 2, 3 im Sauseschritt*; BGH GRUR 2005, 264 *Das Telefon-Sparbuch*.
6 Vgl. etwa BGHZ 147, 56 *Tagesschau*; BGHZ 26, 52 *Sherlock Holmes*; BGHZ 68, 132 *Der 7. Sinn*; BGH GRUR 2001, 1054 *Tagesreport*.
7 Nicht aber ein Musikfestival, das aus einer Reihe von Aufführungen besteht: BGH GRUR 1989, 626 *Festival Europäischer Musik*.
8 BGH I ZR 102/11 v. 22.3.2012 *Stimmt's?*, Tz. 13; BGH I ZR 202/14 v. 28.1.2016 *wetter.de*, Tz. 15; BGH I ZR 254/14 v. 28.4.2016 *Kinderstube*, Tz. 17, jeweils m. w. N.
9 BGH GRUR 1982, 431 *POINT*; BGH GRUR 1993, 769 *Radio Stuttgart*.
10 BGH GRUR 1993, 767 *Zappel-Fisch* (im Einzelfall Titelschutz verneint).
11 BGHZ 135, 278 *PowerPoint*; BGH GRUR 1997, 902, 903 *FTOS*; BGH GRUR 1998, 1010 *WINCAD*; BGH I ZR 109/03 v. 27.4.2006 *SmartKey*, Tz. 16.
12 BGH I ZR 202/14 v. 28.1.2016 *wetter.de*.
13 BGH GRUR 2005, 959 *FACTS II*.
14 BGH I ZR 47/07 v. 18.6.2009 *EIFEL-ZEITUNG*, Tz. 20; auch BGH I ZR 231/06 v. 14.5.2009 *airdsl*.
15 BGH I ZR 202/14 v. 28.1.2016 *wetter.de*.
16 BGH I ZR 183/07 v. 12.11.2009 *WM-Marken*, Tz. 33.
17 BGH I ZR 47/07 v. 18.6.2009 *EIFEL-ZEITUNG*, Tz. 15, m. w. N.
18 BGH I ZR 102/11 v. 22.3.2012 *Stimmt's?*.
19 BGH I ZR 254/14 v. 28.4.2016 *Kinderstube*, Tz. 17, m. w. N.

gen geistigen Gehalt aufweist, der für den Verkehr das Wesen des Werks ausmacht und der den Warencharakter der konkreten Verkörperung in den Hintergrund treten lässt.

> So stellt ein Spiel, bei dem das Schwergewicht auf Gegenständen im Spielkasten liegt, die zur Verwirklichung des (einfach und ohne besondere geistige Leistung manuell nachzuvollziehenden) Spielgedankens unerlässlich sind, kein (geistiges) Werk im Sinne des § 5 III MarkenG dar; es ist vielmehr eine Ware, die einem Titelschutz nicht zugänglich ist. Nicht titelschutzfähig ist damit etwa ein Geschicklichkeitsspiel, bei dem es nur darum geht, mittels einer vibrierenden Schöpfkelle Fischfiguren aus einer flachen Schale herauszuschöpfen.[20]

6 Schutz erlangt ein Titel nur, wenn er über hinreichend Unterscheidungskraft[21] verfügt oder sich im Verkehr durchgesetzt[22] hat.

> So verfügt ein Titel »SmartKey« für eine Computersoftware von Hause aus über hinreichende Unterscheidungskraft.[23] Andererseits mag dem Titel »Tagesthemen« für eine Nachrichtensendung zwar die Unterscheidungskraft fehlen. Mit Blick auf seinen hohen Bekanntheitsgrad ist jedoch von Verkehrsdurchsetzung auszugehen.[24] Allerdings ist bei glatt beschreibenden Begriffen erst bei einem höheren Durchsetzungsgrad als 50 % von einer Verkehrsdurchsetzung auszugehen.[25]

7 Unterscheidungskraft hat die Bezeichnung eines Werks, wenn ihr die Eignung zur Werkindividualisierung, also zur Unterscheidung eines Werks von anderen Werken zukommt.[26] Hierbei hat die Rechtsprechung zunächst für Titel von Zeitungen,[27] später auch für Zeitschriften-[28] und Buchtitel[29] sowie für Titel von Rundfunksendungen[30] den Mindestgrad erforderlicher Unterscheidungskraft extrem abgesenkt.

> Hinreichend unterscheidungskräftig sind damit die Titel »Wheels Magazine«,[31] »SZENE Hamburg«,[32] »FACTS«,[33] »Auto Magazin«,[34] »Tagesschau«,[35] »Das Telefon Sparbuch«,[36]

---

20 BGH GRUR 1993, 767 *Zappel-Fisch*.
21 Zum Begriff der Unterscheidungskraft bei Marken vgl. oben § 4 Rdn. 56 – 172.
22 BGH I ZR 202/14 v. 28.1.2016 *wetter.de*, Tz. 40; zum Erwerb von Unterscheidungskraft infolge Benutzung vgl. oben § 4 Rdn. 153 – 172.
23 BGH I ZR 109/03 v. 27.4.2006 *SmartKey*, Tz. 16.
24 BGHZ 147, 56, 62 *Tagesschau*, m. w. N.
25 BGH I ZR 202/14 v. 28.1.2016 *wetter.de*, Tz. 42.
26 BGH GRUR 2002, 1083 *1, 2, 3 im Sauseschritt*; BGH GRUR 2003, 440, 441 *Winnetous Rückkehr*; BGH I ZR 102/11 v. 22.3.2012 *Stimmt's?*, Tz. 19; BGH I ZR 202/14 v. 28.1.2016 *wetter.de*, Tz. 19; BGH I ZR 254/14 v. 28.4.2016 *Kinderstube*, Tz. 22.
27 BGH GRUR 1963, 378 *Deutsche Zeitung*; BGH GRUR 1992, 547, 548 *Berliner Morgenpost*; BGH GRUR 1997, 661 *B. Z./Berliner Zeitung*; BGH I ZR 47/07 v. 18.6.2009 *EIFEL-ZEITUNG*, Tz. 14; BGH I ZR 202/14 v. 28.1.2016 *wetter.de*, Tz. 23.
28 BGH GRUR 1999, 235, 237 *Wheels Magazine*; BGH GRUR 2000, 504, 505 *FACTS I*; BGH GRUR 2002, 176 *Auto Magazin*; BGH I ZR 202/14 v. 28.1.2016 *wetter.de*, Tz. 23.
29 BGH GRUR 1991, 153 *Pizza & Pasta*.
30 BGHZ 147, 56, 61 f. *Tagesschau*; BGHZ 102, 88 *Apropos Film*; BGH GRUR 1993, 769 *Radio Stuttgart*; BGH GRUR 2001, 1054, 1055 *Tagesreport*; BGH I ZR 202/14 v. 28.1.2016 *wetter.de*, Tz. 23.
31 BGH GRUR 1999, 235, 237 *Wheels Magazine*.
32 BGH GRUR 2000, 70, 72 *SZENE*.
33 BGH GRUR 2000, 504, 505 *FACTS I*.
34 BGH GRUR 2002, 176 *Auto Magazin*.
35 BGHZ 147, 56, 62 *Tagesschau*.
36 BGH GRUR 2005, 264, 265 *Das Telefon-Sparbuch*.

»EIFEL-ZEITUNG«[37] oder »Stimmt's«[38]. Die Unterscheidungskraft fehlte hingegen dem Titel »wetter.de« für einen internetbasierten Informationsdienst über das Wetter.[39]

Ob dabei der Titel auch als Marke schutzfähig wäre, spielt – wegen explizit geringerer Anforderungen an die Unterscheidungskraft bei Titeln – keine Rolle.[40] 8

> Auch wenn daher etwa der Bezeichnung »Winnetou« die Unterscheidungskraft als Marke abgesprochen wurde,[41] weil sie vom Verkehr allein als Synonym für die von Karl May geschaffene fiktive Figur beschreibend verstanden werde, verfügt die Bezeichnung als Werktitel über hinreichende Unterscheidungskraft.[42]

Diese von der Rechtsprechung bislang nur auf einzelne Werkkategorien – nämlich Zeitungs- und Zeitschriftentiteln – ausdrücklich angewandten Grundsätze können[43] bei Werktiteln im Allgemeinen Anwendung finden, wenn der Verkehr an Titel mit entsprechend geringer Unterscheidungskraft gewöhnt ist und bei der konkreten Werkkategorie ein geringer Gestaltungsspielraum besteht. Dies dürfte auf bei Buchtiteln gelten wo der Verkehr daran gewöhnt ist, dass neben unterscheidungskräftigen Titeln gerade auch beschreibende Angaben zur Kennzeichnung des Werks verwendet werden.[44] Soll ein Werktitel hingegen als Marke eingetragen werden, gelten keine abgesenkten Anforderungen.[45] Auch wenn ein deutlicher Gestaltungsspielraum besteht, sind die Anforderungen nicht abzusenken.[46] 9

> Ein solcher Gestaltungsspielraum besteht etwa bei abgrenzbaren Werkteilen von Printmedien wie einzelnen Artikeln, Serien schutzfähiger Artikel zu bestimmten Themengebieten oder regelmäßig erscheinenden Kolumnen.[47] Keine Gewöhnung an wenig unterscheidungskräftige Titel sei nach der Rechtsprechung des BGH – kaum überzeugend – auch bei Apps und Internetangeboten eingetreten, so dass dort keine abgesenkten Anforderungen zu stellen sind.[48]

III. Zeitrang des Titelrechts und seine Vorverlagerung durch Titelschutzanzeige

Titelschutz entsteht grundsätzlich mit der – befugten[49] und titelmäßigen[50] – Ingebrauchnahme des unterscheidungskräftigen[51] Titels für das jeweilige Werk. Aus- 10

---

37 BGH I ZR 47/07 v. 18.6.2009 *EIFEL-ZEITUNG*, Tz. 14.
38 BGH BGH I ZR 102/11 v. 22.3.2012 *Stimmt's?*, Tz. 20 ff.
39 BGH I ZR 202/14 v. 28.1.2016 *wetter.de*.
40 BGH I ZB 34/08 v. 22.1.2009 *My World*, Tz. 17, m. w. N.
41 BGH GRUR 2003, 342 *Winnetou*; vgl. aber EuG T-501/13 v. 18.3.2016 *WINNETOU*, Tz. 35 ff.
42 BGH GRUR 2003, 440, 441 *Winnetous Rückkehr*.
43 Skeptisch hingegen *Ingerl/Rohnke*, § 5 Rz. 100.
44 BGH GRUR 2003, 440, 441 *Winnetous Rückkehr*.
45 BGH I ZB 32/09 v. 14.1.2010 *hey!*, Tz. 15.
46 BGH BGH I ZR 102/11 v. 22.3.2012 *Stimmt's?*, Tz. 19.
47 BGH BGH I ZR 102/11 v. 22.3.2012 *Stimmt's?*, Tz. 19.
48 BGH I ZR 202/14 v. 28.1.2016 *wetter.de*.
49 BGH I ZR 47/07 v. 18.6.2009 *EIFEL-ZEITUNG*, Tz. 22 ff., wo eine einstweilige Verfügung entgegen stand.
50 BGH GRUR 2005, 959 *FACTS II*, m. w. N.; BGH I ZR 47/07 v. 18.6.2009 *EIFEL-ZEITUNG*, Tz. 15.
51 Andernfalls mit Verkehrsdurchsetzung.

nahmsweise kann der Schutz früher entstehen, wenn das Werk fertig gestellt ist und die alsbald folgende Auslieferung werblich angekündigt wird.[52] Auch muss das Werk nicht vollständig, sondern nur weitgehend fertiggestellt sein.[53] Bei einem periodisch erscheinenden Werk wie einer Zeitungskolumne setzt der Schutz voraus, dass das Werk bereits mehrmals erschienen ist und damit nicht nur als Überschrift eines einzelnen Artikels wahrgenommen wird.[54]

> Existiert beispielsweise erst eine – unter anderem Titel vertriebene – englischsprachige Version eines Computerprogramms so kann die Ankündigung der alsbald folgenden Auslieferung der deutschen Version unter dem beabsichtigten Titel noch keinen Titelschutz bewirken, solange die deutsche Version noch nicht fertig gestellt ist.[55]

11 Die negativen Auswirkungen[56] dieser restriktiven Rechtsprechung kompensiert die Praxis durch das Instrument der (formalisierten) Titelschutzanzeige, bei der der Titel in bestimmter Weise der Öffentlichkeit bekannt gemacht wird. Hierbei liegt in der Titelschutzanzeige selbst noch keine Benutzung des Titels. Sie begründet demnach noch kein Titelrecht, sondern führt lediglich zu einer Vorverlagerung des Zeitrangs, wenn das Werk später tatsächlich erscheint.[57]

> Erscheint etwa nach Anzeige des Titels, aber vor Veröffentlichung des Werks ein identisch gekennzeichnetes Werk eines Dritten, so wird ein Angriff erst dann Erfolg haben, wenn das angekündigte Werk tatsächlich auch erschienen ist.

12 Die Titelschutzanzeige ist an zwei Voraussetzungen[58] geknüpft:
– die Ankündigung des Erscheinens des Werks unter dem jeweiligen Titel bzw. den möglicherweise gewählten Titeln[59] erfolgt öffentlich und in branchenüblicher Weise; und
– das eigentliche Werk erscheint innerhalb angemessener Zeit unter dem Titel.

13 Die branchenübliche Ankündigung erfolgt hierbei in bestimmten Veröffentlichungsorganen, bei Druckschriften oder Filmen u. a. im »Börsenblatt des Deutschen Buchhandels«[60] oder im »Titelschutzanzeiger«, bei Computerprogrammen in der Publikation »Der Softwaretitel«. Die Ankündigung an interessierte Mitbewerber genügt nicht.[61] Dabei lautet der übliche Text einer Titelschutzanzeige: »Unter Hinweis auf die §§ 5, 15 MarkenG nehmen wir [für einen Mandanten[62]] Titelschutz in Anspruch für den folgenden Titel: [..].« Fehlt es bei neu entstehenden werktitelschutzfähigen Produkten (noch) an einer einheitlichen Praxis für eine Werktitelankündigung, sind an eine öffentliche Ankündigung in anderer Weise strenge Anforderungen zu stellen, die es ermöglichen, dass die interessierten Mitbe-

---

52 BGH GRUR 1997, 902 *FTOS*; BGH GRUR 1998, 1010 *WINCAD*.
53 BGH I ZR 231/06 v. 14.5.2009 *airdsl*, Tz. 41.
54 BGH BGH I ZR 102/11 v. 22.3.2012 *Stimmt's?*, Tz. 21.
55 BGH GRUR 1998, 1010 *WINCAD*.
56 Vgl. zur Kritik etwa *Ingerl/Rohnke*, § 5 Rz. 85.
57 BGH GRUR 2001, 1054, 1055 *Tagesreport*, m. w. N.
58 Vgl. etwa BGH I ZR 231/06 v. 14.5.2009 *airdsl*, Tz. 43, m. w. N.
59 Eine Sammeltitelschutzanzeige ist zulässig: BGHZ 108, 89 *Titelschutzanzeige*.
60 BGHZ 108, 89, 98 *Titelschutzanzeige*; BGH GRUR 1998, 1010, 1012 *WINCAD*.
61 BGH I ZR 231/06 v. 14.5.2009 *airdsl*, Tz. 45.
62 Die anonyme, meist – aber nicht zwingend – von einem Rechtsanwalt geschaltete Titelschutzanzeige ist zulässig, kann jedoch ein Haftungsrisiko begründen; vgl. BGH GRUR 1998, 956 *Titelschutzanzeige für Dritte*.

werber von einer derartigen Ankündigung auf einfachem Wege Kenntnis erlangen können.

> Auch solange daher etwa im Softwarebereich noch keine branchenübliche Praxis existierte, reichten übliche Werbemaßnahmen einschließlich der Herausgabe von Pressemitteilungen für eine Vorverlagerung des Zeitrangs nicht aus.[63] Ebenso wenig genügt die Ankündigung des Erscheinens eines Werkes auf der eigenen Internetseite.[64] Bei neuen Werkgattungen empfiehlt sich daher – jedenfalls zusätzlich – das Schalten der Anzeige in einem traditionellen, branchennahen Medium.

Die Angemessenheit des zeitlichen Abstands zum Inverkehrbringen des Werks unter dem angezeigten Werktitel als zweite Voraussetzung der Vorverlagerung des Schutzes beurteilt sich nach der konkreten Art des Werks sowie der Werkkategorie und den üblichen Produktionszeiten.[65] Der Zeitraum ist hierbei durch eine Abwägung der beteiligten Interessen zu ermitteln.[66] In der Regel wird die Obergrenze bei sechs, in Ausnahmefällen – insbesondere bei langen Produktionszeiten – bei zwölf Monaten liegen.[67] **14**

IV. Inhaberschaft

Das Werktitelrecht steht demjenigen zu, der das Werk unter dem jeweiligen Titel rechtmäßig vertreibt und damit den Titel in Benutzung nimmt.[68] Bei Büchern ist dies zunächst grundsätzlich der Autor des Werks,[69] zumal der Autor den Titel meist schon gegenüber dem Verlag verwenden wird. Bei Reihenwerken entsteht ein zusätzliches Recht beim Verlag.[70] Bei Zeitungen und Zeitschriften werden die Titelrechte in der Regel zunächst beim Verlag liegen.[71] Für das Entstehen des Rechts ist nicht erforderlich, dass der Nutzer des Titels eine Alleinstellung genießt. Vielmehr genügt, dass der Vertrieb rechtmäßig erfolgt. **15**

> So entstehen Titelrechte bei einem gemeinfreien Werk nicht nur bei den Rechtsnachfolgern des Autors, sondern auch bei Dritten, die das Werk (in zulässiger Weise) vertreiben. Sämtliche dieser Rechtsinhaber können dagegen vorgehen, wenn der Titel für ein anderes Werk verwendet wird.[72]

---

63 BGH GRUR 1998, 1010 *WINCAD*.
64 BGH I ZR 231/06 v. 14.5.2009 *airdsl*.
65 Vgl. *Ingerl/Rohnke*, § 5 Rz. 88, m. w. N.
66 OLG Hamburg AfP 1997, 815.
67 Vgl. OLG Hamburg AfP 1997, 815 (zehn Monate unangemessen); OLG Köln GRUR 1989, 690, 692 *High Tech* (zwölf Monate unangemessen); OLG Hamburg AfP 2002, 59, 60 *Bremer Branchen* (neun Monate für Internet- und zwölf Monate für Printversion eines Branchentelefonbuchs als Obergrenze).
68 BGH GRUR 2003, 440 *Winnetous Rückkehr*, unter Hinweis auf BGH GRUR 1989, 626, 627 *Festival Europäischer Musik* (für den Fall einer Unternehmensbezeichnung); auch BGH GRUR 1997, 661, 662 *B. Z./Berliner Zeitung*; *Deutsch*, WRP 2000, 1375, 1378.
69 BGH GRUR 1990, 218, 220 *Verschenktexte I*; BGH GRUR 2005, 264, 265 *Das Telefon-Sparbuch*.
70 BGH GRUR 1990, 218, 220 *Verschenktexte I*.
71 Vgl. BGH GRUR 1997, 661, 662 *B. Z./Berliner Zeitung*.
72 BGH GRUR 2003, 440, 441 *Winnetous Rückkehr*.

V. Untergang des Titelschutzes

16 Der Werktitelschutz endet bei von Hause aus unterscheidungskräftigen[73] Titeln, wenn die Benutzung des Titels für das zu Grunde liegende Werk endgültig aufgegeben wurde.[74] Bei einer Unterbrechung der Benutzung wird man wie bei Unternehmenskennzeichen[75] darauf abstellen müssen, ob die Unterbrechung nur vorübergehend ist. Hierbei kommt es neben der tatsächlichen Dauer der Unterbrechung darauf an, ob neben dem Willen des Inhabers, den Vertrieb des Werks fortzusetzen, die tatsächliche Möglichkeit besteht, die Fortsetzungsabsicht so rechtzeitig zu verwirklichen, dass aus Sicht des Verkehrs zum Zeitpunkt der Wiederaufnahme der Benutzung die Benutzungsunterbrechung noch als vorübergehend angesehen werden kann.

> So erlischt bei einem Buch das Titelrecht nicht schon dann, wenn das Buch vergriffen ist. Der Verkehr weiß nämlich, dass zwischen einzelnen Auflagen ein längerer Zeitraum verstreichen kann. Strengere Anforderungen gelten bei einem Zeitschriftentitel.[76]

17 Wird das zu Grunde liegende Werk urheberrechtlich gemeinfrei, so führt dies nicht zum Erlöschen des Titelschutzes. Das ergibt sich schon aus der Tatsache, dass der Werkbegriff des § 5 III MarkenG von demjenigen des § 2 UrhG abweicht und insbesondere eine urheberrechtliche Schutzfähigkeit nicht voraussetzt.[77] Allerdings bedeutet dies nicht, dass Dritte mit Gemeinfreiwerden nicht auch den Titel für identische Nachdrucke des betroffenen Werks verwenden dürften; lediglich eine Benutzung des Titels für ein anderes Werk bleibt unzulässig.

---

[73] Wurde der Titelschutz durch Verkehrsgeltung erlangt, erlischt das Recht mit dem Wegfall der Verkehrsgeltung.
[74] Vgl. BGH GRUR 1959, 45 *Deutsche Illustrierte*; BGH GRUR 1959, 541 *Nußknacker*; BGH GRUR 1960, 346 *Naher Osten*; nicht in Betracht kommt eine Heilung zwischenzeitlicher Nichtbenutzung analog § 49 I 3 MarkenG: BGH I ZR 47/07 v. 18.6.2009 *EIFEL-ZEITUNG*, Tz. 32 f.
[75] BGHZ 136, 11, 21 *L*; BGHZ 150, 82, 89 *Hotel Adlon*.
[76] BGH GRUR 1960, 346 *Naher Osten*.
[77] BGH GRUR 2003, 440, 441 *Winnetous Rückkehr*, m. w. N.

§ 20 Reichweite des Schutzes

Schrifttum: *Baronikians*, Der Schutz des Werktitels, 2008; *Deutsch/Ellerbrock*, Titelschutz, 2. Aufl. 2004; *Ingerl*, Beschränkung des Schutzumfangs berühmter Marken und Werktitel öffentlich-rechtlicher Rundfunkanstalten zur Erleichterung der Zeichenbildung privater Sendeunternehmen? – Anmerkungen zu den BGH-Urteilen »ARD-1« und »Tagesschau«, FS Erdmann, 2002, 299; *Klett/Gärtner*, Alles eitel Sonnenschein? Zum Werktitelschutz für Internet-Domainnamen und Smartphone-Apps, WRP 2016, 1094; *Strobl*, Schon überholt – BGH zum Werktitelschutz von App-Bezeichnungen, MarkenR 2017, 22

I. Grundsätze

Wie der Schutz von Unternehmenskennzeichen richtet sich auch der Titelschutz nach § 15 MarkenG. Titel sind damit gegen Verwechslungsgefahr (§ 15 II MarkenG), bekannte Titel darüber hinaus gegen bestimmte unlautere Verhaltensweisen (§ 15 III MarkenG) geschützt. 1

Im Hinblick auf die Reichweite des Titelschutzes besteht die wichtigste Besonderheit gegenüber dem Markenschutz[1] darin, dass die Rechtsprechung häufig die extrem geringen Anforderungen an die Schutzfähigkeit von Titeln kompensiert und Titeln im Regelfall nur einen sehr engen Schutzbereich zubilligt. Der Schutz geht dabei im Ergebnis häufig kaum über den Identitätsbereich hinaus. 2

> Wo immer dies in der Praxis möglich ist, sollte daher ein Titel zusätzlich als Marke angemeldet werden.[2]

§ 15 MarkenG setzt auf der Verletzerseite eine titelmäßige Verwendung voraus.[3] Nur in Ausnahmefällen genügt auch eine Verwendung als Unternehmens- oder Produktkennzeichen,[4] wobei diese aber jedenfalls eine kennzeichenmäßige, also rechtsverletzende[5] Verwendung sein muss.[6] Eine titelmäßige Verwendung liegt vor, wenn eine Kennzeichnung in einer Weise benutzt wird, dass ein nicht unerheblicher Teil des angesprochenen Verkehrs in ihr die Bezeichnung eines Werkes zur Unterscheidung von anderen Werken sieht. Hierbei kann auch eine Kennzeichnung von Werkteilen titelmäßig verwendet werden, sofern es sich bei dem Werkteil um eine besondere, nach ihrer sonstigen äußeren Aufmachung und ihrem Gegenstand und Inhalt in gewissem Umfang selbständig gestaltete Abteilung handelt.[7] 3

> Eine titelmäßige Verwendung kann daher auch bei einem Rubrikentitel[8] oder dem optisch hervorgehobenen Titel einer Zeitschriftenbeilage[9] vorliegen. Demgegenüber liegt in einer

---

1 Zur Reichweite des Markenschutzes vgl. oben §§ 10–13.
2 Ebenso *Deutsch*, GRUR 2004, 642 ff.
3 BGH I ZR 183/07 v. 12.11.2009 *WM-Marken*, Tz. 37, m. w. N.
4 Vgl. hierzu unten § 20 Rdn. 15 – 19.
5 Hierzu oben § 10 Rdn. 30 – 12.
6 BGH I ZR 109/03 v. 27.4.2006 *SmartKey*, Tz. 17.
7 BGH GRUR 2000, 70, 72 *SZENE*, m. w. N.
8 BGH GRUR 2000, 70, 72 *SZENE*.
9 BGH GRUR 2005, 264, 265 *Das Telefon-Sparbuch*.

Titelschutzanzeige noch keine (rechtsverletzende) Benutzung des Titels, so dass sie allenfalls eine Erstbegehungsgefahr[10] hinsichtlich der Benutzung begründet.[11]

II. Verwechslungsgefahr

4 Der Begriff der Verwechslungsgefahr entspricht in seinen Grundsätzen dogmatisch – weniger dagegen in der konkreten Anwendung – der Verwechslungsgefahr bei Markenverletzungen.[12] Für die Frage der Verwechslungsgefahr ist auch beim Werktitelschutz auf drei Faktoren abzustellen, zwischen denen eine Wechselwirkung besteht: auf die Kennzeichnungskraft des älteren Titels, auf die Ähnlichkeit der sich gegenüberstehenden Werktitel sowie auf die Identität oder Ähnlichkeit der jeweiligen Werke.[13] Da es bei Titeln um Zeichen geht, die durch Benutzung entstehen, ist bei der Beurteilung der Verwechslungsgefahr stets auf die konkreten Benutzungsverhältnisse abzustellen.

> Für die Beurteilung der Verwechslungsgefahr zwischen Zeitschriftentiteln beispielsweise kommt es daher auch auf die Marktverhältnisse und zwar insbesondere auf Charakter und Erscheinungsbild der Zeitschriften abzustellen. Insbesondere Gegenstand, Aufmachung, Erscheinungsweise und Vertriebsform haben hierbei Einfluss auf die Verwechslungsgefahr.[14]

1. Kennzeichnungskraft

5 Wie bei Marken[15] richtet sich die Kennzeichnungskraft eines Werktitels danach, welche Unterscheidungskraft er von Hause aus aufweist und wie intensiv seine Kennzeichnungskraft durch Benutzung gesteigert wurde. Hierbei ist auf die konkrete Eignung zur Unterscheidung unterschiedlicher Werke voneinander, also quasi auf eine titelspezifische Kennzeichnungskraft, abzustellen.

> So kommt es etwa bei dem Titel »1, 2, 3 im Sauseschritt« nicht darauf an, dass es sich bei ihm um ein in den allgemeinen deutschen Sprachgebrauch eingegangenes geflügeltes Wort handelt. Dies beeinträchtigt nämlich nicht die Eignung zu titelmäßiger Unterscheidung. Insbesondere der ungewöhnliche Begriff »Sauseschritt« ist von hoher Originalität und bestimmt den Titel mit.[16] Demgegenüber ist die Kennzeichnungskraft der Titel »Winnetou I«, »Winnetou II« und »Winnetou III« sowie »Winnetous Erben« angesichts der großen Bekanntheit der fiktiven Figur mit dem Namen »Winnetou« nur unterdurchschnittlich, weil der Verkehr den Namen als beschreibenden Hinweis auf den Indianerhäuptling auffasst.[17]

6 Zu berücksichtigen ist, dass bei Titeln im Rahmen ihrer Schutzfähigkeit nur extrem geringe Anforderungen an den Grad erforderlicher Unterscheidungskraft gestellt

---

10 Zur Erstbegehungsgefahr unten § 27 Rdn. 15 – 17.
11 BGH GRUR 2001, 1054, 1055 *Tagesreport*, m. w. N.
12 Zur markenrechtlichen Verwechslungsgefahr vgl. oben § 12.
13 BGHZ 147, 56, 63 *Tagesschau*; BGH GRUR 2001, 1054, 1056 *Tagesreport*, m. w. N.; BGH GRUR 2002, 176 *Auto Magazin*; BGH GRUR 2002, 1083, 1084 *1, 2, 3 im Sauseschritt*; BGH GRUR 2003, 440, 441 *Winnetous Rückkehr*; BGH GRUR 2005, 264, 265 *Das Telefon-Sparbuch*; BGH I ZR 109/03 v. 27.4.2006 *SmartKey*, Tz. 20.
14 BGH GRUR 1975, 604, 605 *Effecten-Spiegel*; BGH GRUR 2000, 504, 505 *FACTS I*; BGH GRUR 2002, 176 *Auto Magazin*; BGH GRUR 2005, 264, 266 *Das Telefon-Sparbuch*.
15 Vgl. hierzu oben § 12 Rdn. 33 – 60.
16 BGH GRUR 2002, 1083, 1084 *1, 2, 3 im Sauseschritt*.
17 BGH GRUR 2003, 440, 441 *Winnetous Rückkehr*.

werden. Auch solche Titel, die – gemessen an den Kriterien für Marken – nur eine vergleichsweise schwache Unterscheidungskraft aufweisen, können daher als Titel über durchschnittliche Kennzeichnungskraft verfügen.

So kann die Unterscheidungskraft des Titels »Wheels Magazine« nicht als gering angesehen werden. Denn der Bestandteil »Wheels« – auf Deutsch »Räder« – hebt sich von einer rein beschreibenden Angabe durch die Verwendung der englischen Sprache sowie insbesondere dadurch ab, dass er nur auf einen eher unbedeutenden Teil des Gegenstandes der Berichterstattung Bezug nimmt.[18] Auch dem Buchtitel »Das Telefon Sparbuch« schließlich kommt eine von Hause gegebene durchschnittliche Kennzeichnungskraft zu.[19]

2. Zeichenähnlichkeit

Auch bei der Beurteilung der Verwechslungsgefahr von Titeln ist die Zeichenähnlichkeit danach zu bestimmen, welchen Gesamteindruck die beiderseitigen Bezeichnungen im Verkehr erwecken.[20] Wie auch bei Marken ist hierbei zu beachten, dass der Verkehr regelmäßig nicht beide Titel gleichzeitig betrachten und vergleichen kann, sondern sich auf seine undeutliche Erinnerung verlassen muss.[21]

7

So begegnet es bei den Bezeichnungen »Das neue Telefon-Sparbuch« bzw. »Das frische Telefon-Sparbuch« keinen rechtlichen Bedenken, dem Weglassen der Adjektive »neues« bzw. »frisches« keine für den Gesamteindruck im Verkehr wesentliche Bedeutung beizumessen. Auch der Verkehr wird nämlich diese Details kaum in Erinnerung behalten.[22]

Wie bei Unternehmenskennzeichen[23] geht auch bei Titeln die Rechtsprechung davon aus, dass der Verkehr dazu neigt, längere Bezeichnungen in einer die Merkbarkeit und Aussprechbarkeit erleichternden Weise zu verkürzen. Hierbei genügt es, wenn die abgekürzte Bezeichnung für einen nicht unbeachtlichen Teil des Verkehrs nahe liegt.[24]

8

So wird der Titel »Wheels Magazine« in seinem Gesamteindruck durch »Wheels« geprägt.[25] Demgegenüber wird der Verkehr die Titel »1, 2, 3 im Sauseschritt« und »Eins, zwei, drei im Bärenschritt« nicht auf die Ziffernfolge »1, 2, 3« reduzieren, da die Wörter »Sauseschritt« einerseits und »Bärenschritt« andererseits sowie deren erkennbarer Bedeutungsgehalt die Titel maßgeblich mitprägen.[26] Auch bei den Titeln »Winnetou I«, »Winnetou II«, »Winnetou III« sowie »Winnetous Erben« einerseits und »Winnetous Rückkehr« andererseits kann wegen der Kennzeichnungsschwäche des Bestandteils »Winnetou« nicht von einer Verkürzung auf diesen Bestandteil ausgegangen werden.[27]

---

18 BGH GRUR 1999, 235, 237 *Wheels Magazine*.
19 BGH GRUR 2005, 264, 265 *Das Telefon-Sparbuch*.
20 BGH GRUR 2000, 504, 505 *FACTS I*; BGH GRUR 2002, 1083, 1084 *1, 2, 3 im Sauseschritt*; BGH GRUR 2005, 264, 265 *Das Telefon-Sparbuch*.
21 BGH GRUR 2005, 264, 265 *Das Telefon-Sparbuch*, unter Hinweis auf BGH GRUR 1991, 153, 154 f. *Pizza & Pasta*, m. w. N.
22 BGH GRUR 2005, 264, 265 *Das Telefon-Sparbuch*.
23 Vgl. oben § 18 Rdn. 17 – 18.
24 BGH GRUR 1999, 235, 237 *Wheels Magazine*; BGH GRUR 2000, 504, 505 *FACTS I*, m. w. N.
25 BGH GRUR 1999, 235, 237 *Wheels Magazine*.
26 BGH GRUR 2002, 1083, 1084 f. *1, 2, 3 im Sauseschritt*, unter Hinweis auf BGHZ 28, 320, 325 *Quick/Glück*; BGH GRUR 1992, 130, 132 *Bally/BALL*.
27 BGH GRUR 2003, 440, 441 *Winnetous Rückkehr*.

9 Schon erwähnt wurde, dass bei Titeln, die geringe Kennzeichnungskraft aufweisen, bereits verhältnismäßig geringfügige Abweichungen ausreichen können, um eine Verwechslungsgefahr auszuschließen. Denn der Verkehr achtet hier genau auf bestehende Unterschiede.[28]

So begründen die Titel

jedenfalls dann keine Verwechslungsgefahr, wenn der Verkehr im betreffenden Zeitschriftenbereich an ähnliche Titel gewöhnt ist.[29] Entsprechendes gilt für die Titel »Tagesschau« bzw. »Tagesthemen« einerseits und »Tagesreport« andererseits.[30]

10 Ebenso wie bei der Kollision zweier Marken, achtet der Verkehr auch bei Werktiteln normalerweise weniger auf beschreibende Bestandteile. Eine Übereinstimmung in solchen beschreibenden Bestandteilen kann mithin keine Zeichenähnlichkeit begründen, wenn der beschreibende Gehalt auch in einem Kombinationszeichen erhalten bleibt.

So sind etwa im Softwarebereich »Smart Key« und das Kombinationszeichen »KOBIL Smart Key« nicht ähnlich, zumal der beschreibende Gehalt des Bestandteils »Smart Key« auch im Kombinationszeichen erhalten bleibt.[31]

11 Auch bei Titeln[32] kann eine so genannte mittelbare Verwechslungsgefahr (Verwechslungsgefahr unter dem Gesichtspunkt des gedanklichen Inverbindungbringens) dann zu bejahen sein, wenn der Verkehr den angegriffenen Titel demselben Unternehmen – gewissermaßen als Teil einer Serie – zuordnet.[33] Hier reicht – ebenso wie im Rahmen des § 14 II Nr. 2 MarkenG – eine bloße Assoziation für die Annahme einer Verwechslungsgefahr nicht aus. Vielmehr muss die gedankliche Verbindung konkret zu einer Verwechslungsgefahr führen, die auch darin bestehen kann, dass das Publikum aufgrund der vorhandenen Übereinstimmungen eine organisatorische oder wirtschaftliche Verbindung zwischen den Herstellern der beiden Werke annimmt. Hierfür müssen allerdings besondere Anhaltspunkte bestehen.[34]

So wird der Verkehr bei Titeln von periodisch erscheinenden Werken, wie Zeitungen und Zeitschriften, die sich angesichts ihres regelmäßigen Erscheinens zu einem Hinweis auf die betriebliche Herkunft entwickeln können, eher von einer wirtschaftlichen Verbindung ausgehen. Bei Einzelwerken ist hierfür dagegen kein Raum.[35] Auch bei Titeln von Fernsehsendun-

---

28 BGH GRUR 1999, 235, 237 *Wheels Magazine*; BGH GRUR 2002, 176, 177 *Auto Magazin*.
29 BGH GRUR 2002, 176, 177 *Auto Magazin*; auch BGH GRUR 1991, 331, 332 *Ärztliche Allgemeine*; BGH GRUR 1992, 547, 549 *Morgenpost*; BGH GRUR 1997, 661, 663 *B. Z./ Berliner Zeitung*.
30 BGHZ 147, 56, 64 *Tagesschau*; BGH GRUR 2001, 1054, 1056 *Tagesreport*.
31 BGH I ZR 109/03 v. 27.4.2006 *SmartKey*, Tz. 23.
32 Zur Problematik bei Marken vgl. oben § 12 Rdn. 14 – 22; zu Unternehmenskennzeichen oben § 18 Rdn. 16 – 18.
33 BGH GRUR 1999, 235, 238 *Wheels Magazine*.
34 BGHZ 147, 56, 66 f. *Tagesschau*; BGH GRUR 2001, 1054, 1057 *Tagesreport*.
35 BGH GRUR 2003, 342, 343 *Winnetou*.

gen liegt eine mittelbare Verwechslungsgefahr fern, weil der Verbraucher bereits wegen der vorgenommenen Senderwahl, aber auch aufgrund der Hinweise auf den jeweils eingeschalteten Sender weiß, zu welcher Sendeanstalt die laufende Sendung gehört.[36]

3. Werknähe

Eine wichtige Besonderheit von Werktiteln gegenüber Marken und Unternehmenskennzeichen besteht darin, dass Werktitel im Sinne des § 5 III MarkenG grundsätzlich (nur) der Unterscheidung eines Werkes von anderen dienen. Einen Hinweis auf den Hersteller oder Inhaber des Werkes und damit auf eine bestimmte betriebliche Herkunft geben Werktitel hierbei normalerweise nicht. Aus Titelrechten kann daher normalerweise nicht gegen Marken und Unternehmenskennzeichen vorgegangen werden. Auch sind Titel in der Regel nur gegen eine unmittelbare Verwechslung im engeren Sinne geschützt.[37] Es muss demnach für eine Verletzung der Titelrechte die Gefahr bestehen, dass der Verkehr den einen Titel für den anderen hält, dass also ein nicht nur unerheblicher Teil des angesprochenen Verkehrs als Folge der Identität oder Ähnlichkeit der beiden verwendeten Bezeichnungen über die Identität der bezeichneten Werke irrt. Betreffen daher die zu vergleichenden Titel unterschiedliche Werkgattungen, so scheidet die Annahme einer unmittelbaren Verwechslungsgefahr mangels Werknähe regelmäßig aus, wenn der angesprochene Verkehr das eine Werk aufgrund der Unterschiede nicht für das andere hält.[38] Nur im Falle periodisch erscheinender Druckschriften oder Fernsehserien, die über eine hinreichende Bekanntheit verfügen, nimmt die Rechtsprechung an, dass einem Werktitel ein weitergehender Schutz gegen die Gefahr der betrieblichen Herkunftstäuschung zukommt.[39]

12

> So handelt es sich bei einem Sachbuch einerseits und einem als Zeitschriftenbeilage verteilten Heftchen über Telefontarife andererseits nicht um dieselbe Werkkategorie »Buch«. Die Werknähe ist daher zu verneinen.[40] Bei Zeitschriftentiteln sind zum Beispiel die Marktverhältnisse sowie Charakter, Erscheinungsbild, Gegenstand, Aufmachung, Erscheinungsweise und Vertriebsform der Zeitschrift zu berücksichtigen.[41] Bei einem Internetangebot ist zu berücksichtigen, dass die Nutzer regelmäßig wissen, wessen Informationsangebot sie gerade in Anspruch nehmen.[42] Auch kann nicht ohne weiteres aus einem Werktitel an einem Druckerzeugnis gegen ein Internetangebot vorgegangen werden; die Annahme eines einheitlichen Werktitelrechts für Druckerzeugnisse und über das Internet zugängliche journalistische oder literarische Angebote setzt voraus, dass der Verkehr die Angebote als einheitliches Produkt mit unterschiedlichen Vertriebswegen, nicht hingegen lediglich als miteinander verwandte, aber nach Inhalt und Erscheinungsbild eigenständige Angebote ansieht.[43]

---

36 BGHZ 147, 56, 65 f. *Tagesschau*; BGH GRUR 2001, 1054, 1057 *Tagesreport*.
37 BGHZ 147, 56, 61 f. *Tagesschau*; BGH GRUR 1999, 235, 237 *Wheels Magazine*; BGH GRUR 1999, 581, 582 *Max*; BGH GRUR 2000, 70, 72 f. *SZENE*; BGH GRUR 2000, 504, 505 *FACTS I*; BGH GRUR 2001, 1054, 1056 *Tagesreport*; BGH GRUR 2002, 1083, 1085 *1, 2, 3 im Sauseschritt*; auch BGH GRUR 2003, 440, 441 *Winnetous Rückkehr*; BGH GRUR 2005, 264, 265 f. *Das Telefon-Sparbuch*.
38 BGH GRUR 2005, 264, 266 *Das Telefon-Sparbuch*, unter Hinweis auf *Kröner*, FS für Hertin, 2000, S. 565, 591; auch BGHZ 147, 56, 64 f. *Tagesschau*.
39 BGH I ZR 254/14 v. 28.4.2016 *Kinderstube*, Tz. 22, m. w. N.
40 BGH GRUR 2005, 264, 265 f. *Das Telefon-Sparbuch*.
41 BGH I ZR 102/11 v. 22.3.2012 *Stimmt's?*, Tz. 23, m. w. N.
42 BGH I ZR 102/11 v. 22.3.2012 *Stimmt's?*, Tz. 27.
43 BGH I ZR 254/14 v. 28.4.2016 *Kinderstube*.

13 Allerdings ist der Verkehr bei bestimmten Werkgattungen daran gewöhnt, dass unterschiedliche Fassungen desselben Werks erscheinen können.

> So ist die Werknähe zwischen einem Roman und einem Film nicht zu gering zu bewerten. In Filmen werden nämlich häufig Romanvorlagen umgesetzt.[44] Auch ist der Verbraucher daran gewöhnt, dass ihm das gleiche Werk als gebundene Ausgabe, als Taschenbuch und gegebenenfalls auch als Buchclub-Ausgabe begegnet. Demgegenüber wird der Verkehr bei einer Zeitschriftenbeilage ohne einen ausdrücklichen Hinweis nicht annehmen, dass es sich bei den Broschüren um Auszüge oder Sonderausgaben des Buches handelt.[45]

14 Betreffen andererseits die sich gegenüberstehenden Titel dieselbe Werkkategorie, so kann ein unterschiedlicher sachlicher Inhalt der Werke nur dann berücksichtigt werden, wenn er bei identischen Titeln und optisch übereinstimmendem Gesamteindruck in anderer Weise deutlich hervorgehoben wird.

> So können deutlich gestaltete Untertitel, die auf den Inhalt der Werke hinweisen, eine Verwechslungsgefahr ausräumen, weil der Verkehr nicht mehr das eine Werk für das andere hält.[46]

4. Titelrechtlicher Schutz gegen Marken und Unternehmenskennzeichen als Ausnahme

15 Nur ausnahmsweise kann aus einem Titel auch Schutz gegen Produktkennzeichen (einschließlich Marken) oder Unternehmensbezeichnungen unter dem Gesichtspunkt einer Verwechslungsgefahr im weiteren Sinn beansprucht werden. Hierfür bedarf es allerdings zusätzlicher, besonderer Umstände, um beim Verkehr die (Fehl-)Vorstellung einer wirtschaftlichen oder organisatorischen Verbindung, zu der auch ein Lizenzzusammenhang zu rechnen ist, entstehen zu lassen. Hierbei erfordert die Annahme einer Verwechslungsgefahr im weiteren Sinn gewisse Anstöße oder erkennbare gedankliche Brücken zwischen der Wahrnehmung und der daraus gezogenen Folgerung. Solche hat die Rechtsprechung bisher angenommen,[47] wenn ein gewisser sachlicher Zusammenhang zwischen den gekennzeichneten Waren und dem unter dem in Frage stehenden Titel veröffentlichten Werk erkennbar war, und sie verneint,[48] wenn ein solcher Zusammenhang fehlte.[49]

> Das Verlagsgeschäft mit Zeitschriften und die Herstellung und der Vertrieb von Schuhen sind ganz überwiegend so hinreichend voneinander abgegrenzt, dass die Annahme von wirtschaftlichen oder organisatorischen Verbindungen selbst bei identischer grafischer Gestaltung des Titels für den Verkehr eher fern liegt.[50]

16 Den wichtigsten Anwendungsfall eines titelrechtlichen Schutzes gegen Marken oder Unternehmenskennzeichen bilden jedoch bekannte Titel. Denn gerade bei bekannten Titeln kann der Verkehr unter bestimmten Voraussetzungen mit einem

---

44 BGH GRUR 2003, 440, 441 *Winnetous Rückkehr*, unter Hinweis auf BGHZ 26, 52, 59 *Sherlock Holmes*; auch GRUR 2005, 264, 266 *Das Telefon-Sparbuch*.
45 BGH GRUR 2005, 264, 265 f. *Das Telefon-Sparbuch*.
46 BGH GRUR 2000, 504, 505 *FACTS I*.
47 Vgl. BGHZ 68, 132, 139 ff. *Der 7. Sinn* (bekannte Verkehrs-Fernsehsendung und Verkehrs-Würfelspiel); BGH GRUR 1982, 431, 432 f. *POINT*, insoweit nicht in BGHZ 83, 52.
48 BGHZ 120, 228, 232 f. *Guldenburg* (Fernsehserie und Schmuck bzw. Lebensmittel).
49 BGH GRUR 1999, 581, 582 *Max*.
50 BGH GRUR 1999, 581, 583 *Max*.

Werktitel gleichzeitig auch die Vorstellung einer bestimmten betrieblichen Herkunft verbinden.⁵¹

> So liegt bei bekannten Titeln regelmäßig erscheinender periodischer Druckschriften oder auch bei (Fernseh-)Filmserien die Bekanntheit des Titels und das regelmäßige Erscheinen im selben Verlag bzw. bei derselben Fernsehanstalt die Schlussfolgerung nahe, dass er im Verkehr jedenfalls teilweise auch als Hinweis auf die betriebliche Herkunft verstanden wird.⁵²

Dient der Titel auch als Hinweis auf eine bestimmte betriebliche Herkunft, so kann unter besonderen Umständen die Annahme der (Fehl-)Vorstellung einer wirtschaftlichen (Lizenz-)Verbindung in Betracht gezogen werden. Dies gilt etwa, wenn der Titel besonders originell und einprägsam sowie weit überdurchschnittlich bekannt ist oder wenn ein überaus bekannter Titel wörtlich übereinstimmend als Warenbezeichnung erscheint. Hier entsteht im Verkehr nicht nur allgemein der Gedanke an den Titel, sondern auch die erforderliche konkrete Vorstellung, der Warenhersteller habe hier ein Interesse gerade an dieser werbewirksamen Bezeichnung erlangen wollen und ein Verwertungsrecht vom Inhaber des Werktitels erwerben müssen.⁵³ **17**

> So wird der Verkehr bei einem bekannten, insbesondere bei einem besonders originellen und einprägsamen Titel wie bei der Bambi-Figur, den Mainzelmännchen oder bei Asterix und Obelix eher Lizenzverbindungen annehmen.⁵⁴

Hauptanwendungsfall für eine zugleich herkunftshinweisende Bedeutung eines bekannten Titels sind periodisch erscheinende Druckwerke. Die Bekanntheit eines solchen Titels und das regelmäßige Erscheinen im selben Verlag legen die Schlussfolgerung nahe, dass er im Verkehr jedenfalls teilweise auch als Hinweis auf die betriebliche Herkunft verstanden wird.⁵⁵ Demgegenüber kann bei einem Einzelwerk allein aus der Bekanntheit seines Titels normalerweise nichts Wesentliches hergeleitet werden. **18**

> So wird der Verkehr in einem Buchtitel in aller Regel keinen Hinweis auf einen bestimmten Verlag sehen.⁵⁶ Ein Titel wie das Wort »test« der Zeitschrift der Stiftung Warentest wird hingegen auch als Herkunftshinweis verstanden.⁵⁷

Besonderheiten gelten schließlich dann, wenn in einem Sektor jahrzehntelang staatliche Monopole bestanden haben und die in diesem Sektor benutzten Titel von Wettbewerbern ungestört Bekanntheit erlangen konnten. Hier kompensiert die Rechtsprechung die durch das frühere Monopol hervorgerufene Benachteiligung der Wettbewerber. **19**

---

51 BGHZ 147, 56, 61 f. *Tagesschau*; BGH GRUR 1999, 235, 237 *Wheels Magazine*, m. w. N.; BGH GRUR 1999, 581, 582 *Max*, m. w. N.; BGH GRUR 2000, 70, 72 f. *SZENE*; BGH GRUR 2000, 504, 505 *FACTS I*, m. w. N.; BGH GRUR 2001, 1054, 1056 *Tagesreport*, m. w. N.; BGH GRUR 2002, 1083, 1085 *1, 2, 3 im Sauseschritt*; BGH GRUR 2005, 264, 266 *Das Telefon-Sparbuch*.
52 BGH GRUR 1999, 581, 582 *Max*; BGH GRUR 2000, 504, 505 *FACTS I*; BGH GRUR 2005, 264, 266 *Das Telefon-Sparbuch*, jeweils m. w. N.
53 BGH GRUR 1999, 581, 583 *Max*.
54 Vgl. BGH GRUR 1999, 581, 583 *Max*; BGH GRUR 2005, 264, 266 *Das Telefon-Sparbuch*.
55 BGH I ZB 65/12 v. 17.10.2013 *test*, Tz. 29.
56 BGH GRUR 2002, 1083, 1085 *1, 2, 3 im Sauseschritt*; auch BGH GRUR 2005, 264, 266 *Das Telefon-Sparbuch*.
57 BGH I ZB 65/12 v. 17.10.2013 *test*, Tz. 28 ff.

So begründeten die Titel »Tagesschau« bzw. »Tagesthemen« trotz ihrer durch jahrelange Monopolstellung erlangten Bekanntheit keine Verwechslungsgefahr mit einem Titel »Tagesreport«.[58]

III. Erweiterter Schutz bekannter Titel

20 Bekannte Titel genießen in zweierlei Hinsicht erweiterten Schutz:
- Zum einen geht die Rechtsprechung wie vorstehend[59] ausgeführt davon aus, dass der Verkehr den bekannten Titel eher als Hinweis auf die betriebliche Herkunft verstehen und deswegen mit der Folge einer Verwechslungsgefahr im weiteren Sinn auf wirtschaftliche oder organisatorische Verbindungen zwischen den Beteiligten schließen wird (erweiterter Schutz im Rahmen von § 15 II MarkenG);
- zum anderen genießen bekannte Titel wie bekannte Marken originären Schutz gegen bestimmte unlautere Verhaltensweisen (Schutz nach § 15 III MarkenG).

21 Die Bekanntheit eines Titels ist bei diesem originären Bekanntheitsschutz wie die Bekanntheit einer Marke[60] zu ermitteln.

So kann eine hinreichende Bekanntheit im Verkehr bei einer Bekanntheitsquote von 14,1 % ohne sonstige in Richtung Bekanntheit weisende Tatsachen noch nicht angenommen werden.[61]

22 Bekannten Titeln kommt ein erweiterter Schutz hierbei nur zugute, wenn die Benutzung des Titels durch einen Dritten seine Unterscheidungskraft oder Wertschätzung ohne rechtfertigenden Grund in unlauterer Weise ausnutzt oder beeinträchtigt (§ 15 III MarkenG). Für die Annahme einer Rufausnutzung oder -beeinträchtigung verlangt der BGH konkrete Umstände.[62] Die Vorschrift ist dem Schutz bekannter Marken gemäß § 14 II Nr. 3 MarkenG nachgebildet und daher grundsätzlich entsprechend auszulegen.[63]

IV. Einreden, Einwendungen und Rechtsfolgen

23 Auch bei der Verletzung von Titelrechten können die allgemeinen markenrechtlichen Einreden und Einwendungen – insbesondere die §§ 20 bis 24 MarkenG – eingreifen, ohne dass sich Besonderheiten gegenüber dem Markenrecht[64] ergeben würden. Auch die Rechtsfolgen gleichen den Rechtsfolgen der Markenverletzung.[65]

---

58 BGHZ 147, 56, 68 f. *Tagesschau*; BGH GRUR 2001, 1054, 1057 *Tagesreport*; Besonderheiten sollen bei Titeln öffentlich-rechtlicher Rundfunksender ferner darin zu sehen sein, dass der Verkehr wegen des medienrechtlichen Gebots der Neutralität im Wettbewerb kein Merchandising erwarte: BGHZ 120, 228 *Guldenburg*.
59 Vgl. § 20 Rdn. 15 – 19.
60 Vgl. hierzu oben § 13 Rdn. 6 – 11.
61 BGH GRUR 1999, 581, 582 *Max*.
62 BGH GRUR 2000, 70, 73 *SZENE*; auch BGH GRUR 2003, 440, 442 *Winnetous Rückkehr*; zu den Besonderheiten bei »sprechenden« Titeln: BGHZ 147, 56, 67 *Tagesschau*; BGH GRUR 2001, 1054, 1057 *Tagesreport*.
63 Zum erweiterten Schutz bekannter Marken oben § 13 Rdn. 1 – 48.
64 Vgl. hierzu oben §§ 14–16.
65 Vgl. hierzu unten § 27.

Vierter Teil Namen, Domains, Geografische Herkunftsangaben

§ 21 Namen

Schrifttum: *Heyers,* Namensrechtlicher Schutz von Pseudonymen im Internet, JR 2006, 94; *Ingerl/Rohnke,* Markengesetz, Kommentar, 3. Aufl. 2010, nach § 15 Rz. 1 ff.; *Knaak,* Das Recht der Gleichnamigen, 1979; *Sosnitza,* Das Persönlichkeitsrecht als allgemeines Element der geistigen Eigentumsrechte, FS für Hans-Jürgen Ahrens, 2016, S. 305; *Tsoutsanis,* The Biggest Mistake of the European Trade Mark Directive and Why the Benelux is Wrong Again: Between European Constitution and European Conscience, E. I. P. R. 2006, 74

I. Überblick und Anwendungsbereich

Anders als Marken und geschäftliche Bezeichnungen genießen Namen auch außerhalb des geschäftlichen Verkehrs rechtlichen Schutz. Der Namensschutz ist folglich nicht im MarkenG, sondern im BGB geregelt. Der Schutz von Namen lässt sich in drei wesentliche[1] Fallgruppen einteilen: 1
- die Namensleugnung, bei der dem Namensträger das Recht abgesprochen wird, seinen Namen zu führen (§ 12 BGB 1. Fall);
- die Namensanmaßung, die zu einer Identitäts- oder Zuordnungsverwirrung führt, weil der Name vom Verkehr einem Dritten zugeordnet wird (§ 12 BGB 2. Fall); und
- der Gebrauch eines fremden Namens zu Werbezwecken (§ 812 I 1 Fall 2 BGB – Eingriffskondiktion[2] – oder § 823 I BGB, jeweils i. V. m. dem allgemeinen Persönlichkeitsrecht).

Den Begriff des Namens fasst die Rechtsprechung weit. Darunter fallen nicht 2 nur bürgerliche Vor- und Nachnamen,[3] sondern auch Pseudonyme,[4] Bezeichnungen von BGB-Gesellschaften,[5] Unternehmenskennzeichen,[6] Gewerkschaften,[7] Klöster[8] oder Bezeichnungen juristischer Personen des öffentlichen Rechts[9] einschließlich Gebietskörperschaften[10] sowie Wappen und Siegel.[11] Für Parteien –

---

1 Eher von theoretischer Bedeutung ist ein Anspruch aus § 823 I i. V. m. dem allgemeinen Persönlichkeitsrecht wegen einer Verwässerung des Namens.
2 Vgl. etwa BGH I ZR 96/07 v. 5.6.2008 *Zerknitterte Zigarettenschachtel,* Tz. 11.
3 Etwa BGHZ 143, 214, 230 *Marlene Dietrich.*
4 BGHZ 155, 273 *maxem.de;* BGH I ZR 277/03 v. 5.10.2006 *kinski-klaus.de.*
5 Etwa BGH GRUR 2002, 706, 707 *vossius.de.*
6 Etwa BGHZ 149, 191 *shell.de.*
7 BGH GRUR 1965, 377, 379 *GdP.*
8 OLG München MarkenR 2007, 163 *Kloster Andechs.*
9 Etwa BGHZ 161, 216 *Pro Fide Catholica.*
10 BGH GRUR 1964, 38 *Dortmund grüßt;* BGH I ZR 231/01 v. 9.6.2005 *segnitz.de,* Tz. 13; BGH I ZR 201/03 v. 21.9.2006 *solingen.info,* Tz. 14.
11 BGHZ 126, 287 *Rotes Kreuz;* BGH GRUR 2002, 917, 918 *Düsseldorfer Stadtwappen;* BGH I ZR 188/09 v. 28.9.2011 *Landgut Borsig,* Tz. 24.

nicht aber für Wählervereinigungen[12] – gilt die Sonderregelung des § 4 I PartG. Mit Blick auf die Möglichkeit eines Titelschutzes zu weitgehend sollen sogar Gebäude oder Bauvorhaben namensrechtlich geschützt sein.[13]

3   Der Namensschutz setzt einen Eingriffstatbestand voraus, der nicht bereits von den spezielleren Normen des MarkenG erfasst oder freigestellt wird.[14] Insbesondere geht der kennzeichenrechtliche Schutz aus §§ 5, 15 MarkenG in seinem Anwendungsbereich grundsätzlich dem Namensschutz aus § 12 BGB vor.[15] Die Bestimmung des § 12 BGB bleibt jedoch anwendbar, wenn der Funktionsbereich des Unternehmens ausnahmsweise durch eine Verwendung der Unternehmensbezeichnung außerhalb des Anwendungsbereichs des Kennzeichenrechts berührt wird. So verhält es sich etwa, wenn die Unternehmensbezeichnung außerhalb des geschäftlichen Verkehrs oder außerhalb der Branche und damit außerhalb der kennzeichenrechtlichen Verwechslungsgefahr verwendet wird. In diesen Fällen kann der Namensschutz ergänzend gegen Beeinträchtigungen der Unternehmensbezeichnung herangezogen werden, die nicht mehr im Schutzbereich des Unternehmenskennzeichens liegen.[16] Wichtige Anwendungsfälle des Namensschutzes im Kennzeichenrecht sind außerdem auf der einen Seite Beeinträchtigungen von Unternehmenskennzeichen im privaten oder öffentlichen Bereich, wo die kennzeichenrechtlichen Vorschriften mangels Benutzung im geschäftlichen Verkehr nicht greifen. Umgekehrt kommen auf der anderen Seite auch Beeinträchtigungen im geschäftlichen Verkehr in Betracht, wenn private oder öffentliche Namensrechte betroffen sind, die durch markenrechtliche Vorschriften nicht geschützt sind.

> Namensschutz kann also etwa eingreifen, wenn das Unternehmenskennzeichen »shell« für eine private Internetadresse[17] benutzt wird.[18] Namensschutz kann auch eingreifen, wenn das namensrechtlich geschützte Emblem einer Universität auf Kleidungsstücken vermarktet wird[19] oder wenn ein bekannter Personenname als Marke angemeldet werden soll.[20]

4   Eine weitere Bedeutung entfaltet der namensrechtliche Schutz schließlich dann, wenn eine Marke, die einen Namen enthält, auf einen Dritten übertragen wird.[21] Hier ist unter Umständen Rücksicht auf die Interessen des Namensträgers zu nehmen.

---

12 BGH I ZR 191/10 v. 28.9.2011 *Freie Wähler*, Tz. 9.
13 BGH GRUR 1976, 311, 312 *Sternhaus*; KG NJW 1988, 2892, 2893 *Esplanade*; LG Düsseldorf GRUR-RR 2001, 311 *Skylight*.
14 BGH GRUR 1998, 696, 697 *Rolex-Uhr mit Diamanten*.
15 BGHZ 149, 191 *shell.de*; BGH GRUR 2002, 706, 707 *vossius.de*; BGH GRUR 2005, 430 *mho.de*; BGH I ZR 159/05 v. 24.4.2008 *afilias.de*, Tz. 10.
16 BGH I ZR 159/05 v. 24.4.2008 *afilias.de*, Tz. 10, unter Hinweis auf BGH GRUR 2005, 430 *mho.de*.
17 Zu Ansprüchen gegen Internetadressen unten § 22 Rdn. 1 – 39.
18 BGHZ 149, 191 *shell.de*.
19 BGHZ 119, 237 *Universitätsemblem*.
20 EuG T-165/06 v. 14.5.2009 *ELIO FIORUCCI*, Tz. 49 ff., im Ergebnis bestätigt durch EuGH C-263/09 P v. 5.7.2011 *Edwin Co*.
21 Hierzu unten § 24 Rdn. 15 – 16.

II. Rechtsbegründung, -einräumung, und -beendigung

Namensschutz besteht bei bürgerlichen Nachnamen jedenfalls von Geburt an. Bei 5
Vornamen,[22] Unternehmenskennzeichen oder Bezeichnungen von Gesellschaften, juristischen Personen sowie anderen Rechtssubjekten entsteht der Schutz mit Benutzungsaufnahme, sofern die Bezeichnung individualisierende Unterscheidungskraft aufweist, andernfalls mit Verkehrsgeltung als namensmäßiger Hinweis.[23] Auch die Abkürzung eines Unternehmensnamens kann mit Aufnahme der Benutzung geschützt sein, sofern die Abkürzung Unterscheidungskraft aufweist.[24]

> So verfügt etwa die für eine Vorgesellschaft eingesetzte Bezeichnung »Columbia« über namensmäßige Unterscheidungskraft und erwirbt daher Namensschutz mit Benutzungsaufnahme.[25] Als Abkürzung der vollen Firma »Saarländischer Rundfunk« ist das gleichfalls im Geschäftsverkehr benutzte Kürzel »SR« selbständig geschützt.[26] Mit Blick auf die bei Verbänden abgesenkten Anforderungen soll bei einer Wählervereinigung auch schon der Bezeichnung »Freie Wähler« hinreichende Unterscheidungskraft zukommen.[27] Diese fehlt jedoch bei der Bezeichnung »wetteronline.de«.[28]

Etwas anderes soll demgegenüber bei Pseudonymen gelten, wo der BGH erst dann 6
einen Schutz bejahen will, wenn der Verwender unter diesem Namen im Verkehr bekannt ist, also mit diesem Namen Verkehrsgeltung besitzt. Der BGH begründet dies mit einer andernfalls angeblich drohenden Beeinträchtigung des Schutzes derjenigen Namensträger, die für ihren eigenen bürgerlichen Namen Schutz beanspruchen. Ein Nichtberechtigter solle sich andernfalls nämlich auf den Standpunkt stellen können, er verwende nicht einen fremden Namen, sondern ein eigenes Pseudonym, weswegen die Grundsätze des Rechts der Gleichnamigen[29] in Anspruch genommen werden könnten.

> Der Umstand etwa, dass jemand ein unterscheidungskräftiges Pseudonym »maxem« seit einigen Jahren im Internet und zuvor in anderen elektronischen Netzwerken als Aliasnamen benutzt, soll nach der Rechtsprechung des BGH nicht zu einer eigenständigen namensrechtlichen Berechtigung führen.[30]

Diese Rechtsprechung vermag nicht zu überzeugen. Sie führt zu einer Schlechter- 7
stellung des privat Handelnden gegenüber dem im geschäftlichen Verkehr Tätigen, bei dem Namensschutz bereits mit Benutzungsaufnahme entstehen kann. Auch der Hinweis auf die – ohnehin überholten[31] – Grundsätze des Rechts der Gleichnamigen vermag nicht zu überzeugen, da diese jedenfalls dann nicht greifen, wenn

---

22 Vgl. BGHZ 143, 214, 230 f. *Marlene Dietrich*, m. w. N.
23 BGHZ 119, 237, 245 *Universitätsemblem*; BGH GRUR 2002, 917, 919 *Düsseldorfer Stadtwappen*; BGH I ZR 163/12 v. 22.1.2014 *wetteronline.de*, Tz. 19; auch BGH GRUR 2005, 517 *Literaturhaus*.
24 BGH I ZR 153/12 v. 6.11.2013 *sr.de*, Tz. 10.
25 BGH GRUR 1993, 404 f. *Columbia*.
26 BGH I ZR 153/12 v. 6.11.2013 *sr.de*, Tz. 10 f.
27 BGH I ZR 191/10 v. 28.9.2011 *Freie Wähler*, Tz. 11 f., m. w. N.
28 BGH I ZR 164/12 v. 22.1.2014 *wetteronline.de*, Tz. 19.
29 Hierzu oben § 18 Rdn. 20 – 24.
30 BGHZ 155, 273, 277 f. *maxem.de*, mit teils zweifelhaften Nachweisen, bestätigt von BVerfG 1 BvR 2047/03 v. 21.6.2006.
31 Vgl. oben § 18 Rdn. 20 – 24.

bereits die erste Aufnahme der Benutzung eines Pseudonyms angegriffen wird; in diesem Fall ist nämlich – mit Ausnahme des angegriffenen »Rechts« – noch gar kein Gegenrecht entstanden.[32] Wird ein Angriff gegen die erste Inbenutzungnahme hingegen versäumt oder besteht kein umfassender Unterlassungsanspruch, so ist es gerechtfertigt, eine Koexistenz zuzulassen.

8   Der Namensträger kann einem anderen schuldrechtlich gestatten, seinen Namen zu benutzen, wobei diese Gestattung auf einen bestimmten Zweck beschränkt werden kann. Eine solche Gestattung ist jedoch nicht schrankenlos zulässig. So hat der BGH eine Gestattung nach § 134 BGB, § 3 UWG a. F. (heute § 5 UWG) für unwirksam gehalten, wenn sie zu einer Täuschung der Allgemeinheit und einer Verwirrung des Verkehrs führt.[33]

9   Das Namensrecht einer natürlichen Person endet mit ihrem Tod. Für einen Zeitraum von höchstens zehn Jahren können die Erben des Namensträgers jedoch Ansprüche unter dem Gesichtspunkt des Eingriffs in die vermögenswerten Bestandteile des postmortalen Persönlichkeitsrechts geltend machen. Gerade bei Personen des öffentlichen Lebens ist hierbei jedoch eine sorgfältige Prüfung der sich gegenüberstehenden Rechtspositionen vorzunehmen.

> Wird etwa eine Domain »kinski-klaus« von einem Dritten verwendet, um dort über den verstorbenen Schauspieler Klaus Kinski zu berichten, so ist das postmortale Namensrecht gegen die Grundrechte[34] der Freiheit der Meinungsäußerung (Art. 5 I GG) und der Freiheit der Kunst (Art. 5 III GG) abzuwägen. Das Namensrecht dient in einem solchen Fall nicht dazu, dem Erben ermöglichen, die öffentliche Auseinandersetzung mit Leben und Werk des Verstorbenen zu kontrollieren oder gar zu steuern.[35]

III. Reichweite des Schutzes

1. Namensleugnung

10   Die erste der drei namensrechtlichen Fallgruppen, der Tatbestand der Namensleugnung bzw. des Bestreitens nach § 12 BGB 1. Fall, setzt voraus, dass das Recht des Namensträgers zur Führung seines Namens bestritten wird. Die Namensleugnung ist – ohne dass es auf eine Interessenabwägung ankäme – stets rechtswidrig.[36]

> Eine Namensleugnung liegt etwa vor, wenn ein Dritter den Namen des Namensträgers als Marke anmeldet und hieraus versucht, gegen den Namensträger Unterlassungsansprüche durchzusetzen. Demgegenüber stellt eine bloße Markenanmeldung ohne Unterlassungsbegehren ebenso wenig wie die Registrierung einer Domain[37] eine Namensleugnung dar.

---

32 Vgl. nur BGH GRUR 2005, 262, 263 r. Sp. o. *soco.de*.
33 BGH I ZR 59/04 v. 8.2.2007 *grundke.de*, Tz. 15, m. w. N.
34 Grundrechtsschutz gilt unabhängig von Art. 19 III GG wegen des Grundsatzes der Inländerbehandlung gemäß Art. 1 II, 2 I PVÜ auch für Ausländer: BGH I ZR 183/07 v. 12.11.2009 *WM-Marken*.
35 BGH I ZR 277/03 v. 5.10.2006 *kinski-klaus.de*, Tz. 8 ff.
36 BGHZ 149, 191, 199 *shell.de*.
37 Die Namensleugnung verneinend BGHZ 149, 191, 199 *shell.de*, m. w. N.

Ferner liegt eine Namensleugnung auch dann vor, wenn dem Berechtigten grundsätzlich sein Name versagt und er mit einem ihm nicht zustehenden Namen belegt wird.[38]

11

> Wird etwa der Kaufmann Zozo van Barkhussen von seinen Konkurrenten hartnäckig »Michel« genannt, kann er Unterlassungsansprüche wegen Namensleugnung geltend machen.

2. Namensanmaßung

Die zweite der drei namensrechtlichen Fallgruppen, der Tatbestand der Namensanmaßung nach § 12 BGB 2. Fall, beschäftigt die Praxis häufiger. Die Fallgruppe betrifft die Konstellation, dass ein Dritter unbefugt den Namen des Berechtigten gebraucht, dadurch eine Zuordnungsverwirrung eintritt und schutzwürdige Interessen des Berechtigten verletzt werden.[39] Unbefugt ist hierbei der Gebrauch eines Namens, wenn ein eigenes Benutzungsrecht nicht gegeben ist.[40]

12

Die Vorschrift hat allerdings nach der Rechtsprechung nur den Schutz des Namens in seiner Funktion als Identitätsbezeichnung der Person seines Trägers zum Ziel.[41] Daher wird nicht jede Form der Verwendung eines fremden Namens als »Gebrauchen« im Sinne des § 12 BGB angesehen, sondern nur solche Namensanmaßungen, die geeignet sind, gerade eine namensmäßige Identitäts- oder Zuordnungsverwirrung hervorzurufen und schutzwürdige Interessen des Namensträgers zu verletzen.[42]

13

> Ein solcher Fall der Identitäts- oder Zuordnungsverwirrung liegt vor, wenn sich ein Dritter den Namen eines im selben Ort ansässigen Prominenten gibt und daraufhin womöglich Fanpost bekommt. Ein schutzwürdiges Interesse kann jedoch zum Beispiel fehlen, wenn sich der betroffene Name auch als Name einer Liegenschaft im Verkehr eingebürgert hat.[43]

Zentrales Tatbestandsmerkmal des § 12 BGB 2. Fall ist damit das Erfordernis einer Identitäts- oder Zuordnungsverwirrung. Dieses Erfordernis weist gewisse Parallelen zum Begriff der Verwechslungsgefahr[44] auf:

14

So liegt eine Identitäts- oder Zuordnungsverwirrung nicht nur bei einer völlig identischen Übernahme eines Namens vor, sondern unter Umständen auch bei einer nur ähnlichen Wiedergabe. Die Feststellung der Ähnlichkeit entspricht in den Grundzügen der Prüfung der Zeichenähnlichkeit.[45]

15

---

38 OLG Frankfurt GRUR 1982, 319, 320 *Lusthansa*.
39 BGHZ 155, 273, 276 *maxem.de*, m. w. N.; BGHZ 161, 216, 220 f. *Pro Fide Catholica*; BGH I ZR 201/03 v. 21.9.2006 *solingen.info*, Tz. 14; BGH I ZR 59/04 v. 8.2.2007 *grundke.de*, Tz. 11.
40 BGH GRUR 1996, 422, 423 *J. C. Winter*, m. w. N.
41 BGHZ 119, 237, 245 *Universitätsemblem*; BGHZ 161, 216, 221 *Pro Fide Catholica*; BGH GRUR 1960, 550, 553 *Promonta*; BGH GRUR 2002, 917, 919 *Düsseldorfer Stadtwappen*.
42 BGHZ 30, 7, 10 *Caterina Valente*; BGHZ 81, 75, 78 *Carrera/Rennsportgemeinschaft*; BGHZ 91, 117, 120 *Mordoro*; BGHZ 119, 237, 245 *Universitätsemblem*; BGH GRUR 1996, 422, 423 *J. C. Winter*; BGH GRUR 2002, 917, 919 *Düsseldorfer Stadtwappen*; BGH I ZR 249/03 v. 14.6.2006 *Stadt Geldern*, Tz. 16; BGH I ZR 188/09 v. 28.9.2011 *Landgut Borsig*, Tz. 12; BGH I ZR 82/14 v. 28.4.2016 *profitbricks.es*, Tz. 40.
43 BGH I ZR 188/09 v. 28.9.2011 *Landgut Borsig*.
44 Zum Begriff der Verwechslungsgefahr oben § 12.
45 Hierzu oben § 12 Rdn. 61 – 247.

So wird etwa ein Wappen nicht nur bei einer völlig identischen Übernahme, sondern auch bei einer nur ähnlichen Wiedergabe verwendet, sofern diese Wiedergabe wesentliche Merkmale des Originals enthält und damit geeignet ist, auf den Berechtigten hinzuweisen.[46] Auch genügt es, wenn der Verkehr irrtümlich von organisatorischen Verbindungen der beiden Namensträger ausgeht.[47]

16 Der namensrechtliche Schutz ist dabei stets auf Interessenverletzungen im Funktionsbereich des Namensträgers beschränkt. Bei einem Unternehmen reicht der namensrechtliche Schutz daher nur so weit, wie geschäftliche Beeinträchtigungen zu befürchten sind. Demgegenüber ist die Voraussetzung bei einer Benutzung des Namens eines Unternehmens durch einen Dritten außerhalb des geschäftlichen Verkehrs im Allgemeinen nicht gegeben.[48] Insoweit bestehen gewisse Parallelen zur markenrechtlichen Produktähnlichkeit oder zur Branchennähe bei der Verletzung geschäftlicher Bezeichnungen.

> Wer etwa einen Namen auf Bekleidungsstücken verwendet, tut dies normalerweise nicht um sich namensmäßig zu bezeichnen oder um auf einen eigenen Geschäftsbetrieb unter diesem Namen hinzuweisen. Eine Privatperson, die sich entsprechend kleidet, trägt nicht zu einer gemäß § 12 BGB rechtlich relevanten »Zuordnungsverwirrung« bei.[49]

17 Allerdings wird die Gefahr einer Zuordnungsverwirrung nicht nur bei einem namens- bzw. kennzeichenmäßigen Gebrauch des Namens durch einen Dritten, sondern auch bei solchen Verwendungsweisen angenommen, durch die der Namensträger zu bestimmten Einrichtungen, Gütern oder Erzeugnissen in Beziehung gesetzt wird, mit denen er nichts zu tun hat. Hierfür genügt es auch, dass im Verkehr der falsche Eindruck entsteht, der Namensträger habe dem Benutzer ein Recht zu entsprechender Verwendung des Namens erteilt.[50] Die Rechtsprechung lässt hier eine mit Blick auf Grundrechte problematische Privilegierung öffentlich-rechtlicher Namensträger erkennen:

> Verwendet etwa ein Dritter das Emblem einer Universität auf Bekleidungsstücken, so soll – so die Rechtsprechung – der Verkehr annehmen, die Universität habe dem zugestimmt; folglich ist dies ein Fall der Zuordnungsverwirrung.[51] Auch die Verwendung eines Stadtwappens auf der Titelseite eines lokalen Anzeigenblatts soll beim Verkehr die Vorstellung erwecken, die Stadt habe der Nutzung zugestimmt.[52] Andererseits wird mit der Bezeichnung eines Verlagsprogramms mit »Pro Fide Catholica« nicht der Name »Katholische Kirche« namensmäßig benutzt oder auf einen besonderen Zusammenhang der zum Verlagsprogramm gehörenden Schriften mit der Amtskirche hingewiesen; das übereinstimmende Wort »katholisch«/»catholica« ist selbst kein Name, sondern bezeichnet als Adjektiv nur Glaubensinhalte.[53]

---

46 BGH GRUR 2002, 917, 919 *Düsseldorfer Stadtwappen*, m. w. N.
47 BGH I ZR 191/10 v. 28.9.2011 *Freie Wähler*, Tz. 13.
48 BGHZ 149, 191, 197 f. *shell.de*; BGH GRUR 1998, 696, 697 *Rolex-Uhr mit Diamanten*, jeweils m. w. N.; BGH GRUR 2005, 430 *mho.de*.
49 BGH GRUR 1998, 696, 697 *Rolex-Uhr mit Diamanten*, m. w. N.
50 BGHZ 119, 237, 245 f. *Universitätsemblem*; BGHZ 143, 214, 230 *Marlene Dietrich*; BGH GRUR 2002, 917, 919 *Düsseldorfer Stadtwappen*, jeweils m. w. N.; BGH I ZR 249/03 v. 14.6.2006 *Stadt Geldern*, Tz. 16; auch BGH GRUR 2004, 619, 621 f. *kurt-biedenkopf.de*.
51 BGHZ 119, 237 *Universitätsemblem*.
52 BGH GRUR 2002, 917, 919 *Düsseldorfer Stadtwappen*; auch BGH I ZR 249/03 v. 14.6.2006 *Stadt Geldern*, Tz. 17.
53 BGHZ 161, 216, 221 *Pro Fide Catholica*.

3. Namensgebrauch zu Werbezwecken

Die dritte namensrechtliche Fallgruppe schließlich, der Gebrauch eines fremden **18** Namens zu Werbezwecken, beruht auf § 823 I BGB i. V. m. dem allgemeinen Persönlichkeitsrecht. Dieser Anspruch ist vor allem für natürliche Personen – meist Prominente – von Interesse, da das allgemeine Persönlichkeitsrecht des Unternehmens weniger weit reicht.

> So liegt ein unbefugtes Gebrauchmachen des Namens von Marlene Dietrich vor, wenn der Namenszug »Marlene Dietrich« in einer Werbeanzeige zu sehen ist. Auch die Nennung des Vornamens in Alleinstellung kann genügen, wenn der Verkehr diesen – etwa durch ein Foto des Namensträgers in der Anzeige – mit dem Namensträger verbindet.[54] Auch die Nennung des Vornamens kann genügen, wenn schon der alleinige Gebrauch des Vornamens beim Verkehr die Erinnerung an einen bestimmten Träger weckt.[55]

Dabei muss es auch eine prominente Persönlichkeit aus dem Bereich der Zeitge- **19** schichte zwar regelmäßig nicht dulden, dass ihr Name von Dritten für deren Werbezwecke eingesetzt wird. Auch setzt ein Schadens- oder Bereicherungsausgleich auf der Grundlage einer angemessenen Lizenzgebühr ein grundsätzliches Einverständnis des Namensträgers mit der Vermarktung seines Namens entgegen früherer Rechtsprechung nicht voraus. Doch findet auch hier eine Güterabwägung statt, die dazu führen kann, dass die Verwendung des Namens in einer Werbeanzeige, die sich satirisch mit einem aktuellen Tagesereignis auseinandersetzt, vom Betroffenen hingenommen werden muss. Werbewert und Informationswert der Namensnennung sind hierbei gegeneinander abzuwägen.[56] Dabei spielt insbesondere eine Rolle, dass die vermögensrechtlichen Bestandteile des allgemeinen Persönlichkeitsrechts wie auch des Namensrechts nur einfachrechtlich geschützt sind, während sich der Werbende seinerseits gegebenenfalls auf das verfassungsrechtlich geschützte Grundrecht[57] der Meinungsäußerungsfreiheit (Art. 5 I GG) berufen kann.[58]

> Da dabei auch durch unterhaltende Beiträge Meinungsbildung stattfinden kann, hielt der BGH etwa im Rahmen der Abwägung die auf die Schlagfertigkeit des Prinzen Ernst August von Hannover anspielende Anzeige

---

54 BGHZ 143, 214, 230 f. *Marlene Dietrich.*
55 BGH I ZR 96/07 v. 5.6.2008 *Zerknitterte Zigarettenschachtel*, Tz. 12.
56 BGH I ZR 96/07 v. 5.6.2008 *Zerknitterte Zigarettenschachtel*, Tz. 13; zum Recht am eigenen Bild nach dem KunstUrhG: BGH I ZR 182/04 v. 26.10.2006 *Rücktritt des Finanzministers*, Tz. 12 ff.
57 Grundrechtsschutz gilt unabhängig von Art. 19 III GG wegen des Grundsatzes der Inländerbehandlung gemäß Art. 1 II, 2 I PVÜ auch für Ausländer: BGH I ZR 183/07 v. 12.11.2009 *WM-Marken.*
58 BGH I ZR 96/07 v. 5.6.2008 *Zerknitterte Zigarettenschachtel*, Tz. 13 f., m. w. N.

für zulässig.[59]

20 Eine Beeinträchtigung des Persönlichkeitsrechts einer juristischen Person schließlich kommt auch unter dem Gesichtspunkt des Gebrauchs zu Werbezwecken nur insoweit in Betracht, als deren sozialer Geltungsanspruch in ihrem Aufgabenbereich, also ihre Funktion als Handelsunternehmen betroffen ist.[60]

---

59 BGH I ZR 96/07 v. 5.6.2008 *Zerknitterte Zigarettenschachtel*, Tz. 13 ff.; entsprechend zu einer anderen Werbeanzeige BGH I ZR 223/05 v. 5.6.2008.
60 BGH GRUR 1998, 696, 697 *Rolex-Uhr mit Diamanten*, m. w. N.; vgl. auch OLG Rostock GRUR-RR 2005, 352 *Schöner Wohnen in W.*; zur diesbezüglichen Problematik im Hinblick auf Art. 10 VI MRR auch *Tsoutsanis*, E. I. P. R. 2006, 74.

§ 22 Domains

Schrifttum: *Bettinger*, Handbuch des Domainrechts, 2. Aufl., 2017; *Ingerl/Rohnke*, Markengesetz, Kommentar, 3. Aufl. 2010, nach § 15 Rz. 29 ff.; *Jaeger-Lenz*, Die Einführung der. eu-Domains – Rechtliche Rahmenbedingungen für Registrierung und Streitigkeiten, WRP 2005, 1234; *Müller*, ».eu«-Domains: Erkenntnisse aus dem ersten Jahr Spruchpraxis, GRUR Int. 2007, 990; *Müller*, »eu«-Domains: Widerruf aufgrund zweijähriger Nichtbenutzung ab Domainregistrierung. Zugleich eine Anmerkung zu den Entscheidungen des Tschechischen Schiedsgerichts Nr. 05208 – HAUG und Nr. 05231 – BOLTZE, GRUR Int. 2009, 653; *Völzmann-Stickelbrock*, Die Internet-Domain in Zwangsvollstreckung und Insolvenz, MarkenR 2006, 2

I. Überblick

In den vergangenen Jahren haben Streitigkeiten um Internetadressen an Bedeutung gewonnen. Hierbei spielt eine zentrale Rolle, dass es sich bei einer Internetadresse nicht um ein Immaterialgüterrecht wie eine Marke oder eine geschäftliche Bezeichnung handelt.[1] Auch ein sonstiges absolutes Recht im Sinne von § 823 I BGB wird nicht begründet.[2] Vielmehr beruht das Recht zur Nutzung einer bestimmten Internetadresse lediglich auf einem schuldrechtlichen Anspruch infolge eines Vertragsschlusses mit der DENIC[3] bzw. einer anderen Vergabestelle.[4] »Domainrecht« ist daher im Wesentlichen das Recht der Beseitigung von Domains. Welche Möglichkeiten hierbei bestehen, eine konkrete Domain zu beseitigen, hängt wesentlich davon ab, um welchen Domain-Typ es sich handelt –. eu,. de oder ein anderer (so genannte Top-Level-Domain). 1

Auch wenn die Internetadresse kein Immaterialgüterrecht ist, so kann doch ausnahmsweise durch die Benutzung einer Domain ein Kennzeichenrecht erworben werden. Dies setzt voraus, dass der Verkehr in der als Domain gewählten Bezeichnung nichts Beschreibendes, sondern nur einen Herkunftshinweis erkennen kann. Denn wenn umgekehrt eine Domain ausschließlich als Adressbezeichnung verwendet wird, wird der Verkehr annehmen, es handele sich dabei um eine Angabe, die – ähnlich wie eine Telefonnummer – den Adressaten zwar identifiziert, nicht aber als Hinweis auf die betriebliche Herkunft gedacht ist.[5] Schließlich muss das unter der Domain abrufbare Werk zumindest weitgehend fertiggestellt sein.[6] 2

---

1 BGH I ZR 159/05 v. 24.4.2008 *afilias.de*, Tz. 21; vgl. auch EuG T-134/06 v. 13.12.2007 *LES PAGES JAUNES/PAGESJAUNES.COM*, Tz. 40.
2 BGH I ZR 187/10 v. 18.1.2012 *gewinn.de*.
3 BVerfG GRUR 2005, 261 *ad-acta.de*, das zugleich klarstellt, dass das Nutzungsrecht an einer Domain gleichwohl eine eigentumsfähige Position im Sinne von Art. 14 I 1 GG darstellt.
4 BGH I ZR 231/06 v. 14.5.2009 *airdsl*, Tz. 55; zur Pfändung einer Domain BGH GRUR 2005, 969 *Domain-Pfändung*; VII ZR 288/17 v. 11.10.2018; *Völzmann-Stickelbrock*, MarkenR 2006, 2; zu Ansprüchen bei einem fehlerhaften Whois-Eintrag BGH I ZR 187/10 v. 18.1.2012 *gewinn.de*.
5 BGH GRUR 2005, 262, 263 *soco.de*; BGH I ZR 47/07 v. 18.6.2009 *EIFEL-ZEITUNG*, Tz. 20; auch BGH I ZR 159/05 v. 24.4.2008 *afilias.de*, Tz. 22; OLG München CR 1999, 778 *tnet.de*; Revision nicht angenommen durch BGH I ZR 269/99 v. 25.5.2000; ferner BVerfG GRUR 2005, 261 *ad-acta.de*; zum Erwerb eines Werktitelrechts außerdem OLG München GRUR 2006, 686 *Österreich.de/österreich.de*.
6 BGH I ZR 231/06 v. 14.5.2009 *airdsl*.

So wird der Verkehr etwa eine Internetadresse »rechtsanwalt.de« nicht als Herkunftshinweis ansehen, wohl aber die Adresse »ebay.de«.

II. Ansprüche gegen Top-Level-Domains ».eu«

3 Die Vergabe von Top-Level-Domains ».eu« ist eigens in der Verordnung (EG) Nr. 874/2004[7] geregelt. Ein zeitlich gestaffeltes Registrierungsverfahren[8] soll hierbei helfen, eine Verletzung älterer Rechte von vornherein zu vermeiden (Art. 10–14 der VO Nr. 874/2004). Unsittliche Registrierungen können auch später noch aufgrund einer Gerichtsentscheidung widerrufen werden (Art. 18 der VO Nr. 874/2004).

4 Ein Widerruf einer einmal vergebenen Domain aufgrund älterer Rechte kommt vor allem in bestimmten Fällen einer spekulativen oder missbräuchlichen Registrierung in Betracht. Ansprüche können hierbei sowohl gerichtlich als auch in einem alternativen Streitbeilegungsverfahren nach Art. 22 der VO Nr. 874/2004[9] durchgesetzt werden. Im Streitbeilegungsverfahren werden gemäß Erwägungsgrund 16 der Verordnung die international bewährten Praktiken im Bereich der Domainkonflikte und insbesondere die einschlägigen Empfehlungen der Weltorganisation für geistiges Eigentum (WIPO) berücksichtigt, um spekulative und missbräuchliche Registrierungen soweit wie möglich zu verhindern. Im Einzelnen setzt der Anspruch nach Art. 21 I der VO Nr. 874/2004[10] voraus, dass
– die Domain mit einer anderen Bezeichnung identisch ist oder dieser verwirrend ähnelt, für die Rechte bestehen, die nach nationalem und/oder Unionsrecht anerkannt oder festgelegt sind, und
– dass die Domain entweder von einem Inhaber registriert wurde, der selbst keinerlei Rechte oder berechtigte Interessen an der Domain geltend machen kann, oder in böser Absicht registriert oder benutzt wird.

5 Zentrale Tatbestandsmerkmale sind damit – neben der Identität oder verwirrenden Ähnlichkeit der Zeichen – die Nichtberechtigung des Domaininhabers oder (alternativ) dessen böse Absicht, also Bösgläubigkeit.

6 Hierbei liegt ein – dem Anspruch entgegenstehendes – berechtigtes Interesse des Domaininhabers in bestimmten Fällen einer eigenen Nutzung der betreffenden Bezeichnung durch den Inhaber vor. Privilegiert sind hier zunächst nach Art. 21 II der VO Nr. 874/2004 die Nutzung der Bezeichnung als Unternehmens- oder Produktkennzeichnung des Domaininhabers sowie die Nutzung eines im Verkehr bekannten Namens einer natürlichen oder juristischen Person. Privilegiert ist ferner die anderweitige Nutzung in rechtmäßiger und nichtkommerzieller oder fairer

---

7 Verordnung (EG) Nr. 874/2004 der Kommission vom 28. April 2004 zur Festlegung von allgemeinen Regeln für die Durchführung und die Funktionen der Domäne oberster Stufe ».eu« und der allgemeinen Grundregeln für die Registrierung.
8 Zur Reservierung der Domain »galileo.eu« für die Nutzung durch die Organe und Einrichtungen der Union EuG T-46/06 v. 28.8.2007 *Galileo Lebensmittel*, bestätigt durch EuGH C-483/07 v. 17.2.2009 *Galileo Lebensmittel*.
9 Zur Passivlegitimation EuGH C-569/08 v. 3.6.2010 *Internetportal und Marketing*, Tz. 29.
10 Vgl. hierzu auch das Vorabentscheidungsgesuch des OGH v. 22.12.2008 mit nachfolgender Entscheidung EuGH C-569/08 v. 3.6.2010 *Internetportal und Marketing*.

Weise, solange keine Irreführung der Verbraucher vorliegt und das Ansehen des Namens des Anspruchstellers nicht beeinträchtigt wird.

Auch die in der Praxis häufigeren Fälle einer – anspruchsbegründenden – Bösgläubigkeit sind in der Verordnung festgelegt (Art. 21 III der VO Nr. 874/2004). Bösgläubigkeit liegt danach insbesondere vor, 7
- wenn der Domänenname hauptsächlich deshalb registriert oder erworben wurde, um ihn an den Anspruchsteller zu verkaufen, zu vermieten oder anderweitig zu übertragen;
- wenn der Domänenname registriert wurde, um zu verhindern, dass der Anspruchsteller diesen Namen als entsprechenden Domänennamen verwenden kann, wobei neben dem Nachweis der Verhinderungsabsicht auch anspruchsbegründend wirken kann, wenn die Domain innerhalb bestimmter Fristen – regelmäßig zwei Jahre – nicht einschlägig genutzt wurde;
- wenn die Domain hauptsächlich registriert wurde, um die berufliche oder geschäftliche Tätigkeit eines Wettbewerbers zu stören;
- wenn die Domain absichtlich benutzt wurde, um Internetnutzer aus Gewinnstreben auf eine dem Inhaber gehörende Website oder einer anderen Online-Adresse zu locken, indem eine Verwechslungsgefahr mit einem älteren Recht besteht, wobei sich diese Verwechslungsmöglichkeit auf den Ursprung, ein Sponsoring, die Zugehörigkeit oder die Billigung der Website oder Adresse des Domaininhabers oder eines dort angebotenen Produkts oder Dienstes beziehen kann; oder
- wenn die registrierte Domain der Name einer Person ist und keine Verbindung zwischen dem Domaininhaber und der registrierten Domain nachgewiesen werden kann.

Diese Tatbestände sind indes nicht abschließend.[11] Vielmehr sind sämtliche Umstände des Einzelfalls zu berücksichtigen,[12] was zu ähnlichen Wertungen führt wie im Rahmen der bösgläubigen Markenanmeldung.[13]

Von Bedeutung war dabei in der Vergangenheit, dass Inhaber von Marken unter 8 bestimmten Umständen bei der Domainvergabe privilegiert wurden. Dies führte immer wieder zu Markenanmeldungen, die allein den Zweck verfolgten, eine – meist generische – Domain erwerben zu können. In diesem Fall können sowohl die Markenanmeldung als auch die Domainanmeldung selbst bösgläubig erfolgt sein. Hinsichtlich der Marke berücksichtigt der EuGH dabei insbesondere folgende Faktoren:
- die Absicht, die Marke nicht auf dem Markt zu benutzen, für den der Schutz beantragt wurde,
- die Gestaltung der Marke,
- die Tatsache, dass die Eintragung einer großen Zahl von anderen Marken, die Gattungsbegriffen entsprechen, erwirkt wurde, und
- die Tatsache, dass die Eintragung der Marke kurz vor Beginn der gestaffelten Registrierung von Namen der Domains oberster Stufe ».eu« erwirkt wurde.

---

11 EuGH C-569/08 v. 3.6.2010 *Internetportal und Marketing*, Tz. 32 ff.
12 EuGH C-569/08 v. 3.6.2010 *Internetportal und Marketing*, Tz. 42.
13 Dazu oben § 4 Rdn. 199.

Bei der Domainanmeldung selbst ist folgendes zu berücksichtigen:
- die missbräuchliche Verwendung von Sonderzeichen oder Interpunktionszeichen im Sinne des Art. 11 der Verordnung Nr. 874/2004 zum Zweck der Anwendung der in diesem Artikel festgelegten Übertragungsregeln,
- die Registrierung in der ersten Phase der gestaffelten Registrierung gemäß der Verordnung Nr. 874/2004 auf der Grundlage einer Marke, die unter Umständen wie denen des Ausgangsverfahrens erlangt wurde, und
- die Tatsache, dass eine große Zahl von Anträgen auf Registrierung von Domänennamen, die Gattungsbegriffen entsprechen, eingereicht wurde.[14]

Wer also etwa unter vielen anderen ähnlichen Marken eine Marke »&R&E&I&F&E&N&« anmeldet, um nach Eliminierung der Sonderzeichen »&« die Domain reifen.eu privilegiert erwerben zu können, handelt sowohl hinsichtlich der Markenanmeldung als auch der Domainanmeldung bösgläubig.[15]

9   Die Ansprüche nach der Verordnung sind im Regelfall auf den Widerruf, also die Löschung der fraglichen Domain gerichtet. Allerdings kann die Domain auf Antrag des Angreifers unter Umständen auf diesen übertragen werden (Art. 22 XI der VO Nr. 874/2004). Ob dies mit dem Wortlaut der Verordnung nur für das alternative Streitbeilegungsverfahren gilt oder daneben auch in gerichtlichen Verfahren, wird die Rechtsprechung klären müssen.

10   Gemäß Art. 21 IV der VO Nr. 874/2004 stehen diese speziellen Bestimmungen für das alternative Streitbeilegungsverfahren außerdem der gerichtlichen Geltendmachung von Ansprüchen nach nationalem Recht nicht entgegen. Sofern daher eine Beseitigung von Domains aufgrund nationaler Regelungen[16] möglich ist, können auch Top-Level-Domains ».eu« hiervon betroffen sein.

Kann also etwa aufgrund ihrer überragenden Bekanntheit die Shell AG nach deutschem Recht die Unterlassung der Nutzung der Domain »shell.de« auch von anderen Personen namens »Shell« verlangen, so besteht ein solcher Unterlassungsanspruch auch hinsichtlich der Domain »shell.eu«.

III. Ansprüche gegen Top-Level-Domains ».de«

11   Als Anspruchsgrundlagen gegen Top-Level-Domains ».de« dienen zum einen kennzeichenrechtliche, zum anderen namensrechtliche Ansprüche. Während Fälle, in denen ausschließlich der Angreifer über eine Berechtigung verfügt, noch vergleichsweise einfach zu lösen sind, werfen Fälle beiderseitiger Berechtigung besondere Probleme auf.

12   In der Regel richtet sich der Anspruch auf Erklärung des Verzichts auf die Domain gegenüber der Registrierungsstelle DENIC.[17] Der Anspruch kann vorab durch einen so genannten Dispute-Antrag, der bei der Registrierungsstelle DENIC einzureichen ist, dagegen abgesichert werden, dass der Verletzer die Domain an

---

14 EuGH C-569/08 v. 3.6.2010 *Internetportal und Marketing*, Tz. 46 ff.
15 EuGH C-569/08 v. 3.6.2010 *Internetportal und Marketing*.
16 Vgl. hierzu sogleich § 22 Rdn. 11 – 36.
17 BGH I ZR 188/09 v. 28.9.2011 *Landgut Borsig*, Tz. 55, m. w. N.

Dritte überträgt.¹⁸ Neben dem Löschungs- bzw. Beseitigungsanspruch besteht hingegen ein Anspruch auf Übertragung der Domain nicht.¹⁹ Auch andere Ansprüche als Unterlassungs- und Löschungsansprüche²⁰ – etwa der Anspruch auf Aufnahme eines unterscheidenden Zusatzes bzw. eines Hinweises auf den Berechtigten²¹ oder der Anspruch gegen eine unautorisierte Änderung des Inhalts der Internet-Seite²² – bestehen nur in Ausnahmefällen. Bei sogenannten Tippfehler-Domains, die aus einer fehlerhaften Schreibweise einer bereits zuvor registrierten Internetadresse gebildet sind, können schließlich wettbewerbsrechtliche Unterlassungsansprüche eingreifen.²³

1. Kennzeichenrechtliche Ansprüche

Beim Angriff auf Domains schlägt die begrenzte Reichweite kennzeichenrechtlicher Ansprüche zu Buche. So beziehen sich zunächst die kennzeichenrechtlichen Ansprüche aus §§ 14, 15 MarkenG immer nur auf eine Verwendung der Domain im geschäftlichen Verkehr.²⁴ Weiter ist der kennzeichenrechtliche Unterlassungsanspruch stets auf den Bereich der Produkt- bzw. Branchennähe beschränkt.²⁵ Ein Löschungsanspruch lässt sich daher regelmäßig aus Kennzeichenrechten nicht begründen.²⁶

13

> Will also etwa das Unternehmen defacto GmbH die Beseitigung der Domain »defacto.de« durchsetzen, so scheitert dies dann, wenn der Domaininhaber die Domain für ein Unternehmen in einer anderen Branche oder – etwa Träger des bürgerlichen Namens »Defacto« – für private Zwecke berechtigt nutzen kann.

Etwas anderes gilt demgegenüber ausnahmsweise, wenn aus einem bekannten Kennzeichen angegriffen wird. Verwendet nämlich ein Nichtberechtigter ein bekanntes Kennzeichen als Domain im geschäftlichen Verkehr, liegt darin eine Beeinträchtigung der Kennzeichnungskraft des bekannten Zeichens nach § 14 II Nr. 3 bzw. § 15 III MarkenG. Denn der Werbewert des bekannten Zeichens wird schon dadurch deutlich beeinträchtigt, dass der Inhaber an einer entsprechenden

14

---

18 Ob ein Anspruch auf Aufhebung eines solchen Dispute-Antrags bestehen kann, hat der BGH ausdrücklich offen gelassen: BGH I ZR 151/02 v. 15.2.2007, Tz. 20; bejahend OLG Köln MarkenR 2006, 290 *Unberechtigter Dispute-Eintrag*.
19 Ausführlich BGHZ 149, 191 *shell.de*; zum Löschungsanspruch auch BVerfG GRUR 2005, 261, 262 *ad-acta.de*; zum Ausnahmefall vertraglicher – treuhänderischer – Verpflichtungen zur Übertragung: BGH I ZR 197/08 v. 25.3.2010 *braunkohle-nein.de*.
20 Sowie akzessorischer Auskunfts- und Schadensersatzansprüche.
21 Hierzu unten § 22 Rdn. 13 – 20.
22 Hierzu BGH GRUR 2004, 790, 792 *Gegenabmahnung*, unter Hinweis auf BGHZ 155, 273 *maxem.de*; BGH NJW 2003, 1040, 1041.
23 BGH I ZR 163/12 v. 22.1.2014 *wetteronline.de*.
24 BGH GRUR 2002, 706, 709 *vossius.de*.
25 BGH I ZR 190/05 v. 26.6.2008 *EROS*, Tz. 36; BGH I ZR 135/06 v. 19.2.2009 *ahd.de*; BGH I ZR 102/07 v. 29.7.2009 *AIDA/AIDU*, Tz. 25; BGH I ZR 150/09 v. 9.11.2011 *Basler Haar-Kosmetik*, Tz. 26; die Rechtsprechung hilft hierbei dem Angreifer jedoch dadurch, dass ein Löschungsanspruch schon in Betracht kommt, wenn der Domaininhaber kein berechtigtes Interesse vorweisen kann, die Domain außerhalb des sachlichen räumlichen Wirkungsfelds des kennzeichenrechtlichen Anspruchs zu verwenden: BGH GRUR 2002, 706 *vossius.de*.
26 BGH I ZR 82/14 v. 28.4.2016 *profitbricks.es*, Tz. 37, m. w. N.

Verwendung seines Zeichens als Internetadresse gehindert und das an seinem Internet-Auftritt interessierte Publikum auf eine falsche Fährte gelockt wird.[27]

> Eine Benutzung des bekannten Kennzeichens »Shell« als Domain ist daher im geschäftlichen Verkehr unabhängig von der Branche unzulässig. Nur gegen eine private Nutzung kann aus kennzeichenrechtlichen Vorschriften nicht vorgegangen werden.

2. Namensrechtliche Ansprüche

15 Ansprüche gegen eine private Nutzung einer Domain sowie Ansprüche außerhalb des Produktähnlichkeitsbereichs können[28] und müssen auf Namensrechte gemäß § 12 BGB gestützt werden.[29] Da nämlich Marken – anders als Unternehmenskennzeichen – nicht zugleich Namensrechte begründen, kann aus einer Marke in der Regel nicht gegen eine private Nutzung vorgegangen werden. Lediglich in Ausnahmefällen kann hier der Schutz des eingerichteten und ausgeübten Gewerbebetriebs gemäß § 823 I BGB[30] eingreifen oder eine vorsätzliche sittenwidrige Schädigung gemäß § 826 BGB vorliegen.

> Verwendet etwa ein Dritter die bekannte Marke »Persil« als private Domain, so ist mangels Handelns im geschäftlichen Verkehr weder § 14 MarkenG, noch mangels Namensrechts § 12 BGB einschlägig. Ob auf die §§ 823 I, 826 BGB zurückgegriffen werden kann, wird von den Umständen des Einzelfalls abhängen.

16 Bei auf Namensrechte gestützten Angriffen aus Unternehmenskennzeichen geht die Rechtsprechung demgegenüber von folgenden Grundsätzen aus. Verwendet ein Nichtberechtigter ein fremdes Kennzeichen als Domain, liegt darin eine Namensanmaßung, nicht dagegen eine Namensleugnung.[31] Die Namensanmaßung[32] ist hierbei daran gebunden, dass ein Dritter unbefugt den gleichen Namen gebraucht, dadurch eine Zuordnungsverwirrung auslöst und schutzwürdige Interessen des Namensträgers verletzt.[33] Im Falle der Verwendung eines fremden Namens als Internetadresse der Top-Level-Domain. de liegen diese Voraussetzungen im Allgemeinen vor, da der gleiche Name nur einmal vergeben werden kann.[34] Dies gilt auch für ein ausländisches Unternehmen, das deutschsprachige Inhalte zugänglich

---

27 BGHZ 149, 191, 202 f. *shell.de*.
28 Der Anspruch ist nicht durch §§ 5, 15 MarkenG verdrängt: BGH I ZR 150/09 v. 9.11.2011 *Basler Haar-Kosmetik*, Tz. 32; BGH I ZR 150/11 v. 13.12.2012 *dlg.de*, Tz. 12; BGH I ZR 153/12 v. 6.11.2013 *sr.de*, Tz. 8; BGH I ZR 164/12 v. 22.1.2014 *wetteronline.de*, Tz. 16; BGH I ZR 82/14 v. 28.4.2016 *profitbricks.es*, Tz. 38.
29 Vgl. BGH I ZR 159/05 v. 24.4.2008 *afilias.de*, Tz. 10 ff., auch zur Abgrenzung des privaten und geschäftlichen Bereichs; BGH I ZR 150/09 v. 9.11.2011 *Basler Haar-Kosmetik*, Tz. 29; BGH I ZR 163/12 v. 22.1.2014 *wetteronline.de*, Tz. 16.
30 Vgl. BGH GRUR 2004, 790, 792 *Gegenabmahnung*, unter Hinweis auf BGHZ 155, 273 *maxem.de*; BGH NJW 2003, 1040, 1041.
31 BGHZ 149, 191, 198 f. *shell.de*; BGHZ 155, 273, 275 f. *maxem.de*, jeweils m. w. N.; BGH I ZR 201/03 v. 21.9.2006 *solingen.info*, Tz. 14; BGH I ZR 150/11 v. 13.12.2012 *dlg.de*, Tz. 14; auch BGH I ZR 277/03 v. 5.10.2006 *kinski-klaus.de*, Tz. 7.
32 Vgl. hierzu oben § 21 Rdn. 12 – 17.
33 BGH I ZR 185/14 v. 24.3.2016 *grit-lehmann.de*, Tz. 13; BGH I ZR 82/14 v. 28.4.2016 *profitbricks.es*, Tz. 40, m. w. N.
34 BGH I ZR 159/05 v. 24.4.2008 *afilias.de*, Tz. 25; BGH I ZR 150/09 v. 9.11.2011 *Basler Haar-Kosmetik*, Tz. 39; BGH I ZR 185/14 v. 24.3.2016 *grit-lehmann.de*, Tz. 13; BGH I ZR 82/14 v. 28.4.2016 *profitbricks.es*, Tz. 40.

machen will, wenn entsprechende Interessen dargelegt werden.[35] Der Verkehr sieht in der Verwendung eines unterscheidungskräftigen, nicht sogleich als Gattungsbegriff verstandenen Zeichens als Internetadresse im Allgemeinen einen Hinweis auf den Namen des Betreibers des jeweiligen Internetauftritts; ein solcher Gebrauch des fremden Namens führt daher im Allgemeinen zu einer Zuordnungsverwirrung.[36] Dies gilt auch dann, wenn der Internetnutzer beim Betrachten der geöffneten Homepage alsbald bemerkt, dass er nicht auf der Internetseite des Namensträgers gelandet ist. Hierbei genügt sogar ein regional beschränktes Namensrecht, weil der Namensträger auch dann im Kollisionsgebiet die Rechtsverletzung nicht dulden muss.[37] Selbst wenn eine Registrierung des fremden Kennzeichens als Domain nur zu privaten Zwecken erfolgt, wird daher der Berechtigte von einer entsprechenden eigenen Nutzung seines Zeichens ausgeschlossen. Ihm wird die Möglichkeit genommen, dem interessierten Internetnutzer auf einfache Weise Informationen über das Unternehmen zu verschaffen.[38]

> So kann etwa die Shell AG auf Grundlage von § 12 BGB von einem Nichtberechtigten die Beseitigung der privat genutzten Domain »shell.de« verlangen. Diesem Anspruch steht nicht entgegen, wenn der Namensträger bereits Inhaber einer ähnlichen Domain ist; insbesondere bei mehrgliedrigen Domains sind Variationen mit oder ohne Bindestrich üblich.[39]

Der namensrechtliche Anspruch erstreckt sich nur auf eine identische Verwendung des Namens in der Domain. Die Löschung sogenannter Tippfehler-Domains kann daher aus Namensrecht[40] nicht verlangt werden.[41] **17**

Von dem Grundsatz der Verletzung des Namensrechts durch eine kollidierende Domain bestehen jedoch verschiedene Ausnahmen. Eine erste Ausnahme muss für den Fall gemacht werden, dass die Registrierung des Domainnamens durch den Nichtberechtigten nur der erste Schritt im Zuge der – für sich genommen rechtlich unbedenklichen – Aufnahme einer entsprechenden Benutzung als Unternehmenskennzeichen ist. Dem liegt die Erwägung zugrunde, dass es der Inhaber eines identischen Unternehmenskennzeichens[42] im Allgemeinen nicht verhindern kann, dass in einer anderen Branche durch Benutzungsaufnahme ein Kennzeichenrecht an **18**

---

35 BGH I ZR 150/11 v. 13.12.2012 *dlg.de*, Tz. 17 f.; BGH I ZR 82/14 v. 28.4.2016 *profitbricks.es*, Tz. 45.
36 BGHZ 149, 191, 199 *shell.de*; BGH I ZR 159/05 v. 24.4.2008 *afilias.de*, Tz. 25; BGH I ZR 150/09 v. 9.11.2011 *Basler Haar-Kosmetik*, Tz. 39; BGH I ZR 153/12 v. 6.11.2013 *sr.de*, Tz. 21; BGH I ZR 185/14 v. 24.3.2016 *grit-lehmann.de*, Tz. 15; BGH I ZR 82/14 v. 28.4.2016 *profitbricks.es*, Tz. 42.
37 BGH I ZR 153/12 v. 6.11.2013 *sr.de*, Tz. 24.
38 BGHZ 149, 191, 198 f. *shell.de*; BGHZ 155, 273, 276 *maxem.de*, jeweils m. w. N.; auch BGH I ZR 231/01 v. 9.6.2005 *segnitz.de*, Tz. 13; BGH I ZR 159/05 v. 24.4.2008 *afilias.de*, Tz. 18 f. u. 25 f.; BGH I ZR 150/09 v. 9.11.2011 *Basler Haar-Kosmetik*, Tz. 39; BGH I ZR 150/11 v. 13.12.2012 *dlg.de*, Tz. 14.
39 BGH I ZR 150/09 v. 9.11.2011 *Basler Haar-Kosmetik*, Tz. 41; vgl. auch BGH I ZR 185/14 v. 24.3.2016 *grit-lehmann.de*, Tz. 14.
40 Unter Umständen aber aus Wettbewerbsrecht: BGH I ZR 163/12 v. 22.1.2014 *wetteronline.de*.
41 BGH I ZR 163/12 v. 22.1.2014 *wetteronline.de*, Tz. 22; BGH I ZR 82/14 v. 28.4.2016 *profitbricks.es*, Tz. 48 ff.
42 Ob diese Grundsätze auch im Falle einer Markenregistrierung gelten, hat der BGH ausdrücklich offengelassen: BGH I ZR 159/05 v. 24.4.2008 *afilias.de*, Tz. 28.

dem gleichen Zeichen entsteht. Ist ein solches Recht erst einmal entstanden, muss auch die Registrierung des entsprechenden Domainnamens hingenommen werden. Da es vernünftiger kaufmännischer Praxis entspricht, sich bereits vor der Benutzungsaufnahme den entsprechenden Domainnamen zu sichern, führt die gebotene Interessenabwägung dazu, dass eine der Benutzungsaufnahme unmittelbar vorausgehende Registrierung nicht als Namensanmaßung und damit als unberechtigter Namensgebrauch anzusehen ist.[43]

> Meldet aber etwa der Inhaber der angegriffenen Domain erst knapp drei Jahre nach der Domainregistrierung eine Marke an, ist der Rechtserwerb nicht mehr »alsbald« und kann Ansprüchen deswegen nicht entgegengehalten werden.[44]

19 Eine weitere Ausnahme kann in dem Fall geboten sein, dass das Kennzeichen- bzw. Namensrecht des Berechtigten erst nach der Registrierung des Domainnamens durch den Domaininhaber entstanden ist. Die Registrierung eines zum Zeitpunkt der Registrierung in keinerlei Rechte eingreifenden Domainnamens kann im Hinblick auf die eigentumsfähige, nach Art. 14 GG geschützte Position des Domaininhabers nicht ohne weiteres wegen später entstandener Namensrechte als unrechtmäßige Namensanmaßung qualifiziert werden.[45] Dies gilt wohl[46] selbst dann, wenn es im Vorfeld zwar zu Rechtsverletzungen durch den Domaininhaber gekommen ist, dabei aber auch eine rechtlich zulässige Nutzung der Domain durch ihn möglich bleibt.[47] Auch wenn der Domaininhaber durch die Registrierung kein absolutes Recht an dem Domainnamen erwirbt, begründet der Vertragsschluss mit der Registrierungsstelle doch ein relativ wirkendes vertragliches Nutzungsrecht, das dem Inhaber des Domainnamens ebenso ausschließlich zugewiesen ist wie das Eigentum an einer Sache. Dabei wird sich der Dritte, der den Domainnamen als Unternehmenskennzeichen verwenden möchte, regelmäßig nicht auf ein schutzwürdiges Interesse berufen können, weil er vor der Wahl einer Unternehmensbezeichnung, die er auch als Internet-Adresse verwenden möchte, unschwer prüfen kann, ob der entsprechende Domainname noch verfügbar ist. Die Interessenabwägung geht dann in aller Regel zugunsten des Domaininhabers aus. Anders verhält es sich allerdings, wenn es dem Domaininhaber wegen Rechtsmissbrauchs versagt ist, sich auf seine Rechte aus der Registrierung des Domainnamens zu berufen.[48]

20 Eine weitere Ausnahmekonstellation besteht schließlich dann, wenn der Namensträger die Domain selbst gar nicht nutzen will. Mangels einer eigenen Nutzungsabsicht wird der Namensträger in diesem Fall nicht schon dadurch in seinen schutzwürdigen Interessen beeinträchtigt, dass die mit seinem Namen gebildete Internetadresse wie jede andere nur einmal vergeben werden kann und er daher

---

43 BGH GRUR 2005, 430 *mho.de*; BGH I ZR 159/05 v. 24.4.2008 *afilias.de*, Tz. 28; BGH I ZR 150/09 v. 9.11.2011 *Basler Haar-Kosmetik*, Tz. 40.
44 BGH I ZR 159/05 v. 24.4.2008 *afilias.de*, Tz. 29.
45 BGH I ZR 159/05 v. 24.4.2008 *afilias.de*, Tz. 30 ff., m. w. N. auch zur Gegenansicht; ferner BGH I ZR 135/06 v. 19.2.2009 *ahd.de*; anders zum Unterlassungsanspruch BGH I ZR 82/14 v. 28.4.2016 *profitbricks.es*, Tz. 31.
46 Vgl. BGH I ZR 159/05 v. 24.4.2008 *afilias.de*, Tz. 55.
47 BGH I ZR 135/06 v. 19.2.2009 *ahd.de*.
48 BGH I ZR 159/05 v. 24.4.2008 *afilias.de*, Tz. 30 ff., m. w. N. auch zur Gegenansicht; ferner BGH I ZR 135/06 v. 19.2.2009 *ahd.de*; BGH I ZR 231/06 v. 14.5.2009 *airdsl*, Tz. 55.

von einer entsprechenden Nutzung seines Namens ausgeschlossen wird. Ob hier andere überwiegende schutzwürdige Interessen des Namensträgers durch die Verwendung der Domain durch einen gleichnamigen Namensträger beeinträchtigt werden, etwa wegen der Gefahr von Verwechslungen, hängt von den Umständen des Einzelfalls ab.

Will der Politiker Kurt Biedenkopf die Domain »kurt-biedenkopf.de« selbst nicht nutzen und wird diese von einem Dritten registriert, so bestehen Beseitigungsansprüche nur unter bestimmten Voraussetzungen. Hierbei kommt es insbesondere an auf den Grad der Bekanntheit des Namens des Namensträgers im Kollisionszeitpunkt, die Erwartungen des Verkehrs an einen Internet-Auftritt unter diesem Namen und das etwaige Interesse eines eventuell namensgleichen Anmelders gerade an dieser Internetadresse.[49]

3. Ausnahmekonstellationen beiderseitiger Berechtigung

Die wichtigste Ausnahmekonstellation liegt dann vor, wenn beide Parteien eine Berechtigung[50] vorweisen können. Zur Lösung dieser Fälle hat der BGH komplexe Regeln entwickelt. 21

Berechtigt ist dabei auch ein Dritter, der die Domain die Domain im Auftrag eines Berechtigten registriert oder der einem Konzern angehört, in dem ein Unternehmen über ein eigenes Recht verfügt.[51] Dabei ist allerdings zu beachten, dass dieser Registrierung auf den Namen des Treuhänders im Verhältnis zu Gleichnamigen nur dann die Priorität der Registrierung zugutekommt, wenn für Gleichnamige eine einfache und zuverlässige Möglichkeit besteht zu überprüfen, ob die Registrierung im Auftrag eines Namensträgers erfolgt ist. Hiervon kann zunächst dann ausgegangen werden, wenn sich schon zum Zeitpunkt des Angriffs auf die Domain dort eine Homepage des Namensträgers befindet. Besteht eine solche Homepage (noch) nicht, kann eine einfache und zuverlässige Überprüfung – abgesehen von einer notariellen Beurkundung des Auftrags – dadurch geschaffen werden, dass die DENIC dem Treuhänder im Zuge der Registrierung die Möglichkeit einräumt, einen Hinweis auf seine Treuhänderstellung und den Treugeber zu hinterlegen, und diese Information nur mit Zustimmung des Treuhänders offenbart.[52] Gleiches gilt bei nachträglicher Genehmigung durch den Domaininhaber vor Inanspruchnahme durch einen Dritten.[53] 22

So genügt etwa allein der Hinweis auf der Internetseite »Hier entsteht eine neue Internetpräsenz« nicht den Anforderungen,[54] weil dadurch nicht klar wird, wer die Seite betreiben wird.

Auch ein ausländisches Namens- oder Kennzeichenrecht kann unter Umständen zur Berechtigung führen. Bei einem Domainnahmen, der mit einer länderspezifi- 23

---

49 BGH GRUR 2004, 619, 621 f. *kurt-biedenkopf.de* (auch zu Ansprüchen gegenüber der DENIC); ferner BGH I ZR 164/12 v. 22.1.2014 *wetteronline.de*, Tz. 23.
50 Auch ein ausgefallener und damit kennzeichnungskräftiger Vorname wie »Raule« kann eine Berechtigung begründen: BGH I ZR 11/06 v. 23.10.2008 *raule.de*.
51 BGH I ZR 231/01 v. 9.6.2005 *segnitz.de*, Tz. 13 u. 16; BGH I ZR 59/04 v. 8.2.2007 *grundke.de*.
52 BGH I ZR 59/04 v. 8.2.2007 *grundke.de*; BGH I ZR 185/14 v. 24.3.2016 *grit-lehmann.de*.
53 BGH I ZR 59/04 v. 8.2.2007 *grundke.de*, Tz. 18; BGH I ZR 11/06 v. 23.10.2008 *raule.de*, Tz. 9; BGH I ZR 185/14 v. 24.3.2016 *grit-lehmann.de*, Tz. 17.
54 BGH I ZR 185/14 v. 24.3.2016 *grit-lehmann.de*.

schen Top-Level-Domain wie ».de« gebildet ist, gilt dies aber nur, wenn der Domaininhaber für die Registrierung des (länderspezifischen) Domainnamens ein berechtigtes Interesse vorweisen kann.

> Dies ist etwa der Fall, wenn ein im Ausland ansässiges Unternehmen unter der Domain deutschsprachige Inhalte anbieten will.[55]

24 Nicht hierher gehören demgegenüber die Fälle, in denen der Inhaber eines prioritätsälteren Rechts ohnehin vollumfängliche Unterlassungsansprüche geltend machen kann, so dass der Domaininhaber durch den Angriff seine Gegenrechte verliert. Hier nämlich schlagen die Unterlassungsansprüche auch auf eine Domain durch, so dass quasi ein Fall einseitiger Berechtigung vorliegt.

> Kann etwa der Inhaber einer älteren Marke die Unterlassung der Benutzung einer ähnlichen Bezeichnung verlangen, so erfasst dies auch die Benutzung als Domain im geschäftlichen Verkehr.[56] Solange hingegen der Domaininhaber die Domain auch nur für einen kleinen Teil der bisherigen Tätigkeit weiter nutzen darf, besteht kein Löschungsanspruch.[57]

25 Im Übrigen lassen sich – nach der Rechtsfolge – drei Fallgruppen ausmachen:
– Im Regelfall besteht kein Anspruch gegen den Domaininhaber; es bleibt beim Grundsatz der Priorität der Registrierung der Domain.
– Ausnahmsweise kann in Gleichnamigenkonstellationen eine Verwechslungsgefahr eine Pflicht zur Rücksichtnahme bewirken; auf der Internetseite sind klarstellende Hinweise aufzunehmen.
– Wird aus einem wesentlich besseren Recht – etwa einer überragend bekannten Kennzeichnung – angegriffen, besteht trotz der Berechtigung des Angegriffenen ein Löschungsanspruch.

a) Regelfall: kein Anspruch bei beiderseitiger Berechtigung

26 Im Regelfall besteht kein Anspruch gegen den Domaininhaber, wenn auch der Angegriffene eine Berechtigung hinsichtlich der streitgegenständlichen Domain vorweisen kann. Hierher gehören die Fälle, dass ein (berechtigter) privater Nutzer einer Domain angegriffen wird, dass ein (auch prioritätsjüngerer) Dritter die Domain in einer entfernten Branche nutzt[58] oder dass Angreifer und Domaininhaber als stationäre Betriebe in räumlich unterschiedlichen Territorien tätig sind.[59] Im Allgemeinen bleibt es in diesen Fällen beim Gerechtigkeitsprinzip der Priorität[60] der Registrierung als Domain. Diesem Prinzip muss sich grundsätzlich auch der Inhaber eines relativ stärkeren oder älteren Rechts unterwerfen, dessen Name oder sonstiges Kennzeichen bereits von einem Gleichnamigen als Domain regist-

---

55 BGH I ZR 150/11 v. 13.12.2012 *dlg.de*, Tz. 16 f., auch zum Freundschafts-, Handels- und Schifffahrtsvertrag vom 29.10.1954 zwischen der Bundesrepublik Deutschland und den Vereinigten Staaten von Amerika.
56 BGH GRUR 2002, 898, 900 *defacto*; BGH GRUR 2005, 430 *mho.de*.
57 BGH I ZR 10/09 v. 20.1.2011 *BCC*, Tz. 36.
58 Vgl. BGH GRUR 2002, 898, 900 *defacto*, m. w. N.; BGH GRUR 2005, 430 *mho.de*.
59 BGH GRUR 2005, 262, 263 f. *soco.de*; BGH I ZR 288/02 v. 23.6.2005 *hufeland.de*, Tz. 18.
60 Insoweit kann eine Domain dann doch durchaus als »Recht« betrachtet werden.

riert worden ist.⁶¹ Dies gilt auch, wenn die streitige Domain zunächst von einem nichtberechtigten Dritten erworben und später veräußert wurde. Ein nachwirkender Mangel haftet der Domain auch dann nicht an.⁶²

> Auch wenn also zunächst ein Nichtberechtigter die Domain »zozovanbarkhussen.de« erwirbt, kann der Kaufmann Zozo van Barkhussen von einer Person gleichen Namens nicht die Löschung der inzwischen veräußerten, privat genutzten Domain verlangen.

Diese Grundsätze greifen unter Umständen auch bei solchen Domains, die mit den zugrunde liegenden Kennzeichen nicht identisch sind, sondern diese variieren. Es ist hierbei nämlich dem Umstand Rechnung zu tragen, dass für eine Domain eine kurze, knappe Bezeichnung häufig attraktiver ist als das vollständige Kennzeichen. 27

> So kann eine »Hufeland Krankenhaus GmbH Bad Langensalza« eine Domain »hufeland.de« wählen und sich hierbei gegenüber einem Inhaber älterer Rechte auf ihr Unternehmenskennzeichen als Gegenrecht berufen.⁶³

Auch bei räumlich unterschiedlichen Wirkungskreisen der Parteien kann ein Löschungsanspruch scheitern. Allein der Internetauftritt eines Unternehmens reicht nämlich nicht aus, um auf einen räumlich unbeschränkten Wirkungsbereich schließen zu können. Denn Unternehmen wie z. B. ein Handwerksbetrieb, ein Restaurant oder ein Hotel, die sich – aus welchen Gründen auch immer – auf einen bestimmten Wirkungskreis beschränkt haben, weisen auch mit ihrer Präsenz im Internet nicht notwendig darauf hin, dass diese räumliche Beschränkung in Zukunft wegfallen solle. 28

> Behält daher etwa das allein im Nordrhein-Westfalen tätige Unternehmen SoCo auch nach Einrichtung der Internetseite soco.de die Begrenzung seines räumlichen Tätigkeitsbereichs bei, führt allein die Tatsache, dass nun auch Kunden im räumlichen Tätigkeitsbereich des gleichnamigen, allein im Raum Stuttgart tätigen Angreifers das Angebot im Internet zur Kenntnis nehmen können, nicht dazu, dass sich nunmehr die Wirkungskreise der Parteien überschneiden. Etwas anderes würde nur dann gelten, wenn der Inhaber der Internetseite mit dem Internetauftritt auch Kunden, die außerhalb seines bisherigen Wirkungskreises ansässig sind, anspräche und ihnen seine Dienstleistungen anböte.⁶⁴

b) Ausnahmsweise: Pflicht zur Rücksichtnahme

Ausnahmsweise kann in Gleichnamigenkonstellationen⁶⁵ im Hinblick auf die Nutzung einer Domain eine Pflicht zur Rücksichtnahme seitens des Prioritätsjünge- 29

---

61 BGHZ 149, 191, 200 f. *shell.de*; BGH GRUR 2002, 706, 709 *vossius.de*; BGH GRUR 2002, 898, 900 *defacto*; BGH GRUR 2004, 619, 621 *kurt-biedenkopf.de*; BGH GRUR 2005, 430 *mho.de*; BGH I ZR 231/01 v. 9.6.2005 *segnitz.de*, Tz. 13; BGH I ZR 288/02 v. 23.6.2005 *hufeland.de*, Tz. 20; BGH I ZR 174/07 v. 31.3.2010 *Peek & Cloppenburg I*, Tz. 29; auch BGH I ZR 150/11 v. 13.12.2012 *dlg.de*, Tz. 14; BGH I ZR 185/14 v. 24.3.2016 *grit-lehmann.de*, Tz. 13.
62 BGHZ 149, 191, 200 f. *shell.de*.
63 BGH I ZR 288/02 v. 23.6.2005 *hufeland.de*, Tz. 19.
64 BGH GRUR 2005, 262, 263 f. *soco.de*; auch BGH I ZR 288/02 v. 23.6.2005 *hufeland.de*, Tz. 18.
65 Kritisch zum Recht der Gleichnamigen oben § 18 Rdn. 20 – 23; zutreffender wird man daher lauteres Handeln im Sinne der Rechtsprechung des EuGH zu Art. 14 MRR fordern müssen.

ren⁶⁶ bestehen. Dies ist dann der Fall, wenn der Gebrauch der fraglichen Domain eine Verwechslungsgefahr begründet. Der Pflicht zur Rücksichtnahme kann dann etwa dadurch genügt werden, dass der Jüngere seinen Namen in der Internetadresse einen unterscheidenden Zusatz beifügt.

> So genügt beispielsweise bei einem Angriff aus der geschäftlichen Bezeichnung »Vossius & Partner« die Abgrenzung durch den Vornamen »Volker« unter einer Domain »volkervossius.de«.⁶⁷

30 Doch ist ein solcher Zusatz auch bei Verwechslungsgefahr nicht immer zwingend geboten. Vielmehr kann der Verwechslungsgefahr einer Verwechslung, die bei Verwendung der Domain besteht, auch auf andere Weise begegnet werden. Die in Fällen der Gleichnamigkeit vorzunehmende Abwägung der Interessen der Beteiligten gebietet es hierbei, auch mildere Mittel als ein Verbot in Erwägung zu ziehen. So kann etwa der Internetnutzer auf der ersten sich öffnenden Seite darüber aufgeklärt werden, dass es sich nicht um die Homepage des anderen Namensträgers handelt, zweckmäßigerweise verbunden mit einem Querverweis auf diese Homepage.⁶⁸ Voraussetzung dafür, dass bereits durch einen solchen Hinweis die Verwechslungsgefahr ausgeräumt werden kann, ist jedoch ein berechtigtes Interesse des Domaininhabers an der Benutzung der Domain. Dieses kann zwar in Gleichnamigenfällen vorliegen, wird jedoch im Übrigen regelmäßig fehlen. Hier wird sich der Domaininhaber auf die Verwendung einer Domain mit Zusätzen verweisen lassen müssen.⁶⁹

> So hat beispielsweise ein Angriff aus der prioritätsälteren geschäftlichen Bezeichnung »Vossius & Partner« gegen die Domain »vossius.de« nur Erfolg, wenn der Unterlassungsanspruch auf Fälle beschränkt wird, dass nicht dem Benutzer auf der ersten sich öffnenden Internet-Seite deutlich gemacht wird, dass es sich nicht um die Homepage von Vossius & Partner handelt.⁷⁰

c) Ganz ausnahmsweise: Löschungsanspruch

31 Nur ganz ausnahmsweise besteht in Gleichnamigenkonstellationen ein Löschungsanspruch. Dieser Anspruch setzt voraus, dass der Angreifer über wesentlich bessere Rechte als der angegriffene Domaininhaber verfügt.⁷¹ Hierbei ist – unabhängig davon, ob aus Namens- oder Kennzeichenrecht angegriffen wird – aufgrund einer Interessenabwägung zu entscheiden, ob dem Domaininhaber die Verwendung untersagt werden kann.

---

66 Eine Rücksichtnahmepflicht seitens des Älteren widerspicht in systematischer Hinsicht der Verankerung des Gleichnamigenrechts in § 23 MarkenG.
67 BGHZ 149, 191, 200 *shell.de*, m. w. N.; auch BGH I ZR 174/07 v. 31.3.2010 *Peek & Cloppenburg I*, Tz. 31.
68 BGH GRUR 2002, 706, 708 *vossius.de*; vgl. auch BVerfG GRUR 2005, 261, 262 *ad-acta.de*; BGH I ZR 201/03 v. 21.9.2006 *solingen.info*, Tz. 22; BGH I ZR 174/07 v. 31.3.2010 *Peek & Cloppenburg I*, Tz. 31 u. 37.
69 BGH I ZR 201/03 v. 21.9.2006 *solingen.info*, Tz. 23 f.; auch OGH MMR 2002, 301, 302 *bundesheer.at*.
70 BGH GRUR 2002, 706, 708 *vossius.de*.
71 BGH GRUR 2002, 706, 709 *vossius.de*; BGH GRUR 2004, 619, 620 *kurt-biedenkopf.de*.

So genießt etwa die Shell AG eine überragende Bekanntheit, und der Verkehr erwartet ihren Internet-Auftritt unter diesem Namen. Ein privater Nutzer namens »Shell« kann sich daher gegen diese wesentlich besseren Rechte nicht durchsetzen und muss seinem Namen in der Internetadresse einen unterscheidenden Zusatz beifügen. Hierbei ist auch zu berücksichtigen, dass die Nutzer einer privaten Internet-Seite als ein eher kleiner, homogener Benutzerkreis leicht über eine Änderung der Domain informiert werden können.[72] Etwas anderes gilt jedoch dann, wenn lediglich eine variierte Domain – etwa »weltonline.de« gegenüber dem Titel »Die Welt« – verwendet wird.[73]

4. Ansprüche bei bloßer Registrierung

Die bloße Registrierung einer Domain stellt – vorbehaltlich einer Erstbegehungsgefahr[74] – noch keine Benutzung im geschäftlichen Verkehr dar und kann aus Kennzeichenrechten nicht untersagt werden.[75] Dies gilt auch, wenn die Domain zum Kauf angeboten wird.[76] Insbesondere stellt das Halten einer Domain durch eine juristische Person (des Handelsrechts) für sich gesehen nicht schon deswegen eine Rechtsverletzung dar, weil diese stets im geschäftlichen Verkehr handele.[77] Selbst dann, wenn die Verletzung eines bekannten Zeichens in Rede steht, könnte die bloße Registrierung nur dann eine Verletzungshandlung darstellen, wenn bei jeder Verwendung der Domain notwendig eine unlautere Ausnutzung oder Beeinträchtigung der Unterscheidungskraft oder Wertschätzung des bekannten Zeichens zu bejahen wäre.[78]

Demgegenüber bedeutet schon die Registrierung und nicht erst die Benutzung eines fremden Unternehmenskennzeichens als Domain im nichtgeschäftlichen Verkehr einen unbefugten Namensgebrauch nach § 12 BGB. Denn die den Berechtigten ausschließende Wirkung setzt bei der Verwendung eines Namens als Internetadresse bereits mit der Registrierung ein.[79] Allerdings setzt ein solcher Anspruch voraus, dass mit der Registrierung der Domainnamen eine erhebliche Beeinträchtigung der aus dem Kennzeichenrecht fließenden namensrechtlichen Befugnisse verbunden ist, was zwar im Falle der identischen Namensnutzung meist zu bejahen, in anderen Fällen jedoch gesondert zu prüfen ist.[80] Außerdem besteht hier kein Anspruch, wenn der Berechtigte die Domain nicht selber nutzen will.

---

72 BGHZ 149, 191, 201 f. *shell.de*.
73 BGH GRUR 2005, 687, 689 *weltonline.de*.
74 Vgl. hierzu unten § 27 Rdn. 15 – 17.
75 BGH GRUR 2005, 687, 688 f. *weltonline.de*; BGH I ZR 151/05 v. 13.3.2008 *Metrosex*, Tz. 16; BGH I ZR 167/06 v. 5.2.2009 *METROBUS*, Tz. 64; BGH I ZR 82/14 v. 28.4.2016 *profitbricks.es*, Tz. 24.
76 BGH I ZR 153/12 v. 6.11.2013 *sr.de*, Tz. 8; BGH I ZR 82/14 v. 28.4.2016 *profitbricks.es*, Tz. 25.
77 BGH I ZR 137/04 v. 19.7.2007 *Euro Telekom*, Tz. 13; BGH I ZR 151/05 v. 13.3.2008 *Metrosex*, Tz. 37.
78 BGH I ZR 137/04 v. 19.7.2007 *Euro Telekom*, Tz. 13.
79 BGHZ 149, 191, 199 *shell.de*, m. w. N.; BGHZ 155, 273, 276 *maxem.de*; BGH GRUR 2005, 430 *mho.de*; BGH I ZR 201/03 v. 21.9.2006 *solingen.info*, Tz. 25; BGH I ZR 59/04 v. 8.2.2007 *grundke.de*, Tz. 11; BGH I ZR 159/05 v. 24.4.2008 *afilias.de*, Tz. 19; BGH I ZR 153/12 v. 6.11.2013 *sr.de*, Tz. 25 ff.; BGH I ZR 164/12 v. 22.1.2014 *wetteronline.de*, Tz. 21; BGH I ZR 82/14 v. 28.4.2016 *profitbricks.es*, Tz. 38; BAG MMR 2005, 173, 174 f.
80 BGH I ZR 151/05 v. 13.3.2008 *Metrosex*, Tz. 36.

Will etwa der Politiker Kurt Biedenkopf die Domain »kurt-biedenkopf.de« selbst nicht nutzen, so wird er nicht dadurch behindert, dass ein Dritter die Domain für sich registriert. Gegen die bloße Registrierung kann er daher nicht vorgehen.[81]

34 Etwas anderes gilt ferner dann, wenn die Registrierung des Domainnamens einer – für sich genommen rechtlich unbedenklichen – Benutzungsaufnahme als Unternehmenskennzeichen in einer anderen Branche unmittelbar vorausgeht.[82] Hier ist auch die Registrierung der Domain zulässig.

5. Angriffe auf E-Mail-Adressen

35 Die Nutzung einer E-Mail-Adresse kann regelmäßig nur dann untersagt werden, wenn auch die Nutzung der zugehörigen Domain zu untersagen ist. Das Verbot der Benutzung einer abgeleiteten E-Mail-Adresse ist nämlich zwar vom Verbot der Nutzung der Domain ebenfalls erfasst. Eine selbstständige Untersagung kommt jedoch nur in Betracht, wenn sich bei Verwendung der beanstandeten E-Mail-Adresse eine selbstständige Verwechslungsgefahr ergäbe.

> Ist also etwa die Verwendung der Domain »maxem.de« unzulässig, so erstreckt sich der Unterlassungsanspruch auf die Verwendung beispielsweise der E-Mail-Adresse »maxem@maxem.de«, nicht aber beispielsweise der – keine Verwechslungsgefahr begründenden – E-Mail-Adresse »maxem@lach.de«.[83]

36 Hierbei ist zu berücksichtigen, dass der Inhaber einer E-Mail-Adresse auf sie im Allgemeinen nicht isoliert, sondern – wie auf dem Briefkopf oder auf einer Visitenkarte – im Zusammenhang mit weiteren Namens- und Adressenangaben hinweist, die eine Verwechslungsgefahr beseitigen können. Für eine theoretisch denkbare isolierte Verwendung müssen hierbei für eine Untersagung konkrete Anhaltspunkte bestehen.

> Ist beispielsweise der Werbende selbst nicht genannt in einer Werbeanzeige, sondern allein seine E-Mail-Adresse zur Kontaktaufnahme angegeben, so kann dies für eine Verwechslungsgefahr allein durch die Benutzung der E-Mail-Adresse sprechen.[84]

IV. Ansprüche gegen andere Top-Level-Domains

37 Theoretisch kann auch gegen ausländische,. com-,. org-,. int-,. biz- oder. info-Domains sowie gegen Domains mit ausländischem Länderkürzel wie. us oder. es vor einem deutschen Gericht ein Titel erwirkt werden. Dabei ist jedoch ein berechtigtes Interesse an der konkreten Domain nachzuweisen.[85] Zum speziellen Fall der. info-Domain hat der BGH dabei entschieden, dass eine Zuordnungsverwirrung

---

81 BGH GRUR 2004, 619, 621 *kurt-biedenkopf.de*.
82 BGH GRUR 2005, 430 *mho.de*.
83 BGHZ 155, 273, 278 *maxem.de*.
84 BGH GRUR 2002, 706, 708 *vossius.de*; auch BGHZ 155, 273, 278 *maxem.de*.
85 BGH I ZR 82/14 v. 28.4.2016 *profitbricks.es*, Tz. 45 u. 51.

nicht schon deswegen ausgeschlossen ist, weil der Verkehr dort lediglich (Dritt-)Informationen über den Rechtsinhaber erwarte.[86]

> Für einen Anspruch gegen eine länderspezifische Domain. es genügt es daher nicht vorzutragen, dass man europaweit anbiete und Spanien einer der wichtigsten europäischen Märkte sei; vielmehr ist konkret darzulegen, dass man bereits im spanischen Markt tätig ist oder dieser jedenfalls erschlossen werden solle.[87]

In der Praxis bestehen jedoch bisweilen vollstreckungsrechtliche Probleme, wenn der Beklagte oder die betroffene Domain-Vergabestelle den Sitz im Ausland hat. So können vor allem Löschungsansprüche praktisch undurchsetzbar sein, so dass bei der Antragsfassung besondere Sorgfalt geboten ist. Zu beachten ist außerdem, dass eine Berechtigung für den Angegriffenen hier auch aufgrund ausländischer Rechte einfacher nachzuweisen sein kann.[88] **38**

> So kann es etwa im Hinblick auf Domains mit der Endung ».com« sinnvoll sein zu beantragen, dass der Domaininhaber bei der Firma Network Solutions, USA, darauf hinwirkt, dass als so genannter Registrant, als Administrative Contact und als Billing Contact für eine bestimmte Internetdomain kein anderer als der Angreifer eingetragen wird.[89] Auch ein Antrag, gegenüber der jeweils einschlägigen Registrierungsstelle beispielsweise auf den Domainnamen »solingen.info« zu verzichten, ist möglich.[90]

Insbesondere bei. com-Domains, aber auch bei einer zunehmenden Zahl weiterer Domain-Typen, bietet es sich zur Meidung vollstreckungsrechtlicher Probleme auch an, ein eigens zur Lösung von Domain-Streitigkeiten eingerichtetes Schiedsgerichtsverfahren zu bestreiten. Die Grundsätze dieses Schiedsverfahrens ähneln den Regelungen zu Top-Level-Domains ».eu«. Voraussetzung sind nach § 4 der Uniform Domain Name Dispute Resolution Policy (UDRP)[91] Zeichenidentität oder jedenfalls Verwechslungsgefahr sowie kumulativ[92] eine fehlende Berechtigung des Domaininhabers und dessen Bösgläubigkeit. Bejaht die Schiedsstelle den Anspruch, so wird die Domain je nach Antrag gelöscht oder auf den Antragsteller übertragen, wenn nicht innerhalb von zehn Werktagen ein Gericht mit der Angelegenheit befasst und die Schiedsstelle hiervon unterrichtet wird (§ 4 Buchst. k UDRP). In der europäischen Praxis wird zumeist auf die bei der WIPO eingerichtete Schiedsstelle zurückgegriffen. Im Internet veröffentlicht die WIPO ausführliche Informationen zum Schiedsverfahren.[93] **39**

---

86 BGH I ZR 201/03 v. 21.9.2006 *solingen.info*, Tz. 17 ff., wo hinsichtlich der Ansprüche von Gebietskörperschaften jedoch eine denkbare abweichende Behandlung für länderbezogene Endungen sowie der Endungen ».biz« und ».pro« – eher nicht jedoch für ».com« – angedeutet wird.
87 BGH I ZR 82/14 v. 28.4.2016 *profitbricks.es*, Tz. 46.
88 BGH I ZR 150/11 v. 13.12.2012 *dlg.de*, Tz. 17; vgl. auch oben § 22 Rdn. 23.
89 BGH GRUR 2004, 790, 792 *Gegenabmahnung*.
90 BGH I ZR 201/03 v. 21.9.2006 *solingen.info*, Tz. 4.
91 Vgl. www.icann.org/udrp/udrp-policy-24oct99.htm.
92 Dass bei. eu-Domains muss nur eine der beiden Voraussetzungen erfüllt sein muss, dürfte in der Praxis wegen der Überschneidungen im Nachweis der Voraussetzungen kaum einmal ausschlaggebend sein.
93 Vgl. arbiter.wipo.int/domains.

§ 23 Geografische Herkunftsangaben

Schrifttum: *Dück*, Himalaya Salz – Geographische Herkunftsangaben nach der Anerkennung als Kennzeichenrechte auf dem Gipfel?, WRP 2016, 1092; *Kiefer*, Der BGH in Sachen »Himalaya Salz«, WRP 2016, 1458; *Klein*, Der Schutz eingetragener Ursprungsbezeichnungen und geografischer Angaben für Weinbauerzeugnisse gegenüber Unionsmarken, MarkenR 2016, 235; *Loschelder/Loschelder*, Geographische Angaben und Ursprungsbezeichnungen, 2. Aufl. 2002; *Loschelder*, Die Reichweite der nationalen Schutzsysteme für geographische Herkunftsangaben nach der »Bud II-Entscheidung« des EuGH, FS »50 Jahre Bundespatentgericht«, 2011, 671; *Loschelder*, Zum Rechtsschutz der geografischen Herkunftsangabe, MarkenR 2015, 225; *Obergfell*, Bayerisches Bier aus Italien? – Zum Konfliktfeld von Gattungsbezeichnungen, geografischen Herkunftsangaben und prioritätsälteren Marken im europäischen Recht, GRUR 2010, 102; *Omsels*, Geographische Herkunftsangaben, 2007; *Omsels*, Die Verordnung (EG) 1151/2012 über Qualitätsregelungen für Agrarerzeugnisse und Lebensmittel, MarkenR 2013, 209; *Omsels*, Der Streit um das Champagner Sorbet, MarkenR 2017, 16; *Sosnitza*, »Davidoff« im Recht der geographischen Herkunftsangaben? – Waren- und Dienstleistungsähnlichkeit als schutzbegrenzendes Element in der Herkunftskennzeichnung, WRP 2018, 647

I. Überblick

1   Neben Marken, geschäftlichen Bezeichnungen, Namen und Domains werden von der Rechtsordnung auch geografische Herkunftsangaben geschützt. Hierunter zu verstehen sind die Namen von Orten, Gegenden, Gebieten oder Ländern sowie sonstige Angaben und Zeichen, die im geschäftlichen Verkehr zu Kennzeichnungen der geografischen Herkunft von Produkten benutzt werden (vgl. § 126 I MarkenG). Die Funktion geografischer Angaben besteht darin, dem Verkehr die geografische Herkunft der Waren und ihre spezifischen Eigenschaften zu garantieren.[1] Möglich sind sowohl unmittelbare (etwa Lübecker Marzipan) als auch mittelbare (Bocksbeutelflasche) Herkunftsangaben. Geografische Angaben sind im Europäischen Binnenmarkt wie kaum eine andere Bezeichnungsform geeignet, wegen ihres geografischen Bezugs zum Handelshindernis zu werden.[2] Die Regelung der Benutzung geografischer Angaben muss daher das im Wesen der geografischen Angabe liegende Allgemeininteresse[3] und das Interesse an einem freien Handeln in Ausgleich bringen. Eine Lizenzierung geografischer Herkunftsangaben ist dabei selbstverständlich unzulässig.[4]

2   Vollständig harmonisiert ist das Recht der geografischen Herkunftsangaben im Bereich der Agrarerzeugnisse und Lebensmittel.[5] Die Verordnung (EU) 1151/2012

---

1 EuGH C-96/09 P v. 29.3.2011 *Anheuser Busch*, Tz. 147.
2 Vgl. etwa EuGH C-255/03 v. 17.6.2004 *Wallonisches Qualitätszeichen*.
3 Vgl. EuGH C-108/97 und C-109/97 v. 4.5.1999 *Chiemsee*, Tz. 27; EuGH C-488/16 P v. 6.9.2018 *Bundesverband Souvenir – Geschenke – Ehrenpreise*, Tz. 37.
4 BGH I ZR 49/04 v. 28.6.2007 *Cambridge Institute*, Tz. 38.
5 Vgl. auch die Internetseite: http://europa.eu.int/comm/agriculture/foodqual/quali1_de.htm.

über Qualitätsregelungen für Agrarerzeugnisse und Lebensmittel[6] schafft insoweit ein europaweit geltendes Eintragungsverfahren für solche Angaben, die bestimmte Voraussetzungen erfüllen, und regelt zugleich die Reichweite des Schutzes. Art. 23 TRIPS gebietet ferner einen besonderen Schutz der geografischen Angaben für Weine und Spirituosen. Dies setzen unionsweit die Verordnung (EG) 1234/2007 des Rates vom 22. Oktober 2007 über eine gemeinsame Organisation der Agrarmärkte und mit Sondervorschriften für bestimmte landwirtschaftliche Erzeugnisse (Verordnung über die einheitliche GMO) in der durch die Verordnung Nr. 491/2009 des Rates vom 25. Mai 2009[7] sowie die Verordnung (EG) Nr. 110/2008 zur Begriffsbestimmung, Bezeichnung, Aufmachung und Etikettierung von Spirituosen sowie zum Schutz geografischer Angaben für Spirituosen und zur Aufhebung der Verordnung (EWG) Nr. 1576/89 vom 13. Januar 2008[8] um.

In Deutschland verschaffen die §§ 126 ff. MarkenG ergänzenden Schutz. Dabei **3** können Gattungsbezeichnungen nicht als geografische Herkunftsangabe geschützt werden (§ 126 II MarkenG). Jedoch sind an eine Umwandlung einer geografischen Herkunftsangabe in eine Gattungsbezeichnung strenge Anforderungen zu stellen, die insbesondere strenger sind als die markenrechtlichen Eintragungshindernisse. Die Umwandlung liegt erst vor, wenn ein nur noch ganz unbeachtlicher Teil der Verkehrskreise in der Angabe einen Hinweis auf die geografische Herkunft der Ware oder Dienstleistung sieht.

> So hat sich etwa der Begriff »SPA«, eigentlich der Name einer belgischen Stadt, hiervon ausgehend bislang nicht zu einem Synonym für Fitness sowie Wohlbefinden und eine entsprechende Hotellerie entwickelt, um der Bezeichnung den Schutz gemäß § 126 II MarkenG zu versagen.[9]

§ 137 MarkenG schließlich enthält eine Verordnungsermächtigung zum Schutze **4** bestimmter weiterer geografischer Herkunftsangaben. Der Verordnungsgeber hat hiervon in der Solingen-VO[10] Gebrauch gemacht, die sich auf Schneidwaren bezieht. Ferner existiert ein deutsch-französisches Abkommen über den Schutz von Herkunftsangaben, Ursprungsbezeichnungen und anderen geografischen Bezeichnungen vom 8.3.1960,[11] das insbesondere den Begriff »Champagner« unter beson-

---

6 ABl. EU L 343, S. 1; inzwischen abgelöst sind die Verordnungen (EG) Nr. 510/2006 des Rates vom 20.3.2006 zum Schutz von geografischen Angaben und Ursprungsbezeichnungen für Agrarerzeugnisse und Lebensmittel, ABl-EG L 93/12 sowie (EWG) Nr. 2081/92 des Rates vom 14.7.1992 zum Schutz von geografischen Angaben und Ursprungsbezeichnungen für Agrarerzeugnisse und Lebensmittel, ABl.-EG L 208, S. 1; zu den Unterschieden der beiden Verordnungen *Knaak*, GRUR Int. 2006, 893.
7 ABl. 2007, L 299, S. 1 bzw. ABl. 2009, L 154, S. 1; vgl. auch EuGH C-47/90 v. 9.6.1992 *Rioja I*; EuGH C-388/95 v. 16.5.2000 *Rioja II*; EuGH C-347/03 v. 12.5.2005 *Tocai*; EuGH C-56/16 P v. 14.9.2017 *EUIPO/Instituto dos Vinhos do Douro e do Porto*.
8 ABl.-EG L 39–16 v. 13.2.2008; inzwischen abgelöst ist die Verordnung (EWG) Nr. 1576/89 zur Festlegung der allgemeinen Regeln für die Begriffsbestimmung, Bezeichnung und Aufmachung von Spirituosen, ABl.-EG L 160 vom 12.6.1989, S. 1; dazu EuGH C-4/10 und C-27/10 v. 14.7.2011 *Bureau national interprofessionnel du Cognac*.
9 BGH GRUR 2001, 420, 421 *SPA*; BGH I ZB 53/05 v. 13.3.2008 *SPA II*, Tz. 23.
10 Verordnung vom 16.12.1994, BGBl. I 2833; hierzu *Ströbele/Hacker/Thiering-Hacker*, § 137 Rz. 4 ff.
11 BGBl. 1961 II, 482.

deren Schutz stellt,[12] sowie ein Deutsch-italienisches Abkommen über den Schutz von Herkunftsangaben.[13] Das Lissaboner Abkommen über den Schutz der Ursprungsbezeichnungen und ihre internationale Registrierung v. 31.10.1958[14] haben Deutschland und Österreich nicht ratifiziert, in der EU aber Frankreich, Italien, Portugal, die Slowakei, die Tschechische Republik und Ungarn.[15]

II. Schutz von Bezeichnungen für Agrarerzeugnisse und Lebensmittel nach der Verordnung (EU) 1151/2012

5 Die europaweit größte Bedeutung im Zusammenhang mit geografischen Herkunftsangaben hat inzwischen die Verordnung (EU) 1151/2012 über Qualitätsregelungen für Agrarerzeugnisse und Lebensmittel. In der Verordnung ist neben der Vorgängerverordnung (EG) 510/2006 auch die – in der Praxis allerdings weit weniger bedeutsame – Verordnung (EG) 509/2006 zum Schutz garantiert traditioneller Spezialitäten für Agrarerzeugnisse und Lebensmittel aufgegangen.[16] Daneben existieren noch die Verordnung (EU) Nr. 1308/2013 des Europäischen Parlaments und des Rates vom 17.12.2013 über eine gemeinsame Marktorganisation für landwirtschaftliche Erzeugnisse sowie die die Verordnung (EG) Nr. 110/2008 des Europäischen Parlaments und des Rates vom 15.01.2008 zur Begriffsbestimmung, Bezeichnung, Aufmachung und Etikettierung von Spirituosen sowie zum Schutz geografischer Angaben für Spirituosen.

1. Anwendungsbereich

6 Diese Verordnung Nr. 1151/2012 findet nach ihrem Art. 2 Anwendung im Zusammenhang mit zum menschlichen Verzehr bestimmten Agrarerzeugnissen und bestimmten Lebensmitteln[17] sowie bestimmten Agrarerzeugnissen.[18] Die Verordnung gilt demgegenüber nicht für Weinbauerzeugnisse und – mit Ausnahme von Bier – alkoholische Getränke. Der Schutz qualifizierter geografischer Herkunftsangaben und regionaler Gütezeichen durch nationale Vorschriften ist jedenfalls im sachlichen Anwendungsbereich der Verordnung unzulässig.[19] Demgegenüber fallen

---

12 Vgl. etwa BGH GRUR 2005, 957 *Champagner Bratbirne*; auch BGH I ZR 268/14 v. 2.6.2016 *Champagner Sorbet*; EuGH C-393/16 v. 20.12.2017 *Comité Interprofessionnel du Vin de Champagne*.
13 Hierzu BGH I ZR 229/03 v. 5.10.2006 *Pietra di Soln*.
14 Revidiert in Stockholm am 14.7.1967 mit den Änderungen v. 28.9.1979 (LA); GRUR 1959, 135.
15 Vgl. BlPMZ 2005, 164.
16 Zur neuen Verordnung vgl. *Omsels*, MarkenR 2013, 209 ff.
17 Bier, natürliches Mineralwasser und Quellwasser, Getränke auf der Grundlage von Pflanzenextrakten, Backwaren, feine Backwaren, Süßwaren oder Kleingebäck, natürliche Gummen und Harze; zu Mineral- und Tafelwasser auch BGH GRUR 2002, 1091 *Bodensee-Tafelwasser*.
18 Heu, ätherische Öle, Blumen und Zierpflanzen.
19 EuGH C-6/02 v. 6.3.2003 *Salaisons d'Auvergne*; BGH I ZR 69/04 v. 22.9.2011 *Bayerisches Bier II*, Tz. 20; vgl. zum Unwirksamwerden ursprünglich geschützter qualifizierter geografischer Angaben die Schlussanträge von Generalanwalt *Ruiz Jarabo* v. 5.2.2009 in der Rechtssache EuGH C-478/07 *Budějovický Budvar*.

einfache geografische Herkunftsangaben, bei denen kein Zusammenhang zwischen den Eigenschaften des Produktes und seiner geografischen Herkunft besteht, nicht unter die Verordnung. Die Verordnung steht daher nicht der Anwendung einer nationalen Regelung entgegen, die die irreführende Verwendung einer solchen einfachen geografischen Herkunftsangabe verbietet.[20] Auch im Verhältnis zu Drittstaaten ist die Verordnung im Grundsatz anwendbar.[21] Nationale Rechtsverordnungen,[22] und zweiseitige Abkommen unter Mitgliedstaaten[23] sind hingegen nur in Ausnahmefällen möglich.

Schutzgegenstand der Verordnung sind – eingetragene[24] – Ursprungsbezeichnungen (g. U.) und geografische Angaben (g. g. A.), wobei auch bestimmte traditionelle nichtgeografische Bezeichnungen erfasst sein können.[25] Bezeichnungen, die zu Gattungsbezeichnungen[26] geworden sind oder stets Gattungsbezeichnungen waren,[27] dürfen demgegenüber nicht eingetragen werden (Art. 6 i. V. m. Art. 3 Nr. 6 VO Nr. 1151/2012).[28] Außerdem müssen die Agrarerzeugnisse oder Lebensmittel einer Spezifikation entsprechen, die bestimmte Mindestangaben enthalten muss, um eine geschützte Ursprungsbezeichnung oder eine geschützte geografische Angabe tragen zu können (Art. 7 VO Nr. 1151/2012). 7

2. Eintragungsverfahren

Der Antrag auf Eintragung der Bezeichnung ist – normalerweise durch eine Vereinigung – an den Mitgliedstaat zu richten, in dessen Hoheitsgebiet sich das geografische Gebiet befindet, das die beanspruchte Angabe bezeichnet (Art. 49 II VO Nr. 1151/2012). Besonderheiten gelten bei Bezeichnungen Drittstaaten (Art. 49 V VO Nr. 1151/2012). In Deutschland ist der Antrag beim DPMA einzureichen. Nach Anhörung bestimmter Behörden und Organisationen sowie nach Veröffentlichung mitsamt Anhörung interessierter Dritter entscheidet das DPMA über den 8

---

20 EuGH C-312/98 v. 7.11.2000 *Warsteiner Brauerei*, Tz. 44 u. 54; hierzu Vorlagebeschluss BGH GRUR 1999, 251 *Warsteiner I*; auch BGH GRUR 2002, 1074, 1075 *Original Oettinger*; vgl. auch EuGH C-321 bis 324/94 v. 7.5.1997 *Pistre*; nun auch wieder BGH I ZR 69/04 v. 14.2.2008 *Bayerisches Bier I*, Tz. 39; BGH I ZR 69/04 v. 22.9.2011 *Bayerisches Bier II*, Tz. 35; zur parallelen Rechtslage bei Weinen EuGH C-56/16 P v. 14.9.2017 *EUIPO/Instituto dos Vinhos do Douro e do Porto*, Tz. 106 ff.
21 Vgl. *Knaak*, GRUR Int. 2006, 893, 894 ff.; zum alten Recht vgl. auch EuGH C-216/01 v. 18.11.2003 *Budějovický Budvar*.
22 Hierzu EuGH C-129/97 und C-130/97 v. 9.6.1998 *Epoisses*.
23 Hierzu EuGH C-469/00 v. 20.5.2003 *Grana padano*; C-108/01 v. 20.5.2003 *Prosciutto di Parma*; vgl. auch EuGH C-3/91 v. 10.11.1992 *Jijona/Alicante*.
24 Eine Liste der Eintragungen findet sich im ABl.-EG C-317/1 v. 13.12.2005, im Internet unter http://europa.eu.int/eur-lex/lex/LexUriServ/site/en/oj/2005/c_317/c_31720051213en00010110.pdf.
25 Nicht dagegen betriebsbezogene Herkunftsangaben BGH I ZB 25/03 v. 15.9.2005 *Königsberger Marzipan*.
26 Zur Begriffsbestimmung EuG T-291/03 v. 12.9.2007 *GRANA BIRAGHI*, Tz. 65 ff.; auch EuGH C-465/02 und C-466/02 v. 25.10.2005 *Feta II*; BGH I ZB 87/09 v. 21.12.2011, Tz. 35; ferner *Loschelder*, FS Ullmann, 2006, 285.
27 EuGH C-289/96, C-293/96 und C-299/96 v. 16.3.1999 *Dänemark u. a./Kommission*; Tz. 80; EuG T-291/03 v. 12.9.2007 *GRANA BIRAGHI*, Tz. 64.
28 Vgl. aber EuGH C-132/05 v. 26.2.2008 *Kommission/Bundesrepublik Deutschland*, Tz. 51 ff.

Antrag.[29] Entspricht der Antrag nicht der Verordnung, wird er zurückgewiesen. Andernfalls wird der Antrag zunächst an das Bundesministerium der Justiz, von dort an die Kommission der Europäischen Union weitergeleitet (§ 130 MarkenG).

9 Die Kommission prüft nun erneut den Antrag und veröffentlicht diesen gegebenenfalls (Art. 50 VO Nr. 1151/2012). Gegen die beabsichtige Eintragung kann jetzt von den Mitgliedstaaten sowie von betroffenen Dritten Einspruch eingelegt werden (Art. 51 VO Nr. 1151/2012, § 131 MarkenG).

10 Auch nach Eintragung ist unter bestimmten Voraussetzungen noch die Löschung der Bezeichnung möglich (Art. 54 VO Nr. 1151/2012, § 132 MarkenG).[30] Bei veränderten Gegebenheiten kann ferner eine Änderung der Spezifikation beantragt werden (Art. 53 VO Nr. 1151/2012). Entscheidungen der europäischen Behörden können hierbei jeweils mit Rechtsmittel zum EuG bzw. EuGH angegriffen werden,[31] solche des DPMA mit Rechtsmittel zum BPatG (§ 133 MarkenG).

3. Schutzumfang

11 Der Schutzumfang einer eingetragenen Bezeichnung richtet sich abschließend nach Art. 13 VO Nr. 1151/2012.[32] Die Angaben »g. U.« und »g. g. A.« oder die entsprechenden traditionellen einzelstaatlichen Angaben dürfen danach nur für Agrarerzeugnisse und Lebensmittel verwendet werden, die dieser Verordnung entsprechen (Art. 12 VO Nr. 1151/2012). Im Kern geht es darum, dem Verbraucher Gewähr dafür zu bieten, dass landwirtschaftliche Erzeugnisse, die mit einer nach dieser Verordnung eingetragenen geografischen Angabe versehen sind, aufgrund ihrer Herkunft aus einem bestimmten geografischen Gebiet bestimmte besondere Merkmale aufweisen und damit eine auf ihrer geografischen Herkunft beruhende Qualitätsgarantie bieten; damit soll es den Landwirten, die sich zu echten Qualitätsanstrengungen bereit erklärt haben, ermöglicht werden, als Gegenleistung ein höheres Einkommen zu erzielen, und verhindert werden, dass Dritte missbräuchlich Vor-

---

29 Zur Abwägung BGH I ZB 6/12 v. 3.4.2014 *Schwarzwälder Schinken*, Tz. 25.
30 Hierzu EuGH C-151/01 P v. 30.1.2002 *Canardà foie gras du Sud-Ouest*; EuGH C-269/99 v. 6.12.2001 *Spreewälder Gurken*; EuGH C-289/96, C-293/96 und C-299/96 v. 16.3.1999 *Feta*; EuG T-215/00 v. 30.1.2001 *Canardà foie gras du Sud-Ouest*; EuG T-114/99 v. 9.11.1999 *Pays d*; EuG T-78/98 v. 29.4.1999 *Toscano*; EuG T-114/96 v. 26.3.1999 *Jijona/Alicante*; EuG T-109/97 v. 15.9.1998 *Altenburger Ziegenkäse*; zur Wirksamkeit der Verordnung zum Schutz der Bezeichnung »Bayerisches Bier« vgl. BGH I ZR 69/04 v. 14.2.2008 *Bayerisches Bier I*, Tz. 24 f.; I ZR 237/12 v. 3.4.2014, sowie die Schlussanträge von Generalanwalt *Mazák* v. 18.12.2008 zum Vorabentscheidungsersuchen EuGH C-343/07 *Bayerisches Bier*; ferner die Schlussanträge von Generalanwalt *Ruiz Jarabo* v. 5.2.2009 in der Rechtssache EuGH C-478/07 *Budějovický Budvar*.
31 Vgl. EuGH C-151/01 P v. 30.1.2002 *Canardà foie gras du Sud-Ouest*; EuGH C-269/99 v. 6.12.2001 *Spreewälder Gurken*; EuGH C-289/96, C-293/96 und C-299/96 v. 16.3.1999 *Feta*; EuG T-215/00 v. 30.1.2001 *Canardà foie gras du Sud-Ouest*; EuG T-114/99 v. 9.11.1999 *Pays d*; EuG T-78/98 v. 29.4.1999 *Toscano*; EuG T-114/96 v. 26.3.1999 *Jijona/Alicante*; EuG T-109/97 v. 15.9.1998 *Altenburger Ziegenkäse*.
32 EuGH C-478/07 v. 8.9.2009 *Budějovický Budvar*, Tz. 107 ff.; auch EuGH C-56/16 P v. 14.9.2017 *EUIPO/Instituto dos Vinhos do Douro e do Porto*, Tz. 74 ff. [zu Wein].

teile aus dem Ruf ziehen, der sich aus der Qualität dieser Erzeugnisse ergibt.³³
Über den Identitätsschutz hinaus werden eingetragene Bezeichnungen geschützt
– gegen jede direkte oder indirekte kommerzielle Verwendung einer eingetragenen Bezeichnung für Erzeugnisse, die nicht unter die Eintragung fallen, sofern diese Erzeugnisse mit den unter dieser Bezeichnung eingetragenen Erzeugnissen vergleichbar sind oder sofern durch diese Verwendung das Ansehen der geschützten Bezeichnung ausgenutzt wird (Art. 13 I Buchst. a VO Nr. 1151/2012);³⁴
– gegen jede widerrechtliche Aneignung, Nachahmung oder Anspielung,³⁵ selbst wenn der wahre Ursprung des Erzeugnisses angegeben ist oder wenn die geschützte Bezeichnung in Übersetzung oder zusammen mit Ausdrücken wie »Art«, »Typ«, »Verfahren«, »Fasson«, »Nachahmung« oder dergleichen verwendet wird (Art. 13 I Buchst. b VO Nr. 1151/2012);
– gegen alle sonstigen falschen oder irreführenden Angaben, die sich auf Herkunft, Ursprung, Natur oder wesentliche Eigenschaften der Erzeugnisse beziehen und auf der Aufmachung oder der äußeren Verpackung, in der Werbung oder in Unterlagen zu den betreffenden Erzeugnissen erscheinen, sowie die Verwendung von Behältnissen, die geeignet sind, einen falschen Eindruck hinsichtlich des Ursprungs zu erwecken (Art. 13 I Buchst. c VO Nr. 1151/2012);
– gegen alle sonstigen Praktiken, die geeignet sind, das Publikum über den wahren Ursprung des Erzeugnisses irrezuführen (Art. 13 I Buchst. d VO Nr. 1151/2012).

Eine »indirekte gewerbliche Verwendung« einer eingetragenen geografischen Angabe liegt nur dann vor, wenn der streitige Bestandteil in einer Form verwendet wird, die mit dieser Angabe identisch oder ihr klanglich und/oder visuell ähnlich ist. Somit genügt es nicht, dass der streitige Bestandteil bei den angesprochenen Verkehrskreisen eine irgendwie geartete Assoziation mit der eingetragenen geografischen Angabe oder dem zugehörigen geografischen Gebiet wecken kann.³⁶ **12**

Bei der Prüfung, ob eine Anspielung im Sinne des Buchst. b vorliegt, ist auf die Wahrnehmung eines normal informierten, angemessen aufmerksamen und verständigen Durchschnittsverbrauchers abzustellen.³⁷ Dabei kommt es auf einen europäischen Verbraucher an und nicht nur auf einen Verbraucher des Mitgliedstaats, in dem das Erzeugnis hergestellt wird, das zu der Anspielung auf die geschützte geografische Angabe führt.³⁸ Hierbei ist die klangliche und visuelle Ähnlichkeit zwischen den Bezeichnungen zu prüfen. Darüber hinaus sind aber auch etwaige Umstände zu berücksichtigen, die darauf hinweisen könnten, dass eine solche Ähnlichkeit nicht auf Zufall beruht. Letztlich kommt es darauf an, ob der normal **13**

---

33 EuGH C-478/07 v. 8.9.2009 *Budějovický Budvar*, Tz. 111; auch EuGH C-56/16 P v. 14.9.2017 *EUIPO/Instituto dos Vinhos do Douro e do Porto*, Tz. 82 [zu Wein].
34 Zur Verwendung einer Zutat EuGH C-393/16 v. 20.12.2017 *Comité Interprofessionnel du Vin de Champagne* [zu Wein]; BGH I ZR 268/14 v. 19.7.2018 *Champagner Sorbet II*.
35 Aus der Vorschrift folgt der Löschungsanspruch gegen jüngere Marken oder Internationale Registrierungen: BGH I ZR 69/04 v. 22.9.2011 *Bayerisches Bier II*, Tz. 22; zum Begriff der Anspielung außerdem BGH I ZR 69/04 v. 14.2.2008 *Bayerisches Bier I*, Tz. 18.
36 EuGH C-44/17 v. 7.6.2018 *Scotch Whiskey Association*, Tz. 39 [zur gleichlautenden VO (EG) Nr. 110/2008].
37 EuGH C-44/17 v. 7.6.2018 *Scotch Whiskey Association*, Tz. 47 [zur gleichlautenden VO (EG) Nr. 110/2008].
38 EuGH C-75/15 v. 21.1.2016 *Viiniveria*, Tz. 28.

informierte und angemessen aufmerksame und verständige europäische Durchschnittsverbraucher durch den Namen eines Erzeugnisses dazu veranlasst wird, gedanklich einen Bezug zu einem Erzeugnis mit der geschützten geografischen Angabe herzustellen.³⁹ Hierbei kommt es Dabei ist die Benutzung einer Bezeichnung, die als »Anspielung« geografische Angabe qualifiziert wird, selbst dann unzulässig ist, wenn jegliche Verwechslungsgefahr ausgeschlossen werden kann.⁴⁰ Im Rahmen dieser Beurteilung ist gegebenenfalls die inhaltliche Nähe der Bezeichnung zur geografischen Angabe zu berücksichtigen.⁴¹ Belanglos sind dagegen Hinweise auf die wahre Herkunft der Produkte.⁴² Eine Anspielung liegt etwa vor, wenn eine Olivenölmarke »TOSCORO« an die Ursprungsbezeichnung »toscano« erinnert.⁴³ Anders sieht es aber aus, wenn ein beschreibender Begriff verwendet wird, der zufällig der Ursprungsbezeichnung ähnelt; in diesem Fall besteht kein Schutz.⁴⁴ Auch wenn der Verkehr mit dem Begriff »Glen« – schottisch für »Bergtal« – Scotch Whiskey assoziiert, wäre das eine Anspielung.⁴⁵ Auch die Historie kann entscheidend sein; so kann es etwa darauf ankommen, dass ein Getränk nach dem Dorf der Herstellung zunächst »Verla« hieß und erst nach dem Markteintritt von »Calvados« mit dem Zusatz »dos« ergänzt wurde.⁴⁶

14   Bei der Feststellung, ob eine nach dieser Bestimmung unzulässige »falsche oder irreführende Angabe« vorliegt, ist das Umfeld, in dem der streitige Bestandteil verwendet wird, nicht zu berücksichtigen. Ist daher erst einmal der Anwendungsbereich der Vorschrift eröffnet, so nützt es nichts, durch ausdrückliche Hinweise über die wahre Herkunft der Produkte aufzuklären.⁴⁷

15   Enthält dabei aber ein eingetragener Name den als Gattungsbezeichnung angesehenen Namen eines Agrarerzeugnisses oder Lebensmittels, so gilt die Verwendung dieser Gattungsbezeichnung für das betreffende Agrarerzeugnis oder Lebensmittel nicht als Verstoß gegen die Verbote der Buchstaben a) und b) (Art. 13 I 2. Unterabs. VO Nr. 1151/2012).⁴⁸ Hierbei sind dieselben Kriterien heranzuziehen wie bei der Prüfung der Frage, ob eine Bezeichnung eine Gattungsbezeichnung i. S. v. Art. 3 Nr. 6 VO Nr. 1151/2012 darstellt.⁴⁹

> So kann etwa die Verwendung einer Bezeichnung wie »Cambozola« im Sinne von Art. 13 I Buchst. b VO Nr. 1151/2012 als Anspielung auf die geschützte Ursprungsbezeichnung »Gorgonzola« qualifiziert werden; die Angabe des wahren Ursprungs des Erzeugnisses auf der

---

39 EuGH C-75/15 v. 21.1.2016 *Viiniveria*, Tz. 48; EuGH C-44/17 v. 7.6.2018 *Scotch Whiskey Association*, Tz. 46 [zur gleichlautenden VO (EG) Nr. 110/2008]; EuGH C-56/16 P v. 14.9.2017 *EUIPO/Instituto dos Vinhos do Douro e do Porto*, Tz. 115 ff. [zur gleichlautenden VO (EG) 1234/2007].
40 EuGH C-75/15 v. 21.1.2016 *Viiniveria*, Tz. 52.
41 EuGH C-44/17 v. 7.6.2018 *Scotch Whiskey Association*, Tz. 52 [zur gleichlautenden VO (EG) Nr. 110/2008].
42 EuGH C-44/17 v. 7.6.2018 *Scotch Whiskey Association*, Tz. 60 [zur gleichlautenden VO (EG) Nr. 110/2008].
43 EuG T-510/15 v. 2.2.2017 *TOSCORO*, Tz. 28 ff.
44 EuG T-774/16 v. 12.7.2018 *CAVE DE TAIN*, Tz. 41 ff.
45 EuGH C-44/17 v. 7.6.2018 *Scotch Whiskey Association*, Tz. 52 ff. [zur gleichlautenden VO (EG) Nr. 110/2008]; vgl. auch die nachfolgende Entscheidung LG Hamburg 327 O 127/16 v. 7.2.2019 *Glen Buchenbach*.
46 EuGH C-75/15 v. 21.1.2016 *Viiniveria*, Tz. 39 f.
47 EuGH C-44/17 v. 7.6.2018 *Scotch Whiskey Association*, Tz. 61 ff. [zur VO (EG) Nr. 110/2008].
48 Vgl. EuG T-828/16 v. 14.12.2017 *Torta del Caser/QUESO Y TORTA DE LA SERENA*, Tz. 23 ff.
49 EuG T-291/03 v. 12.9.2007 *GRANA BIRAGHI*, Tz. 64.

Verpackung vermag daran nichts zu ändern.⁵⁰ Auch »Parmesan« ist eine Anspielung auf die geschützte Ursprungsbezeichnung »Parmigiano Reggiano«.⁵¹ Wäre hingegen die Bezeichnung mit dem Zusatz »Käse« – also als »Parmigiano Reggiano Käse« eingetragen, so könnten hieraus selbstverständlich keine Rechte hergeleitet werden, wenn ein Dritter das Wort »Käse« benutzt. Anders dürfte die Verwendung der Elemente »Balsamico« und »Aceto Balsamico« im Hinblick auf die geografische Angabe »Aceto Balsamico di Modena« zu beurteilen sein, wo der Schutz der geografischen Angabe diese beschreibenden Begriffe nicht umfasst.⁵²

Eine Ausnahmeregelung kann gemäß Art. 15 VO Nr. 1151/2012 für eine Übergangszeit bestehen, wenn die Bezeichnung in einem Mitgliedstaat bereits seit langem rechtmäßig benutzt wird.⁵³ Gemäß Art. 14 II VO Nr. 1151/2012 können ferner gutgläubig erworbene, ältere⁵⁴ Marken den Schutzbereich der geschützten Bezeichnung beschränken.⁵⁵ **16**

Ist daher etwa die Marke »Cambozola« älter als die geschützte Ursprungsbezeichnung »Gorgonzola« so muss das nationale Gericht feststellen, ob die Eintragung der Marke in gutem Glauben erfolgen konnte, sich hierbei insbesondere auf die im Zeitpunkt der Eintragung bestehende Rechtslage und darauf stützen, ob damals bereits eine entsprechende (etwa national) geschützte geografische Herkunftsbezeichnung existierte, und darf eine Bezeichnung wie »Cambozola« nicht ohne weiteres als solche als eine Irreführung des Verbrauchers qualifizieren.⁵⁶

Weiter darf eine geschützte Ursprungsbezeichnung im Rahmen zulässiger vergleichender Werbung verwendet werden. Dabei ist auch nicht automatisch jeder Vergleich, der sich für Waren ohne Ursprungsbezeichnung auf Waren mit Ursprungsbezeichnung bezieht, unzulässig.⁵⁷ **17**

Die Anspruchsberechtigung im Falle einer Klage wegen der Verletzung einer eingetragenen Bezeichnung richtet sich nach deutschem Recht. Anspruchsberechtigt sind danach die gemäß § 8 III UWG berechtigten Personenkreise, demnach Mitbewerber, bestimmte Interessen- sowie Verbraucherschutzverbände, Industrie- und Handelskammern oder Handwerkskammern (§ 135 I MarkenG). Im Falle schuldhaften Handelns bestehen außerdem Schadensersatzansprüche (§§ 135 II, 128 II, III MarkenG). Die Anspruchsverjährung richtet sich gemäß §§ 136, 20 MarkenG nach den allgemeinen Vorschriften.⁵⁸ Die Mitgliedstaaten sind ferner verpflichtet, **18**

---

50 EuGH C-87/97 v. 4.3.1999 *Gorgonzola/Cambozola*, Tz. 43; zu Kombinationszeichen vgl. auch EuGH C-129/97 und C-130/97 v. 9.6.1998 *Epoisses*, Tz. 39.
51 EuGH C-132/05 v. 26.2.2008 *Kommission/Bundesrepublik Deutschland*, Tz. 49.
52 Hierzu der Vorlagebeschluss BGH I ZR 253/16 v. 12.4.2018 *Deutscher Balsamico* (Az. beim EuGH C-432/18 Consorzio Tutela Aceto Balsamico di Modena).
53 Hierzu unter Geltung alten Rechts EuGH C-66/00 v. 25.6.2002 *Dante Bigi*.
54 Zur Ermittlung des Prioritätszeitpunkts: BGH I ZR 69/04 v. 22.9.2011 *Bayerisches Bier II*, Tz. 26.
55 Zur Koexistenzberechtigung vgl. EuGH C-343/07 v. 2.7.2009 *Bavaria*; EuGH C-120/08 v. 22.12.2010 *Bavaria*, letztere auf das Vorlageersuchen BGH I ZR 69/04 v. 14.2.2008 *Bayerisches Bier I*, Tz. 26 ff.; vgl. (zur Verordnung (EG) Nr. 110/2008) auch EuGH C-4/10 und C-27/10 v. 14.7.2011 *Bureau national interprofessionnel du Cognac*; zur entsprechenden Anwendung des Rechts der Gleichnamigen: BGH I ZR 69/04 v. 22.9.2011 *Bayerisches Bier II*, Tz. 39.
56 EuGH C-87/97 v. 4.3.1999 *Gorgonzola/Cambozola*, Tz. 43.
57 EuGH C-381/05 v. 19.4.2007 *De Landtsheer Emmanuel*, Tz. 57 ff.
58 Vgl. oben § 14 Rdn. 2 – 6.

die Einhaltung der Verordnung behördlich zu überwachen, wobei die erforderliche Infrastruktur von dem Mitgliedstaat zu stellen ist, aus dem die geschützte Ursprungsbezeichnung stammt (Art. 13 III VO Nr. 1151/2012).[59] In Deutschland richtet sich die Zuständigkeit hierfür nach Landesrecht (§ 134 MarkenG).

III. Einfache geografische Herkunftsangaben

19 Die einfache geografische Herkunftsangabe schützt § 127 I MarkenG gegen den Fall, dass durch die Benutzung für Produkte anderer Herkunft eine Gefahr der Irreführung über die geografische Herkunft besteht. Die Regelung entspricht im Wesentlichen dem Irreführungsverbot des §§ 5, 5a UWG. Gleichwohl vermitteln die in den §§ 126 ff. MarkenG enthaltenen Regelungen für geografische Herkunftsangaben keinen lauterkeitsrechtlich, sondern einen kennzeichenrechtlich begründeten Schutz.[60]

20 Ausdrücklich offen gelassen hat die Rechtsprechung[61] bislang, ob § 127 I MarkenG – anders als §§ 5, 5a UWG – auch dann eingreift, wenn die Irreführung für die Kaufentscheidung des Verbrauchers nicht relevant ist. Letztlich dürften hierbei jedoch entscheidende Gründe für das Erfordernis einer Relevanz sprechen. Denn zwar soll § 127 I MarkenG anders als §§ 5, 5a UWG nicht nur den Schutz der Verbraucher, sondern auch den der Mitbewerber bezwecken. Doch kann auch ein Schutz der Mitbewerber nur so weit reichen wie dieser eine Marktrelevanz aufweist; dann aber muss eine – zumindest mittelbare – Relevanz für eine Kaufentscheidung des Verbrauchers gefordert werden.[62]

21 § 127 I MarkenG ist damit letztlich[63] doch nicht mehr als eine spezielle Ausprägung des wettbewerbsrechtlichen Irreführungsverbots. Die Bedeutung der Vorschrift erschöpft sich daher in der gegenüber § 11 UWG längeren Verjährungsfrist (§ 129, 20 MarkenG). Neben § 127 I MarkenG kann überdies ergänzend auf §§ 3, 5 UWG zurückgegriffen werden.[64] Wegen des nur begrenzten überschießenden Gehalts bestehen keine Bedenken dahingehend, dass § 127 I MarkenG neben den harmonisierten wettbewerbsrechtlichen Vorschriften nicht mehr anwendbar sein könnte.

22 Der Schutz der einfachen geografischen Herkunftsangabe setzt hierbei nicht voraus, dass der Verbraucher mit ihr eine besondere, auf regionale oder örtliche Eigenheiten zurückzuführende Qualitätsvorstellung verbindet[65] oder dass die Bezeich-

---

59 EuGH C-132/05 v. 26.2.2008 *Kommission/Bundesrepublik Deutschland*, Tz. 74 ff.
60 BGH I ZR 86/13 v. 31.3.2016 *Himalaya Salz*.
61 BGH GRUR 2002, 160, 162 *Warsteiner III*; BGH GRUR 2002, 1074, 1076 *Original Oettinger*.
62 Bejahend hinsichtlich der VO (EWG) Nr. 2333/92 des Rates vom 13.7.1992 zur Festlegung der Grundregeln für die Bezeichnung und Aufmachung von Schaumwein und Schaumwein mit zugesetzter Kohlensäure (ABl.-EG L 231, S. 9) auch EuGH C-303/97 v. 28.1.1999 *Sektkellerei Kessler*, Tz. 38.
63 Vgl. aber BGH I ZR 86/13 v. 31.3.2016 *Himalaya Salz*.
64 BGHZ 139, 138, 139 f. *Warsteiner II*; BGH GRUR 2001, 73, 76 *Stich den Buben*, für den Fall der Verwendung als Firma; vgl. auch BGH I ZR 250/12 v. 30.7.2015 *Piadina-Rückruf*.
65 BGHZ 139, 138, 140 f. *Warsteiner II*, m. w. N.; auch BGH GRUR 2002, 1074, 1075 *Original Oettinger*.

nung dem Verkehr als solche bekannt ist.⁶⁶ Hierbei können auch Personenbezeichnungen im Verkehr Hinweis auf eine bestimmte geografische Herkunft sein.

> Bezeichnet etwa »Stich den Buben« eine im Verkehr bekannte Weinlage, so erkennt der Verkehr diese Lagebezeichnung in der Bezeichnung »Hans StichdenBuben« wieder.⁶⁷

Bei Agrarerzeugnissen und Lebensmitteln bleiben im Rahmen des § 127 I MarkenG bei der Beurteilung der Frage, ob eine Gefahr der Irreführung über die geografische Herkunft des Produkts besteht, besondere Qualitäts- oder Eigenschaftsvorstellungen, die mit der geografischen Herkunft etwa verbunden sein können, unberücksichtigt. Dies gebietet eine unionskonforme Auslegung der Vorschrift.⁶⁸ **23**

Erforderlich ist demgegenüber eine Verwendung der Bezeichnung für Produkte, so dass eine Verwendung als Firma nicht ohne weiteres genügt.⁶⁹ Weiter ist Voraussetzung für den Schutz, dass der mit der angegriffenen Bezeichnung angegebene Ort nicht aufgrund seiner Eigenart oder wegen der Besonderheit der Ware als Produktionsstätte erkennbar ausscheidet.⁷⁰ Hierbei verliert jedoch eine Ortsangabe, welche sich aufgrund ihrer Benutzung durch einen bestimmten Betrieb für diesen als Herkunftshinweis durchgesetzt hat, ihre ursprüngliche Eigenschaft als geografische Angabe erst dann, wenn nur noch unbeachtliche Teile des Verkehrs von einer geografischen Herkunftsbedeutung ausgehen.⁷¹ **24**

Von der Gefahr einer Irreführung über die geografische Herkunft der Produkte ist hierbei immer dann auszugehen, wenn die angegriffene Bezeichnung bei einem nicht unwesentlichen Teil der Verkehrskreise eine unrichtige Vorstellung über die geografische Herkunft der Produkte hervorruft.⁷² Insbesondere in Anbetracht des auch den Interessen der Mitbewerber auf dem regionalen Markt dienenden Schutzes der geografischen Herkunftsangabe sind aber jedenfalls keine höheren Anforderungen als an eine Irreführung gemäß §§ 5, 5a UWG zu stellen.⁷³ Über § 127 IV MarkenG besteht zudem auch im Ähnlichkeitsbereich Schutz. **25**

> Die Bezeichnung »Hans StichdenBuben« ist etwa der geografischen Herkunftsbezeichnung »StichdenBuben« ähnlich i. S. v. § 127 IV Nr. 1 MarkenG und kann daher mit Erfolg angegriffen werden.⁷⁴ Auch die Großschreibung aller Buchstaben etwa bei der Bezeichnung »SPA« ist bei geografischen Herkunftsangaben ebenfalls gebräuchlich und begründet keinen Unterschied in der Aussprache.⁷⁵ Sogar die Bezeichnung »Pietra di Soln« ist der geografischen Angabe »Solnhofen« noch ähnlich, weil die Bestandteile »hofen« als häufiger Bestand-

---

66 BGHZ 139, 138, 142 *Warsteiner II*, m. w. N.
67 BGH GRUR 2001, 73, 75 *Stich den Buben*.
68 BGH I ZR 86/13 v. 31.3.2016 *Himalaya Salz*.
69 BGH GRUR 2001, 73, 76 *Stich den Buben*; aber auch BGH I ZR 49/04 v. 28.6.2007 *Cambridge Institute*, Tz. 31, wo ein Anspruch jedenfalls für den Fall bejaht wird, dass ein Verbot der Verwendung der Firma für bestimmte Dienstleistungen und kein Schlechthinverbot beantragt wird; vgl. zur entsprechenden Abgrenzungsproblematik bei Marken oben § 10 Rdn. 45 – 50.
70 BGHZ 139, 138, 142 *Warsteiner II*, m. w. N.
71 BGHZ 139, 138, 143 f. *Warsteiner II*; auch BGH GRUR 2001, 73, 77 *Stich den Buben*.
72 BGH GRUR 2001, 420, 421 *SPA*.
73 So zu § 3 UWG a. F. BGHZ 139, 138, 144 *Warsteiner II*.
74 BGH GRUR 2001, 73, 76 *Stich den Buben*.
75 BGH GRUR 2001, 420, 421 *SPA*.

teil eines Ortsnamens sowie »Pietra di« hinter den übereinstimmenden Bestandteil »Soln« zurücktreten.[76]

26 Hierbei ist im Hinblick auf die erforderliche Produktnähe der Kreis von Waren oder gewerblichen Leistungen gleicher oder verwandter Art weit zu ziehen. Die sich gegenüberstehenden Waren müssen sich in ihrer Art so gleichen oder nahestehen, dass der Absatz der Ware des einen Mitbewerbers durch irgendein wettbewerbswidriges Handeln des anderen beeinträchtigt werden kann.

> Ist etwa die Benutzung von Bezeichnungen von Mineralwässern für Kosmetika verbreitet, wie die Kosmetikproduktlinien »Vichy«, »Vittel«, »Evian« und »Mont Roucous« zeigen, so ist der erforderliche Nähegrad gegeben.[77]

27 Entlokalisierende Zusätze können der Irreführung entgegenstehen.[78] Anfangs vorsichtig hat der BGH solchen Zusätzen vor dem Hintergrund des liberaleren europäischen Verbraucherleitbilds[79] zunehmende Bedeutung beigemessen.

> So ließ der BGH zuletzt auch Hinweise auf dem Rück-Etikett einer Flasche genügen, wenn nicht weniger als 12 % der Gesamtbevölkerung bzw. nicht weniger als 16 % des primär relevanten Verkehrs – der »häufigen« Biertrinker – irregeführt werden.[80]

28 Hierbei kann zwischen dem Grad der Relevanz der Irreführung für den Verbraucher und den Anforderungen an den entlokalisierenden Zusatz eine Wechselwirkung bestehen. Bei erheblicher Relevanz sind auch hohe Anforderungen an die Klarheit und Deutlichkeit aufklärender Hinweise zu stellen und umgekehrt.[81]

> So können entlokalisierende Zusätze in ihrer Wirkung dadurch verstärkt werden, dass die Bezeichnung den Verbrauchern nach Art einer Marke präsentiert wird.[82]

29 Das aus § 127 I MarkenG hergeleitete Verbot steht schließlich unter dem Vorbehalt seiner Verhältnismäßigkeit.[83] Auch hierbei kann die Relevanz einer Irreführung jedenfalls im Rahmen der Interessenabwägung durchaus Bedeutung erlangen.[84]

> Zu berücksichtigen ist etwa, wenn der Nutzer der Bezeichnung mit einer gleich lautenden Marke – hier »Warsteiner« – ein wertvolles Kennzeichen, welches zugleich Unternehmenskennzeichen ist, aufgebaut hat.[85]

30 Anspruchsberechtigt im Falle der Klage wegen Verletzung einer einfachen geografischen Herkunftsangabe sind die nach § 8 III UWG berechtigten Personenkreise, demnach Mitbewerber, bestimmte Interessen- sowie Verbraucherschutzverbände, Industrie- und Handelskammern oder Handwerkskammern (§ 128 I MarkenG).[86]

---

76 BGH I ZR 229/03 v. 5.10.2006 *Pietra di Soln*, Tz. 22.
77 BGH GRUR 2001, 420, 421 *SPA*.
78 BGHZ 139, 138 *Warsteiner II*; anders zur VO (EG) Nr. 110/2008: EuGH C-44/17 v. 7.6.2018 *Scotch Whiskey Association*, Tz. 61 ff.
79 Hierzu vgl. oben § 4 Rdn. 19 – 33.
80 BGH GRUR 2002, 160, 162 f. *Warsteiner III*; entsprechend für nur 5 % Relevanz BGH GRUR 2002, 1074, 1076 *Original Oettinger*.
81 BGH GRUR 2002, 1074, 1077 *Original Oettinger*.
82 BGH GRUR 2002, 1074, 1076 f. *Original Oettinger*.
83 BGHZ 139, 138, 145 *Warsteiner II*; BGH GRUR 2002, 160, 162 *Warsteiner III*; BGH GRUR 2002, 1074, 1076 *Original Oettinger*.
84 BGH GRUR 2002, 160, 162 f. *Warsteiner III*.
85 BGH GRUR 2002, 1074, 1076 *Original Oettinger*.
86 Zur Aktivlegitimation *Lettl*, WRP 2008, 446.

Der Anspruch ist anders als im Wettbewerbsrecht nicht auf Mitbewerber begrenzt. Vielmehr steht die Aktivlegitimation für den Unterlassungsanspruch nach § 128 I MarkenG steht den berechtigten Benutzern einer geografischen Herkunftsangabe zu. Berechtigte Benutzer einer geografischen Herkunftsangabe, die für Dienstleistungen verwendet wird, sind allerdings nur diejenigen Personen und Unternehmen, die in dem durch die geografische Herkunftsangabe bezeichneten Gebiet geschäftsansässig sind und von dort ihre Dienstleistungen erbringen.[87]

Im Falle schuldhaften Handelns bestehen Schadensersatzansprüche (§§ 128 II, III MarkenG). Darüber hinaus bestehen inzwischen gemäß § 128 I 3 und II 3 MarkenG nunmehr auch bei geografischen Herkunftsangaben die in den §§ 18 bis 19c MarkenG geregelten Ansprüche auf Vernichtung und Rückruf, Auskunftserteilung, Vorlage und Besichtigung, Sicherung von Schadensersatzansprüchen und Urteilsbekanntmachung.[88] Weiter kann aufgrund einer geografischen Herkunftsangabe aus dem allgemeinen wettbewerbsrechtlichen Beseitigungsanspruch die Rücknahme einer die Herkunftsangabe verletzenden Markenanmeldung verlangt werden.[89] 31

IV. Qualifizierte geografische Herkunftsangaben

§ 127 II MarkenG erfordert über Abs. 1 hinaus, dass die mit der geografischen Angabe gekennzeichneten Produkte eine besondere Eigenschaft oder eine besondere Qualität haben. Ist diese Voraussetzung gegeben, so darf eine Verwendung der Bezeichnung nur für Produkte erfolgen, die diese Eigenschaften oder diese Qualität aufweisen. Dies gilt über Abs. 1 hinaus selbst dann, wenn die Produkte tatsächlich aus der bezeichneten Region stammen. In der Sache handelt es sich damit auch bei § 127 II MarkenG letztlich[90] um ein Irreführungsverbot, diesmal über Eigenschaften oder die Qualität eines Produkts. Ebenso wie § 127 I MarkenG verlangt auch Abs. 2 hierbei eine Benutzung der geografischen Herkunftsangabe für Waren, so dass eine Verwendung als Firma nicht ohne weiteres genügt.[91] 32

Der Begriff der besonderen Eigenschaften oder der besonderen Qualität ist noch weitgehend ungeklärt. Nach der Rechtsprechung zur Vorgängervorschrift von § 127 II MarkenG, zum früheren § 3 UWG a. F., sollte es insbesondere genügen, wenn der Verkehr – auch zu Unrecht – subjektiv eine besondere Eigenschaft oder Qualität annimmt.[92] Mit Blick auf den gegenläufigen Wortlaut des § 127 II MarkenG wird sich diese Rechtsprechung künftig allenfalls unter ergänzender Anwendung des Irreführungsverbots der §§ 5, 5a UWG fortsetzen lassen.[93] 33

---

87 BGH I ZR 49/04 v. 28.6.2007 *Cambridge Institute*, Tz. 34 ff.; auch BGH I ZR 86/13 v. 31.3.2016 *Himalaya Salz*, Tz. 13.
88 BGH I ZR 86/13 v. 31.3.2016 *Himalaya Salz*, Tz. 13.
89 BGH GRUR 2001, 420 *SPA*.
90 Vgl. aber BGH I ZR 86/13 v. 31.3.2016 *Himalaya Salz*.
91 BGH GRUR 2001, 73, 76 *Stich den Buben*, m. w. N.
92 BGH GRUR 1981, 71, 74 *Lübecker Marzipan*.
93 Ähnlich auch *Ingerl/Rohnke*, § 127 Rz. 14; in der Tendenz auch BGHZ 139, 138, 142 *Warsteiner II*; a. A. *Knaak*, GRUR 1995, 103, 106.

V. Geografische Herkunftsangaben mit besonderem Ruf

34 Der Schutz der geografischen Herkunftsangabe mit besonderem Ruf nach § 127 III MarkenG ist dem Schutz der bekannten Marke[94] nachgebildet.[95] Die Vorschrift verbietet die Benutzung einer geografischen Herkunftsangabe mit besonderem Ruf, sofern die Benutzung für Produkte anderer Herkunft geeignet ist, den Ruf der geografischen Herkunftsangabe oder ihre Unterscheidungskraft ohne rechtfertigenden Grund in unlauterer Weise auszunutzen oder zu beeinträchtigen. Die Gefahr einer Irreführung über die geografische Herkunft muss hierbei nicht bestehen. Ferner greift § 127 III MarkenG nicht nur dann ein, wenn die geschützte Herkunftsangabe markenmäßig verwendet wird; eine rein werbemäßige Verwendung in einem Werbeslogan genügt.

> Wird etwa der Werbeslogan »Champagner bekommen, Sekt bezahlen« benutzt, um Computer zu bewerben, so kann mit Blick auf die Angabe »Champagner« § 127 III MarkenG eingreifen.[96]

35 Der Begriff des »besonderen Rufs« entspricht jedoch nicht dem Bekanntheitsbegriff bei der bekannten Marke.[97] Während nämlich die Bekanntheit eher quantitative Anforderungen an eine Marke stellt, erfordert der besondere Ruf der geografischen Herkunftsbezeichnung, dass der Verkehr mit ihr bestimmte Qualitätsvorstellungen verbindet. Allerdings muss sich hierbei der Ruf nicht auf objektive Eigenschaften beziehen, so dass auch allgemeine Vorstellungen, Produkte mit dieser Herkunft seien besonders gut, ausreichen können.[98]

36 Die weiteren in § 127 III MarkenG genannten Voraussetzungen entsprechen im Wesentlichen denjenigen bei der bekannten Marke im Rahmen des § 14 II Nr. 3 MarkenG.[99] Mittelbar wird daher die Rechtsprechung des EuGH auch im Rahmen des § 127 III MarkenG von Bedeutung sein.

---

[94] Vgl. hierzu oben § 13 Rdn. 1 – 48.
[95] Zum ähnlichen französischen Recht EuG T-53/04 bis T-56/04, T-58/04 und T-59/04 v. 12.6.2007 *Budějovický Budvar I*; EuG T-57/04 und T-71/04 v. 12.6.2007 *Budějovický Budvar II*; EuG T-60/04 bis T-64/04 v. 12.6.2007 *Budějovický Budvar III*.
[96] BGH GRUR 2002, 426, 427 *Champagner bekommen, Sekt bezahlen*, unter Hinweis auf die Begründung des Regierungsentwurfs, BT-Drucks. 12/6581, S. 118.
[97] Wie hier OLG München MarkenR 2001, 218, 223 *Habana*; *Ingerl/Rohnke*, § 127 Rz. 15; *Ströbele/Hacker/Thiering-Hacker*, § 127 Rz. 34.
[98] BGH I ZR 69/04 v. 22.9.2011 *Bayerisches Bier II*; OLG München MarkenR 2001, 218, 223 *Habana*, m. w. N.
[99] Hierzu oben § 13 Rdn. 22 – 42.

Fünfter Teil Kennzeichen im Rechtsverkehr

§ 24 Marken im Rechtsverkehr

Schrifttum: *Barros-Grasbon*, Marken- und wettbewerbsrechtliche Probleme von Abgrenzungsvereinbarungen, 2015; *Berger*, Lizenzen in der Insolvenz des Lizenzgebers, GRUR 2013, 321; *Bogedain*, Die teilweise Übertragung eingetragener Markenrechte im Rahmen von Unternehmenstransaktionen (Carve-outs), MarkenR 2016, 81; *Conraths/Rieken*, Insolvenzfeste Gestaltung von Lizenzen nach M2Trade/Take Five, MarkenR 2013, 63; *Fammler*, Der Markenlizenzvertrag, 3. Aufl. 2014; *Ingerl*, Die Gemeinschaftsmarke, 1996; *Groß*, Marken-Lizenzvertrag, 6. Aufl. 2016; *Hoffmann/Kleespies/Adler*, Formular-Kommentar Markenrecht, 2008; *Krüger/Kamlah*, Sukzessionsschutz bei Abgrenzungsvereinbarungen, WRP 2004, 1464; *Lehmann*, Kartellrechtliche Grenzen markenrechtlicher Abgrenzungsvereinbarungen, MarkenR 2017, 241; *Lewalter*, Die Markenübertragung – die Verfügung über Markenrechte und ihr gutgläubiger Erwerb, 2009; *Nordemann*, Markenveräußerung und Markenlizensierung – Kartellrechtliche Grenzen der Vertragsgestaltung aus Art. 101 AEUV und § 1 GWB, FS Fezer, 2016, 249; *Rißmann*, Die kartellrechtliche Beurteilung der Markenabgrenzung, 2008; *Sosnitza*, Das Persönlichkeitsrecht als allgemeines Element der geistigen Eigentumsrechte, FS für Hans-Jürgen Ahrens, 2016, S. 305; *Thiering*, Berufung auf ältere Marken Dritter, 2010; *Traumann*, Nebenpflichten des Marken-Lizenzgebers, GRUR 2008, 470; *Urlesberger*, Kartellrechtliche Schranken für Markenlizenzverträge, ÖBl 2006, 52

I. Übertragung

1. Grundzüge

Mit dem Territorialitätsgrundsatz wird anerkannt, dass eine Marke von ihrem Inhaber für ein Land ohne gleichzeitige Übertragung für andere Länder übertragen werden kann.[1] 1

Bei der Unionsmarke und der für die Union Schutz beanspruchenden Internationalen Registrierung bestimmt sich das auf den Übertragungsakt anzuwendende Recht nach Art. 19 UMV.[2] In den häufigsten Fällen wird es dadurch auf den Wohnsitz des eingetragenen Inhabers ankommen, sofern dieser innerhalb der EU liegt. Ein wichtiges Formerfordernis für die Übertragung stellt Art. 20 III UMV auf, indem – mit Ausnahme einer Übertragung im Rahmen der Gesamtrechtsnachfolge[3] – Schriftform gefordert wird. 2

Demgegenüber bestimmt sich die Wirksamkeit der Übertragung bei der deutschen Marke[4] und der für Deutschland Schutz beanspruchenden internationalen Registrierung[5] nach deutschem Recht.[6] Infolge des Abstraktionsprinzips ist hier 3

---

1 EuGH C-9/93 v. 22.6.1994 *Ideal Standard II*, Tz. 26 ff., mit ausführlicher Begründung.
2 Zu beachten ist weiter, dass (str.) Art. 19 UMV auch auf das nationale IPR verweist.
3 Zur Abgrenzung von Gesamtrechtsnachfolge und Erwerb von Gesamtheiten einzelner Wirtschaftsgüter vgl. BGH I ZR 173/14 v. 21.10.2015 *Ecosoil*, Tz. 54.
4 BGH GRUR 2002, 972 *FROMMIA*, m. w. N.
5 BGH GRUR 1998, 699, 701 *SAM*; die Übertragung der ausländischen Schutzanteile richtet sich nach dem jeweils dort geltenden Recht: BGH I ZR 206/07 v. 21.1.2010 *DiSC*.
6 OLG München MarkenR 2006, 123 *Markenübertragung*.

zwischen Verpflichtungs- und Verfügungsgeschäft zu unterscheiden. Die Übertragung ist hier anders als bei der Unionsmarke formlos möglich. Auf das Verfügungsgeschäft werden die §§ 398ff. BGB analog angewandt.

4   Die Übertragung ist nach geltendem Recht unabhängig von einer gleichzeitigen Übertragung des die Marke haltenden Unternehmens möglich (so genannte Leerübertragung, Art. 21 TRIPS,[7] Art. 20 UMV bzw. § 27 I MarkenG). Demgegenüber war die Übertragung eines deutschen Warenzeichens oder des deutschen Teils einer internationalen Registrierung vor dem 1. Mai 1992 an die gleichzeitige Übertragung des Geschäftsbetriebs gebunden.

> Wurde etwa eine Marke ohne das zugehörige Unternehmen übertragen, so ist die Übertragung nur wirksam, wenn sie nicht vor dem 1. Mai 1992 erfolgte. Insbesondere kommt der Aufhebung des Verbots der Leerübertragung von Warenzeichen keine Rückwirkung zu.[8] In Betracht kommt hier lediglich eine Heilung nach den Grundsätzen der Bestätigung eines nichtigen Rechtsgeschäfts nach § 141 BGB.

5   Wird ein Unternehmen in seiner Gesamtheit übertragen, so greift die Vermutung – in der Sache eine Auslegungsregel – des Art. 20 II UMV bzw. § 27 II MarkenG ein. Danach erfasst die Übertragung eines Unternehmens in seiner Gesamtheit die Marken des Unternehmens, sofern nichts Gegenteiliges vereinbart wurde oder eindeutig aus den Umständen hervorgeht. Ob eine Übertragung des Unternehmens in seiner Gesamtheit vorliegt, unterliegt hierbei keiner rechtlichen, sondern einer wirtschaftlichen Betrachtungsweise.

> So kommt es etwa nicht darauf an, ob die Parteien das Geschäft als Unternehmenskauf bezeichnen, solange alle wesentlichen Assets übertragen werden. Allerdings stellt die Verpachtung eines Unternehmens, die dem Pächter lediglich ein Nutzungsrecht einräumt (§ 581 I 1, §§ 99, 100 BGB), keine Übertragung des Geschäftsbetriebs i. S. des § 27 II MarkenG dar.[9] Hieran ändert auch eine »tatsächliche« Kontinuität aus Sicht der angesprochenen Verkehrskreise nichts.[10]

6   In der Praxis kommt es nicht selten vor, dass Marken als Folge eines Angriffs den Eigentümer wechseln. Der Erwerber wird hierdurch Inhaber beider Rechte, der Angriff gegenstandslos. Gleichwohl kann es allerdings geboten sein, den Angriff, insbesondere einen Widerspruch oder einen Löschungsantrag zurückzunehmen, um die Rechtskraft früherer Entscheidungen zu vermeiden.[11]

2. Eintragung des Inhaberwechsels

7   Die Eintragung des Inhaberwechsels im Register erfolgt auf Antrag (Art. 20 IV UMV, § 27 III MarkenG). Mit Ausnahme der internationalen Registrierung[12] ist die Eintragung gebührenfrei. Es existieren jeweils Formblätter, die auf den Internetseiten der Ämter abrufbar sind. Erforderlich ist ein Nachweis des Rechtsüber-

---

7 Wegen der Auslegungskompetenz des EuGH hinsichtlich des TRIPS-Abkommens kann entgegen *Ingerl/Rohnke*, § 27 Rz. 3 auch diesbezüglich eine Vorlagepflicht bestehen.
8 BGHZ 127, 262 *NEUTREX*; BGH GRUR 1998, 699, 701 *SAM*, wo allerdings noch Art. 21 TRIPS unberücksichtigt bleibt.
9 BGHZ 150, 82, 88 *Hotel Adlon*; BGH GRUR 2004, 868 *Dorf MÜNSTERLAND II*.
10 BGH GRUR 2004, 868, 869 *Dorf MÜNSTERLAND II*.
11 Vgl. EuG T-92/05 v. 6.12.2006 *movingpeople.net*.
12 Aktuelle Gebühren auf www.wipo.int.

gangs (Art. 13 UMDV, § 27 III MarkenG). Auch ein teilweiser Rechtsübergang ist möglich (Art. 14 UMDV). Am einfachsten ist der Nachweis durch die Vorlage einer schriftlichen Vereinbarung zu führen. Hierbei kann es in der Praxis bei komplexeren Verträgen sinnvoll sein, ein spezielles Dokument zu erstellen und unterzeichnen zu lassen, um nicht das gesamte Vertragswerk vorlegen zu müssen.

Bei der Unionsmarke obliegt dem EUIPO nicht Auslegung eines Übertragungsvertrags und damit nicht die Prüfung der Gültigkeit und der Rechtswirkungen einer Unionsmarke nach nationalem Recht gemäß Art. 19 UMV. Dies ist vielmehr Sache der nationalen Gerichte.[13]   8

3. Bedeutung der Eintragung des Inhaberwechsels im Register

Der Eintragung der Übertragung im Register kommt keine konstitutive Wirkung zu.[14] Allerdings haben bei der Unionsmarke[15] Übertragung, Lizenz und Pfandrecht gegenüber Dritten erst dann Wirkung, wenn sie eingetragen sind (Art. 27 I UMV). Außerdem kann der Rechtsnachfolger in der Übergangsphase aus der Unionsmarke nicht angreifen (Art. 20 XI UMV). Ob durch diese Regelung ein gutgläubiger Erwerb einer Unionsmarke möglich wird, ist noch nicht ganz geklärt.[16] Nach einer unter Verletzung gegen die Vorlagepflicht ergangenen Entscheidung des BGH setze die Bestimmung des Art. 27 I 2 UMV nicht voraus, dass der Dritte konkrete Vorstellungen von der fraglichen Rechtshandlung hat; es genüge, dass er die Umstände kennt, die auf die Vornahme der Rechtshandlung schließen lassen.[17] Nach der Rechtsprechung des EuGH bezweckt die Regelung den Schutz von Personen, die Rechte an einer Unionsmarke als Gegenstand des Vermögens haben oder haben können.[18] Dies kann durchaus auf die Möglichkeit eines gutgläubigen Erwerbs hindeuten.   9

> Einigt sich ein Markeninhaber etwa zunächst mit Erwerber 1) und sodann mit Erwerber 2) über die Übertragung seiner Marke, so wird bei der deutschen Marke zwangsläufig Erwerber 1) Eigentümer. Erwerber 2) konnte eine Eigentümerstellung vom Markeninhaber nicht mehr erwerben. Ob Erwerber 2) im Register als Inhaber eingetragen ist, ist nicht entscheidend. Demgegenüber könnte sich Erwerber 1) im Falle der Übertragung einer Unionsmarke gegenüber Erwerber 2) wegen Art. 27 I UMV nicht darauf berufen, dass er Inhaber ist. Wie die Problematik zu lösen ist, ist derzeit noch offen. In der Praxis sollte daher eine Markenübertragung dem EUIPO unverzüglich – notfalls noch ohne erforderliche Nachweise – mitgeteilt werden, um Fehleintragungen zu vermeiden.

---

13 EuG T-83/09 v. 9.9.2011 *CRAIC*, Tz. 25 ff.
14 So zur internationalen Registrierung BGHZ 18, 1, 12 f.; zur Aktivlegitimation BGH GRUR 1998, 699, 701 *SAM*, unter Hinweis auf BT-Drucks. 12/6581, S. 85; zum Inhaberwechsel in laufenden Verfahren auch BGH I ZR 29/03 v. 3.11.2005 *Gewinnfahrzeug mit Fremdemblem*, Tz. 20; zur Passivlegitimation OLG Köln MarkenR 2007, 222 *Löschungsklage wegen Verfalls*.
15 Bei der deutschen Marke modifiziert § 28 II MarkenG lediglich die verfahrensrechtlichen Möglichkeiten.
16 Bejahend *Ingerl*, Die Gemeinschaftsmarke, S. 113; verneinend *Eisenführ/Schennen-Schennen*, Art. 23 Rz. 9; differenzierend *Ströbele/Hacker/Thiering-Hacker*, § 27 Rz. 74.
17 BGH I ZR 173/14 v. 21.10.2015 *Ecosoil*, Tz. 63.
18 EuGH C-163/15 v. 4.2.2016 *Hassan*, Tz. 25.

10 Eine andere Bedeutung hat die Registereintragung im deutschen Recht. Hier wird hinsichtlich der deutschen Marke und des deutschen Teils einer internationalen Registrierung nach § 28 I MarkenG widerleglich[19] vermutet, dass das Markenrecht demjenigen zusteht, der im Register als Inhaber eingetragen ist. In der Sache handelt es hierbei sich um eine Beweislastregel. Ein Dritter, der die Berechtigung des Eingetragenen bestreiten will, kann sich nicht auf ein Bestreiten beschränken, sondern muss den vollen Beweis des Gegenteils führen.[20]

11 Eine Marke kann für alle oder einen Teil der Waren oder Dienstleistungen, für die sie registriert ist, Gegenstand einer Übertragung sein (Art. 20 I UMV, § 27 I MarkenG). Im Falle der Teilübertragung wird hier die Marke geteilt und eine neue Akte mit neuem Aktenzeichen angelegt.

4. Prozessführung

12 Werden Marken in laufenden Gerichts- oder Amtsverfahren übertragen, gelten Sonderregeln. Erfolgt die Übertragung einer Unionsmarke nach einer Entscheidung der Beschwerdekammer des EUIPO, aber vor Erhebung der Klage vor dem EuG, so ist der neue Inhaber klagebefugt, sobald er seine Inhaberschaft an dem geltend gemachten Recht vor dem EUIPO nachgewiesen hat.[21] Es genügt, wenn zunächst eine Anzeige des Rechtsübergangs eingereicht und der Nachweis später im Rahmen einer vom EUIPO gesetzten Frist erbracht wird.[22] Im laufenden Verfahren vor dem EuG kann er in das Verfahren eintreten, wenn der bisherige Rechtsinhaber keine Einwände hat, die anderen Verfahrensbeteiligten gehört wurden und das Gericht dies für sachdienlich ansieht – Art. 174 ff. Verfahrensordnung des Gerichts.[23]

13 Bei der deutschen Marke kann der Rechtsnachfolger gemäß § 28 II MarkenG in ein Verfahren vor dem Patentamt, ein Beschwerdeverfahren vor dem Patentgericht oder ein Rechtsbeschwerdeverfahren vor dem Bundesgerichtshof eintreten, sobald der Antrag auf Eintragung des Rechtsübergangs dem DPMA zugegangen ist. Übernimmt der Rechtsnachfolger ein Verfahren, so ist die Zustimmung der übrigen Verfahrensbeteiligten nicht erforderlich. Verfügungen und Beschlüsse des Patentamts, die der Zustellung an den Inhaber der Marke bedürfen, sind gemäß § 28 III MarkenG dem als Inhaber Eingetragenen zuzustellen. Nach Zugang eines Antrags auf Eintragung eines Rechtsübergangs ist dieser zudem dem Rechtsnachfolger zuzustellen.

5. Besonderheiten bei Verwertungsgesellschaften

14 Prozessführungsbefugnis können darüber hinaus auch Verwertungsgesellschaften haben. Voraussetzung dafür ist, dass sie nach nationalem Recht als Person gilt, die

---

[19] BGHZ 150, 82, 88 *Hotel Adlon*; BGH GRUR 1998, 699, 701 *SAM*; BGH GRUR 1999, 498, 499 *Achterdiek*; BGH 2002, 190, 191 *SAM*.
[20] BGH GRUR 2002, 190, 191 *DIE PROFIS*.
[21] EuG T-361/08 v. 21.4.2010 *Thai Silk/Vogelbild*, Tz. 31 ff.
[22] EuG T-225/15 v. 17.1.2017 *QuaMa Quality Management*, Tz. 29 ff., im Ergebnis bestätigt durch EuGH C-139/17 P v. 25.7.2018 *QuaMa Quality Management*.
[23] EuG T-139/12 v. 7.5.2014 *FAIRFIELD BY ARROW/Fairfield*, Tz. 10 f.

ein unmittelbares Interesse an der Verteidigung solcher Rechte hat, und zu diesem Zweck Klage erheben kann.[24]

6. Besonderheiten bei der Übertragung von Namensmarken

Einschränkungen der freien Übertragbarkeit sollen bei Marken gelten, die den Personennamen – insbesondere den des Markeninhabers – enthalten.[25] Diese Problematik wird insbesondere im Falle der Insolvenz bei der Markenveräußerung durch einen Insolvenzverwalter virulent, der unter Umständen die Zustimmung des Gemeinschuldners einholen müsste, der den Namen trägt. Der BGH hat später seine diesbezügliche Rechtsprechung zunehmend eingeschränkt und jedenfalls bei der GmbH[26] und der GmbH & Co. KG[27] den Grundsatz freier Übertragbarkeit anerkannt, weil in beiden Fällen kein gesetzlicher Zwang zur Aufnahme des Personennamens in die Firma bestand, wohl aber nach früherem Recht bei der OHG und KG. Nachdem diese firmenrechtlichen Schranken mit dem Handelsrechtsreformgesetz[28] inzwischen weggefallen sind und auch bei OHG, KG sowie Einzelkaufmann Phantasiefirmen zulässig sind, besteht auch bei diesen kein Grund mehr, den Grundsatz der freien Übertragbarkeit bei Namensmarken einzuschränken.[29] Ein gesetzlicher Zwang zur Fortführung von Firmen, die Personennamen enthalten, besteht heute ebenso wenig wie ein Zwang zur Aufrechterhaltung von Namensmarken.

15

> Entgegen der Rechtsprechung kann daher etwa der Insolvenzverwalter eines insolventen Einzelkaufmanns mit bürgerlichem Namen »Zozo van Barkhussen« eine gleichlautende Marke ohne Zustimmung des Kaufmanns an einen Dritten verkaufen.

Aus der Berechtigung, eine Marke mit einem Namen als Bestandteil zu erwerben oder zu benutzen, folgt indes – ohne die Einräumung einer weitergehenden Befugnis – nicht automatisch auch das Recht zur weitergehenden Namensführung. Die Befugnis zum Gebrauch einer Marke schließt nämlich das Recht zu einem namensmäßigen Gebrauch des in der Marke enthaltenen Namens nicht ein. Insbesondere darf die Marke nach dem Inhaberwechsel den Verkehr nicht täuschen.[30] Auch der Erwerber einer solchen Marke hat bei deren Gebrauch alles zu unterlassen, was dem Schutz des darin enthaltenen Namens als einer Identitätsbezeichnung des Namensträgers gemäß § 12 BGB zuwiderläuft.[31] Auch hat der Käufer beim Erwerb einer Marke, die einem Firmennamen im Wesentlichen entspricht, § 25 I 1 HGB

16

---

24 EuGH C-521/17 v. 7.8.2018 *Coöperatieve Vereniging SNB-REACT*.
25 BGHZ 32, 103 *Vogeler*; vgl. zur Täuschungsgefahr auch EuGH C-259/04 v. 30.3.2006 *Emanuel*.
26 Zur geschäftlichen Bezeichnung BGHZ 85, 221.
27 BGHZ 109, 364 *Benner*.
28 Gesetz zur Neuregelung des Kaufmanns- und Firmenrechts und zur Änderung anderer handels- und gesellschaftsrechtlicher Vorschriften v. 22.6.1998, BGBl. I 1474.
29 In diesem Sinne obiter dictum auch BGHZ 143, 214, 222 *Marlene Dietrich*; auch *Sosnitza*, FS für Hans-Jürgen Ahrens, 2016, S. 313; anders womöglich noch bei der PartnerschaftsG.
30 EuGH C-259/04 v. 30.3.2006 *Emanuel*, Tz. 51; zur Zulässigkeit der Fortsetzung der Nutzung der Firma »Rechtsanwälte Dr. H. & Partner« nach Ausscheiden des einzig promovierten Namensträgers BGH II ZB 7/17 v. 8.5.2018 *Dr. H. & Partner*.
31 BGH GRUR 1996, 422, 423 *J. C. Winter*.

zu beachten (gefährliche Haftungsfalle). Wird daher eine solche Marke veräußert, soll in der Benutzung der veräußerten Marke durch den Erwerber die Fortführung eines Handelsgeschäftes zu sehen sein, die die Haftung des Erwerbers für Altverbindlichkeiten der Gemeinschuldnerin begründet.[32] Dies kann – jedenfalls bei registerlich erfassten Unternehmen – durch Eintragung eines Haftungsausschlusses vermieden werden.[33]

II. Lizenz

1. Grundsätze

17 Eine Marke kann für alle oder einen Teil der Waren oder Dienstleistungen, für die sie eingetragen ist, und für das gesamte Gebiet oder einen Teil des Gebietes der Europäischen Union oder eines Mitgliedstaats Gegenstand von Lizenzen sein. Eine Lizenz kann ausschließlich oder nicht ausschließlich sein (Art. 25 I MRR, Art. 25 I UMV, § 30 I MarkenG).[34] Die Lizenz an einer Unionsmarke kann schon jetzt in das Register eingetragen werden (Art. 25 V UMV); hinsichtlich der deutschen Marke fehlt es noch an der Umsetzung des Art. 25 V MRR, der die Möglichkeit der Eintragung vorschreibt.

18 Die Lizenz kann grundsätzlich formfrei erteilt werden. Bei vor dem 1.1.1999 geschlossenen Altverträgen kann jedoch aus §§ 34, 18 GWB a. F. ein Schriftformerfordernis folgen.[35] An den Nachweis eines Lizenzvertrages sind wegen der weitreichenden Rechtsfolgen keine zu geringen Anforderungen zu stellen; im Regelfall ist jedenfalls eine schriftliche Dokumentation des Vertragsschlusses zu fordern;[36] ein schriftlicher Vertrag ist nicht erforderlich;[37] fehlt allerdings jegliche Dokumentation, so ist in der Regel davon auszugehen, dass kein über eine konkludente Gestattung hinausgehender Gestattungs- oder Lizenzvertrag vorliegt.[38] Bei der Unionsmarke und der internationalen Registrierung, seit der Markenrechtsreform 2015/2019 auch bei der deutschen Marke,[39] kann eine Lizenz in das Register eingetragen werden (Art. 26 UMV, § 30 VI MarkenG). Bei der deutschen Marke kann ferner eine Erklärung des Markeninhabers in das Register aufgenommen werden, dass er zur Lizenzierung oder zur Veräußerung der Marke bereit ist (§ 42c MarkenV).

---

32 LG Stuttgart, ZIP 88, 1481; vgl. auch BGH VIII ZR 321/08 v. 16.9.2009.
33 Zu den eingeschränkten Möglichkeiten der Ablehnung der Eintragung OLG München 31 Wx 41/08 v. 30.4.2008, RNotZ 2008, 425.
34 Zur Problematik, ob Lizenzen dingliche oder schuldrechtliche Wirkung haben BGH I ZR 93/04 v. 19.7.2007 *Windsor Estate*, Tz. 29.
35 Hierzu *Ingerl/Rohnke*, § 30 Rz. 54 f.; zur Heilung des Formmangels BGH WRP 1999, 542, 543 *Coverdisk*; BGH WRP 1999, 672 *Markant*.
36 BGH I ZR 93/12 v. 27.3.2013 *Baumann I*, Tz. 51; BGH I ZR 173/14 v. 21.10.2015 *Ecosoil*, Tz. 33; BGH I ZR 241/14 v. 23.6.2016 *Baumann II*, Tz. 51.
37 BGH I ZR 173/14 v. 21.10.2015 *Ecosoil*, Tz. 33 ff.
38 BGH I ZR 93/12 v. 27.3.2013 *Baumann I*, Tz. 50 f.; BGH I ZR 173/14 v. 21.10.2015 *Ecosoil*, Tz. 31; BGH I ZR 241/14 v. 23.6.2016 *Baumann II*, Tz. 37.
39 Die Gebühr beträgt 50,- Euro.

Der Lizenzvertrag ist ein gesetzlich nur teilweise geregelter Vertrag *sui generis*.[40] **19**
Im Rahmen ihrer Privatautonomie können die Parteien von ihrer Vertragsfreiheit Gebrauch machen und den Lizenzvertrag nach ihren Bedürfnissen ausgestalten. Je nach Gestaltung kann der Vertrag Elemente des Kaufs, der Schenkung, der Miete bzw. Pacht, eines Vergleichs oder gesellschaftsrechtliche Elemente enthalten, so dass die jeweils einschlägigen schuldrechtlichen Regelungen zur Anwendung kommen können.

Hauptpflicht des Lizenznehmers ist regelmäßig die Pflicht zur Zahlung einer **20** Lizenzgebühr.[41] Die Lizenzgebühr kann hierbei pauschal bemessen sein oder sich am Umsatz, an der verkauften Stückzahl oder am Gewinn orientieren. Der Lizenzvertrag kann außerdem eine Ausübungspflicht, also eine Pflicht zur Benutzung der Marke vorsehen. Typische Nebenpflichten sind zudem die Pflicht zur Rechnungslegung oder zur Qualitätssicherung.

Hauptpflicht des Lizenzgebers ist die Pflicht zur Verschaffung des Rechts mit **21** hieraus resultierender Gewährleistungspflicht. Die Erteilung einer Markenlizenz ist auf die eingetragene Marke beschränkt. Diese umfasst nicht das Recht, Lizenzen an verwechselbaren Zeichen i. S. von § 14 II Nr. 2 MarkenG zu erteilen.[42]

> So kann der Inhaber einer Marke »SUBWAY« lediglich diese Marke lizenzieren. Eine Lizenz etwa zur Nutzung einer Marke »Subwear« kann der Inhaber nicht erteilen.

Auch für andere als diejenigen Produkte, für die der Markenschutz gilt, können **22** Lizenzen nicht erteilt werden.[43] Zwar spricht der BGH[44] in anderem Zusammenhang von der »Erteilung von Lizenzen für andere als diejenigen Waren, für die der Markenschutz gilt«. Der Wortlaut von Art. 25 I MRR beschränkt die Lizenz an einer Marke jedoch auf »Waren oder Dienstleistungen, für die sie eingetragen ist«. Der Markeninhaber kann in einem solchen Fall lediglich die Zeichennutzung gestatten,[45] unter Umständen sogar Besitzrechte i. S. v. § 986 BGB verschaffen,[46] nicht aber eine Lizenz erteilen.

> So kann etwa der Inhaber einer allein für Bekleidungsstücke geschützten Marke für Schlüsselanhänger keine Lizenz erteilen. Dies gilt selbst dann, wenn die Marke überragend bekannt ist und sich daher ihr Schutzbereich auf Schlüsselanhänger als typische Merchandisingprodukte erstreckt.

Wie bei der Übertragung der Marke können auch bei der Lizenz Verpflichtungs- **23** geschäft und Verfügungsgeschäft unterschieden werden. Die Reichweite der Verfügung ist hierbei in der Regel durch Auslegung des Verpflichtungsgeschäfts, also des Lizenzvertrags, zu ermitteln. Es gelten die allgemeinen Auslegungsregeln.[47] Wird

---

40 Zur Auslegung eines Lizenzvertrags: BGH I ZR 93/09 v. 17.3.2011 *KD*.
41 Zur Wirksamkeit eines vergleichsähnlichen Lizenzvertrags, wenn sich später herausstellt, dass es der Lizenz nicht bedurft hätte: BGH I ZR 42/07 v. 30.4.2009 *DAX*, Tz. 68 ff.
42 BGH GRUR 2001, 54 *SUBWAY/Subwear*.
43 *Ströbele/Hacker/Thiering-Hacker*, § 30 Rz. 7; *Ingerl/Rohnke*, § 30 Rz. 21.
44 BGH GRUR 2004, 594, 596 *Ferrari-Pferd*.
45 Zur Gestattung unten § 24 Rdn. 38 – 39.
46 Kritisch hierzu *Emmert*, MarkenR 2001, 344, 346 ff.; vgl. auch BGH I ZR 63/06 v. 18.12.2008 *Motorradreiniger*, Tz. 25.
47 Der so genannte Zweckübertragungsgrundsatz, der auch im Markenrecht Anwendung finden soll, dürfte letztlich nichts Anderes sein als eine konkrete Ausprägung des § 133 BGB.

dabei die Vereinbarung in einer Urkunde aufgenommen, so hat diese grundsätzlich die Vermutung der Richtigkeit und Vollständigkeit für sich.[48]

24 Beendet wird der Lizenzvertrag entweder nach Ablauf einer im Vertrag bereits festgelegten Laufzeit oder durch Kündigung. Mit durch Auslegung zu ermittelnder angemessener Frist[49] ist eine ordentliche Kündigung jedenfalls bei einer kostenlosen Nutzungseinräumung möglich, wenn diese nicht ausdrücklich oder konkludent – etwa bei Vereinbarung einer festen Laufzeit – im Vertrag ausgeschlossen wurde.[50] Dabei ist unter Berücksichtigung des Parteiwillens zu beachten, dass dem Markeninhaber sein Verbotsrecht auch gegenüber einem Lizenznehmer nicht ohne weiteres genommen werden kann.[51] Neben der ordentlichen Kündigung kann unter den Voraussetzungen des § 314 BGB[52] ausnahmsweise eine außerordentliche Kündigung in Betracht kommen. Hierbei liegt ein wichtiger Grund für die Kündigung eines Dauerschuldverhältnisses – etwa einer Gestattung zur Nutzung eines Kennzeichens – vor, wenn dem Schuldner die weitere Erfüllung des Vertrags unter Berücksichtigung aller Umstände und unter Abwägung der beiderseitigen Interessen nicht zugemutet werden kann. Nach § 314 II BGB kann dabei eine vorherige Abmahnung erforderlich sein. Nach Beendigung des Lizenz- oder Gestattungsvertrags kann zudem der Lizenznehmer dem Lizenzgeber nicht entgegenhalten, während der Laufzeit des Lizenzvertrags eigene Kennzeichenrechte an dem lizenzierten Zeichen erworben zu haben. Die Stellung des Lizenznehmers im Verhältnis zum Lizenzgeber nach Beendigung des Lizenzvertrags ist insoweit nicht besser als diejenige eines Dritten, der erstmals ein mit der lizenzierten Marke identisches oder ähnliches Zeichen benutzt.[53] Dies gilt selbst dann, wenn in der Zwischenzeit die prioritätsältesten Lizenzrechte erloschen sind.[54] Nach Kündigung kann dem Lizenznehmer ausnahmsweise ein Ausgleichsanspruch gemäß § 89b HGB analog zustehen.[55]

25 Im Falle der Insolvenz des Lizenzgebers ist zu unterscheiden, ob der Lizenznehmer einmalige oder wiederkehrende Leistungen schuldet. Im Falle einmaliger Zahlungen, also eines Lizenzkaufs, ist ein Lizenzvertrag regelmäßig beiderseits vollständig erfüllt (§ 103 I InsO), wenn die gegenseitigen Hauptleistungen erbracht sind, also der Lizenzgeber die Lizenz erteilt und der Lizenznehmer den Kaufpreis gezahlt hat. Im Konzern ist ein Lizenzvertrag, mit dem sich eine Konzerngesellschaft gegenüber den übrigen Konzerngesellschaften verpflichtet, ihnen zur Sicherung eines gemeinsamen Markenauftritts ein unentgeltliches Recht zur Nutzung einer Marke für die Dauer des Bestehens des Konzerns einzuräumen und sich die

---

48 BGH GRUR 2001, 1164, 1165 *buendgens*.
49 *Ingerl/Rohnke*, § 30 Rz. 83.
50 BGH I ZR 312/02 v. 21.7.2005 *BOSS-Club*, Tz. 42; vgl. auch EuG T-6/05 v. 6.9.2006 *DEFTEC*, Tz. 50.
51 EuGH C-661/11 v. 19.9.2013 *Martin Y Paz Diffusion*, Tz. 59 ff.
52 Auch schon BGH GRUR 2002, 703, 705 *VOSSIUS & PARTNER*, m. w. N.
53 BGH I ZR 312/02 v. 21.7.2005 *BOSS-Club*, Tz. 26; BGH I ZR 93/12 v. 27.3.2013 *Baumann I*, Tz. 44, m. w. N., wonach eine konkludente Gestattung diese Rechtsfolge nicht hervorruft (Tz. 50); BGH I ZR 173/14 v. 21.10.2015 *Ecosoil*, Tz. 31; BGH I ZR 241/14 v. 23.6.2016 *Baumann II*, Tz. 37.
54 BGH I ZR 93/12 v. 27.3.2013 *Baumann I*, Tz. 42 ff.
55 BGH I ZR 3/09 v. 29.4.2010 *JOOP!*, Tz. 22 ff.

übrigen Konzerngesellschaften im Gegenzug zur entsprechenden Nutzung der Marke verpflichten, regelmäßig schon dann beiderseits vollständig erfüllt (§ 103 I InsO), wenn die eine Konzerngesellschaft die Lizenz eingeräumt hat und die anderen Konzerngesellschaften die Lizenz genutzt haben.[56]

2. Inhaltliche Beschränkungen der Lizenz

Die Lizenz kann inhaltlich beschränkt werden.[57] Gegen einen Lizenznehmer, der 26
- hinsichtlich der Dauer der Lizenz,
- der von der Eintragung erfassten Form, in der die Marke verwendet werden darf,
- hinsichtlich der Art der Waren oder Dienstleistungen, für die die Lizenz erteilt wurde,
- des Gebietes, in dem die Marke angebracht werden darf, oder
- hinsichtlich der Qualität der vom Lizenznehmer hergestellten Waren oder erbrachten Dienstleistungen

gegen eine Bestimmung des Lizenzvertrags verstößt, kann der Inhaber einer Marke die dinglichen Rechte[58] aus der Marke geltend machen (Art. 25 II MRR, Art. 25 II UMV, § 30 II MarkenG). Dabei sind diese genannten Beschränkungen der Lizenz abschließend; weitergehende Beschränkungen entfalten daher lediglich schuldrechtliche Wirkungen; die Rechte aus der Marke können folglich gegenüber einem Lizenznehmer, der gegen weitergehende Beschränkungen verstößt, ebenso wenig geltend gemacht werden wie gegenüber einem Dritten.[59]

Die Beschränkung im Hinblick auf das Gebiet, in dem die Marke angebracht 27
werden darf, ist ausschließlich geografisch zu verstehen. Die Vorschrift kann demgegenüber nicht dahin ausgelegt werden, dass sich der Begriff »Gebiet« auf einen Vertrieb lediglich an ganz bestimmte Marktteilnehmer beziehen würde.

> So liegt insbesondere keine Beschränkung im Hinblick auf ein »Gebiet« vor, wenn in einem Lizenzvertrag ein Vertrieb an Marktteilnehmer außerhalb eines selektiven Vertriebsnetzes verboten wird.[60]

Der Begriff der Qualität der vom Lizenznehmer hergestellten Waren oder erbrach- 28
ten Dienstleistungen ist weit zu verstehen und erfasst nicht nur die materiellen Eigenschaften der Produkte. Vielmehr beruht zum Beispiel die Qualität von Prestigewaren auch auf ihrem Prestigecharakter, der ihnen eine luxuriöse Ausstrahlung verleiht. Die luxuriöse Ausstrahlung, die von solchen Waren ausgeht, ist sogar ein wesentlicher Faktor dafür, dass die Verbraucher sie von anderen ähnlichen Produkten unterscheiden können.[61]

---

56 BGH I ZR 173/14 v. 21.10.2015 *Ecosoil*, Tz. 43 ff.
57 Zur Beschränkung des Vertriebs über Discounter vgl. die Schlussanträge von Generalanwältin *Kokott* v. 3.12.2008 in dem Verfahren C-59/08 *Copad*.
58 Dies gilt nicht nur für den Unterlassungsanspruch, sondern auch für Nebenansprüche wie z. B. das prozessuale Verlangen nach Urkundenvorlage: BGH X ZR 114/03 v. 1.8.2006 *Restschadstoffentfernung*, Tz. 44.
59 EuGH C-59/08 v. 23.4.2009 *Copad*, Tz. 20.
60 EuGH C-59/08 v. 23.4.2009 *Copad*, Tz. 34.
61 EuGH C-59/08 v. 23.4.2009 *Copad*, Tz. 23 ff.

Wird daher etwa derartige Luxusware lizenzvertragswidrig über Discounter vertrieben, die nicht einem geschlossenen Vertriebsnetz angehören, so kann dies grundsätzlich die luxuriöse Ausstrahlung beeinträchtigen, die von den Waren ausgeht. Eine Vertragsklausel, die einen solchen Vertrieb verbietet, kann daher im Rahmen der Beschränkungen von Art. 25 II UMV, § 30 II MarkenG zulässig sein. Hierbei ist zu prüfen, ob das lizenzvertragswidrige Verhalten des Lizenznehmers unter Berücksichtigung der Gesamtumstände die luxuriöse Ausstrahlung von Prestigewaren schädigt und damit ihre Qualität beeinträchtigt. Hierbei sind insbesondere zu berücksichtigen einerseits die Art der mit der Marke versehenen Prestigewaren, der Umfang und der systematische oder aber sporadische Charakter der Verkäufe dieser Waren durch den Lizenznehmer an Discounter, die nicht dem selektiven Vertriebsnetz angehören, und andererseits die Art der von diesen Discountern üblicherweise vertriebenen Waren und die in deren Branche üblichen Vertriebsformen.[62]

29 Im Hinblick auf Marken, die für Dienstleistungen des Handels, insbesondere des Einzelhandels,[63] eingetragen sind, gelten keine Besonderheiten. Auch bei diesen Marken können daher im Lizenzvertrag bestimmte Qualitätsanforderungen vereinbart werden.[64]

Allerdings wird eine solche Vereinbarung kaum dazu führen, dass mittels einer Dienstleistungsmarke quasi durch die Hintertür Qualitätsanforderung beim Vertrieb von Markenwaren durchgesetzt werden könnten. Denn ein Handelsunternehmen benutzt die Marken der dort vertriebenen Waren lediglich für diese Waren, nicht dagegen zugleich für die Dienstleistungen des Einzelhandels. Vielmehr werden diese Dienstleistungen typischerweise mit einer eigenen Marke – häufig dem Namen des Handelsunternehmens – gekennzeichnet.

30 Weitere Grenzen der inhaltlichen Ausgestaltung von Lizenzverträgen folgen insbesondere aus dem Kartellrecht[65] und dem Irreführungsverbot.[66]

3. Prozessführung

31 Der Lizenznehmer kann ein Verfahren wegen Verletzung einer Marke nur mit Zustimmung des Inhabers anhängig machen (Art. 25 III MRR, Art. 25 III UMV, § 30 III MarkenG). Der Lizenznehmer erlangt dadurch nicht die Stellung eines Nebenintervenienten i. S. von § 66 I ZPO. Er wird vielmehr selbst Prozesspartei. Lizenzgeber und Lizenznehmer sind nach einem Beitritt des Lizenznehmers zur Verletzungsklage des Lizenzgebers einfache Streitgenossen.[67] Die erforderliche Zustimmung kann auch im Voraus, etwa im Lizenzvertrag,[68] erteilt werden. Aber auch eine rückwirkende Zustimmung bis zum Schluss der letzten mündlichen Tat-

---

62 EuGH C-59/08 v. 23.4.2009 *Copad*, Tz. 27 ff.
63 Zu den Dienstleistungen des Einzelhandels im Verzeichnis der Waren und Dienstleistungen vgl. o. § 5 Rdn. 12.
64 EuGH C-59/08 v. 23.4.2009 *Copad*, Tz. 35.
65 Hierzu *Ströbele/Hacker/Thiering-Hacker*, § 30 Rz. 121 ff.; *Ingerl/Rohnke*, § 30 Rz. 115 ff.; *Urlesberger*, ÖBl 2006, 52 ff.; EuG T-151/01 v. 24.5.2007 *Der Grüne Punkt – Duales System Deutschland*; BGH X ZR 62/03 v. 13.9.2005 *Laufzeit eines Lizenzvertrags* [zum Patentrecht]; zu einer Abgrenzungsvereinbarung: BGH KZR 71/08 v. 7.12.2010 *Jette Joop*; zum Missbrauch einer marktbeherrschenden Stellung: BGH I ZR 42/07 v. 30.4.2009 *DAX*, Tz. 73.
66 Hierzu unten § 26 Rdn. 28.
67 BGH I ZR 93/04 v. 19.7.2007 *Windsor Estate*, Tz. 31.
68 BGH I ZR 30/16 v. 2.3.2017 *Medicon-Apotheke/MediCo Apotheke*, Tz. 11.

sachenverhandlung genügt.[69] Beim ausschließlichen Lizenznehmer einer Unionsmarke genügt es außerdem, wenn dieser den Markeninhaber zur Zustimmung auffordert, der Markeninhaber aber nicht innerhalb angemessener Frist antwortet (Art. 25 III 2 UMV); das deutsche Recht kennt diese – allerdings nach Art. 25 III 2 MRR verpflichtende Regelung noch[70] nicht. Art. 46 I Buchst. a und Art. 63 I Buchst. b UMV sehen hierbei für das Widerspruchs- und Nichtigkeitsverfahren wegen absoluter Schutzhindernisse eine Befugnis des Lizenznehmers nach ausdrücklicher Ermächtigung durch den Markeninhaber vor. Für das auf eine deutsche Marke gestützte Nichtigkeitsverfahren gilt § 30 III MarkenG entsprechend.[71] Für das deutsche Widerspruchsverfahren fehlt demgegenüber eine Art. 46 I Buchst. a UMV entsprechende Regelung.

> Ein Lizenznehmer kann daher auch mit Ermächtigung des Markeninhabers keinen Widerspruch gegen die Registrierung einer deutschen Marke oder den deutschen Teil einer internationalen Registrierung einlegen. § 42 I MarkenG behält diese Befugnis dem Inhaber vor. Möglich ist jedoch ein Widerspruch gegen eine Unionsmarkenanmeldung oder den europäischen Teil einer internationalen Registrierung.

Bei der Unionsmarke setzt die Befugnis des Lizenznehmers trotz Art. 27 I UMV nicht die Eintragung der Lizenz (Art. 25 V UMV) voraus.[72] Der Nachweis der Lizenz kann auch anders geführt werden. Ausnahmsweise kann der Lizenznehmer an einer Unionsmarke außerdem selbst ohne Zustimmung ein Verfahren anhängig machen, wenn der Markeninhaber nach Aufforderung nicht selber innerhalb einer angemessenen Frist die Verletzungsklage erhoben hat (Art. 25 III 2 UMV). **32**

Unabhängig von seiner originären Prozessführungsbefugnis kann der Lizenznehmer ferner einer vom Inhaber der Marke erhobenen Verletzungsklage beitreten, um Schadensersatzansprüche geltend zu machen (Art. 25 IV UMV, § 30 IV MarkenG). Der Lizenznehmer erwirbt einen originären Schadensersatzanspruch,[73] während der Markeninhaber selbst bei einer ausschließlichen Lizenz seinen Anspruch behält.[74] Der Lizenznehmer, der gemäß Art. 25 III UMV bzw. § 30 III MarkenG ermächtigt ist, kann außerdem Leistung an den Markeninhaber verlangen; auf Leistung an sich selbst kann der Lizenznehmer zudem dann klagen, wenn ihm vom Markeninhaber zusätzlich zur Zustimmung auch eine materiellrechtliche Einziehungsermächtigung erteilt oder der Schadensersatzanspruch des Markeninhabers an ihn abgetreten worden ist.[75] Inhaber und Lizenznehmer klagen in diesem Fall als einfache Streitgenossen nach § 59 ZPO.[76] **33**

---

69 BGH I ZR 137/10 v. 15.3.2012 *CONVERSE II*, Tz. 24.
70 Vgl. aber § 30 III des Referentenentwurfs des Markenrechtsmodernisierungsgesetzes.
71 BGHZ 138, 349 *MAC Dog*.
72 EuGH C-163/15 v. 4.2.2016 *Hassan*, Tz. 26 [zum Designrecht].
73 Zum gleichgelagerten Designrecht: EuGH C-419/15 v. 22.6.2016 , Tz. 32, auf die Vorlage OLG Düsseldorf I-20 U 70/14 v. 21.7.2015 ; dadurch überholt: BGH I ZR 93/04 v. 19.7.2007 *Windsor Estate*, Tz. 27 ff.; BGH I ZR 24/05 v. 18.10.2007 *ACERBON*, Tz. 14; BGH I ZR 137/10 v. 15.3.2012 *CONVERSE II*, Tz. 49; BGH I ZR 106/11 v. 6.2.2013 *VOODOO*, Tz. 57; BGH I ZR 104/14 v. 30.7.2015 *Posterlounge*, Tz. 50.
74 BGH X ZR 180/05 v. 20.5.2008 *Tintenpatrone*.
75 BGH I ZR 137/10 v. 15.3.2012 *CONVERSE II*, Tz. 51 f. [zu spät in der Revisionsinstanz]; auch BGH I ZR 106/11 v. 6.2.2013 *VOODOO*, Tz. 57; BGH I ZR 236/16 v. 28.6.2018 *keine-vorwerk-vertretung*, Tz. 79.
76 *Ingerl/Rohnke*, § 30 Rz. 102.

34 Aufgrund des Lizenzvertrages ist der Lizenznehmer nicht automatisch berechtigt, Verlängerungsanträge bezüglich der Marke zu stellen. Vielmehr muss ihn der Markeninhaber dazu ausdrücklich – ggf. im Lizenzvertrag – ermächtigen. Der Lizenznehmer muss die Ermächtigung von sich aus nachweisen. Das Amt ist nicht verpflichtet, zur Vorlage der Ermächtigung aufzufordern.[77]

35 Besonderheiten gelten schließlich bei Kollektivmarken.[78] Hier erweitern Art. 80 UMV, § 101 MarkenG die Klagebefugnisse. Außerdem kann der Inhaber einer Kollektivmarke in entsprechender Anwendung des § 30 II Nr. 2 MarkenG die Rechte aus der Marke auch wegen eines Verstoßes eines Verbandsmitglieds gegen die in der Markensatzung geregelten Bedingungen für die Markenbenutzung geltend machen.

> Ist also etwa in der Markensatzung der Kollektivmarke geregelt, dass neben der Kollektivmarke auf der Verpackung nur Zeichen angebracht werden dürfen, die die Dominanz der Kollektivmarke nicht beeinträchtigen, so kann der Markeninhaber gegen ein Verbandsmitglied vorgehen, das neben der Kollektivmarke eine dominierende Zweitkennzeichnung verwendet.[79]

4. Sukzessionsschutz

36 Wird eine deutsche Marke oder der deutsche Teil einer internationalen Registrierung übertragen, so berührt dies nicht eine Dritten zuvor erteilte Lizenz (§ 30 V MarkenG).[80] Das Vertragsverhältnis besteht modifiziert zwischen den Parteien des ursprünglichen Vertrages fort. § 566 BGB findet allerdings keine Anwendung, so dass das Vertragsverhältnis nicht vollständig auf den Erwerber übergeht.[81] Der neue Rechtsinhaber kann also ohne Zustimmung des Lizenznehmers nicht in den Lizenzvertrag eintreten.[82] Darüber hinaus dürfte in einer Lizenzkette selbst bei Erlöschen einer Hauptlizenz die Unterlizenz im Regelfall fortbestehen.[83] Bei allem ist § 30 V MarkenG dispositiv und kann durch andere Abreden ersetzt werden.

> Erteilt etwa der ursprüngliche Markeninhaber eine Lizenz an einer deutschen Marke und verkauft diese sodann an einen Dritten, so bleibt der Lizenznehmer Inhaber der Lizenz. Vertragspartner des Lizenznehmers bleibt aber der ursprüngliche Markeninhaber.

37 Für die Unionsmarke findet sich keine § 30 V MarkenG entsprechende Regelung. Ergänzend § 30 V MarkenG heranzuziehen, wird – geht man insoweit nicht von einem abschließenden Charakter der Art. 25 ff. UMV aus – nur dann möglich sein, wenn deutsches Recht überhaupt Anwendung findet.[84] Auch die Unterscheidung zwischen dinglicher und schuldrechtlicher Lizenz[85] hilft hier nicht weiter, nachdem diese Unterscheidung nicht allen Mitgliedstaaten der Union geläufig ist. Allerdings

---

77 EuG T-410/07 v. 12.5.2009 *JURADO*, Tz. 21 ff.
78 Vgl. zu Kollektivmarken oben § 2 Rdn. 20.
79 BGHZ 152, 268 *Dresdner Christstollen*.
80 Vgl. auch BGH I ZR 24/11 v. 19.7.2012 *Take Five*, Tz. 16.
81 So zu § 571 BGB a. F. in Verbindung mit dem PatG BGHZ 83, 251, 257 *Verankerungsteil*.
82 BGH I ZR 173/14 v. 21.10.2015 *Ecosoil*.
83 Zum Urheberrecht: BGH I ZR 70/10 v. 19.7.2012 *M2Trade*; BGH I ZR 24/11 v. 19.7.2012 *Take Five*.
84 Ungenau *Ingerl/Rohnke*, § 30 Rz. 5; vgl. auch EuG T-6/05 v. 6.9.2006 *DEF-TEC*, Tz. 49 f.
85 Vgl. etwa *Bühling*, GRUR 1998, 196; vgl. auch BGH I ZR 93/04 v. 19.7.2007 *Windsor Estate*, Tz. 29 u. 33.

schließt die Literatur⁸⁶ teilweise aus Art. 27 I UMV auf einen begrenzten Sukzessionsschutz. Danach könne sich der Lizenznehmer dann gegenüber einem Erwerber der Marke auf den Fortbestand einer älteren Lizenz berufen, wenn die Lizenz im Register eingetragen war, Bösgläubigkeit des Erwerbers oder ein Fall der Gesamtrechtsnachfolge vorlag. Obwohl der Wortlaut des Art. 27 I UMV insoweit nicht zwingend sein dürfte, sprechen doch die Aspekte des Vertrauensschutzes und der Rechtsklarheit für diese Auffassung.

> Würde es sich also daher im vorhergehenden Beispiel um Lizenz und späteren Verkauf einer Unionsmarke handeln, so könnte sich der Lizenznehmer gegenüber dem Dritten nur dann auf den Fortbestand der Lizenz berufen, wenn er im Register als Lizenznehmer eingetragen war oder der Dritte die Lizenz kannte. Andernfalls blieben ihm nur etwaige Schadensersatzansprüche gegenüber dem ursprünglichen Markeninhaber.

III. Gestattung

Aufgrund der freien Lizenzierbarkeit von Markenrechten spielt die Gestattung im Zusammenhang mit Marken eine untergeordnete Rolle.⁸⁷ Interessant kann die Gestattung vor allem im Hinblick auf den Zeichen- oder Produktähnlichkeitsbereich sein, der zwar nicht von der Marke selbst, aber von ihrem Schutzbereich erfasst ist. Bei bekannten Marken kann mittels Gestattung außerdem auch die Bekanntheit einer Marke für Produkte außerhalb des Ähnlichkeitsbereichs Gegenstand von Vermarktungsrechten sein.⁸⁸ **38**

> So kann der Inhaber einer für Bekleidungsstücke geschützten, bekannten Marke »SUBWAY« einem Vertragspartner die Nutzung der Marke »Subwear« gestatten, wenn diese im Zeichenähnlichkeitsbereich liegt. Ebenso kann er die Nutzung der Marke »SUBWAY« für Schlüsselanhänger gestatten.

Diese Gestattung verschafft dem Gestattungsempfänger zwar keine Angriffsrechte gegen Zeichen Dritter. Doch hat die Gestattung durch den BGH eine quasi-dingliche Ausprägung im Rahmen der Abwehr von Angriffen erfahren. Gestattet nämlich der Inhaber einer Marke einem anderen deren Benutzung in schuldrechtlich wirksamer Weise, so kann letzterer sich in entsprechender Anwendung des Rechtsgedankens aus § 986 I BGB auf diese Priorität der Marke berufen, wenn ein Dritter ihn aufgrund eines anderen Zeichens in Anspruch nimmt.⁸⁹ Bei der Abwehr von Ansprüchen Dritter kann daher eine Gestattung ausschlaggebend sein.⁹⁰ **39**

> Wird der Gestattungsempfänger im vorherigen Beispiel etwa von einem Dritten aus einer gegenüber der Marke »SUBWAY« jüngeren Marke angegriffen, so kann er sich zur Abwehr des Angriffs auf die Gestattung durch den Markeninhaber und die Priorität seiner Marke berufen.

---

86 *Eisenführ/Schennen-Schennen*, Art. 23 Rz. 10 ff.
87 Zu einem Anwendungsfall vgl. etwa EuG T-6/05 v. 6.9.2006 *DEF-TEC*, Tz. 45 ff.; zur Kündigung EuGH C-661/11 v. 19.9.2013 *Martin Y Paz Diffusion*, Tz. 59 ff.
88 Vgl. BGH GRUR 2004, 594, 596 *Ferrari-Pferd*.
89 BGH GRUR 1998, 1034, 1036 *Makalu*, unter Hinweis auf BGH GRUR 1994, 652, 653 *Virion*; BGH I ZR 148/04 v. 12.7.2007 *CORDARONE*, Tz. 16; BGH I ZR 173/14 v. 21.10.2015 *Ecosoil*, Tz. 66; vgl. auch BGH GRUR 2004, 512, 514 *Leysieffer*.
90 Seltsamerweise erwähnt BGH GRUR 2001, 54 *SUBWAY/Subwear* die Möglichkeit einer Gestattung nicht; hierzu auch *Emmert*, MarkenR 2001, 344, 346 ff.

IV. Abgrenzungs- und Vorrechtsvereinbarung

40 Abgrenzungs- und Vorrechtsvereinbarungen dienen in der Praxis der Beilegung von kennzeichenrechtlichen Konflikten oder ihrer Vermeidung im Vorfeld. Am praktisch bedeutsamsten ist die Beendigung eines Widerspruchsverfahrens durch eine Vereinbarung der Parteien, die das EUIPO unter Umständen sogar fördern kann (Art. 47 IV UMV).

41 Bei der Abgrenzungsvereinbarung[91] vereinbaren die Parteien wechselseitige Beschränkungen des Zeichengebrauchs, etwa hinsichtlich der benutzten Zeichen, des jeweiligen Produktspektrums oder des Nutzungsgebiets. Typischerweise wird hierbei vereinbart, ein Zeichen nur mit bestimmten Zusätzen oder nur für bestimmte Produkte zu benutzen. Gegenüber Dritten, die nicht Vertragspartner sind, entfaltet die Abgrenzungsvereinbarung keine Wirkung – und zwar auch dann nicht, wenn eine der Parteien im Zuge der Abgrenzung auf bestimmte Produkte im Verzeichnis der Waren und Dienstleistungen verzichtet hat; vielmehr kommt es gegenüber Dritten auf den Registerstand an.[92] Auch ist regelmäßig eine Abgrenzungsvereinbarung nicht über das Gebiet hinaus anzuwenden, auf das sich die Vereinbarung ursprünglich bezieht.[93]

42 Demgegenüber erklärt sich bei der Vorrechtsvereinbarung[94] lediglich eine der Parteien – normalerweise der Inhaber des prioritätsjüngeren Zeichens – zu Beschränkungen der Zeichennutzung bereit, während sich die andere Partei insoweit zum Verzicht auf Angriffe verpflichtet. Zum Wesen der Vorrechtsvereinbarung gehört dabei, dass die in der Zeichennutzung beschränkte Partei zusichert, Neuanmeldungen des gegnerischen Zeichens – etwa Varianten oder Anmeldungen im Ausland – zu dulden. Auch ohne ausdrückliche Regelung wirken Abgrenzungs- und Vorrechtsvereinbarung gegenüber Rechtsnachfolgern der Parteien.[95]

43 In der Sache enthalten Abgrenzungs- und Vorrechtsvereinbarungen regelmäßig Gestattungen. Aufgrund der unter dem MarkenG gegenüber dem WZG flexibleren Ausgestaltung der Markenlizenz kann jedoch künftig auch die Erteilung von Lizenzen zu empfehlen sein. So kann die Lizenz es den Parteien ermöglichen, sich prozessual wechselseitig bei der Abwehr von Markenverletzungen Dritter zu unterstützen.

44 Abgrenzungs- und Vorrechtsvereinbarungen dürfen nicht zu einer tatsächlichen Irreführung des Verkehrs führen, da andernfalls die Vertragsparteien nach § 5 II UWG angegriffen werden können. Bei Abschluss einer Vereinbarung ist daher immer daran zu denken, wie trotz der zu erwartenden Koexistenz der Marken künftig eine Irreführung vermieden wird.[96]

45 Gerade bei Abgrenzungsvereinbarungen kann sich schließlich die Frage ihrer kartellrechtlichen Zulässigkeit in besonderem Maße stellen, da sich Abgrenzungs-

---

91 EuG T-90/05 v. 6.11.2007 *OMEGA/Ω OMEGA*, Tz. 49.
92 BGH I ZR 118/12 v. 6.2.2013, Tz. 9 f.
93 EuG T-389/16 v. 13.7.2017 *Casa Montorsi/MONTORSI F & F*, Tz. 36 ff.
94 Zur Auslegung einer Vorrechtsvereinbarung OLG Frankfurt 6 U 172/15 v. 22.12.2016.
95 KG MD 1999, 1101, 1108 *Adlon*.
96 Vgl. ausführlicher unten § 26 Rdn. 28.

vereinbarungen unschwer für eine Marktabgrenzung instrumentalisieren lassen.⁹⁷ Kartellrechtlich zulässig und zweckmäßig sind hierbei solche Abgrenzungsvereinbarungen, durch die im beiderseitigen Interesse der Parteien der jeweilige Benutzungsumfang ihrer Zeichen festgelegt wird, um Verwechslungen oder Konflikte zu vermeiden. Dies kann jedoch nicht die Anwendung des Art. 101 AEUV⁹⁸ auf solche Vereinbarungen ausschließen, mit denen auch Marktaufteilungen oder andere Wettbewerbsbeschränkungen bezweckt werden. Denn mit der Wettbewerbsordnung der Union ist unvereinbar, dass die sich aus dem Markenrecht der verschiedenen Staaten ergebenden Ansprüche zu Zwecken missbraucht werden, die dem Kartellrecht der Union zuwiderlaufen. Eine Beschränkung darf nicht über das hinausgehen, was erforderlich ist, um das Ziel des Schutzes des fraglichen geistigen Eigentums zu erreichen.⁹⁹

Dies kann etwa insbesondere der Fall sein, wenn aus einem wegen Nichtbenutzung löschungsreifen Zeichen angegriffen und daraufhin eine Absprache getroffen wird.¹⁰⁰ Allerdings wird eine kartellrechtlich nicht relevante Abgrenzungsvereinbarung nicht ohne weiteres schon mit der Löschung der Marke in entsprechendem Umfang unwirksam, sondern es bedarf der Kündigung.¹⁰¹ Abgesehen vom Fall des Verfalls der Marke kommt es für die kartellrechtliche Beurteilung jedoch grundsätzlich auf den Zeitpunkt des Abschlusses der Vereinbarung an.¹⁰²

V. Zwangsvollstreckung und Insolvenz

Die Marke kann unabhängig vom Unternehmen verpfändet werden oder Gegenstand eines sonstigen dinglichen Rechts sein (Art. 22 I UMV, § 29 I Nr. 1 MarkenG). Ferner kann die Marke Gegenstand von Maßnahmen der Zwangsvollstreckung sein (Art. 23 I UMV, § 29 I Nr. 2 MarkenG). Bei Unionsmarken richtet sich das jeweils anzuwendende Recht nach Art. 19 UMV. Für die Zwangsvollstreckungsmaßnahmen sind bei Unionsmarken ausschließlich die Gerichte und Behörden des nach Art. 16 maßgebenden Mitgliedstaats zuständig (Art. 23 II UMV). Die Rechte bzw. Maßnahmen werden auf Antrag eines Beteiligten in das Register eingetragen und veröffentlicht (Art. 22 II, Art. 23 III UMV, § 29 II MarkenG).

46

Im Register wird auf Antrag auch eingetragen, dass das durch die Eintragung einer Marke begründete Recht durch ein Insolvenzverfahren erfasst wird (Art. 24 III UMV, § 29 III MarkenG). Für die Unionsmarke regelt Art. 24 I UMV,¹⁰³ in welchem Mitgliedstaat die Marke vom Insolvenzverfahren erfasst wird. Eine Unionsmarke wird danach nur dann von einem Insolvenzverfahren erfasst, wenn dieses in dem Mitgliedstaat eröffnet wird, in dessen Hoheitsgebiet der Schuldner den Mit-

47

---

97 Hierzu ausführlich *Rißmann*, Die kartellrechtliche Beurteilung der Markenabgrenzung; *Lehmann*, MarkenR 2017, 241; auch BGH I ZR 60/11 v. 24.1.2013 *Peek & Cloppenburg III*, Tz. 46; BGH KZR 69/14 v. 12.7.2016 *Peek & Cloppenburg IV*.
98 Früher Art. 81 EG.
99 EuGH C-403/08 und C-429/08 v. 4.10.2011 *Football Association Premier League u. a.*, Tz. 105.
100 EuGH 35/83 v. 30.1.1985 *Toltecs/Dorcet II*, Tz. 33 ff.
101 BGH KZR 92/13 v. 15.12.2015 *Pelican/Pelikan*, Tz. 60.
102 BGH KZR 71/08 v. 7.12.2010 *Jette Joop*.
103 Geändert durch VO EG Nr. 422/2004 vom 19.2.2004 (ABl.-EG L 70/1 v. 9.3.2004).

telpunkt seiner Interessen hat. Lediglich bei Versicherungsunternehmen oder Kreditinstituten ist auf den Mitgliedstaat abzustellen, in dem die Zulassung erteilt wurde. Ist der Insolvenzschuldner nur Miteigentümer der Unionsmarke, so sind die Regelungen auf den Anteil entsprechend anzuwenden.

VI. Markenanmeldungen vor Eintragung und Benutzungsmarken

48 Markenanmeldungen können vor Eintragung ebenso wie eingetragene Marken Gegenstand des Rechtsverkehrs sein. Die einschlägigen Vorschriften sind entsprechend anzuwenden (Art. 28 UMV, § 31 MarkenG).

49 Ferner sind die einschlägigen Vorschriften und Grundsätze des deutschen Rechts auch auf Marken anzuwenden, die durch Benutzung erworben wurden.[104] Im Falle der Übertragung eines Unternehmens wird eine zum Unternehmen gehörende Benutzungsmarke in ihrem Bestand hierbei nicht berührt, wenn das Zeichen weiter benutzt wird. Dies soll sogar dann gelten, wenn Marken, die der Benutzungsmarke inhaltsgleich sind, nicht mit übertragen werden.[105]

---

104 Vgl. BGH GRUR 1998, 1034, 1036 *Makalu*; BGH GRUR 2001, 54, 55 *SUBWAY/Subwear*.
105 Zum Ausstattungsschutz BGHZ 16, 82, 89.

§ 25 Geschäftliche Bezeichnungen im Rechtsverkehr

Schrifttum: *Ahrens*, Die Notwendigkeit eines Geschäftsbetriebserfordernisses für Geschäftsbezeichnungen nach dem neuen Markengesetz, GRUR 1995, 635; *Baronikians*, Der Schutz des Werktitels, 2008; *Deutsch/Ellerbrock*, Titelschutz, 2. Aufl. 2004; *Hoffmann/Kleespies/Adler*, Formular-Kommentar Markenrecht, 2008; *Ingerl/Rohnke*, Die Umsetzung der Markenrechtsrichtlinie durch das deutsche Markengesetz, NJW 1994, 1247; *Pahlow*, Firma und Firmenmarke im Rechtsverkehr – Zum Verhältnis von § 23 HGB zu den §§ 27ff. MarkenG, GRUR 2005, 705; *Ullmann*, Der Erwerb der Rechte an Marke und Unternehmenskennzeichen, FS v. Mühlendahl, 2005, 145

I. Unternehmenskennzeichen

1. Übertragung

Ein Unternehmenskennzeichen kann zusammen mit dem zugehörigen Geschäftsbetrieb übertragen werden.[1] Dies gilt auch für die Übertragung von einem Einzelkaufmann auf eine Gesellschaft.[2] Die ursprüngliche Priorität bleibt dabei selbst dann erhalten, wenn ausschließlich das Firmenschlagwort fortgeführt wird.[3] Die Einwilligung in die Fortführung der Firma nach § 22 HGB ist hierbei stillschweigend möglich.[4] Ein auf Fortsetzung des Geschäftsbetriebs gerichteter Wille durch den Erwerber ist nicht Voraussetzung einer wirksamen Übertragung des Unternehmenskennzeichens.[5]   1

Allerdings hält der BGH wegen § 23 HGB in Fortsetzung der Rechtsprechung   2
zum WZG auch unter dem MarkenG daran fest, dass Unternehmenskennzeichen nicht isoliert, sondern eben nur zusammen mit dem zugehörigen Geschäftsbetrieb übertragen werden können.[6]

> So können etwa ohne Übertragung des zugehörigen Unternehmens einem Erwerber die Rechte an einem Unternehmenskennzeichen »PC69« nicht übertragen werden.

Hierbei ist nicht erforderlich, dass der gesamte Geschäftsbetrieb übertragen wird.   3
Es reicht aus, wenn mit dem Kennzeichen im Großen und Ganzen diejenigen Werte übertragen werden, die nach wirtschaftlichen Gesichtspunkten den Schluss rechtfertigen, dass der Erwerber die mit dem Kennzeichen verbundene Geschäftstradition fortsetzen wird.[7] Im Rahmen der dabei unter Berücksichtigung der Umstände des jeweiligen Einzelfalls vorzunehmenden Beurteilung sind im Interesse einer wirtschaftlich sinnvollen Verwertung insbesondere bei Unternehmen, die vor der Einstellung ihres Geschäftsbetriebs stehen, keine zu strengen Anforderungen an das Vorliegen eines Übergangs des Geschäftsbetriebs zu stellen. Allerdings muss

---

1 BGH GRUR 2002, 972 *FROMMIA*.
2 BGH I ZR 134/05 v. 30.1.2008 *Hansen-Bau*, Tz. 22.
3 BGH I ZR 40/06 v. 21.9.2006.
4 BGH GRUR 2002, 972, 974 *FROMMIA*.
5 BGH GRUR 1973, 363, 364 f. *Baader*; BGH GRUR 2002, 972, 974 *FROMMIA*.
6 BGH GRUR 2002, 972 *FROMMIA*; BGH GRUR 2004, 790, 792 *Gegenabmahnung*; kritisch *Pahlow*, GRUR 2005, 705.
7 BGH GRUR 1973, 363, 365 *Baader*; BGH GRUR 1991, 393, 394 *Ott International*; BGH GRUR 2002, 972, 975 *FROMMIA*; BGH GRUR 2004, 790, 792 *Gegenabmahnung*.

gewährleistet sein, dass es nicht zu einer Aufspaltung oder Vervielfältigung der Geschäftsbezeichnung kommt, durch die die Gefahr von Irreführungen begründet wird, denen die Bindung des Kennzeichenrechts an das Unternehmen gerade entgegenwirken soll.[8]

> Schließt daher etwa der Erwerber des Unternehmenskennzeichens »PC 66« einer Diskothek zugleich einen Mietvertrag über die zuvor dem Verkäufer vermieteten[9] Räume der Diskothek und übernimmt das verpfändete Inventar von den Sicherungsnehmern des Verkäufers, so stellen sich diese Verträge bei wirtschaftlicher Betrachtungsweise als ein zusammenhängender Vorgang dar. Im Ergebnis übernimmt der Erwerber den gesamten Geschäftsbetrieb des Verkäufers und kann daher Inhaber der Unternehmensbezeichnung werden. Hierbei hat auch eine zwischenzeitliche kurzfristige Benutzung einer Bezeichnung »PC 99« auf diesen Erwerb des Unternehmenskennzeichens und dessen Bestand keinen Einfluss.[10]

4 Ausnahmen kommen zudem für die Übertragung einer besonderen Geschäftsbezeichnung in Betracht. Hier kennzeichnet die Bezeichnung gerade nicht das gesamte Unternehmen, sondern lediglich einen Teilgeschäftsbetrieb. In diesem Fall müssen diejenigen Werte im Großen und Ganzen übertragen werden, die den Teilgeschäftsbetrieb ausmachen.[11]

> Stellt daher etwa im vorhergehenden Beispiel die Diskothek »PC 69« lediglich einen Teil eines unter anderer Bezeichnung auftretenden größeren Unternehmens dar und wird dies im Übrigen nicht übertragen, so ist dies unschädlich. Ausreichend ist auch in diesem Fall die Übertragung der wesentlichen Werte des Kennzeichnungsobjekts.

2. Lizenz und Gestattung

5 Weil ein Unternehmenskennzeichen nur zusammen mit dem zugehörigen Geschäftsbetrieb übertragen werden kann, ist auch die Erteilung einer (dinglichen) Lizenz am Unternehmenskennzeichen nicht möglich. Gleiches gilt für eine Abtretung von diesbezüglichen Unterlassungsansprüchen.[12] Die allein mögliche[13] schuldrechtliche Gestattung, mit der sich der Kennzeicheninhaber verpflichtet, keine Verbotsansprüche durchzusetzen, gewinnt daher in der Praxis besondere Bedeutung.

6 Diese Gestattung kann dabei auch konkludent erfolgen.[14] Die Gestattung endet zudem in der Regel mit dem Ende der Zusammenarbeit. Dies gilt auch dann, wenn der Gestattende Gründer des Gestattungsempfängers ist.[15] Die Gestattung verleiht dem Gestattungsempfänger zwar keine absolute Rechtsposition. Wie bei der Marke[16] wendet die Rechtsprechung in Passivprozessen jedoch § 986 BGB analog an. Zur Abwehr von Ansprüchen Dritter kann sich der Gestattungsempfänger daher

---

8 BGH GRUR 1991, 393, 394 *Ott International*; BGH GRUR 2004, 790, 792 *Gegenabmahnung*.
9 Zur Aktivlegitimation eines Pächters BGH GRUR 1998, 391, 392 f. *Dr. St.... Nachf.*
10 BGH GRUR 2004, 790, 792 *Gegenabmahnung*.
11 So auch *Ingerl/Rohnke*, vor §§ 27–31 Rz. 13.
12 BGH GRUR 2001, 1158, 1160 f. *Dorf MÜNSTERLAND I*, m. w. N.
13 BGH I ZR 93/12 v. 27.3.2013 *Baumann I*, Tz. 45.
14 Vgl. BGH GRUR 2001, 1164, 1165 *buendgens*.
15 BGH GRUR 1997, 903, 905 *GARONOR*, m. w. N.; zum Ende eines Pachtvertrags auch BGH GRUR 2004, 868, 869 *Dorf MÜNSTERLAND II*.
16 Vgl. oben § 24 Rdn. 38 – 39.

auf eine ältere Unternehmensbezeichnung berufen, deren Nutzung ihm gestattet wurde.[17]

II. Titel

Titelrechte können jedenfalls zusammen mit den Rechten am zugrunde liegenden Werk übertragen werden. Fehlen ausdrückliche Abreden, so ist im Zweifel anzunehmen, dass die Übertragung der Titelrechte infolge der engen Verbindung von Titel und Werk regelmäßig so weit reicht wie die Übertragung der Rechte am Werk; d. h. ein ausschließliches Nutzungsrecht in der Werkverwertung führt bezüglich des Titels ebenfalls zur Ausschließlichkeit.[18] 7

> So war etwa im Jahr 1895 zunächst Theodor Fontane Inhaber der Titelrechte »Effi Briest«, hat diese aber mit den Rechten am Werk auf einen Verlag übertragen. Dieser Verlag kann sich daher auf die Priorität von 1895 berufen und gegen einen Dritten vorgehen, der den Vertrieb eines völlig neuen Romans unter dem Titel aufnimmt. Dies gilt unabhängig davon, wann dieser Vertrieb aufgenommen wird.

Ob auch eine Übertragung von Titelrechten ohne Übertragung der Werkrechte möglich ist, ist ungeklärt und streitig.[19] Differenzierend wird auf die Art des betitelten Werks abzustellen sein. Kennzeichnet der Titel – wie bei einem Roman – ein konkretes gleichbleibendes Werk, so ist seine isolierte Übertragung nicht möglich, da der Verkehr den Titel dem konkreten Werk zuordnet. Wird der Titel demgegenüber – wie bei Zeitungen, Zeitschriften oder Fernsehserien – für ständig geänderte Werke benutzt, so ordnet der Verkehr den Titel ohnehin keinem bestimmten Werk zu. Die unternehmerischen Interessen an (prioritätserhaltender) freier Übertragbarkeit des Titels überwiegen in diesem Fall die Interessen der beteiligten Verkehrskreise. 8

Abgemildert wird diese streitige Problematik dadurch, dass die Rechtsprechung jedem eigene Titelrechte zubilligt, der den Titel rechtmäßig benutzt, ohne dass es eines besonderen Übertragungsakts bedürfte. 9

Nimmt daher ein Konkurrenzverlag des Verlags, mit dem Fontane einen Vertrag geschlossen hatte, im Jahr 2004[20] den Vertrieb des inzwischen gemeinfreien Werkes »Effi Briest« rechtmäßig auf, so kann auch dieser Konkurrenzverlag gegen einen Dritten vorgehen, wenn dieser den Vertrieb eines völlig neuen Romans unter dem Titel im Jahr 2005 beginnt.[21]

---

17 BGHZ 122, 71, 73 f. *Decker*; BGHZ 150, 82, 91 f. *Hotel Adlon*; BGH GRUR 1994, 652, 653 *Virion*; auch BGH I ZR 49/04 v. 28.6.2007 *Cambridge Institute*, Tz. 46.
18 BGH GRUR 1990, 218, 220 *Verschenktexte I*.
19 Bejahend etwa *Fezer*, GRUR 2001, 369, 372; *Ingerl/Rohnke*, § 5 Rz. 108 und vor §§ 27–31 Rz. 7; verneinend etwa *Ströbele/Hacker/Thiering-Hacker*, § 27 Rz. 79; *Baronikians*, Rz. 495.
20 Ob gleichwohl die Priorität von 1895 beansprucht werden kann, ist noch ungeklärt.
21 Vgl. BGH GRUR 2003, 440, 441 *Winnetous Rückkehr*.

Sechster Teil Ergänzende außerkennzeichenrechtliche Ansprüche

§ 26 Ergänzende wettbewerbsrechtliche Ansprüche und Ansprüche aus unerlaubter Handlung

Schrifttum: *Bornkamm*, Markenrecht und wettbewerbsrechtlicher Kennzeichenschutz, GRUR 2005, 97; *Bornkamm*, Kennzeichenrecht und Irreführungsverbot, FS v. Mühlendahl, 2005, 9; *Bornkamm/Kochendörfer*, Verwechslungsgefahr und Irreführungsgefahr – Konvergenz der Begriffe?, FS »50 Jahre Bundespatentgericht«, 2011, 533; *Fiebig*, Wohin mit dem »Look-alike«?, WRP 2007, 1316; *Henning-Bodewig*, Nicht markenmäßiger Gebrauch und Art. 5 Abs. 5 Markenrichtlinie, GRUR Int. 2008, 301; *Köhler*, Das Verhältnis des Wettbewerbsrechts zum Recht des geistigen Eigentums – Zur Notwendigkeit einer Neubestimmung auf Grund der Richtlinie über unlautere Geschäftspraktiken, GRUR 2007, 548; *Lubberger*, Grundsatz der Nachahmungsfreiheit?, FS Ullmann, 2006, 737; *Rohnke*, Markenrecht und UWG im Zeichen ihrer vollständigen Konkurrenz, VPP-Rundbrief 2015, 93; *Sambuc*, Was heißt »Verwechslungsgefahr mit einer anderen Ware oder Dienstleistung« in § 5 Abs. 2 UWG?, FS Köhler, 2014, 577; *Schreiber*, Wettbewerbsrechtliche Kennzeichenrechte?, GRUR 2009, 113; *Tresper*, Noch nicht »rund« – Die Rechtsprechung zum »R im Kreis«, MarkenR 2014, 409; *Tsoutsanis*, The Biggest Mistake of the European Trade Mark Directive and Why the Benelux is Wrong Again: Between European Constitution and European Conscience, E. I. P. R. 2006, 74

Im Wandel ist, inwieweit parallel oder alternativ zu markenrechtlichen Ansprüchen auch wettbewerbsrechtliche Ansprüche oder Ansprüche aus unerlaubter Handlung geltend gemacht werden können. Der BGH ging insoweit zunächst davon aus, dass zwar § 2 MarkenG eine Berücksichtigung wettbewerbsrechtlicher Anspruchsgrundlagen (insbesondere §§ 3, 5 UWG, § 826 BGB) neben der Geltendmachung des Markenrechts im Grundsatz zulasse;[1] andererseits sollte der markenrechtliche Schutz in seinem Anwendungsbereich den lauterkeitsrechtlichen Schutz verdrängen (Vorrangthese).[2] Hiermit verfolgte der BGH im Wesentlichen den zunächst richtigen Ansatz, harmonisiertem Markenrecht – auch in seiner anspruchsbegrenzenden Funktion – zur Anwendung zu verhelfen.

1

---

[1] Für die vermeidbare Herkunftstäuschung: BGH GRUR 1998, 934, 937 f. *Wunderbaum I*.
[2] Zu Marken: BGHZ 138, 349, 351 *MAC Dog*; BGHZ 147, 56, 60 f. *Tagesschau*; BGHZ 149, 191, 196 *shell.de*; BGH, GRUR 1999, 992, 995 *BIG PACK*; BGH GRUR 2000, 70, 73 *SZENE*; BGH GRUR 2000, 608, 610 *ARD-1*; BGH GRUR 2001, 1054, 1055 *Tagesreport*; BGH GRUR 2002, 167, 171 *Bit/Bud*; BGH GRUR 2002, 340, 342 *Fabergé*; BGH GRUR 2003, 973, 974 *Tupperwareparty*; BGH GRUR 2004, 1039, 1041 *SB-Beschriftung*; BGH GRUR 2005, 163, 165 *Aluminiumräder*; BGH GRUR 2005, 423, 425 *Staubsaugerfiltertüten*; BGH GRUR 2005, 583, 585 *Lila-Postkarte*; BGH I ZR 123/05 v. 30.4.2008 *Rillenkoffer*, Tz. 26; BGH I ZR 190/05 v. 26.6.2008 *EROS*, Tz. 27; zu geschäftlichen Bezeichnungen: BGH GRUR 2000, 70, 73 *SZENE*; BGH GRUR 2005, 419, 422 *Räucherkate*; zu geografischen Herkunftsangaben: BGHZ 139, 138, 139 f. *Warsteiner II*; BGH GRUR 2001, 73, 76 *Stich den Buben*; BGH GRUR 2002, 160, 161 *Warsteiner III*; anders (zu weit) noch: BGH GRUR 1997, 754 *grau/magenta*.

So konnte sich etwa ein Gewerbetreibender aus dem europäischen Ausland darauf verlassen, dass beispielsweise der Schutz der bekannten Marke in Deutschland ausschließlich nach den Vorschriften der MRR gewährt wurde und dass er nicht damit rechnen muss, im Falle einer Geschäftsaufnahme in Deutschland aufgrund wettbewerbsrechtlicher Anspruchsgrundlagen aus einer bekannten Marke angegriffen zu werden.

2 In der Sache ging es bei der Vorrangthese des BGH also in erster Linie stets darum, den Anwendungsvorrang europäischen Rechts gegenüber nationalen Sonderregelungen zu sichern. Solange die MRR im einschlägigen Bereich die einzige europäische Rechtsgrundlage darstellte, konnte daher tatsächlich zutreffend von einem Vorrang des Markenrechts gegenüber wettbewerbsrechtlichen Anspruchsgrundlagen gesprochen werden.

3 Diese Situation änderte sich mit der zunehmenden Harmonisierung des Wettbewerbsrechts. Neben der Richtlinie über irreführende und vergleichende Werbung[3] hat insofern vor allem die Richtlinie über unlautere Geschäftspraktiken[4] zu weitreichenden Änderungen des europäischen Regelungskontextes geführt. Unstreitig sind auch die nationalen Regelungen insoweit richtlinienkonform auszulegen.[5]

So muss heute ein ausländischer Gewerbetreibender unter bestimmten Voraussetzungen durchaus damit rechnen, bei einzelnen Werbepraktiken aus wettbewerbsrechtlichen Anspruchsgrundlagen angegriffen zu werden. Dies gilt unabhängig davon, ob markenrechtliche Ansprüche im Einzelfall eingreifen oder nicht.

4 Dabei verfolgen Markenrecht und europäisches Wettbewerbsrecht schwerpunktmäßig unterschiedliche Schutzzwecke. Das Markenrecht schützt über die individuelle Rechte des Markeninhabers und mittelbar Herkunftsfunktion sowie innergemeinschaftlichen Handel. Dagegen hat das europäische Wettbewerbsrecht Verbraucherschutzinteressen im Blick.[6]

5 Infolge der Harmonisierung des Wettbewerbsrechts hat der BGH die Vorrangthese nun aufgegeben.[7] Ausgehend von diesen Überlegungen kann die Abgrenzung von markenrechtlichen, wettbewerbsrechtlichen und Ansprüchen aus unerlaubter Handlungen nachfolgendem Schema erfolgen: In einem ersten Schritt ist zu prüfen, ob die jeweilige Fallgestaltung harmonisiertem Recht unterfällt oder nur auf Grundlage nationaler Sonderregelungen gelöst werden kann. Kann dabei sowohl harmonisiertes Recht als auch eine nationale Sonderregelung zur Anwendung kom-

---

3 Nach diversen Vorgängerregelungen inzwischen: Richtlinie 2006/114/EG des Europäischen Parlaments und des Rates vom 12. Dezember 2006 über irreführende und vergleichende Werbung, ABl.-EG L 376/21 v. 27.12.2006.
4 Richtlinie 2005/29/EG des Europäischen Parlaments und des Rates vom 11. Mai 2005 über unlautere Geschäftspraktiken im binnenmarktinternen Geschäftsverkehr zwischen Unternehmen und Verbrauchern und zur Änderung der Richtlinie 84/450/EWG des Rates, der Richtlinien 97/7/EG, 98/27/EG und 2002/65/EG des Europäischen Parlaments und des Rates sowie der Verordnung (EG) Nr. 2006/2004 des Europäischen Parlaments und des Rates (ABl.-EG L 149/22 v. 11.6.2005.
5 So zur Richtlinie über unlautere Geschäftspraktiken BGH I ZR 4/06 v. 5.6.2008 *Millionen-Chance*, Tz. 9.
6 Vgl. den 7. Erwägungsgrund der Richtlinie über unlautere Geschäftspraktiken; BGH I ZR 4/06 v. 5.6.2008 *Millionen-Chance*, Tz. 17.
7 BGH I ZR 188/11 v. 15.8.2013 *Hard Rock Cafe*, Tz. 60; BGH I ZR 241/14 v. 23.6.2016 *Baumann II*, Tz. 20.

men, so bleibt es bei der Anwendung harmonisierten Rechts. Kann dem Anspruch hingegen nur aufgrund nationaler Sonderregelungen stattgegeben werden, so ist zu prüfen, ob die einschlägigen europäischen Regelungen einen abschließenden Charakter aufweisen. Im Hinblick auf zeichenrechtliche Aspekte ist dies grundsätzlich der Fall, soweit der Regelungskatalog der MRR einschlägig ist, also im Hinblick auf Erwerb und die Aufrechterhaltung einer eingetragenen Marke, auf deren Schutzumfang, Schranken, Erschöpfung, Verwirkung,[8] Benutzung sowie auf die Lizenzvergabe;[9] im Hinblick auf verbraucherschützende Regelungen sind Geschäftspraktiken abschließend geregelt, die wirtschaftlichen Interessen der Verbraucher unmittelbar und dadurch die wirtschaftlichen Interessen rechtmäßig handelnder Mitbewerber mittelbar schädigen.[10] Nur außerhalb dieser Regelungsbereiche werden nationale Sonderregelungen zur Anwendung kommen können. Im Einzelnen wird hierbei allerdings der EuGH den Anwendungsbereich der Richtlinien klären müssen.

Stellt sich umgekehrt heraus, dass die jeweilige Fallgestaltung gleichzeitig harmonisiertem Markenrecht und harmonisiertem Wettbewerbsrecht unterfallen kann, so besteht hingegen mit Blick auf den unterschiedlichen Schutzzweck der Regelungen kein Anlass, von einem Anwendungsvorrang des Markenrechts auszugehen.[11] Dies schließt nicht aus, gleiche Begriffe in den unterschiedlichen Regelungswerken gleich auszulegen[12] oder die Regelungen insgesamt in Einklang zu bringen.[13] Dies muss jedoch nicht zwingend zu dem Ergebnis führen, dass nicht Ansprüche nebeneinander bestehen können oder sich im Einzelfall ergänzen können. Markenrechtlich zulässige Sachverhalte können sich unter wettbewerbsrechtlichen (verbraucherschützenden) Aspekten als unzulässig erweisen. Umgekehrt können selbstverständlich wettbewerbsrechtlich zulässige Geschäftspraktiken die individuellen Rechte eines Zeicheninhabers verletzen. Schließlich können bestimmte Geschäftspraktiken auch gleichzeitig gegen harmonisiertes Markenrecht und gegen harmonisiertes Wettbewerbsrecht verstoßen.

Nach wie vor lassen sich dabei verschiedene Konfliktzonen[14] ausmachen: der Schutz der bekannten Marke, die pauschale Herabsetzung (§ 4 Nr. 1 UWG), die vergleichende Werbung (§ 6 II Nr. 4 UWG),[15] die gezielte Behinderung (§ 4 Nr. 4 UWG), der ergänzende wettbewerbsrechtliche Leistungsschutz (§ 4 Nr. 3 UWG)[16] und das Irreführungsverbot (§§ 5, 5a UWG).[17] In der Praxis besonders bedeutsam sind der Schutz der bekannten Marke, die gezielte Behinderung, der ergänzende

---

8 Vgl. – allerdings zum richtlinienwidrigen deutschen Verwirkungstatbestand des § 21 IV MarkenG: BGH I ZR 188/11 v. 15.8.2013 *Hard Rock Cafe*, Tz. 64.
9 Vgl. auch die Erwägungsgründe 8 bis 12 MRR (2008).
10 Vgl. den 6. Erwägungsgrund der Richtlinie über unlautere Geschäftspraktiken.
11 In der Tendenz ähnlich, aber zurückhaltender *Böxler*, ZGE 2009, 357, 364 ff.
12 Vgl. EuGH C-533/06 v. 12.6.2008 *O 2 Holdings*, Tz. 49 f.
13 Vgl. EuGH C-533/06 v. 12.6.2008 *O 2 Holdings*, Tz. 45.
14 Zum Begriff *Bornkamm*, GRUR 2005, 97.
15 Zum Verhältnis von Kennzeichenrecht und vergleichender Werbung: EuGH C-112/99 v. 25.10.2001 *Toshiba/Katun*; BGH GRUR 2003, 444, 445 *Ersetzt*.
16 Vgl. im Einzelfall ablehnend BGH GRUR 2005, 419, 422 *Räucherkate*.
17 BGH GRUR 2004, 775, 778 *EURO 2000*; BGH GRUR 2004, 1039, 1041 *SB-Beschriftung*; BGH I ZR 122/04 v. 29.3.2007 *Bundesdruckerei*, Tz. 24 ff.

wettbewerbsrechtliche Leistungsschutz und der Schutz vor irreführender Werbung einschließlich der Problematik vergleichender Werbung. Hierauf wird im Folgenden im Einzelnen eingegangen.

I. Wettbewerbsrechtlicher Schutz der bekannten Marke

8 Einen spezifischen, von Verwechslungsgefahr unabhängigen, Bekanntheitsschutz kennt das Wettbewerbsrecht nicht.[18] Raum für wettbewerbsrechtliche oder bürgerlich-rechtliche Vorschriften bleibt vor allem in Fällen, in denen das Markenrecht nicht eingreift und zugleich nicht abschließend ist. Einen solchen Fall hat der EuGH insbesondere in Art. 10 VI MRR gesehen, wonach ein Mitgliedstaat nach seinem Belieben und unter den von ihm festgelegten Voraussetzungen eine Marke gegenüber der Verwendung eines Zeichens zu anderen Zwecken als der Unterscheidung von Waren oder Dienstleistungen schützen kann. Voraussetzung ist hierbei jedoch stets, dass die Benutzung dieses Zeichens die Unterscheidungskraft oder Wertschätzung der Marke ohne rechtfertigenden Grund in unlauterer Weise ausnutzt oder beeinträchtigt.[19]

> So kommt insbesondere ein Schutz aufgrund bürgerlich-rechtlicher Vorschriften etwa bei Beeinträchtigungen in Betracht, die aus dem außergeschäftlichen Verkehr stammen.[20] Hier allerdings wird nur selten ein Eingriff zu bejahen sein.[21]

9 Abzugrenzen vom Schutz bekannter Marken sind Ansprüche gemäß § 4 Nr. 3 Buchst. b UWG, wonach das Angebot von Produktnachahmungen unzulässig ist, die die Wertschätzung der nachgeahmten Ware oder Dienstleistung unangemessen ausnutzen oder beeinträchtigen. Dabei gewährt der BGH Ansprüche aus ergänzendem wettbewerbsrechtlichen Leistungsschutz wegen unangemessener Ausnutzung der Wertschätzung eines nachgeahmten Produkts nach § 4 Nr. 3 Buchst. b UWG zwar auch dann, wenn die Gefahr einer Täuschung über die Herkunft beim allgemeinen Publikum eintritt, das bei den Käufern die Nachahmungen sieht und zu irrigen Vorstellungen über die Echtheit der Nachahmungen verleitet wird.[22] Auch ähnelt § 4 Nr. 3 Buchst. b UWG in Wortlaut und Struktur dem Schutz der bekannten Marke. Anders als beim Schutz der bekannten Marke geht es jedoch bei § 4 Nr. 3 Buchst. b UWG nicht um Eingriffe in die Bekanntheit der Marke oder um die Herkunftsfunktion, sondern in die Wertschätzung hinsichtlich des Produkts selbst. Da insoweit Marke und Herkunftsfunktion gar nicht tangiert sein müssen, kommt der MRR hier keine Sperrwirkung zu. Die Tatbestände können parallel nebeneinander angewandt werden.

---

18 BGH I ZR 188/11 v. 15.8.2013 *Hard Rock Cafe*, Tz. 54.
19 EuGH C-23/01 v. 21.11.2002 *Robelco/Robeco*, Tz. 31, 34 u. 36; auch EuGH C-245/02 v. 16.11.2004 *Anheuser-Busch/Budějovický Budvar*, Tz. 64.
20 Vgl. BGH GRUR 2000, 70, 73 *SZENE*.
21 So zutreffend zum niederländischen Recht *Tsoutsanis*, E. I. P. R. 2006, 74.
22 BGH I ZR 198/04 v. 11.1.2007 *Handtaschen*, m. w. N.; zum Spezialfall, dass ein Bedürfnis nach ästhetischer Kompatibilität besteht BGH I ZR 136/11 v. 24.1.2013 *Regalsystem*; BGH I ZR 21/12 v. 17.7.2013 *Einkaufswagen III*.

So ist es etwa denkbar, dass ein Produkt zwar sehr bekannt ist, gleichwohl aber gar keine Marke trägt. Hier könnte trotzdem § 4 Nr. 3 Buchst. b UWG eingreifen. Umgekehrt ist es denkbar, dass mit einer bekannten Marke ein gänzlich neues und unbekanntes Produkt gekennzeichnet wird. Hier wäre § 14 II Nr. 3 MarkenG einschlägig.

II. Gezielte Behinderung

Unter die Fallgruppe der gezielten Behinderung gemäß § 4 Nr. 4 UWG fällt insbesondere[23] der so genannte außerkennzeichenrechtliche Löschungsanspruch, dessen Voraussetzungen sich nach der Rechtsprechung des BGH mit der bösgläubigen Anmeldung decken.[24] Dabei soll dieser Löschungsanspruch nicht durch die Regelungen im Markengesetz über die Löschung der Marke wegen Nichtigkeit ausgeschlossen sein.[25] Insbesondere kann der Löschungsanspruch einem markenrechtlichen Angriff auch im Wege des Einwands entgegen gehalten werden, ohne dass tatsächlich die Löschung der Angriffsmarke beantragt werden müsste.[26]

10

Diese Rechtsprechung überzeugt zwar nicht in ihrem dogmatischen Ansatz, weil sie im markenrechtlichen Kernbereich parallele wettbewerbsrechtliche Ansprüche zulässt. Wohl aber überzeugt ihr Ergebnis, da sie eine Zuständigkeit der ordentlichen Gerichte für die fraglichen Ansprüche herbeiführt und die ordentlichen Gerichte für die Beweisaufnahme im Rahmen der Prüfung der Bösgläubigkeit tatsächlich gegenüber dem DPMA und BPatG prädestiniert sind. Zuständigkeitsfragen aber können selbstverständlich auch im Anwendungsbereich der MMR von den Mitgliedstaaten eigenständig entschieden werden, so dass kein Verstoß gegen harmonisiertes Recht vorliegt. Selbstverständlich müssen sich dabei jedoch die Prüfungsmaßstäbe des außerkennzeichenrechtlichen Löschungsanspruchs an den harmonisierten Maßstäben zum Tatbestand der bösgläubigen Markenanmeldung orientieren und nicht umgekehrt; bedenklich ist es daher, wenn der BGH beharrlich die noch unter dem WZG entwickelten Grundsätze nun unverändert weiter anwendet, ohne bislang auch nur in einem einzigen Fall seiner Vorlagepflicht zum EuGH nachzukommen.

11

Ein anderer Fall der gezielten Behinderung kann unter bestimmten Umständen das (bloße) Entfernen eines fremden Kennzeichens von den Produkten des Zeicheninhabers sein.[27] Allerdings wird auch hier eine wettbewerbswidrige Behinde-

12

---

23 Vgl. zu Gestaltungen im Zusammenhang vorvertraglichen Fehlverhaltens auch BGH GRUR 2005, 517, 518 *Literaturhaus*; zur Behinderung durch Produktnachahmungen BGH I ZR 198/04 v. 11.1.2007 *Handtaschen*; auch BGH I ZR 30/07 v. 22.1.2009 *Beta Layout*, Tz. 22 f.
24 Vgl. hierzu oben § 4 Rdn. 199 – 226.
25 BGH GRUR 1998, 412, 414 *Analgin*; BGH GRUR 2000, 1032, 1034 *EQUI 2000*; BGH GRUR 2004, 790, 793 *Gegenabmahnung*; BGH I ZR 38/05 v. 10.1.2008 *AKADEMIKS*, Tz. 21.
26 Vgl. etwa BGH I ZR 105/14 v. 23.9.2015 *Goldbären*, Tz. 57, m. w. N.
27 Dazu auch das Vorlageverfahren EuGH C-129/17 *Mitsubishi Shoji Kaisha*.

rung i. S. von § 4 Nr. 4 UWG lediglich in Ausnahmefällen bejaht werden können.[28] Das individuelle Immaterialgüterrecht des Zeicheninhabers wird durch das Entfernen des Zeichens mitunter nicht beeinträchtigt oder gefährdet, so dass der Anwendungsbereich der MRR gar nicht erst eröffnet ist. In anderen Fällen kann eine Markenverletzung geltend gemacht werden.[29]

13 Der Tatbestand der unlauteren Behinderung kann auch eingreifen, wenn sich ein Wettbewerber an ein fremdes Kennzeichen anlehnt, obwohl ihm bekannt ist, dass dafür Markenschutz besteht. Es genügt, wenn die Anlehnung ohne zwingende Notwendigkeit erfolgt, ohne dass eine »böse Absicht« erforderlich wäre.[30]

> Dem Tatbestand der unlauteren Behinderung unterfallen auch sogenannte Vertipper-Domains, bei denen absichtlich ein Buchstabe gegenüber einer etablierten Domain abgewandelt ist. Denn hier werden gezielt Kunden abgefangen. Dies gilt selbst dann, wenn die Originaldomain glatt beschreibend ist. Eine unlautere Behinderung scheidet erst dann aus, wenn der Nutzer auf der abgewandelten Internetseite sogleich und unübersehbar auf den Umstand aufmerksam gemacht wird, dass er sich nicht auf der Originalseite befindet, weil er sich vermutlich bei der Eingabe des Domainnamens vertippt hat.[31] Selbst Geldforderungen für die Übertragung der Domains sollen – zu streng – nach der Rechtsprechung des BGH keine Unlauterkeit begründen.[32]

14 Auch der systematische Nachbau einer Vielzahl eigenartiger Produkte kann eine systematische Behinderung darstellen. Eine Rolle spielen dabei vor allem der Grad der wettbewerblichen Eigenart und der Grad der Nachahmung.[33]

15 Schließlich ist diskutiert worden, ob es eine gezielte Behinderung darstellt, wenn ein Markeninhaber durch eine so genannte allgemeine Markenbeschwerde beim Betreiber einer Internetsuchmaschine zu verhindern versucht, dass Dritte die Marke in Adwords-Werbung verwenden. Der BGH sieht in der allgemeinen Markenbeschwerde auch dann keine gezielte Behinderung, wenn der Markeninhaber im Einzelfall keinen Unterlassungsanspruch geltend machen kann. Vielmehr ist erst dann die Grenze zur Unlauterkeit überschritten, wenn der Markeninhaber einer zulässigen Verwendung nach Anfrage des Werbenden nicht zustimmt.[34]

III. Ergänzender wettbewerbsrechtlicher Leistungsschutz

16 Noch weitgehend ungeklärt ist, in welchen Fällen neben kennzeichenrechtlichen Ansprüchen ein ergänzender wettbewerbsrechtlicher Leistungsschutz eingreifen

---

28 BGH GRUR 2004, 1039, 1041 *SB-Beschriftung*; BGH I ZR 148/04 v. 12.7.2007 *CORDARONE*, Tz. 24; vgl. in diesem Sinne auch Court of Appeal for England and Wales *Boehringer Ingelheim KG and Boehringer Ingelheim Pharma KG v Swingward Limited* [2008] EWCA Civ 83; weiterhin auch EuGH C-348/04 v. 26.4.2007 *Boehringer Ingelheim u. a. (II)*, Tz. 45 ff.
29 Vgl. oben § 16 Rdn. 35; auch EuGH C-129/17 v. 25.7.2018 *Mitsubishi Shoji Kaisha*.
30 BGH I ZR 78/14 v. 23.9.2015 *Sparkassen-Rot/Santander-Rot*, Tz. 114.
31 BGH I ZR 164/12 v. 22.1.2014 *wetteronline.de*, Tz. 27 ff.; vgl. auch BGH I ZR 82/14 v. 28.4.2016 *profitbricks.es*, Tz. 53.
32 BGH I ZR 82/14 v. 28.4.2016 *profitbricks.es*, Tz. 53.
33 BGH I ZR 71/17 v. 20.9.2018 *Industrienähmaschinen*, Tz. 32.
34 BGH I ZR 188/13 v. 12.3.2015 *Uhrenankauf im Internet*.

kann.³⁵ Problematisch sind hierbei insbesondere diejenigen Fallgestaltungen, in denen vor Geltung des MarkenG kein Markenschutz möglich war und in denen die Rechtsprechung wirtschaftliche Investitionen durch ergänzenden wettbewerbsrechtlichen Schutz abgesichert hat – namentlich der Schutz von Werbeslogans, von Formgestaltungen³⁶ und von Farben.³⁷ Nachdem der neue § 4 Nr. 3 UWG allerdings jedenfalls voraussetzt, dass Waren oder Dienstleistungen angeboten werden, die eine Nachahmung von Waren oder Dienstleistungen eines Mitbewerbers sind, ist der Anwendungsbereich der Vorschrift deutlich enger geworden. Insbesondere bei Slogans wird ergänzender wettbewerbsrechtlicher Leistungsschutz schon tatbestandsmäßig kaum noch in Betracht kommen.

Darüber hinaus erscheint es auch aus Gründen der Harmonisierung europäischen Rechts problematisch, einem Werbeslogan wettbewerbsrechtlichen Schutz zu gewähren, der nach (harmonisiertem) Markenrecht nicht schutzfähig wäre oder bei dem der Benutzer lediglich die Markenanmeldung versäumt hat. Wer erhebliche Summen in die Werbung mit einem bestimmten Slogan investiert, dem kann zugemutet werden, den Slogan auch unter dem Risiko seiner Schutzunfähigkeit zur Anmeldung zu bringen. Ist der Slogan nicht schutzfähig, so können auch noch so hohe Investitionen gegenüber dem Allgemeininteresse an seiner Freihaltung keinen Schutz rechtfertigen, solange der Slogan nicht durch Benutzung Unterscheidungskraft erworben hat.³⁸ Auch Verbraucherschutzaspekte sind wohl erst dann einschlägig, wenn der Slogan eine gewisse Bekanntheit erreicht hat und damit die Herkunftsfunktion tangiert ist; dann aber wird man gleichzeitig zum wettbewerbsrechtlichen Schutz einen Schutz als Benutzungsmarke³⁹ bejahen und insoweit jede Diskrepanz von Marken- und Wettbewerbsrecht vermeiden können. Etwas entschärft, aber nicht gänzlich aufgelöst, ist der Konflikt dadurch, dass der BGH seit Kurzem für den wettbewerbsrechtlichen Leistungsschutz gegen Nachahmungen eines wettbewerblich eigenartigen Produkts stets ein unlauteres Verhalten des Mitbewerbers voraussetzt und den Schutz von der zeitlichen Begrenzung abgekoppelt hat.⁴⁰ Hierdurch wird zwar der wettbewerbsrechtliche Aspekt des Sonderschutzes in den Vordergrund gerückt; andererseits wird es nun noch schwerer, den Leistungsschutz unter dem Gesichtspunkt der Benutzungsmarke zu rechtfertigen. 17

Ähnliches schließlich gilt für die herkunftshinweisende Funktion von Farben. Der Vorschlag, ein im Hinblick auf den Schutz von Farbmarken restriktives Markenrecht durch ergänzenden wettbewerbsrechtlichen Leistungsschutz von Farben aufzuweichen, verkennt die abschließenden Vorgaben der MMR und untergräbt die Auslegungshoheit des EuGH. 18

Entsprechendes gilt schließlich aber auch im Zusammenhang mit Formgestaltungen im Hinblick auf Ansprüche wegen vermeidbarer Herkunftstäuschung nach § 4 19

---

35 Hierzu *Ingerl*, WRP 2004, 809 ff.
36 Vgl. etwa BGH GRUR 2005, 600 *Handtuchklemmen*; BGH I ZR 151/02 v. 15.9.2005 *Jeans*.
37 Wenig überzeugend hierzu etwa BGH GRUR 1997, 754 *grau/magenta*.
38 Wie hier *Heermann*, WRP 2004, 263, 271; *Ingerl*, WRP 2004, 809, 814; in der Tendenz auch BGH GRUR 2003, 712, 714 *Goldbarren*, m. w. N.; a. A.: *Bornkamm*, GRUR 2005, 102; etwas anderes mag in Fällen eines Behinderungswettbewerbs gelten.
39 Hierzu oben § 6 Rdn. 4.
40 BGH I ZR 58/14 v. 4.5.2016 *Segmentstruktur*.

Nr. 3 Buchst. a UWG. Hier geht der BGH allerdings davon aus, dass der Anspruch nicht auf dem Schutz einer bestimmten Kennzeichnung beruhe, sondern auf der Übernahme der Produkte selbst als konkrete Leistungsergebnisse. Dieses Begehren falle nicht in den Schutzbereich des Markenrechts. Nach ständiger Rechtsprechung könne daher der Vertrieb eines nachgeahmten Erzeugnisses wettbewerbswidrig sein, wenn das Produkt von wettbewerblicher Eigenart ist und besondere Umstände hinzutreten, die die Nachahmung unlauter erscheinen lassen. Dabei bestehe zwischen dem Grad der wettbewerblichen Eigenart, der Art und Weise und der Intensität der Übernahme sowie den besonderen wettbewerblichen Umständen eine Wechselwirkung. Je größer die wettbewerbliche Eigenart und je höher der Grad der Übernahme sind, desto geringere Anforderungen seien an die besonderen Umstände zu stellen, die die Wettbewerbswidrigkeit der Nachahmung begründen.[41]

20 Ein Erzeugnis besitze wettbewerbliche Eigenart, wenn dessen konkrete Ausgestaltung oder bestimmte Merkmale geeignet sind, die interessierten Verkehrskreise auf seine betriebliche Herkunft oder seine Besonderheiten hinzuweisen.[42] Der Grad der wettbewerblichen Eigenart eines Erzeugnisses könne durch seine tatsächliche Bekanntheit im Verkehr verstärkt werden.[43] Eine wettbewerbliche Eigenart sei zu verneinen, wenn der angesprochene Verkehr die prägenden Gestaltungsmerkmale des Erzeugnisses nicht (mehr) einem bestimmten Hersteller oder einer bestimmten Ware zuordnet.[44] Für den Schutz müssten die übernommenen Gestaltungsmittel gerade diejenigen sein, die die wettbewerbliche Eigenart des nachgeahmten Produkts begründeten.[45] Technisch notwendige Gestaltungsmittel könnten aus Rechtsgründen keine wettbewerbliche Eigenart begründen; technisch notwendig ist dabei eine Gestaltung, wenn der erstrebte technische Erfolg nur durch das übernommene Gestaltungselement und nicht auf andere Weise erreicht werden kann.[46] Merkmale, die nicht technisch notwendig, sondern nur technisch bedingt, aber ohne Qualitätseinbußen frei austauschbar seien, könnten eine wettbewerbliche Eigenart hingegen (mit)begründen, sofern der Verkehr wegen dieser Merkmale auf die Herkunft der Erzeugnisse aus einem bestimmten Unternehmen Wert legt oder

---

41 BGH I ZR 123/05 v. 30.4.2008 *Rillenkoffer*, Tz. 27, m. w. N.; BGH I ZR 21/12 v. 17.7.2013 *Einkaufswagen III*, Tz. 15; BGH I ZR 105/14 v. 23.9.2015 *Goldbären*, Tz. 74; BGH I ZR 58/14 v. 4.5.2016 *Segmentstruktur*, Tz. 40; BGH I ZR 197/15 v. 15.12.2016 *Bodendübel*, Tz. 16; BGH I ZR 2/16 v. 14.9.2017 *Leuchtballon*, Tz. 17.
42 BGH I ZR 198/04 v. 11.1.2007 *Handtaschen*, Tz. 25; BGH I ZR 123/05 v. 30.4.2008 *Rillenkoffer*, Tz. 27, m. w. N.; BGH I ZR 105/14 v. 23.9.2015 *Goldbären*, Tz. 73; BGH I ZR 109/14 v. 19.11.2015 *Hot Sox*, Tz. 16; BGH I ZR 176/14 v. 2.12.2015 *Herrnhuter Stern*, Tz. 33; BGH I ZR 58/14 v. 4.5.2016 *Segmentstruktur*, Tz. 41 u. 58; BGH I ZR 197/15 v. 15.12.2016 *Bodendübel*, Tz. 19; BGH I ZR 2/16 v. 14.9.2017 *Leuchtballon*, Tz. 20.
43 BGH I ZR 124/06 v. 28.5.2009 *LIKEaBIKE*, Tz. 37; BGH I ZR 21/12 v. 17.7.2013 *Einkaufswagen III*, Tz. 24; BGH I ZR 107/13 v. 22.1.2015 *Exzenterzähne*, Tz. 28; BGH I ZR 58/14 v. 4.5.2016 *Segmentstruktur*, Tz. 55.
44 BGH I ZR 107/13 v. 22.1.2015 *Exzenterzähne*, Tz. 11; BGH I ZR 58/14 v. 4.5.2016 *Segmentstruktur*, Tz. 52.
45 BGH I ZR 58/14 v. 4.5.2016 *Segmentstruktur*, Tz. 58 u. 64, m. w. N.
46 BGH I ZR 2/16 v. 14.9.2017 *Leuchtballon*, Tz. 20, m. w. N.

mit ihnen gewisse Qualitätserwartungen verbindet.[47] Im Falle der nachschaffenden Übernahme unter Verwendung einer dem Stand der Technik entsprechenden angemessenen technischen Lösung könne eine verbleibende Herkunftstäuschung hinzunehmen sein, wenn der Nachahmer die ihm zumutbaren Maßnahmen treffe, um einer Herkunftstäuschung entgegenzuwirken.[48] Dabei sei es auch gleichgültig, ob die technische Lösung zuvor patentrechtlich geschützt war oder ob ihr markenrechtlicher Schutz zu versagen wäre.[49] Nach der Rechtsprechung könne dabei auch einem Produktprogramm als Gesamtheit von Erzeugnissen mit Gemeinsamkeiten in der Zweckbestimmung und Formgestaltung unter bestimmten Voraussetzungen wettbewerblicher Schutz gewährt werden. Voraussetzung sei dabei nicht einmal, dass jedes einzelne Teil für sich genommen eine wettbewerbliche Eigenart aufweist. Diese könne vielmehr auch in einer wiederkehrenden Formgestaltung mit charakteristischen Besonderheiten bestehen, die bewirken, dass sich die zum Programm gehörenden Gegenstände für den Verkehr deutlich von Waren anderer Hersteller abheben.[50]

Die Ähnlichkeit der sich gegenüberstehenden Erzeugnisse sei nach ihrem 21 Gesamteindruck zu beurteilen.[51] Dabei müsse das Produkt oder ein Teil davon mit dem Originalprodukt übereinstimmen oder ihm zumindest so ähnlich sein, dass es sich nach dem jeweiligen Gesamteindruck in ihm wiedererkennen lässt.[52] Dabei komme es weniger auf die Unterschiede und mehr auf die Übereinstimmungen der Produkte an, weil der Verkehr diese erfahrungsgemäß nicht gleichzeitig wahrnehme und miteinander vergleiche, sondern seine Auffassung aufgrund eines Erinnerungseindrucks gewinne, in dem die übereinstimmenden Merkmale stärker hervortreten als die unterscheidenden.[53] Dabei müssten selbstverständlich gerade die übernommenen Gestaltungsmittel diejenigen sein, die die wettbewerbliche Eigenart des Erzeugnisses ausmachen, für das Schutz beansprucht wird.[54]

Eine Herkunftstäuschung ist vermeidbar, wenn sie durch geeignete und zumut- 22 bare Maßnahmen verhindert werden kann. Ob und welche Maßnahmen zur Verhinderung einer Herkunftstäuschung dem Wettbewerber zugemutet werden können, ist anhand einer umfassenden Interessenabwägung zu beurteilen, bei der das Interesse des Herstellers des Originalprodukts an der Vermeidung einer Herkunftstäuschung, das Interesse der Wettbewerber an der Nutzung nicht unter Sonderrechtsschutz stehender Gestaltungselemente sowie das Interesse der Abnehmer an

---

47 BGH I ZR 107/13 v. 22.1.2015 *Exzenterzähne*, Tz. 19; BGH I ZR 2/16 v. 14.9.2017 *Leuchtballon*, Tz. 20.
48 BGH I ZR 2/16 v. 14.9.2017 *Leuchtballon*.
49 BGH I ZR 197/15 v. 15.12.2016 *Bodendübel*.
50 BGH I ZR 123/05 v. 30.4.2008 *Rillenkoffer*, Tz. 29, m. w. N.
51 BGH I ZR 197/15 v. 15.12.2016 *Bodendübel*, Tz. 19; BGH I ZR 2/16 v. 14.9.2017 *Leuchtballon*, Tz. 29, m. w. N.
52 BGH I ZR 197/15 v. 15.12.2016 *Bodendübel*, Tz. 45; BGH I ZR 198/04 v. 11.1.2007 *Handtaschen*, Tz. 29 ff.; BGH I ZR 105/14 v. 23.9.2015 *Goldbären*, Tz. 78; BGH I ZR 58/14 v. 4.5.2016 *Segmentstruktur*, Tz. 64.
53 BGH I ZR 198/04 v. 11.1.2007 *Handtaschen*, Tz. 34; BGH I ZR 124/06 v. 28.5.2009 *LIKEaBIKE*, Tz. 41; BGH I ZR 176/14 v. 2.12.2015 *Herrnhuter Stern*, Tz. 41; BGH I ZR 2/16 v. 14.9.2017 *Leuchtballon*, Tz. 29.
54 BGH I ZR 2/16 v. 14.9.2017 *Leuchtballon*, Tz. 29, m. w. N.

einem Preis- und Leistungswettbewerb zwischen unterschiedlichen Anbietern zu berücksichtigen sind.[55] Die Übernahme ästhetischer Gestaltungsmerkmale ist regelmäßig nicht gerechtfertigt.[56] Für die Annahme einer vermeidbaren Herkunftstäuschung sei es überdies nicht erforderlich, dass der Verkehr das Unternehmen, dem er die ihm bekannte Ware zuschreibt, namentlich kennt. Vielmehr genüge es, dass er die Vorstellung hat, die Ware sei von einem bestimmten Hersteller, wie auch immer dieser heißen möge, oder einem mit diesem verbundenen Unternehmen in den Verkehr gebracht worden. Dies könne auch dann der Fall sein, wenn die Ware nicht unter einer Herstellerbezeichnung vertrieben wird.[57] Allerdings setze eine Nachahmung i. S. des § 4 Nr. 3 Buchst. a UWG stets voraus, dass dem Hersteller im Zeitpunkt der Schaffung des beanstandeten Produkts das Vorbild bekannt ist und es sich nicht um eine selbständige Zweitentwicklung handelt.[58] Weitere Voraussetzung des Angebots einer Nachahmung sei, dass die fremde Leistung ganz oder teilweise als eigene Leistung angeboten wird.[59] Das Merkmal der Nachahmung korreliere zudem mit der wettbewerblichen Eigenart. Aufgrund der Merkmale, die die wettbewerbliche Eigenart ausmachten, müsse schließlich der Grad der Nachahmung festgestellt werden. So sind bei einer (nahezu) unmittelbaren Übernahme geringere Anforderungen an die Unlauterkeitskriterien zu stellen als bei einer lediglich nachschaffenden Übernahme.[60]

> So könne es nach der Rechtsprechung des BGH etwa unter dem Gesichtspunkt einer vermeidbaren Herkunftstäuschung unlauter sein, beispielsweise bestimmte Elemente von Koffern eines Mitbewerbers zu übernehmen, wenn diese eine wettbewerbliche Eigenart begründen und dem Verkehr quasi als Herkunftshinweis dienen.[61] Wenn allerdings identische Produkte unter verschiedenen Herstellermarken angeboten werden und es sich bei dem angesprochenen Verkehr um den Endverbraucher handelt, so sind die Merkmale und die Gestaltung eines Produkts sind regelmäßig nicht geeignet, einen Rückschluss auf seine betriebliche Herkunft zu ermöglichen.[62]

23 Schließlich wird wettbewerbsrechtlicher Leistungsschutz bei der vermeidbaren Täuschung über Lizenzbeziehungen diskutiert. Allerdings sind für eine Herkunftstäuschung im weiteren Sinne aufgrund der Annahme lizenzvertraglicher Beziehungen sind über eine fast identische Nachahmung hinausgehende Hinweise auf mögliche lizenzrechtliche Verbindungen erforderlich.[63]

---

55 BGH I ZR 107/13 v. 22.1.2015 *Exzenterzähne*, Tz. 33; BGH I ZR 176/14 v. 2.12.2015 *Herrnhuter Stern*, Tz. 68; BGH I ZR 197/15 v. 15.12.2016 *Bodendübel*, Tz. 54; BGH I ZR 2/16 v. 14.9.2017 *Leuchtballon*, Tz. 39, m. w. N.
56 BGH I ZR 2/16 v. 14.9.2017 *Leuchtballon*, Tz. 39, m. w. N.
57 BGH I ZR 104/04 v. 24.5.2007 *Gartenliege*.
58 BGH I ZR 170/05 v. 26.6.2008 *ICON*; BGH I ZR 58/14 v. 4.5.2016 *Segmentstruktur*, Tz. 64.
59 BGH I ZR 149/14 v. 19.11.2015 *Pippi-Langstrumpf-Kostüm II*, Tz. 18; BGH I ZR 58/14 v. 4.5.2016 *Segmentstruktur*, Tz. 64.
60 BGHZ 141, 329, 341 *Tele-Info-CD*; BGH I ZR 104/04 v. 24.5.2007 *Gartenliege*, Tz. 36; BGH I ZR 107/13 v. 22.1.2015 *Exzenterzähne*, Tz. 36; BGH I ZR 58/14 v. 4.5.2016 *Segmentstruktur*, Tz. 64, m. w. N.
61 BGH I ZR 123/05 v. 30.4.2008 *Rillenkoffer*, Tz. 26.
62 BGH I ZR 109/14 v. 19.11.2015 *Hot Sox*.
63 BGH I ZR 71/17 v. 20.9.2018 *Industrienähmaschinen*.

Letztlich überzeugt es nicht, dass sich der markenrechtliche Schutz und der 24
ergänzende wettbewerbsrechtliche Leistungsschutz auf verschiedene Schutzgegenstände beziehen würden.⁶⁴ Insbesondere macht es keinen Unterschied, ob der Anspruch nicht nur auf die Verwendung der Marke, sondern zugleich auf eine Verwendung des gekennzeichneten Produkts selbst gestützt wird;⁶⁵ bei der Warenformmarke sind Marke und Ware nämlich gerade identisch. In beiden Fällen geht es um den betrieblichen Herkunftshinweis, der durch die Produktgestaltung ausgelöst wird. Derartige Elemente aber werden normalerweise von Hause aus als Marke schutzfähig sein oder können jedenfalls Unterscheidungskraft infolge Benutzung erwerben. Das Unvermögen mancher Anmelder, die herkunftshinweisenden Elemente ihrer Produktgestaltungen zur Markenanmeldung zu bringen, ist nicht schutzwürdig. Sondertatbestände wie der § 4 Nr. 3 Buchst. a UWG bürden dem innergemeinschaftlichen Handel Prüfungserfordernisse auf, die mit der zunehmenden Harmonisierung gerade vermieden werden sollen.⁶⁶ Auch Art. 10bis III Nr. 1 PVÜ kann den Schutz nicht rechtfertigen. Es spricht daher einiges dafür, dass § 4 Nr. 3 Buchst. a UWG insgesamt gegen harmonisiertes Recht verstößt. Allenfalls als (nicht harmonisierte) Benutzungsmarke würde sich der Sonderschutz mit einigem Begründungsaufwand rechtfertigen lassen.

IV. Irreführungsverbot

Für große Unsicherheit hat jüngst die auf Art. 6 II Buchst. a der Richtlinie über 25
unlautere Geschäftspraktiken⁶⁷ zurückzuführende Ausprägung des Irreführungsverbots in § 5 II UWG geführt. Nach der Richtlinie gilt nämlich eine Geschäftspraxis als irreführend, wenn sie im konkreten Fall unter Berücksichtigung aller tatsächlichen Umstände einen Durchschnittsverbraucher zu einer geschäftlichen Entscheidung veranlasst oder zu veranlassen geeignet ist, die er ansonsten nicht getroffen hätte, wobei die Art der Vermarktung eines Produkts eine Verwechslungsgefahr mit einem anderen Produkt, Warenzeichen, Warennamen oder anderen Kennzeichen eines Mitbewerbers begründet. Letztlich läuft dies auf einen speziellen wettbewerbsrechtlichen Tatbestand der Verwechslungsgefahr hinaus.

> Stimmen aber etwa die Marken, mit denen die in Rede stehenden Produkte gekennzeichnet sind, nicht überein und finden sich im Gegenteil eine Vielzahl von Marken, so kann eine Verwechslungsgefahr nur dann angenommen werden, wenn die angesprochenen Verbraucher

---

64 Wie hier *Bornkamm*, GRUR 2005, 102, gegen BGHZ 153, 131, 146 *Abschlussstück*; ähnlich *Kur*, FS Ullmann, 2006, 717; vgl. auch BGHZ 161, 204 *Klemmbausteine III*; BGH GRUR 2001, 443, 444 ff. *Viennetta*; a. A. aber z. B. *Fiebig*, WRP 2007, 1316, 1321; *Lubberger*, in: *Eichmann/Kur*, Designrecht, § 6 Rz. 13 ff.; auch *Lubberger*, FS Ullmann, 2006, 737.
65 Anders aber BGH GRUR 2005, 163, 165 *Aluminiumräder*.
66 Skeptisch auch *Büscher*, GRUR 2009, 230, 234.
67 Richtlinie 2005/29/EG des Europäischen Parlaments und des Rates vom 11. Mai 2005 über unlautere Geschäftspraktiken im binnenmarktinternen Geschäftsverkehr zwischen Unternehmen und Verbrauchern und zur Änderung der Richtlinie 84/450/EWG des Rates, der Richtlinien 97/7/EG, 98/27/EG und 2002/65/EG des Europäischen Parlaments und des Rates sowie der Verordnung (EG) Nr. 2006/2004 des Europäischen Parlaments und des Rates (ABl. EU L 149/22 v. 11.6.2005).

allein anhand der äußeren übereinstimmenden Merkmale davon ausgehen, diese stammten von einem Hersteller oder aus der Produktion miteinander verbundener Unternehmen.[68] Auch ist der Schutz in § 5 II UWG zur Vermeidung von Wertungswidersprüchen an den markenrechtlichen Schutz anzugleichen; ist daher etwa eine Marke wegen Fehlens jeglicher Unterscheidungskraft gelöscht worden, so bedarf es für den wettbewerbsrechtlichen Schutz den Nachweis der Verkehrsdurchsetzung.[69]

26 Dieser wettbewerbsrechtliche Schutz vor Verwechslungsgefahr hat einige bedeutende Konsequenzen. Insbesondere führt der wettbewerbsrechtliche Schutz durch § 8 III UWG zu einer Erweiterung der Aktivlegitimation. So können vor allem Verbraucherschutzverbände künftig unter Umständen einen Schutz vor Verwechslungsgefahr durchsetzen. Andererseits sind die spezifischen Beschränkungen des markenrechtlichen Schutzes auch in den wettbewerbsrechtlichen Tatbestand hineinzulesen.[70] Es gilt, Wertungswidersprüche zu vermeiden.[71]

> So kann sich der Inhaber eines prioritätsjüngeren Kennzeichens beispielsweise nicht mit Erfolg auf lauterkeitsrechtlichen Schutz vor einer Irreführung über die betriebliche Herkunft stützen.[72] Auch können wettbewerbsrechtliche Ansprüche aus § 5 II UWG beispielsweise ausnahmsweise verwirken.[73]

27 Allerdings ist der wettbewerbsrechtliche Schutz vor Verwechslungsgefahr in verschiedener Hinsicht deutlich enger als der markenrechtliche Schutz: Zum einen setzt der wettbewerbsrechtliche Schutz voraus, dass sich tatsächlich zwei Produkte verschiedener Unternehmen im Markt gegenüberstehen; demgegenüber kann Markenschutz bekanntlich sogar eingreifen, wenn noch gar kein Produkt unter der Marke vertrieben wird. Zum anderen setzt ein an Verbraucher gerichteter wettbewerbsrechtlicher Schutz gemäß § 3 II UWG eine wesentliche Beeinflussung der Verbraucher voraus; hieran aber kann es fehlen, wenn sich die wechselseitigen Produkte im Markt nicht wirklich begegnen, insbesondere nicht austauschbar sind. Die Schwelle für eine Irreführung wegen Verwechslungsgefahr und den daraus folgenden Unlauterkeitsvorwurf ist daher deutlich höher als die Schwelle für bloße markenrechtliche Verwechslungsgefahr.[74] Schließlich ist eine geringe Irreführungsgefahr in besonderen Ausnahmefällen hinzunehmen, wenn die Belange der Allgemeinheit nicht erheblich beeinträchtigt werden. Eine solche Ausnahme kommt als Ausdruck des Verhältnismäßigkeitsgrundsatzes insbesondere dann in Betracht, wenn durch das Verbot ein über Jahrzehnte begründeter wertvoller Besitzstand an einer Individualkennzeichnung zerstört würde.[75]

---

68 BGH I ZR 109/14 v. 19.11.2015 *Hot Sox*, Tz. 29.
69 OLG Frankfurt a.M. 6 U 180/17 v. 7.3.2018 *BE HAPPY*.
70 BGH I ZR 188/11 v. 15.8.2013 *Hard Rock Cafe*, Tz. 64.
71 BGH I ZR 60/11 v. 24.1.2013 *Peek & Cloppenburg III*, Tz. 44; BGH I ZR 188/11 v. 15.8.2013 *Hard Rock Cafe*, Tz. 64; BGH I ZR 241/14 v. 23.6.2016 *Baumann II*.
72 BGH I ZR 241/14 v. 23.6.2016 *Baumann II*.
73 BGH I ZR 188/11 v. 15.8.2013 *Hard Rock Cafe*, Tz. 64; BGH I ZR 241/14 v. 23.6.2016 *Baumann II*, Tz. 23.
74 In diesem Sinne auch EuGH C-100/02 v. 7.1.2004 *Gerolsteiner Brunnen*, Tz. 25.
75 BGH I ZR 188/11 v. 15.8.2013 *Hard Rock Cafe*, Tz. 77 ff., m. w. N.

In den verbleibenden Fällen[76] wird allerdings tatsächlich ein wettbewerbsrechtlicher Schutz gegen Verwechslungsgefahr in Betracht kommen. Dies hat vor allem Konsequenzen für die Wirksamkeit von Abgrenzungsvereinbarungen oder (einfachen) Lizenzverträgen. Während solche Verträge – selbst wenn die Vereinbarung zu Fehlvorstellungen des Verkehrs über die Produkte im Markt führte – früher kaum zu Fall gebracht werden konnten, können nun Verbraucherschutzverbände eine Irreführung geltend machen und dadurch die Vertragsparteien an der weiteren Durchführung der Vereinbarung hindern. Die weitere Abwicklung einer solchen Vereinbarung richtet sich nach allgemeinen Grundsätzen der Vertragsauslegung; im Regelfall wird der Prioritätsältere vom Prioritätsjüngeren infolge eines Wegfalls der Geschäftsgrundlage aufgrund gesetzlicher Ansprüche wieder Unterlassung verlangen können; dies gilt selbst dann, wenn das wettbewerbsrechtliche Verbot sich gegen den Prioritätsälteren gerichtet hat.

Schon bei Abschluss einer Abgrenzungs- oder Lizenzvereinbarung wird daher künftig zu bedenken sein, wie eine Irreführung vermieden werden kann. Gegebenenfalls sind Regelungen für den Fall der Undurchführbarkeit der Vereinbarung vorzusehen.

Ein ganz anderes Thema betrifft die Frage, ob und unter welchen Voraussetzungen das Symbol ® (für »registered«) benutzt werden darf, ohne dass im Inland eine eingetragene Marke existiert. Der BGH hat insofern eine Irreführung für den Fall bejaht, dass überhaupt kein Markenschutz besteht[77] oder sich das Symbol auf einen Zeichenbestandteil bezieht, für den kein Schutz besteht.[78] Demgegenüber hat der EuGH für den Fall, dass jedenfalls in einem anderen europäischen Mitgliedstaat eine Marke registriert ist, einen Verstoß gegen den Grundsatz der Warenverkehrsfreiheit angenommen, wenn die Nutzung des Symbols ® verboten würde.[79] Da dann aber der inländische Verkehr sowieso nicht davon ausgehen kann, dass im Fall der Verwendung des Symbols ® im Inland eine Markenregistrierung vorliegt, erscheint die Auffassung des BGH insgesamt nicht überzeugend.

V. Vergleichende Werbung

Das Verhältnis des Markenrechts zur unzulässigen vergleichenden Werbung schließlich hat der EuGH bereits klären können. Hier ist der sowohl in Art. 10 II Buchst. b MRR als auch in Art. 4 Buchst. h der Richtlinie über irreführende und vergleichende Werbung[80] verwendete Begriff »Verwechslungsgefahr« einheitlich auszulegen. Im Fall der Benutzung eines mit der Marke eines Mitbewerbers identischen oder ihr ähnlichen Zeichens durch einen Werbenden in einer vergleichenden Werbung weist somit der Mitbewerber entweder nicht nach, dass eine Verwechs-

---

76 Auch bei Unternehmenskennzeichen: BGH I ZR 60/11 v. 24.1.2013 *Peek & Cloppenburg III*, Tz. 41.
77 BGH I ZR 219/06 v. 26.2.2009 *Thermoroll*.
78 BGH I ZB 11/13 v. 17.10.2013 *grill meister*, Tz. 27.
79 EuGH C-238/89 v. 13.12.1990 *Pall*.
80 Richtlinie 2006/114/EG des Europäischen Parlaments und des Rates vom 12. Dezember 2006 über irreführende und vergleichende Werbung, ABl.-EG L 376/21 v. 27.12.2006.

lungsgefahr besteht, und ist deshalb nicht berechtigt, die Benutzung dieses Zeichens auf der Grundlage von Art. 10 II Buchst. b MRR verbieten zu lassen, oder aber weist das Bestehen einer Verwechslungsgefahr nach und kann deshalb der Werbende einem solchen Verbot in Anwendung von Art. 4 der Richtlinie über irreführende und vergleichende Werbung nichts entgegenhalten, da die in Rede stehende Werbung nicht alle dort genannten Bedingungen erfüllt.[81] Folglich sind, um den Schutz eingetragener Marken und die Verwendung vergleichender Werbung in Einklang zu bringen, Art. 10 II MRR und Art. 4 der Richtlinie 2006/114/EG dahin auszulegen, dass der Inhaber einer eingetragenen Marke nicht dazu berechtigt ist, die Benutzung eines mit seiner Marke identischen oder ihr ähnlichen Zeichens durch einen Dritten in einer vergleichenden Werbung zu verbieten, die sämtliche in Art. 4 genannten Zulässigkeitsbedingungen erfüllt.[82]

32 Unter dem Gesichtspunkt vergleichender Werbung kann auch dann vorgegangen werden, wenn ein Dritter für seine Produkte Bezeichnungen verwendet, in denen der Inhaber einer bekannten Marke eine Darstellung der so bezeichneten Produkte als Imitation oder Nachahmung der unter seiner bekannten Marke vertriebenen Waren sieht. Die Darstellung einer Ware oder Dienstleistung als Imitation oder Nachahmung einer unter einem geschützten Kennzeichen vertriebenen Ware oder Dienstleistung i. S. von § 6 II Nr. 6 UWG soll dabei allerdings nach der Rechtsprechung des BGH erfordern, dass die Ware oder Dienstleistung mit einem besonderen Grad an Deutlichkeit, der über ein bloßes Erkennbarmachen i. S. von § 6 I UWG hinausgehe, als eine Imitation oder Nachahmung des Produkts eines Mitbewerbers beworben werde. Es genüge nicht, wenn die angesprochenen Verkehrskreise lediglich aufgrund außerhalb der beanstandeten Werbung liegender Umstände oder eines auf andere Weise erworbenen Wissens in der Lage seien, die Produkte des Werbenden mit Hilfe der für sie verwendeten Bezeichnungen jeweils bestimmten Produkten des Mitbewerbers zuzuordnen.[83]

33 Diese Auslegung harmonisierten Rechts durch den BGH erscheint zu eng und überzeugt letztlich nicht. Wenn dem EuGH im Bereich des Schutzes bekannter Marken die bloße Assoziation genügt,[84] so kann im Bereich der Imitationswerbung nichts anderes gelten. Für den Markeninhaber und den Verkehr macht es nämlich keinen Unterschied, ob lediglich eine Assoziation zur Marke hergestellt wird oder ob die Assoziation über die Produktgestaltung ausgelöst wird. In beiden Fällen hängt sich der Nachahmer an den Ruf des Markeninhabers an und beutet seine Leistung aus. In diesem Sinne hat der EuGH inzwischen ausdrücklich klargestellt, dass nicht nur Werbebotschaften verboten sind, die den Gedanken an eine Imita-

---

81 EuGH C-533/06 v. 12.6.2008 *O 2 Holdings*, Tz. 49 f.
82 EuGH C-533/06 v. 12.6.2008 *O 2 Holdings*, Tz. 45; EuGH C-487/07 v. 18.6.2009 *L'Oréal u. a.*, Tz. 71 f.
83 BGH I ZR 169/04 v. 6.12.2007 *Imitationswerbung*; BGH I ZR 139/08 v. 22.7.2010 *Kinderhochstühle im Internet I*, Tz. 49; auch BGH I ZR 184/05 v. 6.12.2007 *Duftvergleich mit Markenparfüm*; auch *Lema Devesa*, GRUR Int. 2009, 118.
84 Vgl. oben § 13 Rdn. 14.

tion oder Nachahmung ausdrücklich wecken, sondern auch solche Botschaften, die in Anbetracht ihrer Gesamtdarstellung und des wirtschaftlichen Kontextes im jeweiligen Fall geeignet sind, den betreffenden Verkehrskreisen diesen Gedanken implizit zu vermitteln.[85] Die strenge Rechtsprechung des BGH kann danach nicht aufrechterhalten werden.

---

85 EuGH C-487/07 v. 18.6.2009 *L'Oréal u. a.*, Tz. 75.

Siebenter Teil Rechtsfolgen der Verletzung und Überblick über die Verfahrensarten

§ 27 Rechtsfolgen der Kennzeichenverletzung

Schrifttum: *Ahrens/Wirtz*, Kriminelle Markenrechtsverletzungen: Entwicklungsperspektiven der Strafverfolgung, MarkenR 2009, 97; *Amschewitz*, Selbständiger und akzessorischer Auskunftsanspruch nach Umsetzung der Durchsetzungsrichtlinie, WRP 2011, 301; *Berlit*, Aufbrauchsfrist im gewerblichen Rechtsschutz und Urheberrecht, 1997; *Binder*, Die Zukunftsfähigkeit der markenrechtlichen Lizenzanalogie, GRUR 2012, 1196; *Dissmann*, Unterlassungsanspruch und Beseitigungsanspruch – Schnittmenge, Teilmenge oder doch gar zwei verschiedene Dinge, MarkenR 2017, 293; *Dörre/Maaßen*, Das Gesetz zur Verbesserung der Durchsetzung von Rechten des geistigen Eigentums, GRUR-RR, 2008, 217; *Gedert*, Der angemessene Schadensersatz bei der Verletzung geistigen Eigentums, 2008; *Goldmann*, Anmerkung zu BGH Hot Sox, GRUR 2016, 724; *Göpfert*, Die Strafbarkeit von Markenverletzungen, 2006; *Hacker*, Rechtsgrund und Reichweite des Löschungsanspruchs aus §§ 9, 12 MarkenG, FS »50 Jahre Bundespatentgericht«, 2011, 627; *Hansen/Wolff-Rojczyk*, Schadenswiedergutmachung für geschädigte Unternehmen der Marken- und Produktpiraterie, GRUR 2009, 644; *Hombrecher*, »Grünes Strafrecht« – Die Verteidigung von Marken mit Mitteln des Strafrechts, WRP 2017, 20; *Ingerl/Rohnke*, Markengesetz, Kommentar, 3. Aufl. 2010, Vor §§ 14–19 Rz. 1 ff.; *Keller*, Besprechung von Teplitzky/Bacher, GRUR 2017, 783; *Kindler*, »Mein Name ist Hase. . . « – Zur Berufung auf Unkenntnis oder Unzuständigkeit bei der Organhaftung für Markenverstöße, FS Köhler, 2014, 349; *Kleinheyer/Hartwig*, Kausalitätsabschlag und Kontrollüberlegung beim Verletzergewinn, GRUR 2013, 683; *Knaak*, Schranken der Einheitlichkeit im Gemeinschaftsmarkenrecht nach »Chronopost« und »Pago«, FS Bornkamm, 2014, 587; *Köhler*, »Täter« und »Störer« im Wettbewerbs- und Markenrecht – Zur BGH-Entscheidung »Jugendgefährdende Medien bei eBay«, GRUR 2008, 1; *Kolb*, Der Anspruch auf Urteilsbekanntmachung im Markenrecht, GRUR 2014, 513; *Lehment*, Neuordnung der Täter- und Störerhaftung, WRP 2012, 149; *Lubberger*, »Zustimmungslage«, Beweislast und Abschottungsvermutung im System der Erschöpfungslehre, FS Bornkamm, 2014, 615; *Maaßen*, Urteilsveröffentlichung in Kennzeichensachen, MarkenR 2008, 417; *Meier-Beck*, Herausgabe des Verletzergewinns – Strafschadensersatz nach deutschem Recht?, GRUR 2005, 617; *Meinhardt*, Der Drops ist gelutscht – und jetzt? Überlegungen zum Umgang mit der jüngeren BGH-Rechtsprechung zu Beseitigungspflichten des Unterlassungsschuldners in der Praxis, WRP 2018, 527; *Michaeli/Kettler*, Neue Gesichtspunkte zur Bewertung von Kennzeichen im Rahmen der Lizenzanalogie, MarkenR 2010, 413 u. 462; *Peukert/Kur*, Stellungnahme des Max-Planck-Instituts für Geistiges Eigentum, Wettbewerbs- und Steuerrecht zur Umsetzung der Richtlinie 2004/48/EG zur Durchsetzung der Rechte des geistigen Eigentums in deutsches Recht, GRUR Int. 2006, 292; *Ringer/Wiedemann*, Die Durchsetzung des Besichtigungsanspruchs nach § 19a MarkenG im einstweiligen Verfügungsverfahren, GRUR 2014, 229; *Sakowski*, Unterlassen durch Rückruf – »Hot Sox« und »RESCUE-Produkte« und die Folgen, GRUR 2017, 355; *Schulz*, Das deutsche Markenstrafrecht, 2004; *Sosnitza*, Der Grundsatz der Einheitlichkeit im Verletzungsverfahren der Gemeinschaftsmarke, GRUR 2011, 465; *Steinberg*, Wann haftet ein Internethändler für die Markenrechtsverletzungen seiner Werbepartner?, MarkenR 2010, 119; *Teplitzky*, Wettbewerbsrechtliche Ansprüche und Verfahren, 10. Aufl. 2011; *Ullmann*, Die bösgläubige Markenanmeldung und die Marke des Agenten, GRUR 2009, 364; *Wiume*, Der Auskunftsanspruch im Markenrecht, 2002; *Wreesmann*, Follow the money: Die Bankauskunft im Rahmen der Bekämpfung von Marken- und Produktpiraterie, MarkenR 2016, 285

1 Eine Markenverletzung kann gleich eine ganze Reihe von Ansprüchen auslösen: den Unterlassungsanspruch,[1] den Löschungsanspruch[2] bzw. den Anspruch auf Rücknahme einer Markenanmeldung,[3] Schadensersatz-[4] oder Bereicherungsansprüche,[5] Auskunfts-[6] oder Besichtigungsansprüche,[7] einen Zurückbehaltungsanspruch an widerrechtlich gekennzeichneter Ware[8] oder einen Vernichtungsanspruch,[9] einen Anspruch auf Urteilsveröffentlichung[10] und ausnahmsweise einen Übertragungsanspruch.[11] Ferner kann eine Markenverletzung strafrechtliche Sanktionen[12] nach sich ziehen oder eine Grenzbeschlagnahme von Pirateriewaren[13] begründen. Die europäische Harmonisierung macht dabei inzwischen auch vor der Rechtsfolgenseite nicht mehr Halt: Zunächst einmal müssen sämtliche Maßnahmen europäischen Standards genügen, um die volle Wirksamkeit der zugrunde liegenden Richtlinien sicherzustellen; nationale Maßnahmen müssen daher nicht nur verhältnismäßig, sondern auch effektiv und abschreckend genug sein.[14] Außerdem harmonisiert die UMV verschiedene Rechtsfolgen einer Unionsmarkenverletzung – insbesondere den Unterlassungsanspruch.[15] Schließlich begründen die Art. 41 ff. TRIPS sowie die Richtlinie 2004/48/EG des Europäischen Parlaments und des Rates vom 29. April 2004 zur Durchsetzung der Rechte des geistigen Eigentums (Durchsetzungsrichtlinie)[16] gewisse Mindeststandards.

2 In Deutschland wurde die Durchsetzungsrichtlinie umgesetzt durch das Gesetz zur Verbesserung der Durchsetzung von Rechten des geistigen Eigentums vom 7. Juli 2008.[17] Der Gesetzgeber hat hierbei zunächst gesonderte Rückrufansprüche an widerrechtlich gekennzeichneter Ware sowie Vorlage-, Besichtigungs- und Sicherungsansprüche in das MarkenG eingeführt. Weiter wurde die Urteilsbekanntgabe ausdrücklich geregelt. Außerdem wurden vor allem die Auskunftsansprüche den europäischen Vorgaben angepasst. Im Übrigen hielt der deutsche Gesetzgeber die bereits vor der Richtlinie geltende Rechtslage für richtlinienkon-

---

1 Hierzu § 27 Rdn. 4 – 32.
2 Hierzu § 27 Rdn. 42 – 48.
3 Hierzu § 27 Rdn. 49 – 50.
4 Hierzu § 27 Rdn. 51 – 71.
5 Hierzu § 27 Rdn. 72.
6 Hierzu § 27 Rdn. 75 – 77.
7 Hierzu § 27 Rdn. 95 – 93.
8 Hierzu § 27 Rdn. 99.
9 Hierzu § 27 Rdn. 100 – 106.
10 Hierzu § 27 Rdn. 107.
11 Hierzu § 27 Rdn. 109.
12 Hierzu § 27 Rdn. 115.
13 Hierzu § 27 Rdn. 116.
14 EuGH C-348/04 v. 26.4.2007 *Boehringer Ingelheim u. a. (II)*, Tz. 59, unter Hinweis auf EuGH C-212/04 v. 4.7.2006 *Adeneler u. a.*, Tz. 94.
15 Vgl. EuGH C-145/05 v. 27.4.2006 *Levi Strauss*, Tz. 23; EuGH C-348/04 v. 26.4.2007 *Boehringer Ingelheim u. a. (II)*, Tz. 58, m. w. N.; zur Harmonisierung des Unterlassungsanspruchs durch Art. 130 I UMV auch EuGH C-316/05 v. 14.12.2006 *Nokia*; zur Nichtharmonisierung weiterer Ansprüche in der GGV EuGH C-479/12 v. 13.2.2014 *H. Gautzsch Großhandel*, Tz. 51 ff.
16 ABl.-EG L 157/45.
17 BGBl. 2008 I, S. 1191.

form und sah keinen Anpassungsbedarf. Weitere Änderungen haben daher vor allem klarstellende Bedeutung.

Das Durchsetzungsgesetz enthält keine Übergangsbestimmungen. Vielmehr richtet sich die Frage, ob die durch das Durchsetzungsgesetz geänderten oder neu begründeten Ansprüche auch für Rechtsverletzungen gelten, die vor dem Inkrafttreten dieses Gesetzes begangen worden sind, nach den allgemeinen Vorschriften. Hierzu rechnet der Grundsatz, dass (vertragliche und gesetzliche) Schuldverhältnisse wegen ihres Inhalts und ihrer Wirkung dem Recht unterstehen, das zur Zeit der Verwirklichung des Entstehungstatbestands gegolten hat. 3

So ist etwa ein Schadensersatzanspruch, der in der Zeit vor Inkrafttreten entstanden ist, auch dann nach altem Recht zu beurteilen, wenn die Entscheidung nach Inkrafttreten gefällt wird.[18]

I. Unterlassungsanspruch

Der Unterlassungsanspruch ist der in der Praxis bedeutendste Anspruch. Mit seiner Hilfe kann verhindert werden, dass die Marke künftig verletzt und damit auf Dauer geschwächt würde. Anspruchsgrundlage sind für die Markenverletzung Art. 9 UMV[19] bzw. § 14 V MarkenG, für die Verletzung einer geschäftlichen Bezeichnung § 15 IV MarkenG, einer geografischen Herkunftsangabe § 128 I MarkenG sowie für die Namensverletzung § 12 i. V. m. § 1004 BGB. Dem Unterlassungsanspruch steht dabei nicht entgegen, wenn der Unterlassungsschuldner selbst über eine jüngere Marke verfügt; ein jüngeres Markenrecht stellt keine Einrede dar.[20] 4

Im Falle eines Angriffs aus einer Unionsmarke begründet eine Verletzungshandlung, die in einem Mitgliedstaat begangen wird, jedenfalls in der Regel eine Begehungsgefahr für das ganze Gebiet der Europäischen Union.[21] Es ist dabei nicht erforderlich, dass eine Verletzung tatsächlich in allen Mitgliedstaaten der Europäischen Union erfolgt ist oder droht.[22] Grundsätzlich ist der Anspruch daher auf das gesamte Gebiet der Union zu erstrecken.[23] Der Anspruch aus der Unionsmarke kann jedoch auch für ein begrenztes Gebiet bestehen. Dies ist zunächst dann der Fall, wenn der Kläger – zulässig[24] – im Rahmen seinen Anspruch von vornherein nur territorial begrenzt geltend macht. Zum anderen kann aber auch aufgrund von Besonderheiten in Teilen der Union gar kein Anspruch bestehen – etwa weil es dort aufgrund sprachlicher Besonderheiten an einer Verwechslungsgefahr fehlt; kann der 5

---

18 BGH I ZR 63/06 v. 18.12.2008 *Motorradreiniger*, Tz. 22.
19 Zu den diesbezüglichen Sanktionen nach Art. 130 UMV vgl. das Vorabentscheidungsgesuch in der Sache C-316/05 *Nokia*.
20 EuGH C-491/14 v. 10.3.2015 *Rosa dels Vents Assessoria*, Tz. 23 ff.
21 OLG Frankfurt am Main 6 U 4/15 v. 7.4.2016 *BEAUTY-TOX/BEAUTÉTOX*; vgl. auch EuGH C-223/15 v. 22.9.2016 *combit Software*, Tz. 25 u. 27; EuGH C-93/16 v. 20.7.2017 *Ornua Co-operative*, Tz. 31 f. u. [zum Bekanntheitsschutz] Tz. 53 f.
22 BGH I ZR 33/05 v. 13.9.2007 *THE HOME STORE*, Tz. 39.
23 EuGH C-235/09 v. 12.4.2011 *DHL Express France*, Tz. 39 ff.; EuGH C-223/15 v. 22.9.2016 *combit Software*, Tz. 30; EuGH C-93/16 v. 20.7.2017 *Ornua Co-operative*, Tz. 28; BGH I ZR 74/17 v. 12.7.2018 *combit/Commit*, Tz. 31.
24 EuGH C-280/15 v. 22.6.2016 *Nikolajeva*, Tz. 29 ff.

Beklagte entsprechendes vortragen und beweisen, so darf das Gericht den Unterlassungsanspruch nur territorial begrenzt gewähren.[25] Will das Gericht bestimmte Sprachräume der Union – etwa »englischsprachige« – vom Benutzungsverbot ausnehmen, muss es umfassend angeben, welche Gebiete dabei gemeint sind.[26]

> So kann etwa zwischen den Unionsmarken »combit« und »commit« für den deutschsprachigen Verkehr eine Verwechslungsgefahr bejaht werden, während der englischsprachige Verbraucher die Zeichenunterschiede wegen der erkennbar abweichenden Bedeutung sofort erkennt.[27]

6 Der Unterlassungsanspruch besteht verschuldensunabhängig. Er setzt die Gefahr voraus, dass eine bereits begangene Verletzungshandlung zukünftig wiederholt wird (Wiederholungsgefahr; §§ 14 V 1, 15 IV 1 MarkenG)[28] oder dass ihre erstmalige Begehung droht (Erstbegehungsgefahr; §§ 14 V 2, 15 IV 2 MarkenG).[29] Der Anspruch ist stets gegen die (verwirklichte oder drohende) konkrete Verletzungsform zu richten.[30] Anspruchsgläubiger ist normalerweise der Rechtsinhaber, also etwa der Markeninhaber oder Lizenznehmer, ausnahmsweise auch ein Dritter, der ein berechtigtes Interesse vorweisen kann.[31] Anspruchsschuldner ist der Täter oder Teilnehmer einer Kennzeichenverletzung – ausnahmsweise auch der Störer.[32] Gläubiger des Unterlassungsanspruchs ist im Normalfall der Inhaber des geltend gemachten Rechts; ausnahmsweise können bei eigenem schutzwürdigen Interesse[33] und (auch konkludenter) Ermächtigung seitens des Berechtigten Unterlassungsansprüche[34] aber auch im Wege gewillkürter Prozessstandschaft aufgrund des abgeleiteten Rechts eines Dritten geltend gemacht werden.[35]

7 Dem Schuldner eines Unterlassungsanspruchs kann im Rahmen von § 242 BGB eine Aufbrauchfrist gewährt werden. Voraussetzung ist, dass ihm durch ein sofort mit der Zustellung des Titels uneingeschränkt zu beachtendes Verbot unverhältnismäßige Nachteile entstehen und die Belange sowohl des Gläubigers als auch der Allgemeinheit durch eine befristete Fortsetzung des Verstoßes nicht unzumutbar beeinträchtigt werden. Unerheblich ist insoweit, wie lange das Verfahren bereits anhängig ist, da allein die Klageerhebung für den Schuldner kein Anlass sein muss,

---

25 EuGH C-235/09 v. 12.4.2011 *DHL Express France*, Tz. 32 ff.; EuGH C-223/15 v. 22.9.2016 *combit Software*, Tz. 31 f.; EuGH C-93/16 v. 20.7.2017 *Ornua Co-operative*, Tz. 33 u. 36; BGH I ZR 74/17 v. 12.7.2018 *combit/Commit*, Tz. 31; zur Problematik auch *Sosnitza*, GRUR 2011, 465.
26 EuGH C-223/15 v. 22.9.2016 *combit Software*, Tz. 34.
27 Vgl. EuGH C-223/15 v. 22.9.2016 *combit Software*, Tz. 18 ff.
28 Zur Wiederholungsgefahr § 27 Rdn. 8 – 14.
29 Zur Erstbegehungsgefahr § 27 Rdn. 15 – 17.
30 Zur Antragsfassung § 27 Rdn. 18 – 24.
31 Vgl. BGH I ZR 34/07 v. 10.6.2009, Tz. 19, m. w. N.
32 Zur Störerhaftung § 27 Rdn. 26 – 32.
33 Verneint in BGH I ZR 37/10 v. 2.10.2012, Tz. 19.
34 Allerdings im Regelfall keine Folgeansprüche BGH I ZR 21/06 v. 31.7.2008 *Haus & Grund III*, Tz. 59; I ZR 37/10 v. 2.10.2012, Tz. 19.
35 BGHZ 145, 279, 286 *DB Immobilienfonds*; BGH I ZR 21/06 v. 31.7.2008 *Haus & Grund III*, Tz. 51 ff. u. 68, m. w. N.; BGH I ZR 167/06 v. 5.2.2009 *METROBUS*, Tz. 48 ff.; I ZR 174/06 v. 5.2.2009, Tz. 48 ff.; I ZR 186/06 v. 5.2.2009, Tz. 41 ff.

sich auf die Folgen eines möglichen Verbots einzustellen.³⁶ Eine Übergangs- und Überlegungsfrist kommt ferner dann in Betracht, wenn sich bei der Beurteilung der Schutzrechtslage schwierige Fragen tatsächlicher oder rechtlicher Art stellen.

> Dabei kommt aber etwa eine solche Übergangs- und Überlegungsfrist schon dann nicht in Betracht, wenn sich die Handlungen des Verletzers ohne weiteres erkennbar zumindest in einem Grenzbereich des rechtlich Zulässigen bewegen.³⁷

1. Wiederholungsgefahr

Wiederholungsgefahr ist gegeben, wenn eine in der Vergangenheit begangene Kennzeichenverletzung die Besorgnis begründet, dass zukünftig dieselbe – oder eine im Kern gleichartige³⁸ – Verletzungshandlung begangen wird.³⁹ Im Kennzeichenrecht wird die Wiederholungsgefahr (widerlegbar) vermutet.⁴⁰ Die Verletzung einer Unionsmarke in einem Mitgliedstaat begründet Wiederholungsgefahr in der gesamten Union.⁴¹

An einer Wiederholungsgefahr fehlt es insbesondere dann, wenn im Vorfeld gar keine Kennzeichenverletzung vorliegt. Entsprechendes gilt, wenn das Verhalten zum Zeitpunkt der letztinstanzlichen Entscheidung nicht mehr rechtswidrige wäre – etwa weil sich die Rechtslage oder das Verkehrsverständnis geändert haben.⁴²

8

9

> Insbesondere stellen die bloße Anmeldung und Eintragung einer Marke noch keine Verletzungshandlung dar und begründen daher allenfalls eine Erstbegehungsgefahr.⁴³ Auch eine Titelschutzanzeige stellt noch keine vorgezogene Benutzungsaufnahme dar. Was die Verwendung des angezeigten Titels angeht, begründet sie dementsprechend keine Wiederholungsgefahr, sondern eine Erstbegehungsgefahr.⁴⁴ Auch wenn etwa die angegriffenen Begriffe vom Beklagten – also nicht als Marke – verwendet werden, so fehlt es schon an einer Wiederholungsgefahr.⁴⁵ Ferner verursacht die Nutzung einer privaten Domain keine Wiederholungsgefahr für deren Verwendung im geschäftlichen Verkehr.⁴⁶ Schließlich scheitert ein auf § 12 BGB gestützter Unterlassungsanspruch gegen die DENIC, eine Domain zu

---

36 BGH I ZR 122/04 v. 29.3.2007 *Bundesdruckerei*, Tz. 40; sehr streng der Patentsenat BGH X ZR 114/13 v. 10.5.2016 *Wärmetauscher*.
37 BGH I ZR 63/06 v. 18.12.2008 *Motorradreiniger*, Tz. 28.
38 Gleichartigkeit im Kern ist auch bei verschiedenen Schutzrechten möglich: BGH I ZR 55/12 v. 20.6.2013 *Restwertbörse II* [zum Urheberrecht].
39 BGH GRUR 1996, 781, 783 *Verbrauchsmaterialien*; BGH GRUR 1997, 379 *Wegfall der Wiederholungsgefahr II*; zur durch die Verletzung einer bestimmten Marke verursachten Erstbegehungsgefahr hinsichtlich anderer Marken: BGH I ZR 272/02 v. 23.2.2006 *Markenparfümverkäufe*, Tz. 39 ff.; auch BGH I ZR 68/08 v. 29.4.2010 *Restwertbörse*, Tz. 51 [zum Urheberrecht]; zur Kerngleichheit der Betitelung einer Zeitung und einer Internetzeitung: BGH I ZR 47/07 v. 18.6.2009 *EIFEL-ZEITUNG*, Tz. 25.
40 Etwa OLG Hamburg WRP 1997, 106, 108 *Gucci*.
41 BGH I ZR 74/17 v. 12.7.2018 *combit/Commit*, Tz. 31.
42 BGH I ZR 263/15 v. 30.3.2017 *BretarisGenuair*, Tz. 15; BGH I ZR 221/16 v. 28.6.2018 *beauty for less*, Tz. 8; BGH I ZR 74/17 v. 12.7.2018 *combit/Commit*, Tz. 13; BGH I ZR 136/17 v. 17.10.2018 *Tork*, Tz. 16.
43 BGH I ZR 151/05 v. 13.3.2008 *Metrosex*, Tz. 24 ff., m. w. N. auch zur Gegenansicht; BGH I ZR 92/08 v. 14.1.2010 *DDR-Logo*, Tz. 22.
44 BGH GRUR 2001, 1054, 1055 *Tagesreport*, m. w. N.
45 BGH GRUR 2003, 436, 439 *Feldenkrais*.
46 BGHZ 149, 191, 197 *shell.de*.

benutzen, schon daran, dass diese den fraglichen Namen weder selbst gebraucht hat, noch dies zu befürchten ist.[47]

10 Die bloße Benutzungsaufgabe lässt die Wiederholungsgefahr regelmäßig nicht entfallen.

So beseitigt der nachträgliche (Teil-)Verzicht auf eine Marke nicht eine womöglich bestehende Wiederholungsgefahr.[48] Auch die Aufgabe einer rechtsverletzenden Firmierung lässt die Wiederholungsgefahr nicht entfallen.[49] Dies gilt erst recht, wenn seinerseits der Angegriffene die älteren Rechte für sich in Anspruch nimmt und meint, dem Angreifer die Benutzung der fraglichen Bezeichnung untersagen zu können.[50]

11 Die Wiederholungsgefahr wird auch nicht beseitigt durch die Aufgabe der Geschäftstätigkeit, in deren Rahmen eine Markenverletzung erfolgt ist, solange nicht auch jede Wahrscheinlichkeit für eine Wiederaufnahme ähnlicher Tätigkeiten durch den Verletzer beseitigt ist.[51] Allerdings begründen Verstöße, die Organe oder Mitarbeiter einer auf einen anderen Rechtsträger verschmolzenen Gesellschaft begangen haben, keine Wiederholungsgefahr für einen Rechtsnachfolger.[52]

12 Die Wiederholungsgefahr entfällt vielmehr in der Regel[53] nur durch Abgabe einer strafbewehrten[54] Unterlassungserklärung (Unterwerfungserklärung).[55] Diese begründet – nach Annahme durch den Gläubiger – einen Unterlassungsvertrag, dem regelmäßig nur unter Voraussetzungen entgegengetreten werden kann, wie sie die Vollstreckungsabwehrklage kennt.[56] Die Abgabe einer notariellen Unterlassungserklärung muss hingegen vom Gläubiger nicht akzeptiert werden.[57]

Eine übliche Formulierung einer solchen Unterwerfungserklärung ist etwa: »H wird es unterlassen, im geschäftlichen Verkehr die Kennzeichnung ›Audi‹ zur Bezeichnung von

---

47 BGH GRUR 2004, 619, 620 *kurt-biedenkopf.de*.
48 BGH GRUR 2004, 600, 601 *d-c-fix/CD-FIX*; a. A. noch OLG Köln GRUR 2001, 424, 425 *Mon Chérie/MA CHÉRIE*; OLG Hamburg GRUR-RR 2001, 231, 233 *planet e*; zur Erstbegehungsgefahr durch eine Markenanmeldung unten § 27 Rdn. 15.
49 BGH I ZR 82/11 v. 2.10.2012 *Völkl*, Tz. 58.
50 BGH GRUR 2003, 428, 431 *BIG BERTHA*, unter Hinweis auf BGH GRUR 1990, 361, 363 *Kronenthaler*.
51 BGH I ZR 73/05 v. 30.4.2008 *Internet-Versteigerung III*, Tz. 56.
52 BGH I ZR 34/05 v. 26.4.2007 *Schuldnachfolge*, Tz. 11; BGH I ZR 49/05 v. 3.4.2008 *Schuhpark*, Tz. 39; III ZR 173/12 v. 6.12.2012, letztere auch zur Erstbegehungsgefahr.
53 Zum Nichtübergang der Wiederholungsgefahr auf einen Rechtsnachfolger: BGH I ZR 92/03 v. 16.3.2006 *Flüssiggastank*, Tz. 17; ob außerdem eine strafbewehrte Unterlassungsgefahr bei Verletzung einer Unionsmarke überhaupt ausreicht, um die Wiederholungsgefahr zu beseitigen, mag mit Blick auf EuGH C-316/05 v. 14.12.2006 *Nokia*, Tz. 26 ff. bezweifelt werden.
54 Zur Einforderung einer Vertragsstrafe BGH I ZR 88/06 v. 8.5.2008 *Vertragsstrafeneinforderung*.
55 BGH I ZR 21/06 v. 31.7.2008 *Haus & Grund III*, Tz. 23; BGH I ZR 42/07 v. 30.4.2009 *DAX*, Tz. 64; zur Auslegung des Inhalts einer Unterlassungserklärung BGH I ZR 30/05 v. 24.4.2008 *Lefax/Lefaxin*, Tz. 11.
56 BGH I ZR 210/12 v. 8.5.2014 *fishtailparka*.
57 BGH I ZR 100/15 v. 21.4.2016 *Notarielle Unterlassungserklärung*.

Kraftfahrzeugen zu verwenden. Für jeden Fall der Zuwiderhandlung zahlt H an A eine Vertragsstrafe[58] in Höhe von € 5.500,–.«

Hierbei reichen allerdings bereits geringe Zweifel an der Ernstlichkeit der Unterlassungserklärung aus, um dieser ihre die Wiederholungsgefahr ausräumende Wirkung zu nehmen. Allein die Abgabe einer hinter dem Begehren des Gläubigers zurückbleibenden Erklärung lässt aber noch nicht auf einen Mangel an Ernstlichkeit schließen. 13

So können bei einer Teilunterwerfung, die ein Schuldner abgibt, weil er hinsichtlich dieses Teils des Streits eine gerichtliche Auseinandersetzung – aus welchen Gründen auch immer – vermeiden möchte, hinsichtlich des anderen Teils aber eine gerichtliche Klärung anstrebt, nicht ohne weiteres Zweifel an der Ernstlichkeit angenommen werden.[59]

Durch Abgabe einer Unterwerfungserklärung seitens des Verletzers und deren Annahme durch den Verletzten nach allgemeinen vertraglichen Regeln, kommt ein Unterlassungsvertrag zwischen Verletzer und Verletztem zustande.[60] Schuldet eine Gesellschaft bürgerlichen Rechts Unterlassung, so folgt hieraus nicht automatisch eine persönliche Unterlassungsverpflichtung der Gesellschafter.[61] Unter Umständen kann die Geltendmachung der Vertragsstrafe gemäß § 242 BGB rechtsmissbräuchlich sein.[62] Hierbei richtet sich die Haftung folglich nach vertraglichen Maßstäben. Dies hat nach § 278 BGB eine Haftung von Erfüllungsgehilfen zur Folge,[63] während sich der deliktisch haftende Verletzer im Rahmen des § 831 BGB unter Umständen exkulpieren kann. In der Praxis kann daher durchaus auch in aussichtslosen Fällen einer Verurteilung der Vorzug gegenüber der Abgabe einer Unterwerfungserklärung zu geben sein. 14

Unterrichtet etwa ein Einzelhandelsunternehmen mit mehreren tausend angestellten Verkäufern seine zudem sorgfältig ausgewählten Angestellten darüber, dass ein bestimmtes kennzeichenverletzendes Produkt nicht mehr verkauft werden darf, und kontrolliert und sanktioniert dieses Verbot, so wird sich das Unternehmen im Falle eines Verstoßes auf § 831 I 2 BGB berufen können. Demgegenüber kann nach Abgabe einer Unterwerfungserklärung auch strengste Kontrolle wegen § 278 BGB keine Haftungsbefreiung bewirken. Hier wäre im Falle eines Verstoßes die Vertragsstrafe verwirkt.

2. Erstbegehungsgefahr

Eine Unterlassungsklage ist nicht nur dann zulässig, wenn bereits Kennzeichenrechte verletzt wurden, sondern bereits dann, wenn der erste widerrechtliche Ein- 15

---

58 Zur Festsetzung der Höhe einer Vertragsstrafe, zur Zusammenfassung von Verstößen und zur Reduzierung wegen unverhältnismäßiger Höhe BGH I ZR 168/05 v. 17.7.2008 *Kinderwärmekissen*; BGH I ZR 208/15 v. 4.5.2017 *Luftentfeuchter.*, Tz. 12 ff.; zur Durchsetzung gegenüber Gesellschaft und Organ außerdem auch BGH I ZR 210/12 v. 8.5.2014 *fishtailparka*, Tz. 41 ff.
59 BGH GRUR 2001, 422, 424 *ZOCOR*, unter Hinweis auf BGH GRUR 1997, 379, 380 *Wegfall der Wiederholungsgefahr II*; BGH GRUR 1998, 483, 485 *Der M-Markt packt aus*.
60 Vgl. BGH I ZR 32/03 v. 18.5.2006 *Vertragsstrafevereinbarung*; Ansprüche aus einem schwebend unwirksamen Unterlassungsvertrag während der Schwebezeit verneinend BGH I ZR 97/13 v. 17.11.2014 *Zuwiderhandlung während der Schwebezeit*.
61 BGH I ZR 201/11 v. 20.6.2013 *Markenheftchen II*.
62 BGH I ZR 45/11 v. 31.5.2012 *Missbräuchliche Vertragsstrafe*.
63 BGH I ZR 208/15 v. 4.5.2017 *Luftentfeuchter*, Tz. 20.

griff drohend bevorsteht.⁶⁴ Ein auf Erstbegehungsgefahr gestützter vorbeugender Unterlassungsanspruch besteht allerdings nur, soweit ernsthafte und greifbare tatsächliche Anhaltspunkte dafür vorhanden sind, der Anspruchsgegner werde sich in naher Zukunft rechtswidrig verhalten. Dabei muss sich die Erstbegehungsgefahr auf eine konkrete Verletzungshandlung beziehen. Die die Erstbegehungsgefahr begründenden Umstände müssen die drohende Verletzungshandlung so konkret abzeichnen, dass sich für alle Tatbestandsmerkmale zuverlässig beurteilen lässt, ob sie verwirklicht sind.⁶⁵ Regelmäßig werden hierbei ernsthafte Vorbereitungsmaßnahmen des potentiellen Verletzers zu fordern sein, aus denen entnommen werden könnte, dass die angegriffenen Handlungen unmittelbar bevorstehen.⁶⁶ Die Beweislast für die Erstbegehungsgefahr trägt der Kläger.⁶⁷

So kann eine Titelschutzanzeige eine Erstbegehungsgefahr hinsichtlich der Benutzung des beanspruchten Titels begründen.⁶⁸ Im Falle der Anmeldung einer Marke ist im Regelfall zu vermuten, dass eine Benutzung des Zeichens für die eingetragenen Waren oder Dienstleistungen in naher Zukunft bevorsteht,⁶⁹ wenn keine konkreten Umstände vorliegen, die gegen eine solche Benutzungsabsicht sprechen;⁷⁰ dabei kommt es auf die subjektiven Verwendungsabsichten des Markeninhabers allerdings nicht an, weil sich diese ändern können.⁷¹ Erstbegehungsgefahr besteht ferner hinsichtlich der Verletzung einer erst kürzlich eingetragenen Unionsmarke, wenn zuvor entsprechende nationale Marken verletzt wurden.⁷² Umgekehrt begründet die Anmeldung einer Unionsmarke nicht unbedingt eine Begehungsgefahr in jedem einzelnen Mitgliedstaat der Union;⁷³ wenn aber konkrete Anhaltspunkte – etwa eine Ausdehungsbestrebungen ins Inland und ein zu erwartender einheitlicher Markenauftritt – vorliegen, dann ist eine Begehungsgefahr zu bejahen.⁷⁴ Etwas anderes gilt auch dann nicht, wenn der Anmelder die Marke angeblich nur deswegen angemeldet hat, um sich deren Schutzunfähigkeit bestätigen zu lassen.⁷⁵ Andererseits besteht nach Benutzung der Bezeichnung »Leipziger Puppenkiste« noch keine Erstbegehungsgefahr hinsichtlich der Bezeichnung »Puppenkiste« in Alleinstellung.⁷⁶ Auch wird bei bloßer Anmeldung einer Domain eine Erstbegehungsgefahr nur dann vorliegen, wenn sämtliche Tatbestandsvoraussetzungen einer Markenverletzung gegeben wären, wenn insbesondere keine beschreibende Benutzung der Domain möglich wäre.⁷⁷ Keine Erstbegehungsgefahr will der BGH schließlich bejahen, wenn

---

64 So schon BGHZ 2, 394.
65 BGH I ZR 151/05 v. 13.3.2008 *Metrosex*, Tz. 17 u. 35, m. w. N.; BGH I ZR 183/14 v. 10.3.2016 *Stirnlampen*, Tz. 21.
66 BGH GRUR 2000, 70, 72 *SZENE*.
67 BGH I ZR 58/14 v. 4.5.2016 *Segmentstruktur*, Tz. 32, m. w. N.
68 BGH GRUR 2001, 1054, 1055 *Tagesreport*, m. w. N.; vgl. auch BGH GRUR 1999, 235, 237 *Wheels Magazine*.
69 Dies gilt auch vor Ablauf der Benutzungsschonfrist: BGH I ZR 167/06 v. 5.2.2009 *METROBUS*, Tz. 70; I ZR 174/06 v. 5.2.2009, Tz. 66; I ZR 186/06 v. 5.2.2009, Tz. 54.
70 BGH I ZR 151/05 v. 13.3.2008 *Metrosex*, Tz. 70; BGH I ZR 167/06 v. 5.2.2009 *METROBUS*, Tz. 70; BGH I ZR 231/06 v. 14.5.2009 *airdsl*, Tz. 18; BGH I ZR 71/12 v. 22.1.2014 *REAL-Chips*, Tz. 30; BGH I ZR 15/14 v. 23.9.2015 *Amplidect/amplipteq*, Tz. 31 u. 34; BGH I ZR 78/14 v. 23.9.2015 *Sparkassen-Rot/Santander-Rot*, Tz. 49.
71 BGH I ZR 174/06 v. 5.2.2009, Tz. 66; I ZR 186/06 v. 5.2.2009, Tz. 55.
72 BGH I ZR 35/04 v. 19.4.2007 *Internet-Versteigerung II*, Tz. 25 u. 39.
73 Offen gelassen durch BGH I ZR 78/14 v. 23.9.2015 *Sparkassen-Rot/Santander-Rot*, Tz. 49.
74 BGH I ZR 78/14 v. 23.9.2015 *Sparkassen-Rot/Santander-Rot*, Tz. 50 ff.
75 BGH I ZR 78/14 v. 23.9.2015 *Sparkassen-Rot/Santander-Rot*, Tz. 53.
76 Vgl. BGH I ZR 200/06 v. 18.12.2008 *Augsburger Puppenkiste*, Tz. 29.
77 BGH I ZR 151/05 v. 13.3.2008 *Metrosex*, Tz. 17 ff.; BGH I ZR 167/06 v. 5.2.2009 *METROBUS*, Tz. 64.

auf einer Internetverkaufsplattform Markenverletzungen erfolgen und die Plattform diese auf Hinweis des Rechteinhabers unterbindet – etwas befremdlich, weil die Plattform offensichtlich gefährdet ist, auch zu weiteren Rechtsverletzungen genutzt zu werden, nachdem es bereits zu Rechtsverletzungen gekommen ist.[78]

Auch aus Äußerungen des potentiellen Verletzers, dass er zur Nutzung des Kennzeichens berechtigt sei (Berühmung), kann eine Erstbegehungsgefahr folgen. Eine solche Berühmung kann unter Umständen auch in Erklärungen zu sehen sein, die im Rahmen der Rechtsverteidigung in einem gerichtlichen Verfahren abgegeben werden. Die Tatsache allein, dass sich ein Beklagter gegen die Klage verteidigt und dabei die Auffassung äußert, zu dem beanstandeten Verhalten berechtigt zu sein, ist jedoch nicht als eine Berühmung zu werten, die eine Erstbegehungsgefahr begründet.[79] **16**

An die Beseitigung der Erstbegehungsgefahr sind grundsätzlich weniger strenge Anforderungen zu stellen als an den Fortfall der durch eine Verletzungshandlung begründeten Gefahr der Wiederholung des Verhaltens in der Zukunft. Anders als für die durch eine Verletzungshandlung begründete Wiederholungsgefahr besteht für den Fortbestand der Erstbegehungsgefahr keine Vermutung. Für die Beseitigung der Erstbegehungsgefahr genügt daher grundsätzlich ein »actus contrarius«, also ein der Begründungshandlung entgegengesetztes Verhalten, sofern es ernst gemeint und unmissverständlich ist.[80] **17**

Bei bloßen Vorbereitungshandlungen, die insbesondere noch nicht § 14 IV MarkenG unterfallen dürfen, kann ein Rückgängigmachen oder Einstellen der Handlungen die Erstbegehungsgefahr beseitigen.[81] Bei der durch eine Markenanmeldung oder -eintragung begründeten Erstbegehungsgefahr führt im Regelfall die Rücknahme der Markenanmeldung oder der Verzicht auf die Eintragung der Marke zum Fortfall der Erstbegehungsgefahr.[82] Dabei ist unerheblich, ob die Rücknahme aus besserer Einsicht oder aufgrund prozessökonomischer Erwägungen erfolgt.[83] Schon die Nichtzahlung der Anmeldegebühren führt kraft gesetzlicher Fiktion (§ 64a MarkenG, § 6 II PatKostG) zur Rücknahme der Markenanmeldung und damit zum Wegfall der Begehungsgefahr.[84] Allerdings genügt es nicht, wenn der Anmelder die Anmeldung nach einer Beanstandung des Amtes lediglich nicht mittels Beschwerde weiter verfolgt.[85] Entsprechend entfällt eine durch Berühmung geschaffene Erstbegehungsgefahr

---

78 BGH I ZR 57/09 v. 17.8.2011 *Stiftparfüm*, Tz 42 ff., wo die Verneinung der Erstbegehungsgefahr vermutlich dem weitgreifenden deutschen Kostenerstattungsanspruch geschuldet ist.
79 BGH GRUR 2001, 1174 *Berühmungsaufgabe*; BGH I ZR 92/03 v. 16.3.2006 *Flüssiggastank*, Tz. 18.
80 BGH I ZR 151/05 v. 13.3.2008 *Metrosex*, Tz. 30; BGH I ZR 71/12 v. 22.1.2014 *REAL-Chips*, Tz. 33; BGH I ZR 78/14 v. 23.9.2015 *Sparkassen-Rot/Santander-Rot*, Tz. 56, jeweils m. w. N.
81 Vgl. im Wettbewerbsrecht BGH GRUR 1992, 116, 117 *Topfgucker-Scheck*; BGH I ZR 183/14 v. 10.3.2016 *Stirnlampen*.
82 BGH I ZR 151/05 v. 13.3.2008 *Metrosex*, Tz. 30; BGH I ZR 78/14 v. 23.9.2015 *Sparkassen-Rot/Santander-Rot*, Tz. 56; KG MarkenR 2007, 121 *Erstbegehungsgefahr aus Markenanmeldung*.
83 BGH I ZR 78/14 v. 23.9.2015 *Sparkassen-Rot/Santander-Rot*, Tz. 56.
84 BGH I ZR 92/08 v. 14.1.2010 *DDR-Logo*; BGH I ZR 71/12 v. 22.1.2014 *REAL-Chips*, Tz. 36.
85 BGH I ZR 71/12 v. 22.1.2014 *REAL-Chips*, Tz. 33. ff.; BGH I ZR 78/14 v. 23.9.2015 *Sparkassen-Rot/Santander-Rot*, Tz. 58 f.; vgl. auch BGH I ZR 15/14 v. 23.9.2015 *Amplidect/ampliteq*, Tz. 43.

und mit ihr der Unterlassungsanspruch grundsätzlich mit der Aufgabe der Berühmung. Eine solche Berühmungsaufgabe liegt hierbei jedenfalls in der uneingeschränkten und eindeutigen Erklärung, dass die beanstandete Handlung in der Zukunft nicht vorgenommen werde.[86]

3. Antragsfassung

18 Der Unterlassungsanspruch hat sich grundsätzlich gegen die konkrete Verletzungsform, also gegen die angegriffene Bezeichnung, wie sie tatsächlich verwendet wird, zu richten.[87] Unzulässig ist dabei ein Antrag, der in einer Weise verallgemeinert ist, dass auch zulässige Handlungen erfasst werden und deshalb etwas Charakteristisches und rechtlich Unzulässiges nicht mehr zum Ausdruck kommt.[88]

> Wurden etwa nur in bestimmter Weise umgefärbte Jeans rechtswidrig[89] vertrieben und ist keine Gefahr erkennbar, dass Bekleidungsstücke mit anderen Farben in Verkehr gebracht werden könnten, so ist ein allgemein gegen den Vertrieb umgefärbter Jeans gerichtetes Begehren nicht begründet.[90] Auch wenn der Verletzer das angegriffene Zeichen nicht selbst benutzt, sondern lediglich Dritte zur Benutzung veranlasst, muss dies im Antrag zum Ausdruck kommen.[91]

19 Soll ein einzelner Bestandteil eines zusammengesetzten Zeichens in Alleinstellung angegriffen werden, so bedarf es der Feststellung, dass die Zusätze zum angegriffenen Einzelbestandteil vom Verkehr nicht als zu den jeweiligen Kennzeichen gehörig aufgefasst werden.[92] Ist dies nicht der Fall, muss zumindest Erstbegehungsgefahr hinsichtlich der isolierten Verwendung bestehen.

> Ein Unterlassungsantrag, der im vorangestellten abstrakten Teil die Verwendung eines Zeichens in Alleinstellung zum Gegenstand hat, im angefügten »Insbesondere«-Teil aber das Zeichen innerhalb einer aus mehreren Bestandteilen bestehenden Gesamtbezeichnung aufführt, ist widersprüchlich und daher unbestimmt im Sinne des § 253 II Nr. 2 ZPO.[93]

20 Auch bei einem Angriff gegen Unternehmensbezeichnungen ist das Unterlassungsgebot[94] in der Regel nur gegen den angegriffenen Firmennamen in seiner konkreten, vollständigen Gestalt zu richten. Soweit darüber hinaus die Unterlassung der Verwendung des Verwechslungsgefahr begründenden Bestandteils ohne weitere Zusätze begehrt wird, bedarf es der Feststellung, dass dieser Bestandteil in Alleinstellung verwendet wurde.[95] Der Antrag auf Unterlassung der Nutzung eines Firmenbestandteils geht also weiter als der Antrag auf Unterlassung der Nutzung der vollen Firma.[96]

> Ist etwa im Falle eines Angriffs gegen die Firma »NETKOM Netzwerke und Kommunikation GmbH« lediglich der Bestandteil »NETKOM« kollisionsbegründend, so ist der Angriff gleichwohl gegen die Gesamtfirma zu richten. Lediglich dann, wenn »NETKOM« vom Ver-

---

86 BGH GRUR 2001, 1174 *Berühmungsaufgabe*.
87 Etwa BGH GRUR 1997, 903, 905 *GARONOR*.
88 BGHZ 131, 308, 315 *Gefärbte Jeans*; BGH GRUR 2003, 340, 341 *Mitsubishi*.
89 Vgl. oben § 16 Rdn. 25 – 28.
90 BGHZ 131, 308, 315 *Gefärbte Jeans*.
91 BGH I ZR 33/05 v. 13.9.2007 *THE HOME STORE*, Tz. 26.
92 BGH I ZR 49/12 v. 31.10.2013 *OTTO CAP*, Tz. 51.
93 BGH I ZR 50/14 v. 5.11.2015 *ConText*.
94 Anders beim Löschungsantrag, vgl. unten § 27 Rdn. 48.
95 Zumindest Erstbegehungsgefahr ist nachzuweisen: BGH I ZR 50/14 v. 5.11.2015 *ConText*.
96 BGH I ZR 85/11 v. 5.12.2012 *Culinaria/Villa Culinaria*, Tz. 23 ff.

letzer auch in Alleinstellung verwendet wurde, kann (zusätzlich) auch die isolierte Bezeichnung angegriffen werden.[97] Ein Schlechthin-Verbot käme allenfalls in Betracht, wenn eine Verwendung des kollisionsbegründenden Bestandteils in keiner denkbaren Weise zulässig ist.[98]

Bei einem Angriff gegen Werktitel kann grundsätzlich der Antrag auf eine titelmäßige Benutzung beschränkt werden. Ein Klageantrag aber, der auf die Unterlassung einer Zeichenverwendung »als Titel« gerichtet ist, enthält keine derartige Beschränkung auf werktitelmäßige Verwendungen, wenn er auf die konkrete Verletzungsform Bezug nimmt und nicht nur auf Werktitel, sondern auch auf Marken gestützt ist.[99] 21

Bei der Fassung eines Unterlassungsantrags sind andererseits im Interesse eines hinreichenden Rechtsschutzes gewisse Verallgemeinerungen zulässig, sofern auch in dieser Antragsfassung das Charakteristische der konkreten Verletzungsform zum Ausdruck kommt. Dies hat seinen Grund darin, dass eine Verletzungshandlung die Vermutung der Wiederholungsgefahr nicht nur für die identische Verletzungsform begründet, sondern auch für alle im Kern gleichartigen Verletzungshandlungen.[100] Dabei ist das Klagevorbringen bei der Auslegung des Antrags zu berücksichtigen.[101] Auch im Hinblick auf die Rechtskraftwirkung eines Benutzungsverbots ist eine spätere Abänderung dieser Verletzungsform von der Urteilswirkung dann erfasst, wenn die Abänderung den Kern der Verletzungsform unberührt lässt und sich innerhalb der durch Auslegung zu ermittelnden Grenzen des Urteils hält.[102] Ausnahmsweise können daher nach Verletzung einer bestimmten Marke auch künftige Verletzungshandlungen hinsichtlich anderer Marken desselben Inhabers verboten werden.[103] Auch ist der Verbotsausspruch jedenfalls dann nicht auf die konkrete rechtsverletzende Handlung beschränkt, wenn der Verletzer rechtsverletzende, nicht erschöpfte Markenware in Besitz hat und die geschützte Marke damit 22

---

97 BGH GRUR 1997, 468, 469 f. *NetCom I*; auch BGH GRUR 1997, 845, 846 *Immo-Data*; BGH GRUR 1997, 903, 904 f. *GARONOR*; BGH I ZR 36/08 v. 31.3.2010 *Verbraucherzentrale*, Tz. 10; BGH I ZR 85/11 v. 5.12.2012 *Culinaria/Villa Culinaria*; teilweise anders noch BGH GRUR 1991, 401, 402 *Erneute Vernehmung*; BGH GRUR 1991, 331 *Ärztliche Allgemeine*; BGH GRUR 1981, 60, 64 *Sitex*.
98 Vgl. OLG Frankfurt a. M. MMR 2001, 696 *weltonline.de*.
99 BGH I ZR 254/14 v. 28.4.2016 *Kinderstube*.
100 BGHZ 126, 287, 295 *Rotes Kreuz*; BGH GRUR 2000, 337, 338 *Preisknaller*; BGH GRUR 2004, 154, 156 *Farbmarkenverletzung II*; BGH I ZR 73/05 v. 30.4.2008 *Internet-Versteigerung III*, Tz. 55; BGH I ZR 137/10 v. 15.3.2012 *CONVERSE II*, Tz. 19; auch BGH I ZR 272/02 v. 23.2.2006 *Markenparfümverkäufe*, Tz. 27; möglicherweise zurückhaltender bei bloßer Erstbegehungsgefahr: BGH I ZR 41/11 v. 19.4.2012, Tz. 15; zum Wettbewerbsrecht BGH I ZR 92/14 v. 17.9.2015 *Smartphone-Werbung*, Tz. 37 ff.; zur weiten Auslegung eines engen Titels im Rahmen der Vollstreckung: BGH I ZB 79/11 v. 6.2.2013.
101 BGHZ 168, 179 *Anschriftenliste*, Tz. 15; BGH GRUR 1999, 272, 274 *Die Luxusklasse zum Nulltarif*; BGH I ZR 33/05 v. 13.9.2007 *THE HOME STORE*, Tz. 21; zur Auslegung auch BGH I ZR 254/14 v. 28.4.2016 *Kinderstube*, Tz. 27.
102 BGHZ 5, 189, 193 f. *Fischermännchen*.
103 BGH I ZR 272/02 v. 23.2.2006 *Markenparfümverkäufe*, Tz. 38 ff.; auch BGH I ZR 73/05 v. 30.4.2008 *Internet-Versteigerung III*, Tz. 55; zur Verhängung eines Ordnungsmittels in einem solchen Fall: BGH I ZB 42/11 v. 3.4.2014 *Reichweite des Unterlassungsgebots*; zur Unzulässigkeit einer allgemeinen Bezugnahme auf Ware von »Markenherstellern« im Wettbewerbsrecht: BGH I ZR 128/10 v. 15.3.2012, Tz. 18.

i. S. des § 14 II Nr. 1 MarkenG rechtswidrig benutzt hat. Vielmehr kann darüberhinausgehend allgemein verboten werden diese Waren im geschäftlichen Verkehr zu verwerten, was den Ausspruch des Verbots aller gemäß § 14 III MarkenG geltend gemachten Verwertungshandlungen zur Folge hat.[104]

> Ein typischer Unterlassungsantrag bei einem Angriff gegen eine jüngere Wortmarke kann daher etwa lauten: »Der Beklagte wird verurteilt, es bei Meidung eines für jeden Fall der Zuwiderhandlung fälligen Ordnungsgeldes bis zu € 250.000,–, ersatzweise Ordnungshaft, oder Ordnungshaft bis zu 2 Jahren, letztere zu vollziehen an ihrem jeweiligen Geschäftsführer,[105] zu unterlassen, im geschäftlichen Verkehr beim Vertrieb von Tonträgern die Bezeichnung ›Zozo van Barkhussen‹ zu verwenden.« Der exakte Tonträger muss demgegenüber nicht benannt werden.

23 Nach § 253 II Nr. 2 ZPO darf ein Unterlassungsantrag[106] – und nach § 313 I Nr. 4 ZPO eine darauf beruhende Verurteilung – nicht derart undeutlich gefasst sein, dass der Streitgegenstand und der Umfang der Prüfungs- und Entscheidungsbefugnis des Gerichts nicht mehr klar umrissen sind, sich der Beklagte deshalb nicht erschöpfend verteidigen kann und im Ergebnis dem Vollstreckungsgericht die Entscheidung darüber überlassen bleibt, was verboten ist.[107] Die Verwendung auslegungsbedürftiger Begriffe im Klageantrag zur Bezeichnung der zu untersagenden Handlung ist jedoch hinnehmbar und im Interesse einer sachgerechten Verurteilung zweckmäßig oder sogar geboten, wenn über den Sinngehalt der verwendeten Begriffe kein Zweifel besteht, so dass die Reichweite von Antrag und Urteil feststeht. Davon ist im Regelfall auszugehen, wenn über die Bedeutung des an sich auslegungsbedürftigen Begriffs zwischen den Parteien kein Streit besteht und objektive Maßstäbe zur Abgrenzung vorliegen oder wenn zum Verständnis des Begriffs auf die konkrete Verletzungshandlung und die gegebene Klagebegründung zurückgegriffen werden kann.[108]

---

104 BGH I ZR 272/02 v. 23.2.2006 *Markenparfümverkäufe*, Tz. 42.
105 Zu Zwangsmaßnahmen auch EuGH C-235/09 v. 12.4.2011 *DHL Express France*, Tz. 52 ff.; zur Vollstreckung im Ausland: BGH I ZB 116/08 v. 25.3.2010; I ZB 71/09 v. 21.7.2011; zur Unmöglichkeit der Androhung von Zwangsmitteln in einem Prozessvergleich: BGH I ZB 95/10 v. 2.2.2012; zur Möglichkeit der Androhung von Zwangsmitteln neben einem Prozessvergleich: BGH I ZB 3/12 v. 3.4.2014 *Ordnungsmittelandrohung nach Prozessvergleich*; zur Festsetzung von Zwangsmitteln bei unbekanntem Aufenthalt des Schuldners: BGH I ZB 76/10 v. 14.8.2013 *Zwangsmittelfestsetzung*.
106 Auch der vorbeugende Unterlassungsantrag: BGH I ZR 78/14 v. 23.9.2015 *Sparkassen-Rot/Santander-Rot*.
107 BGHZ 152, 268, 274 *Dresdner Christstollen*; BGHZ 156, 126, 130 *Farbmarkenverletzung I*; BGH I ZR 73/05 v. 30.4.2008 *Internet-Versteigerung III*, Tz. 25; BGH I ZR 51/08 v. 4.2.2010 *POWER BALL*, Tz. 18; BGH I ZR 139/08 v. 22.7.2010 *Kinderhochstühle im Internet I*, Tz. 22; BGH I ZR 239/14 v. 2.12.2015 *Eligard*, Tz. 14; BGH I ZR 136/17 v. 17.10.2018 *Tork*, Tz. 13; zur Auslegung eines Antrags in der Revisionsinstanz BGH I ZR 49/05 v. 3.4.2008 *Schuhpark*, Tz. 16 f.; zu Mehrfachverstoß und (ablehnend) Fortsetzungszusammenhang BGH I ZB 32/06 v. 18.12.2008 *Mehrfachverstoß gegen Unterlassungstitel*.
108 BGH I ZR 118/09 v. 4.11.2010 *Rechtsberatung durch Lebensmittelchemiker*, Tz. 13; BGH I ZR 54/10 v. 6.10.2011 *Kreditkontrolle*, Tz. 11; BGH I ZR 134/16 v. 9.11.2017 *Resistograph*, Tz. 26.

Hinreichend bestimmt ist etwa ein Antrag, es zu unterlassen, »im Geschäftsverkehr das Zeichen in sonstiger Weise, insbesondere werbend zu benutzen«.[109] Auch kann ein Unterlassungsantrag auf »Ware eines bestimmten Lieferanten« begrenzt werden.[110] Möglich ist ferner ein Antrag gegen den Vertrieb von Waren, »soweit es sich nicht um originale Produkte des Klägers bzw. vom Kläger lizensierte Produkte handelt.«[111] In Erschöpfungsfällen kann der Anspruch auf Ware beschränkt werden, die nicht mit Zustimmung des Markeninhabers im EWR in Verkehr gebracht wurde.[112] Soll nebeneinander aus mehreren Markenrechten – etwa aus eingetragenen Marken und Benutzungsmarken – angegriffen werden, so sind alle diese Marken in der Tatsacheninstanz zum Gegenstand des Rechtsstreits zu machen.[113] Dagegen begegnet ein Unterlassungsantrag Bedenken, der sich auch auf Zeichen erstreckt, die der tatsächlichen Verletzungsform lediglich ähnlich sind.[114] Auch kann der Anspruch nicht gegen einen Teil einer Kennzeichnung gerichtet werden, wenn diese ausschließlich als Kombinationszeichen mit anderen Bestandteilen benutzt wurde.[115] Bei der Verwendung von Begriffen wie »markenmäßig« oder »als Kennzeichen« in einem Klageantrag zur Kennzeichnung der zu untersagenden Benutzungshandlung kommt es auf den Einzelfall an. Unbedenklich sind die Begriffe, wenn zum Verständnis der Begriffe auf die mit der Klage beanstandete konkrete Verletzungshandlung und die gegebene Klagebegründung zurückgegriffen werden kann. Im Fall der Verurteilung aus einer Farbmarke bliebe demgegenüber weitgehend offen, welche Formen der Verwendung der Farbe als kennzeichenmäßig anzusehen sind, da der Schutzumfang einer abstrakten Farbmarke eine unbestimmte Vielzahl konkreter Gestaltungen umfassen kann.[116] Unbestimmt ist auch ein Antrag, der sich allgemein gegen die unbestimmten Waren »Merchandisingartikel und Souvenirs« richtet.[117] Ein Antrag, der sich gegen eine schwerpunktmäßig das Ausland adressierende Internetseite richtig, ist nur dann hinreichend bestimmt, wenn zumindest aus den Klagegründen klar wird, worin der Kläger den Inlandsbezug sieht.[118]

Durch die Bezugnahme auf die konkrete Verletzungsform kann deutlich gemacht werden, dass Gegenstand des Klagebegehrens jedenfalls die Unterlassung des konkret beanstandeten Verhaltens ist.[119] Erweist sich der allgemein gefasste Unterlassungsantrag im Verfahren als zu unbestimmt, so kann die Klage durch die konkrete

24

---

109 BGH GRUR 2001, 1158, 1159 Dorf MÜNSTERLAND I.
110 BGH I ZR 217/03 v. 19.1.2006 *Unbegründete Abnehmerverwarnung*, Tz. 15.
111 BGH I ZR 41/11 v. 19.4.2012, Tz. 9.
112 BGH I ZR 27/03 v. 23.2.2006 *Parfümtestkäufe*, Tz. 28.
113 BGH I ZR 6/05 v. 20.9.2007 *Kinder II*, Tz. 56 f. sowie Beschluss v. 13.12.2007, Tz. 9; BGH I ZR 94/04 v. 20.9.2007 *Kinderzeit*, Tz. 60 f. sowie Beschluss v. 13.12.2007, Tz. 5; BGH I ZR 183/07 v. 12.11.2009 *WM-Marken*, Tz. 34.
114 BGH GRUR 1999, 235, 238 *Wheels Magazine*.
115 BGH I ZR 200/06 v. 18.12.2008 *Augsburger Puppenkiste*, Tz. 29.
116 BGHZ 156, 126, 131 f. *Farbmarkenverletzung I*, m. w. N.; auch BGH GRUR 2004, 154, 156 *Farbmarkenverletzung II*; BGH I ZR 78/14 v. 23.9.2015 *Sparkassen-Rot/Santander-Rot*, Tz. 40 ff.; ähnlich BGH I ZR 51/08 v. 4.2.2010 *POWER BALL*, Tz. 17; BGH I ZR 93/12 v. 27.3.2013 *Baumann I*, Tz. 19; BGH I ZR 254/14 v. 28.4.2016 *Kinderstube*, Tz. 27; entsprechend zum Begriff des geschäftlichen Verkehrs BGH I ZR 35/04 v. 19.4.2007 *Internet-Versteigerung II*, Tz. 50.
117 BGH I ZR 188/11 v. 15.8.2013 *Hard Rock Cafe*, Tz. 32.
118 BGH I ZR 134/16 v. 9.11.2017 *Resistograph*, Tz. 26 ff.
119 BGHZ 152, 268, 274 *Dresdner Christstollen*; zum vorbeugenden Unterlassungsanspruch BGH I ZR 78/14 v. 23.9.2015 *Sparkassen-Rot/Santander-Rot*, Tz. 44.

Antragsfassung unter Umständen doch zulässig und begründet sein.[120] Es ist hierbei Sache des Klägers, ob er (auch) konkrete Verletzungsformen als Gegenstand seines Antrags bezeichnen will.[121]

> In der Praxis hat es sich eingebürgert, dass ein Kläger, der seinen Antrag vorsorglich konkretisieren will, dem üblichen Unterlassungsantrag den Satz nachgestellt: »insbesondere, wenn dies geschieht wie nachfolgend abgebildet.« Will der Kläger ausschließlich den auf die konkrete Verletzungsform beschränkten Antrag stellen, so wird das Wort »insbesondere« weggelassen.

25 Wird dabei aber eine im Unterlassungsantrag umschriebene Verletzungsform durch Einfügung zusätzlicher Merkmale in ihrem Umfang auf Verhaltensweisen eingeschränkt, so ist Vorsicht geboten, wenn die Beurteilung die Prüfung weiterer Sachverhaltselemente erfordert, auf die es nach dem bisherigen Antrag nicht angekommen wäre. Ein in dieser Weise eingeschränkter Antrag ist zwar gedanklich, nicht aber prozessual (im Sinne des § 264 Nr. 2 ZPO) ein Minus, weil seine Begründung nunmehr von tatsächlichen Voraussetzungen abhängt, die zuvor nicht zum Inhalt des Antrags erhoben worden waren. Hier muss der Kläger durch einen ausdrücklichen Antrag klarstellen, dass er den Streitgegenstand entsprechend ändern will.[122]

4. Haftung, insbesondere Haftung der Mittelsperson und sogenannte Störerhaftung

26 Regelmäßig haften nur Täter – nach deutschen Haftungsmaßstäben wohl auch Teilnehmer[123] (§ 830 BGB) – für eine Kennzeichenverletzung auf Unterlassung. Dabei setzt die Gehilfenhaftung neben einer objektiven Beihilfehandlung zumindest einen bedingten Vorsatz in Bezug auf die konkrete Haupttat voraus, der das Bewusstsein der Rechtswidrigkeit einschließen muss.[124] Die Haftungsgrundsätze dürften jedenfalls in der UMV umfassend harmonisiert sein, die Durchsetzungsrichtlinie lässt nur Raum für eine strengere Haftung.[125] Für den alten Ansatz der deutschen Rechtsprechung, strafrechtliche Haftungsmaßstäbe anzuwenden,[126] bleibt kein Raum.

---

120 Vgl. BGHZ 156, 126, 132 *Farbmarkenverletzung I*; BGH GRUR 2004, 154, 156 *Farbmarkenverletzung II*; ferner BGH GRUR 2003, 436, 439 *Feldenkrais*; BGH I ZR 73/05 v. 30.4.2008 *Internet-Versteigerung III*, Tz. 33 ff., beide auch zu den Einschränkungen in der Revisionsinstanz.
121 BGH GRUR 2003, 436, 439 *Feldenkrais*, unter Hinweis auf BGH GRUR 1999, 498, 500 *Achterdiek*; zur Auslegung des Antrags BGH I ZR 49/05 v. 3.4.2008 *Schuhpark*, Tz. 16 f.
122 BGHZ 168, 179 *Anschriftenliste*.
123 Dabei kann auch gegen den Teilnehmer ein vorbeugender Unterlassungsanspruch geltend gemacht werden, wenn hinsichtlich der drohenden Beteiligungshandlung die Voraussetzungen einer Teilnahme vorliegen und die vom Vorsatz des Teilnehmers erfasste Haupttat eine Markenverletzung darstellt: BGH I ZR 35/04 v. 19.4.2007 *Internet-Versteigerung II*, Tz. 30.
124 BGH I ZR 35/04 v. 19.4.2007 *Internet-Versteigerung II*, Tz. 31 f.
125 Anders – das Kernproblem verkennend – noch BGH I ZR 216/11 v. 16.5.2013 *Kinderhochstühle im Internet II*, Tz. 30.
126 Vgl. BGH I ZR 139/08 v. 22.7.2010 *Kinderhochstühle im Internet I*, Tz. 30; BGH I ZR 155/09 v. 18.11.2010 *Sedo*, Tz. 24; BGH I ZR 150/09 v. 9.11.2011 *Basler Haar-Kosmetik*, Tz. 44; BGH I ZR 216/11 v. 16.5.2013 *Kinderhochstühle im Internet II*, Tz. 32; BGH I ZR 136/17 v. 17.10.2018 *Tork*, Tz. 25.

I. 4. Haftung, insbesondere Haftung der Mittelsperson und sogenannte Störerhaftung

So ist etwa derjenige jedenfalls Teilnehmer einer Kennzeichenverletzung, der einen rechtsverletzenden Auftritt Dritter – etwa von Zweigniederlassungen – zentral steuert.[127] Ebenso ist – ohne dass es entgegen BGH[128] auf die Sicht der angesprochenen Verkehrskreise ankäme – eine Internetplattform Täter, die sich objektiv die Angebote ihrer Kunden zu eigen macht, indem sie diese bewirbt. Ebenso ist Täter, wer seine Internetseite so programmiert, dass später die von einer Suchmaschine angezeigten Ergebnisse fremde Marken verletzen.[129] Täter ist auch, wer Angebote auf einer Internetplattform einstellt, deren genaue Inhalte er nicht kontrollieren kann, wodurch es zu einer Rechtsverletzung kommt.[130] Insbesondere wer eigene Angebote abgibt, ist für diese auch dann verantwortlich, wenn er sie von Dritten erstellen lässt und ihren Inhalt nicht zur Kenntnis nimmt und keiner Kontrolle unterzieht; er kann sich auch nicht mit Erfolg auf die Haftungsprivilegien eines Diensteanbieters nach §§ 8 bis 10 TMG berufen.[131] Täter oder Teilnehmer ist hingegen nicht, wer gefälschten Waren weder selbst anbietet, noch in den Verkehr bringt und wer die verletzten Marken auch nicht in der Werbung benutzt.[132] Auch ein administrativer Ansprechpartner (Admin-C) ist im Rahmen einer rechtsverletzenden Domainregistrierung regelmäßig nicht Täter.[133] Auch derjenige, dessen Internetanschluss aufgrund der Verletzung von Sorgfaltspflichten zur Verletzung von Markenrechten genutzt wird, haftet mangels Vorsatz nicht als Täter,[134] möglicherweise aber als sogenannter »Dienst der Informationsgesellschaft« auf Unterlassung.[135] Allgemein gilt, dass eine unselbständige Hilfsperson nicht als Täter oder Teilnehmer haftet; unselbständige Hilfsperson ist, wer aufgrund seiner untergeordneten Stellung keine eigene Entscheidungsbefugnis und keine Herrschaft über die Rechtsverletzung hat.[136]

27 Täterschaftliches Handeln kann dabei auch durch die Verletzung von Verkehrs(-sicherungs-)pflichten begründet werden. Wer durch sein Handeln im geschäftlichen Verkehr die ernsthafte Gefahr begründet, dass Dritte durch das Kennzeichenrecht geschützte Interessen von Marktteilnehmern verletzen, ist aufgrund einer kennzeichenrechtlichen Verkehrspflicht dazu verpflichtet, diese Gefahr im Rahmen des Möglichen und Zumutbaren zu begrenzen. Wer in dieser Weise gegen eine kennzeichenrechtliche Verkehrspflicht verstößt, ist Täter einer Kennzeichenverletzung. Täterschaft kann also auch durch Unterlassen verwirklicht werden.[137]

---

127 BGH I ZR 33/05 v. 13.9.2007 *THE HOME STORE*, Tz. 27.
128 BGH I ZR 216/11 v. 16.5.2013 *Kinderhochstühle im Internet II*, Tz. 31.
129 BGH I ZR 51/08 v. 4.2.2010 *POWER BALL*, Tz. 45 f.
130 BGH I ZR 140/14 v. 3.3.2016 *Angebotsmanipulation bei Amazon*; BGH I ZR 86/13 v. 31.3.2016 *Himalaya Salz*; zur Störerhaftung BGH I ZR 110/15 v. 3.3.2016 *Herstellerpreisempfehlung bei Amazon*.
131 BGH I ZR 88/33 v. 5.11.2015 *Al Di Meola* [zum Urheberrecht]; wochentägliche Kontrolle genügt: OLG Köln 6 W 31/17 v. 15.3.2017 *Unverbindliche Preisempfehlungen*.
132 BGH I ZR 35/04 v. 19.4.2007 *Internet-Versteigerung II*, Tz. 28; auch BGH I ZR 139/08 v. 22.7.2010 *Kinderhochstühle im Internet I*, Tz. 31.
133 BGH I ZR 150/09 v. 9.11.2011 *Basler Haar-Kosmetik*, Tz. 43 ff.
134 BGH I ZR 121/08 v. 12.5.2010 *Sommer unseres Lebens*, Tz. 16; zur Haftung infolge Aufsichtspflichtverletzung gegenüber Minderjährigen aber BGH I ZR 74/12 v. 15.11.2012 *Morpheus*; gegenüber volljährigen Familienangehörigen BGH I ZR 169/12 v. 8.1.2014 *BearShare*; BGH I ZR 154/15 v. 6.10.2016 *Afterlife*; BGH I ZR 19/16 v. 30.3.2017 *Loud*; zu den Anforderungen an den WLAN-Schlüssel BGH I ZR 220/15 v. 24.11.2016 *WLAN-Schlüssel*.
135 EuGH C-484/14 v. 15.9.2016 *Mc Fadden*; zur Exkulpation auch EuGH C-149/17 v. 18.10.2018 *Bastei Lübbe*.
136 BGH I ZR 88/33 v. 5.11.2015 *Al Di Meola* [zum Urheberrecht].
137 BGH I ZR 104/14 v. 30.7.2015 *Posterlounge*, Tz. 43.

Dabei konkretisiert sich etwa die Verkehrspflicht des Betreibers einer Internet-Auktionsplattform – wenn dieser nicht ohnehin als Täter zu qualifizieren ist[138] – hinsichtlich Markenverletzungen Dritter als Prüfungspflicht, zu deren Begründung es eines konkreten Hinweises auf eine bestimmte Markenverletzung eines bestimmten Anbieters bedarf. Der Betreiber der Plattform ist dann nicht nur verpflichtet, dieses konkrete Angebot unverzüglich zu sperren, sondern muss auch zumutbare Vorsorgemaßnahmen treffen, damit es möglichst nicht zu weiteren gleichartigen Rechtsverletzungen kommt. Aus der Verkehrspflicht des Betreibers einer Internet-Auktionsplattform können sich neben der Verpflichtung, Angebote der rechtsverletzenden Produkte in Zukunft zu verhindern, besondere Prüfungspflichten hinsichtlich anderer Angebote des Versteigerers ergeben, der das ursprüngliche Angebot eingestellt hat.[139] Auch wer beispielsweise einen eBay-Account eröffnet, aber seine Zugangsdaten nicht geheim hält, kann als Täter haften, wenn ohne sein Zutun von seinem Account Rechtsverletzungen ausgehen.[140] Gleiches gilt unter Umständen für denjenigen, der einen Link auf rechtsverletzende Angebote setzt.[141] Täter ist schließlich, wer eine Suchmaschine auf der eigenen Internetseite so programmiert, dass diese auch rechtsverletzende Internetadressen generiert.[142]

28 Problematischer ist die Haftung von Teilnehmern im Sinne der deutschen Dogmatik. Art. 130 (1) UMV etwa spricht nur von der »Verletzung« einer Unionsmarke, differenziert hingegen nicht zwischen unterschiedlichen Verletzungsbeiträgen. Auch in Art. 11 Durchsetzungsrichtlinie kennt das europäische Immaterialgüterrecht nur Ansprüche gegen den »Verletzer« und gegen die »Mittelsperson«[143]. Nirgendwo werden hingegen ausdrücklich »Teilnehmer« erwähnt. Hieraus kann allerdings nicht geschlossen werden, dass Teilnahmeakte im Unionsmarkenrecht sanktionslos blieben. Vielmehr erfasst der Begriff der »Verletzung« sowohl täterschaftliche Beiträge als auch Teilnahmebeiträge. Sowohl der Täter als auch der Gehilfe oder Anstifter ist »Verletzer« im Sinne des Unionsrechts.

> Mittelsperson ist etwa der Betreiber eines Marktplatzes, der Shopfläche an Verkäufer vermietet – sei es im echten Leben oder online.[144] Teilnehmer sei nach der Rechtsprechung des BGH derjenige, der seinen Kunden Ware liefert, mit denen diese Rechtsverletzungen begehen können.[145]

29 Neben dem Täter oder Teilnehmer haften nach Art. 11 S. 3 DurchsetzungsRL ausdrücklich auch Mittelspersonen für die Rechtsverletzung. Dabei entspricht es einem verbreiteten Missverständnis, die Haftung der Mittelsperson entspreche dem deutschen Modell der Störerhaftung, also der Unterlassungshaftung für unverschuldete

---

138 Vgl. OLG Hamburg MarkenR 2008, 532 *Haftung eines Online-Auktionshauses*; Tribunal de Commerce de Paris v. 3.6.2008 *Louis Vuitton u. a./eBay*, CRi 2009, 20.
139 Vgl. BGH I ZR 139/08 v. 22.7.2010 *Kinderhochstühle im Internet I*, Tz. 33 f.; entsprechend zum Wettbewerbsrecht: BGH I ZR 18/04 v. 12.7.2007 *Jugendgefährdende Medien bei eBay*.
140 BGH I ZR 114/06 v. 11.3.2009 *Halzband*; zur Haftung infolge Aufsichtspflicht für Minderjährige aber BGH I ZR 74/12 v. 15.11.2012 *Morpheus*.
141 Vgl. zum Urheberrecht EuGH C-160/15 v. 8.9.2016 *GS Media*; zum Wettbewerbsrecht auch der Vorlagebeschluss BGH I ZR 231/14 v. 28.1.2016 *MeinPaket.de* (Verfahren beim EuGH C-146/16 *Verband Sozialer Wettbewerb*).
142 BGH I ZR 104/14 v. 30.7.2015 *Posterlounge*, Tz. 44 f.
143 Zu dieser autonom europäischen Rechtsfigur vgl. EuGH C-324/09 v. 12.7.2011 *L'Oréal/eBay*, Tz. 125 ff.; *Lehment*, WRP 2012, 149; überholt BGH I ZR 139/08 v. 22.7.2010 *Kinderhochstühle im Internet I*.
144 EuGH C-494/15 v. 7.7.2016 *Tommy Hilfiger Licensing*.
145 BGH I ZR 136/17 v. 17.10.2018 *Tork*, Tz. 26.

I. 4. Haftung, insbesondere Haftung der Mittelsperson und sogenannte Störerhaftung

Tatbeiträge.¹⁴⁶ Vielmehr ist die Haftung der Mittelsperson ein Haftungsinstrument eigener Art, die auch¹⁴⁷, aber nicht nur den Unterlassungsanspruch umfasst. Denn beim Anspruch gegen die Mittelsperson geht es darum, die Rechtsverletzung abzustellen und künftig zu verhindern. Es sind daher auch präventive Maßnahmen möglich.¹⁴⁸ Diese Maßnahmen müssen gerecht, verhältnismäßig, wirksam und abschreckend sein.¹⁴⁹ Allerdings dürfen die Ansprüche nicht grundsätzlich Schranken für den rechtmäßigen Handel mit bestimmten Markenprodukten errichten.¹⁵⁰

> So kann es etwa im Falle einer Onlinehandelsplattform eine geeignete Maßnahme sein, einen Verkäufer rechtsverletzender Ware von der Plattform auszuschließen. Ebenso gewährt Art. 11 S. 3 DurchsetzungsRL einen Anspruch eines Markeninhabers darauf, dass die gewerblichen Nutzer ein Impressum bereitstellen.¹⁵¹

Ungeachtet dessen will der BGH¹⁵² bislang noch die Haftung der Mittelsperson durch seine hergebrachten Grundsätze zur Störerhaftung ausfüllen.¹⁵³ Als Störer kann hierbei für eine Verletzung absoluter Rechte¹⁵⁴ auf Unterlassung in Anspruch genommen werden, wer – ohne Täter oder Teilnehmer zu sein – in irgendeiner Weise willentlich und adäquat kausal zur (schuldhaften¹⁵⁵) Verletzung eines geschützten Gutes beiträgt.¹⁵⁶ Die Störerhaftung gilt nicht nur für Ansprüche aus nationalen Kennzeichenrechten, sondern findet auch auf die autonome Regelung des Unterlassungsanspruchs aus einer Unionsmarke gemäß Art. 130 I UMV Anwendung.¹⁵⁷ Auch kann der Störer auch dann vorbeugend auf Unterlassung in Anspruch genommen werden, wenn es noch nicht zu einer Verletzung des geschützten Rechts gekommen ist, jedoch der potentielle Störer eine Erstbegehungsgefahr begründet.¹⁵⁸ 30

Weil die Störerhaftung nicht über Gebühr auf Dritte erstreckt werden darf, die nicht selbst die rechtswidrige Beeinträchtigung vorgenommen haben, setzt die Haf- 31

---

146 Insbesondere BGH I ZR 35/04 v. 19.4.2007 *Internet-Versteigerung II*, Tz. 37 f., unter Hinweis auf die Gesetzesbegründung in BR-Drucks. 64/07, S. 70, 75.
147 Vgl. EuGH C-324/09 v. 12.7.2011 *L'Oréal/eBay*, Tz. 127 u. 131.
148 EuGH C-324/09 v. 12.7.2011 *L'Oréal/eBay*, Tz. 128 ff.
149 EuGH C-324/09 v. 12.7.2011 *L'Oréal/eBay*, Tz. 136.
150 EuGH C-324/09 v. 12.7.2011 *L'Oréal/eBay*, Tz. 140.
151 EuGH C-324/09 v. 12.7.2011 *L'Oréal/eBay*, Tz. 141 f.; überholt BGH I ZR 139/08 v. 22.7.2010 *Kinderhochstühle im Internet I*.
152 BGH I ZR 35/04 v. 19.4.2007 *Internet-Versteigerung II*, Tz. 37 f., unter Hinweis auf BR-Drucks. 64/07, S. 70, 75.
153 Letztlich wird selbstverständlich der EuGH die Haftungsgrundsätze und den Begriff der Mittelsperson klären müssen; zum Ganzen auch *Lehment*, WRP 2012, 149.
154 Vgl. BGH I ZR 249/03 v. 14.6.2006 *Stadt Geldern*, Tz. 13.
155 So dezidiert BGH I ZR 35/04 v. 19.4.2007 *Internet-Versteigerung II*, Tz. 48.
156 BGHZ 148, 13, 17 *ambiente.de*; BGHZ 158, 236, 251 *Internet-Versteigerung I*; BGH GRUR 2002, 618, 619 *Meißner Dekor I*, m. w. N.; BGH I ZR 35/04 v. 19.4.2007 *Internet-Versteigerung II*, Tz. 40; BGH I ZR 73/05 v. 30.4.2008 *Internet-Versteigerung III*, Tz. 50; BGH I ZR 155/09 v. 18.11.2010 *Sedo*, Tz. 37; BGH I ZR 57/09 v. 17.8.2011 *Stiftparfüm*, Tz 20; BGH I ZR 131/10 v. 27.10.2011 *regierung-oberfranken.de*, Tz. 21; BGH I ZR 216/11 v. 16.5.2013 *Kinderhochstühle im Internet II*, Tz. 34; BGH I ZR 140/14 v. 3.3.2016 *Angebotsmanipulation bei Amazon*, Tz. 16.
157 BGH I ZR 35/04 v. 19.4.2007 *Internet-Versteigerung II*, Tz. 34 ff.
158 BGH I ZR 35/04 v. 19.4.2007 *Internet-Versteigerung II*, Tz. 41, in Abgrenzung von BGH GRUR 1991, 540, 541 *Gebührenausschreibung*.

tung des Störers nach der Rechtsprechung des BGH die Verletzung von Prüfungspflichten voraus. Deren Umfang bestimmt sich danach, ob und inwieweit dem als Störer in Anspruch Genommenen nach den Umständen eine Prüfung zuzumuten ist.[159] Dabei sind Funktion und Aufgabenstellung des in Anspruch Genommenen ebenso zu berücksichtigen wie die Eigenverantwortung desjenigen, der die rechtswidrige Beeinträchtigung selbst unmittelbar vorgenommen hat.[160] Es gilt der Verhältnismäßigkeitsgrundsatz.[161]

Störer – unter Umständen, etwa bei Maßnahmen, die typischerweise auf Geschäftsführerebene entschieden werden,[162] aber sogar Täter[163] – kann daher etwa der Geschäftsführer eines Unternehmens sein, das Kennzeichen verletzt und der von der Verletzung Kenntnis und die Möglichkeit hatte, sie zu verhindern.[164] Bei Presseunternehmen verneint die Rechtsprechung demgegenüber außer bei groben, unschwer zu erkennenden Rechtsverletzungen Prüfungspflichten.[165] Gleiches gilt für Herausgeber von Telekommunikationsverzeichnissen.[166] Auch ein Transportunternehmen wird im Normalfall ohne positive Kenntnis davon, dass sein Transportgut Rechte Dritter verletzt, nicht Störer sein.[167] Gleiches gilt regelmäßig für den administrativen Ansprechpartner (Admin-C) bei einer Domainregistrierung, solange keine besonderen gefahrerhöhenden Umstände vorliegen;[168] eine Prüfungspflicht kann sich jedoch ausnahmsweise ergeben, wenn gefahrerhöhende Umstände vorliegen, weil der im Ausland ansässige Anmelder (möglicherweise ein Domaingrabber) freiwerdende Domainnamen jeweils in einem automatisierten Verfahren ermittelt und registriert und der Admin-C sich dementsprechend pauschal zur Administration bereiterklärt hat.[169] Eine abstrakte Gefahr, die mit der Registrierung einer Vielzahl von Domainnamen verbunden sein kann, reicht demgegenüber nicht aus.[170] Ein File-Hosting-Dienst ist zur Kontrolle verpflichtet, wenn er durch sein Geschäftsmodell Rechtsverletzungen in erheblichem Umfang Vorschub leistet.[171]

---

159 BGH I ZR 35/04 v. 19.4.2007 *Internet-Versteigerung II*, Tz. 40, m. w. N., auch Tz. 51; BGH I ZR 73/05 v. 30.4.2008 *Internet-Versteigerung III*, Tz. 50; BGH I ZR 57/09 v. 17.8.2011 *Stiftparfüm*, Tz 20; BGH I ZR 216/11 v. 16.5.2013 *Kinderhochstühle im Internet II*, Tz. 34; BGH I ZR 140/14 v. 3.3.2016 *Angebotsmanipulation bei Amazon*, Tz. 16.
160 BGHZ 148, 13, 17 *ambiente.de*; BGH I ZR 150/09 v. 9.11.2011 *Basler Haar-Kosmetik*, Tz. 51; BGH I ZR 140/14 v. 3.3.2016 *Angebotsmanipulation bei Amazon*, Tz. 16.
161 BGH I ZR 140/14 v. 3.3.2016 *Angebotsmanipulation bei Amazon*, Tz. 26, m. w. N.
162 BGH I ZR 124/11 v. 27.11.2014 *Videospiel-Konsolen II*, Tz. 83.
163 BGH I ZR 108/09 v. 17.8.2011 *TÜV II*, Tz. 70 f.; BGH I ZR 6/10 v. 6.10.2011 *Echtheitszertifikat*, Tz. 28 u. 30; BGH I ZR 86/10 v. 19.4.2012 *Pelikan*, Tz. 36; BGH I ZR 253/14 v. 12.1.2017 *World of Warcraft II*, Tz. 110; OLG Hamburg GRUR-RR 2006, 182 *Miss 17*; ebenso zum Patentrecht BGH X ZR 30/14 v. 15.12.2015 *Glasfasern II*; einschränkend im Wettbewerbsrecht, soweit Verhaltensunrecht betroffen ist BGH I ZR 242/12 v. 18.6.2014 *Geschäftsführerhaftung*.
164 BGH GRUR 1986, 248, 250 f. *Sporthosen*, m. w. N.; BGH I ZR 124/11 v. 27.11.2014 *Videospiel-Konsolen II*; zur Unzulässigkeit der Festsetzung eines Ordnungsmittels gegen den Geschäftsführer, wenn nur die Gesellschaft einem Unterlassungstitel zuwider gehandelt hat: BGH I ZB 43/11 v. 12.1.2012.
165 Zum Urheberrecht BGH GRUR 1999, 418 *Möbelklassiker*.
166 BGH I ZR 249/03 v. 14.6.2006 *Stadt Geldern*, Tz. 14.
167 Vgl. OLG Hamburg MarkenR 2007, 395 *YU-GI-OH!-Karten*.
168 BGH I ZR 150/09 v. 9.11.2011 *Basler Haar-Kosmetik*, Tz. 48 ff.; BGH I ZR 150/11 v. 13.12.2012 *dlg.de*, Tz. 20.
169 BGH I ZR 150/09 v. 9.11.2011 *Basler Haar-Kosmetik*, Tz. 48 ff.
170 BGH I ZR 150/11 v. 13.12.2012 *dlg.de*.
171 BGH I ZR 80/12 v. 15.8.2013 *File-Hosting-Dienst*.

Besonderheiten gelten demgegenüber bei der DENIC. Die DENIC nämlich hat **32** der BGH im Ergebnis – außer nach Hinweis bei offenkundig rechtswidrigem Handeln – von Unterlassungsansprüchen freigestellt;[172] hier ist lediglich offen, ob und gegebenenfalls in welchem Umfang die DENIC verpflichtet ist, dafür Sorge zu tragen, dass nicht durch eine erneute Registrierung derselben oder einer ähnlichen Domain für den früheren Inhaber einer gesperrten Domain Rechte desjenigen verletzt werden, der die Sperrung veranlasst hat.[173]

> Eine offenkundige Rechtsverletzung liegt etwa vor, wenn ein in Panama ansässiges Unternehmen die Domain regierung-oberfranken.de anmeldet. Zeigt der Verletzte der DENIC einen solchen Verstoß an, haftet die DENIC als Störerin auf Unterlassen.[174]

Weitere Besonderheiten gelten bei sogenannten Diensteanbietern im Rahmen elektronischer Informations- und Kommunikationsdienste (Art. 2 Buchst. a der Richtlinie 2000/31[175], § 2 Nr. 1 TMG). Bei Diensteanbietern greift nämlich zwar grundsätzlich das Haftungsprivileg des § 8 TMG ein, das den Diensteanbieter, der fremde Informationen für einen Nutzer speichert (»Hosting«), von einer Verantwortlichkeit freistellt. Erst wenn daher einem Diensteanbieter ein Fall einer Markenverletzung bekannt wird, muss er nicht nur das konkrete Angebot unverzüglich sperren, sondern auch technisch mögliche und zumutbare Maßnahmen ergreifen, um Vorsorge dafür zu treffen, dass es nicht zu weiteren entsprechenden Markenverletzungen kommt.[176] Die Haftung greift also nur ein, soweit der Diensteanbieter keine zumutbaren Kontrollmaßnahmen ergreift, während ein Verstoß gegen das Unterlassungsgebot nicht gegeben ist, wenn schon keine Markenverletzungen vorliegen oder die Markenverletzungen nicht mit zumutbaren Filterverfahren und eventueller anschließender manueller Kontrolle der dadurch ermittelten Treffer erkennbar sind.[177] Entsprechendes gilt für den vorbeugenden Unterlassungsanspruch.[178] Dabei trifft den Angreifer zwar grundsätzlich die Darlegungs- und Beweislast dafür, dass es dem Betreiber technisch möglich und zumutbar war, nach dem ersten Hinweis auf eine Verletzung des Schutzrechts weitere von Nutzern der Plattform begangene Verletzungen zu verhindern. Da der Angreifer aber regelmäßig über entsprechende Kenntnisse nicht verfügt, trifft den Betreiber die sekundäre Darlegungslast; ihm obliegt es daher, im Einzelnen vorzutragen, welche Schutzmaßnahmen er ergreifen kann und weshalb ihm – falls diese Maßnahmen keinen lücken- **33**

---

172 BGHZ 148, 13, 18 *ambiente.de*; BGH GRUR 2004, 619, 620 f. *kurt-biedenkopf.de*; BGH I ZR 131/10 v. 27.10.2011 *regierung-oberfranken.de*.
173 BGH GRUR 2004, 619, 621 *kurt-biedenkopf.de*.
174 BGH I ZR 131/10 v. 27.10.2011 *regierung-oberfranken.de*.
175 Richtlinie 2000/31/EG des Europäischen Parlaments und des Rates vom 8. Juni 2000 über bestimmte rechtliche Aspekte der Dienste der Informationsgesellschaft, insbesondere des elektronischen Geschäftsverkehrs, im Binnenmarkt (»Richtlinie über den elektronischen Geschäftsverkehr«) (ABl. L 178, S. 1).
176 BGHZ 158, 236, 237 u. 246 ff. u. 251 f. *Internet-Versteigerung I*; BGH I ZR 35/04 v. 19.4.2007 *Internet-Versteigerung II*, Tz. 17 u. 45 sowie zu den Einzelheiten Tz. 47; BGH I ZR 73/05 v. 30.4.2008 *Internet-Versteigerung III*, Tz. 38 u. 51; BGH I ZR 216/11 v. 16.5.2013 *Kinderhochstühle im Internet II*, Tz. 36.
177 BGH I ZR 73/05 v. 30.4.2008 *Internet-Versteigerung III*, Tz. 53.
178 BGH I ZR 35/04 v. 19.4.2007 *Internet-Versteigerung II*, Tz. 19.

sen Schutz gewährleisten – weitergehende Maßnahmen nicht zuzumuten sind.[179] Seit dem 13.10.2017 existiert außerdem ein Anspruch auf Sperrung der rechtsverletzenden Seite gemäß § 7 IV TMG.[180]

34 Ob ein Unternehmen als Diensteanbieter zu qualifizieren ist, lässt sich dabei nicht pauschal beantworten, sondern hängt vom konkreten Angebot im Einzelfall ab. Nach dem 42. Erwägungsgrund der Richtlinie 2000/31 kommt es darauf an, ob die Tätigkeit »rein technischer, automatischer und passiver Art« ist, was bedeutet, dass der Anbieter »weder Kenntnis noch Kontrolle über die weitergeleitete oder gespeicherte Information besitzt«.[181] Entscheidend ist also, ob der Diensteanbieter »Vermittler« ist. Dies ist nicht der Fall, wenn der Anbieter des Dienstes, anstatt sich darauf zu beschränken, diesen mittels rein technischer und automatischer Verarbeitung der von seinen Kunden eingegebenen Daten neutral zu erbringen, eine aktive Rolle spielt, die ihm eine Kenntnis dieser Daten oder eine Kontrolle über sie verschaffen konnte.[182]

> Ein Access-Provider ist jedenfalls Diensteanbieter.[183] Dies kann auch für einen Anonymisierungsdienst gelten, der es ermöglicht, Internetadressen anonym zu verwenden.[184] Im Falle einer Internetsuchmaschine kommt es daher darauf an, welche Beiträge die Suchmaschine leistet. Weder eine Gewinnerzielungsabsicht, noch der Einfluss auf die Reihenfolge geschalteter Anzeigen steht dabei der Qualifizierung als Dienst der Informationsgesellschaft entgegen. Nimmt aber die Suchmaschine Einfluss auf den Anzeigentext oder auf die Auswahl der Suchwörter, so genießt sie nicht das Haftungsprivileg.[185] Gleiches gilt für einen Anbieter, der Domains für Kunden zwischenparkt und dabei automatisiert Werbung auf den Internetseiten einblenden lässt.[186] Eine Internetverkaufsplattform haftet nicht, solange sie nur die Modalitäten für ihren Dienst festlegt, für diesen eine Vergütung erhält und ihren Kunden Auskünfte allgemeiner Art erteilt; leistet sie hingegen darüber hinausgehend ihren Kunden Hilfestellung, so haftet sie; dies etwa, wenn sie hilft, die Präsentation der betreffenden Verkaufsangebote zu optimieren oder diese Angebote zu bewerben.[187] Hat sich der Anbieter hingegen die Inhalte auf seiner Internetseite zu Eigen gemacht, so haftet er nach allgemeinen Regeln.[188]

35 Hat der Diensteanbieter Kenntnis der Umstände, die die Verletzungshandlung begründen, so haftet er. Dabei greift die Haftung schon dann, wenn er sich etwaiger Tatsachen oder Umstände bewusst war, auf deren Grundlage ein sorgfältiger Wirtschaftsteilnehmer die in Rede stehende Rechtswidrigkeit hätte feststellen müssen.

---

179 BGH I ZR 227/05 v. 10.4.2008 *Namensklau im Internet*, m. w. N.
180 Vgl. dazu BGH I ZR 64/17 v. 26.7.2018 *Dead Island*.
181 Auch EuGH C-236/08 bis 238/08 v. 23.3.2010 *Google France*, Tz. 113.
182 EuGH C-324/09 v. 12.7.2011 *L'Oréal/eBay*, Tz. 112 f.; BGH I ZR 216/11 v. 16.5.2013 *Kinderhochstühle im Internet II*, Tz. 37.
183 Zur Haftung BGH I ZR 174/14 v. 26.11.2015 *Störerhaftung des Access-Providers*.
184 EuGH C-521/17 v. 7.8.2018 *Coöperatieve Vereniging SNB-REACT*.
185 EuGH C-236/08 bis 238/08 v. 23.3.2010 *Google France*, Tz. 115 ff.
186 BGH I ZR 155/09 v. 18.11.2010 *Sedo*, Tz. 35 ff.
187 EuGH C-324/09 v. 12.7.2011 *L'Oréal/eBay*, Tz. 115 f.; auch BGH I ZR 57/09 v. 17.8.2011 *Stiftparfüm*, Tz 21 ff., wo allerdings entgegen EuGH – wohl dem weitgreifenden Kostenerstattungsanspruch des deutschen Rechts geschuldet – ein Unterlassungsanspruch erst im Wiederholungsfall anerkannt wird; dazu auch die Entscheidung zur Anhörungsrüge BGH I ZR 57/09 v. 10.5.2012; strenger nun zum Urheberrecht BGH I ZR 216/11 v. 16.5.2013 *Kinderhochstühle im Internet II*, Tz. 53 ff.
188 Vgl. zum Urheberrecht BGH I ZR 166/07 v. 12.11.2009 *marions-kochbuch.de*.

Dabei kommt es nicht darauf an, ob er die fraglichen Umstände aufgrund eigener Prüfung weiß oder ob sie ihm angezeigt werden.[189]

Hinter dem Haftungsprivileg stehen letztlich rechtspolitische Überlegungen: Der Internethandel soll nicht über Gebühr beeinträchtigt werden, weil gerade der Internethandel oft in der Lage ist, einen innergemeinschaftlichen Handel zu ermöglichen und zu fördern. Andererseits dürfen dabei auch volkswirtschaftliche Überlegungen nicht aus dem Blick geraten. Denn für den Diensteanbieter ist eine Überwachung seines Marktplatzes mit viel geringerem Aufwand möglich als für die einzelnen betroffenen Markeninhaber. Der Diensteanbieter verfügt nämlich ohnehin über die einschlägigen Daten und kann mit diesen ohne weiteres operieren. Dagegen müssen die Markeninhaber diese jeweils erst aufwändig ermitteln und zu einem Gesamtbild zusammenfügen. Dies führt nicht nur zu einem viel größeren Aufwand bei jedem einzelnen Markeninhaber; vielmehr wird der Aufwand außerdem dadurch vervielfacht, dass jeder einzelne Markeninhaber für sich den Marktplatz kontrollieren muss, während dem Diensteanbieter eine zentrale Überwachung für alle betroffenen Markeninhaber möglich wäre. Im Ergebnis bedeutet dies in rechtlicher Hinsicht dreierlei, wenn man den volkswirtschaftlichen Schaden begrenzen will: Erstens genügen auch kleine Beiträge des Diensteanbieters im Sinne einer aktiven Rolle, um ihm das Haftungsprivileg zu nehmen. Zweitens sind die Anforderungen an die Kenntnis des Dienstanbieters nicht zu überspannen. Und drittens ist vom Dienstanbieter nach bereits erfolgten Verletzungshandlungen eine strenge Kontrolle zu fordern, künftig auch nur ähnliche Rechtsverletzungen zu verhindern. 36

Kein Haftungsprivileg genießt schließlich derjenige, der einen Hyperlink auf eine Website mit rechtswidrigen Inhalten setzt. Er haftet nach den allgemeinen Bestimmungen.[190] Macht sich derjenige, der den Hyperlink setzt, die Inhalte, auf die er verweist, zu eigen, haftet er dafür wie für eigene Informationen.[191] 37

5. Pflicht zur Störungsbeseitigung und Rückrufanspruch als Teil des Unterlassungsanspruchs

In jüngster Zeit macht der BGH Ernst mit dem Ansatz, dass der Unterlassungsanspruch auch bestimmte Maßnahmen der Störungsbeseitigung umfasse.[192] Insbesondere seien rechtsverletzende, bereits an den Handel verkaufte Produkte zurückzurufen.[193] Denn die Verpflichtung zur Unterlassung einer Handlung, durch die ein fortdauernder Störungszustand geschaffen wurde, sei mangels abweichender Anhaltspunkte regelmäßig dahin auszulegen, dass sie nicht nur die Unterlassung derartiger Handlungen, sondern auch die Vornahme möglicher und zumutbarer 38

---

189 EuGH C-324/09 v. 12.7.2011 *L'Oréal/eBay*, Tz. 118 ff.
190 Vgl. im Einzelnen BGH I ZR 74/14 v. 18.6.2015 *Haftung für Hyperlink*.
191 BGH I ZR 102/05 v. 18.10.2007 *ueber18.de*; BGH I ZR 74/14 v. 18.6.2015 *Haftung für Hyperlink*.
192 BGH I ZR 109/14 v. 19.11.2015 *Hot Sox*, Tz. 34, m. w. N.; BGH I ZB 34/15 v. 29.9.2016 *Rescue Tropfen*.
193 BGH I ZR 109/14 v. 19.11.2015 *Hot Sox*, Tz. 35; BGH I ZB 34/15 v. 29.9.2016 *Rescue Tropfen*; I ZB 34/15 v. 27.4.2017; I ZB 96/16 v. 11.10.2017 *Produkte zur Wundversorgung*, Tz. 20; zur Pflicht, Rechtsverletzungen aus dem Cache von Suchmaschinen zu beseitigen OLG Stuttgart 2 W 40/15 v. 10.9.2015.

Handlungen zur Beseitigung des Störungszustands umfasst.[194] Zuvor war in der Rechtsprechung anerkannt, dass beim Rückrufanspruch als Ausprägung des allgemeinen Anspruchs auf Beseitigung nur der Rückruf von Sachen in Betracht kommt, die sich noch in der Verfügungsgewalt des Anspruchsschuldners befinden, da ein weiterer Rückruf unzumutbar wäre.[195] Demgegenüber setze nun die Verpflichtung des Unterlassungsschuldners, bereits ausgelieferte Produkte zurückzurufen, nicht einmal voraus, dass ihm gegen seine Abnehmer rechtlich durchsetzbare Ansprüche auf Unterlassung der Weiterveräußerung oder auf Rückgabe dieser Produkte zustehen; er sei jedenfalls verpflichtet, im Rahmen des Möglichen und Zumutbaren auf Dritte einzuwirken, soweit dies zur Beseitigung eines fortdauernden Störungszustands erforderlich ist.[196] Nur für das Handeln selbständiger Dritter besteht normalerweise keine Haftung.[197] Auch wird kein Erfolg des Rückrufs geschuldet.[198]

> So sind etwa die Anforderungen an eine Störungsbeseitigung im Internet streng: So muss etwa eine Rundfunkanstalt einen rechtsverletzenden Fernsehbeitrag nicht nur aus ihrer Mediathek entfernen, sondern auch durch Einwirkung auf gängige Suchmaschinen dafür Sorge tragen, dass der Beitrag nicht weiter aus dem Cache der Suchmaschinen abgerufen werden kann. Ihre Unterlassungspflicht ist erst dann nicht verletzt, wenn der Beitrag weiter im Internet abrufbar ist, weil ein Dritter, dessen Handeln der Rundfunkanstalt nicht wirtschaftlich zugutekommt, den Beitrag selbständig in einem Internetvideoportal veröffentlicht hat.[199]

39 Für den Unterlassungsanspruch im einstweiligen Rechtsschutz hat der BGH etwas modifizierte Regeln aufgestellt: Auch im Verfügungsverfahren umfasse die Unterlassungsverpflichtung die Vornahme möglicher und zumutbarer Handlungen zur Beseitigung des Störungszustands. Eine im Verfügungsverfahren grundsätzlich unzulässige Vorwegnahme der Hauptsache liege regelmäßig dann nicht vor, wenn der Schuldner die von ihm vertriebenen Waren aufgrund der gegen ihn ergangenen einstweiligen Verfügung nicht bei seinen Abnehmern zurückzurufen, sondern diese lediglich aufzufordern hat, die erhaltenen Waren im Hinblick auf die einstweilige Verfügung vorläufig nicht weiterzuvertreiben.[200]

40 Ob im Einzelfall ein Rückrufanspruch besteht, sei durch Auslegung des Unterlassungstitels zu bestimmen.[201] Der Gläubiger habe es damit in der Hand, schon im Zuge der Antragstellung klarzustellen, dass er den Rückrufanspruch nicht vom Unterlassungsanspruch umfasst wissen will. Im Übrigen hänge die Auslegung von der Fallgestaltung ab.

---

194 BGH I ZR 250/12 v. 30.7.2015 *Piadina-Rückruf*, Tz. 28 f.; BGH I ZR 109/14 v. 19.11.2015 *Hot Sox*, Tz. 34; BGH I ZB 34/15 v. 29.9.2016 *Rescue Tropfen*, Tz. 24; BGH I ZR 208/15 v. 4.5.2017 *Luftentfeuchter*, Tz. 26; BGH I ZB 86/17 v. 12.7.2018 *Wirbel um belasteten Bauschutt*, Tz. 9; BGH I ZB 96/16 v. 11.10.2017 *Produkte zur Wundversorgung*, Tz. 19, jeweils m. w. N.
195 Vgl. die Nachweise bei *Goldmann*, GRUR 2016, 724, 725.
196 BGH I ZR 208/15 v. 4.5.2017 *Luftentfeuchter*; BGH I ZB 86/17 v. 12.7.2018 *Wirbel um belasteten Bauschutt*, Tz. 11.
197 BGH I ZB 86/17 v. 12.7.2018 *Wirbel um belasteten Bauschutt*, Tz. 19, m. w. N.
198 BGH I ZB 96/16 v. 11.10.2017 *Produkte zur Wundversorgung*, Tz. 33.
199 BGH I ZB 86/17 v. 12.7.2018 *Wirbel um belasteten Bauschutt*.
200 BGH I ZB 96/16 v. 11.10.2017 *Produkte zur Wundversorgung*.
201 Vgl. BGH I ZB 96/16 v. 11.10.2017 *Produkte zur Wundversorgung*, Tz. 21 ff.

Obwohl daher etwa im einstweiligen Rechtsschutz regelmäßig kein Rückruf, sondern nur Information der Abnehmer geschuldet werde, könne im Einzelfall etwas anderes gelten. Dies sei dann der Fall, wenn der Schuldner versucht hat, sich seiner Unterlassungspflicht durch die schnelle Weiterveräußerung der fraglichen Waren faktisch zu entziehen oder wenn ein Fall von Produktpiraterie vorliegt.[202]

Die Rückrufpflicht als Teil des Unterlassungsanspruchs hat nicht nur für den Verletzer drastische Auswirkungen, weil er in die Kundenbeziehung eingreifen muss. Vielmehr stellt die Rückrufpflicht auch den Rechteinhaber vor Probleme, weil der durch den Unterlassungsanspruch mit Rückruf beim Verletzer verursachte Schaden um ein Vielfaches höher sein kann als beim lediglich in die Zukunft gerichteten Unterlassungsanspruch. Neben diesen praktischen Erwägungen ist die Rückrufpflicht ist aus einer ganzen Reihe von Gründen abzulehnen:[203] In § 18 MarkenG ist der Rückrufanspruch ausdrücklich geregelt, so dass der Ansatz des BGH der Gesetzessystematik widerspricht. Die traditionelle Rechtsprechung zur Störungsbeseitigung ist heute im Lichte der DurchsetzungsRL zu sehen; auch dort ist der Rückruf in Art. 10 eigens geregelt. Im einstweiligen Rechtsschutz läuft der Rückruf als Teil des Unterlassungsanspruchs auf eine Vorwegnahme der Hauptsache hinaus. Ferner ist in der Rechtsprechung anerkannt, dass im einstweiligen Rechtsschutz eine Aufbrauchfrist zu erwägen ist; eine Pflicht zum Rückruf konterkariert die Aufbrauchfrist. Es bleibt zu hoffen, dass der BGH den eingeschlagenen Weg schnellstmöglich verlässt oder dass ein Instanzgericht dem EuGH die relevanten Fragen – z.B. beim harmonisierten Unterlassungsanspruch aus der Unionsmarke – zur Vorabentscheidung vorlegt. 41

II. Löschungsanspruch und Nichtkeitsanspruch

Ein für alle Kennzeichenarten einheitlicher »Löschungsanspruch« existiert nicht. Vielmehr unterscheidet sich die Rechtslage danach, was (Marke oder Handelsregistereintragung) aus welchem Grund gelöscht bzw. für nichtig erklärt werden soll. 42

Der Löschungsanspruch gegen eine Unionsmarke oder eine IR-Marke mit Schutz für die Union ist in aller Regel nach Art. 63 UMV vor dem EUIPO geltend zu machen.[204] Nur ausnahmsweise ist die Löschung in Unionsmarkenstreitigkeiten im Wege der Widerklage auch vor den ordentlichen Gerichten möglich (Art. 128 UMV).[205] 43

Der Anspruch auf Löschung der Eintragung einer deutschen Marke wegen fehlender Markenfähigkeit, fehlender Markenregisterfähigkeit oder absoluten Schutz- 44

---

202 BGH I ZB 96/16 v. 11.10.2017 *Produkte zur Wundversorgung*, Tz. 36.
203 Hierzu auch OLG Frankfurt a.M. 6 U 197/16 v. 23.11.2017 *Nickelfreie Edelstahlschließen*; *Goldmann*, GRUR 2016, 724; *Keller*, GRUR 2017, 783; *Sakowski*, GRUR 2017, 355; *Dissmann*, MarkenR 2017, 293; *Meinhardt*, WRP 2018, 527; vgl. auch EuGH C-179/15 v. 3.3.2016, Tz. 34.
204 Für den Antrag existieren auf der Seite des Amts euipo.europa.eu Formulare.
205 Zur Widerklage EuGH C-425/16 v. 16.10.2017 *Hansruedi Raimund*; vgl. auch BGH GRUR 2000, 1032, 1034 *EQUI 2000*; problematisch OLG Hamburg 3 U 282/99 v. 20.6.2002 *VISA*.

hindernissen kann nach §§ 50, 54 MarkenG (nur) beim DPMA[206] geltend gemacht werden, während die Klage auf Löschung wegen des Bestehens älterer Rechte (§ 51 MarkenG) vor den ordentlichen Gerichten zu führen ist (§ 55 I MarkenG).[207] Eine Ausnahme bildet die Löschung wegen bösgläubiger Anmeldung (§ 55 I, § 51 IV Nr. 2, § 50 I Nr. 4 MarkenG), die sowohl beim DPMA als auch als Anspruch aus § 3 UWG vor den ordentlichen Gerichten geltend gemacht werden kann.[208] Beim Löschungsanspruch wegen Verfalls schließlich kann der Klage vor den ordentlichen Gerichten (§ 55 MarkenG)[209] ein Antrag beim DPMA vorgeschaltet werden (§ 53 MarkenG). Entsprechendes gilt in allen Fällen für eine internationale Registrierung, die Schutz für Deutschland genießt.[210]

45 Der Löschungsanspruch wegen absoluter Schutzhindernisse ist nach § 50 II, III MarkenG an die Einhaltung bestimmter Fristen gebunden, innerhalb derer das Nichtigkeitsverfahren eingeleitet werden muss.[211] Im Referentenentwurf des Markenrechtsmodernisierungsgesetzes war vorgesehen, diese Fristen zu streichen; nach Intervention mehrerer Verbände wurde blieben die Fristen denn auch im zuletzt geleakten modifizierten Entwurf bestehen. Dabei würde die Streichung zu Recht erfolgen. Denn Art. 4 I MRR ordnet ganz allgemein an, dass Zeichen oder Marken, bei denen ein absolutes Schutzhindernis eingreift, von der Eintragung ausgeschlossen sind oder im Falle ihrer bereits erfolgten Eintragung der Ungültigerklärung unterliegen.[212] Auch harmonisiert Art. 45 MRR nun das Nichtigkeitsverfahren selbst, ohne dort Ausschlussfristen vorzusehen.[213] Wegen des abschließenden Charakters der MRR[214] dürfte sich die Umsetzung durch den deutschen Gesetzgeber – soweit Fristen vorgesehen sind – nicht mehr im Rahmen der Richtlinie bewegen; insbesondere dürfte es sich bei der Regelung wegen ihrer materiellrechtlichen Auswirkungen ohnehin nicht um eine Verfahrensbestimmung handeln. § 50 MarkenG ist daher durch den Gesetzgeber anzupassen, vor der Anpassung richtlinienkonform auszulegen.[215] Solange keine Anpassung erfolgt ist könnte eine Differenzierung der Begriffe Ungültigerklärung (so die MRR) und Löschung (so das MarkenG) Spielraum für eine richtlinienkonforme Auslegung bieten. Die betroffene Marke würde wegen § 50 II, III MarkenG zwar nicht gelöscht, wohl aber in einem

---

206 Für den Antrag existieren auf der Seite des Amts www.dpma.de Formulare.
207 BGH GRUR 1998, 412, 413 f. *Analgin*, unter Hinweis auf BT-Drucks. 12/6581, 57 = BlPMZ 1994, Sonderheft, 51.
208 BGH GRUR 2000, 1032, 1034 *EQUI 2000*, m. w. N.; auch BGH I ZR 107/10 v. 30.1.2014 *H 15*, Tz. 22 f., auch zur Rückwirkung der Löschungsentscheidung.
209 Zur Darlegungs- und Beweislast BGH I ZR 167/05 v. 10.4.2008 *LOTTOCARD*.
210 So unter Hinweis auf Art. 16 Nr. 4 EuGVÜ und Art. 22 Nr. 4 EuGVVO zur Löschung wegen älterer Rechte: BGH I ZR 96/03 v. 30.3.2006 *TOSCA BLUE*, Tz. 11; BGH I ZR 75/15 v. 2.6.2016 *Wunderbaum II*, Tz. 10.
211 Vgl. auch BGHZ 156, 112, 118 *Kinder I*.
212 Entsprechendes regeln Art. 8, 59 UMV.
213 So auch der Referentenentwurf des Markenrechtsmodernisierungsgesetzes zu Nummer 30.
214 Vgl. EuGH C-363/99 v. 12.2.2004 *Postkantoor*, Tz. 122 f., unter Hinweis auf den 8. Erwägungsgrund der MRR (2008).
215 Entsprechend zur Richtlinie 93/13/EWG des Rates vom 5.4.1993 über missbräuchliche Klauseln in Verbraucherverträgen EuGH C-473/00 v. 21.11.2002 *Cofidis/Fredout*, Tz. 38; vgl. zur Fristenregelung aber auch BGH I ZB 87/14 v. 11.2.2016 *Fünf-Streifen-Schuh*, Tz. 13, wo die Richtlinienwidrigkeit nicht thematisiert wird.

Verfahren vor den ordentlichen Gerichten inter partes für ungültig erklärt.[216] Im Ergebnis würde hierdurch die Zielsetzung der MRR erreicht.

Der Antrag vor den ordentlichen Gerichten ist in der Regel auf Zustimmung des Markeninhabers zur Löschung zu richten. Die Löschungsklage wegen Schutzentziehung einer für Deutschland Schutz beanspruchenden IR-Marke ist nach §§ 115, 55 MarkenG auf eine Verurteilung zur Einwilligung[217] in die Schutzentziehung zu richten.[218]   46

> Ein typischer, gegen eine deutsche Marke gerichteter Löschungsantrag lautet daher etwa: »M wird verurteilt, gegenüber dem Deutschen Patent- und Markenamt in die Löschung seiner Marke ›Zozo van Barkhussen‹, DE 305305305 einzuwilligen.«

Die rechtskräftige Löschung einer Marke führt in einem Verletzungsprozess, der auf die Marke gestützt ist, hinsichtlich des Verbotsantrags zur Erledigung der Hauptsache. Reicht die Rückwirkung nach Art. 62 II UMV, § 52 I oder II MarkenG auf den Tag der Erhebung der Klage oder darüber hinaus zurück, ist die auf Unterlassung gerichtete Klage von Anfang an unbegründet.[219] Bei einer Klage, die auf Schadensersatz gerichtet ist, kommt es auf den Zeitraum an, für den Ersatz verlangt wird. Entsprechendes gilt für den Auskunftsanspruch. Reicht die Löschung einer Marke auf den Zeitpunkt einer Abmahnung zurück, die auf diese Marke gestützt ist, besteht kein Anspruch auf Erstattung der Abmahnkosten.[220] Zur Ermittlung des maßgeblichen Zeitpunkts der Löschung können die Urteilsgründe herangezogen werden.[221]   47

Auch der Löschungsanspruch gegen die Eintragung einer rechtsverletzenden Firma im Handelsregister ist – als Beseitigungsanspruch[222] – vor den ordentlichen Gerichten geltend zu machen.[223] Lange war unklar, ob der Anspruch gegen die Firma insgesamt in ihrer eingetragenen Form zu richten ist oder gegen den rechtsverletzenden Firmenbestandteil. Nunmehr hat der BGH klargestellt, dass Löschungsanspruch und Unterlassungsanspruch unterschiedlich zu behandeln sind: Der Antrag auf Einwilligung in die Löschung eines Firmenbestandteils geht weniger weit als der Antrag auf Einwilligung in die Löschung der vollen Firma; dagegen geht der Antrag auf Unterlassung der Nutzung eines Firmenbestandteils weiter als der Antrag auf Unterlassung der Nutzung der vollen Firma. Insbesondere folgt   48

---

216 Der Grundsatz der Bindung des Verletzungsrichters an die Eintragung (vgl. § 10 Rdn. 3) müsste hierzu durchbrochen werden, vgl. hierzu auch EuGH C-145/05 v. 27.4.2006 *Levi Strauss*, Tz. 35 ff.
217 Zum Bestimmtheitserfordernis hinsichtlich der Einwilligung: BGH I ZB 57/10 v. 19.5.2011.
218 BGH GRUR 2003, 428, 430 *BIG BERTHA*.
219 Vgl., auch zu den Kosten BGH I ZR 258/14 v. 15.12.2017 *Aquaflam*.
220 BGH I ZR 107/10 v. 30.1.2014 *H 15*, Tz. 19, m. w. N.
221 BGH I ZR 107/10 v. 30.1.2014 *H 15*, Tz. 20.
222 BGH I ZR 122/04 v. 29.3.2007 *Bundesdruckerei*, Tz. 41, m. w. N.; BGH I ZR 49/05 v. 3.4.2008 *Schuhpark*, Tz. 42.
223 BGH GRUR 2000, 605, 607 *comtes/ComTel*; BGH I ZR 171/05 v. 31.7.2008 *Haus & Grund II*, Tz. 34; BGH I ZR 21/06 v. 31.7.2008 *Haus & Grund III*, Tz. 25; anders noch BGH GRUR 1981, 60, 64 *Sitex*.

aus dem Antrag auf Löschung eines Firmenbestandteils kein Schlechthinverbot.[224] Besonderheiten können schließlich im Falle des Angriffs aus einer Marke gegen ein Unternehmenskennzeichen gelten.[225]

> Ein typischer gegen eine Handelsregistereintragung gerichteter Löschungsanspruch kann lauten: »Die Zozo van Barkhussen GmbH wird verurteilt, gegenüber dem Handelsregister des Amtsgerichts Charlottenburg in die Löschung des Firmenbestandteils ›Zozo‹ einzuwilligen.«

III. Anspruch auf Rücknahme einer Markenanmeldung

49 Einen Anspruch auf Rücknahme einer Unionsmarkenanmeldung sieht die UMV nicht vor. Da die Löschungsgründe und -verfahren in der UMV grundsätzlich abschließend geregelt sind, kann hier – außerhalb vertraglicher Ansprüche – das deutsche Recht nicht ergänzend eingreifen.[226] Entgegen Andeutungen des BGH[227] gilt dies auch für (angeblich) wettbewerbsrechtliche Ansprüche wegen bösgläubiger Markenanmeldung.

50 Demgegenüber ist ein Anspruch auf Rücknahme von Anmeldungen deutscher Marken unter dem Gesichtspunkt der Störungsbeseitigung anerkannt.[228] Der Anspruch ist auf Zustimmung zur Rücknahme der Anmeldung zu richten. Ein zuvor eingeleitetes Widerspruchsverfahren schließt das Rechtsschutzbedürfnis für eine vom Widerspruchsberechtigten daneben erhobene Klage auf Rücknahme der Anmeldung jedenfalls dann nicht aus, wenn die Rücknahmeklage außer auf das Zeichenrecht auch auf ein mit dem Zeichen gleich lautendes Firmenschlagwort gestützt werden kann.[229]

IV. Schadensersatzanspruch

1. Voraussetzungen

51 Im Verletzungsprozess wird der Verletzer meist nicht nur auf Unterlassung, sondern zugleich auf Schadensersatz (und auf Erteilung der Auskunft) verklagt. Anspruchsberechtigt ist der Markeninhaber, nach der Rechtsprechung des BGH hingegen nicht ein Lizenznehmer, der nur eine Drittschadensliquidation geltend

---

224 BGH I ZR 85/11 v. 5.12.2012 *Culinaria/Villa Culinaria*, Tz. 23 ff., unter Aufgabe von BGH I ZR 171/05 v. 31.7.2008 *Haus & Grund II*, Tz. 34; BGH I ZR 21/06 v. 31.7.2008 *Haus & Grund III*, Tz. 25.
225 Hierzu oben § 10 Rdn. 50.
226 Ebenso LG München I GRUR Int. 2002, 933 *mediantis*; *Ingerl/Rohnke*, § 125e Rz. 46; ohne Begründung a. A. OLG Hamburg 3 U 282/99 v. 20.6.2002 *VISA*.
227 BGH GRUR 2005, 581, 582 *The Colour of Elégance*.
228 Zur Rechtslage unter dem WZG: BGHZ 121, 242, 243 *TRIANGLE*; vgl. auch *Ingerl/Rohnke*, § 55 Rz. 52.
229 BGHZ 121, 242 *TRIANGLE*.

machen könne.²³⁰ Mit Blick auf die Rechtsprechung des EuGH²³¹ zum gleichgelagerten Designrecht ist dies nicht mehr zu halten. Vielmehr kann der Lizenznehmer einen eigenen Schadensersatzanspruch geltend machen. Andernfalls wäre der Lizenznehmer entgegen der von der Verordnung intendierten Stärkung des Lizenznehmers vom Markeninhaber abhängig.²³² Unabhängig davon bleibt der Markeninhaber dabei auch dann anspruchsberechtigt, wenn er eine ausschließliche Lizenz vergeben hat. Schutzrechtsinhaber und Lizenznehmer sind dabei nicht Mitgläubiger.²³³

Der Sache nach ein reduzierter²³⁴ Schadensersatzanspruch ist der Entschädigungsanspruch gemäß Art. 9 III 2 UMV. Diese Vorschrift regelt die Entschädigungen, die Dritte gegebenenfalls für Handlungen nach der Veröffentlichung der Marke, jedoch vor deren Eintragung leisten müssen.²³⁵ Für Handlungen, die vor der Veröffentlichung der Markenanmeldung vorgenommen wurden, kann keine Entschädigung verlangt werden.²³⁶ Für die Zeit danach erfasst der Begriff »angemessene Entschädigung« die Herausgabe der von Dritten durch die Nutzung dieser Marke in dem genannten Zeitraum tatsächlich erzielten Gewinne; dagegen schließt der Begriff »angemessene Entschädigung« den Ersatz des von dem Inhaber der betreffenden Marke möglicherweise erlittenen weitergehenden Schadens aus, einschließlich eines etwaigen immateriellen Schadens.²³⁷ Jedenfalls darf der Anspruch einen Schadensersatzanspruch nicht übersteigen.²³⁸ 52

Vor Erteilung der Auskunft kann der Schadensersatzanspruch nicht beziffert werden. Daher wird in der Regel zunächst die Feststellung einer Schadensersatzpflicht beantragt.²³⁹ Die Reichweite der Bindungswirkung eines solchen Feststellungsurteils ist in erster Linie der Urteilsformel zu entnehmen. Nur wenn die Urteilsformel allein nicht ausreicht, die Reichweite der Bindungswirkung zu erfas- 53

---

230 BGH I ZR 93/04 v. 19.7.2007 *Windsor Estate*, Tz. 31 ff.; BGH I ZR 33/05 v. 13.9.2007 *THE HOME STORE*, Tz. 46; BGH I ZR 24/05 v. 18.10.2007 *ACERBON*, Tz. 14 f.; BGH I ZR 106/11 v. 6.2.2013 *VOODOO*, Tz. 57; BGH I ZR 104/14 v. 30.7.2015 *Posterlounge*, Tz. 50; BGH I ZR 191/15 v. 10.11.2016 *Sierpinski-Dreieck*, Tz. 38.
231 EuGH C-419/15 v. 22.6.2016 *Thomas Philipps*, Tz. 32, auf die Vorlage OLG Düsseldorf I-20 U 70/14 v. 21.7.2015 *Waschball*.
232 EuGH C-419/15 v. 22.6.2016 *Thomas Philipps*, Tz. 31.
233 So zu technischen Schutzrechten BGH X ZR 180/05 v. 20.5.2008 *Tintenpatrone*.
234 EuGH C-280/15 v. 22.6.2016 *Nikolajeva*, Tz. 50.
235 EuGH C-542/07 P v. 11.6.2009 *Imagination Technologies*, Tz. 57.
236 EuGH C-280/15 v. 22.6.2016 *Nikolajeva*, Tz. 44 u. 59.
237 EuGH C-280/15 v. 22.6.2016 *Nikolajeva*, Tz. 59.
238 EuGH C-280/15 v. 22.6.2016 *Nikolajeva*, Tz. 55.
239 Die Möglichkeit einer Stufenklage beseitigt das Feststellungsinteresse nicht: BGH GRUR 2003, 900 *Feststellungsinteresse III*; dies gilt selbst nach rechtskräftiger Verurteilung zu Unterlassung und Auskunft: BGH I ZR 132/04 v. 28.6.2007 *INTERCONNECT/T-InterConnect*, Tz. 16 f.; nachdem Auskunft erteilt wurde, besteht dabei – außer bei frühzeitiger Umstellungsmöglichkeit im ersten Rechtszug – grundsätzlich keine Verpflichtung zur Umstellung auf eine Leistungsklage: BGH I ZR 132/04 v. 28.6.2007 *INTERCONNECT/T-InterConnect*, Tz. 18; zum Feststellungsinteresse, wenn der Verletzer lediglich den tatsächlich entstandenen Schaden ersetzen will, aber eine Verpflichtung zum Ersatz eines auf der Grundlage der Lizenzanalogie oder des Verletzergewinns berechneten Schadens nicht anerkennt: BGH GRUR 2002, 618, 619 *Meißner Dekor I*.

sen, sind der Tatbestand und die Entscheidungsgründe, erforderlichenfalls auch das Parteivorbringen, ergänzend heranzuziehen.[240] Zu beachten ist schließlich, dass von einem Unterlassungsurteil keine Bindungswirkung zugunsten des Schadensersatzanspruches ausgeht, sondern über diesen gesondert zu entscheiden ist.[241]

> Typisch ist etwa folgender Antrag: »Es wird festgestellt, dass M verpflichtet ist, allen Schaden zu ersetzen, der durch die unter Ziffer 1 [Unterlassungsantrag] bezeichneten Handlungen entstanden ist.«

54 Im Falle der Unionsmarke ist der Schadensersatzanspruch nicht europaweit einheitlich[242] und nur durch die DurchsetzungsRL hinsichtlich der Mindestanforderungen harmonisiert.[243] Allerdings beurteilen sich Ansprüche auf Auskunftserteilung und Feststellung der Schadensersatzpflicht wegen Verletzung einer Unionsmarke gemäß Art. 129 II UMV, Art. 8 II Rom-II-VO nach deutschem Recht, wenn der Ort der Verletzungshandlung in Deutschland liegt, weil die markenrechtsverletzenden Waren von einem in Deutschland ansässigen Unternehmen im Internet beworben und angeboten werden.[244] Der Anspruch ist nur im Hinblick auf die Mitgliedstaaten der Union begründet, in denen aufgrund der Verletzungshandlung ein Schaden entstanden ist.[245]

55 Voraussetzung für die Feststellung der Schadensersatzverpflichtung ist zunächst, dass eine gewisse Wahrscheinlichkeit des Eintritts eines Schadens dargelegt wird, die aber bei Markenverletzungen in aller Regel jedenfalls in der Marktverwirrung liegen wird.[246] Daneben ergibt sich der Eintritt eines Schadens im Regelfall auch daraus, dass der Verletzte den Eingriff in sein Markenrecht als vermögenswertes Recht nicht hinnehmen muss und jedenfalls Schadensersatz nach den Grundsätzen der Lizenzanalogie beanspruchen kann.[247] Auch wenn in Erschöpfungsfällen die Ware außerhalb des EWR in Verkehr gebracht worden ist, steht einer Schadensersatzpflicht nicht entgegen, dass der Markeninhaber bereits beim Inverkehrbringen ein Entgelt erhalten hat.[248] Ist im Schadensersatzprozess eine Schutzrechtsverletzung rechtskräftig bejaht worden, geht davon allerdings keine Feststellungswirkung für den Unterlassungsprozess aus und umgekehrt.[249]

---

240 BGH I ZR 135/05 v. 14.2.2008 *Schmiermittel*, m. w. N.
241 BGH I ZR 132/04 v. 28.6.2007 *INTERCONNECT/T-InterConnect*, Tz. 19.
242 BGH I ZR 33/05 v. 13.9.2007 *THE HOME STORE*, Tz. 41 ff.; zur Nichtharmonisierung entsprechender Ansprüche in der GGV EuGH C-479/12 v. 13.2.2014 *H. Gautzsch Großhandel*, Tz. 51 ff.
243 Sehr bedenklich OLG Hamburg 5 U 36/04 und 5 U 152/04 v. 27.1.2005 (nicht rechtskräftig, Az. des BGH: I ZR I 33/05), das den Schadensersatz für die gesamte Union nach deutschem Recht zusprechen will; zum Stand der Harmonisierung auch *Gedert*, Der angemessene Schadensersatz bei der Verletzung geistigen Eigentums, 2008.
244 BGH I ZR 253/14 v. 12.1.2017 *World of Warcraft II*.
245 BGH I ZR 253/14 v. 12.1.2017 *World of Warcraft II*; vgl. auch OLG Frankfurt am Main 6 U 4/15 v. 7.4.2016 *BEAUTY-TOX/BEAUTÉTOX*.
246 BGH GRUR 1999, 587, 590 *Cefallone*, m. w. N.
247 BGH I ZR 93/04 v. 19.7.2007 *Windsor Estate*, Tz. 22, m. w. N.; auch BGH I ZR 63/06 v. 18.12.2008 *Motorradreiniger*, Tz. 29.
248 BGH I ZR 272/02 v. 23.2.2006 *Markenparfümverkäufe*, Tz. 45.
249 BGHZ 150, 377 *Faxkarte*.

Dabei ist der Schadensersatzanspruch zeitlich nicht durch die vom Gläubiger 56
nachgewiesene erste Verletzungshandlung begrenzt. Vielmehr kann der Verletzer
auf Schadensersatz auch wegen solcher Handlungen in Anspruch genommen werden, die zeitlich vor der ersten nachgewiesenen Verletzungshandlung lagen.[250]
Umgekehrt muss der Verletzer ebenso für Handlungen zahlen, die er über den
Schluss der mündlichen Verhandlung hinaus in Fortführung der bereits begangenen, mit der Klage angegriffenen Handlungen begeht. Ist im Klagevorbringen oder
im Urteil nichts Gegenteiliges zum Ausdruck gebracht, ist eine Verurteilung zur
Auskunft regelmäßig im Sinne einer solchen auch in die Zukunft gerichteten Verurteilung auszulegen.[251] Auch kann die Schadensersatzpflicht wegen der Verletzung
eines Markenrechts durch gleichliegende Handlungen in der Regel bereits dann
festgestellt werden, wenn mindestens ein Verletzungsfall nachgewiesen wird. Erforderlich ist dabei allerdings, dass die Wahrscheinlichkeit einer Schädigung durch
weitere rechtlich gleich zu beurteilende Handlungen gegeben ist. Dabei muss insbesondere über alle Einwendungen, die den Bestand des Anspruchs oder seine Durchsetzbarkeit berühren, abschließend entschieden werden können.

Hat ein Verletzer also etwa Importware einer bestimmten Marke, an der die Rechte noch nicht erschöpft sind, vertrieben, so folgt hieraus nicht auch automatisch eine Schadensersatzpflicht hinsichtlich anderer Markenprodukte desselben Inhabers. Vielmehr ist insbesondere die Frage eines Verschuldens im Einzelfall gesondert zu prüfen.[252]

Der Schadensersatzanspruch setzt dabei stets schuldhaftes Verhalten voraus. Dieses 57
liegt in der Praxis jedoch meist vor. Denn im gewerblichen Rechtsschutz werden
an die Beachtung der erforderlichen Sorgfalt strenge Anforderungen gestellt. Insbesondere ist vor Benutzungsaufnahme oder Anmeldung eines Zeichens das Bestehen
älterer Rechte zu recherchieren.[253]

Dabei liegt schuldhaftes Verhalten etwa dann vor, wenn die Eintragung der älteren Marke vierzehn Tage vor Anmeldung der eigenen Marke veröffentlicht wurde.[254] Auch eine eigene ältere Marke schützt dann nicht vor dem Vorwurf, schuldhaft gehandelt zu haben, wenn diese Marke erkennbar bösgläubig angemeldet wurde.[255] Schließlich handelt schuldhaft, wer eine Suchmaschine so programmiert, dass diese automatisiert Rechtsverletzungen generiert.[256]

Auch muss ein gewerblicher Einkäufer von Markenware beim Bezug vertriebsge- 58
bundener Ware außerhalb des vom Markeninhaber organisierten Vertriebswegs
überprüfen, ob die ihm angebotene Ware bereits mit Zustimmung des Markeninhabers im EWR in den Verkehr gebracht worden ist.[257] Nach ständiger Rechtsprechung ist außerdem ein Rechtsirrtum nur dann entschuldigt, wenn der Irrende bei

---

250 BGH I ZR 93/04 v. 19.7.2007 *Windsor Estate*, Tz. 23 ff., in Abgrenzung zu BGH GRUR 1988, 307 *Gaby*; auch BGH I ZB 74/14 v. 5.3.2015 *Tonerkartuschen*, Tz. 34.
251 BGHZ 159, 66 *Taxameter* (zum Patentrecht).
252 BGH I ZR 272/02 v. 23.2.2006 *Markenparfümverkäufe*, Tz. 47 f., m. w. N.; BGH I ZR 27/03 v. 23.2.2006 *Parfümtestkäufe*, Tz. 45 u. 53 ff.
253 BGHZ 52, 359, 362 *Muschi-Blix*, m. w. N.; BGH I ZR 171/05 v. 31.7.2008 *Haus & Grund II*, Tz. 35.
254 BGH I ZR 93/04 v. 19.7.2007 *Windsor Estate*, Tz. 21.
255 BGH I ZR 63/06 v. 18.12.2008 *Motorradreiniger*, Tz. 27.
256 BGH I ZR 104/14 v. 30.7.2015 *Posterlounge*, Tz. 47.
257 BGH I ZR 272/02 v. 23.2.2006 *Markenparfümverkäufe*, Tz. 46.

Anwendung der im Verkehr erforderlichen Sorgfalt mit einer anderen Beurteilung durch die Gerichte nicht zu rechnen brauchte. Fahrlässig handelt daher, wer sich erkennbar in einem Grenzbereich des rechtlich Zulässigen bewegt, in dem er eine von der eigenen Einschätzung abweichende Beurteilung der rechtlichen Zulässigkeit des fraglichen Verhaltens in Betracht ziehen muss.[258]

> Ein Verstoß gegen die dem Handelnden obliegende Sorgfaltspflicht ist damit bei einem Rechtsirrtum daher nur dann zu verneinen, wenn es sich um die Beurteilung eines rechtlich schwierigen Sachverhalts handelt, für den die Rechtsprechung im Zeitpunkt der Zuwiderhandlung noch keine festen Grundsätze entwickelt hatte, und wenn der Handelnde sich für seine Auffassung auf namhafte Vertreter im Schrifttum und/oder auf gerichtliche Entscheidungen berufen konnte.[259] Demgegenüber ist ein Irrtum über Tatsachen eher geeignet, ein Verschulden zu beseitigen. Insbesondere ist ein Importeur von Markenware nicht ständig zu Recherchen über Löschungsangriffe gegen die entsprechenden Marken gehalten.[260]

59 Als Schuldner des deliktischen Schadensersatzanspruches kommt im gewerblichen Rechtsschutz ebenso wie im bürgerlichen Recht und Wettbewerbsrecht der Täter, Mittäter (§ 830 I 1 BGB) oder Teilnehmer (§ 830 II BGB) der unerlaubten Handlung sowie daneben derjenige in Betracht, dem das Verhalten des Handelnden zuzurechnen ist.[261]

> Ein Störer etwa, der – ohne Täter oder Teilnehmer zu sein – willentlich und adäquat kausal zur Verletzung eines geschützten Gutes oder zu einer verbotenen Handlung beigetragen hat, haftet nicht auf Schadensersatz, sondern lediglich auf Unterlassung und Beseitigung.[262]

60 Wird insbesondere die Verletzungshandlung in einem geschäftlichen Betrieb von einem schuldhaft handelnden Angestellten oder Beauftragten begangen, so kann der Schadensersatzanspruch[263] auch gegen den Inhaber des Betriebs geltend gemacht werden (§ 14 VII MarkenG).[264] Für die Auslegung des § 14 VII MarkenG ist hierbei auf die Rechtsprechung zu § 13 IV UWG a. F. (jetzt: § 8 II UWG) zurückzugreifen.[265] Beauftragter im Sinne der Vorschrift ist, wer in die betriebliche Organisation des Betriebsinhabers in der Weise eingegliedert ist, dass der Erfolg seiner Geschäftstätigkeit dem Betriebsinhaber zugutekommt und der Betriebsinhaber einen bestimmenden durchsetzbaren Einfluss auf diejenige Tätigkeit des Beauftragten hat, in deren Bereich das beanstandete Verhalten fällt.[266] Dabei ist es unerheblich, wie die Beteiligten ihre Rechtsbeziehungen ausgestaltet haben, ob der

---

258 BGHZ 131, 308, 318 *Gefärbte Jeans*; BGHZ 149, 191, 204 *shell.de*, jeweils m. w. N.; BGH GRUR 2002, 706, 708 *vossius.de*; BGH GRUR 2004, 865, 867 *Mustang*; BGH I ZR 63/06 v. 18.12.2008 *Motorradreiniger*, Tz. 34; BGH I ZR 253/14 v. 12.1.2017 *World of Warcraft II*, Tz. 107; auch BGH GRUR 1995, 825, 829 *Torres*; BGH GRUR 1999, 492, 493 *Altberliner*.
259 BGHZ 131, 308 *Gefärbte Jeans*, m. w. N.
260 Vgl. BGH I ZR 63/06 v. 18.12.2008 *Motorradreiniger*, Tz. 34 ff.
261 BGH GRUR 2002, 618, 619 *Meißner Dekor I*.
262 BGH GRUR 2002, 618 *Meißner Dekor I*; BGH I ZR 104/14 v. 30.7.2015 *Posterlounge*, Tz. 40.
263 Bestätigend BGH I ZR 105/10 v. 25.4.2012 *DAS GROSSE RÄTSELHEFT*, Tz. 43.
264 Zur umgekehrten Haftungskonstellation BGH I ZR 173/12 v. 17.10.2013 *Werbung für Fremdprodukte*.
265 BGH GRUR 2005, 864 *Meißner Dekor II*; BGH I ZR 109/06 v. 7.10.2009 *Partnerprogramm*, Tz. 21.
266 BGH I ZR 155/09 v. 18.11.2010 *Sedo*, Tz. 54.

Beauftragte gegen den Willen des Unternehmensinhabers seine vertraglichen Befugnisse überschritten hat oder ob der Beauftragte ohne Wissen oder sogar gegen den Willen des Unternehmensinhabers gehandelt hat.[267] Die Haftung entfällt lediglich, wenn das betreffende geschäftliche Handeln nicht der Geschäftsorganisation des Auftraggebers, sondern derjenigen eines Dritten oder des Beauftragten selbst zuzurechnen ist, etwa weil er noch für andere Personen oder Unternehmen tätig wird oder weil er neben dem Geschäftsbereich, in dem er für den Auftraggeber tätig wird, noch weitere, davon zu unterscheidende Geschäftsbereiche unterhält.[268]

> Ist etwa eine Tochtergesellschaft in den Vertrieb der Muttergesellschaft eingebunden und ihrem beherrschenden Einfluss ausgesetzt, können Ansprüche, die aufgrund einer Markenverletzung gegen die Tochtergesellschaft bestehen, auch gegenüber der Muttergesellschaft geltend gemacht werden.[269] Dies kann auch ohne genauen Aufschluss der gesellschaftsrechtlichen Verhältnisse insbesondere schon dann naheliegen, wenn die Produkte auf die Muttergesellschaft hindeuten und beide Unternehmen denselben Sitz haben.[270] Außerdem ist die Vorschrift anwendbar, wenn ein Dritter im Rahmen eines Partnerprogramms im Internet auftragsgemäß Werbung für ein Unternehmen schaltet.[271] Dagegen ist der Kunde eines Domain-Parking-Dienstes kein Beauftragter des Diensteanbieters.[272]

2. Dreifache Schadensberechnung

Wie bei anderen gewerblichen Schutzrechten und im Urheberrecht kann der Gläubiger seinen Schadensersatz wahlweise nebeneinander[273] auf dreierlei Weise berechnen. Wahlweise verlangt werden kann der tatsächlich entstandene Schaden einschließlich entgangenen Gewinns (§§ 249, 252 BGB), der Verletzergewinn (§ 14 VI 2 MarkenG)[274] oder der Schadensersatz nach Lizenzanalogie (§ 14 VI 3 MarkenG).[275] Hierbei kann der Gläubiger von einer Art der Berechnung zu einer anderen Berechnungsart übergehen.[276] Dieses Wahlrecht des Gläubigers erlischt erst durch Erfüllung, durch rechtskräftige Zuerkennung des Anspruchs oder wenn über seinen Schadensersatzanspruch bereits für ihn selbst unangreifbar nach einer Berechnungsart entschieden worden ist;[277] durch Erhebung einer Zahlungsklage unter Zugrundelegung einer bestimmten Berechnungsart wird es nicht berührt.[278] **61**

Kaum eine praktische Bedeutung hat im Markenrecht die Geltendmachung des tatsächlich entstandenen Schadens. Bedeutung hat der tatsächlich entstandene Scha- **62**

---

267 BGH I ZR 103/11 v. 4.4.2012, Tz. 9 [zu § 8 II UWG], m. w. N.
268 BGH I ZR 103/11 v. 4.4.2012, Tz. 9 [zu § 8 II UWG].
269 BGH GRUR 2005, 864 *Meißner Dekor II*.
270 KG 5 U 11/13 v. 15.7.2014 *M. G. Demand Holding*.
271 BGH I ZR 109/06 v. 7.10.2009 *Partnerprogramm*, Tz. 19 ff.
272 BGH I ZR 155/09 v. 18.11.2010 *Sedo*, Tz. 55.
273 Zum Verbot, die Berechnungsarten zu verquicken: GK/*Teplitzky*, § 16 UWG Rz. 507; zu weit BGH GRUR 1977, 539, 543 *Prozeßrechner*; großzügiger aber möglicherweise EuGH C-99/15 v. 17.3.2016 *Liffers*.
274 Analog §§ 687 II, 681, 667 BGB; BGHZ 44, 372, 374 *Meßmer-Tee II*; BGH GRUR 1961, 354 *Vitasulfal*; zum Sortenschutz verneinend EuGH C-481/14 v. 9.6.2016 *Hansson*, Tz. 41.
275 BGHZ 44, 372 *Meßmer-Tee II*, BGH GRUR 1973, 375, 377 *Miss Petite*; BGH I ZR 322/02 v. 6.10.2005 *Noblesse*, Tz. 14.
276 Hierzu Stjerna, MarkenR 2006, 104.
277 Zur letzten Variante BGH X ZR 60/06 v. 25.9.2007 *Zerkleinerungsvorrichtung*.
278 BGHZ 119, 20 *Tchibo/Rolex II*, in Abgrenzung zu BGH GRUR 1977, 539 *Prozeßrechner*.

den vor allem bei Rechtsverfolgungskosten einschließlich etwaiger Testkauf- oder Detektivkosten.[279]

> Dass ein bestimmter Schaden – etwa Umsatzrückgänge – durch die Kennzeichenverletzung eines Konkurrenten entstanden ist, ist nicht nur schwer darzulegen und zu beweisen, sondern – mit Ausnahme besonders gelagerter »Pirateriefälle« – wohl auch tatsächlich unwahrscheinlich.

63 Auch die Berechnungsart der Herausgabe des Verletzergewinns[280] ist häufig für den Verletzten von nur geringem Nutzen. Berechnet nämlich der Verletzte seinen Schaden anhand des erzielten Verletzergewinns bezieht sich bei Kennzeichenrechtsverletzungen der Anspruch auf Herausgabe des Verletzergewinns stets nur auf den Anteil des Gewinns, der gerade auf der Benutzung des fremden Schutzrechts beruht. Bei Kennzeichenrechtsverletzungen kommt daher häufig eine Herausgabe des gesamten mit dem widerrechtlich gekennzeichneten Gegenstand erzielten Gewinns nicht in Betracht, weil der geschäftliche Erfolg in vielen Fällen nicht ausschließlich oder noch nicht einmal überwiegend auf der Verwendung des fremden Kennzeichens beruht.[281] Der Betrag ist seit Schadenseintritt zu verzinsen.[282] Ist dies der Fall kann außerdem der Schaden in Form einer Quote des Gewinns nach § 287 ZPO geschätzt werden, wenn nicht ausnahmsweise jeglicher Anhaltspunkt für eine Schätzung fehlt.[283] Gegenüber einer – aus seiner Sicht ungünstigen – Schätzung kann dann der Verletzer einwenden, keinen oder einen deutlich niedrigeren Gewinn mit den widerrechtlich gekennzeichneten Gegenständen erzielt zu haben. In diesem Fall muss aber der Verletzer von sich aus die Einzelheiten seiner Kalkulation offenlegen, damit die Richtigkeit seines Einwands überprüft werden kann. Bei dieser Überprüfung ist von den Grundsätzen der Gemeinkostenanteil-Entscheidung auszugehen.[284] Danach dürfen Gemeinkosten nur abgezogen werden, wenn und soweit sie ausnahmsweise den schutzrechtsverletzenden Gegenständen unmittelbar zugerechnet werden können.[285] Dies sind neben den Produktions- und Materialkosten und den Vertriebskosten die Kosten des Personals, das für die Herstellung und den Vertrieb des Nachahmungsprodukts eingesetzt ist, sowie bei Investitionen in Anlagevermögen die Kosten für Maschinen und Räumlichkeiten (anteilig bezogen auf ihre Lebensdauer), die nur für die Produktion und den Vertrieb der Nachahmungsprodukte verwendet worden sind.[286] Der Verletzer kann jedoch bei der Bestimmung der Höhe des Verletzergewinns nicht geltend machen, dieser beruhe teilweise auf besonderen eigenen Vertriebsleis-

---

279 Vgl. BGH I ZR 263/15 v. 30.3.2017 *BretarisGenuair*, Tz. 64 f.
280 Zum unbegründeten Zinsanspruch BGH I ZR 87/07 v. 29.7.2009 *Zoladex*, Tz. 22.
281 BGH I ZR 322/02 v. 6.10.2005 *Noblesse*, Tz. 15; BGH I ZR 169/07 v. 29.7.2009 *BTK*, Tz. 38; zum Urheberrecht vgl. auch BGH I ZR 96/06 v. 14.5.2009 *Tripp-Trapp-Stuhl*, Tz. 40 ff.
282 BGH I ZR 6/04 v. 21.9.2006 *Steckverbindergehäuse*, Tz. 44, zum wettbewerbsrechtlichen Leistungsschutz.
283 BGH I ZR 322/02 v. 6.10.2005 *Noblesse*, Tz. 16.
284 BGH I ZR 322/02 v. 6.10.2005 *Noblesse*, Tz. 18.
285 BGH GRUR 2001, 329 *Gemeinkostenanteil*; BGH I ZR 96/06 v. 14.5.2009 *Tripp-Trapp-Stuhl*, Tz. 36.
286 BGH I ZR 6/04 v. 21.9.2006 *Steckverbindergehäuse*, zum wettbewerbsrechtlichen Leistungsschutz.

tungen.²⁸⁷ Nicht anrechenbar sind die Kosten, die unabhängig vom Umfang der Produktion und des Vertriebs durch die Unterhaltung des Betriebs entstanden sind. Hierzu zählen etwa allgemeine Marketingkosten, die Geschäftsführergehälter, die Verwaltungskosten sowie die Kosten für Anlagevermögen, das nicht konkret der Rechtsverletzung zugerechnet werden kann. Nicht anrechenbar sind ferner Anlauf- und Entwicklungskosten sowie Kosten für die nicht mehr veräußerbaren Produkte.²⁸⁸ Erst recht nicht anrechenbar sind Rechtsverteidigungskosten.²⁸⁹

> Insbesondere bei der Benutzung einer Prestigemarke oder einer dreidimensionale Marke beruht der Verletzergewinn regelmäßig fast ausschließlich auf der Verwendung des fremden Kennzeichens.²⁹⁰ Jedenfalls in diesen Fällen oder bei besonders hohen Gewinnen des Verletzers kann die Berechnungsart nach Verletzergewinn für den Kläger jedoch durchaus attraktiv sein. Ähnliches gilt im Fall von Parallelimporten, wenn die Markenverletzung allein darauf beruht, dass eine erforderliche Unterrichtung des Markeninhabers unterblieben ist; in solchen Fällen ist der Gewinn vollständig herauszugeben.²⁹¹

Haben innerhalb einer Lieferkette mehrere Lieferanten nacheinander Nutzungsrechte verletzt, ist der Verletzte zwar grundsätzlich berechtigt, von jedem Verletzer innerhalb der Verletzerkette die Herausgabe des von diesem erzielten Gewinns als Schadensersatz zu fordern. Der vom Lieferanten an den Verletzten herauszugebende Gewinn wird aber durch Ersatzzahlungen gemindert, die der Lieferant seinen Abnehmern wegen deren Inanspruchnahme durch den Verletzten erbringt.²⁹² **64**

Die wichtigste – und unter Beweisgesichtspunkten einfachste – Berechnungsmethode im Kennzeichenrecht ist die Schadensberechnung anhand der üblichen Lizenzgebühr.²⁹³ Europarechtlich wäre dabei auch eine Verdoppelung der üblichen Lizenzgebühr mit Art. 13 DurchsetzungsRL vereinbar.²⁹⁴ Bei der Schadensermittlung im Wege der Lizenzanalogie ist objektiv darauf abzustellen, welche Lizenzgebühr bei vertraglicher Einräumung ein vernünftiger Lizenzgeber gefordert und ein vernünftiger Lizenznehmer gewährt hätte, wenn beide die im Zeitpunkt der Entscheidung gegebene Sachlage gekannt hätten.²⁹⁵ Werden an den Verletzten von Dritten tatsächlich Lizenzgebühren gezahlt, ist im Regelfall dieser Satz zugrunde zu legen.²⁹⁶ Ein konkreter Nachweis eines entgangenen Gewinns ist hierbei ebenso wenig erforderlich²⁹⁷ wie eine Feststellung, dass bei rechtmäßigem Verhalten des Verletzers ein Markenlizenzvertrag zwischen den Parteien des Rechtsstreits tat- **65**

---

287 BGH GRUR 2001, 329 *Gemeinkostenanteil*.
288 BGH I ZR 6/04 v. 21.9.2006 *Steckverbindergehäuse*, zum wettbewerbsrechlichen Leistungsschutz.
289 BGH I ZR 45/09 v. 10.6.2010, Tz. 15.
290 BGH I ZR 322/02 v. 6.10.2005 *Noblesse*, Tz. 18.
291 BGH I ZR 87/07 v. 29.7.2009 *Zoladex*.
292 BGH I ZR 96/06 v. 14.5.2009 *Tripp-Trapp-Stuhl* [zum Urheberrecht].
293 Vgl. etwa BGHZ 44, 372 *Meßmer-Tee II*; BGHZ 119, 20 *Tchibo/Rolex II*.
294 EuGH C-367/15 v. 25.1.2017 *Stowarzyszenie »Oławska Telewizja Kablowa«*, Tz. 33.
295 Vgl. BGH GRUR 1990, 1008, 1009 *Lizenzanalogie*, m. w. N.; BGH GRUR 1991, 914, 917 *Kastanienmuster*; BGH I ZR 169/07 v. 29.7.2009 *BTK*, Tz. 20.
296 BGH I ZR 44/06 v. 26.3.2009 *Resellervertrag*, Tz. 32 [zum Urheberrecht].
297 Vgl. BGHZ 119, 20 *Tchibo/Rolex II*, m. w. N.

sächlich zu Stande gekommen wäre.²⁹⁸ Für die Annahme der Verkehrsüblichkeit der Lizenz genügt es daher regelmäßig, dass ein solches Recht ohne Rücksicht auf bestimmte Branchengewohnheiten seiner Art nach – wie bei Markenrechten oder Unternehmenskennzeichenrechten²⁹⁹ allgemein üblich – überhaupt durch die Einräumung von Nutzungsrechten genutzt werden kann und genutzt wird.³⁰⁰ Auch bewirkt die Zahlung des Schadensersatzes bei der Berechnung nach Lizenzanalogie keine Lizenz, so dass die Handlungen rechtswidrig bleiben.³⁰¹

> So kann der Markeninhaber etwa bereits für das bloße Anbieten eines rechtsverletzenden Gegenstands einen nach den Grundsätzen der Lizenzanalogie zu berechnenden Schadensersatz verlangen, ohne dass es tatsächlich zu Verkäufen hätte kommen müssen. Bei der Bemessung der Höhe der fiktiven Lizenzgebühr ist dabei insbesondere der Werbeaufwand zu berücksichtigen.³⁰²

66 Kriterien zur Berechnung der Lizenzgebühr sind namentlich der Bekanntheitsgrad und der Ruf der verletzten Marke.³⁰³ Im Ergebnis soll hiernach der Verletzer eines Kennzeichenrechts nicht besser stehen, als er im Falle einer vertraglich eingeräumten Markenlizenz durch den Markeninhaber stünde.³⁰⁴ Die geschuldete Lizenzgebühr als solche ist nach allgemeinem Schadensrecht gemäß § 287 ZPO nach freiem Ermessen zu schätzen. Dabei sind nach Grund und Höhe keine hohen Anforderungen an den Vortrag durch den für die Schätzungsgrundlagen darlegungspflichtigen Rechtsinhaber zu richten.³⁰⁵ Insbesondere muss kein Sachverständigengutachten eingeholt werden, wenn hinreichende Anknüpfungstatsachen für die Schätzung vorliegen.³⁰⁶ Üblich ist die Berechnung als Stücklizenz mit einem prozentualen Lizenzsatz auf den Bruttoerlös.³⁰⁷ Der Betrag ist außerdem seit Schadenseintritt zu verzinsen.³⁰⁸ Begrenzend zu berücksichtigen ist aber die in der Branche übliche Umsatzrendite.³⁰⁹ Dabei sind Ersatzzahlungen, die der Verletzer einem Vertragspartner wegen der Inanspruchnahme durch den Verletzten erbringt, nicht in Abzug zu bringen.³¹⁰

---

298 BGHZ 44, 372, 379 f. *Meßmer-Tee II*; BGH I ZR 272/02 v. 23.2.2006 *Markenparfümverkäufe*, Tz. 45; BGH I ZR 63/06 v. 18.12.2008 *Motorradreiniger*, Tz. 29; I ZR 45/09 v. 10.6.2010, Tz. 18; zur Lizenzanalogie bei bloßem Anbieten eines designrechtlich geschützten Gegenstands BGH I ZR 263/02 v. 23.6.2005 *Catwalk*.
299 BGH I ZR 169/07 v. 29.7.2009 *BTK*, Tz. 23.
300 BGH I ZR 263/02 v. 23.6.2005 *Catwalk*, Tz. 22 f. [zum Designrecht]; BGH I ZR 63/06 v. 18.12.2008 *Motorradreiniger*, Tz. 29; BGH I ZR 169/07 v. 29.7.2009 *BTK*, Tz. 23; I ZR 45/09 v. 10.6.2010, Tz. 18.
301 OLG München NJOZ 2001, 1442; zum Urheberrecht: BGH GRUR 2002, 248, 252 *SPIEGEL-CD-ROM*.
302 BGH I ZR 263/02 v. 23.6.2005 *Catwalk*.
303 BGH I ZR 169/07 v. 29.7.2009 *BTK*, Tz. 25, m. w. N.
304 BGH GRUR 1990, 1008, 1009 *Lizenzanalogie*.
305 Vgl. BGHZ 119, 20 *Tchibo/Rolex II*; auch BGH I ZR 44/06 v. 26.3.2009 *Resellervertrag*, Tz. 14 ff.
306 BVerfG 1 BvR 127/09 v. 5.3.2009 [zum Recht am eigenen Bild].
307 BGH GRUR 1971, 221, 222 *Pudelzeichen II*.
308 BGHZ 82, 209, 219 ff. *Fersenabstützvorrichtung*; BGH I ZR 169/07 v. 29.7.2009 *BTK*, Tz. 55.
309 In.
310 BGH I ZR 44/06 v. 26.3.2009 *Resellervertrag*.

Benutzen Dritte etwa in erheblichem Umfang die Marke, weil der Inhaber Verletzungshandlungen duldet, so verringert dies den Verkehrswert der Marke und damit die zu zahlenden Lizenzgebühren.[311]

Ältere Angaben zu konkreten Lizenzsätzen[312] sind hierbei mit Vorsicht zu genießen. Marken und andere Kennzeichen haben in den vergangenen Jahren einen enormen Bedeutungs- und Wertzuwachs erfahren, der sich auch in Lizenzsätzen niederschlägt. Der typische Bereich heutiger Lizenzpraxis dürfte um 3 % pendeln.[313] Insbesondere bei bekannten Zeichen können deutlich höhere Lizenzen im zweistelligen Bereich anfallen. **67**

> So will das OLG Hamburg im Regelfall eine Lizenzgebühr in Höhe von 3 % zusprechen, die bei Ausnutzung von Qualitätsvorstellungen auch deutlich höher ausfallen kann.[314] Selbst in dem Ausnahmefall[315] eines – an sich zulässigen, aber unter Verletzung von Informationspflichten erfolgten – Vertriebs parallelimportierter Arzneimittel soll eine Lizenz in Höhe von bis zu 4 % zu zahlen sein – dies, obwohl es nur um eine Art Ergänzungslizenz für eine Verletzung von eher geringerem Gewicht geht.[316] Das OLG Düsseldorf hält bei einem bekannteren Kennzeichen (»Meißen«) selbst dann 10 % für angemessen, wenn es sich um eine Verletzung im Ähnlichkeitsbereich handelt und sich der Verletzer zudem deutlich von den Originalprodukten abgrenzt, indem er die Ware zusätzlich mit seiner eigenen – gleichfalls bekannten – Kennzeichnung versieht.[317] Das OLG München schließlich hält beim Vertrieb eines Designer-T-Shirts sogar eine – allein auf die Markenverletzung entfallende – Lizenzgebühr in Höhe von 15 % für angemessen.[318] Reuters berichtete am 19.10.2006 sogar davon, Anheuser Busch habe an Bitburger für den Verkauf von Bier unter der Marke »Bud« während der Fußball-Weltmeisterschaft 2006 »Lizenzgebühren« in Höhe von 30 % zahlen müssen. Liegt umgekehrt die Umsatzrendite im Transportbereich bei nur 1 %, so ist schon eine fiktive Lizenzgebühr von nur 2 % zu hoch.[319]

Hierbei macht es keinen Unterschied, ob eine Marke, eine geschäftliche Bezeichnung oder ein Name verletzt wurde, da sämtliche Rechte die gleiche Ausschlussbefugnis verleihen. **68**

> Demgegenüber geht das LG Düsseldorf im Falle der Verletzung einer geschäftlichen Bezeichnung bzw. eines Namens von einer Lizenz in Höhe von nur 0,75 % aus.[320] Überzeugen kann dies nicht.

In Ausnahmefällen – etwa wenn vom Verletzer keine Umsätze mitgeteilt oder erzielt worden sind – kommt eine umsatzunabhängige Schätzung in Betracht. **69**

---

311 BGH I ZR 169/07 v. 29.7.2009 *BTK*, Tz. 31.
312 Etwa BGHZ 44, 372 *Meßmer-Tee II* (1 %).
313 Ähnlich *Ingerl/Rohnke*, Vor §§ 14–19 Rz. 269 (1 % bis 5 %); *Ströbele/Hacker-Hacker*, § 14 Rz. 546, m. w. N. (in Abgrenzung zur 6. Auflage nun 1 % bis 5 %).
314 OLG Hamburg Mitt. 2002, 382 *PURA/RAPUR*.
315 Vgl. hierzu oben § 16 Rdn. 58 – 61.
316 BGH I ZR 87/07 v. 29.7.2009 *Zoladex* [2 %]; I ZR 45/09 v. 10.6.2010, Tz. 13 u. 19 [4 %]; OLG Hamburg GRUR-RR 2004, 139 (1 %); zur Schadensersatzpflicht in derartigen Fällen vgl. auch EuGH C-348/04 v. 26.4.2007 *Boehringer Ingelheim u. a. (II)*, Tz. 56 ff.
317 OLG Düsseldorf GRUR-RR 2003, 209, 210 f. *Meißner Dekor I*.
318 OLG München NJOZ 2001, 1442.
319 BGH I ZR 169/07 v. 29.7.2009 *BTK*, Tz. 46 ff.
320 LG Düsseldorf 4 O 461/96 v. 21.10.1997 *INDUTEC* (Entscheidungen 1998, Heft 1, S. 10).

So billigt das LG Hamburg[321] bei Verletzung durch eine Domain eine monatliche Pauschale von DM 1.000,– zu.

70 Von Bedeutung ist schließlich, dass Lizenzgeber zunehmend dazu übergehen, in ihren Lizenzverträgen eine erhebliche Erhöhung der Lizenzgebühr für den Fall einer Verletzung vertraglicher Nebenbestimmungen vorzusehen.[322] Eine erhöhte Lizenzgebühr ist daher insbesondere in dem Fall geschuldet, dass die vertriebenen Produkte nicht den Qualitätsanforderungen des Markeninhabers entsprechen. Weil dies bei Markenverletzungen regelmäßig der Fall ist, ist hier auch im Wege der Schadensersatzberechnung nach der Methode der Lizenzanalogie ein Aufschlag auf die für den Vertrieb von Originalen vorgesehene Lizenzgebühr vorzunehmen.

Sehen daher etwa in der Kosmetikbranche Lizenzgeber in ihren Lizenzverträgen einen Aufschlag von bis zu 30 % der getätigten Umsätze für den Fall vor, dass die vertriebenen Produkte den Qualitätsanforderungen nicht entsprechen, so kann dieser Aufschlag auch im Falle des Vertriebs von Plagiaten gewährt werden.

71 In besonders gelagerten Fällen schließlich kann außerdem der so genannte Marktverwirrungsschaden eine Rolle spielen.

Hat etwa der Verletzer das fremde Zeichen für eine minderwertige Ware benutzt und dadurch auch den Ruf der Ware des Zeicheninhabers beeinträchtigt, so kann Ersatz dieses durch Marktverwirrung und Diskreditierung entstandenen Schadens über die übliche Lizenzgebühr hinaus gefordert werden.[323] Zu einer Marktverwirrung kommt es demgegenüber in den Fällen nicht, in denen die Veränderungen vom Verbraucher nicht oder kaum wahrgenommen werden und in denen sich das Risiko eines Rückrufs der Ware nicht realisiert.[324]

V. Bereicherungsanspruch

72 Bei unberechtigter, ja sogar schuldloser Nutzung einer fremden Marke können dem Inhaber des Zeichens Bereicherungsansprüche gegen den Verletzer zustehen. Das aus der Zeichenverletzung Erlangte ist der Gebrauch des Zeichens. Da dieser vom Verletzer nicht herausgegeben werden kann, ist Wertersatz zu leisten, für dessen Bestimmung der objektive Wert des Erlangten maßgeblich ist. Dieser Wert besteht in der für den Gebrauch des Zeichenrechts angemessenen und üblichen Lizenzgebühr,[325] so dass letztlich kein Unterschied besteht zum Schadensersatzanspruch bei Berechnung nach der Methode der Lizenzanalogie. Insbesondere ist auch hier die Berechnung nach den Grundsätzen der Lizenzanalogie dann zulässig, wenn die Überlassung von Ausschließlichkeitsrechten zur Benutzung durch Dritte rechtlich möglich und verkehrsüblich ist. Zur Annahme der Verkehrsüblichkeit der Überlassung genügt es regelmäßig, dass ein solches Recht – wie allgemein bei Markenrech-

---

321 LG Hamburg CR 2002, 296 *DIACOS*; ähnlich LG Hamburg MMR 2002, 628 (»€ 150,– monatlich«).
322 Zur Zulässigkeit einer pauschalen Erhöhung im Lichte von Art. 13 Durchsetzungsrichtlinie auch EuGH C-481/14 v. 9.6.2016 *Hansson*, Tz. 40.
323 BGHZ 44, 372, 382 *Meßmer-Tee II*; vgl. auch BGH I ZR 169/07 v. 29.7.2009 *BTK*, Tz. 29.
324 BGH GRUR 2002, 709, 712 *Entfernung der Herstellungsnummer III*.
325 BGH I ZR 63/06 v. 18.12.2008 *Motorradreiniger*, Tz. 41, m. w. N.

ten – seiner Art nach überhaupt durch die Einräumung von Nutzungsrechten genutzt werden kann und genutzt wird.

> Entsprechend kommt etwa auch Exportlizenzen an Marken ein ermittelbarer Vermögenswert zu, und zwar unabhängig davon, ob sie in der Praxis erteilt werden.[326]

Allerdings besteht regelmäßig kein Bereicherungsanspruch gegen den Störer einer Markenverletzung. Denn der Bereicherungsanspruch setzt voraus, dass der Anspruchsgegner sein wirtschaftliches Vermögen irgendwie vermehrt hätte. Da hierbei eine Unmittelbarkeit der Vermögensvermehrung zu fordern ist, haftet insbesondere der Geschäftsführer eines Unternehmens, das eine Markenverletzung begangen hat, nicht nach Bereicherungsgrundsätzen.[327] 73

Weiter besteht schließlich nach Bereicherungsrecht ein Anspruch auf Herausgabe des Verletzergewinns nicht.[328] 74

VI. Auskunftsanspruch

Das deutsche Kennzeichenrecht kennt nebeneinander zwei Arten von Auskunftsansprüchen: Neben dem selbständigen Auskunftsanspruch nach § 19 MarkenG, der auf Ermittlung der Herkunft und des Vertriebswegs widerrechtlich gekennzeichneter Gegenstände[329] gerichtet ist, existiert ein unselbständiger Auskunftsanspruch nach § 242 BGB, der auf Umsatzauskunft gerichtet ist und letztlich die Bezifferung von Schadensersatz- oder Bereicherungsansprüchen[330] ermöglichen soll. Der Umfang, in dem hier Auskunft zu erteilen ist, bestimmt sich folglich nach dem Umfang der konkreten Rechtsverletzung einschließlich solcher Handlungen, die ihr im Kern gleichartig sind.[331] Der Anspruch besteht erstmals für den Zeitpunkt, in dem der Rechtsinhaber über die notwendigen Kenntnisse verfügt.[332] 75

> Zulässig ist es danach etwa, Auskunft hinsichtlich aller Produkte einer Marke zu verlangen, die ohne Zustimmung des Markeninhabers im EWR in Verkehr gebracht wurden. Der Auskunftsanspruch muss hier nicht auf bestimmte Lieferungen beschränkt werden.[333]

Die Auskunft ist eine Wissenserklärung, die gegebenenfalls auch durch eine negative Erklärung erfüllt werden kann. Die Auskunftspflicht beschränkt sich hierbei allerdings nicht auf das präsente Wissen des Verpflichteten. Vielmehr ist dieser 76

---

326 BGH I ZR 63/06 v. 18.12.2008 *Motorradreiniger*, Tz. 43.
327 BGH I ZR 63/06 v. 18.12.2008 *Motorradreiniger*, Tz. 45 f., m. w. N.
328 BGHZ 99, 244 *Chanel Nr. 5*; BGH I ZR 132/04 v. 28.6.2007 *INTERCONNECT/T-Inter-Connect*, Tz. 41; BGH I ZR 87/07 v. 29.7.2009 *Zoladex*, Tz. 22; auch BGH I ZR 96/07 v. 5.6.2008 *Zerknitterte Zigarettenschachtel*, Tz. 11.
329 Auch bei Dienstleistungsmarken können gekennzeichnete Gegenstände existieren – etwa Geschäftspapiere.
330 BGHZ 131, 308, 317 f. *Gefärbte Jeans*.
331 BGH I ZR 272/02 v. 23.2.2006 *Markenparfümverkäufe*, Tz. 41, m. w. N.; BGH I ZR 27/03 v. 23.2.2006 *Parfümtestkäufe*, Tz. 34 u. 45; BGH I ZR 55/05 v. 14.2.2008 *Hollister*, Tz. 15; zum Urheberrecht BGH I ZR 5/03 v. 19.1.2006 *Alpensinfonie*, Tz. 38; vgl. auch BGH I ZR 49/04 v. 28.6.2007 *Cambridge Institute*, Tz. 41.
332 BGH X ZR 149/03 v. 14.2.2006 *Auskunftsanspruch bei Nachbau III*.
333 BGH I ZR 27/03 v. 23.2.2006 *Parfümtestkäufe*, Tz. 37 f.; auch BGH I ZR 55/05 v. 14.2.2008 *Hollister*, Tz. 14.

gehalten, seine Geschäftsunterlagen durchzusehen und alle ihm zugänglichen Informationen aus seinem Unternehmensbereich zur Erteilung einer vollständigen Auskunft heranzuziehen sowie bei Dritten, etwa bei den in Betracht kommenden Lieferanten, nachzufragen.[334]

> Ein zur Auskunft verpflichteter ausgeschiedener Geschäftsführer muss sich folglich um Informationen bei dem Unternehmen bemühen, bei dem er tätig war.[335] Verfügt der Auskunftspflichtige auch nach zumutbaren Nachforschungen über keine Anhaltspunkte, dass möglicherweise betroffene Waren ohne Zustimmung des Markeninhabers in Verkehr gebracht worden sind, so ist insoweit wegen des Verhältnismäßigkeitsgrundsatzes keine Auskunft zu erteilen.[336]

77 Bei Nichterteilung der Auskunft – auch bei erkennbar unvollständiger Auskunft – kann ein Ordnungsmittelverfahren (§§ 888, 890 ZPO) eingeleitet werden. Bei falscher Auskunft besteht ein Anspruch auf Abgabe einer eidesstattlichen Versicherung (§ 259 II BGB).[337]

1. Auskunftsanspruch nach § 242 BGB zur Vorbereitung von Schadensersatzansprüchen

78 Der Auskunftsanspruch nach § 242 BGB soll einen Schadensersatz- oder Bereicherungsanspruch vorbereiten. Daher kann der Umfang des Anspruchs durch eine vom Verletzten gewählte Schadensersatzberechnungsmethode begrenzt sein. Dabei ist grundsätzlich über all diejenigen Tatsachen Auskunft zu erteilen, die für die konkrete Berechnung erforderlich sind.[338] Gegenüber einem Störer greift der Anspruch nicht durch, weil insofern auch keine Schadensersatzpflicht besteht.[339]

79 Art und Umfang der Auskunftspflicht sind jedoch im Einzelfall nach den durch Treu und Glauben gebotenen Maßstäben zu ermitteln, insbesondere auch danach, ob die geforderte Auskunft in einem sinnvollen Verhältnis zu dem Wert stehen, die sie für die Schätzung des geltend gemachten Schadens hat.[340] So sind etwa Auskünfte über Werbeausgaben zu erteilen.[341] Andererseits ist zu berücksichtigen, dass der Verletzer regelmäßig ein Interesse hat, seine Kalkulation und seine Gewinnspanne gegenüber einem Mitbewerber geheim zu halten. Zwar muss dieses Interesse grundsätzlich zurückstehen, wenn der Verletzte auf die Angaben angewiesen ist, um seinen Schaden zu berechnen. Kommt aber ohnehin nur eine grobe Schätzung in Betracht, ist dem Verletzer eine Offenbarung von Geschäftsinterna meist nicht zuzumuten, da diese Schätzung auch auf der Grundlage der Umsätze

---

334 BGH GRUR 2003, 433, 434 *Cartier-Ring*, unter Hinweis auf BGHZ 128, 220, 227 *Kleiderbügel*; BGH I ZR 27/03 v. 23.2.2006 *Parfümtestkäufe*, Tz. 40; BGH I ZR 82/11 v. 2.10.2012 *Völkl*, Tz. 69.
335 BGH I ZR 82/11 v. 2.10.2012 *Völkl*, Tz. 69.
336 BGH I ZB 74/14 v. 5.3.2015 *Tonerkartuschen*.
337 KG 5 U 79/05 v. 16.1.2007 [zitiert nach juris]; nicht aber ein Einwand im Rahmen der Vollstreckungsgegenklage: BGH I ZR 322/02 v. 6.10.2005 *Noblesse*, Tz. 20.
338 Vgl. auch BGH X ZR 180/05 v. 20.5.2008 *Tintenpatrone*, auch zur Rechnungslegung.
339 BGH I ZR 57/09 v. 17.8.2011 *Stiftparfüm*, Tz 47.
340 BGH I ZR 322/02 v. 6.10.2005 *Noblesse*, Tz. 14.
341 BGH I ZR 93/04 v. 19.7.2007 *Windsor Estate*, Tz. 36.

und gegebenenfalls grob ermittelter Gewinne erfolgen kann.[342] Wird nach Lizenzanalogie berechnet, so sind Angaben über Betriebskosten und deren Aufschlüsselung entbehrlich.[343] Schließlich fällt es unter den Schutzzweck der Pflicht zur richtigen Auskunftserteilung, den Auskunftsberechtigten vor Schäden zu bewahren, die adäquat durch eine unrichtige oder irreführende Auskunft nicht nur verursacht, sondern nach Lage der Dinge auch bei angemessen besonnenem Vorgehen geradezu herausgefordert werden.[344]

> Muss aufgrund einer Internetwerbung eines im Ausland ansässigen Unternehmens Auskunft erteilt werden, so bezieht sich dieser Auskunftsanspruch auf alle markenmäßigen Benutzungshandlungen in Deutschland; erfasst sind nicht nur Bestellungen über die Internetseite, sondern auch Bestellungen auf anderem Wege, auch über andere Internetseiten; erfasst ist ferner jedes Anbieten.[345]

2. Auskunftsanspruch nach § 19 MarkenG über Herkunft und Vertriebsweg der Produkte

§ 19 I MarkenG ermöglicht Auskunft über die Herkunft und den Vertriebsweg 80 von widerrechtlich gekennzeichneten Gegenständen. Ziel der Vorschrift ist es, die Quelle der schutzrechtsverletzenden Gegenstände möglichst schnell zu verschließen.[346] Hierbei hat der zur Auskunft Verpflichtete Angaben zu machen über Namen und Anschrift des Herstellers, des Lieferanten und anderer Vorbesitzer der Waren[347] und Dienstleistungen, der gewerblichen Abnehmer[348] und Verkaufsstellen, für die sie bestimmt waren, sowie über die Menge[349] der hergestellten, ausgelieferten, erhaltenen oder bestellten Waren sowie – inzwischen[350] – über die Preise, die im Einkauf und Verkauf für die Produkte bezahlt wurden (Art. 8 II DurchsetzungsRL; § 19 III MarkenG). Der Anspruch auf Auskunftserteilung gemäß § 19 I, II MarkenG setzt voraus, dass einer der in § 19 I MarkenG genannten Verletzungstatbestände erfüllt ist; er besteht unabhängig davon, ob schuldhaftes oder lediglich objektiv rechtswidriges Verhalten vorliegt.[351] Der Anspruch erstreckt sich auch dann auf Vorgänge im Ausland, wenn dort kein Markenschutz besteht.[352] Erst recht kommt es nicht darauf an, ob am Sitz eines Lieferanten Markenschutz bestand.[353] Insbesondere sind auch Fälle rechtswidriger Parallelimporte vom Aus-

---

342 BGH I ZR 322/02 v. 6.10.2005 *Noblesse*, Tz. 17; auch BGH I ZR 93/04 v. 19.7.2007 *Windsor Estate*, Tz. 61.
343 BGH I ZR 33/05 v. 13.9.2007 *THE HOME STORE*, Tz. 45.
344 BGH I ZR 47/14 v. 17.9.2015 *Irreführende Lieferantenangabe*.
345 BGH I ZR 134/16 v. 9.11.2017 *Resistograph*, Tz. 56 f.
346 BGH I ZR 263/15 v. 30.3.2017 *BretarisGenuair*, Tz. 69.
347 Kennzeichnungsmittel, Geschäftspapiere und Werbemittel dürften danach nicht mehr umfasst sein; vgl. *Ströbele/Hacker-Hacker*, § 19 Tz. 11 f.
348 Hierzu BGH GRUR 2002, 709, 713 *Entfernung der Herstellungsnummer III*.
349 Hierzu BGH GRUR 2002, 709, 712 *Entfernung der Herstellungsnummer III*.
350 Zur alten Rechtslage, die in Altfällen noch durchschlagen kann BGH I ZR 55/05 v. 14.2.2008 *Hollister*, Tz. 18.
351 BGH I ZR 27/03 v. 23.2.2006 *Parfümtestkäufe*, Tz. 32.
352 Vgl. zum Patentrecht OLG Karlsruhe 6 U 160/13 v. 11.2.2015, Nichtzulassungsbeschwerde beim BGH unter Az. X ZR/26/15.
353 BGH I ZR 263/15 v. 30.3.2017 *BretarisGenuair*, Tz. 69.

kunftsanspruch erfasst.³⁵⁴ Dies gilt sogar dann, wenn die Ware beim Vorbesitzer noch nicht in einem rechtswidrigen Zustand war.³⁵⁵ Ebenso wenig setzt der Auskunftsanspruch voraus, dass die Vorbesitzer an der Markenverletzung beteiligt waren.³⁵⁶ Wurde ausschließlich an Endverbraucher verkauft, besteht kein Anspruch auf Auskunft über die Abnehmer.³⁵⁷ Der Anspruch kann im Verletzungsverfahren oder in einem gesonderten Verfahren geltend gemacht werden.³⁵⁸ In Fällen offensichtlicher Rechtsverletzung kann der Anspruch im Wege einstweiliger Verfügung geltend gemacht werden (§ 19 III MarkenG).

81 Vor größere Probleme hat den deutschen Gesetzgeber die Umsetzung des Auskunftsanspruchs gegenüber Dritten, die selbst keine Rechtsverletzung begangen haben, gemäß Art. 8 I DurchsetzungsRL gestellt. Dieser Anspruch hat nun in § 19 II MarkenG eine vergleichsweise komplizierte Regelung erfahren: In Fällen offensichtlicher Rechtsverletzung oder in Fällen, in denen der Inhaber einer Marke oder einer geschäftlichen Bezeichnung gegen den Verletzer Klage erhoben hat,³⁵⁹ besteht der Anspruch unbeschadet von Absatz 1 auch gegen eine Person, die in gewerblichem Ausmaß
1. rechtsverletzende Ware in ihrem Besitz hatte,
2. rechtsverletzende Dienstleistungen in Anspruch nahm,
3. für rechtsverletzende Tätigkeiten genutzte Dienstleistungen erbrachte oder
4. nach den Angaben einer in Nummer 1, 2 oder Nummer 3 genannten Person an der Herstellung, Erzeugung oder am Vertrieb solcher Waren oder an der Erbringung solcher Dienstleistungen beteiligt war,

es sei denn, die Person wäre nach den §§ 383 bis 385 ZPO im Prozess gegen den Verletzer zur Zeugnisverweigerung berechtigt. Im Fall der gerichtlichen Geltendmachung des Anspruchs kann das Gericht den gegen den Verletzer anhängigen Rechtsstreit auf Antrag bis zur Erledigung des wegen des Auskunftsanspruchs geführten Rechtsstreits aussetzen. Der zur Auskunft Verpflichtete kann von dem Verletzten den Ersatz der für die Auskunftserteilung erforderlichen Aufwendungen verlangen. Dem potentiellen Verletzer steht gegen den Beschluss, mit dem die Auskunft angeordnet wurde, ein Beschwerderecht zu.³⁶⁰

82 Von Bedeutung ist dabei vor allem die Auskunftsverpflichtung in Fällen offensichtlicher Rechtsverletzung.³⁶¹ Diese hilft vor allem zur Ermittlung des Verletzers in Fällen, in denen er noch nicht bekannt ist.³⁶² Insoweit ist im Vorfeld des DurchsetzungsG diskutiert worden, ob Art. 8 I DurchsetzungsRL nicht vielmehr einen allgemeinen Richtervorbehalt fordert, so dass die jetzige Regelung nicht richtlinien-

---

354 BGH I ZR 27/03 v. 23.2.2006 *Parfümtestkäufe*, Tz. 33.
355 BGH I ZR 263/15 v. 30.3.2017 *BretarisGenuair*, Tz. 69.
356 BGH I ZR 263/15 v. 30.3.2017 *BretarisGenuair*.
357 BGH I ZR 188/11 v. 15.8.2013 *Hard Rock Cafe*, Tz. 45.
358 EuGH C-427/15 v. 18.1.2017 *NEW WAVE CZ*, Tz. 28.
359 Gemeint ist wohl eine bereits rechtshängige Klage, vgl. *Dörre/Maaßen*, GRUR-RR 2008, 217, 220.
360 BGH I ZB 48/12 v. 5.12.2012 *Heiligtümer des Todes*.
361 Zur Pflicht zur Datensicherung bis zum Abschluss des Verfahrens in diesen Fällen BGH I ZR 58/16 v. 21.9.2017 *Sicherung der Drittauskunft*.
362 BGH I ZB 77/11 v. 19.4.2011, Tz. 18; vgl. Begründung zum Regierungsentwurf, BT-Drucks. 16/5048, S. 39.

konform wäre.³⁶³ Allerdings verkennen die Befürworter eines solchen allgemeinen Richtervorbehalts, dass der Auskunftsanspruch gegenüber einem Dritten auch in Fällen offensichtlicher Rechtsverletzung ohnehin nur in einem gerichtlichen Verfahren durchgesetzt werden kann.

Die Auskunftsverpflichtung gegenüber Dritten³⁶⁴ setzt voraus, dass diese in 83 gewerblichem Ausmaß an der Verletzungshandlung mitgewirkt haben.³⁶⁵ Der Begriff des »gewerblichen Ausmaßes« dürfte dabei wegen Erwägungsgrund 14 der DurchsetzungsRL kaum anders zu verstehen sein als der Begriff des »geschäftlichen Verkehrs«.³⁶⁶ In gewerblichem Ausmaß vorgenommene Rechtsverletzungen zeichnen sich daher dadurch aus, dass sie zwecks Erlangung eines unmittelbaren oder mittelbaren wirtschaftlichen oder kommerziellen Vorteils vorgenommen werden; dies schließt in der Regel Handlungen aus, die in gutem Glauben von Endverbrauchern vorgenommen werden.

Von der grundsätzlichen Auskunftspflicht gegenüber Verletzer und Dritten 84 können sich allerdings aus dem Verhältnismäßigkeitsgrundsatz Einschränkungen ergeben (§ 19 IV MarkenG). Insoweit ist zwischen den Interessen des Schutzrechtsinhabers und denjenigen des Auskunftspflichtigen abzuwägen. Es soll der Gefahr eines Missbrauchs des Auskunftsanspruchs in Einzelfällen zu einer zu weitgehenden und damit vom Gesetzeszweck her nicht mehr zu rechtfertigenden Ausforschung von Konkurrenten begegnet werden. Das Auskunftsbegehren kann insbesondere in Fällen unverhältnismäßig sein, in denen der Auskunftsberechtigte kein oder nur ein äußerst geringes Interesse an Auskunft haben kann, etwa wenn es sich um einen Einzelfall einer Schutzrechtsverletzung handelt oder – aus welchen Gründen auch immer – davon auszugehen ist, dass keine weiteren Schutzrechtsverletzungen zu befürchten und eingetretene Schäden ausgeglichen sind.³⁶⁷ Die Darlegungs- und Beweislast trägt der Verletzer.³⁶⁸

So kann zwar beim systematischen Einkauf verschiedener Markenprodukte desselben Inhabers, die erstmals außerhalb des EWR in Verkehr gebracht wurden, ein Auskunftsanspruch hinsichtlich aller Marken in Betracht kommen.³⁶⁹ Andererseits kann es in Fällen eines Umverpackens von Parallelimportware gerechtfertigt sein, lediglich zur Auskunft über den Lieferanten der neuen Verpackung, nicht aber über den Lieferanten der Ware selbst zu verur-

---

363 Vgl. *Peukert/Kur*, GRUR Int. 2006, 292, 297; *Spindler/Weber*, ZUM 2007, 257, 262.
364 Zum Kostenerstattungsanspruch gegen den eigentlichen Verletzer in diesen Fällen: BGH I ZB 71/13 v. 15.5.2014 *Deus Ex*; bei der Auskunft über eine IP-Adresse: BGH I ZB 41/16 v. 26.4.2017 *Anwaltskosten im Gestattungsverfahren*; zur Höhe der Gebühr: BGH I ZB 120/17 v. 20.9.2018 *Gebühr für Drittauskunft*.
365 Nicht erforderlich ist demgegenüber, dass auch die Verletzungshandlung selbst gewerbliches Ausmaß aufweist, so dass jedenfalls Handeln im geschäftlichen Verkehr genügt: BGH I ZB 80/11 v. 19.4.2011 *Alles kann besser werden*, Tz. 10 ff.; I ZB 77/11 v. 19.4.2011, Tz. 9 ff.; I ZB 48/12 v. 5.12.2012 *Heiligtümer des Todes*, Tz. 30, m. w. N. [zum Urheberrecht].
366 Hierzu oben § 10 Rdn. 24 – 28.
367 BGH I ZR 27/03 v. 23.2.2006 *Parfümtestkäufe*, Tz. 39, unter Hinweis auf die amtliche Begründung; BGH I ZR 263/15 v. 30.3.2017 *BretarisGenuair*, Tz. 71.
368 BGH I ZR 263/15 v. 30.3.2017 *BretarisGenuair*, Tz. 71.
369 BGH I ZR 27/03 v. 23.2.2006 *Parfümtestkäufe*, Tz. 40; vgl. auch BGH I ZR 82/11 v. 2.10.2012 *Völkl*, Tz. 53.

teilen.³⁷⁰ Auch ist ein Rechtsanwalt, der durch die Bezeichnung seiner Kanzlei die Rechte eines Wettbewerbers verletzt hat, im Hinblick auf die ihn treffende Verschwiegenheitspflicht nicht verpflichtet, im Rahmen einer zur Schadensberechnung dienenden Auskunft die Namen seiner Mandanten zu offenbaren.³⁷¹

85 Ferner darf dem zur Auskunft verpflichteten Dritten kein Zeugnisverweigerungsrecht zustehen. Die umstrittene Frage, ob dies bei Banken mit Blick auf das Bankgeheimnis der Fall ist, hat der EuGH zugunsten der Rechteinhaber entschieden.³⁷² Denn weil Kontodaten häufig der einzige zivilrechtliche Weg zur Ermittlung des Verletzers sind und weil die Strafverfolgungsbehörden nicht überstrapaziert werden sollten, kann hier das Bankgeheimnis nicht eingreifen.

86 Erteilt der zur Auskunft Verpflichtete die Auskunft vorsätzlich oder grob fahrlässig falsch oder unvollständig, ist er dem Kennzeicheninhaber zum Ersatz des daraus entstehenden Schadens verpflichtet (§ 19 V MarkenG). Andererseits haftet derjenige, der eine wahre Auskunft erteilt hat, ohne dazu verpflichtet gewesen zu sein, Dritten gegenüber nur, wenn er wusste, dass er zur Auskunftserteilung nicht verpflichtet war (§ 19 VI MarkenG).

87 In Fällen offensichtlicher Rechtsverletzung kann die Verpflichtung zur Erteilung der Auskunft im Wege der einstweiligen Verfügung angeordnet werden (§ 19 VII MarkenG).³⁷³ Dies gilt auch im Hinblick auf den Auskunftsanspruch gegenüber Dritten. Allerdings muss hier die Offensichtlichkeit der Rechtsverletzung glaubhaft gemacht werden.³⁷⁴

88 Die aus der Auskunft gewonnenen Erkenntnisse unterliegen in einem Straf- oder Ordnungswidrigkeitenverfahren einem Verwertungsverbot (§ 19 VIII MarkenG).

89 § 19 IX MarkenG schließlich regelt die Besonderheiten im Falle der Herausgabe von Daten durch Telekommunikationsanbieter,³⁷⁵ der allerdings im Markenrecht von geringerer praktischer Bedeutung ist als im Urheberrecht. Kann dabei die Auskunft nur unter Verwendung von Verkehrsdaten, also von Daten, die bei der Erbringung eines Telekommunikationsdienstes erhoben, verarbeitet oder genutzt werden (§ 3 Nr. 30 TKG), erteilt werden, ist für ihre Erteilung eine vorherige richterliche Anordnung über die Zulässigkeit der Verwendung der Verkehrsdaten erforderlich, die von dem Verletzten zu beantragen ist. Für den Erlass dieser Anordnung ist das Landgericht, in dessen Bezirk der zur Auskunft Verpflichtete seinen Wohnsitz, seinen Sitz oder eine Niederlassung hat, ohne Rücksicht auf den Streitwert ausschließlich zuständig. Die Entscheidung trifft die Zivilkammer. Für das Verfahren gelten die Vorschriften des Gesetzes über die Angelegenheiten der freiwilligen Gerichtsbarkeit mit Ausnahme des § 28 II und III entsprechend. Die Kosten der richterlichen Anordnung trägt der Verletzte. Gegen die Entscheidung des Landgerichts ist die sofortige Beschwerde zum Oberlandesgericht statthaft. Sie

---

370 BGH GRUR 2002, 1063, 1067 *Aspirin I*; vgl. auch BGH I ZR 27/03 v. 23.2.2006 *Parfümtestkäufe*, Tz. 36.
371 BGH GRUR 2002, 706 *vossius.de*.
372 EuGH C-580/13 v. 16.7.2015 *Coty Germany*, Tz. 43, auf die Vorlage BGH I ZR 51/12 v. 17.10.2013 *Davidoff Hot Water*; dazu *Wreesmann*, MarkenR 2016, 285.
373 Zum Vollstreckungsschutz BGH X ZR 76/18 v. 25.9.2018 *Werkzeuggriff*.
374 Vgl. *Nägele/Nitsche*, WRP 2007, 1047, 1049.
375 Zur Vorratsdatenspeicherung auch EuGH C-275/06 v. 29.1.2008 *Promusicae*; EuGH C-301/06 v. 10.2.2009 *Irland/Europäisches Parlament*.

VI. 2. Auskunftsanspruch nach § 19 MarkenG über Herkunft und Vertriebsweg der Produkte

kann nur darauf gestützt werden, dass die Entscheidung auf einer Verletzung des Rechts beruht. Die Entscheidung des Oberlandesgerichts ist unanfechtbar. Die Vorschriften zum Schutz personenbezogener Daten[376] bleiben im Übrigen unberührt.

Im Rahmen des Auskunftsanspruchs gemäß § 19 MarkenG besteht schließlich nach der Rechtsprechung des BGH im Allgemeinen eine Verpflichtung zur Vorlage von Belegen.[377] Soweit die Belege Daten enthalten, hinsichtlich deren einerseits ein berechtigtes Geheimhaltungsinteresse des Schuldners, andererseits aber keine Offenbarungspflicht besteht, kann dem dadurch Rechnung getragen werden, dass – gegebenenfalls beglaubigte – Kopien vorgelegt werden, bei denen die entsprechenden Daten abgedeckt oder geschwärzt sind.[378] Demgegenüber kann sich im Rahmen des aus Treu und Glauben abgeleiteten Auskunftsanspruchs nur ausnahmsweise (§ 260 I BGB) auch ein Anspruch auf Vorlage von Belegen ergeben, wenn der Gläubiger hierauf angewiesen ist und dem Schuldner diese zusätzliche Verpflichtung zugemutet werden kann.[379] Auch ein Wirtschaftsprüfervorbehalt ist lediglich mit einem unselbstständigen, nicht dagegen mit dem selbständigen Auskunftsanspruch nach § 19 MarkenG vereinbar.[380] 90

Beweislastprobleme treten auf, wenn unklar bleibt, in welchem Umfang rechtsverletzende Ware vertrieben wurde. Dies ist insbesondere dann der Fall, wenn – etwa in Parallelimportfällen – neben legaler Ware auch Fälschungen oder Graumarktprodukte gehandelt wurden. Hier trägt die Beweislast nicht der Markeninhaber, sondern der Verletzer. Denn der Verletzer trägt die Beweislast für die Zustimmung des Markeninhabers.[381] Dies schlägt auf den Auskunftsanspruch durch. 91

Ein typischer Auskunftsanspruch kann daher etwa lauten: »Die Beklagte wird verurteilt, der Klägerin Auskunft zu erteilen 92

a) darüber, in welchem Umfang die Beklagte Handlungen gemäß Ziffer 1 [Unterlassungsantrag] begangen hat und zwar unter Angabe der nach Kalender- oder Geschäftsjahren gegliederten Umsätze sowie der betriebenen Werbung, aufgegliedert nach Werbeträgern und unter Angabe von deren Auflage, Verbreitungszeitraum und Verbreitungsgebiet,

b) unter Vorlage von Belegen über die Herkunft und den Vertriebsweg von widerrechtlich gekennzeichneten Gegenständen unter Angabe von Namen und Anschrift der Hersteller, Lieferanten und anderer Vorbesitzer der Waren oder Dienstleistungen sowie der gewerblichen Abnehmer und Verkaufsstellen, für die sie bestimmt waren, und der Menge der hergestellten, ausgelieferten, erhaltenen oder bestellten Waren sowie über der Preise, die für die betreffenden Waren oder Dienstleistungen bezahlt wurden.«

---

376 Vgl. dazu BGH VI ZR 135/13 v. 16.5.2017.
377 Vgl. BGH I ZR 153/14 v. 12.3.2015 *BMW-Emblem*, Tz. 40.
378 BGH GRUR 2002, 709, 712 *Entfernung der Herstellungsnummer III*; auch BGH GRUR 2003, 433, 434 *Cartier-Ring*; BGH I ZR 27/03 v. 23.2.2006 *Parfümtestkäufe*, Tz. 42.
379 BGH GRUR 2002, 709, 712 *Entfernung der Herstellungsnummer III*, m. w. N.; auch BGHZ 148, 26, 37 *Entfernung der Herstellungsnummer II*; BGH I ZR 27/03 v. 23.2.2006 *Parfümtestkäufe*, Tz. 45; weitergehend zu technischen Schutzrechten BGH X ZR 180/05 v. 20.5.2008 *Tintenpatrone*.
380 BGH GRUR 2002, 709, 713 *Entfernung der Herstellungsnummer III*.
381 BGH I ZR 52/10 v. 15.3.2012 *CONVERSE I*; *Lubberger*, FS Bornkamm, 2014, 615.

VII. Vorlage- und Besichtigungsanspruch

93 Seit Inkrafttreten des DurchsetzungsG kann ein Zeicheninhaber bei hinreichender Wahrscheinlichkeit einer Rechtsverletzung den vermeintlichen Verletzer gemäß Art. 6 DurchsetzungsRL, § 19a I MarkenG auf Vorlage einer Urkunde oder Besichtigung einer Sache in Anspruch nehmen, die sich in dessen Verfügungsgewalt befindet, wenn dies zur Begründung seiner Ansprüche erforderlich ist. Der Anspruch setzt dabei voraus, dass der Rechtsinhaber alle ihm verfügbaren Beweismittel zur Begründung seiner Ansprüche vorlegt (Art. 6 I DurchsetzungsRL), dass er das Beweismittel genau bezeichnet und dass sich das Beweismittel in der Verfügungsgewalt des Prozessgegners befindet.[382] Besteht die hinreichende Wahrscheinlichkeit einer in gewerblichem Ausmaß begangenen Rechtsverletzung, erstreckt sich der Anspruch auch auf die Vorlage von Bank-, Finanz- oder Handelsunterlagen (§ 19a I 2 MarkenG). Soweit der vermeintliche Verletzer geltend macht, dass es sich um vertrauliche Informationen handelt, trifft das Gericht die erforderlichen Maßnahmen, um den im Einzelfall gebotenen Schutz zu gewährleisten (§ 19a I 3 MarkenG). Gemäß § 19a II MarkenG muss dabei die Inanspruchnahme verhältnismäßig sein. Ob hinsichtlich Verletzer und Dritten unterschiedliche Voraussetzungen gelten, wird in Kürze der EuGH klären.[383]

94 Der Vorlage- und Besichtigungsanspruch kann auch im Wege einer einstweiligen Verfügung durchgesetzt werden (§ 19a III MarkenG). Das Gericht trifft dabei die erforderlichen Maßnahmen, um den Schutz vertraulicher Informationen zu gewährleisten. Dies gilt insbesondere in den Fällen, in denen die einstweilige Verfügung ohne vorherige Anhörung des Gegners erlassen wird. Vorlegungsort, Gefahr und Kosten regeln §§ 19a IV MarkenG, 811 BGB. Hinsichtlich der gewonnenen Erkenntnisse gilt im Straf- und Ordnungswidrigkeitenverfahren ein Verwertungsverbot (§§ 19a IV, 19 VIII MarkenG). Stellt sich später heraus, dass tatsächlich keine Verletzung vorlag oder drohte, kann der vermeintliche Verletzer von demjenigen, der die Vorlage oder Besichtigung begehrt hat, den Ersatz des ihm durch das Begehren entstandenen Schadens verlangen (§ 19a V MarkenG).

95 Bereits vor Inkrafttreten des DurchsetzungsG hatte der BGH zudem für das Urheberrecht – auch mit Blick auf Art. 50 TRIPS[384] – dem Urheber einen Besichtigungsanspruch aus § 809 BGB zuerkannt, wenn dieser sich vergewissern möchte, ob eine bestimmte Sache unter Verletzung des geschützten Werks hergestellt worden ist. Voraussetzung ist dabei, dass für die Verletzung bereits eine gewisse Wahrscheinlichkeit besteht. Das berechtigte Geheimhaltungsinteresse des Besitzers der zu besichtigenden Sache ist im Rahmen einer umfassenden Interessenabwägung zu berücksichtigen, führt jedoch nicht dazu, dass generell gesteigerte Anforderungen an die Wahrscheinlichkeit der Rechtsverletzung zu stellen wären. Im Rahmen der Abwägung ist insbesondere zu prüfen, ob dem schützenswerten Geheimhaltungsinteresse auch bei grundsätzlicher Gewährung des Anspruchs – etwa durch Ein-

---

[382] Vgl. Begründung zum Regierungsentwurf, BT-Drucks. 16/5048, S. 40.
[383] Vgl. das Verfahren EuGH C-644/16 *Synthon*.
[384] Vgl. hierzu EuGH C-53/96 v. 16.6.1998 *Hermès International/FHT Marketing Choice BV*; EuGH C-300/98 u. C-392/98 v. 14.12.2000 *Parfums Christian Dior II*; EuGH C-89/99 v. 13.9.2001 *Schieving-Nijstad/Robert Groeneveld*.

schaltung eines zur Verschwiegenheit verpflichteten Dritten – genügt werden kann.[385] Entsprechendes gilt zwar auch für einen kennzeichenrechtlichen Besichtigungsanspruch. Nach Inkrafttreten des DurchsetzungsG dürfte jedoch kaum einmal über § 19a MarkenG hinaus ein Anwendungsbereich für diese Rechtsprechung bleiben.

Eine ähnliche Stoßrichtung wie der Besichtigungsanspruch verfolgt schließlich 96 der prozessuale Anspruch auf Urkundenvorlegung nach § 142 ZPO. Danach kann das Gericht anordnen, dass eine Partei oder ein Dritter die in ihrem oder seinem Besitz befindlichen Urkunden und sonstigen Unterlagen, auf die sich eine Partei bezogen hat, vorlegt. Das Gericht kann hierfür eine Frist setzen sowie anordnen, dass die vorgelegten Unterlagen während einer von ihm zu bestimmenden Zeit auf der Geschäftsstelle verbleiben. Der X. (Patent-) Senat des BGH hält danach bei Rechtsstreitigkeiten über technische Schutzrechte eine Vorlegung von Urkunden oder sonstigen Unterlagen demnach jedenfalls dann für möglich, wenn diese zur Aufklärung des Sachverhalts geeignet und erforderlich, weiter verhältnismäßig und angemessen, d. h. dem zur Vorlage Verpflichteten bei Berücksichtigung seiner rechtlich geschützten Interessen nach Abwägung der kollidierenden Interessen zumutbar ist. Dabei kann für die Abwägung nach Sachlage auch auf die Intensität des Eingriffs in das Schutzrecht und in die rechtlich geschützten Interessen des von der Vorlage Betroffenen abzustellen sein. Belangen eines betroffenen Dritten kann dabei erforderlichenfalls dadurch Rechnung getragen werden, dass diesem gestattet wird, die vorzulegenden Unterlagen soweit unkenntlich zu machen, als rechtlich geschützte Interessen des Dritten einer Vorlage entgegenstehen.[386]

Nichts anderes gilt im Kennzeichenrecht. Wie im Bereich technischer Schutz- 97 rechte gebieten auch im Kennzeichenrecht Art. 43 TRIPS und Art. 6 der Durchsetzungsrichtlinie[387] eine großzügige Anwendung des § 142 ZPO. Hier wie dort kann es dabei für eine Vorlageanordnung ausreichen, dass eine Benutzung des Gegenstands des Schutzrechts wahrscheinlich ist.[388]

VIII. Vorlageanspruch zur Sicherung von Schadensersatzansprüchen

Gemäß § 19b I MarkenG kann der Zeicheninhaber den schadensersatzpflichtigen 98 Verletzer auch auf Vorlage von Bank-, Finanz- oder Handelsunterlagen oder einen geeigneten Zugang zu den entsprechenden Unterlagen in Anspruch nehmen, die sich in der Verfügungsgewalt des Verletzers befinden und die für die Durchsetzung des Schadensersatzanspruchs erforderlich sind, wenn ohne die Vorlage die Erfüllung des Schadensersatzanspruchs fraglich ist. Soweit der Verletzer geltend macht, dass es sich um vertrauliche Informationen handelt, trifft das Gericht die erforderlichen Maßnahmen, um den im Einzelfall gebotenen Schutz zu gewährleisten. Die Inanspruchnahme muss im Einzelfall verhältnismäßig sein (§ 19b II MarkenG). Wie der Anspruch nach § 19a MarkenG kann auch der Anspruch nach § 19b MarkenG

---

385 BGHZ 150, 377 *Faxkarte*.
386 BGH X ZR 114/03 v. 1.8.2006 *Restschadstoffentfernung*, Tz. 42.
387 Vgl. BGH X ZR 114/03 v. 1.8.2006 *Restschadstoffentfernung*, Tz. 41.
388 Vgl. BGH X ZR 114/03 v. 1.8.2006 *Restschadstoffentfernung*, Tz. 43.

im Wege einer einstweiligen Verfügung durchgesetzt werden (§ 19b III MarkenG). Das Gericht trifft die erforderlichen Maßnahmen, um den Schutz vertraulicher Informationen zu gewährleisten. Dies gilt insbesondere in den Fällen, in denen die einstweilige Verfügung ohne vorherige Anhörung des Gegners erlassen wird. Vorlegungsort, Gefahr und Kosten regeln §§ 19b IV MarkenG, 811 BGB. Hinsichtlich der gewonnenen Erkenntnisse gilt im Straf- und Ordnungswidrigkeitenverfahren ein Verwertungsverbot (§§ 19b IV, 19 VIII MarkenG).

IX. Zurückbehaltungsanspruch an widerrechtlich gekennzeichneter Ware

99 Ist widerrechtlich gekennzeichnete Ware bereits in die Hände des Verletzten gelangt, so kann diesem ein Zurückbehaltungsrecht zustehen. Dieses Zurückbehaltungsrecht verschafft gegenüber einem Herausgabeverlangen des Eigentümers der Ware gemäß § 985 BGB ein Besitzrecht im Sinne des § 986 BGB.

Wird etwa von einem Händler eine widerrechtlich gekennzeichnete Uhr beim Markeninhaber zur Reparatur gegeben, so kann der Markeninhaber sein Zurückbehaltungsrecht ausüben.[389]

X. Vernichtungs- und Rückrufanspruch

100 Nach Art. 10 I Buchst. c) DurchsetzungsRL, § 18 I MarkenG kann der Zeicheninhaber verlangen, dass die im Besitz oder Eigentum des Verletzers befindlichen widerrechtlich gekennzeichneten Gegenstände vernichtet werden. Ferner kann die Vernichtung von im Eigentum des Verletzers stehenden Materialien und Geräte verlangt werden, die vorwiegend zur widerrechtlichen Kennzeichnung der Waren gedient haben;[390] Besitz genügt insoweit jedoch nicht.[391] In beiden Fällen hat der Verletzer[392] im Regelfall (Art. 10 II DurchsetzungsRL) die Kosten der Vernichtung zu tragen.

101 Weiter kann der Zeicheninhaber den Verletzer gemäß Art. 10 I Buchst. a) und b) DurchsetzungsRL, § 18 II MarkenG[393] auf Rückruf[394] von widerrechtlich gekennzeichneten Waren oder auf deren endgültiges Entfernen aus den Vertriebswegen in Anspruch nehmen. Eine noch bestehende Verfügungsmacht des Verkäufers über die rechtsverletzenden Produkte wird dabei nicht vorausgesetzt.[395] Geschuldet ist dabei allerdings nur der Rückruf der Ware an sich, nicht aber zwingend ihre tat-

---

389 BGH GRUR 1998, 696 *Rolex-Uhr mit Diamanten*, m. w. N. auch zur Gegenansicht.
390 Dies bedeutet gegenüber der alten Rechtslage zugleich eine Erweiterung und eine Einschränkung des Anspruchs.
391 Vgl. *Nägele/Nitsche*, WRP 2007, 1047, 1055.
392 BGHZ 135, 183, 192 *Vernichtungsanspruch*.
393 Zuvor zum Patentrecht bereits im Wege richtlinienkonformer Auslegung LG Düsseldorf 4a O 427/06 v. 12.2.2008 *WC-Duftspüler*.
394 Hierzu BGH X ZR 120/15 v. 16.5.2017 *Abdichtsystem* [Rückrufpflicht patentverletzender Gegenstände bei Sitz des Verpflichteten im Ausland]; *Jänich*, MarkenR 2008, 413; *Jestaedt*, GRUR 2009, 102.
395 *Nägele/Nitsche*, WRP 2007, 1047, 1055.

sächliche Rückholung. Rechtliche Möglichkeiten zur Rückabwicklung des Absatzes müssen allerdings genutzt werden.[396]

Vernichtungs- und Rückrufansprüche sind ausgeschlossen, wenn die Inanspruchnahme im Einzelfall unverhältnismäßig ist.[397] Bei der Prüfung der Verhältnismäßigkeit sind auch die Notwendigkeit eines angemessenen Verhältnisses zwischen der Schwere der Verletzung und den angeordneten Abhilfemaßnahmen sowie die berechtigten Interessen Dritter zu berücksichtigen (Art. 10 III DurchsetzungsRL; § 18 II MarkenG). Vernichtungs- und Rückrufansprüche greifen daher ausnahmsweise[398] insbesondere dann nicht ein, wenn der durch die Rechtsverletzung verursachte Zustand der Gegenstände auf andere Weise beseitigt werden kann und die Vernichtung für den Verletzer oder den Eigentümer im Einzelfall unverhältnismäßig ist. 102

Die Frage der Verhältnismäßigkeit ist hierbei unter Berücksichtigung aller Umstände des Einzelfalls zu beantworten.[399] Sinn und Zweck der Regelung erfordern unter Einbeziehung generalpräventiver Erwägungen eine umfassende Abwägung des Vernichtungsinteresses des Verletzten und des Erhaltungsinteresses des Verletzers. Einen Anhaltspunkt bieten dabei schon die in der Gesetzesbegründung zum Produktpirateriegesetz beispielhaft genannten Kriterien: Schuldlosigkeit oder der Grad der Schuld des Verletzers, die Schwere des Eingriffs – unmittelbare Übernahme oder Verletzung im Randbereich – und der Umfang des bei Vernichtung für den Verletzer entstehenden Schadens im Vergleich zu dem durch die Verletzung eingetretenen wirtschaftlichen Schaden des Rechtsinhabers.[400] Ein Anspruch auf Herausgabe der Verletzungsgegenstände zum Zwecke der Vernichtung ist jedenfalls dann gegeben, wenn unter Würdigung aller Umstände, insbesondere bei Abwägung der sich gegenüberstehenden Interessen, für den Verletzten nicht zumutbar ist, das Risiko zu tragen, dass die Ware in den Marktkreislauf gelangt.[401] 103

> So ist die Vernichtung nicht automatisch dadurch verhältnismäßig, dass äußerlich nahezu identische »Markenpiraterieprodukte« vertrieben werden. Zwar wird der Vernichtungsanspruch in »Markenpirateriefällen« regelmäßig gegenüber dem Hersteller der »Pirateriewaare« durchgreifen. Entsprechendes gilt jedoch nicht unbedingt, wenn nicht die Rolle eines Hersteller-, sondern die eines Vertriebsunternehmens zu beurteilen ist. Hier ist neben der Schwere der Markenrechtsverletzung nicht auf das rechtswidrige und regelmäßig auch strafbare Verhalten des Warenherstellers, sondern vielmehr maßgebend darauf abzustellen, ob das Vertriebsunternehmen ein eigenes Verschulden trifft, und gegebenenfalls, von welchem Verschuldensgrad auszugehen ist.[402]

Wegen der Bedeutung des Verhältnismäßigkeitsgrundsatzes bei der Prüfung kann der Vernichtungsanspruch schließlich auch – anders als der Anspruch auf Auskunftserteilung gemäß § 19 I, II MarkenG – nicht über die konkret festgestellten 104

---

396 *Jänich*, MarkenR 2008, 413, 415.
397 Die Regelung ist strenger als der Vernichtungsanspruch im Wettbewerbsrecht: BGH I ZR 15/14 v. 23.9.2015 *Amplidect/ampliteq*, Tz. 61.
398 BGHZ 135, 183, 186 f. *Vernichtungsanspruch*, unter Hinweis auf die Begründung zum Regierungsentwurf, BT-Drucks. 11/4792, S. 15, 27 ff. – BlPMZ 1990, 173, 181 f.
399 Vgl. auch BGH I ZR 188/11 v. 15.8.2013 *Hard Rock Cafe*, Tz. 46.
400 BGHZ 135, 183, 187 ff. *Vernichtungsanspruch*.
401 BGH I ZR 49/12 v. 31.10.2013 *OTTO CAP*, Tz. 45, m. w. N.
402 BGHZ 135, 183, 189 f. *Vernichtungsanspruch*.

Verletzungshandlungen hinaus verallgemeinert werden. Zwar setzt auch der Vernichtungsanspruch lediglich ein objektiv rechtswidriges Verhalten und nicht generell auch ein Verschulden voraus. Die Anordnung der Vernichtung hat jedoch über die Folgenbeseitigung hinaus eine Art Sanktionscharakter und ist wegen des damit verbundenen Eingriffs in das durch Art. 14 GG geschützte Eigentum in besonderem Maße dem Verhältnismäßigkeitsgrundsatz unterworfen. Ob die Vernichtung für den Verletzer oder Eigentümer unverhältnismäßig ist, lässt sich daher nur im Einzelfall feststellen und kann insbesondere davon abhängen, ob der Verletzer schuldlos oder mit allenfalls geringer Schuld gehandelt hat.[403]

105 Befinden sich widerrechtlich gekennzeichnete Gegenstände aufgrund einer bereits erfolgten Beschlagnahme in Verwahrung eines Dritten, so kann der Vernichtungsanspruch des § 18 I MarkenG nach der Rechtsprechung des BGH im Einzelfall auch den Anspruch auf Herausgabe an den Markeninhaber zum Zwecke der Vernichtung einschließen. Hieran hat auch das Durchsetzungsgesetz nichts geändert, soweit nicht Kennzeichnungsmaterialien und -geräte betroffen sind.

> Jedenfalls wenn daher der Verletzer etwa im Vorfeld bereits gegen gerichtliche Unterlassungsverfügungen verstoßen hat und wenn Ware durch einen Gerichtsvollzieher beschlagnahmt und bei einem Dritten eingelagert ist, kann dem Markeninhaber unzumutbar sein, Ware wiederum an den Verletzer herauszugeben und damit das Risiko einzugehen, dass die Ware erneut in den Marktkreislauf gerät.[404]

106 Zur Sicherung des Vernichtungsanspruchs schließlich kann gegen inländische Verletzer eine auf Beschlagnahme gerichtete einstweilige Verfügung[405] in Betracht kommen.

XI. Anspruch auf Urteilsveröffentlichung

107 Gemäß Art. 15 DurchsetzungsRL, § 19c MarkenG kann unter bestimmten Umständen die Veröffentlichung eines Urteils verlangt werden.[406] Voraussetzung hierfür ist ein obsiegendes Urteil auf Grund des MarkenG und die Darlegung eines berechtigten Interesses seitens des Verletzers.[407] Die Kosten der Veröffentlichung hat die unterliegende Partei zu tragen. Art und Umfang der Bekanntmachung werden im Urteil bestimmt. Die Befugnis erlischt, wenn von ihr nicht innerhalb von drei Monaten nach Eintritt der Rechtskraft des Urteils Gebrauch gemacht wird. Ein die Veröffentlichung anordnendes Urteil ist allerdings im Hinblick auf die Veröffentlichung nicht vorläufig vollstreckbar. Unter Umständen kann der Urteilstenor sachgerecht verkürzt wiedergegeben werden, um eine Lesbarkeit auf begrenztem Raum zu gewährleisten.[408]

---

403 BGH I ZR 27/03 v. 23.2.2006 *Parfümtestkäufe*, Tz. 52.
404 BGHZ 135, 183, 191 f. *Vernichtungsanspruch*, m. w. N.; BGH I ZR 6/10 v. 6.10.2011 *Echtheitszertifikat*, Tz. 31.
405 Zum einstweiligen Rechtsschutz unten § 31 Rdn. 47 – 61.
406 Hierzu *Maaßen*, MarkenR 2008, 417.
407 Entsprechend vor Inkrafttreten des § 19c MarkenG bereits BGHZ 138, 143, 159 *Les-Paul-Gitarren*.
408 BGH I ZR 107/15 v. 14.1.2016, Tz. 13.

In der Praxis sprechen die deutschen Gerichte – anders die österreichischen – nur 108
selten eine Urteilsveröffentlichung zu. Insbesondere wird eine nachhaltige Marktverwirrung gefordert, die sich nur selten nachweisen lässt.[409]

XII. Übertragungsanspruch

Ganz ausnahmsweise gewährt Art. 6^{septies} I PVÜ, § 17 MarkenG[410] einen Anspruch 109
auf Übertragung der Marke. Da der EuGH auch für die Vorschriften der PVÜ
eine Auslegungskompetenz beansprucht,[411] handelt es sich hierbei um mittelbar
harmonisiertes Recht.[412] § 11 MarkenG unterscheidet sich von § 17 MarkenG nur in
der Rechtsfolge und gewährt einen Löschungsanspruch. Auch die UMV kennt nun
parallel Nichteintragung nach Widerspruch (Art. 8 III UMV), Löschung (Art. 60 I
Buchst. b i. V. m. 8 III UMV), Unterlassungsanspruch (Art. 13 UMV) und Übertragungsanspruch (Art. 21 UMV; Art. 20 DV).[413] Das EuG knüpft die Anwendung
der Vorschriften an vier kumulative Voraussetzungen:[414]
– erstens muss der Anspruchsteller Inhaber einer älteren Marke sein;
– zweitens muss der Anspruchsgegner Agent oder Vertreter des Markeninhabers
  sein oder gewesen sein;
– drittens muss der Agent oder Vertreter die Marke ohne die Zustimmung des
  Markeninhabers auf seinen eigenen Namen angemeldet haben, ohne dass die
  Handlungsweise des Agenten oder Vertreters gerechtfertigt wäre;
– viertens schließlich muss die Anmeldung hauptsächlich identische oder ähnliche
  Zeichen und Waren betreffen.

Für die Geltendmachung von Ansprüchen aus den §§ 11, 17 MarkenG, Art. 8 III 110
UMV genügt es, dass der Geschäftsherr im Zeitpunkt der Agentenanmeldung Inhaber einer (ausländischen) Anmeldung war, die spätestens im Zeitpunkt der
Anspruchsgeltendmachung zur Eintragung geführt hat.[415] Zweck der Regelung ist
es, den Markeninhaber vor einem untreuen Agenten oder Vertreter zu schützen,
der sich eine Marke aneignet, die der Geschäftsherr – regelmäßig im Ausland –
früher für sich in Anspruch genommen hat und die für den Agenten typischerweise
erst durch die Übernahme der Vertretung von Interesse ist.[416] Die Regelung erfasst
auch den Fall, dass es sich bei der Marke des Inhabers um eine ausländische Benut-

---

409 Vgl. OLG Frankfurt a. M. 6 U 248/16 v. 20.9.2018 *HUDSON*.
410 Die Vorschrift geht auf Art. 6^{septies} PVÜ zurück; die UMV bietet mit Art. 8 III nur einen Löschungsanspruch, hierzu EuG T-6/05 v. 6.9.2006 *DEF-TEC*, Tz. 38 ff.
411 Art. 2 I TRIPs i. V. m. EuGH C-245/02 v. 16.11.2004 *Anheuser-Busch/Budějovický Budvar*, Tz. 41; auch EuGH C-53/96 v. 16.6.1998 *Hermès International/FHT Marketing Choice BV*, Tz. 29; EuGH C-89/99 v. 13.9.2001 *Schieving-Nijstad/Robert Groeneveld*, Tz. 30.
412 Ungenau *Ullmann*, GRUR 2009, 364, 368.
413 Dazu schon EuGH C-381/16 v. 23.11.2017 *Bravo de Laguna*.
414 EuG T-262/09 v. 13.4.2011 *FIRST CONTROL AEROSOL PEPPER PROJECTOR/ FIRST DEFENSE*, Tz. 61; EuG T-796/17 v. 14.2.2019 *MOULDPRO*, Tz. 21.
415 BGH I ZR 164/05 v. 10.4.2008 *audison*.
416 BGH I ZR 206/07 v. 21.1.2010 *DiSC*, Tz. 30, m. w. N.

zungsmarke handelt.[417] Weiter muss die Marke nicht zwingend identisch sein; vielmehr genügt eine (hypothetische) Verwechslungsgefahr;[418] die Marke des Geschäftsherrn wird wie eine originär im Inland angemeldete Marke behandelt.[419] Voraussetzung des Anspruchs ist dabei stets, dass die Marke des Geschäftsherrn prioritätsälter ist als die Marke des Agenten.[420]

> So lässt sich ein Übertragungsanspruch etwa auf eine im Jahr 1995 entstandene US-amerikanische Benutzungsmarke stützen, wenn der Agent im Jahr 2002 in Deutschland eine entsprechende Marke anmeldet.[421]

111 Agent oder Vertreter im Sinne der §§ 11, 17 MarkenG ist dabei jeder Absatzmittler, der dem Inhaber der Marke in einer Weise vertraglich zur Wahrnehmung von dessen Interessen verpflichtet ist, die es ihm verbietet, die Marke ohne dessen Zustimmung eintragen zu lassen.[422] Es reicht aus, wenn das Vertragsverhältnis der Parteien ein Treuhandverhältnis beinhaltet.[423] Die Eintragung der Marke durch einen Strohmann des Agenten steht jedoch der Eintragung der Marke durch den Agenten selbst gleich.[424]

> Agent oder Vertreter i. S. von §§ 11, 17 MarkenG kann folglich nicht nur der Handelsvertreter sein. Entscheidend ist, dass es sich um einen Absatzmittler handelt, den gegenüber seinem Vertragspartner die Pflicht trifft, dessen Interessen wahrzunehmen. Daran fehlt es allerdings sowohl bei reinen Güteraustauschverträgen als auch im Verhältnis zwischen Mitgesellschaftern. Ein Agentenverhältnis i. S. von §§ 11, 17 MarkenG ist indes anzunehmen, wenn zwischen dem Inhaber der ausländischen Marke und dem Absatzmittler eine Übereinkunft besteht, nach der der Absatzmittler über den bloßen Abschluss reiner Austauschverträge hinaus für den anderen als Vertriebspartner tätig sein soll.[425] Auch wenn der Anspruchsgegner nur Teilrechtsnachfolger des Anspruchstellers ist und in diesem Zusammenhang eine Marke angemeldet hat, so fehlt es an einem Vertretungsverhältnis.[426] Das EuG will es außerdem nicht genügen lassen, wenn der Agent die Marke über eine Gesellschaft anmeldet, deren Geschäftsführer er ist, weil in diesem Fall kein Treuhandverhältnis zwischen den Parteien bestehe;[427] dies ist zu streng, da andernfalls einfachste Umgehungsmöglichkeiten durch gesellschaftsrechtliche Konstruktionen entstehen. Erst recht greifen die Ansprüche nicht ein, wenn der angebliche »Agent« völlig unabhängig handelt.[428]

---

417 BGH I ZR 190/05 v. 26.6.2008 *EROS*, Tz. 45; BGH I ZR 206/07 v. 21.1.2010 *DiSC*, Tz. 31, wonach es auf die inländischen Regeln für den Erwerb einer Benutzungsmarke nicht ankommt.
418 BGH I ZR 206/07 v. 21.1.2010 *DiSC*, Tz. 34.
419 BGH I ZR 206/07 v. 21.1.2010 *DiSC*, Tz. 40.
420 BGH I ZR 190/05 v. 26.6.2008 *EROS*, Tz. 47.
421 BGH I ZR 190/05 v. 26.6.2008 *EROS*, Tz. 45 ff.
422 BGH I ZR 190/05 v. 26.6.2008 *EROS*, Tz. 45; BGH I ZR 206/07 v. 21.1.2010 *DiSC*, Tz. 32; EuG T-184/12 v. 9.7.2014 *HEATSTRIP/HEATSTRIP*, Tz. 58; auch §§ 5 IV Nr. 2, 11 I Nr. 1a WZG.
423 EuG T-184/12 v. 9.7.2014 *HEATSTRIP/HEATSTRIP*, Tz. 59; EuG T-796/17 v. 14.2.2019 *MOULDPRO*, Tz. 23.
424 BGH I ZR 164/05 v. 10.4.2008 *audison*.
425 BGH I ZR 164/05 v. 10.4.2008 *audison*; auch EuG T-796/17 v. 14.2.2019 *MOULDPRO*, Tz. 33 f.
426 Vgl. EuG T-262/09 v. 13.4.2011 *FIRST CONTROL AEROSOL PEPPER PROJECTOR/FIRST DEFENSE*, Tz. 64 ff.
427 EuG T-796/17 v. 14.2.2019 *MOULDPRO*, Tz. 31 f.
428 EuG T-184/12 v. 9.7.2014 *HEATSTRIP/HEATSTRIP*, Tz. 59.

Eine Zustimmung des Markeninhabers zur Markenanmeldung seitens des Agenten 112
kann den Anspruch ausschließen. Die Zustimmung muss allerdings eindeutig, präzise und unbedingt sein. Die bloße Zustimmung zur Nutzung der Marke genügt nicht.[429]

Wird eine Agentenmarke auf einen Dritten übertragen, kann der Geschäftsherr 113
die Ansprüche aus §§ 11, 17 MarkenG auch gegenüber dem Dritten geltend machen.[430]

Neben dem Übertragungsanspruch einer Agentenmarke sind auch andere Über- 114
tragungsansprüche nach nationalem Recht zulässig.[431] Denkbar sind etwa Ansprüche in analoger Anwendung der Vorschriften zur Agentenmarke oder Ansprüche aus unerlaubter Handlung oder ungerechtfertigter Bereicherung.

XIII. Anspruch auf Hinweis in Nachschlagewerken

Nach Art. 12 MRR, Art. 12 UMV, § 16 I, III MarkenG kann unter Umständen 115
der Markeninhaber vom Verleger eines Wörterbuchs, eines Lexikons oder eines
ähnlichen Nachschlagewerks (auch in Form einer elektronischen Datenbank) verlangen, dass der Wiedergabe der Marke ein Hinweis beigefügt wird, dass es sich
um eine eingetragene Marke handelt. Voraussetzung für diesen Anspruch ist, dass
die Wiedergabe der Marke im Werk den Eindruck einer Gattungsbezeichnung
erweckt. Ist das Werk bereits erschienen, so beschränkt § 16 II MarkenG den
Anspruch darauf, dass der Hinweis bei einer neuen Auflage des Werkes aufgenommen wird.

XIV. Strafrecht und Bußgeldvorschriften

Geradezu mutet der Umfang des strafrechtlichen Schutzes im Markenrecht an.[432] 116
§ 143 I MarkenG stellt – außer bei gewerbsmäßigem Handeln auf Antrag hin (§ 143
IV MarkenG) – jede vorsätzliche Kennzeichenverletzung unter Strafe, Nr. 3 unter
bestimmten Voraussetzungen sogar die Vorbereitungshandlungen[433] des § 14 IV
MarkenG. § 143a MarkenG erfasst jede weitere vorsätzliche Verletzung einer Unionsmarke,[434] § 144 MarkenG jede Verletzung einer geografischen Herkunftsangabe. Überdies ist jeweils der Versuch strafbar. §§ 143 V, 144 IV MarkenG verschärfen die Einziehungs-, Beseitigungs- und Vernichtungsmöglichkeiten.[435] Unter
bestimmten Voraussetzungen kann nach §§ 143 VI, 144 V MarkenG eine öffentli-

---

429 EuG T-538/10 v. 29.11.2012 *FAGUMIT/Fagumit*, Tz. 22 ff.
430 BGH I ZR 164/05 v. 10.4.2008 *audison*, Tz. 18, m. w. N.; BGH I ZR 206/07 v. 21.1.2010 *DiSC*, Tz. 33.
431 EuGH C-381/16 v. 23.11.2017 *Salvador Benjumea Bravo de Laguna*.
432 Zur ähnlich gelagerten Problematik im Urheberstrafrecht: *Hildebrandt*, Die Strafvorschriften des Urheberrechts, 2001, S. 494 ff.
433 Vgl. hierzu oben § 10 Rdn. 12.
434 Dazu BGH 5 StR 554/17 v. 23.1.2018, Tz. 7 ff.
435 Vgl. dazu BGH 2 StR 79/12 v. 27.6.2012, Tz. 10.

che Bekanntmachung des Urteils angeordnet werden.[436] Nach § 145 I MarkenG schließlich kann die Benutzung bestimmter öffentlich-rechtlicher Hoheitszeichen, nach § 145 II MarkenG der Verstoß gegen die Mitwirkungs- und Duldungspflichten des § 134 MarkenG als Ordnungswidrigkeit geahndet werden. Mit Blick darauf, dass fast all diese markenrechtlichen Verletzungsfälle von komplizierten Wertungen geprägt sind, ist das Risiko einer Bestrafung aufgrund der vom Gesetzgeber im Kennzeichenstrafrecht gewählten umfassenden Verweisungstechnik kaum voraussehbar. Zu begrüßen ist daher, dass die Praxis von den umfassenden Sanktionsmöglichkeiten außer – dort gerechtfertigt – in klaren »Pirateriefällen«[437] kaum Gebrauch macht.

XV. Grenzbeschlagnahme

117 Das Rechtsinstitut der so genannten Grenzbeschlagnahme[438] soll verhindern, dass ein grenzüberschreitender Handel mit schutzrechtsverletzender Ware stattfindet. Entsprechende Regelungen finden sich sowohl auf europäischer Ebene in der Verordnung (EU) Nr. 608/2013[439] als auch auf nationaler Ebene in den §§ 146 ff. MarkenG, wobei letztere im Geltungsbereich der Verordnung subsidiär sind.[440] Darüber hinaus sind beide Regelungen im Wesentlichen – insbesondere nach in Kraft treten des Gesetzes zur Verbesserung der Durchsetzung von Rechten des geistigen Eigentums[441] – inhaltsgleich. Checklisten zu beiden Verfahren finden sich unten in § 35.

118 Das Eingreifen der Zollbehörden beschränkt sich dabei jedoch nicht nur auf die Grenzabfertigung. Im Bereich des gewerblichen Rechtsschutzes hat die Zollbehörde vielmehr überall dort Zugriffsmöglichkeiten, wo sie ihre zollamtliche Überwachung und Prüfrechte wahrnimmt. Dies ist u. a. an Grenzzollstellen, Binnenzollämtern, in Freihäfen oder bei Kontrollen durch mobile Kontrollgruppen der Fall.

---

436 Vgl. hierzu *Wandtke/Bullinger-Hildebrandt*, 2. Aufl. 2006, § 111 UrhG Rz. 1 ff.
437 Vgl. etwa LG Frankfurt [Strafkammer] 5/12 KLs 5/16 v. 12.12.2016; kritisch zum Begriff »Piraterie« *Hildebrandt*, Die Strafvorschriften des Urheberrechts, 2001, S. 437 ff.; zum Strafrecht im gegen Markenpiraterie *Hombrecher*, WRP 2017, S. 20 ff.
438 Ich danke *Heike Schulz* für die Unterstützung beim Kapitel zur Grenzbeschlagnahme.
439 Verordnung (EU) Nr. 608/2013 vom 12. Juni 2013 zur Durchsetzung der Rechte geistigen Eigentums durch die Zollbehörden und zur Aufhebung der Verordnung (EG) Nr. 1383/2003 des Rates, ABl.-EU Nr. L 181/15 vom 29. Juni 2013; abrufbar über http://eur-lex.europa.eu/LexUriServ/LexUriServ.do?uri=OJ:L:2013:181:0015:0034:DE:PDF; zur Wirksamkeit der Verordnung (EG) Nr. 3295/94 EuGH C-383/98 v. 6.4.2000 *Polo/Lauren*, 31 ff.; zum Harmonisierungsumfang EuGH C-223/98 v. 14.10.1999 *Adidas*.
440 Einen Überblick zur Grenzbeschlagnahme aus österreichischer Sicht mit einer instruktiven Checkliste geben *Braunböck/Grötschl*, ÖBl 2007, 106; auch https://www.bmf.gv.at/zoll/produktpiraterie/produktpiraterie.html.
441 Verkündet am 11. Juli 2008 im BGBl 2008, I (Nr. 28) S. 1191 und am 1. September 2008 in Kraft getreten, dient es in erster Linie der Umsetzung der Enforcement – Richtlinie 2004/48/EG (ABl.-EU Nr. L 195/16 v. 2. Juni 2004).

1. Voraussetzungen und Unterschiede der europäischen und nationalen Regelungen

Die Regelungen der Grenzbeschlagnahmeverordnung sollen verhindern, dass Waren, die Rechte des geistigen Eigentums verletzen, in das Gebiet der Europäischen Union eingeführt bzw. aus diesem ausgeführt werden (vgl. Art. 1 I der Verordnung (EU) Nr. 608/2013). 119

Zu beachten ist allerdings, dass die Ein- bzw. Ausfuhr gefälschter Ware nur dann eine Schutzrechtsverletzung darstellt, wenn diese im geschäftlichen Verkehr erfolgt. Unklar war bislang, ob die Maßnahmen der Zollverordnung auch anwendbar sind, wenn eine in der EU wohnhafte Privatperson gefälschte Waren über einen Online-Shop aus einem Drittstaat kauft. Der EuGH hat jüngst die bereits gängige Praxis der Zollbehörden bestätigt und die Verordnung dahin ausgelegt, dass der Rechteinhaber den ihm durch die Zollverordnung gewährten Schutz zu dem Zeitpunkt, zu dem die Ware in das Hoheitsgebiet der EU gelangt, allein aufgrund des Erwerbs der Ware beanspruchen kann.[442]

Den nationalen Vorschriften bleiben weitere Anwendungsbereiche, soweit sie über diese europäische Regelung hinausgehen. Dies ist insbesondere im Bereich des innergemeinschaftlichen Handels der Fall. Das Eingreifen der Zollbehörden beim Handel zwischen den Mitgliedsstaaten ist nach den nationalen Vorschriften grundsätzlich möglich, steht jedoch gemäß § 146 I 2 MarkenG unter dem Vorbehalt der Durchführung von Kontrollen durch den Zoll. Des Weiteren ist die Grenzbeschlagnahme von so genannten unzulässigen Parallelimporten, also solchen Waren, mit deren Einfuhr zwar vertragliche Lizenzrechte verletzt werden, bei denen jedoch die Marke im Herkunftsland befugt angebracht wurde,[443] auch nach Art. 1 V der neuen Verordnung (EU) Nr. 608/2013 nicht vorgesehen. Aus dieser Wertung des europäischen Gesetzgebers wird zum Teil geschlossen, dass auch die §§ 146 ff. MarkenG im Fall von verbotenen Parallelimporten nicht zur Anwendung kommen sollten.[444] Anders hat dies jedoch der BFH entschieden, der die nationalen Vorschriften auf Parallelimporte für uneingeschränkt anwendbar erklärt und darauf verwiesen hat, dass der europäische Gesetzgeber insoweit von seiner vorrangigen Regelungskompetenz keinen Gebrauch gemacht hat.[445] Die §§ 146 ff. MarkenG greifen zudem nicht nur bei eingetragenen Marken ein, sondern auch bei anderen Kennzeichen, so bei geografischen Herkunftsbezeichnungen, § 151 MarkenG. 120

Des Weiteren ergeben sich auch dadurch Unterschiede zwischen den Vorschriften, dass als Voraussetzung für das Tätigwerden der Zollbehörden gemäß § 146 I 1 MarkenG eine offensichtliche Rechtsverletzung vorliegen muss, wohingegen der Eingriffstatbestand nach der Grenzbeschlagnahmeverordnung bereits dann erfüllt ist, wenn ein (einfacher) Verdacht der Kennzeichenrechtsverletzung besteht. 121

Im Fall der reinen Durchfuhr von kennzeichenrechtsverletzender Ware ging die Rechtsprechung zuletzt davon aus, dass die Grenzbeschlagnahmeverordnung ent- 122

---

442 Zur Anwendbarkeit der Vorläuferverordnung EuGH C-98/13 v. 6.2.2014 *Blomqvist*.
443 Vgl. Beußel, GRUR 2000, 188.
444 *Knaack*, GRURInt. 2000, 782 f.; *Heim*, WRP 2005, 167, 169; *Beußel*, GRUR 2000, 188, 190.
445 BFH v. 7.10.1999 VII R 89/98 – *Jockey*, MarkenR 2000, 52.

gegen früherer Spruchpraxis nicht eingreift.[446] Dieses Ergebnis überzeugte nie.[447] Denn die Rechtsverletzung muss nicht zwangsläufig in dem Land stattfinden, in dem die Waren beschlagnahmt werden. Es sollte genügen, dass irgendwo eine solche Rechtsverletzung stattfindet oder droht. Denn die Grenzbeschlagnahmevorschriften wollen allgemein verhindern, dass Plagiate – wo auch immer diese hergestellt oder vertrieben werden – in den Verkehr gelangen. Auch wenn der EuGH nicht so weit geht, genügen ihm doch immerhin gewisse Verdachtsmomente, um die Gefahr eines Inverkehrbringens in der Union zu begründen. Nach den neuen, strengeren Regeln für die Durchfuhr in Art. 10 IV MRR, Art. 10 IV UMV ist ein Anhalten durchgeführter Ware ohnehin wieder möglich.

> Solche Verdachtsmomente können etwa sein: die Nichtangabe der Bestimmung der Waren, obwohl das beantragte Nichterhebungsverfahren eine entsprechende Erklärung verlangt, das Fehlen genauer oder verlässlicher Informationen über die Identität oder die Anschrift des Herstellers oder des Versenders der Waren, eine mangelnde Zusammenarbeit mit den Zollbehörden oder auch das Auffinden von Unterlagen oder Schriftverkehr, die die fraglichen Waren betreffen und vermuten lassen, dass eine Umleitung dieser Waren zu den Verbrauchern in der Europäischen Union eintreten kann.[448]

2. Antragsverfahren

123 Voraussetzung in formeller Hinsicht ist es sowohl nach den europäischen als auch nach den nationalen Vorschriften regelmäßig, dass durch den Rechtsinhaber, eine zur Benutzung oder Wahrnehmung dieser Rechte befugte Person oder deren Vertreter ein entsprechender Antrag auf Tätigwerden der Zollbehörden gestellt wird. Wird einem solchen Antrag auf Tätigwerden der Zollbehörden nicht stattgegeben, kann Einspruch eingelegt werden.

124 Anträge können jeweils für deutsche Marken, Unionsmarken und IR-Marken gestellt werden, insoweit sich deren Schutz auf das Gebiet erstreckt, für das das Tätigwerden der Zollbehörden begehrt wird. Entgegen der Vorgängerverordnung kann nach Art. 2 Nr. 2c) der Verordnung (EU) Nr. 608/2013 ein Antrag auf eine für die Union international registrierte Marke gestützt werden.[449]

125 Wird ein Antrag auf Grenzbeschlagnahme nach nationalem Recht gestellt, kann diesem Antrag nur dann stattgegeben werden, wenn der Antragssteller eine Sicherheit in Form einer selbstschuldnerischen Bürgschaft leistet, die so bemessen sein muss, dass sie voraussichtlich entstehende Kosten des Zolls durch die Lagerung und Vernichtung der Waren sowie eventuelle Schadensersatzansprüche wegen ungerechtfertigter Beschlagnahme deckt.

126 Für einen Antrag nach Art. 6 der Verordnung (EU) Nr. 608/2013 ist es hingegen ausreichend, dass der Antragssteller eine Verpflichtungserklärung zur Kostentragung abgibt. Zudem kann ein solcher Antrag nach Art. 6 der Verordnung mit den Zusatzanträgen zur Übermittlung der in Art. 17 IV genannten Daten und zur

---

446 EuGH C-446/09 und C-495/09 v. 1.12.2011 *Koninklijke Philips Electronics*; BGH I ZR 235/10 v. 25.4.2012 *Clinique happy*.
447 Vgl. zuvor EuGH GRUR Int. 2004, 317, 319 – *Rolex*; EuGH, C-383/98 v. 6.4.2000 – *Polo/ Lauren*; *v. Welser/González*, Rz. 279; a. A. aber *Rinnert/Witte*, GRUR 2009, 29.
448 EuGH C-446/09 und C-495/09 v. 1.12.2011 *Koninklijke Philips Electronics*, Tz. 61.
449 EuGH C-302/08 v. 02.07.2009 *Zino Davidoff S. A.*

Übersendung von Mustern und Proben zu Untersuchungs- und Analysezwecken entsprechend Art. 19 II verbunden werden, wobei diese Anträge auch nachträglich in einem konkreten Beschlagnahmefall gestellt werden können.

Um den Verwaltungsaufwand für die Abwicklung von Kleinsendungen nachgeahmter und unerlaubt hergestellter Waren zu reduzieren, wurde mit dem Art. 26 der Verordnung (EU) Nr. 608/2013 ein besonderes Verfahren eingeführt (vgl. Erwägungsgrund 17 der Verordnung (EU) Nr. 608/2013). Eine Kleinsendung ist eine Post- oder Eilkuriersendung, mit höchstens drei Einheiten oder einem Bruttogewicht von weniger als zwei Kilogramm, die keine verderbliche Ware enthält. Die Anwendung des Kleinsendungsverfahrens ist vom Antragsteller explizit zu beantragen. 127

Unter bestimmten Voraussetzungen können die Zollbehörden auch ohne vorherige Antragsstellung von Amts wegen (ex officio) tätig werden. Art. 18 III i. V. m. Art. 5 III c) Verordnung (EU) Nr. 608/2013 sieht vor, dass die Zollbehörden die Aussetzung der Überlassung für vier Tage erklären können, wenn ein hinreichend begründeter Verdacht besteht, dass es sich bei der zurückgehaltenen Ware um kennzeichenrechtsverletzende und nicht um verderbliche Ware handelt. In diesem Fall ist der Rechtsinhaber zu benachrichtigen, um ihm die Möglichkeit zu geben, im konkreten Fall einen Antrag nach Art. 6 Verordnung (EU) Nr. 608/2013 auf Tätigwerden zu stellen. Der Antrag wird zunächst ausschließlich für den konkreten Aufgriff bewilligt und kann bei Vorliegen aller nach Art. 6 III Verordnung (EU) Nr. 608/2013 erforderlichen Informationen auf einen längeren Zeitraum ausgedehnt werden. Einen weiteren Sonderfall sieht § 151 MarkenG vor, der ein Tätigwerden von Amts wegen bei der Beschlagnahme widerrechtlicher Kennzeichnung mit einer geschützten geografischen Herkunftsangabe als Regelfall vorsieht. 128

3. Grenzbeschlagnahmeverfahren

Liegen sowohl die formellen als auch im konkreten Fall die materiellen Voraussetzungen vor, spricht die Zollbehörde – je nachdem, welche Vorschrift sie für anwendbar hält – die Aussetzung der Überlassung gegenüber dem Beteiligten nach der Verordnung (EU) Nr. 608/2013 aus bzw. beschlagnahmt die Ware nach nationalem Recht. In der Praxis kommt es aufgrund der Subsidiarität der §§ 146 ff. MarkenG und deren strengere Eingriffsvoraussetzung des Vorliegens einer offensichtlichen Kennzeichenrechtsverletzung zumeist dazu, dass nach der Verordnung (EU) Nr. 608/2013 die Aussetzung der Überlassung ausgesprochen wird. Der Antragsteller wird daraufhin benachrichtigt.[450] Kann er nachweisen, dass tatsächlich eine nach der Verordnung kennzeichenrechtsverletzende Ware vorliegt, hat er die Möglichkeit innerhalb von zehn Arbeitstagen, seit Einführung des § 150 MarkenG durch das Gesetz zur Verbesserung der Durchsetzung von Rechten des geistigen Eigentums – und gemäß der Vorgängerverordnung (EG) Nr. 1383/2003 das vereinfachte Vernichtungsverfahren[451] durchführen zu lassen. Mit der Verordnung (EU) 129

---

[450] Zur Weitergabe von Informationen an der Rechtsinhaber vgl. die Schlussanträge von Generalanwalt *Ruiz Jarabo* v. 8.4.2008 in der Rechtssache C-132/07 *Beecham u. a.* (Rechtssache erledigt).

[451] Dazu und zur Möglichkeit im vereinfachten Verfahren ein Bußgeld festzusetzen EuGH C-93/08 v. 12.2.2009 *Schenker*.

Nr. 608/2013 wird das vereinfachte Verfahren zum Basis- bzw. Regelverfahren und ist zwingend anzuwenden (vgl. Erwägungsgrund Nr. 16 der Verordnung [EU] Nr. 608/2013). Nach entsprechendem Antrag an die Zollbehörde ist der Einführer der Waren zur Zustimmung zur Vernichtung aufzufordern, wobei diese auch dann als erteilt gilt, wenn der Einführer nicht ausdrücklich widerspricht. Im Fall des Widerspruchs ist gemäß Art. 23 III der Verordnung (EU) Nr. 608/2013 vom Antragsteller ein zivilrechtliches Verfahren zur Entscheidung in der Sache einzuleiten.

Leitet der Inhaber der Entscheidung ohne triftigen Grund kein Verfahren ein, kann das weitere Tätigwerden der Zollbehörden gemäß Art. 16 II 1 d) der Verordnung (EU) Nr. 608/2013 ausgesetzt werden.

130 Hat der Inhaber der Entscheidung die Anwendung des Kleinsendungsverfahrens beantragt, unterrichtet die Zollbehörde den Anmelder oder Besitzer der Waren nach Art. 26 III der Verordnung (EU) Nr. 608/2013 innerhalb eines Arbeitstages nach der Aussetzung der Überlassung über den Verdacht der Rechtsverletzung und die beabsichtigte Vernichtung der Waren. Widerspricht der Anmelder oder Besitzer innerhalb von 10 Arbeitstagen der Vernichtung, informiert die Zollbehörde unverzüglich den Inhaber der Entscheidung, der gemäß Art. 26 IX der Verordnung (EU) Nr. 608/2013 ein zivilrechtliches Verfahren einleiten muss. Anderenfalls erhält dieser auf Antrag und in der Praxis monatlich eine von der ZGR gesammelte Mitteilung über die Menge und Art der vernichteten Waren (vgl. Art. 26 VII).

131 Handelt es sich jedoch trotz erklärter Aussetzung der Überlassung nach Art. 17 Verordnung (EU) Nr. 608/2013 um Waren, die eigentlich dem nationalen Verfahren der §§ 146 ff. MarkenG unterfallen, hat der Antragssteller dies dem Zollamt unverzüglich mitzuteilen und zu begründen. Die Waren werden daraufhin beschlagnahmt. Ein weiteres Tätigwerden des Antragstellers ist nur dann erforderlich, wenn der Einführer der Beschlagnahme innerhalb von zwei Wochen widerspricht. In diesem Fall hat der Antragsteller eine vollziehbare gerichtliche Entscheidung gemäß § 147 III 2 MarkenG zu erwirken, andernfalls werden die Waren freigegeben. Widerspricht der Einführer im Beschlagnahmeverfahren nicht, wird von der Zollbehörde gemäß § 147 I MarkenG die Einziehung angeordnet.

132 Die Vernichtung der Waren erfolgt in beiden Fällen ausschließlich unter zollamtlicher Überwachung. Ob diese vom Zollamt oder von dem Antragssteller selbst zu organisieren ist, liegt in der Entscheidung des jeweils zuständigen Zollamts. Die entstandenen Lager- bzw. Vernichtungskosten kann der Antragsteller gegenüber dem Verursacher als Schadensersatz geltend machen.

§ 28 Verfahren beim EUIPO

Schrifttum: *Bender*, Das neue Rechtsinstitut der Weiterbehandlung im Gemeinschaftsmarkensystem: ein Danaergeschenk!, Mitt. 2006, 63; *Bender*, Ein neues Rechtsmittel: Die Anschlussbeschwerde im Gemeinschaftsmarkenverfahren, GRUR 2006, 990; *Bender*, Das Allgemeininteresse am Freihaltungsbedürfnis. Die Entwicklung der Gemeinschaftsmarke in Rechtsprechung und Praxis im Jahr 2008 – Teil 2: Die relativen Schutzversagungsgründe, MarkenR 2009, 133; *Bender*, Das europäische Markenrecht in bewegter See – Teil 2, MarkenR 2017, 66; *Eisenführ/Schennen*, Unionsmarkenverordnung, 5. Aufl. 2017; *Hoffmann/Kleespies/Adler*, Formular-Kommentar Markenrecht, 2008; *Hofmann*, Schadensersatz- und Unterlassungsansprüche im Falle der Umwandlung einer Gemeinschaftsmarke in eine nationale Marke, MarkenR 2016, 23; *v. Kapff*, Die Große Kammer der Beschwerdekammern des HABM, GRUR Int. 2011, 676; *Marten*, Gemeinschaftsmarkenrecht: Die Entscheidungspraxis der Beschwerdekammern zur Erstattung der Beschwerdegebühr, WRP 2013, 880; *v. Mühlendahl/Ohlgart/von Bomhard*, Die Gemeinschaftsmarke, 1998; *Pfleghar/Schramek*, Das Rechtsinstitut der Weiterbehandlung in Inter-partes-Verfahren vor dem HABM, MarkenR 2007, 288; *Pohlmann*, Das Recht der Unionsmarke, 2. Aufl., 2018; *Sosnitza*, Erwerb und Erhalt von Gemeinschaftsmarken, GRUR 2013, 105; *Thünken*, Kostenfestsetzung in Markenverfahren vor den europäischen Instanzen, GRUR-Prax 2015, 361

Für Unionsmarken ist das European Intellectual Property Office (EUIPO) zuständig, das auf seiner Internetseite euipo.europa.eu umfassende Informationen bereithält. Die Organisation des Amts regeln die Art. 142 ff. UMV. Das Amt hat seinen Sitz in Alicante/Spanien. Amtssprachen sind Deutsch, Englisch, Französisch, Italienisch und Spanisch (Art. 142 II UMV).[1] 1

Verfahrensvorschriften finden sich an verschiedenen Orten der UMV, insbesondere in den Art. 30 ff. und 94 ff. Wichtige Einzelheiten regeln die UMDV und DV. Weiter sind die im Internet abrufbaren Mitteilungen und Beschlüsse des Präsidenten des Amts von nicht zu unterschätzender Bedeutung. Schließlich existieren – gleichfalls im Internet[2] abrufbare – Prüfungsrichtlinien des EUIPO, die Aufschluss über die Behandlung bestimmter Sachverhalte durch das Amt geben. Die jüngste Fassung dieser Richtlinien ist im Oktober 2017 in Kraft getreten.[3] Allerdings sind die Richtlinien für die Beschwerdekammer – und erst recht für das EuG – nicht bindend.[4] In Zweifelsfällen kann das Amt außerdem telefonisch behilflich sein. Den besten Überblick verschafft außerdem die Gesamtdarstellung von *Pohlmann* auf knapp 400 Seiten.[5] 2

Das EUIPO stellt auf seiner Internetseite zahlreiche Antragsformblätter und ausführliche Hinweise zur Verfügung. Ihre Verwendung ist jedoch nicht zwingend; der Antragsteller kann auch andere ähnlich strukturierte und ausgestaltete Formulare verwenden. Etwa fehlende Angaben im Formular sind daher bedeutungslos, 3

---

1 Die Sprachenregelung ist mit dem EG-Vertrag vereinbar EuGH C-361/01 P v. 9.9.2003 *KIK*.
2 Euipo.europa.eu/ohimportal/de/practice.
3 Im Übrigen ist die Praxis des Europäischen Patentamts für das EUIPO nicht bindend: EuGH C-479/09 P v. 30.9.2010 *Evets*, Tz. 49; zuvor bereits EuG T-20/08 und T-21/08 v. 23.9.2009 *DANELECTRO*, Tz. 51.
4 EuG T-638/16 v. 6.12.2018 *Deichmann*, Tz. 118.
5 *Pohlmann*, Das Recht der Unionsmarke, 2. Aufl. 2018.

wenn sich aus der Begründung des Antrags eindeutig die Absicht des Antragstellers ergibt.[6]

4   Für die Kommunikation mit dem Amt eröffnet Art. 63 DV zwei verschiedene Möglichkeiten, die elektronische Übermittlung oder die Post- bzw. Kurierübermittlung.[7] Die Zustellung durch elektronische Mittel umfasst gemäß Art. 57 I DV die Übermittlung über Kabel, Funk, optische Mittel oder andere elektromagnetische Mittel, einschließlich das Internet. In der Praxis am bedeutsamsten ist die Übermittlung per Telefax, die in UMDV und DV nicht mehr besonders geregelt ist, aber als besonderer Fall der elektronischen Übermittlung gelten dürfte.[8] Das früher in Regel 80 II GMDV vorgesehene Nachreichen[9] farbiger Wiedergaben ist inzwischen entfallen, so dass bei farbigen Dokumenten besser auf Arten elektronischer Übermittlung ausgewichen werden sollte, die Farbwiedergaben ermöglicht. Wählt das Amt für die Zustellung eines Schriftstücks eine andere als die in Art. 56 DV vorgesehenen Zustellungsarten, so liegt keine ordnungsgemäße Zustellung vor.[10]

5   Für die Abwicklung des Zahlungsverkehrs mit dem EUIPO bestehen verschiedene Möglichkeiten, die auf der Internetseite des Amtes erläutert sind.[11] Die Zahlung per Scheck ist nach Änderung der Gebührenverordnung Nr. 2869/95 nicht mehr möglich.[12] Am praktikabelsten bei regelmäßigem Zahlungsverkehr ist die Zahlung mittels eines laufenden Kontos.[13] Dagegen birgt die Überweisung das Risiko eines verspäteten Zahlungseingangs. Geht dabei eine Gebührenzahlung erst nach Fristablauf beim Amt ein, so ist die Frist gleichwohl gewahrt, wenn – kumulativ – der Einzahler innerhalb der Frist einen ordnungsgemäßen Überweisungsauftrag erteilt und einen Verspätungszuschlag von 10 % der Gebühr, höchstens jedoch 200 EUR, entrichtet hat.[14]

---

6   EuG T-419/09 v. 24.3.2011 *AK 47*, Tz. 27.
7   Zur grundsätzlich möglichen Übermittlung mit einfacher Post EuG T-191/11 v. 25.10.2012 *MIURA/Miura*.
8   Vgl. zu angeblich nicht zugegangenen Telefaxsendungen EuG T-380/02 und T-128/03 v. 19.4.2005 *Success-Marketing*, Tz. 53 ff.; zur Fristwahrung EuG T-50/09 v. 15.3.2011 *Dada & Co. Kids/DADA*, Tz. 76; zum Beweiswert des Sendeprotokolls: EuG T-53/10 v. 18.10.2011 *Stapelkisten-Design*, Tz. 65 ff.; EuG T-420/15 v. 14.7.2016 *Thun 1794*, Tz. 17; zum Telefaxversand an falsche Telefaxnummer des EUIPO: EuG T-263/11 v. 6.2.2013 *Grünes Achteck*; zur Hinweispflicht des EUIPO, wenn eine per Telefax übermittelte Mitteilung unvollständig oder unleserlich ist: EuG T-214/10 v. 30.5.2013 *DIVINUS/MOSELLAND Divinum*, Tz. 68 ff.
9   Vgl. EuG T-239/05, T-240/05, T-245/05 bis T-247/05, T-255/05, T-274/05 bis T-280/05 v. 15.5.2007 *The Black & Decker*, Tz. 58 ff.
10 Vgl. zur Vorgängervorschrift der GMDV EuG T-28/09 v. 13.1.2011 *PINE TREE*, Tz. 30 f.
11 https://euipo.europa.eu/ohimportal/de/fees-and-payments.
12 EuG T-271/09 v. 15.9.2011 *Romuald Prinz Sobieski zu Schwarzenberg/JAN III SOBIESKI*, Tz. 27.
13 Hierzu EuG T-126/08 v. 10.2.2009 *Okalux*, Tz. 20 ff.
14 EuG T-271/09 v. 15.9.2011 *Romuald Prinz Sobieski zu Schwarzenberg/JAN III SOBIESKI*, Tz. 39; EuG T-488/09 v. 12.5.2011 *Redtube/REDTUBE*, Tz. 50, bestätigt durch EuGH C-402/11 P v. 18.10.2012 *Jager & Polacek*.

I. Eintragungsverfahren Unionsmarke

Das Anmelde- und Eintragungsverfahren der Unionsmarke regeln die Art. 30 bis 56 UMV; Art. 2 bis 8 UMDV. Die Anmeldung muss beim EUIPO eingereicht werden; die früher mögliche Anmeldung bei den nationalen Ämtern ist nicht mehr zulässig. Die Anmeldung muss einen Eintragungsantrag, Angaben zu den gewünschten Verfahrenssprachen sowie zum Anmelder, ein Verzeichnis der Waren und Dienstleistungen, eine Wiedergabe der Marke sowie gegebenenfalls Angaben zum Vertreter, zur beanspruchten Priorität und zum beanspruchten Zeitrang enthalten und ist zu unterschreiben (Art. 2 UMDV). Einzelheiten zum Verzeichnis der Waren und Dienstleistungen enthält Art. 33 UMV, zur Wiedergabe der Marke[15] – differenziert nach verschiedenen Markenformen – Art. 3 UMDV. Die Anmeldung kann auf der Internetseite des Amts auch elektronisch vorgenommen werden. Das Amt bescheinigt in jedem Fall den Eingang der Anmeldeunterlagen. Ist in der Anmeldung ein Vertreter[16] angegeben, so müssen nach Art. 60 DV alle Zustellungen an ihn erfolgen; eine Zustellung an den Vertretenen ist dann keine wirksame Zustellung.[17]

6

Bei der Anmeldung muss der Anmelder zwei Sprachen angeben (Art. 146 UMV). Erste Sprache kann jede beliebige Sprache der Europäischen Union sein, zweite Sprache eine der Sprachen des Amts. Die erste Sprache wird hierbei Verfahrenssprache; wenn sie jedoch nicht Sprache des Amts ist, kann das Amt für schriftliche Mitteilungen – nicht aber für die praktisch weitaus bedeutenderen Verfahrenshandlungen[18] – die zweite Sprache wählen.

7

> So ist die Aufforderung, sich zu bestimmten aufgeworfenen Fragen zu äußern und neue Beweise vorzulegen, Verfahrenshandlung und muss in der Verfahrenssprache erfolgen.[19]

Die Rechte des Anmelders werden allerdings nicht durch jede Nichtbeachtung der Sprachenregelung beeinträchtigt.

8

> Versteht der Beteiligte die nicht in der Verfahrenssprache gefassten Verfahrenshandlungen inhaltlich und nimmt hierzu detailliert Stellung, so sind die Verteidigungsrechte nicht beeinträchtigt.[20]

Der nach Einreichung der Anmeldung nächste Schritt ist die Zahlung der Anmeldegebühren. Hierbei sind innerhalb von einem Monat nach dem Anmeldetag die Grundgebühr der Anmeldung in Höhe von derzeit 1.000,– € (e-filing: 850,–) sowie gegebenenfalls die Klassengebühren in Höhe von 50,– € für die zweite Klasse und jeweils 150,– € für jede weitere ab der dritten Klasse zu zahlen.[21] Bei Kollektivmar-

9

---

15 Hierzu auch EuGH C-283/01 v. 27.11.2003 *Shield Mark*, Tz. 59 f.; EuG T-324/01 und T-110/02 v. 30.4.2003 *Form einer Zigarre und eines Goldbarrens*, Tz. 42 f.
16 Zur Vertretung vgl. Art. 73 ff. DV; zu einem in Liechtenstein ansässigen Vertreter EuG T-527/14 v. 13.7.2017 *Rosenich*.
17 Vgl. zur Vorgängervorschrift Regel 67 I GMDV EuG T-279/09 v. 12.7.2012 *100 % Capri/CAPRI*, Tz. 29 ff.
18 Zur engen Auslegung des Begriffs der schriftlichen Mitteilung: EuGH C-361/01 P v. 9.9.2003 *KIK*, Tz. 47 ff. u. 96; auch EuG T-242/02 v. 13.7.2005 *TOP*, Tz. 32.
19 EuG T-242/02 v. 13.7.2005 *TOP*, Tz. 34 u. 37.
20 EuG T-242/02 v. 13.7.2005 *TOP*, Tz. 39 ff.
21 Hierzu EuG T-146/00 v. 20.6.2001 *DAKOTA*, Tz. 33 ff.

ken und Gewährleistungsmarken sind 1.800,– € zu zahlen. Die früher gesondert zu zahlende Eintragungsgebühr ist zum 1.5.2009 entfallen.

10 Nach Art. 43 UMV[22] führt das EUIPO eine Recherche nach älteren Marken durch. Diese Rechercheberichte dienen lediglich dazu, den Anmelder einer Unionsmarke in nicht erschöpfender Weise über das Bestehen möglicher Konflikte im Bereich der relativen Schutzhindernisse zu unterrichten.[23]

11 Im weiteren Verfahren prüft das Amt die Marke dann auf absolute Eintragungshindernisse (Art. 42 UMV). Es gilt hierbei zwar grundsätzlich der Amtsermittlungsgrundsatz (Art. 95 I 1 UMV).[24] Grundsätzlich trägt also das Amt die Beweislast für ein Eintragungshindernis.[25] Will der Anmelder jedoch geltend machen, seine Anmeldemarke sei entgegen der vom EUIPO vorgenommenen Beurteilung eintragungsfähig, so ist es Sache des Anmelders, dies durch konkrete und fundierte Angaben darzulegen.[26] Dies gilt erst recht, wenn allgemeine Erfahrungswerte dahin gehen, dass der Durchschnittsverbraucher dem fraglichen Zeichen keine Unterscheidungskraft beimessen wird; hier kann nicht vom Amt verlangt werden, dass es eine wirtschaftliche Marktanalyse oder gar Verbraucherumfragen durchführt.[27] Können erforderliche Nachweise vom Anmelder nicht fristgemäß eingereicht werden, so ist jedenfalls ein Antrag auf Fristverlängerung oder Aussetzung des Verfahrens zu stellen.[28]

12 Enthält eine Marke einen Bestandteil, der nicht unterscheidungskräftig ist und dessen Aufnahme zu Zweifeln über den Umfang des gewährten Schutzes Anlass geben könnte, so konnte das Amt gemäß Art. 37 II GMV den Anmelder auffordern zu erklären, dass er an dem Bestandteil kein ausschließliches Recht in Anspruch nehmen wird. Dieser Disclaimer diente für spätere Anmelder als Klarstellung dafür, dass sich das ausschließliche Recht des Markeninhabers nicht auf die nicht unterscheidungskräftigen Bestandteile der Marke erstreckt und diese Bestandteile weiterhin verfügbar sind. Gab der Anmelder die geforderte Erklärung nicht ab, konnte das Amt nach der (nicht mehr geltenden) Regel 11 III GMDV die Anmeldung ganz oder teilweise zurückweisen.[29] Die UMV sieht einen solchen, vom EUIPO angeregten Disclaimer nicht mehr vor. Der Anmelder kann aber wohl noch von

---

22 Zuvor Art. 39, neu gefasst durch Verordnung Nr. 422/2004.
23 EuG T-359/99 v. 7.6.2001 *EuroHealth*, Tz. 31.
24 Zum Umfang des Amtsermittlungsgrundsatzes: EuG T-173/01 v. 9.10.2002 *Orange*, Tz. 60; auch EuG C-546/10 P v. 13.9.2011 *Wilfer*, Tz. 73.
25 EuGH C-273/05 P v. 19.4.2007 *HABM/Celltech*, Tz. 38; EuGH C-97/12 P v. 15.5.2014 *Louis Vuitton Malletier*, Tz. 71; EuG T-379/03 v. 25.10.2005 *Cloppenburg*, Tz. 38.
26 EuGH C-238/06 P v. 25.10.2007 *Develey*, Tz. 50; EuGH C-97/12 P v. 15.5.2014 *Louis Vuitton Malletier*, Tz. 72; EuG T-104/08 v. 5.5.2009 *Zerstäuberform*, Tz. 21.
27 EuG T-194/01 v. 5.3.2003 *Tablette für Wasch- oder Geschirrspülmaschinen XII*, Tz. 48; auch EuG T-439/04 v. 3.5.2006 *EUROHYPO*, Tz. 16 ff., im Ergebnis bestätigt durch EuGH C-304/06 P v. 8.5.2008 *Eurohypo*; ferner EuG T-129/04 v. 15.3.2006 *Form einer Kunststoffflasche*, Tz. 19 ff.; EuG T-104/08 v. 5.5.2009 *Zerstäuberform*, Tz. 20.
28 EuG T-269/06 v. 19.11.2008 *RAUTARUUKKI*, Tz. 26.
29 EuG T-425/07 und T-426/07 v. 19.11.2009 *100 und 300*, Tz. 18 ff. und 26 ff., im Ergebnis bestätigt durch EuGH C-56/10 P v. 22.6.2011 *Agencja Wydawnicza Technopol/HABM*.

sich aus einen Disclaimer abgeben. Der Disclaimer setzt aber voraus, dass wenigstens ein verbleibender Bestandteil der Marke schutzfähig ist.[30]

So kann etwa bei der in gelber Farbe gehaltenen Marke

kein Disclaimer dahingehend abgegeben werden, dass kein Schutz für den Wortbestandteil »Q10« beansprucht wird; denn die Bildelemente allein sind zu einfach, um Schutz zu begründen.[31]

Hält das Amt die Marke (zunächst)[32] für eintragungsfähig, so veröffentlicht es die Anmeldung (Art. 7 UMDV). Nun können Dritte innerhalb der Widerspruchsfrist Widerspruch einlegen oder – in der Praxis häufig folgenlos – Bemerkungen zur Eintragungsfähigkeit (Art. 45 UMV) einreichen.[33] Wird kein Widerspruch eingelegt oder das Widerspruchsverfahren zu Gunsten des Anmelders abgeschlossen, so trägt das Amt die Marke ein. 13

Eine spätere Änderung der Eintragung ist normalerweise nicht möglich. Lediglich dann, wenn die Marke den Namen oder die Anschrift ihres Inhabers enthält und diese sich ändern, so kann auch die Marke geändert werden, solange dies denn kennzeichnenden Kern nicht verändert (Art. 54 II, III UMV; Art. 10 UMDV). Die Änderung wird veröffentlicht. Dritte können innerhalb einer Frist von drei Monaten – ähnlich einem Widerspruchsverfahren – die Änderung anfechten (Art. 54 V UMV). 14

Schließlich kann der Markeninhaber auf seine Marke verzichten (Art. 57 UMV; Art. 15 UMDV). Ist eine Lizenz im Register eingetragen, so ist der Lizenznehmer in gewisser Weise gegen den Verzicht geschützt; der Markeninhaber muss glaubhaft machen, dass er den Lizenznehmer zuvor von seiner Verzichtsabsicht in Kenntnis gesetzt hat (Art. 57 III UMV; Art. 15 II UMDV). 15

II. Widerspruchsverfahren gegen Unionsmarke oder internationale Registrierung mit Schutz für die EU

Innerhalb einer Frist von drei – bzw. im Falle der internationalen Registrierung vier[34] – Monaten nach Veröffentlichung der Anmeldung der Unionsmarke oder einer internationalen Registrierung mit Schutz für die EU können Inhaber älterer 16

---

30 EuG T-4/15 v. 7.9.2016 *Q10*, Tz. 17.
31 EuG T-4/15 v. 7.9.2016 *Q10*, Tz. 24 f.
32 Nach ihrer Veröffentlichung kann die Anmeldung wegen Art. 44 II UMV noch nach den Art. 42 UMV (absolute Eintragungshindernisse) sowie aufgrund von Bemerkungen Dritter nach Art. 45 UMV zurückgewiesen werden: EuG T-289/02 v. 8.7.2004 *TELEPHARMACY SOLUTIONS*, Tz. 60; EuG T-33/15 v. 18.3.2016 *BIMBO*, Tz. 21 ff., im Ergebnis bestätigt durch EuGH C-285/16 P v. 13.10.2016 *Grupo Bimbo*.
33 Hierzu EuG T-224/01 v. 9.4.2003 *TUFFTRIDE/NU-TRIDE*, Tz. 73 f.
34 Art. 196 II UMV, insoweit geändert durch Verordnung (EU) 2015/2424 des Europäischen Parlaments und des Rates vom 16.12.2015.

Rechte³⁵ Widerspruch³⁶ gegen die Eintragung einlegen (Art. 46 I UMV). Der Widerspruch ist schriftlich – auch elektronisch – einzureichen (Formular) und zu begründen (Art. 46 III UMV). Den Inhalt der Widerspruchsschrift regelt Art. 2 DV. Er gilt erst als erhoben, wenn die Widerspruchsgebühr³⁷ (derzeit³⁸ € 320,-) entrichtet worden ist (Art. 5 I DV). Das Verfahren wird wesentlich durch Art. 2 ff. DV, im Falle der internationalen Registrierung durch Art. 77 ff. DV geregelt.

1. Mögliche Widerspruchsgründe

a) Grundsätze

17 Auf absolute Schutzhindernisse kann der Widerspruch nicht gestützt werden,³⁹ wohl aber zugleich auf mehrere ältere⁴⁰ Rechte.⁴¹ Auch muss es sich bei den älteren Rechten nicht zwingend um Markenrechte handeln.⁴² Urheberrechte können allerdings ausschließlich im Rahmen des Nichtigkeitsverfahrens geltend gemacht werden.⁴³ Stehen sich zwei Markenrechte gegenüber, so ist auf die Marken in der eingetragenen bzw. angemeldeten Form abzustellen, ohne dass es (vor Ablauf der Benutzungsschonfrist) darauf ankäme, ob und wie die Marken benutzt werden.⁴⁴ Wird hierbei dem Widerspruch schon in Bezug auf eines der Rechte stattgegeben, so brauchen die übrigen Rechte nicht geprüft zu werden.⁴⁵ Entsprechendes gilt, wenn Widerspruch aus einer Unionsmarke eingelegt wird und bereits das Verkehrsverständnis eines Mitgliedstaates die Kollision begründet; ob dem Widerspruch auch in weiteren Mitgliedstaaten stattzugeben wäre, muss nicht geprüft wer-

---

35 Markeninhaber, Lizenznehmer, nicht aber Insolvenzverwalter im eigenen Namen: EuG T-316/07 v. 22.1.2009 *EASYHOTEL/easyHotel*, Tz. 20.
36 Die früher unübersichtliche Regelung in den Regeln 15 ff. GMDV ist durch die Verordnung (EG) 1041/2005 der Kommission vom 29.6.2005 (ABl.-EG L 172/4) durch eine wesentlich übersichtlichere Regelung ersetzt worden. Wesentliche Vorgaben der Rechtsprechung wurden hierdurch zusammenfassend kodifiziert.
37 Zu den eingeschränkten rechtlichen Konsequenzen der Gebührenzahlung EuGH C-309/15 P v. 8.9.2016 *Real Express*, Tz. 58 ff.
38 Vgl. den Anhang zur UMV.
39 EuG T-224/01 v. 9.4.2003 *TUFFTRIDE/NU-TRIDE*, Tz. 72 u. 75; EuG T-168/04 v. 7.9.2006 *Tannenbaum*, Tz. 105; auch EuG T-6/01 v. 23.10.2002 *Matratzen/Matratzen Markt Concord*, Tz. 55; EuG T-186/02 v. 30.6.2004 *DIESELIT*, Tz. 71; insb. auch nicht auf Bösgläubigkeit: EuG T-192/09 v. 17.12.2010 *SEVE TROPHY/Seve Ballesteros Trophy*, Tz. 50; aber es besteht stets die Möglichkeit der Bemerkung Dritter, Art. 44 UMV.
40 Zu Konstellationen im Zusammenhang der Erweiterung der EU vgl. Art. 209 UMV und EuG T-337/14 v. 22.4.2014 *Rezon*, Tz. 30 ff.
41 Dies ist anders als im deutschen Widerspruchsverfahren möglich.
42 Vgl. etwa zu französischen geografischen Herkunftsangaben EuG T-53/04 bis T-56/04, T-58/04 und T-59/04 v. 12.6.2007 *Budějovický Budvar I*; EuG T-57/04 und T-71/04 v. 12.6.2007 *Budějovický Budvar II*; EuG T-60/04 bis T-64/04 v. 12.6.2007 *Budějovický Budvar III*.
43 EuG T-435/05 v. 30.6.2009 *Dr. No/Dr. No*, Tz. 41.
44 EuG T-233/06 v. 22.4.2008 *TELETIEMPO/EL TIEMPO*, Tz. 25 ff.
45 EuG T-183/02 und T-184/02 v. 17.3.2004 *MUNDICOLOR/MUNDICOR*, Tz. 71; EuG T-342/02 v. 16.9.2004 *Metro-Goldwyn-Mayer Lion*, Tz. 34 ff.

den.⁴⁶ Die Form des Nachweises kann vom Widersprechenden frei gewählt werden.⁴⁷

> Wird daher etwa aus einer Unionsmarke »Paul« gegen eine Anmeldung »Pol« Widerspruch eingelegt, so mag in englischsprachigen Teilen der EU klangliche Verwechslungsgefahr zu bejahen sein. Ob auch in Deutschland Verwechslungsgefahr bestünde, wäre dann nicht zu prüfen.

Gehört eine ältere Marke mehr als einem Inhaber (»Mitinhaberschaft«) oder kann ein älteres Recht von mehr als einer Person ausgeübt werden, kann ein Widerspruch von einem, mehreren oder allen Inhabern oder Vertretern eingelegt werden (Art. 2 I DV). Alleininhaberschaft ist folglich nicht nachzuweisen.⁴⁸ **18**

Soweit ein Widerspruch auf eine britische Marke gestützt ist, wird er infolge des Brexits unzulässig. Dies gilt auch für laufende Verfahren. **19**

b) Widerspruch aus sonstigen Rechten gemäß Art. 8 IV UMV

Besondere Fragestellungen wirft dabei die Regelung des Art. 8 IV UMV auf, der den Widerspruch aufgrund nicht eingetragener Marken oder sonstiger im geschäftlichen Verkehr benutzter Zeichenrechte regelt. Hier müssen vier kumulative⁴⁹ Voraussetzungen erfüllt sein. Und zwar setzt der Erfolg des Widerspruchs voraus, dass das Widerspruchszeichen von mehr als lediglich örtlicher Bedeutung ist, dass nach dem für den Schutz des Kennzeichens maßgeblichen Recht der Union oder des Mitgliedstaats Rechte an diesem Kennzeichen vor dem Prioritätstag der angegriffenen Unionsmarkenanmeldung erworben worden sind und dass das Kennzeichen seinem Inhaber das Recht verleiht, die Benutzung einer jüngeren Marke zu untersagen.⁵⁰ Mit der letzten Voraussetzung ist gemeint, dass eine Unterlassungsklage des Widersprechenden erfolgreich verlaufen würde.⁵¹ Der Widersprechende muss aber nicht nur den Nachweis des Rechtserwerbs, sondern auch des Fortbestands des Rechts erbringen.⁵² Auch der Inhalt des Rechts ist nachzuweisen.⁵³ Dazu gehört insbesondere auch die Rechtsfolge, dass aus dem Recht gegen eine Marke vorgegangen werden kann.⁵⁴ Dabei besteht die Grundkonzeption der Vorschrift in einer vollständigen Verweisung auf das nationale (bzw. ausnahmsweise europäische) **20**

---

46 EuG T-342/02 v. 16.9.2004 *Metro-Goldwyn-Mayer Lion*, Tz. 46 f.
47 EuGH C-478/16 P v. 19.4.2018 *EUIPO/Group*, Tz. 58; EuGH C-564/16 P v. 28.6.2018 *EUIPO/Puma*, Tz. 58 u. 69 [zum Bekanntheitsnachweis].
48 EuG T-249/15 v. 11.12.2017 *QUILAPAYÚN/QUILAPAYÚN*, Tz. 47.
49 EuG T-609/15 v. 21.9.2017 *basic/BASIC*, Tz. 67.
50 So auch EuGH C-325/13 P u. C-326/13 P v. 10.7.2014 *Peek & Cloppenburg*, Tz. 46; EuG T-318/06 bis T-321/06 v. 24.3.2009 *GENERAL OPTICA*, Tz. 32; EuG T-114/07 und T-115/07 v. 11.6.2009 *LAST MINUTE TOUR/LASTMINUTE.COM*, Tz. 46.
51 EuGH C-75/17 P v. 19.4.2018 *Fiesta Hotels & Resorts*, Tz. 60.
52 EuGH C-478/16 P v. 19.4.2018 *EUIPO/Group*, Tz. 40 u. 55; EuG T-581/11 v. 23.10.2013 *Bambolina/Baby Bambolina*, Tz. 26.
53 EuGH C-478/16 P v. 19.4.2018 *EUIPO/Group*, Tz. 46; die Konkretisierung in der Widerspruchsschrift genügt: EuG T-453/16 v. 3.10.2017 *Barcode*, Tz. 74 ff.
54 EuG T-183/17 v. 24.4.2018 *Spanisches Industriedesign*, Tz. 29 ff.

Recht und ggf. dessen Auslegung durch die zuständigen Gerichte.[55] Die Beweislast für sein Recht trägt der Widersprechende.[56] Allerdings muss sich auch das EUIPO von Amts wegen aus allgemein zugänglichen Quellen über das nationale Recht informieren.[57] Das Amt kann vom Widersprechenden nicht verlangen, dass er einen Auszug des nationalen Rechts präsentiert.[58] Das Recht muss nur korrekt und eindeutig identifizierbar sein.[59] Einen genauen Katalog, welche Beweise für den Nachweis des Rechts enthält das Unionsrecht nicht.[60] Die Form des Nachweises kann vom Widersprechenden frei gewählt werden.[61] Auch für die Anforderungen an den Nachweis kann das nationale Recht herangezogen werden.[62]

> Ist die nationale Rechtslage, auf die sich der Widersprechende beruft, umstritten, so ist jedenfalls dann von seinem Recht auszugehen, wenn nationale Entscheidungen zu seinen Gunsten existieren.[63] Allein die Tatsache des Schutzes einer Marke für das gesamte Gebiet eines Mitgliedstaates genügt nicht für den Nachweis einer nicht lediglich örtlichen Bedeutung.[64] Auch sind Nachweise aus der Zeit nach der angegriffenen Anmeldung ohne Bedeutung, sofern diese keine Rückschlüsse auf die Zeit vorher zulassen.[65] Stützt der Widersprechende seinen Anspruch beispielsweise auf eine britische Benutzungsmarke, so hat er die Anspruchsvoraussetzungen nach den Regeln des Passing off zu beweisen.[66] Entsprechendes gilt für Rechte an

---

55 Vgl. EuGH C-325/13 P u. C-326/13 P v. 10.7.2014 *Peek & Cloppenburg*, Tz. 47; EuGH C-75/17 P v. 19.4.2018 *Fiesta Hotels & Resorts*, Tz. 50 u. 56; EuG T-318/06 bis T-321/06 v. 24.3.2009 *GENERAL OPTICA*, Tz. 34; EuG T-114/07 und T-115/07 v. 11.6.2009 *LAST MINUTE TOUR/LASTMINUTE.COM*, Tz. 47; EuG T-303/08 v. 9.12.2010 *GOLDEN ELEPHANT/Golden Elephant Brand*, Tz. 91, im Ergebnis bestätigt durch EuGH C-76/11 P v. 29.11.2011 *Tresplain Investments*; EuG T-225/06, T-255/06, T-257/06 und T-309/06 v. 16.12.2008 *bud/BUD*, Tz. 184 ff., bestätigt durch EuGH C-96/09 P v. 29.3.2011 *Anheuser Busch*, Tz. 93 ff., sowie EuG T-225/06, T-255/06, T-257/06 und T-309/06 v. 22.1.2013 *bud/BUD*.
56 EuGH C-96/09 P v. 29.3.2011 *Anheuser Busch*, Tz. 189 ff.; EuGH C-325/13 P u. C-326/13 P v. 10.7.2014 *Peek & Cloppenburg*, Tz. 47; EuGH C-478/16 P v. 19.4.2018 *EUIPO/Group*, Tz. 40; EuG T-96/13 v. 28.10.2015 *Rot Front*, Tz. 30.
57 EuG T-96/13 v. 28.10.2015 *Rot Front*, Tz. 31 ff.
58 EuGH C-478/16 P v. 19.4.2018 *EUIPO/Group*, Tz. 59 f.
59 EuGH C-478/16 P v. 19.4.2018 *EUIPO/Group*, Tz. 61.
60 EuGH C-478/16 P v. 19.4.2018 *EUIPO/Group*, Tz. 40; EuGH C-564/16 P v. 28.6.2018 *EUIPO/Puma*, Tz. 58.
61 EuGH C-478/16 P v. 19.4.2018 *EUIPO/Group*, Tz. 58; EuGH C-564/16 P v. 28.6.2018 *EUIPO/Puma*, Tz. 58 u. 69 [zum Bekanntheitsnachweis].
62 EuG T-404/10 v. 30.6.2015 *National Lottery Commission*, Tz. 33 ff.
63 EuGH C-75/17 P v. 19.4.2018 *Fiesta Hotels & Resorts*, Tz. 51.
64 EuG T-279/10 v. 14.9.2011 *MEN'Z/WENZ*, Tz. 23.
65 EuG T-169/13 v. 2.2.2016 *MOTOBI/MOTO B*, Tz. 67.
66 Vgl. dazu ausführlich EuG T-114/07 und T-115/07 v. 11.6.2009 *LAST MINUTE TOUR/LASTMINUTE.COM*, Tz. 49 ff.; EuG T-303/08 v. 9.12.2010 *GOLDEN ELEPHANT/Golden Elephant Brand*, Tz. 92 ff., im Ergebnis bestätigt durch EuGH C-76/11 P v. 29.11.2011 *Tresplain Investments*; EuG T-304/09 v. 18.1.2012 *BASMATI/BASmALI*, Tz. 18 ff.; EuG T-136/14 v. 30.9.2015 *BASMATI/BASmALI*, Tz. 29 f.; zum erforderlichen Nachweis von Goodwill: EuG T-508/13 v. 18.11.2015 *HALAL MALAYSIA*, Tz. 31 ff.; EuG T-223/15 v. 15.5.2017 *MORTON'S/MORTON'S*, Tz. 26 ff., bestätigt durch EuGH C-468/17 P v. 13.12.2017 *Morton's of Chicago*; EuG T-45/16 v. 18.7.2017 *BYRAN/BYRAN*, Tz. 40 ff.; EuG T-344/16 v. 4.10.2018 *DEEP PURPLE/DEEP PURPLE*, Tz. 42 ff.; EuG T-345/16 v. 4.10.2018 *DEEP PURPLE/DEEP PURPLE*, Tz. 35 ff.

einem Werktitel.⁶⁷ Lässt das nationale Recht besonderen Bekanntheitsschutz zu, so kann dieser auch im Rahmen des Art. 8 IV UMV geltend gemacht werden.⁶⁸ Wird ein Widerspruch auf nationale Rechte an einer nach dem Lissaboner Abkommen⁶⁹ eingetragenen geografischen Herkunftsbezeichnung gestützt, so sind EUIPO und EuGH an die nationale Rechtslage gebunden und können insbesondere das Recht nicht eigenständig vernichten.⁷⁰ EUIPO und EuGH müssen die nationale Rechtslage allerdings selbst prüfen, solange keine rechtskräftigen Entscheidungen die konkrete Rechtsfrage lösen.⁷¹ Hat sich der Widersprechende zunächst gar nicht zum nationalen Recht eingelassen, aber die Beweise für das Bestehen des Rechts geliefert, so kann er später den rechtlichen Rahmen nachliefern.⁷² Vom Widersprechenden kann nicht verlangt werden, dass er sein Recht im betreffenden Mitgliedstaat tatsächlich ausgeübt hat.⁷³

Neben diese Voraussetzungen des nationalen Rechts treten die unionsrechtlichen⁷⁴ Voraussetzungen der Benutzung und der nicht lediglich örtlichen Bedeutung. Dabei ist im Rahmen des Benutzungserfordernisses des Art. 8 IV UMV zu beachten, dass das Widerspruchszeichen im Rahmen der Vorschrift nicht zwingend durch Benutzung erworben sein muss,⁷⁵ sondern dass es sich durchaus um ein Registerrecht handeln kann. Das Erfordernis der Benutzung in Art. 8 IV UMV schränkt daher die Widerspruchsmöglichkeiten lediglich zusätzlich für den Fall eines Widerspruchs aufgrund eines gänzlich unbenutzten Registerrechts ein. Da das unionsrechtliche Benutzungserfordernis mithin nicht den Ausgangspunkt für die Entstehung eines Rechts bildet, sondern lediglich eine zusätzliche Schranke aufstellt, gilt im Hinblick auf die Benutzung ein anderer Maßstab als bei eingetragenen Marken.⁷⁶ Es ist ausreichend, dass die Benutzung anlässlich einer geschäftlichen Tätigkeit im Hinblick auf einen wirtschaftlichen Vorteil erfolgt und nicht lediglich als eine private Angelegenheit;⁷⁷ außerdem ist eine Nutzung als Unterscheidungszeichen⁷⁸ erforderlich;⁷⁹ die Voraussetzungen einer ernsthaften Benutzung müssen hingegen nicht zwingend erfüllt sein.⁸⁰ Das Widerspruchszeichen muss überörtlich benutzt worden sein; es genügt nicht, dass das aus dem Zeichen fließende Recht

21

---

67 Dazu EuG T-435/05 v. 30.6.2009 *Dr. No/Dr. No*, Tz. 41 ff.
68 EuG T-85/14 v. 10.2.2015 *DIN/DINKOOL*, Tz. 65 ff.
69 Vgl. oben § 23 Rdn. 4.
70 EuG T-225/06, T-255/06, T-257/06 und T-309/06 v. 16.12.2008 *bud/BUD*, Tz. 93 ff., im Ergebnis bestätigt durch EuGH C-96/09 P v. 29.3.2011 *Anheuser Busch*, sowie EuG T-225/06, T-255/06, T-257/06 und T-309/06 v. 22.1.2013 *bud/BUD*.
71 EuGH C-96/09 P v. 29.3.2011 *Anheuser Busch*, Tz. 198 ff.
72 EuGH C-478/16 P v. 19.4.2018 *EUIPO/Group*, Tz. 42 ff.
73 EuGH C-325/13 P u. C-326/13 P v. 10.7.2014 *Peek & Cloppenburg*, Tz. 48.
74 EuGH C-325/13 P u. C-326/13 P v. 10.7.2014 *Peek & Cloppenburg*, Tz. 51, m. w. N.; EuGH C-75/17 P v. 19.4.2018 *Fiesta Hotels & Resorts*, Tz. 34; EuG T-318/06 bis T-321/06 v. 24.3.2009 *GENERAL OPTICA*, Tz. 33 u. 35.
75 Dann aber gelten die nationalen Anforderungen an die Benutzung, die normalerweise nicht unter den Anforderungen an die rechtserhaltende Benutzung einer eingetragenen Marke liegen werden.
76 Kritisch zu diesem Ansatz *Bender*, MarkenR 2009, 133, 143.
77 EuGH C-96/09 P v. 29.3.2011 *Anheuser Busch*, Tz. 141 ff.; zuvor bereits EuG T-225/06, T-255/06, T-257/06 und T-309/06 v. 16.12.2008 *bud/BUD*, Tz. 160 ff.
78 Nicht unbedingt zur Unterscheidung von Waren und Dienstleistungen.
79 EuGH C-96/09 P v. 29.3.2011 *Anheuser Busch*, Tz. 149.
80 EuGH C-96/09 P v. 29.3.2011 *Anheuser Busch*, Tz. 143.

überörtlich gewährt wird.[81] Die Nutzung muss dabei im Schutzgebiet erfolgen.[82] Dauer und Intensität der Nutzung sind zu berücksichtigen; insbesondere Nutzung in Werbung und geschäftlicher Korrespondenz sind relevant.[83] Das Widerspruchszeichen muss außerdem bereits vor der Anmeldung benutzt worden sein; es reicht nicht aus, dass es vor der Veröffentlichung der Anmeldung benutzt wurde.[84] Andererseits ist es unschädlich, wenn ein Teil der Benutzung ohne Gewinnerzielungsabsicht erfolgte oder das Zeichen mit bestimmten Zusätzen – etwa beschreibenden Zusätzen – benutzt wurde.[85]

> Nicht ausreichend ist beispielsweise die bloße Nutzung einer Domain-Adresse – gar durch Umleitung; vielmehr muss die Nutzung tatsächlich wirtschaftlichen Vorteil erbracht haben.[86]

22 Vergleichsweise strenge Voraussetzungen hat das EuG dabei im Hinblick auf das Erfordernis nicht nur überörtlicher Bedeutung des Kennzeichenrechts aufgestellt. Dabei ist zunächst auf den Zweck dieser Bestimmung abzustellen. Der Zweck der Bestimmung liegt darin, die Konflikte zwischen Zeichen dadurch zu begrenzen, dass ein älteres Zeichen, das nicht hinreichend wichtig oder bedeutsam ist, es nicht erlaubt, sich der Eintragung einer Unionsmarke zu widersetzen oder deren Gültigkeit in Frage zu stellen.[87] Ausgehend von diesem Normzweck will das EuG auch die wirtschaftliche Bedeutung eines Kennzeichens berücksichtigen.[88] Mit der eigenständigen Voraussetzung, dass das betreffende Zeichen in bedeutsamer Weise im geschäftlichen Verkehr benutzt werden muss, zielt Art. 8 IV UMV auf Zeichen ab, die auf dem relevanten Markt tatsächlich und wirklich präsent sind, während diese Bestimmung in Bezug auf die geografische Schutzausdehnung des Zeichens nur verlangt, dass sie nicht lediglich örtlich ist.[89]

> Zum Nachweis einer überregionalen Benutzung genügt es dabei jedenfalls nicht, nur einige wenige Rechnungen konzerninterner Geschäfte vorzulegen.[90] Andererseits bedeutet das Kriterium der mehr als örtlichen Bedeutung nicht, dass eine Untersagung für einen kompletten Mitgliedstaat zu fordern wäre; vielmehr genügt ein erheblicher Teil wie z. B. Norddeutschland.[91] Auch soll es für den Nachweis überörtlicher Bedeutung noch nicht einmal ausreichen,

---

81 EuGH C-96/09 P v. 29.3.2011 *Anheuser Busch*, Tz. 155 ff., gegen EuG T-225/06, T-255/06, T-257/06 und T-309/06 v. 16.12.2008 *bud/BUD*, Tz. 179 ff.; auch EuGH C-75/17 P v. 19.4.2018 *Fiesta Hotels & Resorts*, Tz. 34.
82 EuGH C-96/09 P v. 29.3.2011 *Anheuser Busch*, Tz. 161 ff., gegen EuG T-225/06, T-255/06, T-257/06 und T-309/06 v. 16.12.2008 *bud/BUD*, Tz. 167; ferner EuGH C-75/17 P v. 19.4.2018 *Fiesta Hotels & Resorts*, Tz. 39.
83 EuGH C-96/09 P v. 29.3.2011 *Anheuser Busch*, Tz. 160; EuGH C-75/17 P v. 19.4.2018 *Fiesta Hotels & Resorts*, Tz. 39.
84 EuGH C-96/09 P v. 29.3.2011 *Anheuser Busch*, Tz. 164 ff., gegen EuG T-225/06, T-255/06, T-257/06 und T-309/06 v. 16.12.2008 *bud/BUD*, Tz. 169.
85 EuG T-225/06, T-255/06, T-257/06 und T-309/06 v. 16.12.2008 *bud/BUD*, Tz. 174 ff., bestätigt durch EuGH C-96/09 P v. 29.3.2011 *Anheuser Busch*, Tz. 152.
86 EuG T-321/11 v. 14.5.2013 *partitodellaliberta.it/PARTIDO DELLA LIBERTA*, Tz. 38 ff.; EuG T-344/13 v. 19.11.2014 *Out of the blue*, Tz. 26 ff.
87 EuG T-318/06 bis T-321/06 v. 24.3.2009 *GENERAL OPTICA*, Tz. 36.
88 EuG T-318/06 bis T-321/06 v. 24.3.2009 *GENERAL OPTICA*, Tz. 37 f.
89 EuGH C-325/13 P u. C-326/13 P v. 10.7.2014 *Peek & Cloppenburg*, Tz. 53.
90 EuG T-403/10 v. 27.9.2011 *BRIGHTON/BRIGHTON*, Tz. 26 ff., bestätigt durch EuGH C-624/11 P v. 27.9.2012 *Brighton Collectibles*.
91 Vgl. EuGH C-325/13 P u. C-326/13 P v. 10.7.2014 *Peek & Cloppenburg*, Tz. 50 ff.

wenn ein Kennzeichen im gesamten Gebiet eines Mitgliedstaates Schutz beansprucht. Es genüge daher nicht, wenn das Kennzeichen lediglich in einer einzigen Stadt mit 120.000 Einwohnern verwendet wird.[92] Erst recht genügt es nicht, wenn sich die Nachweise lediglich auf eine Nutzung als Marke beziehen, nicht aber als Unternehmenskennzeichen.[93]

c) Sprachenregelung

In welcher Sprache der Widerspruch einzureichen ist, hängt davon ab, in welcher Sprache die angegriffene Anmeldung eingereicht wurde und welche zweite Sprache dort angegeben ist. Sind dies zwei Sprachen des Amts,[94] so kann der Widersprechende eine der beiden auswählen; ist die Sprache der Anmeldung nicht Sprache des Amts, so muss der Widersprechende die zweite Sprache wählen. Außerdem können sich die Parteien mit Einschränkungen auf eine beliebige Sprache der EU einigen (Art. 146 III bis VIII UMV, Art. 3 DV). Die für den Widerspruch gewählte Sprache wird jeweils automatisch Verfahrenssprache.[95] Einzelheiten zur Übersetzung regeln Art. 24, 25 und 26 UMDV. 23

> Ist etwa die Sprache der angegriffenen Anmeldung Polnisch, die zweite Sprache Italienisch, so ist der Widerspruch auf Italienisch einzureichen, wenn sich die Parteien nicht anderweitig einigen.

Die Angaben und die Begründung müssen in der Verfahrenssprache[96] erfolgen; die frühere Regelung, wonach innerhalb einer Frist von einem Monat nach Ablauf der Widerspruchsfrist eine Übersetzung vorgelegt werden konnte (Regel 17 II GMDV), gilt nicht mehr; Art. 3 S. 4 DV dürfte nur den Fall einer Einigung über die Verfahrenssprache betreffen. Haben sich die Parteien nämlich auf eine Sprache geeinigt, kann der Widerspruch (allenfalls unter größtem Zeitdruck sinnvoll) zunächst auch in einer anderen Sprache des Amts eingereicht werden, ist dann jedoch innerhalb einer Frist von einem Monat nach Ablauf der Widerspruchsfrist in die Verfahrenssprache zu übersetzen (Art. 146 VII, VIII UMV, Art. 3 DV). 24

2. Zulässigkeit und Begründetheit

Die Regelung von Art. 46 UMV und Art. 2 ff. DV unterscheiden zwischen drei Kategorien von Voraussetzungen bzw. Mängeln, nämlich zwischen nur innerhalb der Widerspruchsfrist heilbaren (und damit unbedingt zu vermeidenden) Zulässigkeitsmängeln nach Art. 5 I, II, III, IV DV, zwischen nach Aufforderung durch das Amt heilbaren Mängeln nach Art. 5 V DV und zwischen innerhalb bestimmter Fristen heilbaren Begründetheitsmängeln (Art. 7 DV). Das eigentliche kontradiktorische Widerspruchsverfahren beginnt dabei erst nach Abschluss der Zulässigkeitsprüfung.[97] Übermittelt das Amt den Widerspruch mit der Stellungnahme des Widersprechenden dem Anmelder, so impliziert dies, dass es den Widerspruch für 25

---

92 EuG T-318/06 bis T-321/06 v. 24.3.2009 *GENERAL OPTICA*, Tz. 44.
93 EuG T-344/13 v. 19.11.2014 *Out of the blue*, Tz. 32 f.
94 Vgl. § 28 Rdn. 1.
95 Zu dem – unzulässigen – Einwand, man habe die in der Verfahrenssprache gefassten Hinweise des EUIPO nicht verstanden EuG T-366/04 v. 6.9.2006 *Hensotherm*, Tz. 41 ff.
96 Vgl. § 28 Rdn. 23.
97 EuGH C-402/11 P v. 18.10.2012 *Jager & Polacek*, Tz. 49.

zulässig hält.[98] Aber auch nach der Mitteilung des Amtes, der Widerspruch sei zulässig, kann der Widerspruchsgegner noch geltend machen, dass ein Fehler in Bezug auf die Zulässigkeit des Widerspruchs begangen worden sei, und beantragen, dass das EUIPO die Entscheidung, mit der es den Widerspruch für zulässig erachtet hat, gemäß Art. 102 UMV zurücknimmt.[99] Außerdem kann der Widerspruchsgegner die Entscheidung zur Zulässigkeit nicht nur separat, sondern auch im Wege der Beschwerde zusammen mit der abschließenden Entscheidung anfechten.[100]

26 Zu den nach Ablauf der – nicht verlängerbaren[101] – Widerspruchsfrist[102] nicht heilbaren Zulässigkeitsvoraussetzungen des Widerspruchs gemäß Art. 46 UMV und Art. 5 I, II, III, IV DV gehören
– die schriftliche Widerspruchsschrift,
– die Widerspruchsbegründung,
– unter Angabe des Aktenzeichens die Angabe, gegen welche Anmeldung welches Anmelders sich der Widerspruch richtet,
– die Angabe, welches das ältere Zeichen ist, aufgrund dessen Widerspruch erhoben wird,[103]
– ggf. die Übersetzung in die Verfahrenssprache und
– die Zahlung der Widerspruchsgebühr.[104]

27 Für die Begründung genügt es, wenn auf dem Widerspruchsformular ein Widerspruchsgrund – wie z. B. »Verwechslungsgefahr« – angekreuzt wird;[105] fehlt andererseits ein Kreuzchen, so kann dies durch eine ausdrückliche Begründung kompensiert werden.[106] Ist ein auf mehrere Rechte gestützter Widerspruch aufgrund bestimmter Rechte erst einmal zulässig, so spielt es für die Zulässigkeit keine Rolle, wenn genau diese Rechte später zurückgezogen werden.[107]

28 Zur zweiten Gruppe der Zulässigkeitsvoraussetzungen, nämlich zu denen, bei denen Mängel nach Aufforderung durch das Amt geheilt nach Art. 5 V DV werden können, gehören alle weiteren in Art. 2 II Buchst. d bis h DV genannten Zulässigkeitsvoraussetzungen. Dies sind die in der Vorschrift im Einzelnen genannten Angaben in Bezug auf die Anmeldung, gegen die sich der Widerspruch richtet, in Bezug auf die ältere Marke oder das ältere Recht, auf denen der Widerspruch beruht, in Bezug auf den Widersprechenden und die Angabe der Gründe, auf denen

---

98 EuGH C-309/15 P v. 8.9.2016 *Real Express*, Tz. 70 f.
99 EuGH C-402/11 P v. 18.10.2012 *Jager & Polacek*, Tz. 58.
100 EuGH C-402/11 P v. 18.10.2012 *Jager & Polacek*, Tz. 63.
101 Vgl. EuG T-232/00 v. 13.6.2002 *Chef*, Tz. 34.
102 Zur einem Fall der Versäumung der Frist EuG T-380/07 v. 6.10.2008 *Dimitrios Kaloudis*.
103 Eine Wiedergabe der Marke war schon nach altem Recht nicht Zulässigkeitsvoraussetzung: EuG T-186/04 v. 15.6.2005 *Spa Monopole*, Tz. 42 ff.; zu unklaren Angaben EuG T-823/17 v. 13.2.2019 *Etnik*.
104 Vgl. zum Ganzen EuG T-232/00 v. 13.6.2002 *Chef*, Tz. 32 f.
105 EuG T-53/05 v. 16.1.2007 *Calawo Growers*, Tz. 50 f.
106 EuG T-191/07 v. 25.3.2009 *Anheuser-Busch*, Tz. 134, im Ergebnis bestätigt durch EuGH C-214/09 P v. 29.7.2010 *Anheuser-Busch*; EuG T-356/12 v. 3.4.2014 *SÔ:UNIC/SO*, Tz. 43 ff., im Ergebnis bestätigt durch EuGH C-270/14 P v. 15.10.2015 *Debonair Trading Internacional*.
107 EuG T-239/05, T-240/05, T-245/05 bis T-247/05, T-255/05, T-274/05 bis T-280/05 v. 15.5.2007 *The Black & Decker*, Tz. 96 ff.

der Widerspruch beruht. Fehlt eine der Angaben, fordert das Amt den Widersprechenden zur Behebung der Mängel binnen einer – zwingenden und nicht verlängerbaren[108] – Frist von zwei Monaten auf.

> Verbreitet ist in der Praxis der Mangel, dass das Verzeichnis der Waren und Dienstleistungen[109] der Widerspruchsmarke nicht in die Verfahrenssprache übersetzt wurde. Dieser Fehler kann nach amtlicher Aufforderung geheilt werden.[110]

Nicht zu den Zulässigkeitsvoraussetzungen des Widerspruchs, sondern zur Prüfung seiner Begründetheit gehören demgegenüber die rechtlichen Erfordernisse hinsichtlich der Beibringung der den Widerspruch stützenden Tatsachen, Beweismittel, Darlegungen und einschlägigen Unterlagen (Art. 46 IV UMV, Art. 7 DV). Diese können innerhalb einer vom Amt nach Art. 7 I DV festgesetzten – mindestens zweimonatigen, aber verlängerbaren[111] – Frist nach Beginn des Widerspruchsverfahrens vorgelegt werden.[112] Von größter Bedeutung ist in diesem Verfahrensstadium der Nachweis des Rechts, auf das der Widerspruch gestützt ist – Art. 7 II DV. Handelt es sich um eine farbig eingetragene Marke, so ist diese in Farbe vorzulegen.[113] Handelt es sich bei den älteren Rechten um Markenrechte und sind diese online in einer vom Amt anerkannten Quelle verfügbar, so kann der Widersprechende diese Nachweise in Form eines Verweises auf diese Quelle vorlegen, also insbesondere auf Registerauszüge in den Datenbanken der jeweiligen Ämter verweisen (Art. 7 III DV).[114] Allerdings ist zu beachten, dass stets eine Übersetzung in die Verfahrenssprache vorzulegen ist, wenn der Registerauszug in einer anderen Sprache ist (Art. 7 IV DV). Oft wird es daher sicherer sein, einen Ausdruck vorzulegen. Die Formalien bei der Vorlage von Beweismitteln, insbesondere das Erfordernis einer Nummerierung und der Beifügung eines Anlagenverzeichnisses, regeln Art. 55 DV. Ergänzender Vortrag kann unter Umständen auch nach Fristablauf noch berücksichtigt werden.[115] Zu Unterlagen, die nicht in der Verfahrenssprache gehalten sind, ist innerhalb der Frist eine Übersetzung vorzulegen, um Waffengleichheit im kontradiktorischen Verfahren herzustellen.[116] Geben die Parteien keine Stellungnahmen ab, kann das EUIPO anhand der vorliegenden Beweismittel entscheiden.[117]

29

---

108 Vgl. EuG T-232/00 v. 13.6.2002 *Chef*, Tz. 35 f.
109 Die Vorlage der übersetzten Urkunde gehört hingegen in die Begründetheit: EuG T-407/05 v. 6.11.2007 *SAEME*, Tz. 43.
110 Vgl. EuG T-107/02 v. 30.6.2004 *BIOMATE*, Tz. 70.
111 Vgl. EuG T-232/00 v. 13.6.2002 *Chef*, Tz. 43.
112 Vgl. EuG T-232/00 v. 13.6.2002 *Chef*, Tz. 37 ff.
113 EuG T-359/17 v. 25.10.2018 *ALDO/ALDI*, Tz. 37 ff.
114 Zur Zulässigkeit von TMview (www.tmdn.org/tmview/welcome.html?lang=de) vgl. EuG T-848/16 v. 6.12.2018 *Deichmann*, Tz. 67 ff.
115 EuGH C-597/14 P v. 21.7.2016 *EUIPO/Ferrer*, Tz. 26 ff.; vgl. ausführlicher unten Rdn. 60.
116 EuGH C-100/11 P v. 10.5.2012 *Helena Rubinstein u.a.*, Tz. 102; EuG T-192/04 v. 11.7.2007 *Flex Equipos de Descanso*, Tz. 49 ff.; EuG T-407/05 v. 6.11.2007 *SAEME*, Tz. 36 ff; zum Nachweis notorischer Bekanntheit EuG T-169/13 v. 2.2.2016 *MOTOBI/MOTO B*, Tz. 68 ff.; zur Teilübersetzung: EuG T-479/08 v. 29.9.2011 *Schuh mit 2 Streifen auf der Seite/Schuh mit 3 Streifen auf der Seite*, Tz. 36 ff.
117 Vgl. EuG T-53/05 v. 16.1.2007 *Calawo Growers*, Tz. 58.

So kann bei einem auf Verwechslungsgefahr gestützten Widerspruch bereits die – zur Zulässigkeit gehörende – Vorlage der Widerspruchsmarke genügen.[118] Dabei reicht in der Regel ein Auszug aus der jeweiligen amtlichen Datenbank, ggf. zusammen mit der Veröffentlichung im Amtsblatt;[119] bei Widersprüchen auf Grundlage einer für die Union geschützten Internationalen Registrierung ist ein Auszug der WIPO-Datenbank vorzulegen. Auch eine Verlängerungsurkunde kann genügen, wenn sie die wesentlichen Informationen enthält.[120] Läuft die Schutzfrist der Widerspruchsmarke im Laufe des Verfahrens aus, so besteht ohne Rüge des Anmelders keine Pflicht des Widersprechenden zum Nachweis der Verlängerung und ebenfalls keine entsprechende Hinweispflicht des EUIPO.[121] Wenn der Widersprechende jedoch z. B. den Widerspruch auf Art. 8 IV UMV stützt, muss er nachweisen, dass ihm das ältere Recht die Befugnis verleiht, die Benutzung der jüngeren Marke zu untersagen.[122] Entsprechendes gilt bei einer Benutzungsmarke, bei der keine Urkunde vorgelegt werden kann, aber der Erwerb des Rechts anderweitig nachgewiesen werden muss.[123] Zum Bereich der Begründetheit gehört auch das Fehlen einer Übersetzung[124] der Eintragungsurkunden oder -bescheinigungen für ältere Marken. Deren Vorlage ist zwar kein Zulässigkeitserfordernis, sondern gehört zur Begründetheit;[125] wird jedoch keine Übersetzung der Urkunde oder Bescheinigung in der Verfahrenssprache vorgelegt, so kann das Amt letztlich diese Marke bei seiner Entscheidung nicht berücksichtigen.[126] Eine ungenaue Übersetzung schadet nicht, wenn sich die richtige Bedeutung aus weiteren Umständen ergibt.[127] Allerdings muss die Übersetzung auf das Originalschriftstück Bezug nehmen, insbesondere dessen Struktur wiedergeben.[128] Eine handschriftliche Übersetzung auf dem Original genügt nicht.[129] Gemäß Art. 7 IV DV darf[130] das Amt hierbei den Widersprechenden nicht speziell auffordern, Übersetzungen vorzulegen.[131] Liegen nicht zusätzlich andere Beweismittel in der Verfahrenssprache vor, so wird das Amt daher den Widerspruch als unbegründet zurückweisen.[132] Lediglich die Übersetzung ergänzender Unterlagen – etwa Vereinbarungen der Parteien – liegt nach

---

118 EuG T-53/05 v. 16.1.2007 *Calawo Growers*, Tz. 62 ff.
119 EuG T-10/06 v. 11.12.2007 *Portela & Companhia*, Tz. 34 ff.
120 EuG T-135/14 v. 5.2.2016 *KICKERS/kicktipp*, Tz. 65.
121 EuG T-24/16 v. 13.12.2016 *FUENOLIVA/FONTOLIVA*, Tz. 25 ff.
122 EuG T-53/04 bis T-56/04, T-58/04 und T-59/04 v. 12.6.2007 *Budějovický Budvar I*, Tz. 71 ff.; EuG T-57/04 und T-71/04 v. 12.6.2007 *Budějovický Budvar II*, Tz. 86 ff.; EuG T-60/04 bis T-64/04 v. 12.6.2007 *Budějovický Budvar III*, Tz. 68 ff.
123 EuG T-249/15 v. 11.12.2017 *QUILAPAYÚN/QUILAPAYÚN*, Tz. 42.
124 Zu den Erfordernissen einer Übersetzung vgl. EuG T-232/00 v. 13.6.2002 *Chef*, Tz. 60 f. u. 64; EuG T-107/02 v. 30.6.2004 *BIOMATE*, Tz. 74; EuG T-318/03 v. 20.4.2005 *ATOMIC*, Tz. 51; EuG T-277/08 v. 11.11.2009 *CITRACAL/CICATRAL*, Tz. 25; EuG T-548/15 v. 13.12.2016 *Cafe del Sol/Cafe del Sol*, Tz. 26 f.; EuG T-549/15 v. 13.12.2016 *Cafe del Sol/CAFE DEL SOL*, Tz. 26 f.
125 Vgl. EuG T-232/00 v. 13.6.2002 *Chef*, Tz. 52 u. 57; EuG T-107/02 v. 30.6.2004 *BIOMATE*, Tz. 70.
126 Vgl. EuG T-107/02 v. 30.6.2004 *BIOMATE*, Tz. 73; EuG T-420/03 v. 17.6.2008 *BOOMERANG/BoomerangTV*, Tz. 57 ff.
127 EuG T-277/08 v. 11.11.2009 *CITRACAL/CICATRAL*, Tz. 29 f.
128 EuG T-495/11 v. 30.1.2014 *parameta/PARAMETRICA*, Tz. 25.
129 EuG T-523/10 v. 27.6.2012 *MYBABY/my baby*, Tz. 43.
130 Vgl. EuG T-232/00 v. 13.6.2002 *Chef*, Tz. 50 f.; auch EuG T-159/15 v. 9.9.2016 *Puma*, Tz. 23 ff.
131 Anders beim Benutzungsnachweis: Art. 10 VI DV.
132 Vgl. EuG T-232/00 v. 13.6.2002 *Chef*, Tz. 42, 44 u. 62; EuG T-235/02 v. 17.11.2003 *Strongline*, Tz. 38 f.; EuG T-107/02 v. 30.6.2004 *BIOMATE*, Tz. 72 ff. und 82 ff.; anders bei den Nachweisen ernsthafter Benutzung: HABM R 742/2005–2 v. 5.7.2006 *Consoft*, Tz. 19.

Art. 24 UMDV im Ermessen des Amts.[133] Auch auf die Übersetzung von Bekanntheitsnachweisen kann verzichtet werden, wenn die andere Partei deren Inhalt auch ohne Übersetzung versteht;[134] das Risiko der fehlenden Übersetzung trifft beim Bekanntheitsnachweis den Beweispflichtigen, ohne dass das Amt eine Hinweispflicht hätte;[135] ein Verständnis eines Verkehrsgutachtens kann zum Beispiel nicht ohne weiteres unterstellt werden.[136]

3. Verfahrensverlauf

Das Amt übermittelt zunächst den Widerspruch direkt nach Eingang dem Anmelder der angegriffenen Marke (Art. 4 DV). Zunächst wird dann die Zulässigkeit geprüft (Art. 5 DV). Später bestimmt es für den weiteren Verfahrensverlauf Fristen. Typischerweise ist dies zunächst eine Frist von zwei Monaten für die so genannte Cooling-off-period, die dazu dienen soll, dass die Parteien – unter Umständen mit dem Privileg der Kostenerstattung nach Art. 6 V DV – eine außeramtliche Einigung erreichen (Art. 6 I DV). Dagegen wird das Amt den Parteien – anders als in deutschen Gerichtsverfahren – so gut wie nie einen eigenen Einigungsvorschlag unterbreiten. Nach Ablauf der Cooling-off-Frist setzt das Amt im Regelfall dem Widersprechenden eine weitere Frist von mindestens zwei Monaten für das weitere Vorbringen (Art. 7 I DV) sowie dem Anmelder gegebenenfalls (Art. 8 II DV) eine Erwiderungsfrist von meist ebenfalls zwei Monaten. Auch weitere Stellungnahmen sind möglich (Art. 8 IV und VI DV). Der Anmelder kann außerdem jederzeit das Verzeichnis der Waren und Dienstleistungen seiner Marke beschränken. (Art. 8 VIII 2 DV). Mehrere Widersprüche gegen dieselbe Marke können vom EUIPO in einem Verfahren verbunden werden (Art. 9 DV). 30

Nach Art. 95 I 2 UMV ist im Verfahren bezüglich relativer Eintragungshindernisse die vom Amt vorzunehmende Prüfung auf das Vorbringen und die Anträge[137] der Beteiligten beschränkt. Nach dieser Bestimmung obliegt den Parteien vor allem auch die Beibringung der ihr Vorbringen stützenden Tatsachen und Beweismittel.[138] Unionsrecht – auch außerhalb des Kennzeichenrechts[139] – muss das Amt von sich aus berücksichtigen.[140] Aber den Inhalt etwaigen nationalen Rechts muss die 31

---

133 EuG T-6/05 v. 6.9.2006 *DEF-TEC*, Tz. 43 f.
134 EuGH C-100/11 P v. 10.5.2012 *Helena Rubinstein u.a.*, Tz. 103 f.
135 EuG T-123/15 v. 28.10.2016 *UNICORN/UNICORN*, Tz. 23 ff.; EuG T-124/15 v. 28.10.2016 *UNICORN/UNICORN*, Tz. 23 ff.; EuG T-125/15 v. 28.10.2016 *UNICORN/UNICORN*, Tz. 23 ff.; EuG T-201/15 v. 28.10.2016 *UNICORN/UNICORN*, Tz. 22 ff.
136 Vgl. EuG T-159/15 v. 9.9.2016 *Puma*, Tz. 23 ff.
137 Zum Überschreiten des Antrags EuG T-392/04 v. 14.12.2006 *MANOU/MANU MANU MANU*, Tz. 41 ff.
138 EuGH C-312/05 P v. 27.3.2007 *TeleTech*, Tz. 39 ff. (zum Nichtigkeitsverfahren wegen relativer Nichtigkeitsgründe); EuG T-311/01 v. 22.10.2003 *ASTERIX/Starix*, Tz. 69; EuG T-336/03 v. 27.10.2005 *OBELIX/MOBILIX*, Tz. 33, im Ergebnis bestätigt durch EuGH C-16/06 P v. 18.12.2008 *René*; EuG T-135/04 v. 24.11.2005 *BUS/Online Bus*, Tz. 63.
139 EuG T-413/11 v. 15.1.2013 *EUROPEAN DRIVESHAFT SERVICES*, Tz. 33.
140 EuG T-57/03 v. 1.2.2005 *OLLY GAN/HOOLIGAN*, Tz. 21; auch EuG T-88/05 v. 8.2.2007 *MARS/NARS*, Tz. 75.

Partei vortragen, die sich darauf beruft.[141] Das Amt beurteilt dann die Tragweite der Angaben und kann sich dabei auch selbst kundig machen.[142] Auch ist das Amt nicht an Schlussfolgerungen gebunden, die zwischen den Parteien unstreitig sind, wenn es selbst die Beweismittel für unzureichend hält.[143]

> Wenn sich also die Partei, die Widerspruch eingelegt hat, darauf berufen möchte, dass ihre Marke weithin bekannt sei, so hat sie die Tatsachen und gegebenenfalls die Beweismittel beizubringen, die es dem Amt ermöglichen zu prüfen, ob diese Behauptung zutrifft.[144] Trägt aber der Anmelder beispielsweise nichts zur Zeichenähnlichkeit vor, so ist diese vom Amt gleichwohl zu untersuchen.[145] Zu weit geht es daher auch, wenn das EuG[146] dem Widerspruchsführer sogar die Pflicht zum Vortrag aufbürdet, dass die Widerspruchsmarke überhaupt unterscheidungskräftig ist. Während Tatsachen – wie etwa eine durch Benutzung erhöhte Kennzeichnungskraft – zu beweisen sind, muss das Amt Rechtsfragen – etwa die Kennzeichnungskraft von Hause aus – selbst untersuchen.[147] Auch muss etwa das Amt unter Umständen selbst Berechnungen über den Ablauf der Schutzfrist einer nationalen Widerspruchsmarke anstellen.[148]

32 Die Beschränkung der tatsächlichen Grundlage der Prüfung durch das Amt schließt jedoch nicht aus, dass das Amt neben den von den Beteiligten des Widerspruchsverfahrens ausdrücklich vorgetragenen Tatsachen offenkundige Tatsachen berücksichtigt, d. h. Tatsachen, die jeder kennen kann oder die allgemein zugänglichen Quellen entnommen werden können.

> Die Tatsache etwa, dass Picasso ein berühmter Maler war, darf das Amt berücksichtigen, auch wenn sie nicht von einer der Parteien vorgetragen war.[149] Dagegen darf das Amt im kontradiktorischen Verfahren keine eigenen Nachforschungen anstellen, die spezifische Tatsachenfragen betreffen, auch wenn die Informationsquellen allgemein zugänglich sind.[150]

33 Andererseits kann das Amt noch bis zu seiner Entscheidung neue Tatsachen berücksichtigen oder von den Beteiligten aktualisierte Nachweise verlangen.

---

141 EuGH C-530/12 P v. 27.3.2014 *HABM/National Lottery Commission*, Tz. 34; EuGH C-301/13 P v. 6.2.2014 *El Corte Inglés*, Tz. 49; anders noch EuG T-318/03 v. 20.4.2005 *ATOMIC*, Tz. 35 ff.; EuG T-291/03 v. 12.9.2007 *GRANA BIRAGHI*, Tz. 87.
142 EuGH C-530/12 P v. 27.3.2014 *HABM/National Lottery Commission*, Tz. 35 u. 46, m. w. N.; EuGH C-301/13 P v. 6.2.2014 *El Corte Inglés*, Tz. 51 ff.
143 EuG T-336/03 v. 27.10.2005 *OBELIX/MOBILIX*, Tz. 34, im Ergebnis bestätigt durch EuGH C-16/06 P v. 18.12.2008 *René*.
144 EuG T-185/02 v. 22.6.2004 *PICASSO/PICARO*, Tz. 63; EuG T-66/03 v. 22.6.2004 *GALA/Galáxia*, Tz.. 32 u. 43; EuG T-318/03 v. 20.4.2005 *ATOMIC*, Tz. 35; EuG T-499/04 v. 17.10.2006 *STENINGE KERAMIK/STENINGE SLOTT*, Tz. 21.
145 EuG T-425/03 v. 18.10.2007 *AMS/AMS Advanced Medical Services*, Tz. 29.
146 EuG T-344/03 v. 5.4.2006 *ORO/SELEZIONE ORO Barilla*, Tz. 32, im Ergebnis bestätigt durch EuGH C-245/06 P v. 9.3.2007 *Saiwa/HABM*.
147 EuG T-88/05 v. 8.2.2007 *MARS/NARS*, Tz. 74 f.
148 EuG T-318/03 v. 20.4.2005 *ATOMIC*, Tz. 38 ff.
149 EuG T-185/02 v. 22.6.2004 *PICASSO/PICARO*, Tz. 29; auch EuG T-499/04 v. 17.10.2006 *STENINGE KERAMIK/STENINGE SLOTT*, Tz. 53.
150 EuG T-222/09 v. 9.2.2011 *ALPHAREN/ALPHA D3*, Tz. 29 ff.

II. 3. Verfahrensverlauf

Ist etwa die Schutzdauer einer Widerspruchsmarke vor der Entscheidung des Amts abgelaufen, kann das Amt einen Nachweis der Verlängerung verlangen.[151] Solange der Anmelder jedoch die Nichtverlängerung nicht rügt, besteht weder eine Hinweispflicht des Amtes noch eine Nachweispflicht des Widersprechenden.[152]

Beantragt eine der Parteien die Aussetzung des Verfahrens, so entscheidet das Amt im Rahmen seines Ermessens. Eine Pflicht zur Aussetzung besteht nicht.[153] 34

Der Anmelder der angegriffenen Marke kann sich im Widerspruchsverfahren nicht auf ältere Zwischenrechte berufen.[154] Vielmehr muss er diese Rechte gegebenenfalls selbst erst im Wege eines Widerspruchs- oder Nichtigkeitsverfahrens oder vor einem etwa zuständigen nationalen Gericht (Artikel 137 UMV) durchsetzen. 35

> Wird der Anmelder etwa aus einer älteren Unionsmarke angegriffen, so nützt es ihm im Widerspruchsverfahren nichts, wenn er eine noch ältere nationale Marke besitzt.[155] Dies gilt selbst für eine notorisch bekannte ältere Marke[156] oder wenn von ihm bereits ein Nichtigkeitsverfahren eingeleitet wurde.[157]

Ebenso wenig kann der Anmelder verlangen, dass eine etwaige Missbräuchlichkeit der Widerspruchsmarke oder die Interessenlage des Markeninhabers untersucht würde. Die UMV sieht solche Einwände im Widerspruchsverfahren nicht vor.[158] 36

Die wichtigste Verteidigungsmöglichkeit des Anmelders ist daher die Nichtbenutzungseinrede. Diese und der Benutzungsnachweis[159] richten sich nach Art. 47 II UMV. Art. 47 III UMV erklärt diese Vorschrift für nationale Marken entsprechend anwendbar und gilt ebenso für internationale Registrierungen mit Schutz für Deutschland.[160] 37

Die angegriffene Anmeldung kann nach Art. 49 I 1 UMV jederzeit – sogar nach Erlass einer Entscheidung bis zum Eintritt der Rechtskraft[161] – zurückgenommen werden.[162] Allerdings stellt bloßes Schweigen im Widerspruchsverfahren keine 38

---

151 EuGH C-214/09 P v. 29.7.2010 *Anheuser-Busch*, Tz. 57 ff. [auch zur alten Rechtslage vor Änderung der GMDV]; EuG T-191/04 v. 13.9.2006 *Metro*, Tz. 33 ff., zunächst eingelegtes Rechtsmittel zurückgenommen EuGH C-493/06 P v. 11.12.2007 *Tesco*; entsprechend zum Nachweisverlangen vor dem Gericht: EuG T-95/07 v. 21.10.2008 *PREZAL/PRAZOL*, Tz. 18; ferner EuG T-191/04 v. 13.9.2006 *Metro*, Tz. 33 ff., zunächst eingelegtes Rechtsmittel zurückgenommen EuGH C-493/06 P v. 11.12.2007 *Tesco*.
152 EuG T-24/16 v. 13.12.2016 *FUENOLIVA/FONTOLIVA*, Tz. 25 ff.
153 EuG T-145/08 v. 16.5.2011 *ATLASAIR/ATLAS*, Tz. 61 ff., bestätigt durch EuGH C-406/11 P v. 9.3.2012 *Atlas Transport*, Tz. 29 ff.
154 EuGH C-445/12 P v. 12.12.2013 *Rivella International*, Tz. 46.
155 EuG T-185/03 v. 1.3.2005 *ANTONIO FUSCO/ENZO FUSCO*, Tz. 63; EuG T-269/02 v. 21.4.2005 *PepsiCo*, Tz. 25 ff.; zur Koexistenz auch oben § 14 Rdn. 21 – 30.
156 EuG T-288/03 v. 25.5.2005 *TELETECH INTERNATIONAL/TELETECH GLOBAL VENTURES*, Tz. 27 ff., bestätigt durch EuGH C-312/05 P v. 27.3.2007 *TeleTech*.
157 EuG T-166/12 v. 14.1.2015 *Cerezo*, Tz. 18 ff.
158 EuGH C-357/12 P v. 30.5.2013 *Wohlfahrt*, Tz. 31.
159 Vgl. oben § 8 Rdn. 83 ff.
160 EuGH C-445/12 P v. 12.12.2013 *Rivella International*, Tz. 41.
161 Große Beschwerdekammer des EUIPO R 331/2006-G v. 27.9.2006 *Optima*, Tz. 17 f.
162 Zur Einschränkung des Verzeichnisses der Waren und Dienstleistungen oben § 5 Rdn. 19; zur Übertragung der Anmeldung oben § 24 Rdn. 6 sowie EuG T-92/05 v. 6.12.2006 *movingpeople.net*.

Rücknahme der Marke dar.¹⁶³ Auch der Widerspruch kann jederzeit zurückgenommen werden.¹⁶⁴ Wird die angegriffene Anmeldung zurückgenommen, erledigt dies – auch noch während der laufenden Beschwerdefrist¹⁶⁵ oder im Rechtsmittelverfahren – die Hauptsache.¹⁶⁶ Wird demgegenüber der Widerspruch zurückgenommen, bevor die Zurückweisung der Anmeldung nach Art. 47 VI UMV unanfechtbar geworden ist, so werden frühere Entscheidungen über den Widerspruch gegenstandslos und können kein Hindernis für die Eintragung der Marke sein.¹⁶⁷ Auch wenn die Widerspruchsmarke noch während des Widerspruchsverfahrens, während der laufenden Beschwerdefrist¹⁶⁸ oder während des Klageverfahrens¹⁶⁹ fortfällt, so erledigt dies das Widerspruchsverfahren.

> Ist also im Widerspruchsverfahren zwar eine die Anmeldung zurückweisende Entscheidung der Widerspruchsabteilung ergangen, gegen die aber noch fristgemäß Rechtsmittel eingelegt werden könnte, und wird in dieser Schwebephase dann der Widerspruch zurückgenommen, so wird die Entscheidung der Widerspruchsabteilung gegenstandslos. Die angegriffene Marke kann eingetragen werden.

39 Ferner kann das Verzeichnis der Waren und Dienstleistungen eingeschränkt werden. Während eines laufenden Widerspruchsverfahrens ist die Widerspruchsabteilung für die Einschränkung zuständig, im Beschwerdeverfahren die Beschwerdekammer.¹⁷⁰

40 Kann das EUIPO die angemeldete Marke bereits wegen einer Zeichenkollision aufgrund eines der Widerspruchszeichen oder in nur einem Teil der Union zurückweisen, so ist das Amt nicht gezwungen, die Rechtslage in Bezug auf weitere Rechte zu prüfen. Dem steht auch nicht entgegen, dass der Anmelder die Marke in Teilen der Union gemäß Art. 139 UMV in nationale Marken umwandeln könnte.¹⁷¹

41 Der im Widerspruchsverfahren unterliegende Beteiligte trägt die von dem anderen Beteiligten zu entrichtenden Gebühren sowie grundsätzlich alle für die Durch-

---

163 EuG T-171/06 v. 17.3.2009 *Laytoncrest*, Tz. 42 ff.
164 EuG T-10/01 v. 3.7.2003 *Sedonium*, Tz. 15; EuG T-120/03 v. 9.2.2004 *DERMAZYN*, Tz. 19; auch EuGH C-587/11 P v. 18.9.2012 *Omnicare*; EuGH C-588/11 P v. 18.9.2012 *Omnicare*; ebenso zur teilweisen Rücknahme EuG T-135/04 v. 24.11.2005 *BUS/Online Bus*, Tz. 13; anders aber zur – unzulässigen – Einschränkung der Klage auf bestimmte Produkte EuG T-275/07 v. 2.12.2008 *brillante/BRILLO'S*, Tz. 9 ff.; zur seitens des EUIPO irrtümlichen Annahme der Rücknahme EuG T-466/04 und T-467/04 v. 1.2.2006 *Dami/HABM*, Tz. 34 ff.
165 Hierzu Große Beschwerdekammer des EUIPO R 331/2006-G v. 27.9.2006 *Heidelberger Druckmaschinen*.
166 EuG T-292/03 v. 22.4.2004 *HOMETECH*, Tz. 3, unter Hinweis auf EuG T-10/01 v. 3.7.2003 *Sedonium*, Tz. 16–18.
167 EuG T-10/01 v. 3.7.2003 *Sedonium*, Tz. 16 f.; EuG T-120/03 v. 9.2.2004 *DERMAZYN*, Tz. 20 f.; EuG T-325/03 v. 6.5.2004 *E-Sim*, Tz. 3; EuG T-185/04 v. 11.9.2007 *Lancôme parfums*, Tz. 22; entsprechend für das Nichtigkeitsverfahren EuG T-383/02 v. 18.11.2003 *CELEBREX*, Tz. 14; zur Kostentragungspflicht nach Zurücknahme des Widerspruchs EuGH C-587/11 P v. 18.9.2012 *Omnicare*, Tz. 14; EuGH C-588/11 P v. 18.9.2012 *Omnicare*, Tz. 14 ff.; EuG T-403/03 v. 7.1.2008 *Marmara*.
168 EuG T-589/10 v. 4.7.2013 *JUKEBOX/Jukebox*, Tz. 22 ff.
169 EuG T-753/14 v. 25.5.2016 *OCEAN THE GROUP/ocean beach club ibiza*, Tz. 24 f.
170 EuG T-473/15 v. 16.3.2017 *Capella*, Tz. 32 ff.
171 EuGH C-514/06 P v. 18.9.2008 *Armacell Enterprise*, Tz. 59 ff.; EuG T-194/05 v. 11.5.2006 *TeleTech*, Tz. 24 ff.

führung der Verfahren notwendigen Kosten¹⁷² im Rahmen der in Art. 18 UMDV festgelegten Tarife (Art. 109 VII UMV). Soweit jedoch die Beteiligten jeweils in einem oder mehreren Punkten unterliegen oder soweit es die Billigkeit erfordert, beschließt die Widerspruchsabteilung eine andere Kostenverteilung (Art. 109 III UMV).¹⁷³ Einigen sich die Parteien und treffen dabei eine Regelung zu den Kosten, so sollte dies dem EUIPO übereinstimmend mitgeteilt werden; andernfalls fällt das Amt eine Kostenentscheidung.

III. Verfalls- und Nichtigkeitsverfahren Unionsmarke oder internationale Registrierung mit Schutz für die EU

Das Verfahren zur Erklärung des Verfalls oder der Nichtigkeit regeln die Art. 63, 64 UMV, Art. 12 ff. DV. Das Verfahren entspricht in seinen Grundzügen dem Widerspruchsverfahren, wobei allerdings im Detail (insbesondere bei Fristen und Aufforderungen des Amts) Vorsicht geboten ist. Die Erfordernisse an den Antrag regelt Art. 12 DV, die Sprachen Art. 13 DV.¹⁷⁴ Bezüglich der Verfalls- und absoluten Nichtigkeitsgründe¹⁷⁵ ist das Verfahren als Popularverfahren ausgestaltet (Art. 63 I Buchst. a UMV), ohne dass es eines besonderen Rechtsschutzbedürfnisses bedürfe.¹⁷⁶ Auf das potentielle oder tatsächliche wirtschaftliche Interesse des Antragstellers kommt es nicht an, so dass der Einwand eines Rechtsmissbrauchs unbeachtlich ist.¹⁷⁷ Dagegen ist bezüglich relativer Nichtigkeitsgründe (Art. 63 I Buchst. b und c UMV) der Kreis der Antragsteller auf Inhaber von (älteren) Rechten und Lizenznehmer beschränkt.¹⁷⁸

42

---

172 Zur Kostenentscheidung im Rechtsmittelverfahren aber EuG T-3/04 v. 24.11.2005 *KINNIE/KINJI by SPA*, Tz. 78; im Nichtigkeitsverfahrens EuG T-160/02 bis T-162/02 v. 11.5.2005 *Naipes Heraclio Fournier*, Tz. 24; zur Kostenerstattung bei der Vertretung durch einen Angestellten: EuG T-240/11 v. 17.7.2012 *MyBeauty TV/BEAUTY TV*, Tz. 14.
173 Vgl. zur Kostenentscheidung nach Teilrücknahme der Anmeldung EuG T-124/02 und T-156/02 v. 28.4.2004 *The Sunrider Corp.*, Tz. 37 ff.; nach Einigung EuG T-67/03 v. 17.1.2006 *Henkel/HABM*; zur Aufhebung einer ermessensfehlerhaften Kostenentscheidung EuG T-32/04 v. 16.11.2006 *Lichtwer Pharma*; EuG T-10/06 v. 11.12.2007 *Portela & Companhia*, Tz. 40 ff.
174 Zur verspäteten Vorlage der Übersetzung der älteren Marke EuG T-780/16 v. 20.7.2017 *Mediaexpert*; bestätigt durch EuGH C-560/17 v. 13.3.2018 *Mediaexpert*.
175 Zur Aktivlegitimation bei relativen Verfahren EuG T-506/13 v. 7.11.2014 *Urb Rulmenti Suceava*, Tz. 17 ff.
176 EuGH C-450/13 P v. 19.6.2014 *Donaldson Filtration Deutschland*, Tz. 39; EuG T-223/08 v. 3.12.2009 *Bahman*, Tz. 18; EuG T-245/08 v. 3.12.2009 *TIR 20 FILTER CIGARETTES*, Tz. 18; EuG T-27/09 v. 10.12.2009 *Stella*, Tz. 37; zur Zulässigkeit eines Nichtigkeitsantrags im Namen einer Anwaltskanzlei EuGH C-408/08 P v. 25.2.2010 *Lancôme*, Tz. 36 ff.
177 EuGH C-450/13 P v. 19.6.2014 *Donaldson Filtration Deutschland*, Tz. 42; EuGH C-622/13 P v. 30.4.2015 *Castel Frères*, Tz. 44; auch EuG T-419/16 v. 16.11.2017 *Carrera Brands*, bestätigt durch EuGH C-35/18 P v. 14.6.2018 *Carrera Brands*.
178 EuG T-223/08 v. 3.12.2009 *Bahman*, Tz. 20 f.; EuG T-245/08 v. 3.12.2009 *TIR 20 FILTER CIGARETTES*, Tz. 20 f.

Einem Nichtigkeitsantrag wegen absoluter Nichtigkeitsgründe steht es daher nicht entgegen, wenn der Antragsteller die Marke nach Löschung selbst nutzen will.[179] Auch steht dem Antrag nicht entgegen, wenn der Antragsteller früher einmal Geschäftsführer des Markeninhabers war.[180]

43 Hat der Markeninhaber mit dem Verfallsantragsteller eine Abrede getroffen, dass der Antragsteller seine Marke nicht angreifen dürfe, so ist diese Abrede wirkungslos.[181] Ein nationales Gericht kann nicht anordnen, dass ein beim EUIPO gestellter Antrag auf Erklärung des Verfalls einer Unionsmarke zurückgenommen wird.[182]

44 Gemäß Art. 58 I Buchst. b UMV kann eine Marke dann für verfallen erklärt werden, wenn sie infolge der Untätigkeit des Markeninhabers zu einem Gattungsbegriff geworden ist. Dabei genügt es wegen des einheitlichen Charakters der Unionsmarke, wenn die Marke in einem wesentlichen Teil der Europäischen Union oder gegebenenfalls in einem einzigen Mitgliedstaat Gattungsbezeichnung geworden ist. verloren hat.[183]

45 Art. 58 I Buchst. c UMV enthält einen besonderen Verfallsgrund für den Fall, dass die Marke infolge ihrer Benutzung durch den Inhaber oder mit seiner Zustimmung geeignet ist, das Publikum insbesondere über die Art, die Beschaffenheit oder die geografische Herkunft dieser Waren oder Dienstleistungen irrezuführen. Die Vorschrift setzt eine tatsächliche Irreführung des Verbrauchers oder einer hinreichend schwerwiegenden Gefahr einer solchen Irreführung voraus. Die Vorschrift kommt nur dann zur Anwendung, wenn die Marke nach ihrer Eintragung irreführend benutzt wird. Eine solche irreführende Benutzung ist von der Klägerin ordnungsgemäß nachzuweisen.[184]

46 Sobald ein Nichtigkeitsantrag eingeht, übermittelt das EUIPO den Antrag dem Inhaber der angegriffenen Marke (Art. 14 DV). Das Amt prüft sodann die Zulässigkeit des Antrags (Art. 15 DV). Bis zum Abschluss des kontradiktorischen Verfahrens können Tatsachen, Beweismittel und Bemerkungen vorgelegt werden (Art. 16 DV), die das EUIPO gemäß Art. 17 DV prüft. Eine Falle für den Antragsteller besteht darin, dass ihm zur Vorlage weiterer Unterlagen keine gesonderte Frist mehr gesetzt wird, er aber bis zum Ablauf der gegnerischen Frist Stellung nehmen kann; unter Umständen lässt der Gegner seine Frist aber verstreichen oder das Amt hält eine weitere Stellungnahme des Antragstellers nicht für erforderlich; vorsorglich sollte daher die dem Antragsgegner gesetzte Frist zugleich als Frist des Antragstellers notiert werden. Mehrere Verfahren gegen dieselbe Marke können verbunden werden (Art. 18 DV). Den Benutzungsnachweis bei der Geltendmachung älterer Rechte regelt Art. 19 DV).

---

179 EuGH C-450/13 P v. 19.6.2014 *Donaldson Filtration Deutschland*, Tz. 43 f. u. 62; EuGH C-622/13 P v. 30.4.2015 *Castel Frères*, Tz. 45 ff.
180 EuG T-396/11 v. 30.5.2013 *ultrafilter international*, Tz. 24 ff., bestätigt durch EuGH C-450/13 P v. 19.6.2014 *Donaldson Filtration Deutschland*, Tz. 65 ff.
181 EuG T-419/16 v. 16.11.2017 *Carrera Brands*, Tz. 30 ff., bestätigt durch EuGH C-35/18 P v. 14.6.2018 *Carrera Brands*.
182 EuG T-419/16 v. 16.11.2017 *Carrera Brands*, Tz. 51, bestätigt durch EuGH C-35/18 P v. 14.6.2018 *Carrera Brands*.
183 EuG T-718/16 v. 8.11.2018 *SPINNING*, Tz. 34.
184 EuG EuG T-165/06 v. 14.5.2009 *ELIO FIORUCCI*, Tz. 33 ff.; EuG T-419/17 v. 18.5.2018 *VSL#3*, Tz. 53 ff.

III. Verfalls- und Nichtigkeitsverfahren Unionsmarke oder internationale Registrierung mit Schutz für die EU

Anders als im Eintragungsverfahren gilt im Nichtigkeitsverfahren wegen absoluter Eintragungshindernisse nicht der Amtsermittlungsgrundsatz. Vielmehr muss der Antragsteller die Gründe vortragen und Beweismittel vorlegen, aus denen sich die Nichtigkeit ergeben soll.[185] Andererseits kann das EUIPO von Amts wegen den Sachverhalt ermitteln, wenn es dies für notwendig hält.[186]   47

So scheint das EUIPO das Übersetzungserfordernis im Verfallsverfahren die Übersetzungserfordernisse nicht ganz so streng zu nehmen wie im Widerspruchsverfahren. Verlangt der Antragsteller keine Übersetzungsunterlagen, sondern versteht deren Inhalt, so können diese berücksichtigt werden.[187] Legt der Antragsteller allerdings keine Datenauszüge von Registerrechten vor, so muss das Amt diese Rechte nicht aus weiteren Beweismitteln rekonstruieren.[188]

Ein anhängiges Widerspruchsverfahren aus einer Marke mit erfolgtem Benutzungsnachweis steht einem gegen dieselbe Marke gerichteten Verfallsverfahren nicht entgegen.[189] Auch bindet die Rechtskraft eines von denselben Beteiligten zuvor geführten Widerspruchsverfahrens das Amt nicht bei seiner Entscheidung im Nichtigkeitsverfahren; allerdings dürfen Feststellungen, die im Widerspruchsverfahren getroffen worden sind, dann nicht unbeachtet bleiben, wenn sie nicht durch neue Tatsachen, Beweismittel oder Gründe berührt werden.[190]   48

Aufgrund welcher älteren Rechte eine Unionsmarke für nichtig erklärt werden kann, regeln Art. 60 I und II UMV. Geht der Antragsteller aus einem nationalen Recht vor, so obliegt ihm gemäß Art. 16 I DV der Nachweis der nationalen Rechtslage und der sein Recht begründenden Tatsachen.[191] Das EUIPO muss die Aussagekraft und Tragweite der vorgetragenen Tatsachen zum nationalen Recht prüfen und darf diese nicht unkritisch übernehmen.[192] Als älteres Recht kommt auch ein Namensrecht in Betracht, das nicht im geschäftlichen Verkehr benutzt wurde.[193] Will der Antragsteller den Löschungsantrag auf eine Marke stützen, die gemäß Art. 8 IV UMV infolge Benutzung Unterscheidungskraft erworben hat, so gelten die gleichen Regeln wie bei der Beweislast eines Markeninhabers gemäß Art. 7 III UMV.[194]   49

---

185 EuG T-320/10 v. 13.9.2013 *CASTEL*, Tz. 26 ff., im Ergebnis bestätigt durch EuGH C-622/13 P v. 30.4.2015 *Castel Frères*.
186 EuG T-450/09 v. 25.11.2014 *Simba Toys*, Tz. 25.
187 EuG T-680/15 v. 8.5.2017 *L'ECLAIREUR*, Tz. 18 ff.
188 EuGH C-361/15 P und C-405/15 P v. 21.9.2017 *Easy Sanitary Solutions*, Tz. 55 ff. (zum Gemeinschaftsgeschmacksmuster).
189 EuG T-27/09 v. 10.12.2009 *Stella*, Tz. 24 ff.
190 EuG T-140/08 v. 14.10.2009 *TiMi KINDERJOGHURT/KINDER*, Tz. 31 ff., im Ergebnis bestätigt durch EuGH C-552/09 P v. 24.3.2011 *FERRERO*; EuG T-11/13 v. 23.9.2014 *Tegometall International*, Tz. 12 f.
191 EuGH C-263/09 P v. 5.7.2011 *Edwin Co*, Tz. 49 ff.; EuGH C-598/14 P v. 5.4.2017 *EUIPO/Szajner*, Tz. 35.
192 EuGH C-598/14 P v. 5.4.2017 *EUIPO/Szajner*, Tz. 36 f., m. w. N.
193 EuGH C-263/09 P v. 5.7.2011 *Edwin Co*, Tz. 32 ff.
194 EuG T-137/08 v. 28.10.2009 *Grün, Gelb*, Tz. 71, Rechtsmittel zum EuGH C-553/09 P aufgrund Vergleichs der Beteiligten zurückgenommen.

IV. Teilungs- und Umwandlungsverfahren

50 Nach Art. 50 UMV, Art. 8 UMDV kann unter bestimmten Voraussetzungen die Teilung einer Unionsmarkenanmeldung, nach Art. 56 UMV, Art. 11 UMDV die Teilung der Marke beantragt werden.

> So kann eine für »Kosmetika und Bekleidungsstücke« geschützte Marke in zwei Einzelmarken, eine mit Schutz für »Kosmetika« und eine für »Bekleidungsstücke«, geteilt werden. Diese Teilung kann etwa sinnvoll sein, um die Eintragung eines Teils der Marke nach einem Widerspruch nicht zu verzögern oder um die Teilmarke im Rechtsverkehr verkehrsfähiger zu machen.

51 Nach Art. 139 ff. UMV, Art. 22 f. UMDV kann eine Unionsmarke ferner unter bestimmten Voraussetzungen in nationale Marken der Mitgliedstaaten umgewandelt werden.[195] Durch die Umwandlung kann der Verlust der Priorität der Unionsmarke in einzelnen Teilstaaten verhindert werden.

> Stehen also etwa einer Unionsmarkenanmeldung in Spanien relative Schutzhindernisse entgegen, so kann die Anmeldung in den übrigen Mitgliedstaaten in nationale Anmeldungen umgewandelt werden, die die Priorität der Unionsmarkenanmeldung besitzen.

52 Für die Umwandlung ist zunächst ein Antrag (Formular) beim EUIPO zu stellen (Art. 140 UMV). Das EUIPO überprüft, ob die Voraussetzungen der Umwandlung vorliegen und übermittelt den Antrag den jeweils zuständigen nationalen Ämtern. Hier wird das Verfahren nach den jeweiligen nationalen Vorschriften fortgesetzt (Art. 141 UMV). Erfüllt der Umwandlungsantrag die Voraussetzungen nach Art. 139, 140 UMV nicht und lehnt das Amt die Übermittlung des Antrags an die nationalen Ämter ab, kann diese Entscheidung mit der Beschwerde angegriffen werden.[196]

53 Allerdings sieht der BGH keinerlei Kontinuität zwischen der umgewandelten Unionsmarke und daraus hervorgegangener nationalen Marke. Dies führt nicht nur dazu, dass keine Verfahrenskontinuität anzunehmen sei, laufende Verfahren auf Basis der Unionsmarke also grundsätzlich verloren würden.[197] Vielmehr entfielen dadurch auch regelmäßig Schadensersatz- und korrespondierende Ansprüche. Denn die Ansprüche aus der Unionsmarke gälten gemäß Art. 62 UMV rückwirkend als nicht eingetreten. Schadensersatzansprüche aus der deutschen Marke setzten aber wegen § 4 Nr. 1 MarkenG die Eintragung der Marke voraus.[198] Lediglich Unterlassungsansprüche blieben von der Umwandlung unberührt.[199]

---

[195] Hierzu *Stürmann/Humphreys*, GRUR Int. 2007, 112; die Umwandlung einer Individualmarke in eine Kollektivmarke ist nicht möglich: BPatG 26 W (pat) 37/14 v. 2.6.2016 *DeMail* (Rechtsbeschwerde zugelassen, aber nicht eingelegt).
[196] EuG T-457/12 v. 24.10.2013 *STROMBERG/STORMBERG II*, Tz. 42, wonach die umgekehrte Entscheidung nicht beschwerdefähig ist.
[197] Offengelassen, aber logische Konsequenz aus der vom BGH vorausgesetzten Diskontinuität seitens BGH I ZR 15/14 v. 23.9.2015 *Amplidect/amplifeq*, Tz. 25 ff., m. w. N. zu beiden Ansichten.
[198] BGH I ZR 15/14 v. 23.9.2015 *Amplidect/amplifeq*, Tz. 27.
[199] BGH I ZR 15/14 v. 23.9.2015 *Amplidect/amplifeq*, Tz. 29 ff.

Diese Rechtsprechung – noch dazu unter Verletzung der Vorlagepflicht zum **54** EuGH – überzeugt nicht.²⁰⁰ Insbesondere²⁰¹ besteht der Zweck der Umwandlungsvorschriften darin, eine Kontinuität von Unionsmarke und nationaler Marke zu ermöglichen, um die mit dem Unionsmarkensystem verbundenen spezifischen Risiken abzufangen und das System attraktiv zu gestalten. Zudem würde die Möglichkeit der Inanspruchnahme einer Seniorität durch die Annahme einer Diskontinuität geradezu konterkariert. Vielmehr weist die Unionsmarke eine Doppelnatur auf; sie ist zum einen einheitliches europäisches Recht, zugleich aber auch immer ein Bündel der nationalen Schutzrechte. Schließlich widerspricht die Auffassung des BGH einer Entscheidung der Großen Beschwerdekammer des EUIPO; danach besteht im Widerspruchsverfahren eine Kontinuität von Unionsmarke und daraus entstandenen nationalen Marken.²⁰²

V. Allgemeine Verfahrensgrundsätze

Die Art. 94 ff. UMV binden das Amt an eine Reihe allgemeiner Verfahrensgrund- **55** sätze. Dies gilt insbesondere für Art. 107 UMV, der subsidiär allgemein anerkannte Grundsätze des Verfahrensrechts für verbindlich erklärt. Bei all diesen allgemeinen Verfahrensgrundsätzen ist von Bedeutung, dass eine fehlerhafte Behandlung durch das Amt unter Umständen durch eine korrekte Behandlung in der nächsten Instanz geheilt werden kann.²⁰³

1. Fristenregelung, Wiedereinsetzung in den vorigen Stand und Weiterbehandlung

Die Fristenregelung des EUIPO²⁰⁴ unterscheidet sich in wesentlichen Punkten vom **56** deutschen Recht, so dass hier besondere Vorsicht geboten ist. Rechtsgrundlage sind insbesondere die Art. 67, 68, 69 DV. Nationale Rechtsgrundsätze sind nicht anzuwenden.²⁰⁵

Die Fristberechnung wird mit dem Tag begonnen, der auf den Tag folgt, an dem **57** das Ereignis eingetreten ist, aufgrund dessen der Fristbeginn festgestellt wird (Art. 67 I DV). Kommt es für den Fristbeginn auf Kenntnis an, so genügt die Kenntnis eines bevollmächtigten Vertreters (Art. 60 III DV).²⁰⁶

---

200 Ebenso *Hofmann*, MarkenR 2016, 23.
201 Ausführlich *Hildebrandt*, kluwertrademarkblog.com/2016/03/21/conversion-communitytrademark-german-bgh-zr-1514-23-9-2015-amplidectampliteq.
202 Große Beschwerdekammer des EUIPO R 1313/2006-G v. 15.7.2008 *CARDIVA/CARDIMA*, gegen die frühere Amtspraxis.
203 EuGH C-361/01 P v. 9.9.2003 *KIK*, Tz. 101; EuGH C-64/02 P v. 21.10.2004 *DAS PRINZIP DER BEQUEMLICHKEIT*, Tz. 52, EuGH C-447/02 P v. 21.10.2004 *Farbe Orange*, Tz. 47 ff., jeweils m. w. N.; ebenso EuG T-315/03 v. 8.6.2005 *Rockbass*, Tz. 33; EuG T-242/02 v. 13.7.2005 *TOP*, Tz. 63 ff.; EuG T-16/02 v. 3.12.2003 *TDI I*, Tz. 82.
204 Zu Fristen im Rechtsmittelverfahren sowie zum Begriff höherer Gewalt auch EuGH C-325/03 P v. 18.1.2005 *Zuazaga Meabe*, Tz. 16 ff.; vgl. auch EuG T-57/03 v. 1.2.2005 *OLLY GAN/HOOLIGAN*, Tz. 19.
205 EuGH C-290/10 P v. 9.9.2010 *Franssons Verkstäder*, Tz. 15.
206 EuG T-20/08 und T-21/08 v. 23.9.2009 *DANELECTRO*, Tz. 20 f., bestätigt durch EuGH C-479/09 P v. 30.9.2010 *Evets.*, Tz. 45; EuG T-510/08 v. 9.7.2010 *Tocqueville 13*, Tz. 57 ff.

Auch ein vom Amt außerhalb der üblichen Geschäftszeiten versendetes Telefax kann daher eine Frist in Lauf setzen.[207] Hat das Amt bei der Übersendung eines Schriftstücks die Zustellungsvorschriften nicht beachtet und liegt daher keine ordnungsgemäße Zustellung vor, so beginnt die Frist erst mit dem Tag, an dem das Schriftstück tatsächlich zugestellt wurde.[208]

58 Gemäß Art. 68 DV ist unter bestimmten Umständen eine Fristverlängerung möglich. Die Verlängerung erfordert dabei stets einen Antrag und eine ausführliche Begründung, warum es dem Beteiligten und seinem Vertreter nicht möglich war, die Frist einzuhalten.

So genügt es etwa nicht vorzutragen, die für den Vortrag erforderlichen Unterlagen seien beim Beteiligten von seinem Vertreter angefordert worden; vielmehr ist auch zu begründen, warum der Beteiligte die entsprechenden Unterlagen noch nicht übersandt hat.[209] Soll hingegen die rechtserhaltende Benutzung nachgewiesen werden, so mögen die Vorlage eines Lizenzvertrags und der Hinweis genügen, dass weitere Unterlagen vom Lizenznehmer beschafft werden müssen.[210]

59 Art. 69 DV[211] regelt den Fristablauf in besonderen Fällen, insbesondere für den Fall, dass das Amt am Tag des Fristablaufs nicht zur Entgegennahme von Schriftstücken geöffnet ist; hier erstreckt sich die Frist auf den nächstfolgenden Tag. An Samstagen und Sonntagen ist das Amt nie geöffnet,[212] so dass am Wochenende auslaufende Fristen frühestens am folgenden Montag enden. Im Übrigen bestimmt der Präsident des Amts regelmäßig die Feiertage, an denen das Amt geschlossen bleibt[213] – meist spanische Feiertage, so dass eine Frist durchaus an einem bundesdeutschen Feiertag enden kann.

Endet daher etwa eine Frist am 3.10.2006, so steht dem Fristablauf nicht entgegen, dass dieser Tag in Deutschland als Tag der deutschen Einheit Feiertag ist.

60 Verspäteten Vortrag muss das Amt nicht berücksichtigen, kann es aber,[214] sofern es sich um ergänzenden Vortrag handelt und nicht um gänzlich neuen Vortrag.[215] Art. 95 II UMV räumt dem EUIPO ein weites Ermessen ein, um unter entsprechender Begründung seiner Entscheidung darüber zu befinden, ob die Beweismittel

---

207 HABM GRUR-RR 2002, 62 f. *Zustellung durch Telefax*.
208 EuG T-28/09 v. 13.1.2011 *PINE TREE*, Tz. 30 f.
209 EuG T-86/05 v. 12.12.2007 *K & L Ruppert*, Tz. 21 ff., bestätigt durch EuGH C-90/08 P v. 5.3.2009 *K & L Ruppert*.
210 EuG T-287/13 v. 13.2.2015 *Husky CZ*, Tz. 42 ff.
211 Zur Nichtanwendbarkeit in Fällen, die an die Zustellung eines Schriftstücks an das Amt anknüpfen EuG T-218/06 v. 17.9.2008 *Neurim Pharmaceuticals*, Tz. 66.
212 Beschluss des Präsidenten Nr. ADM-95–23, ABl.-HABM 1995, 486.
213 Die Beschlüsse des Präsidenten sind im Internet abrufbar.
214 EuGH C-29/05 P v. 13.7.2007 *Kaul*, Tz. 41 ff.; EuGH C-108/07 P v. 17.4.2008 *Ferrero*, Tz. 52; EuGH C-16/06 P v. 18.12.2008 *René*, Tz. 139 ff.; EuGH C-193/09 P v. 4.3.2010 *Kaul*, Tz. 38 ff.; EuGH C-308/10 P v. 19.5.2011 *Union Investment Privatfonds*, Tz. 42 f.; EuGH C-634/16 P v. 24.1.2018 *European Food*, Tz. 36; EuGH C-478/16 P v. 19.4.2018 *EUIPO/Group*, Tz. 34; EuG T-481/04 v. 4.10.2007 *Advance Magazine Publishers*, Tz. 20 ff.; EuG T-191/07 v. 25.3.2009 *Anheuser-Busch*, Tz. 62 ff., im Ergebnis bestätigt durch EuGH C-214/09 P v. 29.7.2010 *Anheuser-Busch*; EuG T-402/07 v. 25.3.2009 *CAPOL/ARCOL*, Tz. 21 ff., im Ergebnis bestätigt durch EuGH C-193/09 P v. 4.3.2010 *Kaul*.
215 EuGH C-597/14 P v. 21.7.2016 *EUIPO/Ferrer*, Tz. 26 ff.; EuGH C-564/16 P v. 28.6.2018 *EUIPO/Puma*, Tz. 91.

zu berücksichtigen sind oder nicht.²¹⁶ Dabei ist eine Berücksichtigung insbesondere dann gerechtfertigt, wenn zum einen die verspätet vorgebrachten Gesichtspunkte auf den ersten Blick von wirklicher Relevanz für das Verfahrensergebnis sein können und wenn zum anderen das Verfahrensstadium, in dem das verspätete Vorbringen erfolgt, und die Umstände, die es begleiten, einer solchen Berücksichtigung nicht entgegenstehen.²¹⁷ Gegen die Berücksichtigung neuen Vortrags kann allerdings sprechen, wenn bereits zuvor Fristen verlängert worden waren und dabei die betreffende Partei keine Gründe für die verspätete Vorlage anführt.²¹⁸ Umgekehrt ist das EUIPO in Ausnahmefällen sogar gehalten, weitere Beweismittel anzufordern, wenn zu einer Beweisfrage bereits Beweismittel vorgelegt wurden, diese aber nach Auffassung des Amtes nicht genügen.²¹⁹

> Nicht zu berücksichtigen ist etwa Vortrag, der lediglich auf seinerseits verspäteten Vortrag erwidert.²²⁰ Weist der Widersprechende seine Rechte zunächst nur unzureichend nach, so kann gegen die Berücksichtigung nachträglichen Vortrags sprechen, wenn grundsätzlich klar war, wie der Rechtenachweis zu erfolgen hat.²²¹ Im einseitigen Verfahren wird verspätetes Vorbringen demgegenüber regelmäßig zu berücksichtigen sein.²²² Gleiches soll – wenig überzeugend – auch in zweiseitigen Verfahren wegen absoluter Eintragungshindernisse gelten.²²³

In bestimmten Ausnahmefällen kann bei Versäumung einer Frist auf ausdrücklichen²²⁴ Antrag Wiedereinsetzung in den vorigen Stand gewährt werden (Art. 104 UMV). Eine Wiedereinsetzung setzt zum einen voraus, dass die behauptete Verhinderung in dem Sinne alleinige Ursache des Rechtsverlustes ist, dass keine weiteren Fehler geschehen sind. **61**

> Einer Wiedereinsetzung steht dabei nicht entgegen, wenn im Rahmen eines mehrstufigen Kontrollsystems letztlich gar nicht geklärt werden konnte, warum Fehler geschehen sind.²²⁵ Eine Verhinderung kommt etwa in Betracht, wenn der für die Entrichtung der Anmeldegebühr ausgestellte Scheck in der Akte des Anmelders abgelegt und diese dann versehentlich auf den Zahlungsstapel für deutsche Marken gelegt wird, für die andere Fristen gelten.²²⁶ Auch bei einem Verschulden des Bevollmächtigten ist eine Wiedereinsetzung – anders als im deutschen Recht – nicht immer ausgeschlossen.²²⁷ Erst recht liegt kein zurechenbarer Fehler vor, wenn aufgrund einer allein der Post zuzurechnenden Verzögerung eine Frist nicht

---

216 EuGH C-621/11 P v. 18.7.2013 *New Yorker SHK Jeans*, Tz. 21 ff.; EuGH C-120/12 P v. 3.10.2013 *Rintisch*, Tz. 22 f.; EuGH C-121/12 P v. 3.10.2013 *Rintisch*, Tz. 22 f.; EuGH C-122/12 P v. 3.10.2013 *Rintisch*, Tz. 22 f.; EuGH C-478/16 P v. 19.4.2018 *EUIPO/Group*, Tz. 35.
217 EuGH C-29/05 P v. 13.7.2007 *Kaul*, Tz. 41 ff.; EuGH C-621/11 P v. 18.7.2013 *New Yorker SHK Jeans*, Tz. 33; EuGH C-309/15 P v. 8.9.2016 *Real Express*, Tz. 89.
218 EuG T-420/03 v. 17.6.2008 *BOOMERANG/BoomerangTV*, Tz. 40 ff.
219 EuGH C-564/16 P v. 28.6.2018 *EUIPO/Puma*, Tz. 87 ff.
220 EuG T-325/04 v. 27.2.2008 *LINK/WORLDLINK*, Tz. 39 ff.
221 EuGH C-309/15 P v. 8.9.2016 *Real Express*, Tz. 90.
222 Vgl. die Argumentation in EuG T-163/98 v. 8.7.1999 *BABY-DRY*.
223 EuG T-476/15 v. 28.9.2016 *FITNESS*, Tz. 50 ff.
224 EuG T-71/02 v. 17.9.2003 *BECKETT EXPRESSION*, Tz. 43.
225 EuG T-326/11 v. 25.4.2012 *BrainLAB*, Tz. 39 ff.
226 EuG T-146/00 v. 20.6.2001 *DAKOTA*, Tz. 55 ff.
227 EuG T-373/03 v. 31.5.2005 *Solo Italia*, Tz. 60; vgl. aber auch EuG T-158/04 v. 28.06.2005 *UP/UUP'S*, Tz. 20 ff.; EuG T-366/04 v. 6.9.2006 *Hensotherm*, Tz. 48 ff.; EuG T-218/06 v. 17.9.2008 *Neurim Pharmaceuticals*, Tz. 79; EuG T-488/13 v. 22.1.2015 *GEA Group*, Tz. 33.

gewahrt werden konnte.²²⁸ Hingegen kommt bei Zustellungsproblemen infolge Wohnsitzwechsels Wiedereinsetzung in Betracht.²²⁹ Technische Geräte müssen auf einwandfreies Funktionieren kontrolliert werden.²³⁰

62 Des Weiteren setzt die Wiedereinsetzung voraus, dass der Betroffene – oder ggf. sein Bevollmächtigter – mit der gebotenen Sorgfalt gehandelt hat.²³¹ Der Umfang der gebotenen Sorgfalt hängt nicht davon ab, ob die durchzuführenden Aufgaben administrativer oder rechtlicher Art sind; vielmehr fordert Art. 104 UMV die Beachtung aller nach den »gegebenen Umständen« gebotenen Sorgfalt.²³²

Wird etwa ein Computersystem zur Erinnerung an die Fristen benutzt, so muss das System nicht nur konzeptionell die Einhaltung der Fristen gewährleisten; vielmehr muss dieses System die Möglichkeit bieten, einen vorhersehbaren Fehler bei der Ausführung der den Beschäftigten des Unternehmens obliegenden Aufgaben und bei der Arbeit des Computersystems zu erkennen und zu beheben; schließlich müssen die verantwortlichen Beschäftigten angemessen ausgebildet sein, ihre Tätigkeiten überprüfen und kontrollieren.²³³ Ein Faxgerät ist zu überprüfen; insbesondere ist nach einer Störung zu kontrollieren, ob ein Fehler im Empfang von Faxen aufgetreten ist.²³⁴ Delegiert der Markeninhaber Verwaltungsaufgaben hinsichtlich der Verlängerung einer Marke, so muss er sich vergewissern, dass die ausgewählte Person alle Aufgaben sorgfältig erledigt.²³⁵ Nur einer einzigen Person darf die Fristenüberwachung nicht zugewiesen werden.²³⁶ Beauftragt der Beschwerdeführer einen Tag vor Ablauf der Beschwerdefrist einen Kurierdienst mit der Übergabe der Beschwerdebegründung und sichert ihm dieser zu, dass das Schreiben am darauffolgenden Tag dem Amt zugestellt wird, so hat er mit der ihm gebotenen Sorgfalt gehandelt; geht das Schreiben gleichwohl nach Fristablauf beim Amt ein, ist Wiedereinsetzung in den vorigen Stand zu gewähren.²³⁷

63 Art. 104 V UMV regelt die Fälle, in denen die Wiedereinsetzung in den vorigen Stand ausgeschlossen ist. So ist eine Wiedereinsetzung nicht mehr möglich, wenn die Frist für die Stellung des Antrags auf Wiedereinsetzung gemäß Art. 104 V UMV versäumt wurde. Ferner ist die Wiedereinsetzung nicht auf die Widerspruchsfristen gemäß Art. 46 I u. III UMV anwendbar. Demgegenüber sind die in Art. 105 II UMV genannten Fristen, darunter insbesondere die Beschwerdefrist gemäß Art. 68 UMV, nicht von der Wiedereinsetzung ausgeschlossen.²³⁸

64 Nach Art. 104 II UMV ist der Antrag innerhalb von zwei Monaten nach Wegfall des Hindernisses schriftlich einzureichen und die versäumte Handlung innerhalb dieser Frist nachzuholen. Die Zwei-Monats-Frist nach Art. 104 UMV beginnt mit

---

228 EuG T-322/03 v. 16.3.2006 *WEISSE SEITEN*, Tz. 17 ff; T-136/08 v. 13.5.2009 *AURELIA*, Tz. 16; eine Zustellungsdauer von drei Tagen bei der spanischen Post sind kein ungewöhnliches Ereignis, vgl. EuG T-400/15 v. 28.9.2016 *Pinto Eliseu Baptista Lopes Canhoto*, Tz. 34.
229 HABM BK R 1026/09–4 v. 22.2.2010 *Aromata/Aromax II*.
230 EuG T-488/13 v. 22.1.2015 *GEA Group*, Tz. 32 f.
231 EuG T-136/08 v. 13.5.2009 *AURELIA*, Tz. 13 u. 15.
232 EuG T-136/08 v. 13.5.2009 *AURELIA*, Tz. 20 ff.
233 EuG T-136/08 v. 13.5.2009 *AURELIA*, Tz. 27.
234 EuG T-633/14 v. 9.9.2015 *Monster Energy*, Tz. 26 ff., bestätigt durch EuGH C-602/15 P v. 4.5.2016 *Monster Energy*.
235 EuG T-187/08 v. 20.4.2010 *Hundebild*, Tz. 29.
236 EuG T-397/10 v. 13.9.2011 *A auf Schuh/A*, Tz. 29.
237 EuG T-580/08 v. 19.5.2011 *PEPEQUILLO/PEPE*, Tz. 33 ff.
238 EuG T-277/06 v. 7.5.2009 *OMNNICARE/OMNICARE*, Tz. 45 ff.

Wegfall des Hindernisses und nicht erst dann zu laufen, wenn das Amt auf einen verspäteten Eingang eines Schriftstücks hinweist.[239]

Kann etwa ein Schriftsatz krankheitsbedingt nicht versandt werden, so entfällt das Hindernis mit der Folge des Fristbeginns jedenfalls dann, wenn der Sachbearbeiter an seinen Arbeitsplatz zurückkehrt und die Angelegenheit bearbeitet.[240]

Bei Versäumung bestimmter Fristen (insbesondere die meisten vom Amt gesetzten Fristen) kann anstelle eines Wiedereinsetzungsantrags gegen Zahlung einer Gebühr ein Antrag auf Weiterbehandlung nach Art. 105 UMV gestellt werden.[241] Dieser Antrag ist innerhalb einer Frist von zwei Monaten nach Ablauf der versäumten Frist zu stellen.[242] Im Gegensatz zur Wiedereinsetzung nach Art. 104 UMV ist diese Weiterbehandlung nach Art. 105 UMV auch in Fällen verschuldeten Fristversäumnisses möglich. 65

Wurden aber beispielsweise Übersetzungen der geltend gemachten Rechte in die Verfahrenssprache zu spät vorgelegt, so ist eine Weiterbehandlung nicht möglich.[243]

2. Widerruf

Art. 103 UMV[244] regelt den Widerruf von Entscheidungen, wenn diese mit einem offensichtlichen dem Amt anzulastenden Fehler behaftet sind. Möglich ist auch der Widerruf nur eines Teils der Entscheidung, soweit die Verfahrensregeln und die allgemeinen Rechtsgrundsätze gewahrt werden.[245] Nach Art. 70 I, II, III DV muss das Amt vor dem Widerruf einer Entscheidung die betroffene Partei über den beabsichtigten Widerruf, seine Gründe und seinen Gegenstand unterrichten und ihr auch die Gelegenheit zur Stellungnahme geben.[246] Die Widerrufsentscheidung ist beschwerdefähig.[247] Nach Einlegung der Beschwerde soll die Entscheidung nach einer Entscheidung der Großen Beschwerdekammer[248] nicht mehr widerrufen, sondern nur noch gemäß Art. 69 UMV abgeholfen werden können; dies dürfte im Lichte des neuen Art. 34 DV nicht mehr gelten. Widerruft die Beschwerdekammer eine Entscheidung, gegen die schon Klage eingereicht ist, so erledigt sich die Hauptsache und das EUIPO hat die Kosten des Klägers zu tragen.[249] 66

Hat das Amt etwa einem Antrag auf Weiterbehandlung offensichtlich zu Unrecht stattgegeben, so kann es diese Entscheidung innerhalb angemessener Frist widerrufen.[250]

---

239 EuG T-218/06 v. 17.9.2008 *Neurim Pharmaceuticals*, Tz. 77.
240 EuG T-71/02 v. 17.9.2003 *BECKETT EXPRESSION*, Tz. 35 ff.
241 Hierzu *Bender*, Mitt. 2006, 63; *Pfleghar/Schramek*, MarkenR 2007, 288.
242 Vgl. EuG T-218/06 v. 17.9.2008 *Neurim Pharmaceuticals*, Tz. 61 ff.
243 Große Beschwerdekammer des EUIPO R 172/2008-G v. 14.10.2009 *VISTA/vistar*, Tz. 26 ff.
244 Zur alten Rechtslage, wo nur bei Verfahrensfehlern widerrufen werden konnte EuG T-727/16 v. 21.2.2018 *REPOWER*.
245 EuG T-419/07 v. 1.7.2009 *OKATECH*, Tz. 40.
246 EuG T-419/07 v. 1.7.2009 *OKATECH*, Tz. 37.
247 EuG T-419/07 v. 1.7.2009 *OKATECH*, Tz. 40.
248 Große Beschwerdekammer des EUIPO R 1118/2008-G v. 12.6.2009 *Behavioral Indexing*.
249 EuG T-43/17 v. 10.7.2017 *NO LIMITS*.
250 Große Beschwerdekammer des EUIPO R 172/2008-G v. 14.10.2009 *VISTA/vistar*, Tz. 29 ff.

3. Begründungspflicht

67 Nach Art. 94 I 1 UMV sind die Entscheidungen des Amtes mit Gründen zu versehen.²⁵¹ Diese Verpflichtung hat den gleichen Umfang wie die aus Art. 296 AEUV²⁵².²⁵³ Der Umfang der Begründungspflicht hängt von der Rechtsnatur der betreffenden Maßnahme ab; bei generellen Rechtsakten kann sich die Begründung darauf beschränken, die Gesamtlage anzugeben, die zum Erlass der Maßnahme geführt hat, und die allgemeinen Ziele zu bezeichnen, die mit ihr erreicht werden sollen.²⁵⁴ Die Begründung muss hierbei allerdings die Überlegungen des Urhebers des Rechtsakts so klar und eindeutig zum Ausdruck bringen, dass die Betroffenen ihr die Gründe für die erlassene Maßnahme entnehmen können und das zuständige Gericht seine Kontrolle ausüben kann. In der Begründung brauchen daher nicht alle tatsächlich oder rechtlich einschlägigen Gesichtspunkte genannt zu werden, da die Frage, ob die Begründung eines Rechtsakts den Erfordernissen des Art. 296 AEUV genügt, nicht nur anhand seines Wortlauts, sondern auch anhand seines Kontexts sowie sämtlicher Rechtsvorschriften auf dem betreffenden Gebiet zu beurteilen ist.²⁵⁵ Eine fehlende oder unzureichende Begründung, die die gerichtliche Überprüfung behindert, stellt einen Mangel dar, den der Unionsrichter von Amts wegen prüfen kann und muss.²⁵⁶

> So genügt es bei der Begründung etwa normalerweise, wenn fehlende Unterscheidungskraft pauschal für alle beanspruchten Produkte festgestellt wird.²⁵⁷ Es muss nicht ausdrücklich und erschöpfend auf jedes Argument der Parteien eingegangen werden.²⁵⁸ Etwas anderes gilt jedoch, wenn die Eintragung einer Marke für verschiedene Waren oder Dienstleistungen abgelehnt wird; in solchen Fällen muss das Amt die Gründe für jede der in der Anmeldung bezeichneten Waren und Dienstleistungen angeben; nur wenn dasselbe Eintragungshindernis einer Kategorie oder einer Gruppe von Waren oder Dienstleistungen (nicht derselben

---

251 Zur Abgrenzung einer fehlerhaften Begründung von einer fehlenden Begründung EuGH C-442/15 P v. 22.9.2016 *Pensa Pharma*, Tz. 35.
252 Früher Art. 253 EG.
253 EuGH C-447/02 P v. 21.10.2004 *Farbe Orange*, Tz. 64; EuGH C-20/08 P v. 9.12.2008 *Enercon*, Tz. 29; EuGH C-476/15 P v. 15.3.2016 *Grupo Bimbo*, Tz. 38; u. a. auch EuG T-124/02 und T-156/02 v. 28.4.2004 *The Sunrider Corp.*, Tz. 72; EuG T-288/03 v. 25.5.2005 *TELETECH INTERNATIONAL/TELETECH GLOBAL VENTURES*, Tz. 24.
254 EuGH C-361/01 P v. 9.9.2003 *KIK*, Tz. 102, m. w. N.
255 EuGH C-447/02 P v. 21.10.2004 *Farbe Orange*, Tz. 65; auch EuGH C-412/05 P v. 26.4.2007 *Alcon (II)*, Tz. 88 ff.; EuGH C-311/05 P v. 4.10.2007 *Naipes Heraclio Fournier/HABM*, Tz. 52; EuGH C-20/08 P v. 9.12.2008 *Enercon*, Tz. 31; EuGH C-263/09 P v. 5.7.2011 *Edwin Co*, Tz. 64: EuGH C-480/15 P v. 14.4.2016 *KS Sports IPCo*, Tz. 32; EuGH C-85/16 P und C-86/16 P v. 13.5.2018 *Kenzo Tsujimoto*, Tz. 82 ff.
256 EuGH C-20/08 P v. 9.12.2008 *Enercon*, Tz. 30; EuG T-379/05 v. 2.4.2009 *ULTIMATE FIGHTING*, Tz. 14; EuG T-118/06 v. 2.4.2009 *ULTIMATE FIGHTING CHAMPIONSHIP*, Tz. 17.
257 EuGH C-239/05 v. 15.2.2007 *BVBA*, Tz. 37; EuGH C-238/06 P v. 25.10.2007 *Develey*, Tz. 91; EuG T-345/99 v. 26.10.2000 *Trustedlink*, Tz. 47; EuG T-118/06 v. 2.4.2009 *Ultimate Fighting Championship*, Tz. 27; EuG T-379/05 v. 2.4.2009 *Ultimate Fighting*, Tz. 22; ähnlich zur Zeichenähnlichkeit EuG T-214/04 v. 21.2.2006 *POLO/ROYAL COUNTY OF BERKSHIRE POLO CLUB*, Tz. 19 ff.
258 EuGH C-96/11 P v. 6.9.2012 *August Storck*, Tz. 88; EuGH C-450/13 P v. 19.6.2014 *Donaldson Filtration Deutschland*, Tz. 48; EuG T-304/06 v. 9.7.2008 *Mozart*, Tz. 55 f; EuG T-435/05 v. 30.6.2009 *Dr. No/Dr. No*, Tz. 34 ff.

Klasse!) entgegengehalten wird, kann sich das Amt auf eine globale Begründung beschränken.[259] Eine pauschale Begründung genügt auch dann nicht, wenn die tragenden Erwägungen bei bestimmten Waren offensichtlich nicht durchgreifen und das Gericht nicht in der Lage ist, die Rechtmäßigkeit der angefochtenen Entscheidung zu überprüfen.[260] Legt der Anmelder Nachweise vor, die eine geringe Unterscheidungskraft der Widerspruchsmarke belegen sollen, so muss das Amt begründen, warum es diese Nachweise nicht berücksichtigt.[261] Fehlerhaft ist weiter die pauschale Feststellung der Ähnlichkeit zweier Marken, ohne diese zu begründen.[262] Dies gilt insbesondere, wenn zu einzelnen Fragen auch entgegenstehende Rechtsprechung existiert.[263] Auch wenn sich die Beschwerdekammer bei der Prüfung der Produktähnlichkeit ohne irgendeine Begründung auf die Feststellung beschränkt, dass die sich gegenüberstehenden Produkte unterschiedlich seien, kommt sie nicht der Begründungspflicht nach.[264] Die pauschale Bezugnahme auf die »angesprochenen Verkehrskreise« ist dagegen erlaubt, wenn das Amt bereits an früherer Stelle der Entscheidung die einschlägigen Verkehrskreise definiert hat.[265] Weist das Amt Nachweise zur ernsthaften Benutzung der Marke als unzureichend zurück, muss es die Gründe hierfür darlegen[266] und dabei auf den wesentlichen Vortrag der Parteien eingehen.[267] Zum Zwecke der Begründung kann sich die Beschwerdekammer allerdings die Begründung der Widerspruchs- bzw. Nichtigkeitsabteilung zu Eigen machen.[268] Auch eine implizite Begründung kann genügen, solange die Begründung verständlich ist.[269] Dies gilt aber nicht bei Ermessensentscheidungen, wenn nicht ersichtlich ist, wie das Ermessen ausgeübt wurde.[270] Eine Entscheidung ist auch dann ausreichend begründet, wenn sie ausdrücklich auf ein Dokument verweist, das dem Betroffenen bereits übermittelt worden ist,[271] oder wenn sie sich in Grundzügen mit entgegenstehenden früheren Entscheidungen auseinandersetzt.[272] Auch ist nicht zwingend auf jedes einzelne Beweismittel einzugehen.[273] Ein Verstoß gegen die Begründungspflicht liegt dagegen dann

---

259 EuG T-118/06 v. 2.4.2009 *Ultimate Fighting Championship*, Tz. 27 f.; EuG T-379/05 v. 2.4.2009 *Ultimate Fighting*, Tz. 22 f.; EuG T-180/07 v. 16.9.2009 *MADRIDEXPORTA*, Tz. 35 ff.; EuG T-675/16 v. 15.5.2018 *mycard2go*, Tz. 46 ff.
260 EuG T-128/00 v. 19.9.2001 *Tablette für Wasch- oder Geschirrspülmaschinen X*, Tz. 71 f.; EuG T-129/00 v. 19.9.2001 *Tablette für Wasch- oder Geschirrspülmaschinen XI*, Tz. 71 f.
261 EuG T-605/13 v. 25.9.2014 *Alma-The Soul of Italian Wine*, Tz. 22 ff.
262 EuG T-595/10 v. 18.6.2014 *RIPASSA/VINO DI RIPASSO*, Tz. 21 ff.
263 EuGH C-519/17 P und C-522/17 P bis C-525/17 P v. 30.5.2018 *L'Oréal*, Tz. 67 ff.
264 EuG T-388/00 v. 23.10.2002 *ILS/ELS*, Tz. 57 f.
265 EuG T-81/08 v. 29.4.2009 *E-Ship*, Tz. 15.
266 EuG T-34/12 v. 28.11.2013 *HERBA SHINE/Herbacin*, Tz. 48.
267 EuG T-382/14 v. 24.9.2015 *Rintisch*, Tz. 60.
268 EuG T-115/03 v. 13.7.2004 *BLUE JEANS GAS/GAS STATION*, Tz. 18; vgl. auch EuG T-16/02 v. 3.12.2003 *TDI I*, Tz. 91 ff.; EuG T-289/02 v. 8.7.2004 *TELEPHARMACY SOLUTIONS*, Tz. 28 f.; EuG T-320/03 v. 15.9.2005 *LIVE RICHLY*, Tz. 21 ff.; EuG T-31/04 v. 15.3.2006 *EUROMASTER*, Tz. 55; EuG T-304/06 v. 9.7.2008 *Mozart*, Tz. 46 ff.; EuG T-7/04 v. 12.11.2008 *LIMONCHELO/Limoncello II*, Tz. 79.
269 EuGH C-62/15 P v. 8.9.2015 *DTL Corporación*, Tz. 48, m. w. N.; EuG T-179/07 v. 24.9.2008 *ANVIL/Aprile*, Tz. 32; vgl. auch EuGH C-182/14 P v. 19.3.2015 *MEGA Brands International*, Tz. 54.
270 EuG T-235/12 v. 11.12.2014 *CEDC International*, Tz. 55 ff. und 96 ff.
271 EuG T-425/07 und T-426/07 v. 19.11.2009 *100 und 300*, Tz. 21 ff., im Ergebnis bestätigt durch EuGH C-56/10 P v. 22.6.2011 *Agencja Wydawnicza Technopol/HABM*.
272 EuG T-53/13 v. 6.11.2014 *Vans*, Tz. 32 ff.
273 EuGH C-50/15 P v. 21.1.2016 *Hesse*, Tz. 24.

vor, wenn die Entscheidung widersprüchlich ist.[274] Das Amt kann aber die Gründe einer Entscheidung, der ein Begründungsmangel anhaftet, nicht im gerichtlichen Verfahren ergänzen.[275]

68 Ein berechtigtes Interesse an einer Aufhebung der Entscheidung wegen des Begründungsfehlers besteht nicht, wenn nach der Aufhebung der Entscheidung nur erneut eine Entscheidung mit dem gleichen Inhalt wie die aufgehobene Entscheidung ergehen könnte.[276] Der Fehler in der Begründung kann also durch die Folgeinstanz geheilt werden.[277] Der Begründungsfehler wird dann zwar festgestellt, führt jedoch nicht zur Aufhebung der Entscheidung.

4. Sonstige Grundsätze

69 Neben der besonders bedeutsamen Fristenregelung und der Begründungspflicht ist eine Reihe weiterer Verfahrensgrundsätze[278] vor dem EUIPO von praktischer Relevanz.

70 Zu nennen ist hier zunächst das Verbot eines Ermessensmissbrauchs. Für einen Ermessensmissbrauch genügt es allerdings nicht, dass das Amt im Einzelfall andere Kriterien anlegt, als es seiner Praxis entspricht; vielmehr ist erforderlich, dass der Erlass der angefochtenen Entscheidung ausschließlich oder zumindest maßgebend dadurch bestimmt war, zweckfremde Ziele zu erreichen.[279] Außerdem setzt ein Ermessensmissbrauch voraus, dass überhaupt ein Ermessen besteht.

> So sind Entscheidungen über die Eintragung eines Zeichens als Unionsmarke keine Ermessensentscheidungen, sondern gebundene Entscheidungen. Für einen Ermessensmissbrauch besteht kein Raum.[280] Dies gilt auch für Verfahren, in denen es um ein relatives Eintragungshindernis geht.[281]

71 Der weiter bedeutsame Grundsatz des Rechts auf rechtliches Gehör ist nicht nur vom EuGH anerkannt,[282] sondern auch ausdrücklich in Art. 94 I 2 UMV und

---

274 EuGH C-537/14 P v. 27.10.2016 *Debonair Trading Internacional*, Tz. 36 f.; EuGH C-642/15 P v. 1.12.2016 *Klement*, Tz. 25 ff.; EuG T-62/14 v. 21.1.2016 *HOKEY POKEY/HOKEY POKEY*, Tz. 38 ff.
275 EuG T-351/08 v. 30.6.2010 *MATRATZEN CONCORD/MATRATZEN*, Tz. 23.
276 EuG T-16/02 v. 3.12.2003 *TDI I*, Tz. 97; auch EuGH C-405/06 P v. 24.9.2007 *Miguel Torres*, Tz. 29.
277 EuGH C-559/08 P v. 16.9.2010 *Rajani*, Tz. 86.
278 Zurückhaltend zum Vertrauensschutz EuG T-388/04 v. 5.4.2006 *Triangel*, Tz. 26 f.; EuG T-71/06 v. 15.11.2007 *Form der Gondelverkleidung eines Windenergiekonverters*, Tz. 36 ff.
279 EuG T-398/94 v. 5.6.1996 *Kahn Scheepvaart/Kommission*, Tz. 20; EuG T-19/99 v. 12.1.2000 *Companyline*, Tz. 32 u. 33; EuG T-335/99 v. 19.9.2001 *Tablette für Wasch- oder Geschirrspülmaschinen I*, Tz. 66 f.; EuG T-336/99 v. 19.9.2001 *Tablette für Wasch- oder Geschirrspülmaschinen II*, Tz. 62 f.; EuG T-337/99 v. 19.9.2001 *Tablette für Wasch- oder Geschirrspülmaschinen III*, Tz. 66 f.; EuG T-30/00 v. 19.9.2001 *Tablette für Wasch- oder Geschirrspülmaschinen IV*, Tz. 70; EuG T-247/01 v. 12.12.2002 *ECOPY* – Tz. 22; EuG T-7/04 v. 12.11.2008 *LIMONCHELO/Limoncello II*, Tz. 64.
280 EuGH C-37/03 P v. 15.9.2005 *BioID*, Tz. 47; ebenso schon u. a. EuG T-32/00 v. 5.12.2000 *electronica*, Tz. 47.
281 EuGH C-564/16 P v. 28.6.2018 *EUIPO/Puma*, Tz. 62 ff.
282 EuGH 17/74 v. 23.10.1974 *Transocean Marine Paint/Kommission*; EuGH 85/76 v. 13.2.1979 *Hoffmann-La Roche/Kommission*; EuGH 136/79 v. 26.6.1980 *National Panasonic/Kommission*, Tz. 21.

inzwischen auch Art. 47 der Charta der Grundrechte der Europäischen Union[283] geregelt. Danach dürfen die Entscheidungen des Amtes nur auf Gründe gestützt werden, zu denen die Beteiligten sich äußern konnten.[284] Der Anspruch auf rechtliches Gehör erstreckt sich hierbei auf alle tatsächlichen oder rechtlichen Gesichtspunkte, die die Grundlage für die Entscheidungsfindung bilden, nicht aber auf den endgültigen Standpunkt, den die Verwaltung einnehmen will.[285]

So liegt keine Verletzung des rechtlichen Gehörs vor, wenn das Amt das Vorbringen im Wesentlichen berücksichtigt,[286] wenn die Beschwerdekammer das Verkehrsverständnis eigenständig beurteilt,[287] wenn der Betroffene im Wesentlichen die Argumente und Tatsachen kannte, die bei der Entscheidung zugrunde gelegt wurden, und somit Gelegenheit hatte, sich zu ihnen zu äußern[288] oder das Amt Tatsachen berücksichtigt, die allgemein bekannt sind oder aus allgemein zugänglichen Quellen gewonnen werden.[289] Auf ein neues Schutzhindernis, auf das zuvor nicht hingewiesen wurde, darf die Entscheidung allerdings nicht gestützt werden;[290] allerdings ist die ausdrückliche Nennung der Vorschrift nicht erforderlich, wenn sich aus den Gründen hinreichend ergibt, dass der Prüfer auf das Eintragungshindernis abgestellt hatte.[291] Ebenso wenig kann das Amt pauschal und begründungslos von einer Warengruppe pauschal auf eine andere schließen.[292] Auch wenn das Verzeichnis der Waren und Dienstleistungen einer mit Widerspruch angegriffenen Marke eingeschränkt

---

283 Vgl. EuGH C-278/15 P v. 14.1.2016 *Royal County of Berkshire Polo Club*, Tz. 51, m. w.N.
284 EuGH C-447/02 P v. 21.10.2004 *Farbe Orange*, Tz. 41; EuGH C-96/11 P v. 6.9.2012 *August Storck*, Tz. 74; u. a. zuvor schon EuG T-174/01 v. 12.3.2003 *Silk Cocoon/COCOON*, Tz. 46.
285 EuGH C-278/15 P v. 14.1.2016 *Royal County of Berkshire Polo Club*, Tz. 52; EuG T-16/02 v. 3.12.2003 *TDI I*, Tz. 75; EuG T-273/02 v. 20.4.2005 *CALYPSO/CALPICO*, Tz. 65; EuG T-303/03 v. 7.6.2005 *Lidl*, Tz. 62; EuG T-388/04 v. 5.4.2006 *Triangel*, Tz. 20; EuG T-168/04 v. 7.9.2006 *Tannenbaum*, Tz. 116; EuG T-317/05 v. 7.2.2007 *Form einer Gitarre* Tz. 27; EuG T-71/06 v. 15.11.2007 *Form der Gondelverkleidung eines Windenergiekonverters*, Tz. 41; EuG T-458/05 v. 20.11.2007 *TEK*, Tz. 45.
286 EuG T-335/99 v. 19.9.2001 *Tablette für Wasch- oder Geschirrspülmaschinen I*, Tz. 15; EuG T-336/99 v. 19.9.2001 *Tablette für Wasch- oder Geschirrspülmaschinen II*, Tz. 15; EuG T-337/99 v. 19.9.2001 *Tablette für Wasch- oder Geschirrspülmaschinen III*, Tz. 15.
287 EuG T-167/05 v. 13.6.2007 *FENJAL/FENNEL*, Tz. 102 ff.
288 EuG T-198/00 v. 5.6.2002 *kiss device with plume*, Tz. 27; EuG T-173/01 v. 9.10.2002 *Orange*, Tz. 58 f.; auch EuG T-3/04 v. 24.11.2005 *KINNIE/KINJI by SPA*, Tz. 70 ff.; EuG T-388/04 v. 5.4.2006 *Triangel*, Tz. 20 f.; EuG T-458/05 v. 20.11.2007 *TEK*, Tz. 46 ff.; EuG T-106/06 v. 23.1.2008 *BAUHAUS/BAU HOW*, Tz. 16 ff.; EuG T-191/07 v. 25.3.2009 *Anheuser-Busch*, Tz. 32 ff., im Ergebnis bestätigt durch EuGH C-214/09 P v. 29.7.2010 *Anheuser-Busch*; zu allgemein bekannten Tatsachen aber EuGH C-25/05 P v. 22.6.2006 *Storck II*, Tz. 51; EuGH C-273/05 P v. 19.4.2007 *HABM/Celltech*, Tz. 39; EuG T-129/04 v. 15.3.2006 *Form einer Kunststoffflasche*, Tz. 19; EuG T-325/04 v. 27.2.2008 *LINK/WORLDLINK*, Tz. 53 ff.
289 EuG T-99/06 v. 23.9.2009 *FILDOR/PHILDAR*, Tz. 94; in diesem Sinne EuGH C-96/11 P v. 6.9.2012 *August Storck*, Tz. 74 ff.
290 EuG T-122/99 v. 16.2.2000 *Form einer Seife I*, Tz. 43; EuG T-34/00 v. 27.2.2002 *EUROCOOL*, Tz. 22; EuG T-79/00 v. 27.2.2002 *LITE*, Tz. 15; EuG T-289/02 v. 8.7.2004 *TELEPHARMACY SOLUTIONS*, Tz. 22; abweichend zu dem Fall, dass der Nichtigkeitsantragsteller bestimmte Argumente lediglich auf ein bestimmtes Eintragungshindernis bezieht EuG T-458/05 v. 20.11.2007 *TEK*, Tz. 57.
291 EuG T-204/04 v. 15.2.2007 *HAIRTRANSFER*, Tz. 19.
292 EuG T-405/07 u. T-406/07 v. 20.5.2009 *P@YWEB CARD und PAYWEB CARD*, Tz. 88 ff., im Ergebnis bestätigt durch EuGH C-282/09 P v. 18.3.2010 *CFCMCEE*.

wurde, ist zunächst der Widersprechende zu hören.²⁹³ Weiter ist der Anspruch verletzt, wenn ein Beteiligter keine Gelegenheit hatte, zu einer erstmals angeführten Begründung Stellung zu nehmen,²⁹⁴ wenn das Amt es versäumt hat, einem Beteiligten wichtige Beweismittel zu übersenden,²⁹⁵ oder wenn ein Widerspruch durch die Beschwerdekammer ohne Hinweis infolge fehlender Übersetzung zurückgewiesen wird.²⁹⁶ Auch wenn zwar die Internetadresse einer berücksichtigten Internetseite, aber weder der Inhalt dieser Internetseite noch die Ergebnisse einer berücksichtigten Suche im Internet mitgeteilt wird, verstößt dies gegen Art. 94 I 2 UMV.²⁹⁷

72 Ein weiterer Grundsatz ist das Recht auf ein faires Verfahren, der in Art. 47 der Charta der Grundrechte der Europäischen Union verankert ist. Um die Anforderungen dieses Rechts zu erfüllen, müssen die Unionsgerichte dafür Sorge tragen, dass der Grundsatz des kontradiktorischen Verfahrens, der für jedes Verfahren gilt, das zu einer Entscheidung eines Unionsorgans führen kann, durch die Interessen eines Dritten spürbar beeinträchtigt werden, vor ihnen und von ihnen selbst beachtet wird.²⁹⁸

> Das Recht auf ein faires Verfahren ist beispielsweise dann verletzt, wenn die Waffengleichheit der Parteien beeinträchtigt ist. Dies ist dann der Fall, wenn das Amt Entscheidungen zum nationalen Recht berücksichtigt, ohne den Parteien vorab eine Möglichkeit zur Stellungnahme zu geben.²⁹⁹

73 Ein weiterer Grundsatz, allerdings mit eingeschränkter praktischer Bedeutung, ist der Grundsatz des Vertrauensschutzes. Auf den Grundsatz des Vertrauensschutzes kann sich jeder berufen, aus dessen Lage sich ergibt, dass die Unionsbehörden bei ihm begründete Erwartungen geweckt haben, indem sie ihm von zuständiger und zuverlässiger Seite stammende präzise, nicht an Bedingungen geknüpfte und übereinstimmende Zusicherungen gemacht haben.³⁰⁰ Allerdings müssen nach der Rechtsprechung des EuG diese Zusicherungen den geltenden Bestimmungen und Vorschriften entsprechen, da Zusagen, die diesen Bestimmungen nicht entsprechen, beim Betroffenen kein berechtigtes Vertrauen begründen können.³⁰¹ Auch ein Verstoß gegen die internen Richtlinien des Amtes kann daher nicht als Verstoß gegen

---

293 EuG T-499/04 v. 17.10.2006 *STENINGE KERAMIK/STENINGE SLOTT*, Tz. 33.
294 EuG T-36/01 v. 9.10.2002 *Glass Pattern I*, Tz. 48 ff.; EuG T-174/01 v. 12.3.2003 *Silk Cocoon/COCOON*, Tz. 47 ff.; EuG T-334/01 v. 8.7.2004 *HIPOVITON*, Tz. 54 f.; EuG T-171/06 v. 17.3.2009 *Laytoncrest*, Tz. 33 ff.
295 EuG T-542/10 v. 13.6.2012 *CIRCON/CIRCULON*, Tz. 78 ff.; EuG T-715/13 v. 5.5.2015 *Lidl Stiftung*, Tz. 66 ff. [Verlängerungsbestätigung].
296 EuG T-548/15 v. 13.12.2016 *Cafe del Sol/Cafe del Sol*, Tz. 31 ff.; EuG T-549/15 v. 13.12.2016 *Cafe del Sol/CAFE DEL SOL*, Tz. 31 ff.
297 EuG T-242/02 v. 13.7.2005 *TOP*, Tz. 61 f.; ähnlich EuG T-317/05 v. 7.2.2007 *Form einer Gitarre* Tz. 28 ff.; ähnlich EuG T-188/04 v. 4.10.2006 *Freixenet I*, Tz. 28 ff.; EuG T-190/04 v. 4.10.2006 *Freixenet II*, Tz. 28 ff.; demgegenüber ist die Heranziehung des Anmeldeformulars und von Wörterbüchern ohne weiteres zulässig: EuG T-198/00 v. 5.6.2002 *kiss device with plume*, Tz. 20 ff.
298 EuGH C-530/12 P v. 27.3.2014 *HABM/National Lottery Commission*, Tz. 52 f., m. w. N.
299 EuGH C-530/12 P v. 27.3.2014 *HABM/National Lottery Commission*, Tz. 54 ff.
300 EuG T-419/07 v. 1.7.2009 *OKATECH*, Tz. 46 ff.
301 EuG T-304/06 v. 9.7.2008 *Mozart*, Tz. 64; EuG T-191/07 v. 25.3.2009 *Anheuser-Busch*, Tz. 46 f., im Ergebnis bestätigt durch EuGH C-214/09 P v. 29.7.2010 *Anheuser-Busch*.

den Grundsatz des Vertrauensschutzes geltend gemacht werden.[302] In der Praxis greift der Grundsatz des Vertrauensschutzes daher kaum einmal ein.

Ähnliches gilt für den Grundsatz auf Gleichbehandlung. Dieser muss mit dem Gebot rechtmäßigen Handelns in Einklang gebracht werden. Danach kann sich niemand zu seinem Vorteil auf eine fehlerhafte Rechtsanwendung zugunsten eines anderen berufen.[303]

74

> Wenn daher etwa eine Beschwerdekammer in einer früheren Sache durch die Bejahung der Eintragungsfähigkeit eines Zeichens einen Rechtsfehler begangen hat, verbietet keiner dieser Grundsätze, in einer späteren, der ersten gleichartigen Sache eine gegenteilige Entscheidung zu treffen.[304]

Eine mündliche Verhandlung ordnet das Amt nach Art. 96 I UMV »von Amts wegen oder auf Antrag eines Verfahrensbeteiligten« an, »sofern es dies für sachdienlich erachtet«.[305] Im Rahmen des weiten Ermessensspielraums ist von Bedeutung, ob das Amt über alle Angaben verfügt, deren es zur Stützung des Tenors der angefochtenen Entscheidung bedurfte.[306] Den Ablauf der mündlichen Verhandlungen regeln Art. 49 ff. DV.

75

> Bis zum Jahr 2008 hatte das Amt erst in einem Verfahren eine mündliche Verhandlung angeordnet.[307] Auch heute noch gelten mündliche Verhandlungen als absolute Exoten. Will eine Partei eine mündliche Verhandlung, so sollte detailliert zum Mehrwert vorgetragen werden. Sollen etwa Zeugen vernommen werden, so ist anzugeben, inwiefern die Vernehmung die Glaubwürdigkeit des Beweises gegenüber einer schriftlichen Erklärung erhöhen wird.[308]

Art. 102 I, 103 UMV verpflichtet das EUIPO, eine Eintragung zu löschen oder eine Entscheidung zu widerrufen, wenn die Eintragung oder die Entscheidung offensichtlich mit einem dem Amt anzulastenden Verfahrensfehler behaftet ist. Dies gilt gemäß Art. 103 IV UMV unbeschadet des Rechts der Beteiligten, gemäß Art. 66 UMV Beschwerde einzulegen.

76

5. Aussetzung und Unterbrechung des Verfahrens

Die Aussetzung eines Verfahrens vor dem EUIPO gemäß Art. 71 DV setzt eine Abwägung der Interessen der Beteiligten voraus.[309] Sogar ein vor dem EuG anhängiges Klageverfahren kann ausgesetzt werden, wenn ein nationales Gericht bereits

77

---

302 EuG T-191/07 v. 25.3.2009 *Anheuser-Busch*, Tz. 48, im Ergebnis bestätigt durch EuGH C-214/09 P v. 29.7.2010 *Anheuser-Busch*.
303 EuGH C-39/08 und C-43/08 v. 12.2.2009 *Bild digital*, Tz. 18; EuGH C-77/16 P v. 26.5.2016 *Hewlett Packard Development Company*, Tz. 4 f.; EuG T-304/06 v. 9.7.2008 *Mozart*, Tz. 65; EuG T-184/07 v. 26.11.2008 *ANEW ALTERNATIVE*, Tz. 36 f.; auch EuG T-218/06 v. 17.9.2008 *Neurim Pharmaceuticals*, Tz. 43 f.
304 EuG T-304/06 v. 9.7.2008 *Mozart*, Tz. 67.
305 Zur Nichteinhaltung der Ladungsfrist von einem Monat EuG T-133/08 v. 18.9.2012 *LEMON SYMPHONY*, Tz. 222 ff.
306 EuG T-115/02 v. 13.7.2004 *a/a*, Tz. 29 f.; zur Zeugenvernehmung vor dem EuG vgl. EuG T-146/00 v. 20.6.2001 *DAKOTA*, Tz. 65; EuG T-178/17 v. 18.1.2018 *HYALSTYLE*, Tz. 14 ff.
307 HABM ABl.-HABM 2002, 281 *HOLLYWOOD/HOLLYWOOD*.
308 Vgl. EuG T-178/17 v. 18.1.2018 *HYALSTYLE*, Tz. 23 f.
309 EuG T-145/08 v. 16.5.2011 *ATLASAIR/ATLAS*, Tz. 76; EuG T-556/12 v. 25.11.2014 *Royalton Overseas*, Tz. 33.

mit dem Rechtsstreit befasst ist. Voraussetzung dafür ist, dass das nationale Verfahren die gleichen rechtlichen und tatsächlichen Fragen betrifft. Die Beschwerdekammer hat bei der Prüfung der Aussetzung einen weiten Ermessensspielraum,[310] muss dieses Ermessen ausüben und begründen, welche Erwägungen entscheidend waren.[311] Insbesondere kann das Verfahren sogar vor Einreichung der Beschwerdebegründung gemäß Art. 170 V UMV ausgesetzt werden, wenn ein Antrag auf Mediation gestellt wird.

> Wird also vor einem nationalen Gericht etwa über die Löschung einer Marke wegen Nichtbenutzung entschieden, so hat dieses Verfahren keine Auswirkung auf die Entscheidung des EuG, wenn die Frage der ernsthaften Benutzung nicht Gegenstand der Beschwerdeentscheidung war. Das Verfahren ist fortzusetzen.[312] Berücksichtigt das Amt bei der Entscheidung über die Aussetzung die vorgetragenen Tatsachen nur unvollständig, so kann allein deswegen eine Aufhebung der Entscheidung geboten sein.[313] Auch kann die Beschwerdekammer nicht allein deswegen die Aussetzung eines Widerspruchsverfahrens verweigern, weil die Widerspruchsmarke erst in der Beschwerdekammer angegriffen wurde; vielmehr sind umfassend die Interessen zu berücksichtigen.[314] Außerdem sind bei einem gegen die Widerspruchsmarke gerichteten Verfallsverfahren die Erfolgsaussichten berücksichtigt werden, wenn das EUIPO die Aussetzung des Widerspruchsverfahrens ablehnen will.[315] Auch die Tatsache, dass vorher andere Verfalls- oder Nichtigkeitsverfahren des Anmelders gescheitert waren, spricht nicht automatisch gegen die Aussetzung.[316] Gleiches gilt, wenn die Benutzung für einzelne Waren zwar unstreitig, jedoch offen ist, ob die Angriffsmarke eventuell für andere Waren gelöscht wird.[317] Wird allerdings die Widerspruchsmarke tatsächlich gelöscht, so ist das Verfahren für erledigt zu erklären.[318]

78 Gemäß Art. 106 UMV kann ein Verfahren unterbrochen werden, wenn der Anmelder bzw. Inhaber der Unionsmarke oder sein Vertreter stirbt, geschäftsunfähig wird oder ein Insolvenzverfahren gegen ihn eröffnet wird. Das Verfahren kann unter den Voraussetzungen des Art. 72 DV fortgesetzt werden.

VI. Rechtsmittel

79 Rechtsmittel gegen Entscheidungen des EUIPO ist die Beschwerde zur Beschwerdekammer[319] des EUIPO, gegen deren Entscheidungen Klage zum EuG und EuGH vorgesehen ist.

---

310 EuG T-811/14 v. 17.2.2017 *Unilever*, Tz. 54 ff.
311 EuG T-572/15 v. 8.9.2017 *ORIGINE GOURMET/GOURMET*, Tz. 27 ff.
312 EuG T-446/07 v. 15.9.2009 *Centrixx/sensixx*, Tz. 15 ff., im Ergebnis bestätigt durch EuGH C-448/09 P v. 30.6.2010 *Royal Appliance International/HABM*.
313 EuG T-811/14 v. 17.2.2017 *Unilever*, Tz. 62 ff.
314 EuG T-556/12 v. 25.11.2014 *Royalton Overseas*, Tz. 37 ff.
315 EuG T-162/18 v. 14.2.2019 *ALTOS/ALTUS*, Tz. 44.
316 EuG T-556/12 v. 25.11.2014 *Royalton Overseas*, Tz. 43 ff.
317 EuG T-544/10 v. 12.11.2015 *Société des produits Nestlé*, Tz. 32 ff.
318 EuG T-753/14 v. 25.5.2016 *OCEAN THE GROUP/ocean beach club ibiza*, Tz. 24 f.
319 Diese ist kein Gericht: EuG T-63/01 v. 12.12.2002 *Form einer Seife II*, Tz. 23.

1. Beschwerde

Die Beschwerde ist in den Art. 66 ff. UMV, den Art. 21 ff. DV[320] geregelt. Die **80**
Zusammensetzung der Beschwerdekammern und die interne Organisation, Aufgabenverteilung und Entscheidungsfindung regeln die Art. 38 ff. DV. Die Beschwerde ist zulässig, wenn kumulativ[321] die Voraussetzungen der Art. 66, 67, 68 UMV und Art. 21 DV erfüllt sind.[322] Liegt ein Zulässigkeitsmangel vor, so kann der Beschwerdeführer diesen regelmäßig heilen, in den in Art. 23 I DV genannten (wichtigsten) Fällen jedoch nur innerhalb der Beschwerdebegründungsfrist und ohne dass es eines Hinweises seitens des EUIPO bedürfte.[323] Die Beschwerde muss in der Verfahrenssprache eingelegt werden; auch dieser Mangel kann aber innerhalb der viermonatigen Beschwerdebegründungsfrist durch Nachreichen einer Übersetzung geheilt werden.[324] Beschwerde kann nur einlegen, wer durch die Entscheidung beschwert ist.[325]

> Beschwert ist beispielsweise derjenige, der im Widerspruchsverfahren obsiegt, selbst dann nicht, wenn das Amt dem Widerspruch nicht aufgrund aller geltend gemachter Rechte stattgibt.[326]

Die Beschwerde ist innerhalb von zwei Monaten nach Zustellung der angegriffenen **81**
Entscheidung schriftlich unter Beachtung der Formalien in Art. 21 DV beim EUIPO einzulegen;[327] innerhalb gleicher Frist ist die Beschwerdegebühr zu zahlen – Art. 23 III DV;[328] die Zahlung der Beschwerdegebühr allein genügt nicht;[329]

---

320 Seit Oktober 2017 ist die Verordnung (EG) Nr. 216/96 über die Verfahrensordnung vor den Beschwerdekammern des Harmonisierungsamts für den Binnenmarkt (Marken, Muster und Modelle), ABl.-EG 1996 L 28 S. 11, geändert durch die Verordnung (EG) Nr. 2082/2004 der Kommission vom 6. Dezember 2004 v. 7.12.2004 Neuregelung der Beschwerdekammern (ABl.-EG L 360/8) nicht mehr in Kraft.
321 Vgl. EuG T-71/02 v. 17.9.2003 *BECKETT EXPRESSION*, Tz. 50.
322 Zum Nachweis eines Inhaberwechsels an der Widerspruchsmarke vor Einlegung der Beschwerde: EuGH C-53/11 P v. 19.1.2012 *HABM/Nike International*, Tz. 44 ff., gegen EuG T-137/09 v. 24.11.2010 *R10/R10*; zur Beschwerdemöglichkeit nach Korrektur bzw. Widerruf einer Entscheidung durch das EUIPO: EuG T-36/09 v. 9.9.2011 *dm/dm*, Tz. 23 ff.
323 EuGH C-53/11 P v. 19.1.2012 *HABM/Nike International*, Tz. 44 ff., gegen EuG T-137/09 v. 24.11.2010 *R10/R10*.
324 EuGH C-53/11 P v. 19.1.2012 *HABM/Nike International*, Tz. 46 ff.; EuG T-386/12 v. 9.4.2014 *elite/elite BY MONDARIZ*, Tz. 27 ff.; anders früher EuG T-218/06 v. 17.9.2008 *Neurim Pharmaceuticals*, Tz. 37 ff. [ein Monat Nachfrist gemäß Regel 96 I GMDV]; zur Übersetzung der Klageschrift in eine andere als die Verfahrenssprache vgl. auch EuG T-346/09 v. 12.7.2012 *BAÑOFTAL/KAN-OPTHAL und PAN-OPTHAL*, Tz. 30 ff.
325 Gemäß Art. 8 III der Verfahrensordnung der Beschwerdekammern kann der Obsiegende jedoch in einem nachfolgenden Beschwerdeverfahren selbst Anträge stellen.
326 EuG T-215/03 v. 22.3.2007 *VIPS/VIPS*, Tz. 109.
327 Zur unvollständigen Übermittlung der Beschwerdeschrift im elektronischen System EuG T-111/17 v. 15.1.2019 *COMPUTER MARKET*.
328 Die Zahlung der Gebühr allein genügt nicht: EuG T-373/03 v. 31.5.2005 *Solo Italia*, Tz. 58 f.; EuG T-95/11 v. 15.4.2011 *VITATHION/VITACHRON MALE*, Tz. 16 f., bestätigt durch EuGH C-378/11 P v. 21.9.2011 *Longevity Health Products*; EuG T-96/11 v. 15.4.2011 *VITATHION/VITACHRON FEMALE*, Tz. 16 f., bestätigt durch EuGH C-316/11 P v. 21.9.2011 *Longevity Health Products*.
329 EuG T-70/08 v. 9.9.2010 *ETRAX/ETRA I+D*, Tz. 24 f.

innerhalb von vier Monaten[330] nach Zustellung der angegriffenen Entscheidung ist die Beschwerde sodann zu begründen (Art. 68 I UMV[331]).[332] Hierbei muss der Beschwerdeführer schriftlich, klar und verständlich die Gründe darlegen, die für seine Beschwerde bestimmend sind.[333] Den erforderlichen Inhalt der Begründung bestimmt Art. 22 DV. Eine Übersetzung in die Verfahrenssprache kann innerhalb eines weiteren Monats nachgereicht werden.[334]

> Dabei muss sich die Begründung auf die angegriffene Entscheidung beziehen; eine Auseinandersetzung mit einem parallelen Sachverhalt genügt nicht.[335] Die Beschwerdefrist wird nicht erneut in Gang gesetzt, wenn das Amt nachträglich ihre Absicht mitteilt, die Entscheidung im Hinblick auf die Kostenverteilung zu widerrufen.[336] Demgegenüber können Zusicherungen seitens des Amtes – z. B. im Rahmen eines Telefonats – Vertrauensschutz begründen und den Beginn der Beschwerdefrist ändern.[337] Wird die Beschwerdebegründung per Telefax übermittelt, so gilt sie als ordnungsgemäß unterzeichnet, wenn die Wiedergabe der Unterschrift auf dem Ausdruck des Faxgeräts erscheint. Hierzu reicht es aus, wenn die erste Seite der Beschwerdebegründung (sog. »Oberschrift«) unterzeichnet wird.[338] Der Zulässigkeit der Beschwerde steht ferner nicht entgegen, wenn der Beschwerdeführer selbst die Auffassung des Amts teilt und das Verfahren nur deswegen betreibt, weil Mitbewerber entsprechende Marke angemeldet haben und der Anmelder sich eine gleichwertige Position sichern will.[339] Unzulässig ist hingegen eine Beschwerde, wenn die Beschwerdebegründung elektronisch eingereicht wird und dabei ein Fehler angezeigt wird; ein Fehlerbericht bestätigt lediglich, dass die Dokumente nicht gesendet wurden, lässt jedoch den Verantwortungsbereich nicht erkennen.[340]

82 Die Beschwerde wird gemäß Art. 35 DV einer Beschwerdekammer zugewiesen, die sie unter Umständen einem einzelnen Mitglied (Art. 36 DV) oder – in grundsätzli-

---

330 Es kommt auf den Eingang der Beschwerdebegründung beim EUIPO an: EuG T-360/11 v. 10.4.2013 *ROCHAS/PATRIZIA ROCHA*, Tz. 24 ff., bestätigt durch EuGH C-324/13 P v. 30.1.2014 *Fercal*.
331 Zur Auslegung vor dem Hintergrund unterschiedlicher Sprachfassungen der Norm: EuG T-61/13 v. 21.5.2014 *NUEVA*, Tz. 22 ff.
332 Auch hierfür genügt die Zahlung der Gebühr allein nicht: EuGH C-349/10 P v. 2.3.2011 *Claro*, Tz. 34 ff.
333 EuG T-145/08 v. 16.5.2011 *ATLASAIR/ATLAS*, Tz. 40 ff., bestätigt durch EuGH C-406/11 P v. 9.3.2012 *Atlas Transport*, Tz. 42 ff.; zur Auslegung eines Antrags EuG T-127/13 v. 11.9.2014 *El Corte Inglés*, 19 ff.
334 Große Beschwerdekammer des EUIPO R 667/2005-G v. 7.6.2007 *Cardiology Update*, Tz. 13 f.; die Verwendung des amtlichen Formulars in der falschen Sprache genügt hingegen nicht: EuG T-367/15 v. 5.4.2017 *Renfe-Operadora*, Tz. 42 ff.
335 EuG T-398/14 v. 24.10.2014 *Best Lock (Europe)*, Tz. 13 ff.
336 EuG T-419/07 v. 1.7.2009 *OKATECH*, Tz. 33.
337 EuG T-419/07 v. 1.7.2009 *OKATECH*, Tz. 51.
338 EuG T-418/07 v. 18.6.2009 *LiBRO/LIBERO*, Tz. 27.
339 EuG T-117/00 v. 19.9.2001 *Tablette für Wasch- oder Geschirrspülmaschinen V*, Tz. 10 ff.; EuG T-118/00 v. 19.9.2001 *Tablette für Wasch- oder Geschirrspülmaschinen VI*, Tz. 10 ff.; EuG T-119/00 v. 19.9.2001 *Tablette für Wasch- oder Geschirrspülmaschinen VII*, Tz. 10 ff.; EuG T-120/00 v. 19.9.2001 *Tablette für Wasch- oder Geschirrspülmaschinen VIII*, Tz. 10 ff.; EuG T-121/00 v. 19.9.2001 *Tablette für Wasch- oder Geschirrspülmaschinen IX*, Tz. 10 ff.; EuG T-128/00 v. 19.9.2001 *Tablette für Wasch- oder Geschirrspülmaschinen X*, Tz. 10 ff.; EuG T-129/00 v. 19.9.2001 *Tablette für Wasch- oder Geschirrspülmaschinen XI*, Tz. 10 ff.
340 EuG T-703/15 v. 6.12.2016 *Groupe Go Sport*, Tz. 34 ff.

chen Fällen – der Großen Beschwerdekammer (Art. 37 DV) übertragen kann. Die Beschwerdekammer prüft sodann zunächst die Zulässigkeit der Beschwerde und weist eine unzulässige Beschwerde zurück (Art. 23 DV). Erfolgt keine Zurückweisung, kann der Beschwerdegegner innerhalb einer Frist von zwei Monaten zum Beschwerdeinhalt Stellung nehmen (Art. 24 DV). Unter Umständen können auf begründeten Antrag, der innerhalb einer Frist von zwei Wochen zu stellen ist, weitere Erwiderungen zugelassen werden (Art. 26 DV). Die Beschwerdekammer kann – insbesondere im Interesse einer gütlichen Einigung – mit den Beteiligten kommunizieren, stellt dabei aber klar, dass ihre Mitteilungen keine bindende Wirkung entfalten (Art. 28 DV). Auch kann zu grundsätzlichen Fragen eine Stellungnahme vom Exekutivdirektor des Amtes erbeten werden (Art. 29 DV). In Eilfällen kann eine vorrangige Prüfung beantragt werden (Art. 31 DV).

Wird in einseitigen Verfahren die Beschwerde nicht als unzulässig zurückgewiesen, so verweist die Beschwerdekammer die Angelegenheit zum Zwecke möglicher Abhilfe (Art. 69) zurück an den Prüfer (Art. 34 DV). 83

Schließlich prüft die Beschwerdekammer den Fall (Art. 27 DV) und entscheidet (Art. 32 DV). Bei Verfahren wegen absoluter Eintragungshindernisse kann die Beschwerdekammer ausnahmsweise die Angelegenheit an den Prüfer zurückverweisen, wenn dieser Eintragungshindernisse übersehen hatte (Art. 30 DV); dies kann im Nachhinein zu einer Schlechterstellung des Anmelders aufgrund des Beschwerdeverfahrens führen. 84

Der Beschwerdegegner kann gemäß Art. 25 DV selbst Anschlussbeschwerde erheben.[341] Wie schon nach altem Recht vor der Markenrechtsreform 2015 dürfte davon auszugehen sein, dass die Anschlussbeschwerde und ihre Anträge gegenstandslos werden, wenn die Beschwerde zurückgenommen wird. Jedenfalls kann der Beschwerdegegner keine Anträge stellen, die sich auf Gründe stützen, die nicht Gegenstand des erstinstanzlichen Verfahrens waren.[342] 85

Nach Art. 69 UMV kann die Dienststelle, die die angegriffene Entscheidung erlassen hat, der Beschwerde abhelfen. Andernfalls geht das Verfahren auf die Beschwerdekammer über. Im Falle der Abhilfe besteht kein Anspruch auf Erstattung von Anwaltskosten, weil kein Anwaltszwang herrscht.[343] 86

Funktional ist die Beschwerdekammer in gleicher Weise tätig wie das Amt (funktionale Kontinuität).[344] Insbesondere obliegt ihr im Rahmen des Beschwerdegegen- 87

---

341 Zum alten Recht nach Art. 8 III der (inzwischen abgelösten) Verfahrensordnung der Beschwerdekammern vor Einführung der Anschlussbeschwerde: EuG T-84/08 v. 7.4.2011 *COMIT/Comet*, Tz. 22; EuG T-247/14 v. 4.2.2016 *MINI WINI/Stick MiniMINI Beretta*, Tz. 22 ff., mit Rechtsmittel angegriffen (Az. beim EuGH C-182/16 P *Meica Ammerländische Fleischwarenfabrik Fritz Meinen*); hierzu kritisch *Bender*, GRUR 2006, 990.
342 EuG T-28/09 v. 13.1.2011 *PINE TREE*, Tz. 45 f.
343 EuG T-726/14 v. 17.2.2017 *Novar*, Tz. 27 ff.
344 EuG T-308/01 v. 23.9.2003 *KLEENCARE*, Tz. 25, unter Hinweis auf EuG T-163/98 v. 8.7.1999 *BABY-DRY*, Tz. 38 ff.; EuG T-122/99 v. 16.2.2000 *Form einer Seife I*, Tz. 21; auch T-16/02 v. 3.12.2003 TDI I, Tz. 81; EuG T-334/01 v. 8.7.2004 *HIPOVITON*, Tz. 61; EuG T-107/02 v. 30.6.2004 *BIOMATE*, Tz. 33; EuG T-164/02 v. 10.11.2004 *Kaul*, Tz. 28; EuG T-288/03 v. 25.5.2005 *TELETECH INTERNATIONAL/TELETECH GLOBAL VENTURES*, Tz. 69; EuG T-275/03 v. 9.11.2005 *Focus*, Tz. 37 ff., in lehrreicher Abgrenzung zu anderen Entscheidungen.

stands in rechtlicher und tatsächlicher Hinsicht die volle Prüfungskompetenz und Prüfungspflicht des Amts.[345] Dabei fordert die Beschwerdekammer nach Art. 70 II UMV bei der Prüfung der Beschwerde die Beteiligten so oft wie erforderlich auf, innerhalb einer von ihr zu bestimmenden Frist eine Stellungnahme zu ihren Bescheiden oder zu den Schriftsätzen der anderen Beteiligten einzureichen; das Amt kann sogar eine Beweisaufnahme anordnen.[346] Gleichwohl wird der Beschwerdekammer mit dieser Vorschrift regelmäßig[347] nicht die Verpflichtung auferlegt, die Beteiligten aufzufordern, ihre eigenen bei der Beschwerdekammer eingereichten Schriftsätze und Unterlagen zu vervollständigen.[348] Die Beschwerdekammer muss andererseits aber selbst dann die Entscheidung vollständig überprüfen, wenn ein bestimmter Aspekt in der Beschwerde nicht ausdrücklich vorgebracht worden ist,[349] etwa die rechtserhaltende Benutzung prüfen, wenn der Beschwerdeführer nur die Verwechslungsgefahr bezweifelt.[350] Dies gilt nur dann nicht, wenn sich die Beschwerde ausdrücklich gegen einen bestimmten Teil der Entscheidung richtet und andere Fragen gänzlich außer Betracht lässt.[351] Auch darf nicht gegen den Beschwerdeführer plötzlich die rechtserhaltende Benutzung verneint werden, wenn diese in erster Instanz bejaht wurde und die Problematik nicht durch den Beschwerdegegner aufgegriffen wurde.[352] Schließlich kann die Beschwerdekammer gezielt Fragen an die Beteiligten richten und den Sachverhalt selbst aufklären.[353] Stets sind aber auch die in der Vorinstanz vorgelegten Beweismittel erneut zu würdigen.[354]

---

345 EuGH C-29/05 P v. 13.7.2007 *Kaul*, Tz. 57; EuGH C-308/10 P v. 19.5.2011 *Union Investment Privatfonds*, Tz. 40; EuGH C-442/15 P v. 22.9.2016 *Pensa Pharma*, Tz. 24; EuGH C-634/16 P v. 24.1.2018 *European Food*, Tz. 37; auch EuGH C-62/15 P v. 8.9.2015 *DTL Corporación*, Tz. 41; ähnlich schon EuG T-163/98 v. 8.7.1999 *BABY-DRY*, Tz. 43; EuG T-323/00 v. 2.7.2002 *SAT.2*, Tz. 20 f.; zum Versäumnis der Beschwerdekammer, über den gesamten Streitgegenstand zu entscheiden EuG T-85/07 v. 10.6.2008 *Gabel Industria Tessile*, Tz. 19 ff.; zum Nichtüberschreiten der Prüfungskompetenz beim Aufgreifen neuer Gesichtspunkte EuG T-548/15 v. 13.12.2016 *Cafe del Sol/Cafe del Sol*, Tz. 26 f.; EuG T-549/15 v. 13.12.2016 *Cafe del Sol/CAFE DEL SOL*, Tz. 26 f.
346 EuGH C-634/16 P v. 24.1.2018 *European Food*, Tz. 38, m. w. N.
347 In Ausnahmefällen muss das EUIPO aber darauf hinweisen, dass es die vorgelegten Beweismittel nicht für ausreichend hält: EuGH C-564/16 P v. 28.6.2018 *EUIPO/Puma*, Tz. 87 ff.
348 EuGH C-418/16 P v. 28.2.2018 *mobile.de*, Tz. 57 ff., m. w. N.; EuG T-215/03 v. 22.3.2007 *VIPS/VIPS*, Tz. 78; EuG T-71/06 v. 15.11.2007 *Form der Gondelverkleidung eines Windenergiekonverters*, Tz. 35.
349 EuG T-6/05 v. 6.9.2006 *DEF-TEC*, Tz. 21 ff.; zu verschiedenen Rechten im Widerspruchsverfahren EuG T-215/03 v. 22.3.2007 *VIPS/VIPS*, Tz. 97 ff.; entsprechend zu rechtlichen Argumenten, die zwar erstinstanzlich eine Rolle spielten, vor der Beschwerdekammer aber erstmals von einer Partei aufgegriffen werden EuG T-425/03 v. 18.10.2007 *AMS/AMS Advanced Medical Services*, Tz. 29.
350 EuG T-445/12 v. 26.9.2014 *Koscher + Würtz*, Tz. 29.
351 EuG T-292/08 v. 13.9.2010 *OFTEN/OLTEN*, Tz. 34 ff.
352 EuG T-803/16 v. 6.6.2018 *Glaxo Group*, Tz. 23 ff.
353 EuG T-128/06 v. 30.1.2008 *CAMEL/CAMELO*, Tz. 89 f., im Ergebnis bestätigt durch EuGH C-136/08 P v. 30.4.2009 *Japan Tobacco*.
354 EuG T-132/12 v. 30.9.2014 *Scooters India*, Tz. 15 ff.

Zum Beispiel muss die Beschwerdekammer sämtliche absolute Eintragungshindernisse des Art. 7 UMV prüfen, sofern mit der Beschwerde behauptet wird, einer Marke stünden keine entgegen. Dies gilt selbst dann, wenn die Entscheidung des Prüfers nur auf einem bestimmten Hindernis beruhte.[355] Andererseits darf die Eintragung der Marke nicht unter Hinweis auf einen Formfehler abgelehnt werden, der erst von der Beschwerdekammer festgestellt wird, den aber der Prüfer nicht berücksichtigt hatte.[356]

Im Falle neuen Tatsachenvortrags vor der Beschwerdekammer muss das EUIPO wie in erster Instanz unter entsprechender Begründung gemäß Art. 95 UMV, Art. 27 IV DV sein Ermessen[357] ausüben.[358] Die neue Regelung in der DV wollte dabei die zur Berücksichtigung verspäteten Vortrags ergangene Rechtsprechung nicht grundsätzlich ändern, sondern lediglich präziser kodifizieren.[359] Auch dabei ist eine Berücksichtigung insbesondere dann gerechtfertigt, wenn zum einen die verspätet vorgebrachten Gesichtspunkte auf den ersten Blick von wirklicher Relevanz für das Verfahrensergebnis sein können und wenn zum anderen das Verfahrensstadium, in dem das verspätete Vorbringen erfolgt, und die Umstände, die es begleiten, einer solchen Berücksichtigung nicht entgegenstehen.[360] Auch wenn der neue Vortrag auf eine gezielte Frage der Beschwerdekammer erfolgt ist, ist die Berücksichtigung geboten.[361] Strenger ist nach der noch an den (abgelösten) Regeln 50 I 3, 20 I GMDV orientierten Rechtsprechung die Beurteilung bei Beschwerden gegen die Entscheidung einer Widerspruchsabteilung; dort beschränkt die Beschwerdekammer die Prüfung der Beschwerde auf die Sachverhalte und Beweismittel, die innerhalb der von der Widerspruchsabteilung nach Maßgabe der Verordnung und dieser Regeln festgesetzten Frist vorgelegt werden, sofern die Beschwerdekammer nicht ausnahmsweise zusätzliche oder ergänzende Sachverhalte und Beweismittel gemäß Art. 95 II UMV berücksichtigen will. Das Amt muss dabei stets prüfen, ob ein nachträglich vorgelegtes Beweismittel gänzlich neu ist oder ob es bereits vorgelegte Beweismittel ergänzt.[362]

88

Dabei wird etwa im Widerspruchsverfahren neues Vorbringen zu einer die Kennzeichnungskraft steigernden intensiven Benutzung auch in der Beschwerdeinstanz meist zulässig sein,[363] bleibt jedoch der Wertung im Einzelfall überlassen.[364] Gleiches gilt für ergänzende Benut-

---

355 EuG T-122/99 v. 16.2.2000 *Form einer Seife I*, Tz. 27.
356 EuG T-122/99 v. 16.2.2000 *Form einer Seife I*, Tz. 29 u. 30, die allerdings mit Blick auf Art. 103 UMV problematisch ist; vgl. auch EuG T-292/01 v. 14.10.2003 *PASH/BASS*, Tz. 24.
357 Übt die Beschwerdekammer ihr Ermessen nicht aus, hebt das EuG die Entscheidung auf, etwa: EuG T-407/05 v. 6.11.2007 *SAEME*, Tz. 47 ff.
358 Vgl. EuGH C-634/16 P v. 24.1.2018 *European Food*, Tz. 56, m. w. N.
359 Vgl. Begründung 3.1 DV.
360 EuGH C-29/05 P v. 13.7.2007 *Kaul*, Tz. 41 ff.; EuGH C-621/11 P v. 18.7.2013 *New Yorker SHK Jeans*, Tz. 33; EuGH C-634/16 P v. 24.1.2018 *European Food*, Tz. 55 u. 57.
361 EuG T-128/06 v. 30.1.2008 *CAMEL/CAMELO*, Tz. 87 ff., im Ergebnis bestätigt durch EuGH C-136/08 P v. 30.4.2009 *Japan Tobacco*.
362 EuG T-543/12 v. 24.10.2014 *Grau Ferrer*, Tz. 25 ff., im Ergebnis bestätigt durch EuGH C-597/14 P v. 21.7.2016 *EUIPO/Ferrer*.
363 Vgl. EuGH C-108/07 P v. 17.4.2008 *Ferrero*, Tz. 52; EuG T-192/04 v. 11.7.2007 *Flex Equipos de Descanso*, Tz. 67 ff.
364 A. A. noch EuG T-164/02 v. 10.11.2004 *Kaul*, Tz. 25 ff.

zungsnachweise.³⁶⁵ Wird früherer Vortrag im Verfahren vor der Beschwerdekammer mit Argumenten präzisiert, so liegt darin kein neuer Tatsachenvortrag.³⁶⁶

89 Die von der Beschwerdekammer gesetzten Fristen sind in kontradiktorischen Verfahren aus Gründen der Waffengleichheit grundsätzlich verbindlich. In einseitigen Verfahren kann dagegen auch eine Berücksichtigung verfristeten Vortrags geboten sein.³⁶⁷ Entgegen der Rechtsprechung des EuG³⁶⁸ überzeugt es hingegen nicht, in allen Verfahren wegen absoluter Eintragungshindernisse – also auch in kontradiktorischen Nichtigkeitsverfahren unter Geltung des Beibringungsgrundsatzes – verspäteten Sachvortrag zu berücksichtigen.³⁶⁹

90 Entscheidet die Beschwerdekammer, so wird sie entweder im Rahmen der Zuständigkeit der Dienststelle tätig, die die angefochtene Entscheidung erlassen hat, entscheidet also selbst über den Rechtsstreit, oder sie verweist die Angelegenheit zur weiteren Entscheidung an diese Dienststelle zurück. Im Falle der Zurückverweisung ist die Dienststelle, die die angefochtene Entscheidung erlassen hat, durch die rechtliche Beurteilung der Beschwerdekammer gebunden, soweit der Tatbestand derselbe ist (Art. 71 II UMV).³⁷⁰ Ist ein Teil der ursprünglichen Entscheidung nicht angegriffen worden, so darf insofern nicht erneut Beweis erhoben und entschieden werden.³⁷¹

91 Im Beschwerdeverfahren – wie stets bei kontradiktorischen Verfahren vor dem EUIPO – trifft die Kammer gemäß Art. 109 UMV eine Entscheidung über die Kosten der Parteien.³⁷² Nach Art. 33 DV wird außerdem die Rückzahlung der Beschwerdegebühr angeordnet, wenn der Beschwerde abgeholfen oder ihr durch die Beschwerdekammer stattgegeben wird und die Rückzahlung wegen eines wesentlichen Verfahrensmangels der Billigkeit entspricht.³⁷³ Die Aufhebung der Entscheidung allein stellt allerdings keinen Grund für die Rückzahlung der Beschwerdegebühr dar.³⁷⁴

---

365 EuG T-100/13 v. 9.7.2015 *CMT*, Tz. 67 ff.
366 EuG T-63/07 v. 17.3.2010 *tosca de FEDEOLIVA/TOSCA*, Tz. 29 ff.
367 EuG T-315/03 v. 8.6.2005 *Rockbass*, Tz. 28 ff.
368 EuG T-476/15 v. 28.9.2016 *FITNESS*, Tz. 50 ff.
369 So nun auch EuGH C-634/16 P v. 24.1.2018 *European Food*, Tz. 30 ff.
370 Gebunden ist hingegen nicht die Beschwerdekammer, falls erneut Beschwerde gegen die Entscheidung der Dienststelle eingelegt wird: EuG T-174/07 v. 28.1.2009 *TDI II*, Tz. 89; zum Spielraum zurückzuverweisen EuGH C-418/16 P v. 28.2.2018 *mobile.de*, Tz. 90.
371 EuGH C-418/16 P v. 28.2.2018 *mobile.de*, Tz. 104 ff.
372 Zur Aufhebung einer ermessensfehlerhaften Kostenentscheidung EuG T-32/04 v. 16.11.2006 *Lichtwer Pharma*; EuG T-10/06 v. 11.12.2007 *Portela & Companhia*, Tz. 40 ff.; zur Kostenerstattungspflicht nach Rücknahme der Beschwerde EuG T-294/07 v. 25.9.2008 *Wilhelm Stepek*, Tz. 29 ff.
373 Hierzu vgl. EuG T-124/02 und T-156/02 v. 28.4.2004 *The Sunrider Corp.*, Tz. 69 ff.
374 EuG T-135/99 v. 31.1.2001 *CINE ACTION*, Tz. 35; EuG T-136/99 v. 31.1.2001 *CINE COMEDY*, Tz. 35.

2. Klage zum EuG

Art. 72 UMV eröffnet gegen Entscheidungen der Beschwerdekammern die Klage[375] **92** zum EuG[376]. Die Klage hat aufschiebende Wirkung – Art. 71 III UMV.[377] Dabei muss das Original der Klageschrift innerhalb einer Frist[378] von zwei Monaten und zehn Tagen (Entfernungsfrist – Art. 60 Verfahrensordnung des Gerichts) dem EuG zugehen.[379] Dabei genügt es, die Klageschrift innerhalb dieser Frist zunächst zu faxen, wenn das unterschriebene[380] Original innerhalb von zehn (weiteren) Tagen nach dem Fax eingeht.

> Wurde daher etwa die Entscheidung der Beschwerdekammer am 28.10.2005 zugestellt, so läuft die Klagefrist – nachdem der 7.1.2006 ein Sonnabend war – am 9.1.2006 ab.[381] Feiertage werden nur berücksichtigt, wenn sie am Gerichtssitz – also in Luxemburg – gelten; Feiertage am Sitz des Klägers bleiben außer Acht.[382]

Dabei hat sich allerdings die Regelung zum fristwahrenden Telefaxversand in der **93** Vergangenheit als besonders fehlerträchtig erwiesen. Gemäß Art. 73 III der Verfahrensordnung des Gerichts wird nämlich das Datum, an dem eine Kopie des Originals eines Schriftsatzes mittels Fernkopierer bei der Kanzlei eingeht, nur dann fristwahrend berücksichtigt, wenn innerhalb von zehn Tagen nach Empfang der Fernkopie die unterzeichnete – unveränderte – Urschrift des Schriftsatzes eingereicht wird. Insbesondere eine Kopie[383] oder eine gescannte Unterschrift[384] genügen nicht. Eine Verspätung ist jedenfalls dann nicht unverschuldet, wenn das Original nicht unverzüglich nach dem Faxversand auf den Weg gebracht wird.[385]

---

375 Zu einem erfolglosen Antrag auf einstweilige Anordnung EuG T-410/07 R v. 18.2.2008 *Hermanos*, Tz. 26 ff.; zum Antrag auf Prozesskostenhilfe, die allenfalls natürlichen Personen zusteht: EuG T-316/07 v. 22.1.2009 *EASYHOTEL/easyHotel*, Tz. 16 ff.
376 Nicht zum EUIPO: EuG T-98/10 v. 10.5.2010 *Chaff cutters design*, Tz. 6 ff. [zum Designrecht], bestätigt durch EuGH C-290/10 P v. 9.9.2010 *Franssons Verkstäder*.
377 Bestätigend EuGH C-587/11 P-R u. C-588/11 P-R v. 19.7.2012 *Omnicare*, Tz. 27.
378 Zum Fristbeginn bei Entscheidungsversand durch einen Kurierdienst: EuGH C-144/07 v. 2.10.2008 *K-Swiss/HABM*, Tz. 19 ff.
379 EuG T-253/10 v. 29.9.2010 *SELEX/SELEC*, Tz. 5; Beispiele zur Fristberechnung EuG T-294/18 v. 4.7.2018 *Lackmann Fleisch- und Feinkostfabrik*; EuG T-309/18 v. 10.8.2018 *Adis Higiene*, Tz. 8; zu einem Fall der Versäumung der Frist und einem erfolglosen Wiedereinsetzungsantrag nach unzureichender Frankierung: EuG T-358/07 v. 28.4.2008 *PubliCare Marketing Communications*; zur Fehlerhaftigkeit des Widereinsetzungsantrags beim EUIPO: EuG T-583/15 v. 8.6.2016 *Monster Energy*, Tz 29 ff.; EuG T-585/15 v. 8.6.2016 *Monster Energy*, Tz 27 ff.
380 Eine gescannte Unterschrift genügt nicht: EuG T-486/12 v. 16.9.2013 *Golam*, Tz. 9 ff.; bei Abweichungen der Unterschrift ist die Klage nicht wirksam eingereicht: EuG T-252/13 v. 12.3.2014 *Yacom/xacom Comunicaciones*, Tz. 22 ff.; es gibt keine Hinweispflicht des Gerichts auf eine fehlende Unterschrift: EuGH C-313/16 P v. 19.10.2016 *Médis*, Tz. 4 f.
381 Vgl. EuG T-14/06 v. 14.12.2006 *K-Swiss*, Tz. 27 ff.; EuG T-422/12 v. 20.2.2013 *THE FUTURE HAS ZERO EMISSIONS*, Tz. 17.
382 EuG T-241/11 v. 12.7.2011 *CITITRAVEL DMC/citibank*, Tz. 15 f.
383 EuGH C-426/10 P v. 22.9.2011 *Bell & Ross*.
384 EuGH C-399/15 P v. 12.7.2016 *Vichy Catalán*, Tz. 33 ff.; EuG T-774/15 v. 15.3.2016 *Médis*, Tz. 6 ff., unter Hinweis auf EuGH C-181/15 P v. 6.10.2015 *Marpefa*, Tz. 22.
385 EuGH C-399/15 P v. 12.7.2016 *Vichy Catalán*, Tz. 25 ff.

Wird etwa eine Klageschrift mittels Fax am 3. Januar 2006 versendet, so muss das Original der Klageschrift in der Kanzlei des Gerichtes spätestens am 13. Januar 2006 eingehen, damit die Fernkopie berücksichtigt werden kann.[386] Allenfalls dann, wenn das Original nachweislich unverzüglich versendet worden war und die Verspätung eindeutig dem Postdienst zuzurechnen ist, liegt ein unschädlicher Zufall im Sinne von Art. 45 II SatzungEuGH vor.[387] Unterscheidet sich die Unterschrift auf der Faxkopie von der auf der Urschrift, so ist für die Fristwahrung allein der Eingang des Originalschriftsatzes entscheidend.[388]

94 Die Klage ist stets gegen das EUIPO zu richten[389] und zu begründen.[390] Waren am Verfahren vor dem EUIPO – wie etwa im Widerspruchsverfahren – außer dem Kläger noch andere Parteien beteiligt, können diese dem EUIPO als Streithelfer beitreten und nach Art. 145 II der Verfahrensordnung des Gerichts sogar – ähnlich einer Widerklage – eigene Anträge stellen.[391] Der Gerichtshof hält auf seiner Internetseite[392] umfangreiche praktische Hinweise für Klage und Klageverfahren sowie die Verfahrensordnung bereit; im Internet existieren zahlreiche veraltete Fassungen der Verfahrensordnung, so dass man stets den direkten Weg über die Seite des EuGH wählen sollte. Hilfreich ist außerdem die Darstellung des Verfahrens bei *Schneider*.[393] Das Verfahren unterscheidet sich in vielerlei Hinsicht von einem deutschen Klageverfahren, so dass vor Klageerhebung eine eingehende Einarbeitung in die Grundzüge des Verfahrens geboten ist.

95 Juristische Personen des Privatrechts müssen gemäß Art. 78 IV Verfahrensordnung des Gerichts zusammen mit der Klage ihre Satzung, einen aktuellen Handels-/Vereinsregisterauszug oder einen anderen Nachweis ihrer Rechtspersönlichkeit einreichen und den Nachweis vorlegen, dass die Prozessvollmacht ihres Anwalts von einem hierzu Bevollmächtigten ordnungsgemäß ausgestellt ist. Werden diese

---

[386] EuGH C-325/03 P v. 18.1.2005 *Zuazaga Meabe*, Tz. 17 ff.; EuGH C-69/12 P v. 21.9.2012 *Noscira*, Tz. 13 ff.; zu einem Fall höherer Gewalt im Falle einer Postverzögerung: EuG T-322/03 v. 16.3.2006 *WEISSE SEITEN*, Tz. 17 ff.
[387] EuG T-699/15 v. 21.6.2017 *CityTrain*, Tz. 15 f.
[388] EuGH C-181/15 P v. 6.10.2015 *Marpefa*, Tz. 16 ff.; zuvor schon EuG T-360/10 v. 3.10.2012 *ZAPPER-CLICK*, Tz. 15 ff.; sowie die Vorinstanz EuG T-708/14 v. 3.2.2015 *Marpefa*, Tz. 19 f.
[389] Vgl. aber zur Umdeutung EuG T-0163/04 v. 12.7.2005 *MIKE'S SANDWICH MARKET/Mike's MEALS ON WHEELS*, Tz. 23 ff.
[390] Zum Umfang der Begründungspflicht EuG T-0163/04 v. 12.7.2005 *MIKE'S SANDWICH MARKET/Mike's MEALS ON WHEELS*, Tz. 46; EuG T-123/04 v. 27.9.2005 *CARGO PARTNER*, Tz. 26 ff.; EuG T-35/04 v. 15.3.2006 *FERRERO/FERRÓ*, Tz. 17 ff.; EuG T-269/06 v. 19.11.2008 *RAUTARUUKKI*, Tz. 33 ff.; EuG T-535/13 v. 13.1.2015 *Vakoma*, Tz. 19 ff.; auch Hilfsanträge sind eigens zu begründen: EuG T-173/11 v. 27.11.2014 *CARRERA/Carrera*, Tz. 27 (nicht Gegenstand des Rechtsmittels EuGH C-50/15 P v. 21.1.2016 *Hesse*).
[391] Vgl. etwa EuG T-214/04 v. 21.2.2006 *POLO/ROYAL COUNTY OF BERKSHIRE POLO CLUB*, Tz. 50 f.; dies gilt nicht für einen Lizenznehmer, selbst wenn er hinsichtlich der Lizenzeintragung mit dem Amt im Schriftwechsel stand: EuG T-410/07 v. 12.5.2009 *JURADO*, Tz. 18.
[392] Vgl. www.curia.europa.eu.
[393] In *Hoffmann/Kleespies/Adler*, Formular-Kommentar Markenrecht, 2008, 447 ff.

Unterlagen auch innerhalb einer vom Gericht gesetzten Nachfrist nicht beigebracht, wird die Klage als unzulässig verworfen.³⁹⁴

Häufig wurden in der Praxis Klageanträge vom EuG als unzulässig abgewiesen. **96** Ein Klageantrag ist hierbei unzulässig,³⁹⁵ sofern er nicht bereits bei der Beschwerdekammer (oder zuvor in erster Amtsinstanz³⁹⁶) gestellt wurde.³⁹⁷ Auch neue³⁹⁸

---

394 EuG T-43/09 v. 2.4.2009 *Ayanda/AMANDA*, Tz. 5 f.; EuG T-672/15 v. 17.3.2016 *Malteserkreuz/MALTA CROSS*, Tz. 9 ff.
395 Zur Zulässigkeit von Anträgen auch EuGH C-442/15 P v. 22.9.2016 *Pensa Pharma*, Tz. 26 ff.; EuG T-163/98 v. 8.7.1999 *BABY-DRY*, Tz. 52; EuG T-120–99 v. 12.7.2001 *KIK*, Tz. 27 ff.; EuG T-24/00 v. 31.1.2001 *VITALITE*, Tz. 12; EuG T-247/01 v. 12.12.2002 *ECOPY* – Tz. 16; EuG T-185/02 v. 22.6.2004 *PICASSO/PICARO*, Tz. 21 f.
396 EuG T-57/03 v. 1.2.2005 *OLLY GAN/HOOLIGAN*, Tz. 25.
397 EuG T-163/98 v. 8.7.1999 *BABY-DRY*, Tz. 51; EuG T-24/00 v. 31.1.2001 *VITALITE*, Tz. 13; EuG T-373/03 v. 31.5.2005 *Solo Italia*, Tz. 25; EuG T-423/04 v. 5.10.2005 *BK RODS/BKR*, Tz. 17 ff.; EuG T-336/03 v. 27.10.2005 *OBELIX/MOBILIX*, Tz. 19 ff. u. 28, im Ergebnis bestätigt durch EuGH C-16/06 P v. 18.12.2008 *René*; EuG T-388/04 v. 5.4.2006 *Triangel*, Tz. 31 ff.; Ausnahmen bilden »neue« tatsächliche oder rechtliche Gründe (EuGH C-214/05 P v. 18.7.2006 *Sergio Rossi*, Tz. 40 u. 56; EuG T-195/00 v. 10.4.2003 *Offizielles Euro-Symbol*, Tz. 33 f., m. w. N.; vgl. aber auch EuGH C-416/04 P v. 11.5.2006 *The Sunrider*, Tz. 54 f.; EuG T-315/03 v. 8.6.2005 *Rockbass*, Tz. 13) sowie Aspekte, die von Amts wegen hätten berücksichtigt werden müssen (EuG T-115/03 v. 13.7.2004 *BLUE JEANS GAS/GAS STATION*, Tz. 13; EuG T-315/03 v. 8.6.2005 *Rockbass*, Tz. 13; EuG T-57/03 v. 1.2.2005 *OLLY GAN/HOOLIGAN*, Tz. 22; EuG T-169/03 v. 1.3.2005 *MISS ROSSI/SISSI ROSSI*, Tz. 25; EuG T-320/03 v. 15.9.2005 *LIVE RICHLY*, Tz. 16; EuG T-34/04 v. 22.6.2005 *POWER/Turkish Power*, Tz. 75); zur (teilweisen) Klageänderung etwa durch Einschränkung des Warenverzeichnisses: EuGH C-498/01 P v. 1.12.2004 *Zapf*, Tz. 10 ff.; EuG T-194/01 v. 5.3.2003 *Tablette für Wasch- oder Geschirrspülmaschinen XII*, Tz. 15; EuG T-289/02 v. 8.7.2004 *TELEPHARMACY SOLUTIONS*, Tz. 14 f.; EuG T-15/05 v. 31.5.2006 *Form einer Wurst*, Tz. 22; zur Einigung der Parteien: EuG T-7/02 und T-8/02 v. 26.2.2003 *Zapf*, Tz. 10; entsprechend zur Klage vor dem EuGH: EuGH C-104/05 v. 28.9.2006 *El Corte Inglés* Tz. 40 f.; EuGH C-273/05 P v. 19.4.2007 *HABM/Celltech*, Tz. 21 ff. (mit Einschränkung hinsichtlich solcher Rechtspositionen, die erstmals vom EuG vertreten wurden).
398 Zur Abgrenzung neuen Vortrags von bereits zuvor relevanten Gesichtspunkten EuG T-57/06 v. 7.11.2007 *TOFIX/Top iX*, Tz. 51 ff.

Tatsachen[399] und Beweismittel sind zurückzuweisen.[400] Das Gericht kann die mit der Klage angefochtene Entscheidung nur aufheben oder abändern, wenn zum Zeitpunkt ihres Erlasses einer dieser Gründe für ihre Aufhebung oder Abänderung vorlag.[401] Dagegen kann das Gericht die Entscheidung nicht aus Gründen aufheben oder abändern, die erst nach ihrem Erlass eingetreten sind.[402] Ebenso wenig kann das Gericht über Aspekte des Rechtsstreits entscheiden, die nicht Gegenstand der angegriffenen Entscheidung waren.[403] Gänzlich unzulässig ist eine Klage schließlich, wenn sie gar keine Anträge enthält.[404]

Ist ein Widerspruch etwa auf Verwechslungsgefahr mit einer älteren Marke und zusätzlich auf andere Gründe gestützt, entscheidet das EUIPO jedoch nur über die Verwechslungsgefahr, so kann auch das EuG nicht über die weiteren Widerspruchsgründe entscheiden.[405] Auch wenn sich der Widersprechende erst vor dem EuG auf den erweiterten Schutz der bekannten Marke nach Art. 8 V UMV beruft, so ist dies verspätet und wird nicht berücksich-

---

399 Neue Urteile sind keine Tatsachen: EuG T-291/09 v. 1.2.2012 *Pollo Tropical CHICKEN ON THE GRILL*, Tz. 34 ff., im Ergebnis bestätigt durch EuGH C-171/12 P v. 28.2.2013 *Carrols*.
400 EuGH C-214/05 P v. 18.7.2006 *Sergio Rossi*, Tz. 56; EuGH C-442/15 P v. 22.9.2016 *Pensa Pharma*, Tz. 47; ferner EuGH C-412/05 P v. 26.4.2007 *Alcon (II)*, Tz. 44; EuGH C-212/07 P v. 13.2.2008 *Indorata-Serviços e Gestão*, Tz. 51; EuGH C-461/09 P v. 9.7.2010 *The Welcome Foundation*, Tz. 26; EuGH C-546/10 P v. 13.9.2011 *Wilfer*, Tz. 41; EuGH C-471/16 P v. 26.7.2017 *Staatliche Porzellan-Manufaktur Meissen*, Tz. 24 f.; auch schon u. a. EuG T-24/00 v. 31.1.2001 *VITALITE*, Tz. 14; EuG T-247/01 v. 12.12.2002 *ECOPY*, Tz. 49; EuG T-63/07 v. 17.3.2010 *tosca de FEDEOLIVA/TOSCA*, Tz. 23 f.; bezüglich Vortrags des EUIPO: EuG T-439/04 v. 3.5.2006 *EUROHYPO*, Tz. 53; eine Ausnahme gilt für rechtliche Überlegungen, etwa in neuen Urteilen: EuG T-420/03 v. 17.6.2008 *BOOMERANG/BoomerangTV*, Tz. 37; eine weitere Ausnahme besteht bei der Verfälschung von Tatsachen: EuGH C-25/05 P v. 22.6.2006 *Storck II*, Tz. 53; EuGH C-214/05 P v. 18.7.2006 *Sergio Rossi*, Tz. 26; eine weitere Ausnahme dürfte für allgemeinbekannte Tatsachen gelten: EuG T-499/04 v. 17.10.2006 *STENINGE KERAMIK/STENINGE SLOTT*, Tz. 18; eine weitere Ausnahme gilt für die Übersetzung von Dokumenten in die Verfahrenssprache oder die Vorlage einer Entscheidung der Beschwerdekammer: EuG T-409/07 v. 23.9.2009 *acopat/COPAT*, Tz. 21 f.
401 EuGH C-16/06 P v. 18.12.2008 *René*, Tz. 123, unter Hinweis auf EuGH C-29/05 P v. 13.7.2007 *Kaul*, Tz. 53; auch EuGH C-263/09 P v. 5.7.2011 *Edwin Co*, Tz. 71; EuG T-458/05 v. 20.11.2007 *TEK*, Tz. 20 ff.; EuG T-392/06 v. 27.4.2010 *unibanco/UniFLEXIO*, Tz. 45 f., im Ergebnis bestätigt durch EuGH C-308/10 P v. 19.5.2011 *Union Investment Privatfonds*; EuGH C-371/16 P v. 8.12.2016 *L'Oréal*, Tz. 4 f.
402 EuGH C-29/05 P v. 13.7.2007 *Kaul*, Tz. 53 f.; EuGH C-131/06 P v. 24.4.2007 *Castellblanch/HABM*, Tz. 21; EuGH C-448/09 P v. 30.6.2010 *Royal Appliance International/HABM*, Tz. 44; auch EuGH C-412/05 P v. 26.4.2007 *Alcon (II)*, Tz. 42; EuGH C-442/15 P v. 22.9.2016 *Pensa Pharma*, Tz. 25; EuGH C-482/15 P v. 26.10.2016 *Westermann Lernspielverlage*, Tz. 27.
403 EuGH C-440/15 P v. 3.3.2016 *AgriCapital*, Tz. 23; EuGH C-442/15 P v. 22.9.2016 *Pensa Pharma*, Tz. 47; EuG T-134/06 v. 13.12.2007 *LES PAGES JAUNES/PAGESJAUNES.COM*, Tz. 24 ff.; zur Unzulässigkeit der Vorlage von Farbkopien zuvor nur in schwarz-weiß eingereichter Unterlagen erst vor dem Gericht EuG T-30/16 v. 15.2.2017 *M. I. Industries*, Tz 15 ff., im Ergebnis bestätigt durch EuGH C-218/17 P v. 7.9.2017 *Natural Instinct*; EuG T-741/14 v. 14.3.2017 *Hersill*, Tz. 15.
404 EuG T-236/18 v. 4.7.2018 *Lackmann Fleisch- und Feinkostfabrik*, Tz. 6.
405 EuG T-134/06 v. 13.12.2007 *LES PAGES JAUNES/PAGESJAUNES.COM*, Tz. 24 ff.

tigt.[406] Beweismittel, die erst im Verfahren vor dem Gericht vorgelegt werden, werden ebenfalls nicht zugelassen.[407] Etwas anderes gilt, wenn sie in engem Zusammenhang mit vorliegenden Angriffsmitteln stehen und daher nur deren Erweiterung darstellen.[408] Nationale Entscheidungen über den Verfall einer Marke finden auch keine Berücksichtigung, wenn der Löschungsantrag mangels Benutzung nach Erlass der Beschwerdeentscheidung gestellt wurde und dies nicht Gegenstand der Beschwerdeentscheidung war.[409] Noch weitergehend will das Gericht erstmaligen Vortrag zur Produktähnlichkeit nicht berücksichtigen, obwohl die Frage der Verwechslungsgefahr vor dem Amt thematisiert worden ist.[410] Sogar eine Löschung der Widerspruchsmarke nach dem Zeitpunkt der angegriffenen Entscheidung darf das EuG nicht mehr berücksichtigen, solange sie nicht rechtskräftig ist,[411] wohl aber nach Rechtskraft und nach Antrag auf Erledigterklärung.[412] Nicht berücksichtigt werden sogar Gerichtsentscheidungen, die ausschließlich zum Nachweis einer Tatsache eingereicht werden.[413] Werden andererseits zum Beleg für eine bestimmte Rechtslage Gerichtsentscheidungen eingereicht, so sind diese – da das Gericht selbst für die Kenntnis der Rechtslage verantwortlich ist – beachtlich.[414] Berücksichtigt werden auch neue Beispiele zu bereits aufgeworfenen Punkten des Rechtsstreits.[415] Auch in dem Fall, dass bereits vor dem EUIPO die rechtserhaltende Benutzung der Widerspruchsmarke bestritten wurde, muss das Gericht neuen Hinweisen nachgehen, die den Einwand der Nichtbenutzung konkretisieren.[416] Schließlich kann das Gericht auch dann entscheiden, wenn das EUIPO einen Streitgegenstand komplett übersehen und keine Entscheidung dazu gefällt hat.[417]

Bei der Antragstellung ist zu beachten, dass das Gericht dem Amt keine Anordnungen erteilen kann; dieses hat vielmehr die Konsequenzen aus dem Tenor und den

---

406 EuGH C-16/06 P v. 18.12.2008 *René*, Tz. 119 ff.; EuG T-311/01 v. 22.10.2003 *ASTERIX/Starix*, Tz. 72; EuG T-66/03 v. 22.6.2004 *GALA/Galáxia*, Tz. 45; EuG T-31/03 v. 11.5.2005 *Sadia/GRUPO SADA*, Tz. 22 ff.; EuG T-336/03 v. 27.10.2005 *OBELIX/MOBILIX*, Tz. 19 ff.; entsprechend zum Vortrag erhöhter Kennzeichnungskraft: EuG T-57/03 v. 1.2.2005 *OLLY GAN/HOOLIGAN*, Tz. 26 ff.; zum Erwerb von Unterscheidungskraft infolge Benutzung: EuG T-439/04 v. 3.5.2006 *EUROHYPO*, Tz. 58, im Ergebnis bestätigt durch EuGH C-304/06 P v. 8.5.2008 *Eurohypo*.
407 EuGH C-440/15 P v. 3.3.2016 *AgriCapital*, Tz. 23; EuG T-183/08 v. 13.5.2009 *jello SCHUHPARK/Schuhpark*, Tz. 45.
408 EuG T-463/12 v. 6.11.2014 *MB&P/MB*, Tz. 22 f., im Ergebnis bestätigt durch EuGH C-17/15 P v. 26.10.2015 *Popp und Zech*.
409 EuG T-446/07 v. 15.9.2009 *Centrixx/sensixx*, Tz. 18 f., im Ergebnis bestätigt durch EuGH C-448/09 P v. 30.6.2010 *Royal Appliance International/HABM*.
410 EuG T-10/06 v. 11.12.2007 *Portela & Companhia*, Tz. 61 ff.
411 EuGH C-268/12 P v. 8.5.2013 *Cadila Healthcare*, Tz. 33; EuGH C-482/15 P v. 26.10.2016 *Westermann Lernspielverlage*, Tz. 29; EuG T-161/07 v. 4.11.2008 *COYOTE UGLY/COYOTE UGLY*, Tz. 47 ff.; zur Teillöschung der Widerspruchsmarke und zur Prüfungspflicht des EUIPO nach Rückverweisung EuG T-406/16 v. 11.7.2017 *JAPAN-RAG/JAPRAG*, Tz. 85 ff.
412 EuG T-548/11 v. 26.11.2012 *REAL/real,- QUALITY*, Tz. 27 ff.; EuG T-333/14 v. 14.2.2017 *Helbrecht*, Tz. 21 ff.
413 EuG T-183/08 v. 13.5.2009 *jello SCHUHPARK/Schuhpark*, Tz. 45.
414 EuG T-346/04 v. 24.11.2005 *Arthur/ARTHUR ET FELICIE*, Tz. 20; einschränkend, soweit keine Pflicht zur Berücksichtigung nationaler Rechtsprechung besteht: EuG T-277/04 v. 12.7.2006 *VITAKRAFT/VITACOAT*, Tz. 70 ff.
415 EuGH C-394/08 P v. 3.6.2009 *Zipcar*, Tz. 37 ff.
416 EuGH C-412/05 P v. 26.4.2007 *Alcon (II)*, Tz. 40; in die gleiche Richtung EuG T-172/05 v. 10.10.2006 *NOMAFOAM/ARMAFOAM*, Tz. 38 ff., im Ergebnis bestätigt durch EuGH C-514/06 P v. 18.9.2008 *Armacell Enterprise*.
417 EuG T-39/16 v. 6.4.2017 *Nanu-Nana Joachim Hoepp*, Tz. 37.

Gründen[418] des vorliegenden Urteils[419] zu ziehen.[420] Auch Feststellungsanträge oder Anträge, eine Entscheidung zu bestätigen oder abzuändern, sind unzulässig.[421] Demgegenüber ist es möglich, die Klage beschränkt einzureichen, ohne die gesamte Entscheidung des EUIPO anzufechten.[422]

> So kann etwa eine Entscheidung, die eine Markenanmeldung für »Bekleidung« und »Spielwaren« zurückweist, lediglich hinsichtlich »Bekleidung« angefochten werden; die Zurückweisung für »Spielwaren« wird dann bestandskräftig.[423] Ein Antrag, das EuG solle die Angelegenheit an die untergeordnete Dienststelle zurückweisen, deren Entscheidung mit der Beschwerde angefochten worden war, ist zulässig; denn er ist nicht darauf gerichtet, dem Amt eine Anordnung zu erteilen.[424]

98 Nach Art. 76 Buchst. d der Verfahrensordnung des Gerichts muss die Klageschrift außerdem den Streitgegenstand und eine kurze Darstellung der Klagegründe enthalten.[425] Eine pauschale Bezugnahme auf Schriftstücke aus dem Amtsverfahren ist

---

418 EuG T-262/09 v. 13.4.2011 *FIRST CONTROL AEROSOL PEPPER PROJECTOR/ FIRST DEFENSE*, Tz. 41.
419 Aus anderen Gründen kann das EUIPO in erneuter Entscheidung wieder zum selben Ergebnis kommen: EuG T-508/08 v. 6.10.2011 *Form eines Lautsprechers II*, Tz. 30 ff.
420 Statt vieler: EuG T-163/98 v. 8.7.1999 *BABY-DRY*, Tz. 53; EuG T-331/99 v. 31.1.2001 *Giroform*, Tz. 33; EuG T-277/04 v. 12.7.2006 *VITAKRAFT/VITACOAT*, Tz. 74; zur Auslegung eines an sich unzulässigen Antrags: EuG T-412/06 v. 10.12.2008 *VITRAL/Vitro I*, Tz. 16; EuG T-295/07 v. 10.12.2008 *VITRAL/Vitro II*, Tz. 17; EuG T-164/16 v. 17.5.2017 *Piper Verlag*, Tz. 14 u. 26 ff.; zum Antrag auf Wiederherstellung der erstinstanzlichen Entscheidung EuG T-137/05 v. 16.5.2007 *la PERLA/NIMEI LA PERLA MODERN CLASSIC*, Tz. 16 f.; auf Feststellung, dass die Widerspruchsvoraussetzungen erfüllt sind EuG T-363/04 v. 12.9.2007 *Carbonell/La Española*, Tz. 29 f.; zur Antragsfassung ferner: EuGH C-314/05 P v. 29.6.2006 *Creative Technology*, Tz. 40 f.; EuG T-334/01 v. 8.7.2004 *HIPOVITON*, Tz. 19 u. 63; zum Umfang der Rechtskraft EuG T-879/16 v. 8.2.2018 *Vieta*, Tz. 30 ff.
421 EuG T-85/07 v. 10.6.2008 *Gabel Industria Tessile*, Tz. 15 ff; EuG T-285/08 v. 30.6.2009 *Natur-Aktien-Index*, Tz. 10 ff.; ausnahmsweise sind aber solche Feststellungsanträge zulässig, die nicht darauf abzielen, das Amt zu einem Tun oder Unterlassen zu verpflichten, sondern eine materielle Entscheidung in der Sache zu erwirken: EuG T-152/07 v. 14.9.2009 *Geometrische Felder auf dem Ziffernblatt einer Uhr*, Tz. 39 f.
422 EuG T-304/06 v. 9.7.2008 *Mozart*, Tz. 26; auch EuG T-405/05 v. 15.10.2008 *MANPOWER*, Tz. 14 ff., im Ergebnis bestätigt durch EuGH C-553/08 P v. 2.12.2009 *Powerserv Personalservice*.
423 EuG T-304/06 v. 9.7.2008 *Mozart*, Tz. 26.
424 EuG T-148/08 v. 12.5.2010 *Schreibinstrument-Design*, Tz. 41 f.
425 Hierzu EuG T-195/00 v. 10.4.2003 *Offizielles Euro-Symbol*, Tz. 26, m. w. N.; EuG T-248/05 v. 24.9.2008 *I. T.@MANPOWER*, Tz. 14 ff., im Ergebnis bestätigt durch EuGH C-520/08 P v. 24.9.2009 *HUP Uslugi Polska*; auch EuG T-247/01 v. 12.12.2002 *ECOPY*, Tz. 15.

nicht möglich.[426] Dies gilt selbst dann, wenn die Schriftstücke der Klageschrift beigefügt sind.[427] Das Verfahren ist ein Inter-partes-Verfahren, wo das Gericht – von Ausnahmefällen abgesehen – nur über die Fragen entscheiden darf, die vom Kläger aufgeworfen wurden.[428]

Die für die Klage – aber auch für Anträge des Streithelfers[429] – erforderliche Beschwer[430] kann auch im Falle einer Teilaufhebung durch die Beschwerdekammer und sogar im Falle der Zurückverweisung vorliegen.[431] Das EUIPO selbst besitzt jedoch vor dem EuG keine Aktivlegitimation – wohl aber im späteren Verfahrensverlauf vor dem EuGH.[432] Das Amt ist dennoch nicht daran gehindert, sich dem Antrag des Klägers anzuschließen oder auch sich damit zu begnügen, die Entschei- **99**

---

426 EuG T-256/04 v. 13.2.2007 *RESPICORT/RESPICUR*, Tz. 14; EuG T-126/08 v. 10.2.2009 *Okalux*, Tz. 18 f.; auch EuGH C-451/15 P v. 14.4.2016 *Best-Lock (Europe)*, Tz. 14; EuGH C-452/15 P v. 14.4.2016 *Best-Lock (Europe)*, Tz. 14; EuG T-270/02 v. 8.7.2004 *bestpartner*, Tz. 16; EuG T-115/02 v. 13.7.2004 *a/a*, Tz. 11; EuG T-183/03 v. 14.9.2004 *APPLIED MOLECULAR EVOLUTION*, Tz. 11; EuG T-169/03 v. 1.3.2005 *MISS ROSSI/SISSI ROSSI*, Tz. 30; EuG T-316/03 v. 7.6.2005 *MunichFinancialServices*, Tz. 23; EuG T-97/05 v. 12.7.2006 *Sergio Rossi/MARCOROSSI*, Tz. 36 f., jeweils m. w. N.; EuG T-350/04 bis T-352/04 v. 19.10.2006 *Bit/BUD*, Tz. 32 ff.; EuG T-43/05 v. 30.11.2006 *BROTHERS/BROTHERS by CAMPER*, Tz. 32 f.; EuG T-389/03 v. 17.4.2008 *Pelikan*, Tz. 17 ff.; EuG T-420/03 v. 17.6.2008 *BOOMERANG/BoomerangTV*, Tz. 92 f.; EuG T-305/06 bis T-307/06 v. 15.10.2008 *FERROMAXX, INOMAXX und ALUMAXX/Ferromix, Inomix und Alumix*, Tz. 21 f., im Ergebnis bestätigt durch EuGH C-579/08 P v. 15.1.2010 *Messer Group*; EuG T-27/09 v. 10.12.2009 *Stella*, Tz. 19 f; EuG T-460/07 v. 20.1.2010 *LIFE BLOG/LIFE*, Tz. 26 ff., Rechtsmittel zum EuGH C-154/10 wurde zurückgenommen; zu (falschen) Verweisungen auf Anlagen auch EuG T-195/00 v. 10.4.2003 *Offizielles Euro-Symbol*, Tz. 49.
427 EuG T-484/09 v. 16.11.2011 *Powerball/POWERBALL*, Tz. 18.
428 EuGH C-542/17 P v. 11.9.2018 *Allstate Insurance*, Tz. 40.
429 Vgl. EuG T-405/05 v. 15.10.2008 *MANPOWER*, Tz. 14 ff.; EuG T-418/07 v. 18.6.2009 *LiBRO/LIBERO*, Tz. 81, auch hinsichtlich der Möglichkeit in der Klagebeantwortung Punkte anzugreifen, die in der Klageschrift nicht geltend gemacht worden waren.
430 Zur Übertragung der Marke im Verfahrensverlauf EuG T-94/02 v. 5.3.2004 *BOSS*, Tz. 12 ff.; EuG T-131/03 v. 27.7.2004 *KERRY SPRING*, Tz. 8 f.; EuG T-301/03 v. 28.6.2005 *CANALI/CANAL JEAN CO. NEW YORK*, Tz. 18 ff.; zu einer Situation impliziter Beschwer EuG T-171/06 v. 17.3.2009 *Laytoncrest*, Tz. 15 ff.
431 EuGH C-383/99 P v. 20.9.2001 *Baby-dry*, Tz. 16 ff.; EuG T-504/09 v. 14.12.2011 *VÖLKL/VÖLKL*, Tz. 26 ff.
432 Vgl. EuGH C-106/03 P v. 12.10.2004 *Vedial*, Tz. 26 ff.; EuGH C-416/04 P v. 11.5.2006 *The Sunrider*, Tz. 27 ff.; EuGH C-273/05 P v. 19.4.2007 *HABM/Celltech*, Tz. 19 ff.; EuGH C-97/12 P v. 15.5.2014 *Louis Vuitton Malletier*, Tz. 81; EuG T-110/01 v. 12.12.2002 *SAINT-HUBERT 41/HUBERT*, Tz. 16 ff., insb. Tz. 24; EuG T-22/04 v. 4.5.2005 *West/Westlife*, Tz. 16 ff.; auch EuG T-385/03 v. 7.7.2005 *MILES/Biker Miles*, Tz. 11 ff.

dung in das Ermessen des Gerichts zu stellen.[433] Auch eine nationale (Patent-)Anwaltskammer wird unter normalen Umständen nicht beschwert sein.[434]

> Keine Beschwer ist etwa gegeben, wenn die Beschwerdekammer ihre Prüfung lediglich auf einen von mehreren Nichtigkeitsgründen beschränkt hat und schon dieser zur Nichtigkeit der Marke führt.[435] Beschwert kann der Kläger jedoch insbesondere dann sein, wenn eine Marke erst aufgrund des Erwerbs von Unterscheidungskraft infolge Benutzung eingetragen wurde; hier kann die Entscheidung, dass die Marke von Hause aus nicht über hinreichende Unterscheidungskraft verfüge, selbständig angegriffen werden.[436]

100 Vor dem Gericht herrscht gemäß Art. 51 der Verfahrensordnung Anwaltszwang.[437] Ein Patentanwalt,[438] Markenanwalt oder »official intellectual property agent«[439] ist vor dem Gericht nicht vertretungsberechtigt. Ihm kann jedoch auf Antrag gestattet werden, in der Sitzung im Beisein und unter Aufsicht des Rechtsanwalts das Wort zu ergreifen.[440] Auch ein Rechtsanwalt kann sich vor dem Gericht nicht selbst vertreten. Seine Klage in eigener Sache ist daher auch dann unzulässig, wenn er Geschäftsführer des Klägers ist.[441] Gleiches gilt für einen Syndikusanwalt.[442]

---

433 EuG T-107/02 v. 30.6.2004 *BIOMATE*, Tz. 36; EuG T-379/03 v. 25.10.2005 *Cloppenburg*, Tz. 22 ff.; EuG T-466/04 und T-467/04 v. 1.2.2006 *Dami/HABM*, Tz. 31; EuG T-97/05 v. 12.7.2006 *Sergio Rossi/MARCOROSSI*, Tz. 16 sowie zur Kostentragungspflicht Tz. 58; EuG T-6/05 v. 6.9.2006 *DEF-TEC*, Tz. 41 f.; EuG T-191/04 v. 13.9.2006 *Metro*, Tz. 14; EuG T-310/04 v. 15.12.2006 *FERRERO/FERRO*, Tz. 32 ff., insoweit unbeanstandet von EuGH C-108/07 P v. 17.4.2008 *Ferrero*; EuG T-491/04 v. 16.5.2007 *MICRO FOCUS/FOCUS*, Tz. 19; EuG T-137/05 v. 16.5.2007 *la PERLA/NIMEI LA PERLA MODERN CLASSIC*, Tz. 19 f.; EuG T-171/06 v. 17.3.2009 *Laytoncrest*, Tz. 27.
434 EuGH C-301/05 P v. 9.2.2007 *Wilfer*; zu einer Klage des Vertreters des Beschwerten EuG T-49/06 v. 7.9.2007 *Francisco Javier González Sánchez*.
435 EuG T-300/08 v. 14.7.2009 *Golden Elephant Brand/GOLDEN ELEPHANT*, Tz. 31.
436 EuG T-405/05 v. 15.10.2008 *MANPOWER*, Tz. 14 ff., im Ergebnis bestätigt durch EuGH C-553/08 P v. 2.12.2009 *Powerserv Personalservice*.
437 Vgl. EuGH C-59/09 P v. 10.7.2009 *Hasbro*; zum Zulassungserfordernis außerdem EuG T-445/04 v. 28.2.2005 *Energy Technologies*; EuG T-123/04 v. 27.9.2005 *CARGO PARTNER*, Tz. 18; zur fehlenden Berechtigung eines Rechtsanwaltskandidaten (schwedischer juris kandidat) EuG T-389/13 v. 9.12.2013 *TRUST IN PARTNERSHIP*, Tz. 9 ff., Rechtsmittel anhängig unter EuGH C-101/14 P *Brown Brothers Harriman & Co*; zu unterschiedlichen Unterschriften des Anwalts EuG T-185/03 v. 1.3.2005 *ANTONIO FUSCO/ENZO FUSCO*, Tz. 14 ff.; zu Nachweispflichten EuG T-238/06 v. 28.2.2007 *Pax*; zur Mandatsniederlegung EuG T-123/08 v. 2.9.2010 *Magic Butler/MAGIC BUTLER*, Tz. 2 ff.; EuG T-649/14 v. 10.7.2017 *Wind Werk/X-Windwerk*.
438 EuG T-14/04 v. 9.9.2004 *Alto de Casablanca*, Tz. 9 ff.; EuG T-315/03 v. 8.6.2005 *Rockbass*, Tz. 11, dazu auch EuGH C-301/05 P v. 9.2.2007 *Wilfer*; EuG T-487/07 v. 20.10.2008 *Imperial Chemical Industries*, Tz. 9 ff. [zum englischen »Patent Attorney Litigator«]; EuG T-221/16 v. 14.11.2016 *Neonart svetlobni in reklamni napisi Krevh*, Tz. 7 f. [zum slowenischen »patentni zastopnik«].
439 EuG T-28/17 v. 17.5.2017 *Olivetel*, Tz. 13 ff.
440 EuG T-315/03 v. 8.6.2005 *Rockbass*, Tz. 11.
441 EuG T-79/99 v. 8.12.1999 *EU-LEX*, Tz. 23 ff.; EuG T-139/10 v. 21.3.2011 *REFLUXCONTROL*, Tz. 22; EuG T-345/17 v. 5.10.2017 *We do IP.*, Tz. 7 ff.; vgl. auch EuG T-243/11 v. 9.11.2011 *ADVANCE/ADVANCIS*, Tz. 17 f.
442 EuG T-544/14 v. 14.4.2015 *Société des Produits Nestlé*, Tz. 11 f.

VI. 2. Klage zum EuG

101 Der Dispositionsgrundsatz[443] gilt im Verfahren vor dem EuG nur mit starken Einschränkungen.

So ist das Gericht nicht durch ein Einvernehmen zwischen der klagenden Partei und dem EUIPO bezüglich der Ähnlichkeit oder sogar bezüglich der zwischen den betroffenen Marken bestehenden Verwechslungsgefahr gebunden. Es kann vielmehr untersuchen, ob die streitige Entscheidung den Begriff der Verwechslungsgefahr verkannt hat.[444]

102 Der Prüfungsumfang vor dem EuG umfasst die vollständige Kontrolle der Entscheidungen des EUIPO. Das EuG kann insbesondere die Rechtmäßigkeit der von den Beschwerdekammern erlassenen Entscheidungen dadurch überprüfen, dass es die von den Beschwerdekammern vorgenommene Anwendung des Unionsrechts insbesondere auf den ihnen vorliegenden Sachverhalt einer Kontrolle unterzieht.[445] Wenn das EuG nationales Recht anwendet, so können auch Entwicklungen berücksichtigt werden, die sich erst nach Erlass der angegriffenen Entscheidung vollzogen haben.[446] Gemäß Art. 72 III UMV kann das EuG eine Entscheidung des EUIPO auch abändern; dies setzt jedoch voraus, dass die Angelegenheit entscheidungsreif ist.[447] Verweist das EuG eine Angelegenheit an eine andere Beschwerdekammer zurück als diejenige, die die angegriffene Entscheidung gefällt hat, so darf der nunmehr befassten Beschwerdekammer kein Mitglied angehören, das bereits an der ersten Entscheidung beteiligt war.[448] Das Gericht kann in jedem Verfahrensstadium Fragen an die Beteiligten richten, ohne dass sich daraus eine Pflicht zur Verwertung der gewonnenen Informationen ergäbe.[449]

---

443 Vgl. auch EuGH C-214/05 P v. 18.7.2006 *Sergio Rossi*, Tz. 50 ff.
444 EuGH C-106/03 P v. 12.10.2004 *SAINT-HUBERT 41/HUBERT*, Tz. 26 ff.; vgl. aber auch EuGH C-412/05 P v. 26.4.2007 *Alcon (II)*, Tz. 42 f.; EuG T-156/01 v. 9.7.2003 *GIORGI/GIORGIO AIRE*, Tz. 69; EuG T-162/01 v. 9.7.2003 *GIORGI/GIORGIO BEVERLY HILLS*, Tz. 36 ff.; EuG T-356/02 v. 6.10.2004 *VITAKRAFT*, Tz. 48; EuG T-499/04 v. 17.10.2006 *STENINGE KERAMIK/STENINGE SLOTT*, Tz. 26; EuG T-88/05 v. 8.2.2007 *MARS/NARS*, Tz. 54; EuG T-10/06 v. 11.12.2007 *Portela & Companhia*, Tz. 61 ff.
445 EuGH C-16/06 P v. 18.12.2008 *René*, Tz. 38 f.; EuGH C-396/15 P v. 17.2.2016 *Shoe Branding Europe*, Tz. 66.
446 EuGH C-598/14 P v. 5.4.2017 *EUIPO/Szajner*, Tz. 35 ff.
447 EuG T-85/07 v. 10.6.2008 *Gabel Industria Tessile*, Tz. 28; EuG T-41/17 v. 12.7.2018 *Lotte*, Tz. 65 f.
448 EuG T-106/12 v. 3.7.2013 *ALPHA D3 II/ALPHAREN*, Tz. 29 ff., im Ergebnis bestätigt durch EuGH C-490/13 P v. 17.7.2014 *Cytochroma Development*.
449 EuGH C-485/16 P v. 31.1.2017 *Universal Protein Supplements*, Tz. 15, m. w. N.

103 Die Kostenentscheidung vor dem EuG richtet sich nach Art. 133 ff. der Verfahrensordnung.[450] Die Entscheidung kann nicht isoliert vor dem EuGH angefochten werden.[451] Ein Kostenantrag kann auch noch in der mündlichen Verhandlung gestellt werden.[452] Voraussetzung eines Antrags auf Festsetzung der Kosten ist, dass die Höhe der erstattungsfähigen Kosten zwischen den Parteien überhaupt streitig ist.[453] Dabei zählen Kosten für Übersetzungen in die Verfahrenssprache beim EuG zu den Verfahrenskosten.[454] Bei der Bemessung der Kosten der Verfahrensvertreter sind die Umstände des Einzelfalls frei zu würdigen; dabei kommt es auf den Gegenstand und die Art des Rechtsstreits, seine Bedeutung aus unionsrechtlicher Sicht sowie seinen Schwierigkeitsgrad, den – objektiv notwendigen – Arbeitsaufwand der tätig gewordenen Bevollmächtigten oder Beistände im Zusammenhang mit dem Verfahren und die wirtschaftlichen Interessen der Parteien am Ausgang des Rechtsstreits an.[455] Auf nationale Kostenvorschriften kommt es nicht an.[456] Verfahrenskosten, die bereits in einer rechtskräftigen Entscheidung des Amtes festgesetzt worden sind, bleiben im Kostenfestsetzungsverfahren vom EuG unberücksichtigt.[457] Ist eine Partei des Verfahrens nicht im Stande, die Kosten des Beistands und der rechtlichen Vertretung vor dem EuG zu tragen, kann sie Prozesskostenhilfe beantragen.[458]

> So hielt das EuG in einem Verfahren der Nichtigkeitserklärung einer Marke wegen absoluter Schutzhindernisse ohne besondere Schwierigkeiten die Erstattung von Rechtsanwaltskosten in Höhe von 9000,- EUR für angemessen.[459] In einem EuGH-Verfahren waren 16.000,-

---

450 Zum teilweisen Obsiegen EuG T-135/99 v. 31.1.2001 *CINE ACTION*, Tz. 37; EuG T-136/99 v. 31.1.2001 *CINE COMEDY*, Tz. 37; EuG T-24/00 v. 31.1.2001 *VITALITE*, Tz. 35; EuG T-359/99 v. 7.6.2001 *EuroHealth*, Tz. 51; EuG T-292/01 v. 14.10.2003 *PASH/BASS*, Tz. 62; EuG T-334/01 v. 8.7.2004 *HIPOVITON*, Tz. 66 f.; EuG T-356/02 v. 6.10.2004 *VITAKRAFT*, Tz. 60 f.; EuG T-320/03 v. 15.9.2005 *LIVE RICHLY*, Tz. 99 ff.; zur Hauptsacheerledigung EuGH C-301/05 P v. 11.10.2007 *Wilfer*; EuG T-7/02 und T-8/02 v. 26.2.2003 *Zapf*, Tz. 11 f.; EuG T-10/01 v. 3.7.2003 *Sedonium*, Tz. 19 f.; EuG T-120/03 v. 9.2.2004 *DERMAZYN*, Tz. 25 f.; entsprechend für das Nichtigkeitsverfahren EuG T-383/02 v. 18.11.2003 *CELEBREX*, Tz. 15 f.; zur Klagerücknahme EuGH C-498/01 P v. 1.12.2004 *Zapf*, Tz. 10 ff.; EuG T-325/03 v. 6.5.2004 *E-Sim*, Tz. 5; EuG T-292/03 v. 22.4.2004 *HOMETECH*, Tz. 5; zur Beschwerdegebühr EuG T-32/00 v. 5.12.2000 *electronica*, Tz. 11 f.
451 EuGH C-263/09 P v. 5.7.2011 *Edwin Co*, Tz. 78.
452 EuG T-423/04 v. 5.10.2005 *BK RODS/BKR*, Tz. 84, m. w. N.
453 EuGH C-586/15 P-DEP v. 9.11.2017 *Nestlé Unternehmungen Deutschland*, Tz. 9 ff.
454 EuG T-476/08 v. 15.12.2009 *BEST BUY*, Tz. 11 f, im Ergebnis bestätigt durch EuGH C-92/10 P v. 13.1.2011 *Media-Saturn-Holding*.
455 EuGH C-406/11 P-DEP v. 5.12.2013 *Atlas Air*, Tz. 12 f., wo für ein Verfahren vor dem 3.700,- Euro festgesetzt wurden; EuGH C-171/12 P-DEP v. 6.10.2017 *Giulio Gambettola*, Tz. 15; EuG T-446/07 v. 5.3.2012 *sensixx/Centrixx*, Tz. 11 ff., wo 6.357,73 Euro festgesetzt wurden.
456 EuGH C-325/13 P-DEP u. C-326/13 P-DEP v. 3.7.2017 *Peek & Cloppenburg*; EuGH C-171/12 P-DEP v. 6.10.2017 *Giulio Gambettola*, Tz. 14.
457 EuG T-544/11 v. 6.3.2014 *STEAM GLIDE*, Tz. 17.
458 EuG T-206/09 v. 12.10.2009 *DALLAS DHU*, Tz. 4; zur Kostenpflicht des EUIPO nach Widerruf gemäß Art. 103 UMV: EuG T-349/09 v. 6.7.2010 *Pago*, Tz. 10 ff.
459 EuG T-544/11 v. 6.3.2014 *STEAM GLIDE*, Tz. 11 ff.

EUR nebst Zinsen bei einem durchschnittlichen Stundensatz von 250,- EUR angemessen.[460] Werden im Kostenfestsetzungsantrag weder Stundensatz noch die aufgewendeten Stunden angegeben, so kann ein Pauschalbetrag geschätzt werden.[461] In besonders gelagerten Fällen können auch die Kosten zweier Anwälte erstattungsfähig sein.[462]

Wie auch das EUIPO muss auch das EuG seine Entscheidung begründen. Die Begründung muss eine Überprüfung der Entscheidung durch den EuGH ermöglichen.[463] 104

Verweist das EuG die Sache zur erneuten Entscheidung an das EUIPO zurück, so muss die Beschwerdekammer die Parteien nicht erneut zur Stellungnahme auffordern und anhören, wenn die maßgeblichen Gesichtspunkte bereits im vorhergehenden Verfahren erörtert wurden.[464] Will daher eine Partei Stellung nehmen, so ist die Stellungnahme unaufgefordert einzureichen. 105

3. Rechtsmittel zum EuGH

Gegen Entscheidungen des EuG besteht die Möglichkeit des Rechtsmittels[465] zum EuGH. Das Rechtsmittel ist in der Verfahrenssprache der Entscheidung des EuG einzulegen.[466] Unter Umständen können Interessenverbände im Verfahren Stellung nehmen, z. B. die INTA.[467] Nicht klagebefugt ist hingegen eine Partei, die vor dem EuG keine Stellungnahme eingereicht hatte.[468] Die Befugnisse des Gerichtshofs sind im Rahmen eines Rechtsmittels auf die Beurteilung der rechtlichen Entschei- 106

---

460 EuGH C-325/13 P-DEP u. C-326/13 P-DEP v. 3.7.2017 *Peek & Cloppenburg*.
461 EuGH C-171/12 P-DEP v. 6.10.2017 *Giulio Gambettola*, Tz. 27 f.
462 EuGH C-171/12 P-DEP v. 6.10.2017 *Giulio Gambettola*, Tz. 21.
463 EuGH C-398/07 P v. 7.5.2009 *Waterford Wedgwood*, Tz. 44 f.
464 EuG T-509/15 v. 3.2.2017 *Kessel medintim*, Tz. 25 ff.
465 Zu den Anforderungen vgl. EuGH C-361/01 P v. 9.9.2003 *KIK*, Tz. 77; EuGH C-456/01 P u. C-457/01 P v. 29.4.2004 *Dreidimensionale Tablettenform I*, Tz. 49 f.; EuGH C-286/04 P v. 30.6.2005 *Eurocermex*, Tz. 42 ff.; EuGH C-25/05 P v. 22.6.2006 *Storck II*, Tz. 47 ff.; EuGH C-214/05 P v. 18.7.2006 *Sergio Rossi*, Tz. 34 ff.; EuGH C-325/06 P v. 20.3.2007 *Galileo International Technology u. a./Kommission*, Tz. 36; EuGH C-488/08 P und C-489/08 P v. 4.12.2009 *Rath*, Tz. 44; EuGH C-23/09 P v. 22.1.2010 *ecoblue*, Tz. 41 f.; EuGH C-559/08 P v. 16.9.2010 *Rajani*, Tz. 40 f.; zur Zulässigkeit einer Klage des EUIPO EuGH C-598/14 P v. 5.4.2017 *EUIPO/Szajner*, Tz. 22 ff.; zum Verbot neuen Vorbringens EuGH C-24/05 P v. 22.6.2006 *Storck I*, Tz. 45 ff.; EuGH C-24/05 P v. 22.6.2006 *Storck I*, Tz. 60 ff.; EuGH C-225/06 P v. 11.9.2007 *AVEE*, Tz. 24 f.; EuGH C-104/05 v. 28.9.2006 *El Corte Inglés*, Tz. 40; EuGH C-212/07 P v. 13.2.2008 *Indorata-Serviços e Gestão*, Tz. 49 ff.; EuGH C-608/12 P v. 8.5.2014 *Greinwald*, Tz. 32; zur Zulässigkeit eines Wiederaufgreifens von Vortrag vor dem EUIPO, der keinen Eingang in die Entscheidung des EuG gefunden hat EuGH C-488/06 P v. 17.7.2008 *L & D*, Tz. 43; EuGH C-514/06 P v. 18.9.2008 *Armacell Enterprise*, Tz. 45 ff.; EuGH C-16/06 P v. 18.12.2008 *René*, Tz. 110 f.; zur Zurückweisung einer verworrenen Klage EuGH C-576/16 P v. 2.3.2017 *TVR Italia*, Tz. 3 f.; aber auch EuGH C-622/13 P v. 30.4.2015 *Castel Frères*, Tz. 82; zur fehlenden Rechtsmittelbefugnis, wenn vor dem EuG keine Klageerwiderung eingereicht wurde EuGH C-35/14 P v. 12.2.2015 *Enercon*, Tz. 24 f.; zum Ablauf der Klagefrist nach Antrag auf Prozesskostenhilfe EuGH C-43/16 P v. 14.6.2016 *Copernicus-Trademarks*, Tz. 3 f.
466 EuGH C-602/18 P v. 18.10.2018 *Star Television Productions*.
467 Vgl. EuGH C-445/13 P v. 25.3.2014 *Voss of Norway*.
468 EuGH C-35/14 P v. 12.2.2015 *Enercon*, Tz. 24 f.; EuGH C-206/15 P v. 24.11.2015 *Sun Mark*, Tz. 31 ff.

dung über das im ersten Rechtszug erörterte Vorbringen beschränkt, so dass neue Angriffsmittel in aller Regel nicht geltend gemacht werden können.[469] Auch ist das Rechtsmittel nach Art. 256 AEUV[470] und Art. 58 Absatz 1 der Satzung des Gerichtshofes auf Rechtsfragen beschränkt; die Tatsachenwürdigung stellt keine Rechtsfrage dar.[471] Eine Verletzung von Beweisregeln allgemeiner Tragweite kann der EuGH hingegen überprüfen.[472] Auch eine Verfälschung von Tatsachen kann gerügt werden; eine derartige Verfälschung liegt vor, wenn sich die Würdigung der vorliegenden Beweismittel, ohne das neue Beweise erhoben werden müssen, als offensichtlich unzutreffend erweist;[473] die Grenzen einer vernünftigen Beurteilung der Beweismittel müssen offensichtlich überschritten sein.[474] Der Rechtsmittelführer muss dabei genau angeben, welche Tatsachen das Gericht verfälscht haben soll, und die Beurteilungsfehler darlegen, die das Gericht seines Erachtens zu dieser Verfälschung veranlasst haben.[475]

469 EuGH C-408/08 P v. 25.2.2010 *Lancôme*, Tz. 52 f.; EuGH C-214/09 P v. 29.7.2010 *Anheuser-Busch*, Tz. 99 ff.; EuGH C-308/10 P v. 19.5.2011 *Union Investment Privatfonds*, Tz. 31; EuGH C-142/14 P v. 3.6.2015 *Sunrider*, Tz. 74; EuGH C-370/14 P v. 12.2.2015 *Argo Group International Holdings*, Tz. 28; EuGH C-414/14 v. 26.2.2015 *Fundaçāo Calouste Gulbenkian*, Tz. 38 u. 52; EuGH C-249/14 P v. 9.7.2015 *Pêra-Grave*, Tz. 24; EuGH C-421/15 P v. 11.5.2017 *Yoshida Metal Industry*, Tz. 46; EuGH C-678/16 P v. 18.1.2018 *Monster Energy*, Tz. 44; zur Konstellation dass Vortrag wegen Verspätung keine Berücksichtigung findet und daher neu ist: EuGH C-684/17 P v. 17.5.2018 *Banca Monte dei Paschi di Siena*, Tz. 4 f.; EuGH C-685/17 P v. 17.5.2018 *Banca Monte dei Paschi di Siena*, Tz. 4 f.
470 Früher Art. 225 EG.
471 Ständige Rechtsprechung, statt vieler: EuGH C-104/00 P v. 19.9.2002 *Companyline*, Tz. 22, m. w. N.; EuGH C-193/09 P v. 4.3.2010 *Kaul*, Tz. 75; EuGH C-156/10 P v. 15.12.2010 *Goncharov*, Tz. 38; EuGH C-84/16 P v. 26.7.2017 *Continental Reifen Deutschland*, Rn 35.
472 EuGH C-108/07 P v. 17.4.2008 *Ferrero*, Tz. 30, m. w. N.; EuGH C-552/09 P v. 24.3.2011 *FERRERO*, Tz. 75 ff.
473 EuGH C-304/06 P v. 8.5.2008 *Eurohypo*, Tz. 34; EuGH C-398/07 P v. 7.5.2009 *Waterford Wedgwood*, Tz. 40 f.; EuGH C-481/08 P v. 24.9.2009 *Alcon*, Tz. 19; EuGH C-488/08 P und C-489/08 P v. 4.12.2009 *Rath*; Tz. 38; EuGH C-536/10 P v. 7.7.2011 *MPDV Mikrolab*, Tz. 27; EuGH C-546/10 P v. 13.9.2011 *Wilfer*, Tz. 64; EuGH C-281/10 P v. 20.10.2011 *PepsiCo*, Tz. 79; EuGH C-88/11 P v. 10.11.2011 *LG Electronics*, Tz. 37; EuGH C-311/11 P v. 12.7.2012 *Smart Technologies*, Tz. 53; EuGH C-21/12 v. 17.1.2013 *Abbott Laboratories*, Tz. 55; EuGH C-97/12 P v. 15.5.2014 *Louis Vuitton Malletier*, Tz. 74; EuGH C-150/14 P v. 4.9.2014 *Goldsteig Käsereien Bayerwald*, Tz. 24; EuGH C-669/13 P v. 21.10.2014 *Mundipharma*, Tz. 33; EuGH C-581/13 P und C-582/13 P v. 20.11.2014 *Intra-Presse*, Tz. 39; EuGH C-370/14 P v. 12.2.2015 *Argo Group International Holdings*, Tz. 39; EuGH C-182/14 P v. 19.3.2015 *MEGA Brands International*, Tz. 49; EuGH C-142/14 P v. 3.6.2015 *Sunrider*, Tz. 49; EuGH C-548/14 P v. 17.9.2015 *Arnoldo Mondadori Editore*, Tz. 41; EuGH C-50/15 P v. 21.1.2016 *Hesse*, Tz. 30; EuGH C-232/15 P v. 21.4.2016 *ultra air*, Tz. 50; EuGH C-440/15 P v. 3.3.2016 *AgriCapital*, Tz. 33; EuGH C-480/15 P v. 14.4.2016 *KS Sports IPCo*, Tz. 75; EuGH C-482/15 P v. 26.10.2016 *Westermann Lernspielverlage*, Tz. 36; eine bloß fehlerhafte Beweiswürdigung genügt nicht: EuGH C-224/14 P v. 6.9.2016 *Lidl Stiftung*, Tz. 27; zur Nichtwürdigung von Beweismitteln EuGH C-84/16 P v. 26.7.2017 *Continental Reifen Deutschland*, Rn 35 ff.
474 EuGH C-139/17 P v. 25.7.2018 *QuaMa Quality Management*, Tz. 35, m. w. N.
475 EuGH C-281/10 P v. 20.10.2011 *PepsiCo*, Tz. 78, m. w. N.; EuGH C-442/15 P v. 22.9.2016 *Pensa Pharma*, Tz. 21; EuGH C-421/15 P v. 11.5.2017 *Yoshida Metal Industry*, Tz. 23; EuGH C-687/16 P v. 7.6.2017 *Capella*, Tz. 4 f.; EuGH C-471/16 P v. 26.7.2017 *Staatliche Porzellan-Manufaktur Meissen*, Tz. 34 f.; EuGH C-437/16 P v. 5.10.2017 *Wolf Oil*, Tz. 25.

Lediglich Tatsachenwürdigung stellt dabei etwa die Ermittlung des relevanten Publikums,[476] seiner Aufmerksamkeit,[477] seines Verständnisses bestimmter Wörter oder Wortteile[478], des beschreibenden Charakters eines Zeichens[479] oder die Frage dar, ob im Rahmen der Prüfung

---

[476] EuGH C-144/06 P v. 4.10.2007 *Rot-weiße rechteckige Tablette mit einem blauen ovalen Kern*, Tz. 51; EuGH C-243/07 P v. 15.2.2008 *Brinkmann*, Tz. 35; EuGH C-513/07 P v. 17.10.2008 *AGC Flat Glass Europe*, Tz. 30; EuGH C-57/08 P v. 11.12.2008 *Gateway*, Tz. 39; EuGH C-17/08 P v. 6.2.2009 *MPDV Mikrolab*, Tz. 28; EuGH C-416/08 P v. 10.7.2009 *Apple Computer*, Tz. 34; EuGH C-481/08 P v. 24.9.2009 *Alcon*, Tz. 16; EuGH C-84/10 P v. 22.10.2010 *Longevity Health Products*, Tz. 29; EuGH C-546/10 P v. 13.9.2011 *Wilfer*, Tz. 61; EuGH C-81/11 P v. 8.3.2012 *Longevity Health Products*, Tz. 26; EuGH C-294/12 P v. 14.5.2013 *You-Q*, Tz. 60; EuGH C-14/12 P v. 30.5.2013 *Shah*, Tz. 28; EuGH C-311/14 P v. 20.1.2015 *Longevity Health Products*, Tz. 34; EuGH C-374/14 P v. 12.2.2015 *Walcher Meßtechnik*, Tz. 23; EuGH C-142/14 P v. 3.6.2015 *Sunrider*, Tz. 50; EuGH C-396/15 P v. 17.2.2016 *Shoe Branding Europe*, Tz. 15; EuGH C-232/15 P v. 21.4.2016 *ultra air*, Tz. 41; EuGH C-619/15 P v. 21.6.2016 *Eugenia Mocek, Jadwiga Wenta, KAJMAN*, Tz. 22; EuGH C-417/16 P v. 4.5.2017 *August Storck*, Tz. 52; EuGH C-570/17 P v. 16.1.2018 *Lackmann Fleisch- und Feinkostfabrik*, Tz. 5 f.; EuGH C-726/17 P v. 11.7.2018 *Tetra Pharm (1997)*, Tz. 6; EuGH C-139/17 P v. 25.7.2018 *QuaMa Quality Management*, Tz. 56; EuGH C-150/18 P v. 6.9.2018 *El Corte Inglés*, Tz. 6 f.; EuGH C-151/18 P v. 6.9.2018 *El Corte Inglés*, Tz. 6 f.; EuGH C-48/18 P v. 13.11.2018 *Toontrack Music*, Tz. 29; vgl. aber abweichend zu den Abgrenzungskriterien EuGH C-320/07 P v. 12.3.2009 *Antartica*, Tz. 42, m. w. N.

[477] EuGH C-144/06 P v. 4.10.2007 *Rot-weiße rechteckige Tablette mit einem blauen ovalen Kern*, Tz. 51; EuGH C-488/08 P und C-489/08 P v. 4.12.2009 *Rath*; Tz. 37; EuGH C-494/08 P v. 9.12.2009 *Prana Haus*, Tz. 35 f.; EuGH C-461/09 P v. 9.7.2010 *The Welcome Foundation*, Tz. 20; EuGH C-84/10 P v. 22.10.2010 *Longevity Health Products*, Tz. 29; EuGH C-353/09 P v. 11.2.2011 *Perfetti Van Melle*, Tz. 51; EuGH C-546/10 P v. 13.9.2011 *Wilfer*, Tz. 41; EuGH C-81/11 P v. 8.3.2012 *Longevity Health Products*, Tz. 26; EuGH C-311/11 P v. 12.7.2012 *Smart Technologies*, Tz. 51; EuGH C-294/12 P v. 14.5.2013 *You-Q*, Tz. 60; EuGH C-14/12 P v. 30.5.2013 *Shah*, Tz. 28; EuGH C-509/13 P v. 4.9.2014 *Metropolis Inmobiliaris y Restauraciones*, Tz. 39; EuGH C-521/13 P v. 11.9.2014 *Think Schuhwerk*, Tz. 44; EuGH C-466/13 P v. 22.10.2014 *Repsol*, Tz. 71; EuGH C-170/14 v. 6.11.2014 *Big Line Sas di Graziani Lorenzo*, Tz. 42; EuGH C-368/14 v. 11.12.2014 *Compagnie des bateaux mouches*, Tz. 23; EuGH C-374/14 P v. 12.2.2015 *Walcher Meßtechnik*, Tz. 23; EuGH C-142/14 P v. 3.6.2015 *Sunrider*, Tz. 50; EuGH C-33/15 P v. 5.10.2015 *Cantina Broglie 1*, Tz. 52; EuGH C-34/15 P v. 5.10.2015 *Cantina Broglie 1*, Tz. 52; EuGH C-251/15 P v. 4.2.2016 *Emsibeth*, Tz. 29; EuGH C-396/15 P v. 17.2.2016 *Shoe Branding Europe*, Tz. 15; EuGH C-232/15 P v. 21.4.2016 *ultra air*, Tz. 41; EuGH C-619/15 P v. 21.6.2016 *Eugenia Mocek, Jadwiga Wenta, KAJMAN*, Tz. 22; EuGH C-417/16 P v. 4.5.2017 *August Storck*, Tz. 52; EuGH C-50/17 P v. 1.6.2017 *Universidad Internacional de la Rioja*, Tz. 5 f.; EuGH C-182/16 P v. 26.7.2017 *Meica Ammerländische Fleischwarenfabrik Fritz Meinen*, Tz. 40 f.; EuGH C-501/15 P v. 11.10.2017 *EUIPO/Cactus*, Tz. 61; EuGH C-570/17 P v. 16.1.2018 *Lackmann Fleisch- und Feinkostfabrik*, Tz. 5 f.; EuGH C-488/16 P v. 6.9.2018 *Bundesverband Souvenir- Geschenke- Ehrenpreise*, Tz. 30; EuGH C-48/18 P v. 13.11.2018 *Toontrack Music*, Tz. 29.

[478] EuGH C-669/13 P v. 21.10.2014 *Mundipharma*, Tz. 30; EuGH C-374/14 P v. 12.2.2015 *Walcher Meßtechnik*, Tz. 17; EuGH C-142/14 P v. 3.6.2015 *Sunrider*, Tz. 50; EuGH C-232/15 P v. 21.4.2016 *ultra air*, Tz. 41; auch EuGH C-311/14 P v. 20.1.2015 *Longevity Health Products*, Tz. 34; EuGH C-29/15 P v. 3.12.2015 *Verband der Kölnisch-Wasser Hersteller*, Tz. 31 ff.; EuGH C-251/15 P v. 4.2.2016 *Emsibeth*, Tz. 29; EuGH C-150/18 P v. 6.9.2018 *El Corte Inglés*, Tz. 6 f.; EuGH C-151/18 P v. 6.9.2018 *El Corte Inglés*, Tz. 6 f.

[479] EuGH C-553/17 P v. 24.1.2018 *Windfinder R & L*, Tz. 4 f.

der Unterscheidungskraft eine erhebliche Abweichung vom Branchenüblichen besteht,[480] die Beurteilung der Funktionalität im Rahmen des Art. 7 I Buchst. e UMV[481] oder ob die Kombination verschiedener Elemente für hinreichende Unterscheidungskraft sorgt.[482] Auch die Bestimmung der relevanten Waren und Dienstleistungen ist Teil der Tatsachenwürdigung.[483] Tatsachenwürdigung ist ferner die Prüfung, ob die vorgelegten Beweismittel ausreichen, um einen Erwerb von Unterscheidungskraft infolge Benutzung nachzuweisen.[484] Gleiches ist für die heraldische Beurteilung im Rahmen des Art. 7 I Buchst. h UMV angenommen worden.[485] Ebenso ist die Frage Tatsachenwürdigung, ob vorgelegte Beweismittel für den Benutzungsnachweis genügen[486] oder wie die tatsächlich benutzten Produkte zu klassifizieren sind.[487] Dies gilt insbesondere für die Beurteilung des Beweiswerts einer eidesstattlichen Versicherung.[488] Auch die Beurteilung der Änderung des kennzeichnenden Charakters im Rahmen der Prüfung rechtserhaltender Benutzung ist Tatsachenfrage,[489] nicht aber die Bestimmung der maßgeblichen Kriterien der Beurteilung.[490] Entsprechendes gilt für die Ermittlung der Kennzeichnungskraft der älteren Marke,[491] die Beurteilung der zugrundeliegenden Marken[492] und ihrer Ähnlichkeit,[493] insbesondere der klanglichen, bildlichen und begrifflichen

---

480 EuGH C-144/06 P v. 4.10.2007 *Rot-weiße rechteckige Tablette mit einem blauen ovalen Kern*, Tz. 48; EuGH C-445/13 P v. 7.5.2015 *Voss of Norway*, Tz. 96; auch EuGH C-497/07 P v. 27.6.2008 *Philip Morris Products*, Tz. 29; EuGH C-20/08 P v. 9.12.2008 *Enercon*, Tz. 48 ff.; EuGH C-417/16 P v. 4.5.2017 *August Storck*, Tz. 44; EuGH C-520/17 P v. 30.11.2017 *X-cen-tek*, Tz. 6 f.; zum Verständnis in verschiedenen Sprachen: EuGH C-581/13 P und C-582/13 P v. 20.11.2014 *Intra-Presse*, Tz. 62.
481 EuGH C-30/15 P v. 10.11.2016 *Simba Toys*, Tz. 34.
482 EuGH C-531/14 P v. 2.9.2015 *Giorgis*, Tz. 31.
483 EuGH C-150/18 P v. 6.9.2018 *El Corte Inglés*, Tz. 6 f.; EuGH C-151/18 P v. 6.9.2018 *El Corte Inglés*, Tz. 6 f.
484 EuGH C-84/17 P, C-85/17 P und C-95/17 P v. 25.7.2018 *Société des produits Nestlé*, Tz. 84 f.
485 EuGH C-208/08 P v. 16.7.2009 *American Clothing*, Tz. 53.
486 EuGH C-234/06 P v. 13.9.2007 *Il Ponte Finanziaria*, Tz. 75; EuGH C-609/11 P v. 26.9.2013 *Centrotherm*, Tz. 77; EuGH C-252/15 P v. 17.3.2016 *Naazneen Investments*, Tz. 62 ff.; EuGH C-559/17 P v. 11.1.2018 *Cafés Pont*, Tz. 4 f.; EuGH C-536/17 P v. 17.1.2018 *Josel*, Tz. 5 f.
487 EuGH C-194/17 P v. 31.1.2019 *Pandalis*, Tz. 54.
488 EuGH C-414/13 P v. 20.5.2014 *Reber Holding*, Tz. 32; EuGH C-252/15 P v. 17.3.2016 *Naazneen Investments*, Tz. 60.
489 EuGH C-94/16 P v. 15.6.2016 *LTJ Diffusion*, Tz. 6 f.; EuGH C-611/15 P v. 16.6.2016 *L'Oréal*, Tz. 18; EuGH C-340/17 P v. 29.11.2018 *Alcohol Countermeasure Systems (International)*, Tz. 40.
490 EuGH C-501/15 P v. 11.10.2017 *EUIPO/Cactus*, Tz. 64; EuGH C-340/17 P v. 29.11.2018 *Alcohol Countermeasure Systems (International)*, Tz. 76.
491 EuGH C-193/13 P v. 16.1.2014 *nfon*, Tz. 28; EuGH C-17/15 P v. 26.10.2015 *Popp und Zech*, Tz. 57.
492 EuGH C-272/16 P v. 27.10.2016 *Tayto Group*, Tz. 5 f.
493 EuGH C-311/14 P v. 20.1.2015 *Longevity Health Products*, Tz. 34; EuGH C-494/13 P v. 22.1.2015 *GRE*, Tz. 39; EuGH C-495/13 P v. 22.1.2015 *GRE*, Tz. 39; EuGH C-496/13 P v. 22.1.2015 *GRE*, Tz. 38; EuGH C-142/14 P v. 3.6.2015 *Sunrider*, Tz. 50 f.; EuGH C-251/15 P v. 4.2.2016 *Emsibeth*, Tz. 30; EuGH C-442/15 P v. 22.9.2016 *Pensa Pharma*, Tz. 60; EuGH C-619/15 P v. 21.6.2016 *Eugenia Mocek, Jadwiga Wenta, KAJMAN*, Tz. 8; EuGH C-501/16 P v. 16.2.2017 *Monster Energy*, Tz. 5 f.; EuGH C-502/16 P v. 16.2.2017 *Monster Energy*, Tz. 5 f.; EuGH C-86/17 P v. 7.6.2017 *Redpur*, Tz. 4 f.; EuGH C-471/16 P v. 26.7.2017 *Staatliche Porzellan-Manufaktur Meissen*, Tz. 52; EuGH C-499/17 P v. 14.12.2017 *Miguel Torres*, Tz. 7 f.; EuGH C-678/16 P v. 18.1.2018 *Monster Energy*, Tz. 49; EuGH C-651/17 P v. 12.4.2018 *Grupo Osborne*, Tz. 6 f.

Zeichenähnlichkeit[494] und ihres Grades.[495] Gleiches gilt für Ausspracheregeln bei der Prüfung der klanglichen Ähnlichkeit,[496] für die Frage, welche Wahrnehmungsrichtung am bedeutendsten ist,[497] sowie für die Frage, ob klangliche und bildliche Ähnlichkeiten zweier Zeichen durch Bedeutungsunterschiede neutralisiert werden,[498] für die Bestimmung der Vertriebsbedingungen[499] oder die Beurteilung einer Koexistenzlage.[500] Auch unterliegt etwa die Würdigung, welches das dominierende[501] bzw. zurücktretende[502] Element einer Marke oder ihr Gesamteindruck[503] ist, nicht der Kontrolle des Gerichtshofes im Rechtsmittelverfahren. Gleiches gilt für die Beurteilung der Verwechslungsgefahr unter dem Aspekt des Serienzeichens.[504] Weiter ist die Beurteilung der Produktähnlichkeit aufgrund bestimmter Beweismit-

---

494 EuGH C-312/05 P v. 27.3.2007 *TeleTech*, Tz. 66; EuGH C-234/06 P v. 13.9.2007 *Il Ponte Finanziaria*, Tz. 39; EuGH C-243/07 P v. 15.2.2008 *Brinkmann*, Tz. 36; EuGH C-514/06 P v. 18.9.2008 *Armacell Enterprise*, Tz. 68 f.; EuGH C-21/08 P v. 26.3.2009 *Sunplus Technology*, Tz. 28 ff.; EuGH C-300/08 P v. 11.6.2009 *Leche Celta*, Tz. 34 f.; EuGH C-254/09 P v. 2.9.2010 *Calvin Klein*, Tz. 50; EuGH C-422/12 P v. 30.1.2014 *Industrias Alen*, Tz. 38; EuGH C-150/14 P v. 4.9.2014 *Goldsteig Käsereien Bayerwald*, Tz. 24; EuGH C-182/14 P v. 19.3.2015 *MEGA Brands International*, Tz. 48; EuGH C-401/16 P v. 1.12.2016 *Market Watch Franchise & Consulting*, Tz. 5 f.; EuGH C-402/16 P v. 1.12.2016 *Market Watch Franchise & Consulting*, Tz. 5 f.
495 EuGH C-603/14 P v. 10.12.2015 *El Corte Inglés*, Tz. 27.
496 EuGH C-481/08 P v. 24.9.2009 *Alcon*, Tz. 25 ff.; EuGH C-22/10 P v. 27.10.2010 *REWE Central*, Tz. 33; EuGH C-726/17 P v. 11.7.2018 *Tetra Pharm (1997)*, Tz. 6.
497 EuGH C-150/14 P v. 4.9.2014 *Goldsteig Käsereien Bayerwald*, Tz. 27; EuGH C-412/16 P und C-413/16 P v. 1.3.2018 *Ice Mountain Ibiza*, Tz. 9.
498 EuGH C-171/06 P v. 15.3.2007 *T. I. M. E. ART*, Tz. 50 f. u. 57; EuGH C-243/07 P v. 15.2.2008 *Brinkmann*, Tz. 36; EuGH C-344/07 P v. 11.4.2008 *Focus Magazin Verlag*, Tz. 51; EuGH C-669/13 P v. 21.10.2014 *Mundipharma*, Tz. 53.
499 EuGH C-206/04 P v. 23.3.2006 *Muelhens*, Tz. 28; EuGH C-182/16 P v. 26.7.2017 *Meica Ammerländische Fleischwarenfabrik Fritz Meinen*, Tz. 31; auch EuGH C-24/05 P v. 22.6.2006 *Storck I*, Tz. 35.
500 EuGH C-370/14 P v. 12.2.2015 *Argo Group International Holdings*, Tz. 26.
501 EuGH C-3/03 P v. 28.4.2004 *Matratzen Concord*, Tz. 34; EuGH C-235/05 P v. 27.4.2006 *L'Oréal*, Tz. 48; EuGH C-344/07 P v. 11.4.2008 *Focus Magazin Verlag*, Tz. 50; EuGH C-488/06 P v. 17.7.2008 *L & D*, Tz. 53; EuGH C-81/08 P v. 13.11.2008 *Miguel Cabrera Sánchez*, Tz. 23 ff.; EuGH C-57/08 P v. 11.12.2008 *Gateway*, Tz. 43; EuGH C-655/11 P v. 21.2.2013 *Seven for all mankind*, Tz. 85; EuGH C-170/14 v. 6.11.2014 *Big Line Sas di Graziani Lorenzo*, Tz. 42; EuGH C-579/14 P v. 4.6.2015 *Junited Autoglas Deutschland*, Tz. 26 f.; EuGH C-190/15 P v. 19.11.2015 *Fetim*, Tz. 33; EuGH C-278/15 P v. 14.1.2016 *Royal County of Berkshire Polo Club*, Tz. 36; EuGH C-251/15 P v. 4.2.2016 *Emsibeth*, Tz. 37; EuGH C-655/15 P v. 2.3.2017 *Panrico*, Tz. 68; EuGH C-182/16 P v. 26.7.2017 *Meica Ammerländische Fleischwarenfabrik Fritz Meinen*, Tz. 32; EuGH C-651/17 P v. 12.4.2018 *Grupo Osborne*, Tz. 6 f.; EuGH C-726/17 P v. 11.7.2018 *Tetra Pharm (1997)*, Tz. 6; auch EuGH C-512/04 P v. 1.12.2005 *Vitakraft Werke*, Tz. 25.
502 EuGH C-487/15 P v. 25.2.2016 *Deutsche Rockwool Mineralwoll*, Tz. 34; EuGH C-84/16 P v. 26.7.2017 *Continental Reifen Deutschland*, Rn 70; EuGH C-85/16 P und C-86/16 P v. 13.5.2018 *Kenzo Tsujimoto*, Tz. 55.
503 EuGH C-651/17 P v. 12.4.2018 *Grupo Osborne*, Tz. 6 f.
504 EuGH C-488/08 P und C-489/08 P v. 4.12.2009 *Rath*; Tz. 42 ff.; EuGH C-270/14 P v. 15.10.2015 *Debonair Trading Internacional*, Tz. 43.

tel Tatsachenfrage.⁵⁰⁵ Gleiches gilt für den Bekanntheitsnachweis⁵⁰⁶ oder die Frage, ob die bekannte Marke gedanklich in Verbindung gebracht wird.⁵⁰⁷ Tatsachenfrage ist auch die Eintragungspraxis anderer Ämter zu ähnlichen oder identischen Marken.⁵⁰⁸ Ob bestimmte Tatsachen mit Auswirkungen auf die Beweislast und das rechtliche Gehör ohnehin allgemein bekannt sind, ist Tatsachenfrage und kann nicht überprüft werden.⁵⁰⁹ Tatsachenwürdigung ist schließlich die Würdigung der notwendigen Handlungen im Rahmen eines Widereinsetzungsantrags.⁵¹⁰ Demgegenüber stellt es keine Tatsachenwürdigung dar, wenn die rechtlichen Grundlagen der Eintragungshindernisse falsch beurteilt werden,⁵¹¹ gerügt wird, dass das EuG die klangliche und begriffliche Ähnlichkeit⁵¹², einzelne Faktoren der Verwechslungsgefahr insgesamt⁵¹³ oder bestimmte Rechtsaspekte⁵¹⁴ gar nicht geprüft habe. Auch die Rüge, dass das Gericht eine erhöhte Kennzeichnungskraft der Angriffsmarke gar nicht geprüft habe, betrifft eine Rechtsfrage.⁵¹⁵ Gleiches gilt schließlich für eine widersprüchliche oder unzureichende Begründung.⁵¹⁶ Rechtsfrage ist auch, ob die vorgelegten Beweise ordnungsgemäß erhoben und die allgemeinen Rechtsgrundsätze sowie die Vorschriften über die Beweislast und die Beweisaufnahme eingehalten worden sind.⁵¹⁷ Insbesondere wenn bestimmte Beweismittel überhaupt nicht berücksichtigt wurden, betrifft die diesbezügliche Rüge keine Tatsachenwürdigung.⁵¹⁸

---

505 EuGH C-16/06 P v. 18.12.2008 *René*, Tz. 68; EuGH C-416/08 P v. 10.7.2009 *Apple Computer*, Tz. 25 ff.; EuGH C-394/08 P v. 3.6.2009 *Zipcar*, Tz. 60 ff.; EuGH C-488/08 P und C-489/08 P v. 4.12.2009 *Rath*; Tz. 39 ff.; EuGH C-170/14 v. 6.11.2014 *Big Line Sas di Graziani Lorenzo*, Tz. 33; EuGH C-494/13 P v. 22.1.2015 *GRE*, Tz. 37; EuGH C-495/13 P v. 22.1.2015 *GRE*, Tz. 37; EuGH C-496/13 P v. 22.1.2015 *GRE*, Tz. 36; EuGH C-548/14 P v. 17.9.2015 *Arnoldo Mondadori Editore*, Tz. 39; EuGH C-251/15 P v. 4.2.2016 *Emsibeth*, Tz. 30; EuGH C-479/15 P v. 14.4.2016 *Nanu-Nana Joachim Hoepp*, Tz. 28; EuGH C-480/15 P v. 14.4.2016 *KS Sports IPCo*, Tz. 73; EuGH C-342/16 P v. 6.12.2016 *Novomatic*, Tz. 5; EuGH C-655/15 P v. 2.3.2017 *Panrico*, Tz. 68; zur Produktähnlichkeit im Rahmen des Bekanntheitsschutzes EuGH C-85/16 P und C-86/16 P v. 13.5.2018 *Kenzo Tsujimoto*, Tz. 73.
506 EuGH C-197/07 P v. 12.12.2008 *Aktieselskabet af 21. november 2001*, Tz. 13 ff.; EuGH C-548/14 P v. 17.9.2015 *Arnoldo Mondadori Editore*, Tz. 57; EuGH C-564/16 P v. 28.6.2018 *EUIPO/Puma*, Tz. 57; EuGH C-162/17 P v. 16.1.2019 *Republik Polen*, Tz. 69.
507 EuGH C-548/14 P v. 17.9.2015 *Arnoldo Mondadori Editore*, Tz. 67.
508 EuGH C-37/17 P v. 31.5.2017 *Keil*, Tz. 4 f.
509 EuGH C-142/14 P v. 3.6.2015 *Sunrider*, Tz. 65 f.
510 EuGH C-602/15 P v. 4.5.2016 *Monster Energy*, Tz. 36; EuGH C-603/15 P v. 4.5.2016 *Monster Energy*, Tz. 36.
511 EuGH C-30/15 P v. 10.11.2016 *Simba Toys*, Tz. 34.
512 EuGH C-334/05 P v. 12.6.2007 *HABM/Shaker*, Tz. 29.
513 EuGH C-317/10 P v. 16.6.2011 *Union Investment Privatfonds*, Tz. 45; EuGH C-177/13 P v. 13.2.2014 *Marszałkowski*, Tz. 52; EuGH C-311/14 P v. 20.1.2015 *Longevity Health Products*, Tz. 39; EuGH C-251/15 P v. 4.2.2016 *Emsibeth*, Tz. 44.
514 EuGH C-343/14 P v. 7.5.2015 *Adler Modemärkte*, Tz. 32.
515 EuGH C-108/07 P v. 17.4.2008 *Ferrero*, Tz. 37; EuGH C-466/13 P v. 22.10.2014 *Repsol*, Tz. 63.
516 EuGH C-16/06 P v. 18.12.2008 *René*, Tz. 74.
517 EuGH C-564/16 P v. 28.6.2018 *EUIPO/Puma*, Tz. 57.
518 EuGH C-414/13 P v. 20.5.2014 *Reber Holding*, Tz. 33.

§ 29 Verfahren beim DPMA

Schrifttum: *Albrecht/Hoffmann*, Kostenregelungen in den neuen amtlichen Markenlöschungsverfahren, MarkenR 2018, 515; *Bingener, Markenrecht, 3. Aufl. 2017; Bösling,* »Alternative Klagehäufung« im Widerspruchsverfahren? Die Bestimmung des älteren Kennzeichenrechts bei international registrierten Marken mit Schutz für Deutschland und die Gemeinschaft, GRUR 2012, 570;

Für deutsche Marken sowie teilweise für internationale Registrierungen ist das Deutsche Patent- und Markenamt (DPMA) mit Sitz in München zuständig. Auch das DPMA hält auf seiner Internetseite www.dpma.de umfassende Informationen sowie Formulare[1] bereit. Die Organisation des Amts regelt die Verordnung über das Deutsche Patent- und Markenamt (DPMAV). 1

I. Allgemeine Grundsätze

Das nationale Verfahrensrecht für Eintragungs-, Verfalls- und Nichtigkeitsverfahren ist überwiegend nicht harmonisiert, so dass es sich von einem Mitgliedstaat zum anderen unterscheiden kann.[2] Deutsche Verfahrensvorschriften finden sich an verschiedenen Orten des MarkenG, insbesondere in den §§ 56 ff. und 91 ff. MarkenG.[3] Außerdem können Vorschriften der ZPO zur Lückenfüllung heranzuziehen sein.[4] Wichtige Einzelheiten regelt darüber hinaus die MarkenV. Für Zustellungen durch das DPMA gilt gemäß § 94 MarkenG im Wesentlichen das VwZG. Zustellungen gelten also gemäß § 4 II 2 VwZG am dritten Tage nach ihrer Aufgabe zur Post als zugestellt, und zwar auch dann, wenn es tatsächlich früher zugegangen ist oder wenn der fragliche Tag ein Samstag ist.[5] In Zweifelsfällen kann das Amt telefonisch behilflich sein. 2

Die Gebühren vor dem DPMA richten sich nach dem PatKostG – § 64a MarkenG. Die Höhe der Gebühren richtet sich nach dem Gebührenverzeichnis zu § 2 I PatKostG. Das Amt hält im Internet[6] ein Kostenmerkblatt bereit, aus dem sich die Einzelheiten ergeben. Auch die Zahlungsmöglichkeiten – Bareinzahlung, Bareinzahlung auf Konto, Überweisung, SEPA-Lastschriftverfahren[7] – hat das Amt im Internet[8] zusammengefasst. Von zentraler Bedeutung ist der Einzahlungstag – bei Einzahlung der Tag der Bareinzahlung, bei Überweisung der Tag der Gutschrift beim Amt, beim SEPA-Verfahren der Tag des Eingangs des Auftrags. Das DPMA 3

---

1 www.dpma.de/service/formulare/marken/index.html.
2 EuGH C-190/10 v. 22.3.2012 *Génesis*, Tz. 34.
3 Zur Akteneinsicht BGH I ZB 15/06 v. 10.4.2007 *MOON*; zum Inlandsvertreter BGH Xa ZB 24/07 v. 11.2.2009 *Niederlegung der Inlandsvertretung* [zum Patentrecht]; BPatG MarkenR 2008, 542 *Inlandsvertreter III*.
4 BGH I ZB 27/13 v. 13.3.2014 *VIVA FRISEURE/VIVA*, Tz. 10, m. w. N.; BGH I ZB 87/14 v. 11.2.2016 *Fünf-Streifen-Schuh*, Tz. 12.
5 BPatG 7 W (pat) 22/16 v. 24.2.2017 *Kühlvorrichtung*.
6 www.dpma.de/docs/formulare/allgemein/a9510.pdf.
7 Zur Unzulässigkeit der Wiedereinsetzung bei geplatztem SEPA-Einzug BPatG 7 W (pat) 16/16 v. 4.5.2017 *Dübel*.
8 www.dpma.de/service/gebuehren/zahlungsverkehr/index.html.

ist auch zuständig für die Abwicklung des Zahlungsverkehrs mit dem BPatG. Schließlich kann bei der Anmeldung von Schutzrechten Verfahrenskostenhilfe beantragt werden; auch hierzu stellt das Amt ein Formular bereit.

4   Das Deutsche Patent- und Markenamt ermittelt gemäß § 59 I MarkenG den Sachverhalt von Amts wegen. Es ist an das Vorbringen und die Beweisanträge der Beteiligten nicht gebunden. Gemäß § 59 II MarkenG ist den Verfahrensbeteiligten rechtliches Gehör zu gewähren, wobei allerdings im Rechtsmittelverfahren eine weitgehende Heilung von Gehörsverstößen möglich ist.

5   Grundlage für die Fristenregelung vor dem DPMA bildet § 18 DPMAV. Danach sollen die vom DPMA bestimmten oder auf Antrag gewährten Fristen mindestens einen Monat, bei Beteiligten, die im Inland weder Sitz, Niederlassung oder Wohnsitz haben, mindestens zwei Monate betragen. Eine Fristverlängerung kann bei Angabe von ausreichenden Gründen gewährt werden. Die Rechtsprechung zur Verweigerung von Fristverlängerungen bei nur formelhafter Begründung ist vergleichsweise streng.[9] In der Praxis wird aber standardmäßig eine erste Fristverlängerung gewährt. Weitere Fristverlängerungen werden gemäß § 18 III DPMAV nur gewährt, wenn ein berechtigtes Interesse glaubhaft gemacht wird. In Verfahren mit mehreren Beteiligten soll außerdem das Einverständnis der anderen Beteiligten glaubhaft gemacht werden. Die Zurückweisung eines Fristgesuchs ist zu begründen. Auch sind verspätete Eingaben ohnehin zu berücksichtigen, solange eine Entscheidung noch nicht an die Postabfertigungsstelle des Amtes übergeben wurde.[10]

6   Das Amt kann gemäß § 60 I MarkenG jederzeit die Beteiligten laden und anhören, Zeugen, Sachverständige und Beteiligte eidlich oder uneidlich vernehmen, Augenschein nehmen, die Beweiskraft einer vorgelegten Urkunde würdigen sowie andere zur Aufklärung der Sache erforderlichen Ermittlungen anstellen. §§ 355 ff. ZPO sind entsprechend anzuwenden. Unter Umständen kann gemäß § 60 II MarkenG eine mündliche Verhandlung (Anhörung) durchgeführt werden, über die gemäß § 60 III MarkenG Protokoll zu führen ist.

7   Beschlüsse des DPMA sind gemäß § 61 I MarkenG zu begründen und den Beteiligten von Amts wegen in Abschrift zuzustellen; eine Beglaubigung der Abschrift ist nicht erforderlich. Ausfertigungen werden nur auf Antrag eines Beteiligten und nur in Papierform erteilt. Falls eine Anhörung stattgefunden hat, können sie auch am Ende der Anhörung verkündet werden. Einer Begründung bedarf es nicht, wenn am Verfahren nur der Anmelder oder Inhaber der Marke beteiligt ist und seinem Antrag stattgegeben wird. § 61 II MarkenG regelt die Rechtsmittelbelehrung und die Folgen ihres Ausbleibens.

8   Die Einsicht in das Markenregister steht jeder Person frei – § 62 V MarkenG. Dritte können darüber hinaus unter Umständen ein Akteneinsichtsrecht haben – § 62 MarkenG. Der Antrag bedarf nach § 82 III 1 i. V. m. § 62 II MarkenG grundsätzlich nicht der Darlegung eines berechtigten Interesses, wenn die Marke bereits eingetragen ist. Gleiches gilt für internationale Registrierungen.[11] Die Akteneinsicht kann auch über das Internet gewährt werden – § 62 III MarkenG. Nur ausnahmsweise können schutzwürdige Interessen des Markeninhabers an der Geheim-

---

9   Etwa BPatGE 9, 18; 14, 38, 43; 14, 209, 212; 16, 222; 20, 25, 26; BPatG BlPMZ 1972, 284.
10 Vgl. zur entsprechenden Thematik im Verfahren vor dem BPatG unten § 29 Rdn. 50.
11 BGH I ZB 56/11 v. 30.11.2011 *Schokoladenstäbchen I*.

haltung bestimmter Teile der Akten eine Beschränkung des Akteneinsichtsrechts erfordern – §§ 62 IV, 62a MarkenG.[12]

In aller Regel fällt das DPMA keine Kostenentscheidung. In diesem Fall trägt jeder Beteiligte die ihm erwachsenen Kosten selbst – – § 63 I 3 MarkenG. Sind an einem Verfahren mehrere Personen beteiligt, so können aber die zur zweckentsprechenden Wahrung der Ansprüche und Rechte notwendigen Kosten ganz oder teilweise einer Partei auferlegt werden, wenn dies der Billigkeit entspricht – § 63 I 1 MarkenG. Wann die Billigkeit eine Kostenentscheidung fordert, folgt den Grundsätzen, die zu § 62 II PatG entwickelt wurden, so dass auf die dortigen Maßstäbe verwiesen werden kann. Eine Kostenentscheidung kann auch im Falle anderweitiger Verfahrensbeendigung – etwa durch Rücknahme eines Widerspruchs oder durch Verzicht auf eine Marke – getroffen werden – § 63 I 2 MarkenG. Ergeht hingegen eine Kostenentscheidung, so setzt das Amt auch den Gegenstandswert[13] fest – § 63 II MarkenG. Die Festsetzung und die Zwangsvollstreckung bestimmen sich weitgehend nach den Vorschriften der ZPO – § 63 IV MarkenG. 9

Wenn dies der Billigkeit entspricht, kann das DPMA auch anordnen, dass eine von einer Partei gezahlte Gebühr ganz oder teilweise zurückgezahlt wird – § 63 III MarkenG. Die Gebührenrückzahlung entspricht jedenfalls bei groben Verfahrensfehlers des Amtes der Billigkeit. 10

In Betracht kommen die Gebühren eines Nichtigkeitsverfahrens, wenn das Amt ein ganz offensichtliches Eintragungshindernis übersehen hat, oder die Widerspruchsgebühr, wenn der Widerspruch lediglich durch eine fehlerhafte Veröffentlichung veranlasst war.

Anders als beim EUIPO ist beim DPMA grundsätzlich ein Befangenheitsantrag gegen Prüfer oder Mitglieder der Markenabteilung möglich – § 57 MarkenG. In der Praxis wird hiervon kaum Gebrauch gemacht. 11

Das DPMA ist gemäß § 58 MarkenG verpflichtet, auf Ersuchen der Gerichte oder der Staatsanwaltschaften über Fragen, die angemeldete oder eingetragene Marken betreffen, Gutachten abzugeben, wenn in dem Verfahren voneinander abweichende Gutachten mehrerer Sachverständiger vorliegen. Andere Gutachten oder Beschlüsse außerhalb des eigentlichen Aufgabenbereichs sind nur mit Genehmigung des Bundesministeriums der Justiz und für Verbraucherschutz zulässig. 12

II. Eintragungsverfahren nationale Marke

Das Eintragungsverfahren für die deutsche Marke regeln die §§ 32 ff. MarkenG i. V. m. §§ 2 ff. MarkenV. Neben der Anmeldung in Papierform, die per Post oder per Fax eingereicht werden kann, bietet das DPMA auch die Möglichkeit einer elektronischen Anmeldung über DPMAdirektWeb oder – mit Signaturkarte – DPMAdirektPro. Die Anmeldung einer Marke muss Angaben zur Identität des Anmelders, eine[14] Wiedergabe der Marke und ein Verzeichnis der Waren und 13

---

12 BGH I ZB 54/09 v. 24.11.2010, Tz. 2.
13 Vgl. dazu unten § 31 Rdn. 23.
14 In zweifacher Ausfertigung.

Dienstleistungen[15] enthalten (§ 32 II MarkenG). Die Anmeldegebühren sind innerhalb von drei Monaten nach Anmeldung zu zahlen (§ 6 I 2, II PatKostG). Die Grundgebühr beträgt derzeit[16] € 300,– (elektronisch 290,– €) und beinhaltet die Gebühr für drei Waren- oder Dienstleistungsklassen. Ab der vierten Klasse ist für jede weitere Waren- oder Dienstleistungsklasse eine Gebühr von € 100,– zu zahlen. Durch (freiwillige) Zahlung einer Beschleunigungsgebühr in Höhe von € 200,– kann außerdem die reguläre Dauer des Verfahrens von etwa 10 bis 12 Monaten auf etwa 3 bis 4 Monate gesenkt werden, was insbesondere bei später geplanter internationaler Registrierung nach dem MMA sinnvoll ist (vgl. § 38 MarkenG).

14   Der Anmeldetag einer Marke ist der Tag, an dem die Unterlagen mit den erforderlichen Angaben beim DPMA eingegangen sind (§ 33 I MarkenG). Mit Ausnahme der nach § 32 II MarkenG erforderlichen Angaben können Mängel der Anmeldung nach amtlicher Fristsetzung durch den Anmelder behoben werden (§ 36 II, III, IV MarkenG).

15   Bei der Anmeldung kann eine Leitklasse vorgeschlagen werden, sozusagen die für den Anmelder wichtigste Klasse. Da sich die Geschäftsverteilung[17] der Markenstellen und später des BPatG nach der jeweiligen Leitklasse richten, kann hierdurch vor dem Hintergrund unterschiedlicher Spruchpraxis der Markensenate des BPatG gezielt versucht werden, Einfluss auf den Gang der Anmeldung zu nehmen.

> So war etwa in den Jahren 1999 bis 2002 der 26. Senat besonders anmelderfreundlich und ließ in ca. 77 % der in Pavis/Proma veröffentlichten Entscheidungen die angemeldete Marke eintragen, der 30. Senat demgegenüber nur in ca. 38 % der Fälle. In den Jahren 2006 bis 2008 war der 27. Senat mit ca. 54 % Eintragungen noch vergleichsweise anmelderfreundlich, während der 25. und 28. Senat nur jeweils ca. 14 % der Anmeldungen zur Eintragung verhalfen.

16   Die angemeldete Marke kann im Laufe des Anmeldeverfahrens grundsätzlich nicht verändert werden. Lediglich eine Einschränkung des Verzeichnisses der Waren und Dienstleistungen ist im Anmeldeverfahren wie auch später nach Eintragung möglich. Oft verlangt das Amt auch eine Konkretisierung oder Umklassifizierung hinsichtlich einzelner Begriffe des Verzeichnisses der Waren und Dienstleistungen.[18] Außerdem ist auch eine Teilung von Anmeldung (§ 40 MarkenG) oder Eintragung (§ 46 MarkenG) zulässig.

> Unzulässig ist damit etwa der Übergang von einer farbigen Bildmarke nach § 8 MarkenVO zu einer dreidimensionalen Marke i. S. v. § 9 MarkenVO, der eine – unzulässige – nachträgliche Änderung des angemeldeten Zeichens darstellt.[19] Auch die Konkretisierung einer abstrakten Farbkombinationsmarke ist unzulässig.[20]

---

15 Vgl. hierzu oben § 5 Rdn. 1 – 19.
16 Vgl. PatKostG.
17 Die Geschäftsverteilungspläne des BPatG werden regelmäßig im BlPMZ veröffentlicht.
18 Zu einer hierauf beruhenden unzureichenden Gebührenzahlung BPatG 24 W (pat) 120/04 v. 22.2.2005 *Unzureichende Klassengebühren*.
19 BGH GRUR 2001, 239 *Zahnpastastrang*.
20 BGH I ZB 86/05 v. 5.10.2006 *Farbmarke gelb/grün II*.

Ist die Anmeldung vollständig, so prüft das DPMA absolute Eintragungshindernisse.[21] Beanstandet das Amt die Marke, so gibt es dem Anmelder[22] Gelegenheit zur Stellungnahme. Behält das Amt die Beanstandung bei, so weist es die Anmeldung zurück. Andernfalls wird die Marke eingetragen und die Eintragung veröffentlicht (§ 41 MarkenG). Anders als beim EUIPO ist ein eventuelles Widerspruchsverfahren der Eintragung nachgeschaltet.

III. Widerspruchsverfahren gegen nationale Marke oder internationale Registrierung mit Schutz für Deutschland

Gegen die Eintragung der Marke kann innerhalb einer Frist von drei Monaten nach dem Tag der Veröffentlichung der Eintragung vom Inhaber einer Marke mit älterem Zeitrang Widerspruch erhoben werden (§ 42 I MarkenG). Bei der internationalen Registrierung mit Schutz für Deutschland beginnt diese dreimonatige Frist gemäß § 114 II MarkenG mit dem ersten Tag des Monats, der dem Monat folgt, der als Ausgabemonat des Heftes des Veröffentlichungsblattes angegeben ist, in dem die Veröffentlichung der international registrierten Marke enthalten ist.[23] Auch der Lizenznehmer[24] und (nach Eingang des Umschreibungsantrags beim Amt) der Rechtsnachfolger (§ 28 II MarkenG)[25] sind aktivlegitimiert. Der Widerspruch ist schriftlich einzulegen (§ 64 ff. MarkenV). Innerhalb der Widerspruchsfrist ist die Widerspruchsgebühr in Höhe von derzeit[26] € 250,- für das erste und weiteren € 50,- für jedes weitere Widerspruchszeichen zu zahlen (§ 6 I 1 PatKostG); andernfalls gilt der Widerspruch als nicht eingelegt. Der Widerspruch muss all diejenigen Angaben enthalten, die es erlauben, die Identität der angegriffenen Marke, der Widerspruchsmarke sowie des Widersprechenden festzustellen (§ 27 I MarkenV). Die Rechtswirksamkeit des Widerspruchs ist eine Verfahrensvoraussetzung, die in jedem Verfahrensstadium und folglich auch im Rechtsbeschwerdeverfahren von Amts wegen zu prüfen ist.[27]

Seit der Markenrechtsreform 2015/2019 kann auch in Deutschland ein Widerspruch auf mehrere Marken oder auf andere ältere Rechte, gestützt werden.

> Will der Widersprechende daher etwa gegen eine Marke Widerspruch einlegen, die für Spielwaren und Bekleidung Schutz beansprucht und verfügt der Widersprechende selbst über zwei ältere Marken, eine mit Schutz für Bekleidung und eine mit Schutz für Spielwaren, so muss er nicht mehr wie früher zwei Widersprüche einlegen, sondern kann gegen erhöhte Gebühr beide Rechte in einem Verfahren geltend machen Ist eine zu geringe Widerspruchs-

---

21 Unter Umständen kann sogar die Einholung eines Sachverständigengutachtens geboten sein: BGH I ZB 12/04 v. 17.11.2005 *Rasierer mit drei Scherköpfen*, Tz. 21; BGH I ZB 13/04 v. 17.11.2005, Tz. 22.
22 Oder sein Rechtsnachfolger: BGH I ZB 43/15 v. 9.11.2016 *Stadtwerke Bremen*, Tz. 10.
23 Zum Erfordernis der Stellung eines Inlandsvertreters BGH GRUR 2000, 895, 896 *EWING*.
24 BPatG GRUR 2000, 815 *turfa*; BPatG 33 W (pat) 45/11 v. 2.7.2013 *KNUT – DER EISBÄR*.
25 Auch BGH GRUR 2000, 1040 *FRENORM/FRENON*; zum Wechsel der Inhaberschaft an der Widerspruchsmarke im laufenden Widerspruchsverfahren aber BGH GRUR 1998, 940, 941 f. *Sanopharm*; im Beschwerdeverfahren BGH GRUR 1999, 245, 246 *LIBERO*.
26 Vgl. PatKostG.
27 BGH I ZB 56/14 v. 14.1.2016 *BioGourmet*, Tz. 10, m. w. N.

gebühr eingezahlt worden, so kann der Widersprechende nach Ablauf der Widerspruchsfrist noch klarstellen, auf welches Recht sich die Gebührenzahlung bezieht.[28]

20 Ein Widerspruch kann nur auf bestimmte Gründe[29] gestützt werden. Früher waren das der Schutz eingetragener Marken aufgrund Identität (§ 9 I Nr. 1 MarkenG) oder Verwechslungsgefahr (§ 9 I Nr. 2 MarkenG) sowie die notorische Bekanntheit (§ 10 MarkenG) oder Eintragung für den untreuen Agenten oder Vertreter (§ 11 MarkenG). Gegen nach dem 1.10.2009 angemeldete Marken kann der Widerspruch außerdem auf Benutzungsmarken, geschäftliche Bezeichnungen und den erweiterten Schutz bekannter Marken (§ 9 I Nr. 3 MarkenG), gegen nach dem 14.1.2019 angemeldete Marken auch auf geografische Angaben oder traditionelle Bezeichnungen gestützt werden. Bei diesen weder angemeldeten noch eingetragenen Widerspruchskennzeichen sind zu deren Identifizierung die Art, die Wiedergabe, die Form, der Zeitrang, der Gegenstand sowie der Inhaber des geltend gemachten Kennzeichenrechts anzugeben – § 30 I MarkenV. Wegen § 12 MarkenG ist insbesondere auch zum bundesweiten Schutz des geltend gemachten Rechts vorzutragen. Oft wird sich aufgrund besserer Beweismöglichkeiten ohnehin ein Klageverfahren empfehlen. Die Verfahren sind daher selten.[30]

21 Das Widerspruchsverfahren ist auch unter der Geltung des Markengesetzes ein summarisches, auf die Erledigung einer großen Zahl von Fällen zugeschnittenes Verfahren, das nicht dafür geeignet ist, komplizierte Sachverhalte zu klären. Dem entspricht die Beschränkung der Widerspruchsgründe in § 42 II MarkenG. Zur umfassenden Geltendmachung der Rechte sind demgegenüber die Eintragungsbewilligungsklage des Anmelders (§ 44 MarkenG) bzw. die Nichtigkeitsklage des Angreifers (§ 55 MarkenG) vorgesehen.[31]

Im Widerspruchsverfahren können daher etwa keine auf absolute Eintragungshindernisse,[32] auf Treu und Glauben,[33] auf Wettbewerbsrecht,[34] auf Verwirkung[35] oder auf markenrechtliche Schranken[36] gestützten Einwände geltend gemacht werden.

22 Seit der Markenrechtsreform 2015/2019 besteht auch im deutschen Widerspruchsverfahren die Möglichkeit, eine mindestens zweimonatige Frist zur gütlichen Einigung zu beantragen (»Cooling Off«). Da auch bisher schon eine Aussetzung des Verfahrens möglich war, dürfte sich in der Praxis kaum etwas ändern.

23 Ferner kann das Widerspruchsverfahren auszusetzen sein, wenn die Widerspruchsmarke ihrerseits angegriffen ist. Die Aussetzung richtet sich nach § 32 II MarkenVO bzw. – vor dem BPatG – nach § 148 ZPO i.V.m. § 82 I 1 MarkenG.[37]

---

28 BGH I ZB 56/14 v. 14.1.2016 *BioGourmet*, Tz. 10 ff., m. w. N. [zur alten Rechtslage].
29 Zur Bedeutungslosigkeit geografischer Herkunftsangaben BGHZ 139, 59, 66 f. *Fläminger*.
30 Vgl. aber etwa das erfolgreiche Verfahren BPatG 29 W (pat) 25/13 v. 3.2.2016 *ned tax/NeD Tax*.
31 BGH GRUR 2000, 890, 892 *IMMUNINE/IMUKIN*.
32 BGHZ 42, 151, 162 *Rippenstreckmetall II*.
33 BGHZ 45, 173, 178 *Epigran*; zur Berücksichtigung eines Vergleichs der Parteien aber BGH Mitt. 2003, 70 f. *TACO BELL*.
34 BGH GRUR 1996, 775, 777 *Sali Toft*.
35 BGHZ 45, 246 *Merckle-Merck*.
36 BGHZ 139, 59, 63 *Fläminger*.
37 BPatG 27 W (pat) 87/16 v. 22.1.2019 *IXI*.

III. Widerspruchsverfahren gegen nationale Marke oder internationale Registrierung mit Schutz für Deutschland

Dabei gelten die vom BGH im Verletzungsverfahren angewendeten Maßstäbe[38] entsprechend. Wurde Widerspruch aus einer Unionsmarke eingelegt, sollte zudem wegen der gleichgelagerten Interessenlage von Widerspruchs- und Gerichtsverfahren die Aussetzungsvorschrift des Art. 132 UMV[39] in die Wertung einbezogen werden.[40]

Im Widerspruchsverfahren ist allein auf die Gestaltung des prioritätsälteren Widerspruchszeichens in seiner angemeldeten oder eingetragenen Form abzustellen, ohne dass es darauf ankäme, wie die Marke benutzt wurde.[41] **24**

Wird im Widerspruchsverfahren daher etwa ein behaupteter Benutzungsumfang durch den Anmelder bestritten, so muss die Benutzungslage als nicht »liquide« angesehen und kann nicht berücksichtigt werden.[42] Im Widerspruchsverfahren ist jedoch auch dann die Benutzungslage maßgeblich, soweit sie durch präsente glaubhafte Mittel zweifelsfrei belegt oder amtsbekannt ist.[43]

Im deutschen Widerspruchsverfahren gilt zwar grundsätzlich der Amtsermittlungsgrundsatz. Die Parteien trifft jedoch eine Mitwirkungspflicht. **25**

Stützt der Widersprechende etwa seinen Anspruch auf eine Zeichenserie, muss er zur Benutzung der Zeichen selbst vortragen.[44]

Der Widerspruch kann vor Rechtskraft einer verfahrensabschließenden Entscheidung jederzeit zurückgenommen werden.[45] Entsprechendes gilt umgekehrt im Fall der vollständigen Streichung von Begriffen aus dem Verzeichnis der Waren und Dienstleistungen der angegriffenen Marke, wodurch sich das Widerspruchsverfahren erledigt; demgegenüber ist die Einschränkung von Begriffen nach Schluss der mündlichen Verhandlung vor dem BPatG nicht mehr möglich.[46] **26**

Wird dem Widerspruch stattgegeben, so hat dies nicht nur die Löschung der Marke ex nunc zur Folge. Vielmehr wirkt die Löschungsentscheidung auf den Zeitpunkt der Eintragung der Marke zurück (§ 43 IV i. V. m. § 52 II MarkenG).[47] **27**

Eine Kostenerstattungspflicht kommt im markenrechtlichen Widerspruchsverfahren nur in Ausnahmefällen in Betracht (§§ 63, 71 MarkenG).[48] Auch im Falle **28**

---

38 Dazu unten § 31 Rdn. 20 ff.
39 Dazu unten § 31 Rdn. 22.
40 Anders aber BPatG 27 W (pat) 87/16 v. 22.1.2019 *IXI*.
41 Etwa BGH GRUR 1996, 775, 777 *Sali Toft*, m. w. N.; BGH I ZB 28/04 v. 11.5.2006 *Malteserkreuz I*, Tz. 17; BGH I ZR 114/13 v. 17.11.2014 *PINAR*, Tz. 33; vgl. aber noch BGHZ 39, 266, 272 *Sunsweet*; zum Verletzungsverfahren außerdem BGH GRUR 2003, 880, 882 *City Plus*.
42 BGH GRUR 1998, 927, 929 *COMPO-SANA*.
43 BGH I ZB 28/04 v. 11.5.2006 *Malteserkreuz I*, Tz. 33.
44 BGH I ZB 54/05 v. 29.5.2008 *Pantohexal*, Tz. 34; BGH I ZB 55/05 v. 29.5.2008 *Pantogast*, Tz. 35, jeweils m. w. N.
45 BGH GRUR 1998, 818 *Puma*.
46 BPatG 24 W (pat) 32/01 v. 30.4.2002 *Waldschlößchen*.
47 BGH I ZB 26/05 v. 13.12.2007 *idw*, Tz. 46.
48 BGH GRUR 1998, 940, 941 *Sanopharm*, mit Einschränkung zu den Kosten der Rechtsbeschwerde; zur Höhe der Kostenerstattung vor dem Amt BPatG 27 W (pat) 93/12 v. 18.12.2012.

der Rücknahme des Widerspruchs[49] ist eine Entscheidung nach billigem Ermessen zu fällen.[50]

> Eine Kostentragungspflicht kommt etwa in Betracht, wenn ein Widerspruch ganz offensichtlich unbegründet ist[51] oder wenn die angegriffene Marke in Behinderungsabsicht angemeldet worden war.[52] Dagegen entspricht es regelmäßig der Billigkeit, demjenigen, der erst während eines Rechtsbeschwerdeverfahrens durch Verzicht auf die Marke ihre Löschung herbeigeführt hat, die Kosten des erledigten Rechtsbeschwerdeverfahrens aufzuerlegen.[53]

IV. Verzicht

29 Der Markeninhaber kann jederzeit auf die Marke verzichten. Der Verzicht wirkt dabei schon mit Erklärung und nicht erst mit der Löschung der Marke im Register.[54]

V. Amtliche Verfalls- und Nichtigkeitsverfahren gegen nationale Marken oder internationale Registrierungen mit Schutz für Deutschland

30 Die Regelung zu Verfalls- und Nichtigkeitsverfahren gegen nationale Marken oder internationale Registrierungen mit Schutz für Deutschland ist bis zum 30.4.2020 noch komplex. Letztlich können nur absolute Eintragungshindernisse vor dem DPMA geltend gemacht werden. Außerdem existiert ein formelles Verfallsverfahren ohne materiellrechtliche Prüfung. Im Zuge der Markenrechtsreform 2019 wurde diese Regelung durch Änderung des § 53 MarkenG. Außerdem wurden nun umfassend amtliche Verfahren eingeführt. Um dem DPMA Zeit zur Umsetzung zu geben, treten die entsprechenden Regelungen erst am 1.5.2020 in Kraft – Art. 5 III Markenrechtsmodernisierungsgesetz.

1. Regelung bis zum 30.4.2020

31 Der Antrag auf Löschung einer deutschen Marke oder einer internationalen Registrierung mit Schutz für Deutschland aufgrund absoluter Eintragungshindernisse ist nach §§ 50, 54 MarkenG beim DPMA zu stellen.[55] Ein amtliches Nichtigkeitsverfahren wegen relativer Eintragungshindernisse sieht das MarkenG bis zum 1.5.2020 noch nicht vor.

32 Anders als bei der Unionsmarke ist der Anspruch auf Löschung aufgrund des Bestehens älterer Rechte im Hinblick auf eine deutsche Marke oder eine internatio-

---

49 Zu den Folgen der Rücknahme des Widerspruchs in der Rechtsmittelinstanz: BGH GRUR 1998, 818 *Puma*; auch BGH I ZB 55/05 v. 29.5.2008 *Pantogast*, Tz. 12.
50 BGH GRUR 1998, 818 f. *Puma*.
51 Vgl. BPatGE 23, 224, 227.
52 BPatGE 36, 272.
53 BGH I ZB 13/14 v. 30.4.2015, Tz. 5; zur Kostenverteilung nach Erledigung infolge Gesetzesänderung BGH I ZB 102/14 v. 20.1.2016 *Erledigungserklärung nach Gesetzesänderung*.
54 BGH GRUR 2001, 337, 339 *EASYPRESS*; BGH I ZR 126/15 v. 23.2.2017 *PUC*, Tz. 13.
55 Zur Rechtskraft einer Entscheidung: BGHZ 123, 30 *Indorektal II*; zum Nichtigkeitsverfahren von Amts wegen EuGH C-39/08 und C-43/08 v. 12.2.2009 *Bild digital*, Tz. 20 ff.

nale Registrierung mit Schutz für Deutschland bislang nicht beim Amt geltend zu machen, sondern vor den ordentlichen Gerichten (§ 55 MarkenG).[56]

Eine Besonderheit bietet außerdem das Verfahren, wenn die Löschung einer deutschen Marke oder einer für Deutschland Schutz beanspruchenden IR-Marke wegen Verfalls, insbesondere infolge Nichtbenutzung[57] beantragt werden soll. Hier kann (fakultativ) nach § 53 MarkenG zunächst ein Löschungsantrag beim DPMA gestellt werden, der allerdings ohne Sachprüfung[58] abschlägig zu bescheiden ist, wenn der Markeninhaber der Löschung widerspricht; sinnvoll ist der Antrag daher nur, wenn nicht mit Gegenwehr des Markeninhabers zu rechnen ist oder wenn Fristen (§ 49 I 4 MarkenG) gewahrt werden sollen. Soll eine Sachprüfung erfolgen, so ist der Verfall vor den ordentlichen Gerichten (§ 55 MarkenG) geltend zu machen.[59] Dabei unterliegt der Kläger grundsätzlich einer vorprozessualen Abmahnlast, obwohl ihm insoweit materiellrechtlich kein Kostenersatz zusteht.[60] Wegen Art. 45 I MRR wird auch insofern neben das gerichtliche Verfallsverfahren die Möglichkeit eines Verwaltungsverfahrens beim DPMA treten müssen.[61] 33

Ähnlich gelagert schließlich ist das Verfahren wegen Verfalls nach § 49 II MarkenG. Hierher gehört insbesondere der Fall, dass die Marke eine übliche Bezeichnung geworden ist. Mit dieser – auf Art. 12 II Buchst. a MRR (2008)[62] zurückzuführenden – Vorschrift hat der Unionsgesetzgeber eine Abwägung der Interessen des Inhabers einer Marke mit den Interessen seiner Wettbewerber an einer Verfügbarkeit der Zeichen vorgenommen.[63] Auch in diesem Verfahren muss der Antragsteller ein Verfahren vor den ordentlichen Gerichten anstrengen, wenn der Markeninhaber dem Verfallsantrag vor dem DPMA widerspricht (§ 55 MarkenG). 34

2. Regelung ab dem 1.5.2020

Nach der neuen Regelung kann gemäß § 53 I MarkenG der Antrag auf Erklärung des Verfalls (§ 49 MarkenG) und der Nichtigkeit wegen absoluter Schutzhindernisse (§ 50 MarkenG) und älterer Rechte (§ 51 MarkenG) ist schriftlich beim DPMA gestellt werden. Die zur Begründung dienenden Tatsachen und Beweismittel sind anzugeben. Der Antrag ist unzulässig, soweit über denselben Streitgegenstand zwischen den Parteien durch unanfechtbaren Beschluss oder rechtskräftiges Urteil entschieden wurde. Dies gilt auch, wenn über denselben Streitgegenstand zwischen den Parteien eine entsprechende Klage rechtshängig ist oder wenn ein Fall der Rechtsnachfolge vorliegt. 35

Der Antrag auf Erklärung des Verfalls und der Nichtigkeit wegen absoluter Schutzhindernisse kann gemäß § 53 II MarkenG von jeder natürlichen oder juristi- 36

---

56 Zum Löschungsanspruch vgl. oben § 27 Rdn. 42–48.
57 Zum Benutzungszwang vgl. oben § 8 Rdn. 1–97.
58 Dies gilt auch für den Fall des Verfalls wegen fehlender Markenrechtsfähigkeit gemäß § 7 MarkenG: BGH I ZB 98/10 v. 17.8.2011 *akustilon*.
59 Zum Löschungsanspruch wegen Verfalls vgl. oben § 27 Rdn. 44 u. unten § 31 Rdn. 46.
60 KG MarkenR 2006, 448 *Abmahnobliegenheit*.
61 Vgl. oben § 29 Rdn. 32.
62 Vgl. inzwischen noch weiter Art. 45 III Buchst. a MRR.
63 EuGH C-145/05 v. 27.4.2006 *Levi Strauss*, Tz. 19; EuGH C-102/07 v. 10.4.2008 *adidas und adidas Benelux*, Tz. 24.

schen Person gestellt werden sowie von jedem Interessenverband von Herstellern, Erzeugern, Dienstleistungsunternehmern, Händlern oder Verbrauchern, der am Verfahren beteiligt sein kann. Ausnahmsweise soll die Stellung des Antrags allerdings rechtsmissbräuchlich sein.[64]

> So soll Rechtsmissbrauch etwa dann vorliegen, wenn der Antragsteller gar kein wirtschaftliches Interesse an der Löschung hat, sondern allein das Ziel verfolgt, die mit dem Antrag verbundenen Rechtsfragen klären zu lassen.[65]

37 Demgegenüber kann der Antrag auf Erklärung der Nichtigkeit wegen des Bestehens älterer Rechte gemäß § 53 III MarkenG nur von dem Inhaber der in den §§ 9 bis 13 genannten Rechte und von Personen gestellt werden, die berechtigt sind, Rechte aus einer geschützten geografischen Angabe oder geschützten Ursprungsbezeichnung geltend zu machen.

38 Wird ein Antrag auf Erklärung des Verfalls oder der Nichtigkeit gestellt oder ein Nichtigkeitsverfahren von Amts wegen eingeleitet, so stellt das DPMA dem Markeninhaber gemäß § 53 IV MarkenG eine Mitteilung hierüber zu und fordert ihn auf, sich innerhalb von zwei Monaten nach der Zustellung zu dem Antrag oder dem von Amts wegen eingeleiteten Verfahren zu erklären. Widerspricht der Inhaber der Löschung aufgrund Verfalls oder Nichtigkeit nicht innerhalb dieser Frist, so wird gemäß § 53 V 1 MarkenG die Nichtigkeit oder der Verfall erklärt und die Eintragung gelöscht. Die Löschung einer Marke wegen des Ausbleibens eines Widerspruchs setzt dabei zumindest voraus, dass der Löschungsantrag zulässig ist.[66]

> Die Zulässigkeit eines Löschungsantrags gemäß § 54 I, §§ 50, 8 MarkenG setzt die Angabe eines konkreten absoluten Schutzhindernisses im Sinne von § 8 MarkenG voraus. Der pauschale Hinweis auf § 8 MarkenG genügt nicht.[67] Auch muss das DPMA nicht versuchen, den Löschungsgrund aus den beigefügten Anlagen zu rekonstruieren.[68] Allerdings muss das Amt dem Antragsteller vor Zurückweisung Gelegenheit zur Klarstellung geben.[69]

39 Wird dem Antrag auf Nichtigkeit fristgemäß widersprochen, so teilt das DPMA dem Antragsteller § 53 V 2 MarkenG den Widerspruch mit. Wird dem Antrag auf Verfall fristgemäß widersprochen, so stellt das Deutsche Patent- und Markenamt dem Antragsteller den Widerspruch zu. Das Verfallsverfahren wird aber nur fortgesetzt, wenn innerhalb eines Monats nach Zustellung des Widerspruchs die Gebühr zur Weiterverfolgung des Verfallsverfahrens nach dem PatKostG gezahlt wird. Anderenfalls gilt das Verfallsverfahren als abgeschlossen (§ 53 V 3 bis 5 MarkenG).

40 Ist der Antrag auf Erklärung der Nichtigkeit wegen älterer Rechte vom Inhaber einer eingetragenen Marke mit älterem Zeitrang erhoben worden, so hat er gemäß § 53 VI MarkenG auf Einrede des Antragsgegners die rechtserhaltende Benutzung nachzuweisen. Es gelten die oben genannten Grundsätze.[70]

---

64 BPatG 33 W (pat) 58/10 v. 12.6.2012 *RDM*.
65 BPatG 33 W (pat) 58/10 v. 12.6.2012 *RDM*.
66 BGH I ZB 87/14 v. 11.2.2016 *Fünf-Streifen-Schuh*, Tz. 35.
67 BGH I ZB 87/14 v. 11.2.2016 *Fünf-Streifen-Schuh*, Tz. 9 ff.; I ZB 105/16 v. 18.10.2017 Quadratische Tafelschokoladenverpackung, Tz. 8; I ZB 106/16 v. 18.10.2017, Tz. 8.
68 BGH I ZB 87/14 v. 11.2.2016 *Fünf-Streifen-Schuh*, Tz. 17 ff.
69 BGH I ZB 87/14 v. 11.2.2016 *Fünf-Streifen-Schuh*, Tz. 23 ff.
70 Vgl. oben § 8.

Ist das durch die Eintragung der Marke begründete Recht auf einen anderen 41
übertragen worden oder übergegangen, so ist die Entscheidung in der Sache gemäß
§ 53 VII MarkenG auch gegen den Rechtsnachfolger wirksam und vollstreckbar.
Für die Befugnis des Rechtsnachfolgers, in das Verfahren einzutreten, gelten die
§§ 66 bis 74 und 76 ZPO entsprechend.

Der Löschungsantrag wegen absoluter Eintragungshindernisse ist nach § 50 II, 42
III MarkenG an bestimmte je nach Eintragungshindernis unterschiedlich lange,
allerdings wohl richtlinienwidrige[71], Fristen[72] gebunden. Die Löschung wegen
absoluter Eintragungshindernisse setzt voraus, dass die Marke sowohl zum Zeitpunkt der Eintragung als auch zum Zeitpunkt der Löschungsentscheidung
löschungsreif ist.[73] Eine aufgrund Verkehrsdurchsetzung eingetragene Marke kann
nur gelöscht werden, wenn die Marke auch zum Zeitpunkt der Löschungsentscheidung keine Unterscheidungskraft – insbesondere infolge Benutzung – aufweist.[74]
Einen Vertrauensschutz aufgrund jahrelanger Benutzung gibt es nicht.[75] Es kommt
dabei nicht darauf an, ob die Eintragung fehlerhaft erfolgt ist, sondern ob das
Schutzhindernis tatsächlich vorlag.[76]

Durch einen Löschungsantrag gemäß § 54 I MarkenG wird ein kontradiktorisches Verfahren eingeleitet, das grundsätzlich den für ein solches Verfahren geltenden Regeln unterworfen ist. Dazu gehören auch Bestimmungen der Zivilprozessordnung sowie allgemeine verfahrensrechtliche Grundsätze, soweit das
Markengesetz keine Verfahrensvorschriften enthält und die Besonderheiten des
registerrechtlichen Nichtigkeitsverfahrens ihre Heranziehung nicht ausschließen.[77]
Das konkrete, auf einen bestimmten Löschungsgrund gestützte Löschungsverlangen ist einem zivilprozessualen Streitgegenstand hinreichend vergleichbar.[78] Die
einzelnen Eintragungshindernisse bilden dabei grundsätzlich selbstständige
Antragsgründe für das Löschungsbegehren und damit eigene Streitgegenstände.[79]
DPMA und BPatG dürfen entsprechend § 308 I ZPO nur über den Löschungsgrund entscheiden, der ihnen vom Antragsteller unterbreitet worden ist.[80] Aller-

---

71 Vgl. oben § 27 Rdn. 45; aber auch BGH I ZB 87/14 v. 11.2.2016 *Fünf-Streifen-Schuh*, Tz. 13, wo die Richtlinienwidrigkeit nicht thematisiert wird.
72 Zur Berechnung bei Wiederholungsanmeldungen BGH I ZB 18/13 v. 10.7.2014 *Gute Laune Drops*, Tz. 9.
73 Vgl. BGH I ZB 59/12 v. 6.11.2013 *Smartbook*, Tz. 10.
74 BGH I ZB 65/12 v. 17.10.2013 *test*, Tz. 21.
75 BGH I ZB 18/13 v. 10.7.2014 *Gute Laune Drops*.
76 BGH I ZB 48/07 v. 23.10.2008 *POST II*, Tz. 31; BGH I ZB 88/07 v. 9.7.2009 *ROCHER-Kugel*, Tz. 38; BGH I ZB 52/15 v. 21.7.2016 *Sparkassen-Rot*, Tz. 53.
77 BGH I ZB 105/16 v. 18.10.2017 *Quadratische Tafelschokoladenverpackung*, Tz. 8; I ZB 106/16 v. 18.10.2017, Tz. 8, jeweils m. w. N.
78 BGH I ZB 87/14 v. 11.2.2016 *Fünf-Streifen-Schuh*, Tz. 12; I ZB 105/16 v. 18.10.2017 *Quadratische Tafelschokoladenverpackung*, Tz. 8; I ZB 106/16 v. 18.10.2017, Tz. 8.
79 BGH I ZB 105/16 v. 18.10.2017 *Quadratische Tafelschokoladenverpackung*, Tz. 11; I ZB 106/16 v. 18.10.2017, Tz. 11, jeweils m. w. N.
80 BGH I ZB 105/16 v. 18.10.2017 *Quadratische Tafelschokoladenverpackung*, Tz. 8; I ZB 106/16 v. 18.10.2017, Tz. 8, jeweils m. w. N.

dings ist eine Erweiterung des Antrags möglich, wobei eine Beschwerde zum BPatG mit einer Erweiterung verbunden werden kann.[81]

44 Eine Rücknahme des Löschungsantrags ist ebenso wie eine Klagerücknahme möglich. Dies gilt auch noch in der Rechtsbeschwerdeinstanz, also vor dem BPatG.[82]

45 Ist in einem Nichtigkeitsverfahren über eine Marke einmal rechtskräftig entschieden worden, so bindet diese Entscheidung die Parteien, so dass der Antragsteller nicht zu einem späteren Zeitpunkt einen neuen Antrag stellen kann. Andererseits sind Dritte – solange sie nicht rechtsmissbräuchlich als Strohmann auftreten – durch die frühere Entscheidung nicht gebunden, können also ein neues Verfahren anstrengen.[83]

46 Verzichtet der Markeninhaber während eines laufenden Nichtigkeitsverfahrens wegen Nichtigkeit der Marke auf diese, wird das Nichtigkeitsverfahren durch das ex nunc wirkende Erlöschen der Marke nicht in vollem Umfang in der Hauptsache erledigt. Dem Antragsteller bleibt es in diesem Fall – sofern ihm ein besonderes Feststellungsinteresse zur Seite steht – vielmehr unbenommen, die Feststellung der Nichtigkeit der Marke mit Wirkung ex tunc zu beantragen.[84]

VI. Rechtsmittel

47 Gegen Entscheidungen des DPMA ist nach Maßgabe der §§ 64, 66 MarkenG Erinnerung beim DPMA oder Beschwerde zum BPatG zulässig.[85] Gegen Entscheidungen des BPatG kann unter engen Voraussetzungen nach § 83 MarkenG Rechtsbeschwerde zum BGH möglich sein.

1. Erinnerung

48 Gegen die Beschlüsse der Markenstellen und der Markenabteilungen, die von einem Beamten des gehobenen Dienstes oder einem vergleichbaren Angestellten erlassen worden sind, findet die Erinnerung statt (§ 64 I MarkenG). Die Erinnerung ist innerhalb eines Monats nach Zustellung beim DPMA einzulegen (§ 64 II MarkenG). Erachtet der Beamte oder Angestellte, dessen Beschluss angefochten wird, in Verfahren mit nur einem Beteiligten die Erinnerung für begründet, so hat er ihr abzuhelfen (§ 64 III MarkenG). Andernfalls entscheidet über die Erinnerung ein Mitglied des Patentamts durch Beschluss (§ 64 IV MarkenG), in dem angeordnet werden kann, dass die Gebühr für die Erinnerung ganz oder teilweise zurückgezahlt wird (§ 64 V MarkenG).

---

81 BGH I ZB 105/16 v. 18.10.2017 Quadratische Tafelschokoladenverpackung, Tz. 20 ff.; I ZB 106/16 v. 18.10.2017, Tz. 20 ff.
82 BGH GRUR 1977, 664, 665 *CHURRASCO*; BGH I ZB 105/16 v. 18.10.2017 Quadratische Tafelschokoladenverpackung, Tz. 19; I ZB 106/16 v. 18.10.2017, Tz. 19.
83 BGH I ZB 53/07 und 55/07 v. 16.7.2009 *Legostein*, Tz. 17 ff.; vgl. auch BGH I ZA 21/10 v. 14.4.2011, Tz. 16; BPatG 33 W (pat) 58/10 v. 12.6.2012 *RDM*.
84 BGH GRUR 2001, 337 *EASYPRESS*.
85 Zum Umfang der Prüfungspflicht aufgrund harmonisierten Rechts EuGH C-239/05 v. 15.2.2007 *BVBA*, Tz. 43 ff. u. 58 ff.

2. Beschwerde

Gegen eine die Erinnerung zurückweisende Entscheidung kann Beschwerde einge- 49
legt werden. Außerdem ist die Beschwerde gegen erstinstanzliche Entscheidungen
möglich, wenn keine Erinnerung möglich ist oder über die Erinnerung nicht rechtzeitig (§§ 66 III, 64 VI MarkenG) entschieden wird. Beschwerde muss schriftlich
zum BPatG beim DPMA[86] eingelegt werden (§ 66 I, II MarkenG).[87] Zwingende
Zulässigkeitsvoraussetzung ist die Zahlung der Beschwerdegebühr in Höhe von
derzeit 200,–€ (bzw. 500,–€ im Nichtigkeitsverfahren).[88] Die Stelle, deren Beschluss
angefochten wird, kann auch hier der Beschwerde abhelfen oder sie an das BPatG
weiterleiten (§ 66 V MarkenG). Das BPatG kann die Angelegenheit allerdings nur
in bei einem – in der Praxis seltenen – wesentlichen Verfahrensmangel an das
DPMA zurückverweisen, sondern entscheidet im Regelfall selbst.[89] Eine Kostenerstattung erfolgt regelmäßig auch im Verfahren vor dem BPatG nicht; etwas anderes
kann aus Gründen der Billigkeit folgen, etwa bei Verletzung des rechtlichen
Gehörs[90] oder bei Begründungsmängeln.[91]

Das Verfahren vor dem BPatG regeln die §§ 67 ff. MarkenG. Eine mündliche 50
Verhandlung ist gesetzlich nicht zwingend vorgeschrieben. Sie findet aber statt,
wenn einer der Beteiligten dies beantragt, wenn Beweis erhoben wird oder das
Gericht die Verhandlung für sachdienlich erachtet (§ 69 MarkenG).[92] Mit Zustimmung der Parteien kann das Gericht nach der mündlichen Verhandlung ins schriftliche Verfahren übergehen (§ 82 I MarkenG, § 128 II ZPO).[93] Trifft das BPatG
seine Entscheidung ohne mündliche Verhandlung, so hat es Eingänge bis zum
Erlass der Entscheidung zu berücksichtigen, d. h. bis der Urkundsbeamte den
Beschluss der Post zur Beförderung übergeben hat.[94] Vortrag nach Schluss der

---

86 Dies gilt auch für spätere Beschwerdeerweiterungen: BPatG MarkenR 2007, 228 *Beschwerdeerweiterung*; zur eingeschränkten Abhilfebefugnis des DPMA, insbesondere im Hinblick auf einen Wiedereinsetzungsantrag, im Patentrecht BGH X ZB 14/08 v. 16.12.2008 *Gehäusestruktur*.
87 Zur Möglichkeit der Verfahrenskostenhilfe BGH I ZB 25/08 v. 30.4.2008 *Tegeler Floristik*; BGH I ZA 2/08 v. 14.8.2008 *ATOZ*; BGH I ZA 5/17 v. 30.8.2017 *Verfahrenskostenhilfe der Gesellschaft bürgerlichen Rechts*; zur Wiedereinsetzung in den vorigen Stand BGH I ZB 73/07 v. 3.4.2008 *Münchner Weißwurst*; BGH I ZB 83/08 v. 18.12.2008 *ATOZ II*; BGH I ZB 83/08 v. 29.07.2009 *ATOZ III*; I ZA 21/10 v. 14.4.2011, Tz. 21 f.; I ZB I 75/15 v. 2.12.2015, Tz. 5 ff.
88 BGH I ZB 53/07 und 55/07 v. 16.7.2009 *Legostein*, Tz. 16, auch zu den Folgen der Nichtzahlung; zu den Rechtsfolgen zu geringer Zahlung bei mehreren Beteiligten BGH X ZB 1/17 v. 19.9.2017 *Mehrschichtlager*.
89 Ausführlich BGH I ZB 59/09 v. 17.8.2010 SUPERgirl, Tz. 8; I ZB 61/09 v. 17.8.2010, Tz. 8.
90 Vgl. zum Patentrecht BPatG 20 W (pat) 58/13 v. 8.2.2017.
91 Vgl. zum Patentrecht BPatG 18 W (pat) 1/15 v. 24.5.2017.
92 Zum Anspruch auf mündliche Verhandlung BGH GRUR 2000, 512, 513 *COMPUTER ASSOCIATES*; BGH GRUR 2000, 894 *Micro-PUR*; BGH GRUR 2003, 1067, 1068 *Bach-Blüten-Ohrkerze*; BGH I ZB 20/03 v. 6.10.2005 *GALLUP*, Tz. 10 ff.
93 Vgl. hierzu BGH GRUR 2003, 546 *TURBO-TABS*; zur Notwendigkeit eines Wiedereintritts in die mündliche Verhandlung BGH GRUR 2001, 337, 338 *EASYPRESS*.
94 BGH GRUR 1997, 223 *Ceco*.

mündlichen Verhandlung ist nicht mehr zu berücksichtigen.[95] Anschauungsbeispiele aus der Praxis müssen in das Verfahren eingeführt werden, es sei denn, es handelt sich um Umstände, die allen Beteiligten ohne weiteres gegenwärtig sind.

> Will daher etwa das Gericht mit Beispielen begründen, wie der Verkehr ein bestimmtes Zeichen oder einen Zeichenbestandteil versteht, so muss es den Beteiligten die Möglichkeit der Stellungnahme zu den Beispielen – etwa durch mündliche Erörterung – einräumen.[96]

51 Die übliche Antragsfassung vor dem BPatG lautet im Anmeldeverfahren, »den Beschluss der Markenstelle für Klasse... vom... aufzuheben«. Im Widerspruchsverfahren wird beantragt, »den Beschluss der Markenstelle für Klasse... vom... aufzuheben und den Widerspruch zurückzuweisen« (bzw. im umgekehrten Fall »die Löschung der Marke... anzuordnen«). Als Beschwerdegegner wird man beantragen, »die Beschwerde zurückzuweisen«. Häufig wird hilfsweise beantragt, »nicht ohne mündliche Verhandlung zu entscheiden«.

3. Rechtsbeschwerde

52 Gegen die Beschwerdeentscheidung des BPatG[97] ist unter engen Voraussetzungen (§ 83 MarkenG) die Rechtsbeschwerde[98] zum Bundesgerichtshof möglich.[99] Voraussetzung ist entweder die Zulassung der Rechtsbeschwerde durch das BPatG nach § 83 II MarkenG[100] oder die Verletzung bestimmter in § 83 III MarkenG gelisteter Verfahrensbestimmungen, nämlich
- dass das beschließende Gericht nicht vorschriftsmäßig besetzt war (a),
- dass bei dem Beschluss ein Richter mitgewirkt hat, der von der Ausübung des Richteramtes kraft Gesetzes ausgeschlossen oder wegen Besorgnis der Befangenheit[101] mit Erfolg abgelehnt war (b),
- dass einem Beteiligten das rechtliche Gehör versagt war (c),
- dass ein Beteiligter im Verfahren nicht nach Vorschrift des Gesetzes vertreten war, sofern er nicht der Führung des Verfahrens ausdrücklich oder stillschweigend zugestimmt hat (d),

---

95 BGH I ZB 52/15 v. 21.7.2016 *Sparkassen-Rot*, Tz. 57, m. w. N.
96 BGH GRUR 1997, 637 f. *Top Selection*; BGH GRUR 1998, 396 f. *Individual*; BGH GRUR 2000, 53 *SLICK 50*.
97 BGH I ZB 25/08 v. 30.4.2008 *Tegeler Floristik*, Tz. 9; I ZA 14/10 v. 1.7.2010, Tz 7: nicht gegen Nebenentscheidungen – etwa über Prozesskostenhilfe.
98 Zur Prozesskostenhilfe im Rechtsbeschwerdeverfahren: BGH GRUR 1999, 998 *Verfahrenskostenhilfe*; zum verspäteten Prozesskostenhilfeantrag BGH I ZB 14/17 v. 1.6.2017, Tz. 2; zur Rücknahme einer Widerspruchsmarke im Rechtsbeschwerdeverfahren: BGH I ZB 14/06 v. 4.10.2007; zur Begründungsfrist BGH I ZB 83/08 v. 18.12.2008 *ATOZ II*.
99 Zur Rechtsbeschwerde gegen eine Entscheidung, dass eine Beschwerde wegen nicht fristgerechter Zahlung der Beschwerdegebühr als nicht erhoben gilt: BGH GRUR 1997, 636 *Makol*.
100 In der Praxis liegt die Zulassungsquote unter 2%.
101 Zur Befangenheit auch BGH I ZB 15/15 v. 25.1.2016; BPatG 27 W (pat) 28/16 v. 9.5.2018 *LEZZO*.

- dass der Beschluss aufgrund einer mündlichen Verhandlung ergangen ist, bei der die Vorschriften über die Öffentlichkeit des Verfahrens verletzt worden sind (e), oder
- dass der Beschluss nicht mit Gründen versehen ist (f).[102]

Statthaft ist die Beschwerde schon dann, wenn einer der Mängel gerügt wird; darauf, ob die Rügen durchgreifen, kommt es nicht für die Statthaftigkeit, sondern erst für die Begründetheit an.[103]

Diese ausdrücklich aufgeführten Verfahrensmängel sind abschließend. Eine Rüge eines Verstoßes gegen das Rechtsstaatsprinzip oder das Willkürverbot kann daher in dem nach § 83 III MarkenG eröffneten Verfahren nicht vorgebracht werden.[104] In der Praxis sind vor allem[105] die vorschriftsmäßige Besetzung des Gerichts (im Hinblick auf eine Nichtvorlage zum EuGH), die Verletzung rechtlichen Gehörs und der Verstoß gegen die Begründungspflicht bedeutsam geworden. **53**

Ist die Rechtsbeschwerde durch das BPatG zugelassen worden, so eröffnet sich dem Rechtsbeschwerdegericht die volle revisionsmäßige Überprüfung des angefochtenen Beschlusses, ohne dass dieses auf die Entscheidung der als Zulassungsgrund angeführten Rechtsfrage beschränkt ist.[106] Demgegenüber findet bei einer zulassungsfreien Rechtsbeschwerde eine Nachprüfung des angefochtenen Beschlus- **54**

---

102 Zum – verspäteten Absetzen der Gründe – mehr als fünf Monate nach Entscheidung BGH I ZB 62/08 v. 18.12.2008, Tz. 8 ff.
103 BGH I ZB 34/12 v. 22.5.2014 *S-Bahn*, Tz. 6, m. w. N.; BGH I ZB 59/16 v. 6.7.2017 *PLOMBIR*, Tz. 7; BGH I ZB 18/17 v. 11.10.2017 *Die PS-Profis*, Tz. 11; BGH I ZB 17/17 v. 9.11.2017 *H 15*, Tz. 7; BGH I ZB 68/17 v. 9.5.2018 *Standbeutel*, Tz. 6.
104 BGH I ZB 27/13 v. 13.3.2014 *VIVA FRISEURE/VIVA*, Tz. 14, m. w. N.
105 Zur Verletzung des Rechts auf den gesetzlichen Richter bei Nichtvorlage zum EuGH BGH GRUR 2003, 546, 547 f. *TURBO-TABS*; BGH I ZB 107/08 v. 20.5.2009 *Vierlinden*, Tz. 10; I ZB 12/10 v. 28.10.2010, Tz. 9; I ZB 13/10 v. 28.10.2010, Tz. 8; I ZB 14/10 v. 28.10.2010, Tz. 8; zur Statthaftigkeit der zulassungsfreien Rechtsbeschwerde: BGH GRUR 1997, 637, 638 *Top Selection*; BGH GRUR 1999, 500 *DILZEM*; BGH GRUR 2000, 53 *SLICK 50*; BGH GRUR 2000, 512, 513 *COMPUTER ASSOCIATES*; BGH GRUR 2001, 337, 338 *EASYPRESS*; BGH GRUR 2003, 1067 f. *BachBlüten-Ohrkerze*; BGH GRUR 2004, 76 *turkey & corn*; BGH GRUR 2005, 971 *Schutzfristüberwachung*; BGH I ZB 14/04 v. 2.12.2004; I ZB 44/05 v. 3.11.2005, Tz. 8; I ZB 48/05 v. 17.11.2005 *Bull*, Tz. 12; I ZB 46/06 v. 15.2.2007 Tz. 5; BGH I ZB 15/06 v. 10.4.2007 *MOON*, Tz. 7; I ZB 56/06 v. 19.7.2007, Tz. 6; I ZB 57/06 v. 19.7.2007, Tz. 6; I ZB 97/06 v. 25.10.2007, Tz. 6; I ZB 35/07 v. 30.1.2008, Tz. 6; BGH I ZB 70/07 v. 21.2.2008 *Melissengeist*, Tz. 5; BGH I ZB 98/07 v. 10.4.2008 *Cigarettenpackung*, Tz. 10; I ZB 123/05 v. 24.4.2008, Tz. 8; I ZB 57/07 v. 24.4.2008, Tz. 8; BGH I ZB 72/07 v. 24.4.2008 *Weisse Flotte*, Tz. 6; BGH I ZB 4/07 v. 30.4.2008 *alphaCAM*, Tz. 8; I ZB 108/07 v. 14.8.2008, Tz. 6; I ZB 62/08 v. 18.12.2008, Tz. 7.
106 BGHZ 130, 187, 191 *Füllkörper*; BGH GRUR 2000, 603, 604 *Ketof/ETOP*, m. w. N.; BGH GRUR 2000, 895 *EWING*; BGH GRUR 2004, 331 *Westie-Kopf*; BGH I ZB 53/07 und 55/07 v. 16.7.2009 *Legostein*, Tz. 14; BGH I ZB 65/12 v. 17.10.2013 *test*, Tz. 8; BGH I ZB 69/14 v. 15.10.2015 *GLÜCKSPILZ*, Tz. 10; BGH I ZB 87/14 v. 11.2.2016 *Fünf-Streifen-Schuh*, Tz. 7; BGH I ZB 39/15 v. 31.5.2016 *OUI*, Tz. 7; BGH I ZB 52/15 v. 21.7.2016 *Sparkassen-Rot*, Tz. 10; BGH I ZB 43/15 v. 9.11.2016 *Stadtwerke Bremen*, Tz. 9; BGH I ZB 39/16 v. 6.4.2017 *Schokoladenstäbchen III*, Tz. 8; BGH I ZB 97/16 v. 5.10.2017 *Pippi-Langstrumpf-Marke*, Tz. 7; BGH I ZB 25/17 v. 13.9.2018 *Pippi Langstrumpf*, Tz. 9.

ses auf sonstige Verstöße gegen das formelle oder gegen das materielle Recht nicht statt.[107]

55 Die Rüge gemäß § 83 III Nr. 1 MarkenG ist nur im Fall der nicht vorschriftsmäßigen Besetzung des beschließenden Gerichts eröffnet; mit ihr kann nicht allgemein ein Verstoß gegen den gesetzlichen Richter gerügt werden.[108] Durch die Eröffnung der zulassungsfreien Rechtsbeschwerde gemäß § 83 III Nr. 1 MarkenG soll sichergestellt werden, dass eine Entscheidung durch einen Senat des BPatG getroffen wird, der gemäß § 67 I MarkenG als Beschwerdesenat eingerichtet ist und dessen Besetzung unter Einhaltung der Regeln des Geschäftsverteilungsplans (§ 21e GVG) und der senatsinternen Mitwirkungsregeln (§ 21g GVG) gebildet worden ist. Erfasst wird hiervon die Mitwirkung eines Richters, der nicht hätte mitwirken dürfen, oder die unterbliebene Mitwirkung eines Richters, der hätte mitwirken müssen. Gegenstand der Rüge des § 83 III Nr. 1 MarkenG ist damit nur die personelle Zusammensetzung der Richterbank.[109] Insbesondere die Nichtvorlage zum EuGH kann daher nicht als Verstoß gegen § 83 III Nr. 1 MarkenG geltend gemacht werden.[110]

56 Dagegen bejaht der BGH einen Gehörverstoß gemäß § 83 III Nr. 3 MarkenG, wenn das BPatG die Rechtsbeschwerde nicht zulässt, somit als letztinstanzliches Gericht entscheidet und gleichwohl die Angelegenheit nicht dem EuGH vorlegt.[111] Allerdings knüpft der BGH – wie das BVerfG – einen Entzug des gesetzlichen Richters an enge Voraussetzungen.[112] Eine Verletzung des Anspruchs auf rechtliches Gehör liegt ferner vor, wenn das BPatG die Zulassung der Rechtsbeschwerde und die Vorlage an den EuGH ohne einen vorherigen Hinweis an die Verfahrensbeteiligten unterlässt, sofern ein gewissenhafter und kundiger Verfahrensbeteiligter – selbst unter Berücksichtigung der Vielzahl vertretener Rechtsauffassungen – damit nach dem bisherigen Verfahrensverlauf nicht zu rechnen brauchte.[113] Entsprechendes gilt bei Nichtzulassung der Rechtsbeschwerde.[114]

57 Begründet ist die auf die Versagung rechtlichen Gehörs gestützte, zulassungsfreie Rechtsbeschwerde nach § 83 III Nr. 3 MarkenG bereits dann, wenn nicht auszuschließen ist, dass die angefochtene Entscheidung auf der Versagung des rechtlichen

---

107 BGH GRUR 1997, 223, 224 *Ceco*, m. w. N.; BGH GRUR 1997, 637, 639 *Top Selection*; BGH GRUR 2000, 53 *SLICK 50*; BGH GRUR 2000, 512, 514 *COMPUTER ASSOCIATES*; BGH GRUR 2003, 1067, 1068 *BachBlüten-Ohrkerze*; I ZB 121/05 v. 1.6.2006, Tz. 12; I ZB 98/07 v. 10.4.2008 *Cigarettenpackung*, Tz. 22; I ZB 57/07 v. 24.4.2008, Tz. 10 u. 22.
108 BGH I ZB 34/12 v. 22.5.2014 *S-Bahn*, Tz. 12.
109 BGH I ZB 34/12 v. 22.5.2014 *S-Bahn*, Tz. 13.
110 BGH I ZB 6/12 v. 3.4.2014 *Schwarzwälder Schinken*, Tz. 12 ff.
111 BGH I ZB 85/11 v. 6.2.2013 *Variable Bildmarke*, Tz. 15; BGH I ZB 6/12 v. 3.4.2014 *Schwarzwälder Schinken*, Tz. 12; BGH I ZB 17/17 v. 9.11.2017 *H 15*, Tz. 20; noch offen gelassen von BGH GRUR 2003, 546, 547 f. *TURBO-TABS*; BGH I ZB 98/07 v. 10.4.2008 *Cigarettenpackung*, Tz. 24; BGH I ZB 107/08 v. 20.5.2009 *Vierlinden*, Tz. 10; I ZB 12/10 v. 28.10.2010, Tz. 9; I ZB 13/10 v. 28.10.2010, Tz. 8; I ZB 14/10 v. 28.10.2010, Tz. 8; I ZB 87/09 v. 21.12.2011, Tz. 28.
112 Vgl. dazu oben § 1 Rdn. 63.
113 BGH I ZB 6/12 v. 3.4.2014 *Schwarzwälder Schinken*, Tz. 19.
114 BGH I ZB 34/12 v. 22.5.2014 *S-Bahn*, Tz. 14 ff.

Gehörs beruht.[115] Der Grundsatz des rechtlichen Gehörs garantiert hierbei den Beteiligten eines gerichtlichen Verfahrens, dass sie Gelegenheit haben, sich zu dem der gerichtlichen Entscheidung zugrunde liegenden Sachverhalt und zur Rechtslage zu äußern und dass das Gericht das Vorbringen zur Kenntnis nimmt und in Erwägung zieht.[116] Geht das Gericht in seinen Entscheidungsgründen auf den wesentlichen Kern des Tatsachenvortrags einer Partei zu einer Frage nicht ein, die für das Verfahren von zentraler Bedeutung ist, so lässt dies auf die Nichtberücksichtigung des Vortrags schließen, sofern er nicht nach dem Rechtsstandpunkt des Gerichts unerheblich oder offensichtlich unsubstantiiert war.[117]

> So liegt eine Verletzung etwa vor, wenn dem Beschwerdeführer die mündliche Verhandlung abgeschnitten wird, und der Beschwerdeführer behauptet, andernfalls weiter vorgetragen zu haben, ohne dass es auf Einzelheiten ankäme.[118] Hat allerdings nur der Beschwerdeführer für den Fall, dass seinem Rechtsmittel nicht schon nach Lage der Akten entsprochen werden kann, eine mündliche Verhandlung beantragt, wird der Anspruch des Beschwerdegegners auf Gewährung rechtlichen Gehörs nicht verletzt, wenn das Bundespatentgericht der Beschwerde ohne mündliche Verhandlung stattgibt.[119] Das rechtliche Gehör ist weiter verletzt, wenn eine zulässige Nichtbenutzungseinrede nicht berücksichtigt wird.[120] Hat die Widerspruchsabteilung die Zurückweisung eines Widerspruchs auf fehlende Produktähnlichkeit gestützt, so muss das BPatG einen Hinweis erteilen, wenn es die Zurückweisung mit zu geringer Zeichenähnlichkeit begründen will.[121] Auch wenn der Beschwerdeführer erst nach der Beschlussfassung durch das BPatG erfährt, dass das DPMA die Beschwerde an das BPatG weitergeleitet hat, ist das rechtliche Gehör verletzt; eine Vermutung für den Zugang einer Mitteilung gibt es dabei nicht.[122] Das rechtliche Gehör kann ferner verletzt sein, wenn das Beschwerdegericht in der mündlichen Verhandlung die Zurückverweisung der Sache zur weiteren Aufklärung als sicher darstellt und deshalb der Beschwerdeführer davon absieht, zu einem gerichtlichen Hinweis Stellung zu nehmen.[123] Kann sich eine Partei auf einen gerichtli-

---

115 BGH GRUR 1997, 637 f. *Top Selection*, in Abgrenzung zur Rechtslage unter dem WZG; BGH GRUR 2003, 1067, 1068 *BachBlüten-Ohrkerze*; BGH I ZB 33/06 v. 1.3.2007 *WEST*; BGH I ZB 6/12 v. 3.4.2014 *Schwarzwälder Schinken*, Tz. 16; zu Kausalitätserfordernissen allgemein auch BVerfGE 10, 274, 283; 11, 29, 30; 13, 132, 145; 14, 54, 56; 17, 86, 96; 52, 131, 152 f.
116 BGH I ZB 48/05 v. 17.11.2005 *Bull*, Tz. 13, I ZB 121/05 v. 1.6.2006, Tz. 10; I ZB 56/06 v. 19.7.2007, Tz. 8; I ZB 57/06 v. 19.7.2007, Tz. 8; I ZB 35/07 v. 30.1.2008, Tz. 7; BGH I ZB 70/07 v. 21.2.2008 *Melissengeist*, Tz. 7; BGH I ZB 98/07 v. 10.4.2008 *Cigarettenpackung*, Tz. 13; BGH I ZB 72/07 v. 24.4.2008 *Weisse Flotte*, Tz. 8; I ZB 7/09 v. 17.9.2009, Tz. 6; I ZB 39/10 v. 13.1.2011, Tz. 6; BGH I ZB 68/10 v. 7.7.2011 *Medicus.log*, Tz. 10; BGH I ZB 23/11 v. 27.10.2011 *Simca*, Tz. 7; BGH I ZB 85/11 v. 6.2.2013 *Variable Bildmarke*, Tz. 11; BGH I ZB 91/11 v. 11.4.2013 *MetroLinien*, Tz. 16; BGH I ZB 59/16 v. 6.7.2017 *PLOMBIR*, Tz. 11 f.; BGH I ZB 17/17 v. 9.11.2017 *H 15*, Tz. 9.
117 BVerfG 1 BvR 670/08 v. 26.11.2008; BGH I ZB 6/12 v. 3.4.2014 *Schwarzwälder Schinken*, Tz. 22; BGH I ZB 18/17 v. 11.10.2017 *Die PS-Profis*, Tz. 15; BGH I ZB 68/17 v. 9.5.2018 *Standbeutel*, Tz. 9.
118 BGH I ZB 33/06 v. 1.3.2007 *WEST*; vgl. auch BGH GRUR 2003, 1067, 1068 *BachBlüten-Ohrkerze*; BGH I ZB 20/03 v. 6.10.2005 *GALLUP*, Tz. 17; I ZB 77/05 v. 19.1.2006, Tz. 8 ff.; I ZB 97/06 v. 25.10.2007, Tz. 8; BGH I ZB 91/11 v. 11.4.2013 *MetroLinien*, Tz. 25.
119 BVerfG 1 BvR 670/08 v. 26.11.2008, Tz. 14, m. w. N.; BGH I ZB 4/07 v. 30.4.2008 *alphaCAM*.
120 BGH I ZB 97/06 v. 25.10.2007, Tz. 9.
121 BGH I ZB 18/17 v. 11.10.2017 *Die PS-Profis*, Tz. 17 ff.
122 BGH GRUR 2000, 512, 513 f. *COMPUTER ASSOCIATES*.
123 BGH GRUR 2003, 901 *MAZ*; entsprechend BGH I ZB 34/12 v. 22.5.2014 *S-Bahn*, Tz. 21.

chen Hinweis hin nicht sofort erklären, so ist auch ohne Antrag eine Schriftsatzfrist zu gewähren.[124] Entsprechendes gilt, wenn dem Beschwerdeführer eine Aufforderung angekündigt worden war, die Beschwerde weiter zu begründen, aber diese Aufforderung unterbleibt,[125] oder wenn unzutreffend in Aussicht gestellt wird, dass eine Beschränkung des Verzeichnisses der Waren und Dienstleistungen auch noch nach Schluss der mündlichen Verhandlung erfolgen könne.[126] Entsprechendes gilt, wenn das BPatG der Bitte einer Partei nachkommen will, noch vorzutragen, dann aber entscheidet, ohne der anderen Partei die Stellungnahme zukommen zu lassen.[127] Weiter wird der Anspruch auf Gewährung rechtlichen Gehörs verletzt, wenn das BPatG im Rahmen der tragenden Begründung Erkenntnisse verwertet, die es erst nach Abschluss der mündlichen Verhandlung gewonnen hat,[128] oder wenn das Gericht – möglicherweise nicht allen Verfahrensbeteiligten gegenwärtige – Tatsachen als offenkundig verwerten will, ohne diese in das Verfahren einzuführen.[129] Ist bei einem Löschungsantrag gemäß § 8 MarkenG nicht hinreichend klar, auf welches der Eintragungshindernisse sich der Antrag bezieht, so ist das rechtliche Gehör verletzt, wenn dem Antragsteller nicht vor Zurückweisung Gelegenheit zur Klarstellung gegeben wird.[130] Eine Verletzung des Anspruchs liegt schließlich vor, wenn einem Verfahrensbeteiligten zu Unrecht Verfahrenskostenhilfe verweigert und hierdurch womöglich weiterführender Vortrag blockiert wurde.[131] Demgegenüber ist das rechtliche Gehör gewahrt, wenn den Beteiligten eine angemessene Frist zur Verfügung stand, zur Sache vorzutragen; eine Pflicht des Gerichts, den Verfahrensbeteiligten eine Frist zur Stellungnahme zu setzen, besteht dabei jedoch nicht.[132] Es muss nicht vorab auf jeden denkbaren rechtlichen Aspekt der Angelegenheit hingewiesen werden, solange ein gewissenhafter und vernünftiger Verfahrensbeteiligter selbst unter der Vielzahl vertretener Rechtsauffassungen noch mit der Auslegung des Gerichts rechnen musste;[133] insbesondere muss das BPatG dabei auch nicht darauf hinweisen, dass es in einem bestimmten Punkt nicht der Auffassung des DPMA folgen will,[134] wobei anderes gilt, wenn im patentgerichtlichen Verfahren die Beurteilung des DPMA in diesem Punkt von keinem Beteiligten ernsthaft angezweifelt worden ist.[135] Gespräche des Gerichts mit einer Partei bergen zumindest dann die Gefahr eines Gehörverstoßes, wenn der Gesprächsinhalt der anderen Partei nicht mitgeteilt wird.[136] Kein Gehörverstoß liegt vor, wenn zwar ein übergangener Beweisantritt gerügt wird, aber nicht zugleich Beweisthema,

---

124 BGH I ZB 59/16 v. 6.7.2017 *PLOMBIR*.
125 BGH X ZB 13/07 v. 22.4.2008 *Tramadol*; anders wenn das Gericht lediglich nicht erfragt, ob noch eine Stellungnahme beabsichtigt ist: BGH I ZB 9/10 v. 22.6.2011 *Stahlschluessel*.
126 BGH I ZB 81/09 v. 9.9.2010 *Yoghurt-Gums*.
127 BGH I ZB 91/11 v. 11.4.2013 *MetroLinien*; I ZB 92/11 v. 11.4.2013, Tz. 17 ff.; I ZB 93/11 v. 11.4.2013, Tz. 17 ff.
128 BGH GRUR 1998, 817 *DORMA*; zu nicht tragenden Begründungselementen vgl. aber auch BGH I ZB 48/05 v. 17.11.2005 *Bull*, Tz. 17; zu bloßen Vermutungen hinsichtlich nicht ins Verfahren eingebrachter Erkenntnisse BGH I ZB 123/05 v. 24.4.2008, Tz. 13.
129 BGH I ZB 33/06 v. 1.3.2007 *WEST*, Tz. 9 f.; aber auch BGH I ZB 56/06 v. 19.7.2007, Tz. 12; I ZB 35/07 v. 30.1.2008, Tz. 18.
130 BGH I ZB 87/14 v. 11.2.2016 *Fünf-Streifen-Schuh*, Tz. 23 ff.
131 BGH I ZB 83/08 v. 29.07.2009 *ATOZ III*; I ZA 21/10 v. 14.4.2011, Tz. 12.
132 BGH GRUR 1997, 223, 224 *Ceco*, m. w. N.; auch BGH I ZB 70/07 v. 21.2.2008 *Melissengeist*, Tz. 13 f.
133 BGH I ZB 46/06 v. 15.2.2007, Tz. 9; BGH I ZB 98/07 v. 10.4.2008 *Cigarettenpackung*, Tz. 20, m. w. N.; I ZB 7/09 v. 17.9.2009, Tz. 8 f.; I ZB 39/10 v. 13.1.2011, Tz. 7; I ZB 72/10 v. 28.9.2011, Tz. 10; I ZB 90/10 v. 19.10.2011, Tz. 7; I ZB 91/10 v. 19.10.2011, Tz. 7.
134 BGH I ZB 46/06 v. 15.2.2007, Tz. 14; vgl. auch BGH I ZB 90/10 v. 19.10.2011, Tz. 7.
135 BGH I ZB 40/09 v. 24.6.2010 *LIMES LOGISTIK*, Tz. 14.
136 BGH I ZB 91/11 v. 11.4.2013 *MetroLinien*; I ZB 92/11 v. 11.4.2013, Tz. 23; I ZB 93/11 v. 11.4.2013, Tz. 23.

Beweismittel und Beweisergebnis angegeben werden.[137] Auch muss nicht jedes Vorbringen eines Beteiligten ausdrücklich beschieden werden,[138] solange das Gericht auf den wesentlichen Kern des Tatsachenvortrags eingeht.[139] Erst recht liegt keine Verletzung rechtlichen Gehörs vor, wenn das BPatG das tatsächliche Vorbringen des Beschwerdeführers zwar zur Kenntnis nimmt, ihm aber in der Sache nicht folgt,[140] oder wenn es sich zur Begründung ganz überwiegend auf eine vorangegangene Entscheidung des BGH bezieht[141]. Schließlich darf das BPatG die Angelegenheit zur weiteren Prüfung – etwa der Verkehrsdurchsetzung – an das DPMA zurückverweisen und muss nicht selbst in die Prüfung einsteigen.[142]

Liegt der Gehörsverstoß in der Verletzung einer Hinweispflicht, muss die Rüge 58 ausführen, wie die betreffende Partei auf einen entsprechenden Hinweis reagiert hätte, insbesondere was sie im Einzelnen vorgetragen und welche rechtlichen Ausführungen sie in diesem Fall gemacht hätte. Insoweit verhält es sich anders als in den Fällen, in denen der Verstoß gegen den Anspruch auf rechtliches Gehör darin besteht, dass das Beschwerdegericht seiner Entscheidung Tatsachen zugrunde gelegt hat, die in das Verfahren nicht eingeführt waren. In einem solchen Fall liegt der Gehörsverstoß nämlich in der Verwertung von Entscheidungsgrundlagen, zu denen die betroffene Partei nicht Stellung nehmen konnte, und wo an der Kausalität des Verstoßes kein Zweifel besteht.[143]

Die auf § 83 III Nr. 4 MarkenG gestützte zulassungsfreie Rechtsbeschwerde ist 59 grundsätzlich nur statthaft, wenn der Rechtsbeschwerdeführer geltend macht, selbst im Verfahren nicht nach Vorschrift des Gesetzes vertreten gewesen zu sein. Das Erfordernis der ordnungsgemäßen Vertretung dient nur dem Schutz der vertretenen Partei.[144]

Allein den Begründungszwang sichert demgegenüber die Vorschrift des § 83 III 60 Nr. 6 MarkenG. Es kommt deshalb darauf an, ob erkennbar ist, welcher Grund – mag dieser tatsächlich vorgelegen haben oder nicht, mag er rechtsfehlerhaft beurteilt worden sein oder nicht – für die Entscheidung über die einzelnen Ansprüche und Verteidigungsmittel maßgebend gewesen ist. Dies kann auch bei lückenhaften und unvollständigen Begründungen der Fall sein. Dem Erfordernis einer Begründung ist deshalb schon dann genügt, wenn die Entscheidung zu jedem selbständigen Angriffs- und Verteidigungsmittel Stellung nimmt, das ein Verfahrensbeteilig-

---

137 BGH I ZB 31/10 v. 17.8.2011, Tz. 8; vgl. zu ausreichendem Vortrag: BGH I ZB 75/10 v. 17.8.2011, Tz. 13 ff.
138 BGH I ZB 70/07 v. 21.2.2008 *Melissengeist*, Tz. 11; I ZB 57/07 v. 24.4.2008, Tz. 14, m. w. N.; BGH I ZB 23/11 v. 27.10.2011 *Simca*, Tz. 7.
139 BGH I ZB 1/11 v. 9.2.2012, Tz. 9; BGH I ZB 85/11 v. 6.2.2013 *Variable Bildmarke*, Tz. 11; BGH I ZB 17/17 v. 9.11.2017 *H 15*, Tz. 9; BGH I ZB 68/17 v. 9.5.2018 *Standbeutel*, Tz. 10 ff.
140 BGH I ZB 121/05 v. 1.6.2006, Tz. 12; I ZB 68/10 v. 7.7.2011 *Medicus.log*; auch I ZB 123/05 v. 24.4.2008, Tz. 11; BGH I ZB 72/07 v. 24.4.2008 *Weisse Flotte*, Tz. 9; I ZB 71/10 v. 28.9.2011, Tz. 10; I ZB 1/11 v. 9.2.2012, Tz. 9; I ZB 30/10 v. 23.2.2012, Tz. 7 ff.
141 BGH I ZB 12/10 v. 28.10.2010; I ZB 13/10 v. 28.10.2010; I ZB 14/10 v. 28.10.2010.
142 BGH I ZB 57/07 v. 24.4.2008, Tz. 17 f.
143 BGH I ZB 72/07 v. 24.4.2008 *Weisse Flotte*, Tz. 12, in Abgrenzung von BGH GRUR 1997, 637, 639 *Top Selection*; auch BGH I ZB 87/14 v. 11.2.2016 *Fünf-Streifen-Schuh*, Tz. 30.
144 BGHZ 63, 78, 79 f.; BGH GRUR 1990, 348, 350 *Gefäßimplantat*; BGH I ZB 27/13 v. 13.3.2014 *VIVA FRISEURE/VIVA*, Tz. 7.

ter vorgetragen hat oder das aus dem vorgebrachten Sachzusammenhang als im Einzelfall vom Amts wegen zu prüfen ins Auge springt.[145]

> So kommt es etwa nicht darauf an, ob sich das BPatG rechtsfehlerfrei oder rechtsfehlerhaft nicht mit den Fragen befasst hat, deren Beantwortung nach Ansicht der Rechtsbeschwerde vom Standpunkt der Rechtsprechung des BGH aus Voraussetzung für die Entscheidung gewesen wäre.[146] Ebenso kann bei der Begründung auf andere Entscheidungen verwiesen werden.[147] Auch liegt ein Begründungsmangel dann nicht vor, wenn nicht erkennbar ist, warum das BPatG die Sache nicht an das Patentamt zurückverwiesen, sondern (nach § 70 III MarkenG zulässig) selbst entschieden hat.[148] Demgegenüber ist dem Fehlen einer Begründung der Fall gleichzusetzen, dass zwar Gründe vorhanden sind, diese aber ganz unverständlich und verworren sind, so dass sie in Wirklichkeit nicht erkennen lassen, welche Überlegungen für die Entscheidung maßgeblich waren.[149] Ein Begründungsmangel kann ferner angenommen werden, wenn eine Beweiswürdigung völlig fehlt.[150]

61 Entgegen des Wortlauts des § 89 IV 1 MarkenG kann der BGH in besonderen Fallkonstellationen im Falle erfolgreicher Rechtsbeschwerde auf eine Zurückverweisung der Angelegenheit an das BPatG verzichten und abschließend entscheiden. Dies kann etwa aus Gründen der Prozessökonomie und zur Gewährung effektiven Rechtsschutzes geboten sein.[151]

---

145 BGH GRUR 1997, 636, 637 *Makol*; BGH GRUR 1999, 998, 999 *Verfahrenskostenhilfe*; BGH GRUR 2000, 53 *SLICK 50*; BGH GRUR 2003, 546, 547 *TURBO-TABS*; BGH GRUR 2003, 901, 902 *MAZ*; BGH GRUR 2005, 258, 259 *Roximycin*; I ZB 14/04 v. 2.12.2004; BGH I ZB 48/05 v. 17.11.2005 *Bull*, Tz. 20; I ZB 108/07 v. 14.8.2008, Tz. 8; BGH I ZB 53/08 v. 20.5.2009 *Schuhverzierung*, Tz. 25; BGH I ZB 85/11 v. 6.2.2013 *Variable Bildmarke*, Tz. 8; I ZR 75/16 v. 11.5.2017, Tz. 2; BGH I ZB 68/17 v. 9.5.2018 *Standbeutel*, Tz. 18.
146 BGH GRUR 2000, 53 *SLICK 50*; auch BGH I ZB 108/07 v. 14.8.2008, Tz. 11.
147 BGH I ZB 57/07 v. 24.4.2008, Tz. 21.
148 BGH GRUR 1997, 637, 638 *Top Selection*.
149 BGH GRUR 2000, 53, 54 *SLICK 50*.
150 BGH GRUR 2000, 53, 54 *SLICK 50*.
151 BGH I ZB 52/15 v. 21.7.2016 *Sparkassen-Rot*, Tz. 113 ff.

§ 30 Verfahren der internationalen Registrierung bei der WIPO

Schrifttum: *Bock*, Ausgewählte Aspekte des Protokolls zum Madrider Markenabkommen und der Gemeinsamen Ausführungsordnung, GRUR Int. 1996, 991; *Jaeger-Lenz/Freiwald*, Die Bedeutung der Erweiterung des Madrider Markensystems für die markenrechtliche Praxis, GRUR 2005, 118; *Kunze*, Die internationale Registrierung von Marken unter der gemeinsamen Ausführungsordnung zum Madrider Markenabkommen und zum Protokoll, Mitt. 1996, 190; *Kunze*, Neues zum Madrider System über die internationale Registrierung von Marken – Änderungen der Ausführungsordnung zum 1.4.2002, FS Helm 2002, 203; *Tatham*, A history of the »Madrid« System for the International Registration of Marks, FS v. Mühlendahl, 2005, 379; *Weltorganisation für geistiges Eigentum* (Hrsg.), Leitfaden für die internationale Registrierung von Marken unter dem Madrider Abkommen und dem Madrider Protokoll, 3. Aufl. 2005

I. Überblick

Das Madrider System zur internationalen Registrierung von Marken ermöglicht es, mittels einer einzigen Anmeldung[1] Markenschutz in einer ganzen Reihe von Staaten[2] zu erhalten. Voraussetzung ist eine Unionsmarke oder eine nationale Marke (so genannte Basismarke[3]), die quasi in weitere Staaten ausgedehnt wird. Anders als bei der Unionsmarke wird bei der internationalen Registrierung nicht ein einziges supranationales Markenrecht erworben, sondern eine Vielzahl einzelner (nationaler) Marken. Das Madrider System führt daher lediglich zu einer Verfahrenserleichterung und Kostensenkung, bewirkt aber nicht das Entstehen eines besonderen internationalen Schutzrechts. Die einschlägigen Regelungen zum Madrider System finden sich im – inzwischen gegenstandslosen – Madrider Markenabkommen (MMA) vom 14.4.1891, im Protokoll zum Madrider Markenabkommen (PMMA) vom 27.6.1989 sowie in der zugehörigen Gemeinsamen Ausführungsordnung (AusfO).[4] Auf Unionsebene sind ergänzend die Art. 182 ff. UMV anzuwenden, auf deutscher Ebene die §§ 107 ff. MarkenG. 1

Zuständig für internationale Registrierungen ist die WIPO mit Sitz in Genf, die mit den jeweils betroffenen nationalen Ämtern zusammenarbeitet. WIPO,[5] EUIPO[6] und DPMA[7] stellen auf ihren Internetseiten Formulare sowie umfangreiche Informationen zur internationalen Registrierung zur Verfügung. In Zweifelsfällen kann auch die WIPO telefonisch kontaktiert werden. 2

Die internationale Registrierung bleibt für einen Zeitraum von fünf Jahren vom Zeitpunkt der Registrierung abhängig vom Bestand der Basismarke (Art. 6 III MMA; Art. 6 III PMMA).[8] Wird die Basismarke durch einen Zentralangriff erfolgreich angegriffen, so bricht die gesamte internationale Registrierung zusammen. 3

---

1 Zur Inhaberschaft vgl. oben § 3 Rdn. 6.
2 Beim PMMA kommt auch ein Staatenbund in Frage.
3 Unter Umständen genügt eine Anmeldung.
4 Vom 18.1.1996 (BGBl. II, 562).
5 Vgl. www.wipo.int/madrid/en/.
6 Vgl. euipo.europa.eu/ohimportal/de/madrid-protocol.
7 Vgl. www.dpma.de/formulare/marke.html.
8 Zur österreichischen Praxis, dass die Basismarke zwar noch eingetragen, aber nicht verfallen sein darf OGH MarkenR 2007, 136 *Juwel*.

Hat A auf seine deutsche Marke eine internationale Registrierung in einer Vielzahl von Staaten gestützt und wird seine deutsche Marke im Widerspruchsverfahren vernichtet, so entfällt hierdurch automatisch der Schutz in sämtlichen Staaten.

4 Gegenüber dem PMMA war das sehr viel ältere MMA unflexibler. Die bedeutsamen Unterschiede zwischen MMA und PMMA liegen in Folgendem:
- Nach dem PMMA können die Mitgliedstaaten für eine Registrierung in ihrem Territorium eine individuelle Gebühr verlangen, während das MMA ausschließlich eine feste Grundgebühr zugunsten der WIPO zulässt.
- Amtssprache unter dem MMA ist Französisch, unter dem PMMA außerdem Englisch und Spanisch.
- Als Basis der internationalen Registrierung genügt unter dem PMMA die Anmeldung einer Marke, während das MMA eine bereits eingetragene Marke fordert.
- Die Regelung zur Schutzdauer unterscheidet sich bei beiden Abkommen.[9]
- Die Frist, innerhalb derer eine internationale Registrierung zurückzuweisen ist, kann unter Art. 5 II PMMA länger sein als die Jahresfrist des Art. 5 II MMA.
- Unter dem PMMA – nicht aber unter dem MMA – ist nach Art. 9quinquies PMMA, Art. 202, 204 UMV, § 125 MarkenG (etwa nach einem Zentralangriff) die prioritätswahrende Umwandlung[10] der internationalen Registrierung in nationale Marken möglich.

5 Das PMMA genießt nach Art. 9sexies I MMA (so genannte Sicherungsklausel) gegenüber dem PMMA Anwendungsvorrang.[11] Diese bewirkt, dass in dem Fall, wo sowohl der Staat der Basisregistrierung als auch der Staat, auf den der Schutz der internationalen Registrierung ausgedehnt wird, beide dem PMMA angehören, nur das PMMA Anwendung findet; dies gilt selbst dann, wenn beide Staaten auch dem MMA angehören. Alle Staaten, die dem MMA angehörten, sind inzwischen auch Mitglieder des vorrangig geltenden PMMA. Das MMA ist damit obsolet.

Soll etwa eine deutsche Marke im Wege der internationalen Registrierung auf die Schweiz ausgedehnt werden, so findet hierauf zwingend das PMMA Anwendung. Obwohl sowohl Deutschland als auch die Schweiz beide sowohl Mitglied des MMA als auch des PMMA sind, kann der Anmelder nicht etwa das MMA wählen, um individuelle Gebühren zu sparen.

II. Internationale Registrierung und nachträgliche Schutzerstreckung

6 Das Gesuch auf internationale Registrierung ist im Falle einer Unionsmarke als Basis beim EUIPO, im Falle einer deutschen Basismarke beim DPMA einzureichen. Für das Gesuch ist ein auf der Internetseite des EUIPO bzw. DPMA erhältliches spezielles, je nach Fallgestaltung variierendes Formblatt zu verwenden. Das Verzeichnis der Waren und Dienstleistungen ist in die Verfahrenssprache zu über-

---

9 Zur Schutzdauer vgl. oben § 9 Rdn. 17 – 22.
10 Zur Umwandlung im Grundsatz oben § 28 Rdn. 51 – 52.
11 Vor dem 1.9.2008 war das Konkurrenzverhältnis genau umgekehrt.

setzen. Ferner sind die sowohl beim EUIPO[12] bzw. DPMA[13] als auch bei der WIPO[14] anfallenden Gebühren zu zahlen.

Nach Prüfung bestimmter Formalien leitet das Amt das Gesuch an die WIPO weiter. Die Registrierung behält hierbei – vorbehaltlich einer möglichen Inanspruchnahme früherer Prioritäten – das Datum des Eingangs des Gesuchs beim EUIPO bzw. DPMA, sofern das Gesuch innerhalb von zwei Monaten an die WIPO weitergeleitet wurde und dort eingegangen ist. Die WIPO wiederum leitet sodann das Gesuch nach weiterer Formalprüfung an die jeweils betroffenen Ämter der Mitglieder weiter. 7

> Wird etwa ein Gesuch auf internationale »Ausdehnung« einer deutschen Marke auf die EU und die Schweiz gestellt, so leitet die WIPO das Gesuch dem EUIPO und dem Eidgenössischen Patentamt der Schweiz zu.

Die betroffenen Ämter der Mitglieder behandeln den Antrag entsprechend dem Antrag auf Registrierung einer nationalen Marke. 8

> So prüft etwa das EUIPO, ob der Marke absolute Eintragungshindernisse entgegenstehen (Art. 193 UMV), veröffentlicht die Marke und eröffnet gegebenenfalls ein Widerspruchsverfahren (Art. 196 UMV).

Gelangt das Amt des Mitgliedstaats – innerhalb bestimmter Frist[15] – zu der Auffassung, dass der Marke Eintragungshindernisse entgegenstehen, oder wird Widerspruch gegen die Registrierung eingelegt, so informiert das Amt die WIPO, die wiederum den Anmelder informiert. Dieser hat hierdurch innerhalb bestimmter Frist Gelegenheit, aktiv in das Verfahren vor dem nationalen Amt einzugreifen. 9

Ist schließlich eine Marke erst einmal international registriert, so ist keine weitere internationale Registrierung erforderlich, wenn der Schutz auf weitere Staaten erstreckt werden soll. Vielmehr steht hierfür das Instrument der nachträglichen Schutzerstreckung zur Verfügung (Art. 3ter II MMA, Art. 3ter II PMMA, Art. 187 UMV, § 111 MarkenG). Das Verfahren verläuft hierbei ähnlich wie bei der erstmaligen internationalen Registrierung. 10

---

12 Derzeit € 300,–.
13 Derzeit € 180,–.
14 Auf der Internetseite www.wipo.org findet sich ein fee calculator.
15 Vgl. BGH GRUR 2005, 578 *Lokmaus*.

§ 31 Gerichtliche Verfahren

Schrifttum: *Ahrens*, Die Bildung kleinteiliger Streitgegenstände als Folge des TÜV-Beschlusses, WRP 2013, 129; *Ahrens*, Der Wettbewerbsprozess, 8. Aufl. 2017; *Aßhoff*, Die Erstattungsfähigkeit von Patentanwaltskosten im Markenrecht, IPRB 2012, 284; *Berneke*, Die einstweilige Verfügung in Wettbewerbssachen, 2. Aufl. 2003; *Bölling*, Alternative Klagehäufung im Kennzeichenstreit?, MarkenR 2011, 102; *Büscher*, Klagehäufung im Gewerblichen Rechtsschutz – alternativ, kumulativ, eventuell?, GRUR 2012, 16; *Chudziak*, Die Erstattung der Rechtsanwaltskosten des unbegründet Abgemahnten, GRUR 2012, 133; *Grüger*, Aussetzung bei Verletzungsklagen vor Unionsmarkengerichten, GRUR-Prax 2017, 247; *Günther*, Zur Frage der Erstattung außergerichtlicher Patentanwaltskosten in markenrechtlichen Streitigkeiten, MarkenR 2010, 293; *Hackbarth*, Strategien im Verletzungsverfahren: nationale Marke oder Gemeinschaftsmarke, GRUR 2015, 634; *Hackbarth*, Der internationale Gerichtsstand der EU-Streitgenossenschaft im Gemeinschaftsmarken- und Gemeinschaftsgeschmacksmusterrecht, MarkenR 2015, 413; *Harte-Bavendamm/Henning-Bodewig*, UWG, 4. Auflage 2016; *Hartmann*, Die Gemeinschaftsmarke im Verletzungsverfahren, 2009; *Junkers*, Die Rom II-Verordnung: Neues Internationales Deliktsrecht auf europäischer Grundlage, NJW 2007, 3675; *Knoll*, Gegenstandswert und Kostenauferlegung im markenrechtlichen Rechtsbeschwerdeverfahren, MarkenR 2016, 229; *Krüger*, Folgeprobleme zu BGH-TÜV I, WRP 2011, 1504; *Löffel*, Gewerblicher Rechtsschutz: Freundliche Abmahnungen dienen dem Reputationsschutz, in: Armin Sieber, Manager am Medienpranger. Erfolgsstrategien mit Litigation-PR, 2018, S. 80; *Löffel*, Bleibt alles anders? – Prozessuale Waffengleichheit im einstweiligen Verfügungsverfahren: auch und gerade im Wettbewerbsrecht, WRP 2019, 8; *Meier-Beck*, Die Verwarnung aus Schutzrechten – mehr als eine Meinungsäußerung!, GRUR 2005, 535; *Meinhardt*, Es eilt: Die Dringlichkeit im Markenrecht. Ein Appell an den Gesetzgeber, GRUR-Prax 2015, 27; *Meinhardt*, Die einstweilige Verfügung im Kennzeichenrecht in der gerichtlichen Praxis, WRP 2017, 1180; *Munzinger*, Zur Eintragungsbewilligungsklage, GRUR 1995, 12; *Picht*, Von eDate zu Wintersteiger – Die Ausformung des Art. 5 Nr. 3 EuGVVO für Internetdelikte durch die Rechtsprechung des EuGH, GRUR Int. 2013, 19; *Schrader*, Gerichtliche Entscheidungsbefugnis und Prozessökonomie – Offene Fragen nach der BGH-Entscheidung »Sparkassen-Rot«, WRP 2016, 1446; *Stieper*, Klagehäufung im Gewerblichen Rechtsschutz – alternativ, kumulativ, eventuell?, GRUR 2012, 5; *Strauss*, Gerichtliche Zuständigkeit bei Anspruchskonkurrenz aus Markengesetz und Gemeinschaftsmarkenverordnung, GRUR 2011, 401; *Teplitzky*, Wettbewerbsrechtliche Ansprüche und Verfahren, 11. Aufl. 2016; *Teplitzky*, Zur Frage der Rechtmäßigkeit unbegründeter Schutzrechtsverwarnungen – Zugleich eine Besprechung von BGH »Verwarnung aus Kennzeichenrecht«, GRUR 2005, 9; *Teplitzky*, Aktuelle Probleme der Abmahnung und Unterwerfung sowie des Verfahrens der einstweiligen Verfügung im Wettbewerbs- und Markenrecht, WRP 2005, 654; *Teplitzky*, Die prozessualen Folgen der Entscheidung des Großen Senats für Zivilsachen zur unberechtigten Schutzrechtsverwarnung, WRP 2005, 1433; *Zimmermann*, Die unberechtigte Schutzrechtsverwarnung, 2008

1   Die gerichtliche Praxis entspricht im Kennzeichenrecht in vielen Punkten der allgemeinen zivilrechtlichen, insbesondere der wettbewerbsrechtlichen Praxis. Da hierzu mehrere ausgezeichnete Darstellungen[1] existieren, beschränken sich die folgenden Ausführungen auf Besonderheiten des Kennzeichenrechts in vorprozessualer Strategie, Verletzungsverfahren, anderen Hauptsacheverfahren und einstweiligem Rechtsschutz.

---

1 Vgl. insbesondere *Ahrens*, Der Wettbewerbsprozess; *Teplitzky*, Wettbewerbsrechtliche Ansprüche und Verfahren.

I. Vorprozessuale Strategie

Kennzeichenrechtliche Prozesse sind fast immer mit einer Reihe von Unwägbarkeiten behaftet. Ziel jeder vorprozessualen Strategie wird es daher sein, vor dem eigentlichen Angriff größtmögliche Sicherheit über die Tatsachen- und Rechtslage zu erlangen.

In vielen Fällen wird ein anwaltliches oder gar gerichtliches Vorgehen nicht der richtige Weg sein, eine Kennzeichenverletzung zu beseitigen.[2] Niemand bekommt gerne Anwaltspost. Gerade bei bekannten Marken, die auf gefühlsgeladene Sympathie angewiesen sind, führt ein rechtlich ausgerichteter Angriff häufig zu einem Imageschaden, der die Vorteile einer Abmahnung bei weitem übersteigt.

> So mahnte etwa die Firma Lego einen Youtube-Influencer ab, der regelmäßig über die Produkte des Unternehmens berichtete, weil dieser ein Logo als Marke angemeldet hatte, das u.a. einen neutral gehaltenen Klemmbaustein zeigte. Lego erntete nicht nur einen Shitstorm, sondern veranlasste den Influencer zudem dazu, künftig auch über Konkurrenzprodukte zu berichten.[3] Eine unmittelbare Kontaktaufnahme wäre gegenüber einem Anwaltsschreiben der bessere Weg gewesen.

Für einen sofortigen Angriff ist das Risiko meist nur in klaren Pirateriefällen hinreichend gering. Hier wird der Angreifer, wenn er nicht sofort mittels einstweiliger Verfügung und Sequestration vorgeht, zunächst eine Abmahnung[4] an den Verletzer versenden. In einer Abmahnung sind der Sachverhalt und der daraus abgeleitete Vorwurf eines markenrechtswidrigen Verhaltens so genau anzugeben, dass der Abgemahnte den Vorwurf tatsächlich und rechtlich überprüfen und die gebotenen Folgerungen daraus ziehen kann. Der Anspruchsgegner ist in die Lage zu versetzen, die Verletzungshandlung unter den in Betracht kommenden rechtlichen Gesichtspunkten zu würdigen. Die Abmahnung muss daher erkennen lassen, auf welches Schutzrecht der geltend gemachte Anspruch gestützt wird, damit der Abgemahnte die Richtigkeit des Vorwurfs überprüfen kann.[5] Den Abgemahnten trifft auch zur Vermeidung einer Kostenlast grundsätzlich keine Antwortpflicht.[6] Die Rechtslage unterscheidet sich hier kaum vom allgemeinen Wettbewerbsrecht.

Ist die Abmahnung begründet und berechtigt, entsteht im Regelfall – bedauerlicherweise[7] – eine Kostenerstattungspflicht.[8] In diesem Sinne ist eine Abmahnung

---

2 Vgl. dazu auch *Löffel*, Gewerblicher Rechtsschutz: Freundliche Abmahnungen dienen dem Reputationsschutz, in: *Armin Sieber*, S. 80 ff.
3 www.horizont.net/marketing/kommentare/held-der-steine-3-learnings-aus-dem-lego-shit-storm-172379.
4 Zur missbräuchlichen Abmahnung: BGH I ZR 106/10 v. 31.5.2012 *Ferienluxuswohnung*.
5 BGH I ZR 139/07 v. 22.1.2009 *pcb*, Tz. 13.
6 BGH GRUR 1995, 167, 169 *Kosten bei unbegründeter Abmahnung*; BGH I ZR 250/12 v. 30.7.2015 *Piadina-Rückruf*, Tz. 43; vgl. aber auch BGH NJW 1990, 1905 *Antwortpflicht des Abgemahnten*.
7 Wie hier *Harte-Bavendamm/Henning-Bodewig-Keller*, UWG, 4. Auflage 2016, Einleitung A Rn. 51.
8 Zur Umwandlung des ursprünglichen Freistellungsanspruchs in einen Kostenerstattungsanspruch: BGH I ZR 106/11 v. 6.2.2013 *VOODOO*, Tz. 59.

begründet,[9] wenn ihr zum Zeitpunkt der Abmahnung[10] ein Unterlassungsanspruch[11] zugrunde liegt; sie ist berechtigt, wenn sie erforderlich ist, um dem Schuldner einen Weg zu weisen, den Gläubiger ohne Inanspruchnahme der Gerichte[12] klaglos zu stellen.[13] Dabei steht dem Abmahnenden zunächst gegen einen schuldhaft handelnden Verletzer wegen der für die Abmahnung aufgewendeten Kosten ein Schadensersatzanspruch jedenfalls dann zu, wenn es sich bei dem Verstoß um eine Dauerhandlung handelt.[14] Ist eine Abmahnung nur teilweise begründet, kommt es darauf an, ob sie letztlich insgesamt oder nur hinsichtlich gesonderter Angriffe zum Ziel führt.[15] Weiter besteht daneben ein verschuldensunabhängiger Erstattungsanspruch nach den Grundsätzen der Geschäftsführung ohne Auftrag.[16] Auch kann grundsätzlich auch dann Ersatz der Abmahnkosten vom Verletzer verlangt werden, wenn ein Unternehmen mit eigener Rechtsabteilung für die Abmahnung einen Anwalt einschaltet.[17] Ferner spricht es nicht gegen, sondern gerade für die Notwendigkeit der Einschaltung eines Rechtsanwalts, wenn Rechte massenhaft verletzt werden und es daher zu Massenabmahnungen einer Vielzahl von Verletzern kommt.[18] Einschränkungen gelten hingegen für Wettbewerbsverbände und Abmahnungen in eigener Sache.[19] Außerdem können die Abmahnkosten nicht im Kostenfestsetzungsverfahren geltend gemacht werden[20] und es findet eine Anrechnung nach Vorbemerkung 3 IV VV RVG statt.[21] Andererseits kann in Kennzeichenangelegenheiten auch eine höhere Gebühr als die durchschnittliche 1,3-Geschäftsgebühr angemessen sein.[22] Auch die Umsatzsteuer

---

9 Ein rechtskräftiger Unterlassungstitel entfaltet keine Bindungswirkung für die Frage, ob die Abmahnung berechtigt war: BGH I ZR 45/11 v. 31.5.2012 *Missbräuchliche Vertragsstrafe*.
10 BGH I ZR 155/09 v. 18.11.2010 *Sedo*, Tz. 29, m. w. N.
11 Dabei kommt es darauf an, ob der aufgrund eines bestimmten Schutzrechts konkret geltend gemachte Unterlassungsanspruch besteht, und nicht darauf, ob eventuell aus anderen Gründen Unterlassung gefordert werden könnte: BGH I ZR 139/07 v. 22.1.2009 *pcb*, Tz. 12.
12 Hat der Verletzte vor Abmahnung eine sogenannte Schubladenverfügung erwirkt, also das Gericht schon eingeschaltet, besteht keine Kostenerstattungspflicht der Abmahnung: BGH I ZR 216/07 v. 7.10.2009 *Schubladenverfügung*.
13 BGH I ZR 139/07 v. 22.1.2009 *pcb*, Tz. 11; auch BGH I ZR 155/09 v. 18.11.2010 *Sedo*, Tz. 16; BGH I ZR 150/09 v. 9.11.2011 *Basler Haar-Kosmetik*, Tz. 21.
14 BGH I ZR 276/03 v. 23.11.2006 *Abmahnaktion*; zur nicht gebotenen Anrechnung der Abmahnkosten auf eine zu zahlende Vertragsstrafe BGH I ZR 88/06 v. 8.5.2008 *Vertragsstrafeneinforderung*; zur Rechtsmissbräuchlichkeit einer Abmahnung BGH I ZR 277/03 v. 5.10.2006 *kinski-klaus.de*, Tz. 19.
15 BGH I ZR 73/17 v. 31.10.2018 *Jogginghosen*.
16 BGH I ZR 219/05 v. 17.7.2008 *Clone-CD*, Tz. 10 f. u. 34 [zum Urheberrecht].
17 BGH I ZR 83/06 v. 8.5.2008 *Abmahnkostenersatz*; BGH I ZR 219/05 v. 17.7.2008 *Clone-CD*, Tz. 36.
18 BGH I ZR 219/05 v. 17.7.2008 *Clone-CD*, Tz. 40.
19 BGH I ZR 219/05 v. 17.7.2008 *Clone-CD*, Tz. 38 f., m. w. N.
20 BGH I ZB 21/05 v. 20.10.2005 *Geltendmachung der Abmahnkosten*; I ZR 103/07 v. 14.8.2008, Tz. 10; I ZB 30/08 v. 2.10.2008, Tz. 9.
21 BGH I ZR 103/07 v. 14.8.2008, Tz. 11, m. w. N.; I ZB 30/08 v. 2.10.2008, Tz. 10; zur tatrichterlicher Würdigung unterliegenden Höhe der Abmahnkosten außerdem BGH I ZR 44/06 v. 26.3.2009 *Resellervertrag*, Tz. 22; zur Anrechnung bei einer Vielzahl vorangegangener Abmahnungen BGH I ZB 55/16 v. 28.2.2017.
22 BGH I ZR 169/07 v. 29.7.2009 *BTK*, Tz. 51.

ist in Rechnung zu stellen und zu erstatten; denn die Umsatzsteuer kann vom Abmahnenden nicht im Rahmen des Vorsteuerausgleichs gegenüber dem Finanzamt geltend gemacht werden.[23] Macht der Abgemahnte auf die Klageerhebung hin später geltend, ihm sei die Abmahnung nicht zugegangen, so trifft ihn im Rahmen der Kostenentscheidung nach § 93 ZPO grundsätzlich die Darlegungs- und Beweislast; im Rahmen der sekundären Darlegungslast ist der Kläger lediglich gehalten, substantiiert darzulegen, dass das Abmahnschreiben abgesandt worden ist; kann nicht festgestellt werden, ob das Abmahnschreiben dem Beklagten zugegangen ist oder nicht, ist für eine Kostenentscheidung nach § 93 ZPO kein Raum.[24]

In den meisten anderen Fällen hat der Verletzte hingegen häufig keine präzise Kenntnis von Art und Umfang der potentiellen Verletzungshandlung, wenn er von einer potentiellen Markenverletzung erfährt. **6**

> So ist etwa im Falle der Verletzung durch eine Unternehmensbezeichnung meist unklar, in welcher Branche das verletzende Unternehmen exakt tätig ist. Auch wenn eine Marke in identischer oder ähnlicher Form auf Produkten verwendet wird, ist oft nicht klar, wann und wo die Produkte vertrieben wurden. Unter Umständen ist schließlich zunächst nicht sicher, ob es sich bei den rechtsverletzenden Produkten um (reimportierte) Originalprodukte des Herstellers handelt.

Um präzise Informationen zu erlangen, wird der potentiell Verletzte in der Regel zunächst versuchen, den Sachverhalt möglichst genau zu recherchieren. Bereits im Vorfeld können Auskunfts- und Besichtigungsansprüche helfen. Im Zuge der Umsetzung der Richtlinie 2004/48/EG des Europäischen Parlaments und des Rates vom 29. April 2004 zur Durchsetzung der Rechte des geistigen Eigentums[25] dürfte außerdem mit – gerade auch im vorprozessualen Umfeld bedeutsamen – Beweiserleichterungen zu rechnen sein.[26] Häufig ist (parallel) die Einschaltung einer (spezialisierten) Detektei zu empfehlen. Insbesondere Testkäufe sind üblich.[27] **7**

> So wird eine Detektei diskret klären, welche Produkte ein bestimmtes Unternehmen anbietet. Ein Labor kann klären, ob es sich bei den potentiellen Plagiaten um Originalprodukte oder Nachahmungen handelt. Bisweilen sind auch genauere Nachforschungen zur Unternehmensstruktur eines potentiellen Verletzers erforderlich, wenn ein Konzern die Rechtsverfolgung durch Aufspaltung der Verantwortung erschweren will. So ist etwa im Falle Amazon für eigene Angebote die Amazon EU S.à r.l. in Luxemburg verantwortlich, die in Deutschland eine Niederlassung hat. Verantwortlich für den Marketplace, also für Angebote Dritter, ist dagegen die Amazon Services Europe S.à r.l., wiederum mit Sitz in Luxemburg. Werbung und Webseite schließlich werden von der Amazon Europe Core S.à r.l. betrieben.

Ferner ist die kennzeichenrechtliche Prioritätslage fast nie ganz sicher. Vor allem ist in vielen Streitigkeiten – gerade wenn aus jungen Kennzeichen angegriffen werden soll – zu befürchten, dass noch ältere Kennzeichen Dritter existieren, derer sich der potentielle Verletzer zu seiner Verteidigung bemüht. Auch eine noch so **8**

---

23 BFH XI R 27/14 v. 21.12.2016, Tz. 14, 18 u. 23 ff.
24 BGH I ZB 17/06 v. 21.12.2006 *Zugang des Abmahnschreibens*; zum Einwurf-Einschreiben BGH II ZR 299/15 v. 27.9.2016 *Einwurf-Einschreiben*.
25 ABl.-EG L 157/45.
26 Vgl. *Knaak*, GRUR Int. 2004, 747 ff.
27 Zu rechtswidrigem Verhalten eines Testkäufers BGH I ZR 60/16 v. 11.5.2017 *Testkauf im Internet*.

§ 31 Gerichtliche Verfahren

gründliche Recherche kann dieses Risiko nicht ausschließen, sondern nur minimieren.

> So kann einem Angriff aus einer von 1995 datierenden Marke u. U. ein Kennzeichen eines britischen Unternehmens entgegen gehalten werden, das zwar in Deutschland nie eingetragen wurde und auch sonst kaum aufgefunden werden kann, das aber gleichwohl seit 1994 kontinuierlich in Deutschland benutzt wurde und daher Rechte an einer geschäftlichen Bezeichnung begründet.

9   Weiterhin muss sich der potentiell Verletzte genaue Kenntnis über die Schwachstellen seines eigenen Markensystems verschaffen. Im Falle eines Gegenangriffs könnte andernfalls der potentielle Verletzer die Schwachstellen ausnutzen und gefährlich zurückschlagen.

> So ist im Falle eines Angriffs stets damit zu rechnen, dass der Verletzer die Nichtbenutzungseinrede erhebt. Kann keine ernsthafte Benutzung bewiesen werden, ist mit einem Löschungsgegenangriff aufgrund von Nichtbenutzung zu rechnen, der sich äußerstenfalls auch auf völlig andere Marken als die Angriffsmarke erstrecken kann.

10 In anderen Fällen mag die Rechtslage nicht eindeutig sein. Hier gilt es, Präjudizien zu den streitgegenständlichen Kennzeichen oder möglichst ähnlichen Zeichen zu recherchieren. Ferner gilt es, die spezifische Spruchpraxis des voraussichtlich zuständigen Spruchkörpers zu analysieren.[28] Um genauere Informationen zur Eintragungsfähigkeit bestimmter Bezeichnungen zu erhalten, kann eine Einsichtnahme in entsprechende Markenakten geboten sein.[29]

11 Aufgrund der genannten Unsicherheiten fast jedes Kennzeichenprozesses muss in der Praxis stets damit gerechnet werden, dass der Prozess verloren wird. Schlimmstenfalls provoziert ein Angriff sogar einen Gegenangriff, der zum Verlust eigener Kennzeichen führt.

12 Hinzu kommt, dass nach bisheriger Rechtsprechung eine unbegründete Verwarnung aus einem Kennzeichenrecht bei schuldhaftem Handeln als rechtswidriger Eingriff in den eingerichteten und ausgeübten Gewerbebetrieb gemäß § 823 I BGB anzusehen ist.[30] Auch der Anwalt des Abmahnenden kann haften, wenn er ungenügend beraten hat.[31] Dies kann insbesondere dann hohe Schadensersatzansprüche auslösen, wenn der zu Unrecht Angegriffene den Vertrieb der Produkte einstellt und ihm hierdurch ein Schaden entsteht. Daneben kommt jedenfalls dann, wenn nicht der Hersteller oder Lieferant, sondern der Abnehmer der Ware abgemahnt wird, der Tatbestand der Anschwärzung gemäß § 4 Nr. 2 UWG in Betracht. Weil bei derartigen Abnehmerverwarnungen Tatsachenbehauptungen auch in Bezug auf

---

28 Zu den Hilfsmitteln oben § 1 Rdn. 71.
29 Zur Akteneinsicht BGH I ZB 15/06 v. 10.4.2007 *MOON*.
30 BGH GRUR 2005, 882 *Unberechtigte Schutzrechtsverwarnung I*, gegen BGH GRUR 2004, 958 *Verwarnung aus Kennzeichenrecht*; auch BGH I ZR 139/08 v. 22.7.2010 *Kinderhochstühle im Internet I*, Tz. 67; I ZR 37/10 v. 2.10.2012, Tz. 30; zum Schaden eines Abnehmers der betroffenen Ware auch BGH X ZR 72/04 v. 21.12.2005 *Detektionseinrichtung II*; zu den prozessualen Folgen der Entscheidung des Großen Senats auch: BGH I ZR 217/03 v. 19.1.2006 *Unbegründete Abnehmerverwarnung*, Tz. 14; *Teplitzky*, WRP 2005, 1433; zu den – nicht nach § 91 ZPO erstattungsfähigen – Kosten eines Abwehrschreibens BGH I ZB 16/07 v. 6.12.2007 *Kosten eines Abwehrschreibens*; I ZB 87/07 v. 14.8.2008; I ZB 30/08 v. 2.10.2008.
31 BGH X ZR 170/12 v. 1.12.2015 *Unberechtigte Schutzrechtsverwarnung II*.

den Hersteller bzw. Lieferanten des verwarnten Abnehmers gegeben sein können, billigt die Rechtsprechung dem Hersteller bzw. Lieferanten, der selbst nicht abgemahnt wurde, einen eigenen Anspruch gegen den Abmahnenden zu.[32] Allerdings soll der Inhaber einer eingetragenen Marke bei einer Verwarnung aus diesem Schutzrecht grundsätzlich davon ausgehen dürfen, dass dem Bestand des Rechts keine absoluten Eintragungshindernisse entgegenstehen, wie sie das Deutsche Patent- und Markenamt vor der Eintragung zu prüfen hatte.[33]

Zur Vermeidung dieses Haftungsrisikos hat es sich in der kennzeichenrechtlichen Praxis eingebürgert, anstelle der im Wettbewerbsrecht sonst üblichen Abmahnung zunächst eine so genannte Berechtigungsanfrage zu versenden. Hier fordert der potentiell Verletzte den Verletzer im Gegensatz zur Abmahnung nicht auf, ein bestimmtes Handeln einzustellen, sondern fragt lediglich an, warum dieser meint, zu dem beanstandeten Handeln berechtigt zu sein. **13**

> Fühlt sich etwa der Inhaber der Marke »Zozo van Barkhussen« durch die Benutzung der jüngeren Bezeichnung »von Barkhusen« in seinen Rechten verletzt, so wird er dem Verletzer zunächst den Sachverhalt schildern und auf seine Kennzeichen hinweisen. Weiter wird er den Verletzer fragen, warum dieser sich berechtigt glaubt, die Bezeichnung »von Barkhusen« zu benutzen.

Durch die Berechtigungsanfrage lassen sich häufig Kennzeichenverletzungen bereits im Vorfeld beenden oder jedenfalls die (streitigen) Tatsachen und Rechtsfragen auf den Punkt bringen. Erst wenn auf die Berechtigungsanfrage keine Reaktion erfolgt oder der Verletzer sich weigert, die Verletzungshandlungen einzustellen, muss der Verletzte zu stärkeren Waffen greifen und unzweideutig Unterlassung der beanstandeten Handlungen verlangen, um nicht später Gefahr zu laufen, das Kostenrisiko des § 93 ZPO tragen zu müssen. **14**

II. Verfahren vor den ordentlichen Gerichten

Im Verletzungsverfahren werden üblicherweise die Ansprüche auf Unterlassung,[34] Auskunft,[35] Schadensersatz[36] und ggf. Vernichtung[37] geltend gemacht. Besonderheiten ergeben sich im Kennzeichenrecht bei der Zuständigkeit sowie beim Gegenstandswert und bei den Kosten. **15**

1. Gerichtliche Zuständigkeit

Für Kennzeichenstreitsachen ist in erster Instanz unabhängig vom Gegenstandswert immer das Landgericht zuständig (§ 140 I MarkenG). Kennzeichenstreitsachen sind nach dieser Vorschrift »alle Klagen, durch die ein Anspruch aus einem **16**

---

32 BGH I ZR 217/03 v. 19.1.2006 *Unbegründete Abnehmerverwarnung*, Tz. 16 f., m. w. N.
33 BGH I ZR 98/02 v. 19.1.2006 *Verwarnung aus Kennzeichenrecht II*; I ZR 37/10 v. 2.10.2012, Tz. 31; vgl. aber zum Fall einer bösgläubig angemeldeten Marke BGH I ZR 63/06 v. 18.12.2008 *Motorradreiniger*, Tz. 27.
34 Vgl. oben § 27 Rdn. 4 – 32.
35 Vgl. oben § 27 Rdn. 75 – 77.
36 Vgl. oben § 27 Rdn. 51 – 71.
37 Vgl. oben § 27 Rdn. 100 – 106.

der in diesem Gesetz geregelten Rechtsverhältnisse geltend gemacht wird«.[38] Der Begriff ist im Hinblick auf den Zweck der Vorschrift weit auszulegen. Erforderlich, aber auch ausreichend ist ein Bezug zum Markengesetz dergestalt, dass das Rechtsverhältnis, aus dem der geltend gemachte Anspruch abgeleitet wird, den Bestimmungen dieses Gesetzes unterliegt.

> Dementsprechend fallen unter § 140 I MarkenG außer den unmittelbar aus den Bestimmungen des Markengesetzes abgeleiteten gesetzlichen Ansprüchen (vgl. dort §§ 14–19, 44, 55 [49, 51], 101, 128, 135) auch alle Ansprüche aus rechtsgeschäftlichen Erklärungen und Vereinbarungen, die – wie z. B. Streitigkeiten aus Übertragungen, Belastungen, Gestattungen oder Lizenzen nach den §§ 27–31 MarkenG – im Markengesetz, sei es auch nur teilweise, geregelt sind. Gleiches gilt für Ansprüche aus im Markengesetz nicht ausdrücklich geregelten Rechtsgeschäften über geschäftliche Beziehungen, die – wie etwa Abgrenzungsvereinbarungen oder Vergleichsverträge zur Beilegung von Verletzungsprozessen – an das Entstehen und/oder den Inhalt des Kennzeichenrechts nach den Regelungen des Markengesetzes anknüpfen.[39] Auch Ansprüche aus strafbewehrter Unterlassungserklärung fallen unter die Vorschrift.[40]

17 Die örtliche Zuständigkeit richtet sich zunächst nach den allgemeinen zivilprozessualen Vorschriften. Bei Unionsmarkenkonflikten ist im Hinblick auf die internationale Zuständigkeit vorrangig Art. 125 UMV[41] zu beachten.[42] In Fällen mit Aus-

---

38 Zur Spezialzuständigkeit bei kartellrechtlichem Bezug BGH I ZR 13/12 v. 6.2.2013 *Basis3*.
39 BGH GRUR 2004, 622 *ritter.de*; vgl. zur Bedeutung von kennzeichenrechtlichen Einwänden auch BGH I ZR 231/01 v. 9.6.2005 *segnitz.de*, Tz. 15.
40 BGH I ZR 93/15 v. 19.10.2016, Tz. 26, m. w. N.
41 Hierzu BGH I ZR 110/16 v. 9.11.2017 *form-strip II*, Tz. 12; zu eng [keine Zuständigkeit am Erfolgsort] EuGH C-360/12 v. 5.6.2014 *Coty Germany*; OGH 4 Ob 45/16w v. 20.12.2016 *STUBHUB*; anders – zutreffend – zuvor BGH I ZR 1/11 v. 28.6.2012 *Parfumflakon*; nun aber dem EuGH folgend BGH I ZR 1/11 v. 27.11.2014 *Parfumflakon III* und verschlimmernd BGH I ZR 164/16 v. 9.11.2017 *Parfummarken*; zu nationalen Marken hingegen zutreffend weiter BGH I ZR 161/13 v. 5.3.2015 *IPS/ISP*, Tz. 13; zum Begriff der Niederlassung EuGH C-617/15 v. 18.5.2017 *Hummel Holding*; zur negativen Feststellungsklage [im Geschmacksmusterrecht] EuGH C-433/16 v. 13.7.2017 *Bayerische Motoren Werke*; zur Streitgenossenschaft *Hackbarth*, MarkenR 2015, 413.
42 Hierzu BGH I ZR 35/04 v. 19.4.2007 *Internet-Versteigerung II*, Tz. 16; zu parallelen Klagen aus einer nationalen und einer Unionsmarke bei verschiedenen Gerichten EuGH C-231/16 v. 19.10.2017 *Merck*; zu Ansprüchen auf Übertragung einer Unionsmarke EuGH C-381/16 v. 23.11.2017 *Salvador Benjumea Bravo de Laguna*.

landsberührung sind für Altfälle[43] das EuGVÜ[44] bzw. heute die EuGVVO[45] sowie seit dem 11.1.2009 die Rom II-Verordnung[46] zu beachten.[47] Demgegenüber hat das Herkunftslandprinzip des § 3 TMG wegen seines Abs. 4 Nr. 6 im Bereich des Kennzeichenrechts – einschließlich des Rechts der geografischen Herkunftsangaben[48] – keine Bedeutung.

Werden etwa mehrere Konzernunternehmen mit Sitz in verschiedenen Mitgliedstaaten mit der Begründung in Anspruch genommen, sie hätten auf verschiedenen Absatzstufen in einer »Verletzerkette« zusammengewirkt und dabei eine Unionsmarke verletzt, ist der besondere Gerichtsstand der Streitgenossenschaft nach Art. 6 Nr. 1 EuGVVO begründet.[49] Andererseits kann jedoch – im Rahmen der Begründetheit der Klage – nicht jedes im Inland abrufbare Angebot ausländischer Dienstleistungen im Internet bei Verwechslungsgefahr mit einem

---

43 Zur Weiterbehandlung von vor dem 9.1.2015 eingeleiteten Verfahren nach altem Recht BGH I ZR 236/14 v. 28.1.2016, Tz. 9.
44 Vgl. hierzu EuGH C-4/03 v. 13.7.2006 *GAT*; EuGH C-539/03 v. 13.7.2006 *Roche Nederland*; auch BGH I ZR 49/04 v. 28.6.2007 *Cambridge Institute*, Tz. 22 u. 25.
45 Verordnung (EU) Nr. 1215/2012 vom 12. Dezember 2012 über die gerichtliche Zuständigkeit und die Anerkennung und Vollstreckung von Entscheidungen in Zivil- und Handelssachen (ABl. EU Nr. L 351 vom 20. Dezember 2012, S. 1); vgl. hierzu EuGH C-523/10 v. 19.4.2012 *Wintersteiger*; EuGH C-360/12 v. 5.6.2014 *Coty Germany*; EuGH C-194/16 v. 17.10.2017 *Bolagsupplysningen*; BGH I ZR 75/10 v. 8.3.2012 *OSCAR*, Tz. 18; BGH I ZR 164/16 v. 9.11.2017 *Parfummarken*, Tz. 47; BGH I ZR 1/11 v. 27.11.2014 *Parfumflakon III* [Anwendbarkeit für Folgeansprüche]; EuGH C-341/16 v. 5.10.2017 *Hanssen Beleggingen* [zur Feststellung der Inhaberschaft]; zur Zuständigkeit der deutschen Gerichte bei Ansprüchen aus einem deutschen Unternehmenskennzeichen BGH I ZR 201/16 v. 15.2.2018 *goFit*, Tz. 12 ff.; zur rügelosen Einlassung bei kennzeichenrechtlichen Verträgen EuGH C-175/15 v. 17.3.2016 *Taser International*; zur Zulässigkeit der besonderen Zuständigkeit nach Art. 4.6 des Benelux-Übereinkommens über geistiges Eigentum (Marken und Muster oder Modelle) vom 25. Februar 2005 im Falle von Benelux-Marken EuGH C-230/15 v. 14.7.2016 *Brite Strike Technologies*; zu Benelux-Marken ferner EuGH C-341/16 *Hanssen Beleggingen*; zum Ganzen *Picht*, GRUR Int. 2013, 19.
46 Verordnung (EG) Nr. 864/2007 über das auf außervertragliche Schuldverhältnisse anzuwendende Recht, dazu *Junkers*, NJW 2007, 3675; zum anwendbaren Recht bei Folgeansprüchen aus Unionsmarken EuGH C-24/16 und C-25/16 v. 27.9.2017 *Nintendo*, Tz. 111 (zum Gemeinschaftsgeschmacksmuster); zur Ermittlung des Inhalts des anwendbaren Rechts BGH XII ZB 337/15 v. 24.5.2017 *Ecuadorianisches Recht*; zur Anwendbarkeit bei namensrechtlichen Streitigkeiten BGH I ZR 82/14 v. 28.4.2016 *profitbricks.es*, Tz. 35; bei Unternehmenskennzeichen BGH I ZR 201/16 v. 15.2.2018 *goFit*, Tz. 22.
47 Zur Schweiz auch das Lugano-Übereinkommen über die gerichtliche Zuständigkeit und die Vollstreckung gerichtlicher Entscheidungen in Zivil- und Handelssachen vom 16.9.1988 – BGBl. 1994 II, S. 2658; dazu BGH I ZR 49/04 v. 28.6.2007 *Cambridge Institute*, Tz. 21 u. 24; zu Liechtenstein BGH I ZR 49/04 v. 28.6.2007 *Cambridge Institute*, Tz. 22 f.; zur Zuständigkeit bei Streitigkeiten aufgrund von Lizenzverträgen vgl. die Schlussanträge von Generalanwältin *Trstenjak* v. 27.1.2009 in der Rechtssache EuGH C-533/07 *Falco Privatstiftung*; zur Zuständigkeit in Unionsmarkensachen *Knaak*, GRUR Int. 2007, 386.
48 Noch offen gelassen von BGH I ZR 229/03 v. 5.10.2006 *Pietra di Soln*, Tz. 17 f., wo dann aber darauf abgestellt wird, dass die Rechtslage im Herkunftsland derjenigen in Deutschland gleicht.
49 EuGH C-24/16 und C-25/16 v. 27.9.2017 *Nintendo*, Tz. 67 (zum Gemeinschaftsgeschmacksmuster); BGH I ZR 11/04 v. 14.12.2006 *Aufarbeitung von Fahrzeugkomponenten*, Tz. 14 ff., wo ausdrücklich offengelassen wird, ob im Falle der Verletzung nationaler Marken ebenso zu entscheiden wäre.

inländischen Kennzeichen kennzeichenrechtliche Ansprüche auslösen. Erforderlich ist vielmehr, dass das Angebot einen wirtschaftlich relevanten Inlandsbezug aufweist.[50]

18 Da Kennzeichenverletzungen meist bundesweit erfolgen, kann der Kläger wegen § 32 ZPO meist aus einer ganzen Reihe zuständiger Gerichte auswählen.[51] Tatort i. S. v. § 32 ZPO ist dabei auch der Ort, an dem die behauptete Verletzung des geschützten Rechtsguts eingetreten ist. In Fällen mit Auslandsberührung genügt es dabei zur Begründung der Zuständigkeit, wenn sich die beanstandeten Bezeichnungen nach Behauptung des Klägers an inländische Verkehrskreise richten.[52]

> So verletzt eine kollidierende Markenanmeldung grundsätzlich bundesweit ältere Rechte. Demgegenüber implizieren die Anmeldung und Benutzung einer Internetdomain durch ein nur lokal tätiges Unternehmen keine bundesweite Verletzung.[53]

19 § 140 II MarkenG ermächtigt die Landesregierungen, Spezialzuständigkeiten bei den Landgerichten einzurichten.[54] Die meisten Länder[55] haben von der Ermächtigung Gebrauch gemacht. Eine noch stärkere Konzentration ist nach Art. 123 UMV für Klagen eingeführt worden, mit denen Ansprüche aus Unionsmarken geltend gemacht werden.[56] Insgesamt ergibt sich das folgende Bild:

Bundesland	»normale« Markenstreitigkeit	Abweichende Zuständigkeit bei Unionsmarkenstreitigkeit	2. Instanz
Baden-Württemberg	LG Mannheim (OLG-Bezirk Karlsruhe) LG Stuttgart (OLG-Bezirk Stuttgart)		Karlsruhe bzw. Stuttgart

---

50 Vgl. BGH GRUR 2005, 431 *HOTEL MARITIME*.
51 Zur Kostenerstattung eines auswärtigen Rechtsanwalts u. a. BGH I ZB 101/08 v. 12.11.2009 *Auswärtiger Rechtsanwalt VIII*; BGH I ZB 47/09 v. 21.12.2011 *Rechtsanwalt an einem dritten Ort*; BGH I ZB 39/13 v. 12.9.2013 *Klageerhebung an einem dritten Ort* [Wahl eines entfernten Ortes durch ausländischen Kläger].
52 BGH I ZR 49/04 v. 28.6.2007 *Cambridge Institute*, Tz. 23; zur Urheberrechtsverletzung im Internet BGH I ZR 43/14 v. 21.4.2016 *An Evening with Marlene Dietrich.*, Tz. 18, unter Hinweis auf die markenrechtliche, die Frage offenlassende Entscheidung BGH I ZR 161/13 v. 5.3.2015 *IPS/ISP*, Tz. 15.
53 BGH GRUR 2005, 262, 263 f. *soco.de*.
54 Zur oberlandesgerichtlichen Zuständigkeit auch BGH I ZR 231/01 v. 9.6.2005 *segnitz.de*, Tz. 15.
55 Berlin und Brandenburg haben überdies die Zuständigkeit für »Warenzeichen« im Staatsvertrag der Länder (Staatsvertrag vom 20. November 1995 und Gesetz vom 15. Dezember 1995, GVBl. I S. 281) geregelt, dem in weiter Auslegung sämtliche Kennzeichenstreitigkeiten unterfallen: *Fezer*, § 140 Rz. 17.
56 Vgl. auch BGHZ 158, 236, 243 f. *Internet-Versteigerung I*; rechtsvergleichend zur Verletzung von Unionsmarken *Knaak*, MarkenR 2007, 2; zur Sonderzuständigkeit im einstweiligen Rechtsschutz in Österreich OGH GRUR Int. 2009, 74 *PERSONAL SHOP*.

II. 1. Gerichtliche Zuständigkeit

Bundesland	»normale« Markenstreitigkeit	Abweichende Zuständigkeit bei Unionsmarkenstreitigkeit	2. Instanz
Bayern	LG München I (OLG-Bezirk München) LG Nürnberg-Fürth (OLG-Bezirke Nürnberg und Bamberg)		München bzw. Nürnberg
Berlin/Brandenburg	LG Berlin		KG
Bremen	LG Bremen		Bremen
Hamburg	LG Hamburg		Hamburg
Hessen	LG Frankfurt am Main		Frankfurt am Main
Mecklenburg-Vorpommern	LG Rostock		Rostock
Niedersachsen	LG Braunschweig		Braunschweig
Nordrhein-Westfalen	LG Düsseldorf (OLG-Bezirk Düsseldorf) LG Köln (OLG-Bezirk Köln) LG Bochum[57] bzw. Bielefeld[58] (OLG-Bezirk Hamm)	LG Düsseldorf	Düsseldorf,[59] Köln bzw. Hamm
Rheinland-Pfalz	LG Koblenz (OLG-Bezirk Koblenz) LG Frankenthal (Pfalz) (OLG-Bezirk Zweibrücken)		Koblenz bzw. Zweibrücken
Saarland	LG Saarbrücken		Saarbrücken
Sachsen	LG Leipzig		Dresden
Sachsen-Anhalt	LG Magdeburg		Naumburg
Schleswig-Holstein	LG Kiel		Schleswig
Thüringen	LG Erfurt		Jena

---

59 Immer bei Unionsmarkenstreitigkeiten.
57 Für LG Arnsberg, Bochum, Dortmund, Essen, Hagen, Siegen.
58 Für LG Bielefeld, Detmold, Münster, Paderborn.

2. Aussetzung des Verfahrens

20 Nicht selten kommt es vor, dass während eines Verletzungsverfahrens die Klagemarke ihrerseits wegen behaupteter Schutzunfähigkeit angegriffen wird. Während dieser Gegenangriff im Falle einer Unionsmarke als Klagemarke regelmäßig im Wege der Widerklage[60] vor dem Verletzungsgericht (vgl. Art. 128 UMV) oder jedenfalls eine Verfahrensaussetzung gemäß Art. 132 UMV möglich ist, muss gegen eine deutsche Marke der – oft zeitaufwändige – Rechtsweg über DPMA und BPatG beschritten werden. Damit die Nichtigkeitsentscheidung nicht erst nach der Entscheidung des Verletzungsgerichts gefällt wird, stellt sich hier meist die Frage der Aussetzung des Verletzungsverfahrens gemäß § 148 ZPO.

21 Grundsätzlich ist der BGH[61] zurückhaltend, was eine Aussetzung des Verfahrens angeht: Eine Aussetzung des markenrechtlichen Verletzungsverfahrens im Hinblick auf ein gegen die Klagemarke gerichtetes Nichtigkeitsverfahren scheide im Regelfall aus, wenn keine überwiegende Wahrscheinlichkeit für den Erfolg des Nichtigkeitsverfahrens besteht.[62] Hier sollte eine »gewisse Wahrscheinlichkeit«[63] genügen, um rechtskräftige Fehlentscheidungen zu vermeiden.[64] Bei der Frage, ob das Verfahren auszusetzen ist, ist ferner zugunsten des Klägers zu berücksichtigen, ob durch die während der Verfahrensaussetzung andauernde Verwendung des angegriffenen Zeichens mit einer Schwächung der Klagemarke zu rechnen ist und ob der Kläger noch weitere Ansprüche aufgrund anderer Kennzeichenrechte verfolgt, die durch das Nichtigkeitsverfahren nicht betroffen sind.[65] Jedenfalls kann ein Markenverletzungsverfahren selbst noch in der Revisionsinstanz von Amts wegen gemäß § 148 ZPO im Hinblick auf ein Nichtigkeitsverfahren auszusetzen sein.[66] Gleiches gilt im einstweiligen Rechtsschutz.[67] Hat jedoch der Beklagte selbst keinen Löschungsantrag gestellt und ist der Löschungsantrag eines anderen Unternehmens zurückgewiesen worden, so würde die Aussetzung des Verfahrens zu einer unzumutbaren Verzögerung des Verletzungsverfahrens führen und ist nicht geboten.[68] Auch begründet die Löschung einer Unionsmarke nicht zwingend auch die Löschungsreife einer entsprechenden nationalen Marke; denn der Löschungsgrund kann auch außerhalb des Schutzgebiets der nationalen Marke vorliegen.[69]

---

60 Dazu EuGH C-425/16 v. 16.10.2017 *Hansruedi Raimund*.
61 Zur Teilaussetzung bei Streitgenossenschaft: BGH I ZR 78/14 v. 23.9.2015 *Sparkassen-Rot/Santander-Rot*; bei Streitgenossenschaft und Insolvenz: BGH I ZR 101/15 v. 3.11.2016 *MICRO COTTON*.
62 BGH I ZR 228/12 v. 18.9.2014 *Gelbe Wörterbücher*.
63 So nun BGH I ZR 78/14 v. 23.9.2015 *Sparkassen-Rot/Santander-Rot*, Tz. 19; BGH I ZR 23/14 v. 21.10.2015 *Bounty*, Tz. 19, allerdings unter Hinweis auf die bisherige strengere Rechtsprechung.
64 BGHZ 156, 112, 119 *Kinder I*; BGH I ZR 22/04 v. 25.1.2007 *Pralinenform I*, Tz. 17; BGH I ZR 23/14 v. 21.10.2015 *Bounty*, Tz. 17.
65 BGH I ZR 78/14 v. 23.9.2015 *Sparkassen-Rot/Santander-Rot*.
66 BGHZ 156, 112, 119 *Kinder I*; BGH I ZR 22/04 v. 25.1.2007 *Pralinenform I*, Tz. 17; BGH I ZR 23/14 v. 21.10.2015 *Bounty*, Tz. 17; BGH I ZR 78/14 v. 23.9.2015 *Sparkassen-Rot/Santander-Rot*, Tz. 17.
67 OLG Düsseldorf 20 W 31/17 v. 8.5.2017 *evolution*.
68 BGH I ZR 22/04 v. 25.1.2007 *Pralinenform I*, Tz. 17.
69 BGH I ZR 23/14 v. 21.10.2015 *Bounty*, Tz. 20 f.

Eine Sonderregelung für die Aussetzung trifft in Unionsmarkenstreitigkeiten dagegen Art. 132 UMV.[70] Nach dessen Abs. 1 ist das Verfahren von Amts wegen nach Anhörung der Parteien oder auf Antrag einer Partei nach Anhörung der anderen Parteien auszusetzen, wenn die Rechtsgültigkeit der Unionsmarke bereits vor einem anderen Unionsmarkengericht im Wege der Widerklage angefochten worden ist oder wenn beim Amt bereits ein Antrag auf Erklärung des Verfalls oder der Nichtigkeit gestellt worden ist und wenn keine besonderen Gründe für die Fortsetzung bestehen. Die Aussetzung setzt also voraus, dass der Bestand der Unionsmarke, auf die die Klage gestützt ist, schon vor Erhebung der Klage angegriffen wurde.[71] Für den Empfänger einer Abmahnung kann es daher klug sein, unmittelbar nach der Abmahnung einen Löschungsantrag gegen die Unionsmarke des Angreifers zu richten.

3. Gegenstandswert und Kosten

Der Gegenstandswert in Kennzeichenstreitsachen wird, sofern nicht ausnahmsweise ein konkreter Betrag eingeklagt wird, durch das wirtschaftliche Interesse an der Anspruchsdurchsetzung bestimmt. Maßgeblich sind der Marktwert des verletzten Kennzeichens und der so genannte Angriffsfaktor, also im Wesentlichen der drohende Verletzungsumfang.

> So sind bei einer umfangreichen Verletzung eines bekannten Kennzeichens durchaus Gegenstandswerte in Höhe von über 1.000.000,– € üblich. Gegenstandswerte um 60.000,– € kommen in der Regel nur bei Verletzung nahezu unbenutzter Kennzeichen in Betracht. In vielen Fällen dürfte daher ein mittlerer Gegenstandswert zwischen 150.000,– und 250.000,– € angemessen sein.[72] Im Eintragungs-[73] und Widerspruchsverfahren[74] geht der BGH demgegenüber regelmäßig von nur 50.000,– € aus, zumal es sich dort meist um junge, vielfach unbenutzte Zeichen handelt. Auch in Nichtigkeitsverfahren wird sich der Gegenstandswert regelmäßig auf 50.000,– € belaufen,[75] bei bedeutenden Marken jedoch durchaus auch einmal 750.000,–€,[76] 1.000.000,– €[77] oder ausnahmsweise sogar 10.000.000,– €[78] betragen.

Durch eine Entscheidung des EuGH zur Kostenvorschrift des Art. 14 Durchsetzungsrichtlinie ist zweifelhaft geworden, ob das deutsche System europarechtlichen Vorgaben gerecht wird. Zwar kann danach eine Regelung, die Pauschaltarife für

---

70 Dazu OLG Frankfurt a.M. 6 W 54/17 v. 3.7.2017 *Löschungsantrag gegen Klagemarke*.
71 BGH I ZR 106/11 v. 6.2.2013 *VOODOO*, Tz. 17.
72 Zur Berechnung der Beschwer bei einem Unterlassungstitel BGH I ZR 174/11 v. 24.1.2013 *Beschwer des Unterlassungsschuldners*.
73 BGH I ZB 86/05 v. 5.10.2006 *Farbmarke gelb/grün II*.
74 BGH I ZB 48/05 v. 16.3.2006 *Bull*; I ZB 57/07 v. 24.4.2008; BGH I ZB 6/16 v. 18.10.2017 *Dorzo*, Tz. 10 ff.; I ZB 45/16 v. 22.12.2017; dagegen unzutreffend und vielleicht etwas zu wenig individualistisch im Sinne des Lebens des Brian (20.000,– €) BPatG MarkenR 2007, 35 *Gegenstandswert*; zur Rechtsgrundlage der Kostenentscheidung erschöpfend BGH I ZB 6/16 v. 18.10.2017 *Dorzo*, Tz. 3 ff.
75 BGH I ZB 70/07 v. 21.2.2008 *Melissengeist*; I ZB 106/16 v. 8.10.2017, Tz. 3.
76 BGH I ZB 106/16 v. 8.10.2017, Tz. 4 *[Ritter-Sport Schokolade]*.
77 BGH I ZB 96/05 v. 27.4.2006 *FUSSBALL WM 2006*; I ZB 97/05 v. 27.4.2006; BGH I ZB 11/04 v. 14.6.2006 *LOTTO*; auch BGH I ZB 13/11 v. 8.3.2012 *Neuschwanstein* [200.000,– €]; auch BPatG 32 W (pat) 308/03 v. 5.7.2006: 150.000,– € bei Warenformmarke wegen des erheblich höheren Behinderungspotentials.
78 BGH I ZB 52/15 v. 24.11.2016 *Sparkassen-Rot*.

die Erstattung der Anwaltshonorare vorsieht, grundsätzlich gerechtfertigt sein; dies setzt jedoch voraus, dass die zu erstattenden Kosten unter Berücksichtigung von Faktoren wie dem Streitgegenstand, dem Streitwert oder dem Arbeitsaufwand für die Verteidigung des betreffenden Rechts zumutbar sind.[79] Das deutsche Recht berücksichtigt mit Streitgegenstand und Streitwert nur zwei dieser Faktoren. Nicht berücksichtigt wird hingegen der Arbeitsaufwand. Dies kann zur Folge haben, dass die erstattungsfähigen Gebühren zu hoch (etwa bei einfacher Verteidigung einer bekannten Marke) oder zu niedrig (etwa bei komplexen Streitigkeiten wegen noch nicht benutzter Rechte) ausfallen. Der gerechtfertigte Arbeitsaufwand muss daher künftig bei der Bemessung des Streitwerts berücksichtigt werden.

25 Der Auskunftsanspruch ist in der Regel mit einem Zehntel bis einem Viertel des Werts des Hauptanspruchs zu bewerten; dabei ist der Wert des Auskunftsanspruchs umso höher zu bemessen, je mehr der Kläger zur Begründung seines Hauptanspruchs auf die Auskunftserteilung angewiesen ist.[80] Entsprechendes gilt für den Besichtigungsanspruch.[81] Geforderte Abmahnkosten sind als Nebenforderung nicht werterhöhend.[82]

26 § 142 MarkenG ermöglicht auf Antrag die Herabsetzung des Gegenstandswerts, wenn eine Partei glaubhaft macht, dass die Belastung mit den Prozesskosten nach dem vollen Streitwert ihre wirtschaftliche Lage erheblich gefährden würde.

27 Für Kosten, die durch die Mitwirkung eines Patentanwalts in einer Kennzeichenstreitsache[83] entstehen, sieht das deutsche Recht vor, dass diese gemäß § 140 III MarkenG stets zu erstatten sind.[84] Auf die Sachdienlichkeit der Mitwirkung komme es nicht an. Dies gelte sogar dann, wenn ein und dieselbe Person sowohl als Rechtsanwalt als auch als Patentanwalt zugelassen ist, so dass hier faktisch ein doppelter Gebührenanspruch entsteht.[85] Diese Regelung wird in ihrer Grundsätzlichkeit vor Art. 14 Durchsetzungsrichtlinie keinen Bestand haben: Denn nach der Rechtsprechung des EuGH unterfallen den Kosten des Verfahrens nur diejenigen Kosten, die unmittelbar und eng mit dem betreffenden Gerichtsverfahren zusammenhängen; demgegenüber können andere Kosten nur im Wege des verschuldensabhängigen Schadensersatzes geltend gemacht werden.[86] Die Kosten eines Patentanwalts sind daher nur dann im Wege der Kostenentscheidung erstattungsfähig, wenn sie unmittelbar und eng mit dem Gerichtsverfahren zusammenhängen.

28 Anders ist die Rechtslage ohnedies bei außergerichtlichen Kosten durch die Einschaltung eines Patentanwalts. Insofern können die entstandenen Kosten nach §§ 677, 683 S. 1 BGB oder § 14 VI MarkenG nur beansprucht werden, wenn der

---

79 EuGH C-57/15 v. 28.7.2016 *United Video Properties*, Tz. 25.
80 BGH I ZR 27/09 v. 31.3.2010, Tz. 4, m. w. N.
81 BGH I ZR 27/09 v. 31.3.2010, Tz. 5.
82 BGH I ZR 99/14 v. 12.3.2015.
83 Einschließlich Verfahren auf Erlass einer einstweiligen Verfügung: BGH I ZR 196/10 v. 21.12.2011 *Kosten des Patentanwalts III*.
84 Vgl. BGH I ZB 6/04 v. 12.8.2004 *Mitwirkender Patentanwalt*; zu Altfällen BGH I ZB 57/05 v. 18.5.2006 *Erstattung von Patentanwaltskosten*, Tz. 12 ff.; zur Kostenerstattung des Patentanwalts ferner *Aßhoff*, IPRB 2012, 284; zu den Kosten eines italienischen Consulente in marchi BGH I ZB 47/06 v. 19.4.2007 *Consulente in marchi*.
85 BGH GRUR 2003, 639 *Kosten des Patentanwalts*.
86 EuGH C-57/15 v. 28.7.2016 *United Video Properties*, Tz. 33 ff.

Anspruchsteller darlegt und nachweist, dass die Mitwirkung des Patentanwalts erforderlich war. Diese Voraussetzung ist regelmäßig nur dann erfüllt, wenn der Patentanwalt dabei Aufgaben übernommen hat, die – wie etwa Recherchen zum Registerstand oder zur Benutzungslage – zum typischen Arbeitsgebiet eines Patentanwalts gehören.[87] Es genügt nicht, dass es sich um eine komplexe oder bedeutsame Angelegenheit handelt.[88]

> Dabei genügt es aber nicht, pauschal vorzutragen, der Patentanwalt hätte im Vorfeld der Abmahnung eine Recherche durchgeführt, wenn ohnehin neben dem Patentanwalt ein Fachanwalt für gewerblichen Rechtsschutz mit der Sache befasst ist.[89]

Demgegenüber kommt es beim Kostenerstattungsanspruch eines ausländischen Verkehrsanwalts auf den Einzelfall an. Dabei ist zu berücksichtigen, dass eine ausländische Partei typischerweise etwa wegen sprachlicher Barrieren, kultureller Unterschiede oder mangelnder Vertrautheit mit dem deutschen Rechtssystem eher auf einen Verkehrsanwalt an ihrem Wohn- oder Geschäftssitz angewiesen sein wird als eine inländische Partei. Die Mitwirkung eines ausländischen Verkehrsanwalts ist aber jedenfalls nicht erforderlich, wenn der deutsche Verfahrensbevollmächtigte bereits über alle nötigen Informationen verfügt oder wenn es für die ausländische Partei möglich, zumutbar und kostengünstiger ist, den inländischen Prozessbevollmächtigten unmittelbar zu informieren.[90] War die Beauftragung notwendig, berechnet sich der zu erstattende Betrag nach den für inländische Verkehrsanwälte geltenden Grundsätzen.[91] 29

Wird ein an einem Ort geklagt, an dem die beauftragten Rechtsanwälte nicht ansässig sind, so kommt unter Umständen eine Erstattung von Reisekosten oder der Kosten eines Unterbevollmächtigten in Betracht. Nach ständiger Rechtsprechung des BGH stellen diese Kosten notwendige Kosten der Rechtsverfolgung oder Rechtsverteidigung i. S. v. § 91 I 1 ZPO dar, wenn durch die Tätigkeit des Unterbevollmächtigten erstattungsfähige Reisekosten des Hauptbevollmächtigten erspart werden, die ansonsten bei der Wahrnehmung des Termins durch den Hauptbevollmächtigten entstanden wären. Für die danach erforderliche Vergleichsberechnung zwischen den fiktiven Reisekosten des Hauptbevollmächtigten und den durch die Beauftragung des Unterbevollmächtigten zur Terminvertretung entstandenen Kosten ist maßgeblich, ob eine verständige und wirtschaftlich vernünftige Partei die kostenauslösende Maßnahme im Vorhinein als sachdienlich ansehen durfte. Dabei darf die Partei ihre berechtigten Interessen verfolgen und die zur vollen Wahrnehmung ihrer Belange erforderlichen Maßnahmen ergreifen. Sie trifft lediglich die Obliegenheit, unter mehreren gleichgearteten Maßnahmen die kostengünstigere auszuwählen.[92] Dabei ist ein Zuschlag von 10 % auf die fiktiven Reise- 30

---

87 BGH I ZR 181/09 v. 24.2.2011 *Kosten des Patentanwalts II*; BGH I ZR 196/10 v. 21.12.2011 *Kosten des Patentanwalts III*.
88 BGH I ZR 196/10 v. 21.12.2011 *Kosten des Patentanwalts III*.
89 BGH I ZR 70/11 v. 10.5.2012 *Kosten des Patentanwalts IV*, Tz. 17.
90 BGH I ZB 97/09 v. 28.9.2011 *Ausländischer Verkehrsanwalt*.
91 BGH I ZB 97/09 v. 28.9.2011 *Ausländischer Verkehrsanwalt*, Tz. 13; vgl. zu den Grundsätzen die Nachweise oben § 31 Rdn. 18.
92 Ständige Rechtsprechung, etwa BGH I ZB 38/14 v. 6.11.2014 *Flugkosten*, Tz. 9, m. w. N.

kosten zu berücksichtigen.⁹³ Flugkosten werden erstattet, wenn die dabei entstehenden Mehrkosten nicht außer Verhältnis zu den Kosten einer Bahnreise stehen. Keine notwendigen Kosten der Rechtsverfolgung oder Rechtsverteidigung stellen danach jedenfalls bei Inlandflügen die erheblichen Mehrkosten der Business Class dar. Da aber stets mit einer – auch kurzfristigen – Verlegung eines Gerichtstermins gerechnet werden muss, darf ein Flugpreistarif in der Economy-Class gewählt werden, der die Möglichkeit zur kurzfristigen Umbuchung des Flugs gewährleistet. Bei der Frage, ob zu den erstattungsfähigen Reisekosten eines Rechtsanwalts zur Terminswahrnehmung die Kosten einer Flugreise zählen, ist die Zeitersparnis gegenüber anderen Beförderungsmitteln zu berücksichtigen.⁹⁴

4. Streitgegenstand

31 Nach der ständigen Rechtsprechung des Bundesgerichtshofs wird der Streitgegenstand (der prozessuale Anspruch) durch den Klageantrag, in dem sich die vom Kläger in Anspruch genommene Rechtsfolge konkretisiert, und den Lebenssachverhalt (Klagegrund) bestimmt, aus dem der Kläger die begehrte Rechtsfolge herleitet. Geht der Kläger aus einem Schutzrecht vor, wird der Gegenstand der Klage durch den Antrag und das im Einzelnen bezeichnete Schutzrecht festgelegt.⁹⁵ Häufig leitet der Kläger ein einheitliches Klagebegehren hilfsweise aus mehreren prozessualen Ansprüchen (Streitgegenständen) her (alternative⁹⁶ Klagehäufung). Hier darf nach der – sehr problematischen,⁹⁷ den Verletzten belastenden – Rechtsprechung des BGH der Kläger nicht dem Gericht überlassen, auf welchen Klagegrund er die Verurteilung stützt. Andernfalls verstößt der Kläger gegen das Gebot des § 253 II Nr. 2 ZPO, den Klagegrund bestimmt zu bezeichnen. Diese notwendige Bestimmung der Reihenfolge der geltend gemachten Klagegründe (eventuelle Klagehäufung) kann noch in der Berufungsinstanz oder (mit Einschränkungen) in der Revisionsinstanz erfolgen.⁹⁸

> Wird etwa im Prozess neben einem Verletzungsunterlassungsanspruch ein vorbeugender Unterlassungsanspruch geltend gemacht, so kommt es auf den Klagegrund an, also darauf, ob es sich um einen einheitlichen Sachverhalt oder um mehrere zur Anspruchsbegründung herangezogene Lebenssachverhalte handelt. So liegen etwa ausnahmsweise unterschiedliche Streitgegenstände vor, wenn ein Unterlassungsanspruch zum einen wegen der vorprozessual begangenen Verletzungshandlung auf Wiederholungsgefahr und zum anderen auf Erstbegehungsgefahr wegen Erklärungen gestützt wird, die der in Anspruch Genommene erst später im gerichtlichen Verfahren abgibt.⁹⁹

---

93 BGH I ZB 38/14 v. 6.11.2014 *Flugkosten*, Tz. 17.
94 BGH I ZB 38/14 v. 6.11.2014 *Flugkosten*, Tz. 10 ff.
95 BGH I ZR 86/10 v. 19.4.2012 *Pelikan*, Tz. 17; BGH I ZR 60/11 v. 24.1.2013 *Peek & Cloppenburg III*, Tz. 13; BGH I ZR 164/12 v. 22.1.2014 *wetteronline.de*, Tz. 14; BGH I ZR 254/14 v. 28.4.2016 *Kinderstube*, Tz. 26.
96 Zur kumulativen Klagehäufung: BGH I ZR 52/10 v. 15.3.2012 *CONVERSE I*, Tz. 18.
97 Zu Folgeproblemen *Krüger*, WRP 2011, 1504.
98 BGH I ZR 108/09 v. 24.3.2011 *TÜV I*; BGH I ZR 108/09 v. 17.8.2011 *TÜV II*, Tz. 37; BGH I ZR 17/11 v. 18.1.2012 *Honda-Grauimport*, Tz. 11; BGH I ZR 75/10 v. 8.3.2012 *OSCAR*, Tz. 31; BGH I ZR 86/10 v. 19.4.2012 *Pelikan*, Tz. 23; BGH I ZR 85/11 v. 5.12.2012 *Culinaria/Villa Culinaria*, Tz. 21; BGH I ZR 82/14 v. 28.4.2016 *profitbricks.es*, Tz. 15.
99 BGH I ZR 15/14 v. 23.9.2015 *Amplidect/amplieq*, Tz. 41.

Einen einheitlichen Streitgegenstand hat der BGH vor allem dann bejaht, wenn aus nur einem einzigen Schutzrecht – Marke oder geschäftliche Bezeichnung – vorgegangen wird; dann kommt es auch nicht darauf an, ob nebeneinander der Identitätsschutz, der Schutz vor Verwechslungsgefahr und der Schutz der bekannten Marke geltend gemacht werden.[100] Auch mehrere mit der Klage vorgetragene gleichartige Verletzungshandlungen bilden einen einheitlichen Streitgegenstand.[101] Ein einheitlicher Streitgegenstand liegt ferner regelmäßig im Verhältnis der Ansprüche aus § 4 Nr. 3 Buchst. a und b UWG vor.[102] Dagegen liegen in den meisten anderen Fällen mehrere Streitgegenstände vor, insbesondere beim Nebeneinander: 32

– mehrerer Marken;[103]
– von Marke und Unternehmenskennzeichen;[104]
– von Löschungsansprüchen wegen bösgläubiger Markenanmeldung und wegen Verfalls mangels rechtserhaltender Benutzung;[105]
– von Ansprüchen aus Schutzrecht – auch Namensrecht[106] – und aus Wettbewerbsrecht, insbesondere[107] aus wettbewerbsrechtlicher Irreführung;[108]
– Ansprüchen aus Schutzrecht und aus Vertrag.[109]

Besonderheiten gelten bei einer negativen Feststellungsklage: Dort ist der Streitgegenstand das Rechtsverhältnis, dessen Nichtbestehen festgestellt werden soll; es ist dabei nicht maßgeblich, ob der Anspruch auf verschiedene Schutzrechte gestützt war.[110] 33

Eine Besonderheit besteht ferner im Berufungsverfahren[111]: Will der Kläger, der in erster Instanz voll obsiegt hat oder der die erstinstanzliche Entscheidung, soweit die Klage abgewiesen worden ist, nicht anfechten möchte, die Klage erweitern oder einen neuen Anspruch – etwa eine weitere Klagemarke[112] – in den Rechtsstreit einführen, muss er sich gemäß § 524 ZPO der Berufung der Gegenseite anschließen.[113] 34

---

100 BGH I ZR 75/10 v. 8.3.2012 *OSCAR*, Tz. 32; BGH I ZR 86/10 v. 19.4.2012 *Pelikan*, Tz. 18.
101 BGH I ZR 137/10 v. 15.3.2012 *CONVERSE II*, Tz. 17.
102 BGH I ZR 136/11 v. 24.1.2013 *Regalsystem*.
103 BGH I ZR 108/09 v. 24.3.2011 *TÜV I*, Tz. 4; BGH I ZR 108/09 v. 17.8.2011 *TÜV II*, Tz. 28; BGH I ZR 137/10 v. 15.3.2012 *CONVERSE II*, Tz. 14; BGH I ZR 86/10 v. 19.4.2012 *Pelikan*, Tz. 18; BGH I ZR 60/11 v. 24.1.2013 *Peek & Cloppenburg III*, Tz. 13.
104 BGH I ZR 150/09 v. 9.11.2011 *Basler Haar-Kosmetik*, Tz. 18; BGH I ZR 86/10 v. 19.4.2012 *Pelikan*, Tz. 18; BGH I ZR 85/11 v. 5.12.2012 *Culinaria/Villa Culinaria*, Tz. 20; BGH I ZR 93/12 v. 27.3.2013 *Baumann I*, Tz. 18.
105 BGH I ZR 41/10 v. 9.6.2011 *Werbegeschenke*, Tz. 20.
106 BGH I ZR 164/12 v. 22.1.2014 *wetteronline.de*, Tz. 13.
107 BGH I ZR 78/06 v. 2.4.2009 *OSTSEE-POST*, Tz. 57; I ZR 79/06 v. 2.4.2009, Tz. 70; I ZR 110/06 v. 2.4.2009, Tz. 36; I ZR 111/06 v. 2.4.2009, Tz. 36; BGH I ZR 209/06 v. 2.4.2009 *POST/RegioPost*, Tz. 44; BGH I ZR 102/11 v. 12.7.2012 *Kinderwagen II*, Tz. 20; BGH I ZR 60/11 v. 24.1.2013 *Peek & Cloppenburg III*, Tz. 14.
108 BGH I ZR 60/11 v. 24.1.2013 *Peek & Cloppenburg III*, Tz. 13.
109 BGH I ZR 60/11 v. 24.1.2013 *Peek & Cloppenburg III*, Tz. 13.
110 BGH I ZR 42/07 v. 30.4.2009 *DAX*, Tz. 46.
111 Anders im Revisionsverfahren: BGH I ZR 108/09 v. 17.8.2011 *TÜV II*, Tz. 22.
112 BGH I ZR 105/14 v. 23.9.2015 *Goldbären*, Tz. 65.
113 BGH I ZR 10/09 v. 20.1.2011 *BCC*, Tz. 40.

So kann der in erster Instanz hinsichtlich eines Unterlassungsanspruchs obsiegende Kläger beispielsweise nur dann einen Anspruch auf Urteilsveröffentlichung in zweiter Instanz geltend machen, wenn er Anschlussberufung eingelegt hat.[114] Etwas anderes gilt jedoch dann, wenn der Kläger in zweiter Instanz mit einem Hilfsantrag dasselbe Klageziel verfolgt wie in erster Instanz.[115]

35 Eine Änderung der Reihenfolge, in der die Klagemarken im Wege der Klagehäufung verfolgt werden, ist zwar als Klageänderung im Sinne des § 263 ZPO anzusehen. Doch unterliegt die Zulassung einer Klageänderung anders als deren Versagung nicht der revisionsgerichtlichen Nachprüfung.[116]

36 Umgekehrt kann der unterliegende Kläger ein Rechtsmittel auf nur einen von mehreren Streitgegenständen beschränken – insbesondere nur noch aus einem von mehreren Schutzrechten vorgehen. Hinsichtlich des Streitgegenstands, gegen den kein Rechtsmittel eingelegt wird, tritt dann Rechtskraft ein.[117]

37 Bei der Berechnung des Streitwerts gelten bei eventueller Klagehäufung folgende Grundsätze: Bei dem Begriff des Gegenstands in § 45 I 3 GKG handelt es sich um einen selbständigen kostenrechtlichen Begriff, der eine wirtschaftliche Betrachtung erfordert. Eine Zusammenrechnung hat dort zu erfolgen, wo eine wirtschaftliche Werthäufung entsteht und nicht ein wirtschaftlich identisches Interesse betroffen ist. Wirtschaftliche Identität liegt vor, wenn die in ein Eventualverhältnis gestellten Ansprüche nicht in der Weise nebeneinander bestehen können, dass die vom Kläger gesetzte Bedingung fortgedacht allen stattgegeben werden könnte, sondern dass die Verurteilung gemäß dem einen Antrag notwendigerweise die Abweisung des anderen Antrags nach sich zöge. Liegen einem einheitlichen Unterlassungsantrag mehrere Ansprüche im Sinne von § 45 I 2 GKG zugrunde, die zusammenzurechnen sind, hat keine schematische Erhöhung des Streitwerts zu erfolgen. Vielmehr ist der Streitwert für den Hauptanspruch festzusetzen und für die hilfsweise geltend gemachten Ansprüche ist der Streitwert angemessen – regelmäßig um 1/10 – zu erhöhen. Dabei ist bei einem einheitlichen Unterlassungsantrag zu berücksichtigen, dass der Angriffsfaktor im Regelfall unverändert und deshalb eine Vervielfachung des Streitwerts des Hauptanspruchs grundsätzlich nicht gerechtfertigt ist.[118]

> Wird daher etwa ein kennzeichenrechtlicher Unterlassungsanspruch, der isoliert einen Gegenstandswert von 250.000,–€ hätte, in eventueller Klagehäufung zusammen mit jeweils einem wettbewerbsrechtlichen und einem vertraglichen Anspruch gleicher Rechtsfolge geltend gemacht und entscheidet das Gericht über beide Anspruchsgrundlagen, so ist der Wert nicht zu verdreifachen, sondern um 2 mal 1/10 angemessen auf 300.000,–€ zu erhöhen.[119]

38 Nach der Rechtsprechung trifft den Kläger, der seine Klage auf mehrere Streitgegenstände stützt ein unverhältnismäßiges Kostenrisiko. Denn hat die Klage aufgrund eines nachrangig geltend gemachten Streitgegenstands oder nicht aufgrund

---

114 BGH I ZR 10/09 v. 20.1.2011 *BCC*, Tz. 40; BGH I ZR 41/10 v. 9.6.2011 *Werbegeschenke*, Tz. 22.
115 BGH I ZR 4/14 v. 19.3.2015 *Green-IT*.
116 BGH I ZR 191/15 v. 10.11.2016 *Sierpinski-Dreieck*, Tz. 18.
117 BGH I ZR 93/12 v. 27.3.2013 *Baumann I*, Tz. 18.
118 BGH I ZR 58/11 v. 24.9.2013, Tz. 6 u. 9; I ZR 59/11 v. 24.9.2013, Tz. 6 u. 9; I ZR 60/11 v. 24.9.2013, Tz. 6 u. 9; I ZR 61/11 v. 24.9.2013, Tz. 6 u. 9, jeweils m. w. N.; a. A. zuvor OLG Frankfurt, GRUR-RR 2012, 367.
119 BGH I ZR 58/11 v. 12.9.2013, Tz. 8.

sämtlicher kumulativ geltend gemachter Streitgegenstände Erfolg, so bemisst sich im Rahmen des § 92 I ZPO der Prozesserfolg und -verlust regelmäßig nach dem Verhältnis der Anzahl der erfolgreichen oder erfolglosen Streitgegenstände zum Gesamtstreitwert. Ergeht eine Entscheidung über zwei Streitgegenstände, von denen nur einer der Klage zum Erfolg verhilft, sind die Kosten des Rechtsstreits danach gegeneinander aufzuheben oder hälftig zu teilen.[120]

Der Ansatz des BGH ist formalistisch und berücksichtigt die in der Durchsetzungsrichtlinie vorgegebene Interessenabwägung nicht hinreichend. In Art. 14 Durchsetzungsrichtlinie ist der Grundsatz verankert, dass die Prozesskosten der obsiegenden Partei in der Regel, soweit sie zumutbar und angemessen sind, von der unterlegenen Partei getragen werden, sofern Billigkeitsgründe dem nicht entgegenstehen.[121] In der Praxis ist es häufig bei Prozessbeginn kaum absehbar, auf welcher Grundlage der Verletzte den Prozess, der sich über viele Jahre hinziehen kann, gewinnen wird. Der Markenbestand kann ebenso wechseln wie gewährte Lizenzen, die Benutzungslage oder die Auslegung des Verzeichnisses der Waren und Dienstleistungen. Hier ist es unbillig, den Verletzten, der seine Ansprüche trotz dieser Unwägbarkeiten im Ergebnis vollständig durchsetzen kann, mit Kosten zu belasten. Denn Art. 14 der Durchsetzungsrichtlinie will gerade verhindern, dass ein Geschädigter aufgrund drohender Kosten von der Einleitung eines gerichtlichen Verfahrens zur Sicherung seiner Rechte abgehalten wird.[122] Der BGH missachtet mit seiner formalistischen Betrachtungsweise diese Zielsetzung der Kostenverteilungsregeln. 39

Die vom BGH für jeden Anspruch in Ansatz gebrachte Erhöhung um ein Zehntel gilt nur für den gerichtlichen Streitwert, nicht aber für den außergerichtlichen. Vielmehr besteht ein Anspruch auf Abmahnkostenerstattung in voller – aber nicht angehobener – Höhe, wenn die Abmahnung auf mehrere Schutzrechte gestützt wird und eine nachfolgende Klage erst aufgrund eines im Prozess nachrangig geltend gemachten Rechts Erfolg hat.[123] Als Begrenzung des viel zu engen Streitgegenstandbegriffs des BGH ist diese Einschränkung zwar im Ergebnis zu begrüßen. Die Differenzierung zwischen Abmahnung und gerichtlichem Verfahren lässt sich jedoch nicht rechtfertigen; der Verletzer ist in beiden Fällen gleich belastet, wenn er mit einer großen Zahl von Angriffsrechten konfrontiert wird. Der richtige Ansatz würde auch insofern darin liegen, in einzelnen Missbrauchsfällen dem Angreifer einen Teil der Kosten aufzuerlegen. 40

Hat das Berufungsgericht über einen Anspruch aus einer Marke entschieden, auf die der Kläger sich im Rechtsstreit zur Begründung seines Anspruchs nicht gestützt hat, sondern die er nur neben anderen Marken zur Darstellung seines Markenbestands angeführt hat, stellt dies einen Verstoß gegen § 308 ZPO dar, der im Revisionsverfahren von Amts wegen zu beachten ist.[124] 41

---

120 BGH I ZR 254/14 v. 28.4.2016 *Kinderstube*.
121 EuGH C-57/15 v. 28.7.2016 *United Video Properties*, Tz. 21.
122 EuGH C-681/13 v. 16.7.2015 *Diageo Brands*, Tz. 77; EuGH C-481/14 v. 9.6.2016 *Hansson*, Tz. 62.
123 BGH I ZR 254/14 v. 28.4.2016 *Kinderstube*.
124 BGH I ZR 105/14 v. 23.9.2015 *Goldbären*.

III. Andere Hauptsacheverfahren

42 Nach der Verletzungsklage am bedeutsamsten ist die negative Feststellungsklage.[125] Hier begehrt der Kläger die Feststellung, dass die Verwendung eines bestimmten Zeichens bestimmte gegnerische Marken nicht verletzt.[126] Auch ein Antrag auf Feststellung, dass durch ein bestimmtes Verhalten ein bereits erlassener Unterlassungstitel nicht verletzt werde, ist möglich.[127] Voraussetzung der negativen Feststellungsklage ist ein Feststellungsinteresse, das bereits gegeben ist, wenn sich der Beklagte eines bestimmten Rechts berühmt.[128]

> Mahnt etwa A den B wegen der angeblichen Verletzung seiner Marke ab, so kann B sogleich im Wege der negativen Feststellungsklage gegen A vorgehen. Nur in wenigen Ausnahmefällen muss B zuvor den A erneut abmahnen.[129]

43 Verfolgt die negative Feststellungsklage den Zweck festzustellen, dass eine möglicherweise bösgläubig angemeldete Marke nicht verletzt wird, so muss der Kläger jedenfalls dann nicht anstelle der Feststellungsklage eine Leistungsklage auf Schutzentziehung gemäß § 115 I i. V. mit § 50 I Nr. 4 MarkenG erheben, wenn er keinen Schutzentziehungsanspruch gegenüber der Marke verfolgt.[130] Ein (negativer) Feststellungsantrag ist demgegenüber durch die Erhebung der Unterlassungsklage durch den Gegner des Feststellungsantrags in der Hauptsache erledigt.[131]

44 Von der negativen Feststellungsklage zu unterscheiden ist die Feststellungsklage auf Inhaberschaft an einer Marke. Unzulässig ist dabei allerdings der Antrag »festzustellen, dass K der rechtmäßige Inhaber« einer Marke ist. Der Antrag ist unbestimmt, weil unklar bleibt, was unter einem rechtmäßigen und einem unrechtmäßigen Inhaber einer Marke zu verstehen ist.[132]

45 Eine weitere spezielle Form der Klage ist die Eintragungsbewilligungsklage nach § 44 MarkenG. Diese dient dazu, den Inhaber eines Widerspruchszeichens zur Bewilligung der Eintragung zu zwingen, wenn dem Anmelder ein materiell-rechtlicher Anspruch auf Eintragung gegen den Widersprechenden zusteht. Ein solches Recht kommt dann in Betracht, wenn der Anmelder die Löschung der Widerspruchszeichen wegen Nichtbenutzung beantragen könnte. Ein derartiges Recht steht dem Anmelder aber auch dann zu, wenn er für sein Zeichen neben den Widerspruchsmarken ein Recht auf Koexistenz hat. Die Eintragungsbewilligungsklage setzt grundsätzlich voraus, dass das DPMA dem Widerspruch stattgegeben hat.

---

125 Zur Zuständigkeit bei Unionsrechten EuGH C-433/16 v. 13.7.2017 *Bayerische Motoren Werke*, Tz. 52 [zur GGV].
126 Zum Streitgegenstand BGH GRUR 2002, 167, 168 *Bit/Bud*; zur internationalen Zuständigkeit [im Geschmacksmusterrecht] EuGH C-433/16 v. 13.7.2017 *Bayerische Motoren Werke*.
127 BGH I ZR 172/05 v. 8.11.2007 *EURO und Schwarzgeld*.
128 BGH GRUR 2001, 242, 243 *Classe E*; BGH I ZR 42/07 v. 30.4.2009 *DAX*, Tz. 23.
129 BGH GRUR 2004, 790, 792 *Gegenabmahnung*; BGH I ZB 37/05 v. 6.10.2005 *Unberechtigte Abmahnung*, Tz. 11; zu den – nach § 91 ZPO nicht erstattungsfähigen – Kosten eines Abwehrschreibens BGH I ZB 16/07 v. 6.12.2007 *Kosten eines Abwehrschreibens*.
130 BGH GRUR 2001, 242, 243 *Classe E*.
131 BGH GRUR 1998, 815, 817 *Nitrangin*; BGH X ZR 17/03 v. 21.12.2005 *Detektionseinrichtung I*.
132 BGH I ZR 190/05 v. 26.6.2008 *EROS*, Tz. 32.

Eine Eintragungsbewilligungsklage vor Abschluss des Widerspruchsverfahrens (Klage auf Rücknahme eines Widerspruchs) ist ausnahmsweise jedoch dann zulässig, wenn es auf das Vorliegen der in den Widerspruch eingebrachten Schutzhindernisse nicht ankommt, weil dieses zwischen den Parteien außer Streit steht oder die Eintragungsbewilligungsklage bei Unterstellung der Voraussetzungen des § 9 I Nr. 1 oder Nr. 2 MarkenG aufgrund bestehender Löschungsreife der älteren Marke wegen Nichtbenutzung Erfolg haben kann.[133]

Eine Besonderheit bietet schließlich das Verfallsverfahren aufgrund von Nichtbenutzung.[134] Bei diesem als Popularklage ausgestalteten Verfahren obliegt dem Kläger die Beweislast. Weil ihm aber regelmäßig die notwendigen Nachweise für die Nichtbenutzung der Marke fehlen, gewährt die Rechtsprechung gewisse Beweiserleichterungen.[135] 46

IV. Einstweiliger Rechtsschutz

Gegenüber dem allgemeinen Wettbewerbsrecht ist die Bedeutung des einstweiligen Rechtsschutzes im Kennzeichenrecht eingeschränkt. Aufgrund der großen tatsächlichen und rechtlichen Unsicherheiten einer Kennzeichenstreitsache besteht für den Antragsteller im Verfügungsverfahren regelmäßig ein erhebliches Risiko, dass die Verfügung später aufgehoben[136] wird. Dann aber müsste der Angreifer verschuldensunabhängig nach § 945 ZPO unter Umständen für den gesamten Schaden aufkommen, der dem Angegriffenen entstanden ist.[137] 47

> Greift etwa A den B aus seiner vermeintlich älteren Marke an und stellt B hierauf seinen Betrieb ein, verfügt B aber tatsächlich über die älteren Rechte, so muss A dem B den gesamten durch die Betriebseinstellung entstandenen Schaden ersetzen – unter Umständen in existenzbedrohlicher Höhe.

In Kennzeichenstreitigkeiten bietet sich einstweiliger Rechtsschutz daher vor allem in »Pirateriefällen« an oder wenn der Angreifer dem Angegriffenen wirtschaftlich erheblich überlegen ist und daher etwaige Schadensersatzansprüche verkraften kann. In allen anderen Fällen kann einstweiliger Rechtsschutz zwar auch eine schnelle Lösung des Zeichenkonflikts herbeiführen; der Angreifer muss sich jedoch im Klaren darüber sein, dass ihn der Rechtsstreit womöglich auch in die Insolvenz führen kann. 48

---

133 BGH GRUR 2002, 59 ff. *ISCO*; vgl. zum WZG auch BGHZ 39, 220, 234 *Waldes-Koh-i-noor*; BGHZ 44, 60, 63 *Agyn*.
134 Zum Verhältnis zum Nichtigkeitsverfahren wegen absoluter Eintragungshindernisse BGH I ZR 167/05 v. 10.4.2008 *LOTTOCARD*, Tz. 40 ff.
135 BGH I ZR 167/05 v. 10.4.2008 *LOTTOCARD*; BGH I ZR 91/13 v. 27.11.2014 *STAYER*, Tz. 10.
136 Zur Erledigungserklärung: BGH I ZB 28/11 v. 23.2.2012.
137 Zur Anforderung, dass § 945 ZPO nicht schon nach formloser Übermittlung der Verfügung, sondern erst nach förmlicher Zustellung eingreift BGH I ZR 249/12 v. 10.7.2014 *Nero*; zum Mitverschulden BGH I ZR 250/12 v. 30.7.2015 *Piadina-Rückruf*, Tz. 15 ff.; zur Schadenskausalität BGH I ZR 109/14 v. 19.11.2015 *Hot Sox*, Tz. 36 ff.; BGH I ZR 191/15 v. 10.11.2016 *Sierpinski-Dreieck*, Tz. 33; zum Schadensumfang nach Rückruf BGH I ZR 109/14 v. 19.11.2015 *Hot Sox*; vgl. insgesamt zum Patentrecht BGH X ZR 72/04 v. 21.12.2005 *Detektionseinrichtung II*.

49 Im Verfügungsverfahren ist der Verletzungsrichter nicht an eine eingetragene Marke gebunden.[138] Vielmehr hat dort das Gericht nach jüngerer Rechtsprechung des EuGH eine Prognoseentscheidung zu fällen, ob die Marke Bestand haben wird; wenn das Gericht der Auffassung ist, dass eine vernünftige und nicht zu vernachlässigende Möglichkeit besteht, dass das geltend gemachte Recht für nichtig erklärt wird, so ist keine einstweilige Maßnahme anzuordnen.[139]

> Ist etwa der Löschungsantrag auf neue – durchgreifend erscheinende – tatsächliche oder rechtliche Argumente gestützt, die bei der Eintragungsentscheidung vermutlich nicht berücksichtigt worden sind, so ist die Löschung hinreichend wahrscheinlich und keine einstweilige Verfügung zu unterlassen.[140]

50 Im einstweiligen Rechtsschutz kann nicht nur der Unterlassungsanspruch[141] geltend gemacht werden, sondern auch eine ganze Reihe von Nebenansprüchen: der Auskunftsanspruch nach § 19 VII MarkenG,[142] der Vorlage- und Besichtigungsanspruch nach § 19a III MarkenG,[143] der Anspruch zur Vorlage von Bank-, Finanz- oder Handelsunterlagen oder auf einen geeigneten Zugang zu den entsprechenden Unterlagen[144] sowie der Sequestrationsanspruch zur Vorbereitung einer Vernichtung.[145]

51 Zu beachten ist dabei allerdings, dass der Auskunftsanspruch sowie der Anspruch zur Vorlage von Bank-, Finanz- oder Handelsunterlagen oder auf einen geeigneten Zugang zu den entsprechenden Unterlagen neben den üblichen Anspruchsvoraussetzungen und neben den üblichen Voraussetzungen des einstweiligen Rechtsschutzes zusätzliche Voraussetzungen aufstellen. Der Auskunftsanspruch setzt nämlich voraus, dass eine offensichtliche Rechtsverletzung vorliegt. Im Verfügungsverfahren ist daher die Offensichtlichkeit der Rechtsverletzung glaubhaft zu machen. Der Anspruch zur Vorlage von Bank-, Finanz- oder Handelsunterlagen oder auf einen geeigneten Zugang zu den entsprechenden Unterlagen setzt hingegen voraus, dass ein Schadensersatzanspruch offensichtlich besteht. Auch dies ist folglich glaubhaft zu machen.

52 Einer der Vorteile einer einstweiligen Verfügung liegt schließlich gerade in Piraterifällen darin, dass dort gemäß § 938 II ZPO die Sequestration rechtsverletzender Produkte angeordnet werden kann. Hierdurch lassen sich insbesondere Vernichtungsansprüche wirksam absichern. Der Anspruch besteht auch, wenn der Verletzer seiner Verpflichtung zur Vernichtung möglicherweise auch durch Neutralisierung der Waren entsprechend könnte.[146] Die hierbei anfallenden Kosten können sogar im Kostenfestsetzungsverfahren aufgrund der Kostengrundentscheidung des Verfahrens festgesetzt werden, in dem die Sequestration angeordnet worden

---

138 Grundsätzlich zum Bindungsgrundsatz oben § 10 Rdn. 3 f.
139 EuGH C-616/10 v. 12.7.2012 *Solvay*, Tz. 49 [zum Patentrecht]; vgl. auch OLG Frankfurt am Main 6 U 96/15 v. 29.10.2015.
140 OLG Frankfurt am Main 6 U 96/15 v. 29.10.2015.
141 Hierzu oben § 27 Rdn. 4 – 37.
142 Hierzu oben § 27 Rdn. 80 – 90.
143 Hierzu oben § 27 Rdn. 93 – 97.
144 Hierzu oben § 27 Rdn. 98.
145 Hierzu oben § 27 Rdn. 100 – 106.
146 OLG Frankfurt am Main 6 U 96/15 v. 29.10.2015.

ist.¹⁴⁷ Außerdem kann in Sequestrationsfällen unter Umständen auf eine vorherige Abmahnung des Verletzers verzichtet werden, ohne nach sofortigem Anerkenntnis die für den Rechtsinhaber negative Kostenfolge des § 93 ZPO auszulösen¹⁴⁸ und – vermutlich – ohne das rechtliche Gehör¹⁴⁹ zu verletzen. Denn durch eine vorherige Abmahnung würde der Verletzer Kenntnis vom drohenden Zugriff erlangen und könnte die Sequestration dadurch vereiteln, dass er die rechtsverletzende Ware beiseiteschafft.

Nach deutschem Verfahrensrecht bedarf es für den Erlass einer einstweiligen Verfügung eines so genannten Verfügungsgrundes; es muss zu besorgen sein, dass ohne Verhängung der einstweiligen Verfügung die Vollstreckung eines Urteils vereitelt oder wesentlich erschwert werden würde (§§ 936, 917 ZPO). Hieraus wird allgemein geschlossen, dass eine »Dringlichkeit« für den Erlass einer einstweiligen Verfügung bestehen muss. Eine solche Dringlichkeit fehle jedenfalls, wenn der Antragsteller mit seinem Verfügungsantrag zu lange zuwarte. Gerichte sehen dabei üblicherweise Zeitspannen von meist einem¹⁵⁰ oder zwei¹⁵¹ Monaten nach Kenntnisnahme von der Rechtsverletzung als dringlichkeitsschädlich an, wobei manche Oberlandesgerichte von festen, manche von flexiblen¹⁵² Fristen ausgehen. Demgegenüber ist eine jahrelange Koexistenz unschädlich, wenn es an einer Kenntnis fehlt.¹⁵³ 53

Seit der Markenrechtsreform 2019 gilt vor deutschen Gerichten in Markenstreitsachen die Dringlichkeitsvermutung (§ 140 III MarkenG). Danach können nun einstweilige Verfügungen auch ohne die Darlegung und Glaubhaftmachung der in den §§ 935 und 940 ZPO bezeichneten Voraussetzungen erlassen werden. Der mit beeindruckender Intensität und auch für deutsche Juristen imponierend vollendeter Humorlosigkeit ausgetragene Streit, ob die Dringlichkeitsvermutung des § 12 II UWG auch im Kennzeichenrecht anwendbar sei,¹⁵⁴ ist damit erledigt. 54

Überraschenderweise ist an dieser Diskussion fast¹⁵⁵ gänzlich vorübergegangen, dass sich der Rechtsrahmen für das Verfügungsverfahren in Kennzeichenangelegen- 55

---

147 BGH I ZB 105/05 v. 20.7.2006 *Sequestrationskosten*.
148 Etwa OLG Frankfurt GRUR 2006, 264; OLG Hamburg GRUR-RR 2004, 191; GRUR-RR 2007, 29; OLG Düsseldorf NJW-RR 1997, 1064; a. A. OLG Braunschweig GRUR-RR 2005, 103 *Flüchtige Ware*; etwas anderes gilt außerdem, wenn der Antragsteller die Sequestration nicht ausführen lässt: KG GRUR-RR 2008, 372.
149 Regelmäßig die Verletzung des Anspruchs auf rechtliches Gehör bejahend BVerfG 1 BvR 16/17, 1 BvR 17/17, 1 BvR 764/17 und 1 BvR 770/17 v. 6.6.2017; BvR 2421/17 v. 5.10.2017; BvR 1783/17 v. 30.9.2018; BvR 2421/17 v. 30.9.2018; zum Ganzen auch *Löffel*, WRP 2019, 8.
150 OLG München GRUR 1992, 328 *Dringlichkeitsvermutung*; OLG Hamm GRUR 1993, 855; OLG Köln NJWE-WettbR 2000, 173; OLG Koblenz GRUR 2011, 451.
151 KG NJWE-WettbR 1998, 269 *Ausnutzen fremden Vertragsbruchs*; OLG Hamburg MD 2006, 457; MMR 2008, 52; OLG Dresden NJWE-WettbR 1998, 98 *Metall-Fördergurte*; OLG Düsseldorf NJWE-WettbR 1999, 15; OLG Frankfurt GRUR 1994, 522 *Schockwerbung* [im Einzelfall drei Monate].
152 OLG Hamburg MD 2006, 457.
153 OLG Frankfurt 6 U 249/16 v. 8.6.2017 *ELVAPO/EVAPO*.
154 Ausführlich zum Meinungsstreit *Teplitzky-Feddersen*, 54. Kapitel Rz. 20c ff.
155 Soweit ersichtlich nur OLG Düsseldorf GRUR-RR 2009, 157, wo allerdings die Bedeutung der Richtlinie mit ihrer gänzlich anderen Konzeption des einstweiligen Rechtsschutzes verkannt wird.

heiten inzwischen von der nationalen auf die europäische Ebene verlagert hat. Art. 9 DurchsetzungsRL stellt nämlich Mindestvoraussetzungen für einstweilige Maßnahmen und Sicherungsmaßnahmen auf, die das Recht der einstweiligen Verfügung bis in die Einzelheiten regeln. Ein Spielraum, einstweilige Maßnahmen an bestimmte Dringlichkeitsfristen zu knüpfen, steht nach dieser Regelung dem nationalen Gesetzgeber nicht zu. Lediglich die Frage, wie die einstweiligen Maßnahmen durchzusetzen sind, ob etwa Zwangsgelder zu verhängen oder Sicherheiten zu verlangen sind, bleibt dem nationalen Gesetzgeber überlassen (Art. 9 I Buchst. a DurchsetzungsRL). Auch besitzen die nationalen Gerichte einen gewissen Spielraum, ob – insbesondere dann, wenn durch eine Verzögerung dem Rechtsinhaber ein nicht wiedergutzumachender Schaden entstehen würde – ohne Anhörung des Antragsgegners zu entscheiden ist (Art. 9 IV DurchsetzungsRL). Schließlich darf vom Antragsteller auch eine Kaution verlangt werden (Art. 9 VI DurchsetzungsRL).

56 Wegen dieser europarechtlichen Vorgaben sind die §§ 936, 917 ZPO richtlinienkonform auszulegen. Bei einem auf Unterlassung gerichteten Urteil ist eine Vollstreckung selbstverständlich immer erst dann möglich, wenn das Urteil (zumindest vorläufig) vollstreckbar ist. Für den Zeitraum zwischen Klageerhebung und Vollstreckbarkeit des Urteils wird dadurch faktisch die Vollstreckung des Urteils im Sinne des § 936 ZPO vereitelt. Da die DurchsetzungsRL aber darauf abzielt, Verletzungen des geistigen Eigentums möglichst umfassend zu verhindern, muss es dem Rechtsinhaber möglich sein, schnell in den Genuss eines Unterlassungstitels kommen zu können, ohne im Zeitraum zwischen Klageerhebung und Vollstreckbarkeit eines Urteils faktisch schutzlos gestellt zu werden. Im Anwendungsbereich der DurchsetzungsRL liegen daher die Voraussetzungen des § 936 ZPO ausnahmslos vor. Hält ein Oberlandesgericht eine solche richtlinienkonforme Auslegung der nationalen Regelungen nicht für möglich, so wird es jedenfalls ein Vorabentscheidungsersuchen an den EuGH richten müssen.[156] Gerichte, die künftig allein wegen angeblich fehlender Dringlichkeit einen Verfügungsanspruch zurückweisen, werden jedenfalls bedenken müssen, dass ihre Entscheidung – auch bei einfacher Fahrlässigkeit[157] – einen Amtshaftungsanspruch gegen das betreffende Bundesland auslösen kann, wenn infolge des Nichterlasses der Verfügung beim Antragsteller weiterer Schaden entsteht.

57 Andererseits mag es durchaus Fälle geben, in denen der Erlass einstweiliger Maßnahmen unbillig wirkt, nachdem der Rechtsinhaber lange zugewartet hat. Nachdem hier künftig eine Zurückweisung des Verfügungsantrags mit dem Argument fehlender Dringlichkeit nicht mehr in Betracht kommt, werden hier andere Lösungen gesucht werden müssen. Die beste Lösung wird es in diesen Fällen – gerade bei nicht ganz sicherer Rechtslage – meist sein, vom Antragsteller nach Art. 9 VI DurchsetzungsRL eine Sicherheitsleistung zu verlangen; dann nämlich trägt der Antragsteller das wirtschaftliche Risiko seines Antrags selbst und wird von missbräuchlichen oder lediglich prozesstaktischen Anträgen absehen; derjenige, der in den Genuss der einstweiligen Maßnahmen nach Art. 9 DurchsetzungsRL kommen

---

[156] Eine Entscheidung des EuGH ist bei den gegenwärtigen Verfahrensdauern deutlich schneller zu erwarten als ein vollstreckbares Unterlassungsurteil.
[157] EuGH C-173/03 v. 13.6.2006 *Traghetti del Mediterraneo*.

will, wird sich dabei auch kaum rosinenpickend darauf berufen können, dass das deutsche Verfahrensrecht keine entsprechende Sicherheitsleistung vorsieht. Neben der Sicherheitsleistung kommen aber auch materiellrechtliche Lösungen in Betracht. Dabei kommt wegen der europarechtlichen Ausgestaltung der Verwirkungsregelung in Art. 9 I MRR; Art. 61 I UMV eine Zurückweisung des Antrags infolge Verwirkung wohl weniger in Betracht.[158] Auch der allgemeine Einwand des Rechtsmissbrauchs erscheint wenig geeignet, einem – wenn auch eventuell rechtsirrtümlich – vorsätzlich handelnden Verletzer geistigen Eigentums die weitere Verletzung zu ermöglichen. Sinnvoller erscheint demgegenüber die Gewährung von Aufbrauchfristen[159] im einstweilen Rechtsschutz, um die Entstehung großer Schäden zu vermeiden. Hierdurch werden dem Antragsteller nicht etwa auf prozessrechtliche Weise gegen harmonisiertes Recht Ansprüche abgeschnitten, sondern es wird in Konkretisierung des Grundsatzes von Treu und Glauben Schadensbegrenzung betrieben.

> Der Tenor einer einstweiligen Verfügung könnte daher etwa das Verbot enthalten, »nach dem 18.10.2009 das Zeichen Zozo van Barkhussen zu benutzen«.

Gegen den Erlass einer einstweiligen Verfügung kann sich in einer sogenannten **58** Schutzschrift wenden. Die Schutzschrift ist ein möglichst schon vor Antragstellung beim zentralen Schutzschriftenregister[160] eingereichte Schriftsatz, in dem die Zurückweisung der Verfügung beantragt wird und die gegen den Erlass sprechenden Tatsachen vorgetragen und glaubhaft gemacht werden können. Wird trotz eines Verfügungsantrags die Verfügung nicht erlassen, sind die Kosten der Schutzschrift erstattungsfähig.[161] Es lohnt daher, nach Ablauf einer gewissen Zeit bei den einschlägigen Gerichten anzufragen, ob ein Verfügungsantrag eingegangen ist.

Ist eine einstweilige Verfügung erst einmal erlassen, so muss der Antragsteller **59** sie gemäß § 929 II ZPO binnen eines Monats nach Verkündung des Urteils bzw. Zustellung der Verfügung beim Antragsteller vollziehen. Die Vollziehung setzt eine Zustellung einer Ausfertigung der einstweiligen Verfügung oder einer beglaubigten Abschrift beim Antragsgegner voraus. Hier passieren in der Praxis viele Fehler, die sich zwei Gruppen zuordnen lassen: Entweder wird das falsche Schriftstück zugestellt (etwa eine einfache Abschrift ohne Ausfertigungsvermerk) oder es wird beim falschen Empfänger zugestellt (etwa beim Rechtsanwalt, wenn dieser im Verfügungsverfahren gar nicht als Vertreter aufgetreten ist). Dabei ist insbesondere auch zu beachten, dass ein Rechtsanwalt nach jüngerer Rechtsprechung nicht gezwungen ist, eine Zustellung von Anwalt zu Anwalt zu akzeptieren. Ein wirklich sicherer Weg der Zustellung an einen Rechtsanwalt ist daher ausschließlich die Zustellung über einen Gerichtsvollzieher. Unter Umständen kann aber in Fällen, in denen nicht wirksam zugestellt wurde, eine Vollstreckungsvereitelung zu bejahen sein mit

---

158 Vgl. auch oben § 14 Rdn. 8 – 11.
159 Hierzu oben § 27 Rdn. 7.
160 Schutzschriftenregister.hessen.de; Rechtsanwälte sind standesrechtlich zur Nutzung des zentralen Registers verpflichtet, Prozessparteien können Schutzschriften nach wie vor unmittelbar bei den Gerichten einreichen.
161 Zur Erstattungsfähigkeit einer beim zentralen Register eingereichten Schutzschrift OLG Hamburg 8 W 68/16 v. 4.7.2016.

der Folge, dass trotz eigentlich unwirksamer Zustellung eine wirksame Vollziehung zu bejahen ist.[162]

60   In der Praxis kommt es nicht selten vor, dass der Antragsteller dem Verletzer zunächst nur eine einfache Ablichtung der Verfügung übermittelt mit dem Hinweis, alsbald zu vollziehen.[163] Hierdurch wird – möglicherweise haftungsreduzierend – der Vollstreckungsdruck vermindert und die Methode entspricht in etwa dem Zeigen der Folterinstrumente im Rahmen mittelalterlicher Verhöre vor Beginn der eigentlichen Folter. In vielen Fällen genügt es, wenn der Verletzer durch Kenntnis der Verfügung weiß, dass das Gericht seine Rechtsauffassung nicht teilt, so dass er jederzeit mit einer Vollziehung rechnen muss. Gerade verbunden mit einer gewissen Umstellungsfrist können Konflikte so häufig schnell einer unkomplizierten Lösung zugeführt werden.

61   Der weitere Verfahrensgang nach Erlass einer einstweiligen Verfügung weist einige Besonderheiten auf, die zu den Standardkenntnissen des Kennzeichenrechtlers gehören sollten (vgl. auch die Checkliste in § 35): Innerhalb einer Frist von mindestens zwei Wochen[164] nach Zustellung der einstweiligen Verfügung muss der Antragsgegner überlegen, ob er den Verfügungsanspruch anerkennt und auf Widerspruch[165] sowie die Stellung eines Antrags nach § 926 ZPO verzichtet. Gibt der Antragsgegner diese so genannte Abschlusserklärung nicht fristgemäß ab, kann ihn der Antragsteller erneut (zur Hauptsache) abmahnen. Durch diese Abmahnung, das so genannte Abschlussschreiben, wird der Antragsgegner – regelmäßig über einen Rechtsanwalt – dazu aufgefordert, den Verfügungsanspruch anzuerkennen und auf Widerspruch sowie die Stellung eines Antrags nach § 926 ZPO zu verzichten. Da dieses Schreiben hinsichtlich der Anwaltsgebühren zur angedrohten Hauptsacheklage gehört und nicht mehr zum Eilverfahren, entsteht beim Antragsteller ein neuer Kostenerstattungsanspruch, der sich auf der Grundlage von Nr. 2300 RVG VV im Regelfall mit einer 1, 3-fachen Geschäftsgebühr[166] berechnet.[167] Die Kosten sind auch zu erstatten, wenn zwar Widerspruch gegen die einstweilige Verfügung eingelegt war, dies dem Verfügungsgläubiger aber nicht bekannt war.[168] Ebenso sind die Kosten zu erstatten, wenn der Verfügungsanspruch nur teilweise begründet war, weil der Verfügungsschuldner auch eine entsprechend eingeschränkte Abschlusserklärung abgeben könnte.[169] Kommt es dann nicht zum Hauptsacheprozess, weil der Antragsgegner die geforderten Erklärungen abgibt, steht dem Antragsteller gleichwohl grundsätzlich ein materiell-rechtlicher Kostenerstattungsanspruch zu.[170] Ein sorgfältig handelnder Vertreter eines Antragsgeg-

---

162 Vgl. Kammergericht 19 W 81/16 und 19 W 82/16 v. 24.02.2017.
163 BGH I ZR 249/12 v. 10.7.2014 *Nero*, Tz. 19 f.; BGH I ZR 250/12 v. 30.7.2015 *Piadina-Rückruf*, Tz. 54.
164 BGH I ZR 59/14 v. 22.1.2015 *Kosten für Abschlussschreiben II*; BGH I ZR 263/15 v. 30.3.2017 *BretarisGenuair*, Tz. 53 [zur Beschlussverfügung].
165 Zu den Kosten bei Kostenwiderspruch BGH I ZB 68/12 v. 15.8.2013.
166 BGH I ZR 59/14 v. 22.1.2015 *Kosten für Abschlussschreiben II*.
167 BGH I ZR 30/08 v. 4.2.2010, Tz. 31, wo es sich jedoch beim Abschlussschreiben ausnahmsweise um ein Schreiben einfacher Art handelte.
168 BGH I ZR 263/15 v. 30.3.2017 *BretarisGenuair*, Tz. 58.
169 BGH I ZR 263/15 v. 30.3.2017 *BretarisGenuair*, Tz. 60.
170 BGH VI ZR 176/07 v. 4.3.2008.

ners wird daher zur Kostenvermeidung nach Zustellung einer einstweiligen Verfügung immer die Frist von zwei Wochen im Blick behalten.

Folgt auf den Erlass einer einstweiligen Verfügung ein Hauptsacheverfahren, weil keine Abschlusserklärung abgegeben wurde, so kann der Verfügungsschuldner widerklagend die Aufhebung der einstweiligen Verfügung verlangen. Regelmäßig ist dafür gemäß § 33 I ZPO das Gericht der Hauptsacheklage zuständig.[171] **62**

Um die Kostenfolge des § 93 ZPO im Hauptsacheverfahren zu vermeiden, muss der Gläubiger dem Schuldner außerdem eine Erklärungsfrist von im Regelfall mindestens zwei Wochen für die Prüfung einräumen, ob er die Abschlusserklärung abgeben will, wobei die Summe aus Warte- und Erklärungsfrist nicht kürzer als die Berufungsfrist (§ 517 ZPO) sein darf. Eine dem Schuldner gesetzte zu kurze Erklärungsfrist setzt eine angemessene Erklärungsfrist in Gang; der Kostenerstattungsanspruch des Gläubigers für das Abschlussschreiben bleibt davon unberührt.[172] **63**

---

[171] BGH I ZR 152/13 v. 1.6.2017 *Teststreifen zur Blutzuckerkontrolle II*.
[172] BGH I ZR 59/14 v. 22.1.2015 *Kosten für Abschlussschreiben II*.

Achter Teil Kennzeichenpraxis

§ 32 Kennzeichenkonzeption, -strategie und -bewertung

Schrifttum: *Bugdahl*, Die Grundgesetze der menschlichen Dummheit und die Prüfung ihrer Gültigkeit für Marken, MarkenR 2007, 298; *Bugdahl/Sprenger*, Marketing, Markenschöpfer, Rechercheure, Rechtsanwälte, Markenverwalter, Controller – isolierte Sechslinge?, MarkenR 2018, 251; *Eisenführ*, Muss das Publikum lernen, ein Zeichen als Marke zu erkennen?, FS Ullmann, 2006, 175; *Hildebrandt*, Welche Marken muss ich anmelden, um einen Prozess zu gewinnen? – Markenanmeldestrategie aus prozesstaktischer Sicht, VPP-Rundbrief 2017, 4; *Hildebrandt*, Das wird dich wütend machen: Mit diesen sieben Tricks werden unsere Richter reingelegt!, FS Ströbele, 2019 [noch unveröffentlicht]; *Jaeger-Lenz/Freiwald*, Die Bedeutung der Erweiterung des Madrider Markensystems für die markenrechtliche Praxis, GRUR 2005, 118; *Renck*, Beitritt der Europäischen Gemeinschaft zum Protokoll zum Madrider Markenabkommen, Mitt. 2005, 536; *Rohnke*, Gemeinschaftsmarken oder nationale Marken? – Strategische Überlegungen zur Rechtsdurchsetzung, GRUR Int. 2002, 979

I. Kennzeichenkonzeption

Das Leben einer Marke beginnt meist nicht mit ihrer Anmeldung, sondern lange vorher mit ihrer Konzeption. Hierbei sind vor allem zwei Überlegungen anzustellen: Hat die Marke das Zeug zur starken Marke? Und ist die Marke (vor allem im Ausland) eventuell peinlich? **1**

Bei der Antwort auf die erste Frage treffen juristische und Marketingüberlegungen aufeinander. Aus juristischer Sicht sollte eine starke Marke von Hause aus jedenfalls über durchschnittliche Kennzeichnungskraft, möglichst sogar über hohe Kennzeichnungskraft verfügen. Hierfür muss sie phantasievoll gestaltet sein, unter Umständen auf phantasievolle und ganz entfernte Art und Weise Eigenschaften des gekennzeichneten Produktes widerspiegeln.[1] Dabei darf sich die Marke nicht in einem ohne weiteres erkennbaren Begriff einer dem Verkehr bekannten Sprache erschöpfen. Auch im näheren Zeichenumfeld sollten sich entsprechende Begriffe nicht finden. Denn dies würde ihre Abwehrchancen gegen Drittzeichen wegen der Neutralisierungstheorie des EuGH[2] erheblich vermindern. Weiter muss dem Markeninhaber auch schon bei der Konzeption einer Marke klar sein, dass die Marke nur dann zur wirklich starken Marke werden kann, wenn sie umfangreich benutzt und beworben wird. Außerdem gilt es, das Markenumfeld zu überwachen, damit sich keine Drittzeichen im Markt etablieren können. Vorhandene Drittzeichen sind nach Möglichkeit zu beseitigen. **2**

Die zweite Frage nach der Peinlichkeit einer Marke ist meist linguistischer[3] Natur, kann aber auch markenrechtliche Bezüge aufweisen. Ford nützt eine Automarke »Pinto« wenig, wenn diese in Portugal einen kleinen Penis bezeichnet. Aber **3**

---

1 Vgl. hierzu oben § 12 Rdn. 55 – 60.
2 Vgl. hierzu oben § 12 Rdn. 137 – 143.
3 Zu peinlichen Designelementen: https://www.indy100.com/article/nsfw-logos-companies-mistake-graphic-design-fail-mistakes-hidden-secret-7712826.

auch Nissan ist mit einer Automarke »Serena« wenig gedient, wenn dies in Deutschland eine Marke für Damenbinden ist. Ford hätte eine linguistische Überprüfung im Ausland geholfen, wie zahlreiche Recherchedienste sie anbieten. Nissan hätte gut daran getan, auch das weitere Produktähnlichkeitsumfeld in die Markenrecherche einzubeziehen.

II. Recherche- und Überwachungsstrategien

1. Recherche

4 Die Rechtsprechung verlangt vor der Inbenutzungnahme einer Kennzeichnung und vor Anmeldung einer Marke die Durchführung einer Recherche[4] nach älteren kollidierenden Zeichen.[5] Andernfalls sind schuldhaftes Handeln und damit Schadensersatzansprüche[6] zu bejahen. Da andererseits entsprechende Bereicherungsansprüche[7] auch ohne Verschulden durchgreifen, muss selbst der pflichtgemäß Recherchierende mit Zahlungsansprüchen in gleicher Höhe rechnen. Die Recherche nützt hier nur wenig. Hinzu kommt, dass der Gesamtbestand potentieller Gegenzeichen immer größer wird. Tmview[8] kennt derzeit etwa 2 Millionen deutsche Marken, 1,5 Millionen Unionsmarken und 1 Million Internationaler Registrierungen. Wirkliche Lücken in diesem dichten Markenfeld sind kaum noch zu finden. Erfahrungsgemäß zeigt allenfalls jede hundertste Markenrecherche noch ein geringes Risiko auf, während dem Anmelder in allen anderen Fällen abzuraten wäre.

5 Der eigentliche Hauptzweck der Kennzeichenrecherche liegt in der Praxis demgegenüber darin, bereits im Vorfeld das Risikopotential einer Kennzeichenbenutzung aufzudecken. Dies ist insbesondere dann sinnvoll, wenn umfangreiche Investitionen in die Kennzeichnung geplant sind. Diese Investitionen wären vergeblich, wenn später die Kennzeichnung aufgegeben und beispielsweise Werbematerialien vernichtet werden müssten. Allerdings kann auch eine noch so gute Recherche keine vollständige Sicherheit bringen.

6 Außerdem verfolgt die Recherche einen weiteren Zweck, indem diese das Kennzeichenumfeld aufdeckt. Das Kennzeichenumfeld bestimmt maßgeblich die spätere Kennzeichnungskraft und damit den späteren Werbewert des Zeichens. In einem dichten Umfeld mit vielen ähnlichen Zeichen wird sich eine starke Marke schwerer etablieren können als in dem Fall, dass keine oder nur einzelne Zeichen im weiteren Ähnlichkeitsbereich existieren. Nicht nur vor Inbenutzungnahme einer Kennzeichnung, sondern insbesondere vor ihrem Ankauf empfiehlt sich daher schon unter wirtschaftlichen Aspekten die Durchführung einer Recherche.

---

4 Daneben existieren auch andere Recherchemöglichkeiten, etwa linguistische nach Bedeutungsanklängen einer Marke im Ausland, um zu vermeiden, dass etwa eine Automarke »MR2« in Frankreich wie »merde« (= Scheiße) klingt.
5 BGHZ 52, 359, 362 *Muschi-Blix*, m. w. N.; vgl. auch oben § 27 Rdn. 57 – 58.
6 Zu Schadensersatzansprüchen gegenüber dem unsorgfältig recherchierenden Anwalt sowie zur Schadensminderungspflicht des Verletzten: BGH I ZR 212/08 v. 14.10.2010 *Mega-Kasten-Gewinnspiel*.
7 Vgl. oben § 27 Rdn. 72.
8 www.tmview.org.

Nach welchen Zeichen zu recherchieren ist und in welchem Umfang, richtet sich 7
nach der geplanten eigenen Benutzung.

So kann ein Softwaretitel sowohl ältere Marken, ältere Unternehmenskennzeichen und Namen sowie ältere Titelrechte verletzen. Sämtliche Zeichen sind zu recherchieren. Sind überragende Investitionen in eine Kennzeichnung geplant, so sollten (unter Umständen weltweit) auch ausländische geschäftliche Bezeichnungen recherchiert werden, um das Risiko zu minimieren, dass in Deutschland durch schlichte Inbenutzungnahme Rechte entstanden sind. Auch sollte die Recherche möglichst nach etwa sechs Monaten wiederholt werden, um nicht das Risiko einzugehen, dass Zeichen ältere Prioritäten in Anspruch nehmen oder prioritätswahrend umgewandelt[9] wurden.

Mit Blick auf den immer dichter werdenden Markenbestand wird sich in vielen 8
Fällen gar nicht mehr die Entwicklung und Anmeldung einer neuen Marke empfehlen. Vielmehr existieren zahllose Marken, deren Inhaber sie nicht mehr benötigt, die aber durchaus noch wertvoll sind. Hier kann ein Ankauf zu empfehlen sein. Besonders geeignet für einen solchen Ankauf von Markenrechten sind Marken, die sich noch in der Benutzungsschonfrist befinden, deren Inhaber offenkundig kein Interesse mehr hat, beispielsweise infolge von Insolvenz. Ein guter Rechercheur kann solche Marken finden.

2. Überwachung

Im Gegensatz zur Recherche dient die Überwachung von Kennzeichen dazu, jüngere Zeichen zu ermitteln und diese ggf. aus einem älteren Recht frühzeitig angreifen zu können und hierdurch eine Schwächung der eigenen Zeichen zu vermeiden.[10] Hierdurch wird insbesondere die fristwahrende Einlegung von Widersprüchen[11] möglich. Da hierdurch letztlich Kosten gespart werden können, sollte eine Zeichenüberwachung zum Standardprogramm jedes Kennzeicheninhabers gehören. Um ein möglichst lückenloses Bild der Kennzeichenlage zu behalten, sollte die Überwachung zeitgleich mit einer durchgeführten Recherche beginnen. 9

Eine Überwachung von jüngeren Marken, die in Deutschland Schutz genießen 10
(Unionsmarken, deutsche Marken und internationale Registrierungen), aber auch eine weltweite Markenüberwachung bieten verschiedene Dienstleister kostengünstig an. Auch eine Überwachung kollidierender (im Handelsregister eingetragener) Unternehmensbezeichnungen sowie Domains ist für Deutschland noch vergleichsweise kostengünstig möglich. Kostspieliger ist demgegenüber vor allem die Überwachung jüngerer ausländischer Unternehmenskennzeichen. Einer regelmäßig (alle ein bis zwei Jahre) wiederholten Recherche nach Unternehmenskennzeichen ist hier meist unter Kostengesichtspunkten der Vorzug zu geben.

III. Anmeldestrategie

Vor einer Markenanmeldung ist zu klären, 11

---

9 Zur Umwandlung vgl. oben § 28 Rdn. 51 – 52 und § 30 Rdn. 4.
10 Vgl. zum »Erfordernis der Wachsamkeit« EuGH C-145/05 v. 27.4.2006 *Levi Strauss*, Tz. 30 f.
11 Zum Widerspruchsverfahren vor dem EUIPO § 28 Rdn. 16 – 41, vor dem DPMA § 29 Rdn. 18 – 28.

- wer
- wo und wie
- welche Marke
- mit welchem Verzeichnis der Waren und Dienstleistungen

zur Anmeldung bringt. Schließlich mag es Fälle geben, wo eine Markenanmeldung insgesamt nicht lohnt oder zu gefährlich ist.

1. Wer meldet an?

12 Gerade große Konzerne lassen Marken zunehmend für eine bestimmte Holding oder aber auch für ihre Konzernzentrale anmelden. Dies ist zulässig und kann unter Umständen Steuervorteile mit sich bringen. Allerdings sollten die rechtlichen Beziehungen zwischen tatsächlichem Markennutzer und Markeninhaber in einem solchen Fall vertraglich geregelt werden. Insbesondere ist zu regeln, dass das die Bezeichnung nutzende Unternehmen nach Ende der Vertragsbeziehung auf sämtliche durch Benutzung entstandenen, der Marke entsprechenden Rechte verzichtet, also auf Rechte an einer Benutzungsmarke, einer geschäftlichen Bezeichnung oder einem Titel. Bei der Formulierung dieser Vereinbarung sind allerdings vor allem die kartellrechtlichen Grenzen[12] zu wahren.

2. Wo und wie wird angemeldet?

13 Wo angemeldet wird, hängt natürlich in erster Linie davon ab, wo Markenschutz benötigt wird. Ein Unternehmen, das nur in Deutschland tätig sein wird, benötigt meist keine Unionsmarke. Lediglich dann, wenn damit zu rechnen ist, dass sich eine Tätigkeit Dritter unter ähnlicher Marke vom europäischen Ausland aus auch in Deutschland auswirken könnte, sollte über eine Unionsmarke nachdenken.

14 Ist die Entscheidung zugunsten einer Unionsmarke gefallen, so ist zu fragen, ob zusätzlich auch eine deutsche Marke angemeldet werden sollte. Die Antwort hängt davon ab, was mit der Marke geplant ist. Solange sie nur Defensivzwecken dienen und verhindern soll, dass Dritte eine entsprechende Marke anmelden und angreifen, so genügt die Unionsmarke. Wer aber seine Marke aufbauen und verteidigen will, der benötigt einen Markenschutz, der sich im Prozess effektiv durchsetzen lässt. Und wer wirklich effektiv prozessieren will, braucht die nationale deutsche Marke. Die Unionsmarke hat im Prozess zu viele Schwächen.[13]

15 Besteht schon nationaler Markenschutz und die Unionsmarke kommt hinzu, so fragt sich, ob die nationalen Marken aufrechterhalten bleiben sollen oder ob es genügt, deren Seniorität in Anspruch zu nehmen. Derzeit wäre es wohl fahrlässig, sich auf die Inanspruchnahme der Seniorität zu verlassen. Vielmehr sollte der nationale Markenschutz aufrecht erhalten bleiben. Denn im Zusammenhang mit der Seniorität ist derzeit noch zu viel ungeklärt.[14]

16 Schließlich bleibt zu fragen, wie die Unionsmarke angemeldet werden soll. Ist eine direkte Anmeldung beim EUIPO zu empfehlen oder besser die Anmeldung mittels internationaler Registrierung über das PMMA? Insofern ist die Unions-

---

12 Vgl. oben § 24 Rdn. 26.
13 Ausführlich *Hildebrandt*, VPP-Rundbrief 2017, 4.
14 Vgl. oben § 7 Rdn. 7–12; *Hildebrandt*, VPP-Rundbrief 2017, 4.

marke per Internationaler Registrierung zwar ein etwas teurer. Gleichwohl ist sie die bessere Wahl. Denn sie ist flexibler und insbesondere dann viel günstiger, wenn wegen Eintragungshindernissen in Teilen der Union eine Umwandlung in nationale Teilmarken erforderlich wird. Soll außerdem auch Markenschutz in weiteren Ländern wie der Schweiz ermöglicht werden, so tritt das Kostenproblem meist in den Hintergrund, weil die Internationale Registrierung dann ohnehin oft die kostenmäßig günstigste Wahl ist.

3. Welche Marke wird angemeldet?

Die Frage, welches Zeichen als Marke angemeldet werden soll, stellt sich in erster Linie bei Marken, die aus mehreren Bestandteilen bestehen. 17

> So kann bei Wort-/Bildzeichen das Gesamtzeichen oder aber nur der Wortbestandteil zur Anmeldung gebracht werden. Farbige Zeichen können schwarz/weiß oder mit Farbe angemeldet werden. Bei Wortzeichen mit mehreren Bestandteilen wie »City Plus« können die einzelnen Bestandteile oder die Kombination angemeldet werden.

Jede Variante eines solchen Kombinationszeichens verfügt über einen speziellen Schutzbereich, der sich mit dem Schutzbereich anderer Varianten zwar häufig überschneiden wird, der aber nur in Ausnahmefällen identisch ist. 18

> So wird durch die einer Anmeldung beigefügte farbliche Abbildung einer Wort-/Bildmarke und die Angabe, dass die Marke in bestimmten Farben eingetragen werden soll, der Schutzgegenstand der Marke auf die angegebene Farbgestaltung beschränkt.[15] Hierdurch kann sich der Schutzbereich der Marke auf farblich ähnlich gestaltete Zeichen mit abweichendem Wortbestandteil erweitern. Schwieriger wird es demgegenüber sein, gegen andere Farbgestaltungen vorzugehen.

Ist der Finanzetat ausreichend, so sollten sämtliche Varianten zur Anmeldung gebracht werden, die überhaupt eine reelle Eintragungschance besitzen. 19

> So könnte bei einem Telefontarif »City Plus« neben der Kombination die Anmeldung des Bestandteils »Plus« versucht werden, das unscharf und deswegen unter Umständen schutzfähig ist. Demgegenüber ist »City« als Angabe für einen Ortstarif sicher beschreibend.

Ist der Finanzetat beschränkt, so sollte jeweils die abstrakteste Variante angemeldet werden, da diese regelmäßig den weitesten Schutzbereich entfaltet und künftig den größten Spielraum für Zeichenvarianten lässt. In den meisten Fällen von Kombinationszeichen ist nicht die Kombination aus allen Elementen die stärkste Variante, sondern die Anmeldung des kennzeichnenden Kerns. Da es auf diesen Kern auch im Zuge der rechtserhaltenden Benutzung ankommt, besteht zudem regelmäßig kein Benutzungsproblem und der Anmelder bleibt flexibel. 20

> So ist bei einem Wort-/Bildzeichen regelmäßig die Anmeldung des Wortbestandteils zu empfehlen. Dieser weist meist einen größeren Schutzbereich auf und kann auch mit geänderten Bildbestandteilen rechtserhaltend benutzt werden.

Bei wichtigen Marken kann zu überlegen sein, im Kennzeichenumfeld ähnliche Marken als Defensivzeichen[16] anzumelden, die später allerdings (zumindest in geringem Umfang) rechtserhaltend benutzt[17] werden müssten. Durch diese Defen- 21

---

15 BGHZ 159, 57 *Farbige Arzneimittelkapsel*.
16 Vgl. dazu auch EuGH C-553/11 v. 25.10.2012 *Rintisch*, Tz. 32 f.
17 Vgl. oben § 8 Rdn. 1 – 97.

sivmarken können insbesondere (künftig) bekannte Marken von vornherein im weiteren Ähnlichkeitsbereich abgesichert werden.

> So kann die Anmeldung einer Marke »T-online« durch Marken wie »P-online« oder »T-line« abgesichert werden.

4. Für welche Produkte wird angemeldet?

22 Auch beim Verzeichnis der Waren und Dienstleistungen[18] sollte möglichst große Abstraktheit angestrebt werden. Nur in Ausnahmefällen sollte das Verzeichnis konkret abgefasst werden, da andernfalls die Gefahr der Lückenhaftigkeit besteht. Für nicht aufgeführte Produkte würde eine Marke mit detailliertem Verzeichnis keinen Schutz beanspruchen, so dass unter Umständen die rechtserhaltende Benutzung gefährdet wäre. Umgekehrt ist auch ein zu breites Verzeichnis schädlich, weil sich der Markeninhaber damit Löschungsangriffen aussetzt und im Falle einer Klage schnell in die Defensive kommt. Klageverfahren lassen sich daher regelmäßig besser aus Marken führen, die nur ein enges Verzeichnis aufweisen und bei denen sich die Benutzung unschwer nachweisen lässt.

> Finden sich im Verzeichnis etwa nur »Damenschuhe«, wird die Marke jedoch seit mehr als fünf Jahren nur für Herrenschuhe benutzt, so könnte unter Umständen ein Löschungsangriff durchgreifen. Hier hätte die Marke besser für »Schuhe« eingetragen werden sollen. Zur Sicherheit hätte gegebenenfalls jedenfalls formuliert werden können: »Schuhe, insbesondere Damen-, Herren- und Kinderschuhe«.

23 Eine enge und detaillierte Fassung des Verzeichnisses ist jedenfalls zu empfehlen, wenn andernfalls Kollisionen drohen oder wenn die spätere internationale Registrierung in Staaten beabsichtigt ist, die eine konkrete Fassung des Verzeichnisses fordern.

> Soll etwa eine Marke mit abstraktem, nur die Klassenüberschriften nennenden Verzeichnis später in den USA international registriert werden, so ist mit einer Beanstandung durch das US-Patentamt und damit weiteren Kosten zu rechnen.[19]

24 Unter Umständen empfiehlt sich in komplexeren Fällen ein Nebeneinander von mehreren Markenanmeldungen. Nicht unüblich ist es hierbei, eine Marke für den Kernbereich der Produkte anzumelden, und eine oder mehrere weitere Marken für sonstige Produkte – unter Umständen für sämtliche Klassen. Durch dieses Aufteilen der Anmeldung kann insbesondere die Zahl der zu erwartenden Widersprüche reduziert werden, da Inhaber älterer Marken meist nur bestimmte Produktklassen überwachen lassen.

5. Ist es besser, ganz auf eine Anmeldung zu verzichten?

25 In manchen Fällen ist es sinnvoll, ganz auf eine Markenanmeldung zu verzichten. Dies ist insbesondere der Fall, wenn durch die Markenanmeldung zusätzliche Publizität entsteht und dadurch eine Inanspruchnahme durch die Inhaber älterer Rechte droht. Gerade dann, wenn eine Unionsmarke angemeldet werden soll, würden die Inhaber älterer Unionsmarken regelmäßig vom EUIPO über die Neuan-

---

18 Vgl. zum Verzeichnis der Waren und Dienstleistungen § 5 Rdn. 1 – 19.
19 Vgl. *Jaeger-Lenz/Freiwald*, GRUR 2005, 122.

meldung unterrichtet. Unionsmarken sollten daher von einem bereits unter der Marke tätigen Unternehmen nur mit großer Umsicht angemeldet werden.

Auf eine Anmeldung verzichten Unternehmen auch dann häufig, wenn sie eine Vielzahl von Produkten vertreiben, die alle mit unterschiedlichen Marken versehen sind. In diesem Fall würden durch die Anmeldung all dieser Produktbezeichnungen erhebliche Kosten entstehen, die eingespart werden sollen. Dies aber ist – zumindest in Deutschland – eine riskante Strategie. Denn – anders als in praktisch allen anderen Ländern der Welt – kann ein Markeninhaber vom potentiellen Verletzer eine Abmahnkostenerstattung verlangen und sich damit schadlos halten. Hat der Verletzer unter der fraglichen Marke einen nicht ganz unerheblichen Umsatz erzielt, so kann der Markeninhaber außerdem mit nennenswertem Schadensersatz rechnen. Jedenfalls bei einem Jahresumsatz von über 50.000,- € unter der Marke wird ein Angriff für Inhaber älterer Rechte unter Schadensersatzgesichtspunkten attraktiv. Zumindest oberhalb dieser Umsatzschwelle empfiehlt sich daher die Anmeldung von Defensivmarken für die Produktbezeichnungen. Denn andernfalls könnte jeder Dritte entsprechende Marken anmelden und sodann aus diesen angreifen. 26

IV. Internationale Strategien

In internationaler Hinsicht stellen sich bei Markenanmeldungen die Fragen nach dem Wo und dem Wie. 27

Wo eine Marke überall anzumelden ist, hängt selbstverständlich zunächst davon ab, wo überall eine unternehmerische Tätigkeit geplant ist. Andererseits kann durchaus die Überlegung eine Rolle spielen, in welchen Ländern eine Nachahmung der Marke unbedingt vermieden werden soll. Hier kann sich ein Anmelder verschiedene Privilegierungen bei der rechtserhaltenden Benutzung[20] zu Gute kommen lassen – insbesondere durch die Unionsmarke und dadurch, dass bereits reine Exporthandlungen rechtserhaltend sind. 28

> So kann sich ein eigentlich nur am deutschen Markt interessierter Markeninhaber durch eine Unionsmarke gegen Nachahmungen in anderen Staaten der EU schützen. Ein Bekleidungshersteller, der seine Ware in China produzieren lässt, kann bereits dort seine Label einnähen und durch den Export eine chinesische Marke rechtserhaltend benutzen; hätte er in China keine Marke, könnte seine dortige Produktion durch Dritte blockiert werden, indem diese eine entsprechende Marke anmelden.

Wie eine Marke im internationalen Bereich geschützt werden kann, hängt von den zur Verfügung stehenden Finanzmitteln und den konkreten Umständen ab. Meist wird eine Unionsmarke das beste Sicherungsinstrument[21] sein, oder eine internationale Registrierung über MMA bzw. PMMA in Betracht kommen. Diese Schutzinstrumente helfen dem in Deutschland ansässigen Unternehmer insbesondere, Übersicht über den Stand seiner Markenanmeldungen zu bewahren, da jeweils nur ein zentrales Register geführt wird. Andererseits ist bei Anmeldungen nach dem 29

---

20 Hierzu vgl. oben § 8 Rdn. 1 – 97.
21 Ob diese im Verletzungsfall tatsächlich eingesetzt wird, ist eine andere Frage: *Rohnke*, GRUR Int. 2002, 979.

MMA[22] daran zu denken, dass die Anmeldungen von der Basismarke während eines Zeitraums von fünf Jahren abhängig sind und daher die Gefahr eines Zentralangriffs gegen die Basismarke besteht. Es kann daher durchaus interessant sein, neben einer internationalen Registrierung in den einzelnen Staaten auch noch nationale Marken anzumelden, zumal diese aufgrund der dezentralen Registerlage von potentiellen Angreifern schwieriger zu entdecken sind.

30 Besonders problematisch wird es, wenn nicht nur verhindert werden soll, dass Dritte im Ausland eine bestimmte Marke verwenden, sondern wenn darüber hinaus auch entsprechende Unternehmensbezeichnungen verhindert werden sollen. Mangels Harmonisierung sind hier die länderspezifischen Besonderheiten zu beachten. Diese führen dazu, dass in einigen Ländern bereits eine Marke hinreichenden Schutz auch gegen Unternehmensbezeichnungen verleiht. In anderen Ländern blockiert bereits ein bloßer Eintrag im Handelsregister entsprechende Bezeichnungen Dritter, wobei allerdings meist nur Identitätsschutz gegeben ist. In anderen Ländern schließlich sind jedenfalls Benutzungshandlungen erforderlich, häufig darüber hinaus sogar eine gewisse Bekanntheit. Hier wird ein Schutz unter Kostengesichtspunkten nur bei ernsthaften wirtschaftlichen Interessen durchzusetzen sein.

31 Bestehen in einem internationalen Netz von Marken Lücken, weil in diesen Ländern Rechte Dritter bestehen, so kann sich in der Praxis ein Markentausch als praktikabler erweisen als ein Ankauf der jeweiligen Rechte.

> International tätige Unternehmen verfügen meist über ein umfangreiches Markenportefeuille, in dem sich auch Marken befinden, die zwar aus unternehmenstaktischen Gründen uninteressant, gleichwohl aber noch werthaltig sind; diese können zum Tausch angeboten werden. Unter Umständen kann auch durch einen Austausch nationaler Marken eine sinnvolle (geografische) Abgrenzung gefunden werden, die den Interessen sämtlicher beteiligter Unternehmen dient.

V. Markenführung und Vermarktungsstrategien

32 Zur Markenführung und zu Vermarktungsstrategien existiert ein umfangreiches betriebswissenschaftliches Schrifttum, auf das verwiesen werden kann.[23] Rechtliche Probleme stellen sich insbesondere bei der Markeneinführung und bei der Auswahl von bestimmten Vertriebsschienen.

33 In der Praxis werden Marken häufig dadurch eingeführt, dass auf die Schnelle für ein neues Produkt eine neue Bezeichnung gewählt und beworben wird. Als sinnvoller kann sich indes eine strategisch durchdachte Markeneinführung erweisen. Hierbei hat es viele Vorteile, wenn eine neue Marke zunächst für ein bekanntes Produkt oder eine nahe Variante des Produkts eingesetzt wird. Umgekehrt kann ein neues Produkt zunächst mit einer bereits eingeführten Marke (mitsamt Zusatz)

---

[22] Beim PMMA ist das Risiko wegen der Umwandlungsmöglichkeit in nationale Marken geringer.
[23] Standardwerke: *Esch, Franz-Rudolf* (Hrsg.), Moderne Markenführung, 4. Aufl., 2005; *Esch, Franz-Rudolf*, Strategie und Technik der Markenführung, 4. Aufl., 2008; praxisorientierte Einführungen: *Meffert, Heribert/Burmann, Christoph/Koers, Martin* (Hrsg.), Markenmanagement, 2. Aufl. 2005; *Riesenbeck, Hajo/Perrey, Jesko*, Mega-Macht Marke, 2. Aufl., 2005; zusammenfassend *Deichsel*, GRUR 1998, 336.

getestet werden. Bei dieser Art der Markteinführung steht im Falle eines Erfolgs (oder Misserfolgs) immer fest, ob Marke oder Produkt ursächlich waren. Folglich ist eine zielsichere und schnelle Reaktion auf Marktgegebenheiten möglich. Unter rechtlichen Gesichtspunkten kann durch diese Strategie das Kollisionspotential zunächst unter geringem wirtschaftlichem Einsatz getestet und gezielt abgewartet werden, dass Gegenrechte verwirken.

> So hatte der überaus erfolgreiche Coca Cola-Konzern die Marke »Fanta« bereits seit 1940 eingeführt, als diese 1964 für eine Limonade mit Orangen und schließlich 1995 für ein Grapefruit-, 1999 für ein Limettengetränk verwendet wurde. Die Marke »Lift«, seit 1973 Bezeichnung für eine Limonade mit Zitronensaft, wurde ab 1982 auch für eine Apfel- und eine Kräuterlimonade eingesetzt.

Aktuell wird intensiv diskutiert, ob und wie Marken beim Vertrieb über Discounter eingesetzt werden sollen oder ob hierdurch dem Markenimage eher Schaden zugefügt wird. **34**

> So ziehen es die meisten Markenartikler noch vor, beim Vertrieb über Discounter ihre eigene Marke nicht anzubringen. Dasselbe Produkt wird als Billigprodukt unter anderer Marke angeboten.

Unter rechtlichen Gesichtspunkten wird einem Vertrieb über Discounter nur selten etwas entgegenstehen. Im Rahmen der Erschöpfungslehre[24] stellt allein der Umstand, dass ein Wiederverkäufer, der gewöhnlich Artikel gleicher Art, aber nicht unbedingt gleicher Qualität vertreibt, die in seiner Branche üblichen Werbeformen benutzt, keinen der Erschöpfung entgegenstehenden berechtigten Grund dar. Dies gilt auch dann, wenn die Werbeformen nicht denen entsprechen, die der Markeninhaber selbst oder die von ihm ausgewählten Wiederverkäufer verwenden, sofern die Werbung den Ruf der Marke im konkreten Fall nicht erheblich schädigt.[25] Solange daher beim Vertrieb über einen Discounter nicht eine Rufschädigung durch die konkrete Präsentation zu befürchten ist, wird der Vertrieb zulässig sein. **35**

Sehr marktstarke Unternehmen werden durch gezielte Markenführung versuchen können, ihre Kennzeichen dadurch aufzuwerten, dass sie durch intensive Werbung Verbrauchergewohnheiten und -sichtweisen ändern.[26] Da es im Kennzeichenrecht (fast) immer auf das Verbraucherverständnis ankommt, lassen sich auf diese Weise häufig gezielt Monopolstellungen erreichen, gegen die marktschwächere Unternehmen sich kaum noch durchsetzen können. Unter Umständen wird bei bestimmten gezielten Werbepraktiken als Korrektur allerdings eine kartellrechtliche Prüfung einsetzen müssen. **36**

> So nahm etwa der Verbraucher zu dem Zeitpunkt, als die Deutsche Telekom die Farbe Magenta einführte, eine Farbe noch kaum als Kennzeichen war. Erst der große Werbeaufwand der Deutschen Telekom änderte diese Sichtweise des Verbrauchers und ermöglichte die Farbmarke des Unternehmens.

Ganz neue Möglichkeiten einer Beeinflussung des Verkehrsverständnisses bietet die Einflussnahme über digitale Medien, insbesondere über Social Media. Denn aufgrund der verfügbaren Daten kann gezielt auf einzelne Personen und deren Umfeld **37**

---

24 Zur Erschöpfung oben § 16 Rdn. 1 – 65.
25 EuGH C-337/95 v. 4.11.1997 Parfums Christian Dior, Tz. 43 ff.
26 Vgl. auch *Eisenführ*, FS Ullmann, 2006, 175.

zugegriffen werden. Die besonderen Gefahren liegen dabei in einer subtilen, unmerklichen Beeinflussung des Verkehrs, aber auch der Richter und Entscheidungsträger. Wenn es zutrifft, dass Entscheidungen über die Verwechslungsgefahr weitgehend subjektiven Faktoren – wie der Sympathie mit der Angriffsmarke – folgen,[27] dann ist eine bedrohliche Manipulation von Entscheidungsergebnissen möglich.[28]

VI. Kennzeichenbewertung

38 Die wirtschaftliche Bewertung von Marken ist mit erheblichen Unsicherheiten behaftet. In erster Linie hängt der Markenwert davon ab, wie sehr ein Unternehmen unter wirtschaftlichen Gesichtspunkten die Marke tatsächlich benötigt.

> So kann eine zuvor nahezu wertlose Marke im Verkauf plötzlich Millionenerlöse bringen, wenn ein internationaler Großkonzern auf das Zeichen angewiesen ist, um ein weltweit lückenloses Markensystem zu erreichen.

39 Dies vorausgeschickt seien kurz folgende, miteinander konkurrierende Bewertungsmethoden vorgestellt:

40 Die Lizenzvergabemethode geht davon aus, dass sich der Wert einer Marke in den mit ihr zu erzielenden Lizenzgebühren widerspiegelt. Bei dieser Methode werden der Jahresumsatz, eine hypothetische Lizenzgebühr und ein hypothetischer Nutzungszeitraum zugrunde gelegt. Der so ermittelte Betrag wird abgezinst.

> Bei einem Jahresumsatz von € 10 Mio., einer hypothetischen Lizenzgebühr von 3 % und einem hypothetischen Nutzungszeitraum von 10 Jahren ergibt sich beispielsweise ein Betrag in Höhe von € 3 Mio., nach Abzinsung mit einem Zinssatz von 7 % demnach ca. € 1.525.000,-.

41 Demgegenüber vergleicht die Ergebnis-Beitragsvergleich-Methode den Mehrerlös von unter der Marke vertriebenen Produkten mit dem Erlös von No-Name-Produkten des eigenen Unternehmens (intern) oder eines fremden Unternehmens (extern).

> Werden etwa eigene Markenprodukte mit einem um 10 % höheren Gewinn verkauft als entsprechende eigene No-Name-Produkte, so kann davon ausgegangen werden, dass diese 10 % auf die Marke entfallen. Legt man weiter den Jahresumsatz und einen hypothetischen Nutzungszeitraum zugrunde, kann der Markenwert berechnet werden.

42 Die Mehrgewinnermittlung auf Unternehmensebene eignet sich vor allem, um den Wert sämtlicher Immaterialgüter mitsamt Know-how eines Unternehmens zu berechnen. Hier wird vom gesamten Unternehmenswert ausgegangen und der Wert der einzelnen Sachgüter abgezogen. Die Problematik liegt hier in der Ermittlung von Unternehmens- und Sachgüterwert.

> Ist etwa ein Unternehmen insgesamt € 3 Mrd. wert und verfügt praktisch über keine Sachgüter, so kann davon ausgegangen werden, dass sich der Wert sämtlicher Immaterialgüter mitsamt Know-how auf den vollen Betrag beläuft.

---

27 Vgl. oben § 12 Rdn. 13.
28 Vgl. hierzu *Hildebrandt*, FS Ströbele, 2019 [noch unveröffentlicht].

Die Vergleichspreismethode versucht, den Wert einer Marke anhand der Information zu ermitteln, welche Verkaufspreise vergleichbare Marken in der Vergangenheit erzielen konnten. Die praktische Problematik liegt dabei in der Recherche vergleichbarer Markentransaktionen. **43**

Schließlich wird eine Markenbewertung anhand qualitativer Bewertungskriterien vorgeschlagen. Hier sind vor allem rechtliche Kriterien maßgeblich wie der Schutzbereich einer Marke und ihre Schlagkraft, aber auch diejenigen Faktoren, anhand derer die Rechtsprechung Kennzeichnungskraft[29] und Bekanntheit[30] einer Marke ermittelt. Weiter spielen die internationale Absicherung des Schutzes sowie Markenstabilität in der Vergangenheit und -flexibilität in der Zukunft eine Rolle. **44**

> So kann eine noch so bekannte Marke für ein international tätiges Unternehmen uninteressant sein, wenn diese in einem ausländischen Kernmarkt des Unternehmens keinen Schutz genießt und das Unternehmen für die Vermarktung seine gesamte Vermarktungsstrategie ändern müsste. Eine solche Marke wird nur einen geringeren Wert erzielen können als ein lückenloses Schutzrecht.

---

29 Vgl. oben § 12 Rdn. 33 – 60.
30 Vgl. oben § 13 Rdn. 6 – 11.

§ 33 Checkliste Kennzeichenpraxis

A. Recherche

1 I. Haftungsfallen vermeiden
       Welche Haftungsrisiken bestehen? Drohende Schäden durch frustrierte Werbeaufwendungen nach Angriff Dritter? Wie können diese abgesichert werden? Versicherung möglich? Haftungsbegrenzungsabrede mit dem Anmelder möglich?
   II. Prüfung der Schutzfähigkeit des Zeichens (§§ 2 u. 4)
       Wird das Zeichen von Internetsuchmaschinen gelistet? Hat das Zeichen (gerade bei Unionsmarken) im Ausland eine inhaltliche Bedeutung? Software, die verschiedene Fremdsprachen gleichzeitig abfragen kann. Ggf. Sprachscreening. Ggf. Überprüfung durch Muttersprachler, um auch etwaige inhaltliche Negativkonnotationen des Zeichens erfassen zu können.
   III. Vorauswahl zur Recherche
       Welche Gegenzeichen müssen recherchiert werden? Normalerweise bei Markenanmeldungen jedenfalls Marken und Unternehmenskennzeichen, unter Umständen auch Werktitel (§ 20 Rdn. 3 u. 15 – 19). Welche Waren- und Dienstleistungsklassen (Produktähnlichkeit beachten – § 12 Rdn. 248 – 264)? Welches Territorium?
   IV. Eigentliche Recherche (vgl. oben § 32 Rdn. 4 – 7)
       Recherche in zwei Stufen: Zunächst Ermittlung identische Zeichen durch eine kostenlose Internetabfrage (Internetadressen oben § 1 Rdn. 72) bei den Ämtern bzw. Telefonbuchabfrage. Sodann professioneller Recherchedienst, um mittels Datenbankabfrage den Ähnlichkeitsbereich zu erfassen.
   V. Tatsachennachermittlung
       Sind Gegenzeichen außerhalb ihrer Benutzungsschonfrist (§ 8 Rdn. 70 – 82) und womöglich nicht (§ 8 Rdn. 1) oder nur teilweise (§ 8 Rdn. 58 – 62) rechtserhaltend benutzt? Wie gefährlich sind die Inhaber von Gegenzeichen (Wirtschaftsdetektei und ggf. Inkognito-Besuch)? Wie groß ist deren wirtschaftliches Interesse am Zeichen? Kann der potentielle Gegner seinerseits mit anderen Kennzeichen oder in einem anderen Territorium angegriffen werden, um eine Einigung zu erzwingen? Bestehen bereits Vereinbarungen mit potentiellen Gegnern, die beachtet werden müssen?
   VI. Alternativstrategien
       Kann das anvisierte Zeichen jedenfalls als Kombinationszeichen (aber oben § 12 Rdn. 144 – 247) eingesetzt werden? Kann das Zeichen abgewandelt werden (aber oben § 12 Rdn. 72 – 143)? Ist eine Einschränkung des Verzeichnisses der Waren und Dienstleistungen möglich (aber oben § 12 Rdn. 248 – 264)? Kommt ein Ankauf (§ 24 Rdn. 1 – 16) älterer Gegenzeichen in Betracht? Sind andere Vereinbarungen mit Inhabern älterer Rechte – insbesondere eine Abgrenzung (§ 24 Rdn. 40 – 45) oder Duldung (§ 24 Rdn. 38 – 39) – möglich? Wie kann eine Duldung unauffällig – etwa durch Bestätigungsschreiben oder Telefonmitschnitt – dokumentiert werden?

B. Markenanmeldung

I. Recherche durchführen (oben A.)   2
II. Markenart auswählen (§ 1 Rdn. 13 – 16)
    1. Unionsmarke?
       Territorial weiter Schutz. Viele potentielle Gegenzeichen. Langwieriges Verfahren (§ 28 Rdn. 6 – 13).
    2. Deutsche Marke?
       Nur Schutz in Deutschland. Zügiges Verfahren mit schneller Eintragung (§ 29 Rdn. 13 – 17).
    3. Internationale Registrierung?
       Schutz in nahezu beliebigen Territorien (§ 30 Rdn. 1). Basismarke oder -anmeldung erforderlich (§ 30 Rdn. 1 u. 4). Risiko des Zentralangriffs auf Basismarke (§ 30 Rdn. 3). Verfahren relativ langwierig (§ 30 Rdn. 6 – 10).
    4. Ausländische nationale Marke?
       Schutz in beliebigen Territorien. Entdeckungsrisiko durch potentielle Gegner geringer als bei Unionsmarke oder internationaler Registrierung. Hohe Kosten für Inlandsvertreter.
III. Marke abschließend festlegen
    1. Wortmarke, Wort-/Bildmarke oder andere Markenform (§ 2 Rdn. 5 u. § 32 Rdn. 17 – 21)?
    2. Welches Verzeichnis der Waren und Dienstleistungen (§ 5 Rdn. 1 – 13 u. § 32 Rdn. 22 – 24)?
    3. Wer soll Anmelder sein (§ 3 Rdn. 1 – 7 u. § 32 Rdn. 12)?
IV. Anmeldung durchführen
    1. Ist vor allem bei Unionsmarke eine kostensenkende elektronische Anmeldung möglich?
    2. Richtiges und aktuelles (Internet, Links unter § 30 Rdn. 2) Formular ausgewählt?
       Ausfüllhinweise der Ämter beachten. Ggf. Amt telefonisch kontaktieren und Zweifelsfragen klären.
    3. Können Prioritäten (§ 7 Rdn. 1 – 6) und (bei Unionsmarke) Senioritäten (§ 7 Rdn. 7) in Anspruch genommen werden?
       Identische ausländische Anmeldungen innerhalb der letzten sechs Monate? Marke auf Ausstellungen vorgestellt? Ist die Inanspruchnahme vor dem Hintergrund vertretbar, dass in den Registerauszügen der Marken die Inanspruchnahme vermerkt und hierdurch das Entdeckungsrisiko erhöht wird?
    4. Korrektes Verzeichnis der Waren- und Dienstleistungen beigefügt (§ 5 Rdn. 1 – 19)?
    5. Versand (vorab) per Telefax Reicht der Telefaxversand? Ausnahmsweise farbliche Wiedergabe erforderlich?
V. Gebühren innerhalb der jeweiligen Fristen zahlen (§ 28 Rdn. 9, § 29 Rdn. 13 und § 30 Rdn. 6)
VI. Sechsmonatige Prioritätsfrist für künftige Anmeldungen notieren und Anmelder erinnern (§ 7 Rdn. 4 – 6)
VII. Schutzfrist notieren (§ 9 Rdn. 1 – 22)

VIII. Kontrolle der Empfangsbestätigung
Sind die Daten richtig aufgenommen? Ist der Anmeldetag zutreffend?
IX. Kontrolle des vom Amt erfassten Verzeichnisses der Waren und Dienstleistungen
Ist das Verzeichnis vollständig und richtig?
X. Ggf. Stellungnahme auf Beanstandungen Kontrollfrage, ob eine Stellungnahme überhaupt sinnvoll ist oder nicht besser eine zurückweisende (womöglich später veröffentlichte) Entscheidung vermieden werden soll.
XI. Ggf. Rechtsmittel (§ 28 Rdn. 79 – 106 u. § 29 Rdn. 47 – 60)
Rechtsmittelbelehrung beachten.
XII. Ggf. Widerspruch Zur Verteidigung unten E. Nach Abschluss des deutschen Widerspruchsverfahrens Benutzungsschonfrist (§ 8 Rdn. 70 – 82) neu notieren.
XIII. Ggf. Eintragung Kontrolle der Veröffentlichung. Benutzungsschonfrist (§ 8 Rdn. 70 – 82) notieren.

C. Markenverwaltung

3 I. Überwachung
1. Professioneller Überwachungsdienst
2. Regelmäßige stichprobenartige Internetsuche
3. Regelmäßige Telefonbuchabfrage
II. Benutzung sicherstellen
Ist die konkrete Benutzung hinsichtlich Art und Umfang rechtserhaltend (§ 8 Rdn. 3 – 27)? Wird im maßgeblichen Territorium benutzt (§ 8 Rdn. 29 – 34)? Wird für alle Produkte rechtserhaltend benutzt (§ 8 Rdn. 58 – 62)? Kann die Benutzung im Streitfall nachgewiesen werden (§ 8 Rdn. 83 – 97), werden insbesondere Rechnungen, Warenproben, Werbematerialien, Umsatzdaten und sonstige Information dauerhaft aufbewahrt?
III. Mindestens sechs Monate vor Ablauf an Benutzungsschonfrist erinnern
IV. Schutzfrist kontrollieren und Verlängerung sicherstellen (§ 9 Rdn. 1 – 22)
V. Einteilung des Markenbestands
1. Stammmarken
Marken, die extrem bedeutsam, etwa mit dem Unternehmenskennzeichen identisch sind.
2. Hauptmarken
Die wichtigsten Marken des Unternehmens.
3. Nebenmarken
Marken für einen eventuellen künftigen Einsatz oder Marken, die die Stamm- und Hauptmarken absichern.
4. Ausrangierte Marken
VI. Ggf. Verkauf (§ 24 Rdn. 1 – 16) oder Tausch ausrangierter Marken (ggf. nach Bewertung der Marke – § 32 Rdn. 38 – 44)

D. Angriff

I. Haftungsfallen vermeiden Welche Haftungsrisiken bestehen? Drohende **4**
Schäden durch frustrierte Werbeaufwendungen nach Gegenangriff Dritter?
Wie können diese abgesichert werden? Versicherung möglich? Haftungsbegrenzungsabrede mit dem Angreifer möglich?

II. Besteht ein Anspruch?
1. Bei Klage allgemeine Voraussetzungen gegeben (§ 10 Rdn. 24 – 12)?
2. Fall der Identität von Marken und Produkten (§ 11)?
3. Fall von Verwechslungsgefahr (vgl. Checkliste unten § 34 zur Verwechslungsgefahr)?
4. Fall des erweiterten Schutzes bekannter Marken (§ 13)?
5. Keine Einreden oder Einwendungen des Gegners (§§ 14–16)?

III. Ist die eigene rechtserhaltende Benutzung sichergestellt?
Vor allem die Angriffsmarke muss (teilweise auch künftig – § 8 Rdn. 75 – 82) rechtserhaltend benutzt sein (§ 8). Aber auch ein Gegenangriff auf andere nichtbenutzte Marken kann drohen (§ 31 Rdn. 46).

IV. Recherche nach älteren Gegenrechten
Hat der Gegner prioritätsältere Rechte? Haben Dritte prioritätsältere Rechte, die der Gegner ankaufen oder anderweitig nutzen könnte (§§ 24–25)?

V. Wird im Widerspruchs- oder im Verletzungsverfahren vorgegangen?
Ist die Widerspruchsfrist (§ 28 Rdn. 16 bzw. § 29 Rdn. 18) abgelaufen? Muss auch eine bereits begonnene Benutzung seitens des Gegners gestoppt werden (dann Klage) oder reicht die Verhinderung der Eintragung der rechtsverletzenden Marke? In welchem Verfahren bestehen mit Blick auf den kursorischen Charakter des Widerspruchsverfahrens (§ 29 Rdn. 21) die besseren Angriffs- und die schlechteren Verteidigungschancen des Gegners? Welches Verfahren ist kostengünstiger (§ 31 Rdn. 23 – 27)?

VI. Wo wird Widerspruch eingelegt bzw. geklagt?
1. Beim Widerspruch das Amt, wo die anzugreifende Marke registriert werden soll bzw. wurde (§ 28 Rdn. 16 und § 29 Rdn. 18)
2. Bei internationaler Registrierung Zentralangriff auf Basismarke möglich (§ 30 Rdn. 3)?
3. Bei Klage welches Landgericht zuständig (§ 31 Rdn. 16 – 19)?
Einen (allerdings stark wechselnden) guten Ruf in Kennzeichensachen haben Hamburg und Frankfurt. Das OLG Düsseldorf ist hingegen unberechenbar geworden.[1]

VII. Antragsfassung
1. Unterlassungsanspruch (§ 27 Rdn. 4 – 32, insbesondere Rdn. 22)
2. Löschungsanspruch (§ 27 Rdn. 42 – 48, insbesondere Rdn. 46)
3. Auskunftsanspruch (§ 27 Rdn. 75 – 77, insbesondere Rdn. 90)
4. Schadensersatzanspruch (§ 27 Rdn. 51 – 71, insbesondere Rdn. 51)
5. Sonstige Ansprüche (§ 27)

---

1 Vgl. auch *Albert*, Grüner Wettbewerb, Juve Rechtsmarkt 2012, 69.

E. Verteidigung

5 I. Besteht überhaupt ein Anspruch (vgl. oben D. II.)?
   II. Bestehen Einreden und Einwendungen (§§ 14–16)?
   III. Nichtbenutzungseinrede
       Ist die Benutzungsschonfrist (§ 8 Rdn. 70 – 82) der Angriffsmarken schon abgelaufen (ggf. Ablaufdatum notieren und punktgenau Einrede erheben)? Genügen die vorgelegten Benutzungsunterlagen zum Nachweis bzw. zur Glaubhaftmachung des »wer« (§ 8 Rdn. 36), »was« (§ 8 Rdn. 22 – 25), »wie« (§ 8 Rdn. 9 – 21), »wie viel« (§ 8 Rdn. 22 – 25), »wo« (§ 8 Rdn. 29 – 34) und »wann« (§ 8 Rdn. 70 – 82) der Benutzung?
   IV. Können ältere Gegenrechte mobilisiert werden?
       Existieren eigene ältere Gegenrechte? Können Rechte angekauft (§ 24 Rdn. 1 – 16) oder eine Lizenz erworben werden (§ 24 Rdn. 17 – 37)? Kann eine Duldung durch einen (älteren) Dritten erwirkt werden (§ 24 Rdn. 38 – 39 u. § 25 Rdn. 6)?
   V. Einigung mit dem Angreifer möglich?
       Kann eine Abgrenzungs- oder gar Lizenzvereinbarung mit dem Angreifer getroffen werden? Ist ein Ankauf der Angriffsmarke möglich
   VI. Gegenangriff möglich?
       Kann der Angreifer anderweitig empfindlich getroffen werden? Sind insbesondere andere Marken seines Bestands verfallen und können angegriffen werden? Bestehen in anderen Territorien bessere Rechte?

§ 34 Checkliste Verwechslungsgefahr

A. Voraussetzungen Verwechslungsgefahr

I. Zeichenähnlichkeit (unten B.) oder -identität (§ 11 Rdn. 2 – 4) 1
II. Produktähnlichkeit (§ 12 Rdn. 248 – 264) oder -identität (§ 11 Rdn. 5 – 7) (bei Fehlen an Schutz bekannter Marke denken, § 13 Rdn. 1 – 48)
III. Infolge Wechselwirkung von Zeichen- und Produktähnlichkeit sowie Kennzeichnungskraft (§ 12 Rdn. 33 – 60) besteht Verwechslungsgefahr (§ 12 Rdn. 265 – 269)
IV. Keine besonderen Umstände, etwa dauerhafter, die Verwechslungsgefahr ausschließender Hinweis (§ 11 Rdn. 1)

B. Bestimmung Zeichenähnlichkeit

I. Vorprüfung: maßgebliches Publikum? (§ 12 Rdn. 23 – 32 und § 4 Rdn. 19 – 33) 2
II. Erscheint das Zeichenpaar dem Publikum eher als Variation (dann unten weiter bei 1. – Wahrnehmungsrichtungen) oder als Kombination (dann unten weiter bei 2. – Gesamteindruck)? (§ 12 Rdn. 65 – 71)
   1. Wahrnehmungsrichtungen (§ 12 Rdn. 72 – 143) – Prüfung klanglicher (§ 12 Rdn. 74 – 102), bildlicher (§ 12 Rdn. 103 – 120) und begrifflicher (§ 12 Rdn. 123 – 132) Variation
      a) Ähnlichkeit besteht in jeder Richtung → Zeichenähnlichkeit
      b) Ähnlichkeit besteht nicht in jeder Richtung → gleiche Bedeutung der Wahrnehmungsrichtungen für das Publikum (§ 12 Rdn. 134 – 136) oder ausnahmsweise Neutralisieren von Ähnlichkeiten? (§ 12 Rdn. 137 – 143)
      c) Ähnlichkeit besteht in keiner Richtung → in Wirklichkeit Fall der Kombination (oben II.)?
   2. Gesamteindruck (§ 12 Rdn. 144 – 154) – kann das Zeichen zergliedert werden? (§ 12 Rdn. 148 – 154)
      a) Zergliederung möglich → weiter bei unterscheidungskräftigen und dominierenden Elementen (unten 3.)
      b) Zergliederung nicht möglich → in Wirklichkeit Fall der Variation? (oben II.)
   3. Unterscheidungskräftige und dominierende Elemente – Übereinstimmung oder Ähnlichkeit (durch Wahrnehmungsrichtungen ermitteln, oben 1.) im prägenden Element?
      a) Ermittlung der Eigenschaften der einzelnen Elemente (§ 12 Rdn. 164 – 192)
      b) Ermittlung des relativen Gewichts der Elemente zueinander (§ 12 Rdn. 194 – 213)
      c) Unterscheidungskräftige und dominierende Elemente stimmen überein oder sind ähnlich → Zeichenähnlichkeit, außer: insgesamt zu viele Unterschiede (§ 12 Rdn. 214 – 215)

d) Unterscheidungskräftige und dominierende Elemente stimmen nicht überein und sind nicht ähnlich → keine Zeichenähnlichkeit, außer: übereinstimmendes Element behält selbständig kennzeichnende Stellung (unten 4.)
4. Selbständig kennzeichnende Stellung eines übereinstimmenden Elements
   a) Element zu Unternehmenskennzeichen oder bekannter Marke hinzugefügt? (§ 12 Rdn. 220 – 223)
   b) Element wirkt auf das Publikum wie Zweitmarke? (§ 12 Rdn. 224 – 233)
   c) Element ist Stammbestandteil von Zeichenserie? (§ 12 Rdn. 234 – 239)
   d) Element ist Unternehmenskennzeichen? (§ 12 Rdn. 241 – 242)

§ 35 Checkliste Verfügungsverfahren

A. Vorfeld des Verfügungsverfahrens

I. Antragsteller: Beratung des Antragstellers hinsichtlich des Haftungsrisikos (§ 945 ZPO; oben § 31 Rdn. 47)
II. Antragsteller: Für Dringlichkeitsfrist notieren, wann Kenntnis erlangt wurde (oben § 31 Rdn. 53 – 57)
III. Antragsteller: Verjährungsfrist notieren
IV. Antragsteller: Abmahnung des Antragsgegners (Ausnahme Sequestrationsantrag mit Unterlassungsantrag; oben § 31 Rdn. 52)
V. Antragsgegner: Reaktion des angeblichen Verletzers mit einer Schutzschrift, die bei den zuständigen Kennzeichengerichten eingereicht wird; Vereinfachung durch das Zentrale Schutzschriftenregister (https://www.schutzschriftenregister.de/Informationen/Register.aspx)

B. Vorbereitung des Antrags durch den Antragsteller

I. Welche Ansprüche sollen geltend gemacht werden? (oben § 31 Rdn. 50)
II. Liegt ein Verfügungsgrund vor bzw. besteht die Dringlichkeit; ggf. Auswahl eines passenden Gerichts (oben § 31 Rdn. 53 – 57)
III. Glaubhaftmachung des Verfügungsanspruchs (Vorlage der Markenurkunden und Nachweise zur Verletzungshandlung)
IV. Glaubhaftmachung der besonderen Voraussetzungen beim Auskunftsanspruch sowie beim Anspruch zur Vorlage von Bank-, Finanz- oder Handelsunterlagen oder auf einen geeigneten Zugang zu den entsprechenden Unterlagen (oben § 31 Rdn. 51)
V. Glaubhaftmachung des Verfügungsgrundes (wann hat der Antragsteller Kenntnis erlangt?)
VI. Kontrollfrage: Wurden sämtliche vernünftigerweise verfügbaren Beweise vorgelegt (Art. 9 III DurchsetzungsRL)

C. Nach Erlass der Verfügung

I. Antragsteller: Zustellung der Verfügung innerhalb von einem Monat (§ 929 II ZPO)
II. Antragsgegner: Zur Vermeidung von Ordnungsgeldern unverzügliche Umsetzung der Verfügung
III. Beide Parteien: Verjährungsfrist neu notieren (§ 204 I Nr. 9 BGB; europaweit?)
IV. Antragsgegner ggf.: Innerhalb von 14 Tagen nach Zustellung der Verfügung Abgabe einer Abschlusserklärung (oben § 31 Rdn. 61)
V. Antragsteller: Falls keine Abschlusserklärung eingeht: Versendung des Abschlussschreibens (oben § 31 Rdn. 61)

VI. Antragsgegner ggf.: Antrag auf Fristsetzung zur Hauptsacheklage (§ 926 ZPO; Art. 9 V DurchsetzungsRL)
VII. Antragsteller ggf.: Fristgemäße Erhebung der Hauptsacheklage

§ 36 Checkliste Grenzbeschlagnahme

A. Die Grenzbeschlagnahme nach der Verordnung (EU) Nr. 608/2013

I. Antragsstellung eines nationalen Antrags gemäß Art. 3 Nr. 1 oder Nr. 2 VO 1
oder Unionsantrags gemäß Art. 3 Nr. 1 oder Nr. 3 i. V. m. Art. 4 VO
1. Der Antrag kann nach Art. 2 VO für folgende, in Deutschland bzw. unionsweit gültige Schutzrechte gestellt werden:
Marke, Design, Urheberrecht, geografische Angabe, Patent, ergänzendes Schutzzertifikat für Arznei- und Pflanzenschutzmittel, Sortenschutzrecht, Topographie eines Halbleitererzeugnisses, Gebrauchsmuster und Handelsname.
2. Antragsberechtigung: Inhaber eines der oben genannten Schutzrechte, zur Benutzung oder Wahrnehmung dieser Rechte befugte Person (ausschließlicher Lizenznehmer) oder deren Vertreter.
3. Der Antrag ist seit Mai 2009 ausschließlich online über das Datenbanksystem ZGR-online (https://www.zgr-online.zoll.de/zgr/login.html) einzureichen und der unterzeichnete Ausdruck postalisch an die zuständige Bewilligungsbehörde zu übersenden:
Bundesfinanzdirektion Südost
Zentralstelle für gewerblichen Rechtsschutz (ZGR)
Sophienstraße 6
80333 München
4. Einzureichende Unterlagen
   a) Antragsformblatt und Verpflichtungserklärungen gemäß Art. 6 VO
   Nachweis über Inhaberschaft der beantragten Schutzrechte und Erkennungshinweise, anhand derer die Zollstelle in die Lage versetzt wird, den Verdacht einer Schutzrechtsverletzung zu erheben; hier kann es sinnvoll sein, umfassend auch zu ausländischen Rechten vorzutragen, da die Zollbehörde dadurch in die Lage versetzt wird, Rechtsverletzungen im Ausland zu erkennen
   b) Einverständnis des Antragstellers zur Verarbeitung der von ihm übermittelten Daten durch die Kommission und Mitgliedstaaten über die unionsweite Zollinformationsdatenbank COPIS
   c) Generelle Zusatzanträge
   Antrag auf Übermittlung der Daten des Empfängers sowie Versenders, Anmelders oder Besitzers sowie den Ursprung und die Herkunft der Waren
   Antrag auf Übersendung von Mustern oder Proben
   d) Zusatzanträge zum Kleinsendungsverfahren
   Antrag auf Übermittlung der Daten des Empfängers sowie Versenders, des Anmelders oder Besitzers, den Ursprung und die Herkunft der Waren, deren Überlassung ausgesetzt ist, sofern der Anmelder oder Besitzer der Waren der Vernichtung nicht zustimmt
   Antrag auf nachträgliche, gesammelte Mitteilung über die Menge und Art der vernichteten Waren für den Zeitraum eines Monats
5. Geltungsdauer der Anträge: ein Jahr (Verlängerung beliebig oft möglich)

II. Grenzbeschlagnahmeverfahren
1. Erklärung der Aussetzung der Überlassung und Zurückhaltung der Waren durch den Zoll, wenn die formellen und materiellen Grenzbeschlagnahmevoraussetzungen vorliegen (s. § 27 Rdn. 77)
2. Unterrichtung der Beteiligten, löst Prüfungsfrist von 10 Arbeitstagen bzw. 3 Arbeitstagen bei verderblichen Waren aus, die im Einzelfall, jedoch nicht bei verderblichen Waren, um weitere 10 Arbeitstage verlängert werden kann
3. Durchführung des Basis- bzw. Regelverfahrens nach Art. 17 VO oder Anwendung des Kleinsendungsverfahrens nach Art. 26 VO
   a) bei Durchführung des Basis- bzw. Regelverfahrens: Aufforderung an den Beteiligten zur Zustimmung zur Vernichtung innerhalb einer 10-Tages-Frist bzw. 3-Tages-Frist bei verderblichen Waren, Zustimmung gilt auch dann als erteilt, wenn nicht ausdrücklich widersprochen wird
   b) bei Anwendung des Kleinsendungsverfahrens: Unterrichtung des Anmelders oder Besitzers der Waren über den Verdacht der Rechtsverletzung, Anmelder oder Besitzer kann innerhalb von 10 Arbeitstagen der Vernichtung zustimmen; äußert er sich nicht, gilt dies als Zustimmung
   c) bei Widerspruch des Beteiligten: Einleitung eines Sachentscheidungsverfahrens innerhalb der 10-Tages-Frist bzw. 3-Tages-Frist bei verderblichen Waren nach der Mitteilung über die Aussetzung der Überlassung
   d) bei Zustimmung oder Schweigen des Beteiligten: Zuführung zur Vernichtung unter zollamtlicher Überwachung

B. Die Grenzbeschlagnahme nach den §§ 146ff. MarkenG

I. Anwendungsfälle neben der Grenzbeschlagnahmeverordnung:
1. im Warenverkehr zwischen den Mitgliedsstaaten, insoweit Kontrollen durch den Zoll stattfinden
2. Parallelimporte
3. bei nicht eingetragenen Marken, deren Schutz sich aus der Benutzung im geschäftlichen Verkehr, aus Verkehrsgeltung oder aus einer Firmenbezeichnung ergibt, sowie geografischen Herkunftsangaben

II. Antragsstellung nach §§ 146ff. MarkenG (insoweit sich Unterschiede zum Antrag nach der Grenzbeschlagnahmeverordnung ergeben)
1. – 3. s. oben A.
4. Einzureichende Unterlagen
Antragsformblatt nach nationalen Vorschriften und Hinterlegung einer Sicherheit in Form einer selbstschuldnerischen Bürgschaft
Nachweis über Inhaberschaft der beantragten Schutzrechte und detaillierte Erkennungshinweise, anhand derer die Zollstelle das Vorliegen einer Schutzrechtsverletzung sofort feststellen kann (Offensichtlichkeit)
5. Geltungsdauer des Antrags: ein Jahr (Verlängerung beliebig oft möglich)

III. Grenzbeschlagnahmeverfahren
   1. Beschlagnahme durch den Zoll, wenn die formellen und materiellen Grenzbeschlagnahmevoraussetzungen vorliegen (s. § 27 Rdn. 77)
   2. Unterrichtung der Beteiligten, löst Prüfungsfrist von 2 Wochen aus
   3. widerspricht der Beteiligte der Beschlagnahme nicht, kommt es nach Ablauf der Frist zur Einziehung der Waren
   liegt ein Widerspruch vor, hat der Antragsteller bei Aufrechterhaltung der Beschlagnahme innerhalb der Frist eine vollziehbare gerichtliche Entscheidung zu erwirken.

Entscheidungsregister

Stichwort	Fundstelle/AZ	§ Rdn.
! (Ausrufezeichen in einem Rechteck)	EuG T-191/08 v. 30.9.2009	4 19, 24, 122, 159, 162
! (Ausrufezeichen)	EuG T-75/08 v. 30.9.2009	4 19, 24, 122, 159, 162
à la Carte	BGH GRUR 1997, 627	4 42
@	BPatG 29 W (pat) 62/13 v. 2.12.2015	4 66
€$	EuG T-665/16 v. 8.3.2018	4 11
[Ritter-Sport Schokolade]	BGH I ZB 106/16 v. 8.10.2017	31 23
#darferdas?	BGH I ZB 61/17 v. 21.6.2018	4 66, 103, 105, 113, 119
1, 2, 3 im Sauseschritt	BGH GRUR 2002, 1083	19 4, 7; 20 4, 5, 7, 8, 12, 16, 18
100 % Capri Italia	EuGH C-351/16 P v. 10.11.2016	12 174
100 % Capri/CAPRI	EuG T-279/09 v. 12.7.2012	28 6
100 und 300	EuG T-425/07 und T-426/07 v. 19.11.2009	4 19, 66; 28 12, 67
1000	EuG T-298/06 v. 19.12.2009	4 19, 66
	EuG T-299/17 v. 29.5.2018	4 66
16PF	EuG T-507/08 v. 7.6.2011	4 67
222, 333 und 555	EuG T-200/07 bis T-202/07 v. 19.11.2009	4 19, 66
2good	EuG T-366/14 v. 25.9.2015	4 122
350, 250 und 150	EuG T-64/07 bis T-66/07 v. 19.11.2009	4 19, 66
4 OUT Living/Living & Co	EuG T-307/08 v. 20.10.2009	4 24, 30; 12 175
4600	EuG T-214/16 v. 14.7.2017	4 66
4DSL	OLG Köln MarkenR 2007, 269	6 2
5 HTP	EuG T-190/09 v. 9.3.2011	4 88
501/101	EuG T-604/13 v. 3.6.2015	12 88
50flats/9flats.com	EuG T-713/13 v. 26.2.2015	12 167, 174
7seven/SEVENOAK	EuG T-339/17 v. 21.11.2018	12 136
a	EuG T-23/07 v. 29.4.2009	4 19, 54, 66
A auf Schuh/A	EuG T-397/10 v. 13.9.2011	28 62
A+/AirPlus International	EuG T-321/07 v. 3.3.2010	12 91
a/a	EuG T-115/02 v. 13.7.2004	12 32, 113, 263, 267; 28 75, 98
A/A mit 2 Hörnern	EuG T-174/10 v. 26.10.2011	12 44, 115
Abbott Laboratories	EuGH C-21/12 v. 17.1.2013	4 52; 28 106
Abdichtsystem	BGH X ZR 120/15 v. 16.5.2017	27 101
Abmahnaktion	BGH I ZR 276/03 v. 23.11.2006	31 5
Abmahnkostenersatz	BGH I ZR 83/06 v. 8.5.2008	31 5
Abmahnobliegenheit	KG MarkenR 2006, 448	29 33
Abschlussstück	BGH BGHZ 153, 131	10 34, 41, 42; 12 37, 44, 58, 152, 163, 165, 190; 26 24
ABSOLUT	BGH GRUR 1999, 1096	1 65; 4 87
AC	BGH GRUR 2002, 261	4 9, 15, 39, 41
AC ANN CHRISTINE/AC	EuG T-60/13 v. 23.9.2015	12 193

Entscheidungsregister

Stichwort	Fundstelle/AZ	§ Rdn.
Aceites del Sur-Coosur	EuGH C-498/07 P v. 3.9.2009	12 117, 118, 144, 156, 179, 183
ACERBON	BGH I ZR 24/05 v. 18.10.2007	16 61, 65; 24 33; 27 51
Achterdiek	BGH GRUR 1999, 498	8 57; 24 10; 27 24
Achtung!	EuG T-832/17 v. 10.1.2019	4 129
acopat/COPAT	EuG T-409/07 v. 23.9.2009	8 85, 86, 90; 28 96
Actega Terra	EuGH C-63/16 P v. 24.5.2016	4 52
Active Line	BGH GRUR 1998, 394	4 30
AD-1841-TY/1841	EuG T-233/15 v. 10.10.2017	12 149, 159
ad-acta.de	BVerfG GRUR 2005, 261	22 1, 2, 12, 30
Adalat	BGH GRUR 2002, 57	16 43, 62
Adam Opel	EuGH C-48/05 v. 25.1.2007	1 62; 4 1; 10 23, 24, 30, 31, 33, 34; 12 264; 13 4, 22; 15 16, 19, 22
Adelholzener Flasche mit Relief	EuG T-347/10 v. 19.4.2013	4 148
Adeneler u. a.	EuGH C-212/04 v. 4.7.2006	27 1
Adidas	EuGH C-223/98 v. 14.10.1999	27 117
adidas	EuG T-145/14 v. 21.5.2015	12 117
adidas und adidas Benelux	EuGH C-102/07 v. 10.4.2008	4 49, 57; 10 42; 12 2, 5, 6; 13 1, 14, 17, 28; 15 1, 13; 29 34
Adidas/Fitnessworld	EuGH C-408/01 v. 23.10.2003	4 199; 12 117; 13 1, 14, 15, 17, 20; 18 19
Adis Higiene	EuG T-309/18 v. 10.8.2018	28 92
Adler Modemärkte	EuGH C-343/14 P v. 7.5.2015	12 2, 125, 164, 197, 266, 267; 28 106
Adlon	KG MD 1999, 1101	24 42
Adolf Darbo AG	EuGH C-465/98 v. 4.4.2000	4 23
adp Gauselmann	EuGH C-532/10 P v. 29.6.2011	12 156, 218, 220, 245
Advance Magazine Publishers	EuG T-481/04 v. 4.10.2007	28 60
ADVANCE/ADVANCIS	EuG T-243/11 v. 9.11.2011	28 100
AFFILIN/affilene	EuG T-87/07 v. 12.11.2008	5 9; 12 263
afilias.de	BGH I ZR 159/05 v. 24.4.2008	10 24; 17 5, 7; 21 3; 22 1, 2, 15, 16, 18, 19, 33
Afterlife	BGH I ZR 154/15 v. 6.10.2016	27 26
AGC Flat Glass Europe	EuGH C-513/07 P v. 17.10.2008	4 162; 28 106
Agencja Wydawnicza Technopol/HABM	EuGH C-51/10 P v. 10.3.2011	1 64; 4 19, 66, 71, 77, 109
	EuGH C-56/10 P v. 22.6.2011	4 19, 66; 28 12, 67
Agile/Aygillús	EuG T-386/07 v. 29.10.2009	12 111
AGIPA/AGIPA	EuG T-219/11 v. 18.6.2013	12 264
AgriCapital	EuG T-514/13 v. 10.6.2015	12 264
	EuGH C-440/15 P v. 3.3.2016	12 264; 28 96, 106
Agyn	BGH BGHZ 44, 60	31 45
ahd.de	BGH I ZR 135/06 v. 19.2.2009	22 13, 19

Stichwort	Fundstelle/AZ	§ Rdn.
Ahornblatt	EuG T-215/06 v. 28.2.2008	**4** 232
AIDA/AIDU	BGH I ZR 102/07 v. 29.7.2009	**12** 137; **22** 13
AIDOL	BGH I ZR 77/04 v. 8.2.2007	**10** 54; **16** 19, 20
airdsl	BGH I ZR 231/06 v. 14.5.2009	**1** 37; **10** 53; **12** 21, 48, 150, 152, 174, 181, 183, 246; **19** 4, 10, 12, 13; **22** 1, 2, 19; **27** 15
AIRSHOWER	EuG T-307/07 v. 21.1.2009	**4** 19, 71
AJ ARMANI JEANS/AJ AMICI JUNIOR	EuG T-420/10 v. 27.3.2012	**12** 175, 193
AK 47	EuG T-419/09 v. 24.3.2011	**28** 3
AKADEMIKS	BGH I ZR 38/05 v. 10.1.2008	**1** 37; **4** 201, 202, 203, 209, 218, 220, 221; **26** 10
Aktieselskabet af 21. november 2001	EuGH C-197/07 P v. 12.12.2008	**13** 6, 7, 9, 25, 26, 34, 42; **28** 106
akustilon	BGH I ZB 98/10 v. 17.8.2011	**29** 33
AKZENTA	BGH I ZR 162/04 v. 18.10.2007	**8** 7, 10, 13, 15, 26, 37, 46, 71; **10** 48
Al Di Meola	BGH I ZR 88/33 v. 5.11.2015	**27** 26
ALADDIN/ALADIN	EuG T-126/03 v. 14.7.2005	**4** 19; **8** 22, 59; **12** 56, 263, 268
ALARIS	EuG T-353/12 v. 16.5.2013	**8** 59
ALASKA	EuG T-225/08 v. 8.7.2009	**4** 73
Alaska	EuG T-226/08 v. 8.7.2009	**4** 73
Alba Moda/l'Altra Moda	EuG T-224/06 v. 25.6.2008	**12** 86
Alcohol Countermeasure Systems (International)	EuGH C-340/17 P v. 29.11.2018	**8** 10, 22, 40; **28** 106
Alcon	EuGH C-481/08 P v. 24.9.2009	**4** 20; **11** 5; **12** 86; **28** 106
Alcon (II)	EuGH C-412/05 P v. 26.4.2007	**1** 62, 64; **4** 19, 23; **5** 19; **12** 2, 23, 25, 26, 31, 99, 249, 267; **28** 67, 96, 101
ALDI/ALDIANO	EuG T-391/15 v. 15.12.2016	**8** 9, 85
ALDI/Alifoods	EuG T-240/13 v. 26.11.2014	**12** 99
ALDO/ALDI	EuG T-359/17 v. 25.10.2018	**28** 29
Alecansan/HABM	EuGH C-196/06 P v. 9.3.2007	**1** 64; **12** 4, 144, 155, 248, 249
ALFONSO/PRÍNCIPE DE ALFONCO	EuG T-291/07 v. 23.9.2009	**4** 19; **12** 32, 150
ALKA-SELTZER	BGH GRUR 1998, 942	**4** 23; **12** 86, 152, 153, 158, 220
Alles kann besser werden	BGH I ZB 80/11 v. 19.4.2011	**27** 83
ALLSAFE	EuG T-343/07 v. 25.3.2009	**4** 39
Allstate Insurance	EuGH C-542/17 P v. 11.9.2018	**28** 98
Alma-The Soul of Italian Wine	EuG T-605/13 v. 25.9.2014	**28** 67
Almdudler	EuG T-12/04 v. 30.11.2005	**4** 13, 36, 148
Almglocke/Almquell	BGH BGHZ 34, 299	**6** 7; **12** 41, 173

Stichwort	Fundstelle/AZ	§ Rdn.
ALPEN/Alpenschmaus	EuG T-103/16 v. 14.9.2017	**12** 53
Alpensinfonie	BGH I ZR 5/03 v. 19.1.2006	**27** 75
Alpex Pharma	EuG T-355/15 v. 30.9.2016	**8** 85
ALPHA D3 II/ALPHAREN	EuG T-106/12 v. 3.7.2013	**28** 102
alphaCAM	BGH I ZB 4/07 v. 30.4.2008	**29** 53, 57
ALPHAREN/ALPHA D3	EuG T-222/09 v. 9.2.2011	**28** 32
ALPHATRAD	EuG T-538/12 v. 16.1.2014	**8** 23
alpine/ALPINE PRO SPORTSWEAR & EQUIPMENT	EuG T-434/10 v. 15.11.2011	**12** 205, 263
Altberliner	BGH GRUR 1999, 492	**17** 3, 10, 11, 18; **18** 5, 17; **19** 1; **27** 58
Altenburger Spielkartenfabrik	BGH BGHZ 130, 134	**17** 20, 28; **18** 21
Altenburger Ziegenkäse	EuG T-109/97 v. 15.9.1998	**23** 10
Alto de Casablanca	EuG T-14/04 v. 9.9.2004	**28** 100
ALTOS/ALTUS	EuG T-162/18 v. 14.2.2019	**28** 77
Aluminiumräder	BGH GRUR 2005, 163	**15** 2, 24, 32; **26** 1, 24
AMARULA/Marulablu	BGH I ZR 100/11 v. 27.3.2013	**4** 26, 28; **12** 25, 84; **15** 1, 14, 17, 26, 33
ambiente.de	BGH BGHZ 148, 13	**27** 30, 31, 32
American Clothing	EuGH C-208/08 P v. 16.7.2009	**1** 64; **4** 232; **28** 106
Ampelmännchen	BPatG 27 W (pat) 31/11 v. 27.9.2012	**4** 232
AMPHIBIAN	EuG T-215/16 v. 4.4.2017	**4** 65
Amplidect/ampliteq	BGH I ZR 15/14 v. 23.9.2015	**4** 26; **7** 7; **27** 15, 17, 102; **28** 53; **31** 31
Amply/AMPLITUDE	EuG T-9/05 v. 15.1.2008	**4** 19; **12** 88, 102, 111, 126, 174
AMS/AMS Advanced Medical Services	EuG T-425/03 v. 18.10.2007	**4** 19; **8** 92; **12** 170, 172, 174, 181, 263; **28** 31, 87
An Evening with Marlene Dietrich	BGH I ZR 43/14 v. 21.4.2016	**31** 18
Analgin	BGH GRUR 1998, 412	**4** 87, 202, 203, 205, 209, 219, 221; **10** 3; **12** 41; **26** 10; **27** 44
Anastacia-A	OLG Hamburg MarkenR 2008, 209	**12** 3
ANEW ALTERNATIVE	EuG T-184/07 v. 26.11.2008	**4** 19, 35, 122; **28** 74
Angebotsmanipulation bei Amazon	BGH I ZR 140/14 v. 3.3.2016	**27** 26, 30, 31
Anheuser Busch	EuG T-366/05 v. 15.11.2006	**4** 16; **5** 19
	EuGH C-96/09 P v. 29.3.2011	**1** 31; **23** 1; **28** 20, 21
Anheuser-Busch	EuGH C-245/02 v. 16.11.2004	**1** 62
	EuG T-366/05 v. 15.11.2006	**12** 263
	EuG T-191/07 v. 25.3.2009	**8** 71, 83, 87; **28** 27, 60, 71, 73
	EuGH C-214/09 P v. 29.7.2010	**8** 71, 83, 87; **28** 27, 33, 60, 71, 73, 106

Stichwort	Fundstelle/AZ	§ Rdn.
Anheuser-Busch/Budějovický Budvar	EuGH C-245/02 v. 16.11.2004	**1** 9, 59; **2** 1; **4** 31; **10** 2, 30, 33, 45; **11** 1; **14** 13, 22; **15** 1, 8, 25, 26, 27, 29; **17** 1; **18** 4, 23; **26** 8; **27** 109
ANNA/ANA DE ALTUN	EuG T-86/16 v. 18.9.2017	**12** 207
ANNAPURNA	EuG T-71/13 v. 6.3.2014	**8** 14, 87
Annunziata del Prete	EuGH C-261/12 v. 17.1.2013	**12** 175, 193
Anschriftenliste	BGH BGHZ 168, 179	**27** 22, 25
Ansul/Ajax	EuGH C-40/01 v. 11.3.2003	**4** 237; **8** 1, 3, 5, 6, 8, 12, 14, 22, 36; **14** 19
Anta (China)	EuG T-291/16 v. 5.4.2017	**4** 128
Antartica	EuGH C-320/07 P v. 12.3.2009	**4** 19; **8** 17; **13** 6, 7, 14, 17, 24, 46, 48; **28** 106
anti KALK	BGH GRUR 2001, 1153	**4** 114, 128, 129
AntiVir/AntiVirus	BGH GRUR 2003, 963	**10** 33, 34, 36; **12** 199; **15** 15
Anton Riemerschmid Weinbrennerei und Likörfabrik	EuGH C-158/17 P v. 20.9.2017	**12** 86
ANTONIO FUSCO/ENZO FUSCO	EuG T-185/03 v. 1.3.2005	**12** 5, 32, 34, 52, 208, 210; **28** 35, 100
Antwortpflicht des Abgemahnten	BGH NJW 1990, 1905	**31** 4
ANVIL/Aprile	EuG T-179/07 v. 24.9.2008	**4** 19; **12** 78, 101, 104, 111; **28** 67
Anwaltskosten im Gestattungsverfahren	BGH I ZB 41/16 v. 26.4.2017	**27** 83
APAX/APAX	EuG T-58/16 v. 13.12.2016	**12** 263
APAX/APAX PARTNERS	EuG T-209/16 v. 30.3.2017	**12** 263
Apcoa Parking Holdings	EuGH C-32/17 P v. 6.6.2018	**1** 64; **4** 129
APISERUM	BGH GRUR 1995, 505	**17** 28
Apple	EuGH C-421/13 v. 10.7.2014	**2** 2, 9, 17; **5** 12
Apple and Pear Australia	EuG T-378/13 v. 25.3.2015	**1** 64
	EuGH C-226/15 P v. 21.7.2016	**1** 64
Apple Computer	EuGH C-416/08 P v. 10.7.2009	**4** 19, 24; **12** 111, 253; **28** 106
apple/apo	EuG T-104/17 v. 13.9.2018	**12** 132, 181
APPLIED MOLECULAR EVOLUTION	EuG T-183/03 v. 14.9.2004	**4** 13, 15, 33, 60, 65; **28** 98
Apropos Film	BGH BGHZ 102, 88	**5** 19; **19** 7
AQUA	BGH GRUR 1996, 267	**1** 62; **8** 14; **12** 86, 112, 163, 173, 180, 181, 235, 236
Aquaflam	BGH I ZR 258/14 v. 15.12.2017	**27** 47
ara	EuGH C-611/11 P v. 10.10.2012	**12** 44, 115
ARANTAX/ANTAX	EuG T-387/10 v. 2.2.2012	**8** 87
Arav Holding	EuGH C-379/12 P v. 16.5.2013	**12** 209
ARD-1	BGH GRUR 2000, 608	**4** 9, 134, 154; **12** 115, 152, 162, 165, 235; **13** 39; **18** 16; **26** 1

873

Stichwort	Fundstelle/AZ	§ Rdn.
Argo Group International Holdings	EuGH C-370/14 P v. 12.2.2015	28 106
ARKTIS	EuG T-258/13 v. 16.4.2015	8 85, 87
Armacell Enterprise	EuGH C-514/06 P v. 18.9.2008	4 30; 12 32, 88; 28 40, 96, 106
Arnoldo Mondadori Editore	EuGH C-548/14 P v. 17.9.2015	12 4, 15, 266; 13 3, 14, 17, 48; 28 106
AROMA	EuG T-749/14 v. 12.5.2016	4 65
Aromata/Aromax II	HABM BK R 1026/09-4 v. 22.2.2010	28 61
AROSTAR	BGH GRUR 1984, 210	4 202, 209
Arrigoni	EuGH C-642/17 P v. 22.3.2018	8 59
ARRIGONI/Arrigoni Valtaleggio	EuG T-454/16 v. 22.9.2017	5 18
Arschlecken 24	BPatG 26 W (pat) 31/10 v. 3.8.2011	4 231
Arsenal/Reed	EuGH C-206/01 v. 12.11.2002	1 4, 5; 4 31, 103; 10 24, 30, 33, 38; 11 1, 3; 12 26; 15 19; 16 28
art/SHOP ART	EuG T-735/15 v. 6.12.2016	12 170, 194
ARTEX/ALREX	EuG T-154/03 v. 17.11.2005	4 19; 12 99, 104, 249
Arthur/ARTHUR ET FELICIE	EuG T-346/04 v. 24.11.2005	1 64; 4 19; 11 5; 12 57, 111, 206, 226, 259; 14 23; 28 96
ARTITUDE/ARTI	EuG T-12/13 v. 11.12.2014	12 86
ARTOZ/ATOZ	EuG T-100/06 v. 26.11.2008	4 20, 24; 8 73, 74; 11 3
Arzneimittel Ihres Vertrauens: Hexal	HABM R 295/2005-4 v. 8.9.2005	2 13
Arzneimittelwerbung im Internet	BGH I ZR 24/03 v. 30.3.2006	10 19
Ärztliche Allgemeine	BGH GRUR 1991, 331	20 9; 27 20
Asa	EuGH C-354/12 P v. 11.4.2013	1 64; 12 267
Asos	EuGH C-320/14 P v. 13.1.2015	12 263
ASOS/ASSOS	EuG T-647/11 v. 29.4.2014	12 263
Aspirin I	BGH GRUR 2002, 1063	16 3, 22, 47, 48; 27 84
Aspirin II	BGH I ZR 198/05 v. 1.6.2006	16 48
	BGH I ZR 147/04 v. 12.7.2007	16 10, 40, 48, 50, 61
Assembled Investments	EuG T-105/05 v. 12.6.2007	12 250, 264
ASTERIX/Starix	EuG T-311/01 v. 22.10.2003	4 19; 12 4, 32, 86, 111; 28 31, 96
ASTEX/astex TECHNOLOGY	EuG T-48/06 v. 10.9.2008	4 16; 12 174, 181, 249
ASTRA/ESTRA-PUREN	BGH GRUR 2002, 342	4 19; 10 8; 12 23, 90, 148, 220, 228
AsyMatrix/SMATRIX	EuG T-264/17 v. 6.6.2018	12 263
ATHLET	OLG Hamburg 3 U 223/16 v. 22.6.2017	4 223
Atlas Air	EuGH C-406/11 P-DEP v. 5.12.2013	28 103
ATLAS TRANSPORT	EuG T-482/08 v. 10.6.2010	4 20; 8 42, 45
Atlas Transport	EuGH C-406/11 P v. 9.3.2012	28 34, 81
ATLASAIR/ATLAS	EuG T-145/08 v. 16.5.2011	28 34, 77, 81
ATOMIC	EuG T-318/03 v. 20.4.2005	28 29, 31
ATOZ	BGH I ZA 2/08 v. 14.8.2008	29 49
ATOZ II	BGH I ZB 83/08 v. 18.12.2008	29 49, 52

Stichwort	Fundstelle/AZ	§ Rdn.
ATOZ III	BGH I ZB 83/08 v. 29.07.2009	29 49, 57
ATTACHÉ/TISSERAND	BGH GRUR 2000, 506	4 23, 24; 12 1, 4, 11, 23, 63, 109, 112, 144, 152, 155, 163, 178, 181, 183, 266
Audi	EuGH C-398/08 P v. 21.1.2010	4 9, 11, 19, 96, 110, 111, 120, 121, 122, 124
audison	BGH I ZR 164/05 v. 10.4.2008	27 110, 111, 113
Aufarbeitung von Fahrzeugkomponenten	BGH I ZR 11/04 v. 14.12.2006	15 19; 31 17
AUFTAKT	BPatG BPatGE 44, 260	5 8
Augsburger Puppenkiste	BGH I ZR 200/06 v. 18.12.2008	8 46, 53; 10 47; 12 21, 170, 204; 13 21; 17 18, 19; 27 15, 23
August Storck	EuGH C-96/11 P v. 6.9.2012	4 110, 111, 140, 142; 28 67, 71
	EuG T-806/14 v. 10.5.2016	4 148
	EuGH C-636/15 P v. 11.5.2016	4 121, 122
	EuGH C-417/16 P v. 4.5.2017	4 9, 19, 110, 140, 142, 143, 148; 28 106
AURELIA	EuG T-136/08 v. 13.5.2009	28 62
Aus Akten werden Fakten	BGH I ZB 71/12 v. 18.4.2013	4 46
Auskunftsanspruch bei Nachbau III	BGH X ZR 149/03 v. 14.2.2006	27 75
Ausländischer Verkehrsanwalt	BGH I ZB 97/09 v. 28.9.2011	31 29
Ausnutzen fremden Vertragsbruchs	KG NJWE-WettbR 1998, 269	31 53
Auswärtiger Rechtsanwalt VIII	BGH I ZB 101/08 v. 12.11.2009	31 18
Auto Magazin	BGH GRUR 2002, 176	19 7; 20 4, 9
Autocomplete-Funktion	BGH BGHZ 197, 213	10 60
Autofelge	BGH GRUR 1997, 527	1 65; 4 143, 144
AUTOGLASS/United Autoglas	EuG T-297/13 v. 16.10.2014	12 31
Außenseiteranspruch II	BGH GRUR 2000, 724	16 39
AVANZALENE/AVANZ	EuG T-477/08 v. 4.3.2010	4 19; 12 86
AVEE	EuGH C-225/06 P v. 11.9.2007	12 5, 11, 78, 86, 99, 104, 107, 124, 181, 266, 267; 28 106
Aventis Pharma/Kohlpharma u. a.	EuGH C-433/00 v. 19.9.2002	16 47, 53
Avon	BGH BGHZ 114, 106	13 6
Ayanda/AMANDA	EuG T-43/09 v. 2.4.2009	28 95
AYUS/AYUR	EuG T-63/13 v. 7.11.2013	4 24
BÚFALO/BUFFALO MILKE	EuG T-308/06 v. 16.11.2011	8 85
B-2 alloy	BGH GRUR 2002, 884	4 41, 71, 113; 5 19
B. M. V. Mineralöl Versorgungsgesellschaft	EuG T-60/14 v. 17.6.2015	12 264
B. Z./Berliner Zeitung	BGH GRUR 1997, 661	18 21; 19 7, 15; 20 9
BAÑOFTAL/KAN-OPTHAL und PAN-OPTHAL	EuG T-346/09 v. 12.7.2012	28 80
Baader	BGH GRUR 1973, 363	25 1, 3
BABIDU/babilu	EuG T-66/11 v. 31.1.2013	5 18

Entscheidungsregister

Stichwort	Fundstelle/AZ	§ Rdn.
BABY-DRY	EuG T-163/98 v. 8.7.1999	4 5, 33, 37, 42, 61, 164; 28 60, 87, 96, 97
Baby-dry	EuGH C-383/99 P v. 20.9.2001	4 33, 36, 42, 61, 62, 64, 96, 106; 28 99
BachBlüten-Ohrkerze	BGH GRUR 2003, 1067	29 50, 53, 54, 57
Backaldrin	EuGH C-409/12 v. 6.3.2014	1 4; 4 87, 93, 94
Baelz	BGH GRUR 1990, 364	18 21, 24
BAG PAX	EuG T-324/15 v. 10.5.2016	8 42
Bahman	EuG T-223/08 v. 3.12.2009	28 42
Ballermann	BGH GRUR 2000, 1028	3 3
BALLON D'OR/GOLDEN BALLS	EuG T-437/11 v. 16.9.2013	12 237
	EuG T-8/17 v. 17.10.2018	12 129
Bally/BALL	BGH GRUR 1992, 130	12 35, 137; 20 8
BAM/BAM	EuG T-426/09 v. 26.10.2011	12 264
Bambolina/Baby Bambolina	EuG T-581/11 v. 23.10.2013	28 20
Bananabay I	BGH I ZR 125/07 v. 22.1.2009	10 57
Bananabay II	BGH I ZR 125/07 v. 13.1.2011	10 57, 59, 64, 65
Banca Monte dei Paschi di Siena	EuGH C-684/17 P v. 17.5.2018	28 106
	EuGH C-685/17 P v. 17.5.2018	28 106
BANK 24	BGH GRUR 2002, 544	12 3, 17, 41, 58, 204, 235, 239, 249, 257, 263; 18 17
Bankia	EuG T-323/14 v. 17.9.2015	12 264
Bär (in kyrillischer Schrift)	EuG T-432/16 v. 19.7.2017	4 30
Bar jeder Vernunft	BGH GRUR 2002, 1070	4 109, 117, 120, 123, 124
Barbara Becker	EuGH C-51/09 P v. 24.6.2010	4 36; 12 2, 4, 23, 63, 131, 144, 155, 207, 209, 216, 217, 230, 231
Barcode	EuG T-453/16 v. 3.10.2017	28 20
Barilla	BGH I ZR 72/11 v. 22.11.2012	16 42, 54
Basic AG Lebensmittelhandel	EuGH C-400/14 P v. 16.7.2015	1 64; 12 254
Basic Net	EuGH C-547/17 P v. 6.9.2018	4 160, 162
basic/BASIC	EuG T-372/11 v. 26.6.2014	12 254
	EuG T-609/15 v. 21.9.2017	28 20
BASICS	EuG T-164/06 v. 12.9.2007	4 19, 45, 65, 166
BASILE/B. Antonio Basile 1952	EuG T-133/09 v. 28.6.2012	12 174, 209
	EuG T-134/09 v. 28.6.2012	14 8
Basis3	BGH I ZR 13/12 v. 6.2.2013	31 16
Basler Haar-Kosmetik	BGH I ZR 150/09 v. 9.11.2011	22 13, 15, 16, 18; 27 26, 31; 31 5, 32
BASMATI/BASmALI	EuG T-304/09 v. 18.1.2012	28 20
	EuG T-136/14 v. 30.9.2015	28 20
Bastei Lübbe	EuGH C-149/17 v. 18.10.2018	27 26
BATEAUX MOUCHES	EuG T-365/06 v. 10.12.2008	4 158, 173

Stichwort	Fundstelle/AZ	§ Rdn.
BAUHAUS/BAU HOW	EuG T-106/06 v. 23.1.2008	**12** 92, 106, 113, 124, 136; **28** 71
Baumann I	BGH I ZR 93/12 v. 27.3.2013	**1** 37; **17** 5, 25; **18** 4, 21; **24** 18, 24; **25** 5; **27** 23; **31** 32, 36
Baumann II	BGH I ZR 241/14 v. 23.6.2016	**1** 37; **10** 2; **17** 3; **18** 4; **24** 18, 24; **26** 5, 26
BAUMEISTER-HAUS	BGH GRUR 2001, 732	**4** 61; **5** 12
Bavaria	EuGH C-343/07 v. 2.7.2009	**23** 16
	EuGH C-120/08 v. 22.12.2010	**23** 16
Bayer Intellectual Property	EuG T-123/18 v. 14.2.2019	**4** 128
Bayer/BeiChem	BGH GRUR 2000, 886	**8** 95; **12** 37, 163, 235, 251, 261, 264
Bayerische Motoren Werke	EuGH C-433/16 v. 13.7.2017	**31** 17, 42
Bayerisches Bier I	BGH I ZR 69/04 v. 14.2.2008	**23** 6, 10, 11, 16
Bayerisches Bier II	BGH I ZR 69/04 v. 22.9.2011	**23** 6, 11, 16, 35
BCC	BGH I ZR 10/09 v. 20.1.2011	**10** 45, 50; **12** 44, 48, 58, 248; **17** 18; **18** 13, 14, 15; **22** 24; **31** 34
BE HAPPY	EuG T-707/13 und T-709/13 v. 30.4.2015	**4** 122
	OLG Frankfurt/Main 6 U 180/17 v. 7.3.2018	**26** 25
BearShare	BGH I ZR 169/12 v. 8.1.2014	**27** 26
Beate Uhse	BGH I ZR 172/11 v. 20.2.2013	**10** 57, 59, 65, 66; **13** 6, 44, 45
BEATLES/BEATLE	EuG T-369/10 v. 29.3.2012	**13** 46
beauty for less	BGH I ZR 221/16 v. 28.6.2018	**16** 19, 20, 30; **27** 9
BEAUTY-TOX/BEAUTÉTOX	OLG Frankfurt/Main 6 U 4/15 v. 7.4.2016	**27** 5, 54
beauty24.de	BPatG GRUR 2004, 336	**4** 116
bebe/monBeBé	EuG T-164/03 v. 21.4.2005	**4** 168; **5** 19; **12** 35, 57, 149, 181, 263
Bebimil/BLEMIL	EuG T-221/06 v. 16.9.2009	**4** 19, 24; **12** 91, 92, 101, 126
BECKER/Barbara Becker	EuG T-212/07 v. 2.12.2008	**4** 24; **12** 207, 230
BECKETT EXPRESSION	EuG T-71/02 v. 17.9.2003	**28** 61, 64, 80
Behavioral Indexing	EUIPO R 1118/2008-G v. 12.6.2009	**28** 66
Bell & Ross	EuGH C-426/10 P v. 22.9.2011	**28** 93
BELLRAM/RAM	EuG T-237/11 v. 15.1.2013	**8** 85; **12** 263
Beloc	BGH GRUR 2003, 336	**16** 43, 45, 62
Benetton Group	EuGH C-371/06 v. 20.9.2007	**4** 178, 197
Benner	BGH BGHZ 109, 364	**24** 15
BERGHAUS/BERG OUTDOOR	EuG T-139/16 v. 6.10.2017	**12** 159
BergSpechte	EuGH C-278/08 v. 25.3.2010	**10** 30, 57, 59, 65; **11** 1, 2, 3; **12** 2
Bergspechte III	OGH 17 Ob 3/10f v. 21.6.2010	**10** 57
BerlinCard	BGH GRUR 2005, 417	**4** 113, 119
Berliner Morgenpost	BGH GRUR 1992, 547	**19** 7
Berliner Stadtwerke	EuGH C-656/17 P v. 31.5.2018	**1** 64; **4** 40

Stichwort	Fundstelle/AZ	§ Rdn.
berlinGas	EuG T-402/16 v. 20.9.2017	4 40
Berühmungsaufgabe	BGH GRUR 2001, 1174	27 16, 17
Beschädigte Verpackung	BGH GRUR 1992, 406	16 24
Beschichtungsverfahren	BGH X ZR 163/12 v. 27.9.2016	3 1
Beschwer des Unterlassungsschuldners	BGH I ZR 174/11 v. 24.1.2013	31 23
BEST BUY	EuG T-476/08 v. 15.12.2009	4 19, 129; 28 103
Best Buy	EuG T-122/01 v. 3.7.2003	4 39, 117, 120, 122, 129; 5 19
Best Lock (Europe)	EuG T-398/14 v. 24.10.2014	28 81
Best-Lock (Europe)	EuG T-395/14 v. 16.6.2015	4 191
	EuG T-396/14 v. 16.6.2015	4 191
	EuGH C-451/15 P v. 14.4.2016	4 191; 28 98
	EuGH C-452/15 P v. 14.4.2016	4 191; 28 98
Beste Mama	EuG T-422/16 v. 15.9.2017	4 122
bestpartner	EuG T-270/02 v. 8.7.2004	4 122; 28 98
bet365	EuG T-304/16 v. 14.12.2017	4 158, 159, 161, 165
Beta Layout	BGH I ZR 30/07 v. 22.1.2009	10 54; 18 3, 5; 26 10
BETWIN/b'twin	EuG T-514/11 v. 4.6.2013	12 264
BEYOND VINTAGE/BEYOND RETRO	EuG T-170/12 v. 30.4.2014	12 264
Bezeichnungskürzel eines Bundesverbandes	OLG Köln MarkenR 2008, 59	18 14
BGW Beratungs-Gesellschaft Wirtschaft	EuGH C-20/14 v. 22.10.2015	4 7, 38, 49, 97; 12 23, 63, 144, 156, 172, 217, 218, 243
BH Stores	EuG T-657/13 v. 2.7.2015	12 264
bianca/BIANCALUNA	EuG T-627/15 v. 7.11.2017	12 159
bianca/BiancalunA	EuG T-628/15 v. 7.11.2017	12 159
BIC-Feuerzeug I	EuG T-262/04 v. 15.12.2005	4 45, 141, 153, 159, 160, 166
BIC-Feuerzeug II	EuG T-263/04 v. 15.12.2005	4 45, 141, 153, 159, 160, 166
Bice International	EuG T-624/14 v. 17.12.2015	8 23, 26, 86
BIG	BGH GRUR 2002, 542	1 62; 12 15, 17, 158, 229, 235, 236, 238, 240; 18 5
BIG BERTHA	BGH GRUR 2003, 428	4 202, 203, 209; 8 3, 27, 73, 79; 12 4, 251, 259; 13 6, 7, 11; 17 5, 7; 27 10, 46
Big Line Sas di Graziani Lorenzo	EuGH C-170/14 v. 6.11.2014	12 263; 28 106
BIG PACK	BGH GRUR 1999, 992	13 27, 28; 14 20; 15 2, 15, 26, 29; 17 3; 18 20; 26 1
BIGAB	EuG T-33/11 v. 14.2.2012	4 217, 218, 221
Bild digital	EuGH C-39/08 und C-43/08 v. 12.2.2009	1 64; 4 10, 54; 28 74; 29 31
Bildmarke auf Modellauto	OLG Nürnberg WRP 2008, 1257	10 34
Billich	BGH GRUR 1979, 642	17 13

Stichwort	Fundstelle/AZ	§ Rdn.
BIMBO	EuG T-33/15 v. 18.3.2016	**28** 13
Bimbo	EuGH C-285/13 v. 12.6.2014	**12** 264
	EuGH C-591/12 P v. 8.5.2014	**12** 156, 163, 218, 220
BIMBO/Caffé KIMBO	EuG T-277/12 v. 20.3.2013	**12** 264
BIODANZA/BIODANZA	EuG T-298/10 v. 8.3.2012	**3** 1; **8** 85
BIODERMA	EuG T-427/11 v. 21.2.2013	**4** 65
BIOGENERIX	EuG T-48/07 v. 16.9.2008	**4** 35, 74
BioGourmet	BGH I ZB 56/14 v. 14.1.2016	**4** 128; **10** 3; **12** 35, 200, 204, 251, 255, 256; **29** 18, 19
BioID	EuG T-91/01 v. 5.12.2002	**4** 15, 36, 37, 39, 110, 129, 135
	EuGH C-37/03 P v. 15.9.2005	**1** 5, 62, 64; **4** 19, 26, 37, 49, 58, 97, 101, 109, 120, 135; **12** 80; **28** 70
BIOKNOWLEDGE	EuG T-387/03 v. 19.1.2005	**4** 9, 69, 135
BIOMATE	EuG T-107/02 v. 30.6.2004	**28** 28, 29, 87, 99
Biomineralwasser	BGH I ZR 230/11 v. 13.9.2012	**12** 105
BioMonitor	EuG T-257/08 v. 9.7.2009	**4** 63
Birkenstock Sales	EuG T-579/14 v. 9.11.2016	**4** 128
	EuGH C-26/17 P v. 13.9.2018	**4** 9, 19, 96, 104, 110, 111, 128, 140, 143
Bisotherm-Stein	BGH GRUR 1998, 925	**1** 62; **12** 88, 163, 205, 220, 249
Bit/BUD	EuG T-350/04 bis T-352/04 v. 19.10.2006	**12** 95, 96, 105, 136; **13** 20; **28** 98
Bit/Bud	BGH GRUR 2002, 167	**1** 62; **8** 40, 46, 57; **12** 95, 112, 129, 148, 156, 170, 178, 181, 183, 187, 198, 220; **13** 6; **26** 1; **31** 42
bittorrent	EuG T-771/15 v. 12.12.2017	**8** 90, 91
Björnekulla Fruktindustrier	EuGH C-371/02 v. 29.4.2004	**1** 9; **4** 22
BK RODS/BKR	EuG T-423/04 v. 5.10.2005	**4** 19; **12** 32, 79, 101, 106, 124, 170, 175, 181; **28** 96, 103
BLACK TRACK/BLACK JACK TM	EuG T-257/14 v. 6.3.2015	**12** 137
Blendax Pep	BGH GRUR 1996, 404	**12** 153, 220
Blomqvist	EuGH C-98/13 v. 6.2.2014	**10** 15; **27** 119
BLU DE SAN MIGUEL/B'lue	EuG T-803/14 v. 28.4.2016	**12** 170, 220, 247
BLUE JEANS GAS/GAS STATION	EuG T-115/03 v. 13.7.2004	**12** 168; **28** 67, 96
BLUE SOFT	EuG T-330/06 v. 10.6.2008	**4** 24, 37
BLUE/Ecoblue	EuG T-281/07 v. 12.11.2008	**12** 170
BLUE/MOL Blue Card	EuG T-367/12 v. 27.6.2013	**12** 220
BMW	EuGH C-63/97 v. 23.2.1999	**10** 23, 24, 30, 33; **15** 1, 22, 24, 25, 27; **16** 3, 19, 22, 32, 33; **18** 23

Entscheidungsregister

Stichwort	Fundstelle/AZ	§ Rdn.
BMW-Emblem	BGH I ZR 153/14 v. 12.3.2015	10 42; 11 4; 12 8, 117, 134, 152; 15 21; 27 90
bo/B!O	EuG T-364/14 v. 18.2.2016	12 111
Bocksbeutel	EuGH 16/83 v. 13.03.1984	4 83
Bodendübel	BGH I ZR 197/15 v. 15.12.2016	26 19, 20, 21, 22
Bodensee-Tafelwasser	BGH GRUR 2002, 1091	23 6
bodo Blue Night	BGH I ZR 71/04 v. 8.2.2007	8 46, 47
Boehringer Ingelheim u. a. (I)	EuGH C-143/00 v. 23.4.2002	16 3, 40, 43, 47, 48, 50, 58, 59, 62
Boehringer Ingelheim u. a. (II)	EuGH C-348/04 v. 26.4.2007	15 20; 16 40, 42, 43, 44, 46, 47, 49, 54, 55, 58, 60, 62; 26 12; 27 1, 67
Bogner B/Barbie B	BGH I ZR 50/11 v. 2.2.2012	8 80, 94; 12 8, 35, 44, 45, 49, 52, 54, 74, 115, 147, 259, 266; 14 28
Bolagsupplysningen	EuGH C-194/16 v. 17.10.2017	31 17
Bon Apeti/Bon Appétit!	EuG T-485/14 v. 2.2.2016	12 185
Bonbonverpackung (Wicklerform)	EuG T-402/02 v. 10.11.2004	4 141
Bonnier Audio	EuGH C-461/10 v. 19.4.2012	15 5
BONUS I	BGH GRUR 1998, 465	2 18; 4 65, 87
BONUS II	BGH GRUR 2002, 816	2 18; 4 41, 113, 123
BOOMERANG/BoomerangTV	EuG T-420/03 v. 17.6.2008	6 9, 12; 12 264; 13 13; 28 29, 60, 96, 98
Bopp	EuG T-209/14 v. 25.9.2015	4 128
	EuGH C-653/15 P v. 7.4.2016	1 64; 4 128
BORBET/ARBET	EuG T-79/18 v. 30.1.2019	12 88
BOSS	EuG T-94/02 v. 5.3.2004	28 99
BOSS-Club	BGH I ZR 312/02 v. 21.7.2005	8 46, 52; 12 41; 13 7; 14 15; 24 24
Boswelan	EuG T-276/16 v. 15.9.2017	8 68
BOTOX/BOTOCYL	EuG T-357/08 v. 16.12.2010	13 7, 44
BOTOX/BOTOLIST	EuG T-345/08 v. 16.12.2010	13 7, 44
Bounty	BGH I ZR 23/14 v. 21.10.2015	10 4, 34, 42; 11 2; 12 35, 45; 31 21
Bovemij Verzekeringen	EuGH C-108/05 v. 7.9.2006	4 30, 153, 160
BrainLAB	EuG T-326/11 v. 25.4.2012	28 61
Brandconcern	EuGH C-577/14 P v. 16.2.2017	5 18
braunkohle-nein.de	BGH I ZR 197/08 v. 25.3.2010	22 12
Bravo	EuGH C-517/99 v. 4.10.2001	4 58, 87, 90, 91, 92, 120, 153, 155
Bravo de Laguna	EuG C-381/16 v. 23.11.2017	27 109
BRAVO II	BPatG BPatGE 46, 151	4 90
Bremer Branchen	OLG Hamburg AfP 2002, 59	19 14
BretarisGenuair	BGH I ZR 263/15 v. 30.3.2017	16 43, 51, 63; 27 9, 62, 80, 84; 31 61

Stichwort	Fundstelle/AZ	§ Rdn.
Bricanyl I	BGH GRUR 2003, 338	**16** 48, 50
Bricanyl II	BGH NJW 2003, 2989	**16** 62
Bridge/Bainbridge	EuG T-194/03 v. 23.2.2006	**4** 30; **8** 3, 85; **12** 17, 56, 98, 111, 136, 150, 237
Brighton Collectibles	EuGH C-624/11 P v. 27.9.2012	**28** 22
BRIGHTON/BRIGHTON	EuG T-403/10 v. 27.9.2011	**28** 22
brillante/BRILLO'S	EuG T-275/07 v. 2.12.2008	**12** 101, 136; **28** 38
Brinkmann	EuGH C-243/07 P v. 15.2.2008	**1** 64; **4** 30; **12** 32, 86, 104, 109, 111; **28** 106
Bristol-Myers Squibb	EuGH C-427/93, C-429/93 u. C-436/93 v. 11.7.1996	**16** 3, 5, 23, 24, 25, 42, 43, 44, 47, 48, 51, 52, 54, 56, 62
Brite Strike Technologies	EuGH C-230/15 v. 14.7.2016	**31** 17
BROTHERS/BROTHERS by CAMPER	EuG T-43/05 v. 30.11.2006	**4** 30; **12** 111, 168, 175, 206, 220; **28** 98
Brünova	BGH GRUR 1974, 99	**14** 3
BSA/DSA DEUTSCHE SPORTAKADEMIE	BGH I ZB 16/14 v. 9.7.2015	**4** 43; **12** 44, 134, 148, 156, 172, 197, 198
BSH	EuGH C-43/15 P v. 8.11.2016	**12** 266
BSH Bosch und Siemens Hausgeräte	EUG T 595/13 v. 4.12.2014	**10** 3
	EuGH C-126/13 P v. 10.7.2014	**4** 61, 64, 65, 71
BSH Hausgeräte	EuGH C-389/16 P v. 15.11.2016	**4** 65
BSS	EuG T-237/01 v. 5.3.2003	**4** 45, 87, 155, 159, 160, 166
	EuGH C-192/03 P v. 5.10.2004	**4** 19, 45, 52, 58, 87, 200
BTK	BGH I ZR 169/07 v. 29.7.2009	**10** 19, 20; **27** 63, 65, 66, 67, 71; **31** 5
BTS/TBS	EuG T-592/10 v. 12.3.2014	**12** 100
Bücher für eine bessere Welt	BGH GRUR 2000, 882	**4** 61, 65, 124
Buchstabe »K«	BPatG GRUR 2003, 345	**4** 66
Buchstabe »Z«	BGH GRUR 2003, 343	**4** 66
Buchstabe e auf einer Hosentasche/Buchstabe e	EuG T-22/10 v. 10.11.2011	**12** 113
Buchstabe T mit Strich	BGH I ZB 39/09 v. 10.6.2010	**4** 15, 36, 159; **12** 81, 228
Budějovický Budvar	EuGH C-216/01 v. 18.11.2003	**8** 34
	EuGH C-478/07 v. 8.9.2009	**23** 11
	EuGH C-482/09 v. 22.9.2011	**10** 30, 61; **11** 1; **14** 8, 9, 13, 19
Budějovický Budvar I	EuG T-53/04 bis T-56/04, T-58/04 und T-59/04 v. 12.6.2007	**23** 34; **28** 17, 29
Budějovický Budvar II	EuG T-57/04 und T-71/04 v. 12.6.2007	**23** 34; **28** 17, 29
Budějovický Budvar III	EuG T-60/04 bis T-64/04 v. 12.6.2007	**23** 34; **28** 17, 29
bud/BUD	EuG T-225/06, T-255/06, T-257/06 und T-309/06 v. 16.12.2008	**28** 20, 21

Stichwort	Fundstelle/AZ	§ Rdn.
	EuG T-225/06, T-255/06, T-257/06 und T-309/06 v. 22.1.2013	**28** 20
BUD/BUDMEN	EuG T-129/01 v. 3.7.2003	**4** 24; **11** 3; **12** 35, 149, 170, 225, 226
Budejovický Budvar	EuGH C-216/01 v. 18.11.2003	**23** 6
buendgens	BGH GRUR 2001, 1164	**24** 23; **25** 6
BUILT TO RESIST	EuG T-80/07 v. 16.9.2009	**4** 19, 122
Bull	BGH I ZB 48/05 v. 17.11.2005	**29** 53, 57, 60
	BGH I ZB 48/05 v. 16.3.2006	**31** 23
BULL/BULLDOG	EuG T-78/13 v. 5.2.2015	**12** 86
Bundesdruckerei	BGH I ZR 122/04 v. 29.3.2007	**4** 26; **10** 21; **14** 15; **15** 27; **26** 7; **27** 7, 48
bundesheer.at	OGH MMR 2002, 301	**22** 30
Bundesverband Souvenir – Geschenke – Ehrenpreise	EuGH C-488/16 P v. 6.9.2018	**1** 64; **4** 49, 61, 71, 72, 73, 205; **23** 1; **28** 106
Burberry-Check-Karos	OGH 17 Ob 14/09 v. 22.9.2009	**14** 8
Bureau national interprofessionnel du Cognac	EuGH C-4/10 und C-27/10 v. 14.7.2011	**23** 2, 16
Bürogebäude	BGH GRUR 2005, 257	**4** 131
BUS/Online Bus	EuG T-135/04 v. 24.11.2005	**8** 42, 56, 83; **12** 52, 64, 174, 215, 217; **28** 31, 38
Busengrapscher	BGH BGHZ 130, 5	**4** 4
Butterfly/Butterfly	EuG T-315/16 v. 19.9.2017	**12** 264; **13** 7
BVBA	EuGH C-239/05 v. 15.2.2007	**4** 9, 10, 11, 50, 54; **28** 67; **29** 47
BWC	BGH GRUR 2002, 1077	**7** 3; **8** 46, 56; **12** 170
BYRAN/BYRAN	EuG T-45/16 v. 18.7.2017	**28** 20
Céline	EuGH C-17/06 v. 11.9.2007	**1** 62; **4** 1; **10** 24, 33, 45, 46; **15** 8, 25, 26, 27, 29; **18** 4, 22, 23
Cactus	EuG T-24/13 v. 15.7.2015	**5** 18
Cadila Healthcare	EuGH C-268/12 P v. 8.5.2013	**12** 91; **28** 96
café crem/Cremcaffé	EuG T-690/15 v. 2.2.2017	**8** 87
café crem/Cremcaffé by Julius Meinl	EuG T-686/15 v. 2.2.2017	**8** 87
	EuG T-687/15 v. 2.2.2017	**8** 87
	EuG T-689/15 v. 2.2.2017	**8** 87
	EuG T-691/15 v. 2.2.2017	**8** 87
Cafés Pont	EuGH C-559/17 P v. 11.1.2018	**28** 106
Cafe del Sol/CAFE DEL SOL	EuG T-549/15 v. 13.12.2016	**28** 29, 71, 87
Cafe del Sol/Cafe del Sol	EuG T-548/15 v. 13.12.2016	**28** 29, 71, 87
Cain Cellars	EuGH C-508/07 P v. 8.10.2008	**4** 128
Caipi	EuG T-405/04 v. 23.10.2007	**4** 41, 114
Calawo Growers	EuG T-53/05 v. 16.1.2007	**28** 27, 29
Calcilit/CALCILITE	EuG T-742/14 v. 19.7.2016	**12** 252
CALIDA/dadida	EuG T-597/13 v. 23.10.2015	**12** 97
CALSYN/GALZIN	EuG T-483/04 v. 17.10.2006	**4** 19, 24; **8** 59; **12** 94, 105, 249

Stichwort	Fundstelle/AZ	§ Rdn.
Calvin Klein	EuGH C-254/09 P v. 2.9.2010	**12** 4, 63, 156, 175, 193, 238; **13** 16; **28** 106
CALYPSO/CALPICO	EuG T-273/02 v. 20.4.2005	**12** 79, 105; **28** 71
Cambridge Institute	BGH I ZR 49/04 v. 28.6.2007	**1** 38; **10** 20; **14** 21, 22; **17** 20, 21; **23** 1, 24, 30; **25** 6; **27** 75; **31** 17, 18
CAMEL/CAMELO	EuG T-128/06 v. 30.1.2008	**13** 36, 38, 48; **28** 87, 88
Campina Melkunie	EuGH C-265/00 v. 12.2.2004	**1** 62; **4** 5, 35, 36, 37, 39, 49, 58, 61, 76, 134; **12** 176
CANALI/CANAL JEAN CO. NEW YORK	EuG T-301/03 v. 28.6.2005	**12** 170, 174, 176, 226; **28** 99
Canardà foie gras du Sud-Ouest	EuG T-215/00 v. 30.1.2001	**23** 10
	EuGH C-151/01 P v. 30.1.2002	**23** 10
Candahar	BGH GRUR 1969, 601	**12** 122
CANNABIS	EuG T-234/06 v. 19.11.2009	**4** 19, 229
Canon	BGH GRUR 1997, 221	**1** 62; **12** 249
	EuGH C-39/97 v. 29.9.1998	**1** 4, 5, 62; **10** 8; **12** 2, 4, 5, 11, 248, 249, 263, 266
Canon II	BGH GRUR 1999, 731	**12** 257, 263
Canon Kabushiki Kaisha	EuGH C-449/09 v. 28.10.2010	**10** 15; **16** 9
Cantina Broglie 1	EuG T-153/11 v. 27.11.2014	**12** 35
	EuG T-154/11 v. 27.11.2014	**12** 35
	EuGH C-33/15 P v. 5.10.2015	**1** 64; **10** 3; **12** 35, 156; **28** 106
	EuGH C-34/15 P v. 5.10.2015	**1** 64; **10** 3; **12** 35, 156; **28** 106
Capella	EuG T-307/13 v. 9.12.2014	**8** 93
	EuG T-473/15 v. 16.3.2017	**4** 16; **5** 19; **28** 39
	EuGH C-687/16 P v. 7.6.2017	**28** 106
CAPIOX/CAPIO	EuG T-325/06 v. 10.9.2008	**4** 20; **8** 23, 71, 87; **12** 92, 249
CAPOL/ARCOL	EuG T-402/07 v. 25.3.2009	**12** 86, 98, 104, 267; **28** 60
CAPRI/100 % Capri	EuG T-198/14 v. 19.4.2016	**12** 174
Carbonell/La Española	EuG T-363/04 v. 12.9.2007	**1** 64; **11** 6; **12** 117, 118, 136, 179; **28** 97
CARCARD	EuG T-356/00 v. 20.3.2002	**4** 10, 15, 18, 67, 76
CARDIO MANAGER/CardioMessenger	EuG T-416/11 v. 25.10.2013	**8** 85
Cardiology Update	EUIPO R 667/2005-G v. 7.6.2007	**28** 81
CARDIVA/CARDIMA	EUIPO R 1313/2006-G v. 15.7.2008	**28** 54
CARGO PARTNER	EuG T-123/04 v. 27.9.2005	**4** 95, 109, 122; **28** 94, 100
Carl Link	BGH GRUR 2000, 1031	**12** 44, 89, 170, 176, 212
CARPO/CARPOVIRUSINE	EuG T-169/04 v. 14.12.2005	**4** 19; **12** 86, 149, 167, 176, 226

Stichwort	Fundstelle/AZ	§ Rdn.
Carrera Brands	EuG T-419/16 v. 16.11.2017	28 42, 43
	EuGH C-35/18 P v. 14.6.2018	28 42, 43
CARRERA/Carrera	EuG T-173/11 v. 27.11.2014	13 7, 48; 28 94
Carrera/Rennsportgemeinschaft	BGH BGHZ 81, 75	21 13
Carrols	EuGH C-171/12 P v. 28.2.2013	4 220, 224, 225; 6 12; 28 96
Cartier-Ring	BGH GRUR 2003, 433	27 76, 90
CARYX/KARIS	EuG T-720/13 v. 30.9.2015	12 96
Casa Montorsi/MONTORSI F & F	EuG T-389/16 v. 13.7.2017	24 41
Casino Bremen	BGH I ZB 14/05 v. 3.11.2005	4 77
Cassellapark	OLG Frankfurt/Main 6 U 17/17 v. 1.6.2017	10 45
CASTEL	EuG T-320/10 v. 13.9.2013	4 234; 28 47
Castel Frères	EuGH C-622/13 P v. 30.4.2015	4 36, 39, 108, 234; 28 42, 47, 106
Castell/VIN CASTEL	BGH I ZR 112/10 v. 31.5.2012	8 46, 51, 52, 55, 57; 12 197, 198; 17 10, 18, 19
Castellblanch/HABM	EuGH C-131/06 P v. 24.4.2007	1 64; 8 45; 11 5; 12 32, 52, 57, 86, 126, 152, 155, 181, 205, 263, 267; 14 23; 28 96
Castello	EuG T-549/14 v. 4.10.2016	8 23, 42
CASTELLUCA/CASTELLANI	EuG T-149/06 v. 20.11.2007	4 19; 12 87, 104, 126, 178
Caterina Valente	BGH BGHZ 30, 7	21 13
Catwalk	BGH I ZR 263/02 v. 23.6.2005	27 65
CAVE DE TAIN	EuG T-774/16 v. 12.7.2018	23 13
CB/CCB	EuG T-665/17 v. 6.12.2018	12 86
Ceco	BGH GRUR 1997, 223	29 50, 54, 57
CEDC International	EuG T-235/12 v. 11.12.2014	8 85; 28 67
Cefallone	BGH GRUR 1999, 587	1 62; 4 19; 12 160, 235, 238; 27 55
CELEBREX	EuG T-383/02 v. 18.11.2003	28 38, 103
CELLTECH	EuG T-260/03 v. 14.5.2005	4 19, 69, 112
CELTA/Celia	EuG T-35/07 v. 23.4.2008	12 75, 111, 137
CENTER SHOCK/CENTER	EuG T-16/08 v. 1.7.2009	12 224
Centrixx/sensixx	EuG T-446/07 v. 15.9.2009	4 19, 24; 12 79, 99, 104, 267; 28 77, 96
CENTROTHERM	EuG T-427/09 v. 15.9.2011	8 3
	EuG T-434/09 v. 15.9.2011	8 93
Centrotherm	EuGH C-609/11 P v. 26.9.2013	8 3; 28 106
Centrotherm Systemtechnik	EuGH C-610/11 P v. 26.9.2013	8 1, 83, 93
CERATIX/CERATOFIX	EuG T-312/11 v. 13.6.2012	8 85, 86
Cerezo	EuG T-166/12 v. 14.1.2015	28 35
cerfix/PERFIX	EuG T-206/04 v. 1.2.2006	12 97, 143
CERVISIA AMBAR/CERVISIA	EuG T-378/17 v. 7.12.2018	4 30
Cetrafarm/American Home Products	EuGH 3/78 v. 10.10.1978	16 65

Stichwort	Fundstelle/AZ	§ Rdn.
CFCMCEE	EuGH C-282/09 P v. 18.3.2010	**4** 11, 30, 66, 112; **28** 71
Chérie	BGH BGHZ 34, 1	**12** 259
Chaff cutters design	EuG T-98/10 v. 10.5.2010	**28** 92
Champagner bekommen, Sekt bezahlen	BGH GRUR 2002, 426	**23** 34
Champagner Bratbirne	BGH GRUR 2005, 957	**23** 4
Champagner Sorbet	BGH I ZR 268/14 v. 2.6.2016	**23** 4
Champagner Sorbet II	BGH I ZR 268/14 v. 19.7.2018	**23** 11
Chanel Nr. 5	BGH BGHZ 99, 244	**27** 74
Change	BGH GRUR 1998, 813	**4** 65
Charlott	EuG T-169/06 v. 8.11.2007	**8** 22, 71, 77, 85
Chartered Institute of Patent Attorneys	EuGH C-307/10 v. 19.6.2012	**1** 11; **4** 9; **5** 1, 5, 12, 14, 15, 18
CHATKA/CHATKA	EuG T-312/16 v. 25.4.2018	**8** 36
Chef	EuG T-232/00 v. 13.6.2002	**28** 26, 28, 29
Chevy	EuGH C-375/97 v. 14.9.1999	**4** 160; **12** 32; **13** 6, 7, 8, 34
Chiara/CHIARA FERRAGNI	EuG T-647/17 v. 8.2.2019	**12** 184
Chiemsee	EuGH C-108/97 und C-109/97 v. 4.5.1999	**2** 21; **4** 49, 51, 57, 61, 71, 72, 73, 79, 153, 154, 165, 168; **12** 34, 35; **15** 1, 2, 3, 16, 25; **23** 1
Chocoladefabriken Lindt & Sprüngli	EuGH C-529/07 v. 11.6.2009	**4** 199, 200, 205, 206, 207, 208
	EuGH C-98/11 P v. 24.5.2012	**4** 162; **10** 42; **12** 192
CHUFI/CHUFAFIT	EuG T-117/02 v. 6.7.2004	**4** 24; **12** 17, 87, 111, 170, 235, 238
CHURRASCO	BGH GRUR 1977, 664	**29** 44
CICAR/ZIPCAR	EuG T-36/07 v. 25.6.2008	**4** 19, 30; **12** 78, 105, 136, 263
Cigarettenpackung	BGH I ZB 98/07 v. 10.4.2008	**29** 53, 54, 56, 57
CILFIT	EuGH 283/81 v. 6.10.1982	**1** 61
CINE ACTION	EuG T-135/99 v. 31.1.2001	**4** 63, 109; **28** 91, 103
CINE COMEDY	EuG T-136/99 v. 31.1.2001	**4** 63, 109; **28** 91, 103
CIPRIANI	EuG T-343/14 v. 29.6.2017	**4** 220
CIRCON/CIRCULON	EuG T-542/10 v. 13.6.2012	**28** 71
Cirkulin	BGH GRUR 1997, 747	**1** 62; **8** 68
CITIBANK/CITI	EuG T-181/05 v. 16.4.2008	**13** 14, 20, 22, 25, 30, 48
CITITRAVEL DMC/citibank	EuG T-241/11 v. 12.7.2011	**28** 92
CITRACAL/CICATRAL	EuG T-277/08 v. 11.11.2009	**12** 100; **28** 29
City Plus	BGH GRUR 2003, 880	**4** 115; **12** 43, 50, 75, 82, 153, 154, 158, 163, 193, 220; **15** 15; **29** 24
City-Hotel	BGH GRUR 1995, 507	**17** 3, 12, 18, 19, 21; **19** 1
Cityservice	BGH GRUR 2003, 1050	**4** 52, 113, 115

Stichwort	Fundstelle/AZ	§ Rdn.
CityTrain	EuG T-699/15 v. 21.6.2017	28 93
CK	Audiencia Provincial de Alicante 441/09 v. 29.11.2009	12 193
CK CREACIONES KENNYA/CK Calvin Klein	EuG T-185/07 v. 7.5.2009	12 175, 193, 238
CLAN MACGREGOR/CLAN	EuG T-250/15 v. 24.11.2016	12 126
Claro	EuGH C-349/10 P v. 2.3.2011	28 81
CLARO/claranet	EuG T-129/16 v. 14.11.2017	12 163
Class International	EuGH C-405/03 v. 18.10.2005	10 15, 33
Classe E	BGH GRUR 2001, 242	2 3; 4 200, 202, 203, 209, 222, 223, 226; 31 42, 43
CLEAN CAT/cat & clean	EuG T-587/13 v. 21.1.2015	12 100
CLEARWIFI	EuG T-399/08 v. 19.11.2009	4 19, 69
CLEN/clean x	EuG T-384/04 v. 15.12.2005	12 101, 176, 226
Clina/CLINAIR	EuG T-150/08 v. 11.11.2009	4 19; 12 77, 138, 263, 267
Clinique happy	BGH I ZR 235/10 v. 25.4.2012	10 16; 27 122
CLINIQUE/CLEANIC Kindii	EuG T-364/12 v. 13.5.2015	14 21
CLINIQUE/CLEANIC natural beauty	EuG T-363/12 v. 13.5.2015	14 21
Clone-CD	BGH I ZR 219/05 v. 17.7.2008	31 5
Cloppenburg	BPatG GRUR 2000, 1050	4 72
	HABM GRUR 2004, 159	4 52
	EuG T-379/03 v. 25.10.2005	4 72, 75; 12 198; 28 11, 99
CLUB DEL GOURMET	EuG T-571/11 v. 20.3.2013	5 15
CM/capital markets CM	EuG T-390/03 v. 11.5.2005	4 19, 24; 12 113, 143, 155, 170, 205
CMT	EuG T-100/13 v. 9.7.2015	28 88
Coca-Cola-Flasche	EuG T-411/14 v. 24.2.2016	4 148, 157, 162
Coca-Cola/Master	EuG T-480/12 v. 11.12.2014	13 17
	EuG T-61/16 v. 7.12.2017	12 9, 110
coccodrillo	BGH I ZB 40/03 v. 22.9.2005	1 62; 12 15, 18, 21, 112, 127, 132, 148, 154, 181, 193, 217, 229, 263, 266, 269
coffee in/coffee inn	EuG T-202/16 v. 24.10.2017	12 28
Cofidis/Fredout	EuGH C-473/00 v. 21.11.2002	27 45
COHIBA	BGH I ZB 100/05 v. 28.9.2006	4 24; 8 67, 68; 12 251, 256, 260, 264
Coil Liner	EuG T-188/17 v. 4.5.2018	4 52
COLLEGE	EuG T-165/11 v. 12.6.2012	4 65
Colloseum Holding	EuGH C-12/12 v. 18.4.2013	4 96, 159; 8 41; 12 57
COLOR EDITION	EuG T-160/07 v. 8.7.2008	4 19, 39
COLORIS/COLORIS	EuG T-353/07 v. 30.11.2009	8 42, 45, 71, 86, 87
Columbia	BGH GRUR 1993, 404	21 5
combit Software	EuGH C-223/15 v. 22.9.2016	12 31, 63, 203; 27 5

Stichwort	Fundstelle/AZ	§ Rdn.
combit/Commit	BGH I ZR 74/17 v. 12.7.2018	**12** 30, 83, 137, 147; **27** 5, 8, 9
Comercializadora Eloro	EuGH C-71/16 P v. 4.5.2017	**8** 28, 93
Comité Interprofessionnel du Vin de Champagne	EuGH C-393/16 v. 20.12.2017	**23** 4, 11
COMIT/Comet	EuG T-84/08 v. 7.4.2011	**28** 85
COMP USA	EuG T-202/03 v. 7.2.2006	**1** 64; **12** 249
Compagnie des bateaux mouches	EuGH C-368/14 v. 11.12.2014	**28** 106
Compagnie des bateaux muches	EuGH C-78/09 P v. 24.9.2009	**4** 45, 158, 173
Compagnie des gaz de pétrole Primagaz	EuG T-195/14 v. 24.9.2015	**12** 264
Compagnie des montres Longines	EuG T-505/12 v. 12.2.2015	**12** 258, 264
Compal FRUTA essencial/Dr. Jacob's essentials	EuG T-656/17 v. 7.2.2017	**4** 36; **12** 29, 144
Companyline	EuG T-19/99 v. 12.1.2000	**4** 33, 37, 112, 114, 134; **28** 70
	EuGH C-104/00 P v. 19.9.2002	**4** 5, 33, 39, 112; **28** 106
COMPO-SANA	BGH GRUR 1998, 927	**1** 62; **12** 86, 144, 152, 162, 173, 176, 220, 235, 236; **29** 24
CompuNet/ComNet I	BGH GRUR 2001, 1161	**12** 91, 99; **14** 15; **17** 11, 12, 18; **18** 5, 8, 9, 11, 12, 15
CompuNet/ComNet II	BGH GRUR 2005, 61	**12** 1; **17** 11, 18, 28; **18** 5, 6, 7, 9, 12, 15
COMPUTER ASSOCIATES	BGH GRUR 2000, 512	**29** 50, 53, 54, 57
COMPUTER MARKET	EuG T-111/17 v. 15.1.2019	**28** 81
COMSA/Comsa S. A.	EuG T-144/12 v. 9.4.2014	**12** 250
comtes/ComTel	BGH GRUR 2000, 605	**10** 50; **12** 86; **27** 48
Concordia	BGH BGHZ 75, 172	**17** 7
Consilia	BGH GRUR 1985, 72	**14** 15
Consoft	HABM R 742/2005-2 v. 5.7.2006	**28** 29
Consulente in marchi	BGH I ZB 47/06 v. 19.4.2007	**31** 27
ConText	BGH I ZR 50/14 v. 5.11.2015	**11** 4; **14** 10, 13, 15, 19, 20; **17** 4, 18; **18** 5; **27** 19, 20
Continental Reifen Deutschland	EuGH C-84/16 P v. 26.7.2017	**4** 66; **12** 174, 266; **28** 106
Contura	BGH GRUR 2000, 510	**8** 3, 47, 79
CONVERSE I	BGH I ZR 52/10 v. 15.3.2012	**10** 29; **16** 17; **27** 91; **31** 31
CONVERSE II	BGH I ZR 137/10 v. 15.3.2012	**16** 17; **24** 31, 33; **27** 22; **31** 32
Coöperatieve Vereniging SNB-REACT	EuGH C-521/17 v. 7.8.2018	**24** 14; **27** 34
Cooperativa Vitivinícola Arousana S	EuGH C-649/11 P v. 3.10.2012	**4** 24; **12** 207
Copad	EuGH C-59/08 v. 23.4.2009	**1** 5; **12** 1; **15** 1; **16** 3, 10, 12, 14, 24, 29, 30; **24** 26, 27, 28, 29
Copernicus-Trademarks	EuG T-186/12 v. 25.6.2015	**7** 4

Stichwort	Fundstelle/AZ	§ Rdn.
	EuGH C-43/16 P v. 14.6.2016	7 4; 28 106
CORDARONE	BGH I ZR 148/04 v. 12.7.2007	4 202, 203, 209, 217, 219, 220; 13 6; 14 1; 16 48, 49, 64, 66; 24 39; 26 12
Cordarone	BPatG 25 W (pat) 225/03 v. 17.1.2006	16 66
COSIFLOR/COSIMO	EuG T-739/16 v. 27.6.2018	12 86
Cosmowell	EuG T-599/13 v. 7.5.2015	12 113
Cotécnica	EuGH C-73/18 P v. 7.6.2018	12 116
Coty Germany	EuGH C-360/12 v. 5.6.2014	31 17
	EuGH C-580/13 v. 16.7.2015	27 85
	EuGH C-230/16 v. 6.12.2017	16 30
Coty Prestige Lancaster Group	EuGH C-127/09 v. 3.6.2010	1 62; 16 7
Coverdisk	BGH WRP 1999, 542	24 18
COYOTE UGLY/COYOTE UGLY	EuG T-161/07 v. 4.11.2008	4 19; 12 263; 28 96
COYOTE UGY/COYOTE UGLY	EuG T-778/14 v. 3.3.2016	4 52
CPI COPISA INDUSTRIAL/Cpi Construcción promociones e	EuG T-345/13 v. 4.7.2014	8 19
CRAIC	EuG T-83/09 v. 9.9.2011	24 8
Creative Technology	EuGH C-314/05 P v. 29.6.2006	12 215; 28 97
CREMESSO/CReMESPRESSO	EuG T-189/16 v. 13.7.2017	12 91
CRISTAL/CRISTAL CASTELLBLANCH	EuG T-29/04 v. 8.12.2005	1 64; 8 45; 11 5; 12 32, 52, 57, 86, 126, 152, 181, 205, 263, 267; 14 23
CROS/TAI CROS	EuG T-315/06 v. 19.11.2008	4 20; 12 158, 235
Cryo-Save	EuG T-239/15 v. 23.3.2017	8 10
CUERVO Y SOBRINO/Cuervo y Sobrinos LA HABANA 1882	EuG T-374/17 v. 10.10.2018	4 221
Culinaria/Villa Culinaria	BGH I ZR 85/11 v. 5.12.2012	8 64, 66; 12 12, 47, 48, 58, 158, 224, 243; 27 20, 48; 31 31, 32
CULTRA/SCULPTRA	EuG T-142/12 v. 11.7.2013	12 99
Curry King/TOFUKING	EuG T-99/10 v. 20.9.2011	12 158, 174
Curve	EuG T-266/13 v. 26.9.2014	4 231
CUVÉE PALOMAR	EuG T-237/08 v. 11.5.2010	4 234
Cystus	EuG T-15/16 v. 14.2.2017	8 45
Cytochroma Development	EuGH C-490/13 P v. 17.7.2014	28 102
D'ORSAY/O orsay	EuG T-39/04 v. 14.2.2008	4 19; 12 78, 81, 113
D'ORSAY/Orsay	EuG T-378/04 v. 14.2.2008	4 19; 12 49, 78, 113
d-c-fix/CD-FIX	BGH GRUR 2004, 600	12 44, 138, 256, 261; 13 28; 15 3, 16, 31; 27 10
Dada & Co. Kids/DADA	EuG T-50/09 v. 15.3.2011	28 4
DADA/DADA	EuG T-101/07 v. 10.12.2008	8 23
Daiichi Sankyo	EuGH C-414/11 v. 18.7.2013	1 40

Stichwort	Fundstelle/AZ	§ Rdn.
Daimler	EuGH C-179/15 v. 3.3.2016	**10** 22, 23, 30, 33; **11** 3; **15** 22
DAKOTA	EuG T-146/00 v. 20.6.2001	**4** 237; **28** 9, 61, 75
DALLAS DHU	EuG T-206/09 v. 12.10.2009	**28** 103
Dami/HABM	EuG T-466/04 und T-467/04 v. 1.2.2006	**28** 38, 99
DANELECTRO	EuG T-20/08 und T-21/08 v. 23.9.2009	**28** 2, 57
Dänemark u. a./Kommission	EuGH C-289/96, C-293/96 und C-299/96 v. 16.3.1999	**23** 7
Dante Bigi	EuGH C-66/00 v. 25.6.2002	**23** 16
Dariusz Tiger Michalczewski/T. G. R. ENERGY DRINK	EuG T-456/15 v. 5.10.2016	**4** 213
DARJEELING/Darjeeling	EuG T-624/13 v. 2.10.2015	**13** 48
	EuG T-627/13 v. 2.10.2015	**13** 48
DARJEELING/Darjeeling collection de lingerie	EuG T-625/13 v. 2.10.2015	**13** 48
	EuG T-626/13 v. 2.10.2015	**13** 48
Darstellung eines Pentagons	EuG T-304/05 v. 12.9.2007	**4** 128
DAS GROSSE RÄTSELHEFT	BGH I ZR 105/10 v. 25.4.2012	**27** 60
DAS PRINZIP DER BEQUEMLICHKEIT	EuG T-138/00 v. 11.12.2001	**4** 109, 110, 122
	EuGH C-64/02 P v. 21.10.2004	**4** 5, 9, 19, 54, 58, 90, 92, 96, 109, 110, 111, 120, 121, 122; **28** 55
Das Telefon-Sparbuch	BGH GRUR 2005, 264	**19** 4, 7, 15; **20** 3, 4, 6, 7, 12, 13, 16, 17, 18
Datacolor	BGH GRUR 1990, 1042	**18** 13
Davidoff	BGH GRUR 2000, 875	**12** 15; **13** 1
	EuGH C-292/00 v. 9.1.2003	**18** 19
Davidoff Cool Water	OLG Köln GRUR 1999, 346	**16** 6
Davidoff Hot Water	BGH I ZR 51/12 v. 17.10.2013	**27** 85
Davidoff Hot Water III	BGH I ZR 20/17 v. 26.7.2018	**10** 14
Davidoff II	BGH GRUR 2004, 235	**12** 35, 115, 160; **13** 1
Davidoff/Gofkid	EuGH C-292/00 v. 9.1.2003	**13** 1
DAX	BGH I ZR 42/07 v. 30.4.2009	**10** 36; **13** 27; **15** 14, 25, 27; **24** 20, 30; **27** 12; **31** 33, 42
DAYADAY/Dayaday	EuG T-900/16 v. 1.6.2018	**13** 23
DB Immobilienfonds	BGH BGHZ 145, 279	**17** 9; **27** 6
DDR-Logo	BGH I ZR 92/08 v. 14.1.2010	**10** 42; **27** 9, 17
De Landtsheer Emmanuel	EuGH C-381/05 v. 19.4.2007	**15** 4; **23** 17
De-Mail	BPatG 26 W (pat) 37/14 v. 2.6.2016	**28** 51
Dead Island	BGH I ZR 64/17 v. 26.7.2018	**27** 33
Debonair Trading Internacional	EuGH C-270/14 P v. 15.10.2015	**12** 4, 235; **28** 27, 106
	EuGH C-537/14 P v. 27.10.2016	**28** 67
Debrisoft	BGH I ZR 165/15 v. 6.10.2016	**16** 43
Decker	BGH BGHZ 122, 71	**25** 6
DEEP PURPLE/DEEP PURPLE	EuG T-344/16 v. 4.10.2018	**28** 20

Stichwort	Fundstelle/AZ	§ Rdn.
	EuG T-345/16 v. 4.10.2018	28 20
DEF-TEC	EuG T-6/05 v. 6.9.2006	24 24, 37, 38; 27 109; 28 29, 87, 99
defacto	BGH GRUR 2002, 898	10 50; 11 4; 17 11, 18; 18 5, 7, 11, 13, 14, 16; 22 24, 26
Deichmann	EuGH C-307/11 P v. 26.4.2012	1 62, 64; 4 58, 96, 104
	EuG T-638/16 v. 6.12.2018	28 2
	EuG T-848/16 v. 6.12.2018	28 29
Delivering the essentials of life	EuG T-128/07 v. 12.3.2008	4 122
Delphi Technologies	EuGH C-448/13 P v. 12.6.2014	4 122
DEMON/DEMON	EuG T-380/12 v. 13.2.2014	12 263
Dentale Abformmasse	BGH GRUR 2005, 1044	2 10; 10 42, 43
Der 7. Sinn	BGH BGHZ 68, 132	19 4; 20 15
Der Grüne Punkt – Duales System Deutschland	EuG T-151/01 v. 24.5.2007	24 30
	EuG T-253/17 v. 12.12.2018	8 11
Der kleine Eisbär	BPatG 32 W (pat) v. 8.2.2006	4 11, 65
Der M-Markt packt aus	BGH GRUR 1998, 483	27 13
Der Spiegel	BGH BGHZ 21, 85	17 16
DERBIVARIANT/DERBI	EuG T-317/03 v. 26.1.2006	4 24; 12 86, 143, 149, 158, 176, 224, 263
DERMAZYN	EuG T-120/03 v. 9.2.2004	28 38, 103
DESPERADOS/DESPERADO	BGH I ZB 63/12 v. 6.11.2013	8 79; 12 250, 251, 256, 261
Detektionseinrichtung I	BGH X ZR 17/03 v. 21.12.2005	31 43
Detektionseinrichtung II	BGH X ZR 72/04 v. 21.12.2005	31 12, 47
Deus Ex	BGH I ZB 71/13 v. 15.5.2014	27 83
Deutsche Bahn	EuGH C-45/11 P v. 7.12.2011	4 139
Deutsche BKK	EuG T-289/08 v. 11.2.2010	4 19, 45, 63, 169, 171
Deutsche Illustrierte	BGH GRUR 1959, 45	19 16
Deutsche Post	EuG T-102/14 v. 13.5.2015	12 243
Deutsche Renault	EuGH C-317/91 v. 30.11.1993	12 17, 242
Deutsche Rockwool Mineralwoll	EuG T-215/13 v. 15.7.2015	8 45
	EuG T-548/12 v. 8.7.2015	12 238
	EuGH C-487/15 P v. 25.2.2016	28 106
Deutsche SiSi-Werke	EuGH C-173/04 P v. 12.1.2006	1 64; 4 5, 19, 49, 58, 85, 96, 97, 109, 110, 111, 140, 141, 148
Deutsche Zeitung	BGH GRUR 1963, 378	19 7
Deutscher Balsamico	BGH I ZR 253/16 v. 12.4.2018	23 15
Deutscher Ring Sachversicherungs-AG	EuG T-209/10 v. 5.7.2012	4 118
DeutschlandCard	BGH I ZB 52/08 v. 22.1.2009	4 118, 119
Deutschlands schönste Seiten	BGH I ZB 68/11 v. 13.9.2012	4 124

Stichwort	Fundstelle/AZ	§ Rdn.
Develey	EuGH C-238/06 P v. 25.10.2007	**1** 40, 41, 64; **4** 11, 19, 32, 36, 37, 85, 96, 108, 110, 140, 171; **28** 11, 67
DEVIN	EuG T-122/17 v. 25.10.2018	**4** 154
DHL Express France	EuGH C-235/09 v. 12.4.2011	**27** 5, 22
DIACOS	LG Hamburg CR 2002, 296	**27** 69
Diageo Brands	EuGH C-681/13 v. 16.7.2015	**31** 39
dialdi/ALDI	EuG T-505/11 v. 25.6.2013	**12** 88
DIAMOND CARD	EuG T-91/18 v. 18.1.2019	**4** 112
DiBa/WIDIBA	EuG T-83/16 v. 26.9.2017	**12** 88
Die Luxusklasse zum Nulltarif	BGH GRUR 1999, 272	**27** 22
DIE PROFIS	BGH GRUR 2002, 190	**24** 10
Die PS-Profis	BGH I ZB 18/17 v. 11.10.2017	**29** 52, 57
Die Vision	BGH I ZB 35/09 v. 1.7.2010	**4** 124
Dienstleistungsverzeichnis für Einzelhandelsdienstleistungen	BPatG 33 W (pat) 331/01 v. 13.2.2007	**5** 12
DIESEL II	BGH I ZR 246/02 v. 21.3.2007	**10** 16
DIESELIT	EuG T-186/02 v. 30.6.2004	**5** 18; **8** 76; **11** 7; **12** 34, 35, 57, 70, 111, 149; **28** 17
DigiFilm/DigiFilmMaker	EuG T-178/03 und T-179/03 v. 8.9.2005	**4** 41, 52, 112, 114
DILZEM	BGH GRUR 1999, 500	**29** 53
Dima	EuG T-383/15 v. 20.4.2016	**4** 141
Dimitrios Kaloudis	EuG T-380/07 v. 6.10.2008	**28** 26
DIN/DINKOOL	EuG T-85/14 v. 10.2.2015	**28** 20
Dino	EuG T-21/15 v. 26.4.2016	**12** 113
DiSC	BGH I ZR 206/07 v. 21.1.2010	**12** 181; **24** 3; **27** 110, 111, 113
DIVINUS/MOSELLAND Divinum	EuG T-214/10 v. 30.5.2013	**28** 4
DKV/OKV	BGH GRUR 2002, 1067	**10** 8; **12** 35, 41, 44, 86, 89, 107
dlg.de	BGH I ZR 150/11 v. 13.12.2012	**22** 15, 16, 23, 26, 38; **27** 31
dm/dm	EuG T-36/09 v. 9.9.2011	**28** 80
DMK Deutsches Milchkontor	EuGH C-346/12 P v. 13.6.2013	**12** 174
Dochirnie pidpryiemstvo Kondyterska korporatsiia ›Roshen‹	EuG T-775/16 v. 7.2.2018	**12** 113
	EuGH C-246/18 P v. 6.9.2018	**12** 113
DoggiS/DoggiS	EuG T-335/14 v. 28.1.2016	**4** 220
DOGHNUTS/BIMBO DOGHNUTS	EuG T-569/10 v. 10.10.2012	**12** 220
DOLOPUR/Dolokorn	EuG T-769/15 v. 24.11.2016	**12** 25
DOLPHIN/DOLPHIN	EuG T-361/11 v. 12.7.2012	**12** 264
Domain-Pfändung	BGH GRUR 2005, 969	**22** 1
Dominio de la Vega	EuGH C-459/09 P v. 16.9.2010	**12** 53, 136, 137, 144, 156, 174, 259

Stichwort	Fundstelle/AZ	§ Rdn.
DOMINIO DE LA VEGA/PALACIO DE LA VEGA	EuG T-458/07 v. 16.9.2009	**12** 53, 136, 174, 178, 259
Donaldson Filtration Deutschland	EuGH C-450/13 P v. 19.6.2014	**28** 42, 67
DONLINE	BGH GRUR 2004, 239	**12** 35, 58, 75, 82; **13** 27
DONUT/House of DONUTS	EuG T-333/04 und T-334/04 v. 14.4.2007	**4** 30; **12** 111, 146, 182
Dor/COR	EuG T-342/05 v. 23.5.2007	**4** 19; **12** 56, 97, 107, 111, 136
DORAL GOLF RESORT & SPA	BPatG 24 W (pat) 112/01 v. 18.3.2003	**6** 12
Dorel Juvenile	EuGH C-131/08 P v. 30.1.2009	**4** 21, 120
Dorf MÜNSTERLAND I	BGH GRUR 2001, 1158	**10** 3; **12** 165, 168; **25** 5
Dorf MÜNSTERLAND II	BGH GRUR 2004, 868	**8** 94; **12** 168; **24** 5; **25** 6
DORMA	BGH GRUR 1998, 817	**29** 57
Dortmund grüßt	BGH GRUR 1964, 38	**21** 2
Dorzo	BGH I ZB 6/16 v. 11.5.2017	**8** 46, 49, 51, 53
	BGH I ZB 6/16 v. 18.10.2017	**31** 23
DOUBLEMINT	EuG T-193/99 v. 31.1.2001	**4** 61, 67
Doublemint	EuGH C-191/01 P v. 23.10.2003	**1** 62; **2** 2; **4** 49, 61, 67
Dr. H. & Partner	BGH II ZB 7/17 v. 8.5.2018	**24** 16
Dr. No/Dr. No	EuG T-435/05 v. 30.6.2009	**6** 9; **8** 10; **28** 17, 20, 67
Dr. St.. . . Nachf.	BGH GRUR 1998, 391	**17** 3, 8; **18** 21; **25** 3
Dracula Bite/Dracula	EuG T-495/12 v. 5.6.2014	**8** 19, 36
DRAGON	BGH GRUR 1998, 938	**8** 79, 83; **12** 78
DRANO/P3-drano	BGH GRUR 1996, 977	**12** 163, 195
DREAM IT, DO IT!	EuG T-186/07 v. 2.7.2008	**4** 122
Drei vertikale Streifen	EuG T-612/15 v. 20.7.2017	**4** 128
Drei-Scherkopf-Rasierer	OLG Köln MarkenR 2008, 61	**10** 4
Drei-Streifen-Kennzeichnung	BGH GRUR 2001, 158	**10** 42; **12** 5, 58, 117
Dreidimensionale Tablettenform I	EuGH C-456/01 P u. C-457/01 P v. 29.4.2004	**1** 62; **2** 17; **4** 5, 9, 23, 26, 45, 49, 58, 85, 97, 100, 106, 108, 110, 111, 118, 128, 140; **28** 106
Dreidimensionale Tablettenform II	EuGH C-468/01 P bis C-472/01 P v. 29.4.2004	**2** 17; **4** 23, 26, 36, 37, 45, 85, 100, 106, 108, 110, 111, 128, 140
Dreidimensionale Tablettenform III	EuGH C-473/01 P u. C-474/01 P v. 29.4.2004	**2** 17; **4** 23, 26, 36, 37, 45, 85, 100, 106, 108, 110, 111, 128, 140
Dresdner Christstollen	BGH BGHZ 152, 268	**24** 35; **27** 23, 24
DRIBECKLIGHT	BGH BGHZ 139, 147	**8** 73
Dringlichkeitsvermutung	OLG München GRUR 1992, 328	**31** 53
DSBW/DSB	EuG T-34/07 v. 21.1.2010	**4** 19, 24; **12** 45, 86
DTL Corporación	EuGH C-67/11 P v. 20.10.2011	**12** 157
	EuG T-176/13 v. 9.12.2014	**12** 32
	EuGH C-62/15 P v. 8.9.2015	**12** 32; **28** 67, 87
Du bist, was du erlebst.	EuG T-301/15 v. 31.5.2016	**4** 122
Dübel	BPatG 7 W (pat) 16/16 v. 4.5.2017	**29** 3

Stichwort	Fundstelle/AZ	§ Rdn.
Duff Beer	BGH I ZR 135/11 v. 5.12.2012	**8** 6, 25, 46, 53, 57
Duft einer reifen Erdbeere	EuG T-305/04 v. 27.10.2005	**2** 12
Duftvergleich mit Markenparfüm	BGH I ZR 184/05 v. 6.12.2007	**1** 62; **26** 32
DUOVISK/BioVisk	EuG T-106/07 v. 10.9.2008	**4** 20; **11** 5; **12** 86
Durchfuhr von Originalware	BGH I ZR 66/04 v. 21.3.2007	**10** 16
DüsseldorfCongress	BGH I ZB 29/13 v. 15.5.2014	**4** 13, 36, 62, 67, 103, 107, 119, 129, 139; **17** 12
Düsseldorfer Stadtwappen	BGH GRUR 2002, 917	**21** 2, 5, 13, 15, 17
Dyson	EuGH C-321/03 v. 25.1.2007	**2** 1, 2, 4, 6
Dyson Beschluss	EuGH C-321/03 v. 12.10.2004	**2** 1
E	EuG T-329/06 v. 21.5.2008	**4** 11, 20, 66
	EuG T-302/06 v. 9.7.2008	**4** 19, 66
E 2	BPatG 29 W (pat) 341/00 v. 15.2.2006	**4** 220
E-Ship	EuG T-81/08 v. 29.4.2009	**4** 66; **28** 67
E-Sim	EuG T-325/03 v. 6.5.2004	**28** 38, 103
E/E	EuG T-645/13 v. 15.3.2016	**12** 113, 263
e/e	EuG T-276/15 v. 14.3.2017	**12** 113
EAST SIDE MARIO'S	HABM R-582/2003–4 v. 13.12.2004	**4** 201
Easy Sanitary Solutions	EuGH C-361/15 P und C-405/15 P v. 21.9.2017	**28** 47
EASYBANK	EuG T-87/00 v. 5.4.2001	**4** 51, 61, 67, 69, 96, 109
easyBank	EUIPO R 1801/2017-G v. 9.11.2018	**4** 129
EASYCOVER	EuG T-346/07 v. 13.11.2008	**4** 11, 24
EASYHOTEL/easyHotel	EuG T-316/07 v. 22.1.2009	**12** 253; **28** 16, 92
EASYPRESS	BGH GRUR 2001, 337	**29** 29, 46, 50, 53
ECA	EuG T-127/02 v. 21.4.2004	**4** 232, 237
ECCO I	BGH GRUR 1997, 744	**8** 46, 55, 56
ECCO II	BGH GRUR 1998, 1014	**12** 15, 112, 163, 170, 175, 180, 181, 220
ECHINACIN/ECHINAID	EuG T-202/04 v. 5.4.2006	**4** 19; **12** 26, 87, 170, 267
Echtheitszertifikat	BGH I ZR 6/10 v. 6.10.2011	**16** 25; **27** 31, 105
ecoblue	EuGH C-23/09 P v. 22.1.2010	**12** 63, 170, 217; **28** 106
ecoDoor	EuG T- 625/11 v. 15.1.2013	**4** 65
ECOPY	EuG T-247/01 v. 12.12.2002	**4** 45, 171; **28** 70, 96, 98
Ecosoil	BGH I ZR 173/14 v. 21.10.2015	**24** 2, 9, 18, 24, 25, 36, 39
ECR-Award	BGH I ZB 64/13 v. 22.5.2014	**4** 25, 36, 41, 107, 117
Ecuadorianisches Recht	BGH XII ZB 337/15 v. 24.5.2017	**31** 17
EDGE/POWER EDGE	EuG T-824/14 v. 18.10.2016	**8** 86
Edwin Co	EuGH C-263/09 P v. 5.7.2011	**4** 229; **21** 3; **28** 49, 67, 103
EE	EuG T-143/14 v. 10.9.2015	**4** 128
	EuG T-144/14 v. 10.9.2015	**4** 128

Stichwort	Fundstelle/AZ	§ Rdn.
	EuG T-77/14 v. 10.9.2015	**4** 128
	EuG T-94/14 v. 10.9.2015	**4** 128
Effecten-Spiegel	BGH GRUR 1975, 604	**20** 4
EFUSE	EuG T-426/17 v. 28.5.2018	**4** 66
EIFEL-ZEITUNG	BGH I ZR 47/07 v. 18.6.2009	**19** 4, 7, 10, 16; **22** 2; **27** 8
Ein-Tannen-Zeichen	BGH GRUR 1970, 27	**13** 11
Einkaufswagen III	BGH I ZR 21/12 v. 17.7.2013	**26** 9, 19, 20
Einschmuggeln von Ware	BGH 5 StR 554/17 v. 23.1.2018	**10** 15
Einwurf-Einschreiben	BGH II ZR 299/15 v. 27.9.2016	**31** 5
Einzelhandelsdienstleistungen II	BPatG 24 W (pat) 214/01 v. 15.10.2002	**5** 12
Eis am Stiel	KG 5 U 98/15 v. 11.10.2017	**4** 198
Eis.de	EuGH C-91/09 v. 26.3.2010	**10** 55, 57
EKKO BLEIFREI	BGH GRUR 1999, 52	**12** 15, 112, 163, 168, 170, 180, 181
EL CASTILLO/CASTILLO	EuG T-85/02 v. 4.11.2003	**4** 19; **12** 52, 263, 267
El Charcutero/el charcutero artesano	EuG T-242/06 v. 13.12.2007	**4** 19; **12** 117, 185
El Corte Inglés	EuGH C-104/05 v. 28.9.2006	**12** 262, 263; **28** 96, 106
	EuG T-127/13 v. 11.9.2014	**28** 81
	EuGH C-301/13 P v. 6.2.2014	**5** 15; **28** 31
	EuGH C-603/14 P v. 10.12.2015	**12** 129; **13** 3, 14, 15, 16; **28** 106
	EuG T-126/15 v. 24.5.2016	**5** 18
	EuGH C-150/18 P v. 6.9.2018	**1** 64; **28** 106
	EuGH C-151/18 P v. 6.9.2018	**1** 64; **28** 106
El Corte Inglés/The English Cut	EuG T-515/12 v. 15.10.2014	**12** 129
	EuG T-515/12 RENV v. 27.10.2016	**12** 129
EL COTO/Coto D'Arcis	EuG T-332/04 v. 12.3.2008	**4** 19; **12** 57, 126, 168, 174, 178, 198
EL TOFIO El sabor de CANARIAS	EuG T-765/16 v. 25.1.2018	**4** 16, 52
electronica	EuG T-32/00 v. 5.12.2000	**4** 17, 129; **28** 70, 103
Eligard	BGH I ZR 239/14 v. 2.12.2015	**1** 3; **16** 40, 63; **27** 23
ELIO FIORUCCI	EuG T-165/06 v. 14.5.2009	**4** 229; **21** 3; **28** 45
elite/elite BY MONDARIZ	EuG T-386/12 v. 9.4.2014	**28** 80
eliza/ELISE	EuG T-130/09 v. 24.3.2010	**5** 19; **12** 211
ELLOS	EuG T-219/00 v. 27.2.2002	**4** 11, 15; **5** 19
Elternbriefe	BGH GRUR 2002, 550	**4** 26
ELVAPO/EVAPO	OLG Frankfurt/Main 6 U 249/16 v. 8.6.2017	**31** 53
Emanuel	EuGH C-259/04 v. 30.3.2006	**1** 4, 60; **2** 4; **4** 228, 229; **24** 15, 16
EMCUR/EMCURE	EuG T-165/17 v. 14.6.2018	**12** 263, 264
EMERGEA/emergia	EuG T-172/04 v. 27.9.2006	**4** 19; **12** 94, 111, 112, 156
EMIDIO TUCCI/EMILIO PUCCI	EuG T-8/03 v. 13.12.2004	**12** 35, 52, 53, 57, 258, 263, 264; **13** 11
Emram	EuGH C-354/11 P v. 22.3.2012	**1** 64; **12** 3, 15, 115, 266

Stichwort	Fundstelle/AZ	§ Rdn.
Emsibeth	EuGH C-251/15 P v. 4.2.2016	**12** 136; **28** 106
ENERCON	EuGH C-204/10 P v. 23.11.2010	**4** 19; **12** 158
Enercon	EuGH C-20/08 P v. 9.12.2008	**4** 20, 45, 110, 140, 141, 162; **28** 67, 106
	EuG T-655/13 v. 28.1.2015	**1** 21
	EuGH C-35/14 P v. 12.2.2015	**2** 14; **28** 106
	EuGH C-170/15 P v. 21.1.2016	**1** 21; **4** 137
	EuG T-36/16 v. 3.5.2017	**4** 138
	EuGH C-433/17 P v. 25.10.2018	**1** 21; **4** 138
ENERCON/TRANSFORMERS ENERGON	EuG T-472/07 v. 3.2.2010	**4** 19; **12** 158
Energy Technologies	EuG T-445/04 v. 28.2.2005	**28** 100
englischsprachige Pressemitteilung	BGH I ZR 131/12 v. 12.12.2013	**10** 21
ENI/EMI	EuG T-599/11 v. 21.5.2014	**12** 96
Entfernung der Herstellungsnummer II	BGH BGHZ 148, 26	**27** 90
Entfernung der Herstellungsnummer III	BGH GRUR 2002, 709	**14** 6; **16** 34, 37, 38; **27** 71, 80, 90
Environmental Factoring	EuGH C-383/12 P v. 14.11.2013	**13** 25
Environmental Manufacturing	EuG T-570/10 RENV v. 5.2.2015	**13** 25, 46
	EuG T-681/15 v. 3.5.2017	**12** 113
EnzyMax/Enzymix	OLG Stuttgart GRUR-RR 2008, 425	**12** 95
Enzymax/Enzymix	BGH I ZR 154/09 v. 24.2.2011	**12** 47, 95, 98, 134, 137, 266, 269
EPCOS/epco SISTEMAS	EuG T-132/09 v. 15.12.2010	**8** 10
Epigran	BGH BGHZ 45, 173	**29** 21
EPIGRAN/Epican	EuG T-374/06 v. 8.9.2008	**4** 24; **12** 24, 86, 96, 104, 259, 263
EPIGRAN/Epican Forte	EuG T-373/06 v. 8.9.2008	**4** 24; **12** 24, 86, 96, 104, 174, 259, 263
Epoisses	EuGH C-129/97 und C-130/97 v. 9.6.1998	**23** 6, 15
EQUI 2000	BGH GRUR 2000, 1032	**4** 200, 201, 202, 203, 205, 209, 221; **12** 235; **26** 10; **27** 43, 44
ercat/CAT	EuG T-566/10 v. 12.9.2012	**12** 150
Erledigungserklärung nach Gesetzesänderung	BGH I ZB 102/14 v. 20.1.2016	**29** 28
Erneute Vernehmung	BGH GRUR 1991, 401	**27** 20
EROS	BGH I ZR 190/05 v. 26.6.2008	**4** 202, 203, 205, 209, 213, 221; **6** 5, 7; **14** 1; **22** 13; **26** 1; **27** 110, 111; **31** 44
Ersetzt	BGH GRUR 2003, 444	**26** 7
Erstattung von Patentanwaltskosten	BGH I ZB 57/05 v. 18.5.2006	**31** 27
Erstbegehungsgefahr aus Markenanmeldung	KG MarkenR 2007, 121	**27** 17
Escalier	EuGH C-260/06 und C-261/06 v. 8.11.2007	**16** 43, 62
esf école du ski français	EuG T-41/10 v. 5.5.2011	**4** 232
ESPETEC	EuG T-72/11 v. 13.9.2012	**4** 30

Stichwort	Fundstelle/AZ	§ Rdn.
Esplanade	KG NJW 1988, 2892	21 2
ESTER-E/ESTEVE	EuG T-230/07 v. 8.7.2009	4 19, 24; 12 111, 137, 263
Etiketten	BGH GRUR 1999, 495	4 143, 146
Etnik	EuG T-823/17 v. 13.2.2019	28 26
ETRAX/ETRA I+D	EuG T-70/08 v. 9.9.2010	28 81
EU-LEX	EuG T-79/99 v. 8.12.1999	28 100
Eugenia Mocek, Jadwiga Wenta, KAJMAN	EuGH C-619/15 P v. 21.6.2016	12 139, 229; 28 106
EUIPO/Cactus	EuGH C-501/15 P v. 11.10.2017	5 18; 8 39, 44; 28 106
EUIPO/Deluxe Entertainment Services Group	EuGH C-437/15 P v. 17.5.2017	4 11, 12, 54
EUIPO/Ferrer	EuGH C-597/14 P v. 21.7.2016	8 42, 92; 28 29, 60, 88
EUIPO/Group	EuGH C-478/16 P v. 19.4.2018	8 92; 28 17, 20, 60
EUIPO/Instituto Dos Vinhos Do Douro E Do Porto	EuGH C-56/16 P v. 14.9.2017	4 72
EUIPO/Instituto dos Vinhos do Douro e do Porto	EuGH C-56/16 P v. 14.9.2017	23 2, 6, 11, 13
EUIPO/Puma	EuGH C-564/16 P v. 28.6.2018	1 64; 8 92; 13 3, 6, 7; 28 17, 20, 60, 70, 87, 106
EUIPO/Szajner	EuGH C-598/14 P v. 5.4.2017	28 49, 102, 106
Eurim Pharm	EuGH C-71 bis 73/94 v. 11.7.1996	16 3, 5, 25, 42, 43, 44, 45, 47, 48, 51, 52, 54, 56, 62
EURIMARK/EUROMARKER	EuG T-683/13 v. 2.2.2016	12 253
EURO 2000	BGH GRUR 2004, 775	4 11; 10 30, 33, 36; 11 5; 12 112, 115, 170, 176, 180, 181, 185; 26 7
EURO AUTOMATIC CASH	EuG T-15/09 v. 9.3.2010	4 11
Euro Telekom	BGH I ZR 137/04 v. 19.7.2007	12 154, 170, 174, 193; 17 10, 17, 18; 18 5, 10, 12; 22 32
EURO und Schwarzgeld	BGH I ZR 172/05 v. 8.11.2007	31 42
Eurocermex	EuGH C-286/04 P v. 30.6.2005	4 36, 37, 148; 28 106
EUROCOOL	EuG T-34/00 v. 27.2.2002	4 36, 58, 95, 109, 112; 28 71
EURODATA TV/M+M EUROdATA	EuG T-317/01 v. 30.6.2004	4 19, 20; 12 151, 215, 258, 259, 263
Eurodont/Curodont	EuG T-53/15 v. 10.3.2016	12 88
EuroHealth	EuG T-359/99 v. 7.6.2001	4 9, 15, 58, 61, 63, 67; 15 1; 28 10, 103
EUROHYPO	EuG T-439/04 v. 3.5.2006	1 3, 64; 4 19, 39, 58, 63; 28 11, 96
Eurohypo	EuGH C-304/06 P v. 8.5.2008	4 5, 9, 19, 23, 36, 37, 39, 49, 58, 59, 63, 96, 97, 112; 28 11, 96, 106
Eurokurier	BPatG 26 W (pat) 73/10 v. 28.7.2016	4 232

Stichwort	Fundstelle/AZ	§ Rdn.
EUROMASTER	EuG T-31/04 v. 15.3.2006	**12** 251; **28** 67
EURON/CURON	EuG T-353/04 v. 13.2.2007	**4** 19; **12** 86, 105, 111
EUROPEAN DRIVESHAFT SERVICES	EuG T-413/11 v. 15.1.2013	**4** 232; **28** 31
European Food	EuGH C-634/16 P v. 24.1.2018	**28** 60, 87, 88, 89
EUROPIG	EuG T-207/06 v. 14.6.2007	**4** 76, 112, 162, 166
EUROPREMIUM	EuG T-334/03 v. 12.1.2005	**4** 69, 70
Event/eventer EVENT MANAGEMENT SYSTEMS	EuG T-353/11 v. 21.3.2013	**5** 15
Evets	EuGH C-479/09 P v. 30.9.2010	**28** 2, 57
EVIAN/REVIAN	BGH GRUR 2001, 507	**12** 79, 86, 88, 251, 256, 261, 263; **13** 41
Evian/Revian's	BVerfG MarkenR 2009, 159	**1** 66
evolution	OLG Düsseldorf 20 W 31/17 v. 8.5.2017	**31** 21
EWING	BGH GRUR 2000, 895	**10** 8; **12** 152, 181; **29** 18, 54
ex works	BGH I ZR 162/03 v. 27.4.2006	**16** 6
EXE/exe	EuG T-96/06 v. 10.9.2008	**4** 19; **12** 111, 263
Exxtra Deep	EuG T-82/17 v. 21.11.2018	**5** 14, 16
Exzenterzähne	BGH I ZR 107/13 v. 22.1.2015	**26** 20, 22
EZMIX	EuG T-771/16 v. 22.11.2017	**12** 176
F 1 Formula 1/F1-LIVE	EuG T-10/09 v. 17.2.2011	**10** 3
	EuG T-10/09 v. 11.12.2014	**10** 3
Fédération Cynologique Internationale	EuGH C-561/11 v. 21.2.2013	**1** 12, 37
Fútbol Club Barcelona	EuG T-615/14 v. 10.12.2015	**4** 128
Fabergé	BGH GRUR 2002, 340	**12** 4; **13** 6; **26** 1
Fack Ju Göhte	EuG T-69/17 v. 24.1.2018	**4** 231
FACTS I	BGH GRUR 2000, 504	**19** 3, 7; **20** 4, 7, 8, 12, 14, 16
FACTS II	BGH GRUR 2005, 959	**19** 4, 10
FAGUMIT/Fagumit	EuG T-538/10 v. 29.11.2012	**27** 112
Fähnchen im Knopf im Ohr	EuG T-434/12 v. 16.1.2014	**4** 150
Fahrradgepäckträger II	BGH BGHZ 71, 86	**14** 3
FAIRFIELD BY ARROW/Fairfield	EuG T-139/12 v. 7.5.2014	**24** 12
Fakro	EuG T-457/15 v. 15.6.2017	**5** 18
falke-run/Le Run	BGH GRUR 1996, 774	**12** 5, 11, 266
Familienname	BGH GRUR 1985, 389	**18** 21
FAMOXIN/LANOXIN	EuG T-493/07, T-26/08 und T-27/08 v. 23.9.2009	**4** 24; **12** 92, 97, 249, 268
Farbe gelb	BGH I ZB 76/08 v. 19.11.2009	**2** 15; **4** 137
Farbe Orange	EuGH C-447/02 P v. 21.10.2004	**4** 97, 110, 111, 137; **5** 19; **28** 55, 67, 71
Farbfilter	EuG T-201/06 v. 10.9.2008	**4** 20, 141, 144
Farbige Arzneimittelkapsel	BGH BGHZ 159, 57	**4** 144, 156, 159; **32** 18
Farbmarke Blau/Silber	EuG T-101/15 u. T-102/15 v. 30.11.2017	**2** 16
Farbmarke gelb/grün	BGH GRUR 2002, 427	**1** 62; **4** 110

Entscheidungsregister

Stichwort	Fundstelle/AZ	§ Rdn.
Farbmarke gelb/grün II	BGH I ZB 86/05 v. 5.10.2006	1 21, 59; 2 14, 16; 29 16; 31 23
Farbmarke gelb/schwarz	BGH BGHZ 140, 193	2 15
Farbmarke magenta/grau	BGH GRUR 1999, 730	1 62; 4 138
Farbmarke violettfarben	BGH GRUR 2001, 1154	1 62; 4 97, 110, 138
Farbmarkenverletzung I	BGH BGHZ 156, 126	4 137; 6 2, 3, 4, 5, 6; 10 34, 42; 11 4; 12 120; 27 23, 24
Farbmarkenverletzung II	BGH GRUR 2004, 154	10 34, 42; 11 4; 12 120; 27 22, 23, 24
Farina Rote Marke	BGH BGHZ 14, 155	18 21
Faxkarte	BGH BGHZ 150, 377	27 55, 95
Federación Nacional de Cafeteros de Colombia	EuG T-359/14 v. 18.9.2015	4 234
	EuG T-387/13 v. 18.9.2015	4 234
Feldenkrais	BGH GRUR 2003, 436	10 3; 15 15; 27 9, 24
Felina-Britta	BGH GRUR 1970, 552	10 40
FEMIBION	EuG T-802/16 v. 17.11.2017	8 59, 65
Feminatal/FEMIFERAL	EuG T-110/11 v. 22.5.2012	12 267
FENJAL/FENNEL	EuG T-167/05 v. 13.6.2007	12 95, 111; 28 71
Fercal	EuGH C-324/13 P v. 30.1.2014	28 81
FERCREDIT/f@ir Credit	EuG T-220/11 v. 19.9.2012	12 85
Ferienluxuswohnung	BGH I ZR 106/10 v. 31.5.2012	31 4
FERLI	EuG T-775/15 v. 1.12.2016	5 12
Ferrari-Pferd	BGH GRUR 2004, 594	4 128, 129; 12 5, 58, 117, 132, 158, 180, 256, 259, 260, 264; 13 20; 24 22, 38
FERRERO	EuGH C-552/09 P v. 24.3.2011	12 4, 136, 150, 175, 235, 237, 263, 264, 266, 267; 13 14, 15, 16, 17, 19, 20; 28 48, 106
Ferrero	EuGH C-108/07 P v. 17.4.2008	12 5, 11, 33, 57, 99, 104, 124, 263, 266; 28 60, 88, 99, 106
FERRERO/FERRÓ	EuG T-35/04 v. 15.3.2006	1 64; 4 19; 12 5, 78, 86, 99, 104, 107, 109, 124, 156, 181, 267; 28 94
FERRERO/FERRO	EuG T-310/04 v. 15.12.2006	12 263; 28 99
Ferring Lægemidler	EuGH C-297/15 v. 10.11.2016	16 46, 47
FERROMAXX, INOMAXX und ALU-MAXX/Ferromix, Inomix und Alumix	EuG T-305/06 bis T-307/06 v. 15.10.2008	4 24; 12 95, 138, 267; 28 98
FERROSIL	BGH GRUR 2005, 515	8 46, 48; 12 220, 226
Fersenabstützvorrichtung	BGH BGHZ 82, 209	27 66
Festival Europäischer Musik	BGH GRUR 1989, 626	19 4, 15
Festspielhaus I	BGH GRUR 2002, 814	10 3, 33, 34, 36; 12 165, 185; 15 15; 17 10

Stichwort	Fundstelle/AZ	§ Rdn.
Festspielhaus II	BGH GRUR 2003, 792	**12** 185, 269; **17** 10, 15, 16, 17, 22
Feststellungsinteresse III	BGH GRUR 2003, 900	**27** 53
Feta	EuGH C-289/96, C-293/96 und C-299/96 v. 16.3.1999	**23** 10
Feta II	EuGH C-465/02 und C-466/02 v. 25.10.2005	**23** 7
Fetim	EuGH C-190/15 P v. 19.11.2015	**1** 64; **12** 2, 174, 266, 267; **28** 106
FICKEN	EuG T-52/13 v. 14.11.2013	**4** 231
Ficken	BPatG 26 W (pat) 116/10 v. 3.8.2011	**4** 231
Fidelio	EuGH C-87/11 P v. 21.3.2012	**4** 28
Fiesta Hotels & Resorts	EuGH C-75/17 P v. 19.4.2018	**14** 26; **28** 20, 21
FILDOR/PHILDAR	EuG T-99/06 v. 23.9.2009	**12** 136, 181, 259; **28** 71
File-Hosting-Dienst	BGH I ZR 80/12 v. 15.8.2013	**27** 31
FIRST CONTROL AEROSOL PEPPER PROJECTOR/FIRST DEFENSE	EuG T-262/09 v. 13.4.2011	**27** 109, 111; **28** 97
First-On-Skin/FIRST	EuG T-273/08 v. 28.10.2009	**4** 19
Fischermännchen	BGH BGHZ 5, 189	**27** 22
FISHBONE BEACHWEAR/FISHBONE	EuG T-415/09 v. 29.9.2011	**8** 92
fishtailparka	BGH I ZR 210/12 v. 8.5.2014	**27** 12
FITNESS	EuG T-476/15 v. 28.9.2016	**28** 60, 89
Fläminger	BGH BGHZ 139, 59	**12** 44, 99, 112, 163, 170, 181, 198, 199; **29** 20, 21
fläminger GENUSSLAND/Fälinger	BPatG 28 W (pat) 63/13 v. 21.10.2015	**12** 198
Flasche mit Limettenscheibe	EuG T-399/02 v. 29.4.2004	**4** 45, 148, 159, 160, 162, 166
Flaschenform/Flaschenform	EuG T-24/08 v. 4.3.2010	**12** 121
Fleurop	BGH I ZR 53/12 v. 27.6.2013	**4** 65; **10** 57, 59; **11** 4
FLEX	EuG T-158/06 v. 23.10.2008	**4** 19, 52, 67
Flex Equipos de Descanso	EuG T-192/04 v. 11.7.2007	**28** 29, 88
FLEX/CONFORFLEX	EuG T-10/03 v. 18.2.2004	**10** 3; **11** 6; **12** 35, 111, 267
FLEX/FLEXI AIR	EuG T-112/03 v. 16.3.2005	**8** 92; **10** 2; **12** 86, 126, 206
Flexagil	EuG T-831/17 v. 15.11.2018	**8** 71
Flüchtige Ware	OLG Braunschweig GRUR-RR 2005, 103	**31** 52
FLUGBÖRSE	EuG T-189/07 v. 3.6.2009	**4** 45
Flugkosten	BGH I ZB 38/14 v. 6.11.2014	**31** 30
Flüssiggastank	BGH I ZR 92/03 v. 16.3.2006	**27** 12, 16
Focus	EuG T-275/03 v. 9.11.2005	**28** 87
Focus Home Collection/FOCUS	BPatG MarkenR 2007, 174	**8** 73
Focus Magazin Verlag	EuGH C-344/07 P v. 11.4.2008	**12** 126, 176, 205, 267; **28** 106
FOCUS MILENIUM/FOCUS Radio	EuG T-357/07 v. 16.12.2008	**4** 24; **12** 126, 170, 174, 206
FOCUS/Tomorrow Focus	EuG T-90/06 v. 11.12.2008	**12** 126, 158, 253, 266

Entscheidungsregister

Stichwort	Fundstelle/AZ	§ Rdn.
FON/Neofon	EuG T-777/14 v. 28.4.2016	12 111, 197
fon/nfon	EuG T-283/11 v. 29.1.2013	12 111
Foodcare	EuGH C-639/16 P v. 11.5.2017	4 213
FoodSafe	EuG T-766/14 v. 23.11.2015	4 52
Football Association Premier League u. a.	EuGH C-403/08 und C-429/08 v. 4.10.2011	24 45
For Tune	EuG T-579/15 v. 8.11.2016	12 111
	EuGH C-23/17 P v. 15.6.2017	12 111
FOR YOU	BGH GRUR 1999, 1093	4 41, 65, 87, 95, 123
Ford Motor Company	EuGH C-500/14 v. 6.10.2015	15 21
Form der Gondelverkleidung eines Windenergiekonverters	EuG T-71/06 v. 15.11.2007	4 20, 45, 141, 162; 28 69, 71, 87
Form einer Flasche	EuG T-305/02 v. 3.12.2003	4 148
Form einer Gitarre	EuG T-317/05 v. 7.2.2007	28 71
Form einer Handtasche	EuG T-73/06 v. 21.10.2008	4 141, 177
Form einer Käseschachtel	EuG T-360/03 v. 23.11.2004	4 141
Form einer Kunststoffflasche	EuG T-129/04 v. 15.3.2006	4 19, 148, 237; 28 11, 71
Form einer Muschel	EuG T-8/08 v. 10.3.2008	4 141, 145, 162
Form einer Seife	EuGH C-107/03 P v. 23.9.2004	4 19, 23, 24, 110, 111, 141; 12 23
Form einer Seife I	EuG T-122/99 v. 16.2.2000	1 64; 4 58, 186; 28 71, 87
Form einer Seife II	EuG T-63/01 v. 12.12.2002	4 141; 28 79
Form einer weißen und transparenten Flasche	EuG T-393/02 v. 24.11.2004	1 64; 4 148
Form einer Wurst	EuG T-15/05 v. 31.5.2006	4 19, 22, 109, 141; 28 96
Form einer Zigarettenschachtel	EuG T-140/06 v. 12.9.2007	4 108
Form einer Zigarre und eines Goldbarrens	EuG T-324/01 und T-110/02 v. 30.4.2003	4 13, 19, 22, 24, 141; 28 6
Form eines Bonbons	EuG T-396/02 v. 10.11.2004	4 141
Form eines Lautsprechers	EuG T-460/05 v. 10.10.2007	4 19, 24, 109, 141
Form eines Lautsprechers II	EuG T-508/08 v. 6.10.2011	4 141, 179, 197; 28 97
Form eines Mikrofonkorbs	EuG T-358/04 v. 12.9.2007	4 16, 24, 141; 5 19
Form von Taschenlampen	EuG T-88/00 v. 7.2.2002	4 51, 96, 141
form-strip II	BGH I ZR 110/16 v. 9.11.2017	1 37; 12 117; 31 17
Formula One Licensing	EuGH C-196/11 P v. 24.5.2012	10 3
Foto-Frost	EuGH 314/85 v. 22.10.1987	1 66
Foundation for the Protection of the Traditional Cheese of Cyprus named Halloumi	EuGH C-393/12 P v. 21.3.2013	12 140
France/FRANCE.com	EuG T-71/17 v. 26.6.2018	1 60; 12 199, 200
Francisco Javier González Sánchez	EuG T-49/06 v. 7.9.2007	28 99
Franmax	EuGH C-361/16 P v. 8.11.2016	12 113
Franssons Verkstäder	EuGH C-290/10 P v. 9.9.2010	28 56, 92
Franz Wilhelm Langguth Erben	EuGH C-412/13 P v. 10.4.2014	7 8; 11 4
FreeLounge/free LA LIBERTÉ N' A PAS DER PRIX	EuG T-161/12 v. 4.6.2014	12 258

900

Stichwort	Fundstelle/AZ	§ Rdn.
frei öl	BGH GRUR 1992, 48	6 6
Freie Wähler	BGH I ZR 191/10 v. 28.9.2011	21 2, 5, 15
Freixenet	EuGH C-345/10 P v. 20.10.2011	4 106, 110, 140, 143
Freixenet I	EuG T-188/04 v. 4.10.2006	28 71
Freixenet II	EuG T-190/04 v. 4.10.2006	28 71
FRENORM/FRENON	BGH GRUR 2000, 1040	1 62; 8 40, 46, 55, 56; 12 99; 29 18
FRESHHH	EuG T-147/06 v. 26.11.2008	4 19, 35
Friboi/FRIBO	EuG T-324/09 v. 17.2.2013	8 19
Frinsa/FRISA	EuG T-638/14 v. 8.4.2016	8 85
Frisdranken Industrie Winters	EuGH C-119/10 v. 15.12.2011	10 22, 23
FRISH	BPatG BPatGE 48, 86	4 35
FROMMIA	BGH GRUR 2002, 972	17 25; 24 3; 25 1, 2, 3
Fronthaube	BGH I ZB 37/04 v. 24.5.2007	2 17; 4 57, 95, 144, 177, 193, 194, 197, 198
FRÜHSTÜCKS-DRINK I	BGH GRUR 2002, 809	4 114; 10 33, 34, 36; 12 112, 170, 178, 181; 17 11
FRÜHSTÜCKS-DRINK II	BGH GRUR 2002, 812	10 33, 34, 36
Fruit of the Loom	EuG T-431/15 v. 7.7.2016	8 71
	EuG T-424/17 v. 22.11.2018	8 71, 86
Fruitfuls	EuG T-367/14 v. 18.10.2016	8 29
FS	EuG T-227/09 v. 21.3.2012	4 206, 217
FTOS	BGH GRUR 1997, 902	19 4, 10
Fuchs	EuG T-342/12 v. 8.10.2014	12 117
FUENOLIVA/FONTOLIVA	EuG T-24/16 v. 13.12.2016	28 29, 33
Füllkörper	BGH BGHZ 130, 187	4 144, 237; 29 54
FUN	EuG T-67/07 v. 2.12.2008	4 70, 122
Fundaçāo Calouste Gulbenkian	EuGH C-414/14 v. 26.2.2015	12 4, 266; 28 106
Fünf-Streifen-Schuh	BGH I ZB 87/14 v. 11.2.2016	27 45; 29 2, 38, 42, 43, 54, 57, 58
FÜNFER	BGH GRUR 2000, 231	1 62; 4 9, 41, 97, 113
Funkberater	BGH BGHZ 21, 182	17 23
FUSSBALL WM 2006	BGH I ZB 96/05 v. 27.4.2006	1 66; 4 5, 15, 48, 67, 96, 97, 113, 119, 156; 31 23
FVD/FVB	EuG T-10/07 v. 17.9.2008	4 19, 24; 12 96, 105, 174, 251
G Stor/G-STAR und G-STAR RAW DENIM	EuG T-309/08 v. 21.1.2010	4 19, 24; 12 136; 13 18
Génesis	EuGH C-190/10 v. 22.3.2012	1 13, 37; 14 19; 29 2
G+/G	EuG T-101/11 v. 8.5.2012	12 115
G/G	EuG T-187/10 v. 10.5.2011	12 115
Gabel Industria Tessile	EuG T-85/07 v. 10.6.2008	28 87, 97, 102
Gabelstapler I	BGH GRUR 2001, 334	4 109, 110, 128

Stichwort	Fundstelle/AZ	§ Rdn.
Gabelstapler II	BGH GRUR 2004, 502	**1** 62; **2** 17; **4** 58, 82, 143, 144, 194
Gaby	BGH GRUR 1988, 307	**10** 40; **27** 56
GALA/Galáxia	EuG T-66/03 v. 22.6.2004	**12** 150; **28** 31, 96
Galileo	EuG T-279/03 v. 10.5.2006	**10** 26; **17** 1, 3
Galileo International Technology	EuG T-450/11 v. 11.9.2014	**12** 264
Galileo International Technology u. a./Kommission	EuGH C-325/06 P v. 20.3.2007	**10** 24, 26; **17** 1, 3; **28** 106
Galileo Lebensmittel	EuG T-46/06 v. 28.8.2007	**22** 3
	EuGH C-483/07 v. 17.2.2009	**22** 3
Galletas Gullón	EuG T-404/16 v. 23.10.2017	**8** 42
	EuG T-418/16 v. 23.10.2017	**8** 42
GALLUP	BGH I ZB 20/03 v. 6.10.2005	**8** 10, 18, 25, 53, 83; **29** 50, 57
GALVALLIA/GALVALLOY	EuG T-189/05 v. 14.2.2008	**4** 20; **12** 92, 104, 126
Ganz schön ausgeschlafen	EuG T-225/16 v. 28.11.2016	**4** 122
GAP/GAPPOL	EuG T-411/15 v. 4.10.2017	**8** 29
Garant-Möbel	BGH GRUR 1995, 156	**10** 40
GARIBALDI	BGH GRUR 1999, 158	**1** 62; **12** 249
GARONOR	BGH GRUR 1997, 903	**17** 3, 5, 7; **19** 1; **25** 6; **27** 18, 20
Gartencenter Pötschke	BGH I ZR 207/08 v. 7.7.2011	**18** 21
Gartenliege	BGH I ZR 104/04 v. 24.5.2007	**26** 22
Gartenpavillon	BGH I ZR 74/10 v. 16.8.2012	**14** 2
GARUM	EuG T-341/06 v. 12.3.2008	**4** 19, 29
GAT	EuGH C-4/03 v. 13.7.2006	**14** 32; **31** 17
Gat Microencapsulation	EuGH C-639/15 P v. 26.5.2016	**12** 96
Gateway	EuGH C-57/08 P v. 11.12.2008	**12** 4, 11, 176, 217, 244, 266; **13** 20; **28** 106
GATEWAY/ACTIVY Media Gateway	EuG T-434/05 v. 27.11.2007	**12** 158, 176, 244; **13** 14, 20
Gazoz	BGH GRUR 2004, 947	**4** 28, 30; **10** 34, 36; **15** 3, 16, 26
	BGH GRUR 2005, 60	**4** 30
GdP	BGH GRUR 1965, 377	**21** 2
GEA Group	EuG T-488/13 v. 22.1.2015	**28** 61
Gebäckpresse	BGH I ZR 126/06 v. 9.10.2008	**4** 3, 239; **12** 190
Gebogene Streifen auf Seitenwand eines Reifens	EuG T-81/16 v. 4.7.2017	**4** 150
Gebühr für Drittauskunft	BGH I ZB 120/17 v. 20.9.2018	**27** 83
Gebührenausschreibung	BGH GRUR 1991, 540	**27** 30
GeDIOS	BGH GRUR 2004, 241	**5** 16; **10** 26; **12** 253, 257, 264
GEDIOS Corporation	BGH GRUR 2005, 55	**3** 2
Gefärbte Jeans	BGH BGHZ 131, 308	**16** 9, 25, 27, 28; **27** 18, 58, 75
Gefäßimplantat	BGH GRUR 1990, 348	**29** 59

Stichwort	Fundstelle/AZ	§ Rdn.
Gegenabmahnung	BGH GRUR 2004, 790	**4** 116, 202, 205, 209; **11** 4; **12** 174; **17** 4, 20; **22** 12, 15, 38; **25** 2, 3; **26** 10; **31** 42
Gegenstandswert	BPatG MarkenR 2007, 35	**31** 23
Gehäusestruktur	BGH X ZB 14/08 v. 16.12.2008	**29** 49
Gehen wie auf Wolken	EuG T-620/15 v. 17.10.2016	**4** 122
Gelb und Grau	EuG T-595/17 v. 27.9.2018	**4** 138
Gelbe Wörterbücher	BGH I ZR 228/12 v. 18.9.2014	**4** 168; **10** 3, 34, 42; **12** 45, 120, 216, 217, 224, 263; **31** 21
Gelber Bogen am unteren Anzeigeeinheitrand	EuG T-331/12 v. 26.2.2014	**4** 150
GELLECS/GALLO	EuG T-151/08 v. 11.6.2009	**12** 92, 184; **13** 20
Geltendmachung der Abmahnkosten	BGH I ZB 21/05 v. 20.10.2005	**31** 5
Gemeinkostenanteil	BGH GRUR 2001, 329	**27** 63
Gemeinnützige Wohnungsgesellschaft	BGH GRUR 2003, 448	**14** 3
GENERAL OPTICA	EuG T-318/06 bis T-321/06 v. 24.3.2009	**12** 32; **28** 20, 21, 22
GENESCAN	BGH GRUR 2001, 1046	**1** 65; **4** 52, 102
Geometrische Felder auf dem Ziffernblatt einer Uhr	EuG T-152/07 v. 14.9.2009	**4** 19, 24, 141, 160; **28** 97
Germania	BGH GRUR 1991, 472	**17** 13
Gerolsteiner Brunnen	EuGH C-100/02 v. 7.1.2004	**15** 1, 3, 14, 16, 25, 26, 27, 31; **26** 27
GERRI/KERRY Spring	BGH GRUR 2002, 613	**13** 27, 28
Gesäßtasche links	EuG T-282/07 v. 28.4.2009	**4** 133
Gesäßtasche rechts	EuG T-283/07 v. 28.4.2009	**4** 133
Geschäftsführerhaftung	BGH I ZR 242/12 v. 18.6.2014	**27** 31
Getty Images	EuGH C-70/13 P v. 12.12.2013	**1** 64; **4** 36, 116, 162
Getunter Bentley	OLG Köln MarkenR 2008, 65	**16** 25
gewinn.de	BGH I ZR 187/10 v. 18.1.2012	**22** 1
Gewinnfahrzeug mit Fremdemblem	BGH I ZR 29/03 v. 3.11.2005	**16** 25, 30; **24** 9
GG	EuG T-278/09 v. 15.11.2012	**4** 47
GIACOMELLI-SPORT	HABM ABl.-HABM 2000, 730	**5** 12
Giampietro Torresan	EuGH C-5/10 P v. 16.5.2011	**4** 19, 229
Gillette	EuGH C-228/03 v. 17.3.2005	**1** 4, 5; **10** 10, 33; **15** 1, 21, 22, 23, 24, 25, 26, 27, 29, 30, 31, 32; **18** 23
	EuGH C-228/03 v. 17.4.2005	**18** 23
GIORDANO/GIORDANO	EuG T-483/08 v. 16.12.2009	**10** 1; **12** 263
GIORGI/GIORGIO AIRE	EuG T-156/01 v. 9.7.2003	**4** 19; **8** 6, 22, 23, 42, 68, 87; **12** 111, 150, 211; **28** 101
GIORGI/GIORGIO BEVERLY HILLS	EuG T-162/01 v. 9.7.2003	**4** 19; **12** 150, 211; **28** 101
GIORGIO/GIORGIO BEVERLY HILLS	EuG T-228/06 v. 10.12.2008	**12** 173, 198, 211
Giorgis	EuG T-474/12 v. 25.9.2014	**4** 148, 173

Entscheidungsregister

Stichwort	Fundstelle/AZ	§ Rdn.
	EuGH C-531/14 P v. 2.9.2015	4 148, 173; 28 106
Giroform	EuG T-331/99 v. 31.1.2001	4 37, 61; 28 97
GIROPAY	EuG T-399/06 v. 21.1.2009	4 13, 114
Gitarrenkopf	EuG T-458/08 v. 8.9.2010	4 13, 24, 141
Giulio Gambettola	EuGH C-171/12 P-DEP v. 6.10.2017	28 103
Glasfasern II	BGH X ZR 30/14 v. 15.12.2015	27 31
Glass Pattern I	EuG T-36/01 v. 9.10.2002	2 17; 4 23, 110, 111, 141, 143; 28 71
Glass Pattern II	EuG T-141/06 v. 12.9.2007	4 162
Glaverbel	EuGH C-445/02 P v. 28.6.2004	2 17; 4 32, 110, 111, 141
Glaxo Group	EuG T-803/16 v. 6.6.2018	28 87
Glen Buchenbach	LG Hamburg 327 O 127/16 v. 7.2.2019	23 13
GLOBE/GLOVE	EuG T-261/03 v. 10.12.2004	12 137
Glückskäse	BGH I ZR 178/16 v. 18.5.2017	8 83
GLÜCKSPILZ	BGH I ZB 69/14 v. 15.10.2015	4 200, 201, 202, 203, 221, 222; 10 33, 34; 29 54
goFit	BGH I ZR 201/16 v. 15.2.2018	10 24, 55, 60; 17 3, 7, 10, 11, 18, 19; 18 3, 4; 31 17
Golam	EuG T-486/12 v. 16.9.2013	28 92
Gold-Zack	BGH GRUR 1953, 40	13 15
Goldbären	BGH I ZR 105/14 v. 23.9.2015	4 200, 202, 205, 212; 12 8, 26, 122, 132, 133, 147, 192, 261, 263; 13 7, 12, 16, 17, 20; 26 10, 19, 20, 21; 31 34, 41
	Bundesverwaltungsgericht Schweiz B-6068/2014 v. 1.2.2016	1 64
Goldbarren	BGH GRUR 2003, 712	12 58, 112, 181, 191, 225, 266; 26 17
Golden Eagle Deluxe/Kaffeebecher	EuG T-5/08 bis T-7/08 v. 25.3.2010	12 186
Golden Elephant Brand/GOLDEN ELEPHANT	EuG T-300/08 v. 14.7.2009	28 99
GOLDEN ELEPHANT/Golden Elephant Brand	EuG T-303/08 v. 9.12.2010	28 20
GOLDHASE (LINDT) (3D MARKE)	EUIPO R 2450/2011-G v. 7.7.2017	4 197
Goldhase I	BGH I ZR 37/04 v. 26.10.2006	10 42; 12 57, 58, 152, 192, 193
Goldhase II	BGH I ZR 57/08 v. 15.7.2010	10 42; 12 163, 190, 192, 194
Goldsteig Käsereien Bayerwald	EuGH C-150/14 P v. 4.9.2014	12 266, 267; 28 106
GOLF USA	EuG T-230/05 v. 6.3.2007	4 37, 61, 118, 166
Goncharov	EuGH C-156/10 P v. 15.12.2010	4 19, 24; 12 45, 86; 28 106
GOOD LIFE/GOOD LIFE	EuG T-108/08 v. 15.7.2011	1 64

Stichwort	Fundstelle/AZ	§ Rdn.
Google France	EuGH C-236/08 bis 238/08 v. 23.3.2010	**1** 4; **10** 10, 11, 22, 23, 24, 30, 33, 55, 57, 63, 64, 65; **11** 1; **13** 1, 44; **27** 34
Gorgonzola/Cambozola	EuGH C-87/97 v. 4.3.1999	**23** 15, 16
GRANA BIRAGHI	EuG T-291/03 v. 12.9.2007	**4** 235; **23** 7, 15; **28** 31
Grana padano	EuGH C-469/00 v. 20.5.2003	**23** 6
GRANUflex/GRANUFLEX	EuG T-534/08 v. 30.9.2010	**8** 23
Grau Ferrer	EuG T-543/12 v. 24.10.2014	**8** 42; **28** 88
grau/magenta	BGH GRUR 1997, 754	**4** 168; **6** 6; **26** 1, 16
GRAZIA/GRAZIA	EuG T-490/12 v. 26.9.2014	**13** 48
GRE	EuGH C-494/13 P v. 22.1.2015	**12** 174; **28** 106
	EuGH C-495/13 P v. 22.1.2015	**12** 174; **28** 106
	EuGH C-496/13 P v. 22.1.2015	**12** 174; **28** 106
GREEN by missako/MI SA KO	EuG T-162/08 v. 11.11.2009	**4** 19; **12** 175, 242, 264
Green-IT	BGH I ZR 4/14 v. 19.3.2015	**16** 25; **31** 34
Greif/Geflügelter Stier	EuG T-151/17 v. 15.3.2018	**12** 118
Greinwald	EuGH C-608/12 P v. 8.5.2014	**12** 264; **28** 106
Griff	EuG T-391/07 v. 16.9.2009	**2** 14; **4** 19, 141
grill meister	BGH I ZB 11/13 v. 17.10.2013	**4** 9, 11, 129, 229; **26** 30
Grillpatties	OLG Stuttgart 2 U 109/17 v. 8.2.2018	**1** 35
grit-lehmann.de	BGH I ZR 185/14 v. 24.3.2016	**22** 16, 22, 26
GROSSE INSPEKTION FÜR ALLE	BGH I ZR 33/10 v. 14.4.2011	**10** 65; **15** 23, 24, 25; **16** 22
Groupe Go Sport	EuG T-703/15 v. 6.12.2016	**28** 81
grün eingefärbtes Prozessorengehäuse	BGH GRUR 2002, 538	**4** 138
Grün und Grau	EuG T-316/00 v. 25.9.2002	**4** 111, 138
Grün, Gelb	EuG T-137/08 v. 28.10.2009	**4** 24, 45, 156, 162, 165; **28** 49
grundke.de	BGH I ZR 59/04 v. 8.2.2007	**21** 8, 12; **22** 22, 33
Grünes Achteck	EuG T-263/11 v. 6.2.2013	**28** 4
Grupo Bimbo	EuG T-618/14 v. 29.6.2015	**4** 141
	EuG T-240/15 v. 1.6.2016	**4** 141
	EuGH C-285/16 P v. 13.10.2016	**28** 13
	EuGH C-476/15 P v. 15.3.2016	**4** 141; **28** 67
GRUPO BIMBO/BIMBO	EuG T-357/11 v. 14.12.2012	**13** 7
Grupo Osborne	EuGH C-651/17 P v. 12.4.2018	**12** 266; **28** 106
GRUPPO SALINI	EuG T-321/10 v. 10.7.2013	**4** 213
GS Media	EuGH C-160/15 v. 8.9.2016	**27** 27
Gucci	OLG Hamburg WRP 1997, 106	**27** 8
Gugler France/GUGLER	EuG T-238/17 v. 25.9.2018	**10** 62
Guldenburg	BGH BGHZ 120, 228	**20** 15, 19
GUMMY/GUMMI Bear-Rings	EuG T-210/14 v. 26.2.2016	**4** 30; **12** 167
Gut Springenheide und Tusky	EuGH C-210/96 v. 16.7.1998	**4** 23, 26; **12** 23

Stichwort	Fundstelle/AZ	§ Rdn.
Gute Laune Drops	BGH I ZB 18/13 v. 10.7.2014	4 11, 46, 110, 113, 118, 119, 125, 129; 29 42
Gute Zeiten – Schlechte Zeiten	BGH GRUR 2001, 1043	4 11, 120, 123, 124
H 15	BGH I ZR 107/10 v. 30.1.2014	27 44, 47
	BGH I ZB 17/17 v. 9.11.2017	29 52, 56, 57
H SILVIAN HEACH/H.EICH	EuG T-557/10 v. 19.6.2012	12 209
H. Gautzsch Großhandel	EuGH C-479/12 v. 13.2.2014	14 2; 27 1, 54
H/H	EuG T-193/12 v. 22.1.2015	12 113
Habana	OLG München MarkenR 2001, 218	23 35
HABM/BORCO-Marken-Import	EuGH C-265/09 P v. 9.9.2010	4 19, 54, 66, 96, 100, 109, 111
HABM/Celltech	EuGH C-273/05 P v. 19.4.2007	4 36, 37, 39, 49, 52, 61, 69; 28 11, 71, 96, 99
HABM/Frosch Touristik	EuGH C-332/09 P v. 23.4.2010	4 45
HABM/National Lottery Commission	EuGH C-530/12 P v. 27.3.2014	28 31, 72
HABM/Nike International	EuGH C-53/11 P v. 19.1.2012	28 80
HABM/riha WeserGold Getränke	EuGH C-558/12 P v. 23.1.2014	12 4, 111, 266
HABM/Sanco	EuGH C-411/13 P v. 8.5.2014	12 254
HABM/Shaker	EuGH C-334/05 P v. 12.6.2007	12 2, 4, 17, 23, 63, 73, 142, 144, 146, 155, 156, 201; 28 106
Haftung eines Online-Auktionshauses	OLG Hamburg MarkenR 2008, 532	27 27
Haftung für Hyperlink	BGH I ZR 74/14 v. 18.6.2015	27 37
HAG II	EuGH C-10/89 v. 17.10.1990	16 5
Hähnel	BGH GRUR 1958, 90	18 21
HAIRTRANSFER	EuG T-204/04 v. 15.2.2007	4 13, 37; 28 71
HALAL MALAYSIA	EuG T-508/13 v. 18.11.2015	28 20
HALLOUMI/COWBOYS HALLOUMI	EuG T-847/16 v. 13.7.2018	12 200
HALLOUMI/HELLIM	EuG T-534/10 v. 13.6.2012	12 140
HALLOUMI/Pallas Halloumi	EuG T-825/16 v. 13.7.2018	12 200
HALLOUMI/Pap Papouis Halloumi	EuG T-703/17 v. 23.11.2018	12 200
Hallux	EuG T-286/08 v. 16.12.2010	4 28
Halzband	BGH I ZR 114/06 v. 11.3.2009	27 27
Hand, eine Karte haltend	EuG T-414/07 v. 2.7.2009	4 19, 131, 166
Handtaschen	BGH I ZR 198/04 v. 11.1.2007	26 9, 10, 20, 21
Handtuchklemmen	BGH GRUR 2005, 600	26 16
Handtuchspender	BGH BGHZ 100, 51	10 13
Hansen	EuGH C-136/18 P v. 6.9.2018	4 158, 159, 161, 165
Hansen-Bau	BGH I ZR 134/05 v. 30.1.2008	4 126; 15 9; 17 13; 18 5, 12, 14, 22, 24; 25 1
Hansruedi Raimund	EuGH C-425/16 v. 16.10.2017	4 45; 27 43; 31 20
Hanssen Beleggingen	EuGH C-341/16 v. 5.10.2017	31 17
Hansson	EuGH C-481/14 v. 9.6.2016	27 61, 70; 31 39
HAPPIDOG/HAPPY DOG	EuG T-20/02 v. 31.3.2004	12 181
Hard Rock Cafe	BGH I ZR 188/11 v. 15.8.2013	14 13, 14, 15; 26 5, 8, 26, 27; 27 23, 80, 103

Stichwort	Fundstelle/AZ	§ Rdn.
Harper Hygienics	EuGH C-374/15 P v. 28.1.2016	**12** 73, 136, 156; **14** 21
	EuGH C-474/15 P v. 7.4.2016	**12** 73, 136, 156
	EuGH C-475/15 P v. 7.4.2016	**12** 73, 136, 156; **14** 21
HARPO Z/CARPO	EuG T-35/03 v. 12.10.2004	**1** 64; **12** 86, 97, 101, 137
Hasbro	EuGH C-59/09 P v. 10.7.2009	**28** 100
Hassan	EuGH C-163/15 v. 4.2.2016	**24** 9, 32
Hauck/Stokke	EuGH C-205/13 v. 18.9.2014	**1** 62; **4** 19, 49, 177, 179, 181, 197
Häupl	EuGH C-246/05 v. 14.6.2007	**1** 57, 60, 62; **8** 67, 68, 69, 70, 73
Haus & Grund I	BGH I ZR 158/05 v. 31.7.2008	**17** 6, 13, 18; **18** 5, 12, 14
Haus & Grund II	BGH I ZR 171/05 v. 31.7.2008	**12** 21, 52, 53, 147, 170, 174; **14** 10, 15, 16, 18; **17** 5, 6, 12, 18; **18** 5, 11, 12, 14, 17; **27** 48, 57
Haus & Grund III	BGH I ZR 21/06 v. 31.7.2008	**12** 21, 170; **14** 15; **17** 4, 5, 6, 12, 14, 18; **18** 5, 17; **27** 6, 12, 48
Hausbücherei	BGH BGHZ 21, 66	**6** 8; **14** 15
HEATSTRIP/HEATSTRIP	EuG T-184/12 v. 9.7.2014	**27** 111
Hefteinband	BGH I ZB 68/09 v. 1.7.2010	**4** 13, 143
Heidelberger Bauchemie	EuGH C-49/02 v. 24.6.2004	**1** 62; **2** 2, 6, 9, 15, 16, 17; **4** 49, 51, 97, 100, 137
Heidelberger Druckmaschinen	EUIPO R 331/2006-G v. 27.9.2006	**28** 38
Heiligtümer des Todes	BGH I ZB 48/12 v. 5.12.2012	**27** 81, 83
Heinrich	EuG T-430/12 v. 13.3.2014	**4** 232
Heinrich Deichmann-Schuhe	EuG T-86/07 v. 16.12.2008	**8** 86
HEITEC	BGH I ZR 162/05 v. 14.2.2008	**4** 35; **10** 50; **11** 4; **12** 85, 105, 134; **14** 14, 15, 17; **15** 15, 16; **17** 18, 28; **18** 5
Helbrecht	EuG T-333/14 v. 14.2.2017	**28** 96
Helena Rubinstein u.a.	EuGH C-100/11 P v. 10.5.2012	**13** 7, 25, 43, 44; **28** 29
Hellige	BGH GRUR 1968, 212	**18** 21
Henkel	EuGH C-218/01 v. 12.2.2004	**4** 5, 9, 32, 49, 61, 82, 83, 96, 106, 108, 111, 128, 148, 149, 176, 178
Henkel/HABM	EuG T-67/03 v. 17.1.2006	**28** 41
Hensotherm	EuG T-366/04 v. 6.9.2006	**28** 23, 61
HERBA SHINE/Herbacin	EuG T-34/12 v. 28.11.2013	**8** 87, 96; **28** 67
Herdade de S. Tiago II	EuG T-90/13 v. 18.9.2014	**12** 232; **13** 17
Herhof	EuG T-60/09 v. 7.7.2010	**12** 264
	EuGH C-418/10 P v. 28.3.2011	**12** 264

Stichwort	Fundstelle/AZ	§ Rdn.
Hermès International/FHT Marketing Choice BV	EuGH C-53/96 v. 16.6.1998	1 59; 27 95, 109
Hermanos	EuG T-410/07 R v. 18.2.2008	9 1; 28 92
Hernández Zamora	EuG T-369/15 v. 17.2.2017	12 264
	EuGH C-224/17 P v. 19.10.2017	12 264
Herrnhuter Stern	BGH I ZR 176/14 v. 2.12.2015	26 20, 21, 22
Hersill	EuG T-741/14 v. 14.3.2017	28 96
Herstellerkennzeichen auf Unfallwagen	BGH BGHZ 111, 182	16 25
Herstellerpreisempfehlung bei Amazon	BGH I ZR 110/15 v. 3.3.2016	27 26
Herzapotheke	KG GRUR 2000, 454	17 22
Herzsymbol	BGH GRUR 1989, 425	12 217
Hesse	EuGH C-50/15 P v. 21.1.2016	12 249, 250; 13 7, 48; 28 67, 94, 106
Hewlett Packard Development Company	EuGH C-77/16 P v. 26.5.2016	28 74
hey!	BGH I ZB 32/09 v. 14.1.2010	4 54, 69, 129; 19 9
High Tech	OLG Köln GRUR 1989, 690	19 14
Himalaya Salz	BGH I ZR 86/13 v. 31.3.2016	23 19, 21, 23, 30, 31, 32; 27 26
HIPOVITON	EuG T-334/01 v. 8.7.2004	8 3, 6, 7, 23, 26, 27, 71, 86, 92; 28 71, 87, 97, 103
HIWATT	EuG T-39/01 v. 12.12.2002	8 10, 14, 22, 23, 32, 83, 85; 10 45
HM & A	BGH II ZB 46/07 v. 8.12.2008	17 9
Hochmann Marketing	EuGH C-118/18 P v. 28.6.2018	1 64; 8 90, 91
Hoffmann-La Roche	EuGH 102/77 v. 23.5.1978	1 4; 16 5
Hoffmann-La Roche/Kommission	EuGH 85/76 v. 13.2.1979	28 71
HOKEY POKEY/HOKEY POKEY	EuG T-62/14 v. 21.1.2016	28 67
Hollister	BGH I ZR 55/05 v. 14.2.2008	27 75, 80
HOLLYWOOD/HOLLYWOOD	HABM ABl.-HABM 2002, 281	28 75
Holtkamp	BGH GRUR 1999, 54	1 62; 8 40, 46, 55, 56, 79, 81
HOMETECH	EuG T-292/03 v. 22.4.2004	28 38, 103
Homezone	EuG T-344/07 v. 10.2.2010	4 36, 52
Honda Giken Kogyo Kabushiki Kaisha	EuGH C-535/13 v. 17.7.2014	16 9
Honda-Grauimport	BGH I ZR 17/11 v. 18.1.2012	1 14; 14 15; 16 12; 31 31
HONEYCOMB	EuG T-256/06 v. 5.11.2008	4 15, 36
HONKA	BGH GRUR 1999, 995	8 3, 7, 14, 46, 51, 52; 12 35, 158, 163, 170, 174, 176, 220, 263
Horst Klaes	EuG T-453/13 v. 12.2.2015	12 253
HOT	BGH I ZB 3/13 v. 19.2.2014	1 65; 4 107, 113, 118, 129
	EuG T-611/13 v. 15.7.2015	4 118
HOT SOX	EuG T-543/14 v. 26.2.2016	4 35, 118

Stichwort	Fundstelle/AZ	§ Rdn.
Hot Sox	BGH I ZR 109/14 v. 19.11.2015	**26** 20, 22, 25; **27** 38; **31** 47
Hotel Adlon	BGH BGHZ 150, 82	**4** 203, 216; **10** 47; **17** 5, 25, 27; **19** 16; **24** 5, 10; **25** 6
HOTEL CIPRIANI/CIRPIANI	EuG T-438/16 v. 1.3.2018	**12** 263
Hotel Krone	BGH GRUR 1984, 378	**17** 21
HOTEL MARITIME	BGH GRUR 2005, 431	**10** 20; **31** 17
HOUSE OF BLUES	BGH GRUR 1999, 988	**4** 65, 81, 87
HP	EuG T-208/17 v. 24.4.2018	**4** 45, 66
hp	EuG T-207/17 v. 24.4.2018	**4** 45, 66
Hrbek	EuGH C-42/12 P v. 29.11.2012	**12** 193, 205, 263, 266, 267
http://www.cyberlaw.de	BPatG BlPMZ 2000, 294	**4** 116
HUDSON	OLG Frankfurt/Main 6 U 248/16 v. 20.9.2018	**27** 108
hufeland.de	BGH I ZR 288/02 v. 23.6.2005	**12** 52; **17** 11, 20, 21; **22** 26, 27, 28
Huhn/Huhn	EuG T-249/11 v. 14.5.2013	**12** 254
Hummel Holding	EuGH C-617/15 v. 18.5.2017	**31** 17
Hummelfiguren	BGH BGHZ 5, 1	**4** 140, 198
Hundebild	EuG T-187/08 v. 20.4.2010	**28** 62
	EuG T-385/08 v. 8.7.2010	**4** 131
HUP Uslugi Polska	EuGH C-520/08 P v. 24.9.2009	**4** 39, 87, 89, 112, 229; **28** 98
Husky CZ	EuG T-287/13 v. 13.2.2015	**8** 85; **28** 58
HYALSTYLE	EuG T-178/17 v. 18.1.2018	**28** 75
hyphen	EuG T-146/15 v. 13.9.2016	**8** 39, 42
I	EuG T-441/05 v. 13.6.2007	**4** 24, 66
I Marchi Italiani	EuGH C-381/12 P v. 6.6.2013	**12** 174, 209; **14** 8
I. T.@MANPOWER	EuG T-248/05 v. 24.9.2008	**4** 39, 87, 89, 112, 229; **28** 98
IBIZA REPUBLIC	EuG T-311/08 v. 2.7.2009	**12** 183, 193
Ice Mountain Ibiza	EuGH C-412/16 P und C-413/16 P v. 1.3.2018	**10** 61; **12** 52; **28** 106
Ichthyol I	BGH GRUR 2002, 65	**8** 62, 64; **12** 259, 269
Ichthyol II	BGH I ZR 110/03 v. 29.6.2006	**4** 26; **8** 62, 63; **12** 7, 99, 234, 269; **18** 13, 15
ICLOUD/DriCloud	EuG T-223/16 v. 14.7.2017	**12** 149
ICON	BGH I ZR 170/05 v. 26.6.2008	**26** 22
Ideal Standard II	EuGH C-9/93 v. 22.6.1994	**10** 10; **16** 10, 11; **24** 1
IDIRECT24	EuG T-225/14 v. 3.9.2015	**4** 63
idw	BGH I ZB 26/05 v. 13.12.2007	**5** 19; **8** 10, 46, 79; **12** 45, 134, 136, 174, 256, 259, 261, 263; **29** 27

Stichwort	Fundstelle/AZ	§ Rdn.
idw Informationsdienst Wissenschaft	BGH I ZB 39/05 v. 13.12.2007	4 16; 5 19; 8 10, 46, 79; 12 45, 89, 134, 136, 204, 235, 256, 261, 263
IFS	EuG T-462/05 v. 10.12.2008	4 11, 20
iGrill	EuG T-35/17 v. 31.1.2018	4 63
iHotel/i-hotel	EuG T-277/11 v. 13.6.2012	12 263
IKEA/idea	EuG T-112/06 v. 16.1.2008	4 19, 24; 12 97, 111, 136, 137, 266
il Padrone/Il Portone	BGH GRUR 2005, 326	11 6; 12 44, 99, 136, 152, 168
Il Ponte Finanziaria	EuGH C-234/06 P v. 13.9.2007	1 62; 4 30; 8 1, 3, 6, 35, 40, 68, 83, 85; 12 2, 4, 11, 17, 31, 56, 63, 98, 111, 134, 135, 136, 137, 150, 234, 235, 237, 266; 28 106
ilink	EuG T-161/09 v. 16.12.2010	4 63
ILS/ELS	EuG T-388/00 v. 23.10.2002	8 59, 90, 92; 11 6; 12 28, 31, 73, 88, 94, 111, 124, 257, 263; 28 67
Imagination Technologies	EuGH C-542/07 P v. 11.6.2009	4 15, 19, 36, 45, 156; 7 3; 27 52
Imitationswerbung	BGH I ZR 169/04 v. 6.12.2007	1 62; 26 32
Immo-Data	BGH GRUR 1997, 845	17 11, 18; 27 20
IMMUNINE/IMUKIN	BGH GRUR 2000, 890	8 4, 9, 68; 29 21
Imperial Chemical Industries	EuG T-487/07 v. 20.10.2008	28 100
Imperial Chemical Industries/Colmer	EuGH C-264/96 v. 16.7.1998	17 3
Importvermerk	BGH GRUR 1975, 258	5 9
Impuls	BGH I ZR 183/03 v. 18.5.2006	10 54; 15 4; 17 18; 18 3
IMS	BGH GRUR 2002, 626	10 3; 12 44, 47, 52, 58, 174, 261; 17 18
Individual	BGH GRUR 1998, 396	29 50
INDIVIDUELLE	BGH GRUR 2002, 64	1 62; 4 42, 69, 97, 113, 118
Indorata-Serviços e Gestão	EuGH C-212/07 P v. 13.2.2008	1 64; 4 5, 67; 28 96, 106
Indorektal II	BGH BGHZ 123, 30	29 31
Industria de Diseño Textil	EuG T-584/14 v. 9.9.2015	8 19
	EuGH C-575/15 P v. 26.10.2016	8 19
Industrias Alen	EuGH C-422/12 P v. 30.1.2014	28 106
Industrienähmaschinen	BGH I ZR 71/17 v. 20.9.2018	26 14, 23
INDUTEC	LG Düsseldorf 4 O 461/96 v. 21.10.1997	27 68
INFOSECURITY	EuG T-633/13 v. 23.9.2015	4 159
Inlandsvertreter III	BPatG MarkenR 2008, 542	29 2
Innovadiclophlont	BGH BGHZ 131, 122	1 62; 12 15, 86, 155, 162, 205, 234, 235, 236, 237

Stichwort	Fundstelle/AZ	§ Rdn.
INNOVATION FOR THE REAL WORLD	EuG T-515/11 v. 6.6.2013	4 122
Institut der Norddeutschen Wirtschaft e. V.	BGH I ZB 70/10 v. 17.8.2011	4 32, 46, 77; 17 12
Instituto dos Vinhos do Douro e do Porto	EuG T-659/14 v. 18.11.2015	4 72, 234
Intel	EuGH C-252/07 v. 27.11.2008	10 1, 8; 12 23, 24; 13 1, 6, 14, 15, 17, 19, 22, 23, 24, 25, 26, 32, 34, 36
Intelligent Voltage Guard	EuG T-297/07 v. 15.10.2008	4 11, 19, 24, 131
Inter-Union Technohandel	EuG T-278/12 v. 9.12.2014	8 85, 86
INTERCONNECT/T-InterConnect	BGH I ZR 132/04 v. 28.6.2007	12 22, 112, 155, 170, 175, 176, 181, 228, 234, 243; 14 5; 27 53, 74
Interflora	EuGH C-323/09 v. 22.9.2011	10 30, 57, 58, 65, 66, 67; 11 1; 13 1, 4, 22, 32, 33, 38, 42, 44, 45
Internet-Versteigerung I	BGH BGHZ 158, 236	10 25; 11 1; 15 30; 27 30, 33; 31 19
Internet-Versteigerung II	BGH I ZR 35/04 v. 19.4.2007	10 24, 25, 28; 27 15, 23, 26, 29, 30, 31, 33; 31 17
Internet-Versteigerung III	BGH I ZR 73/05 v. 30.4.2008	10 25, 35; 27 11, 22, 23, 24, 30, 31, 33
Internetportal und Marketing	EuGH C-569/08 v. 3.6.2010	4 200, 222; 22 4, 7, 8
INTERTOPS	EuG T-140/02 v. 13.9.2005	4 15, 229
INTESA	EuG T-143/16 v. 4.10.2017	8 19, 85
INTESA/INTEA	EuG T-353/02 v. 13.4.2005	12 32, 75, 76, 104, 137
Intra-Presse	EuGH C-581/13 P und C-582/13 P v. 20.11.2014	12 129; 13 14, 16, 20; 28 106
InvestHedge/HEDGE INVEST	EuG T-67/08 v. 11.6.2009	4 19; 12 100, 111, 167, 263
Investorword	EuG T-360/99 v. 26.10.2000	4 62, 106, 112, 114
IONOFIL	BGH GRUR 1997, 897	12 153, 163, 220
IPS/ISP	BGH I ZR 161/13 v. 5.3.2015	4 43; 10 46, 47; 12 12, 25, 86, 87, 100, 134, 147, 172; 31 17, 18
IRAP	EuG T-253/13 v. 12.11.2015	4 30
Irland/Europäisches Parlament	EuGH C-301/06 v. 10.2.2009	27 89
Iron & Smith	EuGH C-125/14 v. 3.9.2015	1 62; 8 29; 12 202; 13 7, 9, 10, 17, 22, 23, 24, 30
Irreführende Lieferantenangabe	BGH I ZR 47/14 v. 17.9.2015	27 79
ISCO	BGH GRUR 2002, 59	5 16; 8 62, 64, 79; 14 21; 18 16; 31 45
Isdin	EuGH C-597/12 P v. 17.10.2013	4 11; 12 17
ISET/ISETsolar	BGH I ZB 2/14 v. 2.4.2015	12 44, 47, 48
Ivadal	BGH I ZB 8/06 v. 2.4.2009	4 200, 201, 202, 217, 219, 220, 222, 223, 224

Stichwort	Fundstelle/AZ	§ Rdn.
IXI	BPatG 27 W (pat) 87/16 v. 22.1.2019	**29** 23
J. C. Winter	BGH GRUR 1996, 422	**21** 12, 13; **24** 16
J. Portugal Ramos Vinhos	EuGH C-629/17 v. 6.12.2018	**2** 20; **4** 37, 61, 64, 71, 81, 82
Jager & Polacek	EuGH C-402/11 P v. 18.10.2012	**28** 5, 25
Jaguar Land Rover	EuG T-629/14 v. 25.11.2015	**4** 141, 144
James Jones/JACK & JONES	EuG T-11/09 v. 23.2.2010	**12** 210
Japan Tobacco	EuGH C-136/08 P v. 30.4.2009	**13** 14, 17, 36, 38, 48; **28** 87, 88
JAPAN-RAG/JAPRAG	EuG T-406/16 v. 11.7.2017	**28** 96
Jeans	BGH I ZR 151/02 v. 15.9.2005	**12** 58; **26** 16
Jeanshosentasche	BGH GRUR 2001, 734	**4** 128, 144
jello SCHUHPARK/Schuhpark	EuG T-183/08 v. 13.5.2009	**8** 14, 85, 86, 90; **28** 96
Jette Joop	BGH KZR 71/08 v. 7.12.2010	**12** 208; **24** 30, 45
Jijona/Alicante	EuG T-114/96 v. 26.3.1999	**23** 10
Jockey	BFH VII R 89/98 v. 7.10.1999	**27** 120
Jogginghosen	BGH I ZR 73/17 v. 31.10.2018	**31** 5
JOHN LOBB	BGH GRUR 1999, 164	**1** 62; **8** 51, 64; **12** 249, 263
Joker/HOT JOKER	EuG T-326/14 v. 19.4.2016	**4** 118
JOOP!	BGH I ZR 3/09 v. 29.4.2010	**24** 24
Josel	EuGH C-536/17 P v. 17.1.2018	**1** 64; **28** 106
JOY	BGH GRUR 1996, 777	**1** 62; **12** 15, 102, 163, 236
Jugendgefährdende Medien bei eBay	BGH I ZR 18/04 v. 12.7.2007	**27** 27
JUKEBOX/Jukebox	EuG T-589/10 v. 4.7.2013	**28** 38
JUMPMAN/JUMP	EuG T-233/10 v. 25.5.2012	**4** 30; **12** 170
Junek Europ-Vertrieb	EuGH C-642/16 v. 17.5.2018	**16** 3, 40, 41, 43
Junited Autoglas Deutschland	EuGH C-579/14 P v. 4.6.2015	**12** 31; **28** 106
JURADO	EuG T-410/07 v. 12.5.2009	**9** 4, 5; **24** 34; **28** 94
justing	EuG T-103/11 v. 19.1.2012	**7** 8
JUWEL	BGH GRUR 1996, 406	**12** 15, 220
Juwel	OGH MarkenR 2007, 136	**30** 3
	EuG T-31/16 v. 28.11.2017	**4** 122
Jyoti Ceramic Industries PVT	EuGH C-420/14 P v. 5.2.2015	**12** 23, 144, 156
K & L Ruppert	EuG T-86/05 v. 12.12.2007	**8** 92; **28** 58
	EuGH C-90/08 P v. 5.3.2009	**8** 92; **28** 58
K-Swiss	EuG T-14/06 v. 14.12.2006	**28** 92
	EuG T-3/15 v. 4.12.2015	**4** 141
K-Swiss/HABM	EuGH C-144/07 v. 2.10.2008	**28** 92
K/K	EuG T-824/16 v. 13.3.2018	**12** 113
Kahn Scheepvaart/Kommission	EuG T-398/94 v. 5.6.1996	**28** 70
KAJMAN	EuG T-364/13 v. 30.9.2015	**12** 139, 229
Kaleido	BGH I ZB 72/11 v. 22.11.2012	**4** 63, 107
Kappa	BGH I ZR 31/09 v. 20.1.2011	**12** 74, 134, 137, 139

Stichwort	Fundstelle/AZ	§ Rdn.
Karl May	BPatG MarkenR 2008, 119	4 110
Karolus-Magnus	BGH GRUR 1999, 167	8 46, 57
Karomuster in schwarz, dunkelgrau, hellgrau und dunkelrot	EuG T-231/11 v. 19.9.2012	4 128
KARRA/KARA	EuG T-270/10 v. 3.5.2012	8 90
Käse in Blütenform I	BGH GRUR 2004, 329	1 62; 4 58, 82, 145, 238
Käse in Blütenform II	BGH I ZB 46/05 v. 3.4.2008	4 32, 57, 59, 84, 238
Kastanienmuster	BGH GRUR 1991, 914	27 65
Katzenstreu	BGH GRUR 2003, 903	8 94
Kaul	EuG T-164/02 v. 10.11.2004	28 87, 88
	EuGH C-29/05 P v. 13.7.2007	8 92; 28 60, 87, 88, 96
	EuGH C-193/09 P v. 4.3.2010	12 4, 86, 98, 104, 267; 28 60, 106
KD	BGH I ZR 93/09 v. 17.3.2011	8 33; 24 19
keep it easy	EuG T-308/15 v. 20.7.2016	4 122
Keil	EuGH C-37/17 P v. 31.5.2017	4 5, 58; 28 106
keine-vorwerk-vertretung	BGH I ZR 236/16 v. 28.6.2018	10 30, 57, 59; 11 4; 13 1, 4, 14, 17, 27, 43; 14 15, 17; 15 23, 25, 26, 28, 31; 16 19, 20, 31, 32; 24 33
Kellogg's/Kelly's	BGH GRUR 2003, 1047	7 2; 8 3, 22, 24, 46, 55, 73, 82, 85; 12 58, 86, 88, 138, 160, 162, 263; 14 22; 17 20
Kelly	BGH GRUR 2003, 1044	1 62; 12 40, 42, 43, 58, 86, 88, 138, 160, 263, 269; 18 18
Kelly's/welly	EuG T-763/17 v. 29.11.2018	12 86
Kenzo Tsujimoto	EuGH C-87/16 P v. 21.7.2016	13 48
	EuGH C-85/16 P und C-86/16 P v. 13.5.2018	8 90; 12 170, 193; 13 1, 7, 17, 31; 28 67, 106
KENZO/KENZO	EuG T-322/13 v. 22.1.2015	13 7, 48
	EuG T-393/12 v. 22.1.2015	13 7, 31, 48
KENZO/KENZO ESTATE	EuG T-414/13 v. 2.12.2015	13 48
	EuG T-522/13 v. 2.12.2015	13 48
	EuG T-528/13 v. 2.12.2015	13 48
KERRY SPRING	EuG T-131/03 v. 27.7.2004	28 99
Kessel medintim	EuG T-509/15 v. 3.2.2017	28 105
Ketof/ETOP	BGH GRUR 2000, 603	1 62; 4 19; 8 62; 12 72; 29 54
KfA	BGH BGHZ 11, 214	17 16, 23
KICKERS/kicktipp	EuG T-135/14 v. 5.2.2016	28 29
Kids Vits/VITS4KIDS	EuG T-484/08 v. 9.12.2009	4 19; 12 100
KIK	EuG T-120–99 v. 12.7.2001	28 96
	EuGH C-361/01 P v. 9.9.2003	28 1, 7, 55, 67, 106

Entscheidungsregister

Stichwort	Fundstelle/AZ	§ Rdn.
Kinder I	BGH BGHZ 156, 112	1 62; 4 46, 154, 174; 10 3; 12 34, 35, 40, 42, 45, 47, 112, 127, 181, 185, 204, 235, 238, 263; 14 29, 30; 27 45; 31 21
Kinder II	BGH I ZR 6/05 v. 20.9.2007	4 113, 154, 159, 168; 10 3; 12 45, 111, 127, 146, 170, 217, 234, 236, 243, 245, 263; 13 20; 27 23
Kinder III	BGH I ZB 94/06 v. 2.4.2009	4 129, 154, 159, 168; 12 170, 185
Kinder/Kindertraum	EuG T-580/10 v. 16.5.2012	8 76
Kinderhochstühle im Internet I	BGH I ZR 139/08 v. 22.7.2010	26 32; 27 23, 26, 27, 28, 29; 31 12
Kinderhochstühle im Internet II	BGH I ZR 216/11 v. 16.5.2013	27 26, 30, 31, 33, 34
Kinderstube	BGH I ZR 254/14 v. 28.4.2016	5 14; 10 3, 34, 53; 11 4; 12 34, 47, 200, 204, 261; 19 4, 5, 7; 20 12; 27 21, 22, 23; 31 31, 38, 40
Kinderwagen II	BGH I ZR 102/11 v. 12.7.2012	31 32
Kinderwärmekissen	BGH I ZR 168/05 v. 17.7.2008	27 12
Kinderzeit	BGH I ZR 94/04 v. 20.9.2007	4 113, 154, 168; 10 3; 12 45, 111, 146, 170, 217, 234, 236, 243, 245, 259, 261, 263; 13 20; 27 23
KINNIE/KINJI by SPA	EuG T-3/04 v. 24.11.2005	12 32, 111, 126, 136, 217; 28 41, 71
kinski-klaus.de	BGH I ZR 277/03 v. 5.10.2006	21 2, 9; 22 16; 31 5
kipling/ANOKHI	EuG T-548/17 v. 16.10.2018	12 113; 13 7
kiss device with plume	EuG T-198/00 v. 5.6.2002	28 71
Kit Pro u. Kit Super Pro	EuG T-79/01 u. T-86/01 v. 20.11.2002	4 37, 39, 62
KLACID PRO	BGH I ZR 208/05 v. 5.6.2008	4 19; 16 47, 65
Klageerhebung an einem dritten Ort	BGH I ZB 39/13 v. 12.9.2013	31 18
KLEENCARE	EuG T-308/01 v. 23.9.2003	28 87
Kleiderbügel	BGH BGHZ 128, 220	27 76
Kleiner Feigling	BGH GRUR 2004, 598	8 56; 11 5; 12 21, 44, 152, 158, 175, 242, 269; 13 1, 20
Klement	EuG T-211/14 v. 24.9.2015	8 45
	EuG T-317/14 v. 24.9.2015	8 45
	EuGH C-642/15 P v. 1.12.2016	8 39, 45; 28 67
	EuG T-211/14 RENV v. 10.10.2017	8 45
	EuGH C-698/17 P v. 23.1.2019	8 45
Klemmbausteine III	BGH BGHZ 161, 204	26 24
Klingelton	EuG T-408/15 v. 13.9.2016	2 13; 4 110, 111, 151, 152

Stichwort	Fundstelle/AZ	§ Rdn.
Kloster Andechs	OLG München MarkenR 2007, 163	21 2
Klosterstoff	EuG T-844/16 v. 26.10.2017	4 229
Knabberbärchen	BGH GRUR 2003, 519	4 87; 12 45, 160, 190, 266
Knopf im Ohr	EuG T-433/12 v. 16.1.2014	4 150
KNUT – DER EISBÄR	BPatG 33 W (pat) 45/11 v. 2.7.2013	29 18
KNUT – DER EISBÄR/KNUD	EuG T-250/10 v. 16.9.2013	12 211
KOALA/KOALA LAND	EuG T-479/15 v. 14.9.2016	12 174
Kombination von 24 Farbkästchen	EuG T-400/07 v. 12.11.2008	4 130, 138
Kommission/Bundesrepublik Deutschland	EuGH C-132/05 v. 26.2.2008	23 7, 15, 18
KOMPRESSOR PLUS	EuG T-497/09 v. 16.12.2010	4 70
Königsberger Marzipan	BGH I ZB 25/03 v. 15.9.2005	23 7
Koninklijke Philips Electronics	EuGH C-446/09 und C-495/09 v. 1.12.2011	27 122
Kontrollnummernbeseitigung II	BGH GRUR 2001, 448	16 36, 38, 39
Kornkammer	BGH GRUR 2000, 1038	8 1, 46, 51, 57, 71
Koscher + Würtz	EuG T-445/12 v. 26.9.2014	28 87
Kosten bei unbegründeter Abmahnung	BGH GRUR 1995, 167	31 4
Kosten des Patentanwalts	BGH GRUR 2003, 639	31 27
Kosten des Patentanwalts II	BGH I ZR 181/09 v. 24.2.2011	31 28
Kosten des Patentanwalts III	BGH I ZR 196/10 v. 21.12.2011	31 27, 28
Kosten des Patentanwalts IV	BGH I ZR 70/11 v. 10.5.2012	31 28
Kosten eines Abwehrschreibens	BGH I ZB 16/07 v. 6.12.2007	31 12, 42
Kosten für Abschlussschreiben II	BGH I ZR 59/14 v. 22.1.2015	31 61, 63
KOWOG	BGH GRUR 1993, 913	14 15, 17
Kraftfahrzeugfelgen	BGH I ZR 226/14 v. 2.6.2016	15 21
Kreditkontrolle	BGH I ZR 54/10 v. 6.10.2011	27 23
KREMEZIN/KRENOSIN	EuG T-487/08 v. 16.6.2010	8 59
Kreuz auf der Seite von Sportschuhen	EuG T-68/16 v. 17.1.2018	8 42
Kronenthaler	BGH GRUR 1990, 361	27 10
KS Sports IPCo	EuGH C-480/15 P v. 14.4.2016	1 64; 4 24; 12 17, 249, 264; 28 67, 106
Kuchenbesteck-Set	BGH I ZR 26/10 v. 3.2.2011	16 5, 6, 10, 14
Kühlergrill	EuG T-128/01 v. 6.3.2003	4 45, 95, 110, 141, 143
Kühlvorrichtung	BPatG 7 W (pat) 22/16 v. 24.2.2017	29 2
Kupferberg	BGH GRUR 1966, 623	18 21
kurt-biedenkopf.de	BGH GRUR 2004, 619	21 17; 22 20, 26, 31, 33; 27 9, 32
Kurtz	BGH GRUR 2004, 32 .	4 30
L	BGH BGHZ 136, 11	8 68; 17 6, 25, 27; 19 16
L & D	EuGH C-488/06 P v. 17.7.2008	4 159; 12 34, 37, 43, 57, 177, 181; 28 106
L – Van Doren + Q.	EuGH C-244/00 v. 8.4.2003	16 3, 17
L'ECLAIREUR	EuG T-680/15 v. 8.5.2017	8 23; 28 47

Stichwort	Fundstelle/AZ	§ Rdn.
L'Oréal	EuGH C-235/05 P v. 27.4.2006	**12** 4, 63, 86, 114, 126, 144, 154, 164, 193, 206, 266, 267; **28** 106
	EFTA-Gerichtshof E-9/07 u. E-10/07 v. 8.7.2008	**16** 9
	EuG T-426/13 v. 23.9.2015	**8** 87
	EuGH C-611/15 P v. 16.6.2016	**8** 87, 93; **28** 106
	EuGH C-371/16 P v. 8.12.2016	**28** 96
	EuGH C-519/17 P und C-522/17 P bis C-525/17 P v. 30.5.2018	**12** 197; **28** 67
L'Oréal u. a.	EuGH C-487/07 v. 18.6.2009	**1** 62; **10** 30, 31, 32, 63; **11** 1; **13** 1, 4, 14, 22, 23, 27, 32, 38, 42, 43, 44, 46, 47; **15** 4, 28, 30; **26** 31, 33
L'Oréal/eBay	EuGH C-324/09 v. 12.7.2011	**10** 15, 22, 23, 25, 57; **16** 5, 7, 25; **27** 28, 29, 34, 35
L'ORIGINALE ALFREDO/ALFREDO'S GALLERY alla Scrofa Roma	EuG T-97/15 v. 6.7.2016	**12** 170
LÍDL MUSIC/LIDL	EuG T-226/12 v. 27.2.2014	**8** 43; **12** 181
LÍDL MUSIC/LIDL express	EuG T-225/12 v. 27.2.2014	**8** 43; **12** 181
La Baronia de Turis	EuG T-323/03 v. 10.6.2006	**8** 71, 83, 85
LA HUTTE/THE HUT	EuG T-330/12 v. 24.6.2014	**12** 237
La LIBERTAD/LIBERTE american blend	EuG T-205/12 v. 3.7.2013	**12** 174
	EuG T-206/12 v. 3.7.2013	**12** 174
La LIBERTAD/LIBERTE brunes	EuG T-78/12 v. 3.7.2013	**12** 174
La Mafia	EuG T-1/17 v. 15.3.2018	**4** 230, 231
La Mer	EuGH C-259/02 v. 27.1.2004	**4** 45, 200; **8** 3, 5, 6, 14, 22, 36, 71
la PERLA/NIMEI LA PERLA MODERN CLASSIC	EuG T-137/05 v. 16.5.2007	**12** 37, 111, 167, 173, 174, 263; **28** 97, 99
Laboratoire de la mer	EuGH C-662/16 P v. 20.6.2017	**12** 25, 32
LABORATOIRE DE LA MER/LA MER	EuG T-418/03 v. 27.9.2007	**4** 19; **8** 10, 23, 32, 45, 66, 83, 85, 87; **12** 174
Lackmann Fleisch- und Feinkostfabrik	EuG T-236/18 v. 4.7.2018	**28** 96
	EuG T-294/18 v. 4.7.2018	**28** 92
	EuGH C-570/17 P v. 16.1.2018	**28** 106
LAN/LINEAS AEREAS DEL MEDITERRANEO LAM	EuG T-194/09 v. 8.2.2011	**12** 204
Lancôme	EuGH C-408/08 P v. 25.2.2010	**4** 19, 39; **28** 42, 106
Lancôme parfums	EuG T-185/04 v. 11.9.2007	**28** 38
Lancôme parfums et beauté	EuGH C-344/11 P v. 29.3.2012	**8** 74
Land Oberösterreich	EuGH C-115/08 v. 27.10.2009	**1** 58
LAND ROVER/Land Glider	EuG T-71/15 v. 16.2.2017	**12** 170
Landgut Borsig	BGH I ZR 188/09 v. 28.9.2011	**14** 15; **21** 2, 13; **22** 12

Stichwort	Fundstelle/AZ	§ Rdn.
Langenscheidt-Gelb	BGH I ZB 61/13 v. 23.10.2014	**4** 45, 110, 111, 137, 156, 157, 158, 159, 163, 165, 168, 170, 173, 174; **7** 3
Länsförsäkringar	EuGH C-654/15 v. 21.12.2016	**8** 3, 70
LAST MINUTE TOUR/LASTMINUTE.COM	EuG T-114/07 und T-115/07 v. 11.6.2009	**28** 20
Laufzeit eines Lizenzvertrags	BGH X ZR 62/03 v. 13.9.2005	**24** 30
Laytoncrest	EuG T-171/06 v. 17.3.2009	**5** 19; **28** 38, 71, 99
le coq/Le Coq de France	EuG T-457/16 v. 1.2.2018	**12** 179
LE GOMMAGES DES FACADES	EuG T-31/09 v. 10.3.2010	**4** 164
Leche Celta	EuGH C-300/08 P v. 11.6.2009	**12** 75, 111, 137; **28** 106
Lefax/Lefaxin	BGH I ZR 30/05 v. 24.4.2008	**16** 49, 50, 62, 64, 65, 66; **27** 12
Lego Juris	EuGH C-48/09 P v. 14.9.2010	**1** 4; **2** 6, 14; **4** 19, 42, 49, 177, 178, 181, 184, 185, 186, 187, 190, 191
Legostein	BGH I ZB 53/07 und 55/07 v. 16.7.2009	**4** 187, 191; **29** 45, 49, 54
Leidseplein Beheer	EuGH C-65/12 v. 6.2.2014	**10** 30, 32; **12** 41; **13** 1, 4, 31, 42
Leifheit	EuG T-184/17 v. 13.9.2018	**4** 150
Lembergerland	EuG T-55/14 v. 14.7.2015	**4** 234
LEMON SYMPHONY	EuG T-133/08 v. 18.9.2012	**28** 75
Leno Merken	EuGH C-149/11 v. 19.12.2012	**1** 13; **8** 3, 6, 7, 29, 33
Leonardo Da Vinci	BPatG MarkenR 2008, 33	**4** 110
LES PAGES JAUNES/PAGES-JAUNES.COM	EuG T-134/06 v. 13.12.2007	**4** 19, 116; **12** 111, 174; **14** 23; **22** 1; **28** 96
Les-Paul-Gitarren	BGH BGHZ 138, 143	**10** 34; **12** 1, 160; **27** 107
LESTEROL/RESVEROL	EuG T-363/09 v. 16.12.2010	**12** 88
Leuchtballon	BGH I ZR 2/16 v. 14.9.2017	**26** 19, 20, 21, 22
Levi Strauss	EuGH C-145/05 v. 27.4.2006	**1** 46, 62; **4** 94; **10** 4; **12** 40, 41; **27** 1, 45; **29** 34; **32** 9
Leysieffer	BGH GRUR 2004, 512	**1** 62; **10** 47; **14** 21; **17** 8; **18** 4, 5; **24** 39
LEZZO	BPatG 27 W (pat) 28/16 v. 9.5.2018	**29** 52
LG Electronics	EuGH C-88/11 P v. 10.11.2011	**4** 70; **28** 106
LIBERO	BGH GRUR 1999, 245	**1** 62; **12** 4, 249, 263; **29** 18
Libertel	EuGH C-104/01 v. 6.5.2003	**1** 62; **2** 2, 6, 9, 15, 17; **4** 1, 19, 23, 24, 45, 49, 51, 61, 96, 97, 98, 101, 111, 118, 128, 137, 153, 165, 177; **12** 23
LiBRO/LIBERO	EuG T-418/07 v. 18.6.2009	**12** 52, 75, 263, 264; **28** 81, 99
Lichtenstein	BGH GRUR 2003, 882	**4** 62, 68, 72, 73

Entscheidungsregister

Stichwort	Fundstelle/AZ	§ Rdn.
Lichtwer Pharma	EuG T-32/04 v. 16.11.2006	**28** 41, 91
Lidl	EuG T-303/03 v. 7.6.2005	**8** 4, 22, 83, 86, 87, 92; **28** 71
Lidl Belgium	EuGH C-356/04 v. 19.9.2006	**15** 4
Lidl Stiftung	EuG T-715/13 v. 5.5.2015	**28** 71
	EuGH C-224/14 P v. 6.9.2016	**8** 43; **12** 181; **28** 106
	EuGH C-237/14 P v. 6.9.2016	**8** 43; **12** 181
Lidl Stiftung & Co.	EuG T-300/12 v. 8.10.2014	**8** 23, 87
LIFE BLOG/LIFE	EuG T-460/07 v. 20.1.2010	**12** 158, 170; **28** 98
Life Sciences Partners/LifeScience	EuG T-413/07 v. 11.2.2009	**12** 181
LIFE/life coins	EuG T-444/17 v. 15.10.2018	**12** 158
Liffers	EuGH C-99/15 v. 17.3.2016	**27** 61
Lifting-Creme	EuGH C-220/98 v. 13.1.2000	**4** 23
LIGHT & SPACE	EuG T-224/07 v. 10.10.2008	**4** 19
LIKEaBIKE	BGH I ZR 124/06 v. 28.5.2009	**26** 20, 21
Likörflasche	BGH GRUR 2001, 56	**4** 95, 109, 110, 128, 148
Lila	BGH BGHZ 75, 7	**12** 132
Lila-Postkarte	BGH GRUR 2005, 583	**1** 62; **10** 30, 42; **13** 4, 29, 34; **15** 5; **26** 1
Lila-Schokolade	BGH GRUR 2005, 427	**10** 3, 5, 42; **12** 39, 120, 263
Lili	BGH GRUR 1966, 493	**12** 138
Limbic® Map	EuG T-513/15 v. 16.2.2017	**4** 52, 65
Limbic® Sales	EuG T-517/15 v. 16.2.2017	**4** 52, 65
Limbic® Types	EuG T-516/15 v. 16.2.2017	**4** 52, 65
LIMES LOGISTIK	BGH I ZB 40/09 v. 24.6.2010	**4** 199, 202, 209; **29** 57
LIMO	EuG T-311/02 v. 20.7.2004	**4** 13, 19, 52, 63
LIMONCHELO/Limoncello di Capri	EuG T-210/05 v. 12.11.2008	**4** 19; **12** 156, 197, 201, 267
LIMONCHELO/Limoncello I	EuG T-7/04 v. 15.6.2005	**12** 64, 142, 156, 163, 178, 201, 217
LIMONCHELO/Limoncello II	EuG T-7/04 v. 12.11.2008	**4** 19; **10** 3; **12** 156, 178, 197, 201, 267; **28** 67, 70
Linde	EuGH C-53/01 bis C-55/01 v. 8.4.2003	**2** 2; **4** 5, 49, 58, 61, 82, 85, 96, 110, 111, 128, 140, 178
LINDERHOF/LINDENHOF	EuG T-296/02 v. 15.2.2005	**12** 91, 104, 126, 170, 262, 263, 268
LINE/Line	EuG T-499/08 v. 18.10.2011	**12** 264
Link economy	BGH I ZB 56/09 v. 21.12.2011	**4** 41, 65, 113, 124
LINK/WORLDLINK	EuG T-325/04 v. 27.2.2008	**4** 16, 112; **12** 126, 173, 181; **28** 60, 71
LION DRIVER	BGH GRUR 1999, 733	**12** 112, 183
Lions	BGH BGHZ 139, 340	**4** 24, 35; **12** 53, 64, 73, 89, 112, 134, 136, 181, 183, 187

Stichwort	Fundstelle/AZ	§ Rdn.
LIQUIDROM	BGH I ZB 44/14 v. 15.10.2015	**4** 200, 201, 202, 203, 209, 222
LITE	EuG T-79/00 v. 27.2.2002	**4** 5, 58, 109, 122; **28** 71
Literaturhaus	BGH GRUR 2005, 517	**17** 6, 10, 17; **21** 5; **26** 10
LIVE RICHLY	EuG T-320/03 v. 15.9.2005	**4** 24, 62, 95, 109, 120, 122; **28** 67, 96, 103
Lizenzanalogie	BGH GRUR 1990, 1008	**27** 65, 66
LLAMA/YAMAS	EuG T-15/17 v. 20.4.2018	**12** 75
Lloyd Schuhfabrik Meyer	EuGH C-342/97 v. 22.6.1999	**4** 24, 35; **12** 2, 4, 5, 11, 15, 23, 34, 35, 57, 63, 73, 134, 144, 155, 266; **13** 20
LLR-G5	EuG T-539/15 v. 28.9.2016	**4** 19, 24; **12** 263
LOCAL PRESENCE, GLOBAL POWER	BGH GRUR 2001, 1047	**4** 124
Loendersloot/Ballantine	EuGH C-349/95 v. 11.11.1997	**15** 20; **16** 3, 5, 37, 42, 43, 47, 48, 62
LOGO	BGH GRUR 2000, 722	**1** 62; **4** 95, 97, 109, 117, 118
Lokmaus	BGH GRUR 2005, 578	**1** 65; **4** 11, 15, 238; **30** 9
LOKTHREAD	EuG T-339/05 v. 12.6.2007	**4** 35, 114
Longevity Health Products	EuGH C-84/10 P v. 22.10.2010	**4** 19; **12** 100; **28** 106
	EuGH C-222/11 P v. 1.12.2011	**4** 88
	EuGH C-316/11 P v. 21.9.2011	**28** 81
	EuGH C-378/11 P v. 21.9.2011	**28** 81
	EuGH C-81/11 P v. 8.3.2012	**12** 88; **28** 106
	EuGH C-311/14 P v. 20.1.2015	**28** 106
LOOK	BGH GRUR 2001, 1150	**4** 95, 110, 123
LOOKS LIKE GRASS	EuG T-216/02 v. 31.3.2004	**4** 13, 52, 118, 120, 122
LORA DI RECOARO	BGH GRUR 1999, 583	**12** 89, 137, 152, 153, 163, 175, 204, 220
LORIDAN	BPatG BPatGE 28, 125	**5** 8
Löschungsantrag gegen Klagemarke	OLG Frankfurt/Main 6 W 54/17 v. 3.7.2017	**31** 22
Löschungsklage wegen Verfalls	OLG Köln MarkenR 2007, 222	**24** 9
Lotte	EuGH C-586/15 P v. 7.9.2016	**8** 39, 42, 87
	EuG T-41/17 v. 12.7.2018	**8** 42; **28** 102
LOTTO	BPatG GRUR 2004, 685	**3** 3
	BGH I ZB 11/04 v. 14.6.2006	**31** 23
	BGH I ZB 11/04 v. 19.1.2006	**4** 19, 67, 77, 154, 156, 166, 168
LOTTOCARD	BGH I ZR 167/05 v. 10.4.2008	**4** 67; **8** 6, 9, 17, 59, 64, 79, 82, 97; **27** 44; **31** 46
Louboutin	EuGH C-163/16 v. 12.6.2018	**4** 176
Loud	BGH I ZR 19/16 v. 30.3.2017	**27** 26

Stichwort	Fundstelle/AZ	§ Rdn.
Louis Vuitton Malletier	EuGH C-97/12 P v. 15.5.2014	4 24, 110, 111, 140, 143, 160, 162, 171; 5 16; 28 11, 99, 106
	EuG T-359/12 v. 21.4.2015	4 128, 160, 162
Louis Vuitton u. a./eBay	Tribunal de Commerce de Paris CRi 2009, 20	27 27
Loutfi Management Propriété intellectuelle	EuGH C-147/14 v. 25.6.2015	12 1, 4, 23, 25, 63
LSG-Gesellschaft	EuGH C-557/07 v. 19.2.2009	15 5
LTJ Diffusion	EuGH C-94/16 P v. 15.6.2016	28 106
LTJ Diffusion/Sadas Vertbaudet	EuGH C-291/00 v. 20.3.2003	4 24; 10 8; 11 1, 2; 12 23
Lübecker Marzipan	BGH GRUR 1981, 71	23 33
LUCEO	EuG T-82/14 v. 7.7.2016	4 223
Luftentfeuchter	BGH I ZR 208/15 v. 4.5.2017	27 12, 14, 38
Lufthansa AirPlus Servicekarten	EuGH C-216/10 P v. 25.11.2010	12 4, 91; 13 16
Luppy	BGH GRUR 1951, 410	18 21
Lusthansa	OLG Frankfurt/Main GRUR 1982, 319	21 11
Luxor-Luxus	BGH GRUR 1955, 484	10 36
LV/LV POWER ENERGY DRINK	EuG T-372/17 v. 29.11.2018	1 64; 12 193
M MOTOR/MOTORTOWN	EuG T-785/14 v. 18.3.2016	12 214
Médis	EuG T-774/15 v. 15.3.2016	28 93
	EuGH C-313/16 P v. 19.10.2016	28 92
M. G. Demand Holding	KG 5 U 11/13 v. 15.7.2014	27 60
M. I. Industries	EuG T-30/16 v. 15.2.2017	28 96
M2Trade	BGH I ZR 70/10 v. 19.7.2012	24 36
Maalox/Melox-GRY	BGH I ZB 52/09 v. 1.6.2011	4 19, 29; 8 62, 63; 12 21, 25, 147, 220, 221
MAC Dog	BGH BGHZ 138, 349	1 62; 12 249; 13 11; 14 15, 27; 15 29; 24 31; 26 1
MAD	EuG T-152/11 v. 24.5.2012	8 42, 85
MADEIRA	BGH GRUR 1996, 270	2 21; 4 79
MADRIDEXPORTA	EuG T-180/07 v. 16.9.2009	4 72; 28 67
Mag Instrument	EuGH C-136/02 P v. 7.10.2004	4 19, 23, 36, 85, 96, 101, 110, 111, 140, 141, 153, 164, 165
MAG-LITE	BGH GRUR 2000, 888	10 3; 12 165, 189, 191; 14 22
MAGELLAN	EuG T-222/16 v. 27.2.2018	5 9
Maggi	BGH GRUR 1968, 371	6 6
Magic Butler/MAGIC BUTLER	EuG T-123/08 v. 2.9.2010	28 100
Magicrown	EuG T-218/16 v. 16.5.2017	4 62
Magirus	BGH BGHZ 19, 23	10 47; 13 11
MAGLITE	BGH GRUR 2005, 158	4 144
MAGNET 4/MAGNEXT	EuG T-292/12 RENV v. 1.6.2016	12 197
MAICO/Eico	EuG T-668/17 v. 20.9.2018	12 86
Majtczak	EuGH C-266/12 v. 7.2.2013	4 205, 206, 217

Stichwort	Fundstelle/AZ	§ Rdn.
Makalu	BGH GRUR 1998, 1034	**4** 202, 203, 205, 209; **6** 8; **7** 1; **12** 99, 137, 152; **14** 15; **24** 39, 49
Makol	BGH GRUR 1997, 636	**29** 52, 60
Makro Zelfbedieningsgroothandel	EuGH C-324/08 v. 15.10.2009	**16** 12
Malaysia Dairy Industries	EuGH C-320/12 v. 27.6.2013	**4** 1, 199, 200, 201, 205
Malibu	BGH GRUR 1994, 288	**3** 1
Malteserkreuz	EUIPO R 863/2011-G v. 9.7.2015	**12** 183, 193, 226
Malteserkreuz I	BGH I ZB 28/04 v. 11.5.2006	**12** 38, 41, 52, 132, 152, 181, 183, 193, 217, 226, 245; **29** 24
Malteserkreuz II	BGH I ZB 19/08 v. 25.2.2010	**12** 21, 38, 259; **18** 21
Malteserkreuz III	BGH I ZB 18/08 v. 15.2.2010	**8** 94
Malteserkreuz/MALTA CROSS	EuG T-672/15 v. 17.3.2016	**28** 95
Management by Nordschleife/Nordschleife	EuG T-181/14 v. 26.11.2015	**12** 174
MANEX	EUIPO R 1219/2000-3 v. 17.10.2001	**7** 7
MANGO	EuG T-761/14 v. 23.2.2016	**4** 160
MANGO adorably/ADORIABLE und J'ADORE	EuG T-308/08 v. 15.9.2009	**12** 175
MANOU/MANU MANU MANU	EuG T-392/04 v. 14.12.2006	**8** 59, 87; **12** 108, 263; **28** 31
MANPOWER	EuG T-405/05 v. 15.10.2008	**4** 19, 30, 45, 52, 65, 76, 165; **28** 97, 99
manufacturing score card	EuG T-459/05 v. 8.11.2007	**1** 64; **4** 13, 19, 20
map&guide	EuG T-302/03 v. 10.10.2006	**4** 65
MAR-KO/WALICHNOWY MARKO	EuG T-159/11 v. 4.2.2013	**12** 170
Marca/Adidas	EuGH C-425/98 v. 22.6.2000	**10** 8; **12** 3, 4, 5, 11, 15, 266
marions-kochbuch.de	BGH I ZR 166/07 v. 12.11.2009	**27** 34
Maritim	BGH GRUR 1989, 449	**14** 15
Mark1	EuG T-32/15 v. 12.5.2016	**4** 122
	EuG T-844/14 v. 12.5.2016	**4** 122
Markant	BGH WRP 1999, 672	**24** 18
Markenheftchen II	BGH I ZR 201/11 v. 20.6.2013	**27** 14
Markenparfümverkäufe	BGH I ZR 272/02 v. 23.2.2006	**16** 16; **27** 8, 22, 55, 56, 58, 65, 75
Markenregisterfähigkeit einer GbR	BPatG GRUR 2004, 1030	**3** 3
Markenübertragung	OLG München MarkenR 2006, 123	**24** 3
Markenverunglimpfung	BGH BGHZ 125, 91	**13** 42
Market Watch Franchise & Consulting	EuGH C-401/16 P v. 1.12.2016	**28** 106
	EuGH C-402/16 P v. 1.12.2016	**28** 106
marktfrisch	BGH GRUR 2001, 1151	**4** 114
Marktführerschaft	BGH BGHZ 156, 250	**4** 26
Marlboro	EuG T-105/16 v. 1.2.2018	**13** 7
Marlboro-Dach	BGH GRUR 2002, 171	**10** 42; **12** 5, 45, 145, 185, 225, 226, 229, 232

Stichwort	Fundstelle/AZ	§ Rdn.
Marlene Dietrich	BGH BGHZ 143, 214	**17** 24; **21** 2, 5, 17, 18; **24** 15
Marlene-Dietrich-Bildnis I	BGH I ZB 21/06 v. 24.4.2008	**1** 62; **2** 17; **4** 11, 15, 103, 131, 182
Marlene-Dietrich-Bildnis II	BGH I ZB 62/09 v. 31.3.2010	**1** 62; **4** 71, 95, 96, 103, 131, 132
Marmara	EuG T-403/03 v. 7.1.2008	**28** 38
Marpefa	EuG T-708/14 v. 3.2.2015	**28** 93
	EuGH C-181/15 P v. 6.10.2015	**28** 93
MARS/NARS	EuG T-88/05 v. 8.2.2007	**4** 19; **12** 44, 86, 88, 96, 113, 136, 137; **28** 31, 101
MARSHALL/THOMAS MARSHALL GARMENTS OF LEGENDS	EuG T-271/16 v. 8.11.2017	**12** 209
Marszałkowski	EuGH C-177/13 P v. 13.2.2014	**12** 170; **28** 106
Martín Osete	EuGH C-529/17 P v. 22.2.2018	**8** 6, 68
Mart-Stam-Stuhl	BGH I ZR 92/16 v. 23.2.2017	**10** 20
Martin Y Paz Diffusion	EuGH C-661/11 v. 19.9.2013	**10** 2, 30; **12** 1; **16** 15; **24** 24, 38
MASI/MASSI	EuG T-2/17 v. 3.5.2018	**6** 12
Massaker	BPatG 27 W (pat) 511/12 v. 31.7.2012	**4** 231
MASSI/MESSI	EuG T-554/14 v. 26.4.2018	**12** 137
Mast-Jägermeister	EuG T-81/03, T-82/03 und T-103/03 v. 14.12.2006	**12** 118, 132, 245, 263
Matratzen Concord	EuGH C-3/03 P v. 28.4.2004	**12** 2, 4, 23, 63, 144, 146, 155, 163; **15** 1, 3, 16; **28** 106
	EuGH C-295/15 P v. 22.6.2016	**4** 39; **8** 85, 87
Matratzen Concord/Hukla-Germany	EuGH C-421/04 v. 9.3.2006	**4** 1, 30, 32; **12** 202; **15** 16
MATRATZEN CONCORD/MATRATZEN	EuG T-351/08 v. 30.6.2010	**28** 67
MATRATZEN/Matratzen Concord	EuG T-526/14 v. 19.11.2015	**12** 146
Matratzen/Matratzen Markt Concord	EuG T-6/01 v. 23.10.2002	**4** 30, 32; **12** 31, 144, 146, 155, 156, 163, 167, 170, 175, 217; **15** 1; **28** 17
Max	BGH GRUR 1999, 581	**17** 3; **19** 1; **20** 12, 15, 16, 17, 21
maxem.de	BGH BGHZ 155, 273	**21** 2, 6, 12; **22** 12, 15, 16, 33, 35, 36
MaxiBridge	EuG T-132/08 v. 11.6.2009	**4** 19, 67
MAXX/NaraMaxx	EuG T-586/15 v. 22.9.2017	**12** 159
MAZ	BGH GRUR 2003, 901	**29** 57, 60
MB&P/MB	EuG T-463/12 v. 6.11.2014	**4** 19, 24; **8** 41, 85, 86; **12** 44, 86, 100; **28** 96
MBP/ip_law@mbp.	EuG T-338/09 v. 16.9.2013	**12** 176
Mc Fadden	EuGH C-484/14 v. 15.9.2016	**27** 26
Mc Neal/Nael	EuG T-596/13 v. 26.3.2015	**12** 136, 210

Stichwort	Fundstelle/AZ	§ Rdn.
McDONALD'S/MACCOFFEE	EuG T-518/13 v. 5.7.2016	**12** 235
medi	EuG T-470/09 v. 12.7.2012	**4** 63
	EuGH C-410/12 P v. 16.10.2013	**1** 64; **4** 63; **10** 3
medi.eu/deutschemedi.de	EuG T-247/10 v. 6.10.2011	**5** 12
Media-Saturn-Holding	EuGH C-92/10 P v. 13.1.2011	**4** 19, 36, 121, 129; **28** 103
Mediaexpert	EuG T-780/16 v. 20.7.2017	**28** 42
	EuGH C-560/17 v. 13.3.2018	**28** 42
Medicon-Apotheke/MediCo Apotheke	BGH I ZR 30/16 v. 2.3.2017	**4** 19; **10** 46, 48, 51; **12** 35, 47, 48, 137; **24** 31
Medicus.log	BGH I ZB 68/10 v. 7.7.2011	**29** 57
MEDINET	EuG T-378/11 v. 20.2.2013	**7** 8; **11** 4
Medion	EuGH C-120/04 v. 6.10.2005	**1** 4, 5, 62; **10** 1; **12** 2, 4, 23, 62, 63, 144, 146, 155, 209, 216, 217, 218, 220, 243
Medusa	BGH I ZR 175/09 v. 24.11.2011	**10** 3, 42
mega	BGH GRUR 1996, 770	**4** 69
MEGA Brands International	EuGH C-182/14 P v. 19.3.2015	**12** 63, 66, 146, 155, 156, 197; **28** 67, 106
Mega-Kasten-Gewinnspiel	BGH I ZR 212/08 v. 14.10.2010	**32** 4
MEHR FÜR IHR GELD	EuG T-281/02 v. 30.6.2004	**4** 118, 120, 122, 124
Mehrfachverstoß gegen Unterlassungstitel	BGH I ZB 32/06 v. 18.12.2008	**27** 23
Mehrschichtlager	BGH X ZB 1/17 v. 19.9.2017	**29** 49
Meica Ammerländische Fleischwarenfabrik Fritz Meinen	EuGH C-182/16 P v. 26.7.2017	**12** 163; **28** 85, 106
MeinPaket.de	BGH I ZR 231/14 v. 28.1.2016	**27** 27
MEISTERBRAND	BGH GRUR 1998, 932	**1** 62; **12** 37, 90, 204, 207, 234, 249
Meißner Dekor I	BGH GRUR 2002, 618	**15** 29; **27** 30, 53, 59
	OLG Düsseldorf GRUR-RR 2003, 209	**27** 67
Meißner Dekor II	BGH GRUR 2005, 864	**27** 60
Melissengeist	BGH I ZB 70/07 v. 21.2.2008	**4** 159; **29** 53, 57; **31** 23
MEMBER OF €e euro experts	EuG T-3/12 v. 10.7.2013	**4** 232
MEMORY	EuG T-108/09 v. 19.5.2010	**4** 65
MEMORY/EDUCA Momory game	EuG T-243/08 v. 19.5.2010	**12** 171
MEN'Z/WENZ	EuG T-279/10 v. 14.9.2011	**28** 20
MERCATOR STUDIOS/Mercator	EuG T-417/09 v. 29.3.2012	**12** 264
Merck	BGH GRUR 1966, 499	**18** 21
	EuGH C-231/16 v. 19.10.2017	**31** 17
	EuGH C-62/18 P v. 31.5.2018	**8** 59, 65
Merck Genéricos – Produtos Farmacêuticos	EuGH C-431/05 v. 11.9.2007	**1** 40
Merck/Paranova Pharmazeutika	EuGH C-443/99 v. 23.4.2002	**16** 43, 47, 48, 50, 62
Merckle-Merck	BGH BGHZ 45, 246	**29** 21
Mergel u. a.	EuGH C-80/09 P v. 5.2.2010	**4** 13, 24

Entscheidungsregister

Stichwort	Fundstelle/AZ	§ Rdn.
Merker/Archer Maclean's Mercury	EuG T-106/09 v. 9.9.2010	**12** 220, 245
Messer Group	EuGH C-579/08 P v. 15.1.2010	**4** 24; **12** 3, 26, 66, 95, 136, 137, 138, 156, 204, 266, 267; **28** 98
Metall-Fördergurte	OLG Dresden NJWE-WettbR 1998, 98	**31** 53
Metrix	BGH GRUR 1973, 661	**17** 1
Metro	EuG T-191/04 v. 13.9.2006	**28** 33, 99
Metro-Goldwyn-Mayer Lion	EuG T-342/02 v. 16.9.2004	**28** 17
METRO/METROINVEST	EuG T-284/11 v. 25.4.2013	**12** 152
METRO/METRONIA	EuG T-290/07 v. 10.12.2008	**4** 19; **12** 86, 102, 113
METRO/ROLLER's Metro	BGH I ZR 55/10 v. 22.3.2012	**18** 5, 7, 12, 13, 14
METROBUS	BGH I ZR 167/06 v. 5.2.2009	**8** 13; **10** 34, 40; **11** 5; **12** 35, 36, 147, 152, 181, 193, 216, 228, 234, 235, 242, 254, 256, 263; **13** 20; **18** 13, 16, 17; **22** 32; **27** 6, 15
MetroLinien	BGH I ZB 91/11 v. 11.4.2013	**29** 57
Metropolis Inmobiliarias y Restauraciones	EuGH C-374/13 P v. 10.4.2014	**12** 152
Metropolis Inmobiliaris y Restauraciones	EuGH C-509/13 P v. 4.9.2014	**12** 4, 11, 266; **28** 106
Metrosex	BGH I ZR 151/05 v. 13.3.2008	**10** 31, 36, 45, 50; **13** 5; **22** 32, 33; **27** 9, 15, 17
MEY/Ella May	BGH GRUR 2005, 513	**12** 212, 213
MEZZO/MEZZOPANE	EuG T-175/06 v. 18.6.2008	**4** 19; **12** 158, 263, 267
Meßmer-Tee II	BGH BGHZ 44, 372	**27** 61, 65, 67, 71
MF 7	EuGH C-49/13 v. 14.11.2013	**1** 60
mho.de	BGH GRUR 2005, 430	**21** 3, 16; **22** 18, 24, 26, 33, 34
Micardis	BGH I ZR 89/05 v. 13.12.2007	**16** 40, 49
Michael Hölterhoff/Ulrich Freiesleben	EuGH C-2/00 v. 14.5.2002	**10** 30, 32
Michel/Holzmichel	EuG T-263/13 v. 1.10.2014	**12** 156
Micky-Maus-Orangen	BGH GRUR 1963, 485	**6** 7
MICRO CHANNEL	BGH GRUR 1993, 744	**4** 46
MICRO COTTON	BGH I ZR 101/15 v. 3.11.2016	**4** 26, 45, 65, 94; **10** 30, 33, 34, 36, 37, 39; **11** 4; **12** 40; **31** 21
MICRO FOCUS/FOCUS	EuG T-491/04 v. 16.5.2007	**12** 126, 140, 158, 170, 176, 205, 267; **28** 99
Micro-PUR	BGH GRUR 2000, 894	**29** 50
MIDAS/medAS	BGH GRUR 2004, 240	**4** 19; **12** 80, 137, 162
Miguel Cabrera Sánchez	EuGH C-81/08 P v. 13.11.2008	**12** 117, 185; **28** 106
Miguel Torres	EuGH C-405/06 P v. 24.9.2007	**12** 3, 126, 156, 206; **28** 68
	EuGH C-499/17 P v. 14.12.2017	**13** 17; **28** 106
MIKE'S SANDWICH MARKET/Mike's MEALS ON WHEELS	EuG T-0163/04 v. 12.7.2005	**28** 94

Stichwort	Fundstelle/AZ	§ Rdn.
Milchschnitte	BGH I ZB 22/04 v. 25.10.2007	1 62; 4 155, 159, 168, 182, 193, 194
MILES/Biker Miles	EuG T-385/03 v. 7.7.2005	4 24; 11 5; 12 32, 149, 150, 156, 163, 170, 194, 217; 28 99
milko ΔΕΛΤΑ/Milka	EuG T-204/06 v. 10.6.2009	12 92
Millionen-Chance	BGH I ZR 4/06 v. 5.6.2008	26 3, 4
MINI WINI/Stick MiniMINI Beretta	EuG T-247/14 v. 4.2.2016	28 85
Mirabeau	BPatG MarkenR 2008, 32	4 110
Mirtillino/MIRTO	EuG T-427/07 v. 19.3.2010	1 64; 4 24; 12 101
Miss 17	OLG Hamburg GRUR-RR 2006, 182	27 31
Miss Fifties/Fifties	EuG T-104/01 v. 23.10.2002	4 24; 11 6; 12 2, 4, 23, 63, 64, 73, 134, 141, 144, 155, 174, 175, 178, 225, 226, 235, 249, 266
Miss Petite	BGH GRUR 1973, 375	27 61
MISS ROSSI/SISSI ROSSI	EuG T-169/03 v. 1.3.2005	4 19; 12 210, 262, 263, 268; 28 96, 98
Missbräuchliche Vertragsstrafe	BGH I ZR 45/11 v. 31.5.2012	27 14; 31 5
MISTER KEBAP/Mr. KEBAP	EuG T-448/16 v. 29.6.2017	10 3
Mitsubishi	BGH GRUR 2003, 340	16 19, 22; 27 18
Mitsubishi Shoji Kaisha	EuGH C-129/17 v. 25.7.2018	1 4; 4 1; 10 9, 10, 22, 24, 63, 64, 66; 16 5, 35; 26 12
Mitwirkender Patentanwalt	BGH I ZB 6/04 v. 12.8.2004	31 27
MIURA/Miura	EuG T-191/11 v. 25.10.2012	28 4
MIXI	BGH I ZR 142/07 v. 19.11.2009	8 25, 41, 46, 47, 51; 12 21, 47, 48, 221, 234
Mizuno	EuGH C-341/12 P v. 21.3.2013	12 115
Möbelklassiker	BGH GRUR 1999, 418	27 31
mobile.de	EuGH C-418/16 P v. 28.2.2018	8 42, 93; 28 87, 90
mobile/mobile.de	EuG T-322/14 und T-325/14 v. 12.5.2016	8 42
MODAS CHRISTAL/KRISTAL	EuG T-345/15 v. 14.7.2016	8 87
Modelo/negra modelo	EuG T-169/02 v. 15.2.2005	4 24; 8 92; 12 143, 163, 170
MODESS	BGH BGHZ 46, 130	4 202, 203, 209, 218, 219
MOL	EuGH C-468/13 P v. 17.7.2014	12 220
Mon Chérie/MA CHÉRIE	OLG Köln GRUR 2001, 424	27 10
MONACO	EuG T-197/13 v. 15.1.2015	4 72
Mondelez UK Holding	EuG T-112/13 v. 15.12.2016	4 162
Monkey Puzzle/Puzzle	HABM R 911/2006–2 v. 5.6.2007	12 247
MONOFLAM/POLYFLAM	BGH GRUR 1999, 735	4 19; 12 86, 130, 162, 205
Monster Energy	EuG T-633/14 v. 9.9.2015	28 62
	EuG T-583/15 v. 8.6.2016	28 92

Entscheidungsregister

Stichwort	Fundstelle/AZ	§ Rdn.
	EuG T-585/15 v. 8.6.2016	**28** 92
	EuGH C-602/15 P v. 4.5.2016	**28** 62, 106
	EuGH C-603/15 P v. 4.5.2016	**28** 106
	EuGH C-501/16 P v. 16.2.2017	**28** 106
	EuGH C-502/16 P v. 16.2.2017	**28** 106
	EuGH C-678/16 P v. 18.1.2018	**28** 106
MONTANA	BGH GRUR 1995, 583	**8** 8, 9
MONTEBELLO RHUM AGRICOLE/ MONTEBELLO	EuG T-430/07 v. 29.4.2009	**4** 19, 23, 24
Montex	EuGH C-281/05 v. 9.11.2006	**10** 16
Montre	BGH GRUR 2001, 418	**4** 41, 144
MOON	BGH I ZB 15/06 v. 10.4.2007	**29** 2, 53; **31** 10
Mordoro	BGH BGHZ 91, 117	**21** 13
Moreno Marín	EuGH C-139/16 v. 6.7.2017	**4** 9, 19, 49, 61, 71, 79, 96, 120, 121
Morgan & Morgan	EuG T-399/15 v. 19.1.2017	**12** 115
Morgenpost	BGH GRUR 1992, 547	**20** 9
Morpheus	BGH I ZR 74/12 v. 15.11.2012	**27** 26, 27
Morton's of Chicago	EuGH C-468/17 P v. 13.12.2017	**28** 20
MORTON'S/MORTON'S	EuG T-223/15 v. 15.5.2017	**28** 20
Moscow Confectionery Factory ›Krasnyiy oktyabr‹	EuG T-795/16 v. 7.2.2018	**12** 113
	EuGH C-248/18 P v. 11.9.2018	**12** 113
MOST-Pralinen	BGH I ZR 217/10 v. 13.12.2012	**10** 55, 59
MOTOBI B PESARO	EuG T-171/13 v. 2.2.2016	**4** 166
MOTOBI/MOTO B	EuG T-169/13 v. 2.2.2016	**6** 12; **28** 20, 29
Motorbetriebene Seilwinde	EuG T-621/15 v. 5.4.2017	**4** 194
Motorrad Active Line	BGH GRUR 1998, 394	**4** 129
Motorradreiniger	BGH I ZR 63/06 v. 18.12.2008	**4** 201; **24** 22; **27** 3, 7, 55, 57, 58, 65, 72, 73; **31** 12
MOU/KIAP MOU	EuG T-286/02 v. 25.11.2003	**4** 19, 30; **12** 158, 229, 259
MOULDPRO	EuG T-796/17 v. 14.2.2019	**27** 109, 111
Moulin Rouge	Tribunal de Grande Instance de Paris 11/ 12457 v. 30.11.2012	**8** 72
movingpeople.net	EuG T-92/05 v. 6.12.2006	**24** 6; **28** 38
Mozart	EuG T-304/06 v. 9.7.2008	**4** 16, 19, 36; **28** 67, 73, 74, 97
MPA Pharma	EuGH C-232/94 v. 11.7.1996	**16** 3, 5, 25, 42, 43, 44, 47, 48, 52, 54, 56, 62
MPDV Mikrolab	EuGH C-17/08 P v. 6.2.2009	**1** 64; **4** 11, 13, 19, 20, 36; **28** 106
	EuGH C-536/10 P v. 7.7.2011	**1** 64; **4** 63; **28** 106
MPM-Quality	EuG T-215/12 v. 2.10.2014	**12** 31
MR.COOK/M'Cooky	EuG T-288/16 v. 26.4.2018	**12** 137
mt-perfect	BGH I ZR 237/14 v. 7.4.2016	**17** 5, 6, 25, 26

Stichwort	Fundstelle/AZ	§ Rdn.
MTS	BGH GRUR 2000, 892	4 46
Muñoz Arraiza	EuGH C-388/10 P v. 24.3.2011	8 84; 12 197, 263
Muelhens	EuGH C-206/04 P v. 23.3.2006	12 4, 32, 63, 78, 111, 134, 135, 136, 137; 28 106
MULTI FRUITS	EuG T-355/16 v. 17.5.2017	4 65
Münchner Weißwurst	BGH I ZB 73/07 v. 3.4.2008	29 49
MUNDICOLOR/MUNDICOR	EuG T-183/02 und T-184/02 v. 17.3.2004	8 1, 84; 10 8; 12 86, 102, 104, 126, 138, 152; 28 17
Mundipharma	EuGH C-669/13 P v. 21.10.2014	12 11, 155, 266; 28 106
MUNDIPHARMA/MULTIPHARMA	EuG T-144/16 v. 7.11.2017	12 204
MunichFinancialServices	EuG T-316/03 v. 7.6.2005	4 17; 28 98
Municipality of Oslo	EFTA-Gerichtshof E-5/16 v. 8.4.2017	1 4, 5, 24; 4 9, 19, 49, 58, 65, 97, 106, 110, 176, 177, 178, 197, 230, 231; 10 30
Münsterzeichen	BGH BGHZ 19, 23	18 4
MURÚA/Julián Murúa Entrena	EuG T-40/03 v. 13.7.2005	1 64; 4 110; 12 32, 141, 163, 178, 207, 208, 210, 217, 267; 15 1
Muschi-Blix	BGH BGHZ 52, 359	27 57; 32 4
Mustang	BGH GRUR 2004, 865	4 30; 12 21, 155, 156, 158, 174, 220, 225, 226, 229, 233, 242; 17 11, 18; 18 5; 27 58
Mustang – Bekleidungswerke	EuG T-606/13 v. 18.11.2015	13 38, 48
My World	BGH I ZB 34/08 v. 22.1.2009	4 11, 54, 95, 113, 124; 19 8
MYBABY/my baby	EuG T-523/10 v. 27.6.2012	28 29
MyBeauty TV/BEAUTY TV	EuG T-240/11 v. 17.7.2012	28 41
mycard2go	EuG T-675/16 v. 15.5.2018	28 67
Mystery/Mixery	EuG T-99/01 v. 15.1.2003	4 19; 12 3, 34, 57, 99, 111, 136, 138, 263, 267
Naaznheen Investments	EuG T- 250/13 v. 18.3.2015	8 23
	EuGH C-252/15 P v. 17.3.2016	8 3, 6, 23, 68, 83, 86; 28 106
NABER/Faber	EuG T-211/03 v. 20.4.2005	4 19, 20; 12 86, 97, 111, 141, 161
Naher Osten	BGH GRUR 1960, 346	19 16
Nährbier	BGH BGHZ 30, 357	4 156
Naipes Heraclio Fournier	EuG T-160/02 bis T-162/02 v. 11.5.2005	4 23, 58, 83; 28 41
Naipes Heraclio Fournier/HABM	EuGH C-311/05 P v. 4.10.2007	4 23, 58, 83; 28 67
Namensklau im Internet	BGH I ZR 227/05 v. 10.4.2008	27 33
Nanu-Nana Joachim Hoepp	EuG T-498/13 v. 11.12.2014	8 86
	EuG T-89/11 v. 9.7.2015	12 254, 263
	EuGH C-479/15 P v. 14.4.2016	12 254, 263; 28 106
	EuG T-39/16 v. 6.4.2017	28 96

Entscheidungsregister

Stichwort	Fundstelle/AZ	§ Rdn.
NASDAQ/nasdaq	EuG T-47/06 v. 10.5.2007	**13** 6, 7, 46, 48
National Lottery Commission	EuG T-404/10 v. 30.6.2015	**28** 20
National Panasonic/Kommission	EuGH 136/79 v. 26.6.1980	**28** 71
nationalgrid/NorthSeaGrid	EuG T-70/17 v. 27.9.2018	**12** 200
Natur-Aktien-Index	EuG T-285/08 v. 30.6.2009	**28** 97
natura selection/Linea Natura	EuG T-54/09 v. 24.3.2011	**12** 158
Natural Instinct	EuGH C-218/17 P v. 7.9.2017	**28** 96
NATY'S/Naty	EuG T-72/10 v. 26.10.2011	**12** 264
ned tax/NeD Tax	BPatG 29 W (pat) 25/13 v. 3.2.2016	**29** 20
Nelsons	EuGH C-177/15 v. 23.11.2016	**4** 233
Neonart svetlobni in reklamni napisi Krevh	EuG T-221/16 v. 14.11.2016	**28** 100
Nero	BGH I ZR 249/12 v. 10.7.2014	**31** 47, 60
Nestlé	EuGH C-353/03 v. 7.7.2005	**4** 19, 96, 156, 158, 159, 165; **12** 37, 173
Nestlé Unternehmungen Deutschland	EuG T-483/12 v. 15.9.2015	**8** 42, 87
	EuGH C-586/15 P-DEP v. 9.11.2017	**28** 103
Nestlé/HABM	EuGH C-193/06 P v. 20.9.2007	**4** 19; **12** 2, 17, 23, 111, 137, 144, 146, 155, 156, 157, 198
NetCom I	BGH GRUR 1997, 468	**17** 3, 11, 18; **18** 5, 13, 15; **19** 1; **27** 20
NetCom II	BGH Mitt. 2003, 71	**18** 15
NETGURU	EuG T-54/16 v. 17.1.2017	**4** 122
Netto Marken-Discount	BPatG 29 W (pat) 573/12 v. 8.5.2013	**5** 12
	EuGH C-420/13 v. 10.7.2014	**2** 2; **5** 5, 12, 18
Neurim Pharmaceuticals	EuG T-218/06 v. 17.9.2008	**28** 59, 61, 64, 65, 74, 80
NEURO-VIBOLEX/NEURO-FIBRAFLEX	BGH GRUR 2004, 783	**12** 86, 87, 91, 99, 160, 162, 204, 206; **14** 13, 15, 16, 18
NEUSCHWANSTEIN	EuG T-167/15 v. 5.7.2016	**4** 11, 77
Neuschwanstein	BGH I ZB 13/11 v. 8.3.2012	**4** 11, 16, 103, 107, 108; **31** 23
NEUTREX	BGH BGHZ 127, 262	**3** 1; **24** 4
	BGH I ZR 28/05 v. 24.11.2005	**8** 72
New Born Baby	EuG T-140/00 v. 3.10.2001	**4** 36, 109
NEW LOOK	EuG T-435/07 v. 26.11.2008	**4** 30, 160
NEW MAN	BGH GRUR 1991, 136	**4** 134
NEW WAVE CZ	EuGH C-427/15 v. 18.1.2017	**27** 80
New Yorker SHK Jeans	EuGH C-621/11 P v. 18.7.2013	**8** 92; **28** 60, 88
nfon	EuGH C-193/13 P v. 16.1.2014	**12** 111, 266; **28** 106
Nichols	EuGH C-404/02 v. 16.9.2004	**2** 4; **4** 19, 61, 110, 111, 126; **15** 1
Nickelfreie Edelstahlschließen	OLG Frankfurt/Main 6 U 197/16 v. 23.11.2017	**27** 41
Niederlegung der Inlandsvertretung	BGH Xa ZB 24/07 v. 11.2.2009	**29** 2
Nikolajeva	EuGH C-280/15 v. 22.6.2016	**27** 5, 52

Stichwort	Fundstelle/AZ	§ Rdn.
NIMEI LA PERLA MODERN CLASSIC/la PERLA	EuG T-59/08 v. 7.12.2010	13 48
Nintendo	EuGH C-24/16 und C-25/16 v. 27.9.2017	31 17
Nissan Jidosha	EuG T-572/12 v. 4.3.2015	9 8
	EuGH C-207/15 P v. 22.6.2016	9 8
Nitrangin	BGH GRUR 1998, 815	1 62; 4 19; 12 53, 153, 163; 31 43
Nivea-Blau	BGH I ZB 65/13 v. 9.7.2015	4 26, 110, 137, 153, 155, 157, 168
NL	EuG T-117/03 bis T-119/03 und T-171/03 v. 6.10.2004	2 4; 4 24, 39; 12 3, 32, 113, 136, 168, 170, 225, 226, 237
NO LIMITS	EuG T-43/17 v. 10.7.2017	28 66
Nobel/NOBEL	EuG T-382/12 v. 19.6.2014	12 263
Noblesse	BGH I ZR 322/02 v. 6.10.2005	27 61, 63, 77, 79
Nokia	EuGH C-316/05 v. 14.12.2006	27 1, 12
NOKY/NICKY	EuG T-396/04 v. 23.11.2005	12 95, 105, 136
NOMAFOAM/ARMAFOAM	EuG T-172/05 v. 10.10.2006	4 30; 12 88; 28 96
NORMA	BGH I ZB 10/03 v. 15.9.2005	8 10, 12, 14, 79
NORMA/Yorma Eberl	EuG T-229/14 v. 16.6.2015	12 57
NORMA/YORMA'S	EuG T-213/09 v. 15.2.2011	12 254
Noscira	EuGH C-69/12 P v. 21.9.2012	28 93
Notarielle Unterlassungserklärung	BGH I ZR 100/15 v. 21.4.2016	27 12
NOVA/LR nova pure	EuG T-202/14 v. 26.1.2016	12 224
Novar	EuG T-726/14 v. 17.2.2017	28 86
Novartis	EuG T-678/15 und T-679/15 v. 15.12.2016	4 128
Novomatic	EuGH C-342/16 P v. 6.12.2016	4 118; 28 106
NOVUS/NOVUS	EuG T-89/17 v. 19.6.2018	12 263
Now Wireless	EuG T-278/13 v. 30.1.2015	8 36, 83
NRJ/SKY ENERGY	EuG T-184/16 v. 6.10.2017	12 75
NSU-Fox/Auto-Fox	BGH GRUR 1954, 123	12 217
NSU/NSU	EuG T-541/15 v. 20.6.2017	8 85
Nuño	EuGH C-328/06 v. 22.11.2007	6 4, 10
NUEVA	EuG T-61/13 v. 21.5.2014	28 81
Numtec-Interstahl	OGH 4 Ob 308/00y v. 19.12.2000	10 54
Nuna International	EuG T-195/12 v. 23.9.2014	12 264
NURSERYROOM	EuG T-173/03 v. 30.11.2004	4 65
Nußknacker	BGH GRUR 1959, 541	19 16
O 2 Holdings	EuGH C-533/06 v. 12.6.2008	10 1, 8, 10, 23, 24, 33; 11 2; 12 4, 28, 29, 248; 15 4; 26 6, 31
OBELIX/MOBILIX	EuG T-336/03 v. 27.10.2005	4 20; 12 88, 105, 137, 234, 250, 253, 257, 263, 264; 28 31, 96
Oberbank	EuGH C-217/13 v. 19.6.2014	1 62; 2 6; 4 9, 19, 46, 96, 156, 158, 165, 168, 170, 173; 7 3

Stichwort	Fundstelle/AZ	§ Rdn.
Oberfläche mit schwarzen Punkten I	EuG T-331/10 v. 8.5.2012	4 192
Oberfläche mit schwarzen Punkten II	EuG T-416/10 v. 8.5.2012	4 192
OC ocean club Ibiza/ocean ibiza	EuG T-5/15 v. 25.5.2016	12 174
	EuG T-6/15 v. 25.5.2016	12 174
OCEAN THE GROUP/ocean beach club ibiza	EuG T-753/14 v. 25.5.2016	28 38, 77
OCTASA/PENTASA	EuG T-502/12 v. 9.4.2014	12 87
OEM-Version	BGH GRUR 2001, 153	16 13
Offizielles Euro-Symbol	EuG T-195/00 v. 10.4.2003	10 24, 26; 12 113; 28 96, 98
OFFROAD	BGH I ZR 44/07 v. 2.12.2009	12 21, 228; 15 14, 27
OFFSHORE LEGENDS/OFFSHORE 1	EuG T-305/07 und T-306/07 v. 16.9.2009	8 84
OFTEN/OLTEN	EuG T-292/08 v. 13.9.2010	28 87
Okalux	EuG T-126/08 v. 10.2.2009	28 5, 98
OKATECH	EuG T-419/07 v. 1.7.2009	28 66, 73, 81
ÖKO-Test Label	OLG Düsseldorf I 20 U 152/16 v. 30.11.2017	10 44
ÖKO-Test Verlag	EuGH C-690/17 v. 17.1.2019	10 44
Olé	BGH GRUR 1992, 514	4 30
OLDENBURGER	EuG T-295/01 v. 15.10.2003	4 61, 72
oli/OLAY	EuG T-240/08 v. 8.7.2009	4 19; 12 111, 267
Olivetel	EuG T-28/17 v. 17.5.2017	28 100
OLLY GAN/HOOLIGAN	EuG T-57/03 v. 1.2.2005	12 75, 79, 94, 106, 136, 137; 28 31, 56, 96
Olympia Special	OLG Frankfurt/Main 6 U 122/17 v. 1.11.2018	1 35
Olympia-Rabatt	BGH I ZR 131/13 v. 15.5.2014	1 35; 13 21
OMEGA	BGH GRUR 2001, 416	4 41, 144
Omega International	EuG T-695/14 v. 3.12.2015	4 109, 128
OMEGA/Ω OMEGA	EuG T-90/05 v. 6.11.2007	14 23; 24 41
OMEPRAZOK	BGH GRUR 2002, 540	4 15, 88, 108, 229
Omnicare	EuGH C-587/11 P v. 18.9.2012	28 38
	EuGH C-588/11 P v. 18.9.2012	28 38
	EuGH C-587/11 P-R u. C-588/11 P-R v. 19.7.2012	28 92
OMNNICARE/OMNICARE	EuG T-277/06 v. 7.5.2009	28 63
Opel-Blitz II	BGH I ZR 88/08 v. 14.1.2010	10 23, 30, 34; 12 260, 264; 13 28
Optima	EUIPO R 331/2006-G v. 27.9.2006	28 38
OPTIONS	EuG T-91/99 v. 30.3.2000	4 96, 160
Orange	EuG T-173/01 v. 9.10.2002	4 15, 96, 97, 111, 137, 138, 139; 5 19; 8 83; 28 11, 71
Orange Einfärbung des Zehenbereichs einer Socke	EuG T-547/08 v. 15.6.2010	2 5; 4 19, 24, 150
Orange und Grau	EuG T-234/01 v. 9.7.2003	4 138
Ordnungsmittelandrohung nach Prozessvergleich	BGH I ZB 3/12 v. 3.4.2014	27 22

Stichwort	Fundstelle/AZ	§ Rdn.
Orifarm	EuGH C-400/09 und C-207/10 v. 28.7.2011	**16** 42, 43
Original Eau de Cologne	EuG T-556/13 v. 25.11.2014	**4** 79
ORIGINAL excellent dermatest 3-star-guarantee	EuG T-801/17 v. 14.12.2018	**4** 162
Original Oettinger	BGH GRUR 2002, 1074	**23** 6, 20, 22, 27, 28, 29
ORIGINE GOURMET/GOURMET	EuG T-572/15 v. 8.9.2017	**28** 77
Orion	BGH I ZR 156/10 v. 25.4.2012	**8** 25, 27, 32, 97
Ornua Co-operative	EuGH C-93/16 v. 20.7.2017	**1** 14; **4** 34; **10** 30; **12** 4, 23, 63; **13** 1, 9, 43; **14** 25; **15** 26, 30, 31; **27** 5
ORO/SELEZIONE ORO Barilla	EuG T-344/03 v. 5.4.2006	**4** 32, 159; **12** 41, 43, 174, 202, 243; **28** 31
Örtlich begrenzte Verkehrsgeltung	BGH BGHZ 16, 82	**6** 2, 7
OSCAR	BGH I ZR 75/10 v. 8.3.2012	**10** 20, 34; **12** 5; **31** 17, 31, 32
OSHO	EuG T-670/15 v. 11.10.2017	**4** 231
Österreich.de/österreich.de	OLG München GRUR 2006, 686	**22** 2
OSTSEE-POST	BGH I ZR 78/06 v. 2.4.2009	**4** 67, 168; **10** 3; **12** 20, 45, 234; **13** 20; **15** 14, 27; **31** 32
Ott International	BGH GRUR 1991, 393	**25** 3
OTTO	BGH GRUR 2005, 1047	**8** 10, 12, 14, 83; **18** 4
OTTO CAP	BGH I ZR 49/12 v. 31.10.2013	**10** 42; **12** 181, 254, 256; **13** 6, 7, 12, 30, 43, 44; **27** 19, 103
OUI	BGH I ZB 39/15 v. 31.5.2016	**4** 41, 42, 107, 113, 123; **29** 54
Out of the blue	EuG T-344/13 v. 19.11.2014	**28** 21, 22
OUTBURST/OUTBURST	EuG T-214/08 v. 28.3.2012	**8** 85, 86, 92
OUTDOOR PRO/Out Door	EuG T-224/16 v. 5.5.2017	**12** 170
Outils WOLF/Wolfskopf	EuG T-570/10 v. 22.5.2012	**13** 25
Outsource 2 India	EuG T-340/16 v. 31.5.2018	**4** 213
OXFORD/Oxford Club	BGH I ZB 45/16 v. 9.11.2017	**12** 21
Oxygenol II	BGH GRUR 1995, 216	**1** 62; **12** 2, 249
P&G PRESTIGE BEAUTE/Prestige	EuG T-366/07 v. 13.9.2010	**12** 174
P@YWEB CARD und PAYWEB CARD	EuG T-405/07 u. T-406/07 v. 20.5.2009	**4** 30, 66, 112; **28** 71
Pèra-Grave	EuGH C-249/14 P v. 9.7.2015	**12** 137; **28** 106
P/P	EuG T-350/15 v. 11.10.2016	**12** 115
P/P PRO PLAYER	EuG T-349/15 v. 24.11.2016	**12** 115
P3-plastoclin	BGH GRUR 1995, 808	**12** 195, 205
packaging	EuG T-64/09 v. 8.9.2010	**4** 62
Paco Rabanne	OLG Hamburg GRUR-RR 2002, 96	**16** 6
PAGINE GIALLE	EuG T-589/11 v. 20.11.2012	**4** 30
Pago	EuGH C-301/07 v. 6.10.2009	**13** 1, 6, 7, 9
	EuG T-349/09 v. 6.7.2010	**28** 103
PAKI	EuG T-526/09 v. 5.10.2011	**4** 231

Stichwort	Fundstelle/AZ	§ Rdn.
PAL	EuG T-397/15 v. 14.12.2016	8 42, 43
Palette	EuG T-387/06 bis T-390/06 v. 10.10.2008	4 11, 16, 141
Pall	EuGH C-238/89 v. 13.12.1990	26 30
PALMA MULATA	EuG T-381/12 v. 12.3.2014	8 42
Palmolive	BGH BGHZ 41, 187	12 109
PAM-PAM/PAM-PIM'S BABY-PROP	EuG T-133/05 v. 7.9.2006	8 92; 11 6; 12 86, 99, 104, 149, 167, 175, 226, 259
PAM/PAM PLUVIAL	EuG T-364/05 v. 22.3.2007	8 92; 12 174, 263
Pandalis	EuGH C-194/17 P v. 31.1.2019	8 3, 6, 45; 28 106
Panorama	EuG T-339/07 v. 28.10.2009	4 19, 24
Panrico	EuGH C-655/15 P v. 2.3.2017	28 106
Panther	EuG T-113/16 v. 30.1.2018	12 27
Pantogast	BGH I ZB 55/05 v. 29.5.2008	10 3; 11 6; 12 20, 48, 90, 152, 156, 224, 228, 229, 235; 29 25, 28
Pantohexal	BGH I ZB 54/05 v. 29.5.2008	10 3; 11 6; 12 20, 48, 90, 152, 156, 220, 235, 243; 29 25
PAPAGAYO ORGANIC	EUIPO R 233/2012-G v. 18.7.2013	8 59; 12 263
PAPERLAB	EuG T-19/04 v. 22.6.2005	4 63
PAPPAGALLO	BGH GRUR 2000, 883	12 112, 152, 158, 163, 181, 187, 257, 263, 264
parameta/PARAMETRICA	EuG T-495/11 v. 30.1.2014	28 29
Paranova/Merck	EuGH C-3/02 v. 8.7.2003	16 49
Parfumflakon	BGH I ZR 1/11 v. 28.6.2012	31 17
Parfumflakon III	BGH I ZR 1/11 v. 27.11.2014	31 17
Parfummarken	BGH I ZR 164/16 v. 9.11.2017	10 11, 24; 31 17
Parfums Christian Dior	EuGH C-337/95 v. 4.11.1997	16 3, 19, 22, 24, 29, 30
Parfums Christian Dior II	EuGH C-300/98 u. C-392/98 v. 14.12.2000	27 95
Parfümtester	BGH I ZR 63/04 v. 15.2.2007	1 62; 16 7, 24
Parfümtestkäufe	BGH I ZR 27/03 v. 23.2.2006	27 23, 56, 75, 76, 80, 84, 90, 104
Parkhotel	BGH GRUR 1977, 165	17 16, 21
PARKWAY	EuG T-268/15 v. 8.11.2016	4 129
partitodellaliberta.it/PARTIDO DELLA LIBERTA	EuG T-321/11 v. 14.5.2013	28 21
Partner with the Best	BGH GRUR 2000, 323	4 41, 87, 109, 117, 124
Partnerprogramm	BGH I ZR 109/06 v. 7.10.2009	10 54; 15 27; 27 60
PASH/BASS	EuG T-292/01 v. 14.10.2003	4 24; 12 4, 91, 96, 136, 137, 263; 28 87, 103
Passaia/BASKAYA	EuG T-170/11 v. 12.7.2012	8 35
PAST PERFECT	EuG T-133/06 v. 23.10.2008	4 19, 62, 87, 109
Patentconsult	EuG T-335/07 v. 16.12.2008	4 13, 24
Pax	EuG T-238/06 v. 28.2.2007	28 100

Stichwort	Fundstelle/AZ	§ Rdn.
PayPal	EuG T-132/16 v. 5.5.2017	**4** 205, 220, 223
Pays d	EuG T-114/99 v. 9.11.1999	**23** 10
pcb	BGH I ZR 139/07 v. 22.1.2009	**8** 97; **10** 36, 59; **15** 15, 27; **31** 4, 5
Peak Holding	EuGH C-16/03 v. 30.11.2004	**16** 3, 5, 12
Pear/Apple	EuG T-215/17 v. 31.1.2019	**12** 117
PEDRO/Pedro del Hierro	EuG T-38/13 v. 8.5.2014	**8** 86; **12** 211
PEE-WEE	BGH GRUR 2004, 712	**15** 3, 16, 27
Peek & Cloppenburg	EuGH C-456/06 v. 17.4.2008	**16** 5
	EuGH C-325/13 P u. C-326/13 P v. 10.7.2014	**18** 22; **28** 20, 21, 22
	EuGH C-325/13 P-DEP u. C-326/13 P-DEP v. 3.7.2017	**28** 103
	EuGH C-148/17 v. 19.4.2018	**7** 9, 11
Peek & Cloppenburg I	BGH I ZR 174/07 v. 31.3.2010	**18** 21, 22; **22** 26, 29, 30
Peek & Cloppenburg II	BGH I ZR 41/08 v. 14.4.2011	**8** 10, 24, 46, 47, 55, 94; **15** 9, **18** 4, 21, 22
Peek & Cloppenburg III	BGH I ZR 60/11 v. 24.1.2013	**18** 21; **24** 45; **26** 26, 28; **31** 31, 32
Peek & Cloppenburg IV	BGH KZR 69/14 v. 12.7.2016	**24** 45
Peek & Cloppenburg Österreich	LG Hamburg 327 O 258/13 v. 1.12.2016	**10** 21
Peek & Cloppenburg/Peek & Cloppenburg	EuG T-506/11 v. 18.4.2013	**18** 22
peerstorm/PETER STORM	EuG T-30/09 v. 8.7.2010	**8** 85
Pelican/Pelikan	BGH KZR 92/13 v. 15.12.2015	**24** 45
Pelikan	EuG T-389/03 v. 17.4.2008	**4** 20; **12** 117, 132, 250, 266; **28** 98
	BGH I ZR 86/10 v. 19.4.2012	**10** 47; **12** 256, 263; **27** 31; **31** 31, 32
	EuG T-136/11 v. 13.12.2012	**8** 72
Pelikan/NEW ORLEANS PELICANS	EuG T-112/17 v. 12.9.2018	**12** 113
PELLICO (fig.)	EUIPO R 2595/2015-G v. 15.6.2018	**8** 61
Pensa Pharma	EuGH C-442/15 P v. 22.9.2016	**28** 67, 87, 96, 106
PENTASA/OCTASA	EuG T-632/15 v. 21.6.2017	**12** 92
PEPEQUILLO/PEPE	EuG T-580/08 v. 19.5.2011	**28** 62
PepsiCo	EuG T-269/02 v. 21.4.2005	**28** 35
	EuGH C-281/10 P v. 20.10.2011	**28** 106
Percy Stuart	BPatG MarkenR 2008, 183	**4** 65
Perfetti Van Melle	EuGH C-353/09 P v. 11.2.2011	**12** 224; **28** 106
Perlentaucher	BGH I ZR 12/08 v. 1.12.2010	**15** 14, 33
PERSONAL SHOP	OGH GRUR Int. 2009, 74	**31** 19
Pferdekopfsilhouette	EuG T-717/16 v. 26.9.2017	**4** 131
Pfizer	EuGH 1/81 v. 3.12.1981	**16** 42
PharmaCheck	EuG T-296/07 v. 21.1.2009	**4** 16, 20, 112, 114
Pharmacia/Paranova	EuGH C-379/97 v. 12.10.1999	**16** 5, 43, 47, 62, 64, 65
PharmaResearch	EuG T-464/07 v. 17.6.2009	**4** 16, 63, 129, 134
Philip Morris Products	EuGH C-497/07 P v. 27.6.2008	**4** 108, 111, 140; **28** 106

Stichwort	Fundstelle/AZ	§ Rdn.
Philips/Remington	EuGH C-299/99 v. 18.6.2002	**1** 4, 5; **2** 1, 17; **4** 1, 9, 49, 51, 85, 110, 128, 133, 143, 153, 155, 156, 165, 168, 176, 177, 178, 185, 186; **12** 59, 190
PHOTOS.COM	EuG T-338/11 v. 21.11.2012	**4** 116, 162
Phytheron/Bourdon	EuGH C-352/95 v. 20.3.1997	**16** 3, 10, 45
Pi-Design u. a.	EuGH C-337/12 P v. 6.3.2014	**2** 9, 10; **4** 45, 49, 177, 187, 192
Piadina-Rückruf	BGH I ZR 250/12 v. 30.7.2015	**23** 21; **27** 38; **31** 4, 47, 60
PIAZZA/PIAZZA del SOLE	EuG T-265/06 v. 12.2.2009	**4** 19; **12** 126
Pic Nic	BGH GRUR 1993, 923	**17** 21
Picasso	EuGH C-361/04 P v. 12.1.2006	**4** 24, 31; **12** 2, 4, 5, 26, 28, 35, 63, 73, 97, 99, 137, 155
PICASSO/PICARO	EuG T-185/02 v. 22.6.2004	**4** 24; **12** 32, 35, 97, 99, 137; **28** 31, 32, 96
PICCOLO/PICCOLOMINI	EuG T-20/15 v. 14.4.2016	**8** 9
Pickwick COLOUR GROUP/PICK OUIC	EuG T-450/07 v. 12.6.2009	**8** 84
Pietra di Soln	BGH I ZR 229/03 v. 5.10.2006	**10** 20; **12** 10; **23** 4, 25; **31** 17
PINAR	BGH I ZR 114/13 v. 17.11.2014	**8** 46, 47, 51, 53, 54; **12** 259; **29** 24
PINE TREE	EuG T-28/09 v. 13.1.2011	**8** 87; **28** 4, 57, 85
PINK LADY/WILD PINK	EuG T-164/17 v. 15.10.2018	**12** 159
Pinto Eliseu Baptista Lopes Canhoto	EuG T-400/15 v. 28.9.2016	**28** 61
Pinzette	EuG T-78/08 v. 11.6.2009	**4** 19, 141
Piper Verlag	EuG T-164/16 v. 17.5.2017	**28** 97
Pippi Langstrumpf	BGH I ZB 25/17 v. 13.9.2018	**4** 41, 46, 65, 107, 119, 126, 153; **29** 54
Pippi-Langstrumpf-Kostüm II	BGH I ZR 149/14 v. 19.11.2015	**26** 22
Pippi-Langstrumpf-Marke	BGH I ZB 97/16 v. 5.10.2017	**4** 41, 46, 107, 119, 126, 153; **29** 54
PIRANHA/PiraÑAM diseño original Juan Bolaños	EuG T-443/05 v. 11.7.2007	**12** 263
Pirelli Tyre	EuG T-447/16 v. 24.10.2018	**4** 192
Pistre	EuGH C-321 bis 324/94 v. 7.5.1997	**23** 6
PITU/LITU	EuG T-187/16 v. 25.1.2017	**12** 86
Pizza & Pasta	BGH GRUR 1991, 153	**19** 4, 7; **20** 7
pjur/pure	BGH I ZR 100/10 v. 9.2.2012	**10** 36, 53; **12** 85
planet e	OLG Hamburg GRUR-RR 2001, 231	**27** 10
PLAYBOY	BGH BGHZ 143, 290	**8** 33
PLOMBIR	BGH I ZB 59/16 v. 6.7.2017	**29** 52, 57
Plus	EuGH C-255/97 v. 11.5.1999	**18** 1
Plus Warenhandelsgesellschaft	EuGH C-324/05 P v. 1.6.2006	**12** 126, 143, 144, 206, 224

Stichwort	Fundstelle/AZ	§ Rdn.
Pneumo/PNEUMO UPDATE	EuG T-327/06 v. 18.2.2008	4 19; 8 76, 84; 12 156, 174, 249
POINT	BGH GRUR 1982, 431	19 4; 20 15
POLAR/POLARIS	EuG T-79/07 v. 26.6.2008	4 19; 11 5; 12 24, 101, 111, 126
Pollo Tropical CHICKEN ON THE GRILL	EuG T-291/09 v. 1.2.2012	4 220, 224, 225; 6 12; 28 96
Polo Club	EuG T-67/15 v. 10.11.2016	12 186
	EuGH C-10/17 P v. 1.6.2017	12 186
POLO-POLO/U. S. POLO ASSN.	EuG T-228/09 v. 13.4.2011	12 108
Polo/Lauren	EuGH C-383/98 v. 6.4.2000	27 117, 122
POLO/ROYAL COUNTY OF BERKSHIRE POLO CLUB	EuG T-214/04 v. 21.2.2006	12 156, 186, 263; 28 67, 94
Polski Koncern Naftowy Orlen	EuG T-339/15 u. T-434/15 v. 16.4.2018	2 9
Polytetra	EuG T-660/11 v. 16.6.2015	8 8
Popp und Zech	EuGH C-17/15 P v. 26.10.2015	4 19, 24; 8 41, 85, 86; 12 44, 81, 86, 100; 28 96, 106
Porsche 911	BGH I ZB 34/04 v. 15.12.2005	4 46, 174
Porsche Boxter	BGH I ZB 33/04 v. 15.12.2005	2 17; 4 57, 82, 141, 144, 154, 156, 194
PORT LOUIS	EuG T-230/06 v. 15.10.2008	4 19, 72
Portakabin	EuGH C-558/08 v. 8.7.2010	10 11, 22, 23, 30, 57, 65; 11 1, 2, 3, 4; 12 2; 15 1, 14, 22, 25, 27; 16 19, 29, 32, 33, 35
PORTE & PORTE	EuG T-386/16 v. 6.10.2017	8 42
Portela & Companhia	EuG T-10/06 v. 11.12.2007	14 23, 24; 28 29, 41, 91, 96, 101
PORTLAND	BPatG 32 W (pat) 193/04 v. 12.10.2005	4 72
POST	BGH I ZR 169/05 v. 5.6.2008	10 3; 13 28; 15 3, 6, 14, 25, 27; 18 19
POST II	BGH I ZB 48/07 v. 23.10.2008	1 62; 4 67, 156, 168, 173; 29 42
POST/BEPOST	EuG T-118/16 v. 20.2.2018	10 3
POST/InPost	EuG T-537/15 v. 26.6.2018	10 3
POST/PostModern	EuG T-13/15 v. 27.6.2017	4 67; 12 150, 234
POST/RegioPost	BGH I ZR 110/06 v. 2.4.2009	13 27
	BGH I ZR 209/06 v. 2.4.2009	10 3; 15 14, 25, 27; 31 32
Posterlounge	BGH I ZR 104/14 v. 30.7.2015	10 34, 54; 15 3, 27; 24 33; 27 27, 51, 57, 59
Postkantoor	EuGH C-363/99 v. 12.2.2004	1 62; 2 1, 18; 4 1, 5, 9, 10, 17, 18, 35, 36, 37, 39, 45, 49, 50, 51, 54, 58, 61, 67, 71, 75, 76, 77, 134, 237, 238; 5 11; 12 176; 27 45
POWDERMED	EuG T-166/06 v. 29.9.2008	4 19, 41, 63

Entscheidungsregister

Stichwort	Fundstelle/AZ	§ Rdn.
POWER BALL	BGH I ZR 51/08 v. 4.2.2010	**10** 54, 55; **15** 4; **27** 23, 26
POWER/Turkish Power	EuG T-34/04 v. 22.6.2005	**4** 30; **12** 126, 143, 206, 224; **28** 96
Powerball/POWERBALL	EuG T-484/09 v. 16.11.2011	**28** 98
PowerPoint	BGH BGHZ 135, 278	**17** 3; **19** 1, 4
Powerserv Personalservice	EuGH C-553/08 P v. 2.12.2009	**4** 19, 30, 45, 52, 65, 76, 155, 160, 165; **28** 97, 99
PRADA/THE RICH PRADA	EuG T-111/16 v. 6.5.2018	**13** 46
Praktiker Bau- und Heimwerkermärkte	EuGH C-418/02 v. 7.7.2005	**5** 12
Pralinenform I	BGH I ZR 22/04 v. 25.1.2007	**10** 3, 4, 24, 33, 34, 41, 42, 43; **12** 29, 34, 45, 59, 189, 190; **31** 21
Pralinenform II	BGH I ZR 17/05 v. 22.4.2010	**10** 3, 4, 20, 24, 42, 43; **12** 45, 58
Pramino/Premeno	EuG T-536/10 v. 8.11.2013	**8** 59
Prana Haus	EuGH C-494/08 P v. 9.12.2009	**4** 11, 19, 65, 71, 81, 114; **28** 106
PRANAHAUS	EuG T-226/07 v. 17.9.2008	**4** 65, 81, 114
Preisknaller	BGH GRUR 2000, 337	**27** 22
Premiere	BGH GRUR 1993, 746	**1** 65
PREMIERE II	BGH GRUR 1999, 728	**4** 65, 123, 155, 237
PRESSO/PRESSO	EuG T-545/15 v. 29.11.2016	**12** 249
Presto/Presto! Bizcard Reader	EuG T-205/06 v. 22.5.2008	**4** 19; **11** 5, 6; **12** 167, 170, 181, 187, 253, 263
PREZAL/PRAZOL	EuG T-95/07 v. 21.10.2008	**4** 19, 24; **12** 100, 104; **28** 33
PRIMA/PRIMART Marek Lukasiewicz [zum Wort »prima«in Spanien]	EuG T-584/17 v. 12.9.2018	**12** 146
PrimeCast	EuG T-373/07 v. 12.11.2008	**4** 29, 58, 67
Pro Fide Catholica	BGH BGHZ 161, 216	**21** 2, 12, 13, 17
PROBIAL/Bial	EuG T-113/12 v. 21.1.2014	**8** 87
Probiotik	BGH I ZR 38/13 v. 8.1.2014	**5** 15, 17; **8** 46, 50, 51, 64, 66
Produkte zur Wundversorgung	BGH I ZB 96/16 v. 11.10.2017	**27** 38, 39, 40
profitbricks.es	BGH I ZR 82/14 v. 28.4.2016	**10** 24, 25; **12** 253; **18** 13, 15; **21** 13; **22** 13, 15, 16, 17, 19, 32, 33, 37; **26** 13; **31** 17, 31
PROMA/PROMAT	EuG T-243/06 v. 10.9.2008	**12** 92, 250, 263
PROMA/Promat	EuG T-300/06 v. 10.9.2008	**12** 92, 263
Promonta	BGH GRUR 1960, 550	**21** 13
Promusicae	EuGH C-275/06 v. 29.1.2008	**1** 3; **15** 5; **27** 89
PROSIMA PROSIMA COMERCIAL S. A./ PROMINA	EuG T-71/08 v. 8.7.2009	**4** 20; **12** 264
PROTECH	BGH GRUR 1995, 408	**4** 41, 63

Stichwort	Fundstelle/AZ	§ Rdn.
PROTI	BGH I ZR 84/09 v. 17.8.2011	8 40
PROTI II	BGH I ZR 84/09 v. 10.1.2013	8 40, 46, 47; 12 235, 236
Proticurd/Protiplus	EUIPO R 247/2016-4 v. 8.11.2016	8 66
Prozeßrechner	BGH GRUR 1977, 539	27 61
PTR/RPT	EuG T-168/07 v. 4.3.2009	12 100, 113, 172
PTV Planung Transport Verkehr	EuGH C-512/06 P v. 26.10.2007	4 65, 97
PUB CASINO Harrys RESTAURANG/ HARRY'S NEW YORK BAR	EuG T-84/14 u. T-97/14 v. 18.2.2016	12 170
PubliCare Marketing Communications	EuG T-358/07 v. 28.4.2008	28 92
PUC	BGH I ZR 126/15 v. 23.2.2017	29 29
Pudelzeichen II	BGH GRUR 1971, 221	27 66
PULEVA-OMEGA 3/OMEGA 3	EuG T-28/05 v. 18.10.2007	12 158, 170, 181, 198
Pulmicort	BGH GRUR 2003, 434	16 48
Puma	BGH GRUR 1998, 818	29 26, 28
	EuG T-692/14 v. 25.2.2016	4 24; 13 17
	EuG T-159/15 v. 9.9.2016	8 90; 13 7; 28 29
PUMA/PUMA	EuG T-62/16 v. 26.9.2018	13 25
PUNCH/PUSH	EuG T-633/15 v. 15.9.2016	12 137
PURA/RAPUR	OLG Hamburg Mitt. 2002, 382	27 67
PURE DIGITAL	EuG T-461/04 v. 20.9.2007	4 15, 19, 36, 45, 156
Q10	EuG T-4/15 v. 7.9.2016	28 12
QR-Code	BPatG 28 W (pat) 535/13 v. 14.10.2015	4 130
	BPatG 30 W (pat) 518/15 v. 20.10.2015	4 130
Quadratische Tafelschokoladenverpackung	BGH I ZB 105/16 v. 18.10.2017	4 46, 147, 179, 180
Quadratische weiße Tabletten mit farbigem Blütenmuster	EuG T-241/05, T-262/05 bis T-264/05, T-346/05, T-347/05, T-29/06 bis T-31/06 v. 23.5.2007	4 108
QuaMa Quality Management	EuG T-225/15 v. 17.1.2017	24 12
	EuGH C-139/17 P v. 25.7.2018	24 12; 28 106
Quantième/Quantum	EuG T-147/03 v. 12.1.2006	4 18, 19, 26; 8 42; 10 8; 12 73, 92, 95, 104, 136, 137, 138, 170, 267
QUARTZ/QUARTZ	EuG T-328/05 v. 1.7.2008	4 19, 24; 12 111, 253
quattro II	BGH GRUR 1997, 366	4 66
Quattro/Quadra	EuGH C-317/91 v. 30.11.1993	18 1
Quelle	BGH GRUR 1990, 37	4 155
QUELLGOLD/Goldquell	BPatG MarkenR 2008, 277	12 100
Quick	EuG T-348/02 v. 27.11.2003	4 15, 123
QUICK GRIP	EuG T-61/03 v. 27.5.2004	4 63
Quick/Glück	BGH BGHZ 28, 320	12 137; 20 8
QUICKY/QUICK	EuG T-74/04 v. 22.2.2006	4 19; 12 111, 137, 157
QUILAPAYÚN/QUILAPAYÚN	EuG T-249/15 v. 11.12.2017	28 18, 29
QUO VADIS/QUO VADIS	EuG T-517/13 v. 29.10.2015	13 48
QWEB/Q2WEB	EuG T-242/07 v. 12.11.2008	4 19; 12 81, 257, 263

Stichwort	Fundstelle/AZ	§ Rdn.
R/R	EuG T-89/12 v. 27.6.2013	12 115
R10/R10	EuG T-137/09 v. 24.11.2010	28 80
Radio Stuttgart	BGH GRUR 1993, 769	19 4, 7
Radio von hier	BGH GRUR 2000, 321	4 109, 110, 123, 124
RadioCom	EuG T-254/06 v. 22.5.2008	4 116; 12 111
Rado-Uhr II	BGH GRUR 2004, 505	4 144
Rado-Uhr III	BGH I ZB 66/06 v. 24.5.2007	4 57, 84, 144, 238
Rafhaelo Gutti	EuG T-504/15 v. 8.3.2017	12 113
Rajani	EuGH C-559/08 P v. 16.9.2010	4 20, 24; 8 73, 74; 11 3; 12 2; 28 68, 106
RAM/MILRAM	EuG T-546/10 v. 22.5.2012	12 174
Rasierer mit drei Scherköpfen	BGH I ZB 12/04 v. 17.11.2005	4 178, 239; 29 17
Rath	EuGH C-488/08 P und C-489/08 P v. 4.12.2009	4 24; 12 86, 96, 104, 174, 259, 263; 28 106
RATIONAL SOFTWARE CORPORATION	BGH GRUR 2001, 162	1 62, 65; 4 41, 69, 113, 117, 118
Räucherkate	BGH GRUR 2005, 419	10 34, 42; 12 112, 117, 183; 17 5, 9; 18 3; 26 1, 7
raule.de	BGH I ZR 11/06 v. 23.10.2008	22 21, 22
RAUSCH/ELFI RAUCH	BGH GRUR 2000, 233	10 8; 12 89, 90, 153, 158, 170, 207, 212
RAUTARUUKKI	EuG T-269/06 v. 19.11.2008	28 11, 94
Ravensburger	EuGH C-369/10 P v. 14.3.2011	4 53, 61, 65
	EuGH C-370/10 P v. 14.3.2011	12 4, 171; 13 16, 20
RBB	BGH GRUR 1998, 165	17 9
	BGH BGHZ 74, 1	17 23
RDM	BPatG 33 W (pat) 58/10 v. 12.6.2012	29 36, 45
READY TO FUCK	BGH I ZB 89/11 v. 2.10.2012	4 231
Real Express	EuGH C-309/15 P v. 8.9.2016	28 16, 25, 60
REAL PEOPLE, REAL SOLUTIONS	EuG T-130/01 v. 5.12.2002	4 120
real,-	EuG T-287/15 v. 28.6.2017	8 12, 86
REAL-Chips	BGH I ZR 71/12 v. 22.1.2014	12 35, 47, 134, 254; 27 15, 17
REAL/real,- QUALITY	EuG T-548/11 v. 26.11.2012	28 96
Reber Holding	EuGH C-141/13 P v. 17.7.2014	1 64; 5 18; 8 3, 4, 6, 26, 89
	EuGH C-414/13 P v. 20.5.2014	8 86; 28 106
RECARO	EuG T-524/12 v. 21.11.2013	8 5
Recaro	EuGH C-57/14 P v. 14.1.2015	8 5, 85
Rechtsanwalt an einem dritten Ort	BGH I ZB 47/09 v. 21.12.2011	31 18
Rechtsberatung durch Lebensmittelchemiker	BGH I ZR 118/09 v. 4.11.2010	27 23
Recrin	BGH GRUR Int. 1969, 257	6 9
Red Bull/Red Dragon	OGH GRUR Int. 2007, 82	13 9
Redpur	EuGH C-86/17 P v. 7.6.2017	28 106
REDROCK/Rock	EuG T-146/08 v. 13.10.2009	4 19, 24

Stichwort	Fundstelle/AZ	§ Rdn.
Redtube/REDTUBE	EuG T-488/09 v. 12.5.2011	28 5
REFLUXCONTROL	EuG T-139/10 v. 21.3.2011	28 100
Regalsystem	BGH I ZR 136/11 v. 24.1.2013	26 9; 31 32
regierung-oberfranken.de	BGH I ZR 131/10 v. 27.10.2011	27 30, 32
Regiopost/Regional Post	BGH GRUR 2004, 949	10 30; 15 3, 15, 16
REICH UND SCHÖN	BGH GRUR 2001, 1042	4 11, 124, 155, 168
Reichweite des Unterlassungsgebots	BGH I ZB 42/11 v. 3.4.2014	27 22
Reliefmotiv	EuG T-283/04 v. 17.1.2007	4 24, 141
René	EuGH C-16/06 P v. 18.12.2008	4 20; 12 4, 5, 11, 86, 88, 105, 137, 234, 235, 240, 249, 250, 253, 257, 263, 264, 266; 28 31, 60, 96, 102, 106
Renfe-Operadora	EuG T-367/15 v. 5.4.2017	28 81
RENNIE	BGH I ZR 172/09 v. 10.2.2011	16 48
REPOWER	EuG T-727/16 v. 21.2.2018	28 66
Repsol	EuG T-308/13 v. 18.11.2014	12 263, 264
	EuGH C-466/13 P v. 22.10.2014	1 64; 12 115, 144, 155, 266, 267; 28 106
Repsol YPF	EuGH C-466/13 P v. 22.10.2014	12 66, 156
Republik Polen	EuGH C-162/17 P v. 16.1.2019	12 144; 28 106
Rescue Tropfen	BGH I ZB 34/15 v. 29.9.2016	27 38
Resellervertrag	BGH I ZR 44/06 v. 26.3.2009	27 65, 66; 31 5
Resistograph	BGH I ZR 134/16 v. 9.11.2017	10 10, 20, 21, 54; 27 23, 79
RESPICORT/RESPICUR	EuG T-256/04 v. 13.2.2007	4 19, 24; 8 59, 63; 12 25, 35, 87, 94, 104, 124, 126, 268; 28 98
RESTORE	EuG T-363/10 v. 15.11.2011	4 30, 52
Restschadstoffentfernung	BGH X ZR 114/03 v. 1.8.2006	24 26; 27 96, 97
Restwertbörse	BGH I ZR 68/08 v. 29.4.2010	27 8
Restwertbörse II	BGH I ZR 55/12 v. 20.6.2013	27 8
Revert/REVERIE	EuG T-246/06 v. 6.5.2008	4 19; 12 92, 104, 156
REVOLUTION	EuG T-654/14 v. 2.6.2016	4 65
REWE Central	EuGH C-22/10 P v. 27.10.2010	4 19; 12 77, 138, 263, 267; 28 106
Rezon	EuG T-337/14 v. 22.4.2014	28 17
Rheinpark-Center Neuss	BGH I ZB 78/10 v. 22.6.2011	4 10, 11, 39, 229
Rialto	BGH GRUR 1991, 155	17 21
RICCI/Romeo has a Gun by Romano Ricci	EuG T-358/15 v. 15.9.2016	12 242; 13 48
	EuG T-359/15 v. 15.9.2016	12 242; 13 48
RIDGE WOOD/River Woods North-Eastern Suppliers	EuG T-80/11 v. 16.5.2013	12 257
RIGIDITE	BGH GRUR 1988, 379	1 65
RIGIDITE II	BGH BGHZ 124, 289	4 237, 238

Stichwort	Fundstelle/AZ	§ Rdn.
Rillenkoffer	BGH I ZR 123/05 v. 30.4.2008	4 26; 10 34, 41, 42, 43; 26 1, 19, 20, 22
Ringelnatz	BPatG MarkenR 2008, 26	4 110
Rintisch	EuGH C-553/11 v. 25.10.2012	4 96; 8 1, 40, 83; 12 235; 32 21
	EuGH C-120/12 P v. 3.10.2013	28 60
	EuGH C-121/12 P v. 3.10.2013	28 60
	EuGH C-122/12 P v. 3.10.2013	28 60
	EuG T-382/14 v. 24.9.2015	28 67
Rioja I	EuGH C-47/90 v. 9.6.1992	23 2
Rioja II	EuGH C-388/95 v. 16.5.2000	23 2
RIOJA/RIOJAVINA	EuG T-138/09 v. 9.6.2010	8 84; 12 263
RIPASSA/VINO DI RIPASSO	EuG T-595/10 v. 18.6.2014	28 67
Rippenstreckmetall II	BGH BGHZ 42, 151	4 46; 29 21
ritter.de	BGH GRUR 2004, 622	31 16
Rivella International	EuGH C-445/12 P v. 12.12.2013	8 32, 35, 83; 10 3; 28 35, 37
RNAiFect/RNActive	EuG T-80/08 v. 28.10.2009	12 87
Robelco/Robeco	EuGH C-23/01 v. 21.11.2002	10 2, 45; 18 4; 26 8
ROBOTUNITS	EuG T-222/02 v. 23.11.2003	4 15, 19, 63, 67
ROCHAS/PATRIZIA ROCHA	EuG T-360/11 v. 10.4.2013	28 81
Roche Nederland	EuGH C-539/03 v. 13.7.2006	31 17
ROCHER-Kugel	BGH I ZB 88/07 v. 9.7.2009	1 62; 4 54, 84, 144, 145, 156, 168, 173, 182, 193, 198; 29 42
Rockbass	EuG T-315/03 v. 8.6.2005	4 13, 32, 52, 63, 114; 28 55, 89, 96, 100
RODA/Castell del Remei ODA	EuG T-101/06 v. 14.11.2007	4 19, 24; 12 88, 104, 178; 14 23
RODA/ODA	EuG T-13/05 v. 25.10.2006	4 19, 24; 12 29, 53, 86, 88, 104; 14 23
ROI ANALYZER	EuG T-233/08 v. 10.9.2010	4 63
Roland	EuG T-631/14 v. 16.7.2015	12 120
	EuGH C-515/15 P v. 14.4.2016	12 120, 217
Rolex	EuGH GRUR Int. 2004, 317	27 122
Rolex-Uhr mit Diamanten	BGH GRUR 1998, 696	10 24; 21 3, 16, 20; 27 99
Rolls-Royce	BGH BGHZ 86, 90	16 30
ROMANTIK	EuG T-213/17 v. 25.4.2018	4 112
Römer GmbH	BGH GRUR 1993, 579	18 21
Römigberg	BGH GRUR 1993, 43	1 62; 4 58, 77
Romuald Prinz Sobieski zu Schwarzenberg/ JAN III SOBIESKI	EuG T-271/09 v. 15.9.2011	28 5
Rosa dels Vents Assessoria	EuGH C-491/14 v. 10.3.2015	1 37; 27 4
ROSALIA/ROSALIA DE CASTRO	EuG T-421/10 v. 5.10.2011	4 24; 12 207
Rosenich	EuG T-527/14 v. 13.7.2017	28 6
Rot Front	EuG T-96/13 v. 28.10.2015	28 20

Stichwort	Fundstelle/AZ	§ Rdn.
Rot-weiße rechteckige Tablette mit einem blauen ovalen Kern	EuG T-398/04 v. 4.8.2004	4 108
	EuG T-398/04 v. 17.1.2006	4 96
	EuGH C-144/06 P v. 4.10.2007	4 19, 36, 37, 85, 96, 106, 108, 110, 140, 143, 164; 28 106
Rote Flüssigkeit, die sich in einer Reihe von Destillierkolben bewegt	HABM BK R 443/10–2 v. 23.9.2010	2 5
Rote Schnürsenkelenden	EuG T-208/12 v. 11.7.2013	4 150
Roter Lego-Stein	EuG T-270/06 v. 12.11.2008	2 14; 4 42, 177, 190, 191
Roter Streifen im Schuhabsatz	BPatG GRUR 1998, 390	4 150
Rotes Kreuz	BGH BGHZ 126, 287	21 2; 27 22
Rotkäppchen/RED RIDING HOOD	EuG T-128/15 v. 16.12.2015	12 129
Roximycin	BGH GRUR 2005, 258	4 15, 62, 108, 229, 233; 29 60
Royal Appliance International/HABM	EuGH C-448/09 P v. 30.6.2010	1 64; 4 19, 24; 12 79, 99, 104, 267; 28 77, 96
Royal County of Berkshire Polo Club	EuG T-581/13 v. 26.3.2015	12 232
	EuGH C-278/15 P v. 14.1.2016	4 11; 12 232; 28 71, 106
ROYAL FEITORIA/ROYAL	EuG T-501/04 v. 15.2.2007	12 32, 167, 174, 263
ROYAL SHAKESPEARE/RSC-ROYAL SHAKESPEARE COMPANY	EuG T-60/10 v. 6.7.2012	13 48
Royalton Overseas	EuG T-556/12 v. 25.11.2014	28 77
RT/RTH	EuG T-371/09 v. 22.5.2012	12 100
Rücktritt des Finanzministers	BGH I ZR 182/04 v. 26.10.2006	21 19
Rügen Fisch	EuGH C-582/11 P v. 10.7.2012	4 5, 33
Russisches Schaumgebäck	BGH GRUR 2005, 414	4 203, 219, 221; 10 4, 34, 41, 42
S 100	BGH GRUR 2004, 510	4 202, 203, 205, 209, 210, 212
SÔ:UNIC/SO	EuG T-356/12 v. 3.4.2014	28 27
S-Bahn	BGH I ZB 34/12 v. 22.5.2014	29 52, 55, 56, 57
S-HE/SHE	EuG T-391/06 v. 23.9.2009	12 28, 47, 81, 86
Sadia/GRUPO SADA	EuG T-31/03 v. 11.5.2005	4 22; 12 52, 76, 113, 124, 146, 155, 163, 180; 28 96
SAEME	EuG T-407/05 v. 6.11.2007	28 28, 29, 88
Safe Skies	EuGH C-326/18 P v. 4.10.2018	4 45
SAFETY 1ST	EuG T-88/06 v. 24.1.2008	4 21, 120
Sägeblatt in blauer Farbe	EuG T-127/06 v. 5.12.2007	4 141, 171
SAINT-HUBERT 41/HUBERT	EuG T-110/01 v. 12.12.2002	4 19; 11 6; 12 4, 109, 150, 211, 263; 28 99
	EuGH C-106/03 P v. 12.10.2004	12 4, 150, 211; 28 101
Saiwa/HABM	EuGH C-245/06 P v. 9.3.2007	4 32, 159; 12 43, 174, 202, 243; 28 31
Salaisons d'Auvergne	EuGH C-6/02 v. 6.3.2003	23 6

Stichwort	Fundstelle/AZ	§ Rdn.
Sali Toft	BGH GRUR 1996, 775	12 163, 167, 170, 176, 220, 229; 29 21, 24
Salvador Benjumea Bravo de Laguna	EuGH C-381/16 v. 23.11.2017	27 114; 31 17
salvent/Salventerol	BGH GRUR 1998, 924	11 6; 12 160, 174
SAM	BGH GRUR 1998, 699	8 36; 24 3, 4, 9, 10
SAM/BIG SAM SPORTSWEAR COMPANY	EuG T-785/17 v. 24.1.2019	14 8, 9, 10
SAMSARA/SAMSARA	EuG T-388/13 v. 26.2.2015	12 263
Sanopharm	BGH GRUR 1998, 940	29 18, 28
SAT.2	EuG T-323/00 v. 2.7.2002	4 18, 37, 39, 58, 112; 28 87
	EuGH C-329/02 P v. 16.9.2004	1 62; 4 5, 19, 23, 36, 37, 39, 49, 58, 97, 109, 112
SB-Beschriftung	BGH GRUR 2004, 1039	10 10; 26 1, 7, 12
Schalungsschloss	EuG T-656/14 v. 28.6.2016	4 191
Schaumstoff Lübke	BGH I ZR 20/10 v. 12.5.2011	10 47
Schenker	EuGH C-93/08 v. 12.2.2009	27 129
Scherkopf	BGH I ZB 9/04 v. 17.11.2005	4 175, 178, 193
Schieving-Nijstad/Robert Groeneveld	EuGH C-89/99 v. 13.9.2001	1 59; 27 95, 109
Schließmechanismus	EuG T-237/10 v. 14.12.2011	4 24, 160, 162
Schlüssel	BGH GRUR 1999, 990	12 132, 134
Schmidt Spiele	EuG T-492/13 v. 3.3.2015	4 128
Schmiermittel	BGH I ZR 135/05 v. 14.2.2008	27 53
Schockwerbung	OLG Frankfurt/Main GRUR 1994, 522	31 53
Schokoladenhase mit rotem Band	EuG T-336/08 v. 17.12.2010	10 42; 12 192
Schokoladenmausform	EuG T-13/09 v. 17.12.2010	4 142
Schokoladenstäbchen I	BGH I ZB 56/11 v. 30.11.2011	29 8
Schokoladenstäbchen II	BGH I ZR 56/11 v. 28.2.2013	2 11; 4 230, 240
Schokoladenstäbchen III	BGH I ZB 39/16 v. 6.4.2017	4 46, 107, 110, 111, 140, 145, 147, 153, 238; 29 54
Schokoriegel	EuG T-28/08 v. 8.7.2009	4 19, 141, 162, 165
Schöner Wohnen in W.	OLG Rostock GRUR-RR 2005, 352	21 20
Schreibinstrument-Design	EuG T-148/08 v. 12.5.2010	4 141; 28 97
Schubladenverfügung	BGH I ZR 216/07 v. 7.10.2009	31 5
Schuh mit 2 Streifen auf der Seite/Schuh mit 3 Streifen auf der Seite	EuG T-479/08 v. 29.9.2011	28 29
Schuhpark	BGH I ZR 49/05 v. 3.4.2008	1 66; 10 45, 49, 50; 12 47, 48, 49, 156, 224; 27 11, 23, 24, 48
Schuhpark/JELLO SCHUHPARK	EuG T-32/03 v. 8.3.2005	11 6; 12 156, 163, 217, 224, 225, 226, 263
Schuhverzierung	BGH I ZB 53/08 v. 20.5.2009	1 63; 4 205; 29 60
Schuldnachfolge	BGH I ZR 34/05 v. 26.4.2007	27 11
Schutzfristüberwachung	BGH GRUR 2005, 971	29 53
Schwarz-weiße Kuhhaut	EuG T-153/03 v. 13.6.2006	12 156, 170, 176

Stichwort	Fundstelle/AZ	§ Rdn.
Schwarzwälder Schinken	BGH I ZB 6/12 v. 3.4.2014	**23** 8; **29** 55, 56, 57
Schweppes	EuGH C-291/16 v. 20.12.2017	**1** 4, 9; **16** 3, 10, 11, 17
Scooters India	EuG T-132/12 v. 30.9.2014	**28** 87
	EuG T-51/12 v. 30.9.2014	**5** 18
SCOPE	EuG T-90/15 v. 16.3.2016	**4** 69
Scotch Whiskey Association	EuGH C-44/17 v. 7.6.2018	**23** 12, 13, 14, 27
Screw You	EUIPO R 495/2005-G v. 6.7.2006	**4** 231
SEAT/MAGIC SEAT	EuG T-363/06 v. 9.9.2008	**4** 19, 24, 30; **11** 5; **12** 24, 181, 193
Sebago und Maison Dubois	EuGH C-173/98 v. 1.7.1999	**16** 9, 15
Sebirán	EuGH C-210/08 P v. 20.1.2009	**12** 57, 126, 168, 174, 178, 198
secret.service.	EuG T-163/16 v. 18.5.2017	**4** 39, 112
Sedo	BGH I ZR 155/09 v. 18.11.2010	**10** 53; **27** 26, 30, 34, 60; **31** 5
Sedonium	EuG T-10/01 v. 3.7.2003	**28** 38, 103
Segmentstruktur	BGH I ZR 58/14 v. 4.5.2016	**26** 17, 19, 20, 21, 22; **27** 15
segnitz.de	BGH I ZR 231/01 v. 9.6.2005	**17** 18; **21** 2; **22** 16, 22, 26; **31** 16, 19
Seicom	BGH GRUR 2005, 871	**1** 62; **10** 47; **17** 5, 18, 25; **18** 4
Seifenspender	BGH I ZR 51/03 v. 16.3.2006	**4** 19; **10** 13, 24; **12** 26
Sektkellerei Kessler	EuGH C-303/97 v. 28.1.1999	**4** 23; **23** 20
Sekundenkleber	OLG Köln MarkenR 2007, 78	**2** 2, 16
Selenium Spezial A-C-E/SELENIUM-ACE	EuG T-312/03 v. 14.7.2005	**1** 64; **4** 39; **12** 32, 112, 174, 181, 204
SELEX/SELEC	EuG T-253/10 v. 29.9.2010	**28** 92
Seniorität	BPatG 27 W (pat) 106/04 v. 20.9.2005	**7** 7
sensixx/Centrixx	EuG T-446/07 v. 5.3.2012	**28** 103
SeparSolidaria/MicroSepar	EuG T-788/17 v. 17.10.2018	**12** 215
Sequestrationskosten	BGH I ZB 105/05 v. 20.7.2006	**31** 52
Sergio Rossi	EuGH C-214/05 P v. 18.7.2006	**12** 262, 268; **28** 96, 101, 106
Sergio Rossi/MARCOROSSI	EuG T-97/05 v. 12.7.2006	**1** 64; **12** 136, 150, 208, 210, 268; **28** 98, 99
Sermion II	BGH GRUR 1997, 629	**1** 62; **4** 19; **16** 40, 43, 50, 62, 65
SEVE TROPHY/Seve Ballesteros Trophy	EuG T-192/09 v. 17.12.2010	**28** 17
Seven for all mankind	EuGH C-655/11 P v. 21.2.2013	**12** 156; **28** 106
Shah	EuGH C-14/12 P v. 30.5.2013	**12** 266, 267; **28** 106
Shaker	EuGH C-334/05 P v. 12.6.2007	**12** 178
SHAPE OF A BOTTLE (3D)	EUIPO R 1649/2011-G v. 16.11.2015	**4** 6
SHARK/Hai	EuG T-33/03 v. 9.3.2005	**1** 64; **12** 32, 56, 129, 134, 136, 140, 263, 264, 266
she/cushe	EuG T-642/13 v. 15.10.2015	**8** 87; **12** 111

Stichwort	Fundstelle/AZ	§ Rdn.
shell.de	BGH BGHZ 149, 191	**15** 2; **21** 2, 3, 10, 16; **22** 12, 14, 16, 26, 29, 31, 33; **26** 1; **27** 9, 58
Sherlock Holmes	BGH BGHZ 26, 52	**19** 4; **20** 13
Shield Mark	EuGH C-283/01 v. 27.11.2003	**2** 4, 9, 10, 13, 14; **28** 6
Shoe Branding Europe	EuGH C-396/15 P v. 17.2.2016	**12** 5, 34, 45, 117, 266; **28** 102, 106
	EuG T-629/16 v. 1.3.2018	**12** 117
	EuG T-85/16 v. 1.3.2018	**12** 117
Shortening	BGH BGHZ 45, 131	**12** 52
Sicherung der Drittauskunft	BGH I ZR 58/16 v. 21.9.2017	**27** 82
Sieben verschiedenfarbige Quadrate	EuG T-293/10 v. 14.6.2012	**2** 16
Sieckmann	EuGH C-273/00 v. 12.12.2002	**2** 4, 9, 10, 12
Siemens	EuGH C-59/05 v. 23.2.2006	**15** 27
Sierpinski-Dreieck	BGH I ZR 191/15 v. 10.11.2016	**10** 30, 34, 36, 42; **27** 51; **31** 35, 47
SIERRA ANTIGUO	BGH I ZB 61/07 v. 3.4.2008	**4** 30; **11** 6; **12** 21, 40, 41, 58, 112, 127, 147, 158, 176, 179, 181, 204, 245, 246, 247
Silberquelle	EuGH C-495/07 v. 15.1.2009	**8** 3, 5, 18, 21
Silenta	BGH BGHZ 112, 316	**8** 32
Silhouette	EuGH C-355/96 v. 16.7.1998	**10** 2, 10; **16** 9
Silk Cocoon/COCOON	EuG T-174/01 v. 12.3.2003	**8** 23; **28** 71
SIM-Lock I	BGH GRUR 2005, 160	**16** 25, 26
SIM-Lock II	BGH GRUR 2005, 448	**16** 26
Simba Toys	EuG T-450/09 v. 25.11.2014	**4** 141, 189; **28** 47
	EuGH C-30/15 P v. 10.11.2016	**1** 4; **2** 6; **4** 49, 141, 177, 179, 189; **28** 106
Simba/African Simba	EuG T-687/14 v. 28.1.2016	**12** 170
Simca	BGH I ZB 23/11 v. 27.10.2011	**4** 203, 214; **29** 57
	EuG T-327/12 v. 8.5.2014	**4** 214
Simmenthal	BGH GRUR 1994, 512	**8** 68
sir/ZIRH	EuG T-355/02 v. 3.3.2004	**12** 32, 78, 111, 136, 137
Siroset	BGH GRUR 1967, 304	**4** 203, 219
Sitex	BGH GRUR 1981, 60	**14** 15; **27** 20, 48
SKY/skylite	EuG T-736/15 v. 19.10.2017	**8** 72
SKY/SKYPE	EuG T-183/13 v. 5.5.2015	**12** 45, 86; **14** 22
	EuG T-184/13 v. 5.5.2015	**12** 45, 86; **14** 22
	EuG T-423/12 v. 5.5.2015	**12** 45, 86; **14** 22
SKY/SKYSOFT	EuG T-262/13 v. 15.10.2014	**12** 174
SKY/SkyTec	EuG T-77/15 v. 20.4.2016	**14** 8, 10
Skylight	LG Düsseldorf GRUR-RR 2001, 311	**21** 2
Skylotec	EuGH C-587/16 P v. 28.2.2017	**8** 39, 42
SKYPE	EuGH C-382/15 P v. 20.1.2016	**12** 45

Stichwort	Fundstelle/AZ	§ Rdn.
	EuGH C-383/15 P v. 20.1.2016	**12** 45
	EuGH C-384/15 P v. 20.1.2016	**12** 45
SL	BGH BGHZ 113, 115	**12** 1, 45
SLICK 50	BGH GRUR 2000, 53	**29** 50, 53, 54, 60
Smart Technologies	EuGH C-311/11 P v. 12.7.2012	**4** 110, 111, 120, 121, 122; **28** 106
SMARTBOOK	EuG T-123/12 v. 11.12.2013	**4** 44
Smartbook	BGH I ZB 59/12 v. 6.11.2013	**1** 62; **4** 45, 46, 47, 49, 107, 124, 125, 173; **29** 42
SmartKey	BGH I ZR 109/03 v. 27.4.2006	**10** 36; **12** 224; **19** 4, 6; **20** 3, 4, 10
Smartphone-Werbung	BGH I ZR 92/14 v. 17.9.2015	**27** 22
Smiley-Halbmund	EuG T-139/08 v. 29.9.2009	**4** 19, 128
Smith/Anna Smith	EuG T-295/15 v. 18.4.2016	**12** 209
SnTEM, SnPUR, SnMIX	EuG T-367/02 bis T-369/02 v. 12.1.2005	**4** 20, 63
SO. . .?/SO'BIO etic	EuG T-341/13 RENV v. 8.6.2017	**12** 86
Société des Produits Nestlé	EuG T-544/14 v. 14.4.2015	**28** 100
	EuGH C-215/14 v. 6.9.2015	**4** 49, 156, 158, 159, 177, 178, 179, 188
Société des produits Nestlé	EuG T-544/14 v. 12.11.2015	**28** 77
	EuGH C-84/17 P, C-85/17 P und C-95/17 P v. 25.7.2018	**4** 33, 160, 162, 164; **8** 29; **28** 106
SOCIAL.COM	EuG T-134/15 v. 28.6.2016	**4** 116
soco.de	BGH GRUR 2005, 262	**4** 116; **17** 18, 20, 21; **18** 9, 12, 15; **21** 7; **22** 2, 26, 28; **31** 18
SodaStream	BGH GRUR 2005, 162	**10** 13, 23, 33; **15** 19; **16** 28
SOFAR SWISS	Bundesverwaltungsgericht Schweiz B-6986/2014 v. 2.6.2016	**8** 19
Soffass	EuGH C-92/06 P v. 13.7.2006	**12** 95, 105, 136
SOLARTIA/Solaria	EuG T-188/10 v. 15.12.2010	**12** 157
Solfrutta/FRURISOL	EuG T-331/08 v. 27.1.2010	**12** 39, 100, 263
SOLID floor/Solidfloor The professional's choice	EuG T-395/12 v. 11.2.2015	**12** 174
solingen.info	BGH I ZR 201/03 v. 21.9.2006	**4** 32; **21** 2, 12; **22** 16, 30, 33, 37, 38
Solo Italia	EuG T-373/03 v. 31.5.2005	**28** 61, 81, 96
Solvay	EuGH C-616/10 v. 12.7.2012	**10** 4; **14** 32; **31** 49
SOLVO/VOLVO	EuG T-434/07 v. 2.12.2009	**12** 88
Sommer unseres Lebens	BGH I ZR 121/08 v. 12.5.2010	**27** 26
SONIA/SONIA SONIA RYKIEL	EuG T-131/06 v. 30.4.2008	**8** 23, 85
Sonnenschutzdach	EuG T-351/07 v. 17.12.2008	**4** 141, 166
Sony Computer Entertainment Europe	EuG T-690/14 v. 10.12.2015	**5** 3; **8** 59
SONY WALKMAN I	OGH WRP 2002, 841	**4** 87
Sot. Lelos kai Sia u. a.	EuGH C-468/06 bis C-478/06 v. 16.9.2008	**16** 37

Entscheidungsregister

Stichwort	Fundstelle/AZ	§ Rdn.
Sowjetisches Staatswappen	EuG T-232/10 v. 20.9.2011	4 231
SPA	BGH GRUR 2001, 420	23 3, 25, 26, 31
SPA II	BGH I ZB 53/05 v. 13.3.2008	4 19, 47, 67, 69, 71, 76, 77, 96; 23 3
Spa Monopole	EuG T-186/04 v. 15.6.2005	28 26
SPA/MINERAL SPA	EuG T-93/06 v. 19.6.2008	4 19; 13 7, 20, 48
SPA/SPA THERAPY	EuG T-109/07 v. 25.3.2009	4 47; 12 176, 226
SPA/SPA VILLAGE	EuG T-625/15 v. 27.10.2016	13 48
SPA/SPA WISDOM	EuG T-201/14 v. 16.3.2016	13 48
SPA/SPA-FINDERS	EuG T-67/04 v. 25.5.2005	13 6, 7, 17, 26, 32, 41, 42
SPA/SPALINE	EuG T-21/07 v. 25.3.2009	13 14, 17, 20, 48
SpagO/SPA	EuG T-438/07 v. 12.11.2009	12 150; 13 17
Spanisches Industriedesign	EuG T-183/17 v. 24.4.2018	28 20
Spannfutterteil mit drei Rillen	EuG T-7/09 v. 21.4.2010	4 160
Sparkassen-Rot	BGH I ZB 52/15 v. 21.7.2016	2 20; 4 46, 107, 110, 137, 139, 153, 155, 157, 163, 165, 168, 173; 8 13; 29 42, 50, 54, 61
	BGH I ZB 52/15 v. 24.11.2016	31 23
	BVerfG 1 BvR 2160/16 v. 6.12.2017	4 168
Sparkassen-Rot/Santander-Rot	BGH I ZR 78/14 v. 23.9.2015	10 30, 34, 42, 46, 47, 51, 65; 11 4; 12 16, 21, 226, 229; 13 17, 25, 32, 34, 36, 37; 15 9; 18 4, 21; 26 13; 27 15, 17, 23, 24; 31 21
Specsavers	EuGH C-252/12 v. 18.7.2013	4 96, 159; 8 40, 41; 12 4, 5, 8, 63, 144, 155; 13 27, 43, 44, 46
SPEZI/SPEEZOOMIX	EuG T-557/14 v. 1.3.2016	12 170
SPIEGEL-CD-ROM	BGH GRUR 2002, 248	27 65
SPINNING	EuG T-718/16 v. 8.11.2018	4 33; 28 44
SPORT TV INTERNACIONAL/SPORTV	EuG T-348/12 v. 12.3.2014	8 85, 86
Sporthosen	BGH GRUR 1986, 248	27 31
SPORTS ZOOT SPORTS/ZOOSPORT	EuG T-453/12 v. 16.10.2013	12 111
Spreewälder Gurken	EuGH C-269/99 v. 6.12.2001	23 10
Springende Raubkatze	BGH GRUR 1996, 198	12 112, 152, 153, 181, 266
	EuGH C-251/95 v. 11.11.1997	12 2, 4, 15, 17, 23, 58, 63, 143, 144, 155, 266; 13 20
Springender Pudel	BGH I ZR 59/13 v. 2.4.2015	10 31; 12 8, 21, 134; 13 1, 6, 7, 12, 14, 16, 17, 20, 21, 29, 43, 44; 15 5
sr.de	BGH I ZR 153/12 v. 6.11.2013	17 20, 21; 21 5; 22 15, 16, 32, 33

Stichwort	Fundstelle/AZ	§ Rdn.
St. Pauli Girl	BGH GRUR 2000, 502	**4** 32, 41, 95, 113, 128, 130, 143
ST. REGIS/PARK REGIS	EuG T-536/14 v. 2.6.2016	**12** 251
Staatliche Porzellan-Manufaktur Meissen	EuGH C-471/16 P v. 26.7.2017	**13** 14, 17, 19; **28** 96, 106
Stabtaschenlampen II	BGH GRUR 2004, 506	**1** 62; **2** 17; **4** 58, 82, 144, 194
Stadt Geldern	BGH I ZR 249/03 v. 14.6.2006	**21** 13, 17; **27** 30, 31
Stadtwerke Braunschweig	BGH I ZR 228/10 v. 13.6.2012	**4** 26
Stadtwerke Bremen	BGH I ZB 43/15 v. 9.11.2016	**4** 26, 36, 77, 78, 107, 229, 232; **29** 17, 54
Stahlschluessel	BGH I ZB 9/10 v. 22.6.2011	**29** 57
Standbeutel	EuG T-146/02 bis T-153/02 v. 28.1.2004	**4** 52, 141
	BGH I ZB 68/17 v. 9.5.2018	**4** 46, 141; **29** 52, 57, 60
Stapelkisten-Design	EuG T-53/10 v. 18.10.2011	**28** 4
Star Entertainment	BGH GRUR 2005, 873	**4** 69; **17** 10, 18
STAR SNACKS/star foods	EuG T-333/11 v. 10.10.2012	**12** 264
Star Television Productions	EuGH C-602/18 P v. 18.10.2018	**28** 106
STAR TV	EuG T-359/02 v. 4.5.2005	**4** 19; **12** 109, 141, 181, 263
STAROPRAMEN/STAROPILSEN; STAROPLZEN	EuG T-556/17 v. 26.6.2018	**12** 108
Starsat	BGH I ZB 22/11 v. 4.4.2012	**4** 107, 113, 118
Staubsaugerfiltertüten	BGH GRUR 2005, 423	**15** 3, 21, 25, 27, 31; **26** 1
STAYER	BGH I ZR 91/13 v. 27.11.2014	**8** 6, 10, 32, 66; **31** 46
STAYER/STAYER	EuG T-254/13 v. 4.6.2015	**12** 249
Staywell Hospitality Group	EuGH C-440/16 P v. 12.1.2017	**12** 251
STEADYCONTROL	EuG T-181/07 v. 2.4.2008	**4** 13, 19
STEAM GLIDE	EuG T-544/11 v. 6.3.2014	**28** 103
Steckverbindergehäuse	BGH I ZR 6/04 v. 21.9.2006	**27** 63
Steinbeck	EuGH C-346/15 P v. 25.2.2016	**4** 122
Steirisches Kürbiskernöl	EuG T-72/17 v. 7.6.2018	**8** 38
Stella	EuG T-27/09 v. 10.12.2009	**28** 42, 48, 98
STENINGE KERAMIK/STENINGE SLOTT	EuG T-499/04 v. 17.10.2006	**4** 72; **10** 3; **12** 137, 173, 198, 263; **28** 31, 32, 71, 96, 101
STEPHANSKRONE I	BGH GRUR 1999, 240	**12** 15, 127, 129, 235, 237, 238
STEPHANSKRONE II	BGH GRUR 1999, 241	**12** 129, 237
Steppnaht	HABM GRUR-RR 2001, 184	**4** 144
Sternhaus	BGH GRUR 1976, 311	**21** 2
Stich den Buben	BGH GRUR 2001, 73	**23** 21, 22, 24, 25, 32; **26** 1
Stiftparfüm	BGH I ZR 57/09 v. 17.8.2011	**27** 15, 30, 31, 34, 78
Stilisierter Bogen	EuG T-304/07 v. 5.11.2008	**4** 19; **12** 51, 117
STILNOX	BGH I ZR 173/04 v. 14.6.2007	**16** 49, 54, 62

Stichwort	Fundstelle/AZ	§ Rdn.
Stimmt's?	BGH I ZR 102/11 v. 22.3.2012	19 4, 7, 9, 10; 20 12
Stirnlampen	BGH I ZR 183/14 v. 10.3.2016	27 15, 17
STOCRETE/CRETEO	EuG T-640/13 v. 28.1.2016	12 57
Stofffähnchen	BGH I ZR 39/06 v. 5.11.2008	10 42; 12 117, 232
Stofffähnchen II	BGH I ZR 206/10 v. 24.11.2011	8 41
Stoll	BGH GRUR 1987, 182	18 21
Storck I	EuGH C-24/05 P v. 22.6.2006	4 19, 23, 31, 85, 110, 111, 133, 140, 141, 153, 156, 158, 159, 165; 12 26; 28 106
Storck II	EuGH C-25/05 P v. 22.6.2006	4 19, 23, 33, 85, 110, 111, 133, 140, 141, 160, 165, 167; 28 71, 96, 106
Störerhaftung des Access-Providers	BGH I ZR 174/14 v. 26.11.2015	27 34
Stowarzyszenie »Oławska Telewizja Kablowa«	EuGH C-367/15 v. 25.1.2017	27 65
Stradivarius/Stradivari 1715	EuG T-340/06 v. 2.7.2008	12 113
STRATEGI/Stratégies	EuG T-92/09 v. 5.10.2010	8 85
STREAMSERVE	EuG T-106/00 v. 27.2.2002	1 64; 4 15, 37, 67, 76
Streamserve	EuGH C-150/02 P v. 5.2.2004	4 37, 61, 76
STREETBALL	BGH I ZB 30/06 v. 15.1.2009	4 19, 46, 71, 113, 129
Streifenmuster	BGH BGHZ 52, 273	4 159
Strigl	EuGH C-48/09 P v. 15.3.2012	4 49
	EuGH C-90/11 und C-91/11 v. 15.3.2012	4 1, 37, 38, 49, 58, 61, 97
STROMBERG/STORMBERG II	EuG T-457/12 v. 24.10.2013	28 52
Strongline	EuG T-235/02 v. 17.11.2003	28 29
STUBHUB	OGH 4 Ob 45/16w v. 20.12.2016	31 17
stüssy I	BGH GRUR 2000, 879	16 16
stüssy II	BGH GRUR 2004, 156	16 16, 17
Substance for Success	EuG T-58/07 v. 9.7.2008	4 20, 122
SUBWAY/Subwear	BGH GRUR 2001, 54	8 46; 24 21, 39, 49
Success-Marketing	EuG T-380/02 und T-128/03 v. 19.4.2005	28 4
suchen.de	EuG T-117/06 v. 12.12.2007	4 116
SUDOKU SAMURAI BINGO	EuG T-564/08 v. 4.3.2010	4 39
SUEDTIROL	EUIPO R 574/2013-G v. 10.10.2014	4 73
SULAYR/Sulayr GLOBAL SERVICE	EuG T-685/15 v. 24.11.2017	12 264
Sun Blast Organic]	BGH I ZR 156/16 v. 1.10.2018	4 141
SUN FRESH/SUNNY FRESH	EuG T-221/12 v. 23.1.2014	5 2; 12 264
Sun Mark	EuGH C-206/15 P v. 24.11.2015	12 86; 28 106
SUN/SUNPLUS	EuG T-38/04 v. 15.11.2007	4 19; 12 53, 109, 149, 156, 168, 174, 206, 250
Sunplus Technology	EuGH C-21/08 P v. 26.3.2009	4 19; 12 109, 144, 149, 155, 156, 168, 174, 206, 250, 266; 28 106

Stichwort	Fundstelle/AZ	§ Rdn.
Sunrider	EuGH C-142/14 P v. 3.6.2015	5 2; 12 2, 4, 249, 264; 28 106
Sunsweet	BGH BGHZ 39, 266	29 24
SUPERSKIN	EuG T-486/08 v. 9.12.2009	4 19, 65
SupplementPack	EuG T-113/09 v. 9.2.2010	4 20
SURFCARD	EuG T-325/07 v. 25.11.2008	4 11
SWATCH	BGH GRUR 2001, 413	4 128, 144
SWATCH/SWATCHBALL	EuG T-71/14 v. 19.5.2015	13 48
SWISS ARMY	BGH GRUR 2001, 240	1 62; 2 17, 18; 4 103
SYLT-Kuh	BGH GRUR 2002, 1072	8 3, 9, 21
SZENE	BGH GRUR 2000, 70	17 3; 19 1, 7; 20 3, 12, 16, 22; 26 1, 8; 27 15
T-Flexitel/Flexitel	BPatG GRUR 2003, 64	12 220
T. I. M. E. ART	EuGH C-171/06 P v. 15.3.2007	4 24; 12 5, 11, 31, 92, 95, 104, 136, 137, 138, 170, 266, 267; 28 106
T/T	EuG T-531/12 v. 7.10.2014	12 113
Tablette für Wasch- oder Geschirrspülmaschinen I	EuG T-335/99 v. 19.9.2001	4 51, 96, 110, 164; 28 70, 71
Tablette für Wasch- oder Geschirrspülmaschinen II	EuG T-336/99 v. 19.9.2001	28 70, 71
Tablette für Wasch- oder Geschirrspülmaschinen III	EuG T-337/99 v. 19.9.2001	4 164; 28 70, 71
Tablette für Wasch- oder Geschirrspülmaschinen IV	EuG T-30/00 v. 19.9.2001	4 143, 164; 28 70
Tablette für Wasch- oder Geschirrspülmaschinen IX	EuG T-121/00 v. 19.9.2001	28 81
Tablette für Wasch- oder Geschirrspülmaschinen V	EuG T-117/00 v. 19.9.2001	28 81
Tablette für Wasch- oder Geschirrspülmaschinen VI	EuG T-118/00 v. 19.9.2001	28 81
Tablette für Wasch- oder Geschirrspülmaschinen VII	EuG T-119/00 v. 19.9.2001	28 81
Tablette für Wasch- oder Geschirrspülmaschinen VIII	EuG T-120/00 v. 19.9.2001	28 81
Tablette für Wasch- oder Geschirrspülmaschinen X	EuG T-128/00 v. 19.9.2001	28 67, 81
Tablette für Wasch- oder Geschirrspülmaschinen XI	EuG T-129/00 v. 19.9.2001	4 108; 28 67, 81
Tablette für Wasch- oder Geschirrspülmaschinen XII	EuG T-194/01 v. 5.3.2003	1 64; 4 96, 140; 5 19; 28 11, 96
Tabu II	BGH GRUR 1957, 550	17 21
TACKceys/D-TACK	EuG T-24/17 v. 10.10.2018	8 45
TACO BELL	BGH Mitt. 2003, 70	29 21
Taeschner/Pertussin II	BGH GRUR 1957, 352	10 16
Tafel	EuG T-710/13 v. 18.9.2015	4 65
	EuG T-326/16 v. 8.6.2017	4 65

Entscheidungsregister

Stichwort	Fundstelle/AZ	§ Rdn.
Tagesreport	BGH GRUR 2001, 1054	**17** 17; **19** 4, 7, 11; **20** 3, 4, 9, 11, 12, 16, 19, 22; **26** 1; **27** 9, 15
Tagesschau	BGH BGHZ 147, 56	**17** 17; **19** 4, 6, 7; **20** 4, 9, 11, 12, 16, 19, 22; **26** 1
Take Five	BGH I ZR 24/11 v. 19.7.2012	**24** 36
TAME IT	EuG T-471/07 v. 15.9.2009	**4** 19
Tannenbaum	EuG T-168/04 v. 7.9.2006	**12** 32, 35, 37, 47, 181; **28** 17, 71
TANNOLACT/Nanolat	EuG T-6/07 v. 19.11.2008	**4** 19; **12** 97, 104
Tarzan	BGH I ZR 49/13 v. 26.2.2014	**15** 14, 33
Tarzanschrei	HABM R 708/2006-4 v. 27.9.2007	**2** 13
TASCHE	HABM GRUR Int. 2000, 365	**4** 144
Taschenlampen II	BPatG 32 W (pat) 91/97 v. 24.5.2006	**4** 144
Taser International	EuGH C-175/15 v. 17.3.2016	**31** 17
Tastmarke	BGH I ZB 73/05 v. 5.10.2006	**2** 5, 9, 10
	BPatG MarkenR 2007, 516	**2** 5
Taxameter	BGH BGHZ 159, 66	**27** 56
Tayto Group	EuGH C-272/16 P v. 27.10.2016	**28** 106
Tchibo/Rolex II	BGH BGHZ 119, 20	**27** 61, 65, 66
TDI	EuG T-318/09 v. 6.7.2011	**4** 63, 162
TDI I	EuG T-16/02 v. 3.12.2003	**4** 15, 45, 63, 102, 160, 166; **28** 55, 67, 68, 71
TDI II	EuG T-174/07 v. 28.1.2009	**4** 63, 102, 155; **28** 90
TDK	EuG T-477/04 v. 6.2.2007	**13** 6, 7, 9, 26, 34, 42
TeamBank	EuGH C-524/12 P v. 14.11.2013	**12** 85, 136
TECDOC/TecDocPower	EuG T-789/17 v. 7.2.2019	**12** 253
TEDDY/Eddy's Snackcompany	EuG T-652/17 v. 19.9.2018	**12** 268
Tegeler Floristik	BGH I ZB 25/08 v. 30.4.2008	**29** 49, 52
Tegometall International	EuG T-11/13 v. 23.9.2014	**28** 48
TEK	EuG T-458/05 v. 20.11.2007	**4** 14, 15, 16; **5** 19; **28** 71, 96
TELE AID	EuG T-355/00 v. 20.3.2002	**4** 13, 15, 18, 24, 63, 67, 76, 112
Tele-Info-CD	BGH BGHZ 141, 329	**26** 22
Telefonnummer 4711	BGH GRUR 1990, 711	**13** 38
Telekom	BGH GRUR 2004, 514	**6** 2, 6; **12** 45, 269; **17** 10, 18; **18** 5, 6, 10, 12
TELEPHARMACY SOLUTIONS	EuG T-289/02 v. 8.7.2004	**4** 58, 63; **5** 19; **28** 13, 67, 71, 96
TeleTech	EuG T-194/05 v. 11.5.2006	**12** 32; **28** 40
	EuGH C-312/05 P v. 27.3.2007	**12** 176; **28** 31, 35, 106
TELETECH INTERNATIONAL/TELE-TECH GLOBAL VENTURES	EuG T-288/03 v. 25.5.2005	**4** 30; **6** 9; **12** 86, 176; **28** 35, 67, 87
TELETIEMPO/EL TIEMPO	EuG T-233/06 v. 22.4.2008	**12** 168, 174, 263; **28** 17

Stichwort	Fundstelle/AZ	§ Rdn.
TELEYE	EuG T-128/99 v. 15.11.2001	**8** 42; **11** 3
Temperaturwächter	BGH GRUR 2001, 323	**14** 15, 18
TEMPOS VEGA SICILIA	EuG T-696/15 v. 9.2.2017	**4** 234
TEQUILA MATADOR HECHO EN MEXICO/MATADOR	EuG T-584/10 v. 3.10.2012	**12** 263, 264
terra/Terranus	EuG T-322/05 v. 22.3.2007	**4** 30; **12** 32, 86, 104, 109, 111
TERRAEFFEKT matt & gloss	EuG T-118/08 v. 15.6.2010	**4** 16, 30
Tesco	EuGH C-493/06 P v. 11.12.2007	**28** 33
test	BGH I ZB 65/12 v. 17.10.2013	**1** 62; **4** 11, 46, 107, 129, 158, 159, 168, 173; **7** 3; **20** 18; **29** 42, 54
Test it	BGH GRUR 2001, 735	**4** 65, 123, 124
test/TestBild	EuG T-359/16 v. 7.7.2017	**12** 150, 264
Testarossa	OLG Düsseldorf 20 U 131/17 v. 8.11.2018	**8** 34, 59, 83
Testkauf im Internet	BGH I ZR 60/16 v. 11.5.2017	**31** 7
Teststreifen zur Blutzuckerkontrolle II	BGH I ZR 152/13 v. 1.6.2017	**31** 62
Tetra Pharm (1997)	EuGH C-726/17 P v. 11.7.2018	**28** 106
TETRASIL	BGH GRUR 1995, 347	**8** 14
Thai Silk/Vogelbild	EuG T-361/08 v. 21.4.2010	**24** 12
The Black & Decker	EuG T-239/05, T-240/05, T-245/05 bis T-247/05, T-255/05, T-274/05 bis T-280/05 v. 15.5.2007	**28** 4, 27
THE COFFEE STORE	EuG T-323/05 v. 9.7.2008	**4** 30, 71
The Colour of Elégance	BGH GRUR 2005, 581	**4** 201, 202, 203, 205, 209, 211, 212; **27** 49
THE DINING EXPERIENCE	EuG T-422/15 und T-423/15 v. 25.5.2016	**4** 122
THE FUTURE HAS ZERO EMISSIONS	EuG T-422/12 v. 20.2.2013	**28** 92
THE HOME DEPOT	BGH GRUR 1996, 771	**1** 65; **4** 69, 95
THE HOME STORE	BGH I ZR 33/05 v. 13.9.2007	**2** 3, 14; **4** 69; **8** 79; **10** 45, 46, 47; **12** 183, 225; **27** 5, 18, 22, 26, 51, 54, 79
The Irish Dairy Board	EuGH C-93/16 v. 20.07.2017	**10** 61
THE O STORE/O STORE	EuG T-116/06 v. 24.9.2008	**4** 19; **12** 174, 254, 264
The Polo/Lauren Company	EuG T-265/13 v. 18.9.2014	**13** 17
The Prudential Assurance Company Limited vs. The Prudential Insurance Company of America	Supreme Court of Judicature [2003] EWCA Civ 327 v. 12.03.2003	**14** 32
The Sunrider	EuGH C-416/04 P v. 11.5.2006	**8** 3, 6, 7, 22, 23, 26, 36, 71, 85, 87; **12** 249, 263; **28** 96, 99
The Sunrider Corp.	EuG T-124/02 und T-156/02 v. 28.4.2004	**28** 41, 67, 91
The Tea Board	EuGH C-673/15 P bis C-676/15 P v. 20.9.2017	**2** 20, 22, 23; **4** 61; **10** 63; **12** 4, 249; **13** 48
The Welcome Foundation	EuGH C-461/09 P v. 9.7.2010	**4** 24; **12** 92, 97, 249, 268; **28** 96, 106

Stichwort	Fundstelle/AZ	§ Rdn.
The Wellcome Foundation	EuGH C-276/05 v. 22.12.2008	**16** 42, 43, 47, 49, 58, 62
Thermoroll	BGH I ZR 219/06 v. 26.2.2009	**26** 30
Think Schuhwerk	EuGH C-521/13 P v. 11.9.2014	**4** 140, 143, 150; **28** 106
THINKING AHEAD	EuG T-473/08 v. 17.11.2009	**4** 19
Thomas Philipps	EuGH C-419/15 v. 22.6.2016	**27** 51
Three-N-Products	EuGH C-22/14 P v. 2.7.2014	**4** 24
Thun 1794	EuG T-420/15 v. 14.7.2016	**28** 4
TIFFANY	BGH GRUR 1999, 496	**12** 249, 251, 261, 263
TIFFANY II	BGH GRUR 2002, 1079	**12** 258, 263
Timehouse	EuGH C-453/11 P v. 14.5.2012	**4** 141
TiMi KINDERJOGHURT/KINDER	EuG T-140/08 v. 14.10.2009	**12** 150, 175, 237, 263, 264, 267; **13** 16; **28** 48
Tintenpatrone	BGH X ZR 180/05 v. 20.5.2008	**24** 33; **27** 51, 78, 90
TIR 20 FILTER CIGARETTES	EuG T-245/08 v. 3.12.2009	**28** 42
Titelschutzanzeige	BGH BGHZ 108, 89	**19** 12, 13
Titelschutzanzeige für Dritte	BGH GRUR 1998, 956	**19** 13
tnet.de	OLG München CR 1999, 778	**17** 5; **22** 2
Tocai	EuGH C-347/03 v. 12.5.2005	**23** 2
Tocqueville 13	EuG T-510/08 v. 9.7.2010	**28** 57
Today	BGH WRP 1998, 495	**4** 30, 123
TOFIX/Top iX	EuG T-57/06 v. 7.11.2007	**4** 19; **12** 97, 111, 136, 137, 263; **28** 96
TofuTown.com	EuGH C-599/11 P v. 28.6.2012	**12** 158, 174
Toltecs/Dorcet II	EuGH 35/83 v. 30.1.1985	**24** 45
Tommy Hilfiger Licensing	EuGH C-494/15 v. 7.7.2016	**27** 28
Tonerkartuschen	BGH I ZR 99/11 v. 7.8.2012	**16** 17
	BGH I ZB 74/14 v. 5.3.2015	**16** 16; **27** 56, 76
Toontrack Music	EuGH C-48/18 P v. 13.11.2018	**12** 176; **28** 106
TOOOR!	BGH I ZB 115/08 v. 24.6.2010	**1** 62; **4** 103, 123
TOP	EuG T-242/02 v. 13.7.2005	**4** 109, 122; **28** 7, 8, 55, 71
TOP CRAFT/Krafft	EuG T-374/08 v. 12.7.2011	**8** 86
TOP Logistics	EuGH C-379/14 v. 16.7.2015	**1** 4; **10** 9, 15, 22, 24, 30, 33
Top Selection	BGH GRUR 1997, 637	**29** 50, 53, 54, 57, 58, 60
Topfgucker-Scheck	BGH GRUR 1992, 116	**27** 17
Topinasal	BGH GRUR 2005, 52	**16** 47, 50, 64, 65
TORCH	BGH GRUR 1980, 110	**4** 202, 203, 209, 219
Tork	BGH I ZR 136/17 v. 17.10.2018	**10** 13, 24, 34, 57; **27** 9, 23, 26, 28
TORO/BADTORO	EuG T-350/13 v. 20.9.2017	**12** 150
Torres	BGH BGHZ 130, 276	**14** 22; **15** 8; **17** 1, 3, 5, 7, 13; **18** 1, 4, 12, 21; **19** 1

Stichwort	Fundstelle/AZ	§ Rdn.
	BGH GRUR 1995, 825	27 58
TORRES 10/TG Torre Galatea	EuG T-8/07 v. 18.12.2008	4 19; 12 158, 193, 206, 235, 237
TORRES/Torre Albéniz	EuG T-287/06 v. 18.12.2008	4 19; 12 158, 193, 206, 235, 237
TORRES/TORRE DE BENÍTEZ	EuG T-16/07 v. 18.12.2008	4 19; 12 158, 193, 206, 235, 237
TORRES/TORRE DE FRÍAS	EuG T-285/06 v. 18.12.2008	4 19; 12 158, 193, 206
TORRES/TORRE DE GAZATE	EuG T-286/06 v. 18.12.2008	4 19; 12 158, 193, 206
TORRES/Torre Muga	EuG T-247/03 v. 11.7.2006	12 3, 126, 206
Torta del Caser/QUESO Y TORTA DE LA SERENA	EuG T-828/16 v. 14.12.2017	23 15
Tosca	BGH GRUR 1961, 280	10 40
TOSCA BLUE	BGH I ZR 96/03 v. 30.3.2006	12 251, 256, 260, 264; 27 44
tosca de FEDEOLIVA/TOSCA	EuG T-63/07 v. 17.3.2010	28 88, 96
TOSCA/TOSCA BLU	EuG T-150/04 v. 11.7.2007	6 9; 12 249, 260, 264; 13 1
TOSCA/TOSKA	EuG T-263/03 v. 11.7.2007	6 9; 12 249, 260, 264; 13 1
TOSCA/TOSKA LEATHER	EuG T-28/04 v. 11.7.2007	6 9; 12 249, 260, 264; 13 1
Toscano	EuG T-78/98 v. 29.4.1999	23 10
TOSCORO	EuG T-510/15 v. 2.2.2017	23 13
Toshiba/Katun	EuGH C-112/99 v. 25.10.2001	15 4; 26 7
Tour de culture	BGH GRUR 1999, 238	4 30; 15 15
TPRESSO/tèespresso	EuG T-67/17 v. 18.5.2018	12 102
TRACK & FIELD USA/TRACK & FIELD	EuG T-103/07 v. 23.9.2009	4 19; 12 136
Traghetti del Mediterraneo	EuGH C-173/03 v. 13.6.2006	1 63; 31 56
Tramadol	BGH X ZB 13/07 v. 22.4.2008	29 57
Transformatorengehäuse	BGH GRUR 2004, 507	2 17; 4 144, 194
Transocean Marine Paint/Kommission	EuGH 17/74 v. 23.10.1974	28 71
Traubenzuckertäfelchen	BGH I ZB 3/17 v. 18.10.2017	4 46, 177, 179, 180, 186, 187, 188, 190, 193, 195
TREK/ALLTREK	EuG T-158/05 v. 16.5.2007	4 24; 12 15, 47, 149, 174, 206, 258, 263
Treppchen	BGH GRUR 1970, 479	17 21
TRES TOROS 3	EuG T-206/16 v. 28.9.2017	4 234
Tresplain Investments	EuGH C-76/11 P v. 29.11.2011	28 20
Triangel	EuG T-388/04 v. 5.4.2006	4 160, 171; 28 69, 71, 96
TRIANGLE	BGH BGHZ 121, 242	27 50
Triggerball	EuG T-387/17 v. 16.5.2018	4 141
Trinity Haircare	EuG T-453/15 v. 15.9.2016	8 72
TRIPLE BONUS	EuG T-318/15 v. 14.1.2016	4 129

Stichwort	Fundstelle/AZ	§ Rdn.
Tripp Trapp	Schweizerisches Bundesgericht 4C.229/2003 v. 20.1.2004	6 12
Tripp-Trapp-Stuhl	BGH I ZR 96/06 v. 14.5.2009	27 63, 64
TRIVASTAN/TRAVATAN	EuG T-130/03 v. 22.9.2005	4 19; 12 99, 267
TRUBION/TriBion Harmonis	EuG T-412/08 v. 15.12.2009	12 249
TRUCKCARD	EuG T-358/00 v. 20.3.2002	4 10, 15, 18, 67
TRUST IN PARTNERSHIP	EuG T-389/13 v. 9.12.2013	28 100
Trustedlink	EuG T-345/99 v. 26.10.2000	1 64; 4 58, 112, 114, 134; 28 67
TUC-Salzcracker	BGH I ZR 18/05 v. 25.10.2007	4 84, 145, 168; 10 42; 12 37, 40, 42, 119, 144, 158, 163, 170, 185, 192, 198, 204, 232
TUFFTRIDE/NU-TRIDE	EuG T-224/01 v. 9.4.2003	4 15, 19, 20, 229; 12 17, 64, 124, 174, 235, 238, 242, 257, 263; 13 7; 28 13, 17
Tuning	BGH I ZR 147/13 v. 12.3.2015	15 19, 26, 30, 33
Tupperwareparty	BGH GRUR 2003, 973	26 1
TURBO I	BGH GRUR 1995, 410	4 95, 123; 12 167
Turbo II	BGH GRUR 1997, 634	4 15
TURBO-TABS	BGH GRUR 2003, 546	29 50, 53, 56, 60
turfa	BPatG GRUR 2000, 815	29 18
turkey & corn	BGH GRUR 2004, 76	29 53
Turpo	BGH GRUR 1970, 416	4 76
TÜV I	BGH I ZR 108/09 v. 24.3.2011	31 31, 32
TÜV II	BGH I ZR 108/09 v. 17.8.2011	10 4; 13 6, 7, 15, 27; 15 14; 27 31; 31 31, 32, 34
TUZZI/Emidio Tucci	EuG T-535/08 v. 27.9.2012	12 209
TVR Automotive	EuG T-398/13 v. 15.7.2015	8 23, 84
TVR Italia	EuGH C-500/15 P v. 14.1.2016	8 23, 84
	EuGH C-576/16 P v. 2.3.2017	28 106
TVR/TVR ENGINEERING	EuG T-781/14 v. 28.1.2016	12 113
TWIST & POUR	EuG T-190/05 v. 12.6.2007	4 112
Työhönvalmennus Valma	EuG T-363/15 v. 16.3.2016	4 166
U-KEY	BGH GRUR 1995, 269	4 41
U-R LAB	EuGH C-450/16 P v. 25.11.2016	4 122
Übergabe an Spediteur	OLG München MarkenR 2003, 309	16 6
Überseering BV/Nordic Construction Company Baumanagement GmbH (NCC)	EuGH C-208/00 v. 5.11.2002	3 2
UDV North America	EuGH C-62/08 v. 19.2.2009	10 9, 10, 15, 23, 24, 33
ueber18.de	BGH I ZR 102/05 v. 18.10.2007	27 37
Uhr mit gezahntem Rand	EuG T-235/10 v. 6.7.2011	4 141
Uhren-Applikation	BGH WRP 1996, 710	10 31; 13 5

Stichwort	Fundstelle/AZ	§ Rdn.
Uhrenankauf im Internet	BGH I ZR 188/13 v. 12.3.2015	10 35; 11 4; 16 21; 26 15
UHU	BGH I ZR 195/06 v. 19.2.2009	2 2, 16; 6 3, 4
UHU-stic	BPatG MarkenR 2007, 132	12 192
ULTIMATE FIGHTING	EuG T-379/05 v. 2.4.2009	4 11; 28 67
Ultimate Fighting	EuG T-379/05 v. 2.4.2009	28 67
ULTIMATE FIGHTING CHAMPIONSHIP	EuG T-118/06 v. 2.4.2009	4 11; 28 67
	EuG T-590/14 v. 12.5.2016	4 166
Ultimate Fighting Championship	EuG T-118/06 v. 2.4.2009	28 67
ULTIMATE NUTRITION/ULTIMATE GREENS	EUIPO R 1462/2012-G v. 18.9.2013	12 200
ultra air	EuGH C-232/15 P v. 21.4.2016	4 5, 70; 28 106
ultra.air ultrafilter	EuG T-377/13 v. 9.3.2015	4 70
ultrafilter international	EuG T-396/11 v. 30.5.2013	28 42
UltraPlus	EuG T-360/00 v. 9.10.2002	4 58, 70, 102, 109, 122
Umberto Rosso	BGH GRUR 1961, 628	12 90, 207, 212
Umsäumter Winkel	EuG T-202/09 v. 13.4.2011	4 104
Unbegründete Abnehmerverwarnung	BGH I ZR 217/03 v. 19.1.2006	27 23; 31 12
Unberechtigte Abmahnung	BGH I ZB 37/05 v. 6.10.2005	31 42
Unberechtigte Schutzrechtsverwarnung I	BGH GRUR 2005, 882	31 12
Unberechtigte Schutzrechtsverwarnung II	BGH X ZR 170/12 v. 1.12.2015	31 12
Unberechtigter Dispute-Eintrag	OLG Köln MarkenR 2006, 290	22 12
Underberg	BGH GRUR 1957, 342	18 21, 24
Ungarische Salami II	BGH GRUR 1982, 685	12 10
Unibail Management	EuG T-686/13 v. 3.9.2014	4 11
	EuG T-687/13 v. 3.9.2014	4 11
unibanco/UniFLEXIO	EuG T-392/06 v. 27.4.2010	28 96
UNICORN/UNICORN	EuG T-123/15 v. 28.10.2016	13 8; 28 29
	EuG T-124/15 v. 28.10.2016	13 8; 28 29
	EuG T-125/15 v. 28.10.2016	13 8; 28 29
	EuG T-201/15 v. 28.10.2016	13 8; 28 29
UniCredito Italiano	EuG T-303/06 v. 25.11.2014	12 228
Unilever	EuG T-811/14 v. 17.2.2017	28 77
Union Investment Privatfonds	EuGH C-317/10 P v. 16.6.2011	12 17, 237, 238; 28 106
	EuGH C-308/10 P v. 19.5.2011	28 60, 87, 96, 106
UNIQUE	EuG T-396/07 v. 23.9.2009	4 19, 122
United States Polo	EuGH C-327/11 P v. 6.9.2012	12 108, 217
United Video Properties	EuGH C-57/15 v. 28.7.2016	31 24, 27, 39
Universal Protein Supplements	EuG T-335/15 v. 29.9.2016	4 131
	EuGH C-485/16 P v. 31.1.2017	28 102
UNIVERSALTELEFONBUCH/UNIVERSALKOMMUNIKATIONSVERZEICHNIS	EuG T-357/99 und T-358/99 v. 14.6.2001	4 37

Stichwort	Fundstelle/AZ	§ Rdn.
Universaltelefonbuch/Universalkommunikationsverzeichnis	EuGH C-326/01 P v. 5.2.2004	4 37, 61, 71
Universidad Internacional de la Rioja	EuGH C-50/17 P v. 1.6.2017	28 106
Universitätsemblem	BGH BGHZ 119, 237	21 3, 5, 13, 17
Unter Uns	BGH GRUR 2000, 720	4 87, 92, 117, 120, 124
Unverbindliche Preisempfehlungen	OLG Köln 6 W 31/17 v. 15.3.2017	27 26
Unvollständige EuGH-Rechtsprechung	BVerfG GRUR 2005, 52	1 63; 4 32; 12 263
Unzureichende Klassengebühren	BPatG 24 W (pat) 120/04 v. 22.2.2005	29 16
UP/UUP'S	EuG T-158/04 v. 28.06.2005	28 61
upgrade your personality	EuG T-102/18 v. 13.12.2018	4 122
Upjohn	EuGH C-379/97 v. 12.10.1999	16 47
Urb Rulmenti Suceava	EuG T-506/13 v. 7.11.2014	28 42
URION/ATURION	EuG T-146/06 v. 13.2.2008	4 19, 24; 12 101, 107, 263
Urköl	BGH GRUR 1952, 511	18 21
URLAUB DIREKT	BGH GRUR 2004, 778	4 69; 12 112, 143, 156, 170, 176, 180, 181, 183, 185
UsedSoft II	BGH I ZR 129/08 v. 17.7.2013	15 18; 16 13
Vakoma	EuG T-535/13 v. 13.1.2015	28 94
VALLE DE LA LUNA	EuG T-96/05 v. 4.10.2006	8 71
Vans	EuG T-53/13 v. 6.11.2014	28 67
Variable Bildmarke	BGH I ZB 85/11 v. 6.2.2013	1 63; 2 6; 29 56, 57, 60
Vedial	EuGH C-106/03 P v. 12.10.2004	28 99
VELASCO/MANSO DE VELASCO	EuG T-259/06 v. 16.12.2008	12 44, 52, 53, 210, 263; 14 23
VENATTO MARBLE STONE/VENETO CERÁMICAS	EuG T-130/08 v. 16.9.2009	12 111, 170, 249, 257
VENUS MULTI	BGH GRUR 1998, 697	10 34; 15 19, 28
Verankerungsteil	BGH BGHZ 83, 251	24 36
Verband der Kölnisch-Wasser Hersteller	EuGH C-29/15 P v. 3.12.2015	4 79; 28 106
Verbandsausstattungsrecht	BGH GRUR 2002, 616	6 7
Verbraucherzentrale	BGH I ZR 34/07 v. 10.6.2009	17 4
	BGH I ZR 36/08 v. 31.3.2010	17 6, 12, 17; 27 20
Verbrauchsmaterialien	BGH GRUR 1996, 781	27 8
Verein Radetzky-Orden	EuGH C-442/07 v. 9.12.2008	8 3, 4, 5, 17
Verfahrenskostenhilfe	BGH GRUR 1999, 998	29 52, 60
Verfahrenskostenhilfe der Gesellschaft bürgerlichen Rechts	BGH I ZA 5/17 v. 30.8.2017	29 49
Verlängerungsgebühr II	BGH GRUR 2000, 328	9 15
VERLEIHT FLÜGEL/FLÜGEL	EuG T-150/17 v. 4.10.2018	12 263, 264
Vernichtungsanspruch	BGH BGHZ 135, 183	27 100, 102, 103, 105
Verschenktexte I	BGH GRUR 1990, 218	19 15; 25 7
Verschmelzende Grüntöne	EuG T-245/12 v. 12.11.2013	2 14
Vertragsstrafeneinforderung	BGH I ZR 88/06 v. 8.5.2008	27 12; 31 5
Vertragsstrafevereinbarung	BGH I ZR 32/03 v. 18.5.2006	27 14

Stichwort	Fundstelle/AZ	§ Rdn.
Verus	EuG T-576/13 v. 28.10.2015	**12** 251
Verwarnung aus Kennzeichenrecht	BGH GRUR 2004, 958	**31** 12
Verwarnung aus Kennzeichenrecht II	BGH I ZR 98/02 v. 19.1.2006	**31** 12
VIAVITA/VILA VITA	EuG T-204/12 v. 14.7.2014	**8** 42
Viceroy	EUIPO R 5/1997-1 v. 15.5.1998	**7** 7
Vichy Catalán	EuGH C-399/15 P v. 12.7.2016	**28** 93
Victor Guedes	EuGH C-342/09 P v. 27.10.2010	**12** 4, 92, 184; **13** 20
victoria/VICTOR	EuG T-204/14 v. 7.9.2016	**8** 10, 87
Videospiel-Konsolen II	BGH I ZR 124/11 v. 27.11.2014	**27** 31
Viennetta	BGH GRUR 2001, 443	**26** 24
Vier gekreuzte Linien	EuG T-581/17 v. 16.10.2018	**12** 117
Vier Ringe über Audi	BGH GRUR 2003, 878	**16** 19, 22
Vierlinden	BGH I ZB 107/08 v. 20.5.2009	**1** 63, 66; **4** 73; **29** 53, 56
Vieta	EuG T-879/16 v. 8.2.2018	**5** 3; **28** 97
Viiniveria	EuGH C-75/15 v. 21.1.2016	**23** 13
Viking Gas	EuGH C-46/10 v. 14.7.2011	**10** 2; **15** 1; **16** 28
VIPER/VIPER	EuG T-109/17 v. 18.10.2018	**12** 250
VIPS/VIPS	EuG T-215/03 v. 22.3.2007	**13** 2, 14, 15, 22, 26, 34, 37, 38, 40, 46, 48; **28** 80, 87
Viridis Pharmaceutical	EuGH C-668/17 P v. 9.1.2019	**8** 68
Virion	BGH GRUR 1994, 652	**24** 39; **25** 6
visán Optima/cotecnica OPTIMA	EuG T-465/16 v. 20.11.2017	**12** 116
VISA	OLG Hamburg 3 U 282/99 v. 20.6.2002	**27** 43, 49
VISAGE	BGH I ZB 24/05 v. 21.2.2008	**4** 24, 30, 113, 128, 129, 156, 159, 168; **5** 10
VISIBLE WHITE	EuG T-136/07 v. 9.12.2008	**4** 19, 65
Visper	BGH GRUR 1991, 607	**10** 26
VISTA/vistar	EUIPO R 172/2008-G v. 14.10.2009	**28** 65, 66
VITA	EuG T-35/16 v. 12.12.2017	**8** 65
VITAFIT/VITA+VERDE	EuG T-535/14 v. 14.1.2016	**12** 81
VITAFIT/VITAL & FIT	EuG T-111/06 v. 21.11.2007	**4** 19; **12** 81, 106, 111, 126, 199, 267
	EuG T-552/10 v. 25.10.2012	**12** 81
VITAFRUIT	EuG T-203/02 v. 8.7.2004	**8** 6, 7, 23, 26, 36, 71, 85, 87; **12** 263
VITAKRAFT	EuG T-356/02 v. 6.10.2004	**8** 76, 83, 85; **11** 3; **12** 149, 167, 170, 174, 194; **28** 101, 103
Vitakraft Werke	EuGH C-512/04 P v. 1.12.2005	**12** 111, 149, 167, 174, 194; **28** 106
VITAKRAFT/VITACOAT	EuG T-277/04 v. 12.7.2006	**12** 34, 35, 43, 57, 99, 105, 126, 137, 149, 164, 194; **28** 96, 97
VITALITE	EuG T-24/00 v. 31.1.2001	**4** 70; **28** 96, 103
	EuG T-294/06 v. 17.4.2008	**4** 70

Entscheidungsregister

Stichwort	Fundstelle/AZ	§ Rdn.
VITALITY	EuG T-294/06 v. 17.4.2008	4 70
vitaminaqua/GLACEAU vitamin water	EuG T-410/12 v. 28.11.2013	12 263
Vitasulfal	BGH GRUR 1961, 354	27 61
VITATHION/VITACHRON FEMALE	EuG T-96/11 v. 15.4.2011	28 81
VITATHION/VITACHRON MALE	EuG T-95/11 v. 15.4.2011	28 81
VITRAL/Vitro I	EuG T-295/07 v. 10.12.2008	12 39
	EuG T-412/06 v. 10.12.2008	12 39, 86; 28 97
VITRAL/Vitro II	EuG T-295/07 v. 10.12.2008	12 86; 28 97
Vittel/Vitelle	Hof van Beroep te Brussel 2003/5846 v. 01.10.2003	14 32
VIVA FRISEURE/VIVA	BGH I ZB 27/13 v. 13.3.2014	3 1; 12 28; 29 2, 53, 59
vive bingo/BINGO VIVA! Slots	EuG T-63/17 v. 24.10.2018	12 181
Vogeler	BGH BGHZ 32, 103	24 15
VOGUE/VOGUE	EuG T-229/12 v. 27.2.2014	5 15
VOGUE/VOGUE Portugal	EuG T-382/08 v. 18.1.2011	8 86, 87
Völkl	BGH I ZR 82/11 v. 2.10.2012	10 53; 11 4; 17 18; 18 21; 27 10, 76, 84
VÖLKL/VÖLKL	EuG T-504/09 v. 14.12.2011	5 9; 8 87; 28 99
Volksbank	BGH GRUR 1992, 865	17 23
VOLKSWAGEN/Volks.Inspektion	BGH I ZR 214/11 v. 11.4.2013	1 62; 10 31, 34; 12 15, 21, 58, 86, 147, 228, 235, 236, 266; 13 7, 10, 32, 33, 35
VOLVO/LOVOL	EuG T-524/11 v. 12.11.2014	12 100
VOM URSPRUNG HER VOLLKOMMEN	EuG T-28/06 v. 6.11.2007	4 19, 69
VOODOO	BGH I ZR 106/11 v. 6.2.2013	8 10, 29, 37, 63, 71; 24 33; 27 51; 31 5, 22
	EuG T-50/13 v. 18.11.2014	4 9
Vorsprung durch Technik	EuG T-70/06 v. 9.7.2008	4 11
VORTEX/VORTEX	EuG T-104/12 v. 16.5.2013	5 12, 19; 12 254
Voss of Norway	EuGH C-445/13 P v. 25.3.2014	28 106
	EuGH C-445/13 P v. 7.5.2015	4 36, 37, 96, 106, 110, 111, 140, 141; 28 106
VOSSIUS & PARTNER	BGH GRUR 2002, 703	24 24
vossius.de	BGH GRUR 2002, 706	1 62; 17 6, 8; 18 12, 21; 21 2, 3; 22 13, 26, 30, 31, 36; 27 58, 84
VSL#3	EuG T-419/17 v. 18.5.2018	28 45
VW/MAIN AUTO WHEELS	EuG T-623/16 v. 19.9.2018	12 26
W WORK PRO/PC WORKS	EuG T-352/02 v. 25.5.2005	4 19; 12 215
W. F. Gözze Frottierweberei	EuGH C-689/15 v. 8.6.2017	1 4; 2 20, 24; 4 229; 8 3, 11; 10 30
Wach- und Schließ	BGH GRUR 1986, 475	17 21
Wajos	EuG T-313/17 v. 3.10.2018	4 108
wala w/wallapop	EuG T-186/17 v. 3.10.2018	5 12; 12 254
Walcher Meßtechnik	EuGH C-374/14 P v. 12.2.2015	28 106
Waldes-Koh-i-noor	BGH BGHZ 39, 220	31 45

Stichwort	Fundstelle/AZ	§ Rdn.
Waldschlößchen	BPatG 24 W (pat) 32/01 v. 30.4.2002	**29** 26
Wallonisches Qualitätszeichen	EuGH C-255/03 v. 17.6.2004	**23** 1
Walzertraum/Walzer Traum	EuG T-355/09 v. 17.1.2013	**8** 26
Wappen (Ernst August Prinz von Hannover)	EuG T-397/09 v. 25.5.2011	**4** 232
Wärmetauscher	BGH X ZR 114/13 v. 10.5.2016	**27** 7
Warsteiner Brauerei	EuGH C-312/98 v. 7.11.2000	**23** 6
Warsteiner I	BGH GRUR 1999, 251	**23** 6
Warsteiner II	BGH BGHZ 139, 138	**23** 21, 22, 24, 25, 27, 29, 33; **26** 1
Warsteiner III	BGH GRUR 2002, 160	**23** 20, 27, 29; **26** 1
Waschball	OLG Düsseldorf I-20 U 70/14 v. 21.7.2015	**27** 51
Waterford Wedgwood	EuGH C-398/07 P v. 7.5.2009	**12** 4, 11, 250, 264, 266, 267; **28** 104, 106
waterPerfect/AquaPerfect	EuG T-123/14 v. 28.1.2015	**12** 129
WAVE 2 PAY	EuG T-129/15 v. 28.9.2016	**4** 122
wax/wax by Yuli's	EuG T-19/15 v. 1.2.2017	**12** 222
WC-Duftspüler	LG Düsseldorf 4a O 427/06 v. 12.2.2008	**27** 101
We do IP.	EuG T-345/17 v. 5.10.2017	**28** 100
WE/EW	EuG T-241/16 v. 4.5.2018	**12** 100
Wegfall der Wiederholungsgefahr II	BGH GRUR 1997, 379	**27** 8, 13
Weisse Flotte	BGH I ZB 72/07 v. 24.4.2008	**4** 166; **29** 53, 57, 58
WEISSE SEITEN	EuG T-322/03 v. 16.3.2006	**4** 15, 65, 87; **28** 61, 93
Weißbierglas	EuG T-857/16 v. 26.10.2017	**4** 19, 141
weltonline.de	OLG Frankfurt/Main MMR 2001, 696	**27** 20
	BGH GRUR 2005, 687	**22** 31, 32
Werbegeschenke	BGH I ZR 41/10 v. 9.6.2011	**8** 18; **31** 32, 34
Werbung für Fremdprodukte	BGH I ZR 173/12 v. 17.10.2013	**27** 60
Werkzeuggriff	BGH X ZR 76/18 v. 25.9.2018	**27** 87
WeserGold/WESTERN GOLD	EuG T-278/10 v. 21.9.2012	**12** 111
WEST	BGH I ZB 33/06 v. 1.3.2007	**29** 57
West/Westlife	EuG T-22/04 v. 4.5.2005	**12** 62, 158, 206, 267; **28** 99
Westermann Lernspielverlage	EuGH C-482/15 P v. 26.10.2016	**28** 96, 106
Westie-Kopf	BGH GRUR 2004, 331	**4** 131, 159, 165, 168; **29** 54
WET DUST CAN'T FLY	EuG T-133/13 v. 22.1.2015	**4** 122
wetter.de	BGH I ZR 202/14 v. 28.1.2016	**19** 4, 6, 7, 9
wetteronline.de	BGH I ZR 163/12 v. 22.1.2014	**21** 5; **22** 12, 15, 17
	BGH I ZR 164/12 v. 22.1.2014	**11** 3; **21** 5; **22** 15, 20, 33; **26** 13; **31** 31, 32
Wheels Magazine	BGH GRUR 1999, 235	**17** 3; **19** 1, 7; **20** 6, 8, 9, 11, 12, 16; **27** 15, 23
White Lion	BGH GRUR 1999, 586	**12** 53, 163, 257, 263, 264
Wilfer	EuGH C-301/05 P v. 11.10.2007	**4** 13, 32, 63; **28** 103
	EuGH C-301/05 P v. 9.2.2007	**28** 99, 100

Entscheidungsregister

Stichwort	Fundstelle/AZ	§ Rdn.
	EuGH C-546/10 P v. 13.9.2011	4 13, 24, 106, 140, 141, 143; 28 11, 96, 106
Wilhelm Stepek	EuG T-294/07 v. 25.9.2008	28 91
WILKINSON SWORD XTREME III/ RIGHT GUARD XTREME SPORT	EuG T-286/03 v. 13.4.2005	4 19, 35; 12 163, 175, 176, 259, 263
Willkommen im Leben	BGH I ZB 48/08 v. 4.12.2008	1 65; 4 124; 5 11
WINCAD	BGH GRUR 1998, 1010	19 4, 10, 13
Wind Werk/X-Windwerk	EuG T-649/14 v. 10.7.2017	28 100
Windfinder	EuG T-395/16 v. 20.7.2017	4 166
Windfinder R & L	EuGH C-553/17 P v. 24.1.2018	28 106
Windrush Aka	EuGH C-325/17 P v. 26.6.2018	8 36
Windsor Estate	BGH I ZR 93/04 v. 19.7.2007	4 30; 12 44, 148, 174, 176, 198; 24 17, 31, 33, 37; 27 51, 55, 56, 57, 79
Windspiel Manufaktur	EuG T-489/17 v. 16.1.2019	4 150
WINDSURFING CHIEMSEE	BGH BlPMZ 2001, 210	17 9
WinDVD Creator	EuG T-105/06 v. 17.10.2007	4 19, 63, 134
WINGS/ASNA WINGS	EuG T-382/16 v. 10.10.2017	12 159
WINNETOU	EuG T-501/13 v. 18.3.2016	1 64; 4 65; 19 8
Winnetou	BGH GRUR 2003, 342	4 65, 126; 19 8; 20 11
Winnetous Rückkehr	BGH GRUR 2003, 440	8 10; 19 7, 8, 9, 15, 17; 20 4, 5, 8, 12, 13, 22; 25 9
Wintergarten	BGH GRUR 2001, 164	10 8; 12 41, 220, 251
Wintersteiger	EuGH C-523/10 v. 19.4.2012	31 17
WIR MACHEN DAS BESONDERE EINFACH	EuG T-523/09 v. 13.4.2011	4 122
Wirbel um belasteten Bauschutt	BGH I ZB 86/17 v. 12.7.2018	27 38
WLAN-Schlüssel	BGH I ZR 220/15 v. 24.11.2016	27 26
WM-Marken	BGH I ZR 183/07 v. 12.11.2009	4 209, 231; 10 3; 15 5; 19 4; 20 3; 21 9, 19; 27 23
Wohlfahrt	EuGH C-357/12 P v. 30.5.2013	8 76; 28 36
Wolf Oil	EuGH C-437/16 P v. 5.10.2017	12 136, 137; 28 106
World of Warcraft II	BGH I ZR 253/14 v. 12.1.2017	10 23, 30, 54; 15 25, 26; 27 31, 54, 58
Wunderbaum I	BGH GRUR 1998, 934	12 37, 41, 58, 112, 127, 177, 181; 26 1
Wunderbaum II	BGH I ZR 75/15 v. 2.6.2016	12 34, 35, 37, 41, 44, 47, 48, 58; 13 1, 6; 27 44
Wurstform	EuG T-449/07 v. 5.5.2009	4 19, 141
X Technology Swiss	EuGH C-429/10 P v. 16.5.2011	4 19, 24, 150
X-cen-tek	EuG T-470/16 v. 28.6.2017	4 128
	EuGH C-520/17 P v. 30.11.2017	4 36, 128; 28 106
XXXLutz Marken	EuGH C-306/11 P v. 28.6.2012	4 65; 12 156, 158
Yacom/xacom Comunicaciones	EuG T-252/13 v. 12.3.2014	28 92

Stichwort	Fundstelle/AZ	§ Rdn.
YELLOW PAGES	Gerechtshof s'Gravenhage 200.062.687/01 v. 12.7.2011	14 32
YES	BGH GRUR 1999, 1089	4 30, 41, 87, 113, 123
Yoghurt-Gums	BGH I ZB 81/09 v. 9.9.2010	5 19; 29 57
Yorma's	EuGH C-191/11 P v. 8.2.2012	12 254
Yoshida Metal Industry	EuG T-331/10 RENV und T-416/10 RENV v. 21.5.2015	4 192
	EuGH C-421/15 P v. 11.5.2017	4 177, 178, 184, 185, 186, 187, 192; 28 106
You-Q	EuGH C-294/12 P v. 14.5.2013	13 46; 28 106
YU-GI-OH!-Karten	OLG Hamburg MarkenR 2007, 395	27 31
YUPI/YUKI	EuG T-278/04 v. 16.11.2006	8 59; 12 97, 105, 137, 263, 264; 14 23
Zahl »1«	BGH GRUR 2002, 970	4 9, 66
Zahl »6«	BGH Mitt. 2002, 423	4 9, 66
Zahnbürste	EuG T-385/15 v. 14.6.2016	4 141
Zahnpastastrang	BGH GRUR 2001, 239	4 109, 143, 145; 29 16
Zamek I	BGH GRUR 1960, 33	18 21
ZANOTTI/GIUSEPPE ZANOTTI DESIGN	EuG T-336/11 v. 9.4.2013	12 209
Zantac/Zantic	BGH GRUR 2002, 1059	16 47, 48, 50, 57, 64, 65
Zapf	EuG T-7/02 und T-8/02 v. 26.2.2003	28 96, 103
	EuGH C-498/01 P v. 1.12.2004	28 96, 103
ZAPPA	BGH I ZR 135/10 v. 31.5.2012	8 10, 53; 10 53; 17 5
Zappel-Fisch	BGH GRUR 1993, 767	19 4, 5
ZAPPER-CLICK	EuG T-360/10 v. 3.10.2012	28 93
ZEIG DER WELT DEIN SCHÖNSTES LÄCHELN	BPatG GRUR 2004, 333	4 113
Zeiß	BGH GRUR 1958, 189	10 16
ZENSATIONS/ZEN	EuG T-416/12 v. 5.3.2014	12 149
Zerkleinerungsvorrichtung	BGH X ZR 60/06 v. 25.9.2007	27 61
Zerknitterte Zigarettenschachtel	BGH I ZR 96/07 v. 5.6.2008	21 1, 18, 19; 27 74
zero	EuG T-106/16 v. 9.2.2017	12 264
ZERO/zerø	EuG T-722/16 v. 16.11.2017	12 249
zerorh+/ZERO	EuG T-400/06 v. 16.9.2009	12 81, 229, 263
Zerstäuberform	EuG T-104/08 v. 5.5.2009	4 19; 28 11
ZIMBUS/ZYDUS	EuG T-288/08 v. 15.3.2012	12 91
Zino Davidoff S. A	EuGH C-302/08 v. 02.07.2009	27 124
Zino Davidoff/A & G Imports u. a.	EuGH C-414/99 bis C-416/99 v. 20.11.2001	10 33; 16 3, 9, 12
Zipcar	EuGH C-394/08 P v. 3.6.2009	4 19, 30; 12 31, 78, 105, 136, 249, 263; 28 96, 106
ZITRO TURBO 2/TRIPLE TURBO	EuG T-210/17 v. 22.2.2018	4 63; 12 159
ZOCOR	BGH GRUR 2001, 422	16 43, 45, 62; 27 13
Zoladex	BGH I ZR 87/07 v. 29.7.2009	27 63, 67, 74

Stichwort	Fundstelle/AZ	§ Rdn.
ZOOM/ZOOM	BGH I ZB 77/13 v. 3.7.2014	**12** 250, 251, 256
	EuG T-831/16 v. 24.4.2018	**12** 263
Zuazaga Meabe	EuGH C-325/03 P v. 18.1.2005	**28** 56, 93
Zugang des Abmahnschreibens	BGH I ZB 17/06 v. 21.12.2006	**31** 5
Zustellung durch Telefax	HABM GRUR-RR 2002, 62	**28** 57
Zuwiderhandlung während der Schwebezeit	BGH I ZR 97/13 v. 17.11.2014	**27** 14
Zwangsmittelfestsetzung	BGH I ZB 76/10 v. 14.8.2013	**27** 22
Zwei ineinander geflochtene Sicheln/Zwei ineinander verflochtene Bänder	EuG T-502/11 v. 17.5.2013	**12** 117
Zwilling/Zweibrüder	BGH GRUR 2004, 779	**12** 5, 21, 35, 127, 132, 162, 235, 242, 259; **13** 20; **17** 3, **18**, **18** 20

Stichwortverzeichnis

Die Zahlen verweisen auf die jeweiligen Randnummern.

Abgeschlossenheit
- Voraussetzung der grafischen Darstellbarkeit **2**, 7

Abgrenzungsvereinbarung 24, 40–45
- Kennzeichenstreitsache **31**, 16

Abhängigkeit
- von Ursprungsmarke beim Telle-quelle-Schutz **4**, 237

Abhilfe
- Beschwerde beim EUIPO **28**, 86

Abkürzung
- als übliche Bezeichnung **4**, 88
- Kennzeichnungskraft **12**, 47
- klangliche Ähnlichkeit **12**, 94, 100
- Schutz als Unternehmenskennzeichen **17**, 1
- Zeichenähnlichkeit **12**, 169
- Zergliederung eines Zeichens **12**, 149

Abmahnung 31, 4–5, 12–14, 42, 61
- Markenlizenz **24**, 24

Abnehmer
- Auskunftsanspruch **27**, 80
- Beschränkung im Verzeichnis der Waren und Dienstleistungen **5**, 10

Absatzmarkt
- Benutzungszwang **8**, 5

Absatzmittler
- Übertragungsanspruch **27**, 109–113

Abschlusserklärung 31, 61

Abschlussschreiben 31, 61

Abschottung der Märkte 16, 3, 17, 37, 42, 47–50

Absicherung
- Unternehmenskennzeichen **32**, 30

Absicht
- Einsatz der Sperrwirkung **4**, 221

Absolute Eintragungshindernisse 1, 41; **4**, 1–240; **6**, 9; **7**, 3; **14**, 28; **17**, 9; **27**, 45; **28**, 11, 17, 42, 87; **29**, 17, 21; **30**, 8
- Abgrenzung zu den Schranken **15**, 1
- Abgrenzung zu relativen Eintragungshindernissen **4**, 5
- Abgrenzung zur abstrakten Unterscheidungseignung **4**, 100
- bei Wortmarken **4**, 112–119
- bösgläubige Markenanmeldung **4**, 3, 199–226
- Form der Ware **4**, 175–197
- gemeinsame Grundsätze **4**, 8–54
- Löschungsverfahren **29**, 31–34
- maßgeblicher Zeitpunkt der Prüfung **4**, 44–48

- Mehrdeutigkeit der Bezeichnung **4**, 117–119
- produktbezogene Prüfung **4**, 9–18
- Regelungszweck **4**, 1–5
- technische Funktion **4**, 3, 175, 184–196
- Werbeschlagwörter **4**, 90–91, 120–125
- Werktitel **19**, 8

Abstrakte Farbkombinationsmarke 2, 5, 16

Abstrakte Farbmarke 2, 5, 15; **10**, 41–43; **12**, 120, *siehe auch Farbmarke*

Abstraktionsprinzip 24, 2–3, 23

Abtretung 24, 3

Abweichung
- von Marke und benutzter Form **8**, 39–57

Abzeichen 4, 4, 228

Adword 10, 55–59, 65

Agent
- Übertragungsanspruch **27**, 109–113

Agrarerzeugnisse
- geografische Herkunftsangabe **23**, 2, 5–18

Akteneinsicht 29, 8

Aktiengesellschaft
- Markeninhaberschaft **3**, 1

Aktivlegitimation
- einfache geografische Herkunftsangabe **23**, 30
- Gericht erster Instanz **28**, 99
- Klage aus geografischer Herkunftsangabe **23**, 18
- Kollektivmarke **24**, 35
- Markenlizenz **24**, 31–35

Allgemeine Verfahrensgrundsätze 28, 55–75

Allgemeingebräuchliche Bezeichnungen 4, 86–92

Allgemeininteresse 1, 17–19; **4**, 1, 49, 61, 87, 97, 118, 137, 154, 177; **12**, 6, 165, 170; **15**, 1; **23**, 1
- Bedeutungslosigkeit der Verbraucherrelevanz **4**, 75

Altmarken
- Verlängerung der Schutzdauer **9**, 16

Amt der Europäischen Union für geistiges Eigentum 1, 53; **4**, 32–33; **9**, 1; **24**, 40; **27**, 43; **28**, 1–4, 55, 61–64, 65, 70–71, 75–79, 87, 99; **30**, 2
- Beschwerde **28**, 80–91
- Eintragungsverfahren **28**, 6–13, *siehe auch Eintragungsverfahren Unionsmarke*
- Fristenregelung **28**, 56–65
- mündliche Verhandlung **28**, 75
- Rechtsmittel **28**, 79–106
- Widerspruch **28**, 16–41

963

Ämter
– im Kennzeichenrecht 1, 52–55
Amtsermittlungsgrundsatz 4, 7, 173; 8, 83; 28, 31; 29, 25
Amtssprachen 28, 1, 7, 23–24; 30, 4
Anbringen der Marke
– Benutzungszwang 8, 14–16
Anerkannte Gepflogenheiten 15, 2, 8, 25–33, 28, 30, 31, 32; 18, 23
Anfangsbuchstabe
– klangliche Ähnlichkeit 12, 86
Angebot zum Verkauf
– Erschöpfung 16, 5
Angestellter
– Schadensersatzanspruch 27, 59
Angriff 2, 3; 28, 17; 29, 19
Ankauf 4, 216; 32, 6, 31
Ankündigung 16, 19
– Titelschutzanzeige 1, 29; 16, 19
Anlehnung an schutzunfähige Elemente 12, 166, 176, 206
Anmeldestrategie 32, 11–24
Anmeldetag 12, 41; 29, 14
Anmeldung 1, 21, 37; 7, 2, 7; 30, 4; 32, 12, siehe auch Markenanmeldung
– Strategie 32, 11–31
– Teilung 29, 16
– Zurücknahme 28, 38
Anpreisende Elemente
– Eigenschaften von Zeichenelementen 12, 166, 174–175
Anpreisung 4, 70, 90–91
Anschlussbeschwerde 28, 85
Anschrift
– Auskunftsanspruch 27, 80
– Schranken 15, 2, 7
Anspruch auf Hinweis in Nachschlagewerken 27, 115
Anspruch auf Markenübertragung 27, 109–113
Anspruch auf Rücknahme der Markenanmeldung 27, 49–50
Anspruch auf Urteilsveröffentlichung 27, 107
Anspruchsarten 27, 1
Anständige Gepflogenheiten 13, 27–30; 15, 2, 8, siehe auch Anerkannte Gepflogenheiten
Antragsfassung
– Auskunftsanspruch 27, 90
– Benutzung als Marke 27, 23
– Bestimmtheit 27, 23
– BPatG 29, 51
– Farbmarke 27, 23
– Kern der Verletzung 27, 22
– Klage zum Gericht erster Instanz 28, 96–97

– Löschungsanspruch 27, 46–48
– Unbestimmtheit 27, 23
– Unterlassungsanspruch 27, 18–25
– Unternehmenskennzeichen 27, 20
– Verallgemeinerungen 27, 22
Anwaltsgeheimnis
– Auskunftsanspruch 27, 80
Anwaltszwang
– Gericht erster Instanz 28, 100
Apotheker
– als Publikum verschreibungspflichtiger Arzneimittel 4, 19
– Arabische Schriftzeichen 12, 182
– Art der Ware 4, 181
Arzneimittel
– Erschöpfung 16, 43, 48–50, 54–56, 65–66; 27, 67
– Verkehrsverständnis 4, 19; 16, 54–56
Ärzte
– als Publikum verschreibungspflichtiger Arzneimittel 4, 19
Assoziation 4, 70; 12, 126–128; 13, 14
Ästhetische Gestaltung 4, 144, 197; 12, 190
Aufbrauchfrist 27, 7
Aufforderung zum Kauf 4, 92, 120–125
Aufmerksamkeit
– Verkehrsverständnis 4, 19, 23–24; 11, 2–4; 12, 86; 16, 43
Auktion 10, 25; 27, 27
Ausfuhr 10, 10, siehe auch Export
Auskunft 24, 20; 27, 53, 75–76
Auskunftsanspruch 10, 7; 27, 75–92
– Antragsfassung 27, 92
– Herkunft und Vertriebsweg 27, 80–92
– Verjährung 14, 3
– Verletzungsverfahren 31, 15–27
– Verwirkung 14, 16, 20
– Vorbereitung Schadensersatzanspruch 27, 78–79
Ausland 6, 9; 8, 33–34; 10, 19; 14, 11; 15, 8; 16, 66; 22, 37; 31, 17; 32, 7, 27–31
Ausländische Marke 1, 65; 4, 220, 237–240; 7, 4; 32, 10, 27–31
Ausländische Unternehmen 4, 220; 15, 8; 17, 7; 32, 7
Ausnutzen der Unterscheidungskraft 10, 1, 30, 63–67; 13, 1, 22–26, 42–48; 15, 28; 18, 19; 20, 22; 23, 36; 26, 8
Ausnutzen der Wertschätzung 10, 1, 30, 63–67; 13, 1, 22–26, 42–48; 15, 28; 18, 19; 20, 22; 23, 36; 26, 8
Ausschmückungen 4, 128, 129, 167; 12, 180, 183
Aussetzung des Verfahrens 28, 77; 31, 20–21
Ausspracheregeln 12, 75–82; 23, 25

Stichwortverzeichnis

Aussprechbarkeit **12**, 89–90
Ausstellung **7**, 5; **8**, 14; **12**, 265; **17**, 5
Ausstellungspriorität **7**, 5
Autor
– Inhaber von Titelrechten **19**, 15
Basisanmeldung **7**, 6; **30**, 4
Basismarke **30**, 1, 3, 5; **32**, 29
Beauftragter
– Haftung **27**, 60
Beeinflussung der Unterscheidungskraft **8**, 39–57
– Umfirmierung **17**, 28
Beeinträchtigen der Unterscheidungskraft **10**, 1, 30, 63–67; **13**, 1, 22–26, 32–37; **15**, 28; **18**, 19; **20**, 22; **23**, 36; **26**, 8
Beeinträchtigen der Wertschätzung **10**, 1, 30, 63–67; **13**, 1, 22–26, 38–41; **15**, 28; **18**, 19; **20**, 22; **23**, 36; **26**, 8
Beeinträchtigung des Originalzustands der Ware **16**, 51–57
Beendigung der Geschäftstätigkeit **27**, 11
Begriffliche Ähnlichkeit **12**, 73, 123–132, 140, 267; **13**, 20
Begriffliche Anklänge **12**, 126–128
Begriffliche Unterschiede
– Neutralisieren von Ähnlichkeiten **12**, 137
Begriffliche Wahrnehmung **4**, 35
Begründetheit
– Widerspruch Unionsmarke **28**, 25, 29
Begründetheitsmängel **28**, 25
Begründung
– Widerspruch Unionsmarke **28**, 16, 26
Begründungsfrist
– Beschwerde beim EUIPO **28**, 80
Begründungspflicht **28**, 67–68, 104; **29**, 52, 60
Behinderung **26**, 1, 7, 10–12, 17
Behinderungsabsicht **22**, 7; **29**, 28
Beibringungsgrundsatz **8**, 83; **28**, 31
Bekannte Marke **1**, 8; **6**, 9–12; **10**, 1, 41; **13**, 1–48; **14**, 27; **15**, 2; **26**, 8; **28**, 96; **29**, 20
– Angriff auf DE-Domain **22**, 14, 31
– Begriff **13**, 6–13
– erhöhte Kennzeichnungskraft **12**, 57
– Markenlizenz **24**, 22
– rechtsverletzende Benutzung **13**, 3–5
– selbständig kennzeichnende Stellung **12**, 221–224
– Unlauterkeit **13**, 27–30, 39
– Wettbewerbsrecht **26**, 1–9
Bekannter Werktitel **19**, 6; **20**, 21–22; **22**, 31
Bekanntes Unternehmenskennzeichen **18**, 19; **22**, 10, 14, 31

Bekanntheit **1**, 8; **4**, 72; **6**, 1, 2, 5, 9–12; **12**, 5–11, 34, 57, 164, 267; **13**, 7; **17**, 1, 17, 23; **18**, 17, 19; **19**, 6; **22**, 31; **23**, 22, 35; **24**, 22; **27**, 66; **28**, 32; **29**, 24; **32**, 30, 44
Bekanntheitsnachweis **13**, 7, 11
Bekanntheitsschwelle **13**, 6
Bekanntmachung des Urteils **27**, 107
Bekleidungsbranche **4**, 19, 24; **12**, 136, 227, 260, 263–265; **21**, 3, 16; **27**, 18, 67
Bemerkungen Dritter
– Eintragungsverfahren Unionsmarke **28**, 13
Benutzung **4**, 4, 51, 101–103, 102, 156–159, 178, 211, 222–223; **6**, 9, 12; **8**, 1–97; **10**, 30; **12**, 36, 58–59, 152, 154, 238; **14**, 8; **15**, 15; **17**, 24–25; **18**, 10; **19**, 10, 16; **21**, 5; **24**, 16; **27**, 20; **29**, 24; **31**, 23–26, *siehe auch Benutzungszwang, siehe auch Markenmäßige Benutzung, siehe auch Rechtsverletzende Benutzung*
– als Marke **31**, 11, 26–58
– durch Dritte **8**, 36–37
– Erwerb von Unterscheidungskraft **4**, 153–172
– Recherche **31**, 7
– Zeichenähnlichkeit **12**, 192
Benutzung als Marke **4**, 156–159, 211; **10**, 9, 10–22, 12, 23; **13**, 3–5; **15**, 3, 15–16; **27**, 23, *siehe auch Titelmäßige Benutzung*
Benutzung als Unternehmenskennzeichen **10**, 45–50
Benutzung für Produktsegment
– Benutzungszwang **8**, 58–66
Benutzung nach Art einer Marke
– Abgrenzung zur Benutzung als Marke **10**, 36
Benutzungsaufnahme **17**, 5–8; **21**, 5; **22**, 34
Benutzungsmarke **2**, 2, 7; **6**, 1–12; **7**, 2; **14**, 12; **16**, 3; **17**, 17; **24**, 49; **28**, 20–22
Benutzungsrecherche **31**, 7
Benutzungsschonfrist **1**, 23; **8**, 1, 70–82, *siehe auch Benutzungszwang*
Benutzungswille **2**, 3; **4**, 222–223
Benutzungszwang **1**, 23; **2**, 3; **4**, 226; **8**, 1–97; **12**, 260; **31**, 9; **32**, 21, 28, *siehe auch Benutzungsschonfrist*
– Abweichung von Marke und benutzter Form **8**, 39–57
– Art der Benutzung **8**, 3–27, 84
– Benutzung durch Dritte **8**, 36–37
– Benutzung für Produktsegment **8**, 58–66
– Benutzung in der Schweiz **8**, 33–34
– berechtigter Grund für die Nichtbenutzung **8**, 67–69
– Beweislast **8**, 97
– Dienstleistungsmarke **8**, 13, 15

965

– firmenmäßige Benutzung **8**, 9–13
– Gewinnerzielungsabsicht **8**, 17–18
– karitative **8**, 4, 17
– Kartellrecht und Vereinbarungen **24**, 45
– Löschungsverfahren DPMA **29**, 33
– markenmäßige Benutzung **8**, 9–13
– Nachweis **8**, 80, 83–97
– Ort der Benutzung **8**, 29–34, 84
– Produktähnlichkeit **8**, 59–60; **12**, 260
– Umfang der Benutzung **8**, 3–27, 84
– Unternehmensstrategie **8**, 69
– Verfahren **8**, 83–97
– Wechselbeziehung von Art und Umfang **8**, 7, 26–27
– zeitliche Konstanz **8**, 7, 26–27
– Zeitraum **8**, 70–82, *siehe auch Benutzungsschonfrist*
Berechtigter Grund für die Nichtbenutzung 8, 67–69
Berechtigtes Interesse 15, 25; **22**, 6
Berechtigungsanfrage 31, 13–14
Bereicherungsanspruch 14, 5, 18, 20; **27**, 72–74; **32**, 4
Berühmtheit 17, 27; **28**, 32
Berührung 27, 10, 16–17; **31**, 42
Beschaffenheitsangabe
– Schranken **15**, 2, 13–20
Beschlagnahme 27, 105–106; **31**, 4, 52
Beschränkungen der Wirkung der Marke 15, 1–32, *siehe auch Schranken*
Beschreibende Angaben 4, 49, 56–60, 61–85, 130; **32**, 19
– Beeinflussung der Unterscheidungskraft **8**, 45
– Benutzung als Marke **10**, 36
– Kennzeichnungskraft **12**, 34, 46–50
– mehrdeutige **4**, 67–70
– namensmäßige Unterscheidungskraft **17**, 10
– Schranken **15**, 2, 13–20
– Überwindung durch Benutzung **4**, 153–172
– Verkaufsstätten **4**, 81
– Werktitel **20**, 10
Beschreibende Anklänge 4, 63; **12**, 84–85, 138; **15**, 31
Beschreibende Benutzung 4, 102, 211; **10**, 30; **15**, 15–16; **27**, 9
Beschreibende Elemente 10, 36; **12**, 166, 170–173; **20**, 10
Beschreibung
– Erläuterung der grafischen Darstellung **2**, 14
Beschwerde 1, 53, 54; **28**, 80–91; **29**, 47, 49–50, 57
Beschwerdefrist 28, 80
Beschwerdegebühr
– Rückzahlung **28**, 91

Beschwerdekammer 1, 53; **28**, 80, 87, 92
Beseitigen von Kennzeichen 26, 12
Besichtigungsanspruch 27, 93–97; **31**, 7
Besitz
– Vernichtungsanspruch **27**, 100
Besitzer
– Auskunftsanspruch **27**, 80
Besitzrecht 24, 22, 39; **27**, 99
Besitzstand 4, 209–210; **14**, 15, 17, 18
Besonderer Ruf
– geografische Herkunftsangabe **23**, 34–36
Bestellzeichen 10, 40
Bestimmtheit 2, 11
Bestimmungshinweis 4, 61; **15**, 2, 21–24
Betonung 12, 86, 98–102
Betriebsinhaber
– Haftung **27**, 60
Betriebskosten
– Schadensersatzanspruch **27**, 63
Bewegungsmarke
– praktische Bedeutung **2**, 5
Beweis 27, 93; **28**, 11, 75; **29**, 50; **31**, 7
– der Markeninhaberschaft **24**, 10
Beweiserleichterungen 8, 83, 97; **31**, 7, 46
Beweislast 4, 173; **8**, 97; **10**, 28, 30; **12**, 60; **16**, 16–17, 46
Beweismittel 28, 29, 31, 96
Bezugnahme
– auf Unterlagen in Parallelverfahren **8**, 84
Bildelemente 1, 45; **4**, 134; **8**, 42, 51, 57; **12**, 81, 112, 141–143, 166, 177–187, 267; **32**, 17–18, 20, *siehe auch Fiktive Bildelemente*
Bildliche Ähnlichkeit 12, 73, 103, 141–143; **13**, 20
Bildliche Wahrnehmung 4, 35
Bildmarke 2, 5, 14; **12**, 117–119, 132; **16**, 22
– als beschreibende Angabe **4**, 82–83
– Kennzeichnungskraft **12**, 38, 51
– Unterscheidungskraft **4**, 128–135, 143
Billigkeit 28, 41, 91; **29**, 28
Bindung des Verletzungsrichters an die Eintragung 10, 3–5; **12**, 165; **27**, 45
Binnenmarkt 1, 9; **4**, 32; **16**, 3; **23**, 1, *siehe auch Gemeinsamer Markt*
BIZ-Domain 22, 37–39
Böse Absicht
– EU-Domain **22**, 7
Bösgläubige Markenanmeldung 2, 3; **4**, 3, 48, 199–226, 238; **8**, 72; **14**, 8; **26**, 10–11; **27**, 49; **31**, 43
Bösgläubigkeit, *siehe auch Bösgläubige Markenanmeldung*
– Domain **22**, 7, 39
– Markenlizenz **24**, 37

– Wettbewerbsrecht **26**, 10–11
Branchenähnlichkeit 13, 41; **18**, 13–15; **22**, 13, 26
Branchenidentität 18, 15
Branchenüblichkeit 4, 106, 140; **12**, 29
Brexit 8, 31
Buchstabe 2, 4; **4**, 66, 134
– bildliche Ähnlichkeit **12**, 105
Buchstaben-/Zahlenkombination
– unaussprechbare **4**, 210
Buchstabenkombination 4, 39, 210; **17**, 9
Bündelung von Verpackungen 16, 48, 53
Bundesgerichtshof 1, 54, 56; **29**, 47, 52–60
Bundesministerium der Justiz 23, 8
Bundespatentgericht 1, 54; **23**, 10; **29**, 15, 47, 49–50
Bundesverfassungsgericht 1, 63; **21**, 7
Bußgeldvorschriften 27, 116
Champagner 12, 264; **23**, 4, 34
Chargennummer
– Beeinträchtigung des Originalzustands der Ware **16**, 52
Charta der Grundrechte 15, 5
Checkliste
– Kennzeichenpraxis **33**
– Verfügungsverfahren **35**
– Verwechslungsgefahr **34**
– Zollbeschlagnahme **36**
Chinesische Schriftzeichen
– Prägung **12**, 182
– Unterscheidungskraft **4**, 130
Class Scopes 5, 7, 8
COM-Domain 22, 37–39
Cooling-off
– Widerspruch Unionsmarke **28**, 30
Darlegungslast
– Produktähnlichkeit **12**, 263
Dauer der Benutzung 4, 51, 165; **12**, 34; **13**, 7
Dauerhaftigkeit
– Voraussetzung der grafischen Darstellbarkeit **2**, 7
Dauerschuldverhältnis
– Markenlizenz **24**, 24
DDR
– Koexistenz **14**, 22
DE-Domain 22, 11–36
Defensivzeichen 4, 216; **8**, 1, 83; **32**, 21
DENIC 22, 1; **27**, 9, 32
Design
– einer Warenform und Unterscheidungskraft **4**, 141
Designerware
– Lizenzanalogie **27**, 67
Designrecht 1, 2; **4**, 3, 177, 196, 239; **12**, 190; **27**, 63

Deutsche Marke 1, 72; **4**, 46, 172; **7**, 7; **8**, 73–74; **9**, 11–16; **27**, 44, 50; **29**, 13–18; **30**, 1; **32**, 10
– Eintragungsverfahren **29**, 13–17, *siehe auch Eintragungsverfahren deutsche Marke*
– Löschungsverfahren **29**, 31–34
– Rechtsmittel **29**, 47–60
– Schutzdauer **9**, 11–16
– Verfahren **29**, 1–60
– Widerspruchsverfahren **29**, 18–28
Deutsches Patent- und Markenamt 1, 54; **9**, 1; **23**, 8; **27**, 33–36, 44; **28**, 6; **29**, 1–60; **30**, 2
Dienstleistungen des Einzelhandels
– Produktähnlichkeit **12**, 255
– Verzeichnis der Waren und Dienstleistungen **5**, 12
Dienstleistungsähnlichkeit 12, 4; **13**, 41, *siehe auch Produktähnlichkeit*
Dienstleistungsidentität 11, 5–7; **12**, 4
Dienstleistungsklassen 1, 44
Dienstleistungsmarke 8, 13, 15
Disclaimer 28, 12
Discounter
– Markenführung **32**, 34–35
Dispositionsgrundsatz
– Gericht erster Instanz **28**, 101
Domain 1, 33; **4**, 116; **10**, 53; **17**, 5, 25; **21**, 10; **22**, 1–39; **27**, 9; **31**, 18; **32**, 10
– .biz **22**, 37–39
– .com **22**, 37–39
– .int **22**, 37–39
– .org **22**, 37–39
Dominierende Elemente 12, 63, 68–69, 155–216, *siehe auch Prägung*
Doppelidentität 10, 1; **11**, 1–7, *siehe auch Identität*
Dreidimensionale Gestaltung 2, 4–5
Dreidimensionale Marke 2, 5, 14; **4**, 5
– als beschreibende Angabe **4**, 82–85
– Eintragungshindernisse **4**, 175–197
– Unterscheidungskraft **4**, 140–149
Dreifache Schadensberechnung 27, 61–71
Drei-Streifen-Kennzeichnung
– Benutzung als Marke **10**, 42
Dringlichkeit 31, 53–57
Drittauskunft
– Auskunftsanspruch **27**, 80–90
Dritte
– Benutzung und Benutzungszwang **8**, 36–37
– Vernichtungsanspruch **27**, 105
Drittschadensliquidation 27, 51
Drittzeichen
– Schwächung der Kennzeichnungskraft **12**, 46, 52–53; **18**, 11

– Überwachung 32, 9
Duldungsanschein
– Verwirkung 14, 18
Duldungspflicht
– Ordnungswidrigkeit 27, 116
Durchfuhr 10, 16; **16**, 6; **27**, 122
Durchführungsverordnung 1, 49
Durchschnittsverbraucher 4, 23, 26; **10**, 34; 11, 2; **12**, 23, 144; **28**, 11
Durchsetzungsrichtlinie 27, 2–3, 53, 93; **31**, 7
eBay 10, 25; **27**, 27
E-filing 9, 6; **28**, 6, 9
EG-Richtlinie
– Auslegung 1, 9
Eidesstattliche Versicherung 8, 84; **27**, 77
Eigenschaften von Hause aus 12, 34, 164
Eigenschaften von Zeichenelementen 12, 164–208
– anpreisende Elemente **12**, 166, 174–175
– beschreibende Elemente **12**, 166, 170–173; **20**, 10
– Bildelemente **12**, 166, 177–187
– Fantasiezeichen **12**, 166, 167–169
– Formmarken **12**, 188–192
– gleichstarke Elemente **12**, 156–158
– Name **12**, 208–214
– Prägung **12**, 164–192
– relatives Gewicht **12**, 195–214
– schutzunfähige Elemente **12**, 165–166, 170–173, 185, 198–206; **20**, 10
– unauffällige Elemente **12**, 166, 174–175
– Verzierung **12**, 178–180, 183
– Wort-/Bildmarke **12**, 177–187
Eigenständige Kennzeichnungsfunktion 12, 226
Eigentum
– Domain **22**, 1
– Kennzeichenrechte als **1**, 3
– Vernichtungsanspruch **27**, 100
– Zurückbehaltungsanspruch **27**, 99
Eigentümlichkeit
– für Unterscheidungskraft **4**, 106
Eigentumsvorbehalt
– Inverkehrbringen **16**, 8
Eindeutigkeit
– Voraussetzung der grafischen Darstellbarkeit **2**, 7
Eindruck
– akustischer **4**, 35
– begrifflicher **4**, 35
– bildlicher **4**, 35
– klanglicher **4**, 35
– optischer **4**, 35
– schriftbildlicher **4**, 35
– visueller **4**, 35

Einfache geografische Herkunftsangabe 23, 19–31
Einfuhr 10, 10–15; **16**, 5
Einfuhrverbot
– staatliches als Grund für die Nichtbenutzung **8**, 68
Eingerichteter und ausgeübter Gewerbebetrieb 4, 201; **22**, 15
Eingetragene Form der Marke 12, 152, 260; **29**, 24
Eingetragene Genossenschaft
– Markeninhaberschaft **3**, 1
Einheit
– europäische **4**, 32, *siehe auch Binnenmarkt, siehe auch Harmonisierung*
Einheitlichkeit der Kennzeichenrechte 17, 3, 9
Einheitlichkeit der Unionsmarke 12, 39
Einigung 24, 40–45; **28**, 23, 30, 101; **31**, 14
Einrede der Nichtbenutzung 8, 81, 84–97
Einsatz der Sperrwirkung
– bösgläubige Markenanmeldung **4**, 203–216
Einschränkung
– des Verzeichnisses der Waren und Dienstleistungen **1**, 22; **4**, 16; **5**, 9; **29**, 16
Einstellung der geschäftlichen Tätigkeit 17, 24–25
Einstweilige Verfügung 27, 87, 94, 98, 106; **31**, 47–61; **35**
Eintragung
– fehlerhafte Wiedergabe **2**, 10
– im Handelsregister **1**, 27
– Inhaberwechsel **24**, 7–11
– Insolvenz **24**, 47
– keine Bedeutung für Priorität **7**, 2
– Markenlizenz **24**, 18, 32
– Pfändung **24**, 46
Eintragungsbewilligungsklage 29, 21; **31**, 45
Eintragungsgebühr
– Eintragungsverfahren Unionsmarke **28**, 9, 13
Eintragungshindernisse
– absolute **1**, 19, *siehe auch Absolute Eintragungshindernisse*
– relative **1**, 20, *siehe auch Relative Eintragungshindernisse*
Eintragungspraxis der Mitgliedstaaten
– Bedeutung im Unionsmarkenverfahren **1**, 64
Eintragungspraxis des EUIPO
– Bedeutung im nationalen Verfahren **1**, 66
Eintragungsverfahren 4, 7, 37, 50–54, 199; **5**, 19; **10**, 6; **23**, 8–10; **28**, 6–13, *siehe auch Eintragungsverfahren deutsche Marke, siehe auch Eintragungsverfahren Unionsmarke*

Eintragungsverfahren deutsche Marke 29, 13–17
Eintragungsverfahren Unionsmarke 28, 6–13
Einzelbuchstabe 2, 4; 4, 66, 134; 17, 9
Einzelhandel
– Produktähnlichkeit 12, 255
– Verzeichnis der Waren und Dienstleistungen 5, 12
Einzelhandelsunternehmen
– Haftung 27, 14
Einziehung
– Strafrecht 27, 116
Elektronische Anmeldung 28, 6
Elementeschutz 12, 146
E-Mail-Adresse 22, 35–36
Embleme 4, 4, 228
Empfehlungsliste
– Nizzaer Klassifikation 5, 5
EMRK 1, 4, 63
Endabnehmer 1, 4; 4, 22; 12, 25; 27, 83
Enforcement-Richtlinie 27, 2–3, 93; 31, 7
Englische Sprache
– Außereuropäische Nachweise 4, 53
– Berücksichtigung im Eintragungsverfahren 4, 30
Entfernen von Kennzeichen
– Wettbewerbsrecht 26, 12
Entfernung von Kontrollnummern 16, 36–39
Entgangener Gewinn
– dreifache Schadensberechnung 27, 61
Entlokalisierende Zusätze 23, 27
Entstehung
– des Schutzes beim Unternehmenskennzeichen durch Benutzungsaufnahme 1, 27, *siehe auch Rechtsbegründung beim Unternehmenskennzeichen*
– des Schutzes beim Werktitel durch Benutzungsaufnahme 1, 29, *siehe auch Werktitel*
– Namensschutz 21, 5
Erbringen von Dienstleistungen
– Benutzung als Marke 10, 10
Erbschaft
– Markenübertragung 24, 2
Erfüllung
– Schadensersatz 27, 61
Ergebnis-Beitragsvergleich-Methode 32, 41
Erinnerung 4, 24; 12, 23, 112, 120; 20, 7
– gegen Entscheidungen des DPMA 1, 54; 29, 47, 48, 49
Erläuterung
– grafische Darstellung 2, 14
Erledigung
– Löschungsverfahren 29, 46

Erlöschen
– Benutzungsmarke 6, 8
– Nichtzahlung der Verlängerungsgebühren 9, 22
– Unternehmenskennzeichen 17, 24–28
– Werktitel 19, 16–17
Ermächtigung
– des Lizenznehmers zur Prozessführung 24, 31
Ermessensmissbrauch
– Verfahren EUIPO 28, 70
Ernsthafte Benutzung 8, 3–6, *siehe auch Benutzungszwang*
Ernstlichkeit
– der strafbewehrten Unterlassungserklärung 27, 13
Ersatzteil 12, 251, 265; 15, 2, 21–24
Erschöpfung 16, 1–66; 27, 80
– Änderung der Kennzeichnung 16, 64–66
– Ausnahmen 16, 24–66
– Beweislast 16, 16–17
– Entfernung von Kontrollnummern 16, 36–39
– Inverkehrbringen 16, 5–8
– Konzernverbund 16, 6–10
– Markenersetzung 16, 64–66
– Neuetikettierung 16, 40–62, *siehe auch Neuetikettierung*
– Parallelimport 16, 36–66
– Rechtsfolgen 16, 19–23
– Umverpacken 16, 40–62, *siehe auch Umverpacken*
– Veränderung der Ware 16, 24, 25–28
– Verschlechterung der Ware 16, 24, 25–28
– Vertriebsmodalitäten 16, 29–34
– Zustimmung 16, 12–15
Ersetzung der Marke
– Erschöpfung 16, 64–66
Erstbegehungsgefahr 22, 32; 27, 6, 15–17
– Titelschutzanzeige 20, 3; 27, 15
Erstreckung
– internationale Registrierung 30, 10
Erstreckung von Altrechten
– Koexistenz 14, 22
Erwerb von Kennzeichenrechten 4, 216; 32, 31
Erwerb von Unterscheidungskraft 4, 153–173, 178; 12, 45, 173, 239; 14, 29; 17, 17; 18, 10; 21, 6–7
– Verfahren 4, 164–173
Erwerber
– Aktivlegitimation Widerspruch 29, 18
Etablissementbezeichnung 1, 25; 17, 14–16, 20

Etat
– Strategie **32**, 19–20, 29
Etikett 4, 146; **8**, 12, 57, 84; **12**, 178–179; **15**, 3, 31; **16**, 40, 48–50, *siehe auch Neuetikettierung*
Etikettierungsvorschriften 16, 40
EU-Domain 22, 3–10
EuGVÜ
– örtliche Zuständigkeit **31**, 17
EuGVVO
– örtliche Zuständigkeit **31**, 17
EUIPO, *siehe Amt der Europäischen Union für geistiges Eigentum*
EU-Richtlinie
– Auslegung **1**, 9
Euroace
– Klassifikation **5**, 1
Europa 1, 9, 57–63; **4**, 32
Europäische Aktiengesellschaft
– Markeninhaberschaft **3**, 1
Europäische Union 16, 9; **23**, 1
Europäische Wirtschaftsvereinigung
– Markeninhaberschaft **3**, 2
Europäischer Gerichtshof für Menschenrechte 1, 63
Europäischer Wirtschaftsraum 16, 9
Euro-Symbol
– geschäftlicher Verkehr **10**, 26–27
EWiV 3, 2
Exkulpation
– strafbewehrte Unterlassungserklärung **27**, 14
Export 1, 38; **4**, 30; **8**, 29; **10**, 10; **32**, 28
Facelifting einer Marke 8, 40
Fachpublikum 4, 19, 26–28, 88; **10**, 30; **12**, 24–25
Fahrlässigkeit
– Schadensersatzanspruch **27**, 57
Faires Verfahren
– Verstoß durch Verkennung der Vorlagepflicht **1**, 63
Fantasiezeichen 12, 166, 167–169
Farbcode
– als grafische Darstellung **2**, 15
Farbe 2, 6; **4**, 97, 111, 136–139; **6**, 6; **10**, 43; **12**, 38; **16**, 25; **26**, 16; **32**, 17–18
Farbkombinationsmarke 2, 5, 16; **4**, 138, *siehe auch Abstrakte Farbkombinationsmarke*
Farbmarke 2, 5–6, 15; **4**, 97–99, 136–139; **6**, 6; **10**, 41–43; **11**, 4; **12**, 120, 233; **27**, 23; **32**, 37, *siehe auch Abstrakte Farbkombinationsmarke, siehe auch Abstrakte Farbmarke*
Farbmuster
– als grafische Darstellung **2**, 15

Fee calculator
– Verlängerung der Schutzdauer einer internationalen Registrierung **9**, 2
Fehlende Unterscheidungskraft 4, 2, 56–60, 95–149
– Allgemeininteresse **4**, 97–99, 118
– Art der Benutzung der Marke **4**, 101–103
– bei unterschiedlichen Markentypen **4**, 110–111
– bei Wortmarken **4**, 112–119
– Bildmarke **4**, 128–135, 143
– Formmarke **4**, 140–149
– Grad der Abweichung vom Branchenüblichen **4**, 106
– Herkunftsfunktion **4**, 96
– Kaufaufforderung **4**, 120–125
– Kennzeichnungskraft **12**, 34, 45
– Kennzeichnungsumfeld **4**, 101–103, 146
– Mehrdeutigkeit der Bezeichnung **4**, 117–119
– Qualitätshinweis **4**, 120–125
– Slogans **4**, 120–125
– Systematik **4**, 56–60
– Überwindung durch Benutzung **4**, 153–172
– Umfang des Verzeichnisses der Waren und Dienstleistungen **4**, 97–99
– Umgebung der Marke **4**, 101–103
– Unschärfe der Bezeichnung **4**, 117–119
– Verpackungsform **4**, 140–149
– Werbeslogan **4**, 120–125
– Wort-/Bildmarke **4**, 128–135
Fehlerhafte Eintragung 2, 10
Feiertag 7, 4; **9**, 6–7, 11; **28**, 59
Fernöstliche Schriftzeichen
– Prägung **12**, 182
– Unterscheidungskraft **4**, 130
Festlegung der Marke
– grafische Darstellung **2**, 10
Feststellung
– der Schadensersatzpflicht **27**, 53
Feststellungsinteresse 29, 46; **31**, 42–44
Feststellungsklage
– negative **31**, 42–44
Filiale
– Unternehmenskennzeichen **17**, 15
Firma 1, 26; **15**, 8–9; **17**, 1–28; **18**, 1–24
Firmenmäßige Benutzung 8, 9–13; **10**, 45–50
Firmenschlagworte 17, 1, 18
Flaggen
– Eintragungshindernis **4**, 228
Folgenbeseitigung 27, 100–106
Form der Ware 2, 4–5; **4**, 111, 175–197, 239; **6**, 4; **8**, 21; **26**, 16, *siehe auch Warenform*
Formelemente 12, 166, 188
Formmarke 4, 82–85, 140–149, 175–197; **6**, 4; **10**, 41–42; **12**, 119, 121, 188–192, 233; **26**, 17

Fortwirkung einer Rechtsverletzung 12, 10
Französisch
- Berücksichtigung im Eintragungsverfahren 4, 30

Freie Übertragbarkeit
- Namensmarke 24, 15

Freier Warenverkehr 16, 3, 40, 65
Freihaltebedürfnis 1, 17–19; 4, 57; 12, 6, *siehe auch Allgemeininteresse*
Freizeichen 4, 57
Fremdsprachen 1, 65; 4, 30, 53, 62; 12, 78–79, 129; 15, 16
Frist
- Abschlussschreiben und Abschlusserklärung 31, 61
- Amt der Europäischen Union für geistiges Eigentum 28, 56–65
- Begründung der Beschwerde beim EUIPO 28, 80
- Berücksichtigung trotz Verfristung 28, 89
- Beschwerde beim EUIPO 28, 80
- für Zurückweisung einer internationalen Registrierung 30, 4, 9
- Harmonisierung beim Löschungsanspruch 29, 31
- Klage zum Gericht erster Instanz 28, 92, 93
- Löschungsverfahren wegen Nichtbenutzung 29, 33
- Verlängerung 28, 58
- Widerspruch Unionsmarke 8, 92; 28, 26, 30
- Wiedereinsetzung in den vorigen Stand 28, 61–64
- Zollbeschlagnahme 27, 129
- Zulässigkeitsmängel 28, 25
- zur Information des Markeninhabers bei Erschöpfung 16, 59

Fristberechnung 7, 4; 9, 6
Fristenregelung
- Amt der Europäischen Union für geistiges Eigentum 28, 56–65

Funktionale Kontinuität
- Beschwerdekammer 28, 87

Funktionen
- Funktionswidrigkeit 10, 30–67
- Investitionsfunktion 10, 66–67
- Kommunikationsfunktion 10, 63
- Werbefunktion 10, 63–65

Funktionsbereich
- des Namensträgers 21, 16

Fusion
- Benutzungsmarke 24, 49
- Markenübertragung 24, 2, 5

Garantiemarke 2, 24
Gebäudeabbildung 4, 131; 10, 41–42; 12, 117
Gebräuchliche Bezeichnungen 4, 86–92

Gebrauchsmusterrecht 1, 2; 4, 3, 177, 196, 239
Gebrauchtwaren 15, 19; 16, 1, 27
Gebühr 28, 9; 29, 13
- Bedeutung der Klasseneinteilung 1, 45
- Eintragungsverfahren Unionsmarke 28, 9
- internationale Registrierung 30, 4, 6
- Patentanwalt 31, 27
- Rückzahlung der Beschwerdegebühr 28, 91
- Verlängerung der Schutzdauer 9, 2, 6, 15
- Widerspruch deutsche Marke 29, 18
- Widerspruch Unionsmarke 28, 16, 26, 41

Gebührenverordnung
- Unionsmarke 1, 49

Gedankliches Inverbindungbringen 12, 14–17; 13, 14; 20, 11
Gegenabmahnung 31, 42
Gegenangriff
- Risiko 31, 9, 11

Gegenrecht 13, 11; 22, 6, 24; 24, 39, 40–45; 28, 35, *siehe auch Zwischenrechte*
Gegenstandswert 31, 23–26
Gelegenheitsverkäufe 10, 25
Gemeinfreiheit
- Werktitel 19, 17

Gemeinkosten
- Schadensersatzanspruch 27, 63

Gemeinsamer Markt 1, 9; 16, 3, *siehe auch Binnenmarkt*
Genossenschaft
- Inhaberschaft 3, 1, 7

Geografische Angabe 4, 68, 72–73, 79, 153–154, 234–235; 15, 2, 13–20; 23, 7, *siehe auch Geografische Herkunftsangabe*
Geografische Herkunftsangabe 1, 3, 10, 31; 4, 61; 8, 45; 23, 1–36; 27, 4, 116
- Agrarerzeugnisse 23, 2, 5–18
- als absolutes Eintragungshindernis 4, 3
- Eintragungsverfahren 23, 8–10
- Irreführung 23, 6, 11–16
- Lebensmittel 23, 2, 5–18
- mit besonderem Ruf 23, 34–36
- qualifizierte 23, 32–33
- Schutzumfang der eingetragenen 23, 11–18
- Widerspruchsverfahren Unionsmarke 28, 20–22

Geografische Herkunftsangabe mit besonderem Ruf 23, 34–36
Geografische Verbreitung 4, 165; 12, 34; 13, 7
Geometrische Formen 4, 128–129; 12, 51, 180
Gericht erster Instanz 1, 53; 23, 10; 28, 92–103
Gerichte 1, 52–56
Gerichtliche Verfahren 31, 1–48

Gerichtsentscheidungen
– Bedeutung von Präjudizien **4**, 32–33
Gerichtshof der Europäischen Gemeinschaften 1, 53, 57–63; **4**, 26; **23**, 10; **28**, 106
Gerichtsvollzieher
– Vernichtungsanspruch **27**, 105
Geruchsmarke 2, 5, 10–12; **6**, 4
Gesamtbetrachtung
– Zeichenähnlichkeit **12**, 64, 70
Gesamteindruck 4, 36–42; **8**, 46; **11**, 2; **12**, 117–118, 144–154, 155, *siehe auch Zergliederung eines Zeichens*
– Bedeutung des Verkehrsverständnisses **12**, 144, 154
– gleichstarke Elemente **12**, 156–158
– Grundsätze **12**, 144–147
– Kombinationsmarke **12**, 68–69, 145–147
– selbständig kennzeichnende Stellung **12**, 217–248
– Werktitel **20**, 7, 10
– Zeichenähnlichkeit **12**, 64, 68–69
Gesamtrechtsnachfolge 24, 2, 5, 37
Gesamtschau aller Umstände
– Telle-quelle-Schutz **4**, 238
– Verwechslungsgefahr **12**, 4
Geschäftliche Bezeichnung 1, 10, 25; **14**, 12; **17**, 1–28; **18**, 1–24; **19**, 1; **27**, 4, 68, *siehe auch Unternehmenskennzeichen*
Geschäftliche Tätigkeit 17, 24–25
Geschäftlicher Verkehr 1, 30; **10**, 8, 24–28; **18**, 3–4; **26**, 8; **27**, 99
Geschäftsabzeichen
– Begriff **1**, 25
Geschäftsführer
– Störerhaftung **27**, 31
– Vertretung beim Gericht erster Instanz **28**, 100
Geschäftslokal
– Unternehmenskennzeichen **17**, 15
Geschmacksmarke
– praktische Bedeutung **2**, 5
Geschmacksmusterrecht 1, 2, *siehe Designrecht*
Gesellschaft
– Inhaber einer Kollektivmarke **3**, 7
Gesellschaft bürgerlichen Rechts 3, 3–4; **17**, 6; **21**, 2
Gesellschaft mit beschränkter Haftung 3, 1; **24**, 15
Gesetzlicher Richter
– Entzug durch Verkennung der Vorlagepflicht **1**, 63
Gesichtpunkte
– bei der Prüfung des Erwerbs von Unterscheidungskraft **4**, 165

Gestaltung 2, 4; **4**, 144; **12**, 110–111
Gestattung 21, 8, 17; **24**, 22, 24, 38–39, 43, 48, 49; **31**, 16
Gesuch auf internationale Registrierung
– Verfahren **30**, 6–10
Geteiltes Verkehrsverständnis 4, 30–31; **12**, 25; **15**, 16
Getrenntschreibung 12, 106, 149
Gewährleistung
– Markenlizenz **24**, 21
Gewährleistungsmarke 2, 24; **28**, 9
Gewährzeichen 4, 4, 228
Gewerbliche Abnehmer
– Auskunftsanspruch **27**, 80
Gewerblicher Rechtsschutz
– Begriff **1**, 2
Gewerkschaft
– Namensschutz **21**, 2
Gewicht der Einzelbestandteile 12, 163, 230
Gewichtung der einzelnen Wahrnehmungsrichtungen 12, 134–136
Gewinn
– entgangener **27**, 61
Gewinnerzielungsabsicht 8, 17–18
Gewinnstreben
– EU-Domain **22**, 7
Gewöhnung des Verkehrs 4, 153; **17**, 12
Gezielte Behinderung
– Wettbewerbsrecht **26**, 1–7, 10–12
Gleichartigkeit
– der Waren **12**, 249
Gleichbehandlungsgrundsatz 28, 73
Gleichnamigenrecht 15, 9–12; **18**, 21–24; **21**, 7; **22**, 21–31
Gleichstarke Elemente
– Prägung **12**, 156–158
Grad der Abweichung 4, 62–63, 106
Grad der Ähnlichkeit
– Prägung **12**, 160–162
Grad der Verkehrsgeltung 6, 6
Grafische Darstellbarkeit 2, 2, 7–16; **4**, 240; **6**, 4; **10**, 5
Grafische Elemente 8, 51, *siehe auch Bildelemente*
Grenzbeschlagnahme 27, 117–132; **36**
Großschreibung 11, 4; **12**, 80; **23**, 25
Grundrechte 1, 4; **13**, 29; **15**, 5; **21**, 7, 17, 19; **22**, 1
Gütebezeichnung 4, 70, 90–91
Guter Ruf 32, 35, *siehe auch Rufschädigung*
Gutgläubiger Erwerb 24, 9
Haftung 24, 16; **27**, 14, 32; **31**, 12–14, 47–48
Handel 16, 29–34, *siehe auch Zwischenhändler*
Handelsbeziehung 15, 27; **16**, 32–33; **18**, 23

Handelsgesetzbuch 1, 26; **17**, 2
Handelsname 1, 25, 41; **15**, 8–9; **17**, 1–28; **18**, 1–24, *siehe auch Unternehmenskennzeichen*
Handelsrechtsreformgesetz 24, 15
Handelsregister 1, 27; **10**, 50; **17**, 6; **27**, 48; **32**, 10, 30
Handelsunternehmen
– Haftung 27, 14
Handelsvertreter
– Übertragungsanspruch 27, 109–113
Handelsvolumen
– Benutzungszwang **8**, 7, 26–27
Händlernetz 16, 12, 16–17
Handwerkskammer 23, 18, 30
Harmonisierung
– bekannte Marke 13, 1
– Benutzung als Marke 10, 30
– Benutzungszwang 8, 1
– bösgläubige Markenanmeldung 4, 200
– durch Markenrechtsrichtlinie 1, 46
– Erschöpfung 16, 3
– Europas **1**, 9, 46, 57–63; **4**, 32
– geografische Herkunftsangabe 23, 2
– geografische Herkunftsangabe mit besonderem Ruf 23, 36
– geschäftlicher Verkehr **10**, 24–25; **18**, 3
– keine der Benutzungsmarke 6, 1
– keine weltweite Erschöpfung 16, 9
– Kollisionen mit Unternehmenskennzeichen 18, 1
– Löschung wegen absoluter Eintragungshindernisse 29, 31
– Löschungsanspruch 27, 45
– Produktähnlichkeit 12, 249
– Recht der Gleichnamigen **15**, 9; **18**, 22
– Rechtsfolgen 27, 1
– rechtsverletzende Benutzung 18, 3
– Schadensersatzanspruch 27, 53
– Schranken 15, 9
– Umfang der 1, 46
– Unternehmenskennzeichen 17, 3
– Verjährung 14, 2
– Verletzungstatbestände 10, 2
– Verwechslungsgefahr 12, 1
– Verwirkung **14**, 7, 11, 19–20
– Werktitel 19, 1
– Wettbewerbsrecht **26**, 1–7, 16, 17–24
– Zustimmung bei Erschöpfung 16, 12
Hashtag 1, 60
Hauptfunktion **1**, 3–4; **4**, 96
Hausmarke 8, 9
– Hebräische Schriftzeichen 12, 182
Heilung **2**, 15; **24**, 4; **28**, 25, 55, 68

Heimatstaat
– Unternehmenskennzeichen 17, 7
Hemmung
– Verjährung 14, 6
Herabsetzung **26**, 1–7, 9; **27**, 71
Herausgabeanspruch
– Zurückbehaltungsanspruch 27, 99
Herkunftsangabe **8**, 45; **15**, 2, 13–20
Herkunftsfunktion **1**, 4; **4**, 2, 96, 153; **8**, 3; **10**, 23, 33–61; **12**, 2, 34, 114, 165, 180, 190; **13**, 2, 4; **22**, 2
Herkunftshinweis **4**, 123; **10**, 23; **12**, 165; **22**, 2
Hersteller
– Auskunftsanspruch 27, 80
Hilfsanspruch
– Auskunftsanspruch zur Schadensberechnung 27, 75
Hinweis **4**, 31; **16**, 28, 57
Hinweis in Nachschlagewerken
– Anspruch 27, 115
Hoheitliche Tätigkeit
– geschäftlicher Verkehr **10**, 26–27
Hoheitszeichen **4**, 4, 49, 228; **27**, 116
Höhere Gewalt
– als Grund für die Nichtbenutzung 8, 68
Hörmarke **2**, 4–5, 10, 13–14; **10**, 43
Hotelname **17**, 12, 15, 22
Hyperlink **22**, 30; **27**, 37
Identifikationsnummer
– Erschöpfung 16, 34
Identität **10**, 1; **11**, 1–7; **20**, 2; **29**, 20
Identität des Anmelders
– deutsche Marke 29, 13
Identitätsbezeichnung
– Name 21, 13
Identitätsschutz **1**, 6–7; **11**, 1–7
Identitätsverwirrung
– Name 21, 13–15
Image **1**, 8; **12**, 7
Imitation **10**, 35; **11**, 1; **15**, 30
Immaterialgüterrecht
– Domain 22, 2
Import **1**, 38; **4**, 203; **8**, 22; **10**, 10–15
Inanspruchnahme von Prioritäten **7**, 4; **30**, 7
Individualmarke
– Abgrenzung zur Kollektivmarke 1, 16
Indizien
– Verwechslungsgefahr 12, 3
Indizwirkung **1**, 65–66; **4**, 37
Industrie- und Handelskammer **4**, 165; **12**, 34; **23**, 18, 30
Inhaber **4**, 7; **6**, 7; **24**, 7–11, *siehe auch Inhaberschaft*
Inhaberschaft **1**, 16; **3**, 1–7; **19**, 15; **32**, 12

Inländische Benutzung
– Unternehmenskennzeichen 17, 5, 7
Insolvenz 24, 47
Instandsetzung 15, 22, 25
INT-Domain 22, 37–39
Intensität der Benutzung 4, 165; **12**, 34; **13**, 7
Interessenverbände 23, 18, 30
Interessenverletzung
– Namensleugnung 21, 12, 16
Internationale Absicherung 32, 29
Internationale Registrierung 1, 15; **3**, 6; **7**, 6; 8, 73; **28**, 42; **29**, 1; **30**, 1–10; **32**, 10, 23
– Löschungsverfahren 29, 31–34
– Recherche in Datenbanken der WIPO 1, 72
– Schutz für Deutschland und Widerspruchsverfahren 29, 18–28
– Schutzdauer 9, 17–22; **30**, 4
– Überblick 1, 15
Internationale Strategie
– Anmeldung 32, 27–31
Internationaler Markenschutz 1, 15; **32**, 27–31
Internet 10, 25, 54–55; **12**, 10, 250, 254; **24**, 7; **27**, 27, 32–37; **28**, 1–2, 92; **29**, 1; **30**, 6; **31**, 18; **32**, 10
Internetadresse 17, 5, 25, *siehe auch Domain*
Internetrecherchen 4, 52
Interpretationsbedürftigkeit 4, 117, 124
Inverkehrbringen 10, 10; **16**, 5–13
Investitionen 6, 2; **13**, 7
Irreführung 4, 229; **17**, 8; **22**, 6; **23**, 6, 11–16, 20, 32–34; **24**, 27; **26**, 1–7, 25–29
Irrtum 27, 58
Island
– als Teil des EWR 16, 9
Italienisch 4, 30; **28**, 1, 23
Juristische Person 3, 1; **21**, 2–3, 18–20
Justizministerium
– Zuständigkeit für eingetragene geografische Herkunftsangaben 23, 8
Kartellrecht 10, 27; **16**, 36, 39; **24**, 18, 27, 45; **32**, 37
Kataloge 4, 166; **8**, 14–16, 84; **19**, 4
Kauf 4, 216; **10**, 43; **24**, 19
Kaufentscheidung 4, 22; **23**, 20, 28–29
Kenntnis 8, 82; **14**, 4, 8–9, 15
Kennzeichen
– Begriff 1, 1
Kennzeichenbewertung 32, 38–44
Kennzeichenkonzeption 32, 1–3
Kennzeichenpraxis 32, 1–44
Kennzeichenrecht 1, 1–3; **17**, 3, 9
Kennzeichenstreitsache 31, 16
Kennzeichenumfeld
– Bedeutung bei Eintragung 4, 103–104

– Recherche 32, 6
Kennzeichenverletzung
– Rechtsfolgen 27, 1–118
Kennzeichnungskraft 10, 3; **12**, 5–11, 33–60, 163, 164, 196, 214, 244–245, 257, 267; **18**, 7–11; **20**, 5–6, 9; **32**, 44
Kennzeichnungsschwache Elemente 12, 87, 185, 198–206, 244–245; **20**, 10
Kennzeichnungsstarke Elemente 12, 230
Kennzeichnungsumfeld 4, 101–103, 115; **12**, 82
Kern der Verletzung
– Antragsfassung 27, 22
Keyword 10, 55
Kirche
– Name 21, 17
Klage 23, 18; **28**, 92–103, 106, *siehe auch Gericht erster Instanz*
Klageantrag 28, 96–97
Klagebefugnis
– Kollektivmarke 24, 35
Klagefrist
– Klage zum Gericht erster Instanz 28, 92, 93
– Klagerücknahme 4, 16
Klageverfahren
– vor den ordentlichen Gerichten 1, 56, *siehe auch Verfahren*
Klang
– Markenfähigkeit 2, 4
Klangliche Ähnlichkeit 12, 74–102, 104, 181–186; **13**, 20, *siehe auch Ausspracheregeln*
Klangliche Wahrnehmung 4, 35
Klangrotation 12, 100
Klarheit
– Voraussetzung der grafischen Darstellbarkeit 2, 7
Klasseneinteilung 1, 44, *siehe auch Verzeichnis der Waren und Dienstleistungen*
Klassengebühr 28, 9; **29**, 13
Klassenüberschriften 5, 5, 8; **8**, 60–62; **11**, 7; **12**, 259
Klassifikation 5, 1–13
Kleinschreibung 11, 4; **12**, 80
Koexistenz 10, 61; **14**, 9, 21–26; **15**, 8; **18**, 4; **21**, 7
Kollektivmarke 1, 16; **2**, 20; **3**, 7; **4**, 79; **24**, 35; **28**, 9
Kollisionen 1, 10; **10**, 1–12; **12**, 23; **18**, 1–2; **29**, 32; **32**, 23, 33
– Marke gegen Unternehmenskennzeichen 10, 45–50
– Name 21, 10–20
– Unternehmenskennzeichen 18, 1–24
– Verkehrsverständnis 12, 23–32
– Verwechslungsgefahr 12, 1

– Werktitel **20**, 1–23
Kollisionsgruppen 1, 10; **10**, 45–50; **20**, 12, 15–19
Kombination 12, 64–71, 144–248; **20**, 7, *siehe auch Eigenschaften von Zeichenelementen, siehe auch Gesamteindruck, siehe auch Prägung, siehe auch Selbständig kennzeichnende Stellung*
– mit bekannter Marke **12**, 221–224
– mit Unternehmenskennzeichen **12**, 221–224
– relatives Gewicht von Zeichenelementen **12**, 195–214
– Strategie **32**, 18
– Zweitmarke **12**, 225–234
Kombinationsmarke 4, 39, 158–159, 167; **11**, 3; **12**, 37, 61, 145–147, 173–175; **32**, 17, *siehe auch Kombination*
Komma
– Verzeichnis der Waren und Dienstleistungen **5**, 16
Kommanditgesellschaft 3, 2; **24**, 15
Kommanditgesellschaft auf Aktien 3, 1
Kommission 23, 9
konkludente Zustimmung 8, 36; **16**, 12
Konkrete Verletzungsform 27, 6, 18, 24
Konkretisierung
– Verzeichnis der Waren und Dienstleistungen **5**, 9
Konkurrenz 1, 9; **4**, 77
Konsonanten
– klangliche Ähnlichkeit **12**, 96–97
Konsumgewohnheiten
– Verwechslungsgefahr **12**, 28
Kontradiktorisches Verfahren
– Beschwerde **28**, 89
Kontrollnummer 16, 36–39
Konvergenzprogramm 4, 127; **5**, 6, 7; **12**, 203
Konzern 6, 7; **10**, 40; **16**, 6, 10; **18**, 7; **22**, 21
Kosmetikverordnung
– Kontrollnummern **16**, 37
Kosten 10, 6; **28**, 41, 103; **31**, 27; **32**, 9, 19–20, 29
Kostenerstattung 28, 41; **29**, 28; **31**, 5
Kostenrisiko 31, 14
Kündigung 24, 24
Künftige Handlungen
– Schadensersatzanspruch **27**, 55
Künftige Verwendungsmöglichkeiten 4, 71–74, 114
Kunstfreiheit 4, 231; **13**, 29; **15**, 5
Kunstwerk
– Form der Ware **4**, 197
Kurzzeichen 4, 66; **12**, 86; **17**, 18
Landgericht 1, 56; **31**, 16, 19

Landwirtschaftliche Erzeugnisse
– geografische Herkunftsangabe **23**, 2
Laufzeit
– Markenlizenz **24**, 24
Lauterkeit 15, 2, 8, *siehe auch Anerkannte Gepflogenheiten, siehe auch Unlauterkeit*
Lautmalerei
– grafische Darstellbarkeit **2**, 10
Lebensmittel 23, 2, 5–18
Leerübertragung
– Markenübertragung **24**, 4
Leistungsschutz
– Wettbewerbsrecht **26**, 1–7, 16–24
Leitklasse
– deutsche Marke **29**, 15
Lexikon 4, 36, 52, 114
– Anspruch auf Hinweis auf Markeneigenschaft **27**, 115
Liechtenstein
– als Teil des EWR **16**, 9
Lieferant
– Auskunftsanspruch **27**, 64, 80
Link
– DE-Domain **22**, 30
– Haftung **27**, 37
Lizenz 6, 7; **12**, 261; **20**, 15, 17; **24**, 17–37, 48–49; **27**, 65, 67; **31**, 16, *siehe auch Markenlizenz*
Lizenzanalogie
– Bereicherungsanspruch **27**, 72
– dreifache Schadensberechnung **27**, 61, 65–71
Lizenzgeber
– Benutzungsmarke **6**, 7
Lizenzgebühr 24, 20; **27**, 70, 72
Lizenznehmer 6, 7; **8**, 36; **16**, 10; **24**, 31–35; **27**, 51; **29**, 18
Lizenzvergabemethode
– Zeichenbewertung **32**, 40
Lizenzverhandlungen 8, 68
Lokale Beschränkung 15, 8; **17**, 15
Löschung, *siehe auch Nichtigkeit, siehe auch Verfall*
– (bisherige Rechtslage) **29**, 31–33
– (Domain) **22**, 4, 9, 12, 31, 37
– (geografische Angabe) **23**, 10
– (Nichtverlängerung) **9**, 10
Löschungsanspruch 27, 42–48
– (Firma) **10**, 50
– (wettbewerbsrechtlicher) **4**, 201; **26**, 10–11
Löschungsantrag
– beim DPMA **29**, 33–34
Löschungsklage
– (Firma) **10**, 50
Löschungsreife 4, 174; **14**, 28; **24**, 45; **31**, 45
Löschungsverfahren 29, 31–46

Luxusgüter 13, 2, 6; **16**, 29
Madrider Markenabkommen 1, 15, 42; **7**, 6; 9, 17; **30**, 1–5; **32**, 29
Madrider Protokoll 1, 15, 42; **7**, 6; **9**, 17; **30**, 1–5; **32**, 29
Mängel der Eintragung
– Bindung des Verletzungsrichters an die Eintragung **10**, 3–5; **12**, 165; **27**, 45
Manipulation
– Beeinträchtigung des Originalzustands der Ware **16**, 52
Marke 1, 11–24
Markenanmeldung 14, 21; 24, 48; **31**, 18, *siehe auch Anmeldung*
– Anspruch auf Rücknahme **23**, 30; **27**, 49–50, *siehe auch Anspruch auf Rücknahme der Markenanmeldung*
Markenbewertung 32, 38–44
Markenentwicklung 8, 40; **32**, 1–3
Markenersetzung
– Erschöpfung **16**, 64–66
Markenfähigkeit 1, 18; **2**, 1–18; **4**, 100, 240; **6**, 4; **10**, 5
Markenführung 32, 32–37
Markengesetz 1, 50; **21**, 3
Markenidentität 11, 2–4; **12**, 4
Markeninhaber 1, 16–17, *siehe Inhaberschaft*
Markenkonzeption 32, 1–3
Markenlizenz 24, 17–37
Markenmäßige Benutzung 4, 211; **8**, 9–13; **10**, 30–12; **15**, 3, 15–16; **18**, 4; **27**, 23, *siehe auch Titelmäßige Benutzung, siehe auch Zeichenmäßige Benutzung*
Markenparodie 15, 5
Markenrecht 1, 2; **26**, 1–7
Markenrechtsrichtlinie 1, 46–47, 50; **4**, 95; **8**, 1
Markenrechtsvertrag 1, 43
Markensatzung
– der Kollektivmarke **2**, 20
Markenschutz 1, 11, 15
– ohne Eintragung **6**, 1–12, *siehe auch Benutzungsmarke*
Markensysteme 1, 13–16
Markentypen 2, 14; **4**, 110–111
Markenübertragung 24, 1–16, 36–37
Markenurkunde
– Widerspruch Unionsmarke **28**, 29
MarkenV 29, 2
Markenverletzung 10, 1–12, *siehe auch Verletzungstatbestände*
– Rechtsfolgen **27**, 1–118
– Strafrecht **27**, 116
Markenverordnung 1, 51
Marketing 1, 8; **4**, 19; **12**, 264; **18**, 13

Marktabschottung 16, 3, 17, 37, 42, 47–50
Marktanteil 4, 165; **8**, 6; **12**, 34; **13**, 7
Markteinführung 8, 27; **32**, 33
Marktsperrung
– bösgläubige Markenanmeldung **4**, 203, 217–221
Marktverwirrung
– Schadensersatzanspruch **27**, 56, 71
Marktzugang 16, 48–50
Mehrdeutigkeit 4, 67–70, 117–119, 124
Mehrgewinnermittlung auf Unternehmensebene 32, 42
Meinungsfreiheit 21, 19
Meinungsumfrage 4, 26; **12**, 35
Mengenangabe 15, 2, 13–20
Menschenrechte 1, 4, 63
Merchandising 12, 261; **20**, 19; **24**, 22, 38
Merkmalsangabe 15, 2, 13–20, 23–24
Merkmalsbeschreibende Zeichen 1, 19; **4**, 2, *siehe auch Beschreibende Angaben*
Messe 12, 265; **17**, 5
– Benutzungszwang **8**, 14
Metatags
– Benutzung als Marke **10**, 54
Miete
– Markenlizenz **24**, 19
Mitbewerber
– Anspruchsberechtigung **23**, 30
Miteigentum
– Insolvenz **24**, 47
Mitgliederwechsel
– in Gesellschaft bürgerlichen Rechts **3**, 4
Mitgliedstaaten 1, 9; **10**, 16; **12**, 75; **14**, 11
Mitprägung 12, 181–188, 205–206
Mittäter
– Schadensersatzanspruch **27**, 59
Mitteilungen
– schriftliche **28**, 7
Mitteilungen des Präsidenten 28, 2
Mittelbare Verwechslungsgefahr 20, 11, *siehe auch Verwechslungsgefahr*
Mittelspersonen 27, 28–30
Modelle
– Benutzung als Marke **10**, 36
Monopolisierung 1, 6, 11, 17; **4**, 1, 61, 77, 136, 140, 177; **15**, 27; **20**, 19; **32**, 37
Motivschutz 12, 118
Mündliche Verhandlung 8, 79–81; **12**, 42; **28**, 75, 103; **29**, 50, 57
Musik
– Markenfähigkeit **2**, 4
Musterrecht 1, 2; **4**, 177, 196, 239
Muttergesellschaft 16, 10; **27**, 59
Nachahmung 15, 30; **23**, 11

Nachdruck
- eines gemeinfreien Werks und Werktitelrecht **19**, 17

Nachforschungspflicht
- Auskunftsanspruch **27**, 76

Nachname **12**, 208–214; **15**, 2, 7; **17**, 13; **21**, 2

Nachschlagewerke **27**, 115, *siehe auch Lexikon*

Nachweis
- Inhaberwechsel **24**, 7
- Lizenzanalogie **27**, 65
- Möglichkeiten und Benutzungszwang **8**, 6
- Widerspruch deutsche Marke **29**, 24

Nachwirkung einer Rechtsverletzung **12**, 10

Name **1**, 3, 30; **2**, 4; **4**, 7, 110; **12**, 209, 214; **15**, 2, 7, 8–9; **17**, 2, 8, 13; **18**, 18; **21**, 1–20; **22**, 13; **24**, 15–16; **27**, 4, 80; **32**, 7
- Angriff auf DE-Domain **22**, 15–20
- Eigenschaften von Zeichenelementen **12**, 208–214
- EU-Domain **22**, 6–7
- Prägung **12**, 208–214, 231–232
- selbständig kennzeichnende Stellung **12**, 231–232

Namensänderung
- Unternehmenskennzeichen **17**, 25, 28

Namensanmaßung **21**, 1; **22**, 16

Namensleugnung **21**, 1, 10–11, 12–17; **22**, 16

Namensmarke **12**, 4, 35, 231–232; **24**, 15–16

Namensmäßige Benutzung **21**, 13

Namensmäßige Unterscheidungskraft **17**, 9–12, 16

Namensrecht
- praktische Bedeutung **1**, 30

natürliche Person
- Markeninhaberschaft **3**, 1

Nebenpflicht
- Markenlizenz **24**, 20

Negative Feststellungsklage **31**, 42–43

Neuetikettierung **16**, 40–62

Neutralisieren von Ähnlichkeiten **12**, 64, 73, 137–143

Nichtbenutzung **2**, 3; **8**, 67–69; **12**, 260; **24**, 45; **29**, 33; **31**, 9, 45, *siehe auch Benutzungsschonfrist, siehe auch Benutzungszwang*

Nichtigkeit **4**, 199; **14**, 8; **29**, 46

Nichtigkeitsanspruch **10**, 8; **14**, 3, 20; **27**, 42–48

Nichtigkeitsklage **29**, 21

Nichtigkeitsverfahren **4**, 7, 173; **10**, 6; **14**, 30; **24**, 31; **28**, 42–49; **29**, 31–46; **31**, 20–21

Nizzaer Klassifikation **1**, 44; **5**, 1, 5–9; **11**, 7; **12**, 259, *siehe auch Verzeichnis der Waren und Dienstleistungen*

Norwegen
- als Teil des EWR **16**, 9

Notorische Bekanntheit **1**, 41; **4**, 7; **6**, 1, 9–12; **7**, 2; **13**, 13; **28**, 35; **29**, 20

Nutzungsabsicht
- Domain **22**, 20

Oberbegriffe **4**, 14–16, 17–18; **8**, 59; **11**, 5–6; **12**, 24; **32**, 22

Oberlandesgericht
- als Berufungsgericht **1**, 56

OEM-Software
- Erschöpfung **16**, 13

Offene Handelsgesellschaft **3**, 2; **24**, 15

Öffentliche Ordnung **4**, 4, 228, 231, 238

Öffentliches Interesse **4**, 4, 232

Olympische Symbole **1**, 35

Optische Wahrnehmung **4**, 35

Ordentliche Gerichte **1**, 56; **27**, 44; **29**, 32, 34; **31**, 15–27

Ordnungsmittel
- Auskunftsanspruch **27**, 77

Ordnungswidrigkeiten **27**, 88, 94, 98, 116

Organisation
- Amt der Europäischen Union für geistiges Eigentum **28**, 1
- Deutsches Patent- und Markenamt **29**, 1

Organisatorische Zusammenhänge **12**, 21, 243; **18**, 16–17; **20**, 11; **22**, 7

ORG-Domain **22**, 37–39

Originalität **4**, 106, 124; **17**, 10

Originalzustand **16**, 42, 51–57, *siehe auch Beeinträchtigung des Originalzustands der Ware*

Ort der Benutzung
- Benutzungszwang **8**, 28–34

Örtliche Bedeutung
- Unternehmenskennzeichen **17**, 15, 20–23

Örtliche begrenzte Rechte
- Koexistenz **14**, 22

Örtliche Zuständigkeit **31**, 17–18

Pacht **24**, 5, 19

Parallelimport **16**, 36–66; **27**, 67, 80, 119; **31**, 6

Pariser Verbandsübereinkunft **1**, 41, 57; **7**, 4; **17**, 1

Parodie
- Rechtfertigung **15**, 5

Passivlegitimation
- Unterlassungsanspruch **27**, 6

Patentanwalt **28**, 100; **31**, 27–28

Patentrecht **1**, 2; **4**, 3, 177, 196, 239

Pauschale Herabsetzung
- Wettbewerbsrecht **26**, 1–7

Persönlichkeitsrecht **21**, 1, 18–20

Persönlichkeitsschutz
– postmortaler 17, 24
Pfändung 24, 46
Piraterie 10, 1, 12; 11, 1; 27, 62, 103, 116, 117–132; 31, 7, 48
Plagiat 10, 35; 15, 30; 31, 7
Popularverfahren 8, 83; 28, 42; 29, 36; 31, 46
Position im Zeichen 12, 86–92, 176
Positionsmarke 2, 5; 4, 150
Postmortaler Persönlichkeitsschutz 17, 24; 21, 9
Prägung 8, 46; 10, 3; 12, 146–147, 155–218; 28, 106, *siehe Eigenschaften von Zeichenelementen*
Präjudizien 4, 10, 32–33; 31, 10
Präsident
– Amt der Europäischen Union für geistiges Eigentum 28, 2
Preisetiketten
– Benutzungszwang 8, 12
Priorität 1, 37; 4, 46, 237; 7, 1–6; 14, 22; 17, 24; 22, 26; 24, 39; 28, 6; 29, 14; 30, 7; 31, 8; 32, 7
– Unternehmenskennzeichen 17, 5
– Werktitel 19, 3, 10–14
Prioritätsgrundsatz 1, 37; 7, 1–6; 10, 1
Prioritätslage 12, 153, 200, 247–248; 31, 8
Prioritätsverschiebung 4, 46
Privater Bereich 1, 30; 10, 24–25, 28; 21, 3; 22, 16, 26; 26, 8; 27, 99
Produktähnlichkeit 1, 7; 12, 4, 11, 249–265; 13, 1; 21, 16; 22, 13; 24, 22; 28, 67; 32, 23
– Benutzungszwang 8, 59–60; 12, 260
– einfache geografische Herkunftsangabe 23, 26
Produktbezug 4, 9–18, 155–159; 12, 35, 168; 24, 22; 28, 67
Produktidentität 11, 5–7; 12, 4, 263
Produktnähe
– einfache geografische Herkunftsangabe 23, 26
Prominente
– Name 21, 13, 18
Provider
– Störerhaftung 27, 32–33
Prozentsätze 4, 168; 6, 5; 12, 35, 57–60; 13, 6–7; 20, 21; 23, 27
Prüfungspflicht
– Störer 27, 31
Prüfzeichen 4, 4, 228
Pseudonym 21, 2, 6, 7
Publikum 4, 19–26, 30–31, 35–36, 153; 13, 6; 15, 24; 20, 7; 23, 3; 32, 37
Qualifizierte geografische Herkunftsangabe 23, 32–33

Qualität 1, 5; 4, 96, 141; 27, 70
Qualitätshinweis 4, 92, 120–125
Räumlich beschränkte Rechte 17, 15, 20–23; 22, 26, 28
Recherche 1, 21, 28, 45, 72; 27, 57; 28, 10; 31, 2, 7–8, 10; 32, 4–7
Rechnungen
– Benutzungszwang 8, 14–16, 84; 10, 10
Recht von örtlicher Bedeutung 17, 15, 20–23
Rechtliches Gehör 28, 71; 29, 50–52, 57–58
Rechtsanwalt 27, 80; 28, 100
Rechtsbegründung
– Bedeutung für Priorität 1, 37
– Namensschutz 21, 5
– Unternehmenskennzeichen 17, 5–8
– Werktitel 19, 4–9
Rechtsbeschwerde 12, 147, 262; 29, 47, 52–60
Rechtserhaltende Benutzung 8, 1–97, *siehe auch Benutzungszwang*
Rechtsfähiger Verein
– Markeninhaberschaft 3, 1
Rechtsfähigkeit 3, 1
Rechtsinhaber
– Benutzungsmarke 6, 7
– Unternehmenskennzeichen 17, 4
Rechtsmissbrauch 2, 3; 4, 201; 8, 72, 83
Rechtsmittel 27, 118; 28, 79–106; 29, 47–60
Rechtsnachfolger
– Aktivlegitimation 24, 12–13
– Aktivlegitimation Widerspruch 29, 18
– Wiederholungsgefahr 27, 11
Rechtsverkehr 24, 1–49
Rechtsverletzende Benutzung 10, 7–8, 30–12; 13, 3–5; 18, 3–4, *siehe auch Benutzung als Marke*
Regalbeschriftungen
– Benutzungszwang 8, 12
Regionale Bekanntheit 6, 2; 12, 39
Regionaler Schutz 14, 22; 15, 8; 17, 15, 20–23; 22, 26, 28
Register
– Abweichung von Marke und benutzter Form 8, 39–57
– Vermutung der Inhaberschaft 24, 10
Registrierung, siehe auch Eintragung
– bloße einer Domain 22, 32–34
– EU-Domain 22, 3
Reichweite des Schutzes
– Marke 10, 1–12
– Name 21, 10–20
– Unternehmenskennzeichen 18, 1–24
– Werktitel 20, 1–23
Relative Eintragungshindernisse 4, 5; 28, 10; 29, 32

Reparatur 8, 8; 10, 23; **12**, 264–265; **15**, 22; **27**, 99
Richtlinienkonforme Auslegung 4, 54; **14**, 19–20; **27**, 45
Rotation 12, 100
Rücknahme der Einrede der Nichtbenutzung
– der Einrede der Nichtbenutzung 8, 95
– Rücknahme der Klage 4, 16
Rücknahme der Markenanmeldung
– Anspruch 27, 49–50, *siehe auch Anspruch auf Rücknahme der Markenanmeldung*
Rückruf von Ware 16, 37; **27**, 71
Rückrufanspruch 27, 100–106
Rückwirkung der Löschungsentscheidung 29, 27
Rückzahlung
– der Beschwerdegebühr 28, 91
Rufschädigung 12, 7; **16**, 29, 42, 54–56
Ruhen des Verfahrens 31, 20–21
Sachverständigengutachten
– zur Ermittlung des Verkehrsverständnisses 4, 26
Schadensersatzanspruch 4, 222, 225; **10**, 7; **14**, 3, 18, 20; **23**, 31; **24**, 33, 37; **27**, 51–71, 86; **31**, 15–27, 48; **32**, 4
– Sicherung 27, 98, *siehe auch Dreifache Schadensberechnung*
Schätzung
– Lizenzanalogie 27, 66, 71
Schenkung
– Markenlizenz 24, 19
Schiedsverfahren 22, 4, 39
Schlagworte 2, 18; **17**, 1, 18, 28; **20**, 8, *siehe auch Werbeschlagworte*
Schmuck 4, 128–129; **12**, 180, 183, 259, 264
Schranken 4, 61; **15**, 1–32; **17**, 3; **18**, 20–24; **29**, 21, *siehe auch Anerkannte Gepflogenheiten*
Schriftbildliche Wahrnehmung 4, 35
Schriftform 24, 2–3; **28**, 16, 26; **29**, 18
Schriftliche Mitteilungen
– Eintragungsverfahren Unionsmarke 28, 7
Schrifttum 1, 67–72; **32**, 32
Schriftzeichen
– fernöstliche 4, 130
Schuldlosigkeit
– Vernichtungsanspruch 27, 103
Schutzbereich 1, 38; **15**, 15; **20**, 2; **29**, 32; **32**, 18
– Marke 10, 1–12
– Name 21, 10–20
– Unternehmenskennzeichen 18, 1–24
– verschiedener Arten von Kennzeichen 1, 10
– Werktitel 20, 1–23

Schutzdauer 1, 24; **9**, 1–22; **30**, 4, *siehe auch Verlängerung der Schutzdauer*
Schutzerstreckung
– internationale Registrierung 30, 10
Schutzrechtsverwarnung
– unbegründete 31, 12–14
Schutzunfähige Elemente 12, 115, 165–166, 170–173, 185, 198–206, 239; **20**, 10
Schutzwürdiger Besitzstand
– Verwirkung 14, 15, 17, 18
Schwache Elemente 12, 198–206; **20**, 10
Schwächung der Marke 12, 42, 46, 52–53; **18**, 11; **32**, 9
Schweigen 16, 12; **31**, 14
Schweiz
– rechtserhaltende Benutzung 8, 33–34
Selbständig kennzeichnende Stellung 12, 68–69, 146, 217–248
Semikolon
– Verzeichnis der Waren und Dienstleistungen 5, 16
Seniorität 7, 7–8; **28**, 6
Serienstamm 8, 48; **12**, 17, *siehe auch Stammbestandteil*
Serienzeichen 4, 221, 226; **8**, 48; **12**, 17, 177, 229, 235–241
Sicherung von Schadensersatzansprüchen 27, 98
Sicherungsklausel
– Madrider System 30, 5
Silbenstruktur
– klangliche Ähnlichkeit 12, 91, 95, 98–102
Silbenzahl
– klangliche Ähnlichkeit 12, 91, 98–102
Singapore Treaty on the Law of Trademarks 1, 43
Sittenwidrige Markenanmeldung 2, 3; **4**, 4, 228, 231, 238
Sittenwidrigkeit 4, 201; **22**, 15; **26**, 1–17
Slogans 2, 18; **4**, 111, 113, 120–125; **26**, 16–24
Software 12, 254
Solingen-VO
– geografische Herkunftsangabe 23, 4
Sonderzeichen 12, 81
Sonnabend 9, 6–7, 11; **28**, 59
Sonntag 7, 4; **9**, 6–7, 11; **28**, 59
Sortenbezeichnung
– Begriff 1, 34
Sortimentszeichen 10, 40
Spanisch 4, 30; **28**, 1; **30**, 4
Spekulation
– bösgläubige Markenanmeldung 4, 222–226
Sperrung 4, 203–216, 209
Spirituosen 4, 80, 234; **11**, 5–6; **12**, 264; **16**, 40; **23**, 2

979

Sprachenkenntnisse
– Berücksichtigung im Eintragungsverfahren **4**, 30
Sprachenregelung 28, 8, 23–24
Sprichwort 20, 5
Staatliches Einfuhrverbot 8, 68
Staatliches Monopol 20, 19
Staatswappen 4, 49
Städte 17, 20; **21**, 2–3
Stammbestandteil 8, 48; **12**, 17, 229, 235–241
Stiftung
– Markeninhaberschaft **3**, 1
Störer 27, 6, 26–33, 59, 73
Strafbewehrte Unterlassungserklärung 27, 12–14
Strafrecht 27, 88, 94, 98, 116
Strategie 8, 69; **12**, 62; **31**, 2–14; **32**, 1–7, 11–37
Streifen-Kennzeichnung 10, 42; **12**, 117
Streitbeilegungsverfahren 22, 4, 39
– Streitgegenstand **4**, 16; **27**, 23, 25
Streitgegenstand 31, 31–37
Streitgenossenschaft
– von Inhaber und Lizenznehmer **24**, 33
Streitwert
– gerichtliche Verfahren **31**, 23–26
– mehrere Streitgegenstände **31**, 37
Stücklizenz
– Lizenzanalogie **27**, 66
Suchmaschinen
– Benutzung als Marke **10**, 54–55
– Rechtsverletzung **27**, 34
Sukzessionsschutz 24, 36–37
Symbol
– registered **4**, 130; **8**, 45, 50; **26**, 30
Synonyme
– Bedeutung bei der Prüfung absoluter Eintragungshindernisse **4**, 76
Tastmarke 2, 5; **4**, 35
Täter 27, 6, 26, 59
Tausch
– Ausland **32**, 31
Täuschungseignung 4, 4, 55, 228–229, 238
Taxonomy 5, 7
Technische Funktion 4, 144, 175, 178, 184–196; **10**, 43
Teilnehmer 27, 6, 26, 59
Teilübertragung
– Markenübertragung **24**, 11
Teilung 5, 20; **28**, 50; **29**, 16
Teilung Deutschlands
– Unternehmenskennzeichen **17**, 27
Telefax 28, 4, 93
Telekommunikationsdaten 27, 89
Telemedienanbieter 27, 33, 89

Telle-quelle-Schutz 4, 178, 237–240
Territorialitätsprinzip 1, 38; **10**, 19; **16**, 10; **24**, 1
Territorium 4, 52; **8**, 29; **13**, 8
Titelmäßige Benutzung 8, 9; **20**, 3
Titelschutzanzeige 1, 29; **19**, 3, 10–14; **20**, 3; **27**, 9, 15
Tochtergesellschaft 16, 10; **27**, 59
Tod des Rechtsträgers 17, 24; **21**, 9
Top-Level-Domain 4, 116; **22**, 1, 37–39, *siehe auch DE-omain, siehe auch EU-omain*
Transit
– Benutzung als Marke **10**, 16
Transport 16, 6
Treu und Glauben 8, 97; **14**, 13–15; **27**, 4, 78–79, 90; **29**, 21
TRIPS-Abkommen 1, 40, 41, 57; **10**, 2; **27**, 95
Trittbrettfahrer 10, 1; **13**, 42–48
Türkei 4, 30
Übergangsregelung 27, 3
Überproduktion
– Verstoß gegen Lizenz **24**, 26
Übersetzung 12, 129; **28**, 28–29; **30**, 6
Übersetzungsfehler 5, 15
Übertragung 21, 4; **22**, 9, 12; **24**, 1–16, 48, 49; **29**, 18; **31**, 16; **32**, 6, *siehe auch Markenübertragung*
Übertragungsanspruch 27, 109–113
Überwachung 32, 9–10
Übliche Bezeichnungen 4, 56–60, 86–92, 153–172
UDRP 22, 39
Umbau
– Schranken **15**, 19–20
Umfang der Benutzung 4, 165; **8**, 3–27
Umfeld der Marke
– Bedeutung für die Unterscheidungskraft **4**, 101–103
Umfirmierung 17, 25, 28
Umsatz 8, 84; **13**, 7; **14**, 16; **27**, 75
Umsatzsteuer 31, 5
Umstandsmoment
– Verwirkung **14**, 15
Umverpacken 16, 40–62; **27**, 80
Umwandlung 28, 40, 51–52; **30**, 4; **32**, 7, 29
Unauffällige Elemente
– Eigenschaften von Zeichenelementen **12**, 166, 174–175
Unbegründete Schutzrechtsverwarnung 31, 12–14
Unbestimmtheit des Unterlassungsantrags 27, 23
Unerlaubte Handlung 26, 1
Uniform Domain Name Dispute Resolution 22, 39

Unionsmarke 1, 14, 47–49, 72; **3**, 5; **4**, 33, 45, 160, 171; **7**, 7; **8**, 29, 73; **9**, 3–10; **12**, 31–32, 39, 75, 202–204; **13**, 9; **14**, 2; **24**, 2, 9, 32, 37, 46–47; **27**, 43, 49; **28**, 9, 42, 75–79; **29**, 32; **30**, 1; **31**, 19; **32**, 10, 28–29, *siehe auch Eintragungsverfahren Unionsmarke*
– allgemeine Verfahrensgrundsätze **28**, 55–75, *siehe auch Allgemeine Verfahrensgrundsätze*
– Beschwerde **28**, 80–91
– Einheitlichkeit **12**, 202–204
– Eintragungsverfahren **28**, 6–13
– Koexistenz **14**, 23–24
– Nichtigkeitsverfahren **28**, 42
– Rechtsmittel **28**, 79–106
– Schutzdauer **9**, 3–10
– Teilung **28**, 50
– Umwandlung **28**, 51–52
– Unterlassungsanspruch **27**, 30
– Verkehrsverständnis **12**, 31–32
– Widerspruch **28**, 16–41
Unionsmarkengericht **31**, 19
Unionsmarkenstreitigkeit **31**, 19
Unionsmarkenverordnung 1, 47–49
Universität
– Namensschutz **21**, 3, 17
Unkenntnis **14**, 4, 15
Unlauterkeit **13**, 27–31, 34, 39; **15**, 2, 8; **20**, 22; **23**, 36; **26**, 1–17; **29**, 21, *siehe auch Anerkannte Gepflogenheiten*
Unmittelbarkeit **4**, 65–66, 119
Unschärfe **4**, 67–70, 117–119
Untergang
– Benutzungsmarke **6**, 8
– Unternehmenskennzeichen **17**, 24–28
– Werktitel **19**, 16–17
Unterlassungsanspruch **10**, 7–8, 30; **12**, 42; **14**, 3, 8, 15, 20; **22**, 12, 35; **27**, 4–32; **31**, 14, 15–27, *siehe auch Erstbegehungsgefahr, siehe auch Störer*
Unterlassungserklärung **27**, 12–14, *siehe auch Strafbewehrte Unterlassungserklärung*
Unterlassungsklage
– vorausgehende negative Feststellungsklage **31**, 43
Unternehmenskennzeichen **1**, 3, 25, 27; **8**, 9–13, 45; **10**, 45–50; **12**, 17, 20, 36, 41, 221–224, 243; **13**, 11; **14**, 12; **17**, 1–28; **18**, 1–24; **19**, 3; **21**, 2; **22**, 6; **26**, 8; **27**, 20, 48, 68, 116; **31**, 6, 8, 18; **32**, 7, 10, 30
– Erlöschen **17**, 24–28
– Etablissementbezeichnung **17**, 14–16
– Kennzeichnungskraft **12**, 36; **18**, 7–11
– Kollisionen **1**, 10; **18**, 1–24

– namensmäßige Unterscheidungskraft **17**, 9–12, *siehe auch Namensmäßige Unterscheidungskraft*
– räumlicher Schutzbereich **17**, 20–23
– Recht der Gleichnamigen **18**, 21–24
– Rechtsbegründung **17**, 4–19
– Schranken **15**, 6, 8–9; **18**, 20–24
– Schutzbereich **18**, 1–24
– selbständig kennzeichnende Stellung **12**, 221–224, 242–248
– Untergang **17**, 24–28
– Unternehmensstrategie **8**, 69
– Verkürzungsneigung **17**, 18–19
– Verwechslungsgefahr **18**, 5–18
– Widerspruch gegen Unionsmarke **28**, 20–22
– Zeichenähnlichkeit **18**, 12
Unternehmensverkauf **24**, 2, 4, 5, 49
Unterscheidende Elemente
– Zeichenähnlichkeit **12**, 63
Unterscheidungseignung **2**, 2, 17–18; **4**, 100, *siehe auch Abstrakte Unterscheidungseignung*
Unterscheidungsfunktion **1**, 3–4, 11; **10**, 30; **12**, 34; **20**, 12
Unterscheidungskraft **1**, 19; **2**, 17; **4**, 51, 62–63, 174, 178; **6**, 6; **7**, 3; **12**, 5, 34; **13**, 34; **19**, 7, 8; **20**, 6, 9; **28**, 67, *siehe auch Abstrakte Unterscheidungseignung, siehe auch Beeinflussung der Unterscheidungskraft, siehe auch Fehlende Unterscheidungskraft, siehe auch Namensmäßige Unterscheidungskraft*
– Werktitel **19**, 3, 6–9; **20**, 6, 9
Unterscheidungskräftige Elemente **12**, 68–69, 87, 155–216, *siehe auch Prägung*
Untertitel **20**, 14
Unterwerfungserklärung **27**, 12–14
Untreuer Agent **27**, 109–113; **29**, 20
Unveränderbarkeit der Marke **1**, 21–22; **29**, 16
Unzulässigkeit
– von Anträgen beim EuG **28**, 96
Urheberrecht **4**, 177; **19**, 5, 17; **27**, 61, 95
Urkundenvorlegung **27**, 96
Ursprungsbezeichnung **23**, 7
Ursprungsidentität **1**, 4; **8**, 3
Ursprungsland
– Telle-quelle-Schutz **4**, 237
Urteilsveröffentlichung
– Anspruch **27**, 107
Variation **12**, 64–71, 72–143, 246; **22**, 27, 31, *siehe auch Begriffliche Ähnlichkeit, siehe auch Bildliche Ähnlichkeit, siehe auch Klangliche Ähnlichkeit, siehe auch Neutralisieren von Ähnlichkeiten*

Veränderung der Ware 10, 24; **16**, 24, 25–28
Verband
– Kollektivmarke **3**, 7
Verbandsmitglied
– Kollektivmarke **24**, 35
Verbraucher 1, 4; **4**, 19, 30–31, 32, 35–36; 10, 34; **11**, 2; **12**, 23–28, 72; **16**, 43; **20**, 7
Verbraucherbefragung 4, 26, 168–169; **28**, 11
Verbraucherverbände 23, 18, 30
Verbreiten
– Benutzung als Marke **10**, 10
Verbundene Unternehmen 12, 2
Verdacht der Kennzeichenverletzung
– Grenzbeschlagnahme **27**, 121
Verdopplung 12, 108
Verein 3, 1, 7; **8**, 4
Vereinbarungen 8, 68; **31**, 16
Verfahren 10, 6–8; **29**, 50
– Aussetzung **31**, 20–21
– Benutzungsnachweis **8**, 83–97
– DPMA **29**, 1–60
– Erwerb von Unterscheidungskraft **4**, 164–172
– EUIPO **28**, 1–106
– internationale Registrierung **30**, 6–10
– Verletzungsverfahren **10**, 6–8; **31**, 15–27
Verfahren deutsche Marke 29, 1–60
Verfahren Unionsmarke 28, 1–106, *siehe auch Allgemeine Verfahrensgrundsätze*
Verfahrensmängel
– Rückzahlung der Beschwerdegebühr **28**, 91
Verfahrensordnung
– Gericht erster Instanz **28**, 94
Verfahrenssprache 28, 6–7, 23–24, 27–28
Verfall 1, 23; **4**, 93–94, 174; **8**, 1–97; **9**, 1, 10; 14, 26, 28; **28**, 42; **29**, 33–34; **31**, 46
Verfallsantrag 8, 82–83
Verfallsklage 31, 46
Verfassung 15, 5
Verfassungsbeschwerde 1, 63; **21**, 7
Verfügungsgeschäft 24, 23
Verfügungsgrund 31, 50–54
Vergleich 4, 24; **12**, 23; **24**, 19, 40–45; **31**, 16
Vergleichende Werbung 15, 4, 32; **23**, 17; 26, 1–7, 31–33
Vergleichspreismethode 32, 43
Verhältnismäßigkeit 16, 48; **23**, 29; **27**, 84, 102–104
Verhandlungen
– Hemmung der Verjährung **14**, 6
Verjährung 14, 2–6, 19
Verkaufssituation 4, 31; **12**, 136, 250
Verkaufstätten 4, 81
Verkehrsanwalt 31, 29

Verkehrsbefragung 4, 50, 52; **6**, 5; **12**, 35; 13, 6; **20**, 21; **28**, 11
Verkehrsbekanntheit 4, 154; **6**, 1–12; **13**, 6, *siehe auch Benutzungsmarke*
Verkehrsdaten 27, 89
Verkehrsdurchsetzung 4, 153–173; **6**, 6; 14, 29; **17**, 17, 23; **19**, 6, *siehe auch Erwerb von Unterscheidungskraft*
Verkehrsgeltung 6, 1–12; **16**, 3; **17**, 16, 20, 23; **18**, 10; **21**, 6–7, *siehe auch Benutzungsmarke*
Verkehrsgepflogenheiten 4, 86; **12**, 82, 136
Verkehrskreise 2, 13; **4**, 19–33, 96, 153, 165; **6**, 5; **12**, 34–35; **13**, 6; **15**, 24; **23**, 3; **32**, 37
Verkehrspflichten 27, 27
Verkehrsverständnis 4, 19–33, 44, 87, 110–111, 122, 138, 153; **6**, 7; **7**, 3; **8**, 62, 64; 10, 34, 43; **11**, 2; **12**, 5, 26–28, 72, 112, 114, 144, 154, 155, 167, 209, 227, 236, 252; **13**, 6, 14; **15**, 16, 27; **16**, 54–56; **17**, 12, 25; **20**, 3, 8; **23**, 22, 25; **24**, 5; **28**, 11, 17; **32**, 37
– bei unterschiedlichen Markentypen **4**, 110–111
– bekannte Marke **13**, 19
– geteiltes **4**, 28–31; **15**, 16
– Unionsmarke **12**, 31–32
– Verwechslungsgefahr **12**, 23–32
– Wahrnehmungsrichtungen **4**, 35
– Zweitmarke **12**, 225–234
Verkürzungsneigung 12, 89–90, 107; **17**, 18–19; **20**, 8
Verlängerung der Schutzdauer 1, 24; **9**, 1–22; **28**, 31
Verletzergewinn 27, 61, 63, 74
Verletzungsform
– konkrete **27**, 18, 24
Verletzungsrichter
– Bindung an die Eintragung **10**, 3–5; **12**, 165; 27, 45
Verletzungstatbestände 10, 1–12; **12**, 1; 27, 45, *siehe auch Benutzung als Marke*
Verletzungsverfahren 8, 79–81, 83; **10**, 6–8; 24, 33; **29**, 32; **31**, 15–27, 43
Verlinkung 22, 30
Verlust der Unterscheidungskraft 4, 174; 17, 24
Verlust der Verkehrsgeltung 17, 24
Vermarktungskonzept 4, 18, 24; **8**, 27; 12, 260; **32**, 32–37
Vermögensgesetz 17, 27
Vermutung 4, 37; **8**, 83; **12**, 3; **27**, 8
Vernichtung 27, 116, 132; **32**, 5
Vernichtungsanspruch 10, 7; **14**, 20; **27**, 100–106; **31**, 15–27

Verpackung 8, 14–16; **10**, 12; **12**, 29; **16**, 25, 40, 45, 54–56, *siehe auch Beeinträchtigung des Originalzustands der Ware*
Verpackungsform **4**, 111, 133, 140–149, 175–197, 239; **6**, 4; **8**, 21; **12**, 179
Verpackungsgrößen **16**, 47, 53
Verpackungsvorschriften
– Erschöpfung **16**, 40
Verpflichtungserklärung **27**, 126
Verpflichtungsgeschäft **24**, 23
Verschlechterung der Ware
– Erschöpfung **16**, 24, 25–28
Verschulden **27**, 6, 57–58, 103; **28**, 61, 65; **31**, 47–48; **32**, 4
Verspätung **28**, 60
Verspätungszuschlag **9**, 7, 15
Versteigerung
– private und geschäftliche Verkäufe **10**, 24–25
Verstoß gegen Unterlassungsverfügung **27**, 105
Vertrag **24**, 40–45; **31**, 16
Vertragshändler
– Erschöpfung **16**, 32–33
Vertragsverletzung **24**, 26
Vertragswerkstatt
– Schranken **15**, 27
– Vertrauensschutz **28**, 73
Vertreter **9**, 4; **27**, 109–113; **28**, 6
Vertrieb 8, 6; **12**, 23, 28, 252, 260, 264; **16**, 29–34; **20**, 4
Vertriebskonzept **4**, 18, 24; **13**, 6; **16**, 29–34
Vertriebsnetz **15**, 27; **16**, 32–34
– Beweislast bei Erschöpfung **16**, 16–17
– geschlossenes und Erschöpfung **16**, 12
– kartellrechtswidriges **16**, 36, 39
– legitimes und Entfernung von Kontrollnummern **16**, 38
Vertriebsweg **16**, 16–17; **18**, 13; **27**, 75, 80
Verwarnung aus Schutzrechten
– unbegründete **31**, 12–14
Verwässerung **13**, 32–37; **21**, 1
Verwechslungen
– tatsächliche **12**, 3
Verwechslungsgefahr **1**, 4, 7; **10**, 1, 43; **12**, 1; **18**, 5–18; **20**, 4–19; **22**, 35–36; **24**, 21; **28**, 17, 101; **29**, 20
– Kennzeichnungskraft **12**, 5, 33–60
– Produktähnlichkeit **12**, 4, 249, *siehe auch Produktähnlichkeit*
– Verkehrsverständnis **12**, 23–32
– Wechselbeziehung **12**, 11, 257, 266; **18**, 5, *siehe auch Wechselbeziehung*
Verwendungsmöglichkeiten **4**, 71–74, 114
Verwertungsverbot **27**, 88, 94, 98

Verwirkung **14**, 7–20; **15**, 8; **29**, 21
Verzeichnis der Waren und Dienstleistungen **4**, 14–18, 97–99; **5**, 1–19; **12**, 260; **28**, 6, 28; **29**, 13, 16; **30**, 6; **32**, 22–24
Verzicht
– auf die Marke **27**, 10
– auf Einrede der Nichtbenutzung **8**, 95
Verzierung **4**, 167; **8**, 51; **12**, 109, 178–180, 183
Vokale **12**, 76, 94–95, 99
Vollstreckung
– Domain **22**, 37
– einstweilige Verfügung **31**, 61
Vorbenutzung
– bösgläubige Markenanmeldung **4**, 200, 202, 205–216
Vorbereitungshandlungen **10**, 12; **27**, 17
Vorgesellschaft **3**, 2; **17**, 6; **21**, 5
Vorlageanspruch **27**, 98
Vorlagepflicht **1**, 57–63, 66; **29**, 55
Vorlageverfahren **1**, 57–63
Vorläufiger Rechtsschutz **27**, 80; **31**, 47–61, *siehe auch Einstweilige Verfügung*
Vorname **12**, 208–214; **15**, 2, 7; **21**, 2
Vorprozessuale Strategie **31**, 2–14
Vorrangthese **21**, 3; **26**, 1–7, 17
Vorrechtsvereinbarung **24**, 40–45
Vorsatz **27**, 57
Wahrnehmung durch den Verkehr **4**, 35–36, 111
Wahrnehmungsrichtungen **4**, 35; **12**, 64, 72–143, *siehe auch Variation*
Wappen **4**, 4, 228; **21**, 2, 15
Ware
– Anbringen der Marke und Benutzungszwang **8**, 14–16
– Art der **4**, 181
– Bedeutung bei der Prüfung absoluter Eintragungshindernisse **4**, 9–18
– Klassifikation **5**, 1
Warenähnlichkeit **12**, 4, *siehe auch Produktähnlichkeit*
Warenform **2**, 4–5, 17; **4**, 82–85, 111, 133, 140–149, 175–197, 239; **8**, 21; **10**, 41–42; **12**, 29, 59; **26**, 16–24
Warengleichartigkeit **12**, 249
Warenidentität **11**, 5–7; **12**, 4
Warenklassen **1**, 44; **12**, 259
Warenzeichengesetz **9**, 16; **24**, 4
Wartung **8**, 8; **10**, 23; **12**, 264; **15**, 22, 25
Wechselbeziehung **8**, 7, 26–27; **12**, 11, 257, 266; **18**, 5
Wegfall der Unterscheidungskraft **17**, 24
Wegfall der Verkehrsgeltung **17**, 24
Wegfall der Wiederholungsgefahr **27**, 10–12

Wegfall von Eintragungshindernissen 7, 3
Wein 4, 80, 234; **12**, 29, 264; **23**, 2, 6, 22
Weiterbehandlung
– Fristenregelung beim EUIPO **28**, 65
Weltweite Erschöpfung 16, 9
Werbeaufwand 4, 165; **6**, 8; **12**, 34; **13**, 2, 7; **14**, 16
Werbegeschenke 8, 18
Werbemaßnahmen 8, 27; **10**, 34, 55; **12**, 43
Werbematerialen
– Erschöpfung **16**, 7
– Geschenke **8**, 18
– Tester **16**, 7
– Vernichtung **32**, 5
Werbeschlagworte 2, 18; **4**, 90–91, 111, 113, 120–125
Werbeslogan 4, 111, 120–125; **26**, 16–24
Werbung 1, 8; **4**, 120–125; **8**, 5, 14; **10**, 10, 55; **12**, 265; **13**, 2; **16**, 19; **19**, 10; **21**, 18–20; **32**, 35
Werkbegriff 19, 5, 17
Werknähe 20, 12–14
Werktitel 1, 3, 10, 29; **10**, 52; **12**, 41; **14**, 12; **19**, 1–17; **20**, 1–23; **27**, 68, 116; **32**, 7
– bekannter **19**, 6, siehe auch Bekannter Werktitel
– Entstehung des Werktitelrechts **19**, 10
– Erlöschen **19**, 16–17
– Inhaberschaft **19**, 15
– Kennzeichnungskraft **20**, 5–6
– Schutzbereich **20**, 12, 15–19
– Unterscheidungskraft **19**, 6–9
– Verwechslungsgefahr **20**, 4–19
– Vorgehen gegen Marken **20**, 12, 15–19
– Vorgehen gegen Unternehmenskennzeichen **20**, 12, 15–19
– Werknähe **20**, 12–14
– Zeichenähnlichkeit **20**, 7–11
Wert einer Form 4, 197
Wertersatz
– Bereicherungsanspruch **27**, 72
Wettbewerbsrecht 4, 201; **12**, 153; **23**, 21, 26, 31; **26**, 1–17; **27**, 50; **29**, 21; **31**, 1, 13
Widerklage 27, 43; **28**, 94
Widerruf einer EU-Domain 22, 4, 9
Widerspruch 4, 7; **8**, 76–81, 83–84; **10**, 6–8; **14**, 16; **24**, 6, 31, 40; **28**, 13, 16–41, 92; **29**, 17, 18–28; **30**, 3, 8; **31**, 45; **32**, 9, 24
Widerspruchsfrist 28, 16, 26; **29**, 18
Widerspruchsgebühr 28, 16, 26; **29**, 18
Widerspruchsschrift 28, 26
Wiedereinsetzung in den vorigen Stand 28, 61–64
Wiedergabe der Marke 2, 7; **28**, 6; **29**, 13
Wiederholung eines Zeichens 12, 108

Wiederholungsanmeldung 8, 72
Wiederholungsgefahr 27, 8–14, siehe auch Wegfall der Wiederholungsgefahr
Wiedervereinigung 14, 22; **17**, 27
Wiederverkauf 16, 5, 28–29
Wiener Klassifikation 1, 45; **4**, 128
Wirkung
– der Erschöpfung **16**, 19–23
Wirtschaftlich verbundene Unternehmen 12, 2, 21, 243; **15**, 27; **16**, 10, 32–33; **18**, 16–17, 23; **20**, 11; **21**, 17; **22**, 7
Wirtschaftliche Betrachtungsweise 8, 62–66; **24**, 5
Wirtschaftsprüfervorbehalt 27, 90
Wissenserklärung
– Auskunftsanspruch **27**, 75–76
Wochenende 7, 4; **9**, 6–7, 11; **28**, 59
Wohnsitz 24, 2
World Intellectual Property Organisation 1, 55; **9**, 2; **22**, 39; **30**, 1–10
World Trade Organisation 1, 40
Wort-/Bildmarke 2, 5, 14; **4**, 128–135; **10**, 36; **12**, 109–112, 113–115, 141–143, 177–187; **16**, 22; **32**, 17–18
Wortmarke 2, 5, 14, 18; **4**, 112–119; **8**, 51–56; **10**, 36; **12**, 103, 110–111
Würzmittel
– Produktähnlichkeit **12**, 264
Zahlen 2, 4; **4**, 66, 134; **12**, 81
Zahlungsverkehr 28, 5
Zeichenähnlichkeit 1, 7; **12**, 4, 11, 61–248, 267; **13**, 20; **20**, 7–11; **21**, 15; **22**, 4–5; **24**, 38; **32**, 6, 21, siehe auch Begriffliche Ähnlichkeit, siehe auch Bildliche Ähnlichkeit, siehe auch Klangliche Ähnlichkeit, siehe auch Neutralisieren von Ähnlichkeiten
– bekannte Marke **13**, 14–21, 39
– dominierende Elemente **12**, 63, 68–69, siehe auch Prägung
– Gesamteindruck **12**, 64, 68–69
– Kombination **12**, 61, 64–71, siehe auch Kombination
– Prüfungsreihenfolge **12**, 64–71
– selbständig kennzeichnende Stellung **12**, 68–69, siehe auch Selbständig kennzeichnende Stellung
– Überblick **12**, 61–71
– Unternehmenskennzeichen **18**, 12
– Variation **12**, 64–71, siehe auch Variation
– Wahrnehmungsrichtungen **12**, 64, 67, 72–143
Zeichenbeginn 12, 86–91, 104, 207
Zeichenbewertung 32, 38–44
Zeichenende 12, 92
Zeichenidentität 11, 2–4; **12**, 4, 257; **22**, 4–5

Zeichenkollision **12**, 31–32, 72–143
Zeichenlänge **12**, 107
Zeichenmäßige Benutzung **15**, 3, 15–16; **18**, 3–4; **20**, 3
Zeichenmitte **12**, 91
Zeichenserie **12**, 17, 229, 235–241
Zeichenstruktur **12**, 91, 95, 98–102, 176, 187
Zeit der Herstellung oder Erbringung **4**, 61; **15**, 2, 13–20
Zeitdauer
– Verwirkung **14**, 15
Zeitgleiche Priorität
– Koexistenz **14**, 22
Zeitpunkt **4**, 44–48; **12**, 40–43, 240; **13**, 11; **18**, 8; **29**, 27
Zeitrang **7**, 3, *siehe auch Priorität, siehe auch Seniorität*
Zeitraum
– Benutzungszwang **8**, 70–82
– Titelschutzanzeige **19**, 12, 14
Zeitungsanzeigen
– zum Benutzungsnachweis **8**, 84
Zentralangriff
– auf internationale Registrierung **30**, 3; **32**, 29
Zergliederung eines Zeichens **4**, 36–42; **12**, 146–154, 217–248
Zeugen
– beim Amt der Europäischen Union für geistiges Eigentum **28**, 75
Zierrat
– Unterscheidungskraft **4**, 128–129
Zollbeschlagnahme **27**, 117–132; **36**
Zollverfahren
– Benutzung als Marke **10**, 15
Zozo van Barkhussen **10**, 6–8; **21**, 11; **22**, 26; **24**, 15; **27**, 22, 46–48; **31**, 13, 57
Zubehör **8**, 8; **12**, 251; **15**, 2, 21–24
Zulässigkeit **28**, 25–28, 96; **29**, 18, 52

Zulassungsverfahren
– behördliches als Grund für die Nichtbenutzung **8**, 68
Zuordnungsverwirrung **21**, 13–15; **22**, 16
Zurückbehaltungsrecht **27**, 99
Zurücknahme
– der Anmeldung Unionsmarke **28**, 38
Zusammengesetzte Zeichen **4**, 89, 114; **11**, 3; **12**, 37, 61, *siehe auch Kombinationsmarke*
Zusammenschreibung **12**, 106, 149
Zusatz **11**, 3; **16**, 57; **22**, 12, 29; **23**, 27
Zuständigkeit
– Amt der Europäischen Union für geistiges Eigentum **28**, 1, 6
– BPatG **29**, 15
– erstinstanzliche **31**, 16
– EuGH **28**, 106
– Fachkammern **31**, 19
– gerichtliche **31**, 16–19
– Landgericht **31**, 16
– Löschungsverfahren **29**, 31
– örtliche **31**, 17–18
– Spezialkammern **31**, 19
– World Intellectual Property Organisation **30**, 2
– Zwangsvollstreckung **24**, 46
Zustimmung
– Benutzungszwang **8**, 36
– des Markeninhabers **10**, 29
– des Markeninhabers zur Prozessführung **24**, 31–32
– Erschöpfung **16**, 12–15
Zwangsvollstreckung **24**, 46; **27**, 77
Zweitmarke **8**, 47–48; **12**, 225–234; **24**, 35
Zwischenhändler **4**, 22
Zwischenrechte **14**, 27–32; **24**, 24, 42; **28**, 35, *siehe auch Gegenrecht*
Zwischentitel
– Werktitel **20**, 3